HISTORISCHES WÖRTERBUCH DER PHILOSOPHIE

HISTORISCHES WÖRTERBUCH DER PHILOSOPHIE

UNTER MITWIRKUNG VON MEHR ALS 700 FACHGELEHRTEN

IN VERBINDUNG MIT
GUENTHER BIEN, JÜRGEN FRESE, WILHELM GOERDT
OSKAR GRAEFE, KARLFRIED GRÜNDER, FRIEDRICH KAMBARTEL
FRIEDRICH KAULBACH, HERMANN LÜBBE, ODO MARQUARD
REINHART MAURER, LUDGER OEING-HANHOFF, WILLI OELMÜLLER
HEINRICH SCHEPERS, ROBERT SPAEMANN

HERAUSGEGEBEN VON

JOACHIM RITTER

VÖLLIG NEUBEARBEITETE AUSGABE
DES ‹WÖRTERBUCHS DER PHILOSOPHISCHEN BEGRIFFE›
VON RUDOLF EISLER

BAND 1: A-C

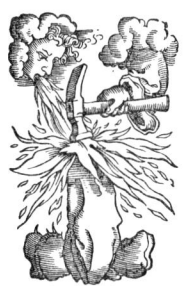

SCHWABE & CO · VERLAG · BASEL/STUTTGART

WISSENSCHAFTLICHE MITARBEITER DES HERAUSGEBERKREISES

In Münster: Ulrich Dierse (ab 1967), Rainer Kuhlen (ab 1967), Helmut G. Meier (1963–1968), Rosemarie Pohlmann (1966–1969), Georg Schlünder (1969), Christa Seidel (ab 1969).
In Bochum: Ute Schönpflug (ab 1966).
In Gießen: Winfried Franzen (ab 1968), Helmut Meinhardt (1967–1969).
In Konstanz: Gottfried Gabriel (ab 1967).
Beim Verlag in Basel: Jakob Lanz (ab 1961).

ADMINISTRATIVE MITARBEITER

Gerhild Adams-Hentschke, Münster (ab 1968), Gisela Steuer, Münster (1965–1966), Inge Gertisser, Basel (ab 1968).

Hist. Wb. Philos. 1

© 1971 by Schwabe & Co · Basel
Gesamtherstellung: Schwabe & Co · Basel
ISBN 3 7965 0115 X

VORWORT

*Weil nun der Verlust eines Begriffs von großer
Anwendung in der spekulativen Weltweisheit
dem Philosophen niemals gleichgültig sein kann,
so hoffe ich, es werde ihm die Bestimmung und
sorgfältige Aufbewahrung des Ausdrucks, an dem
der Begriff hängt, auch nicht gleichgültig sein.*

IMMANUEL KANT

I

1. Das ‹Historische Wörterbuch der Philosophie› übernimmt es in der Nachfolge des zuerst 1899, zuletzt in 4. Auflage 1927–1930 erschienenen, seitdem längst vergriffenen und nicht ersetzten ‹Wörterbuchs der philosophischen Begriffe› von RUDOLF EISLER, im Element der Begriffe und Termini die gegenwärtige Philosophie in ihrem Wechselverhältnis zu ihrer Geschichte und zu den Wissenschaften darzustellen und zu vermitteln. Die Planung ging zunächst davon aus, das Wörterbuch Eislers zu «bearbeiten» und in neuer Auflage herauszugeben. Doch zeigte es sich bald, daß dieser Weg nicht gangbar war. Sollte das Wörterbuch auch nur seine elementare pragmatische Aufgabe erfüllen, Wegweiser und Hilfsmittel der Unterrichtung im Bereich der Philosophie zu sein, mußte es von Grund auf neu gestaltet und aufgebaut werden. Das ergab bereits die Überprüfung der Nomenklatur, der sich der damals noch in Münster versammelte Herausgeberkreis zuerst zuwendete. Viele den Wissenschaften und der terminologiefreudigen Philosophie der Jahrhundertwende entnommene Termini ließen sich streichen, weil sich zeigte, daß sie weder mittelbar noch unmittelbar in der Philosophie fortgewirkt haben, und ebenso sind in nicht geringem Umfang seitdem in Gebrauch gekommene Begriffe und Termini neu aufgenommen worden. Doch das Problem, das sich stellte und das gelöst werden mußte, lag darin, daß der Veränderung im Stand der Terminologie und der Begriffssprache eine inhaltliche Veränderung und Differenzierung im Selbstverständnis der Philosophie und ihrer Stellung im System der Wissenschaften zugrunde liegt, denen ein zeitgemäßes Wörterbuch allein durch Veränderungen in der Nomenklatur nicht gerecht werden kann.

R. Eisler war in einer «Weiterbildung des Kritizismus» davon ausgegangen, daß die Philosophie nach dem Ende des spekulativen Idealismus primär im erkenntnistheoretischen Sinn auf die «Verwertung der Methodik und der Ergebnisse der wissenschaftlichen Forschung» – in erster Linie der exakten Naturwissenschaften und der in ihrer Methode sich begründenden Psychologie – festgelegt sei. Zwar hatte er das Wörterbuch «in erster Linie und planmäßig historisch» ausgerichtet, um «der Orientierung an der Entwicklung der philosophischen Begriffe und Lehren» zu dienen, doch blieb für ihn dabei die Überzeugung leitend, daß durch die Wissenschaften in der Zuordnung der Philosophie zu ihnen auch die philosophische Bedeutung der Begriffe und Termini bestimmt würde. Er leitete deshalb jeden Artikel mit einer systematischen Definition ein, der «ausführliche Begriffsbestimmungen und Erläuterungen» beigegeben sind; durch sie wird dann auch über die Beurteilung (und die Auswahl) des ihr folgenden geschichtlichen Materials vorentschieden. Die Perspektive, in der Eisler die Entwicklung der Philosophie gesehen hat, kann (ohne daß damit einer vereinfachenden Identifikation Vorschub geleistet werden soll) als die des Dreistadiengesetzes von AUGUSTE COMTE bestimmt werden, sofern die Philosophie auch für Eisler in der Ausbildung der positiven Wissenschaft zu ihrer Vollendung kommt und alle Methoden, Begriffe und Fragestellungen, die nicht in die Wissenschaft übergehen und übergehen können, dazu bestimmt sind, in die Vergangenheit einer nur historischen Existenz zurückzufallen. Über diese Bestimmung des Verhältnisses der Philosophie in ihrer systematischen Funktion und im vielfältigen Reichtum ihrer geschichtlichen Bildung zu der ihr gegenüber verselbständigten Wissenschaft ist die Entwicklung hinweggegangen. Sie hat dazu geführt, daß dieses Verhältnis von neuem offen ist; es kann nicht vorausgesagt werden, wie einmal eine neue Synthese aussehen wird und ob sie im Spiel ist oder nicht.

2. Lebensphilosophie, Phänomenologie, Existenzphilosophie und ebenso die Erneuerung ontologischer und metaphysischer Fragestellungen sind –

nicht ohne Zusammenhang mit den durch die Neuscholastik vermittelten Traditionen und mit der philosophiehistorischen Forschung, wie neuestens auch der Hermeneutik und der kritischen Theorie – bei aller Verschiedenheit dadurch gemeinsam gekennzeichnet, daß mit ihnen die Philosophie das Bewußtsein ihres eigenen, ihr nicht allein durch die Wissenschaften vorgegebenen Gegenstandes zurückgewonnen hat. Dazu gehört, daß die Zuwendung zur Geschichte der Philosophie nicht mehr nur als antiquarische Forschung verstanden wird, sondern positiv zur erinnernden Vergegenwärtigung geworden ist, in der antike und spätantike Philosophie, Patristik und Scholastik ebenso wie die Erneuerungsbewegung der Philosophie in Humanismus und Aufklärung seit dem 16. und 17. Jahrhundert und auch die spekulativen Theorien des Idealismus nach Kant in ihren Begriffen und Theorien eine noch nie erreichte Präsenz gewonnen haben als das, wovon und worin die Philosophie in ihren gegenwärtigen Aufgaben sprachlich und begrifflich lebt. Die Scheidewand zwischen System und Philosophiehistorie ist durchlässig geworden. Was diese erarbeitet, geht in die Bewegung des philosophischen Gedankens als ein ihm in seiner Gegenwart Zugehöriges ein.

Ohne Beziehung hierzu hat die wissenschaftstheoretische Aufgabe der Philosophie im Zusammenhang mit der Ausbildung der mathematischen Logik unter dem Einfluß des Wiener Kreises und der von ihm angeregten und ausgehenden Richtungen analytischer Philosophie eine Bedeutung erhalten, die über ihre ältere erkenntnistheoretische Form durchaus hinausgeht. Sie sucht die wissenschaftlichen Aussagen in einem diesen immanenten Konstitutionssystem zu fundieren, das den durch die neue Logik gesetzten Genauigkeitsforderungen genügt und für dessen Begründung diese Logik zugleich methodisch benutzt wird, so daß die sprachliche und logische Analyse wissenschaftlicher Aussagen mit philosophischem Anspruch in die konstitutive Begründung der Wissenschaften selbst übergeht und mit ihr identisch werden kann oder geworden ist. Während die Philosophie in ihrem geschichtlichen Begriff auf den Zusammenhang mit den durch Geschichte und Tradition vermittelten Begriffen verwiesen bleibt, läßt die Philosophie als analytische Wissenschaftstheorie prinzipiell die Sphäre der geschichtlichen, an die «natürlichen» Sprachen gebundenen Philosophie hinter sich; sie konstituiert sich im gleichen Sinne wie die durch sie begründeten Wissenschaften ihrerseits historisch voraussetzungslos als «strenge Wissenschaft». Kritisch zu den szientistischen Tendenzen dieses Selbstverständnisses von Philosophie verhalten sich die normativ orientierten Wissenschaftstheorien. Hier sollen die verschiedenen Wissenschaften durch ein vernünftiges Begreifen gewordener Lebenswelt des Menschen methodisch begründet werden.

Zu solcher Differenzierung der Wege, die nicht mehr wie im Zeitalter der Durchsetzung der neuen Wissenschaften aus der Entgegensetzung beharrender und progressiver Tendenzen verstanden werden kann, gehört unverändert und mit zunehmendem Gewicht die philosophische Relevanz der Wissenschaften auch im Verhältnis zu allen Formen vorwissenschaftlicher und außerwissenschaftlicher Erfahrung, sofern diese sich notwendig im Felde der durch die Wissenschaften vermittelten Erkenntnis der Wirklichkeit findet; sie mag diese Bindung ignorieren, aber aus ihr lösen kann sie sich nicht. Das gilt für die Natur wie für die geschichtlichen, ethischen Institutionen, für die Sprache, für die in Religion, Kunst, Dichtung und Literatur sich realisierende Bildung des Geistes, ebenso für Gesellschaft und Staat, so daß die geschichtlichen Geisteswissenschaften, Soziologie, Rechts- und Staatswissenschaften in ihren Disziplinen, Verzweigungen und Richtungen die gleiche philosophische Bedeutung erhalten haben wie die Naturwissenschaften. Wo so die Vielheit der Tendenzen die gegenwärtige Philosophie kennzeichnet, und deren Einheit – wenn es sie gibt – in solcher Vielheit eingeschlossen ist, da ist es nicht die Aufgabe eines philosophischen Wörterbuches, einen Standpunkt normativ geltend zu machen und Einheit zu simulieren und zu postulieren, sondern ihrer möglichen Ausbildung dadurch zu dienen, daß in ihm versucht wird, die sich in der Vielfalt der Begriffe und Termini vollziehende Bewegung aufzunehmen und sie nach Möglichkeit transparent zu machen.

In dem Prozeß, in dem sich die Natur- und Geisteswissenschaften aus dem Zusammenhang der Philosophie emanzipiert haben, sind zahlreiche ursprünglich der Philosophie zugehörige Begriffe in diese Wissenschaften eingegangen; damit haben sich ihre Bedeutung, ihre methodische und inhaltliche Funktion so verändert, daß die Philosophie sie nicht mehr im Sinne ihrer eigenen älteren Überlieferung verstehen und gebrauchen kann; vielmehr muß sie das, was diese Termini inhaltlich meinen, nun in der Vermittlung der Disziplinen aufnehmen, in die sie eingegangen sind. Zugleich nimmt in dem Maße, wie Erkenntnis und Erfahrung allgemein und gesellschaftlich die der Wissenschaften sind, die Zahl der in den Wissenschaften neugebildeten Begriffe und Termini zu, die für die Philosophie als das unaufhebbare Medium ihres Begreifens zu gelten haben.

Die Entscheidung, was aufgenommen werden sollte, war nicht immer einfach, denn es gibt kein eindeutiges Kriterium für die philosophische Relevanz fachwissenschaftlicher Termini und Begriffe. Der Herausgeberkreis ist davon ausgegangen, daß eine zu enge Begrenzung nicht wünschenswert sei, auch wenn er sich so gelegentlich dem Einwand aussetzen mag, den Kreis dessen, was philosophisch bedeutsam ist, zu weit gefaßt zu haben.

Die sorgfältige Aufnahme der Begriffssprache gegenwärtiger Philosophie in der Vielfalt ihrer Richtungen und der Philosophie in ihrer Geschichte bleibt die Grundlage für ein philosophisches Wörterbuch. Doch wird in diesem Wörterbuch auch die Terminologie der neuen Logik und der mit ihr verbundenen Wissenschaftstheorien voll berücksichtigt. Die Psychologie, die weithin Aufgaben übernommen hat, die noch im 18. und im Beginn des 19. Jahrhunderts die Philosophie und insbesondere die philosophische Anthropologie erfüllten, hat in diesem Wörterbuch eine wichtige Stelle erhalten, ohne daß damit die für die Zeit vor und nach der Jahrhundertwende kennzeichnende Identifizierung von Philosophie und Psychologie erneuert würde.

Auf Anraten eines Kreises von Indologen, Sinologen und Japanologen werden außer Begriffen der asiatischen Philosophie, die in der europäischen Philosophie schon Bürgerrecht genießen, auch solche behandelt, die künftig in einer globalen Philosophie eine Rolle spielen könnten oder instruktive Parallelen zur europäischen Problem- und Begriffsgeschichte bieten. Damit soll auf sinnfällige Weise deutlich werden, daß Philosophie nicht mehr nur als europäische Philosophie begriffen werden kann, auch wenn diese Mittel- und Schwerpunkt des Wörterbuches bleibt.

Theologie und Philosophie – seit zwei Jahrtausenden wirkungsgeschichtlich eng miteinander verflochten – haben sich immer von neuem gegenseitig in Frage gestellt. Theologische Begriffe sind daher oft Hintergrund und Schlüssel für philosophische Problemstellungen und Theorien, ohne daß dieser Zusammenhang immer durchsichtig bleibt: Sie haben so ihren Ort und ihre Funktion in einem ‹Historischen Wörterbuch der Philosophie›.

3. Die Verschiedenheit und Heterogenität der Bereiche, die in das Wörterbuch eingehen, machten es für den Herausgeberkreis schon im Stadium der vorbereitenden Planung notwendig, sich mit der Frage auseinanderzusetzen, welcher Methode die Darstellung zu folgen habe und ob es überhaupt sinnvoll und möglich sei, sich für sie an einem einheitlichen Modell zu orientieren.

DESCARTES war in der neuen Begründung der Philosophie davon ausgegangen, daß fast alle Kontroversen entfallen würden, wenn sich die Philosophen über die Bedeutung der von ihnen verwendeten Wörter einigen könnten: «Si de verborum significatione inter philosophos semper conveniret, fere omnes eorum controversiae tollerentur.» In diesem Sinne hat das von A. LALANDE herausgegebene ‹Vocabulaire Technique et Critique de la Philosophie› im Wege einer klärenden Zusammenfassung der verschiedenen Bedeutungen gegebener Begriffe und in kritischer Prüfung, welche unter ihnen noch tragfähig seien, es unternommen, «un usage bien défini des termes» und «définitions constructives» zu entwickeln, aus welchen am Ende eine international verbindliche Terminologie der Philosophie hervorgehen könnte.

Die hierin implizierte cartesianische Voraussetzung, daß mit der Vollendung einer eindeutigen Terminologie auch das Ideal voller «Verständlichung» erreicht werde, entspricht wesentlich der positivistischen und mit der mathematischen Logik verbundenen Wissenschaftstheorie, steht aber in Spannung zu der sich geschichtlich begreifenden Philosophie und ihrem kritischen Bewußtsein, das die «Sprach- und Denkgewohnheiten vor das Forum der geschichtlichen Tradition» stellt. Statt sich von der Sprache treiben zu lassen, bemüht sich diese Richtung um ein «begründetes geschichtliches Selbstverständnis» und wird damit «von einer Frage der Wort- und Begriffsgeschichte in die andere genötigt» (H.-G. GADAMER). Dieser Position verdankt die begriffsgeschichtliche Forschung ihre fruchtbare und kräftige Entfaltung in den letzten Jahrzehnten; von R. EUCKEN angeregt, hat sie E. ROTHACKER dazu geführt, das ‹Archiv für Begriffsgeschichte› zu gründen und es bis zu seinem Tode im Auftrage der Akademie der Wissenschaften und der Literatur in Mainz herauszugeben in der Absicht, «Bausteine zu einem historischen Wörterbuch der Philosophie» zu liefern. Die begriffsgeschichtliche Forschung, die noch in ihren Anfängen steht, hat so ihren Grund in einer Fragestellung, die sowohl im Blick auf eine Idee von Philosophie wirksam zu werden vermag, für die Philosophie im Wandel ihrer geschichtlichen Positionen und in der Entgegensetzung der Richtungen und Schulen sich als perennierende Philosophie fortschreitend entfaltet, aber ebenso auch als die Aufmerksamkeit für die geschichtliche Vielschichtigkeit des philosophischen Gegenstandes und als die kritische Reflexion genommen werden kann, die einer «abstrakten» Festlegung des Begriffs entgegenwirkt, indem seine geschichtliche Prägung und Bildung in das Bewußtsein gehoben wird.

Es ist nicht die Aufgabe des Wörterbuches, zur Spannung zwischen einer «cartesianischen» und einer geschichtlichen Philosophie Stellung zu nehmen. Die begriffsgeschichtliche Orientierung mußte da maßgebend werden, wo es darum geht, einen Begriff in seiner Geschichte und aus dieser zu verstehen oder ihn in seiner gegenwärtigen Funktion in Beziehung zu seiner Geschichte zu bringen. Doch forderten ebenso diejenigen Begriffe ihre ihnen angemessene Darstellung, für deren Funktion die Herauslösung aus der Geschichte konstitutiv ist. Daher wäre es ein Mißverständnis, wenn dieses Wörterbuch als «begriffsgeschichtliches Wörterbuch» auftreten wollte; es würde in dieser Bestimmung seiner Aufgabe nicht gerecht und wäre zugleich methodisch und inhaltlich überfordert. Deshalb wird es unter den Titel ‹Historisches Wörterbuch der Philosophie› gestellt, der anzeigt, daß es die Philosophie und ihre Begriffe im Horizont der Geschichte und ihrer geschichtlichen Herkunft zum Gegenstand hat und dort die historische Darstellung wählt, wo diese für das Verständnis eines Begriffes notwendig oder wünschenswert ist.

Der Herausgeberkreis hat dafür Sorge getragen, daß die Begriffsgeschichte in ihrer Herkunft aus der philosophischen Lexikographie und der Philosophiehistorie, in ihrer systematischen Entwicklung und in ihren Aporien in einem Artikel eingehend dargestellt wird; seine Lektüre wird deutlich machen können, was dieses Wörterbuch der begriffsgeschichtlichen Forschung verdankt, was aus ihr in es eingegangen ist und worin es von ihr nicht nur in den Bereichen unterschieden bleibt, denen jede Form geschichtlicher Darstellung unangemessen wäre.

Alle methodischen Überlegungen zur Konzeption des Ganzen in seinem Aufbau und seiner Ordnung wurden von Anbeginn von der Einsicht bestimmt, daß ein Wörterbuch, das die Begriffe der Philosophie und philosophisch relevante Begriffe und Termini aus den Wissenschaften in der Verschiedenheit ihrer Begründung und Funktion zum Gegenstand hat, der Gefahr und der Versuchung standpunktlicher Verengung und einer künstlichen, fiktiven Vereinheitlichung nur entgehen kann, wenn mit der Tradition gebrochen wird, in der J. G. WALCH, W. T. KRUG oder R. EISLER als Einzelne es unternehmen, ein universales Wörterbuch zusammenzubringen und abzufassen. Die Voraussetzung dafür, daß Einzelne ein solches Werk ausführen konnten, war nicht nur eine ungemeine, bewundernswerte und nicht leicht erreichbare Energie des Sammelns und der gelehrten Durchdringung, sondern vor allem und zuerst die in den eigenen Standort aufgenommene Tendenz ihrer Zeit, eine einheitliche Begründung, sei es im Sinne der Aufklärung, der transzendentalen philosophischen Wende oder der erkenntnistheoretischen Definition der Philosophie, durchzusetzen und diese Begründung zur kritischen Norm des vielfältigen Materials zu machen. Wo dieses nicht oder nicht mehr möglich ist, da gibt es nur den Weg, die Begriffe nicht aus einer normativen Perspektive gleichsam von außen, sondern in den sachlichen Zusammenhängen, in denen sie jeweils stehen, zur Darstellung zu bringen und ihre Behandlung denen anzuvertrauen, die jeweils die Sachverständigen sind und die das, was gesagt werden kann, der ihnen vertrauten Sache entnehmen und in die Darstellung einbringen können.

So ist dieses Wörterbuch das Werk vieler Autoren aus vielen Ländern und verschiedener philosophischer Richtungen und Herkunft und fast aller im Horizont der Philosophie wichtigen Disziplinen der Naturwissenschaften und der Geisteswissenschaften (vgl. das Autorenverzeichnis am Schluß des Bandes). Die skeptische Sorge, die am Anfang stand, ob eine solche gemeinsame Aufgabe angenommen würde und ob die Teilnahme an der Philosophie in den Geistern noch die lebendige Kraft besitze, die Bereitschaft und die Neigung zur Mühe der Mitwirkung in ihrem Dienste zu wecken, erwies sich als unbegründet. Das Wörterbuch ist ihre reale Widerlegung, indem es in der Mannigfaltigkeit und in der Verschiedenheit der Beiträge die Vielfalt der geistigen Tendenzen in der Philosophie und in den Wissenschaften widerspiegelt und so auch divergierenden Auffassungen das Recht freier Entfaltung gewährt.

II

1. Das Wörterbuch beschränkt sich auf Begriffe und Termini; es enthält keine Artikel zu einzelnen Philosophen und keine geschlossenen Darstellungen ihrer Philosophie, wohl aber werden die Namen von Richtungen und Schulen aufgenommen, die als historische Orientierungsschemata eine dem Begriff analoge Bedeutung haben. Die Artikel zu ihnen suchen das Aufkommen dieser zusammenfassenden Namen zu bestimmen, die mit ihnen gesetzte Deutung zu klären und ihre Anwendung zu verfolgen, die nachträglich oft auch auf Richtungen und Schulen ausgedehnt wurde, die diese Namen nicht gekannt haben.

2. Der Herausgeberkreis hat, nicht leichten Herzens, darauf verzichtet, Metaphern und metaphorische Wendungen in die Nomenklatur des Wörterbuches aufzunehmen, obwohl ihm klar war, daß,

wie H. BLUMENBERG gezeigt hat, gerade die der Auflösung in Begrifflichkeit widerstehenden Metaphern «Geschichte in einem radikaleren Sinn als Begriffe» haben und an die «Substruktur des Denkens» heranführen, die die «Nährlösung der systematischen Kristallisationen» ist. Der Grund dieses Verzichtes war die Einsicht, daß damit das Wörterbuch bei dem gegebenen Stand der Forschungen in diesem Felde überfordert würde und daß es besser sei, einen Bereich auszulassen, dem man nicht gerecht werden kann, als sich für ihn mit unzureichender Improvisation zu begnügen.

3. Die Verschiedenheit und Heterogenität der Bereiche, die Gegenstand des Wörterbuches sind, hat im notwendigen Verzicht auf eine einheitliche Methode der Darstellung dazu geführt, daß in ihm verschiedene Typen von Artikeln eingeführt wurden.

a) Terminologische Artikel sind der nicht geringen Zahl von Wörtern zugeordnet, deren Bedeutung in der Philosophie und in den Wissenschaften im wesentlichen feststeht; sie begnügen sich in der Regel mit einer – gelegentlich durch knappe oder ausführlichere Erläuterungen erweiterten – allgemeinen Kennzeichnung.

b) In einer zweiten Gruppe von Artikeln werden Begriffe behandelt, die in der Geschichte nur wenigen deutlich bestimmbaren Bedeutungsveränderungen unterworfen waren oder die für bestimmte philosophische Positionen eine zentrale, ihre Geschichte fortgehend bestimmende Bedeutung erhielten. Sie werden dementsprechend schwerpunktlich dargestellt. Das gilt insbesondere für Begriffe und Termini der Fachwissenschaften, bei denen aber dann, wenn sie zugleich eine philosophische Geschichte und Vorgeschichte haben, diese entweder in die Darstellung einbezogen oder in einem ergänzenden Artikel behandelt werden, ohne daß dies jedoch zur verbindlichen Regel gemacht werden konnte.

c) Im Bereich der Einzelwissenschaften, vor allem aber in der neuen Logik, empfahl es sich, eine Reihe von Termini nicht für sich, sondern in dem systematischen Zusammenhang, in dem sie stehen, zusammenfassend darzustellen. Das hat zur Folge, daß es im Wörterbuch eine Gruppe enzyklopädischer Artikel, wie ‹Algorithmus›, ‹Informationstheorie›, ‹Aussagenlogik›, ‹dialogische Logik›, ‹Prädikatenlogik›, gibt, die die Hauptlast auch der systematischen Detailinformation tragen, während sich das, was zu anderen – etwa das Teilwort ‹Logik› enthaltenden – zusammengesetzten Termini (z. B. ‹mathematische Logik›) gesagt wird, auf eine kurze definitorische Unterrichtung als terminologiegeschichtliche Darstellung beschränken kann. In die Artikel zur Logik mußten notwendigerweise die hier gebräuchlichen Symbole eingehen und für die Grundsymbole einheitliche Zeichen eingeführt werden. Jedem Band des Wörterbuchs wird daher auf einer der letzten Seiten ein Verzeichnis beigegeben, in dem die Bedeutung der wichtigsten logischen und mathematischen Zeichen erläutert wird. Der Artikel ‹Prädikatenlogik› enthält außerdem unter Ziffer 2 eine Zusammenstellung, die die Übersetzung in andere gebräuchliche logische Zeichen ermöglicht.

d) Geschichtlicher Methode folgen die Artikel meist größeren Umfangs, die philosophische Begriffe zum Gegenstand haben, die der Philosophie seit ihren Anfängen in Griechenland fortgehend angehören und in Kontinuität und im Wandel ihrer Bedeutungen wie Leitbegriffe durch ihre Geschichte führen. Sie werden, alle Epochen ihrer Geschichte umgreifend, meist von mehreren Autoren dargestellt und übernehmen in besonderer Weise die Aufgabe, Geschichte und Gegenwart der Philosophie miteinander zu vermitteln und Kontinuität, Umformung und Abbruch in ihrem Gange erscheinen zu lassen. Wie auch sonst, wird in diesen Artikeln vermieden, die Darstellung mit einer «Definition» einzuleiten oder abzuschließen. Sie gehen vielfach vom Aufkommen des Begriffswortes und der Bedeutung aus, die seine Aufnahme in die Philosophie voraussetzt, sie begründet und kennzeichnet. Es gibt Darstellungen, die mit der Feststellung enden, daß der Begriff, dem sie sich zuwenden, in der Gegenwart keine aktuelle Funktion mehr hat, und die dieses Zurücktreten deuten.

Wo sich zeigte, daß die Geschichte eines Begriffes sich nicht gleichmäßig in allen Epochen verfolgen läßt, hat der Herausgeberkreis es vorgezogen, Lücken und Dunkelstellen in Kauf zu nehmen, statt um einer nicht oder nur schwer erreichbaren Vollständigkeit willen den Abschluß eines Artikels ins Unbestimmte hinauszuschieben. Anderseits haben bei einer nicht geringen Anzahl von Autoren die Einladung und die Arbeit für einen Artikel zu neuen Ergebnissen geführt, so daß hier nicht nur der Stand der Forschung zusammengefaßt, sondern überboten wird. Ganze Artikel oder Teile von ihnen sind lexikalische Abbreviaturen originaler Forschungen, die hoffentlich auch in ausführlicherer Form zur Publikation kommen werden.

4. Da sich die Geschichte von Begriffen nicht isolieren läßt, ist in das Wörterbuch auch die Darstellung von Begriffen aufgenommen worden, die in der Geschichte der Philosophie und der Wissenschaften Bedeutung gehabt haben, ohne daß das gegenwärtige Denken noch in Beziehung zu ihnen steht. Auch

hier mag man der Meinung sein können, daß zu viel, und ebenso, daß zu wenig berücksichtigt wurde. Ein Wörterbuch, das in einer absehbaren Zeit zum Abschluß kommen muß, setzt die Bereitschaft zur Auswahl voraus, die da, wo objektive und eindeutige Normen fehlen, auch immer dem kritischen Einwand der Willkürlichkeit ausgesetzt bleibt.

5. Vor ein besonderes Problem stellten Begriffe, die sowohl in der Philosophie wie in fachwissenschaftlichen Disziplinen ihren Ort haben, und ebenso Begriffe, wie ‹Feld›, ‹Struktur› u. a., die in verschiedenen Wissenschaften eine tragende, aber durchaus differenzierte Bedeutung haben. Hier wurde der Weg gewählt, sie für jede dieser Disziplinen darzustellen, um so, statt eine abstrakte Zusammenfassung zu geben, die sachliche und die methodische Differenzierung, in der diese Begriffe gebraucht werden und ihre Funktion erfüllen, deutlich zu machen. Zugleich aber wurde die zunächst vorgesehene Kennzeichnung dieser Artikel durch Angabe der jeweiligen Disziplin durch eine neutrale Numerierung mit römischen Ziffern ersetzt, damit nicht die fachliche Trennung, sondern die Differenzierung geltend gemacht und das in ihr liegende systematische Problem aufgewiesen werde; sein Austrag allerdings ist nicht Sache des Wörterbuchs, denn Lexika sollen aufnehmen und zusammenfassen, nicht aber künftige Wege vorzeichnen oder sie antizipieren.

6. Alle Artikel sind einheitlich aufgebaut. Sie geben eine zusammenhängende Darstellung, in die nach Möglichkeit Belege aus den Texten aufgenommen werden, deren Fundstellen in Anmerkungen angeführt sind; in ihnen wird ebenso die Literatur angegeben, auf die sich die Darstellung jeweils bezieht oder stützt. Zu jedem Artikel gehören Literaturhinweise, die, ohne bibliographische Vollständigkeit zu beanspruchen, auch solche Literatur nennen, die über den Zusammenhang der im Artikel gegebenen Darstellung hinausweist, um dem Benutzer die Überprüfung des Gesagten möglich zu machen und seine eigene Arbeit und Nachforschung anzuregen und zu erleichtern. Die in den Anmerkungen und in den Literaturhinweisen vorkommenden Sigeln und ihre Auflösungen werden für jeden Band in einem Verzeichnis der Abkürzungen zusammengestellt.

7. Das Wörterbuch beschränkt sich im wesentlichen auf die deutsche Sprache; doch werden Ausdrücke der griechischen, lateinischen oder einer anderen Sprache, die in die deutschsprachige Literatur eingegangen sind, als solche aufgenommen, wenn sie nicht eindeutig übersetzt werden können oder eine Übersetzung sich für sie nicht eingebürgert hat. Das gilt insbesondere für zahlreiche Termini der Ontologie und der Logik in ihrer lateinischen Tradition, die nach dem Ende der Schulphilosophie, wenn überhaupt, nur in veränderter Bedeutung in die moderne Sprache der Philosophie aufgenommen und in ihr aufbehalten wurden. Der lateinische Titel wurde nicht selten auch dann gewählt, wenn dem Autor daran lag, Darstellung und Deutung im Zusammenhang der älteren Tradition zu fundieren und von ihr her die moderne Entwicklung verständlich zu machen. Längeren griechischen oder lateinischen Zitaten werden in der Regel deutsche Übersetzungen im Text beigegeben; griechische sowie russische Wörter und ebenso die der asiatischen Philosophie werden immer im Titel und oft auch im Text transkribiert. Artikel, die in einer anderen Sprache abgefaßt wurden, sind übersetzt worden; für die Übersetzung wurde das Einverständnis der Autoren eingeholt.

8. Artikel, die mit ‹Red.› unterzeichnet sind, wurden von Mitgliedern des Herausgeberkreises oder in dessen Auftrag geschrieben. Die Unterschrift ‹Eisler (red.)› bedeutet, daß der so unterzeichnete Artikel aus der letzten Auflage des ‹Wörterbuches der philosophischen Begriffe› übernommen und redaktionell bearbeitet worden ist.

9. Alle Verweisungen, die zu einem Artikel gehören, und alle Verweisungsstichworte für Begriffe und Termini, die keinen eigenen Artikel erhalten und unter einem anderen Titel behandelt sind, wurden, abweichend vom üblichen Brauch, aus dem Text der Artikel herausgenommen und mit allen Artikeltiteln in einem besonderen Indexband zusammengefaßt. Das empfahl sich einmal, weil es so möglich wurde, bei der Art des Aufbaus und der Veröffentlichung des Wörterbuchs sonst unvermeidliche Auslassungen und Fehler auszuschalten. Sodann macht ein Indexband es dem Benutzer leichter, Verweisungen systematisch nachzugehen, Artikel, die in sachlicher Beziehung zueinander stehen, herauszusuchen und dafür die im Indexband vermittelte Übersicht über das in das Wörterbuch eingegangene Material im ganzen vor Augen zu haben und zu nutzen. Da dieser Indexband aus einsichtigen Gründen erst mit dem letzten Band des Wörterbuchs vorgelegt werden kann, hat dieses Verfahren freilich zur Folge, daß die Benutzer der zuerst veröffentlichten Bände nicht sehen können, ob Begriffe, die sie suchen, im Wörterbuch fehlen oder ob sie in einem anderen Artikel behandelt werden. Verlag und Herausgeberkreis ist es klar, daß dies für die Benutzer

des Wörterbuchs, solange es nicht als Ganzes vorliegt, nachteilig ist. Sie sind jedoch nach sorgfältiger Abwägung zu der Überzeugung gekommen, daß Nutzen und Vorteile des gewählten Verfahrens die Nachteile überwiegen, und bitten die Benutzer des Wörterbuchs um Geduld, bis der Indexband vorgelegt werden kann.

III

Der Dank dafür, daß dieses ‹Historische Wörterbuch der Philosophie› zustande kommen konnte, gebührt denen, die es als Autoren der Beiträge geschaffen haben. Der Herausgeberkreis hofft, daß er die ihm obliegenden Aufgaben im Sinne der Erklärung verstanden und erfüllt hat, die D'ALEMBERT in der ‹Einleitung zur Enzyklopädie von 1751› abgibt: «Wir erklären, daß wir durchaus nicht so kühn waren, uns allein eine Last aufzubürden, die unsere Kräfte weit übersteigt, und daß wir unsere Aufgabe als Herausgeber hauptsächlich in einer geordneten Zusammenstellung des Materials sehen, dessen weitaus größter Teil uns geschlossen von anderer Seite übergeben wurde.» Um die Beiträge nach Möglichkeit in ihrer originalen Fassung zu bringen, wurden Ungleichmäßigkeiten des Umfangs im Verhältnis der Artikel zueinander und im Verhältnis zu systematisch gleich wichtigen Begriffen aus anderen Bereichen in Kauf genommen, wo eine Angleichung nur durch Eingriffe in die Substanz der Darstellung erreichbar gewesen wäre. Der Herausgeberkreis kennt die Lücken, die geblieben sind. Perfektion als Ideal und Leitbild kann auch zu einer Blockierung des Abschlusses führen und die Arbeit ins Unabsehbare prolongieren. Verlag und Herausgeberkreis bitten, Vorschläge zur Ergänzung, Hinweise auf Lücken usw. an den Verlag Schwabe & Co. (CH-4000 Basel 10/Schweiz, Steinentorstraße 13) zu richten, damit sie für die weitere Arbeit und für etwaige spätere Auflagen gesammelt und genutzt werden können.

Der Dank des Verlages und des Herausgeberkreises gilt der Deutschen Forschungsgemeinschaft, die seit 1966 großzügig Sachmittel zur Verfügung stellte, die es möglich machten, über die Improvisation des Anfangs hinwegzukommen und zunächst einen, dann zwei wissenschaftliche Mitarbeiter einzustellen.

Der Dank des Herausgeberkreises gilt dem Verlag Schwabe & Co. in Basel, der sich nach dem Erwerb der Rechte an R. Eislers ‹Wörterbuch der philosophischen Begriffe› um dessen Neubearbeitung bemüht und damit den Anstoß zur Planung und Verwirklichung des vorliegenden Werkes gegeben hat; er gilt besonders den Verlegern Christian Overstolz senior und Christian Overstolz junior für das ungewöhnliche Maß an Verständnis, das sie und ihre Mitarbeiter den Sorgen und Vorschlägen des Herausgeberkreises entgegengebracht haben. Der philosophische Lektor des Verlages, Jakob Lanz, hat sich besondere Verdienste um dieses Werk erworben. Der Herausgeberkreis dankt ihm aufrichtig für die vielfältig bewährte, mustergültige Zusammenarbeit.

Dank gebührt außer den auf der Impressumseite genannten Mitarbeitern allen, die uneigennützig in mannigfacher Weise geholfen und sich in den Dienst der Sache für längere oder kürzere Zeit gestellt haben: in Bielefeld: I. von Hunnius; in Bochum: P. Lassop, I. Linke, E. Lodemann, U. Pampus, F. Rheinberg, M. Schmidt; in Gießen: H. Brelage, I. Nagel, Th. Kobusch; in Konstanz: Ch. Ehrenberg, A. Weitzell; in Münster: I. Bäcker, St. v. Beverfoerde, D. Friedrichs, U. Greiser, W. Nieke, A. Reckermann, E. Rupp, U. Schneider, G. Scholtz, F. Steinbeck, H. Stora, U. Theissmann.

Als hilfsbereite Übersetzer fremdsprachiger Artikel seien Ch. Kriele (Köln), R. de la Vega (Gießen) und F. Kulleschitz (Münster) genannt.

Herausgeber und Verlag danken den Universitätsbibliotheken in Bochum, Gießen, Konstanz und Münster, die immer wieder halfen, auch schwer erreichbare Texte heranzuschaffen.

Münster, im Herbst 1970   JOACHIM RITTER

Jedem Band des Wörterbuches werden am Schluß Verzeichnisse der Artikel und der Artikelautoren sowie häufig verwendeter Abkürzungen und Zeichen beigegeben. Im ersten Band sind nach dem Autorenverzeichnis zusätzlich Bemerkungen zur formalen Gestaltung des Werkes abgedruckt.

A

Abbildtheorie ist eine von den griechischen Atomisten LEUKIPP und DEMOKRIT entwickelte Vorstellungstheorie, nach der sich von den Gegenständen ständig unsichtbare Atomgruppen oder Bilder (εἴδωλα) ablösen, durch die Sinnesorgane in die Seele dringen und sich in diese hineinbilden [1]. Die Theorie wird von den *Epikureern* in diesem ganz materialistischen Sinn übernommen [2], in der *stoischen* Erkenntnistheorie weiterentwickelt und rationalisiert: Die richtige Vorstellung vom Gegenstand setzt nicht nur die Umsetzung der Affektionen in Wahrnehmungen, sondern die abstrahierende Verarbeitung der Sinnesdaten und zustimmende Beurteilung (συγκατάθεσις) voraus. Für ARISTOTELES liegt Erkenntnis nicht in der einzelnen Wahrnehmung als unmittelbarer Abbildung des Gegenständlichen, sondern in der richtigen Verflechtung der Bedeutungsinhalte (συμπλοκὴ νοημάτων) [3] nach Urteilsformen, die mit den Seinsformen übereinstimmen [4]. Sinne und Verstand sind dem Vermögen nach, was die Dinge in Wirklichkeit sind; im Akte des Wahrnehmens und Erkennens fallen sie zusammen [5]. Die damit ausgesprochene Übereinstimmung (ὁμοίωσις, adaequatio) von Erkenntnis und ihrem Gegenstand deutet auf eine metaphysische begründete, das Affektionsmodell übersteigende A. Die *Scholastik*, soweit sie an Aristoteles orientiert ist, faßt dessen Erkenntnistheorie als eine Abstraktionstheorie auf, insofern der Verstand die Allgemeinbegriffe nicht vorfindet, sondern aus den Sinnesdaten herausarbeiten muß. Die Wahrheit liegt wie bei Aristoteles, so auch bei THOMAS in der adaequatio intellectus et rei [6], in einem Verhältnis also von Gegenstand und Vorstellung vom Gegenstand, das demjenigen von Urbild und Abbild gleicht.

Die Erkenntnistheorie des *neuzeitlichen*, sensualistisch-phänomenalistisch bestimmten *Empirismus* beruft sich auf das reine Affektionsmodell, demzufolge die Seele bzw. der Verstand im Sensationsprozeß als passives «sujet d'une action» [7] erscheint; charakteristisch ist die immer wieder in diesem Zusammenhang auftretende Prägemetapher [8]. Nach BACON soll der Verstand die Natur ausschließlich nachbilden und keine wesenlosen Bilder (Idole) als anticipationes mentis vorwegnehmen [9]. LOCKES Ausgangspunkt ist der Verstand als «empty cabinet», «sheet of blanc paper», «waxed tablet» [10], wobei er den Vorgang des Einprägens und Abbildens der Gegenstände bzw. des Affiziertwerdens des Verstandes durch die Gegenstände im Auge hat [11]. BERKELEY entwickelt eine immanente A., die die Wirklichkeit als «ideas, imprinted on the senses by the Author of Nature» auffaßt [12]. Die von Kant abgelehnte A. [13] begründet die Erkenntnistheorie des materialistischen *Positivismus* [14] und des *Marxismus*, der besonderen Wert auf den sozialen Charakter und die soziale Determiniertheit des Abbildungsprozesses legt [15].

Voraussetzung für jede A. ist die Annahme, daß der Gegenstand der Erkenntnis vom erkennenden Subjekt weder erzeugt noch unmittelbar geschaut wird, sondern außerhalb und unabhängig vom Subjekt als objektive Realität besteht, als solche auf das Subjekt wirkt, von diesem erfaßt, bearbeitet und ideell als Phänomen oder Noumenon abgebildet und nachgebildet werden kann in Vorstellung, Urteil, Theorie. Erkenntnis innerhalb der A. impliziert immer die Beziehung des Gedachten auf ein Wirkliches. Wahrheit besteht in der Übereinstimmung beider Seiten. Gegen RICKERT, SCHLICK, WINDELBAND und die phänomenologische Schule bringen diesen Gedanken in der modernen Philosophie VOLKELT, KÜLPE, insbesondere E. v. HARTMANN und N. HARTMANN zur Geltung. Für H. RICKERT ist der theoretische Intuitionismus (Beispiel: Heidegger) «notwendig verknüpft» mit der A. Da es aber keinen Sinn hat, eine aus Wortbedeutungen bestehende Erkenntnis ein «Abbild des Gegenstandes» zu nennen, «dürfte damit auch der Begriff des wahren Denkens als der des Ent-deckens und der der Wahrheit als der der Unverhülltheit oder Unverborgenheit der Anschauung hinfällig werden» [16]. M. SCHLICK läßt eine Übereinstimmung unserer Urteile und Begriffe mit der Wirklichkeit lediglich in Form von eindeutiger Zuordnung gelten und hält alle «naive» A. für «gründlich zerstört» [17]. W. WINDELBAND sieht ebenso in der A. den «vollständigsten Ausdruck der naiven Weltsicht» [18]. Für E. HUSSERL führt die A. auf einen unendlichen Regreß: «Das Abbild als reelles Stück in der psychologisch-realen Wahrnehmung wäre wieder ein Reales – ein Reales, das für ein anderes als Bild fungierte» [19]. Die Phänomenologie enthält sich solcher Setzung eines «wirklichen» Dinges wie einer «transzendenten» Natur bzw. reduziert diese Setzungen auf das, was sie eigentlich sind: Phänomene, Objekt«erlebnisse». – J. VOLKELT tritt demgegenüber mit KÜLPE [20] für eine «A. in relativem Sinne» ein [21], wie sie E. v. HARTMANNS Begriff des «transzendentalen Realismus» [22] zugrunde liegt. Fundament der Erkenntnistheorie N. HARTMANNS ist in der Wiederaufnahme des alten Gedankens von der adaequatio intellectus cum re die Tatsache, «daß alles Bewußtsein mit seinem Gegenstand ein Transzendentes meint» [23] und sich transzendente Teilsachverhalte sichtbar zu machen vermag: Erkenntnis besteht in einem abbildähnlichen «Erfassen von etwas, das auch vor aller Erkenntnis und unabhängig von ihr vorhanden ist» [24].

Anmerkungen. [1] DEMOKRIT bei H. DIELS: Die Frg. der Vorsokratiker (²1906) Frg. 7, 166. – [2] LUKREZ, De rerum natura IV, 28ff. – [3] ARISTOTELES, De anima 432 a 11. – [4] Met. 1017 a 22. – [5] De anima 431 b 26. – [6] THOMAS V. AQUIN, S. theol. I, q. 16, art. 1, 3. – [7] Vgl. Art. ‹sensation› in der Encyclopédie. – [8] Vgl. ORTEGA Y GASSET: Die beiden großen Metaphern (1916). – [9] F. BACON, Novum Organum I, 120ff.; Praef. – [10] LOCKE, Essay conc. human understanding I, 1, 15; II, 1, 1; Locke zitiert in diesen Wendungen den aristotelischen Begriff der tabula rasa; vgl. De anima III, 4, 430 a 1. – [11] Vgl. ebenso D. HUME, A treatise on human nature I, 1, 1. – [12] BERKELEY, Principles of human knowledge I, 33. – [13] KANT, KrV B 83. – [14] Vgl. D. DIDEROT, Elemente der Physiol. XXVI, XXXI. – [15] Vgl. G. KLAUS und

M. Buhr: Philos. Wb. (²1965) Art. ‹A.› – [16] H. Rickert: Kennen und Erkennen. Kantstudien 39 (1934) 146. – [17] M. Schlick: Allg. Erkenntnislehre (1918) 57. – [18] W. Windelband: Einl. in die Philos. (1914) 197. – [19] E. Husserl: Ideen zu einer reinen Phänomenol. und phänomenol. Philos. 1/1 (1913) 186. – [20] Vgl. O. Külpe: Die Realisierung 1 (1912) 238. – [21] J. Volkelt: Gewißheit und Wahrheit (1918) 282. – [22] E. v. Hartmann: Das Grundproblem der Erkenntnistheorie (1889) 52. – [23] N. Hartmann: Grundzüge einer Met. der Erkenntnis (²1925) 76. – [24] a. a. O. 1.

Literaturhinweise. E. Müller: Das Abbildungsprinzip (1912). – W. Windelband s. Anm. [18] 196ff. – J. Volkelt s. Anm. [21] 269-285. – J. Hirschberger: Gesch. der Philos. 1 (1952) 219f.

J. Nieraad

Abduktion (engl. abduction) ist ein von Ch. S. Peirce 1866 entdeckter Schlußmodus, der als dritte Möglichkeit syllogistischen Schließens neben Deduktion und Induktion tritt [1]. Peirce glaubte mit der A. dasselbe zu meinen wie Aristoteles mit der ἀπαγωγή (lat. abductio) [2].

Davon ausgehend, daß der deduktive Syllogismus von der Regel (major) und dem Fall (minor) auf das Resultat (conclusio) schließt, der induktive von dem Fall und dem Resultat auf die Regel, erkennt man, daß formal eine weitere Schlußweise möglich ist: der Schluß von dem Resultat und der Regel auf den Fall – die A. Da die A. «eine Hypothese macht», sprach Peirce ursprünglich synonym einfach von ‹hypothesis›. – Während beim analytischen deduktiven Schließen die Konklusion zwingend aus den Prämissen folgt, schließen Induktion und A. auf den Schlußsatz nur mit Wahrscheinlichkeit, sind dafür aber synthetisch (Erkenntnis erweiternd). Induktion und A. gehören somit der «logic of discovery» an; von einander unterscheiden sich dadurch, daß wir *induktiv* «vom Partikulären auf das allgemeine Gesetz», «von einer Reihe Tatsachen auf eine andere Reihe ähnlicher Tatsachen» schließen, *abduktiv* dagegen «von der Wirkung auf die Ursache», «von Tatsachen einer Art auf Tatsachen anderer Art» [3]. Die A. wird bei jeder wissenschaftlichen Hypothesenbildung faktisch angewandt; das Schema einer A.: (I) Es wird ein Phänomen B beobachtet. (II) Falls nun die allgemeine Prämisse $A \rightarrow B$ gilt, läßt sich B erklären. (III) Also vermutlich A.

Hierbei kann nun die allgemeine Gesetzesaussage entweder bereits als gültig anerkannt sein, so daß sie zur Erklärung des vorliegenden Phänomens lediglich herangezogen wird, oder aber sie muß erst innovatorisch gewonnen werden. In diesem Fall ist die Annahme der allgemeinen Regel aber schon ein Induktionsschluß, wobei die in der Regel mitgenannten Anfangsbedingungen wiederum bereits einen A.-Schluß voraussetzen. Nach Peirce ist der hier auftretende Zirkel im Falle synthetischen Schließens legitim, kein «vitiosus», sondern ein «circulus fructuosus»; damit wird methodologisch gerechtfertigt, was die Hermeneutik als «Zirkel des Verstehens» (in der hermeneutischen Synthesis) bezeichnet hat [4].

Zu unterscheiden ist noch ein anderer Sinn, in dem Peirce davon spricht, daß die meisten physikalischen Theorien entstanden seien «in einer Mischung von Induktion und Hypothese [A.], die einander stützen» [5]. In der wissenschaftlichen Forschung ist das konstatierte Phänomen B gewöhnlich schon ein induktiv erschlossenes Gesetz (eine «Formel») von der Form $C \rightarrow D$. Diese Formel ist nun durch das abduktive Auffinden eines allgemeineren Gesetzes A (einer «Theorie») zu erklären, so daß $A \rightarrow (C \rightarrow D)$ gilt und A die Ausgangsformel nicht mehr bloß verallgemeinert, sondern von ihr «völlig verschieden» ist. Für Peirce entscheidend ist aber nicht, daß die Ausgangsformel schon auf einer Induktion basiert, sondern daß die Hypothese A selbst, trotz ihrer qualitativen Differenz von der Ausgangsformel, meistens in anderer Hinsicht nur eine «sehr weit vorstoßende» Induktion ist. Beispiel: Die Erklärung des Boyleschen Gesetzes durch die kinetische Gastheorie war zu ihrer Zeit eine «reine Hypothese», «völlig verschieden» von dem Beobachteten; eine Induktion aber insofern, als sie andererseits nur die Energiegesetze der Mechanik, die für beobachtbare Körper gelten, dahin verallgemeinerte, daß ihre Gültigkeit auch für die (damals nicht beobachtbaren) Moleküle von Körpern angenommen wurde: «Dementsprechend nimmt der Schluß, wenn wir eine Induktion völlig über die Grenzen unserer [bisherigen] Erfahrung hinaus ausweiten, die Natur einer Hypothese [A.] an» und ist in dem Fall eine ernstzunehmende Hypothese, wo «wir finden, daß eine solche Ausweitung irgendein Faktum erklärt, das wir beobachten können und tatsächlich beobachten» [6].

Peirces Logik der A. steht in engem Zusammenhang mit seinem Pragmatismus als Theorie der Zulässigkeit von Hypothesen. Sie ist «wohl bis jetzt ohne eigentliche Nachfolge geblieben, aber es könnte sein, daß Peirces großer logischer Instinkt hier etwas gesehen hat, was in der Logik noch eine Zukunft hat» – so J. v. Kempski [7], der selbst eine modifizierende Weiterentwicklung und Formalisierung der A.-Logik unternommen hat [8]. N. R. Hanson entwirft eine von Peirce ausgehende ‹Logik der Hypothesenbildung›. Statt ‹A.› übernimmt er die von Peirce gelegentlich bevorzugte Prägung ‹retroduction› [9].

Anmerkungen. [1] Ch. S. Peirce: On the natural classification of arguments (1867). Coll. Papers (Cambridge, Mass. 1931ff., ²1960) 2, 461-516; von den späteren Darstellungen sind die beiden wichtigsten: Deduction, induction, and hypothesis (1878) a. a. O. 2, 619-644; A theory of probable inference (1883) a. a. O. 2, 694-751. – [2] Arist., Anal. priora II, 25. – [3] Peirce, a. a. O. 2, 636. 642. – [4] Vgl. K. O. Apel: Einl. zu: Ch. S. Peirce, Schriften 1 (1967) 76. 85. 140. – [5] Peirce, a. a. O. 2, 640. – [6] ebda. – [7] J. v. Kempski: Ch. S. Peirce und der Pragmatismus (1952) 25. – [8] a. a. O. 99-115. – [9] N. R. Hanson: Notes toward a logic of discovery, in: R. J. Bernstein (Hg.): Perspectives on Peirce (New Haven/London 1965) 42-65.

Literaturhinweise. A. W. Burks: Peirce's theory of A. Philos. Sci. 13 (Baltimore 1946) 301-306. – J. v. Kempski: Ch. S. Peirce und die Apagoge des Aristoteles, in: Kontrolliertes Denken. Festschrift W. Britzelmayr (1951) 56-64; s. Anm. [7] 25-37; 83-98: III. Peirces Lehre vom abduktiven Schluß; 99-115: IV. Das klass. System der Modi der deduktiven, induktiven und abduktiven Schlüsse. – H. G. Frankfurt: Peirce's notion of A. J. Philos. 55 (Lancaster, Pa. 1958) 593-597. – J. Habermas: Erkenntnis und Interesse (1968) 143-152.

R. Heede

Abfolge. Der Terminus ‹A.› spielt in der Wissenschaftslehre B. Bolzanos [1] eine hervorgehobene Rolle. Nach Bolzano soll ein Satz B genau dann im Verhältnis der A. zu einer Gruppe von Sätzen $A_1, A_2, \ldots$ stehen, wenn $A_1, A_2, \ldots$ die «Gründe» für B sind (das dann «Folge» der $A_1, A_2, \ldots$ heißt), wenn, anders ausgedrückt, B wahr ist, *weil* $A_1, A_2, \ldots$ gelten. Bolzano ist der Meinung, jede wissenschaftliche Theorie lasse sich so darstellen, daß dabei die begründeten Behauptungen im Fortschreiten von Gründen zu Folgen, entsprechend ihrer A. also, auseinander resultieren und damit ihr «objektiver Zusammenhang» [2] sichtbar wird. Er nennt solche Darstellungen «philosophisch» [3]. Wo ein Beweisgang zwar überzeugend ist, aber dem objektiven Zusammenhang stellenweise zuwiderläuft, spricht Bolzano von «bloßer Gewißmachung» [4] der Wahrheiten. Er sieht diesen A.-Begriff an als Wiederaufnahme der Unterscheidung von Aristoteles [5] zwischen Beweisen, die das διότι, das *Warum* angeben, und Argumentationen, die lediglich das ὅτι, *daß* etwas ist, sichern.

Anmerkungen. [1] Vgl. z. B. B. BOLZANO: Wissenschaftslehre 2 (¹1837) §§ 162. 198. – [2] a. a. O. § 355. – [3] Was ist Philosophie? hg. M. J. FESL (1849, Nachdruck 1964). – [4] a. a. O. 13. – [5] ARISTOTELES, Anal. post. I, 13.

Literaturhinweise. G. BUHL: Ableitbarkeit und A. in der Wissenschaftslehre Bolzanos (1961). – H. SCHOLZ: Die Wissenschaftslehre Bolzanos – eine Jahrhundertbetrachtung, in: H. SCHOLZ: Mathesis Universalis, hg. H. HERMES, F. KAMBARTEL, J. RITTER (1961) 219-267. – J. BERG: Bolzano's Logic (Stockholm 1962). – F. KAMBARTEL: Die logische Grundposition der Bolzanoschen Wissenschaftslehre – Ableitbarkeit und A., in: Bernard Bolzanos Grundlegung der Logik. Philos. Bibl. 259 (1963) XXIX-LIV.
F. KAMBARTEL

Abgeschiedenheit. ECKHART hat mit diesem Wort den Weg des mystischen Aufstiegs und zugleich dessen Ziel beschrieben. Er versteht darunter die höchste Tugend, sie überragt Liebe, Demut und Barmherzigkeit, denn sie entbehrt jedes Bezuges auf Kreatürliches. Sie ist darum aber auch der Zustand Gottes. Der Mensch, der sich freimacht von allem Geschöpflichen, nichts für sich will, auch von Gott nichts erwartet, ist der Zeit entnommen, ist gottförmig. Die gegenstandslose A. kann den inneren Menschen bestimmen, während der äußere Mensch sich seinen Angelegenheiten widmet, so wie bei einer sich öffnenden Tür die Angel auch unbewegt bleibt. A. heißt Leersein von Kreaturen und von Gott, sie ist «Armut im Geiste» [1]. Sie ist Einförmigkeit mit dem Einförmigen. Das von Kreaturen freie Herz ist völlig dem göttlichen Einfluß ausgesetzt [2]. Der Begriff findet sich nach Eckhart bei TAULER, wo er einen Zustand beschreibt, in dem man über alle Bilder und Formen und Gleichnisse hinausgekommen ist [3]; ähnlich verwendet ihn SEUSE: je abgeschiedener der Ausgang, desto näher der Eingang in die grenzenlose Einsamkeit und in den tiefen Abgrund der gestaltlosen Gottheit [4].

Anmerkungen. [1] Mt. 5, 3. – [2] Von abegescheidenheit. Dtsch. Werke, hg. QUINT 5 (1963) 377-468. – [3] Pr. 54, hg. VETTER (1910) 249, 16f. – [4] Büchlein der Ewigen Weisheit Kap. 12, hg. BIHLMEYER (1907) 245, 9f.

Literaturhinweise. E. SCHAEFER: Meister Eckeharts Traktat ‹Von A.› (1956). – J. QUINT: Anmerkungen und Übersetzung, in: MEISTER ECKHART, Dtsch. Werke 5 (1963).
P. HEIDRICH

Abgrund. Um die Heimlichkeit und Unerkennbarkeit Gottes auszudrücken, spricht PSEUDO-DIONYSIUS AREOPAGITA vom βάθος [1]. Die deutschen Mystiker sagen ‹A.›, um das Wesen der Gottheit, jenseits noch der trinitarischen Personen, zu beschreiben. Zwar kann bei ECKHART ‹grunt› die Bedeutung des Formalgrundes haben [2], aber für ‹abgrunt› und gelegentlich auch ‹grunt› ist der Sinn «Tiefe Gottes» gesichert; diese Tiefe ist nur im Seelengrund erfahrbar [3]. Der A. der Grundlosigkeit Gottes ist auch nach TAULER der Vernunft unerreichbar [4]. Der geschaffene A. fließt in den ungeschaffenen und wird einiges Eins, ein Nichts im andern Nichts [5]. – Der späte HEIDEGGER nimmt das Wort auf, um damit die ontologische Differenz auszusprechen: Das Sein kann ‹Ab-grund› heißen, weil es im Gegensatz zum Seienden keinen Grund (kein ‹Warum›) hat [6].

Anmerkungen. [1] De div. nom. 15, 5. MPG 3, 913. – [2] Pr. 18, Dtsch. Werke, hg. QUINT 1 (1958) 302. – [3] Pr. 12 a. a. O. 194; Pr. 13, 219; Pr. 15, 253. – [4] Pr. 67, hg. VETTER (1910) 368, 14; Pr. 52, 239, 4. – [5] Pr. 45 a. a. O. 201. – [6] Der Satz vom Grund (1957).

Literaturhinweise. A. NICKLAS: Die Terminologie des Mystikers Heinrich Seuse (1914). – H. KUNISCH: Das Wort ‹Grund› in der Sprache der dtsch. Mystik des 14. und 15. Jh. (1929). – C. KIRMSSE: Die Terminologie des Mystikers Johannes Tauler (1930). – B. SCHMOLDT: Die dtsch. Begriffssprache Meister Eckharts (1954).
P. HEIDRICH

Abhängigkeit (Dependenz). Der Begriff der A. wurde im Laufe der Wissenschaftsgeschichte in verschiedenen Kontexten verwendet.

1. Einen ersten systematischen Überblick gibt – in Anlehnung an Aristoteles – die *Scholastik*, indem sie «dependentia essentialiter» und «accidentaliter», «causalis», «relativa», «personalis» unterscheidet [1].

a) Für die *Neuzeit* wird die Frage nach der «dependentia causalis» als Grundbegriff der Naturwissenschaft und «dependentia personalis» als Grundbegriff der Gesellschaftswissenschaften besonders wichtig. So hebt etwa LOCKE in seiner an den Naturwissenschaften orientierten Erkenntnistheorie die A. jeglicher Abstraktion von der Erfahrung hervor, während er das A.-Verhältnis von Individuum und Staat durch seine Lehre von der Gewaltenteilung zu klären versucht [2].

KANT rechnet die *Dependenz im Sinn von ‹Wirkung›* neben der Kausalität (‹Ursache›) zur Kategorie der Relation. Dagegen ist *teleologische* Dependenz als Abhängigkeit der Wirkung von einem «Naturzweck» für Kant kein Begriff, für dessen Anwendung auf Erfahrungsgegenstände objektive wissenschaftliche Kriterien existieren. Er ist vielmehr eine bloße «Idee» im Kantschen Sinn, die zu nichts weiter führen kann als zu «regulativen Funktionen» oder «subjektiven Maximen». Für Kant ist also teleologische Dependenz nur im Sinne einer methodologischen oder heuristischen Regel akzeptierbar und nicht als Grundprinzip einer teleologischen Metaphysik [3].

b) Die Mittel der *modernen Logik* erlauben es, die Sprache zu untersuchen, in welcher das Ursache-Wirkungs-Verhältnis beschrieben wird: Es tritt dabei *die A. von Gesetzmäßigkeit und Prognose* in den Vordergrund. POPPER definiert Gesetze als Hypothesen (d. h. Allaussagen, die so lange gelten, als sie nicht empirisch falsifiziert werden); die Dependenz von Hypothese und Prognose wird durch den in der Logik präzisierten Begriff der Deduktion beschrieben: «... Sein [des Theoretikers] Ziel ist es, erklärende Theorien zu finden (möglichst wahre erklärende Theorien), das heißt, Theorien, die bestimmte strukturelle Eigenschaften der Welt beschreiben und uns erlauben, mit Hilfe von Randbedingungen die zu erklärenden Effekte zu deduzieren» [4]. In der *Physik* schränkt man die Verwendung des Ausdrucks «kausale Erklärung» zumeist auf den speziellen Fall ein, daß die verwendeten allgemeinen Gesetze die Form von «Nahwirkungsgesetzen» (Differentialgleichungen) haben. In diesem Zusammenhang tritt bei MACH an Stelle der kausalen Dependenz der Begriff der *«funktionalen A.»* [5].

c) Zu den neueren erkenntnistheoretischen Konsequenzen der Naturwissenschaft gehört die Unterscheidung von strikten (deterministischen) und statistischen (probabilistischen) Gesetzen. Die Dependenz der Prognosen wird deshalb einmal durch den logischen Deduktionsbegriff, zum anderen durch wahrscheinlichkeitstheoretische Schlüsse charakterisiert. Dabei geht man häufig von dem folgenden auf HEMPEL und OPPENHEIM zurückgehenden Schema aus [6]:

Explanans $\begin{cases} A_1,...,A_n & \text{(Sätze, welche die Antezedenzbedingungen beschreiben)} \\ G_1,...,G_r & \text{(allgemeine Gesetzmäßigkeiten)} \end{cases}$

(Dependenz)
Explanandum E (Beschreibung der zu erklärenden Ereignisse)

Die bisherigen Versuche einer *formallogischen* und *wahrscheinlichkeitstheoretischen* Bestimmung des Dependenzbegriffs haben keine endgültige Präzisierung gebracht: Der wahrscheinlichkeitstheoretische Schluß ist zunächst nur für bestimmte einfache Sprachen exakt eingeführt worden [7]. Hingegen erhielt der Begriff der teleologischen Dependenz durch die Kybernetik eine entscheidende Klärung: Durch die Simulation organischen Geschehens und intelligenten Verhaltens in technischen Modellen konnte die A. einzelner Handlungsentscheidungen von Zielvorstellungen analysiert werden [8].

2. Neben dieser erfahrungswissenschaftlichen Tradition verfügt der Begriff der A. über eine lange Geschichte in der *mathematischen Grundlagenforschung*: Jahrhunderte beschäftigten sich Mathematiker und Philosophen mit der Frage, ob das Parallelenaxiom aus den übrigen Axiomen der euklidischen Geometrie ableitbar sei. 1826 konnte LOBATSCHEWSKY, 1831 J. BOLAYI ein Modell konstruieren, in dem dieses Axiom nicht galt, jedoch alle übrigen. In diesem Sinne war die «Unabhängigkeit» des Parallelenaxioms gezeigt, d. h. es konnte nicht aus den übrigen Axiomen gefolgert werden. Da unter dem Einfluß des Logizismus (RUSSELL, FREGE, PEANO u. a.) und Formalismus (HILBERT u. a.) die Begriffe der Deduktion und des formalen Systems präzisiert worden waren, konnte generell die Frage nach der A. der einzelnen Axiome eines beliebigen formalen Systems (s. d.) gestellt werden. Neben «Widerspruchsfreiheit» und «Vollständigkeit» wurde schließlich die «Unabhängigkeit» eines Axiomensystems zu einem Postulat der HILBERTschen Axiomatik [9]. Unter dem Einfluß der Modelltheorie trat in jüngster Zeit die Frage nach der A. bestimmter mathematischer Hypothesen von den Axiomen der Mengenlehre in den Vordergrund [10].

Anmerkungen. [1] Vgl. GOCLEN, Lex. philos. 509. – [2] Für eine detaillierte Diskussion von LOCKES Erkenntnistheorie vgl. F. KAMBARTEL: Erfahrung und Struktur (1968) Kap. 1. – [3] KANT, KrV A 66. – [4] K. POPPER: Logik der Forsch. (1966) 33. – [5] E. MACH: Erkenntnis und Irrtum (1917). – [6] W. STEGMÜLLER: Probleme und Resultate der Wissenschaftstheorie und analytischen Philos. (1969) Bd. 1, Kap. I/8. – [7] R. CARNAP und W. STEGMÜLLER: Induktive Logik und Wahrscheinlichkeit (1959). – [8] Vgl. STEGMÜLLER, a. a. O. [6] Kap. VIII/5; K. STEINBUCH: Automat und Mensch (1965) 268. – [9] Zur Diskussion des Begriffs ‹Formales System› vgl. F. KAMBARTEL: Formales und inhaltliches Sprechen, in: Das Problem der Sprache. 8. Dtsch. Kongr. Philos., München 1967; H. MESCHKOWSKI: Wandlungen des math. Denkens (1964) Kap. III. – [10] R. B. JENSEN: Modelle der Mengenlehre (1967). K. MAINZER

Abreagieren hat im allgemeinen Sprachgebrauch die Bedeutung des Lösens innerer Spannungen durch Aktionen. Der Psychoanalytiker O. FENICHEL bringt die Bedeutung des Wortes mit dem antiken griechischen Schauspiel in Zusammenhang. Im Sinngehalt des Wortes sieht er die Hypothese bestätigt, daß das Rollenspiel für den Schauspieler «entweder eine nachträgliche Überwindung von Angstzuständen oder eine defensive Vorwegnahme von möglichen zukünftigen Ängsten» bedeutet [1]. Seit den Anfängen der Psychoanalyse wird das Wort ‹A.› als psychotherapeutischer Fachterminus verwendet. Zunächst entdeckte J. BREUER, dann auch in Zusammenarbeit mit ihm S. FREUD, die heilsame Wirkung der Reproduktion und nachfolgenden Verbalisierung von Gedächtnisinhalten und Affekten als den Überresten traumatischer Erlebnisse. Das Bewußtwerden solcher zunächst der Erinnerung nicht zugänglicher Gedächtnisbestände wurde durch Hypnose gefördert. Breuer und Freud erklärten die Wirkung einer solchen Behandlung damit, daß der Patient durch die vom Therapeuten angeregte Reproduktion das Trauma verarbeitet, indem an verdrängte Vorstellungen gebundene «eingeklemmte Affekte» freigesetzt und abgeführt werden. Sie bezeichneten ihre Behandlungsweise als «kathartische Methode», den speziellen Aspekt der nachträglichen Affektabfuhr durch Verbalisierung nannten sie ‹A.› [2]. Ein ähnliches Prinzip findet sich auch in den Studien A. BINETS [3] und P. JANETS [4], die jedoch die Termini ‹A.› oder ‹kathartische Methode› nicht verwendeten.

FREUD selbst erkannte später, daß die Katharsis nicht die angenommene umfassende Heilwirkung besitze, da sie nicht an den Wurzeln neurotischer Störungen ansetze; sie stelle lediglich eine Therapie von Symptomen dar. Die Überwindung traumatischer Erlebnisse und ihrer psychischen Folgen könne nur durch Reorganisation der gesamten Persönlichkeit geleistet werden. Eine solche Reorganisation erwartete er von dem weitgehend durch ihn selbst entwickelten Verfahren der Psychoanalyse [5]. Das Prinzip der A. ist jedoch als «Durcharbeiten» ein Bestandteil der Psychoanalyse geblieben. Die Technik der Hypnose wurde dabei durch die der freien Assoziation ersetzt.

Heute versuchen Therapeuten das A. nicht nur durch Verbalisierung zu erreichen. Bekannte andere Verfahren sind: Rollenspiel, Psychodrama, Soziodrama und andere Formen symbolischer Handlungen.

Anmerkungen. [1] H. FENICHEL und D. RAPAPORT (Hg.): The collected papers of Otto Fenichel. 2nd Ser. (London 1955). – [2] S. FREUD und J. BREUER: Studien über Hysterie (1885), in: S. FREUD: Werke 1 (1952). – [3] A. BINET: Les altérations de la personalité (Paris 1892). – [4] P. JANET: L'automatisme psychologique (Paris 1889). – [5] S. FREUD: Zur Psychotherapie der Hysterie. Werke 1 (1952) 259; Psycho-Analyses (1925). Werke 4 (1948).

Literaturhinweise. R. G. GORDON: The phenomenon of abreaction. J. Neurol. Psychopathol. 3 (1922/23) 322-328. – O. HINRICHSON: Über das ‹A.› beim Normalen und bei den Hysterischen. Z. Neurol. Psychiat. 16 (1913). – J. NUTTIN: Psychoanalyse und Persönlichkeit (1956). – L. EIDELBERG: Encyclop. of psychoanalysis (New York 1968) Art. ‹Abreaction›. L. EIDELBERG

Abschattung ist in der Phänomenologie E. HUSSERLS ein zentraler Begriff der sich zunächst in mundaner Einstellung haltenden Theorie der Wahrnehmung. ‹A.› besagt die Gegebenheitsweise des physischen Dinges (der Realität überhaupt) in einseitigen Erscheinungsabwandlungen [1]. Dabei muß die A. als Erlebnis vom Abgeschatteten als solchem, d. h. vom identischen Ding als Gegenstand der Wahrnehmung unterschieden werden [2]. Die Erscheinungsabwandlungen sind bezogen auf die wechselnde Orientierung, die Wahrnehmungsgegenstand und Betrachter zueinander einnehmen können. Der Orientierungswechsel kann sowohl durch die Bewegung des Dinges als auch durch die Wahrnehmungsaktivität (Kinästhese) des Betrachters hervorgerufen werden. Der Begriff der A. dient zunächst dazu, die Gegebenheitsweise der Realität von der des Erlebnisses (Bewußtsein) zu scheiden. Das Erlebnis als Gegenstand der immanenten Wahrnehmung schattet sich nicht ab [3]. In phänomenologischer Einstellung gewinnen die Erscheinungsabwandlungen den Charakter derjenigen noetischen Mannigfaltigkeit, die in ihrer Synthesis den vermeinten Wahrnehmungsgegenstand als solchen konstituiert [4].

Anmerkungen. [1] E. HUSSERL: Ideen zu einer reinen Phänomenol. und phänomenol. Philos. 1. Buch. Husserliana 3 (Den Haag 1950) 14. 93. – [2] a. a. O. 94f. – [3] a. a. O. 96. – [4] U. CLAESGES: Edmund Husserls Theorie der Raumkonstitution (Den Haag 1964) 64ff.

Literaturhinweise. H. U. ASEMISSEN: Strukturanalytische Probleme der Wahrnehmung in der Phänomenol. Husserls (1957). – Vgl. Anm. [4].   U. CLAESGES

Absicht. Der Begriff der A. gewinnt philosophische Bedeutung von der Zeit der Aufklärung an, in der das Deutsche als Sprache philosophischer Werke Verwendung zu finden beginnt (THOMASIUS, CHR. WOLFF). Im Vordergrund steht dabei die Verwendung des Begriffs in ethischen Zusammenhängen, insofern die A. für den sittlichen Charakter einer Handlung von Bedeutung ist. ‹A.› wird dabei zur Übersetzung von ‹intentio› gebraucht, soweit dieser Begriff nicht theoretische Beziehungsverhältnisse bezeichnet, sondern – wie eben A. – eine Willensrichtung.

1. ‹intentio› kommt im Sinn von ‹A.› schon im klassischen Latein vor [1]. Im römischen Recht und im lateinischen Text des Neuen Testamentes (Vulgata) wird gelegentlich eine damit ins Auge gefaßte ethische Qualifikation deutlich [2], ohne daß indes der Begriff dabei in diesem Sinne schon allgemeine Geläufigkeit erhält. Solche ergibt sich bei AUGUSTINUS in ethischen Erörterungen im Anschluß an den Ausspruch der Bergpredigt: «Das Auge ist des Leibes Licht. Wenn dein Auge einfältig ist, so wird dein ganzer Leib licht sein; ist aber dein Auge böse, so wird dein ganzer Leib finster sein» (Mt. 6, 22f.). Dies bezieht Augustin auf das menschliche Handeln, indem er erklärt, unter dem Auge müsse man die A. (intentio) verstehen, in der wir unsere Handlungen vollziehen. Nicht was (quid) einer tut, sondern in welcher Gesinnung (quo animo) er es tut, sei für die Beurteilung des Handelns entscheidend. Die in der intentio sich zeigende Gesinnung wird dabei in Gegensatz gestellt zum tatsächlichen Ergebnis (exitus, eventus) der Handlung, in dem die A. unerreicht bleiben oder sogar sich ins Gegenteil verkehren kann. Andererseits bewirke eine Trübung der Reinheit der intentio durch irdische, der Vergänglichkeit angehörige Strebungsziele, daß auch die aus ihr hervorgehende Tat befleckt und verfinstert wird, selbst wenn sie sich für einen anderen gut auswirkt; und in diesem Sinne ihrer intentio werde sie dem Täter zugerechnet (imputatur) [3]. Der Begriff der intentio gewinnt hier auch einen wesentlichen Zusammenhang mit dem der Zurechnung (imputatio).

Die damit in Anspruch genommene und zu einem grundsätzlichen Begriff der Ethik erhobene Bedeutung von ‹intentio› wird im frühen Mittelalter von ABAELARD in ausdrücklicher Anknüpfung an Augustin aufgegriffen und zu einem Hauptpunkt seiner ethischen Erörterungen gemacht [4].

Definitorische Festlegung erhält der so verstandene Begriff bei THOMAS VON AQUIN. Allgemein wird intentio als eine Funktion der potentia intellectiva bestimmt, die «id, quod apprehendit, ordinat ad aliquid aliud cognoscendum vel operandum» [5]. Vorwiegend gebraucht Thomas ‹intentio› indes im engeren Sinn eines actus virtutis appetitivae [6] oder, noch enger, eines actus voluntatis [7]. Die differentia specifica dieses actus als intentio ist dabei, daß in ihm die Vernunft (ratio) etwas auf ein Ziel (in finem) hinordnet [8]. Dieses braucht dabei nicht letztes Ziel (ultimus finis) zu sein [9]. Schließlich wird, als genaueste Bestimmung, festgestellt, daß die intentio die Handlung von dem aus, was auf das Ziel hinführt (quae sunt ad finem, d. h. dem ihm dienlichen Mittel), auf das Ziel selbst (in finem ipsum) hinordnet. Diese Bestimmung ergibt zugleich den Unterschied zwischen intentio und electio (der προαίρεσις des Aristoteles), bei welcher nicht die Hinordnung eines Mittels auf das Ziel, sondern die Wahl zwischen verschiedenen dem Ziel dienlichen Mitteln getroffen wird [10]. Die intentio wird damit in die Reihe der Teilakte eingeordnet, aus denen der Gesamtakt einer willentlichen Handlung sich aufbaut. – Thomas beschränkt sich aber nicht auf diese definitorischen Bestimmungen der intentio, sondern er stellt auch ihre ethische Bedeutsamkeit heraus, indem er – unter Berufung auf Augustin – erklärt und betont, daß von der intentio finis die (sittliche) Gutheit des Willensaktes abhänge [11].

Aus der Scholastik findet der Begriff der intentio Eingang in die spätmittelalterliche und frühneuzeitliche *Rechtsphilosophie*, wo er indes zunächst nur eine beiläufige Rolle spielt. So bemerkt HUGO GROTIUS, von Thomas sei «gut gesagt» worden, «in vera defensione hominem non occidi ex intentione» [12]. Auch PUFENDORF macht gelegentlich in solchem Sinn vom Begriff der intentio Gebrauch [13].

Die von Thomas von Aquin gegebenen Bestimmungen von intentio haben bis ins 18. Jh. nachgewirkt. THOMASIUS definiert die intentio als «actus voluntatis, quae ... finem cognitum ac inventum vel ut producendum vel ut adquirendum appetit». Er unterscheidet dabei die intentio von der bloßen volitio, und erläutert diese im Sinne der Aristotelischen βούλησις, indem er sie als «nuda complacentia» erklärt, die auch «res extra potestatem nostram sitas» ins Auge fasse, während die intentio nach Dingen verlange, «quae in potestate nostra sunt». Damit wird die intentio im Sinne der Aristotelischen προαίρεσις bestimmt, so daß der von Thomas aufgestellte Unterschied von intentio und electio verloren geht und der Name ‹intentio› an die Stelle von ‹electio› tritt [14]. Thomasius unterscheidet dann weiter (unter Berufung auf Vorgänger) zwischen intentio directa und indirecta. Die intentio directa ist eine solche, «qua finem quis explicite per se aut per alium efficere expetit», indirecta dagegen werde eine intentio genannt, «quando quis finem, qui consequitur, actu voluntatis suae diserte ac clare non expetit, sciens tamen, vel scire debens aliquid ad ipsum appetendo confert» (Die intentio directa ist eine solche, durch die jemand sein Ziel ausdrücklich durch sich selbst oder durch ein anderes zu verwirklichen trachtet, indirecta dagegen werde die intentio genannt, wenn jemand ein Ziel (Ende), das folgt, zwar mit dem Akt seines Willens nicht deutlich und klar erstrebt, wohl aber zur Verwirklichung desselben durch sein Bestreben wissentlich oder als zum Wissen darum Verpflichtetes beiträgt). Als Formen der intentio directa werden unterschieden der «dolus in illicitis» und die «bona intentio in licitis actibus» [15]. Eine deutsche Definition der A. findet sich wohl bei Thomasius nicht. Zwar hat Thomasius gleichzeitig mit seiner ‹Introductio› ein deutsches Buch mit fast genau entsprechendem Titel erscheinen lassen (‹Von der Kunst, vernünftig und tugendhaft zu lieben, als dem einzigen Mittel, zu einem glückseligen, galanten und vernünftigen Leben zu gelangen, oder Einleitung zur Sittenlehre›). Aber die theoretischen Ausführungen der ‹Introductio› über den Willen einschließlich derjenigen über die intentio fehlen darin vollständig.

In weiter vereinfachter Formulierung definiert CHR. WOLFF: «intentio agentis est volitio eius, propter quod agens agit» [16]. Auch Wolff unterscheidet intentio directa und indirecta. Erstere wird bestimmt als solche, «qua id praecise intenditur, propter quod agens agit»; die indirecta intentio dagegen «est qua quidem agens per se non vult, quod ex actione sua sequitur, quod autem perinde ac id, quod vult, sequi potest» (Die indirekte

Intention ist «da man eben dasjenige an und vor sich selbst nicht will, was aus seiner Handlung folgt, welches doch aber eben so wohl als das, was man will, aus derselben erfolgen kann» [18]). Dem wird als ähnliche Unterscheidung die zwischen intentio immediata und mediata hinzugefügt. Erstere «est qua quid propter se intenditur», die intentio mediata dagegen «qua quid intenditur propter alterum, quatenus scilicet per hoc consequimur, quod intenditur» [16]. Mit dieser Unterscheidung wird dem schon von Thomas von Aquin gegebenen Hinweis, daß der finis, den die intentio erstrebt, nicht letztes Ziel sein müsse, begrifflich entsprochen.

2. WOLFFS Bestimmungen des Begriffs ‹intentio› finden sich nun aber in fast wörtlicher Übersetzung auch in seinen einschlägigen deutschen Werken, wobei ‹intentio› mit dem (bis dahin auch im allgemeinen Sprachgebrauch kaum vorkommenden) Wort ‹A.› wiedergegeben wird. Schon in einem vor den lateinischen Fassungen erschienenen Werk wird der Begriff der A. gebraucht und diese definiert als «dasjenige, was wir durch unser Wollen zu erhalten gedenken» [17]. In einer deutschen Ausgabe des Werkes, dem die soeben zitierten lateinischen Definitionen entstammen, gibt WOLFF bei diesen den Begriff intentio zunächst mit ‹Intention› wieder, geht aber dann, bei der Einführung der Unterscheidung zwischen intentio immediata und mediata dazu über, statt dessen ‹Absicht› zu setzen und behält diese Übersetzung im weiteren Verlauf bei [18]. Damit ist die Überleitung des Begriffs ‹intentio› mit seinem traditionellen Bedeutungsgehalt in den der A. eindeutig und für dauernd vollzogen.

KANT macht von dem damit festgelegten Begriff der A. in grundsätzlichen ethischen Erörterungen Gebrauch, ohne ihn indes als Grundbegriff zu definieren. So spricht er von einem Willen, «dem es gänzlich an Vermögen fehlte, seine A. durchzusetzen», von «selbstsüchtiger A.» und in ähnlichen Wendungen, erklärt aber dann grundsätzlich: «eine Handlung aus Pflicht hat ihren moralischen Wert nicht in der A., welche dadurch erreicht werden soll, sondern in der Maxime, nach der sie beschlossen wird» [19]. Neben dieser ethischen Bedeutung gebraucht Kant den Begriff der A. besonders noch in naturphilosophischem Zusammenhang, indem er die Frage erörtert, ob man der Natur A. zuschreiben dürfe [20].

Die ethisch-rechtliche Bedeutung der A. findet dann ausdrückliche Beachtung bei HEGEL. Er bestimmt die A. als die im *Vorsatz* enthaltene «*allgemeine* Seite» desselben und stellt «das Recht der A.» heraus, indem er erklärt, «das Subjekt muß der Form nach die Handlung nach ihrer wesentlichen», ihre «Einzelheiten in sich befassenden Bestimmung gewußt und gewollt haben» [21].

Seither ist in der Philosophie die ethisch-rechtliche Bedeutsamkeit der A. nur wenig genauer verfolgt worden. Zwar hielt die thomistische Ethik an ihrer Herausstellung fest, aber mehr im Rahmen der Handlungstheorie als im Hinblick auf ihre eigentlich ethische Bedeutung. So erklärt CATHREIN im Sinne von Thomas, die A. «geht über das bloße Wohlgefallen hinaus und sucht das erkannte Gut durch Mittel zu erreichen» [22]. Er unterscheidet dabei die A. (intentio) als den Akt, durch den der Wille den Zweck zu erreichen strebt, von letzterem als dem um seiner selbst willen begehrenswerten Gut [23]. Die positive ethische Bedeutung der A. hat dagegen in Auseinandersetzung mit Kant H. REINER hervorgehoben [24].

Stärkere Bedeutung erlangte der Begriff der A. im deutschen *Strafrecht*, indem er im deutschen Strafgesetzbuch mehrfach Verwendung fand [25] und im Zusammenhang damit der Strafrechtswissenschaft zu grundsätzlicher Erörterung und Klärung dieses Begriffs Anlaß gab. Man fand, daß A. teils «den Vorsatz in jeder seiner Erscheinungsformen (also den dolus directus und eventualis)» bedeutet, teils nur den direkten Vorsatz [26].

Seit der zweiten Hälfte des 19. Jh. haben allgemein philosophische und psychologische Untersuchungen des *Wollens* den Begriff der A. weiter verfolgt. So erklärte SIGWART: «Wo die Möglichkeit der Ausführung als vorhanden angenommen, aber der bestimmte Weg zum Ziel noch nicht gefunden ist oder nicht sofort betreten werden kann oder wenigstens nicht mit einem Schritt zurückgelegt werden kann, existiert der bejahte Zweck als A.» [27]. Neuerdings definiert W. KELLER in Übereinstimmung mit der lateinischen Definition von intentio, die Chr. Wolff gegeben hatte: «Das, worum willen ich will, ist ... die A.» Dazu führt er weiter aus: «A. bezeichnet die Tatsache, daß, wo gewollt wird, der Blick implizit, vorgängig oder gleichzeitig, über das unmittelbar Gewollte hinaus auf einen Erfolg gerichtet ist, der damit erreicht werden soll». Im Unterschied zur bisherigen Tradition (insbesondere zu der ausdrücklichen Erklärung von Cathrein), aber in Übereinstimmung mit einem wohl verbreiteten Sprachgebrauch hebt Keller dabei die Beschränkung des Begriffs der A. als Bezeichnung eines Aktes (oder einer Seite an ihm) auf und dehnt ihn auch auf sein Objekt aus, indem er unterscheidet zwischen einem «Aktsinn» dieses Wortes, in dem es den Akt des Absehens auf ... bedeute, und einem «Inhaltsinn», der «das Beabsichtigte selbst, das ‹Worauf› des Absehens, den erstrebten Erfolg» meine [28].

Anmerkungen. [1] z. B. CICERO, De inventione II, 125; PLINIUS, Ep. 1, 8, 13. – [2] Digesta 14, § 7, D. 12, 7: «Quis sine pietatis intentione alienum cadaver funeret?»; Hebr. 4, 12: «discretor cogitationum et intentionum cordis». – [3] AUGUSTINUS, De sermone Domini in monte lib. 2, cap. 13, 45f. – [4] ABAELARD, Nosce te ipsum cap. 3. 7. 11. 12. – [5] THOMAS VON AQUIN, S. theol. I, 79, 10 ad 3. – [6] De malo 16, 11 ad 3. – [7] De veritate 22, 13c. – [8] S. theol. I/II, 12, 1 ad 3. – [9] a. a. O. I/II, 12, 2 c. – [10] De veritate 22, 12 ad 16. – [11] S. theol. I/II 19, 7. – [12] HUGO GROTIUS, De jure belli ac pacis lib. 2, cap. 1, § 4, 2. – [13] PUFENDORF, De jure naturae et gentium lib. 4, cap. 2, § 5: «si quis jurare volens seu intentionem jurandi suae se ferens ...». – [14] CHR. THOMASIUS: Introductio in Philosophiam moralem sive de Arte rationaliter et virtuose amandi tanquam unica via ad vitam beatam, elegantem ac tranquillam perveniendi (1692) pars 1, cap. 3, § 4. – [15] a. a. O. § 23. – [16] CHR. WOLFF: Institutiones iuris naturae et gentium (1750) § 23. – [17] Vernünftige Gedanken von Gott, der Welt und der Seele des Menschen (1719 u. ö.) § 910. – [18] Grundsätze des Natur- und Völkerrechts (1754) Teil 1, Kap. 1, § 23f. – [19] KANT, Grundlegung Met. Sitten. Akad. A. 4, 399. – [20] K U II § 68ff.; vgl. auch Met. Sitten II § 7. – [21] HEGEL, Encyclopädie § 505; Grundlinien der Philos. des Rechts §§ 119 bis 122. – [22] V. CATHREIN: Moralphilos. ([6]1924) 1, 68. – [23] a. a. O. 326. – [24] H. REINER: Pflicht und Neigung (1951) § 11. – [25] Strafgesetzbuch §§ 133. 225. 242. 272. – [26] H. WELZEL: Das dtsch. Strafrecht ([7]1960) 71. – [27] CHR. SIGWART: Kleine Schriften 2 ([2]1889) 150. – [28] W. KELLER: Psychol. und Philos. des Wollens (1954) 69.   H. REINER

Absolut, das Absolute. Das Wort ‹absolut› mit seinen zahlreichen Wortverbindungen und dessen Substantivierung ‹das A.› gehören zu den großen metaphysischen, theologischen und gnoseologischen Grundbegriffen der Philosophie seit ihren Anfängen. Heute scheint vor allem das Substantiv ‹das A.› zu den Begriffen zu gehören, über die man nach dem Verdikt der Philosophie, die sich aller Metaphysik und allen die Erfahrung transzendierenden Aussagen verweigert, schweigen sollte, da man über sie nicht reden kann [1]. Wenn man sich jedoch darüber einig ist, daß das Wort ‹das A.› «eine große und tiefe Geschichte» hat, und wenn man dieser Geschichte Relevanz zugestehen will, «könnte [man] sich versucht fühlen, der Vieldeutigkeit dieses Begriffs die Wurzel auszugraben» [2].

1. In der *griechischen* Philosophie fehlt ein genaues Äquivalent für ‹absolut› und ‹das A.› Umschreibungen wie αὐτὸ ἐφ' ἑαυτό [3] und αὐτὸ καθ' αὑτό [4] und Begriffe wie ἁπλοῦς [5], das als aristotelische Wendung oft mit ‹absolut› übersetzt wird, so πρότερον ἁπλῶς mit ‹absolutes Prius›, wie ἄκρατον (ungemischt) und ἀνυπόθετον (ohne Voraussetzung, solum, non adiuvantibus aliis) beziehen sich auf ein Unbedingtes, Umfassendes oder Ganzes der Erkenntnis und des Seins. Hierbei wird besonders im Begriff ἀνυπόθετον, der bei PLATON auf die Idee des Guten (τἀγαθόν γε αὐτό – das absolut Gute, das Gute an sich) [6] – angewandt wird, die ontologische Dimension des absoluten Guten, das jenseits allen Seins liegt, deutlich, auf das alles Seiende als relatives bezogen ist. In dieser Bedeutung, die im Zusammenhang mit ἀρχή zu sehen ist, benutzt auch ARISTOTELES ἀνυπόθετον [7]. Auch Bildungen wie αὐτὸ ἑωυτοῦ ἐστι μακρότατον (als größtmögliche Länge) [8], αὐτάρκεια (vitae status absolutus) [9] und ὑποκείμενον sind als nicht zu Überschreitendes und unbedingt Unabhängiges bzw. als Substanz in die spätere Bedeutung von absolut einzubeziehen; ebenso der Seinsbegriff (τὸ ὄν) seit der eleatischen Lehre (Parmenides, Zenon v. Elea, Melissos). Die Leugnung des Nichts bzw. die Identifizierung von allem im Sein als Eines (τὸ ἕν) hat über den Seinsbegriff Plotins und Anselms von Canterbury bis G. Bruno, Spinoza und Hegel weitergewirkt.

‹Absolute› bzw. ‹absolutus› wird im klassischen *Latein* als Gegenbegriff zu ‹relative› und ‹relativus› gebraucht, hierbei ist ‹absolute› weitgehend synonym mit ‹perfecte› und ‹plene›, so bei CICERO [10] und SENECA [11]. Q. CORNIFICIUS bestimmt ‹absolutus› als etwas, das von nichts anderem abhängt: «absoluta est quom id ipsum quod factum est, ut aliud nihil foris adsumatur, recte factum esse dicemus» [12]. ‹absolutus› im Sinne von ‹perfectus› wird von CICERO auf das zu erstrebende gute und glückliche Leben angewandt: «vacuus animus perfecte et absolute beatos efficit» [13]; auch SENECA verknüpft ‹absolutum› mit ‹bonum›: «scis quem bonum dicam? perfectum, absolutum» [14]. Die Einheit der Kardinaltugenden wird auch mit diesem Begriff bezeichnet: temperantia, modestia, iustitia et omnis honestas perfecte absoluta est [15]. PLINIUS versucht im Superlativ einen noch höheren Grad von Unbedingtheit auszudrücken: «ut actio sit absolutissima, quae maxime orationis similitudinem expresserit» [16].

Alle Bestimmungen des späteren A. sind also schon in der Antike ausgebildet, so daß bei den lateinischen *Kirchenvätern* sehr früh ‹absolutum› zur Kennzeichnung Gottes benutzt wird, wenn auch die direkte Gleichsetzung, die wohl erst seit ANSELM VON CANTERBURY geläufig wird [17], vorerst noch fehlt, so TERTULLIAN: «quod si evenit, absolutum est deum ... bonum ... credendum» [18]. Bei HIERONYMUS wird der transzendente Bezug des höchsten Guts (absolute bonum) deutlich; dies ist zwar Zielpunkt des menschlichen Handelns, Vollendung aber nur bei Gott: «nemo autem absolute bonus, nisi solus Deus» [19]. Für die spätere Entwicklung des Begriffs des A. wird die Gleichsetzung von ‹causa›, ‹ratio› und ‹potestas› «in absoluto» bei HILARIUS (gest. 366) [20] bedeutsam, die dann später von PRISCIANUS (um 500) auf Gott ausgeweitet wird: «absolutum est quod per se intelligitur et non eget coniunctione nominis ut ‹deus›, ‹ratio›» [21]. Solches kann also absolut genannt werden, bei dem zu seiner Benennung kein Beiwort nötig und möglich ist. Auch HILARIUS sieht in Gott das ungetrennt Ganze («sed absoluta, neque particulata sed tota» [22]). Der Absolutheitsanspruch des Christentums läßt sich schon früh bei den Kirchenvätern nachweisen. AMMIANUS MARCELLINUS (um 390) behauptet, «Christianam religionem absolutam et simplicem [esse]» [23]. Ebenso bezeichnet AUGUSTINUS den christlichen Glauben (christiana credulitas) als «simplex et absoluta» [24]. Er nennt die Gnade Gottes das höchste Heil für den Christen: «ut absolutissima cui nihil addi possit sanitati» [25], und formuliert die Absolutheit im christlichen Gottesbegriff – wenn er auch die Gleichsetzung ‹absolutum = Deus› nicht kennt –: «Deus, supra quem nihil, extra quem nihil, sine quo nihil est» [26].

THOMAS gebraucht zuweilen ‹absolutus› synonym mit ‹separatus›, so daß neben dem üblichen «anima separata» auch «anima absoluta» auftaucht [27]. ‹absolute› im Gegensatz zu ‹relative› und ‹sub conditione› ist ebenfalls gleich mit ‹simpliciter› und kann auch auf «ens» bzw. «essentia» und «substantia» angewandt werden [28]. Die direkte Gleichsetzung des A. mit Gott benutzt auch Thomas noch nicht. ‹absolutus› wird von ihm als Adjektiv in verschiedenen Wendungen wie ‹certitudo absoluta›, ‹cognitio absoluta›, ‹necessitas absoluta› (Gegensatz: necessitas conditionalis), ‹substantia absoluta›, ‹totalitas absoluta› [29] benutzt.

Erst bei NICOLAUS VON CUES wird Gott als das A. bewußt thematisiert; ‹das A.› wird damit eine der philosophisch-metaphysischen Grundkategorien [30]. Hierbei fallen für den Cusaner die Begriffe ‹absoluta maximitas›, ‹entitas absoluta› und ‹unitas absoluta› [31] in Gott bzw. der Dreifaltigkeit zusammen: «non est aliud absoluta unitas quam trinitas» [32]. Zwar ist das schlechthin Größte oder Kleinste in den Dingen nicht gegeben, und auch das Universum ist nur similitudo (Gleichnis) des A. [33], so daß die docta ignorantia das A. nur «in nicht ergreifender Weise erkennbar und ebenso nur in nicht benennbarer Weise benennbar ist» (incomprehensibiliter intelligibile pariter et innominabiliter nominabile esse) [34], aber das A. ist als «allumfassendes Ziel» (terminus universalis) «vollendeter Endzweck» (finis perfectissimus) für den Menschen [35]. Das A., Gott, ist als «unus et omnia sive omnia uniter» (Eine und Alles und Alles in Eins) «Einfaltung (complicans) von allem insofern, als alles in ihm ist; er ist die Ausfaltung (explicans) von allem, insofern, als er in allem ist» [36].

Anmerkungen. [1] Vgl. L. WITTGENSTEIN: Tractatus logico-philosophicus (1918) Satz 7. Schriften (1960) 83. – [2] H. COHEN: Logik der reinen Erkenntnis, in: System der Philos. 1 (¹1902, ²1914) 143. – [3] PLATON, Theait. 152 b. – [4] a. a. O. 157 a. – [5] ARISTOTELES, Eth. Nic. 1149 a 2; Belege vgl. auch die Ausgabe von I. BYWATER (Oxford ²1954) 230. – [6] PLATON, Phileb. 67 a. – [7] ARIST., 1005 b 14; 853 b 4. – [8] HERODOT 2, 8; vgl. 149, 4. 85, 198. – [9] PLATON, Phileb. 67 a, 412 b; ARIST. 1252 b 29. – [10] CICERO, Orator 171; Topica 34; De finibus 3, 26. – [11] SENECA, Ep. 52, 1. – [12] CORNIFICIUS 1, 24; vgl. CICERO, De inv. 1, 15; 2, 69; 2, 100. – [13] Tusc. 4, 38. – [14] SENECA, Ep. 34, 3. – [15] CICERO, De fin. 4, 18. – [16] SENECA, Ep. 1, 20, 10. – [17] Vgl. ANSELM VON CANTERBURY, Monologion. Opera Omnia (1946) 1, 29, 31; 1, 46; 2, 9, 24. 31. – [18] TERTULLIAN, Adv. Marc. 2, 5. – [19] HIERONYMUS, In Ezech. 16, 48. 49. – [20] HILARIUS, De trin. 2, 34. – [21] PRISCIANUS LYDUS, Solut. 2, 27. – [22] HILARIUS, De trin. 9, 61. – [23] AMMIANUS MARCELL. 21, 16. 18. – [24] AUGUSTIN, Contra Faust. 12, 1. – [25] De natura 58, 68. – [26] Soliloquia I, 4. – [27] THOMAS VON AQUIN, S. contra gent. IV, 79. – [28] Vgl. De veritate I, 1; De ente et essentia cap. 1; In I Sent. (1d) 9 q 1, 1, 2. – [29] I sent. 38, 1, 5 c; 27, 2, 3 ad 3; S. theol. I, 19, 3 ad 6; Quaest.

disp. de pot. 7, 9 ad 2; S. theol. II/II, 184, 2 c. – [30] NICOLAUS VON CUES, De docta ignorantia I, 2, 5; I, 5, 14; vgl. De visione Dei, cap. 11, Ende. – [31] a. a. O. I, 2, 6; I, 5, 24. – [32] a. a. O. II, 7, 127. – [33] a. a. O. II, 1, 96; II, 4, 112. – [34] a. a. O. I, 5, 13; vgl. I, 4, 11; II, 3, 111; dtsch. P. WILPERT: Die belehrte Unwissenheit (1964) 21. – [35] I, 2, 7; dtsch. 13. – [36] I, 24, 75; dtsch. 97; II, 3, 107; dtsch. 2, 25; vgl. Directio speculantis cap. 4. Heidelberger A. 9, 7-12.

2. Die Geschichte des A. in der *Neuzeit* ist eine Geschichte des *Idealismus* in der Auseinandersetzung mit *Spinoza* oder dem Spinozismus. Jacobi, Mendelssohn, Lessing, Kant, Fichte, Schelling, Hegel, Baader, Kierkegaard, um nur die großen Stationen zu nennen, knüpfen in mehr oder wenig weitgehender Zustimmung oder Ablehnung an Spinoza und seinen Gottesbegriff an. Für Lessing gibt es nach dem Zeugnis JACOBIS «keine andere Philosophie als die Philosophie des Spinoza» [1]; KANT nennt Spinoza, obwohl sein Gottesbegriff «schwärmerisch» sei, «einen rechtschaffenen Mann» [2]; FICHTE bekennt, daß «aus dem System das [m]einige am füglichsten erläutert werden kann» [3]; SCHELLING sieht in «Spinoza den einzigen Stammhalter wahrer Wissenschaft durch die ganze neuere Zeit» [4]; und für HEGEL ist «Spinozas Philosophie» als «die Objektivierung der cartesianischen in der Form der absoluten Wahrheit» der Anfang des Philosophierens [5]. Viel stärker als der Dualismus Descartes' – wenn auch Descartes den größten Einfluß auf Spinoza hatte – zwischen ego cogitans und res extensa, den SCHELLING den «Grundirrthum in aller Erkenntniß» [6] nennt, fasziniert den Idealismus die Vorstellung der Einheit, des Unbedingten, des A., wenn auch dieses A. sehr unterschiedlich in gnoseologischer und metaphysischer Intention verstanden wird.

Im ersten Teil der ‹Ethik›, der ‹De Deo› lautet, bestimmt B. DE SPINOZA, «le géomètre de l'absolu» [7], Gott als «ens absolute infinitum, hoc est, substantiam», das durch unbedingte Macht (absolute potentiam) und unbedingte Existenz (absolute existit) charakterisiert ist, das unendlich und unteilbar (absolute infinita est indivisibilis) und unbedingt erste Ursache (absolute causam primam; causam esse per se) ist [8]. Aus Gott, zu dessen Natur weder Verstand noch Wille (= Freiheit) gehört, sondern die für den Menschen allein erkennbaren Attribute ‹Ausdehnung› und ‹Denken› [9], fließt *Alles* (omnia necessario effluxisse) als unbedingt bestimmt und abhängig (omnia ex necessitate divinae naturae determinata sunt), und nichts (res nulla) in der Natur konnte anders werden, als es ist [10], so daß die Feststellung «Deum seu naturam» [11], die den Spinozismus in der Geschichte zum Pantheismus stempelt – wenn auch Pantheismus nicht gleich Spinozismus ist –, aus dem System – in «ordine geometrico demonstrata» – konsequent folgt. Die Anwendung der deduktiven Methode entspricht der Definition Gottes als einem A., aus dem alles abzuleiten ist. Am Schluß des ersten Teils der ‹Ethik› faßt Spinoza alle Definitionen zusammen: «His Dei naturam eiusque proprietates explicui, ut quod necessario existat; quod sit unicus; quod ex sola suae naturae necessitate sit et agat; quod sit omnium rerum causa libera et quo modo; quod omnia in Deo sint et ab ipso ita pendeant, ut sine ipso nec esse nec concipi possint; et denique quod omnia a Deo fuerint praedeterminata, non quidem ex libertate voluntatis sive absoluto beneplacito, sed ex absoluta Dei natura sive infinita potentia» («Hiermit habe ich die Natur Gottes und seine Eigenschaften entwickelt, nämlich daß er notwendig existiert, daß er einzig ist, daß er allein kraft der Notwendigkeit seiner Natur ist und handelt, daß er die freie Ursache aller Dinge ist und auf welche Weise und daß alles in Gott ist und von ihm derart abhängt, daß es ohne ihn weder sein noch begriffen werden kann, und schließlich daß alles von Gott vorher bestimmt ist, und zwar nicht durch Freiheit des Willens oder durch ein unbedingtes Gutdünken, sondern durch Gottes unbedingte Natur oder unendliche Macht») [12]. Diese Vorstellung von Gott als einem A. muß im Widerspruch zu der traditionell christlichen stehen, da sie Gott von der Bestimmung als freier Persönlichkeit entkleidet, wie sie sich noch bei TH. HOBBES findet, der zwar Gott auch eine «perfect, pure, simple, infinite substance» nennt, dessen wirklicher Name «incommunicable» sei, der aber auf Gott als einem Individuum beharrt («therefore God is individual») [13].

G. W. LEIBNIZ gebraucht ‹absolute› zur Kennzeichnung einer metaphysischen Notwendigkeit (necessitas absoluta), in Analogie zur geometrischen, «cujus oppositum implicat contradictionem» [14]. Da ‹absoluta› Gegenbegriff zu ‹hypothetica› bzw. ‹conditionata› ist und Gott nie als ein Bedingtes aufgefaßt werden kann, kann ‹absolute›, meistens in Verbindung mit ‹perfecte› und ‹parfait›, mit Gott bzw. seinen Eigenschaften in Verbindung gebracht werden: «Dieu est un estre absolument parfait» [15]. Diese Vollkommenheit Gottes («Perfection Supreme de Dieu» als «toutepuissance et bonté souveraine» [16]) ist ohne Schranke (point de bornes), also absolut unendlich (absolument infini) [17]. Obwohl auch Leibniz – wie Descartes und Spinoza – Gott mit absoluter und unendlicher Ausdehnung (ideam extensionis absolutae et infinitae [18]) auszeichnet, setzt er sich doch von der Vorstellung des A. als eines mit der Totalität der Welt Identischen oder eines von der Welt Losgelösten eindeutig ab. Das «absolument parfait» wird gefaßt als «grandeur de la réalité positive prise précisement» [19] und als höchster Grad an deutlicher Erkenntnis: «L'idée de l'absolû ... n'est autre que celle de l'immensité» [20]. Aufgrund des Entwurfs der prästabilierten Harmonie, in der «toute personne ou substance est comme un petit monde qui exprime le grand» [21], kann Leibniz sagen: «L'idée de l'absolû est en nous interieurement» [22]. Jede einzelne Monade, die im Gegensatz zu Spinoza auch Substanz (substance vivante [23]) genannt wird, nicht nur Gott, drückt als «miroir vivant representant l'univers» mehr oder weniger deutlich das Ganze, A., Gott (Monade centrale [24]) aus, weil jede am A. partizipiert [25].

Die Vorstellung, daß in der einzelnen Monade das A. enthalten ist, wenn auch, verglichen mit der Klarheit Gottes, confuse, ist sicher für die spätere Entwicklung des Prinzips der Subjektivität bedeutsam gewesen [26], aber auch für die Entstehung und philosophische Legitimation der Ästhetik, die bei A. BAUMGARTEN als «gnoseologia inferior» [27] die «verworrenen Vorstellungen» der cognitio sensitiva zum Gegenstand hat. Zwar ist confusio nur Vorstufe der deutlichen Erkenntnis, aber wie die Dämmerung zwischen Nacht und Mittag notwendig zum Ganzen ist, ist das «studium veritatis aestheticum ... et universale» des «felix aestheticus» als «ingenium venustum et elegans connatum» Platzhalter für Wahrheit, später absoluter Wahrheit, wo der Verstand nicht zu klarer Erkenntnis gelangt: «Kann ich nicht immer ein starkes Licht haben, so muß ich doch auch das schwächere nicht verachten» [28]. Mit der weiteren Ausbildung der Ästhetik und des ingenium venustum zum Genie bekommt «die schöne Kunst» als «sinnliches Wissen ..., in welchem das A. zur Anschauung und Empfindung kommt» [29], in der *idealistischen* und *romantischen* Philosophie der Kunst die zentrale Funktion der Vermittlung des Unendlichen und Endlichen. Besonders für Schelling zur Zeit der Identitätsphilosophie ist Kunst dann Organon der Philosophie als Darstellung des A. in der Identität von Objektivem und Subjektivem.

Die alte Unterscheidung von necessitas absoluta und hypothetica bzw. conditionalis, wie sie in der Scholastik und Schulphilosophie z. B. bei THOMAS [30], CUSANUS [31], SUÁREZ [32], R. GOCLENIUS [33], J. MICRAELIUS [34] und anderen geläufig ist, benutzt LEIBNIZ in der ‹Theodizee› als Argument gegen die absolute Determination des menschlichen Willens (omnis determinatio est negatio) [35]. Nur so ist der Ursprung des moralischen Übels der menschlichen Freiheit zuzuordnen, Gott wird im Prozeß der Theodizee entlastet, er hat die beste aller möglichen Welten frei geschaffen. Bis Kant hin wird mit diesem Begriffspaar weitgehend die Möglichkeit der menschlichen Freiheit begründet, meist im Zusammenhang mit Theodizee-Überlegungen, so bei G. B. BILFINGER [36], J. H. GOTTSCHED [37], CHR. WOLFF [38], A. BAUMGARTEN [39], G. F. MEIER [40], auch bei D. DIDEROT in der ‹Encyclopédie› ist in dem sehr ausführlichen Artikel ‹Absolu› dieses Begriffspaar erwähnt [41].

CHR. WOLFF, der in Analogie zur Begründung des Absolutismus («Absolutissimus vocatur Monarcha, cujus imperium prorsus est illimitatum, independens infinitumque» [42]) Gott als «civitatis autocratorem summum» zu definieren sucht: «Unum solumque Deum absolutissimum monarcham esse posse, vel ex unico liquet, quod infinitum involvit» [43], ist insofern für die weitere Geschichte des A. bedeutsam gewesen, als er in Absetzung des Vorwurfs der «Spinozisterey» [44] in genauer Kenntnis der Schriften Spinozas ihn immanent zu widerlegen versucht [45].

Diese Kritik ist schon bald von J. L. SCHMIDT 1744 ins Deutsche übersetzt worden [46] und hat F. H. JACOBI erste Einsicht in das Werk Spinozas verschafft [47]. Der *Pantheismus-Streit* um Spinozas Gottesbegriff, hauptsächlich zwischen Jacobi und Mendelssohn, in den aber auch Lessing, Hamann, Goethe, Kant u. a. verwickelt waren, hat dem Idealismus eine der Grundlagen für die philosophische Entfaltung des A.-Begriffs gegeben, weitgehend in der Gegenposition zu Jacobi, der die Gleichsetzung des A. mit Gott durch Spinoza entschieden zurückweist: «Der Gott der Bibel ist erhabner, als der Gott, welcher nur ein A. ist, wie sehr man dieses auch schmücke, und mit Flitterwerk der Phantasie umgebe» [48]. Jacobi anerkennt, daß «die menschliche Seele ... das Ewige, Unveränderliche, in sich selbst Bestehende, A.» [49] sucht, aber dieses A. sei nicht durch rationalistische Systeme wie die Descartes', Spinozas, Leibniz', sondern nur durch «ein unabweisbares unüberwindliches Gefühl als ersten Grund aller Philosophie und Religion» [50] – Jacobi nennt dieses Gefühl auch «Geistes-Gefühl», «Vernunft» oder «Anschauung» [51] – zu erahnen: «Wir sehen nie das A., wir glauben es» [52]. Im Gegensatz zu Wolff und M. Mendelssohn, die Spinoza durch spekulative Kritik im Sinne der Schulphilosophie widerlegen zu können meinen, legt Jacobi seine Dokumentation vor, «um die Unüberwindlichkeit des Spinozismus von Seiten des logischen Verstandesgebrauches darzuthun» [53]. Der «Spinozismus ist Atheismus», weil er das A. nicht als «verständige persönliche Ursache der Welt», sondern nur als «immanentes Ensoph» auffaßt [54]. Die «Summa der Philosophie des Ἐν καὶ πᾶν», also auch die des G. BRUNO, nach dem alle Menschen dem Allgeistigen, All-Einen und Höchsten lobsingen (optimoque uni applaudent maximo) [55], ist nur – so schlägt es JACOBI Lessing vor – «vermittels eines Sprunges, den ich Salto mortale genannt habe» [56] zu überwinden. G. E. LESSING hingegen weist diesen «Sprung» zum A. zurück und bekennt sich nach Jacobi zum Spinozismus, der Philosophie nicht auf Gefühl und Glauben reduzieren will. Für M. MENDELSSOHN setzt auch das A., «dieses Totale, dieses Zusammennehmen, Vieles in Einem ... ein denkendes Subject voraus» [57]; aber er versteht Spinozismus nicht als Atheismus und nimmt für Lessing höchstens einen «geläuterten Spinozismus» [58] an. Er weist auch Jacobis These zurück, daß für die Erkenntnis des A. «jeder Weg der Demonstration in den Fatalismo ausgehe» [59]. JACOBI hingegen beharrt darauf, daß der «Glaube ... einziger Überzeugungsgrund für das Seyn Gottes» sei, und nennt in dieser Rigorosität die «intellectuelle Anschauung des A.» des «neueren Spinozismus» (Fichte, Schelling) «nur eine Nothlüge der Vernunft». Schellings Gott sei «nicht der, aber – das Gott» [60]. Spinoza ist damit für Jacobi «Vorläufer» und «Erfinder» «des Systems der absoluten Identität» [61]. Diese Herausforderung durch Jacobi und die durch das Ergebnis der ‹Kritik der reinen Vernunft› nahm dann der Idealismus an, um dennoch in der Anstrengung des Begriffs das A. Thema der Philosophie werden zu lassen. Auch GOETHE, der unfreiwillig durch die unbefugte Veröffentlichung seines Gedichts ‹Prometheus› durch Jacobi in den Pantheismus-Streit verwickelt wurde, bekennt den «großen Einfluß», den Spinozas «Geist» auf seine «Denkweise» gewonnen habe [62]. Er übersetzt Spinozas Gottesbegriff mit «Vollkommenheit» und «Dasein», will aber «vom A. im theoretischen Sinne» nicht reden, sondern sieht «in jedem lebendigen Wesen» die Vollkommenheit in Unendlichkeit [63].

Anmerkungen. [1] JACOBI, Werke 4/1 (1819) 55. – [2] KANT, Akad.-A. 21, 19; 5, 452. – [3] FICHTE, Brief vom 2. 7. 1795 an Reinhold; vgl. R. LAUTH: Die erste philos. Auseinandersetzung zwischen Fichte und Schelling 1795-1797. Z. philos. Forsch. 21 (1967) 348. – [4] F. W. J. SCHELLING, Werke, hg. K. F. A. SCHELLING 8, 340. – [5] HEGEL, Werke, Glockner 19, 372; vgl. 19, 376. – [6] SCHELLING, a. a. O. 7, 148. – [7] J. MARITAIN, in: Préf. zu: P. SIWEK: Spinoza et le panthéisme religieux (Paris 1950). – [8] SPINOZA, Eth. I, Def. 6; I, Propos. XI, Schol.; Propos. XIII; Propos. XVI, Coroll. III; Coroll. II. – [9] SG 1, Propos. XVII; Propos. XXXII, Coroll. I. – [10] I, Propos. XXIX; Propos. XXXIII. – [11] Eth. IV, Praefatio. – [12] I, Appendix; dtsch. C. SCHAARSCHMIDT (1907) 34. – [13] HOBBES, Werke, hg. W. MOLESWORTH (1840) 4, 302; vgl. Art. ‹absolutum› in J. G. WALCH: Philos. Lex. (1733, ⁴1775) 23, in dem im deutschen Sprachgebrauch sehr früh die Gleichsetzung absolutum = Gott vorkommt. – [14] LEIBNIZ, Opuscules et frag. inédits, hg. COUTURAT (1903, Nachdruck 1960) 17. – [15] Discours de mét. 1. – [16] Principes de la nature et de la grace 10, 9. – [17] Theodicee § 22 Pref.; vgl. Monadologie 41. – [18] Philos. Schriften, hg. GERHARDT (=SG) 4, 426. – [19] Monadologie 41. – [20] Nouveaux essais II, 2, 17, § 3; vgl. SG 6, 592. – [21] Discours de mét. 16. – [22] a. a. O. – [23] ebda. – [24] Principe de la nature ... 4, 12. – [25] Vgl. SG 6, 592. – [26] Vgl. F. KAULBACH: Subjektivität, Fundament der Erkenntnis und lebendiger Spiegel bei Leibniz. Z. philos. Forsch. 20 (1966) 471-495. – [27] A. BAUMGARTEN: Aesthetica (1750) § 1. – [28] a. a. O. §§ 7. 555. – [29] zu 1]. – [31] CUSANUS, De docta ignorantia I, 10, 16; 17, 8; 69, 4; II, 100, 1 f.; 114, 14; 103, 18. – [32] SUÁREZ, Opera omnia (Parisiis 1859) 14, 640. – [33] R. GOCLENIUS: Lexicon philosophicum (Frankfurt 1613, Nachdruck 1964) 6 ff.: Art. ‹absolutum›. – [34] J. MICRAELIUS: Lexicon philosophicum (²1662, Nachdruck 1966). – [35] LEIBNIZ, z. B. SG 6, 106. 123. – [36] G. B. BILFINGER: Dilucidationes philosophiae de Deo, anima humana, mundo, et generalibus rerum affectionibus (¹1725) §§ 47. 49. – [37] J. H. GOTTSCHED: Erste Gründe der gesammelten Weltweisheit (¹1731, ⁴1743)

§§ 241. 244. – [38] CHR. WOLFF: Theol. naturalis 1 (1736) §§ 546ff., bes. 554; vgl. Vernünfftige Gedanken von Gott ... (1720) §§ 1056ff. – [39] A. BAUMGARTEN: Met. (1739, ⁴1757) §§ 76. 102. 108. – [40] G. F. MEIER: Met. (1755) §§ 347ff.; vgl. Beurtheilung des abermaligen Versuchs einer Theodicee (1747) § 30. – [41] Encyclopédie, hg. DIDEROT/D'ALEMBERT 1 (²1778) 167. – [42] CHR. WOLFF: Philosophiae civilis sive politicae (1756) 1, § 333. – [43] a. a. O. §§ 336. 335. – [44] Vgl. z. B. Deutliche Erläuterung des Unterscheids unter einer weisen Verknüpfung der Dinge und einer unumgänglichen Nothwendigkeit desgleichen von der vorherbestimmten Harmonie und den Lehrsätzen des Spinozens; in: Slg. der WOLFFischen Schuzschriften (1739) 9; vgl. A. BAUMGARTEN, Met. §§ 855ff. – [45] WOLFF, Theol. nat. 2, §§ 671-716. – [46] J. L. SCHMIDT: B. v. Spinozas Sittenlehre, widerlegt von dem berühmten Weltweisen unserer Zeit Herrn Christian Wolf (1744). – [47] Vgl. JACOBI, Werke (1819) 2, 188; vgl. H. SCHOLZ: Die Hauptschriften zum Pantheismusstreit zwischen Jacobi und Mendelssohn (1916); darin auch der Text SCHMIDTS; vgl. auch die Einl. von F. MAUTHNER zu Jacobis Spinoza-Büchlein (1912); vgl. P. BAYLE: Dict. hist. et crit. 4 (Amsterdam/Leyden 1740) Art. ‹Spinoza›, dtsch. J. CH. GOTTSCHED: Hist. und krit. Wb. 4 (1744) 260-279. – [48] JACOBI, a. a. O. 4, XXIV; dieses Zitat ist so von dem Herausgeber des 4. Bd., F. KÖPPEN, wiedergegeben. – [49] a. a. O. 4, XIX. – [50] 4, XXI. – [51] 2, 60; 4, XXI. XXXIX. – [52] 4, XLIII. – [53] 4, XXXVII. – [54] 4/1, 216. 59. 56. – [55] G. BRUNO: Opera lat., hg. FIORENTINO (Neapel 1884) 2/1, 316; vgl. JACOBI, a. a. O. 4/1, 10. – [56] 4, XL. – [57] M. MENDELSSOHN: Morgenstunden oder Vorles. über das Daseyn Gottes (1785) 232. – [58] An die Freunde Lessings (1786) 7. – [59] a. a. O. 86f. – [60] JACOBI, a. a. O. [47] 3, 437; 3, 434. 440; 2, 83. – [61] 3, 429. – [62] GOETHE, Jubiläums-A. 24, 216. – [63] Philos. Studien (1784/85). a. a. O. 39, 6; 4, 214; 39, 7; vgl. W. DILTHEY, Schriften 2 (1929) 391-415: ‹Aus der Zeit der Spinozastudien Goethes›.

3. Bei KANT findet sich nach der mehr metaphysischen explizit die zweite Bestimmung des A. als eines *Unbedingten der Erkenntnis*. Nachdem er in der ‹Transzendentalen Analytik› nachgewiesen hat, daß durch Verstandesbegriffe (Kategorien) kein Unbedingtes der Erkenntnis erreicht werden kann, versucht er in der ‹Transzendentalen Dialektik› die Bedingung der Möglichkeit für das «Unbedingte» als der «Totalität der Bedingungen zu einem gegebenen Bedingten» [1] zu klären. In diesem Zusammenhang führt Kant das Wort ‹absolut› ein als einen Begriff, «der, weil er die Vernunft gar sehr beschäftigt, ohne großen Nachtheil aller transzendentalen Beurtheilungen nicht entbehrt werden kann» [2], und reflektiert in einer für die Intentionen der Begriffsgeschichte bedeutsamen Weise über den schwankenden Gebrauch dieses Begriffs: «Weil nun der Verlust eines Begriffs von großer Anwendung in der speculativen Weltweisheit dem Philosophen niemals gleichgültig sein kann, so hoffe ich, es werde ihm die Bestimmung und sorgfältige Aufbewahrung des Ausdrucks, an dem der Begriff hängt, auch nicht gleichgültig sein» [3].

Der Begriff ‹absolut› ist bei Kant identisch mit «absolut-möglich ... was in aller Absicht, in aller Beziehung möglich ist» [4]. Diese «absolute Totalitäts»-Vorstellung zielt allein darauf hin ab, durch den Vernunftbegriff «alle Verstandeshandlungen ... in ein absolutes Ganzes zusammen zu fassen» [5]. Die Vernunftbegriffe bzw. die transzendentalen Ideen sollen «die absolute (unbedingte) Einheit des denkenden Subjekts ... die absolute Einheit der Reihe der Bedingungen der Erscheinung ... die absolute Einheit der Bedingungen aller Gegenstände des Denkens überhaupt» [6] ermöglichen. Der «objective Gebrauch» [7], d. i. der metaphysische, dieser drei transzendentalen Ideen führt in den Paralogismen der Psychologie, den Antinomien der Kosmologie und in dem Ideal der Vernunft der Theologie zu unauflösbaren Widersprüchen. Das A., das «Ideal des höchsten Wesens», ist für die theoretische Vernunft ein «regulatives Prinzip» «zum Behuf der systematischen Einheit der Sinnenwelt» [8]: «In phaenomenis giebts keine absolute totalitaet»; «die absolute totalitaet der Zusammensetzung muß im Mundo noumeno gedacht werden» [9]. Auch in der *praktischen Vernunft*, wenn auch das Unbedingte als Bestimmungsgrund des Willens im moralischen Gesetz gegeben ist, ist «die unbedingte Totalität des Gegenstandes der reinen praktischen Vernunft, unter dem Namen des höchsten Guts» [10] – Moralität *und* Glückseligkeit – ein Regulativ; diese absolute Totalität muß zwar als Hinweis auf den Endzweck des Menschen notwendig gedacht werden, ist aber selber prinzipiell nicht erreichbar, da sie nicht vorstellbar ist. Weder das Ding an sich noch der kategorische Imperativ sind mit dem Begriff des A. zu fassen, da diese Gleichsetzung das kantische Verständnis von ‹Grenzbegriff› und ‹Regulativ› verkennen würde. Das A. ist also für Kant kein mit Verstandes- und Vernunftmitteln – eine intellektuelle Anschauung lehnt er ab – erreichbares metaphysisches Objekt, sondern in der regulativen Funktion Stimulans und Bedingung für Praxis zwecks Erweiterung des Wissens der theoretischen Vernunft und der Beförderung der Bestimmung des Menschen in praktischer Hinsicht.

Fast alle Philosophen des ausgehenden 18. Jh. können dem Bann der ‹Kritik der reinen Vernunft› nicht entgehen oder versuchen diese Beschränkung positiv umzudeuten. So sieht F. SCHLEGEL in seiner ‹Transzendentalphilosophie› in der Unerkennbarkeit der «absoluten Wahrheit» die Bedingung und «Urkunde für die Freyheit des Gedanken und des Geistes». Zwar müsse der Idealismus an der «Annahme einer absoluten Intelligenz» in «symbolischer» Kenntnis festhalten, aber der erste Satz einer «Philosophie der Philosophie» müsse sein: «Die Wahrheit ist relativ» [11].

Erst mit Schiller beginnt der Versuch des engeren Idealismus unter Anerkennung der Unmöglichkeit einer alten Metaphysik über das A. und im A. zu philosophieren. Der Idealismus kann durch das Bestreben gekennzeichnet werden, den seit Beginn der Neuzeit verbindlichen Dualismus durch die *Einheit des gnoseologischen und metaphysischen Moments* zu überwinden. Dabei könnte das jeweilige Erkenntnismittel – Einbildungskraft, intellektuelle Anschauung, Dialektik – als A. angesehen werden; denn was anderes könnte das A. sein als das, was fähig sein will, das A. zu begreifen?

Bei SCHILLER ist in den *ästhetisch-philosophischen* Schriften die *Einbildungskraft* Organ zur «Darstellung des A.» [12]. Durch die Kunst kann «das A. in die Schranken der Zeit gesetzt» [13] werden, so daß das A. sich in der *Erscheinung* realisiert. Diese Realisierung ist nur möglich durch die Einheit des «sinnlichen Triebes» (Stofftrieb), der sich auf alle bedingten Erscheinungen richtet, und des «Formtriebes», der vom absoluten Dasein des Menschen in Freiheit ausgeht [14]. Auch die geschichtsphilosophische Reflexion der Unterscheidung von naivem und sentimentalischem Dichter dient der Erschließung des A. Der naive Dichter läuft in seiner «absoluten Darstellung» Gefahr, zu sehr den «zufälligen Bedürfnissen des Augenblicks» nachzugeben, während der sentimentalische leicht die Schranken der menschlichen Natur im Idealisieren und Schwärmerei vergißt [15]. Der bloße Realist, dem alles A. der Menschheit nur eine schöne Schimäre ist, würde nie den Kreis der Menschheit über die Grenzen der Sinnlichkeit erweitern; der Idealist dagegen würde die sinnlichen Kräfte, deren Ausbildung für die moralische Veredelung des Menschen unerläßlich ist, vernachlässigen [16]. In dieser Konzeption erkennt man den interessanten Versuch, das A. in den Dichotomien ‹Stofftrieb/Formtrieb›, ‹schmelzend/energisch›, ‹naiv/sentimentalisch›, ‹Realist/Idealist› zu fassen. Der Vermittlungsgedanke wird also zentral. Für Schiller ist die Kunst die Möglichkeit der Vermittlung, wenn auch vielleicht mehr in theoretischer Absicht als in praktischer Verwirklichung.

FICHTE ist zu sehr von dem Ergebnis der ‹Kritik der reinen Vernunft› beeinflußt, als daß er versuchen könnte, über das A. Aussagen zu machen: «Jedes zu dem Ausdrucke: das A. gesetzte zweite Wort hebt die Absolutheit, schlechthin als solche, auf»; das A. «ist schlechthin, was es ist, und ist dieses schlechthin, weil es ist» [17]. Gegenstand der Wissenschaftslehre ist nicht das A. im metaphysischen Verständnis, sondern das absolute Wissen. Sie ist in der Radikalisierung des transzendentalphilosophischen Ansatzes «eine Theorie des Wissens, welche Theorie sich nun ohne Zweifel auf ein Wissen vom Wissen gründet» [18]. Dieses Wissen, das von allem Besonderen abstrahiert, ist gewissermaßen die Form des A. [19]; es ist nur insofern absolut, als es auch in sich die beiden einzig aussagbaren Bestimmungen des A. – zu sein, was es ist, und zu sein, weil es ist – vereinigt: Im Wissen müssen beide Merkmale des A. zusammenfallen. «Absolutes Bestehen, ruhendes Sein» und «absolutes Werden oder Freiheit» sind «in dieser Verschmelzung ... das Wesen ... des absoluten Wissens» [20].

Die Forderung nach diesem Wissen löst Fichte durch den Begriff der unmittelbaren intellektuellen Anschauung ein, die genau wie das A. voraussetzungslos und durch die Fähigkeit des «absoluten Zusammenfassens» der Gegensätze und des Mannigfaltigen charakterisiert ist [21]. Die intellektuelle Anschauung ist die Fähigkeit, durch die das Ich sich als dem A. adäquat erkennt, da es wie das A. definiert ist: «ich bin schlechthin, weil ich bin; und bin schlechthin, was ich bin; beides für das Ich» [22]. Das Ich ist damit absolutes Prinzip der Transzendentalphilosophie, das in sich die «absolute Totalität der Realität im Ich, und die absolute Totalität der Negation im Nicht-Ich» vereinigt [23]. Fichte nennt die Möglichkeit der Vereinigung auch «Thathandlung» [24] und verweist damit die Philosophie für die Verwirklichung dieser Identität auf die Praxis.

SCHELLING ist als der eigentliche Philosoph des A. anzusehen, so daß eine Darstellung seines Begriffs vom A. gleichsam eine Darstellung seines gesamten Denkens ist. Er beginnt unter dem Einfluß Kants und Fichtes 1795 in seiner frühen Schrift ‹Vom Ich als Princip der Philosophie ...› mit der «Deduktion eines letzten Realgrunds unseres Wissens überhaupt». Diesen findet er wie Fichte «nur im absoluten Ich ... durch absolute Freiheit» [25] in der «unendlichen Sphäre des absoluten Seins». «Gott ist nichts als das absolute Ich». Eine Erkenntnis dessen ist nicht «in der theoretischen Philosophie» möglich, sondern nur in «praktischer Annäherung zum A.» [26]. Doch schon bald, in den ‹Philosophischen Briefen über Dogmatismus und Kritizismus› beginnt die Ausbildung der *Identitätsphilosophie*, in der in der Vereinigung des Idealismus (Kritizismus) Kants und des Realismus (Dogmatismus) Spinozas für «Philosophie, als vom Standpunkt des A.» und für Vernunft als «absolute Vernunft» «das A. ... als totale Indifferenz des Erkennens und des Seyns sowohl als der Subjektivität und der Objektivität» einziges Thema ist: «Die absolute Identität ist absolute Totalität» [27].

Gott als «absolutes All», «absolute Totalität» oder als «das A.»: in ihm ist die für den Menschen «verlorene Identität» [28]. Nach dem «Abfall» – «als ein vollkommenes Abbrechen von der Absolutheit, durch einen Sprung, denkbar» [29] – ist in der Freiheit «zum Princip der Philosophie die absolute Entzweiung» geworden. Schelling will «der uralten Entzweiung» – «der Keim des Christenthums war das Gefühl einer Entzweiung der Welt mit Gott» – «eine neue Form» geben, um «durch die Speculation ... Wiederaufhebung der Entzweiung in einer höheren Potenz» zu erreichen [30]. Diese «vollendete Versöhnung und Wiederauflösung in die Absolutheit» nach dem Abfall ist «Endabsicht der Geschichte» [31]: «Geschichte als Ganzes ist eine fortgehende, allmählich sich enthüllende Offenbarung des A.» [32] in den drei Schritten der Identität, der «Auflösung der Identität in die Differenz ... als reine Negation» und der «Rückkehr» als «Negation der Negation» [33]. Das A. realisiert sich nur in der Geschichte und ist so die Geschichte. In der Identitätsphilosophie ist die «Erkenntnißart des A.» die «intellektuelle Anschauung» [34] für die beiden Grundwissenschaften der Philosophie, die Natur- und Transzendentalphilosophie [35]. Die Transzendentalphilosophie hat «das Reelle dem Ideellen unterzuordnen»; die «Naturphilosophie, das Ideelle aus dem Reellen zu erklären: beide Wissenschaften sind also Eine». Die Naturphilosophie – «der Spinozismus der Physik» [36] – findet im *Organismus* «das unmittelbare Abbild der absoluten Substanz»: «Der Organismus in specie ist nämlich eben dadurch, daß er in sich selbst eine Totalität, eine Allheit ist, auch das unmittelbare Gegenbild und Organ der absoluten Identität» [37]. Hier wirkt Kants ‹teleologische Urteilskraft› weiter. Auf der anderen Seite des Systems – fast ausschließlich im ‹System des transzendentalen Idealismus› – ist die *Kunst* für Schelling Darstellung «der Formen der Dinge ... wie sie im A. sind» [38] und damit Gegenstück zum Organismus. Die Kunst hebt die «unendliche Entzweiung» in der «ästhetischen Produktion» auf. Die «ästhetische Anschauung» als «Dichtungsvermögen» bzw. «Einbildungskraft» ist «nur die objectiv gewordene transcendentale». Damit ist «die Kunst das einzige wahre und ewige Organon zugleich und Document der Philosophie» und «deßwegen dem Philosophen das Höchste» [39].

In der *späteren* Philosophie der Mythologie und Offenbarung wendet sich Schelling unter Rückgriff auf den «Theosophismus» Böhmes und in der Unterscheidung von «negativer Philosophie» als «apriorische[m] Empirismus» und «positiver Philosophie» als «empirische[m] Apriorismus» [40] – auch hier noch zeigt sich die Form des Chiasmus als typisch für das Denken Schellings – dem Theismus zu, den er als Zusammensetzung von Pantheismus und Monotheismus bestimmt [41]. Hierbei wird der Begriff des A. so gut wie gar nicht gebraucht. Gott wird mit traditionellen Begriffen wie «ipsum Ens», αὐτὸ τὸ Ὄν, «Substanz», ὑποκείμενον, das «All-Eine» und christlicher Bestimmung im Gegensatz zum frühen Denken als «absolute Persönlichkeit» zu fassen gesucht [42].

HEGELS Philosophie des A., des absoluten Geistes oder des absoluten Wissens ist *begriffenes Resultat* – in Erinnerung, Aufhebung und Vermittlung – der *Geschichte als Welt- und Geistes-Geschichte*. Diese Geschichtsauffassung bietet weder die Möglichkeit, in einem vergangenen Denken allein die Wahrheit des A. zu finden, noch diese als «Vorübung» für die Gegenwart zu interpretieren [43]. Konstruktion des A. im Bewußtsein durch Erhebung zur Spekulation ist keine «Metaphysik der Objektivität» als Substanz-Philosophie (Spinoza) und keine erkenntnistheoretische «Metaphysik der Subjektivität» (Kant, Jacobi, Fichte), die das A. in «ein absolutes Jenseits des vernünftigen Erkennens» umgewandelt hat [44], sondern ist wesentlich beides nicht und beides. Es ist daher konsequent, wenn die ‹Logik› in der Vermittlung von Subjektivität und Objektivität geschichtsphilosophisch das vertritt, was traditionell Aufgabe der Metaphysik war [45].

Die ihm vorangehenden Philosophien in ihren sich notwendig entwickelten Dimensionen stellt Hegel auf die «Seite der Bildung», die die geschichtlich gewordene Voraussetzung für die Reflexion ist, damit sich Vernunft, die nur insofern sie «Beziehung aufs A. hat» Vernunft ist, verwirklichen kann [46]. Hegel sieht als «Quell des Bedürfnisses der Philosophie» die «Entzweiung». Diese als die durch Christentum und Aufklärung, Subjektivität und Französische Revolution notwendige Form des «sich entfremdeten Geistes» in der bürgerlichen Gesellschaft verhindert die im alten Griechenland noch mögliche unmittelbare Identifikation des A. in Mythologie, Religion oder Kunst [47]. Weder die Kunst als «sinnliche Darstellung des A.» noch die Religion, die «das A. ... in die Innerlichkeit des Subjekts hineinverlegt» hat, sind «weder dem Inhalte noch der Form nach die höchste und absolute Weise ..., dem Geiste seine wahrhaften Interessen zum Bewußtsein zu bringen» [48]. Dieses Interesse und die «formale Aufgabe der Philosophie» ist die «Aufhebung der Entzweiung» in dem spezifisch Hegelschen Verständnis von ‹Aufhebung› [49]. Entgegen Fichte, der nur «eins [Ich] der Entgegengesetzten ins A., oder es als das A. gesetzt» und damit das andere vernichtet hat, und entgegen Schelling (erst ab ‹Phänomenologie›), in dessen Identitätssystem das A. die «Nacht» sei, in der «alle Kühe schwarz sind», ist Hegels Philosophie nur möglich in der Vereinigung und Anerkennung beider «Voraussetzungen»: des Ziels des A. und der Tatsächlichkeit der Entzweiung [50]: «das Sein in das Nichtsein – als Werden, die Entzweiung in das A. – als dessen Erscheinung, das Endliche in das Unendliche – als Leben zu setzen» [51]. Nur so ist der abstrakteste Satz Hegels – in der ‹Differenzschrift› und der ‹Logik› gleichlautend – zu verstehen, der das A. als die «Identität der Identität und der Nichtidentität» bestimmt [52].

Diese Identität ist nicht, «wie aus der Pistole» geschossen, unmittelbar durch Gefühl oder Anschauung zu erreichen, sondern ist «Resultat» und «Ende» des sich in seinen Formen bis zum absoluten Wissen entäußernden und in sich zurückgehenden Geistes, in der Form der Zufälligkeit von Natur und Geschichte und in der der begriffenen Organisation der Wissenschaft: «beides zusammen, die begriffne Geschichte, bilden die Erinnerung und die Schädelstätte des absoluten Geistes, die Wirklichkeit, Wahrheit und Gewißheit seines Throns, ohne den er das leblose Einsame wäre» [53]. Das A., negativ nur die «Negation aller Prädikate und ... das Leere» – sowohl «Sein» als auch «Nichts» –, ist positiv nur als Gesamtheit der dialektischen Kreisbewegung der ‹Logik› zu fassen, in der das «Absolut-A.» die Identität ist, in der «jedes seiner Teile selbst das Ganze oder jede Bestimmtheit die Totalität ist» [54]. Das A. bei Hegel ist also nicht zu definieren und auch nicht darzustellen, es sei denn in einem Nachvollzug seines gesamten Denkens.

Gleichzeitig mit Hegel und in der Zeit nach ihm, in der die «objective Logik» schon bald als «scholastischer Absolutismus» [55] empfunden wurde, wird das A. weiterhin reflektiert, und zwar – neben dem Bezug auf Moral und Religion (z. B. F. BOUTERWEK) und auf Praxis (z. B. J. F. HERBART [56]) – in der Vermittlung mit mystischer Tradition (Baader) und mit Subjektivität und Christentum (Kierkegaard), bis es als idealistischer Begriff bei Schopenhauer destruiert wird.

FRANZ VON BAADER aktiviert das im Idealismus (besonders bei Schelling) stets latent vorhandene Wissen um die *mystischen* und *theosophischen* Traditionen (Meister Eckhart, Paracelsus, Böhme, Oetinger) und versucht es gegen die «Entfremdung von den Religionsdoctrinen» [57] einzusetzen. Der Begriff Gottes bedeutet für ihn nicht ‹Substanz› oder ‹unmittelbare Einheit›, sondern ist als «wahre Einheit» und «wahre Absolutheit» erkannt in ‹Theilung, Scheidung, Sonderung, Gliederung ... und deren Aufhebung» [58]. Anders als Jacobi, der in dem Ensoph-Begriff das Starre, Unveränderliche sah, ist für Baader, der den Böhmeschen Übersetzungsvorschlag ‹Ungrund› aufnimmt [59], das A. die Einheit von potentia und actus, von genitor und genitus [60]. Diese Einheit, die er auch «chaotisches Nichts» oder «Untiefe» nennt, ist nicht Indifferenz, sondern «höchste Differenz», durch welche das A. hindurchgehen muß, «um sich gliedernd entfalten zu können» [61]. In dem «Sichgründen, Begründen und Selbstigen» fällt im «Process» das «ewige Dasein» mit dem «ewigen Werden» zusammen [62]. Indem Baader diese Gedanken auch in das idealistische Vokabular übertragen kann, wird zugleich in diesem die oft nicht mehr gewußte Tiefendimension der verwendeten Begriffe deutlich: «J. Böhme gibt jene Entäußerung so an, dass die Idee (Cochma, Gedanke als Lust) sich der Begierde (Natur) eingibt, und in ihr ihre Kraft sich aneignend wesentlich wird. Eigentlich aber entspricht der Entäußerung, die Entzweiung ist, eine Innerung. Der hervorbringende Geist kehrt von beiden Abstractionen in Mitte (reintegriert über beiden) in sich zurück und hat nun als Grund des Hervorbringens ein gedoppeltes Anderes in sich» [63].

KIERKEGAARDS Auffassung des A. ist nur in seiner Theorie der *Entscheidung* bzw. Wahl, seiner Radikalisierung der *Subjektivität* im Verhältnis zum *Christentum* und in seinem besonderen Verständnis von *Dialektik* zu verstehen. Bedingung für das A. ist der «Glaube», daß «des Daseins Verschiedenheit ihren tiefsten Grund hat in einer Einheit im A.» und daß das Erfassen dieses A. «keinem einzigen Menschen versagt ist» [64]. Der Einzelne steht in «einem absoluten Verhältnis zum A.» [65]. Dieser Standpunkt läßt sich nicht vermitteln, sondern ist nur in der absoluten Wahl der «Verzweiflung» erreichbar: «Indem ich also absolut wähle, wähle ich die Verzweiflung, und in der Verzweiflung wähle ich das A., denn ich bin selbst das A., ich setze das A. und ich bin selbst das A.; aber als damit schlechthin gleichsinnig muß ich es sagen: ich wähle das A., welches mich wählt, ich setze das A., das mich setzt» [66]. Anders als bei Hegel ist die so angedeutete Dialektik nicht Möglichkeit der Versöhnung, sondern beharrt in der Negativität und auf dem absoluten Unterschied zwischen Gott und Mensch. Das absolute Verhältnis des Menschen zu Gott drückt gerade den absoluten Unterschied aus [67]: «Die Dialektik selbst sieht nicht das A.», sie ist «eine freundlich dienende Macht, die aufdeckt und finden hilft, wo der absolute Gegenstand des Glaubens und der Anbetung ist, wo das A. ist – dort nämlich, wo der Unterschied zwischen Wissen und Nichtwissen in der absoluten Anbetung der Unwissenheit zusammenstürzt» [68].

SCHOPENHAUER, die letzten fünfzig Jahre überschauend, in denen das «Absolutum als baare Münze» dem Publikum verkauft wurde, kann in der Kritik am Idealismus die «unmittelbare Vernunftanschauung des

Absolutums» nur als «Wolkenkukuksheim», die Jacobische Gefühlsvernunft als «reichsunmittelbare Vernunft» und das Hegelsche System als «leeren Wortschall» begreifen [69]. Ohne den Begriff des A. hierfür zu verwenden, ist für ihn «der Wille zum Leben ... das Allerrealste» und «das einzige Metaphysische» [70]. Der Idealismus in seiner Anstrengung, das A. spekulativ und in seinem geschichtlichen Werden zu begreifen, geht in dieser neuen, die Geschichte nicht einbeziehenden Metaphysik zu Ende.

Anmerkungen. [1] KANT, KrV B 379 = Akad.-A. 3, 251. – [2] a. a. O. B 381 = 3, 252. – [3] B 382 = 3, 253. – [4] B 381 = 3, 252. – [5] B 383 = 3, 253. – [6] B 391 = 3, 258. – [7] B 383 = 3, 253. – [8] B 647 = 3, 412f; B 707 = 3, 448. – [9] Nachlaß, Akad.-A. 18, 380. 399. – [10] KpV, 5, 108; vgl. KU, 5, 434ff. 463; Logik, 9, 87. – [11] F. SCHLEGEL: Transzendentalphilos. (1800/01). Krit. A., hg. E. BEHLER 12/2 (1964) 93. 96. 92. – [12] SCHILLER, National-A. 20 (1962) 236. – [13] Über die ästh. Erziehung des Menschen (1793-1795) 16. Brief. – [14] a. a. O. 12. Brief. – [15] Über naive und sentimentalische Dichtung. Nat.-A 20 (1962) 481. – [16] a. a. O. 498f. – [17] FICHTE: Darstellung der Wiss.lehre (1801). Werke, hg. I. H. FICHTE 2, 12. 19. – [18] a. a. O. 7. – [19] 15. 13. – [20] 17. – [21] 9. – [22] Grundlage der gesammten Wiss.lehre (1794/95). Akad.-A. I/2, 260. – [23] a. a. O. 288. – [24] 255. 260. – [25] SCHELLING, Werke, hg. K. F. A. SCHELLING (1856-1861) 1, 160. – [26] Briefe von und an Hegel, hg. J. HOFFMEISTER (1952) 1, 22. – [27] Darstellung meines Systems der Philos. (1801). Werke, a. a. O. 4, 115. 114. 127. 125. – [28] 5, 375; 6, 151; 5, 121. – [29] Philos. und Relig. (1804). Werke 6, 38. – [30] Über das Verhältnis der Naturphilos. zur Philos. überhaupt (1803). Werke 5, 115. 117. 121. – [31] Philos. und Relig. Werke 6, 43. 57. – [32] System des transcendentalen Idealismus (1800). Werke 3, 603. – [33] 6, 45. 57. – [34] System der gesammten Philos. (1804). Werke 6, 153. – [35] 3, 342. – [36] Einl. zu dem Entwurf eines Systems der Naturphilos. (1799). Werke 3, 272. 273. – [37] System der gesammten Philos. Werke 6, 377. – [38] Philos. der Kunst (1802/03). Werke 5, 386. – [39] System des transcendentalen Idealismus. Werke 3, 626-628. – [40] Philos. der Offenbarung. Werke 13 (= 2/3), 124ff. 130. – [41] 12, 70. – [42] 12 (= 2/2), 25. 29. 61; 13, 174. – [43] HEGEL: Differenz des Fichte'schen und Schelling'schen Systems der Philos. (= Diff.) (1801), hg. G. LASSON (1928, Nachdruck 1962) 11. – [44] Glauben und Wissen (1802/03), hg. G. LASSON (1928, Nachdruck 1962) 122. – [45] Wiss. der Logik (1812, ²1831), hg. G. LASSON (1934, Nachdruck 1967) 1, 46. – [46] Glauben und Wissen, a. a. O. [44] 122; Diff. 20. – [47] Phänomenol. des Geistes (= Phän.) (1807), hg. J. HOFFMEISTER (1937, Nachdruck 1952) 347ff.; vgl. Ästhetik (= Ästh.), hg. F. BASSENGE (1955) 1, 423. – [48] Ästh. 1, 77. 111. 21. – [49] Diff. 75. – [50] Diff. 77; Phän. 19. – [51] Diff. 16. – [52] Diff. 77; Logik 1, 59. – [53] Phän. 26. 21. 564. – [54] Logik 2, 157. 160. 158; vgl. 504. – [55] F. BOUTERWEK: Die Relig. der Vernunft. Ideen zur Beschleunigung der Fortschritte einer haltbaren Religionsphilos. (1824) 107. – [56] J. F. HERBART: Kurze Encyklop. der Philos. (²1841) 326; vgl. Lehrb. zur Einl. in die Philos. (⁴1837) 190ff. – [57] F. v. BAADER: Werke, hg. F. HOFFMANN (1850-1860) 1, 157. – [58] a. a. O. 1, 189. – [59] Vgl. 2, 277. 300. – [60] 1, 197. 198. – [61] 2, 102. – [62] 15, 643. – [63] 3, 218. – [64] KIERKEGAARD: Der Begriff Angst (1844). Dtsch. Werke, hg. E. HIRSCH 11/12 (1952) 236. – [65] Furcht und Zittern (1843). Werke 4 (1950) 59. – [66] Entweder/Oder 2 (1843). Werke 2/3 (1957) 227. – [67] Abschließende unwiss. Nachschrift zu den Philos. Brocken. Werke 16/2 (1958) 118. – [68] a. a. O. 199; vgl. 273ff. – [69] SCHOPENHAUER. Werke, hg. A. HÜBSCHER 5, 102f; 1, 112; vgl. 2, 322; 3, 50. 159; 4/2, 151; 3, 400. – [70] 3, 400. 740.

4. Zur gleichen Zeit, als in Deutschland SCHOPENHAUER seine Polemik gegen die Philosophie des A. des Idealismus und gegen deren Erkenntnisvermögen als «sechsten Sinn der Fledermäuse» [1] formuliert, entwickelt sich in *England* in Weiterführung der Schottischen Schule des common sense (TH. REID, D. STEWART, TH. BROWN) eine Philosophie der Skepsis gegenüber der Möglichkeit einer philosophischen Behandlung des A. Diese Philosophie, die sich auch auf Kant beruft, hat den die zweite Hälfte des 19. Jh. weithin vorherrschenden sogenannten Agnostizismus (TH. H. HUXLEY) entscheidend beeinflußt. W. HAMILTON, der Begründer der jüngeren schottischen Schule, fordert den Verzicht auf jede spekulative Erkenntnis des A., da diese Erkenntnis sich notwendig in nicht aufzulösende Widersprüche verwickelt [2]. Das Unbedingte (Unconditioned) – an diesem A. hält Hamilton fest – ist Gegenstand des Glaubens. Ähnlich sieht sein Schüler H. L. MANSEL die Unmöglichkeit, das A. philosophisch zu denken, und empfiehlt deswegen den Rückgang auf Offenbarungstheologie [3]. Beide haben den Hauptvertreter des naturalistischen Evolutionismus, H. SPENCER, besonders mit der These: «Vorstellung des A. erscheint ... voll von Widersprüchen» [4] beeinflußt. Als ersten Teil des geplanten Systems der synthetischen Philosophie behandelt Spencer unter den Grundlagen der Philosophie «das Unerkennbare», das als letzte Ursache aller Erscheinungen nicht anders als «unendlich und absolut zu denken» ist [5]. Dieses A. ist – darin folgt Spencer Mansel – weder als persönlich noch als unpersönlich, weder als Eines noch als Vieles zu denken, so daß für Spencer «das absolute Geheimnis» aller Religionen darin besteht, daß «das Wesen (die Macht), welche sich uns im Universum offenbart, durchaus unerforschlich ist» [6]. Aufgrund dieser Einsicht zieht sich Spencer aber nicht auf Religion zurück, sondern sieht sich von metaphysischen Überlegungen entlastet, so daß er sich den evolutionistischen Prinzipien der Biologie, Psychologie und Soziologie zuwenden kann, denen das A. kein Thema ist. Ähnlich ist der weiteren englischen Philosophie des 19. und auch des 20.Jh., anschließend an B. Russell und später L. Wittgenstein, das A. kein Gegenstand der Reflexion. Die neuidealistische Philosophie F. H. BRADLEYS, dessen Metaphysik zwar um die Jahrhundertwende großen Einfluß in der englischen Philosophie hatte, und der «the Absolute as a whole of experience» bestimmt, ist nur als Übergangserscheinung in der Reaktion gegen einen ausschließlichen Pragmatismus und Positivismus ab J. St. Mill im Sinne A. Comtes zu verstehen. Bradley identifiziert das A., das in allen Erscheinungen ist, nicht mit Gott: «We may say that God is not God, till he has become all in all, and that a God which is all in all is not the God of religion. God is but an aspect, and that mean but an appearance, of the Absolute» [7]. Aufgabe der Metaphysik sei es, die Stufen und Rangordnungen (degrees and ranks) der Erscheinungen des A. «in a system of reality» [8] einzuordnen.

In *Deutschland* stilisiert H. VAIHINGER in seiner schon in den siebziger Jahren geschriebenen – aber erst 1911 veröffentlichten – ‹Philosophie des Als-Ob› das A. – in der Terminologie S. Maimons – zur bloßen «Fiktion». Anknüpfend an E. Littré [9], H. L. Mansel, Spencer, R. H. Lotze, E. Laas [10] und F. A. Lange [11] sind für Vaihinger im Begriff des A. die Widersprüche so eklatant, daß das A., «nicht blos das metaphysisch A. ..., sondern jede andere Anwendung des Begriffs», dem «kritischen Positivismus» «ohne allen theoretischen Sinn» ist [12]. Auf Grund seiner Hauptfrage: «Wie kommt es, daß wir mit bewußtfalschen Vorstellungen doch Richtiges erreichen?» [13], gesteht er jedoch dem A. als der letzten und höchsten Fiktion einen «hohen praktischen Wert» [14] zu. Über das A. ist zwar nichts Widerspruchsfreies auszusagen, es ist aber als Fiktion für die theoretische, praktische und Religionsphilosophie unerläßlich. Vaihinger beruft sich in der Einleitung auf Nietzsche, dessen Philosophieren, besonders in der «Umwertungszeit» (1882–88), ihn zu der Veröffentlichung ermutigt habe.

NIETZSCHE verwendet den Begriff des A. nur sehr selten, da es «Aberglaube» sei, «an das Seiende zu glauben, an das Unbedingte, an den reinen Geist, an die absolute Erkenntnis, an den absoluten Werth, an das Ding an sich». Der «Irrthum» des A. sei nur durch ein «Schaffen, Erdichten» des Intellekts entstanden. Dieser müsse, um schließen und begründen zu können, den Begriff des Unbedingten durch «eine fingierende setzende Kraft» erfinden und glaubt in dieser Fiktion «an Das, was er schafft, als wahr» [15].

H. SCHOLZ weist die Auffassung Vaihingers vom A. als einer Fiktion zurück [16]. In der Differenzierung des A. in «kosmische Potenz» für die Metaphysik und «akosmistische Grösse» für die Religion sieht Scholz das Verhältnis von Philosophie und Religion als «formale Identität» oder «Wesensverwandtschaft» neu begründet [17]: «Das A. im Sinne der Religion ist also stets und aus Wesensgründen von akosmischer Bedeutung nur in gewissen idealistischen Systemen. Der Begriff des A. ist mithin in seiner metaphysischen Bedeutung viel umfassender als in seinem religiösen Gehalt. Das A. im Sinne der Religion ist gleichsam nur die akosmistische Flamme auf der Spitze der Pyramide des A. im metaphysischen, also kosmischen Sinne» [18]. Das Göttliche darf aber nach Scholz trotz dieser Differenzierung nicht mit dem A. gleichgesetzt werden; das Göttliche ist unendlich viel mehr: «vor allem das Akosmistische» schlechthin [19]. Auf Grund seiner Zuwendung zur Logik kommt Scholz in seiner späteren Metaphysik ohne den Begriff des A. aus [20].

Unbeeinflußt von der skeptischen englischen Philosophie will E. V. HARTMANN den Pantheismus als Widerlegung des Theismus neu begründen, indem er die «Unpersönlichkeit des absoluten Geistes» [21] behauptet: «Die Gottheit als absoluter Geist ist Eine, und als Einheit zugleich absoluter Grund und absolutes Wesen der Welt, – darum kann und muß diese Religion ... konkreter Monismus» heißen [22]. Wenn man von Gott sprechen will, dann nur als «Identität ... mit der absoluten sittlichen Weltordnung» [23]. Im Menschen ist diese sittliche Weltordnung nur als Norm, als Sollensforderung. Dem A. kann – und damit weist Hartmann die Theodizee-Frage zurück – keine Verantwortung für das Böse angelastet werden, da «alle Vorbedingungen einer Schuld ... im A. fehlen» [24].

Im *Neukantianismus* der Marburger Schule verwendet H. COHEN den A.-Begriff zur Begründung der Ethik. Für ihn ist «der eigentliche Inhalt des A. ... unstreitig in dem Begriff Gottes gelegen». Durch das A. wird «die Differenz zwischen dem Problem und der Methode der Ethik und denen der theoretischen Vernunft» ausgeglichen [25]. Eine neue «Metaphysik des A.» habe sich in der Einheit von Logik und Metaphysik gegen den «Agnostizismus» und «Materialismus des A.» (für Cohen u.a. der Spinozismus) zu richten [26]: «Als das A. muß Gott in die Ethik eingegliedert werden», und zwar als «Korrelation zwischen Gott und Natur» «für den Menschen»; und erst durch diese «Korrelation mit Gott ... wird der Mensch ein absolutes Individuum» [27]. Cohen übersetzt das platonische ἀνυπόθετον mit «das Unbedingte» und «Ungrundlegung» und versucht damit in Anknüpfung an alte jüdische Traditionen, Gott von der Bestimmung des von der Welt total Losgelösten zu befreien. Das A. als Gott ist vielmehr «der Schöpfer der Natur und Urheber der Sittlichkeit» und ist «der Grund zu beiden» [28]. P. NATORP hingegen sieht in der Einheit von Metaphysik und Logik keine Möglichkeit, das A. zu erkennen; er gründet «den über die Grenzen der logischen und ethischen (wie auch der ästhetischen) Erkenntnis hinausgehenden Anspruch der Universalität ... des A., Unendlichen» auf das Gefühl [29] und präzisiert nach dem Vorwurf der Gefühlsenge des Subjektivismus durch Cohen dieses Gefühl im Anschluß an Schleiermacher als «die psychische Grundkraft» der «Innerlichkeit des seelischen Lebens» [30]. Das Gefühl ist damit Wurzel des A. und der Religion und eigentliche Erkenntniskraft der Subjektivität. – In der Südwestdeutschen Schule des Neukantianismus kann H. RICKERT in seiner Spätschrift von 1921 in Absetzung von dem «metaphysischen Bedürfnis» zu Beginn des 20.Jh. das A. nur innerhalb der Wertphilosophie ansiedeln: «Das Wertproblem geht also auch dem metaphysischen Wirklichkeitsproblem in jedem Fall voran» [31]. Die Neu-Metaphysiker verkennen in ihrer Lehre vom ens realissimum, daß der Ausdruck «höchste Realität» für das A. nur deshalb gewählt werden kann, weil man mit diesem Höchsten «den höchsten Wert» verbindet [32].

«Die Auferstehung der Metaphysik» [33], die Rickert kritisiert, setzt den Satz H. BERGSONS voraus: «Im A. sind wir, kreisen wir, leben wir» [34]. Gegenüber den analytischen und deskriptiven Wissenschaften, die bei Relativem halt machen müssen, will Bergson die Metaphysik als «die Wissenschaft, die ohne Symbole [Begriffe] auskommen will», im Zusammenhang seiner Lebensphilosophie erneuern. Das A., das «gleichbedeutend mit Vollkommenheit» ist, ist nur durch «eine Anstrengung der Einbildungskraft» zu erreichen: «Hieraus folgt, daß ein A. nur in einer Intuition gegeben werden kann, während alles übrige von der Analyse abhängig ist. Intuition heißt jene Art von intellektueller Einfühlung, kraft deren man sich in das Innere eines Gegenstandes versetzt, um auf das zu treffen, was er an Einzigem und Unausdrückbarem besitzt» [35]. Auch A. LIEBERT will nicht auf den Begriff des A. verzichten. Die Geschichte vollzieht sich für ihn in der Urantinomik von A. und Relativem. Man muß dies als unabdingbare Voraussetzung annehmen, darüber sprechen kann man nicht: «Indem man vom A. spricht, verendlicht man seinen Begriff, determiniert man seine Geltung» [36]. P. WUST, der von E. Troeltsch «für die Wiederkehr der Metaphysik gegen alle müde Skepsis einer in sich unfruchtbaren Erkenntnistheorie» [37] angeregt wurde, will in Aufnahme der «spekulativen Methode» sich dem «eisernen Griff des mathematischen Erkenntnisideals» entziehen, ohne sich allerdings der Legitimation seiner Erkenntnismittel zu vergewissern [38]. Wust sieht, daß das A. «im strengsten Sinne transzendent» ist, will aber trotzdem «geradezu einen erkenntnistheoretischen Beweis für das Dasein der reinen Urgestalt der göttlichen Absolutperson führen» [39]. Da das A. nur personal sein kann, ist im «A. auch der eidetische Kulminationspunkt des personalen Prinzips» des einzelnen Menschen. Eine Ich-Du-Beziehung sei ohne Annahme eines göttlichen A. nicht denkbar [40].

In der *Ontologie* seit Husserl, dann besonders bei Heidegger, der aber den Begriff des A., wohl wegen der Vorbelastung durch den deutschen Idealismus, kaum verwendet, sieht TH. W. ADORNO eine «zweite Reprise der alten Philosophie des A.» [41]. Die Phänomenologie E. HUSSERLs, für die zwar die «absolute Gegebenheit ... ein Letztes» ist, soll «einer Wissenschaft vom Seienden im absoluten Sinn» dienen [42]. Das A. der Phänomenologie, das transzendentale absolute Bewußtsein, ist nicht das A. der Metaphysik: «Das transzendentale ‹A.›, das wir uns durch die Deduktionen herauspräpariert haben, ist in Wahrheit nicht das Letzte, es ist etwas, das sich selbst in einem gewissen tiefliegenden und völlig eigenartigen Sinn konstituiert und seine Urquelle in einem letzten und wahrhaften A. hat» [43]. Husserl vermeidet es aber, in diesem A. Gott zu sehen, da diese «intuitiven Bekundungen» Geschäft der Theologie, nicht der Phänomenologie seien [44]. M. SCHELER faßt in gewisser Weise die Bemühungen seiner neukantianischen Vorläufer und Zeitgenossen zusammen, indem er sowohl den «metaphysischen» als auch den «religiösen Agnostizismus» [45] kritisiert. Er nimmt ein «Konformitätssystem von Religion und Metaphysik» an, um Gott nicht einseitig auf ein absolutes, unveränderliches, starres Ens und auch nicht allein auf ein Irrationales – hier wendet sich Scheler gegen R. Otto [46] – zu reduzieren: «Der wahre Gott ist nicht so leer und starr wie der Gott der Metaphysik. Der wahre Gott ist nicht so eng und lebendig wie der Gott des bloßen Glaubens» [47]. Erst unter dieser Anerkennung der Notwendigkeit beider Gottesbegriffe und ihrer wechselseitigen nicht-identischen Beziehung kann die materiale Wertethik begründet werden. Für Scheler hat die «Wertgegebenheit» Priorität vor der «Seinsgegebenheit» [48]. Die «Relativität» und «Absolutheit» der Werte ist «im reinen Fühlen (Verzeihen, Lieben)» unmittelbar gegeben [49]. Der Zugang «zum absoluten Sein» als möglichst geringe Relativität der Werte ist also unabhängig von Urteilen und Begriffen nur durch ein neues unmittelbares Fühlen zu erreichen. Scheler versucht damit durch die Stufenfolge der Wertethik ein neues A. gegenüber den «Absolutist(en) der Relativität» zu begründen [50]. N. HARTMANN führt in seinen Schriften die Diskussion um die «Relativität und Absolutheit der Werte» weiter [51]. – In ausdrücklicher Berufung und Auseinandersetzung mit Spinoza will W. CRAMER, anknüpfend an R. Hönigswald und durch geschichtliche Fundierung D. Henrichs unterstützt, eine neue Philosophie des A. entwerfen, da es entgegen den Zeitströmungen der Gegenwart eine ewige Aufgabe der Philosophie als «Letztbegründung» sei, «einen gesicherten Begriff vom A. zu entwickeln» [52]. Hierbei ist zentrale Aufgabe der «absoluten Reflexion» – so lautet der Gesamttitel des auf fünf Bände geplanten Systems –, wie sie «im Denken aus dem A. und Einen noch die Genesis des Vielen und Singulären begreifen» kann [53].

Marxistisch beeinflußten Philosophen ist das A. eine obsolete Mystifikation; so wendet sich G. LUKÁCS gegen Nietzsche und Spengler, die in ihrem Relativismus «das A. nur scheinbar aus der Welt entfernt» haben: «Das A. ist nichts anderes als die gedankliche Fixierung, die mythologisierend positive Wendung der Unfähigkeit des Denkens, die Wirklichkeit konkret als geschichtlichen Prozeß zu begreifen» [54]. Für diesen geschichtlichen Prozeß behält Lukács allerdings den Begriff ‹Totalität› bei.

Seit den dreißiger Jahren versuchen M. HORKHEIMER und TH. W. ADORNO in ihrem ständigen Kampf gegen einen sich absolut setzenden Neopositivismus und Pragmatismus, das A. und andere im Idealismus entwickelte Begriffe als Korrektiv innerhalb der *Kritischen Theorie* [55] zu bewahren, ohne in den Verdacht zu kommen, eine neue Metaphysik unkritisch zu begründen. Das A., das die Kritische Theorie in Übereinstimmung mit Kant für nicht darstellbar hält und das sie deshalb vorsichtig in Anknüpfung an jüdische Traditionen und auf Grund der Auseinandersetzung mit der dialektischen Theologie (P. Tillich) «das Andere» nennt, soll vor allem bei HORKHEIMER als theologische Idee auf eine vernünftige Theorie der Gesellschaft angewandt werden. Es soll eine wichtige Aufgabe der Kritischen Theorie sein, etwas von dem Überlieferten zu bewahren, indem man die Wandlung auch in ihrer Negativität sichtbar macht [56]. In den ‹Meditationen zur Metaphysik› am Schluß der ‹Negativen Dialektik› versucht ADORNO die Möglichkeit einer Konstruktion der Aufgabe einer Metaphysik unter der Bedingung der Dialektik als dem «Inbegriff negativen Wissens». Negative Dialektik, um nicht selber total zu werden, muß sich in einem letzten Schritt gegen sich selber richten, allerdings nicht, um die «Identifizierungen des A.», die immer nur anthropomorphisierende Transformationen sind, zu wiederholen: «Die kleinsten innerweltlichen Züge hätten Relevanz fürs A., denn der mikrologische Blick zertrümmert die Schalen des nach dem Maß des subsumierenden Oberbegriffs hilflos Vereinzelten und sprengt seine Identität, den Trug, es wäre bloß Exemplar. Solches Denken ist solidarisch mit Metaphysik im Augenblick ihres Sturzes» [57]. Inwieweit der Begriff des A. noch verwendet werden kann, vermag die Begriffsgeschichte nicht zu zeigen; sie zeigt aber, daß das A. mehr ist als nur ein «Hexen-Einmaleins» [58].

Anmerkungen. [1] SCHOPENHAUER, Werke, hg. A. HÜBSCHER 2 (²1948) 618. – [2] Vgl. W. HAMILTON: Cousin's writings, and philos. of the unconditioned (1829). – [3] Vgl. H. L. MANSEL: Met. or the philos. of consciousness (1857), in: ⁸Encyclop. britannica. – [4] H. L. MANSEL: The limits of religious thought (1858, ³1867); dtsch.: Grenzen des relig. Denkens (o.J.) 42. – [5] H. SPENCER: Grundlage der Philos. (1862), dtsch. nach engl. (⁴1875) 39. – [6] a. a. O. 46. – [7] F. H. BRADLEY: Appearance and reality (1893, ⁷1920) 448. – [8] a. a. O. 487. 489. – [9] Vgl. E. LITTRÉ: Fragments de philos. positiviste (1876) VII. – [10] E. LAAS: Kants Analogien der Erfahrung (1876) bes. 222. 264. 327. 341. – [11] Vgl. F. A. LANGE: Gesch. des Materialismus und Kritik seiner Bedeutung in der Gegenwart 1. 2 (1860, ¹⁰1921). – [12] H. VAIHINGER: Die Philos. des Als-Ob. System der theoretischen, praktischen u. relig. Fiktionen der Menschheit auf Grund eines idealistischen Positivismus (1911) 114. – [13] a. a. O. 93. – [14] 115. – [15] NIETZSCHE, Musarion-A. 16, 110f. – [16] H. SCHOLZ: Die Religionsphilos. des Als-Ob (1921) bes. 152ff. – [17] a. a. O. 225. 228. – [18] 225. – [19] 342. – [20] Vgl. Met. als strenge Wiss. (1941). – [21] E. v. HARTMANN: Grundriß der Met. (1908) 146, Cap. VI: Die Unbewußtheit des absoluten Geistes. – [22] Das relig. Bewußtsein der Menschheit (³1906) 621. – [23] Die Relig. des Geistes 2 (1907) 177. – [24] a. a. O. 269. – [25] H. COHEN: Ethik des reinen Willens (²1907) 430. – [26] Logik der reinen Erkenntnis (²1914) 605f.; vgl. 212. – [27] Der Begriff der Relig. im System der Philos. (1915) 50. 92. – [28] Ethik … a. a. O. [25] 430; Logik … a. a. O. [26] 212. – [29] P. NATORP: Relig. innerhalb der Grenzen der Humanität (1908) 96. – [30] Relig. und Sittlichkeit (1907) 24. 27. – [31] H. RICKERT: Allg. Grundlegung der Philos. (1921) 140. – [32] ebda. – [33] P. WUST: Die Auferstehung der Met. (1920). Werke 1 (1963). – [34] H. BERGSON: Schöpferische Entwicklung (dtsch. 1916) 1-5. – [35] ebda. – [36] A. LIEBERT: Der Geltungswert der Met. (dtsch. 1914) 46. – [37] Vgl. P. WUST, Werke 1, 9. – [38] a. a. O. 261. – [39] 3/1, 116. – [40] 6, 122; 3/1, 133. – [41] TH. W. ADORNO: Negative Dialektik (1966) 68. – [42] E. HUSSERL: Idee der Phänomenol. Husserliana 2 (Den Haag 1950) 61. 23. – [43] Ideen zu einer reinen Phänomenol. und phänomenol. Philos. 1 (1913). Husserliana 3, 198. – [44] a. a. O. 122. – [45] M. SCHELER: Vom Ewigen im Menschen (1920). Werke 5 (1954) 138. 263. – [46] R. OTTO: Das Heilige. Über das Irrationale in der Idee des Göttlichen und sein Verhältnis zum Rationalen (¹1917). – [47] SCHELER, a. a. O. 5, 142. 136. 138. – [48] 5, 82. – [49] Der Formalismus in der Ethik und die materiale Wertethik (1916). a. a. O. 2 (1954) 118f. – [50] a. a. O. 5, 82. 96. – [51] N. HARTMANN: Ethik (¹1925, ⁴1962) 138ff.; vgl. Grundzüge einer Met. des Erkennens (1921, ⁴1949) 422ff. – [52] W. CRAMER: Das A. und das Kontingente. Untersuch. zum Substanzbegriff (1959) 7, 57ff.; Gottesbeweise und ihre Kritik. Die absolute Reflexion 2 (1967) 19; vgl. D. HENRICH: Über System und Methode von Cramers deduktiver Monadologie. Philos. Rdsch. 6 (1958) 237-263; Der ontologische Gottesbeweis. Sein Problem und seine Gesch. in der Neuzeit (1960). – [53] Spinozas Philos. des A. Die absolute Reflexion 1 (1966) 20. – [54] G. LUKÁCS: Gesch. und Klassenbewußtsein (1922) 205; vgl. W. I. LENIN, Werke 38 (1964) 94. 137. 226. – [55] M. HORKHEIMER: Krit. Theorie 1. 2 (1968). – [56] Spiegel-Interview (5. 1. 1970) 81f. – [57] ADORNO, a. a. O. [41] 395-398. – [58] F. MAUTHNER: Wb. der Philos. 1 (²1923) 9.

Literaturhinweise. H. PLOEN: Absolubilis-absolutus. A. lat. Lexicographie 6 (1889) 169-184. – J. W. VERWEYEN: Die Idee des

Unbedingten. Kantstudien 16 (1911) 234-243. – J. VOLKELT: Das A. im Wahrheitsbegriff. Kantstudien 21 (1917) 398ff. – J. HEILER: Das A. (1921). – P. C. HÖTSCHL und A. KELHEIM: Das A. in Hegels Dialektik (1939). – D. LONDHE: Das A. (1939). – J. MÖLLER: Der Geist und das A. (1951). – J. HABERMAS: Das A. und die Gesch. Von der Zwiespältigkeit im Schellingschen Denken (Diss. Bonn 1954). – TH. W. ADORNO: Kritik des logischen Absolutismus. Arch. Philos. 5 (1955) 130-169. – G. HUBER: Das Sein und das A. (1955). – W. SCHULZ: Die Vollendung des dtsch. Idealismus in der Spätphilos. Schellings (1955). – R. GUARDINI: Das Unendlich-A. und das Religiös-Christliche. Philos. Jb. 65 (1957) 12-23. – R. BOEHM: Zum Begriff des A. bei Husserl. Z. philos. Forsch. 13 (1959) 214-242. – R. KRONER: Von Kant bis Hegel (²1961). – D. JULIA: Le savoir absolu chez Fichte et le problème de la philos. A. de philos. 25 (1962) 345-370. – G. E. MÜLLER: Hegel's A. and the crisis of christianity, in: A Hegel symposium, hg. D. C. TRAVIS (Austin, Texas 1962). – M. THEUNISSEN: Die Dialektik der Offenbarung. Zur Auseinandersetzung Schellings und Kierkegaards mit der Religionsphilos. Hegels. Philos. Jb. 72 (1964) 134-160. – W. KASPAR: Das A. in der Gesch., Philos. und Gesch. in der Spätphilos. Schellings (1965) bes. 7-17. – F. J. ADELMANN (Hg.): The quest for the A. Boston Coll. Stud. in Philos. 1 (Chestnut Hill/Boston College/Den Haag 1966) 134-154. – TH. HÄRTING: Hegel und die spinozistische Substanz. Philos. Jb. 75 (1967/68) 416-419. – W. MARX: Absolute Reflexion und Sprache, in: Natur und Gesch. K. Löwith zum 70. Geburtstag (1967) 237-256. – H. SCHWEPPENHÄUSER: Kierkegaards Angriff auf die Spekulation. Eine Verteidigung (1967). – E. LÉVINAS: Totalité et infini. Essai sur l'extériorité (Paris ³1968). – K. HEMMERLE: Gott und das Denken in Schellings Spätphilos. (1968). – H. RADERMACHER: Fichtes Begriff des A. (1970).　　　　　　　　　R. KUHLEN

Absolutheit des Christentums. Der Begriff findet sich vereinzelt im Idealismus und seinem Einflußbereich. SCHELLING schreibt 1802: Es gibt «nur Heidentum und C., außer diesen beiden ist nichts als die beiden gemeinschaftliche A.», d. h. Schelling nimmt in Aussicht, daß das C. «sich in die Heiterkeit und Schönheit der griechischen Religion verkläre» [1]. R. ROTHE notiert um 1855: «Darin eben erweist sich das C. als die *absolute* Religion, daß es nicht mehr ... Religion *für sich* ... sein will. Wer es gleichwohl dazu machen will, bringt es um den Charakter der A.», denn das wahre, der modernen Bildung und Kultur wahlverwandte C. läßt sich nicht in Kirchlichkeit und Dogmendienst einsperren [2]. Rothe folgt im Sprachgebrauch der HEGELschen Religionsphilosophie; die abkürzende Wendung ‹A.d.C.› bürgert sich aber zunächst nicht ein.

Erst 1896 wird ihr von E. TROELTSCH in der Diskussion ein fester Platz gegeben. Die A.d.C. ist wissenschaftlich nicht mehr streng beweisbar, denn sobald die Wirklichkeit als geschichtlich geworden und vergänglich durchschaut wird, fällt die Sicherheit, mit der man zuvor an die Geltung des C. glaubte, dahin [3]. Der Begriff ist auch hier in lockerer Anlehnung an Hegel, mehr noch aber mit Hilfe des allgemeinen, der Relativität entgegengesetzten A.-Begriffs gebildet. In seinem berühmten Vortrag über «Die A.d.C. und die Religionsgeschichte» [4] destruiert Troeltsch die beiden Formen der Apologetik, die das C. mittels der Wunder (Supranaturalismus) bzw. kraft seiner Identität mit der Idee der Religion (Idealismus) absolut setzen. Trotzdem will Troeltsch die Höchstgeltung des C. erweisen: Es sei, wenn man es unvoreingenommen mit den anderen Religionen vergleiche, «die höchste und folgerichtigst entfaltete Lebenswelt, die wir kennen ... nur in diesem Sinne läßt sich die A.d.C. behaupten» [5]. H. SÜSKIND bringt – die Anregungen seines Lehrers Troeltsch aufnehmend – die verschiedenen Stufen des A.-Begriffes in ein System. Vor der Begegnung mit anderen religiösen A.-Ansprüchen ist mit der eigenen Religion zugleich die religiöse A. gegeben, die entweder unmittelbar empfunden oder dogmatisch objektiviert sein kann. Wird die Sonderstellung des C. angegriffen, dann macht die Apologetik die A.d.C. zu ihrem besonderen Gegenstand; unter ihren möglichen Ergebnissen unterscheidet Süskind die naiv-apologetische A. (scheinbare Widerlegung der anderen Ansprüche mit Hilfe des eigenen) und die künstlich-apologetische, die sich in die supranaturalistische und die rationale (welche Vernunft und Offenbarung gleichsetzt) aufspaltet. Darüber erhebt sich als allein Brauchbares die wissenschaftlich nachgewiesene A.: die Preisgabe des strengen Begriffs zugunsten der tatsächlichen Überlegenheit des C. [6]. Letzteres schließt jedoch immer die persönliche Stellungnahme des Betrachters ein.

Diese von Troeltsch hinterlassene Fassung des Problems hat die ganze ältere Diskussion über die «Perfektibilität des C.» und über die «absolute Religion» verwandelt [7]. Auch über Troeltschs Lösung ist man nicht hinausgekommen. Die Verbesserungen des A.-Begriffes erschöpfen sich darin, die innere Vollkommenheit des C. zu betonen [8], seine «Wertfülle, Wertreinheit und Werteinzigkeit» darzustellen [9] oder von der subjektiven Gewißheit aus einen Weg zur objektiven zu ertasten [10]. J. HESSEN faßt diese Bestrebungen systematisch zusammen. Er verzichtet auf den exakten Beweis der A.d.C., sucht aber eine Näherung: Da die religiösen Werte des C. sich zu den ethischen und ästhetischen Werten positiv verhalten, da die phänomenologisch erschließbaren Wesenszüge von Religion überhaupt im C. harmonisch vereinigt sind und da Jesu persönliches A.-Bewußtsein für eine an den großen Persönlichkeiten sich orientierenden Geschichtsdeutung wesentlich ist, sprechen «gewichtige Vernunftgründe» für den Glauben an die A.d.C. [11].

Anmerkungen. [1] SCHELLING, Sämtl. Werke (1856-1881) 5, 120. – [2] R. ROTHE: Stille Stunden (1872) 348. – [3] E. TROELTSCH: Die Selbständigkeit der Religion. Z. Theol. u. Kirche 6 (1896) 207f. – [4] (1902, ³1929). – [5] a. a. O. (³1929) 8ff. 74f. – [6] H. SÜSKIND: A. und Gesch. bei Schleiermacher (1911) 163-167. – [7] Vgl. E. HIRSCH: Gesch. der neuern evang. Theol. (1949-1954) 4, 86; 5, 250; W. ELERT: Der Kampf um das C. (1921) 159ff. – [8] M. REISCHLE: Theol. und Religionsgesch. (1904) 81ff. – [9] F. HEILER: Die Frage der ‹A.›d.C. im Lichte der Religionsgesch. Eine heilige Kirche 20 (1938) 333. – [10] L. IHMELS: Centralfragen der Dogmatik (²1912) 54. – [11] J. HESSEN: Der A.-Anspruch des C. (1963) 13. 75ff. 52ff. 102. 16.

Literaturhinweise. J. KLEIN: A.d.C. RGG ³ 1, 76-78. – TH. LOHMANN: Der A.-Anspruch des C. in der modernen Theol. und Religionswiss. Wiss. Z. Friedrich Schiller-Univ. Jena, gesellschafts- und sprachwiss. Reihe 9 (1959/60) 209-230. – R. SCHÄFER: Welchen Sinn hat es, nach einem Wesen des C. zu suchen? Z. Theol. u. Kirche 65 (1968) 329-347.　　　　　　　R. SCHÄFER

Absolutsphäre des Bewußtseins. Sie bildet den Forschungsbereich der Transzendentalphilosophie E. HUSSERLS. Unter der Idee einer Metaphysik als «Wissenschaft vom Seienden im absoluten Sinn» [1] entfaltet Husserl die kritische Frage nach den Bedingungen möglicher Seinsgeltung überhaupt und gelangt in mehreren reduktiven Schritten zum transzendentalen B. als «Urstätte aller Sinngebung und Seinsbewährung» [2]. Dieses B. ist absolut, sofern es «prinzipiell nulla ‹re› indiget ad existendum» [3], doch muß zu dieser am Substanzbegriff DESCARTES' orientierten Auffassung die später erst klar entfaltete Einsicht hinzugenommen werden, daß das absolute B. «alle wesentlichen Transzendenzen in sich trägt als intentionales Korrelat» und «durch intentionale Konstitution» [4], daß es also absolut ist wesentlich insofern, als alles erdenkliche Sein auf es bezogen ist und nur existiert als sein intentionales Sinngebilde. – Entscheidend ist am absoluten B. bei HUSSERL, daß es nicht – wie in der traditionellen Metaphysik – als Produkt spekulativer Konstruktionen und Prämisse für Deduktionen verstanden wird, sondern als

«Sphäre», «Feld», «Region» oder «Reich» absoluter *Gegebenheiten*, die in einer neuartigen *Erfahrung* zugänglich werden [5]. Ihre Methode ist die Intentionalanalyse, die alle Gegebenheiten dieser Sphäre zum Leitfaden nimmt, um die sie intendierenden Akte aufzubrechen und nach ihren verborgenen Implikationen zu enthüllen. Indem diese Analyse alle zunächst «vorgegebene» Intentionalität nunmehr als Resultat einer «fundierenden» Intentionalität aufdeckt, lehrt sie die A.d.B. begreifen als universales Feld sinnkonstituierender Leistungen, durch die jedes Seiende seinen Seinssinn hat und auf die sich alle Rechtfertigung und Bewährung seiner Seinsgeltung gründet [6].

Anmerkungen. [1] E. HUSSERL: Die Idee der Phänomenol. Husserliana 2 (Den Haag 1958) 23. – [2] Nachwort zu meinen Ideen. Husserliana 5 (Den Haag 1952) 139. – [3] Ideen zu einer reinen Phänomenol. und phänomenol. Philos. 1. Buch. Husserliana 3 (Den Haag 1950) 115. – [4] a. a. O. 73. 119f.; Formale und transzendentale Logik (1929) 208ff. – [5] Die Idee der Phänomenol. a. a. O. 31ff.; Ideen ... I a. a. O. 110ff.; Nachwort zu meinen Ideen a. a. O. 141ff.; Cartesianische Meditationen ... Husserliana 1 (Den Haag 1950) 11. 32ff.; Erste Philos. (1923/24). Husserliana 8 (Den Haag 1959) 69ff. 117ff. – [6] Formale und transzendentale Logik (1929) 216ff.; Cartesianische Meditationen ... a. a. O. 83ff.

Literaturhinweise. E. FINK: Das Problem der Phänomenol. Edmund Husserls. Rev. int. Philos. 1 (1938/39) 226-270. – H. WAGNER: Kritische Bemerkungen zu Husserls Nachlaß. Philos. Rdsch. 1 (1953/54) 1-22. 93-123. – R. BOEHM: Zum Begriff des Absoluten bei Husserl. Z. philos. Forsch. 2 (1959) 214-242. – L. LANDGREBE: Der Weg der Phänomenol. (1963).   E. STRÖKER

Abstrakt/konkret

I. Das lateinische ‹abstractum›, das BOETHIUS in die philosophische Sprache eingeführt hat, übersetzt meistens den bei ARISTOTELES vorkommenden Ausdruck τὰ ἐξ ἀφαιρέσεως [1], der allgemein das mathematische Seiende bezeichnet, soweit dieses durch die Ausklammerung derjenigen Bestimmtheiten des sinnlichen Wesens konstituiert wird, die, wie z. B. die Bewegung, Gegenstand der Physik sind. Der Ausdruck kann auch allgemeiner jede Bestimmtheit bezeichnen, die man zwar getrennt denken kann, die aber in der Wirklichkeit nie getrennt von einem Substrat existiert: so das Weiße [2]. Hingegen wird der Ausdruck von Aristoteles nie gebraucht, um den Status des Allgemeinen zu charakterisieren. Der antithetische und symmetrische Ausdruck τὰ ἐκ προσθέσεως, «die durch Hinzufügung konstituierten Seienden». Dieser Gegensatz hat in vielen Fällen eine nur funktionelle Bedeutung: So ist das Geometrisch-Seiende, das eine Situation im Raum und damit eine räumliche Materie (ὕλη τοπική) besitzt, ein Zusammengesetztes im Vergleich zur abstrakteren Wesenheit, etwa der Zahl; das Geometrisch-Seiende ist aber selbst ein Abstraktes im Vergleich zum Physisch-Seienden, das darüber hinaus die Bestimmtheit der Bewegung besitzt [3]. – Meistens aber weist der Ausdruck τὰ ἐξ ἀφαιρέσεως auf den künstlichen Charakter der Operation hin, durch welche die mathematischen Seienden konstituiert werden, und er betont in polemischer Absicht gegen den Platonismus deren ontologische Unselbständigkeit. Von diesem ontologischen Standpunkt aus ist der Gegensatz zum Abstrakten nicht mehr τὰ ἐκ προσθέσεως, das auf eine erkenntnistheoretische Operation hinweist, sondern τὸ σύνολον, das konkrete Ganze, das aus Materie und Form zusammengesetzt ist, und allein die Fähigkeit besitzt, selbständig in der Natur zu existieren. Vermutlich hat Aristoteles den Terminus πρόσθεσις dem Wortschatz der Akademie entnommen: Für PLATON und die Platoniker gehen die Ideen dem an ihnen teilhabenden Sinnlichen voran; im Gegensatz zur Reinheit der ideellen Existenz ist das Sinnliche das Ergebnis eines Akts der «Hinzufügung»; für ARISTOTELES hingegen ist umgekehrt das konkrete Ganze (synolon) das Ursprüngliche, aus dem nur durch eine «Hinwegnahme», einen Abstraktionsprozeß (aphairesis), Teilbestimmungen (z. B. «das Weiße» am «weißen Menschen») gedanklich isoliert werden können [4].

Aristoteles gebraucht einen andern Terminus, χωριστός, um den ontologischen Status der intelligiblen Wesen zu bezeichnen, die von jeder Materie getrennt sind und doch selbständig existieren [5]. Da aber diese Art von «Getrenntheit» eine ontologische Bestimmung und nicht das Ergebnis eines Erkenntnisvorgangs widerspiegelt, empfiehlt es sich, beide Begriffe klar voneinander zu unterscheiden. Leider wurde in der lateinischen Tradition, schon bei BOETHIUS, ‹choriston› sowohl durch ‹abstractum› als auch durch ‹separatum› wiedergegeben. Diese mit platonischen Einflüssen verbundene Verwechslung der beiden Arten von Getrenntheit führt im Mittelalter dazu, sowohl intelligible Wesenheiten als auch das Allgemeine (das aristotelische καθόλου) mit ‹abstracta› (auch im Sinne von ‹separata›) zu benennen. Der einzige konsequente Gebrauch ist der von ARISTOTELES, der τὸ ἐξ ἀφαιρέσεως als das Unvollständige und Unselbständige dem σύνολον als dem Vollständigen und Selbständigen entgegensetzt: In diesem Sinn, wenn die vom konkreten Ganzen «durch das Denken getrennte» Form ein Abstraktes ist [6], gilt dasselbe auch für die Materie [7].

Während die lateinische Überlieferung den Begriff des Abstrakten mit einer gewissen Zweideutigkeit belastet hat, die dazu beiträgt, den Universalienstreit auszulösen, entspricht der lateinische Terminus ‹concretum›, der «vollständig» bedeutet, dem aristotelischen Gebrauch von ‹synolon›.

Anmerkungen. [1] ARISTOTELES, De coelo III, 1, 299 a 15; De anima I, 1, 403 b 14; III, 4, 429 b 18; III, 7, 431 b 12; III, 8, 432 a 4; Met. VII, 4, 1029 b 29-33; XI, 3, 1061 a 28; XIII, 2, 1077 a 36-b 14. – [2] Met. XIII, 2, 1077 b 9. – [3] Anal. post. I, 27, 87 a 31-37; Met. XI, 3, 1061 a 29ff. – [4] Met. XIII, 2, 1077 b 9-10. – [5] Met. VI, 1, 1026 a 8, 16; De anima III, 5, 430 a 17 (über den NOUS). – [6] Vgl. Phys. I, 1, 193 b 4-5. – [7] Vgl. Met. XIV, 2, 1089 b 28.

Literaturhinweise. A. MANSION: Introd. à la phys. arist. (Löwen/Paris 1913, ²1946). – A. SEIFFERT: Concretum (1961).
P. AUBENQUE

II. Die Ausdrücke ‹abstrakt› und ‹konkret› sind von BOETHIUS in die philosophische Sprache eingeführt worden, werden von ihm jedoch nur selten verwendet und noch nicht als festes Gegensatzpaar gebraucht. Er übersetzt in ‹De Trinitate› das von Aristoteles im Rahmen seiner Einteilung der Wissenschaften gebrauchte χωριστά mit «abstracta»: Theologie behandelt das von der Materie «Getrennte», das von Materie freie «rein» Geistige [1]. Physik und Mathematik handeln nicht über derart rein Geistiges, auch die Mathematik beschäftigt sich mit solchen Gegenständen, die wenigstens dem Sein, wenn auch nicht der Betrachtung nach, von der Materie «inabstracta» (ungetrennt) sind. Mit diesem Wort übersetzt Boethius das aristotelische ἀχώριστα, das nach der traditionellen, heute umstrittenen Lesart des aristotelischen Textes die Gegenstände der Physik und Mathematik kennzeichnet [2].

Während es in der Scholastik durchaus üblich wurde, das von der Materie seinsmäßig Getrennte als ‹abstrakt› zu bezeichnen, und zwar auch deshalb, weil in der Geschichte des Wortes ‹Abstraktion› (s. d.) eine seiner Bedeutungen die Trennung von der Materie wurde, bleibt der Gebrauch des Ausdrucks ‹inabstractum›, der sich in den Kommentaren zu der genannten Schrift des Boethius findet, wohl beschränkt, zumal ἀχώριστος auch durch ‹inseparabilis› wiedergegeben wird. Sofern aber GILBERT DE LA PORÉE ‹inabstractum›, welches Wort Boethius auf die «mit der Materie verbundene Form» bezogen hatte [3], durch den Ausdruck ‹concretum› erläutert (concreta et inabstracta) und in diesem Zusammenhang die reinen einfachen Formen und Urbilder «abstrakt, keineswegs konkret» (abstractae et eis [sensibilibus] minime concretae) nennt [4] – und in ähnlichem Sinn verwendet auch CLARENBALDUS VON ARRAS den Ausdruck ‹konkret› [5] –, wird damit der spätere Gebrauch des Gegensatzpaares ‹abstrakt› und ‹konkret› vorbereitet.

BOETHIUS hatte aber auch selber im Rahmen seiner Lehre von der Abstraktion (ἀφαίρεσις) erklärt, die «unkörperliche Natur», d. h. die Art oder Gattung sei mit dem Körper «zusammengewachsen» (concreta) und könne vom Intellekt in der Abstraktion aus dieser Verbindung herausgelöst werden [6]. Die so durch Abstraktion gewonnenen Begriffe und mathematischen Gegenstände nennt Boethius aber nicht abstracta. Zwar spricht ISIDOR VON SEVILLA in diesem Sinn von «abstrakter Quantität» [7], was später z. B. HUGO VON ST. VIKTOR in einem fast wörtlichen Zitat wiederholt [8], aber die durch Abstraktion gewonnenen Begriffe wurden deshalb nicht abstrakt genannt, weil mit der vollen Ausbildung und Verbreitung der Abstraktionslehre auch der gleich zu nennende Sprachgebrauch von ‹abstrakt› und ‹konkret› üblich wurde, nach dem innerhalb der abstrahierten Begriffe abstrakte und konkrete Termini zu unterscheiden sind. Erst als diese bis ins 18. Jh. übliche Unterscheidung nicht mehr wichtig oder bekannt war, konnten die unanschaulichen und relativ leeren Begriffe insgesamt gegenüber dem anschaulich gegebenen Konkreten als ‹abstrakt› bezeichnet werden.

Für die Ausbildung der Unterscheidung zwischen abstrakten und konkreten Begriffen ist aber nochmals auf BOETHIUS zu verweisen, weil auch das von ihm aufgestellte Axiom über die Verschiedenheit von Sein und dem, was ist (diversum est esse et id quod est) [9], ein Ursprung dieser Unterscheidung ist. Nachdem nämlich GILBERT DE LA PORÉE diese Differenz durch die Verschiedenheit von ‹corporalitas› und ‹corpus› sowie von ‹humanitas› und ‹homo› erläutert und bemerkt hatte, Sein, Körpersein und Menschsein werde abstrakt betrachtet (abstractim attenditur), sei aber mit der Materie und dem Subjekt verbunden, ungetrennt (inabstractum) [10], was nach Gilbert auch ‹konkret› genannt werden kann, erklärt THOMAS VON AQUIN dieses Axiom von der Verschiedenheit abstrakter und konkreter Begriffe (rationes seu intentiones) her: «Laufen und Sein werden in abstracto bezeichnet wie auch die Weißheit (albedo), aber was ist, d. h. Seiendes und Laufendes wird in concreto bezeichnet wie auch das Weiße (album)» [11].

Der damit genannte Unterschied zwischen abstrakten und konkreten Namen, Termini oder Begriffen, wobei abstrakte Namen einen Akt (Tätigkeit oder Eigenschaft) oder eine Form ohne ihr Subjekt benennen, während konkrete Begriffe den Akt oder die Form als «zusammengewachsen» mit ihrem Träger bezeichnen, stammt freilich auch der Terminologie nach nicht von Thomas von Aquin; die Distinktion ist vielmehr in einer ganz nahen Vorform schon in der zweiten Hälfte des 12. Jh. bei ALANUS DE INSULIS nachzuweisen. Dieser unterscheidet in seinen ‹Theologicae Regulae› nämlich «mathematische oder ursprüngliche Namen» (nomina mathematica sive principalia), die «mathematisch, d. h. abstraktiv» (mathematice, id est abstractive) eine Eigentümlichkeit bezeichnen ohne den Hinblick aufs Subjekt, wie ‹albedo›, und «konkretive oder angewandte Namen» (concretiva sive sumpta), die die Eigentümlichkeiten konkretiv, d. h. als den Subjekten inhärierend bezeichnen, wie ‹album› [12]. Diese Unterscheidung führt zu der «Regel», daß alle «mathematischen Namen», die mehr zur Einfachheit hin tendieren, «weniger uneigentlich» von Gott ausgesagt werden als die konkretiven [13].

Diese Unterscheidung wurde dann unter Änderung des Ausdrucks ‹mathematisch› in ‹abstrakt› im 13. Jh. allgemein üblich, zumal auch AVERROES z. B. die Namen ‹Leben› und ‹Lebendes›, die eine Form ohne ihren Träger oder in ihrem Subjekt bezeichneten, unterschieden hatte [14].

Während WILHELM VON AUVERGNE wenigstens gelegentlich von abstrakten Namen, wie ‹deitas›, und konkreten Namen, wie ‹deus› (nomen abstractum – nomen concretivum), spricht [15], erklärt BONAVENTURA, der abstrakte Name oder Terminus (z. B. albedo) werde der Form und von der Form her beigelegt, der konkrete Name oder Terminus (z. B. album) werde zwar von der Form, aber nicht der Form, sondern dem Suppositum, der in sich bestehenden Sache, beigelegt [16]. ALBERTUS MAGNUS stellt fest, das Abstrakte werde nicht vom Konkreten prädiziert und umgekehrt [17].

Kontrovers ist seit dem 13. Jh. der *ontologische* Status des durch abstrakte Begriffe Bezeichneten. Entsprechend den verschiedenen Lehren über die Realität des Allgemeinen sind vor allem drei Lösungsrichtungen zu unterscheiden:

Erstens wird in Fortführung des *platonischen Realismus* des 12. Jh., demgemäß, wie z. B. CLARENBALDUS VON ARRAS lehrt, «das eine und selbe Menschsein» (humanitas), zu dem die die Vielheit begründenden Akzidentien treten, «das ist, wodurch die einzelnen Menschen Menschen sind» [18], das Abstrakte als Grund und Urbild des Konkreten behauptet. So präexistiert nach MEISTER ECKHART «das Konkrete im Abstrakten wie das Teilnehmende in dem, an dem es teilnimmt» [19]. Ähnlich heißt es bei NIKOLAUS VON KUES, das Abstrakte sei kontrahiert im Konkreten, wobei dem wesentlich endlichen Abstrakten, wie Weißheit, freilich kein selbständiges Eigensein zugeschrieben wird [20].

Zweitens bezeichnen nach THOMAS VON AQUIN konkrete Begriffe «etwas zusammengesetztes Vollständiges», «an sich Subsistierendes»; abstrakte Begriffe hingegen bezeichnen etwas «nach Art einer Form», die einfach ist, aber nicht für sich besteht, und so bezeichnen sie etwas «non ut quod est, sed ut quo est» [21], d. h. nicht als subsistierendes, für sich bestehendes Seiendes, sondern als unselbständiges Prinzip, das, wie Sein, substantiale Form und Urmaterie nur im Begründen des konkreten Seienden ist [22]. Aber wie eine substantiale Form eine Substanz, so begründet eine auch in einem abstrakten Begriff zu fassende akzidentelle Form die konkreten Eigenschaften oder Tätigkeiten der Substanz, von denen her wiederum das Subjekt in einem konkreten Namen benannt werden kann [23]. Weil abstrakte Namen Einfaches, aber nicht Subsistierendes, konkrete Namen Subsistierendes, aber Zusammengesetztes bezeichnen, ist Gott mit konkreten und abstrakten Namen zu benennen, deren Bezeichnungsweise (modus significandi) jedoch stets teilweise zu negieren ist [24].

Drittens deutet DUNS SCOTUS das von abstrakten Begriffen Bezeichnete im Sinne seiner Metaphysik. Konkrete Begriffe sind unmöglich einfacher als abstrakte Begriffe [25], denn das Abstrakte, z. B. die Weißheit, wird ohne das Subjekt (den Gegenstand, der weiß ist) oder in noch weiterer Abstraktion ohne das Suppositum (diese wirkliche Weißheit) als von Individualität und Wirklichkeit absehender reiner Sachgehalt genommen [26]. «Indem das Abstrakte in letzter Abstraktion konzipiert wird, wird die Wesenheit ohne Verhältnis zu irgend etwas, was außerhalb ihres eigentümlichen Wesens ist, verstanden» [27]. Dieser in seiner reinen Möglichkeit auch notwendige Sachgehalt ist real im Sinne der natura communis (s. d.).

Gegenüber einer durch «realistische» Voraussetzungen und Implikationen charakterisierten Unterscheidung zwischen abstrakten und konkreten Namen und Begriffen geht WILHELM VON OCKHAM bei seiner umfangreichen Abhandlung über abstrakte und konkrete Namen [28] allein vom gesprochenen oder geschriebenen Wort aus, das er freilich auf das verbum mentis, den gedachten Begriff, zurückführt [29]. Unmittelbar nach der Unterscheidung kategorematischer und synkategorematischer Termini werden abstrakte und konkrete Namen dahingehend bestimmt, daß sie dem Laute nach einen ähnlichen Anfang haben, aber nicht ein ähnliches Ende. Der abstrakte Name habe immer oder häufig mehr Silben als der konkrete, und endlich sei der konkrete Name häufig Adjektiv, der abstrakte Substantiv [30].

Im einzelnen behandelt Ockham dann zunächst *nicht-synonyme* konkrete und abstrakte Namen, die für verschiedene Dinge supponieren. Dazu werden «gleichsam drei Unterarten» genannt: 1. Der abstrakte Name supponiert für ein Akzidens oder eine real dem Subjekt inhärierende Form, der konkrete Name für das Subjekt desselben Akzidens oder derselben Form, z. B. ‹albedo – album› oder ‹sciens – scientia›. Der abstrakte Name kann aber auch umgekehrt für das Subjekt, der konkrete für das Akzidens dieses Subjektes supponieren, z. B. ‹ignis – igneus›. – 2. Der abstrakte Name supponiert für den Teil, der konkrete für das Ganze, z. B. ‹anima – animatum›. – 3. Abstrakte und konkrete Namen können für verschiedene Dinge supponieren, die zueinander im Verhältnis von Ursache und Wirkung, Zeichen und Bezeichnetem oder Ort und im Ort Befindlichem stehen, z. B. ‹England› und ‹Engländer› [31].

Als *synonyme* abstrakte und konkrete Namen sind Ausdrücke wie ‹Deus – Deitas›, ‹homo – humanitas›, ‹animal – animalitas› anzusehen, aber auch Wörter wie ‹quantum – quantitas›, ‹longum – longitudo›, ‹simum – simitas›, ‹causa – causalitas› [32]. Die Äquivalenz von ‹homo› und ‹humanitas› ergibt sich daraus, daß sich ‹homo› zu ‹humanitas› verhält wie ‹Sortes› zu ‹Sorteitas›. Da diese nichts Verschiedenes bezeichnen, tun es auch ‹homo› und ‹humanitas› nicht, was freilich im Hinblick auf die hypostatische Union eingeschränkt wird [33].

Da abstrakte Namen mehr der gelehrten als der gewöhnlichen Sprache (dicta philosophorum – vulgaris locutio) angehören, kann es ferner auch solche abstrakte Namen geben, die *Abkürzung für mehrere Ausdrücke* oder für viele Aussagen und ihnen äquivalent sind. So könnte z. B. ‹humanitas› äquivalent mit ‹homo inquantum homo› gebraucht werden. Durch solche Interpretationen abstrakter Namen können viele Aussagen anerkannter Autoren «gerettet» werden, die in ihrem Wortlaut falsch zu sein scheinen [34].

Endlich nennt Ockham solche abstrakte Namen, die für eine zugleich genommene *Vielheit von Einzelnen* stehen, während die entsprechenden konkreten Namen von einem Einzelnen ausgesagt werden können, z. B. ‹plebs – plebeius›. Vollständigkeit beansprucht Ockham mit dieser Klassifizierung nicht [35], die insgesamt – trotz des Ausgangs vom «äußeren» Wort – mit der Negation eines irgendwie realen Allgemeinen in den Dingen und einer realen Verschiedenheit von Substanz und Quantität genau seiner Ontologie entspricht.

Anmerkungen. [1] BOETHIUS, De Trinitate II. MPL 64, 1250. – [2] Vgl. ARISTOTELES, Met. VI, 1, 1026 a 14; vgl. zu den umstrittenen Lesarten J. OWENS: The doctrine of being in the Aristotelian Metaphysics (Toronto 1951) 382. – [3] BOETHIUS, a. a. O. [1]. – [4] GILBERTI PORRETAE Commentaria in De Trin. MPL 64, 1266f. – [5] W. JANSEN: Der Kommentar des Clarenbaldus von Arras zu Boethius De Trinitate (1926) 55*. – [6] BOETHIUS, In Porph. Comm. I. MPL 64, 84. – [7] ISIDOR, Etymol. II, 24. – [8] Vgl. UEBERWEGS Grundriß der Gesch. der Philos. 2: Die patristische und scholastische Philos., hg. B. GEYER ([12]1951) 264. – [9] BOETHIUS, Quomodo substantiae bonae sint. MPL 64, 1311. – [10] GILBERTI PORRETAE Comm. in lib. Quomodo ... MPL 64, 1318. – [11] THOMAS, In De Hebd. 2 (22). – [12] ALANUS DE INSULIS, Theologicae Regulae XXX. MPL 210, 635f. – [13] a. a. O. XXXI = 636. – [14] AVERROES, In Met. XII, 3 (Venedig 1562, Nachdruck 1962) fol. 322v. – [15] WILHELM VON AUVERGNE, De universo I, 1, c. 1. Opera (Paris 1574, Nachdruck 1963) 1, 686. – [16] BONAVENTURA, I. Sent. 4, 1, q. 1. – [17] ALBERTUS MAGNUS, De bono I, 1, art. 5, hg. KÜHLE, FECKES u. a. (1951) 10. – [18] CLARENBALDUS, a. a. O. [5] 42*. – [19] ECKHART, In Joh. n. 14. Lat. Werke 3, 13. – [20] NIKOLAUS VON KUES, De docta ignorantia II, 4; vgl. II, 1. – [21] THOMAS, I Sent. 33, 1, 2, 5; 34, 1, 1; S. contra gent. I, 30. – [22] Vgl. De Trin. 5, 4. – [23] Vgl. z. B. De ver. 3, 7, 2 mit De virt. 11; zur Interpretation L. OEING-HANHOFF: Ens et unum convertuntur (1953) 101. – [24] THOMAS, S. theol. I, 13, 1, 2. – [25] DUNS SCOTUS, Theoremata, Theor. IX. – [26] Quaest. sup. lib. Met. III, 1; vgl. die Aufnahme und Weiterbildung dieser Distinktionen durch PETRUS TARTARETUS, Comm. in lib. praedicamentorum (Basel 1514) fol. 23v. – [27] Ord. I, 8, p. 1, q. 4, n. 219 (hg. BALIĆ). – [28] WILHELM VON OCKHAM, S. logicae, Pars Prima, hg. PH. BOEHNER (1957); c. 5-9 a. a. O. 16-33. – [29] c. 2 und 3 = 10-14. – [30] c. 5 = 16. – [31] c. 5 = 16-18. – [32] c. 6 = 18-21. – [33] c. 7 = 22-27. – [34] c. 8 = 28-32. – [35] c. 9 = 32f.

III. DESCARTES' ohne Rücksicht auf den Sprachgebrauch der Schule [1] unternommene Neubegründung der Philosophie hatte das Ziel, den von den Vorurteilen auch der Sprache [2] zu befreienden Geist zu evidenten Sachverhalten zu führen. Dabei fand die allenfalls bei einem Ausgang von der Sprache wichtige Unterscheidung abstrakter und konkreter Namen keinen Eingang in die neue Philosophie. Aber die Schulphilosophie bewahrte diese Unterscheidung, die GOCLENIUS mit der Bemerkung, sie sei «sehr fruchtbar», besonders ausführlich in seinem Lexikon behandelt hatte [3]. Gegenüber dieser ins einzelne gehenden Wiederholung der scholastischen Lehre, wobei z. B. auch der Ausdruck ‹numerus abstractus› (numerus numerans) und ‹numerus concretus› (numerus numeratus) erwähnt, die scotistische Eigenlehre besonders gekennzeichnet, die ockhamistische jedoch übergangen wird, ist CHR. WOLFFS im folgenden Jh. gegebene Erklärung knapp: «notio abstracta aliquid, quod rei cuidam inest vel adest (scilicet rerum attributa, modos, relationes) repraesentat absque ea re, cui inest vel adest» [4]. Sachliche Bedeutung hatte die Unterscheidung vor allem in der Christologie der altprotestantischen Dogmatik: Da Gott Mensch geworden ist, nicht aber die Gottheit die Menschheit, kann eine Natur nicht in abstracto von der anderen prädiziert werden, wohl aber wird das concretum der einen vom concretum der anderen Natur ausgesagt [5].

Aber auch außerhalb der Schule wurde die Unterscheidung zwischen abstrakten und konkreten Namen diskutiert, wie schon HOBBES' Ausführungen über ihren Nutzen und Nachteil zeigen. Hobbes sieht den Ursprung dieser «allgemein üblichen» Distinktion in der Prädikation, genauer in der Kopula, da abstrakte Namen das Körpersein, Warmsein, Menschsein usw. bezeichnen, d. h. das, was Ursache dafür ist, weshalb wir etwas als Körper, Warmes, Menschen usw. benennen. Nützlich ist diese Unterscheidung, weil man meistens ohne sie die Eigenschaften der Körper nicht berechnen könnte; denn es geht ja etwa darum, das Doppelte der Wärme, nicht des Warmen anzugeben. Ihr Mißbrauch besteht in dem groben Irrtum mancher Metaphysiker, die aus der Möglichkeit gesonderter Betrachtung auf eine vom Körper getrennte Existenz schließen [6].

Gegenüber LOCKE, der mit der Unterscheidung zwischen abstrakten und konkreten Termini nicht viel anzufangen weiß und der in dem Fehlen von abstrakten Namen wie «Goldheit» eine Bestätigung dafür sieht, daß wir «die realen Wesenheiten der Substanzen» nicht kennen [7], gibt LEIBNIZ noch einmal eine Zusammenfassung der traditionellen Lehre, in der er das real und logisch Abstrakte unterscheidet, wobei ersteres «Wesenheiten, deren Teile oder Akzidentien» sind. Mit Recht weist Leibniz schließlich darauf hin, daß z. B. «humanitas» äquivalent mit «menschlicher Natur» ist, weshalb auch in der Antike das mit der Unterscheidung abstrakter und konkreter Namen Gemeinte bekannt war [8].

LOCKE hatte die aus «partikularen Ideen» durch Abstraktion gewonnenen allgemeinen Ideen «abstract ideas» genannt [9]. Diesen Sprachgebrauch nimmt DIDEROTS ‹Encyclopédie› auf und führt ihn weiter: Während die Erwähnung der «scholastischen» Unterscheidung zwischen abstrakten und konkreten Namen, die ganz ähnlich wie bei Wolff erläutert wird, nur zur historischen Information dient, werden hier alle Wörter (tous les termes de la langue) abstrakt genannt, die nicht Eigennamen sind, also auch Konjunktionen, Präpositionen usw. Im Unterschied zu Locke heißen nicht nur die allgemeinen Ideen ‹abstrakt›, sondern auch diejenigen individuellen, die in «physischer Abstraktion» aus der Zerlegung der Gesamtidee eines Individuums gewonnen werden [10]. Ähnliche Lehren finden sich in der zeitgenössischen deutschen Schulphilosophie. So unterscheidet CH. A. CRUSIUS «individuelle» und «abstrakte Ideen» und lehrt, die Begriffe seien «entweder konkret oder unaufgelöst», oder «aufgelöst oder abstrakt» [11]. A. G. BAUMGARTEN gibt als Übersetzung von ‹abstrakt› und ‹konkret› «abgesondert» und «unabgesondert» an und nennt das «in mehrerer Bestimmung betrachtete» ens universale ein «concretum», ein «abstractum» hingegen, sofern es nicht bestimmter und im einzelnen betrachtet wird [12]. Von hier aus ist dann KANTS Lehre zu verstehen: «Die Ausdrücke des Abstracten und Concreten beziehen sich also nicht sowohl auf die Begriffe an sich selbst, denn jeder Begriff ist ein abstracter Begriff, als vielmehr nur auf ihren Gebrauch. Und dieser Gebrauch kann hinwiederum verschiedene Grade haben; je nachdem man einen Begriff bald mehr, bald weniger abstract oder concret behandelt, d. h. bald mehr, bald weniger Bestimmungen entweder wegläßt oder hinzusetzt» [13].

Im 19. Jh. bezieht dann SCHOPENHAUER die Ausdrücke ‹abstrakt› und ‹konkret› wieder auf die Begriffe selbst, nicht auf ihren Gebrauch. Im Ausgang von seiner Auffassung der Abstraktion, die «im Wegdenken der näheren Bestimmungen besteht», nennt er grundsätzlich alle Begriffe «abstrakte, nicht anschauliche, allgemeine Vorstellungen». Daher sei die Rede von konkreten Begriffen «uneigentlich», es gäbe nur mehr oder weniger von dem «intuitiv in concreto» Erfaßten entfernte abstrakte Begriffe. Die der Anschauung nahen Begriffe wie ‹Mensch› und ‹Pferd› werden aber im uneigentlichen Sinn konkret genannt, die gleichsam in den oberen Stockwerken der Reflexion wohnenden Begriffe wie ‹Verhältnis› und ‹Tugend› sind im eminenten Sinn abstrakt [14]. NIETZSCHE hat dann von «blutleerer Abstraktion» gesprochen, den «ganzen Erkenntnis-Apparat einen Abstraktions- und Simplifikations-Apparat» genannt [15] und das «Abstrakt-Schematische» [16] in seiner Weise hinter sich zu lassen versucht.

Aber auch im 19. Jh. blieb der ältere auf abstrakte und konkrete Namen und Begriffe bezogene Sprachgebrauch erhalten. W. WUNDT, der, gestützt auf die Angaben Prantls, eine Begriffsgeschichte skizziert, diskutiert den Vorschlag Mills, «den scholastischen Sprachgebrauch wieder herzustellen», glaubt aber, dieser habe das Bürgerrecht im Reich der gegenwärtigen Sprache verloren. Nach ihm heißen ‹abstrakt› «diejenigen Begriffe, denen eine adäquate stellvertretende Vorstellung nicht entspricht», ‹konkret› entsprechend die Begriffe, deren «repräsentative Vorstellung» ... «nicht bloß in dem Wort, sondern außerdem noch in einer sinnlichen Anschauung besteht, in welcher die wesentlichen Elemente des Begriffs verwirklicht sind» [17]. Aber zuvor hatte schon B. BOLZANO mit Berufung auf Locke und Leibniz die Art der Vorstellungen, die die Form: «Etwas, das (die Beschaffenheit) b hat», eine konkrete Vorstellung oder auch schlechtweg ein Concretum genannt, die «Beschaffenheitsvorstellung» hingegen, weil sie als ein Bestandteil in jener konkreten erscheint, «das Abstractum derselben». Im Unterschied zu der damit nur undifferenziert wiederholten alten Lehre nennt Bolzano auch Vorstellungen, die weder abstrakt noch konkret sind, wie «etwas», «nichts» oder «dies A». Konkrete Vorstellungen sind nach Bolzano «immer zusammengesetzt», sind aber «bei der Erfindung der Sprache insgemein früher als ihre Abstracta», die wie den Ausdruck ‹Goldheit› eigens zu bilden überflüssig erscheint, da dieser Begriff nötigenfalls durch die Verbindung mehrerer Wörter wie «die Beschaffenheit des Goldes» bezeichnet werden können [18].

An Bolzano und an die Unterscheidung abstrakter und konkreter Begriffe in seinem Sinn knüpft HUSSERL in den ‹Logischen Untersuchungen› an und kommt gegen eine «nominalistische Logik» zu dem Ergebnis, daß «abstrakte Inhalte unselbständige Inhalte, konkrete Inhalte selbständige» sind. Mit Berücksichtigung des Verhältnisses von Teil und Ganzem heißt es: «Demnach ist ein Abstractum schlechthin ein Inhalt, zu dem es überhaupt ein Ganzes gibt, bezüglich dessen er ein unselbständiger Teil ist» [19].

Aber nicht Husserls, sondern SCHOPENHAUERS Sprachgebrauch dürfte inzwischen der herrschende geworden sein, zumal auch die neuere Logik nicht an der Unterscheidung abstrakter und konkreter Namen oder Begriffe interessiert zu sein scheint. Der ‹Duden› nennt als sprachwissenschaftliche Bedeutung von Abstraktum: «Hauptwort, das etwas Nichtgegenständliches benennt, z. B. Liebe» [20].

Indem HUSSERL in seiner Unterscheidung von abstrakt und konkret das Problem der Selbständigkeit oder Unselbständigkeit akzentuiert hatte, dürfte er zugleich deutlich gemacht haben, daß diese Unterscheidung mehr im Blick auf Ontologie als auf Grammatik und Logik von Interesse ist, wenn anders «die Selbständigkeit das entscheidende Strukturmerkmal ist, durch das bestimmt wird, was als wirklich zu gelten hat und was nicht» [21].

Wer also nach Sein, Seiendem und Seiendheit fragt, sollte an der schon sprachlichen Verschiedenheit dieser Ausdrücke nicht vorbeisehen. Die bei M. HEIDEGGER bestehende Unklarheit über die Selbständigkeit oder Unselbständigkeit des vom Seienden unterschiedenen Seins [22], mehr aber noch N. HARTMANNS These, Sein unterscheide sich vom Seienden «wie Wahrheit und Wahres, Wirklichkeit und Wirkliches» [23], was aber offensichtlich vom Wort ‹Seiendheit› (entitas), nicht vom Infinitiv ‹Sein› (esse) gilt, dürfte es nahelegen, in diesem Feld nicht völlig an der traditionellen Unterscheidung abstrakter und konkreter Namen vorbeizugehen.

Die neuzeitliche Begriffsgeschichte von ‹abstrakt› und ‹konkret› hat jedoch ein noch breiteres Bedeutungsspektrum, als es der bisher nur am Leitfaden des älteren Sprachgebrauchs gegebene Überblick zeigt. Quer zu diesem scheint schon DESCARTES' Bemerkung zu stehen, die Analyse der Alten und die Algebra der Modernen bezögen sich auf «sehr abstrakte» anscheinend nutzlose Dinge [24], während seine Bezeichnung der mathesis universalis, die nur von Ordnungsverhältnissen handelt, mögen sie sich in Zahlen oder Figuren finden, als «mathesis abstracta» sich zwanglos in den bisherigen Sprachgebrauch einfügt [25]. Auch PASCAL spricht nicht die Sprache der Scholastik, wenn er den «sciences abstraites» «l'étude de l'homme» entgegenstellt [26]. Die Entgegensetzung «abstrakt/real existierend» [27] und «klassisch» durch GOETHES Wort zu belegen: «Die Menschheit? Das ist ein Abstraktum. Es hat von jeher nur Menschen gegeben» [28].

Auch HEGELS Sprachgebrauch von ‹abstrakt› und ‹konkret› bedeutete einen Neuansatz, obwohl er sich an der Grundbedeutung von ‹abstrahieren› als «absehen von» orientierte. So kann der Wille von allem Gegebenen absehen, «alles fallen lassen»; aber wenn man den Willen und seine Freiheit nur durchs Nein-Sagen-Können charakterisiert, sieht man wieder von seiner ihm möglichen Verwirklichung im Wollen des Vernünftigen ab, denkt einseitig, d. h. abstrakt [29]. Das vollständig und vernünftig bestimmte Wirkliche ist hingegen das Konkrete, das aus mehreren Bestimmungen Zusammengewachsene [30], was letztlich der Geist als «das Absolut-Konkrete» ist [31].

Dieser Sprachgebrauch, nach dem ‹abstrakt› einseitig, leer, undialektisch, ‹konkret› wirklich, erfüllt, vollständig bestimmt meint, ist von MARX und vom Marxismus aufgegriffen worden [32] und allgemein in die Sprache eingegangen. Es mag genügen, das einmal durch Buchtitel wie ‹Vers le Concret› (J. WAHL), ‹Approches concrètes du mystère ontologique› (G. MARCEL), ‹Konkrete Vernunft› (Festschrift Rothacker) oder ‹Dialektik des Konkreten› (KOSIK) zu konkretisieren, zum anderen es dadurch zu belegen, daß M. HEIDEGGER «die konkrete Ausarbeitung der Seinsfrage» als Ziel von ‹Sein und Zeit› angibt und die Seinsfrage als «die konkreteste Frage» behauptet [33], während TH. ADORNO im Vorwort seiner ‹Negativen Dialektik› W. BENJAMINS Wort zitiert, nur «durch die Eiswüste der Abstraktion» sei «zu konkretem Philosophieren bündig zu gelangen» und behauptet, «Konkretion war in der zeitgenössischen Philosophie meist nur erschlichen» [34].

A. SEIFFERT, der 1961 den gegenwärtigen Sprachgebrauch von ‹abstrakt› und ‹konkret› kritisch analysiert hat, kommt dabei zur Feststellung: «‹Konkret› – dieses Wörtchen wird zum philosophischen Allheilmittel, zum lobenden Prädikat schlechtin» [35]. Vielleicht kann Begriffsgeschichte ein Gegengewicht gegen die kritiklose Übernahme eines modischen Sprachgebrauchs und gegen abstraktes, «ungebildetes» Denken [36] sein.

Anmerkungen. [1] DESCARTES, Regulae III. Oeuvres, hg. ADAM/TANNERY (= A/T) 10, 369. – [2] Vgl. Med. II. A/T 7, 32; vgl. Recherche de la vérité. A/T 10, 515f. – [3] R. GOCLENIUS: Lexicon philosophicum (1613, Nachdruck 1964) s. v. ‹abstractum›. – [4] CHR. WOLFF, Logica § 110. – [5] Vgl. den Überblick bei H. SCHMID: Die Dogmatik der evang.-luth. Kirche (⁷1893) 232f. – [6] HOBBES, De corpore I: Logica III, 4. Opera lat., hg. MOLESWORTH 1, 29ff. – [7] LOCKE, An essay conc. human understanding III, 8. FRASER 2, 101ff. – [8] LEIBNIZ, Nouveaux Essais ... III, 8. Philos. Schriften, hg. GERHARDT 5, 314f. – [9] LOCKE, a. a. O. [7] II, 11 = 1, 206f. – [10] Encyclopédie ... des sciences (Genf ³1778) s. v. ‹abstrait (terme)› und ‹abstraite (idée)›. – [11] CH. A. CRUSIUS: Weg zur Gewißheit und Zuverlässigkeit der menschlichen Erkenntnis (1747) §§ 119. 124. – [12] A. G. BAUMGARTEN: Met. (³1779, Nachdruck 1963) § 149. – [13] KANT, Logik, Akad.-A. 9, 99, § 16, Anm. 1. – [14] SCHOPENHAUER, Die Welt als Wille und Vorstellung I, § 9, § 12. Werke, hg. HÜBSCHER 2, 47f. 49. 63. – [15] NIETZSCHE, Aus dem Nachlaß der Achtzigerjahre, Werke, hg. SCHLECHTA 3, 442. – [16] Die Philos. im tragischen Zeitalter ... a. a. O. 3, 389. – [17] W. WUNDT: Logik 1: Erkenntnislehre (1880) 97f. – [18] BOLZANOS Grundlegung der Logik (Wissenschaftslehre I/II), hg. F. KAMBARTEL (1963) 93ff. 204f. – [19] E. HUSSERL: Log. Untersuch. 2 (1901) 218. 215. 260. – [20] Der Große Duden 1 (¹⁶1967) s. v. ‹Abstraktum›. – [21] W. WIELAND: Wissenschaft und Ethik, in: Aus Politik und Zeitgeschichte B 1/64 (1964) 16. – [22] Vgl. M. HEIDEGGER: Was ist Met. (⁴1943) 26 mit (⁵1949) 41; zum Problem der ohne Begründung hier vollzogenen Umkehrung der Aussage über die Selbständigkeit des Seins: K. LÖWITH: Heidegger. Denker in dürftiger Zeit (1953) 39ff. – [23] N. HARTMANN: Zur Grundlegung der Ontologie (³1948) 40f. – [24] DESCARTES, Discours de la méthode II. A/T 6, 17. – [25] Med. V. A/T 7, 65. – [26] PASCAL, Pensées, hg. BRUNSCHVICG Nr. 144. – [27] Encyclop. a. a. O. [10]. – [28] GOETHE, Gespräch mit H. Luden, in: K. ROSSMANN: Dtsch. Geschichtsphilos., Ausgewählte Texte (1969) 180. – [29] HEGEL, Grundlinien der Philos. des Rechtes §§ 5ff. – [30] Einl. in die Gesch. der Philos., hg. HOFFMEISTER (³1959) 98; vgl. 30f. 111ff. 139ff. – [31] Enzyklopädie § 164. – [32] MARX, z. B. Thesen gegen Feuerbach 5-7; E. V. IL'ENKOV: Über die Dialektik des Abstrakten und Konkreten in der wissenschaftlich-theoretischen Erkenntnis. Voprosy Filosofii, hg. GOERDT (1960) 268f. – [33] M. HEIDEGGER: Sein und Zeit (⁵1941) 1 und 9. – [34] TH. ADORNO: Negative Dialektik (1966) 7. – [35] A. SEIFFERT: Concretum (1961) 124. – [36] Vgl. HEGEL, Wer denkt abstrakt? Werke, hg. GLOCKNER 20, 447.   L. OEING-HANHOFF

Abstraktion

I. Das lateinische Wort ‹abstractio›, von BOETHIUS als Übersetzung des griechischen ἀφαίρεσις (Wegnahme [eines ausgewählten Teiles]) in die philosophische Sprache eingeführt, hat im Mittelalter auch dazu gedient, die durch das Verb χωρίζειν (trennen) ausgedrückte Operation zu bezeichnen. Es ist deswegen ratsam, diese beiden Quellen getrennt zu berücksichtigen.

1. ‹*Aphairesis*› wird zum ersten Mal von ARISTOTELES in einem technischen Sinn gebraucht. Das Wort benennt den Prozeß, durch den die mathematischen Wesenheiten (τὰ μαθηματικά) aus dem sinnlich Wahrnehmbaren (ἐκ τῶν αἰσθητῶν) her konstituiert werden. Der Prozeß besteht darin, die Materie durch das Denken insoweit auszuklammern, als sie als Prinzip der Bewegung fungiert (d. h. also nicht jede Materie, denn die geometrischen Wesenheiten z. B. besitzen weiterhin eine räumliche Materie, ὕλη τοπική, die auch als intelligible Materie, ὕλη νοητή, bezeichnet wird). Das Wort ‹aphairesis› wird von Aristoteles zwar nie definiert, aber der angegebene Sinn kann aus dem häufigen Gebrauch des Ausdrucks τὰ ἐξ ἀφαιρέσεως abgeleitet werden. Während für PLATON die Mathematik selbständige, intelligible Wesenheiten zum Objekt hat, bezieht sie sich für ARISTOTELES auf die physischen Wesen, insofern nur solche Wesen die Momente der Räumlichkeit und der Vielheit in sich enthalten. Die Mathematik unterscheidet sich aber von

der Physik darin, daß sie die physischen Wesen nicht *als* physisch betrachtet (ἡ μὲν γεωμετρία περὶ γραμμῆς φυσικῆς σκοπεῖ, ἀλλ' οὐχ ᾗ φυσική) [1], d. h. von der diesen Wesen anhaftenden Beweglichkeit abstrahiert. Der Terminus ‹aphairesis› dient auch dazu, innerhalb des mathematischen Bereichs den Übergang vom geometrischen zum arithmetischen Objekt, das «abstrakter» ist als das erstere, zu benennen: so gelangt man z. B. vom Punkt als «situierter Wesenheit» (οὐσία θετός) zur arithmetischen Einheit als «nicht-situierter Wesenheit» durch die Ausklammerung des Prädikats der Situation. Der umgekehrte Vorgang, durch den man einem Subjekt eine Bestimmung zufügt, heißt πρόσθεσις [2]. Die Aphairesis besteht also darin, das in Gedanken auszuklammern, was man dennoch dem betreffenden Objekt in Wirklichkeit zugehörig weiß, in den zitierten Beispielen die Beweglichkeit oder die Situation im Raum. Es handelt sich also hier eindeutig um das, was die Scholastiker ‹formelle A.› (abstractio formalis) nennen, d. h. um eine A., die nur die Betrachtungsweise betrifft, und nicht um die einfache oder totale A. (abstractio simplex oder totalis), die darin bestünde, aus dem Sinnlichen eine mit ihm akzidentellerweise vermischte intelligible Wirklichkeit (z. B. die Idee oder das Allgemeine) herauszulösen.

2. Dieser zweite Sinn der A. ist hingegen im philosophischen Gebrauch des Verbs χωρίζειν, trennen, gegeben. Während dieses Verb bei PLATON keinen technischen Sinn hat, wird es bei ARISTOTELES zum terminus technicus, der meistens dazu dient, den Akt zu bezeichnen, mittels dessen die Platoniker außerhalb des Sinnlichen einen Bereich intelligibler, an sich existierender Realitäten setzen. Das entsprechende Verbaladjektiv χωριστός bezeichnet den Status dieser intelligiblen Wesen, insofern sie vom Sinnlichen «getrennt» sind und dennoch selbständig existieren. Der Aristotelische Gebrauch dieser Termini enthält meistens eine kritische Intention: Es wird den Platonikern vorgeworfen, auch solche Wesen stillschweigend (λανθάνουσι δὲ τοῦτο ποιοῦντες) [3] «getrennt» zu haben, die in der Tat keine «getrennte» Existenz führen können, nämlich die mathematischen Wesen und sogar die physischen, die, bemerkt Aristoteles, «noch weniger [von der Materie] getrennt sind als die mathematischen» [4]. Eine gewisse Zweideutigkeit entsteht manchmal bei Aristoteles aus der Doppelseitigkeit der Bedeutung des Wortes ‹choristos›: «vom Sinnlichen durch einen Geistesakt getrennt» und «für sich im getrennten Zustand existierend». So wird das Mathematisch-Seiende bald «getrennt» im ersten Sinne [5], bald «nicht-getrennt» im zweiten Sinne [6] genannt und umgekehrt kann das Physisch-Seiende ebensogut «nicht-getrennt» im ersten Sinne [7] wie «getrennt» im zweiten [8] genannt werden. Der Aristotelische Gedanke ist nichtsdestoweniger klar: Die Streichung eines dem Subjekt wirklich gehörenden Prädikats «durch das Denken» (τῇ νοήσει [9], κατὰ τὸν λόγον [10]) ist nur insofern zulässig, als sie sich als solche ausdrücklich gibt. Unter dieser Bedingung gilt der scholastische Satz: «Abstrahentium non est mendacium.» THOMAS VON AQUIN hat klar erkannt, daß bei Aristoteles die A. derjenige Akt ist, durch den der Geist das, was an Intelligiblem im Sinnlichen steckt, «nicht als getrennt, sondern nur getrennt betrachtet» (non separata, sed separatim) [11].

Wie H. Scholz zeigen konnte – und trotz der an ihm geübten Kritik von Van den Berg –, kann man also den Schluß ziehen, daß *Aristoteles* nur die formelle A. zugelassen hat; die einfache oder totale A. entspricht hingegen jener realen Trennung (chorismos) von den intelligiblen und sinnlichen Komponenten eines und desselben Wesens, die praktiziert zu haben er eben *Platon* vorwirft.

Anmerkungen. [1] ARISTOTELES, Phys., I, 2, 194 a 9-10; vgl. 193 b 32. – [2] Anal. post. I, 27, 87 a 33-37. – [3] Phys. I, 2, 193 b 35. – [4] a. a. O. 193 b 36-194 a 1. – [5] So z. B. Phys. I, 2, 193 b 34 und Met. VI, 1, 1026 a 9. – [6] So Met. VI, 1, 1026 a 15; De anima I, 1, 403 b 14. – [7] Met. VI, 1, 1025 b 28; De anima I, 1, 403 b 11. – [8] Met. VI, 1, 1026 a 14, wo der Kontext die von SCHWEGLER vorgeschlagene Korrektur CHORISTÁ zu erfordern scheint; in diesem zweiten Sinn der Getrenntheit (als Selbständigkeit) gebraucht ARISTOTELES häufig das Perfekt KECHORISMÉNON, vgl. Met. VII, 18, 1022 a 35; XIII, 2, 1077 b 14; 3, 1078 a 5. 1077 b 25. – [9] Phys. II, 2, 193 b 34. – [10] a. a. O. I, 1, 193 b 5. – [11] THOMAS, In III De anima, hg. PIROTTA Nr. 781.

Literaturhinweise. A. MANSION: Introd. à la phys. arist. (Löwen/Paris 1913, ²1945). – P. GOHLKE: Die Lehre von der A. bei Plato und Aristoteles (Diss. Berlin 1914). – H. SCHOLZ und H. SCHWEITZER: Die sog. Definitionen durch A. (1935). – M. D. PHILIPPE: APHAÍRESIS, PRÓSTHESIS, CHORÍZEIN dans la philos. d'Aristote. Rev. thomiste 48 (1948) 461-479. – I. J. M. VAN DEN BERG: L'abstraction et ses degrés chez Aristote. Actes du Xe Congr. int. philos. 3 (Brüssel/Amsterdam 1951) 109. 113. – E. DE STRYCKER: La notion arist. de séparation dans son application aux Idées de Platon, in: Autour d'Aristote, Recueil d'études ... offertes à Mgr. Mansion (Löwen 1955). P. AUBENQUE

II. – 1. ARISTOTELES hatte das Mathematisch-Seiende als durch A. konstituiert bestimmt und für es den Terminus τὰ ἐξ ἀφαιρέσεως geprägt. Bisweilen dient er als Analogon, um im Bereich des Physisch-Seienden Entsprechendes auszudrücken [1]. Nur an einer einzigen Stelle scheint Aristoteles über diesen beschränkten Gebrauch von τὰ ἐξ ἀφαιρέσεως hinauszugehen: ‹Metaphysik› M, 2, 1077 b 4ff., wo vom Weißen als A. vom weißen Menschen die Rede ist.

ALEXANDER VON APHRODISIAS räumt im Zusammenhang mit dieser Stelle zwei Verständnismöglichkeiten von τὰ ἐξ ἀφαιρέσεως ein: a) λέγοι δ' ἂν ἐξ ἀφαιρέσεως τὸ μαθηματικόν (er dürfte wohl mit dem durch A. Konstituierten das Mathematische meinen); b) ἢ ἐξ ἀφαιρέσεως λέγοι ἂν (δύναται γάρ τις καὶ οὕτως ἀκούειν) τὸ λευκόν (oder er nennt das durch A. Konstituierte das Weiße (denn man kann es auch so verstehen)) [2]. Letzteres ist – auch nach D. Ross [3] – sicher richtig. Wenn es so nach Aristoteles auch möglich ist, «das Weiße» dieses oder jenes Menschen als Getrenntes gesondert zu denken, so ist damit aber noch nicht ein Allgemeinbegriff gewonnen, da ja vielmehr dieses oder jenes, d. h. jeweils ein einzelnes «Weißes» abstrahiert bzw. getrennt worden ist. Das Resultat solcher A. ist nicht die λευκότης (Weißheit), sondern τὸ λευκόν (das Weiße).

Aber Alexander kennt neben der A. des Mathematischen [4] und neben der genannten A. oder Trennung [5] einer Qualität von ihrem Subjekt über Aristoteles hinausgehend ein Gewinnen des Allgemeinen durch A. vom Einzelnen: καὶ λέγει ὅτι ἕνα μὲν τρόπον λέγεται τὸ τί ἦν εἶναι, ἄλλον δὲ τὸ καθόλου, λέγων καθόλου ἢ τὰς ἰδέας, ὃ καὶ μᾶλλον οἶμαι, ἢ τὸ παρὰ τὰ πολλὰ ὡς τὰ πολλά, λέγω δὴ τὸ ἐκ τῆς ἀφαιρέσεως τῶν καθ' ἕκαστα ἀπολυσηθέν (und er sagt, daß auf eine Weise das Wesenswas gemeint ist, auf eine andere Weise das Allgemeine, indem er unter dem Allgemeinen entweder die Ideen versteht, was auch ich eher glaube, oder das, was neben den Vielen, insofern sie viele sind, besteht; ich meine also das durch A. von den einzelnen Losgelöste) [6].

Während bei Aristoteles ein einzelnes, bestimmtes «Weißes» Resultat des abstrahierenden und trennenden Denkens war, lehrt Alexander, daß von diesen vielen «Weißen» der Allgemeinbegriff «Weißheit» abstrahiert werde. Das so gewonnene begriffliche Allgemeine besteht neben den Vielen, insofern sie viele sind, und zwar nur im Denken: «Das Allgemeine ist nur, sofern es gedacht wird» [7]. Die Erklärung, es sei das durch A. aus den Einzeldingen Abgelöste, unterstreicht die Verschiedenheit dieses Allgemeinen von den Ideen, unter denen selbständige Ursachen verstanden werden. Das Denken bringt somit eine völlig neue Seinssphäre, die des Allgemeinen, hervor, und zum ersten Mal wird der Allgemeinbegriff als Wirkung des abstrahierenden Denkens gefaßt. Dieser Allgemeinbegriff (νόημα) hat nach seiner Entstehung [8] keineswegs die Beziehung zu den Einzeldingen verloren, denn er ist jedem Einzelding immer «gemeinsam und derselbe» [9].

Eine detailliertere Problementfaltung der A. gibt der Neuplatoniker SIMPLICIUS, der damit auch die Kritik des PROCLUS an der aristotelischen A.-Lehre revidiert [10]. Zunächst kennt auch SIMPLICIUS die A. im Sinne einer Begriffsbildung wie Alexander: οὕτω δὲ καὶ τῶν κοινῶν ἡ γνῶσις ἡ μὲν ὁλοσχερὴς προτρέχει τῆς κατὰ τὰς διαφορὰς διαρθρώσεως, ἡ δὲ ἀκριβὴς ἐπιγίνεται συναιροῦσα ἐν τῇ κοινότητι τὰς διαφοράς· ὅταν οὖν ὁ 'Αριστοτέλης τὴν τῶν κοινῶν γνῶσιν πρώτην μὲν ὡς πρὸς ἡμᾶς, ὑστέραν δὲ τῇ φύσει λέγῃ, τὴν ὁλοσχερῆ ταύτην φησὶ τὴν ἐξ ἀφαιρέσεως τῆς κοινότητος ψιλῆς γινομένην, ἥτις οὐδὲ ὑφέστηκε καθ' ἑαυτήν (Ebenso verhält es sich mit der Erkenntnis des Allgemeinen: zum einen ist die das Ganze umfassende [Erkenntnis] eher da als die Zergliederung nach Unterschieden, zum anderen kommt die genaue [Erkenntnis] hinzu, wenn sie die Unterschiede in der Allgemeinheit zusammenfaßt. Wenn nun Aristoteles erklärt, die Erkenntnis des Allgemeinen sei für uns das Erste, von Natur aus aber das Spätere, dann meint er damit diese das Ganze umfassende Erkenntnis, die ja durch A. der bloßen Allgemeinheit entsteht, wobei diese Allgemeinheit ja nicht einmal für sich Bestand hat) [11]. Aus dem Kontext [12] ergibt sich, daß Simplicius mit der «das Ganze umfassenden, aus A. entstandenen reinen Erkenntnis der Allgemeinheit» die «gemäß dem reinen Begriff (ἔννοια) des geistig Erkennbaren (γνωστοῦ) entstandene Erkenntnis» [13] meint. Dieses geistig Erkennbare ist aber das Allgemeine (τὸ κοινόν), z. B. das in den verschiedenen Lebewesen «immanente Lebewesen» [14]. Es wird so durch A. erkannt, daß der abstrahierte Begriff, z. B. das in Gedanken oder im Gedachtwerden bestehende Lebewesen durch die A. besonders den Gedanken der Allgemeinheit und Ununterschiedenheit, d. h. der indifferenten universalen Prädikation, hinzu aufnimmt. Das dürfte folgender Text besagen: τὸ γὰρ πρῶτον ζῷον καὶ αὐτοζῷον κατὰ μὲν τὴν μίαν τοῦ ζῴου φύσιν τὴν πρὸς ἄλληλα κοινότητα πᾶσιν τοῖς ζῴοις ἐνδίδωσιν καθὸ ζῷα ... δεύτερον δέ ἐστι κοινὸν τὸ ἀπὸ κοινοῦ αἰτίου τοῖς διαφόροις εἴδεσιν ἐνδιδόμενον καὶ ἐνυπάρχον αὐτοῖς, ὥσπερ τὸ ἐν ἑκάστῳ ζῴῳ, τρίτον δὲ τὸ ἐν ταῖς ἡμετέραις ἐννοίαις ἐξ ἀφαιρέσεως ὑφιστάμενον, ὑστερογενὲς ὂν καὶ τὴν τοῦ κοινοῦ μάλιστα καὶ ἀδιαφόρου ἔννοιαν ἐπιδεχόμενον (Denn das erste Lebewesen und das Lebewesen an sich selbst gibt gemäß der einen Natur des Lebewesens die Gemeinsamkeit zueinander allen Lebewesen, insofern sie Lebewesen sind, ... ein zweites Lebewesen ist das von der gemeinsamen Ursache den verschiedenen Arten eingegebene und ihnen immanente Lebewesen, so das in den einzelnen vorhandene Lebewesen; ein drittes Lebewesen ist das in unseren Gedanken durch A. bestehende Lebewesen, das später entstanden ist und besonders den Gedanken des Allgemeinen und Ununterschiedenen hinzu aufnimmt) [15].

Mit dieser Lehre, daß im Prozeß der A. die Erkenntnis des den Dingen immanenten Gemeinsamen gewonnen und der durch den Gedanken ununterschiedener Allgemeinheit konstituierte Allgemeinbegriff gebildet wird, scheint Simplicius Grundgedanken der A.-Lehre des Avicenna und Duns Scotus vorzubereiten.

2. Obwohl der *Stoa* nicht selten die Lehre zugeschrieben wird, die «subjektiven Begriffe» wären «durch A. gebildet» [16], gibt es in ihr weder dem Terminus noch der Sache nach eine A. der Allgemeinbegriffe [17]. Wohl aber stammt von den Stoikern das, was später bei den Aristoteleskommentatoren das Resultat der A. wird: die ἔννοια, d. h. der Begriff. Um die Differenz zur A.-Lehre herauszustellen, sei kurz skizziert, wie man nach der Stoa zu diesen ἔννοιαι gelangt: Mit dem 14. Lebensjahr wird der Mensch zu einem τέλειος ἄνθρωπος (vollgültigen Menschen), weil er nun fähig sei, gewisse Allgemeinvorstellungen, wie etwa vom Schönen oder Bösen, «in sich aufzunehmen» [18]. Diese ἔννοιαι kommen dem Menschen zu διὰ διδασκαλίας καὶ ἐπιμελείας (durch Lehre und Fürsorge), d. h. ihm wird durch Einfluß von außen bewußt gemacht, daß sinnlichen Wahrnehmungen bestimmte Allgemeinvorstellungen zugrunde liegen. Diese Allgemeinvorstellungen unterscheiden sich von den προλήψεις (Allgemeinvorstellungen), die unreflektiert gebildet werden [19]. Ihrem Wesen nach ist die ἔννοια eine φαντασία (sinnliche Vorstellung), welche ihrerseits eine τύπωσις ἐν τῇ ψυχῇ (Eindruck in der Seele) ist [20]. Diese Wesensbestimmung der ἔννοια als τύπωσις oder ἐγγραφή (Einschreibung) [21] bildet den entscheidenden Unterschied zwischen der stoischen Lehre von der ἔννοια und der A.-Lehre. τύπωσις bedeutet vom Zentralorgan der Seele, dem ἡγεμονικόν [22], her gesehen, das Ergebnis eines passiven Geschehens [23], während der A.-Prozeß ein aktives Geschehen ist.

Eine gewisse Ausnahmestellung nimmt jedoch EPIKTET ein. Er wandelt dieses rein passive Moment in der ἔννοια-Lehre in ein aktives Tätigsein um, so daß man eventuell von einer wirklichen Begriffsbildung sprechen könnte. Nach ihm ist es die Aufgabe des Menschen, die auf ihn eindringenden προλήψεις selbst zu verarbeiten [24]. Der terminus technicus für dieses Tätigsein des Geistes ist διάρθρωσις (Zergliederung). Um zu einer Anpassung an die angemessenen Objekte zu gelangen, ist es nötig, die προλήψεις zu zergliedern [25]. Das Ergebnis dieser διάρθρωσις ist die πρόληψις διηρθρωμένη oder ἔννοια διηρθρωμένη (zergliederter Begriff); z. B. geht die πρόληψις κακοῦ (Begriff des Schlechten) aus der Zusammensetzung der beiden προλήψεις: τὸ κακὸν φευκτόν (das Schlechte ist zu meiden) und τὸ ἀναγκαῖον οὐ φευκτόν (das Notwendige ist nicht zu meiden) hervor. Aus dieser Kombination entsteht dann eine διηρθρωμένη πρόληψις des κακοῦ. So gibt es bei den Stoikern keine Begriffsbildung, die ein Ergebnis von A. wäre. Vielmehr scheinen (was freilich, abgesehen von der einschlägigen Lehre CICEROS, kontrovers ist) ein apriorisches Element [26], die αἴσθησις (Wahrnehmung) und schließlich von außen auf den Menschen eindringende «Vorstellungen» die späteren Allgemeinbegriffe zu konstituieren. EPIKTET scheint dann zum ersten Mal eine aktive Denktätigkeit für eine Begriffsbildung postuliert zu haben [27]. So ist es nicht verwunderlich, daß das Resultat dieser διάρθρωσις, die ἔννοια, auch als Ergebnis der A. bezeichnet und so in neuer Weise verstanden werden konnte.

3. AUGUSTINUS hat die aristotelische Lehre von der A. nicht rezipiert und auch keine Theorie über die Bildung geistiger Allgemeinbegriffe anhand sinnlicher Vorstel-

lungen erarbeitet. Auch seine Lehre von der göttlichen Einstrahlung oder Einsprechung dient mehr der Begründung, wie unveränderliche Wahrheiten vom veränderlichen Geist erkannt werden können, als der Erklärung des Ursprungs unserer Begriffe [28]. BOETHIUS dagegen skizziert eine Theorie der A., die von der A. mathematischer Gegenstände ausgeht, zugleich aber auch das Gewinnen der Gattungs- und Artbegriffe verstehen lassen will: Wie nämlich «eine Linie im Körper ist», aber durch den Geist «durch Teilung (Unterscheidung) und A.» gesondert betrachtet werden kann, so finden sich auch Gattungen und Arten in den körperlichen Dingen. Was aber, von den Sinnen konfus dargeboten, mit den Körpern verbunden und verwachsen («concretum») ist, kann der Geist jedoch auch vom Körperlichen lösen und die «unkörperliche Natur» an sich betrachten. Zur Bildung der Art- und Gattungsbegriffe kommt endlich noch – offenbar nach der Erkenntnis der unkörperlichen Natur – das «Aufsammeln» (colligere) dessen hinzu, worin die Individuen bzw. die Arten ähnlich sind. Diese im Geist gedachte und wahrhaft durchschaute Ähnlichkeit (similitudo) ist der auch durch A. als ein Moment im Prozeß seiner Bildung gewonnene Art- bzw. Gattungsbegriff [29].

Anmerkungen. [1] ARISTOTELES, z. B. De an. III. 4, 429 b 18f. – [2] ALEXANDER VON APHRODISIAS, In Met. 733, 20ff.; vgl. 199, 21. – [3] D. ROSS: Aristotle's Metaphysics, a revised text with introd. and comm. 2 (Oxford 1958) 415. – [4] Vgl. ALEX. APHR., In Met. 37, 22; 113, 16; 794, 4. – [5] In Met. 733, 30; In Top. 109, 19ff. – [6] In Met. 463, 19ff. – [7] De an. 90, 6ff.; vgl. FR. UEBERWEG: Grundriß der Gesch. der Philos. 1: Philos. des Altertums, hg. K. PRAECHTER (¹²1926, Nachdruck 1967 u. ö.) 564. – [8] Zum NOUS als Initiator der A., die ALEXANDER aber nur im Sinne der Mathematik sieht, vgl. P. MORAUX: Alexandre d'Aphrodise (Lüttich 1942) 74; 120-122; 128. – [9] Vgl. die selbständigen Scripta minora des ALEXANDER 59, 15. – [10] PROKLUS DIADOCHUS: Komm. zum ersten Buch von Euklids «Elementen» – dtsch. mit textkrit. Anm. von P. L. SCHÖNBERGER, Einl. und Komm. ... von M. STECH (Halle 1945) Vorrede des PROKLUS I. Teil, 173. – [11] SIMPLICIUS, In Phys. 18, 18ff.; vgl. 144, 2. – [12] a. a. O. 17, 38ff. – [13] 17, 40. – [14] In Cat. 83, 1. – [15] In Cat. 83, 3ff. – [16] UEBERWEG/PRAECHTER, a. a. O. [7] 415; vgl. A. BONHÖFFER: Die Ethik Epiktets (1968) 252. – [17] Vgl. den Index der SVF und Index zu M. POHLENZ: Die Stoa (²1955). – [18] SVF II, 764. – [19] SVF II, 83. – [20] SVF II, 847. – [21] SVF II, 83. – [22] ebda. – [23] SVF I, 60. – [24] EPIKTET, Diss. IV, 4, 26; zum folgenden ständig A. BONHÖFFER: Epiktet und die Stoa (1968) 188ff. – [25] Diss. II, 17, 7; II, 11, 18. – [26] Vgl. BONHÖFFER, a. a. O. [24] 200. 207; UEBERWEG/PRAECHTER, a. a. O. [7] 418. – [27] Ganz anders N. HARTMANN: Aristoteles und das Problem des Begriffs. Abh. Preuß. Akad. Wiss. 5 (1939) 24. – [28] Vgl. E. GILSON: Introduction à l'étude de Saint Augustin (Paris 1929) 113-125 u. Index s. v. ‹Abstraction›. – [29] BOETHIUS, In Isagogen Porphyrii Commenta. Corp. scriptorum eccl. lat., hg. S. BRANDT, editio secunda I, 10. 11 (S. 163-167). TH. KOBUSCH

III. Die Geschichte des A.-Problems im *Mittelalter* ist noch nicht geschrieben, jedoch liegen viele Einzeluntersuchungen zu Richtungen und Autoren vor, besonders zahlreich zu der differenzierten Problemführung, die *Thomas von Aquin* gegeben hat. Seine Lehre über die A., zweifellos ein Höhepunkt dieser Problemgeschichte, soll daher auch in der Mitte des folgenden Überblickes stehen, der im ersten Teil zugunsten sachlicher Zusammenhänge die chronologische Ordnung mitunter überspringt.

1. Sofern die Frühscholastik vorzüglich AUGUSTINUS folgte und seine Lehre zu wiederholen und zu vertiefen suchte, stellte sich ihr das Problem der A. nicht. Exemplarisch dafür ist ANSELM VON CANTERBURY, in dessen Werk die Termini ‹A.› und ‹Abstrahieren› nicht vorkommen [1] und der sich in der Frage nach dem Ursprung unserer Erkenntnis «damit begnügt, einige augustinische Ausdrücke zur Illumination der Seele ... zu wiederholen» [2]. Sofern man sich jedoch an BOETHIUS orientierte – und das 12. Jh. ist die «aetas boetiana» genannt worden [3] –, wurde auch dessen A.-Lehre rezipiert. So lehren ABAELARD, JOHANN VON SALISBURY, ISAAK VON STELLA und HUGO VON ST. VICTOR ein Gewinnen der Allgemeinbegriffe durch A. oder Herauslösen des gesondert zu betrachtenden Allgemeinen aus der Konkretion mit dem Besonderen, wobei die Realität oder der Status des Allgemeinen kontrovers war [4]. Das Bemühen HUGOS VON ST. VICTOR, den von den sinnlichen Vorstellungen ausgehenden A.-Vorgang näher zu erklären und den Anteil der Sinne und der Vernunft an der Bildung der Allgemeinbegriffe genauer zu bestimmen, bezeichnet die Aufgabe, vor die sich das 13. Jh. in diesem Feld gestellt sah. Es konnte sich dabei auf die einschlägigen Lehren *Avicennas* und (seit etwa 1230) des *Averroes* beziehen.

AVICENNA hatte gelehrt, jede Erkenntnis schließe eine Trennung der zu erkennenden Form von der Materie ein. Da auch schon die sinnliche Wahrnehmung «die Form der Sache entkleidet von ihrer Materie rezipiert», unterscheidet er vier «Arten und Grade der A.» (species et gradus abstractionis), die A. des visus, der imaginatio, der aestimatio und als höchsten Grad der A. die des «geistigen Erfassens» (apprehensio intelligibilis). Wie die zu erkennenden Formen aus der Materie herausgelöst oder von ihr getrennt werden, erklärt solche metaphysische Bestimmung des Wesens von Erkenntnis nicht [5]. Wie JOHANNES VON RUPELLA [6] übernimmt auch ALBERTUS MAGNUS diese Unterscheidung von vier A.-Graden (gradus abstractionis sive separationis) [7], geht freilich in der Beschreibung der höchsten Stufe, der A. von Allgemeinbegriffen aus sinnlichen Vorstellungen, einen eigenen Weg [8]. Eine Zusammenstellung verschiedener Bedeutungen von ‹A.› gibt HEINRICH VON GENT, dessen Lehrentwicklung durch eine Wende von der «aristotelischen» Theorie der A. zur augustinischen Illuminationslehre gekennzeichnet ist [9]. Er unterscheidet «sechs Arten» (modi) der A., und zwar zunächst eine «reale A.», in welcher die Intelligentien (reine Geister) von der Materie getrennt sind, und eine «gedankliche A.» (abstractio rationis sive rationalis). Sie wird wieder mannigfach unterteilt, z. B. in eine «metaphysische A.» der substantialen Form von der Materie, in eine «mathematische A.» einer akzidentellen Form von Subjekt, die ihrerseits entweder A. der kontinuierlichen Größe oder «arithmetische A.» der Zahl ist [10]. Die meisten dieser Unterscheidungen, vor allem die erstgenannte, finden sich noch in der Schulphilosophie des 17. Jh., über deren A.-Lehre GOCLENIUS ausführlich und mit reichem historischen Material berichtet [11].

Während AVICENNA, dessen A.-Lehre in ihrem genauen Sinn umstritten ist [12], diesen Terminus nur zu verwenden scheint, um eine metaphysische Bestimmung des Wesens von Erkenntnis zu geben, erklärt er den Erwerb geistiger Erkenntnis durch eine Verbindung der menschlichen Seele mit der der Mondsphäre zugeordneten selbständigen «wirkenden Vernunft», die in einer Erleuchtung der Seele die intelligiblen Formen eingibt [13]. Diese neuplatonische Erkenntnislehre, von der schon DOMINIKUS GUNDISSALINUS bestimmt ist [14], wurde im 13. Jh. vorwiegend von Franziskanertheologen rezipiert und sowohl mit der ihr affinen augustinischen Illuminationslehre wie mit der «aristotelischen» A.-Lehre verbunden, nach der, wie JOHANNES VON RUPELLA erklärt, der intellectus agens sein Licht über die sinnfälligen Formen ergießt und «durch diese Erleuchtung von allen materiellen Bestimmungen abstrahiert» [15].

In diesem Zusammenhang wird dann zur Erkenntnis der rein geistigen Erkenntnisinhalte der sie bewirkende intellectus agens mit Gott identifiziert und von einer geschaffenen, jedem Menschen eigenen wirkenden Vernunft unterschieden, so bei Johannes von Rupella [16], JOHANNES PECKHAM [17] und ROGER VON MARSTON [18]. BONAVENTURA lehnt eine solche auch von ROGER BACON [19] gelehrte Identifizierung von Gott und intellectus agens ab [20] und erklärt die Erkenntnis des allgemeinen Wesens der sinnfälligen Dinge als Ergebnis einer A., zu der außer der Tätigkeit des intellectus agens und possibilis eine «Beurteilung» (diiudicatio) der Sinnesbilder gehört, die nur unter dem «regelnden und bewegenden» Einfluß der göttlichen Ideen (rationes aeternae) möglich ist [21]. Ähnlich sucht auch MATTHAEUS AB AQUASPARTA die augustinische Erleuchtungslehre mit der A.-Theorie zu verbinden, um dadurch die Bedingtheit allgemeiner geistiger Erkenntnis auch durch die Sinneserkenntnis festzuhalten [22]. Eben das nicht geleistet und nicht aufgezeigt zu haben, was Phantasie und Sinneserkenntnis zur Bildung der Allgemeinbegriffe beitragen, ist Inhalt der Kritik, die THOMAS VON AQUIN an der neuplatonischen Erkenntnislehre Avicennas übt [23].

AVERROES hatte in ähnlicher Weise gegen die neuplatonische Erleuchtungslehre Avicennas die aristotelische These ausgespielt, daß die intelligiblen Erkenntnisinhalte in den Sinnesbildern seien [24], und gelehrt, eben das Übersetztwerden von der Ordnung des Sinnfälligen in die des Intelligiblen («transferri ... de ordine in ordinem») sei Ergebnis der A.; denn «Abstrahieren ist nichts anderes als sinnlich vorgestellte Erkenntnisbilder (intentiones ymaginatae) aktuell geistig erkennbar zu machen, nachdem sie es potentiell waren. Erkennen aber ist nichts anderes, als diese Intentionen zu rezipieren» [25]. Diese in der lateinischen Scholastik häufig wiederholte allgemeine Bestimmung der A. steht bei Averroes im Rahmen seines Monopsychismus, nach dem nicht nur der die A. vollziehende intellectus agens eine selbständige Substanz, sondern auch der der abstrahierten Begriffe rezipierende «intellectus materialis» eine einzige Substanz für alle Menschen («unicus omnibus hominibus») ist [26], deren auf Sinnesbilder angewiesene Tätigkeit sich in den Menschen vollzieht.

Durch Avicenna und Averroes wurde der Scholastik endlich der auf SIMPLICIUS zurückverweisende Gedanke vermittelt, daß der Intellekt mit der Begriffsbildung den Formen Universalität, d. h. Prädizierbarkeit desselben von vielen, verleiht («intellectus in formis agit universalitatem») [27]. Außer von ALBERTUS MAGNUS und THOMAS VON AQUIN, die solche Universalität ausdrücklich als Ergebnis der A. hinstellen [28], hat diesen Gedanken DUNS SCOTUS übernommen, freilich anscheinend ohne die Universalisation direkt als ‹A.› zu bezeichnen, und mit der Lehre AVICENNAS [29] verbunden, daß die Natur eines Dings, die in der Definition bestimmt wird, indifferent gegenüber ihrer Verwirklichung in den Individuen und gegenüber ihrem Gedachtsein im Intellekt ist, der sie im Allgemeinbegriff von Vielen prädiziert. Nach SCOTUS durchschaut der Intellekt, der mehr und anderes erfaßt als die Sinne, das sinnfällig Gegebene auf die in ihm enthaltenen intelligiblen Sachgehalte, die formal voneinander verschieden und indifferent gegenüber ihrer Verwirklichung in diesem oder jenem individuellen Wesen sind. Das gesonderte Betrachten einer solchen «natura communis» (s. d.) oder «formalitas» und das Absehen von allem, was wie die Individualität oder die Existenz nicht zu ihrer Definition

gehört, nennt Scotus im Sinn der boethianischen Tradition ‹A.› («una formalis ratio potest abstrahi ab alia»; «quando aliquid est abstractum ultima abstractione, ita quod est abstractum ab omne eo quod est extra rationem eius») [30]. In ihrer Indifferenz gegenüber weiteren Bestimmungen kann diese Natur von vielen Subjekten, in denen sie sich findet, prädiziert werden. Diese Universalisation leistet der Intellekt [31].

Der Hinblick des Geistes auf den intelligiblen Sachgehalt ist aber «in diesem Leben» (pro statu isto) vermittelt durch Sinnesbilder. Da diese nur Sinnfälliges darbieten, die Präsenz des Objektes als solchen aber Bedingung hinnehmenden Erkennens ist («praesentia obiecti praecedit actum») [32], muß dieser Hinblick durch einen Begriff (species intelligibilis) vermittelt sein, der «zugleich vom intellectus agens und vom Sinnesbild bewirkt wird» [33]. Gemäß dem Sprachgebrauch seiner Zeit, nach dem die Begriffsbildung ‹A.› heißt, kann man auch nach Scotus diese Begriffsbildung ‹A.› nennen [34], aber sie kommt weder durch bloßes Absehen von einigen sinnfälligen Bestimmungen noch durch eine «Entkleidung» (denudatio) des Sinnbildes von seiner Materialität zustande [35]. Daher versteht Scotus unter A. erstlich das Herausheben der Formalitäten, besonders der das «Was» bezeichnenden Naturen und Prädikate, aus dem anfangs konfus erkannten Ganzen unter einem «Absehen» vom außerhalb der Definition liegenden Unwesentlichen («abstractio proprie est praedicati dicentis *quid* subiecti») [36]. Mit diesem Sprachgebrauch stimmt endlich auch die von Scotus eingeführte Unterscheidung zwischen «intuitiver» und «abstraktiver» Erkenntnis (s. d.) überein. Während nämlich erstere ihr Objekt erfaßt, «sofern es existiert und dem Schauenden in seiner Existenz präsent ist» [37], wird in der abstraktiven Erkenntnis von aktueller Existenz oder Nichtexistenz «abgesehen» [38]. Daher ist abstraktive Erkenntnis nicht formell mit begrifflicher Erkenntnis identisch: Auch der Einbildungskraft kommt im Unterschied zum äußeren Sinn abstraktive Erkenntnis zu, sofern sie nicht Gegenwärtiges und Existierendes vorstellt [39].

Insgesamt dürfte die scotistische A.- und Erkenntnislehre durch eine Integration der Funktion, die AVICENNA dem getrennten intellectus agens zuschrieb, in die individuelle Geistseele historisch zu charakterisieren sein [40]: Als intellectus agens bewirkt die Vernunft zusammen mit den sinnlichen Erkenntnisbildern den Begriff, der die Erkenntnis der intelligiblen Sachgehalte vermittelt. Deren erster ist, wie SCOTUS mit AVICENNA lehrt [41], das Seiende, verstanden als univok von allem, was ist, zu prädizierender Sachgehalt (ens quidditative sumptum). Auch deswegen wird mit dem eindeutigen Begriff – und nicht, wie Thomas von Aquin lehrt, grundlegend und notwendig mit dem Urteil – der Bereich der Metaphysik eröffnet und gewonnen, weil die begrifflich erfaßten Sachgehalte in ihrer Indifferenz gegenüber ihrer partikulären Verwirklichung ständig Mögliches und somit schlechthin Notwendiges sind, welchem gegenüber sich das begegnende faktisch Wirkliche in seiner radikalen Kontingenz und damit in seinem Bezug zur absoluten Freiheit des Schöpfergottes zeigt [42]. So ist die Erkenntnis- und A.-Lehre der entscheidende Ansatz der scotistischen Metaphysik.

Anmerkungen. [1] ANSELM VON CANTERBURY, Opera, hg. F. S. SCHMITT 6: Index rerum S. 28. – [2] E. GILSON: La philos. au M.A. (²1952) 249. – [3] M.-D. CHENU: La théol. au 12e siècle (1957) 142. – [4] Belege und Darstellung bei UEBERWEG/GEYER (¹²1951) 218. 243. 259. 263f. – [5] AVICENNA, De anima II, 2 (Venedig 1508, Nachdruck Minerva 1961) fol. 6v. 7r. – [6] Vgl.

GILSON, a. a. O. [2] 438. – [7] ALBERTUS MAGNUS, De anima II, 3, cap. 4, hg. STROICK (1968) 101f. – [8] Vgl. U. DÄHNERT: Die Erkenntnislehre des Albertus Magnus gemessen an den Stufen der «abstractio» (1934). – [9] Vgl. J. PAULUS: A propos de la théorie de la connaissance d'Henri de Gand. Rev. Philos. Louv. 47 (1949) 493ff. – [10] HEINRICH VON GENT: S. quaestionum ... Tom. post. (Paris 1520) Art. 48, 2; fol. 31r. – [11] R. GOCLENIUS: Lexicon philosophicum (1613, Nachdruck 1964) s. v. ‹abstractio›; vgl. J. MICRAELIUS: Lexicon philosophicum (²1662, Nachdruck 1966) s. v. ‹abstractio›. – [12] Vgl. UEBERWEG/GEYER, a. a. O. [4] 309; M.-A. GOICHON: La distinction de l'essence et de l'existence d'après Ibn Sina (Paris 1937) 308f. und L. GARDET: La pensée religieuse d'Avicenne (Ibn Sina) (1951) 151. – [13] Vgl. GARDET, a. a. O. 150f. – [14] Vgl. A. FOREST, F. VAN STEENBERGHEN und M. DE GANDILLAC: Le mouvement doctrinal du 11e au 14e siècle. FLICHE/MARTIN 13 (1956) 116f. – [15] Beleg bei UEBERWEG/GEYER, a. a. O. [4] 385. – [16] ebda. – [17] 485; GILSON, a. a. O. [2] 489f. – [18] UEBERWEG/GEYER, a. a. O. [4] 487; vgl. J. ROHMER: La théorie de l'abstraction dans l'école franciscaine d'Alexandre du Halès à Jean Peckam. Arch. Hist. doctrinale et litt. M.A. 3 (1928) 105-184. – [19] a. a. O. 470. – [20] BONAVENTURA, II. Sent. 24, p. 1, a. 2, q. 4. – [21] Itin. 2, 6 und 9; vgl. I. Sent. 39, 1, 2 ad 2; Sermo 2, 9 (V, 541). – [22] Beleg bei UEBERWEG/GEYER, a. a. O. [4] 483. – [23] THOMAS VON AQUIN, S. contra gent. II, 76; Comp. Theol. I, 88 (163). – [24] ARISTOTELES, De anima III, 8, 432 a 4f. – [25] AVERROES, Comm. Magn. in de an., hg. CRAWFORD III, 18, 76-80; vgl. III, 36, 12ff. 466-471. – [26] a. a. O. III, 5, 576. – [27] Vgl. UEBERWEG/GEYER, a. a. O. [4] 308. – [28] Vgl. die zahlreichen Belege bei C. PRANTL: Gesch. der Logik im Abendlande (1861ff.) 3, Anm. 392-396 und 493-501. – [29] AVICENNA, Logica III a. a. O. [5] fol. 12r; Met. V, 1 a. a. O. fol. 86v. – [30] DUNS SCOTUS, Ord. I, d. 5, p. 1, q. 1, n. 19 und n. 24, hg. BALIĆ 4, 18. 22. – Quaest. in Met. VII, q. 18 n. 8; vgl. E. GILSON: Jean Duns Scot (Paris 1952) 536. – [32] SCOTUS, Ord. I, d. 3, p. 3, q. 1, n. 350 a. a. O. [30] 3, 211. – [33] Quaest. in Met. VII, q. 18 n. 9. – [34] Rep. I, d. 3, q. 6, n. 12; vgl. GILSON, a. a. O. [31] 523. – [35] Vgl. SCOTUS, Op. Oxon. II, d. 3, q. 1, n. 9. – [36] Quaest. in Met. VII, q. 13, n. 24. – [37] Ord. I, d. 1, p. 1, q. 2, n. 35 a. a. O. [30] 2, 23. – [38] Op. oxon. II, d. 3, q. 9, n. 6. – [39] ebda. – [40] Vgl. GILSON, a. a. O. [31] 536f. n. 2. – [41] SCOTUS, Quaest. in Met. Prol. n. 5; AVICENNA, Met. I, 6 a. a. O. [5] fol. 72r. – [42] Vgl. W. KLUXEN: Bedeutung und Funktion der Allgemeinbegriffe in thomistischem und skotistischem Denken, in: De doctrina Joannis Duns Scoti (Rom 1968) 2, 229-240.

2. THOMAS VON AQUIN übernimmt zwar die Probleme, die er unter dem Titel der A. behandelt, vornehmlich von AVERROES, zumal dessen A.-Lehre nicht nur die Bildung von Allgemeinbegriffen aus sinnlichen partikulären Vorstellungen zum Inhalt hat, sondern im Anschluß an ARISTOTELES [1] auch besagt, daß in der Mathematik «gemäß einer A. von der Materie» jene Bestimmungen behandelt werden, die dem Körper als einer Größe, nicht aber, sofern er veränderlich ist, folgen [2], während der Metaphysiker solches zum Gegenstand hat, was nicht nur dem Begriff, sondern auch dem Sein nach von der Materie getrennt ist («De formis autem que sunt *abstracte* in rei veritate, idest secundum esse et intellectum, considerat Primus Philosophus») [3]. Aber THOMAS entfaltet seine A.-Lehre andererseits gerade im Gegenzug zum Monopsychismus des Averroes, indem er intellectus agens und possibilis, die freilich, als Formalprinzipien des konkreten Erkenntnisaktes verstanden, auch verschiedene «Vermögen» sind [4], für «eines und dasselbe» erklärt, das, einmal als bewirkendes, dann als bestimmbares Prinzip genommen, in dieser unaufgebbaren Bedeutung mit der jeweils individuellen Geistseele identisch ist [5]. Zugleich verbindet Thomas aber auch die «aristotelische» A.-Lehre, nach der die A. eine Erleuchtung der Sinnesbilder durch die wirkende Vernunft einschließt, mit der augustinischen Illuminationslehre durch die These: «das Licht des intellectus agens, von dem *Aristoteles* spricht, ist uns unmittelbar von Gott eingeprägt» [6]. Deshalb mache es «nicht viel aus», ob man, wie *Augustinus*, unmittelbar die intelligiblen Inhalte oder, wie er lehrt, das sie in der A. bewirkende Licht der Vernunft als Teilhabe an Gott auffasse [7].

a) Die Lehre über die *Bildung der Allgemeinbegriffe* hat bei Thomas ihren «systematischen» Ort in seiner Lehre von der «Analyse» (s. d.) der Erkenntnis auf ihre Prinzipien hin, welches die Vernunft und die Sinne sind, so daß unsere Erkenntnis «teils von innen, teils von außen» stammt [8]. Die Erkenntnisanalyse führt nun von den erkannten Dingen «außerhalb der Seele» über die sprachlichen Zeichen (oder das «äußere Wort») zu den von ihnen direkt bezeichneten, vom Geist innerlich gebildeten Sätzen und Begriffen, die «inneres Wort» oder «verbum mentis» heißen und die das Erkannte sind, sofern es erkannt im erkennenden Geist ist [9]. Da aber nicht nur diese Sätze, sondern auch die in ihnen enthaltenen Begriffe zusammengesetzt sind – z. B. bezeichnet der konkrete Begriff ‹Mensch› (homo) «das, dem Menschsein (humanitas) zukommt», so daß der konkrete Begriff durch den abstrakten Begriff als sein «Prinzip» bedingt ist [10] –, muß das Problem der Begriffsbildung differenziert werden: Es ist Rechenschaft zu geben sowohl von der Bildung konkreter Begriffe (conceptus, conceptio, verbum mentis) wie von der Bildung abstrakter Begriffe (species intelligibilis). Entsprechend sind nach Thomas diese zwei Formen der A. zu unterscheiden [11].

Thomas läßt sich bei der Frage der Bildung (formatio) [12] der Allgemeinbegriffe von der schon von Aristoteles gewonnenen Einsicht leiten, daß das Allgemeine – der Gegenstand der Vernunft – nicht, wie das Sinnfällige in den Sinn, von sich her in die Vernunft fällt, sondern von ihr aktiv hervorgebracht werden muß. Dieses Hervorbringen des Allgemeinen kann nun nicht dadurch geschehen, daß von den jeweils partikulären sinnlichen Vorstellungen einzelne Merkmale und Züge weggelassen werden. Diese Deutung der A. hatte schon WILHELM VON AUVERGNE kritisiert: Solches «Beseitigen und Abscheren» führe nicht zum vernünftig erfaßbaren Allgemeinen, sondern zum «Rest eines Sinnesbildes» [13]. Daher lehrt THOMAS, die sinnliche Erkenntnis sei nicht totale und vollkommene Ursache der geistigen Erkenntnis, vielmehr eher ihr Gegenstand [14]. Allgemeinbegriffe stammen folglich nicht aus der sinnlichen Erkenntnis, sofern sie allgemein, d. h. Ergebnis geistigen Erkennens sind. Nur ihr materialer Aspekt, daß sie diese oder jene allgemeine Wesenheit oder Natur repräsentieren, stammt aus der sinnlichen Erkenntnis [15]. Weil somit die Sinneserkenntnis Objekt der Vernunfterkenntnis, nicht aber ihre Wirkursache und die Ursache des Wirkens der Vernunft ist, muß die Vernunft schon von sich her vollendet und aktuell sein («intellectus agens est in actu secundum suam substantiam») [16], um das sinnfällig Gegebene auf ein es unter sich begreifendes je bestimmtes Allgemeines hin verstehen zu können. Nur hinsichtlich des Verstehens «bestimmter Naturen irgendeiner Wesensart» ist die Vernunft nicht aktuell und schon von sich her vollendet [17].

Um zu sehen, in welcher Weise die ständige Aktualität der Vernunft und damit ihr «ständiges Erkennen» [18] die A. besonderer allgemeiner Naturen oder Formen ermöglicht, ist zunächst dies ständige Erkennen inhaltlich zu bestimmen. Thomas erklärt in Übereinstimmung mit Augustinus, daß der Geist «vor jeglicher A. eine habituale Kenntnis davon besitzt, daß er *ist*» [19]. Diese habituale, d. h. ständige, aber noch unbewußte, weiterer Aktuierung fähige Kenntnis ist darin begründet, daß die menschliche Seele, sofern sie in sich subsistierende Form oder Geist ist, stets «aktuell intelligibel» [20], sofern sie aber gleichwesentlich als die Materie prägende und von ihr individuierte Form (Seele) besteht, jedoch nur «potentiell intelligibel» ist [21]. Demnach ist die Geistseele also nur in ihrem Sein, nicht aber in ihrem durch die Materie individuierten Wesen stets aktuell intelligibel, d. h. stets geistig erkannt, und folglich muß das ständige Erkennen der stets wirkenden Vernunft als Seinserkenntnis, das Licht der Vernunft, das von der Vernunft selber unterschieden werden muß, als das erkannte Sein (esse) verstanden werden, sofern es als noch ungeformtes Erkanntes (verbum mentis informe) in der Vernunft ist. Dieses Licht des erkannten Seins ist die Bedingung der A. von Allgemeinbegriffen aus sinnlichen Vorstellungen.

Der sachlich erste, in jedem anderen enthaltene, durch A. gewonnene Allgemeinbegriff ist nach Thomas der Begriff ‹Seiendes› (ens) [22]. Er drückt mehr als die Aussage: «dieses (sinnlich Gegebene) ist», aus, da im Licht des allgemeinen unbegrenzten Seins das sinnlich Gegebene auch als eine endliche Weise des Seins, als ein Wesen (essentia) erkannt wird, das nach seiner Art den Akt des Seins (die im Subjekt verbleibende Tätigkeit: sein) vollzieht. Daher bezeichnet der erste durch A. gewonnene konkrete Begriff ‹Seiendes›, wie Thomas auch entsprechend der sprachlichen Bildung des Wortes durch Substantivierung des Partizips lehrt, «das, *was ist*» oder die «Einheit von Sein und Wesen» [23].

Sofern nun dieses oder jenes sinnlich Gegebene als endliche Weise des Seins oder als Wesen erkannt wird, erkennt man Individuelles im Hinblick auf ein aus dem Licht der wirkenden Vernunft «resultierendes», d. h. in naturhafter Aktivität gebildetes begrifflich Allgemeines [24]; diese in einer «Erleuchtung der Sinnesbilder durch das Licht der Vernunft» [25] zustande kommende Erkenntnis des Individuellen im Hinblick auf ein Allgemeines, das es unter sich begreift, ist «das Abstrahieren der allgemeinen Form» [26]. Das Bilden einer solchen allgemeinen Form, deren erste der abstrakte Begriff ‹Wesenheit› (essentia) ist, durch den das sinnlich Gegebene als ein Wesen gedacht wird, geht offensichtlich der Bildung des ersten konkreten Begriffes ‹Seiendes› voraus; denn dieser bezeichnet einmal die Einheit von Sein *und* Wesen, zum andern aber wird in diesem Begriff von den jeweils gegebenen sinnfälligen Qualitäten, die den einzelnen Seienden eigen sind, abgesehen. So trifft hier jene Bestimmung der A. zu, nach der «das Unterscheiden dessen, was allen einzelnen gemeinsam ist, von dem, was den einzelnen eigen ist, das Abstrahieren des Universalen von den besonderen einzelnen» besagt [27].

Die damit skizzierte A. des aus dem Licht der Vernunft resultierenden ersten abstrakten Begriffes und die dadurch ermöglichte, ein Absehen von partikulären Bestimmungen einschließende Bildung des ersten konkreten Begriffes ‹Seiendes› ist deshalb für die thomistische A.-Lehre grundlegend, weil alle anderen Begriffe durch Hinzufügungen zum Begriff ‹Seiendes› gewonnen werden [28]. Werden zu diesem Begriff Bestimmungen wie ‹an sich› oder ‹beiläufig› hinzugefügt, die seine Allgemeinheit einschränken, erhält man die obersten Gattungsbegriffe ‹Substanz› (per se ens) und ‹Akzidens› (ens in alio). Mit Hilfe sinnfälliger Wesenseigentümlichkeiten, die «per se accidentia» im Unterschied zu wechselnden «accidentia extranea» sind, lassen sich dann Artbegriffe wie ‹Esel› und ‹Mensch› eindeutig bestimmen, wobei z. B. im Begriff ‹Mensch› nicht nur der erste konkrete Begriff ‹Seiendes› näher bestimmt, sondern auch der zugrunde liegende abstrakte Begriff einer Wesenheit überhaupt zum spezifischen Wesensbegriff ‹humanitas›

determiniert worden ist. Natürlich sind die in solcher Weise gewonnenen Artbegriffe noch vorwissenschaftlich, noch «dialektisch und leer», wie Thomas mit Aristoteles sagt [29]. Aber sie ermöglichen dann das weitere «wissenschaftliche» Herausarbeiten des Wesensganzen unter Absehung von unwesentlichen Teilen, wie ja auch schon der Begriff des Seienden als «Einheit von Sein und Wesen» dessen wesentliche «Teile» angibt. Daher nennt Thomas die bisher beschriebene A. nicht nur «A. des Allgemeinen vom Besonderen», sondern auch «A. des Wesensganzen (abstractio totius) von akzidentellen Teilen» [30], und er erklärt, sie sei «allen Wissenschaften gemeinsam» und käme «besonders der (ja lebensweltlich fundierten aristotelischen) Physik» zu [31].

Thomas nennt aber nicht nur das Bilden eines Begriffes, sondern auch das Absehen von einzelnen Bestimmungen schon gebildeter Begriffe ‹A.›. Bei solchem Absehen etwa von der spezifischen Differenz bleibt vom Begriff ‹Mensch› (homo = animal rationale) nurmehr der Begriff ‹Lebewesen› (animal) übrig [32]. Die A. als Begriffsbildung ist aber nicht zuletzt auch deshalb wichtiger, weil wesentlich von ihr her die thomistische Stellungnahme zur Frage nach der Realität des Allgemeinen deutlich wird. Insofern nämlich ein abstrakter Begriff gebildet wird, der das spezifische Wesen einer Sache repräsentiert, z. B. das, wodurch Sokrates Mensch ist, nicht wodurch er dieser Mensch ist, entspricht diesem Allgemeinbegriff, zu dem die unbestimmte Vorstellung der Einbildungskraft von «Fleisch und Knochen» im Unterschied zur Wahrnehmung «dieses Fleisches und dieser Knochen» gehört [33], die spezifische Wesensform der Sache, deren «Ähnlichkeit» (similitudo) der Wesensbegriff ist [34]. Die von sich aus vielen gemeinsame, durch verschiedene Teile der Urmaterie individuierte Wesensform ist das dem Allgemeinbegriff Entsprechende und sein sachliches Fundament. Dieser Zusammenhang ist vorausgesetzt, wenn Thomas erklärt, die A. eines Wesensbegriffes bedeute den erkennenden Rückgang (Analyse) zu den Prinzipien des erkannten Seienden, d. h. hier zu Form und Materie (s. d.) [35].

b) Hinsichtlich der A. *mathematischer Gegenstände* wiederholt Thomas im wesentlichen traditionelle Bestimmungen. Diese A. heißt «abstractio formae» [36], weil in ihr etwa an einem erzenen Ring nur die Form oder Figur, also ein Kreis, betrachtet wird, während von Farbe, Härte, Gewicht usw. «abgesehen» wird. In der Erklärung, bei dieser Gewinnung mathematischer Gegenstände werde von der «materia sensibilis» abstrahiert, bedeutet «materia sensibilis» nicht die «materia prima», sondern bezeichnet einen Körper in seinen sinnfälligen qualitativen Bestimmungen. Bei A. der sinnfälligen Qualitäten und unter gleichzeitigem Absehen von den ja nur durch Wesenseigentümlichkeiten erkennbaren substanzialen Wesensbestimmungen wird also nur die reine Quantität betrachtet, das Kontinuum, das aus historischen Gründen bei Thomas «materia intelligibilis» heißt [37]. Dieser Ausdruck kann jedoch auch die Substanz bezeichnen [38] oder die Substanz, sofern sie quantitativ bestimmt ist [39]. Vor allem aber geht es bei der A. der mathematischen Gegenstände um die Gewinnung des Kontinuums als des grundlegenden Gegenstandes der Mathematik. Daß nämlich mit einem Absehen von den sinnfälligen Qualitäten eines Ringes noch nicht die mathematische Definition eines Kreises gewonnen ist, hat auch Thomas nicht übersehen [40], wenn er auch die zur Konstruktion geometrischer Gebilde erforderlichen Denkoperationen kaum näher beschrieben hat.

c) Die eigentlicher ‹Separation› genannte [41] «urteilende A.» [42] metaphysischer Begriffe, wie ‹Seiendes› und ‹Eines›, von jeglicher Materie dient der Lösung des von ARISTOTELES aufgegebenen Problems, daß die Metaphysik dem Sein und Begriff nach von der Materie «getrennte» Wesen wie den «unbewegten Beweger» betrachtet (und das aristotelische χωριστόν wurde schon von BOETHIUS mit ‹abstractum› übersetzt), andererseits aber das Seiende oder das Eine überhaupt zum Gegenstand hat, die doch auch materiell sein können und uns zunächst als materiell Seiendes oder Eines begegnen. Wird nun aber auf Grund des Aufweises, daß es geistige Substanzen gibt, wie es der Intellekt selbst ist, erkannt, daß Seiendes, Eines usw. nicht notwendig materiell sind, also getrennt von der Materie bestehen können, dann wird mit dieser «Separation» des Seienden von der Materie der Gegenstand der Metaphysik gewonnen, die das Seiende in seiner auch Geistiges umgreifenden Allgemeinheit behandelt.

Diese Einsicht in die negative Immaterialität des von ihm Bezeichneten ist mit der A. oder Bildung des ersten konkreten Begriffes ‹Seiendes› natürlich noch nicht gegeben. Seine «überphysische» Allgemeinheit mag probabel sein, bedarf aber noch des wissenschaftlichen Aufweises. Daher bezeichnet diese «urteilende A.» oder «Separation» den Übergang vom Gegenstand der Dialektik, die, obwohl nur mit probablen Argumenten, auch über das Seiende als solches handelt [43], zum Gegenstand der Metaphysik. In solcher Weise löst THOMAS ein von Aristoteles offen gelassenes Problem [44], das sich innerhalb der aristotelischen Wissenschafts- und Methodenlehre stellt, insofern die Metaphysik auf «dem Weg der Erfindung» und «nach der Ordnung des Lernens» die Physik voraussetzt und ihr folgt. Wie die Existenz geistiger Substanzen aufgewiesen werden kann, ist damit freilich nicht erklärt. Ein Weg dazu ist die von Thomas gelehrte Erkenntnisanalyse, in deren Rahmen auch seine Theorie der A. steht.

Anmerkungen. [1] ARISTOTELES, Met. VI, 1, 1026 a 7-9. – [2] AVERROES, In de an., hg. CRAWFORD 1, 17. 27-32. – [3] a. a. O. 32ff. – [4] THOMAS, S. theol. I, 79, 10. – [5] Spirit. creat. 10, 4; S. Theol. I, 76, 1; vgl. zur Interpretation L. OEING-HANHOFF: Wesen und Formen der A. nach Thomas von Aquin, Philos. Jb. 71 (1963) 26 Anm. 83. – [6] THOMAS, Spirit. creat. 10. – [7] a. a. O. 10, 8. – [8] De ver. 10, 6. – [9] S. contra gent. IV, 11; De pot. 9, 5. – [10] Vgl. S. theol. I, 32, 2, obi. 3; III, 4, 3, 2; 17, 2, 4. – [11] Vgl. S. theol. I, 14, 11, 1; 44, 3; 55, 2, 2 etc. und andererseits I, 12, 13; Spirit. creat. 9. – [12] Vgl. De ver. 10, 6; 14, 1. – [13] Vgl. M. BAUMGARTNER: Die Erkenntnislehre des Wilhelm von Auvergne (1893) 66. – [14] THOMAS, S. theol. I, 84, 6; In de an. 1, 1 (19). – [15] De ver. 10, 6, 7; 18, 8, 3. – [16] In de an. III, 10 (732). – [17] ebda. 738. – [18] I. Sent. 3, 4, 5; De ver. 10, 8 ad 11 in contr. – [19] a. a. O. 10, 8, 1. – [20] 10, 6. – [21] S. contra gent. II, 25. – [22] De ver. 1, 1. und 11, 1. – [23] a. a. O. – [24] S. theol. I, 85, 1, 3. – [25] a. a. O. I, 85, 1, 4. – [26] ebda. I, 85, 1; Spirit. creat. 10. – [27] ebda. – [28] De ver. 1, 1. – [29] In de an. 1, 1 (15). – [30] De trin. 5, 3. – [31] ebda. – [32] S. theol. I, 40, 3. – [33] Vgl. a. a. O. I, 85, 1, 2. – [34] De ver. 8, 9, 4; 10, 4. – [35] S. contra gent. II, 100; vgl. L. OEING-HANHOFF: Die Methoden der Met. im MA, in: Die Met. im MA, hg. P. WILPERT (1963) bes. 81-88. – [36] THOMAS, S. theol. I, 40, 3. – [37] a. a. O. In Met. 3, 7 (405). – [37] a. a. O. 7, 10 (1096); ebda. 7, 11 (1533). – [38] De trin. 5, 3. – [39] S. theol. I, 85, 1, 2. – [40] De trin. 6, 2. – [41] a. a. O. 5, 3. – [42] S. theol. I, 85, 1, 1. – [43] In Met. 4, 4 (571-574). – [44] In de an. 3, 12 (781-785).

Literaturhinweise. L.-B. GEIGER: Abstraction et séparation d'après saint Thomas in de Trinitate q. 5 a. 3. Rev. Sci. philos. et théol. 31 (1947) 3-40. – B. J. F. LONERGAN: The concept of verbum in the writings of St. Thomas Aquinas. IV. Verbum and Abstraction. Theological Stud. 10 (1949) 3-40. – PH. MERLAN: Abstraction and met. in St. Thomas' Summa. J. Hist. Ideas 14 (1953) 284-291. – G. VAN RIET: La théorie thomiste de l'abstraction. Rev. philos. Louvain 50 (1952) 353-393. – E. WINANCE: Note sur l'abstraction mathématique selon saint Thomas. Rev. Philos. Louvain 53 (1955) 482-510. – K. RAHNER: Geist in Welt (²1957). – G. SIEWERTH: Die A. und das Sein nach der Lehre des Thomas von Aquin (1958). – R. W. SCHMIDT: L'emploi de la séparation en mét. Rev. philos. Louvain 58 (1960) 373-393. – L. OEING-HANHOFF s. Anm. [5] 14-37; Anm. [35] 71-91. – E. OESER: Begriff und Systematik der A. (1969).

3. Die *Spätscholastik* ist wesentlich durch die Ausbildung der Schulen des Thomismus und Scotismus sowie durch die Kritik an der von ihnen vertretenen Universalienmetaphysik durch Wilhelm von Ockham und seine Schule gekennzeichnet. Da die Lehre von der A. Bestandteil des Universalienproblems ist, war ihre Behandlung nicht zu umgehen.

Während die A.-Lehre des DUNS SCOTUS, deren Schwerpunkt im genauen Hervorheben von «formalitates» liegt, anscheinend kontinuierlich weitergeführt wurde – es entwickelte sich eine entsprechende Literaturgattung (Tractatus de formalitatibus), und FRANCISCUS DE MAYRONIS erhielt den Beinamen «magister abstractionum» [1] –, übernahm die *thomistische* Schule wohl auch unter dem Einfluß des Scotismus nicht die Lehre ihres Meisters von der apriorischen Vollendung der Vernunft, die in der A. abstrakter und konkreter Begriffe ihre ständige Seinserkenntnis selber anhand sinnlicher Erkenntnis determiniert und konkretisiert. Eine eigenwillige Fortführung des platonisch-augustinischen Apriorismus gibt hingegen DIETRICH VON FREIBERG, der den die Gesamtheit der Wahrheit enthaltenden Seelengrund mit dem intellectus agens identifiziert und lehrt, die species intelligibiles würden aus dem intellectus agens in den intellectus possibilis hineingestrahlt, während die A. als Bildung von «intentiones universales» Sache des «cogitativum» sei [2]. Weil die thomistische Schule nicht mehr in einer apriorischen Seinserkenntnis die entscheidende Bedingung der A. sah, behandelte sie vordringlich – so u. a. JOHANNES CAPREOLUS, SILVESTER VON FERRARA und CAIETAN – die sich mehr von Scotus als von Thomas her stellende Frage nach der Art der Kausalität im Zusammenwirken von Sinnesbild und intellectus agens bei der Bewirkung der species intelligibilis, wobei die von THOMAS übernommene, aber für seine Problemführung kaum charakteristische Lehre von der Erleuchtung der Sinnesbilder durch den intellectus agens als Ansatz diente [3]. CAIETAN gelangt dabei zur Unterscheidung einer A. des intellectus agens, welche «die reale Produktion der species intelligibilis» sei, und einer A. des intellectus possibilis, die nur in einer «expoliatio», einem Absehen vom Besonderen, bestehe [4].

Die Kritik an der A.-Lehre, sofern sie die Bildung einer die geistige Erkenntnis ermöglichenden species intelligibilis zum Inhalt hat, ist für die «via moderna» charakteristisch. Solche Kritik üben schon, zum Teil auch mit Berufung auf das Ökonomieprinzip, u. a. PETRUS JOHANNES OLIVI, PETRUS AUREOLI und DURANDUS [5]. Wenn der Intellekt aber unmittelbar, d. h. ohne vorgängige Bildung einer species intelligibilis, seinen Gegenstand erfassen kann und wenn sein Objekt das Einzelne auch in seinen allgemeinen Art- und Gattungsbestimmungen ist, dann läßt sich das Unterscheiden des allgemeinen Wesens von seinen individuellen Bestimmungen wiederum als ‹A.› bezeichnen [6]. Wird, wie anscheinend bei PETRUS AUREOLI, noch an der Realität der allgemeinen Naturen festgehalten, kann man diese Position mit E. Gilson einen «Intuitionismus der Wesenheiten» nennen [7].

Am nachhaltigsten kritisierte WILHELM VON OCKHAM die mit der Universalienmetaphysik verbundene A.-Lehre. In Aufnahme und Fortbildung der scotistischen

Unterscheidung von intuitiver und abstraktiver Erkenntnis bestimmt er letztere dahingehend, daß sie entweder «Erkenntnis eines von vielen abstrahierbaren Universalen» oder eine «von zufälligen Bestimmungen oder Prädikaten wie Existenz und Nichtexistenz absehende Erkenntnis» sei [8]. Während die zweite Bedeutung von abstraktiver Erkenntnis der scotistischen Tradition entspricht, versteht Ockham die A. des Allgemeinbegriffes als naturhaften Prozeß, der «ohne jegliche Aktivität des Intellektes oder des Willens» zur Bildung der «natürlichen Universalien» führt, wie er die Begriffe im Unterschied zu den sprachlichen Zeichen als «konventionellen Universalien» nennt [9]. «Wie Feuer Wärme» bildet, so entsteht z. B. aus der Wahrnehmung von Weißem der entsprechende Allgemeinbegriff [10], dem aber kein irgendwie reales Allgemeines in der Wirklichkeit entspricht [11]. Daher ist die A., als Bildung des Allgemeinbegriffes verstanden, eine gewisse Fiktion («... per abstractionem, quae non est nisi fictio quaedam») [12], deren Ergebnis, der Allgemeinbegriff, freilich in wahren Aussagen als Zeichen für die von ihm bezeichneten Individuen supponiert werden kann. Die Entsprechung des Allgemeinbegriffs mit einem realen Universalen, dessen Möglichkeit Ockham ohnehin bestreitet, ist zur Begründung von Erfahrungswissenschaft nicht nötig. Damit erübrigt sich die Annahme einer species intelligibilis, die solche auf real Allgemeines gehende geistige Erkenntnis vermitteln sollte [13]. Was über die Tätigkeit des intellectus agens, über seine «Reinigung, Erleuchtung, Einstrahlung, A. und Absonderung» gesagt wurde, ist nach Ockham falsch [14].

Ockham deutet aber nicht nur den Begriff der A. als Begriffsbildung in einer radikalen Neufassung um, sondern übernimmt auch in erstaunlicher Breite traditionelle Bedeutungen von ‹A.›. So kann A. das gesonderte Betrachten einer Sache ohne das Beachten einer anderen mit ihr verbundenen sein («est abstrahere intelligere unam rem non intelligendo aliam rem, quamvis in re non sit una separata ab alia») [15]; ferner nennt Ockham die mathematische A. im Sinn der aristotelischen Tradition [16], und endlich nennt er im Sinne AVICENNAS, nach dem Erkenntnis eine Trennung von der Materie einschließt [17], die geistige Erkenntnis, die in sich immateriell sei, «völlig getrennt (abstracta) von der Materie». Gerade deshalb wird ihre Bewirkung durch den Intellekt auch von ihm A. genannt [18].

Daß NIKOLAUS VON KUES einen Weg außerhalb der Schulphilosophie zu gehen suchte, zeigt sich auch darin, daß er sich nicht näher auf die Kontroversen um den A.-Begriff einließ. Er kennt zwar die «aristotelische A.-Lehre» [19], gebraucht gerade im Zusammenhang seiner eigenständigen Lehre von der Bildung mathematischer Begriffe, die der «von der Materie abstrakte Geist» aus sich als «reine, von der Materie getrennte» Formen hervorbringt, den Terminus ‹A.›, womit wohl die Distanzierung von der üblichen Auffassung der mathematischen A. zum Ausdruck kommen soll [20], und benutzt endlich mit der Wendung «die abstrakte und reinste Vernunft» [21] das Wort ‹A.› in der Bedeutung einer «Trennung von den Sinnen», die nach der Theorie prophetisch-mystischen Erkennens letztlich ein «Außer-dem-Leibe-Sein» (raptus) bezeichnet [22].

Eine in erstaunlicher Gelehrsamkeit erarbeitete Zusammenfassung des scholastischen Gedankengutes gibt endlich die *Spanische Scholastik*. In der Annahme einer durch A. bewirkten species intelligibilis, die geistige Allgemeinerkenntnis ermögliche, kommen TOLETUS, die *Conimbricenser* und SUÁREZ überein [23] und distanzieren sich dadurch vom Nominalismus. Nach SUÁREZ ist der Gegenstand der von ihm methodisch strenger durchgeführten Metaphysik im Sinn der aristotelischen Tradition durch eine A. von der Materie gekennzeichnet, die als A. nicht nur von der materia sensibilis (Physik) und von der materia intelligibilis (Mathematik), sondern als A. «secundum esse» zu verstehen ist [24]. Ausdrücklich unterscheidet er die A. der species intelligibilis von der A. der natura communis. Als «abstractio formalis» wird das Konzipieren der Wesensbestimmung (propria ratio) einer Sache in Ausklammerung verbundener unwesentlicher Bestimmungen von einer «abstractio universalis» unterschieden, in der eine Sache zugleich mit der Bildung der species intelligibilis als universal und gemeinsam (universalis et communis) konzipiert wird [25].

PETRUS DA FONSECA, bemüht um eine Harmonisierung der thomistischen und scotistischen Lehre [26], wobei aber die scotistischen Elemente oft vorherrschen, versteht A. grundsätzlich als Trennung («abstrahere nihil est aliud, quam aliquid ab aliquo modo aliquo separare») [27]. Im einzelnen unterscheidet er eine reale A., eine A. der Negation, die lediglich die Verneinung eines Prädikates von einem Subjekt ist, und eine A. der Präzision, die eines erfaßt, indem anderes, das mit ihm verbunden ist, außer acht gelassen wird. Da nun allgemeine Bestimmungen zum Wesensbestand eines Besonderen gehören, Besonderes aber nicht zum Wesensbestand des Allgemeinen, kann das Allgemeine in einer A. der Präzision von dem es enthaltenden Besonderen abstrahiert werden [28]. Wie unter Voraussetzung dieses A.-Begriffes das Bewirken der species intelligibilis, die eine Erkenntnis des Allgemeinen erst ermöglicht, noch ‹A.› genannt werden kann, was FONSECA freilich tut [29], wird nicht deutlich. Darauf verzichtet dann auch EUSTACHIUS A ST. PAULO, der im übrigen den A.-Begriff genau wie Fonseca faßt [30] und der seinerseits als Quelle für den Gebrauch des Terminus ‹A.› durch DESCARTES genannt werden kann [31]. Wird der A. nicht mehr die Ermöglichung geistiger begrifflicher Erkenntnis zugeschrieben, sondern nur noch deren Präzisierung, dann gilt KANTS These: «Wir müssen nicht sagen: *etwas* abstrahieren (abstrahere aliquid), sondern *von etwas* abstrahieren (abstrahere ab aliquo)», weil «durch Abstrahieren kein Begriff *wird*» [32]. Ob zwischen dem Verständnis der A. bei Kant und in der Spanischen Scholastik ein historischer Zusammenhang besteht, ließe sich nur in einer Untersuchung über das Problem der A. in der Schulphilosophie klären. Mit der Betonung der Dringlichkeit solcher Untersuchungen hat E. Hochstetter zugleich darauf verwiesen, daß allein von der «alten Scholastik» aus ein Verständnis der «modernen» Scholastiker zu gewinnen sei, bei denen die Philosophen der Neuzeit von Descartes bis Kant in die Schule gegangen sind [33].

Anmerkungen. [1] Vgl. UEBERWEG/GEYER (¹²1952) 620f. – [2] a. a. O. 558f. – [3] Vgl. W. HOERES: Die illuminatio phantasmatis im Spiegel von Schulmeinungen. Salzburger Jb. Philos. 5/6 (1961/62) 177-198. – [4] CAJETAN. In S. theol. I, 85, 1; vgl. M.-J. CONGAR: Le rôle des images dans l'abstraction intellectuelle selon Cajétan. Rev. thom. 17 (1934/35) 225-245. – [5] Vgl. UEBERWEG/GEYER, a. a. O. [1] 522f. 526ff.; W. HOERES: Der Begriff der Intentionalität bei Olivi. Scholastik 36 (1961) 23-48. – [6] Belege bei HOERES, a. a. O. 42f. – [7] E. GILSON: La philos. au M.A. (²1952) 631. – [8] OCKHAM, Sent. Prol. q. 1 Z. – [9] S. tot. log. I, 14, l. 54-65. – [10] II. Sent. q. 25 O. – [11] In Peri Herm. Prooem. – [12] I. Sent. d. 2, q. 8 E. – [13] Vgl. I. Sent. d. 27, q. 2 K. – [14] II. Sent. q. 15, XX. – [15] Exp. s. physicam fol. 111 c; zit. nach L. BAUDRY: Lexique philos. de G. d'Ockham (Paris 1958) s. v. ‹abstractio›. – 6] ebda. – [17] AVICENNA, Met. V, 1 (Venedig

1508, Nachdruck Minerva 1961) fol. 86v. – [18] OCKHAM, II. Sent. q. 15 XX; vgl. zur A.-Lehre Ockhams E. HOCHSTETTER: Studien zur Met. und Erkenntnislehre Wilhelms von Ockham (1927) 62-124, bes. 82ff. – [19] NIKOLAUS VON KUES, De doct. ignor. II, 9. – [20] Idiota de mente VII. – [21] De fil. Dei, III. – [22] Vgl. zu diesem Sprachgebrauch THOMAS VON AQUIN, De ver. 12, 9; S. theol. I/II, 4, 6, 3; II/II, 175, 4 und 5. – [23] Vgl. den Überblick bei H. J. MÜLLER: Die Lehre vom verbum mentis in der spanischen Scholastik (Diss. Münster 1968) 132ff. – [24] SUÁREZ, Met. Disp. I, 14 und 16; II, 13. – [25] De an. IV, 19. – [26] Vgl. FONSECA, In Met. V, c. 28, q. 4, s. V. – [27] a. a. O. V, c. 28, q. 6, s. I. – [28] ebda. – [29] Vgl. I, 2, q. 3, s. VIII. – [30] EUSTACHIUS A ST. PAULO, S. philos. I, Tract. II, q. 2. – [31] E. GILSON: Index Scolastico-Cartésien (Nachdruck New York o. J.) s. v. ‹abstraction›. – [32] KANT, Logik § 6. Akad.-A. 9, 95. – [33] E. HOCHSTETTER: Leibniz-Interpretationen. Rev. int. Philos. 76/77 (1966) 174ff.

L. OEING-HANHOFF

IV. A. besteht in der Vernachlässigung von bestimmten Vorstellungs- bzw. Begriffsinhalten, von welchen zugunsten anderer Teilinhalte abgesehen, «abstrahiert» wird. Sie ist stets verbunden mit einer Fixierung von (interessierenden) Merkmalen durch die aktive Aufmerksamkeit, die unter einem bestimmten pragmatischen Gesichtspunkt als «wesentlich» für einen vorgestellten bzw. für einen unter einen Begriff fallenden Gegenstand (oder eine Mehrheit von Gegenständen) betrachtet werden. Die *isolierende* A. kann schon im Hinblick auf einen einzigen Gegenstand stattfinden; die *generalisierende* A. hält das einer Menge von Gegenständen Gemeinsame fest.

Mit Bezug auf die generalisierende A. – im folgenden einfach als ‹A.› bezeichnet – sind zwei Auffassungen zu unterscheiden, von denen die eine den *hypothetischen*, die andere den *konstitutiven* Charakter der A. betont.

‹A.› heißt, gemäß der einen Auffassung, jener psychische Prozeß, durch den wir zu Universalien als den Allgemeinbegriffen gelangen. Eine logische Rekonstruktion dieses Prozesses zeige, daß das Verständnis der Bedeutung von allgemeinen Begriffen letztlich darauf zurückgehe, daß man auf unmittelbar Vorliegendes hinweist: auf Sinnesdaten und sinnlich gegebene Beziehungen zwischen ihnen. Allgemeine Begriffe enthalten nur logische Konstruktionen aus Sinnesdaten.

Der anderen Auffassung zufolge, betrifft die A. jenen psychischen Prozeß, durch den wir uns der Universalien dadurch bewußt werden, daß wir sie im Verlaufe dieses Prozesses erst zu unterscheiden lernen. Nicht seien Universalien definierbar als das Produkt des A.-Prozesses, vielmehr sei A. a fortiori nur zu definieren mit Bezug auf diese Universalien [1]. Der allgemeine Begriff sei, so zeige die logische Rekonstruktion des A.-Prozesses, eine gedankliche Neuschöpfung, welche grundsätzlich über das vorliegende Einzelne hinausgehe: Durch die definitorische Festlegung dessen, worin mehreres Einzelne als gleich gelten soll, wird der *Inhalt* eines Begriffes gebildet, durch welchen der *Umfang* des Begriffes als die Menge dessen bestimmbar wird, was unter ihn fällt. Diese Festlegung des Inhaltes eines allgemeinen Begriffes bezieht sich nicht auf eine begrenzte Menge aufgefundener Einzelfälle, sondern auf eine offene Menge von Fällen, also auch auf solche Fälle, welche *nicht* vorliegen, aber möglicherweise eintreten. Da also stets schon ein *intensionales* Auswahlkriterium für diese Menge benötigt werde, sei es eben unmöglich, den allgemeinen Begriff *extensional* und nominalistisch durch die Menge dessen zu ersetzen, was unter ihn fällt.

Erkenntnistheoretische und ontologische Perspektiven überkreuzen einander bei den Erörterungen des Problems der A. ständig. Nicht nur, daß A. einmal als Vorgang, einmal als Resultat verstanden werden kann; vielmehr involviert bereits eine Darstellung der A. als eines Vorganges bestimmte ontologische Vorentscheidungen darüber, *was* hinsichtlich seiner Genese oder hinsichtlich seiner Funktion im Kontext des genannten psychischen Prozesses untersucht werden soll. Wenn wir sagen, daß ein Ausdruck ein Universale ist: müssen wir dabei angeben können, was für eine Art von Gegenständen er benennt, oder müssen wir dabei nur zeigen können, in welcher Weise dieser Ausdruck korrekt verwendet wird? Und dennoch: Wie läßt sich die korrekte Verwendungsweise von Ausdrücken im Rahmen propositionaler Kontexte überprüfen ohne Überlegungen hinsichtlich ihrer korrekten Anwendung?

Mit Rücksicht auf diese Fragen kann es nicht verwundern, wie jede der eingangs genannten widerstreitenden Positionen heute noch Anhänger zählt. Damit ist aber nicht gesagt, daß nicht schon gewisse Exponenten des ontologischen Realismus auf der einen, des sensualistischen Partikularismus auf der anderen Seite als definitiv widerlegt gelten. Daß nur Einzelnes sei und nicht neben ihm ein für sich bestehendes Allgemeines, suchte schon – wie bereits Aristoteles gegen Platon – F. BACON darzutun, und ebenso trat dieser gegen diejenigen auf, welche behaupten, wir könnten nichts Allgemeines denken, den sogenannten Allgemeinbegriffen sei immer nur eine Vielheit von Einzelvorstellungen assoziiert, so daß die Allgemeinbegriffe («formae») äquivoke Namen seien, mit Bezug auf deren Denotationen kein Nachweis einer Gemeinsamkeit zu erbringen sei [2]. Das Beispiel jedes mathematischen Lehrsatzes genügt zur Widerlegung.

BERKELEY, der landläufig als sensualistischer Nominalist bezeichnet wird, war dies in Wirklichkeit nicht, denn er leugnete nicht generell, daß wir Allgemeines denken, sondern nur, daß wir es anders als im Hinblick auf Einzelnes tun [3]. Wenn er andererseits gegen *Lockes* Theorie der A. von Allgemeinbegriffen aus Vorstellungen zu Felde zog, so tat er dies nur unter der Voraussetzung mit guten Argumenten, daß sie beide den Ausdruck ‹idea› gleich gebrauchten. Gewiß steht fest: Es ist unmöglich, sich ein Dreieck im allgemeinen vorzustellen, ein Dreieck also, das weder gleichseitig noch ungleichseitig, weder rechtwinklig noch spitz- oder stumpfwinklig ist, mithin ein Dreieck, dem die Eigenschaften, die *jedes* Dreieck hat, zur Gänze zukommen. Vielmehr ist jedes Dreieck, das vorgestellt wird, wenn schon nicht ein ganz bestimmtes, so doch eines aus einer Anzahl ähnlicher Prototypen [4]. Es gibt also überhaupt keine Allgemeinvorstellung, solange man nicht die Bedeutung des Ausdrucks ‹Vorstellung› ändert. Gerade dies scheint aber im Verhältnis Locke-Berkeley der Fall zu sein, da nämlich BERKELEY unter ‹idea› einen Namen für jene Gebilde versteht, die uns in der Sinneswahrnehmung oder in der Erinnerung anschaulich gegeben sind, LOCKE aber darunter sowohl dies, also Berkeleys ‹idea›, als auch dessen ‹notions› befaßt [5]. (In diesem Zusammenhang hat später KANT ein «denkendes» von einem «sinnlichen Vermögen» bzw. «abstrakte» von «konkreten Vorstellungen» oder «Anschauungen» unterschieden; ähnlich wie nach ihm BOLZANO die «Vorstellungen an sich» von den «Vorstellungen im Gemüte» [6].) Allgemeinheit besteht also auch bei Locke in einer Relation, deren Herstellung in einer vergleichenden und organisierenden Aktivität des Verstandes ihren Grund hat [7]. M. a. W.: Nicht nur wird bei Locke mit verschwommenen Vorstellungen – wie im Alltag – der zu erkennende Gegenstand verglichen, sondern es wird untersucht, ob ihm gewisse, durch *Definition* fixierte Eigenschaften zukommen [8].

(In diesem Sinne betrachtete auch LEIBNIZ gelegentlich «Wesenheiten» als ein «Werk des Verstandes» [9].) Die Definition gibt den gemeinsamen Namen an, mit dem alle Objekte belegt werden sollen, welchen die in der Definition angegebenen Merkmale zukommen. Jede Definition bestimmt damit die Distinktionsbasis, auf deren Grundlage etwas als gleich, ähnlich oder verschieden erkannt wird. Mit dem stimmt durchaus überein, wenn es LOCKE als Charakteristikum der A. bezeichnet, daß «die von Einzeldingen herrührenden Ideen zu allgemeinen Vertretern aller Dinge der gleichen Gattung, ihre Namen zu allgemeinen Namen werden, die auf alles Existierende, soweit es solchen abstrakten Ideen entspricht, anzuwenden sind. Solche präzisen, nackten Erscheinungen im Geiste, bei denen nicht in Betracht gezogen wird, wie, wann oder mit welchen anderen sie in den Geist gelangt sind, bewahrt der Verstand (mit den gewöhnlich mit ihnen verknüpften Namen) als Maßstäbe auf, um die real existierenden Dinge je nach ihrer Übereinstimmung mit diesen Mustern in Gruppen zu ordnen und entsprechend zu benennen» [10].

Daß ein abstrakter Begriff im gewöhnlichen Denken durch mehr oder weniger anschauliche Vorstellungen (etwa im Sinne von Paradigmen) repräsentiert wird, ist so lange nicht von Schaden, als man nicht alle Eigenschaften der Vorstellung für Merkmale des Begriffs hält und sich bewußt bleibt, daß es sich eben um eine Repräsentation handelt [11], daß Begriffe die Rolle von Zeichen für alle jene Gegenstände spielen, unter deren Eigenschaften sich sämtliche Merkmale des Begriffs finden. In der philosophischen Praxis ist aber die Stellvertretung der Begriffe durch Vorstellungen eine der ergiebigsten Irrtumsquellen geblieben und wohl auch die Hauptquelle des Streits um das Problem der A. In diesem Zusammenhang ist es zwar richtig, daß unsere Kenntnis der Merkmale, welche in eine Definition eingehen, aus der Erfahrung stammt, und wir können ihren Bezeichnungen (etwa dem Farbprädikat ‹rot›) ein bestimmtes fundamentum in re (etwa bestimmte Werte auf dem Farbspektrum) zuordnen [12]; aber deshalb sind Begriffe nicht etwas Wirkliches an den realen Objekten, die durch sie bezeichnet werden.

Erst auf diesem Hintergrund konnte das Problem der A. zu einem Problem werden; wenn man nämlich den Vorgang der A. so darstellt, daß ein Begriff gleichsam aus den Dingen unter Absehung von ihren individuellen Eigenschaften entstehe. Wäre dies der Fall, so müßte man, wie SCHLICK betont [13], ja umgekehrt aus einem Begriff durch Hinzufügung ganz bestimmter Merkmale ein wirkliches Ding machen können. Wie aber reale Dinge oder Vorstellungen nicht aus bloßen Begriffen konstruiert werden können, so können Begriffe nicht aus Dingen oder Vorstellungen durch Weglassen bestimmter Eigenschaften entstehen. Dies wäre, wie FREGE bemerkt, dieselbe «Verwechselung ..., wie wenn man sagen wollte: der Begriff der Feuergefährlichkeit wird erhalten, indem man ein Wohnhaus aus Fachwerk mit einem Brettergiebel und Strohdach baut, dessen Schornsteine undicht sind» [14].

Nicht dadurch gelangt man zu Begriffen, daß man gewisse Merkmale der Dinge oder Vorstellungen abstrahiert; man kann etwa nicht den Begriff der mathematischen Kugel bilden, indem man von der vorgestellten realen alle physischen Eigenschaften hinwegdenkt. Vielmehr ist dies dadurch möglich, daß man die Merkmale voneinander unterscheidet, einzeln bezeichnet und deren konstante Relationen angibt. Die Unterscheidung der Merkmale wird aber, wie HUME [15] – und vor ihm schon LOCKE [16] – gezeigt hat, dadurch ermöglicht, daß die einzelnen Merkmale unabhängig voneinander insofern veränderlich sind, als wir je nach Interesse die Kriterien festlegen, welche wir zur Feststellung der Identität von spezifischen Qualitäten benötigen; d. h., daß wir je nach Forschungspragmatik ein Universale als Distinktionsbzw. Generalisationsbasis wählen. (In diesem Sinne ist, mit BRENTANO gesprochen, ein «Universale als solches ... nur in dem Denkenden» [17].) So ist es im Fall einer Kugel möglich, Form und Farbe als besondere Merkmale voneinander zu trennen, weil einmal beliebig geformte Körper in der gleichen Farbe, andererseits beliebig gefärbte Körper von gleicher Form vorstellbar sind.

Die Berücksichtigung der konstitutiven Funktion einer derartigen Distinktionsbasis als Ausdruck der Vorerwartung bzw. der theoretischen Perspektive im wissenschaftlichen Vorgehen unterscheidet den Immanenzpositivismus namentlich MACHS von den Auffassungen des Neopositivismus, aber im besonderen von jenen eines theoretischen Pluralismus [18]. So bemerkt CARNAP gegenüber Mach, daß dieser – wie andere Positivisten – nicht die Erlebnisse selbst, sondern Empfindungselemente oder sonstige Erlebnisbestandteile als Grundelemente genommen habe, ohne deren Charakter als A. beachtet zu haben. Nicht handle es sich in solchen Fällen um das Gegebene selbst, sondern eben um erkenntnismäßig sekundäre Formen der A. [19]. (Bei aller Verschiedenheit der Forschungintention CARNAPS gegenüber den metaphysischen Systemen Fichtes und Hegels kann in diesem Zusammenhang darauf hingewiesen werden, daß bereits FICHTES Attacken gegen den «Dogmatismus» als einen unreflektierten theoretischen Monismus in ähnliche Richtung gehen [20]; ebenso wie HEGELS Aufsatz ‹Wer denkt abstrakt?›, welches Thema unter anderem am Beispiel unterschiedlichster ‹Gegebenheiten› im Hinblick auf ‹ein und denselben› Mörder aus der Sicht verschiedener vorwissenschaftlicher Perspektiven erörtert wird [21].)

Wenn man den allgemeinen Begriff mit HELMHOLTZ (in der Nachfolge F. Bacons) als das «Gesetz» bestimmt, worunter sich eine Reihe von gleichartig ablaufenden Naturvorgängen zusammenfassen lassen – so wie wir etwa in dem Begriff ‹Säugetier› alles zusammenfassen, was dem Menschen, dem Affen, dem Hunde etc. gemeinsam ist [22] –, so stellt sich die Frage nach der Funktion der A. hinsichtlich der Bildung nomologischer Hypothesen. Im Anschluß an Kirchhoff, Maxwell und vor allem an die ‹Mechanik› von H. Hertz bestimmte BOLTZMANN im Gegensatz zu MACHS rein erfahrungsimmanenter Abbildtheorie [23] Gesetze als Bilder der Realität, die sich zu dieser verhalten wie das Zeichen zum Bezeichneten. Hierbei nehmen wir zunächst keine Rücksicht auf etwaige Erfahrungstatsachen: «Wir bemühen uns lediglich, mit möglichster Klarheit unsere Gedankenbilder zu entwickeln und aus denselben alle möglichen Konsequenzen zu ziehen. Erst hinterher, nachdem die ganze Exposition des Bildes vollendet ist, prüfen wir dessen Übereinstimmung mit den Erfahrungstatsachen, motivieren also in dieser Weise erst hinterher, warum das Bild gerade so und nicht anders gewählt werden mußte, worüber wir vorher nicht die leiseste Andeutung geben. Wir wollen dies als die deduktive Darstellung bezeichnen» [24]. – K. R. POPPER, als der wohl bedeutendste Fortsetzer dieser wissenschaftstheoretischen Konzeption, hat dann in seiner ‹Logik der

Forschung› auf die vollkommene Analogie zwischen dem Induktionismus und der positivistischen Auffassung von A. (als der Gewinnung von Universalien aus Individualien bzw. von Allsätzen aus singulären Sätzen) sowie auf deren logische Undurchführbarkeit hingewiesen [25].

Anmerkungen. [1] Vgl. etwa G. E. MOORE: Some main problems of philos. (London/New York ¹1953) Kap. 20, bes. 371. – [2] F. BACON. Novum Organum 2. Buch, Aphorismen 1-4, bes. 2. – [3] Vgl. G. BERKELEY, A treatise conc. the principles of human knowledge, Introd., bes. Abs. 7-23; vgl. dazu auch D. HUME, A treatise on human nature 1. Buch, 1. Teil, Abschn. 7 sowie: An enquiry conc. human understanding, Abschn. 12, 1. Teil. – [4] Vgl. BERKELEY, a. a. O. Introd., Abs. 13. – [5] Vgl. J. GIBSON: Locke's theory of knowledge and its hist. relations (Cambridge ¹1917) Kap. III, § 14. – [6] B. BOLZANO, Wissenschaftslehre, Bd. I, 2. Teil, Anm. zu § 60. – [7] J. LOCKE, An essay conc. human understanding 3. Buch, Kap. III, § 11. – [8] Vgl. dazu BERKELEY, Principles, dtsch. Philos. Bibl. 12 (²1879) Anm. 5. 95 v. F. UEBERWEG. – [9] LEIBNIZ, Nouveaux Essais 3. Buch, Kap. III, §§ 11ff.; vgl. LOCKE, a. a. O. [7] 3. Buch, Kap. VIII, § 1. – [10] a. a. O. 2. Buch, Kap. XI, § 9; dtsch. (1962) 1, 180. – [11] Zum Verhältnis Vorstellung-Begriff vgl. auch A. SCHOPENHAUER, Über die vierfache Wurzel des Satzes vom zureichenden Grunde § 26. – [12] Vgl. dazu etwa F. BRENTANO: Vom sinnlichen und noetischen Bewußtsein. Philos. Bibl. 207, hg. O. KRAUS (1928) 92-96; R. I. AARON: The theory of universals (Oxford ²1967) Kap. XI. – [13] M. SCHLICK: Allg. Erkenntnislehre (¹1918) 22f. – [14] G. FREGE: Die Grundlagen der Arithmetik (¹1884) 61. – [15] HUME, Treatise 1.Buch, 1.Teil, Abschn.7, letzter Abs.; vgl. auch J. S. MILL, A system of logic 4. Buch, Kap. I, Abs. 1. – [16] LOCKE, a. a. O. [7] 2. Buch, Kap. XIII, § 13. – [17] F. BRENTANO: Wahrheit und Evidenz, Philos. Bibl. 201, hg. O. KRAUS (1930) 74. – [18] Vgl. dazu etwa H. F. SPINNER: Theoretischer Pluralismus. Kommunikation 4 (1968) 181-203. – [19] R. CARNAP: Der log. Aufbau der Welt (²1961) §§ 67. 74. – [20] Vgl. J. G. FICHTE, etwa Erste Einl. in die Wissenschaftslehre, bes. Abs. 3ff. – [21] HEGEL, Jubiläums-A., hg. GLOCKNER 20, 447-449. – [22] Vgl. etwa H. v. HELMHOLTZ: Über das Ziel und die Fortschritte der Naturwiss., in: Vorträge und Reden 1 (³1884) 333-363. 339. – [23] Vgl. etwa E. MACH: Sinnliche Elemente und naturwiss. Begriffe (1919). – [24] L. BOLTZMANN: Populäre Schriften (1905) 261f.; vgl. dazu allg. a. a. O. bes. Abh. 12. 14. 16. 19; ferner auch F. WAISMANN: Wittgenstein und der Wiener Kreis, in: L. WITTGENSTEIN, Schriften 3 (1967) Kap. VII, Anhang B, Abs. 8. – [25] K. R. POPPER: Logik der Forsch. (³1969) Kap. III, Abs. 14.

Literaturhinweise. B. ERDMANN: Methodol. Konsequenzen aus der Theorie der A. Sber. preuß. Akad. Wiss., philol.-hist. Kl. (1916/22). – B. RUSSELL: The analysis of mind (¹1921); dtsch. Die Analyse des Geistes (1927) Kap. XI. – P. F. LINKE: Grundfragen der Wahrnehmungslehre (²1929). – N. GOODMAN: The structure of appearance (Cambridge, Mass. 1951). – W. STEGMÜLLER: Das Universalienproblem einst und jetzt. Arch. Philos. (Stuttg.) 6 (1956) 192-225; 7 (1957) 45-81. – P. GEACH: Mental acts (London ¹1957). – J. R. WEINBERG: Abstraction, relation, and induction (Madison-Milwaukee 1965). – F. ZABEEH: Universals (Den Haag 1966). – R. I. AARON: The theory of universals (Oxford ²1967). – V. KRAFT: Erkenntnislehre (1960) Kap. 2; Die Grundlagen der Erkenntnis und der Moral (1968) bes. Kap. 4. 7.   K. ACHAM

V. Der Terminus ‹A.› dient in der modernen Logik zur Bezeichnung einer logischen Operation, mit der durch *invariantes* Sprechen über Gegenstände neue Gegenstände konstruiert werden. Gegenstände, von denen man dabei ausgeht, heißen *konkret*, die gewonnenen neuen Gegenstände *abstrakt*.

Charakteristisches Beispiel ist der Übergang von den ‹konkreten› Ziffern zu den ‹abstrakten› Zahlen. Aussagen über Systeme oder Aggregate von Gegenständen (die Ziffer ‹5› etwa kann als eine Abkürzung für das System ‹|||||› gelten), die invariant sind in bezug auf *Zählgleichheit*, werden als Aussagen über *Zahlen* bezeichnet. Man sagt, daß derartige Systeme Zahlen *darstellen*. Diese Definition der Zahlen wird zum ersten Mal von PEANO [1] unter dem Titel ‹Definition durch A.› eingeführt. Besteht zwischen je zwei Systemen einer gegebenen Klasse von Systemen die Relation ‹zählgleich›, so gilt jedes System der Klasse als Darstellung oder Repräsentant einer Zahl. Sachlich findet sich die gleiche Konstruktion, jedoch ohne Verwendung des Terminus ‹A.›, schon bei FREGE [2], bei dem allerdings anstelle der (extensionalen) Systeme von Gegenständen (intensionale) Begriffe stehen.

Allgemein läßt sich, RUSSELL [3] und QUINE [4] folgend, die *Klassenbildung* als A. aus *Aussageformen* in bezug auf die zweistellige Relation ‹extensional äquivalent› einführen: $A(x) \sim_x B(x) \rightleftharpoons \bigwedge_x (A(x) \leftrightarrow B(x))$. Jede Aussage über die Aussageform $A(x)$, die invariant ist in bezug auf diese *extensionale Äquivalenz*, kann als Aussage über die durch die Aussageform $A(x)$ dargestellte Klasse $\epsilon_x A(x)$ aufgefaßt werden. So ist z. B. $A(n)$ eine solche invariante Aussage über $A(x)$, weshalb man auch n ein Element der Klasse (oder Menge) $\epsilon_x A(x)$ nennt. Über die Klassenbildung hinaus erlaubt jede zweistellige Relation über einen gegebenen Bereich von ‹konkreten› Gegenständen die Einführung ‹abstrakter› Gegenstände, sofern es sich bei dieser zweistelligen Relation um eine *Äquivalenzrelation* handelt [5]. Ist $\sim$ eine zweistellige Relation, so lassen sich $\sim$-invariante Aussagen auszeichnen durch: $x \sim y \rightarrow (A(x) \leftrightarrow A(y))$. Sind dann Gegenstände durch $\sim$-invariante Aussagen ununterscheidbar oder *logisch gleich* bezüglich $\sim$, gilt also für zwei Gegenstände x und y: $\bigwedge_{A\ invariant} (A(x) \leftrightarrow A(y))$, so ist die logische Gleichheit bezüglich $\sim$ mit $\sim$ genau dann äquivalent, wenn $\sim$ eine Äquivalenzrelation ist [6]. Jeder Gegenstand x kann jetzt als Darstellung eines abstrakten Gegenstandes $|x|_\sim$ aufgefaßt werden, weil

$$|x|_\sim = |y|_\sim \leftrightarrow x \sim y$$

gilt. $\sim$-invariante Aussagen über konkrete Gegenstände sind daher in dieser Sprechweise Aussagen über abstrakte Gegenstände. Neben Zahlen und Klassen lassen sich auch Begriffe durch diese Operation der A. gewinnen.

Anmerkungen. [1] G. PEANO: Le definizioni per astrazione. Boll. Mathesis NS 7 (1915) 106-120; Neudruck in: G. PEANO: Opere scelte 2 (Rom 1958) 402-416. – [2] G. FREGE: Die Grundlagen der Arithmetik (1884). – [3] A. N. WHITEHEAD und B. RUSSELL: Principia mathematica (Cambridge ²1925-27) *20. – [4] W. V. O. QUINE: Set theory and its logic (Cambridge, Mass. 1963). – [5] EUKLID, Elementa V, bereits zur Konstruktion der ‹abstrakten› Verhältnisse verwendet; vgl. G. PEANO: Notations de logique mathématique. Introduction au formulaire de mathématique (Turin 1894); Neudruck in: G. PEANO: Opere scelte 2 (Rom 1958) 123-176. – [6] P. LORENZEN: Gleichheit und A. Ratio 4 (1962) 77-81.

Literaturhinweise. H. SCHOLZ und H. SCHWEITZER: Die sogenannten Definitionen durch A. (1935). – W. V. O. QUINE: Mathematical logic (Cambridge, Mass. ²1951). – P. LORENZEN: Formale Logik (³1967).   J. MITTELSTRASS

VI. Mit dem Begriff ‹A.› kennzeichnet W. WORRINGER [1] das der «Einfühlung» (TH. LIPPS [2]) entgegengesetzte Extrem allen Kunstwollens, den am Anfang jeder Kunst stehenden Drang, «angesichts des verwirrenden und beunruhigenden Wechselspiels der Außenwelt-Erscheinungen, Ruhepunkte, Ausruhmöglichkeiten zu schaffen, Notwendigkeiten, in deren Betrachtung der von der Willkür der Wahrnehmungen erschöpfte Geist haltmachen» kann [3]. Worringer unterscheidet zwischen einer «absoluten» oder «reinsten» A., die unter Ausschluß jeder Naturwiedergabe in der autonomen, weder von der Außenwelt noch vom betrachtenden Subjekt abhängigen Gesetzmäßigkeit der geometrischen Linien gegeben ist, und einer entwicklungsgeschichtlich späteren, durch ihren Bezug auf die Dingwelt nur relativen A., die – entgegen der naturalistischen Einfühlung in das «Organisch-Lebenswahre» – die Dinge auf ein anorganisches, jener geometrischen Gesetzmäßigkeit möglichst angenähertes lineares Abstraktum reduziert [4]. Indem diese relative A. den Raum als «eine subjektive Trübung des objektiven Tatbestandes» [5] negiert, bedingt sie die Entbreitung des Dargestellten in der «taktischen Ebene» (A. RIEGL [6]), in welcher, gegensätzlich zur Raumdarstellung, sichtbare Erscheinung und tastbare Wirklichkeit tatsächlich in eins fallen.

Anmerkungen. [1] W. WORRINGER: A. und Einfühlung. Ein Beitrag zur Stilpsychol. (Diss. 1908, Neuausgaben 1948, 1959). – [2] TH. LIPPS: Ästhetik 1 (1903) 96ff.; 2 (1906) 1ff. – [3] WORRINGER, a. a. O. (1959) 70. – [4] a. a. O. 48ff. 70ff. – [5] a. a. O. 57. – [6] A. RIEGL: Spätrömische Kunstindustrie (1901, ²1927, Nachdruck 1964) 2. Aufl. 32.
Literaturhinweis. W. HOFMANN: Grundlagen der modernen Kunst (1966) 81ff.
W. KAMBARTEL

Abstraktionismus ist nach W. JAMES das begriffliche Denken, das rein abstrakt bleibt und keine Beziehungen zu den konkreten Gegebenheiten herstellt. Es hemmt den Fortschritt, «schafft Schwierigkeiten ..., und ist eine der größten ursprünglichen Sünden des rationalistischen Denkens» [1].

Anmerkung. [1] W. JAMES: The meaning of truth (London ¹1909) 246ff.
Red.

Abstraktionsgrade wurden in der Geschichte des Problems der Abstraktion (s. d.) in verschiedener Weise angenommen: AVICENNA [1] und ihm folgend etwa ALBERTUS MAGNUS [2] gehen davon aus, daß der Erkenntnisprozeß nicht materiell ist, also eine Trennung oder Abstraktion von der Materie einschließt. Da solche Immaterialität des Erkennens schon bei der sinnlichen Wahrnehmung vorliegt, werden verschiedene A. unterschieden, deren höchster das «rein» geistige Erfassen ist. In anderer Bedeutung spricht F. SUÁREZ von verschiedenen A.; auch sie bezeichnen eine Trennung von der Materie in verschiedenen Stufen, was aber nicht auf die Erkenntnis selbst, sondern auf deren Gegenstände bezogen wird. Eine erste Abstraktionsstufe, die grundlegend für alle Wissenschaften und charakteristisch für die Physik ist, besteht darin, daß die Gegenstände aus der Gebundenheit an die durch die Materie bedingte Vereinzelung gelöst werden. Eine zweite Stufe charakterisiert die Mathematik, insofern sie von sinnfälligen Qualitäten überhaupt unter Beibehaltung nur des Kontinuums absieht. Die dritte Abstraktionsstufe kommt der Metaphysik zu, insofern sie das seinsmäßig von der Materie Getrennte betrachtet. So wird «aus dem verschiedenen Grad der Abstraktion oder dem der Immaterialität mit Recht die Verschiedenheit der wißbaren Gegenstände und der Wissenschaften bestimmt» [3]. J. MARÉCHAL und ihm folgende Interpreten [4] haben diese Lehre von drei A. auch THOMAS VON AQUIN zugeschrieben, der die der Metaphysik zukommende Trennung ihres Gegenstandes von der Materie, d. h. die urteilende Erkenntnis einer negativen Immaterialität des Seienden als solchen eigentlicher «Separation» nennt und nicht dem Terminus nach von A. spricht [5].

Anmerkungen. [1] AVICENNA, De anima II, 2. Opera (Venedig 1508, Nachdruck Minerva 1961) fol. 6v. – [2] ALBERTUS MAGNUS, De anima II, 3, c. 4, hg. STROICK (1908) 101f. – [3] SUÁREZ, Met. Disp. II, 13. – [4] J. MARÉCHAL: Le point de départ de la métaphysique. Cah. 5 (²1949) 260ff.; K. RAHNER: Geist in Welt (²1957) 197ff. – [5] L.-B. GEIGER: Philos. et spiritualité (1963) 87-124: «Abstraction et séparation d'après saint Thomas (in de Trinitate qu. 5, a. 3)».
L. OEING-HANHOFF

Abstraktionsklasse, begrifflich hervorgegangen aus der Klasse von Gegenständen, die bei Absehung von unwesentlichen Merkmalen gleich sind, in der *modernen Logik* eine maximale Klasse von Elementen, die paarweise zueinander in irgendeiner Relation R stehen, wobei R zweistellig, reflexiv und symmetrisch ist [1]. Wenn R außerdem noch transitiv, also eine Äquivalenzrelation ist, so liegen die in der Mathematik wichtigen *Äquivalenzklassen* oder A. *erster Art* vor. Verschiedene A. erster Art von R haben keine gemeinsamen Elemente. Ist R nicht transitiv, so spricht man von *Ähnlichkeitskreisen* oder A. *zweiter Art*. Sie sind zum ersten Mal von R. CARNAP in seiner Konstitutionstheorie benutzt worden [2]. Verschiedene A. zweiter Art von R können gemeinsame Elemente haben.

Anmerkungen. [1] R. CARNAP: Abriß der Logistik (1929) 48-50. – [2] Der logische Aufbau der Welt (1928) 112-113.
K. BROCKHAUS

Absurd (von lat. absurdus, mißklingend; lat. Synonyma: a) absonus [1], inconcinnus, b) ineptus, ineruditus, stultus, c) abhorrens, alienus) hat die geläufige Bedeutung: widersinnig, unlogisch, die Grenzen des diskursiven Verstandes überschreitend. So meint «ad absurdum führen» die Widerlegung einer Behauptung in der Weise, daß der versteckte Widersinn derselben durch konsequente Durchführung des in den Prämissen angelegten Gedankens aufgedeckt wird. In der allgemeinen Bedeutung taucht der Ausdruck in dem fälschlicherweise TERTULLIAN zugeschriebenen «credo quia absurdum» auf, das wohl von dessen Worten «Et mortuus est dei filius; prorsus credibile est, quia ineptum est. Et sepultus resurrexit; certum est, quia impossibile est» [2] abgeleitet ist.

Bei KIERKEGAARD wird «das Absurde» häufig synonym gebraucht für ‹Paradox›. Es bezeichnet die als Faktum vom Verstand nicht mehr begreifbare Menschwerdung Christi, die Verbindung von Zeitlichkeit und Ewigkeit, die aber als das Unbegreifliche begriffen und dadurch Gegenstand des Glaubens werden kann, «denn gerade das Absurde ist der Gegenstand des Glaubens und das Einzige, was sich glauben läßt» [3]. Die Menschwerdung ist «das Absurde, ... weil es den Widerspruch enthält, daß das, was nur im strikten Gegensatz zu allem menschlichen Verstand das Historische werden kann, es geworden ist. Dieser Widerspruch ist gerade das Absurde, das nur geglaubt werden kann» [4]. Eine Interpretation des «credo quia absurdum» im Sinne Kierkegaards findet sich bei dessen Interpreten und Schüler LÉON SCHESTOW [5]. NIETZSCHE dagegen kritisiert den blinden Glauben: «Zu der Demuth, welche spricht: credo quia absurdum est und ihre Vernunft zum Opfer anbietet, brachte es wohl schon Mancher: aber Keiner, so viel ich weiß, bis zu jener Demuth, die doch nur einen Schritt davon entfernt ist und welche spricht: credo quia absurdus sum» [6].

‹L'absurde (l'absurdité)› ist ein Zentralbegriff neuerer Strömungen atheistischer Philosophie in Frankreich. Dem autonomen Subjekt, das einzig sich selbst als sinnstiftend anerkennt, erscheint die Welt in sich selbst als sinnlos, absurd. Nach CAMUS entsteht «das Absurde aus ... [der] Gegenüberstellung des Menschen, der fragt, und der Welt, die vernunftwidrig schweigt» [7]. Kennzeichen des «absurden Menschen» ist die Bejahung der Spannung zwischen Sinnanspruch und fremder Welt, die zur Potenzierung des Bewußtseins auf seiten des Subjekts und zur metaphysischen Revolte führt. In der Revolte erweist sich das Gefühl des Absurden als unmittelbare Bejahung des Lebens als des obersten Wertes für das Individuum, das mit sich zugleich die Existenz aller Menschen bejaht [8]. Bei SARTRE wird die Absurdität in den Existenzweisen des Ekels und der Langeweile erfahren, als deren ratio essendi sich die Kontingenz der Welt als ganzer erweist. Auch bei Sartre entsteht die Absurdität aus der Gegenüberstellung des Begründungsanspruches freier Subjektivität und der Nichtableitbarkeit des ihr begegnenden Seienden, das sich als «gratuité parfaite», als «de trop» erweist [9].

Anmerkungen. [1] CICERO, De or. 3, 41: «sunt enim certa vitia quae nemo est quin effugere cupiat: mollis vox, aut muliebris, aut extra modum absona atque absurda». – [2] TERTULLIAN, De carne Christi 5. – [3] S. KIERKEGAARD, Werke 16/1 (1957) 202. – [4] a. a. O. 203; vgl. Werke 4 (1950) 48-53 u. 16/2 (1958) 267ff. 291ff. – [5] L. SCHESTOW: Kierkegaard et la philos. existentielle (Paris 1936) 152ff. – [6] FR. NIETZSCHE, Musarion-A. 10, 273. – [7] A. CAMUS: Der Mythos vom Sisyphos (dtsch.1956) 29. – [8] L'homme révolté (Paris 1951). – [9] J.-P. SARTRE: La nausée (Paris 1938) 182-190; L'être et le néant (Paris 1943).

Literaturhinweise. J. MÖLLER: Absurdes Sein? (1959). – M. ESSLIN: The theatre of the absurd (London 1962). – W. F. HAUG: Jean-Paul Sartre und die Konstruktion des Absurden (1966). – R. KRONER: Between faith and thought (New York 1966) 26-36.   R. FABIAN

Abwehrmechanismus. Der Ausdruck gewinnt seine spezielle psychologische Bedeutung in der psychoanalytischen Literatur als Bezeichnung für ein Kernstück ihrer Theorie. ‹Abwehr› wird 1894 erstmalig von FREUD gebraucht [1] und bis 1896 weiterhin verwendet für das Sträuben des Ich gegen peinliche oder unerträgliche Vorstellungen und Affekte [2]. Der Name wird später fallengelassen und in der Folge durch ‹Verdrängung› ersetzt. 1926 greift Freud ihn jedoch wieder auf und meint, es bringe Vorteile, ihn wieder einzuführen, «wenn man dabei festsetzt, daß er die allgemeine Bezeichnung für all die Techniken sein soll, deren sich das Ich in seinen eventuellen, zur Neurose führenden Konflikten bedient, während Verdrängung der Name einer bestimmten solchen Abwehrmethode bleibt, die uns infolge der Richtung unserer Untersuchungen zuerst besser bekannt geworden ist» [3]. Damit wird die Sonderstellung der Verdrängung aufgehoben und in der psychoanalytischen Theorie Raum für die Wahrnehmung anderer Vorgänge geschaffen, die dieselbe Tendenz, nämlich «Schutz des Ich gegen Triebansprüche», verfolgen. Die Verdrängung wird zu einem «Spezialfall der Abwehr» [4]. Außer der Verdrängung werden bei Freud noch folgende Abwehrformen beschrieben: Introjektion oder Identifikation, Projektion, Reaktionsbildung, Verschiebung, Rationalisierung, Sublimierung, Regression, Isolierung, Ungeschehenmachen, Wendung gegen die eigene Person, Umkehrung ins Gegenteil und Konversion. 1922 faßt Freud drei dieser Abwehrformen, Introjektion, Identifikation und Projektion, unter dem Begriff ‹neurotische Mechanismen› zusammen [5]. 1936 prägt dann ANNA FREUD den Ausdruck ‹Abwehrmechanismen›, der alle Abwehroperationen umgreifen soll [6]. Die A. sind empirisch beobachtbare Phänomene, die erst allmählich theoretisch faßbar wurden. Der Begriff steht im Zusammenhang mit der Libidotheorie und dem Strukturmodell der Psychoanalyse und wurde entweder in diesem Kontext entwickelt oder zog diese Kontexte nach sich. Er steht ferner im Mittelpunkt der Psychoanalyse als einer Konfliktpsychologie. Das Studium der A. geht mit der Entwicklung einer psychoanalytischen Ich-Psychologie Hand in Hand und ist über weite Strecken mit ihr identisch. Die Beobachtung des Ich – vor allem im Abwehrkampf – wird zum Medium, durch das hindurch die beiden anderen Instanzen, das Es und das Über-Ich, zu erfassen versucht werden [7]. Zugleich wird das Ich selber in Struktur und Funktion deutlich. Während bis zum Beginn der Ich-Psychologie die Abwehr – man sprach vom Widerstand des Patienten – nur die Mitteilungen über das Es verhinderte (siehe z. B. die Funktion des Ich als «Zensor» im Traum, wo es als eine Kraft gedacht wurde, welche die Wiederkehr des Verdrängten verunmöglichen sollte), wurde sie nun zur wichtigsten Informationsquelle über das Ich. Es zeigte sich jetzt, warum dieser Teil des Ich der Forschung bisher wenig bekannt geworden war: Er ist wegen seiner Nähe zum Verdrängten unbewußt wie dieses.

Im Anschluß an Freud wurden noch weitere A., vor allem von Anna Freud, beschrieben: Verleugnung, Askese und Intellektualisierung in der Pubertät, die altruistische Abtretung und die Identifikation mit dem Angreifer [8].

Da die A. eine Funktion des Ich darstellen, muß ihre *Entwicklung* gemeinsam mit der des Ich betrachtet werden. Wie dieses in den verschiedenen Reifungsstadien jeweils eine andere Struktur hat, so sind auch die A. in den verschiedenen Phasen jeweils andere: «Es kann leicht sein, daß der seelische Apparat vor der scharfen Trennung von Ich und Es, vor der Ausbildung eines Über-Ich, andere Methoden der Abwehr übt, als nach der Erreichung dieser Organisationsstufe» [9]. So kann erst von Projektion gesprochen werden, wenn eine Sonderung von Ich und Außenwelt stattgefunden hat, von Verdrängung, wenn Ich und Es geschieden sind, und von Sublimierung, wenn die Kenntnis höherer sozialer Werte, also ein Über-Ich, angenommen werden darf. Aus Gründen der Definition werden Abwehroperationen in der Übergangsphase zwischen der Dualunion mit der Mutter und der infantilen Trennungsphase als «primäre protektive Prozesse» bezeichnet. Ihr besonderes Merkmal ist, daß sie sich an Objekten abspielen [10]. Es wird angenommen, daß sie sich aus normalen physiologischen Abwehrmaßnahmen entwickeln [11]. Während dieses Entwicklungsprozesses sind die späteren A. zunächst Anpassungsleistungen des Ich [12] und tragen als solche zum Aufbau einer normalen Ich-Funktion bei [13]. Zum Teil waren es einmal Lernfunktionen, wie z. B. die Identifikation. Sie werden erst später zur Abwehr benutzt [14]. Diese Qualität behalten die A. stets bei. Demzufolge können sie im Leben des Erwachsenen immer wieder zu ihrer alten Anpassungsfunktion zurückkehren [15].

Mit der Errichtung eines voll ausgebildeten Über-Ich am Ende der Trieb- und Ich-Entwicklung stehen die A. voll funktionsfähig dem Ich zur Verfügung. Bis zur Pubertät erfahren sie nun keine wesentlichen Veränderungen mehr. Mit Einsetzen derselben werden sie einmal extrem verstärkt, zum anderen durch neue ergänzt: Intellektualisierung, Askese und Verleugnung [16].

Bei jedem Menschen findet sich eine defensive Organisation, die sich in spezifischer Weise im Laufe der Entwicklung herausbildet. Sie formiert eine Substruktur des Ich. Die A. gleichen Notfalls- oder Dringlichkeitsfunktionen, die einspringen, wenn die Normalfunktion des Ich den Konflikt (Triebkonflikt) nicht mehr lösen kann. Sie werden nur in Gefahrensituationen (innere Gefahr) auf ein Angstsignal hin in Bewegung gesetzt – sind aber potentiell ständig vorhandene Bahnen. Sie sind weitgehend automatisiert (daher ‹Mechanismen›), da sie sonst keinen Sinn hätten [17]. Die Instanz, die die Gefahr wahrnimmt und daraufhin Angst erzeugt, ist das Ich. Demzufolge lassen sich die Abwehrvorgänge vom Ich her nach Angst und Gefahr gliedern: In der infantilen Neurose handelt es sich um Abwehr aus *Realangst*, in der Neurose des Erwachsenen um Abwehr aus *Über-Ich-Angst* oder aus *Angst vor der Triebstärke*.

Die Voraussetzungen für das Gelingen der Abwehr sind folgende: 1. Das Ich muß in seiner Entwicklung A. ausgebildet haben, die funktionstüchtig sind. Es muß sich in einem Zustand befinden, in dem es Abwehroperationen durchführen kann. 2. Das Ich muß in der Lage sein, das Angstsignal wahrzunehmen, d. h. Affekte zu erleben, in denen der Konflikt quasi vorausgenommen wird. 3. Das Ich muß Kräfte zur Verfügung haben, die den Triebimpuls kontinuierlich und über lange Zeit abwehren können. Dabei hilft es sich mit Gegenbesetzungen. 4. Das Ich muß über Möglichkeiten verfügen, teilweise Ersatzbefriedigungen für den abgewehrten Triebimpuls finden zu können. Sie stärken die Abwehr und sichern das Ich vor Triebdurchbrüchen.

Die Abwehr bricht zusammen, wenn das Gleichgewicht zwischen Besetzung und Gegenbesetzung gestört ist. Solange die vom Ich aufgewendete Gegenbesetzung stärker bleibt als die Besetzung des verdrängten Materials, bleibt dies verdrängt. Wenn jedoch die Gegenbesetzung schwach wird, dann tendiert das verdrängte Material dazu, ins Bewußtsein und in Aktion zu treten: Die Verdrängung beginnt zu versagen. Das gleiche ist der Fall, wenn die Intensität der Triebbesetzung zunimmt, ohne daß auch die Gegenbesetzung entsprechend verstärkt wird. Das Zusammenbrechen der Abwehr hat die Überflutung des Ich mit Angst zur Folge. Daraus ergeben sich folgende Konsequenzen: Panik, Störung der Leistungsfähigkeit der Sekundärprozesse, Einengung der adaptativen Kräfte des Ich und erneute Symptombildung. Eine dauernd bestehende Abwehrhaltung hat schwere, allmählich irreversibel werdende Schädigungen des Ich im Gefolge.

Die A. lassen sich klinischen Krankheitsbildern zuordnen: Für die Hysterie sind die Verdrängung [18], für die Zwangsneurose die Reaktionsbildung, die Isolierung und das Ungeschehenmachen [19] und für die Paranoia die Projektion spezifisch [20]. Für die Psychopathie, die psychosomatischen Krankheiten und die Schizophrenie sind ebenfalls spezifische Mechanismen beschrieben worden [21].

Die Probleme der Abwehrtheorie ergeben sich vor allem aus der Beobachtung, daß die einzelnen A. einmal isoliert, dann aber auch kombiniert auftreten. Viele von ihnen stellen bereits Verbindungen dar, wie die Reaktionsbildung, der stets die Verdrängung des analen Triebimpulses vorausgeht. Bei der altruistischen Abtretung vereinen sich mehrere verschiedene A. zu einer einheitlichen Operation. Es erhebt sich nun die Frage nach der Stellung der A. zueinander: Gibt es zwei Arten – elementare, die nicht weiter reduzierbar sind, und solche, die sich auf diese elementaren Mechanismen zurückführen lassen? Ist z. B. die Verdrängung der Grundmechanismus der Abwehr und sind alle anderen nur dazu da, entweder eine Verdrängung zu verstärken oder nach ihrem Versagen zusätzlich einzusetzen? [22]. Das Problem gilt als ungelöst [23]. Hierhin gehört auch die Frage nach der Wahl des A. ANNA FREUD [24] wies nach, daß jeder Mensch nur ein beschränktes Repertoire von A. verwendet und spezielle Mechanismen für das Individuum charakteristisch sind. Als Gründe für die Wahl sind eine Selektion, durch welche die dominanten Triebe die *ihnen* gemäße Abwehr auswählen, frühe Zufallsanwendung plus Fixierung durch zufälligen Erfolg [25], «mitgeborene Ich-Verschiedenheiten» [26] oder in der Kultur, der Gruppe, der Familie bestehende Abwehrformen, die auf das Kind übertragen werden [27], diskutiert worden.

Anmerkungen. [1] S. FREUD: Die Abwehr-Neuropsychosen (1894). Ges. Werke (WW), hg. ANNA FREUD (London 1940) 1, 59-74, bes. 61. – [2] Zur Ätiologie der Hysterie (1896). WW 423-459; weitere Bemerkungen über die Abwehr-Neuropsychosen (1896). WW 1, 377-403. – [3] Hemmung, Symptom und Angst (1926). WW 14, 196. – [4] a. a. O. [3] 197. – [5] Über einige neurotische Mechanismen bei Eifersucht, Paranoia und Homosexualität (1922). WW 13, 196-207. – [6] ANNA FREUD: Das Ich und die A. (Wien 1936). – [7] a. a. O. 10. – [8] 81ff. – [9] S. FREUD, a. a. O. [3] 197. – [10] U. MOSER: Zur Abwehrlehre. Jb. Psychoanal. 3. (1964) 56-85. – [11] H. HARTMANN: Comments on the psychoanalytic theory of the ego. Psychoanal. Stud. Child 5 (1950) 74-96; P. H. GREENACRE: Toward an understanding of the physical nucleus of some defence reactions. Int. J. Psycho-Anal. 39 (1958) 13-46; M. M. STERN: Prototypes of defence. Int. J. Psycho-Anal. 45 (1964) 296-298. – [12] H. HARTMANN: Ich-Psychologie und Anpassungsproblem (1960); H. HARTMANN, E. KRIS und R. M. LOEWENSTEIN: Comments on the formation of psychic structure. Psychoanal. Stud. Child 2 (1946) 11-38. – [13] HARTMANN u. Mitarb., a. a. O. [12]; J. LAMPLE-DE GROOT: On defence and development. Psychoanal. Stud. Child 12 (1957) 114-126. – [14] LAMPLE-DE GROOT, a. a. O. [13]. – [15] W. HOFFER: Defensive process and defensive organization. Int. J. Psycho-Anal. 35 (1954) 194-198; J. LAMPLE-DE GROOT: Symptom formation and character formation. Int. J. Psycho-Anal. 44 (1963) 1-11. – [16] ANNA FREUD, a. a. O. [6] 157ff. – [17] HOFFER, a. a. O. [15]. – [18] S. FREUD, a. a. O. [3] 196. – [19] a. a. O. 197. – [20] a. a. O. [5] 196-207. – [21] P. PARIN: Die Abwehrmechanismen der Psychopathen. Psyche 15 (1961/62) 322-329; M. SCHUR: Comments on the metapsychology of somatization. Psychoanal. Stud. Child 10 (1955) 199-208; TH. FREEMAN, J. L. CAMERON und A. MCGHIE: Chronic schizophrenia (London 1958). – [22] ANNA FREUD, a. a. O. [6] 59ff.; LAMPLE-DE GROOT, a. a. O. [13]; HOFFER, a. a. O. [15]. – [23] ANNA FREUD, a. a. O. [6] 60. – [24] a. a. O. 66ff. – [25] R. WAELDER: Die Grundlagen der Psychoanal. (1963) 168ff. – [26] S. FREUD: Die endliche und die unendliche Anal. (1937). WW 16, 86. – [27] E. H. ERIKSON: The problem of ego identity. J. Amer. psychoanal. Ass. 4 (1956) 56-73.

Literaturhinweise. ANNA FREUD: Das Ich und die A. (Wien 1936). – CH. BRENNER: Psychoanal. Study Child 12 (New York 1957) 11-46. – G. BALLY: Einführung in die Psychoanalyse Sigmund Freuds (1961). – P. MADISON: Freud's concept of repression and defense (Minneapolis 1961). – D. RAPAPORT: Die Struktur der psychoanalytischen Theorie (1961). – I. A. ARLOW und CH. BRENNER: Psycho-analytic concepts and the structural theory (New York 1964). – H. HARTMANN: Psychoanalysis as a scientific theory, in: Essays on ego psychology (New York 1964).

J. CREMERIUS

Abwesenheit. – 1. ‹A.› (frz. absence) begegnet als negative Kategorie der Kritik und Theorie moderner Lyrik vornehmlich in bezug auf das Werk *Mallarmés* und betrifft dort sowohl ein poetisches Verfahren als auch zugleich damit, thematisch, einen Gegenstand seiner Dichtung [1]. In seinem technischen Sinn verweist der Begriff auf die Negation, Elimination, Abstraktion, Ätherisierung des die Wirklichkeit beschreibenden Sprachmaterials, d. h. seines realistischen bzw. traditionellen dichterischen Gebrauchs zugunsten eines autonomen Systems sprachlicher Zeichen, klanglicher Reizelemente und verselbständigter Metaphern, welche sich rationaler Kontrolle und Verifizierbarkeit weitgehend entziehen [2]. Die durch den Prozeß der «Transposition» [3] des Bestehenden in die A. freigesetzte Potentialität und «Suggestivität» der Sprache soll «den poetischen état d'âme unmittelbar hervorbringen» (H. R. JAUSS) [4] und ihn für die Evokation des Absoluten empfänglich machen. Nach H. FRIEDRICH will das Verfahren «ein ontologisch zu verstehender Vorgang sein, [...] mittels dessen die Sprache dem Ding die A. erteilt, die es kategorial dem Absoluten (dem Nichts) angleicht und welche die reinste (von aller Dinglichkeit freie) Anwesenheit im Wort ermöglicht» [5]. Technisch und thematisch konstituiert die A. die «qualitative Dunkelheit» [6] der Mallarméschen Sprache [7]. Geistesgeschichtlich gilt die «religion de l'absence» [8] als spezifischer Ausdruck der nachhegelschen, literarischen Situation und des modernen künstlerischen Bewußtseins überhaupt [9]. Für die «dialektische Soziologie» und die von ihr inspirierte Kritik liegt der Mallarméschen «Mystik des Nichts» (H. FRIEDRICH) die Erfahrung der «Unmöglichkeit, eine nicht-verdinglichte Sprache zu sprechen» (H. MARCUSE) zugrunde [10].

Anmerkungen. [1] W. NAUMANN: Der Sprachgebrauch Mallarmés (1936) 171ff.; J. SCHERER: L'expression litt. dans l'œuvre de Mallarmé (Paris 1947) 71. – [2] E. BROCK-SULZER: Der Dichter im Kampf mit seiner Sprache. Trivium 5 (1947); J. P. RICHARD: L'univers imaginaire de Mallarmé (Paris 1961) 20. 382f. 398. 417f. 533. 597; Immanente Ästhetik/Ästhetische Reflexion, hg. W. ISER (1966) 33–46. 133ff. 158f. 168-182. 443-452. – [3] ST. MALLARMÉ: Œuvres complètes (Paris 1945) 366. – [4] H. R. JAUSS: Zur Frage der «Struktureinheit» älterer und moderner Lyrik. German.-Roman. Mschr. 41 (1960); Immanente Ästhetik ... a. a. O. [2] 509ff. – [5] H. FRIEDRICH: Die Struktur der modernen Lyrik (erw. Neu-A. 1967) 126. – [6] W.-D. STEMPEL: Syntax in dunkler Lyrik. Immanente Ästhetik ... a. a. O. [2] 38. 445. – [7] A. BÉGUIN: L'âme romantique et le rêve (Paris 1939) 382; J. GENGOUX: Le symbolisme de Mallarmé (Paris 1950) 13ff. 247; G. MICHAUD: Message poétique du Symbolisme (Paris ²1951) 171f. 183ff.; G. DELFEL: L'esthétique de St. Mallarmé (Paris 1951) 12ff. 200. 202; K. WAIS: Mallarmé (²1952) 9ff.; W. VORDTRIEDE: Novalis und die frz. Symbolisten (1963) 25; E. NOULET: Suites (Paris 1964) 20ff. 44. 68. – [8] J. BENDA: La France byzantine ou le triomphe de la litt. pure (Paris 1945) 20ff. – [9] G. MORPURGO-TAGLIABUE: L'esthétique contemporaine (Mailand 1960) 496ff.; M. KESTING: Vermessung des Labyrinths/Studien zur modernen Ästhetik (1965) 36. 80-103; Lit. über den Einfluß Hegels auf Mallarmé bei J. P. RICHARD, a. a. O. [2] 231ff. – [10] H. MARCUSE: Der eindimensionale Mensch (1967) 88; F. TOMBERG: Mimesis der Praxis und abstrakte Kunst (1968) 61-83.

2. Begriffsgeschichtlich ist A. bei *Valéry* aus dessen «Umsetzung der metaphysischen Hypothesen Mallarmés in eine Art Erkenntnistheorie des künstlerischen Prozesses» [1] herleitbar. Als Terminus der Beschreibung von Bewußtseinsmodifikationen bezeichnet ‹A.› bei VALÉRY einen dem alltäglichen Bewußtseinszustand (présence, état le plus ordinaire) entgegengesetzten, der in seinem faktischen Auftritt die Seinsweise einer Ich-Entrückung mit folgenden Merkmalen ist: spontan eintretender, kurzer Aufenthalt in einer zeit-, wert- und zielfreien Sphäre; sprachliche Inkommunikabilität; Identifikation von Subjekt und Objekt; «reine Wahrnehmung» [2]. Als neutrale Phase und postulierte Invariante des Erkenntnisprozesses soll die A. virtuelle Denkoperationen perfektionieren und damit Voraussetzung für Akte wissenschaftlicher und künstlerischer Natur sein [3]. Als Terminus speziell der Poetik kann A. sowohl den durch Kunstwerke vermittelten Zustand des rezeptiven Subjekts als auch den der Inspiration (absence créatrice) bezeichnen. «Absence ist der Ursprung, und die Vermittlung des Zustandes der absence ist das Ziel der Kunst» (H. LAITENBERGER). Vereinzelt tritt an die Stelle des Begriffs sein Antonym ‹présence›.

Anmerkungen. [1] E. M. LÜDERS: Sechzig Jahre Mallarmé-Forsch. Romanist. Jb. 8 (1957) 152. – [2] Vgl. etwa P. VALÉRY: London-Bridge. Œuvres 2 (Paris 1960) 512ff.; Cahiers 18 (Paris 1957-1961) 206. – [3] Dies trifft insbesondere für die «Teste»-«Léonard de Vinci»-Periode zu; zur spezifischen Verwendung des Begriffs vgl. auch F. MEYER: La mét. de P. Valéry. Cahiers du Sud 46 (1958); M. RAYMOND: P. Valéry et la tentation de l'esprit (Neuchâtel ²1964) 35-44. 131f. F. PIRE: La tentation du sensible chez P. Valéry (o. O. 1964) 155ff.

Literaturhinweise. H. GMELIN: Kleines Wb. zu P. Valérys Gedichten. Roman. Forsch. 60 (1947). – A. HENRY: Langage et poésie chez P. Valéry (Paris 1952) 92-95. – E. Frhr. VON RICHTHOFEN: ‹Présence› und ‹absence› des Ich bei P. Valéry. Roman. Forsch. 66 (1955). – H. LAITENBERGER: Der Begriff der ‹absence› bei P. Valéry (1960).

3. Der positive Gebrauch des generell negativen Begriffs hat bei *Rilke*, wenngleich von Valéry inspiriert, eine vom Valéryschen Gebrauch abweichende Bedeutung. Während A. bei Valéry auf Bewußtseinsmodifikationen verweist, betrifft A. hier «die Vorstellung einer vom individuellen Ich vollkommen gelösten, objektiv wirkenden Kraft» [1]. «Der Widerspruch, der in der Gleichsetzung des Nicht-Seienden mit dem unsichtbar Seienden überhaupt liegt, «cet ineffable accord du néant et de l'être», diese ‹Grundgleichung› von Rilkes Seinsauffassung [...] vermag Rilke am deutlichsten mit den von Valéry übernommenen Worten ‹absence› und ‹présence› auszudrücken, wobei ‹présence› lediglich zur Verstärkung der im positiven Gebrauch des Wortes ‹absence› angelegten Widersprüchlichkeit erscheint» [2].

Anmerkungen. [1] K. WAIS: Der Gebrauch des Wortes ‹absence› bei Rilke, in: Studien zu Rilkes Valéry-Übertragungen (1967) 146. – [2] a. a. O. 148; vgl. auch O. F. BOLLNOW: Rilke (²1956) 328; G. JUNGE: Motivuntersuchungen zu den frz. Gedichten R. M. Rilkes (1956) 172. 339-351; H. MÖRCHEN: Rilkes Sonette an Orpheus (1958) 12. 83. 297; L. ZEBER: Rilkes dichterischer Seins-Entwurf und der Stellenwert des ‹frz.› Rilke (1959) 43. 45. 55. – Weitere Lit. bei WAIS, a. a. O. [1] 146-149.

H.-K. GRITSCHKE

Accidens praedicabile (griech. συμβεβηκός, das Zufällige, Unwesentliche) ist ein von ARISTOTELES in seiner Schrift ‹Topik›, welche die Grundlagen von Begriffsbildung und Argumentation erörtert, in kritischer Absicht eingeführter Terminus zur Bezeichnung derjenigen allgemeinen Prädikate, die, sofern sie in keinem angebbaren inneren und notwendigen Zusammenhang mit dem Wesen (τὸ τί ἦν εἶναι) des Subjekts der Aussage stehen, zur Bestimmung des Wesensbegriffs, zur Definition und mithin für wissenschaftliche Aussagen überhaupt unbrauchbar sind. Der Begriff des A. ist sonach kritisches Instrument der Unterscheidung wissenschaftlicher und sophistischer Begriffsbildung bzw. Disputation. Sachlich bestimmt sich das «Hinzukommende» gegenüber allen anderen universalen Prädikaten, die in irgendeiner Form immer die Wesensbezeichnung der Dinge (τὸ τί ἐστιν) einschließen, dadurch, daß es «keines von diesen ist, nicht Definition, nicht eigentümlich, nicht Gattung, aber dem Dinge zukommt, [und daß es] einem und demselben, sei es was immer, zukommen und nicht zukommen kann, wie z. B. einem und demselben zukommen und nicht zukommen kann, daß es sitzt» [1]. Oder in anderer Formulierung: «Συμβεβηκός heißt: was zwar an einem Ding besteht – und ihm der Wahrheit gemäß zugesprochen werden kann –, aber nicht mit Notwendigkeit (ἐξ ἀνάγκης) und nicht zumeist (ἐπὶ τὸ πολύ)» [2].

Historisch wirksam wurden diese Bestimmungen, denen bei Aristoteles noch eine Vielzahl anderer, gelegentlich sogar das Proprium mitumfassende folgen, nicht in ihrer originär kritischen Fassung, da die ‹Topik› der abendländischen Logik erst verhältnismäßig spät zugänglich wurde, sondern in der ausschließlich dem Unterricht dienenden Umschreibung und Zusammenfassung des PORPHYRIUS. Seine Definition «A. aber ist, was auftritt und verschwindet ohne Untergang (φθορά) des Subjekts (ὑποκείμενον)» [3], seine Unterscheidung der Akzidentien in trennbare (wie «schlafen», «bewegt werden») und untrennbare (wie die schwarze Farbe des Äthiopiers oder des Raben) gehören ebenso fortan zum Grundbestand der klassischen Begriffslogik wie seine ausführlichen Erörterungen über Eigentümliches und Gemeinsames der «Quinque Voces». Die hieraus erwachsenden, in der Logica Vetus immer wieder diskutierten Verhältnisbestimmungen – etwa daß die Akzidentien im Gegensatz zu Gattung und Art lediglich als Bestimmung der Beschaffenheit oder des Verhaltens ausgesagt werden; daß sie der Natur nach später sind als die Arten; daß sie in ihrer Bestimmung der Dinge ein Mehr oder

Weniger zulassen; daß sie außerwesentlichen Ursprungs sind und im Verhältnis zum Proprium, welches nur von *einer* Art gilt, von vielen artverschiedenen Dingen ausgesagt werden und mit dem Subjekt, weil nicht notwendig mit dem Wesensbegriff verknüpft, nicht vertauscht werden können – bezeichnen noch heute den Rahmen, in dem der Begriff A.p. insbesondere von der scholastischen Philosophie erörtert wird. Bei aller Subtilität der vergleichenden Reflexion macht diese abstrakte Systematik der «universalia reflexa» aber nur zu leicht den ursprünglich kritischen Sinn des Begriffs nicht weniger vergessen als dessen grundlegendes philosophisches Problem: die aristotelische Voraussetzung der Offenbarkeit und Definierbarkeit des Wesens in der natürlichen Sprache.

Anmerkungen. [1] ARIST., Topik I, 5, 102 b 4-8. Übers. I. M. BOCHEŃSKI (s. Lit.) Nr. 11. 10. – [2] ARIST., Met. VI, 30, 1025 a 14f. Übers. F. BASSENGE (1960) 141. – [3] PORPHYRIUS, Isagoge V, 4 a 24.

Literaturhinweise. C. PRANTL: Gesch. der Logik im Abendlande 1-4 (1855-1870; Nachdruck 1955). – R. J. AARON: The theory of universals (Oxford 1952). – I. M. BOCHEŃSKI: Formale Logik. Orbis academicus. Problemgesch. der Wiss. in Dokumenten und Darstellungen (1956). – I. DÜRING: Aristoteles. Darstellung und Interpretation seines Denkens (1966). – A. VON FRAGSTEIN: Die Diairesis bei Aristoteles (Amsterdam 1967).

H. M. BAUMGARTNER

Acedia. Seine eigene Bedeutung erhält der Begriff ‹acedia› (ἀκήδεια, in der christlichen Literatur ἀκηδία) durch das frühe Mönchtum. Zuvor ist das Wort selten gebraucht und bezeichnet im profanen wie im christlichen Bereich einfach jede Art von Sorglosigkeit. Es wird in der asketischen Lehre des Mönchtums dann für eine besonders typische und heftige Versuchung festgelegt, die das monastische Leben in seinem Kern bedroht. CASSIAN beschreibt sie nach ihren Symptomen [1]. Der Mönch wird seiner Zelle und Einsamkeit überdrüssig, Unlust, Unrast und Widerwille gegen Meditation und Arbeit befallen ihn. Er erkennt keinen geistlichen Gewinn und Fortschritt in seiner Lebensform mehr. Deshalb überläßt er sich der Trägheit, erstrebt einen Wechsel seines Klosters, beginnt zu wandern oder sucht die Rückkehr in die Welt. Nach JOHANNES KLIMAKOS ist die A. πάρεσις ψυχῆς καὶ νοὸς ἔκλυσις, ὀλιγωρία ἀσκήσεως («Erschlaffung der Seele und Entkräftung des Geistes, Vernachlässigung der Askese»), ja sie bringt dem Mönch den unbedingten Tod [2]. Sie ist unterschieden von allen andern Affekten oder dämonischen Angriffen. ORIGENES führt sie zum ersten Mal auf den δαίμων μεσημβρινός, den Mittagsteufel, zurück, den er im Vulgatatext von Ps. 91, 6 «non timebis ... ab incurso et daemonio meridiano» findet [3]. Die Unlust der A. überfällt den Menschen erfahrungsgemäß am meisten in den brütenden orientalischen Mittagsstunden. Von Origenes her bleibt diese Ableitung in der asketischen Literatur heimisch [4]. Die A. wird dort unter die feststehende Reihe der acht Hauptlaster gerechnet, nach der Traurigkeit aufgezählt und aus ihr abgeleitet [5]. Sie ist selber der Mutterboden anderer Sünden; als solche werden genannt otiositas, somnolentia, importunitas, inquietudo, pervagatio, instabilitas mentis et corporis, verbositas, curiositas [6]. Bei GREGOR DEM GROSSEN wird die A. dann endgültig mit der tristitia, einer der aus der Wurzel des Stolzes hervorgehenden Hauptsünden, in eins gesetzt [7]. Die Lehre von den sieben Hauptsünden geht als festes Lehrstück in die katholische Ethik des Mittelalters und der Neuzeit ein. Auch wo die A. noch eigens genannt wird, unterscheidet sie sich nicht von der Traurigkeit. So kennt THOMAS die ‹accidia› als Gegensatz zu der aus der Liebe entspringenden Freude an Gott [8]. Er bestimmt sie als «tristitia de bono spirituali inquantum est bonum divinum», versteht sie nach 2. Kor. 7, 10 als λύπη τοῦ κόσμου und rechnet sie, bewußt gesetzt, unter die Todsünden. Sie ist eigentlich die Flucht vor Gott und äußert sich in ihren «Töchtern»: Verzweiflung, geistiges Schweifen, stumpfe Gleichgültigkeit, Kleinmütigkeit und Auflehnung bis zur hassenden Bosheit. Bezeichnenderweise begegnet sich HEIDEGGERS Analyse des alltäglichen Daseins mit den überlieferten Formen der A. [9]. Auch moderne Asketik hält das Lehrstück von der A. für wichtig und hat es eher noch psychologisch vertieft. Sie kennt sie als religiöse Lustlosigkeit aus Ermüdung, als Resignation, als satte Trägheit oder als widerwillige Verschlossenheit gegen Gott. Sogar die mythologisch seltsame Aussage vom Mittagsteufel hat im Blick auf die Krise des Menschen in seiner Lebensmitte durch die Entwicklungspsychologie eine überraschend neuartige Beleuchtung erfahren.

Anmerkungen. [1] J. CASSIANUS, De institutis coenobiorum lib. 10, 2; vgl. EUAGRIUS PONTIKOS, De octo vitiosis cogitationibus. MPG 40, 1273 b. – [2] J. KLIMAKOS, Scal. par. 13. MPG 88, 860 c. – [3] ORIGENES, Ps.-Com. 90, 6. MPG 12, 1552 c. – [4] EUAGRIUS PONTIKOS, a. a. O. 1273 b; PSEUDO-NILUS, De octo vitiis. MPG 79, 1456 d; CASSIANUS, a. a. O. 10, 1. – [5] EUAGRIUS PONTIKOS, a. a. O. 1272 a. 1274 b; NILUS VON ANKYRA, Inst. ad mon. MPG 79, 1236 a; CASSIANUS, a. a. O. 10, 1; Conlationes 5, 3-10. – [6] CASSIANUS, Conlationes 5, 16, 5. – [7] GREGOR DER GROSSE, Moralia 31, 45, 87/88. MPL 76, 621. – [8] THOMAS VON AQUIN, S. theol. II/II, 35. – [9] Vgl. J. PIEPER: Über die Hoffnung (1935) 60f.

Literaturhinweise. P. POURRAT: La spiritualité chrétienne 1 (Paris 1931) 191f. – Dictionnaire de spiritualité ascétique et mystique, hg. M. VILLER (Paris 1932ff.) 1, 166ff. – Reallex. für Antike und Christentum, hg. TH. KLAUSER (1941ff.) 1, 62ff.

R. HAUSER

Achsenzeit bezeichnet im geschichtsphilosophischen Entwurf von KARL JASPERS den Wendepunkt der Weltgeschichte, von dem her ihre Integration zum umfassenden Geschehen sich vollzieht. Jaspers wendet sich mit diesem Begriff polemisch gegen die traditionelle christlich motivierte Konzeption der Universalgeschichte (Hegel), weil sie nur für den christlichen Glauben gültig sei. Die wirkliche Geschichte zeige vielmehr eine Pluralität der Neuansätze. In China (Konfuzius, Laotse), in Indien (Upanishaden, Buddha), im Iran (Zarathustra), Palästina (Prophetie), Griechenland (Dichter und Philosophen) entstehen zwischen 800 und 200 geistige Bewegungen, die die relativ stabile Zeit der frühen Hochkulturen beenden und neue Ideen bringen, von denen die Vereinheitlichung der Welt als Geschichte ihren Ausgang nimmt. Gemeinsam sind: Entmythisierung, Vergeistigung, mit dem Traditionsverlust ein neues Selbstbewußtsein des Menschen und eine darauf gründende kulturelle Aktivität. Der Abschluß ist politisch: Die Gründung von Großreichen in China, Indien und im Mittelmeerraum durch eine technisch und organisatorisch planmäßige Ordnung.

Der Gedanke der A. hat gegenüber den lediglich typisierenden Betrachtungen der Weltgeschichte den Vorzug, daß er erlaubt, die Menschheit als geschichtliche Einheit zu verstehen. Angesichts der Tatsache, daß die Vereinheitlichung der Welt nun doch nicht von den parallelen Ansätzen der A., sondern faktisch von der im christlich-abendländischen Raume entstandenen technischen Zivilisation ausgegangen ist, bleibt zu fragen, ob sich nicht die ältere Konzeption der Weltgeschichte letzlich als probehaltiger erweist.

Literaturhinweise. KARL JASPERS: Vom Ursprung und Ziel der Gesch. (1949) bes. 19ff. – Karl Jaspers, hg. PAUL SCHILPP (1957) 556ff.

W. LOHFF

Achtung (vorphilosophisch vornehmlich attentio, observatio) gewinnt philosophische Bedeutung erst als reverentia [1] in KANTS ethischen Schriften. Kants Theorie des moralischen Gefühls ist eine Theorie der A. In den vorkritischen Schriften tritt A. noch zusammen mit Wohlabgewogenheit als Grundlage der Tugendgesinnung auf [2]. Die kritische Ethik wird aber nur noch als «Moral der A.» (Löwith) verstanden. Die erste Analyse dieses Gefühls findet sich in der ‹Grundlegung zur Metaphysik der Sitten› [3], sein systematischer Ort erst in der ‹Kritik der praktischen Vernunft›, in der Lehre von den Triebfedern einer reinen praktischen Vernunft [4]. A. ergänzt als subjektiver Bestimmungsgrund des Willens das Gesetz als objektiven Grund der moralischen Verbindlichkeit, wenn der Einfluß der Neigungen und der Selbstliebe auf die Willensbestimmung ausgeschlossen ist [5]. Sie ist die Sittlichkeit nur «subjektiv als Triebfeder betrachtet» [6], nicht Grund der Verbindlichkeit des Gesetzes, sondern dessen Wirkung auf's Gefühl [7]. Diese negative Wirkung auf die Sinnlichkeit wird Grund einer positiven Schätzung des moralischen Gesetzes, das über solche Kausalität verfügt [8]. A. ist deshalb ein von Vernunft bewirktes Gefühl [9]. Als «Doppelgefühl» (H. Cohen) enthält es a) den Akt der Demütigung der sinnlichen Natur des Menschen, b) den der Erhebung zu reiner praktischer Vernunft als alleinigem Grund sittlichen Wollens [10]. Es impliziert die Akte zweier Vermögen.

SCHILLER und FICHTE haben Kants Lehre fortgeführt. Wie Kant erklärt SCHILLER dieses Gefühl, das von der «Würde» unzertrennlich sei [11], aus dem Widerstreit zwischen der sinnlichen Natur des Menschen und der Forderung des autonom gegebenen Gesetzes, ordnet aber der A. die Hochachtung über, die auf die wirkliche Erfüllung des Gesetzes gehe [12]. Er nennt sie ein «freieres Gefühl», weil in ihr ein «Ingredienz der Liebe» [12] enthalten sei. Hochachtung gilt vor allem der Verbindung der Würde mit Anmut, die verhindert, daß A. Furcht wird [11]. FICHTE setzt A. gleich mit dem sittlichen Trieb [13] und bezieht diesen auf das Selbstbewußtsein, das in jedem Wollen enthalten sei. Aus der Relation der A. zum Ich folgt ihre Bestimmung als Selbstachtung, auf deren Verwirklichung sich das moralische Selbstbewußtsein richte. Selbstachtung ist «tätig zur Neigung bestimmender Trieb» [14] wirklichen Wollens. In ihr fließen sinnliche und vernünftige Natur des Menschen zusammen.

Wichtigste Kritiker des kantischen Lehrstücks sind HEGEL und SCHELER. Für HEGEL führt das Handeln aus A. vor dem Gebot der Pflicht zur Zerrissenheit des Selbst [15], da in ihm die Allgemeinheit des Gesetzes der Einzelheit der Neigung entgegengesetzt sei [15]. Dagegen falle in der Liebe aller Gedanke an Pflicht hinweg, da in ihr die Neigung mit dem Gesetz einig sei [16]. Die Liebe sei das wahre Prinzip der Tugend [17]. Auch für SCHELER steht die Liebe über der A. Sie ist eine höhere Art des Wertfühlens. A. vor dem Gesetz setze nämlich das Fühlen des Wertes voraus, dessen Verwirklichung das Gesetz befiehlt [18]. Die Liebe ist eine solche unmittelbare Weise des Verhaltens zum Wertgegenstand [19]. Auch das Streben nach Selbstachtung als sittliche Grundhaltung ist für Scheler eine «rationalistische Verirrung», da sie die Fremdliebe in der Selbstliebe gründe [20].

Anmerkungen. [1] KANT, Met. Sitten, Tugendlehre. Akad.-A 6, 402; vgl. D. HENRICH: Das Problem der Grundlegung der Ethik bei Kant und im spekulativen Idealismus, in: Sein und Ethos 1, hg. P. ENGELHARDT (1963) 367ff. – [2] KANT, Beobachtungen über das Gefühl des Schönen und Erhabenen a. a. O. 2, 217. – [3] 4, 400f. Anm. 401. – [4] 5, 71-89. – [5] Grundlegung zur Met. Sitten a. a. O. 4, 400-401. – [6] Akad.-A. 5, 76. – [7] 72. 74. 76. – [8] 75. – [9] 73. 76. – [10] 79. – [11] F. SCHILLER: Über Anmut und Würde. Philos. Schriften, hg. KÜHNEMANN (³1922) 150. – [12] a. a. O. 151 Anm. 1. – [13] J. G. FICHTE: Critik aller Offenbarung². Ges.-A. Bayer. Akad. Wiss. 1 (1964) 18f. vgl. 21-25; vgl. Reden an die dtsch. Nation, 10. Rede. Sämtl. Werke, hg. I. H. FICHTE 7 (1846) 414-419. – [14] Critik ... a. a. O. [13] 22. – [15] G. F. W. HEGEL: Theol. Jugendschriften, hg. NOHL (1907) 266-268. 287. 388. 390. – [16] a. a. O. 266. – [17] a. a. O. 265. – [18] M. SCHELER: Der Formalismus in der Ethik und die materiale Wertethik (⁴1954) 238 Anm. 2. – [19] a. a. O. 502. 575; Wesen und Formen der Sympathie (²1923) 171. – [20] Der Formalismus ... a. a. O. [18] 502.

Literaturhinweise. Zur Ableitung besonderer Pflichten aus dem Gefühl der A. vgl. KANT: Met. Sitten (1797) §§ 11. 23. 37-42. 44. – Zu A. auch noch KANT: KU (¹1790) § 27, A 96-97; Grundlegung Met. Sitten (1785, 1786); KpV (1788); K. LÖWITH: Das Individuum in der Rolle des Mitmenschen (²1962) 137f. 162. 167ff.; H. J. PATON: Kategorischer Imperativ (dtsch. 1962).

D. MISGELD

Actio immanens/actio transiens (im Handelnden verbleibendes Tätigsein – vom Hervorbringenden in das Werk übergehendes Tätigsein). Die mittelalterliche Unterscheidung von A.i. und A.t. entwickelt die griechische Unterscheidung von Handeln (πρᾶξις) und Hervorbringen (ποίησις) weiter, indem sie eine von ARISTOTELES eingeführte Wendung in den Vordergrund stellt. Beide Verhaltensweisen sind als eine Betätigung (actio) von Fähigkeiten zu verstehen und unterscheiden sich dadurch, daß die Betätigung der handelnden Fähigkeit im Handelnden als dessen Vollendung verbleibt (A. immanens), die Betätigung der hervorbringenden Fähigkeit aber in das Hervorgebrachte als dessen Vollendung «übergeht» (A. transiens).

1. ARISTOTELES unterscheidet das Handeln und Hervorbringen zunächst am verschiedenen Zielverhältnis. Im Hervorbringen ist das Ziel ein (äußeres) Werk, im Handeln ist das Ziel das Handeln selbst [1]. Ein neuer Gesichtspunkt kommt in diese Unterscheidung, weil Aristoteles das Handeln als die Betätigung (χρῆσις) einer Fähigkeit und damit als das Werk einer Fähigkeit faßt (wie das Sehen das Werk der Sehfähigkeit und das Denken das Werk der Denkfähigkeit ist). Im Handeln fällt also die Betätigung mit dem Werk zusammen, während das Werk des Hervorbringens ein mit der Betätigung nicht Identisches ist (wie das gebaute Haus und nicht das Bauen das Werk der Baukunst ist) [2]. Diese Wendung ergibt einen neuen Gesichtspunkt, der sowohl das Gemeinsame wie das Verschiedene beider Verhaltensweisen erkennen läßt. Gemeinsam ist beiden, daß die Betätigung der Fähigkeiten als die Wirksamkeit (ἐνέργεια) die Erfüllung des Zieles bringt. Verschieden aber ist das Verhältnis dieser Wirksamkeit zur Fähigkeit, insofern das Hervorbringen sich nicht im Subjekt der Fähigkeit, sondern im Hervorgebrachten vollzieht (wie das Bauen im Gebauten und überhaupt jede Bewegung im Bewegten ist), das Handeln aber im Befähigten selbst sich vollzieht (wie das Sehen im Sehenden und das Denken im Denkenden ist) [3]. Deshalb sind Wahrnehmen und Denken ein Werden zum Eigenen und zur eigenen Erfüllung, weswegen sie auch nicht im eigentlichen Sinne Bewegung (Wandlung) genannt werden können [4]. Die Bewegung ist die Betätigung des Unvollendeten; die Betätigung schlechthin (die seelische Betätigung) aber ist die des Vollendeten [5].

Anmerkungen. [1] ARISTOTELES, Eth. Nic. VI, 4, 1140 a 1-17; VI, 5, 1140 b 6f. – [2] Eth. Eud. II, 1, 1219 a 13-18. – [3] Met. IX, 8, 1050 a 21-36-b 2. – [4] De an. II, 5, 417 b 2-19. – [5] a. a. O. III, 7, 431 a 4-7.

Literaturhinweise. H. CASSIRER: Aristoteles' Schrift ‹Von der Seele› und ihre Stellung innerhalb der aristotel. Philos. (1932, ²1968) 68-107. – F. NUGENT: Immanent action in St. Thomas and Aristotle. New Scholast. 37 (1963) 164-187. – H. WEISS: Kausalität und Zufall in der Philos. des Aristoteles (1942, ²1967) 99-148.

2. Nach THOMAS VON AQUIN ist beiden Verhaltensweisen gemeinsam, daß sie aus einem in der Wirklichkeit Befindlichen hervorgehen, insofern es in der Wirklichkeit ist (ab existente in actu, secundum quod est actu) [1]. Verschieden ist die Art und Weise des Hervorgehens. Wo das Tätigsein etwas hervorbringt, ist ein doppelter Ursprung gefordert, der aktive Ursprung aus der Wirklichkeit des Tätigen und der passive Ursprung in einem passiv Bewegten [2]. Die im Passiven auftretende Bewegung ist die Wirklichkeit (actus) beider Ursprünge; denn in der Bewegung ist identisch, was vom tätig Bewegenden her hervorgeht und im Bewegten als dem passiv Empfangenden her ist [3]. So sind Betätigung (actio) und Erleiden (passio) nicht zwei Bewegungen, sondern ein und dieselbe Bewegung, die Betätigung genannt wird, weil sie vom Tätigen (als dem zur Betätigung Fähigen) hervorgeht, und Erleiden, weil sie im Erleidenden ist [4]. Diese Weise bringt also nur dem Bewegten, nicht aber dem Tätigen eine Vollendung [5]. Das Tätige verliert auch nichts, wenn sein Tätigsein aufhört, da nur die von ihm hervorgerufene Wirklichkeit im Bewegten aufhört, aber in ihm bleibt, was die Ursache der Bewegung war [6]. Anders ist die Art und Weise des Hervorgehens, wenn die Betätigung wie in der seelischen Tätigkeit in dem zur Betätigung Fähigen als dessen eigene Vollendung bleibt [7]. Hier geht der Betätigung eine vorbereitende «Bewegung» voraus, weil das zur Betätigung Fähige erst auf diesen oder jenen Gegenstand hin Wirklichkeit werden muß [8]. Diese «Bewegung» durch den jeweiligen Gegenstand ist aber kein Erleiden im Sinne der gewöhnlichen Bewegung, wo jeder Gewinn einer Bestimmtheit mit dem Verlust einer früheren (abiectio contrarii) erkauft wird. Das Erleiden ist ein Gewinn ohne Verlust [9] und ist notwendig, damit das Erkennende und das Erkannte, das Strebende und das Erstrebte im seelischen Subjekt zu jener aktuellen Einheit kommen, aus der die seelische Betätigung hervorgehen kann [10]. Die seelische Tätigkeit, die (im Unterschied zum doppelten Ursprung der hervorbringenden Betätigung) aus dieser aktuellen Einheit hervorgeht, ist keine neue Bestimmtheit, sondern verhält sich zu ihr wie das Sein zur Wesenheit [11]. Sie ist also keine Bewegung, sondern die Wirklichkeit von etwas, das schon in seiner Vollendung ist (actus perfecti). Denn bei der Bewegung handelt es sich um die Wirklichkeit eines Unvollendeten (actus imperfecti) [12]. In der hervorbringenden Tätigkeit des Menschen (ars) verbinden sich Handeln (als Ausdenken) und Hervorbringen miteinander [13]. – JOHANNES DUNS SCOTUS stellt die wesentlichen Punkte der aristotelischen Tradition in Frage. Die hervorbringende Betätigung hat ihre Wirklichkeit nicht nur im passiv Bewegten. Allerdings ist sie auch nicht eine innerlich verändernde Bestimmtheit (forma absoluta) des Tätigen. Wohl aber gibt sie ihm einen realen Bezug zum passiv Bewegten, der nicht innerlich und notwendig (wie die Ähnlichkeit zweier weißer Körper), sondern äußerlich hinzukommend ist [14]. In der Seelentätigkeit muß die operatio des Erkennens, Wollens, Sehens und anderes mehr von der sie hervorbringenden actio unterschieden werden [15]. Die operatio ist im Unterschied zu der sie hervorbringenden actio eine Qualität der Seele [16], allerdings von der Art eines fieri, das keine Bewegung im eigentlichen Sinne ist [17]. – Unter dem Einfluß dieser Kritik setzt in der *Spätscholastik* eine lebhafte Diskussion ein, die in der Thomistenschule zu einem Streit um die Interpretation des Thomas von Aquin wird [18].

Anmerkungen. [1] THOMAS VON AQUIN, De ver. 8, 6. – [2] De pot. 9, 9 ad 4. – [3] Phys. III, lect. 4, n. 306; lect. 5, nn. 317. 325. – [4] Phys. III, lect. 5 nn. 314. 320; S. theol. I, 28, 3 ad 1; 41, 1 ad 2; 45, 2 ad 2. – [5] S. theol. I, 18, 3 ad 1; De pot. 3, 15. – [6] De pot. 7, 9 ad 7. – [7] Met. IX, lect. 8, n. 1865; De pot. 5, 5 ad 14. – [8] De ver. 8, 6; S. theol. I, 14, 2. – [9] De an. II, lect. 11, nn. 365f.; S. theol. I/II, 22, 1. – [10] De ver. 8, 7 ad 2; S. theol. I, 56, 1. – [11] S. theol. I, 14,4; 54, 1. – [12] De an. III, lect. 12, n. 766; S. theol. I, 14, 2 ad 2. – [13] Met. VII, lect. 6, n. 1408; Eth. VI, lect. 2, nn. 1135f. – [14] DUNS SCOTUS, Sent. IV dist. 13, q. 1, nn. 5-16. – [15] Sent. I dist. 3, q. 6, nn. 31-35; Expos. Met. IX s. 2, c. 3, n. 41. – [16] Ord. I dist. 3, p. 3, q. 4, n. 601; Quodl. q. 13, nn. 25-27. – [17] Ord. I dist. 3, p. 3, q. 4, nn. 602f.; Expos. Met. IX s. 2, c. 3, n. 41. – [18] JOHANNES A S. THOMA: Cursus Philosophicus-Thomisticus 2 (Turin 1933) 310-315.

Literaturhinweise. J.-M. HENRI-ROUSSEAU: L'être et l'agir. Rev. Thom. 61 (1953) 488-531; 62 (1954) 267-297; 63 (1955) 85-118. – G. SIEWERTH: Die Met. der Erkenntnis nach Thomas von Aquin (1933, ²1968). – W. HOERES: Der Wille als reine Vollkommenheit nach Duns Scotus (1962) 243-293.

GERBERT MEYER

Actus exercitus/actus signatus. Diese Gegenüberstellung bedeutet in einem weiteren Sinne die Unterscheidung einer spontan vollzogenen menschlichen Handlung von einer ausdrücklich als solcher gesetzten. In einem engeren Verständnis meint sie die Differenz einer einschlußweise (implicite) vollzogenen Willenskundgabe oder Bezeichnung von einer klar und distinkt (explicite) formulierten. Die Terminologie ‹actus exercitus / actus signatus› findet sich im Zusammenhang *logischer* Erörterungen bei JOHANNES DUNS SCOTUS [1]. THOMAS V. AQUINO unterscheidet gelegentlich eine *demonstratio* (Hinweis durch die Partikel ‹hoc›) *ut exercita* von einer *demonstratio ut concepta* [2].

Anmerkungen. [1] Super universalia q. 14, nr. 4. Opera omnia, Ed. Vivès I, 178; vgl. ebenfalls die (unechte) ‹Grammatica speculativa› cap. 19. a. a. O. I, 16. – [2] In 4. Sent., dist. 8, q. 2, art. 1, quaestl. 4.

D. SCHLÜTER

Adam Kadmon

I. A. K. (hebr. Urmensch) ist in der ältesten jüdischen Mystik eine der Bezeichnungen der Gottheit, in der späteren Kabbala die erste Emanation der Gottheit. Da die Kabbala in vieler Hinsicht zur mythologischen Auffassung der Gottheit regrediert, braucht sie verschiedene Urbilder, um gewisse Aspekte der Gottheit auszudrücken. Die wichtigsten theologischen Urbilder in der Kabbala sind: der Baum und die Gott-Mensch-Analogie. Durch das Bild des Baumes kann die gegenseitige Beziehung zwischen den verschiedenen Qualitäten der Gottheit anschaulich gemacht werden (die zehn *Sefiroth* als Äste des Urbaumes). Das Bild des Urmenschen dient dem Zweck, die Gottheit für die Phantasie greifbar zu machen, da die mystische Gottheit der Kabbalisten, *Ensoph* (das Unbegrenzte), sonst zu abstrakt gewesen wäre. Das Makro-Anthropos-Bild erlaubte den Kabbalisten auch die Anthropomorphismen der Bibel zu rechtfertigen. Sie stellten sich durch dieses Bild – das sie mehr oder weniger symbolisch auffaßten – in eine große mystische Tradition (Mikrokosmos-Makrokosmos) und sicherten sich den begrifflichen Apparat zu einem organischen Weltbild bzw. einer organischen Theologie. Besondere Wichtigkeit gewinnt die Konzeption des A.K. bei den Kabbalisten von Saphed im 16. Jh. (LURIA, VITAL). Die kühnen Bilder der Kabbalisten – darunter auch die erotischen – wurden besonders von den liberalen jüdischen Theologen und Religionsphilosophen des 19. Jh. scharf abgelehnt.

Literaturhinweise. S. A. HORODETZKY: A. K., in: Encyclop. Judaica (1928). – G. SCHOLEM: Die jüdische Mystik in ihren Hauptströmungen (1957). G. NADOR

II. Die Rezeption des A.K.-Topos in der idealistischen und romantischen deutschen und französischen Philosophie des ausgehenden 18. und beginnenden 19. Jh. spiegelt die antirationalistische, mystischer Spekulation und mythologischer Tradition sich bedienende Sezession in der neueren Geschichtsphilosophie wider.

HEGEL hatte in seiner Religionsphilosophie und Geschichte der Philosophie A.K. bei PHILO VON ALEXANDRIEN (A.K. als Synonym für σοφία und λόγος [1]), in der alexandrinisch beeinflußten Gnosis und vor allem im Manichäismus (A.K. als ‹himmlischer Mensch›, ‹Urmensch›, im Gegensatz zur Seele des irdischen Menschen, die im Materiellen gefangen ist [2]) nachgewiesen und den Begriff als vorphilosophisches Mythologem kritisiert, das zwar über den Stand der Naturreligion fortgeschritten sei [3], aber im Versuch, die Idee der Trinität zu denken, «die abendländische Wirklichkeit durch den orientalischen Idealismus zu einer Gedankenwelt verflüchtigt» [4]; er hatte die Begriffsgeschichte in der jüdischen Kabbala (A.K. als Identitätsprinzip des Seins, von dem alle Emanation ausgeht [5], wobei die Identität nur in der ‹Person› A.K. eine Differenz aufweist, als σοφία aber Indifferenz ist [6]) und in der christlich-scholastischen Offenbarungsspekulation weiterverfolgt [7].

Dagegen gibt es in der romantisch-idealistischen Mythologiephilosophie *inhaltliche* Identifikationen. Diese Philosophie wird, dies zeigt das Beispiel F. v. BAADERS und F. W. J. SCHELLINGS, aus einem Kontinuum mythologischer und mystischer Überlieferung gespeist, das über die Gnosis, den Manichäismus, die kastilische jüdische Kabbalistik des 13. Jh. (vor allem das Buch ‹Sohar›) und frühe deutsche Mystik (Meister ECKHART und TAULER [8]), über die Kabbala in Saphed (16. Jh., I. LURIA) und – gleichzeitig – die protestantische Mystik J. BÖHMES bis zu SAINT MARTIN, BAADER, FR. SCHLEGEL und SCHELLING reicht. Wesentliches Vermittlungsmedium zwischen der Kabbala, BÖHME (der Adam als «das ausgesprochene Wort», als «an Luzifers Stelle erschaffen» und «im Fall Luzifers nicht erstarrt», als «in Jehovah in Adam offenbar» und – analog zur kabbalistischen Zweigeschlechter-Hypothese – als «eine männliche Jungfrau» bezeichnet [9]) und dem romantischen Idealismus ist die christliche Eschatologie der ‹Schwabenväter› des frühen 18. Jh. (J. A. BENGEL und FR. CHR. OETINGER [10]). So schreibt OETINGER in seiner Autobiographie: «Was die Kabbala beträfe, so hätten wir Christen ein Buch, das noch viel deutlicher von der Kabbala rede, als Sohar ... Jakob Böhme» [11]. SCHELLINGS Oetinger-Kenntnis ist seit 1803 belegt [12]. Der Mythos vom Sündenfall des A.K., vor Böhme von I. Luria in Analogie zur «Kontraktion Gottes», in der Gott der natürlichen Welt Raum in sich gibt (Schöpfung), als «Kontraktion» verfaßt, in der sich der Urmensch verselbständigt und aus der Identität des Absoluten löst, hatte auf Schelling wesentlichen Einfluß [13]. Mit der Identitätsphilosophie wurde die Mythologie (in der spekulativen Abstraktion der Mystik) zunehmend wichtig. Spezifisch kabbalistische Kenntnis verdankt Schelling nicht zuletzt dem Frankfurter J. F. MOLITOR, der im Briefwechsel (1806-1853) [14] die «kabbalistische Lehre von Ainsoph, A.K., der ursprünglichen geistigen Schöpfung, und dem Fall» mitteilt [15] («En Sof», die Wurzel der Dynamik der Offenbarung und Emanation, ist identisch mit Schellings Begriff des göttlichen «Ungrunds»). Gleich Schelling [16] beurteilt Molitor, der kabbalistisch «eine organische Wissenschaft für die Theologie» begründen will [17], den «Zustand des gefallenen Menschen ... durch die Betrachtung dessen, was er vor dem Fall gewesen» [18], als A.K. In völliger Übereinstimmung spricht BAADER in seinen Erläuterungen zu Saint Martins ‹Le ministère de l'homme-esprit› (1802) von «A.K. als Urbild des Menschen, in und zu dem diese Welt geschaffen ist» [19]. Gemeinsames Kennzeichen dieser Verbindung von Philosophie und Mythologie, des Interesses an einer «neuen Mythologie», ist der systematische *geschichtstheoretische* Ort des Mythos vom A.K.: Er hat eine soteriologische Funktion. Die ideologische Motivation der Mythologiephilosophie ist die Frage nach der menschlichen Freiheit unter der Bedingung des ‹Bösen›. Sie beantwortet sie mit der Identifizierung von Sündenfall und Geschichtsanfang bzw. Offenbarung: Der Abfall des A.K. von Gott war notwendig für das Werden Gottes, die Negation der Gott-Mensch-Identität durch den Menschen in der ‹Natur Gottes› [20] selbst begründet. So fungiert A.K. im Rahmen einer Sündenfallslehre als ontologischer Beweis eines nicht durch bloße Negation definierten Menschlichen. Der «urbildliche Mensch», der von Schellings Freiheitsschrift (1809) beeinflußte J. A. KANNE [21], «in welchem wir Götter und allzumal Kinder des Höchsten waren», «in welchem wir als der Eine Mensch ungetrennt geblieben wären» [22], ist die *seinsgeschichtlich* verbürgte Gewißheit einer *Heilsgeschichte*, die nicht im Sinne der rationalistischen Fortschrittstheorie der koexistierenden Vernunft der Subjektivität, nicht dem ‹Fortschritt der Rechtsverhältnisse› [23], anheimgestellt ist. Die Mythologiephilosophie verbucht mit A.K. «eine große Tatsache ..., die Existenz eines theogonischen Prozesses im Bewußtsein der ursprünglichen Menschheit» [24] und die Begründung einer Philosophie der Geschichte. A.K. ist das Symbol des wirklichen ‹goldenen Zeitalters›, die «rückwärts gewandte Utopie» [25], die «einen *völligen Rückzug aus der Geschichte*» [26] gerade in der Zuwendung zur *Seinsgeschichte* des Absoluten erlaubt. Die romantische Rezeption des A.K.-Mythos indiziert eine völlig veränderte Aufgabe der Mythologie: Sie wurde zum «Medium der Zeit- und Gegenwartskritik» [27] der Romantiker: «Wenn es nämlich gelingt, den Mythos vom A.K. zu denken, die Kategorie des anderen Absoluten aus dem wirklichen Anfang des Absoluten abzuleiten, dann ist dem praktischen Bedürfnis, die Möglichkeit eines wirklichen Endes der Korruption dieser Welt darzutun, theoretisch genüge getan» [28].

Anmerkungen. [1] G. W. F. HEGEL, Jubiläums-A., hg. H. GLOCKNER (1927ff.) 19, 24. – [2] a. a. O. 19, 136. – [3] 15, 296. – [4] 16, 244. – [5] 19, 28. – [6] 16, 245. – [7] 19, 136. – [8] Vgl. Aus SCHELLINGS Leben. In Briefen, hg. G. L. PLITT 1-3 (1869/70) 2, 252/53. – [9] F. X. v. BAADER, Werke, hg. F. HOFFMANN/ J. HAMBERGER 1-16 (1860, Neudruck 1963) 16, 65f. – [10] Vgl. PLITT 2, 179; vgl. FR. CHR. OETINGERS Leben von ihm selbst beschrieben, hg. S. SCHEIBLE (1927). H. J. SANDKÜHLER: Freiheit und Wirklichkeit. Zur Dialektik von Politik und Philos. bei Schelling (1968) 182-185. – [11] OETINGERS Leben, a. a. O. [10] 48. – [12] Vgl. PLITT, a. a. O. [8] 2, 179. – [13] Vgl. J. HABERMAS: Dialektischer Idealismus im Übergang zum Materialismus – geschichtsphilos. Folgerungen aus Schellings Idee einer Contraction Gottes, in: Theorie u. Praxis. Sozialphilosoph. Studien (1965). – [14] Vgl. MOLITORS Briefe an Schelling, in: SANDKÜHLER, Freiheit und

Wirklichkeit ... a. a. O. [10] 249-277. – [15] a. a. O. 262. – [16] Vgl. SCHELLING, Werke, hg. K. F. A. SCHELLING (1856-1861) 1, 325; 11, 205; 9, 227; 7, 411; 6, 40; 13, 385; 6, 61/62; 7, 461/462; 6, 42. 63. – [17] MOLITORS Briefe a. a. O. [14] 258. – [18] J. F. MOLITOR: Philos. der Gesch. oder über die Tradition 1-4 (1827-1853) 1, 83. – [19] BAADER, a. a. O. [9] 12, 402. – [20] SCHELLING, a. a. O. [16] 7, 357/358; vgl. J. BÖHME, Schriften (1730, Nachdruck 1955) 28, 3; vgl. BAADER, a. a. O. [9] 1, 233; 2, 3; 9, 219; 13, 358-362. – [21] J. A. KANNE: Christus im AT. Untersuchungen über die Vorbilder und Messianischen Stellen 1. 2 (1818); vgl. SCHELLING, a. a. O. [16] 11, 224/225. – [22] KANNE, a. a. O. 1, 123. – [23] Vgl. SCHELLING, a. a. O. [16] 3, 582ff. 592/93, und die gegenteilige Formulierung der Philos. der Mythologie 11, 230. – [24] a. a. O. 11, 229. – [25] K. ZIEGLER: Die dtsch. Mythostheorie der Neuzeit, in: MERKER/STAMMLER: Reallex. der Dtsch. Literaturgesch. (²1965) 2, 578 b. – [26] D. SCHREY: Mythos und Geschichte bei Johann Arnold Kanne und in der romantischen Mythologie (1969) 252. – [27] ZIEGLER, a. a. O. [25]. – [28] HABERMAS, a. a. O. [13] 123.

Literaturhinweise. A. WÜNSCHE: Schöpfung und Sündenfall des ersten Menschenpaares im jüdischen und moslemischen Sagenkreis (1906). – K. LEESE: Von Jakob Böhme zu Schelling. Zur Met. des Gottesproblems (1927). – R. SCHNEIDER: Schellings und Hegels schwäbische Geistesahnen (1938). – E. BENZ: Schellings theologische Geistesahnen (1955); Adam. Der Mythus vom Urmenschen (1955); Die christliche Kabbala (1958). – W. SCHULZ: Schelling und die Kabbalah, in: Judaica 13 (1957) 56ff. 210ff. – J. HABERMAS s. Anm. [13].   H. J. SANDKÜHLER

Adaptation. Der Ausdruck ‹A.› (von lat. adaptare, anpassen), auch Umstimmung, Gewöhnung, wird in der Physiologie der Sinnesorgane im engeren Sinne für ‹Anpassung› gebraucht und bis Mitte des 19. Jh. synonym mit ‹Akkommodation› verwendet. Nach der Begriffsklärung der ‹Accommodation› durch HELMHOLTZ [1] als Einstellung der Augenlinse auf verschiedene Brennweiten, führte AUBERT [2] die Bezeichnung ‹A.› für die Anpassung der Empfindlichkeit der Sinnesorgane an verschiedene Intensitäten des Reizes ein. Um die Jahrhundertwende wurde bei verschiedenen Autoren ‹Umstimmung› – so z. B. bei HERING [3] –, ‹Gewöhnung› und ‹Anpassung› im engeren Sinne gleichbedeutend gebraucht. EBBINGHAUS und andere sprachen von ‹Abstumpfung› der Empfindung bei fortdauernd einwirkender Reizung. Gelegentlich findet man in der älteren Literatur den Terminus ‹Ermüdung› anstelle von A.

In der *Physiologie* der Sinnesorgane versteht man unter A. den dynamischen Prozeß der Abnahme der Entladungsfrequenz einer Nervenzelle bei fortdauernder, konstanter Reizung derselben und zählt die A. zu den nicht-linearen Übertragungseigenschaften sensorischer Systeme. In der *Psychologie* tritt an die Stelle der Entladungsfrequenz des Nervs die Empfindung oder, besonders in letzter Zeit, die direkt oder indirekt erfaßbare (meßbare) Reizantwort des Organismus als Indikator für A. A. fand man – mit Ausnahme einiger umstrittener Fälle – bei allen Sinnesqualitäten; z. B. Hell-Dunkel-A., Farb-A., A. des Gehör-, Geschmack-, Lage-, Tast-, Kälte- und Wärmesinnes. Seit den dreißiger Jahren tritt in der Literatur A. als allgemeine Eigenschaft der Wahrnehmung in den Vordergrund. GIBSON [4] spricht von A. mit Nacheffekten, insofern die Lage der ausgezeichneten Stellen einer Wahrnehmungsdimension – die sogenannten ‹Normen› (z. B. die gerade Linie als Norm aller denkbaren Konturenverläufe) – durch die vorangegangenen Reize beeinflußt werden und gegebenenfalls ihre Position auf der Reizdimension verändern. HELSON [5] definiert die Lage eines dieser Norm entsprechenden Reizes, des sogenannten Ankerreizes, mathematisch als Funktion des aktuellen Reizangebotes. Nach KOHLER [6] erfolgt die Selektion der Norm durch eine im Sensorium erstellte ‹Reizstatistik›. In den Theorien (Modellen) für A. – ‹A.-Level Theory› bei HELSON; A. als ultrastabile Eigenschaft sensumotorischer Systeme bei TAYLOR [7] – wird der Gewinn für die Wahrnehmung im antagonistischen Prozeß der Sensibilisierung für Reize um den ‹Norm›- oder ‹Level›-Bereich und die gleichzeitige Desensibilisierung für andere Reize gesehen; also entsprechend einem der Meßtechnik entliehenen Modell der optimalen, automatischen Meßbereichregulierung (KOHLER [8]; HELD [9] u. a.).

PIAGET verwendet den Begriff A. in einem sehr umfassenden Sinne, indem er allgemein A. als eine Form des Austausches zwischen Organismus und Umwelt definiert. Der *Prozeß* der A., sowohl der biologischen als auch der psychologischen, insbesondere aber der intellektuellen Anpassung des Individuums an seine Umwelt, besteht in einer Veränderung des Organismus durch seine Umwelt. Diese Veränderung führt zu einer Verstärkung des Austausches zwischen Organismus und Umgebung mit dem Ziel, die Selbsterhaltung des Organismus zu gewährleisten. Der A.-Prozeß verwirklicht sich in zwei eng verzahnten Vorgängen: der Assimilation und der Akkommodation. Assimilation bedeutet für Piaget die Übernahme von Elementen der Umwelt durch den Organismus und deren Eingliederung in seine (biologische oder psychologische) Organisation, während Akkommodation den Vorgang der Einstellung des Organismus durch eigene Veränderung auf die aufzunehmenden Objekte bezeichnet. Der *Zustand* der A. oder der Adaptiertheit ist erreicht, wenn ein Gleichgewicht zwischen den beiden Komponenten hergestellt ist [10].

Anmerkungen. [1] H. VON HELMHOLTZ: Hb. physiol. Optik (³1909). – [2] H. AUBERT: Physiol. der Netzhaut (1865); Grundzüge der physiol. Optik (1876). – [3] E. HERING: Zur Lehre vom Lichtsinne (²1878). – [4] J. J. GIBSON: A. with negative aftereffect. Psychol. Rev. 44 (1937) 222-244; The perception of the visual world (Boston 1950). – [5] H. HELSON: A.-level theory (New York/Evanston/London 1964). – [6] I. KOHLER: Zentralnervöse Korrekturen in der Wahrnehmung. Naturwissenschaften 48 (1961) 259-264; Reizstatistik und Wahrnehmung. Acta psychol. (Amst.) 19 (1961). – [7] J. G. TAYLOR: The behavioral basis of perception (New Haven/London 1962). – [8] I. KOHLER: Der Brillenversuch in der Wahrnehmungspsychol. mit Bemerkungen zur Lehre von der A. Z. exp. angew. Psychol. 3 (1956) 381-416. – [9] R. HELD und A. V. HEIN: A. of disarranged hand-eye-coordination contingent upon reafferent stimulation. Percept. motor Skills 8 (1958) 87. 90. – [10] J. PIAGET: La naissance de l'intelligence chez l'enfant (Neuchâtel 1936).

Literaturhinweise. A. TSCHERMAK: Die Hell-Dunkel-A. des Auges und die Funktion der Stäbchen und Zapfen. Ergebn. Physiol. 1 (1902) 694-800. – E. G. BORING: Sensation and perception in the hist. of experimental psychol. (New York 1942). – J. H. FLAVELL: The developmental psychol. of Jean Piaget (New York 1963). – H. HELSON s. Anm. [5].   A. HAJOS

Adept (lat. adeptus, von adipisci, erlangen) ist ein Kundiger, ein in besonderer (geheimer, esoterischer) Weisheit, Wissenschaft oder Kenntnis und Kunstübung Erfahrener, Eingeweihter. Seit dem 15./16. Jh. wird der Ausdruck wohl im Zusammenhang mit dem Humanismus, mit der Wiederbelebung des Neuplatonismus und durch die praktische und spirituelle Alchemie allmählich allgemeiner gebräuchlich und auch in den Okkultismus und in die Vulgärphilosophie aufgenommen. Das ciceronianische Wort ‹adeptio› wird bei den *Kirchenvätern* für die Erlangung von irgend etwas, besonders aber von (religiösen, ethischen) Gütern, verwendet [1]. Bei PAULINUS VON NOLA kommt, wohl in Weiterführung der Mysteriensprache, «adeptus fidei» (Heilserlangung) vor [2]. Ähnlich wird ‹adipisci› verwendet. Auch die *Vulgata* kennt ‹adipisci› und ‹adeptus› für die Gewinnung von Heilsgütern, besonders im Neuen Testament [3]. Für die Neuzeit wird die vor allem durch PARACELSUS maßgeblich vermittelte und geprägte Wortgruppe zum Teil anscheinend mit dem bei Paracelsus ebenfalls häufigen ‹adoptio›, ‹filius adoptivus› kontaminiert: «philosophia, theologia, medicina adepta, ius adeptum»; Paulus z. B. ist ein «theologus adeptus» [4]. Als Adept gilt hier vornehmlich der Kenner der philosophia adepta [5].

Anmerkungen. [1] Vgl. Thesaurus Linguae Latinae 1 (1900) 632 mit zahlreichen Belegen. – [2] Epist. 32, 18. – [3] Hebr. 6, 15; 11, 33; Jac. 4, 2. – [4] PARACELSUS, Philosophia Magna. Werke, hg. SUDHOFF 12, 188ff. – [5] Substantivisch mit unbekannter Bedeutung selten, z. B. a. a. O. 6, 478: «de characteribus» und «de adeptis».

Literaturhinweis. M. P. HALL: Adepts in western esoteric tradition 1-3 (1949).
K. GOLDAMMER

Adiaphora

I. ‹A.› (griech. ἀδιάφορα, lat. indifferentia, ‹das [ethisch] Gleichgültige›). – 1. Von Plato [1] beeinflußt, vom Kynismus [2] bestimmt, in Abwehr peripatetischer [3], epikureischer, pyrrhoneischer Lehren zählte ZENO alles nicht zur Geistestugend bzw. zu dessen Gegenteil Gehörige zur Masse des Ununterschiedenen oder der – mit einem schon von Aristoteles gebrauchten Wort [4] – A. [5], innerhalb derer es keine artmäßige Scheidung nach gut und übel gibt. Notwendig schien Zeno [6] aber der Vorzug einiger A., die er προηγμένα [7] nannte (‹Bevorzugtes›, das Gegenteil ἀποπροηγμένα) [8]. Die Inkonsequenz solcher Bevorzugung wurde bald deutlich; ARISTO hob daher die Klasse der Bevorzugten auf [9], HERILLOS suchte durch Stufung der Ziele [10] zu vermitteln, ein vergebliches [11], wenn auch folgenreiches Unterfangen [12].

2. CHRYSIPP kehrte zu Zeno unter Verfeinerung des Systems zurück [13], u. a. bestimmte er die A. neu: Sie nutzen und schaden nicht bezüglich des absoluten Guts, sie erregen (dem Philosophen) kein Verlangen [14], sind belanglos, weisen aber natürliche Unterschiede auf [15]: a) bezüglich der Naturgemäßheit [16], b) bezüglich der rechten bzw. unrechten Anwendung [17], was natürlich nicht das Belanglose betrifft [18] und b) sind Bevorzugtes, das «genügend» Wert hat [18], um ergriffen, wenn auch nicht erstrebt zu werden [19]. Es teilt sich mit Wertgefälle in Seelisches, Körperliches, Äußerliches [20]. Es blieb der von KARNEADES verfochtene Einwand [21], dem Bevorzugten werde Wert zugleich belassen und genommen [22]. DIOGENES VON BABYLON und ANTIPATER parierten a) durch Aufnahme des Naturgemäßen in die Telosformel [23]; b) durch neue Wertsetzungen: Antipater schied den Wert des Bevorzugten [24] vom «Wechselkurs», den ein «Fachmann» setzt [25], wodurch den A. Wert durch sittliche Haltung verliehen ist und eine folgenreiche Subjektivierung [26]; c) durch Differenzierung des Zielbegriffs [27], wobei jedoch die systematische Nähe zur peripatetischen Wertevielzahl blieb [28].

3. PANAITIOS zog aus Chrysipps Bemerkung [29] die Konsequenz, räumte den naturgemäßen Strebungen Wert ein [30], näherte sich bewußt dem Peripatos [31], suchte nicht mehr nach schulmäßiger Einordnung, sondern nach Möglichkeiten rechter Verwertung der A. [32], scheute auch nicht Platonisierendes [33], was alles Öffnung zur Realität und Grundlegung der überlegenen Eklektik bedeutete. Eine gleichartige Position nahm POSEIDONIUS ein [34], der scharf Antipaters Verflachung der Telosformel auf die A. hin tadelt und statt der Abwertung der A. den Ort der Strebungen in der Stufenfolge der einander dienenden Kräfte bestimmt [35] und die Reizweise der A. erforscht [36]. Sie behalten ihren niederen Stellenwert [37], aber an die Stelle schulmäßiger Behandlung tritt nun die Erforschung ihrer Wirkweise. Aus all dem folgt die wirkungsreiche [38] Erforschung des schicklichen Maßes (πρέπον, Prepon) in der Nutzung der A., wovon besonders die Briefe des HORAZ zeugen [39].

4. Sokratischen Positionen vergleichbar [40], ausgehend wohl von Antipater, beeinflußt von Panaitios [41], verlegen *jüngere Stoiker* das Gute ins Innere. EPIKTET gründet die Moral auf den «Vorsatz» (προαίρεσις, Prohairesis), die wertfreien, uns «nichts angehenden» A. [42] recht einzuordnen und zu brauchen [43], so daß werthaft allein die Haltung, das Innere ist [44]. SENECA schränkt wie Epiktet die Philosophie auf die Ethik ein, hier aber reich detaillierend: Das eigentliche Feld der Bewährung sind die A., was der Lehre des Panaitios entspricht und wofür sich Ansätze bei Antipater und Diogenes finden [45]. Altstoisch ist die Strenge der Wertung der A. [46]; ihre Behandlung wird undogmatisch Epikur geähnelt [47], ihre Einordnung ist platonisierend [48], klassisch-stoisch die Behauptung einer Überlegenheit über sie aus Allkenntnis [49]. Wie bei Epiktet ist die Moral aufs Innere gebaut [50], das sich im ratiogeleiteten Willen kundtut [51]. Epiktets Intellektualismus wieder näher steht MARC AURELS «Annahmevermögen» [52], das die Einstellung zu den A. bestimmt; es ist entscheidendes Erkennen, das äußeres Widriges «umwendet» und durch die innere Überlegenheit [53] in einer Bewältigung zum Bevorzugten macht [54]. Das vierte Buch [55] der ‹Consolatio philosophiae› des BOETHIUS ist in der für ihn eigentümlichen Mischwelt [56] vom Kampf mit den A. beherrscht, doch ist nunmehr die Eklektik, wiewohl auf höchstem Niveau stehend, grenzenlos geworden, jungstoischer Geist ist jedoch überall zu bemerken [57].

Anmerkungen. [1] PLATON, Gorg. 467 c ff. – [2] DIOGENES LAERT. VII, 2. – [3] ARISTOTELES, Eth. Nic. 1011 a 6. – [4] ARISTOTELES, Met. 1016 a 18. – [5] ZENO, SVF I, 195. – [6] SVF I, 192. – [7] SVF I, 192. – [8] Vgl. zur Sprachform M. POHLENZ: Die Stoa. Geschichte einer geistigen Bewegung (³1964) 2, 69. – [9] ZENO, SVF I, 361. – [10] SVF I, 411. – [11] SVF I, 412. – [12] SENECA, Ep. 52, 3ff. – [13] CHRYSIPP, SVF III, 117. – [14] SVF III, 118f. – [15] SVF III, 138. – [16] SVF III, 140. – [17] SVF III, 119. 122f. – [18] SVF III, 122. 130. – [19] SVF III, 131. – [20] SVF III, 135f. 136. – [21] KARNEADES, SVF 253. 23. – [22] M. POHLENZ: Plutarchs Schriften gegen die Stoiker. Hermes 74 (1939) 25. – [23] SVF III, 219, Nr. 54. 252, Nr. 57ff. – [24] SVF III, 124. – [25] SVF III, 124f., vgl. auch die ähnliche Bemerkung bei ARISTOTELES, Eth. Nic. 1143 b, 13. – [26] POHLENZ, a. a. O. [8] 1, 187. – [27] Vgl. R. ALPERS-GÖLZ: Der Begriff Skopos in der Stoa. Spudasm. 8 (1968). – [28] CICERO, De fin. 3, 41. – [29] CHRYSIPP, SVF III, 138. – [30] PANAITIOS, Frg. 96, hg. M. V. STRAATEN. – [31] DIOGENES LAERT. VII, 128. – [32] Frg. 112, hg. STRAATEN. – [33] CICERO, De off. 1, 15. – [34] K. REINHARDT, in: Realencyclop. class. Altertumswiss. 22, 749. 751ff. – [35] a. a. O. 751. 758. – [36] a. a. O. 752ff. – [37] Das gilt trotz DIOGENES LAERT. VII, 103. – [38] Vgl. L. LABOWSKY: Die Ethik des Panaitios (1934). – [39] Vgl. G. MAURACH: Der Grundriß von Horazens erstem Epistelbuch. Acta classica 11 (1968) 73ff. – [40] Vgl. PLATON, Apol. 30 c; Phaidros 279 b. – [41] Vgl. CICERO, De fin. 4, 23. – [42] EPIKTET, Diss. 1, 30, 3. – [43] Ench. 32, 2; Diss. 2, 5, 1ff.; vgl. Reallex. Antike u. Christentum 5, 606ff. – [44] Diss. 2, 5, 5; 3, 26, 28. – [45] Vgl. R. HIRZEL: Untersuchungen zu Ciceros philos. Schriften (1882) 2, 1, 239. – [46] SENECA, Ep. 65-80 (gegen den Peripatos). – [47] Vgl. die an Ep. 2-29 angefügten epikureischen Dicta. – [48] SENECA, Ep. 58. – [49] Quaest. nat. 1, prooem.; ep. 66, 6. – [50] H. CANCIK: Unters. zu Senecas Ep. mor., Spudasm. 18 (1967) 121ff. – [51] M. POHLENZ: Philosophie und Erlebnis in Senecas Dialogen. Nachr. Akad. Wiss. Göttingen, phil.-hist. Kl. (1941) H. 3, 241ff. – [52] MARC AUREL, Ad se ipsum 3, 9ff. – [53] a. a. O. 7, 59. – [54] a. a. O. 5, 20, 3. – [55] BOETHIUS, De consolatione philos. IV, 1, 3, 9. – [56] Vgl. F. KLINGNER: De Boethii Consolatione philos. (Zürich/Dublin ²1966) 20ff.; G. MAURACH: Boethiusinterpretationen. Antike und Abendland 14 (1968) 126ff. – [57] Vgl. a. a. O. [55] 2, 4, 22.

Literaturhinweise. O. RIETH: Grundbegriffe der stoischen Ethik, in: Problemata 9 (1933). – M. POHLENZ: Grundfragen der stoischen Philos, in: Abh. Ges. der Wiss. zu Göttingen 3 (1940) 26; s. Anm. [8]. – J. G. KIDD: The relation of Stoic Intermediates to the Summum Bonum 49 (1955) 181ff. – Weitere Literaturangaben im Artikel ‹A.› von J. STELZENBERGER, in: Reallex. Antike u. Christentum 1 (1950) 87.   G. MAURACH

II. Die A. (ἀδιάφορα, lat. indifferentiae) wurden in den theologischen Ethiken früher in einem besonderen Lehrstück von den ‹Mitteldingen› erörtert, während heute ein solches Lehrstück entweder nicht begegnet oder in ihm dargelegt wird, daß es keine sittliche Indifferenz geben könne. Zweimal in der Kirchengeschichte hat es eine erbitterte Auseinandersetzung um die A. gegeben. Nach der Niederlage der Protestanten im Schmalkaldischen Krieg verlangte der Augsburger Reichstagsabschied vom 30. Juni 1548 (Augsburger Interim) von ihnen die nahezu völlige Rückkehr zu katholischer Lehre und Kirchenwesen. Nach langen Auseinandersetzungen wird im Dezember 1548 das Leipziger Interim angenommen, welches die entscheidenden protestantischen Lehraussagen festhält, wesentliche Teile der katholischen Zeremonien, darunter die Heiligenverehrung und die Sieben Sakramente, jedoch als A. annimmt, und zwar unter Billigung durch MELANCHTHON und andere namhafte Theologen. Dagegen erhebt sich der leidenschaftliche Widerstand der Gnesiolutheraner (MATTHIAS FLACIUS ILLYRICUS, AMSDORF, WIGAND u. a.), die unter der Parole, «in casu confessionis et scandali» gebe es keine A., erfolgreich zum Widerstand der Protestanten gegen das Interim aufrufen (adiaphoristischer Streit). Im Ausgang des 17. Jh. entbrannte erneut, diesmal unter anderem Vorzeichen, der Streit um die A. Während der Pietismus Theaterbesuch, Tanz, Kartenspiel und anderes mehr leidenschaftlich als eines Christen unwürdig bekämpfte, verteidigte das orthodoxe Luthertum sie als A. Der Kirchenkampf im ‹Dritten Reich› hat erneut deutlich gemacht, daß Fragen und Handlungen, die in normalen Zeiten unbedeutend oder neutral sind, Bekenntnischarakter bekommen können, so daß die grundsätzliche Freiheit zur Entscheidung nach beiden Seiten begrenzt oder aufgehoben ist. Die Entscheidung, die PAULUS 1. Kor. 8. 10 in der Frage des Essens von Götzenopferfleisch trifft, beschreibt gültig die christliche Haltung gegenüber den A.

Literaturhinweise. A. RITSCHL: Gesch. des Pietismus 2 (1884, Nachdruck 1966) passim. s.v. Mitteldinge. – H. CHR. V. HASE: Die Gestalt der Kirche Luthers (1940). – W. TRILLHAAS: A. Erneute Erwägung eines alten Begriffs. Theol. Lit.-Ztg. 79 (1954) 457-462.   K. ALAND

Adjunktion heißt entsprechend einem Vorschlag von H. BEHMANN, die häufig auch ‹Disjunktion› genannte aussagenlogische Verbindung ‹p oder q›, die dem einschließenden ‹oder› (‹oder auch›, lat. ‹vel›) der Umgangssprache entspricht: «Im Wartesaal kann man etwas essen oder man kann auch etwas trinken.»

Seit FREGE wird die A. durch die Wahrheits(wert)tafel:

∨	W	F
W	W	W
F	W	F

definiert. Von der Wahrheitswerttafelmethode unabhängig läßt sich die A. im Rahmen der dialogischen Logik (s. d.) einführen. Die A. wird gelegentlich auch ‹Alternative› oder ‹Logische Summe› genannt. ŁUKASIEWICZ schreibt ‹Apq›. Die A. entspricht dem *stoischen* ‹Paradiezeugmenon› [1]. FREGE [2] definiert sie mit Hilfe der von ihm ‹Bedingtheit› genannten materialen Implikation (s. d.) durch «wenn nicht p, so q». PEANO schreibt ‹a ᴜ b›. Durch die ‹Principia Mathematica› kam die Schreibweise ‹p ∨ q› auf [3].

Anmerkungen. [1] GALEN, Institutio logica, hg. C. KALBFLEISCH (1896) 5, 11, 24-12, 8. – [2] G. FREGE: Begriffsschrift, hg. I. ANGELELLI (1964) 10f. – [3] A. WHITEHEAD und B. RUSSELL: Principia Mathematica 1 (Cambridge 1910) 93.   A. MENNE

Adjunktor heißen Zeichen für die logische Adjunktion (s. d.) zweier Aussagen p und q, z. B. bei der gebräuchlichen Schreibung ‹p ∨ q› das Zeichen ‹∨›.   Red.

Advaita (Zweitlosigkeit). Das Wort kann als Adjektiv in der Bedeutung von ‹ohne ein Zweites› sowie als neutrales Substantiv im Sinne von ‹Ohne-ein-Zweites-Sein›, ‹Zweitlosigkeit› gebraucht werden. Der Terminus kommt schon in der ‹Brihadāranyaka-Upanischad› vor [1]; zentral wird er aber erst in der nach ihm benannten, von GAUDAPĀDA, MANDANAMIŚRA, ŚANKARA und anderen vertretenen monistisch-illusionistischen Vedānta-Richtung, wo er besagt, daß außer dem Absoluten – dem Brahman, das zugleich das wahre Selbst des Menschen, der Ātman, ist – kein Zweites existiert. Nur dieses Eine ist wahrhaft seiend, alles andere, alle Vielheit, ist illusorisch [2].

Der Terminus ‹A.› kann jedoch auch auf andere philosophische Richtungen angewendet werden. JAYANTA (9. Jh. n. Chr.) beispielsweise stellt der soeben erwähnten Vedānta-Richtung, die er als ‹Ātmâdvaita› oder ‹Sattâdvaita› ([Lehre von der] Zweitlosigkeit des Ātman bzw. des – als Wesensbestimmung des Brahman gebräuchlichen – Seins) bezeichnet [3], die illusionistische Explikation der Lehre des vedāntisch inspirierten Sprachphilosophen BHARTRIHARI als ‹Śabdâdvaita› (Zweitlosigkeit der – hier als Wesensbestimmung des Brahman geltenden – Sprache) gegenüber [4]. Insofern im Śabdâdvaita jedoch dem einzig wahren Brahman eine Vielzahl von Fähigkeiten innewohnt [5], kann das Eine hier im Gegensatz zum Ātmâdvaita als eine *konkrete* Einheit bezeichnet werden. Eine noch größere Rolle spielt das Moment der Vielheit in der von Jayanta als ‹Vijñânâdvaita› (Zweitlosigkeit der Erkenntnis) bezeichneten buddhistischen Richtung, welche den Grundsatz, daß es nur ‹Erkenntnis› gebe (Vijñaptimātratā), vertritt; dieser Grundsatz schließt aber nur die Existenz realer Gegenstände, nicht aber eine Vielfalt von Erkenntnissen und Erkenntnisbildern aus [6]. Spätere buddhistische Philosophen haben daher ihre Position als ‹Citrâdvaita› (bunte, d. h. eine Mannigfaltigkeit einschließende, Zweitlosigkeit) bestimmt [7].

Im Gegensatz zum radikalen A. ŚANKARAS wird die Position RĀMĀNUJAS als ‹Viśistâdvaita› bezeichnet, als Zweitlosigkeit eines (in sich) Differenzierten, d. h. der in Gott als die ‹Seele› einerseits und die Einzelseelen sowie die Welt als den von Gott beseelten und gelenkten ‹Leib› andererseits differenzierten Totalität [8]. Die Lehre NIMBĀRKAS, nach welcher Einzelseelen und Welt von Gott zugleich verschieden und nicht-verschieden sind, kann als ‹Dvaitâdvaita› ([Lehre, die] zugleich ein Zweites und Zweitlosigkeit [vertritt]) bezeichnet werden. VALLABHA ist der Begründer des (nicht-illusionistischen) ‹Śuddhâdvaita› (reine Zweitlosigkeit). MADHVA vertritt diesen radikalen oder eingeschränkten Monismen gegenüber die Position der uneingeschränkten Verschiedenheit von Gott, Einzelseelen und Welt (Dvaita).

Anmerkungen. [1] Brihadāraṇyaka-Upanischad IV, 3, 32. – [2] Māṇḍūkyakārikā I, 17; Brahmasiddhi 129, 13f. u. 6, 7ff.; P. HACKER: Untersuchungen über Texte des frühen Advaitavāda, 1. Die Schüler Śankaras. Akad. Wiss. Lit. Mainz (1950) 42. – [3] JAYANTA, Nyāyamañjarī, Kāśī-A. II, 94, 5. – [4] a. a. O. II, 99, 4. – [5] Vākyapadīya I, 2-3. – [6] Nyāyamañjarī, II, 103, 27ff.; Pramāṇavārtika, Pratyaksha, v. 320ff. – [7] Ratnakīrtinibandhāvalī 122, 4. – [8] Śrībhāshya, hg. KARMAKAR 1 (Poona 1959) Introduction XXVIIf. XXXIf.

Literaturhinweise siehe Art. ‹Vedānta›.

L. SCHMITHAUSEN

Aenigma stammt aus dem Griechischen: αἴνιγμα, αἰνιγμός, Rätsel, Rätselwort, αἰνίττω, in Rätseln reden. Dort gehört es zum Bereich der *Orakelsprache* und der *Mythenerklärung*. In diesem Zusammenhang taucht es auch in der philosophischen Literatur auf. In PLATONS ‹Timaios› [1] heißt es von den Sehern, daß sie in Rätselworten reden, die in unsere Sprache übersetzt werden müssen. Die Aufgabe der Interpretation fällt den Dolmetschern der Weissagungen, den Propheten, zu. Zur Deutung der Rätsel ist eine besondere Gabe nötig, um das, was sich hinter dem sinnlich Wahrnehmbaren verbirgt, zu sehen. Wer diese Gabe hat, vermag, wie der Seher Lynkeus, hinter den Dingen deren eigentliche Wirklichkeit wahrzunehmen [2]. Später gelangte der Begriff ‹A.› in die *Rhetorik*, und man bezeichnete damit eine undurchsichtige Allegorie [3]. In der *frühchristlichen Exegese* verbinden sich die verschiedenen Stränge des A.-Gedankens. Die alexandrinische Schule macht durch die allegorische Schriftdeutung, die von PHILO übernommen wird, sowohl den Gedanken der göttlichen Rede als eines Rätselwortes wie auch die rhetorische Tradition fruchtbar. Für das *Mittelalter* wurde die Vorstellung, daß wir in dieser Welt nur in Rätselbildern von einer uns jetzt noch verborgenen und unzugänglichen Welt sprechen können, durch das Wort des Apostels PAULUS im 1. Korintherbrief [4] bedeutsam. Der philosophische Gedanke vom Verweischarakter der Welt verbindet sich mit dem Begriff ‹A.› in der Philosophie des NIKOLAUS VON KUES, die sich als «scientia aenigmatica» [5] verstand. Das um das eigene Nichtwissen-Können belehrte Wissen, die *docta ignorantia*, führt zur aenigmatischen Erkenntnisweise. Durch die Möglichkeit des «symbolice investigare» gibt es für Cusanus Erkenntnis, wenn auch nicht im Sinne einer vollen praecisio. «Alle unsere weisen und gotterleuchteten Lehrer stimmen darin überein, daß der Schöpfer von den Geschöpfen so erkennend geschaut werden kann gleichsam wie im Spiegel und Rätselbild» [6]. Die Abbildlichkeit der Welt ermöglicht es, «daß die geistigen an sich für uns unberührbaren Dinge auf symbolische Weise erforscht werden können» [7]. Deshalb muß man den Gleichnis- und Rätselcharakter der Schöpfung ständig vor Augen haben: «Als erstes aber bedenke, mein Sohn, daß wir in dieser Welt durch Gleichnisse und Rätselbilder wandeln, weil der Geist der Wahrheit nicht von dieser Welt ist und auch nur insofern von ihr gefaßt werden kann, als wir durch Gleichnisse und Symbole, die wir als solche erkennen, zum Unerkannten emporgerissen werden» [8].

A. sind nötig für die Gotteserkenntnis, weil alles in der Schöpfung ein Bild des Schöpfers ist, der selbst unsichtbar bleibt [9]. Es kann endlos viele Rätselbilder geben [10]. Die Vielzahl entspringt einerseits aus der unendlichen Fülle Gottes, andererseits aus dem Abbildcharakter der Geschöpfe. Im Grunde kann alles zum A. werden, jedoch gibt es Unterschiede in der Angemessenheit und Fruchtbarkeit. Das eine gibt klarere Erkenntnis oder führt näher an das Gesuchte heran als das andere [11]. So verdeutlicht Nicolaus Cusanus mit Hilfe des Kreiselspiels die Ewigkeit Gottes. Aber die genauesten Rätselbilder liefert die Mathematik, weil wir in ihr das für uns sicherste Wissen besitzen; denn sie entspringt aus unserem Geist wie die Welt aus Gott [12]. Die unendlich gesetzte Linie zeigt uns die unendliche Seinsfülle und absolute Wirklichkeit Gottes [13]. Letztlich helfen uns alle Rätselbilder, den unsichtbaren Gott im Sichtbaren zu schauen. Diese Schau Gottes im Rätselbild wird eine Brücke, die von der Philosophie zur Theologie und zum Glauben führt [14]. Letztes Ziel muß die Schau Gottes ohne A. werden; dies aber kann uns nur als ein Geschenk zuteil werden [15].

Anmerkungen. [1] PLATON, Tim. 72 b 2. – [2] PLOTIN, Enn. V, 8 (31) 4, 25. – [3] QUINTILIAN, Inst. orat. VIII, 6, 52. – [4] 1. Kor. 13, 12. – [5] NIKOLAUS VON KUES, De beryllo c. 6 (h XI/1, 7, 17f.). – [6] Doct. ign. I, 11 (h I, 22, 4ff.). – [7] ebda. – [8] Cusanus-Texte IV/3, 46 u. 49. – [9] De poss. I, p. fol. 183r, 45ff. – [10] a. a. O. 181v, 25ff. – [11] 181v, 13ff. 39ff. 46ff. – [12] 179v, 34ff. 182r, 27ff. – [13] 181v, 46. – [14] 181v, 25ff. – [15] 179r, 17.

Literaturhinweise. – *Zu Antike und Mittelalter:* H. LAUSBERG: Hb. der lit. Rhetorik (1960) 444. – R. MERKELBACH: Roman und Mysterium in der Antike (1962) 55ff. – Theol. Wb. zum NT 1, 177ff. – J. HUIZINGA: Herbst des MA (⁷1953) 215-228. – *Zu Cusanus:* J. RITTER: Docta ignorantia (1927) 27-44. – G. v. BREDOW: Einl. zur Übers. von Nikolaus von Kues, De ludo globi. (1952). – K. JASPERS: Nikolaus Cusanus (1964) 44ff.

H. SCHNARR

Aevum entspricht dem griechischen Wort αἰών (Aion s. d.) und bedeutet auch im Lateinischen zunächst Leben, Lebenszeit, Generation, vorzugsweise im Hinblick auf den Menschen; daneben kommt es auch im politisch-historischen Zusammenhang vor und bezeichnet, oft synonym mit ‹saeculum›, den Begriff der Epoche und des Zeitalters; seit LUKREZ [1] wird das Wort außerdem auch zur Bezeichnung der Ewigkeit verwendet. Das Wort ‹A.› wird in seinen verschiedenen Bedeutungen von der politischen und von der poetischen Sprache bevorzugt, während sich die philosophische und theologische Sprache zur Bezeichnung der Ewigkeit des Wortes ‹aeternitas› bedient [2]. – Eine spezifische Funktion erhält ‹A.› erst im Zusammenhang mit der Unterscheidung verschiedener Stufen der Ewigkeit. Der Sache nach lassen sich derartige Unterscheidungen zwar bis auf PLATON zurückführen [3]; später werden diese Unterscheidungen vor allem im Neuplatonismus und in der Patristik relevant; so unterscheidet z. B. BOETHIUS die aeternitas als zeitlose Ewigkeit Gottes von der sempiternitas (perpetuitas) als unbegrenzter Dauer des Himmels [4]. Eine terminologische Fixierung in der philosophischen und theologischen Fachsprache findet sich jedoch erst im 13. Jh. (ALBERTUS MAGNUS, THOMAS VON AQUINO). Hier entspricht A. der geschaffenen Ewigkeit (aeternitas creata), nämlich der den geschaffenen, unvergänglichen und nur akzidentell veränderlichen Dingen (geistige Wesenheiten, Engel) zukommenden Form der Dauer [5]. Das A. nimmt so eine Mittelstellung ein zwischen der ungeschaffenen Ewigkeit (aeternitas increata) des Schöpfers und der Zeit (tempus), die der Dauer der geschaffenen vergänglichen Dinge als Maß zugeordnet ist. Das A. (aeviternitas, aevitas) wurde zum Gegenstand vieler Kontroversen, die vor allem von der Frage ausgingen, ob in ihm eine Sukzession stattfindet oder nicht [6]. Nachdem besonders DESCARTES die Schulmeinung einer eigenen Art der Dauer unbewegter Dinge abgelehnt hat [7], wird der Terminus ‹A.› außerhalb der Scholastik und des unmittelbaren Einflußbereiches ihrer Terminologie wenig verwendet; nur im Zusammenhang mit geschichtlichen Epochenbegriffen (vor allem medium aevum) hat sich der Ausdruck bis in die Neuzeit erhalten; heute ist er besonders noch im Italienischen (evo) gebräuchlich.

Anmerkungen. [1] LUKREZ, z. B. De rer. nat. I, 549. – [2] Vgl. z. B. BOETHIUS, De consol. philos. III, metr. 9; V, prosa 6. – [3] PLATON, Tim. 37 a ff. – [4] BOETHIUS, De trin. 4, 69ff. – [5] ALBERTUS MAGNUS, S. theol. I, 5, q. 23; THOMAS VON AQUINO, S. theol. I, q. 10, a. 5 und 6. – [6] Vgl. SUÁREZ, Disput. met. 50 sect. 5 und 6. – [7] DESCARTES, Werke, hg. ADAM/TANNERY 5, 193; vgl. 8, 27.

Literaturhinweise. CL. BAEUMKER: Witelo, ein Philosoph und Naturforscher des 13. Jh. Beiträge zur Gesch. der Philos. des MA. Texte und Untersuchungen (= Beiträge) 3 (1908) H. 2, 583-599. – F. BEEMELMANS: Zeit und Ewigkeit nach Thomas von Aquino. Beiträge 17 (1914) H. 1. – P. FAGGIOTTO: Art. ‹evo›. Enciclop. filos. 2 (Venedig/Rom 1957) 232-233. W. WIELAND

Affekt (πάθος, passio, Leidenschaft)

I. – 1. ‹Affekt›, ‹Leidenschaft› erscheint im griechischen Sprachgebrauch als spezielle Bedeutung des umfassenderen Begriffs πάθος. Außerphilosophisch meint das Wort das, was einem zustößt, insbesondere Leid und Schmerz. In seiner philosophischen Bedeutungsentwicklung bezeichnet der Begriff zunächst den Zustand des Empfangens einer äußeren Einwirkung – nach ARISTOTELES eine der zehn Kategorien des Seienden [1] –, dann ‹Zustand› oder ‹Eigenschaft› ganz allgemein, schließlich ‹Erleiden› oder ‹Zustand der Seele›: A. [2].

Erste Elemente einer Philosophie der A. finden sich bei den *Vorsokratikern*. Geschichtlich bedeutsam wurde ihr ethisch negatives Urteil: «Man hüte sich, die A. zu wecken» (... μήτε πάθος ἐγείρηται) [3]. Von DEMOKRIT wird der Satz überliefert: «Arzneikunst heilt des Leibes Krankheiten, Weisheit (σοφίη) befreit die Seele von A.» [4]. – Hier liegen Elemente der *Orphik* zugrunde, die auch PLATO beeinflußt haben. Dieser spricht im ‹Timaios› dem sterblichen Teil der Seele, der den Körper belebt, «mächtige und unabweisbare A.» zu (δεινὰ καὶ ἀναγκεῖα παθήματα) [5], wie *Lust* (ἡδονή), «der größte Köder des Übels», *Schmerz* (λύπη), «der Vertreiber des Guten», *frecher Mut* und *Furcht* (θάρρος καὶ φόβος), «unüberlegte Ratgeber», *Zorn* und *Hoffnung* (θυμὸς καὶ ἐλπίς) [6]. – Entstehungsgründe für *Schmerz* und *Lust* sind nach PLATO körperlich: Auflösung (λύσις) und Wiederhergestelltsein (ἁρμοττομένη) [7], seelisch: die Erwartung des Angenehmen (ἡδύ) oder des Unangenehmen (λυπηρόν) in bezug auf ein lust- oder schmerzbringendes Objekt. (Letztere Unterscheidung wurde für spätere Klassifikationen grundlegend [8].) Differenzierter beurteilt Plato das affektive Leben im ‹Philebos›: In Eintracht mit der Vernunft und auf das Gute ausgerichtet ist die Lust integrierender Bestandteil des Lebensglücks [9].

Bei ARISTOTELES tritt die psychologische Erforschung der A. in den Vordergrund. – Bezüglich ihrer Entstehungsursache definieren der Dialektiker (διαλεκτικός) und der Naturforscher (φυσικός) jeweils verschieden: So ist der Zorn (ὀργή) für den ersten ein Streben gegen den Schmerz (ὄρεξις ἀντιλυπήσεως), für den anderen aber eine Aufwallung und Erwärmung des Blutes um das Herz. Der erste betrachtet das Wesen an sich (εἶδος καὶ τὸν λόγον), der zweite ihre notwendig körpergebundene Existenz (τὰ τῆς ψυχῆς πάθη πάντα εἶναι μετὰ σώματος) [10]. In systematischer Betrachtung versteht Aristoteles unter A. alle Bewegungen der Seele, die «von Lust oder Schmerz begleitet sind» (οὓς ἕπεται ἡδονὴ καὶ λύπη), wie «Begierde, Zorn, Furcht, Mut, Neid, Freude, Freundschaft, Haß, Sehnsucht, Eifersucht, Erbarmen» (ἐπιθυμία, ὀργή, φόβος, θάρσος, φθόνος, χαρά, φιλία, μῖσος, πόθος, ζῆλος, ἔλεος) [11]; eine weitergehende Klassifikation liegt noch nicht vor. – Der ethische Wert der A. ist für Aristoteles eine Frage der Vermeidung von Extremen: «Übertreibung (ὑπερβολή) ist fehlerhaft, ihr Ausbleiben (ἔκλειψις) wird getadelt, das rechte Maß aber wird gelobt und gedeiht zum Rechten» (τὸ δὲ μέσον ἐπαινεῖται καὶ κατορθοῦται) [12]. In der Beherrschung des rechten Maßes liegt daher die Tugend [13], nicht im gänzlichen Freisein von A. [14]. – A. bewegen den Menschen notwendig und von Natur aus [15]. Trotzdem wäre es töricht, die aus ihnen hervorgehenden Taten des Menschen unfreiwillig (ἀκούσιος) zu nennen [16].

Anmerkungen. [1] ARISTOTELES, De cat. 4, 1 b 27; Met. V, 1022 b 15-21. – [2] De an. I, 402 a 9f. 403 a 2; zur Entwicklung des philos. Terminus aus dem allg. Sprachgebrauch vgl. LIDDELL/SCOTT: Greek-Engl. Lex. (⁹1940) 1, 1285f. – [3] DIELS, Frg. der Vorsokr. 58 D 9; vgl. D 6. – [4] DEMOKRIT bei DIELS 68 B 31. – [5] PLATON, Tim. 69 c. – [6] Tim. 69 d. – [7] Phileb. 31 d; 32 e. – [8] Phileb. 32 c; vgl. ARIST., Eth. Nic. (= NE) II, 1104 b 30ff.; THOMAS VON AQUIN, De veritate 26,4. – [9] PLATON, Phileb. 21 d-23 b. 66 d-67 b. – [10] ARIST., De an. 403 a 29ff. 403 a 15. – [11] NE II, 1105 b 21-23. – [12] NE II, 1106 b 25-26. – [13] NE II, 1106 b 22ff. – [14] NE II, 1104 b 24f. – [15] NE V, 1135 b 21. – [16] NE III, 1111 a 21-b 3.

2. Eine ausgebildete Philosophie der A. liefert die *Stoa:* ZENON definiert sie als «unvernünftige und widernatürliche Regungen der Seele oder das Maß überschreitender Trieb» (ἄλογος καὶ παρὰ φύσιν ψυχῆς κίνησις, ἢ ὁρμὴ πλεονάζουσα) [1]. Ausgangspunkt der A. sind für Zenon fehlerhafte Verstandesurteile (λόγου κρίσεις ἡμαρτημέναι) [2], die verdreht, d. h. von der rechten Vernunft abgewichen sind. Diese bewirken Erscheinungen des Zusammenziehens und Zergießens, Erhebens und Fallens der Seele (συστολή, διάχυσις, ἔπαρσις, πτῶσις), welche die eigentlichen A. darstellen [3]. Hervorragendster Vertreter dieser Lehrtradition ist CHRYSIPPOS. Er trennt sich von Zenon insoweit, als er die A. mit den Urteilen selbst identifiziert (τὰ πάθη κρίσεις εἶναι): «Die Geldgier ist die Annahme (ὑπόληψις), daß das Geld etwas Schönes ist» [4]. Die A. sind daher nicht vom vernünftigen Teil der Seele getrennt («Der A. ist Vernunft» (τὸ πάθος εἶναι λόγον), der nur schlecht und zügellos ist infolge eines üblen und verfehlten Urteils, das von Ungestüm und Heftigkeit befallen ist» [5]. Durch sie wird die Ausgewogenheit (συμμετρία) der natürlichen Regungen zerstört [6]. – Die Stoa unterscheidet vier Haupt-A. (γενικὰ πάθη): Lust und Schmerz, Furcht und Begierde (ἡδονή, λύπη, φόβος, ἐπιθυμία) [7], aus denen sich alle übrigen herleiten lassen, und klassifiziert sie nach ihren psychologischen Erscheinungsformen: Erhebung der Seele bei Freude, Zusammenziehung bei Schmerz, Streben (ὄρεξις) bei Begierde und Abwendung (ἔκκλισις) bei Furcht [8]. Das stoische Ableitungsschema stellt eine Weiterentwicklung platonischer und aristotelischer Ansätze dar und liegt auch der thomistischen Synthese zugrunde: «Die A. entstehen durch die Vermutung (ὑπόληψις) des Guten und des Bösen, wenn nun die Seele auf das gegenwärtige Gute hin bewegt wird, ist es *Freude*, wenn auf das gegenwärtige Böse, *Trauer*; bei erwartetem Guten tritt *Begierde* ein, ... bei erwartetem Bösen ist der eintretende A. *Furcht*» [9]. – A. sind Krankheiten der Seele [10], die es auszurotten gilt [11]. «Der Weise ist ohne A.» (ἀπαθῆ εἶναι τὸν σοφόν) [12]. Das Ideal der Apathie meint aber nicht, daß *jedes* affektive Leben verurteilt wird, vielmehr nur die unvernünftigen Strebungen der Seele, als welche die A. definiert werden. Die Stoa kennt durchaus ein vernunftgemäßes Streben; sie spricht deshalb von «guten

A.» (εὐπάθειαι): *Freude* (χαρά) steht der (schlechten) Lust gegenüber, *vernünftiges Wollen* (βούλησις) der Begierde und Vorsicht (εὐλάβεια) der Furcht [13]. – Die rein intellektualistische A.-Lehre der alten Stoa wurde bereits von der *mittleren* kritisiert. POSEIDONIOS unterscheidet nach platonischem und aristotelischem Vorbild drei Seelenteile: Das Vernünftige (λογιστικόν), das Muthafte (θυμοειδές), das Triebhafte (ἐπιθυμητικόν), und ordnet die A. den beiden außervernünftigen Seelenteilen zu, wodurch wiederum die thomistische Einteilung präfiguriert wird [14]. Abwegig sind die Affekte nur, wenn sie vernunftlos sind [15]. – Damit nähert sich die mittlere Stoa der peripatetischen Schule, welche die A. ebenfalls als «Bewegungen des außervernünftigen Seelenteils» (κίνησις τοῦ ἀλόγου μέρους τῆς ψυχῆς) definiert [16]. Die ethische Beurteilung der A. bleibt weiterhin strittig: Die Peripatetiker halten sie für nicht naturwidrig; ihnen folgend vertreten Akademiker [17] und Skeptiker [18] das Ideal der Mäßigung (μετριοπάθεια, mediocritas), während die Stoiker an der Apathie festhalten. – Die *jüngere* Stoa bemüht sich vor allem um das praktische Problem der Heilung von den A., deren freiheitshemmende Wirkung SENECA betont [19]. EPIKUR lehrt die Ataraxie: «Weder Schmerz leiden am Körper noch erschüttert werden in der Seele» [20]. PLOTIN erklärt die A. aus dem Zusammenspiel von Seele und Leib: Meinungen (δόξαι) der Seele (Vorstellungen des Guten oder Bösen) erzeugen Erregungszustände des Leibes und umgekehrt (ταραχὴ περὶ τὸ σῶμα γενομένη) [21].

Anmerkungen. [1] ZENON, SVF I, 205. – [2] I, 208. – [3] I, 209. – [4] CHRYSIPP, SVF III, 456. – [5] III, 459. – [6] III, 462. – [7], III, 386. – [8] III, 394. – [9] III, 386. – [10] I, 121. – [11] III, 443-455. – [12] III, 448. – [13] III, 431; 463. – [14] GALEN, De Hipp. et Plat. plac., hg. MÜLLER 348, 12; vgl. PLATON, Tim. 69 c-70 d; ARIST., De an. III, 432 b 5f.; THOMAS VON AQUIN, In de an. III, 14. – [15] GALEN, a. a. O. 494, 9. – [16] STOB., Ecl. II, 39. – [17] CICERO, Tusc. disp. 4, 17; Contra acad. 2, 44. – [18] SEXT. EMP., Hyp. I, 25. – [19] SENECA, De ira II, 17, 7. – [20] EPIKUR, Ep. 3. – [21] PLOTIN, Enn. III, 6, 3-5.

3. Für den terminologischen Gebrauch im *lateinischen* Altertum aufschlußreich ist folgende Bemerkung AUGUSTINS: «... Quae Graeci πάθη, nostri autem quidam, ut Cicero, perturbationes, quidam affectiones vel affectus, quidam vero de Graeco expressius passiones vocant» [1]. – Inhaltlich neue Elemente treten hier kaum auf, weder bei den römischen Stoikern, noch bei den lateinischen *Kirchenvätern*. Letztere sind ebenso wie die griechischen eher an der moraltheologischen Problematik der konkreten A. interessiert; in der allgemeinen Theorie verfolgen sie eine Synthese zwischen Peripatos und Stoa [2]. – AUGUSTIN neigt dazu, das willentliche Moment in den A. hervorzuheben: «... nihil aliud quam voluntates sunt» [3], ohne sie aber, wie die Stoiker, grundsätzlich als schlecht zu verurteilen [4]. – Moraltheologisch kreisen die Erörterungen vor allem um den Begriff der Begehrlichkeit, deren ungeordnetes und sündhaftes Streben als Folge der Erbsünde angesehen wird.

Anmerkungen. [1] AUGUSTIN, De civ. Dei IX, 4; ‹perturbatio› seit CICERO, Tusc. disp. 4, 10; ‹adfectus› seit SENECA; ‹passio› seit VARRO bei CHARISIUS 315, 10 (BARW.). – [2] Vgl. CLEMENS ALEX., Strom. V, 11; II, 20; GREGOR NYSS., De anim. res. MPG 46, 61 b; AUGUSTIN, a. a. O. [1] ebda. – [3] XIV, 6. – [4] XIV, 9.

4. Die *mittelalterliche* A.-Lehre stellt eine Zusammenfassung und abschließende Diskussion der antiken Traditionen auf der Basis der Aristotelischen Wertung dar. Allgemein setzt sich der Terminus ‹passio› durch, der in derselben Bedeutungsbreite zu finden ist wie das griechische Wort πάθος. Historisch erscheinen als vermittelnde Instanzen vor allem NEMESIUS VON EMESA und JOHANNES VON DAMASKUS (5. und 8. Jh.), welche die patristische Kombination aristotelischer und stoischer Elemente weitergeben [1]. – Die Eigenleistung des Mittelalters liegt einmal in der umfassenden und klärenden Synthese aller Elemente, zum anderen aber in der sorgfältigen, von moraltheologischem und asketischem Interesse geleiteten Analyse der Rolle der A. im Seelenleben und ihres Verhältnisses zur bewußten, freien Willensentscheidung.

ALBERTUS MAGNUS gibt in der ‹Summa de bono› einen Überblick über das gesamte überlieferte Material [2]. – Die erste vollständige und zugleich bedeutsamste Synthese gelang THOMAS VON AQUIN. Er definiert die A. als «Akte des sinnlichen Strebevermögens, insofern sie mit körperlichen Veränderungen verbunden sind» (actus appetitus sensitivi, inquantum habent transmutationem corporalem annexam) [3]. Die einschränkende Erklärung ist notwendig, weil die Seele als unkörperliche Substanz nicht im eigentlichen Sinne ‹leiden› kann, sondern nur insofern sie Form des Körpers ist. Denn ‹Leiden› besagt passive Veränderung, die Materialität voraussetzt [4]. Durch die Einheit von Seele und Leib affizieren die A. jedoch indirekt (per accidens) das geistige Streben der Seele, den freien Willen [5]. – Herleitung und Definition der A. folgen differenzierten Unterscheidungskriterien [6]. Da Thomas allgemein die einzelnen Seelenvermögen (potentiae animae) nach den ihnen spezifisch eigenen Gegenständen abgrenzt, bildet auch hier die Klassifikation der Objekte den Ausgangspunkt: Gegenstände der Affekte sind *allgemein* das Lustbringende (delectabile) und sein Gegenteil, das Schmerzbringende (dolorosum). Diesen beiden zugeordnet ist die Gruppe der «*begehrfähigen A.*» (passiones concupiscibles). – Dem Erreichen des Lustbringenden können nun Schwierigkeiten entgegenstehen, die dem begehrfähigen A. Unlust bereiten und ihn abstoßen (habet aliquid repugnans concupiscibili). Soll der *erstrebte, schwer zugängliche Gegenstand* (das «bonum arduum») dennoch erreicht werden, bedarf es einer anderen Gattung von A., der «*kampffähigen*» (passiones irascibiles). Entsprechendes gilt für das Schmerzbringende, das, wenn es *schwer abwendbar* ist («malum arduum»), die Abwehrbewegung des «begehrenden» A. erlahmen läßt [7]. – Nach der Trennung der A. in zwei Genera ergeben sich ihre spezifischen Unterschiede zunächst durch den Gegensatz von ‹Gut› und ‹Übel›, d. h. lust- und schmerzbringendem Objekt. Hinzu kommen die drei Aspekte: ursprüngliche Anziehung (bzw. Abstoßung), Nicht-Anwesenheit, Anwesenheit des Gegenstandes. Demnach lassen sich folgende sechs «*begehrfähige*» A. definieren: Das lustbringende Gut erzeugt zunächst: *Liebe* (amor), (noch) nicht erreicht: *Verlangen* (desiderium), schließlich erreicht: *Freude* (gaudium). Das schmerzbringende Übel erzeugt zunächst: *Haß* (odium), nicht gegenwärtig: *Flucht* (fuga), gegenwärtig: *Trauer* (tristitia). – Bei den *kampffähigen A.* muß zuzüglich noch berücksichtigt werden, ob die Erreichung des Objektes bzw. seine Abwehr die Fähigkeit des Subjektes übersteigt oder nicht. Danach ergibt sich folgende Einteilung: das schwerzugängliche Gut erzeugt der Definition nach nur dann einen kampffähigen A., wenn es noch nicht erreicht ist. Übersteigt es die Fähigkeit des Strebenden nicht, erwächst *Hoffnung* (spes), im entgegengesetzten Fall *Verzweiflung* (desperantia). Das schwer abzuwendende Übel kann ebenfalls gegenwärtig oder nicht gegenwärtig (nahend) sein. Überschreitet das nahende Übel die Abwehrkraft nicht, erzeugt es *Mut* (audacia), ist es unabwendbar, *Furcht* (timor). Wenn das schwere Übel gegenwärtig, doch abwendbar ist, entsteht *Zorn* (ira), ist es unabwendbar, wird kein kampffähiger A. erzeugt (es herrscht Trauer).

Für die Rolle der A. im Seelenleben ist entscheidend, daß sie ihrem Wesen nach zum außervernünftigen, sinnlichen Seelenbereich gehören [8]. Als natürliche Regungen sind sie weder gut noch böse [9]. Als solche liegen sie auch der freien Willensentscheidung voraus, sind ihr jedoch unterworfen; sie können daher das menschliche Handeln nicht direkt bestimmen, sondern bedürfen der Zustimmung des Willens [10]. Ihre moralische Qualität hängt davon ab, inwieweit sie von der Vernunft in der rechten Ordnung gehalten werden. Ist dieses der Fall, gehören sie zur Tugend, anderenfalls führen sie zur Sünde [11]. – Aufgrund ihres Eigenlebens sind die A. dem Willen allerdings nicht unmittelbar und vollständig unterworfen; der Wille hat nur einen «regelnden» Einfluß («principatus politicus»), wie Thomas im Anschluß an Aristoteles sagt [12]). Andererseits fördern die A. durch die ihnen eigene Spontaneität häufig Gutheit oder Schlechtigkeit des Handelns [13].

Im *Anschluß an Thomas von Aquin* wird diese Theorie der A. in vielfältiger Weise diskutiert und modifiziert. Dabei geht es vor allem um die Frage, inwieweit der Wille am Leben der A. beteiligt ist. – Historisch bedeutsam ist wegen ihres Einflusses auf den Cartesianismus die Lehrmeinung der *spanischen* Scholastik des 16. Jh., nach der alle genannten A. auch im vernunftbestimmten Willen anzutreffen sind [14].

Anmerkungen. [1] NEMESIUS, De natura hominis c. 16; JOH. VON DAMASKUS, De fide orth. II, 12. MPG 94, 929ff.; vgl. THOMAS VON AQUIN, S. theol. I, 81. – [2] ALBERTUS MAGNUS, S. de bono, Ed. Colon. XXVIII (1951) bes. III. q. 5, a 2. – [3] THOMAS, S. theol. I, 20, 1 ad 1. – [4] De ver. 26, 1. – [5] De ver. 26, 2; S. theol. I/II, 22, 1. – [6] Die Zusammenfassung folgt der Darstellung in De ver. 26, 4. – [7] Vgl. zu diesem Punkt die klarste Formulierung in S. theol. I/II, 23, 1 ad 3; 23, 2. – [8] I/II, 24, 1. – [9] ebda. – [10] I, 81, 3. – [11] I/II, 24, 2. – [12] I, 81, 3 ad 2; vgl. ARIST., Pol. I, 1254 b 2ff. – [13] THOMAS, S. theol. I/II, 24, 3; De ver. 26,7. – [14] F. SUÁREZ, In: I/II Thomae tract. IV, disp. I, sect. 1, 3; sect. 12, 11. Ed. Vivès (Paris 1856) 456. 477.

Literaturhinweise. L. DUPRAT: La psycho-physiologie des passions dans la philos. ancienne. Arch. Gesch. Philos. 18 (1905) 396-412. – M. WITTMANN: Die Ethik des Aristoteles (1920). – M. POHLENZ: Die Stoa, Gesch. einer geistigen Bewegung (³1964). – A. DYROFF: Die Ethik der alten Stoa (1897). – P. GEIGENMUELLER: Vernunft und A. in der Philos. Senecas. Neue Jb. Wiss. u. Jugendbildung 3 (1927) 641-657. – M. MEIER: Die Lehre des hl. Thomas von Aquin de passionibus animae. Beiträge zur Gesch. der Philos. des MA X/2 (1912).   J. HENGELBROCK

II. In der *Neuzeit* wiederholt sich die stoische, von Patristik und Scholastik unter anderen ethischen Vorzeichen übernommene Unterscheidung zwischen den plötzlichen Gemütsbewegungen (πάθη) als den akuten und den habituellen Begierden bzw. Phobien als den chronischen ‹Krankheiten› (νοσήματα; morbi, vitia) der Seele [1] und führt terminologisch, weil das moraltheologische ‹vitium› gemieden wird, zu einer teilweisen Umbenennung und sachlich, besonders bei Kant, zu einer schärferen Scheidung der Phänomene mit der Konsequenz, daß der A.-Begriff an Umfang verliert und die A.-Lehre sich seit dem 19. Jh. auf ein Teilgebiet dessen beschränkt, was vorher als Ganzes ihr Gegenstand war (und heute ‹Gefühls-› oder ‹Gemütssphäre›, ‹das Emotionale›, oder, in Anknüpfung an die frühere weite Bedeutung von ‹A.›, seltener ‹Affektivität› heißt).

Anmerkung. [1] Vgl. CHRYSIPP, SVF III, Nr. 421ff.

1. Der *Übergang* zur modernen Fassung des A.-Begriffs vollzieht sich mit der Ausbildung einer autonomen Ethik in drei Phasen:

a) Das lateinische ‹affectus› (das in der nachhumanistischen Gelehrtensprache ‹passio› und ‹perturbatio› verdrängt) und das französische bzw. englische ‹passion› (für Leiden, bes. Christi, seit dem 10. bzw. 12., für Seelenbewegung seit dem 13. bzw. 14. Jh. belegt [1]) werden wie das vor- und außerstoische πάθος [2] in der weiten Bedeutung eines *Gattungsnamens* für alle nichtrationalen und darum oft als passiv verstandenen seelischen Phänomene gebraucht [3] – einer Bedeutung, die es DESCARTES erlaubt, die «passions de l'âme» als «des perceptions ou des sentiments ou des émotions qu'on rapporte particulièrement à elle» zu bestimmen [4] und unter diesem Titel auch die habituellen Begierden abzuhandeln [5]. Diese können auch bei anderen wichtigen Autoren statt ‹vitia› bzw. ‹vices› entweder ‹affectus› (HOBBES, SPINOZA [6]) oder ‹passions› (PASCAL, LOCKE [7]) heißen, obschon ihre Verschiedenheit von den momentanen Gefühlen und Erregungen meist bewußt bleibt, wie bei SPINOZA, der die «übermäßigen Begierden» nach Art der Lasterkataloge in einer Gruppe zusammenfaßt [8] und sie wegen ihrer abnormen Dauer als Formen des Wahns erklärt [9].

b) Später werden die habituellen Begierden auch terminologisch wieder von den Gemütsbewegungen abgehoben, so ohne nähere Begründung als «indirect passions» von den «direct passions» im Frühwerk HUMES [10], in der Regel aber als «*passions dominantes*» oder «*fortes*», wobei das Gemeinte nicht mehr – wie die «vielnamige Hybris» der «tyrannischen Begierden» seit PLATON [11] – als Laster oder Krankheit disqualifiziert, sondern besonders unter *geschichtsphilosophischen*, aber auch psychologischen und ästhetischen Gesichtspunkten aufgewertet wird [12]: Die «passioni violentissime» entbinden nach VICO das erste menschliche Wort [13] und dienen der göttlichen Vorsehung zur Errichtung der bürgerlichen Ordnung [14]; die «ruling passion» wird bei POPE zum Prinzip der Individuation [15]; die «passions» sind für HELVÉTIUS allgemein «dans le moral, ce que, dans le physique, est le mouvement» [16]; die «passions fortes» aber gehören «comme le germe productif de l'esprit» [17] zum Wesen des Genies und befördern – wie die «vices and passions» bei MANDEVILLE [18] – als avarice und passion du luxe den wirtschaftlichen, als ambition, orgueil und amour de la liberté den politischen, als passion de la gloire den künstlerischen und wissenschaftlichen Fortschritt [19].

c) Unter solchen Aspekten erscheinen die habituellen Begierden nicht mehr nur als die herrschenden oder starken, sondern als die *eigentlichen* ‹passions› und werden darum auch so genannt, wie bei CONDILLAC, für den das Prädikat «un désir qui ne permet pas d'en avoir d'autres ou qui du moins est le plus dominant» das Subjekt «passion» definiert [20], oder bei BONNET, der es als «un désir dont l'activité est extrême» bestimmt [21]. Mit diesem Wortgebrauch wird ein zweiter Namenswechsel fällig, denn weil die habituellen Begierden (nosemata, vitia) nun ‹passions› heißen, wird es nötig, von ihnen die Gemütsbewegungen (pathe, passiones) als ‹émotions› zu unterscheiden [22], mit einem Wort, das vor dem 18. Jh. meist den Aufruhr nicht der Gefühle, sondern des Volkes bezeichnet [23].

Daß der Wandel von der weiten zur engen Bedeutung von ‹passion› fließend und die Terminologie im 17. und 18. Jh. dementsprechend schwankend ist, zeigen der Wortgebrauch PASCALS mit Belegen für alle drei Phasen [24], die zögernde Definition der passions als «des tendances ou plutost des modifications de la tendance, qui viennent de l'opinion ou du sentiment» von LEIBNIZ [25] und der Artikel ‹Passions› der großen Enzyklopädie, dessen Eingangsdefinition und genetische Überlegungen Condillac nahestehen, während die Behandlung der einzelnen Passionen im wesentlichen noch Descartes folgt [26].

Anmerkungen. [1] Vgl. O. BLOCH/W. VON WARTBURG: Dict. étymol. langue franç. (Paris ⁵1968) 466; Oxford dict. Engl. etymol., hg. ONIONS (1966) 656. – [2] Vgl. M. POHLENZ: Die Stoa (1948) 1, 141f. – [3] Vgl. TH. RIBOT: Essai sur les passions (Paris ³1910) 2; Lalande (Paris ⁷1956) 745. – [4] R. DESCARTES: Les passions de l'âme (1649). Oeuvres, hg. ADAM/TANNERY 11, 349, 12ff. – [5] a. a. O. 448f. 457. 466f. 477. 482. – [6] TH. HOBBES: De homine (1657). Opera lat., hg. MOLESWORTH 2, 105. 108; B. SPINOZA: Ethica (posth. 1677). Opera, hg. GEBHARDT 2, 202, 11-26. – [7] B. PASCAL: Pensées (posth. 1669), hg. BRUNSCHVICG Nr. 502; J. LOCKE: An essay conc. human understanding (1690), hg. FRASER 1, 306. – [8] SPINOZA, a. a. O. [6] ebda. – [9] a. a. O. 2, 243, 15-26. – [10] D. HUME: Treatise on human nature (1739/40). Philos. Works, hg. GREEN/GROSE 2, 76. – [11] PLATON, Phaidros 238 a-c 4. – [12] Vgl. E. CASSIRER: Philos. der Aufklärung (1932) 139ff. – [13] G. VICO: Principii di una sci. nuova (1725, ²1730). Opere, hg. NICOLINI (Mailand/Neapel 1953) 457, Nr. 59; dtsch. E. AUERBACH, rororo-Klassiker 196/197 (1966) 37. – [14] a. a. O. 437, Nr. 7; dtsch. 25. – [15] A. POPE: Essay on man (1733) Ep. 2, 3, 131ff. – [16] CL. A. HELVÉTIUS: De l'esprit (1758) 2, 78. – [17] a. a. O. 79; vgl. 91ff. – [18] B. DE MANDEVILLE: The fable of the bees or private vices public benefits (1714) passim. – [19] HELVÉTIUS, a. a. O. [16] 2, 78ff. – [20] E. B. DE CONDILLAC: Traité des sensations (1754). Oeuvres 2 (Parma ²1792) 48. – [21] CH. BONNET: Essai analytique ... (1760) ch. 18, Nr. 402. – [22] CONDILLAC, a. a. O. [20] 27. 30. 31 (Wortgebrauch, nicht explizit). – [23] BLOCH/VON WARTBURG, a. a. O. [1] 219. – [24] PASCAL, a. a. O. [7] z. B. für a) Nr. 83. 104. 131. 135; für b) Nr. 105; für c) Nr. 502. – [25] G. W. LEIBNIZ: Nouveaux essais ... (Ms. 1704, publ. 1765). Philos. Schriften, hg. GERHARDT 5, 154. – [26] Encyclopédie ..., hg. DIDEROT/D'ALEMBERT 7 (1765) 142ff.; vgl. 142-144 mit 144f.

2. Im *Deutschen* kommt ‹Affect› (A.) schon 1526 vor [1], wogegen ‹Leidenschaft› (L.) erst 1647 von PH. ZESEN – wie ‹passio› für ‹pathos› [2] und unabhängig von ‹lîdunge› bei ECKHART für ‹passiones› [3] – neugebildet wird für ‹passion (de l'âme)› [4] und noch 1691 als «novum vocabulum» gilt [5]. ‹A.› und ‹L.› bezeichnen zuerst synonym Gemütsbewegungen und -neigungen aller Art [6], werden bei THOMASIUS als «Haupt-A.» bzw. «Haupt-L.» Oberbegriff für die «vernünftige Liebe» einerseits und die drei Hauptlaster der unvernünftigen Liebe «Wohllust, Ehrgeiz, Geld-Geiz» anderseits [7], und ‹L.› dient vereinzelt [8] auch – wie ‹passio› seit Boethius und ‹passion (en général)› bei Descartes – als Name für die Kategorie des Leidens, so in terminologischer Verwendung CHR. WOLFF [9].

KANT schränkt die Bedeutung beider Ausdrücke ein, indem er zwischen A. und L. *unterscheidet* [10]: Jener, z. B. der Zorn, gehört zu den «Gefühlen der Lust und Unlust» [11], ist «Überraschung durch Empfindung» [12], gleicht dem «Schlagfluß» [13] oder dem *Rausch* [14] und tut wie dieser «einen augenblicklichen Abbruch an der Freiheit» [15]; unbesonnen, ehrlich und offen ist er moralisch «nur eine *Untugend*» [16] und als «Enthusiasm» kann er ästhetisch «erhaben» sein [17]. Die L. dagegen, z. B. der Haß, ist eine dominierende habituelle Begierde [18], d. h. eine bleibende, «durch die Vernunft des Subjekts schwer oder gar nicht bezwingliche Neigung» [19], gleicht der «Schwindsucht» [20] oder dem «*Wahnsinn*» [21] und hebt wie dieser die Freiheit auf [22]; überlegt bis zum «Vernünfteln» [23], hinterlistig und versteckt ist sie ein «*qualifiziertes* Böse» und «wahres *Laster*» [24] und kann «niemals und in keinem Verhältnis erhaben genannt werden» [25]. Das gilt für die natürlichen (Liebe, Haß, Freiheits-L.) wie für die kulturbedingten (Habsucht, Herrschsucht, Ehrsucht) und die L. des Wahns (Spiel- und Jagd-L.) [26], und obschon die L.

nicht zu den schwersten Lastern gehören und von denen der «Rohigkeit» (Trunksucht, Völlerei) sich grundsätzlich dadurch unterscheiden, daß sie sich «immer nur von Menschen auf Menschen, nicht auf Sachen» beziehen [27], bleiben sie «*pragmatisch* verderblich» und «*moralisch* verwerflich» [28], weshalb Kant den Satz eines ungenannten Lobredners [29], «daß nie etwas Großes in der Welt ohne heftige L. ausgerichtet worden» als unzutreffend und eines Philosophen unwürdig verwirft [30].

Anmerkungen. [1] F. KLUGE: Etymol. Wb. dtsch. Sprache (¹⁹1963) 8. – [2] VARRO bei CARISIUS 315, 10; vgl. POHLENZ, a. a. O. [2 zu 1] 2, 137. – [3] MEISTER ECKHART, Dtsch. Werke, hg. QUINT 5, 271, 7. – [4] PH. ZESEN: Die Afrikanische Sofonisbe ... (Amsterdam 1647) 1, 128; vgl. KLUGE, a. a. O. [1] 432 (*nicht*1617). – [5] STIELER bei J. und W. GRIMM: Dtsch. Wb. 6 (1885) 670f. – [6] ebda; vgl. CHR. THOMASIUS: Von der Artzney wider die unvernünftige Liebe ... (³1704) passim, bes. 61. – [7] a. a. O. 344. – [8] Vgl. J. CH. ADELUNG: Grammat.-krit. Wb. der hochdtsch. Mundart ... 2 (²1796) 2010. – [9] CHR. WOLFF: Vernünftige Gedanken von Gott ... (1719) I, § 104; vgl. J. G. WALCH: Philos. Lex. (³1740) 1631. – [10] I. KANT: Anthropol. (als Vorles. seit 1772/73, publ. 1798). Akad.-A. 7, 251ff. 265ff.; KU (1788) a. a. O. 5, 272 Anm.; Met. Sitten (1797) a. a. O. 6, 407f. – [11] 7, 235, 15. – [12] 253. – [13] 252, 25. – [14] 252, 25. – [15] 267, 8. – [16] 408, 2f. – [17] 5, 272, 8-11. – [18] Vgl. 7, 265, 26-30. – [19] 251, 15f. – [20] 252, 25. – [21] 253, 4. – [22] 267, 9. – [23] 265, 34. – [24] 6, 408, 13f. – [25] 5, 272, 35f. – [26] 7, 267f. – [27] 268, 6f. – [28] 267, 6f. – [29] Helvétius? vgl. [1 zu 3]. – [30] KANT, a. a. O. 7, 267, 17f.

3. Das *Lob der L.* lernt deutsch trotz Kant. Von Schillers Lehrer J. F. ABEL in seiner Rede über das Genie (1776) in Anlehnung an HELVÉTIUS («ce sont uniquement les passions fortes qui font exécuter ces actions courageuses et concevoir ces idées grandes qui font l'étonnement et l'admiration de tous les siècles» [1]) dahin formuliert, daß «ohne L. nie etwas Großes, nie etwas Ruhmvolles geschehen, nie ein großer Gedanke gedacht ...» [2], klingt es an bei HERDER [3] und FICHTE [4] und wird zum Topos – «*nichts Großes in der Welt* ohne L.» [5] – und, im Denken der Weltgeschichte als Theodizee, spekulativ bei HEGEL: «Man kann es die *List der Vernunft* nennen, daß sie die L. für sich wirken läßt» und so «den Tribut des Daseins und der Vergänglichkeit nicht aus sich» bezahlt, «sondern durch die L. der [weltgeschichtlichen] Individuen» [6]; diese werden geopfert, doch bleibt ihnen – den «psychologischen Kammerdienern» zum Trotz [7] – der Ruhm, als «Geschäftsführer» vollbracht zu haben, was der «Weltgeist» wollte [8]. – Dessen Rolle, in der er nach HERBART «dem Mephistopheles zu ähnlich» sieht [9], scheint der *frühe* MARX, dem es statt um Weltinterpretation um Weltveränderung geht, seiner so verstandenen Philosophie zuzudenken, wenn er angesichts «unter dem Niveau der Geschichte» zurückbleibender Zustände erklärt: «Mit ihnen im Kampf ist die Kritik keine L. des Kopfes, sie ist der Kopf der L.» [10], jener L., deren «ontologische[s] Wesen» «erst durch die entwickelte Industrie, id est durch die Vermittlung des Privateigentums ... sowohl in seiner Totalität als in seiner Menschlichkeit» hervorgebracht wird [11].

Nicht im Rück- oder Vorblick auf Weltgeschichte, sondern *existentiell* interessiert die L. KIERKEGAARD: Sich durch «Lidenskab» [12] bestimmen lassen, heißt «Geist», «Glaube», «Innerlichkeit», ein «Selbst», «Existenz» haben können, denn wenn die L. nicht ästhetisch unmittelbar (Don Juan) oder eine «fixe, einzelne, endliche Vorstellung» (Don Quichotte) bleibt, sondern im Durchgang durch die Reflexion sich auf das «Unendliche» richtet – sei es ethisch auf das «Allgemeine» der Idee (auch für die «Ataraxie» braucht es L.), sei es heidnisch-religiös auf das «objektiv Ungewisse» Gottes (Sokrates) oder christlich auf das «objektiv gesehen Absurde» seiner Menschwerdung –, dann wird die L. «das Höchste der Existenz», nämlich ihre «subjektive Wahrheit», die gegenüber der objektiven die eigentliche ist, was der subjektive Denker im Gegensatz zum objektiven (Hegel) und nur deshalb erkennt, weil und indem er selber in der Dialektik von L. und Reflexion existiert [13].

NIETZSCHE hält mit seinem Lob zurück – wohl weniger unter dem Einfluß SCHOPENHAUERS [14] als im Interesse des Ausgleichs zwischen Dionysischem und Apollinischem: mit «L. muß geheizt», mit «Wissenschaft einer Überheizung vorgebeugt werden» [15] –, bis er es im Spätwerk emphatisch spendet [16], wo er die «große L.», die Cäsar und Zarathustra, nicht aber die Künstler haben, mit dem «Willen zur Macht» zusammendenkt[17].

LENIN nennt unter den subjektiven Bedingungen des Gelingens von Revolutionen die L. erst nach «Bewußtsein» und «Wille» [18], und ähnlich zurückhaltend äußert sich unter Berufung auf Stalin später MAO TSE-TUNG über die revolutionäre «Begeisterung» [19]; der *Nationalsozialismus* hingegen bekennt sich gegen den Patriotismus der Veteranenvereine programmatisch zur «nationalen L.», weil für ihn die «größten Umwälzungen auf dieser Erde» autodiagnostisch nicht denkbar sind ohne die Triebkraft *«fanatischer, ja hysterischer L.»* [20].

Gegen solches L.-Verständnis zitiert HEIDEGGER (1936/1937) Nietzsche: «Unser Zeitalter ist ein aufgeregtes Zeitalter, und eben deshalb kein Zeitalter der L.» [21], und erinnert an den Unterschied zwischen A. und L.: «ein Haß oder eine Liebe dauert nicht nur länger» als «der blindlings aufregende Anfall» des A., «sondern bringt erst wahre Dauer und Beständigkeit in unser Dasein», denn L. ist das, «wodurch und worin wir in uns selbst Fuß fassen und hellsichtig des Seienden um uns und in uns mächtig werden» [22], d. h. (ein faktisch-existentieller Modus der existenzialen) «Ent-schlossenheit» [23]. – Für JASPERS hingegen ist L. «zweideutig. In ihr kann die Helligkeit der Vernunft strahlen oder das Dunkel überwältigen» [24], in der «Liebe» unter dem «Gesetz des Tages» das Gute, in der «L. zur Nacht» als «Haß» das Böse im Menschen wirklich werden [25] – nicht in antagonistischen Grundtrieben (Freud), sondern in gegensätzlichen «existenziellen Bezügen zur Transzendenz» [26]. Als geschichtliche Realität und Chiffre für die Unermeßlichkeit der Transzendenz [27] hat auch die – ohne «Hochmut des Rechthabens» [28] zu bekämpfende – «L. zur Nacht» ihre Wahrheit und Größe, weshalb Jaspers zustimmend Hegel zitiert, dessen Topos er – ihn überlieferungsgeschichtlich vielleicht wirklich heimweisend – implizit schon bei PLATON findet: «Eine matte Natur bewirkt nie etwas Großes, sei es gut oder schlecht» [29].

Anmerkungen. [1] HELVÉTIUS, a. a. O. [16 zu 1] 2, 77. – [2] J. F. ABEL bei R. BUCHWALD: Schiller 1 (1937) 194. – [3] J. G. HERDER: Ideen zur Gesch. der Menschheit (1784-1791). Werke, hg. SUPHAN 14, 207. 215. 221. – [4] J. G. FICHTE: Die Bestimmung des Menschen (1800). Werke, hg. I. H. FICHTE 1/2, 271. 279. – [5] G. W. F. HEGEL: Philos. der Gesch. (als Vorles. ab 1822/23). Werke, hg. GLOCKNER 11, 52; vgl. 10, 375. – [6] a. a. O. 11, 63. – [7] 62. – [8] 61. – [9] J. F. HERBART, Werke, hg. HARTENSTEIN 5, 81. – [10] K. MARX: Kritik der Hegelschen Rechtsphilos. (1840). Frühschriften, hg. LANDSHUT in Kröners Taschen-A. 209 (1953) 210. – [11] Nationalökonomie und Philos. (Ms. 1844) a. a. O. 296; vgl. 246. 258. 275. – [12] Vgl. C. MOLBECH: Dansk Ordbog (Kopenhagen ²1859) ‹Lidenskab› = herrschende, starke und dauernde Neigung oder Begierde. – [13] Hauptstelle: S. KIERKEGAARD: Abschließende unwiss. Nachschrift ... (1846) II, 2/3. Samlede Värker 7, 174ff.; bes. 179-191. 240f. 298ff. 338f. 343. – [14] A. SCHOPENHAUER, Werke, hg. HÜBSCHER 5, 523f. – [15] FR. NIETZSCHE, Werke, hg. SCHLECHTA 1, 601; vgl. 1, 701. 780. 820. 896. 902. – [16] a. a. O. 2, 73. 302; 3, 528. 533. 647. 724. – [17] 2, 193. 600. 1221; vgl. HEIDEGGER [21] 52-70. 121f. 147. – [18] W. I. LENIN: Der ‹linke Radikalismus›, die Kinderkrankheit im Kommunismus (1920). Dtsch. Werke, hg. ZK der SED (1955ff.) 31, 82f. – [19] Das Rote Buch. Worte des Vorsitzenden MAO TSE-TUNG, dtsch. T. GRIMM, Fischer Bücherei 857 (²1969) 107; vgl. 105. 108. – [20] A. HITLER: Mein Kampf (³⁷1936) 471. 475. – [21] M. HEIDEGGER: Nietzsche 1 (als Vorles. 1936/37, publ. 1961) 57. – [22] a. a. O. 59. – [23] ebda.; vgl. Sein und Zeit (⁷1952) bes. 300f. mit Anm. – [24] K. JASPERS: Der philos. Glaube angesichts der Offenbarung (1963) 371. – [25] Hauptstelle: Philos. 3: Met. (³1956) 102-116: ‹Das Gesetz des Tages und die L. zur Nacht›. – [26] a. a. O. 68: Titel. – [27] a. a. O. [24] 161. – [28] 318. – [29] PLATON, Resp. 491 e 5f.; vgl. 495 b 5f.; bei JASPERS, a. a. O. [24] 371: Paraphrase («nur durch Kraft der L.»); Die großen Philosophen 1 (1959) 80: Zitat.

4. Anders als Kants Urteil über die L. machen seine *Begriffsbestimmungen* Schule, allerdings nicht im englischen Sprachbereich, wo ‹passion› im 19. Jh. (unter dem Einfluß der Schottischen Schule?) aus der Wissenschaftssprache ausscheidet [1], wohl aber auf dem Kontinent: Die Unterscheidung von A. und L. geht im ersten Drittel des 19. Jh. in zahlreiche deutsche ‹Psychologien› und ‹Anthropologien› ein [2], wird ausdrücklich, aber ohne Bezugnahme auf Kant übernommen z. B. von HEGEL [3], SCHOPENHAUER [4], DÜHRING [5], im 20. Jh. von HEIDEGGER [6] und BLOCH [7], prägt 1841 den L.-Begriff eines italienischen Autors [8], erläutert 1859 im maßgebenden dänischen Wörterbuch die Bedeutung von ‹Lidenskab› [9] und beeinflußt im Französischen den (von Condillac vorbereiteten) Gebrauch von ‹émotion› und ‹passion› [10].

Der L.-Begriff wird jedoch im letzten Drittel des 19. Jh. mit der Emanzipation der *Psychologie* wieder problematisch – so W. WUNDT [11] – und begegnet um 1900 in der internationalen Fachliteratur nur noch vereinzelt [12], was TH. RIBOT veranlaßt, gegen diesen «ostracisme ... d'importation anglaise» «la position de Kant» zu vertreten [13], indem er die Erscheinungen der «vie sentimentale» – ähnlich wie die spätstoische Trias «propassio/passio/morbus» [14] – einteilt in 1. die normalen «sentiments ou états affectifs», 2. die eruptiven «émotions» und 3. die «passions» als chronifizierte und intellektualisierte Formen der émotions [15] – mit dem Erfolg, daß sich die Unterscheidung «émotion/passion» bzw. «emozione/passione» in Frankreich [16] und Italien [17] durchsetzt, in Spanien Zustimmung findet [18] und in der deutschsprachigen Psychologie phänomenologisch-anthropologischer Richtung als die von «A./L.» bzw. «Emotion/L.» gebräuchlich bleibt [18] – trotz SCHELER, der den Unterschied in seiner Schichtentheorie als den von «Leib- und Lebensgefühlen» faßt [19].

Die Tendenz geht seit Ribot dahin, beide Begriffe eng zu definieren, also den A. gegen Empfindungen, Stimmungen und Gefühle [20], die L. gegen Süchte, Zwangsvorstellungen und Phobien abzugrenzen [21], wozu beim A. auch *klinische* (A. als Symptom verdrängter traumatischer Erlebnisse in der Psychoanalyse) und *forensische* Gesichtspunkte (A.-Handlung als Strafbefreiungs- oder -milderungsgrund) motivieren [22]. In diesem *strikten Sinn* bestimmt S. STRASSER die Emotion (=A.) als eine Erschütterung des Menschen durch ein überwältigendes Gut oder Übel, die vorübergehend eine «Desorganisation der höheren Steuerungen» mit «Emanzipation der primitiven Mechanismen» bewirkt, das Ansichhalten des Verhaltens beendigt und sich in einem anfallähnlichen Ausbruch oder Zusammenbruch manifestiert [23]. Demgegenüber ist die «transzendierende Grundhaltung der L.» ein den Gesamtstil der Persönlichkeit prägendes, dauerndes, sthenisch-aktives, konzentriertes Gerichtetsein auf ein schlechthin Wertvolles, das sich dem dazu

Veranlagten in einem «Kristallisationsprozeß» (STENDHAL) zu erkennen gibt [24], wobei Wertträger «Personen, menschliche Gemeinschaften, Dinge, aber auch Denkgebilde und transzendierende Wirklichkeiten» sein können [25].

Die neuere *philosophische* Literatur ist reich an Analysen einzelner A.- (Furcht, Freude) und L.-Phänomene (Liebe, Haß), aber die Ausarbeitung allgemeiner A.- und L.-Theorien (im modernen Sinn) bleibt der Psychologie überlassen. Ausnahmen sind am ehesten SARTRES ‹Esquisse d'une théorie phénoménologique des émotions› [26], die den A. teleologisch interpretiert als intentionale, wenn auch spontan-unreflektierte Verwandlung des pragmatischen in magisches Verhalten, SARTRES Analyse der L. in ‹L'être et le néant› [27] (mit Beschreibung und Deutung z. B. der Sport-L. [28]) und BLOCHS ausführliche Behandlung der A. in der ‹Grundlegung› seines Hauptwerks [29] mit Berücksichtigung genetischer und klassifikatorischer Fragen und Betonung der Geschichtlichkeit von A. und L., d. h. ihrer Bedingtheit durch die Klassenkampfsituation. Aber auch für diese Autoren ist die Beschäftigung mit dem Thema nicht Selbstzweck; denn SARTRE geht es in der ‹Skizze› um den Nachweis der durchgängigen Intentionalität und insofern Freiheit des Bewußtseins, in der ‹Psychoanalyse existentielle› um die Reduktion des passionierten Haben- und Tun-Wollens auf das Grundstreben nach dem An-und-für-sich-Sein (Gottes), das die «passion inutile», die unnütze L. und das vergebliche Leiden des Menschen ist [30]; BLOCH seinerseits sucht und findet im «Erwartungs-A.» der Hoffnung den Zugang zum «Noch-nicht» als dem Horizont des «utopischen Denkens» – und das kennzeichnet allgemein die Situation: ‹A.› und ‹L.› sind in der Gegenwartsphilosophie (sofern sie das Thema nicht moraltheologisch behandelt oder darüber schweigt) *termini a quo* geworden – und können ebendeshalb, wenn die termini ad quem ‹Dasein› (HEIDEGGER), ‹Pour-soi› (SARTRE) oder ‹Existenz-Transzendenz› (JASPERS) heißen, in eine ‹Fundamentalontologie›, einen ‹Essai d'ontologie› und eine ‹Metaphysik› eingehen.

Anmerkungen. [1] Vgl. TH. RIBOT: Essai sur les passions (Paris ³1910) 3; Lalande⁷ 746f.; Encyclop. of philos. (New York/London 1967) kein Art. ‹passion›. – [2] Vgl. Eisler⁴ 1, 17f.; 2, 25. – [3] HEGEL, Werke, hg. GLOCKNER 6, 275/277. – [4] SCHOPENHAUER, Werke, hg. HÜBSCHER 3, 680f. – [5] E. DÜHRING: Der Wert des Lebens (³1881) 68. – [6] M. HEIDEGGER: Nietzsche 1 (1961) 59. – [7] E. BLOCH: Das Prinzip Hoffnung 1 (1959) 77. – [8] P. GALLUPPI: Lezioni di logica e met. 2 (Florenz 1841) 515ff. – [9] C. MOLBLECH: Dansk Ordbog (Kopenhagen ²1859) s. v. – [10] Vgl. Dict. des sci. philos., hg. M. A. FRANCK (Paris ²1875) 1264. – [11] W. WUNDT: Grundzüge der physiol. Psychol. 3 (⁵1903) 266. – [12] RIBOT, a. a. O. [1] 2. – [13] 3f. – [14] Zu ΠΡΟΠΑΘΕΙΑ bzw. ‹propassio› vgl. M. POHLENZ: Die Stoa 1 (1948) 488: Reg. – [15] RIBOT, a. a. O. [1] 4-8. – [16] Vgl. Lalande⁷ 278ff. 746; P. FOULQUIÉ: Dict. de la langue philos. (Paris 1962) 208f. 517ff. – [17] Vgl. Enciclop. filos. 3 (Venedig/Rom 1957) 1201ff. – [18] A. ROLAND: Met. del sentimiento (Madrid 1956) 46f. – [19] M. SCHELER, Werke 2 (1945) 274; vgl. 344. – [20] So z. B. in der Psychol. JANET, DUMAS, DEJAN, PRADINES, in der Philos. SARTRE, MERLEAU-PONTY, RICŒUR; vgl. S. STRASSER: Das Gemüt. Grundgedanken zu einer phänomenol. Philos. und Theorie des menschlichen Gefühlslebens (1956) 179. – [21] So z. B. LERSCH, DEGAS, STRASSER; vgl. a. a. O. 195. – [22] Vgl. Schweiz. Stgb., hg. GERMANN (³1944) Reg. – [23] STRASSER, a. a. O. 179-188, bes. 183ff. – [24] 194-213, bes. 206f. – [25] 207. – [26] J.-P. SARTRE: Esquisse ... (Paris 1939, ²1948); dazu krit. STRASSER, a. a. O. 22-39. – [27] L'être et le néant (Paris 1943, ²1948) bes. 431ff. 517ff. – [28] a. a. O. 669ff. – [29] BLOCH, a. a. O. [7] 1, 54ff. – [30] SARTRE, a. a. O. [27] 708.

Literaturhinweise. Zur traditionellen A.-Lehre: H. M. GARDINER u. a.: Feeling and emotion (New York 1937). – Antike bis Descartes: A. LEVI: French moralists. The theory of the passions (Oxford 1964). – Ab Descartes: K. BERNECKER: Krit. Darstellung der Gesch. des A.-Begriffs (Diss. Greifswald 1915). – Zur Gesch. des Begriffspaars ‹A./L.›: TH. RIBOT s. o. [1]. – Zur Terminologie im 20. Jh.: S. STRASSER s. o. [20]. – Zum L.-Begriff: CH. AXELOS: Die L. in Hegels Geschichtsphilos. und in Schillers Revolutionstheorie. 7. int. Hegel-Kongr. (Paris 1969). J. LANZ

Affektion, affizieren (lat. affectio, afficere, Einwirkung, einwirken) sind in der *Scholastik* eingeführte Begriffe, die DESCARTES gelegentlich zur Erklärung der Einwirkung des Gegenstandes auf die Sinne verwendet [1].

Bei KANT werden sie *Schlüsselbegriffe* seines transzendentalen Idealismus zur Klärung der Frage nach der Gegebenheitsweise des Gegenstandes in aller menschenmöglichen Erkenntnis, deren Vermögen und Grenze. «Daß alle unsere Erkenntnis mit der Erfahrung anfange, daran ist gar kein Zweifel; denn wodurch sollte das Erkenntnisvermögen sonst zur Ausübung erweckt werden, geschähe es nicht durch Gegenstände, die unsere Sinne rühren ...» [2]. «Auf welche Art und durch welche Mittel sich auch immer eine Erkenntnis auf Gegenstände beziehen mag, es ist doch diejenige, wodurch sie sich auf dieselben unmittelbar bezieht, und worauf alles Denken als Mittel abzweckt, die *Anschauung*. Diese findet aber nur statt, sofern uns der Gegenstand gegeben wird; dieses aber ist wiederum, uns Menschen wenigstens, nur dadurch möglich, daß er das Gemüt auf gewisse Weise affiziere» [3]. Die A. gilt Kant so als notwendige objektive Bedingung sowohl der äußeren wie der inneren Anschauung, und entsprechend unterscheidet er zwischen äußerer und innerer A.: denn auch wir selbst begreifen uns «nur wie wir uns erscheinen, nicht wie wir an uns selbst sind», «weil wir nämlich uns nur anschauen, wie wir innerlich *affiziert* werden ...» [4]. «... wie Dinge an sich selbst (ohne Rücksicht auf Vorstellungen, dadurch sie uns affizieren) sein mögen, ist gänzlich außer unserer Erkenntnissphäre» [5]. Da alle menschliche Erkenntnis, die als synthetische Vorstellung a priori den Anspruch der Allgemeingültigkeit im Sinne wissenschaftlicher Verbindlichkeit erhebt, notwendig an Anschauung gebunden ist, diese jedoch nur möglich wird, sofern der Gegenstand in der Weise der A. gegeben ist, wird die Tatsache der A. für Kant zum Kriterium der Begrenztheit bzw. Endlichkeit aller menschenmöglichen Erkenntnis und diese zum Kriterium der Endlichkeit des Menschen selbst.

In der *nachkantischen* Philosophie wird der Begriff der A. zur Wegscheide des Kantverständnisses, und zwar geht es um die auf dem Boden des transzendentalen Idealismus nicht mehr eindeutig zu beantwortende Frage nach dem materialen oder metaphysischen Grunde der A. F. H. JACOBI, G. E. SCHULZE und J. G. FICHTE betrachten das Faktum der Sinnes-A. als unvereinbar mit dem kritischen Idealismus. K. L. REINHOLD, J. SCHULTZ, A. SCHOPENHAUER, K. FISCHER und A. RIEHL vertreten den Standpunkt der A. durch Dinge an sich. Die Position der einzig möglichen A. durch Erscheinungen im Sinne des strengen erkenntnistheoretischen Phänomenalismus behaupten J. S. BECK, S. MAIMON, O. LIEBMANN, H. COHEN und die Denker der Marburger Schule (NATORP, LASSWITZ u. a.). H. VAIHINGER, H. DREXLER und besonders E. ADICKES versuchen, die schroffe Alternative der beiden vorgenannten Interpretationen durch den Nachweis einer doppelten A. zu überwinden. Für H. HEIMSOETH, M. HEIDEGGER, G. MARTIN, H. J. PATON und T. D. WELDON sind A. durch Erscheinungen und durch Dinge an sich nur verschiedene Aspekte desselben objektiven Verhältnisses, je nachdem man diese Subjekt-Objekt-Relation transzendentalphilosophisch oder metaphysisch versteht. In kritischer Auseinandersetzung mit allen diesen

Deutungen versteht H. HERRING [6] einzig den transzendentalen Gegenstand im weiteren Sinne als metaphysischen Grund der A., betont jedoch: «Die Frage nach dem objektiven Grunde der A. ist, als Frage nach der Erkenntnis, die Frage nach dem Grunde der Erscheinung. Diese fragt aber nach dem transzendentalen Gegenstand als demjenigen Etwas, worin alle Erscheinung objektiv begründet ist. Diese Frage nach dem transzendentalen Gegenstand muß aber stets problematisch und somit die Frage nach dem metaphysischen Grunde der A. stets in der Aporie bleiben» [7].

Anmerkungen. [1] DESCARTES, Les passions de l'âme II, 1. – [2] KANT, KrV B 1. – [3] KrV B 33. – [4] KrV B 152f. – [5] KrV A 190/B 235; vgl. A 494f./B 522f. u. a. – [6] H. HERRING: Das Problem der A. bei Kant. Kantstudien, Ergh. 67 (1953) mit ausführlichen bibliographischen Hinweisen. – [7] a. a. O. 99.
H. HERRING

Affinität ist in der *Erkenntnistheorie* bei KANT der «Grund der Möglichkeit der Association des Mannigfaltigen, so fern er im Objecte liegt». Diese «empirische A.» ist die Folge einer «transcendentalen», auf der Einheit des Selbstbewußtseins beruhenden A. Die A. der Erscheinungen, durch die sie «unter beständigen Gesetzen» stehen müssen, begreift sich aus ihrer Zugehörigkeit zur «transzendentalen Apperzeption», die alles Mannigfaltige einheitlich zusammenhängend vereinigt [1]. Das Gesetz einer *biologisch* zu verstehenden A. fordert nach Kant «einen continuierlichen Übergang von einer jeden Art zu jeder anderen durch stufenartiges Wachsthum der Verschiedenheit» [2]. A. im Sinne der Kontinuität der Formen ist dabei für Kant eine regulative Idee; «die A. aller Erscheinungen ... ist eine nothwendige Folge einer Synthesis in der Einbildungskraft, die a priori auf Regeln gegründet ist» [3]. FRIES drückt die biologische A. mit den Worten aus: «Jede zwei gegebenen Nebenarten grenzen so aneinander, daß sich ein steter Übergang von der einen zur andren denken läßt» [4], während HAECKEL unter A. die zwei «Urzustände» der «Weltseele», Attraktion und Repulsion, versteht [5].

Anmerkungen. [1] KANT, Akad.-A. 4, 85. – [2] a. a. O. 3, 435. – [3] 4, 90f. – [4] J. F. FRIES: System der Logik (²1819) 116. – [5] E. HAECKEL: Kristallseelen (1917) 106f.
M. BERNSMANN

Affirmation (Kataphasis) wird in der traditionellen Logik die *Bejahung* (s. d.) eines Urteils (besser: einer Aussage) genannt, gelegentlich auch das bejahte Urteil selbst; manchmal besagt ‹A.› auch die *Behauptung* (s. d.) einer Aussage.
A. MENNE

Affirmativ (bejahend, positiv) heißen in der Logik Aussagen von der Form *SaP* (von *affirmo*), z. B. «Alle Säugetiere sind Wirbeltiere», oder *SiP* (von *affirmo*), z. B. «Einige Vierecke sind gleichseitig».
A. MENNE

Agens, heute vor allem in der Medizin verwendet, entstammt der scholastischen Physik und bezeichnet das Prinzip, das die Form einführt; das entsprechende Leidende heißt ‹passum› oder ‹patiens›. Die Distinktionen entsprechen gewöhnlich denen von causa efficiens. Das A. *univocum* erzeugt ein Individuum derselben Species, das A. *aequivocum* ein Individuum anderer Species. A. *naturale*, A. *voluntarium*: Die Natursache ist zur Einführung einer bestimmten Form determiniert, die vernünftige Ursache wählt frei ihr Ziel. A. *naturale* bzw. A. *divinum* ist geschöpfliche Ursache bzw. Schöpfer. – Physikalische Hauptsätze über das A. sind: «Omne agens agit sibi simile» (zu interpretieren nach der ersten Distinktion); «omne agens agit propter finem.»
R. SPECHT

Aggregat ist ein ontologischer Typus von Einheit durch Zusammensetzung aus Vielem. Der Name bezeichnet eine Aneinanderfügung (Zusammensetzung) sich von ‹außen› berührender Elemente, welche durch den Eintritt in das A. nicht verwandelt werden und in der Verbundenheit ihre Selbständigkeit behalten. Das tonangebende Modell ist der Atomismus, insofern man es zu den Eigenschaften der Atome rechnet, körperliche, unveränderliche Bausteine von A. zu sein. ARISTOTELES hat die ontologischen Prinzipien analysiert, die zum Begriff des A. gehören. Hierzu gehören das Berühren von außen (θιγγάνειν) und das Aneinanderhängen (ἔχεσθαι) [1]. Das A. spielt seither in der Ontologie dort eine Rolle, wo die äußerliche Verbindung von Bausteinen begriffen werden soll. Im 14. Jh. findet sich der Name «congregatio atomalium» [2]. In seiner weiteren Geschichte tritt der Begriff ‹A.› in der Gesellschaft von Begriffen wie ‹Substanz›, ‹Mischung›, ‹Beziehung›, ‹Kompositum› auf. Auch der Begriff ‹Mechanismus› gehört hierher [3]. Große Bedeutung gewann der Begriff ‹A.› in der philosophischen Sprache von LEIBNIZ, der die Monade als wahres Atom von den falschen demokritischen unterscheidet, die ihm nur als A. gelten. Er trennt die substantia simplex von der substantia composita und vom aggregatum [4]. KANT bestimmt das A. als eine zufällige Anhäufung durch den Verstand und spielt dagegen den systematischen (organischen) Zusammenhang der Vernunft aus [5]. FICHTE unterscheidet ein bloß ideales, gedankliches Ganzes als A. von der reellen Einheit, dem ‹Kompositum› [6]. Das zum Begriff des A. gehörende Prinzip der «Zusammensetzung» sieht HEGEL als Inbegriff des äußerlichen Denkens an [7]. Er gebraucht ‹A.› sowohl als Terminus für eine nur «zufälligerweise und empirischerweise» entstandene Zusammenstellung der Wissenschaften – im Gegensatz zur Enzyklopädie [8], als auch in der politischen Philosophie für ein Volk, das, als «A. der Privaten» im «Zustand der Unrechtlichkeit, Unsittlichkeit, der Unvernunft» bleibt [9]. Der Staat ist dann nicht «substantielle Einheit», sondern «A. der vielen einzelnen» [10].

Anmerkungen. [1] ARISTOTELES, Phys. 226 b 18-227 b 2. – [2] NICOLAUS VON AUTRECOURT bei BULAEUS: Hist. Univ. (Paris 1668) IV, 310, Nr. 37; vgl. K. LASSWITZ: Gesch. der Atomistik (1890) 1, 258. – [3] G. BRUNO: De triplici minimo et mensura ad trium speculativarum scientiarum et multarum activarum artium libri V (1591) I, 2. Opera latine conscripta (Neapel/Florenz 1879-1891, Neudruck 1962) I/3, 138-140. – [4] LEIBNIZ, Philos. Schriften, hg. GERHARDT 4, 478ff., 6, 607. – [5] KANT, KrV B 673; vgl. Prolegomena § 26. Akad.-A. 4, 310. – [6] J. G. FICHTE, Werke, hg. I. H. FICHTE 4, 116. 120. – [7] HEGEL, Logik II. Jubiläums-A. 5, 55. – [8] Enzyklop. (³1830) § 16, hg. F. NICOLIN/O. PÖGGELER (⁶1959) 49. – [9] a. a. O. § 544, S. 422; vgl. Rechtsphilos., hg. J. HOFFMEISTER (⁴1955) 241. – [10] Vorles. über die Philos. der Weltgesch., hg. H. LASSON (1944) 924; vgl. 446.

Literaturhinweise. K. LASSWITZ: Gesch. der Atomistik vom MA bis Newton 1. 2 (1890, Neudruck 1963). – H. HEIMSOETH: Met. der Neuzeit (1929). – N. HARTMANN: Der Aufbau der realen Welt (1940, ³1964). – H. GLOCKNER: Gegenständlichkeit und Freiheit 1. 2 (1963-1966). – F. KAULBACH: Der philos. Begriff der Bewegung (1965); Philos. der Beschreibung (1968).
F. KAULBACH

Aggregation (von lat. aggregare, gesellen, häufen, aus ‹ad gregem agere›, zur Herde scharen) ist ein Ausdruck, der in verschiedenen Wissenschaften häufig in negativem Sinne von äußerlicher, «summenhafter» (im Gegensatz zu ganzheitlicher) Gruppierung verwendet wird. Dafür kann die Geographie als repräsentatives Beispiel dienen: «Thatsache ist es, daß die Geographie sich in neuester Zeit vom aggregativen Standpunct zum wissenschaftlichen durchgearbeitet hat. Der Ruhm dieses Fortschritts gebührt C. Ritter. Indem derselbe, die Breite und Masse der Erscheinungen zur Einheit des Gedankens ... bewältigend, die Geographie als die Wissenschaft der irdisch erfüllten Raumverhältnisse, ... auffaßt, hat er diese positive Wissenschaft, wie er sich selbst ausdrückt, zum Philosophiren gezwungen» [1]. So faßt E. KAPP die im Zeitalter der Begründung einer modernen wissenschaftlichen Geographie (und Forschung überhaupt) namentlich durch A. v. HUMBOLDT und C. RITTER errungenen erkenntnismäßigen Tendenzen zusammen. In der Folge erblickte die Geographie ihr Ziel noch bewußter darin, sie aus einem bloßen Agglomerat zum systematischen Ganzen zu gestalten [2]. Noch um 1920 sah sich aber A. LEUTENEGGER genötigt, in seiner methodologischen Studie über die Geographie die Frage aufzuwerfen: wirkliche Wissenschaft oder bloßes Agglomerat? [3]. Und noch 1948 betonte der führende französische Geograph H. BAULIG in seiner bedeutsamen Abhandlung ‹Ist die Geographie eine Wissenschaft?›: «Nein, vielmehr ein Bündel verschiedenster Wissenschaften» [4]. Das Problem ist denn auch nach wie vor offen und dürfte in gewissem Sinne, auch für andere Disziplinen, offen bleiben, insofern sich in jeder «agglomerative» wie «integrative» Elemente finden.

Anmerkungen. [1] E. KAPP: Philosophische oder vergleichende allg. Erdkunde (1845) 1. – [2] A. HETTNER: Die Geogr., ihre Geschichte, ihr Wesen und ihre Methoden (1927); R. HARTSHORNE: nature of geogr. (Lancaster, Pa. 1939, ³1951). – [3] A. LEUTENEGGER: Begriff, Stellung und Einteilung der Geogr. (1922) 79-83. – [4] H. BAULIG: La géogr. est-elle une sci.? Ann. Géogr. 57 (1948) 1–11, bes. 11.

Literaturhinweise. Vgl. Anm. [1-4]. – Ferner: C. VALLAUX: Les sci. géogr. (Paris 1929). – J. ZARUR: Precisão e aplicabilidade na geogr. (Rio de Janeiro 1955). – G. DE JONG: Chorological differentiation as the fundamental principe of geogr. (Groningen 1962). – E. NEEF: Die theoretischen Grundlagen der Landschaftslehre (1967). – V. MIHAILESCU: Geogr. theoretica (Bukarest 1968).
E. WINKLER

Aggression. Als ‹A.› bezeichnet man erstens manifestes *Verhalten*, welches einen körperlichen oder symbolischen Angriff auf Personen, Tiere oder Gegenstände mit dem Ziel darstellt, Schaden zuzufügen; zweitens versteht man unter A. auch die aus Verhalten erschlossene latente *Bereitschaft* zu aggressiven Handlungen. Diese Tendenz kann sowohl als überdauernde Gewohnheit interpretiert werden – in diesem Fall spricht man von ‹Aggressivität› – als auch als Trieb.

1. Das Problem der A. bleibt bis fast zu Beginn des 20. Jh. außerhalb des Gegenstandsbereiches wissenschaftlicher Analyse. Vereinzelt findet man vorher die Konzeption eines «Zerstörungstriebes» bei Philosophen des 19. Jh. So sieht FEUERBACH Selbsterhaltungstrieb und Zerstörungstrieb untrennbar miteinander verbunden: Die «Lebenslust» der Natur ist zugleich «Mordlust» [1]. NIETZSCHE hypostasiert in ‹Wille zur Macht› einen Zerstörungstrieb, der durch sein Wirken Selbstzerstörung zur Folge hat. Die parallele Formulierung eines Instinktes zur Selbstzerstörung in diesem Zusammenhang legt die Deutung nahe, daß der Zerstörungstrieb bei ihm eine sekundäre Erscheinungsform des Willens zur Selbstzerstörung darstellt. Der Zerstörungstrieb gehört zum Wesen der Schwachen; er richtet sich gegen die Mächtigen und macht sie zu Todfeinden der Schwachen, indem sie auf deren Verderben sinnen [2]. Die moderne Lehre von der A. steht geschichtlich und sachlich im Zusammenhang mit der Bestimmung des Menschen im *Naturstand* und in dessen Entgegensetzung zu politischen, ethischen und institutionellen Ordnungen. So ist für ARISTOTELES der von Natur nicht in einer Polis lebende Mensch, der «Apolis», das «Wildeste» und von Natur «Feind»; HOBBES nimmt dies in der Bestimmung auf, daß der Mensch für den Menschen im Naturstande Wolf sei [3].

2. In der Bedeutung von Angriffsverhalten oder Angriffslust tritt der Begriff ‹A.› zuerst in der *tiefenpsychologischen* Literatur auf. So spricht S. FREUD in seinen frühen Schriften von ‹A.›, wenn er Verhalten beschreibt, dessen Ziel es ist, sich eines Sexualobjektes zu bemächtigen. Solche aggressiven Verhaltensweisen treten in Folge von Deprivationen auf, sind also reaktiv [4].

Allgemein wird angenommen, daß A. ADLER den Begriff des A.-Triebes eingeführt hat. Dieser Begriff ist in Adlers Definition inhaltlich sehr weit vom Zerstörungstrieb Feuerbachs und Nietzsches entfernt. In einer 1908 veröffentlichten Schrift hebt er zum erstenmal die Bedeutung des A.-Triebes für die Neurosenlehre hervor. Er definiert ihn als Summe all jener Einstellungen, die die Auseinandersetzung des Menschen mit seiner Umwelt ausmachen: In dieser Auseinandersetzung kommt stets ein ursprüngliches In-Angriff-Nehmen, ein Bemächtigen zum Ausdruck. Die Konzeption der A. als Trieb bedeutet bei Adler nichts weiter als ein Konstruktum, abstrahiert aus den elementaren Funktionen des Organismus, deren Entstehung und Entwicklung aus den Anforderungen der Außenwelt abzuleiten sind und deren Ziel es ist, Befriedigung der Organbedürfnisse und Lusterwerb herbeizuführen. Im Unterschied zu anderen Trieben, wie z. B. Hunger, kann der A.-Trieb keinem bestimmten Organsystem zugeordnet werden; er bildet nach den Vorstellungen Adlers «ein alle Triebe verbindendes psychisches Feld, in das Erregung einströmt, sobald einem Primärtrieb die Befriedigung versagt bleibt» [5]. Der A.-Trieb kann sich auch gegen die eigene Person wenden. In diesem Fall wird die Triebenergie jedoch meist umgeleitet und tritt als Altruismus in Erscheinung. Ein Zusammenwirken des A.-Triebes und des Sexualtriebes führt zu Sadismus, bei Wendung gegen die eigene Person zu Masochismus [6]. Eine ähnlich allgemeine Definition der A. im Sinne eines Expansionsdranges schlägt drei Jahrzehnte später SCHULTZ-HENCKE vor [7].

Von den eng an Freud sich orientierenden Psychoanalytikern wies nach Adler S. SPIELREIN auf die wichtige Funktion der «Destruktion» in der psychischen Entwicklung hin. Ohne sich auf Adler zu beziehen, findet sich auch in ihrer Abhandlung aus dem Jahre 1912 die Vorstellung eines Destruktionstriebes, dem ein eigenständiges Energiereservoir zugedacht wird [8]. Acht Jahre nach dieser Veröffentlichung griff FREUD die Konzeption eines A.-Triebes oder Destruktionstriebes auf und wies ihr in den folgenden theoretischen Entwicklungen der Psychoanalyse eine zentrale Bedeutung zu. Ein wichtiger Schritt in der Neuformulierung seiner Triebtheorie stellen die Überlegungen dar, die er in ‹Jenseits des Lustprinzips› zusammenfaßte [9]. Freud vollendet hier den Übergang von einer monistischen zu einer dualistischen Trieblehre. Den A.-Trieb oder Destruktionstrieb – er verwendet beide Termini synonym – interpretiert er als «Ableitung» eines Todestriebes über die Muskulatur an die Außenwelt. Der Todestrieb ist Ausdruck des allen Lebewesen innewohnenden Strebens, zu einem anorganischen Zustand, dem Tod, zurückzukehren. Der Endzustand wird – analog anderen Trieben

– zur Erhaltung der Energie angestrebt. Dem Todestrieb und dem A.-Trieb stehen die Lebenstriebe entgegen [10]. Freud fehlte ein dem Begriff der Libido (Energie der Lebenstriebe, Eros) analoger Terminus [11]. P. FEDERN schlug ‹Mortido› [12], E. WEISS ‹Destrudo› vor [13]; jedoch konnten sich beide Vorschläge nicht durchsetzen. In dieser gewandelten Konzeption FREUDS, in der die auf die Umwelt gerichteten A.-Triebe ein Produkt des primär auf den eigenen Untergang gerichteten Todestriebes sind, erfahren auch die Phänomene des Sadismus und Masochismus eine neue Interpretation: Entgegen seiner früheren Theorie stellt Sadismus nun eine Sekundärerscheinung gegenüber dem Masochismus dar [14].

Die Annahme eines Todestriebes wurde nur von wenigen nachfolgenden Psychoanalytikern übernommen, entsprechend wurde auch das Phänomen der A. in psychoanalytischer Sicht neu gedeutet. A. FREUD sieht die Trennung von Libido und Todestrieb als pathologische Entwicklung im Laufe eines Lebens an. Der durch Mangel an erotischer Energie ungehinderte Todestrieb führt in seiner Wendung nach außen zu einer ungebundenen Zerstörungstendenz [15]. O. FENICHEL bezweifelt die Richtigkeit der Ansicht S. FREUDS über die Ableitung der aggressiven Triebe aus dem Todestrieb. Er sieht A. einmal im Dienste der Befriedigung ursprünglicher Triebe, als ein Mittel zur Verfolgung von Triebzielen bei drohender Versagung des Zieles, zum anderen aber als Mittel, welches auch ohne drohende oder erfolgte Frustration eingesetzt wird. Die letztgenannte Alternative glaubt er vor allem bei primitiv strukturierten Organismen vorzufinden. Hier vermeint er eine größere Bereitschaft zu beobachten, Triebziele mit destruktiven Mitteln zu verfolgen [16]. Fenichels Deutung der A. impliziert die Herkunft der A.-Impulse aus der Ich-Instanz, während nach der Auffassung Freuds die Triebenergie des A.-Triebes aus dem Es herrührt. B. RANKS Überlegungen gehen in die gleiche Richtung wie die Fenichels: A. geht vom Ich aus und erfüllt mit anderen Ich-Trieben die Aufgabe, eine Anpassung an die Umwelt zu erreichen [17].

H. HARTMANN, E. KRIES und R. LOEWENSTEIN lehnen ebenfalls die Annahme eines Todestriebes ab. Sie sehen aggressives Verhalten als Folge eines primären A.-Triebes an. Der Begriff ‹A.› bezeichnet in ihrem Sprachgebrauch sowohl den Trieb als auch die Energie dieses Triebes. Sie übernehmen jedoch die Unterscheidung Freuds zwischen einer selbst-destruktiven und einer externalisierten A. Die Wendung aggressiver Energie gegen das eigene Ich tritt infolge nicht abgeführter Triebladungen auf. Ein solches Triebschicksal kann abgewendet werden, indem die Energie des A.-Triebes neutralisiert und in Ich und Über-Ich übergeführt wird [18].

A. MITSCHERLICH beantwortet die Frage nach dem Ursprung der A.-Impulse nicht eindeutig. In Anlehnung an die frühe Ansicht Freuds betont er, daß aggressives Verhalten stets zugleich Ausdruck eines A.-Triebes und der Libido sei. Wie aus seinen sozialpsychologischen Analysen der modernen Gesellschaft hervorgeht, hält er die Annahme eines Todestriebes durchaus für diskussionswürdig. Er vermeidet jedoch eine direkte Ableitung der A. aus dem Todestrieb [19]. Er sieht in der A. ein unvermeidbares Element menschlichen Verhaltens, sie scheint ihm ubiquitär und versehen mit motorisch belebender Energie; für ihn sind dies gewichtige Belege für die Annahme eines A.-Triebes. Doch hebt er auch die Reaktivität aggressiven Verhaltens hervor. Er schreibt gewissen gesellschaftlichen Bedingungen eine Auslösefunktion für aggressives Triebgeschehen zu [20].

Die entschiedenste Ablehnung einer Triebkonzeption der A. unter den tiefenpsychologisch orientierten Psychologen findet sich bei K. HORNEY. Sie betrachtet A. als reaktives Verhalten, ausgelöst durch die Isolierung des Individuums in der modernen Welt, durch die Sanktionen, die die Gemeinschaft in ihrer jetzigen Form für das Ausleben von Primärtrieben verhängt [21]. Ähnliche Überlegungen äußern W. REICH [22], E. FROMM [23] und C. KLUCKHOHN [24]. Damit hat der Begriff A. in der Tiefenpsychologie einen Bedeutungswandel erfahren, der wieder an die ursprüngliche Auffassung bei Freud anknüpft. Jedoch entfällt in den neueren Ansätzen die Einengung des Begriffs ‹A.› auf Verhalten gegenüber Sexualpartnern.

3. Erst in den dreißiger Jahren dieses Jahrhunderts werden erste *experimentell-psychologische Untersuchungen* zur A. unternommen. Als besonders ertragreich für die weitere Erforschung der Genese von A. erwies sich die Hypothese von J. DOLLARD, L. W. DOOB, N. E. MILLER, O. H. MOWRER und R. R. SEARS, es bestehe ein unmittelbares Ursache-Wirkung-Verhältnis zwischen einer Frustration (definiert als die Verhinderung eines Strebens) und aggressiven Handlungen: Aggressivem Verhalten gehe stets das Erleben einer Frustration voraus und das Erleben einer Frustration führe immer zu einer Form von A. ‹Aggressives Verhalten› bedeutet für sie eine Handlungssequenz, deren Endbestandteil, die Zielreaktion, darin besteht, einem anderen Organismus Schaden zuzufügen [25]. Der Anspruch, eine allgemeingültige Gesetzmäßigkeit aufgestellt zu haben, wurde wenig später von den Forschern selbst aufgegeben. Sie erklärten vor allen Dingen den zweiten Teil der Hypothese für überholt und gestanden zu, daß Frustrationen auch andere Folgen als A. haben können (z. B. Aufgeben der intendierten Handlung oder Wahl eines Ersatzzieles). Weiterhin wurde in der späteren Formulierung der Hypothese genauer unterschieden zwischen aggressivem Verhalten und Tendenz zur A.: Frustration sei ein Anreiz zur A., sie müsse jedoch nicht immer zu aggressiven Äußerungen führen [26]. Der erste Teil der Frustrations-A.-Hypothese wird später auch von A. BANDURA und R. H. WALTERS [27] in Frage gestellt. Sie fanden, daß aggressive Reaktionen durch bloße Nachahmung gelernt werden können, wobei keine Frustration vom aggressiv handelnden Individuum erlebt wird. Weiterhin wenden diese Autoren ein, daß eine Frustration zu Handlungen führe, die durch ihre Intensität auffielen. Handlungen hoher Intensität werden aber allgemein von einem Beobachter als aggressives Verhalten interpretiert, obwohl keine Intention, anderen Schaden zuzufügen, vorliegen müsse [28].

Trotz dieser Einwände, die die Frustrations-A.-Hypothese zwar in ihrer Gültigkeit einschränken, jedoch nicht völlig wertlos machen, kann man DOLLARD u. Mitarb. zugestehen, eine entscheidende Wende in der Deutung der A. herbeigeführt zu haben. Sie haben eine mögliche Ursache der A. experimentell eruiert und gezeigt, daß man in der A.-Forschung auf eine Triebkonzeption verzichten kann. Auf dieser theoretischen Grundlage bauen L. BERKOWITZ und A. M. BUSS auf. BERKOWITZ übernimmt die Vorstellung der A. als reaktives Verhalten, gekennzeichnet durch «das Ziel, einer Person oder einem Objekt zu schaden oder Schmerz zuzufügen» [29]. Sein gewichtigster Einwand gegen eine Triebkonzeption der A. fußt auf der Erkenntnis der vergleichenden Verhaltensforschung [30], daß aggressives Verhalten durch sehr spezifische Reize ausgelöst wird. Das gleiche Argument wendet er auch gegen die Frustrations-Hypothese ein: Erlebte Frustration allein reiche nicht aus, um aggressives Verhalten zu erzeugen, zusätzlich seien noch spezifische Signale, die der situative Kontext liefern müsse, notwendig. Weiterhin weist Berkowitz darauf hin, daß jeder aggressiven Handlung eine Vollendungstendenz eigen ist. Die Handlung gilt erst dann für abgeschlossen, wenn ihr Ziel zu schaden erreicht ist. Die aggressive Handlung richtet sich seiner Ansicht nach immer gegen die frustrierende Person oder das frustrierende Objekt [31]. Buss definiert A. ebenfalls als Reaktion, jedoch versucht er, von der Intention als einzigem Kriterium aggressiven Verhaltens abzusehen und eine objektive Bestimmung der A. zu liefern. Er beschreibt A. als Reaktion, die einen schädlichen Reiz für einen anderen Organismus darstellt [32]. Den Ausdruck «Angriff» verwendet er synonym mit ‹A.›. Die Wahrscheinlichkeit des Auftretens aggressiver Handlungen wird erhöht durch den Anblick des zugefügten Schadens oder Schmerzes, es können aber auch andere Formen der Belohnung verstärkend für aggressives Verhalten wirken. Werden vom Individuum andere Arten der Belohnung angestrebt, so spricht Buss von instrumenteller A. [33]. Der Verzicht auf die Intention zur Definition aggressiver Handlungen bringt die Schwierigkeit mit sich, Handlungen, die zunächst von aggressiven Verhaltensweisen nicht zu unterscheiden sind, aber auf längere Sicht das Wohl anderer zum Ziele haben, z. B. elterliche Strafmaßnahmen oder medizinische Eingriffe, von aggressiven Akten zu unterscheiden. Buss stellt diesem Argument entgegen, daß er alle solche Handlungen ausnehme, die in einer sozial anerkannten Rolle (z. B. die der Eltern, des Arztes) vollzogen werden. Ebenso nimmt er zufälliges Zufügen von Schaden aus der Kategorie aggressiven Verhaltens aus. Besonders durch die Ausklammerung zufällig schädlicher Folgen zeigt er, daß er nicht ohne das Kriterium der Absicht in einer Definition der A. auskommen kann: Wenn ein Schaden nicht zufällig entsteht, so wird er absichtlich durch Verhalten herbeigeführt.

4. Von einigen wenigen Psychologen wird in den letzten Jahren eine *engere* Fassung oder eine *Differenzierung* des A.-Begriffs angestrebt, d. h. versucht, A. oder A.-Tendenzen von destruktivem Verhalten oder destruktiven Tendenzen zu trennen. So bezeichnet H. Kunz als aggressive Antriebe nur diejenigen, die auf «betonte Unterdrückung oder Ablenkung der Eigentätigkeit oder Eigenart des leblosen oder lebendigen Begegnenden gerichtet sind», und als destruktive solche, «die auf dessen Zertrümmerung und Vernichtung abzielen» [34]. Er gesteht jedoch ein, daß sich die von ihm vorgenommene Abgrenzung nicht so scharf ziehen lasse, wie er sie formuliert habe, da aggressiven Impulsen die Tendenz innewohne, bei Erleben einer ständig wachsenden Barriere in zerstörerisches Verhalten umzuschlagen [35]. S. Feshbach unterscheidet zwischen «expressiver» und «feindseliger» A. In der expressiven A. äußert sich reines Angriffsverhalten («to hit rather than to hurt»), während der feindseligen A. zerstörerische Impulse zugrunde liegen. Expressiv aggressives Verhalten wird gegen die Quelle der Frustration gerichtet, um der Ärgerreaktion Ausdruck zu verleihen, nicht um Schaden zuzufügen. Das entscheidende Moment der feindseligen A. ist es jedoch, zu schaden. Die expressive A. faßt Feshbach als bereits dem Säugling gegebene Tendenz auf, die feindselige A. dagegen als im Laufe des Sozialisierungsprozesses erworbene Bereitschaft, die vorwiegend durch in der Vergangenheit des Individuums erlebte Strafen und durch eine aktuelle Bedrohung der Selbstachtung entstanden ist [36].

In neuen zusammenfassenden Betrachtungen des Problems der A. wird überwiegend die Meinung vertreten, die bis jetzt vorliegenden monokausalen Annahmen über die Ursache aggressiven Verhaltens seien unzureichend. F. Merz argumentiert, ausgehend von der vielschichtigen physiologischen Grundlage der A., daß einfache Ursache-Wirkung-Modelle unzweckmäßig seien [37]. H. Selg weist auf die Ergebnisse einer Faktorenanalyse hin, die ebenfalls eine multikausale Betrachtungsweise nahelegen: Die Faktorenanalyse ergab einen Faktor der spontanen A., der als «Körpernähe» und «Dominanz» interpretiert wird, und einen weiteren Faktor reaktiver A., der als «Feindseligkeit» gedeutet werden kann [38].

5. Der A.-Begriff hat in der *Tierpsychologie* und in der vergleichenden *Verhaltensforschung* eine eigene Bedeutung erhalten. Durch den eingeengten Verhaltensspielraum bei Tieren im Vergleich zum Menschen wird eine eindeutigere Definition von aggressivem Verhalten ohne die Notwendigkeit von Rückschlüssen auf die Absicht des Verhaltenden möglich.

Die Vorstellungen über A. und die Definitionsversuche in diesen Bereichen lassen sich bis auf Darwin zurückverfolgen. In seiner Evolutionstheorie nimmt der heute mit ‹A.› bezeichnete Sachverhalt als Mechanismus der Selektion von Individuen mit den am besten angepaßten Eigenschaften eine zentrale Stellung ein. Darwin prägte dafür den Ausdruck «Kampf ums Dasein». «Kampf» ist dabei nicht nur als direkter körperlicher Angriff von Lebewesen untereinander zu verstehen, sondern im weitesten Sinne als Versuch des Organismus, allen schädlichen Einflüssen der Umwelt zu begegnen, um zu überleben [39].

Neuere Untersuchungen über A. im Tierreich liefern vor allem J. P. Scott und K. Lorenz. Scott versteht alles Kampfverhalten bei Tieren als A. Der Schilderung seiner Beobachtungen über aggressives Verhalten bei verschiedenen Tierarten ist zu entnehmen, daß er nur Kampfverhalten unter Artgenossen als ‹A.› bezeichnet. In seiner Zusammenfassung von Befunden über die physiologischen Grundlagen aggressiven Verhaltens bei Tieren kommt er zu dem Schluß, daß keinerlei Anhaltspunkte für die Möglichkeit eines spontanen Ausbruches von A. vorliegen. Dagegen läßt sich durch Reizung bestimmter Hirnzentren aggressives Verhalten bei Tieren auslösen. Er legt diese Befunde gegen eine Triebtheorie der A. aus [40]. Lorenz vertritt die gegenteilige Auffassung. Seine Beobachtungen an Tieren glaubt er durch eine Triebkonzeption der A. am besten erklären zu können. Ähnlich wie Scott definiert er A. als Angriffsverhalten unter Artgenossen, wobei er ausdrücklich die Übergriffe des Räubers auf seine Beute ausnimmt. Unsicher bleibt jedoch für Lorenz die Einordnung des Gegenangriffes eines Beutetieres gegen seinen Freßfeind; hier sieht er eine Verwandtschaft zu aggressivem Verhalten. Ähnlich wie die psychoanalytische Triebkonzeption impliziert auch bei Lorenz der Begriff des A.-Triebes eine organische Grundlage. In Ermangelung geeigneter Auslöser entlädt sich die Triebenergie auch spontan [41]. Bei Scott und Lorenz findet sich übereinstimmend die Ansicht, A. habe eine Anpassungsfunktion zu erfüllen. Am Beispiel der Revierkämpfe lasse sich deutlich die Aufgabe der A. für die Erhaltung der Art erkennen. Beide Forscher halten eine direkte Übertragung ihrer

Schlußfolgerungen über das Wesen der A. und ihre Ursachen auf den Menschen für möglich.

Anmerkungen. [1] L. FEUERBACH, Werke 3 (1847) 37. – [2] FR. NIETZSCHE, Wille zur Macht. Musarion-A. 18, 48. – [3] ARISTOTELES, Politik I, 1253 a 3-7; HOBBES, Opera philos., hg. MOLESWORTH 2, 135. – [4] S. FREUD: Weitere Bemerkungen über die Abwehr-Neuropsychose. Werke 1, 382. – [5] A. ADLER: Der A.-Trieb im Leben und in der Neurose. Fortschritte der Medizin 26 (1908) 577-584. – [6] ebda. – [7] H. SCHULTZ-HENCKE: Der gehemmte Mensch (1940) 28ff. 40. – [8] S. SPIELREIN: Die Destruktion als Ursache des Werdens. Jb. Psychoanal. 4 (1912) 89. – [9] S. FREUD, Werke 13, 3-69. – [10] Das Ich und das Es. Werke 13, 268. – [11] Abriß der Psychoanalyse. Werke 17, 72. – [12] P. FEDERN: Ego psychol. and the psychoses (New York 1952, dtsch. 1956). – [13] E. WEISS: Todestrieb und Masochismus. Imago 21 (1935) 393-411. – [14] S. FREUD: Drei Abhandlungen zur Sexualtheorie. Werke 5, 33-145; Triebe und Triebschicksale. Werke 10, 210-232; Das Ich und das Es. Werke 13, 237-289. – [15] A. FREUD: A. in relation to emotional development; normal and pathological. Psychoanal. Stud. Child 3/4 (1949) 37-42. – [16] O. FENICHEL: The psychoanalytic theory of neurosis (New York 1945) 59. – [17] B. RANK: A. Psychoanal. Stud. Child 3/4 (1949) 43-48. – [18] H. HARTMANN, E. KRIES und R. LOEWENSTEIN: Notes on the theory of A. Psychoanal. Stud. Child 3/4 (1949) 9-36. – [19] A. MITSCHERLICH: A. und Anpassung. I: Psyche 10 (1956/57) 177-193; II: a. a. O. 12 (1958/59) 523-537. – [20] Zur Wesensbestimmung der A., in: H. THOMAE (Hg.): Die Motivation menschlichen Handelns (1965). – [21] K. HORNEY: Neue Wege in der Psychoanalyse (1951) 125ff. – [22] W. REICH: Charakteranalyse (1933) 284; Der Urgegensatz des vegetativen Lebens. Z. polit. Psychol. und Sexualökonomie 1 (1934) 138f. – [23] E. FROMM: Die Furcht vor der Freiheit (1945) 177ff. – [24] C. KLUCKHOHN: Group tensions: Analysis of a case history, in: L. BRYSON (Hg.): Approaches to national unity (New York 1945). – [25] J. DOLLARD, L. W. DOOB, N. E. MILLER, O. H. MOWRER und R. R. SEARS: Frustration and A. (New Haven 1939) 11. – [26] N. E. MILLER: The frustration-A.-hypothesis. Psychol. Rev. 48 (1941) 337-342; R. R. SEARS: Non-aggressive reactions to frustration a. a. O. 343-346. – [27] A. BANDURA und R. H. WALTERS: Social learning and personality development (New York 1963). – [28] R. H. WALTERS: On the high magnitude theory of A. Child Develop. 35 (1964) 303-304. – [29] L. BERKOWITZ: The concept of A. drive: Some additional considerations. Adv. exp. social. Psychol. 2 (1965) 301-329, zit. 302. – [30] E. H. HESS: Ethology, in: R. BROWN (Hg.): New directions in psychol. (New York 1962). – [31] BERKOWITZ, a. a. O. [29]. – [32] A. M. BUSS: The psychol. of A. (New York 1961) 1ff. – [33] ebda. – [34] H. KUNZ: Die A. und die Zärtlichkeit (1946) 20. – [35] a. a. O. 21. – [36] S. FESHBACH: The function of A. and the regulation of aggressive drive. Psychol. Rev. 71 (1964) 257-272. – [37] F. MERZ: A. und A.-Trieb, in: Handb. Psychol. 2, hg. H. THOMAE (1965) 569-601. – [38] H. SELG: Zur Diagnostik der A. und der Feindseligkeit. Diagnostica (Göttingen) 10 (1964) 54-75. – [39] C. DARWIN: The descent of man, and selection in relation to sex. 1. 2 (London 1871). – [40] J. P. SCOTT: A. (Chicago 1958). – [41] K. LORENZ: Das sogenannte Böse (¹1966) IX. 77.

Literaturhinweise. L. BERKOWITZ s. Anm. [29]. – F. MERZ s. Anm. [37].
U. SCHÖNPFLUG

Agnosie wird nach v. MONAKOW [1] definiert als «eine Beeinträchtigung der Fähigkeit, sonst geläufige Sinnesbilder von einem Sinnesorgan aus zu erkennen ... bei relativem Freibleiben oder geringer Störung der elementaren Tätigkeit des betreffenden Sinnesorgans, sowie bei ziemlich freiem Sensorium und Sprache»; d. h. die Unfähigkeit, Wahrnehmungsobjekte mit Hilfe der einzelnen Sinne (Gesicht, Gehör, Tastsinn) zu erkennen, ohne daß diese Unfähigkeit durch eine grobe Störung der Sinnesempfindungen (wie Blindheit, Schwerhörigkeit, Gefühlsstörungen), durch eine Bewußtseinsstörung oder durch eine Störung des sprachlichen Ausdrucksvermögens (Aphasie) verursacht ist. Die Benennung dieser Störung als A. stammt von FREUD [2]. Dem Begriff der A. liegt die assoziationspsychologische Vorstellung zugrunde, daß sich die Wahrnehmungen aufbauen aus einer Summe von elementaren Sinnesempfindungen (wie Farben, Tönen, Druck-, Schmerzempfindungen usw.), die in einem besonderen «gnostischen Akt» zu gestalteten Wahrnehmungen von Objekten zusammengefaßt werden.

Dieser Theorie zufolge gäbe es in jedem Sinnesgebiet Störungen sowohl der Elementarempfindungen, als auch ihrer gnostischen Zusammenfassung, d. h. im optischen Bereich einerseits elementare Sehstörungen bis zur Blindheit und anderseits eine optische A. (Seelenblindheit [3]); im akustischen Bereich einerseits Hörstörungen bis zur Taubheit und anderseits eine akustische A. (Seelentaubheit [4]) bei normalem Tongehör; im taktilen Bereich einerseits Sensibilitätsausfälle, anderseits eine taktile A. (Tastlähmung [5]). Alle diese Krankheitsbilder wurden beschrieben aufgrund unzulänglicher klinischer bzw. tierexperimenteller Beobachtungen, wobei die exemplarische Bedeutung der A. für die klassische Lokalisationslehre Triebfeder für dieses spekulative Vorgehen war.

Nach den heutigen sinnesphysiologischen Vorstellungen treten nur gestaltete Wahrnehmungen im Bewußtsein auf, während die sogenannten elementaren Sinnesempfindungen sekundäre noëtische Abstraktionen aus den primären Wahrnehmungen sind [6]. Damit entfällt auch die Differenzierung der Wahrnehmungsstörungen in primäre Sinnesdefekte und sekundäre gnostische Störungen [7]. Die Frage, ob wenigstens bei bestimmten Hirnherden klinische Krankheitsbilder auftreten können, die einzelnen A.-Formen entsprechen, ließ sich bei kritischer Prüfung noch nicht eindeutig klären.

Anmerkungen. [1] C. VON MONAKOW: Die Lokalisation im Großhirn (1914) 439. – [2] S. FREUD: Zur Auffassung der Aphasien (1891). – [3] H. MUNK: Über die Funktionen der Großhirnrinde (1881). – [4]. K. BONHOEFFER, Mschr. Psychiat. Neurol. 37 (1915) 17. – [5] C. WERNICKE, Arb. psychiat. Klin. Breslau (1895) H. 2, 33. – [6] J. v. KRIES: Über die materiellen Grundlagen der Bewußtseinserscheinungen (1901). – [7] E. BAY: A. und Funktionswandel (1950) 175ff.

Literaturhinweise. Vgl. Anm. [1]. – O. PÖTZL: Die Aphasielehre 1 (1928). – K. KLEIST: Gehirnpathologie (1934). – J. LANGE, in: BUMKE/FOERSTER: Hb. Neurol. 6 (1936) 807. – E. BAY vgl. Anm. [7]; J. Mt Sinai Hosp. 32 (1965) 637. – H. L. TEUBER, W. S. BATTERSBY und M. B. BENDER: Visual field defects after penetrating missile wounds of the brain (Cambridge, Mass. 1960).
E. BAY

Agnostizismus wurde 1869 von TH. H. HUXLEY [1] geprägt zur Bezeichnung der *positivistischen* Richtung, die vom Standpunkt des ‹ignoramus ignorabimus›, des Nichtwissens, das metaphysische Wahrheitsproblem zwar nicht bestreitet, doch die Möglichkeit seiner Lösung verneint: «Now I, and many other Agnostics, believe that faith, in this sense, is an abomination» [2]. Der A. ist kennzeichnend für den Kritizismus und Positivismus. Die Beschränkung auf das Erfahrungsmäßige, Positive führt aber nicht zur Konsequenz der Leugnung der Transzendenten, sondern eher zu einer indifferenten bis positiven Haltung ihm gegenüber. NIETZSCHE kritisiert diese Inkonsequenz des Denkens als «Erschleichung» einer vermeintlichen Emanzipation von der Theologie durch die agnostische These: «Es giebt kein Erkennen: folglich – giebt es einen Gott» [3]; die «Agnostiker, die Verehrer des Unbekannten und Geheimnisvollen an sich, woher nehmen sie das Recht, ein Fragezeichen als Gott anzubeten» [4].

Auch vom Standpunkt des *Marxismus* wird die inkonsequente Haltung des A. betont. So bemerkt ENGELS, daß der Zweifel an der Möglichkeit umfassender Erkenntnis nicht zur Eliminierung der von Hegel bereits theoretisch und von der Wissenschaft praktisch widerlegten Hypothese des Dings an sich führe, sondern nur zu einem «verschämten Materialismus» [5]; soweit der Agnostiker ein «wissenschaftlicher Mann» ist, «soweit er etwas weiß, soweit ist er Materialist; außerhalb seiner Wissenschaft, auf Gebieten, wo er nicht zu Hause ist, übersetzt er seine Unwissenheit ins Griechische und nennt sie A.» [6].

M. SCHELER sieht den A. als eine nach den traditionellen Verhältnisbestimmungen von Religion und Metaphysik neu einsetzende Denkrichtung, die durch die Preisgabe der Metaphysik und die daraus resultierende Trennung von Metaphysik und Religion zu charakterisieren sei [7]. In größerer Differenzierung unterscheidet er von den Kantischen agnostischen Schulen, die die Rechtsgültigkeit metaphysischer Fragen und Probleme bestehen lassen und nur ihre theoretische Lösung leugnen, den positivistisch-sensualistischen A., der auch die Berechtigung dieser Fragen selbst verwirft [8]. Alle Arten des A. hält Scheler für unhaltbare Resultate einer Selbsttäuschung [9], einer bewußten Verengung der Sphäre des Erkennbaren [10] auf «die zu einer menschlichen Organisation, ja überhaupt einem sog. transzendentalen Verstand relativen Gegenstände» [11].

Auch H. COHEN beurteilt den A. kritisch als «religiöse Spezialität des Skeptizismus» [12]: vom Standpunkt einer auf Vernunft gegründeten Religion muß die «Resignation auf die Schranken der Erkenntnis im A.» überwunden werden [13]. An anderer Stelle charakterisiert Cohen mit dem Begriff ‹A.› die Willens-Philosophie Schopenhauers und Nietzsches: «Die Tendenz einer sogenannten Metaphysik, welche den Willen auf Kosten des Intellekts offenbart, ist der Skeptizismus oder, wie man es heute wieder zu benennen pflegt, der A.» [14]. Die Theorie der absoluten Selbständigkeit des Willens ist nach Cohen die Metaphysik des A., der durch die Ablehnung einer Vernunfterkenntnis des «Begriffes des Menschen» «einer selbständigen Ethik» widerstrebt [15].

H. RICKERT überträgt A. auf bestimmte Richtungen relativistischer Philosophie, die den Begriff des Absoluten von innen her aufzulösen suchten; ähnlich wie Nietzsche und Scheler setzt seine Kritik an der Inkonsequenz und Paradoxie relativistisch-agnostischen Denkens an. Die inkonsequente Richtung des Relativismus, die «von einem Absoluten» redet, das sie «nicht antasten will» und es damit doch «auch theoretisch als Absolutes» anerkennt, mag sie «es im übrigen für völlig unerkennbar erklären ..., sollte man ... lieber A. nennen» [16].

F. MAUTHNER unterstellt den Agnostikern nicht die uneingestandene Anerkennung des Absoluten, sondern die Vermeidung des «unschicklichen», aber zutreffenden Wortes «Atheist» [17]. Huxley und Spencer führten «zur Schonung der respectability das Schlagwort Agnostiker ein», um damit von neuem die doppelte Wahrheit von Glauben und Wissen zu behaupten: «Ernsthaften A. würde nur Sprachkritik lehren, wenn sie die Begriffe Gott, absolut als Scheinbegriffe erkannt und die Begriffe unendlich, Wissen in ihrem historischen Wandel untersucht hat» [18].

H. J. AYER bemängelt am A. die Sinnlosigkeit des Aufzeigens einer Möglichkeit, die weder zum Glauben noch zum Unglauben führt und deshalb ohne Wirksamkeit bleibt: «we have seen that the sentences in question do not express propositions at all. And this means, that agnosticism also is ruled out» [19].

In neuerer Zeit versucht E. BRUNNER zu einer historischen Beurteilung des A. zu gelangen; der A. löse wie der Positivismus den praktisch «verabschiedeten» Gott des Deismus durch die Behauptung eines «unerforschlichen Geheimnisses» ab [20]. A. und Positivismus sind zwei Aspekte derselben Grundhaltung des Verzichtes auf Erkenntnis des Überweltlichen, wobei der A. durch die Verallgemeinerung des ‹ignoramus ignorabimus› doktrinärer als der Positivismus sei. Der positive Zug des A. ist nach Brunner «etwas von der Erkenntnis ..., daß alle rationale Gotterkenntnis im höchsten Grade hypothetisch und unsicher ist» [21].

Anmerkungen. [1] Vgl. R. EUCKEN: Geistige Strömungen der Gegenwart (= Die Grundbegriffe der Gegenwart ⁶1920) 398. – [2] TH. H. HUXLEY: A. and christianity. Collected Essays V (1894) 314. – [3] NIETZSCHE, Werke. Musarion-A. 15, 442. – [4] a. a. O. 16, 98. – [5] K. MARX und F. ENGELS, Ausgew. Schriften (1958) 2, 89. – [6] a. a. O. 91. – [7] M. SCHELER, Werke 5 (⁴1954) 138f. – [8] a. a. O. 5, 139. – [9] 5, 263. – [10] Vgl. 10, 208. 204. – [11] a. a. O. 10, 401. – [12] H. COHEN: Relig. der Vernunft aus den Quellen des Judentums (²1928, Neudruck 1959) 70. – [13] a. a. O. 242. – [14] Ethik des reinen Willens (²1907) 20; vgl. 126. – [15] a. a. O. 20f. – [16] H. RICKERT: Allg. Grundlegung der Philos. (1921) 42f. – [17] F. MAUTHNER: Wb. der Philos. (²1923) 1, 20. – [18] a. a. O. 21. – [19] H. J. AYER: Language, truth and logic (London 1936, ¹²1956) 116. – [20] E. BRUNNER: Offenbarung und Vernunft (²1961) 378. – [21] ebda.

CH. SEIDEL

Agon, agonal. NIETZSCHE konzipiert seine Theorie des Agonalen wohl zum ersten Male in ‹Homers Wettkampf›, der fünften Vorrede zu fünf ungeschriebenen Büchern, die er Cosima Wagner 1872 als Weihnachtsgeschenk überreicht. Der Kampf der Homerischen Helden erscheint hier trotz seiner Grausamkeit als eine Möglichkeit, die chaotische Welt «einer grauenhaften Wildheit des Hasses und der Vernichtungslust» [1] durch Reglement zu überwinden. So erscheint der Kampf als «das Heil, die Rettung, die Grausamkeit des Sieges ist die Spitze des Lebensjubels» [2]. – Außerdem entwickelt sich für Nietzsche der A. zum Integrationsfaktor der griechischen Kultur. Kampf bedeutet nicht gegenseitige Vernichtung, sondern ist geregelter Wettkampf, in dem jeder von sich das Äußerste fordern muß, um den Konkurrenten zu überflügeln (in Sport, Wissenschaft, Dichtkunst). Dadurch entwickelt der Einzelne alle seine Fähigkeiten, die aber nicht nur ihm selbst, sondern auch der Polis dienen. Das A. ist ein pädagogisches und politisches Prinzip [3]. Mit dem Verfall des A. koinzidiert der Verfall der griechischen Kultur. Dieser beginnt mit Sokrates. Er habe die Dialektik an die Stelle des agonalen Instinkts gesetzt. Der Wettkampf ist zum Streitgespräch verharmlost [4]. Die Dialektik appelliert an die Instinkte des Pöbels [5]. Sie ist Produkt der Krankheit und des Verfalls der dionysischen Kraftkultur und wird trotzdem als Pharmakon angepriesen. Ihre Hintergründigkeit besteht darin, daß sie selber an den alten agonalen Instinkt appelliert und so gerade dessen Verlust verdeckt [6]. – Die Theorie des A. wird für Nietzsches Kritik des Genies wichtig, das aus sich die heile Welt inmitten einer heillosen Gegenwart produziert. Der A. ist ein Gedanke, «der der ‹Exklusivität› des Genius im modernen Sinne feindlich ist, aber voraussetzt, daß in einer natürlichen Ordnung der Dinge es immer mehrere Genies gibt, die sich gegenseitig zur Tat reizen, wie sie sich auch gegenseitig in der Grenze des Maßes halten» [7]. Hier wird sichtbar, daß das Verschwinden des A. nicht nur in vorhomerische, sondern durchaus in gegenwärtige Abgründe blicken läßt. Der moderne Mensch, dessen Ehrgeiz, wenn er überhaupt erwacht, «ins Ungemessene und Unzumessende» [8] steigt, verliert das Maß vernünftiger Ziele aus dem Auge: «die Unendlichkeit hemmt ihn, er holt nicht einmal die Schildkröte ein», wie der Achill des Zenon [9].

Den Begriff des A. scheint aber nicht Nietzsche, sondern J. BURCKHARDT in der ‹Griechischen Kulturgeschichte› geprägt zu haben [10]. Schon für den heroischen Menschen, für die homerischen Aristokraten, habe der A. «das systematische Verwüsten der Gegend, namentlich die Ausrottung der Pflanzen» [11] verhindert. Der A. als Kompensation für Kriege bestimmt noch wesentlicher den «kolonialen und agonalen Menschen» [12]. Nur dem beständigen Wettkampf der Handwerker, Künstler, Sänger, Dichter und Philosophen verdanke das 6. Jh. v. Chr. seine Blüte. Im A. als zweckfreiem Tun realisiert sich nach Burckhardt die einmalige Freiheit der Griechen, die anderen Völkern unbekannt geblieben sei.

Für J. HUIZINGA ist der A. hingegen kein spezifisch hellenischer, sondern ein universaler Zug [13]. Das Agonale wird für ihn Grundlage jeder Kultur, die erst im Laufe ihrer Entwicklung das Moment des Spiels mit immer raffinierteren Techniken «des Erwerbs- und Gesellschaftslebens» [14], besonders des Rechts, verdrängt.

So versuchen Nietzsche, Burckhardt und Huizinga, die Erinnerung an den kraftvollen, gezügelten A. einer durch Industrialisierung und Demokratisierung als kraftlos diagnostizierten Gegenwart als Heilmittel anzubieten.

Den *Griechen* wäre es nicht eingefallen, eine Theorie des A. zu entwickeln; sie hatten den A. – P. J. Meier hat über Formen und Anlässe dieser Wettkämpfe und ihr Echo in der griechischen und römischen Literatur ausführlich gehandelt [15]. Auch scheint von den Griechen als Personifikation des Wettkampfs ein Gott Agon verehrt worden zu sein [16]. Philosophisch ist von Belang, daß auch die Übung in der Tugend, der sittliche Kampf des Lebens, als A. bezeichnet wurde [17]. PAULUS und die frühchristliche Theologie knüpfen an diese Tradition an [18].

Anmerkungen. [1] FR. NIETZSCHE, Musarion-A. (= WM) 2, 377. – [2] WM 2, 371. – [3] 375f. – [4] Götzendämmerung. Was ich den Alten verdanke Nr. 3. WM 17, 156. – [5] a. a. O. Das Problem des Sokrates Nr. 3. WM 17, 63. – [6] a. a. O. Nr. 8. WM 17, 66. – [7] WM 2, 375. – [8] 376. – [9] ebda. – [10] J. HUIZINGA: Homo Ludens (Amsterdam 1939) 116. – [11] J. BURCKHARDT, Werke, hg. F. STÄHLIN 8, 278f. – [12] a. a. O. 17, 87. – [13] HUIZINGA, a. a. O. [10] 75 (mit weiterer Lit.). – [14] 123. – [15] P. J. MEIER: Art. ‹Agones›, in: PAULYS Realencyclop. class. Altertumswiss. I/1 (1963) 836-867. – [16] REISCH: Art. ‹A.› a. a. O. 835f. – [17] So PLUTARCH, Gen. Socr. 24 (II, 593 e); PHILO, Agric. 112. 119; EPIKTET, Encheirid. 51; vgl. R. HEINZE: Anacharsis. Philologus (1891) 458-468. – [18] Phil. 1, 30; Kol. 2, 1; 1. Thes. 2, 2; 1. Tim. 6, 12; 2. Tim. 4, 7; Heb. 12, 7; vgl. E. STAUFFER: Art. ‹A.›, in: Theol. Wb. zum NT, hg. G. KITTEL (1949) 134-140.
A. RECKERMANN

Agrammatismus (auch ‹syntaktische Aphasie›) ist eine Sprachstörung, welche das Verständnis (sensorischer A., Satztaubheit) oder den Gebrauch (motorischer A., Satzstummheit) von grammatischen Formen – vor allem syntaktischen – beeinträchtigt [1]. A. PICK [2] unterscheidet erworbenen A. vom normalen A.; der erworbene ist für gewisse Geisteskrankheiten kennzeichnend [3], der normale ist beim Erlernen jeder Sprache die anfängliche Hilflosigkeit – des sprechenlernenden Kindes wie des eine Zweitsprache Lernenden. Die Sprachpathologie [4] kennt den reversen Prozeß der grammatischen Amnesie, der zum A. führt. – Die Bestimmung einer korrekten grammatischen Äußerung ist schwieriger als die des Agrammatismus. W. V. QUINE [5] hat einen Test vorgeschlagen, nach welchem für eine Phonemfolge S die Reaktion der Hörer zu prüfen ist; grammatisch wäre danach eine Folge S, die keine Verwunderung auslöst. Die generative Grammatik rechnet Grammatikalität der Sprachkompetenz zu, nicht der aktuellen Sprachdarbietung. Damit ist A. als Defekt mentalistischer Strukturen erklärbar, ohne daß über eine physiologische oder psychologische Basis spekuliert werden müßte [6].

Anmerkungen. [1] A. KUSSMAUL: Störungen der Sprache (⁴1910) 193. – [2] A. PICK: Die agrammatischen Sprachstörungen (1913) bes. 124. – [3] L. NAVRATIL: Schizophrenie und Sprache (1966) 144f. – [4] K. KLEIST, Münch. med. Wschr. 61 (1914) 8ff. – [5] W. V. QUINE: The problem of meaning in linguistics, in: From a logical point of view (Harvard 1953). – [6] z. B. N. CHOMSKY: Aspekte der Syntax-Theorie (1969) 188ff. 241.
W. LANGENBACH

Aha-Erlebnis. Das A. wird von K. BÜHLER bildhaft umschrieben als ein innerer Ruck, mit dem die Plötzlichkeit einer Aufgabenlösung hervortritt. «Unsere Sprache hat die Interjektion ‹aha› eigens für die Kundgabe solcher Erlebnisse geschaffen» [1]. Bühler prägt den Begriff in seiner Entwicklungspsychologie bei der Besprechung der Affenversuche W. KÖHLERS [2]. Dieser kennt den Begriff jedoch nicht und beschreibt den psychischen Sachverhalt als «plötzliches Lösungsfinden» nach einem Zustand der Ratlosigkeit oder als einsichtiges Verhalten. BÜHLER weist darauf hin, daß ihm schon bei seinen Würzburger Denkuntersuchungen das A. begegnet sei; es läßt sich jedoch in den mitgeteilten Protokollen allenfalls andeutungsweise finden [3]. Auch das Bewußtwerden von Gesetzmäßigkeiten oder Teilgesetzen («Regelbewußtsein») kann – insbesondere bei geometrischen Figuren – nach Bühler plötzlich vor sich gehen [4].

Anmerkungen. [1] K. BÜHLER: Die geistige Entwicklung des Kindes (²1920) 19. – [2] W. KÖHLER: Intelligenzprüfungen an Anthropoiden (¹1917). – [3] K. BÜHLER: Tatsachen und Probleme zu einer Psychol. der Denkvorgänge. I. Über Gedanken. Arch. ges. Psychol. 9 (1907) 334. – [4] a. a. O. 341.
M. KOCH

Ähnlichkeit besagt im Unterschied zur Gleichheit, die auf die Quantität bezogen wird, die Übereinstimmung verschiedener Dinge in der Qualität [1].

PLATON führt den Begriff der Ä. gelegentlich als einen der Grundbegriffe auf [2]. Sie ist, wie am Unterschied stets nur annähernd gleicher Dinge und dem «Gleichen selbst» gezeigt wird, die Voraussetzung der Anamnesis [3]; denn das Abbild steht zum Urbild in einem Verhältnis der Ä. [4]. Die von ihm diskutierte Frage, ob nicht die Freundschaft (bzw. Liebe) von der Ä. her zu erklären sei [5], ist unter anderen Voraussetzungen im Mittelalter von THOMAS V. AQUIN wiederum aufgegriffen worden [6]. Ungelöst bleibt bei PLATON das einmal mehr beiläufig erwähnte Problem verschiedener Weisen von Ä. [7]. Aus ARISTOTELES wurde für die Folgezeit wichtig, daß er den Effekt als der Wirkursache ähnlich aufzeigte, wobei bei ihm das Verhältnis des gezeugten Lebewesens zum zeugenden im Vordergrunde stand [8]. Die *Scholastiker* formulierten im Anschluß an den Stagiriten allgemein: «Omne agens agit sibi simile» [9].

PLOTIN unterschied eine zweifache Ä. [10]: Einmal sind alle Dinge, die auf dasselbe Vorbild bezogen sind, untereinander ähnlich. Diese Beziehung ist konvertierbar. Zum anderen ist das Abbild dem Vorbilde ähnlich; jedoch ist diese Relation einseitig, so daß niemals eine Ursache als dem von ihr Verursachten ähnlich bezeichnet werden kann. Durch die Vermittlung des PSEUDO-DIONYS [11] wurde dieser Gedanke in der *scholastischen* Gotteslehre maßgebend: Die Kreaturen sind Gott ähnlich, aber Gott ist niemals einer Kreatur ähnlich [12]. Für die Scholastik war die Frage nach der Ä. mit dem Thema der Gottebenbildlichkeit des Menschen [13] traditionell vorgegeben [14]. Sowohl im Kontext dieses theologischen Problems [15] als auch anläßlich der Erörterung des Verhältnisses der Welt zu Gott unterschied THOMAS V. AQUIN vielfache Weisen der Ä. [16]. Die *similitudo* der Kreatur zu Gott als ihrem Schöpfer, mit welcher sich eine «unendliche und unvergleichbare» Unähnlichkeit verbindet [17], begründet die *analoge* Aussage der Gottesnamen [18]. Ferner gewann der Begriff der ‹similitudo› in der thomistischen Erkenntnislehre eine erhebliche Bedeutung [19].

In der *Schulphilosophie* des 18. Jh. wurde das Thema der Ä. nicht mehr in metaphysische Fragen einbezogen [20].

Anmerkungen. [1] ARISTOTELES, Met. V, 15. 1021 a 9ff.; V, 9. 1018 a 15ff. – [2] PLATON, Theätet. 185 c. – [3] Phaidon 74 a ff.; vgl. Phaidros 250 a. f. – [4] Vgl. Timaios 30 c ff.; anders: Parmenides 131 a; 132 d ff. – [5] Lysis 214 b ff. – [6] THOMAS V. AQUIN, S. theol. I/II, 27, 3; 32, 7; 99, 2. – [7] PLATON, Protagoras 331 d-e; Ä. als Ordnungsprinzip: Politikos 285 a ff. – [8] ARIST., Met. VII, 8. 1033 b 29ff.; De anima II, 4. 415 a 26ff.; De generat. et corrupt. I, 7. 324 a 9ff. – [9] Zu einer ähnlichen Formel bei *Proklos*: K. KREMER: Die neuplatonische Seinsphilos. und ihre Wirkung auf Thomas v. Aquin (Leiden 1966) 216. – [10] Dazu: KREMER, a. a. O. 113ff. – [11] PSEUDO-DIONYS, De div. nom. cap. 9, § 6. MPG 3, 913 c/d. – [12] THOMAS, S. theol. I, 4, 3 ad 4; S. contra gent. 1, 29 (273). – [13] Genesis 1, 26f. – [14] Zu *Augustinus*: M. SCHMAUS: Die psychol. Trinitätslehre des hl. Augustinus (1927) 361ff. 195ff. – [15] THOMAS, S. theol. I, 93, 2. – [16] a. a. O. I, 4, 3; andersartige Unterscheidungen: I, 44, 3 ad 1; I/II, 52, 3; II/II, 163, 2; S. contra gent. 2, 46 (1233); Gleichheit/Ä.: S. theol. I, 42, 1 ad 2. – [17] De div. nom. cap. IX, lect. 3 (834). – [18] Vgl. S. contra gent. 1, 29-34. – [19] Dazu A. HUFNAGEL: Intuition und Erkenntnis nach Thomas von Aquin (1932) 93ff. – [20] Vgl. CHR. WOLFF: Vernünfftige Gedancken von Gott, der Welt und der Seele des Menschen (⁴1729) § 18ff.

Literaturhinweise. A. ROSSI: Similitudo Dei in creaturis. Divus Thomas 5 (Piacenza 1928) 417-448. – F. GIARDINI: Similitudine e principium di assimilazione. Angelicum 35 (Rom 1958) 300-324; Gradi di causalità e di similitudine. Angelicum 36 (Rom 1959) 26-50. – B. MONDIN: Il principio «omne agens agit sibi simile» e l'analogia dei nomi divini. Divus Thomas 63 (Piacenza 1960) 336-348. – W. BEIERWALTES: Proklos, Grundzüge seiner Met. (1965) 298ff. 329ff. – K. KREMER s. Anm. [9] Stichwort ‹Ä.›.
D. SCHLÜTER

Ahnung. J. G. WALCH bestimmt in seinem philosophischen Lexikon 1733 A. (bei ihm heißt es «Andung») so: «Man verstehet dadurch solche Empfindungen, wodurch man in eine innerliche Traurigkeit und Bangigkeit gesetzet, und ein bevorstehendes, uns aber unbekanntes Unglück angedeutet werde, ohne daß solche Empfindung von einem unangenehmen Objekte und daher empfundenen Begriffen herrühre, sondern von ohngefähr entstanden» [1].

Für KANT ist A. «der Tod aller Philosophie» [2], denn sie «ist dunkle Vorerwartung und enthält die Hoffnung eines Aufschlusses, der aber in Aufgaben der Vernunft nur durch Begriffe möglich ist» [3], «Ahndung (praesensio) ... deutet gleich einen verborgenen Sinn für das an, was noch nicht gegenwärtig ist.» «Man sieht leicht, daß alle Ahndung ein Hirngespinst sei; denn wie kann man empfinden, was noch nicht ist?» «Ahndungen sind mehrenteils von der ängstlichen Art» [4]. In einer Anmerkung zu diesen Ausführungen geht Kant auf einen möglichen Unterschied zwischen A. und Ahndung ein: «Man hat neuerlich zwischen etwas Ahnen und Ahnden einen Unterschied machen wollen; allein das erstere ist kein deutsches Wort, und es bleibt nur das letztere. Ahnden bedeutet so viel als Gedenken. Es ahndet mir heißt: es schwebt etwas meiner Erinnerung dunkel vor; etwas ahnden bedeutet jemandes Tat ihm im Bösen gedenken (d. i. sie bestrafen). Es ist immer derselbe Begriff, aber anders gewandt» [5]. Demgegenüber werden von der neueren Sprachforschung sowohl ‹ahnen› wie ‹ahnden› als selbständige, von einander unabhängige Wörter angesehen, wobei ‹ahnen› von der Präposition ‹an› abgeleitet wird und von daher die Grundbedeutung ‹es kommt mich an› erhielt und ‹ahnden› die ursprüngliche Bedeutung ‹strafen› hat. Zu einer Vermischung der beiden Worte kam es, als in einer irrigen Rückauflösung aus ‹mir ante› ‹andete› und daraus ‹anden› entstand. Während KLOPSTOCK diese Form verwandte und ihr dadurch große Verbreitung gab, wurde sie von HERDER und CAMPE wegen der Verwechslung mit ‹ahnden› (strafen) bekämpft [6].

Während Kant Vernunft und A. streng auseinandergehalten wissen wollte, hängen beide für F. H. JACOBI untrennbar zusammen: «Mit seiner Vernunft ist dem Menschen nicht das Vermögen einer Wissenschaft des Wahren, sondern nur das Gefühl und Bewußtsein seiner Unwissenheit derselben: Ahndung des Wahren gegeben. Wo die Weisung auf das Wahre fehlt, da ist keine Vernunft. Diese Weisung, die Nötigung das ihr nur in Ahndung vorschwebende Wahre als ihren Gegenstand, als die letzte Absicht aller Begierde nach Erkenntnis zu betrachten, macht das Wesen der Vernunft aus» [7].

Obwohl sich J. F. FRIES Kant verpflichtet fühlte, stimmte er doch nicht dessen Ablehnung der A. als hinderlich für alle Philosophie zu, sondern räumte ihr im Gegenteil einen bedeutenden Platz neben dem Wissen und dem Glauben ein. «Die Ahndung aber hat man meist den Dichtern und Schwärmern überlassen, sie in die Philosophie einzuführen ist, soviel ich weiß, vor mir noch keinem Philosophen eingefallen» [8]. Im Gegensatz zum Wissen als der notwendigen Überzeugung durch anschauende Erkenntnis und zum Glauben als notwendige Überzeugung aus bloßer Vernunft sei die A. «eine notwendige Überzeugung aus bloßem Gefühl» [9]. Man könne «anstatt Wissen natürliche Überzeugung, anstatt Glaube ideale Überzeugung sagen, und die Ahndung ... dem analog die ästhetische Überzeugung nennen» [10]. «Das Gefühl in der Ahndung, welches durch die Beurteilung des Schönen und Erhabenen erweckt wird, ist zweierlei: Andacht oder Begeisterung, Enthusiasmus. Andacht unmittelbar durch die Ahndung der höheren Ordnung der Dinge in aller Betrachtung schöner Formen oder des Erhabenen; Enthusiasmus aber vorzüglich durch das Schöne der Seele, indem dies nicht nur zur Bewunderung, sondern zugleich zur Nachahmung anregt» [11]. Von diesem Gefühl der Andacht her ergibt sich für Fries eine Verbindung der A. zur Religiosität: «Die Erkenntnis durch reines Gefühl nenne ich Ahndung des Ewigen im Endlichen» [12]. Ebenso sei das Gefühl, worin dem Religiösen eigentlich die Religiosität besteht, diese A. des Ewigen im Endlichen [13]: «Religiosität besteht nicht bloß durch den Glauben an das Ewige, sondern durch Andacht. Andacht ist die ihr eigentümliche Gemütsstimmung, welche eben durch die Ahndung des Ewigen im Endlichen der Natur erweckt wird» [14]. Auf die Frage, woher diese A. rühre, gibt Fries folgende Antwort: «Es ist nicht die Natur selbst, welche uns aus sich die Ahndung des Ewigen aufdrängt, wie sie ihr endliches Wesen dem Wissen offenbart, sondern diese Ahndung ist nur das Eigentum des Gebildeten; dieser ist ihr allein empfänglich, indem er sich selbst die Spuren des Ewigen in der Natur bildet» [15]. In ihm belebe sich «die Betrachtung der Formen und des Lebens in ihr zur Ahndung des Ewigen» [16]. Fries sieht einen Zusammenhang zwischen der A. und der Teleologie der Natur: «Alle Teleologie der Natur beruht ... auf einem Gefühl, nach welchem wir die Natur beurteilen, und welches befriedigt wird durch die harmonische Zusammenstimmung der anschaulichen Formen der Natur, durch die Vereinigung des Mannigfaltigen darin zu Einem, ohne einen gegebenen Begriff dieser Einheit, durch die Zusammenstimmung dieser Formen zu ästhetischen Ideen» [17]. Da die A. als ästhetische Überzeugung bestimmt wurde, «ist also das Thema der Ahndung einerlei mit dem der Teleologie der Natur» [18].

Nachdem A. in der zweiten Hälfte des 19. Jh. allgemein als unwissenschaftlich und unphilosophisch abgetan wurde, versuchte A. GÖRLAND ihr 1922 in seiner ‹Religionsphilosophie› erneut Geltung zu verschaffen. Sein Anliegen war, die A. eigengesetzlich und eigenwirklich neben Erkennen, Glauben, Gefühl und Instinkt zu stellen [19]. Sie soll eine «selbständige Richtung des Bewußtseins» [20] für die Eigenart der Religion sein. So bestimmt er denn auch die A. als «das Urphänomen des religiösen Bewußtseins» [21].

In der Geschichte dieses Begriffs zeigt sich eine Entwicklung von der Bedeutung dunkler Vorerwartung eines Unglücks und der Einschätzung der A. als schädlich für das Erkenntnisbemühen der Vernunft und der Philosophie zu der einer eigenständigen, der Vernunft nebengeordneten Erkenntnisart. Diese Bedeutung wird dann – offensichtlich unter dem Einfluß des Positivismus und seiner Ablehnung aller nicht verstandesmäßigen Erkenntnisbemühungen – wieder abgebaut; als philosophischer Terminus hat der Begriff seine Relevanz verloren.

Anmerkungen. [1] J. G. WALCH: Philos. Lex. (²1733) ‹Andung›. – [2] I. KANT: Von einem neuerdings erhobenen vornehmen Ton in der Philos. (1796). Akad.-A. 8, 398. – [3] ebda. – [4] Anthropol. in pragmatischer Hinsicht (1798). Akad.-A. 7, 187. – [5] ebda. – [6] Vgl. F. KLUGE: Etymol. Wb. bearb. W. MITZKA (¹⁹1963) Art. ‹A.›. – [7] F. H. JACOBI 1799 in einem Brief an Fichte, in: J. G. FICHTE, Briefwechsel, hg. H. SCHULZ (²1930) 2, 38. – [8] J. F. FRIES: Wissen, Glaube und Ahndung (1805) 64. – [9] ebda. – [10] System der Logik (³1837) 321. – [11] a. a. O. [8] 233. – [12] 176. – [13] Vgl. 235. – [14] 237f. – [15] 233f. – [16] ebda. – [17] 218f. – [18] 181. – [19] A. GÖRLAND: Religionsphilos. (1922) 133. – [20] a. a. O. 141. – [21] 131.   W. NIEKE

Aion (αἰών). Das Wort ‹A.› gehört im Griechischen ursprünglich der poetischen Sprache an und bezeichnet Leben, Lebenszeit und Lebenskraft, vornehmlich im Hinblick auf Menschen und Götter; daneben wird es gelegentlich auch zur Bezeichnung eines Zeitalters oder einer Kulturstufe verwendet. In ähnlichem Sinne begegnet es in der vorplatonischen Philosophie (HERAKLIT, EMPEDOKLES) [1]. – PLATON gibt dem Wort in der Kosmogonie des ‹Timaios› eine weitere Bedeutung und fixiert es zugleich terminologisch: αἰών bezeichnet hier erstmals die «Lebenszeit» des intelligiblen Wesens, nämlich die in sich selbst ruhende und überzeitliche Ewigkeit. Deren bewegliches, aber doch ewiges Abbild ist die gleichzeitig mit der Welt erschaffene Zeit (χρόνος) der Welt [2]. Bei Platon begegnet zum ersten Mal auch das entsprechende Adjektiv (αἰώνιος). Der Gegensatz zwischen Ewigkeit und Zeit, bei dem die Ewigkeit das Urbild der Zeit abgibt, bleibt für die sich an Platon anschließende Tradition maßgebend. – ARISTOTELES bezeichnet allgemein das die Lebenszeit eines Wesens umgreifende Ziel, im besonderen aber die unendliche Dauer der unentstandenen und unvergänglichen Wesen (wie des Himmels) als A.; das Wort führt er auf «immer sein» (αἰεὶ εἶναι) zurück. Auch das Leben des Gottes wird als A. bezeichnet [3]. – Von der Zeit des *Hellenismus* ab wird ‹A.› zu einem häufiger verwendeten, gelegentlich auch personifizierten Ausdruck. Nun ist es vor allem die Begrenztheit des menschlichen Lebens, gegen die die Ewigkeit des A. abgehoben werden soll (PLUTARCH); in der *jüngeren Stoa* ist so der A. eine Instanz, gegenüber der sich die Nichtigkeit des einzelnen Menschen zeigt (z. B. MARC AUREL) [4]. – Bei PLOTIN bezeichnet ‹A.› jene Ewigkeit, die der Hypostase des Geistes (νοῦς) zugeordnet ist; intelligible Welt (νοητὸς κόσμος) und A. gehören ebenso zusammen wie Seele (ψυχή) und Zeit (χρόνος); A. ist daher eine unausgedehnte Einheit; er ist Leben des Geistes, das keine Vergangenheit und keine Zukunft hat, sondern in sich bereits ein Ganzes ist und keine Begrenzung kennt [5]. Für PROKLOS erscheint der A. auch als eigene Hypostase; er ist neben dem Sein (ὄν) und der Einheit (ἕν) eine der drei obersten Wesenheiten, die sich wechselseitig als Attribut zugesprochen werden können [6]; davon unterschieden wird das Ewige (αἰώνιον), das anderen Wesen als Attribut beigelegt werden kann. In dem so abgesteckten Umkreis bewegen sich auch die anderen A.-Lehren der neuplatonischen Schule (bes. PORPHYRIUS, JAMBLICH und DAMASKIOS).

In der *altchristlichen* Literatur ist A. der gebräuchlichste Ewigkeitsbegriff. Schon die Septuaginta übersetzt mit ‹A.› verschiedene hebräische Wörter, die eine lange Zeitdauer, vor allem aber die Ewigkeit Gottes bezeichnen. Das Neue Testament – vor allem PAULUS – verwendet das Wort auch in einem anderen Sinn. Es knüpft an die jüdische Apokalyptik – mittelbar vielleicht an altpersische Vorstellungen – an, wenn es zwischen einem gegenwärtigen und einem zukünftigen Zeitalter unterscheidet, nämlich dem durch Schöpfung und Gericht begrenzten A. der Welt und dem zukünftigen A. des Reiches Gottes. Beide A. überschneiden sich, weil der zukünftige A. für den Glaubenden bereits begonnen hat und als pneumatische Wirklichkeit in den gegenwärtigen A. hineinwirkt [7]. ‹A.› kann daneben auch die geschaffene (sündige) Welt selbst bezeichnen [8]. – In der *patristischen* Literatur begegnet A. in allen genannten Bedeutungen [9]; JOHANNES DAMASCENUS bezeichnet es daher als ein vieldeutiges Wort, das sowohl das menschliche Leben als auch das Leben nach der Auferstehung, den Zeitraum von tausend Jahren sowie die Seinsweise des Ewigen bedeuten kann (ὄνομα πολύσημόν ἐστι... αἰὼν γὰρ λέγεται... ἡ ἑκάστου τῶν ἀνθρώπων ζωή... ὁ χιλίων ἐτῶν χρόνος... ὅλος ὁ παρὼν βίος, καὶ αἰὼν ὁ μέλλων, ὁ μετὰ τὴν ἀνάστασιν ἀτελεύτητος... τὸ συμπαρεκτεινόμενον τοῖς ἀιδίοις...) [10]. In den Systemen der *Gnosis* wird der A. personifiziert; er gehört zu den obersten zwischen Gott und der materiellen Welt stehenden Wesenheiten; A. kann aber auch zur Bezeichnung der Gesamtheit jener Wesenheiten verwendet werden.

In die deutsche Sprache wird das Wort ‹A.› (Äon) im 19. Jh. durch GOETHE und die *Romantik* eingeführt. In der Philosophie begegnet es bei SCHELLING, der auf die A.-Vorstellung der christlichen Tradition zurückgreift, wenn er in der Schöpfungstheorie der ‹Weltalter› und der Spätphilosophie einen theogonisch-kosmogonischen Prozeß entwirft. In diesem Prozeß ist die Welt selbst nur ein Moment oder Element, weil «die That der Schöpfung selbst erst das Setzende der Aeonen» ist, nämlich der vorzeitlichen Ewigkeit, der Zeit der Schöpfung selbst und der zukünftigen Ewigkeit [11]. – In der Gegenwart hat H. CONRAD-MARTIUS eine Theorie der Zeit vorgelegt, die den platonischen und den aristotelischen Begriff des A. wieder fruchtbar zu machen sucht.

Anmerkungen. [1] HERAKLIT bei DIELS, Frg. Vorsokratiker B 52; EMPEDOKLES, a. a. O. B 16. – [2] PLATON, Tim. 37 d. – [3] ARIST., Met. 1072 b 29; De caelo 283 b 26ff.; 279 a 23ff.; vgl. De part.

an. 644 b 22. – [4] Belege bei LACKEIT (s. Lit.) 63ff. – [5] PLOTIN, Enn. III, 7, 5. – [6] PROKLOS, In Tim. 234ff.; Elem. theol. 53ff. u. a. – [7] Gal. 1, 4; Hebr. 6, 6. – [8] 1. Kor. 1, 20; 2, 6; 3, 18. – [9] Belege in: A Patristic Greek Lexicon, hg. LAMPE I, 55f. – [10] JOHANNES DAMASCENUS, MPG 94, 861. – [11] F. W. J. SCHELLING, Sämtl. Werke, hg. K. F. A. SCHELLING (1856–1861) 14, 110; 13, 375; 14, 71. 106ff.; vgl. 13, 309.

Literaturhinweise. H. LEISEGANG: Die Begriffe der Zeit und Ewigkeit im späteren Platonismus. Beiträge zur Gesch. der Philos. des MA. Texte und Untersuchungen 13 (1913) H. 4. – C. LACKEIT: Aion. Zeit und Ewigkeit in Sprache und Relig. der Griechen. 1. Teil: Sprache (Diss. Königsberg 1916). – E. NORDEN: Die Geburt des Kindes (¹1924; unveränd. ³1958). – H. SASSE: Aion. Reallex. Antike und Christentum 1 (1950) Sp. 193-204; AION, AIONIOS. Theol. Wb. zum NT, hg. G. KITTEL (¹1933; unveränd. ²1957) 1, 197-209. – G. STADTMÜLLER: Aion. Saeculum 2 (1951) 315-320. – H. CONRAD-MARTIUS: Die Zeit (1954). – K. DEICHGRÄBER: Aion. RGG (³1957) 1, Sp. 193-195. – E. DEGANI: AION. Da Omero ad Aristotele. Università di Padova. Pubbl. della Facoltà di Lettere e Filos. 37 (Padua 1961). – PLOTIN: Über Ewigkeit und Zeit (Enneade III 7), übers., eingel. und komm. W. BEIERWALTES (1967).   W. WIELAND.

Aisthesis (Wahrnehmung). Die Lehre von der Sinneswahrnehmung oder Sinnesempfindung, der von PLATON und ARISTOTELES so genannten ‹Aisthesis› (αἴσθησις), setzt in der griechischen Philosophie bei dem Vorsokratiker PARMENIDES zum ersten Mal auf für uns noch faßbare bedeutungsvolle Weise ein, indem sich bei diesem Denker erste Anzeichen einer Unterscheidung der Sinneswahrnehmung von der höher bewerteten gedanklichen Erkenntnis finden [1], eine Unterscheidung, welche in eigentümlichem Gegensatz steht zu seiner sensualistischen Ableitung alles Erfassens. Da Parmenides die Erfassung des Seins des Seienden durch den Logos dem Sinnentrug entgegenstellt, muß es erstaunen, daß er Denken wie Wahrnehmen von der Mischung der beiden im Menschen und allem Seienden wirksamen körperlichen Grundelemente, des Warmen und des Kalten, abhängig macht [2]. – Ähnlich wird auch von andern Vorsokratikern die A. rein aus dem Körperlichen abgeleitet: Nach EMPEDOKLES kommt die Wahrnehmung durch von den Dingen ausgehende Ausflüsse zustande, welche in die Poren der Sinneswerkzeuge eintreten, wobei jedes Sinnesorgan nur die seinen Poren adäquaten Ausflüsse aufnehmen kann [3]. Nach THEOPHRAST hat *Empedokles* mit *Parmenides* und später *Platon* gelehrt, daß nur Gleichartiges durch Gleichartiges, d. h. jedes Element der Außenwelt durch das entsprechende Element in uns erkannt und wahrgenommen werde könne, während *Heraklit* und *Anaxagoras* nach derselben Quelle die Sinneswahrnehmung durch den dem wahrgenommenen Objekt entgegengesetzten Stoff im wahrnehmenden Subjekt entstehen lassen (so z. B. soll das Warme in den Dingen durch das Kalte in uns wahrgenommen werden) [4], wobei diese Entstehung der Sinneswahrnehmung nach ANAXAGORAS gerade wieder ein Zeichen für ihre Schwäche und Unfähigkeit zur Erkenntnis der Wahrheit ist [5]. – LEUKIPP und DEMOKRIT erklären die Sinneswahrnehmung und auch das Denken durch Bilder (εἴδωλα), welche durch Ausflüsse von Atomen aus den Körpern entstehen und in unsere Sinnesorgane eindringen, wobei die A. auf einer durch den Eindruck von außen in unserem Körper hervorgebrachten Veränderung beruht [6]. – Für *Protagoras* soll nach PLATON ähnlich wie für *Heraklit* jede Wahrnehmung das Ergebnis des Zusammentreffens einer äußeren, vom wahrgenommenen Objekt ausgehenden Bewegung mit einer vom wahrnehmenden Subjekt ausgehenden inneren Bewegung sein, wobei die Identifikation von Wahrnehmung und Erkenntnis bei *Protagoras* nach Platon zu einem schrankenlosen Subjektivismus und Relativismus führt, demgemäß für den Einzelnen jeweils nur gerade das wahr ist, was ihm im Augenblick so erscheint [7].

Erst PLATON hat mit der Annahme ansichseiender wahrhaft erkennbarer Ideen und mit ihrer Unterscheidung von den sinnlich wahrnehmbaren Körperdingen grundlegend und radikal zwischen reinem Denken und Sinneswahrnehmung unterschieden und damit eine klare Wesensbestimmung beider ermöglicht [8]. Der Sinneswahrnehmung ist im Unterschied zum reinen Denken der Seele selbst, welches allein das wahre, ewig gleichbleibende (mit sich identische und unveränderliche) Sein der Ideen erkennen kann, nur das immer ungleiche und stets sich wandelnde Werden der körperlichen Dinge erfaßbar [9], und zwar muß die Seele die sinnliche Wahrnehmung mit Hilfe des Körpers als ihres Werkzeugs vollziehen [10]. Sinneswahrnehmung ist daher nach Platon nicht wahres Erkennen, sondern bloße Meinung (δόξα), welche sich nicht, wie das Erkennen, auf Sein oder, wie das Nichtwissen, auf Nichtsein, sondern vielmehr auf etwas zwischen Sein und Nichtsein, nämlich auf das Werden bezieht [11]. Wegen des Werdecharakters der wahrgenommenen Körperwelt und der bloßen Wahrscheinlichkeit der sie erfassenden Wahrnehmung [12] will denn auch die Beschreibung der Tätigkeit eines jeden Sinnes im ‹Timaios› [13] nicht als wissenschaftliche Lehre verstanden werden, sondern als bloß wahrscheinliche Rede (εἰκὼς μῦθος).

Anders bei ARISTOTELES: Er entwickelt eine wissenschaftliche Theorie der Sinneswahrnehmung, welche er zunächst als ein Erleiden und Bewegtwerden (πάθος) der Seele, sofern sie mit dem Körper verbunden ist, kennzeichnet [14]. Eine alte Streitfrage der griechischen Wahrnehmungslehre entscheidet er so, daß er annimmt, die Sinneswahrnehmung beginne mit der Erfassung eines Ungleichen, welches nach vollzogener Wahrnehmung gleichartig ist [15]. Die Wahrnehmung ist als Qualitätsveränderung wie jede Bewegung ein Übergang von der Potentialität des Wahrnehmungsvermögens zur Aktualität der wirklichen Wahrnehmung unter der Einwirkung des wahrnehmbaren Gegenstandes, wobei wirklich Wahrgenommenes und wirkliche Wahrnehmung ein und dasselbe sind [16]. Da nun aber jede Wahrnehmung zwar auf den wahrnehmbaren Gegenstand bezogen ist, sich aber im Wahrnehmenden selber befindet [17] und da ferner die Sinneswahrnehmung keine Größe (μέγεθος), sondern nur Begriff und Möglichkeit der Größe ist (alle realen Objekte der Wahrnehmung aber Größe haben) [18], kann die Identität von Wahrnehmen und Wahrnehmbarem nur stattfinden, wenn die Wahrnehmung fähig ist, die wahrnehmbaren Formen ohne ihre Materie in sich aufzunehmen [19]. Trotz diesem teilweise immateriellen Charakter ist aber die Sinneswahrnehmung nach Aristoteles noch kein Wissen, da sie nicht auf das Allgemeine, sondern nur auf das Einzelne geht [20], wenn auch mit der Wahrnehmung bereits das Wissen beginnt [21].

Die *Stoiker* fassen die Sinneswahrnehmung wesentlich als eine Verinnerlichung eines äußeren, vom Objekt her auf das Sinnesorgan einwirkenden Abdrucks (τύπωσις) in der Seele auf, und zwar so, daß die Sinneswahrnehmung zunächst ein rein physiologischer Vorgang, d. h. eine durch Einwirkung von außen hervorgerufene Affektion der Sinnesorgane ist, welche für die Seele erst bedeutungsvoll wird, wenn sie vom obersten, denkenden Teil der Seele, dem ἡγεμονικόν, als Vorstellung (φαντασία) in das Bewußtsein aufgenommen wird, wo sie dann sich selbst und das reproduzierte wahrgenommene Objekt zur Darstellung bringt [22]. – EPIKUR dagegen hält hinsichtlich der Lehre von der Sinneswahrnehmung an der Theorie der Abbilder fest, wie sie schon für die Atomisten kennzeichnend war [23], wobei Sinneswahrnehmung für ihn zu den Hauptkriterien der Wahrheit und Evidenz gehört [24].

Nach PLOTIN schließlich werden nicht die sinnlichen Dinge selbst von der Seele wahrgenommen, sondern sie hat lediglich die Formen aufzufassen, welche von der Wahrnehmung her im Lebewesen sich bilden, und diese Formen (τύποι) sind bereits geistiger Art (νοητά) [25].

Die Seele bedarf daher der Sinnesorgane als der Vermittler zwischen ihr selbst und den Sinnendingen, weil sie für sich selbst vom Körperlichen nicht affiziert werden kann [26]. Die eigentliche Sinneswahrnehmung ist also nicht ein physischer Abdruck des sinnlich wahrgenommenen Gegenstandes in der Seele, sondern ein geistiges Innewerden der von den Gegenständen bewirkten sinnlichen Zustände in der Seele, wobei die Seele selbst sich nicht leidend, sondern erkennend tätig verhält [27].

Anmerkungen. [1] PARMENIDES bei DIELS/KRANZ: Die Frg. der Vorsokratiker[10] (= VS) I, 28 B 7, 1-8, 1. – [2] VS I, 28 A 46, B 16. – [3] VS I, 31 A 86, B 89. – [4] VS I, 28 A 46; 31 A 86 (= THEOPHRAST, De sensu 1ff.); 31 B 109. – [5] ANAXAGORAS, VS II, 59 A 92, B 21. – [6] DEMOKRIT, VS II, 67 A 29. 30; 68 A 118. 135. – [7] PLATON, Theait. 151 d 3-157 d 6; vgl. VS II, 80 A 14. – [8] PLATON, Phaidon 78 b 4-79 e 7; Resp. VI, 509 d ff.; V, 475 e 6-480 a 13; Theait. 157 d 7-187 b 3; Tim. 27 d 5-31 b 3. 51 b 6-52 d 1. – [9] Phaidon 78 b 4-79 e 7; Tim. 27 d 5-31 b 3. – [10] Phaidon 79 c; Tim. 43 c; Theait. 184 d. 185 e. – [11] Resp. V, 475 e 6-480 a 13; Tim. 51 b 6-52 d 1; vgl. auch die Argumente dafür, daß Wahrnehmung nicht Erkenntnis ist, im Theait. 157 d 7-187 d 3. – [12] Tim. 29 b1-d 3. – [13] Tim. 44 d 3-46 c 6. 61 c 3-69 a 5. – [14] ARISTOTELES, De an. II, 5, 416 b 32-35; II, 11, 424 a 1; De somn. 454 a 7. – [15] De an. II, 5, 417 a 18-20. – [16] a. a. O. III, 2, 425 b 26ff. – [17] III, 2, 426 b 8ff. – [18] II, 12, 424 a 26-28. [19] II, 12, 424 a 17ff. – [20] Anal. post. I, 31, 87 b 28ff. – [21] a. a. O. II, 19; De sensu 6. – [22] SVF IV, 509, 13ff.); II, 54. 56; I, 58. – [23] H. USENER, Epicurea 9, 12ff. 11, 3ff. 12, 6ff.; DIOG. LAERT. X, 46ff. 48. 50. – [24] USENER, a. a. O. [23] 182, 18ff. 371, 6ff.; DIOG. LAERT. X, 31. – [25] PLOTIN, Enn. I, 1, 7, 9-12. – [26] a. a. O. IV, 4, 23, bes. 23, 18ff.; IV, 5, 1, 6ff. – [27] III, 6, 2, 34-41; IV, 6, 1, 1ff. 2, 2ff.

Literaturhinweise. W. BEARE: Greek theories of elementary cognition from Alcmaeon to Aristotle (1906). – C. J. DE VOGEL: Waarneming, verstand en intuitie in de Griekse Wijsbegeerte. Nederlandse Tijdschrift voor Wijsbegeerte en Psychologie (1954/55) 105-120.
F. P. HAGER

Akademie, akademisch. Das griechische Wort ’Ακαδήμεια war ursprünglich der Name für einen vorstädtischen Tempelbezirk etwa 2 km nordwestlich des antiken Dipylon-Tores von Athen [1]. Der Name wird in der Antike zurückgeführt auf den Ortsheros Akademos (’Ακάδημος), doch handelt es sich dabei möglicherweise um eine Aitiologie des vorgriechischen Flurnamens. Zu den Anlagen des Bezirkes gehörte auch ein Gymnasion, das bereits in PLATONS Schriften erwähnt wird [2]. Vermutlich angeregt durch das Vorbild der Pythagoreer gründete Platon um 385 v. Chr. seine Schule, für die er in der Nähe des Gymnasions ein Grundstück erwarb. Auf die auf diesem Grundstück gelegene Schule ging der Name des ganzen Tempelbezirks über; das Grundstück blieb Eigentum der Schule auch nach deren Verlegung in die Innenstadt, die spätestens nach der Zerstörung des A.-Bezirks anläßlich der Eroberung Athens durch Sulla 86 v. Chr. erfolgt sein dürfte.

Rechtlich gesehen war die A. ein privater Kultverein (ϑίασος); die kultische Verehrung der Musen war fester Bestandteil des Lebens in der A. [3]. Freilich hatte sie das kultische Moment mit allen griechischen Vereinen gemeinsam. Geleitet wurde die Schule durch einen auf Lebenszeit gewählten Scholarchen. Die Wirklichkeit der platonischen A. konkret zu fassen ist bei der vorhandenen Quellenlage einigermaßen schwierig [4]. Dennoch hat man einiges Recht, in ihr bei aller Verschiedenheit auch einen Vorläufer der Universitäten zu sehen. Wissenschaftliche Forschung und daraus resultierende Lehre hatten zentrale Bedeutung, wobei der platonische ‹Timaios› zeigt, daß neben die Philosophie im engeren Sinne auch Einzelwissenschaften traten. Zugang zum Inhalt der wissenschaftlichen Beschäftigungen der A. bieten in erster Linie, wenn auch nicht einzig und vollkommen, die platonischen Dialoge. Hinzu tritt alles, was sekundär überliefert ist und dem als «Platons ungeschriebener Lehre» neuerdings reges Interesse gilt [5].

Die *Geschichte* der A. wurde schon in der Antike je nach verschiedenen Kriterien verschieden eingeteilt [6]. Sie ist nicht vollständig identisch mit der Geschichte des Platonismus. Von Arkesilaos bis Philon (ca. 268-288 v. Chr.) gewannen in ihr aporetisch-skeptische Tendenzen an Einfluß. Die Erneuerung des Platonismus im Neuplatonismus begann außerhalb der A., fand aber dann unter *Plutarch* von Athen († ca. 433 n. Chr.) Eingang und wurde bestimmend für das letzte Jh. ihres Bestehens. Charakteristisch für den Neuplatonismus der A. ist ihr Widerstand gegen das Christentum, was neben dem für sie konstitutiven heidnischen Götterkult zu ihrer Auflösung durch Kaiser Justinian im Jahre 529 führte. Letzter Scholarch war Damaskios. Die eigentliche Schulgeschichte geht damit zu Ende.

Zu Beginn des *Mittelalters* bezieht sich noch einmal der Freundes- und Gelehrtenkreis um Karl den Großen und Alkuin namentlich und inhaltlich auf die Platonische A. in Athen: Er fühlt sich als vollendende Fortsetzung, da zu den weltlichen Wissenschaften der A. der Adel christlicher Lehren trete [7]. Im folgenden aber, das ganze Mittelalter hindurch, tritt der Name ‹A.› recht selten auf [8]. Dieses Faktum mag in der Tatsache mitbegründet sein, daß eine der wesentlichen Quellen für die Präsenz des Namens ‹A.› im Mittelalter AUGUSTINS Schrift ‹Contra Academicos› darstellt. Den Begriff ‹Akademiker› verstand Augustin – in Übereinstimmung mit den übrigen lateinischen Kirchenvätern – geradezu gleichbedeutend mit ‹Skeptiker›, also pejorativ. Das wiederum hatte seinen Grund in den aporetisch-skeptischen Tendenzen der A. von Arkesilaos bis Philon, die vor allem über Cicero den A.-Begriff der Patristik prägten.

Das neue und gegenüber dem Mittelalter andersgeartete Interesse für die Antike zur Zeit der *Renaissance* läßt neben dem Namen auch den Gedanken der platonischen A. wieder aufleben. Symptomatisch dafür ist die «Accademia Platonica» zu Florenz, die sich in der zweiten Hälfte des 15. Jh. um Marsilius Ficinus sammelte; zu ihr gehörte später auch Pico della Mirandola. Sie wurde ermöglicht durch die tatkräftige Förderung der Mediceer, vor allem Cosimos und Lorenzos. Cosimo de' Medici war seinerseits durch den Griechen Gemistos Plethon während dessen Anwesenheit auf dem Unionskonzil 1439 für die platonische Philosophie und den Gedanken einer A. gewonnen worden. Die Florentiner A. war, im Gegensatz zu späteren Einrichtungen dieses Namens, keine durchorganisierte Institution, sondern ein lockerer Kreis um Ficinus, der in enger Verbindung zum Mediceer-Hof stand, jedoch nicht mit ihm identisch war. Die A. Platons war Vorbild, der 7. November als (angenommener) Geburts- und Todestag Platons wurde festlich begangen. Das Bemühen um das Verständnis von Platons Philosophie war Hauptgegenstand der Diskussionen, Symposien und Lehrveranstaltungen, zu denen noch die umfangreiche Korrespondenz und die zahlreichen Buchveröffentlichungen Ficinos und der übrigen Mitglieder der A. traten, wodurch vor allem die große Wirkung über Florenz und über die Blütezeit der A. hinaus verständlich wird. Doch war man keineswegs dogmatisch auf Platons Lehren festgelegt, die zudem vorwiegend von ihrer neuplatonischen Weiterbildung her verstanden wurden [9].

Im *16. und 17. Jh.* ist die große Zeit der Gründungen von Institutionen unter dem Namen ‹A.›. Sie sind inhaltlich nicht mehr auf platonische Lehren festgelegt, sondern befassen sich mit Wissenschaften und Künsten verschiedenster Art. Gemeinsam ist ihnen außer dem Namen allenfalls noch, daß sie kaum Lehraufgaben haben, sondern vorwiegend dem Austausch und der Publikation von Forschungsergebnissen dienen. Schwerpunkte der Arbeit der A. sind einmal die aufkommenden Naturwissenschaften (z. B. Academia Secretorum Naturae in Neapel 1560, Accademia dei Lincei in Rom 1603, Academia Naturae Curiosorum in Schweinfurt 1652 – d. i. die spätere «Leopoldina» in Halle –, Académie des Sciences in Paris 1666), dann die Pflege von Sprache und Literatur (z. B. Accademia della Crusca in Florenz 1582, Académie française in Paris 1635). Daneben erhalten vor allem in Italien vielfach Institute der Musikpflege den Namen A. (z. B. Accademia degl' Elevati in Florenz 1607, Accademia dei Filarmonici in Bologna 1666) [10]. Gegenüber den an Quantität und Renommee wachsenden A. traten die Universitäten, vielfach hindernd der Tradition verhaftet, zeitweise zurück. Der Name ‹Universitas› verlor an Ansehen, was zur Folge hatte, daß viele Neugründungen, aber auch manche alte Universitäten sich den Namen ‹A.› zulegten (z. B. Academia Julia in Helmstedt 1576, Academia Giessena in Gießen 1607, aber auch Celeberrima Agrippinatum Academia in Köln oder Academia Heidelbergensis) [11]. CHR. THOMASIUS spricht in seiner Abhandlung ‹Von den Mängeln derer heutigen Academien, absonderlich aber der Jurisprudenz› [12] ausschließlich von Universitäten und deren Fakultäten.

Typisch und vorbildlich für die *modernen A. der Wissenschaften* wurde die Königlich Preußische A. der Wissenschaften zu Berlin. Auf intensives Betreiben von Leibniz und nach seinen Vorstellungen wurde sie im Jahre 1700 durch den Kurfürsten Friedrich III. gegründet, zunächst unter dem Namen ‹Societet derer Scientien›. Den Namen ‹Akademie der Wissenschaften› erhielt sie nach ihrer Reorganisation unter Friedrich II. 1744; als ‹Deutsche Akademie der Wissenschaften› besteht sie in (Ost-)Berlin bis heute fort. Die Philosophie war zunächst (von 1744 bis 1828) durch eine eigene Klasse vertreten, wurde aber dann, vor allem auf Betreiben Schleiermachers, der historisch-philologischen Klasse eingegliedert. Zur gleichen Zeit vereinigten sich auch die bisherige mathematische und physikalische Klasse zu einer gemeinsamen naturwissenschaftlichen [13].

Der *gegenwärtige* Gebrauch des Wortes ‹A.› ist nicht einheitlich und offenbar in einem Wandel begriffen, dessen Tendenz noch nicht klar abzusehen ist. Neben den A. der Wissenschaften gibt es medizinische A. im Rang und in der Funktion von Fakultäten (z. B. Medizinische A. Lübeck, Erfurt, Dresden), ferner kirchliche philosophisch-theologische Hochschulen ohne Fakultätsrechte mit dem Namen ‹A.› (z. B. Albertus-Magnus-A. Walberberg, Johannes-Duns-Scotus-A. Mönchen-Gladbach) [14]. Kaum noch Forschungsaufgaben, sondern das Ziel praktischer künstlerischer Ausbildung haben die Musik- und Kunst-A. (Tendenz ist die Umbenennung in Hochschulen). Darüber hinaus nennen sich (Fort-) Bildungseinrichtungen verschiedenster Art ‹A.›: z. B. Evangelische und Katholische A., Verwaltungs- und Wirtschafts-A., Bundeswehr-A., A. für Graphik. Gemeinsam wäre ihnen allenfalls, daß sie kein «akademisches» Studium im strengen Sinne des Wortes ermöglichen. Darin wird die Diskrepanz zwischen dem Substantiv ‹A.› und dem Adjektiv ‹akademisch› deutlich: Neben der pejorativen Bedeutung von ‹akademisch› im Sinne von «lebensfern, nicht anwendbar, unverbindlich» (nachweisbar schon im 18. Jh. [15]) ist es als Adjektiv nicht auf A., sondern auf Universität bezogen. Die Universitäten in erster Linie – und nicht etwa die A. (bis auf wenige Ausnahmen) – haben akademische Bürger, einen akademischen Senat, ermöglichen ein akademisches Studium und verleihen akademische Grade.

Anmerkungen. [1] Vgl. I. TH. HILL: The ancient city of Athens (London 1953) bes. 219-222; vgl. auch H.-P. DRÖGEMÜLLER: Bericht über neuere Ausgrabungen in Griechenland. Gymnasium 68 (1961) 211-213. – [2] PLATON, Lysis 203 a 1. – [3] Vgl. U. v. WILAMOWITZ-MOELLENDORFF: Antigonos von Karystos (²1965) 263ff.: Die rechtliche Stellung der Philosophenschulen. – [4] Vgl. P. FRIEDLÄNDER: Platon 1 (³1964) 90ff. – [5] Vgl. bes. K. GAISER: Platons ungeschriebene Lehre (1963). – [6] Vgl. die Zusammenstellung von P. NATORP im Art. ‹A.›, in: PAULYS Realencyclop. class. Altertumswiss. 1. Hb (1893) 1136f. – [7] ALKUIN, Ep. 170, hg. E. DÜMMLER (1895) (MGH). – [8] Vgl. H. DENIFLE: Die Entstehung der Universitäten des MA bis 1400 (1885, Nachdruck 1956) 36f. – [9] Vgl. P. O. KRISTELLER: The Platonic Academy of Florence, in: Renaissance News 14 (1961) 147-159. – [10] Vgl. E. PREUSSNER: Art. ‹A.›, in: Die Musik in Gesch. und Gegenwart 1 (1949) 194. – [11] Vgl. K. GOLDMANN: Verzeichnis der Hochschulen (1967). – [12] CHR. THOMASIUS: Von den Mängeln ..., in: Allerhand bißher publizirte Kleine Teutsche Schrifften (1701) 195-232. – [13] Vgl. A. V. HARNACK: Gesch. der Königl. Preuß. A. der Wiss. zu Berlin (1901). – [14] Vgl. K.-O. SAUR: Dtsch. Universitäts-Hb. (1967). – [15] J. C. LAVATER: Physiognomische Fragmente. Erster Versuch (1775) 112; ansatzweise auch schon bei THOMASIUS, a. a. O. [12] 212.

Literaturhinweise. H. F. CHERNISS: Plato (1950-1957), in: Lustrum. Int. Forschungsber. aus dem Bereich des Klassischen Altertums 4 (1960) 27-31. – E. HOWALD: Die Platonische A. und die moderne Universitas Litterarum (1921). – O. IMMISCH: Academia. Rektoratsrede (Freiburg 1924). – W. WÜHR: Das abendländische Bildungswesen im MA (1950). – A. DELLA TORRE: Storia dell'Accademia Platonica di Firenze (Florenz 1902, Nachdruck Turin 1960). K. TH. V. HEIGEL: Über den Bedeutungswandel der Worte A. und Akademisch. Reden der Bayer. A. der Wiss. (1911).

H. MEINHARDT

Akataleptisch. Der Begriff ‹akataleptisch› (griech. ἀκατάληπτος, unbegreiflich, nicht einzusehen) spielt in der antiken Philosophie die Rolle des skeptischen Einwandes gegen eine Metaphysik, die ihre erkenntnistheoretischen Voraussetzungen nicht reflektiert. Bereits THALES soll über das geschrieben haben, was menschliches Fassungsvermögen übersteigt [1]. Ähnlich dunkel ist die von Diogenes Laertios überlieferte Bemerkung Sotions über XENOPHANES, dieser habe gesagt, das Ganze sei unbegreiflich (ἀκατάληπτα τὰ πάντα) [2]. Mehr wissen wir von GORGIAS [3]. Er geht davon aus, daß es Sein nicht gebe. Gäbe es dieses Eine doch, wäre es unbegreiflich (ἀκατάληπτος). Wäre es doch begreiflich (κατάληπτος), so wäre diese Einsicht nicht mitteilbar. Gegen diesen totalen Sinnlosigkeitsverdacht metaphysischer Überlegungen polemisiert PLATON, der in einer als heilsirrelevant diagnostizierten Polis die Idee des Schönen zur Grundlage ihrer Praxis machen will. Die Idee des Schönen ist schon vernommen (κατειλήφαμεν) durch den hellsten Sinn [4]. Die Lehre von der Akatalepsie der Dinge wird von den Skeptikern wieder aufgenommen und immer wieder von stoischer Seite angefochten, die jedoch nur dem Weisen die Erkenntnis des Wesens der Dinge zumutet [5]. Rekurriert wird dabei auf sinnliche Anschauung, die ein Urteil (συγκατάθεσις) ermöglicht (CICERO) [6], und auf die Urteilskraft des Weisen (ZENON) [7]. ALEXANDER VON APHRODISIAS bezeichnet in ‹De anima› nur die trügerischen und verlogenen Vorstellungen als unfaßlich. Wahre Einsicht jedoch ist immer kommunikabel [8].

Anmerkungen. [1] THALES, Frg. der Vorsokratiker, hg. DIELS/KRANZ A 1 (= 1, 67, 21). – [2] XENOPHANES, a. a. O. A 1 (= 1, 114, 3). – [3] GORGIAS, a. a. O. 82 B 3 (= 2, 279, 34ff.). – [4] PLATON, Phaidros 230 d 1. – [5] PHILON VON LARISSA bei SEXT. EMP., Pyrrh. hypot. I, 235. – [6] SVF II, 35, 11, 35; vgl. CICERO, Acad. II, 6, 18. – [7] SVF II, 34, 25. – [8] SVF II, 26, 30ff.

A. RECKERMANN

Akkommodation (von lat. accommodatio, Anpassung) begegnet als Begriff zunächst in der theologischen Lehre über die Heilige Schrift. Der Gedanke, daß die Anwendung der menschlichen Sprache durch den Heiligen Geist als eine göttliche A. zu betrachten sei, ist bereits bei M. FLACIUS (1520–1575) nachweisbar. J. A. QUENSTEDT (1617–1688) suchte die für die damalige Dogmatik grundlegende Verbalinspirationslehre, wonach der Heilige Geist als Autor aller Schriftaussagen zu betrachten sei, dadurch gegen philologische Einwände zu sichern, daß er die Unterschiede in Grammatik und Stil aus einer A. des Heiligen Geistes an die individuelle Ausdrucksweise der einzelnen biblischen Verfasser erklärte [1].

Im Zuge der großen Auseinandersetzung um die Autorität und das Verständnis der Heiligen Schrift, welche durch naturwissenschaftliche Entdeckungen und das neuzeitliche Denken ausgelöst wurde, gewinnt im 17. Jh. der A.-Begriff zunehmend an Bedeutung. Es kommt bei Naturwissenschaftlern (z. B. J. KEPLER), Philosophen und Theologen zur Ausbildung verschiedenartiger A.-Theorien [2]. Die Funktion dieser Theorien besteht im wesentlichen darin, die Differenzen und Gegensätze zwischen einzelnen Bibelaussagen (etwa Jos. 10, 12f.) und dem durch naturwissenschaftliche Forschungsergebnisse gewonnenen neuen Weltbild zu erklären. Vertreter der Bibelkritik des 17. Jh. (z. B. SPINOZA, JOH. CLERICUS, W. WHISTON) lehrten, daß die biblischen Anthropomorphismen und Naturvorstellungen eine bewußte oder unbewußt vollzogene Anpassung der biblischen Verfasser an den begrenzten Erkenntnisstand ihrer Zeitgenossen darstellen.

Eine erweiterte Anwendung erhält die A.-Theorie in der zweiten Hälfte des 18. Jh., indem sie durch J. S. SEMLER (1725–1791) auch zur Erklärung der im Neuen Testament vorliegenden mythologischen Vorstellungen und theologischen Lehrdifferenzen verwandt wird [3]. Man vertrat die Auffassung, daß Jesus und die Apostel aus pädagogischen Gründen, um ihre Verkündigung verständlich zu machen, sich den religiösen Vorstellungen ihrer Umwelt angepaßt hätten. Die mit dieser Auffassung verbundene Relativierung wesentlicher Bibelaussagen löste den A.-Streit aus, der gegen Ende des 18. Jh. seinen Höhepunkt erreichte und eine umfangreiche Literatur hervorbrachte. In Holland wurde 1789 ein wissenschaftliches Preisausschreiben veranstaltet, das die Frage klären sollte, «inwiefern Jesus und die Apostel sich in ihren Lehrvorträgen nach dem Volke akkommodiert hätten» [4]. Eine kurze Stellungnahme zu diesem Streit findet sich auch beim jungen HEGEL [5].

In dem Maße, als sich durch die historisch-kritische Forschung die Überzeugung durchsetzte, daß Jesus und die Apostel die Vorstellungen ihrer Zeit geteilt haben, wurde die hermeneutische Theorie einer A. überflüssig. In der allgemeinen Bedeutung von Anpassung oder Anbequemung an Auffassungen anderer bleibt der A.-Begriff jedoch erhalten und findet sich nicht nur bei Pädagogen, sondern auch bei Theologen und Philosophen (z. B. S. KIERKEGAARD, K. MARX), welche den Vollzug der A. oft negativ bewerten.

Die moderne Sozialpsychologie (z. B. A. MITSCHERLICH) und Soziologie verwenden den A.-Begriff im Sinne von passiver Anpassung an vorherrschende Verhaltensweisen, gesellschaftliche Verhältnisse und Umweltbedingungen [6].

Anmerkungen. [1] G. HORNIG: Die Anfänge der hist.-krit. Theol. (1961) 214. – [2] K. SCHOLDER: Ursprünge und Probleme der Bibelkritik im 17. Jh. (1966) 68. – [3] HORNIG, a. a. O. 225ff. – [4] P. VAN HEMERT: Über Accommodationen im NT (1797) Vorrede. – [5] HEGELS theol. Jugendschr., hg. H. NOHL (1907) 150. – [6] A. MITSCHERLICH: Aggression und Anpassung, in: Aggression und Anpassung in der Industriegesellschaft (1968) 109.

Literaturhinweise. K. GRÜNDER: Figur und Gesch. (1958). – G. HORNIG s. Anm. [1]. – T. RENDTORFF: Kirche und Theol. (1966). – A. MITSCHERLICH s. Anm. [6].

G. HORNIG

Akkulturation. Das Kunstwort ‹A.›, gebildet aus ‹Adkulturation›, entstammt der *Ethnologie* und hängt von deren Kulturbegriff ab. ‹Acculturation› wurde erstmalig 1880 von dem Amerikaner J. W. POWELL verwendet, der den Terminus auf interkulturelle, durch Imitation bei Kulturkontakten zu erklärende Ähnlichkeiten beziehen wollte [1]. Der Begriff setzte sich jedoch damals nicht durch und wurde erst 1932 von R. THURNWALD wieder in die ethnologische Terminologie eingeführt [2]. Thurnwald bezeichnet damit einen durch direkten Kulturkontakt hervorgerufenen Kulturwandel, betont dessen prozessualen Charakter und weist darauf hin, daß dabei (kultur-)psychologischen und funktionalen Aspekten ein besonderes Gewicht zukommt. Dieser Ansatz ist für die Folgezeit kennzeichnend geblieben. Grundsätzlich wird überall anerkannt, daß es sich um hochgradig dynamische, komplexe und komplizierte Vorgänge handelt. Die wichtigsten Äußerungen liegen aus der *amerikanischen* Ethnologie (cultural anthropology) vor und danach aus der *britischen* Ethnologie (social anthropology), obwohl hier statt A. die Termini ‹Kulturkontakt› (culture contact) und ‹Kulturwandel› (culture change) dominieren. Das Bestreben nach auch praktisch verwendbaren Ergebnissen der A.-Forschung hat sich besonders im Zusammenhang mit den Problemen der immer stärker werdenden modernen A. in globalem Maßstab verstärkt. Dabei ergab sich unter anderem, daß sowohl Versuche einer zu detaillierten terminologischen Differenzierung als auch einer zu starken thematischen Einengung untunlich sind. Es kann unter diesen Gesichtspunkten zur Zeit definiert werden: Unter A. sind die Prozesse und Phänomene zu verstehen, die bei einem durch direkten und indirekten (d. h. auch durch schriftliche und sonstige nachrichtliche Mittel bewirkten) Kulturkontakt bedingten Kulturwandel auftreten [3].

Anmerkungen. [1] J. W. POWELL: Introduction to the study of Indian languages (Washington D.C. ²1880) 46. – [2] R. THURNWALD: The psychol. of acculturation. Amer. Anthropologist 34 (1932) 557–569. – [3] W. RUDOLPH: ‹A.› und A.-Forschung. Sociologus 14 (1964) 97–113; mit Lit.

W. RUDOLPH

Akkumulationstheorie (von lat. accumulare, anhäufen). Sie ist ein wesentlicher Teil von MARX' Ökonomie [1]: Der kapitalistische Produktionsprozeß setzt ein mit der (zuerst von ADAM SMITH [2] eingehend erörterten) «ursprünglichen Akkumulation» (erste Kapitalbildung, gewaltsame Beseitigung der Feudalwirtschaft, Freisetzung von Arbeitskräften), reproduziert sich in einer ununterbrochenen Folge von Verwandlungen nicht konsumierten Mehrwerts in Kapital (Akkumulation i. e. S.) und führt einerseits zu Produktionserweiterung, Marktausdehnung, Konkurrenz, Konzentration, Zentralisation, Rationalisierung von Produktionstechnik und -organisation, andrerseits zu Überproduktion, Unterkonsumtion, Verelendung, periodischen Krisen, revolutionären Situationen und damit schließlich zum Zusammenbruch der kapitalistischen Produktionsverhältnisse. Die Interpretation der von MARX als idealtypisches Modell konstruierten A. ist umstritten [3]; vielfach wird die A. als Verknüpfung wirtschafts- und geschichtsphilosophischer Prognosen mißverstanden.

Anmerkungen. [1] K. MARX/F. ENGELS, Werke (1962-1968) 23-26/3; K. MARX: Resultate des unmittelbaren Produktionsprozesses. Archiv Marksa i Èngel'sa NF 2 (1933) 1-268. – [2] A. SMITH: An inquiry into the nature and the causes of the wealth of nations (London 1776) 2. Buch, 3. Kap. – [3] R. LUXEMBURG: Die Akkumulation des Kapitals (1913, Neudruck 1966); N. I. BUCHARIN: Der Imperialismus und die Akkumulation des Kapitals (1926); H. GROSSMANN: Das Akkumulations- und Zusammenbruchsgesetz des kapitalistischen Systems (1929, Neudruck 1967); P. M. SWEEZY: The theory of capitalist development (New York 1942, dtsch. 1959); J. ROBINSON: The accumulation of capital (London 1956); E. MANDEL: Traité d'économie marxiste (Paris 1962, dtsch. 1968). J. FRESE

Akoluthie (ἀκολουθία), Konsequenz, notwendige Folge. Daß ein Sachverhalt, ein Satz aus einem anderen «folgt», wird in der griechischen Philosophie frühzeitig beobachtet. Neben dem Verbum ἀκολουθεῖν (folgen, gleichbedeutend ἔπεσθαι) und dem Adjektiv ἀκόλουθος (folgend) dient bei PLATON zur Bezeichnung dieser Relation, doch noch nicht in terminologischer Bedeutung, gelegentlich das Substantivum ‹A.› [1]. ARISTOTELES meidet den Ausdruck und verwendet stattdessen, nun schon strenger terminologisch und vorwiegend im Bereich der Logik, ἀκολούθησις [2]. Erst aus den Autoren des 2. Jh. n. Chr., die über die stoische Dialektik berichten, gegen sie polemisieren oder von ihr beeinflußt sind (DIOGENES LAERTIOS, SEXTUS EMPIRICUS, GALEN in ‹De dialectica›), wird deutlich, daß seit dem 3. Jh. v. Chr. die *Stoiker* (zitiert wird namentlich CHRYSIPP) ‹A.› zum logischen Terminus erhoben haben. Sie wiesen dem Begriff auch einen Platz in ihrer Physik an, ohne allerdings zwischen der logischen und der physikalischen Bedeutung von ‹A.› einen engeren systematischen Zusammenhang erkennen zu lassen.

In der stoischen Physik bezeichnet ‹A.› als Wirkung der Heimarmene die nicht abreißende «Aufeinanderfolge» von Ursachen (und Wirkungen, die wiederum zu Ursachen werden) [3], in der stoischen Logik vor allem die «Konsequenz», mit der in der Implikation (συνημμένον) die zweite Aussage aus der ersten folgt (ἀκολουθία τοῦ λήγοντος πρὸς τὸ ἡγούμενον) [4], Beispiel: «Wenn es Tag ist, ist Licht» [5]. GALEN und die spätantike Schullogik übernehmen dort, wo sie den stoischen Begriff der Implikation durch den peripatetischen des hypothetischen Syllogismus ersetzen, die Lehre der A. [6]. Erst bei Galen ist ferner die Unterscheidung von vollständiger (αὐτοτελής) und unvollständiger (ἐλλιπής) A. kenntlich [7]; offenbar meint αὐτοτελὴς ἀ. die Äquivalenz (Beispiel: «Wenn Tag ist, dann und nur dann ist nicht Nacht») und ἐλλιπὴς ἀ. die gewöhnliche (sog. philonische) Implikation [8]. Bei der Umsetzung der griechischen Logik ins Lateinische und in der späteren Schullogik gingen diese terminologischen Feinheiten verloren; der Begriff ‹consequentia› tritt, z. B. bei BOETHIUS in der Schrift ‹De syllogismo hypothetico›, mehr das Erbe der aristotelischen ἀκολούθησις als der stoischen ‹A.› an.

Anmerkungen. [1] PLATON, Kratyl. 437 c. – [2] ARISTOTELES, z. B. De interpr. 13, 22 a 14; Soph. elench. 5, 167 b 2. – [3] ALEXANDER APHROD., De anima p. 185 Br. SVF II, 920; De fato 34 p. 205 Br. SVF II, 962; vgl. M. POHLENZ: Die Stoa 2 (³1964) 102. – [4] SEXT. EMP., Pyrrh. hyp. II, 114; vgl. B. MATES: Stoic logic (Berkeley/Los Angeles ²1961) 43. 56. 129. – [5] DIOG. LAERT. VII, 71. SVF II, 207; zahlreiche weitere Belege. – [6] GALEN, De dial. 14, 2; ALBINOS, Isag. 6; Platon-A., hg. HERMANN 6, 158. – [7] GALEN, a. a. O. 14, 10-15, 1. – [8] B. STAKELUM: Galen and the logic of proposition (Rom 1940) 47-54; I. M. BOCHEŃSKI: Formale Logik (²1962) 339f.; GALEN, Einf. in die Logik, krit.-exeget. Komm. J. MAU (1960) 15. 41-49; das Beispiel S. 44. E. G. SCHMIDT

Akosmismus. Der Begriff ‹A.› («Lehre von der Weltlosigkeit», «Verneinung der Welt», von griech. ἄκοσμος, ordnungslos) hat sich in keiner eigenen philosophischen Theorie entfaltet; ihm kommt die im ganzen begrenzte Funktion zu, eine unterschiedlichen Deutungen ausgesetzte Systembildung vor dem Vorwurf des Atheismus zu bewahren. Als Rechtfertigungsformel dieser Art geht der Begriff des «Akosmisten» in FICHTES ‹Gerichtliche Verantwortungsschrift› ein: «denke er auf eine neue Bestimmung, nenne er mich etwa einen Akosmisten, nur nenne er mich nicht einen Atheisten» [1]. Diese Wendung gewinnt ihre Bedeutung auf dem Hintergrund der dem Atheismusverdacht unterliegenden Philosophie *Spinozas*, die E. PLATNER [2] so charakterisiert hat: «Spinoza leugnet eigentlich nicht die Existenz der Gottheit, sondern die Existenz der Welt.» Vollends deutlich wird dieser Zusammenhang, wenn HEGEL [3] den Terminus ‹A.› ausdrücklich auf die Auslegungsgeschichte des spinozistischen Denkens anwendet. Gegenüber der Kennzeichnung von Spinozas System als Pantheismus oder Atheismus kommt dem A.-Begriff eine die Gegensatzbildung neutralisierende Bedeutung zu. Innerhalb dieses Argumentationsschemas behält der Begriff auch dann seinen Ort [4], wenn ‹A.› in der Debatte um *Feuerbachs* ‹Wesen des Christentums› als das Christentum kennzeichnende Formel verstanden und darin zugleich die Voraussetzung zu einer Kritik der Religion und ihrer negativen Einstellung zur Welt erblickt wird [5].

Anmerkungen. [1] J. G. FICHTE, Werke, hg. I. H. FICHTE 5, 269. – [2] E. PLATNER: Philos. Aphorismen (1776) 353. – [3] G. W. F. HEGEL, Werke, hg. GLOCKNER 8, 148; 19, 373. 408. – [4] K. FISCHER: Spinozas Leben, Werke und Lehre, in: Gesch. der neuern Philos. 2 (⁶1946) 417-419; H. HEIMSOETH: Met. der Neuzeit, in: Hb. der Philos. (1929) 55. – [5] J. MÜLLER: Bespr. L. Feuerbach, Das Wesen des Christentums. Theol. Stud. u. Krit. (1842) 214. 224. 237. H.-W. SCHÜTTE

Akroamatisch/erotematisch. ‹Akroamatisch› (ἀκροαματικός) nennt man in der Spätantike «zum Hören bestimmte» oder aus Vorträgen (ἀκροάσεις) entstandene Lehrschriften (so vor allem die des *Aristoteles*); dagegen meint ‹erotematisch› (ἐρωτηματικός) eine «fragende», d. h. dialogische Lehrweise. B. WALDENFELS

Aktion, Philosophie der (frz. Philosophie de l'Action). In seiner engeren Bedeutung ist dieser Begriff mit MAURICE BLONDEL verbunden und seinem Frühwerk ‹L'Action› (1893) [1], das einen der großen Aufbrüche des französischen Cartesianismus und Kantianismus darstellt. Der Ausgangspunkt: «Es gibt streng genommen weder reales Wissen des Allgemeinen noch wahrhaftes Wissen des Individuellen. Was wir erstreben, ist ein Wissen um die konkrete Wirklichkeit, und zwar in der Einheit des Einzelnen mit dem Ganzen» [2]. Das aber, was diese Einheit vermittelt, ist gerade «l'action», das Handeln, das Blondel von seiner Leibnizarbeit her [3] als «das substantiale Band» bezeichnet [4]. Solches Handeln ist nicht als Wirken nach Begriffen zu verstehen, da es die Aufmerksamkeit auf Wahrheit voraussetzt, die jenseits der Methodik exakten Wissens und der Veranstaltung technischer Herrschaft einen Anspruch geltend macht.

Die Frage, mit der ‹L'Action› beginnt, – «Ja oder nein, hat das menschliche Leben einen Sinn und hat der Mensch eine Bestimmung» [5] – wird deshalb ausdrücklich im Blick auf die Frage gestellt, wie das Sein selbst den Menschen angeht, und so kann sie nach der anfänglichen Verbindung mit dem Problem des Handelns ihre Antwort in einer Bestimmung des Worumwillens des Daseins finden, die sich als Öffnung in den Bezug des Seins zum Wesen des Menschen vollbringt.

Die spezifische Dimension der P.d.A. wird schon mit der Frage nach dem Ursprung des Handelns sichtbar, denn diese Frage sucht entgegen aller transzendentalen Deduktion aus der Subjektivität der reinen Vernunft den ursprünglich handelnden Menschen selbst. Das Handeln aber, d. h. die ichhafte Spontaneität des Menschen, erhellt Blondel im Ausgang vom Willen, insofern dieser sich selbst bestimmt. Um zu sehen, was das Handeln ist, wird festgestellt, was der Wille, aus dem es entspringt, von Anfang an will. Daß in der Tatsache des Wollens als solcher schon unendlich mehr beschlossen liegt, als all das erkennen läßt, was immer man will, bedeutet ein Mißverhältnis, aus dem sich eine umfassende Bewegung der Phänomenologie des Willens entwickelt – von der sinnlichen Gewißheit über Wissenschaft, Selbstbewußtsein, Politik und Moral bis hin zum «Eingeständnis des Einzig-Notwendigen» [6], das für den Menschen absolut unerreichbar ist und absolut notwendig zugleich. Indem der Wille damit vor die Alternative kommt, sich selbst auf das Sein als das Absolute hinzurichten und es als Ursprung und Ziel eigens zu wollen oder seines unaufhebbaren Gerichtetseins auf dasselbe ungeachtet sich eigenmächtig nur an sich selbst zu halten, wird aus dem notwendigen Anerkenntnis des Seins eine vom Willen zu verantwortende Negation, wenn er es nicht in einer freien Setzung als «ontologische Affirmation» [7] vollzieht. Gemäß dem Handelnmüssen, das die Frage nach dem Sinn von Sein anstößt, betrifft die Entscheidung des Willens also das Sein selbst, sie ist Seinsverneinung oder Seinsbejahung: «*Das Erkennen des Seins* impliziert die Notwendigkeit der Entscheidung; *das Sein im Erkennen* ist nicht vor sondern nach der Freiheit der Wahl» [8].

Die positive Entscheidung, auf die so die Frage nach dem Ursprung des Handelns verwiesen wird, ist deshalb ausgezeichnet dadurch, daß sie Antwort ist auf das Sichzeigen des Seins, d. h. ein Akt, in dem Entgegennahme des Sichzeigenden und Zustimmung zu ihm eins sind. Die Einsicht, die von der Anerkenntnis getragen wird, macht gewiß, daß das Sein als das Absolute ist und daß der Mensch sich auf dies hin richten muß, wenn sein Leben einen Sinn haben können soll. Das ursprünglich Praktische, um das es Blondel mit der Wendung auf den Willen geht, ist dieser Akt der ontologischen Affirmation, der selbst nun das Handeln, und das heißt das Ganze der Bezüge des Menschen zum Seienden und zum Sein trägt.

Gegen alle bloß technische Auslegung des Denkens, Wollens und Tuns versteht die P.d.A. Handeln so aus einem Zusammenhang von Wahrheit und Wirklichkeit, der sich nicht nach den Grundsätzen und der Gesetzgebung der reinen Vernunft bemißt, in dem vielmehr ein Anderes als solches zur Sprache kommt. Derart kann ‹L'Action› dann auch philosophisch mit der Ausarbeitung einer ganz eigenen Offenheit für die christliche Botschaft schließen, die jene Praxis fordert, auf die Blondels «Wissenschaft der Praxis» hinführt.

Anmerkungen. [1] M. BLONDEL: L'Action. Essai d'une crit. de la vie et d'une sci. de la pratique (Paris 1893, ²1950; dtsch. 1966). – [2] L'Itinéraire philos. de M. BLONDEL, hg. F. LEFÈVRE (Paris 1928) 76. – [3] De vinculo substantiali et de substantia composita apud Leibnitium (Paris 1893). – [4] a. a. O. [2] 66. – [5] a. a. O. [1] VII. – [6] a. a. O. 338. – [7] Une soutenance de thèse. Etudes Blondeliennes 1 (1951) 86. – [8] a. a. O. [1] 436.

Literaturhinweise. H. DUMÉRY: La P.d.A. Essai sur l'intellectualisme blondelien (Paris 1948); Raison et relig. dans la P.d.A. (Paris 1963). – H. BOUILLARD: Blondel et le Christianisme (Paris 1961). – R. SAINT-JEAN: Genèse de ‹L'Action› (Bruges 1965). – U. HOMMES: Transzendenz und Personalität. Zum Begriff der Action bei M. Blondel (1970). U. HOMMES

Aktivierung (Aktivation). Der Begriff wird fast seit Beginn der wissenschaftlichen Psychologie in dem noch vorwissenschaftlich verständlichen Sinne des Wirksammachens ruhender Kräfte oder Energie verwendet. So spricht K. LEWIN von einem A.-Reiz bei Assoziationsversuchen und meint damit einen Reiz, der eine Assoziation in bestimmter Richtung hervorrufen soll [1]. Auf die Dimension zwischen Erregung und Beruhigung verweisend, dient der Begriff zunächst der Analyse der seit W. WUNDT – neben anderen Dimensionen – so charakterisierten Emotionalität. Eine Ablösung des Begriffes der A. von dem der Emotion erfolgt jedoch bereits in den Jahren zwischen 1920 und 1930 durch F. AVELING [2] und R. J. BARTLETT [3]. Entscheidend für die heutige Konzeption war E. DUFFYS «arousal»-Begriff [4], der heute allgemein mit ‹A.› gleichgesetzt wird. W. B. CANNONS Terminus «Energie-Mobilisierung» [5] aufgreifend und zur Beschreibung der Intensität von Verhalten verallgemeinernd, definierte DUFFY den «Erregungsgrad» als «das Ausmaß, in dem der Organismus im ganzen aktiviert wird» [6]. Diese Konzeption der A. wird jedoch bereits von G. L. FREEMAN [7] inhaltlich vorweggenommen.

Alles Verhalten läßt sich charakterisieren einmal nach seiner Gerichtetheit bzw. Selektivität, zum anderen nach der Stärke, in der es sich zeigt. Während die aus dem vorwissenschaftlichen Denken übernommenen Begriffe wie Gefühl, Emotion, Motiv und Motivation beide Aspekte ungeschieden enthalten, war die wissenschaftliche Analyse des Verhaltens spätestens dann zu ihrer Trennung gezwungen, als sich zeigte, daß beide relativ unabhängig voneinander variierten. Aus diesem Grunde plädiert DUFFY für die Ablösung des Motivations- wie des Emotionsbegriffes durch Richtung und Intensität oder A. des Verhaltens [8].

In der neueren A.-Forschung trennt man die periphere von der zentralen A.; beide können unabhängig voneinander ein verschieden hohes Aktivationsniveau aufweisen. Durch die Definition des peripheren A.-Niveaus als «Ausmaß der Freisetzung von im Organismus gespeicherter Energie durch Stoffwechselprozesse in den Geweben» [9] rücken physiologische Indikatoren in den Mittelpunkt der A.-Forschung; vor allem werden die

Spannung der Skelettmuskulatur, die periphere Durchblutung und der elektrische Hautwiderstand bestimmt. Zur Messung zentraler (kortikaler) A. bevorzugt man das Elektroenzephalogramm als Registrierung der Aktionsströme des Gehirns. Untersuchungen mit derartigen Maßen, gekoppelt mit den verschiedensten Verhaltensbeobachtungen und Leistungsmaßen führten zur Konzeption eines A.-Kontinuums, das verhaltensdeskriptiv vom Tiefschlaf bis zu einem Höchstmaß an Anstrengungen bzw. affektiver Erregung reicht [10].

Neurophysiologisch erstrecken sich verschiedene A.-Gebiete über Zwischenhirn, Stammhirn, limbisches System und Retikulärformation im unteren Hirnstamm. Gerade der Retikulärformation mißt D. B. LINDSLEY große Bedeutung bei. Dort nachweisbare elektrophysiologische Veränderungen führten ihn zu der Annahme, die Tätigkeit eines dort lokalisierbaren «aufsteigenden retikulären A.-Systems» entspreche den energetischen Aspekten von Emotion, Motivation, Trieb u. ä. Seine physiologische Gefühlstheorie wird in diesem umschriebenen Sinne als A.-Theorie bezeichnet [11].

Der A.-Grad ist abhängig von Pharmaka (auch Hormonen), Tagesrhythmik, evtl. genetischen Faktoren und von bestimmt gearteten Reizen, die D. E. BERLYNE als «aktivierungspotentiell» kennzeichnet. Reize von hohem A.-Potential gelten ihm als Schlüsselreize des Erkundungs- bzw. Neugierverhaltens [12]. Der A.-Grad wirkt sich auf Geschwindigkeit, Stärke und Koordination von Reaktionen aus; allgemein dürfte der optimale A.-Grad ein mittlerer sein; Kurven, die die Beziehung zwischen A. und Leistungsgüte ausdrücken, sind in der Regel ∩-förmig. Neben dem physiologischen A.-Begriff hält sich in der psychologischen Diskussion – nicht zuletzt in Anlehnung an HULLS Triebbegriff, der eine ungerichtete Energie meint – ‹A.› als allgemeine Bezeichnung für die Mobilisierung von Reaktionspotentialen [13]. Oft wird auch spezieller von A. oder Anregung eines Motivs durch bestimmte Auslösebedingungen gesprochen.

Anmerkungen. [1] K. LEWIN: Das Problem der Willensmessung und das Grundgesetz der Assoziation. Psychol. Forsch. 1 (1922) 191-302. – [2] F. AVELING: The conative indications of the psychogalvanic phenomenon. Proc. 8th int. Congr. Psychol. 8 (1926) 227-234. – [3] R. J. BARTLETT: Does the psychogalvanic phenomenon indicate emotion? Brit. J. Psychol. 18 (1927) 30-50. – [4] E. DUFFY: The relationship between muscular tension and quality of performance. Amer. J. Psychol. 44 (1932) 535-546. – [5] W. B. CANNON: Bodily changes in pain, hunger, fear and rage; an account of recent researches into the function of emotional excitement (New York 1915). – [6] E. DUFFY: Emotion: An example of the need for reorientation in psychology. Psychol. Rev. 41 (1934) 184-198. – [7] G. L. FREEMAN: The spread of neuromuscular activity during mental work. J. gen. Psychol. 5 (1931) 479-494. – [8] E. DUFFY: A. and behavior (New York 1962) 18. – [9] R. B. MALMO: A.: a neuropsychological dimension. Psychol. Rev. 66 (1959) 367-386. – [10] G. MORUZZI und H. W. MAGOUN: Brain stem reticular formation and A. of the EEG. EEG clin. Neurophysiol. 1 (1949) 455-473. – [11] D. B. LINDSLEY: Emotion, in: S. S. STEVENS (Hg.): Hb. exp. psychol. (New York 1951). – [12] D. E. BERLYNE: Conflict, arousal, and curiosity (New York 1961). – [13] J. S. BROWN: The motivation of behavior (New York 1961).

Literaturhinweise. E. DUFFY s. Anm. [4, 8]. – D. B. LINDSLEY: Psychophysiology and motivation, in: M. R. JONES (Hg.): Nebraska Symposium on Motivation (Lincoln, Nebr. 1957) 44-105. – R. B. MALMO: A., in: A. J. BACHRACH (Hg.): Experimental foundations of clinical psychology (New York 1962) 386-422. – H. SCHMIDTKE: Grundlagen physiologischer Motivationstheorien, in: H. THOMAE (Hg.): Handb. der Psychol. 2 (1965) 705-736.   C. F. GRAUMANN

Aktivität (von frz. activité) bezeichnet die Tätigkeit, auch die Wirkungsfähigkeit; in der Psychologie ist A. ein kritisch gegen die Assoziationspsychologie vornehmlich des vorigen Jahrhunderts gewandter Begriff, der den Grundcharakter des Seelischen wesentlich als Tätigkeit begreift.

In der Philosophie fehlt der A. die Würde eines festumrissenen und eingebürgerten Begriffs. Er stellt sich überall dort ein, wo es den Gegensatz zur Kontemplation begrifflich zu fixieren gilt und wo die Handlung oder Tätigkeit auch als Prinzip des Erkennens und Fühlens postuliert wird. So konstatiert TH. REID 1785 einen notwendigen Zusammenhang zwischen «enjoyment» (Freude) und «activity» [1]. FR. NIETZSCHE spricht im Umkreis seiner Lehre vom Willen zur Macht von der «Tyrannei der Reize und Einströmungen», welche es nicht erlaubt, daß «unsere Kraft» sich «häuft bis zur spontanen A.» [2]. H. RICKERT sieht das Wesen der A. darin, daß sie, im Gegensatz zur Haltung der Kontemplation, «eingreift in das, was ihr gegenübersteht» [3]. Nach K. JASPERS ist die A. aber nicht beschränkt auf das Handeln: «das ganze Erkennen, das sich der Wahrheit bemächtigt, ist umgreifende A.» [4]. In der zu solch fundamentalem Rang erhobenen Rolle der A. erblickt J. PIEPER eine Überwertung, wie sie für die moderne Arbeitswelt kennzeichnend ist. Ihr stellt er, in Erinnerung an die antikmittelalterliche Philosophie, das Leitbild der Muße als «Haltung der Nicht-A.» entgegen [5].

Anmerkungen. [1] TH. REID: Essays on the intellectual powers of man (1785). Werke, hg. W. HAMILTON (Edinburgh ⁶1863) 1, 493. – [2] FR. NIETZSCHE, Der Wille zur Macht Nr. 916. – [3] H. RICKERT: System der Philos. (1921) 365. – [4] K. JASPERS: Von der Wahrheit (¹1947) 308. – [5] J. PIEPER: Muße und Kult (1948) 52.

Literaturhinweise. Vgl. Anm. [3-5]. – M. J. HILLEBRAND: Die A. der Seele (1933).   J. BERGER

Aktivität, symbolische. Der Begriff der s.A. umschreibt jene Verhaltensweisen, die für den Menschen spezifisch sind und in denen sich menschliches von tierischem Verhalten unterscheidet.

Es ist vom Standpunkt der Evolutionstheorie selbstverständlich und durch menschliches Verhalten in der Vergangenheit und Gegenwart nur allzu sehr belegt, wieviel Tierisches und Bestialisches dem menschlichen Verhalten innewohnt. Die Verhaltensforschung hat dies an angeborenen Verhaltensweisen wie Aggression [1] und Territorialität [2] gezeigt; die behavioristische Psychologie hat in der Lernpsychologie allgemeingültige Prinzipien (klassisches und operantes Konditionieren nach PAWLOW bzw. SKINNER) festzustellen gesucht; die Psychoanalyse arbeitet mit «biologischen Trieben», die voraussetzungsgemäß für Tier und Mensch die gleichen sind. Daher ist die Tendenz gewisser in der Psychologie vorherrschender Theorien eine «zoomorphistische», d. h. die Voraussetzung, daß zwischen dem Verhaltensweisen des Menschen und der Tiere (besonders Ratten, Tauben, Affen im psychologischen Experiment) kein grundsätzlicher Unterschied bestehe [3] bzw. im Sinne der philosophischen Theorie des Reduktionismus menschliches auf tierisches Verhalten zurückgeführt werden könne. Diese theoretische Auffassung findet ihre praktische Anwendung in Lernmaschinen, die nach dem Muster des Tierexperiments konstruiert sind, sowie in den modernen Techniken der Massenbeeinflussung, des behavioral engineering und des motivation research, die Prinzipien der behavioristischen Psychologie und Psychoanalyse zur Lenkung menschlichen Verhaltens, von trivialer Warenpropaganda bis zu der politischer Entscheidungen, anwenden.

Diese zoomorphistische Psychologie ist jedoch bedenklich. Die moderne Verhaltensforschung hat gezeigt, daß tierische Verhaltensweisen (vom Menschen vorläufig abgesehen) artspezifisch sind; wenn wohldefinierte Unterschiede des Verhaltens z. B. verschiedener Gans- oder Fischarten bestehen, ist die behavioristische Voraussetzung der prinzipiellen Gleichartigkeit des Verhaltens des Menschen, der Laboratoriumsratte und -taube usf. sicher nicht gerechtfertigt. In moralischer Bewertung ist das behavioral engineering geeignet, die Vermassung des Menschen mit Hilfe wissenschaftlicher Techniken zu fördern und einen Zustand von A. HUXLEYS ‹Brave New World› oder ORWELLS ‹1984› herzustellen, der durch die Massenmedien, brain washing und dergleichen heute schon weitgehend erreicht ist.

Die Konzeption der s.A. versucht, die spezifische Differenz des menschlichen Verhaltens zu definieren. Der darin enthaltene Begriff der *Aktivität* ist gegen das «Robot»-Schema der in der 1. Hälfte des 20. Jh. dominierenden Psychologie gerichtet, d. h. gegen die ausschließliche Auffassung des Verhaltens als einer Antwort auf Umgebungsreize (stimulus-response- oder S-R-Schema), als Triebbefriedigung, Einstellung eines Gleichgewichts usf. Demgegenüber wird die aktive Komponente jeglichen Verhaltens betont, die schon beim Tier als automatische und spontane Bewegung, Spiel, Exploration, Neugier usf. vorliegt; autonome Verhaltensweisen gehen ontogenetisch und evolutionär dem reaktiven Verhalten (Reflex) voraus, wie vergleichende Beobachtungen phylo- und ontogenetischer Entwicklungsstadien [4] und neurophysiologischer Untersuchungen [5] zeigen.

Der Begriff *symbolisch* soll das spezifisch menschliche Kennzeichen angeben. Nach BERTALANFFY [6] sind symbolische Verhaltensweisen durch drei Kriterien definiert: 1. repräsentativer Charakter (das Symbol ist «Stellvertreter» eines Dinges oder einer Beziehung); 2. Tradition (das Symbol wird durch Prozesse individuellen Lernens weitergegeben, ist nicht eingeboren wie z. B. die Schemata des Instinkts); 3. Frei-Gewählt-Sein (es besteht keine von außen auferlegte Bindung z. B. zwischen Wort und Ding, wie in der bedingten Reaktion, z. B. zwischen Glockenzeichen und darauffolgender Fütterung im Pawlowschen Versuch). Während einzelne dieser drei Kriterien bei vielen tierischen Verhaltensweisen vorkommen, sind diese nach Bertalanffy zusammengenommen notwendig und auszeichnend, um symbolisches Verhalten des Menschen gegenüber untermenschlichen Verhaltensweisen abzugrenzen. Der Begriff des Symbolismus wird gegenüber anderen oft verwendeten Kennzeichen des Menschen (Sprache, Werkzeuggebrauch) darum gewählt, weil er allgemeiner ist und weitere dem Menschen eigentümliche Verhaltensweisen (z. B. Magie, bildende Kunst, Musik, Werte) umfaßt und weil wahrscheinlich die menschliche Sprache aus primitiveren symbolischen Verhaltensweisen (magische Praktiken) hervorging.

Der Begriff der s.A. zur Kennzeichnung menschlichen Verhaltens ist, wie aus obigem hervorgeht, in biologischen Überlegungen begründet. Er steht in Beziehung zu der philosophischen Untersuchung des Symbolbegriffs [7]. Während symbolische Verhaltensweisen, obwohl offenbar von grundsätzlicher Wichtigkeit für die menschliche Psychologie, lange vernachlässigt wurden (z. B. Sprache als bedingte Reaktion bei SKINNER [8] mit völliger Nichtbeachtung des Bedeutungsmoments), nimmt gegenwärtig deren experimentell- und entwicklungspsychologische Untersuchung zu [9]. Die Kennzeichnung des Menschen als «animal symbolicum» nach CASSIRER (nicht notwendigerweise mit den von BERTALANFFY vorgeschlagenen Kriterien) findet sich zunehmend in der modernen Psychologie, Ethnologie, Kulturwissenschaft und -kritik.

Anmerkungen. [1] K. LORENZ: Das sogenannte Böse (1963). – [2] R. ARDREY: The territorial imperative (New York 1966). – [3] B. F. SKINNER: The flight from the laboratory, in: Theories in contemporary psychol., hg. M. MARX (New York 1963). – [4] C. J. HERRICK: The evolution of human nature (New York 1956). – [5] E. VON HOLST: Vom Wesen der Ordnung im Zentralnervensystem. Naturwissenschaften 25 (1937) 625-631. 641-647. – [6] L. VON BERTALANFFY: On the definition of the symbol, in: Psychol. and the symbol, hg. J. R. ROYCE (New York 1965). – [7] E. CASSIRER: Philos. der symbolischen Formen 1-3 (1923-29); S. K. LANGER: Philos. in a new key (Cambridge, Mass. ²1942). – [8] B. F. SKINNER: Verbal behavior (New York 1957). – [9] J. PIAGET: The construction of reality in the child (New York 1959); H. WERNER und B. KAPLAN: Symbol formation (New York 1963).

Literaturhinweise. L. VON BERTALANFFY: Robots, men and minds (New York 1967). – L. MUMFORD: The myth of the machine (New York 1967).   L. VON BERTALANFFY

Akt/Potenz. Die einander zugeordneten und in vielfacher Bedeutung gebrauchten Begriffe von Akt und Potenz sind aristotelischen Ursprungs. In der Philosophie der Hoch- und Spätscholastik erlangten sie eine tragende Funktion. Jedoch verbergen sich unter einer recht einheitlichen Terminologie sehr verschiedene philosophische Ansätze.

I. *Terminologische Erklärungen.* – Der nächstliegenden Bedeutung nach beziehen sich ‹Akt› und ‹Potenz› auf das Tätigsein. Die wirklich vollzogene *Tätigkeit* (agere) ist der *Akt*; das dem tätigen Subjekt eignende Können (posse), sein *Vermögen* oder seine ihm innewohnende Fähigkeit zum Tun ist die *Potenz*. Den verschiedenen und zeitweilig gesetzten Akten (z. B. des Sehens) gegenüber ist mithin die Potenz (z. B. der Gesichtssinn) der eine und bleibende Ermöglichungsgrund im Tätigen selbst. Der Akt als Tätigkeit heißt in der Sprache der Scholastik ‹actus secundus›, die Potenz als das Vermögen, anderes zu verändern, ‹potentia activa›.

In einem erweiterten Verständnis besagt ‹*Akt*› sodann ganz allgemein die *Bestimmtheit*, ‹*Potenz*› die *Bestimmbarkeit* eines Seienden. Dieser Bedeutung nach fallen die Begriffe von Akt und Potenz weithin (jedoch nicht völlig) mit denen von Form und Materie im scholastischen Sinne zusammen.

Die einem Etwas zukommende Möglichkeit, daß es von einer Wirkursache her unter Verlust seiner bisherigen Form oder Bestimmtheit eine andere erhalten kann, ist seine *potentia passiva*. Die für das wesentliche Sein eines Dinges maßgebende *substantielle Form* wird, da sie zugleich letztes Prinzip des spezifischen Tätigseins (actus secundus) ist, ‹actus primus› genannt. Der substantiellen Form als Akt ist als potentia passiva die Erstmaterie (materia prima) zugeordnet.

Das Verhältnis von Akt und Potenz wird, über das von Form und Materie hinausgehend, auch auf die Unterscheidung von Sein und Wesen des Seienden übertragen. Das Sein (esse, existentia) als jene Bestimmtheit, kraft deren etwas im kontradiktorischen Gegensatz zu seinem Nichtsein wirklich ist (existiert), heißt ‹*actus entitativus*› [1].

Actus purus, d. h. Bestimmtheit oder *Aktualität* unter Ausschluß jeglicher Bestimmbarkeit oder *Potentialität*, ist nach scholastischer Lehre nur Gott, der als *reiner* Akt einzig und unendlich ist.

Akt als Tätigkeit und Akt als seinshafte Bestimmtheit eines Etwas sind in sich verschieden. Entsprechendes gilt für Potenz als Möglichkeit zum Tun und für Potenz als Möglichkeit eines Subjekts, verändert werden zu können. Die aktive Potenz gründet in der wesenhaften Bestimmtheit eines Seienden; denn etwas ist in der Weise tätig, als es wirklich ist. Dagegen wird die passive Potenz als Bestimmbarkeit gegen den Akt als Bestimmtheit unterschieden. Unbeschadet dieser Gegensätzlichkeit kommen jedoch die aktive und die passive Potenz darin überein, daß sie – obwohl nicht Wirklichkeit als Tun bzw. als Bestimmtheit – dennoch von der Möglichkeit im Sinne der Nichtwidersprüchlichkeit eines Gedankeninhalts genau zu unterscheiden sind. Als *potentia realis*, d. h. als Möglichkeit am (im) Wirklichen bzw. als der Anlage nach Wirkliches sind die aktive und die passive Potenz von der *logischen* oder *objektiven* Potenz als bloßer Denkbarkeit abzuheben [2].

Anmerkungen. [1] Diese spätscholastische Terminologie ist vorbereitet bei Duns Scotus, In Met. Arist. lib. IX, Sum. 2, cap. 1, Nr. 24. Editio Vivès 6, 330. – [2] Possibile logicum/reale: Duns Scotus, Lectura in lib. I. Sent. dist. 2, pars 2, q. 4. Editio Vaticana 16, 176.

Literaturhinweise. P. Wyser: Der Thomismus. Bibliogr. Einführungen in das Studium der Philos. 15/16 (1951) 81f. – J. B. Lotz: Ontologia (1963) 234. 249f.

II. *Historischer Überblick.* – 1. Unter Hinweis darauf, daß man nicht für alles eine Definition verlangen, sondern auch das Entsprechende zusammenschauen müsse [1], verdeutlicht Aristoteles den Sinngehalt von ἐνέργεια (*Akt*, Wirklichkeit) in Gegenüberstellungen: «Wie sich nämlich das Bauende verhält zum Baukundigen, so verhält sich auch das Wachende zum Schlafenden, das Sehende zu dem, was zwar die Augen verschließt, aber doch den Gesichtssinn hat, das aus dem Stoff Herausgearbeitete zum Stoff, das Fertige zum Unfertigen. In diesem Gegensatz soll durch das erste Glied die Energeia, durch das andere das δυνατόν (die Potenz) bezeichnet werden» [2]. Im Anschluß an diese Beispiele betont Aristoteles eigens [3], daß Energeia in einem mehrfachen Sinne ausgesagt werde: als Kinesis (Bewegung) bzw. Tätigkeit und auch als Ousia (Wesen, Form). Das weist auf eine ebenfalls vielfache Bedeutung von δύναμις (Potenz, Vermögen, Möglichkeit) zurück.

Im vierten Buch der ‹Metaphysik› entwickelt Aristoteles anläßlich der Einführung des Begriffes *Dynamis* [4] eine Fassung von ‹möglich›, die vorab zu nennen ist: «Möglich» ist alles das, dessen «Gegenteil nicht notwendig falsch ist» [5]. Diese Möglichkeit, die sich auf Aussagen bezieht und mit einer gewissen Akzentverlagerung [6] im mittelalterlichen Aristotelismus zum «possibile logicum» oder zur «possibilitas interna» wurde [7], ist für das Aristotelische Verständnis von Dynamis ausdrücklich *auszuscheiden* [8]. Gleiches gilt für den Möglichkeitsbegriff der griechischen Mathematik [9]. Da Aristoteles den biblischen Begriff der Schöpfung aus Nichts nicht kennt, ist ihm der Horizont des Möglichen nicht die Weite des göttlichen Denkens, sondern der Bereich des Seienden [10]: Alles Gewordene wird durch etwas und «aus» etwas [11]; es fordert unabdingbar ein schon wirkliches «Woraus» als Stoffgrund (causa materialis). Dieser Blickpunkt ist für den darzulegenden Begriff von Dynamis als Möglichkeit ausschlaggebend.

Als *erste* und grundlegende *Bedeutung* von ‹Dynamis› wird in einer formelhaften Wendung angegeben: «Prinzip der Veränderung in einem anderen, sofern es anders ist» [12]. Dynamis meint also in einem traditionellen Sinne [13] die «Kraft» (virtus) oder das «Vermögen», wodurch z. B. ein Mensch in der Lage ist, etwas tun zu können; sie ist mit andern Worten der Wirkgrund im Tätigen selbst. Das wird vollends ersichtlich in einer eigens genannten engeren Fassung, wonach ‹Dynamis› besagt: «etwas gut oder dem Vorhaben gemäß zu bewerkstelligen»; denn manchmal sagen wir von denen, die zwar gehen oder sprechen können, aber nicht recht oder dem eigenen Vorhaben gemäß, sie seien unvermögend zu reden oder zu gehen» [14]. Die Dynamis als ein Vermögen ist zwar nicht die wirkliche Tat, auf die hin sie ein Vermögen ist. Mit ihr ist das Tun wie eine noch ausstehende Möglichkeit verbunden. Trotzdem wäre das in diesem Kontext mit ‹Dynamis› Gemeinte in seinem Sinngehalt verfälscht, wenn das Wort schlechthin mit ‹Möglichkeit› wiedergegeben würde.

Einer *zweiten* Bedeutung nach besagt ‹Dynamis› sodann das «Prinzip der Veränderung von einem anderen, sofern es ein anderes ist» [15]; sie ist ein Prinzip des Erleidens [16], sei es in beliebiger Weise, sei es auf eine Vervollkommnung hin [17]. Sie mag sogar jene Disposition eines Dinges bezeichnen, wonach es vergänglich ist [18].

Dieser zweite Begriff von Dynamis ist vom erstgenannten sorgsam zu unterscheiden. Als Prinzip des Erleidens hat Dynamis den Sinn von ‹Kraft› bzw. ‹Vermögen› völlig verloren. Sie ist vom Wirkgrund als dem aktiven Prinzip gelöst und gleichsam auf die andere Seite, die des Stoffgrundes (causa materialis) der Seinskonstitution [19] übertragen worden. Das δυνάμει ὄν ist das im Werdeprozeß als ὕλη (Materie) zu Verändernde. ‹Dynamis› meint jetzt die einem Stoff (Material) innewohnende «Möglichkeit» im Hinblick auf die «Wirklichkeit» dessen, was «aus» diesem durch das Wirken eines Tätigen gestaltbar ist [20].

Dynamis und Energeia sind etwas Verschiedenes [21]. Als Vermögen ist die Dynamis nicht das Tun, als Möglichkeit zu anderer Bestimmtheit ist sie nicht diese Bestimmtheit. Unbeschadet einer solchen verhältnishaften (analogen) Übereinstimmung als etwas bloß der Anlage nach Seiendes sind Dynamis als Vermögen und als Möglichkeit geradezu gegensätzlich. Als Vermögen ist sie das, was von sich aus zu dem übergehen kann, was sie vermag. Dagegen ist die Dynamis als Möglichkeit etwas, das von sich her keinerlei Kraft der Selbstverwirklichung besitzt, sondern sie ist in ihrer Passivität ganz auf eine entsprechende Aktivität angewiesen [22]. Aus sich kann sie nicht von einem Zustand in einen anderen übergehen. Ferner ruft die Dynamis als Vermögen dann, wenn sie ins Wirken als die ihr gemäße Energeia übertritt, eine Veränderung in einem anderen hervor. Dagegen wird anläßlich der Verwirklichung der Dynamis als einer Möglichkeit diese selbst durch die Aufhebung in die entsprechende Energeia verändert.

Im Unterschied zu einem bereits vorliegenden Begriff von ‹Vermögen› tritt ein abgeklärter philosophischer Begriff von ‹Möglichkeit› erst bei Aristoteles auf [23]. Dieser ergab sich bei ihm angesichts der *Aporie des Werdens*. Dementsprechend ist er eng mit dem Problem des *Nichtseins* verknüpft; denn im Werdeprozeß kann nur das ins Sein gelangen, was noch nicht ist. Wenn nun Sein eigentlich Wirklichsein ist, so ist Möglichsein als Nichtwirklichsein ohnehin eine Art des Nichtseins: «Von den Nichtseienden sind einige Möglichseiende; sie sind aber nicht, weil sie nicht wirklich sind» [24]. Dennoch ist das Nichtsein des Möglichseienden durchaus von der völligen Bestimmungslosigkeit des Nichts verschieden.

Im Werdeprozeß ist immer nur ein in sich schon bestimmtes Etwas auch ein «Mögliches» auf anderes «Wirkliche» hin. Das Erz ist als Erz in Möglichkeit zu einem Standbild [25]. Die Dynamis als bloße Möglichkeit (und damit als ein Nichtseiendes) wird gleichsam von Wirklichem Erz getragen: Aus dem Rohmaterial Erz kann ein Standbild gemacht werden; im Hinblick auf dieses hat es die Möglichkeit, die jedoch insofern ein «Nichtseiendes» ist, als das Rohmaterial nicht das Standbild ist. Die Dynamis als Möglichkeit findet sich mithin «an» oder «in» Wirklichem. Sie ist ferner nicht Möglichkeit auf Beliebiges, vielmehr auf bestimmte und ihr gemäße Wirklichkeit hin. Endlich wird die (dem Material innewohnende) Möglichkeit nur von einem anderen Wirklichen als dem Tätigen her verwirklicht: «Denn immer wird aus dem Möglichen das Wirkliche durch etwas Wirkliches, wie z. B. der Mensch durch einen Menschen, der Gebildete durch einen Gebildeten, indem immer etwas als Erstes bewegt; das Bewegende ist aber schon wirklich» [26]. Die Dynamis als Möglichkeit ist zwar Nichtwirklichkeit und damit Nichtseiendes; aber sie tritt nur in einem festen Wirklichkeitszusammenhang auf, dessen Seinsbestand ein entsprechendes «Woraus» und «Wodurch» mitumfaßt und dessen Gesamtstruktur in bestimmte Richtungen der Verwirklichung weist [27].

Die Möglichkeit wäre weiterhin nicht Möglichkeit, wenn sie nicht für Entgegengesetztes offen wäre. Was nur sein *kann*, kann eben dadurch auch nicht sein: «Jedes δυνατόν kann auch nicht zur entsprechenden Energeia gelangen. Das δυνατόν kann also sowohl sein als auch nicht sein. Ein und dasselbe ist also Sein-können und Nichtsein-können» [28]. Bei dem, was als Seinkönnendes immer zugleich Nichtseinkönnendes ist, muß daher auch mit tatsächlichem Nichtsein gerechnet werden [29]. Diese Mittelstellung des Möglichen ist in der Hyle verankert [30], deren Indifferenz bei der Verwirklichung aufgehoben wird: «Die Möglichkeit zu Entgegengesetztem besteht zugleich. Das Entgegengesetzte selbst aber kann nicht zugleich bestehen» [31]. Wie aber die Hyle vor der Verwirklichung der Grund für gleichzeitiges Seinkönnen und Nichtseinkönnen war, so ist sie nach der Verwirklichung auch der Grund für eine Instabilität des Seins: «Es ist unmöglich, daß etwas, was einmal nicht war, später ewig ist. Denn es wird auch später die Möglichkeit des Nichtseins haben» [32]. Das Mögliche bedurfte eines *anderen* Wirklichen, um ins Sein zu kommen. Aber als Wirkliches vermag es sich nicht im Sein zu halten. Die Möglichkeit bestimmt innerlich die Seinsart des Gewordenen im Unterschied zum Ewigen, das nicht nicht sein kann.

Die Beziehung der Dynamis-Energeia-Lehre auf die Problematik von ὕλη (Stoff) und μορφή (Form) war für diese von weittragender Bedeutung. Sie gestattete einmal eine vertiefte Erfassung des Wesens der Hyle und außerdem eine Zuordnung verschiedener Prinzipien im Seienden selbst, so daß die alte Methexisaporie ausgeschlossen werden konnte [33]: In der ersten Substanz ist die Hyle nichts als reine, völlig bestimmungslose Offenheit oder Bestimmbarkeit [34] gegenüber dem das wesentliche Sein bestimmenden Aktprinzip (Entelechie). Im Werden ein und desselben Seienden hat zwar ganz allgemein die Dynamis eine zeitliche Priorität [35]; schlechthin ist jedoch die Energeia das «Frühere», dem Begriff, dem Wesen und der Zeit nach [36]. Dieser Vorrang der Energeia gegenüber der Dynamis ermöglichte es Aristoteles, das Göttliche als «reine Energeia» zu begreifen [37].

Anmerkungen. [1] ARISTOTELES, Met. IX, 6, 1048 a 35ff. – [2] 1048 a 37-b 5. – [3] 1048 a 6ff. – [4] V, 12. – [5] V, 12, 1019 b 28ff. – [6] J. STALLMACH (vgl. Lit. 1959) 15. – [7] a. a. O. 18ff. – [8] ARIST., Met. V, 12, 1019 b 34f. – [9] 1019 b 34; IX, 1, 1046 a 17. – [10] STALLMACH (Lit. 1959) 35. – [11] Vgl. ARIST., Met. IX, 8, 1049 b 28. – [12] 1019 a 15f. 18f.; 1020 a 1f.; 1046 a 11; 1049 b 6ff. – [13] Zur Wortgesch. von ‹Dynamis› STALLMACH (Lit. 1959) 21ff. – [14] ARIST., Met. V, 12, 1019 a 23ff. – [15] IX, 1, 1046 a 21; IX, 1, 1046 a 12f. – [17] 1019 a 22. – [18] 1019 b 3ff. – [19] V, 2, 1013 a 24. – [20] Vgl. die Beispiele IX, 7, 1049 a 23ff.; XI, 9, 1065 b 24. – [21] IX, 3, 1047 a 18. – [22] IX, 1, 3, 984 a 21ff.; XII, 6, 1071 b 29ff.; vgl. [23] A. FAUST (vgl. Lit. 1931) 67; STALLMACH (Lit. 1959) 40ff. – [24] ARIST., Met. IX, 3, 1047 b 1f. – [25] XI, 9, 1065 b 24. – [26] IX, 8, 1049 b 24ff.; vgl. XII, 6, 1071 b 28ff. – [27] Vgl. STALLMACH (Lit. 1959) 112. – [28] ARIST., Met. IX, 8, 1050 b 12ff.; vgl. IX, 5, 1051 a 6-17. – [29] IX, 6, 1071 b 19. – [30] VII, 7, 1032 a 20ff.; VII, 15, 1039 b 29f. – [31] IX, 9, 1051 a 10ff. – [32] De caelo I, 283 b 7ff.; dieser Ansatz ist die Grundlage des Gottesbeweises der «tertia via» bei THOMAS v. AQUIN, S. theol. I, 2, 3. – [33] STALLMACH (Lit. 1959) 35ff. – [34] Vgl. die Definition ARIST., Met. VII, 3, 1029 a 20ff.; zur Thematik G. MAUSER: Das Wesen des Thomismus (Fribourg ³1949) 626-636. – [35] ARIST., Met. IX, 8, 1049 b 19ff. – [36] 1049 b 10ff.; dazu das ganze Kap. 8. – [37] XII, 7, 1072 a 25.

Literaturhinweise. A. FAUST: Der Möglichkeitsgedanke 1 (1931) 67-204. – J. STALLMACH: Dynamis und Energeia (1959); Vertritt Aristoteles Met. IX, 5 selbst den megarischen Möglichkeitsbegriff? Arch. Gesch. Philos. 47 (1965) 190-205. – K. BÄRTHLEIN: Über das Verhältnis des Aristoteles zur Dynamislehre der griech. Mathematiker. Rhein. Mus. Philol. 108 (1965) 35-61.

2. Die aristotelischen Begriffe Dynamis und Energeia bzw. Hyle und Eidos wurden von PLOTIN übernommen, vom Ansatz seines Philosophierens her jedoch umgebildet [1]. Die sinnfälligen Einzeldinge, die dem Werden und Vergehen unterstehen, sind zusammengesetzt: Sie bestehen aus Eidos und aufnehmender Hyle [2]. Mit großer Gedankenschärfe stellt Plotin auch die völlige Bestimmungslosigkeit der allen Sinnendingen zugrunde liegenden ersten Hyle heraus [3]. Im Unterschied zu Aristoteles setzt er indessen deren Wesen in die Steresis (Privation) selbst [4], so daß sie nicht mehr in Verbindung mit dem Eidos (als Akt) eine das Einzelding als solches überhaupt erst konstituierende Möglichkeit ist [5]. Noch augenfälliger ist wenigstens terminologisch die Wandlung, wenn Plotin das *Eine* als Dynamis charakterisiert [6]. Zwar ist die Dynamis des ersten Ursprungs als dessen unbegrenzte Macht zu fassen, aber es schwingt auch der Gesichtspunkt mit, daß das Hervorgebrachte im Unterschied zur reinen Potenz des Einen Verwirklichung ist [7]. Das Verhältnis der *Seele* zu ihren vielen Kräften [8] ergibt sich daraus, daß sie als Abbild des Einen in jenen allerwärts gegenwärtig und als Ganzes in ihnen tätig ist [9]. Die Seele wird mit anderen Worten nicht von ihren Potenzen unterschieden [10].

Anmerkungen. [1] Vgl. A. FAUST (vgl. Lit. 1931) 342. 352f. 454. – [2] PLOTIN, Enn. II, 4, 6. – [3] II, 4, 8-12; II, 5, 4. – [4] II, 4, 16. – [5] Vgl. FAUST (Lit. 1931) 435. 417. – [6] PLOTIN, Enn. V, 3, 15; V, 4, 2; III, 8, 9f. – [7] H. J. KRÄMER (vgl. Lit. 1964) 340. – [8] PLOTIN, Enn. I, 8, 14; VI, 9, 1. – [9] IV, 3, 3. – [10] Vgl. F. L. R. SASSEN: De theoria cognitionis Plotini (Sittard 1916) 75ff.

Literaturhinweise. A. FAUST: Der Möglichkeitsgedanke 1 (1931) 300-460. – H. J. KRÄMER: Der Ursprung der Geistmet. (Amsterdam 1964).

3. Von den *arabischen* und *jüdischen* Philosophen des Mittelalters wurde auch die aristotelische Lehre von Dynamis und Energeia weitergeführt. Für AVICENNA erklärte (abgesehen von dem ursprünglichen Problem des Werdens) die Konstitution der ersten Substanz aus den zwei im Akt-Potenz-Verhältnis stehenden Prinzipien Form und Materie auch die Frage nach Einheit und Vielheit der Individuen innerhalb einer Art (species) [1]. Die das wesentliche Sein bestimmende Form ist als

solche einfach und einzig [2]. Da diese Form jedoch nur in der Materie bestehen kann, welche wiederum als aufnehmendes, potentielles Prinzip zugleich den Akt der Form begrenzt [3], besitzt das aus den beiden Prinzipien konstituierte Individuum niemals die ganze Fülle des Wesensgehaltes der Art. Die Materie ist somit als Potenz der Grund für die Vervielfältigung der von sich her einzigen Form, so daß innerhalb einer Art viele und bloß numerisch verschiedene Individuen sein können. Nach THOMAS VON AQUIN, der diesen Ansatz Avicennas aufgriff, sind folglich die reinen Geister (intelligentiae), die als von jeglicher Materie gelösten, für sich bestehende Formen (substantiae separatae) begriffen werden, voneinander wie eine Art (species) von einer anderen verschieden [4]. Ferner legte sich aus dem Schrifttum des Aristoteles eine Differenzierung der Dynamis als Vermögen nahe. In seiner ‹Metaphysik› unterscheidet er vernunftlose und vernünftige Vermögen [5] einerseits, angeborene und erworbene andererseits [6]. Diese Hinweise mußten mit Andeutungen über die Potenzen der Seele [7], mit der Differenzierung von Affekten, Vermögen und Habitus [8] sowie der Unterscheidung von Habitus und natürlichem Vermögen [9] in Einklang gebracht werden. Für die Klassifizierung der grundlegenden «potentiae animae», die im Gegensatz zu den (im Regelfalle) erst durch Übung erworbenen Habitus bei der Natur eines Lebewesens (z. B. des Menschen) als Möglichkeiten zu einem entsprechenden Tätigsein (z. B. als Mensch) vorgegeben sind, haben die Araber Bedeutendes geleistet [10]. Wenn sie durchweg die Potenzen im Verhältnis zur Seele als deren Akzidentien (Qualitäten) bestimmten, so empfinden sie in dieser Position kein weiteres Problem. Die Lehre von den habitus entfaltete vor allem THOMAS VON AQUIN [11].

Anmerkungen. [1] Vgl. zum Folgenden: W. KLEINE: Die Substanzlehre Avicennas bei Thomas von Aquin (1933) 49-59. – [2] Zur Einzigkeit der Form als solcher THOMAS VON AQUIN, S. contra gent. I, 43 (360); I, 28 (260); in: De Div. nominibus cap. 5, lect. 1 (629). – [3] Vgl. Compend. theol. cap. 18. – [4] De ente et essentia cap. 5; S. contra gent. II, 93. – [5] ARISTOTELES, Met. IX, 2, 1046 a 36ff. – [6] IX, 5. – [7] De anima II, 2, 413 a 25-b 16. – [8] Eth. Nic. II, 4, 1105 b 20ff. – [9] De cat. cap. 8. – [10] P. KÜNZLE: Das Verhältnis der Seele zu ihren Potenzen (Fribourg 1956) 99ff., dort weitere Lit. – [11] THOMAS, S. theol. I/II, 9, 49ff.

4. Die *Frühscholastiker* kannten aus dem Corpus Aristotelicum außer einigen anderen logischen Schriften das Kategorienbuch mit seiner Substanz-Akzidens-Lehre. Der Begriff der ‹potentia animae› war ihnen hingegen aus AUGUSTINS Schriften vertraut [1]. Ferner wurde allgemein akzeptiert, daß die körperlichen Substanzen aus Form und Materie bestünden. Doch standen diese beiden letzteren Begriffe wenigstens nicht ausdrücklich in einer Beziehung zur Akt-Potenz-Lehre; sie waren auch sehr wenig abgeklärt [2]. Vielen galt die «materia informis» als eine Mischung der vier Elemente [3]. Eine Diskussion entzündete sich hinsichtlich des Verhältnisses der *Seele* zu ihren Potenzen. In dieser Frage traten die meisten Frühscholastiker für eine Identifikation ein [4]: Eine und dieselbe Substanz ist als das den Körper belebende Prinzip «Seele», als wahrnehmendes Prinzip «Sinn», als erinnerndes «Gedächtnis», so daß in verschiedenen wesenseigentümlichen Kräften nur ein einziges Wesen besteht [5]. Für diese in Einzelheiten nuanciert vorgetragene Lehre wurde als Autorität AUGUSTINUS mit einzelnen, aus dem Zusammenhang gelösten Sentenzen zitiert. Doch stehen bei dem Kirchenvater selbst, aus dessen Schriften man Antworten zu Fragen suchte, die er nicht gestellt hatte [6], in dieser Hinsicht Aussagen gegen Aussagen [7]. Ferner wurden ihm aus anderen Quellen stammende Doktrinen zugeschrieben [8].

Unabhängig von Autoritätsargumenten legte sich eine Identifikation der Potenzen mit der Seele, welche damit zugleich als unmittelbares Seins- und Tätigkeitsprinzip gefaßt wurde, aus folgendem Grunde nahe: Die Seele kann ohne ihre Kräfte nicht das sein, was sie ist; sie läßt sich ohne ihre Potenzen nicht als Seele begreifen.

Anmerkungen. [1] AUGUSTINUS, De libero arbitrio II, 19, 5. MPL 32, 1268; De trin. XIV, 7, 10. MPL 42, 1044. – [2] «Form» z. B. als Komplex von Eigenschaften vgl. M. BAUMGARTNER: Die Philos. des Alanus de Insulis (1896) 56; zum Begriff ‹materia› bei Augustinus vgl. J.N.ESPENBERGER: Die Philos. des Petrus Lombardus (1901) 52f. – [3] ESPENBERGER, a. a. O. 53. – [4] P. KÜNZLE: Das Verhältnis der Seele zu ihren Potenzen, (Fribourg 1956) 43-96. – [5] Vgl. PSEUDO-AUGUSTINUS, De spiritu et anima, cap. 13. MPL 40, 788f. – [6] KÜNZLE, a. a. O. [4] 30. – [7] a. a. O. 24-29. – [8] Die pseudo-augustinische Schrift ‹De spiritu et anima› enthält entscheidende Texte, die u. a. aus ISIDOR VON SEVILLA übernommen wurden; vgl. KÜNZLE, a. a. O. [4] 38. 66-72.

5. Wie kein anderer der Hochscholastiker machte sich THOMAS VON AQUINO die aristotelische Akt-Potenz-Lehre zu eigen [1]. Anläßlich der Frage nach der Allmacht Gottes [2] weist er darauf hin, daß die *aktive Potenz* im Akt als der Wirklichkeit bzw. Vollkommenheit eines Seienden gründe; denn ein jedes ist in der Weise tätig, als es selbst wirklich oder aktuell ist [3]. Somit kommt Gott als dem reinen Akt auch im höchsten Maße die aktive Potenz als unendliche Macht zu [4].

Passive Potenz ist für Thomas zunächst die Materie in ihrem Verhältnis zur Form, vornehmlich jedoch die Erstmaterie (materia prima), deren völlige Bestimmungslosigkeit [5] (und damit ihren Charakter als eines bloß konstituierenden Momentes der Substanz) er im Unterschied zu anderen Scholastikern vertritt [6]. Doch wird der Begriff der passiven Potenz von ihm noch in einem grundlegend anderen Sinne gebraucht, der dem von Materie geradezu entgegengesetzt ist: Eine bei ARISTOTELES gelegentlich angedeutete [7], in der scholastischen Terminologie als «actio transiens» und «actio immanens» bezeichnete Differenz [8] machte für Thomas die Lösung des Vermögensbegriffes von dem des gestaltenden Wirkens notwendig. Der Intellekt ist zwar ein «Vermögen», aber die ihm zugeordnete Tätigkeit des Erkennens ist zunächst einmal sich selbst Zweck, ohne daß sie auf ein nach außen gerichtetes Handeln bezogen sein müßte. Nun ist weiterhin der menschliche Intellekt (im Unterschied zum göttlichen) von sich aus zu Anbeginn wie eine «Schreibtafel, auf der nichts in Wirklichkeit geschrieben ist» [9]; zur wirklichen Erkenntnis muß er vom Intelligiblen her bestimmt werden, und unter diesem Gesichtspunkt ist er eine «potentia passiva» [10]. Trotzdem steht der «mögliche Intellekt» (intellectus possibilis) als eine «potentia passiva» im Gegensatz zur Werdemöglichkeit der Materie; denn die Gelöstheit von der Materie bzw. die Immaterialität ist gerade der Grund des Erkennens [11].

Aus der scholastischen Tradition war Thomas die Frage nach dem Verhältnis der *Seele* zu ihren Potenzen aufgegeben. Er hat dieses Thema mehrfach behandelt [12] und stets dahingehend argumentiert, daß die Vermögen als Akzidentien (Qualitäten) von der Seele als solcher zu unterscheiden seien [13]. Maßgebend war dabei aus der Akt-Potenz-Lehre, daß die Geistseele des Menschen als einziges Aktprinzip (Form) nicht zugleich unmittelbares Tätigkeitsprinzip hinsichtlich in sich verschiedener Akte sein könne [14]. Eine außerordentliche Verschärfung erfuhr das Problem für Thomas jedoch dadurch, daß er weder für die Geistseele [15] noch für die geschaffenen reinen Geister (intelligentiae) [16] eine Zusammensetzung aus (intelligibler) Materie und Form anerkannte, wie es im Anschluß an Avencebrol (Ibn Gabirol) viele seiner Zeitgenossen lehrten. Nach dem Axiom des BOETHIUS [17] kann aber eine Form als solche kein Subjekt von Akzidentien sein [18]. Die Lösung dieser Schwierigkeit ergab sich für Thomas damit, daß er über den aristotelischen Ansatz hinausging, indem er den Begriff des *Aktes* von dem der Form trennte: Im Verhältnis zu den Formen ist das Sein (esse) nach Art eines Aktes oder als Aktualität zu fassen [19]. Somit tragen im Hinblick auf den Seinsakt auch die für sich bestehenden Formen (intelligentiae) noch eine Potentialität in sich [20], durch die sie von Gott unterschieden sind und die es erklärt, daß ein endlicher (geschaffener) reiner Geist Verstand und Wille als Potenzen akzidenteller Natur haben kann [21]. Nur in Gott, der als das für sich bestehende Sein (ipsum esse subsistens) reiner Akt ist, kann es keinerlei Akzidentien [22] und gleichfalls keinen Unterschied von Sein und Tun geben [23].

Die Einbeziehung der Akt-Potenz-Lehre in seine Metaphysik des Seins kennzeichnete die originelle, eigenständige Leistung des Thomas von Aquin.

Anmerkungen. [1] Vgl. dazu: G. MANSER (vgl. Lit. 1949). – [2] THOMAS VON AQUIN, S. theol. I, 25, 1; S. contra gent. II, 7; De pot. 1, 1. – [3] S. theol. I, 25, 1 ad 1. – [4] I, 25, 2. – [5] I, 45, 2 ad 2; I, 66, 1 ad 3; S. contra gent. I, 17 (140 d). – [6] Vgl. MANSER (Lit. 1949) 636-644. – [7] ARISTOTELES, Met. IX, 8, 1050 a 23ff. – [8] THOMAS, S. theol. I, 18, 3 ad 1; I, 23, 2 ad 1 u. ö. – [9] ARIST., De anima III, 4, 430 a 1. – [10] THOMAS, S. theol. I, 79, 2: Alle Erkenntnis- und Strebevermögen (vis appetitiva) sind «passive Potenzen», vgl. zu letzterem De verit. 26, 3; S. theol. I/II, 22 ad 2. – [11] S. theol. I, 16, 1; S. contra gent. I, 44; vgl. ARIST., De anima III, 4, 429 a 10-430 a 9; zu Avicenna vgl. W. KLEINE: Die Substanzlehre Avicennas bei Thomas von Aquin (1933) 150ff. – [12] THOMAS, Sent. I, d. 3, q. 4, a. 2; Quodlib. X, q. 3, a. 1; De spirit. creat., a 11; Q. disp. De anima, a. 12; S. theol. I, 54, 1-7; I, 77,1. – [13] Vgl. P. KÜNZLE (Lit. 1956) 171-218. – [14] THOMAS, Q. disp. De anima, a. 12. – [15] S. theol. I, 75, 5; S. contra gent. II, 50; Q. disp. De anima, a. 6. – [16] S. theol. I, 50, 2; De spirit. creat. a. 1; De ente et ess. cap. 5. – [17] BOETHIUS, De Trin. c. 2. MPL 64, 1250 d. – [18] THOMAS, Q. disp. De anima, a. 12; objectio 16. – [19] De pot. 7, 2 ad 9; S. theol. I, 3, 4; I, 4 ad 1 und 3. – [20] De ente et ess. cap. 5; S. contra gent. II, 52f. – [21] Q. disp. De anima, a. 12. ad 16; De pot. 7, 4; S. theol. I, 54, 3 ad 2. – [22] S. contra gent. I, 23; De pot. 7, 4; S. theol. I, 3, 6. – [23] S. theol. I, 54, 1.

Literaturhinweise. – *Textzusammenstellung* nach systematischen Gesichtspunkten: COSMAS ALAMANNUS: Summa Philosophiae, Tom. III, sect. VI. Metaphysica, q. 27ff. (Neudruck: Paris 1894) 301-320. – *Darstellungen.* – G. MANSER: Das Wesen des Thomismus (Fribourg ³1949). – P. WYSER: Thomas von Aquin. Bibliogr. Einführungen in das Studium d. Philos. 13/14 (1950) 56f. – P. KÜNZLE: Das Verhältnis der Seele zu ihren Potenzen (Fribourg 1956).

6. Die aristotelische Akt-Potenz-Lehre ist unter den beiden Gesichtspunkten, daß sie 1. das vielfältige, transitorische Tun aus einheitlichen, bleibenden Ermöglichungsgründen im Tätigen selbst (potentia als «Vermögen») und 2. das Werden und Vergehen der Dinge [1] (potentia als «Materie» oder Werdemöglichkeit) erklären soll, von JOHANNES DUNS SCOTUS akzeptiert worden. In der Durchführung der Doktrin ist er jedoch sehr eigenständig.

Zunächst lehnt er eine reale Unterscheidung der Vermögen von der *Seele* als deren Akzidentien ab [2], da es nicht notwendig sei, für eine wirkliche Vielheit in der Wirkung eine entsprechende reale Mehrheit in der Ursache selbst zu fordern [3]. Die Geistseele des Menschen enthält vielmehr «unitive», d. h. in der realen Einheit eines Seienden, den Intellekt und Willen als formal verschiedene Potenzen. Wie sehr diese aktuelle Einheit bei formaler Verschiedenheit von der Grundkonzeption scotischer Metaphysik bestimmt ist, zeigt ein gelegentlicher Vergleich: Wie das Seiende (ens) einigend die Transzendentalien (Einheit, Wahrheit ...) enthält, so enthält ähnlich die Seele «unitive» ihre Potenzen, obwohl diese formal verschieden sind [4].

Anläßlich der Erörterung des Materiebegriffs trennt Scotus die Begriffe von Akt und Form, aber in einem ganz und gar anderen Sinne als Thomas [5], dessen Metaphysik des Seins er ablehnte [6]. Zwar sind die substanziellen Formen «actus simpliciter», jedoch ist die Materie «eine positive Seinsheit außerhalb des Intellekts und ihrer Ursache» [7] und als solche kann sie ebenfalls «Akt» genannt werden [8].

Nach Scotus ist *Gott* reiner Akt. Aber der prinzipielle Unterschied zwischen Gott und dem endlichen Seienden wird von ihm nicht aus der Perspektive der Akt-Potenz-Lehre bestimmt. Keine Kreatur ist vollkommen einfach, weil sie entweder zusammengesetzt (composita) oder geeignet ist, mit anderen eine Zusammensetzung einzugehen (componibilis) [9]. Dagegen ist Gott als der Unendliche allein wesentlich einfach [10].

Anmerkungen. [1] E. GILSON: Johannes Duns Scotus, dtsch. W. DETTLOFF (1959) 449ff. – [2] a. a. O. 515-528. – [3] DUNS SCOTUS, Op. Oxon. II d 16, q. un. Editio Quaracchi II, 581, Nr. 635. – [4] a. a. O. II, 582, Nr. 637 c. – [5] GILSON, a. a. O. [1] 457. – [6] a. a. O. 360ff. 392ff. – [7] DUNS SCOTUS, Op. Oxon. II, d 12, q. 1. II, 505, Nr. 556. – [8] a. a. O. II, 511, Nr. 561 d. – [9] Op. Oxon. I d. 8, q. 2. I, 586, Nr. 613. – [10] GILSON, a. a. O. [1] 241ff.

7. FRANCISCUS SUÁREZ bietet überaus differenzierte Einteilungen der Potenz [1] und des Aktes [2]. Aus letzterer möge zur Kennzeichnung seiner Lehre dienen die Unterscheidung des «actus respectivus», der im Gegensatz zum «actus absolutus» anderes aktuiert, in einen «physischen und formalen» (Form im Verhältnis zur Materie) einerseits und einen «metaphysischen» andererseits [3]. Ein solcher «metaphysischer» Akt ist neben der «differentia specifica» vor allem die «existentia» [4], die deshalb nicht der Sache, sondern nur dem Begriff nach ein «Akt» genannt wird [5].

Eine eigentliche (realis et physica) [6] und nicht bloß begriffliche Konstitution aus Akt und Potenz gesteht Suárez jedoch den körperlichen Substanzen zu, die aus substanzieller Form und Erstmaterie bestehen. In Beziehung auf Gott als erste Wirkursache [7] und in ihrer Hinordnung auf die Form [8] ist die Materie reine Potenz. Wird sie aber an sich und in sich [9] betrachtet, so besitzt sie einen eigenen «actus existentiae» [10]. Von der Form unterscheidet sie sich wie eine Sache von einer anderen (res a re) [11]. Der Suárezianische Begriff einer Erstmaterie, die im Wandel der Formen ein von diesen verschiedenes «proprium esse existentiae» behält [12], dürfte bei aller Wahrung aristotelischer Schulterminologie von dem genuinen Ansatz des Aristoteles, die Hyle als ein bloßes Prinzip der ersten Substanz zu denken, sehr weit entfernt sein [13].

Anmerkungen. [1] SUÁREZ, Disp. Met. 42, sect. 3, Nr. 9f. – [2] 13, sect. 5, Nr. 8. – [3] a. a. O.; die Distinktion findet sich bereits bei DUNS SCOTUS, In Met. Arist., lib. IX, Sum. 2, c. 1, Nr. 24. Editio Vivès, VI, 330. – [4] SUÁREZ, Disp. Met. 13, sect. 5, Nr. 8. – [5] 31, sect. 11, Nr. 22; vgl. dazu die Bestimmung des Verhältnisses von Essentia und Existentia: 31, sect. 13, Nr. 9. – [6] 13, sect. 4, Nr. 5. – [7] 13, sect. 4, Nr. 15. – [8] 13, sect. 5, Nr. 4. – [9] 13, sect. 4, Nr. 13. – [10] 13, sect. 5, Nr. 9. – [11] 13, sect. 4, Nr. 5. – [12] 13, sect. 4, Nr. 13. – [13] L. MAHIEU (vgl. Lit. 1921) 282.

Literaturhinweise. L. MAHIEU: François Suárez, sa philos. et les rapports qu'elle a avec sa théol. (Paris 1921). – L. FUETSCHER: Akt und Potenz (1933).

D. SCHLÜTER

Aktpsychologie. Der Begriff A. führt seinem Sinngehalt nach auf BRENTANOS Unterscheidung der psychischen und der physischen Phänomene zurück. Psychische Phänomene sind demgemäß Akte, die in sich Beziehung auf etwas als ihren Gegenstand, also intentionalen Charakter haben [1]. Alle psychologischen Theorien des ausgehenden 19. und frühen 20. Jh., die im Anschluß an Brentano das Wesen des Psychischen durch die Momente von Akt (Funktion) und Inhalt (Gegenstand, Erscheinung) konstituiert sahen, können unter einem bestimmten Aspekt als A. charakterisiert werden [2]. Auch der zweite Teil der logischen Untersuchungen HUSSERLS läßt sich als «deskriptive Psychologie intentionaler Akte» verstehen [3]. Als zentraler Terminus zur Kennzeichnung seiner Psychologie des Geistes, dergemäß sich das Leben des Geistes im Unterschied zu den Zuständen und Vorstellungen der Seele in Akten vollzieht, wird der Begriff ‹A.› von O. VON DER PFORDTEN eingeführt [4]. In einem weiteren Sinn läßt sich der Terminus ‹A.› auch zur Charakterisierung von personalistisch orientierten psychologischen Theorien verwenden, in denen der Begriff des Aktes als eines einzelnen Momentes des einen sinnvollen Zweckzusammenhang bildenden Weltlebens oder als eines geistigen wertstiftenden, sinngebenden Lebensvollzuges – im Unterschied etwa zu vitalen Lebensvorgängen oder rezeptiven sinnerfüllenden Erlebnissen – eine wichtige Rolle spielt [5].

Anmerkungen. [1] F. BRENTANO: Psychol. vom empirischen Standpunkt 1 (1874), hg. O. KRAUS (1955) 109ff. 124ff. 142. – [2] Vgl. A. HÖFLER: Psychologie (Wien/Prag 1897); C. STUMPF: Erscheinungen und psychische Funktionen. Abh. königl.-preuß. Akad. Wiss. philol.-hist. Kl. IV (1906); Empfindung und Vorstellung. Einzel-A. aus den königl.-preuß. Abh. Wiss., philol. hist. Kl. 1 (1918); A. MEINONG: Über emotionale Präsentation. Sber. kaiserl. Akad. Wiss., philos.-hist. Kl. 183/2. Abh. (Wien 1917); Über Annahmen (³1928) 338ff.; S. WITASEK: Grundlinien der Psychol. (1908); M. PALAGYI: Naturphilos. Vorles. über die Grundprobleme des Bewußtseins und des Lebens (1907); J. K. KREIBIG: Die intellektuellen Funktionen. Untersuchungen über Grundfragen der Logik, Psychol. und Erkenntnistheorie (1909). – [3] E. HUSSERL: Logische Untersuchungen 2/1 (⁵1968) 343ff.; vgl. zu dieser Verwendung des Begriffs N. BISCHOF: Erkenntnistheoretische Grundlagenprobleme der Wahrnehmungspsychol., in: Handb. Psychol., hg. W. METZGER 1 (1966) 1. – [4] O. Frh. VON DER PFORDTEN: Psychol. des Geistes (1912). – [5] Vgl. E. SPRANGER: Lebensformen. Geisteswiss. Psychol. und Ethik der Persönlichkeit (⁵1925); W. STERN: Allg. Psychol. auf personalistischer Grundlage (Den Haag ²1950); Person und Sache. System der philos. Weltanschauung 2: Die menschliche Persönlichkeit (1918).
P. JANSSEN

Aktualgenese. Neben der Stammesentwicklung (Phylogenese) und der Entwicklung einzelner Lebewesen (Ontogenese) auch das aktuelle Bewußtsein in seinen Wahrnehmungen, Gedanken, Motiven, Entschlüssen genetisch zu betrachten, war eine Forderung der «genetischen Ganzheitspsychologie». Sie wurde realisiert von F. SANDER mit seiner Konzeption der A. als dem «aktuellen Entstehen einer Gestalt an irgendeinem Zeitpunkt des entwickelten Bewußtseins» [1]. Ausgehend von Erfahrungen bei der Darbietung monotoner Klopfgeräusche, die oft sprunghaft in rhythmisch gegliederte Sukzessivgestalten übergehen, ohne daß auf der Reizseite Änderungen stattfinden, untersuchte Sander derartige «Gestaltwerdeprozesse» auch in anderen Modalitäten. Da jedoch die Entstehung von Gestalten «in einem überschaubaren Erlebniszusammenhang» (Sander) in natürlichen Situationen relativ selten der (Selbst-)Beobachtung offen steht, bedarf es, besonders für die visuelle Wahrnehmung, eigener experimenteller Techniken, um A. sichtbar zu machen. Als *aktualgenetische Methoden* bieten sich vor allem reizverarmende Techniken an, die ein unmittelbares und adäquates Erfassen erschweren bzw. den Erkenntnisvorgang zerdehnen [2]. Dazu gehören vor allem tachistoskopische, mikroskopische, nyktoskopische und extrafoveale Darbietungen.

Auch das Reizobjekt wird in zweierlei Weise geboten: es wird entweder aus anfänglich zusammenhanglos erscheinenden Einzelstücken zusammengesetzt *(merogene A.)* oder unter erschwerenden Bedingungen gleich im ganzen wiederholt exponiert *(hologene A.)*. Beiden Methoden, aktualgenetische Vorgänge zu beobachten, ist eigen, daß zunächst mehrere (immer klarer werdende) «Vorgestalten» wahrgenommen werden, die plötzlich – nach der Art eines «Aha-Erlebnisses» – zur klar identifizierbaren «Endgestalt» werden. Während die Wahrnehmung der Vorgestalten durch emotionale Spannungen begleitet ist, sei die Erkenntnis der Endgestalt gefühlsmäßig nüchtern [3]. Theoretisch setzt Sander für die schwer replizierbaren Phasenbefunde an, daß a) in ihnen «das Widerspiel objektiver Bedingungen und subjektiver Gestalttendenzen zum Ausdruck kommt» [4], b) die Gefühlsqualitäten nicht bloße Begleiterscheinungen, sondern funktional wesentlich für Gestaltprozesse sind [5], c) typologische Varianten des Gestalterlebens erkennbar sind: ganzheitlicher (G-), einzelheitlicher (E-) und gestalterlebender (GE-)Typus. Auch in den zur A. komplementären Experimenten über *Gestaltzerfall* findet Sander den Nachweis dynamischer Gerichtetheit als einen gegenüber der physikalischen Reizgrundlage selbständigen Bedingungskomplex der Wahrnehmung.

Das aus der genetischen Ganzheitspsychologie sich nahelegende Theorem, daß alle Wahrnehmungsphänomene Produkte von Entwicklungsprozessen sind, hat bisher keine empirische Stütze, wohl aber Eingang in die vergleichende Entwicklungspsychologie (H. WERNER) und in die Psychopathologie (K. CONRAD) gefunden. WERNER, auf der Suche nach allgemeinen Entwicklungsgesetzen, zog Parallelen zwischen Onto-, Patho- und Mikrogenese (letzteres sein Wort für ‹A.›) [6]; CONRAD parallelisierte Aphasie- und Apraxieformen mit Vorgestalten [7]. Diese Parallelisierung wurde von C. WEINSCHENK [8], J. LINSCHOTEN und C. F. GRAUMANN [9] abgelehnt. Dabei ging WEINSCHENK so weit, den Begriff ‹Vorgestalt› als sinnlos zu verwerfen, da *jede* im aktualgenetischen Vorgang wahrgenommene Gestalt eine Endgestalt sei. Die Produktion von Endgestalten erfolge unbewußt und könne deshalb nicht in Form von bewußten Vorgestalten wahrgenommen werden. LINSCHOTEN interpretierte aktualgenetische Prozesse als «heuristisches Verhalten» gegenüber nichtzureichenden Informationen und rückte A. damit in den breiteren Kontext der Hypothesenbildung.

Anmerkungen. [1] F. SANDER: Über Gestaltqualitäten. Ber. 8. int. Kongr. Psychol. (1927) 183-189. – [2] C. F. GRAUMANN: A. Die deskriptiven Grundlagen und theoretischen Wandlungen des aktualgenetischen Forschungsansatzes. Z. exp. angew. Psychol. 6 (1959) 410-448. – [3] F. SANDER und H. VOLKELT: Ganzheitspsychol. (1962) 111. – [4] a. a. O. 332. – [5] 103. – [6] H. WERNER: Einf. in die Entwicklungspsychol. (⁴1959). – [7] K. CONRAD: Aphasie, Agnosie, Apraxie. Fortschr. Neurol. Psychiat. 19 (1951) 292-325. – [8] C. WEINSCHENK: Conrad's neuer Begriff der Vorgestalt und die Hirnpathologie. Schweiz. Arch. Neurol. Psychiat. 67 (1951) 101-118. – [9] J. LINSCHOTEN: A. und heuristisches Prinzip. Z. exp. angew. Psychol. 6 (1959) 449-473; GRAUMANN, a. a. O. [2].

Literaturhinweise. C. F. GRAUMANN s. Anm. [2]. – F. SANDER und H. VOLKELT s. Anm. [3].
C. F. GRAUMANN

Aktualismus. Als «A.» (zum Teil synonym mit ‹Aktualitätstheorie› [1] gebraucht) oder «aktualen Idealismus» bezeichnete der italienische Philosoph G. GENTILE

(1875-1944) seine philosophische Konzeption, die das Geistige als Akt auffaßt und den Akt als Werden des Geistes. Das Prinzip des «atto puro» legte Gentile erstmals auf einer Konferenz im Jahre 1911 vor [2], um es in seinem Werk ‹La riforma della dialettica hegeliana› [3] und in seinen größeren Werken systematisch auszuarbeiten. Historische Voraussetzungen, Methode und Konzeption des A. entwickelte Gentile ausführlich in seiner Schrift ‹Introduzione alle filosofia› [4]. Seine Lehre läßt sich zusammenfassen in dem Satz: «L'essere dello spirito non è altro che attualità» [5]. In einem in deutscher Sprache vor der Philosophischen Gesellschaft in Lund gehaltenen Vortrag spricht Gentile vom italienischen Idealismus, «den man als A. bezeichnet, weil er den Geist nicht als Substanz und das Denken nicht als Attribut einer Substanz auffaßt. Hier wird vielmehr der Geist gerade mit dem Denken identifiziert» [6].

Anmerkungen. [1] H. SCHMIDT (Hg.): Philos. Wb. (^{17}1965) 9. – [2] Enciclop. filos. 2 (Venedig/Rom 1957) 631. – [3] (Florenz ^{1}1913, ^{3}1954). – [4] (Florenz ^{1}1933, ^{2}1958). – [5] La riforma ... 198. – [6] Der aktuale Idealismus. Zwei Vorträge (1931) 21.

Literaturhinweise. Enciclop. ital. di sci., lettere ed arti (Mailand/Rom 1929-39) Bd. 5. – G. GENTILE: Teoria generale dello spirito come atto puro (Florenz ^{1}1916, ^{6}1944). LIESEL KÖNIGS

Aktualitätstheorie. Der Begriff ‹A.› (zum Teil synonym mit ‹Aktualismus› gebraucht [1]) findet sich in Lehrbüchern der Philosophie und Einleitungen in die Philosophie, und zwar hauptsächlich als Gegenbegriff zur Substantialitätstheorie, zuerst bei O. KÜLPE: «Die Namen Substantialitäts- und Aktualitätstheorie weisen auf die Anerkennung oder Verwerfung einer Seelensubstanz hin ...» [2]. Die A. belegt «die gesamte Wirklichkeit des geistigen Geschehens ... mit dem Namen Seele» [3].

Entschiedener Vertreter einer A. war W. WUNDT, dessen immer wiederholte These lautet: «So viel Aktualität so viel Realität» [4]. Er gebraucht zwar Begriffe wie «Aktualitätsprinzip» [5] oder «Aktualitätsbegriff der Seele» [6], jedoch läßt sich der Terminus ‹A.› selbst bei ihm nicht finden.

Anmerkungen. [1] H. SCHMIDT (Hg.): Philos. Wb. (^{17}1965) 9. – [2] O. KÜLPE: Einl. in die Philos. (^{5}1910) 120. – [3] a. a. O. 274. – [4] W. WUNDT: Logik (^{3}1906-08) 3, 293. 632; System der Philos. (^{3}1907) 2, 221; Ethik (1912) 3, 36. – [5] Ethik 126. – [6] Grundriß der Psychol. (^{5}1922) 391.

Literaturhinweise. JOH. HESSEN: Lehrbuch der Philos. 1-3 (1948-1950) 3, 110. – B. KÄLIN: Lehrbuch der Philos. (1950) 115. 305. 307. – A. STÖCKL: Grundzüge der Philos. 1-3 (^{2}1919) 1, 523f. LIESEL KÖNIGS

Aktualwert meint das Transzendieren der idealen, ansich-seienden Werte in die reale Welt. Ihre Tendenz auf Verwirklichung, die die Aktualsphäre bestimmt, betrifft die Aktualität des Wertes, insofern er sein soll. Diese Spannung von Sein-sollen und Tun-sollen trägt sich im Subjekt aus. Die vom Werte ausgehende Determination, die keine solche von naturaler, kausaler Notwendigkeit ist, trifft auf das Subjekt als Person. Die Aktualität des Wertes bewirkt im Akt der Person – kraft deren Freiheit – die Möglichkeit der Realisierung des Wertes. In der Person treten Akt und Wert in ein besonderes Verhältnis. Sittliche Werte, Personwerte, können nicht intendiert werden. Sie erscheinen «auf dem Rücken» des Aktes. So ist der Akt selber die Aktualität eines Wertes und geschieht der Wert als Akt [1].

Anmerkung. [1] N. HARTMANN: Ethik (^{1}1925, ^{3}1949) 170-208; M. SCHELER: Der Formalismus in der Ethik und die materiale Wertethik (^{1}1916, ^{4}1954) 381-599: ‹Formalismus und Person›. H. HÜLSMANN

Aktuosität (von lat. actuosum = id quod efficit, das Wirksame) ist zuerst belegt bei ALBERTUS MAGNUS [1]. Der in der scholastischen Sentenzen- und Kommentarliteratur mit Bedeutungsschwankungen verwandte Begriff präzisiert sich in der theologischen Lehre von den Eigenschaften Gottes: Ausgehend von der biblischen Bezeichnung Gottes als des «lebendigen Gottes», wird das Wesen Gottes als vita, diese als actuositas bestimmt [2]. So faßt J. F. KÖNIG (1619-1664) unter den Eigenschaften Gottes, «quae ad ἐνέργειαν referuntur», die «vita, per quam essentia divina se semper actuosam demonstrat» [3]. Analoge Bestimmungen finden sich schon bei A. POLAN (1561-1610) [4], dann bei J. H. HEIDEGGER (1633-1698) [5] und J. H. HOTTINGER (1620-1667) [6]. – In der dialektischen Theologie bezeichnet ‹A.› der Sache nach eine Absicherung gegen eine positivistisch direkte Redeweise von Gott: Theologie hat ihr Kriterium am unverfügbaren Wort Gottes, das in der Offenbarung als souveränes Ereignis und freier Akt Gottes geschieht [7]. Indem die A. und Unverfügbarkeit des Wortes Gottes jeden apriorischen Wirklichkeitsentwurf überbietet, wird bei K. BARTH die analogia entis durch die (aktuose) analogia fidei ersetzt [8].

Anmerkungen. [1] ALBERTUS MAGNUS, Cael. hier. 15, 8 p. 43^{1a}, 3 = Comm. in lib. Dionysii Areopagitae ‹De caelesti hierarchia›, in: Opera omnia hg. A. BORGNET 14 (1892) 1-451. – [2] K. BARTH: Die Kirchl. Dogmatik II/1, 295. – [3] zit. nach C. H. RATSCHOW: Luth. Dogmatik zwischen Reformation und Aufklärung 2 (^{1}1966) § 18. – [4] A. POLANUS A POLANSDORF: Syntagma Theol. Christianae (1610) col. 985. – [5] Vgl. HEPPE-BIZER: Die Dogmatik der evang.-reform. Kirche (^{2}1958) 48. – [6] a. a. O. 61. – [7] K. BARTH: Die Theol. und der heutige Mensch. Zwischen den Zeiten 8 (1930) 378ff. – [8] a. a. O. [2] I/1, 40. 175; I/2, 294. 323 u. ö. CHR. GREMMELS

Aktverbindung heißt – im Gegensatz etwa zur assoziativ mechanischen Verbindung – die Synthesis einzelner Lebensvollzüge der Person zu einem einheitlichen, sinnvollen Zusammenhang. Die einzelnen Akte selber sind nur als künstlich isolierte Momente übergreifender Sinnzusammenhänge erfaßbar [1].

Anmerkung. [1] Vgl. W. STERN: Person und Sache. System der philos. Weltanschauung 2: Die menschliche Persönlichkeit (1918); E. SPRANGER: Lebensformen. Geisteswiss. Psychol. und Ethik der Persönlichkeit (^{5}1925). P. JANSSEN

Akzeleration nennt man die positive Beschleunigung der mit der körperlichen und seelisch-geistigen Entwicklung zusammenhängenden Veränderungen, bezogen auf ein als durchschnittlich vorausgesetztes Entwicklungstempo der von der biologischen und psychologischen Entwicklungsforschung untersuchten Wachstums- und Reifungsvorgänge und der durch sie bestimmten zeitlichen Erstreckung und Aufeinanderfolge der Entwicklungsabschnitte. Die entsprechende Verlangsamung wird als ‹Retardierung›, seltener als ‹Dezeleration› bezeichnet. A. tritt einmal als beschleunigtes Ablaufstempo der Entwicklungsvorgänge in Erscheinung, zum andern als verfrühtes Einsetzen bestimmter Entwicklungsphasen (z. B. Vorverlegung des Reifungsbeginns), ohne daß damit notwendig auch ein beschleunigter Ablauf innerhalb der entsprechenden Phasen gegeben sein muß.

Zu unterscheiden sind *säkulare* und *individuelle* A. Unter säkularer A. versteht man die im Vergleich zu früheren Generationen feststellbare Entwicklungsbeschleunigung der jeweils untersuchten und beschriebenen Generation. Von individueller A. spricht man, wenn die Entwicklung bei einem Individuum schneller verläuft als bei der Gruppe der Gleichaltrigen. Daneben läßt sich von *gruppenspezifischer* A. dann sprechen, wenn bei einer Bevölkerungsgruppe gegenüber anderen eine beschleunigte Entwicklung zu verzeichnen ist (z. B. Stadtbevölkerung im Verhältnis zur Landbevölkerung, Ober- und Mittelschicht gegenüber Unterschicht usw.).

Die auffälligsten und in zahlreichen Untersuchungen belegten Symptome der *säkularen* A. sind die Zunahme der durchschnittlichen Körperhöhe (seltener des Gewichts) und die Vorverlegung von Beginn und Abschluß der geschlechtlichen Reifung [1]. Damit scheint auf psychischem Gebiet eine stärkere Ansprechbarkeit und Labilität, dagegen nicht ein – zunächst vermutetes – Absinken der intellektuellen Leistungsfähigkeit verknüpft. Die sexualpsychologischen Erhebungen festgestellte Verfrühung des Einsetzens sexueller Betätigungen wie auch die sozialpsychologisch relevante Vorverlegung phasenspezifischer Entwicklungserscheinungen (Trotz, Isolierungstendenzen) gehen mit der Verschiebung der gesamtkörperlichen Reifung einher, doch ist es wahrscheinlich, daß der «Stilwandel» des Verhaltens in beiden Bereichen nicht allein durch die biophysische Entwicklung, sondern weitaus mehr durch den epochenbedingten Wandel der gesellschaftlichen und kulturellen Strukturen und Normen bedingt ist [2].

Die *Ursachen* der säkularen A. sind weitgehend ungeklärt. Fortschritte der Medizin und Hygiene und durch Änderung der Bekleidungssitten und Verbreitung des Sports ermöglichte stärkere Wirkung der Sonnenstrahlung [3] werden ebenso in Anspruch genommen wie Wandel der Ernährungsweise, besonders der Kinderernährung [4], und soziale Siebungsvorgänge (Verstädterung und damit verbundenes «Reizklima») [5] oder überhaupt verstärkte und verfrühte Reizgebung von Geburt an [6]. Auch die in der gegenwärtigen sozialen und kulturellen Situation gelegene Forderung nach früherer und vielseitiger Anpassung könnte vor allem das psychische Entwicklungstempo beeinflussen [7].

Noch weniger gesichert sind die Untersuchungsergebnisse im Bereich der als *individuelle* A. bezeichneten Entwicklungserscheinungen. Man unterscheidet hier zwischen harmonisch (synchron) und disharmonisch (asynchron) Akzelerierten. Im Vergleich mit den der Durchschnittsnorm entsprechend Entwickelten und Retardierten zeigen die harmonisch Akzelerierten erhöhte Ansprechbarkeit des vegetativen Nervensystems [8], stärkere Angetriebenheit und Affektivität, auch Überwiegen von Enthemmungsreaktionen, leichte Erhöhung der Leistungen in Intelligenztests und stärker planendes und angepaßtes Verhalten. Die disharmonisch Akzelerierten fallen demgegenüber durch ihre geringere Leistungsfähigkeit und Vitalität und die noch verstärkte psychische Labilität auf [9].

Inwieweit allerdings im individuellen Bereich überhaupt sinnvoll von A. gesprochen werden soll, wenn ein Kind oder Jugendlicher von den Durchschnittswerten seiner Altersgenossen positiv abweicht, erscheint problematisch, denn die Wachstumsunterschiede innerhalb der Norm sind beträchtlich. Der Begriff der A. umschreibt, streng genommen, nur den säkularen Vorgang der Veränderung der durchschnittlichen Meßwerte und sollte deshalb besser darauf beschränkt bleiben [10].

Anmerkungen. [1] J. M. TANNER: Wachstum und Reifung des Menschen (1962) Kap. 5 mit Lit. – [2] U. UNDEUTSCH: Das Verhältnis von körperlicher und seelischer Entwicklung. Hb. Psychol. 3 (1959) mit Lit. – [3] E. W. KOCH: Über die Veränderung des menschl. Wachstums im ersten Drittel des 20. Jh. (1935). – [4] W. LENZ: Über die Wandlungen des menschl. Wachstums in der Gegenwart. Z. menschl. Vererbungs- und Konstitutionslehre 27 (1943/44) 543-578. – [5] C. BENNHOLDT-THOMSEN: Die Entwicklungsbeschleunigung der Jugend. Ergebn. inn. Med. Kinderheilk. 62 (1942) 1153-1237. – [6] W. ZELLER: Konstitution und Entwicklung (1953). – [7] U. UNDEUTSCH: Somatische A. und psychische Entwicklung der Jugend der Gegenwart. Studium generale 5 (1952) 268-298. – [8] BENNHOLDT-THOMSEN, a. a. O. [5]. – [9] UNDEUTSCH, a. a. O. [2]. – [10] W. HAGEN: Wachstum und Entwicklung von Schulkindern im Bild (1964).

Literaturhinweis. U. LEHR: Berichte über den Stand des A.-Problems. Vita humana 2 (1959) 191-212; 3 (1960) 143-172; 4 (1961) 173-190.
G. MÜHLE

Albertinismus ist die Bezeichnung für eine Richtung innerhalb der Vertreter der via antiqua, die sich auf die Schriften *Alberts des Großen* im Gegensatz zu denen seines Schülers Thomas von Aquino beriefen. Sie wurde zuerst an der *Pariser* Artistenfakultät (seit 1407) von JOHANNES DE NOVA DOMO vertreten, der einen ‹Tractatus de essentia› und einen ‹Tractatus universalium› verfaßte. Ihn zogen die Stellen aus dem Werk Alberts an, die sich vom ‹Liber de causis›, den Schriften Avicennas und anderer arabischer Neuplatoniker beeinflußt zeigten; vor allem berief er sich auf Alberts ‹De causis et processu universitatis›. Die neuplatonischen Gedankengänge suchte er mit aristotelischen Begriffen zu verbinden. Sein Schüler, der *Kölner* Theologieprofessor HEYMERICUS DE CAMPO, stellte in seinen ‹Problemata inter Albertum Magnum et S. Thomam› anhand von 18 Problemen die Lösungen des Aquinaten und Alberts einander gegenüber und geriet dabei in eine heftige Kontroverse mit dem Kölner Thomisten Gerhardus de Monte. Heymericus verbindet in seinem Alterswerk neuplatonisches Gedankengut mit Lullschen Elementen. Durch die Gründung einer Burse, der Laurentianerburse, wurde die Schulrichtung der ‹Albertisti› in Köln institutionalisiert. Eine Reihe der Promovenden aus den Weltgeistlichen bezeichnet sich als ‹Albertistae›. Durch die Vermittlung Kölns fand der A. auch an der Universität *Krakau* Eingang. – Die Albertisten leugnen den Realunterschied von Wesen und Sein. Sie vertreten die drei logischen Aspekte von essentia, existentia und subsistentia. Das geschöpfliche Sein «fließt» gleichsam von den Ideen her in das Nichts und teilt sich dabei in die Einzeldinge auf. Es ist individueller Wesensträger, aktuell existent und primär das Wesen, das sein Sein vollzieht. In diesem letzteren Moment sieht der A. die Gültigkeit des abstrakten Begriffes sicher begründet.

Literaturhinweise. G. MEERSSEMAN: Gesch. des A. 1 (1933); 2 (1935); Eine Schrift des Kölner Universitätsprof. Heymericus de Campo oder des Pariser Prof. Johannes de Nova Domo. Jb. Köln. Gesch.vereins (1936) 144ff. – R. HAUBST: Zum Fortleben Alberts des Großen bei Heymerich von Kamp und Nikolaus von Kues, in: Beiträge zur Gesch. der Philos. und Theol. des MA, Suppl.-Bd. 4 (1952) 420-447: Das Bild des Einen und Dreieinen Gottes in der Welt nach Nikolaus von Kues (1952). – E. COLOMER: Nikolaus von Kues und Raimund Llull. Quellen und Studien zur Gesch. der Philos. 2 (1961). – S. WLODEK: Quelques informations sur les commentaires médiévaux de la Métaphysique d'Aristote conservés dans les manuscrits de la Bibliothèque Jagellone à Cracovie. Miscellanea mediaevalia 2 (1963) 767ff.
W. P. ECKERT

Alchemie. Die A. hat ihren Ursprung im alexandrinischen Ägypten, in dessen Tempelwerkstätten man sich bemühte, goldähnliche Legierungen herzustellen (Diplosis, Triplosis des Goldes). Offen wird zugegeben, daß es sich bei diesem «Goldmachen» (χρυσοποιία) um Fälschungen handelt. Man benutzt Kupfer-, Zinn-, Bleiverbindungen zur Weißung (λεύκοσις) oder Gilbung (ξάνθοσις) des Goldes. Die griechischen Papyri Holmiensis und Leidensis des 3. Jh. n. Chr. geben viele Rezepte an. Die naturphilosophischen, gnostischen und neuplatonischen Lehren der Zeit geben diesen Kenntnissen eine religiös-synkretistische Deutung. Die chemischen Vorgänge werden allegorisiert und zum Mythos der Verwandlung des Stoffes, die der Zeugung, dem Leben, dem Sterben und dem Wiedergeborenwerden entspricht. Dies setzt den griechischen Gedanken der alles durchwaltenden und alles verbindenden Natur voraus. Man denkt sich auch hierin, griechischer Überlieferung folgend, alle Stoffe entweder als qualitativ unterschiedene Arten eines Urstoffes, oder glaubt, sie seien durch Änderung ihrer Qualitäten aus dem Urstoff entstanden. Ändert sich eine Qualität, verwandelt sich der Stoff. Die dazu nötige Substanz, die solches zu wirken vermag – eine Hefe, einem Ferment zu vergleichen – wird «Masse» (μᾶζα, massa) genannt. Sie bewirkt, daß beim «Prozeß» die Metalle nicht stofflich, sondern nur durch ihre Eigenschaften wirken. Beim Bronzeguß z. B. sei das Zinn im Kupfer nur mit seinen farblichen Qualitäten vertreten. Es gilt, die μᾶζα zu finden, die unedlen Stoffen die Eigenschaften des Goldes und Silbers verleiht. Dieser Transmutation muß immer die Überführung in eine qualitätslose «schwarze» Urmaterie vorausgehen. Im dadurch geläuterten Metall beginnt ein neues Leben, eine neue Entelechie, welche die Vollkommenheit des Goldes in sich schließt. Das wird metaphorisch Geburt aus vollkommenem Leben. Dieser Prozeß kann nicht künstlich durchgeführt werden, nur die Natur selber vermag es: Die Natur besiegt die Natur. Durch Beschwörung, Gebet gelingt es, das große Meisterwerk (magisterium) der Transmutation zu vollenden. Allein der Stein der Weisen, den zu finden nur dem reinen, geläuterten Adepten gelingt, bewirkt die richtige Mischung der Elemente und die echte Ordnung des Chaos.

Als Nothelfer werden angerufen Hermes (Hermes trismegistos), aber auch Christus. Bei ihren Arbeiten, die alle natürlichen Stoffe umfassen, entdecken die Alchemisten eine Fülle von Verfahren der chemischen Technik, z. B. der Destillation. Sie erfinden eine Anzahl von Apparaten, welche die spätere anti-alchemistische Chemie eifrig benutzt hat.

Dem Traditionszusammenhang, in dem A. steht, entspricht die Verbindung mit der Astrologie und der Lehre vom Mikro- und Makrokosmos. Eine Fülle von Symbolen entsteht: Der Ouroboros, die Schlange, die sich in den Schwanz beißt, symbolisiert den Anfang ohne Ende; der Androgyn die menschliche Polarität; das Ei ist Zeichen der Viereinigkeit: in Schale und Haut befinden sich das Weiß (= Silber) und das Gelb (= Gold) usf. Neben Schwärzung–Bleichung–Gilbung–Rötung unterscheidet man als Stufen des Prozesses: calcinatio (Verbrennung), putrefactio (Fäulnis, Verwesung), sublimatio (Verflüchtigung), solutio (Lösung), destillatio (Verdampfung), coagulatio (Verfestigung, auch Kristallisation), extractio (Darstellung der Tinktur, die den Stein der Weisen bedeutet). Gesucht wird der Alkahest als Universallösungsmittel. Die Zahl der alchemistischen Decknamen aus der Tier- und Pflanzenwelt ist groß. Durch Vermittlung der Araber wird seit dem 12. Jh. die A. im lateinischen Mittelalter bekannt. Auch hier sucht man nach umfassender Deutung der Erscheinungen aus ihrer Verbindung mit jenseitigen Kräften. Im 16. Jh. beginnt der Niedergang. Doch lebt die A. in vielfältigen Formen bis zu den Rosenkreuzern und in hermetischen Gesellschaften fort; bis zum heutigen Tag reichen die Spuren.

Literaturhinweise. K. CH. SCHMIEDER: Gesch. der A. (1832). – H. KOPP: Die A. in älterer und neuerer Zeit 1. 2 (1886). – M. BERTHELOT: Coll. des anciens alchemistes grecs 1-3 (Paris 1887-1888). – M. BERTHELOT: Introd. à l'étude de la chimie des anciens et du moyen-âge (Paris 1889). – E. O. VON LIPPMANN: Entstehung und Ausbreitung der A. (^{1}1919, ^{2}1931, ^{3}1954). – I. HAMMER-JENSEN: Die älteste A. (1921). – E. DARMSTAEDTER: Die A. des Geber (1922). – L. THORNDIKE: A history of magic and experimental sci. 1-8 (New York 1923-1958). – J. BIDEZ, F. CUMONT u. Mitarb.: Catalogue des manuscrits alchimiques grecs (Paris 1924). – J. RUSKA: Arabische A. 1. 2 (1924). – O. LAGERCRANTZ: Alchemistische Rezepte des späten MA (1925); Turba philosophorum (1931). – W. GANZENMÜLLER: Die A. im MA (1938). – G. F. HARTLAUB: Der Stein der Weisen (1959). G. KERSTEIN

Alethiologie (von griech. ἀλήθεια, Wahrheit) ist der Titel des zweiten Abschnitts von J. H. LAMBERTS Schrift ‹Neues Organon› [1]. Nachdem in der vorausgehenden ‹Dianoiologie› die Denkgesetze und die Form der Erkenntnis behandelt wurden, soll die A. «die Wahrheit selbst oder an sich betrachten, um zu sehen, welche Merkmale und überhaupt welchen Stoff sie uns zur Beurtheilung und Erweiterung unsrer Erkenntniß angiebt» [2]. Die A. hat deshalb die Lehre von den einfachen und zusammengesetzten Begriffen und die Frage nach dem Unterschied von Wahrheit und Irrtum zum Gegenstand. Der Ausdruck wurde u. a. von E. LASK in der Unterscheidung von «alethiologischen» und «gnoseologischen» Fragestellungen [3] wieder aufgenommen.

Anmerkungen. [1] Neues Organon oder Gedanken über die Erforschung und Bezeichnung des Wahren und dessen Unterscheidung von Irrthum und Schein 1. 2 (1764), in: J. H. LAMBERT: Philos. Schriften, hg. H.-W. ARNDT (1965ff.) 1, 1ff. – [2] a. a. O. 1, 453. – [3] Die Lehre vom Urteil (1912) 168. Red.

Algebra. Sie ist ein Teilgebiet der Mathematik. Man unterscheidet eine «abstrakte» oder «moderne» von der elementaren und klassischen A. Von «moderner» A. spricht man im Anschluß an den Originaltitel des ersten Werkes, in dem sie zusammenfassend dargestellt wurde [1]. Die *elementare* A. lehrt die rechnerische Behandlung von Gleichungen; die griechischen Mathematiker zählten sie deshalb neben der Zahlentheorie zur Arithmetik. So findet sich ein beachtlicher Teil elementarer A. im zweiten sowie in den «arithmetischen» Büchern VII-X des EUKLID. P. RAMUS erklärt noch 1569 in diesem Sinne: «Algebra est pars arithmeticae» [2]. ‹A.› bleibt dann auf lange Zeit nach dem Aufkommen dieser eigenständigen Bezeichnung (aus dem Titel des von AL-CWARIZMI in 9. Jh. verfaßten Lehrbuchs ‹Al-gebr wal mukabala›, das die indisch-arabischen Ziffern im Abendland bekannt machte) von der Arithmetik allenfalls durch die Verwendung von Buchstaben (Variablen) unterschieden. Erst in der Form einer rein schematischen Buchstabenrechnung, die ihr F. VIETA [3] gibt, wird sie zu einer selbständigen «a. speciosa» neben der «a. numerosa», lies ‹Arithmetik›.

Den Beginn der *klassischen* A. als Lehre von den «algebraischen» Gleichungen mit der Form $a_0 + a_1 x + a_2 x^2 + \ldots + a_n x^n = 0$ und ihrer Auflösung kann man in CARDANOS ‹Ars Magna› [4] sehen, in der die ersten Verfahren zur Lösung von Gleichungen 3. und 4. Grades ($n = 3$ bzw. 4) veröffentlicht sind. Nach dem Scheitern aller Lösungsversuche an der Gleichung 5. Grades führten erst zu Anfang des 19. Jh. allgemeinere gleichungstheoretische Untersuchungen zu dem Nachweis der Unlösbarkeit der allgemeinen Gleichung 5. (oder höheren,

Grades durch N. H. ABEL [5] sowie zu einer tieferen Einsicht in die Lösbarkeit und Unlösbarkeit algebraischer Gleichungen überhaupt durch GALOIS [6]. (Eine Gleichung heiße in diesem Zusammenhang «lösbar», wenn sich ihre Lösungen («Wurzeln») mit Hilfe elementarer Rechenoperationen durch die Koeffizienten $a_0, ..., a_n$ oder einfache Wurzeln derselben ausdrücken lassen. Danach besagt die «Unlösbarkeit» einer Gleichung lediglich die Unmöglichkeit einer solchen Darstellung, nicht etwa die Unauffindbarkeit oder gar Nichtexistenz von Lösungen.) Heute wird die Lehre von der numerischen Auflösung von Gleichungen unter dem Titel «Numerische Methoden» als eigenes Sachgebiet außerhalb der A. behandelt; die Theorie der algebraischen Gleichungen und ihrer Auflösbarkeit bildet in ihrer heutigen Darstellung als «Galois-Theorie» einen Teil der abstrakten A.

Gegenstand der *abstrakten* A. sind die algebraischen Gebilde, Strukturen und Strukturtypen. Als *Gebilde* bezeichnen wir eine Menge M zusammen mit einem System von zwischen ihren Elementen erklärten Verknüpfungen, wobei eine n-stellige Verknüpfung eine (n-stellige) Funktion f ist, die jedem System $a_1, ..., a_n$ von Elementen aus M als deren «Produkt» $f(a_1, ..., a_n)$ ein Element aus M zuordnet (z. B. in der Menge der natürlichen Zahlen die Multiplikation, die jedem Paar a_1, a_2 natürlicher Zahlen ihr «Produkt» $f(a_1, a_2)$, gewöhnlich «$a_1 \cdot a_2$» geschrieben, zuordnet). Die Eigenschaften von Gebilden lassen sich in Axiomensystemen ausdrücken, die aus quantorenlogisch zusammengesetzten Aussageschemata (= Aussageformen) bestehen, im Grenzfall (auf deren Betrachtung man sich wegen der Möglichkeit einer Konjunktion der einzelnen Axiome beschränken kann) aus einem einzigen Aussageschema. Ein Gebilde «erfüllt» ein Aussageschema (bzw. Axiomensystem), wenn die in diesem ausgedrückten Eigenschaften auf das Gebilde zutreffen. In diesem Fall erfüllt das Gebilde auch jedes zu dem gegebenen logisch äquivalente Aussageschema (bzw. Axiomensystem); man sagt dann, daß alle solchen Aussageschemata (bzw. Axiomensysteme) «dieselbe Struktur beschreiben», und dem Gebilde, unter Einführung eines Namens ‹S› – und damit vollzieht man einen Abstraktionsprozeß [7]! –, daß es «die Struktur S besitzt». Die Axiomatisierung der A. (wie überhaupt die hier skizzierte abstrakte Betrachtungsweise der A.) beginnt mit E. STEINITZ [8]. Axiomensysteme, durch die man in der abstrakten A. Strukturen «beschreibt», können noch in einem weiteren Sinne gleichwertig sein. Lassen sich nämlich die in zwei (nicht bereits logisch äquivalenten) Axiomensystemen auftretenden Verknüpfungen durch explizite gegenseitige Definitionen so verbinden, daß nach Hinzunahme dieser Definitionen die Axiomensysteme logisch äquivalent werden, so beschreiben diese denselben *Strukturtyp*. Für jeden dieser Strukturtypen, die den eigentlichen Gegenstand der abstrakten A. bilden, kennt und verwendet man – je nach Zweckmäßigkeit – die verschiedensten Axiomensysteme, aus denen die Eigenschaften der Strukturen und damit auch Eigenschaften von Gebilden deduktiv abgeleitet werden. Nach Auffassung der «Bourbakisten» sind solche Strukturtypen sogar der eigentliche Gegenstand der *ganzen* Mathematik. («Bourbakisten» nennt man die Anhänger des auf einen axiomatisch-strukturellen Aufbau der Gesamtmathematik gerichteten Programms einer unter dem Pseudonym «N. Bourbaki» publizierenden, sich personell ständig erneuernden Gruppe französischer Mathematiker.)

Eine strenge methodologische Abgrenzung der ‹algebraischen› Strukturen von anderen (z. B. topologischen Strukturen, Ordnungsstrukturen [9]) ist nicht bekannt; viele der als ‹algebraisch› bezeichneten Gebilde, Strukturen und Strukturtypen ergeben sich zwangsläufig bei der theoretischen Untersuchung algebraischer Gleichungen und finden schon aus diesem Grunde innerhalb der A. ihren Platz. Daß sich auch ein Sachgebiet A. nicht mit Sicherheit abgrenzen läßt, liegt an dem starken (und zumal in den letzten beiden Jahrzehnten immer rascher gewordenen) Wandel, dem nicht nur die algebraischen Methoden, sondern auch die Entwicklung einzelner Zweige der A. unterworfen sind. Einen Grund dafür wird man in der Rückwirkung suchen müssen, die von den Bedürfnissen zahlreicher Forschungsgebiete ausgehen, denen die abstrakte A. wichtige Methoden und Ergebnisse zur Verfügung stellt. Von den innermathematischen Disziplinen haben vor allem in jüngster Zeit Funktionentheorie und algebraische Geometrie die Entwicklungsrichtung der abstrakten A. entscheidend bestimmt. Was die außermathematischen Disziplinen betrifft, so erwähnen wir lediglich die Verbindungen zur relativistischen Physik und zur Quantentheorie [10] sowie die Beziehungen zur Logik, die sich nicht auf die «A. der Logik» [11] und deren technische Anwendung in der «Schalt-A.» beschränken, sondern auch auf dem Gebiet der Mathematik [12] zu einer fruchtbaren Wechselwirkung beider Bereiche geführt haben.

Anmerkungen. [1] B. L. VAN DER WAERDEN: Moderne A. 1. 2 1930/31). – [2] P. RAMUS (1569), nach D. E. SMITH: Hist. of math. 2 (New York ³1958) 387 Anm. 1. – [3] F. VIETA: In artem analyticam Isagoge seu A. nova (Leiden 1635); vgl. Art. ‹Speciosa›. – [4] G. CARDANO: Ars Magna de rebus algeb. (Nürnberg 1545). – [5] N. H. ABEL: Beweis der Unmöglichkeit algeb. Gleichungen von höheren Graden als dem vierten allgemein aufzulösen. Crelles J. 1 (1826) 65-84. – [6] E. GALOIS, Œuvres math. J. Math. pures et appl., hg. LIOUVILLE 11 (1846) 381-444; vgl. jetzt die krit. Gesamtausgabe: Ecrits et mémoires math. d'EVARISTE GALOIS, hg. R. BOURGNE und J.-P. AZRA (Paris 1962). – [7] Vgl. Art. ‹Abstration V›; ferner P. LORENZEN: Einführung in die operative Logik und Math. (1955) § 10. 21-23; Gleichheit und Abstraktion. Ratio 4 (1962) 77-81. – [8] E. STEINITZ: Algeb. Theorie der Körper. Crelles J. 137 (1910) 167-309, separat (1930). – [9] Vgl. Art. ‹Ordnung›; ferner LORENZEN, Einführung 7. – [10] Vgl. H. WEYL: Math. Analyse des Raumproblems (1923, Nachdruck 1963); Gruppentheorie und Quantenmechanik (²1931, Nachdruck 1967). – [11] Vgl. den Art. ‹A. der Logik› sowie neben der dort genannten Lit. den bedeutenden Beitrag von A. N. WHITEHEAD: A treatise on universal A., with applications 1 (Cambridge 1898, Nachdruck New York 1960). – [12] Vgl. Art. ‹Metamath.›; ferner A. ROBINSON: Introduction to model theory and to the metamath. of A. (Amsterdam 1963).

Literaturhinweise. E. STEINITZ s. Anm. [8]. – B. L. VAN DER WAERDEN s. Anm. [1], jetzt unter dem Titel ‹A.› 1 (⁶1964); 2 (⁵1959). – J. KLEIN: Die griech. Logistik und die Entstehung der A., in: Quellen und Studien zur Gesch. der Math., Astronomie und Physik Abt. B: 3/1 (1934) 18-105; 3/2 (1936) 122-235. – G. BIRKHOFF und S. MACLANE: A survey of modern A. (New York ³1965). – [6] P. LORENZEN, Einführung s. Anm. [7]. – C. CHEVALLEY: Fundamental concepts of A. (New York 1956). – E. ARTIN: Galois theory (Notre Dame ²1948), dtsch. Galoissche Theorie (1959). – The Encyclop. Americana (New York 1961) Art. ‹A., hist.› (D. J. STRUIK) und ‹Modern A.› (M. REES). – J. VUILLEMIN: La philos. de l'algèbre 1: Recherches sur quelques concepts et méthodes de l'algèbre moderne (Paris 1962). CH. THIEL

Algebra der Logik. Unter ‹A.d.L.› wird gemeinhin ein Formalismus verstanden, welcher von BOOLE [1] und DE MORGAN [2] begründet und (hauptsächlich) von PEIRCE [3] und SCHRÖDER [4] weiterentwickelt worden ist. Zugrunde liegt der Ansatz, Gesetze der Logik in die Form von Gleichungen zu kleiden, welche denjenigen der mathematischen Algebra nachgebildet sind. Es sind

daher z. B. die Verknüpfungen der Addition und Multiplikation sowie die Symbole ‹0› und ‹1› in die A.d.L. übernommen worden; die Rechenregeln, die im Formalismus für diese Verknüpfungen gelten, stehen teilweise in Übereinstimmung mit den entsprechenden Rechenregeln der mathematischen Algebra. So gehören sowohl die (mathematisch wahre) Gleichung
$$x \cdot (y + z) = x \cdot y + x \cdot z$$
als auch die (mathematisch falsche) Gleichung
$$(x \cdot y) + z = (x + z) \cdot (y + z)$$
zu den Gesetzen der A.d.L.

Die A.d.L. ist vielfältiger Deutungen fähig; insbesondere läßt sich derjenige Anteil, dessen Ausprägung unmittelbar auf BOOLE zurückgeht (Boolesche Algebra), deuten als eine Algebra der Klassen, in welcher mit ‹0› die leere Klasse, mit ‹1› die Allklasse, mit ‹$x + y$› die Vereinigung der (bei Boole noch elementefremd vorausgesetzten) Klassen x und y und mit ‹$x \cdot y$› der Durchschnitt von x und y gemeint ist. Der gleiche Teilformalismus kann auch als eine Algebra der Aussagen gedeutet werden; dann bedeutet z. B. ‹$x + y$› die disjunktive (alternative) und ‹$x \cdot y$› die konjunktive Verknüpfung der Aussagen x und y («logische Addition bzw. Summe und logische Multiplikation bzw. Produkt»).

Ein weiterer Teil der A.d.L. kann als Algebra der zweistelligen Relationen (Relativkalkül) gedeutet werden. Hier werden außer den bereits beschriebenen Operationen noch weitere Verknüpfungen zugrunde gelegt, z. B. das «relative Produkt» x ; y zweier Relationen x und y, worunter dann die folgende Relation z verstanden wird: bei irgend zwei Objekten a und b steht a zu b in der Relation z genau dann, wenn für ein geeignetes Objekt c sowohl a zu c in der Relation x als auch c zu b in der Relation y steht.

Zu den Grundbegriffen des SCHRÖDERschen Aufbaus der A.d.L. gehört die «Subsumption» $x \leqq y$, welche als Umschreibung der Gleichungen $x = x \cdot y$ bzw. $y = x + y$ verstanden werden kann und z. B. bei einer Deutung in der Algebra der Klassen besagt, daß jedes Element von x auch ein Element von y ist. Die A.d.L. wird als axiomatische Theorie dargestellt. Zusammenfassende Darstellungen geeigneter Axiomensysteme finden sich für die Algebra der Klassen bei HUNTINGTON [5] und TARSKI [6]. Auf die Möglichkeit, die Mathematik im Rahmen des Schröderschen Relativkalküls darzustellen, hat LÖWENHEIM [7] hingewiesen.

Anmerkungen. [1] G. BOOLE: The math. analysis of logic, being an essay towards a calculus of deductive reasoning (London 1847, Oxford ²1948); An investigation of the laws of thought, on which are founded the math. theories of logic and probabilities (London 1854, New York ²1951). – [2] A. DE MORGAN: Syllabus of a proposed system of logic (London 1857). – [3] C. S. PEIRCE: Mehrere Artikel in: Proc. amer. Acad. Arts Sci. 7 (1867); 10 (1875); Mem. amer. Acad. Arts Sci. 9 (1870). – [4] E. SCHRÖDER: A.d.L. 1-3 (1890-1905). – [5] E.V. HUNTINGTON: Sets of independent postulates for the algebra of logic. Trans. amer. math. Soc. 5 (1904) 288ff. – [6] A. TARSKI: On the calculus of relations. J. symbol. Logic 6 (1941) 73ff. – [7] L. LÖWENHEIM: Einkleidung der Math. in den Schröderschen Relativkalkül. J. symbol. Logic 5 (1940) 1ff.

Literaturhinweise. G. BOOLE, An investigation ... s. Anm. [1]. – E. SCHRÖDER s. Anm. [4]; Der Operationskreis des Logikkalküls (1877). – A. DE MORGAN: Formal logic or the calculus of inference, necessary and probable (London 1847). – C. S. PEIRCE: On the algebra of logic. Amer. J. Math. 3 (1880) 15ff. – 7 (1885) 180ff. – E. MÜLLER: Über die A.d.L. 1. 2 (1900, 1901). – H. BEHMANN: Beiträge zur A.d.L. Math. Ann. 86 (1922) 163ff.   D. RÖDDING

Algorithmus (algorithm)

1. Der *Begriff des A.* hat sich aus der Mathematik entwickelt. Er ist grundlegend als Hilfsmittel für die Beschreibung und Beurteilung wesentlicher Züge der Mathematik (und der exakten Naturwissenschaften). Ein A. kann zunächst grob gekennzeichnet werden als ein Rechenverfahren (eine Rechenmethode), welches schrittweise vorgeht. Trotz der modernen Präzisierungen verschiedener mit dem Begriff des A. zusammenhängender Begriffe (vgl. unten Nr. 2, 3, 4) muß man auch heute noch den Begriff des A. durch Beispiele zu erfassen versuchen. Einfache Beispiele für A. sind: (a) die in der Schule gelernten Verfahren zur Addition, Subtraktion und Multiplikation von natürlichen Zahlen, welche in Dezimaldarstellung gegeben sind. Diese A. brechen nach endlich vielen Schritten mit dem Resultat ab. Nicht abbrechend ist dagegen im allgemeinen der Divisions-A., z. B. bei der Berechnung von $3 : 7 = 0,428...$, oder das Verfahren zur Berechnung einer Quadratwurzel, z. B. für $\sqrt{2} = 1,414...$; (b) der (abbrechende) «euklidische A.» zur Bestimmung des größten gemeinsamen Teilers zweier natürlicher Zahlen; (c) die Verfahren zur Darstellung der Lösungen von quadratischen, kubischen oder biquadratischen Gleichungen mit Hilfe von Wurzelzeichen (Radikalen). Um die quadratischen Gleichungen haben sich die Araber verdient gemacht, was ein Grund dafür sein mag, daß die Bezeichnung ‹Algorithmus›, eingebürgert seit dem 13. Jh., auf den Namen des arabischen Mathematikers AL CHWARIZMI (ca. 800) zurückgeht.

Es ist für die heutige Auffassung wesentlich, daß die in den Beispielen angedeuteten Verfahren erst dann A. genannt werden dürfen, wenn ihre Ausübung in allen Einzelheiten genau vorgeschrieben ist, viel genauer als dies üblicherweise geschieht. Die Vorschrift muß von endlicher Länge sein. Die Durchführung eines A. darf keine speziellen mathematischen Fähigkeiten erfordern. Die Anweisung muß derart sein, daß jeder, welcher die Sprache versteht, in der sie abgefaßt ist, nach ihr handeln kann. Verfolgt man diesen Gedanken, so kommt man zu der Auffassung, daß man die Ausübung eines durch eine solche Vorschrift gegebenen Verfahrens sogar einer Maschine muß überantworten können (vgl. Nr. 6).

Wie die obigen Beispiele zeigen, kann ein A. im allgemeinen auf verschiedene Ausgangsgegebenheiten *angewendet* werden (z. B. der Additions-A. auf verschiedene Summanden).

Bei der Durchführung eines A. operiert man nicht z. B. mit abstrakten Zahlen, sondern mit «handgreiflichen» Gegenständen, wie etwa bei der Dezimaldarstellung von Zahlen mit den Ziffern «0», ..., «9». Andere für Rechnungen verwendbare Zahldarstellungen sind z. B. die Dualdarstellung mit den beiden Ziffern «0», «1», oder die Darstellung durch Strichfolgen $|| \ldots |$, oder die Darstellung durch *Rechenpfennige* auf einem *Abakus* (Rechenbrett), auf welchem man in Europa bis zum 15. Jh. die elementaren Rechenoperationen durchzuführen pflegte. In modernen Rechenanlagen arbeitet man oft mit Dualdarstellungen; jedoch werden an Stelle der beiden Ziffern «0», «1» z. B. nicht-magnetisierte bzw. magnetisierte Ringkerne verwendet. Ganz allgemein kann man sagen, daß man bei einem A. mit wohlunterscheidbaren «handgreiflichen» Gegenständen operiert. Solche Gegenstände (oder allgemeiner: Objekte, welche sich wie die natürlichen Zahlen durch solche Gegenstände darstellen lassen; vgl. Nr. 7) sollen im folgenden *manipulierbar* heißen.

Meist verlangt man, daß bei einem A. die Folge der Schritte eindeutig abläuft. Man kommt zu dem erweiterten Begriff eines *Kalküls*, wenn man bei jedem Schritt endlich viele Wahlmöglichkeiten offen läßt (wenn man z. B. bei der Addition einer Reihe von Zahlen es offen läßt, in welcher Reihenfolge addiert werden soll). Es ist im übrigen möglich, jeden Kalkül zu ersetzen durch einen A., der im wesentlichen dasselbe leistet. Das Wort ‹Kalkül› erinnert an die *calculi* (Kalksteinchen), mit denen man im Altertum zu rechnen pflegte. Nicht alle Autoren verlangen, daß ein A. eindeutig prozediert. Verzichtet man auf diese Forderung, so kann man die Begriffe *A.* und *Kalkül* identifizieren.

Auf den Begriff des A. lassen sich verschiedene wesentliche Begriffe zurückführen. Dazu gehören die Begriffe der Berechenbarkeit (Nr. 2), Entscheidbarkeit (Nr. 3) und Aufzählbarkeit (Nr. 4).

2. Eine Funktion, deren Argumente und Werte manipulierbar sind, heißt (effektiv) *berechenbar* (computable), wenn es zu ihr einen A. gibt, welcher, angewendet auf ein beliebiges Argument, nach endlich vielen Schritten abbricht und dann den jeweiligen Funktionswert liefert. Wir setzen im folgenden voraus, daß die Funktionen *total* sind, d. h. für alle in Frage kommenden Argumente erklärt sind (im Gegensatz zu sogenannten *partiellen* Funktionen). Beispiele für berechenbare Funktionen sind die Summenfunktion und die Produktfunktion im Bereich der natürlichen Zahlen. Die «meisten» Funktionen sind nicht berechenbar, wie sich z. B. mit Hilfe eines Diagonalschlusses zeigen läßt. (Zu speziellen nicht-berechenbaren Funktionen vgl. Nr. 12.) Man kann in der Mathematik Funktionen definieren, über deren Berechenbarkeit man heute noch nichts weiß.

3. Eine *n*-stellige Relation, welche über einem Bereich *B* von manipulierbaren Dingen erklärt ist, heißt *entscheidbar* (decidable), wenn es zu ihr einen A. gibt, welcher, angewendet auf beliebige *n*-tupel von Gegenständen aus *B*, nach endlich vielen Schritten abbricht und dann die korrekte Antwort liefert, ob die Relation auf das *n*-tupel zutrifft oder nicht. Beispiele für entscheidbare Relationen über dem Bereich der natürlichen Zahlen sind die Eigenschaft (oder 1-stellige Relation), eine Primzahl zu sein, und die 2-stellige Kleiner-als-Relation. Die «meisten» Relationen sind unentscheidbar. Man kann Relationen definieren, über deren Entscheidbarkeit man heute noch nichts weiß. (Zu speziellen nicht-entscheidbaren Relationen vgl. Nr. 12.) Statt «die Primzahleigenschaft ist entscheidbar» sagt man oft kürzer (aber zu Mißverständnissen Anlaß gebend): «man kann entscheiden, ob eine Zahl eine Primzahl ist».

Eine *Menge* von Dingen, welche zu einem manipulierbaren Bereich *B* gehören, heißt entscheidbar, wenn die Eigenschaft, Element dieser Menge zu sein, entscheidbar ist. – In der Theorie der rekursiven Funktionen (vgl. Nr. 6) sagt man meist «Prädikat» statt «Relation».

4. Eine *n*-stellige Relation, welche über einem Bereich von manipulierbaren Dingen erklärt ist, heißt *aufzählbar* (enumerable) [1], wenn es zu ihr einen A. gibt, welcher nicht abbricht, und nach einer Anzahl von Schritten ein erstes *n*-tupel gibt, auf welches die Relation zutrifft, nach einer Anzahl weiterer Schritte ein zweites derartiges *n*-tupel liefert usf. Dabei wird nicht verlangt, daß die so gewonnenen *n*-tupel voneinander verschieden sind. Darüber hinaus wird auch die (nie zutreffende) leere *n*-stellige Relation aufzählbar genannt. Statt ‹aufzählbar› sagt man auch *erzeugbar* (generable) oder *erzeugt* (generated). Man verwechsle nicht ‹aufzählbar› mit ‹abzählbar› (d. i. umkehrbar eindeutig auf die Menge – oder eine Teilmenge – der natürlichen Zahlen abbildbar). Ein Beispiel für eine 3-stellige aufzählbare Relation wird gegeben durch die Menge der Lösungen der diophantischen Gleichung $x^2 + y^2 = z^2$. Durch «systematisches Durchprobieren» (diese Bezeichnung deutet einen A. an), erhält man der Reihe nach die Lösungstripel 0, 0, 0; 1, 0, 1; 0, 1, 1; ...; 2, 3, 5; ... . Die «meisten» Relationen sind nicht aufzählbar. Man kann Relationen definieren, über deren Aufzählbarkeit man heute noch nichts weiß. (Zu speziellen nicht-aufzählbaren Relationen vgl. Nr. 12.)

5. Die in Nr. 2, 3, 4 eingeführten Begriffe hängen eng zusammen. Es gilt nämlich:

(a) Eine Relation *R* ist entscheidbar genau dann, wenn die *charakteristische Funktion* χ_R von *R* berechenbar ist. Dabei hat χ_R für ein *n*-tupel von Dingen den Wert 0, wenn *R* auf dieses *n*-tupel zutrifft, und sonst den Wert 1.

(b) Eine Funktion *f* ist berechenbar genau dann, wenn die *charakteristische Relation* R_f von *f* entscheidbar ist. Dabei trifft R_f auf ein $(n+1)$-tupel genau dann zu, wenn das letzte Glied dieses $(n+1)$-tupels der Funktionswert von *f* für das durch die ersten *n* Glieder des $(n+1)$-tupels gegebene Argument ist.

(c) Eine Relation *R* ist entscheidbar genau dann, wenn *R* und die komplementäre Relation $\bar{R}$ aufzählbar sind. Dabei trifft $\bar{R}$ auf genau die *n*-tupel zu, auf welche *R* nicht zutrifft.

(d) Eine *n*-stellige Relation *R* ist aufzählbar genau dann, wenn *R* leer ist, oder wenn es *n* berechenbare 1-stellige Funktionen $f_1, ..., f_n$ über der Menge der natürlichen Zahlen 0, 1, ... gibt, derart daß die *n*-tupel $f_1(0), ..., f_n(0); f_1(1), ..., f_n(1); f_1(2), ..., f_n(2); ...$ genau diejenigen *n*-tupel sind, auf welche *R* zutrifft.

Aus (b), (c), (d) ergibt sich, daß sich auf jeden der drei Begriffe Berechenbarkeit, Entscheidbarkeit, Aufzählbarkeit die beiden anderen zurückführen lassen.

6. Störend bei den Definitionen in Nr. 2, 3, 4 ist, daß sie Gebrauch machen von dem Begriff des A., welcher nur durch Beispiele eingeführt worden ist (und zur Zeit im Prinzip nur so eingeführt werden kann). Seit 1936 kennt man jedoch die präzisen Begriffe der *rekursiven Funktion*, der *rekursiven Relation* und der *rekursiv-aufzählbaren Relation*, von denen man glaubt, daß sie mit den «intuitiven» Begriffen der berechenbaren Funktion, der entscheidbaren Relation bzw. der aufzählbaren Relation extensional übereinstimmen, in dem Sinne, daß jede rekursive Funktion berechenbar ist und umgekehrt; usf. Einige grundsätzliche Bemerkungen, bevor die Definition dieser exakten Rekursivitätsbegriffe gegeben wird: Betrachten wir *Funktionen*. Relativ leicht ist einzusehen, daß jede rekursive Funktion *f* berechenbar ist (weil die Definition der Rekursivität einen A. zur Berechnung von *f* einschließt). Die umgekehrte Behauptung, daß jede im intuitiven Sinne berechenbare Funktion auch rekursiv ist, heißt nach CHURCH (1936) die *Churchsche These* [2]. Fast gleichzeitig mit Church haben TURING [3] und POST [4] dieselbe These mehr oder weniger explizit formuliert. Die Churchsche These wird heute kaum bestritten.

Für die Churchsche These spricht vor allem die umfangreiche bisher gemachte Erfahrung, daß jede im intuitiven Sinne berechenbare Funktion auch rekursiv ist. Wir können also erfahrungsgemäß die durch den exakten Begriff der Rekursivität gegebene Schranke nicht durch die Erfindung geeigneter A. überwinden. POST [5] spricht von «limitations of the mathematicizing power of Homo Sapiens». Die Churchsche These impliziert, daß jede entscheidbare Menge rekursiv und daß jede aufzählbare Menge rekursiv aufzählbar ist, während die umgekehrten Behauptungen unmittelbar einsichtig sind.

Neben der Erfahrung spricht für die Churchsche These noch folgendes: (a) TURING [6] ist ausgegangen von der Vorstellung, daß jeder A. prinzipiell durch eine Maschine durchgeführt werden können muß. Durch eine Analyse der bekannten Rechenverfahren versucht er plausibel zu machen, daß sogar Maschinen ziemlich spezieller Natur ausreichen, um wenigstens alle A. zu *simulieren* (nachzuspielen). Er kommt damit (vgl Nr. 8) zum Begriff der *Turing-Maschine* und darauf aufbauend zum Begriff der *Turing-Berechenbarkeit* einer Funktion, welcher mit dem Begriff der Rekursivität gleichbedeutend ist. (b) Neben dem Begriff der Turing-Berechenbarkeit stehen weitere Präzisierungen der intuitiven Begriffe der Berechenbarkeit, Entscheidbarkeit bzw. Aufzählbarkeit. Einige der wichtigsten werden in Nr. 9, 10, 11 besprochen. Obwohl die Autoren solcher Begriffe von oft sehr verschiedenartigen Ideen ausgegangen sind, haben sich die jeweiligen Präzisierungen als äquivalent erwiesen.

Eine *Funktion* heißt *rekursiv* (recursive, general recursive), wenn sie Turing-berechenbar ist (Nr. 8) oder wenn sie unter einen anderen dazu äquivalenten exakten Begriff fällt. Eine *Relation* heißt *rekursiv*, wenn ihre charakteristische Funktion (Nr. 5 a) rekursiv ist. Eine Relation heißt *rekursiv-aufzählbar* (recursively enumerable), wenn sie analog zu Nr. 5 d auf Funktionen $f_1, ..., f_n$ zurückgeführt werden kann, welche rekursiv sind.

7. Bei der Präzisierung der intuitiven Begriffe legt man nicht *beliebige* Bereiche von manipulierbaren Gegenständen zugrunde; man beschränkt sich vielmehr auf den Bereich der natürlichen Zahlen (darstellbar durch «Worte» (z. B. «IIII») über dem einelementigen Alphabet {I}) oder allgemeiner auf den Bereich der «Worte» (z. B. «$a_4a_4a_1$») über einem endlichen Alphabet $\{a_1, ..., a_n\}$. Die gewonnenen Begriffe lassen sich jedoch auf einen beliebigen Bereich B von manipulierbaren Gegenständen übertragen, vermöge einer *Arithmetisierung* (arithmetization) oder *Gödelisierung* [7]. Eine Gödelisierung von B ist eine berechenbare umkehrbar eindeutige Abbildung g von B in die Menge der natürlichen Zahlen (oder in einen anderen Bereich manipulierbarer Dinge), bei der man entscheiden kann, ob eine natürliche Zahl g-Bild eines Elementes von B ist, und bei der im positiven Fall auch das Element b von B berechenbar ist, welches durch g auf n abgebildet wird. (Die Postleitzahlen geben eine Gödelisierung des Bereichs der Postorte.) Die Zahl $g(b)$ heißt auch die *Gödelnummer* von b.

Einer Eigenschaft Q über B läßt sich mittels einer Gödelisierung g eine Eigenschaft Q_g über der Menge N der natürlichen Zahlen zuordnen: Q_g treffe auf die natürliche Zahl n genau dann zu, wenn n die Gödelnummer eines Elementes b von B ist, und wenn Q auf dieses b zutrifft. Wenn Q entscheidbar ist, so auch Q_g und umgekehrt. – In ähnlicher Weise lassen sich die Begriffe der Berechenbarkeit und Aufzählbarkeit von N auf B übertragen.

8. Eine *Turing-Maschine* (Turing machine) [8] M über einem Alphabet $\{a_1, ..., a_n\}$ besitzt ein *Rechenband* (tape), das in eine lineare Folge von *Feldern* (squares) eingeteilt ist. Das Band ist beidseitig unbegrenzt. Zu Beginn des durch M bewirkten Rechenprozesses sind fast alle Felder leer. Endlich viele Felder tragen je einen der Buchstaben $a_1, ..., a_n$ des Alphabets (verschiedene Felder können denselben Buchstaben tragen). Es ist zweckmäßig zu sagen, daß ein leeres Feld den *uneigentlichen Buchstaben* a_0 trage. M arbeitet schrittweise. Vor jedem Schritt ist M in einem bestimmten *Zustand* (state). Es gibt endlich viele Zustände $c_0, ..., c_m$. Zu Beginn ist M im Zustand c_0. Vor jedem Schritt ist jeweils ein bestimmtes Feld als *Arbeitsfeld* (scanned square) ausgezeichnet. Ein Schritt besteht in (a) einer Operation und (b) dem Übergang zu einem neuen Zustand. Die *Operation* ist entweder die Änderung der Beschriftung des jeweiligen Arbeitsfeldes durch (Elimination des bisherigen und) Aufdruck eines neuen (eigentlichen oder uneigentlichen) Buchstabens unter Erhaltung des bisherigen Arbeitsfeldes oder die Verlegung des Arbeitsfeldes auf das Feld unmittelbar links («*l*») oder rechts («*r*») vom alten Arbeitsfeld unter Erhaltung der Beschriftung des Bandes. Die Operation kann aber auch darin bestehen, daß die Maschine gezwungen wird, nach diesem Schritt stehen zu bleiben («*s*»), d. h. keinen weiteren Schritt durchzuführen.

Ein Schritt ist eindeutig festgelegt durch (1) den Zustand c_j vor dem Schritt und (2) den Buchstaben a_k auf dem augenblicklichen Arbeitsfeld. Man kann daher eine Maschine M kennzeichnen durch eine Tafel (Matrix). Jede mögliche Kombination a_jc_k bestimmt eine Zeile der Tafel. In einer solchen Zeile wird nun die durch die Kombination a_jc_k vorgeschriebene Operation (d. h. Druck eines bestimmten Buchstabens a_i bzw. *r* bzw. *l* bzw. *s*) und der vorgeschriebene neue Zustand c_m angegeben. Setzt man eine Turing-Maschine M auf ein bestimmtes Feld (als ursprüngliches Arbeitsfeld) eines bereits beschrifteten Bandes an, so ist das Verhalten von M durch die Tafel eindeutig festgelegt. M wird entweder unendlich viele Schritte durchführen oder nach endlich vielen Schritten auf einem bestimmten Feld (als letztem Arbeitsfeld) stehen bleiben, wobei eine definitive Bandinschrift entstanden ist.

Eine n-stellige Funktion f, deren Argumente n-tupel von Worten und deren Werte Worte aus Buchstaben eines endlichen Alphabets sind, heißt *Turing-berechenbar* (Turing-computable), wenn es eine Turing-Maschine M über diesem Alphabet gibt derart, daß für jedes n-tupel von Worten $W_1, ..., W_n$ gilt: Schreibt man zu Beginn diese Worte in der gegebenen Reihenfolge mit je einem Feld Abstand auf das im übrigen leere Rechenband und setzt man M auf ein beliebiges Feld (als ursprüngliches Arbeitsfeld) an, so bleibt M nach endlich vielen Schritten auf einem leeren Feld F stehen, und so, daß dann zwischen dem ersten links von F stehenden leeren Feld F' und dem Feld F das Wort $f(W)$ steht, also der Funktionswert. Falls man das Alphabet auf einen Buchstaben reduziert, erhält man den Begriff der Turing-Berechenbarkeit für Funktionen über dem Bereich der natürlichen Zahlen. Nur solche Funktionen werden in Nr. 9 betrachtet.

9. Äquivalent zum Begriff der Turing-Berechenbarkeit ist der Begriff der μ-Rekursivität. Eine Funktion heißt *μ-rekursiv* (μ-recursive), wenn sie eine *Ausgangsfunktion* ist oder wenn sie, ausgehend von den Ausgangsfunktionen, durch endlichmalige Anwendung der Prozesse der *Einsetzung*, der *gewöhnlichen induktiven Definition* oder der *Anwendung des μ-Operators im Normalfall* gewonnen werden kann. Ausgangsfunktionen sind (a) die 0-stellige Funktion, deren Wert 0 ist, (b) die 1-stellige Nachfolgerfunktion, deren Wert für eine Zahl die nächstfolgende Zahl ist, und (c) für jedes $n \geq 1$ die n-stelligen Projek-

tionsfunktionen, deren Werte gleich dem i-ten Argument sind. Der Einsetzungsprozeß führt von Funktionen $g, g_1, ..., g_r$ zu einer neuen Funktion f, für welche gilt:

$$f(x_1, ..., x_n) = g(g_1(x_1, ..., x_n), ..., g_r(x_1, ..., x_n)).$$

Die gewöhnliche induktive Definition führt von Funktionen g_1 und g_2 zu einer Funktion f, für die gilt (y' ist der Nachfolger von y):

$$f(x_1, ..., x_n, 0) = g_1(x_1, ..., x_n),$$
$$f(x_1, ..., x_n, y') = g_2(x_1, ..., x_n, y, f(x_1, ..., x_n, y)).$$

Die Anwendung des μ-Operators im Normalfall führt von einer Funktion g mit der den Normalfall charakterisierenden Eigenschaft, daß es zu jedem $x_1, ..., x_n$ wenigstens ein y gibt mit $g(x_1, ..., x_n, y) = 0$, zu einer neuen Funktion f, für die gilt:

$$f(x_1, ..., x_n) = \text{kleinstes } y \text{ mit } g(x_1, ..., x_n, y) = 0.$$

Die Funktionen, welche man ohne die Anwendung des μ-Operators erhält, heißen *primitiv-rekursiv*. Nicht jede rekursive Funktion ist primitiv-rekursiv.

10. Äquivalent zum Begriff der Turing-Berechenbarkeit ist der Begriff der *Rekursivität* (im engeren Sinne) (HERBRAND; GÖDEL; KLEENE [9]). Hier sei nur andeutend bemerkt, daß eine Funktion rekursiv (im engeren Sinne) heißt, wenn es ein endliches Gleichungssystem gibt, aus dem man die Funktionswerte mit Hilfe von (genau definierten) Einsetzungsprozessen kalkülmäßig erhalten kann.

11. Äquivalent zum Begriff der Turing-Berechenbarkeit ist der Begriff der *Markov-Berechenbarkeit*. Sei gegeben ein endliches Alphabet, aus dessen Buchstaben Wörter gebildet werden können, einschließlich des leeren Wortes. Ein *Markov-A.* [10] ist gegeben durch endlich viele Zeilen $L_i \Rightarrow (\cdot) R_i$ ($i = 1, ..., m$). Dabei sind L_i, R_i Wörter über dem Alphabet. Der Pfeil und der Punkt sollen nicht zum Alphabet gehören. «$(\cdot)$» soll andeuten, daß der Punkt vor R_i stehen, aber auch fehlen kann. Ausgehend von einem beliebigen Wort W_0 über dem gegebenen Alphabet kann man eine eventuell nach endlich vielen Schritten abbrechende eindeutig bestimmte Wortkette $W_0, W_1, W_2, ...$ bilden nach folgender Vorschrift: Wenn W_0 kein Teilwort der Gestalt L_i hat, bricht die Kette bereits mit W_0 ab. Sonst sei i der kleinste Index mit der Eigenschaft, daß L_i Teilwort von W_0 ist. UL_iV sei die Zerlegung von W_0 mit kürzestem U. Dann sei $W_1 = UR_iV$. Wenn in der i-ten Zeile ein Punkt vorkommt, bricht die Kette mit W_1 ab. Sonst setze man den eben beschriebenen Prozeß fort, indem man W_1 wie vorhin W_0 behandelt.

Eine n-stellige Funktion f über dem Bereich der natürlichen Zahlen heißt *Markov-berechenbar*, wenn es einen Markov-A. über dem zweielementigen Alphabet $\{*, |\}$ gibt, der folgendes leistet (ist x eine natürliche Zahl, so sei W_x das aus $x+1$ Strichen bestehende Wort): Ist $x_1, ..., x_n$ ein beliebiges n-tupel und ist $x = f(x_1, ..., x_n)$, so bricht die mit $W_{x_1} * W_{x_2} * ... * W_{x_n}$ beginnende Wortkette nach endlich vielen Schritten mit dem Wort W_x ab.

12. Die exakte Definition der Rekursivität für Relationen erlaubt es, verhältnismäßig leicht konkrete Relationen zu definieren, deren Nicht-Rekursivität, also Unentscheidbarkeit, man mit Hilfe eines Diagonalschlusses nachweisen kann. Von einer solchen unentscheidbaren Relation kann man nun zu weiteren unentscheidbaren Relationen übergehen durch *Reduktion*: In gewissen Fällen kann man zeigen, daß die Entscheidbarkeit von R_2 die von R_1 nach sich zieht. Weiß man bereits, daß R_1 unentscheidbar ist, so muß auch R_2 unentscheidbar sein. Auf diese Weise hat man für viele Relationen die Unentscheidbarkeit nachgewiesen. Einige dieser Relationen hängen noch unmittelbar mit Turing-Maschinen zusammen. So läßt sich z. B. zeigen, daß es unentscheidbar ist, ob eine beliebige Turing-Maschine M, angesetzt auf das leere Band, nach endlich vielen Schritten stehenbleibt oder ob M beliebig lange weiterläuft. Man kann sogar eine konkrete Turing-Maschine M_0 angeben, für die es unentscheidbar ist, ob M_0 angesetzt auf ein beliebiges Wort, nach endlich vielen Schritten stehenbleibt oder nicht. Durch eine Kette von weiteren Reduktionen kann man von diesen unentscheidbaren Relationen übergehen zu solchen, bei denen kein engerer Zusammenhang mit den Turing-Maschinen mehr erkennbar ist. Um eine solche Relation handelt es sich z. B. bei der «Unlösbarkeit des Wortproblems der Gruppentheorie», welche etwa gleichzeitig von BOONE und NOVIKOV nachgewiesen wurde [11].

Besonders wichtig ist der Begriff der *entscheidbaren Theorie*. Eine Theorie heißt entscheidbar, wenn man für eine beliebige einschlägige Aussage entscheiden kann, ob sie ein Satz der Theorie ist oder nicht. Das wichtigste Beispiel einer entscheidbaren Theorie ist die elementare Algebra der reellen Zahlen [12]. Das bekannteste Beispiel für eine unentscheidbare Theorie ist die elementare Algebra der natürlichen Zahlen (Arithmetik [13]).

13. Wenn auch die meisten A. für die Lösung von speziellen Problemen geschaffen worden sind, so hat man sich vielfach darüber hinaus für solche Verfahren interessiert, welche man möglichst universell anwenden kann. Ein derartiger A. war der Idee nach die *ars magna* von RAYMUNDUS LULLUS, welche insbesondere LEIBNIZ zu seiner *ars inveniendi* und seiner *ars iudicandi* inspiriert hat. Die bei Leibniz nicht deutlich definierte ars inveniendi kann vielleicht mit einem Aufzählungs-A. identifiziert werden [14, 15].

Ein sehr universelles Aufzählungsverfahren wird gegeben durch den *Prädikatenkalkül*, genauer durch den (oder besser: einen) Kalkül für die Prädikatenlogik (s. d.) der ersten Stufe. Die Existenz eines solchen Kalküls besagt insbesondere, daß die Menge A der allgemeingültigen Ausdrücke der Prädikatenlogik der ersten Stufe aufzählbar ist. A ist jedoch nicht entscheidbar, was zuerst von CHURCH [16] bewiesen wurde. Dies ist die sogenannte *Unlösbarkeit des Entscheidungsproblems der Prädikatenlogik*. Man hat versucht, wenigstens für gewisse spezielle Ausdrucksklassen das Entscheidungsproblem (für Allgemeingültigkeit bzw. für Erfüllbarkeit) zu lösen. Das ist z. B. gelungen für die Klasse der Ausdrücke, welche nur 1-stellige Prädikatenvariablen enthalten. Andere Untersuchungen zeigen, daß auch für gewisse eingeschränkte Klassen von Ausdrücken das Entscheidungsproblem unlösbar ist, was z. B. durch Reduktion (vgl. Nr. 12) auf das unlösbare allgemeine Entscheidungsproblem bewiesen werden kann [17].

14. Der Beschreibung des Verhaltens von programmgesteuerten Datenverarbeitungsanlagen dient die Theorie der *endlichen Automaten*. Ein endlicher Automat ist im wesentlichen äquivalent zu einer Turing-Maschine, bei der nie die Vorschrift «*b*» (vgl. Nr. 8) auftritt [18].

Anmerkungen. [1] Zum Begriff der Aufzählbarkeit vgl. bes. E. L. POST: Recursively enumerable sets of positive integers and their decisions problems. Bull. Amer. Math. Soc. 50 (1944) 284–316. – [2] A. CHURCH: An unsolvable problem of elementary number theory. Amer. J. Math. 58 (1936) 345-363. – [3] A. TURING: On computable numbers, with an application to the Entscheidungsproblem. Proc. Lond. math. Soc. 42 (1936/37) 230-265; A correction a. a. O. 43 (1937) 544-546. – [4] E. L. POST: Finite combinatory processes – formulation 1. J. symbol. Logic 1 (1936)

103-105. – [5] a. a. O. [4] 105 Anm. – [6] A. TURING, a. a. O. [3]. – [7] K. GÖDEL: Über formal unentscheidbare Sätze der Principia Mathematica und verwandter Systeme I. Mh. Math. Phys. 38 (1931) 173-198. – [8] A. TURING, a. a. O. [3]. – [9] S. C. KLEENE: General recursive functions of natural numbers. Math. Annalen 112 (1936) 727-742. – [10] A. MARKOV: The theory of algorithms (Washington 1962). – [11] Vgl. W. W. BOONE: The word problem. Ann. of Math. 70 (1959) 207-265. – [12] A. TARSKI: A decision method for elementary algebra and geometry (Berkeley ²1951). – [13] A. CHURCH, a. a. O. [2]; zu unentscheidbaren Theorien vgl. A. TARSKI, A. MOSTOWSKI und R. ROBINSON: Undecidable theories (Amsterdam 1953). – [14] Vgl. L. COUTURAT: Opuscules et fragments inédits de Leibniz (Paris 1903) 175. – [15] H. HERMES: Ideen von Leibniz zur Grundlagenforschung: Die ars inveniendi und die ars iudicandi. Kongreßbericht Hannover (1967). – [16] A. CHURCH: A note on the Entscheidungsproblem. J. symbol. Logic 1 (1936) 40-41; Correction a. a. O. 101-102. – [17] Zum Entscheidungsproblem der Prädikatenlogik vgl. J. SURÁNYI: Reduktionstheorie des Entscheidungsproblems im Prädikatenkalkül der ersten Stufe (Budapest 1959). – [18] W. M. GLUSHKOW: Theorie der abstrakten Automaten (1963).

Literaturhinweise. R. PÉTER: Rekursive Funktionen (Budapest ²1957). – M. DAVIS: Computability and unsolvability (New York 1958). – H. HERMES: Aufzählbarkeit, Entscheidbarkeit, Berechenbarkeit (1961). – R. SMULLYAN: Theory of formal systems (Princeton 1961). – S. C. KLEENE: Introduction to metamathematics (New York/Amsterdam ⁴1964). – Vgl. Anm. [1-4, 11, 14, 17, 18].
H. HERMES

All-Eine (das). Von Denkern, «die gefordert haben, daß das All eines sei» (εἶναι τὸ πᾶν ἕν) spricht der pseudoaristotelische Bericht über die Lehren des MELISSOS, XENOPHANES und GORGIAS [1]. Beschrieben werden damit die nach dem Urstoff fragenden physiologischen Spekulationen der Milesier. Für ANAXIMANDER etwa hatte das All die eine Gestalt des Wassers, für ANAXIMENES die der Luft. Nach MELISSOS ist das A.-E. – ein die vier sonst unterschiedenen Elemente umfassender Grundstoff (ὕλη) [2] – ein Körper: Es hat Mitte und Rand, ist begrenzt, aber ungeworden [3]. Mit den gleichen Prädikaten hat PARMENIDES [4] das Sein beschrieben als «einer wohlgerundeten Kugel Masse vergleichbar, nach allen Seiten hin vollendet, von der Mitte nach allen Seiten hin gleich»: alles ist somit eins (τὸ πᾶν ἕν). XENOPHANES, Begründer der eleatischen Schule, nach Theophrast «Schüler» des Milesiers Anaximander und «Lehrer» des Parmenides, nannte das A.-E. den Gott: Er ist kugelförmig und begrenzt, nicht entstanden, sondern ewig, jedem Leiden und jeder Veränderung entrückt, ein vernünftiges Wesen und mit der Gesamtheit der Dinge verwachsen [5].

NIKOLAUS VON KUES kommt bei Untersuchungen auf dem «Felde der Einheit» bei seiner «Jagd nach der Weisheit» [6] zu der Erkenntnis, daß alles nur insofern besteht, als es Eines ist (omnia in tantum sunt in quantum unum sunt). Anknüpfend an Nikolaus, ihn zugleich in Richtung auf eine pantheistische Interpretation hin einseitig überbietend, vertritt GIORDANO BRUNO eine All-Einheits-Lehre als die Konsequenz der völligen Immanenz des Göttlichen im unendlich gesetzten Universum. HEGEL hat «die ganze Philosophie nichts anderes als das Studium der Bestimmungen der Einheit» genannt; ebenso sei die Religionsphilosophie eine Reihenfolge von Einheiten, die Einheit aber so gedacht, «daß diese immer weiter bestimmt ist» [7]. In ausdrücklicher und zustimmender Anknüpfung an das Einheitsdenken der Eleaten kritisiert Hegel eine ungenügende Fassung des Pantheismus, insofern dieser nur die abstrakte, nicht die geistige Einheit heraushebt [8], und er diskutiert von hier aus den Spinozismus und den gegen ihn erhobenen Vorwurf, daß, wenn Alles Eines sei, auch das Gute Eines sei mit dem Bösen. Allerdings hänge dem Pantheismus eine gewisse Zweideutigkeit von dem ihm zugrunde liegenden Begriff der Allgemeinheit her an, den Hegel in einer an Aristoteles [9] erinnernden Reflexion aufzeigt: «Ἕν καὶ πᾶν heißt das Eine All, das All, welches schlechthin Eines bleibt, aber πᾶν heißt auch Alles, und so ist es, daß es in die gedankenlose, schlechte, unphilosophische Vorstellung übergeht»: die Vorstellung einer bloßen «Reflexionsallgemeinheit».

Anmerkungen. [1] ARISTOTELES, Quae feruntur de Melisso, Xenophane, Gorgia. Frg. der Vorsokratiker, hg. DIELS/KRANZ¹¹ (= VS) 30 A 5. – [2] VS 30 A 6. – [3] VS 976 A 10-13. – [4] VS 28 B 8, 43-45. – [5] VS 21 A 29ff. – [6] NIKOLAUS VON KUES, De venatione sapientiae XXI: De sexto campo sc. unitatis. – [7] HEGEL, Werke, hg. Glockner 14, 113. – [8] a. a. O. 111. – [9] Vgl. den Aufweis der Ambivalenz des Wortes ‹alle› im Zusammenhang der Kritik an der sokratisch-platonischen Forderung nach höchstmöglicher Realisierung der Einheit im Staate, ARISTOTELES, Pol. II, 3, 1261 b 20ff.
G. BIEN

Allgegenwart (Omnipräsenz) Gottes. Sie ist sein aktuelles Gegenwärtigsein in allen Dingen (Ubiquität), insbesondere in jeder raumhaften Wirklichkeit durch sein Wesen, nicht nur durch sein Wissen oder seine Macht. Diese Dreiteilung ist im Anschluß an die ‹Glossa ordinaria, in Cant. c. 5› seit PETRUS LOMBARDUS üblich. Aber auch AUGUSTIN sagt schon: «Deus totus oculus est, quia omnia videt; totus manus est, quia omnia operatur; totus pes est, quia ubique est» [1]. Doch scheint die A. gelegentlich auf eine bloße Gegenwart der göttlichen Allmacht reduziert, z. B. bei HONORIUS VON AUTUN («Quamvis ubique potentialiter, tamen in intellectuali caelo substantialiter») [2], oder nur verbal als Wesensgegenwart festgehalten, wie bei THIERRY VON CHARTRES. A. ist ein relatives und hypothetisches Attribut Gottes, abhängig vom faktischen Schöpfungsratschluß, während Unermeßlichkeit (immensitas) die absolute Erhabenheit und Nähe der Gegenwart Gottes über alles denkbare räumliche Begrenzte oder raumhaft Bezogene meint (absentia mensurae loci et aptitudo ad essendum ubique). Er ist nicht durch eine unendliche Entfernung so vom Geschöpflichen getrennt, daß er es nur durch Zwischenwesen berührt (gnostisch), aber auch nicht in seiner Gegenwartsweise durch die Nähe der quantitativ geteilten körperlichen Welt geprägt (polytheistisch, pantheistisch); genauer weder im Raum verteilt wie die Materie (zirkumskriptiv), noch auf nur jeweils einen Raumbezirk bezogen wie die Seele oder ein Engelwesen (definitiv), noch an einer begrenzten Zahl von Orten (sakramental), sondern durch sein Wesen innerster tragender Grund alles Räumlichen (repletiv), ganz im ganzen Universum und ganz in jedem seiner Teile.

Die *heilige Schrift* nennt Gott unermeßlich (Bar. 3, 25), preist die Größe Gottes, den das Weltall nicht zu umfassen vermag (3 Reg. 8, 27; Job 11, 8), zusammen mit seiner Körperlosigkeit, Allwirksamkeit, Unendlichkeit, ohne weiter auf eine Unterscheidung dieser Attribute zu reflektieren; Gottes A. wird aber deutlich veranschaulicht: Er erfüllt die ganze Welt (Is. 6, 2), Himmel und Erde (Jer. 23, 23; Sap. 1, 7), sogar das Totenreich (Am. 9, 2); «non longe est ab unoquoque nostrum; in ipso enim vivimus et movemur et sumus» (Act. 17, 28); am bekanntesten Psalm 138, 7-12.

In der *Patristik* sind Ausdrücke wie ἀχώρητος (unumgrenzbar), ἀπερίγραφος (unumschrieben), ἀμέτρητος ‹incircumscriptus› häufig; Maß der Größe Gottes ist nichts Endliches, sondern die Unendlichkeit (ἀπειρία). Der Begriff A. wird näher erklärt, aber von Unermeßlichkeit kaum unterschieden: THEO-

PHILUS VON ANTIOCHIEN: «Dei ... est non solum ubique esse, ... nedum loco contineri, alioquin locus continens maius eo inveniretur; Deus autem loco non circumscribitur, sed ipse est omnium locus» [3]; HILARIUS: «Non corporalibus locis Deus continetur, neque finibus aut spatiis divinae virtutis immensitas coarctatur. Adest ubique et totus ubicumque est; non pro parte usquam est, sed in omnibus omnis est ... Ubique est modo animae corporalis, quae in membris omnibus diffusa a singulis quibusque partibus non abest» [4]; CYRILL VON ALEXANDRIEN: «Non in loco est divinitas, sed a nulla re prorsus abest; implet enim omnia et per omnia vadens et extra omnia in omnibus est» [5]. Insbesondere GREGOR DER GROSSE verwendet paradox klingende Formeln, um jede anthropomorphe Nebenbedeutung auszuschließen: «Quia ipse manet intra omnia, ipse extra omnia, ipse supra omnia, ipse infra omnia, ... exterior per magnitudinem et interior per subtilitatem, sursum regens, deorsum continens, extra circumdans, interius penetrans; nec alia ex parte superior alia inferior, aut alia ex parte exterior atque ex alia manet interior, sed unus idemque totus ubique praesidendo sustinens, sustinendo praesidens, circumdando penetrans, penetrando circumdans» [6]. Glaubenssymbola und Konzilstexte haben den Terminus ‹immensus› definiert.

Seit THOMAS VON AQUIN sucht man die Verwandtschaft von A. mit Allwirksamkeit und Unendlichkeit näher zu bestimmen (z. B. durch die Frage nach dem Formalgrund der A.) und von der A. besondere Gegenwartsweisen Gottes (z. B. im Menschen durch die Gnade) begrifflich scharf abzuheben [7]. NEWTON setzt die Unermeßlichkeit Gottes mit dem Raum gleich [8].

Anmerkungen. [1] AUGUSTIN, Ep. 148, 4. Corp. script. eccl. lat. 44, 344. – [2] HONORIUS VON AUTUN, Eluc. 3. MPL 172, 1111. – [3] THEOPHILUS VON ANTIOCHIEN, Ad Autol. 2, 3. MPG 6, 1050. – [4] HILARIUS VON POITIERS, In Ps. 118, 19, 8. MPL 9, 629. – [5] CYRILL VON ALEXANDRIEN, In Joh. 11, 9. MPG 74, 525. – [6] GREGOR DER GROSSE, Moral. 2, 2. MPL 75, 565. – [7] THOMAS VON AQUIN, S. theol. I, 8, 3 ad 4; I, 43, 3 ad 1. – [8] A. STEICHEN: Über Newtons Lehre vom Raum. Scholastik 4 (1929) 390-401.

Literaturhinweise. AUGUSTIN, Liber de praesentia Dei ad Dardanum (= Ep. 187). – PETRUS LOMBARDUS, Sent. I d 37 c 1; THOMAS VON AQUIN, S. theol. I, 8 mit Kommentatoren. – IOHANNES A S. THOMA, In I p. S. theol. q. 8, disp. 8. – K. ALVERMANN: Die Lehre Plotins von der A. des Göttlichen (1905). – R. SEEBERG: Nähe und A. Gottes (1911). – I. W. SLOTKI: Omnipresence, condescension, and omniscience in Ps. 113, 5-6. J. Theol. St. 32 (1930/31) 367-370. – F. CAYRÉ: Les sources de l'amour divin. La divine présence d'après s. Augustin (Paris 1934). – J. THOMAS: L'omniprésence divine. A propos d'une question du catéchisme. Collat. Tornacenses 33 (1938) 69-79. – I. HELLIN: Theol. naturalis (Madrid 1950) 492-511; La inmensidad de Dios según Suárez. Estud. ecles. 22 (1948) 226-263. – R. BUSA SJ: La terminol. tomistica dell'interiorità (Mailand 1949). – H. STIRNIMANN OP: Zum Begriff der Gegenwart. Divus Thomas (Fribourg) 29 (1951) 65-80. – V. A. FUERST: An hist. study of the doctrine of the omnipresence of God in select writings between 1220-1270 (Washington 1951). – J. F. ANDERSON: The creative ubiquity of God. New Scholasticism (Washington) 25 (1951) 139-162. – G. SCHEMBRI: Doctrina de omnipraesentia Dei in VT (Diss. Rom 1952). – S. GRABOWSKI, The all-present God. A study in St. Augustine (St. Louis 1954). – E. LERLE: Das Raumverständnis im NT (1955). – M. FRICKEL: Deus totus ubique simul. Untersuchungen zur allg. Gottgegenwart im Rahmen der Gotteslehre Gregors des Großen. Freiburg. theol. Stud. 56 (1956). – J. DANIÉLOU: The presence of God (Le signe du temple) (Baltimore 1960). – Y. M. J. CONGAR: Das Mysterium des Tempels. Die Gesch. der Gegenwart Gottes von der Gen. bis zur Apok. (1960). – J. BAILLIES: The sense of the presence of God (New York 1962). – CH. JOURNET: Dieu, proche ou distant? ou les trois plans de présence de Dieu au monde. Nova et Vetera 37 (1962) 33-61. – M. J. ROUET DE JOURNEL: Enchiridion patristicum (Freiburg ²¹1956) Index syst., ser. 100.

J. STÖHR

Allgemeinbilder (engl. generic images; frz. images génériques). Unter dem Titel «composite portraiture» beschreibt F. GALTON ein von ihm und H. SPENDER entworfenes Verfahren, durch photographische Überlagerung von Einzelportraits typisierte Portraits oder geradezu Portraits von Typen, nicht Individuen, herzustellen, in denen, gegenüber der gegenseitigen Verstärkung der gemeinsamen Züge, das je Individuelle und Verschiedenartige verschwimmt und zurücktritt [1]. In Analogie zu solchen «blended portraits» meint GALTON «blended memories» annehmen zu können, die dem Bewußtsein «generic images», typisierte Anschauungsvorstellungen, präsentieren [2]. In ähnlichem Sinne spricht TH. H. HUXLEY von «generic portraits» [3]. – Solchen «images génériques» wird von TH. RIBOT und anderen eine Mittelstellung zwischen dem bloßen «Bild» und dem Allgemeinbegriff zugewiesen [4]. Die Thematik der A. oder «typischen Bilder», grundsätzlich angelegt in der Konzeption der Allgemeinvorstellung, findet sich, unter diesen oder anderen Titeln, auch in zahlreichen weiteren psychologischen und psychologistisch-logischen Werken des 19. Jh. [5]; von «allgemeinen Bildern» im Sinne der «naturgeschichtlichen Abbildungen» spricht zum Beispiel H. LOTZE [6].

Anmerkungen. [1] F. GALTON: Inquiries into human faculty and its development (London 1883) Appendix B (339-363). – [2] a. a. O. 349. – [3] TH. H. HUXLEY: Hume. With helps to the study of Berkeley. Coll. Essays 6 (London 1894) 111. – [4] Vgl. TH. RIBOT: L'évolution des idées génériques (Paris ³1909) 15. – [5] Vgl. Eisler⁴ Art. ‹Allgemeinvorstellung›; BALDWIN: Dictionary of philos. and psychol. (New York 1924) Art. ‹Generic image›. – [6] Vgl. H. LOTZE: Logik (1874; ²1912) §§ 30. 254.

W. HALBFASS

Allgemeines/Besonderes

I. – 1. Der Ausdruck καθόλου bedeutet, wörtlich übersetzt, «hinsichtlich des Ganzen». Er stellt die griechische Entsprechung zu dem «allgemeinen» innerhalb der aristotelischen Terminologie dar und ist demgemäß dem καθ' ἕκαστον (wörtlich übersetzt: «hinsichtlich des jeweils Einzelnen»), das heißt dem «Besonderen» entgegengesetzt; zuweilen bildet der Ausdruck κατὰ μέρος («hinsichtlich des Teils») den Gegenbegriff zu καθόλου [1]. – In der vorplatonischen Philosophie, und zwar in der HERAKLITS, wird ein damit zusammenhängender Gegensatz herausgearbeitet, der sich aber noch direkt auf Sachgehalte bezieht, ohne auf die Reflexion, auf die Aussage als solche und den logisch-grammatischen Sinn ihrer Bestandteile hinzudeuten, nämlich der Gegensatz zwischen dem Gemeinsamen (κοινόν) und dem je Eigenen (ἴδιον): Die allen Wachenden gemeinsame und als identischer Bezugspunkt die Wachenden miteinander verbindende Welt (κοινὸς κόσμος) wird der jeweils eigenen Welt (ἴδιος κόσμος) entgegengesetzt, in die sich die Schlafenden zurückziehen [2].

Als Erfinder des «Allgemeinen» gilt, gemäß dem Bericht des ARISTOTELES [3] und seit diesem Bericht, *Sokrates.* Er ist es, der nicht mehr danach suchte, woraus ein Ding zu dem geworden ist, was es ist, oder wie es entstanden ist, sondern danach, «was [ein Ding] ist» [4], und somit ist Sokrates der erste gewesen, der die Herausarbeitung des Allgemeinen (καθόλου) [5] forderte und mit seinen Fragen seine Gesprächspartner zu dieser Herausarbeitung trieb bzw. lockte; die Definition (ὁρισμός) war das Ziel des sokratischen Gesprächs, und die sokratische Aporie war das Vehikel. In der heutigen Forschung ist man geneigt, den Unterschied zwischen dem historischen und dem platonischen Sokrates stärker zu betonen und die Vorstellungen des Aristoteles von

Sokrates' Leistungen auf dem Gebiet der Logik als weitgehend aus den frühen Dialogen PLATONS hergeleitete Vorstellungen anzusehen. Der folgenschwere, die Aufstellung der Ideenlehre vorbereitende Schritt, den Platon und seine Schule über Sokrates hinaus getan haben, scheint die entschiedene Verlegung des Schwerpunktes der auf Begriffsdefinitionen ausgerichteten Bemühungen auf den Bereich von Vorstellungen zu sein, deren Inhalt moralische (oder ästhetische) Prädikate ausmachen, wie ‹gerecht›, ‹gut›, ‹fromm›, ‹schön›, oder auch mathematische Prädikate wie ‹gleich›, ‹größer›, ‹kleiner›, ‹eins›, ‹zwei› [7]; als Folge dieser Verlegung hat sich zunächst die Substantivierung der als Prädikat des Satzes fungierenden Eigenschaftswörter ergeben und im Gefolge: erstens die Hypostasierung der zuvor substantivierten und somit verdinglichten (oder realisierten) Eigenschaften und zweitens die Möglichkeit, das in der Definition, das heißt in der Antwort auf die «Was ist das?»-Frage festgelegte Wesen als Leitbild, Maßstab und Kriterium für die Beurteilung von zunächst divergierende Auslegungen zulassenden Einzelfällen und einzelnen nicht ganz eindeutigen Verhaltensweisen (z. B. die fromme und die gottlose) [8] zu benutzen und auf diese Weise das «Allgemeine» als einen Grund im Sinne des Erkenntnisgrundes (ratio cognoscendi) anzuerkennen [9]. In Platons Dialog ‹Menon›, in welchem das Ausgerichtetsein des Sokrates auf das, «was das in allen Einzelfällen enthaltene Identische» (ταὐτὸν ἐπὶ πᾶσι) [10] ist, und das «Eine, das [allein] allen [zu einer Gruppe von Einzelfällen gehörenden] Einzelfällen zugesprochen werden kann, und zugleich: das nur ihnen zugesprochen werden kann» (ἕν bzw. μία κατὰ πάντων) [11] am eindrucksvollsten geschildert wird, kommt zum ersten Mal der Ausdruck κατὰ ὅλου in einem Sinn vor, der den von Aristoteles terminologisch festgelegten Begriff ankündigt: ἀλλ' ἴϑι δὴ πειρῶ καὶ σὺ ἐμοὶ τὴν ὑπόσχεσιν ἀποδοῦναι, κατὰ ὅλου εἰπὼν ἀρετῆς πέρι ὅτι ἐστίν, καὶ παῦσαι πολλὰ ποιῶν ἐκ τοῦ ἑνός (Aber wohlan denn, versuche auch du dein Versprechen zu lösen: sage, auf das Ganze dich beziehend, was die Tugend ist, und höre auf, aus dem einen vieles zu machen) [12]. – In der griechischen Medizin jener Zeit war zwar das Problem der Anwendung des Allgemeinen auf das Besondere gesehen worden [13], jedoch der Ausdruck κατὰ παντός, der sich in HIPPOKRATES' Schriften findet, hat noch den farblosen Sinn von «im allgemeinen» oder von «überhaupt» [14].

Anmerkungen. [1] DIELS, Frg. der Vorsokratiker I, 122, 25. – [2] HERAKLIT, Frg. 95. DIELS I, 171, 3. – [3] ARISTOTELES, Met. 987 b 1ff. 1078 b 17ff. – [4] a. a. O. 1078 b 23. – [5] 987 b 3. 1078 b 19. – [6] 987 b 3. 1078 b 28. – [7] Vgl. E. KAPP: Der Ursprung der Logik bei den Griechen (1965); dtsch. von Greek foundations of traditional logic (1942) 43. – [8] PLATON, Euthyphron 6 e 3ff. – [9] KAPP, a. a. O. 44f.; vgl. ARISTOTELES, Met. 1079 a 1. – [10] PLATON, Menon 75 a 8. – [11] a. a. O. 73 d 1. 74 b 1-2. – [12] 77 a 5-7. – [13] Vgl. FR. WEHRLI: Ethik und Medizin. Mus. helv. (Basel) 8 (1951) 43ff. – [14] HIPPOKRATES, PERI DIAITES VI, 528, 4 L; VI, 534, 19 L.

2. Die erste maßgebende Bestimmung des A. (καϑόλου, erläuternd übersetzt: «in bezug auf den ganzen Umkreis der mit einem Wort bezeichneten Gegenstände») bei ARISTOTELES lautet: das, was dazu geeignet ist, als in mehreren Enthaltenes angesetzt zu werden, oder einfacher, was sich seiner Natur nach in mehreren findet: τοῦτο γὰρ λέγεται καϑόλου, ὃ πλείοσιν ὑπάρχειν πέφυκεν (wörtlich: das wird A. genannt, was seiner Natur nach mehreren zukommt) [1]; es erweist sich dadurch als ein Gemeinsames (κοινόν) [2]. Aristoteles leugnet nicht die Realität, das Etwassein des A., spricht ihm aber ganz entschieden die Substanzialität ab. Die Verwendung des Ausdrucks καϑόλου innerhalb der aristotelischen Philosophie steht auf der Basis der genannten Position und ist durch folgende drei Züge gekennzeichnet: erstens, auf der Ebene der ontologischen Betrachtung, durch den Umstand, daß sowohl die Seinsweise des A. als substanzielles Element in den Einzeldingen (οὐσία) als auch die Gleichsetzung des A. mit der Gattung bzw. dem Gattungsbegriff (γένος) bestritten wird; zweitens, auf der Ebene der logischen Betrachtung, durch die bewußte Koppelung des quantitativen, durch den Bezug auf die Allheit und auf das Ganze (ὅλον) von vornherein nahegelegten Sinns des Wortes [3] mit dem modalen [4]; drittens, auf der Ebene der erkenntnistheoretischen Betrachtung, durch die doppelte, scheinbar inkohärente Zuordnung des A. einmal zu dem Wissen (ἐπιστήμη und τέχνη) und der Wissenschaft, sodann zu der Sinneswahrnehmung (αἴσϑησις). Die zuerst genannte zweifache negative Bestimmung des A. ist in Aristoteles' Kritik an dem platonischen Chorismos der Ideen von den Dingen, d. h. an der Annahme eines für sich seienden A., eingebaut. Auf den hohen ontologischen Rang des in den Einzeldingen permanent präsenten Elementes erhebt, neben dem begrifflichen abgrenzbaren Wesen des Dinges (τὸ τί ἦν εἶναι), dem – in dem Ding – zugrunde liegenden Träger und Substrat (ὑποκείμενον) und der Gattung, auch das A. Anspruch, da einige der Ansicht sind, daß vor allem das A. als Ursache (αἴτιον) und Prinzip (ἀρχή) anzusprechen ist. Dieser Anspruch muß jedoch nach Aristoteles zurückgewiesen werden, denn das in dem jeweiligen Einzelding permanent präsente Element macht das Eigentümliche, die Individualität dieses Einzeldinges aus [5]; aufgrund dieser Feststellung zeigt Aristoteles durch eine reductio ad absurdum – und mit Hilfe der unbestreitbaren These, daß die Dinge, deren Wesen eines und deren begrifflich angebbare Eigenart eine ist, selbst eines sind [6] –, daß das vielen Einzeldingen Gemeinsame nicht unter dem Titel «Wesen» (οὐσία) gedacht werden darf [7]. Das zweite Argument für die Zurückweisung des Anspruchs des A., und zugleich dessen zweite maßgebende Bestimmung, besagt, daß das A. immer von irgendeinem Substrat ausgesagt und auf dieses bezogen wird, während die Wesenheit (qua πρώτη οὐσία), da sie selbst Substrat und letzte Grundlage für Prädikationen ist, nicht von einem Substrat prädiziert werden kann [8]. Diese zweite Bestimmung wird auch ins Positive gewendet und durch die Formel ersetzt, gemäß welcher das A. kein lokalisierbares und sich durchhaltendes Etwas, sondern eine (qualitative) Beschaffenheit bezeichnet [9].

Das Verhältnis des A. zu dem Gattungsbegriff ist nach Aristoteles das des Ganzen zu dem Teil, woraus sich ergibt, daß zwar jeder Gattungsbegriff ein A., aber nicht jedes A. ein Gattungsbegriff ist [10]. Die Argumentation zielt auch bei dieser Festlegung, wie bei der Verneinung der Meinung, daß das A. den Titel οὐσία verdient, auf die Widerlegung der These, nach welcher die Ideen als Substanzen oder für sich existierende Inhalte aufgefaßt werden können [11]. Die Hauptstütze der Platoniker nämlich ist das sich auf das «Eine in bezug auf die Vielen» (ἕν ἐπὶ πολλῶν) [12] berufende Theorem: Neben der Vielheit der Einzelnen, die sinnlich wahrnehmbar ist, vergegenwärtigen wir uns stets auch die Einheit dieser Einzelnen, und diese Einheit müsse als eine Sonderexistenz höherer Stufe ausgelegt werden. Dieser Denkrichtung wird von Aristoteles entgegengehalten, daß der Gedanke ein einziger nicht nur bei den Einzeldingen, sondern auch bei den übrigen ist [13], d. h. daß der intendierte Sinngehalt ein einziger ist nicht nur bei der Ausrichtung auf das den vielen Einzelsubstanzen Gemeinsame, sondern auch bei den anderen möglichen Prädikationen, zum Beispiel bei den verneinenden und den relativen Ausdrücken [14], die schwerlich als auf eine Sonderexistenz Anspruch erhebende Ideen ausgegeben werden können. Der Nachweis, daß der Umfang des Begriffs «einziger Gedanke» weiter als der Umfang des Begriffs «die einer Vielheit von Einzeldingen zugrunde liegende gedankliche Einheit» ist, bringt nun die These, gemäß welcher das A. nicht mit der Gattung gleichgesetzt werden darf, mit sich.

Das A. ist von den Qualitäten des transzendenten platonischen Seinsbegriffs diejenige, bei deren Neudurchdenkung die ontologischen Forderungen mit den wissenschaftstheoretischen am heftigsten in Konflikt geraten [15]. Auch wenn das A. im Verlauf dieses Konflikts sein eigenständiges Sein eingebüßt hat, so ist es doch dadurch ausgezeichnet, daß es jedem Einzelfall zukommt und daß es der Sache an sich zukommt, und zwar bereits sofern sie nur sie selbst ist: ὃ ἂν κατὰ παντός τε ὑπάρχῃ καὶ καθ' αὑτὸ καὶ ᾗ αὑτό (wörtlich: was jedem zukommt, und zwar an sich, sofern es solches ist) [16]. In dieser Auswertung des A. vom wissenschaftstheoretischen und logischen Standpunkt aus liegt bereits implizit die Koppelung der Allgemeinheit mit der Notwendigkeit, d. h. eines quantitativen Gesichtspunkts mit einem modalen vor. Sie wird darüber hinaus auch ausdrücklich vollzogen, indem darauf hingewiesen wird, daß das A. aus den Begriffen der Dinge nicht weggedacht werden kann, daß es somit diesen notwendigerweise zukommt [17]; die Modalität der Notwendigkeit wird auch durch auf die Zeit und den Raum bezogene Ausdrücke angedeutet, indem gesagt wird, daß das als A. zu gelten hat, was immer und überall, bei allen ein und dieselbe Klasse ausmachenden Einzelfällen angetroffen wird [18].

Der Charakter des A. als des notwendig Zukommenden hat zur Folge, daß das A. bei der Untersuchung des Verhältnisses der Erfahrung (ἐμπειρία) zu dem Wissen als das Moment fungiert, dessen Thematisierung das Überschreiten der diese Weisen des Fürwahrhaltens trennenden Schwelle markiert und das Wissen konstituiert; Wissen und Können entstehen dann, wenn sich aus vielen durch die Erfahrung gegebenen Gedanken eine allgemeine Annahme über das Ähnliche bildet [19]. Es kann auf diese Weise definitorisch festgelegt werden: Das Wissen besteht in dem Kennen des A. [20] bzw. die wissenschaftliche Erkenntnis ist eine auf das A. und das Notwendige zielende Urteilsbildung [21] und sowohl der angehende praxisbezogene Fachmann als auch der reine Theoretiker wird wohl die Richtung auf das A. einschlagen und es so vollkommen wie möglich erkunden müssen [22]. Durch die Auffassung des A. als Ziel eines Weges und Resultat eines Erkenntnisprozesses deutet Aristoteles an, daß die von ihm gemeinte Allgemeinheit nicht mit der vagen Unbestimmtheit, mit deren Hilfe man völlig unverbindlich «logisch» (λογικῶς) und «leer» (κενῶς) reden kann [23], verwechselt werden darf; positiv gewendet: daß es sich hier eher um die Freilegung von durchgängigen Strukturen als um das Registrieren von formalen Übereinstimmungen handelt. Dies wird durch die aristotelische These bestätigt, daß das A., das aus dem Zusammenhalten von vielen Einzelfällen hervorgeht, die Funktion hat, die Ursache zu enthüllen: ἐκ γὰρ τῶν καθέκαστα πλειόνων τὸ καθόλου δῆλον. τὸ δὲ καθόλου τίμιον, ὅτι δηλοῖ τὸ αἴτιον (wörtlich: denn aus vielen Einzelnen wird das A. offenbar. Das A. aber ist höheren Ranges, weil es die Ursache offenbart) [24]. Der Zuordnung des A. zu dem Wissen und Können scheint die Bestimmung des A. als Inhalt des Gegenstands der Wahrnehmung zu widersprechen. Aristoteles nämlich gibt zunächst zu, daß der Wahrnehmungsakt jeweils auf ein Einzelnes gerichtet ist [25], fügt jedoch sofort hinzu, daß der objektiv aufgefaßte Inhalt des Wahrnehmungsaktes das A. ist: καὶ γὰρ αἰσθάνεται μὲν τὸ καθ' ἕκαστον, ἡ δ' αἴσθησις τοῦ καθόλου ἐστίν (wörtlich: denn wahrgenommen wird zwar das Einzelne, aber die Wahrnehmung umfaßt das A.) [26]. Präzisierend und um der Übereinstimmung mit der Korrelation von A. und Wissen willen muß gesagt werden, daß man zwar auf der der sinnlichen Wahrnehmung entsprechenden Reflexionsstufe objektiv-inhaltlich bereits das A. intendiert, jedoch noch nicht das A. als A. [27]. Das A. ist in dieser Phase mit dem Einzelnen konfundiert, und zwar so, daß jedes Einzelne sich stets nur unter dem Exponenten des A. präsentiert, wofür die Kinder, die zu jedem Mann «Vater» und zu jeder Frau «Mutter» sagen, als Modellfall herangezogen werden können [28]. Die Berücksichtigung dieser vorerst konfusen, aus dem anfänglichen Zusammengegossensein des A. mit dem Einzelnen sich ergebenden Präsenz des A. versetzt uns in die Lage, die aristotelische These, gemäß welcher das A. das uns Bekanntere und Vertrautere ist – wenn auch nicht das an sich bzw. das seiner Natur nach Klarere und Bekanntere – und als ein solches den Ausgangspunkt des Erkennens darstellt [29], mit der Ansetzung des A. als Ziel und Resultat des Erkenntnisprozesses und somit als des uns erst am Ende des Weges Bekannten [30] zu verbinden [31] und schließlich die Kohärenz mit der nüancierteren Analyse herzustellen, nach welcher das nur A. der Potentialität des Wissens zuzuordnen ist [32].

In der *nacharistotelischen* Philosophie entfällt die Notwendigkeit der Auseinandersetzung mit der platonischen Ideenlehre; infolgedessen tritt die Bedeutung des Terminus καθόλου und die Verselbständigung des Problems des A. zurück. Die Frage nach dem A. geht in der Frage nach den Stufen der Allgemeinheit der übereinanderstehenden Gattungen (ὑπάλληλα γένη, subalterna genera) [33] und nach dem Zusammenhang der Zunahme des Umfangs mit der Zunahme der Allgemeinheit der Gattungsbegriffe auf [34]. In einem logischen und zugleich ontologischen Sinn wird an der These festgehalten, daß die Gattungen der Natur nach früher als die Arten sind [35] bzw. daß den logischen Gebilden, denen die größere Allgemeinheit zukommt, der Natur nach die Priorität gebührt (τὰ καθολικώτερα φύσει πρωτερεύει [36]), was mit dem Hinweis auf den Umstand begründet wird, daß die Art wohl auf die Gattung angewiesen ist, nicht aber die Gattung auf die Art [37]. In der Philosophie der *Stoa* wird die Lehre aufgestellt, daß der Begriff «Etwas» (τὸ τί) den Begriff «Seiendes» (τὸ ὄν), der der stoischen Lehre gemäß sich nur auf Körperliches bezieht, an Allgemeinheit übertrifft [38], wenn auch das Seiende, das Eine und das Etwas auch als die drei gleichrangigen und gleichbedeutenden, die Gesamtheit der Dinge umfassenden Bezeichnungen angesehen werden können: τρία δὲ τὰ καθολικώτατα ὁμώνυμα, ἕν, ὄν, τί· κατὰ πάντων γὰρ τῶν ὄντων φέρεται ταῦτα (wörtlich: es gibt drei allgemeinste homonyme Bezeichnungen: Eines, Seiendes, Etwas; denn sie betreffen alles Seiende) [39]. In der stoischen Lehre von der als natürlicher Gedanke über etwas A. verstandenen Antizipation (πρόληψις), die auch κοινὴ πρόληψις genannt wird [40] und mit den stoischen κοιναὶ ἔννοιαι verwandt ist, ist das A. in der Gestalt der auf rein natürlichem Wege sich aus der Erfahrung entwickelnden Allgemeinvorstellung [41] Gegenstand der philosophischen Diskussion [42].

Anmerkungen. [1] ARISTOTELES, Met. 1038 b 11f. – [2] a. a. O. 1038 b 11. – [3] 24 b 26f. – [4] Vgl. N. HARTMANN: Aristoteles und das Problem des Begriffs, in: Kleine Schriften (1957) 2, 107. – [5] ARIST., Met. 1038 b 10. – [6] a. a. O. 1038 b 14f. – [7] 1038 b 12-15. – [8] 1038 b 1f. – [9] 1039 a 1f. – [10] 992 b 12. – [11] b 14. – [12] 990 b 7, 991 a 2; vgl. auch die auf die Platoniker sich beziehende Stelle 1069 a 26f. – [13] 990 b 14-16. – [14] 990 b 13-17. – [15] Vgl. Anal. post. I, 1. – [16] a. a. O. 73 b 26f. – [17] 73 b 26. – [18] 87 b 32. – [19] Met. 981 a 5-7. – [20] Anal. post. 87 b 39; Met. 1086 b 33. – [21] Eth. Nic. 1140 b 31f. – [22] a. a. O. 1180 b 20-22. – [23] Eth. Eud. 1217 b 21; vgl. P. AUBENQUE: Le problème de l'être chez Aristote (Paris ²1966) 211. – [24] ARIST., Anal. post. 88 a 4-6. – [25] a. a. O. 87 b 28; 81 b 6. – [26] 100 a 16ff. – [27] Vgl. K. ULMER: Wahrheit, Kunst und Natur bei Aristoteles (1953) 69; D. ROSS: Aristotle's Prior and Posterior Analytics (Oxford 1957) 677f. – [28] ARIST., Phys. 184 a 3ff. – [29] a. a. O. 184 a 21-26. – [30] Anal. post. 100 a 6ff. – [31] SIMPLICIUS, In Phys. 16, 34; vgl. AUBENQUE, a. a. O. [23] 210. – [32] ARIST., Met. 1087 a 16f.; vgl. E. TUGENDHAT: TI KATA TINOS (1958) 104. – [33] PORPHYRIUS, Isagoge 5, 21; 6, 1. – [34] a. a. O. Kap. De genere. – [35] a. a. O. 15, 18. – [36] DAVID, Prolegomena in Porphyrii Isagogen commentarium 215, 2. – [37] PORPHYRIUS, a. a. O., 15, 18-20. – [38] SVF II, 329. 334. 371. – [39] SVF II, 333. – [40] SVF II, 475. – [41] DIOG. LAERT. VII, 54. – [42] M. POHLENZ: Die Stoa (³1964) 1, 56; 2, 33. CHR. AXELOS

II. Für die *mittelalterliche Philosophie* stellte sich das Problem des Allgemeinen (A.) und Besonderen (B.) (genus, universale / species, particulare, singulare) zunächst im Anschluß an Boethius.

1. BOETHIUS hat das Universalienproblem mehrfach erörtert; am wichtigsten ist die Diskussion im 1. Buch seines zweiten Kommentars zur ‹Isagoge› des Porphyrius. Dabei ergeben sich nach Boethius folgende Teilprobleme:

a) ob die genera und species substantiell existieren oder ob sie nur unsere Begriffe darstellen («sive subsistunt sive in solis nudisque intellectibus posita sunt») [1];

b) ob sie auf körperliche oder auf unkörperliche Weise subsistieren;

c) ob sie getrennt von den Sinnendingen oder ob sie *in* ihnen sind.

Diese Fragen habe Porphyrius ungelöst hinterlassen; Boethius versucht sie folgendermaßen zu lösen:

Zunächst stellt er aporetisch zwei Schwierigkeiten auf, denen jeder Universalienrealismus begegnen müsse: a) Genera und species müßten mehreren Individuen zukommen, könnten also nicht selbst numerisch individuell sein. Solange man die Einheit als Seinsbedingung im Sinne numerischer Einheit faßt, können Universalien nicht real sein [2]. – b) Geht man von alltäglichen Formen des Gemeinsamseins aus, so findet sich kein Fall, der klarmachen könnte, wie das A. *so* gemeinsam sein kann, daß es noch die Substanz des B. bestimmen könnte [3].

Nach Feststellung dieser Aporien versucht Boethius seine eigene, an Alexander von Aphrodisias angelehnte Lösung: Der Begriff ‹abstractio› erlaube es, daß eine Sache auf andere Weise erkannt würde, als sie in sich selbst sei, ohne daß der Intellekt deshalb *irre* [4]. So hätten Linien, genera und species als unkörperliche Dinge ihr Sein in Körperdingen, wie die Sinne uns bewiesen («omnes enim huiusmodi res incorporeas in corporibus esse suum habentes sensus cum ipsis nobis corporibus tradit»). Der Geist (animus) hat das Privileg, das Getrennte zu vereinen und das Vereinte zu trennen; so kann er die allgemeine Natur (incorpoream naturam), die von den Sinnen nur verworren (confusa) und körpergebunden aufgefaßt wird, in ihrem reinen An-sich betrachten [5]. So sind die universalia *in* den singularia, aber sie werden – ohne Irrtum – als *allgemeine* gedacht.

Entscheidend ist dabei der Begriff der *Ähnlichkeit:* Wenn das A. gedacht wird, faßt man die Vielen in ihrer Ähnlichkeit. Wird diese Ähnlichkeit gedacht und wahrhaft im Geist erkannt, entsteht die «species, qua similitudo cogitata animo veraciterque perspecta fit species» [6]. Für die aufgeworfenen Teilprobleme bedeutet das:

a) Die genera und species subsistieren, aber auf andere Weise als sie erkannt werden, eben auf individuelle Weise;

b) sie sind unkörperlich;

c) sie subsistieren *in* den Sinnesdingen, werden aber als in sich subsistierend erkannt.

Was bedeutet diese Lösung philosophisch? Sie ist ein unklarer Kompromiß zwischen Aristotelismus und Platonismus. Denn was heißt ‹abstractio›? Wie soll sie möglich sein? Die Ähnlichkeit soll durchaus nicht *unser* Produkt sein. Sie ist das Wesentliche der Individuen: «Drei Menschen unterscheiden sich weder im genus noch in der species, sondern durch ihre Akzidentien.» Das A. ist also ontologisch «früher» als die Einzelsubstanz; es ist dessen «Form». Nach der ‹Consolatio philosophiae› (V, 4) ist das A. auch gnoseologisch «früher». In diesem Werk lehnt Boethius die empiristische Erkenntnistheorie der Stoiker nachdrücklich ab; er stellt dem Affektionsmodell der Erkenntnis den Apriorismus und die Spontaneität der mens gegenüber [7]. Wie sich der Begriff der abstractio dadurch verändert, erfahren wir nicht.

Damit waren alle mittelalterlichen Varianten des Universalienproblems angelegt. Doch aufs ganze gesehen hat Boethius die Tendenz zum Universalienrealismus gestärkt. In diese Richtung drängte auch die Autorität AUGUSTINS, der erklärt hatte, die neuplatonisch umgestaltete Ideenlehre (Ideen im Geistes Gottes) sei für jedes Denken unaufgebbar [8].

Anmerkungen. [1] BOETHIUS, In Porphyr. I, 10. Corp. scriptorum eccl. lat. (= CSEL) 48, 160. – [2] a. a. O. I, 10. CSEL 48, 161/162. – [3] I, 10. 48, 162/163. – [4] I, 11. 48, 165. – [5] I, 11. 48. 165. – [6] I, 11. 48, 166. – [7] Zur Interpretation vgl. K. FLASCH: Zum Begriff der Wahrheit bei Anselm von Canterbury. Philos. Jb. 72 (1965) 333-335. – [8] AUGUSTIN, De div. quaest. 86, q. 46. MPL 40, 29.

2. JOHANNES ERIUGENA stellt in ausdrücklicher Auseinandersetzung mit der aristotelisch-boethianischen Schultradition deren Ausgangspunkte kritisch in Frage. Er hält den *Gegensatz* von Allgemeinheit und Besonderheit für eine vermeidbare Konstruktion. Er kritisiert insbesondere die Vorstellung einer denk- und sprachfrei vorgegebenen substantia prima, die unter allgemeine Bestimmtheiten als unter die substantia secunda zu subsumieren wäre oder der die Akzidentien inhärieren. Diese Vorstellung mache das Universalienproblem unlösbar, erklärt er, in bewußtem Gegensatz zu den Dialectici seiner Zeit, die die Unterscheidung von ‹subjectum› (= erster Substanz), ‹de subjecto› (= zweiter Substanz) und ‹in subjecto› (inhärierende Akzidentien) fälschlich als selbstverständlich zugrunde legen [1]. Die species müsse als ganz und unzerteilt *in* den Individuen gedacht werden, «da die species nichts anderes ist als die Einheit der Individuen und die Individuen nichts anderes sind als die Vielheit der species». Es handelt sich bei

genus, species und individuum nicht um gegensätzliche Realitäten, sondern um Phasen einer status-Betrachtung, die ihren Sinn verliert, wenn man ihre Stadien isoliert. Das genus, das durch die verschiedenen species zerteilt wird, bleibt gleichzeitig mit sich in unzerstörter Einfachheit und Einheit; es ist die Kraft der übergeordneten Einheiten, sich in der Zerteilung zu bewahren. Aufgabe der Dialektik ist es, das Zugleich von Selbstvervielfachung der Einheit und Rückkehr der Mannigfaltigkeit zu analysieren, d. h. die species als die species der genera und das genus als genus der species zu begreifen [2]. Die οὐσία, die auf diese Weise zugleich allgemein und besondert auftritt, kann nicht ein Körper sein. Denn sie ist *so* allen gemeinsam, daß sie keinem ihrer Träger ausschließlich zugehört; wegen der Realität der gemeinsamen Natur ist es unmöglich, die οὐσία mit dem Körper zu identifizieren [3]. Die οὐσία, um *ganz* in jedem ihrer Fälle zu sein, ohne sich mit einem von ihnen zu identifizieren, um in *einem* ihrer Fälle nicht kleiner zu sein als in der Gesamtheit, darf nicht mit der Quantität verwechselt werden [4]. – Nimmt man die intellectus-Spekulationen im 4. Buch von ‹De divisione naturae› hinzu, so kann man sagen, daß die Bewegtheit und die einfache Kraft des Zusammenhaltens dem universale/ particulare-Verhältnis innewohnt, weil es der göttliche und der menschliche Geist selbst *ist*.

Die philosophische Bedeutung dieser Theorie Eriugenas liegt darin, daß sie die später üblich gewordenen Alternativen der Universaliendiskussion hinter sich läßt. Sie ist platonisch-«realistisch», aber ohne Chorismos, ohne den Gegensatz des A. zum B.; sie läßt die verdinglichende Frage nach der Lokalisierbarkeit des A. gar nicht aufkommen. Problemgeschichtlich handelt es sich bei Eriugena um die selbständige Wiederaufnahme der Universalien- und Nustheorie PLOTINS, die ebenfalls den Chorismosvorwurf abweist: Die modale Differenz von A. und B. darf *nicht* lokalisiert werden [5]. Die Idee ist *im* Einzelnen, verläßt aber dabei nicht ihre Einheit, sondern bewährt deren Kraft im Vielen; sie formt jeden Teil des B. mit ihrer Ganzheit und als ganze [6]. Zugrunde liegt die plotinische Theorie des Nus: Dieser *ist* die Ideen, sie scheiden sich in ihm auf ungeschiedene Weise [7]; in ihm ist alles *in* allem, ist jedes Einzelne das Ganze [8]. Daher überwiegt bei Plotin – trotz retardierender Momente (vgl. Enn. V, 9, 12) – die Ansicht, daß die unendlichen Differenzierungen der Individuen Besonderungen des A. sind, d. h. daß es *Ideen* des Individuellen gibt [9]. Dies ist nicht erst augustinisch; die entsprechende Lehre AUGUSTINS geht nicht (wie J. Hessen gemeint hat [10]) auf außerphilosophische, antiplatonische Motive zurück.

Anmerkungen. [1] JOHANNES ERIUGENA, De div. nat. I, 25. MPL 122, 471 a ff. – [2] a. a. O. 471 d–472 b; 472 c. – [3] I, 49. MPL 491 a-b. – [4] I, 49. MPL 492 a–493 a. – [5] PLOTIN, Enn. VI, 5, 8. – [6] a. a. O. VI, 5, 8, 32-46. – [7] VI, 4, 4, bes. 42. – [8] V, 8, 4, 1-20. – [9] V, 7 ganz; IV, 3, 5 und 12. – [10] Vgl. J. HESSEN: Augustins Met. der Erkenntnis (Leiden ²1960) 9.

3. Hatte Eriugena den Geist der platonischen Tradition noch adäquat vertreten, so bezieht ANSELM VON CANTERBURY gegen Roscellin von Compiègne (†1125) die «platonische» Schulposition. Er verteidigte die Realität der substantia universalis, beließ sie in ihrem schulmäßigen Gegensatz zum B., bewies jedoch insofern seinen Tiefsinn, als er für die summa essentia ausdrücklich eine Stelle oberhalb des Gegensatzes von universale und particulare postulierte [1]. War die spekulative Trinitätslehre bei Augustin und Marius Victorinus von einem Ganzen ausgegangen, das sich auf konkrete, d. h. nicht-dingliche Weise «verteilte», basierte sie der Sache nach auf Plotins Universalien- und Nustheoremen, so hielt sich von ihr jetzt nur der Aspekt der Realität des A.

Die Modalität dieses in Gegensatz zum B. gestellten A. gab eine Fülle von Fragen auf; so entstand der sogenannte *Universalienstreit*. Um ihn zu verstehen, muß man sehen: a) Die Anhänger des realen A. hatten mit Anselm bereits die Voraussetzungen fallen gelassen, unter denen ein reales A. sinnvoll zu denken wäre. b) Die Trinitätsspekulation bot ein vorzügliches Feld für die Entwicklung des Gedankens einer konkreten, d. h. einer ohne Selbstverlust sich ausgliedernden Allgemeinheit. Das heißt aber nicht, das Problem sei für die mittelalterlichen Autoren primär oder ausschließlich ein theologisches gewesen; es hatte seinen *primären* literarischen Ort nicht in den Sentenzenkommentaren, sondern in den Kommentaren zur aristotelischen Logik und Metaphysik, überhaupt im Unterricht der «Dialektik». c) Zwar kannte das Mittelalter den platonischen ‹Menon› und den ‹Phaidon›, aber es fehlten ihm die wichtigen spätplatonischen Schriften: ‹Theaitet›, ‹Sophistes›, ‹Parmenides›. Vor allem fehlte durchweg der Geist und die Technik kritischer Quellenanalyse, so daß nur wenige Vereinzelte es wagten, die aristotelischen Berichte über den Chorismos der Ideen anzuzweifeln. Als platonisch galt daher die in sich unsinnige wie unplatonische Lehre, die allgemeine Wesenheit sei «res quaedam existens extra singularia, ut Platonici ponebant» (eine außerhalb der Individuen existierende Sache, wie die Platoniker behaupteten) [2]. Diese Charakterisierung führt die Widerlegung immer schon mit sich; denn es ist in der Tat nicht einzusehen, was ein A. solcher Art für das Sein und die Bestimmbarkeit des Einzelnen leisten könne. Dadurch verschob sich die systematische Fragestellung, bzw. sie erfolgte in verräumlichenden Denkschemata. Wer genuin-platonisch zu denken versuchte, war zu an sich unnötigem verbalem Aufwand gezwungen. Als rühmlicher Außenseiter, der den Wert der aristotelischen Nachrichten über die Getrenntheit des A. vom B. bei Platon bestritten hat, ist NIKOLAUS VON AUTRECOURT zu nennen. Er bemerkt, die aristotelische Polemik gegen freischwebende Universalien könne sich vielleicht auf die *Wörter* Platons stützen, treffe aber nicht dessen Aussageabsicht; alles, was gegen diese Art von Universalien «in der Luft» (in aere) eingewandt werde, sei richtig, *wenn* man den Chorismos unterstelle [3].

Anmerkungen. [1] ANSELM VON CANTERBURY, Monol. c. 27, hg. SCHMITT 1, 45, 4-22. – [2] THOMAS VON AQUIN, De ente et essentia c. 3. – [3] NICOLAUS VON AUTRECOURT, Satis exigit ordo executionis, hg. J. R. O'DONNELL, in: Medieval Stud. 9 (1939) 266.

4. Das *12. Jahrhundert* entfaltet die wichtigsten Möglichkeiten, die das Universalienproblem implizierte; in seiner zweiten Hälfte gibt JOHANNES VON SALISBURY eine skeptische Überschau über die verschiedenen Schulstandpunkte; er erklärt die Diskussionen über die Realität der Universalien für Zeitverschwendung [1].

a) Am weitesten in der Annahme real existierender Universalien ging WILHELM VON CHAMPEAUX. Er stützte sich auf das Motiv des Boethius, die individuellen Differenzen seien nur akzidenteller Natur. Diese These wurde von ABAELARD scharf angegriffen: Sie zerstöre zuletzt die Individualität. Daraufhin modifizierte WILHELM seine Theorie: Die Dinge derselben Art seien nicht *essentialiter*, sondern nur *indifferenter* gleich. Das scheint bloß ein neues Wort zu sein. Aber ein Fragment Wilhelms gibt nähere Auskunft: Die Selbigkeit der einen Natur soll verstanden werden nicht als Identität, sondern als Nicht-Unterschiedenheit gewisser Grundbestimmungen, so ist Peter und Paul jeder rationalis, jeder mortalis, ohne Differenz [2]. Schließlich zog sich Wilhelm auf das ebenfalls boethianische Motiv zurück, die Gemeinsamkeit der Natur besage nicht Identität, sondern *similitudo*.

b) ABAELARDS Position ist bestimmt durch die Gegnerschaft gegen Wilhelm von Champeaux: Was wirklich ist, muß individuell sein. Wären species und genera real, so gälten von ihnen widersprüchliche Bestimmungen: Die menschliche Natur (humanitas) wäre in Petrus hier, in Paulus dort [3]. Die Allgemeinbegriffe sind nur Meinungen (opiniones); sie sind verworrene Vorstellungen (imagines confusae), die in dem Maße zu *Wissen* werden, als wir uns den Einzeldingen nähern. Die Allgemeinbegriffe sind zwar im Intellekt, aber sie sollen deshalb nicht bloße *Worte* (voces) sein. Sie sind Bedeutungsgehalte, sermones; sie entspringen der abstractio. Was bei der abstractio herauskommt, hängt wesentlich auch von *unserer* Aufmerksamkeit und unseren Interessen ab («ad attentionem refertur, non ad modum subsistendi»). Trotz dieser antirealistischen Stoßrichtung ist Abaelard kein Nominalist; er spricht mit der augustinischen Tradition von «Ideen im Geiste Gottes»; er spricht vom gemeinsamen status der Menschen, von ihrer similitudo. Die Universalien subsistieren in den Sinnesdingen; sie bezeichnen deren innere Substanz [4].

c) Die *Schule von Chartres* war zu reich an denkenden Individualitäten, als daß sie in der Universalienfrage eine einheitliche Position entwickelt hätte. Doch läßt sich generell sagen, daß sie zum Platonismus tendiert und die realistischen Motive bei Boethius urgiert. So wendet sich CLARENBALDUS VON ARRAS gegen die Ansicht des GILBERT DE LA PORRÉE, jeder Einzelmensch habe seine singuläre humanitas [5]. Nach CLARENBALDUS ist es ein und dieselbe Menschennatur, aufgrund deren die Einzelmenschen Menschen sind; die individuellen Unterschiede sind für ihn akzidenteller Art; die substanziellen Bestimmungen sind ‹genus›, ‹species›, ‹differentia› und ‹definitio› [6]. Ein wichtiges Argument der «realistischen» Partei war immer der sprachliche Unterschied zwischen ‹homo› und der abstrakten Bezeichnung ‹humanitas›; dieser vorgegebene Bedeutungsunterschied wurde von der antirealistischen Gruppe vernachlässigt.

Anmerkungen. [1] JOHANNES VON SALISBURY, Metalog. 2, 20. – [2] WILHELM VON CHAMPEAUX, Sent. vel. Quaest., hg. LEFÈVRE (Lille 1898) 24. – [3] ABAELARD, De generibus et speciebus. Ouvrages, hg. COUSIN, 153. – [4] Philos. Schriften, hg. GEYER 29, 11ff. – [5] GILBERT DE LA POIRÉE, In Boeth. De duabus nat. MPL 64, 1378. – [6] CLARENBALDUS VON ARRAS, Komm. zu Boeth. De trin., hg. W. JANSEN 42*-43*.

5. Die genannten Diskussionen hatten für das *13. Jahrhundert* drei wichtige Resultate:

a) Die ultrarealistische Lösung, die fälschlich als die platonische galt, verschwand ganz. Da ein radikaler Nominalismus noch nicht ausgebildet war, pendelten sich die Meinungen in die Richtung Abaelards ein, unter Zurückdrängung der psychologistischen Komponente seines Abstraktionsbegriffs: Das A. als solches ist Produkt der abstractio, aber ihm liegt eine reale similitudo artgleicher Individuen zugrunde. Diese Position ließ sich in verschiedener Intensität mit dem Augustinismus verbinden. So wendet sich z. B. BONAVENTURA gegen die Einseitigkeit, das A. *nur* in Gott oder *nur* in der Seele gelten zu lassen: Es gibt nach ihm ein A. als unum ad multa (d. h. die Materie), ein A. als unum in multis (d. h. die gemeinsame Natur artgleicher Individuen), ein A. als unum praeter multa (nämlich als Gedanke in der Seele). All diesen Formen des A. liegt das Urbild in arte aeterna voraus [1]. Nach dem Bekanntwerden des lateinischen Avicenna bot sich die dreigliedrige Formel an: «universale ante rem, in re, post rem» [2].

b) Das Universalienproblem verlor überhaupt an Bedeutung. In den Systementwürfen des 13. Jh. nimmt es nur einen untergeordneten Rang ein (was im 19. Jh. gewöhnlich nicht hinreichend beachtet worden ist).

c) Konnte die Position des «gemäßigten Realismus», wie wir sie bei ALBERT, BONAVENTURA und THOMAS VON AQUIN sich durchsetzen sehen, auch eine gewisse Ausgeglichenheit für sich beanspruchen, so hat sie doch über die Realität der gemeinsamen Natur nicht befriedigend Rechenschaft geben können, es sei denn, man akzeptiere die subtile Lehre des DUNS SCOTUS über die natura communis (s. d.). THOMAS begnügt sich oft mit der üblichen Behauptung, die Abstraktion (s. d.) habe ein fundamentum in re [3]. Aber was diese bildhafte Redeweise bedeuten sollte, wurde schwankend oder gar nicht erklärt. Man unterschied das aktuale, durch Abstraktion verursachte A. vom potentialen A. in den Individuen. Aber was «potentiales A.» heißt, blieb offen. Man sagte, die gemeinsame Natur sei den Individuen real (secundum rem) gemeinsam [4]; aber die ratio hominis sollte doch nicht als eine res quaedam in homine sein [5]. Das A. erhält einerseits die alten Prädikate der göttlichen Unvergänglichkeit [6], andererseits trägt es die Signatur konstruierter Nachträglichkeit [7]. Es war die innere Schwäche der hochscholastischen Positionen selbst, die das Universalienproblem im 14. Jh. erneut und in größerer Schärfe aufbrechen ließ.

Anmerkungen. [1] BONAVENTURA, In Hex. IV, 9; vgl. IX, 24. – [2] Bei THOMAS VON AQUIN, II Sent. 3, 3, 2 ad 1. – [3] z. B. I Sent. 2, 1, 3. – [4] S. theol. I, 13, 9. – [5] I Sent. 2, 1, 3 ad 4. – [6] De ver. 1, 5 ad 13. – [7] S. contra gent. 6, 1, 26 adhuc.

6. Das *späte Mittelalter* hat die in der hochscholastischen Fassung des Universalienproblems liegenden möglichen Positionen in aller Konsequenz ausgebildet und bis zum Überdruß miteinander konfrontiert. Bei dem jetzigen Stand der Forschung läßt sich schwerlich sagen, wieweit über den bloßen Wortstreit verfestigter Schulen hinaus ein philosophisches Resultat erreicht worden ist, doch zeichnen sich drei Theorien von sachlicher Relevanz deutlich ab:

a) WILHELM VON OCKHAM argumentiert gegen die Realität von Universalien folgendermaßen: Ein A., das vollkommen außerhalb der Wesenheit des Individuums stünde, trüge zur Lösung des Problems nichts bei. Ein reales A. wäre entweder die Substanz des Einzelnen oder es gehörte jedenfalls zu seinem Wesen (de essentia). Beide Fälle sind undenkbar: 1. Das A. kann nicht Substanz des Einzelnen sein. Denn dann wäre ‹Sokrates› ein universale, d. h. die Begriffe ‹Allgemeinheit› und ‹Einzelnheit› verlören ihren Sinn. Die Vernichtung eines Einzelwesens vernichtet alles, was zum Wesen des Individuums gehört; sie würde daher, wenn es ein reales A. gäbe, die Zerstörung aller Individuen derselben Art bedeuten, was absurd ist. – 2. Das A. kann auch nicht *Teil* der Wesenheit des Einzelnen sein, weil sonst das Individuum aus Universalien zusammengesetzt wäre, was ebenfalls den Sinn des Begriffspaares zerstören würde: «individuum non esset magis singulare quam universale» [1].

Diese Argumente sind der Sache nach Umschreibungen ihrer Voraussetzung, daß nämlich ‹Substanz› numerisch individuelle Substanz bedeute. Diese Voraussetzung hielt Ockham für aristotelisch, so daß er seine Position als die Wiederherstellung der aristotelischen Lehre ansah. Eine wesentliche Stütze seiner Kritik am Universalienrealismus sah Ockham darin, daß er nachweisen zu können glaubte, daß es bisher nicht gelungen sei, die Weise der Immanenz eines realen A. aufzuhellen: Wenn das A. *in* den Individuen sein soll, wenn es nicht mit der individuellen Substanz völlig *identisch* sein soll, wenn es nicht eine *akzidentelle* Bestimmung sein soll, dann müßte die realistische Universalientheorie sein nicht-akzidentelles *In-Sein* und zugleich seine *Verschiedenheit* vom Einzelnen nachweisen. Dies könne nicht gelingen, weil es bedeute, Individuum und A. gleichzeitig *identisch* und *nicht-identisch* zu setzen. Dieses prinzipiell verfehlte Verfahren kritisiert Ockham an der skotistischen distinctio formalis [2]; einen solchen Bruch mit der aristotelischen Logik will er einzig bezüglich der Trinität in reinem Glaubensgehorsam akzeptieren. Wenn ‹real› nur den Sinn singulärer Substantialität haben kann, wäre ein reales A. ein existierender Widerspruch. Von daher gesehen, erscheinen die Lösungen des 12. und 13. Jh., die das universale ein potentielles Sein, ein fundamentum in re nennen, als Produkte des Systemzwangs; diese Unterscheidungen sind – ebenso wie die skotistische distinctio formalis – die Halbherzigkeit, ein reales A. anzunehmen und dennoch den Satz vom Widerspruch als oberstes Wahrheitskriterium gelten zu lassen. Ockham berichtet von Lösungsversuchen, nach denen Einzelnes und A. real identisch und bloß gedanklich verschieden sein sollen [3]. Aber er lehnt sie ab. Mit der wohl von AVICENNA [4] begründeten Tradition definiert OCKHAM das Einzelne als das, was *nicht* von mehreren ausgesagt werden kann. Das universale ist das, was von mehreren ausgesagt werden kann. Sie stehen sich kontradiktorisch gegenüber, können folglich nicht identifiziert werden. Das vermeintlich reale In-Sein des A. erfährt nach Ockham seine widerspruchsfreie Lösung in der Suppositionstheorie.

b) MEISTER ECKHART wird (wie Eriugena und Plotin) gewöhnlich im Zusammenhang des Universalienproblems wenig beachtet. Man wähnt die Interessen des «Mystikers» (wie man sagt) von den Schulproblemen der Philosophie weit entfernt; man verkennt den von Eckhart ausdrücklich erhobenen *philosophischen* Anspruch, mit dem es unvereinbar gewesen wäre, zum Universalienproblem zu schweigen. Selbst in den *deutschen Predigten* spricht er davon: Im Sinne der Propositio 1 des ‹Liber de causis› hält er das je Allgemeinere für das je tiefer Bestimmende, folgert daraus seinen höheren Wertrang [5] und begründet die Vernünftigkeit der Nächstenliebe aus seiner Realität. Innerhalb der *einen* menschlichen Natur gibt es nichts Fremdes, nichts Ferneres und nichts Näheres [6]. Wer daher die individuellen Differenzen *gegen* das A. kehrt, wer einen bestimmten Menschen mehr liebt als die entferntesten, der hat sich «in Wahrheit» nie selbst geliebt [7]. Die «Menschheit» ist im verachtetsten Menschen so vollkommen wie im Papst oder Kaiser [8]. Für Eckharts philosophische Deutung der Inkarnation ist diese Annahme der Realität des A. grundlegend.

Hat nun ECKHART in den *lateinischen Schriften* etwas zur philosophischen Neubegründung dieser Überzeugung beigetragen? Er hat am Beispiel «iustitia/iustus» ein *Modell nicht-inhärierenden In-Seins* entworfen, das er gleicherweise für die Universalienfrage, das Transzendentalienproblem, die Trinitätsspekulation und die philosophische Deutung der Gottesgeburt geltend macht. Diese Theorie besteht in der *Umkehr* der gewöhnlichen Vorstellung einer metaphysisch autarken Einzelsubstanz. Die schulmäßige Fragestellung, wie das A. im B. sei, kehrt er in die These um, daß das concretum (im scholastischen Sinn) im abstractum präexistiere [9]. Diese Restitution der genuin-platonischen Lehre bedeutet die völlige Verwerfung des pseudoplatonischen Chorismos: Die Gerechtigkeit in sich ist von der Gerechtigkeit im Menschen nicht verschieden [10]. Man darf das universale nicht als eine Art zweites Ding ansehen, das zu dem bereits fertig konstituierten Individuum hinzutreten sollte [11]. Durch gewollte Paradoxien will Eckhart seinen Leser zwingen, das verdinglichende Substanz/Akzidens-Schema von der Theorie der Universalien fernzuhalten: Die allgemeine Wesenheit, sagt er, ist *ganz* in den Einzelnen und *ganz* außerhalb [12]. – Um Eckharts problemgeschichtliche Stellung zu verstehen, muß man sehen, daß sein Zeitgenosse Wilhelm von Ockham die Realität des A. gerade deshalb bestritt, um solche Paradoxien nicht zulassen zu müssen.

c) Während Eckhart die Antinomien eines konkreten A. in schroffer Unmittelbarkeit aussprach, erhalten sie in der Koinzidenzlehre des NIKOLAUS VON KUES einen theoretisch *begründeten*, aber eo ipso auch eingegrenzten status. Cusanus suchte, wie er mit deutlicher Anspielung auf die Parteien des Universalienstreits sagte, seine *eigene via*. Er konnte – vor allem noch in ‹De docta ignorantia› und wieder im ‹Compendium› – wie ein Nominalist den Formen jede Eigenexistenz außer im göttlichen Verbum und in den Einzeldingen absprechen [13]; er konnte wie Eckhart von der «*una* albedo in albis», der «*una* iustitia in iustis», der «*una* humanitas in hominibus» sprechen [14]; er konnte mit wohlwollendem Interesse einen Text des Thomas von Aquin zum Universalienproblem analysieren, um zu zeigen, wie das rationale Verfahren durch die Unterscheidung verschiedener Wortbedeutungen ein Problem zu klären sucht [15].

Cusanus hat mit der Neubelebung der alten Unterscheidung von ratio und intellectus den Weg bezeichnet, wie diese Aussagegruppen sowohl auseinandergehalten wie vereint werden sollen:

Er wies der *ratio* die Produktion logischer Klassifikationsschemata zu, die auf Bearbeitung empirischen Materials nach dem Prinzip der Distinktheit und dem Satz vom Widerspruch beruhen müssen; die intentio *als* intentio ist wie überhaupt alle Formen der Logik nichts als die Selbstentfaltung der vis notionalis anhand von Sinnesdaten [16].

Der *intellectus* sieht auf das, was den Unterscheidungen der ratio zugrunde liegt. Wie die ratio die Universalien als logische Rahmen setzt, so treibt der intellectus im Rückgang auf die Voraussetzungen der Verstandesproduktivität die Metaphysik des konkreten A.: Er sieht im Individuum nicht mehr den ontologischen Selbstand, sondern einen «terminandi modus» [17]. In den allgemeinen Vernunftinhalten leuchtet ihm das Nicht-Andere wider: Das A. ist nicht selbst ein Sinnesding und ist doch zu diesen *nicht* ein *Anderes* [18]. Als in einem speziellen Modus des Nichtanderen findet sich in ihm dessen koinzidenteller Charakter wieder; in den Gegensätzen des B. hält es sich als ein unum in multis durch: So *bewegt* sich die humanitas in den Menschen, die sich bewegen, und sie *ruht* gleichzeitig in denen, die ruhen [19]. Die Gegensätze, die dem klassifikatorischen

Denken der formalen Logik als Ausweis der Nichtwirklichkeit gelten, geben dem intellektual erfaßten A. die Signatur der Notwendigkeit. – Cusanus vermittelt Ockhams Einwände mit Eckharts unvermittelten Paradoxien.

Anmerkungen. [1] WILHELM VON OCKHAM, S. logicae I, 15, hg. BOEHNER 46/47. – [2] a. a. O. I, 16. BOEHNER 49-51. – [3] I Sent. 2, 7 F. – [4] AVICENNA, Met. 5, 1 fol. 86v. – [5] MEISTER ECKHART, Predigt 4. Dtsch. Werke, hg. QUINT (= DW) 1, 66, 8. – [6] Pr. 5a. DW 1, 79. – [7] Pr. 12. DW 1, 195. – [8] Pr. 25. DW 2, 18. – [9] In Joh. nr. 14. Lat. Werke (= LW) 3, 13. – [10] In Joh. nr. 119. LW 3, 124; vgl. nr. 134. LW 3, 115. – [11] Vgl. Prol. gen. in op. trip. nr. 8. LW 1, 152-153. – [12] In Joh. nr. 22. LW 3, 18. – [13] CUSANUS, De docta ignorantia II, 9, hg. HOFFMANN/KLIBANSKY, bes. 96, 5-6. – [14] De ludo globi (Paris 1514) 1, 153r. 2, 161r. 163v. – [15] De ven. sap. c. 33, nr. 99. – [16] De ludo globi, a. a. O. 2, 165r. – [17] De ven. sap. c. 29, nr. 88; c. 37, nr. 108. – [18] De non aliud c. 14, hg. BAUR/WILPERT 29, 10-12. – [19] De visione Dei c. 9, fol. 103r.

7. Der Universalienstreit des Mittelalters endete weder durch den wissenschaftlichen noch durch den hochschulpolitischen Sieg einer der streitenden Partien. Das 15. Jh. sah ein come back der mehr konservativen Richtungen (Albertisten, Averroisten, Thomisten, Scotisten). Der Streit endete durch Erschöpfung, durch Überdruß an den Formeln, durch den Wandel des Geschmacks und der Schulbücher im Zeitalter des Humanismus. Vor allem: Mit dem Aufkommen der analytisch funktionalen Methode verlor das Problem des klassifikatorischen Denkens seinen Vorrang, ohne daß es doch als gelöst gelten konnte.

Literaturhinweise. Wegen zahlloser Quellennachweise zum Universalienproblem sind noch immer unentbehrlich: C. PRANTL: Gesch. der Logik im Abendlande 2 (²1885); 3 (1867); 4 (1870) sowie die Aufsätze von K. MICHALSKI, hg. K. FLASCH unter dem Titel: La philos. au 14e siècle, in: Opuscula Philos. 1 (1969) mit neuerer Lit. zum Problem des Nominalismus. – Zusätzlich sind zu nennen: J. REINERS: Der Nominalismus in der Frühscholastik, in: Beitr. zur Gesch. der Philos. des MA 8/5 (1910). – B. GEYER: Die Stellung Abaelards in der Universalienfrage, in: Festgabe Baeumker (1913) 101-127. – Peter Abaelards philos. Schriften, hg. B. GEYER, in: Beitr. zur Gesch. der Philos. des MA 21/2 (1921); 21/3 (1927). – H. J. BROSCH: Der Seinsbegriff bei Boethius (1931). – M. H. CARRÉ: Realists and nominalists (London 1946).

K. FLASCH

III. – 1. In der *Schulphilosophie* des 16. und 17. Jh. blieb das Universalienproblem unterschwellig kontrovers. Nach und nach setzte sich eine nominalistische, besser gesagt konzeptualistische Auffassung durch, wenngleich der Universalienrealismus besonders bei den Skotisten noch lange Verteidiger fand. Neben der traditionellen Unterscheidung des universale ante rem, in re, post rem wurde die Problematik des A. und Besonderen gewöhnlich diskutiert an der bis ins 14. Jh. zurückreichenden Viergliederung: universale in causando, in essendo, in significando seu repraesentando und in praedicando. Die einzelnen Glieder wurden je nach Schulrichtung verschieden akzentuiert und belegt. Insbesondere blieb die Stellung zu den realistischen Autoritäten, zu Platon und zur natura communis des Johannes Duns Scotus umstritten.

SUÁREZ beispielsweise, der seiner großen Wirkung wegen für viele stehen kann, sieht im universale in causando (in den substantiae universales: Gott, Himmel, Sonne, Mond u. a.) lediglich eine Quasi-Allgemeinheit, insofern sich dessen Wirkung auf eine Vielheit von Objekten erstreckt, wie das auch bei Vernunft, Willen und beim sensus communis der Fall sei, die in Hinsicht auf ihre Gegenstände zu Recht «objektive allgemeine Vermögen» genannt würden, obgleich ihnen an sich Einheit und Besonderheit zukommt. Dasselbe gelte für das universale in significando seu repraesentando, denn, gleichviel ob man darunter termini communes, species intelligibles, conceptus formales oder auch imagines verstehe – womit Suárez die Skala der vertretenen Ansichten andeutet –, handle es sich immer um ein singuläres Ding, das eine Vielheit repräsentiere und daher nur ex parte objecti ein A. sei. Das universale in essendo, wenn man darunter etwas verstehe, das im Ding selbst allgemein ist – also die natura communis des Scotus –, sei entweder zu verwerfen oder der Sache nach mit der vierten Art, mit dem universale in praedicando, zu identifizieren. Darunter versteht Suárez das durch den Verstand als Einheit in Vielem erfaßte A., das in den Dingen ein ihnen allen identisches Fundament habe. In Hinsicht auf diese Identität könne man von einem universale in essendo sprechen, in Hinsicht auf das Aussagen handle es sich hier aber um die logischen universalia, die praedicabilia, also um die quinque voces des Porphyrius: genus, species, differentia, proprium und accidens [1]. Die traditionelle Unterscheidung (ante rem, in re, post rem) diskutiert Suárez unter den Titeln ‹universale metaphysicum›, ‹physicum›, ‹logicum›. Ein metaphysisches universale, aufgefaßt als ein abgetrenntes A. im Sinne der Platonkritik von Aristoteles, lehnt er entschieden ab. Das universale physicum läßt er gelten, zwar nicht als eine natura communis skotischer Prägung, wohl aber als das fundamentum remotum und als subjectum intentionis der Allgemeinheit, moderner gesprochen als die Bedingung der Möglichkeit von Allgemeinheit überhaupt. Einzig das logische A. ist für Suárez ein universale in actu [2]. Es wird zum Gemeinplatz, daß nur Einzeldinge existieren und daß das A. erst und nur durch die Tätigkeit des Verstandes konstituiert wird, entweder durch Abstraktion oder durch Vergleich [3]. Suárez beruft sich dafür bereits auf die «sententia communis antiquorum et recentium philosophorum» gegen die Skotisten, die ein universale actu in rebus verteidigen und gegen FONSECA, der das Universalienproblem ausführlich im Sinne der Realisten diskutiert hatte und dem A. im augustinisch-platonischen Sinn Wirklichkeit zuerkannt wissen wollte vor jeglicher Existenz im Intellekt oder in den Dingen [4]. – In den metaphysischen und logischen Werken der Schulphilosophie wird diese Materie mehr oder weniger breit dargestellt, ohne daß sie dabei – wenn man von subtilen Differenzierungen absieht – weiter entwickelt wird.

Bei der Bestimmung des Begriffes des A. tritt immer mehr der bereits bei Boethius in Anspruch genommene Begriff der Ähnlichkeit in den Vordergrund, der bei den antirealistischen Auffassungen die Funktion der natura communis und des identischen Fundamentes übernimmt. Auch bei SUÁREZ lesen wir, daß die unitas universalis keine echte Einheit, sondern lediglich eine Ähnlichkeit sei: «nihil enim vere unum et in re indivisum est a parte rei in hac et in illa humana natura, sed solum in hac est aliquid cui aliquid simile est in altera natura» [5] und, wie das schon ALBERTUS MAGNUS getan hatte [6], greift auch RUDOLPH AGRICOLA auf eine «essentialis similitudo» zurück [7]. Für die Folgezeit bedeutsamer ist aber, daß auch die von der Scholastik emanzipierten Philosophen ständig auf die in den Schulen verbreiteten Philosopheme über das A. und Besondere rekurrieren.

So bestimmt DESCARTES das universale als einen Namen für einen modus cogitandi, der seinen Ursprung hat in der einen Vorstellung, deren wir uns bedienen, um alle Individuen zu benennen, die miteinander Ähnlichkeit haben [8]. HOBBES, der, seiner ultranominalistischen Überzeugung folgend, kein A. außer Namen gelten läßt [9], sagt das gleiche: «One universal name is imposed on many things for their similitude in some quality or other accident» [10]. SPINOZA unterschied drei Arten von Allgemeinheit: die der unbestimmten Erfahrungen (experientiae vagae), die der Allgemeinvorstellungen (universalia oder imagines universales) und die der notiones communes. Während letztere als klare, distinkte und adäquate Ideen allen Menschen gemeinsam seien, würden die Universalien von jedem Einzelnen gebildet nach Maßgabe dessen, wovon er gewohnt ist, affiziert zu werden, und dessen, was sich sein Geist leichter in der Phantasie vorstellt oder ins Gedächtnis zurückruft, weshalb Spinoza die imagines universales lediglich als konfuse und inadäquate Vorstellungen wertet [11].

Noch mehr im Fahrwasser der scholastischen Diskussion steht HENRY MORE, der das A. als eine «similitudo communis in intellectu repraesentata» ansieht und von dem in der Natur vorkommenden Besonderen unterscheidet [12]. Auch der junge LEIBNIZ behandelt das Universalienproblem noch ganz im Stil der scholastischen Disputation in seiner akademischen Schrift über das eng damit verbundene Individuationsprinzip [13].

Gegen MARIUS NIZOLIUS, der die Allgemeinheit nicht durch Abstraktion, sondern durch Komprehension, durch Mengenbildungen also, interpretiert und damit Allgemeinheit durch Vielheit und Ganzheit ersetzt wissen wollte [14], machte der junge LEIBNIZ geltend, daß mit der Auffassung des A. als einer kollektiven Ganzheit, einer bloßen Ansammlung von Individuen keine demonstrative Erkenntnis, sondern nur Induktion möglich wäre und damit Skepsis an die Stelle der Wissenschaft treten müsse [15]. Einen neuen Aspekt läßt Leibniz in den Ansätzen zu seiner Metaphysik der Möglichkeiten in der Gegenüberstellung anklingen: «Universale est cuius intelligentia involvit tantum possibilitates. Singulare ex cuius intellectu judicare potest utrum et quando et ubi, et an solum existat an cum aliis, breviter de tota rerum universitate» [16]. Aber auch bei ihm findet sich die Bestimmung: «Universale est unum in multis seu multorum similitudo» [17]. Gegen LOCKE, der geschrieben hatte: «General and universal belong not to the real existence of things, but are the inventions and creatures of the understanding, made by it for its own use, and concern only signs, whether words or ideas» [18] und ihren Ursprung erklärte: «the sorting of them [things] under names is the workmanship of the understanding, taking occasion from the similitude it observes amongst them, to make abstract general ideas» [19], betont jedoch LEIBNIZ in seiner Gegenschrift den Wirklichkeitscharakter der fundierenden Ähnlichkeit: «La généralité consiste dans la ressemblance des choses singulières entre elles, et cette ressemblance est une réalité» [20].

LOCKE nimmt eine Position ein, die mehr der konzeptualistischen Auffassung der Scholastik entspricht, wenn er die «general ideas» ausdrücklich als universalia in significando et repraesentando bestimmt: «their general nature being nothing but the capacity they are put into by the understanding of signifying and representing many particulars» [21]. Und wenn er fortfährt: «For the signification they have is nothing but a relation that by the mind of man is added to them», so scheint er sich bewußt zu sein, daß Ideen erst durch Allgemeinheit «bedeutend» werden und daß, wie schon Platon gelehrt hatte, ein reiner Sensualismus konsequenterweise stumm sein müßte. Gegen Lockes Behauptung: «Words become general by being made the sign of general ideas, and ideas become general by separating from them the circumstances of time, and place, and any other ideas that may determine them to this or that particular existence» [22], polemisiert BERKELEY, indem er den Begriff der «general idea» lächerlich macht an Lockes Beispiel eines allgemeinen Dreiecks, das weder schiefwinklig noch rechtwinklig, weder gleichseitig noch gleichschenklig noch ungleichseitig, sondern dies alles und zugleich auch nichts von diesem ist [23]. Den Grund für diese Ungereimtheiten sieht Berkeley in der verfehlten Abstraktionslehre, die allein aus der Angewiesenheit des Menschen auf die Sprache resultiere [24]. Allgemeine Ideen gäbe es nur in dem Sinne, daß eine besondere Einzelvorstellung alle anderen derselben Art repräsentiert, dadurch daß sie ein Zeichen für sie wird [25]. Allgemeinheit bestehe nicht in dem absoluten positiven Wesen von irgend etwas, das man durch Abstraktionsprozesse erreichen kann, sondern lediglich in der Beziehung selbst, in der etwas zu anderem Einzelnen steht [26]. Die Worte täuschen, die Objekte meiner Betrachtung (die Ideen) hingegen nicht. Es sei ausgeschlossen, sich über ihre Ähnlichkeit oder Unähnlichkeit eine falsche Meinung zu bilden [27]. Gerade das sieht HUME als eine der wertvollsten Entdeckungen der letzten Jahre an und will seinerseits zur Festigung dieser Auffassung beitragen. Seinem psychologisierenden Empirismus gemäß tut er das, indem er besonders die Funktion der Gewohnheit hervorhebt: «A particular idea becomes general by being annexed to a general term; that is, to a term, which from a customary conjunction has a relation to many other particular ideas, and readily recalls them in the imagination», die er allerdings auch in der Ähnlichkeit gegründet sein läßt: «As the individuals are collected together, and placed under a general term with a view to that ressemblance, which they bear to each other, this relation must facilitate their entrance to the imagination». Und das geschehe mit einer über alles zu bewundernden Fertigkeit, die in den größten Genies am vollkommensten sei und recht eigentlich das ausmache, was wir ein Genie nennen. Der Anlaß zur Bildung allgemeiner, abstrakter Vorstellungen liege darin, daß selbst in dem, was anscheinend so einfach ist, doch allerlei Ähnlichkeiten und Beziehungen enthalten seien [28].

CHR. WOLFF greift bei seiner Definition des ens universale, worunter er die Gattungen und die Arten versteht, zurück auf die vollständige Bestimmtheit, die dem ens singulare im Unterschied zum universale eigne, dessen Unbestimmtheit die Möglichkeit biete, eine Vielheit unter sich zu fassen, eine Vielheit von Individuen, die durch Identität gewisser Eigenschaften miteinander Ähnlichkeit besitzen und durch diese Ähnlichkeit das ens universale konstituieren [29]. Aus dieser Definition folgert Wolff trivialerweise, daß die allgemeinen Dinge, als nicht vollständig determinierte, auch nicht existieren [30]. Auch für LAMBERT gilt es als ausgemacht, daß die allgemeinen Dinge nur in den ihnen untergeordneten Einzeldingen existieren [31], und auch er legt den «Grund zu dem A. in unserer Erkenntniß» in die Ähnlichkeit und Verschiedenheit der Dinge, die eine Einteilung in Arten und Gattungen ermögliche [32]. Jedoch macht er darauf aufmerksam, daß die Allgemeinheit in der Mathematik, die derjenigen in der Philosophie mit gutem Beispiele vorangehen könne, nicht durch fortschreitende Abstraktion, sondern, modern gesprochen, durch Idealisierungsprozesse gewonnen werde [33].

Anmerkungen. [1] SUÁREZ, Disp. Met. d. 6, s. 8, n. 2. – [2] a. a. O. d. 6, s. 8, n. 3; vgl. schon THOMAS VON AQUIN, In Arist. de anima

II, 12, n. 378. 380; S. theol. II/I, q. 29, a. 6. – [3] SUÁREZ, a. a. O. [1] d. 6, s. 6. – [4] FONSECA, Comm. in Arist. Met. V, 28 passim, bes. q. 5. – [5] SUÁREZ, a. a. O. [1] d. 6, s. 2, n. 13; vgl. d. 2, s. 2, n. 16. – [6] ALBERTUS MAGNUS, Met. VII, tract. 5, cap. 3. Opera omnia, hg. GEYER 14/2 (1964) 378. – [7] R. AGRICOLA, De inventione dialectica I, 6. – [8] DESCARTES, Principia philosophiae, I, 58ff. – [9] HOBBES, De corpore I, 5, 7; II, 8, 5. – [10] Leviathan I, 4; vgl. De corpore I, 2, 11. – [11] SPINOZA, Ethica II, prop. 38, corr. u. prop. 40, schol. 1 u. 2. – [12] H. MORE: Enchiridion metaphysicum (1671) I, 3, s. 4; vgl. I, 2, s. 3. Opera omnia 2/1 (1679, Nachdruck 1966) 150 bzw. 143. – [13] LEIBNIZ, De principio individui. Akad.-A. VI/1, 9-19. – [14] MARIUS NIZOLIUS: De veris principiis et vera ratione philosophandi (1553, neu hg. LEIBNIZ 1670) I, 7; III, 7. – [15] LEIBNIZ, Akad.-A. VI/2, 450-453. – [16] Textes inédits, hg. GRUA (1948) 540. – [17] Philos. Schriften, hg. GERHARDT 2, 317. – [18] LOCKE, Essay ... III, 3, § 11. – [19] a. a. O. § 13. – [20] LEIBNIZ, Nouveaux Essais III, 3, § 12; vgl. IV, 17, § 8. – [21] LOCKE, Essay III, 3, § 12. – [22] a. a. O. III, 3, § 6. – [23] BERKELEY, Principles, Introduct. § 13. – [24] Introduct. § 18; vgl. das Tagebuch, in: Works, hg. LUCE-JESSOP 1 (1948) 70. – [25] Introduct. § 12. – [26] a. a. O. § 15. – [27] § 22. – [28] HUME, Treatise, I, 7. – [29] CHR. WOLFF, Ontologia §§ 230-234; Logica §§ 49-56. – [30] Ontologia § 235. – [31] J. H. LAMBERT: Anlage zur Architectonic I (1771). Philos. Schriften 3 (1965) § 161. – [32] a. a. O. § 201. – [33] §§ 193. 197. H. SCHEPERS

2. Unabhängig von der Unterscheidung zwischen allgemeinen und besonderen Urteilen [1] stellt sich für KANT das Problem des A. und Besonderen in der Diskussion um Begriff und Anschauung. Während Anschauung immer eine Vorstellung ist, die auf Einzelnes, Besonderes (repraesentatio singularis) bezogen ist, ist der Begriff per definitionem in seiner Allgemeinheit (repraesentatio per notas communes) charakterisiert, so daß es für Kant eine «bloße Tautologie» ist, «von allgemeinen oder gemeinsamen Begriffen zu reden» [2]. Diese Trennung wird in der metaphysischen Erörterung des Raumes in der transzendentalen Ästhetik der ‹Kritik der reinen Vernunft› reflektiert, wo dem Verstand das A. und der Sinnlichkeit das Besondere zugeordnet wird [3]. Die Möglichkeit allgemeiner Erkenntnisse a priori wird unabhängig von der Erfahrung begründet, da diese in ihrem Bezug auf das Besondere immer nur «angenommene und comparative Allgemeinheit (durch Induction)» gestattet [4]: «wo dagegen strenge Allgemeinheit zu einem Urtheile wesentlich gehört, da zeigt diese auf einen besonderen Erkenntnißquell desselben, nämlich ein Vermögen des Erkenntnisses a priori. Nothwendigkeit und strenge Allgemeinheit sind also sichere Kennzeichen einer Erkenntniß a priori und gehören auch unzertrennlich zu einander» [5]. Der Ansatz, in dem das Problem des A. und Besonderen durch die Absetzung von der empiristischen Philosophie (besonders Humes) zu neuer und weiterführender Bestimmung kommt, ist die Wende zur *transzendentalen Logik*, die sich nicht auf allgemeine Regeln des Denkens beschränkt, sondern Begriffe als Handlungen des reinen Denkens bestimmt, die sich a priori auf Gegenstände beziehen und so Ursprung von Erkenntnis von Gegenständen sind. Das A. wird so zum *Transzendentalbegriff*, ohne daß damit für Kant die Bestimmungen der traditionellen Logik, die er für abgeschlossen hält, aufgehoben wären.

Die entstehende Vermittlungsproblematik zwischen dem A. der Begriffe und dem Besonderen der Erfahrung ist vorzüglich die Urteilskraftproblematik, wie sie in der Allgemeinheit in allen Kritiken gestellt wird: «Urteilskraft überhaupt ist das Vermögen, das Besondere als enthalten unter dem A. zu denken» [6]. Im Schematismus-Kapitel der ‹Kritik der reinen Vernunft› wird die Frage beantwortet, wie apriorisch A., also die Kategorien des Verstandes, auf Besonderes a priori angewandt werden kann. Das Schema, das «an sich selbst jederzeit nur ein Product der Einbildungskraft» ist, ist im «Verfahren des Verstandes» sozusagen das gesuchte Besondere a priori, wodurch die Kategorien in der Erfahrung angewandt werden können [7]. Innerhalb der ‹Kritik der praktischen Vernunft› wird die Urteilskraftproblematik im Abschnitt von der Typik der reinen praktischen Urteilskraft abgehandelt. Analog der Frage, wie allgemeine apriorische Kategorien a priori auf den einzelnen Fall bezogen werden können, entsteht das Problem: Wie können Ideen, also reine Vernunftbegriffe, denen als Übersinnliches nichts in der Anschauung korrespondiert, oder, wie kann das Vernunft-A., das Sittengesetz als das «Gesetz der Freiheit», in der Anwendung für den besonderen Fall «in der Sinnenwelt» verbindlich und realisiert werden? [8] Im Unterschied zur Subsumptionsstruktur und zum Schema der theoretischen Vernunft kann für die reine praktische Urteilskraft in einem Gesetz des Verstandes «die Natur der Sinnenwelt als Typus einer intelligiblen Natur» angesehen werden [9]. Typus als Möglichkeit der «Versinnlichung» ist unter dem Namen «Symbol» in der ‹Kritik der Urteilskraft› neben dem Schema für den Verstand die andere Form der «Hypotypose (Darstellung, subiectio sub adspectum)», wodurch die Vermittlung des A. und Besonderen möglich wird [10]. In dem berühmten Paragraphen 59 der dritten ‹Kritik› wird für Kant so die «Schönheit», die ja nur als Besonderes auftritt, «Symbol der Sittlichkeit», des Vernunft-A. Aufgabe der in der ‹Kritik der Urteilskraft› weitgehend allein thematisierten reflektierenden Urteilskraft ist es, «zu einem gegebenen Besonderen das A. zu finden» [11]. In der ‹ästhetischen Urteilskraft› ist das Natur- und Kunstschöne und in der ‹teleologischen Urteilskraft› der Organismus das Besondere, das sich zu einem A. fügt, ohne daß damit das A. konkret und objektiv angebbar wäre. Das Prinzip der reflektierenden Urteilskraft, wodurch das Schöne oder die organische Natur so angesehen wird, als ob sie in ihrer Besonderheit das A. darstellen, findet Kant in dem transzendentalen Prinzip der Zweckmäßigkeit, durch das in objektiver Hinsicht die Erkenntnis nicht erweitert wird: «Die Urtheilskraft hat also auch ein Princip a priori für die Möglichkeit der Natur, aber nur subjectiver Rücksicht in sich, wodurch sie nicht der Natur (als Autonomie), sondern ihr selbst (als Heautonomie) für die Reflexion über jene, ein Gesetz vorschreibt, welches man das Gesetz der Specifikation der Natur in Ansehung ihrer empirischen Gesetze nennen könnte» [12]. Diese Zweckmäßigkeit ist also weder ein der Natur vorzuschreibendes Gesetz noch aus Beobachtung zu gewinnen, denn sie ist kein Vermögen der bestimmenden Urteilskraft; vielmehr dient sie zur Erweiterung der Erfahrung dort, wo die Mittel des Verstandes nicht ausreichen, um «die gedachte Übereinstimmung der Natur in der Mannigfaltigkeit ihrer besonderen Gesetze zu unserem Bedürfnisse, Allgemeinheit der Principien für sie aufzufinden» [13]. Das Problem, wie die besonderen Gesetze zweckmäßig zusammenstimmen, daß sozusagen «allgemeine» Gesetze in der «Besonderheit» entstehen, ist bei Kant auch in den ‹Metaphysischen Anfangsgründen der Naturwissenschaft› diskutiert, da die Mittel der Kategorien und Grundsätze usf. nicht ausreichen, um bestimmte Fragen an die Natur stellen zu können [14]. Es bedarf einer Besonderung der allgemeinen Prinzipien der Natur, der allgemeinen Gesetze, der a priorischen Bedingungen, die als metaphysischer Anfangsgrund für Erfahrung angegeben werden kann. Auch im ‹Opus postumum› wird im Überschreiten der Ergebnisse der Kritiken, wenn auch nur in Ansätzen, versucht, die Bereicherung und

Spezifizierung der allgemeinen Erfahrungsbedingungen in der Theorie der «bewegenden Kräfte» theoretisch zu festigen [15].

Anmerkungen. [1] KANT, KrV B 95; vgl. Logik § 21. Akad.-A. 9, 102f. – [2] Logik § 1. Akad.-A. 9, 91. – [3] KrV B 37ff. – [4] a. a. O. B 3. – [5] B 4. – [6] KU. Akad.-A. 5, 179; vgl. KrV B 171ff.; vgl. Logik § 81. Akad.-A. 9, 131f. – [7] KrV B 179; vgl. M. HEIDEGGER: Kant und das Problem der Met. (²1951) 85ff.; Kants These über das Sein (1963). – [8] KpV. Akad.-A. 5, 67-70. – [9] a. a. O. 70. – [10] KU. Akad.-A. 5, 351. – [11] a. a. O. 179. – [12] 185f. – [13] 186. – [14] Vgl. Akad.-A. 4, 467ff. – [15] Vgl. G. LEHMANN: Kants Nachlaßwerke und die Kritik der Urteilskraft (1939); K. DÜSING: Die Teleologie in Kants Weltbegriff. Kantstudien. Erg.-H. 96 (1968) bes. 143-205. R. KUHLEN

3. Die Dichotomie Kants von Begriff und Anschauung, die Trennung des A. der Verstandes- und Vernunftbegriffe und des B., Mannigfaltigen der Erfahrung, bildet im *Deutschen Idealismus* die Basis der Kritik und Weiterführung. KANTS Erwägungen über den «intellectus archetypus» artikulieren eine bloße Denkmöglichkeit: «Nun können wir uns aber auch einen Verstand denken, der intuitiv vom Synthetisch-A. (der Anschauung eines Ganzen, als eines solchen) zum B. geht, d. i. vom Ganzen zu den Teilen» [1], «und für welchen jene Zufälligkeit der Zusammenstimmung der Natur in ihren Produkten nach besonderen Gesetzen zum Verstande nicht angetroffen wird» [2]. FICHTE nimmt das Problem hier auf; gegenüber Kant pointiert er die Ableitbarkeit der Zufälligen und B.: «Daß für eine mögliche Erfahrung ein *Mannigfaltiges* gegeben sei, muß erwiesen werden». Auf Kants Weg läßt sich zwar ein kollektives und komparatives A., «ein Ganzes der bisherigen Erfahrung, als Einheit unter den gleichen Gesetzen» auffinden, aber «die Wissenschaftslehre, die das ganze System des menschlichen Geistes umfassen soll, muß diesen Weg nehmen, und vom A. zum B. herabsteigen» [3].

Das A. – bei Kant die Regel der Verknüpfung des Mannigfaltigen der Erfahrung – muß also für Fichte notwendig mit diesem Mannigfaltigen der Erfahrung zusammengedacht werden: als das sie Bestimmende und Setzende. Dieses Bestimmende ist die unendliche Tätigkeit des Ich. Fichte erweitert und radikalisiert damit KANTS Bestimmung der Begriffe als «Handlungen des reinen Denkens», die sich «a priori auf Gegenstände beziehen» und so «Ursprung unserer Erkenntnisse von Gegenständen sind» [4]. FICHTE etabliert damit das für den spekulativen Idealismus insgesamt grundlegende *Prinzip der Identität* des A. und B. in seiner Entgegensetzung auf der Grundvoraussetzung der Produktivität des Ich bzw. des Geistes.

Die ‹Wissenschaftslehre› geht aus «von der unbestimmten und unbestimmbaren Unendlichkeit» der Tätigkeit des Ich; ihr Argument: «durch das Vermögen des Bestimmens zur Endlichkeit (und darum ist alles Endliche Produkt des Bestimmenden)» [5] macht das Ich zur Ursache der von ihm angeschauten und gesetzten Besonderungen. Die Beschränkungen und Entgegensetzungen werden schließlich als Selbstbeschränkungen, als Setzungen des Ich in seiner Besonderheit erwiesen: «so gewiß ich mich setze, setze ich mich als ein Beschränktes; zufolge der Anschauung meines Selbstsetzens» [6]. – In diesem Prozeß des Setzens des Ich erhält auch die Natur ihren Ort zugewiesen: «Meine Natur ist nicht die ganze Natur. Es gibt noch Natur außer ihr; und diese wird eben gesetzt, um die Bestimmung meiner Natur zu erklären» [7]. – Das sich in die Besonderheit setzende A. ist zwar Ursache und Erklärungsgrund des B., zugleich aber transzendiert das A. seine Besonderung – es bleibt ‹unbestimmte und unbestimmbare› Tätigkeit. Das hat eine praktische und eine theoretische Konsequenz.

Die Faktizität und Besonderheit, in der sich das Ich bestimmt findet, ist praktisch zu überwinden. Diese Aufhebung ist nur als ein Sollen denkbar: «Wir sollen dieser Idee uns nur ins Unendliche annähern» [8]. – Die ‹Wissenschaftslehre› zieht die theoretische Konsequenz. Sie deduziert das Aposteriori als vom Apriori produziert, sie hat «den Grund der Erfahrung aufzuweisen», dabei aber zu bedenken, daß «der Grund notwendig außerhalb des Begründeten liegt» [9]. Einen Rückschluß vom endlichen, bestimmten Aposteriori auf das Apriori erlaubt sie nicht. Das A. wird in der ‹Wissenschaftslehre› als Deduktionsgrund und als ihre eigene Legitimation vorausgesetzt, aus dem sie das Aposteriori – und sich als aposteriorische Wissenschaft – *a priori* begründen und herleiten kann.

Das in und gegenüber seinen Besonderungen sich erhaltende A. ist auch der Ausgangspunkt SCHELLINGS. Seine Differenz gegenüber Fichte liegt in der Betonung der Objektivität der Natur. Schelling faßt sie als «ursprüngliche Evolution» [10], als ‹objektives Subjekt-Objekt›, während sie für Fichte nur subjektive Voraussetzung war. «Die Natur außer mir wird gesetzt, um meine Natur zu erklären» [11]. Das Mannigfaltige in der Erfahrung der Natur läßt sich für Schelling einer Idee der Natur integrieren. «Die Natur ist a priori, d. h. alles Einzelne in ihr ist im voraus bestimmt durch das Ganze oder die Idee einer Natur überhaupt» [12]. Das Absolute entläßt das B. aus sich und befähigt dieses, «es als das A. in sich, *seine* Form, als B. aufzunehmen. Es gibt also z. B. eine Philosophie der Natur, weil in das B. der Natur das Absolute gebildet, weil es demnach eine absolute und ewige Idee der Natur gibt» [13]. Die in der Natur gesetzte Bestimmtheit ist eine Verendlichung und Beschränkung des A., aus dem es hervorgeht: «Der Begriff ist nicht ... das A., sondern vielmehr die Regel, das Einschränkende, das Bestimmende der Anschauung ... Das A. ist also das Anschauen, oder Produzieren, und nur dadurch, daß in dieses an sich unbestimmte Anschauen ein Begriff kommt, wird sie Anschauung eines Objekts» [14].

Priorität hat für Schelling das A. Die Vernunft geht «überhaupt nicht auf das B. als solches, sondern unmittelbar immer nur auf das Absolute und auf das B. nur, sofern es das ganze Absolute in sich aufnimmt und in sich darstellt» [15]. Konsequent entfaltet Schelling die Besonderungen der allgemeinen Tätigkeit als zu depotenzierende Beschränkungen dieses A. Die Depotenzierung muß sich im Medium der Besonderheit bewegen; sie zielt auf den ‹Indifferenzpunkt› vor der Beschränkung, jedoch selbst nur unter der Bedingung der Besonderheit. Einzig die Kunst kann die Aufhebung der Besonderheit noch unter den Bedingungen der Besonderheit, «mit absoluter Indifferenz des A. und B. im B.» [16] antizipieren.

Schelling sucht auf diese Weise den *Indifferenzpunkt*, von dem sich alle Besonderung herleiten läßt, der jedoch selbst außerhalb und vor aller Besonderheit liegt. – Der späte Schelling jedoch negiert die Möglichkeit der Herleitbarkeit des B.: «Mit einem Wort, vom Absoluten zum Wirklichen gibt es keinen stetigen Übergang, der Ursprung der Sinnenwelt ist nur als ein vollkommenes Abbrechen von der Absolutheit, durch einen Sprung denkbar» [17].

Fichte und Schelling hatten, Kants Begriff der «produktiven Einbildungskraft» im Hintergrund, Allgemeinheit der Tätigkeit des Ich zugeschrieben. HEGELS sarkastische Kritik an der begrifflosen Allgemeinheit der Anschauung – «die Nacht, in der alle Kühe schwarz sind» [18] – betont ihrerseits den Begriff als das A. Hegel entfaltet es als vernünftiges und vernünftig begreifbares A. Indem er der abstrakten Identität die Identität als Einheit gegenüberstellt, die als sich entgegengesetzte und nicht identische besteht, erhält das A. als Begriff und Wesen, das dem B. zugrunde liegt, neue Bedeutung. Hegel unternimmt es, «gegen den Verstand zu zeigen, daß das Wahre, die Idee nicht in leeren Allgemeinheiten besteht, sondern in einem A., das in sich selbst das B., das Bestimmte ist» [19]. Die Selbstbestimmung des A. kulminiert in der sich mit sich vermittelnden, «sich wissenden Vernunft» [20]. Das «absolute Wissen» ist deshalb «Wissen des Absoluten», so daß der Prozeß der Bestimmung und Erkenntnis des Absoluten ineins sein Selbsterkennungsprozeß ist, in einer vom Absoluten selbst ausgehenden Vermittlungsbewegung. – Die Schranken, vor denen Fichte und Schelling standen, sind damit überwindbar: Das A. ist vernünftig, vernünftig erkennbar und konkret sich vermittelnd.

Die Vernunft ist – in Hegels schwieriger Terminologie – das «an und für sich seiende A.» [21], das in seinen Bestimmungen mit sich identische A. Die völlige Vermittlung von Allgemeinheit, Besonderheit und Einzelnheit ergibt sich in der Sphäre des Logischen als der Einheit aller Bereiche, denen Hegels Philosophie sich zuwendet. Die Formen dieser Vermittlung entwickelt Hegel in der Lehre vom Schluß.

In der Natur hingegen ist «das A. sich nicht angemessen» [22]. In ihr «gelangt der Begriff nicht ... zur völligen Überwindung der Äußerlichkeit und Endlichkeit seines Daseins» [23]; die Formen des Empirischen sind begrifflich bestimmbar, die empirische Unmittelbarkeit des natürlichen Daseins ist jedoch nicht aufhebbar. In der Vermittlung von Allgemeinheit und unmittelbarer Besonderheit wird sie «konkrete Allgemeinheit; durch das aufgezeigte Aufheben der Unmittelbarkeit ihrer Realität ist sie mit sich selbst zusammengegangen» [24]. «Der Übergang des Natürlichen in den Geist» geht vor sich, indem die in der Natur nur an sich seiende Allgemeinheit sich in ihrer Besonderheit *setzt, für sich* wird: «Indem so das A. für das A. ist, ist der Begriff für sich; dies kommt erst im Geiste zum Vorschein, worin der Begriff sich gegenständlich macht, damit aber die Existenz des Begriffs als Begriffs gesetzt ist» [25]. Das das B. konstituierende und in ihm sich kontinuierende A. hat im Geist verschiedene Stufen der Bestimmtheit: «Als Seele hat der Geist die Form der abstrakten *Allgemeinheit*, als Bewußtsein die der *Besonderung*, als für sich seiender Geist die der *Einzelnheit*» [26]. Die höchste Erhebung ist «der sich als Geist wissende Geist» [27]. In diesem Wissen von sich sind alle geschichtlichen Stufen des Bewußtseins wie auch die Positionen des empirischen, unmittelbaren Bewußtseins aufgehoben.

Die «sich wissende Vernunft» [28] setzt alle natürlichen und empirischen Bestimmungen zu Begriffsbestimmungen herab; sie ist das «absolut-A.» [29], als Besonderheit und Einzelnheit bestimmte und konkret vermittelte Allgemeinheit. In ihr ist der Schein einer Äußerlichkeit und Endlichkeit aufgehoben; nur die absolute Vernunft verdankt ihre Bestimmtheit ausschließlich ihrer eigenen Bestimmung zu ihrem einzelnen und besonderen Dasein.

Die Kritik an Hegels Synthese wird besonders im Anschluß und unter Berufung auf Kant formuliert, zunächst von Schopenhauer, dann in anderer Weise vom Neukantianismus. SCHOPENHAUER hebt die Dichotomie von Ding an sich und Erscheinung hervor. Dem erkennenden Individuum «zeigt sich, statt des Dinges an sich, nur die Erscheinung, in Zeit und Raum, dem principio individuationis ...: und in dieser Form seiner beschränkten Erkenntnis sieht er nicht das Wesen der Dinge, welches eines ist, sondern dessen Erscheinungen, als gesonderte, getrennt, unzählbar, sehr verschieden, ja entgegengesetzt» [30]. Das Bewußtsein kann – gemäß dem Satz vom Grund – Allgemeinbegriffe bilden zur Erkenntnis der Mannigfaltigkeit der Erscheinungen. Sie können jedoch nur eine reflexive Rekonstruktion der ursprünglichen Einheit der Idee sein: «Die Reflexion ist notwendig Nachbildung, Wiederholung, der urbildlichen anschaulichen Welt» [31]. Die urbildliche Welt ist die der Ideen selbst, der unerreichten Musterbilder oder der ewigen Formen der Dinge, die nicht selbst in Zeit und Raum, unter die Bedingung des principii individuationis treten. Sie sind ursprünglich und anschaulich, «die unmittelbare Objektität des Willens», «nicht mehr das einzelne Ding als solches» [32]. «Die Idee ist die vermöge der Zeit- und Raumform unserer intuitiven Apprehension in die Vielheit zerfallene Einheit: hingegen der Begriff ist die mittelst der Abstraktion unserer Vernunft aus der Vielheit wieder hergestellte Einheit: sie kann bezeichnet werden als ‹unitas post rem›, jene als ‹unitas ante rem›» [33].

Eine Ausnahmestellung in der Diskussion von A. und B. nimmt KIERKEGAARD ein. Er vertritt gegen das A. das B. und Einzelne. In seiner Erstlingsschrift findet sich das Begriffspaar ‹A./B.› in dialektischer Verwendung, an Hegel anschließend. So definiert er Liebe als unmittelbare «Einheit des A. und B., sie besitzt das A. als das B., sogar bis hin zur Grenze des Zufälligen» [34]. Der sonstige, religiöse Gebrauch gesteht der dialektischen Vermittlung nur eine Zwischenfunktion zu, er geht aus vom Primat des religiösen Einzelnen und stellt deshalb dem A. das Einzelne als nicht durch das A. bestimmbares entgegen.

‹A.› bedeutet dann für Kierkegaard primär «allgemein-menschlich», sekundär «allgemein verständlich, begrifflich». Ethisch ist die Bestimmung des «Allgemein-Menschlichen, das ... als Aufgabe gesetzt ist, die verwirklicht werden soll» [35]. Diese allgemeine ethische Bestimmung kann aber den einzelnen religiösen Vollzug nicht begreifen: «Der Glaube ist eben dies Paradox, daß der Einzelne als Einzelner höher ist denn das A. ..., daß eben der Einzelne, der als Einzelner dem A. untergeordnet gewesen ist, nur durch das A. hindurch ein Einzelner wird, der als Einzelner ihm übergeordnet ist» [36]. Das A. wird zur «ethischen Zwischeninstanz» [37], zum Denken des Ethischen, dem der einzelne Vollzug unzugänglich bleibt. Das religiöse Paradox reduziert das A. zur Kategorie der Vermittlung – es selbst ist «unzugänglich dem Denken» [38]. Aber in dieser Vermittlungsfunktion anerkennt es Kierkegaard weiterhin, «denn alle Vermittlung geschieht gerade in kraft des A.» [39].

Gegen die spekulativ-idealistische Weiterführung Kants wendet sich der *Neukantianismus*. Ihm geht es um den «erkenntnis- und wissenschaftstheoretischen» Kant. A. und B. werden als logische Begriffe reklamiert. Wichtig ist ihre Funktion in der menschlichen Erkenntnis; ausgeschlossen ist die Frage, ob sie metaphysische Begriffe sind, ob sie etwas bezeichnen, das ist. Die klassische deutsche Philosophie hatte – ohne die traditionelle Logik ausser Kraft zu setzen (mit Ausnahme Fichtes) – KANTS Bestimmung der Begriffe als «Handlungen des reinen Denkens» aufgenommen, die sich «a priori auf Gegenstände beziehen» und so «Ursprung unserer Erkenntnis von Gegenständen sind» [40]. Die logischen Begriffe waren so zugleich zu metaphysischen entwickelt worden. In der Entfaltung dieser Relation hatte sie sich als konstitutiv erwiesen für ihre Glieder. – Der Neukantianismus verweigert dieser identitätsphilosophischen Entwicklung die Anerkennung. Entsprechend werden A. und B. als allgemeine Regeln des Denkens aufgefaßt. – Der Neukantianismus hat damit erneut Kants Dichotomie von A. und B., Begriff und Anschauung, aufzuarbeiten. Wenn die apriorischen und allgemeinen Bedingungen der Erkenntnis geklärt sind, so wird die Erkenntnis des B. erneut zum Problem. In der Tat ist die Entwicklung und die Differenzierung des Neukantianismus hervorgerufen durch das problematische Verhältnis zum B. der Empirie. – Für O. LIEBMANN, den ersten «Neukantianer», ist das Apriori «nichts Anderes, als das für uns und für jede uns homogene Intelligenz streng A. und Notwendige, das Nichtanderszudenkende, das wovon unser Geist und sein Erkennen schlechthin geleitet und gelenkt wird, welches, über dem empirischen Subjekt und dem empirischen Objekt gleich erhaben und für beide gleich maßgebend, alle Erfahrung und Gegenstand durchaus beherrscht» [41]. Der Begriff der Natur bestimmt sie «als Dasein, sofern es nach allgemeinen Gesetzen bestimmt ist». Liebmann pointiert dies mit Bezug und Berufung auf den Satz Kants, daß der Verstand die Gesetze nicht aus der Natur schöpft, sondern sie dieser vorschreibt. – H. COHEN, Begründer der Marburger Schule, unternimmt es, die empirische Bedingtheit allen Erkennens aufzuheben, indem er sie aus ihren logischen Bedingungen erklärt. Das Problem des in der Anschauung gegebenen Mannigfaltigen eliminiert Cohen, indem er die Anschauung als dem Denken ungleichwertige Erkenntnisquelle eliminiert und Raum und Zeit als Kategorien ableitet. Durch die von Kant angenommene Beziehung des Denkens auf die Anschauung hat das Denken «doch seinen Anfang in Etwas *außerhalb* seiner selbst. Hier liegt die Schwäche in der Grundlegung Kants» [42]. Cohen dagegen statuiert: «Wir fangen mit dem Denken an. Das Denken darf keinen Ursprung haben außerhalb seiner selbst, wenn anders seine Reinheit uneingeschränkt und ungetrübt sein muß. Das reine Denken in sich selbst muß ausschließlich die reinen Erkenntnisse zur Erzeugung bringen» [43]. Als methodisches Vehikel dieser Erzeugung gilt die Infinitesimalrechnung. Durch dies apriorische Verfahren sind Kategorie und Urteil des B. mit Notwendigkeit aus dem A. abzuleiten. «So hängt das B. mit dem A. in der Notwendigkeit zusammen» [44].

Auch die Südwestdeutsche Schule hat ein prekäres Verhältnis zur Empirie, namentlich zu den «besonderen, geschichtlichen Tatsachen» [45]. W. WINDELBAND hofft, diese Schwierigkeit mit einer methodischen Distinktion beheben zu können. Er unterscheidet zwischen den nomothetischen Gesetzeswissenschaften und den idiographischen Ereigniswissenschaften [46]. «Der Inhalt des Weltgeschehens ist nicht aus seiner Form zu begreifen. Hieran sind alle Versuche gescheitert, das B. aus dem A. ... begrifflich abzuleiten» [47]. Die methodische Anerkennung der Besonderheit geschichtlicher Ereignisse kann dennoch nicht auf allgemeine Sätze verzichten, die idiographische Methode muß sich ihrer bedienen: «die idiographischen Wissenschaften [bedürfen] auf Schritt und Tritt der allgemeinen Sätze, welche sie in völlig korrekter Begründung nur von den nomothetischen Disziplinen entlehnen können» [48]. – H. RICKERT intendiert auch für die kulturwissenschaftliche Erkenntnis allgemeine Objektivität. Da sich die Besonderheit geschichtlicher Objekte aus der ihnen immanenten Wertbeziehung ergibt, andererseits der philosophische Nachweis von in der Geschichte besonderten allgemeingültigen Werten möglich ist, erreicht die kulturwissenschaftliche Erkenntnis Allgemeinheit und Objektivität nur über die Werte: «Dem unbedingt allgemeingültigen *Gesetz* der Natur, das die generalisierenden Wissenschaften suchen, muß dann der unbedingt allgemeingültige Wert entsprechen, den unsere Kulturgüter als Träger individueller Sinngebilde mehr oder weniger realisieren» [49]. Werte sind so Allgemeinheiten, aus denen die Kulturwissenschaften die wesentlichen methodischen Gesichtspunkte eines allgemeingültigen Begreifens des besonderen geschichtlichen Geschehens gewinnen.

Das Problem des A. und B. erfährt eine Wendung bei Brentano und Husserl. War das seit Kant vorrangige Problem die Herleitung des B. der Erfahrung aus dem A. gewesen, so verkehrt sich bei F. BRENTANO der Untersuchungsansatz: Das A. ist im B., in der Erfahrung zu begründen. Für Brentano gilt, daß es «wie keine apriorischen Anschauungen, so auch keine apriorischen Begriffe im ganzen Bereich unseres Bewußtseins gibt» [50]. Nicht die transzendentale Möglichkeit der Erfahrung konstituiert die Erfahrung, sondern es kommt jedem Erfahrungsurteil, «dessen Wahrheit einer einsieht, immer Allgemeingültigkeit zu» [51]. Diese Evidenz ergibt sich unmittelbar aus der intentionalen Beziehung auf ein Objekt. – Im Unterschied zu Brentano anerkennt E. HUSSERL – seit den ‹Logischen Untersuchungen› – ein «Wesen», «Eidos», das nicht dem psychischen Urteilsakt entspringt. Es ist ein ideal Seiendes, der Anschauung zugänglich: «Das Wesen (Eidos) ist ein neuartiger Gegenstand. So wie das Gegebene der individuellen oder erfahrenden Anschauung ein individueller Gegenstand ist, so das Gegebene der Wesensanschauung ein reines Wesen» [52]. Mit ihm ist das A. und Identische empirischer Gegenstände gegeben, deren konkrete Bestimmtheit im Verhältnis zu ihrem Wesen zufällig ist. «Das Erschaute ist dann das entsprechende reine Wesen oder Eidos, sei es die oberste Kategorie, sei es eine Besonderung derselben, bis herab zur vollen Konkretion» [53]. Von den Besonderungen her zum A. aufzusteigen ist nicht möglich. Zwar: «Erfahrende oder individuelle Anschauung kann in Wesensanschauung (Ideation) umgewandelt werden – eine Möglichkeit, die selbst nicht als empirische, sondern als Wesensmöglichkeit zu verstehen ist» [54].

Neben dem phänomenologischen Austrag des Problems (P. LINKE, E. STEIN, M. GEIGER, A. PFÄNDER, M. SCHELER) geht die *nominalistische* Theorie des A. in der Tradition des Psychologismus fort (G. TH. FECHNER, E. H. WEBER, H. HELMHOLTZ, W. WUNDT, A. MARTY, E. UTITZ, H. MÜNSTERBERG, TH. LIPPS). In neuer Fragestellung wird das Problem ins Wissenschaftstheoretische gewendet.

Anmerkungen. [1] I. KANT, KU § 77. – [2] ebda. – [3] J. G. FICHTE, Werke, hg. F. MEDICUS (1908-1912) 1, 524f. – [4] KANT, KrV B 81ff. – [5] FICHTE, a. a. O. [3] 1, 524f. – [6] 3, 73. – [7] 2, 507. – [8] 3, 100. – [9] 3, 32. – [10] F. W. J. SCHELLING, Werke, hg. K. F. A. Schelling 3, 397f. – [11] G. W. F. HEGEL, Erste Druckschriften (1928) 61. – [12] SCHELLING, a. a. O. [10] 3, 278f. – [13] 5, 367f. – [14] ebda. – [15] 5, 367. – [16] 5, 406. – [17] 4, 38f. – [18] HEGEL, Phänomenol. des Geistes, hg. HOFFMEISTER (1952) 19. – [19] Gesch. der Philos. Werke, hg. GLOCKNER (= WG) (1927ff.) 17, 30. – [2] Enzyclop. (1830) § 577. – [21] Grundlinien der Philos. des Rechts § 24. – [22] Enzyclop. (1830). WG 9, § 376 Zus. – [23] WG 10, 24. – [24] Enzyclop. (1830). WG 9, § 376. – [25] ebda.

– [26] Enzyclop. (1830). WG 10, § 387 Zus. – [27] Phänomenol. des Geistes, a. a. O. [18]. 564. – [28] Enz. (1830). WG § 577. – [29] ebda. – [30] A. SCHOPENHAUER, Welt als Wille und Vorstellung 1, 416. – [31] a. a. O. 1, 48. – [32] 1, 210. – [33] 1, 330. – [34] S. KIERKEGAARD: Entweder-Oder. Dtsch. Werke, hg. HIRSCH (1953-1969) 2, 48. – [35] a. a. O. 2, 322. – [36] Furcht und Zittern, a. a. O. 4, 59. – [37] a. a. O. 91. – [38] ebda. – [39] ebda. – [40] KANT, KrV B 81. – [41] O. LIEBMANN: Zur Analysis der Wirklichkeit (1876, ⁴1911) 98. – [42] H. COHEN: Logik der reinen Erkenntnis (1914) 12. – [43] a. a. O. 13. – [44] 552. – [45] W. WINDELBAND: Präludien (1911) 2, 144. – [46] Vgl. a. a. O. 145. – [47] 160. – [48] 156. – [49] H. RICKERT: Kulturwissenschaft und Naturwissenschaft (1926) 138. – [50] F. BRENTANO: Versuch über die Erkenntnis (1925) 44. – [51] Wahrheit und Evidenz (1930) 64. – [52] E. HUSSERL: Ideen zu einer reinen Phänomenol. und phänomenol. Philos. 1. Buch. Husserliana (Den Haag 1950) 14. – [53] a. a. O. 13. – [54] ebda.

Literaturhinweise. – *Zum Deutschen Idealismus:* R. KRONER: Von Kant bis Hegel (²1961). – W. SCHULZ: Die Vollendung des Dtsch. Idealismus in der Spätphilos. Schellings (1955); J. G. Fichte, Vernunft und Freiheit (1962); Einl. zu: Fichte – Schelling, Briefwechsel (1968). – E. BLOCH: Subjekt-Objekt (²1962). – R. LAUTH: Die Bedeutung der Fichteschen Philos. für die Gegenwart. Philos. Jb. 70 (1962/63) 252-270. – D. JÄHNIG: Schelling. Die Kunst in der Philos. 1. 2 (1966, 1969). – D. HENRICH: Fichtes ursprüngliche Einsicht (1967). – *Zu Kierkegaard:* W. ANZ: Kierkegaard und der Dtsch. Idealismus (1956). – TH. W. ADORNO: Kierkegaard. Konstruktion des Ästhetischen (1962). – W. SCHULZ: Sören Kierkegaard, Existenz und System (²1967). – *Zu Husserl:* W. SZILASI: Einf. in die Phänomenol. E. Husserls (1959). – A. DIEMER: E. Husserl. Versuch einer systemat. Darstellung seiner Phänomenol. (1962).
R. ROMBERG

4. Die neuere Diskussion um die Distinktion in A. und B. (general/particular) hat durch die kontroversen Positionen zweier der bedeutendsten Theoretiker der analytischen Philosophie – QUINE und STRAWSON – im Bereich der Philosophie der Logik und Ontologie besondere Bedeutung gewonnen. Den Problemrahmen bestimmt die Frage, welche Erklärungskriterien einer kategorialen Distinktion in A. und B. sich in Verbindung mit der logischen Subjekt-Prädikat-Distinktion und Grundformen der Quantorenlogik sowie der Distinktion in die sprachliche Funktion singulärer und genereller Termini aufweisen lassen.

a) QUINE versucht mit den theoretischen Mitteln der Quantorenlogik die relativ zur Subjekt-Prädikat-Distinktion beschreibbare Rolle singulärer und genereller Termini zu erfassen [1]: Singuläre Termini können Positionen quantifizierbarer Variablen besetzen, generelle Termini (in prädikativer Position) dagegen nicht. Die Erklärung der Rolle (definiter) singulärer Termini ergänzt Quine durch eine radikale Erklärung ihrer Funktion. Singuläre Termini sind theoretisch überflüssig und durch Prädikate ersetzbar [2]. Als Konsequenz erreicht Quine ein uniformes Aussagenschema, in dem die Variablen der Quantifikation den alleinigen Gegenstandsbezug – objektive Referenz (objective reference) – ausüben. Jede Subjekt-Prädikat-Aussage der Form ⟨*Fa*⟩ (mit singulärem Terminus ⟨*a*⟩) wird in die symmetrische Form ⟨⋁$_x$ (*Fx* ∧ *Ax*)⟩ einer generellen Existenzaussage transformierbar. Die Distinktion in A. und B. wird so ausschließlich durch generelle Termini und eine einzige Form indefiniter singulärer Termini (Variablen der Quantifikation) im Rahmen allgemeiner Aussagen repräsentiert. B. (Einzelnes) tritt in Gestalt von Werten gebundener Variablen (und nur so) in Erscheinung, dem A. entspricht der Status genereller Termini in prädikativer Position.

Durch die Beschränkung jeglicher objektiver Referenz auf die Variablen der Existenzquantifikation vollzieht Quine zugleich eine Neufassung des Universalienproblems, für die der Gegensatz von A. und B. strikt von der Distinktion in Abstraktes und Konkretes getrennt wird und dadurch seine traditionelle Relevanz verliert: Über die Annahme von Universalien entscheidet allein, ob die Variablen der Existenzquantifikation abstrakte Gegenstände (z. B. Klassen) als ihre Werte haben. Und Werte von Variablen, konkrete wie abstrakte, sind B., nicht A. [3].

b) STRAWSONS alternative Theorie zu Quine insistiert auf den für eine Klärung der Distinktion in B. und A. unaufhebbaren Distinktionen in (definite) singuläre und generelle Termini sowie in Subjekt und Prädikat. Nach Strawson ist Quines Quantifikationskriterium nur dann verständlich und akzeptabel, wenn es in theoretischer Abhängigkeit von der Funktion singulärer und genereller Termini in der Subjekt-Prädikat-Struktur gefaßt wird [4]. Zum Nachweis entwickelt Strawson aus der Kritik an Quines Suspendierung singulärer Termini [5] – und damit der Subjekt-Prädikat-Distinktion – eine Funktionsdifferenz singulärer und genereller Termini, die er für fundamental hält und als Beleg des logischen Primats der Subjekt-Prädikat-Distinktion interpretiert [6]. Singuläre Termini dienen dazu, den Gegenstand einer Aussage zu identifizieren, im Gegensatz zu generellen Termini, bei denen nur in Frage steht, ob sie auf bereits identifizierte Gegenstände Anwendung finden oder nicht. Der Begriff einer identifizierenden Referenz (identifying reference) erhält die zentrale Rolle in Strawsons Ansatz. Das an ihn geknüpfte Identifikationskriterium ergänzt Strawson durch ein Typenkriterium, das die Distinktion von A. und B. in der Subjekt-Prädikat-Struktur reflektiert [7]. Die durch einen singulären Terminus intendierte Identifikation trifft immer ein solches, vom komplementären Terminus der Aussage klassifiziert werden kann. Das Subjekt ist prinzipiell von einem niedrigeren Typus als das Prädikat. Die Distinktion zwischen B. und A. wird in der Form beschreibbar, daß B. nur als Subjekt, A. (unter Beachtung des Identifikations- und Typenkriteriums) sowohl als Subjekt wie auch als Prädikat erscheinen kann. Gegen Quines Quantifikationskriterium hält Strawson damit die theoretisch fundamentale Distinktion in Subjekt und Prädikat für erwiesen. Quines Suspendierung der Distinktion macht eine befriedigende Erklärung der Rolle von A. und B. unmöglich, obwohl Quine Identifikations- und Typenkriterium implizit voraussetzt: Die objektive Referenz von Quines «logischen Subjekten», Variabeln der Quantifikation, und dem Spezifikum ihrer Werte, als B. zu fungieren, ist nur nach dem Paradigma einer identifizierenden Referenz singulärer Termini und dem kategorialen Unterbau (Typendifferenz) der Subjekt-Prädikat-Struktur zu verstehen. Quine hat nur dann Aussicht, der Kritik zu entgehen, wenn er zeigen kann, daß die Idee einer objektiven Referenz von der Idee der Identifikation isolierbar ist und daß Strawsons Festhalten an der Subjekt-Prädikat-Struktur einer Relativität unterliegt, die ihr gegenüber dem Kanon der Quantifikation theoretisch keinen Vorteil bringt [8].

c) Neben der direkten Konfrontation mit Quine hat STRAWSON in kritischer Aufnahme der analytischen Tradition eine weiterführende Theorie zur Verbindung der Distinktionen B./A. und Subjekt/Prädikat aufgestellt [9]. Ziel der Theorie ist es, der von FREGE eingeführten Grunddistinktion in Gegenstand und Begriff, die auch bei GEACH den Leitfaden einer Distinktion in Subjekt/Prädikat abgibt, eine durch das Identifikations- und Typenkriterium vorbereitete Interpretation zu geben, die zugleich für Freges metaphorische Termini ⟨gesättigt⟩ bzw. ⟨abgeschlossen⟩ (Gegenstand) und ⟨ungesättigt⟩

(Begriff) eine rationale Deutung erlaubt. Gleichzeitig soll damit der Skeptiker RAMSEY, der eine ausweisbare Distinktion zwischen A. und B. leugnet, eine Antwort finden. STRAWSON erreicht den gesuchten Gegensatz über die Frage, unter welchen Bedingungen B. und A. in Subjekt-Prädikat-Aussagen erscheinen kann. Für B. (Einzelnes) zeigt sich, daß eine identifizierende Referenz ohne die Voraussetzung einer empirischen Tatsache, die als Einführungsbasis fungiert, unmöglich ist. A. dagegen kann auf Grund der bloßen Kenntnis der Bedeutung genereller Termini eingebracht werden. FREGES Metapher wird so durch ein Bild interpretierbar, das der aufgewiesenen Differenz entspricht: B. (Einzelnes) geht (im Unterschied zu A.) in einer Tatsache auf und ist in diesem Sinn «gesättigt».

Paradigmatisch für die Verbindung von B. und logischem Subjekt sind raum-zeitliche Einzeldinge (spatio-temporal particulars), weil für sie die stärksten Identifikationsbedingungen erfüllbar sind. Der Begriff der identifizierenden Referenz ist in raum-zeitlichen Einzeldingen ontologisch verankert [10]. Per analogiam läßt sich als logisches Subjekt alles bezeichnen, was Zielpunkt einer identifizierenden Referenz (und zugleich unter ein klassifizierendes A. gebracht) werden kann. Die Möglichkeiten einer identifizierenden Referenz sind für A. davon abhängig, ob der Bereich, dem es angehört, durch ein Identifikationssystem gestützt wird oder nicht. Wie weit die aus den Bedingungen eines logischen Subjekts kommende Frage nach Identifikationskriterien und -systemen zugleich eine Frage nach der Existenz gegenständlicher Bereiche von B. und A. darstellt, ist das ontologisch bedeutsame weitere Problem [11].

Anmerkungen. [1] W. V. QUINE: Methods of logic (London 1952); dtsch. Grundzüge der Logik (1969) § 34; Word and object (Cambridge, Mass. 1960) § 20. – [2] Methods ... § 37; Word ... §§ 37. 38. – [3] Logic and the reification of universals, in: From a logical point of view (New York 1953) 102-129. – [4] P. F. STRAWSON: Individuals (London 1959) 153ff. – [5] Singular terms. Ontology and identity. Mind 65 (1956) 433-454. – [6] Singular terms and predication. J. Philos. 58 (1961) 393-412; a. a. O. [4] Kap. 5. – [7] a. a. O. [6] ebda.; a. a. O. [4] 167ff. – [8] W. V. QUINE: Reply to Strawson, in: Words and objections, Essays on the work of W. V. Quine, hg. Davidson/Hintikka (Dordrecht 1969) 320ff. – [9] STRAWSON, a. a. O. [4] Kap. 6; Particular and general. Arist. Soc. Suppl. (1953/54) 233-260. – [10] a. a. O. [4] Kap. 1; Logical subjects and physical objects. Philos. phenomenol. Res. 17 (1957) 441-457. – [11] a. a. O. [4] Kap. 8.

Literaturhinweise. G. FREGE: Begriff und Gegenstand, in: Funktion, Begriff, Bedeutung, hg. G. PATZIG (1962) 64-78. – P. TH. GEACH: Reference and generality (New York 1962) Kap. 2. – W. V. QUINE s. Anm. [1, 3, 8]. – F. P. RAMSEY: Universals, in: The foundations of Math. (London 1931) 112-134. – P. F. STRAWSON s. Anm. [4-6, 9, 10].   R. ZIMMERMANN

Allgemeinvorstellung (Gemeinvorstellung; repraesentatio generalis, communis; general, abstract idea), zu Beginn des 18. Jh. in die deutsche Terminologie übernommen und zunächst als Synonym von ‹Begriff› (‹Allgemeinbegriff›) gebräuchlich [1], gehört gegenwärtig nicht zum aktuellen philosophischen Vokabular. Es kann in erster Linie als philosophiehistorisches Stichwort für ein Thema gelten, das im klassischen englischen Empirismus einerseits, in der psychologistischen Philosophie des 19. Jh. andererseits große Bedeutung hat. BERKELEY und HUME erörtern, in Auseinandersetzung mit LOCKE, unter dem Titel der ‹general› und ‹abstract ideas› die Frage, ob Allgemeines als Vorstellungsinhalt gegeben sein könne [2]. Da sie davon ausgehen, daß alle Vorstellungen in Wahrheit Anschauungsvorstellungen seien, daß aber lediglich individuell Bestimmtes anschaulich gegeben sein könne, müssen sie die Frage verneinen: Der Charakter der Allgemeinheit kann nicht im Inhalt der Vorstellungen als solcher enthalten sein, er kann nur in der Indifferenz ihres Gebrauchs liegen, genauer: in der Koppelung mit einem sprachlichen Ausdruck, der auch mit anderen, ähnlichen Vorstellungsgebilden in gewohnheitsmäßigem Bezug steht. Für die meisten Autoren des 19. Jh., die, wie HERBART, BENEKE, J. ST. MILL, BAIN, HÖFFDING, zum Thema der A. sich äußern, bleiben die Gesichtspunkte BERKELEYS und HUMES maßgeblich [3]. Grundlage bleibt die anschauliche Einzelvorstellung. Die A. soll entweder als Verschmelzungsprodukt oder als Typisierung von Individualvorstellungen erklärt werden. Exemplarisch ist F. GALTONS Lehre von den ‹Allgemeinbildern› (‹generic images›), die, gleichsam photographische Überlagerungen konkreter Einzelbilder, zwar nicht mit dem Begriff identifiziert, aber doch als seine bildhafte Basis aufgefaßt werden [4]. – Begriff und A. werden in der Regel im Rahmen *einer* Fragestellung behandelt; der grundsätzliche Unterschied zwischen dem logischen Problem des Begriffs und dem psychologischen Problem der Begriffsvorstellung bleibt solchem Denken unzugänglich. – Bewußtseinstheoretische Kritik an der traditionellen Problematik der A. übt vor allem E. HUSSERL, für den das Auffassen idealer Einheiten (Bedeutungen) zum Wesen des Bewußtseins gehört und der zudem eine eigene Anschaulichkeit des Eidetisch-Allgemeinen annimmt [5]. – Gelegentlich dient ‹A.› (‹Gemeinvorstellung›) auch zur Übersetzung von κοινὴ ἔννοια bzw. ‹notio communis›.

Anmerkungen. [1] Vgl. J. G. WALCH: Philos. Lex. (²1740) Art. ‹Idee, allgemeine›; KANT, Logik § 1 (‹allgemeine Vorstellung›). – [2] BERKELEY, Principles, Introduction §§ 6ff.; HUME, Treatise, I, 1, 7. – [3] Vgl. Eisler⁴ Art. ‹A.›; BALDWIN: Dictionary of philos. and psychol. (New York 1924) Art. ‹Abstract idea›. ‹General idea›. ‹Generic image›. – [4] Inquiries into human faculty and its development (London 1883). – [5] Log. Untersuchungen 2/1 (⁵1968) 106ff.

Literaturhinweise. TH. H. HUXLEY: Hume. With helps to the study of Berkeley. Coll. Essays 6 (London 1894). – TH. RIBOT: L'évolution des idées générales (Paris ³1909). – C. KNÜFER: Grundzüge der Gesch. des Begriffs Vorstellung von Wolff bis Kant. Abh. zur Philos. und ihrer Gesch. 37 (1911).
    W. HALBFASS

Allheit kann als Entsprechung für ‹Totalität›, ‹universitas›, ὅλον, ἓν καὶ πᾶν angesehen werden. Der Begriff A. wird aber erst durch KANT mit der transzendentalen Deduktion in der ‹Kritik der reinen Vernunft› philosophisch relevant. A. ist innerhalb der Tafel der Kategorien die dritte der Qualität und wird bestimmt als die Verbindung der beiden ersten. Einheit und Vielheit stellen einen logischen Gegensatz dar, der in der reinen Synthesis der transzendentalen Kategorie der A. nicht als sich ausschließender Gegensatz bleibt: «So ist die A. (Totalität) nichts anders als die Vielheit, als Einheit betrachtet» [1]. A. ist im Zusammenhang der Bemühung Kants zu sehen, trotz der Einsicht in die niemals zu vollendende Reihe von aufeinander folgenden Zuständen eine unbedingte Ganzheit (omnitudo absoluta), die absolute Synthesis der Verstandesbegriffe als Vernunfteinheit zu begreifen, die trotzdem jeden Wechsel in sich einschließt [2]. Die Auffassung der A. als selbständiger Kategorie und die Unterscheidung zwischen Allgemeinheit (universalitas) und A. (universitas), die KANT in dem Abschnitt ‹Von dem transcendentalen Ideal› durchführt [3], bedeuten eine wesentliche Wendung in der Geschichte des alten Problems Einheit/Vielheit. – Die *Neukantianer* greifen in ihren erkenntnistheoretischen Bemühungen die Kantische Kategorie der A. auf und entwickeln sie weiter. Nach H. COHEN ist der aristotelische Syllogismus der Triumph der Allgemeinheit; die A. habe sich bewährt in der Konzeption des Kosmos als ἓν καὶ πᾶν und als Ausdruck zur Bezeichnung der Einheit der Natur innerhalb des Universums. Eine große Schwäche der traditionellen Logik ist nach seiner Auffassung die Gleichsetzung der Einheit mit der Einzelheit. Darin liegt auch der Grund, warum die traditionelle Philosophie an der Auffassung der wahrhaften Einheit der Wissenschaft, nämlich der Unendlichkeit scheiterte. Die A. tritt an die Stelle der Mehrheit bei der Auffassung der Reihe, wonach in ihr die einzelnen Glieder in ihrer Einzelheit gleichgültig sind und es nur auf ihren Zusammenschluß ankommt: «Die A. wird in der Reihe durch den Begriff der unendlichen Reihe bezeichnet». Der Beweis für die Selbständigkeit des Urteils der A. ist das Integral: Es ist nichts anderes als die Einheit, in welcher die unendliche Reihe mit dem unendlich Kleinen sich verbindet. Diese neue Richtung in der Deutung der A. hat zur Voraussetzung die Auffassung der infinitesimalen Realität [4]. NATORP unterscheidet zwischen quantitativer und qualitativer A. Die qualitative A., welche die quantitative erst ermöglicht, ist die Stetigkeit [5].

Anmerkungen. [1] KANT, KrV B 111. – [2] Akad.-A. 2, 412f.: § 25; vgl. H. HEYSE: Der Begriff der Ganzheit und die kantische Philos. (1927); G. LEHMANN: Ganzheitsbegriff und Weltidee in Kants opus postumum. Kantstudien 41 (1936) 307-330; J. HABERMAS: Erkenntnis und Interesse (1968) 43ff. – [3] KANT, KrV B 600 Anm. – [4] H. COHEN: Das Urteil der A., in: Logik der Erkenntnis (1902). – [5] P. NATORP: Die Stetigkeit und die qualitative A., in: Die log. Grundlagen der exakten Wiss. (1910).
NELLY TSOUYOPOULOS

Allmacht (Omnipotenz) Gottes. Sie besteht darin, daß er alles kann, was er wollen kann [1], d. h. was innerlich möglich ist. Auf die unbegrenzte Macht Gottes weisen bereits die ältesten *biblischen* Gottesnamen, besonders ‹El schaddaj› (in der Septuaginta ‹pantokrator›, 67mal; in der Vulgata übersetzt mit ‹omnipotens›, 9mal in der Apoc.; 2mal bei PHILON) und viele anschauliche Bilder hin, z. B. die unbegrenzte Kraft seines Wortes (Ps. 32,6; 148,5), seines Armes (Ex. 15, 6; Ps. 43, 2-4), seines Atems oder Geistes (Job 26, 13; Ps. 32, 6); ferner die Schilderung der Werke der Schöpfung, Herrschaft über die Naturkräfte, die Verhängung der ägyptischen Plagen, Unbeschränktheit des Eigentumsrechtes usw.; aber auch reflexe Aussagen fehlen nicht (Nichts ist ihm unmöglich: Gen. 18, 14; Luc. 1, 37; Sir. 39, 18; Ps. 113, 11; Esth. 13, 9-11; Mc. 14, 36; 10, 27); ihm allein kommt die Macht im Vollsinn zu: 1. Tim. 6, 15).

Alle christlichen Glaubenssymbola bekennen den allmächtigen Schöpfergott (ursprünglich das einzige Prädikat) [2]; die Patristik nennt den Glauben an die A. Gottes ausdrücklich einen Bestandteil der Glaubensregel [3] und wendet sich gegen ihre Einschränkung auf eine bloße Formkraft ungeschaffener Materie [4] oder Macht in bezug auf die – begrenzte – Menge des aktuell Seienden [5]. Zugleich weist schon AUGUSTIN darauf hin, der Ausschluß des innerlich Unmöglichen und des mit der unendlichen Vollkommenheit Gottes Unvereinbaren sei keine Begrenzung der A. [6].

ABAELARD erklärt A. im Gegensatz zum traditionellen Verständnis allein vom Faktischen her: «Cum id tantum Deus facere possit quod eum facere convenit, nec eum quidquam facere convenit, quod facere praetermittat, profecto id solum eum facere posse arbitror, quod quandoque facit» [7] (Optimismus in der Schöpfungslehre); in ähnliche Richtung gehen ECKHART, WYCLIFF, LEIBNIZ, GÜNTHER und HERMES. Dagegen lehnte jedoch schon die mittelalterliche Scholastik jede Einbeziehung eines außergöttlichen Maßes in den Begriff der A. schärfstens ab (WILHELM VON ST. THIERRY, BERNHARD VON CLAIRVAUX, ROBERT PULLEYN, HUGO VON ST. VICTOR) [8]; das kirchliche Lehramt wies auf die absolute Freiheit Gottes hin [9]. Neben Allherrschaft meint also ‹A.› immer deutlicher die unbegrenzte Schöpfermacht Gottes. Seit PETRUS LOMBARDUS [10] und THOMAS VON AQUIN [11] wird die Frage nach der begrifflichen Abgrenzung von anderen göttlichen Attributen systematisch erörtert, z. B. von Unendlichkeit, Willen, Wissen Gottes. Größte Bedeutung erhält die Unterscheidung zwischen potestas ordinata (die durch den faktischen Schöpfungsratschluß bestimmte Macht) und potestas absoluta. Daß Gott etwas in sich Widersprüchliches wollen kann (PETRUS DAMIANI), seine Macht von seiner Weisheit und Gerechtigkeit losgelöst wirken könnte (LUTHER, CALVIN), ist nach allgemeiner Auffassung auch de potestate absoluta unmöglich, wie besonders in der Auseinandersetzung mit Nominalismus und Jansenismus näher geklärt wird. Die Barockscholastik untersucht auch den Bezug zur menschlichen Freiheit; sie versteht A. als wesentlich unmitteilbares Attribut, aber nicht als absolute Alleinwirksamkeit Gottes. Häufiger wird die A. zu den Tätigkeits- als zu den Seinsattributen gerechnet.

Anmerkungen. [1] AUGUSTIN, Enchir. 95. MPL 40, 275. – [2] DENZINGER/SCHÖNMETZER, Enchir. symbolorum n. 2-4. 10-22 etc.; ser. B 1 bc. – [3] z. B. IRENÄUS, Adv. haer. I, 10, 1. MPG 7, 549; TERTULLIAN, De virg. vel. 1. Corp. Christ. Lat. 2, 1209; vgl. J. ROUET DE JOURNEL: Enchiridion patristicum, Index syst., ser. 104. – [4] TERTULLIAN, Adv. Hermogenem. MPL 2, 204; LAKTANZ, Div. inst. 2, 8, 8. MPL 6, 297. – [5] Anathematismen gegen Origenes, von Papst Vigilius bestätigt: DENZINGER/SCHÖNMETZER, a. a. O. [2] 410. – [6] AUGUSTIN, De symb. ad cat. 1, 1; Contra Faust. 26, 5. – [7] ABAELARD, Introductio ad theol. III, 5. MPL 178, 1093, vom Konzil von Sens verurteilt, vgl. DENZINGER/SCHÖNMETZER, a. a. O. [2] 726; vgl. auch 721. – [8] Vgl. Dict. theol. cath. 4, 1163. – [9] Concilium Florentinum, Vaticanum I; PIUS IX. gegen Günther vgl. DENZINGER/SCHÖNMETZER, a. a. O. [2] 1333. 2828. 3002. 2025. – [10] PETRUS LOMBARDUS, Sent. I d 42-44. – [11] THOMAS VON AQUIN, S. theol. I, 25; III, 13, 1; S. contra gent. I, 16, 43, 84; II, 7, 22-26; De pot. q. 2; Quodl. 5 q. 2 a. 1; 12 q. 2 a. 1; Compend. theol. c. 19.

Literaturhinweise. BONAVENTURA, I Sent. d. 42-44. – SUÁREZ, De Deo III, 9; Disp. met. 20 u. 30 sect. 16f. – A. VAN HOVE: De divisione voluntatis Dei in antecedentem et consequentem, ac in voluntatem beneplaciti et signi. Collat. Mechlinienses 10 (1936) 524-529. – F. CEUPPENS: Theologia Biblica (Turin ²1949) 1, 279-284. – Theol. Wb. zum NT, hg. G. KITTEL 2, 286-318. 559-571. 631-640. 649-651; 3, 913f. – Dict. theol. cath. 4, 1162-1164; 15 (1949) 3322-3374. – H. J. KRAUS: Die Königsherrschaft Gottes im AT (1951). – H. HOMMEL: Pantokrator. Theol. viatorum 5 (1953/54) 322-378. – P. BIARD: La puissance de Dieu (Paris 1960). – TH. BLATTER: Die Macht und Herrschaft Gottes. Eine bibelthel. Studie (Fribourg 1962). – L. PUSCI OFM Conv.: La nozione della divina omnipotenza in G. Duns Scoto (Diss. Rom 1967).
J. STÖHR

Alltäglichkeit. Der Begriff A. hat bei M. HEIDEGGER [1] seinen Ort im Zusammenhang der «Analytik des Daseins»: 1. «Das Dasein soll im Ausgang der Analyse gerade nicht in der Differenz eines bestimmten Existierens interpretiert, sondern in seinem indifferenten Zunächst und Zumeist aufgedeckt werden. Diese Indifferenz der A. ist *nicht nichts*, sondern ein positiver phänomenaler Charakter dieses Seienden. Aus dieser Seinsart heraus und in sie zurück ist alles Existieren, wie es ist. Wir nennen diese alltägliche Indifferenz des Daseins *Durchschnittlichkeit*. Und weil nun die durchschnittliche A.

das ontische Zunächst dieses Seienden ausmacht, wurde sie und wird sie immer wieder in der Explikation des Daseins *übersprungen*» [2]. «Der nächste Horizont, der für die Analytik des Daseins bereitgestellt werden muß, liegt in seiner durchschnittlichen A.» [3]. «Die Interpretation des Daseins in seiner A. ist aber nicht identisch mit der Beschreibung einer primitiven Daseinsstufe ... *A. deckt sich nicht mit Primitivität.* A. ist vielmehr ein Seinsmodus des Daseins auch dann und gerade dann, wenn sich das Dasein in einer hochentwickelten und differenzierten Kultur bewegt» [4]. So dient der Begriff ‹A.› vor allem der «*Ausarbeitung der Idee eines ‹natürlichen Weltbegriffes›*» [5]. – 2. Im weiteren Zusammenhang der «Analytik des Daseins» gerät der Begriff ‹A.› in das Spannungsfeld von «*Eigentlichkeit* und *Uneigentlichkeit*» [6]. «Das alltägliche Selbstsein» [7] ist durch «das Man» bestimmt. «Das Man, das kein bestimmtes ist und das Alle, obzwar nicht als Summe, sind, schreibt die Seinsart der A. vor» [8]. «Das Verstehen des Daseins im Man *versieht* sich daher in seinen Entwürfen ständig hinsichtlich der echten Seinsmöglichkeiten. Zweideutig ist das Dasein immer ‹da›, das heißt in der öffentlichen Erschlossenheit des Miteinanderseins, wo das lauteste Gerede und die findigste Neugier den ‹Betrieb› im Gang halten, da, wo alltäglich alles und im Grunde nichts geschieht» [9]. In «Gerede, Neugier und Zweideutigkeit ... enthüllt sich eine Grundart des Seins der A., die wir das Verfallen des Daseins nennen» [10]. – 3. Schließlich ergibt sich die Frage, wie sich «die A. des Daseins» zum «Sein zum Tode» [11] als der «äußersten Möglichkeit seiner Existenz» verhalte. «*Das Man läßt den Mut zur Angst vor dem Tode nicht aufkommen*» [12]. «Mit der verfallenden Flucht vor dem Tode bezeugt aber die A. des Daseins, daß auch das Man selbst je schon *als Sein zum Tode* bestimmt ist, auch dann, wenn es sich nicht ausdrücklich in einem ‹Denken an den Tod› bewegt. *Dem Dasein geht es auch in der durchschnittlichen A. ständig um dieses eigenste, unbezügliche und unüberholbare Seinkönnen, wenn auch nur im Modus des Besorgens einer unbehelligten Gleichgültigkeit* gegen die äußerste Möglichkeit seiner Existenz» [13]. «*Die durchschnittliche A. des Daseins* kann demnach bestimmt werden als *das verfallend-erschlossene, geworfen-entwerfende In-der-Welt-sein, dem es in seinem Sein bei der Welt und im Mitsein mit Anderen um das eigenste Seinkönnen selbst geht*» [14].

Anmerkungen. [1] M. HEIDEGGER: Sein und Zeit (⁹1960). – [2] a. a. O. 43. – [3] 50f. – Anm. 1. – [4] 50f. – [5] 52. – [6] 42f. – [7] 126. – [8] 127. – [9] 174. – [10] 175. – [11] 252. – [12] 254. – [13] 254/255. – [14] 181.

Literaturhinweis. O. PÖGGELER: Der Denkweg Martin Heideggers (1963) 53f.   P. PROBST

Allwissenheit (Omniszienz) Gottes. ‹A.› besagt, daß das Erkennen Gottes unendlich ist und deshalb alles Erkennbare auf die vollkommenste Weise umfaßt. Die *heilige Schrift* führt nicht nur die sinnvolle Ordnung, Leitung und Offenbarung der Welt auf Gottes Wissen zurück, sondern reflektiert auch schon ausdrücklich über dessen unendliche Vollkommenheit (Ps. 138, 1–6; 146, 4–5; Rom. 11, 33 [1]). Gott gilt als Herr allen Wissens (1. Sam. 2, 3); er wird darüber hinaus als persönliche Weisheit (Prov. 8, 12ff.; Sap. 7, 21ff.) und die Wahrheit selbst bezeichnet (Jo. 14, 6). Gottes Wissen wird als heilsmächtig verstanden und meist mit seiner Vorsehung zusammengesehen: es schließt beglückende persönliche Nähe und Sorge ein (Ex. 32, 12; Esth. 14, 14; 2. Tim. 2, 19), aber auch die absolute Klarheit des richtenden Urteils, dem sich niemand durch Täuschung oder Flucht entziehen kann (Job. 34, 21ff.; Sir. 23, 19; Ps. 139; Hebr. 4, 13).

In der *Patristik* wird die Beziehung der A. zu den verschiedenen göttlichen Attributen näher untersucht; oft wird die Unendlichkeit des göttlichen Erkennens mit seiner absoluten Einfachheit begründet, in der Wesen, Erkenntnisakt und -gegenstand zusammenfallen, so AUGUSTIN: «Quae autem scientia Dei est, ipsa et sapientia; et quae sapientia, ipsa essentia sive substantia; quia in illius naturae simplicitate mirabili non est aliud sapere, aliud esse; sed quod est sapere, hoc et est esse» [2] (vgl. IRENAEUS [3], GREGOR VON NYSSA [4], später THOMAS VON AQUIN [5]).

Im *Mittelalter* wird die A. außerdem auch aus der höchsten Immaterialität und reinen Geistigkeit Gottes begrifflich abgeleitet [6]. Gott ist in stetem Selbstbewußtsein immer bei sich selbst und sieht in einem einzigen, ewigen, unveränderlichen Akt des «Wissens der Schau» [7] sein innerstes Wesen zusammen mit den unendlichen Nachahmungsmöglichkeiten seiner selbst in unendlicher Klarheit (komprehensive Erkenntnis [8]; vgl. 1. Kor. 2, 10; Mt. 11, 27). Primärer Gegenstand göttlichen Erkennens ist also Gott selbst [9]. Gottes Erkennen ist unabhängig von außergöttlichen Erkenntnismitteln und -gegenständen; nicht die Dinge bestimmen den Akt des göttlichen Erkennens, sondern umgekehrt, so deutet schon die Schrift an (Sir. 23, 29; Jer. 10, 12), grenzt die Patristik [10] und Scholastik [11] näher ab, und verdeutlicht schließlich noch einmal die Auseinandersetzung mit dem Pantheismus und Güntherianismus. Schon im Kampf mit dem eunomianischen Arianismus wurde auch der exklusive Charakter und der trinitarische Aspekt des innergöttlichen Erkennens besonders betont.

Zugleich aber bemühten sich die christlichen Theologen gegen aristotelisch-gnostische Einwände die Bezogenheit der göttlichen A. auch auf Außergöttliches festzuhalten und näher zu erklären. CICERO [12], CELSIUS [13] und MARCION [14] lehnten insbesondere eine Einbeziehung der zukünftigen Dinge in das Wissen Gottes als unvereinbar mit der menschlichen Freiheit bzw. Güte Gottes ab. Demgegenüber genügte oft schon die Berufung auf klare Zeugnisse der heiligen Schrift (Dan. 13, 42; Ps. 138, 4; Eccli. 39, 24; Jo. 6, 65), die z. B. auch die Prophetie als besonderes Kennzeichen göttlichen Wirkens herausstellt (Is. 41, 23). Nach AUGUSTIN sind die «rationes» aller Dinge und Ereignisse Gott immerwährend präsent in den göttlichen Ideen. Gegenüber den Einschränkungen des Averroes stellte THOMAS [15] fest, daß A. nach der Bibel (vgl. Sir. 1, 2ff.; Job 28, 24; Ps. 49, 10f.; Mt. 10, 30; Hebr. 4, 13) auch die klare Erkenntnis der Einzeldinge einschließe, ohne daß diese ihm jedoch Erkenntnisbilder liefern. Die scholastische Entfaltung der biblischen Lehre von der Kardiognose (vgl. Ps. 7, 9; Mt. 6, 4; Rom. 8, 27) und von der göttlichen Vorsehung konnte sowohl den Gegenstandsbereich der A. spekulativ verdeutlichen, wie auch zugleich damit das Medium aufweisen, in dem Gott die verschiedenen Seinsbereiche erkennt: Durch die scientia simplicis intelligentiae sieht Gott in seinem Wesen alle Möglichkeiten kreatürlichen Seins begründet; in der scientia visionis sieht Gott seinen schöpferischen Willensakt präsent, dem alles zu irgendeiner Zeit Tatsächliche letztlich seine Existenz verdankt [16]. Die bedingt zukünftigen freien Handlungen des Menschen, die ein Mensch unter bestimmten Umständen vollziehen würde, d. h. die Futuribilien, erkennt Gott nach dem Molinismus unabhängig von jedem

Willensratschluß durch die scientia media, eine besondere, von den genannten verschiedene Erkenntnisweise, nach dem bañezianischen Thomismus dagegen in seinen ewigen bedingten Willens- oder Prämotionsdekreten. Die *Neuzeit* sucht weiter die Beziehungen zu klären zwischen A. und Allmacht, Prädestination, Gnade, menschlicher Freiheit, und will genauer das Mittel aufweisen, in dem Gott die zukünftigen freien Handlungen erkennt.

Anmerkungen. [1] Vgl. F. CEUPPENS OP: Theol. biblica. De Deo uno (Rom 1956) 140-167. – [2] AUGUSTIN, De trin. XV, 13, 22. MPL 42, 1076. – [3] IRENAEUS, Adv. haer. II. 13, 3. – [4] GREGOR VON NYSSA, In Cant. hom. 1. MPG 44, 765 d. – [5] THOMAS, S. theol. I, 14, 4; De ver. q. 2 a. 2 ad 5. – [6] THOMAS, S. theol. I, 14, 1; S. contra gent. I, 44. – [7] Schon Gen. 1, 31; Hebr. 4, 13. ATHENAGORAS, Legatio 31. MPG 6, 945; IRENAEUS, Adv. haer. II, 26, 3. MPG 7, 801; vgl. CLEMENS ALEX., Strom. VI, 17, 156, 5. MPG 9, 388; GREGOR DER GROSSE, Moral. XX, 32, 63. MPL 76, 175. – [8] Vgl. THOMAS, S. theol. I, 14; Vaticanum, sess. 3 c. 1. – [9] S. theol. I, 14, 3, 6, 7, 15; S. contra gent. I, 55-57. – [10] AUGUSTIN, De trin. XV, 13, 22. MPL 42, 1076; vgl. GREGOR, Mor. XX, 32. MPL 76, 175 d. – [11] THOMAS, S. theol. I, 14, 8 ad 1. – [12] CICERO, De divinatione 2; AUGUSTIN, De civ. Dei V, 9. Corpus Christ. Lat. 47, 136. – [13] ORIGENES, Contra Celsum II, 20. MPG 11, 835-839, a. a. O. I, 10. MPG 11, 675. – [14] TERTULLIAN, Adv. Marc. II, 5. Corpus Christ. Lat. 1, 379. – [15] AVERROES, In 2 Met., text. 51; THOMAS, In I Sent. d 35 q. 1 a. 3; S. contra gent. I, 70; S. theol. I, 14, 11. – [16] THOMAS, S. theol. I, 14, 9; S. contra gent. I, 69.

Literaturhinweise. BONAVENTURA, I Sent. d. 38-39. – D. RUIZ DE MONTOYA SJ: De trinitate (Lyon 1621). – N. MARTINEZ SJ: Deus sciens sive de sci. Dei (Monachii 1678). – J. KOHLSCHMID: Die Selbstbeschränkung Gottes hinsichtlich seiner A. gegenüber der menschl. Freitätigkeit (1857). – E. A. J. VIGENER: De ideis divinis (Münster 1869). – J. SCHWANE: Das göttl. Vorherwissen und seine neuesten Gegner (1855). – C. M. SCHNEIDER: Das Wissen Gottes nach der Lehre des hl. Thomas von Aquin 1-4 (1884-86). – I. GÖTTSBERGER: Die göttl. Weisheit als Persönlichkeit im AT (1919). – M. DE LA TAILLE: Sur diverses classifications de la sci. div. Rech. Sci. relig. 13 (1923) 7-23. 528ff. – P. DESCOQS: «Sci. moyenne.» Arch. Philos. II/2 (1924) 254-260. – G. DE HOLTUM: S. Thomae doctrina de cognitione Dei quoad actus liberos in sua causalitate et aeternitate. Xenia thom. (Rom) 2 (1925) 65ff. – M. MAZZONE: De medio obiectivo in quo scientiae divinae circa futuribilia, Div. Thom. (Plac.) 31 (1928) 231ff. – M. LEDRUS: La sci.div. des actes libres. Nouv. Rev. Theol. (1929) 128ff. – H. SCHWAMM: Magistri Ioannis de Ripa OFM doctrina de praesci. div. (Rom 1931); Robert Cowton OFM über das göttl. Vorherwissen (1931). – M. SCHMAUS: Nicolai Trivet Quaestiones de causalitate scientiae Dei et concursu divino. Div. Thom. (Plac.) 35 (1932) 185-196; Guilelmi de Alnwick OFM doctrina de medio, quo Deus cognoscit futura contingentia. Bogoslovni Vestnik 12 (1932) 201-235. – P. M. PÉRIER: Presci., concours et liberté. Quelques réflexions sur un mystère. Rev. Apol. 59 (1934) 5-25. – H. SCHWAMM: Das göttl. Vorherwissen bei Duns Scotus und seinen ersten Anhängern (1934). – M. SCHMAUS: Des Petrus de Trabibus Lehre über das göttl. Vorauswissen. Antonianum (Rom) 10 (1935) 121. – I. DE FINANCE: La SOPHIA chez s. Paul. Rech. Sci. relig. (1935) 385ff. – H. MIDDENDORF: Gott sieht. Eine terminol. Stud. über das Schauen Gottes im AT (1935). – M. RAST: Zu den Beweisen für das göttl. Vorherwissen. Scholastik 11 (1936) 481ff. – M. MATHIJS: De ratione certitudinis divinae scientiae circa futura contingentia. Angelicum (Rom) 13 (1936) 493-497. – M. RAST OSB: Das göttl. Vorherwissen der freien Willensakte der Geschöpfe bei Thomas von Aquin in I. Sent. d. 38 q. 1 a. 5 (1516). Divus Thomas (F) 14 (1936) 255-273; 15 (1937) 415-432. – J. STUFLER: Die Lehre des hl. Thomas vom göttl. Vorherwissen der freien Willensakte der Geschöpfe. Z. kath. Theol. 61 (1937) 323-340; 62 (1938) 232-240. – P. TRUGLY: Cognitio div. de obiecto indeterminato (Budapest 1937). – I. GROBLICKI: De sci. Dei futurorum contingentium secundum s. Thomam eiusque primos sequaces (1938). – A. C. GIGON: Divinae scientiae causalitas quoad res temporales humanamque libertatem (Fribourg 1948). – J. SAGUÉS: Suarez ante la ciencia media. Est. ecles. 22 (1948) 265-310. – A. BANDERA OP: Ciencia de Dios y objetos futuribles. Cienc. tom. 75 (1948) 273-299. – H. BULANG: De praesci. div. apud Lychetum, Caietanum et Köllin. Antonianum (Rom) 20 (1949) 407ff. – E. STAKEMEIER: Über Schicksal und Vorsehung (1949). – J. SAGUÉS: Ciencia de Dios y objetos futuribles. Est. ecles. 23 (1949) 189-201. – G. SCHULENBURG: Doctrina de s. Tomás acerca de la ciencia que Dios tiene de los futuros contingentes, en la cuestion 14 art. 13 de la S. teol. y lugares paralelos. Duc in Altum (Mexico) 14 (1949) 170-188. – F. SCHMITT: Die Lehre des hl. Thomas von Aquin vom göttl. Wissen des zukünftig Kontingenten bei seinen großen Kommentatoren (Nijmegen 1950). – L. BAUDRY: La querelle des futurs contingents (Louvain 1465-1475), Textes inédits. Et. Philos. médiévales 38 (Paris 1950). – H. DILLER: Göttl. und menschl. Wissen bei Sophokles. Kieler Univ.-Reden 1 (1950) 1-32. – A. MENNE: «Ein theol. Paradoxon» (Auseinandersetzung mit Ch. Hartshorne) Philos. Jb. 60 (1950) 468f. 472-474. – CH. HARTSHORNE: Ob göttl. Wissen um die weltliche Existenz notwendig sein kann: eine Erwiderung. Philos. Jb. 60 (1950) 469-471; 62 (1953) 408-411. – K. H. OEHLER: Göttl. und menschl. Einsicht. Eine Stud. zum noetischen Denken bei Aristoteles. (1953). – J. VAN GERVEN: Liberté humaine et presci. div. d'après s. Augustin. Rev. Philos. Lov. 55 (1957) 317-330. – G. DELUZ: La sagesse de Dieu. Explication de la 1re Ep. aux Corinthiens (Neuchâtel 1959). – C. ZIMARA SMB: Die Eigenart des göttl. Vorherwissens nach Augustinus. Freib. Z. Theol. u. Philos. 1 (1954) 353-393; Das Ineinanderspiel von Gottes Vorwissen und Wollen nach Augustinus a. a. O. 6 (1959) 271-299. 361-394. – J. M. DALMAU SJ: La ciencia de Dios acto puro. Est. ecles. 35 (1960) 105-112. – R. PETTAZZONI: Der allw. Gott. Zur Gesch. der Gottesidee (1960). – P. GRENET: Et. de la S. théol. Ia, q. 14, a. 1-3: Du savoir de Dieu. Bull. Cercle thom. (Caen) (1960) n. 14, 3-13; n. 15, 3-8; (1961) n. 16, 5-9. – R. VELASCO CMF: Providencia y predestinación. Est. positivo de una cuestión disputada en la Escuela Tomista. Rev. esp. Teol. 21 (1961) 125-152. 249-288. – M. D. PHILIPPE OP: Et. de la S. théol. Ia, q. 14, a. 5: Dieu connaît-il autre chose que lui-même? Bull. Cercle thom. (Caen) (1961) n. 19, 3-8. – I. M. DALMAU: De Deo uno et trino (Madrid 1964) n. 138-180. – O. VARANGOT: Sobre el conocimiento de dios. Ciencia y Fe (San Miguel, Argentina) 20 (1964) 77-84. – A. MICHEL: Art. ‹Sci. de Dieu›, in: Dict. Theol. cath. 14, 1598-1620. – O. SEMMELROTH SJ: Art. ‹A. Gottes›, in: Lex. Theol. und Kirche² 1, 356-358. – M. J. ROUET DE JOURNEL: Enchiridion Patristicum (Freiburg ²¹1956) Index syst., ser. 118-124.   J. STÖHR

Allzeitlichkeit. Die Zeitform der A. bezeichnet in der Spätphase der Phänomenologie E. HUSSERLs die Seinsweise der früher so genannten idealen Gegenstände [1]. Der Begriff bringt zum Ausdruck, daß die vermeintliche Überzeitlichkeit dieser Gegenstände, die den «Logischen Untersuchungen» den Vorwurf des Platonismus eintrug, von Husserl als eine besondere Art von Zeitlichkeit verstanden wird [2]. Zu dieser Einsicht gelangt Husserl aufgrund der Überzeugung, «daß alle Konstitution jeder Art und Stufe von Seiendem eine Zeitigung ist, die jedem eigenartigen Sinn von Seiendem im konstitutiven System seine Zeitform erteilt ...» [3], da alle konstitutiven Synthesen des intentionalen Lebens auf der passiven Ursynthese des inneren Zeitbewußtseins bzw. der lebendigen Gegenwart beruhen [4]. ‹A.› besagt, daß die Gegenstände dieser Zeitform gewissermaßen «überall und nirgends» [5] sind; d. h. sie sind jederzeit als identisch bleibend in mannigfaltigen zeitlich individuierten Akten erzeugbar und wiedererzeugbar («überall»; Idealität dieser Gegenstände), ohne selbst durch eine Lage bzw. Dauer in der objektiven Zeit der Realitäten mit ihren Zusammenhangshorizonten individuiert zu sein («nirgends»; Irrealität dieser Gegenstände).

Anmerkungen. [1] E. HUSSERL: Erfahrung und Urteil (³1964) 309-314. – [2] Cartesianische Meditationen und Pariser Vorträge. Husserliana 1 (Den Haag ²1963) 155. – [3] Die Krisis der europäischen Wiss. und die transzendentale Phänomenol. Husserliana 6 (Den Haag ²1962) 172. – [4] Cartesianische Meditationen ... a. a. O. 79; Erfahrung und Urteil a. a. O. 303ff. – [5] a. a. O. 313.   K. HELD

Als-Ob ist eine Partikel, die zunächst im Zuge der KANTischen Philosophie bedeutsam geworden ist: Sie bezeichnet hier ein transzendental-notwendiges, kritisches Prinzip der Vernunft für die reflektierende Urteilskraft [1], den Ideen praktische Realität in moralischer Rücksicht zu sichern. Zugleich gibt sie der Wissenschaft in systematischer Absicht eine heuristische Regel [2] an die Hand, auf dem Wege des Denkens so weit zu schreiten, als ob ein unbedingtes Ganzes als Ausgangs- oder Endpunkt des Erkennens bzw. Handelns gegeben wäre. Bei VAIHINGER hat sie eine Mittelstellung zwischen einem Tropus und einer realen Analogie und leitet ein fiktives Urteil ein: «Das Wie [bekommt] den Zusatz des Wenn, das Als den des Ob ... Im Wenn liegt die Annahme einer Bedingung und zwar ... eines unmöglichen Falles. In dieser Partikelkomplikation liegt ... der ganze Gedankengang einer Fiktion» [3]. «Beim fiktiven Urteil ... wird also die Möglichkeit oder Notwendigkeit einer Vergleichung, eines Urteils ausgesprochen, mit der gleichzeitigen Bemerkung, daß dieses Urteil aber nur subjektive Gültigkeit, keine objektive Bedeutung besitze ... Die Leugnung objektiver Gültigkeit» ist «die Behauptung der Unwirklichkeit oder Unmöglichkeit des im Konditionalsatze Gesagten; ... die subjektive Gültigkeit» ist «die Behauptung, daß dieses Urteil doch subjektiv, für den menschlichen Betrachter zulässig oder gar notwendig sei» [4].

Anmerkungen. [1] KANT, KU § 75; vgl. H. NOACK: Einleitung zu KANTS ‹Religion innerhalb der Grenzen der bloßen Vernunft›. Philos. Bibl. 45 (1956) XLII. – [2] KANT, KrV B 699. – [3] H. VAIHINGER: Philos. des Als-Ob (¹1911) 162. – [4] a. a. O. 167f.
F. LÖTZSCH

Alteratio (qualitative Bewegung). Die mittelalterliche Diskussion über die A. konzentriert sich besonders auf die bei ARISTOTELES [1] schon angedeutete Frage, wie das Mehrwerden der qualitativen Intensität zu verstehen ist. THOMAS VON AQUIN findet das Entscheidungskriterium in seiner Lehre von der Partizipation. Einige Qualitäten, wie das Wissen und die Gesundheit, besitzen ihr Wesen aus der Hinordnung auf ein anderes und können in dieser Hinordnung ein Mehr und Weniger gewinnen. Andere Qualitäten wie das Warmsein und das Farbigsein besitzen ihr Wesen aus sich und können in sich kein Mehr oder Weniger gewinnen, weil jede Veränderung auch das Wesen verändern würde. Diese Qualitäten können dennoch ein Mehr und Weniger gewinnen, insofern sie als akzidentelle Bestimmtheiten mehr und weniger im Subjekt sind [2]. Ihr Mehrwerden geschieht also nicht durch Hinzufügung, als wenn eine neue Bestimmtheit zur früheren hinzutreten würde, sondern in der Weise, daß ein Subjekt an ein und derselben Bestimmtheit vollendeter teilnimmt [3]. – JOHANNES DUNS SCOTUS versteht das Mehrwerden dieser Qualitäten als eine Veränderung, die unabhängig von der Beziehung zum Subjekt die Qualität selbst betrifft. Allerdings nicht im Sinne eines Vergehens des geringeren Grades und eines Neuentstehens des höheren Grades, sondern im Sinne einer individuellen (das Wesen nicht verändernden) Hinzufügung zum früheren Grad, so daß jeder frühere Grad in den nächsten und in den vollendeten Grad eingeht [4].

Anmerkungen. [1] ARIST., Phys. IV, 9, 217 a 33ff. usw. – [2] THOMAS, S. theol. I/II 52, 1; De virt. card. 3 usw. – [3] THOMAS, S. theol. I/II, 52, 2 usw. – [4] DUNS SCOTUS, Lect. I dist. 17, p. 2, q. 1-4; Ord. I dist. 17, p. 2, q. 1f.

Literaturhinweise. A. MAIER: Zwei Grundprobleme der scholastischen Naturphilos. (²1951) 3-109. – R. R. BARR: The nature of alteration in Aristotle. New Scholast. 30 (1956) 472-484. – Vgl. Lit. zum Art. ‹Teilhabe›.
GERBERT MEYER

Alternation liegt in der traditionellen Logik vor, wenn ein Urteil durch ein anderes ohne Änderung des Sinnes ersetzt wird. Das kann z. B. beruhen auf *Äquipollenz* (s. d.) der Urteile oder darauf, daß das eine Urteil die doppelte Negation des anderen ist.
A. MENNE

Alternative. Daß eine A. besteht, bedeutet zunächst, daß man zwischen mehreren Möglichkeiten wählen kann.

1. In der *traditionellen* Logik heißt das *disjunktive Urteil* «S ist P_1 oder P_2» auch ‹A.› [1].

2. In der *Aussagenlogik* wird gelegentlich die *Adjunktion* (s. d.) bzw. Disjunktion «p oder auch q» (lat. «p vel q») auch ‹A.› genannt.

3. *Strenge* oder *große* A. wird gelegentlich die *Disjunktion* (s. d.) oder *Kontravalenz* (s. d.) «entweder p oder q» (lat. «p aut q») genannt.

4. *A.* oder *alternierende* Urteile sind solche, zwischen denen *Alternation* (s. d.) möglich ist.

Anmerkung. [1] Vgl. Art. ‹Relation des Urteils›.
A. MENNE

Altruismus. Es scheint, daß sich der Begriff A. seinem sachlichen Inhalt nach schon in der jüngeren Stoa sowie in der jüdischen und dann vor allem der christlichen Tradition der Ethik findet. Seinen spezifisch modernen Sinn bekommt er jedoch bei A. COMTE, der wahrscheinlich der Schöpfer des Terms ‹A.› (Parallelbildung zu ‹Egoismus› von lat. alter, der andere) ist. War in der Tradition die Rücksicht auf die andern eingebettet in Pflichten gegen Gott, das Gemeinwesen und sich selbst, so versucht Comte Ethik allein aus der gesellschaftlichen Relation zu entwickeln. Er sieht Anfänge von Sympathie, Soziabilität und Altruismus schon bei den Tieren gegeben. Bei den Menschen wird das Leben für andere zunächst problematisch, weil «die natürliche Vorherrschaft des Instinktes, der zugleich das Individuum und die Gattung erhält», der höheren Entwicklung des Geistes zum Opfer fällt. Sie bringt eine «fatale Trennung» zwischen Geist und Herz hervor, die das Hauptproblem der Einheit des Menschen ausmacht [1]. Gerade auf Grund dieser Entzweiung jedoch tendiert der Mensch – durch Vermittlung des natürlichen, aber nicht reinen Familien-A. [2] – zu Vergesellschaftung und entwickelt eine Zivilisation, die im allgemeinen gekennzeichnet ist durch kontinuierliche Abnahme aller personalen und egoistischen Neigungen und Zunahme des A. [3]. Schließlich entsteht ein spontaner, natürlicher, angeborener A. [4], der dem Menschen eine neue Einheit von Gefühl, Verstand und Handeln innerhalb der umfassenden Einheit Gesellschaft gibt. Diese ist «weniger leicht zu realisieren als die egoistische Einheit», ist dafür aber, einmal erreicht, «weit überlegen an Fülle und Stabilität» [5]. A. ist der (paradoxe) gegenseitige Begründungszusammenhang von rationaler Einsicht in die gesellschaftliche Vermittlung aller durch alle und subjektiv-emotionaler Ermöglichung der Gesellschaft und ihrer Rationalität [6].

In England wurde durch die allmähliche Aufspaltung der überkommenen, theologisch begründeten Ethik der Nächstenliebe in eine Gefühlsethik einerseits und eine rationale Sozial- und Wirtschaftsethik anderseits die neue, andersartige Synthese im A. vorbereitet, so von SHAFTESBURY, HUTCHESON, SMITH, MILL. – H. SPENCER übernimmt den Ausdruck ‹A.›. Er scheint die Comtesche Radikalität zu vermeiden, indem er den reinen A. ad absurdum führt, den Vorrang des Egoismus vor dem A. erweist und den utilitaristischen A. seiner Vorgänger als einen «im richtigen Maße eingeschränkten Egoismus» lobt [7]. Diese Einschränkung jedoch ist nur für eine Übergangszeit erforderlich; endgeschichtlich fallen nach Spencer Egoismus und A. noch harmonischer zusammen als in der derzeitigen industriellen Gesellschaft, wo jeder für alle anderen arbeitet, wenn er seine eigenen Bedürfnisse und Interessen im Einklang mit den Gesetzen des Marktes und der staatlichen Minimalordnung befriedigt. Als oberstes Prinzip seiner Natur- und Gesellschaftsphilosophie setzt Spencer eine Evolution der Menschen zu völliger Angepaßtheit an ihren gesellschaftlichen Zustand, wobei die nicht mit der Entwicklung Schritt haltenden ausgemerzt werden [8]. «Am Endziel der Anpassung» [9] ist andere schädigender Egoismus nicht mehr möglich, weil die Menschen durch Veränderung ihrer Nervenstruktur zu sozialen Tieren von der Art der Bienen und Ameisen mutieren [10], und ist A. nicht mehr nötig, weil in der perfekten Gesellschaft alle «zu gleicher Zeit imstande sind, sich vollkommen selbst zu erhalten und vollkommen alle die Verpflichtungen zu erfüllen, welche ihnen die Gesellschaft auferlegt» [9]. A. ist hier nur noch eine «mitfühlende Befriedigung», die jeder als «Gratisbeigabe zu seinen egoistischen Genüssen» empfängt [11, 12].

Der deutsche Beitrag zum A.-Problem ist außer bei SIMMEL, W. WUNDT u. a. kritischer Natur. NIETZSCHE übernimmt Spencers Evolutionismus, gibt ihm aber eine anti-altruistische Wendung. Nicht die Herstellung eines nivellierenden Vermittlungssystems aller ist der Sinn der Menschheitsentwicklung, sondern die Vervollkommnung einzelner. Der A. sei nur die «verlogenste Form des Egoismus» [13], sei der ressentimentgeladene Gruppenegoismus solcher, die ihre Minderwertigkeit zum allgemeinen Maßstab machen möchten [14]. Besser trifft Nietzsche diese Art A., wenn er über einen Autor Spencerschen Geistes sagt, in seinen Hypothesen reichten sich die «Darwinsche Bestie und der allermodernste bescheidne Moral-Zärtling ... artig die Hand» [15]. Den zweideutigen A. leitet Nietzsche aus der jüdisch-christlichen Tradition ab und verurteilt sie wegen ihres Produktes. SCHELER unterstützt die Ressentimentthese, bestreitet aber die Richtigkeit der geschichtlichen Ableitung. Nach ihm erwächst die Liebe zu anderen, die das Christentum meint, «aus dem Überfluß der eigenen Lebensmacht»; man liebt den anderen primär nicht um seiner Bedürftigkeit und Schwäche, sondern um positiver Werte willen. Dagegen werden die Altruisten von «Selbstflucht» bestimmt, von der «Angst, sich selbst und ihre Minderwertigkeit zu schauen» [16]. Der A. hat keine Antwort auf die Frage: «Wieso soll – bin *ich* nicht um eines positiven Wertes willen der Liebe würdig – der ‹andere› es sein?» Denn der andere ist für sich ja auch ein Ich und ich bin für ihn ein anderer [17]. In der Auseinandersetzung mit Troeltsch betont Scheler den gleichursprünglichen Charakter von Gottes-, Selbst- und Menschenliebe [18].

Anmerkungen. [1] A. COMTE: Système de politique positive (1851ff.) 1, 611. – [2] a. a. O. 2, 183f. – [3] 3, 69. – [4] 3, 589; 4, 20. – [5] 2, 9. – [6] 1, 700; 2, 204; vgl. Catéchisme positiviste (1852) Kap. 1, 4. – [7] H. SPENCER: Die Prinzipien der Ethik (dtsch. 1879/1901) 1, § 69ff.; vgl. Die Prinzipien der Psychol. (dtsch. 1886) 9. Teil, Kap. 7f. – [8] Prinz. der Ethik § 70. – [9] a. a. O. § 88. – [10] 2, Anh. 542ff. – [11] 1, § 98. – [12] Zum Fortleben des Comte-Spencerschen A.-Begriffs vgl. die Werke von TEILHARD DE CHARDIN, J. HUXLEY, CH. SHERRINGTON. – [13] FR. NIETZSCHE, Der Wille zur Macht, Kröner-A. Aph. 62. – [14] Zur Genealogie der Moral passim. – [15] a. a. O. Vorrede. – [16] M. SCHELER, Werke (1954ff.) 3, 81. – [17] a. a. O. 3, 105; Wesen und Formen der Sympathie (⁵1948) 162f. – [18] Werke 6, 503.

Literaturhinweise. L. DARGUN: Egoismus und A. in der Nationalökonomie (1885). – L. DUCHESNE: Les facteurs de l'altruisme. Bull. Acad. roy. Belg. (1949) 539-585.   R. K. MAURER

Ambiguität (Amphibolie)

I. ‹Ambiguität› (A.) meint in der lateinischen Antike die Zweideutigkeit eines Wortes an sich oder im Satzzusammenhang. In CICEROS rhetorischen Schriften nimmt der Begriff einen festen Platz ein. Die A. ist Anlaß von Kontroversen [1], sie wird im rhetorischen Kampf regelrecht eingesetzt [2]. Grundsätzlich sollen aber ambigua vermieden [3] und in ihre Bedeutungen aufgegliedert werden [4]. QUINTILIAN kennt synonym das Fremdwort ‹amphibolia›. A. oder Amphibolie wird durch Homonymie und durch das differente Verständnis von Worten im Satz verursacht [5]. Der damit aufgenommene Gebrauch des Wortes ἀμφιβολία geht – nachdem schon PLATON gelegentlich ἀμφίβολον benutzt hatte [6] – im wesentlichen auf ARISTOTELES zurück, der es terminologisierte und auf Satzzweideutigkeiten einschränkte [7]. Ἀμφιβολία ist dann Titel eines Buches des SPHAERUS und dreier Bücher des CHRYSIPP [8]. GALEN kennt acht Arten der ἀμφιβολία [9]. Die von Quintilian vollzogene Anknüpfung an ἀμφιβολία wird auch bei den lateinischen Grammatikern aufrecht erhalten: DONAT zählt sie unter die vitia auf und übersetzt mit «ambiguitas dictionis»; diese entsteht «per casum accusativum – per commune verbum – per distinctionem (e. g. vidi statuam hastam tenentem)», aber auch durch Homonymie [10]. Die Grammatiker kennen noch eine «pronuntiandi ambiguitas» [11]. Auch AUGUSTIN unterscheidet eine A. im Gesprochenen und Geschriebenen. Im ersten Fall differenziert er zwischen univoca und aequivoca. Doch gelten ihm ambigua nicht für obscura [12]. Ambiguum ist für BOETHIUS Unterbegriff von dubitabile [13]. Im späteren Mittelalter scheint der Begriff durch ‹amphibologia› – was bedeutet: Zweideutigkeit eines Satzes – verdrängt worden zu sein [14]. Auch MICRAELIUS verweist in seinem ‹Lexicon philosophicum› [15] unter «ambiguum», «ambigua» auf «amphibolia». Für ERASMUS VON ROTTERDAM ist die A. im exegetischen Kontext wichtig [16]. Allen Zeiten gilt die A. als tadelnswert und vermeidbar. So kritisiert z. B. PASCAL die Ausnutzung der A. von Begriffen, die der Erschleichung von Argumenten und der Verhinderung des klaren Sprechens dient: «C'est à quoi sert admirablement notre doctrine des équivoques, par laquelle il est permis de se servir de termes ambigus en les faisant entendre dans un autre sens qu'on ne les entend soi-même» [17]. KANT verwendet in seinen Schriften den Begriff ‹A.› nicht, da A. als logische Kategorie in der transzendentalphilosophischen Deduktion die Zuordnung auf Noumena und Phänomena nicht klärt. Verwechslung der Begriffe gründet sich für ihn vielmehr «auf einer transcendentalen Amphibolie, d. i. einer Verwechselung des reinen Verstandesobjects mit der Erscheinung» [18]. KRUG unterscheidet von grammatisch-logischer A., die aus verworrenem Denken entsteht, «moralische A., auch Duplicität», als «Zweideutigkeit im Charakter» [19]. Doch tritt der Begriff nach Kant in der Philosophie zurück, wird in der neueren Psychologie, vielleicht im Anschluß an E. Bleulers Ambivalenzbegriff, aufgenommen. Dort bezeichnet E. FRENKEL-BRUNSWICK [20] die Tendenz zu stark simplifizierenden Dichotomien, zu Bevorzugung von Vertrautheit und Symmetrie als Intoleranz gegenüber A., die in Situationen psychischer Belastung verstärkt wird. Diese Intoleranz gegenüber A. steht als Persönlichkeitsstruktur in enger Beziehung zu Rigidität und Dogmatismus [21].

Anmerkungen. [1] CICERO, Or. 121; De or. I, 110. 140; De inv. II, 116. – [2] Part. or. 108. 132. – [3] De or. III, 49. – [4] Or. 102; Brut. 152. – [5] QUINTILIAN, Inst. or. VII, 9. – [6] PLATON, Krat. 437 a. – [7] ARISTOTELES, Soph. El. 165 b 23-27; 166 a 6-14 und 22. – [8] Vgl. DIOG. LAERT. VII, 177.189. – [9] Vgl. SVF II, 46, 4ff. – [10] DONAT, Ars gram. III, hg. H. KEIL, in: Gram. lat. 4 (1864) 395, 20ff. – [11] (PRISCIANI) De accentibus liber, hg.

M. HERTZ, in: Gram. lat. 3 (1858) 520, 32f. – [12] AUGUSTIN, Dial. 8-10. – [13] BOETHIUS, De divis. MPL 64, 889 b. – [14] WILHELM OCKHAM, S. totius logicae III, 4, 5-7. – [15] MICRAELIUS: Lex. philos. (²1662, Neudruck 1966). – [16] ERASMUS, Opera omnia 5, 893f.; synonym häufig ‹amphibologia› in NT-Komm.: vgl. Opera omnia 6. – [17] PASCAL, Oeuvres 1 (Paris 1886) 278. – [18] KANT, KrV B 326. – [19] W. T. KRUG: Allg. Handwb. der philos. Wiss. (1827) 1, 104. – [20] Vgl. E. FRENKEL-BRUNSWIK (Hg.): The authoritarian personality (New York 1950). – [21] C. F. GRAUMANN: Nichtsinnliche Bedingungen des Wahrnehmens, in: Hb. der Psychol. hg. W. METZGER 1 (1966) 1031ff., bes. 1040ff. H. K. KOHLENBERGER

II. Im *französischen Existentialismus* findet der Begriff der A. seine philosophische Präzisierung in der – von Interpreten so genannten (vgl. Lit.) – «philosophie de l'ambiguïté» M. MERLEAU-PONTYS und der «morale de l'ambiguïté» SIMONE DE BEAUVOIRS. In Auseinandersetzung mit Empirismus, Rationalismus und Intellektualismus und im Rückgriff auf «Sinngenesis» und «Lebenswelt» des späten Husserl, auf Schelers «Apriorismus des Emotionalen» und die Ergebnisse der Gestaltpsychologie versucht MERLEAU-PONTY, die von aller wissenschaftlichen Analyse übergangene Schicht des «préobjectif», «préthéorétique» und «antéprédicatif» zur transzendentalen Grundlage der Erkenntnis zu machen. Dem «akosmischen» [1] Subjekt der Wissenschaft mit dem ihm korrespondierenden volldeterminierten Objekt stellt er das leibliche Subjekt gegenüber, das – im intentionalen Bezug des «être au monde» (zur-Welt-Seins) [2] – in Kommunikation mit der Welt Sinn allererst konstituiert. Diese Sinnkonstitution beginnt nicht mit der determinierten Qualität, dem «objet tardif d'une conscience scientifique» [3], sondern mit vom Wahrnehmungskontext abhängigen und in der Vitalsphäre bedingten unbestimmten, zweideutigen (ambigus) Phänomenen. Das Unbestimmte gilt als «phénomène positif» [4] und A. als konstitutives Element der Beziehung zwischen Mensch und Welt: «je ne me connais que dans mon inhérence au temps et au monde, c'est-à-dire dans l'ambiguïté» [5]. Die A. im Prozeß der Sinnkonstitution ist konstitutiv für die «A. im politischen Leben» [6], für die «A. der Geschichte» [7]: Der Mensch hat die unbestimmten Sinnstrukturen des historischen Prozesses zu interpretieren und im Bewußtsein der «Kontingenz der Zukunft» [8] und also des prinzipiellen Risikos jeglichen Handelns fortzuführen.

Die Grundlage der Moral der A. ist für S. DE BEAUVOIR die A. der menschlichen Existenz, die in nie endender Sinngebung wurzelt: «dire qu'elle [l'existence] est ambiguë, c'est poser que le sens n'en est jamais fixé, qu'il doit sans cesse se conquérir» [9]. Die ontologische Basis der A. beim Menschen ist die unvereinbare Gleichzeitigkeit der «facticité contingente de l'existence» [10] und seiner absoluten Freiheit zur Negation, sein immer zum Scheitern verurteilter Versuch einer Synthese von ‹pour-soi› und ‹en-soi›: «il veut être, et dans la mesure où il coïncide avec cette volonté, il échoue» [11]. Die Moral der A. fordert vom Menschen, in dem Bewußtsein der Kontingenz der Welt verhaftet zu bleiben, dem Anspruch der freien Selbstverwirklichung gerecht zu werden: «Essayons d'assumer notre fondamentale ambiguïté» [12].

Anmerkungen. [1] M. MERLEAU-PONTY: Phénoménol. de la perception (Paris 1945) 32. – [2] a. a. O. VIII. – [3] 12. – [4] ebda. – [5] a. a. O. 397. – [6] Humanismus und Terror I (dtsch. 1966) 31. – [7] a. a. O. 117. – [8] 30. – [9] S. DE BEAUVOIR: Pour une morale de l'ambiguïté (Paris 1947) 186. – [10] a. a. O. 226. – [11] 33. – [12] 13.

Literaturhinweise. F. ALQUIÉ: Une philos. de l'ambiguïté. L'existentialisme de M. Merleau-Ponty. Fontaine 8 (1947) 47-70. – A. DE WALHAENS: Une philos. de l'ambiguïté (Paris 1951). –

H. KUHN: Existentialismus und Marxismus. Zu Maurice Merleau-Pontys Philos. der Zweideutigkeit. Philos. Jb. Görres-Ges. 62 (1953) 327-346. R. FABIAN

Ambivalenz. Der auf den *Psychiater* E. BLEULER zurückgehende wissenschaftliche Gebrauch des Begriffs ‹A.› meint die zugleich positive und negative emotionale Bewertung eines Gegenstandes oder einer Person [1]. Besonders deutlich zeigt sich nach Bleuler A. am «Sexualwiderstand», der sich bei aller Macht des sexuellen Begehrens in Schamgefühl, sexuellen Hemmungen, negativer Wertung des Geschlechtsverkehrs als Sünde und in der Einschätzung sexueller Enthaltsamkeit als Tugend manifestiert [2]. Zur Kritik an Bleulers A.-Konzept, das durch phänomenologisch heterogene Beispiele eingeführt wurde, sei auf J. BOUTONIER [3] und S. STRASSER [4] verwiesen. Während sich der Gesunde in der Regel ambivalenten Gefühlsbetonungen durch Wahl oder Distanzierung zu entziehen vermag, leiden Kranke an solchen Unvereinbarkeiten. Besonders die Psychopathologie muß sich bei Neurotikern und Psychotikern mit *ambivalenten Komplexen* auseinandersetzen.

Die A. (STEKEL: Bipolarität) als Inbegriff gegensätzlicher Gefühls- oder Triebregungen hat von Anfang an die *Psychoanalyse* in besonderem Maße interessiert, gilt ihr doch in der Regel der (sozial) mißbilligte Trieb als ins «Unbewußte» abgedrängt, um «dort» dynamisch weiterzuwirken. Als Beispiel einer solchen Auswirkung nennt FREUD die reaktive Steigerung bewußter und bejahter Liebe im Falle von Haßliebe [5]. Vorbereitet in der «oralsadistischen», deutlicher in der «analsadistischen» Phase, wird die ambivalente Einstellung paradigmatisch im Ödipuskomplex sichtbar [6]. Überhaupt: «Zum Wesen des Vaterverhältnisses gehört die A.» [7]. Schließlich setzt Freud den *A.-Konflikt* ganz allgemein für das Zusammenleben von Menschen in Gemeinschaften an [8].

In der *allgemeinen Psychologie* entspricht die A. der Gegebenheitsweise eines Zielobjektes mit gleich starkem positiven wie negativen Aufforderungscharakter, der Grundlage eines Appetenz-Aversions-Konfliktes. Nicht selten findet der Begriff der A. auch Anwendung auf unvereinbare Verhaltenstendenzen. So sprechen M. OLDS und J. OLDS von *ambivalenten Reaktionen*, wenn im Tierversuch ein und dieselbe (elektrische Hirn-)Reizung einmal als positive, einandermal als negative Verstärkung wirkt [9]. E. H. HESS spricht sogar von *simultan ambivalentem Verhalten*, wenn etwa ein Hund gleichzeitig Aggression und Furcht ausdrückt. *Sukzessiv ambivalentes Verhalten* liegt dann vor, wenn Reaktionen, die eindeutig miteinander konkurrierenden Antrieben zuzuordnen sind, aufeinander folgen [10]. Andererseits setzt sich zur Kennzeichnung «gegensätzlicher» Verhaltensweisen und -tendenzen der Begriff der *Ambitendenz* durch. H. THOMAE [11] hebt die «sukzessive Ambitendenz» gegenüber «multivalenten Situationen» ausdrücklich von der simultanen A. etwa der Schizophrenie ab.

Anmerkungen. [1] E. BLEULER: Dementia praecox (1911). – [2] Lehrbuch der Psychiat. (¹⁰1966) 71. – [3] J. BOUTONIER: L'angoisse (Paris 1945). – [4] S. STRASSER: Das Gemüt (1956). – [5] S. FREUD, Werke 16, 455. – [6] a. a. O. 11, 344; 13, 260. – [7] 16, 243. – [8] 14, 492; vgl. auch A. VIERKANDT: Gesellschaftslehre (²1928). – [9] M. OLDS und J. OLDS: Drives, rewards, and the brain, in: F. BARRON u. a.: New directions in psychol. 2 (1965). – [10] E. H. HESS: Ethology: An approach toward the complete analysis of behavior, in: R. BROWN u. a.: New directions in psychol. 1 (New York 1962) 157-266. – [11] H. THOMAE: Der Mensch in der Entscheidung (1960).

Literaturhinweise. E. BLEULER s. Anm. [2]. – S. FREUD: Gesammelte Werke (London 1952ff.). C. F. GRAUMANN

Amnesie (μνήμη, μνῆσις, Erinnerung, Gedächtnis, mit α privativum). Der im 19. Jh. noch uneinheitlich, im Sinn eines «vollkommenen Verlusts» [1] oder einer allgemeinen «Verminderung» [2] des Gedächtnisses oder einer umschriebenen «Erinnerungslosigkeit» [3] gebrauchte Begriff bezeichnet heute in der Regel den *Erinnerungsverlust* für einen einigermaßen bestimmbaren Zeitabschnitt oder Inhalt [4]. Dabei ist das normale «Vergessen», aber auch die rein psychodynamisch bedingte *psychogene* («hysterische» bzw. hypnotische) A. [5] von der Gruppe der *organischen* A. abzugrenzen; letztere beruhen in Verbindung mit Störungen der «Merkfähigkeit» [6] auf akuten oder chronischen Gehirnerkrankungen, vielfach im Zusammenhang mit Bewußtseinsstörungen [7]. Im einzelnen werden außer einer *partiellen* und *totalen* A. (graduelle Abstufung) eine «*retrograde*» (zuweilen auch «retroaktive») und *anterograde* A. (bezogen auf den Zeitpunkt einer akuten Gehirnstörung) unterschieden [8]. Mit dem ‹amnestischen Symptomenkomplex›, nach dem ersten Beschreiber auch ‹Korsakow-Syndrom› genannt [9], bezeichnet man hingegen ein umfassenderes psychopathologisches Bild mit zusätzlicher Störung der Merkfähigkeit, Desorientiertheit, Perseverations- und Konfabulationsneigung [10].

Anmerkungen. [1] E. V. FEUCHTERSLEBEN: Lehrb. der ärztlichen Seelenkunde (1845) 255. – [2] TH. RIBOT: Das Gedächtnis und seine Störungen (1882). – [3] E. KRAEPELIN: Psychiat. (^{3}1889) 94. – [4] Vgl. W. WUNDT: Grundzüge der physiol. Psychol. (^{6}1908) 366; K. JASPERS: Allg. Psychopathol. (^{3}1923) 130; (^{7}1959) 146; K. SCHNEIDER: Die Störungen des Gedächtnisses. Hb. Geisteskrankheiten, hg. O. BUMKE I/1 (1928) 511. 516. – [5] Vgl. P. JANET: Etat mental des hystériques (Paris 1893); S. FREUD und J. BREUER (1893). S. FREUD, Ges. Werke 1 (London ^{2}1964) 91; JASPERS, a. a. O. [4] (^{7}1959) 147. 335. – [6] C. WERNICKE: Grundriß der Psychiat. (^{2}1906) 75. – [7] Vgl. E. KRAEPELIN, a. a. O. [3] 94; O. BUMKE: Die Diagnose der Geisteskrankheiten (1919) 359. – [8] Vgl. SCHNEIDER, a. a. O. [4] 517. – [9] Vgl. S. KORSAKOW: Über eine besondere Form psychischer Störung, kombiniert mit multipler Neuritis. Arch. Psychiat. Nervenheilk. 21 (1890) 669. – [10] Vgl. K. BONHOEFFER: Der Korsakowsche Symptomenkomplex. Allg. Z. Psychiat. 61 (1904) 744; W. ZEH: Die A. (1961) 27.

Literaturhinweise. P. RANSCHBURG: Das kranke Gedächtnis (1911). – K. SCHNEIDER s. Anm. [4]. – K. KONRAD: Zur Psychopathol. des amnestischen Symptomenkomplexes. Dtsch. Z. Nervenheilk. 170 (1953). – W. ZEH s. Anm. [10]. G. HOLE

Amoralismus, amoralisch. *Amoralismus* ist eine im 20. Jh. an Stelle des älteren ‹Immoralismus› (s. d.) aufgekommene Wortbildung zur Bezeichnung einer Lebensanschauung, die sich außerhalb der Moral stellt. Da dies eine Ablehnung der Ansprüche der Moral einschließt, ist A. zugleich *Antimoralismus*. Als *philosophischer* A. stellen sich so in der Antike die Lehren einiger Sophisten (THRASYMACHOS, POLOS, KALLIKLES nach Platons Darstellung) und die des Kyrenaikers THEODOROS ATHEOS dar, in der Neuzeit die Anschauungen STIRNERS und NIETZSCHES. Daneben gibt es einen *politische* A. (Machiavellismus) und einen *literarischen*, der zumeist in einem Ästhetizismus begründet ist (FR. SCHLEGEL, STENDHAL, O. WILDE, A. GIDE, G. BENN u. a.). – Im Unterschied zum Substantiv ‹A.› wird das Adjektiv ‹*amoralisch*› auch in einem gegenüber den Ansprüchen der Moral völlig neutral bleibenden Sinn gebraucht. So erklärt v. EHRENFELS, daß «das Amoralische ... einer Kategorie angehört, auf die sittliche Billigung und Mißbilligung überhaupt keine Anwendung finden – wie z. B. angeborene Gesundheit, intellektuelle Begabung, Erkenntnis und Irrtum» [1]. Auch eine Betrachtungsweise von an sich der sittlichen Wertung unterliegenden Handlungen, die diese Wertung ausschaltet, ohne damit deren Berechtigung zu verneinen, wird so als ‹amoralisch› bezeichnet [2].

Anmerkungen. [1] Grundbegriffe der Ethik (1907) 7. – [2] z. B. in der ‹Schule der Liebe› von Diotima (ca. 1930).
Literaturhinweis. H. REINER: Die philos. Ethik; ihre Fragen und Lehren in Gesch. und Gegenwart (1964). H. REINER

Amor fati bezeichnet für NIETZSCHE seine «innerste Natur» (‹Ecce Homo› [1]). Er nennt diese Haltung «eine Art fatalistischer ‹Gottergebenheit›» (Brief an Overbeck, Sommer 1882 [2]) und, ebenfalls in ‹Ecce Homo›: «Meine Formel für die Größe am Menschen ist *A. f.*: daß man nichts anderes haben will, vorwärts nicht, rückwärts nicht, in alle Ewigkeit nicht. Das Notwendige nicht bloß ertragen, noch weniger verhehlen – aller Idealismus ist Verlogenheit vor dem Notwendigen –, sondern es *lieben* ...» [3]. Über die stoische Bejahung der Heimarmene, vertreten etwa durch KLEANTHES, wie über HEGELS zehnte Habilitationsthese von 1801: «Principium scientiae moralis est reverentia fati» [4] geht NIETZSCHE weit hinaus, wenn es heißt: «Höchster Zustand, den ein Philosoph erreichen kann: dionysisch zum Dasein stehn –: meine Formel dafür ist A. f. Hierzu gehört, die bisher *verneinten* Seiten des Daseins nicht nur als *notwendig* zu begreifen, sondern als wünschenswert: und nicht nur als wünschenswert in Hinsicht auf die bisher bejahten Seiten (etwa als deren Komplemente oder Vorbedingungen), sondern um ihrer selber willen, als der mächtigeren, furchtbareren, *wahreren* Seiten des Daseins, in denen sich sein Wille deutlicher ausspricht» [5]. Der Name des Gottes Dionysos steht bei Nietzsche als Chiffre für die unbegreiflich-furchtbare Geheimnishaftigkeit des Seins; A. f. muß dementsprechend mit dem vollen Gewicht der Wiederkunftslehre zusammengedacht werden und bezeichnet dann nicht bloße Schicksalsergebenheit, sondern ist Ausdruck der spezifischen philosophischen Religiosität bei Nietzsche in dessen letzten Werken, Briefen und im Nachlaß.

Anmerkungen. [1] NIETZSCHE, Ges. Werke. Musarion-A. 21 (1928) 275. – [2] Briefwechsel mit F. Overbeck (1916) 173. – [3] Musarion-A. 21 (1928) 211. – [4] Vgl. K. ROSENKRANZ: G. W. F. Hegel's Leben (1844, Neudruck 1962) 159. – [5] NIETZSCHE, a. a. O. 19 (1926) 357. K. BERNATH

Amour-propre, amour de soi(-même) sind Zentralbegriffe der französischen Theologie und Moralistik vor allem des 17. und 18. Jh. Sie werden teils synonym, teils bewußt differenzierend gebraucht.

Ihre Begriffsgeschichte ist dadurch gekennzeichnet, daß sie – wie parallele Begriffe in anderen europäischen Sprachen (z. B. self-love) – zu viele Funktionen gleichzeitig zu erfüllen hatten, wobei manche Wortinhalte in bestimmten Epochen auf für sie typische Art und Weise hervortraten, so daß es in späteren Zeiten oft zu Mißverständnissen kam. Die so entstehenden Bedeutungsverschiebungen sind in ihrem Verlauf entscheidend durch die semantische Grundstruktur des griechischen φιλαυτία bestimmt, das zunächst die Bedeutung «Selbstsucht», in nachklassischer Zeit aber auch den Wortinhalt «Dünkel, Einbildung» hatte, die dann noch jeweils verschiedenen ethischen Wertungen unterliegen konnten.

Der ‹amour-propre› hat seine Wurzeln in der φιλαυτία bzw. dem ‹amor sui› der Patristik und Scholastik. Die eigentümliche *Ambivalenz* der aristotelischen Selbstliebe als Negativum oder Positivum (s. Art. ‹Selbstliebe›) geht auch in die entsprechenden Begriffe der christlichen Theologie mit ein. Das Bestreben, diese zwei verschiedenen ethischen Wertungen begrifflich zu scheiden, läßt ab AUGUSTIN neben ‹amor sui› auch den Terminus ‹amor privatus› auftauchen [1]. In synonymem Gebrauch zu ‹amor privatus› (amor sui ipsius) finden sich sehr viel seltener auch die Bezeichnungen ‹dilectio privata› und ‹amor proprius› (zuerst bei GREGOR DEM GROSSEN [2]).

Vorbereitet u. a. durch BERNHARD VON CLAIRVAUX wird der amor privatus zu einem Lieblingsthema der *mystisch-asketischen* Literatur des Mittelalters. Der eigentliche Beginn dieser Entwicklung liegt in der volkssprachlichen italienischen Mystik des 13. und 14. Jh.: In den ‹Laudi› IACOPONE DA TODIS (gest. 1306) erscheint nicht nur mit ungewohnter Heftigkeit das Thema des amor privatus als Ursünde der selbstischen Vereinzelung des Menschen, sondern auch der Erstbeleg für die romanisierte Sprachform ‹amor proprio›, die sich gegenüber den anderen Bezeichnungsversuchen durchgesetzt hat und das Modell für die entsprechenden Lehnübersetzungen in den anderen romanischen Sprachen darstellt [3]. Die Schriften der hl. KATHARINA VON SIENA, die ‹Theologia Naturalis› des R. SABUNDE und die Predigten TAULERS und DIONYSIUS DES KARTÄUSERS repräsentieren die Schwerpunkte der Geschichte des amor proprius et privatus während des 14. und 15. Jh. Durch Übersetzungen gelangt der Begriff als ‹amor propio› in der ersten Hälfte des 16.Jh. in die erwachende spanische asketische Literatur (IGNAZ VON LOYOLA, ALFONS VON MADRID). Wie bei Katharina von Siena und Dionysius sind hier der amor propio und der *Eigenwille* (voluntad propia), die Gegner der *reinen Liebe* (amor puro), der mystischen Form der Gottesliebe. Gehorsam, Demut und Askese (mortificación) sind die Mittel, mit denen der Gläubige den amor propio abtöten und seine Seele zur vollkommenen Vereinigung mit Gott führen kann.

Die um die Mitte des 16. Jh. einsetzende Gegenreformation markiert den Beginn einer zweiten und heftigeren, rund 150 Jahre andauernden Welle der Beschäftigung mit dem amor proprius in der romanischen Mystik: Als erster einer ganzen Reihe von Traktaten über die Selbstliebe erscheint der ‹Dialog zwischen Seele, Körper und Selbstliebe› im ‹Leben der hl. Katharina von Genua› (1551).

Als letzte der großen romanischen Sprachen bemächtigt sich das Französische durch die plötzlich um 1570 einsetzende religiöse Übersetzungsliteratur vor allem italienischer und spanischer Mystik des Begriffs, den es mit ‹amour-propre› (A.-p.) wiedergibt (MONTAIGNE). Vereinzelte Belege finden sich jedoch bereits in der ersten Hälfte des 16. Jh.

In der französischen Mystik der ersten Hälfte des 17. Jh. (FRANZ VON SALES, BÉRULLE, CONDREN) erfährt der Sinngehalt von ‹A.-p.› seine für die ganze weitere Begriffsgeschichte entscheidende Prägung. Es vollzieht sich eine Vermischung mit der Bedeutung des um 1520 bei ERASMUS entlehnten Humanistenworts ‹philautie›, das vor allem ‹Eitelkeit›, ‹Dünkel›, ‹Ruhmsucht› bedeutete. Beide Bedeutungsstränge – ‹Selbstsucht›, (concupiscence, cupidité) bzw. ‹Eigennutz› (intérêt propre) und ‹übersteigertes Selbstwertgefühl› (vanité, orgueil) durchziehen nun ununterbrochen nebeneinander her das 17. und 18. Jh. Begünstigt wird die Vermischung durch den seit 1370 (erste frz. Übersetzung von ‹De civitate Dei›) existierenden Terminus ‹amour de soi› (A.d.s.), der sowohl lateinisch ‹amor sui› übersetzt als auch zur Verdeutlichung des gelehrten ‹philautie› dient, das seinerseits um 1610 wieder ungebräuchlich wird.

Ein weiterer Grund für den vor allem mit FRANZ VON SALES einsetzenden *Psychologisierungs- und Säkularisierungsprozeß* des Begriffs sind neben der enormen Verbreitung und Popularität der salesianischen Schriften die Feinheit und Tiefe ihrer psychologischen Analyse des A.-p.: «L'amour propre ... a mille moyens de se retrancher dans notre âme; il est adroit et sait mille tours de souplesse» [4].

Nach Franz von Sales lassen sich zwei Stränge in der Begriffsgeschichte von ‹A.-p.› unterscheiden: Während im ersteren, dem spiritualen Schrifttum der folgenden Jahrhunderte, oft nur schon Bekanntes wiederholt wird, vollziehen sich im zweiten Strang, der den Begriff übernehmenden philosophisch-moralistischen Literatur, entscheidende Umwälzungen.

Als erste weltliche Autoren beschäftigen sich PASCAL und LA ROCHEFOUCAULD mit dem A.-p., dessen psychologische Zergliederung bei ihnen einen Höhepunkt erreicht. Bei PASCAL bleibt diese Analyse eingespannt in den Rahmen einer augustinisch-jansenistischen Anthropologie: Der A.-p. erscheint noch als Ursünde, als verderbliche Wende des Menschen zu sich selbst und von Gott weg [5]. Auch für LA ROCHEFOUCAULD steht der A.-p. im Zentrum seines von starkem Pessimismus geprägten Menschenbildes, in dem selbst die Tugenden und die anscheinend uneigennützigen Handlungen als geschickte Maskierungen des A.-p. entlarvt werden [6].

Während also das 17. Jh., das in seinem Neustoizismus dazu neigt, prinzipiell jeden Affekt abzulehnen, im A.-p. ein *moralisches Unterscheidungsprinzip* sieht, macht das 18. Jh. in der Umwertung des menschlichen Gefühlslebens als Basis moralischen Verhaltens aus dem A.-p. ein *Einheitsprinzip*, nämlich den allen Menschen gemeinsamen Bestandteil ihrer psychischen Natur.

Auf Grund dieses Wandels wird die Unterscheidung zweier Arten von Selbstliebe, wie sie schon bei ARISTOTELES, AUGUSTIN und THOMAS VON AQUIN vorweggenommen ist, zu einem Zentralthema des 18.Jh. Ohne eine große Wirkung ausgeübt zu haben, läßt sie sich dennoch schon im 17. Jh. bei FRANZ VON SALES, J.-P. CAMUS und FELIX DUMAS [7] nachweisen. Zur begrifflichen Kennzeichnung werden die vorher meist synonym gebrauchten Termini ‹A.-p.› und ‹A.d.s.› nun semantisch differenziert. Die gleiche Differenzierung findet sich schon in der vom Humanismus geprägten spanischen Mystik der ersten Hälfte des 16. Jh.

ABBADIE und MALEBRANCHE unterscheiden den legitimen, nun aus dem natürlichen Recht des Menschen auf Glück abgeleiteten A.d.s. von der durch den Abfall von Gott charakterisierten Sünde des A.-p. [8].

Als erster nicht-theologischer Autor verwendet VAUVENARGUES diese Unterscheidung, und zwar zur Polemik gegen den moralischen Extremismus La Rochefoucaulds [9] Die Epoche von 1680 bis 1720 ist durch ein zunehmendes Bewußtsein für die Dialektik im Bereich der Gefühle im allgemeinen und der Selbstwertgefühle im besonderen gekennzeichnet (DES COUTURES, MANDEVILLE). So erklärt sich die Entdeckung von einerseits stimulierenden, andererseits zensierenden Funktionen in beiden Bedeutungssphären von ‹A.-p.› (A.-p. éclairé; émulation – pudeur) und eine damit verbundene, neue positive Beurteilung des Begriffs in der ersten Hälfte des 18. Jh. Um 1720 ist dieser Prozeß so weit fortgeschritten, daß ‹A.-p.› in der gehobenen Umgangssprache die Termini ‹gloire›, ‹sentiment d'honneur› zu ersetzen beginnt und damit in die moralische Werteskala des «honnête homme» integriert wird.

Beeinflußt von Malebranche und Vauvenargues macht ROUSSEAU die Trennung von ‹A.d.s.› und ‹A.-p.›, die er als erster historisch-genetisch zu erklären sucht, zum Zentrum seiner Lehre vom Menschen: Der unschuldige Selbsterhaltungstrieb (A.d.s.) des Naturmenschen verwandelt sich durch den ‹sozialen Sündenfall› der Vergesellschaftung und der so entstehenden äußeren und inneren Abhängigkeit des Menschen zur Geltungs- und Eigensucht (A.-p.) des homme civilisé [10]. Mit seiner negativen Bewertung des A.-p. leitet Rousseau eine um die Jahrhundertmitte einsetzende Kritik an der Gesellschaft des ancien régime ein. Er billigt jedoch den moralischen Kompromiß, dem A.-p. im «Patriotismus» eine außerindividuelle Funktion zu verleihen und ihn so für die Gesellschaft nutzbar zu machen [11].

In der französischen Revolution vollzieht sich eine Ablösung des moralistischen Denkens durch das politische Denken. Damit endet die Funktion des ‹A.-p.› als Schlüsselbegriff zweier Jh. französischer Philosophie.

Während die Bedeutung von ‹A.d.s.› relativ flexibel bleibt und heute recht häufig ‹Egoismus, Selbstsucht› meint, wird ‹A.-p.› in der einen seiner beiden Bedeutungen zunächst von ‹personnalité›, dann von dem Neologismus ‹égoïsme› [12] abgelöst, der bald eine spezifisch soziale Prägung zeigt. Die dadurch allein übrigbleibende Bedeutung ‹(empfindliches) Selbstwertbewußtsein, (verletzbarer) Stolz› erscheint in der modernen positiven Bewertung vor allem bei MARIVAUX, VOLTAIRE und CHAMFORT [13]. Eine gewisse Schlüsselrolle kommt diesem neuen ‹A.-p.› in den ‹Journaux intimes› (AMIEL, GONCOURT, GIDE) und im Werk PROUSTS zu. Eine fast parallele Entwicklung zeigt der englische Terminus ‹self-respect›, der im 17. Jh. «Eigennutz, selbstischer Zweck», seit dem 18. Jh. dann die «berechtigte Achtung vor dem Selbst» bedeutete [14].

Anmerkungen. [1] AUGUSTIN, De Gen. ad litt. XI, 15, 20. MPL 34 c. 437. – [2] GREGOR DER GROSSE, Moral. 9, 53. – [3] IACOPONE DA TODI, Laudi, hg. AGENO 14. 121. 208. – [4] FRANZ VON SALES, Œuvres 12, 383. – [5] PASCAL, Pensées Nr. 492. – [6] LA ROCHEFOUCAULD, Max. Nr. 1. – [7] J.-P. CAMUS, L'esprit du bienheureux François de Sales III, 10-13; F. DUMAS: La tyrannie de l'A.-p. (Bordeaux 1646) II, 1ff. – [8] MALEBRANCHE, Œuvres, hg. GÉNOUDE 2, 260. 262. – [9] VAUVENARGUES, Max. Nr. 291. – [10] ROUSSEAU, Disc. sur l'inégalité note 15. – [11] Political writings of J. J. ROUSSEAU (Cambridge 1915) 1, 255. – [12] Erstbeleg bei TH. DE SAINT-HYACINTHE: Recherches philos. (1743) 94ff. – [13] CHAMFORT, Max. et pensées p. 142. – [14] Vgl. H. GAUGER: Die Bedeutung des Self-respect in dem engl. Persönlichkeitsideal. Die neueren Sprachen 40 (1932) 263-274.

Literaturhinweise. Dict. de théol. cath. I/1 (1930) 1121; IV/2 (1939) 2224-2229. – Dict. de spiritualité et myst. 1 (1937) 533-544; 4 (1960) 479-502. – R. MAUZI: L'idée du bonheur dans la litt. et dans la pensée franç. au XVIIIe siècle (1960). – R. SPAEMANN: Reflexion und Spontaneität. Stud ien über Fénelon (1963). – I. FETSCHER: Rousseaus polit. Philos. (1960, ²1968). – A. J. KRAILSHEIMER: Stud. in Self-interest from Descartes to La Bruyère (1962). – A. LEVI: French Moralists. The theory of passions. 1585-1649 (1964). – H.-J. FUCHS: Amour-propre. Untersuch. zur semantischen Entwicklung im sprachlichen Feld der ‹Selbst-Bezogenheit› (Diss. Gießen 1970, angekündigt).

H.-J. FUCHS

Ampliatio nannte man im Mittelalter eine der logischen Eigenschaften der Ausdrücke (proprietates terminorum) innerhalb einer Aussage, die ermöglicht, einen allgemeinen Terminus auszuweiten in bezug auf die Individuen, denen er zukommen kann (A. suppositorum) oder aber in bezug auf die Zeit, in der die Individuen existieren (A. temporum). In dem Satz etwa «der Mensch kann gerecht sein» wird das Subjekt in bezug auf die Möglichkeit erweitert, in dem Satz hingegen «jeder gegenwärtige, vergangene oder zukünftige Mensch ist vernünftig» wird das Subjekt ‹Mensch› erweitert in bezug auf die drei zeitlichen Differenzen [1]. Vor allem bei PETRUS HISPANUS BURIDAN, ALBERT VON SACHSEN und PAULUS VENETUS wird die A. als Teil der *suppositio* und damit als ein Stück der *logica modernorum* vorgetragen. Sie wurde gebraucht, um die Bedeutung, die Wahrheit und die Falschheit der Aussagen zu analysieren. Es gab viele Regeln zur Abgrenzung des Anwendungsfeldes der A.; J. MARTINEZ SILICEO nennt schließlich zwanzig. Im 14. Jh. und später findet man die Lehre über die A. vereinigt mit der Lehre von den Konsequenzen, in der sie der Formulierung korrekter Schlußfolgerungen dient, z. B. «a non amplo ad amplum et a minus amplo ad magis amplum affirmative et sine distributione ampli, consequentia est formalis» [2]. Zu den ampliativen Partikeln zählten auch die modalen. Die Moderni haben dieser Eigenschaft große Bedeutung zugeschrieben, indem sie sie in Verbindung brachten einerseits mit dem Problem, in der Aussage die Zeit auszudrücken, andererseits mit dem sogenannten Problem der Nullklasse, d. h. dem der Menge ohne Elemente. In der *Renaissance* wurde die A. von den Humanisten stark bekämpft. – Die ihr entgegengesetzte logische Eigenschaft heißt *restrictio*.

Anmerkungen. [1] PETRUS HISPANUS: Summulae logicales, hg. BOCHEŃSKI (1947) 100-103; JOHANNES VON S. THOMAS: Ars logica (hg. 1930) 37. – [2] J. MARTINEZ SILICEO: Prima sectio dialecticae (1517) 68-68.

Literaturhinweise. J. P. MULLALLY: The Summulae logicales of Peter of Spain (Notre Dame, Ind. 1945). – V. MUÑOZ DELGADO: La lógica nominalista en Salamanca (Madrid 1964).

V. MUÑOZ DELGADO

Amt

I. ‹A.› ist als Bezeichnung eines institutionalisierten Kreises von Aufgaben, die von hauptberuflichen, in einem besonderen Treue- und Disziplinarverhältnis stehenden Beamten als Repräsentanten der abstrakt gedachten Staatsgewalt erfüllt werden, Ergebnis eines begrifflichen Einengungsprozesses und einer «Verstaatlichung der Amtsvorstellung» (H. Krüger), die mit der Ausbildung des modernen Staates parallel läuft.

‹A.› (von kelt. ambactus, Gefolgsmann) ist ursprünglich ein Personal-, dann ein Sachbegriff und wird von lateinisch ‹officium› beeinflußt. Letzteres tritt im römischen Kaiserreich neben das republikanische Wahlamt (magistratus) und wird als Bezeichnung für A., «Behörde» und «Büro» zu einem Zentralbegriff des kaiserlichen Verwaltungssystems. Im Mittelalter ist A. ein Auftrag oder eine Tätigkeit, die stellvertretend für die Herrschaft in Rechtsprechung und Verwaltung ausgeübt wird, überhaupt eine von einem Höheren anvertraute Verrichtung. A. (officium) und Lehen (honor, beneficium) sind oft identisch (vgl. Erzämter), da die Erfüllung «öffentlicher» Aufgaben durch die Vergabe von Lehnsgut gesichert wird. Außerdem versteht man unter ‹A.› Zünfte und Innungen, in örtlichem Verständnis auch Stadtviertel oder Gutsbezirke. Seit dem 16. Jh. entsteht im Kampf gegen erbliche Ämterlehen und ständische Sonderverwaltung in den deutschen Territorien durch die Heranziehung besoldeter Juristen und militärischer commissarii mit speziellem A.-Auftrag ein Verwaltungssystem, das von der Rezeption des römischen Rechts, dem Vorbild der katholischen Hierarchie (officium perpetuum) und dem lutherischen A.-Ethos (A. und Beruf des Menschen in jedem Stand) geprägt ist. Dem patrimonialen Herrschaftsverständnis entsprechend, vergibt der Landesherr Ä. wie sein Eigentum gegen Besoldung oder nutzbare Rechte (Sporteln). In der frühen Neuzeit schiebt sich die regionale Bedeutung in den Vordergrund: A. als eine oder mehrere Gemeinden, für die der Landesfürst unmittelbarer Grundherr ist (Domänen), dann auch Gerichts- und Finanzbezirke [1]. Dafür charakteristisch ist die Übertragung des A.-Begriffs auf die Behörde und das Auftreten der Bezeichnung ‹Beamter› [2] für den Verwalter landesherrlicher Ä. Eigentliche Verwaltungsbeamte heißen ‹Civilbediente›, ‹fürstliche Diener› oder ‹Offizianten›. In der Rechtswissenschaft ist das A. Gegenstand ausführlicher Diskussion. Überwiegend definiert man es als privatrechtliches Vertragsverhältnis, das zwar die Verfügungsgewalt des Fürsten impliziert, willkürliche Entlassung aber ausschließt. Unter dem Einfluß der Aufklärung sieht der Monarch seit der Mitte des 18. Jh. seine eigene Stellung als A. im Sinne eines staatlichen Dienstauftrages an [3]; damit wird der Herrschaftsbegriff durch den A.-Begriff relativiert. Seitdem versteht man A. zunehmend als öffentlich und der salus publica dienend. Diese Kriterien führen zur Unterscheidung von Hofdienern und landesherrlichen Bedienten [4]. Letztere werden als ‹Staatsbeamte› [5] bezeichnet, weil sie in ihrem ‹Staats-A.› [6] dem Fürsten als Organ des Staates, nicht als Privatperson dienen. Die von BISCHOFF, V. D. BECKE, SEUFFERT und GÖNNER entwickelte Theorie vom öffentlich-rechtlichen Charakter des Staatsdienstes wird im ‹Allgemeinen Preußischen Landrecht› (T. II Tit. 10; 1794) und in der ‹Bayrischen Hauptlandespragmatik› (1805) realisiert. Zu Beginn des 19. Jh. ist die gedankliche Verbindung von ‹A.› und ‹Beamter› mit dem Staatsdienst so eng, daß der Inhaber einer gehobenen, nicht-staatlichen Dauerstellung als ‹Privatbeamter› [7] gekennzeichnet werden muß. Daneben behauptet sich nur die Verwendung von ‹A.› für Behörde und A.-Lokal. Während Beamter und Bürokratie durch die Kritik an Verwaltung und Beamtentum seit STEIN, HEGEL und LIST zum Schlagwort und Parteibegriff werden, bleibt der A.-Begriff statisch und neutral. HEGEL will seine öffentliche Lehre der Philosophie ausdrücklich als seinem «Amte gemäß» verstanden wissen [8] und anerkennt damit die Bedeutung seines geschichtlichen und politischen «Standpunkts» in Preußen [9]. Mit dem politischen Beamten und dem A. des Volksvertreters bringt der Konstitutionalismus neue Elemente in den Begriff ein; aber ein von der Demokratie her definiertes A.-Verständnis scheint noch nicht gewonnen zu sein. Philosophisch wird die soziale Wirklichkeit des A. in Theorien der Institution (GEHLEN) reflektiert.

Anmerkungen. [1] CHR. O. MYLIUS: Corpus Constitutionum Marchicarum 1-6 (1737-55); Acta Borussica. Behördenorganisation 1-15 (1894-1936) passim. – [2] Dtsch. Rechtswb. 1 (1914) 1324f. – [3] FRIEDRICH D. GR. bei H. GERBER (Lit. 1930) 24f.; F. K. V. MOSER: Der Herr und der Diener (1761) 13ff. – [4] J. J. MOSER: Von der Landeshoheit in Regierungssachen ... (1772) 147ff. – [5] Circulare des Kaisers JOSEPH II. über die Grundsätze und Benemung eines StatsBeamten, in: A. L. SCHLÖZER, Stats-Anzeigen IV/14 (1783) 238-250. – [6] H. G SCHEIDEMANTEL: Das allg. Staatsrecht überhaupt u. nach der Regierungsform (1775) 240. – [7] BUDDEUS bei I. WEISKE: Rechtslex. für Juristen alter dtsch. Staaten ... 1 (1839) 723. – [8] HEGEL, Grundlinien der Philos. des Rechts, Vorrede (dat. 25. 6. 1820), hg. HOFFMEISTER (1955) 3. – [9] Antrittsrede Berlin (22. 10. 1818), in: Berliner Schriften, hg. HOFFMEISTER (1956) 3.

Literaturhinweise. H. REHM: Die rechtliche Natur des Staatsdienstes nach dtsch. Staatsrecht historisch-dogmatisch dargestellt (Diss. München/Leipzig 1885). – G. V. SCHMOLLER: Über Behördenordnung, A.-Wesen und Beamtentum, in: Acta Borussica. Behördenorganisation IV/1 (1894) 15-143. – O. HINTZE: Der Beamtenstand (1911, Neudruck 1963); Staat und Verfassung. Ges. Abh. 1 (²1962). – A. KÖTTGEN: Das dtsch. Berufsbeamtentum und die parlamentarische Demokratie (1928); Das anvertraute öffentliche Amt, in: Staatsverfassung und Kirchenordnung, Festschrift R. Smend (1962) 119-149. – H. GERBER: Vom Begriff und Wesen des Beamtentums. Arch. öffentl. Rechts NF 18 (1930) 1-85. – TH. WILHELM: Die Idee des Berufsbeamtentums (1933). – M. WEBER: Wirtschaft und Gesellschaft, hg. J. WINCKELMANN (⁴1956). – R. SCHEYHING: Eide, A.-Gewalt und Bannleihe (1960). – F. HARTUNG: Staatsbildende Kräfte der Neuzeit. Ges. Aufsätze (1961). – A. GEHLEN: Stud. zur Anthropol. und Soziol. (1963). – E. FORSTHOFF: Lehrb. des Verwaltungsrechts 1 (⁹1966). – H. KRÜGER: Allg. Staatslehre (²1966).   R. RIESE

II. Die *religionsphilosophische* und *theologische* Problematik des A. liegt in seiner Institutionalität und der damit verbundenen Tendenz zur Monopolisierung der Heilsvermittlung. Die daraus folgende Spannung zwischen A. und Charisma, Recht und Geist, Institutionellem und Persönlichem, organisierter Bestallung und geistlicher Vollmacht zeigt sich im Alten (z. B. zwischen Priestertum und Prophetie [1]) und im Neuen Testament (z. B. zwischen judenchristlicher und paulinischer Gemeindeordnung [2]) ebenso wie in fast jeder Periode der Kirchengeschichte (insbesondere im Kampf schwärmerischer Bewegungen gegen die verfaßte Kirche). Die Entwicklung des kirchlichen A.-Gedankens ist bereits in den ersten nachchristlichen Jh. durch das Zurücktreten des charismatischen Elements, die Unterscheidung von Laien und Klerus (Amtsweihe) und die Herausbildung des monarchischen Episkopats mit seiner lehramtlichen, priesterlichen und jurisdiktionellen Autorität charakterisiert. Die so gewonnenen Grundzüge blieben für das katholische A.-Verständnis bis in die Gegenwart bestimmend. Gegen sie richtete sich die reformatorische Betonung des allgemeinen Priestertums der Gläubigen. Doch verneinte weder LUTHER noch CALVIN das A. oder die Ä. als solche [3]. Ihr Protest zielte auf die Heilsnotwendigkeit der kirchlichen Hierarchie und deren Gründung auf göttliches Recht. Die damit aufgeworfene Frage, ob und inwiefern der Kirche eine Ordnung durch das A. kraft göttlichen Rechts vorgegeben sei, beherrscht die A.-Diskussion im Katholizismus wie im Protestantismus noch heute. Darin eingeschlossen sind die exegetische Frage nach dem kirchengründenden Stiftungswillen Jesu und die ekklesiologische Frage nach dem Wesen der Kirche als Heilsanstalt oder als Glaubensgemeinschaft. Die Stellungnahme zu diesen Fragen, zugespitzt im Problem des päpstlichen Primats, markiert die entscheidenden Trennungslinien zwischen den (und innerhalb der) Konfessionen.

Anmerkungen. [1] Vgl. G. V. RAD: Theol. des AT 1 (⁵1966) 105ff. 254ff.; 2 (⁴1965) 58ff. – [2] Vgl. R. BULTMANN: Theol. des NT (⁶1965) 446ff. – [3] Vgl. Conf. Augustana Art. V u. XIV; Conf. Gallicana Art. 29; Conf. Belgica Art. 30.

Literaturhinweise. M. NOTH: A. und Berufung im AT (1958). – E. KÄSEMANN: A. und Gemeinde im NT. Exegetische Versuche und Besinnungen 1 (³1964) 109-134. – J. COLSON: Les fonctions ecclésiales aux deux premiers siècles (Paris 1956). – H. V. CAMPENHAUSEN: Kirchliches A. und geistliche Vollmacht in den ersten drei Jh. (²1963). – D. E. HEINTSCHEL: The medieval concept of an ecclesiastical office (Washington 1956). – L. HÖDEL: Das scholastische Verständnis von Kirchen-A. und -gewalt unter dem frühen Einfluß der arist. Philos. («Per actus cognoscuntur potentiae»). Scholastik 36 (1961) 1-22. – W. BRUNOTTE: Das geistliche A. bei Luther (1959). – H. LIEBERG: A. und Ordination bei Luther und Melanchthon (1963). – H. FAGERBERG: Bekenntnis, Kirche und A. in der dtsch. konfessionellen Theol. des 19. Jh. (1952). – W. O. MÜNTER: Begriff und Wirklichkeit des geistlichen A. (1955). – O. SEMMELROTH: Das geistliche A. (1958). – Y. CONGAR: Der Laie (³1964). – W. E. PERSSON: Repraesentatio Christi (1966). – H. KÜNG: Die Kirche (1967) 429-562.   R. DREIER

Anagogé, Apagogé, Epagogé. Die syllogistischen Formeln zerfallen nach ARISTOTELES in vollkommene, als Axiome benutzte, und in unvollkommene, die durch ἀναγωγή (Rückführung) auf die vollkommenen, d. h. die der ersten Figur, als allgemeingültig zu erweisen sind [1]. In sechs Fällen genügt es, auf Grund der Konversionssätze zu zeigen, daß durch äquivalente Umwandlung die betreffende unvollkommene Formel in eine vollkommene übergeht. Wo dies schwierig (Darapti, Felapton) oder unmöglich (Baroco, Bocardo) ist, wird die ἀπαγωγή zu Hilfe genommen, d. h. die zu den betreffenden Prämissen auf heuristischem Wege gefundene Konklusion wird behauptet. Dann wird angenommen, sie folge nicht, vielmehr seien sowohl die Prämissen als auch das kontradiktorische Gegenteil der behaupteten Konklusion wahr. Aus einer der Prämissen und dieser angenommenen Konklusion folgt aber auf Grund einer Formel der ersten Figur das kontradiktorische Gegenteil der anderen Prämisse, also: Diese Prämisse und ihr Gegenteil sind zusammen wahr, was unmöglich, absurd ist (reductio ad absurdum, indirekter Beweis, Satz vom Nicht-Widerspruch). Da aus der Annahme etwas Unmögliches folgt, ist sie falsch, ihr kontradiktorisches Gegenteil, die Behauptung, also wahr. Quod erat demonstrandum.

Auch die ἐπαγωγή (Induktion) leitet Aristoteles aus dem Syllogismus her [2]: Epagogé und ein Syllogismus aus ihr liegt vor, wenn mittels des terminus minor bewiesen wird, daß dem terminus medius der terminus maior als Prädikat zukommt. Es wird also ein fiktiver Schluß angenommen der Form: a von allen b, b von allen c, ergo a von allen c. In epagogische Form gebracht: a von allen c, b von allen c, ergo a von allen b. Syllogistisch zulässig ist der Schluß dann und nur dann, wenn ⟨b von allen c⟩ konvertibel ist, d. h. die Menge B keine Elemente enthält, die nicht zu C gehören und umgekehrt. Um sicher zu sein, daß dies der Fall ist, müssen mit C alle unter B fallenden Elemente erschöpft sein, unter Umständen also eine unendliche Aufzählung unternommen werden. Wohl weil er diese Aufzählung nicht für möglich hält, sagt Aristoteles, der Syllogismus mit Hilfe des terminus medius sei von Natur erkennbarer, der durch die Epagogé aber für uns einleuchtender [3].

Anmerkungen. [1] ARIST., Anal. pr. I, 1, 24 b 22. – [2] a. a. O. II, 23, 68 b 15. – [3] 68 b 35.

Literaturhinweis. Über die Entstehung des terminus technicus ⟨Epagogé⟩ und verwandter Wörter vgl. W. D. Ross: Aristotle's Prior and Posterior Analytics (Oxford 1949) 481–485. J. MAU

Analogia fidei. Systematische Bedeutung hat der Ausdruck von Röm. 12, 6 in seinem begrifflichen Gebrauch durch KARL BARTH gewonnen. Barths Begriff der A.f. intendiert einerseits die theologische Unmöglichkeit des Gedankens der analogia entis als des ontologischen Prinzips im Verhältnis des endlichen Seins als Schöpfung zu Gott und anderseits die theologische Möglichkeit legitimen Redens von Gott und Mensch allein auf Grund der das Sein des Menschen bestimmenden Menschwerdung Gottes in Jesus Christus, die als der freie Gnadenakt Gottes allein unter der Bedingung des Seins Gottes steht und insofern allein im Wort Gottes offenbar sein und im Glauben gewiß werden kann. Damit wird für die Frage der Erkenntnis Gottes der Gedanke festgehalten, daß menschliches Reden von Gott nur in analogischen Aussagen, d. h. als Aussagen in Analogie zu bestimmten innerweltlichen Seinsverhältnissen möglich ist und legitim sein kann. Als durch die Offenbarung Gottes im Gnadenakt der Menschwerdung ausgeschlossen wird die Idee eines ontologischen Zusammenhangs von Gott und Welt negiert, der eine dem menschlichen Geist unmittelbare Evidenz innerweltlicher Analogien zum Sein und Wirken Gottes impliziert (Negation jeder Art von natürlicher Theologie). Vielmehr wird Gottes Zuwendung zur Menschheit in Jesus Christus als die Ur-Analogie verstanden, d. h. als die wahre Entsprechung des Menschseins Jesu (im Verhältnis zu allen Menschen) zum Gottsein Gottes (im Verhältnis zu dem einen Menschen Jesus), durch die alle als Analogien zu Gottes Sein und Wirken möglichen innerweltlichen und primär menschlichen Seinsverhältnisse ontologisch begründet und logisch bestimmbar werden. Als analogia relationis meint der Begriff der A.f. insofern die Bedingung der Möglichkeit zur Erkenntnis Gottes und des Menschen.

Literaturhinweise. K. BARTH: Kirchliche Dogmatik 1/1 (1932) 239ff.; 2/1 (1940) 67ff. 252ff.; 3/2 (1948) 242ff.; 3/3 (1950) 57ff. – H. U. v. BALTHASAR: Karl Barth. Darstellung und Deutung seiner Theol. (1951, ²1962) mit Literaturhinweisen im Vorwort S. IIIf. – J. MC INTYRE: Analogy. Scott. J. Theol. 12 (1959) 1ff. – W. PANNENBERG: Möglichkeiten und Grenzen der Anwendung des Analogieprinzips in der evangelischen Theol. Theol. Lit.-Ztg. (1960) 225ff.; RGG³ Art. ⟨Analogie⟩. – E. JÜNGEL: Die Möglichkeit theol. Anthropologie auf dem Grunde der Analogie. Z. evang. Theol. 22 (1962) 535ff. – M. REDING: Analogia entis und analogia nominum. Z. evang. Theol. 23 (1963) 225ff. – K. HAMMER: Analogia relationis gegen analogia entis. Parrhesia. Karl Barth zum 80. Geburtstag (1966) 288ff. H.-G. GEYER

Analogie

I. ⟨A.⟩ (griech. ἀναλογία, lat. proportio seit VARRO und CICERO [1], auch als Fremdwort z. B. bei SENECA und QUINTILIAN [2]) ist ursprünglich ein Begriff der Mathematik, der in der pythagoreischen Schule entwickelt wurde. Schon im frühesten Zeugnis, bei ARCHYTAS VON TARENT [3], ist diese Entwicklung vorausgesetzt. Er spricht von drei Arten analoger Verhältnisse: Nach der ersten stehen drei Glieder einer Reihe von Zahlen (Größen) derart «im Verhältnis» (ἀνὰ λόγον) zueinander, daß die erste – und größte (z. B. 10) – um ebenso viel größer ist als die zweite (6) wie die zweite größer ist als die dritte (2). Bei dieser *arithmetisch* genannten A. handelt es sich um die Gleichheit von Differenzen (z.B. $10-6=6-2$). Die zweite, die *geometrische* A., besagt Gleichheit von Verhältnissen, die durch Teilung zustande kommen; das Verhältnis der ersten Zahl zur zweiten ist auch hier gleich dem der zweiten zur dritten ($8:4=4:2$). Eine dritte Art der A. ist die *harmonische* (auch ὑπεναντία genannt), die beide vorhergehenden verbindet: Die erste Zahl übertrifft die zweite um eben den Teil ihrer Größe, um welchen Teil ihrer selbst die dritte Zahl von der zweiten übertroffen wird. Wenn also die Zahl 6 um ein Drittel ihrer Größe (um 2) die Zahl 4 übertrifft, so übertrifft die Zahl 4 ihrerseits die Zahl 3 um ein Drittel von deren Größe (um 1). – In allen drei Fällen dient die A. der Bestimmung der «Mitte» (μέσον, μεσότης), die den Abstand (διάστημα) zwischen den Außengliedern überbrückt und sie in eine Reihe bindet. Umgekehrt kann die A. als Prinzip der Reihenbildung betrachtet werden, wenn von der *kleinsten* Zahl aus in gleichen Abständen oder Verhältnissen fortgeschritten wird. In beiden Hinsichten finden wir die A.-Lehre bei EUKLID [4] und NIKOMACHOS entfaltet; der letztere definiert sie als «Synthese» von Zahlenverhältnissen: λόγος μὲν οὖν ἐστι δύο ὅρων πρὸς ἀλλήλους σχέσις, σύνθεσις δὲ τῶν τοιούτων ἡ ἀναλογία (*Logos* ist das Verhältnis zweier Glieder zueinander, die Synthese von solchen aber ist die A.) [5]. Es versteht sich, daß es dabei auf *Gleichheit* der Verhältnisse ankommt, wie schon ARISTOTELES bezeugt: ἡ γὰρ ἀναλογία ἰσότης ἐστὶ λόγων [6]. Schließlich ist noch die kontinuierliche Proportion (συνεχής) mit drei Gliedern, deren mittleres zugleich das erste Verhältnis schließt und das zweite eröffnet, zu unterscheiden von der «getrennten» (διεζευγμένη, διῃρημένη), die kein gemeinsames Mittel, sondern deren zwei hat (8:6 = 4:3), die übrigens vertauschbar sind (8:4 = 6:3).

Diese mathematische A.-Lehre faßt bereits eine Mehrzahl von Momenten zusammen, deren Vereinigung unter *einem* Begriff nicht schlechthin zwingend ist. So ist der Gedanke der «Mitte» nicht notwendig mit dem der Proportionalität verbunden; auch läßt sich das Lehrstück ebenso als theoretische Analyse wie als Anweisung zur Auffindung oder Konstruktion von Ordnungsverhältnissen (auch von deren Gliedern oder von Reihen) lesen. Bei der Übertragung des Begriffs in philosophische oder überhaupt nicht-mathematische Zusammenhänge können diese Momente getrennt aufgenommen und wirksam werden. Daher läßt die Geschichte des A.-Begriffs von Anfang an mehrere Stränge erkennen, die teils ganz unabhängig voneinander verlaufen, dann aber auch wieder in Wechselwirkung treten können, so daß sie nicht einfach getrennt darzustellen sind. Es ergibt sich so ein Bild von heterogener Kontinuität, worin nur partiell klare Konturen hervortreten.

Anmerkungen. [1] VARRO, De ling. lat. 8, 32; 9, 1 u. ö.; CICERO, Tim. 4. – [2] SENECA, Ep. 120, 4; QUINTILIAN I, 6, 3f. – [3] ARCHYTAS, Frg. B 2. DIELS/KRANZ 1, 435f. – [4] EUKLID, Elem. V (nach Eudoxos) u. VII. – [5] NIKOMACHOS, Introductio arithmetica II, 21, 3, hg. HOCHE (1866) 120. – [6] ARISTOTELES, Eth. Nic. V, 6, 1131 a 31.

Literaturhinweise. F. HULTSCH: Art. ‹Arithmetica›, in: PAULY/WISSOWA: Reallex. class. Altertumswiss. 2/1 (1895) bes. 1094-1105. – K. BÄRTHLEIN: Der A.-Begriff bei den griech. Mathematikern und bei Platon (Masch. Diss. Würzburg 1957). – Á. SZABÓ: Anfänge der griech. Math. (1969) bes. 193-242.

1. PLATON hat als erster den Begriff der A. in der Philosophie verwandt. Hier ist zunächst seine kosmologische Verwendung im ‹Timaios› zu nennen, bei der es um die Frage geht, wie die verschiedenen Elemente sich zu einer wohlgeordneten Welt fügen. Die Frage zielt auf das Verbindende, Vermittelnde der Einheit des Zusammenhangs: «Ein Band muß in der Mitte sein (δεσμὸν ἐν μέσῳ), das beide (die entferntesten Elemente Feuer und Erde) zusammenführt. Der Bänder schönstes aber, das sich selbst und das Verbundene am meisten eins macht, das kann am schönsten die A. zustande bringen» [1]. Die A. erscheint als *kosmisches Strukturprinzip*, nach welchem Gott die Dinge so ordnet, daß sie «analog und ebenmäßig (ἀνάλογα καὶ σύμμετρα)» sind [2]. Hier liegt die dreigliedrige geometrische Proportion zugrunde, bei der die «Mitte» den Extremen den Platz zuweist und so der ganze Zusammenhang festgelegt wird, wie auch jedes Glied. Sofern im Kosmos mehr als nur drei Glieder ins Verhältnis zu setzen sind, wird die dreigliedrige Proportion wiederholt, so daß eine Kette entsteht [3].

In ganz anderem Bereich spielt die viergliedrige geometrische Proportion eine Rolle: Platon beschreibt mit ihr Entsprechungsverhältnisse von Seins- und Erkenntnissphäre, gelegentlich solche innerhalb der letzteren allein. Handgreiflich geschieht es im Liniengleichnis des ‹Staates› [4]; ausdrücklich heißt die Entsprechung von Sein (οὐσία) und Werdewelt (γένεσις) einerseits, Verstehen (νόησις) und Meinen (δόξα) andererseits ἀναλογία [5]. An derselben Stelle ist zugleich von «Teilung» (διαίρεσις) der Glieder die Rede: *Diese* A. schafft nicht schlechthin Einheit, sondern läßt gerade die Trennung der Bereiche bestehen. Sie gibt daher keine methodische Handhabe, um vom Niederen zum Höheren aufzusteigen, wie es in späteren A.-Lehren der Fall ist. Nur zur Idee des Guten gibt es solchen «Aufstieg», bei dem die Sonne, «welche das Gute als ihm selbst analog gezeugt hat» (ὃν τἀγαθὸν ἐγέννησεν ἀνάλογον ἑαυτῷ) [6], das Leitbild hergibt wegen der Ähnlichkeit ihrer Bedeutung für die sinnliche Welt mit der des Guten für das Ideenreich. Gerade diese Ausnahme zeigt, daß die strenge mathematische Verhältnis*gleichheit* zugunsten von bloßer Ähnlichkeit aufgegeben wird. Dazu stimmt, daß der Ausdruck ἀνὰ λόγον von Platon oft gar nicht im Sinne der Proportion, sondern einer einfachen Entsprechung gebraucht wird; z. B. seien Begriffe vom Sinnlichen, dem wandelbaren Abbild, nur solche von Wahrscheinlichkeitscharakter «in Entsprechung zu jenen» ihren Gegenständen (ἀνὰ λόγον ἐκείνων) [7]. Wenn man darüber hinaus bei Platon einen *methodischen* Gebrauch der A. finden will, der mittelalterliche A.-Lehren präfiguriert – wie Grenet glaubt [8] –, so ist dieser jedenfalls nicht unter dem Titel der A. reflektiert.

Anmerkungen. [1] PLATON, Tim. 31 a; vgl. 53 e. 56 c. – [2] a. a. O. 69 b. – [3] 32 a. – [4] Resp. 509 d-511 e. – [5] a. a. O. 534 a. – [6] 508 b. – [7] Tim. 29 c. – [8] P. GRENET: Les origines de l'A. philosophique dans les Dialogues de Platon (Paris 1948).

2. Bei ARISTOTELES tritt die kosmologische Anwendung der A. ganz zurück. Doch erscheint der Gedanke der «Mitte», die «in der Sache», objektiv, durch die arithmetische A. festzustellen sei, bei der Bestimmung der Tugend, welche die Mitte zwischen Übertreibung und Zurückbleiben zu treffen hat – freilich muß die Mitte subjektiv, «für uns» (πρὸς ἡμᾶς) zutreffen [1]. Genauer ausgeführt wird das bei der Tugend der Gerechtigkeit [2]: Sie sucht im sozialen Verhältnis, zu dem stets mindestens zwei Personen und ihre gegenseitigen Bezüge (wie Leistungen, also Sachen) und damit vier Glieder gehören, «Gleichheit» herzustellen. Diese ist beim *Austausch* von «Sachen» durch die arithmetische A., bei der *Austeilung* zwischen Ungleichen, die deren sozialen Rang berücksichtigen muß, durch die geometrische A. zu bestimmen. Die zu treffende Mitte ist dann die Proportion selbst; das Gerechte ist das ἀνάλογον, sofern jedem das Seine zugeteilt wird. Die «Mitte» ist also nicht im Sinne der dreigliedrigen Proportion zu verstehen, vielmehr anerkennt Aristoteles nur die viergliedrige, auf welche die dreigliedrige durch Wiederholung des Mittelgliedes zurückzuführen ist [3]. Diese A. ist für ihn nicht auf den Bereich der «Zahl aus Einheiten» (μοναδικὸς ἀριθμός), also den eigentlich mathematischen, beschränkt, sondern gilt für die «Zahl überhaupt» (ὅλως ἀριθμοῦ) [4], d.h. sie ist überall anwendbar, wo Zählen und Messen und Vergleich möglich sind. Die A. wird zu einem methodisch einsetzbaren *logischen Hilfsmittel* zur Erhellung von Sachverhalten auf verschiedenen Gebieten.

Hierbei ist weniger an die Möglichkeit zu denken, auf der Grundlage von Ähnlichkeit der Verhältnisse, von denen nur eines vollständig bekannt ist, auf ein unbekanntes Glied des zweiten zu schließen (oder auf das Verhältnis selbst, wenn die Glieder bekannt sind); Aristoteles kennt zwar dieses Verfahren als παράδειγμα [5], aber erst THEOPHRAST nennt es «A.-Schluß» (συλλογισμὸς κατ' ἀναλογίαν) [6]. Eher wird die Charakteristik der A., wie ARISTOTELES sie versteht, schon auf rein sprachlicher Ebene bei der Metaphernbildung greifbar: Diese geschieht durch Übertragung der Bezeichnung von Gattung zu Art, von Art zu Gattung, von Art zu Art und «gemäß der A.», d. h. hier wird die Grenze der Gattung überschritten [7]. Ebenso benutzt die Biologie die A., um über die Gattungsgrenzen hinweg funktionale oder strukturelle Gemeinsamkeiten festzustellen, nach dem Muster: was dem Vogel der Flügel, ist dem Fisch die Flosse [8], oder: was der einen Gattung das Blut, ist der anderen etwas anderes, das dasselbe leistet, ein ἀνάλογον [9]. Ausdrücklich wird diese Rolle der A. bei der Unterscheidung der vier Weisen von Einheit bestätigt [10]: Das Eine der Zahl nach beruht auf dem Stoff; das Eine der Art nach fällt unter denselben Wesensbegriff (λόγος); das Eine der Gattung nach unter dieselbe «Aussageform» (σχῆμα τῆς κατηγορίας), d.h. läßt identische Prädikate zu; das Eine der A. nach liegt vor, wo etwas «sich ebenso verhält wie ein anderes zu einem anderen» (ὅσα ἔχει ὡς ἄλλο πρὸς ἄλλο). Es kann sich also um Gemeinsamkeit handeln, die nicht einmal durch einen gemeinsamen Namen zu bezeichnen ist, da sie an kategorial Verschiedenem vorkommt. Nur die A. kann dies *vorliegende* Gemeinsame begrifflich fassen, das dann auch selbst, als vorliegender Sachverhalt, ein ἀνάλογον genannt werden kann [11].

Nun kann für derart Gemeinsames auch die gemeinsame Bezeichnung vorliegen, wie es in der Prinzipienuntersuchung von Physik und Metaphysik der Fall ist: Gründe und Ursachen – wie Stoff, Form, Privation – sind in Verschiedenem je verschieden, und doch in gewisser Weise für alle dieselben, «wenn man allgemein und im Sinne der A. redet» (ἂν καθόλου λέγῃ τις καὶ κατ'ἀναλογίαν) [12]. Speziell der Stoff wird überhaupt nur durch A. erkannt [13]. Ebenso gilt vom umfassenden metaphysischen «Guten» – gegen Platon –, daß es nicht «ein Gemeinsames im Sinne der einen Idee ist» (οὐκ ἔστιν ἄρα τὸ ἀγαθὸν κοινόν τι κατὰ μίαν ἰδέαν), sondern im Sinne der A. [14]. Die A. macht verständlich, daß die Gleichnamigkeit überkategorialer Strukturen kein sprachlicher Zufall, sondern sachlich gegründet ist; allgemeine (metaphysische) Rede über sie ist sinnvoll.

Hier ist nun festzustellen, daß das überkategorial Gemeinsame (im Sinne der A.) nicht eine Über-Gattung darstellt. Die A. schafft nur konkrete Verbindungen *quer* zu den Kategorien. Deshalb *konstituiert* sie auch nicht die Ebene allgemeinster Rede vom «Seienden als Seienden», der Metaphysik. Deren Einheit gründet darin, daß die an sich vielfältige Rede vom Seienden immer Bezug auf *eine* «Natur» nimmt (τὸ ὂν λέγεται πολλαχῶς, ἀλλὰ πρὸς ἓν καὶ μίαν φύσιν) [15], welche ihren maßgeblichen Sinn trägt. Erläutert wird das am klassischen Beispiel des «Gesunden», das unmittelbar vom Organismus, von anderem – der Medizin, dem Urin – nur auf Grund des Bezuges auf die dem Organismus *eigene* Gesundheit aussagbar ist [16]. Für den Sinn von «Seiend» ist die maßgebliche «Natur» die Substanz (οὐσία), deren Untersuchung deshalb die Hauptbemühung der Metaphysik gilt [17]. Daß der Bezug auf sie nicht bloß sprachlicher, sondern ontologischer Art ist, zeigen Ausdrücke wie «von Einem her *sein*», «auf Eines abzielen» (ἀφ' ἑνὸς εἶναι, πρὸς ἓν συντελεῖν) [18]. Freilich bleibt die Frage nach der Einheit des Seienden schlechthin offen; es gibt keine Überkategorie.

Das Verhältnis «von Einem her – auf Eines hin» hat ein schlechthin vorgeordnetes, maßgebliches «erstes» Glied und dem gegenüber beliebig viel «zweite», für die der Bezug auf das «erste» wesentlich ist, während dies wiederum durch den Bezug in keiner Weise betroffen ist. Dieses Verhältnis kann nicht durch die – von Aristoteles allein anerkannte – viergliedrige Proportion beschrieben werden. Dennoch liegt hier der Ansatz für die späteren Lehren von der «Seins-A.» vor. Das wird ermöglicht nicht nur durch eine terminologische Verschiebung im Lateinischen (s. unten 4), sondern auch durch eine Entfernung vom mathematischen Modell, das Aristoteles nie aufgibt, und eine eher sprachliche Deutung der A. im Neuplatonismus.

Anmerkungen. [1] ARISTOTELES, Eth. Nic. (= EN) II, 5, 1106 a 26-b 7. – [2] EN V, 6/7, 1131 a 9ff.; vgl. Eth. Eud. VII, 9, 1241 b 33-38; 10, 1242 b 2-21. – [3] EN V, 6, 1131 a 30-b 3. – [4] EN 1131 a 30f. – [5] Anal. prior. II, 24, 68 b 38-69 a 19. – [6] THEOPHRAST I, 381. 391. – [7] ARIST., Poet. 21, 1457 b 7-9. 16-20; Rhet. III, 10, 1411 a 1-b 3. – [8] De part. animal. I, 4, 644 a 18-23. – [9] a. a. O. I, 5, 645 b 6-10. – [10] Met. V, 6, 1016 b 29-1017 a 2. – [11] z. B. Met. XIV, 6, 1093 b 18-21. – [12] Met. XII, 4, 1070 a 31-b 27. – [13] Phys. I, 7, 191 a 8-13. – [14] EN I, 4, 1096 b 25-29. – [15] Met. IV, 2, 1003 a 33-b 19. – [16] ebda,; XI, 3. 1060 b 37-1061 a 7. – [17] Vgl. Met. VII, 1, 1028 b 1-7. – [18] EN I, 4, 1096 b 25-29.

3. Für die weitere Entwicklung des philosophischen Begriffs der A. sind in der nacharistotelischen Antike die *Neuplatoniker* bedeutsam, die sowohl platonische als auch aristotelische Ansätze aufnehmen und miteinander verbinden.

Bei PLOTIN kommt die A. nicht häufig vor und ist nie thematisch, aber es lassen sich neue Momente erkennen. Zunächst gibt es eine Annäherung der A. an die *Homonymie*, d.h. Zuweisung an die sprachliche Ebene; ferner spielt sie zwischen den *Seinsstufen*, deren Strukturähnlichkeit oder -unähnlichkeit sie ausdrückt; schließlich wird sie beim *Aufstieg* der Seele eingesetzt, bei dem diese bis zum Einen strebt. Dies geschieht zuweilen kritisch; so ist «Selbigkeit» der Kategorien von sinnlicher und geistiger Substanz nur «im Sinne von A. und Homonymie» anzunehmen [1], und was das bedeutet, muß sich erst herausstellen; und wenn die Passibilität der Seele behauptet wird, so ist hier eine körperliche Eigenschaft auf sie übertragen, die nur nach der A. übertragen und im entgegengesetzten Sinn zu nehmen ist [2]. Positiv heißt es, daß wir für den Aufstieg zum Guten Belehrung erhalten durch A., Negationen (ἀφαιρέσεις), Erkenntnis dessen, was aus dem Guten stammt, und «Aufstiege» (ἀναβασμοί τινες), die der Stufung des Seienden folgen [3]. Das Eine selbst ist durch A. anzugehen [4]: auch hier wieder steht diese mit der Negation in Beziehung, die wesentliches Moment aller neuplatonischen «Theologie» ist. In umgekehrter Richtung folgt die Vorsehung der Stufenordnung, indem sie allen nicht dasselbe «der Zahl nach», sondern «der A. nach», entsprechend ihrem «Ort», zuteilt [5]; hier liegt ein Ansatz vor, die A. als Struktur des metaphysischen Prozesses zu deuten, in dem sich das Eine entfaltet.

Diese Deutung, bei Plotin wohl nicht möglich, legt sich bei PROKLOS nahe: A. ist, nach dem Timaioskommentar, das Band, das die «Vermittlung» leistet, nun nicht mehr nur kosmologisch, sondern metaphysisch betrachtet. Sie verbindet die Extreme von Selbst- und Andersheit zur Ordnung, sie erscheint im Prozeß von Hervorgang und Rückkehr der Seinsstufen, ihr verdankt sich die Kontinuität der Seienden. «Zum Einen wird das Ganze vollendet durch die A.» (ἓν τὸ πᾶν ἀποτελεῖται διὰ τῆς ἀναλογίας) [6]. Grundlage ist, daß auf jeder niederen Stufe etwas dieser «Entsprechendes» – im Sinne der Zuteilung «der A. nach» – von dem Höheren bleibt, aus dem sie – und weil sie aus ihm – hervorgegangen ist; eben das ermöglicht die Rückkehr. Damit heißen nun auch solche Strukturen ⟨A.⟩, bei denen Vor- und Nachordnung besteht, bei denen gar zweifelhaft sein kann, ob auf beiden Seiten Proportionen stehen. Es ist nur ein Schritt noch, auch ein zweigliedriges Verhältnis ⟨A.⟩ zu nennen, den jedoch die Neuplatoniker nicht tun, sondern erst das Mittelalter.

Proklisches Gedankengut wird dem christlichen Denken durch Ps.-DIONYSIUS AREOPAGITA vermittelt; A. ist wesentlich Prinzip der Seinsausteilung gemäß den ‹Hierarchien›, zugleich damit Prinzip des Wiederaufstiegs [7]. – Bei den übrigen Neuplatonikern finden sich die Momente des A.-Verständnisses, die bei Plotin angedeutet, bei Proklos in systematischer Weise entfaltet sind, in variierten Zwischenstufen wieder, bei denen stets die sprachliche Ebene die primäre, die metaphysische Deutbarkeit nicht immer gegeben, die Proportionalität festgehalten ist [8].

Bemerkenswert ist noch, daß bei den *Aristoteleskommentatoren* die Aussageweise «von Einem her – auf Eines hin» (s. oben 2) mit Hilfe der *Paronymie* (lat. denominatio) erläutert wird, also durch jenen Bedeutungswandel, den ein «Name» durch Flexion oder Wortableitung erfährt; so wird der Grammatiker von der Grammatik her benannt [9]. Diese Aussageweise «von etwas her – auf etwas hin» [10] steht zwischen Synonymie und Homonymie, also eben dort, wo man die A. ansetzen könnte, wollte man sie als eigenen Modus der Prädikation betrachten. Das geschieht bei den Kommentatoren nicht, wohl aber in der Scholastik. – Zusätzlich liegt es nahe, das der Aussage «auf Eines hin» zugrunde liegende Verhältnis der Vor- und Nachordnung als «Teilhabe» zu interpretieren: so geschieht es z. B. bei ALEXANDER VON APHRODISIAS [11]. Auch hier liegt eine Vorstufe späterer Entwicklungen vor, die dann A. und Partizipationslehre zusammenbringen.

Anmerkungen. [1] PLOTIN, Enn. VI, 3, 1 u. 5. – [2] a. a. O. III, 6, 1. – [3] VI, 7, 36. – [4] VI, 9, 5. – [5] III, 3, 5. – [6] PROKLOS, In Tim. II, 27, 13f.; vgl. zum Ganzen W. BEIERWALTES: Proklos (1965) bes. 153-158. – [7] Stellen bei V. LOSSKY: La notion des «analogies» chez le Pseudo-Aréopagite. Arch. Hist. doct. et litt. MA 5 (1930) 278-309. – [8] Einzelheiten bei H. LYTTKENS: The analogy between God and the world (Uppsala 1952) 58-109. – [9] ARIST., De cat. 1, 1 a 12-15; vgl. PORPH., In Cat. Comm. in Arist. grec. IV, 1, 133. – [10] Vgl. ebda.; zum Problem J. HIRSCHBERGER: Paronymie und A. bei Arist. Philos. Jb. 68 (1960) 191-203. – [11] ALEXANDER APHROD., In Met. Comm. in Arist. grec. I, 243, 33-244, 8; vgl. P. AUBENQUE: Le problème de l'être chez Aristote (1962) 199f.

4. Außerhalb der geschilderten Tradition ist in der nacharistotelischen Antike immer wieder der Ausdruck ‹A.› zu finden, ohne jedoch besonderes philosophisches Gewicht zu haben. Historisch wichtig ist die Übernahme in die Grammatik, als «Entsprechung», d. i. Gleichmäßigkeit in der Wortbildung, da er in dieser Bedeutung zuerst im Lateinischen als Fremdwort erscheint (s. oben). Aber auch die Bedeutung «A.-Schluß» wird damit verbunden; so schreibt QUINTILIAN der «analogia» die Kraft zu, «Zweifelhaftes auf etwas Ähnliches, das nicht in Frage steht, zu beziehen, um Ungewisses durch Gewisses zu beweisen» (eius haec vis est, ut id, quod dubium est, ad aliquid simile, de quo non quaeritur, referat, ut incerta certis probet) [1]. Dieser – noch immer technisch-wissenschaftliche – Begriff ist gänzlich unmathematisch geworden und besagt nicht viel mehr als «Entsprechung», ja «Ähnlichkeit», bei der man nicht mehr an Proportionalität zu denken braucht. *Aber in dieser unstrengen wie in der grammatischen Bedeutung ist der Terminus ununterbrochen in Gebrauch geblieben und konnte jederzeit aufgegriffen werden.* In die (gebildete) Alltagssprache ist er allerdings erst in jüngster Zeit gelangt.

Eine terminologische Variante zum üblichen Ausdruck ‹proportio› findet sich in der ‹Arithmetik› des BOETHIUS [2]. Im Anschluß an Nikomachos (s. oben) definiert er ‹proportio› als das Verhältnis zweier Glieder: «proportio est duorum terminorum ad se invicem habitudo», übersetzt also damit das griechische λόγος. Das Verhältnis von Verhältnissen, die eigentliche ἀναλογία, das bei ihm auch nur «ähnlich» genannt wird, heißt ‹proportionalitas›: «proportionalitas est duorum vel plurium proportionum similis habitudo.» Terminologie und Definitionen dieses Textes sind für das Mittelalter wichtig geworden: eine aus ‹proportio› rückübersetzte ‹analogia› kann jetzt ein zweigliedriges Verhältnis bezeichnen. (Bei Boethius kommt ‹A.› nicht vor.)

Anmerkungen. [1] QUINTILIAN, Inst. orat. I, 6, 3f. – [2] BOETHIUS, De inst. arithm. II, 40.

5. Eine mittelalterliche A.-Lehre, die auf Grund ihrer eigenen Terminologie diesen Namen verdient, begegnet erst im 13. Jh., in der aristotelisierenden Hochscholastik. Um 1240 sind die wesentlichen Züge ausgeformt. So setzt die ‹Summa Fratris Alexandri› der univoken Entsprechung (convenientia secundum univocationem) die analoge (convenientia secundum analogiam) entgegen, der gemäß Substanz und Akzidens im «Seienden» (in ente) zusammenkommen, weil dies im Sinne der Vor- und Nachordnung (secundum prius et posterius) von ihnen ausgesagt wird; denn die Substanz, das Durchsich-Seiende (ens per se), ist Prinzip des Akzidens, des In-anderem-Seienden (ens in alio). Ebenso ist das Verhältnis von Gott und Schöpfung durch A. bestimmt: «Gut» sagt man von Gott aufgrund seiner Natur (per naturam), vom Geschöpf aufgrund von «Teilhabe» (per participationem) [1]. Gleichsinnige Belege lassen sich bei ALBERTUS MAGNUS [2] und BONAVENTURA finden, der gelegentlich ‹proportio›, als Verhältnis innerhalb derselben Gattung, von ‹proportionalitas›, als gattungsüberschreitend, unterscheidet, ohne jedoch festen Sprachgebrauch einzuführen [3]. Die A. ist so zunächst eine Weise der Prädikation (gegen Univokation), die gattungsüberschreitend einsetzbar ist; ihre Grundlage ist eine Vor- und Nachordnung, die ein Gründungsverhältnis enthält, das als Teilhabe auslegbar ist. Sie vermag so die Einheit (Gemeinsamkeit) des Seienden im Ganzen und mit Gott auszudrücken, ist also für Metaphysik und Theologie grundlegend.

Die historische Genese dieses neuen A.-Verständnisses, das die aristotelische Aussage «auf Eines hin» unter den Proportionsgedanken stellt und mit der Partizipationslehre verbindet, ist ungeklärt. Zu der «Vorstufe» der Lehre, die bei den neuplatonischen Aristoteleskommentatoren zu finden ist, besteht keine Kontinuität; bei den Arabern, die zur Zeit Alexanders bekannt sind, findet sich die Lehre in dieser Form nicht. Auch im früheren Mittelalter bis 1200 finden sich keine Ansätze, die zu diesem Resultat führen, auch nicht unter dem Einfluß des Ps.-Dionysius, der vielmehr durch die negative Theologie und den Gedanken des hierarchisch gegliederten Prozesses gewirkt hat. Erst später werden Traditionselemente, die dem A.-Gedanken entsprechen, diesem subsumiert oder agglomeriert. Es handelt sich also um eine originale Entfaltung der Aristotelesdeutung im Milieu der «magistri» der beginnenden Hochscholastik, das der Forschung (auch in anderen Bereichen) noch undurchsichtig ist.

Anmerkungen. [1] ALEXANDER VON HALES, Summa I, hg. QUARACCHI Nr. 21, p. 32; vgl. Glossa in I. Sent. 25, 2h. Bibl. franç. Schol. 12 (1950) 242. – [2] ALBERT, z. B. In I. Sent. 8, 7 ad 3. – [3] BONAVENTURA, In I. Sent. 48, 1, 1.

6. THOMAS VON AQUIN hat die hochscholastische A.-Lehre so durchformt und systematisch eingesetzt, daß sie zum Ausgangspunkt eines langen, zum Teil heute noch andauernden Streites wurde. Sie ist dadurch die philosophiegeschichtlich wichtigste A.-Lehre geworden, gerade dadurch zugleich Gegenstand zahlreicher Deutungen, die meist über das von Thomas Gesagte hinaus die A. mit einem Gewicht belasten, das sie zum Zentralstück seines Denkens macht. Gegenüber diesen oft vom Schulinteresse motivierten Übertreibungen nimmt sich der begriffsgeschichtlich zu sichernde Kern bescheiden aus.

Zunächst ist terminologisch festzustellen, daß das lateinische ‹proportio› dem griechischen ἀναλογία entsprechen kann und so eine weite Bedeutung hat. Lateinisch ‹analogia› erscheint vorzugsweise – und gerade bei formeller Erklärung – im Problemkreis der *Prädikation* [1]. Schon in der frühesten Schrift legt sie Thomas fest [2]: Sie steht in der Mitte zwischen der *Univokation*, bei der ein Begriff von mehreren Subjekten stets im Sinne derselben «ratio», d. i. Definition, ausgesagt wird, und der *Äquivokation*, bei der keine Gemeinsamkeit, nicht einmal der Bedeutung, vorliegt außer der des Wortes; sie hat so die Stelle der aristotelischen Paronymie. Analoge Prädikation rechtfertigt sich, wenn ihre Subjekte, trotz verschiedener Wesensbestimmtheit (ratio), einem Selben zugeordnet sind (attribuuntur), und zwar gerade ihrer «ratio» nach: so ist es beim klassischen Beispiel des «Gesunden» der Fall (s. oben 2), bei dem das «Selbe» – die Gesundheit – als «Ziel» die Einheit vermittelt. Das Einende kann auch als «Wirkendes» (agens) oder als «Zugrundeliegendes» (subiectum) vorkommen; letzteres ist beim «Seienden» der Fall, wo die Substanz «subiectum» der übrigen Prädikamente ist, und so gibt es «Vor- und Nachordnung» (prius et posterius) [3]. Formal drückt diese sich so aus, daß das Vorgeordnete in die Definition des Nachgeordneten zu setzen ist, umgekehrt nicht [4]. Ferner ist das Vorgeordnete «der Zahl nach eines» [5] und mit ihm das Nachgeordnete, sofern die «Ableitung» (derivatio) in Frage steht; schon damit ist die A. grundsätzlich dem Gattungscharakter entgegengesetzt.

So weit entwickelt, reicht der A.-Begriff schon aus, um den einheitlichen Rahmen der Wissenschaft vom Seienden als solchen abzustecken, innerhalb dessen sie den überkategorialen Gebrauch der Begriffe, mit denen die Metaphysik arbeiten muß, ermöglicht [6]. Sofern die Substanz die Einheit der Metaphysik als «Subjekt» gewährleistet, ist die Konzeption des Aristoteles gewahrt. Sie wird aber überschritten im Zuge des thomasischen Gedankens vom Sein als Akt, als dynamischem Prinzip, als Strom von Vollkommenheit, dessen Kausalität in Strukturen der Partizipation zu denken ist. Die Kontinuität der Metaphysik verlangt, die (modifiziert) «aristotelische» A. zu einem Mittel zu entwickeln, das zugleich in diese nicht-aristotelische Dimension reicht.

Konkret zeigt sich das in der Gotteslehre, genauer in der Lehre von der «Benennung» Gottes. Die Grundposition wird beibehalten («Hinblick auf Eines», Vor- und Nachordnung), aber in mehreren Angängen fortentwickelt, die nicht ganz miteinander zu harmonisieren sind.

Der erste wichtige Versuch im *Sentenzenkommentar* [7] unterscheidet die A. dreifach: 1. *secundum intentionem tantum, et non secundum esse* (nur dem Begriff, nicht dem Sein nach); das ist der Fall des «Gesunden»; Vor- und Nachordnung gehören der Begriffsebene zu, das Sein der Gesundheit im Organismus hat nichts mit dem Sein des «gesunden» Urins, der gesunden Speise zu tun; 2. *secundum esse et non secundum intentionem* (dem Sein, nicht dem Begriff nach); so ist «Körper», logisch betrachtet, ein stets univoker Begriff, der dennoch auf vergängliche wie auf unvergängliche (Himmels-)Körper angewandt wird, die ein ganz verschiedenes, nicht in *einer* Gattung vereinbares Sein haben – metaphysisch und «physikalisch» gesehen (also mit Blick auf das «Sein») darf nichts von beiden univok ausgesagt werden; 3. *secundum intentionem et secundum esse* (dem Sein und dem Begriff nach); sie liegt vor, wenn im Nachgeordneten etwas vom Sein des Vorgeordneten bestimmend anwesend ist, aber in minderer Vollkommenheit, so daß es nicht voll die «ratio» des Begriffs erfüllt – in diesem Sinne ist Wahrsein und Gutsein sowohl in Gott als in den Geschöpfen und kann von beiden analog ausgesagt werden. – Dieser Entwurf ist von Caietan aufgegriffen und mit dem folgenden (s. unten) verbunden worden. Thomas hat ihn fallen lassen; insbesondere kehrt die Unterscheidung der ersten beiden A. samt Begründung nicht wieder.

Stattdessen rückt er, schon im Sentenzenkommentar, vor allem aber in ‹De veritate›, die boethianische Unterscheidung und damit das mathematische Modell in den Vordergrund [8]. Danach kann die A. zunächst als «*proportio*» verstanden werden, d. h. als *bestimmtes* Verhältnis zweier Termini; ein solches liegt zwischen Substanz und Akzidens vor, ebenso beim «Gesunden». Zwischen Gott und Geschöpf gibt es aber keinen bestimmbaren Abstand: Zwischen Unendlichem und Endlichem gibt es keine «proportio», also keine Aussagemöglichkeit von Gott in diesem Sinne. Dagegen ist bei der «*proportionalitas*» kein bestimmtes Verhältnis notwendig; hier kann man «Sehen» vom körperlichen und vom geistigen Akt aussagen, weil nur zwei (in sich bestimmte) Proportionen (zum Auge, zum Verstand) die Gemeinsamkeit begründen, die voneinander ganz geschieden sind. In diesem Sinne gibt es Aussagbarkeit geschöpflicher «Namen» von Gott, wobei dann freilich vorausgesetzt ist, daß sie nicht in ihrer Definition Momente enthalten, die Unendlichkeit ausschließen; dann sind sie nur «symbolisch», als Metaphern möglich.

Auch dieser Entwurf und seine Unterscheidung von *Proportions-* (später auch: *Attributions-*) und *Proportionalitäts-*A. ist historisch wichtig: Die Unterscheidung bleibt in aller Scholastik und darüber hinaus maßgeblich. Dennoch hält Thomas an der hier vorgetragenen Doktrin nicht fest, offenbar wegen der Schwierigkeit, das mathematische Proportionalitätsmodell durchzuhalten; dies verlangt Bestimmtheit der verglichenen Proportionen *in sich*, und dem Unendlichen ist nur Unendliches proportionabel [9]. Damit ist aber das Problem nicht gelöst, und so setzt sich Thomas in einem späteren Text von ‹De veritate› von seinem Modell ab: «Proportion» soll nun ein «beliebiges Verhältnis» (quaelibet habitudo») heißen, das eine analoge Prädikation zuläßt [10]; das bisherige Modell erscheint nur als Alternativlösung.

Konsequent wird die formelle A.-Lehre in den späteren Schriften, so in den *Summen*, vereinfacht [11]. Nur zwei Arten der A. werden unterschieden: Zwei (oder mehrere) sind gemeinsam anzusprechen, weil sie auf ein Drittes, beiden vor- und übergeordnetes bezogen sind (A. «*duorum respectu tertii*»); oder eines von ihnen ist dem anderen schlechthin vorgeordnet (A. «*unius ad alterum*»). Die letztere gilt für das «Seiend», das von Substanz und Akzidens, aber auch für jenes, das von Gott und Geschöpf ausgesagt wird. Ersichtlich ist der Gedanke der mathematischen ‹proportio› damit nicht mehr vereinbar.

Das Verhältnis Gott/Geschöpf ist dabei zunächst als «Schöpfung» bestimmt, d. h. als kausales. Aber sofern Gott die *Vollkommenheiten* verursacht, kommen sie ihm zuvor selbst seinsmäßig und in seinem Sein gemäßer Weise zu, den Geschöpfen in nur ähnlicher Weise, in «Teilhabe». Daher kann der geschöpfliche Name hinsichtlich der Sache, die er nennt (res significata), von Gott prädiziert werden; nur sofern ihm eine Bezeichnungsweise (modus significandi) eigen ist, welche die Einschränkung durch Teilhabe enthält, muß davon abgesehen werden. Vollkommenheitsbezeichnungen können daher «früher» Gott zukommen als den Geschöpfen, denen wir sie geben, und sie werden von ihm «wesentlich» (essentialiter) ausgesagt (natürlich nicht die metaphorischen Bezeichnungen, die ersichtlich primär Geschöpfe nennen) [12]. Wie man sieht, bezeichnet ‹A.› nicht selbst die metaphysische Struktur, die ihre Grundlage ist; diese ist deutlich die *Partizipation*, und so mag man sie mit Geiger «die Logik, oder genauer einen Teil der Logik der Partizipation» nennen [13]. Die früheren Entwürfe, die teilweise in metaphysischem Sinn deutbar sind, korrespondieren einem weniger entfalteten Stadium der Partizipationslehre, mit deren Ausbau die A.-Lehre vereinfacht werden konnte.

Abschließend sei unterstrichen, daß ‹A.› bei Thomas eine Weise der *Prädikation* bedeutet, nicht eine Eigenschaft von Begriffen. Sie besagt, daß der Begriff sich *in der Aussage, im Kontext* je anders artikuliert. Dahinter steht die Überzeugung, daß Wahrheit sich erst im Satz ausspricht und Wissenschaft, besonders Metaphysik, nicht in einer Begriffspyramide, sondern im Zusammenhang der sinnvollen Rede hervorkommt. Damit folgt sie dem Dynamismus des Seins selbst.

Anmerkungen. [1] Vgl. als Ausnahme bei THOMAS z. B. De ver. 10, 4. – [2] De princ. nat. c. 6, hg. SPIAZZI Nr. 366-367. – [3] Ebenso: In IV. Met. 1. Nr. 539; In I. Eth. 7. Nr. 95. – [4] S. theol. (= ST) I, 13, 6. – [5] ST I/II, 20, 3 ad 3; In IV Met. 1. Nr. 536. – [6] Vgl. In IV. Met. 1. Nr. 539-543. – [7] In I. Sent. 19, 5, 2 ad 1. – [8] De ver. 2, 11. – [9] a. a. O. 2, 3 ad 4. – [10] 23, 7 ad 9. – [11] Vgl. bes. S. contra gent. I, 34; ST I, 13, 5. 13, 6; De pot. 7, 7. – [12] Vgl. ST I, 13, 6. – [13] L.-B. GEIGER: La Participation dans la philos. de S. Thomas d'Aquin (Paris 1942) 317 n. 3.

7. Aus der nachthomasischen Scholastik sei zunächst MEISTER ECKHART hervorgehoben, der an Thomas anknüpft, wenngleich in sehr einseitiger Weise, die auch sein Verständnis der A. kennzeichnet. Nach dem Modell des «Gesunden» kommt dem Vorgeordneten *allein* das «Gemeinsame» zu, dem Nachgeordneten nicht einmal der Ansatz zu der Form, auf der das Verhältnis beruht. So ist das Sein, das Gott eigen ist, im Geschöpf als «Sein von einem anderen her und (als) in einem anderen» (esse ab altero et in altero) [1]. Das Geschöpf ist in sich nichts, aber dann läßt sich umgekehrt sagen: Das Sein in ihm ist unmittelbar Sein Gottes. Die A. wird damit *dialektisch*.

Ganz anders der für das letzte Drittel des 13. Jh. repräsentative Denker HEINRICH VON GENT. Die A. wird bei ihm zur Begriffseigenschaft, womit der ursprüngliche Proportionalitätsgedanke ganz verlassen ist. So wird der Begriff «Seiend» deshalb von Gott und Geschöpf aussagbar, weil er zunächst als «unbestimmt» (indeterminatum) gefaßt ist. Dabei bleibt unberücksichtigt, daß die Unbestimmtheit bei Gott Einfachheit, also Vollkommenheit, bedeutet, beim Geschöpf einen Mangel; zugleich kann auf eine Bedeutungsnähe (propinquitas) von göttlichem und geschöpflichem Sein verwiesen werden. «Einer» ist der analoge Begriff aber wesentlich deshalb, weil er zunächst konfus ist; die Zweiheit der Bedeutungsdimensionen tritt noch nicht hervor [2].

Diese Position wird von JOHANNES DUNS SCOTUS, dem es nicht minder gerade auf den *Begriff* ankommt, widerlegt: Entweder ist der Begriff univok und fähig, Beweismittel zu sein, oder es sind in Wahrheit zwei Begriffe, er ist äquivok; Bedeutungsnähe reicht nicht zur Begriffseinheit. «Seiend» und die Transzendentalien, d. h. alle metaphysischen Begriffe, sind nur als univoke wissenschaftlich brauchbar. Positiv, im Sinne einer Metaphysik, die Aussagen über Gott macht, läßt sich diese strenge Beschränkung nur einhalten durch einen neuen Entwurf der Metaphysik, der auf andere Denkmittel baut: Ihn legt Scotus auch vor [3]. Dennoch hat seine Kritik erreicht, daß die überwiegende Zahl der spätmittelalterlichen Denker (so OCKHAM und die *Nominalisten*) die Univokation von «Seiend» annahmen, und zwar in jenem Sinne, in dem der frühe Thomas (der A. «secundum esse» gemäß) logische Eindeutigkeit bei «realer» A. – für den Metaphysiker – für möglich gehalten hatte (s. oben 6.); die logische Univokation von «Seiend» schafft dann kein ontologisches Präjudiz.

Anmerkungen. [1] ECKHART, Gen. II, n. 25; vgl. zum Ganzen J. KOCH: Zur A.-Lehre Meister Eckharts. Mélanges Gilson (Paris 1959) 327-350. – [2] HEINRICH VON GENT, Summa art. 21-24; vgl. B. MONTAGNES: La doctrine de l'A. de l'être d'après saint Thomas d'Aquin (Paris 1963) 116-119. – [3] Vgl. A. B. WOLTER: The transcendentals and their function in the metaphysics of Duns Scotus (Washington 1946); W. KLUXEN: Bedeutung und Funktion der Allgemeinbegriffe in thomistischem und skotistischem Denken. De Doctrina Joh. Duns Scoti (Rom 1968) 2, 229-240.

8. Am Beginn der neuzeitlichen Geschichte der A. steht die Thomasdeutung des Kardinals CAIETAN, der den orthodoxen Schulthomismus, insbesondere der Dominikaner, für Jahrhunderte auf die *Proportionalitäts-A.* festlegt. Im Anschluß an die beiden frühen Entwürfe des Thomas unterscheidet er drei Arten der A.: 1. die A. der «Ungleichheit» (*inaequalitatis*), im Sinne der analogia secundum esse, bei der der gemeinsame Begriff von der realen Unterschiedlichkeit einfach absieht (Beispiel: «Körper»); sie ist ontologisch bedeutungslos [1]; 2. die *Attributions-A.* (Beispiel: «Gesund») beruht nur auf einer *äußerlichen Benennung:* Nur dem Vorgeordneten, dem ersten Analogat (primum analogatum) kommt der Gehalt des Begriffs als Formbestimmtheit (formaliter) und innerlich (intrinsece) zu, dem Nachgeordneten (den secundaria analogata) nur auf Grund einer Beziehung, die über ihr Sein nichts sagt [2]; 3. allein die *Proportionalitäts-A.* kann unter den Analogaten innerliche Gemeinsamkeit zum Ausdruck bringen, da sie auf die *Ähnlichkeit* der ihnen je eigenen *Verhältnisse* abstellt, durchaus im Sinne des mathematischen Modells [3]. «Seiend» kann deshalb von zwei (ganz verschiedenen) Washeiten ausgesagt werden, sofern sie «ähnlich» sind durch ihr Verhältnis zum je eigenen Sein; das heißt, sie als «proportional selbig» ansprechen (ens autem significat ambas quiditates ut similes secundum proportionem ad sua esse; et hoc est dicere ut easdem proportionaliter) [4]. Der Sinn von «Seiend» muß dann überhaupt als «Sich-Verhalten-zu-Sein» (se habens ad esse) [5] bestimmt werden – eine Bestimmung, die im thomistischen Rahmen primär das *Wesen* (essentia) treffen muß und diesem ontologisch Übergewicht gibt. Jedenfalls kann der Begriff, so gefaßt, nicht von der Verschiedenheit in

den jeweiligen Subjekten absehen und univok gebraucht werden [6]. Eben darum muß man sagen, daß «eine gewisse Konfusion der Begriffe oder Sinngehalte in ihrer proportionalen Identität geschieht» [7]. So ist der analoge Begriff recht unvollkommen; aber es zeichnet ihn aus, daß er gerade als Begriff eines ähnlichen Bezugs logisch früher sein kann als seine Konkretionen (im göttlichen, im geschöpflichen Sein) [8].

Es dürfte schwierig sein, Caietans Auffassung mit der beim späteren Thomas vertretenen A.-Lehre in Einklang zu bringen, welche die zweigliedrige («unius ad alterum») Proportion betont. Andere Interpreten wie etwa SYLVESTER VON FERRARA, haben deshalb ein Verhältnis gegenseitiger Ergänzung von Proportionalitäts- und Attributionsanalogie angenommen, wobei die letztere positiv die schlechthinnige Vorordnung Gottes betonen soll [9]. Dennoch bleibt die *Thomistenschule*, an ihrer Spitze im 17. Jh. JOHANNES A SANCTO THOMA [10], bis ins 20. Jh. der Linie *Caietans* treu, ja sie baut sein A.-Verständnis zu einer A.-Metaphysik und A.-Theologie in inhaltlichem Sinne aus [11].

Die Gegenposition vertritt innerhalb einer Tradition, die sich auf Thomas beruft, FRANZ SUÁREZ, und zwar im Sinne ausschließlicher Geltung der *Attributions-A.* [12]. Auf diese muß die Proportionalitäts-A. zurückgeführt werden, sofern sie die Struktur von Vor- und Nachgeordnetsein ausdrücken sollte, die der A. wesentlich ist. Dann aber ist ihre Grundlage ein äußerlicher Vergleich, wodurch sie mit jener «A. der äußeren Attribution» (*attributionis extrinsecae*) zusammenstimmt, die im Beispiel des «Gesunden» vorliegt; sie ist – und hier stimmt Suárez mit Caietan überein – unbrauchbar, da sie über das Sein der nachgeordneten Analogate nichts sagt. Entscheidend ist metaphysisch allein die «A. der innerlichen Attribution» (*attributionis intrinsecae*), und sie liegt vor beim Begriff des «Seienden». Daß dieser von Gott und Geschöpf, von Substanz und Akzidens aussagbar ist, beruht darauf, daß das Nachgeordnete sein Sein vom Vorgeordneten ableitet, und da ihm das Sein als sein eigenes innerlich zuteil wird (und sich nicht nur vom Vorgeordneten her definiert), kann der analoge Name «eigentlich und innerlich» (proprie et intrinsece) von ihm prädiziert werden. Ersichtlich steht ein solcher Begriff dem univoken nahe; er unterscheidet sich von diesem, sofern er die Ableitungsordnung in sich enthält: «aus sich heraus» (*ex vi sua*) fordert er sie, während der univoke Begriff in dieser Hinsicht indifferent ist [13].

Die A.-Lehre des Suárez ist im wesentlichen von den Philosophen des *Jesuitenordens* übernommen und so wie die caietanische, jedoch mit minderem Schuleifer, bis in die Gegenwart tradiert worden. Als *Thomas*deutung wird man sie aus heutiger Sicht für nicht weniger «thomistisch» halten als die Caietans: Beide verfehlen den wesentlichen Punkt, indem sie die A. als Begriffseigenschaft nehmen. Die Dynamik, die der thomistischen A. eignet, muß dann irgendwie auf den Begriff übertragen werden, und Ansätze dazu sind in beiden Schulformen zu merken.

Wenn das konsequent durchgeführt wird, würde sich das A.-Denken zu dem Versuch entfalten, die Dynamik des Gott-Welt- und Welt-Gott-Prozesses, oder den Prozeß des Seins selbst, als den Prozeß des dynamisierten A.-Begriffs zu denken. Es würde sich, methodisch gesprochen, als «Analektik» [14] in der Nähe und im Gegensatz zu der «Dialektik» Hegelscher Herkunft finden, die eben diesen Versuch auf andere Weise macht. In diesem Sinne stellt sich der Versuch E. PRZYWARAS [15] dar, die A. als Ur-Prinzip aufzuweisen, das – noch vor dem Widerspruchsprinzip – das Sein in der Spannungseinheit seiner Unterschiede, als Mitte und Maß, Ausgleich und Ordnung von Identität und Verschiedenheit hält; ihr Ausdruck ist das «in-über» oder «über-in», exemplarisch im Gott-Welt-Verhältnis gegeben. Der von Przywara für seinen Versuch gewählte Titel ‹analogia entis› – keine Neuprägung, aber vorher nicht in diesem Sinne üblich – bezeichnet so eine Metaphysik, die das Sein, gerade im Gott-Welt-Verhältnis, als eine Art Zuordnungseinheit zu denken sucht. In diesem Sinne ist die «analogia entis» in den allgemeinen philosophischen Sprachgebrauch übergegangen, so daß man nun in *diesem* Sinne nach der «analogia entis» bei Thomas (oder auch Kant) fragen kann.

Anmerkungen. [1] CAIETAN, De nominum analogia, 4-7. – [2] a. a. O. 8-10. – [3] 23-24. – [4] 39. – [5] 71. – [6] 56. – [7] 54-55. – [8] 66-67. – [9] SYLVESTER VON FERRARA, In Thomam S. contra gent. I, 34. – [10] JOHANNES A SANCTO THOMAS, Cursus philos. I: Ars logica II, 13. – [11] Vgl. z. B. R. GARRIGOU-LAGRANGE: Dieu, son existence et sa nature (Paris ¹¹1950!); J. F. ANDERSON: The bond of being (New York 1949). – [12] SUÁREZ, Disp. Met. XVIII, sect. III, bes. nr. 4-14. – [13] a. a. O. 17. – [14] Neuprägung von B. LAKEBRINK: Hegels dialektische Ontologie und die Thomistische Analektik (1955). – [15] Analogia entis. Metaphysik (1932); vgl. Art. ‹A.› II-IV, in: Lex. Theol. u. Kirche (1957).

9. Außerhalb der Tradition der scholastischen Metaphysik kennt die neuzeitliche Philosophie die A. meist in dem Sinne, wie ihn die Spätantike tradiert hat: als «Entsprechung», die Wahrscheinlichkeit begründet. So erscheint sie bei HUME als eine von drei Arten der «probability» [1], und in diesem Sinne sucht Bischof BUTLER «Entsprechungen» zwischen Naturerkenntnis und geoffenbarter Religion aufzuzeigen, um letztere «wahrscheinlich» zu machen [2]. Als Schlußverfahren zur Erweiterung unserer Erkenntnis wird sie eher kritisch bewertet, so bei KANT und HEGEL [3]. Selbst dann kann sie noch als Vorstufe der Wissenschaft positiv genommen werden, so z. B. in der Studie von HÖFFDING [4], und bei KANT selbst ist der Terminus ‹A. der Erfahrung› – jener Grundsätze, die Verhältnisse, Verknüpfungen betreffen – Zeugnis positiver Wertung [5].

Kant hat insofern eine Sonderstellung, als er A. – sicher nicht ohne Bezug auf die Schuldiskussion, die bis zu seiner Zeit an den Universitäten lebendig ist – in der Gotteserkenntnis anerkennt [6]: Der Mensch kann nicht umhin, sich einen Begriff Gottes zu bilden, der nur mittels der A. – man darf sagen: der Proportionalität – zu füllen ist. Freilich läßt die kritische Philosophie die «objektive» Setzung des Begriffs nicht zu. Sie ergäbe unerlaubten Anthropomorphismus. Dagegen duldet sie den «symbolischen Anthropomorphismus, der ... nur die Sprache und nicht das Objekt selbst angeht» [7]. A. ist so, wenn nicht als *Erweiterung*, so als *Erläuterung* unserer Erkenntnis zugelassen. Allerdings kann sie dann zur bloßen «Erklärung durch Vergleich» depotenziert werden, die als solche keinen spezifisch philosophischen Stellenwert mehr hat.

Anmerkungen. [1] HUME, Treatise of human nature III, sect. 12 (Ende). – [2] Vgl. J. BUTLER: The analogy of relig. to the constitution and course of nature (1736). – [3] KANT, KU B 449f. (Anm.); HEGEL, Phänomenol., hg. HOFFMEISTER 190. – [4] H. HÖFFDING: Der Begriff der A. (1924). – [5] KANT, KrV B 219; vgl. A 177. – [6] Hauptstellen: KrV B 723-728; Prol. § 58; Relig. innerhalb ... B 82f. – [7] Prol. § 57.

Literaturhinweise. H. LYTTKENS: The analogy between God and the world (Uppsala 1952). – *Antike:* P. GRENET: Les origines de l'A. philos. dans les Dialogues de Platon (1948). – G. L. MUSKENS: De vocis ANALOGIA significatione et usu apud Aristotelem (Groningen 1943). – J. HIRSCHBERGER: Paronymie und A. bei

Aristoteles. Philos. Jb. 68 (1960) 191-203. – J. OWENS: The doctrine of being in the Aristotelian Met. (Toronto ²1963). – W. BEIERWALTES: Proklos (1965). – *Mittelalter:* L. BERG: Die A.-Lehre des hl. Bonaventura. Stud. gen. 8 (1955) 662-570. – G. P. KLUBERTANZ: St. Thomas Aquinas on analogy (Chicago 1960). – R. M. MCINERNY: The logic of analogy (Den Haag 1961). – B. MONTAGNES: La doctrine de l'A. de l'être d'après saint Thomas d'Aquin (1963). – G. SCHELTENS: Die thomistische A.-Lehre und die Univozitätslehre des J. Duns Scotus. Franziskan. Stud. 47 (1965) 315-338. – J. KOCH, Zur A.-Lehre Meister Eckharts. Mélanges Gilson (1959) 327-350. – *Neuzeit:* A. GOERGEN: Die Lehre von der A. nach Kard. Cajetan und ihr Verhältnis zu Thomas von Aquin (1938). – J. HELLIN: La analogia del ser y el conocimiento de Dios en Suarez (Madrid 1947). – E. K. SPECHT: Der A.-Begriff bei Kant und Hegel (1952). – E. CORETH: Dialektik und A. des Seins. Zum Seinsproblem bei Hegel und in der Scholastik, Schol. 26 (1951) 57-86. – B. GERTZ: Glaubenswelt als A. (1970) (zu E. Przywara). W. KLUXEN

II. Unter ‹A.› (auch Angleichung, Adaption, Assoziation, Attraktion, Ausgleich, Systemzwang u. ä.) versteht die *Linguistik* die Erscheinung, daß Sprachmittel, die einander in irgendeiner Hinsicht (Inhalt, Gestalt, Formenbildung oder Fügungsweise) entsprechen, sich auch in den jeweils übrigen Stücken mehr oder weniger nacheinander richten. Im Gegen- und Zusammenspiel mit dem Bedürfnis nach Unterscheidung sorgt so das die Sprachfähigkeit schlechthin bedingende Streben nach ordnender Übereinstimmung für einen gewissen Gleichlauf zwischen Inhalt und Ausdruck und verhilft damit dem Systemcharakter der Sprache wenigstens stellenweise auch zu äußerer Sinnfälligkeit [1]. Voran steht darin das Formenwesen, und hier hat denn auch der Begriff der A. seine Wurzel in der antiken Grammatik [2], in welcher ἀναλογία die übereinstimmende Bildungsweise der Flexionsformen bei einander entsprechenden Wortstämmen bezeichnet und demgemäß von GELLIUS als «similium similis declinatio» definiert wird [3]. Dies und die lateinischen Wiedergaben mit ‹ratio›, ‹proportio› (SERVIUS), ‹similitudo›, ‹aequabilitas› (VARRO), ‹corrationabilitas› (AUGUSTIN) und die frühen neuhochdeutschen Übersetzungen mit ‹ehnligkeit› (Köthener Sprachlehre 1619) ‹Übereinstimmung› (GUEINTZ 1641) und ‹Gleichrichtigkeit› (SCHOTTEL 1651) lehren, daß das Wesen der Sache da bereits durchaus richtig erkannt ist.

Wenn sich seit der zweiten Hälfte des 19. Jh. unter der Herrschaft der Junggrammatiker [4] der Name ‹A.› vorzugsweise an den Wandel oder die Erweiterung der im zeitweiligen Sprachgebrauch gültigen Regeln, also an den Vorgang der *analogischen Um-* und *Neubildung* heftet, so bedeutet das keine Verkehrung des ursprünglichen Begriffes in sein Gegenteil, sondern nur einen Wandel der Perspektive, der dem Unterschied zwischen einer synchronisch-beschreibenden und einer diachronisch-erklärenden Betrachtungsweise entspricht. Wesentlicher jedoch ist der Wegfall der Beschränkung auf die Flexionsklassen. Dieser Wandel ist bereits 1812 durch W. V. HUMBOLDT in der Erkenntnis fixiert, «daß Alles in einer Sprache auf A. beruht, und ihr Bau, bis in seine feinsten Theile hinein, ein organischer Bau ist» [5]. Was Humboldt hier ‹A.› nennt, trifft zusammen mit seinem späteren Begriff der *inneren Sprachform*, der sowohl die zuständliche Baugesetzlichkeit des Systems als auch die aus jener Form heraus wirkende Formkraft meint, so daß die Stelle zugleich auch den Wortgebrauch der Junggrammatiker vorwegnimmt. Aber während diese Lautgesetz und A. [6] als physiologisches und psychologisches Prinzip der Sprachentwicklung schroff einander gegenüberstellen, fällt für Humboldt auch der Lautwandel unter die Wirkungen der inneren Sprach-

form und damit unter den Begriff der A. – Da bei den Vorgängen gewöhnlich mehrere Faktoren beteiligt sind, die auf mannigfache Weise zusammenwirken können, ist eine reinliche Scheidung verschiedener Arten von A. schwierig. Einigen Nutzen hat nur die durch H. PAUL und H. OSTHOFF angeregte Gegenüberstellung von *stofflicher* und *formaler A*. [7] Mit ihr lassen sich z. B. *volksetymologische Angleichungen* (als A., die den sinntragenden Teil des Wortes, seinen «Stoff» betreffen) einerseits und Fälle formaler Gleichschaltung (wie der Ersatz von griech. δεξιός durch das seinem Gegenstück ἀριστερός nachgebildete δεξιτερός), anderseits in ihrer Verschiedenheit besser beurteilen. Vorgänge der zweiten, in der antiken Grammatik unter dem Namen συνεκδομή geführten Art, denen noch Anpassungen in der Wertigkeit sinnverwandter Sprachmittel beizuzählen wären, machen, wie u. a. G. IPSEN [8] gezeigt hat, inhaltliche Zusammenhänge zwischen den Gliedern eines sprachlichen Feldes und damit Teile der inneren Ordnung des Wortschatzes an der Wortgestalt sichtbar. Als unbrauchbar erweist sich die Einteilung in *formale* und *stoffliche A.* jedoch gegenüber verwickelteren Fällen, vornehmlich auf dem Gebiet der Semantik [9].

Anmerkungen. [1] Vgl. J. HERMAN: Les changements analogiques. Essai sur le problème du développement de la structure grammaticale. Acta ling. Acad. Sci. Hung. 1 (1951) 119-170; H. SCHWARZ bei GIPPER/SCHWARZ: Bibliogr. Hb. zur Sprachinhaltsforsch. 1 (1966) XXIf. – [2] Vgl. C. WOLDT: De analogiae disciplina apud grammaticos Latinos (Diss. Königsberg 1911); D. FEHLING: Varro und die grammatische Lehre von der A. Glotta 35 (1956) 214-270. – [3] GELLIUS, 2, 25, 2. – [4] Vgl. H. PAUL: Beiträge zur Gesch. der dtsch. Sprache und Lit. 4 (1877) 320ff.; 6 (1879) 7ff.; Prinzipien der Sprachgesch. (⁵1920) Kap. V; H. OSTHOFF: Das physiol. und psychol. Moment in der sprachlichen Formenbildung (1879); V. HENRY: Étude sur l'A. en général et sur les formations analogiques de la langue grecque (Paris 1883); B. J. WHEELER: Analogy, and the scope of its application in language (Ithaca 1887); A. THUMB/K. MARBE: Experimentelle Untersuchungen über die psychol. Grundlagen der sprachlichen A.-Bildung (1901). – [5] W. v. HUMBOLDT, Schlegels Dtsch. Mus. 2 (1812) 496; Ges. Schriften, hg. Preuß. Akad. Wiss., Abt. 1, Werke 3, 295. – [6] Vgl. [4] sowie F. MISTELI: Lautgesetz und A. Z. Völkerpsychol. Sprachwiss. 11 (1880) 365-475: zu OSTHOFF/BRUGMANN: Morphol. Untersuch. (1878ff.); E. HERMANN: Lautgesetz und A. (1931) (dazu L. BLOOMFIELD: Language 8 (1932) 220ff.); A. DEBRUNNER: Lautgesetz und A. Indogerman. Forsch. 51 (1933) 296ff. – [7] Vgl. [4] und H. OSTHOFF: Vom Suppletivwesen der indogerman. Sprachen (1899). – [8] G. IPSEN, in: Der alte Orient und die Indogermanen. Festschr. Streitberg (1924) 200-237; vgl. auch GIPPER/SCHWARZ, a. a. O. [4] unter Nr. 9197. – [9] Vgl. dazu u. a. W. WUNDT: Völkerpsychol. I/3: Die Sprache (1911) I, 448; G. STERN: Meaning and change of meaning (Göteborg 1921) Kap. 9; ST. ULLMANN: The principle of semantics (Oxford 1957), dtsch. Grundzüge der Semantik (1967) bes. 75. 160f. 209-214. 216. 218f. 226f. 228f. 234f. Überzeugende Beispiele bei S. KROESCH: Change of meaning by analogy, in: Stud. in honour of H. Collitz (Baltimore 1930) 176-189; Analogy as a factor in semantic change. Language 2 (1926) 35-45.

Literaturhinweise. H. HÖFFDING: Der Begriff der A. (1924). – A. PAGLIARO: La dottrina dell'analogia e i suoi precedenti. Ric. ling. (Rom) 4 (1958) 1-18. – J. KNOBLOCH: Sprachwiss. Wb. (1961ff.) 111-115. H. SCHWARZ

III. Mit dem Wort ‹A.› bezeichnet man in der *Biologie* Ähnlichkeiten verschiedener Organismen, die nicht auf Verwandtschaft beruhen, sondern unabhängig voneinander entstanden sind, z. B. die Flügel der Insekten und der Vögel, die Linsenaugen der Tintenfische und die der Wirbeltiere, die Wuchsformen der Kakteen und mancher Wolfsmilchgewächse. In diesen Fällen bedeutet ‹analog› = ‹nicht-homolog›. Da A. meist auf gleicher Funktion der Strukturen beruhen, wurde häufig Gleichheit der Funktion als Kriterium gesetzt, z. B. in der Originaldefinition von R. OWEN 1846. Tut man dies aber, so sind viele Strukturen gleichzeitig homolog und analog, z. B. die Lungen der Reptilien und die der Vögel oder die Augen von Maus und Hase.

Heute werden A. und Homologie aber meist als einander ausschließend betrachtet, dann ist A. unabhängig entstandene Ähnlichkeit. Innerhalb dieser A. werden nach ihrer Entstehung unterschieden: 1. Spezialisations-A., bedingt durch Anpassung an eine gleiche Lebensweise (fliegen, graben; Pflanzenfresser) oder an einen gleichen Lebensraum (Wüste); 2. aromorphotische A.-Ähnlichkeiten, die durch eine gleiche Entwicklungsstufe (‹-grade›) bedingt sind, etwa durch fortschreitende Differenzierung (Kasten bei Termiten und Ameisen). Nach dem Ausgangsmaterial der ähnlichen Strukturen sind zu trennen: 1. Euanalogien: Die Ähnlichkeit ist durch Umformung nicht-homologer Ausgangsstrukturen entstanden (Lungen bei Schnecken und Säugern). 2. Homoiologien: Die Ähnlichkeiten sind an homologen Organen durch parallele Umbildung entstanden. Die Homoiologien sind oft schwer von Homologien zu trennen, da die Umformung schon an einer gleichartigen Grundorganisation ansetzt und Homoiologien daher oft dem 1. und 2. Homologiekriterium Genüge tun.   A. REMANE

Analogon rationis (das Vernunftähnliche). Der Ausdruck findet sich zunächst in der Tierpsychologie des 18. Jh. Er dient hier zur Bezeichnung eines instinktiv situationsgerechten Verhaltens, das als Kennzeichen tierischer Verhaltensweisen verstanden wird. Es besteht in einem auf dem sensitiven Gedächtnis beruhenden empirischen Folgerungsvermögen. Von diesem sagt LEIBNIZ, daß es «quelque ressemblance avec la raison» aufweise [1], und CHR. WOLFF nennt es ein «A.r.» [2].

A. G. BAUMGARTEN gibt dem Begriff im Zusammenhang der empirischen Psychologie eine erkenntnistheoretische Bedeutung. Er bezeichnet das Prinzip der aus der inneren Wahrnehmung (sensus internus) gespeisten sinnlichen Erkenntnis (cognitio sensitiva) als ‹A.r.› und unterscheidet es vom Verstand als Prinzip der Vernunfterkenntnis (cognitio intellectualis sive rationalis). Als «Inbegriff aller sinnlichen Kräfte der Seele» (G. FR. MEIER [3]) wird das A.r. gebildet durch Witz (ingenium), Scharfsinn (acumen), Memoria, Vorhersehekraft (praevisio), Bezeichnungsvermögen (facultas characteristica), Dichtungskraft und Geschmack. Die beiden letzten Fähigkeiten, die auf der Einbildungskraft (imaginatio, phantasia) beruhende facultas fingendi sowie die Fähigkeit zum ästhetischen Urteil (iudicium sensitivum) über das Schöne und das Häßliche unterscheiden das A.r. wesentlich vom Verstand. Im Zusammenwirken mit Verstand und Vernunft bildet das A.r. das ingeniöse Instrumentarium des schönen Geistes, des Subjekts der von BAUMGARTEN begründeten, von ihm auch ‹ars analogi rationis› genannten [4] Ästhetik [5]. Damit wird das A.r. zum Ort der Schönheit, deren Theorie im Sinne einer Wissenschaft des Schönen in der Dichtung und den Künsten (Malerei, Musik usw.) von Baumgarten in der ‹Aesthetica› entwickelt wird. Als Prinzip der sinnlichen Verknüpfung übernimmt es zugleich die systematische Funktion eines Organons der ästhetischen Wahrheit (veritas aesthetica), die, als Wahrheit der Kunst, gleichberechtigt neben die veritas logica tritt [6]. G. FR. MEIER ordnet im Anschluß an Baumgarten darüber hinaus die Hermeneutik, die «eine Einsicht in den bezeichnenden Zusammenhang voraussetzt», nicht nur der Vernunft, sondern auch dem «Vernunftähnlichen» zu [7].

Die erkenntnistheoretische Funktion des A.r. für BAUMGARTENS Ästhetik ergibt sich aus dem Begriff der Seele als vis repraesentativa universi [8], den Baumgarten von LEIBNIZ übernimmt, der die Seele einen «miroir de l'univers» [9], einen Spiegel der vollkommen geregelten Ordnung des Universums nennt. Für BAUMGARTEN sind die Vernunft wie auch ihr analogon – darin besteht die Ähnlichkeit beider – auf die Erkenntnis dieses geordneten Weltzusammenhangs (nexus rerum) angelegt, in dem nach alter, für Baumgarten noch verbindlicher Tradition zugleich mit der Vollkommenheit auch die Schönheit des Universums begründet ist. Der diskursiv verfahrende, clare et distincte erkennende Verstand durchdringt (perspicere) den Weltzusammenhang im Begriff. Das A.r., das nicht durch diese Distinktion geht, vergegenwärtigt (repraesentare) den Zusammenhang der Dinge im Medium der Sinnlichkeit, es zeigt ihn als einen schönen, indem es ihn clare et confuse, in der anschaulich differenzierten, begrifflich ununterschiedenen Fülle seiner Merkmale repräsentiert [10].

Zwar nicht in der Funktion, den nexus rerum als einen schönen zu repräsentieren, doch ebenfalls in der Bestimmung einer der Vernunft analogen, die innere Zweckmäßigkeit der Dinge aufspürenden, sie als solche aber nicht erreichenden «Verbindungskraft» wendet SCHILLER die Bezeichnung «Analoga rationis» «auf diejenigen Vorstellungen» an, «welche nicht durch theoretische Vernunft sind und doch mit ihrer Form übereinstimmen». Diese formale «Vernunftähnlichkeit» ist für Schiller «das Objekt der teleologischen Naturbeurteilung» [11] wie KANT sie in der ‹Kritik der Urteilskraft› als Gegenstück zur ästhetischen Betrachtung der Dinge entwickelte. Für GOETHE dagegen, dessen Naturlehre im Sinne einer vergleichenden Morphologie, so C. Fr. v. Weizsäcker, «eine dichterische Voraussetzung hat» [12], trifft die in der Sinnlichkeit gründende, der Vernunft ähnliche Verbindungskraft die Gestalt der Dinge selbst.

Anmerkungen. [1] LEIBNIZ: Monadol. (¹1720) §§ 26–28. – [2] CHR. WOLFF: Psychol. empirica (¹1732) § 506; Psychol. rationalis (¹1734) §§ 762. 765. – [3] Vgl. G. FR. MEIER: Anfangsgründe aller schönen Künste und Wiss. (1748–50) III, § 541. – [4] A. G. BAUMGARTEN: Aesthetica (1750/58) § 1. – [5] a. a. O. §§ 30–39. – [6] §§ 423f. – [7] G. FR. MEIER: Versuch einer allg. Auslegungskunst (1757) § 29. – [8] A. G. BAUMGARTEN: Met. (¹1739) § 513. – [9] a. a. O. § 63. – [10] § 640. – [11] SCHILLER, Kallias. Briefe an G. Körner. 18. 2. 1793. – [12] Hamburger A. 13, 553.

Literaturhinweise. A. RIEMANN: Die Ästhetik A. G. Baumgartens unter bes. Berücksichtigung der Meditationes, nebst einer Übersetzung dieser Schrift (1928) 38–43. – A. BÄUMLER: Das Irrationalitätsproblem in der Ästhetik und Logik des 18. Jh. bis zur Kritik der Urteilskraft (²1967) 188–197. – N. MENZEL MSF: Der anthropol. Charakter des Schönen bei Baumgarten (1969) 33–37.
URSULA FRANKE

Analyse. Logische A. (der Sprache) heißt die Klärung der logischen Formen, die sprachlichen Formulierungen zugrunde liegen. Diese Formen gelten als universell, während die Formulierungen selbst, die «Materie» des Ausdrucks, in den verschiedenen Sprachen verschieden sind [1]. Bereits nach PLATON ist es eine der Aufgaben des «Dialektikers», festzustellen, ob die vorgegebenen Wortzusammensetzungen der natürlichen Sprachen «nach einer ordentlichen Weise bestimmt worden sind oder nicht» [2]. Logische Sprach-A. ist seither nicht nur die deskriptive Wissenschaft des Verhältnisses von Sprachform und logischer Form, sondern auch Sprachkritik. Die Lehre des ARISTOTELES von den Kategorien, den logischen Elementen und Aussageweisen im Satz, sowie seine Untersuchungen zur Rhetorik und Topik bieten die erste Systematik, die alle Nachfolger bis in die Neuzeit hinein bestimmte. Da die äußere Form der natürlichen Sprache und die ihr zugrunde liegende logische Form zugleich geklärt werden sollten, lag es nahe, daß sich Logik und Grammatik ständig wechselseitig befruchteten [3]. Die logische A. beschränkte sich dabei im allgemeinen auf einige elementare Unterscheidungen und Aussagen. Hiermit war meist die implizite Annahme verbunden, daß solche einfachen Zusammenhänge letztlich auch den kompliziert formulierten Sätzen, wie sie sprachlich vorkommen, irgendwie zugrunde liegen. Eine sich im 19. Jh. rasch entwickelnde und sich emanzipierende Sprachwissenschaft sah hierin jedoch eine künstliche Beschränkung, die eine angemessene Sprachbeschreibung verhinderte. Sie löste sich von der Tradition der logisch bestimmten Sprach-A. und entwickelte eigene «sprachnahe» Ideen zur grammatischen, historisch-genetischen und vergleichenden Sprach-A. Logische Sprach-A. war für die Sprachwissenschaftler seither verpönt [4]. Auch auf seiten der Logik wurden die alten Themen nicht weiter verfolgt. Eine Konzentration auf die Grundlagenfragen der Mathematik erzwang seit FREGE eine Beschränkung auf einige wenige sprachliche Zusammenhänge [5]. Mehr noch: anstelle der bisherigen A. einer vorgegebenen Sprache wurden Sprachformen konstruiert, die der auszudrückenden «reinen» logischen Form optimal entsprachen, in Ausführung eines Gedankens des 17. Jh., vor allem LEIBNIZ' [6]. Dieser Schritt machte es möglich, inhaltliches Schließen durch Operationen mit Zeichenfiguren zu ersetzen [7]. Die Theorie der Konstruktion und Deutung solcher Sprachformen wurde präzise ausgebaut [8]. Logische Sprach-A. bedeutete rationale Rekonstruktion der Formulierungen einer natürlichen Sprache in einer künstlichen Sprache [9]. Im Gegensatz dazu versuchten analytische Philosophen, die Sprach-A. in der natürlichen Sprache selbst durchzuführen [10], während gleichzeitig HUSSERL auf ein logisches Gerüst der sprachlichen Bedeutungsfunktionen hinarbeitete [11]. Sprachwissenschaftler, Sprachphilosophen und Logiker verfolgten zunächst verschiedene Wege. Erst die neueste Zeit bringt hier eine Annäherung: eine sprachwissenschaftliche Beschreibung aller Aspekte der Sprachen mit Hilfe der besten Mittel der formalen Logik und Mathematik [12]. In diesem Zusammenhang wird eine Formalisierung der Sprachtheorie angestrebt, und zwar sowohl der grammatischen Beschreibung jeder einzelnen Sprache (Phonologie, Syntax einschließlich Morphologie, Semantik als Theorie des Sinns, d. h. des Inhalts, der Intension, und als Theorie der Bedeutung, d. h. des Sachbezugs, der Extension) als auch der universellen Merkmale menschlicher Sprache überhaupt. Das Ziel ist es, die Grammatik einer Sprache als ein System von schematisch anwendbaren Regeln zu formulieren, nach denen die Zeichenreihen der sinnvollen Sätze einer Sprache – und nur diese – gebildet werden können. Außerdem soll die Grammatik nach diesem Programm jedem Satz die Strukturbeschreibung seiner äußeren Gestalt (Morphostruktur, Oberflächenstruktur) und die Strukturbeschreibung der ihm zugrunde liegenden logischen Formen (Nomostruktur, Tiefenstruktur) schematisch zuordnen. Die Grammatik soll ferner den Zusammenhang zwischen verschiedenen Ausdrücken und Sätzen einer Sprache, die mehr oder minder synonym sind, in schematischen Ableitungszusammenhängen ausdrücken. Dieser neue Ansatz der Sprach-A. beschränkt sich darauf, die Regularitäten menschlicher Sprachen in bestimmten Epochen und menschlicher Sprache allgemein zu formulieren; er impliziert nicht, daß das Sprechen selbst rational oder bewußt nach Regeln abläuft oder daß die so formulierten Regularitäten die einzigen, den Sprechprozeß steuernden Faktoren sind. Dieser neue Ansatz der A. der Sprache entwickelt sich rasch und fruchtbar in engem Zusammenhang mit einer mathematischen bzw. algebraischen Linguistik [13].

Anmerkungen. [1] PLATON, Kratylos 389 e. – [2] a. a. O. 390 d. 425 a. – [3] Vgl. ARENS (Lit. 1955) 11ff. 35f.; BOCHEŃSKI (Lit. 1955) 55f. 127f. 175f.; J. LYONS: Theoretical linguistics (London 1968). – [4] Vgl. LYONS, a. a. O. 22/23 u. ö. – [5] Vgl. aber die Untersuchungen über Sinn und Bedeutung u. a. in G. FREGE: Funktion, Begriff, Bedeutung (1962). – [6] H. SCHNELLE: Zeichensysteme zur wiss. Darstellung (1962). – [7] Vgl. D. HILBERT: Neubegründung der Mathematik, in: Ges. Abh. 3 (1935) 157-177. – [8] Vor allem von R. CARNAP: Log. Syntax der Sprache (1934); Introduction to semantics (Cambridge, Mass. 1942); Meaning and necessity (Chicago 1947). – [9] Vgl. P. F. STRAWSON und CARNAPS Antwort in: The philos. of R. Carnap, hg. P. A. SCHILPP (London 1963). – G. E. MOORE, B. RUSSELL, L. WITTGENSTEIN und die Philosophen der Cambridge- und Oxfordschule; vgl. M. J. CHARLESWORTH: Philos. and ling. analysis (Louvain 1959). – [11] E. HUSSERL: Log. Untersuchungen II/1 ([4]1928); vgl. dazu auch Y. BAR-HILLEL: Husserl's conception of a purely log. grammar. Philos. and phenomenol. Res. 17 (1957) 362-369. – [12] Vor allem Y. BAR-HILLEL von seiten der Logik und N. CHOMSKY von seiten der Sprachwiss.; vgl. J. A. FODOR und J. J. KATZ: The structure of language – Readings in the philos. of language (Englewood Cliffs, New Jersey 1964); Y. BAR-HILLEL: Language and information (London 1964); N. CHOMSKY: Aspects of the theory of syntax (Cambridge, Mass. 1965); Cartesian linguistics (New York 1966); M. BIERWISCH: Strukturalismus, in: Kursbuch 5 (1967). – [13] Vgl. H. SCHNELLE: Zur Entwicklung der theoretischen Linguistik. Stud. gen. (1969).

Literaturhinweise. H. ARENS: Sprachwiss. (1955). – I. M. BOCHEŃSKI: Formale Logik (1955). – J. KNOBLOCH: Sprachwiss. Wb. (1961ff.).

H. SCHNELLE

Analyse/Synthese. – 1. ‹A.› (ἀνάλυσις, resolutio, auch reductio) ist mit dem Komplementärbegriff ‹S.› (σύνθεσις, compositio, auch additio) Schlüsselwort der philosophischen Methodenlehre seit ihren Anfängen, freilich noch nicht bei PLATON, in dessen Schriften nur ‹S.› in vorphilosophischer Bedeutung gebraucht wird (wie man z. B. ein Gewebe in Fäden «auflöst» [1], wird ein Teppich durch S. oder «Verknüpfung» verfertigt [2]). Die gelegentliche Wendung «S. einer Rede aus Zeit- und Hauptwörtern» [3] zeigt aber die Aufnahme dieses Wortes in die Sprache der Philosophie.

ARISTOTELES setzt hingegen bereits die *mathematische A.* als bekannt voraus: Wie die Mathematiker eine als schon konstruiert angenommene Figur auf die Bedingungen ihrer Konstruierbarkeit hin analysieren, so untersucht der Beratschlagende sein Ziel auf die es herbeiführenden Mittel, wobei stets «das Letzte in der A. das Erste in der Ausführung ist» [4]. Die so zugleich mit der mathematischen A. beschriebene *A. eines Zieles auf die Mittel seiner Verwirklichung* wird später als eigene Methode praktischen oder poietischen Wissens herausgestellt [5].

Indem Aristoteles seine eigene Beweis-, Wissenschafts- und Methodenlehre unter den von ihm stammenden Titel ‹Analytiken› stellt, kennzeichnet er die Absicht dieser Abhandlungen, wissenschaftlich beweisendes Analysieren zu lehren. Wie der Gebrauch des Wortes zeigt, besteht solches wissenschaftliche Analysieren einmal in der Rückführung von Schlüssen auf ihre die Schlüssigkeit garantierende logische Form, d. h. auf die dargestellten Figuren und Modi schlüssiger Syllogismen [6]. Entsprechend bezeichnet Aristoteles auch die Rückführung der zweiten und dritten syllogistischen Figur auf die grundlegende erste als A. [7]. Der in den ‹Ersten Analytiken› gelehrten «A. der Folgerichtigkeit» (analysis consequentiae), wie später formuliert wurde, entspricht die in den ‹Zweiten Analytiken› behandelte «A. dessen, was folgt» oder die «A. der (so verstandenen) Folgerung» (analysis consequentis) [8]. Diese besteht darin, einen Satz, von dem angenommen wird, daß er wahr und beweisbar ist und sich also als Folgerung aus wahren (und notwendigen) Prämissen wissenschaftlich rechtfertigen läßt, auf die ihn ausweisenden Prämissen und Wissenschaftsprinzipien zurückzuführen. In diesem Sinn unterscheidet sich die A. als Rückführung eines noch wissenschaftlich zu beurteilenden Satzes auf die ihn beweisenden Prämissen, später «*judikative A.*» (via iudicii) genannt [9], vom Vorgehen der «manifesta mathemata», die, wie die Geometrie, nicht von erst noch zu beurteilenden und zu beweisenden Sätzen, sondern von schon in ihrer Wahrheit «offenbaren» Wissenschaftsprinzipien (Definitionen, Axiomen usw.) ausgeht und aus ihnen Lehrsätze deduziert [10]. So steht der judikativen A. der – ebenfalls in den ‹Zweiten Analytiken› gelehrte – «mos geometricus» gegenüber, die EUKLIDsche Methode, deren Affinität zur aristotelischen Wissenschaftslehre unübersehbar [11] und die – etwa mit DESCARTES – im Unterschied zur mathematischen A. als *mathematisch-synthetische Methode* zu bezeichnen ist [12]. ARISTOTELES hat das Verhältnis der judikativen A. zur *mathematischen* A. nicht bestimmt. Auch hat er das Verhältnis der ‹Analytiken› zu seiner ‹Topik› kaum geklärt [13]. Die Aufgabe, die genannten Verhältnisse zu bestimmen, wurde zentraler Inhalt der reichen Wirkungsgeschichte der später als ‹Organon› der Wissenschaften zusammengefaßten aristotelischen Schriften.

In einer des weiteren zu nennenden Bedeutung gebrauchte Aristoteles das Wort ἀναλύειν ferner, um die A. nicht von Sätzen, sondern von λόγοι (Begriffen) zu bezeichnen [14]. Zerlegt man in solcher *Begriffs-A.* einen weniger allgemeinen Artbegriff in die in ihm enthaltenen [15] allgemeineren («höheren») Gattungsbegriffe, geht man analytisch «zum Allgemeineren hinauf» [16]. Der umgekehrte Weg führt zu «korrekter Definition» [17] der Arten und zu *synthetischer Begriffsbildung:* Indem etwa der Einheit die Lage hinzugefügt wird, bildet man den Begriff des Punktes [18].

Wenn Aristoteles endlich in einer Erörterung des Gattungsbegriffes erklärt, der Gattung nach sei verschieden, was nicht ineinander oder in dasselbe analysiert werde, und als Beispiel dafür εἶδος (Form) und ὕλη (Materie) anführt [19], legt er es nahe, von der A. als Rückführung niederer Begriffe auf in ihnen schon enthaltene höhere Begriffe eine A. zu unterscheiden, die keinen Begriff, sondern ein materielles Ding, einen Körper, in die Elemente und diese in Form und Materie analysiert. Eine solche Methode der A. entnimmt schon ALEXANDER VON APHRODISIAS dem aristotelischen Text [20]. Sie wird später von der «logischen» als *«physische»* oder «reale» A. *(naturalis resolutio)* terminologisch unterschieden [21].

Mag auch gerade in begriffsgeschichtlicher Absicht die Differenzierung des aristotelischen Gebrauchs von ‹A.› und ‹analysieren› wichtiger sein als der Versuch, eine allgemeine Bedeutung dieser Worte herauszuheben, so verdient doch E. Zellers allgemeine Bestimmung Beachtung. Nach ihm heißt ἀναλύειν bei Aristoteles: «Ein Gegebenes auf die Bestandteile, aus denen es zusammengesetzt ist, oder die Bedingungen, durch die es zu Stande kommt, zurückführen» [22]. Wenn Zeller aber meint, ἀναλύειν werde gleichbedeutend mit «untersuchen» (ζητεῖν) gebraucht [23], gibt er eher das seit Hegel sich einbürgernden modernen als den aristotelischen Sprachgebrauch wieder.

Die antiken Aristoteleskommentatoren, die ausdrücklich die A. ‹Methode› nennen, zählen freilich noch verschiedene bei Aristoteles nicht gegebene Formen von A. auf: Die A. der Grammatiker, eine A. z. B. der schönen Körper zum Schönen selbst, eine davon wiederum unterschiedene «erotische A.» und die A. der Astronomen [24]. Es wird aber auch betont, A. und deren Umkehrung, die S., seien korrelativ [25]. Für die Vermittlung der antiken philosophischen Methodologie ans Mittelalter wurden außer ALEXANDER VON APHRODISIAS und den Gelehrten der *alexandrinischen* Schule GALEN und JOHANNES DAMASCENUS wichtig [26]. Zusammenstellungen verschiedener Bedeutungen von ‹A.› und ‹S.› geben z. B. THOMAS VON AQUIN [27], der von Descartes genannte Verfasser einer «Summa philosophiae», EUSTACHIUS A S. PAULO [28], oder GOCLENIUS [29].

Obwohl sich die bei Aristoteles gegebenen Arten der A. in der Geschichte oft überlagern und neue Formen von A. auch aus mehreren alten gebildet werden, sei die Begriffsgeschichte von A. und S. am Leitfaden der in der Antike ausgebildeten Methodenlehren skizziert [30].

Anmerkungen. [1] HOMER, Od. II, 104f. – [2] PLATON, Politikos 280 b 8. – [3] Soph. 263 d 3. – [4] ARISTOTELES, Eth. Nic. III, 3, 1112 b 20-24; vgl. I, 4, 1095 a 30-b 8. – [5] GALEN, Ars medica. Werke hg. C. G. KÜHN (1821) 1, 305; EUSTACHIUS A S. PAULO: S. philosophiae (Coloniae 1686) II. Part. Dialect. Tract. I, 127. – [6] ARIST., Anal. pr. I, 32, 47 a 2-5; 44, 50 a 30. 50 b 2; vgl. dazu den Kommentar von W. D. Ross (Oxford 1957) 400. – [7] ARIST., Anal. pr. I, 45, 50 b 30. 33f.; 51 a 2f. u. ö. – [8]. Vgl. ALBERTUS MAGNUS, Lib. I. Topicorum, cap. 1. Werke, hg. JAMMY 1, 659; Commentarii Collegii Conimbricensis ...: In Universam Dialecticam Aristotelis Stagiritae (Coloniae Agrippinae 1607) 233. – [9] THOMAS VON AQUIN, 3 Sent. 33, 3, 1, sol. 3; De ver. 10, 8, 10; S. theol. I, 79, 8; 79, 9 u. ö.; vgl. J. ISAAC: La notion de dialectique chez S. Thomas. Rev. Sci. philos. et théol. 34 (1950) 481-506. – [10] ARIST., Anal. post. I, 32, 88 b 17f.; vgl. THOMAS, In Post. Anal. I, 1, 43 (391); G. R. G. MURE: Anal. post. Anm. zur Stelle, in: The Works of Aristotle 1 (Oxford 1966). – [11] Vgl. W. D. Ross, a. a. O. [6] 56. – [12] DESCARTES, Med. Resp. II. Oeuvres, hg. ADAM/TANNERY 7, 155f.; 9 (1), 121f. – [13] Vgl. E. KAPP: Der Ursprung der Logik bei den Griechen (1965) 11ff. 80; Art. ‹Syllogistik›, in: PAULY/WISSOWA, Realencyclopädie class. Altertumswiss. IV A 1, 1047. – [14] ARIST., Met. XI, 6, 1063 b 18. – [15] Top. VI, 4, 141 b 29-34. – [16] Anal. post. I, 20, 82 a 21-24; vgl. II, 13, 97 b 25f. – [17] Top. VI, 4, 141 b 25-27. – [18] Anal. post. I, 27, 87 a 35f. – [19] Met. V, 28, 1024 b 9ff. – [20] ALEXANDER VON APHRODISIAS, In Arist. Anal. pr. I Comm., hg. M. WALLIES (1883) 7. 11ff.; vgl. In Metaph. hg. HAYDUCK (1891) 430. – [21] DAVID, In Porphyrii Isagogen, hg. A. BUSSE (1904) 104, 24ff.; P. FONSECA: In Met. (Coloniae 1615, Nachdruck 1964) 2, 246. – [22] E. ZELLER: Die Philos. der Griechen ... II/2 (1963) 186. – [23] a. a. O. 187. – [24] AMMONIUS, In Anal. pr. I, hg. M. WALLIES (1899) 5,11-8,14. – [25] Vgl. ALEXANDER VON APHRODISIAS, a. a. O. [20] 7, 13; AMMONIUS, a. a. O. [24] 6, 18-23. – [26] Vgl. ST. JOHN DAMASCENE, Dialectica, Version of Robert Grosseteste, hg. O. A. COLLIGAN (1953) 53. – [27] THOMAS VON AQUIN, Exp. s. Boethii de Trin. 6, 1, hg. B. DECKER (1955) 205, 19ff. 211, 15ff.; vgl. L. OEING-HANHOFF: Die Methoden der Met. im MA, in: Die Met. im MA, hg. P. WILPERT (1963) 71ff. – [28] EUSTACHIUS, a. a. O. [5] 127f. – [29] R. GOCLENIUS: Lexicon Philosophicum (Frankfurt 1613, Nachdruck 1964) s. v. ‹resolutio›; vgl. J. MICRAELIUS: Lexicon Philosophicum (²1662, Nachdruck 1966) s. v. ‹Analysis› und ‹Analytica methodus›. – [30] Vgl. A. C. CROMBIE: Robert Grosseteste and the origins of exp. sci. 1100-1700 (Oxford ²1962); H. SCHEPERS: Andreas Rüdigers Methodol. und ihre Voraussetzungen (1959); M. W. GILBERT: Renaissance concepts of method (New York 1960).

2. Die älteste wissenschaftliche Methode, die *mathematische A.*, hat ihre klare und fortan klassische Bestimmung erst im 3. Jh. n. Chr. bei PAPPUS VON ALEXANDRIEN gefunden [1]. Danach besteht die Regel der A. (τόπος ἀναλυόμενος), die der Findung von Problemlösungen dient, aus zwei gegengleichen Verfahren, von

denen das erste wiederum ‹A.›, das zweite ‹S.› heißt. Zunächst ist das Gesuchte als schon erreicht oder wahr anzusehen, dann zu betrachten, was sich daraus ergibt, bis man im schrittweisen Rückgang zu seinen Bedingungen (oder im Fortgang zu seinen Konsequenzen) auf schon Bekanntes oder auf Prinzipien stößt. Sodann hat man den ganzen Prozeß umzukehren, indem man, ausgehend vom Endpunkt der A., in der S. der gefundenen Bedingungen zum Gesuchten vorschreitet.

Aus dieser Beschreibung wird deutlich, daß schon PLATON die mathematische A. kannte (was auch antike Autoren bezeugen [2]) und für die Behandlung philosophischer Probleme fruchtbar machte. So wird z. B. im ‹Menon› die Frage: «Was ist Tugend?» hypothetisch beantwortet («Tugend ist Wissen») und von den sich daraus ergebenden Konsequenzen her geprüft [3]. Nach R. Robinson war die Hypothesis-Methode für Platon vom ‹Menon› bis zum ‹Staat› «die einzige ... Methode jeden verantwortlichen Denkens» [4], aber sie führt nicht zum Ziel platonischen Philosophierens, zur Erkenntnis des «unhypothetischen Grundes»: Der in der A. apriorischer Erkenntnis und des erotischen Strebens bestehende Weg zur Erkenntnis der Idee bleibt methodologisch unreflektiert [5].

Im *Mittelalter* war die mathematische A. zwar nicht völlig unbekannt [6], wurde aber anscheinend nicht für die philosophische Methodologie fruchtbar gemacht [7]. Das geschah um so intensiver, als F. COMMANDINO mit seiner Pappusübersetzung von 1589 die mathematische A. in die frühneuzeitliche Methodendiskussion einbrachte. Während GALILEI [8], HOBBES [9] und LEIBNIZ [10], der Platon ihren Urheber nennt [11], sie zwar kennen, aber in ihrer Methodologie nicht unmittelbar und erstlich von ihr bestimmt sind, knüpft DESCARTES ausdrücklich hier an [12].

Entsprechend der «A. der Alten und der Algebra der Modernen» [13], welche mit der Aufstellung von Gleichungen das Problem als gelöst setzt, es zugleich aber auch aufteilt und vereinfacht, besteht nach DESCARTES die von ihm gelehrte «ganze Methode» in der Reduktion zum Einfachen und der vom Einfachen ausgehenden Deduktion zum Komplexeren [14], was auch die zweite und dritte Regel des ‹Discours› lehren [15]. In den ‹Meditationen› wird das Bewußtsein von seinen Gegenständen, die ihm, angefangen von den komplexeren bis hin zu den einfachsten, als bezweifelbar gezeigt werden, durch die willentliche Setzung und «Supposition» [16] der Falschheit des bisher für wahr Gehaltenen auf die einfache Gewißheit seines Seins zurückgeführt. Da dieses seiner selbst bewußte Sein sich aber als unvollkommen und nicht wesensnotwendig existierend erkennt – es erkennt zwar Wesensnotwendiges wie die Unmöglichkeit, zu denken, ohne zu sein, ist aber selber nur faktisch, nicht wesensnotwendig –, Unvollkommenes aber nur im Hinblick auf Vollkommenes als solches erkannt werden kann, schließt die Gewißheit des eigenen endlichen Seins das Wissen vom unendlichen, schlechthin notwendigen Sein ein [17]. So ist erst im Aufdecken der eingeborenen Seins- und Gotteserkenntnis der Endpunkt der A. erreicht, von dem her eine S. zur Erkenntnis des Komplexeren, besonders der Materie und ihrer Modi, führt. Der in den ‹Meditationen› begangene «Weg der A.», von dem Descartes die Euklidische Methode als S. abhebt [18], enthält also gemäß der Bestimmung durch Pappus eine Phase der A. und der S. Eine solche Zweigliedrigkeit der A., die aus Zergliederung und Wiederzusammensetzung bestehe, kennt noch CONDILLAC [19].

Während auf dem Kontinent das Erstarken des Euklidismus «die methodischen Errungenschaften DESCARTES' einfach überflutete» [20], setzte der *englische Empirismus* Descartes' A. des Bewußtseins fort. Da sie jedoch nicht mehr durch den radikalen Zweifel vermittelt wurde und folglich nicht ein Aufdecken absoluter, in der eingeborenen Kenntnis des absoluten Seins fundierter Wahrheiten anzielte, wurde sie empirische, durch die metaphysische Frage nicht mehr geleitete, unvermittelte «A. der Phänomene des menschlichen Bewußtseins», wie später J. MILL formulierte [21]. In diesem Sinn hat DIDEROTS ‹Encyclopédie› die A. mit Berufung auf Locke dahin bestimmt, daß sie als Weg «vom Zusammengesetzten zum Einfachen» nur «ungenau» definiert werde, vielmehr darin bestehe, «zum Ursprung unserer Ideen zurückzugehen, ihre Entstehung darzulegen und ihre verschiedenen Verbindungen ... aufzuzeigen» [22].

KANTS Anerkennung der Metaphysikunabhängigkeit der Ergebnisse der modernen Naturwissenschaften und die Entdeckung in ihr enthaltener synthetischer Urteile a priori boten ihm für die ‹Kritik der reinen Vernunft› als einem «Traktat von der Methode» [23] einen neuen Ansatz: die später sogenannte «transzendentale Methode» (s. d.), die im Ausgang von einem Faktum zu dessen Möglichkeitsbedingungen zurückgeht und es von ihnen her beurteilt. Zwar bestimmt Kant in der ‹Transzendentalen Methodenlehre› diesen in der ‹Transzendentalen Elementarlehre› begangenen Weg gerade nicht, aber er hat ihn in den ‹Prolegomena› skizziert, indem er ihn als Abwandlung der mathematischen A. bestimmt. Während diese «von dem, was gesucht wird, als ob es gegeben sei, ausgeht und zu den Bedingungen aufsteigt», fängt die analytische Methode, «die wir jetzt befolgen», damit an, «daß dergleichen synthetische, aber reine Vernunfterkenntnis wirklich sei»; aber alsdann ist der «Grund dieser Möglichkeit» zu untersuchen, um «aus den Prinzipien ihrer Möglichkeit die Bedingungen ihres Gebrauches, den Umfang und die Grenzen desselben» zu beurteilen [24]. Damit ist auch die Methode der ‹Elementarlehre› der ‹Kritik der reinen Vernunft› (bes. der 2. Auflage) beschrieben, obwohl Kant gemäß der sehr allgemeinen Bestimmung der analytischen und synthetischen Methode in seiner ‹Logik› [25] auch sagen kann, das Werk sei «nach synthetischer Lehrart abgefaßt» [26]. Der Rückgang zu den Bedingungen synthetischer Urteile a priori fordert Selbsterkenntnis der Vernunft, und zwar als «Auflösung», d. i. A. unserer Erkenntnis «in ihre Elemente» [27], so daß bewußt wird, was «das denkende Subjekt aus sich ... den Objekten» beilegt [28]. Von hier aus lassen sich dann Grenze und Umfang des Gebrauchs synthetischer Urteile a priori bestimmen, d. h. die Kritik der im theoretischen Gebrauch auf den Bereich der Erfahrung zu beschränkenden Vernunft durchführen.

Wie Kant zu seinem Traktat über die Methode reinen Vernunftgebrauches vom Fehlen einer «dem einzigartigen Geist der Metaphysik angemessenen Methode» [29] ausgegangen war, so erschien auch M. HEIDEGGER «die Methode ... der geschichtlich überlieferten Ontologien ... im höchsten Grade fragwürdig» [30], weshalb er seine Wiederholung der Seinsfrage in neuer Methode als «existenziale A. [oder «Analytik»] des Daseins» durchführt [31]. Die Eigenart dieser Methode läßt sich freilich nicht mehr durch den Terminus ‹A.› zureichend fassen, da der Ausdruck ‹A.› inzwischen gleichbedeutend mit wissenschaftlicher Untersuchung geworden ist. In diesem Sinn hatte schon DILTHEY von «A. des Menschen» ebenso wie von einer «A. des Lebens» gesprochen [32]. HEIDEGGERS «Behandlungsart» der Seinsfrage ist «die phänomenologische Methode» [33], «phänomenologische A.» also, wie HUSSERL es nannte [34]. Aber Heidegger versteht Phänomenologie (s. d.) nicht wie Husserl gemäß «der Scheidung nach reeller und intentionaler, nach noëtischer und noëmatischer A.» [35], nicht also als A. der Erfahrungsstrukturen des transzendental reinen Ichs, sondern als solche A. des Daseins, die dessen stets im Seinsvollzug schon erschlossenes Sein und In-der-Welt-sein ausdrücklich macht. Was sich so «als Sein und Seinsstruktur zeigt», ist nach HEIDEGGER «Phänomen im phänomenologischen Sinn» [36], das im «vulgär verstandenen Phänomen» unthematisch mitgegeben ist und als dessen «Sinn und Grund» ausdrücklicher Aufweisung fähig und bedürftig ist [37]. Das «Auflösen» solcher «Analytik» ist «auflockerndes Freilegen der Keime der Ontologie» [38], d. h. das Klären des zum Dasein gehörenden Seinsverständnisses in «universaler phänomenologischer Ontologie» [39]. So führt Heidegger in dieser phänomenologischen Erschließung des apriorischen Grundes und Sinnes vulgärer Phänomene Kants von der mathematischen A. her explizierte transzendentale Methode fort [40] – für HUSSERL gibt es hingegen kein ontologisches Bedingungsverhältnis zwischen Transzendentalem und Empirischem, zwischen phänomenologischem und vulgärem Phänomen [41] –, aber das Spezifische der Methode HEIDEGGERS kommt nicht mehr im Begriff ‹A.› zum Ausdruck. Denn dieser Terminus ist, wie Wendungen wie «A. von Zeichen», «A. der Weltlichkeit», «A. der Geschichtlichkeit» usw. [42] zeigen, zur allgemeinen Bedeutung von Untersuchung abgeblaßt. Sofern endlich Phänomenologie nach Heidegger zugleich «Hermeneutik» ist [43], schließt seine Methode auch «geschichtliche A.» ein, wie etwa auch E. CASSIRER geschichtliche Untersuchungen genannt hatte [44].

Anmerkungen. [1] PAPPI ALEXANDRINI mathematicae collectiones a F. COMMANDINO ... in Latinum conversae ... (Venedig 1589) fol. 157v-158r, zit. GILBERT, a. a. O. [30 zu 1] 82; vgl. auch E. GILSON: Descartes, Discours de la méthode (Paris ³1947) 188. – [2] Vgl. DIOG. LAERT. III, 24. – [3] Vgl. H.-P. STAHL: Ansätze zur Satzlogik bei Platon. Methode und Ontologie. Hermes 88 (1960) 409-451. – [4] R. ROBINSON: Platos earlier dialectic (Oxford ²1953) 178. – [5] Vgl. R. ROBINSON: L'emploi des hypothèses selon Platon. Rev. Mét. et Morale 59 (1954) 257. – [6] Vgl. z. B. ALBERTUS MAGNUS, In III. lib. Ethic. 18. Werke, hg. JAMMY 4, 128. – [7] Vgl. GILBERT, a. a. O. [1] 34f. – [8] Vgl. CROMBIE, a. a. O. [30 zu 1] 305ff. – [9] HOBBES, De corpore III, 20, § 6. Opera, hg. MOLESWORTH 1, 252. – [10] LEIBNIZ, Nouveaux Essais ... IV, 2. 12. Philos. Schriften, hg. GERHARDT (= PSG) 5, 348ff. 432. – [11] Sci. generalis VIII. PSG 7, 153. – [12] Vgl. GILSON, a. a. O. [1] 187f. – [13] DESCARTES, Discours de la méthode 2. Werke, hg. ADAM/TANNERY (= A/T) 6, 17. – [14] Regulae V. A/T 10, 379. – [15] Discours 2. A/T 6, 18f. – [16] Med. I. A/T 7, 22. – [17] Vgl. L. OEING-HANHOFF: Der Mensch in der Philos. Descartes', in: Die Frage nach dem Menschen. Festschrift M. Müller (1966) 375-409. – [18] DESCARTES, Med. II. Resp. A/T 7, 155ff. – [19] CONDILLAC, Cours d'études I, art. 1. Werke, hg. G. LE ROY 1, 410. – [20] SCHEPERS, a. a. O. [30 zu 1] 15. – [21] J. MILL: Analysis of the phenomena of the human mind (London 1829). – [22] Encyclopédie ... des sci., hg. DIDEROT/D'ALEMBERT (Bern/Lausanne 1778) 2, 485ff.: ‹analyse›. – [23] KANT, KrV B XXII. – [24] Prolegomena § 4. Akad.-A. 4, 276. – [25] Logik § 117. a. a. O. 9, 149. – [26] Prolegomena, Vorwort a. a. O. 4, 263. – [27] KrV A 703/B 731. – [28] KrV B XXIII. – [29] De mundi sensibilis ... Sectio V, § 23. Akad.-A. 2, 411. – [30] M. HEIDEGGER: Sein und Zeit (= SuZ) (⁵1941) 27. – [31] a. a. O. 233. 13. – [32] W. DILTHEY: Auffassung und A. des Menschen im 15. und 16. Jh. (1891). Ges. Schriften 2, 1-89; Der Aufbau der gesch. Welt ... a. a. O. 7, 276. – [33] HEIDEGGER, SuZ 27. – [34] E. HUSSERL: Log. Untersuch. II (1901) 7. – [35] Ideen zu einer reinen Phänomenol. ... I. Husserliana 3 (Den Haag 1950) 314. – [36] HEIDEGGER, SuZ 63. – [37] 31. 35. – [38] Kant und das Problem der Met. (²1951) 45. – [39] SuZ 38. – [40] Vgl. E. CORETH: Heidegger und Kant, in: Kant und die Scholastik heute, hg. LOTZ (1955) 207-255. – [41] Vgl. E. TUGENDHAT: Der Wahrheitsbegriff bei Husserl und Heidegger (²1970) 198f. – [42] HEIDEGGER, SuZ 77. 89. 113. 376. – [43] SuZ 37. – [44] E. CASSIRER: Das Erkenntnisproblem ... (1906) 1, 9.

3. «Wer [die Verwirklichung eines Zieles] überlegt, sucht und analysiert in der Weise, wie man ein geometrisches Problem löst» [1]. Diese von ARISTOTELES formulierte Abwandlung der mathematischen A. zur *A. eines Zieles auf die Mittel seiner Verwirklichung* blieb in der aristotelischen Tradition lebendig bis hin zur *deutschen Schulphilosophie*, in der «die Peripatetiker ... die als Glückseligkeitslehre verstandene Ethik ... methodo analytica» erörterten, dabei dann «die Tugend fast nur noch als Mittel» zum Zweck der Glückseligkeit hinstellten [2]. Im mittelalterlichen Aristotelismus hatte dagegen THOMAS VON AQUIN erklärt, der praktischen Wissenschaft sei «synthetisches Vorgehen» eigen, weil sie «allgemeine und einfache Prinzipien» auf das «Besondere und Zusammengesetzte» der Handlungen appliziert [3] oder immer mehr «zum Partikulären hinabsteigt» [4]. Diese sehr allgemeine Bestimmung von A. und S. geht zurück auf die aristotelische Unterscheidung zwischen Untersuchungen, die «von Prinzipien ausgehen» und solchen, die «zu Prinzipien führen» [5]. Noch KANT gibt diese allgemeine Bestimmung von analytischer Methode, die anfangend «von dem Bedingten und Begründeten ... zu den Prinzipien geht», und von synthetischer Methode, die «von den Prinzipien von den Folgen oder vom Einfachen zum Zusammengesetzten» geht [6]. THOMAS interpretiert das beratschlagende Analysieren übrigens von der «naturalis resolutio» her [7], da er im Unterschied zu ALBERTUS MAGNUS [8] die mathematische A. nicht zu kennen scheint.

In dieser Tradition der A. eines Zieles steht auch GALENS Methodenlehre, der die Medizin, da sie Erhaltung und Wiederherstellung der Gesundheit bezweckt, als herstellende Kunst bestimmt. Wie die Baukunst durch A. oder – wie Galen auch sagt – «Dialyse» (διάλυσις) des fertigen Hauses die zum Bau benötigten Teile bestimmt, so muß der Arzt in der A. des Körpers dessen Teile, deren Tätigkeiten und Funktionen kennen, was empirische Beobachtung – «Anfangen mit den Unterschieden in den Dingen, nicht in den Namen» – erfordert. Dieser «Ordnung», die sich «gemäß einer A. aus der Konzeption des Zieles» bestimmt, stellt Galen die Ordnung oder Methode «der S. dessen» entgegen, «was durch A. gefunden wurde», und endlich die Ordnung einer «A. der Definition» (ἐξ ὅρου διαλύσεως) [9].

Galens ‹Ars medica› war zusammen mit dem gerade für methodologische Fragen wichtigen Kommentar des HALI RODOHAN aus dem 11. Jh. dem Mittelalter bekannt [10]. ROBERT GROSSETESTE erklärt in einer Bestimmung der Methode, durch A. («per viam resolutionis») eine Definition zu erlangen, Grundzüge empirischer Naturforschung, die er und die Oxforder Schule ja auch betrieben [11], was A. C. Crombie zu der kühnen These geführt hat, «das moderne systematische Verständnis wenigstens der qualitativen Aspekte ... der sogenannten ‹experimentellen Methode›» sei «von den Philosophen ... vor allem der Oxforder Schule ... im 13. Jh. geschaffen worden» [12].

Galen war nächst Aristoteles auch für die Methodendiskussion der *Renaissance* der einflußreichste Autor [13]. Zwar überlagern und überschneiden sich gerade in dieser Zeit verschiedene Begriffe von A. und S. – seit Hali Rodohan wurde auch häufig die demonstratio quia mit der analytischen Methode Galens, die demonstratio propter quid mit seiner synthetischen Methode identifiziert [14] –, aber die namentlich in der *Schule von Padua* erarbeitete Methode, die Galilei sich zu eigen machte, ist nach J. R. Randall jr. Ergebnis «einer fruchtbaren kritischen Rekonstruktion der aristotelischen Wissenschaftstheorie ..., die befruchtet wurde durch die methodologischen Diskussionen der Kommentatoren» medizinischer Schriften, «besonders der GALENS» [15]. GALILEI führte dann die maßgeblich von ihm begründete moderne Naturwissenschaft, sofern sie wesentlich charakterisiert ist durch «die methodische Setzung von quantitativ analysierbaren Hypothesen, die durch experimentelle Ergebnisse verifiziert werden können» [16], zugleich zu klarem Bewußtsein ihrer Methode. Diese besteht nach ihm im folgenden: «Nach einer A. (‹metodo risolutivo›) der in einer gegebenen Wirkung enthaltenen mathematischen Relation», stellt man eine «hypothetische Annahme auf, von der die Konsequenzen gezogen werden, die folgen müssen. Diese zweite Phase nennt Galilei ‹S.› (‹metodo compositivo›). Die dritte Phase, auf die er ebenfalls den Ausdruck ‹A.› anwendet, besteht darin, experimentell Beispiele der Wirkung zu überprüfen, um zu entscheiden, ob die deduzierten Konsequenzen in der Tat eintreffen» [17]. Diese Bestimmungen dürften kaum von NEWTONS methodologischen Reflexionen übertroffen werden, der «für Mathematik und Naturphilosophie» den Vorrang der A. vor der S. betont und erklärt: «Diese A. besteht darin, Experimente und Beobachtungen zu machen und allgemeine Folgerungen von ihnen durch Induktion zu ziehen ..., und die S. besteht darin, die entdeckten und als Prinzipien erstellten Ursachen aufzunehmen und durch sie die Phänomene zu erklären, die aus ihnen hervorgehen ...» [18].

Zu Beginn des 20. Jh. hat E. MACH in der Hoffnung, daß «vielleicht ... sogar die Philosophen einmal in meinem Unternehmen eine philosophische Läuterung der naturwissenschaftlichen Methodologie ... erkennen und ... ihrerseits einen Schritt entgegenkommen» [19], bemerkenswerte Darlegungen zur A. als Methode der Naturwissenschaft gegeben. Er geht dabei von der mathematischen A. aus, die der genialen Natur Platons zu verdanken sei [20]. Aber dieses Verfahren sei nicht auf die Geometrie beschränkt. «Wer sich zur Überschreitung eines Bachs einen Baumstamm von Ufer zu Ufer gelegt wünscht, denkt sich eigentlich die Aufgabe gelöst. Indem er überlegt, daß derselbe zuvor herbeigeschafft, vorher aber gefällt werden muß usw., geht er den Weg von dem Gesuchten zu dem Gegebenen, den er bei der Konstruktion der Brücke in umgekehrtem Sinne, in umgekehrter Reihenfolge der Operationen, zurücklegt» [21]. Dieses Beispiel erläutert aufs trefflichste die aristotelische Lehre von der A. als Rückgang vom Ziel auf die Mittel seiner Verwirklichung [22]. Der so verstandenen analytischen Methode – «die geometrische und die naturwissenschaftliche A. sind der Methode nach nicht verschieden» [23] – sind nach Mach «die meisten großen technischen Erfindungen» und «gerade die größten und wichtigsten wissenschaftlichen Entdeckungen ... zu verdanken» [24]. Vielleicht lassen sich Machs Ausführungen über die A., zu der konstitutiv die Hypothesenbildung gehöre [25], unter Berücksichtigung des auf ROGER BACON und FRANCIS BACON zurückgehenden Gedankens, daß naturwissenschaftliche Erkenntnis auch der Naturbeherrschung dient – nach MACH der Schaffung «der materiellen Wohlseinsbedingungen» [26] –, folgendermaßen zusammenfassen: Um Herr und Besitzer der Natur zu werden, muß man den Verlauf der Naturphänomene kennen und sie berechnen können. Dazu muß man meßbare Größen fixieren und unter Ausschaltung metaphysischer Wesensfragen die Prozesse ihrer Veränderungen zu berechnen suchen, indem man die Zusammenhänge quantitativ faßbarer Naturphänomene bestimmt. Sofern diese Zusammenhänge unbekannt sind, lassen sich über sie aber nur Hypothesen aufstellen, die jedoch im Experiment verifiziert oder falsifiziert werden können. Eine derart verifizierte Hypothese ist ein Naturgesetz, das Voraussagen und Naturbeherrschung ermöglicht.

Anmerkungen. [1] ARISTOTELES, Eth. Nic. III, 5, 1112 b 20f. – [2] W. SCHNEIDERS: Vorwort zu CHR. THOMASIUS: Einl. zur Sittenlehre (Nachdruck 1968) 3. – [3] THOMAS VON AQUIN, In Ethic. I, 3 (35). – [4] S. theol. I/II, 94, 4. – [5] ARIST., Eth. Nic. I, 2, 1095 a 30ff. – [6] KANT, Logik § 117. Akad.-A. 9, 149. – [7] Vgl. THOMAS, S. theol. I/II, 14, 5. – [8] ALBERTUS MAGNUS, In Ethic. III, 18. Opera, hg. JAMMY 4, 128. – [9] GALEN, Ars parva. Opera, hg. C. G. KÜHN (1821-1830) 1, 305; vgl. 5, 224ff.; 10, 39-44; zur Interpretation N. W. GILBERT: Renaissance concepts of method (New York 1960) 13-24. – [10] Vgl. H. SCHEPERS: Andreas Rüdigers Methodol. ... (1959) 23 und den Text der methodol. Ausführungen des HALY RODOHAN (in lat. Übersetzung) bei A. C. CROMBIE: Robert Grosseteste ... (²1962) 77f. – [11] Text bei CROMBIE, a. a. O. [10] 64. – [12] a. a. O. 1. – [13] Vgl. GILBERT, a. a. O. [9] XXVI. – [14] Vgl. SCHEPERS, a. a. O. [10] 27ff. – [15] J. H. RANDALL jr.: The School of Padua and the emergence of modern sci. (Padua 1961) 26. – [16] SCHEPERS, a. a. O. [10] 28. – [17] CROMBIE, a. a. O. [10] 307; vgl. ebenfalls RANDALL, a. a. O. [15] 67 Anm. 42. – [18] I. NEWTON: Opticks III, 1 Q. 31 (London ⁴1730) 380f., zit. nach CROMBIE, a. a. O. [10] 317f. – [19] E. MACH: Erkenntnis und Irrtum (1905) VIIIf. – [20] a. a. O. 252f. 256. – [21] 257. – [22] Vgl. das ebenso anschauliche Beispiel bei H. H. JOACHIM: Aristotle. The Nicomachean Ethics. A commentary, hg. D. A. REES (Oxford 1951) 101f. – [23] MACH, a. a. O. [19] 266. – [24] 257; vgl. 265. – [25] 266ff. – [26] 454.

4. Schon indem ARISTOTELES seine Wissenschaftslehre unter den Titel ‹Analytiken› stellte, gab er zu verstehen, daß er erstlich die *judikative* A. lehren wollte, da das *synthetische* Vorgehen nur in den mathematischen Disziplinen möglich sei [1]. Diese der modernen Forschung besonders durch E. Kapp [2] wieder bekannte Funktion der aristotelischen Syllogistik war für den mittelalterlichen Aristotelismus selbstverständlich. THOMAS VON AQUIN unterscheidet daher in der Logik, sofern sie nicht Begriffe und Aussagen zum Gegenstand hat, sondern das Argumentieren und Folgern regelt, eine Lehre vom Urteilen (pars iudicativa) und eine Lehre vom Erfinden (pars inventiva). Erstere heiße Analytik, weil ein sicheres Urteil durch A. in die ersten Prinzipien zustande komme; und da die Sicherheit des Urteils teils nur aus der Form des Syllogismus stamme, teils auch dazu aus dem Inhalt wahrer und notwendiger Sätze, gliedere sich dieser Teil wiederum in die Ersten und Zweiten Analytiken [3], in denen also die beurteilende A. der Folgerichtigkeit bzw. des Gefolgerten gelehrt wird. Das Aufstellen des zu beurteilenden Satzes und der Nachweis, daß er als wahr gelten kann, also einer wissenschaftlichen Beurteilung würdig und der Rückführung auf wahre Prämissen fähig sei, ist dagegen Sache der Dialektik (s. d.), die der Invention dient [4]. Entsprechend der A. des Urteilsprozesses heißt das Vorgehen der dialektischen Invention ‹S.› («via compositionis vel inventionis») [5]; denn aus der Frage wird ja durch «Hinzufügung» eines Argumentes eine probable Ansicht (opinio). Das Finden der Argumente leistet die Topik (Dialektik), indem sie «Orte» (loci, τόποι) als Fundgrube für Argumente an die Hand gibt. Nach BOETHIUS sind diese loci entweder allgemeine Maximen (locus maxima, «Gemeinplätze») oder Gesichtspunkte (locus differentia maximae) wie Definition, Gattung, Wesenseigentümlichkeit usw., unter denen die in der Frage vor-

kommenden Begriffe zum Auffinden eines Argumentes zu betrachten sind [6].

Während das heute auch entwicklungsgeschichtlich zu deutende Verhältnis zwischen der aristotelischen Dialektik und Analytik in dieser schon von CICERO gewiesenen [7] und von BOETHIUS [8] ausgeführten Weise bestimmt wurde, stellte sich das Mittelalter ebensowenig wie ARISTOTELES selbst die Frage nach dem Verhältnis dieser Methodenlehre zur mathematischen A. Das wurde ein wesentliches Problem der späteren Geschichte dieser Methodentradition.

Man versteht diese weitere Geschichte aber nur dann angemessen, wenn man die empfindliche Lücke sieht, die in der aristotelisch-boethianischen Methodenlehre blieb: Es gab keine Methode der Invention demonstrativer Prämissen, was das Lehrstück der «inventio medii» (s. d.) mit der nur formalen Bestimmung des gesuchten Mittelbegriffes ja nicht leistet. In der spanischen Scholastik suchte PETRUS DA FONSECA diese Lücke dadurch zu schließen, daß er die topische Invention, freilich beschränkt auf einige loci, auch als Methode der Invention wissenschaftlicher, notwendiger Argumente behauptete [9]. Noch LEIBNIZ hält bei aller damals üblichen, auch von ihm geübten [10] Kritik an der Topik daran fest, daß wenigstens einer der von da Fonseca genannten «loci», die Definition, Fundgrube und Mittel wissenschaftlichen Beweisens ist: «Demonstrationum autem unus locus est: definitio» [11]. Wenn in solcher Weise auch unter bestimmten (etwa von DUNS SCOTUS angenommenen) metaphysischen Voraussetzungen die A. und S. von Begriffen als Methode der Wissenschaft (der Metaphysik) gelten kann, so steht dem doch die von THOMAS übernommene aristotelische Auffassung gegenüber, daß eine aus Gattung und Artunterschied gebildete Definition noch «dialektisch und leer» [12], die A. und S. von bloßen Begriffen die Methode der Dialektik, nicht der Wissenschaft sei [13].

Das Fehlen einer Methode demonstrativer Invention wurde in der Scholastik aber meistens dadurch überspielt, daß man in der judikativen A., statt auf die Metaphysik oder Physik eigenen Wissenschaftsprinzipien zurückzugehen, auf jene allgemeinen, aus der Tradition entnommenen Maximen wie z. B.: «quidquid recipitur ad modum recipientis recipitur» (was aufgenommen wird, wird nach Art und Weise des Aufnehmenden aufgenommen) zurückgriff, die gemäß der eigenen Wissenschaftslehre nicht wissenschaftliche, in geklärten Grundbegriffen fundierte, sondern nur «dialektische Axiome» (s. d.) sind. DESCARTES, LEIBNIZ und CHR. WOLFF übten daher nur eine einleuchtende immanente Kritik, als sie der Scholastik vorwarfen, im Bereich der Dialektik, des Wahrscheinlichen, verblieben zu sein und «statt wahrhaft allgemeiner Axiome topische Regeln, die Ausnahmen nicht ausschließen, gebraucht» zu haben [14].

Die genannte Schwierigkeit war freilich zu umgehen, indem man auch in Theologie und Metaphysik more geometrico wie EUKLID mit den Wissenschaftsprinzipien begann und von ihnen her die Theoreme der Wissenschaft begründete, wie es nach Vorbildern auch des 12. Jh. vor allem in der Theoremata-Literatur der Hochscholastik geschah [15]. Während beim Ausgang von probablen Ansichten die S. nach Abschluß der judikativen A. rückschauende Betrachtung des Gefundenen und Beurteilten ist – so wird die Kontemplation im Rahmen dieser Methodentradition bestimmt [16] –, muß S. dann, wenn sie von der A. isoliert wird, nach deren Abschluß sie als Methode der Exposition dienen kann, auch als Methode der Invention fungieren, was CHR. WOLFF später gegen seine anfängliche Meinung ausdrücklich als möglich und legitim verteidigt hat [17].

Wie sehr diese geometrische S. zu Beginn der Neuzeit, in der z. B. J. FABER STAPULENSIS oder J. B. MORIN metaphysische Probleme «mathematico more» behandelt hatte, als die wissenschaftliche Methode schlechthin gilt, zeigt MERSENNES Bitte an Descartes, die Ergebnisse seiner ‹Meditationen› gemäß der «Methode der Geometer» zusammenfassend darzulegen. Das gab DESCARTES Gelegenheit, erneut zu begründen, weshalb er in den ‹Meditationen› «allein den Weg der A.» gegangen sei. Er weist darauf hin, daß die «ersten Notionen», die dem Beweis geometrischer Sätze zugrunde liegen, in ihrer Konvenienz mit dem sinnlichen Vorstellen leicht faßlich seien, weshalb die S. in der Geometrie nach vorheriger A. durchaus angemessen und nützlich sei; die «Hauptschwierigkeit» der Metaphysik aber liege gerade darin, ihre «ersten Notionen», d. h. ihre Grundbegriffe und Grundwahrheiten, zu gewinnen und klar und distinkt zu fassen. Während Descartes damit einen aristotelischen Gedanken aufnimmt, geht er über Aristoteles hinaus mit der Erklärung, die S. sei grundsätzlich durch eine A. bedingt; denn während die A. «den wahren Weg zeigt, wie eine Sache methodisch gefunden worden ist und sehen läßt, wie die Wirkungen von ihren Ursachen abhängen», ... «lehrt die S. nicht den Weg, auf dem die Sache gefunden wurde», und «prüft gleichsam die Ursachen durch ihre Wirkungen» [18]. Die ‹Logik von Port-Royal› [19] verdeutlicht, was Descartes Gemeinte, indem sie die A. mit einer Genealogie vergleicht, die über die Eltern, Großeltern usw. zu einem aufzuspürenden Ahnherrn (z. B. August dem Starken) aufsteigt, die S. mit dem umgekehrten Prozeß. Dieser Vergleich zeigt auch, daß die S. offensichtlich leicht ins Unübersehbare führt und viele zwar richtige, aber für die Frage uninteressante Folgerungen ergeben kann, zum anderen und vor allem aber macht er deutlich, daß in der S. dann, wenn man nicht aus beliebigen Prinzipien oft unübersehbar viele Folgerungen ziehen, sondern ein Problem lösen will (die Genealogie einer bestimmten Person angeben), eine hypothetische Vorwegnahme der Lösung schon mit dem Ansatz der Prinzipien geschieht. Damit ist nun aber auch deutlich, daß die aristotelische Wissenschaftslehre eine Abwandlung der mathematischen A. ist; denn deren hypothetischer Vorwegnahme der Lösung entspricht die dialektisch gewonnene probable Ansicht, dem Rückgang zu Bekanntem oder zu Prinzipien die judikative A., und hier wie dort bildet eine S. den Abschluß. Die mathematische A. ist freilich – und das unterscheidet sie von der aristotelischen Wissenschaftslehre – nicht an die Syllogistik gebunden, sie kann auch satzlogisch oder im Sinn des cartesianischen Deduktionsbegriffes intuitionistisch durchgeführt werden.

Hinter den von Descartes erreichten Stand der Methodenreflexion fiel LEIBNIZ – aber in seiner Zeit wohl nur er – sicher nicht zurück. Auch bei ihm sind A. und S., in vielfacher Bedeutung gebraucht, Schlüsselbegriffe der Methodologie [20]. Den in der Tat verwirrenden Sprachgebrauch des Pappus, nach dem die zweigliedrige mathematische A. wiederum aus einer A. und S. besteht, scheint LEIBNIZ nicht zu übernehmen, obwohl er verschiedentlich Pappus nennt [21]. Aber ähnlich wie Descartes betont er, daß eine isolierte S. zur Problemlösung «gewöhnlich nicht genügt»; denn in der S. alle erforderlichen Kombinationen durchführen hieße oft «das Meer austrinken». In diesem «Labyrinth» gibt die A. den Ariadne-Faden ab [22].

Eine tiefgreifende Differenz zwischen Descartes und Leibniz liegt jedoch darin, daß DESCARTES in seinem Intuitionismus in der Logik und deren Formalismus nur eine «lästige Fessel sah, die man abzustreifen hat», während LEIBNIZ als «Schöpfer der Logistik» hingestellt werden konnte, mit dem «der Sonnenaufgang» der mathematischen Logik beginne [23]. Damit ist zugleich gesagt, daß für Leibniz die «logische A. jeder Argumentation, durch die ihre Richtigkeit bewiesen wird» («analysis omnis argumentationis logica, qua demonstrari possit eius bonitas») [24], nicht mehr lediglich in der Rückführung auf die Figuren und Modi der aristotelischen Syllogistik besteht [25]. Vielleicht läßt sich von seiner Hochschätzung des logischen Formalismus auch verstehen, daß für Leibniz die S. letztlich die «vollkommenste Methode» ist: «Wenn man einmal diese synthetische Methode hätte, würde es nichts Herrlicheres und Leichteres als sie geben. Aber bevor ihre Elemente, d. h. die ersten Notionen, einfachsten Axiome und die ersten Wahrheiten erstellt werden, ist eine schwierige und langwierige A. nötig. ... Schwer irren jedoch diejenigen, die einen Vorrang der A. vor der S. annehmen, da die A. dazu eingerichtet ist, eine vollkommene S. zu erfinden» [26].

Die vollkommene S., die Leibniz im Auge hat, ist die Ars combinatoria der Scientia generalis, die durch logische Kombination der Grundbegriffe nicht nur alle bekannten Wahrheiten allgemein verständlich auszudrücken erlaubt, sondern auch neue Wahrheiten in ungeahntem Maße finden lassen soll. Da diese Kombinationen durch eine A. geleitet sind, kann Leibniz, obwohl die Kombination natürlich S. ist, auch von «kombinatorischer A.» sprechen [27]. Voraussetzung dafür ist freilich eine solche «A. unserer Begriffe» oder «A. der Gedanken» [28], daß die ersten einfachen Begriffe in einem «Alphabetum cogitationum humanarum» zusammengefaßt und derart in der Characteristica universalis (s. d.) durch Zeichen repräsentiert werden, daß mit diesen logische Operationen rechnerisch durchgeführt werden können. Es fehlt freilich nicht an skeptischen Äußerungen Leibnizens über die Realisierung dieses Programms: «Eine A. der Begriffe, in der wir zu den Grundbegriffen (notiones primitivae) kommen können, scheint nicht hinreichend in menschlicher Macht zu stehen», wohl dagegen «die A. von Wahrheiten» im Beweisen durch Reduktion auf unbeweisbare Grundwahrheiten [29].

Im Blick auf seine allgemeine Charakteristik handelt Leibniz übrigens auch über eine «A. der Sprache» [30], und es verdient ebenfalls erwähnt zu werden, daß er «das Geheimnis der A. der Physik» (analysis physica) darin sieht, die konfusen sinnlichen Qualitäten auf distinkt faßbare quantitative Verhältnisse zurückzuführen [31].

Bei SPINOZA und CHR. WOLFF ist von einer die S. vermittelnden A. nicht die Rede, vielmehr wird die isoliert genommene geometrische S. einfachhin als «wissenschaftliche Methode» oder «mathematische Methode» hingestellt [32]. Die herrschende Überzeugung, alles mathematice vorbringen zu müssen, veranlaßte F. C. BILFINGER zu dem Spott: «Man trinkt? Sie schlürfen mathematice ihren Wein ... Sie lieben mathematice, küssen mathematice, tanzen mathematice ... und, wenn sie etwas ärgert, toben sie auch mathematice» [33].

Selbst KANT, der, wie vor ihm A. RÜDIGER [34], die dogmatische Anwendung der mathematisch-synthetischen Methode kritisierte, weil es «namhafte und wesentliche Unterschiede» in der Erkenntnis und Begriffsbildung der Philosophie und der Mathematik gäbe, hält daran fest, daß man «in der Metaphysik synthetisch» wird verfahren und «dereinst der strengen Methode des berühmten Wolf» wird folgen können, «wenn die A. uns wird zu deutlich und ausführlich verstandenen Begriffen verholfen haben» [35].

HEGEL hat dagegen in der von Descartes bis Heidegger so oft geäußerten Überzeugung, daß «bisher die Philosophie ihre Methode noch nicht gefunden» habe [36], die geometrische S. eindeutig und entschieden abgelehnt; sie sei «für spekulativen Inhalt unbrauchbar» und daher «ganz und gar unpassend für Philosophie» [37], zumal die Definitionen und Axiome, welche die wesentlichen Momente des Systems schon vollendet enthielten, selbst nicht abgeleitet, sondern vorausgesetzt würden [38]. Hegels eigene Methode, die Dialektik (s. d.), hebt aber A. und S. auf, sie ist in einer Hinsicht zwar «analytisch, ... aber ebensosehr synthetisch» [39].

Wenn es schon schwer ist, klar anzugeben, was Dialektik als Methode nach Hegel ist, so dürfte es noch schwerer sein anzugeben, was etwa die in der Dialektik «aufgehobene» A. noch ist. Hegel selbst scheint das Wort schon früh in der Bedeutung von «wissenschaftlicher Untersuchung» zu gebrauchen [40], und wenn an exponierter Stelle der ‹Logik› von der «A. des Anfangs» die Rede ist [41], dürfte kaum anderes damit gemeint sein.

Ein solcher Gebrauch von ‹A.›, schon bei Zeller belegt [42], findet sich auch bei MARX, der in der ‹Kritik der Hegelschen Rechtsphilosophie› von einer «kritischen A. des modernen Staates» spricht [43]. LENIN unterscheidet dann noch eine «deduktive, logische» und eine «induktive, historische A.», aber er kann auch ganz allgemein von «theoretischer A.» sprechen und die «genaue A. der ökonomischen Wirklichkeit und der politischen Situation» fordern [44]. Statt diesen Sprachgebrauch noch aus anderen Schulen und Richtungen weiter zu belegen, sei nur noch vermerkt, daß nach MAO TSE-TUNG «die analytische Methode die dialektische Methode» ist. «Die sogenannte A. besteht nur darin, die Widersprüche in Handlungen und Dingen zu analysieren». Derart «für konkrete Verhältnisse eine konkrete A. zu liefern», sei das, worin nach Lenin «das grundlegende Wesen und der lebendige Geist des Marxismus bestünde» [45].

In diesem Überblick über die in der Tradition der aristotelischen Wissenschaftslehre stehende Begriffsgeschichte von ‹A.› und ‹S.› darf schließlich ein Hinweis auf den einschlägigen Sprachgebrauch in der *analytischen Philosophie* (s. d.) nicht fehlen, die sich gegen die Verachtung der formalen Logik in den philosophischen Spekulationen besonders des Idealismus wandte und «Scheinprobleme in der Philosophie» [46] aufzudecken unternahm. Aber das etwa von R. CARNAP formulierte Programm, «durch logische A. den Erkenntnisgehalt der wissenschaftlichen Sätze und damit die Bedeutung der in den Sätzen auftretenden Wörter (‹Begriffe›) klarzustellen», führt nicht nur zur genannten Kritik der Metaphysik, sondern auch zur Klärung innerhalb der empirischen Wissenschaften [47]. Erläuterungen über den Begriff der logischen A. selbst werden freilich innerhalb der analytischen Philosophie wenig gegeben – «RUSSELL has never stated what he means by analysis» [48] –, aber selbstverständlich handelt es sich bei der «logischen A.» einmal hier wie in der Tradition um die A. der Folgerichtigkeit als Rückführung von Folgerungen auf ihre logische Form. Zum anderen hat die logische A. jetzt die Aufgabe, die «Unzulänglichkeit ... der natürlichen grammatischen Syntax» durch Erstellung «einer logisch korrekt aufgebauten Syntax» zu beheben, weshalb logische A. auch Umformung von Sätzen, die in der natürlich-grammatischen Syntax ausgedrückt sind, in solche Sätze bedeutet, die in logischer Syntax konstruiert sind [49]. Endlich ist logische A. die Rückführung vieldeutiger oder unklarer Ausdrücke auf eine eindeutige (definierte) Bedeutung, z. B. die Ausschaltung der umgangssprachlichen Mehrdeutigkeit der Kopula ‹ist› u. a. durch Einführung des Existenzoperators. Neuerdings ist diese letztgenannte logische A. «semantische» im Unterschied zur vorgenannten «syntaktischen A.» genannt worden [50].

Es charakterisiert den *Neopositivismus*, daß er seine A. der Bedeutung von Wörtern und Sätzen, die CARNAP «erkenntnistheoretische A.» genannt hatte [51], als Reduktion auf «Protokoll-» oder «Basissätze» versteht [52], während es bei den *späten* WITTGENSTEIN, der zwar noch des Ausdrücke ‹A.› und ‹analysieren› gebraucht [53], um die Reduktion von Ausdrücken und Sätzen gerade nicht mehr auf eine universale Wissenschaftssprache, sondern auf Funktionen in der Lebenswelt geht. Kontrovers ist endlich die Frage, ob Gegenstand der A. sprachliche Zeichen als physikalische Gegenstände oder aber die nicht mehr empirisch gegebenen Bedeutungen, Urteile oder Aussagen als «psychische Entitäten» sind [54].

Anmerkungen. [1] Vgl. Anm. [10 zu 1]. – [2] Vgl. die in Anm. [13 zu 1] genannten Arbeiten. – [3] THOMAS VON AQUIN, In Post. Anal., Prooem (6). – [4] ebda. – [5] De trin. 6, 1, hg. DECKER 211, 18. – [6] BOETHIUS, De diff. top. II. MPL 64, 1185ff. – [7] CICERO, Top. 2, 6, hg. G. FRIEDRICH (1912) 426. – [8] BOETHIUS, In Top. Cic. I. MPL 64, 1047; De diff. top. I. MPL 64, 1174. – [9] PETRUS DA FONSECA: Institutiones dialecticae VII, 9 (Köln 1610) 368 oder (Ingolstadt 1611) 379f. – [10] LEIBNIZ, Discours touchant la méthode de la certitude et l'art d'inventer. Philos. Schriften, hg. GERHARDT (= PSG) 7, 183. – [11] LEIBNIZ, Dissertatio de arte combinatoria, Probl. II. PSG 4, 69f. – [12] Vgl. ARISTOTELES, De an. I, 1, 403 a 1f.; THOMAS, In de an. I, 1 (15); vgl. jedoch ARIST., Topik VI, 4, 141 b 25ff. – [13] Vgl. THOMAS, In Met. 4, 4 (573f.) und In Post. Anal I, 20 (171); vgl. auch dieselbe These bei PETRUS RAMUS nach H. SCHEPERS: A. Rüdigers Methodol. ... (1959) 24 Anm. 1. – [14] LEIBNIZ, De primae philosophiae emendatione. PSG 4, 468. – [15] Vgl. K. BALIĆ: Bemerkungen zur Verwendung mathematischer Beweise und zu den Theoremata bei scholastischen Schriftstellern, in: Wiss. und Weisheit 3 (1936) 191-217. – [16] Vgl. ALBERTUS MAGNUS, De praedicabilibus I, 3. Opera, hg. JAMMY 1, 3f. – [17] Vgl. H. WUTTKE: Chr. Wolffs eigene Lebensbeschreibung mit einer Abh. über Wolff (1841) 134f. – [18] DESCARTES, Med., II Resp. Oeuvres, hg. ADAM/TANNERY 7, 155f.; 9 (1) 121f. – [19] Logique de Port-Royal, hg. CH. JOURDAIN (1869) 335. – [20] Vgl. z. B. die zahlreichen Belege zu ‹Analysis›, ‹compositio›, ‹resolutio› und ‹Synthesis› im Index bei L. COUTURAT: Opuscules et fragments inédits de Leibniz (Paris 1903, Nachdruck 1961) 6. – [21] Vgl. die in Anm. [10 zu 2] gegebenen Belege; ferner L. COUTURAT: La logique de Leibniz (Paris 1901, Nachdruck 1961) 265f. – [22] LEIBNIZ, Nouveaux Essais IV, 2, § 7. PSG 5, 350. – [23] H. SCHOLZ: Abriß der Gesch. der Logik (²1959) 48f.; vgl. zum Gegensatz zwischen Descartes und Leibniz auch Y. BELAVAL: Leibniz critique de Descartes (Paris 1960) bes. 23-83. – [24] COUTURAT, a. a. O. [21] 221. – [25] Vgl. a. a. O. 36. – [26] 159. – [27] Vgl. dazu H. SCHEPERS: Leibniz' Arbeiten zu einer Reformation der Kategorien. Z. philos. Forsch. 20 (1966) 544. – [28] Vgl. zu diesen Termini COUTURAT, a. a. O. [21] 351. 389. 518 u. ö. – [29] 514. – [30] 351ff. – [31] 190. – [32] Vgl. SPINOZA, Werke, hg. BRUDER 1, 3ff.; CHR. WOLFF, Ontologia, Prol. §§ 4. 6f. – [33] F. C. BILFINGER: Definitiones, Theoremata et Quaestiones nostra aetate in controversias vocata (Lipsiae 1738) 309ff. – [34] Vgl. SCHEPERS, a. a. O. [13] bes. 117ff. – [35] KANT, Untersuch. über die Deutlichkeit der Grundsätze ... II. Akad.-A. 2, 283. 290; KrV B XXXVI. – [36] HEGEL, Wiss. der Logik, hg. LASSON 1, 35. – [37] a. a. O. 35f.; vgl. 2, 485ff. – [38] Vorles. über die Gesch. der Philos. Werke, hg. GLOCKNER 19, 374. 378. 400. – [39] Logik a. a. O. [36] 2, 491; vgl. Enzyklop., hg. NICOLIN/PÖGGELER 239. 195. – [40] Vgl. Glauben und Wissen, hg. LASSON (1962) 24 und 77. – [41] Logik a. a. O. [36] 59. – [42] Vgl. Anm. [23 zu 1]. – [43] MARX, Werke, hg. Inst. für Marxismus 1, 384. – [44] LENIN, Werke, hg. Inst. für Marxismus 38, 319; 23, 59. – [45] Das Rote Buch, Worte des Vorsitzenden MAO-TSE-TUNG, hg. T. GRIMM (1967) 99. – [46] Vgl. R. CARNAP: Scheinprobleme in der Philos., hg. G. PATZIG (1966). – [47] Überwindung der Met. durch logische A. der Sprache. Erkenntnis 2 (1931/32) 218. – [48] M. WEITZ, in: The encyclop. of philos. 1, 99. – [49] CARNAP, a. a. O. [47] 227f. – [50] H. DELIUS, Einl. in G. E. MOORE: Eine Verteidigung des Common Sense, hg. H. DELIUS (1969) 15. – [51] CARNAP, a. a. O. [46] 9. – [52] Vgl. CARNAP, a. a. O. [47] 222. – [53] Vgl. L. WITTGENSTEIN: Philos. Untersuch. Schriften (1960) 321f. 337f. – [54] Vgl. DELIUS, a. a. O. [50] 20ff.

5. Die *Begriffs-A.* und die ihr entsprechende S. werden seit ALBINOS und PROKLOS auch ‹divisive (dihairetische)› und ‹definitive (horistische) Methode› genannt [1]. Der Verbindung von platonischer Dihairesis (s. d.), die noch vor der Scheidung zwischen Logik und Ontologie steht, und aristotelischer A. von Begriffen entspricht eine in der Tradition dieser Methode wiederholt begegnende Verflechtung von Metaphysik und Logik.

Zwar rechnet etwa THOMAS VON AQUIN die A. bloßer Begriffe entschieden zur vorwissenschaftlichen Dialektik [2]; eine Ausnahme bildet nur die synthetische Begriffsbildung der Mathematik, deren so gebildete «Gegenstände» daher als Konstruktionen des Verstandes erscheinen [3]; auch die synthetische Bildung der transzendentalen Begriffe durch «Hinzufügungen» zum ersterkannten Begriff «ens», dem Endpunkt dieser A. [4], setzt die nicht durch begriffliche Abstraktion (s. d.), sondern durch «Separation» geschehene Gewinnung des Gegenstandes der Metaphysik voraus, sollen sie für diese, nicht nur für die Dialektik, Gültigkeit haben.

Nach BONAVENTURA ist die Begriffs-A. aber der erste Schritt einer reflexiven A. der Erkenntnis, die das expliziert, was unentfaltet in einer vorgegebenen Erkenntnis enthalten ist. Es wäre aber eine nur halb («semiplene») durchgeführte A., bliebe man bei der Erkenntnis stehen, daß z. B. ein Tier auch Lebewesen, Körper und Seiendes ist. Sofern es nämlich auch als unvollkommenes und in begrenzter Weise Seiendes erkannt wird, liegt in dieser Erkenntnis, da «Privationen und Defekte in keiner Weise erkennbar sind außer durch die Positionen» [5], eine Kenntnis des vollkommenen unbegrenzten Seienden oder des göttlichen Seins beschlossen, die der «vollständig analysierende» Intellekt aufdeckt [6].

Für DUNS SCOTUS ist die Begriffs-A. insofern Methode der Metaphysik, als jedem Wesensbegriff eine natura communis (s. d.) im Individuum entspricht. «Die A. der Begriffe kommt» aber «in einigen ersten Begriffen zum Stehen» [7], unter denen der Begriff «seiend» der allgemeinste und grundlegendste ist. Mit ihm, als «Wesenswas» verstanden (ens quidditative sumptum), das von Wirklichem und Möglichem als dessen notwendige Grundstruktur univok ausgesagt werden kann, ist der Bereich der Metaphysik eröffnet [8].

Vielleicht ließe sich die schon genannte, von LEIBNIZ unternommene A. der Begriffe [9] genauer und tiefer verstehen, interpretierte man sie im Blick auf diese, sie vielleicht gar mitbestimmenden Traditionen.

Anmerkungen. [1] Vgl. UEBERWEG/PRAECHTER 1 (¹²1926) 542; zur Gesch. dieser Methodentradition H. SCHEPERS: A. Rüdigers Methodol. ... (1959) 22. – [2] Vgl. Anm. [13 zu 4]. – [3] Vgl. THOMAS VON AQUIN, In Phys. 4, 23 (629); 3, 12 (392); In Met. 3, 12 (491); In Post. Anal. 1, 41 (359f.). – [4] Vgl. hg. DECKER 212, 15f. – [5] BONAVENTURA, Itin. III, 3. – [6] ebda; I Sent. 28, dub. 1. – [7] DUNS SCOTUS, Theor. IX. Opera, hg. WADDING 3, 275. – [8] Vgl. W. KLUXEN: Bedeutung und Funktion der Allgemeinbegriffe in ... skotistischen Denken, in: De doctrina J. Duns Scoti (Rom 1968) 2, 229ff. – [9] Vgl. Anm. [28 zu 4]; H. SCHEPERS: Begriffs-A. und Kategorialsynthese. Zur Verflechtung von Logik und Met. bei Leibniz, in: Akten des int. Leibniz-Kongresses 1966 (1969) 34ff.

6. Die erstmals von ALEXANDER VON APHRODISIAS als Methode gefaßte «*natürliche A.*», d. h. die Rückführung eines natürlichen Körpers auf seine Elemente, Ursachen und Prinzipien, war Bestandteil einer Methodentradition, die mindestens bis zu LEIBNIZ führt, der eine «doppelte A.» der Körper, einmal in verschiedene Qualitäten, dann der Qualitäten in Ursachen und Gründe (Gesetze) lehrt [1]. Sofern aber «die letzte A. der Naturgesetze» zu Gott führen soll [2], ergibt sich eine Parallele zur platonischen Auffassung der natürlichen A. bei SCOTTUS ERIUGENA, nach dem «die Individuen in Formen, die Formen in Gattungen, die Gattungen in Wesenheiten, diese in die göttliche Weisheit» analysiert werden [3]. Wie dieser Rückgang zum göttlichen Sein als Methode philosophischen Erkennens gefaßt werden kann – da eine reale, «chemische» A. der Körper hier nicht gemeint ist –, dürfte erstmals BONAVENTURA mit seiner bei der A. der Begriffe ansetzenden reflexiven Erkenntnis-A. gezeigt haben, die ja auch zur letzten Ursache der *erkannten* Körper führt.

In Verbindung platonischer und aristotelischer Motive hat dann THOMAS VON AQUIN die natürliche A. als Methode reflexiver Erkenntnis-A., wenn auch nicht eigentlich ausgearbeitet, so doch des öfteren skizziert. Danach führt die «A. der Erkenntnis» [4] von den sprachlichen Zeichen (verbum exterius), in denen sich die Erkenntnis äußert, «analytisch» [5] zurück auf die konkreten Begriffe und Aussagen als verbum interius und zeigt den weiteren als deren Prinzipien sinnliche Anschauung (phantasmata), abstrakte (s. d.) Wesensbegriffe (species intelligibiles) und das als dem Intellekt immanentes Resultat apriorischen Erkennens verstandene allgemeine Sein (lumen intellectus agentis) auf [6]. Sofern aber mit dem Wesensbegriff das spezifische Wesen einer Sache erkannt ist – das ist die von Descartes im Blick auf die moderne Naturwissenschaft kritisierte Voraussetzung der thomistischen A. der Erkenntnis –, läßt sich zeigen, daß menschliche Erkenntnis ihren ersten Gegenstand, das in seinem spezifischen Wesen oder in seiner Wesensform erkannte materielle Seiende von dessen Prinzipien Form (s. d.), Materie und Sein her konzipiert. Deshalb bedeutet die Abstraktion (s. d.) eines Wesensbegriffes einen in der Erkenntnis geschehenden und von ihr reflex zu erschließenden Rückgang auf die Prinzipien des erkannten Seienden im Sinn der natürlichen A. Aber auch nach Thomas führt die A. der Erkenntnis letztlich zur ausdrücklichen Erkenntnis des göttlichen, «subsistierenden Seins», das stets «implizit in jedem Erkannten miterkannt» ist [7].

Indem die historische Forschung diese der späteren Scholastik und der Neuscholastik unbekannt gebliebene, offensichtlich der transzendentalen Methode (s. d.) ähnliche Methode der Metaphysik wiedererschließt und in die gegenwärtige Problemdiskussion einbringt [8], dürfte sie zugleich deutlich machen, daß die Methodenreflexion der Metaphysik heute Hermeneutik als eine schon von Aristoteles vollzogene, aber doch kaum reflektierte Methode der Philosophie [9] einbeziehen muß [10].

Anmerkungen. [1] LEIBNIZ, De modo perveniendi ad veram Corporum Analysin. Philos. Schriften, hg. GERHARDT 7, 268. – [2] Tentamen Anagogicum a. a. O. 270. – [3] SCOTTUS ERIUGENA, De div. nat. II, 1. MPL 122. 526. – [4] THOMAS, III Sent. 24, 1, 2, 2; IV Sent. 9, 4, 1; De ver. 12, 3, 2. u. ö. – [5] Vgl. I Sent. 1, Exp. – [6] Vgl. L. OEING-HANHOFF: Wesen und Formen der Abstraktion nach Thomas von Aquin. Philos. Jb. 71 (1963) 14ff. – [7] THOMAS, De ver. 22, 2 und ebda. ad 2. – [8] Vgl. L. OEING-HANHOFF: Die Methoden der Met. im MA, in: Die Met. im MA, hg. P. WILPERT (1963) 71-91; Sprache und Met., in: Das Problem der Sprache, hg. H.-G. GADAMER (1967) 449-468; Descartes und der Fortschritt der Met. (Habil.-Schrift Münster 1961, Ms.). – [9] Vgl. J. RITTER: Met. und Politik. Stud. zu Aristoteles und Hegel (1969) 64; E. TUGENDHAT, Rezension von W. WIELAND: Die aristot. Physik, in: Gnomon 35 (1963) 554f. – [10] Vgl. E. CORETH: Met. (²1964); Grundfragen der Hermeneutik (1969).

7. Zum *gegenwärtigen* philosophischen Sprachgebrauch von A., der teils durch die genannten Traditionen [1], teils durch Übernahme der abgeblaßten Bedeutung von ‹A.› gekennzeichnet ist [2], gehört auch die Aneignung des Begriffs ‹A.› aus der *Psychoanalyse* (s. d.), wobei dann unbewußte Motive für Theorien ideologiekritisch «analysiert» oder zum Verständnis historischer Texte und Prozesse «aufgedeckt» werden [3]. Nicht geringe methodische Bedeutung hat endlich die Form- und Struktur-A. (s. d.), nach der philosophische Texte von ihrer literarischen Form oder von ihrer argumentativen bzw. wissenschaftstheoretischen Struktur her interpretiert werden. Das können begriffsgeschichtliche A. nicht leisten, deren Grenze aber vor allem darin liegen dürfte, daß sie die einzelnen Begriffe aus der umfassenderen geschichtlichen Bewegung des philosophischen Gedankens lösen. Vielleicht kann eine gerade um diesen Zusammenhang bemühte Geschichte des Methodenproblems zeigen, daß in der wachsenden und differenzierter werdenden Methodenreflexion der Fortschritt der Metaphysik liegt.

Anmerkungen. [1] Vgl. N. HARTMANN: Der Aufbau der realen Welt (²1949) 587ff. – [2] Vgl. die Rede von «funktionaler», «operationeller», «deskriptiver», «philos.», «positivistischer», «kritischer», «gesch.», usw. A. bei H. MARCUSE: Der eindimensionale Mensch (1967) 127. 135. 138. 184. 194. 207. 237. – [3] Vgl. L. OEING-HANHOFF: Psychotherapie des philos. Bewußtseins. Zu H. Blumenberg, Die Legitimität der Neuzeit. Philos. Jb. 76 (1968/69) 428ff.
L. OEING-HANHOFF

Analysis fidei ist der Titel für ein nachtridentinisches, besonders im 19./20. Jh. diskutiertes theologisches Problem; es wird gefragt, auf welchem Fundament der (kirchliche Autoritäts-)Glaube letztlich ruhe (ultima resolutio fidei). Der Gläubige glaubt «um der Autorität des offenbarenden Gottes willen, der sich nicht täuschen noch selbst täuschen kann» [1], ist aber dieser Autorität als redender erst gewiß, wenn er die Glaubwürdigkeit Gottes erkannt hat (wobei diese innere Glaubwürdigkeit des Wortes Gottes von seiner äußeren Glaubwürdigkeit: daß das Wort Gottes im Predigtwort der Kirche tatsächlich gegeben ist, unterschieden wird). Wie verhalten sich für den Glaubensakt diese beiden Faktoren (Autorität Gottes und Glaubwürdigkeitsurteil) im Glaubenden zueinander? Ein Lösungstyp sieht in der Glaubenszustimmung einen Doppelakt; die Zustimmung zum Glaubensinhalt ist Folge derjenigen zum Glaubensmotiv: Ich glaube die Trinität, weil ich (durch Glauben, so SUÁREZ, oder durch Evidenz, so DE LUGO, FRANZELIN) festhalte, daß Gott sie geoffenbart hat. Bei dem anderen Lösungstyp erfaßt die Glaubenszustimmung Gottes Wahrhaftigkeit und was er offenbart per modum unius lebendig-konkret. Die Erkenntnis der Glaubwürdigkeitsgründe hat nur die Aufgabe, dem Glaubenden Gott in den Blick zu bringen. Nach THOMAS VON AQUIN geht die Glaubensgewißheit auf das Glaubenslicht zurück, das dem Menschen den sich offenbarenden Gott und was er spricht hell macht [2]. Nach P. ROUSSELOT wird sogar die Glaubwürdigkeitserkenntnis als natürliche «in wechselseitiger Priorität» mit Glaubensmotiv und -inhalt durch die Glaubensgnade «gesehen» [3].

Anmerkungen. [1] Vaticanum I, vgl. DENZINGER/SCHÖNMETZER Nr. 3008. – [2] THOMAS, S. theol. II/II, 1, 5 ad 1 bzw. 4 ad 3. – [3] P. ROUSSELOT: Die Augen des Glaubens (1910, dtsch. 1963) 29.

Literaturhinweise. M. J. SCHEEBEN: Kath. Dogmatik 1 (1873, ³1959). – S. HARENT: Foi. Dict. de théol. cath. 6 (1920). – F. SCHLAGENHAUFEN: Die Glaubensgewißheit und ihre Begründung in der Neuscholastik. Z. kath. Theol. 56 (1932). – E. SEITERICH: Wege der Glaubensbegründung nach der sog. Immanenzapologetik (1938). – R. AUBERT: Le problème de l'acte de foi (1945, ³1958). – F. MALMBERG: A.f. Lex. Theol. u. Kirche 1 (²1957). – J. TRÜTSCH und J. PFAMMATTER: Der Glaube, in: J. FEINER und M. LÖHRER: Mysterium salutis 1 (1965). – H. BOUILLARD: Logik des Glaubens (1966). A. KOLPING

Analytik. In der ‹Kritik der reinen Vernunft› sind die beiden Abteilungen der Logik mit ‹A.› und ‹Dialektik› überschrieben. In der transzendentalphilosophischen Wende bekommen alle drei Begriffe in der Verbindung mit ‹transzendental› eine neue, die alte Unterscheidung bewußt aufnehmende und auf eine höhere Stufe hebende Bedeutung; jedoch gilt auch weiterhin für KANT die traditionelle Bestimmung der A. Der Bereich der Logik als A. behandelt die «Form der Wahrheit», nicht deren Inhalt, da sie nur «Erkenntnis der bloßen Form nach» sein kann. Die A., die als der eine Teil der allgemeinen Logik Prinzipien aller logischen (formalen) Beurteilung der Erkenntnis bereitstellt, ist so für Kant in der allgemeinen Bedeutung der «wenigstens negative Probierstein der Wahrheit». Da diese A. nur die Form der Erkenntnis in «allgemeinen und notwendigen Regeln des Verstandes» überprüfen kann, ist die A. «bloß ein Kanon zur Beurteilung» und kein «Organon zur wirklichen Hervorbringung» inhaltlicher Erkenntnis. Dieses «vermeinte Organon» sei die Dialektik (traditionell: Topik), die Kant seit der «sophistischen Kunst» nur als eine «Logik des Scheins», der «Würde der Philosophie auf keine Weise gemäß», bezeichnet [1].

Wie die neuere Kantforschung auch für andere Begriffe nachgewiesen hat [2], stammen «beide Termini und ihr spezifischer Gebrauch bei Kant aus der deutschen Tradition des 17. und 18. Jh.» [3], die ihrerseits an Aristoteles und an die Geschichte der Aristoteleskommentare anknüpft [4]. Die beiden Hauptteile der logischen Schriften des ARISTOTELES, schon sehr früh unter dem Namen ‹Organon› zusammengefaßt, heißen ‹A.› und ‹Topik›. Die A. als Apodeiktik (ἀποδεικτικόν) ist in der Beschäftigung mit den Urteilen, Begriffen, Syllogismen, Definitionen usw. die logische Lehre des Allgemeinen, Gleichbleibenden und Notwendigen: «Grundzug des apodeiktischen Verfahrens» ist es, daß die «Producte des Denkens ... allmälig auf ein Actuelles, begrifflich Ursächliches und Einfaches zurückgeführt und in derartige Principien aufgelöst werden (ἀναλύειν). Darum bezeichnet Aristoteles die Apodeiktik als Ἀναλυτικά und ihre Methode als ἀναλυτικῶς» [5]. Schon bei den *Stoikern* geht die aristotelische Unterscheidung verloren. Logik wird mit Dialektik gleichgesetzt und ist den römischen Philosophen in der Betonung der Rhetorik die Kunst des richtigen Sprechens und Argumentierens. Auch in der weiteren Geschichte, sowohl des Platonismus-Ramismus als auch der Scholastik, wird die Logik weitgehend als Topik bzw. Dialektik behandelt, wenn auch z. B. THOMAS den Begriff ‹analytica› als «demonstrativa scientia» aufgreift [6]. 1473 lag der lateinische und 1495 der griechische Text des ‹Organons› gedruckt vor. Im Rückgriff auf den Originaltext des Aristoteles wird durch die Humanisten nach der «inneren Auflösung der mittelalterlichen Scholastik nach einer Reform der Logik von Grund auf» [7] gesucht, die ein echtes Organon und Prüfstein des Wissens sein soll. Nicht mehr die Wahrscheinlichkeitsdialektik der argumentatio, sondern die auf begrifflicher Notwendigkeit fußende A. steht für die Altaristoteliker ab L. MAIOLUS [8] im Vordergrund. A., instrumenta doctrinorum, und Dialektik, methodus disputandi, sind auch für MONLORIUS, VIOTTUS, BERTIUS, ZABARELLA und ALBERIUS wesensverschieden [9]. «Mit Philippe Canaye bekam diese Unterscheidung auch äußerlich sichtbar eine maßgebende Bedeutung: seine Logik von 1589 ist schon im Titel in eine A. und eine Dialektik eingeteilt» [10]. Auch die *Logiker von Altdorf* bauen gegenüber der exoterischen Dialektik, die eine Logik des bloß subjektiven Meinens oder höchstens eine Propädeutik sei, die akroamatische, streng wissenschaftliche, auf festem Wissen gründende A. auf. PH. SCHERBIUS stellt das Programm der A. auf: «Analytice ... unum hoc agit, ut veritatem rerum in omnibus artibus et disciplinis docendis assequamur ... Ἀναλύειν enim est rem vocare ad suas causas et principia» [11]. Diese Auffassung hat sich dann entgegen den zu Anfang des 17. Jh. noch vorherrschenden ramistischen Lehren [12] durchgesetzt, so durch PICCART und STAHL [13] u. a. Die dominierende Stellung der A. wird durch historische Untersuchungen (J. WOWER [14]) über Ursprung und Bedeutung der Termini und durch systematische Unterscheidung weiter gefestigt [15], wobei zu beachten ist, daß zumindest in den deutschen Darstellungen die Dialektik in der Reihenfolge der A. voranging.

Erstmals bei J. G. DARJES [16] ist die A. vorangestellt. Seine A. ist anders als für die Wolffianer nicht nur eine ars demonstrandi, sondern eine ars inveniendi: «scientia de regulis inveniendi veritates cum certitudine» [17]. «Seine A. behandelt: die Begriffe und Definitionen und deren Ursprung entweder a priori oder a posteriori, die diskursiven Urteile ... die zusammengesetzten Schlüsse, die Aequipollenz der Sätze, die gewöhnlichen Schlüsse ... weiterhin die Beweisführungen ... die Hermeneutik, die Kritik ... die Mitteilung der Wahrheit, die Art, die Wahrheit zu bekämpfen und zu verteidigen» [18].

KANT hat sich mit der Philosophie Darjes' auseinandergesetzt und hat vielleicht die ihm u. a. durch Darjes vermittelten aristotelischen Begriffe zur Absetzung von der wolffischen Begrifflichkeit aufgenommen. Gegenüber der logischen Behandlung der Zergliederung der Begriffe in der traditionellen A. will die transzendentale A. eine «Zergliederung des Verstandesvermögens selbst» leisten, «um die Möglichkeit der Begriffe a priori ... zu erforschen» [19]. Die zu analysierenden Begriffe müssen rein, dem Denken zugehörig, elementar und vollständig sein [20]. Kant findet sie analog zu den Urteilsformen in den Kategorien. Das erste Geschäft der A. in bezug auf den Verstand ist also die vollständige Analyse und Deduktion der Kategorien. Während es eine A. der Vernunft für Kant nicht geben kann – ein transzendentaler Gebrauch ihrer Begriffe ist illegitim –, muß die Urteilskraft, das dritte obere Erkenntnisvermögen neben Verstand und Vernunft, einen Kanon haben, der die Bedingungen der Regeln erhält, mit denen die Verstandesbegriffe auf Erscheinungen angewandt werden können. Dies ist die «Analytik der Grundsätze» [21], deren Möglichkeit Kant in dem Schematismus-Kapitel erläutert [22]. In Entsprechung zur ersten Kritik gliedern sich auch die ‹Kritik der praktischen Vernunft› in ‹A.› und ‹Dialektik der reinen praktischen Vernunft› und die ‹Kritik der Urteilskraft› in ‹A.› und ‹Dialektik der ästhetischen und teleologischen Urteilskraft› [23].

Anmerkungen. [1] KANT, KrV B 83-86; vgl. Logik. Akad.-A. 9, 16f. – [2] Vgl. N. HINSKE: Kants Weg zur Transzendenzphilos. (1970). – [3] G. TONELLI: Der hist. Ursprung der kant. Termini ‹A.› und ‹Dialektik›. Arch. Begriffsgesch. 7 (1962) 120 u. passim auch für das Folgende. – [4] Vgl. G. TONELLI: Das Wiederaufleben der dtsch.-aristot. Terminologie bei Kant während der Entstehung der ‹Kritik der reinen Vernunft›. Arch. Begriffsgesch. 9 (1964) 233–242. – [5] C. PRANTL: Gesch. der Logik im Abendlande 1 (1855) 116. – [6] Vgl. TONELLI, a. a. O. [3] 125ff.; THOMAS, S. theol. II, 53, 4 c. – [7] W. RISSE: Die Logik der Neuzeit 1 (1964) 13 und passim. – [8] L. MAIOLUS: Epiphyllides in dialecticis (Venetiis 1497). – [9] B. VIOTTUS: De demonstratione (Turin 1560, Helmstadii 1661); P. BERTIUS: Logicae peripateticae 1-6 (Argentorati 1616); C. ALBERIUS: Peri hermeneias seu de enuntiationibus (Lausannae 1557); Categoriae (Lausannae 1576); Organon (Morgiis 1584); vgl. TONELLI, a. a. O. [3] 126f.; RISSE, a. a. O. [7] 205f. 296. – [10] TONELLI [3] 127; PH. CANAYE: L'organe, c'est à dire l'instrument du discours, divisé en deux parties, scavoir est, l'Analytique, pour discourir veritablement, et la Dialectique, pour discourir probablement (1589, Genf 1627). – [11] zit. RISSE, a. a. O. [7] 301; PH. SCHERBIUS: Theses Philosophicae (Ambergae 1603) Theses 11f. – [12] z. B. P. FONSECA: Institutionum dialecticarum 1-8 (Lissabon 1564, Coloniae 1605). – [13] Vgl. Philosophia Altdorphina, hg. J. P. FELWINGER (Noribergae 1644); D. STAHL: Quaestiones logicae (Jenae 1662); vgl. FR. BECHMANN: Institutiones logicae ex Aristotele (1664); M. ZEIDLER: Introductio in lectionem Aristotelis (Regiomonti 1689). – [14] J. WOWER: De Polymathia tractatio (Lipsiae 1665). – [15] JOH. CLAUBERG: Opera omnia philos. (Amstelodami 1691); vgl. P. GASSENDI: Opera omnia (Lugduni 1658) 1, 32; vgl. PH. L. BÖHMER: Logica positiva sive Dialectica & Analytica (Jenae 1687). – [16] J. G. DARJES: Introductio in Artem Inveniendi, seu Logicam theoretico-practicam, qua Analytica atque Dialectica in usum et iussu auditorum suorum methodo iis commoda proponuntur (1732). – [17] zit. TONELLI a. a. O. [3] 135. – [18] a. a. O. 135f. – [19] KANT, KrV B 90. – [20] a. a. O. B 89. – [21] B 169ff. – [22] B 176ff. – [23] Vgl. Akad.-A. 5.

Literaturhinweise. C. PRANTL s. Anm. [5]. – G. TONELLI s. Anm. [3]. – W. RISSE s. Anm. [7].   R. KUHLEN

Analytik des Daseins (existenziale Analytik). Für M. HEIDEGGER [1] dient «die ontologische A.d.D.» [2] der «Freilegung des Horizontes für eine Interpretation des Sinnes von Sein überhaupt» [3]. Das Dasein enthüllt sich im Blick auf diese Aufgabe «als das Seiende, das zuvor ontologisch zureichend ausgearbeitet sein muß» [4], wenn die Seinsfrage durchsichtig werden soll. «Die Seinsfrage ist dann aber nichts anderes als die Radikalisierung einer zum Dasein selbst gehörigen wesenhaften Seinstendenz, des vorontologischen Seinsverständnisses» [5].

Anmerkungen. [1] M. HEIDEGGER: Sein und Zeit (⁹1960). – [2] a. a. O. 15. – [3] ebda. – [4] 14. – [5] 15.

Literaturhinweis. O. PÖGGELER: Der Denkweg Martin Heideggers (1963) 49, bes. 53-59.   P. PROBST

Analytisch/synthetisch

I. Der heutige Gebrauch der Termini ‹analytisch/synthetisch› ist ganz durch die von KANT gesetzte Tradition und Konzeption bestimmt, nach der diese Ausdrücke eine vollständige disjunktive Einteilung aller möglichen Aussagen erlauben. Die zeitgenössische Situation ist dabei weithin bestimmt durch eine kritische Haltung gegenüber diesen Kantischen Termini und den damit verknüpften Bestimmungen, die jedoch in sehr verschiedene Richtungen zielt. Teils versucht man, die Formulierungen Kants, in denen er diese Termini einführt und die durch sie bezeichnete Unterscheidung charakterisiert, von Unzulänglichkeiten zu befreien und präzisere Definitionen (namentlich des Begriffs der Analytizität) zu gewinnen; teils widmet man sich der Entwicklung prinzipieller Probleme, die bei dem Versuch solcher Präzisierungen auftreten; teils wird Sinn und Möglichkeit der von Kant angestrebten Unterscheidung aller Urteile in analytische und synthetische überhaupt in Frage gestellt. Eine Darstellung dieser beiden philosophischen Termini wird daher weitgehend eine Darstellung der Typen von Problemen sein müssen, die durch ihre Verwendung erwachsen.

A. In der Einleitung zur ‹Kritik der reinen Vernunft› führt KANT die Termini ‹analytisch› und ‹synthetisch› als Ausdrücke ein, die das Verhältnis beschreiben, in dem Subjektsbegriff und Prädikatsbegriff in einem gegebenen Urteil zueinander stehen: «In allen Urteilen, worinnen das Verhältnis eines Subjekts zum Prädikat gedacht wird, ... ist dieses Verhältnis auf zweierlei Art möglich. Entweder das Prädikat B gehört zum Subjekt A als etwas, was in diesem Begriffe A (versteckterweise) enthalten ist; oder B liegt ganz außer dem Begriff A, ob es zwar mit demselben in Verknüpfung steht. Im ersten Fall nenne ich das Urteil analytisch, im anderen synthetisch» [1]. Der Ausdruck ‹analytisch› kennzeichnet daher solche Urteile, die «durch das Prädikat nichts zum Begriff des Subjekts hinzutun, sondern diesen nur durch Zergliederung in seine Teilbegriffe zerfällen, die in selbigem schon, (obschon verworren) gedacht waren». ‹Synthetisch› heißen dementsprechend solche Urteile, die «zu dem Begriffe des Subjekts ein Prädikat hinzutun, welches in jenem gar nicht gedacht war, und durch keine Zergliederung desselben hätte können herausgezogen werden» [2]. Die damit bezeichneten Verhältnisse von Subjekt zu Prädikat in einem Urteil macht Kant zur Grundlage einer vollständigen disjunktiven Einteilung aller möglichen Urteile überhaupt in die beiden einander ausschließenden Klassen der analytischen und der synthetischen Urteile.

Schon an diese elementaren Bestimmungen Kants hat sich Kritik und Problematik geknüpft, von denen hier nur drei Bereiche genannt seien:

(1) Kant berücksichtigt bei der eben gegebenen Aufteilung aller Urteile in entweder analytische oder synthetische, die als Einteilungskriterium das Verhältnis von Urteilssubjekt zu Urteilsprädikat ansetzt, nicht, daß die Klasse aller möglichen sinnvollen Urteile auch solche Urteile enthält, die nicht eine Subjekt-Prädikat-Struktur besitzen (z. B. Urteile, die eine Relation aussagen, wie «Peter ist der Bruder von Hans» oder «Peter liebt Emma», oder Urteile, die in einer Verbindung von mehreren Urteilen bestehen, wie «Peter ist der Bruder von Hans, und Peter liebt Emma»). Um daher die Kantische Einteilung aller überhaupt möglichen sinnvollen Urteile in entweder analytische oder synthetische zu einer vollständigen disjunktiven Klassifikation werden zu lassen, muß die Definition der Termini so erweitert werden, daß sie nicht nur auf Urteile der Subjekt-Prädikat-Struktur paßt.

(2) Die zitierten Formulierungen, durch die Kant die hier thematisierten Ausdrücke einführt, enthalten Elemente, die ihm den Vorwurf eingetragen haben, er rede dabei «psychologistisch»; so z. B. die Formulierung, daß in analytischen Urteilen das Prädikat im Begriff des Subjekts schon (obschon verworren) mitgedacht ist. Es könnte dadurch der Anschein entstehen, als drücke der Ausdruck ‹analytisch› nur eine Besonderheit des menschlichen Denkens aus oder sogar nur des Denkens bestimmter Einzelpersonen, insofern von diesen in bezug auf bestimmte Worte oder Begriffe bestimmte Inhalte «mitgedacht» bzw. nicht «mitgedacht» werden. Es wird jedoch allgemein gesehen, daß es durchaus nicht Kants Absicht war, mit der Einführung der Termini ‹analytisch› und ‹synthetisch› etwas über die subjektiven Bedingungen menschlichen Denkens auszusagen, sondern vielmehr etwas über die Struktur von Urteilen oder Aussagen als solchen, einerlei ob sie vom Menschen gedacht werden oder nicht. Der Vorwurf des «Psychologismus» trifft daher nur eine Schwäche der Formulierungen Kants – diese allerdings mit Recht.

(3) Schwerer wiegen Fragen, die sich an Kants Verwendung der Ausdrücke ‹Urteil›, ‹Prädikat› und ‹Subjekt› bzw. ‹Prädikatsbegriff› und ‹Subjektsbegriff› knüpfen. Der Ausdruck ‹analytisch› (und entsprechend der Ausdruck ‹synthetisch›) bezeichnet eine Eigenschaft von Urteilen, nämlich das Verhältnis vom Prädikat (Prädikatsbegriff) zum Subjekt (Subjektsbegriff) in einem Urteil. Es erwächst die Frage, was hier mit der Rede von einem ‹Urteil› sowie von ‹Begriffen›, als in ihm enthaltenen Elementen, gemeint ist. Es ist bekanntlich möglich und in vielen Hinsichten sinnvoll, folgende Unterscheidungen zu machen bzw. folgende differenzierende Terminologie einzuführen:

1. ‹Satz› als Bezeichnung für eine Folge von akustisch oder optisch wahrnehmbaren (oder entsprechend vorstellbaren) Zeichen, die bestimmten syntaktischen Regeln einer Sprache gemäß gebildet ist. In diesem Sinne von ‹Satz› sind z. B. die Zeichenfolgen «Das Parlament hat entschieden» und «Parliament has decided» zwei verschiedene Sätze; denn es sind zwei optisch bzw. akustisch deutlich verschiedene Zeichenfolgen, und sie gehören überdies verschiedenen Sprachen an.

2. ‹Urteil› (in der neueren deutschen Terminologie ‹Aussage›, in der englischen ‹proposition›) als Bezeichnung für das, was durch einen Satz – oder durch mehrere Sätze – ausgedrückt wird, bzw. für das, was jemand mit einem Satz meint oder was den Sinn dieses Satzes – oder mehrerer Sätze – bildet. Das mit ‹Urteil› – oder (wie wir im folgenden vorzugsweise sagen werden) mit ‹Aussage› – Bezeichnete unterscheidet sich insofern deutlich von dem, was der Ausdruck ‹Satz› bezeichnet, als es als etwas aufgefaßt werden kann, das dasselbe ist, auch wenn es von verschiedenen Sätzen ausgedrückt wird. In diesem Sinne drücken z. B. die Sätze «Das Parlament hat entschieden» und «Parliament has decided» dieselbe Aussage (dasselbe Urteil) aus.

3. ‹Tatsache› als Bezeichnung für das, was einer Aussage – wenn sie wahr ist – in einer (wie immer näher zu bestimmenden) nicht-sprachlichen Wirklichkeit entspricht, gleichsam den «Gegenstand» dieser Aussage, d. h. das, «worüber» sie eine Aussage ist, bildet. Im Falle unseres Beispiels also die Tatsache, daß irgendein Parlament zu irgendeinem bestimmten Zeitpunkt (über irgendeine bestimmte Sache) entschieden hat. Daß die Tatsachen wiederum von den Sätzen und den durch sie ausgedrückten Aussagen als ein Drittes unterschieden werden müssen, wird durch den Umstand demonstriert, daß es Sätze und durch sie ausgedrückte sinnvolle Aussagen gibt, denen keine Tatsachen entsprechen (der Fall aller unwahren Aussagen).

Das damit für die Ausdrücke ‹Satz›, ‹Aussage›, ‹Tatsache› Gesagte gilt entsprechend für das Verhältnis von ‹Wort›, ‹Begriff› und ‹Sache›: ‹Wort› ist der Name irgendeines etwas benennenden, ausdrückenden oder bezeichnenden Zeichens; ‹Begriff› der Name für das, was ein Wortzeichen ausdrückt, das seinen Sinn oder seine Bedeutung ausmacht; ‹Sache› oder ‹Ding› die Bezeichnung für ein Element einer nicht-sprachlichen Wirklichkeit, auf das man sich mit einem Wort bezieht.

Das in den damit skizzierten Unterscheidungen unter 2. aufgeführte Element unterliegt einer alten, tiefgehenden und verzweigten Problematik, die darin begründet ist, daß die unter 2. genannten Entitäten (die Aussagen und die Begriffe) im Gegensatz zu den unter 1. (Sätze und Worte) und 3. (Tatsachen und Sachen) genannten Entitäten nicht in den Bereich des empirisch Aufweisbaren gehören.

Betrachtet man Kants Definitionen unter dem Gesichtspunkt der skizzierten Unterscheidungen, so wird leicht deutlich, daß er die Ausdrücke ‹analytisch› und ‹synthetisch› weder als Prädikate von Sätzen noch als Prädikate von Tatsachen bzw. Verhältnissen von Dingen oder Eigenschaften zueinander eingeführt hat, sondern vielmehr gerade als Bezeichnungen für Strukturen jenes Bereiches, der als der Bereich der Begriffe (Bedeutungen) und Urteile (Aussagen) jener viel erörterten und bislang ungelösten Problematik ausgesetzt ist. Diese Problematik ist im Rahmen dieses Artikels nicht zu entwickeln. Sie ist jedoch im Auge zu behalten, wenn bei der folgenden Behandlung der Ausdrücke ‹analytisch› und ‹synthetisch› – in Übereinstimmung mit dem vorherrschenden zeitgenössischen Wortgebrauch – von der Anwendung dieser Termini auf Aussagen bzw. Begriffe gesprochen werden wird.

Als Beispiel einer in der neuesten Geschichte der Philosophie vertretenen Auffassung, nach der die Kantische Unterscheidung zwischen analytischen und synthetischen Urteilen keineswegs in ihrer Anwendung auf Aussagen oder deren Strukturen begründet ist, sondern in einem nicht-sprachlichen Sachbereich (der allerdings auf nicht-empirische Entitäten – Wesen und deren Beziehungen zueinander – erweitert ist), sei diejenige HUSSERLS genannt [3]. Nach Husserl verdienen die Kantischen Unterscheidungen – deren Vollständigkeitsanspruch er übernimmt – «keineswegs klassisch genannt zu werden». Der Unterschied zwischen der Klasse analytischer und der Klasse synthetischer Aussagen gründet nach ihm in einem Unterschied zwischen einem Sachbereich formaler Wesen und Wesensgesetze und einem solchen materialer Wesen und Wesensgesetze. Analytische Aussagen sind nach ihm solche, die über einen Zusammenhang zwischen «Formwesen» aussagen, synthetische hingegen solche, die über materiale Wesen bzw. deren Zusammenhänge etwas aussagen. Nach ihm bezeichnen also die Prädikate ‹analytisch› und ‹synthetisch› primär Unterschiede der Gegenstandsbereiche, über welche Aussagen gemacht werden, und erst sekundär Strukturen der so gemachten Aussagen. Diese Konzeption ist allerdings nicht nur der Vielzahl von Einwänden ausgesetzt, die sich prinzipiell gegen die Annahme von Wesen und Wesensgesetzen (als der Annahme einer nicht-empirischen Wirklichkeit) erheben lassen, sondern auch Bedenken, die Husserl selbst später erhoben hat [4].

Anmerkungen. [1] KANT, KrV A 6/7. – [2] KrV A 7. – [3] E. HUSSERL: Log. Untersuchungen 2 (¹1900/01) 1. Teil: Lehre von den Ganzen und Teilen. – [4] Ideen zu einer reinen Phänomenol. und phänomenol. Philos. 1. Buch (1913) Beilage 3.

B. Neben dem bisher Ausgeführten hat KANT jedoch noch eine zweite Bestimmung zur Charakterisierung der analytischen Aussagen (und damit korrelativ auch der synthetischen) gegeben, die in einen weiteren Bereich von Problemen führt und bis in die jüngste Diskussion hinein stärker als die vorgenannte gewirkt hat. Dabei treten die Termini ‹analytisch› und ‹synthetisch› nicht nur als Beschreibungen der Strukturen von Aussagen auf, sondern – jedenfalls der Ausdruck ‹analytisch› – auch als Beschreibung des Grundes oder der Bedingungen der Wahrheit von Aussagen. Diese zweite Bestimmung des Ausdrucks ‹analytisch› bezieht Kant nämlich auf die Rede von der Wahrheit eines Urteils. Er formuliert: «... wenn das Urteil analytisch ist, ..., so muß dessen Wahrheit jederzeit nach dem Satze des Widerspruchs hinreichend können erkannte werden» [1]. Diese Erklärung Kants, nach der eine Aussage dann ‹analytisch› heißt, wenn von ihr gilt, daß ihre Negation eine Kontradiktion ist bzw. enthält, ist bis in die jüngste Diskussion hinein das beherrschende Kriterium analytischer Aussagen geblieben. Was mit dieser Bestimmung Kants gemeint ist, ist leicht zu verdeutlichen: Faßt man das, was Kant den ‹Subjektsbegriff› nennt, als eine Menge von Prädikaten auf (welche auf die unter den Subjektsbegriff fallenden Gegenstände gleichzeitig zutreffen) – z. B. den Subjektsbegriff, den das Wort ‹Zucker› ausdrückt, als Menge der Prädikate *weiß*, *süß*, *hart* –, so wäre ein analytisches Urteil ein solches, an dessen Prädikatstelle ein Element der Prädikaten-Menge auftritt, die den Subjektsbegriff bildet. Der Satz: «Wenn etwas Zucker ist, so ist es weiß», ließe sich danach auflösen in den Satz: «Wenn etwas weiß, süß und hart ist, so ist es weiß.» Aus der Negation dieses Satzes folgt: «Es gibt etwas, das weiß, süß und hart, aber nicht weiß ist.» Diese Aussage enthält die Kontradiktion: «Es gibt etwas, das weiß ist und nicht weiß ist.» In diesem Sinne kann die Wahrheit jedes analytischen Satzes (d. h. bei Kant also jedes Satzes, an dessen Prädikatstelle ein Element der Menge von Prädikaten auftritt, die dessen Subjektsbegriff bildet) «nach dem Satze des Widerspruchs erkannt werden», also daran, daß seine Negation eine Kontradiktion ist oder enthält. – Es sei hier nur angemerkt, daß alle Versuche, die Analytizität eines Satzes mit Hilfe dieses Kriteriums zu bestimmen, freilich den Schwierigkeiten ausgesetzt sind, die dem Begriff und der Gültigkeit logischer Gesetze (wie des Satzes vom Widerspruch) anhängen.

Korrelativ zu der damit referierten Bestimmung analytischer Sätze, wonach deren Wahrheit nach dem Satz des Widerspruchs erkannt werden kann, tritt gelegentlich auch die Bezeichnung dieser Sätze als ‹identischer› auf. Diese freilich etwas laxe Terminologie hat ihren Grund in der Auffassung, daß bei analytischen Aussagen Prädikatsbegriff und Subjektsbegriff ganz oder teilweise identisch sind.

Aus dem Gesagten wird bereits deutlich, warum die Prädikate ‹analytisch› und ‹synthetisch› späterhin nicht nur als Prädikate für Aussagen und ihre Strukturen gebraucht wurden, sondern zugleich auch als Prädikate für den Grund der Wahrheit von Aussagen, insofern nämlich diese ihnen schon und allein auf Grund des Verhältnisses von Prädikatsbegriff zu Subjektsbegriff zukommt (wie bei den analytischen Aussagen) oder nicht zukommt (wie bei den synthetischen). Die Ausdrücke ‹analytische (synthetische) Aussage› und ‹analytische (synthetische) Wahrheit› werden daher weithin als Synonyme verwendet.

In neuerer Zeit hat G. FREGE den Kantischen Bestimmungen, die er damit jedoch nur zu präzisieren meint, eine etwas andere Wendung gegeben, indem er die Auffassung vertritt, daß die Prädikate ‹analytisch› und ‹synthetisch› (ebenso wie die Prädikate ‹a priori› und ‹a posteriori›) nicht sowohl die Struktur oder (wie Frege sagt) den Inhalt der Urteile betreffen, sondern vielmehr «die Berechtigung zur Urteilsfällung». Wenn man eine Aussage ‹analytisch› oder ‹synthetisch› nennt, so urteilt man nach Frege damit darüber, «worauf im tiefsten Grunde die Berechtigung des Fürwahrhaltens beruht». Frege formuliert in diesem Zusammenhang weiter: «Es kommt nun darauf an, den Beweis zu finden und ihn bis auf die Urwahrheiten zurückzuverfolgen. Stößt man auf diesem Wege nur auf die allgemeinen logischen Gesetze und auf Definitionen, so hat man eine analytische Wahrheit ... Wenn es aber nicht möglich ist, den Beweis zu führen, ohne Wahrheiten zu benutzen, welche nicht allgemein logischer Natur sind, sondern sich auf ein besonderes Wissensgebiet beziehen, so ist der Satz ein synthetischer» [2].

Diese Formulierung Freges, welche die Art charakterisiert, in der das Kantische Kriterium eines Unterschiedes zwischen analytischen und synthetischen Aussagen in der modernen Diskussion aufgenommen worden ist, läßt ferner deutlich werden, daß und warum in dieser Diskussion die Ausdrücke ‹analytisch wahr› und ‹logisch wahr› (und ebenso die Ausdrücke ‹synthetisch wahr› und ‹faktisch (empirisch) wahr›) weithin eine synonyme Verwendung finden. In dem Sinne ist oder impliziert denn auch die Problematik der analytischen Wahrheit die der logischen Wahrheit.

In der zeitgenössischen Diskussion des Themenbereiches, den das disjunktive Begriffspaar ‹analytisch/synthetisch› bezeichnet, dominiert die Erörterung des Begriffs des Analytischen. Das ist einerseits bedingt durch die verzweigte Problematik der sogenannten notwendigen oder logischen oder formalen Wahrheit überhaupt, die mit diesem Begriff mitgemeint ist; andererseits dadurch, daß man vielfach – um den Vollständigkeitsanspruch der Disjunktion analytisch/synthetisch zu garantieren – ‹synthetisch› als synonym für ‹nicht-analytisch› einsetzt, in welchem Fall eine Klärung des Begriffs synthetischer Wahrheit durch eine solche der analytischen Wahrheit schon mitgeleistet wäre.

Als Ausgangspunkt für eine Übersicht über den Stand der Erörterungen kann die folgende Liste von Definitionsversuchen für den Ausdruck ‹analytisch› gelten (A stehe dabei als Variable für eine beliebige sinnvolle Aussage):

(a) A ist analytisch = A ist in allen möglichen Welten wahr. – (b) A ist analytisch = A ist für jede Zustandsbeschreibung wahr. – (c) A ist analytisch = A kann unmöglich falsch sein. – (d) A ist analytisch = Nicht-A ist kontradiktorisch. – (e) A ist analytisch = A kann aufgrund von Definitionen in eine logische Wahrheit verwandelt werden. – (f) A ist analytisch = A ist entweder logisch wahr oder kann durch Einsetzen von Synonymen für Synonyme in eine logisch wahre Aussage verwandelt werden. – (g) A ist analytisch = A ist wahr allein aufgrund der Bedeutung der in ihm vorkommenden Ausdrücke und unabhängig von Tatsachen [3].

Eine Formulierung der Art (a) findet sich zuerst bei LEIBNIZ [4]. In neuerer Zeit ist sie aufgenommen worden z. B. von C. I. LEWIS [5]. Auch die unter (b) gegebene Formulierung, die auf R. CARNAP zurückgeht [6], wäre hierher zu rechnen, da Carnap unter ‹Zustandsbeschreibung› «eine vollständige Beschreibung einer möglichen Welt versteht». Definitionsvorschläge dieser Art haben den Mangel, daß sie das, was analytische Wahrheit ausmacht, sozusagen nur durch die Nennung eines Begleitumstandes kennzeichnen, der immer dann eintritt, wenn eine Aussage analytisch wahr ist. Sie sagen jedoch nichts über Natur oder Grund dieses analytischen Wahrseins von Aussagen, in denen das Eintreten jenes Umstandes seine Bedingung hat.

Die Definitionsvorschläge (c) und (d) laufen beide – (c) unausdrücklich und (d) ausdrücklich – auf die Bestimmung hinaus, daß es analytischer Wahrheit eigentümlich ist, nach dem Satze des Widerspruchs erkannt werden zu können, wie Kant formulierte. Die Anwendung dieses Kriteriums führt in Fragen, die die Art der Gültigkeit des hierbei vorausgesetzten logischen Axioms oder Gesetzes (des ‹Satzes vom Widerspruch›) betreffen;

diese Gültigkeit darf dabei jedenfalls nicht als eine ihrerseits analytische in Ansatz gebracht werden, wenn ein Zirkel vermieden bleiben soll.

Die Definitionsvorschläge (e) und (f), von denen namentlich (f) von W. Quine kritisch erörtert worden ist, führen die Rede von analytischer Wahrheit auf die Rede von logischer Wahrheit zurück. Setzt man ein Inventar von logischen Partikeln (wie ‹und›, ‹wenn›, ‹oder›, ‹nicht›) als gegeben voraus, so kann man, Quine folgend, logische Wahrheit in folgender Weise definieren: Eine Aussage ist logisch wahr dann und nur dann, wenn sie wahr ist und unter allen Uminterpretationen der in ihr enthaltenen Ausdrücke – außer den logischen Partikeln – wahr bleibt [7]. Mit der zitierten Formulierung (f) führt Quine genau genommen zwei Arten analytischer Sätze ein. Beschränkt auf die erste Art, wird ‹analytisch› ein Synonym für ‹logisch wahr›. Zweitens wird der Terminus ferner solchen Sätzen zugesprochen, die ihrer Form nach nicht logisch wahr sind, die aber durch Einsetzen von Synonymen für Synonyme in logisch wahre Sätze verwandelt werden können. Ein Beispiel für die Klasse logisch wahrer Aussagen wäre der Satz: «Alle unverheirateten Männer sind unverheiratet.» Von diesem Satz gilt, daß er bei jeder beliebigen Interpretation der in ihm vorkommenden Prädikatsausdrücke wahr bleiben würde. Man sieht das leicht, wenn man das ihm entsprechende prädikatenlogische Schema bildet: $\bigwedge_x(Ux \land Mx \to Ux)$, wobei die Buchstaben U, M als Prädikatenvariablen gelten sollen. Bei jeder beliebigen Belegung der Variablen dieses Schemas würde sich eine wahre Aussage ergeben (vgl. Art. ‹Prädikatenlogik›).

Ein Beispiel für die zweite Klasse von Aussagen, die nach Quine ‹analytisch› heißen können, wäre der Satz: «Alle Junggesellen sind unverheiratet.» Dieser Satz drückt als solcher keine logisch wahre Aussage aus, denn aus dem ihm entsprechenden Schema $\bigwedge_x(Jx \to Ux)$ entsteht nicht durch jede beliebige Belegung der in ihm auftretenden Prädikatenvariablen ein wahrer Satz. Gleichwohl gilt von diesem Satz, daß er durch Einsetzen von Synonymen für Synonyme in einen Satz verwandelt werden kann, der eine logisch wahre Aussage ausdrückt. Betrachten wir die Ausdrücke ‹Junggeselle› (J) und ‹unverheirateter Mann› (UM) als Synonyme, so können wir im Beispiel also UM für J einsetzen und erhalten damit ein Schema der ersten Klasse, nämlich eines, das eine logische Wahrheit ausdrückt.

Vor allem in bezug auf analytische Aussagen der zweiten Art entwickelt Quine nun Schwierigkeiten, die seiner Meinung nach einer Definition dieses Sinnes von ‹analytisch› entgegenstehen. Er sieht sie unter anderem darin, daß hier die Definition des Terminus ‹analytisch› auf die Rede von synonymen Ausdrücken zurückgreifen muß und daß diese ihrerseits wiederum nur durch Rückgriff auf die Rede von analytischen Sätzen verdeutlicht werden kann [8]. Man könnte diesen Schwierigkeiten unter anderem dadurch auszuweichen versuchen, daß man – wie es Formulierung (e) tut – statt von einem Einsetzen von Synonymen für Synonyme von Definitionen redet. Da in einer natürlichen Sprache jedoch keine Definitionen im strengen Sinne von explizit eingeführten Regeln über die Substituierbarkeit von Ausdrücken vorliegen, so führt die Konsequenz dieses Vorschlages dahin, daß die Rede von analytischer Wahrheit auf Sätze einer natürlichen Sprache gar keine Anwendung mehr hat, sondern nur noch auf solche einer Kunstsprache, in welche die erforderlichen Substitutionsregeln (Definitionen) explizit eingeführt worden sind. Versuche einer Präzisierung des Begriffes der Analytizität durch Einführung solcher Kunstsprachen und semantischer Regeln für sie sind namentlich von R. Carnap unternommen worden. Sie tragen freilich wenig zur Lösung des Problems der analytischen Sätze bei, sofern dieses an Aussagen einer natürlichen Sprache entspringt.

Von den gegebenen Definitionsvorschlägen ist (g) der umfassendste. Die Rede von den *Bedeutungen* der Ausdrücke, als dem, worauf ausschließlich die Wahrheit (bzw. Falschheit) analytischer Aussagen beruht, ist jedoch in einer Weise zweideutig, die eine weitere und prinzipielle Problematik der Analytizität sichtbar werden läßt. Sieht man gegenwärtig von der Möglichkeit ab, unter ‹Bedeutung› eines Ausdrucks eine besondere Art nicht-empirischer, aber auch nicht-sprachlicher Entitäten zu verstehen, so ergeben sich zwei prinzipiell verschiedene Interpretationsweisen für die Rede von der Bedeutung eines Ausdrucks:

(A) Man kann sie als Rede von den Operationen, die in einer gegebenen Sprache oder einem gegebenen Kalkül für einen Ausdruck zugelassen sind, auffassen, oder auch als Rede von bestimmten Substitutionsregeln (Definitionen), die für diesen Ausdruck gelten und nach denen bestimmte andere Ausdrücke für ihn eingesetzt werden können. Diese Auffassung von der Bedeutung eines Wortes, die in der Tradition des Wiener Kreises gern dadurch ausgedrückt worden ist, daß man sagte, die Bedeutung eines Wortes seien die Regeln seines Gebrauchs, hat zu der vor allem bei den sogenannten logischen Positivisten herrschenden Auffassung geführt, analytische Sätze, als solche, die man allein auf Grund einer Kenntnis der Regeln für den Gebrauch der in ihnen auftretenden Ausdrücke als wahr bzw. falsch erkennen könne, seien Aussagen, die schlechterdings nichts an Information über die Wirklichkeit enthalten, und insofern inhaltlich leer sind. Auch bei P. F. Strawson liest man noch über die analytischen Aussagen, «that one does not in making them refer to any part of the world or to any stretch or moment of the world's history» (daß man, indem man sie macht, sich auf keinen Teil der Welt noch auf irgendein Stück ihrer Geschichte bezieht) [9]. Mit dieser Vorstellung der gänzlichen inhaltlichen Leere und Beziehungslosigkeit analytisch wahrer Aussagen zu einer Wirklichkeit der Tatsachen verbindet sich dann freilich leicht die Auffassung, daß sie «in allen möglichen Welten wahr» sind. Sie sind es, nicht etwa weil sie etwas allen möglichen Welten Gemeinsames beschrieben oder ausdrückten, sondern vielmehr, weil sie überhaupt über keine Welt irgend etwas aussagen.

(B) Andere Konsequenzen ergeben sich, wenn man die Rede von der Bedeutung eines Ausdrucks auffaßt als die Rede von inhaltlich bestimmten Elementen oder Klassen solcher Elemente einer gegebenen empirischen Wirklichkeit, auf die man sich vermittelst dieser Ausdrücke im Reden bezieht. Für manche einfache, inhaltlich sinnvolle Ausdrücke, wie etwa die Farbworte (‹rot›, ‹grün›, ‹gelb› usw.) kann von ‹Bedeutung› nur in diesem zweiten Sinne (B) gesprochen werden. Damit erhebt sich das Problem, ob Aussagen, in denen solche Ausdrücke vorkommen und die weiterhin als analytische angesprochen werden, auch immer aufgefaßt werden dürfen als solche, die keinerlei Beziehung auf eine nichtempirische Wirklichkeit der Tatsachen haben. Beispiel einer solchen Aussage ist der Satz «Wenn etwas rot ist, so ist es nicht grün» (vgl. Art. ‹Synthetische Sätze a priori›).

Entsprechend den Schwierigkeiten und Uneinigkeiten, in die die Frage führt, was mit dem Terminus ‹analytisch› – und entsprechend dann mit dem korrespondierenden Terminus ‹synthetisch› – eigentlich und genau gemeint sein soll, besteht auch keineswegs Einigkeit über die Gültigkeit des durch diese disjunktiven Termini ausgedrückten traditionellen Anspruches, eine vollständig disjunktive Einteilung aller möglichen sinnvollen Aussagen zu geben. Die Problematik läßt sich hier kurz so skizzieren: Bleibt man in den vagen Grenzen des traditionellen Gebrauchs der Termini ‹analytisch› und ‹synthetisch›, so ergeben sich Fälle von Aussagen (z. B. die eben erwähnten Farbaussagen), auf die infolge der vagen Anwendungskriterien dieser Termini sowohl der Terminus ‹analytisch› als auch der Terminus ‹synthetisch› anwendbar ist. Versucht man hingegen eine Präzisierung z. B. des Terminus ‹analytisch› etwa im Sinne von Arbeiten R. CARNAPS durch seine Einschränkung auf streng definierte Symbolsysteme, so bleiben Klassen von Aussagen übrig (z. B. wiederum die eben genannten), die dann weder unter den Titel ‹analytisch› noch unter den Titel ‹synthetisch› eingeordnet werden könnten; jedenfalls dann nicht, wenn man den Terminus ‹synthetisch› genau denjenigen Aussagen zuspricht, deren Wahrheit oder Falschheit allein durch empirische Untersuchungen festgestellt bzw. wahrscheinlich gemacht werden kann. Da die genannten Farbaussagen weder einem streng definierten Symbolsystem angehören, noch aber ihre Wahrheit allein durch empirische Untersuchungen festgestellt werden kann, müßte dann mindestens eine dritte Klasse von Aussagen neben den so präzisierend definierten Klassen der analytischen und synthetischen eingeführt werden.

In jedem dieser beiden Fälle wäre die Unbrauchbarkeit des traditionellen Schemas ‹analytisch/synthetisch› als einer vollständig disjunktiven Einteilung aller Aussagen erwiesen. Einige Forscher, namentlich W. QUINE und M. G. WHITE [10], haben sich daher mit Entschiedenheit gegen den traditionellen Gebrauch dieser Termini und die mit ihnen verbundenen disjunktiven Ansprüche gewendet. Nach ihnen sollten diese Termini, sofern sie überhaupt noch im Gebrauch bleiben, nur noch gleichsam in pragmatistischer Verflüssigung angewendet werden. ‹Analytisch› und ‹notwendig wahr› sollen – so QUINE [11] – jeweils diejenigen Aussagen in einem wissenschaftlichen System von Aussagen heißen, deren Gültigkeit man aus irgendwelchen wissenschaftspraktischen Gründen auf keinen Fall aufzugeben bereit ist; ‹synthetisch› oder ‹empirisch› entsprechend die übrigen.

Diese Vorschläge sind nicht unwidersprochen geblieben; und sicherlich tragen sie wenig zur Klärung der Unterschiede zwischen Aussagentypen bei, zu deren Gewinnung die Termini ‹analytisch› und ‹synthetisch› ursprünglich dienen sollten. Eine solche Klärung wird vermutlich nur durch eine radikale Revision und Erweiterung der alten Terminologie und Einteilung zu erreichen sein.

Anmerkungen. [1] KANT, KrV A 151. – [2] G. FREGE: Grundlagen der Arithmetik (1934) § 3. – [3] Diese Liste stützt sich auf B. MATES: Analytic sentences. Philos. Rev. 60 (1951) 525. – [4] G. W. LEIBNIZ, Philos. Schriften, hg. GERHARDT (1875-1890) z. B. 2, 51; 7, 115. – [5] C. I. LEWIS: An analysis of knowledge and valuation (La Salle 1946) 57. – [6] Vgl. R. CARNAP: Meaning and necessity (Chicago 1946) 9/10. – [7] W. QUINE: Two dogmas of empiricism, in: From a logical point of view (Cambridge, Mass. 1953) 20-47. – [8] ebda. – [9] P. F. STRAWSON: Introduction into logical theory (London 1952) 215. – [10] M. G. WHITE: Toward reunion in philos. (Cambridge, Mass. 1956). – [11] W. QUINE, a. a. O. [7].

Literaturhinweise. B. BOLZANO: Wissenschaftslehre (¹1837) §§ 148 u. 197. – H. RITZEL: Über analytische Urteile. Jb. Philos. phänomenol. Forsch. 3 (1916) 253-344. – J. BEHMANN: Sind die math. Urteile analytisch oder synthetisch? Erkenntnis 4 (1934) 1-27. – H. SCHOLZ: Zur Präzisierung der Prädikate ‹analytisch› und ‹synthetisch› in: Einführung in die Kantische Philosophie (1943/44); Abdruck in: H. SCHOLZ: Mathesis universalis, hg. H. HERMES u. a. (1961) 199ff. – K. MARC-WOGAU: Kants Lehre vom analytischen Urteil. Theoria 17 (1951) 140-154. – F. WAISMANN: Analytic-synthetic. Analysis (1949/50) 25-40; (1950/51) 25-38; (1952/53) 1-14. 73-89. – W. STEGMÜLLER: Der Begriff des synthetischen Urteils a priori und die moderne Logik. Z. philos. Forsch. (1954) 535-563. – HAO WANG: Notes on the analytic-synthetic distinction. Theoria (1955) 158-178. – A. PAP: Semantics and necessary truth (New Haven 1958). – H. PUTNAM: The analytic and the synthetic. Minnesota Stud. Philos. Sci. 3 (1962) 358-397. – H. DELIUS: Die Problematik der sog. synthetischen Sätze a priori (1963). – Encyclop. of Philos., hg. P. EDWARDS 1 (New York/London 1967) Art. ‹Analytic and synthetic statements›. – Vgl. auch Anm. [2 u. 3 zu A, 5-7 u. 10 zu B].

H. DELIUS

II. Mit dem Gegensatzpaar «analytique» und «synthétique» sondert 1818 A. W. VON SCHLEGEL [1] innerhalb des Formenwesens der flektierenden Sprachen die *zerlegenden*, umschreibenden Formen von den *vereinigenden* ungegliederten Ausdrücken. Die Unterscheidung zielt auf das jeweilige Verhältnis zwischen den begrifflichen Elementen des Formeninhalts und ihrer Wiedergabe durch die lautliche Gestalt. So ist ein Imperativ wie «nimm!», in dem die Formeninhalte (Person, Numerus, Tempus, Modus) nicht nur ohne eigenständige Kennzeichnung bleiben, sondern auch noch mit dem Wortinhalt «nehmen» untrennbar verschmolzen erscheinen, das Muster einer extrem synthetischen Form, während die Aufforderung «willst/möchtest/würdest du nehmen?» u. ä. wegen ihrer teilweisen Zuordnung der einzelnen inhaltlichen Elemente an verschiedene, deutlich voneinander abgehobene Trägergestalten dem analytischen Bau zuneigen. Aus dem Bezug auf die flektierenden Sprachen gelöst, dient das Wortpaar «analytisch/synthetisch» sodann zur Kennzeichnung der Sprachtypen überhaupt, die sich unter dem Gesichtspunkt der in ihnen vorherrschenden Formenbildung in eine Reihe ordnen lassen, die – mit abnehmender Deutlichkeit der Zergliederung – von den wurzel- und stammisolierenden über die anreihenden und agglutinierenden bis zu den flektierenden und einverleibenden reicht [2].

Die synthetischen Bildungen haben den Vorzug handlicher Kürze, neigen aber wegen der beschränkten Anzahl der Abwandlungsmöglichkeiten (vgl. z. B. den lat. oder den nhd. Genitiv mit entsprechenden Präpositionalausdrücken) zur Überbelastung der einzelnen Formen mit verschiedenen Funktionen und damit zur Mehrdeutigkeit. Dagegen sind die analytischen Bildungen nicht nur in sich durchsichtiger, sondern eröffnen vielfach auch durch ihre größere Variabilität die Möglichkeit zu feineren Unterscheidungen und damit zu genauerem Ausdruck. Zum Teil im Zusammenhang mit dem wachsenden Bedürfnis nach Differenzierung zeigen daher die indogermanischen Sprachen in ihrer geschichtlichen Entwicklung einen unverkennbaren Zug zum Übergang von der synthetischen zur analytischen Grammatik. Am weitesten sind hierin das Englische und das Neupersische fortgeschritten. Im einzelnen kommt es jedoch umgekehrt noch immer zur Ausbildung neuer synthetischer Formen aus analytischen.

Da Formen- und Wortbildung häufig (z. B. beim Ausdruck von Aspekt, Aktionsart, Negation, Genus verbi usw.) ineinandergreifen, hat man die Zweiteilung ‹analytisch/synthetisch› auch auf diese angewandt. Das führt von der Musterung auffächernder Ableitungen («Bild»:

«bild-lich», «Bild-lich-keit», «Ge-bild-e» usw.) weiter zum Vergleich des Wortbegriffs selbst mit der inhaltlichen Struktur des Wortkörpers. Begriffsanalytisches Gepräge weisen hier die im Neuhochdeutschen und im Griechischen besonders zahlreichen Komposita und Zusammenrückungen auf. Während jedoch nhd. «Apfel-baum» neben frz. «pommier» oder lat. «mālus» als hochgradig analytisches Gebilde erscheint, erweist sich umgekehrt z. B. nhd. «Sonnenuntergang» gegenüber frz. «coucher du soleil» oder ngr. δύσις τοῦ ἡλίου als die vergleichsweise synthetischere Bezeichnung. Trotz ihrer Deutlichkeit, ihres Gehaltes an Aufschlußwerten, sind die analytischen Sinnformen in der Regel dem einfachen Wort an Aussagekraft und begrifflicher Fülle unterlegen; denn niemals lassen sich sämtliche Merkmale eines Begriffes, wie sie das ungegliederte Wort (vgl. etwa «Geist», «Wille», «wahr», «wirken» usf.) unmittelbar zu vergegenwärtigen vermag, im sprachlichen Zeichen gesondert festhalten. Dieses kann vielmehr immer nur einzelne auf Kosten der übrigen hervorheben, so daß sich häufig eine störende Unstimmigkeit, nicht selten sogar ein Widerspruch zwischen dem Begriff und seiner allzu analytischen Sinnform einstellt, die sich dann mitunter zu einem Hemmnis des Denkens entwickelt. Zu Unterscheidungszwecken, beim Aufbau von Fachterminologien und als Verständnishilfen bei der Prägung neuer Begriffe leisten zwar analytische Ausdrücke oft nützliche Dienste, werden jedoch nach Erreichung des Zieles von der Sprache vielfach durch Ellipse («Bahn» statt «Eisenbahn») oder durch Verschleifung (ahd. «hiu dagu» = an diesem Tage > «heute») wieder abgebaut. Zuweilen erfolgt hierauf abermalige Analyse. So wird z. B. das zu «Jungfer» und «Juffer» erleichterte mhd. «juncfrouwe» in nhd. «Jungfrau» der Gestalt nach wiederhergestellt [3].

Als Sonderfall der analytischen Begriffsbildung ist die sogenannte *enumerative Redeweise* [4], d. h. die namentlich in den Bantu-Sprachen an bestimmten Sinnstellen obligate Zerlegung eines Handlungsablaufs (z. B. «holen») in einzelne Vorgänge («gehn» – «nehmen» – «tragen» – «geben») anzusehen. Als Stilmittel begegnet dergleichen überall. Demgemäß läßt sich das Wortpaar «analytisch/synthetisch» auch zur Kennzeichnung von Stilarten und Darstellungsweisen benützen.

Anmerkungen. [1] A. W. SCHLEGEL: Observations sur la langue et littérature provençales (Paris 1818) 16. – [2] Zu diesen Termini vgl. J. SCHRIJNEN: Einf. in das Studium der idg. Sprachwiss. (1921) 42ff.; ausführlich STEINTHAL/MISTELI: Charakteristik der hauptsächlichen Typen des Sprachbaus (²1893). – [3] Vgl. H. SCHWARZ bei GIPPER/SCHWARZ: Bibliogr. Hb. zur Sprachinhaltsforsch. 1 (1962ff.) Einl. XLVIIff. 725ff.: Bespr. zu Nr. 5836 (J. GRIMM: Über das Pedantische in der dtsch. Sprache). – [4] Vgl. a. a. O. Bespr. zu Nr. 6819 (W. HAVERS: Enumerative Redeweise, Idg. Forsch. 45, 1927, 229-251); der Terminus ‹e.R.› stammt von W. PLANERT: Die syntakt. Verhältnisse des Suaheli (1907) 97.

Literaturhinweis. H. V. VELTEN: Sprachliche Analyse und Synthese. Idg. Forsch. 53 (1935) 1-21. H. SCHWARZ

Anamnese (von griech. ἀνάμνησις, die Erinnerung, das Erinnern) bedeutet im heutigen medizinischen Sprachgebrauch das Ergebnis ärztlicher Befragung des Kranken nach der Vorgeschichte der in Frage stehenden Krankheit, darüber hinaus nach der somatischen und nötigenfalls auch der psychischen Lebensgeschichte des Kranken.

Diese sich gegenseitig ergänzende Krankheits- und Krankengeschichte ist erst in der Frühgeschichte der Klinik (Leiden und Wien, 17./18. Jh.) zum geforderten Bestandteil der diagnostischen Tätigkeit geworden.

Der im ‹Corpus Hippocraticum› geschilderte Arzt fragt seinen Kranken nicht systematisch, sondern nur gelegentlich, und seine A. (den Terminus verwenden die antiken Ärzte nicht) ist nicht der Bericht des Kranken, sondern eine subjektive Meinung des Arztes. Sie dient weniger der Diagnose als der Prognose. Sie ist aus der Krankengeschichte, wie der Arzt sie epikritisch gibt, nicht herauszulösen. Die einzige Stelle im ‹Corpus Hippocraticum›, die eine Anweisung an den Arzt enthält, eine A. im späteren Begriffssinn zu erheben, findet sich in ‹Die Leiden› [1]. Daß einer so verstandenen A. praktische Schwierigkeiten entgegenstehen, wußte schon der althippokratische Arzt [2]. Die erste ausschließlich der A. gewidmete Schrift ist RUPHOS' ‹Fragen des Arztes an den Kranken› [3]. Über ihre Bedeutung herrscht in der Medizinhistorik keine Einigkeit (Steudel; Müller).

Im lateinischen Mittelalter spielte die A. offenbar keine Rolle als diagnostisch-prognostisches Hilfsmittel [4]. RHAZES dagegen scheint sie im Sinne von Rhuphos verwendet zu haben [5]; er prangert ausdrücklich die Praktik an, durch eine A. aus dem Mund Dritter den Patienten mit vermeintlicher ärztlicher Erkenntnis zu verblüffen. Aus der frühen Consilienliteratur hebt sich I. B. MONTANUS (posthum 1559) mit der Forderung heraus, der Arzt müsse «... mit dem Kranken selbst sprechen», um alles zu erfahren, «was für die Erkennung der Krankheit wichtig ist». Hier ist der Begriff der A. (das Wort wird noch nicht gebraucht) zum erstenmal deutlich mit dem der Diagnose verknüpft. H. CAPIVACCIO (posthum 1603) [6] und A. POSSEVINUS (1603) geben erste Monographien (‹Methodus interrogandi aegrotos›). Diese pressen die A. in ein dogmatisches Lehrschema, die A. wird zur «gezielten A.».

BOERHAAVE (1738) [7] stellt in seinen klassischen Krankengeschichten die «Narratio» als chronologisch geordnete biographische A. dem – wesentlich kürzeren – eigentlichen Untersuchungsbefund voran. Dem steht im 18. Jh. bei Anhängern G. E. STAHLS (z. B. MICHAEL ALBERTI 1724) eine «Confessio aegri erga medicum» entgegen, im Sinne einer Ohrenbeichte, «weil feststeht, daß der Mensch für seine Sünden irgendwann krank wird». Meist wird die A. im ausgehenden Barock jedoch der Pathologie zugerechnet; sie ist geradezu ein Synonym für die Vorgeschichte der Krankheit, «wobei es relativ gleichgültig ist, auf welche Weise die Kenntnis um die Vorgeschichte erlangt wird, ob aus Fragen oder aus anamnestischen Zeichen, Symptomen» [8]. In der DIDEROTschen ‹Encyclopédie› gehören die «signes anamnestiques» zur (als Terminus in der Ausgabe ²1778 eingeführten) Semeiotik, gleichbewertet mit den diagnostischen und den prognostischen Zeichen [9]. Die deutsche medizinische Literatur der Aufklärungszeit kennt einige Monographien zur Praktik des «Krankenexamens». In ihm sind gelegentlich die A. in unserem Sinne und eine kathartische Selbstdarstellung des Kranken miteinander verwoben [10]. Auch sind A. und «status praesens» im Sinne der modernen Krankengeschichte noch nicht klar voneinander getrennt. Dies wird in scharfem Gegensatz dazu von der neuen «klinischen» Heilkunde SCHOENLEINS, WUNDERLICHS u. a. verworfen und dafür gefordert, die subjektive A. vom objektiven Befund klar zu trennen, wobei dem «Befund» das Primat in der Bedeutung für die Diagnose zukommt. Das heutige Verständnis der A. sichert ihr eine wesentliche Rolle auf dem Weg zu Diagnose und Therapieplan.

Anmerkungen. [1] PERÌ NOÚSON, hg. KAPFERER/STICKER III, 17/44, 37. – [2] PERÌ TÉCHNES I a. a. O. I, 2/56, 11. – [3] RHUPHOS

IATRIKÀ EROTÉMATA, hg. GÄRTNER, bes. § 2, S. 25. – [4] O. TEMKIN: Studien zum «Sinn»-Begriff in der Med. Kyklos, Jb. Inst. Gesch. Med. Leipzig 2 (1929) 48f. – [5] J. STEUDEL: Zur Gesch. der A. Ciba Symp. 5 (1958) 183. – [6] G. C. CAPPIVACCIO: Opera omnia quinque sectionibus comprehensa, hg. J. H. BAYER (1603). – [7] H. BOERHAAVE: Aphorismi de cognoscendis et curandis morbis (Rotterdam 1737). – [8] TEMPKIN, a. a. O. 57. – [9] Bd. 31, Art. ‹signe›. – [10] G. MÜLLER: Die Fragen des Arztes an den Kranken (Diss. med. Kiel 1967).   R. HERRLINGER

Anamnesis (ἀνάμνησις, [Wieder-]Erinnerung) bezeichnet als gebräuchliches Fremdwort jene nach PLATON von der Philosophie zu weckende Erinnerung an das in der Seele liegende Wissen von den Ideen, das aus einer vorgeburtlichen Schau jener wahrhaft seienden Urgestalten stammt.

1. PLATON führt seine A.-Lehre im ‹Menon› ein, um dem sophistischen Streitsatz zu begegnen, man könne das, von dem man nicht weiß, was es ist, nicht erforschen. Das Experiment mit dem Sklaven, der, durch Fragen geleitet, ihm vorher unbekanntes geometrisches Wissen aus sich hervorholt, bestätigt die dem Streitsatz entgegengesetzte These: «Forschen und Lernen ist insgesamt A.» [1].

Ihre von allen Dialogpartnern als hinreichend anerkannte sachliche Begründung findet die A.-Lehre im ‹Phaidon›. Eine Reflexion auf die stets gegebene Erkenntnis soll in folgender Weise zeigen, daß wir immer schon mehr wissen, als wir ausdrücklich und thematisch wissen: Wer z. B. gleiche Hölzer sieht, weiß im Grunde auch, daß diese nur annähernd, nicht aber vollkommen gleich sind. Man könnte aber das in der Erfahrung Gegebene nicht als defizient gleich, gut, seiend usw. erkennen, besäße man nicht ein «Vorwissen» (προειδέναι) von dem, was eigentlich, vollkommen und an sich gleich, gut, seiend usw. ist [2]. Dieses Wissen vom Vollkommenen kann nicht aus der sinnlichen Erfahrung stammen, da ihre Gegenstände nicht in vollkommener Weise sind, was sie sind. Dieses Wissen und damit «die Wahrheit dessen, was wirklich seiend ist, ist stets in der Seele» [3]. Da Wissen notwendig einen Gegenstand hat und jeder Gedanke oder Begriff Gedanke und Begriff «von etwas» sein muß [4], ist mit dem Vorwissen vom Vollkommenen auch der Gegenstandsbereich des wahrhaft und in vollkommener Weise Seienden, der Ideen als der Urgestalten aufgewiesen. Wie das sinnlich Gegebene nur von den Ideen her als defizient gleich, gut, seiend usw. erkannt werden kann, so kann es auch nur durch sie als Urbilder das sein, was es in defizienter Weise ist. Die stets bekannten, in der A. wieder erkannten Ideen sind daher die wahren Ursachen dafür, daß und was die veränderliche, unvollkommene, wahrnehmbare Wirklichkeit ist [5]. Das Geschehen, wie die selber dem Bereich der Ideen zugeordneten Seelen mit dem Wissen von den Ideen begabt worden sind, kann wie alles Geschehen im intelligiblen Bereich (z. B. das Schicksal der Seele nach dem Tod oder die Entstehung des Kosmos) nur im Mythos vorgestellt, nicht im Ideenwissen selber begriffen werden. Die vorgeburtliche Schau der Ideen schildert im Blick auf die Deutung der erotischen Liebe als eines göttlichen Wahnsinns der ‹Phaidros› [6].

In solcher Weise rechtfertigt die A.-Lehre die zusammen mit ihr im ‹Phaidon› eingeführte Ideenlehre [7], die freilich auch, wenn auch beschränkt auf die Annahme des Urschönen, begründet wird durch die im ‹Symposion› gegebene Analyse des Eros, wobei sich zeigt, daß man in der erotischen Ergriffenheit stets auch mehr liebt, als man ausdrücklich liebt. Während aber das in der A.-Lehre aufgewiesene Mehr an Wissen, z. B. von dem Gleichen an sich im Wissen von gleichen Hölzern, Ergebnis der Spontaneität des Denkens sein könnte, erweist sich das erotische Streben durch seine Unermeßlichkeit und Unstillbarkeit als letztlich betroffen, ergriffen und angezogen von etwas ihm Vorgegebenen, das nicht nur teilhaft und unvollkommen, sondern wesenhaft und schlechthin schön, also die Idee des Schönen ist. «Um jenes Urschönen willen», das stets auch bekannt sein muß, wenn anders schlechthin Unbekanntes nicht erstrebt werden kann, wird also im Letzten das nur teilhaft Schöne geliebt [8].

Wie das ‹Symposion› [9] schließt auch die ‹Politeia› mit der Ideenlehre als deren Begründung die A.-Lehre ein [10], ohne sie ausdrücklich zu explizieren. In den *Spätdialogen* kommt Platon jedoch nicht mehr auf sie zurück. Das umstrittene Problem, ob er sie aufgegeben oder modifiziert hat, läßt sich nur im Rahmen einer Gesamtinterpretation des Spätwerkes erörtern [11].

2. Die *Bedeutung* der A.-Lehre liegt darin, daß PLATON mit ihr erstmals das Problem *apriorischer* Erkenntnis behandelt [12] und im Rückgang auf apriorische Erkenntnis den Erfahrungsbereich metaphysisch überschreitet. Das hat KANT, der eben dieses Problem in der seither geläufigen Terminologie entfaltet, ausdrücklich anerkannt, wenn er auch den Gedanken einer «Wiederaufweckung weit früherer Ideen» als «schwärmerisch» ablehnt [13]. Nach ihm sind die apriorischen Anschauungsformen, Begriffe und Ideen unseres Erkenntnisvermögens dessen spontane Entwürfe und Konstruktionen, in denen unsere sinnlichen Empfindungen geformt, geordnet und gedeutet werden. Mit ihnen wird also nicht erkannt, wie die Dinge an sich sind, sondern nur wie sie uns auf Grund unserer Entwürfe und in ihnen erscheinen. Aber mag auch der mathematische Begriff «gleich», auf Erfahrungsgegebenheiten angewandt, nur gleich Erscheinendes vorstellen, dessen an sich seiende Beschaffenheit aber verdecken, so fragt es sich doch, ob es ebenso mit dem Begriff «seiend» steht. Verdeckt und verstellt auch er das sinnlich Gegebene, oder enthüllt und erschließt er es nicht gerade als das, was es ist, als das dem Erkennen vorgegebene an sich Seiende? Wird aber das vorgegebene Seiende auch noch als unvollkommen, etwa nicht wesensnotwendig seiend erkannt, stellt sich wiederum PLATONS Frage nach dem solche Erkenntnis ermöglichenden Vorwissen, das, unterscheidet man vom Seienden das in ihm stets vorverstandene Sein, auf dieses geht, so ist, was HEIDEGGER vom Problem seiner Fundamentalontologie erklärt, «der Grundakt der Metaphysik ... eine Wiedererinnerung» [14].

3. Die in solcher Weise bis in die Gegenwart reichende *Wirkungsgeschichte* der platonischen A.-Lehre beginnt mit ARISTOTELES, der nach Ablehnung der Ideenlehre ihren Wahrheitsgehalt mit der Erklärung zu bewahren suchte: «Jedes Lehren und dianoetische (begriffliche) Lernen geschieht aus vorexistierendem Wissen» [15]. In der Tat schließen ja die allgemeineren Begriffe die weniger allgemeinen ein, was ein Grund dafür ist, daß man mit den Prämissen eines Syllogismus potentiell schon die Konklusion kennt [16]. Aber umgekehrt sind auch die allgemeineren Begriffe (Lebewesen, Zweifüßer) im weniger allgemeinen Begriff (Mensch) enthalten [17]. So ist auch nach Aristoteles begriffliches Lernen der Prozeß vom latenten Vorwissen zum ausdrücklichen Wissen. Das Allgemeine aber wird nicht mit den Sinnen erfaßt [18], es zeigt sich vielmehr in den Sinnesbildern, sofern diese vom Licht der ewigen (tätigen) Vernunft erleuchtet werden [19]. Was dieses intelligible Licht sei, hat

Aristoteles nicht näher erklärt. THOMAS VON AQUIN versteht es als das erkannte Sein, sofern es erkannt wie ein Begriff oder ein inneres Wort in der Vernunft ist, d. h. als das eingeborene Wissen vom Sein, das sinnlich Gegebenes als endliches Seiendes offenbart und in dem «jegliches (speziellere) Wissen uns in gewisser Weise ursprünglich eingegeben ist» [20]. Es bedürfte nicht des ausdrücklich gegebenen Hinweises, daß jede nicht von neuem erworbene Kenntnis «memoria» genannt werden kann [21], um zu sehen, daß Thomas mit seiner Deutung des Lichtes der Vernunft auch in der Tradition der platonischen A.-Lehre steht. Damit entspricht er der Mahnung seines Lehrers ALBERTUS MAGNUS, Aristoteles *und* Platon in der Philosophie gleichermaßen zu folgen [22].

Die Harmonisierung von Platon und Aristoteles war freilich schon eine Tendenz des *Neuplatonismus*, die in der Verbindung von platonischer A.- und aristotelischer Nous-Lehre bei PLUTARCH von Athen, JAMBLICH und JOHANNES PHILOPONOS greifbar ist [23]. PROKLOS betont jedoch, daß nur die A.-Lehre, nicht aber die aristotelische Theorie der Abstraktion, den Gegebenheiten der mathematischen Erkenntnis entspräche [24]. Nach PLOTIN, der nur gelegentlich im Rahmen seiner Lehre von der Seelenwanderung der Erinnerung an das einst Geschaute den Anstoß zuschreibt, sich zur Betrachtung des wahren Seins zuzukehren [25], ist A. im eigentlichen Sinn keine mit Zeit behaftete Erinnerung, sondern ein Insichgehen der Seele, in welchem sie sich «ihres eigensten Wesens und dessen, was sie in sich trägt», bewußt wird [26]. In solchem «Sichinnerlichmachen, Insichgehen» sieht HEGEL «den tiefen Gedankensinn» des Wortes A. [27] und wiederholt damit in seiner Weise die Auslegung Plotins.

Die Auseinandersetzung und Begegnung zwischen griechischer Vernunft und *Christentum* spiegelt sich in der Wirkungsgeschichte der A.-Lehre in der Patristik. ARNOBIUS lehnt mit ihr das griechische Denken und, JUSTIN und IRENAEUS folgend, eine natürliche Unsterblichkeit der Seele ab [28]. NEMESIOS und BOETHIUS («Quod quisque discit, immemor recordatur») übernehmen mit der A.-Lehre auch die einer Präexistenz der Seele [29]. Das scheint auch AUGUSTIN zunächst getan zu haben [30], der dann aber in der endgültigen Ausarbeitung seiner memoria-Lehre Seelenwanderung und antike Kreislauftheorie ablehnte [31] und statt einer Wiedererinnerung an einst geschaute Ideen eine Erleuchtung des Geistes und eine Einsprechung der Wahrheiten durch Gott lehrt [32]. So wird der Geist, wegen seiner ständigen Selbstpräsenz «memoria» genannt [33], von Augustin in seiner personalen Bezogenheit auf Gott und damit als Subjektivität gefaßt. Nicht zuletzt mit dieser Lehre wurde Augustin Autorität für das *Mittelalter*, in dem vor allem BONAVENTURA den Weg des Geistes zu Gott als Einkehr in sich selbst, in die memoria, beschrieb, da der Geist wie ein Spiegel das Licht des in ihm widerstrahlenden göttlichen Seins zeigt [34].

Unverkennbare augustinische Züge trägt auch die am Beginn der *Neuzeit* stehende Metaphysik DESCARTES', der in der Aufgabe, Metaphysik kritisch neu zu begründen, das Experiment des universalen Zweifels macht, dabei die absolute Wahrheit des «cogito ergo sum» gewinnt und aufzeigt, daß das Bewußtsein sich nicht in unbezweifelbarer Erkenntnis als endliches bewußtes Sein verstehen könnte, besäße es nicht eingeborenes Wissen vom unendlichen Sein und die daraus resultierende eingeborene Gottesidee [35]. Solches Aufdecken eingeborener Ideen ist aber – und mit diesen Worten stellt sich Descartes in die platonische Tradition –: «mehr ein Sich-Erinnern an schon Gewußtes als ein Neuerlernen» [36].

Das die A.-Lehre tragende Argument, Defizientes könne nur im Vorblick auf das Vollkommene als solches erkannt werden, bestimmt endlich maßgeblich HEGELS Kritik an Kants Beschränkung theoretischer Erkenntnis auf den Bereich der Erscheinungen. «Es ist eine Bewußtlosigkeit», heißt es in der ‹Heidelberger Enzyklopädie› [37], «nicht einzusehen, daß eben die Bezeichnung von etwas als einem Endlichen oder Beschränkten den Beweis von der Wirklichkeit und Gegenwart des Unendlichen, Schrankenlosen enthält». Zugleich mit der Bestätigung des Grundgedankens der platonischen A.-Lehre betont Hegel jedoch, daß auch «die Platonsche Erinnerung durch Entwicklung und Erziehung» vermittelt sei [38]. Mag nämlich auch «die Wahrheit im Geiste liegen», so muß ihm doch «zum Bewußtsein gebracht werden» [39]. Der Prozeß des Bildung des theoretischen und sittlichen Bewußtseins aber ist die Geschichte, die in der Erinnerung und innerlich zu bewahren solchermaßen Bedingung des Fortbestandes und Fortschrittes der Bildung ist [40].

Anmerkungen. [1] PLATON, Menon 81 d 4f.; vgl. R. S. BLUCK: Plato's Meno (Cambridge 1961). – [2] Phaidon 74 d 9-e 4. – [3] Menon 86 b 1. – [4] Parm. 132 b 7ff. – [5] Vgl. Phaidon 100 c 5f. – [6] Phaidros 248ff. – [7] Vgl. R. S. BLUCK: Plato's Phaedo (London 1955) 11. – [8] Symp. 211 c 1. – [9] Vgl. Symp. 175 d 3ff. – [10] Resp. 518 b 7ff. – [11] Vgl. BLUCK, a. a. O. [1] 47-61; N. GULLEY: Plato's theory of knowledge (London 1962) 118ff.; zum Ganzen ferner: C. E. HUBER: Anamnesis bei Plato (1964); dazu die krit. Rezension von W. BEIERWALTES, Philos. Jb. 74 (1966/67) 415ff. – [12] Vgl. BLUCK, a. a. O. [7] 12. – [13] KANT, Fortschritte der Met., Beilagen. Werke, hg. CASSIRER 8, 311. – [14] M. HEIDEGGER: Kant und das Problem der Met. (²1951) 211; vgl. zum Ganzen: L. OEING-HANHOFF: Zur Wirkungsgesch. der platonischen A.-Lehre, in: Collegium philos., Festschr. J. Ritter (1965) 240-271. – [15] ARISTOTELES, An. post. I, 1, 71 a 1ff. – [16] Vgl. ebda a 24ff. und Komm. von D. Ross (Oxford 1949) 506. – [17] Top. VI, 4, 141 b 29ff. – [18] An. post. I 31, 87 b 28ff. – [19] De an. III, 5, 430 a 6f.; 5, 430 a 10-25. – [20] THOMAS, De ver. 10, 6; vgl. L. OEING-HANHOFF: Wesen und Formen der Abstraktion nach Thomas von Aquin. Philos. Jb. 71 (1963) 14-37. – [21] De ver. 10, 2; vgl. ebda ad 5. – [22] ALBERTUS, hg GEYER I, 5, c. 15. – [23] Vgl. JOANNIS PHILOPONI In Aristotelis de anima libros Commentaria, hg. M. HAYDUCK 518, 21ff. (Plutarch), 533, 21ff. (Jamblich) und 58, 20ff. – [24] PROKLOS, Komm. zum ersten Buch von Euklids Elementen, hg. SCHÖNBERGER/STECK (1945) 173. 195. – [25] PLOTIN, Enn. IV, 8, 4, 30. – [26] Enn. I, 6, 2, 10f.; IV, 3, 25, 27-34. – [27] HEGEL, Werke, hg. GLOCKNER 18, 204. – [28] Vgl. H. BLUMENBERG: Das dritte Höhlengleichnis. Studi storia filos. 39 (1961). – [29] BOETHIUS, Cons. philos. metr. 11 u. pr. 12; B. DOMANSKI: Die Psychol. des Nemesius (1900) 47. 85. 89. – [30] AUGUSTIN, Soliloq. II, XX, 35; De quantitate animae XX, 34; Ep. VII. – [31] De trin. XV, 24; Retract. I, IV, 4 und I, VIII, 2. – [32] V. WARNACH: Erleuchtung und Einsprechung bei Augustinus, in: Augustinus Magister 1 (1954) 429-450. – [33] De trin. XIV, XI, 14. – [34] BONAVENTURA, Itin. III, 1 und V, 4; vgl. I Sent. 3, pars II, q. 1 ad 3. – [35] Vgl. DESCARTES, Entretien avec Burman. Werke, hg. ADAM/TANNERY 5, 153; ferner 5, 356 und zur Interpretation L. OEING-HANHOFF: Der Mensch in der Philos. Descartes'. Die Frage nach dem Menschen, Festschrift M. Müller (1966) 375-409. – [36] Med. V a. a. O. 7, 64; vgl. 7, 464. – [37] HEGEL, Werke, hg. GLOCKNER 6, 46f. – [38] Enzyklopädie § 20. – Vgl. NICOLIN/PÖGGELER (1959) 93. – [39] Vorles. Philos. der Relig., hg. LASSON I/1 (1966) 94. – [40] Vgl. J. RITTER: Die Aufgabe der Geisteswiss. in der modernen Ges. (1963).
L. OEING-HANHOFF

Ananke (ἀνάγκη, Bindung, Schicksal, Notwendigkeit). Die Vorstellung vom bindenden Zusammenhalt der Welt und von der Verflechtung und Verkettung ihrer Bestandteile ist im kosmologisch-ontologischen Bereich der griechischen Philosophie verbreitet. ‹A.› mit ihrer vorphilosophischen Bedeutung ‹Fessel, Bindung› kam dieser Sehweise entgegen und förderte sie. Bei PLATON [1], bei PARMENIDES [2] und verschiedenen vorsokratischen

Philosophen ist sie bindendes Strukturelement der Welt, eine das Sein fesselnde kosmische Gottheit oder eine Art Weltgesetz, dessen Wirkweise als Bindung sichtbar wird. Für die *Stoa* ist ‹A.› fast bedeutungsgleich mit ‹Heimarmene›. Die den stoischen Weltbegriff kennzeichnende Annahme einer Verflechtung und Verkettung der Ursachen, der Kausalnexus, erinnert an die Atombindung der Atomisten und scheint ebenso aus dem durch A. formulierten Denkmodell entwickelt wie die Lehre des POSEIDONIOS vom «Band des Seins» [3] und der dadurch bedingten Sympathie des Kosmos. Die griechische Eigenart, das Schicksal auch mit dem Bilde unentrinnbarer Gebundenheit zu verstehen, ließ ‹A.› seit den Tragikern zum Schicksalsbegriff werden [4]. Gleichzeitig erscheint sie als allgemein verbindliches Naturgesetz unter Einschluß der verschiedenen naturgegebenen Verbindlichkeiten für den Menschen, seit hellenistischer Zeit in platonisch und gnostisch beeinflußten Kreisen zusammen mit Heimarmene der (bösen) Körperwelt zugeordnet, die in Gestalt des Leibes und der Affekte die Seele fesselt und nach Erlösung verlangen läßt. Schließlich ist ‹A.› neben ‹Anankaion› (ἀναγκαῖον), das bei ARISTOTELES eine kataloge Analyse erfährt [5], seit den Tragikern und Platon auch geläufiger Ausdruck logischer Verbindlichkeit, vor allem im Ablauf eines Gespräches. Noch vor dem Ausgang der Antike erreicht ‹A.› das Ende ihrer begriffsgeschichtlichen Entwicklung mit der Rolle eines machtvollen, über Bindung und Lösung gebietenden Dämons in Zaubertexten [6].

Anmerkungen. [1] PLATON, Resp. X 614 b ff. – [2] PARMENIDES, Frg. B 8. 10. I 237, 6 ff. 241, 17 (DIELS). – [3] W. JÄGER: Nemesios von Emesa (1914) 91. – [4] MOSCHION, Frg. 2 (NAUCK). – [5] ARISTOTELES, Met. 1015 a 20 ff. – [6] Catal. codd. astrol. 7, 176.

Literaturhinweis. H. SCHRECKENBERG: A. (1964).

H. SCHRECKENBERG

Anarchie, Anarchismus. – 1. Die griechischen Wörter ἀναρχία und ἄναρχος bedeuten zunächst, bei HOMER [1] und HERODOT [2], «ohne Anführer, ohne Heerführer» (ἄναρχος) bei EURIPIDES «führerlose Seeleute» [3]. Das Fehlen eines Feldherrn bewirkt dann allgemein ein Zustand der Regierungs- und Herrscherlosigkeit, der Unordnung und Zügellosigkeit [4]. Bezeichnet ἀναρχία bei XENOPHON neutral jenes Jahr, in dem es keinen Archon gibt [5], so wird sie von AISCHYLOS ebenso wie das andere Extrem, die Tyrannenherrschaft, scharf abgelehnt [6]. Aus ihr folgt die Auflösung und Zersetzung des Gemeinwesens [7]. PLATON geht von einer engeren politischen Bedeutung von ‹A.› aus: Die Demokratie, die er in der ‹Politeia› zu den ungerechten Herrschaftsformen zählt, ist «ohne Regierung» (ἄναρχος) und «buntscheckig» (ποικίλη), sie läßt alle möglichen Arten von Verfassungen zu [8]. Eine demokratische Polis bildet deshalb ebensowenig eine Einheit wie ein Heer ohne Vorgesetzten [9]. Die Ungebundenheit ist im Krieg wie im Frieden, bei Menschen wie bei Tieren schädlich, sie verhindert ein geeintes, gemeinsames Leben [10]. Zugleich erweitert Platon den Sinn von ‹A.› zu einer allgemeinen sittlichen Zuchtlosigkeit, indem er der Demokratie als Regierungsform den Charakter des demokratischen Menschen zuordnet, der nicht Herr über seine Begierden ist, sondern der Unordnung (ἀναρχία) unter der Maske der Freiheit, der Schwelgerei, Unverschämtheit und dem Übermut freien Lauf läßt [11]. Maßloses Freiheitsstreben führt immer zu völliger Gesetzlosigkeit [12]. Wenn die Demokratie in Tyrannei umschlägt, lebt im Tyrannen die Begierde (ἔρως) «in gänzlicher Zügellosigkeit und Gesetzlosigkeit» (ἀναρχία καὶ ἀνομία), verbreitet Unsittlichkeit und verdrängt das ursprüngliche Gefühl für Gut und Böse [13]. Auch ARISTOTELES sieht die Problematik der Demokratie darin, daß sie beständig in Gefahr ist, in Unordnung und Gesetzlosigkeit (ἀναρχία καὶ ἀταξία) abzugleiten und unterzugehen [14]. (Außerdem ist A. der Zustand jener Sklaven, die ohne Herrn sind [15].)

Alle diese Bedeutungen von ‹A.› behalten noch lange Zeit Gültigkeit. PHILO VON ALEXANDRIEN warnt vor einer Führer- und Herrscherlosigkeit, in der ein gerechter Richter und Lenker fehlt und die deshalb eine zerstörerische Pöbelherrschaft heraufbeschwört. Die zügellosen Triebe führen zur Gesetzlosigkeit und zum Untergang des Gemeinwesens [16]. Der Pythagoreer STENIDES glaubt, daß es ohne König und Herrscher nichts Schönes und Gutes geben könne [17]. Für DIONYSIOS VON HALIKARNASSOS ergibt sich die A. aus Aufstand und Aufruhr, aus der Nichtbeachtung der Befehle des Feldherrn [18].

In der christlichen Patristik findet der Begriff ‹A.› wenig Widerhall. Lediglich THEODORETUS CYRRHENSIS deutet ἄναρχος als «potentia nemini subiecta» (niemandem unterworfene Macht) [19]. Dagegen gewinnt jetzt und im Mittelalter ein anderer Sinn des Wortes ἄναρχος an Bedeutung: ἀρχή wird vorwiegend mit ‹principium›, ‹Anfang› übersetzt, so daß ἄν-αρχος zur Bezeichnung des absoluten, anfangslosen Wesens Gottes dient (Aseität Gottes): wie schon bei PARMENIDES [20], so bei PHILO [21], PROKLUS (hier als «Kreis ohne Anfang» [22]), SEXTUS EMPIRICUS [23], AMBROSIUS [24], ALBERTUS MAGNUS, der damit eine Formel des JOHANNES DAMASCENUS aufnimmt («Christus ex patre anarchos id est sine principio, est genitus» [25]), EUSEBIUS und vielen anderen [26]. Nur an wenigen Stellen findet sich die politische Bedeutung von ‹A.›: Der Vokabulist PAPIAS (11. Jh.) definiert sie «ubi nullius est potestas» [27], und ALBERTUS MAGNUS kommentiert das aristotelische «anarchia servorum» als «abwechselnde Herrschaft eines Sklaven» (ana = circum, archi = principatus). Zugleich befürchtet er, daß bei einem Anwachsen der A. die «saevitia» des Volkes sich ausbreite [28]. Ansonsten wird ἄναρχος im Mittelalter als ‹anfangslos› interpretiert [29]. HERIGERUS und SIGEBERT VON GEMBLOUX spielen mit den beiden Bedeutungen von ἀρχή: Gott ist Herrscher, aber ohne Anfang: «archos, sed anarchos, princeps, sine principio» [30]. Von hier aus erhält der Begriff noch eine weitere Funktion: War er schon von GREGOR VON NAZIANZ zur Deutung der Dreieinigkeit Gottes benutzt worden [31], so erörtert ANSELM VON HAVELBERG ausführlich, ob es in Gott mehrere principia (πολύαρχον), kein principium (ἄναρχον) oder nur *ein* principium (μόναρχον) gebe. Aber Gott kann weder ohne principium sein, da er selbst «summum ac plenum principium» ist, noch mehrere Prinzipien in sich haben. Vielmehr ist er oberstes und alleiniges principium (μόναρχον) für anderes Seiendes und für sich [32].

Erst mit der verstärkten Aristotelesrezeption wird der Begriff ‹A.› neu belebt. Die lateinische Version des AVERROES gab das aristotelische ἀναρχία noch mit «inordinatio» bzw. «licentia» wieder [33]. MOERBECKE übersetzt schon genauer mit «sine ordine et sine principatu» bzw. «defectum principatus»; THOMAS VON AQUIN kommentiert dies mit ähnlichen Worten. Während jedoch MOERBECKE das aristotelische ἀναρχία δούλων mit «anarchia servorum» wiedergibt und ‹anarchia› damit in die lateinische Sprache einführt, wird es von THOMAS, weil das lateinische Wort wohl noch fremd war, mit «licentia servorum» wiedergegeben [34]. Wie Moerbecke übernimmt auch NICOLAUS VON ORESME in seiner französischen Aristotelesübersetzung (1371) ‹anarchie› als Terminus für die Freilassung der Sklaven und führt es so als Fremdwort in die Nationalsprachen ein [35]. Zur Verdeutlichung wird es von ihm noch gesondert interpretiert: «Anarchie est quant l'on franchist aucuns serfs et met en grans offices» [36]. Von nun an ist ‹A.› Bestandteil vor allem der an Aristoteles orientierten Staatstheorien.

Anmerkungen. [1] HOMER, Il. II, 703. – [2] HERODOT IX, 23. – [3] EURIPIDES, Hec. 607; Iph. Aul. 914. – [4] THUCYDIDES VI, 72; XENOPHON, Anab. III, 2, 29. – [5] XENOPHON, Hell. II, 3, 1. – [6] AISCHYLOS, Eum. 696; Agam. 883; Suppl. 906. – [7] SOPHOCLES, Antig. 672. – [8] PLATON, Resp. 558 c. – [9] Leg. 942 a. – [10] Leg. 639 a, 942 c; Resp. 562 e; zur A. der Tiere vgl. ARISTOTELES, Hist. animal. 488 a 11. 553 b 17. – [11] PLATON, Resp. 560 e. – [12] Ep. 8, 354 d. – [13] Resp. 575 a. – [14] ARISTOTELES, Polit. 1302 b 28f. 1302 b 31; vgl. Pol. Ath. 13, 1. – [15] Polit. 1319 b 28. – [16] PHILO, De somn. II, 154. 286. 289. 290; De vita Mos. I, 26; De off. mundi 11; De sacr. Ab. et Caini 106; Quod deterius potiori insidiari soleat 141; De agric. 46; A. als Führerlosigkeit: De vita Mos. II, 161, 163; De special. leg. III, 125; Leg. ad Gaium 17. – [17] STENIDES bei STOBAEUS, hg. MEINEKE 48, 63, Z. 28. – [18] DIONYSIUS VON HALIKARNASS, Ant. Rom. VI, 62, IX, 3, 1; IX, 4, 1; IX, 69, 1. – [19] THEODORETUS CYRRH., MPG 80, 1209 c. – [20] PARMENIDES, Frg. 8, 27. – [21] PHILO, De aetern. mundi 53; 75. – [22] PROKLUS: Inst. theol. 146. . – [23] SEXTUS EMPIRICUS: Adv. mathem. VII, 312; I, 180. – [24] AMBROSIUS, Hex. I, 3, 8. MPL 14, 137 b. – [25] JOH. DAMASCENUS, MPG 94, 1209 c; ALBERTUS MAGNUS, Opera omnia, hg. FECKER/GEYER 28 (1951) 169, 24. – [26] EUSEBIUS, De eccl. theol. I, 11, 1; vgl. G. W. H. LAMPE: A Patristic Greek Lex. (Oxford 1961) 119f. – [27] PAPIAS: Elementarium doctrinae rudimentum (Mantua 1496, Neudruck Turin 1966) 21. – [28] ALBERTUS MAGNUS, Politica 6, 4. e. f. – [29] HEIRICUS, Vita Germani, invoc. 27. Monumenta Germaniae (= MG), Poet. 3 (1896) 433. – [30] HERIGERUS, Vita Ursmari I, 323. MG Poet. 5 (1937) 189; SIGEBERT GEMBLAC., Vita Deoderici, praef. MG. Script. 4 (1841) 464, 2. – [31] GREGOR VON NAZIANZ, Orat. Theol. 29, 2. MPG 36, 76 a; vgl. Carm. Lib. I, 1, 3, 81. MPG 37, 414 a. – [32] ANSELM VON HAVELBERG, Dialogi 2, 2. MPL 188, 1165f. – [33] ARISTOTELIS Opera cum AVERROIS Commentariis (Venetiis 1562-1574, Neudruck 1962) 3, 272 a, 287 k. – [34] S. THOMAE AQUINATIS, In Libros Politicorum Aristotelis Expositio, hg. FR. R. M. SPIAZZI O. P. (Turin/Rom 1951) 250. 253. 322. 324. – [35] NICOLAUS VON ORESME: Aristotelis Politica et Oeconomica cum glossomatibus gallice versa (Paris 1486). – [36] Vgl. F. GODEFROY: Dictionnaire de l'ancienne langue franç. (Paris 1937/38) 8, 117.

2. Zu Beginn des 16. Jh. wird ‹A.› nur sehr vereinzelt gebraucht. ERASMUS VON ROTTERDAM hält es für politisch klug, daß sich die verschiedenen Machtfaktoren im Staate, «potestas regum, reverentia pontificum, auctoritas conciliorum, senatuum, ac primarium civitatum, populique consensus», gegenseitig mäßigen und im Gleichgewicht halten, damit weder Tyrannei noch Aufruhr und A. entstehen. Beide Übel sind miteinander verwandt: «videlicet dum tyrannis vertitur in anarchiam, et anarchia dum compescitur, gignit tyrannidem» [1]. Zugleich zeigt sich bei Erasmus die Einsicht in zwei Momente der Politik und ihrer Theorie, die in der Folgezeit große Bedeutung gewinnen und immer wieder der Reflexion unterzogen werden sollten: Er stellt fest, daß die A. von der radikalen Sekte der Wiedertäufer ausgeht [2], und er erachtet diese Form der Regierung bzw. Regierungslosigkeit für noch schädlicher als ihr entgegengesetztes Extrem, die Tyrannei [3]. Auch J. CALVIN hält die Tyrannei für immer noch besser und nützlicher als die A., die «rerum omnium perturbatio» [4]. Die Tyrannei ist zwar eine verdorbene und entstellte Regierungsform, aber sie bewahrt noch Züge der von Gott errichteten Ordnung, und es gibt in ihr noch Spuren von Gerechtigkeit [5]. Gewisse «homines phrenetici» jedoch, die nach Aufruhr und Unordnung streben, wollen alle menschlichen Obrigkeiten und jedes öffentliche Recht aufheben: Sie bewirken damit ἀναρχίαν und ἀταξίαν [6]. Zur Verteidigung der königlichen Oberherrschaft über die Kirche in England dient der Vorwurf der A. bei STEPHAN GARDINER, dem Legaten Heinrichs VIII. Es sei gefährlich und man gerate in die Nähe der A. («quae humana interim omnia studet confundere»), wenn man behaupte, die Untertanen seien in erster Linie Gott und nur um Gottes Willen dem Fürsten unterworfen und das Gesetz Gottes bestehe nur in sich selbst, ohne von der weltlichen Gewalt ausgeführt zu werden [7].

Größere Verbreitung fand der Begriff ‹A.› zunächst jedoch nicht. Erst gegen Ende des 16. und zu Beginn des 17. Jh. gelangte er mit der Diskussion um die absolute Macht des Herrschers und mit einer stärkeren Orientierung der Politiktheorien an den Begriffen des Aristoteles zu größerer Bedeutung. JUSTUS LIPSIUS zitiert Sophokles (s. o.), um zu zeigen, daß in einer «societas civilis» eine gewisse Ordnung des Befehlens und Gehorchens notwendig ist, wenn sich nicht alles in A. auflösen soll [8]. JOHN CASE ordnet den drei richtigen und guten Regierungsformen Monarchie, Aristokratie, Demokratie drei Entartungsformen zu: Tyrannis, Oligarchie, A.; Timokratie und A. sind sogar der politischen Herrschaft überhaupt entgegengesetzt [9]. Nach HERM. KIRCHNER muß der Staat gegen alle inneren und äußeren Umsturzversuche geschützt werden. Denn die A., in der es «nihil officii» gibt, ist unheilvoller als die Tyrannei [10]. Auch HENNINGUS ARNISAEUS schließt sich an Aristoteles an und bezeichnet die A. als Fehlen von Lenkung und als «subversio Reipublicae» durch eine zügellose Volksherrschaft [11]. PIERRE GRÉGOIRE zitiert als Zeugen gegen die A. das Fragment des Stenides (s. o.) [12], und für J. ALTHUSIUS widerstreitet die A. der Vernunft und dem Naturrecht und ist deshalb zu verdammen [13].

Gegenüber dieser akademischen Behandlung des Begriffs findet ‹A.› als polemischer Ausdruck Verwendung in den Auseinandersetzungen der englischen Reformation. Der anglikanischen königstreuen Kirche dient der Vorwurf der A. als Anklage gegen radikalere Neuerer. JOHN WHITGIFT, Erzbischof von Canterbury, warnt seine Gegner vor «anarchian, confusion, anabaptism», der Auflösung der Gesetze und Obrigkeiten [14]. Ebenso befürchtet auch THOMAS COOPER, Bischof von Winchester, Atheismus, Barbarei und die Verwandlung der Monarchie in Demokratie (unkontrollierte Volksherrschaft) und A. [15]. Er richtet sich dabei vor allem gegen HENRY BARROW, der für die Abschaffung der kirchlichen Hierarchie, der Zeremonien usw. und für die Auslegung des Evangeliums allein durch den Fürsten eintrat. Dieser weist den Vorwurf der A. zurück und richtet sich seinerseits gegen die «pseudohierarchie» der Kirche, «the most pestilent anarchie that Satan and all his instruments shall ever be able to raise up» und die Christus aus ihrem Reich ausschließe [16]. Die Wiedertäufer gelten in jener Zeit auch bei jenen, die eine begrenzte Monarchie vertreten und den König als den Gesetzen unterworfen erachten, als aufrührerisch und gefährlich, da sie alle politische Gewalt abschaffen wollen [17]. Der schottische Humanist und Ankläger Mary Stuarts, GEORGE BUCHANAN, ein scharfer Kritiker der Tyrannei der absoluten, über den Gesetzen stehenden Monarchie, hält die «potestatem ... ceteros magistratus» für notwendig, da sonst die «ἀναρχία» eintrete [18]. Um so mehr gehört bei den Gegnern der ‹Monarchomachen›, den Anhängern der absoluten Königsherrschaft, die Warnung vor dem Zustand der A., der aus der Rebellion gegen den Fürsten erfolge, zum Bestandteil der politischen Theorien. Ein Widerstandsrecht auch gegen einen erwiesenen Tyrannen darf es deshalb nicht geben [19]. ADAM BLACKWOOD, der Apologet Mary Stuarts, zitiert als abschreckendes Beispiel den Untergang der griechischen Polis und ihren Zerfall in A., um zu zeigen, daß die Herrschaft (potestas) nur einem Einzigen zukommen kann und nicht zwischen Volk und Fürst geteilt werden darf [20]. Die stärkste Wirkung erzielte in dieser Richtung JEAN BODIN. Die Theorie der Souveränität des absoluten Herrschers impliziert, daß die A., wie sie oft nach dem Tode eines Herrschers eintritt («quand il n'y a ni souveraineté, ni Magistrats, ni commissaire qui ait puissance de commander» [21]), schlimmer ist als die Tyrannei, da sie jedes Verhältnis von Untertanen und Obrigkeit aufhebt [22]. Ebenso wie Bodin kann auch ETIENNE PASQUIER als Wegbereiter des Absolutismus gelten. Die königliche Autorität wird gegen das gefährliche Übel, die «horrible anarchie et confusion», verteidigt [23].

Das 16. Jh. begreift die A. also als Fehlen von Autorität und Staat (Politia) [24], als «dissolutio imperii» [25] und Herrschaftslosigkeit. Oft wird sie als Folge der Demokratie, in der alle herrschen wollen und damit eine allgemeine Unordnung bewirken, angesehen [26]: TH. GOLIUS bestimmt sie aristotelisch als Haus ohne Herrn: «tunc enim efficitur ἀναρχία, et omnes aeque volunt imperare» [27]. Vielfach jedoch werden an Stelle von ‹A.› die Begriffe ‹confusio›, ‹ruina›, ‹destructio› usw. gebraucht.

Erst in der Mitte des 17. Jh. setzt sich ein breiterer Gebrauch von ‹A.› durch. J. MILTON kennt ‹A.› sowohl zur Bezeichnung politischer Zustände – hier wird u.a. die von den Gesetzen nicht gebundene Autorität des Königs als «lawless and unbounded anarchy» gekennzeichnet [28] – als auch in der Bedeutung von Unordnung und Chaos, die in der Hölle herrschen, aus der Satan und der «anarch» kommen [29]. Im englischen Bürgerkrieg wird ‹A.› zu einem viel gebrauchten Schlagwort der verschiedensten Parteien. R. FILMER macht gegen die Anhänger einer eingeschränkten Monarchie und des Widerstandsrechts des Volkes geltend, daß es keinen berufenen Richter geben könne, der entscheide, ob der König recht handelt oder nicht. Ist der König selbst Richter in Streitigkeiten zwischen sich und dem Volk, so ist er absolut. Ist das Volk Richter, so ist die Macht des Monarchen aufgehoben und das Resultat die A. Die Beurteilung, ob Befehle und Gesetze ungerecht sind, kann nicht den Untertanen überlassen bleiben, da jeder nach seinem eigenen Gutdünken und seiner privaten Meinung und Einsicht richten wird: «And I also appeal to the consciences of all mankind, whether the end this be not utter confusion, and anarchy» [30]. Noch stärker will CLEMENT WALKER mit seinem Werk, das wie das von Filmer ‹A.› im Titel trägt, in die Auseinandersetzungen seiner Zeit eingreifen [31]. Ohne sich direkt für eine der Parteien des Bürgerkriegs zu entscheiden, wendet er sich doch gegen die Hegemonieansprüche und diktatorischen Vollmachten Cromwells, der die alten Rechte und Freiheiten des Parlaments und des Adels beseitigt habe und das Land mit einem «military and arbitrary government» unterdrücken wolle [32]. Die Anmaßung seiner Anhänger, allein das Volk und seine Interessen zu vertreten, sei «anarchicall» [33]. Sie haben sich gegen den rechtmäßigen König und das legale Parlament erhoben und sind zu Tyrannen geworden, die mit ihren antimonarchischen und anarchischen Prinzipien die Macht zwar usurpiert haben, aber nicht deren rechtmäßige Inhaber sind [34]. Vielmehr ähneln sie den umstürzlerischen Wiedertäufern, deren Ideen sie unter dem Namen von «Independents» vertreten: «being a complication of all Antimonarchicall, Anarchicall heresies and schismes, Anabaptists, ... Libertines of all sorts» [35]. – Zur gleichen Zeit taucht auch in Cromwells Armee selbst der Verdacht der A. auf: Man glaubt, daß die Gewährung des Stimmrechts auch für die, die kein Eigentum besitzen, zur A. führe, obwohl die Verfechter dieses Programms es nicht wahr haben wollen [36]. Der Vorwurf wird jedoch unter Hinweis darauf, daß es sich um einen alten, fadenscheinigen Trick handle, zurückgewiesen [37]. – Auch die ‹Levellers›, die für die Volkssouveränität und die Gleichheit aller vor dem Gesetz eintreten, trifft der A.-Verdacht: J. HARRINGTON befürchtet eine völlige A., wenn die oberste Macht bei den Repräsentanten des Volkes liege, das Volk aber in bestimmten Dingen ein Widerstandsrecht habe. Wo es keine absolute Souveränität gibt, kann überhaupt keine Regierung existieren [38]. Verliert die Regierung das Recht der Gesetzgebung, so wird sie zu einer bloß beratenden Versammlung, und die A. wird herauf beschworen [39]. In seinem Hauptwerk ‹Oceana› (1656), in dem er einen Idealstaat zu konstruieren versucht, liegt für Harrington die richtige Regierungsform in dem natürlichen Gleichgewicht der Gewalten. Wird es verletzt, so folgen daraus je nach den drei guten Staatsformen (Monarchie, Aristokratie, Demokratie) die bekannten Entartungen der Tyrannei, Oligarchie und A. [40]. – Dies alte Einteilungsprinzip ist auch noch HOBBES bekannt, der daran eher einige bemerkenswerte neue Feststellungen knüpft: Mit den Namen ‹Tyrannei›, ‹Oligarchie› und ‹A.› wird nicht mehr eine Sache mit genau feststellbarem Inhalt bezeichnet, sondern zugleich auch der politische Standpunkt des Betrachters, sein Mißfallen an der entsprechenden Regierungsform. ‹A.›, eigentlich die Bezeichnung für das Fehlen einer Regierung, ist jetzt, wie auch die beiden anderen Begriffe, zu einem Wort der politischen Polemik geworden, das den Unmut der Untertanen wiedergibt. Politische Schlagworte dienen der Propaganda, sie bezeichnen «not a diverse kind of government, but the diverse dislike of the subjects concerning him who has the supreme power» [41].

Das politische Denken der Folgezeit zeigt, daß Hobbes' Feststellung einerseits bestätigt wurde, andererseits aber neue Versuche unternommen wurden, den Begriff ‹A.› genau zu bestimmen. S. VON PUFENDORF stimmt mit Hobbes überein [42], andere dagegen halten an dem alten Sinn von A. als Unordnung und Chaos, mangelnder Autorität und deshalb Bedrohung durch Umsturz und Gewalt fest. Für BOSSUET resultiert sie – unter Berufung auf PAULUS (1. Tim. 2, 1f.) – aus der Auflehnung gegen das Königtum: Wo jeder Herr sein will, wird gerade dadurch jeder zum Sklaven [43]. LABRUYÈRE sieht die Gefahr der A. in der Gleichheit des Besitzes, die das Verhältnis von Unter- und Überordnung («subordination») beseitigt [44]. R. CUDWORTH erkennt Verbindungen zwischen Atheismus und A. [45]. Diese dann im 19. Jh. enge Beziehung zwischen den beiden jede Autorität ablehnenden Theorien wird von P. BAYLE bestritten. Vielmehr führt für ihn die Religion der Heiden mit ihrer Vielzahl von Göttern und deren gegenseitigem Kampf zur A. [46]. Die Leidenschaften sind die Ursache für die Streitigkeiten unter den Menschen; sie führen zur A., «la plus grande peste du genre humain». In allen Staaten trifft man deshalb Vorsorge dagegen [47]. Auch J. SWIFT erkennt noch Ähnlichkeiten zwischen politischen und religiösen Extremen: Papisterei und absolute Königsmacht sowie Atheismus und A. sind gleichermaßen Gefahren [48].

Einen neuen Ansatz in der Geschichte des Begriffs bildet FÉNELONS Entgegensetzung von ‹Despotismus› und ‹A.›: Ein gut eingerichteter Staat beruht auf dem gegenseitigen Vertrauen von Herrscher und Untertanen. Beider Glück und Sicherheit hängt von dem Gleichgewicht ab, in dem Freiheit und Ordnung stehen. Wird es verletzt, so entsteht entweder Despotismus oder A.: «La liberté sans ordre est un libertinage qui attire le despotisme; l'ordre sans la liberté est un esclavage qui se perd dans l'anarchie» [49]. Im Naturzustand wird jeder zum Tyrannen. A. ist nicht Freiheit, sondern Sklaverei [50]. So ist in dieser Zeit der Ausbruch der A. gleichbedeutend mit dem Rückfall in den Naturzustand. Für ROUSSEAU ist jede Auflösung des Staates, jeder Mißbrauch der Regierung A., ob es sich dabei nun um Ochlokratie, Oligarchie oder Tyrannei handelt [51]. MONTESQUIEU hält Sklaverei und A. gleichermaßen für Verletzungen des Naturrechts. Da das Menschengeschlecht nicht durch sich selbst bestehen kann, bedarf es einer Obrigkeit («L'autorité des magistrats»), die imstande ist, die beiden Extreme Tyrannei und A., die oft nahe beieinander liegen, zu verhindern [52]. Auch BERKELEY setzt A. mit dem Naturzustand gleich, in dem es keine Ordnung und keinen Frieden unter den Menschen gibt. Nur im Stand der Gesellschaft ist der Mensch nicht dem Stärkeren ausgeliefert, nur hier wird er vor Unrecht und Gewalt gesichert. Er muß sich deshalb der «civil authority» unterwerfen [53]. Immer wieder wird die Verbindung bzw. Gleichartigkeit von Tyrannei und A. hervorgehoben. SWIFT hält die Willkürherrschaft für den ersten Schritt aus der A. des Naturzustandes, von der dann zur begrenzten Monarchie weitergegangen werden müsse [54]. ADDISON stellt Tyrannei und A. allegorisch als ein Paar von Ungeheuern dar [55]. VOLTAIRE glaubt, daß sich die Menschheit in der Religion wie in der Politik immer zwischen diesen beiden Extremen bewege, in Gefahr, in den einen oder den anderen Abgrund zu fallen [56]. Despotismus bedeutet Mißbrauch der Monarchie, wie A. Mißbrauch der Republik [57]. Ähnlich stellt auch DIDEROT fest, daß jede Regierung entweder zum Despotismus oder zur A. tendiere [58]. Anders als bisher hält er aber die A. für weniger schädlich als die übergroße Zivilisation («urbanité») seiner Zeit, ohne aber zu wagen, den Naturzustand («l'état de nature brute et sauvage») dem bürgerlichen Leben («l'état de législation») vorzuziehen [59]. Eine genaue Bestimmung des Verhältnisses von A., Despotismus, Barbarei und Republik gemäß den sie tragenden Prinzipien von Freiheit, Gesetz und Gewalt, nach denen jeder Staat eingerichtet ist, versucht KANT: Fehlt eine dieser drei Grundlagen, so entstehen die drei falschen Staatsformen: A. («Gesetz und Freiheit ohne Gewalt»), Despotismus («Gesetz und Gewalt ohne Freiheit») oder Barbarei («Gewalt ohne Freiheit und Gesetz»). Erst die Verbindung aller drei begründet die richtige Verfassung: «Gewalt mit Freiheit und Gesetz (Republik)» [60]. In der A. gibt es keine Gesetzgebung, es herrschen Unrecht und Chaos [61].

Mit CONDORCET scheint sich dagegen ein positiveres Verständnis der A. anzubahnen. Er bezeichnet das Mittelalter, jene Epoche, in die die Germanen zur bestimmenden Macht im Abendland wurden, als eine «ruhelose A., in der das Volk unter der dreifachen Tyrannei der Könige, der Heerführer und der Priester seufzte». Diese Zeit bildet aber nur einen Abschnitt auf dem Wege des menschlichen Fortschritts. Sie bereitet zugleich eine neue Phase, die der Freiheit [62] vor. Ähnliche Auffassungen finden sich auch bei anderen Denkern des späten 18. Jh.: MIRABEAU hält den Despotismus für unendlich schrecklicher als die A., weil jener eine allgemeine Unterdrückung mit sich bringe [63]. Aus der A. erwachsen die Revolutionen, die die Gesellschaft regenerieren [64].

Am weitesten hierin geht wohl WILLIAM GODWIN, der nun den Despotismus für eindeutig schlimmer als die A. ansieht, ohne aber der A. etwas von ihrem Schrecken zu nehmen. Geschichtlich ist sie der der Gesellschaft vorhergehende Zustand, deshalb aber auch nur ein vorübergehendes Übel, während der Despotismus Jahrhunderte überdauert. Der A. sind weit weniger Menschen zum Opfer gefallen als dem Despotismus. Trotzdem hat auch sie ihre schweren Nachteile: Verlust persönlicher Sicherheit, Unmöglichkeit einer fortdauernden, ruhigen Forschung, statt dessen ungestümes Vorwärtsstreben des Geistes. Die A. regt den Geist an und verbreitet Tatkraft, der Despotismus lähmt und unterdrückt die geistigen Kräfte; er läßt keine herausragenden Leistungen zu, sondern bewirkt allgemeine Gleichheit. Godwin setzt einige Hoffnungen auf die gegenwärtigen Revolutionen, die auch eine Art von A. mit sich führen. Er will aber keinesfalls die A. proklamieren und kann deshalb auch nicht, wie oft geschehen, als der erste Anarchist bezeichnet werden [65]. Eher betrachtet er den Staat, wie TH. PAINE [66], als ein notwendiges Übel; andere und bessere Regierungsformen als der Absolutismus und die despotische Willkürherrschaft sind der A. vorzuziehen. P. B. SHELLEY, Godwins Schwiegersohn, läßt in seinem Gedicht ‹The Mask of Anarchy› den Triumph der A. feiern. Erscheint sie anfangs auch im Gefolge von Tod und Zerstörung, so bringt sie doch die Freiheit für die Unterdrückten, die jetzt ihren Beherrschern Widerstand leisten [67].

Obwohl der Begriff ‹Anarchismus› (= As.) bisher schon gelegentlich gebraucht war, hat er weitere Verbreitung erst in der ersten Hälfte des 19.Jh. gefunden [68]. Der zugehörige Begriff ‹Anarchist› ist vor allem durch die Französische Revolution aktuell geworden und wird schon damals als Neuschöpfung empfunden [69]. ‹A.› wird zu einem gängigen Schlagwort in der Publizistik und Propaganda der Revolution und zu einem Mittel der politischen Diffamierung mit Hilfe der Sprache. ROBESPIERRE weiß, daß der Vorwurf der Zerstörung und A. («de destruction et d'anarchie») gegen diejenigen, die Gleichheit und Gerechtigkeit wollen, nur der Einschüchterung der Unwissenden und der Bildung von Vorurteilen dient. Er betont aber zugleich, daß die revolutionäre Regierung nichts mit A. und Unordnung gemein habe [70]. Als Anarchisten sucht man verschiedene radikale Parteien, besonders die Anhänger Héberts, A. Clootz', Babeufs, die Mitglieder der Kommune und auch die Jakobiner, zu disqualifizieren [71]. In Deutschland gebraucht als einer der ersten WIELAND den Ausdruck ‹Anarchist› für die «Freiheitsschwärmer» der Revolution; GÖRRES übernimmt ihn aus einem Erlaß des Direktoriums [72].

Die Anklage wird vor allem von den Girondisten und ihrer Presse erhoben. Der Abgeordnete BRISSOT wirft den «Anarchisten» vor, sie wollten den Nationalkonvent beherrschen und sich die Republik unterwerfen. «Ni constitution, ni gouvernement, ni justice; voilà bien les traits de l'anarchie: voilà bien le système qui a constamment suivi le parti que j'ai dénoncé, système qui m'a paru subversif de tout gouvernement républicain» [73].

Brissot will verhindern, daß die Revolution über sich selbst hinaustreibt und zum Selbstzweck wird. Ihr Ziel können nicht dauernde gewaltsame Umwälzungen sein, es muß eine neue Ordnung errichtet werden. Die Anarchisten, die über die bisherige Revolution hinaus noch die Gleichheit des Eigentums, das Ackergesetz und weitere Aufstände, die «insurrection éternelle» [74], erstreben, sind die Feinde des Volkes. Sie wollen an Stelle der Verfassung, die Recht und Gesetz garantiert, nur die «pouvoir révolutionnaire» [75]. Sie haben die Gesellschaft in zwei Klassen geteilt, die der Besitzenden und der Nicht-Besitzenden, die eine gegen die andere aufgehetzt und dadurch neue Unordnung und noch größeres Chaos herbeigeführt [76].

Auch im Nationalkonvent und anderen Gremien wird warnend auf den verderblichen Einfluß der Anarchisten hingewiesen. Gleichzeitig distanziert man sich aber deutlich von den Vertretern der alten Ordnung, den Royalisten und Aristokraten [77]. 1797 wird vom Direktorium im Rat der Fünfhundert ein Eid eingeführt, in dem die Abgeordneten «Haß dem Königtum und der A.» schwören [78]. Viele erkannten aber bald, daß man mit dem Wort ‹A.› oft auch gerade die «glühendsten Republikaner» und die wahren Freunde der Freiheit verleumden konnte, und fordern die Beseitigung des Eides, da A. zu einer «Bezeichnung der Ächtung» («titre de proscription») geworden sei. Andere machen geltend, daß es eine gefährliche Partei gebe, die jede Regierung ablehne. Schließlich einigt man sich darauf, nur noch den zweiten Teil des Eides, die Treue zur Republik und zur Verfassung des Jahres III, zu beschwören [79].

Befürchtete man unter den Revolutionären selbst ein Abgleiten in A., so mußten um so mehr jene, die die Umwälzung in Frankreich überhaupt ablehnten, die Revolution als drohende A. empfinden. J. BENTHAM greift mit seiner Schrift ‹Anarchical Fallacies› (1791) die Erklärung der Menschenrechte an [80]. Die vormalige Gefahr der Tyrannei, die von einem einzigen ausging, ist abgelöst worden von einem neuen Übel, der A., die von der Masse verursacht wird [81]. Despotismus und A. sind gleichermaßen falsche Extreme [82]. Auch für A. RIVAROL stehen diese beiden Begriffe im Wechselverhältnis. Die Parolen Ordnung oder Freiheit können Despotismus bzw. A. heraufbeschwören; nur die gegenseitige Achtung von Untertanen und Herrscher wird eine Revolte der einen oder die Unterdrückung des anderen vermeiden: «Avec les mots ordre et liberté on conduira et on ramènera toujours le genre humain du despotisme à l'anarchie et de l'anarchie au despotisme» [83]. E. BURKE sieht in der Französischen Revolution generell eine Auflösung von Staat und Gesetzen, in der Konsequenz «civil and military anarchy ... and national bankruptcy» [84]. Von der Ausbreitung der französischen Herrschaft erwartet man in England auch die Verbreitung der «anarchical doctrines» [85]. Der Liberale B. CONSTANT dagegen hält «die revolutionäre Regierung in Frankreich» nicht für A., sondern die Herrschaft Robespierres wie die Napoleons für Despotismus, für «die unaufhörliche und umfassende Gegenwart einer gräßlichen Regierung». A. und Despotismus haben jedoch das Gemeinsame, daß sie «Sicherheiten zerstören» und «den Wildheitszustand in das soziale Leben wiedereinführen» [86]. FR. SCHLEGEL, der noch 1796 eine Rebellion («Insurrektion») gegen einen «absoluten Despotismus» für legitim und eine tyrannische Herrschaft für «ein ungleich größeres politisches Übel als selbst die A.» gehalten hatte [87] und 1800/01 die «absolute Freiheit», die A., als Endzweck des Menschen, wenn auch nur als Ideal, das «durch Annäherung erreicht werden kann» [88], bezeichnete, sieht später die Gemeinsamkeiten von Despotismus und A.: Sie «führen sich gegenseitig herbei und verstärken sich gegenseitig. Daher kann der anarchische Geist der neuesten Periode von 1760 an eben gar nicht befremdend sein: Es ist nichts weiter als das Phänomen und die Frucht des auf den höchsten Grad gestiegenen Despotismus» [89]. A. hat für ihn jetzt einen völlig negativen Sinn: Die Wiedertäufer sind gefährliche «wütende Anarchisten» [90]. Angestrebt ist jetzt eine «wahre und göttliche Verfassung», wie sie bereits im Mittelalter realisiert war und jetzt wiederhergestellt werden muß. Ihre wesentlichen Elemente, «Theokratie» und «Heroismus» können A. und Despotismus verhindern [91]. W. T. KRUG empfiehlt, von Zeit zu Zeit Reformen vorzunehmen, um «dadurch allen Revolutionen, wodurch die Verfassung plötzlich und gewaltsam umgekehrt, mithin ein, wenn auch nur kurze Zeit dauernder, anarchischer Zustand herbeigeführt wird, vorzubeugen» [92]. Für SCHOPENHAUER ist die A. ein wilder, tierhafter Naturzustand, das Gegenteil der gesetzlichen Ordnung [93].

HEGEL beschreibt als A. jenen Zustand Deutschlands, der durch den Verlust der staatlichen Einheit und die Auflösung in «viele abgesonderte Staaten» gekennzeichnet ist [94]. Diese Entwicklung begann mit dem Westfälischen Frieden, in dem die «Partikularität» zum Prinzip erhoben und damit «die konstituierte A.» errichtet wurde [95]. Andererseits kann die A. auch den Staat selbst und damit auch die von ihm garantierte Freiheit aufheben, da «eine feste Regierung» und die Mitwirkung des Volkes am Staat zur Sicherung der Freiheit notwendig sind [96]. Zwar kann sich das Bewußtsein des Einzelnen mit «einer revolutionären Regierung» identifizieren und «unmittelbar» eins wissen, da die Revolution im Umsturz der alten Ordnung die Freiheit verwirklichen will, zugleich bleibt diese aber, wie Robespierres reines «Prinzip der Tugend», A. und Willkür, solange nur Tugend und Gesinnung anerkannt werden. Sie ist «die die A. zu konstituieren strebende A.» und zum Untergang bestimmt: «diese fürchterliche konsequente Freiheit, die in ihrer Konzentration so fanatisch auftrat, ... ging durch sich selbst vorüber» [97].

Seit der Mitte des 18. Jh. wird der ursprünglich nur politische Begriff ‹A.› vermehrt auch auf andere Gebiete, vor allem das des Geistes und Denkens, übertragen. Weil die alten, von der Schulphilosophie gelehrten und als gesichert angesehenen Wahrheiten dem erneuten Zweifel unterzogen wurden und das Subjekt sich nur auf seine eigene Einsicht und sein kritisches Urteil verließ, erscheint vielen die eigene Zeit als «Zeit der philosophischen A.» [98], der «inward anarchy», in der alle Beweise, Argumente und Vernunftschlüsse aufgehoben («countermined») werden können [99] und zügellose Kritiker in «barbarous anarchy» verfallen [100]. Man sucht jetzt nach einer neuen «Gewißheit und philosophischen Evidenz», die sowohl die Verwirrung der A. als auch den alten Despotismus vermeidet [101], nach einem Mittelweg zwischen «sceptischer A.», die in «Chaos» und «Verzweiflung», und einem Dogmatismus, der in «Barbarey» enden muß [102], zwischen «der vernünftigen Freiheit der Bewegung der Intelligenz» und der «A. und Losgebundenheit aller Meinungen und Doctrinen», die für die Gesellschaft schädlich sind [103]. Der Skeptizismus als «logische Insurrektion» ist vorübergehend tragbar, aber «als System ist er A.» [104]. Glaubte SCHELLING, daß Kant der A. – hier verstanden als «Prinzipienlosigkeit der Philosophie» («ἀρχή ... heißt bekanntlich Prinzip») – ein Ende gemacht habe [105], so ist für andere nach Kant nur eine neue A., ein Kampf der philosophischen Schulen entbrannt [106]. Ein «philosophischer As.» [107] ist ebensowenig haltbar wie eine «A. der Vorstellungen», in der keine dauerhafte «Ordnung der Wahrnehmungen» entstehen kann [108], und eine «religiöse A.», obwohl, nach NOVALIS, die A. als «Vernichtung alles Positiven» gerade das «Zeugungselement der Religion» [109] ist. Innere und äußere A. hängen zusammen, ob nun die sich in den Familien vollziehende «sittliche Revolution» die Vorläuferin der «allgemeinen A.» ist [110] oder die staatliche erst die sittliche A. hervorruft [111]. Bei W. S. LANDOR erscheint ein allgemeines Aufbrausen als Ursache der A., die nur durch den sie umgebenden Zustand der «Schläfrigkeit aus Überfluß und Lässigkeit» so beunruhigend erscheint [112].

Am deutlichsten hat A. COMTE die Auswirkungen der geistigen A. auf die Politik hervorgehoben und diese Einsicht für seine Geschichtsphilosophie nutzbar gemacht. Das erste, theologische, Stadium der Geschichte ist zu Ende gegangen und damit auch die alte Einheit der Religion und der Institutionen. An seine Stelle ist das metaphysische Stadium getreten, in dem die einzelnen Subjekte keine absolut gültigen Gesetze über sich mehr anerkennen und in dem die Institutionen, die Nachfolger der früheren Theokratien, nur schwach und vorübergehend sind. Es herrscht eine «immense anarchie mentale et morale». Die Politik muß mühsam eine äußere Ordnung innerhalb der moralischen Unordnung aufrecht erhalten. Erst das dritte Stadium, der Positivismus, wird als «systematischer Garant gegen Rückschritt und A.», gegen Theologie und Metaphysik, Fortschritt und Ordnung sichern und die Zersplitterung der miteinander konkurrierenden Schulen und Richtungen beenden [113].

Anmerkungen. [1] ERASMUS VON ROTTERDAM, Opera omnia, hg. J. CLERICUS (Leiden 1703, Neudruck 1961/62) 4, 704 d. – [2] a. a. O. 3/1, 911 b. – [3] 4, 594 e. – [4] J. CALVIN, Opera quae supersunt omnia 49 = Corpus Reformatorum (= CR) 77, 253. – [5] a. a. O. 55 = CR 83, 245. – [6] 55 = CR 83, 465; vgl. 36 = CR 64, 66. – [7] ST. GARDINER: Obedience in church and state, hg. P. JANELLE (Cambridge 1930) 204/05. – [8] J. LIPSIUS: Politicorum sive civilis doctrinae libri sex (Lugduni Batavorum 1589) 29f. – [9] J. CASE: Sphaera civitatis (Frankfurt 1593) 162f. – [10] H. KIRCHNER: Res publica (1608, ³1614) 248. – [11] H. ARNISAEUS: Doctrina politica (1606, Amsterdam 1643) 463. 464; vgl. 248. – [12] P. GRÉGOIRE: De republica (1596, Frankfurt ²1609) 174. – [13] J. ALTHUSIUS: Politica methodice digesta (1603, ³1614, Neudruck 1961) 284. – [14] The Works of JOHN WHITGIFT, hg. J. AYRE (Parker Society) (Cambridge 1853) 3, 11. – [15] TH. COOPER: An admonition to the People of England (1589) 92. 161f. 223. – [16] The Writings of HENRY BARROW, hg. L. H. CARLSON (London 1962-1966) 1, 245f. – [17] THEODOR BEZA: De iure magistratuum, hg. K. STURM (1965) 33; JOHN PONET: A shorte treatise of politicke power (1556) fol. C 8. – [18] G. BUCHANAN: De iure regnis apud Scotos (1579) cap. 65. Opera omnia (Lugduni Batavorum 1725) 2, 43f. – [19] WILLIAM BARCLAY: De regno et regali Potestate (Paris 1600) 47; vgl. 210f. – [20] A. BLACKWOOD: Pro regibus apologia (Paris 1588) 293f. 23. 64. 165; vgl. später die Verteidigung der Könige Charles I und Charles II bei: C. BONDE (i.e. GILES DUNCOMBE): Scutum regale, or Vox legis (London 1660) 68. – [21] J. BODIN: Les six livres de la republique (Paris 1583, Neudruck 1961) 508. – [22] a. a. O. 937; vgl. PHIL. HEN. HOENONIUS: Disputationum politicarum liber unus (³1615) 511. 66; J. MICRAELIUS: Lexicon philosophicum (1662, Neudruck 1966) 113. – [23] E. PASQUIER: De l'autorité royale (1615). Ecrits politiques, hg. D. THICKETT (Genève 1966) 287. 309. – [24] Vgl. z. B. JOHN HOWSON: A sermon preached at 4 Dec. 1597 (London 1597) 29; so auch noch HENRY MORE, Opera omnia, hg. S. HUSTIN (London 1674-1679, Neudruck 1966) 1, 589; G. HUFELAND: Lehrsätze des Naturrechts (²1795) 288. – [25] H. GROTIUS: Opera omnia theologica (Basel 1732) 1, 276 a 15. 461 b 32. 642 b 27. 756 a 2. – [26] La Satyre Ménippé ou la Vertu du Catholicon (1594), hg. CH. READ (Paris ²1880) 296. 250. – [27] THEOPH. GOLIUS: Epitome doctrinae moralis (1592) 313; vgl. Epitome doctrinae politicae (o. J., 1622) 233. – [28] J. MILTON, Works, Columbia-Ed. (New York 1931-1940) 6, 247; vgl. 2, 114. 441; 3, 331; 6, 104. 122. 247; 10, 103; 18, 3. – [29] a. a. O. 2, 73. 209. 314; vgl. die dtsch. Übers. von ‹Anarch› bei J. J. BODMER: Krit. Abh. von den Wunderbaren in der Poesie (1740) 138; vgl. auch P. B. SHELLEY, The triumph of life. Poetical works, hg. TH. HUTCHINSON (London 1965) 513; A. POPE: The poems, Twickenham-Ed. (London 1954ff.) 5, 192; 3, 339: ‹The Dunciad›; Lord BYRON, Works. Poetry 2, hg. E. H. COLERIDGE (London 1904) 128. – [30] R. FILMER: The anarchy of a limited or mixed monarchy, in: Patriarcha and other political works, hg. P. LASLETT (Oxford 1949) 297. – [31] C. WALKER: Anarchia anglicana: or, the hist. of independency (1648/49). – [32] a. a. O. 2, 161. – [33] 2, 19f. – [34] 1, 93f.; 2, 23f. 149. – [35] 2, 200; vgl. 1, 58f.; 2, 154. – [36] Puritanism and Liberty. Being the Army Debates 1647-1649, hg. A. S. P. WOODHOUSE (London 1938 u. ö.) 59; vgl. 70. – [37] a. a. O. 440. – [38] J. HARRINGTON: Works (London 1771, Neudruck 1963) 404; zu dem A.-Vorwurf gegen die ‹Levellers› vgl. G. WOODCOCK: Anarchism (Cleveland/New York 1962) 44. – [39] HARRINGTON, a. a. O. 418. – [40] 37; vgl. 364; ähnlich noch A. FERGUSON: An essay on the hist. of the civil society (1767), hg. D. FORBES (Edinburgh 1966) 127. – [41] TH. HOBBES: Engl. Works, hg. MOLESWORTH (London 1839-45) 2, 93f.; 3, 172f. 683. – [42] S. V. PUFENDORF: De iure naturae et gentium (1672) VIII, 5, § 11, hg. MASCOVIUS (1759) 2, 193. – [43] BOSSUET, Oeuvres (Bar-le-Duc 1870) 9, 212. – [44] LABRUYÈRE, Oeuvres, hg. G. SERVOIS (Paris 1865) 2, 275. – [45] R. CUDWORTH: The true intellectual system of the universe (London 1678, Neudruck 1964) 319. – [46] BAYLE, Oeuvres diverses (Den Haag 1727-1731, Neudruck 1964-1968) 3, 338f. 348; vgl. G. BERKELEY, Works, hg. LUCE/JESSOP (London etc. 1948-1957) 3, 141. – [47] a. a. O. 3, 349. 358. – [48] J. SWIFT: The examiner and other pieces, hg. H. DAVIS (Oxford 1957) 204. – [49] FÉNELON: Oeuvres (Paris 1838) 5, 38: Examen de conscience sur les devoirs de la royauté. – [50] a. a. O. 5, 52. 66. – [51] ROUSSEAU, Du contrat social III, 10, Oeuvres, hg. B. GAGNEBIN/M. RAYMOND (Paris 1959ff.) 3, 423. – [52] MONTESQUIEU, Oeuvres, hg. A. MASSON (Paris 1950-1955) 2, 57. 149. 255. 263. – [53] BERKELEY, a. a. O. [46] 6, 25; 6, 44. – [54] J. SWIFT: The sentiments of a Church of England man (1708). Works, hg. Sheridan and Nichols (London 1808) 3, 94. – [55] J. ADDISON, in: The Spectator No. 3 (March 3, 1711), hg. BOND (Oxford 1965) 1, 14. – [56] VOLTAIRE: Essais sur les mœurs et l'esprit des nations chap. 130. Oeuvres, hg. BEUCHOT (Paris 1829-1840) 17, 262. – [57] a. a. O. 39, 432. – [58] D. DIDEROT: Encyclopédie ou dict. raisonné (Paris 1751-1780) 1, 407: Art. ‹A.›. – [59] Supplément au Voyage de Bougainville. Oeuvres philos., hg. P. VERNIÈRE (Paris 1961) 512; dtsch. in: Philos. Schriften, hg. TH. LÜCKE (1961) 2, 234. – [60] KANT: Akad.-A. 7, 330f. – [61] a. a. O. 8, 302. – [62] M.-J.-A. CONDORCET: Esquisse d'un tableau hist. des progrès de l'esprit humain (1794), hg. W. ALFF (1953) 172f. – [63] Esprit de Mirabeau (Paris 1797) 1, 110f. – [64] a. a. O. 1, 127. – [65] W. GODWIN: Enquiry conc. political justice (London 1793) 2, 548f. 734-740. – [66] TH. PAINE: The rights of man (London 1791). – [67] SHELLEY, a. a. O. [29] 338-345; vgl. H. N. BRAILSFORD: Godwin, Shelley and their circle (London 1913 u. ö.). – [68] TH. BLOUNT: Glossographia (1656, Neudruck Menston 1969); E. DERING: Speeches on relig. (1642) 153. Als erste im 19.Jh.: W. T. KRUG: Fundamentalphilos. (1818) 311; F. v. BAADER: Werke, hg. F. HOFFMANN (1850-1860, Neudruck 1963) 7, 51 (aus dem Jahre 1824). – [69] J. FR. LAHARPE: Du fanatisme dans la langue révolutionnaire (Paris 1797) 106; W. FELDMANN: Die große Revolution in unserer Sprache. Z. dtsch. Wortforsch. 13 (1911/12) 248f.; F. BRUNOT: Hist. de la langue franç. des origines à nos jours (Paris 1966-68) 9, 827f. – [70] Oeuvres de M. ROBESPIERRE, hg. LAPONNERAYE/CARREL (Paris 1840) 2, 156f. 163; Oeuvres complètes (Paris 1914-1967) 10, 274; vgl. E. SIEYÈS: Polit. Schriften (1796) 2, 371. – [71] Vgl. A. MATHIEZ: Die frz. Revolution (1950) 291. 372. 438. 486. – [72] WIELAND, Werke, hg. J. G. GRUBER (1824-1827) 40, 337; J. GÖRRES: Das rote Blatt 1 (1798). Ausgew. Werke und Briefe, hg. W. SCHELLBERG (1911) 1, 34. – [73] J. P. BRISSOT: A ses commettans, sur la situation de la Convention Nationale, sur l'influence des Anarchistes, ... (Paris 1793, London 1794) 6. – [74] a. a. O. 7. – [75] 73. – [76] Vgl. J. P. BRISSOT: A tout les républicains de France, sur la Société des Jacobins de Paris (Paris 1792), zit. in: P. KROPOTKIN: Die frz. Revolution, dtsch. G. LANDAUER (o.J.) 2, 51-62. – [77] Gazette nationale ou le moniteur universel No. 25 (1790); No. 71 (1793); No. 260 (1795); No. 316 (1796); Nos. 227. 313 (1798); No. 180 (1799); dagegen LAMARQUE, a. a. O. No. 164 (1796) = Réimpress. de l'ancien moniteur (Paris 1853-1863) 5, 583; 15, 672; 24, 627; 28, 373; 29, 258. 327. 624bis; 27, 592. – [78] a. a. O. No. 124. 358 (1797) = Neudruck 28, 529-531. 816-818. – [79] No. 305 (1799); Nos. 307. 308 (1799); No. 309 (1799); No. 311. 312 (1799) = Neudruck 29, 747. 751. 752. 753. 755. – [80] J. BENTHAM: Works (London 1838-1843) 2, 489-529. – [81] Economic Writings, hg.

W. STARK (London 1952-1954) 2, 296. – [82] a. a. O. [80] 5, 222; An Introduction to the principles of morals and legislation (1789) 1, § 14, in: A fragment on government. An introduction ..., hg. W. HARRISON (Oxford 1948) 130. – [83] A. RIVAROL: Oeuvres choisies, hg. M. DE LESCURE (Paris o.J.) 1, 271. 276. – [84] E. BURKE: Reflections on the revolution in France (London 1790, ¹²1793) 56; vgl. 81. 318f. 331f.; dtsch. hg. D. HENRICH (1967) 76. 99. 305. 314f. – [85] The annual register for the year 1797. Hist. of Europe (London ²1807) 107. – [86] B. CONSTANT: De l'esprit de conquête et de l'usurpation (1814) II, 15; dtsch. Über die Gewalt, hg. H. ZBINDEN (1942) 145f. – [87] FR. SCHLEGEL: Versuch über den Begriff des Republikanismus. Krit. A., hg. E. BEHLER (1958ff.) 7, 25. – [88] a. a. O. 12, 84. – [89] 14, 217f. – [90] 14, 232. – [91] 14, 256. – [92] W. T. KRUG: System der praktischen Philos. 1: Rechtslehre (²1830) 312; vgl. 310. – [93] SCHOPENHAUER, Werke, hg. FRAUENSTÄDT/HÜBSCHER (²1948ff.) 2, 405; 6, 225. 381. – [94] HEGEL, Schriften zur Politik und Rechtsphilos., hg. G. LASSON (1913) 3. 15. 84f. 159; vgl. 71. 101. 109. – [95] Vorles. über die Philos. der Weltgesch., hg. G. LASSON (1944) 898. – [96] a. a. O. [94] 113f. 128. – [97] a. a. O. [95] 930; Phänomenol. des Geistes, hg. J. HOFFMEISTER (1937) 422. – [98] HERDER, Werke, hg. B. SUPHAN (1877-1913, Neudruck 1967/68) 2, 99. – [99] E. YOUNG: The revenge 4, 1. Works (London 1854) 2, 221f. – [100] The Englishman, hg. R. STEELE, No. 7, Oct. 20, 1713; Neu-A. R. BLANCHARD (Oxford ¹955) 31. – [101] M. MENDELSSOHN, Schriften zur Philos., Ästhetik und Apologetik, hg. M. BRASCH (1892) 1, 72. – [102] J. G. HAMANN, Werke, hg. J. NADLER (1949-57) 3, 280. – [103] F. VON BAADER, a. a. O. [68] 1, 146. – [104] F. SCHLEGEL: Athenäumsfragment 97, a. a. O. [87] 2, 179. – [105] F. W. J. SCHELLING: Werke, hg. K. F. A. SCHELLING (1856-1861) 10, 88. – [106] Aus JENS BAGGESEN's Briefwechsel mit K. L. Reinhold und F. H. Jacobi (1831) 2, 216; ein entsprechender Vergleich bei G. H. LEWES: Gesch. der Philos. von Thales bis Comte (1871-1876) 1, 33. – [107] W. T. KRUG, a. a. O. [68] 311; Allg. Handwb. der philos. Wiss. (1827-1829) 1, 117. – [108] HÖLDERLIN, Große Stuttgarter A., hg. F. BEISSNER (1946ff.) 4/1, 211f. – [109] NOVALIS, Schriften, hg. P. KLUCKHOHN (1929) 2, 71. 77. – [110] F. SCHLEGEL, a. a. O. [87] 10, 31. – [111] GOETHE, Hamburger A. 2, 147; vgl. 14, 56; vgl. F. MEINECKE, Werke (1957ff.) 4, 312. 370. 375: «A. der Werte». – [112] W. LANDOR: Imaginary conversations. Works (London 1846) 1, 135.– [113] A. COMTE: Discours sur l'esprit positif; dtsch. hg. I. FETSCHER (1956) 109. 161; vgl. 17, 199; Système de politique positive ou traité de sociol. (Paris 1851-54, ³1890-1895) 1, 73; 2, 18f.; 3, 2. 29; vgl. 2, 296. 458; 3, 35; 4, 26. 370. 443.

3. Der erste, der sich selbst als ‹Anarchisten› bezeichnete, war P. J. PROUDHON. Hatte er noch in seinem Frühwerk ‹De l'utilité de la célébration du dimanche› (1839) nach einem Zustand sozialer Gleichheit gefragt, der außerhalb von Despotismus und A. liegt [1], so bekennt er sich in seinem ersten Hauptwerk ‹Qu'est-ce que la propriété› (1840) offen zum Anarchismus (= As.) und versteht unter A. nun nicht mehr Unordnung und Chaos, sondern «Abwesenheit jedes Herrschers, jedes Souveräns». Die neue, Gleichheit und Gerechtigkeit verwirklichende Gesellschaft sucht ihre Ordnung in der A., während die alte, in der die Menschen der Autorität anderer unterworfen sind, Unordnung und Chaos repräsentiert und deshalb zum Untergang bestimmt ist. Die neue Ordnung wird von der Wissenschaft hervorgebracht, die alles regelt, «was Gegenstand der Gesetzgebung und Politik ist». Die Wissenschaft löst die «Herrschaft des Menschen über den Menschen» ab, die despotische Willkür im Gebrauch und Mißbrauch des Eigentums («propriété» im Gegensatz zu «possession», dem rechtmäßigen, persönlichen Besitz); der Wille des Einzelnen wird in ein «wissenschaftliches Gesetz» umgewandelt [2]: «Die Freiheit ist A., weil sie die Herrschaft der Willkür nicht zuläßt, sondern bloß die Autorität des Gesetzes, d. h. die Notwendigkeit» [3]. Auch Proudhon weiß, daß das «beständige Zeugnis der Geschichte» gegen die A. und für die Notwendigkeit einer Ordnungsmacht in Form einer Regierung spricht, aber diese blieb doch immer ein Objekt des Mißtrauens und ein Faktor «dauernder Instabilität» [4]. Die «A. der Produktion», der «wirtschaftlichen Kräfte», ist ein Übel, das die Gesellschaft zerstört und deshalb beseitigt werden muß [5], doch kann solche A. sogar unter einer starken politischen Zentralgewalt existieren [6], und wahre A. im Sinn von Herrschaftslosigkeit schließt Ordnung nicht aus: «die höchste Vollkommenheit der Gesellschaft findet sich in der Vereinigung der Ordnung und der A.» [7]. Aus der Negation des Eigentums folgt die Negation jeder Autorität, sowohl der religiös-kirchlichen als auch der politischen: A. ist «die wahre Form der Regierung» [8]. In der Geschichte hat es immer zwei entgegengesetzte Parteien gegeben: eine hierarchische, die an die Autorität des Eigentums, des Königtums oder der Demokratie, der Philosophie oder der Religion glaubte, und eine «anarchische und atheistische», die jede göttliche oder menschliche Autorität ablehnte, den Sozialismus [9]. Das autonome Ich kann kein göttliches Gesetz, kein «commandement mystique» über sich anerkennen, sein Gesetz ist der praktische Atheismus [10]. Proudhon nennt seine Theorie gelegentlich auch ‹Sozialismus› [11]; gegen die Sozialisten seiner Zeit (L. Blanc, P. Leroux u. a.) hat er sich jedoch immer zum As. bekannt: Die A. ist die Grundlage der voll entwickelten, «erwachsenen» Gesellschaften (sociétés adultes), so wie die Hierarchie das Prinzip der primitiven Gesellschaften ist [12]. Da der Staat in seiner Schutz- und Garantiefunktion überflüssig ist, kann er abgeschafft, die Ausbeutung des Menschen durch den Menschen beseitigt und die A. konstituiert werden, in der nicht Unordnung, sondern der höchste Grad an Ordnung und individueller Freiheit herrscht [13]. Am Anfang der Geschichte der sozialen Entwicklung steht der Absolutismus, an ihrem Ende wird die A. stehen [14]. Schon in seiner eigenen Zeit glaubt Proudhon in der direkten Regierung und der direkten Gesetzgebung Anzeichen für eine generelle Schwächung der Regierung und für eine Tendenz zur A. zu erkennen [15]. An Stelle der politischen Mächte (Regierung, Polizei, Armee, Zentralverwaltung) sollen in der reinen A. (anarchie pure) ökonomische Organisationsformen treten, die die Bauern und Arbeiter zu einer Einheit zusammenschliessen und damit jene schlechte «anarchie des forces sociales», die immer zur Rechtfertigung des Despotismus gedient hat, verschwinden lassen. Die Absurdität der politischen Institutionen wird offenbar und die A. schließlich wie eine Wohltat angenommen werden [16].

In seinen späten Schriften hat Proudhon dann die A. eher als ein Ideal angesehen, das nie völlig erreicht werden kann. Die Menschheit nähert sich ihren Zielen, der Gleichheit, A. und Nicht-Religion (non-religion, nonmysticisme) immer mehr an, sie schreitet fort in Richtung auf Wissenschaft, Recht, Freiheit, Ehre und Gerechtigkeit [17]. Proudhon konzipiert vier ideale Regierungsformen: Monarchie oder Patriarchat (Regierung aller durch einen einzigen), Panarchie oder Kommunismus (Regierung aller durch alle), Demokratie (Regierung aller durch jeden) und «An-archie oder Self-government» (Regierung eines jeden durch jeden). Die beiden ersten sind Regime der Autorität, die beiden letzten Regime der Freiheit [18]. In der A. werden die politischen Funktionen auf wirtschaftliche zurückgeführt, die soziale Ordnung resultiert allein aus Tausch und Vertrag. Demokratie und A. erscheinen nie in der Reinheit ihres Begriffs, sie sind dazu «verurteilt, im Status ewiger Wünsche (desiderata perpétuels) zu bleiben» [19]. Gegenüber dem nie voll zu verwirklichenden Ideal der A. gewinnen in den späten Schriften die oft synonym gebrauchten Begriffe ‹Föderalismus› und ‹Mutualismus› an Bedeutung. In der Föderation, die zur «idée dominante de la politique» wird, verbinden sich die Partner durch einen Vertrag zu einem bestimmten Handeln, lassen einander darüber hinaus aber alle Autonomie [20], während der Mutualismus gegenseitige ökonomische Leistungen (Dienste, Kredit, Sicherheit, Werte) sichert [21].

Trotz Proudhons Neudefinition des A.-Begriffes fand der As. zunächst nur wenig Verbreitung. Im politischen Leben um 1848 stößt die A. weiterhin auf Ablehnung, obwohl sie den Liberalen für weniger verwerflich gilt als die Despotie [22]. Werden von den Regierungen die demokratischen Bestrebungen als A. und Pöbelherrschaft disqualifiziert, so wendet sich K. A. VARNHAGEN VON ENSE mit diesem Begriff gegen die Willkür und Unentschlossenheit der Minister, die mit ungesetzlichen Mitteln gegen das Volk vorgehen [23].

M. HESS sieht der Wert der A., auf der auch Atheismus und Kommunismus fußen, nur in der Durchbrechung der «äußeren Schranken», in der «Schrankenlosigkeit»; sie muß danach zur «Selbstbestimmung oder Selbstbeschränkung, zur Sittlichkeit fortschreiten» [24].

Eine große politische Bewegung konnte Proudhon zu seiner Zeit nicht begründen, obwohl er bei vielen Anhängern und Freunden Widerhall fand. K. GRÜN nimmt die Definition der A. als Herrschaftslosigkeit auf und hält sie für unerläßlich in einer Wissenschaft, «welche die Freiheit des Menschen begründen» soll [25]. – W. MARR wendet sich gegen die aus der Revolution von 1848 unversehrt wieder hervorgegangenen Autoritäten und gegen den Sozialismus, in dem er dieselben diktatorischen Elemente sieht wie im «patriarchalischen Absolutismus». Die A. ist die einzige Rettung gegenüber «Gouvernementalismus» und «Repräsentativsystem». Zwischen A. und Autorität gibt es keinen Mittelweg. Das «Streben für und nach Individualität» ist «das einzig richtige, das einzig logische». Die Freiheit ist identisch mit der «An-archie», sie «realisiert sich in der fortwährenden Negation alles überflüssig gewordenen Positiven» [26]. In geheimen Bünden hat Marr selbst für die Verbreitung seiner Ideen gewirkt, für die er 1846 noch den Begriff ‹Demokratie› verwendet [27].

In Frankreich vertritt A. BELLEGARRIGUE einen individualistischen As., in dem jeder Einzelne für sein persönliches Wohlergehen verantwortlich ist, ohne daß der Staat in sein Tun eingreifen darf [28]. – E. CŒURDEROY ruft die «revolutionnaires anarchistes» zu einer allgemeinen Revolte und Erhebung auf, zu einem Unordnung und Chaos bringenden Krieg, der in seinen Zielen unbestimmt bleibt, aber trotzdem die Hoffnung der Menschheit ist, da sich die Gesellschaft immer in Revolutionen umformt. Andererseits kann aber der Mensch auch in jeder Epoche der Geschichte sein Glück und seine Freiheit finden [29]. Er muß zwischen seinem ungeduldigen Streben nach Unendlichkeit und Freiheit, seinen «aspirations anarchiques» und den Hindernissen, die dem entgegenstehen, einen Ausgleich finden. Aber die Zeit ist nahe, in der der Staat und seine Funktionäre von einer fröhlichen A. («anarchie joyeuse») abgelöst werden [30]. – Nach den Erfahrungen von 1848 glaubt J. DEJACQUE, daß polizeiliche Einrichtungen für die Aufrechterhaltung der Ordnung überflüssig seien und daß deshalb das Heil für die Massen in der A. liege: «L'anarchie est l'état de santé des multitudes». Zur Verwirklichung dieser Utopie («rêve non réalisé, mais non pas irréalisable») plant er eine Organisation der Bevölkerung in großen Wohneinheiten (l'Humanisphère), in denen keine Hierarchie und Autorität, sondern vollkommene A. herrscht [31].

Obwohl M. STIRNER immer zum As. gerechnet wird, hat er doch den Begriff ‹A.› nur selten verwandt, einmal als Gegensatz zum Liberalismus, dann aber gerade als dessen Attribut [32]. Erst der spätere individualistische As. hat auf Stirner zurückgegriffen.

Auch bei den frühen amerikanischen Individualisten (J. WARREN, ST. P. ANDREWS, L. SPOONER) ist die A. nicht die erstrebenswerte Gesellschaftsform. Vielmehr herrschen hier die Begriffe «Individualität» und «Souveränität des Individuums über sich selbst» vor. Staat, Recht, Gesellschaft, Institutionen müssen hinter der Selbstbestimmung des Einzelnen zurückstehen [33]. Sie sind es, die die allgemeine Unsicherheit und A. vergrößern [34]. ‹A.› wird hier also noch im alten negativen Sinn gebraucht.

Hatte sich der proudhonistische As. in Frankreich mit den verschiedenen Strömungen des Sozialismus auseinanderzusetzen [35], so hatte er bis 1869 auch einen nicht unbeträchtlichen Einfluß in der «Ersten Internationalen» (I.A.A.). Von da an wurde er aber mehr und mehr von dem As. Bakuninscher Provenienz zurückgedrängt, der jetzt gegen den zentralistischen Marxismus auftrat. M. BAKUNIN hatte schon 1848 die Hoffnung geäußert, daß die A. aus einem Bauernkrieg, der von den «schlechten Leidenschaften» hervorgebracht würde, entstünde. «Nur ein anarchischer Bauernkrieg einerseits und die Verbesserung der Bourgeoisie durch die Bankerotte andererseits kann Deutschland retten» [36]. Auch nach seiner Flucht aus der Verbannung wirkte Bakunin in seinen Schriften für eine solche A., die die «revolutionären Instinkte der Massen» nicht «zurückpressen», sondern sie «organisieren» soll, so daß eine alle Länder übergreifende Revolution aus ihnen hervorgehen kann [37]. »Wir fürchten die A. nicht, wir rufen sie an, überzeugt, daß aus dieser A., das heißt der vollständigen Äußerung des entfesselten Volkslebens, die Freiheit, Gleichheit, Gerechtigkeit, die neue Ordnung und die Kraft der Revolution selbst gegen die Revolution hervorgehen müsse» [38]. Die neue «lebendige Organisation» und die «natürliche Aktion» wird vom Volk direkt ausgehen; es werden sich «freie Föderationen von Ackerbau und Industrie betreibenden Assoziationen» bilden. Die oberste Organisation der Revolution, die «Assoziation der internationalen Brüder» verzichtet entweder ganz auf jede Diktatur oder erkennt nur eine solche an, die direkt auf der «Volks-A.», auf der von einer «unsichtbaren kollektiven Kraft geleiteten revolutionären A.» beruht [39]. Bakunin hat immer den Wert des «spontanen Lebens» und der Leidenschaften für die A., den Vorrang des Lebens vor der Wissenschaft, ja sogar «bis zu einem gewissen Grade die Empörung des Lebens gegen die Wissenschaft oder vielmehr gegen die Herrschaft der Wissenschaft» betont [40]. Die neue Gesellschaft soll Gerechtigkeit und Gleichheit garantieren, eine «Gleichheit des Ausgangspunkts», die «die gleichmäßig für alle tatsächliche Möglichkeit bietet, sich zu den größten Höhen der Menschheit zu erheben, zuerst durch Erziehung und Unterricht, dann durch die eigene Arbeit eines jeden in freier Assoziation» [41]. In der vollständigen Entwicklung seiner Fähigkeiten und Anlagen besteht die Freiheit des Menschen, die das höchste Gut ist [42]. Bedroht wird sie von den Autoritäten aller Art, vor allem von den sich gegenseitig ergänzenden und bedingenden Autoritäten von Staat und Kirche/Religion. Die Auflehnung gegen die Gesellschaft ist schwieriger als der Kampf gegen die Natur, weil der Mensch das, was er ist, durch die Gesellschaft geworden ist, und seine Freiheit an den anderen nicht ihre Beschränkung findet, sondern die anderen die «notwendige Voraussetzung und Bejahung» der Freiheit des Menschen sind [43]: «Mit einem Wort, wir weisen alle privilegierte, patentierte, offizielle und legale Gesetzgebung, Autorität und Beeinflussung zurück, ... in der Überzeugung, daß sie immer nur zum Nutzen einer herrschenden und ausbeutenden Minderheit gegen die Interessen der ungeheuren geknechteten Mehrheit sich wenden können. In diesem Sinne sind wir wirklich Anarchisten» [44]. Das Prinzip der spontanen, freien Assoziation und die Zurückweisung jeder staatlichen oder autoritären Lenkung gilt bereits für den revolutionären Kampf selbst. Die Ablehnung jeder «politischen Macht» zugunsten der nur «sozialen und folglich antipolitischen Macht» trennt, nach Bakunin, «die revolutionären Sozialisten und Kollektivisten von den autoritären Kommunisten» [45]. Er stellt «das anarchistische System von Proudhon», das er «erweitert, entwickelt und von all seinem metaphysischen, idealistischen, doktrinären Aufsatz befreit» habe, dem System des autoritären Kommunismus, des «doktrinären Staatssozialismus» gegenüber [46]. Diese Differenzen führten schließlich zum Ausschluß Bakunins und seiner Anhänger aus der «Internationalen» (Kongreß in Den Haag 1872), zum Bruch der Marxisten mit den Anarchisten. Die Anarchisten, die die volle Autonomie der einzelnen Sektionen vertraten [47], hielten zunächst in Saint-Imier (Schweiz) einen eigenen Kongreß ab (September 1872) und versammelten sich zu «anti-autoritären Internationalen» in Genf (1873), Brüssel (1874), Bern (1876) und Verviers (1877). Außer den anarchistischen Delegationen vor allem aus Italien, Spanien, Holland, Belgien und der Westschweiz wurden diese Kongresse auch von Sozialdemokraten besucht, bis es zwischen beiden Richtungen zu einer neuen Spaltung kam, so daß die weiteren Kongresse der Anarchisten an Bedeutung verloren [48].

MARX und ENGELS verteidigten die zentrale Leitung der «Internationalen» und erklärten die Begriffe «Autonomie der Sektionen, freie Föderation autonomer Gruppen, Antiautoritarismus, A.» für «Phrasen» [49]. «Unter der Maske des extremsten As.» richten die Anarchisten «ihre Angriffe nicht gegen die bestehenden Regierungen, sondern gegen die Revolutionäre» [50]. Die Abschaffung des Staates, die der As. proklamiere, sei selbst ein autoritärer Akt, und auch der As. halte es für notwendig, eine Organisation aufzubauen, so daß «also alle Elemente des ‹Autoritätsstaates› aufs schönste wieder hergestellt» seien [51]. Die Ideale der A., der reinen Aktion «von unten nach oben» und der «freien Föderation» lassen sich praktisch nicht verwirklichen; statt der Abschaffung des Staates folgt nur die Aufsplitterung in «eine Anzahl neuer, kleiner Staaten» [52]. Angesichts des Drucks der Regierenden kann die A. nicht schon mit der Organisation der Proletarier beginnen, sondern erst am «Ziel der proletarischen Bewegung» stehen, wenn der Staat abgestorben ist. Die Anarchisten aber greifen die «Sache am umgekehrten Ende an» [53].

Neben Bakunin wurde vor allem auch J. GUILLAUME, der Organisator der «Fédération Romande» und späteren «Fédération Jurassienne» in der Schweiz aus der «Internationalen» ausgeschlossen. Er vertritt eine Gesellschaftsform, die sich aus kleinen Produktionsgruppen und lokalen Föderationen aufbaut, die sich wiederum zu ‹Kommunen› zusammenschließen. In der Autonomie und Unabhängigkeit der einzelnen Sektionen liegt deren «an-archie», die «Abwesenheit einer zentralen Autorität» [54]. Meistens gebrauchten die Jurassier für sich nicht den Begriff ‹As.›; sie nannten sich eher ‹Föderalisten›, ‹antiautoritäre Kollektivisten› und ‹Autonomisten›[55].

Nach seinem eigenen Bekenntnis gelangte P. KROPOTKIN durch die «Prinzipien der Gleichheit ..., die Unabhängigkeit im Denken», die er im schweizerischen Jura vorfand, zum As. [56]. Anders als Bakunin, der sich zum ‹kollektivistischen As.› rechnete und den Kommunismus scharf ablehnte, bevorzugte Kropotkin den Begriff ‹kommunistischer As.›. Er versuchte den Nachweis zu führen, daß der As. seine Wurzeln in der modernen Wissenschaft hat. Er lehnt jede metaphysische Erklärung z. B. des Rechts, des Staates, der Nationalökonomie ab, d. h. jede Begründung, die sich nicht mit den Methoden der exakten Naturwissenschaft gewinnen läßt [57]. Der As. entspringt dem «direkten Leben», «sucht aber sofort seinen Ausdruck und seine theoretische und wissenschaftliche Begründung zu finden» [58]. Die moderne Wissenschaft hat ihre Parallele im As., da auch jener seine Mitglieder keiner Autorität unterwerfen, sondern den Individuen die Möglichkeit zur freien Entwicklung ihrer Fähigkeiten und einer harmonischen Verbindung untereinander geben will: «Elle cherche le plus complet développement de l'individualité, combiné avec le plus haut développement de l'association volontaire sous tous les aspects» [59]. Die A. bedarf, damit sie sich nicht in falschem Individualismus verliert, des Kommunismus, der gemeinsamen Organisation von Produktion und Arbeit und der Verwaltung des Eigentums. As. und Kommunismus liegen in der Tendenz der Zeit, sie ergänzen sich gegenseitig. Der Kommunismus darf jedoch nicht die autoritäre Form des Marxismus annehmen; die neue Gesellschaft braucht nicht die Einmischung des Staates, sie kann sich allein auf freiwilliger Basis, aus der Notwendigkeit ihrer Bedürfnisse heraus und auf der Grundlage der gegenseitigen Hilfe bilden (vgl. ‹Gegenseitige Hilfe in der Entwicklung› [1904]). Der «communisme anarchiste» ist die Synthese von wirtschaftlicher und politischer Freiheit [60]. Die «Entwicklung der Initiative des Individuums und der Gruppe» kann nur unter «Einschränkung der Funktionen des Staates» erfolgen. Sie liegt in der A., die nicht Unordnung, sondern Verneinung der Autorität und der alten knechtischen Ordnung bedeutet [61]: «Die vollständige Unabhängigkeit der Kommune, die Föderation der freien Kommunen, und die soziale Revolution innerhalb der Kommune – durch das Volk selbst vollbracht», ist das Ziel [62]. Die Arbeitsteilung soll aufgehoben, die Industrie dezentralisiert und eng mit Landwirtschaft und Handwerk verbunden werden [63]. So überwindet der kommunistische As. die Entfremdung der Menschen untereinander und schafft neue Kontakte, neue Formen von Geselligkeit und eine Moral, aufgrund deren die Menschen ohne äußeren Zwang doch in einer der Gesellschaft nützlichen Weise handeln, da sie die Notwendigkeit dazu von selbst einsehen [64].

Viele von Kropotkins Anhängern haben für die Verbreitung des kommunistischen As. gewirkt. Für E. RECLUS zeigt die Geschichte, daß jeder Fortschritt in Richtung auf Freiheit und Gleichheit mit einer Auflehnung gegen die Gehorsam fordernden Mächte verbunden war. Die großen Epochen des Geistes und der Kunst waren auch Zeiten beständiger Kämpfe und der A., in der die Menschen nach Freiheit strebten [65]. Das Ideal der A. ist die «volle und absolute Freiheit», seine Meinung auszudrücken, zu handeln, wie man will und sich mit anderen in «kollektiven Werken» zu verbinden [66]. Jede Autorität von Institutionen, Staat und Kirche, wird zurückgewiesen [67]. So kommt der Tag, da die Revolution, vorbereitet von der Evolution, die Freiheit für alle bringen wird [68]. – Auch für J. GRAVE bedeutet A. die «négation de l'autorité» in Familie, Religion, Politik, Armee usw. Die Basis der neuen Gesellschaft ist allein die Solidarität der Einzelnen, aufgrund deren sich, wenn das persönliche Eigentum und damit der Antagonismus der Interessen beseitigt sind, die «harmonie sociale» bilden kann. Die Arbeit verliert dann den Charakter der Mühsal und des Leidens [69]. Ohne Hoffnung auf etwaige gute Regierungen und gerechte Institutionen soll die zukünftige Gesellschaft allein auf der «action individuelle», der Autonomie und Initiative der Individuen aufgebaut sein. Ein Rückfall in die Isolierung des Naturzustandes muß jedoch durch die Assoziation der Menschen in kleinen unabhängigen Gruppen mit engen Beziehungen untereinander verhindert werden [70]. – Ebenso vertritt auch CH. MALATO einen kommunistischen As., in dem die Autonomie und Freiheit des Menschen in den Gruppen, der Gruppen in den Stadt- und Dorfkommunen, der Kommunen in den Föderationen garantiert werden. Der kommunistische As. will die Sozialisierung der Wirtschaft erreichen, ohne in den Fehler des autoritären und hierarchischen Sozialismus zu verfallen, der am Staat festhält [71].

In Italien entwickelt entsprechende Theorien vor allem E. MALATESTA. Der Kommunismus, falls er nicht in seiner autoritären Form auftritt, kann sowohl die «individuelle Freiheit» als auch «das Wohlbefinden aller» garantieren. Bei aller notwendigen Organisation des As. muß doch die Freiheit des Experimentierens, des Suchens nach einer besseren sozialen Ordnung erhalten bleiben [72]. Der Kollektivismus wird als «unvereinbar mit der A.» abgelehnt, da er die wirtschaftliche Konkurrenz aufrecht erhält; erst der Kommunismus bringt die gemeinsame Nutzung der Produktionsmittel und die Überführung des Eigentums in Gemeingut [73]. – Wie Malatesta verwirft F. S. MERLINO den Kollektivismus, betont aber gegenüber dem Kommunismus das Prinzip der persönlichen Autonomie, der A. und des freien Vertrages [74].

J. MOST, ein ehemaliger deutscher Sozialdemokrat, vertrat von 1882 an in Amerika zunächst einen Kollektivismus, in dem ein «föderalistisches System ... der individuellen Freiheit den weitesten Spielraum gewährt, aber gleichzeitig auch ein ordnendes Band um alle Elemente schlingt, welche im großen und ganzen den gleichen Zwecken dienen» [75]. Später vertritt auch er den kommunistischen As. «mit dem Verlangen nach freiem Genußrecht, freier Arbeitsleistung und Abwesenheit jeder eigentlichen politischen Organisation» in Anlehnung an die «Agitationsschriften Kropotkins» [76]. Er wendet sich damit gegen den damals in Amerika vorherrschenden (z. B. von B. R. TUCKER vertretenen) individualistischen As. [77]. Durch die Propaganda der russischen Emigranten A. BERKMAN und E. GOLDMAN u. a. gewann dann der kommunistische As. größere Verbreitung. Er bedeutet für sie Freiheit an Stelle von Staat und Gesetzen, gemeinsame Nutzung der Güter an Stelle des privaten Besitzes. A. meint nicht Unordnung und Chaos, sondern Ordnung auf der Grundlage der Freiheit, Kommunismus ohne bolschewistische Diktatur. Während die bisherigen Revolutionen nie den richtigen Weg zur Verwirklichung der Freiheit gefunden haben, wird sich die «social revolution» von ihr leiten lassen und die A. heraufführen [78]. Der As. wird alle Gegensätze zwischen Individuum und Gesellschaft in einer Einheit des Lebens versöhnen, der schöpferischen Energie des Einzelnen und der ungehinderten Gruppenbildung freien Raum lassen. As. ist deshalb die Theorie der sozialen Harmonie, die aber über die konkrete Form der zukünftigen Gesellschaft nichts aussagen kann, da sie dies gerade der freien Entfaltung der menschlichen Bedürfnisse und Fähigkeiten überlassen will [79].

Auch A. R. PARSONS, der 1887 mit anderen Anarchisten als angeblicher Verantwortlicher für eine blutig verlaufene Streikversammlung zum Tode verurteilt wurde [80], strebt eine «Ordnung ohne Regierung» (As.), verbunden mit «allgemeiner Kooperation (Kommunismus)» an. Auch er wehrt sich gegen das allgemeine Vorurteil, daß A. «Gewalt, Chaos, Zügellosigkeit» bedeute; sie ist «gerade das Gegenteil der gegenwärtigen Ordnungslosigkeit» [81]. Der As. kann jedoch keine «abgerundete Skizze von der vollständigen Organisierung einer freien bürgerlichen Gesellschaft ... geben», denn das hieße, «den kommenden Geschlechtern eine neue Schranke in den Weg setzen» [82]. Es kann nur soviel gesagt werden, daß die «zentralisierte oder konzentrierte Gewalt» durch Selbstbestimmung und das «natürliche Gesetz» ersetzt werden soll [83]. «Das Naturgesetz ist völlig ausreichend» zur Regelung der gesellschaftlichen Ordnung, da die jetzigen Übel nur aus den wirtschaftlichen Ungerechtigkeiten folgen [84].

Ähnliche Gedanken finden sich bei D. SAURIN: das Ich ist sein alleiniger Gesetzgeber, der Mensch folgt den Gesetzen, die er in sich findet. Da diese allgemein und notwendig, vernünftig und einsehbar sind, kann auf ihnen eine soziale Ordnung aufgebaut werden. Der Staat und jeder äußere Zwang wird überflüssig: «L'Ordre ne reviendra qu'avec l'A., la loi inviolable, à laquelle chacun adhère, comme à sa propre nécessité» [85].

Gegenüber den verschiedenen Arten des kommunistischen As. hatte der individualistische As. weniger Bedeutung. J. H. MACKAY, der Wiederentdecker Stirners, wendet sich gegen jede Gewalt, die den Einzelnen in der Freiheit seiner Persönlichkeit einschränken könnte, und gegen jede Gewaltanwendung bei der Umformung der Gesellschaft. Das Ideal der A., Herrschaftslosigkeit und Gleichheit, «das freie unabhängige Individuum, dessen einzige Forderung an die Gesellschaft in der Respektierung seiner Freiheit besteht und dessen einziges selbstgegebenes Gesetz die Respektierung der Freiheit der Anderen ist», darf nicht durch Attentate und Terror, sondern nur durch passiven Widerstand erreicht werden. Die Befreiung des Menschen kann nur das Werk des Einzelnen, nicht etwa das der Arbeiterklasse sein [86]. – Für B. R. TUCKER sind «Staatssozialismus» und As., Autorität und Freiheit, Marx und J. Warren bzw. Proudhon unversöhnliche Gegensätze. «Ich definiere As. als den Glauben an die größtmögliche Freiheit, vereinbart mit Gleichheit der Freiheit; oder in anderen Worten, als Glauben an jede Freiheit, ausgenommen die Freiheit des Eingriffs» [87]. Der As. beruht auf der Anerkennung des Egoismus, des Strebens nach dem persönlichen Vorteil der Individuen. Das schließt jedoch nicht die Möglichkeit «freiwilliger Vereinigungen vertragschließender Einzelner» außerhalb des staatlichen Zwangs- und Herrschaftsverbandes aus. Auch Recht und Eigentum können dann, soweit sie nicht aufoktroyiert bzw. monopolisiert sind, von den Anarchisten geachtet werden [88]. – Der Kampf gegen den Bolschewismus, gegen Staatsautorität und wirtschaftliche Monopole, gegen die Anwendung von Gewalt und für die nicht an Staat und Parteien gebundene Freiheit des Menschen ist auch für B. LACHMANN der Inbegriff des As. [89].

In den Niederlanden wurde der As. von F. D. NIEU-
WENHUIS begründet, der sich von der Kirche abwandte,
da ihm «nicht das Christsein, sondern das Menschsein»,
die «Humanität» die höchste Aufgabe war und die Kirche
diese nicht wahrnehmen könne [90]. Sein ‹Nachfolger›
war B. DE LIGT, der sich als «Sozialanarchist» bezeichnet
und vom «Bourgeoisindividualismus» abgrenzt. Obwohl
er glaubt, daß sich Marxismus und As. gegenseitig zu
revidieren haben, sieht er, daß die Revolution von 1917
in die falschen Hände geraten ist und daß der As. beim
Neuaufbau nach der Revolution versagt hat [91].

In Belgien war C. DE PAEPE der Hauptvertreter des As.
Für ihn ist die A. die konsequente Verwirklichung des
demokratischen Prinzips; sie kann aber erst nach einer
«sozialen Reorganisation» eintreten, da man sie jetzt
noch als Unordnung und Chaos ablehnt, wo sie doch
gerade Sicherheit, Ordnung und Harmonie herbeiführen
will. 1874 wandte er sich jedoch vom As. ab, da er von
der kommenden Revolution eine allgemeine Desorganisation befürchtete [92].

In unzähligen Schriften, Broschüren, Zeitschriften usw.
suchten die Anarchisten ihre Ideen zu verbreiten und
vor allem zu erreichen, daß der As. nicht mit Unordnung
und Zerstörung gleichgesetzt werde. Da sie aber die Teilnahme am politischen Leben ablehnten und, mit Ausnahme der individualistischen Anarchisten, glaubten,
nur mit Gewalt die sozialen Verhältnisse umgestalten
und die Revolution herbeiführen zu können, beschränkten sich ihre praktischen Taten oft auf lokale Erhebungen (Insurrektionen), Attentate, Anschläge und Teror-
akte. Man erhoffte sich durch diese «Propaganda durch
die Tat» – dieses Prinzip wurde 1877 von P. BROUSSE
konzipiert [93] – eine größere Wirkung als durch Reden
oder Schriften. Es sollte eine Agitation sein, die Aufsehen
erregte und so schnell mit den Zielen des As. bekannt
machte [94]. Die «Propaganda durch die Tat» «will nur
aufklären, nur der Wahrheit zum Siege verhelfen, die
auf dem Wege der bloß gesprochenen oder geschriebenen Agitation so arg langsam sich zu den Massen Bahn
bricht» [95]. Der extremste Fanatiker war der zeitweilig
mit Bakunin verbundene NETSCHAJEW, der all sein Handeln in den Dienst der Revolution stellen wollte und im
Bewußtsein, im Recht zu sein, vor keinem Mittel zurück-
schreckte [96]. Brutale Mittel sollen nach A. HAMON die
Gesellschaft nicht direkt verändern, sondern sind als
Protest gegen Unterdrückung und Ungerechtigkeit zu
verstehen [97]. Der Geist der allgemeinen, unbestimmt
bleibenden Revolte charakterisiert alle Menschen, ist
aber bei den Anarchisten besonders ausgeprägt [98].

Diese Gewaltakte veranlaßten viele Kritiker, den As.
lediglich als kriminelle Bewegung anzusehen [99], auch
dort, wo man als Heilmittel gegen den As. mehr Liberali-
tät empfahl, um ihn dadurch unschädlich zu machen
[100]. Man befürchtet die «Schrankenlosigkeit und
Fessellosigkeit», die Ichsucht, die der As. mit sich
bringen werde, so daß ein «Krieg aller gegen alle und
schließlich brutale Unterdrückung des Schwachen durch
den Starken» folge [101]. Andere glauben, daß die Ideen
des As. undeutlich und wenig originell sind und daß sie
deshalb auch keine ernste Gefahr darstellen [102]. Völlige Herrschaftslosigkeit, das Ideal des As., ist praktisch unmöglich, da immer «Leitung und Entscheidung»
notwendig sind. Der As. gibt höchstens den Anstoß, «nach
dem geringsten Maß von Herrschaft zu suchen» [103].

Ernsthaftere Kritiker dagegen fragen nach den Wurzeln der «Theorie des As.». R. STAMMLER sieht sie beim
individualistischen As. im Bürgertum (Liberalismus,
Privateigentum), beim kommunistischen As. im Sozialismus. Beide haben aber das gemeinsam, daß in ihnen
«der radikalste Skeptizismus in Sachen der Rechtsordnung beschlossen ist». Sie lassen eine «Organisation der
menschlichen Gesellschaft nur unter Konventional-
regeln» zu [104]. Der As. «verwirft ... nicht gerade das
Recht an sich, aber das Gesetzesrecht zu Gunsten des
Gewohnheitsrechtes und die staatliche Rechtsvoll-
streckung zu Gunsten einer auf wohlverstandenem
Selbstinteresse beruhenden freiwilligen Rechtsbefol-
gung» [105]. E. LINPINSEL hält die volle Befreiung von
allen Bindungen und Institutionen für undurchführbar,
sieht aber im As. «eine Korrektur an der Vergewalti-
gungstendenz» der sozialen Gebilde, an der «zunehmenden Normierung, Institutionalisierung des Lebens». Nach
C. SCHMITT liegt allem As. der Glaube zugrunde, daß der
Mensch gut und das Böse nur «Folge theologischen Denkens» sei [106]. Für L. OPPENHEIMER ist der föderalisti-
sche As. die bedeutendste aller Richtungen des As., da
er die Entfaltung aller Kräfte des Einzelnen und der Gemeinschaft sowie deren Verbindung zu einer lebendigen
Einheit und neuen Ordnung, nicht dagegen ihre Vereinzelung zum Ziel hat [107].

Schon zu Ende des 19. Jh. verlor der As. stark an Bedeutung. Die Lösung der sozialen Probleme und die
praktischen Aufgaben zur Verbesserung der Lage der
Arbeiter wurden vom Sozialismus und, in Frankreich,
vom Syndikalismus wahrgenommen. Die Syndikalisten,
unter denen sich viele ehemalige Anarchisten befinden,
betonen gegenüber dem Sozialismus die Autonomie und
Unabhängigkeit von einer zentralen Verwaltung; sie
lehnen die Teilnahme an Regierung und Parlament ab,
werfen aber dem As. vor, sich von den wirklichen Aufgaben der Arbeiter ab- und dem Individuum zuzuwenden. Deshalb wollen sie in Gewerkschaften (C.G.T.) und
«Arbeitsbörsen» (Bourses de Travail), mit Streiks, direkten Aktionen und Klassenkampf für die Arbeiterklasse
kämpfen [108]. A. NAQUET glaubt, daß der As. seinen
Weg nicht konsequent zu Ende gehe: Zwar werden die
Produktionsmittel sozialisiert, aber der Verbrauch bleibt
weiterhin individuell. Die Ablehnung einer politischen
Organisationsform könnte vielleicht doch zu einer neuen
Diktatur führen [109]. G. SOREL kritisiert den bourgeoisen Intellektualismus des As., der schließlich dazu
geführt habe, daß viele Anarchisten, um wirklich revolutionär tätig zu werden, in die Syndikate eingetreten
seien [110]. Da der Syndikalismus mit dem As. den Anti-
parlamentarismus teilt, ist Sorel bereit, sich unter diesem
Aspekt zum As. zu bekennen [111].

Schärfere Kritik übt der Sozialismus am As. J. GUESDE,
ein ehemaliger Anarchist, der dann zu einer eigenen
Variante des Sozialismus gelangte, wendet sich gegen
die naive Auffassung des As., daß es genüge, den Staat
abzuschaffen, um alle gesellschaftlichen Antagonismen
zu überwinden [112]. B. RUSSELL hält den As. zwar für
möglich, aber nicht für wünschenswert, da ihm der Staat
als Schlichtungs- und Garantieinstanz doch notwendig
erscheint [113]. Dem Sozialismus werden hier wie auch
bei W. MORRIS und G. B. SHAW [114] die größeren
Chancen eingeräumt, die soziale Lage zu verbessern.
Dagegen glaubt FR. OPPENHEIMER, daß sich das Ideal des
As. mit den von ihm selbst vertretenen Vorstellungen
(«sozialer Liberalismus») berühre, wenn auch eine Aufhebung der Arbeitsteilung und völlige Abschaffung des
Staates nicht möglich sei [115].

Sowohl Sozialdemokraten wie Marxisten haben gegenüber dem As. immer geltend gemacht, daß die Abschaf-

fung des Staates bzw. sein Absterben erst am Ende des Weges zum Sozialismus stehen könne, daß für den Kampf gegen den Kapitalismus eine gute Organisation der Arbeiter und, um eine Konterrevolution zu vermeiden, die Diktatur des Proletariats notwendig seien [116]. Während M. ADLER annimmt, daß «kein prinzipieller Unterschied zwischen Sozialismus und As. in bezug auf das Ziel der sozialen Entwicklung» bestünde, sondern nur in bezug auf den Weg dorthin [117], unterscheiden PLECHANOW, LENIN und STALIN scharf zwischen Kommunismus und As.: Die Anarchisten sind nach PLECHANOW bourgeoise Utopisten, die in ihrer Kompromißlosigkeit «überall das Gegenteil von dem erzielen, was sie zu erzielen suchen» [118]. Sie sind Kleinbürger, Individualisten und Revoluzzer, die das Machtmittel des Staates nicht ausnutzen wollen und deshalb den Klassenkampf nicht begriffen haben. An Plechanow kritisiert LENIN, daß er in seiner Auseinandersetzung mit dem As. die wichtigste Frage, die des Staates, nicht berücksichtigt habe [119]. STALIN sieht den grundsätzlichen Unterschied zwischen Marxismus und As. darin, daß der As. zuerst die Befreiung der Persönlichkeit erstrebt, um daraus die Befreiung der Masse abzuleiten, während der Sozialismus umgekehrt vorgeht [120].

Nach 1918 hatte der As. als politische Bewegung nur noch lokale Bedeutung. Zwar setzten viele Anarchisten (u. a. Kropotkin) ihre Hoffnung auf die russische Revolution, in der Ukraine kämpfte eine anarchistische Armee [121], aber die Anhänger des As. wurden bald durch den bolschewistischen Zentralismus unterdrückt [122]. Zu einer praktischen Anwendung seiner Prinzipien gelangte der As. für einige Zeit in Spanien, bis er auch dort teils von den Kommunisten, teils von den Falangisten beseitigt wurde [123].

Aus den Erfahrungen der russischen Revolution, in der er aktiv für den As. kämpfte, kommt G. P. MAXIMOFF zu dem Schluß, daß nur die A., die staatslose Föderation und die kommunistische Produktionsweise, gleichbedeutend mit einer neuen Form des AnarchoSyndikalismus, eine freie Gesellschaft begründen können [124]. Während R. ROCKER sich zum Syndikalismus bekennt, der nicht wie der traditionelle Sozialismus an Staat, Parteien und Diktatur des Proletariats festhält, sondern eine «Reorganisation der Gesellschaft von unten nach oben» erstrebt [125], vertreten P. RAMUS und E. MÜHSAM weiterhin den kommunistischen As., die «Herrschaftslosigkeit auf politischem wie ökonomischem Gebiet» [126]. Nicht der Marxismus (Sozialdemokratie und Bolschewismus), sondern nur der As. kann von Unterdrückung und Ausbeutung befreien, «das Geistesreich individueller Freiheit und sozialen Gemeinsinns und Glücks» errichten und damit den Gegensatz zwischen Individuum und Gesellschaft aufheben [127]. Frieden und Antimilitarismus sind im As. am konsequentesten verwirklicht [128]. Gegenüber dem individualistischen As. bestreitet der auf Gütergemeinschaft beruhende kommunistische As. «die Möglichkeit und auch die Wünschbarkeit des vom Ganzen losgelösten Individuums», denn die «Selbstverfügung und Selbstentschließung des Menschen» kann nicht ohne die Gesellschaft, «die Gemeinschaft aller im Sozialismus» existieren [129].

G. LANDAUER betont gegen den anarchistischen Kommunismus, der «losgelöst ... von aller Wirklichkeit» und vom «selbstgewachsenen Leben» immer nur «aufs Absolute ausgeht» (Kropotkin, E. Reclus u. a. rechnet er eher zum «Kommunalismus»), einen «Sozialismus der Bewegung», der nicht einem starren, einheitlichen Programm, sondern dem Leben und dem wirklichen Menschen folgt, der die Revolution nicht als Ergebnis eines festen Geschichtsprozesses erhofft, sondern schon jetzt mit der Erneuerung «beginnen» will, z. B. in der «Zusammenlegung des Konsums», in den Genossenschaften und «Gemeinden», in denen sich das Volk «abseits des Staates» konstituiert, in der sozialistischen Siedlung [130]. Gegen den dogmatischen, doktrinären Marxismus und gegen den ungerechten, unterdrückenden Kapitalismus bringt Landauer Geist und Kultur, Leben und «lebendiges Volk» ins Spiel, gegen die «Geistlosigkeit des Staates» («der Staat ist das Surrogat des Geistes») und gegen den Bürokratismus der Sozialdemokratie setzt er die gemeinschaftliche Verbindung der Arbeiter «in kleinen Gruppen, je nach Berufen und Organisationen» [131]. «Der Geist gibt dem Leben einen Sinn, Heiligung und Weihe; der Geist schafft, zeugt und durchdringt die Gegenwart mit Freude und Kraft und Seligkeit; das Ideal wendet sich vom Gegenwärtigen ab, dem Neuen zu; es ist Sehnsucht nach der Zukunft, nach dem Besseren, nach dem Unbekannten. Es ist der Weg aus den Zeiten des Niederganges heraus zu neuer Kultur» [132]. Nach eigener Aussage hat Landauer den Begriff ‹A.› nur selten verwandt, er ist «ein andrer, in seiner Negativität und besonders starken Mißverständlichkeit weniger guter Name für Sozialismus» [133]. «Der Sozialismus ist die Rückkehr zur natürlichen Arbeit, zur natürlichen, abwechslungsvollen Verbindung aller Tätigkeiten, zur Gemeinschaft von geistiger und körperlicher, von handwerklicher und landwirtschaftlicher Arbeit, zur Vereinigung auch von Unterricht und Arbeit, von Spiel und Arbeit» [134]. Aber die sich am Staat und am Parlamentarismus beteiligenden Marxisten wissen nicht, «daß Sozialismus A. ist und Föderation» [135].

Eine Zusammenfassung der breiten Literatur des As., eine möglichst vollständige Darlegung aller Richtungen («Exposé des principes, théories, conceptions, tendances et méthodes de la pensée et de l'action véritablement révolutionnaires, c'est-à-dire anarchistes») will S. FAURE in einem Lexikon geben, in dem alle Artikel unter dem Aspekt des As. stehen [136].

Auch nach den Beziehungen zwischen Kunst und A. wird gefragt. Schon Madame DE STAËL fand die in Deutschland herrschende «anarchie douce et paisible», das Fehlen eines geistigen Zentrums, günstig für die Entwicklung der individuellen Einbildungskraft und des künstlerischen Genies [137], und im 19. Jh. bekundeten viele Künstler und Schriftsteller ihre Sympathie mit dem As. H. READ glaubt, daß jeder Künstler notwendig ein Anarchist sein müsse; der As. ist die einzige Alternative zum Herr-Knecht-Verhältnis [138]. Nach E. WIND gehört ein gewisses Maß an Unruhe und Verwirrung zu jeder schöpferischen Energie [139].

Nach dem Zweiten Weltkrieg blieb das Interesse am As. zunächst gering. R. ROCKER propagiert noch einmal die A. als «Synthese von Liberalismus und Sozialismus» [140]; P. HEINTZ versucht, obwohl er weiß, daß der «historische As. des 19. Jh. tot ist», den Nachweis, daß der As. doch als «stille Revolution» und als «Empörung des Lebens gegen die Starrheit und den Schematismus der Institutionen» weiterlebt [141]. In Frankreich bildet sich 1950 unter G. FONTENIS eine «Fédération anarchiste». Wie schon NIETZSCHE [142] beobachtet auch I. FETSCHER im As. das «Umschlagen radikaler Freiheitsforderungen in Apologien des Terrors» [143]. Erst in jüngster Zeit wird mit dem Streben nach einem undogmatischen Sozialismus auch der As. erneut diskutiert. Neben einem verstärkten Interesse am historischen As. [144] sieht man auch in der Gegenwart «Erscheinungen anarchistischer Untergrund- und Gegenkulturen» und «Kultur-As.»[145] bzw. «sektiererische wie anarchistische Züge» in der Konsequenz der Theorie H. MARCUSES [146], obwohl sich dieser selbst nicht zum As. zählt, wenn er auch «das anarchistische Element als eine sehr mächtige und progressive Kraft» betrachtet [147]. Einerseits beobachtet man die direkt aus dem Volke kommende Revolution des spanischen As. mit Sympathie [148], andererseits ist aber gerade diese Spontaneität und Unmittelbarkeit Gegenstand der Kritik und der Ablehnung [149].

Anmerkungen. [1] P. J. PROUDHON: De l'utilité de la célébration du dimanche (Paris 1839, Neudruck 1926) 61. – [2] Qu'est-ce que la propriété? hg. E. JAMES (Paris 1966) 295. 299ff.; dtsch. A. F. COHN (1896) 219. 224ff. – [3] a. a. O. 304; dtsch. 228; vgl. De la création de l'ordre dans l'humanité (Paris 1843). – [4] De la justice dans la révolution et dans l'église (Neudruck Bruxelles 1860) 4. 3. – [5] Idée générale de la révolution au 19e siècle (Neudruck Paris 1868). Oeuvres complètes 10, 42f.; Les majorats littéraires (Bruxelles 1862) 99; vgl. Système des contradictions économiques ou philos. de la misère (Paris 1846) 1, 201; 2, 445; M. BAKUNIN: Gesammelte Werke (1921-1924) 4, 172; 2, 51; zum Fortwirken des Begriffs s. Art. ⟨A. der Produktion⟩ in: Sowjetsystem und demokratische Gesellschaft (1966ff.) 1, 206ff. – [6] P. J. PROUDHON: De la capacité politique des classes ouvrières (Paris ²1865) 397. 401. 408. 415. – [7] Qu'est-ce que la propriété? a. a. O. [2] 308; dtsch. 232. – [8] Bekenntnisse eines Revolutionärs, hg. G. HILLMANN (1969) 94. – [9] Système des contradictions a. a. O. [5] 1, 9. – [10] a. a. O. 1, 434f. – [11] Le Droit au travail et le droit de propriété (Paris 1848) 7. 36. – [12] Mélanges 3. Oeuvres complètes 19 (Paris 1870) 9. – [13] a. a. O. 24. 29. 56. 59. – [14] Idée générale de la révolution a. a. O. [5] 132. – [15] a. a. O. 107. – [16] 259-261. – [17] Théorie de la propriété (Neudruck Paris ca. 1863) 241f. – [18] Du principe fédératif (Paris 1863) 25. – [19] a. a. O. 29f.; vgl. 37f. 42. – [20] 64. 67-70. – [21] De la capacité politique a. a. O. [6] 183-193. – [22] C. v. ROTTECK und C. WELCKER: Das Staatslex. (²1845-1848) 1, 516ff. – [23] K. A. VARNHAGEN VON ENSE: Tagebücher (1861-1870) 5, 214. 277. 291f. 304. 306. 310. 313. 318. 322. 334; 6, 76, 163. 214; 7, 374. 431. 445; 8, 117. 193. 303; 9, 254. 261f. 274; 10, 289. 332; 11, 444; vgl. für Spanien z. B. [ALGARVE]: L'anarchie espagnole (Paris 1868). – [24] M. HESS: Philos. und sozialist. Schriften 1837-1850, hg. A. CORNU/W. MÖNKE (1961) 221-225. – [25] K. GRÜN: Die soziale Bewegung in Frankreich und Belgien (1845) 448f. – [26] W. MARR: A. oder Autorität? (1852) 58ff. 80. 95. 108. 128. – [27] Das junge Deutschland in der Schweiz (1846) bes. 133. 172. – [28] A. BELLEGARRIGUE: L'a. Journal de l'ordre Nr. 1. 2 (Paris 1850), zit. A. SERGENT und CL. HARMEL: Hist. de l'a. (o. J. 1949) 234ff. – [29] zit. a. a. O. 256-263. – [30] E. CŒURDEROY: Jours d'exil (Teil 2) (London 1855) 31. 72. – [31] Zit. SERGENT/HARMEL, a. a. O. [28] 263-271; vgl. M. NETTLAU: Der Vorfrühling der A. (1925) 210–216. – [32] M. STIRNER: Der Einzige und sein Eigentum (¹1882) 109. 147. – [33] J. WARREN: Equitable commerce (New York 1852, Neudruck New York 1965); ST. P. ANDREWS: Die Wiss. von der Gesellschaft (1904). – [34] J. WARREN: True civilization (Boston, Mass. 1863, Neudruck New York 1967) 81f.; vgl. 41. 127. – [35] Vgl. A. BLANQUI: Kritik der Gesellschaft (1886) 2, 80f. 184. – [36] M. BAKUNIN: Brief an G. Herwegh vom 8. 12. 1848, in: 1848. Briefe von und an G. Herwegh, hg. M. HERWEGH (¹1898) 226f. – [37] Werke (1921-1924) 3, 82f. – [38] a. o. O. 3, 88. – [39] 1, 35; 3, 90. 96f. – [40] 3, 98; 2, 127-131. – [41] 3, 76. – [42] 2, 224. – [43] 1, 102. 178-181. – [44] 1, 113. 3, 9. – [45] 2, 269. – [46] 3, 76. 117. – [47] 3, 168. – [48] Vgl. J. BRAUNTHAL: Gesch. der Internationale (1961-1963) 1, 198f. – [49] MARX/ENGELS, Werke (1957ff.) 18, 440. – [50] a. a. O. 18, 333. – [51] 18, 345. – [52] 18, 485, 492. – [53] 18, 50. – [54] J. GUILLAUME: Idées sur l'organisation sociale (La Chaux-de-Fonds 1876) 54, zit. J. MAITRON: Hist. du mouvement anarchiste en France 1880-1914 (Paris 1951) 480; vgl. auch R. R. BIGLER: Der libertäre Sozialismus in der Westschweiz (1963) 125. – [55] BIGLER, a. a. O. 119. – [56] P. KROPOTKIN: Memoiren eines Revolutionärs (1920) 2, 91. – [57] Moderne Wiss. und As. (1904) 49ff. 60-73. 85; vgl. Paroles d'un révolté (Paris ca. 1885) 49. – [58] Moderne Wiss. a. a. O. 57. – [59] L'a., sa philos., son idéal (Paris 1896) 16f. – [60] a. a. O. 18. 30. 32. 48f.; La conquête du pain (Paris 1902) 31ff. 38ff. 43; Paroles d'un révolté a. a. O. [57] 89. 95; Die Entwicklung der anarchistischen Ideen (1920) 12ff. – [61] Moderne Wiss. a. a. O. [57] 78; La conquête du pain a. a. O. [60] 135; Paroles d'un révolté a. a. O. [57] 99-104, 118. – [62] Die Entwicklung der anarchistischen Ideen a. a. O. [60] 9. – [63] Landwirtschaft, Industrie und Handwerk (1904). – [64] L'anarchie a. a. O. [59] 43f. 48; La morale anarchiste (Paris 1891) 49f. 55. – [65] E. RECLUS: L'évolution, la révolution et l'idéal anarchique (Paris 1898) 87f. – [66] a. a. O. 143f. – [67] a. a. O. 144ff. – [68] 291f. – [69] J. GRAVE: La société mourante et l'a. (Paris 1893) 1f. 15. 17. 270f.; vgl. La société future (Paris ⁵1895) 157; L'individu et la société (Paris 1897). – [70] L'a., son but, et ses moyens (Paris ²1899) 3. 6. 73. 77f. 96f. 220. – [71] CH. MALATO: Philos. de l'anarchie (Paris 1897) 3. 6. 26. 89-92. 236. – [72] Vgl. M. NETTLAU: Errico Malatesta (1922) 102. 147. 150f. 153. – [73] M. NETTLAU: Anarchisten und Sozialrevolutionäre (1931) 273-277. – [74] a. a. O. 282-285. – [75] J. MOST: Die freie Gesellschaft (New York 1884), zit. J. LANGHARD: Die anarchistische Bewegung in der Schweiz (1903) 233. – [76] Zit. R. ROCKER: Johann Most. Das Leben eines Rebellen (1924) 143. – [77] Vgl. ROCKER, a. a. O. 298ff.; vgl. J. MOST: Für die Einheitsfront des revolutionären Proletariats. Das Ziel des Kommunismus: Kommunistischer As. (1921) bes. 13-15. – [78] A. BERKMAN: What is communist anarchism? (New York 1929); Teilabdruck in: A. BERKMAN: A.B.C. of anarchism (London 1945) 181. 185. 196. 296f. – [79] E. GOLDMAN: Anarchism and other essays (New York, London ²1911) 49. 57f. 62. 67. 73. – [80] Vgl. P. RAMUS: Der Justizmord von Chicago (1922). – [81] A. R. PARSONS: As. Seine Philos. und seine wiss. Grundlage (Chicago 1887) 75. 96. 177; vgl. A. FISCHER bei PARSONS 81; G. ENGELS, a. a. O. 91; D. D. LUM, a. a. O. 159. 167. – [82] PARSONS, a. a. O. 183. – [83] 98f. – [84] 100f. 106f. – [85] D. SAURIN: L'ordre par l'a. (Paris 1893) 3. 23. 54. – [86] J. H. MACKAY: Die Freiheitssucher (²1921) 143. 170. 176. 185. 210. 218; Die Anarchisten (⁵1924) 125f. 245. 272. 275. – [87] Propaganda des individualistischen As. in dtsch. Sprache, Heft 1-9 (1908-1919) bes. Heft 1: B. R. TUCKER: Staatssozialismus und As. 4ff.; Heft 5: Der Staat in seiner Beziehung zum Individuum 7ff.; Heft 6: Was ist Sozialismus? 12. – [88] B. R. TUCKER: Instead of a book (New York 1893), zit. P. ELTZBACHER: Der As. (1900) 165ff. – [89] Der individualistische Anarchist. Halbmonatsschrift, hg. B. LACHMANN 1 (1919) 1ff. 250ff. – [90] F. D. NIEUWENHUIS: Mein Abschied von der Kirche (⁴1892) 3. 12f. 11; vgl. Die verschiedenen Strömungen in der Sozialdemokratie (1892) bes. 18. – [91] B. DE LIGT: As. und Revolution (o. J. ca. 1923) 9. 17. 19f. – [92] Zit. M. NETTLAU: Der As. von Proudhon zu Kropotkin (1927) 59f. 215; vgl. die Hymne auf die A., zit. SERGENT/HARMEL, a. a. O. [28] 340f. – [93] Vgl. NETTLAU, a. a. O. [72] 65. – [94] J. MOST, zit. LANGHARD, a. a. O. [75] 238ff. – [95] W. SOMBART: Sozialismus und soziale Bewegung (⁶1908) 50. – [96] Vgl. M. PRAWDIN: Netschajew – von Moskau verschwiegen (1961). – [97] A. HAMON: Les hommes et les théories de l'a. (Neudruck Paris 1893) 31. – [98] Psychol. de l'anarchistesocialiste (Paris 1895). – [99] [R. E. MARTIN]: Der As. und seine Träger (1887); F. LUDWIG: (A. A. DEPPISCH]: Kommunismus, As., Sozialismus (1908); F. DUBOIS: Le péril anarchiste (Paris 1894). – [100] C. LOMBROSO: Die Anarchisten (1895). – [101] L. v. BAR: Wurzeln und Nährboden des As., in: Die Nation. Eine Sammlung ausgewählter Artikel (1894) 80; L. BÜCHNER: Am Sterbelager des Jh. (1898) 264; vgl. J. C. BLUNTSCHLI: Allg. Staatsrecht (1852) 135f. – [102] J. GARIN: Die Anarchisten (1887) 122. 130f. 145. 222. – [103] E. DÜHRING: Sache, Leben und Feinde (1882) 313f.; Krit. Gesch. der Nationalökonomie und des Sozialismus (³1879) 552f. – [104] R. STAMMLER: Die Theorie des As. (1894), in: Rechtsphilos. Abh. und Vorträge (1925) 1, 74. 76; zum Zusammenhang des As. mit Liberalismus und Sozialismus vgl. BERNATZIK: Der As. Schmollers Jb. 19 (1895) 16; CH. GIDE und CH. RIST: Gesch. der volkswirtschaftl. Lehrmeinungen (²1921) 670; K. DIEHL: Über Sozialismus, Kommunismus und As. (1905, ⁴1922) 78; A. GRAY: The socialist tradition (London ²1947) 495. – [105] W. BORGIUS: Die Ideenwelt des As. (1904) 25. – [106] E. LINPINSEL: Zur Theorie und Kritik des philos. und ökonomischen As. Z. Politik 19 (1930) 393. 400; Abhängigkeit und Selbständigkeit im As., in: Abhängigkeit und Selbständigkeit im sozialen Leben, hg. L. v. WIESE (1951) 406f; C. SCHMITT: Polit. Theol. (1934) 71ff. – [107] L. OPPENHEIMER: Die geistigen Grundlagen des As. Die Dioskuren. Jb. Geisteswiss., hg. W. STRICH 3 (1924) 255f. 259ff. – [108] Syndicalisme et socialisme. Discours de la conférence in à Paris le 3 avril 1907 (Paris 1908); V. GRIFFELHUES: L'action syndicaliste (Paris 1908) bes. 3. 11ff. 14ff.; V. GRIFFELHUES und L. NIEL: Les objectifs de nos luttes de classes (Paris 1909) bes.; E. POUGET: Le sabotage (Paris ca. 1910); E. BERTH: Les nouveaux aspects du socialisme (Paris 1908); erweitert: Les derniers aspects du socialisme (Paris 1923) bes. 70-110; P. DELESALLE: Les Bourses du Travail et la C.G.T. (Paris ca. 1910); F. PELLOUTIER: Hist. des Bourses du Travail (Paris 1902); vgl. J. P. WIRZ: Der revolutionäre Syndikalismus in Frankreich (1931). – [109] A. NAQUET: L'a. et le collectivisme (Paris 1904) 317. – [110] G. SOREL: Réflexions sur la violence (Paris ¹⁰1946) 54ff. – [111] a. a. O. 343. – [112] J. GUESDE: Ausgewählte Texte, hg. C. WILLARD (1962) 158f. – [113] B. RUSSELL: Roads to freedom. Socialism, anarchism, and syndicalism (London 1918) 115. 130. 144. – [114] W. MORRIS: The collected works (Neudruck New York 1966) 23, 194. 278; G. B. SHAW: The impossibilities of anarchism (London 1893). – [115] FR. OPPENHEIMER: Fürst Kropotkin und der As., in: Soziol. Streifzüge. Ges. Reden und Aufsätze (1927) 2, 150f. 155ff. – [116] K. KAUTSKY: Die materialistische Geschichtsauffassung (1927) 2, 604; S. KATZENSTEIN: Der As. und die Arbeiterbewegung (1908); N. BUCHARIN: As. und wiss. Kommunismus (²1920) bes. 9-11; K. RADEK: As. und Räteregierung (o. J.); Die Anarchisten und die Sowjetrepublik (1920). – [117] M. ADLER: Die Staatsauffassung des Marxismus (1922, Neudruck 1964) 242. 252f.; Wegweiser. Studien zur Geistesgesch. des Sozialismus (²1919) 183. – [118] G. PLECHANOW: As. und Sozialismus (²1904) bes. 72-81. – [119] W. I. LENIN, Werke (1955-1965) 4, 334-337; 8, 479; 9, 441; 10, 57-60; 15, 392. 410; 23, 165f.; 24, 32. 132. 312; 25, 449-452. 490f. 499f.; 27, 386f.; 31, 16f. – [120] J. W. STALIN: As. oder Sozialismus? Werke (1950-1955) 1, 259; vgl.: Anarchizm, Große Sowjet-Enzyklopädie (Moskau ²1950) 356-368; dtsch. Der As. (1953). – [121] D. FOOTMAN: Civil war in Russia (London 1961). – [122] Vgl. VOLIN [d. i. V. M. EICHENBAUM]: Nineteen-Seventeen: The Russian revolution betrayed (London 1954); A. BERKMAN: The Bolshevik myth (London 1925); E. GOLDMAN: My disillusionment in Russia (London 1925). – [123] Vgl. J. PEIRATS: Los anarchistas en la crisis politica española (Buenos Aires 1964); La CNT en la revolucion española 1-3 (Toulouse 1951); C. COLOMER: Hist. dell'anarchismo español 1. 2 (Barcelona 1956); E. J. HOBSBAWM: Primitive rebels (Manchester 1959); dtsch. Sozialrebellen (1962); H. THOMAS: Anarchist agrarian collectives in the spanish civil war, in: A century of conflict 1850-1950. Essays for A. J. P. TAYLOR, hg. M. GILBERT (London 1966) 245-263. – [124] G. P. MAXIMOFF: Constructive anarchism (Chicago 1952) 23-27, 31f. 99. – [125] R. ROCKER: Die Prinzipienerklärung des Syndikalismus (1920) 3f. 6. 9. 12; Über das Wesen des Föderalismus im Gegensatz zum Zentralismus (1923); Anarcho-Syndicalism (London 1938). – [126] P. RAMUS: Der kommunist. As. als Gegenwartsziel der Befreiung (ca. 1929) 7. – [127] Die Irrlehre des Marxismus im Bereich des Sozialismus und Proletariats (²1927); Das anarchistische Manifest (o. J.) 21; Die Neuschöpfung der Gesellschaft durch den kommunist. As. (1921) bes. 2ff. – [128] Die hist. Entwicklung der Friedensidee und des Antimilitarismus (1908). – [129] E. MÜHSAM: Die Befreiung der Gesellschaft vom Staat. Was ist kommunist. As. ? Mschr. Fanal, Sonderheft (1933) 5f. 10. 15. – [130] G. LANDAUER: Beginnen. Aufsätze über Sozialismus (1924) 53. 69. 104. 133ff. 145. 150f. – [131] Aufruf zum Sozialismus (²1919) 7. 19; Rechenschaft (³1930) 31; vgl. 15. 51ff. 170. 175. 180ff. – [132] Aufruf ... a. a. O. 9. – [133] Beginnen ... a. a. O. 114. 179; Die Revolution (1907) 91. – [134] Beginnen a. a. O. 71. – [135] Aufruf ... a. a. O. 55. – [136] Encyclopédie anarchiste, hg. S. FAURE (Paris o. J.) Vorrede. – [137] Madame DE STAËL: De l'Allemagne 1, 2. Oeuvres complètes (Paris 1820/21) 10, 30f. – [138] H. READ: Poetry and anarchism (London 1938, 1941) 15. 70f. 82; The philos. of anarchism (London 1940); Anarchy and order (London 1954). – [139] E. WIND: Art and anarchy (London 1963) 1f., vgl. 7. – [140] R. ROCKER: Die Entscheidung des Abendlandes (1949) 316f. – [141] P. HEINTZ: As. und Gegenwart (1951) 69f. 120. – [142] NIETZSCHE, Musarion-A. 10, 166f.; zur Parallelität von As. und Christentum vgl. 17, 130. 252f. – [143] I. FETSCHER: Zur Dialektik des As., in: Humanität und polit. Verantwortung, hg. R. REICH (1964) 48. – [144] O. RAMMSTEDT (Hg.): As. (1969). – [145] J. HABERMAS: Nachgeahmte Substanzialität. Merkur 24 (1970) 325f. – [146] H. H. HOLZ: Utopie und As. Zur Kritik der krit. Theorie Herbert Marcuses (1968) 134. – [147] H. MARCUSE: Über Revolte, As. und Einsamkeit (1969) 13. – [148] N. CHOMSKY: Amerika und die neuen Mandarine (1969) 76ff. – [149] Kursbuch, hg. H. M. ENZENSBERGER 19 (1969).

Literaturhinweise. J. STAMMHAMMER: Bibliogr. des Sozialismus und Kommunismus 1-3 (1893-1909). – E. SERNICOLI: L'anarchici e gli anarchici 1. 2 (Mailand 1894). – E. V. ZENKER: Der As. (1895). – M. NETTLAU: Bibliogr. de l'a. (Paris 1897, Neudruck New York 1968); Der Vorfrühling der A. (1925); Der As. von Proudhon zu Kropotkin (1927); Anarchisten und Sozialrevolutionäre (1931). – P. ELTZBACHER s. Anm. [88]. – B. FRIEDLÄNDER: Die vier Hauptrichtungen der modernen sozialen Bewegung 1. 2 (1901). – J. LANGHARD s. Anm. [75]. – W. BORGIUS s. Anm. [105]. – K. DIEHL s. Anm. [104]. – W. E. BIERMANN: As. und Kommunismus (1906). – CH. CORNELISSEN: Über die Evolution des As. Arch. Sozialwiss. Sozialpolitik 26 (1909) 343-361. – H. ZOCCOLI: Die A. (1909). – E. M. SCHUSTER: Native amer. anarchism. Smith Coll. Stud. in Hist. 17, Oct. 1931-July 1932 (Northampton, Mass. 1932). – G. SARNO: L'anarchia (Bari 1948). – A. SERGENT und CL. HARMEL s. Anm. [28]. – J. MAITRON s. Anm. [54] ausführliche Bibliogr. 539-716. – G. D. H. COLE: A hist. of socialist thought 2: Marxism and anarchism 1850-1890 (London 1954). – J. J. MARTIN: Men against the state. The exposition of individualist anarchism in America 1827-1908 (New York 1957). – D. NOVAK: The place of anarchism in the hist. of political thought. Rev. Politics 20 (1958) 307-329. – J. BRAUNTHAL s. Anm. [48]. – G. WOODCOCK: Anarchism (Cleveland/ New York 1962). – R. R. BIGLER s. Anm. [54]. – J. JOLL: The anarchists (London 1964, dtsch. 1966). – P. AVRICH: The russian anarchists (Princeton, N.J. 1967) Bibliogr. 259-289. – D. GUERIN: As. Begriff und Praxis (1967). – E. WESELOH: As. Eine Bewußtseinshaltung (Diss. Münster 1968). – U. LINSE: Organisierter As. im Dtsch. Kaiserreich von 1871 (1969); Der dtsch. As. 1870-1918. Eine polit. Bewegung zwischen Utopie und Wirklichkeit. Gesch. in Wiss. und Unterricht 20 (1969) 513-519.

U. DIERSE

Ancilla theologiae, «Magd», gelegentlich auch «Vasall» [1] der Theologie heißt die Philosophie im Anschluß an PETRUS DAMIANI († 1072), der ihr das Recht abspricht, bei der Schrifterklärung, d. i. in Glaubensfragen, sich das Lehramt anzumaßen; sie hat, wie die Magd der Herrin, willig zu dienen (... quae tamen artis humanae peritia, si quando tractandis sacris eloquiis adhibetur, non debet ius magisterii sibimet arroganter arripere; sed *velut ancilla dominae* quodam famulatus obsequio subservire) [2]. Die Formel entspricht einer patristischen Tradition. Schon CLEMENS VON ALEXANDRIEN hat die (christlich verstandene) Weisheit als «Herrin» (κυρία) der Philosophie bezeichnet [3], und im Anschluß an HIERONYMUS [4] ist die Forderung, sie wie eine Kriegsgefangene (nach Deut. 21, 11–13) zu behandeln, stehender Topos. Während es aber der Tradition um «Verchristlichung» oder «christliche» Kritik der Philosophie ging, steht PETRUS DAMIANI einem innerchristlich neu entstandenen theoretischen Anspruch der *Dialektik* – die sich aus dem Bildungssystem der «Freien Künste» zu emanzipieren beginnt – gegenüber: Sie verlangt, die universell gesetzten Formalprinzipien rationaler Argumentation zum *alleinigen* Kriterium der Entscheidung auch über Glaubensfragen zu machen (s. z. B. BERENGAR VON TOURS, † 1088). Dieser Anspruch wird zurückgewiesen: Die Prinzipien menschlicher Vernunft, einschließlich des Widerspruchsprinzips, können nur im menschlichen Bereich gelten und sich nicht die göttliche Allmacht unterwerfen; das Mysterium bleibt rational undurchdringlich.

Diese religiös motivierte Einrede gegen die Alleinzuständigkeit endlicher Vernunft bleibt von der Orthodoxie aufrechterhalten. Aber sofern die *Scholastik* der Folgezeit, ganz im Sinne des theoretischen Anspruchs, die Verwissenschaftlichung auch des «intellectus fidei» betreibt und eine rationale, zunächst *dialektisch*, dann *metaphysisch* durchgestaltete Theologie entwickelt, wird von ihr der «Magddienst» der Philosophie positiv ausgelegt. Nach THOMAS VON AQUIN [5], der die klassische Gestalt der ausgleichenden «Synthese» erbringt, kann die Philosophie auf Grund des «natürlichen Lichtes» vor aller Offenbarung wahre Weltkenntnis erbringen, die vom Glauben vorausgesetzt ist (praeambula fidei); sie kann Glaubensinhalte gleichnishaft (durch similitudines) auf dieser Ebene verständlich machen; sie kann Angriffe gegen den Glauben widerlegen. Diese dreifache Aufgabe kann ihr gerade deswegen von der Theologie zugemutet werden, weil sie selbständig ist; sie untersteht der Theologie nur insofern, als diese um die letzten Möglichkeiten des Erkennens – durch Offenbarung nämlich – weiß und so ihren endgültigen Stellenwert bestimmen kann.

Die Spannung zwischen philosophischem Anspruch und theologischer Grenzzuweisung ist damit nicht ausgetragen. Sie führt noch im Jahrhundert der Hochscholastik zum «Streit der Fakultäten» [6], und die ancilla-Formel taucht ganz sachgerecht in KANTS Schrift dieses Titels auf [7]. Freilich räumt Kant der «oberen

Fakultät» den Herrschaftsanspruch nur insofern ein, als sie auf gesellschaftlich-politische Aufgaben bezogen ist; die «untere Fakultät» hat das uneingeschränkte Recht der Theorie für sich, und ohne Zweifel trägt sie nach Kant ihrer gnädigen Frau die Fackel voran, nicht die Schleppe nach [8].

Anmerkungen. [1] THOMAS VON AQUIN, In I. Sent. prol. 1. – [2] PETRUS DAMIANI, De omnipotentia divina c. 6, hg. BREZZI (Florenz 1943) 76. – [3] CLEMENS ALEX., Strom. I, 5, hg. STÄHLIN (1906) 30, 1. – [4] HIERONYMUS, Ep. Corp. scriptorum eccl. lat. 64, 56 n. 8 (658); 21 n. 13 (122ff.); 70 n. 2 (102). – [5] THOMAS, In Boet. de trin. 2, 3; vgl. M. GRABMANN: Die theol. Erkenntnis- und Einleitungslehre und die philos. Wissenschaftstheorie des hl. Thomas von Aquin auf Grund seiner Schrift In Boethium de trinitate (1947); W. KLUXEN: Philos. Ethik bei Thomas von Aquin (1964) 1-20. – [6] L. HÖDL: Der Anspruch der Philos. und der Einspruch der Theol. im Streit der Fakultäten (1960). – [7] KANT, Streit der Fakultäten A 27. – [8] ebda.   W. KLUXEN

Andacht, mittelhochdeutsch ‹andaht› [1], bedeutet ursprünglich ‹mit Aufmerksamkeit an etwas denken›, hat die Nebenbedeutung von ‹Erinnerung› und ‹Gedächtnis›, in der Rechtssprache von ‹Absicht› und ‹Vorsatz›. Im Zusammenhang mit der kluniazensischen Reform erfährt der Begriff eine Verengung auf das Religiöse hin, während im Niederländischen ‹aandacht› heute noch so viel wie Aufmerksamkeit bedeutet. In unserem Sinn haben wir das Wort 1185: «Mit vil groszer andaht Er sinen schepfaere bat» [2]. Bei GOTTFRIED VON STRASSBURG heißt es im ‹Tristan›: «Ir andaht diu was gotelich» [3]. In den Traktaten und Predigten ECKHARTS begegnet die Zusammenstellung ‹A.› und ‹gelust›, ‹minne› oder ‹A.›, ‹innicheit› oder ‹A.› [4]. Aber noch in LUTHERS deutscher Bibel heißt es vom Sinnen auf das Böse: «Denn ir hertz ist inn heisser A., wie ein backofen, wenn sie opffern und die leute betriegen» [5]. Im Krieg sind die besten Gesellen, «die sich für der schlacht ermanen vnd ermanen lassen durch die löbliche A. irer bulschaft» [6]. Im theologischen Sprachgebrauch hat ‹A.› für Luther oft einen negativen Nebensinn, weil eigenmächtiges Denken für ihn Widerspiel des Glaubens ist. A. und Gutdünken, eigne A. und Anschläge, A. und menschlicher Fürwitz gehören zusammen. Im Spiegel der Rechtfertigungslehre ist A. Werk des Menschen. «Darumb ist Gott keinem ding so feind als der eygen A.; ist auch die schendlichste plage auff erden» [7].

Im Wort ‹A.› spiegelt sich die theologische und philosophische Haltung zur Religion. Für KANT ist A. «Stimmung des Gemüts zur Empfänglichkeit Gott ergebener Gesinnungen», «die Wirkung der moralischen Idee, subjektiv betrachtet» und Erbauung «die moralische Folge aus der A. auf das Subjekt» [8]. J. L. MOSHEIM entwickelt eine Theologie der A. Sie ist «eine bedachtsame Betrachtung der göttlichen Wahrheiten», eine «behutsame Anwendung der Regel des Verstandes in den Sachen des Glaubens und der Gottseligkeit» [9]. HERDER kämpft angesichts des Nachlassens von A. «für ihre Herstellung in reiner Innigkeit und altkirchlicher Strenge» [10]. Bei HEGEL hat der Begriff A. seinen Ort im philosophischen System. In bezug auf Versöhnung in Religion und Philosophie heißt es: «die A. ist nur: daran hin denken; die Philosophie will diese Versöhnung durch denkende Erkenntnis vollbringen, indem der Geist sein Wesen in sich aufnehmen will» [11]. Bei J. F. FRIES ist A. die der Religion eigentümliche Grundstimmung, welche durch die Ahndung «des Ewigen im Endlichen der Natur» geweckt wird [12]. Im Zusammenhang seiner Deutung der Begriffe Denken, Gedanke, Gedächtnis steht bei M. HEIDEGGER die A. als «das unablässige, gesammelte Bleiben bei ..., und zwar nicht etwa nur beim Vergangenen, sondern in gleicher Weise beim Gegenwärtigen und dem, was kommen kann.» Ebenso hat «Andenken» die Funktion, die «Geschichte des Seins» nicht als Vergangenes, sondern als «Geschick der Wahrheit des Seins» einzuholen [14]. – In der modernen Theologie sind an die Stelle von A., Religion und Erlebnis die Begriffe Offenbarung, Entscheidung und Existenz getreten. Die actualitas der Entscheidung läßt wenig Raum für das continuum der Religion, für A., Frömmigkeit und Metaphysik.

Anmerkungen. [1] J. und W. GRIMM: Dtsch. Wb. 1 (1854) 302f.; TRÜBNERS Dtsch. Wb. (1939) 1, 75; F. KLUGE: Etymol. Wb. dtsch. Sprache (^{20}1967) 21. – [2] Obd. Servatius, hg. HAUPT. Z. dtsch. Altertum 5 (1845) 1184f. – [3] GOTTFRIED VON STRASSBURG, Tristan und Isolde, hg. RANKE (1930) 15655. – [4] ECKHART, Die dtsch. Werke, hg. J. QUINT 5 (1963) 191. 219 220. 235. 238. 245. 263 usw. – [5] Hosea 7, 6f.; LUTHER, Weimarer A. (= WA) Dtsch. Bibel, 11, 2 (1960) 196. – [6] WA 19, 659, 14f. – [7] WA 24, 389, 27ff.; ferner 15, 619, 21f.; 38, 150, 28ff. – [8] KANT, Akad.-A. 6, 170. 197. 198. – [9] J. L. MOSHEIM: Sittenlehre der Hlg. Schrift (1735-53) 3, 485-536. – [10] HERDER, Sämtl. Werke, hg. B. SUPHAN (1880ff., Neudruck 1967) 20, 246. – [11] HEGEL, Jubiläums-A., hg. GLOCKNER 17, 94; 2, 542; 11, 83; 14, 47-52; 15, 122. 207ff.; 16, 195; 17, 100. 106. 108f. – [12] J. F. FRIES: Wissen, Glaube und Ahndung (1805), neu hg. L. NELSON (1905) 176. 179f. – [13] M. HEIDEGGER: Was heißt Denken? (1954) 92. – [14] Brief über den «Humanismus», in: Wegmarken (1967) 166; vgl. Aus der Erfahrung des Denkens (1954) 19.   W. SCHÜTZ

Andere (der), nicht schlechthin und immer = «anderer Mensch». Vielmehr scheint gerade das Bedürfnis nach einem über-anthropologischen Begriff die Rede von dem (den) A. motiviert zu haben. Wenn KANT z. B. von der «Pflicht gegen andere» oder von «des andern Glückseligkeit» spricht [1], dann meint er vernünftige Wesen überhaupt. FICHTE bezeichnet damit das endliche Vernunftwesen, dessen Freiheit meine eigene durch Aufforderung allererst ermöglicht [2]. Wie er den A. aus dem Blickwinkel des Ich betrachtet, so sieht HEGEL ihn bei der Analyse von Herrschaft und Knechtschaft in der Relation zum Einen, zu dem einen Selbstbewußtsein, das an und für sich nur als ein vom anderen anerkanntes ist [3]. Weithin gebräuchlich wird der Begriff im 20. Jh. Schon zu dessen Beginn operiert mit ihm, in der Fortführung des FICHTESCHEN Ansatzes, H. MÜNSTERBERG [4]. Fortan steht er gleichermaßen für das «Fremdich» wie für das (auf den Mitmenschen bezogene) «Du». Besonders verbreitet ist er in der Phänomenologie und Existenzphilosophie. HUSSERL benutzt ihn als neutralen Oberbegriff, unter den er sowohl den anderen *Menschen* als auch den «*puren* A.» [5], das reine alter ego, subsumiert. In ähnlicher Weise umgreift der JASPERSSCHE Begriff des A. das «andere Ich» der «Daseinskommunikation» und das «andere Selbst», mit dem zusammen auch ich erst ich selbst werde [6]. In solch «existentieller» Kommunikation ist «der A. nur *dieser* A.: die Einzigkeit ist Erscheinung der Substantialität dieses Seins» [7]. HEIDEGGER hingegen handelt nicht von «dem», sondern «den» A., die als Man sich weder vom je eigenen Dasein noch voneinander unterscheiden [8]. Um so stärker betont den Unterschied zwischen dem A. und mir SARTRE [9]; für ihn wird jener dadurch zum Befremdend-Fremden. Diese Wendung nahm der Begriff schon in derjenigen Ich-Du-Philosophie, die ihn am häufigsten an die Stelle des Wortes «Du» setzt: in der kritischen Ethik E. GRISEBACHS [10]. Hier, wie auch sonst im Dialogismus, hat er vornehmlich die Bedeutung des Fremden im Sinne des Unverfügbaren, als das im tiefsten Ursprung der «ganz» A., Gott, begegnet. Ebenso allerdings können, wie bei

K. LÖWITH [11] und L. BINSWANGER [12], der A. und das Du, das noch rollenhafte Verhältnis von Einem und (irgendeinem) A., und das Ich-Du-Verhältnis, als Beziehung selbstseiender Partner, gegeneinander abgehoben werden.

Anmerkungen. [1] I. KANT: Grundlegung Met. Sitten (1785) 69. – [2] J. G. FICHTE: Grundlage des Naturrechts (1796) § 4; Das System der Sittenlehre (1798) § 18. – [3] G. W. F. HEGEL: Phänomenologie (1807), hg. HOFFMEISTER 141ff. – [4] H. MÜNSTERBERG: Grundzüge der Psychol. 1 (1900). – [5] E. HUSSERL: Cartesianische Meditationen (1931) § 49. – [6] K. JASPERS: Philos. (1932, ³1956) 2. Buch, 1. Hauptteil. – [7] ebda. – [8] M. HEIDEGGER: Sein und Zeit (1927, ⁷1953) 118. 126. – [9] J.-P. SARTRE: L'être et le néant (Paris 1943) 235; Critique de la raison dialectique 1 (Paris 1960) 183. – [10] E. GRISEBACH: Gegenwart (1928). – [11] K. LÖWITH: Das Individuum in der Rolle des Mitmenschen (1928, ²1962). – [12] L. BINSWANGER: Grundformen und Erkenntnis menschlichen Daseins (1942, ³1962).

Literaturhinweise. P. LAÍN ENTRALGO: Teoria y realidad del otro (Madrid 1961). – M. THEUNISSEN: Der A. Studien zur Sozialontologie der Gegenwart (1965).   M. THEUNISSEN

Andersheit, Anderssein (griech. τὸ θάτερον, ἑτερότης, lat. alteritas). Das griechische Substantiv ἑτερότης (Andersheit = Ah.) hat keine vorphilosophische Wortgeschichte. Das entsprechende Adjektiv ἕτερος bedeutet vorphilosophisch entweder «das eine oder das andere von zweien» (typisch etwa «die eine – meist die linke – Hand» [1]) oder allgemein eine Verschiedenheit oder einen Gegensatz (etwa von geheimer Abstimmung und öffentlichem Gelärme [2]).

Philosophisch reflektiert wurde das Anderssein (= As.) erstmals von PLATON, und zwar in seinen späten Dialogen ‹Parmenides› und ‹Sophistes›. Im Rahmen der Bemühungen, das Wesen der Sophisten zu fassen, wird von Platon die – von diesen bestrittene – Möglichkeit der falschen Aussage untersucht [3]. Sie setzt voraus, «daß das Nichtseiende ist – τὰ μὴ ὄντα ὡς ἔστιν» [4], eine Aussage, die nur sinnvoll ist, wenn man es nicht als absolutes, sondern nur als relatives Nichtseiendes versteht, nicht als Gegenteil (ἐναντίον) des Seienden, sondern nur als sein Anderes (ἕτερον μόνον) [5]. Dieses As. ist eine durchgängige wesentliche Bestimmung aller Seienden (Ideen und Einzeldinge): sie alle sind andere, d. h. nichtseiende in bezug auf alle übrigen, sie sind alle die übrigen nicht. An jedem Seienden ist «in großer Fülle das Seiende, in zahlloser Menge aber das Nichtseiende» [6]. Dieses As. aller Seienden wird von Platon freilich in den für ihn typischen Denkformen und Vokabeln seines Ideenphilosophierens verstanden: der Grund für das As. wird nicht in jedem Andersseienden gesehen, sondern in der Teilhabe (διὰ τὸ μετέχειν) an einer Idee Ah. (ἰδέα θατέρου) [7], mehrfach auch τὸ θάτερον [8]; das Abstractum ἑτερότης verwendet Platon noch nicht). As. gehört zu den wesentlichen Bestimmungen alles dessen, was vieles ist; die Idee des Guten (Politeia VI) und das mit ihr identische «Ur-Eine» (1. Position des Parmenides) liegt aber «jenseits» jeglicher Vielheit, sie ist deshalb «nicht anders». Platon hat diesen Gedanken zwar nur kurz gestreift [9], er liegt aber in der Konsequenz seiner Aussagen über die Idee des Guten und das «Ur-Eine» [10].

Auch ARISTOTELES kennt das As. als eine Bestimmung, die von jedem Seienden ausgesagt wird: «Das Andere oder das Selbige (τὸ ἕτερον ἢ ταὐτό) wird daher von jedem in Beziehung auf jedes ausgesagt, sofern ein jedes als ‹eines› und ‹seiendes› ausgesagt wird» [11]. Die geringere Akzentuierung und Explizierung, die das As. bei Aristoteles erfährt, dürfte ihren Grund darin haben, daß er gegenüber Platon mehr die Faktizität als die Defizienz des Gegebenen sieht. Zu unterscheiden ist nach Aristoteles die allgemeine Aussage der Ah. von der der Differenz (διαφορά), die eine spezielle Verschiedenheit «in einem bestimmten Punkt (τινί)» meint [12].

Die Ah. war in Platons ‹Sophistes› im Rahmen der fünf ad hoc ausgewählten Gene (γένη) [13] – Bewegung, Stillstand, Sein, Ah., Selbigkeit – behandelt worden. Bereits im Mittelplatonismus werden diese Gene des ‹Sophistes› in Absetzung vor allem gegen die aristotelischen Kategorien zu *den* platonischen «Kategorien». PLOTIN fußt auf dieser Tradition, wenn er die Ah. in die Reihe seiner fünf «Gattungen des Seienden – γένη τοῦ ὄντος» [14] einreiht, die für ihn als «Platoniker» natürlich zugleich Prinzipien (ἀρχαί) sind [15]. Häufiger griechischer Terminus für Ah. ist bei ihm die substantivische Form ἑτερότης. Das «Ur-Eine», das jenseits aller vielheitlichen Bestimmungen liegt, muß damit auch jenseits des As. liegen [16]. Erst im Geist (νοῦς) tritt als Voraussetzung des Denkens das As. von Denkendem und Gedachtem auf [17]. Die einander anderen Teile des Geistes sind freilich noch ungeschieden (ἄσχιστα [18], ἀδιάκριτα [19]); unterhalb des Geistes aber wirkt sich das As. immer mehr aus und nimmt zu mit der Entfernung vom Einen. Die vielen Dinge sind je noch anders und ein Etwas (οὐ μόνον ἄλλα, ἀλλὰ καὶ τὶ ἕκαστον) [20], die Materie als solche aber ist nur anders, die Ah. schlechthin (αὐτοετερότης) [21].

Die Philosophie Plotins hat zwar nicht direkt, aber über AUGUSTINUS einerseits und PROKLOS und PSEUDO-DIONYSIOS andererseits stark in das *Mittelalter* hineingewirkt. Über sie gewinnt der Gedanke der Ah. vor allem bei den «Platonikern» des Mittelalters Bedeutung. Die «aristotelische» Scholastik, etwa THOMAS VON AQUIN, nimmt die Ah. zwar auf in die Transzendentalienlehre, zeigt für sie aber nicht so intensives Interesse wie für die «klassischen» Transzendentalien verum, unum und bonum. «Modi generaliter consequentes omne ens» sind für Thomas res, unum, aliquid, bonum, verum. Der modus aliquid wird näher erklärt: «Dicitur enim aliquid quasi aliud quid; unde sicut ens dicitur unum, in quantum est indivisum in se, ita dicitur aliquid, in quantum est ab aliis divisum» (Etwas besagt soviel wie ein anderes Was; wie also das Seiende eines genannt wird, sofern es ungeteilt in sich ist, so wird es etwas genannt, sofern es von anderen getrennt ist) [22].

Dagegen gewinnt das Begriffspaar ‹unitas/alteritas› zentrale Bedeutung bei dem «Platoniker» NIKOLAUS VON KUES; er variiert damit das parmenideisch-platonische Paar ‹Einheit/Vielheit›. Zwischen Gott, der absoluten Einheit und dem absoluten Nichts befinden sich die endlich Seienden, deren Rang im Weltganzen nach dem Verhältnis der sie bestimmenden Momente Einheit und Ah. bemessen ist. Die gegenseitige Durchdringung von Einheit und Ah. symbolisiert Cusanus in seiner Figura paradigmatica [23]:

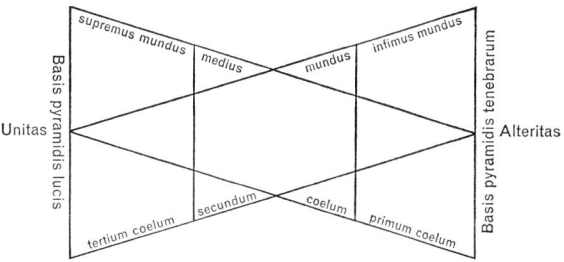

Je weiter ein Seiendes von Gott entfernt ist, desto geringer wird seine Einheit und desto größer seine Ah. – und umgekehrt. Gott selbst jedoch steht jenseits aller kreatürlichen Ah., er ist das «Nicht-Andere» [24], da As. ja relatives Nichtsein bedeutet; Gott als anderem würde etwas fehlen [25]. – Noch LEIBNIZ kannte die kusanische ‹Figura paradigmatica› als Figur der «Platonischen Christen» [26].

Die entscheidende Prägung für die *Neuzeit* gewinnen die Begriffe ‹As.› und ‹Ah.› durch HEGEL. Er kannte und schätzte unmittelbar die Neuplatoniker, vor allem Plotin und Proklos [27], griff aber darüber hinaus direkt auf Platons ‹Parmenides› und ‹Sophistes› zurück. Auch für Hegel ist As. eine Grundbestimmung der Endlichkeit. Jedes Daseiende ist als ein Etwas gegen ein Anderes gestellt, damit ein endliches. Jedes Andere ist aber selbst ein Etwas und umgekehrt, Etwassein und As. gelten also für jedes Daseiende. As. ist – wie schon bei Platon – relative Negation des Seins [28]. In uminterpretierender Anlehnung an Platon (Sophistes 255 d 9; 256 d 12f.) spricht Hegel darüber hinaus vom Anderen «als isoliert, in Beziehung auf sich selbst ..., nicht das Andere von Etwas ..., d. i. das Andere seiner selbst», dem Platon eine eigene Natur zuschreibe. Dieses Andere ist die physische Natur [29], die Idee in ihrem As., Durchgangsstufe in der Selbstverwirklichung des absoluten Geistes. Sie ist «der Sohn Gottes, aber nicht als der Sohn, sondern als das Verharren im As.» [30]. Der Geist jedoch behält auch in seinem As. die Gleichheit mit sich selbst, das gerade macht seine wesentliche Bestimmung aus [31]. Bei-sich-Sein im As. ist auch der «konkrete Begriff der Freiheit»: das Ich als Allgemeines «bestimmt sich» und «setzt sich ‹damit› als ein Anderes», bleibt jedoch «in seiner Beschränkung, in diesem Anderen bei sich selbst», wie man etwa in der Liebe sich gern beschränkt in Beziehung auf ein Anderes, sich aber «in dieser Beschränkung als sich selbst weiß» [32].

Aus diesen Aussagen Hegels wird die spezielle personal-anthropologische Bedeutung verständlich, die der Begriff der Ah. *nach* Hegel gewinnt. FEUERBACH weist zunächst auf die Bedeutung «des Anderen», d. i. des anderen Menschen, auf das Du, hin: «Das höchste und letzte Princip der Philosophie ist daher die Einheit des Menschen mit dem Menschen» [33]. «Einsamkeit ist Endlichkeit und Beschränktheit ... Mensch mit Mensch – die Einheit von Ich und Du – ist Gott» [34]. Feuerbach steht auch insofern in der Tradition des Gedankens des As., als auch für ihn As. (des Einzelmenschen) Negation, Defizienz bedeutet, die in der Einheit von Ich und Du aufgehoben ist.

Breiten Raum nimmt dann das Problem des As. in seiner anthropologischen Version in der *Existenzphilosophie* ein. Bei HEIDEGGER gehört das «Mitsein mit Anderen» zu den «Existenzialien», den Seinscharakteren des Daseins; mit den Anderen sind nicht mehr alle Anderen gemeint, sondern nur «die, von denen man selbst sich zumeist *nicht* unterscheidet, unter denen man auch ist» [35].

Für JASPERS ist die Kommunikation mit dem Anderen unverzichtbarer Weg des Selbstwerdens, damit auch Voraussetzung von Philosophie als Existenzerhellung: «Philosophische Wahrheit ist eine Funktion der Kommunikation mit mir selbst und mit dem Anderen» [36].

Theologisch, in Anwendung auf das Mensch-Gott-Verhältnis, wird der Gedanke des As. schließlich bedeutsam in der Beschreibung Gottes als das «Ganz Andere» durch RUDOLF OTTO [37] und – in gewisser Verwandtschaft – in der *dialektischen Theologie* mit ihrem Anliegen der «radikalen Scheidung zwischen Gott und Mensch» [38].

In der sprachlichen Formulierung ist damit nahezu ein kontradiktorischer Gegensatz zur früheren Aussage vom Nicht-anders-Sein Gottes erreicht, inhaltlich aber meinen beide Formulierungen Verwandtes: Gott ist auch etwa nach CUSANUS «ganz anders», von «radikaler» Verschiedenheit, gerade weil er das «Nicht-Andere» im Sinne des As. der Kreatur ist.

Anmerkungen. [1] z. B. HOMER, Od. III, 441. – [2] DEMOSTHENES 10, 44. – [3] PLATON, Soph. 236 d 9ff. – [4] a. a. O. 258 d 5. – [5] 257 b 3f. – [6] 256 e 5f.; vgl. 258 e 1. – [7] 255 e 5f. – [8] 255 c 8. d 3; 259 d 3. – [9] Parm. 139 b 4ff. – [10] Vgl. zum Ganzen H.MEINHARDT: Teilhabe bei Platon (1968). – [11] ARISTOTELES, Met. X, 3, 1054 b 18f. – [12] Vgl. a. a. O. X, 3, 1054 b 23ff. – [13] Vgl. PLATON, Soph. 254 c 3ff. – [14] Vgl. PLOTIN, Enn. VI, 1-3. – [15] a. a. O. VI, 2, 2, 10ff. – [16] Vgl. VI, 9, 3, 36ff.; VI, 9, 6, 42. 8, 33f. – [17] V, 1, 4, 37. – [18] IV, 3, 4, 10 (nach THEILER). – [19] V, 9, 6, 12. – [20] II, 4, 13, 29. – [21] II, 4, 13, 18. – [22] THOMAS VON AQUIN, Quaest. disp. de veritate 1, 1 c. – [23] Vgl. CUSANUS, De coniecturis (h) I, 9. – [24] Vgl. die Spätschrift ‹De non aliud›. – [25] Vgl. G. VON BREDOW: Gott der Nichtandere. Philos. Jb. 73 (1965), 15-22. – [26] G. W. LEIBNIZ: Von der Allmacht und Allwissenheit Gottes. Akad.-A. 6/1 (1930) 538. – [27] Vgl. HEGELS Schlußbemerkung zum Neuplatoniker-Kap. in: Vorles. über die Gesch. der Philos. Werke, hg. GLOCKNER (= WG) 19, 95f. – [28] HEGEL, Wiss. der Logik. WG 4, 132ff.; Enzyklop. WG 6, 58ff. – [29] WG 4, 134. – [30] Naturphilos. WG 9, 50; vgl. Enzyklop. § 11. WG 6, 29f. – [31] Phänomenol. des Geistes. WG 2, 577; vgl. Vorles. über die Philos. der Gesch. WG 11, 415f.; vgl. 18, 253. – [32] Grundlinien der Philos. des Rechts, Zusatz zu § 7. WG 7, 60. – [33] L. FEUERBACH: Grundsätze der Philos. der Zukunft (1843) 63. – [34] a. a. O. 60; vgl. 41. 59. 61. 62. – [35] M. HEIDEGGER, Sein und Zeit (¹1927) § 26. – [36] K. JASPERS: Philos. 2: Existenzerhellung (³1956) 114; vgl. das ganze 3. Kap. – [37] R. OTTO: Das Heilige (¹1917); Aufsätze, das Numinose betreffend (1923). – [38] F. GOGARTEN: Zum prinzipiellen Denken. Zwischen den Zeiten 7 (1924) 15.

Literaturhinweise. K. LÖWITH: Das Individuum in der Rolle des Mitmenschen (1928). – W. FLACH: Negation und Ah. (1959). – W. BEIERWALTES: Proklos. Grundzüge seiner Met. (1965) 60ff. – M. THEUNISSEN: Der Andere (1965). – H. R. SCHLETTE: Das Eine und das Andere. Stud. zur Problematik des Negativen in der Met. Plotins (1966). – G. SCHNEIDER: Gott – das Nichtandere. Untersuch. zum met. Grunde bei Nikolaus von Kues (1970).

H. MEINHARDT

Anerkennungstheorie ist in der traditionellen Logik eine *Urteilstheorie*, die als das entscheidende Charakteristikum des Urteils betrachtet, daß es *Anerkennung, Behauptung* (s. d.) oder *Beifall* (s. d.) zu einer Aussage besage. Die A. tritt in zwei Gestalten auf, einer 1. zweisinnigen und 2. einsinnigen Gestalt.

1. Schon die Erklärung der ἀπόφανσις (s. Apophansis) bei ARISTOTELES [1] als einer Redeweise, die etwas bejahe oder verneine, läßt sich dahin deuten, daß die *Bejahung* (s. d.) zugleich eine Anerkennung, die *Verneinung* eine Verwerfung des Inhaltes der Aussage mitbesage. Klar wird diese Tendenz in der *Stoa* [2], die das Urteil als συγκατάθεσις (Zustimmung) oder ἀνάνευσις (Ablehnung) auffaßt. Ähnlich sagt OCCAM: «... actus iudicativus quo intellectus non tantum apprehendit obiectum, sed etiam illi assentit vel dissentit» [3]. Daß der Wille dabei beteiligt ist, betont DESCARTES: «Atque ad iudicandum requiritur quidem intellectus ... sed requiritur etiam voluntas, ut rei aliquo modo perceptae assensio praebeatur» [4]. J. ST. MILL formuliert: «Nach ... Definition ist ein Urteil eine Aussage, in welcher etwas von einem Ding behauptet, bejaht (affirmiert) oder verneint (negiert) wird» [5]. Ausführlich begründet wird die Theorie von BRENTANO, der erklärt: «Unter Urteilen verstehen wir ... ein (als wahr) Annehmen oder (als falsch) Verwerfen» [6]. Sein Schüler

HILLEBRAND nennt das die «idiogenetische Urteilstheorie» [7]. Die A. weist eine gewisse Verwandtschaft auf zur *Geltungstheorie* (s. d.), sofern diese sehr weit gefaßt wird.

2. Faßt man das Ablehnen, Negieren oder Verwerfen als die Behauptung der verneinten Aussage auf, so besteht jedes Urteil nur noch in einer Anerkennung, Behauptung. Das wird aufs deutlichste vertreten von BOLZANO, der die gemeinschaftliche Bedeutung der Worte «Behaupten, Entscheiden, Meinen, Glauben, Fürwahrhalten», ‹Urteilen› nennt [8]. Ausführlich begründet wird diese einsinnige A. bei FREGE, z. B.: «Damit trennt man das Verneinen von dem Urteilen ... und vereinigt die Verneinung mit dem Gedanken. So ist denn die Annahme von zwei verschiedenen Weisen des Urteilens zu verwerfen» [9]. «Ich sage: man urteilt, indem man einen Gedanken als wahr anerkennt. Die Tat dieser Anerkennung nenne ich ein Urteil. Das Urteil wird kundgemacht durch einen mit behauptender Kraft ausgesprochenen Satz» [10]. Eine abgeschwächte oder verallgemeinerte Form der A. stellt die Geltungstheorie (s. d.) dar.

Anmerkungen. [1] ARISTOTELES, De interpretatione 4, 17 a 2; 5, 17 a 22. – [2] F. UEBERWEGS Grundriß der Gesch. der Philos. 1 (¹¹1920) 440. – [3] L. BAUDRY: Lex. philos. de Guillaume d'Ockham (Paris 1958) 15. – [4] DESCARTES, Princ. Philos. I, 24, S. 18. – [5] J. ST. MILL: System der deduktiven und induktiven Logik, dtsch. J. SCHILL (⁴1877) 21. – [6] F. BRENTANO: Psychol. vom empirischen Standpunkte, hg. O. KRAUS (1925) 2, 34. – [7] F. HILLEBRAND: Die neuen Theorien der kategorischen Schlüsse (1891) 27. – [8] B. BOLZANO: Wissenschaftslehre I ,§ 34, hg. F. KAMBARTEL (1963) 42. – [9] G. FREGE: Die Verneinung, in: G. PATZIG: Logische Untersuchungen (1966) 67. – [10] Gedankengefüge, a. a. O. 73f. A. MENNE

Anfechtung. Im Neuen Testament kann man in den paulinischen Briefen die Situation der A. feststellen [1]. Die στενοχωρία im griechischen Neuen Testament [2] meint dasselbe, was man in der theologischen Tradition mit ‹A.› wiedergibt. Die Angst kommt nicht von außen (θλῖψις), auch nicht von der Sünde (πειρασμός), sondern ist undefinierbar – alles dieses jedoch unter dem Vorbehalt gesagt, daß die neutestamentlichen Ausdrücke nicht scharf gegeneinander abgegrenzt werden können.

Schon vorreformatorisch taucht der Begriff auf. TAULER lehrt, daß sich A. in verschiedenen Stadien vollzieht, und zur Verwirklichung der Tugend dem Gläubigen ebenso nötig sei wie die Gnade [3]. Für LUTHER wie für die Entstehung der Reformation wurde das mit ‹A.› Bezeichnete grundlegend. Sein früher Leitspruch: «Wann willtu fromm werden und genug thun?» kennzeichnet das hier bestimmende Gefühl des Sollens, das über die menschlichen Möglichkeiten hinausgeht. ‹A.› ist bei Luther ein Lebensbegriff, kein Lehrbegriff. Zu ihren Wesensmerkmalen gehört es, daß der Angefochtene nicht weiß, um welche anfechtende Macht, Gott oder Satan, es sich handelt. Deshalb sagt Luther, daß ein Teil des Sieges über die A. in der Kenntnis des Feindes sich verbirgt [4]. Der A. ist somit das Unberechenbare, das Einmalige und das Unvertauschbare eigen. Nicht die theoretischen Überlegungen und ihre Schwierigkeiten stehen hier auf dem Spiel, sondern das Persönlichste, was es im Menschen gibt, das Gottesverhältnis [5]. Die A. markieren die Unmöglichkeit des Menschen, das zu tun, was die Heiligkeit Gottes fordert. So kann die reformatorische Grundeinsicht von der fremden Gerechtigkeit Christi nicht ohne den Hintergrund der A. richtig verstanden werden [6]. Der Begriff ‹A.› ist bei Luther noch überwiegend in die ihm vom Wortsinn her zukommende Kampfmetaphorik eingebettet [7] (vgl. die mittelalterliche Vorstellung von den beiden Heeren Christi und Luzifers).

In der neueren Theologie kommt der Begriff der A. durch KIERKEGAARD in die Diskussion [8]. Wenn der Mensch die Vorstellung von Gott als absolutem festhalten will, wird er erfahren, daß Gott ihm übermächtig wird. Die A. mit ihren Leiden ist eine Reaktion von seiten Gottes und richtet sich wider eine Religiosität, die das absolute Verhältnis zu Gott absolut zum Ausdruck bringen will [9]. «... bei der Versuchung will das Niedrigere das Individuum verlocken, bei der A. will das Höhere, gleichsam neidisch auf das Individuum, dieses zurückschrecken» [10]. – Möglicherweise läßt sich Kierkegaards Vorstellung der A. als Ausgangspunkt für seine Unterscheidung von Existenz und Sein und dadurch auch als historische Voraussetzung für die Existenzialphilosophie verstehen.

Anmerkungen. [1] Röm. 5, 3; 2. Kor. 1,4; 7, 5 u. a. – [2] Röm. 2, 9; 8, 35; 2. Kor. 6, 4; 12, 10. – [3] J. TAULER: Predigten, hg. W. LEHMANN (1923) 1, 202; 2, 236ff. 214. – [4] Zit. bei K. HOLL: Ges. Aufsätze (⁶1932) 69 Anm. 3. – [5] E. VOGELSANG: Der angefochtene Christus bei Luther (1932) 4; P. T. BÜHLER: Die A. bei Martin Luther (Diss. Zürich 1942) 1. – [6] L. PINOMAA: Die A. als Hintergrund des Evangeliums in der Theol. Luthers, in: Zur Theol. Luthers. Schr. der Luther-Agricola-Ges. in Finnland 4 (Helsinki 1943) 98-113. – [7] M. LUTHER: Werke, hg. WALCH 2, 1385; 6, 421; 11, 1773; 21 a 1533; vgl. u. a. 22, 816; 14, 937. 1080. – [8]. S. KIERKEGAARD, Furcht und Zittern, Werke, hg. E. HIRSCH (1950) 57ff. 74ff. 91; Drei erbauliche Reden (1955) 144f. – [9] V. LINDSTRÖM: Stadiernas teologie. En Kierkegaardstudie (Diss. Lund 1943) 284-285. – [10] S. KIERKEGAARD: Unwiss. Nachschrift 2 (1958) 166; vgl. Zur Selbstprüfung (1953) 54.

Literaturhinweise. G. JACOB: Der Gewissensbegriff in der Theol. Luthers, in: Beitr. hist. Theol. (1929). – L. PINOMAA: Der Zorn Gottes in der Theol. Luthers, in: Ann. Acad. Sci. Fenn. 41, 1 (1938); Der existentielle Charakter der Theol. Luthers, a. a. O. B 47, 3 (1940). – P. TH. BÜHLER: Die A. bei Luther (1942). – H. BEINTKER: Die Überwindung der A. bei Luther in den operationes in psalmos 1519/21, in: Theol. Arb. 1 (1954). – W. PANNENBERG: Der Einfluß der A.-Erfahrung auf den Prädestinationsbegriff Luthers. Kerygma und Dogma 3 (1957) 109-139. – C. H. RATSCHOW: Der angefochtene Glaube. Anfangs- und Grundprobleme der Dogmatik (1957). – G. METZGER: Gelebter Glaube, in: Forsch. zur Kirchen- und Dogmengesch. 14 (1964). L. PINOMAA

Angeboren/erworben, erlernt. Das Wort ‹angeboren› verwendet der Biologe anstelle von ‹ererbt›, gleichgültig ob das Merkmal schon im Augenblick der Geburt ausgebildet ist oder noch nicht. Der Gegenbegriff ‹erworben› bezeichnet Merkmalsänderungen, die im Laufe der individuellen Entwicklung (Ontogenie) auftreten und, wie wir heute im Gegensatz zu LAMARCK wissen, nicht erblich sind. Doch darf der begriffliche Gegensatz auf fertig ausgebildete Merkmale nicht rein alternativ angewandt werden. Es werden keine fertigen Merkmale vererbt, sondern vielmehr entwickelt. Vererbt wird die Variationsbreite (auch ‹Modifikationsbreite› genannt), innerhalb welcher Außenfaktoren dem sich entwickelnden Merkmal seine endgültige Form geben. Der Merkmalsanteil, für den Außenbedingungen verantwortlich waren, heißt ‹Modifikation›. Auch H. SPEMANNS entwicklungsphysiologischer Begriff der «prospektiven Potenz» entspricht dem der «Reaktionsnorm», und beide sagen dasselbe aus wie ‹angeborene Variationsbreite›.

Das gleiche wie für körperliche Merkmale gilt auch für solche des Verhaltens, nur nennt man die Art ihres Erwerbens im Laufe der Ontogenie meist ‹lernen›. Im obigen Sinne angeboren ist, wie die vergleichende Verhaltensforschung lehrt, jedem Lebewesen alles, was es zur Erhaltung seines eigenen Lebens und seiner Art braucht, jedoch kann oder muß in viele angeborene Variationsbreiten möglichen Verhaltens hineingelernt werden. So ist das Begriffspaar ‹angeboren› und ‹erlernt› auch auf Verhaltensweisen nur selten streng alternativ anzuwenden.

Angeboren sind die Fähigkeiten der Wahrnehmung, das Gestalten der Sinneseindrücke, die wesentlichen Koordinationsleistungen des Nervensystems und der inkretorischen Organe, die Gangarten (Schwimmen, Fliegen usw.) je nach Tierart, die «innere Uhr» als solche, die dann durch Lernen nach der Ortszeit «eingestellt» wird, die Orientierungsmechanismen oder Taxien (z. B. die Fähigkeiten, ein Sehding zu fixieren, den Kopf zur Schallquelle zu wenden) und vieles andere. Angeboren sind ferner die Instinkte, nach C. E. v. BAER zielstrebiges Handeln ohne Bewußtsein des Zieles; K. LORENZ hat den Begriff ‹angeboren› verengt auf artgemäße Verhaltensweisen. Welche Instinkthandlungen zur Zeit erstrebt werden, darüber entscheiden die ebenfalls angeborenen Stimmungen, spezifische Handelnsbereitschaften, die subjektiv in den Affekten gipfeln. Die angeborene Variationsbreite dessen, wonach man suchen muß, heißt angeborener Auslösemechanismus (AAM). In diese ererbten Bewegungsweisen lernen niedere Tiere so gut wie gar nichts, höhere einiges hinein, und zwar um so mehr, je näher sie dem Menschen stehen. Rezeptorisches Lernen in AAMs hinein, also Behalten von Erlebtem, Erfahrungsbildung, ist bei Einzelligen nicht nachgewiesen, bei niedersten Vielzelligen strittig und sicher anerkannt bei allen Tiergruppen von den Gliedertieren (Articulata) aufwärts. Die Lernweisen sind wiederum, abgesehen vom allein dem Menschen eigenen sprachlichen Lernen, bei allen lernfähigen Lebewesen in Strenge vergleichbar.

Literaturhinweise. K. E. V. BAER: Welche Auffassung der lebenden Natur ist die richtige, und wie ist die Auffassung auf die Entomologie anzuwenden? Reden (²1860). – H. SPEMANN: Experimentelle Beiträge zu einer Theorie der Entwicklung (1936). – O. KOEHLER: Vom unbenannten Denken. Verh. dtsch. zool. Ges. (1953) 202-211; Tier«sprachen» und Menschensprachen, in: Kreatur Mensch, hg. G. ALTUER (1970) 119-133. – W. H. THORPE: Learning and instinct in animals (London 1963). – A. KÜHN: Grundriß der Vererbungslehre (⁴1965); Vorles. über Entwicklungsphysiol. (²1965). – N. TINBERGEN: Instinktlehre (1966).
O. KOEHLER

Angenehm (ἡδύ, iucundum)

I. Angeregt durch die subjektivistische Erkenntnislehre und die relativistische Ethik der Sophisten, lehren die *Kyrenaiker*, allen voran ARISTIPP, daß unser Handeln nur das Angenehme zum Ziele haben kann, da uns nur unsere individuellen angenehmen Empfindungen gewiß und erstrebenswert sein können. Das Ziel dieser Ethik ist die *positive*, einzelne, gegenwärtige Lust, nicht bloß ein unlustfreier Gesamtzustand, wobei die Einsicht ein wesentliches Mittel zur richtigen Lusterzeugung sein soll[1].

PLATON dagegen tritt – abgesehen von gewissen hedonistischen Tendenzen in den Frühdialogen und in den ‹Gesetzen› – der sophistischen Lehre von der Identität von Lust und Gutem sowie vom Recht des Stärkeren auf zügelloses Ausleben der Begierden mit Entschiedenheit entgegen, indem er auf das Unbefriedigende und Maßlose der Lust im Unterschied zur Vollkommenheit des Guten und auf die Korrelativität von Lust (Angenehmem) und Schmerz (Unangenehmem) im Unterschied zum Gegensatz zwischen Gutem und Bösem, die sich ausschließen, hinweist [2]. Im ‹Staat› unterscheidet Platon entsprechend den drei Seelenteilen drei menschliche Lebensformen und drei Arten von Lust, nämlich die Lust nach Geldgewinn und das Leben der Begierde, die Lust an der Ehre vor allem in Kriegstaten und das ehrgeizige Leben sowie die Lust an der Erkenntnis der Wahrheit und des Guten als reinste Lust und das Leben der Vernunft [3]. Im Spätdialog ‹Philebos›, in welchem er die Frage beantwortet, ob die Lust und das Angenehme oder die Vernunft das Gute sei, weist er in einer Hierarchie von Gütern der Lust oder dem Angenehmen hinter dem absolut Guten als der Ursache des Maßvollen und Schönen, diesem selbst, der Vernunft und Einsicht, den Wissenschaften und richtigen Meinungen erst den fünften Rang zu, und zwar auch diesen nur den reinen seelischen Lustempfindungen [4].

Wenn für ARISTOTELES die Tugend und Glückseligkeit wesentlich in der Ausübung der einem Wesen eigentümlichen Tätigkeit (beim Menschen in der Betätigung der Vernunft) besteht, so bedeutet ihm die Lust und das Angenehme das diese Tätigkeit als hinzukommendes Ziel Vollendende oder das Endresultat, in welchem die Tätigkeit naturgemäß ausläuft und worin sie zur Ruhe kommt [5]. Die Lust oder das ihr entsprechende Angenehme ist somit nach Aristoteles der Glückseligkeit beigemischt, und zwar der höchsten Glückseligkeit, die im Wissen liegt, am meisten [6]. In der ‹Nikomachischen Ethik› unterscheidet er entsprechend den drei Arten des Liebenswerten drei Arten von Freundschaft, nämlich die Freundschaft um des Angenehmen (ἡδύ), die um des Nützlichen (χρήσιμον) und die um des Guten (ἀγαθόν) willen, wodurch erstmals deutlich der Begriff des Angenehmen von demjenigen des Guten und des Nützlichen unterschieden wird [7].

Die *Stoiker* gehen in der ethischen Bewertung der Lust und des Angenehmen teils ähnliche Wege wie Aristoteles, teils noch über ihn hinaus: So ist nach CHRYSIPP das ursprüngliche Streben der Menschen und aller Wesen nicht auf die Lust, sondern auf die Selbsterhaltung als das eigentliche Lebensziel ausgerichtet; die Lust ist eine sich von selbst einstellende Folge des gelingenden Strebens nach dem, was mit unserer Natur harmoniert, und darf nicht als Ziel ins Auge gefaßt werden [8]. Im übrigen wird die Lust (ἡδονή) von den Stoikern mit Begierde (ἐπιθυμία), Bekümmernis (λύπη) und Furcht (φόβος) zusammen unter die Affekte (πάθη) gerechnet, welche ihrerseits als «unvernünftige und naturwidrige Seelenbewegungen und das Maß übersteigende Triebe» definiert werden und ausnahmslos weder naturgemäß noch nützlich sind, so daß sie in keiner Weise Bestandteil des Guten oder der Tugend sein können und durch den Zustand der Apathie überwunden werden müssen [9].

Ganz anders sind für EPIKUR die Lust und das Angenehme Anfang und Ende des glückseligen Lebens als des höchsten Gutes, weil auf die Lust das natürliche Streben aller Wesen geht, wobei Glückseligkeit und Lebensziel und damit auch das Prinzip alles Wählens und Meidens genauerhin in der Gesundheit des Leibes und in der seelischen Ruhe und Ungestörtheit (ἀταραξία) besteht [10]. Wenn so in der Bevorzugung der Schmerzlosigkeit, d. h. der Lust in der Ruhe, welche die Ungestörtheit der Seele zum Ziele hat, vor der positiven sinnlichen Lustempfindung, der Lust in der Bewegung, der epikureische Hedonismus eine sublime Note erhält [11], ganz ähnlich wie in der hervorragenden Bedeutung, welche der Vernunft bei der Abmessung der Lust- und Unlustgefühle zugeschrieben wird [12], so scheint sich andererseits doch wieder der derbe Sensualismus des epikureischen Systems, welcher sich auch in der Erkenntnislehre bemerkbar macht, durchzusetzen, wenn Epikur erklärt, sich nach Abstraktion von den sinnlichen Lustgefühlen unter dem Guten nichts mehr vorstellen zu können [13].

Die Ungestörtheit der Seele preist auch der römische Dichter und Epikureer LUKREZ, wenn er die angenehme Lust (iucunda voluptas) schildert, die es bereitet, fern von den Gefahren des Krieges und den Mühseligkeiten eines ehrgeizigen und habgierigen Lebens den Geboten der Natur zu folgen und den Körper von Schmerz sowie die Seele von Sorgen und Ängsten freizuhalten und die Lehre der Weisen zu genießen [14].

CICERO ist dagegen ein ausgesprochener Gegner der epikureischen Lustlehre, weil diese ihm der natürlichen Bestimmung und den natürlichen Bedürfnissen des Menschen, den Tatsachen des sittlichen Bewußtseins und der sittlichen Erfahrung auffallend zu widersprechen scheint. Er definiert die Lust als jene angenehme Erregung (iucundus motus), durch welche die sinnliche Empfindung heiter gestimmt wird [15], und er kann in der Tugendfrage und in seinen ethischen Lehren über Lust und Unlust geradezu einen gewissen stoischen Rigorismus vertreten, indem er die Tugend für vollkommen genügend zur Glückseligkeit erklärt und nicht bloß die Mäßigung der Affekte oder gar ihre Zulassung als konstituierende Momente der Tugend empfiehlt wie die Peripatetiker, sondern vielmehr mit den Stoikern ihre radikale Ausrottung gebietet [16]. Ebenso wie Cicero auf diese Weise den Begriff des Angenehmen streng gegenüber dem des wahrhaft Guten und Wertvollen (honestum, bonum) abgrenzt, unterscheidet er auch deutlich das Gute vom bloß Nützlichen (utile) [17]. Andererseits kann er auch wieder die Stoiker gerade wegen ihres Fanatismus in diesen Fragen kritisieren, indem er zeigt, daß, wenn der erste Grundsatz der des naturgemäßen Lebens ist, dann zu dem der menschlichen Natur Gemäßen auch das sinnliche Wohlbefinden, die Freiheit von Schmerzen, die ungetrübte Gemütsstimmung gehören und nicht einmal die Lust völlig zu verachten ist [18].

Eine etwas deutlichere und konsequentere Haltung nimmt der Stoiker SENECA ein: Er zeigt mit Nachdruck, daß wer die Lust zum Guten oder zum höchsten Lebenszweck erhebt, die Tugend zur Sklavin macht, den richtigen Begriff des Guten und den eigentümlichen Wert der Tugend leugnet und verlangt, daß der gottverwandte Geist des Menschen nach den Genüssen der Tiere strebe [19]. Nicht einmal die reine Freude, welche von der Tugend ausgeht, darf erstrangiges Ziel unseres Strebens sein, denn sie ist nicht der Zweck, sondern nur eine natürliche Folge der tugendhaften Tätigkeit [20]. Die Lust und das Angenehme können nach Seneca überhaupt nicht als Teil des höchsten Gutes der Tugend zur Seite gestellt werden; denn Lust und Tugend sind dem Wesen nach voneinander verschieden [21]. Mit den anderen Affekten zusammen ist die Lust als etwas Verwerfliches zu überwinden und nicht durch Mäßigung in die Tugend aufzunehmen [22]. Aber auch Seneca kann diese seine rigorosen Ausführungen wieder mildern, wenn er der Schwachheit der menschlichen Natur gedenkt [23].

Anmerkungen. [1] DIOG. LAERT., Vitae philosophorum II, 87f. – [2] PLATON, Gorgias 481 b ff. 491 b ff. 492 d ff. 495 c ff. – [3] Resp. IX, 580 d-583 a. – [4] Philebos 66 a ff. – [5] ARISTOTELES, Eth. Nic. X, 4, 1174 b 31ff. – [6] a. a. O. X, 7, 1177 a 22ff. – [7] Eth. Nic. VIII, 2, 1155 b 17ff. – [8] DIOG. LAERT. VII, 85 und VII, 94. – [9] SVF I, 205; III, 391. 385. 443-455. – [10] DIOG. LAERT. X, 128-129; H. USENER, Epicurea 62, 23f. 63, 1f. – [11] DIOG. LAERT. X, 128. 136. 139. – [12] DIOG. LAERT. X, 132; USENER, 64, 18ff. – [13] EPIKUR, Perì télous, Frg. 67; vgl. 408f. 429 (USENER). – [14] LUCRETIUS, De rerum natura II, 1-19, bes. II, 3. 19; vgl. II, 20ff. – [15] CICERO, De finibus bonorum et malorum II; bes. II, 8; vgl. I (7), 23. – [16] Tusc. V, 1, 1; 25, 71; De off. III, 4, 20; bes. Tusc. IV, 18ff.; De off. I, 25, 88; vgl. Acad. 1, 10; 35, 38. – [17] De off. III. – [18] De finibus IV, 11, 26-15, 42; Cato 14, 46; Tusc. II, 13, 30. – [19] SENECA, De beneficiis IV, 2, 2; IV, 2, 4; De vita beata 11, 2; 13, 5; 14, 1; 15, 1; Ep. 92, 6-10; De vita beata 5, 4; 9,4. – [20] De benef. IV, 2, 3; De vita beata 4, 5; 9, 1; 15, 2 für das Vergnügen als bloße Folge der Tugend; vgl. Ep. 23, 2ff.; 27, 2; 59, 2. 14ff.; 72, 8; De vita beata 3, 4; 4, 4 De ira II, 6, 2 für die allein wahre Freude des Weisen und Tugendhaften. – [21] De vita beata 7f., 10-12; De benef. VII, 8ff.; Ep. 74; 76, 20ff.; 71, 17ff. – [22] Ep. 75, 11ff.; 85, 5ff.; 116, 1. – [23] De tranquillitate an. 7, 4; Ep. 42, 1; De benef. I, 1, 9; De vita beata 18, 1; De benef. V, 13, 1; De vita beata 21f.; Ep. 5; vgl. bes. Ep. 4, 6 für die Aufforderung zu einem angenehmen Leben («fac itaque tibi iucundam vitam»).

Literaturhinweise. F. DUEMMLER: Zu Aristippos und zur Gesch. der Hedonik und des Sensualismus. Akademika (Gießen 1889) 166-188. – H. D. VOIGTLAENDER: Die Lust und das Gute bei Platon (Diss. Würzburg 1960). – G. LIEBERG: Über die Lehre von der Lust in den Ethiken des Aristoteles (Diss. Tübingen 1953). – V. BROCHARD: La théorie du plaisir d'après Epicure. J. Savants (1904) 156ff. 205ff. 284ff. – M. HEINZE: Stoicorum de affectibus doctrina (Diss. Berlin 1861). – P. BOYANCÉ: Lucrèce et l'épicurisme (1963). – H. URI: Cicero und die epikureische Philos. (Diss. München 1914). – L. CAMPRESE: Seneca e l'epicureismo (1960). – F. WEHRLI: Hauptrichtungen des griech. Denkens (1964) 178ff.
F. P. HAGER

II. ‹Angenehm› wird in der neueren Philosophie einerseits im Sinne der antiken Tradition verstanden, erhält aber andersseits, vor allem im ästhetischen Bereich, eine positive allgemeine Bedeutung. – CRUSIUS bezeichnet als angenehm das, «was einer oder etlichen Begierden gemäß ist», entsprechend ist unangenehm, was ihnen zuwider ist [1]. Das Angenehme (A.) macht noch aus «einen Geist zur Bemühung nach demselben geneigt» [2]. – Bei ROTTH wird Poesie verstanden «als eine Nachahmung menschlicher Verrichtung ..., in einer angenehmen Rede vorgestellet» [3]. Der «angenehmen Rede» entspricht bei MENCKE der «angenehme Klang», der selbst Verstöße des Dichters gegen die Vernunft zu kompensieren vermag [4]. Auch andere Barockpoetiken gebrauchen ‹angenehm› vor allem zur Charakterisierung der rechten dichterischen Sprache [5]. – HERDER widmet der Bestimmung des A. einen breiteren Raum: «Das A. vergnügt nicht nur, sondern das Inniglich-A. erweitert, kräftigt, stärkt mein Daseyn; das innigst A. ist mein lebendiges gefühltes Daseyn selbst» [6]. – Bei GOETHE ist es die «Anmuth», die eine «angenehme Wirkung» erzielt; er gebraucht den Begriff zur Beschreibung der Wirkung einer kunstvoll gestalteten Säule auf den Betrachter [7]. – KANT versteht unter angenehm «das, was den Sinnen in der Empfindung gefällt»; Empfindung bezeichnet dabei nicht ein Gefühl, sondern eine «objektive Vorstellung der Sinne» [8]. Doch betont Kant vor allem die individuelle Wertung des A.: «In Ansehung des A. bescheidet sich ein jeder, daß sein Urteil, welches er auf ein Privatgefühl gründet, und wodurch er von einem Gegenstande sagt, daß er ihm gefalle, sich auch bloß auf seine Person einschränke» [9]. Andererseits hält er auch an dem allgemeinen Charakter des A. fest: «Das A. ist, als Triebfeder der Begierden, durchgängig von einerlei Art, woher es auch kommen und wie spezifisch-verschieden auch die Vorstellung (des Sinnes und der Empfindung, objektiv betrachtet) sein mag.» Zur Beurteilung des Einflusses des A. auf das Gemüt kommt es nur auf die Menge der Reize und «gleichsam nur auf die Masse der angenehmen Empfindung» an [10]. – Nach SULZER wird «ein Gegenstand dadurch angenehm, daß er die Würcksamkeit der Seele reizt» [11], was durch Vorstellungskraft und Begehrungskraft geschieht: der ersteren ordnet Sulzer die Begriffe Vollkommenheit, Ordnung, Deutlichkeit, Wahrheit, Schönheit, Neuigkeit, der letzteren das Affektreiche, Zärtliche, Rührende, Feierliche, Große, Wunderbare,

Erhabene als Kennzeichen zu. – FR. AST unterscheidet das «Reizende» und das A. insofern, als zwar beide «Gegenstände der Sinnlichkeit und Empfindung» sind, das Reizende aber aktiv, die Empfindung anregend, das A. dagegen passiv, «von der Empfindung aufgenommen», ist [12]. – JEITTELES bezeichnet als angenehm, «was durch sanften, dem Organismus der Nerven entsprechenden Reiz oder Eindruck wohlthuende Gefühle weckt, was also den Sinnen schmeichelt, gefällt, und eben darum gerne *angenommen* wird» [13]. – VISCHER orientiert sich wesentlich an Kant; er betont ferner «daß dem A. eigentlich immer irgendeine geistigere Beziehung beigemischt ist», das Schöne, das einem Andern «beigemischt» ist, geht in diesem nie voll auf, sondern ist ein «sinnlicher Reiz» neben ihm; so stellt das A. das dem Geschmack Eingängige dar [14]. – HEGEL sieht in dem A. «die Ausbildung des Einzelnen der äußeren Erscheinung an allen Punkten derselben, wodurch das Kunstwerk den Zuschauer nun nicht mehr nur in Rücksicht auf sein eigenes substantielles Innere ergreift, sondern zu ihm auch in betreff auf die Endlichkeit seiner Subjektivität einen vielfachen Bezug erhält» [15]. – Bei SCHELER ist das A. Teil des Wertegefüges; die Qualitäten des sinnlich A. «sind echte Qualitäten des Wertes selbst» [16]. Da es im Wesen der Werte liegt, in positive und negative zu zerfallen [17], ergibt sich so eine «Wertreihe des A. und Unangenehmen», der die Funktion des sinnlichen Fühlens ebenso entspricht wie die Gefühlszustände der «Empfindungsgefühle» [18].

Anmerkungen. [1] CHR. A. CRUSIUS: Entwurf der notwendigen Vernunftwahrheiten (²1753, Nachdruck 1963) 922. – [2] a. a. O. 923. – [3] M. A. CHR. ROTTH: Vollständige Dtsch. Poesie in Drey Theilen (1688), zit. B. MARKWARDT: Gesch. der dtsch. Poetik 1 (²1958) 244. – [4] J. B. MENCKE: Unterredung von der dtsch. Poesie... (1710), zit. MARKWARDT, a. a. O. 327., – [5] MARKWARDT, a. a. O. S. 244, betont die Bedeutung des Begriffs sowohl in der wegweisenden Anregung der Stilistiken wie auch im kritischen Beurteilen einer Eindruckswirkung. – [6] HERDER, Kalligone, hg. H. BEGENAU (1955) 6. – [7] GOETHE, Kunst und Alterthum an Rhein und Main. Sophien-A. I/34 (1902) 165. – [8] KANT, KU § 3. Akad.-A. 5, 205. – [9] KU § 7, a. a. O. 212. – [10] KU § 29, a. a. O. 266. – [11] J. G. SULZER: Allg. Theorie der schönen Künste (1792) 144. – [12] FR. AST: System der Kunstlehre oder Lehr- und Hb. der Ästhetik (1805) 54. – [13] J. JEITTELES: Ästhetisches Lex. (1835) 41. – [14] FR. TH. VISCHER: Ästhetik oder Wiss. des Schönen 1 (¹1846, zit. 1922) 215/216. – [15] HEGEL, Ästhetik, hg. FR. BASSENGE 1 (1955) 482. – [16] M. SCHELER: Der Formalismus in der Ethik und die materiale Wertethik (⁵1966) 35. – [17] a. a. O. 100. – [18] 122.
U. THEISSMANN

Angleichung an Gott (ὁμοίωσις θεῷ). – 1. Zuerst bei PLATON nachweisbar, bedeutet die A.a.G. dort das Streben des Menschen nach Gottähnlichkeit, dem jedoch völlige Übereinstimmung mit dem Göttlichen zu erreichen versagt bleibt; dieser unaufhebbaren Kluft zwischen menschlichem und göttlichem Wesen entspricht Platon durch den regelmäßigen Zusatz «A.a.G. – nach Möglichkeit». Wird das Göttliche als persönliches Wesen und sein hervorstechendstes Merkmal als unfehlbare Gerechtigkeit bestimmt, muß auch der Mensch so gerecht wie möglich werden; wird das Göttliche hingegen als die Gesamtheit der Ideen bestimmt, so vollzieht sich die A.a.G. in dem als Umgang mit den Ideen bezeichneten Bemühen um Erkenntnis. Doch wie Gerechtigkeit und Tugend überhaupt nicht ohne Einsicht in die Ideen wahrhaft ausgeübt werden können, so hat umgekehrt diese Einsicht in Gestalt zwangsläufiger Nachahmung der Ideen die Tugend überhaupt zur Folge. Demgemäß werden als Mittel der A.a.G. neben der Gerechtigkeit auch die Besonnenheit, die Frömmigkeit oder die Tugend überhaupt genannt; vor allem wird bei der A.a.G.-Bestimmung im ‹Theaitet› (176) das δίκαιος καὶ ὅσιος γενέσθαι um ein μετὰ φρονήσεως erweitert. Zweck der A.a.G. ist die Aufnahme des Menschen in den Bereich des Göttlichen. Das meint sowohl die Aufnahme in die Lebensgemeinschaft der Götter als auch den Zugang zur unmittelbaren und uneingeschränkten Schau der Ideen. Dieses doppelte Ziel wird dadurch erreicht, daß der gottähnliche Mensch zugleich auch der den Göttern wohlgefällige ist und daß die Übernahme der spezifischen Eigenschaften des Göttlichen den Eintritt in dessen Bereich überhaupt erst ermöglicht. Sinn dieses Aufstiegs ist es, den Übeln der menschlichen Welt zu entrinnen und zu Leidlosigkeit und dauerhaftem Glück zu gelangen; die A.a.G. dient somit der Glückseligkeit. – Diese A.a.G. ist lediglich Teil eines umfassenderen Geschehens. Die menschliche Seele hat in ihrem ursprünglichen Zustand weitgehende Übereinstimmung mit dem Göttlichen besessen. Diese ist beim Eintritt in das irdische Leben verlorengegangen, und die A.a.G. stellt den Versuch dar, die einstige Gottähnlichkeit wiederzugewinnen und damit an den Ort des ursprünglichen Lebens zurückzukehren [1].

2. PLOTIN übernimmt (Enn. I, 2) die platonische A.a.G., ändert sie jedoch entscheidend ab. Durch den gleichfalls von Platon, freilich aus anderen Texten abgeleiteten Zusatz ‹bürgerlich› schränkt er die im ‹Theaitet› genannten Tugenden auf eine lediglich vorbereitende Angleichung ein. Diesen bürgerlichen Tugenden stellt Plotin die höheren gegenüber, denen er die eigentliche A.a.G. zuspricht. Sie sind das Ergebnis einer als Reinigung bezeichneten Abkehr vom Sinnlichen und der gleichzeitigen Hinwendung zur nächst höheren Seinsstufe, dem Geist: Indem die Seele von ihm geistförmiges Denken empfängt, erwirbt sie zugleich eine der bloß bürgerlichen überlegene Weisheit, Besonnenheit, Gerechtigkeit und Tapferkeit, letztere als Unempfänglichkeit für alle Störungen von seiten des Sinnlichen. Die Ausübung dieser Tugenden ergibt dann die eigentliche A.a.G., die dank einer zur Einerleiheit (ταυτότης) gesteigerten Gottähnlichkeit sich selbst dergestalt übersteigt, daß der gottähnliche Mensch aufhört, Mensch zu sein, und Gott wird. – Über Enn. I, 2 hinaus gilt: Wenn die Seele den Geist und die in ihm enthaltenen Ideen schauen können soll, dann nur dadurch, daß sie am Sich-selbst-Denken des Geistes teilnimmt, d. h. selber Geist wird, was voraussetzt, daß sie zuvor in der Hinwendung zum Geist selber geistgestaltig wird. Derselbe Vorgang wiederholt sich bei der Schau des Einen. Da dieses gleichfalls nur durch sich selbst erfaßt werden kann, muß die Geist gewordene Seele auch noch die Vielheit des Denkens von sich abtun und selber einfaltig werden, um durch diese Ähnlichkeit und Einerleiheit schließlich in das Eine eindringen zu können. Dieser Aufstieg zum Einen ist eine neuerliche A.a.G., die den Menschen diesmal zum Einswerden mit der höchsten Gottheit erhebt. Somit stellen A.a.G. und Gottähnlichkeit bei Plotin lediglich Mittel zur zweifachen Vergöttlichung des Menschen dar, hier auf der Stufe des Geistes, dort auf der des Einen [2].

3. Am Ende des Neuplatonismus faßt HIEROKLES noch einmal alles Bisherige zusammen. Wie Plotin geht er von der platonischen A.a.G.-Bestimmung im ‹Theaitet› aus, wie PORPHYRIOS weist er sie den in theoretische umbenannten höheren Tugenden zu, und wie IAMBLICHOS verbindet er sie insbesondere mit der Gotteserkenntnis. Allemal bedeutet sie die Rückkehr zum ursprünglichen Stande des Menschen, und allemal stellt sie nur eine Vor-

stufe der Gottwerdung dar. Und was bereits von Plotin und Porphyrios her vorbereitet ist, tritt bei Hierokles explizite zutage: Nicht mehr die A.a.G. erhebt den Menschen zum Göttlichen, sondern Tugend und Erkenntnis führen zur A.a.G. Damit ist diese zum Synonym für Gottähnlichkeit geworden [3].

4. In *stoischem* oder der Stoa verpflichtetem Denken erscheint die A.a.G. als Nachahmung der Götter (imitatio). Sie gründet auf der durch göttliche Herkunft des Menschen oder gemeinsamen Besitz der Vernunft umschriebenen Übereinstimmung menschlichen und göttlichen Wesens und besteht in der Verwirklichung dessen, was im Menschen dergestalt von vornherein angelegt ist. Sie gipfelt in der als Gottähnlichkeit (similitudo) bezeichneten tugendgemäßen und darum glückseligen Lebensführung. So bei CICERO, SENECA, EPIKTET, MARC AUREL und BOETHIUS [4].

5. PHILON VON ALEXANDREIA greift ausdrücklich auf die Theaitetstelle zurück, deutet indes das platonische δίκαιος καὶ ὅσιος μετὰ φρονήσεως γενέσθαι im Sinne des Pentateuch als Beobachtung der Gesetzesvorschriften. Eine solche Lebensführung ist nicht mehr, wie bei Platon, selber A.a.G., sondern hat diese als ihr Telos erst noch vor sich und wird demgemäß durch andere, freilich gleichfalls vorgegebene Wendungen, als Nachfolge oder Nachahmung Gottes, bezeichnet; der Begriff der A.a.G. hingegen bedeutet ausschließlich den Zustand der späteren Gottähnlichkeit [5]. – CLEMENS VON ALEXANDREIA übernimmt von Philon die platonische Bestimmung der A.a.G., bewahrt ihr jedoch den Prozeßcharakter echter Annäherung, geht aber bereits bei der Kennzeichnung der Tugenden über Platon hinaus. Neben die Gotteserkenntnis treten die Erkenntnis des Rechten im Sinne der Heiligen Schrift und so spezifisch christliche Tugenden wie Geduld, Vergebung, Feindes- und Nächstenliebe, und, auf eine kurze Formel gebracht, ist es die Imitatio Christi, die hier die A.a.G. ausmacht. Hinzu kommt die Gottesebenbildlichkeit des Menschen (κατ' εἰκόνα θεοῦ), die als in Vernunft und freiem Willen bestehende, allen Menschen gleichermaßen eigentümliche Gottähnlichkeit die Voraussetzung dafür ist, daß es überhaupt eine A.a.G. geben kann. Diese bleibt indes, von Clemens als Ziel des Glaubens bestimmt, auf den Kreis der Gläubigen beschränkt, und nur der wahre Glaube gelangt zu der durch κατ' εἰκόνα καὶ ὁμοίωσιν umschriebenen höheren, die bloße Gottesebenbildlichkeit übersteigenden Gottähnlichkeit [6]. Dasselbe Verhältnis von Ebenbildlichkeit und A.a.G. findet sich bei Clemens' Schüler ORIGENES [7]. – GREGOR VON NYSSA schließlich wendet den Begriff der A.a.G. bereits auf den ursprünglichen Stand des Menschen an. Hatte IRENAEUS hier noch zwischen der εἰκών als der durch Vernunft und freien Willen gegebenen unverlierbaren Ebenbildlichkeit und der ὁμοίωσις als der zusätzlichen, durch den Sündenfall später verlorengegangenen gnadenhaften Ähnlichkeit unterschieden [8], so faßt Gregor beides in der bald als εἰκὼν θεοῦ, bald als ‹A.a.G.› bezeichneten ursprünglichen gnadenhaften Gottesebenbildlichkeit zusammen. Wie der Mensch diese durch eigene Schuld verloren hat, so kann er sich durch bewußte Annäherung an Gott, mittels tugendhafter Lebensführung, darum bemühen, die einstige Gottähnlichkeit wiederzuerlangen, die aber letztlich ein Geschenk der göttlichen Gnade bleibt. Insofern dabei die A.a.G. das Streben der Annäherung bezeichnet, wird ihr dynamischer Charakter gewahrt; doch insofern Gregor sie auf den verlorenen und wiederzugewinnenden Gnadenstand bezieht, bedeutet sie bloße Gottähnlichkeit, weshalb sie auch durch die Begriffe der ὁμοιότης oder gar der θεότης, der Göttlichkeit, ersetzt werden kann [9].

6. Fortleben und Nachwirken der A.a.G. seien durch den Hinweis auf MEISTER ECKHART [10] und ANGELUS SILESIUS [11] sowie durch den Ausspruch NIETZSCHES gekennzeichnet: «‹Gott gleich zu werden›, ‹in Gott aufzugehen› – das waren Jahrtausende lang die naivsten und überzeugendsten Wünschbarkeiten» [12].

Anmerkungen. [1] PLATON, Theait. 176 a-177 a; Resp. 500 c-501 b; 611 d/e; 613 a/b; Leg. 716 c/d; Phaid. 81 a-84 b; Phaidr. 245 c-249 a; Tim. 41 d- 47 c; 90 a-d. – [2] PLOTIN, Enn. I, 2 passim; I, 6, 9; V, 3, 8; VI, 7, 15; VI, 7, 34f.; VI, 9 passim. – [3] PORPHYRIOS, Sent. 25. 32; IAMBLICHOS, Protr.; HIEROKLES, In car. aur. – [4] CICERO, De leg. I, 25; SENECA, De prov. I, 5; Ep. 48, 11; 59, 14; 73, 15; EPIKTET, Diatr. II, 14; M. AUREL, X, 8; BOETHIUS, De cons. I, 4; II, 5. – [5] PHILON, Werke (1896-1930) 1, 50; 3, 124; 5, 319. – [6] CLEM. ALEX., Strom. II, 97. 103. 131-136; III, 42; IV, 30. 95. 168; VI, 77; VII, 13; Paid. I, 98; III, 11; Protr. 120ff.; vgl. H. MERKI (Lit.) 83ff. – [7] ORIGENES, Princ. III, 6. – [8] Vgl. MERKI (Lit.) 45. – [9] GREGOR VON NYSSA, MPG 44, 93 b. 1145 a-d. 1200 c. 1225 d ff. 1272 c; 46, 372 a-d. 520 c-524 a; vgl. MERKI (Lit.) 95ff. – [10] ECKHART, Deutsche Predigten (1955) 346; Deutsche Werke V (1963) 412f. – [11] ANGELUS SILESIUS, Cherubinischer Wandersmann I, 84; IV, 150; V, 317. – [12] NIETZSCHE, Wille zur Macht Nr. 17.

Literaturhinweise. H. MERKI: Homoiosis Theo. Von der platonischen A.a.G. zur Gottähnlichkeit bei Gregor von Nyssa (1952). – D. ROLOFF: Gottähnlichkeit, Vergöttlichung und Erhöhung zu seligem Leben. Untersuch. zur Herkunft der platonischen A.a.G. (1970).
D. ROLOFF

Angst, Furcht. Die verbreitete Scheidung zwischen A. als gegenstandslosem, frei flottierendem Gefühl und Furcht als einem gegenstandsgerichteten läßt sich weder im Hinblick auf die Verwendung der Begriffe in der gesamten Literatur noch vom allgemeinen Sprachgebrauch her aufrecht erhalten [1]. Die begriffliche Unterscheidung hat heuristischen Wert: zur Scheidung der existentiell oft tief verwurzelten unbestimmten A. gegenüber einer bestimmten, existentiell eher peripheren A., die dann gewöhnlich ‹Furcht› genannt wird.

Die *Etymologien* weisen auf physiologische Begleiterscheinungen des A.-Erlebnisses hin, vor allem auf Veränderungen der Atmungs- und Herzfunktionen: Im Griechischen heißt ἄγχειν würgen, drosseln, sich ängstigen; der gleiche Stamm findet sich im lateinischen ‹angor› (Würgen, Beklemmung, Angst), ‹anxietas› (Ängstlichkeit), ‹angustia› (Enge) und ‹angere› ([die] Kehle] zuschnüren, das Herz beklemmen), ebenso wie im englischen ‹anxiety› und französischen ‹angoisse›.

1. Auch *antike* Philosophen wie PLATON und ARISTOTELES sprechen im Zusammenhang von A. ausdrücklich von den physischen Korrelaten. Dabei ist dem griechischen Welt- und Selbstverständnis mehr Furcht vor bestimmten Dingen [2], nicht eine allgemeine Welt-A. eigen: Die Welt gilt als geordnet und vom Guten getragen, als ein «Kosmos». Der Furcht ist die sittliche Tugend der Tapferkeit und des Muts entgegengesetzt. Erst gegen Ende der Antike geht mit der Größe und Macht des für den einzelnen Menschen nicht mehr überschaubaren römischen Weltreichs das Weltvertrauen der Einwohner des griechischen Stadtstaates verloren. Phänomene der Welt-A. spiegeln sich in der Philosophie und vor allem in der *christlichen* Religion. An den Satz «In der Welt habt ihr A., aber seid getrost, ich habe die Welt überwunden» (Joh. 16, 33) schließt sich eine lange Reihe frühchristlicher und mittelalterlich-scholastischer Auseinandersetzungen mit Welt-A., Gottesfurcht, Furcht vor Sündenbestrafung und Befreiung von der A. durch den Glauben an. Von BÖHMES [3] Gedankengängen aus

ist am ehesten eine Linie zur existentiell-philosophischen Konzeption der A. durch Kierkegaard zu ziehen: Für Böhme ist «Sich-Ängsten» zugleich ein sehnsüchtiges Begehren der Freiheit, eine Voraussetzung zur Erlangung des ewigen Lebens und des Sieges über den Tod durch Überwindung der A. Allerdings werden im Neuen Testament wie bei AUGUSTIN A. und Hoffnung auf das Leben jenseits des Todes, d. h. auf das Jüngste Gericht, auf Himmel und Hölle, verwiesen. AUGUSTIN [4] und THOMAS [5] setzen den «timor servilis», die niedrige Furcht vor Strafe, ab gegenüber dem höher bewerteten «timor castus» oder «filialis», der reinen, gotteskindlichen Furcht vor Schuld und Unreinheit aus Ehrfurcht und Liebe zum Schöpfer.

2. Mit dem Beginn der *Neuzeit* vom Zeitalter der Renaissance an über die Aufklärung bis zu Hegels Annahme einer Weltvernunft, wächst zunächst das Vertrauen auf Ordnung und Fortschritt in der Welt. Erst SCHELLING [6] zweifelt wieder an ihrer vernünftigen Erklärbarkeit: Der wahre Grundstoff allen Lebens und Daseins ist das Schreckliche [7], das mit der Vernunft undurchdringbare, über den Menschen hereinbrechende Chaos. A. und Freiheit in ihrem dialektischen Wirken innerhalb der menschlichen Existenz werden bei KIERKEGAARD [8] zum großen Thema seiner Philosophie. Geist und Leib sind zunächst im Zustand der Unschuld ungetrennt. Bereits da aber ahnt der Mensch die Freiheit der Selbstgestaltung und Entscheidung und ängstigt sich vor dieser Möglichkeit. Einen Ausweg aus solcher Ängstigung durch die Freiheit sieht Kierkegaard im christlichen Glauben. Hingegen behandelt HEIDEGGER die Dialektik der A. in der Immanenz als Überlassenheit des Daseins an es selbst, als die von der Anlehnung an das «Man» gelöste, faktische, ihrer selbst gewisse und sich ängstigende Freiheit zum Tode: Das «Wovor» der A. ist das «In-der-Welt-Sein» selbst. Im Ausgehaltensein ins Nichts erfährt der Mensch die Ungesichertheit, aber eben auch die Eigentlichkeit seines Daseins. Auch für Heidegger ist also Freiheit das Sich-selbst-Wählen im Ergreifen des eigensten Sein-Könnens [9]. Trotz weitgehender Anlehnung an Kierkegaard und Heidegger erhält die Relation von A. und Freiheit bei SARTRE [10] einen weiteren Akzent. Bei ihm ist Freiheit das Infragestellen des Seins durch einen nichtenden Schritt nach rückwärts, durch die Loslösung von den das Sein konstituierenden Kausalreihen. Dies ist nur dem menschlichen Bewußtsein möglich. Deshalb ist Bewußtsein bei Sartre mit Freiheit identisch: In der A. wird dem Menschen diese Freiheit bewußt, die Freiheit seiner Entscheidungen, die in Verantwortlichkeit für das Ganze ohne Rückhalt an vorgefundenen Werten zu treffen ist.

3. So sehr die moderne Existenzphilosophie die A. als die eigentliche Grundbefindlichkeit des menschlichen Daseins herausstellt, so wenig gelten die Symptome ihrer Übersteigerung in der *Psychopathologie* und *Tiefenpsychologie* als «normal» oder «gesund». V. v. GEBSATTEL [11] räumt allerdings ein, daß nirgends die Grenze zwischen «noch gesund» und «fast krank» so fließend sei, wie in der menschlichen A.-Erfahrung. Dennoch ist A. in der Psychopathologie ein wesentliches Kriterium für die Diagnose psychischer Krankheiten. In der in der christlichen Tradition stehenden, in mancher Hinsicht auch existenzphilosophischen Gedankengängen verwandten anthropologischen Auffassung, wie sie Gebsattel darlegt, erscheint die A. als Symptom des Verlustes des personalen Existenzgrundes und des damit verbundenen Abbaus der Grundakte des Glaubens, der Hoffnung und der Liebe, aus denen heraus die Verbindlichkeit der Werte Bestand hat. Oft konkretisiert sich die im eigentlichen Sinne nicht faßbare A., im Dasein sich selbst zu verfehlen, in allgemeiner Schicksals-, Verarmungs- und Berufs-A., oder sie nimmt eine ganz bestimmte Furchtgestalt an.

4. Am eingehendsten hat sich FREUD [12] mit dem Phänomen der A. beschäftigt. Ursprünglich hat er den A.-Affekt als traumatisch wirkende Folge des Geburtsvorganges, als eine Wiederholung der damals durchlebten Situation der Hilflosigkeit im neuen Milieu, der Verlassenheit nach der Geborgenheit und als psychophysische Reaktion auf die Gefahrensituation der Geburt angesehen. Im Laufe seiner wissenschaftlichen Entwicklung kam er dann nacheinander zu zwei genetischen Erklärungen für A.:

a) Sobald eine Gefahrensituation ähnlich derjenigen der Geburt eintritt, stellen sich wie ein bedingter Reflex A.-Reaktionen ein.

b) Im Zuge der Entwicklung bekommt das Ich Macht über diesen zunächst unwillkürlich ablaufenden Reiz-Reaktions-Prozeß und bedient sich seiner als Warnung vor der Gefahr.

Entsprechend der an dem dreistufigen Seelenmodell orientierten Theorie der Entwicklung von Konflikten zwischen Es, Ich und Über-Ich unterscheidet Freud zwischen Trieb-, Real- und Gewissens-A. Die A.-Abwehrvorgänge gestalten sich verschieden, je nachdem in welcher seelischen Schicht A. besteht. Die Über-Ich-A. mündet in die Erwachsenenneurose, die Triebabwehr aus Real-A. in die infantile Neurose. Schließlich gibt es die Triebabwehr aus A. vor der Triebstärke [13], besonders deutlich in der Pubertät. Freud selbst nimmt die Ablenkung der somatischen Sexualerregung vom Psychischen durch Projektion in die Außenwelt als Haupt-A.-Quelle an. Als exemplarisches A.-Erlebnis stellt er immer wieder die Kastrations-A. dar, in der die menschlichen Urängste des Verlassenwerdens bzw. des Verlustes des geliebten Objektes neu belebt werden. Liebesverlust im weiten Sinne nimmt Freud auch als Ursache für den Todes-A. an: Hier ist es die narzißtische Libido, das Über-Ich, das Gewissen, das als Vorsehung und Schicksal erlebt wird; von ihnen fühlt sich das Ich in der Todes-A. verlassen.

Die Wandlung unserer Welt aus einer von mannigfachen äußeren Gefahren erfüllten Feindwelt zur Kulturwelt wird heute öfters als Erklärung für das wachsende Vorkommen frei flottierender A. angenommen [14]. Für eine als Reaktionsdisposition angenommene A. vor äußeren Gefahren gibt es in einer dehostilierten Welt wenig Anlässe (Reize), die A. wird daher internalisiert zur Schuld- und Gewissens-A.

5. Der Begriff A. erfährt nach Freud in den verschieden ausgerichteten Tiefenpsychologien entscheidende Veränderungen. So versteht O. RANK die A. stets als Trennungs-A. Der Prozeß der Individuation bringt eine Reihe von durchgreifenden Trennungen mit sich, deren erste und traumatischste die Geburt darstellt. Bei der Geburt erfolgt die Lösung aus der biologischen Gemeinschaft mit der Mutter; diese Trennung wird Anlaß der ersten A. vor dem Leben [15]. Bei E. FROMM finden sich ähnliche Gedanken. A. wird von ihm stets als Begleiterscheinung der «negativen Freiheit», d. i. der sozialen Isolation, des Individuums gesehen [16]. A. ADLER vertritt die Ansicht, daß das Minderwertigkeitsgefühl des Menschen untrennbar mit A. verbunden ist. Zuweilen verwendet er beide Begriffe auch synonym [17]. In

der komplexen Psychologie C. G. JUNGS wird dem Phänomen der A. wenig Aufmerksamkeit gewidmet. Aus den kurzen Ausführungen ist zu entnehmen, daß sie als emotionale Reaktion des Individuums auf die Erkenntnis gedeutet wird, sein Bewußtsein werde durch die irrationalen Kräfte des kollektiven Unbewußten beherrscht [18]. Den meisten tiefenpsychologischen Definitionen des A.-Begriffes liegt die Konzeption der A. als neurotische Erscheinung zugrunde. Dagegen wendet sich K. HORNEY mit ihrer Trennung der allen Menschen gegebenen Ur-A. von der durch neurotische Fehlentwicklung entstandenen A. [19].

6. Im Rahmen *behavioristischen* Denkens wird A. als erlerntes Bedürfnis interpretiert. Der Begründer des Behaviorismus J. B. WATSON nennt allerdings zwei Arten von Furcht, die er für angeboren hält: Die Furcht vor lauten Geräuschen und die Furcht vor Liebesverlust (loss of support) [20]. In neobehavioristischen Ansätzen finden sich jedoch keine Annahmen mehr über angeborene Ängste. N. E. MILLER geht von der Hypothese aus, A. sei ein (gelernter) Motivationsfaktor, ähnlich in der Wirkung wie ein Trieb. Er stellte in Versuchen mit Tieren fest, daß sie – um schmerzhafte Reizeinwirkungen zu vermeiden – bestimmte Verhaltensweisen erlernen. Die A. als Antizipation des Schmerzreizes kann also – wie auch andere Triebe (z. B. Hunger) – Verhalten in Gang setzen. Der Erwerb des A.-Triebes erfolgt gemäß Millers Befunden nach dem Modell des klassischen Konditionierens [21]. In seinen ersten Abhandlungen über die A. faßt O. MOWRER A. als eine erlernte emotionale Reaktion des Organismus auf einen Reiz auf, dem die Funktion eines Gefahrensignals für den Organismus zukommt. Die Reaktion besteht in Schmerzempfindungen, körperlichem Unbehagen und einer gewissen Aktivierung. Gelernt wird nach Mowrer nicht die Reaktion selbst, sondern ihre Kopplung mit ursprünglich nicht angsterregenden Reizen. Diese Kopplung läßt sich mit Hilfe des klassischen Konditionierens herstellen [22]. Mowrer gab die eng behavioristische Interpretation der A. später völlig auf. Seine klinischen Erfahrungen brachten ihn zu der Erkenntnis, daß A. durch Schuldgefühle entstehe, d. h. in psychoanalytischer Sprache formuliert, durch Umgehung von Forderungen des Über-Ich. Das Empfinden von A. setzt nach Mowrer eine Zeitperspektive voraus, d. h. künftige Ereignisse werden vorweggenommen und gegen die augenblickliche Situation abgewogen; darüber hinaus ist für das Entstehen der A. ein sozial vermitteltes Wertsystem Bedingung, das psychisch durch das Über-Ich repräsentiert wird [23].

Die Auffassung der A. als Reaktion des Organismus führte in neuerer Zeit zu zahlreichen psycho-physiologischen Untersuchungen, die versuchten, physiologische Begleiterscheinungen der A. zu identifizieren. Die Befunde deuten darauf hin, daß A.-Zustände mit Vorgängen im autonomen Nervensystem und mit der Ausschüttung von Adrenalin einhergehen [24].

Anmerkungen. [1] M. WANDRUSZKA: A. und Mut (1950). – [2] W. SCHULZ: Das Problem der A. in der neueren Philos., in: H. v. DITFURTH (Hg.): Aspekte der A. Starnberger Gespräche 1964 (1965) 2, 1-23. – [3] J. BÖHME: Von der Menschwerdung Jesu Christi (1620) II, 4, § 1. – [4] AUGUSTIN, Conf. XI, 9; De div. quaest. 83. 33. – [5] THOMAS VON AQUIN: S. theol. II/II, 19. – [6] F. W. J. SCHELLING, Werke, hg. K. F. A. SCHELLING III/8, 13. – [7] Vgl. SCHULZ, a. a. O. [2] 7. – [8] S. KIERKEGAARD: Der Begriff A., dtsch. hg. L. RICHTER, in: rowohlts klassiker 71 (1960). – [9] M. HEIDEGGER: Sein und Zeit (⁷1953) 266. 186. 188. – [10] J.-P. SARTRE: Das Sein und das Nichts, dtsch. J. STRELLER (1952). – [11] V. v. GEBSATTEL: Die phobische Fehlhaltung, in: Hb. der Neurosenlehre und Psychother. 2, hg. V. E. FRANKL u. a. (1959) 102. – [12] S. FREUD: Über die Berechtigung, von der Neurasthenie einen bestimmten Symptomkomplex als «A.-Neurose» abzutrennen (1894). Werke 1 (London 1948) 315-342; Hemmung, Symptom und A. (1925). Werke 14 (London 1948) 113-205; Zeitgemäßes über Krieg und Tod (1915). Werke 10 (London 1946) 324-355. – [13] Vgl. A. FREUD: Das Ich und die Abwehrmechanismen (London 1946) 69-77. – [14] R. BILZ: Der Subjektzentrismus im Erleben der A., in: v. DITFURTH, a. a. O. [2] 2, 109-123. – [15] O. RANK: Das Geburtstrauma (1924). – [16] E. FROMM: The escape from freedom (New York 1941). – [17] A. ADLER: Menschenkenntnis (³1929). – [18] C. G. JUNG: Psychol. Typen (1921). – [19] K. HORNEY: New ways in psychoanal. (New York 1939). – [20] J. B. WATSON: Behaviorism (New York 1924). – [21] N. E. MILLER: Liberalization of basic S-R. concepts: Extension to conflict behavior, motivation and social learning, in: S. KOCH (Hg.): Psychol.: A study of a sci. (New York 1959). – [22] O. MOWRER: A stimulus response analysis of anxiety and its role as a reinforcing agent. Psychol. Rev. 46 (1939) 553-365. – [23] Learning theory and personality dynamics (New York 1950). – [24] R. MAY: The meaning of anxiety (New York 1950).

Literaturhinweise. A. KÜNZLI: A. als abendländische Krankheit (erläutert an ... Kierkegaard) (1948). – W. D. FRÖHLICH: A. und Furcht. Hb. Psychol. 2: Allg. Psychol., hg. H. THOMAE (1965) 513-568. – H. NUNBERG: Allg. Neurosenlehre auf psychoanal. Grundlage (²1959). – G. BALLY: Die Bedeutung der A. für die menschl. Verfassung. Z. Psychother. med. Psychol. 14 (1964) 123-139. – H. v. DITFURTH (Hg.) s. Anm. [2]. – H. WIESBROCK (Hg.): Die polit. und ges. Rolle der A. Schriftenreihe Polit. Psychol. 6 (1967).

H. HÄFNER

Anima und **Animus** heißen in der Komplexen Psychologie C. G. JUNGS Archetypen des Kollektiven Unbewußten des Menschen. Die Anima ist als Archetyp das Bild und Prinzip der weiblichen Natur im Unbewußten des Mannes, der Animus das Bild und Prinzip der männlichen im Unbewußten der Frau: «Jeder Mann trägt das Bild der Frau von jeher in sich, nicht das Bild *dieser* bestimmten Frau, sondern *einer* bestimmten Frau. Dieses Bild ist im Grunde genommen eine unbewußte, von Urzeiten herkommende und dem lebenden System eingegrabene Erbmasse, ein ‹Typus› (‹Archetypus›) von allen Erfahrungen der Ahnenreihe am weiblichen Wesen, ein Niederschlag aller Eindrücke vom Weibe, ein vererbtes psychisches Anpassungssystem ... Dasselbe gilt auch von der Frau; auch sie hat ein ihr angeborenes Bild vom Manne ... Da dieses Bild unbewußt ist, so ist es immer unbewußt projiziert in die geliebte Figur und ist einer der wesentlichsten Gründe für leidenschaftliche Anziehung und ihr Gegenteil» [1].

Anima und Animus zeigen sich als Frauen- und Männergestalten in den Märchen, Mythen und Vorstellungen der Völker sowie in den Visionen, Träumen und Wahnideen einzelner Menschen, schlagen aber auch als irrationale Launen des Mannes und irrationale verhärtete Meinungen der Frau durch [2].

«Beide Archetypen haben, wie die praktische Erfahrung zeigt, eine gegebenenfalls im tragischen Ausmaß wirkende Fatalität. Sie sind recht eigentlich Vater und Mutter aller heillosen Schicksalsverknäuelungen und als solche schon längst aller Welt bekannt: es ist ein Götterpaar, von dem der eine vermöge seiner ‹Logos›-Natur durch Pneuma und Nous etwa wie der vielfach schillernde Hermes charakterisiert ist, und die andere vermöge ihrer ‹Eros›-Natur die Merkmale von Aphrodite, Helena, Persephone und Hekate trägt. Sie sind unbewußte Mächte, eben Götter, wie sie die Vorzeit ganz richtig als solche auffaßte» [3].

Für den psychischen Lebensprozeß sind Anima und Animus insofern von großer Bedeutung, als sie dem Bewußtsein die Inhalte des Kollektiven Unbewußten übermitteln, ihm als Tor und Brücke zum Kollektiven Unbewußten dienen.

Anmerkungen. [1] C. G. JUNG: Seelenprobleme der Gegenwart (⁵1950) 256/57. – [2] Aion. Untersuch. zur Symbolgesch. (1951) 36. – [3] a. a. O. 41.

J. HÜLLEN

Animalisch (lat. animalis) tritt bei mittelalterlichen Schriftstellern wie bei Hugo von St. Viktor und Thomas von Aquin als Übersetzung des griechischen ζωϊκόν bzw. αἰσθητικόν auf [1]. HUGO VON ST. VIKTOR schreibt im Anschluß an 1. Kor. 2, 14: «ita stultus et animalis est homo, qui non percipit ea quae Dei sunt» [2]. THOMAS VON AQUIN schließt sich dagegen in seiner Definition eng an Aristoteles an. Dieser hatte vom Tierischen als ζωϊκόν gesprochen und diesem vor allem das Vermögen der Wahrnehmung (αἴσθησις) und das Streben (ὄρεξις) zugeordnet [3]. Dementsprechend sagt Thomas: «animal potest dici homo dupliciter: vel quantum ad vim apprehensivam et hic dicitur animalis sensu; vel quantum ad vim appetitivam et dicitur animalis vita» [4]. An anderer Stelle heißt es: «dicuntur homines animales, qui vires sensitivas sequuntur inter quas est apprehensiva et appetitiva». Bei BÖHME bezeichnet ‹animalisch› bzw. ‹tierisch› das äußere Naturleben des Menschen, das dieser mit den Tieren gemeinsam hat. In den Lexika des 17. und 18. Jh. tritt der Ausdruck unter dem Stichwort ‹anima sensitiva› auf [5]. KANT bezeichnet die sinnlichen Gefühle auch als «animalische Empfindungen» [6]. Seit Beginn des 19. Jh. etwa sondert man die Organe hinsichtlich ihrer physiologischen Leistungen in vegetative und animalische. In diesem Sinn verkörpert die Muskel- und Nerventätigkeit das animalische Sein. M. PALÁGYI unterscheidet in seiner Wahrnehmungslehre das Animalische vom Geistigen [7]. Die moderne Tiefenpsychologie bezeichnet mit ‹animalisch› die affektiv-emotionale Psyche im platonischen Sinne, der im Unterschied zur reinen Reizbeantwortung, die zu jedem Lebewesen gehört, die Reizempfindung und das ihr entsprechende Verhalten als typisch für das subjekthaft-tierische Verhalten zukommen, das man ‹pattern of behavior› nennt [8].

Anmerkungen. [1] STEPHANUS: Thesaurus graecae linguae 5 (1954) 56 A. – [2] HUGO V. ST. VIKTOR, Eruditiones didascalicae VII, 3. MPL 176, 814 b. – [3] ARISTOTELES, De anima III, 10, 433 b 1. – [4] THOMAS VON AQUIN, 1. Kor. 2, lect. I. – [5] MICRAELIUS: Lex. philos. (Stettini 1661); CHAUVINUS: Lex. philos. (Leovandiae 1713). – [6] I. KANT: KU § 54. – [7] M. PALÁGYI: Naturphilos. Vorles. über Grundprobleme des Bewußtseins und des Lebens (1908; ²1924) 9. – [8] A. JUNG: Psychol. vegetativer Neurosen, in: Der Archetyp. Verh. 2. int. Kongr. analyt. Psychol., Zürich 1962 (Basel/New York 1964) 160.

Literaturhinweise. J. STROHL: Der Bedeutungswandel des Begriffspaares animal-vegetativ im Laufe der Zeit. Verh. Schweiz. Naturforsch. Ges. (Locarno 1940). – A. PORTMANN: Biol. und Geist (1954) 114-115.

H. M. NOBIS

Animalismus. Als ‹A.› bezeichnet W. SOMBART im Gegensatz zu ‹Hominismus› jede Weltanschauung, die dem Menschen eine eigene Daseinsart abspricht und ihn als Teil der Natur, als Tierspezies, auffaßt [1].

Anmerkung. [1] Vom Menschen (1938) bes. 94.

W. NIEKE

Animismus (von lat. anima, animus, Seele, Geist), ist ein *religionsethnologischer* Begriff von zweierlei Bedeutung: a) beinhaltet er den bestimmten Naturvölkern eigenen *Glauben,* daß alle Erscheinungsformen der Natur analog zum Menschen eine persönliche Seele besitzen, und b) dient er zur Bezeichnung der daraus entwickelten *Theorie,* daß dieser Glaube die älteste oder zumindest eine der ältesten Manifestationen des religiösen Bewußtseins repräsentiert; daneben findet er (in der populären Literatur) gelegentlich auch zur pauschalen Umschreibung der naturvölkischen Religionen insgesamt Verwendung [1].

Der A. wurde erstmals systematisch dargestellt und theoretisch begründet von dem englischen Ethnologen E. B. TYLOR (1832-1917), zunächst allgemeiner im Rahmen eines Vortrags vor der Royal Society in London 1867 [2] und wenig später dann in ausführlicher Breite in seinem klassischen Werk ‹Primitive Culture›. Den Begriff selbst übernahm er aus der älteren Psychologie, vor allem aber in Anlehnung an seine Verwendung bei dem deutschen Mediziner und Chemiker G. E. STAHL (1660-1734) [3]. Nach TYLOR, demzufolge «the belief in Spiritual Beings» geradezu die *Minimaldefinition* (minimum definition) der Religion bildet [4], charakterisiert der A. den Glauben der niedrigststehenden Völker und hat *daher* als die älltesterkennbare, nicht jedoch unbedingt als überhaupt älteste Ausdrucksform des religiösen Bewußtseins zu gelten [5], entstanden a) aus Traum- und Visionserlebnissen, in denen der Mensch sich von seinem Leibe lösen zu können vermeint, und b) aus der Beobachtung des Unterschiedes zwischen dem lebendigen und dem toten Organismus, den er sich nach der ersteren Erfahrung durch die Annahme erklärt, daß jener unkörperliche Teil seiner Existenz im Tode den Leib *für immer* verläßt, also dessen eigentliche Lebenskraft (life), seine «persönliche Seele» (personal soul) darstellt, die Tylor den naturvölkischen Vorstellungen nach als «a thin unsubstantial human image, in its nature a sort of vapour, film, or shadow; the cause of life and thought in the individual it animates» definiert [6]. Dieser, sonach ursprünglich aus der menschlichen Erfahrung heraus gewonnene – und den Glauben an eine Fortexistenz nach dem Tode, eine jenseitige Welt, die Seelenwanderung u. ä. bereits einschließende – Ur-A. wurde in der Folge dann auf alle übrigen Erscheinungsformen der Natur übertragen, indem man den Tieren und Pflanzen sowohl wie den Steinen, Gewässern, Bergen, Sternen, ja selbst Geräten, Schmucksachen usw. persönliche bzw. «Gegenstandsseelen» (object-souls) verlieh [7], zu denen sich dann allmählich zunächst noch objektgebundene, später aber freie, übergeordnete Naturdämonen, Geistmächte und endlich die großen Götter entwickelten, um zuletzt in der einen zentralen Gestalt eines einzigen Allgotts zusammenzufließen oder in einem allgemeinen Pantheismus aufzugehen [8]. Alle Ausdrucksformen der Religion und mythischen Vorstellungswelt sind somit, eine sich aus der andern mit *evolutionistischer Zwangsläufigkeit* entfaltend [9], aus der einen uranimistischen Grundkonzeption erwachsen [10], deren gestaltender Einfluß nach Tylor denn auch bis in die hochkulturelle Geisteswelt, ja die Philosophie hinein nachwirkt: so z. B. in der Erkenntnistheorie *Demokrits* und der *Epikureer,* derzufolge die Wahrnehmung in der Aufnahme «häutchenartiger Abbilder der Dingwelt» (rerum simulacra, quasi membranae), wie LUCRETIUS sagt, besteht, die sich von den Erscheinungen lösen und ins Bewußtsein übergehen [11], weiter auch in der Ideenlehre und vor allem den Leib-Seele-Theorien bis auf unsere Zeit [12]. Noch allgemeiner gefaßt, hält Tylor den A. endlich überhaupt für das Grundprinzip aller «spiritualistischen» (gegenüber der «materialistischen») Philosophie [13].

Zum A. Tylorscher Prägung bekannten sich im engeren Sinne u. a.: H. SPENCER, unter besonderer Hervorhebung seiner manistischen Komponente [14], O. PESCHEL [15], G. A. WILKENS [16], F. RATZEL [17],

A. H. KEANE [18], C. LETOURNEAU [19], C. P. TIELE [20], J. DENIKER [21], F. SCHULTZE [22], H. SCHURTZ [23], F. BOAS [24], W. BOUSSET [25], O. PFLEIDERER [26], P. EHRENREICH [27], F. GRAEBNER, der ihn allerdings erst den «älteren Bodenbauvölkern» (mit Knollenanbau, Mutterrecht u. a.) zuschrieb [28] und ursprünglich auch A. LANG [29]; unter den *Alttestamentlern* J. LIPPERT, der das Hauptgewicht wieder auf den Manismus legte [30], B. STADE [31] und F. SCHWALLY [32] und unter den Vertretern der *Altertumswissenschaften* E. Rohde [33], H. USENER [34], A. DIETERICH [35], der *Indologe* H. OLDENBERG [36] und andere. Weiter ausgebaut wurde der A. dann vor allem durch W. WUNDT (1832-1920), der eine schärfere, im ganzen noch heute gültige Differenzierung der naturvölkischen Seelenvorstellungen schuf [37]. Er lehnte zwar die Entwicklungstheorie Tylors als zu eng gefaßt ab [38], bekannte sich aber in seiner Gesamtauffassung durchaus noch zum Evolutionismus [39].

Eine erste, seinen historischen Ansatz erschütternde Einschränkung erfuhr der A. durch die Theorie des ‹Präanimismus›, derzufolge der Mensch zunächst noch keinen Seelenglauben besaß, sondern die Natur allgemein für belebt hielt (daher auch ‹Animatismus›, von lat. animatus, belebt) und dabei einzelnen Dingen, Erscheinungen oder Lebewesen eine besondere magische Wirkbzw. Ausstrahlungskraft zuschrieb (daher auch ‹Emanismus›), die das Kräftespiel in der Natur bestimmt (daher auch ‹Dynamismus›) und durch Zauber auch in die Gewalt des Menschen gebracht werden kann (daher auch ‹magischer Zauberglaube›) [40]. Vertreter dieser Auffassung waren vor allem: J. G. FRAZER [41], H. J. KING [42], J. N. B. HEWITT [43], K. TH. PREUSS [44], H. HUBERT und M. MAUSS [45], E. S. HARTLAND [46], A. VIERKANDT [47], E. CLODD [48], R. R. MARETT, der die Begriffe ‹Präanimismus› und ‹Animatismus› schuf [49], IRVING KING [50], E. DURKHEIM [51], R. KARUTZ (Präanimismus als ‹Emanismus›) [52], P. SAINTYVES [53], N. SÖDERBLOM [54], K. BETH [55] und andere. Eine zweite Erschütterung in der Ursprungsfrage erlitt der A., etwa gleichzeitig mit dem Aufkommen des Präanimismus, von seiten des durch A. LANG begründeten [56] und W. SCHMIDT unter Aufbietung eines ungeheuren, zum Teil freilich recht willkürlich interpretierten ethnographischen Vergleichsmaterials in extenso ausgebauten «Urmonotheismus», nach dem als älteste Religionsform der Menschheit der – durch «Uroffenbarung» vermittelte – Glaube an ein «Höchstes Wesen» zu gelten hat, der sich später verdunkelte und in den Polytheismus auflöste [57].

Durch den A. wurde die Religionsethnologie als systematische Disziplin der Völkerkunde erst eigentlich ins Leben gerufen und auch in der Folgezeit noch wesentlich inspiriert [58]. Gleichwohl liegen seine Verdienste doch mehr im phänomenologischen Bereich: Als Theorie belastet ihn – wie nicht anders auch den Präanimismus und Urmonotheismus – von vornherein schon der evolutionistische Ansatz, der hier um so bedenklicher erscheinen muß, als die Völker, auf die sich der A. beruft, keinesfalls mehr als die ältesten Repräsentanten der Menschheit gelten können, von denen sie, nach neuesten Erkenntnissen, rund eine Million Jahre trennt. Auch dürfte der Leib-Seele-Dualismus, mit dem der A. operiert, allzusehr an der Begriffswelt der abendländischen Philosophie bzw. christlichen Anthropologie orientiert und daher nur bedingt zu einer angemessenen Interpretation naturvölkischer Vorstellungsweisen geeignet sein [59], wie es überhaupt eine Frage ist, ob der Seelenglaube ursprünglich (immer und überall!) *religiösen* Charakters war.

In der *Entwicklungspsychologie* wird dem Studium des frühkindlichen A. mit den ersten Arbeiten von J. PIAGET einige Aufmerksamkeit gewidmet. Piaget definierte A. als die Tendenz des Kindes, Objekte als lebend, mit Bewußtsein und Willen versehen, zu betrachten. Er erklärte diese Tendenz damit, daß kindliches Selbst und seine Umwelt noch wenig voneinander differenziert sind. Piaget konnte verschiedene Stadien des A. entdecken: 1. alles, was das Kriterium der Nützlichkeit und der Aktivität erfüllt, lebt für das Kind; 2. allem, was sich bewegt, wird Leben zugeschrieben; 3. nur was sich spontan bewegt, wird als lebendig bezeichnet; 4. nur Pflanzen und Tiere gelten als lebend [60].

Späteren Versuchen, die Befunde Piagets als Artefakte suggestiver Befragung abzutun [61], steht eine Reihe von Untersuchungen entgegen, die ähnliche animistische Auffassungen bei Kindern, im Ansatz auch bei Erwachsenen feststellen konnten. Neuere Überlegungen knüpfen an Piagets Ansatz an, animistisches Denken in Zusammenhang zu sehen mit der Entwicklung des kausalen Denkens überhaupt und der Neigung, anderen Personen Verantwortlichkeit für bestimmte Ereignisse zuzuschreiben [62].

Anmerkungen. [1] A. E. JENSEN: Mythus und Kult bei Naturvölkern (²1960) 315. – [2] N. SÖDERBLOM: Das Werden des Gottesglaubens (1916) 10. – [3] E. B. TYLOR: Primitive culture (London ⁵1913) 1, 425: unter Berufung auf G. E. STAHL: Theoria medica vera ... (Halle ¹1707); dazu J. A. F. LEMOINE: Le vitalisme et l'animisme de Stahl (Paris 1864); die Gedanken STAHLS wurden von TYLORS Zeitgenossen F. BOUILLIER (1813–1899) weiterentwickelt, insbesondere in: Du principe vital et de l'âme pensante ... (Paris 1862). – [4] TYLOR, a. a. O. 1, 424; 2, 109. – [5] 1, 424f. – [6] 1, 428f. – [7] 1, 469. 474f. 477f. – [8] 1, 417ff. 426; 2, 108ff. 247ff. 356. – [9] 1, 415; vgl. W. WUNDT: Völkerpsych. (1900-1920) 1, 25; F. BOAS: Mythol. and folklore, in: General Anthropol., hg. F. BOAS (Boston 1938) 612. – [10] TYLOR, a. a. O. [3] 1, 283f. 287ff. 294f. 317ff. – [11] W. CAPELLE: Die Vorsokratiker (1940) 429ff.; LUCRETIUS, De rerum natura IV, 30ff. – [12] TYLOR, a. a. O. [3] 1, 426. 497f. – [13] I, 425f.; ebenso SÖDERBLOM, a. a. O. [2] 31. – [14] H. SPENCER: The principles of sociol. 1-3 (New York 1880-96). – [15] O. PESCHEL: Völkerkunde (1874). – [16] G. A. WILKENS: Het Animisme bij de Volken van den Indischen Archipel (Leiden 1885). – [17] F. RATZEL: Völkerkunde 1 (1885). – [18] A. H. KEANE: Ethnol. (Cambridge 1896). – [19] C. LETOURNEAU: L'évolution relig. (Paris 1898). – [20] C. P. TIELE: Einl. in die Religionswiss. 1. 2 (1899/1901). – [21] J. DENIKER: The races of man (London 1900). – [22] F. SCHULTZE: Psychol. der Naturvölker (1900). – [23] H. SCHURTZ: Urgesch. der Kultur (1900); vgl. Katechismus der Völkerkunde (1893) 88. – [24] F. BOAS: The mind of primitive man (Washington 1901). – [25] W. BOUSSET: Das Wesen der Relig. (³1906). – [26] O. PFLEIDERER: Relig. und Religionen (1906). – [27] P. EHRENREICH: Die allg. Mythol. und ihre ethnol. Grundlagen (1910). – [28] F. GRAEBNER: Das Weltbild der Primitiven (1924) 33ff. – [29] A. LANG: Myth, ritual and relig. 1. 2 (London 1887); vgl. W. SCHMIDT: Hb. der vergl. Religionsgesch. (1930) 165. – [30] J. LIPPERT: Der Seelenkult in seinen Beziehungen zur althebräischen Relig. (1881); dazu A. LODS: La croyance à la vie future et le culte des morts dans l'antiquité israélite (Paris 1906) 1, 1-42. 265f. – [31] B. STADE: Gesch. des Volkes Israel (²1889). – [32] F. SCHWALLY: Das Leben nach dem Tode nach den Vorstellungen des alten Israel und des Judentums im Zeitalter Christi (1892). – [33] E. ROHDE: Psyche 1. 2 (1894). – [34] H. USENER: Götternamen (1896). – [35] A. DIETERICH: Mutter Erde (1905). – [36] H. OLDENBERG: Die Relig. des Veda (1894). – [37] WUNDT, a. a. O. [9] 1, 78ff. – [38] 1, 25. – [39] 2, 6. 19. 21. 41. 48ff. 60ff. 358. 364. 372. 377 und überhaupt Kap. 5-6; 3, 2. 17. 41. 53f. 63ff. 98ff. 108. 115. 137. 194-309; dazu H. BAUMANN: Mythos in ethnol. Sicht. Studium generale 12/1. 9 (1959) 12a. – [40] SÖDERBLOM, a. a. O. [2] 11. 18. 33–113; F. R. LEHMANN: Mana. Staatl. Forschungsinst. Leipzig. Inst. Völkerkunde. 1. Reihe: Ethnogr. u. Ethnol. 2 (1922) 67ff.; SCHMIDT, a. a. O. [29] 12f. 80. 114ff.; R. BOCCASSINO: Etnol. relig. (Turin 1958) 213ff.; S. A. TOKAREV: Religija v istorii narodov mira (Moskau 1965) 21. – [41] G. FRAZER: The Golden Bough 1-12 (London 1890ff.); dazu: BOCCASSINO, a. a. O. [40] 214ff. – [42] H. J. KING: The supernatural: Its origin, nature, and evolution 1. 2 (London 1892); dazu BOCCASSINO, a. a. O. [40] 217ff. – [43] J. N. HEWITT: Orenda and a definition of relig. Amer. Anthropologist NS 4 (1902). – [44] K. TH. PREUSS: Der Ursprung der Relig. und Kunst. Globus 86/87 (1904/05); Die geistige Kultur der Naturvölker (1914); dazu BOCCASSINO, a. a. O. [40] 221ff. – [45] H. HUBERT und M. MAUSS: Esquisse d'une théorie générale de la magie. Ann. sociol. 1902/03 (1904). – [46] E. S. HARTLAND: Presidential address. Trans. Sect. H Rep. Brit. Ass. Advanc. Sci. (York 1906) President's address, Sect. I; Trans. 3rd int. Congr. Hist. Relig. 1 (Oxford 1908). – [47] A. VIERKANDT: Die Anfänge der Zauberei. Globus 92 (1907). – [48] E. CLODD: Pre-animistic stages in relig. Trans. 3rd int. Congr. Hist. Relig. 1 (Oxford 1908). – [49] R. R. MARETT: The threshold of relig. (London 1909); dazu BOCCASSINO, a. a. O. [40] 219ff. – [50] IRVING KING: The development of religion (New York 1910). – [51] E. DURKHEIM: Les formes élémentaires de la vie relig. (Paris 1912); dazu BOCCASSINO, 239ff. – [52] R. KARUTZ: Der Emanismus. Z. Ethnol. 45 (1913). – [53] P. SAINTYVES: La force magique. Du mana des primitifs au dynamisme scientifique (Paris 1914). – [54] Vgl. Anm. [2]. – [55] K. BETH: Relig. und Magie bei den Naturvölkern (1914); dazu LEHMANN, a. a. O. [40] 103ff. – [56] A. LANG: The making of relig. (London 1898). – [57] W. SCHMIDT: Der Ursprung der Gottesidee 1-12 (1912ff.); dazu SCHMIDT, a. a. O. [29] 80f. 159ff.; TOKAREV, a. a. O. [40] 20. – [58] JENSEN, a. a. O. [1] 316; BOCCASSINO, a. a. O. [40] 176. – [59 W. MÜHLMANN: Methodik der Völkerkunde (1938) 141f. – [60] J. PIAGET: La représentation du monde chez l'enfant (Paris 1926). – [61] z. B. B. I. HUANG: Children's conception of physical causality: A critical summary. J. genet. Psychol. 63 (1943) 71-121; Experimental analysis of child animism. J. genet. Psychol. 66 (1945) 69-74. – [62] L. R. LOOFT und W. B. BARTZ: Animism revived. Psychol. Bull. 71 (1969) 1-19.

Literaturhinweise. E. B. TYLOR: Primitive culture 1. 2 (London ¹1871, ⁵1913). – E. CLODD: Animism the seed of relig. (London 1905). – A. C. KRUIJT: Het Animisme in den Indischen Archipel ('s Gravenhage 1906). – A. E. CRAWLEY: The idea of the soul (London 1909). – W. MCDOUGALL: Body and mind. A hist. and a defense of animism (London 1911). – N. SÖDERBLOM: Das Werden des Gottesglaubens (1916). – A. W. NIEUWENHUIS: Die Wurzeln des A. Int. Arch. Ethnogr. 24 (1917). – F. R. LEHMANN: Mana. Staatl. Forschungsinst. Leipzig. Inst. Völkerkunde. 1. Reihe: Ethnol. u. Ethnol. 2 (1922). – J. J. FAHRENFORT: Het hoogste wezen bij de primitieven (Groningen 1927). – J. PASCHER: Der Seelenbegriff im A. Ed. B. Tylors. Abh. zur Philos. Psychol. der Relig. 23 (1929). – W. SCHMIDT: Hb. der vergl. Religionsgesch. (1930). – W. MÜHLMANN: Art. ⟨A.⟩, in: RGG 1 (³1957). – R. BOCCASSINO: Etnol. relig. (Turin 1958). – AD. E. JENSEN: Mythos und Kult bei Naturvölkern (²1960). – GOBLET D'ALVIELLA: Art. ⟨Animism⟩, in: Encyclop. Relig. and Ethics 1 (Edinburgh 1964).

KLAUS E. MÜLLER

Anisotropie/Isotropie. Isotrop heißt ein Raum, der, wie der Euklidische und Cartesische, in und nach allen Richtungen dieselben Eigenschaften hat: in welchem ein Gegenstand sich weder bei Drehungen noch bei Verlagerungen verändert. Der *Anschauungsraum* ist in zahlreichen Hinsichten anisotrop:

1. er hat drei Hauptrichtungen:
 a) oben – unten = senkrecht,
 b) links – rechts = waagrecht I,
 c) vorn – hinten = waagrecht II,
dazwischen «schräge» Nebenrichtungen. Die Hauptrichtungen sind – in verschiedenem Anteil – teils vestibulär, teils optisch bedingt.

2. Unter den drei Hauptrichtungen nimmt die senkrechte eine Sonderstellung ein, z. B. als Richtung des Stehens im Gegensatz zum Liegen, ferner als bevorzugte Symmetrieachse; die Richtung geradeaus nach vorn hat infolge der Arbeitsweise des Sehapparates eine ganze Reihe von Besonderheiten [1].

3. *Innerhalb* der Hauptrichtung ist a) oben und aufwärts, auch stehend, etwas grundsätzlich anderes als unten und abwärts, auch hängend; b) hinten und rückwärts etwas grundsätzlich anderes als vorn und vorwärts; c) am schwächsten ausgeprägt ist die Links-Rechts-A.; doch ist ein ⟨b⟩ kein ⟨d⟩ und Spiegelschrift ohne besondere Übung unleserlich [2].

4. Je nach der Ausrichtung im System der Hauptrichtungen hat eine objektiv gleiche Figur verschiedenen Aufbau [3]; auch gekippte Schrift ist unleserlich.

5. Die verschiedenen Richtungen unterscheiden sich hinsichtlich ihrer Entfernungsmaßstäbe. Derselbe objektive Abstand ist nach oben und unten größer als in einer waagrechten Erstreckung.

6. Auch die Größenmaße sind verschieden: Bei gleichem Gesichtswinkel erscheint ein Gegenstand über uns kleiner als waagrecht vor uns (Mondtäuschung [4]); ferner ein peripher gesehener kleiner als ein fixierter; ein – bei einäugiger Betrachtung – in der nasalen Gesichtsfeldhälfte gesehener größer als ein in der temporalen Gesichtsfeldhälfte gesehener Gegenstand.

Die Art der A. des Anschauungsraumes hängt u. a. von der Lebensweise ab; sie ist für den zwischen Ästen herumhangelnden Halbaffen eine andere als für den auf dem Boden gehenden Menschen [5]. – Es scheint, daß die A. des menschlichen Wahrnehmungsraumes mit dem Alter zunimmt [6].

Anmerkungen. [1] E. MACH: Die Analyse der Empfindungen (1885, ⁹1922). – [2] H. C. VAN DER MEER: Die Links-Rechts-Polarisation des phänomenalen Raumes (Groningen 1959). – [3] MACH, a. a. O. [1]. – [4] E. SCHUR: Mondtäuschung und Sehgrößenkonstanz. Psychol. Forsch. 7 (1926) 44-80; A. H. HOLWAY und E. G. BORING: The apparent size of the moon as a function of the angle of regard: further experiments. Amer. J. Psychol. 53 (1940) 109-116; R. MEILI: Überlegungen zur Mondtäuschung. Psychol. Beitr. 5 (1960) 154-166; L. KAUFMAN and I. ROCK: The moon illusion. Sci. Amer. 1 (1962) 207. – [5] G. J. v. ALLESCH: Zur nicht-euklidischen Struktur des phänomenalen Raumes (1931). – [6] F. OETJEN: Die Bedeutung der Orientierung des Lesestoffes für das Lesen und der Orientierung von sinnlosen Formen für das Wiedererkennen derselben. Z. Psychol. 71 (1915) 329ff.; W. KÖHLER: Dynamische Zusammenhänge in der Psychol. (1958) 19ff.

Literaturhinweise. F. B. HOFMANN: Die Lehre vom Raumsinn des Auges 1. Teil (1920). – G. J. v. ALLESCH s. Anm. [5]. – K. KOFFKA: Principles of Gestalt psychol. (London 1935, ³1950) 275-280. – M. TAKALA: Asymmetries of the visual space (Helsinki 1951). – H. C. VAN DER MEER s. Anm. [2]. – C. H. GRAHAM u. a.: Vision and visual perception (New York/London/Syndney 1965). – N. BISCHOF: Psychophysik der Raumwahrnehmung. Hb. Psychol. I/1 (1966) 307-408. – J. J. GIBSON: The senses considered as perceptual systems (Boston/New York 1966). – I. P. HOWARD und W. B. TEMPLETON: Human spatial orientation (London/New York/Sydney 1966).

W. METZGER

Anknüpfung, Anknüpfungspunkt. Im *theologischen* Sprachgebrauch verweist der Begriff ⟨Anknüpfung⟩ (A.) auf die menschlichen Verstehensvoraussetzungen, die im Vorgang des Zum-Glauben-Kommens wirksam sind. Er begegnet in der Besinnung auf das Wort Gottes als Anrede an den Menschen und in der Besinnung auf die Verkündigungsaufgabe, in der theologischen Anthropologie wie in der missionarischen Theologie. Schon F. SCHLEIERMACHER bezeichnet das nie ganz erloschene Verlangen nach Gemeinschaft mit Gott als «den ersten Anknüpfungspunkt [Ap.] für alle göttlichen Gnadenwirkungen» [1]. Noch stärker profiliert erscheint der Begriff bei R. ROTHE, der dies geradezu als das charakteristischprotestantische Prinzip aufstellt, daß die offenbarende Wirksamkeit Gottes sich nicht auf mechanisch-magische Weise, sondern moralisch, d. h. persönlich vermittelt, «daß sie in der Seele des Menschen selbst einen bestimmten Anschließungs- und Ap. vorfindet und benutzt». Nur eine solche Offenbarung entspricht dem Begriff des Menschen [2]. M. KÄHLER sieht in der menschlichen Anlage zur Religion und zur Sittlichkeit, im Gottesbewußtsein, im Bewußtsein der Verantwortlichkeit und im Schuldbewußtsein die entscheidenden inneren «Ap.» für das glaubende Verstehen und für die missionarische Verkündigung [3]. In seiner *missionsmethodischen* und *-pädagogischen* Bedeutung bezeichnet der Begriff einerseits allgemein die Kontaktaufnahme zur Kommunikation, wobei die heidnische Lebenserfahrung zum «missionarischen Textebuch» wird, das der Verständigung über den Sinn des Evangeliums dient; andererseits bezeichnet er die *antithetische* A. an die Erscheinungsformen heidnischer Religiosität (G. WARNECK) [4]. Er wird hier oft in Verbindung und kritischer Auseinandersetzung mit dem Begriff der *Akkommodation* gebraucht. Die theologische Diskussion um Recht und Grenze der A., die in den dreißiger Jahren die evangelische Theologie bewegte und spaltete, wurde durch E. BRUNNER in Gang gebracht. Er rief mit seiner Frage nach dem Ap., mit seinem Hinweis auf «die andere Aufgabe der Theologie», mit seinem Programm der Eristik und seiner Forderung einer «christlichen natürlichen Theologie» den leidenschaftlichen Protest K. BARTHS hervor, der darin nur die gefährlichste Versuchung und Verirrung theologischen Denkens sah, das sich hier auf den Menschen statt auf Gott einläßt. Rechte Theologie «ist nicht am Aufweis eines ‹Ap.› der göttlichen Botschaft selbst interessiert», denn der Heilige Geist «bedarf keines Ap. als dessen, den er selber setzt», d. h. die theologische Erkenntnisfrage kann nicht lauten: wie ist die menschliche Erkenntnis der Offenbarung *möglich*, da sie von der *Wirklichkeit* des Offenbarungsgeschehens auszugehen hat. Der Ap., den es zwischen Mensch und Gott gibt, ist «nur im Glauben wirklich». Jeder anthropologischen Theorie der A. ist damit der Boden entzogen [5]. Dagegen sah E. BRUNNER in der Frage nach den anthropologischen Voraussetzungen des Verstehens, nach dem Zusammenhang des «natürlichen» mit dem glaubenden Selbstverständnis eine wesentliche Aufgabe theologischer Anthropologie, die sich einer «kritischen Philosophie» in ihrer Frage nach dem Sein des Menschen verbunden weiß. Gott *spricht* den Menschen *an* als den, der verstehen, antworten, sich verantworten, sich ganz Gott überantworten soll. Der Mensch ist durch das Wort für das Wort geschaffen. Die humanitas (Personsein, Wortfähigkeit, Vernünftigkeit, Freiheit, Du-Bezogenheit, Transzendenz-Bezogenheit, Verantwortlichkeit) ist ein «theologisches» Phänomen, die (formale) Gottebenbildlichkeit. Diese im geschöpflichen Menschsein selbst gegebene *Ansprechbarkeit* ist im allgemeinsten Sinn der Ap., den das verkündigte Wort Gottes voraussetzt. Das fragwürdige Wissen des Menschen um Gott und um die Fragwürdigkeit seiner Existenz, die Erfahrung des Scheiterns gegenüber dem Anspruch des sittlichen Gesetzes, das Wissen um Schuld, ist gerade in seiner *Fragwürdigkeit* der Ap. für das zur Sinnesänderung aufrufende, richtende und zurechtbringende Wort Gottes. So ist der Ap. des Gotteswortes der Mensch als Gewissen. Brunner bestimmt diesen A.-Vorgang als eine ‹A. im Gegensatz› bzw. als eine ‹*dialektische* A.›, in der Kontinuität nicht ohne Diskontinuität gedacht werden kann. Der Sinn seiner Lehre vom Ap. ist die Explikation der *Verantwortlichkeit* des Menschen vor Gott. – In z. T. enger gedanklicher Berührung mit Brunner entwickelt R. BULTMANN den Begriff einer ‹A. im *Widerspruch*›. So sinnlos es für ihn ist, von einem religiösen Apriori, von einem Organ für das Göttliche im Menschen zu sprechen, das als Ap. für die Offenbarung in Frage käme, so unabweisbar ist doch ein in der Tatsache des Verstehens der christlichen Verkündigung vorausgesetztes *Vorverständnis*, ein Lebenszusammenhang, «in dem der Verstehende und das Verstandene von vornherein zusammengehören» [6]. Gottes Handeln am Menschen durch sein Wort bedarf freilich keines Ap. Er macht den Menschen, den er lebendig machen will, vorher zunichte. Er stellt ihn in seinem Selbstverständnis radikal in Frage. Gerade im Widerspruch zeigt sich in paradoxer Weise das Phänomen der A.: «Die Sünde des Menschen ist der Ap. für das widersprechende Wort der Gnade»; die den Menschen bewegende «Frage nach seiner Eigentlichkeit» in ihrer jeweiligen Ausgelegtheit, seine Religion, sein Gottesbegriff, seine Ethik, seine Philosophie – mit einem Wort: «der Mensch in seiner Existenz, als ganzer, ist der Ap.» [7]. Erfaßte Bultmann das Problem der A. als das Problem der *Hermeneutik* mit dem Begriff des Vorverständnisses bzw. des Selbstverständnisses, so wird es bei P. TILLICH in der *Methode der Korrelation* zum beherrschenden methodischen Prinzip seiner ‹Systematischen Theologie›.

Anmerkungen. [1] F. SCHLEIERMACHER: Der christl. Glaube (²1830) § 108, 5. 6. § 4. § 29, 1. § 60. §70, 2. § 94, 2. § 106, 1. – [2] R. ROTHE: Zur Dogmatik (1863) 57-70. – [3] M. KÄHLER: Die Wiss. der christl. Lehre (1883; ³1905) § 76. § 80ff.; vgl. auch: Dogmatische Zeitfragen 2 (²1908) 358. – [4] G. WARNECK: Evang. Missionslehre III/2 (1900) 65ff. 94ff. – [5] K. BARTH: Kirchl. Dogmatik I/1 (1932) 27ff. 251ff.; Nein! Antwort an E. Brunner. Theol. Existenz heute H. 14 (1934) 56. 61. – [6] R. BULTMANN: Das Problem der «natürlichen Theol.». Glauben und Verstehen 1 (²1954) 296. – [7] A. und Widerspruch. Glauben und Verstehen 2 (²1952) 119ff.

Literaturhinweise. S. JACOB: Das Problem der A. für das Wort Gottes in der dtsch. evang. Missionslit. der Nachkriegszeit (1935). – E. BRUNNER: Die Frage nach dem «Ap.» als Problem der Theol. Zwischen den Zeiten 10 (1932) 505-532; Natur und Gnade (1934); Der Mensch im Widerspruch (1937). – H. THIELICKE: Die Frage der natürlichen Theol. Der «Ap.». Theol. Blätter 15 (1936) 10-19.

H. LEIPOLD

Anlage

I. ‹A.›, sich als Übersetzung von ‹dispositio› durchsetzend, bleibt einmal im Zusammenhang der rhetorischen Tradition, in der ‹dispositio› mit ‹inventio› usf. zum festen Bestand gehört, und wird zur Bezeichnung des planenden Entwurfes etwa eines künstlerischen Werks. So liegt für SULZER dessen größter Wert in der A.: «In der A. wird der Plan des Werks mit den Hauptteilen desselben bestimmt, und die Ausführung giebt jedem Haupttheil seine Gestalt, und die Ausarbeitung bearbeitet die kleineren Verbindungen»; doch setze die A. schon «alles feste, was zu seinem innerlichem Charakter und zu der Würkung, die es thun soll, gehöret» [1]. SCHILLER spricht von der «A. der Karaktere und der Fabel» [2]. In der Bedeutung von Entwurf und Anordnung – «fertig gäbe es immer mehr Stoff zum Nachdenken, als in der A.» [3] – bleibt ‹A.› nicht auf die ästhetische Sphäre beschränkt; das Wort bezeichnet allgemein, was als nach einer Planung Hergestelltes und Angelegtes selbst als A. in vielfältigen Bereichen seine Funktion erfüllt. Damit wird die allgemeine Bedeutung von «Ordnung der Teile in dem, das Teile hat» [4] erneut maßgebend, die auch für ‹dispositio› grundlegend war.

‹A.› wird zugleich – wiederum in der Nachfolge von ‹dispositio› – vor allem unter dem Einfluß von LEIBNIZ das Wort, das die angeborenen, von Natur gegebenen, aber auch die erworbenen Fähigkeiten und Möglichkeiten («des habitudes ou des dispositions ... naturelles ou acquises» [5]) bezeichnet. JOH. NIC. TETENS spricht unter Hinweis auf Rousseau von der «Perfektibilität (Vervollkommlichkeit)» als bestimmtem «Grundmerkmal der Menschheit», das beim neugeborenen Kind, beim «Waldmenschen», «Schafmenschen», «Bärmenschen» noch nicht «entwickelt», aber als «Möglichkeit, die A. dazu» in diesen ist. Entwicklung bedeutet Übergang von der A. zu den wirklichen Vermögen: «Die Blüthen und die Früchte des Baums sind ihrer A. nach in der jungen Pflanze ..., aber auch nur der A. nach», und nicht so, daß in der A. die «Sache selbst schon im kleinen vorhanden» sei (gegen die Präformationstheorie) [6]. ADELUNG verzeichnet für «sich entwickeln», daß es bedeute, «A., welche in der Seele verborgen sind, ... nach und nach thätig zu machen und darzustellen» [7]; er weist jedoch den Versuch zurück, «dieses Wort für das französische Genie» einzuführen, A. erschöpfe durchaus nicht, was Genie meine. Diese Auseinandersetzung kehrt im veränderten Aspekt bei HEGEL wieder: Die gewöhnliche Vorstellung, daß Talent und Genie «dem Menschen angeboren» seien, hat auch etwas Richtiges, sofern der Mensch überhaupt zur Religion, zum Denken, zur Wissenschaft geboren sei, aber die Kunst erfordere eine «spezifische A.»; in die Künste spiele so ein natürliches Moment als wesentlich hinein; A. sei im künstlerischen Schaffen das, was «das Subjekt nicht in sich selbst hervorbringen kann, sondern als unmittelbar gegeben in sich vorfinden muß». Darin sei es begründet, daß die verschiedenen Künste «mit der Naturseite eines Volks im Zusammenhange» stehen [8].

Das Problem der A. als Natur-A., die auch von Hegel nur als ein Moment im Prozeß des künstlerischen Schaffens verstanden wird, liegt allgemein darin, daß A. als Möglichkeiten für den Menschen nicht auch von Natur aus zu ihrer Verwirklichung gelangen. Für KANT wird A. als Natur-A. im Zusammenhang der Freiheit und der moralischen Zurechnung und in der Beziehung auf den Menschen als Vernunftwesen zum Problem. Man könne «für die Zwecke der Natur als Grundsatz» annehmen, daß «jedes Geschöpf seine Bestimmung erreiche, dadurch daß alle A. seiner Natur sich zweckmäßig für dieselbe entwickeln»; das geschieht bei «vernunftlosen Thieren» wirklich, und zwar als «Weisheit der Natur». Dagegen erreichen die Menschen dies nicht von Natur, sondern allein «durch ihre eigene Thätigkeit, die Entwickelung des Guten und den Besten dereinst zu Stande zu bringen» [9]. Der Mensch ist «im System der lebenden Natur» dadurch charakterisiert, daß er «vermögend» ist, «sich nach seinen von ihm selbst genommenen Zwecken zu perfectioniren» und als «mit Vernunftfähigkeit begabtes Thier (animal rationabile) aus sich selbst ein vernünftiges Thier (animal rationale) [zu] machen» [10]. Während so bei allen «sich selbst überlassenen Thieren» jedes Individuum seine ganze Bestimmung erreicht», könne bei den Menschen sich «allenfalls nur die Gattung», nicht das Individuum durch «Fortschreiten in einer Reihe unabsehlich vieler Generationen zu seiner Bestimmung empor arbeiten» [11]. Daher lasse sich bei der Menschengattung dieses Ziel nicht a priori aus den uns von ihr bekannten Natur-A., sondern nur aus Erfahrung und Geschichte erschließen. Natur und Natur-A. sind nur Voraussetzungen; der Mensch ist zwar durch seine «technische» A. (zur «Handhabung der Sachen»), durch seine «pragmatische» («andere Menschen zu seinen Absichten geschickt zu brauchen»), durch seine moralische A. («nach dem Freiheitsprincip unter Gesetzen ... zu handeln») von allen übrigen Lebewesen «kenntlich» unterschieden [12]. Der «intelligible» Charakter der Menschheit, mit praktischem Vernunftvermögen und im Bewußtsein der Freiheit unter einem «Pflichtgesetze» zu handeln, läßt es zu, zu sagen, daß der Mensch seiner angeborenen A. nach (von Natur) gut sei. Aber ebenso läßt sein Hang zur «thätigen Begehrung ... zum Bösen» es zugleich zu, «seinem sensibelen Charakter» nach auch als «(von Natur) böse zu beurtheilen» [13]. Doch auch der Hang zum Guten ist als Natur-A. der Verwirklichung der Bestimmung des menschlichen Geschlechts nur «günstig», nur «förderlich»: Die Kultivierung, Zivilisierung, Moralisierung schafft sich der Mensch nicht als Individuum, sondern als Gattung nur im Hinausgehen aus dem Naturzustande – gegen die «hypochondrische» Anpreisung Rousseaus (die Kant jedoch nicht als dessen «wirkliche Meinung» nimmt), wieder in den Naturzustand «und in die Wälder zurück zu kehren» [14] – und im tätigen Kampf mit den «Hindernissen, die ihm von der Rohigkeit seiner Natur anhängen», indem er sich den ihm selbst gegebenen Gesetzen unterwirft, sich so «veredelt» und zu einer bürgerlichen Verfassung als zu dem «höchsten Grad der künstlichen Steigerung der guten A. in der Menschengattung» erhebt [15].

Für FICHTE sind im gleichen Sinne die A. als Natur-A. nur die Voraussetzung, deren Verwirklichung nicht durch die Natur, sondern durch Bildung und durch Gesellschaft vermittelt wird. Alle Bildung setze die A. voraus, die gebildet werden. Gegen die Theorie, daß Grammatik auf «Übereinkunft» beruhe, wendet Fichte ein, daß auch die Ableitung der Grammatik von im Wesen des Menschen liegenden Gründen, von der «natürlichen A. zum Sprechen» auszugehen habe, die durch Bedürfnisse geweckt nach und nach auf die Erfindung der verschiedenen Arten der Wortfügung gelenkt werde [16]. Gott gab, so heißt es in einer nachgelassenen Predigt, den Geist der Wahrheit als die «A. dazu allen» [17]. So sind zwar auch alle «Vernunftgesetze» im Wesen unseres Geistes begründet, werden aber erst durch Erfahrung geweckt, durch häufige Erfahrungen zur Neigung, zum Bedürfnis und zu seiner Befriedigung entwickelt. Das gilt für alle A.; sie werden nirgends auf die gleiche Art, durch «verschiedene Handlungsart[en] der Natur» in den Individuen gesetzt. Gleichwohl fordere das «höchste Gesez der Menschheit und aller vernünftigen Wesen», daß in den Individuen die A. gleichförmig entwickelt, alle Fähigkeiten zur höchstmöglichen Vollkommenheit gebildet werden. Diese Gleichheit der Bildung vermittelt die Gesellschaft, indem durch sie in Freiheit und Vernunft die «einseitige Ausbildung» der Individuen korrigiert wird; diese Ausbildung wird zum Eigentum des ganzen Geschlechts, das dem Individuum dafür das Seine zurückgibt, so daß die Individuen aus den Händen der Gesellschaft die ganze vollständige Bildung erhalten, die sie unmittelbar aus ihren Natur-A. nicht gewinnen können [18]. In der Bewegung, in der die Wirklichkeit des Menschen nicht als Natur, sondern in der geschichtlichen Verwirklichung der Natur als Geist in Sitte, Institutionen, Recht, Gesellschaft, Staat begriffen wird, reduziert sich die A. als Natur-A. des Menschen auf die Bedeutung der Möglichkeit, die, wie es ARISTOTELES gelehrt hat, ethisch und politisch zu ihrer Verwirklichung kommt [19].

Unabhängig hiervon und eher auf der Linie der A., wie sie Leibniz als dispositio (s. d.) erörtert hat, werden die A. als Erbanlagen usf. zum Problem der *Biologie*, *Physiologie* und *Psychologie*.

Anmerkungen. [1] J. G. SULZER: Allg. Theorie der Schönen Künste 1 (1771) 55. – [2] SCHILLER, Wirtembergisches Repertorium. Sämmtl. Schr., hg. GOEDEKE 2, 372. – [3] GOETHE, Werke (Weimar 1893) IV/12, 105. – [4] Thomas von AQUIN, In Met. Arist. Comm. Nr. 1058; vgl. ARISTOTELES, Met. 1022 b 1. – [5] LEIBNIZ, Nouveaux essais ... I. Akad.-A. VI, 6. Reihe, 86. 87. – [6] J. N. TETENS: Philos. Versuche über die menschl. Natur und ihre Entwickelung (1775, Neudruck 1913) 728. 749. (746). – [7] J. CHR. ADELUNG: Grammat.-krit. Wb. der Hochdeutschen Mundart (²1808) 1, 1841. – [8] HEGEL, Ästhetik, hg. BASSENGE

1, 278. – [9] KANT, Anthropol. Akad.-A. 7, 329. – [10] a. a. O. 7, 321; vgl. Die Relig. innerhalb der Grenzen der bloßen Vernunft. Akad.-A. 6, 19ff. 26ff. – [11] 7, 324. – [12] 322. – [13] 324. – [14] 326. – [15] 327. – [16] FICHTE, Von der Sprachfähigkeit und dem Ursprung der Sprache. Werke, hg. LAUTH I/3, 115. – [17] Nachgel. Schriften a. a. O. II/2, 158. – [18] Über die Bestimmung des Gelehrten a. a. O. I/3, 43f. – [19] ARIST., Eth. Nic. 1103 a 19f.

J. RITTER

II. A. sind «Entwicklungspotenzen mit verschiedenen Reaktionsbreiten» [1]. Erb-A. werden an Genkombinationen gebunden gedacht, angeborene A. können intrauterin Erworbenes mit einschließen. Polar zugeordnet ist der Begriff ‹Umwelt›. Den Erb-A. gegenüber steht die Peristase, das Insgesamt der physischen und soziokulturellen Einflüsse. Im Zusammenwirken von A. und Umwelt entwickelt sich die Persönlichkeit. Seit W. STERN ist das Problem des Verhältnisses von A. zu Umwelt theoretisch gelöst: Seine «Konvergenztheorie» besagt eine wechselseitige Abhängigkeit und gegenseitige Ergänzung von A. und Umwelt bei der Entwicklung eines Lebewesens [2]. Spätere Autoren bleiben bei dem Zweifaktorensatz, so CATTELL, nach dem «die Gesamtvarianz einer Eigenschaft die Summe der Varianz aus Erb-A., der Varianz aus Umwelteinflüssen und der Varianz aus der Korrelation von Erb-A. und Umwelt» [3] ist. Die Korrelation ist im allgemeinen positiv. Empirisch ist das Problem der Manifestationswahrscheinlichkeit oder der Peristostabilität/-labilität von A. nur wenig, das Problem des Wie der Wechselwirkung noch nicht geklärt. Hauptmethoden der Forschungen sind 1. Zuchtversuche bei Tieren, 2. das Verfolgen psychischer Besonderheiten durch Generationen und 3. die Untersuchung verwandter Individuen, vor allem von eineiigen Zwillingen, in verschiedenen und gleichen Umwelten.

Unabhängig von ererbt-angeboren ist der A.-Begriff der genetischen Ganzheitspsychologie: «A. sind ... die Bedingungen, die Seinsgründe, durch die Vorgänge und Zustände ... möglich werden» [4].

Anmerkungen. [1] K. GOTTSCHALDT: Das Problem der Phänogenetik, in: P. LERSCH und H. THOMAE: Persönlichkeitsforschung und Persönlichkeitstheorie. Hb. Psychol. 4 (1960) 222. – [2] W. STERN: Allg. Psychol. (²1950) 113. – [3] R. B. CATTELL: Personality (1950) 123. – [4] A. WELLEK: Die Polarität im Aufbau des Charakters (1950) 29.

L. J. PONGRATZ

Anlaß, spätmittelalterlich als ‹Hetzen› (‹Hunde anlassen›), später allgemeiner im Sinn von ‹Anfang›, rückt erst im 16. Jh. allmählich in die Bedeutung von ‹Ursache› und ‹Gelegenheit› ein und hat sich am Ende des 17. Jh. als wegen seiner Nähe zu ‹excitare› glückliche Übersetzung von Ausdrücken aus dem ‹occasio›-Bereich durchgesetzt, während sich ‹Ursache› auf die Bedeutung von ‹causa› verengt. – ‹Gelegenheit› hat zunächst lokalen, aber schon frühhochdeutsch seinen übertragenen Sinn; entsprechend erscheint es in DESCARTES' niederländischer Korrespondenz: «bij dese gheleghenheijt» [1]. – Die künstlichen Bildungen ‹veranlassende› und ‹gelegenheitliche› oder ‹Gelegenheitsursache› sind Übersetzungen des späten Terminus ‹causa occasionalis›. – ‹Occasio›, das scholastische Vorbild der philosophischen Verwendung dieser Ausdrücke, hat eine vielfältige Bedeutung und wird von maßgeblichen Autoren bewußt unbestimmt gelassen [2]. Im einzelnen kann man folgende Bedeutungen nachweisen:

1. *Causa per accidens*, Gegensatz von causa per se: «Quaedam vero causa per accidens est quae aliquid operatur, non tamen contingit eius operatio usque ad effectum coniunctum, et sic mala fieri per accidens est [causa] boni, ... et talis causa dicitur proprie occasio» (Es gibt aber eine akzidentelle Ursache, die etwas wirkt, ohne daß ihr Wirken die gewöhnlich damit verbundene Wirkung vollbringt, und so ist das Geschehen von Bösem akzidentell die Ursache von Gutem, ... und eine solche Ursache heißt eigentlich ‹occasio›) [3]. Diese Distinktion dient zur Entlastung des Unschuldigen und zur Belastung des wahrhaft Schuldigen; sie erklärt auch, wie Positives, z. B. ein gutes Werk, zur Ursache von Negativem, z. B. der Sünde, werden kann.

2. *Causa indirecta* (mediata, instrumentalis) [4]: die occasio tritt zwischen Ursache und Wirkung, indem sie eine die Wirkung auslösende oder lenkende Zwischenwirkung setzt und damit instrumentale Funktionen übt.

3. *Causa deficiens*. Die occasio ist nach ALEXANDER VON HALES eine ihrer Wirkung [5], nach BONAVENTURA eine der Wirkung und Intention beraubte Ursache und in solcher Dürftigkeit darauf angewiesen, die Wirksamkeit einer causa per se auszunützen: «non enim dicit principium producens, sed magis dicit aliquid quod principium afficit ut efficiat» [6]. Versagt die causa deficiens nicht infolge einer Verhinderung, sondern zufolge ihrer Wesensanlage vor einer zum Ablauf des Naturgeschehens erforderlichen Wirkung, so wird sie zur zuverlässigen occasio für das Eingreifen Gottes [7].

4. *Occasio data* und *accepta* oder *sumpta*, wohl entwickelt in Anlehnung an den Vulgatatext von Römer 7, 8: «occasione autem accepta». Die occasio data schafft Verantwortlichkeit, Beispiel: jemand tut etwas Unrechtes, um einen anderen zur Sünde zu verführen. Die occasio accepta dagegen schafft keine Verantwortlichkeit: Der Urheber des zur occasio werdenden Aktes, der seinerseits nicht unrecht ist, hat keine böse Intention [8]: so wurde Jesus zum Ärgernis für die Pharisäer. Diese Distinktion wird bereits in der frühen Neuzeit fast nur noch konventionell und ohne den Gedanken an eine Schuldbeimessung verwendet, z. B. bei FONSECA, SUÁREZ und DESCARTES, aber auch in der schönen Literatur.

5. *Occasio activa* und *passiva*. Die passive wirkt allein durch ihr Präsentsein; die aktive bildet bei vernünftigen Objekten das Genus der *causa moralis*; aber auch unvernünftigen Objekten wird mit Ausdrücken wie ‹inducere, afficere, inclinare, incendere oder excitare› eine eigenartige Aktivität zugeschrieben. So ist nach SUÁREZ das Objekt (mit Termini, die später im Cartesianismus immer wiederkehren) excitatio, vel occasio oder auch occasio excitans des Erkennens [9]. Nicht selten ist Gott der Gegenstand eines solches Reizes: nach CAJETAN war die Sünde des ersten Menschen eine *occasio*, die Gott zum Heilswerk «provozierte» [10], und nach SUÁREZ determinieren die Dispositionen der Materie als occasiones Gott zur Individuierung der Körper [11].

6. *Dispositio, condicio*. In der scholastischen Physik gilt das Axiom «Dispositionem habenti non denegatur forma». So wird die dispositio ad formam zur condicio necessitans und damit zur occasio exigens [12]. Diese richtet sich zumindest in zwei Fällen auf Gott: beim Sakrament und bei der Eingießung der menschlichen Seele ad dispositionem corporis. Zur Gruppe der condiciones gehört auch die *praesentia*, die wie die aristotelische παρουσία [13] occasionelle Wirkungen hervorrufen kann [14] und bei AILLY und BIEL [15] und später bei BASSON und MALEBRANCHE die Tätigkeit der Zweitursachen repräsentiert.

Auch die cartesische Trennung von Leib und Seele verhindert eine direkte Kausalität zwischen beiden; so verwendet DESCARTES im Bereiche der Wechselwirkung ‹occasio› in fast allen Bedeutungen und mit fast allen

Synonymen, die die Scholastik kannte. Die Termini sind bei den frühen Cartesianern sehr vielfältig, aber bleiben gewöhnlich im Rahmen der scholastischen Synonyme. Im protestantischen niederländischen Cartesianismus erscheint ein Terminus stoisch-galenischer Herkunft, der zu den medizinischen Schulausdrücken gehört, in der protestantischen Scholastik verwendet wird [16], aber in der katholischen (und wohl deshalb auch bei GEULINCX) nicht zu finden ist: causa *procatarctica* oder *primitiva*. REGIUS hat zwar das Wort allein in medizinischer Verwendung [17], freilich mit denselben Distinktionen wie SCHARFIUS [16]: die causa efficiens wird unterteilt in principalis und minus principalis, die letztere in impulsiva (aktives Instrument) und instrumentalis (nicht-aktives Instrument); die impulsiva wird unterteilt in innere (antecedens und continens) und äußere; diese ist die causa procatarctica, «quae exterius movet et excitat». HEEREBOORD hat den Terminus nur in der Logik [18], aber mit derselben Einteilung, die SPINOZA in der ‹Korte Verhandeling› für die *minvoornaame beginnende oorzaak* benützt [19]. Im Zusammenhang des Commercium verwenden das Wort auch HEIDANUS, WITTICH und CLAUBERG; dieser bringt in der Logik eine deutsche Übersetzung: «äußerlich zum werck anreitzende uhrsache» [20].

J. B. VAN HELMONT ersetzt im ‹Ortus Medicinae› causa procatarctica durch *causa occasionalis*, das am Ende des 17. Jh. dank den Schriften MALEBRANCHES alle früheren Synonyme in den Hintergrund drängt.

Anmerkungen. [1] Oeuvres, hg. ADAM/TANNERY (1897–1910) 4, 9. – [2] CONIMBRICENSES, In 1 Phys. c. 1, q. 1, a. 1; SUÁREZ Disp. 12 Met. s. 1, n. 12. Opera omnia apud Vivès 25, 378. – [3] THOMAS VON AQUINO, In 1 Sent. d. 46, q. 1, a. 2, 3. – [4] GABRIEL BIEL, In 2 Sent. d. 21, D. – [5] In 3 Sent. d. 40 (L), a. 5 f. – [6] In 1 Sent. d. 46, a. 1, q. 3, c. – [7] PEDRO DE FONSECA, In 5 Met., c. 2, q. 9, s. 2; SUÁREZ, Disp. 18 Met., s. 3, n. 40. Vivès 25, 614. – [8] THOMAS, Quaest. 4 quodl. a. 23, 3. – [9] 1 De anima c. 11, n. 21. Vivès 3, 550; 2 De angelis c. 6, n. 10. Vivès 2, 127f. – [10] In Thomae S. theol. III, q. 1, a. 4, 4. – [11] Disp. 5 Met. s. 3, n. 19; Disp. 14, s. 3, n. 32; Disp. 19, s. 1, n. 11. Vivès 25, 169. 482. 691. – [12] SUÁREZ, Disp. 15 Met. s. 2, n. 10. Vivès 25, 509. – [13] z. B. Phys. I 7, 191 a; Met. IV 2, 1013 b 11–16; Eth. Eud. I 8, 1217 b 2–8; Polit. VII 12, 1331 a 40–b 1. – [14] z. B. THOMAS, S. theol. I, q. 104, a. 1, c. – [15] Beide In 4 Sent. d. 1, q. 1 (a. 1). – [16] z. B. JOHANNES SCHARFIUS: Theoria transcendentalis primae philosophiae (Wittenbergae 1624) Tab. ad disp. X. – [17] Fundamenta medica (Amsterdam ¹1646) 36f. – [18] ADOLF TRENDELENBURG: Hist. Beiträge zur Philos. 3 (1867) 317–323. – [19] SPINOZA, Opera 1 (Heidelberg o. J.) 36. – [20] Logica contracta § 58 und Logica vetus et nova 1, § 59. Opera omnia (Amsterdam 1691) 791. 917.

Literaturhinweis. R. SPECHT: Commercium mentis et corporis (1966) 29ff. 165ff.

R. SPECHT

Anmutung, meist auch ‹A.-Qualität› (von Mut [engl. mood], Zumutesein), ist ein im Rahmen der KRUEGERschen Theorie der Komplexqualitäten [1] von dessen Schülern eingeführter Spezialbegriff zur Bezeichnung farbig diffusganzheitlicher «gefühlsartiger» Eindrücke oder Erlebnisweisen mit (oft kaum merklichem) Einfluß auf die Gesamt-Gestimmtheit des Erlebenden. Sie sind von «physiognomischer Bedeutsamkeit» und werden daher auch als «physiognomische» Qualitäten gefaßt. Sie spielen in der Wahrnehmungs-, Gefühls- und Ausdruckspsychologie, sodann für die Entwicklungspsychologie eine entscheidende Rolle.

Schon TH. LIPPS spricht in seiner Ästhetik [2] davon, daß der Betrachter sich «von dem Gegenstande lust- oder unlustvoll ‹angemutet› fühle», als Reaktion auf die «Zumutung» eben des sinnlichen Gegenstandes oder Reizes an ihn. Dieses Angemutet- oder «Berührtwerden» durch den Gegenstand wird dem «Zumutesein» des Subjekts theoretisch gegenübergestellt und geht faktisch in dieses ein. Statt «Zumutesein» (so bei KRUEGER) wird bei LIPPS zunächst «(Ich-)Zuständlichkeit», bei KRUEGER und späteren Autoren auch «Gestimmtheit» und «Befindlichkeit» gesagt. Eine erste Definition und theoretische Aufgliederung der A.-Qualität gibt Kruegers Schüler DÜRCKHEIM 1932 [3]: Die «Ganzqualitäten», mit denen z. B. «der physiognomisch erlebte Raum ... den Erlebenden anspricht» oder «berührt», «das erlebende Subjekt in bestimmter Weise ‹anmutet› ... bezeichnen wir daher ... als ‹A.-Qualitäten› oder ‹A.-Charaktere›. Wir unterscheiden an solchen ‹A.-Qualitäten›: Artungsqualitäten, Stimmungsqualitäten und Stellungsqualitäten.» Die «Artungsqualität» eignet einer Gegebenheit (z. B. Umraum) durch ihr objektives, wenn auch subjektbezogenes Sosein im Erleben; die «Stimmungsqualität» ist die Farbe (vom Subjekt verfärbbar), die an diesem Sosein für uns hängt; die «Stellungsqualität» ist die Weise, wie wir uns zu dieser Gegebenheit (z. B. Umraum) «stellen», sie sich zu uns «stellt» [4]. ‹A.› ist hiernach ein binnenpsychologischer Beschreibungsbegriff mit funktionalen Implikationen, wobei die Einheit von Empfindung (Wahrnehmung) und Gefühl vorausgesetzt wird. Definitionen, die den neurophysiologischen Aspekt der gefühlshaften Beeindruckung betonen oder eine funktionale Trennung von Wahrnehmung und Gefühl unterstellen [5], werden vom ganzheitspsychologischen Standpunkt aus als «objektivistisch» abgelehnt.

Während noch LIPPS den Subjekt-Objekt-Gegensatz allgemein und auch für das Ausdrucks- und Kunsterleben als fundamental voraussetzt, ist dieser nach ganzheitspsychologischer Auffassung im unreflektierten Erleben – und ein solches ist das A.-Erleben ex definitione – nicht immanent oder thematisch. Eben deshalb ist diese Art subjekt-objekt-neutralen Erlebens beherrschend auf onto- wie phylogenetisch frühen Stufen. Das Kleinkind lebt und «denkt» «physiognomisch», in A. Aber auch das von H. F. HOFFMANN so genannte «Fühldenken» des Erwachsenen wird von WELLEK als ein «A.-Denken» eingeordnet [6]. Eine A.-Qualität ist u. a. auch die «Bekanntheitsqualität» der Gedächtnispsychologie. Eine sehr differenzierte Aufgliederung, aber auch Ergänzung in Richtung auf Komplexqualitäten der Verhaltens erfahren die A.-Qualitäten gleichfalls im Rahmen der Krueger-Schule durch H. VOLKELT und A. RÜSSEL [7] in der Annahme von Tuns-, Funktions-, Umgangsqualitäten u. dgl. Umgangsqualitäten bieten sich nicht allein im Umgang mit Gegenständen (z. B. spielend beim Kind), sondern werden auch auf Grund solchen Umgangs zu «Gegenstandsbeschaffenheiten» [8]. Was VOLKELT als «Seins- (besser: Soseins-)qualität» anspricht, entspricht der DÜRCKHEIMschen Artungsqualität als einer Unterart oder Seite der A.-Qualitäten. Die Umgangs- und Funktionsqualitäten werden von VOLKELT mit den schon von N. ACH für die Willens-(Handlungs-)psychologie angenommenen «Gefügigkeitsqualitäten» in Parallele gesetzt [9]. Auch in der objektivierenden (messenden) Ausdruckspsychologie sprechen W. H. MÜLLER [10] für die Graphologie, P. R. HOFSTÄTTER [11] für die Physiognomik von «A.-Qualitäten».

Zur Einteilung dessen, was er «Gestalt-Eigenschaften» nennt, spricht auch der Gestalttheoretiker W. METZGER von «A.-Weisen», die er den «Wesenseigenschaften» nach KLAGES zurechnet. METZGER definiert die «A.-Weisen» als die «Gruppe von Eigenschaften, die ... das ... Verhältnis zwischen dem Wahrnehmungsgegenstand und dem Wahrnehmenden – und zwar genauer seine eigentümliche *Wirkung* auf diesen – betreffen» [12]. In gleichem Sinne spricht auch LERSCH von «A.-Erlebnissen» wie auch von «Angemutetwerden», welches beides seinen Ort im «endothymen Grund» hat [13]. Die «physiognomischen» Erlebnisweisen nach H. WERNER [14], zumal beim Kinde, meinen das gleiche, ebenso die «atmosphärischen Qualitäten» nach MÜHLE/WELLEK [15]. Nicht ohne weiteres damit gleichzusetzen ist das, was v. ALLESCH als «Allgemeingegebenheit» einführt [16].

Anmerkungen. [1] F. KRUEGER: Zur Philos. und Psychol. der Ganzheit, hg. E. HEUSS (1953). – [2] TH. LIPPS: Ästhetik 2 (1906) 16. – [3] K. V. DÜRCKHEIM: Untersuchungen zum gelebten Raum. Neue Psychol. Stud. 6 (1932) 441. – [4] Dazu A. WELLEK: Der Raum in der Musik. Arch. ges. Psychol. 91 (1934) 433f.; Musikpsychol. und Musikästhetik (1963) 327f. – [5] W. HEHLMANN: Wb. der Psychol. (³o.J.) 22; F. DORSCH und W. TRAXEL: Psychol. Wb. (⁶1959) 18. – [6] A. WELLEK: Die Polarität im Aufbau des Charakters (³1966) 207. – [7] H. VOLKELT: Grundfragen der Psychol. (1963) 94ff. 113ff.; A.RÜSSEL: Zur Psychol. der optischen Agnosien. Neue psychol. Stud. 13 (1937) 8ff. («Primitivqualitäten»). – [8] a. a. O. 101f. – [9] a. a. O. 94; N. ACH: Über Gefügigkeitsqualität. Ber. 11. Kongr. exp. Psychol. Jena 1930; ACH u. Mitarb.: Finale Qualität (Gefügigkeit) und Objektion (1932). – [10] WILH. H. MÜLLER: Über die Objektivität von A.-Qualitäten in der Handschrift. Psychol. Beitr. 3 (1957) 364ff. – [11] P. R. HOFSTÄTTER: Objektive Methoden zur Erfassung von A.-Qualitäten, in: Exakte Ästhetik 3/4 (1966) 47ff. – [12] W. METZGER: Psychol. (⁴1954) 64f. – [13] PH. LERSCH: Aufbau der Person (³1951) 14f. 67. – [14] H. WERNER: Einf. in die Entwicklungspsychol. (³1953) 44f. 79; Grundfragen der Sprachphysiognomik (1932); A. WELLEK: Das Laut-Sinn-Problem und die Entwicklungspsychol. der Sprache. Phonetica Suppl. ad 4 (1959) 6ff. – [15] G. W. MÜHLE und A. WELLEK: Ausdruck, Darstellung, Gestaltung. Stud. gen. 5 (1952) 115. – [16] G. J. VON ALLESCH: Über das Verhältnis des Allgemeinen zum realen Einzelnen. Arch. ges. Psychol. 111 (1942) 23ff.

Literaturhinweise. K. V. DÜRCKHEIM s. Anm. [3]. – A. WELLEK: Ich und Gegenstand, A. und Abstraktion, in: Die Wiederherstellung der Seelenwiss. im Lebenswerk F. Kruegers (1950); Ganzheit, Gestalt und Nichtgestalt, in: Gestalthaftes Sehen, hg. F. WEINHANDL (1960); A. Probleme der Semantik und Symbolik. Ber. 25. Kongr. Dtsch. Ges. Psychol. 1966 (1967) und in: Wirklichkeit der Mitte: A. Vetter zum 80. Geburtstag, hg. J. TENZLER (1968). – G. W. MÜHLE und A. WELLEK s. Anm. [15].

A. WELLEK

Annahme, Annehmen (scholast. suppositio bzw. (as)-sumptio, frz. assomption, engl. assumption, ital. assunzione) ist an sich nicht gleichzusetzen mit ‹Hypothese›, ‹Fiktion›, ‹Axiom›, ‹Postulat› oder ‹Voraussetzung›; als logisch-wissenschaftlich wichtig gewordener Fachausdruck ist ‹A.› aber auch verschieden von ‹A.› als ursprünglichem Ausdruck für die Entgegennahme, d. h. den Empfang einer Sache. ‹A.› wird angewandt a) in erster Linie *unbezogen* (z. B. A. «morgigen Schlechtwetters») und b) in besonderer *Beziehung*, nämlich als Deutung oder Begründung einer noch ungeklärten Tatsache (z. B. A.: «Fluormangel als Ursache des Zahnverfalls»). – A. als Begriff ist sprachlich letztlich zurückzuführen auf eine griechische, fast denksportliche Übungsform, eine ursprünglich streng dialogisch, sogar in je alternativer Frage und Ja/Nein-Antwort durchgeführte Erörterung [1]. Deren Verlauf war – kurz erläutert – folgender: Nachdem der (sophistisch) beschlagene Gesprächs*leiter* mit einem bereitwilligen Gesprächspartner eine immerhin glaubwürdige (ἔνδοξος) Behauptung als Streitsache (πρόβλημα) vereinbart hat (z. B. ‹S a P›), *gibt*, d. h. bietet der nur fragend vorgehende Gesprächsleiter als Angreifer (Opponent) – der von vornherein (im Sinne jenes geometrischen Verfahrens PLATONS [2], das «Gesuchte» als «gegeben» anzusehen) auf die Gegenbehauptung ‹S e P› als sein Schluß-Ergebnis abzielt – dem nur auf *zu-* oder *ab*sagendes Antwortgeben angewiesenen Gesprächspartner als dem Verteidiger (Defendent) dieses seines Streitsatzes ‹S a P› vorerst schrittweise die erforderlichen (zwei) Gegenbeweis-Mittel (προτάσεις = Prämissen bzw. data) zur Stellungnahme, indem er den Partner mit mehr oder minder triftigen Gründen (oft durch mehrdeutigen Ausdruck) zu zwingen sucht, zunächst 1. einen glaubwürdigen (Erfahrungs-)Satz, z. B. ‹M e P›, «an-zu-nehmen» (λαμβάνειν – λῆψις, λῆμμα [3]; u. a. CICERO [4]: sumere – sumptio, sumptum [5]; ferner auch: accipere – acceptio [6]), d. h. ihn ‹für wahr haltend› («... quasi suo iure, i. e. *tamquam firmum* vel *per se probatum*, quod vulgo ‹supponere› vel ‹ponere›» [7]) zuzugestehen (= propositio maior), und sodann 2. nach dessen erwarteter ‹An-nahme› noch einen glaubwürdig-wahrscheinlichen Satz, z. B. ‹S a M› (= propositio minor), in derselben Weise *einräumend*, «hinzu anzunehmen» (προς-λαμβάνειν – πρός-ληψις [8], *as*-sumere – *as*-sumptio [9]) – worauf 3. der Gesprächsleiter unter Hinweis auf seine in dem Schlußsatz ‹S e P› ausgesprochene «Widerlegung» des zu Anfang festgelegten Ausgangs-Satzes ‹S a P› das Streitgespräch beendet. Das sei erläutert durch ein erdachtes Beispiel für den Syllogismus des *Angreifers*, der den Satz: «Freundschaft ist ein Gut» *(S a P)* folgendermaßen widerlegt: 1. «Was der Sorge um die Mitmenschen hinderlich sein kann, ist *nicht* ein Gut» *(M e P:* sumptio); 2. «Freundschaft ist eine erhebliche Behinderung des Verhältnisses zu den Mitmenschen» (S a M: assumptio); 3. «Also: Freundschaft ist *nicht* ein Gut» (S e P: conclusio). – Dieser somit dialektik- und rhetorikgeschichtlich erklärbare Kernpunkt der A. – die *Vorläufigkeit* (Vorbehaltlichkeit) des doch *unvermeidlichen Geltenlassens* bestimmter Sätze, bedingt durch jene übungsmäßige Bevorzugung bloß *wahrscheinlicher, glaubwürdiger* Sätze und den ohnehin logischen Charakter von Streitsätzen als reinen *Behauptungen* – ist es, der seitdem über die stoische und die mittelalterliche Logik hinaus bis zur Gegenwart in dem wissenschaftstheoretischen Begriff A. maßgebend geworden ist, und zwar gilt das für den im romanischen und angelsächsischen Sprachbereich fortwirkenden lateinischen Ausdruck ‹assumptio› (z. B. W. HAMILTON, J. ST. MILL, H. SPENCER), mittelbar aber auch für seine *deutschsprachige* Prägung, obschon diese übertragene Bedeutung von ‹Annahme› nicht aus syllogistischer Denk-Übung hervorgegangen, sondern fast nur auf dem Wege der *Übersetzung* ins Deutsche angebahnt worden ist. Offen bleibt, ob man sich mit der streng wörtlichen Wiedergabe vor allem von ‹as-sumere/as-sumptio, also *ohne* den fachwörtlich syllogistischen Nebensinn des letzteren (= propositio maior, schließlich = propositio schlechthin), durch das deutsche Lautgefüge ‹an-nehmen› in dessen handgreiflichem Sinne überhaupt erst des Neuen in der übertragenen Bedeutung des fremden Wortes bewußt wurde oder ob vielmehr das deutsche Wort ‹an-nehmen›, zuvor bisweilen bereits auch angewandt auf derlei ‹Geistiges›, wie etwa ‹von anderen geäußerte Meinung› (Lehre, Glaubens-Bekenntnis usw.), halbwegs der wissenschaftstheoretischen Bedeutung des fremdsprachlichen Wortes entgegenkam. Jedenfalls hat ‹annehmen› (bzw. besonders ‹Annehmung› und ‹A.›) gerade im Zeitalter der Reformation sowie der Aufklärung seinen übertragenen Sinn als zweite Bedeutung hinzu erhalten [10], durch den es erst allmählich zu einem Fachausdruck geworden ist. So befaßt sich noch KANT nur an wenigen Stellen [11], fast nur infinitivisch ‹annehmen› verwendend, mit dem neuen Begriff ‹A.›, indem er ihn im Rahmen seiner bemerkenswerten Darlegungen über

‹Fürwahrhalten› – Meinen, Glauben, Wissen – behandelt (in welchem Zusammenhang er u. a. von «vorläufigem Urteilen» spricht [12]), um ihn – obwohl nicht als ein Erkennen – als in moralisch-praktischer Hinsicht notwendig zu rechtfertigen. – Zunächst meist nur gestreift bei der Behandlung der ‹Hypothese›, der ‹hypothetischen und problematischen Urteile›, wird A. – das noch bei W. T. KRUG nicht als Fachausdruck gilt [13] – erst später Gegenstand besonderer, eingehender Untersuchungen bei MEINONG [14] und seinem Kreis sowie den sich anschließenden Auseinandersetzungen. Hier wird die schon von Kant gespürte *Zwiefältigkeit* im Begriff A. vollends deutlich. Denn *einerseits* fehlt der A. (z. B. «daß jemand an Vergiftung gestorben sei») die dem Urteil als solchem eigene *Gewißheit*, demzufolge Meinong A. (wie auch «Lügen», «Wünschen» und «Fragen»), als «neutrale Urteile» zwischen «Vorstellungen und Urteilen» stehend, als «Urteile ohne Überzeugung» [15], A. MARTY als «Urteile auf Kündigung» [16], H. VAIHINGER, ferner G. JACOBY, als «fiktive Urteile» [17] erklärt, TH. ZIEHEN von «Pro-Thesen», d. i. «Urteilen ohne Geltungsbewußtsein» [18] spricht, O. KÜLPE A. für «Urteile möglicher Geltung» [19] hält, bei A. MESSER von «offen gelassener Frage der Gültigkeit» [20] bzw. auch von «fiktivem Bejahen» die Rede ist und E. HUSSERL sie als «setzungslose propositionale Akte» [21] bestimmt und M. REGULA in ihnen «Denkbegehrungen» [22] sieht; *andererseits* aber werden A. oft mit nachdrücklicher *Gewißheit* vorgetragen. – Eine zweite Zwiefältigkeit: *einerseits* bedeutet A. jedenfalls *Möglichkeit*, was u. a. in MEINONGS Auffassung der A. als «Phantasieurteile» [23] und bei O. KÜLPE (s. oben) anklingt; *anderseits* bezieht sich die A. als solche von vornherein doch stets auch auf die *Wirklichkeit*.

Diese mißliche doppelte Unbestimmtheit entfällt jedoch mit dem Auffinden eines in A.-Sätzen (als «Raffsätzen») unterschlagenen, zumindest unformuliert bleibenden wichtigen *Zwischengedankens* [24], nämlich des Gedankens der ‹Erkenntnis-, d. h. Nachweis-*Möglichkeit*›, allerdings nicht im Sinne des Nachweises bloßer (vergangener) Möglichkeit, z. B. des Vergiftungstodes (der ja nur bis unmittelbar *vor* dem Zeitpunkt der Todes-Wirklichkeit «möglich» war), vielmehr umgekehrt im Sinne der *Möglichkeit* (künftigen) Nachweises der *Wirklichkeit* des (vergangenen) Todes durch Vergiftung: Wer den Eintritt des Todes durch Vergiftung nachdrücklich «*annimmt*», der behauptet – im Hinblick auf die (gegenwärtig) bestehende *Ungewißheit* betreffs der *wirklichen* Todesursache – mit großer *Gewißheit*, daß es zur Zeit recht wohl «möglich» ist, den (vergangenen) Tod durch Vergiftung (künftig) als wirklich nachgewiesen einzusehen [25]. – Wenn die mit dem Zwischengedanken gegebene Zuordnung – 1. (gegenwärtige) Ungewißheit: Wirklichkeit, 2. (gegenwärtige) Gewißheit: Möglichkeit – bei Erörterung des Begriffes A. nicht beachtet wird, so liegt das daran, daß gerade bei A., die *künftige* Ereignisse betreffen (z. B. «morgiges Schlechtwetter») etwaige künftige Wirklichkeit und künftige Nachweis-Möglichkeit *in eins* zusammenzufallen scheinen. Die dadurch ohnehin unbetroffene Tatsache der *Verschiedenheit* von Ereignis (Zustand) einerseits und diesbezüglich *künftigem* Nachweis andererseits wird um so deutlicher angesichts der zwei übrigen zeitlichen Fälle des (jeweils gegenwärtigen) Annehmens, also der A. von anderwärts 1. *gegenwärtigem*, 2. schon *vergangenem* Schlechtwetter: entscheidend ist in allen Fällen überhaupt der versteckte Zwischengedanke der Möglichkeit, es *werde* sich später, d. h. in *Zukunft*, dergleichen wie der Schlechtwetter-Zustand als verwirklicht *nachweisen lassen*. – Daß für den Erkenntniswert je besonderer A. der Grad ihrer *Wahrscheinlichkeit* von ausschlaggebender Bedeutung ist, bemessen nach dem Ausgleich der Gründe für und wider jene Möglichkeit, ist ebenso unschwer einzusehen wie die *Hinfälligkeit* der A. als solcher bei späterem Nachweis der Nichtwirklichkeit oder aber der Wirklichkeit des bis dahin mit mehr oder minder *großer* Gewißheit Angenommenen [26].

Anmerkungen. [1] ARISTOTELES, Organon Graece, Topica, hg. mit Komm. TH. WAITZ 2 (1846) IV, 101 b 33f.; VIII, 169 b 25 (Komm. zu: IV, 101 b 27. 29. 33); J. H. VON KIRCHMANN: Erläuterungen zur Topik des Aristoteles. Philos. Bibl. 90 (1883) 3ff. 13. 24. 31. 109ff. 113; E. KAPP: Syllogistik, in: PAULY/WISSOWA: Realencyklop. klass. Altertumswiss. 2. Reihe, 7. Halbbd. (1931) Sp. 1046-1067 = Ausgew. Schr., hg. H. und I. DILLER (1968) 254-277 und: Der Ursprung der Logik bei den Griechen (1965) = Greek foundation of traditional logic (New York 1946); P. AUBENQUE: Le problème de l'être chez Aristote (Paris 1952) 256f.; F. L SICHIROLLO: DIALÉGESTHAI – Dialektik. Von Homer bis Aristoteles (1966) 92-99. – [2] G. W. LEIBNIZ: Schriften zur Logik und Methodenlehre. Philos. Schriften, hg. C. I. GERHARDT VI: Zur Analysis der Lage (= Math. V, 178f.); hg. CASSIRER/BUCHENAU, Philos. Bibl. 107 (1904) 70; vgl. C. PRANTL: Gesch. der Logik im Abendlande 1 (1855) 100; 2 (1855) 42. – [3] Thes. ling. Graecae 5 (1842-46) Sp. 71. 253/54; LIDDELL/SCOTT: Greek/Engl. Lex. (1948, ²1961) 1026. 1045/46. – [4] CICERO, De divinatione II, 53, § 108; vgl. PRANTL, a. a. O. [2] 1 (1855; Nachdruck 1955) 585 Mitte. – [5] E. FORCELLINI: Lex. totius Latinit. 4 (Nachdruck 1940) 594. – [6] Thes. ling. Lat. 1 (1907) Sp. 282; FORCELLINI, a. a. O. [5] 1, 35. – [7] Thes. ling. Graecae 5 (1842-1846) Sp. 71: LAMBÁNO; FORCELLINI, a. a. O. [5] 4, 594; ferner 1, 35 s. v. ‹acceptio›: «... si assentire se dicet, fit *acceptio* ...»; vgl. u. a. CICERO, Topica; QUINTILIAN, Inst. orat. V, 14. – [8] Thes. ling. Graecae 6 (1842-47) Sp. 1958. 1960; LIDDELL-SCOTT, a. a. O. [3] 1519. – [9] Thes. ling. Lat. 2 (1906) Sp. 926f. 935; FORCELLINI, a. a. O. [5] 1, 360. 361. – [10] H. PAUL: Dtsch. Wb., neubearb. W. BETZ (⁵1966) 30. – [11] KANT, KrV B 100. 101. 704. 804; Logik, hg. G. B. JÄSCHE (1800) Einl. IX, D Anm. 1. Akad.-A. 9, 67-70. 72. – [12] KANT, Logik, Einl. IX, D III. Akad.-A. 9, 74. 75. – [13] W. T. KRUG: Enzyklop.-philos. Lex. (²1832) 1, 157. 234. – [14] A. MEINONG: Über A. (¹1902, umgearb. ²1910, ³1928); In Sachen A. Z. Psychol. Physiol. Sinnesorg. 41 (1906) 1-14 (gegen MARTY [15]); Möglichkeit und Wahrscheinlichkeit (1915) 254f. 279f. u. ö. – [15] MEINONG, Über A. (²1910) 6. 312. 366. 367; In Sachen A. (²1910) 365. 367. 368. – [16] A. MARTY: Über A. Ein krit. Beitrag zur Psychol., namentlich der deskriptiven. Z. Psychol. Physiol. Sinnesorg. 40 (1906) 1-54; Abdruck in: Ges. Schriften 2 (1920) 3-57 (dagegen: MEINONG, In Sachen A. [14]). – [17] H. VAIHINGER: Philos. des Als-Ob (1911) 239f.; G. JACOBY: Die Ansprüche des Logikers auf die Logik und ihre Geschichtschreibung. Ein Diskussionsbeitrag (1962) 14. – [18] TH. ZIEHEN: Lehrb. der Logik auf positivistischer Grundlage mit Berücksichtigung der Gesch. der Logik (1920) 366f. 382f. 682f. – [19] O. KÜLPE: Vorles. über Logik, hg. O. SELZ (1923) 223. 260. – [20] M. MESSER: Psychol. (⁵1934) 257. – [21] E. HUSSERL, Log. Untersuchungen (¹1901) 2, 418f. (²1913 u. ³/⁴1928) 480; Ideen zu einer reinen Phänomenol. und phänomenol. Philos. (¹1913) 224f. (³1928, Neudruck 1950) 222f.; E. HUSSERL: Brief an A. Meinong vom 5. 4. 1902, in: Philosophen-Briefe aus der wiss. Korresponden A. Meinong, hg. R. KINDINGER (1965). – [22] M. REGULA: Grundlegung und Grundprobl. der Syntax (1951) 21. – [23] MEINONG, Über A. (²1910) § 59; Philos. der Gegenwart in Selbstdarstellungen (²1923) 131. – [24] J. E. HEYDE: Raffsatz und Widersinn, in: Beiträge zur Einheit von Bildung und Sprache, Festschr. E. Otto (1957) 270-288; auch in: Wege zur Klarheit, Ges. Aufsätze (1960) 198-215. – [25] J. E. HEYDE: Annahme und Möglichkeit. Vorgedanken zur Wissenschaftstheorie der Hypothese. Philos. nat. 4 (1957) 223-244; Möglichkeit und Notwendigkeit. Ein neuer Beitr. zur sog. Modallehre, in: Die Philos. und die Wiss., Festschr. S. Moser (1966) 22-38. – [26] J. E. HEYDE: A. Eine linguistische und wissenschaftstheoretische Analyse, in: W. KROEBER-RIEL/C. W. MEYER (Hg.): Wiss. Betriebsführung und Betriebswirtschaftslehre. Festschrift O. Schnutenhaus (1969) 49. 60; zu (LAMBÁNEIN) DÉCHESTHAI = ‹annehmen› vgl. u. a. M. LUTHER: Weltanschauung und Geistesleben (1954) 65ff.; C. J. CLASSEN: Sprachl. Deutung als Triebkraft platonischen und sokratischen Philosophierens (1959) 72-78; H. FRÄNKEL: Wege und Formen frühgriech. Denkens (²1960) 346f.; E. HEITSCH: Das Wissen des Xenophanes (VS 21 B). Rhein. Mus. 109 (1966) 206ff.

Literaturhinweise. TH. LIPPS: Fortsetzung der psychol. Streitpunkte, Abs. 5: Zur Psychol. der ‹A.›. Z. Psychol. 31 (1903)

67. 78. – G. Sprengler: Meinongs Lehre von den A. und ihre Bedeutung für die Schullogik. Progr. (1903) 3-32. – A. Höfler: Logik (¹1890, ²1922) 471f. – B. Russell: Meinong's theory of complexes and assumptions. Mind 13 (1904) 204-219. 336-354. 509-524. – St. Witasek: Grundlinien der Psychol. (1908) 306-312. – H. Kerler: Über A. Streitschr. gegen Meinongs gleichnamige Arbeit (1910f.). – H. Maier, Philos. der Wirklichkeit 1 (1920) 210f. 219f.– E. Heller: Zur Logik der A. Jb. Phänomenol. phänomenol. Forsch. 10 (1929) 485-513. – H. Schepers: Möglichkeit und Kontingenz. Zur Gesch. der philos. Terminol. vor Leibniz. Studi e ricerche di storia della filos. 55 (Turin 1963) 1-16. – N. Rescher: Hypothetical reasoning (Amsterdam 1964).

J. E. Heyde

Annahme, tatsachenwidrige (engl. counterfactual assumption). Eine A. wird gemacht, wenn ein Satz zeitweilig einer Argumentation zugrunde gelegt wird, ohne unter die endgültig zugestandenen Behauptungen aufgenommen zu sein. Eine A. ist *problematisch*, wenn ihr Proponent, ohne sich festlegen zu können, der Meinung ist, sie sei möglicherweise wahr, möglicherweise aber auch falsch. Wird eine A. für falsch gehalten, so läßt sie sich als *erwartungswidrig* (engl. belief-contravening) kennzeichnen; wenn sie bekanntermaßen falsch ist, ist sie *tatsachenwidrig* (engl. counterfactual). Unter den t.A. sind besonders hervorzuheben die Voraussetzungen in indirekten mathematischen Beweisen (durch reductio ad absurdum). Im allgemeinen haben A. den Status von Prämissen in Schlußfolgerungen, deren Resultate geprüft werden sollen. Wenn eine A. im Laufe der wissenschaftlichen Entwicklung sich schließlich als wahr herausstellt und dann zu den unbestreitbaren Sätzen zählt, verliert sie ihren A.-Charakter.

Die Hauptschwierigkeit in der Theorie der A. liegt darin, daß erwartungswidrige (und a fortiori tatsachenwidrige) A. mit der Gesamtheit der als gesichert geltenden Sätze logisch unvereinbar sind und daher deren *Revision* erfordern. Wenn ich (1) «p», (2) «q» und (3) «p→q» für wahr halte und aufgefordert werde, «¬q» anzunehmen, so muß ich nicht nur offensichtlich (2), sondern zugleich auch (1) oder (3) aufgeben. Dieses Problem der *erwartungswidrigen* Voraussetzungen – und das damit verbundene Problem der irrealen Konditionalsätze (engl. counterfactual conditionals) – gehört zu den Hauptfragen moderner Wissenschaftstheorie.

Literaturhinweise. R. M. Chishom: The contrary-to-fact conditional. Mind 55 (1946) 289-307. – N. Goodman: The problem of counterfactual conditionals. J. Philos. 44 (1947) 113-128. – A. von Meinong: Über A. (¹1902, ²1910). – N. Rescher: Hypothetical reasoning (Amsterdam 1964). – W. Stegmüller: Probleme und Resultate der Wissenschaftstheorie und Analytischen Philos. 1 (1969) Kap. 7.

N. Rescher

Annihilation (Vernichtung) ist ein Begriff der scholastischen Philosophie und Theologie. Mit ‹creatio› und ‹transsubstantiatio› gehört er zum genus der mutatio metaphysica. Der systematische Ort dieses Begriffes ist die Lehre von der wegen Schöpfung und Erhaltung durch Gott kontingenten Welt. Nur Gott kommt die potentia zur A. zu. Weil Gott aber nicht ateleologisch handelt, d. h. sein Schöpfungswort nicht widerruft (vgl. Pred. 1, 4; 3, 14; Weish. 1, 14), ist eine schlechthinnige Vernichtung der Geschöpfe (als «destructio rei in nihilum sui et subjecti» im Unterschied zur corruptio!) ein bloßes Gedankenexperiment, das die Unterscheidung von Vernichtung der Individualität eines Wesens, seiner Daseinsweise und seines Wesensbestandes erlaubt. Die eschatologischen Ereignisse bringen nicht eine A., sondern nur eine verklärende Umgestaltung der bestehenden Wirklichkeit. Der A. kommt keine positive Bedeutung zu; sie ist vielmehr als Fehlen der erhaltenden Kausalität Gottes bestimmt.

‹Annihilare› begegnet bereits in der Patristik, allerdings in umgangssprachlicher Bedeutung (als Übersetzung von ἐξουδενόω [1]). ‹A.› wird in der mittelalterlichen Scholastik terminologisiert: Gott allein kommt durch die potentia absoluta zu, die A. der Schöpfung zu bewirken. Aber Gott ziemt es (decet), den Bestand der Schöpfung zu garantieren [2]. Die transsubstantiatio wird von der A. unterschieden [3]. Ockham differenziert innerhalb des Begriffes A. [4]. Von dem theologischen A.-Begriff wird ein weiterer A.-Begriff, der die Zerstörung einer Form besagt, unterschieden. Dieser weitere Begriff setzt sich in der Neuzeit immer mehr durch [5], bis er bei Chr. Wolff allein übrig bleibt: «Annihilari dicitur, si, quod existit, ita existere desinit, ut nihil eius amplius actu (!) supersit» (Von Vernichtetwerden spricht man, wenn, was existiert, so zu existieren aufhört, daß von ihm nichts Wirkliches (!) mehr übrig bleibt) [6]. Aber auch dieser A.-Begriff ist Grenzbegriff.

Anmerkungen. [1] Hieronymus, Ep. 106, 57. – [2] Bonaventura, II, Sent. 37, 1, 2 ad 5; Thomas von Aquin, De pot. 5, 3. 4: S. theol. I, 104, 3. 4; Petrus Johannis Olivi, II Sent. 11; Duns Scotus, Opus oxon. IV, 1, 1, 33; Johannes a Sancto Thoma, Philos. nat. III, 2, 1; F. Suárez, Disp. met. XVIII, 11, 7; Clauberg, Op. philos. 645. – [3] Bonaventura, IV Sent. 11, 1, 3; Thomas von Aquin, S. theol. III, 75, 3 ad 1; Ockham, IV Sent. 6 K. – [4] Ockham, II Sent. 7 J. – [5] Goclenius: Lex. philos. (1613) 106. – [6] Chr. Wolff: Philos. prima sive Ontologia (1729) § 540.

H. K. Kohlenberger

Anonym heißt in der Phänomenologie E. Husserls das weltkonstituierende Fungieren der transzendentalen Subjektivität, sofern es der vorphilosophischen Erfahrung unbekannt und doch insofern in ihr im Spiele ist, als die erfahrene Welt von der transzendentalen Subjektivität konstituiert wird [1]. Diese Anonymität wird zwar zunächst durch die in transzendentaler Reduktion und Epoché geschehende Selbstbesinnung aufgehoben [2], stellt sich aber in neuer und radikaler Weise als Problem in der Theorie der lebendigen Gegenwart [3]: Das letztfungierende Ich der lebendigen Gegenwart (Ur-Ich) ist der phänomenologisch Reflektierende selbst, dessen abschließender Reflexionsschritt von der Absicht geleitet ist, durch Herstellung der apodiktischen Evidenz des Ich-bin der transzendentalen Phänomenologie den letzten Boden zu sichern [4]. Das reflektierende Ich macht aber bei dem Versuch, im Sinne der geforderten Evidenz die eigene Präsenz in einer präsentierenden Selbsterfahrung zur Anschauung zu bringen, d. h. sich selbst in seinem aktuellen Fungieren zu vergegenständlichen, die Erfahrung, daß das zum Gegenstand der Reflexion werdende Ich immer schon ein vergangenes und nie das eigentlich präsente («urpräsente») Ich ist, da die Spaltung zwischen reflektierendem und reflektiertem Ich einen ersten zeitlichen Abstand darstellt [5]. Das reflektierende Ich kann sich zwar in einem nachträglichen Reflexionsakt zweiter Stufe der Identität von reflektierendem und reflektiertem Ich der ersten Stufe versichern, macht dabei aber wiederum nicht sich selbst in seinem aktuellen Reflektieren zum Gegenstand, so daß es abermals einer nachkommenden Reflexion bedarf, usw. ... Die Reflexion bleibt in diesem Sinne «Nachgewahren» [6] und nimmt notwendig die Form einer endlosen Iteration [7] an. So entsteht der Schein einer unaufhebbaren Anonymität des letztfungierenden Ich. Wichtige Stellen in den Nachlaßmanuskripten Husserls zur Theorie der lebendigen Gegenwart deuten jedoch darauf hin, daß er glaubte, diesen Schein beseitigen zu können [8]: In der endlosen zeitlichen Iteration der Selbstreflexionen des Ich wird seine Anonymität deswegen gerade aufgehoben, weil diese Iteration als das Ineins von Selbstidentifikation und zeitlicher Ausbreitung des Ich das Wesen der lebendigen Gegenwart als Einheit von stehender Identität und strömender Selbstobjektivation zum Vorschein bringt [9].

Anmerkungen. [1] E. HUSSERL: Cartesianische Meditationen und Pariser Vorträge. Husserliana 1 (Den Haag ²1963) 179; Die Krisis der europäischen Wiss. und die transzendentale Phänomenol. Husserliana 6 (Den Haag ²1962) 114ff.; Erste Philos. (1923/24) 2. Teil. Husserliana 8 (Den Haag 1959) 408ff. – [2] Cartesianische Meditationen ... a. a. O. 84f. – [3] G. BRAND: Welt, Ich und Zeit. Nach unveröffentlichten Manuskripten EDMUND HUSSERLS (Den Haag 1955) 24. 62. 64; K. HELD: Lebendige Gegenwart. Die Frage nach der Seinsweise des transzendentalen Ich bei Edmund Husserl, entwickelt am Leitfaden der Zeitproblematik (Den Haag 1966) 118ff. – [4] Vgl. E. HUSSERL: Cartesianische Meditationen ... a. a. O. 62; Erste Philos. a. a. O. 80. – [5] a. a. O. 86f. 175f. – [6] a. a. O. 89. – [7] Vgl. a. a. O. 439ff. und Cartesianische Meditationen ... a. a. O. 81. – [8] Vgl. ebda. – [9] Vgl. TH. SEEBOHM: Die Bedingungen der Möglichkeit der Tranzendentalphilos. (1962) 105ff. 127ff. 138. 161ff. K. HELD

Anorganisch/organisch. Beide Begriffe kamen erst spät zur Einteilung der Naturstoffe in Gebrauch. Zunächst unterschied man alle Stoffe nach der Herkunft aus dem Mineralreich, dem Pflanzenreich, dem Tierreich. Bei PARACELSUS (1493–1541) findet sich daneben noch eine Einteilung nach den Grundsubstanzen Schwefel, Mercurius, Sal. Stoffe aus der lebenden Natur wurden keinesfalls von mineralischen geschieden. Das Brennbare, das Flüchtige, das Asche Bildende waren die Kriterien der Zusammensetzung. LIBAVIUS ist in seiner ‹Alchemia› (1597) der Ansicht, daß alle Körper die gleichen Bestandteile haben. Auch GLAUBER macht 1653 keinen Unterschied zwischen Stoffen: «... die Vegetabilien, Animalien und Mineralien gar leichtlich in die allerheilsamste Medicamenten können verwandelt werden». J. J. BECHER stellt 1669 in der ‹Physica subterranea› drei Prinzipien oder Urstoffe auf: die mercurialische, die glasartige, die brennbare Erde. Sie sollen sich nach ihm in allen drei Naturreichen finden, «aber in den Mineralien sind sie auf einfachere Weise vereinigt als in den vegetabilischen und animalischen Stoffen».

Die erste Gegenüberstellung «unorganischer» und «organischer» Stoffe findet sich bei dem Genfer CH. BONNET (1762): «In der Natur sind unorganische und organische Dinge und Körper vorhanden, und die rohe unorganische Materie wird durch Organisation zur organischen, zu organischen Teilchen». Im ‹Dictionnaire de chymie› (1778) unterscheidet P.-J. MACQUER die mineralischen Stoffe von den organisierten, den vegetabilischen und animalischen. Augenscheinlich war um diese Zeit die Bezeichnung ‹organisiert› allgemein üblich. TORBERN BERGMAN konstatierte 1784: «omnia corpora in duas classes ample distributa notantur; quarum prima Organica, altera Inorganica continet». Die Unterscheidung einer «organischen» von einer «anorganischen» Chemie führt F. VON HARDENBERG 1798/99 im ‹Allgemeinen Brouillon› ein. Hier spricht er auch von «Organischer Physik». Diese Einteilung entspricht ausschließlich morphologisch-physiologischer Betrachtungsweise. Die organischen Körper zu synthetisieren hält man für unmöglich. Noch 1817 definiert GMELIN sie als «Produkte der durch Lebenskraft geleiteten Affinität». Erst seit Mitte des 19. Jh. – als schon eine Anzahl organischer Synthesen gelungen war – wird nicht mehr gefordert, daß organische Verbindungen ausschließlich aus organischem Material entstehen. 1851 erklärt KOLBE «die organische Chemie sei geradezu die Chemie der Kohlenstoffverbindungen». Damit ist der Stand erreicht, aus dem sich die moderne Chemie entwickelt hat.

Literaturhinweise. P. WALDEN: Von der Iatrochemie zur «organischen Chemie». Historisches über Entstehung und Namenbildung der «organischen Chemie». Angew. Chemie 40 (1927) 1-16. – E. O. VON LIPPMANN: Beiträge zur Gesch. der Naturwiss. und der Technik 2 (1953) 186-199. G. KERSTEIN

Anpassung

I. Der Begriff wird in *Biologie* und *Psychologie* in verschiedenen Bedeutungsvarianten zur Kennzeichnung der Relation eines Systems (meist eines Organismus) zu einem anderen (meist der Umgebung) verwendet. Von A. wird gesprochen, wenn diese Beziehung nach einem Kriterium (z. B. Funktionstüchtigkeit, Überlebenschance) quantitativ (geringe, hohe A.) oder qualitativ (gelungene, gestörte A.) bewertet werden kann. Die Beziehung zwischen beiden Systemen wird meistens unsymmetrisch (A. des Organismus an seine Umgebung), gelegentlich auch symmetrisch (A. zweier Menschen aneinander) gedacht. A. bezeichnet sowohl den Prozeß, welcher zu bestimmten Merkmalen des betrachteten Systems führt (das ‹Anpassen›) als auch den dadurch erreichten Zustand (die ‹Angepaßtheit›); Merkmale eines Systems, die dazu führen, daß es einen entsprechenden Prozeß durchläuft (die ‹A.-Fähigkeit›), werden bei Organismen ihrerseits als Ergebnis einer phylogenetischen A. aufgefaßt. Der Terminus ‹A.› wird sowohl beschreibend als erklärend gebraucht.

Phylogenetische A. (engl. adaptation): Organe, welche aufgrund der Umweltbedingungen stärker in Anspruch genommen werden, zeigen in der Regel erhöhte Funktionstüchtigkeit (funktionelle A.). Unter der Annahme der Vererbung erworbener Eigenschaften erklärt LAMARCK daraus die offensichtliche Angepaßtheit (Zweckmäßigkeit) lebender Organismen und die Veränderung der Arten [1]. Die Entstehung neuer Organe ist nach ihm darauf zurückzuführen, daß für sie ein dringendes Bedürfnis bestand (‹psychische› A.).

Diese Theorie wurde durch jene DARWINS ersetzt, nach welcher die Angepaßtheit der lebenden Organismen das Ergebnis einer sehr lange anhaltenden Selektion der jeweils angepaßteren Individuen vor allem durch den «Kampf um das Dasein» ist; vorausgesetzt wird ungerichtete erbliche Variation innerhalb der Arten. Darwin spricht gelegentlich von A., daneben verwendet er Umschreibungen wie «Vervollkommnung der Organisation», «Verbesserung, d. i. Veredelung eines ... Wesens seinen organischen und anorganischen Lebensbedingungen gegenüber» usw. [2]. Die grundlegenden Hypothesen Darwins sind inzwischen vor allem durch die Ergebnisse der Paläontologie und Genetik gut belegt; A. kann daher in phylogenetischer Hinsicht als Erklärungsbegriff verwendet werden, wobei der Terminus dann den Verweis auf Darwins Theorie einschließt.

Ontogenetische A. (engl. adjustment): Ein Teil der Veränderungen des heranwachsenden Individuums läßt sich als A. des Verhaltens an die Anforderungen der Umwelt auffassen. Beim Menschen bezieht sich der wichtigste Teil dieser A. auf die vorgefundene Gesellschaft; diese A. wird unter der Bezeichnung «Sozialisierungsprozeß» in der Sozialpsychologie abgehandelt. Da die A. an die Gesellschaft von erheblichem praktischem Interesse ist, wurde Angepaßtheit zu einer gebräuchlichen Kennzeichnung individuellen Verhaltens. Der Terminus wird hier vor allem beschreibend gebraucht; unangepaßtes Verhalten wird je nach Bezugssystem und Kriterium als asozial, kriminell oder neurotisch bezeichnet.

Die meisten A.-Leistungen des Individuums lassen sich als Lernvorgänge auffassen. Über die grundlegenden Mechanismen liegen verschiedene Lerntheorien vor, welche deutliche Analogien zur Theorie DARWINS zeigen: Durch Selektion (Verstärkung oder Löschung) werden «bessere» (belohnte oder nicht bestrafte) Verhaltensweisen allmählich oder plötzlich vorherrschend [3]. Wie in den Evolutionstheorien das Auftreten neuer Organe macht hier das Auftreten neuer Verhaltensweisen theoretische Schwierigkeiten: Da sie zunächst nicht vorhanden sind, können sie nicht durch Auslese oder Verstärkung häufiger werden. SKINNER [4] versucht auch solche Verhaltensweisen auf Auslese in einer Reihe kleiner Schritte aufgrund spontaner ungerichteter Variationen zurückzuführen (shaping) und kann diese Möglichkeit experimentell belegen.

Ein Teil der im Sozialisierungsprozeß relevanten Vorgänge läßt sich anscheinend nicht in Begriffen der vorliegenden Lerntheorien darstellen. Das gilt vor allem für Lernen durch verbale Unterweisung, für die Übernahme kultureller Inhalte durch Texte und für das Lernen durch Nachahmung. Ausgearbeitete Theorien für die dabei belangvollen Mechanismen liegen noch nicht vor. Für die emotionale A. werden vielfach Begriffe und theoretische Ansichten FREUDS herangezogen.

Aktuelle A. (Adaptation): Die meist periodischen Änderungen innerhalb des Organismus und die meist aperiodischen Änderungen der Situation (der Umgebung) erfordern dauernd A.-Leistungen. Die Stabilisierung des «inneren Milieus» (Ausdruck des franz. Physiologen C. BERNARD, 1813-1878) durch interne Regelungen bezeichnet man nach CANNON (1931) als Homöostase; das gleiche Prinzip wurde zur zusammenfassenden Beschreibung von Motivationsvorgängen herangezogen [5]. Änderungen der Reizbedingungen werden durch verschieden komplexe Änderungen der Reizaufnahme und -verarbeitung beantwortet, lösen also eine A. des Organismus aus. So nimmt bei längerer Reizung eines Sinnesorgans meistens dessen Empfindlichkeit ab. Auch ändert sich die subjektive Beurteilung eines Reizes durch dessen Einordnung in eine Reizserie; es entsteht ein Bezugssystem, dessen neutraler Punkt als Funktion der Einzelreize exakt bestimmt werden kann [6]. Komplizierteren Änderungen der Reizbedingungen, so sie systematisch erfolgen, passen sich höhere Organismen durch Änderung der Reizverarbeitung an. Manche der dabei auftretenden Leistungen, wie sie etwa beim Werkzeuggebrauch notwendig werden, scheinen sich außer beim Menschen nur bei wenigen anderen Arten zu finden. Zur Analyse der aktuellen A. haben sich Begriffe der Kybernetik bewährt [7].

Anmerkungen. [1] J. B. LAMARCK: Philos. zoologique (Paris 1809). – [2] C. R. DARWIN: On the origin of species by means of natural selection or the preservation of favoured races in the struggle of life (London 1859). – [3] Zusammenfassende Darstellung: K. FOPPA: Lernen, Gedächtnis und Verhalten (1965). – [4] B. F. SKINNER: Reinforcement today. Amer. Psychologist 9 (1958) 94-99. – [5] Vgl. H. THOMAE: Die Bedeutungen des Motivationsbegriffes, in: H. THOMAE (Hg.): Hb. Psychol. Allgemeine Psychologie II. Motivation (1965) 28ff. – [6] «A.-Niveau», Terminus nach H. HELSON: Adaptation-level as a basis for a quantitative theory of frame of reference. Psychol. Rev. 55 (1948); vgl. W. WITTE: Das Problem der Bezugssysteme, in: W. METZGER (Hg.): Hb. Psychol. Allgemeine Psychologie I. Der Aufbau des Erkennens, 1. Halbband: Wahrnehmung und Bewußtsein (1966) 1003-1027. – [7] Vgl. I. KOHLER: Die Zusammenarbeit der Sinne und das allgemeine Adaptationsproblem, in: W. METZGER (Hg.): Hb. Psychol. I. Der Aufbau des Erkennens, 1. Halbband: Wahrnehmung und Bewußtsein (1966) 616-655.

Literaturhinweise. C. R. DARWIN s. Anm. [2]. – W. CANNON: The wisdom of the body (New York 1932). – L. SHAFFER und E. SHOBEN: The psychol. of adjustment (Boston 1956). – I. KOHLER s. Anm. [7].

F. MERZ

II. Synonym mit ‹A.› werden häufig verwendet ‹Adaptation›, ‹Adjustment› und ‹Akkommodation›. Der Sinngehalt des Terminus ‹A.› im älteren *ethnologischen* Schrifttum richtete sich nach dem in der Soziologie gebräuchlichen und dynamisch konzipierten. Fehlt es auch an Definitionen, geht doch aus Verwendungen in Texten hervor, daß unter A. ganz allgemein Abwandlungen des bisherigen Verhaltens unter dem Druck von (veränderten) Bedingungen verstanden werden [1]. Schärfere Beobachtung sowohl der Prozeßphasen wie der Ursachen und Reaktionen, dazu der Gebrauch des Ausdrucks in außersoziologischen Zusammenhängen lassen dann den Begriff je nach dem konkreten Bezug in verschiedenem Sinn erscheinen. Nicht immer verdeutlicht ein Beiwort das spezifisch Gemeinte. Bei einigen Autoren ist A. einer Gesellschaft gleichbedeutend mit dem «System» von Vollzügen, die eine Konsolidierung anstreben [2]. Für SHIROKOGOROFF ist A. ein kontinuierlicher Prozeß bei der Bildung «ethnischer Einheiten» in Konfrontation mit der sich wandelnden Umwelt. Er unterscheidet eine «biologische» A., d. i. Aussiebung des für die äußeren, zumal klimatisch-ökologischen Lebensverhältnisse geeigneten (physischen) Typs, eine «kulturelle» A., bei welcher Tradiertes infolge von Innovationen und Konflikten modifiziert wird, und eine «funktionelle» A. der wirklichkeitsgerechteren Sozialordnung von Stellungen, Berufen und Ämtern. Je intensiver und differenzierter die A. erfolgt, desto vorrangiger bestimmen die lokalen Erfordernisse und fördern eine «zentrifugale», die «ethnische Einheit» aufsplitternde Bewegung [3]. – Der Rückzug auf die eigenen rehabilitierten Traditionen als Reaktion auf abgelehnte Neuerungen wird «reaktive A.» genannt [4].

Werden die Termini ‹Adaption›, ‹Adjustment›, ‹Akkommodation› im Schrifttum auf dem Gebiet der Sozialanthropologie und angrenzender Disziplinen vielfach synonym gebraucht, deckt sich keiner der Ausdrücke im Sinngehalt vollständig mit ‹A.›. Statisch aufgefaßt bezeichnet *Adaption* auch den Zustand des Angepaßtseins als Resultat der *Akkulturation* [5], *Adjustment* eine abgeschlossene Teil-*Assimilation* [6]. BALDWIN bezeichnet *Adaption* und *Akkommodation* als Formen von *Adjustment*. *Adaption* wäre danach «*Biological Adjustment*» (vergleichbar mit der betreffenden Version bei Shirokogoroff), *Akkommodation* wäre *Social Adjustment* eines mehr formalen, «Verständigung» ähnelnden Grades gegenüber dem intimen und persönlichen Übereingehen bei *Assimilation* [7].

Anmerkungen. [1] So nach R. THURNWALD: The psychol. of acculturation. Amer. Anthropologist 34 (1932) 557ff. und in: Die Menschliche Gesellschaft 4 (1935) 308. – [2] A. R. RADCLIFFE-BROWN: Structure and function in primitive society (London 1952). – [3] S. M. SHIROKOGOROFF: Die Grundzüge der Theorie vom Ethnos, in: C. A. SCHMITZ: Kultur (1963), dtsch. aus: Psychomental complex of the Tungus (London 1935) 12-23. – [4] The Social Science Research Council: Acculturation. Amer. Anthropologist 56/6 (1954) 987. – [5] R. L. BEALS: Anthropology today (Chicago 1953) 384. – [6] The Social Science Research Council: a. a. O. [4] 987. – [7] J. H. BALDWIN: Mental development in the child and the race (New York ³1906) 452f.

Literaturhinweise. R. E. PARK und E. W. BURGESS: Introduction to the Sci. of sociol. (Chicago ²1921). – Encyclop. social sci. (New York 1950) Art. ‹Adaption› (W. HANKINS) und ‹Accommodation› (E. W. BURGESS). – A. HULTKRANTZ: General ethnol. concepts. Int. Dictionary of regional European ethnol. and folklore 1 (Kopenhagen 1960). A. v. GAGERN

III. ‹A.›, nach ‹Affinität› der wichtigste Begriff zur Erklärung von Überleben, bleibt problematisch, weil unklar ist, ob mit ‹A.› Passivität oder Aktivität, Unterwerfung oder Souveränität (qua Beherrschung der Lebenslage) gemeint ist bzw. überwiegt. Diese Problemlage wird an folgender Überlegung deutlich: Findet A. statt, so ist sie kategorial möglich; ist sie möglich, so muß sie in der Konstruktion des sich anpassenden Wesens angelegt sein; insofern geht immer Affinität der effektiven A. – mindestens in der Form der Geeignetheit für A. an Welt, Umwelt, Umstände, Situationen – *voraus*. A. ist dann Ausführung des bereits Möglichen, Umschlagen von Angepaßtheit in Aktivität. Es sind zu unterscheiden A.-Leistungen, die der Umwelt entgegenkommen, von solchen, die die Umwelt passend machen. So hat pflanzliches Leben durch die – sekundäre – Entwicklung einer spezifischen Atmosphäre auf der Erde A. ermöglicht. Hier wird deutlich, daß mit dem Begriff der A. der Evolutionsbegriff verbunden ist. Wenn etwas nur *paßt*, so ist es zwar angepaßt, aber von aktiver A. kann eigentlich kaum geredet werden. Aktive A. ist dagegen mindestens als eine Leistung zu deuten, die auf der Vorgabe von Angepaßtheit *und* einer Tendenz zum erfolgreichen Überleben (eigentlich nur: zum Überleben!) beruht. Im Begriff der A. ist somit – was meist übersehen wird – eine Steigerungstendenz mitgegeben. Es hängt von dem Grad dieser Steigerungstendenz in Verbindung mit dem Charakter der umgebenden, d. h. bedingenden und fordernden Strukturen ab, ob A. de facto Anschmiegung an die Situation oder Beherrschung wird. Der A.-Begriff muß daher vermutlich im Gang einer Analyse relativ bald zugunsten differenzierterer und besser differenzierender Begriffe aufgegeben werden. Das wird bei der Betrachtung der gleichsinnigen angelsächsischen Begriffe ‹adaptation›, ‹adjustment› und ‹accommodation› [1] deutlich, die in der beschriebenen Kalamität befangen bleiben. Der Diffusität des Begriffs, die Fehlinterpretation und falschen Anwendungen Vorschub leistet, hat sich H. SCHELSKY entgegengestellt: «Der Begriff der A. steht heute – nicht zuletzt durch seinen naiven Gebrauch in Soziologie und Psychologie selbst – in der Doppeldeutigkeit eines wertneutralen Strukturbegriffes einerseits und eines Ziel- oder Normbegriffes anderseits ... Zu einer unreflektierten Wert- und Normvorstellung ... wird dieser psychologische und soziologische Begriff der A. in dem Augenblick, wo diese A. an die veränderte moderne soziale Umwelt als ein bloßes harmonisierendes Angleichen, als eine Annullierung der Spannungen zu dieser Umwelt schlechthin, verstanden wird ... Eine A. von Institutionen und menschlichen Verhaltensbereichen an die moderne Gesellschaft und ihre Lebensbedingungen [kann] vielleicht gerade darin bestehen, gegenläufige Strukturen zu entwickeln, die dem konformierenden Druck dieser Umwelt dauerhafter zu widerstehen vermögen als die tradierten Verhaltensmuster und Organisationsformen» [2].

Wegen der Doppeldeutigkeit und der Belastung des Begriffes mit Mißverständnissen ist zu fragen, ob es nicht sinnvoller wäre, ihn zu ersetzen. Es zeigen sich bereits Ansätze in dieser Richtung, wenn Prozesse der ‹A.› unter dem Einfluß der Kybernetik mit Begriffen wie ‹Rückkopplung› (feed-back) und ‹input-output› beschrieben werden; ein Vorgang, der sich in der neueren Soziologie vor allem in der Systemtheorie ausdrückt [3]. Der Bedeutungsverlust des Begriffes der A. zeigt sich auch in der zunehmenden Ablösung des Kausalitätsbegriffes durch den der Interdependenz [4].

Anmerkungen. [1] J. GOULD und W. L. KOLB (Hg.): Dict. social sci. (Glencoe 1964) 8. 9f.; J. L. GILLIN und J. P. GILLIN: Cultural sociol. (New York 1948) 505. – [2] H. SCHELSKY: Ist die Dauerreflexion institutionalisierbar? (1957), in: Auf der Suche nach Wirklichkeit (1965) 252f. – [3] T. PARSONS (Lit. 1956); N. LUHMANN (Lit. 1964). – [4] LUHMANN (Lit. 1962, 1964).

Literaturhinweise. P. ALSBERG: Das Menschheitsrätsel (²1922). – H. PLESSNER: Die Stufen des Organischen und der Mensch (1928, ²1965). – A. GEHLEN: Der Mensch. Seine Natur und seine Stellung in der Welt (1940, ⁷1962). – T. PARSONS und N. SMELSER: Economy and society (Glencoe 1956). – T. PARSONS: An outline of the social system, in: E. A. SHILS u. a.: Theories of society (Glencoe 1961). – N. LUHMANN: Funktion und Kausalität. Köln. Z. Soziol. u. Sozialpsychol. 14 (1962) 617-644; Funktionen und Folgen formaler Organisation (1964); Funktionale Methode und Systemtheorie. Soziale Welt 15 (1964) 1-25. – H. MILLER: Progress and decline. The group in evolution (Oxford 1964). – D. CLAESSENS: Psyche, Instinkt, Geltung (1967). D. CLAESSENS

Ansatz. Das Wort, ursprünglich in Wendungen wie «A. zum Springen» einerseits, «A. zum Schelmen» anderseits gebräuchlich [1], hat in die philosophische Literatur in einer solchen Weite der Bedeutung Eingang gefunden, daß überall da von A. die Rede sein kann, wo Ausgangspositionen festgelegt und methodische Voraussetzungen hergestellt werden. Es kann auch als hypothetische Vorwegnahme, die im Progreß der Erkenntnisbemühung sich zu bewähren hat, gemeint sein [2]. In einem nicht bloß methodologischen Sinne begegnet zuweilen der Ausdruck ‹A.-Problematik›, als Stichwort für die spezifisch neuzeitliche, erst in einem weit fortgeschrittenen Stadium der geschichtlichen Reflexion mögliche und zugleich notwendige philosophische Frage nach der eigenen Bewußtseinsstellung, nach dem geschichtlichen Standort und den unbefragten Selbstverständlichkeiten des eigenen Philosophierens [3]. Als «reflexionslogische A.-Problematik» wird in der nachhusserlschen Reflexionstheorie gelegentlich die Thematik des Verhältnisses von naiv-objektivierendem und reflektierendem Denken bezeichnet [4].

Anmerkungen. [1] J. und W. GRIMM: Dtsch. Wb. 1 (1854) Art. ‹Ansatz›. – [2] P. NATORP: Die log. Grundlagen der exakten Wiss. (²1921) 87f. – [3] J. HOFFMEISTER: Wb. philos. Begriffe (²1955) Art. ‹A.-Problematik›. – [4] W. FLACH: Zur Prinzipienlehre der Anschauung 1 (1963) 12ff. W. HALBFASS

Anschauung im philosophischen Sinne erhebt einerseits den Anspruch, nicht Bestimmtes an der Sache, sondern sie selbst und im Ganzen zu sehen; anderseits will sie die Art und Weise *sein*, wie uns die Sachen *erscheinen*. In der A. und durch sie wird die Gegenwart der Sache erfahren; diese selbst stellt sich unmittelbar, d. h. ohne Vermittlung durch anderes vor. PLATON stellt das Sehen mit dem leiblichen Auge auf die Seite des bloßen Meinens, da sein Gegenstand das Werdende als bloß Scheinendes sei. Dagegen läßt er das Sehen der Vernunft auf die Sache selbst, das eigentlich Seiende, gerichtet sein. Das eigentliche Sehen gilt ihm als zum Wissen zugehörig: Es bezeichne den Weg der Dialektik (εἶδος, θεωρία). ARISTOTELES spricht im Hinblick auf praktisches Denken von den Erfahrenen, die durch Bildung ein Auge dafür bekommen haben, die Verhältnisse richtig zu sehen [1].

Als das Denken auf Grund heilsgeschichtlicher Erfahrungen das eigene Selbst neu entdeckte, eröffnete sich für das Anschauen ein Weg in das eigene Innere (AUGUSTIN). Auch R. DESCARTES spricht am Beginn der *neuzeitlichen Philosophie* die Sprache dieser Erfahrung, wenn er der A. die Aufgabe, in das Innere zu sehen, anweist: «Ich will mich nur mit mir selbst unterreden, tiefer in mich hineinblicken ...» [1a]. Er spricht von der «solius mentis inspectio» [2].

Der Unterschied zwischen der A. als unmittelbarer Sicht auf die Sache und einer indirekten Erkenntnis, die vermittelt ist, kommt bei LEIBNIZ [3] zum Ausdruck, wenn er zwischen «intuitiver» und «symbolischer» Erkenntnis unterscheidet. Auf anschauliche (intuitive) Weise erkenne z. B. derjenige, der alle «Ingredienzien» eines Begriffes auf einmal, also im ganzen, zu überblicken vermöge. Ebenso sei eine distinkte Erkenntnis durch einen einfachen Begriff intuitiv, während sich diejenige von zusammengesetzten Inhalten eines formalen Musters bedienen müsse, welches die Weise der Zusammensetzung deutlich mache. Die Erkenntnis der formalen Strukturen heißt bei Leibniz «symbolisch». Wer eine Addition so durchführt, daß er am Ende den Aufbau der Summe aus ihren Einheiten überblicken kann, geht auf intuitivem Wege vor: Er hat die Summe konstruiert und betrachtet sie «inhaltlich». Symbolisch dagegen verhält sich derjenige, der sich damit begnügt, die bloße Regel zu kennen und zu handhaben, nach der Operationen durchgeführt werden können. In diesem Falle ist es lediglich um die blind befolgte Form des Herstellens einer arithmetischen Summe, einer geometrischen Figur zu tun. (In einem gewissen Zusammenhang damit steht die von Kant vertretene These, daß wir Menschen Gott nur «symbolisch» erkennen, aber nicht von Angesicht zu Angesicht anschauen können.)

Leibniz teilt die intuitiven Wahrheiten in Vernunftwahrheiten und tatsächliche Wahrheiten [4]. Alle ersten Vernunftwahrheiten seien unmittelbar und daher anschaulich (Beispiele sind identische Sätze, wie: «Was ich geschrieben habe, habe ich geschrieben»). Alle identischen Sätze seien intuitiv. Tatsachenwahrheiten seien anschaulich, wenn sie unmittelbare «innere» Erfahrungen seien. Hierher gehöre das ‹sum cogitans› der Cartesianer. Auch die Definitionen stellen nach Leibniz in dem Falle eine intuitive Wahrheit dar, wenn ihre Möglichkeit unmittelbar einleuchte, d. h. wenn unmittelbar einsichtig sei, daß in ihnen kein Widerspruch verborgen ist.

Auch im Zusammenhang mit Überlegungen über die Modalität der Gewißheit unseres Erkennens spielt die A. eine Rolle. Bei J. LOCKE wird z. B. der intuitiven Erkenntnis der höchste Grad von Gewißheit gegenüber anderen Arten des Erkennens zuerkannt [5]. Intuitive Erkenntnis sei die unmittelbare Auffassung der Übereinstimmung oder Nichtübereinstimmung je zweier Ideen, die sich aus dem Vergleich der Ideen selbst, ohne Dazwischenkunft einer dritten, ergibt. Das Auge des Verstandes nehme in diesem Falle die Wahrheit unmittelbar dadurch wahr, daß es sich ihr zuwendet. Intuitive Erkenntnis führe unausweichlich zur Evidenz und dränge sich wie der helle Sonnenschein unmittelbar unserer Wahrnehmung auf, so daß kein Platz für Zögern, Zweifel oder Prüfung bleibe. Als Beispiele für anschauliche Einsichten gibt Locke an: Weiß ist nicht schwarz; der Kreis ist kein Dreieck; drei sind mehr als zwei. Intuitive Erkenntnis sei im Gegensatz zu demonstrativer weder beweisbar noch bedürfe sie des Beweises, da der Beweis selbst weniger gewiß als das zu Beweisende sei.

KANTS Begriff der A. ist keine direkte Fortsetzung der Intuitio-Tradition, da es sich bei ihm um eine betont «sinnliche» A. handelt. In seinen A.-Begriff spielt die Geschichte des Begriffs der imaginatio herein, die von Anfang an als eine Bild-A. verstanden worden ist. Imagination ergibt bei LEIBNIZ das sinnliche Bild ohne das Bewußtsein des «Grundes» [6]. KANT hat dagegen seit seiner ‹Dissertation› von 1770 betont, daß die cognitio sensitiva nicht, wie die vom Standpunkt der göttlichen Vernunft aus urteilenden dogmatischen Philosophen behaupten, als eine unvollkommene Vorstufe der deutlichen Verstandeserkenntnis angesehen werden dürfe. Vielmehr müsse sie als eigenständige, positive Quelle der Erkenntnis und dem Verstande als gleichgeordnet anerkannt werden. In der weiteren Entwicklung von Kants Denken spielt das Prinzip ‹A.› die Rolle, Kennzeichen unserer eigentümlichen menschlichen Erkenntnislage zu sein. Sie sei die Art und Weise, «wie» uns Menschen die Dinge erscheinen, nicht wie sie an sich sind. Daher ist die Arbeit des Verstandes auf den Bereich möglicher Erscheinungen beschränkt, sofern es auf Erkenntnis ankommen soll, und unsere Begriffe den Anspruch erheben, objektiv real zu sein. Wie Gedanken ohne Inhalt leer seien, so seien A. ohne Begriffe blind [7]. Da die Gegenstände in der A. gegeben, durch den Verstand aber gedacht werden, verhält sich A. zum Verstand wie Rezeptivität zur Spontaneität. Das Mannigfaltige der A. werde noch «vor der Synthesis des Verstandes, und unabhängig von ihr» gegeben [8]. A. verhalte sich «intuitiv», d. h. in der Weise, daß sie ihren Gegenstand im ganzen und als Ganzes auffaßt, während der Verstand «diskursiv» die Teile des Gegenstandes in einer bestimmten Reihenfolge abschreite und das Ganze in einer sukzessiven Synthesis zusammensetze [9].

Als leibliche Wesen schauen wir die Erscheinungen im Felde des Raumes und der Zeit an. Die Sachheit unserer Sachen ist für den Zeit-Raum-Bereich vorgesehen. Daher gehören Zeit und Raum als ursprüngliche Formen unseres Anschauens zu der fundamentalen Verfassung sowohl unseres Bewußtseins wie auch des Bereiches möglicher Erkenntnis. Kant spricht von Raum und Zeit als den reinen Formen des Anschauens bzw. von der reinen A. [10]. Die A. sei rein, wenn der Vorstellung keine Empfindung beigemischt ist. Die Bedingung der Möglichkeit der Geometrie als einer apodiktischen Wissenschaft sei durch das Fungieren der reinen A. gegeben [11]. Auch die reine, formale Zeit-A. findet ihre Stelle in einer reinen allgemeinen Naturwissenschaft, wie sie Kant in den ‹Metaphysischen Anfangsgründen› entwickelt. Während der reine Raum als Form des «äußeren» anschaulichen Sinnes fungiert, ist die Zeit die Art und Weise, wie ich als Denkender mir selbst Erscheinung werde: Sie ist die Form des «inneren» Sinnes. Die «reine» A. geht der Erfahrung besonderer Erscheinungen und der dabei geleisteten «empirischen» A. einzelner, in der Empfindung bekannt gewordener Erscheinungen voraus. Die metaphysische Erörterung in der ‹transzendentalen Ästhetik› der ‹Kritik der reinen Vernunft› ist eine Auslegung des in den Begriffen von Raum und Zeit Gemeinten: Sie ergibt, daß Raum und Zeit A. und keine Begriffe sein müssen, da beide als «unendlich gegebene Größe» vorgestellt werden. Kant bezeichnet Raum und Zeit als transzendental ideal, aber empirisch real. Das heißt, daß sie einerseits von der Seite unseres transzendentalen Erkenntnisvermögens beigesteuert werden (Idealität), andererseits aber (und gerade deshalb) zur Realität unserer Gegenstände der Erfahrung gehören [12]. Die geometrischen Sätze können niemals aus einem allgemeinen Begriff der Figuren, sondern nur «aus der A., und zwar a priori mit apodiktischer Gewißheit abgeleitet» werden. Die transzendentale Erörterung von Raum und Zeit betrachtet beide Formen als «apriorischen Grund für andere synthetische Erkenntnisse a priori»: Aus ihr ergibt sich, daß wir «nur aus dem Standpunkte eines Menschen vom Raum, von ausgedehnten Wesen usw.» reden können. Über die A.-Art anderer Wesen zu urteilen, sei uns Menschen nicht möglich. Raum und Zeit als Formen des Anschauens geben die Vorstellung unendlicher Ausdehnung: Für den Begriff aber kann es Unendliches nicht geben; er kann nur Endloses als indefinitum in endloser sukzessiver Synthesis denken. Auch aus diesem Grunde müssen Raum und Zeit der A., nicht dem Verstande zugeordnet werden. Wenn man außerdem von Raum und Zeit spricht, so faßt man sie im Bilde z.B. eines unendlichen Behälters (Raum) oder einer Linie (Zeit). In der A. werden Raum und Zeit als Ganzes, als quanta continua, aber nicht als Einheit vieler Teile aufgefaßt. Sie sind «einig» in dem doppelten Sinne der ganzheitlichen zusammenhängenden Einsicht und zugleich auch der Einzigkeit. Es gibt keine intuitive Erkenntnis des Weltganzen, da A. niemals begrifflich-erkennende Funktion hat. Der Begriff der Weltgröße ist nur «durch den Regressus, und nicht vor demselben in einer kollektiven A. gegeben» [13]. Daher gibt es auch keinen «anschauenden Verstand» und ebensowenig eine intellektuelle A. Das Anschauen des Verstandes müßte sich als spontan und schöpferisch erweisen. Man kann die intellektuelle A. nur dem Intellectus archetypus, d. i. dem göttlichen Intellekt, zuweisen, dem alles im ganzen unmittelbar begrifflich gegenwärtig und mit einem Schlage erkennbar ist, insofern er es selbst geschaffen hat.

Kant hat mit seiner A.-Lehre den Erfahrungen der naturwissenschaftlichen Vernunft der Neuzeit die entsprechende Ontologie gegeben, indem er die Aussage GALILEIS, daß nicht das Wassein, sondern nur das Wiesein der Gegenstände erkannt werden könne, in seine transzendentalphilosophische Sprache gefaßt hat. NEWTON will mit seiner Devise «Hypotheses non fingo» in ähnlicher Weise ausdrücken, daß er es nicht auf die Erkenntnis einer absoluten Ursache hinter den Erscheinungen abgesehen habe. KANT betont, es gehöre «mehr, als der Begriff von einem Dinge überhaupt, zu den Bedingungen, unter denen allein uns Gegenstände der äußeren A. gegeben werden können, und von denen der reine Begriff abstrahiert» [14]. Der Gegenstand des Physikers sei eine «beharrliche», substantielle Erscheinung und habe «gar nichts schlechthin Innerliches», weil alles an ihm dem Felde der A. angehöre [15]. Wollte man die A. überspringen und sich auf das reine Denken zurückziehen, dann müßte man ein absolut Inneres annehmen, wie es z. B. bei Leibniz geschehe. Das absolute Innere aber «findet nicht bei den Dingen statt, sofern sie in der A. mit solchen Bestimmungen gegeben werden, die bloße Verhältnisse ausdrücken, ohne etwas Inneres zum Grunde zu haben».

Während A. also an die Präsenz des Gegenstandes gebunden ist, kann der Verstand spontan aus sich auch das Nichtvorhandene in der Vorstellung hervorrufen. Durch eine Verbindung beider Funktionen ergibt sich die transzendentale Einbildungskraft als das «Vermögen», einen Gegenstand zwar in der A. vorzustellen, aber diese anschaulich-bildliche Vorstellung ohne die Gegenwart des Gegenstandes zu leisten. Die Synthesis der Einbildungskraft ist die «erste Anwendung» des Verstandes auf «Gegenstände der uns möglichen A.» und zugleich «der Grund aller [ü]brigen» Anwendungen [16]. Von hier aus ergibt sich der Bezug der A. zum transzendentalen Schema, welches von Kant als ein Produkt der Einbildungskraft bezeichnet wird. Schema ist das Verfahren der Verbildlichung der Begriffe, welche zugleich auch deren «Realisierung» ist [17]. Zwar bringe der reine Verstand mittels der transzendentalen Apperzeption den Begriff des Gegenstandes überhaupt hervor, aber damit daraus ein für unsere mögliche Erfahrung in Frage kommender Gegenstand werde, muß er in die Sprache der A. bzw. der Bilder gebracht werden können, was durch das transzendentale Schema geschieht. Die Schemata sind am Ende «Zeitbestimmungen» a priori nach Regeln [18].

Durch die Schematisierung der Kategorien werden die synthetischen Grundsätze formulierbar, durch die der gesetzgebende Verstand der Natur die Verfassung gibt. Es handelt sich dabei um formale Sätze, in denen «allgemeine», nicht «besondere» Naturgesetze ausgesprochen werden. Demgemäß geht in sie auch die A. als Form ein, so daß das Prinzip der Axiome der geometrischen A. ausgesprochen werden kann: «alle A. sind extensive Größen». Der Geometer sieht die Gestalten der Natur auf die an ihnen anschaubaren Figuren hin an. Jede dieser Figuren ist eine «Bestimmung des Raumes und der Zeit». Durch die «Synthesis des Mannigfaltigen» kommt eine Bewegung des Bewußtseins in Gang, durch welche die Figuren erzeugt werden. Die Figur ist Zusammensetzung des Gleichartigen, Mannigfaltigen: So ergibt sich der Begriff der extensiven Größe, die ein sich aus Teilen durch schrittweise Synthesis ergebendes Ganzes ist [19].

Der Bezug zwischen A. und reflektierender Urteilskraft wird in der Kantischen Unterscheidung zwischen schematischer und symbolischer Darstellung (Hypotypose) sichtbar [20]. Durch seine schematische Darstellung wird einem Begriff des Verstandes die ihm korrespondierende A. a priori gegeben. Im Falle der symbolischen Darstellung jedoch wird einem Begriffe der Vernunft eine sinnliche A. «unterlegt», obwohl dieser Begriff selbst nicht anschaulich realisiert und konstruiert werden kann. Gegen die Leibnizsche Lehre von der symbolischen Erkenntnis betont Kant, daß sie in Wahrheit intuitiv sei, weil sie einen Begriff der Vernunft auf A. beziehe. Die schematische Darstellung verfahre demonstrativ, während die symbolische nach Analogie vorgehe. In der letzteren werde ein auf schematischem Wege beschriebener Begriff noch einmal auf einen anderen Gegenstand symbolisch bezogen. Das Symbol zeigt der Urteilskraft eine gedankliche Figur, die ihr zum Leitfaden für die Reflexion über den Gegenstand dienen kann (z. B. Symbolisierung eines despotischen Staates durch das Modell einer Handmühle).

In den Fragmenten des ‹Opus Postumum› geht es Kant darum, die transzendentale Antizipation der Natur noch weiter in dasjenige Gebiet vorzutreiben, welches in der ‹Kritik der reinen Vernunft› als das dem Entwerfen des Verstandes unzugängliche Material angesprochen und der Empfindung anheimgestellt war. Auch solche Inhalte der Empfindung wie ‹warm› und ‹kalt› usw. sollen im apriorischen Gesamtsystem der «einen» zusammenhängenden Erfahrung vorweg entworfen werden. Diese philosophische Konzeption schließt ein, daß sich das Subjekt als leibliches Wesen in der Form des Systems bewegender Kräfte der Natur auslegt. Dadurch entsteht für dieses Subjekt die nach innen gerichtete A. eines mikrokosmischen Systems von Kräften, in welcher alles dasjenige vorgesehen wird, was diesem Subjekt jemals in der sogenannten äußeren Erfahrung begegnen mag [21].

In FICHTES Bemühungen, den «Grund alles Erkennens» [22] zu deduzieren, vor allem in den Schriften zur Wissenschaftslehre, hat die A. eine bedeutende Funktion. A. ist das Vermögen des Ich, eine anfängliche Handlung zu setzen, die nicht von außen, durch ein Nicht-Ich, bestimmt, sondern völlig frei «aus eigenem Antriebe ohne die geringste Nötigung» ist. Die A. richtet sich nicht auf ein Objekt, sondern ist nur eine Tätigkeit des Ich: «Das Ich betrachtet ein Nicht-Ich, und es kommt ihm hier weiter nichts zu, als das Betrachten» [23]. Daneben ist die A. aber auch jene «ursprüngliche und notwendige Tätigkeit des Ich», durch die das Reelle in produktiver Einbildungskraft gesetzt wird: «Durch das Anschauen selbst, und lediglich dadurch entsteht das Angeschaute; das Ich geht in sich selbst zurück; und diese Handlung gibt A. und Angeschautes zugleich» [24]. Durch die A. wird also deutlich, daß es keine Dinge unabhängig vom Ich gibt, sondern nur das Wissen um sie, dies allerdings wird als äußeres empfunden. Das Bewußtsein von den Dingen ist also in «Wahrheit» Bewußtsein von sich selbst. Auf die A. bauen die höheren Erkenntnisvermögen auf, sie ist «die Unterlage des Begriffs», bleibt aber im Denken erhalten, denn Denken ohne A. ist Fichte wie Kant «ein leeres Denken» [25]. Die A. geht dem Begriff vorher, sie ist die «Ruhe und Bestimmtheit», während der Begriff Tätigkeit bedeutet [26]. Allerdings ist für Fichte die A. auch das Bewußtsein, daß die Vernunft Allgemeingültigkeit, Evidenz und Notwendigkeit beansprucht: «Die A. wäre daher die sich selbst unmittelbar als solche konstituierende Auffassung der Handelsweise der Vernunft überhaupt, auf einmal, und mit Einem Blicke» [27]. In dieser Bedeutung nähert sich der weitere Begriff ‹A.› dem engeren ‹intellektuelle A.›.

Auch für SCHELLING ist A. das allen Erkenntnisformen zugrunde liegende Vermögen. Der Begriff ohne die A. ist leer, «ein Wort ohne Bedeutung, ein Schall für das Ohr, ohne Sinn für den Geist». Die A. als der Grund aller anderen Erkenntnisvermögen ist in der Rangfolge nicht mehr die niedrigste, sondern «die erste Stufe des Erkennens, das Höchste im menschlichen Geiste, dasjenige ..., was eigentlich seine Geistigkeit ausmacht». Diese hohe Wertschätzung erklärt sich aus der engen Verbindung der A. in ihrer Unmittelbarkeit mit der Freiheit [28]. In der A. verbinden sich die beiden Handlungen der Tätigkeit und des Leidens, und sie schaffen daraus ein gemeinschaftliches Produkt: «das Wesen der A., das, was die A. zur A. macht, ist, daß in ihr absolutentgegengesetzte, wechselseitig sich beschränkende Tätigkeiten vereinigt sind» [29]. In seiner Identitätsphilosophie ist Schelling bestrebt, die Einheit von Begriff und A. und damit die von Denken und Wahrnehmung, Vernunft und Sinnlichkeit durch das Vermögen der A. in ihrer intellektuellen bzw. ästhetischen Funktion, die die objektiv gewordene transzendentale ist, herzustellen [30].

In der frühen ‹Differenzschrift› anerkennt HEGEL die A. als das «ächte Princip der Spekulation», insofern sie als transzendentales Prinzip entgegen der empirischen A. die «Identität des Subjektiven und Objektiven» garantiert [31]. In der ‹Logik› wird zwischen den einzelnen Erkenntnisvermögen schärfer differenziert: Die A. als sinnliches Vermögen vermag nicht zur Allgemeinheit und Abstraktion des Begriffs zu gelangen, ist also kein Prinzip der Wissenschaft [32]. Die A. ist zwar schon eine «Objectivierung des Empfundenen» und verwandelt den Gegenstand aus «der Form der Innerlichkeit in die Form der Äußerlichkeit»; aber erst auf dem «Standpunkt der Vorstellung», die die A. bewußt reflektieren kann, beginnt philosophisches Denken: «Die A. ist daher nur der Beginn des Erkennens» [33].

Mit der Bestimmung von A. im Sinne Schellings als einem Vermögen zur Herstellung einer Ganzheit wird ein Typus von A. angesprochen, der besonders auch von GOETHE praktiziert und von ihm zur Devise des Erkennens wurde (anschauende Urteilskraft). Der Anschauende müsse durch eine «Kritik der Sinne» hindurchgegangen sein, um die wesentlichen Formen in den Dingen zu sehen und von den unwesentlichen zu trennen. Der Mensch solle sich «durch das Anschauen einer immer schaffenden Natur zur geistigen Teilnahme an ihren Produktionen würdig» machen. Im Sinne Goethes verstanden, geht A. nicht mit dem gesetzgebenden Verstande Hand in Hand, sondern ist die Kunst, die bildenden Bewegungen der Natur mitzuvollziehen.

Die exakte Naturwissenschaft und Mathematik erheben den Anspruch, «unanschaulich» und «abstrakt» zu sein. So deklariert G. FREGE, abgesehen von seiner letzten Zeit [34], die arithmetischen Urteile im Gegensatz zu Kant als analytisch a priori. Der *Positivismus* hat durch den Ausbau des logischen Strukturgedankens das A.-Prinzip völlig zu vertreiben versucht. Auch die moderne *Physik* nimmt für sich unter dem Zeichen des Strukturbegriffes Unanschaulichkeit in Anspruch. An unvermuteten Stellen freilich wird sichtbar, wie sich ‹A.› wieder Geltung zu verschaffen vermag [35].

In der Phänomenologie E. HUSSERLS spielt das Prinzip der A. eine bedeutende Rolle. Diese spiegelt sich in den mannigfaltigen Adjektiven, mit denen Husserl die vielfältige Funktion der A. nennt: So ist z. B. im Einklang mit der Intention Kants von einer «gebenden» A. die Rede. Nicht nur das ins Auge gefaßte Ding werde angeschaut, sondern ein ganzer Hof von «Hintergrunds-A.», in welche die A. des Dinges eingebettet sind [36]. Angeschaut wird der in der Erfahrung begegnende individuelle Gegenstand («erfahrende» bzw. «individuelle» A.). Das Individuum stellt sich aber als ein «Was» vor, als ein «Wesen», welches selbst durch eine Abhebung gegen zufällige Trübungen in das Licht des Bewußtseins gestellt wird (Ideation), so daß eine «Wesens-A.» zustande kommt [37]. – Weniger terminologisch als dem Gegenstand nach kommt das Prinzip ‹A.› in der Wahrnehmungsphänomenologie M. MERLEAU-PONTYS [38] zur Geltung, bei dem die leibliche Existenz des Menschen die A.-Perspektive von Anfang an bedingt. – In der Richtung einer von der Kantischen A.-Lehre beeinflußten, aber über Kant im Sinne Goethes hinausgehenden Würdigung der A. spricht H. GLOCKNER von der «anschaulichen Erscheinungsganzheit», als welche derselbe Gegenstand vom Standpunkt der A. begriffen werden kann, der vom Standpunkt des rationalen Denkens aus in der Weise eines Beziehungszusammenhangs ausgelegt wird [39].

Anmerkungen. [1] ARISTOTELES, Eth. Nic. 1143 b 13. – [1a] DESCARTES, Meditationen 3, 1. – [2] a. a. O. 2, 20. – [3] G. W. LEIBNIZ: Meditationes de cognitione, veritate et ideis (1684). Philos. Schriften, hg. GERHARDT 4, 422ff. – [4] Nouveaux essais VI, 2, 1. – [5] LOCKE, An essay conc. human understanding IV, 2, § 1. – [6] LEIBNIZ, Nouveaux essais II, 11, 11. – [7] KANT, KrV B 75. 288. 309. – [8] a. a. O. B 145. – [9] B 93; Prolegomena § 46. Akad.-A. 4, 333. – [10] KrV B 34f. – [11] Prolegomena § 7. Akad.-A. 4, 281; vgl. KrV B 34. – [12] KrV B 46ff. – [13] B 550f. – [14] B 340. – [15] Vgl. F. KAULBACH: Die Met. des Raumes bei Leibniz und Kant (1960). – [16] KrV B 151. – [17] Vgl. F. KAULBACH: Schema, Bild und Modell nach den Voraussetzungen des Kantischen Denkens. Stud. gen. 18 (1965) 464-479. – [18] KrV B 184f. – [19] B 203f. – [20] KU B 253f. – [21] Vgl. F. KAULBACH: Leibbewußtsein und Welterfahrung beim frühen und späten Kant. Kantstudien 54 (1963) 464-490. – [22] J. G. FICHTE, Werke, hg. I. H. FICHTE 1, 535. – [23] a. a. O. 1, 534. – [24] 2, 62. – [25] 1, 492. – [26] 1, 534f. – [27] 2, 374; vgl. 228f. – [28] F. W. J. SCHELLING, Werke, hg. K. F. A. SCHELLING 2, 215f. 222. – [29] a. a. O. 2, 221. – [30] 3, 369. – [31] HEGEL, Werke, hg. GLOCKNER 1, 35. 67. – [32] a. a. O. 5, 49. – [33] 10, 320. 322. 324. 326. – [34] Vgl. G. FREGE, Nachgel. Schriften, hg. HERMES/KAMBARTEL/KAULBACH (1969). – [35] Vgl. F. KAULBACH: Die A. in der klassischen und modernen Physik. Philos. naturalis 5 (1958) 66-95; Philos. der Beschreibung (1968). – [36] Vgl. E. HUSSERL: Ideen zu einer reinen Phänomenol. und phänomenol. Philos. Philos. Jb. philos. phänomenol. Forschung 1/1 (1922) 62. – [37] a. a. O. 10ff. – [38] F. MERLEAU-PONTY: Phénoménologie de la perception (Paris 1945). – [39] Vgl. H. GLOCKNER: Gegenständlichkeit und Freiheit 1 (1965); 2 (1966).

Literaturhinweise. M. DESSOIR: A. und Beschreibung. Arch. systemat. Philos. 10 (1904) 20-65. – W. MOOG: Die Bedeutung des Begriffes der A., Vjschr. Philos. Päd. 1 (1917/18) 204ff. – K. BAEMKER: A. und Denken (³1921). – F. WEINHANDL: Die Gestaltanalyse (1927); Die Met. Goethes (1932). – W. CRAMER: Das Problem der reinen A. (1937). – M. HEIDEGGER: Kant und das Problem der Met. (²1951). – E. CASSIRER: Philos. der symbolischen Formen 3: Phänomenol. der Erkenntnis (²1954). – W. FLACH: Das Prinzip der A. (1963). – F. KAULBACH: Die Kantische Lehre von Ding und Sein in der Interpretation Heideggers. Kantstudien 55 (1964) 194-220; Der philos. Begriff der Bewegung (1965); Immanuel Kant (1969). F. KAULBACH

Anschauung Gottes. Mit A.G., einem Lehrpunkt der Theologie und Philosophie (des Mittelalters), wird die nicht naturale Vollendung des menschlichen Geistes bezeichnet. Sie ist, als nicht naturale, ungeschuldete Gnade Gottes. Die terminologische Überbewertung des intellektuellen Aspektes der Vollendung resultiert aus der Selbstzweckhaftigkeit der Theorie in der antiken Philosophie [1]. Weil die Theorie aber durch die bekannte Priorität des Gesichtssinnes im antiken Denken [2] vom Sehen her bestimmt wird, wie sich bereits an der Konzeption der Ideenschau bei PLATO zeigen läßt [3], wird das Telos schlechthin als Anschauung gekennzeichnet. Die Wahrheit wird gesehen. In ihr als Licht bietet sich das Sein selbst dar. Aber es bedarf der bewußten Einstellung auf dieses Sehen in der περιαγωγή. Erst im Hellenismus wird dieses Schauen in eine jenseitige Sphäre verlagert. Dieses außerweltliche Licht eröffnet keine beglückende Schau, es erfordert die ekstatische Zuwendung. Erst in diesem Kontext wird Offenbarung möglich [4]. Auch erst im Spätjudentum kann mit Sicherheit von einem jenseitigen Schauen Gottes gesprochen werden. Hier und im Christentum werden ‹Gott schauen› und ‹seliges Leben› austauschbar [5]. Es bedarf des schwer analysierbaren Zusammenwirkens von Gott und Mensch in Gnade und Bekehrung, um zur A.G. zu gelangen [6]. Bei AUGUSTIN ist die Reinheit des Herzens unabdingbare Voraussetzung für die A.G. [7]. In antiker Weise gibt es bei ihm eine Stufenfolge der Erkenntnis, die nun allerdings mit dem «Weg der Religion» identifiziert wird. An deren Spitze steht die A.G. Wegen der genannten Identifikation hängt die Erlangung des höchsten Grades und der damit verbundenen beatitudo eben nicht mehr von einem theoretisch orientierten Leben, sondern vom Glauben ab [8]. Auf dem Wege einer Metaphernübertragung kann dann nicht nur von einem «videre per speciem», sondern auch von einem «videre per fidem» in Anlehnung an 2. Kor. 5, 7 gesprochen werden [9]. Ist nach PSEUDO-DIONYSIUS eine A.G. überhaupt wegen des ϑεῖον σκότος unmöglich [10], so nimmt er damit Tendenzen in der griechischen Theologie auf, die in polemischer Wendung gegen EUNOMIOS' Lehre von der vollkommenen natürlichen Erkennbarkeit zwischen der Anschauung der göttlichen Herrlichkeit und des göttlichen Wesens differenzieren. Dieser Gedanke wird auch von JOHANNES SCOTUS ERIUGENA aufgenommen, der zwischen der divina essentia und den theophaniae unterscheidet [11]. Auf die Wendung vom lux inaccessibilis mit 1. Tim. 6, 16 und vom «Sehen von Angesicht zu Angesicht» mit Joh. 3, 2 sowie auf 1. Kor. 13, 12 (videmus nunc per speculum et in aenigmate, tunc autem facie ad faciem) – regelmäßig zitierte Stellen – ist zu verweisen. Die Entscheidung zwischen der unmittelbaren oder vermittelten A.G. wird zugunsten der ersteren von ALBERTUS MAGNUS vorbereitet, indem Gott selbst die Rolle der species impressa zufällt [12]. Seit dem Verbot des Satzes «Quod divina essentia in se nec ab homine nec ab angelo videbitur» [13] ist diese Entscheidung für das Mittelalter verbindlich. Aus einer anderen Tradition heraus ist zu verstehen, wenn demgegenüber MOSES MAIMONIDES auf der Vermitteltheit der A.G. besteht und nur Moses unter den Gottesmännern eine Ausnahmestellung zubilligt [14]. Die Dialektik dieser Entscheidung wird bei THOMAS VON AQUIN deutlich, wenn ein übernatürlicher habitus, das lumen gloriae, der natürlichen Teleologie (desiderium naturale) nachhelfen muß [15]. Die Überbetonung des intellektuellen Momentes wird, besonders bei BONAVENTURA und ALEXANDER HALENSIS [16], durch die gleichzeitige Betonung der dilectio und fruitio gemildert. Als Reaktion auf die Konzeption des HEINRICH VON GENT einer unmittelbaren natürlichen A.G. [17] unterstreicht DUNS SCOTUS theologisch-positivistisch den status naturae lapsae – und kann nur durch die Hilfskonstruktion der Univozität des Seins die Gotteserkenntnis überhaupt noch vor der Macht des Endlichen – dem Schwund Gottes – retten [18]. NIKOLAUS VON KUES faßt visio dei dialektisch als genitivus objectivus und subjectivus und bereitet damit die konsequenzenreiche Entsubstantialisierung des Gottesbegriffes vor [19]. Diese Problematik, verbunden mit dem Gedanken der intellektuellen Anschauung, beherrscht in vielen Variationen das Denken der Neuzeit bis hin zu SCHELLING [20]. Diese Verbindung war schon innerhalb der Theologie des Mittelalters (intellektuelle Anschauung der Dinge in Gott als Schöpfer) vorbereitet. Als Sediment auf dem Boden der Geistesgeschichte gibt es innerhalb der katholischen Theologie noch zahlreiche Diskussionen über die (Nicht-)Natürlichkeit der A.G., die ihren Höhepunkt in der Verurteilung des Ontologismus erfahren hat [21].

Anmerkungen. [1] F. BOLL: Vita contemplativa: Sber. Heidelberger Akad. Wiss., phil.-hist. Kl. 11/8 (1920) bes. 23ff.; J. RITTER: Die Lehre vom Ursprung und Sinn der Theorie bei Aristoteles, in: Met. und Politik (1969) 9-33. – [2] ARISTOTELES, Met. 980 a 21ff.; PLATON, Resp. 506 a ff. – [3] W. LUTHER: Wahrheit, Licht, Sehen und Erkennen im Sonnengleichnis von Platons Politeia. Stud. gen. 18 (1965) 479ff. – [4] H. BLUMENBERG: Licht als Metapher der Wahrheit. Stud. gen. 10 (1957) 433ff. – [5] 4. Esra 7, 98; Midrasch zu Ps. 11, 7 u. a.; CLEMENS ALEX.: Paedag. 1, 70, 1; Quis div. 23, 2; vgl. Thesaurus ling. lat. 6, 49; auch im Koran: Sure 2, 274. – [6] AUGUSTIN, Ep. 147 (ad Paulinam) 6, 18. MPL 33, 604. – [7] In Ps. 5. 63. 130; vgl. bei ANSELM VON CANTERBURY, Ep., hg. SCHMITT 185, 27f.; 446, 15-17. – [8] J. RITTER: Mundus intelligibilis (1937) 102ff., bes. 106 Anm. 2a. 138ff. – [9] AUGUSTIN, In Ps. 120. 149. – [10] PSEUDO-DIONYS, Ep. I ad Caium. MPG 3, 1066 a. – [11] SCOTUS ERIUGENA, De div. nat. I, 8. – [12] ALBERTUS MAGNUS, IV Sent. 49, 5. – [13] Chartul. univ. Paris I, 128. – [14] MAIMONIDES, Dux neutr. III, 52 (unter Berufung auf Ps. 36, 10); Mischne Tora, Hilchot Jessode Hatora VII-VIII; vgl. MOSES MAIMONIDES, hg. N. N. GLATZER (1966). – [15] THOMAS VON AQUIN, S. theol. I, 12, 1 c u. a. – [16] ALEXANDER VON HALES, I Sent. 3, 12; BONAVENTURA, III Sent. 31, 3, 1. – [17] HEINRICH VON GENT, Quodl. 13, 12. – [18] DUNS SCOTUS, Opus oxon. I, 3, 3; IV, 49, 11; vgl. dazu E. GILSON: Johannes Duns Scotus (1959) 34ff. – [19] CUSANUS, De visione dei; vgl. W.

SCHULZ: Der Gott der neuzeitlichen Met. (1957) 19ff. – [20] Bes. MALEBRANCHE, De la rech. de la vérité III/2, 6; der Problemkreis wird auch lexikogr. dokumentiert, z. B. Stichwort ‹visio dei comprehensiva› bei GOCLENIUS: Lex. philos. (1613, Neudruck 1968) 323; vgl. SPINOZAS «amor intellectualis dei»; dazu SCHULZ, a. a. O. [19] 69f. – [21] Vgl. DENZINGER/SCHÖNMETZER: Enchirid. symbol. et def. (³¹1965) bes. 1902-07 (Verurteilung des Baius). 2841. 3238-40 (des Ontologismus).

Literaturhinweise. G. HOFFMANN: Der Streit über die selige Schau Gottes 1331-1338 (1917). – F. NÖTSCHER: «Das Angesicht Gottes schauen» nach biblischer und babylonischer Auffassung (1924, Neudruck 1969). – A. SARTORI: La visione beatifica (1927). – H. DE LUBAC: Surnaturel (1946). – K. FAUSTER: Die Verteidigung der Lehre des hl. Thomas von der Gottesschau durch Joh. Capreolus (1955).   H. K. KOHLENBERGER

Anschauung, intellektuelle. Vorstufen des Begriffs sind die Ausdrücke «visio intellectualis» bei NICOLAUS VON CUES [1], mit dem jener das Wissen Gottes (scientia Dei) beschreibt, wonach jeder Mensch als zu seinem höchsten Glück strebt, und «intuitus gnosticus» bei JOH. SCOTUS ERIUGENA [2].

In dieser Tradition steht wohl noch der frühe KANT, der von einer göttlichen A. (divinus autem intuitus) spricht, die von den Gegenständen unabhängig ist. Diese ist «perfecte intellectualis» [3]. Dem *kritischen*, transzendentalen Standpunkt der Nichterkennbarkeit des Dinges an sich in der ‹Kritik der reinen Vernunft› entspricht jedoch, daß eine i.A. (= «nichtsinnliche A.»), «von welcher wir auch die Möglichkeit nicht einsehen können», da sie «schlechterdings außer unserem Erkenntnisvermögen liegt», kein Vermögen des menschlichen Verstandes in seiner Diskursivität ist [4]. Eine i.A., die von «Sinnlichkeitsbedingungen» abstrahieren will, wäre die Fähigkeit, allein durch Begriffe und in Freiheit «den Gegenstand unmittelbar und auf einmal [zu] fassen» und darzustellen [5]. In der Abwehr des «bloß spekulativen Weges» für das Erfassen Gottes und des Übersinnlichen – dies führe notwendig zum Atheismus – bezeichnet F. H. JACOBI den Sinn für den «ersten und unmittelbaren Grund» von Philosophie und Religion» mit «Gefühl und A.» und meint damit die Bestimmung der i.A. als nichtsinnlicher A. [6]. Zwar polemisiert Jacobi gegen den «neueren Spinozismus» (Fichte, Schelling), der in «i.A.» das Absolute erkennen will, anerkennt aber entgegen Kant, dem die «Ideen, die allerhöchsten Ansprüche der Vernunft» «ohne objektive Gültigkeit» seien, die Berechtigung des Begriffs ‹i.A.› für eine «objektive Vorstellung ohne sinnliche A.» [7].

Mit J. G. Fichte und F. W. J. Schelling wird ‹i.A.› die zentrale Kategorie einer Philosophie, die nicht auf philosophisches Begreifen des Absoluten verzichten will. Die «Thathandlung», durch die sich für FICHTE «das Ich» zum «absoluten Subject» und damit zum letzten Princip der Transzendentalphilosophie erhebt, ist nur durch i.A. zu setzen [8]. Die i.A. ist so für Fichte «die Quelle des Lebens» und «der einzige feste Standpunkt für die Philosophie»: «Sie ist das unmittelbare Bewußtseyn, dass ich handle, und was ich handle ... Dass es ein solches Vermögen der i.A. gebe, läßt sich nicht durch Begriffe demonstriren, noch, was es sey, an Begriffen entwickeln. Jeder muss es unmittelbar in sich selber finden, oder er wird es nie kennen lernen» [9]. An Fichte unmittelbar anknüpfend und unter Bezug auf Spinoza [10] ist auch bei SCHELLING im ‹System des transzendentalen Idealismus› (1800) die i.A. «Organ alles transcendentalen Denkens» [11]. Zu dieser Zeit ist die «ästhetische A.» als «die objektiv gewordene transcendentale» [12] die Bedingung der Möglichkeit für die Darstellung des Absoluten in der Kunst; aber auch der gesamten Identitätsphilosophie Schellings, die das Absolute als die «totale Indifferenz des Erkennens und des Seyns sowohl als der Subjektivität und der Objektivität» [13] bestimmt, ist die i.A. die einzig zureichende Erkenntnisart als «unmittelbar anschauende Erkenntnis» [14]. Mit diesem Gebrauch der i.A. erneuert Schelling den alten contemplatio-Begriff: «Die Erkenntnißart des Absoluten also, wenn sie eine absolute ist, ist auch eine contemplative. – Jede unmittelbare Erkenntniß überhaupt = A., und insofern ist auch alle Contemplation A. Da aber die Vernunft hier das Erkennende ist, so ist diese A. eine Vernunft-, oder wie auch sonst genannt, eine i.A.» [15].

Die unendliche Erweiterung des menschlichen Erkenntnisvermögens durch Fichte und Schelling kommt dem romantischen Denken entgegen, das sich der Schulphilosophie und der durch die Kantische Philosophie gegebenen Beschränkung auf das diskursive Denken entgegensetzt. So ist z. B. bei NOVALIS die i.A. in der Wechselbeziehung von Gefühl und Reflexion als «Urhandlung» des Ich der «Schlüssel des Lebens» [16], wodurch sich die Gegensätze vermitteln lassen: «Das Gefühl gibt nun der Reflexion zu seinem Kontingente den Stoff der i.A. So wie das Gefühl der Reflexion in Aufstellung seiner ersten Formen behülflich sein mußte, so muß die Reflexion, um etwas für sie zu bearbeiten Mögliches zu haben mitwirken – und so entsteht die i.A. Diese wird nun der Stoff der Philosophie in der Reflexion» [17]. Auch F. HÖLDERLIN sieht die Möglichkeit der Vermittlung durch i.A. Sie ist die Fähigkeit des Dichters, die Einigkeit gegenüber der Trennung der Teile und ihrem Auseinanderfallen zu empfinden [18].

HEGEL blickt bereits distanziert auf die Erfahrungen seiner Zeit mit der i.A. zurück und erwähnt, daß einige «Menschen über dem Beginnen, den reinen Willensakt und die i.A. zu produzieren, in Wahnsinn verfallen seien» [19], da sie nicht beachteten, daß sie etwas ganz «Gemeines und Einfaches» sei, nämlich die Abstraktion von «allem Fremdartigen im Bewußtsein» [20]. Die i.A., die «Erhebung auf den Standpunkt des reinen Wissens» [21], hat zwar das richtige Moment der Zurückweisung aller äußeren Bestimmungen und betrachtet so das Dasein in seiner «unvergänglichen Realität und Wahrheit» [22], sie hat aber auch den Nachteil, daß sie willkürlich, ein «subjektives Postulat» bleibt und nicht in der objektiven Bewegung des Begriffs steht [23]. Nur so konnte es kommen, daß die i.A. von Schelling als etwas Besonderes angesehen wurde, das nicht jedem Menschen erreichbar war, und die «Entwicklung der Wissenschaft» nicht in dem ihren Anfang nahm, was «jeder unmittelbar in sich findet», woran dann die «weitere Reflexion anknüpfen» kann [24]. Die i.A. bleibt esoterisch, sie ist nicht das Resultat der objektiven Entfaltung des Geistes. Hegels Kritik an der i.A. steht damit im Kontext seiner Kritik an Schelling überhaupt, dessen Philosophie nicht die Entwicklung der spekulativen Idee ist: «Es fehlt die Form der Entwicklung» des Absoluten und die «Notwendigkeit des Fortgangs» [25], das Absolute ist in ihr lediglich vorausgesetzt. So wird die i.A. «die bequemste Manier», die Erkenntnis des Absoluten zu setzen «auf das, was einem einfällt». Sie ist nur wenigen, dem Genie und den «Sonntagskindern», zugänglich [26]. In ihr fällt jedes «Beweisen» und «begreiflich Machen» fort, «das richtige Auffassen wird direkt gefordert» [27].

Nach Hegel ist die i.A. nicht mehr zentraler Gegenstand der philosophischen Reflexion, wenn auch C. FRANTZ in Anlehnung an Schelling der tatsächlichen

Entaktualisierung des Begriffs durch eine Universalisierung zu entgehen sucht. So ist für ihn die i.A. Mittel zur Erkenntnis Gottes («das Sich-setzen des Ich in Gott ist die absolute i.A.»), der «Wahrnehmung des individuellen Ich», der Kosmogonie und des Ewigen. Sie ist mit dem Verstande schlechthin nicht zu erlernen. In ihr «erkennt sich der Geist selbst, wie er aus seinem ewigen Urstande in die Zeitlichkeit eintritt, und aus dieser zurückkehrt; da erkennt er eben sein Leben als Leben» [28]. SCHOPENHAUER bezeichnet zwar die i.A. Fichtes und Schellings, in der jeder ohne «Redlichkeit» philosophieren und «mystifizieren» konnte, als Phantasterei und Träumerei [29], läßt den Begriff jedoch im Sinne einer «Erkenntnisweise des reinen Verstandes» im Gegensatz zur «sensualen A.» gelten [30].

Anmerkungen. [1] NICOLAUS VON CUES, De Possest 38. – [2] JOH. SCOTUS ERIUGENA, De div. nat. 2, 20. – [3] KANT: De mundi sensibilis atque intelligibilis forma et principiis § 10. Akad.-A. 2, 397. – [4] KrV B 307. – [5] Akad.-A. 8, 389; vgl. 20, 267; 17, 509f. – [6] F. H. JACOBI, Werke (1812-1825) 4/1, XXI. XXXIX. – [7] a. a. O. 3, 434f. – [8] J. G. FICHTE, Akad.-A. 1/2, 48; vgl. System der Sittenlehre (1798). Werke, hg. I. H. FICHTE (1845/46) 4, 47; Transzendentale Logik, a. a. O. 9, 281. – [9] a. a. O. 1, 463. – [10] F. W. J. SCHELLING, Werke, hg. K. F. A. SCHELLING (1856-1861) 1, 171. – [11] a. a. O. 3, 369; vgl. 5, 255. – [12] 3, 627. – [13] 4, 127. – [14] 6, 23. 29. – [15] 6, 153. – [16] NOVALIS, Schriften, hg. P. KLUCKHOHN 2 (1929) 350. – [17] a. a. O. 227. – [18] HÖLDERLIN, Große Stuttgarter A. 4/1, 269f.; vgl. 259. – [19] HEGEL, Jubiläums-A. 1, 397. – [20] ebda. – [21] a. a. O. 4, 81. – [22] 5, 50. – [23] 4, 81f. – [24] 4, 82. – [25] 19, 683. – [26] 19, 655. – [27] 19, 661; vgl. 666. – [28] C. FRANTZ: Grundzüge des wahren und wirklichen absoluten Idealismus 1 (1843) 66. 93. 191. 230f. – [29] A. SCHOPENHAUER, Werke, hg. FRAUENSTÄDT/HÜBSCHER 4/2, 147. – [30] a. a. O. 1, 51ff.; 1/2, 20; 3, 23f. U. DIERSE/R. KUHLEN

Anschauung, kategoriale. E. HUSSERL nimmt in den ‹Logischen Untersuchungen› eine neuartige Erweiterung des Anschauungsbegriffs vor [1]. Danach kommen nicht nur die «sinnlichen Gegenstände» in einer erfüllenden Anschauung zur Selbstgegebenheit, sondern auch die «kategorialen Formen», denen gemäß die sinnlichen Stoffe geformt sind [2]. Die k.A. hat mit der sinnlichen Anschauung zwar die «Gleichartigkeit der Erfüllungsfunktion» gemeinsam [3], aber sie bringt im Unterschied zur sinnlichen Anschauung nicht sinnliche Gegenstände, sondern «Sachverhalte» zur «Wahrnehmung», die sich allererst aufgrund von kategorialen Bedeutungselementen in synthetisierenden Aktvollzügen konstituieren [4]. Derartige kategoriale Formen des Vorstellens sind z. B.: Sein, das Ein und das Das, das Und und das Oder, das Wenn und das So, das Alle und Kein, das Etwas und Nichts, die Quantitätsformen und Anzahlbestimmungen [5]. Die Akte, in denen die kategorialen Formen zur erfüllenden Anschauung kommen, sind in schlichten sinnlichen Wahrnehmungsakten fundiert. Sie sind höherstufig und bieten gegenüber den fundierenden sinnlichen Anschauungen «neuartige Objektivitäten».

Anmerkungen. [1] E. HUSSERL: Log. Untersuchungen II/2: Elemente einer phänomenol. Aufklärung der Erkenntnis (⁴1968) 142ff.; vgl. W. SZILASI: Einf. in die Phänomenol. Ed. Husserls (1959) 27f. – [2] HUSSERL, a. a. O. 142f. 185ff. – [3] 142. – [4] 165ff. – [5] 139. P. JANSSEN

Anschauungsbild. Nach der Lehre E. R. JAENSCHS von der Eidetik sind A. («eidetische Phänomene») subjektive Inhalte, die nach ihrer Erscheinungsweise zwischen Nachbildern und Vorstellungsbildern stehen. Sie sollen einerseits wie Wahrnehmungen oder deren Nachbilder «buchstäblich» im Raum gesehen werden, andererseits aber wie Vorstellungen von der Gegenwart eines Objekts unabhängig sein. Es kommt somit den A. ein halluzinationsähnlicher Charakter zu (KROH), doch soll es sich dabei um normale und namentlich im Kindesalter weitverbreitete Phänomene handeln. Der Begriff «subjektives A.» geht auf V. URBANTSCHITSCH zurück, der um 1900, ebenso wie schon vorher J. MÜLLER und G. TH. FECHNER, ähnliche Erscheinungen beobachtet hatte.

JAENSCH unternahm mit seinen Schülern ausgedehnte Untersuchungen über die A. und machte die Befunde zum Ausgangspunkt umfassender Theorienbildung über Wesen und Entwicklung von Wahrnehmung und Gedächtnis. Neuere kritische Untersuchungen bestätigten die Existenz von A. mit den von Jaensch und Kroh angegebenen Merkmalen jedoch nicht.

Literaturhinweise. V. VON URBANTSCHITSCH: Über subjektive optische A. (1907). – O. KROH: Subjektive A. bei Jugendlichen (1922). – K. KOFFKA: Über die Untersuchungen an den sogenannten optischen A. Psychol. Forsch. 3 (1923) 124. – E. R. JAENSCH: Die Eidetik und die typologische Forschungsmethode (³1933). – W. TRAXEL: Kritische Untersuchungen zur Eidetik. Arch. ges. Psychol. 114 (1962) 260. – H. DÜKER: Hat Jaenschs Lehre von der Eidetik heute noch Bedeutung? Psychol. Beitr. 8 (1965) 237. W. TRAXEL

Anschauungssatz/Begriffssatz. ‹A.› nennt BOLZANO einen Satz (an sich) [1], der mindestens eine Anschauung enthält (Synonyma sind für Bolzano «empirischer Satz», «Wahrnehmungssatz»). ‹B.› heißt dagegen bei Bolzano ein Satz, der keine Anschauungen enthält [2]. In diesen definitorischen Bestimmungen verwendet Bolzano das Wort ‹Anschauung› im Sinne einer einfachen (= nicht mehr weiter zerlegbaren) Vorstellung an sich (s. d.), die auf genau einen Gegenstand zutrifft [3]. Analysiert man die von Bolzano zu Beispielszwecken angeführten Anschauungs*terme*, so sind dies im wesentlichen gerade die elementaren Namen im logischen Sinne, insbesondere das nur situationsrelativ eindeutig verwendbare Wort ‹dies›. – *Wahre* Begriffssätze heißen in Bolzanos ‹Wissenschaftslehre› «Begriffs*wahrheiten*».

Anmerkungen. [1] Vgl. Art. ‹Satz an sich›. – [2] B. BOLZANO: Wissenschaftslehre 2 (¹1837) § 133. – [3] a. a. O. 1, § 72.

Literaturhinweis. J. BERG: Bolzano's logic (Stockholm 1962) § 10. F. KAMBARTEL

An sich/für sich; an und für sich (griech. καθ᾽ αὐτό/κατὰ συμβεβηκός; lat. per se/per accidens; an sich/beiläufig; Für-sich-Sein; an und für sich). Mit καθ᾽ αὐτό wird ausgedrückt, daß etwas «an ihm selbst» ist und nicht an einem andern (vgl. die Grundbedeutung von κατά mit Akk.: ‹von oben bis unten über etwas hin›). Auf das «Sein» bezogen findet sich die Wendung erstmals bei PARMENIDES [1]. Bei PLATO ist καθ᾽ αὐτό die Verstärkung des αὐτό, mit dem die Ideen – als Wesen, denen das eigentliche Sein zugesprochen wird – charakterisiert werden in Abhebung von den Dingen, die an ihnen teilhaben [2]. Zugleich kennzeichnet καθ᾽ αὐτό die Wesensart des Erkennens [3].

Zur näheren Bestimmung der Seinsweise eines Seienden bzw. wie etwas von einem anderen ausgesagt wird, benutzt ARISTOTELES das Gegensatzpaar καθ᾽ αὐτό/κατὰ συμβεβηκός [4]. Ersteres setzt er mit ᾗ αὐτό gleich [5], letzteres nicht [6]. Aber auch das κατὰ συμβεβηκός gehört in den Bereich des Seins und nicht in den des Entstehens und Vergehens. Auch der substantivische Gebrauch dieser Wendungen findet sich schon bei Aristoteles [7]. Außerdem können sie aufeinander angewandt werden [8]. Die Weisen dessen, was einem Seienden καθ᾽

αὐτό zukommt, fallen zusammen mit den Kategorien [9]. καθ' αὐτό wird dementsprechend mehrfach ausgesagt [10]. Vorrangig aber gilt: «Das Wesen (τὸ τί ἦν εἶναι) eines jeden ist das, was καθ' αὐτό ausgesagt wird» [11]. Demgegenüber ist κατὰ συμβεβηκός – in negativer Bestimmung von καθ' αὐτό her [12] – das, was dem Ausgesagten nicht auf Grund seiner selbst zukommt, ihm somit zufällig anhaftet [13]. Der weitere Sprachgebrauch verbleibt in dem von Aristoteles abgesteckten Bereich. Die lateinischen Übersetzungsworte sind ‹per se› und ‹per accidens› [14].

Das *mittelalterliche* Verständnis kann exemplarisch an THOMAS VON AQUIN aufgewiesen werden. Er setzt ‹per se› gleich mit ‹secundum se› bzw. mit ‹secundum quod ipsum› [15]. Für ihn bezeichnet dabei ‹per› eine «habitudo causae», ‹per se› dementsprechend: «quando subiectum vel aliquid eius est causa eius» [16]. Was einem Subjekt per se zukommt, ist diesem notwendig, immer und untrennbar inne [17]. ‹Per se› steht einmal in Gegensatz zu ‹per aliud› (secundum aliud; ab alio); dabei ist per se die Ursache des per aliud [18]. Der gewöhnliche Gegensatz aber zu ‹per se› ist ‹per accidens› (secundum accidens). Per accidens ist das, was – «propter aliquam suppositionem» [19] – ‹hinzufällt› (accidit) und insofern auch ‹causa› genannt werden kann [20]. Es kommt dem Ausgesagten weder immer noch notwendig zu [21], insofern ist es ‹nebensächlich›, ‹beiläufig› (‹etwas, was nebenher läuft›). Dabei ist ‹per accidens› von ‹accidens› (als Gegensatz zu ‹substantia›) zu unterscheiden [22].

In der Folge aber wird ‹per aliud› der herrschende Gegensatz zu ‹per se›. SPINOZA scheidet sprachlich zwischen ‹in se› – «in alio *est*» und ‹per se› – «per aliud *concipitur*». Per se ist das, was keines anderen bedarf [23].

In der deutschen Schulphilosophie des 18. Jh. steht ‹per se› gleichbedeutend mit ‹in se›, ‹absolute›, ‹intrinsece› und wird wiedergegeben mit ‹an sich›, ‹an und vor (= für) sich›, ‹vor (= für) sich›. Der Gegensatz ist: ‹bedingt› und ‹äußerlich› (per aliud; secundum quid) [24].

In diesem Sinne gebraucht auch KANT ‹an sich›: «Das Wort *absolut* wird jetzt öfters gebraucht, um bloß anzuzeigen, daß etwas von einer Sache *an sich selbst* betrachtet und also *innerlich* gelte.» An sich selbst, d. h. innerlich möglich, fällt dabei nicht notwendig zusammen mit «in aller Beziehung (uneingeschränkt)», mithin «absolut» möglich [25]. «An sich selbst, der Gattung nach» steht aber für Kant vor allem in Gegensatz zu «vor [= für] uns» bzw. «in uns», d. h. wie etwas uns «erscheint». Was erscheint, setzt etwas voraus, «was an sich nicht Erscheinung ist, weil Erscheinung nichts vor [= für] sich selbst, und außer unserer Vorstellungsart sein kann» [26]. Dieses muß an sich selbst, d. h. «außer uns vor [= für] sich selbst bestehend» [27], «ein von der Sinnlichkeit unabhängiger Gegenstand sein» [28]. Das Kantische Verständnis prägt weithin noch heute den allgemeinen Sprachgebrauch: ‹an sich› als im Gegensatz zu wirklich stehend und als Gegensatz zum subjektiven Bezug. Beides hängt zusammen, da der subjektive Bezug als konkrete Wirklichkeit genommen wird.

SCHELLING wendet sich gegen die negative Bestimmung des An-Sich bei Kant: «Freiheit» ist «der positive Begriff des An-sich überhaupt» [29].

HEGEL [30] unterscheidet als Zustände der Entwicklung: an sich (potentia, δύναμις) und für sich (actus, ἐνέργεια) [31]. Dem Kantischen Verständnis von ‹an sich› als ‹innerlich möglich› entspricht es, wenn Hegel ‹an sich› in Gegensatz zu ‹wirklich› setzt: «was *an sich* ist, ist eine Möglichkeit, ein Vermögen, aber noch nicht aus seinem Inneren zur Existenz gekommen». ‹Prinzip› ist von dieser Art: «ein Allgemeines, Inneres, das als solches, so wahr es auch an ihm sei, nicht vollständig wirklich ist» [32]. Ansich (Bild: Keim) ist «keine leere, sondern eine reale und in sich treibende» Möglichkeit [33]. Das Ansich entfaltet sich, tritt in die ‹Existenz›, ins ‹Dasein›. Es wird zum ‹Gegenstand›, zum Sein für Anderes. Im Bereich des Geistes heißt dies, zum Bewußtsein bringen. Die Identität des Ansich mit der Existenz als Endpunkt der Entwicklung (Bild: Frucht) nennt Hegel «Fürsichsein». Im Bereich der Natur ist diese Identität nur «für uns» (die Momente zerfallen in einzelne Individuen) und verbleibt so im Bereich des Ansich (für Hegel fällt daher der Kantische Gegensatz ‹an sich/für uns› zusammen). Im Geist aber ist Anfang und Ende identisch. Er ist für sich, indem er für ein anderes ist. Er bringt sich selbst als seinen Gegenstand hervor und ist so «Zusichkommen in seinem Anderen». Diese Bewegung des sich Entfremdens, um sich wiederzufinden, ist Freiheit. – Relativ spät und selten gliedert Hegel in drei Phasen [34]: Ansichsein und sein bedingender Gegensatz: Sein-für-Anderes gehören in den Bereich des «Daseins» als des bestimmten Seins. Sie sind die zwei Momente des «Etwas» (Etwas fordert immer ein Anderes). Ansichsein besagt Gleichheit des Seins mit sich, aber nicht unmittelbar, sondern als Nichtsein des Andersseins, auf das es doch bezogen bleibt [35]. – Fürsichsein ist demgegenüber hier absolut bestimmtes, d. h. unendliches Sein. Es ist über seine Schranke, sein Anderssein, so hinausgegangen, daß dessen Negierung seine Rückkehr zu sich selbst ist (das Bewußtsein ist von solcher Art). Es ist einfache Beziehung auf sich [36]. – Im «Begriff» (als der Wahrheit der Substanz) ist An- und Für-sich-Sein geeint, denn er ist wesentlich Setzung seiner selbst. Seine Verhältnisweise ist die Freiheit. In ihm enthält das ‹an sich› die Bestimmung des ‹für sich› und umgekehrt. Beide werden je zur «Totalität» [37]. Begriff ist «Geist». Sein Fortgehen, Bestimmen ist nicht mehr Übergehen, sondern Entwicklung [38].

HUSSERL fordert, daß das An-sich-sein, die Transzendenz des Dinges gegenüber dem Bewußtsein von der «ausweisenden Erfahrung her zu bestimmen sei» [39]. Demgemäß ordnet HEIDEGGER Ansich nicht dem Vorhandenen, sondern dem Zuhandenen zu: «Zuhandenheit ist die ontologisch-kategoriale Bestimmung von Seiendem, wie es ‹an sich› ist» [40].

In dem Bemühen um die gleiche Problematik zerfällt für SARTRE das Sein in zwei radikal verschiedene Seinsarten: ‹l'être-en-soi› (Seinsart des Seins der Phänomene) und ‹l'être-pour-soi› (Seinsart des Bewußtseins [41]. ‹En soi› bedeutet keinen Bezug zu sich, sondern «es sein» (n'est pas rapport à soi, il est *soi*) [42]. ‹Soi› ist hier nicht reflexiv zu verstehen. Es verweist nicht auf sich (à soi), sondern: «ce *soi*, il l'est» [43]. Das An-sich-Sein steht in keiner Beziehung zu dem, was nicht es ist. Es ist vollständige Positivität und kennt kein Anderssein. Es ist nicht ableitbar, weder möglich noch unmöglich. Es ist kontingent, überzählig (de trop) [44]. ‹Pour soi› bedeutet ‹selbst zu sein› in der Form der Anwesenheit bei sich (d'être lui-même sous la forme de présence à soi). Das macht aus, daß es nicht völlig es selbst ist (tout à fait soi), denn es existiert: «à distance de soi comme présence à soi». Was es trennt, ist das Nichts [45]. So ist das Für-sich-Sein «das, was es nicht ist und nicht das, was es ist» [46]. Die synthetische Verbindung beider ist das Pour-soi selber [47].

Zusammenfassend: Die Bezogenheit dessen, was ist, auf sich zurück, läßt im abendländischen Denken Sein als Sein hervortreten. Das Verständnis von ‹an sich› ist so Verständnis von ‹Sein›, denn es gibt an, was das Ausgesagte an sich selbst ist, insofern es in sich zurückgegangen ist und damit sich sowohl von der Verflochtenheit mit anderen und Bedingtheit durch andere abhebt, d. h. in seinem Wesen erscheint. Eigentlich nur diese Formalität des Seins aussprechend, tritt es auch stellvertretend substantivisch auf und steht anstelle von ‹Sein›, insofern es dieses in seiner Formalität vorstellt. Das nähere Verständnis von ‹an sich› hängt daher eng mit dem jeweiligen Verständnis von ‹Sein› zusammen.

Anmerkungen. [1] PARMENIDES bei DIELS, Vorsokr. B 8, 29 (I 237, 9). – [2] PLATON, Phaidon 78 d (verstärkt: Symposion 211 b); Parmenides 130 b. – [3] Theaitet vgl. 152 d. 153 e. 156 e. 157 a. 201 e. 205 c. 206 a. – [4] ARISTOTELES, Met. V, 7, 1017 a 7. – [5] Anal. post. I, 4, 73 b 28. – [6] Met. V, 30, 1025 a 28. – [7] Met. XI, 8, 1065 b 2. – [8] Vgl. Anal. post. I, 22, 83 b 17ff. – [9] Met. V, 7, 1017 a 22. – [10] Met. V, 7, 1017 a 22-b 9; V, 18, 1022 a 24-36; Anal. post. I, 4, 73 a 34-b 24. – [11] Met. VII, 4, 1029 b 14. – [12] Vgl. E. TUGENDHAT: TI KATA TINOS. Eine Untersuchung zu Struktur und Ursprung arist. Grundbegriffe (1958) 60f. – [13] Met. V, 7, 1017 a 18 u. ö.; die verschiedenen Weisen: V, 9, 1017 b 27-1018 a 4. – [14] Zu *Boethius* und zur Gesch. von ‹accidens› vgl. M. B. LORANO: La expresión de lo accidental en la lit. filos. lat. hasta el fin del Imperio. Rev. de Filosofía 23 (Madrid 1964) 325-345; Die Prägung des Terminus accidentere im Latein. durch Boethius. Vivarium 5 (Assen 1967) 1-7. – [15] THOMAS VON AQUIN, In Met. V, 19: n. 1054; S. theol. III, 16, 10 arg. 3; S. contra gentiles, II, 55: n. 1299; Die ma. Übersetzungen geben KATÁ oft mit ‹secundum› wieder. – [16] In Anal. post. I, 10: n. 83; vgl. In An. II, 14: n. 401. – [17] S. contra gentiles II, 55: n. 1299. – [18] S. contra gentiles III, 52: n. 2294. – [19] S. theol. I, 8, 4. – [20] In Met. V, 3: n. 789; die verschiedenen Weisen: In Met. V, 9: n. 886ff. – [21] S. contra gentiles II, 34: n. 1106; In Phys. VIII, 9: n. 1043. – [22] In Met. V, 9: n. 885. – [23] SPINOZA, Ethica, p. I, def. III u. IV; axiom. I u. II; prop. II dem. Werke, hg. K. BLUMENSTOCK. 2 (1967) 86. 88. – [24] Vgl. A. G. BAUMGARTEN, Met. §§ 15. 16. 127 (1783) 6. 7. 54. – [25] KANT, KrV B 381. – [26] a. a. O. A 254-255. – [27] a. a. O. A 386. – [28] a. a. O. A 255. – [29] F. W. J. SCHELLING: Über das Wesen der menschl. Freiheit (¹1809). Werke hg. K. F. A. SCHELLING 7 (1860) 352; vgl. 347. – [30] Zur Entwickl. der Hegelschen Terminol. vgl. TH. L. HAERING: Hegel. Sein Wollen und sein Werk 1 (1929) bes. 317ff.; 2 (1938) bes. 110ff. – [31] HEGEL, Einl. in die Gesch. der Philos., hg. J. HOFFMEISTER (1940) 101. – [32] Die Vernunft in der Gesch., hg. J. HOFFMEISTER (⁵1955) 81; vgl. 63. – [33] HAERING: a. a. O. [31] 102-110. – [34] Vgl. Enzyklop. § 83, hg. F. NICOLIN/O. PÖGGELER (⁶1959) 104. – [35] Logik I, 1, 2, hg. G. LASSON (²1934) 1, 106ff. – [36] Logik I, 1, 3 a. a. O., 1, 147ff. – [37] Logik II a. a. O. 2, 213ff.; vgl. HAERING, a. a. O. [30] 2, 110ff.; HEGEL gebraucht ‹anundfürsich› auch unthematisch im Sinne von ‹an sich›. – [38] Enzyklop. § 161 a. a. O. [34] 151. – [39] E. HUSSERL: Ideen zu einer reinen Phänomenol. (1928) 89. – [40] M. HEIDEGGER: Sein und Zeit (⁹1960) 17; vgl. 69. 75f. 88. 106. 209. 212. 354. – [41] J.-P. SARTRE: L'être et le néant. Essai d'ontologie phénoménol. (Paris ¹⁹1949) 29ff. 711. – [42] a. a. O. 32. – [43] 33. 118f. – [44] 34. 116. – [45] 119f. – [46] 33. – [47] 711. D. EICKELSCHULTE

Anspruch

I. ‹A.› ist als *theologischer* Begriff in der dialektischen Theologie strittig: Gegen F. GOGARTEN, der in der Aufnahme einiger Kategorien von E. GRISEBACH [1] vom A. des Du, der Situation und der Geschichte ausgeht [2], setzt K. BARTH die Priorität des «göttlichen A.» [3], dessen soteriologische Begründung später dadurch gegeben wird, daß Gott «in seiner Offenbarung ... menschliches Denken und Reden wahrhaftig in A. nimmt» [4] und damit rechtfertigt, so daß der Mensch, der «keinen A.» auf Gott hat, von Gott reden kann, weil dieser den «gerechtesten A.» auf den Menschen hat [5]. Die Primordialität des göttlichen A. entfaltet sich in Barths Lehre von Gottes Gebot [6]: In dreifacher Gestalt (als A., Entscheidung und Gericht) begegnet das *eine* Wort Gottes in der Person Jesu Christi, die «wie der Grund und Inhalt so auch die Form des göttlichen A.» ist [7]. – Bei P. TILLICH begegnet ein «moralischer» [8] bzw. «innerer A.» [9], der «unbedingt ... mit dem Selbst als solchem gesetzt und die Bedingung von Welt überhaupt» ist. In der Annahme dieses A. konstituiert sich «die moralische Welt oder ein System der Gerechtigkeit.» A. ist derart «A. auf Gerechtigkeit» und fordert als seine gesellschaftlichen Analoga Gleichheit, Freiheit und Selbstverwirklichung [10]. Mit der Frage: «Wird der innere A. verletzt, den ein jedes Ding und eine jede Person hat?» formuliert Tillich ein situatives Prinzip, dem Macht und Gewaltanwendung zu entsprechen haben [11]. Demgegenüber begreift E. BRUNNER A. als Gottes «Herrenrecht am Menschen», indem «er ihn zuerst gnädig angesprochen hat» [12]. Gott schenkt dem Menschen seine Liebe und Gnade und nimmt dafür «unsere ganze Existenz für sich für diese seine Liebe in A.; er schenkt uns sein Leben nicht anders als so, daß wird dadurch mit unserem Leben dieser Liebe verhaftet werden» [13].

Anmerkungen. [1] E. GRISEBACH: Gegenwart (¹1928) 43-85 262 u. ö. – [2] F. GOGARTEN: Das Wort und die Frage nach der Kirche. Zwischen den Zeiten (=ZdZ) 4 (1926) 279; Was ist Gottes Wort? ZdZ 5 (1927) 310-330. – [3] K. BARTH: Das Halten der Gebote. ZdZ 5 (1927) 206-227, bes. 222. – [4] Die Kirchliche Dogmatik II/1, 241. – [5] a. a. O. 258. – [6] a. a. O. II/2, 564-875. – [7] a. a. O. 674. – [8] P. TILLICH, Ges. Werke 9 (¹1967) 161f. – [9] a. a. O. 216. – [10] 162ff. – [11] 216. – [12] E. BRUNNER: Das Gebot und die geistigen Ordnungen (¹1939) 40. – [13] a. a. O. 101. 109; vgl. Der Mensch im Widerspruch (1937) 533.

CHR. GREMMELS

II. In die *pädagogische* Diskussion kommt der Begriff ‹A.› innerhalb der Bildungstheorie als A. des Seins oder der Wirklichkeit; als Ziel der Erziehung gilt es, daß der Mensch fähig und bereit wird, die Wirklichkeit in ihrem A. zu vernehmen und handelnd diesem A. zu entsprechen. Ansätze zu diesem Gebrauch des Begriffes finden sich in den Begriffen «Zwiesprache», «Anrede» und «Verantwortung» bei BUBER [1] wie auch in GUARDINIS Lehre von der «Gegenstandsentsprechung» [2]. Erst um 1960 breitet sich der Begriff des A. im pädagogischen Schrifttum aus [3]. SCHALLER entwickelt eine «Pädagogik der Entsprechung», in der dieser Begriff zentrale Bedeutung gewinnt [4]. Der Zusammenhang der Lehre läßt erkennen, daß die wichtigsten Anregungen aus HEIDEGGERS Seins- und Sprachtheorie, der anthropologischen Theorie des Dialogischen und der Theologie kamen. SCHERER bezieht den Begriff auf die Deutung des Menschen als «Hörer des Wortes» und auf HENGSTENBERGS Theorie der Sachlichkeit [5].

Anmerkungen. [1] M. BUBER: Reden über Erziehung. Werke 1 (1962) 797. – [2] R. GUARDINI: Grundlegung der Bildungslehre (Würzburg o. J.) 41. – [3] Vgl. J. DERBOLAV: Versuch einer wissenschaftstheoretischen Grundlegung der Didaktik. Z. Pädag. 2. Beih. (1960) 22. – [4] K. SCHALLER: Die Krise der humanistischen Pädag. und der kirchliche Unterricht (1961) 73ff. – [5] G. SCHERER: Christusmysterium und Bildung (1961) 60; K. RAHNER: Hörer des Wortes (²1963); H.-E. HENGSTENBERG: Philos. Anthropol. (1957) 21.

Literaturhinweis. L. KERSTIENS: Der gebildete Mensch (1966) 56-95.

L. KERSTIENS

Anspruchsniveau

Der Begriff wurde in seiner speziell psychologischen Bedeutung durch den Arbeitskreis um K. LEWIN in die Psychologie eingeführt. DEMBO erkannte zuerst die Bedeutung des A. für das Erleben von Erfolg und Mißerfolg, auch für die Genese von Ärger in Leistungssituationen [1]; die erste Veröffentlichung einer experimentellen Untersuchung des A. stammt jedoch von HOPPE [2].

A. bezeichnet nach HOPPE allgemein einen subjektiven Gütemaßstab, mit dessen Hilfe ein Individuum seine eigenen Handlungen bewertet. Die Bewertung durch das A. macht bestimmte Handlungen erst zu Leistungen, und wiederum werden Leistungen nur mit Hilfe des A. als erfolgreich oder nicht erfolgreich erfahren. Erfolg erlebt ein Individuum, wenn seine Leistungen sein A. übersteigen, Mißerfolg, wenn sein A. nicht erreicht wird. Experimentell erfaßte Hoppe das A. durch direktes Befragen der Versuchsperson in der Untersuchung oder durch indirektes Erschließen aus ihrem Verhalten. In der bis heute üblichen Befragungsmethode ermittelte Hoppe das A. durch Angaben über die Erwartungen, die ein Individuum in einer bestimmten Situation bezüglich seiner zukünftigen Leistungen hegt. Es wird also das Leistungsziel der Versuchsperson als Ausdruck seines A. verwertet. In neueren Forschungen über das A. im Leistungsbereich wird nicht mehr das absolute Leistungsziel als Maß verwendet, sondern ein relatives Ziel (Zieldiskrepanz), d. h. die Abweichung des Leistungszieles von dem erreichten Leistungsstand. Das relative Leistungsziel schwankt bei einem Individuum in verschiedenen Situationen weniger als das absolute und ist somit besser als Maß für die Untersuchung überdauernder Leistungsmotivation geeignet [3].

Abweichend von dem bisher vorwiegend auf den eigenen Leistungsbereich beschränkten Sinn des Begriffes, gebraucht LERSCH den Terminus ‹A.›. Er definiert A. als den «quantitativen Umfang und die qualitative Höhe von Ansprüchen eines Individuums an seine Umwelt». Ein solcher Anspruch kann sich auf die Befriedigung biologischer Bedürfnisse, auf Besitz, auf Fürsorge anderer oder auf Geltung und Macht beziehen. Lersch lehnt sich mit seiner Verwendung des Begriffes enger an den allgemeinen Sprachgebrauch an, indem er Anspruch als Forderung an die Umwelt versteht, als Forderung des Individuums *für* sich, nicht *an* sich selbst [4].

Die Bedeutung des A. als Gütemaßstab für die eigene Leistung hat weite Verbreitung in der Psychologie der Persönlichkeit erfahren. Im Anschluß an die HOPPEsche Untersuchung wurde eine Fülle von experimentellen Befunden zusammengetragen, die Faktoren isolieren, welche das A. beeinflussen. Die A.-Forschung hat jedoch bis jetzt die Mechanismen der A.-Setzung im Sinne LERSCHS vernachlässigt.

Anmerkungen. [1] K. LEWIN, T. DEMBO, L. FESTINGER und P. SNEDDEN SEARS: Level of aspiration, in: J. McV. HUNT: Personality and the behavior disorders 1 (New York 1944) 333-378. – [2] F. HOPPE: Untersuchungen zur Handlungs- und Affektpsychol., hg. K. LEWIN, 9. Erfolg und Mißerfolg. Psychol. Forsch. 14 (1930) 1-62. – [3] H. HECKHAUSEN: Leistungsmotivation, in: Hb. Psychol. 2, hg. H. THOMAE (1965) 602-702. – [4] PH. LERSCH: Aufbau der Person (⁹1964) 168; (¹1938): Aufbau des Charakters. Red.

Anständigkeit wird im 18. Jh. vorwiegend als ‹Anstand› im Sinne von ‹etwas steht mir an, entspricht meinen Absichten und Wünschen›, aber auch schon als Schicklichkeit des Betragens verstanden. Im Laufe des 19. Jh. setzt sich die zweite Bedeutung durch. Dabei kann entweder nur das äußere Betragen oder zugleich auch die diesem zugrunde liegende sittliche Haltung gemeint sein. 1931 spricht TH. MANN in Polemik gegen die Nationalsozialisten von A. in einem die sittliche Persönlichkeit umfassenden Sinn; sie werde als «Urgegebenes» nach aller Immoralität wieder auferstehen [1]. W. HELLPACH spricht zur gleichen Zeit von einem «A.-Trieb» [2]. O. F. BOLLNOW versucht den Begriff zu terminologisieren: A. erscheint bei ihm als eine Tugend der «einfachen Sittlichkeit», die nach Überbewertung der Innerlichkeit und des unmittelbaren Erlebnisausdrucks in den 20er Jahren als das Gewissenhafte, Solide, Zuverlässige wieder zur Geltung komme; andrerseits erweise sie sich beim Zusammenbruch des «hohen Ethos» als dessen unabhängiges formales Gerüst, indem sie als Restbestand desselben zurückbleibe [3].

Anmerkungen. [1] TH. MANN: Die Wiedergeburt der A. Ges. Werke 12: Reden und Aufsätze 4 (1960) 649ff. – [2] W. HELLPACH: Zwischen Wittenberg und Rom (1931) 258. – [3] O. F. BOLLNOW: Einfache Sittlichkeit (1947) 48ff. B. SCHWENK

Antagonismus. Die antike Philosophie kennt den Terminus nicht [1]. Gebräuchlich bis in die Schulgelehrsamkeit der Neuzeit hinein «Antagonista = adversarius, ein gegner, widerpart» [2]. A. wird 1827 durch W. T. KRUG definiert als «Widerstreit der Kräfte, der sowohl in der geistigen als in der Körperwelt stattfinden kann», sich zeigend in actio und reactio, actio und passio (lex antagonismi). «Alles Leben beruht zuletzt auf solchem A. ... Es beruht aber auf diesem A. auch das ganze Weltsystem» [3]. Seit KANT ist der Begriff sozialphilosophisch bedeutsam. Er bezeichnet 1784 als «Antagonism die *ungesellige Geselligkeit* der Menschen», seine «Neigung sich zu *vergesellschaften*» und seinen «Hang sich zu *vereinzeln*», durch den die Natur alle ihre Anlagen zu entwickeln und die Gesellschaft schließlich «ein *moralisches Ganze*» zu werden vermag [4]. Für SCHILLER verlangt (1795) die Entwicklung der Anlagen der Menschen «sie einander entgegenzusetzen. Dieser Antagonism der Kräfte ist das große Instrument der Kultur». Er darf jedoch nicht das «Opfer ihrer Totalität» fordern, die durch «höhere Kunst» [5] wiedergewonnen werden muß. Während SCHOPENHAUER 1818 das Verhältnis von Wille und anschauender Erkenntnis der Außenwelt als «A.» begreift [6], kennzeichnet spezifisch gesellschaftliche Zuordnung wiederum den Begriff bei SAINT-SIMON und in seiner Schule um 1829. Die Gesellschaft durchlaufe ein provisorisch-vergangenes und definitiv-zukünftiges Zeitalter, «das Stadium des *A*. und das der *Vergesellschaftung*» [7], der erbarmungslosen Rivalität von Gruppen und der Teilung der Arbeit zu einem gleichen Ziel hin. 1859 sind bei K. MARX «die bürgerlichen Produktionsverhältnisse ... die letzte antagonistische Form des Produktionsprozesses, antagonistisch nicht im Sinne des individuellen A., sondern ein aus den gesellschaftlichen Lebensbedingungen der Individuen hervorwachsender A.» Die Entwicklung der Produktivkräfte, die Teilung der Gesellschaft in Bourgeoisie und Proletariat, schafft «zugleich die materiellen Bedingungen zur Lösung dieses A.» in revolutionärer Aktion, womit die «Vorgeschichte der menschlichen Gesellschaft» abschließt [8] und der Übergang in das «Reich der Freiheit» des «totalen Menschen» beginnt. *Marxistisch-leninistisch* ist A. «ein Widerspruch, der auf dem unversöhnlichen Gegensatz zwischen den Interessen verschiedener gesellschaftlicher Klassen oder sozialer Gruppen beruht» (Bourgeois/Proletarier, imperialistische Mächte usw.), während «nicht-antagonistische Widersprüche» Gegensätze von Gruppen bzw. Klassen sind, die «auch grundlegende gemeinsame Interessen haben» [9]. Nach STALIN werden die nicht-antagonistischen Widersprüche in der sozialistischen Gesellschaft (z. B. Produktion/Konsumtion, Stadt/Land, Bauern/Arbeiter/Intelligenz) durch die «Triebkräfte» der sozialistischen Gesellschaft (Sowjetpatriotismus, moralisch-politische Einheit, Kritik und

Selbstkritik) gewaltlos gelöst [10]. Seit 1937 hat MAO TSE-TUNG ein ähnliches Konzept. Je nach Lage kann ein antagonistischer Widerspruch, ein «offener A.», nichtantagonistisch werden und umgekehrt. 1957 unterscheidet er zwei Arten gesellschaftlicher Widersprüche: «zwischen uns und unseren Feinden» und «innerhalb des Volkes». Letztere können durch «demokratische Methode» nach der Formel «Einheit-Kritik-Einheit» [11] beseitigt werden. Die Auflösung jeglicher gesellschaftlicher A. dient der Erziehung des «neuen Menschen», hilft der «allseitigen und harmonischen Entwicklung der menschlichen Persönlichkeit» [12] voran.

Anmerkungen. [1] Zu griech. ANTAGONÍZOMAI s. LIDELL/SCOTT: Greek-English Lex. (Oxford 1953) 1, 148. – [2] BASILII FABRI SORANI Thesaurus eruditionis scholasticae ... rec., emend., locuplet. a J. M. GESNERO (1726) 80. – [3] W. T. KRUG: Allgemeines Handwb. der philos. Wiss. 1 (1827) 142f. – [4] I. KANT: Idee zu einer allg. Gesch. in weltbürgerlicher Absicht (1784) 4. Satz. – [5] F. SCHILLER: Über die ästhetische Erziehung des Menschen (1795) 6. Brief. – [6] A. SCHOPENHAUER: Die Welt als Wille und Vorstellung (1818) 2, 30. Kap. – [7] C. BOUGLÉ und E. HALÉVY (Hg.): La doctrine de Saint-Simon (Exposition 1re année) (Paris 1924); G. SALOMON-DELATOUR (Hg.): Die Lehre Saint-Simons (1962) 83. – [8] K. MARX: Zur Kritik der politischen Ökonomie (1859) Vorwort. – [9] G. KLAUS und M. BUHR (Hg.): Philos. Wb. (1965) 61. – [10] J. V. STALIN: Rechenschaftsbericht an den XVIII. Parteitag ... (1939) in: J. V. STALIN: Fragen des Leninismus (Moskau 1947) 708; J. STALIN: Der Marxismus und die Fragen der Sprachwissenschaft (Moskau 1950; dtsch. 1953) 35. – [11] MAO TSE-TUNG, Ausgewählte Schriften, hg. T. GRIMM (1963) 48-73, bes. 71; 78-102, bes. 85ff. – [12] Programm der kommunistischen Partei der Sowjetunion (1961) II. Teil, V. e, in: C. W. GASTEYGER (Hg.): Perspektiven der sowjetischen Politik ... (1962) 247.   W. GOERDT

Antepradikamente. Das Wort nimmt im Laufe der Entwicklung der mittelalterlichen Logik drei verschiedene Bedeutungen an, deren erste sich seit ALBERTUS MAGNUS [1] allgemein einbürgerte und in der scholastischen Philosophie neben einem gelegentlichen Gebrauch der beiden anderen bis heute beibehalten wurde [2].

Diese erste Bedeutung stammt aus der schon bei JOHANNES PHILOPONUS [3] nachweisbaren Aufgliederung der *Kategorienschrift* des ARISTOTELES in drei Teile: τὰ πρὸ τῶν κατηγοριῶν (die [Kapitel] vor den Kategorien) – αἱ κατηγορίαι – τὰ μετὰ τὰς κατηγορίας (die [Kapitel] nach den Kategorien), und bezieht sich auf den die Kapitel 1-3 umfassenden ersten Teil, worin sich eine Reihe von vorbereitenden Definitionen, Unterscheidungen und Leitsätzen findet, die im zweiten Teil zur Anwendung kommen: so etwa die Definitionen der Begriffe ‹homonym›, ‹synonym›, ‹paronym› (Kap. 1); die Differenzierung der möglichen Zuordnungen von «In-einem-Subjekt-sein» (ἐν ὑποκειμένῳ εἶναι) und «Von-einem-Subjekt-ausgesagt-werden» (καθ'ὑποκειμένου λέγεσθαι) (Kap. 2); wie schließlich die Erörterung der beiden axiomatischen Sätze über Verhältnisse des Einschlusses (regula de quocunque) bzw. Ausschlusses zwischen Gattung, Art und spezifischer Differenz (Kap. 3). So lassen sich die A. definieren als «praeambula et praerequisita ad praedicamenta ordinanda» [4].

Eine zweite Bedeutung findet sich bei ABÄLARD [5], vermutlich sogar schon bei SIGEBERT VON GEMBLOURS, der jedenfalls den lateinischen Terminus ‹antepraedicamenta› zum ersten Mal verwendet [6]. Hier dient das Wort sowohl als bibliographische wie als sachlich-systematische Bezeichnung der zuerst von MARIUS VICTORINUS, dann von BOETHIUS ins Lateinische übersetzten ‹Isagoge› (Εἰσαγωγή) des PORPHYRIUS, die als Einleitungsschrift in die Kategorien (Prädikamente) in den Compendien der mittelalterlichen Logica vetus jeweils unmittelbar vor der aristotelischen Schrift aufgeführt wurde. In dieser Bedeutung bezeichnet der Ausdruck ‹A.› kollektiv wie distributiv die sogenannten Prädikabilien: genus, species, differentia specifica, proprium, accidens, also jene das Thema der ‹Isagoge› bildenden universalen Prädikate, die als logische Grundbegriffe zu Verständnis und wissenschaftlichem Gebrauch der Kategorien nicht weniger notwendig sind als zu Definition, Division und Beweisführung.

Gelegentlich sogar in einer dritten Bedeutung zur Bezeichnung der überkategorialen «transcendentia», der thomistischen Transzendentalbegriffe: ens, res, aliquid, unum, verum, bonum, verwendet [7], besitzt der Name ‹A.› trotz der Verschiedenheit des Bezeichneten im einzelnen gleichwohl durch seinen Bezug auf die didaktischen wie systematischen Voraussetzungen der Kategorien einen einheitlichen sachlichen Sinn.

Anmerkungen. [1] Vgl. C. PRANTL: Gesch. der Logik im Abendlande 1-4 (1855-1870; Nachdruck 1955) 3, 103. – [2] Vgl. etwa J. GREDT: Elementa philosophiae aristotelico-thomisticae 1 (²1909) 143-145. – [3] PHILOP., Ad cat. b. Br. 39 a 33; vgl. PRANTL, a. a. O. [1] 1, 651 Anm. 149. – [4] GREDT, a. a. O. [2] 143. – [5] ABÄLARD, Dialectica, hg. V. COUSIN (Paris 1836) 226. – [6] Vgl. PRANTL, a. a. O. [1] 2, 77 Anm. 310. – [7] Vgl. G. HAGEMANN: Logik und Noetik, neu bearb. A. DYROFF (¹²1924) 138f.

Literaturhinweise. C. PRANTL s. Anm. [1]. – R. J. AARON: The theory of universals (Oxford 1952). – W. und M. KNEALE: The development of logic (Oxford 1962).   H. M. BAUMGARTNER

Anthropismus. E. HAECKEL versteht unter dem Begriff ‹A.›, der in der griechischen Form (ἀνθρωπισμός, Vermenschlichung) bereits in der Antike vorkommt [1], «jenen mächtigen und weitverbreiteten Komplex von irrtümlichen Vorstellungen, welcher den menschlichen Organismus in Gegensatz zu der ganzen übrigen Natur stellt, ihn als vorbedachtes Endziel der organischen Schöpfung und als prinzipiell von dieser verschiedenes, gottähnliches Wesen auffaßt» [2]. Innerhalb des A. unterscheidet Haeckel drei Dogmen: das anthropozentrische, nach dem der Mensch der vorbedachte Mittelpunkt und Endzweck der gesamten Welt sei; das anthropomorphische, nach dem der Weltschöpfer Gott in seinem Denken und Handeln menschenähnlich sei, woraus umgekehrt folge, daß der Mensch gottähnlich sei; das anthropolatrische, nach dem dem menschlichen Organismus göttliche Verehrung zuteil werde. Diesem «anthropistischen Größenwahn» [3] setzt Haeckel die kosmologische Perspektive entgegen, aus welcher der Mensch, eingebettet in die unermeßlichen räumlichen und zeitlichen Weiten des Kosmos, nur ein winziges Etwas sei. Die Auffassung, daß Bewußtsein und Denken ausschließlich Eigentum des Menschen seien, bezeichnet Haeckel als «anthropistische Theorie des Bewußtseins» [4].

Anmerkungen. [1] DIOGENES LAERTIOS II, 70. – [2] E. HAECKEL: Die Welträtsel (¹1899; zit. ⁴1900) 13f.; vgl. auch: Systematische Phylogenie 3 (1895) 646f. – [3] Welträtsel 15. – [4] a. a. O. 199.   W. NIEKE

Anthropodizee wird erstmals erwähnt bei P. FAULQUIE als «Néol[atin] calqué sur théodicée pour désigner une philosophie dans laquelle l'homme a pris la place occupée par dieu dans la philosophie classique» [1] und dort PH. MULLER zugeschrieben, der die zentrale Beachtung des menschlichen Handelns in der modernen Philosophie als A. verstanden habe. A. ist die Verteidigung der Vernunft des Menschen gegen die Anklage, welche dieser aus dem Zweckwidrigen in der Welt gegen sich erhebt [2]. Angesichts des historischen, dialektischen

Zusammenhangs von Theodizee und A. fand der Begriff in zweifacher Bestimmung Eingang in die gegenwärtige Philosophie: 1. als geschichtsphilosophische Interpretationskategorie und 2. als ideologiekritisches Theorem.

1. H. BLUMENBERGS Theorie der Authentizität der Neuzeit [3] interpretiert in ihrer Kritik an der theologischen Bestreitung der Legitimität dieser Epoche (Säkularisation) den *geschichtsphilosophischen* Prozeß im neuzeitlichen Stadium als A. [4]. Die Bedingung der Notwendigkeit einer A. ist – vorausgesetzt, «daß die erste Überwindung der Gnosis am Anfang des Mittelalters nicht gelungen war» [5] – ein Rezidiv: «Die Neuzeit ist die zweite Überwindung der Gnosis» [6]. Die von der Antike gestellte und nicht gelöste Frage nach dem Übel wurde im neuplatonischen Verdikt der Welt als «großer Verfehlung ihres idealen Modells» [7] und in der gnostischen, eschatologischen Erwartung ihrer Zerstörung radikalisiert. Sie hat in der Kritik *Augustins* am ruinösen Katastrophenbewußtsein der Gnosis und seiner Wendung zu einer um des Menschen willen geschaffenen Welt eine entscheidende Antwort erhalten: Der Mensch bürdet sich zur Entlastung Gottes die Schuld allen Übels auf. Zum universellen Schuldbekenntnis des Menschen gehört die Lehre von seiner Rechtfertigung auf dem Gnadenwege [8]. Unter dem neuzeitlichen Eindruck der Erkenntnis der Faktizität des Wirklichen und der Reflexion auf den Mangel der Natur als den Antrieb menschlicher Tätigkeit stellt sich das Problem der Rechtfertigung auf veränderte Weise: Nicht die Verantwortung für die vergangene Urschuld drängt, sondern die für die Zukunft der Geschichte. «Die Gnosis hatte das Problem der Qualität der Welt für den Menschen akut gemacht und in den Widerspruch, den Patristik und Mittelalter ihr entgegensetzen sollten, die Bedingung der *Kosmodizee* als *Theodizee* eingebracht; die Neuzeit versuchte diese Bedingung auszuschlagen, indem sie ihre *Anthropodizee* auf die Rücksichtslosigkeit der Welt gegenüber dem Menschen ... begründete» [9]. In der technischen Sphäre vermittelt sich ein «der entfremdeten Wirklichkeit bewußt begegnender Wille zur Erringung einer neuen ‹Humanität› dieser Wirklichkeit» [10]. Die A. ist die Antwort menschlicher Selbstbehauptung auf den nachmittelalterlichen Ordnungs- und Telosschwund.

2. In der Analyse der Geschichte der Geschichtsphilosophie hat A. eine *ideologiekritische* Funktion [11]. Auf den nachrationalistischen Prozeß von der Fortschritts- zur Verfallgeschichtstheorie projiziert, leitet der Begriff die Erkenntnis, weshalb es im Schoß der klassischen deutschen Philosophie zu der mit der Unzweckmäßigkeit der Welt gegenüber der Vernunft begründeten Theologisierung des transzendentalen und praktischen Problems der Freiheit (und der Mittel der autonomen Vernunft zur Befreiung) kam. Wegen der in der französischen Revolution scheinbar nicht erreichten Parusie der Freiheit wurde in SCHELLINGS Identitäts- und positiver Philosophie der Begriff der Vernunft reduziert auf das subjektive Bewußtsein, ihre die Identität mit Gott zerstörende Praxis und ihre Negationsfunktion im dialektischen Prozeß der Offenbarung. Voraussetzung der nachrationalistischen Erneuerung der Metaphysik waren die ihm fremden Verbindungen, die der Idealismus z. B. Schellings mit dem Neuplatonismus, gnostischen Elementen, der jüdischen und protestantischen Mystik, dem apokalyptischen Pietismus der Schwabenväter und Spinoza eingegangen war. Aufgrund der Lehre von der Immanenz der Geschichte in Gott stellte sich die Schuldfrage modifiziert: Es ist der Mensch für den Verlust der ursprünglichen Identität verantwortlich; deren Aufbrechen war jedoch für die Offenbarung unabdingbar. Die Bestimmung der Freiheit als Modus des Absoluten und der Geschichte als Ort fortschreitender Unfreiheit – der Mensch war nur einmal im vorgeschichtlichen Akt der Auflehnung frei – begründet ein Plädoyer für den Menschen. Die scheinbare Theodizee auf der Grundlage menschlicher Freiheit erweist sich als A.: Die Menschheit trägt die Bürde einer im Antagonismus der Natur Gottes selbst entstehenden Notwendigkeit; Gott setzte sich im Menschen seine Negation ins Werk. Dieser A.-Begriff will klären, daß das Theodizeeschema der neuzeitlichen Geschichtsphilosophie die Lösung eines Problems unternimmt, welches erst durch die theologische Widerspiegelung gesellschaftlicher, historischer Antagonismen entstanden war, daß es als Verstehensinstrument die objektiven Bedingungen der Religion unreflektiert läßt. Die A. entwickelt sich aus den Antinomien der idealistischen, gegenüber der revolutionären Wirklichkeit der Freiheit identifizierungsunfähigen Vernunft, welche der Menschheitsgeschichte als Produkt gesellschaftlicher Arbeit ihre Anerkennung versagt.

Anmerkungen. [1] P. FAULQUIE: Dict. de la langue philos. (Paris 1962). – [2] Vgl. die dieser Definition zugrunde liegende analoge Bestimmung der Theodizee bei KANT, Akad.-A. 8, 255. – [3] H. BLUMENBERG: Die Legitimität der Neuzeit (1966) 75ff. – [4] a. a. O. 96. – [5] 78. – [6] ebda. – [7] 80. – [8] 88. – [9] 96. – [10] 92. – [11] H. J. SANDKÜHLER: Freiheit und Wirklichkeit. Zur Dialektik von Politik und Philos. bei Schelling (1968) 178ff.

H. J. SANDKÜHLER

Anthropologie – philosophische A. in nur zuweilen betontem Unterschied zur empirischen und in kaum je betontem zu nicht-anthropologischen Philosophien über den Menschen – «ist ... längst nicht mehr nur der Titel für eine Disziplin» [1]; vielmehr sind «die Probleme einer philosophischen A. heute geradezu in den Mittelpunkt aller philosophischen Problematik getreten» [2]. Zu dieser zur Zeit herrschenden Meinung gehören zwei kontroverse anthropologiegeschichtliche Thesen; entweder: philosophische A. gibt es seit je (GROETHUYSEN, SCHELER, BRÜNING, LANDMANN); oder: philosophische A. gibt es erst seit der Gegenwart (PLESSNER, HABERMAS). Beide Thesen sind korrekturbedürftig. Attraktiv wurden sie vermutlich wegen ihrer Eignung, zugunsten ihres Prestiges die tatsächliche Genealogie der philosophischen A. zu verdecken.

Anmerkungen. [1] M. HEIDEGGER: Kant und das Problem der Met. (²1951) 189. – [2] M. SCHELER: Die Stellung des Menschen im Kosmos (¹1947) 8.

1. Das Wort ‹A.› kommt nicht aus dem klassischen Griechisch; insbesondere kann es nicht auf ARISTOTELES zurückgeführt werden. Wo dieser vom ἀνθρωπολόγος spricht [1], meint er, was Ross mit «gossip» übersetzt: «ἀνθρωπολόγος apud Arist. ... est, qui de hominibus libenter verba facit» [2]. Mögliche Tauglichkeit dieser Formulierung für die Charakteristik moderner Anthropologen steht hier nicht zur Debatte. Formen von ἀνθρωπολογεῖν, die bei PHILON [3], DIDYMUS ALEXANDRINUS, ANASTASIUS SINAITA [4], PSEUDO-JULIUS EPISCOPUS ROMANUS [5] und PSEUDO-DIONYSIUS AREOPAGITA [6] nachweisbar sind, haben jene «theologische» Bedeutung, die 1778 Abbé MALLET dem Wort ‹A.› zuspricht: «A., s. f. *(Théol.)* maniere de s'exprimer, par laquelle les écrivains sacrés attribuent à Dieu des parties, des actions ou des affections qui ne conviennent qu'aux hommes, & cela pour s'accommoder & se proportionner à la foiblesse de notre intelligence» [7]. Diese Bedeutung hat ‹A.›

bei MALEBRANCHE [8], LEIBNIZ [9], in verschiedenen Auflagen des ‹Grand Dictionnaire de l'Académie Française›; noch 1956 wird sie bei LALANDE und LITTRÉ [10] erwähnt; wieweit FEUERBACHS Forderung einer «Vermenschlichung Gottes» durch A. [11] auf diese theologische Bedeutung anspielt, ist bisher ununtersucht. Die naheliegende Annahme, daß zwischen dem theologischen Wortgebrauch der Väter und dem der Modernen eine kontinuierliche Wortgebrauchstradition besteht, ließ sich einstweilen weder verifizieren noch falsifizieren. Vermutet werden muß: sollte es innerhalb der Patristik und Scholastik das Wort ‹A.› gegeben haben, hat es diese theologische Bedeutung gehabt. Erst wo sich das Konkurrenzwort ‹Anthropomorphismus› und seine Varianten aus einer gezielten Häretikerbezeichnung [12] in eine allgemeine Religionscharakteristik verwandelte und dadurch in kritischer Färbung die theologische Bedeutung des vermuteten mittelalterlichen Wortes ‹A.› mitübernahm, wurde dieses aus seiner alten theologischen Bedeutung herausgedrängt und – arbeitslos geworden – für eine neue Bedeutung frei.

Anmerkungen. [1] ARIST., Eth. Nic. 1125 a 5. – [2] J. C. SUICER: Thesaurus ecclesiasticus (1682) Art. ‹ANTHROPOMORPHÍTAI›. – [3] PHILON, De sacrificiis Abelis et Caini 29; Quod Deus immutabilis sit 13. – [4] ANASTASIUS SINAITA, De Trinitate. MPG 39, 816 c; Hodegos sive Viae Dux. MPG 89, 200 d. – [5] PS.-JULIUS EPISCOPUS ROMANUS, Epistula ad Dionysium Alexandrinum Episcopum. MPL 8, 935 a. – [6] PS.-DIONYS, De divinis nominibus. Opera (1755) 404. – [7] Abbé MALLET: Art. ‹A.› in: Encyclopédie ou Dict. raisonné (1778). – [8] MALEBRANCHE, Traité de la nat. et de la grâce (1680) I, 2. – [9] LEIBNIZ, Discours de mét. (1685/86) 36. – [10] LALANDE, Voc. technique et crit. de la philos.⁷; LITTRÉ, Dict. de la langue franç.ˣ. – [11] FEUERBACH, Vorläufige Thesen zur Reform der Philos. (1842). – [12] DU CANGE: Gloss. mediae et infimae latinitatis (1937) Art. ‹anthropomorphitae›; DU FRESNE/DU CANGE: Gloss. ad script. mediae et infimae graecitatis (1938) Art. ‹ANTHROPOLOGÉO›.

2. Diese neue Bedeutung erhält das Wort ‹A.› zwischen dem 16. und 18.Jh. vor allem innerhalb der deutschen Schulphilosophie. Dort, wo man – bei M. HUNDT [1], O. CASSMANN [2], C. BUTHELIUS/J. RHETE [3], S. GVENIUS [4] u. a. – einen Ausdruck für die «psychologia» speziell des Menschen suchte, wurde ‹A.› Titel einer philosophischen Disziplin. Ihre konventionell anmutende Definition – «A. est doctrina humanae naturae» [5] – verdeckt, was durch Ausbildung dieser Disziplin geschieht: unterm Titel ‹A.› emanzipiert sich die Schulphilosophie aus der theologisch orientierten metaphysischen Tradition und stellt sich der Frage: wie ist der Mensch zu bestimmen, wenn nicht (mehr) durch Metaphysik und (noch) nicht durch mathematisch-experimentelle Naturwissenschaft? Für ihre Antwort nimmt die A. – ähnlich wie in Frankreich und England die Moralistik, deren Aufschwung dort die Ausbildung einer philosophischen Disziplin A. verzögert oder verhindert und die Entwicklung einer empirischen begünstigt – inhaltlich Motive der (im Sinne Landmanns) «‹anthropologischen Linie› der Philosophiegeschichte» [6] auf: Motive der *Sophistik* und vor allem durch Dilthey[7] betonte Motive der *Stoa*, insbesondere die Bestimmung des τῇ φύσει ζῆν. Wenn der Mensch nicht mehr metaphysisch auf Gott sich verläßt und nicht – unter Betonung der «dignitas hominis» [8] – auf die eigene schrankenlose Freiheit, muß er auf die Natur sich verlassen. Darum wird seit den Anfängen der A. – unter verschiedenstem Aspekt – über DESCARTES [9] und HOBBES [10] bis zu LAMETTRIE [11] und darüberhinaus die Natur Bezugspunkt für die genuin anthropologische Definition des Menschen. Im Zusammenhang damit werden vor allem die Natürlichkeiten – z. B. Leib – und natürlichen Verschiedenheiten des Menschen bedeutsam und thematisch: Geschlechter, Lebensalter, Temperamente, Charaktere, Rassen. Die aus der Schulphilosophie herkommende A. koaliert darum alsbald auch mit den – unterm Eindruck der Entdeckungen und der Berichte darüber auflebenden – ethnographischen und ethnologischen Trends mit ihrem Interesse an den Varianten und natürlichen Konstanten des Menschseins, die – das betont vor allem Mühlmann [12] – pionierhaft von LAFITAU, J. R. FORSTER, G. FORSTER und BLUMENBACH [13] anthropologisch diskutiert werden. Bezugssystem ist dabei nicht – diachronisch-historisch – die eine Geschichte, sondern – synchronisch-geographisch – die eine Erde. Darum hat nicht erst bei KANT [14] und HERDER [15], sondern auch weiterhin die «Physische Geographie» [16] bzw. «geologische A.» [17] einschlägig zentrale Bedeutung. Durchweg entwickelt sich zwischen dem 16. und 18.Jh. – zuletzt nicht ohne Affinitäten zur Genese der Ästhetik – die philosophische A. zu jener Philosophie des Menschen, die nicht (metaphysisch) auf Spekulation und nicht (physikalistisch) auf Mathematik und Experiment setzen will, sondern auf Naturbeschreibung und Lebenserfahrung ihre Menschenkenntnis stützt. Dabei kann es zu einer Doppeldefinition dieser Philosophie kommen: A. – schreibt ab 1726 WALCH – bedeutet «die Lehre von dem Menschen ... Es bestehet derselbige aus einer gedoppelten Natur, einer physischen und moralischen ... von denen beiderseits ... kan gehandelt ... werden. Dieses alles könnte man unter dem Worte A. fassen und sie in eine physische und moralische teilen. Die a. physica wäre entweder eine allgemeine, die nur ... die unterschiedenen Gliedmaßen in ihrer Struktur und Zusammenhange fürstellte, wie man davon in der Physic zu handeln pfleget; oder eine besondere, die ihr Absehen auf die Gesundheit und Kranckheit des menschlichen Cörpers habe, welches die A. medica sei. Die moralis aber zeigte die moralische Beschaffenheit des Menschen, davon man insgemein in den Ethiken handelt. Doch man muß hier dem gewöhnlichen Gebrauche dieses Wortes etwas nachgehen, massen man in der A., welche insonderheit die Medici erklären, auf den moralischen Zustand des Menschen nicht siehet» [18]. Soweit freilich letzteres – wie etwa in PLATNERS ‹Anthropologie für Ärzte und Weltweise› [19] – der Fall ist, bedarf es kompensatorisch der Traktate – z. B. 1788 von KNIGGE – ‹Über den Umgang mit Menschen›. Insgesamt kann das Pensum der A. auch unterm Titel «psychologia empirica» – im Unterschied zur «psychologia rationalis» und durchaus im damaligen lebensweltlichen Sinn der «Erfahrungsseelenlehre» [20] bzw. «Erfahrungsseelenkunde» [21] – mitverhandelt werden: «Die Bedeutung der empirischen Psychologie des Wolffianismus für die anschließenden Anthropologien verlangt eine eigenständige Untersuchung» [22].

Anmerkungen. [1] M. HUNDT: Anthropologium de hominis dignitate, natura et proprietatibus (1501). – [2] O. CASSMANN: Psychol. anthropologica sive animae humanae doctrina (1594); Secunda pars anthropologiae (1596). – [3] C. BUTHELIUS/J. RHETE: Anthropologia seu synopsis considerationis hominis quoad corpus et animam (1605). – [4] S. GVENIUS: Anthropologia seu de hominis secundum corpus et animam constitutione (1613). – [5] CASSMANN, a. a. O. [2] (1596) – [6] M. LANDMANN: De homine (1962) XIX. – [7] W. DILTHEY: Die Funktion der A. in der Kultur des 16. und 17.Jh. Ges. Schriften 2, 416–492. – [8] PICO DELLA MIRANDOLA: Oratio de hominis dignitate (1486). – [9] DESCARTES: Traité de l'homme (1632). – [10] HOBBES: De homine (1658). – [11] LAMETTRIE: L'homme machine (1747). – [12] W. E. MÜHLMANN: Geschichte der A. (²1968) 44ff. – [13] J. F. BLUMENBACH: De generis humani varietate nativa (1775); vgl. KANT: Von den verschiedenen Rassen der Menschen (1775). – [14] Vgl. KANTS

Werke, hg. CASSIRER 2, 3ff. 460; 8, 6 Anm. 1. – [15] J. G. HERDER: Ideen zur Philos. der Gesch. der Menschheit (1784f.) B. 1-2. – [16] Vgl. bes. Teil II, 1: Vom Menschen. – [17] H. STEFFENS: A. 1 (1822). – [18] J. G. WALCH: Philos. Lex. (²1733) Art. ‹A.›. – [19] E. PLATNER: A. für Ärzte und Weltweise (1772); Neue A. für Ärzte und Weltweise (1790). – [20] L. H. JACOB: Grundriß der Erfahrungsseelenlehre (1791); J. B. C. KIESEWETTER: Faßliche Darstellung der Erfahrungsseelenlehre (1791). – [21] GNOTHI SAUTON. Magazin zur Erfahrungsseelenkunde, hg. C. PH. MORITZ (1785-1793). – [22] N. HINSKE: Kants Idee der A., in: Die Frage nach dem Menschen, hg. H. ROMBACH (1966) 413.

3. Klarheit über ihre Stellung als Lebensweltphilosophie diesseits von Metaphysik und mathematischer Naturwissenschaft gewinnt die A. bei KANT. Seine A.-Vorlesung, publiziert 1798, ist – so hat das jüngsthin Hinske überzeugend interpretiert [1] – aus dem empirisch-psychologischen Anfangsteil von Kants im Anschluß an Baumgarten gehaltenen Metaphysikvorlesung hervorgegangen. Zur selbständigen Vorlesung wird sie 1772/73 [2]; zur gleichen Zeit formuliert Kant erstmalig den Titel seines späteren Hauptwerks: ‹Kritik der reinen Vernunft› [3]. Hinske [4] zum Trotz: die Entwicklung von Kants A. hat etwas zu tun mit der Tatsache, daß Kant den «kritischen Weg» einschlägt und auf ihm fortschreitet. Das geschieht seit den frühen sechziger Jahren, in denen Kant seine Metaphysikkritik zu artikulieren beginnt, und ab Anfang der siebziger Jahre, in denen er die mathematisch-naturwissenschaftliche Erkenntnis zur Erscheinungserkenntnis limitiert. Kants Wende zur A. hängt zeitlich und sachlich zusammen mit dieser – 1781 in der ‹Kritik der reinen Vernunft› abgeschlossenen – Ausbildung der vernunftkritischen Einsicht, daß die herkömmliche Metaphysik nur mit «Gedankendingen», die mathematische Naturwissenschaft nur mit «Erscheinungen» sich befaßt. Die menschliche ‹Lebenswelt› [5] aber, die nicht auf die wirklichkeitslose Totalität der «Verstandeswelt» und nicht auf die totalitätslose Wirklichkeit der «Sinnenwelt» sich reduzieren läßt: auch sie – also jene existentiell bedeutsame [6] Welt, die «auf die Schule folgen muß», zu der u. a. «die sogenannte große Welt» gehört und die man «hat» und «kennt», indem man «mitspielt» und dabei «weltklug» sich verhalten muß «und hiezu die Kenntnis des Menschen braucht» [7] – auch und gerade diese Lebenswelt verlangt nach philosophischer Theorie. Deswegen wird – und zwar just in jenem Augenblick, in dem durch Vernunftkritik klar wird, daß traditionelle Metaphysik und mathematische Naturwissenschaft diese Theorie dieser Lebenswelt nicht zu leisten vermögen – als deren neues philosophisches Organ die A. nötig. Darum auch definiert Kant die philosophische A. zentral als «Weltkenntnis» [8], zu der man nicht durchs metaphysisch reine Denken und nicht durchs naturwissenschaftliche Experiment kommt, sondern allein durch «gewöhnliche Erfahrung» [9] und Auswertung gewisser «Quellen» und «Hilfsmittel der A.»: Kant nennt «Umgang mit ... Stadt- oder Landesgenossen», «Reisen», «Lesen der Reisebeschreibungen», «Weltgeschichte, Biographien, ja Schauspiele und Romane» [10]: das verweist auf gleichzeitige ‹Ideen› Herders und voraus auf Dilthey und bezeugt die charakteristische Aufgeschlossenheit der A. für den Reichtum der Empirie und für die Mitmenschen; darin gründet nicht nur ihre Nähe zur Moralität und Ästhetik [11], der Protest gegen die «Schule» und der Wille zum «Populären» der A. vor allem der Kantzeit und Romantik, sondern die attraktive Konkretheit selbst noch der apriori-freudigsten späteren A. Die A. protestiert gegen Einseitigkeiten, will den «ganzen» Menschen sehen, denn zwar – schreibt SCHILLER – ist «die Vernunft ... befriedigt, wenn ihr Gesetz nur ohne Bedingung gilt ..., aber in der vollständigen anthropologischen Schätzung, wo mit der Form auch der Inhalt zählt und die lebendige Empfindung zugleich eine Stimme hat, wird derselbe desto mehr in Betracht kommen» [12]. Bereits KANT unterstützt den Symbiosenappetit der philosophischen A. in bezug auf Einzelwissenschaften. Einzig die – für die A. sonst freilich fundamentale – Symbiose mit der «Physiologie» lehnt er, gegen Platner polemisierend, ab [13]. Freilich: in dem Maße, wie die A. nicht als «physiologische» danach fragen soll, «was die Natur aus dem Menschen macht», sondern als «pragmatische» danach, «was er als freihandelndes Wesen aus sich selber macht oder machen kann und soll» [14], gerät sie in Kompetenzenkonkurrenz zu jener anderen zentralen Lebensweltphilosophie, die ebenfalls Kant im Zuge seiner kritischen Wende neuetablierte und die er zuweilen «Anthroponomi» nennt [15]: zur praktischen Philosophie, d. h. zur Ethik [16] und ihrer konkreten Gestalt, der Geschichtsphilosophie [17]. Dieser praktischen Philosophie zuerkennt Kant den Primat: dadurch hat er die A. nicht nur etabliert, sondern sie zugleich – indem er ihr überdies das gegenüber jeder praktischen Philosophie eigenständige «physiologische» Interesse untersagte – auch überflüssig gemacht. Daraus wird plausibel, warum die A. – trotz der sie scheinbar fundamentalisierenden Formulierungen der Logikvorlesung [18] – bei Kant faktisch nur Parergon blieb: Vorlesungsskript, wenn auch das einzige, das er selber edierte. A. ist bei Kant die – gegenüber Ethik und Geschichtsphilosophie – nur zweite und minder tüchtige Besetzung des Fachs Praktische Philosophie.

Anmerkungen. [1] HINSKE, a. a. O. [22 zu 2] 210ff. – [2] Vgl. KANTS Werke, hg. CASSIRER 9, 116. – [3] a. a. O. 9, 105. 116. – [4] HINSKE, a. a. O. 211 Anm. 2. – [5] Interpretationsbegriff nach E. HUSSERL: Die Krisis der europäischen Wiss. und die transzendentale Phänomenol. (1935ff.). – [6] Vgl. M. HEIDEGGER: Vom Wesen des Grundes (⁵1965) 33; G. KRÜGER: Philos. und Moral in der Kantischen Kritik (1931) 37ff. – [7] KANT: A., a. a. O. [2] 8, 3ff. – [8] ebda; vgl. 9, 116f. – [9] 9, 17f. – [10] 8, 4f. – [11] Vgl. KANT: Beobachtungen über das Gefühl des Schönen und Erhabenen (1764). – [12] F. SCHILLER: Über die ästhetische Erziehung des Menschen (1795) Br. 4. – [13] KANT, a. a. O. [2] 9, 115ff.; vgl. 8, 3. – [14] 8, 7, 216. – [15] Vgl. 8, 3. – [16] Grundlegung zur Met. der Sitten (1785); KpV (1788). – [17] Idee zu einer allg. Gesch. in weltbürgerlicher Absicht (1784). – [18] a. a. O. [2] 8, 343f.

4. Dieser subalternen Stellung entgeht die A. genau erst dort, wo sie sich wieder primär zu ihrem «physiologischen» Programm bekennt und wo dieses philosophisch zentral wird: nach dem Katzenjammer des Primats der praktischen Philosophie. Dazu kommt es repräsentativ im deutschen Idealismus – unterm Eindruck der französischen Revolution oder ihres Scheiterns – kurz vor 1800 dort, wo der «kategorische Imperativ» als bloßes Sollen und die Geschichte aufgrund ihres «unendlichen Progresses» durch das faktisch unendliche Ausbleiben ihres Ziels bedrückend und suspekt wird. Diese Krise der Geschichtsphilosophie ermächtigt die – von SCHELLING [1] und seinen Anhängern durchgesetzte – «Naturphilosophie». Interessant wird daraufhin, «was die Natur aus dem Menschen macht»: die A. wird wichtig, indem sie jene «physiologische A.» emphatisch wird, die sie bei Kant nicht sein sollte, etwa 1810 bei F. v. PAULA GRUITHUISEN: «Ist denn nicht gerade die Philosophie des Tages so perturbiert, daß uns endlich zur eignen Erhebung und Orientierung eine physiologische A. höchst erwünscht seyn muß?» [2]. Dabei meint dann physiologische A. eben nicht – wie das die

Gegenwarts-A. zum Zwecke der Verleugnung dieses ungenehmen Ahnen gern behauptet – «bloß naturwissenschaftliche» und darum «philosophisch unerhebliche» A., sondern eine Gestalt der Naturphilosophie: die Naturphilosophie des Menschen. «Diejenige Ansicht» – meint 1822 STEFFENS – «welche ... den Menschen mit dem All der Natur verschmelzt» und «jenes Gefühl, welches uns in die Fülle der Natur versenkt ... ist das Fundament der A.» [3]: «unstreitig» – bemerkt HEINROTH – hat darum «*Schelling* die Bahn zu einer Vollendung der A. gebrochen» [4]. Die A. wird romantisch fundamental als jene radikale Form der Naturphilosophie, die nicht neben der Philosophie des Menschen, sondern als Philosophie des Menschen agiert. Gerade diese naturphilosophische – zur Geschichtsphilosophie alternative – Definition macht die A. in der Romantik, also lange vor Feuerbach, zur Fundamentalphilosophie: «Die Naturlehre wie die Philosophie» – so 1822 HEINROTH – «hat ihre Wurzel wie ihren Gipfel in der A.» [5]. Dieser zentralen Stellung der A. entspricht alsbald ihre Verbreitung: die erste Hälfte des 19. Jh. ist eine «Zeit, wo die A. ein Lieblingsgegenstand der Forscher» wird [6]. Zuständige Zeitschriften erscheinen [7] und eine Unzahl einschlägiger Bücher: nach PLATNERS Neufassung seiner A. (1790) erscheinen neben den Arbeiten KANTS und HERDERS Werke mit dem Titel ‹A.› u. a. von USTERI (1791), LODER (1793), FLEMMING (1794), ITH (1794 f.), WAGNER (1794 ff.), W. v. HUMBOLDT (1795), METZGER (1798), PÖLITZ (1800), ABICHT, PÖRSCHKE (1801), GÖRRES, WENZEL (1802), FUNK, GRUBER (1803), POCKELS (1805 f.), BARTELS, GOLDBECK (1806), LIEBSCH (1806 ff.), FRIES (1807), GRUITHUISEN (1810), TROXLER, GRUITHUISEN, WEISS, HEINROTH (1811), GEITNER, MASIUS, VOIT (1812), SUABEDISSEN (1814 ff.), LUKÄ (1815), NEUMANN (1815 f.), SCHULZE (1816), WEBER (1817), SALAT, HARTMANN (1820), FRIES (1820 f.), STEFFENS, HEINROTH, HILLEBRAND (1822), MAINE DE BIRAN (1823 f.), BERGER, ENNEMOSER (1824), ENNEMOSER (1825), SIEGWART, BISCHOFF, KEYSERLING (1827), CHOULANT, ENNEMOSER (1828), SUABEDISSEN, HEUSINGER, BONSTETTEN, WEBER (1829), TROXLER (1830), RITTEL (1833), GROOS, LEUPOLDT (1834), BURDACH (1836), KNEISE, SCHUBERT, J. E. ERDMANN (1837), DAUB (1838), MICHELET (1840), FEUERBACH (1841), TISSOT (1843), LINDEMANN (1844), ROSMINI-SERBATI (1847), KRAUSE (1848), ENNEMOSER (1849), I. H. FICHTE (1856), LOTZE (1856 ff.). Unter diesen Autoren sind auffällig viele Ärzte; «Aus den Händen der Anatomen und Ärzte muß diese Lehre hervorkommen» [9], denn: wo die Natur zur entscheidenden Wirklichkeit avanciert, müssen gerade jene Leute philosophisch gehört werden, die dem Menschen in ausgezeichneter Weise helfen, mit seiner Natürlichkeit zurechtzukommen. Darum gehört besonders die Ärzte-A. der Romantik zu den philosophisch gewichtigen Ahnen der Gegenwarts-A.; sie nimmt sogar deren Thesen vorweg: «Der Mensch ... Nach seinen physischen Kräften ... entdeckt man an ihm bald ... Mängel, vermöge welcher er mit den Tieren keinen Vergleich aushält ... Aber vermöge seines Geistes ist er über die Natur erhaben»: das etwa ist kein Gehlen- bzw. Scheler-Zitat, sondern eine Formulierung des Bonner Mediziners ENNEMOSER aus seinen ‹Anthropologischen Ansichten› von 1828 [10]. Mit ihr ist er unterwegs zur Spätposition der romantisch-naturphilosophischen A., die sich – wie der Spätidealismus insgesamt – um Theologie kümmert, dabei überzeugt ist, daß der philosophische Ansatz das Theologische außer sich hat, und die A. gerade darum schätzt und vertritt, weil sie jene Philosophie ist, die das weiß. Daraus folgen zwei Möglichkeiten: A. wird entweder – wie schon bei HEINROTH – zur Vorbereitung [11] oder – so bei FEUERBACH [12] – zur Negation dieser ganz anderen Theologie: zur «Auflösung der Theologie in die A.» [13]. Wie nahe aber beide Ansätze einander im Grunde sind, zeigt u. a. die Wertschätzung Feuerbachs innerhalb des existentiellen Flügels protestantischer Theologie seit KIERKEGAARD [14]. Denn FEUERBACH tut zum Angriff auf die Theologie kaum anderes als das, was die anderen A. zu ihrer Verteidigung tun: er macht «den Menschen mit Einschluß der Natur, als der Basis des Menschen, zum ... universalen ... Gegenstand der Philosophie – die A. also, mit Einschluß der Physiologie, zur Universalwissenschaft» [15]. Mit diesem Ansatz – wie auch zeitlich – steht Feuerbach durchaus in der Tradition der romantisch-naturphilosophischen A. Seine einzigartige Wichtigkeit liegt – neben seiner Bedeutung für *Marx* und *Buber* [16] – vor allem darin, daß er diese anthropologische Tradition gegen *Hegel* verteidigt hat.

Anmerkungen. [1] F. W. SCHELLING: Ideen zu einer Philos. der Natur (1797). – [2] F. v. PAULA GRUITHUISEN: A. oder von der Natur des menschl. Lebens u. Denkens für angehende Philosophen u. Ärzte (1810) IV. – [3] H. STEFFENS: A. 1 (1822) 14/15. – [4] C. F. A. HEINROTH: Lehrb. der A. (²1831) 35. – [5] a. a. O. 10. – [6] a. a. O. VII. – [7] Anthropol. Journal, hg. K. C. SCHMID (1803); 1818-1830 C. F. NASSES Zeitschrift mit verschiedenen Titeln; 1823-1826 als ‹Z. für die A.›. – [8] Titelliste bei O. MARQUARD: Zur Gesch. des philos. Begriffs ‹A.› seit dem Ende des 18. Jh., in: Collegium philosophicum (1965) 230 ff. Anm. 60. – [9] GRUITHUISEN, a. a. O. [2] V. – [10] J. ENNEMOSER: Anthropol. Ansichten oder Beiträge zur bessern Kenntniß des Menschen (1828) 33. – [11] HEINROTH, a. a. O. [4] bes. 504 ff.; Pisteodicee (1829). – [12] L. FEUERBACH: Das Wesen des Christentums (1841). – [13] Grundsätze der Philos. der Zukunft (1843) § 1. – [14] S. KIERKEGAARD, Papirer X/2, 128 ff. – [15] FEUERBACH, a. a. O. [12] § 54. – [16] M. BUBER: Die Schriften über das dialogische Prinzip (1954) 287 ff.

5. Denn HEGEL hat sie angegriffen, indem er die A. zwang, in den Zusammenhang der Geschichtsphilosophie wieder einzutreten. In seiner ‹Encyclopädie› schreibt er: «der subjektive Geist» ist «a) der Unmittelbare, der Naturgeist, – der Gegenstand der gewöhnlich so genannten A.» [1]; der Abschnitt über diesen «Naturgeist» [2] trägt in den Encyclopädiefassungen von 1827 und 1830 – wohl mit demonstrativem Bezug auf die zeitgenössische A.-Konjunktur – auch ausdrücklich den Titel ‹A.›. Darin vollzieht Hegel in der Form der Aneignung eine Kritik, die zu seinen Auseinandersetzungen mit der Romantik gehört: deren A., zeigt er, ist als Theorie des Geistes in seiner bloßen «Naturbestimmtheit» eine Philosophie nur der Unmittelbarkeit (Ansich, δύναμις) des Menschen, die für die Probleme seiner geschichtlichen Wirklichkeit nicht ausreicht, so daß «die Kenntniß der concretern Geistigkeit ... in der Wissenschaft auf dem Standpunkte der A. sich noch nicht gefaßt hat» [3]. Wo also – wie bei Hegel und seinen Schülern: etwa bei J. E. ERDMANN [4] oder MICHELET [5] – die Geschichtsphilosophie sich als Theorie der menschlichen «Wirklichkeit» behauptet, kann sich die A. nur noch als Theorie der menschlichen «Möglichkeit» halten: Hegels Versuch, die A. an die Geschichtsphilosophie anzupassen, impliziert die Degradierung der A.; in der Folge dieses Ansatzes entsteht – bei DAUMER und HARMS [6] – als polemische Vokabel für den Versuch, die A. in Fundamentalstellung zu bringen, der Ausdruck «Anthropologismus». Das alternative Verhältnis von Geschichtsphilosophie und A. beweist seine Macht also selbst noch dort, wo beide gerade miteinander zusammengebracht und versöhnt werden sollen. Das zeigt

ebenso der umgekehrte Versuch, die Geschichtsphilosophie der A. anzupassen: er impliziert die Destruktion der Geschichtsphilosophie. So bei DILTHEY: «Was der Mensch sei, sagt ihm nur die Geschichte» [7], jene Geschichte, die der Geschichtsphilosophie sich entzieht: sie aber sagt ihm, daß «die Natur des Menschen ... immer dieselbe» ist [8]. Diese Aussage ist Absage an die Geschichtsphilosophie; erst wo dieser «Kentaur» vertrieben ist, wird im Namen des Immer-Anderen der Geschichte der Blick frei für den «duldenden, strebenden und handelnden Menschen, wie er ist und immer war und sein wird»: das schrieb BURCKHARDT [9]; ganz das Nämliche sagt DILTHEY: «Wie die menschliche Natur immer dieselbe ist, so sind auch die Grundzüge der Lebenserfahrung allen gemeinsam» [10]. Gerade die Geschäftsträger des «historischen Bewußtseins» proklamieren so die immergleiche Menschennatur mit immergleichen «Lebensrätseln» und immergleichen «Typen» der Antwort auf sie [11]. Nur weil auch Dilthey das tut – also nicht, weil er zur Geschichte, sondern weil er durch Absage an die Geschichtsphilosophie im Namen der «Individualität» zur «allgemeinen Menschennatur» [12] sich wendet, die er als «Leben» deutet und notfalls sogar durch Anfrage bei der Biologie zu diskutieren bereit ist [13] –, ist seine Philosophie A. und kann sich so nennen [14]: auch und gerade bei Dilthey etabliert sich die philosophische A. durch Abkehr von der Geschichtsphilosophie und Wende zur Natur. Dabei geraten Natur und Geschichte unter die entgegengesetzten Bestimmungen des Bleibenden und Wechselnden; und weil die Wahrheit über den Menschen dabei seine immergleiche Natur ist, kann das geschichtlich Wechselnde des Geistes dann nur mehr jenseits der Wahrheitsfrage als Ausdruck von Lebensgefühl, als «Weltanschauung» bestimmt werden [15]. Der Titel ‹A.› deckt fortan auch diese Preisgabe der Wahrheitsfrage. Folgerichtig kann A. allenthalben auch die Bedeutung «Explikation der jeweiligen Weltanschauung» bekommen, und sie hat diese Bedeutung nicht nur in der engeren und weiteren Diltheyschule, sondern besonders auch dort, wo «Menschenbilder» expliziert oder proklamiert werden. «Indem die Philosophie sich zur A. wendet, tritt [sie] ins Reich wissenschaftsfremder Weltanschauung über ... Die Philosophie gewinnt in der A. den glänzenden Schein einer Weltanschauung, aber sie verliert ihre wissenschaftliche Funktion» [16]: das ist bereits eine Warnung an die Adresse der Gegenwartsphilosophie.

Anmerkungen. [1] HEGEL, Encyclop. § 307. – [2] a. a. O. (1817) §§ 308-328; (1830) §§ 388-412; vgl. Philos. Propädeutik (1808/11) § 129. – [3] Ein HEGELsches Frg. zur Philos. des Geistes, eingel. u. hg. F. NICOLIN. Hegel-Studien 1 (1961) 36. – [4] J. E. ERDMANN: Leib und Seele (1837), hg. BOLLAND (1902) bes. 113-128. – [5] C. L. CHR. MICHELET: A. und Psychol. oder die Philos. des subjectiven Geistes (1840). – [6]. G. F. DAUMER: Der Anthropologismus und Kritizismus der Gegenwart (1844); F. HARMS: Der Anthropologismus in der Entwicklung der Philos. seit Kant (1845); vgl. noch E. HUSSERL: Log. Untersuchungen 1 (1900) §§ 36ff. – [7] W. DILTHEY, Ges. Schriften 8, 224; vgl. 4, 529. – [8] a. a. O. 5, XCI; vgl. 8, 78f. 80f. 140ff. – [9] J. BURCKHARDT: Weltgeschichtliche Betrachtungen (1868). Werke 7, 1ff. – [10] DILTHEY, a. a. O. [7] 8, 79. – [11] 8, 80f. 140ff. – [12] 8, 85. – [13] 5, 207. – [14] Vgl. 1, 28ff. und 6, 305; Das Erlebnis und die Dichtung (¹²1921) 194. – [15] Vgl. insgesamt Bd. 8: ‹Weltanschauungslehre›. – [16] J. RITTER: Über den Sinn und die Grenze der Lehre vom Menschen (1933) 28f.

6. Diese Gegenwartsphilosophie arbeitet weiterhin am Lebensweltproblem: sie will weder nur erkenntnistheoretisches Instrument der mathematischen Naturwissenschaften noch nur Gestalt der traditionellen Schulmetaphysik sein. Aber gerade weil diese zweifache Weigerung sich erneut als Wende zur Lebenswelt realisiert, erneuert sie auch die Konkurrenz der Lebensweltphilosophien – die von Geschichtsphilosophie und A. – und repetiert die skizzierte Alternative: Wende zur Geschichtsphilosophie ist nur als Abkehr von der A., Wende zur A. ist nur als Abkehr von der Geschichtsphilosophie möglich. Darum ist die Gegenwartsphilosophie, wo sie im Namen der Lebenswelt zur Geschichtsphilosophie sich wendet, A.-Kritik. Zeugen sind die späte *Phänomenologie* [1], vor allem aber *Existenzphilosophie* und *Marxismus*. Sie sind Geschichtsphilosophien zentral des Menschen. Gleichwohl formuliert HEIDEGGER bereits 1929 im Kantbuch eine scharfe «Kritik der Idee der philosophischen A.» [2]; später schreibt er: als «A. geht die Philosophie ... zugrunde» [3]. Und LUKÁCS betont schon 1923 «die große Gefahr eines jeden ... anthropologischen Standpunktes»: «die Verwandlung der Philosophie in eine A. hat den Menschen zu fixer Gegenständlichkeit erstarren lassen und damit die Dialektik und die Geschichte beiseitegeschoben» [4]; in gleicher Richtung argumentiert HORKHEIMER [5]. So nimmt die gegenwärtige Geschichtsphilosophie die Tradition geschichtsphilosophischer A.-Kritik – die von KANTS Platnerkritik [6] und Herderkritik [7] über HEGELS Frieskritik [8] und MARX' Feuerbachkritik [9] läuft – auf und setzt sie fort: zur geschichtsphilosophischen Theorie der Bestimmung des Menschen gehört auch heute die Absage an die A. Darum kommt es gegenwärtig zur A. exemplarisch durch Absage an diese Absage, also durch Abkehr von der Geschichtsphilosophie: A. wird die Losung der Sezessionen. Zu einer Sezession von der Phänomenologie kommt es durch Weigerung, die Bewegung zu ihrer transzendentalen oder geschichtswilligen Spätposition [10] mitzuvollziehen: gerade diese Weigerung begünstigt oder erzwingt die anthropologischen Ansätze u. a. von SCHELER, LANDSBERG [11], H. LIPPS [12], CONRAD-MARTIUS [13]. Eine Sezession vom Marxismus ausdrücklich im Namen der A. gibt es repräsentativ in Frankreich: schon KOJÈVE, MERLEAU-PONTY und der SARTRE mindestens der ‹Critique de la raison dialectique› (1960) wollen dem «Marxismus eine breitere anthropologische Basis geben, die ihn niveaumäßig über den ‹dialektischen Materialismus› hinaushebt» [14]; radikaler geht diesen Weg die – noch später zu erwähnende – ‹Strukturale A.› von LÉVI-STRAUSS. Auch innerhalb des osteuropäischen «sozialistischen Lagers» gibt es inzwischen – bekannt sind vor allem die Arbeiten von SCHAFF [15] und KOLAKOWSKI [16] – den Trend zur A.: «Geschichtsphilosophie war und A. ist jetzt das große Thema der Sowjetphilosophie», vielleicht tatsächlich «aus Einsicht in die Möglichkeit einer notwendig werdenden Ablösung einer Geschichtsphilosophie, die ihren Auftrag erfüllt hat» [17]. Eine Sezession von der Existenzphilosophie ausdrücklich im Namen der A. gibt es repräsentativ im Heideggerumkreis: u. a. bei BOLLNOW [18], BINSWANGER [19], STAIGER [20]. LÖWITH – der bereits 1928 seine Habilitationsschrift im Blick auf Feuerbach als Beitrag zur «philosophischen A.» verstand [21] – formuliert ab 1939 die für sie alle entscheidende Frage so: «Bestimmt sich das Sein und der ‹Sinn› der Geschichte überhaupt aus ihr selbst, und wenn nicht, woraus dann?» [22]. Er antwortet: aus der «Natur», und fragt fortan «nach der Natur des Menschen in der natürlichen Welt» [23]. Diese Wende zur Natur ist – wie vordem für die anthropologische Tradition – auch für die Gegenwarts-A. allgemein charakteristisch; was sich an den Philosophien des Ausbruchs aus der Geschichtsphilosophie zeigt, defi-

niert die gegenwärtige Wende zur A. insgesamt: die Geschichte – und ihre Philosophie – scheint erneut derart vertrauensunwürdig, daß einzig noch die radikale Nichtgeschichte, die Natur, als solider oder wenigstens praktikabler Bezugspunkt übrigbleibt. Die A. als «Lehre vom Menschen am Leitfaden seiner Bezweifelbarkeit» hat im Gange der «Weltgeschichte des Verdachts gegen jede Autorität» die «natürliche Daseinsbasis am Ende allein übriggelassen» [24]. Darum gilt als Initialschrift der Gegenwarts-A. unter all den großen Philosophien des Menschen der zwanziger Jahre allein die, die den Menschen gerade nicht geschichtsphilosophisch-geschichtlich versteht, sondern betont von seiner Stellung in der Natur her: SCHELERS Schrift über ‹Die Stellung des Menschen im Kosmos› [25]. «Die Sonderstellung des Menschen» – seine Gleichstellung mit dem Lebendigen wie seine Gegenstellung zu ihm durch den «Geist», meint Scheler – «kann uns erst deutlich werden, wenn wir den gesamten Aufbau der biophysischen Welt in Augenschein nehmen» [26]. Das Exemplarischwerden dieses Ansatzes – «ohne Philosophie der Natur keine Philosophie des Menschen»: so formuliert 1928 PLESSNER sein Programm [27], dem N. HARTMANN beipflichtet [28] und BUYTENDIJK folgt [29] – dokumentiert die Prävalenz des Bezugspunkts Natur auch für die Gegenwarts-A. Damit hängt u. a. zusammen, daß in ihr gerade die Biologen philosophisch Sitz und Stimme erhalten: J. v. UEXKÜLL [30], BOLK [31], PORTMANN [32]; darüberhinaus: daß wieder – vgl. den naturphilosophischen Ausgangspunkt v. WEIZSÄCKERS [33] und seine und die anthropologischen Schriften u. a. v. GEBSATTELS [34] und TH. V. UEXKÜLLS [35] – die Ärzte sich anthropologisch mit Resonanz zu Wort melden können; schließlich: daß gerade jene Theorie des Menschen zunehmend einflußreich wird, die – im Anschluß an HERDER-SCHELERS Ansatz – durch Preisgabe seiner Geist-These am meisten in Richtung auf eine Naturphilosophie des Menschen radikalisiert: die A. von GEHLEN [36]. Sie begreift alle Leistungen des Menschen als «Entlastungen» von seiner natürlichen Mängellage und die Kultur als das große Arrangement einzig zu dauerhafter Vermeidung des Umkommens: Instanz der Geschichte werden Naturprobleme des Menschen. Wo der «Geist» zu «ohnmächtig» [37] scheint und die Geschichte zu unvernünftig, um von sich her einen Sinn zu haben, bleibt schließlich nur noch die Natur, um diesen Sinn ihr zu geben. Wo den Menschen nicht mehr geschichtsphilosophisch jener «Endzweck» bestimmt, zu dem er hinwill, und jene «Vermittlungen», durch die er ihn erreicht, da muß ihn schließlich das bestimmen, wovon er unter allen Umständen wegwill: die Naturgefahr seiner physischen Vernichtung und das, wodurch er entkommen kann: die entlastenden «Institutionen» [38]. So vermag allerdings die genuin anthropologische Aufmerksamkeit auf die Natur zugleich zu erkennen, wozu diese Natur den Menschen zwingt: nicht im Sinne Rousseaus zu unmittelbarer Natürlichkeit, sondern hin oder «zurück zur Kultur»[39].

Anmerkungen. [1] E. HUSSERL: Phänomenol. und A. Philos. phenomenol. Res. 2 (1941) 1ff. – [2] M. HEIDEGGER: Kant und das Problem der Met. ([2]1951) 193. – [3] Vorträge und Aufsätze (1954) 87. – [4] G. LUKÁCS: Gesch. und Klassenbewußtsein (1923) 204. – [5] M. HORKHEIMER: Bemerkungen zur philos. A. (1935), in: Kritische Theorie 1 (1968) 200ff. – [6] KANT, a. a. O. [2 zu 3] 9, 116f. – [7] 4, 177ff. – [8] HEGEL, hrsg. Jubiläums-A. 6, 328. – [9] K. MARX: Thesen über Feuerbach; Deutsche Ideologie (1845/45). – [10] E. HUSSERL: Die Krisis der europäischen Wiss. und die transzendentale Phänomenol. (1935ff.). – [11] P. L. LANDSBERG: Einführung in die Philos. A. (1934). – [12] H. LIPPS: Die menschliche Natur (1941). – [13] H. CONRAD-MARTIUS: Bios und Psyche (1949). – [14] I. FETSCHER, in: A. KOJÈVE: Hegel. Eine Vergegenwärtigung seines Denkens (1958) 9. – [15] A. SCHAFF: Marx oder Sartre? Versuch einer Philos. des Menschen (dtsch. 1964); Marxismus und das menschliche Individuum (dtsch. 1965). – [16] L. KOLAKOWSKI: Der Mensch ohne Alternative (dtsch. 1964); Traktat über die Sterblichkeit der Vernunft (dtsch. 1967). – [17] Die Sowjetphilos., hg. W. GOERDT (1967) 9. – [18] O. F. BOLLNOW: Das Wesen der Stimmungen (1941). – [19] L. BINSWANGER: Grundformen und Erkenntnis menschlichen Daseins (1941); Der Mensch in der Psychiatrie (1957). – [20] E. STAIGER: Die Zeit als Einbildungskraft des Dichters (1953). – [21] K. LÖWITH: Das Individuum in der Rolle des Mitmenschen. Ein Beitrag zur anthropol. Grundlegung der ethischen Probleme (1928). – [22] Von Hegel zu Nietzsche (1939, [3]1953) 8; Weltgesch. und Heilsgeschehen (1953) 7. – [23] Ges. Abh. (1960) Vorbemerkung. – [24] H. PLESSNER: Die Aufgabe der philos. A. (1936), in: Zwischen Philos. und Ges. (1953) 124f. – [25] 1927; als Buch 1928. – [26] M. SCHELER: Die Stellung des Menschen im Kosmos ([x]1947) 11. – [27] Die Stufen des Organischen und der Mensch (1928) 26. – [28] N. HARTMANN: Naturphilos. und A. (1944), in: Kleinere Schriften 1 (1955) 214ff. – [29] F. J. J. BUYTENDIJK: Allg. Theorie der menschl. Haltung und Bewegung (1956); Mensch und Tier (1958). – [30] J. v. UEXKÜLL/G. KRISZAT: Streifzüge durch die Umwelt von Tieren und Menschen (1934). – [31] L. BOLK: Das Problem der Menschwerdung (1926). – [32] A. PORTMANN: Biol. Frg. zu einer Lehre vom Menschen ([1]1944, [3]1969); in Rowohlts dtsch. Enzyklop. 20 als: Zoologie und das neue Bild vom Menschen. Biol. Frg. ... (1956). – [33] V. v. WEIZSÄCKER: Über med. A., in: Philos. Anz. 2 (1927) 236ff.; Der kranke Mensch. Eine Einführung in die med. A. (1951). – [34] V. E. v. GEBSATTEL: Prolegomena zu einer med. A. (1954). – [35] TH. v. UEXKÜLL: Der Mensch und die Natur (1953). – [36] A. GEHLEN: Der Mensch (1940). – [37] SCHELER, a. a. O. [26] 53ff. – [38] A. GEHLEN: Urmensch und Spätkultur (1956). – [39] A. GEHLEN: Anthropol. Forsch. (1961) 59.

7. Zur Gegenwarts-A. gehört demnach mehr als nur der Blick auf die menschliche «Natur»: nämlich gleichermaßen Erforschung seiner «Kultur». Darum hat GRAWE [1] sicher recht, wenn er betont, daß gegenwärtig zur naturphilosophischen A. die Kultur-A. unabdingbar gehört: Aufmerksamkeit also auf das herkömmliche Feld der «Bestimmung des Menschen», die Geschichte. Gleichwohl: diese anthropologische Geschichtserkundung geschieht durchweg anders als in der Geschichtsphilosophie; sie ist nicht Geschichtsphilosophie, sondern nur «auch eine Philosophie der Geschichte» [2]; ob man das als Mangel betrachten will oder als Vorzug, ist eine andere Frage. Freilich: wenn man die Geschichtsphilosophie als Maßstab setzt – man muß es nicht: ausgenommen in jener Provinz, in der man (transzendental) für Selbstgemachtes schwärmt und auf dieser Basis an die Weltgeschichte glaubt –, erscheint die anthropologische Geschichtsdiskussion bemerkenswert reduziert. Zur gegenwärtigen A. gehört symptomatisch eine Beschränkung ihrer Aufmerksamkeiten und Symbiosen. HABERMAS hat betont, daß die A. zu den «‹reaktiven› philosophischen Disziplinen» gehört, die zu den Einzelwissenschaften nicht «begründend», sondern «verarbeitend» sich verhält [3]. Das trifft sicher zu. Just darum ist es wichtig, zu sehen, welche unter diesen Wissenschaften sich anthropologisch verarbeiten lassen wollen und welche nicht. Sicher ist es kein Zufall, daß heute gerade jene Wissenschaften nach A. rufen, deren Geltung in neuerer Zeit zur Geltung der Geschichtsphilosophie disjunktiv sich verhält und die in der Regel als Kompensate versagender Geschichtsphilosophie philosophisch relevant werden: also neben der Biologie und Medizin z. B. Pädagogik [4], Theologie [5] und die biblischen und weltlichen Ausdeutungen der dialogischen Situation [6]. Auf A. aus sind schließlich die feindlichen Brüder Geisteswissenschaften und Soziologie. Beide Kulturwissenschaften – so konträr sie sind – sind anthropologiefreundlich, wo beide durch Abkehr vom geschichtsphilosophischen Geschichtsbegriff sich etablieren. Auf

der Basis der Geisteswissenschaften und auf den Spuren Diltheys versucht ROTHACKER eine «Kultur-A.» als Theorie der «Kulturstile» [7]. Für LANDMANN [8] ist der – typologisch faßbare – Pluralismus der Kulturformen ebenso prinzipiell auf ihn rückwirkende creatio wie jenes credo des menschlichen Menschen, das man als säkularisierten Polytheismus (TAUBES) schwerlich angemessen deutet. Ebenfalls A. nennt CASSIRER seine mit präzisem Bewußtsein für die Ursprungssituation der A. [9] auf neukantianischem Wege im Blick auf den «homo symbolicus» entwickelte Theorie der menschlichen Kultur [10]. Allemal wird dabei der Begriff «Kultur» und «Kulturwissenschaft» zentral: das ist nicht allein die späte Rache dieses neukantianischen Begriffs am bisher – und vielleicht nur vorübergehend – erfolgreicheren Begriff der «Geisteswissenschaften»; es ist auch Anpassung an den Sprachgebrauch im angelsächsischen Raum: auf dessen ‹cultural anthropology› bezieht sich MÜHLMANN, wenn er nach «transkulturellen Konstanten» und «kulturellen Varianten» des Menschseins sucht [11]. Innerhalb der Soziologie wird – so bei SCHELSKY [12] – der «künstliche Mensch» [13] «in der wissenschaftlichen Zivilisation» und – nach dem Import der Rollentheorie von COOLEY [14] und MEAD [15] durch DAHRENDORF – der «homo sociologicus» [16] thematisch. Dabei hat die A. eine bestimmte Funktion: entweder kann sie – angesichts der Reduktion des Menschen auf die verwissenschaftlichte und Rollen-Welt der Gesellschaft – kompensatorisch seine Ganzheit erträumen [17]; sie kann ihn aber auch in unbestimmter Weise – auf dem Wege «eines ... Entwurfs privativer A.» [18] – als Protestwesen deuten; wenn man so will: als Mitmenschen in der Rolle des Individuums. Auch dabei ist von «menschlicher Natur» die Rede [19]; insgesamt scheint der Trend zum Natürlichen unausweichlich: schließlich geraten die Frühkulturen in eine Schlüsselposition fürs Verständnis dessen, wie der Mensch seine Lebenswelt bildet und ruiniert. Im Zeichen der A. treibt es die Soziologie dahin, daß sie auf die «naturwüchsigen» Kulturen als Modelle schaut, daß sie die «wissenschaftliche Zivilisation» als Abweichung von ihnen – als nur «sekundäre Systeme» [20] – und die «Spätkultur» primär im Blick auf den «Urmenschen» versteht [21]. So kommt es – nicht ohne Anknüpfung an Intentionen der «anthropologischen Gesellschaften» der zweiten Hälfte des 19. Jh. [22], der «Anthropobiologie» und der «cultural anthropology» – zum Bündnis mit Ethnographie und Ethnologie. Dabei können – wie bei WEIN [23] – Gesichtspunkte der Kategorienlehre N. HARTMANNs in die anthropologische Diskussion eingebracht werden. Schließlich kommt es durch diese Liaison mit der Ethnologie – deren Forschungspraxis gelebte Skepsis gegenüber der europäischen Spätkultur zu werden vermag [24] – zur «Strukturalen A.», wie LÉVI-STRAUSS [25] und seine Verbündeten sie betreiben mit dem Bewußtsein, «der Anthropologe ist der Astronom der Sozialwissenschaften» [26], und mit dem elegischen und heiteren Verdacht, daß das «goldene Zeitalter des historischen Bewußtseins bereits endgültig dahin» [27] und die Prävalenz synchronischer Strukturforschung vor diachronischer Geschichtsforschung wieder an der Zeit oder wenigstens im Raume der A. diskutabel sein müsse. Diese A. hat – bonjour tristesse des tropiques! – «Achtung vor der Geschichtswissenschaft, aber ... räumt ihr keinen bevorzugten Platz ein» [28]: das zwingt sie, die «Äquivalenz zwischen dem Begriff der Geschichte und dem der Menschheit zu verwerfen, die man uns mit dem uneingestandenen Ziel einzureden ver-

sucht, die Historizität zum letzten Refugium eines transzendentalen Humanismus zu machen» [29]. Die strukturale A. wiederholt also – naturnah und lebensweltinteressiert – den altanthropologischen Kontrapost zur Geschichtsphilosophie. Der Versuch zur Versöhnung von A. und Geschichtsphilosophie endet einstweilen negativ: entweder – so beim strukturalistischen Marxisten SEBAG [30] – suizidisch oder – bei einem durch Marx und Freud enttäuschten Anhänger von beiden – in SONNEMANNS Band der begrenzten Unzumutbarkeiten: der ‹Negativen A.› [31].

Anmerkungen. [1] CH. GRAWE: Herders Kultur-A. (1967) 59ff. 132ff. – [2] Vgl. HERDER (1774). – [3] J. HABERMAS: Art. ‹A.› in: Fischer Lex. Bd. Philos. (1958) 20. – [4] Vgl. Wege zur pädag. A., hg. FLITNER (1963). – [5] Vgl. E. BRUNNER: Gott und sein Rebell (1958); W. PANNENBERG: Was ist der Mensch? (1962). – [6] M. BUBER: Das Problem des Menschen (1948). – [7] E. ROTHACKER: Probleme der Kultur-A., in: Systematische Philos., hg. N. HARTMANN (1942) 55-198; Philos. A. (²1966); Zur Genealogie des menschlichen Bewußtseins (1966). – [8] M. LANDMANN: Philos. A. (1955); Der Mensch als Schöpfer und Geschöpf der Kultur, Geschichts- und Sozial-A. (1961). – [9] E. CASSIRER: Individuum und Kosmos in der Philos. der Renaissance (1927). – [10] An essay on man (1944); vgl. D. BIDNEY: E. Cassirers Stellung in der Gesch. der philos. A., in: E. Cassirer, hg. P. A. SCHILPP (o.J.) 335ff. – [11] W. E. MÜHLMANN: Homo creator. Abh. zur Soziol., A. und Ethnol. (1962); (hg. mit E. W. MÜLLER) Kultur-A. (1966). – [12] H. SCHELSKY: Der Mensch in der wiss. Zivilisation (1961). – [13] a. a. O. 13. – [14] CH. COOLEY: Human nature and social order (1922). – [15] G. H. MEAD: Mind, self a. society (1934). – [16] R. DAHRENDORF: Homo sociologicus (1958). – [17] W. SOMBART: Vom Menschen (1938); L. v. WIESE: Homo sum. Gedanken zu einer zusammenfassenden A. (1940); dazu krit.: SCHELSKY, a. a. O. [12] 40ff. – [18] DAHRENDORF, a. a. O. [16] (⁵1965) 87. – [19] a. a. O. 75ff. – [20] H. FREYER: Theorie des gegenwärtigen Zeitalters (1955) 79ff. – [21] A. GEHLEN: Urmensch und Spätkultur (1956). – [22] Vgl. W. E. MÜHLMANN: Gesch. der A. (²1968) 85ff. – [23] H. WEIN: Realdialektik. Von Hegelscher Dialektik zu dialektischer A. (1957); Kentaurische Philos. (1968). – [24] C. LÉVI-STRAUSS: Tristes tropiques (1955). – [25] A. structurale (1958). – [26] a. a. O. (dtsch. 1967) 406. – [27] Das wilde Denken (dtsch. 1968) 293. – [28] a. a. 292/93. – [29] 302. – [30] L. SEBAG: Marxisme et structuralisme (1964). – [31] U. SONNEMANN: Negative A. Vorstudien zur Sabotage des Schicksals (1969).

Literaturhinweise. B. GROETHUYSEN: Philos. A. (1928). – M. SCHELER: Mensch und Gesch., in: Philos. Weltanschauung (1929) 15-46. – W. SOMBART: Beiträge zur Gesch. der wiss. A., in: Sber. Preuß. Akad. Wiss. philol.-hist. Kl. 13 (1938) 96-130. – W. E. MÜHLMANN: Gesch. der A. (1948, ²1968). – M. LANDMANN: Philos. A. (1955). – H. PLESSNER: Art. ‹A. II› in: RGG (³1957). – J. HABERMAS: Art. ‹A.› in: Fischer-Lex. Bd. Philos. (1958). – W. BRÜNING: Philol. A. (1960). – M. LANDMANN: De homine (1962). – O. MARQUARD: Zur Gesch. des philos. Begriffs ‹A.› seit dem Ende des 18. Jh., in: Collegium Philos. (1965) 209-239. – P. PROST: Politik und A. (Diss. Gießen 1970). O. MARQUARD

Anthropologie, medizinische. – 1. Der Ausdruck ‹m.A.› erscheint zuerst gegen Ende des 18. Jh., und zwar als Buchtitel in dem Doppelsinn, daß entweder der Beitrag ärztlicher Wissenschaft zur A. überhaupt oder eine Darstellung der Menschenkunde für Ärzte bezeichnet wird [1]. Motiv und größeren Zusammenhang für die Konjunktur von «psychischer», «physischer», «physiologischer», «medizinischer» usw. A. in dieser Epoche bildet die Veränderung des philosophischen Interesses, die O. Marquard als «Wende zur Lebenswelt» beschrieben hat [2]. Das Stichwort selbst bleibt dabei ohne eigene und terminologische Bedeutung, wie schon die Vielzahl ähnlicher Begriffsbildungen zeigt. Sie alle kennzeichnen den Sachverhalt, daß das Material ärztlich-medizinischer Erfahrung unter Gesichtspunkten der weiteren Tendenz dargestellt und als deren Argument in Anspruch genommen wird. – Die sachliche Vorgeschichte des Stichwortes – der vorher nicht nachweisbare Ausdruck ‹A.› findet sich zuerst bei dem Leipziger Anatomen MAGNUS HUNDT

– beginnt im 16. Jh. und bildet insofern eine Parallele, als hier der anatomisch-physiologische Wissenskreis in das für die Renaissance klassische Thema «de dignitate hominis» einbezogen wird [3]. – Im Laufe des 19. Jh. wurde die Medizin immer intensiver an Grundsätzen und Methoden exakter Naturwissenschaft und Technik orientiert, während der Ausdruck ‹A.› eine mit Entstehung, Entwicklung und Typendifferenzierung der menschlichen «Art» befaßte wissenschaftliche Disziplin zu bezeichnen begann; so wurde die Formel ‹m.A.› ungebräuchlich.

2. Terminologisches Gewicht gewinnt das Stichwort nach 1920, und zwar erneut im Zusammenhang einer Wende: der Abkehr von einem bloß naturwissenschaftlich-biologischen Menschenbild. ‹m.A.› wird zur Losung für das ärztliche Interesse am Wesen des Menschen, und zwar zunächst im Einklang mit zeitgenössischen philosophischen Tendenzen, als deren Thema der «ganze» Mensch gegenüber jeder bloß einzelwissenschaftlichen Betrachtung erscheint. «Gegenstand der m.A. ist der Mensch, soweit er naturhaft ist, d. h. innerhalb der Sphäre biologisch-vitaler Ursachen und Zwecke; dann aber soweit er sich zur Idee wendet, d. h. Werte in sich verwirklicht, also im Totalaspekt seiner lebendigen Existenz» [4]. Doch liegen die Wurzeln dieser Wendung nicht allein im Interesse der Theorie. Die ärztliche Praxis, die unmittelbare Erfahrung am Krankenbett, trug dazu bei, den Blick von «der Krankheit» zum «Kranken», vom «Fall» zur «Person» zu wenden. «Die ‹Krankheitsdiagnose› müssen wir erfüllen und beleben durch eine mehrlinige ‹Individualdiagnose›» [5]. In diesem Zusammenhang konnte die Psychoanalyse in die allgemeine Medizin aufgenommen und dadurch die Reihe verschiedener Konzeptionen von psycho-somatischer Medizin begründet werden [6]. – Sachproblem und Gegenstand der m.A. sind identisch mit ihrem Programm, das die Überwindung des Gegensatzes von Naturwissenschaft und Personalität in diesen oder anderen Begriffen formuliert: «In der m.A. wird darum das eigentlich Menschliche des Menschen – seine Innerlichkeit und Subjektivität, seine Geistigkeit und Geschichtlichkeit – in die Krankheitslehre einbezogen und damit die prinzipielle Indifferenz der naturwissenschaftlichen Medizin gegenüber seelischen, geistigen, geschichtlichen und mitmenschlich-sozialen Bezügen korrigiert» [7]. Ihre nähere und «medizinische» Bestimmung erhält diese A. zunächst durch die Aufgabe, zu einer «Krankheitslehre» oder «Lehre vom kranken Menschen» zu führen; sodann aber durch den Anspruch auf eine im ärztlichen Umgang und in der Krankheitserkenntnis begründete spezifische Einsicht in das Wesen des Menschen überhaupt. Im Sinne eines solchen Programms ist eine ansehnliche Zahl von Konzeptionen vorgelegt worden, die nicht selten in ihrer Signatur die Herkunft von bestimmten philosophischen Positionen bezeugen, auf die Verwendung des Stichwortes aber oft deshalb verzichten, weil zumal der Begriff ‹A.› als «Systematik» oder durch klassische Entwürfe der Epoche festgelegt schien, so z. B. Konstitutionslehre, medizinischer Personalismus, Daseinsanalyse, biographische (auch: anthropologische) Medizin [8]. Ausdrückliche Selbstbezeichnung ist ‹m.A.› im Werk nur weniger Autoren [9].

Anmerkungen. [1] z. B. J. D. METZGER: Med.-philos. A. für Ärzte und Nichtärzte (1798); S. C. LUKÄ: Entwurf eines Systems der m.A. (1815); vgl. die Lit. bei F. HARTMANN und K. HAEDKE (Lit. 1963) 46f. ; O. MARQUARD (Lit. 1965) Anm. 60. – [2] MARQUARD, a. a. O. 211. – [3] MAGNUS HUNDT: Antropologium de hominis dignitate (1501); weitere Lit. bei F. HARTMANN und K. HAEDKE, a. a. O. 49ff. – [4] O. SCHWARZ (Lit. 1929). – [5] R. SIEBECK: Über Beurteilung und Behandlung von Kranken (1928) 29. – [6] Vgl. R. SIEBECK: Die Begegnung der inneren Med. mit der Psychotherapie. Schweiz. Arch. Neurol. Psychiat. 70 (1952) 366-370; P. CHRISTIAN (Lit. 1952) 103ff. – [7] P. CHRISTIAN (Lit. 1959) 30. – [8] Vgl. die Zusammenstellung der Richtungen bei CHRISTIAN (Lit. 1959) 34ff. – [9] O. SCHWARZ (Lit. 1929); V. v. WEIZSÄCKER (Lit. 1948); V. E. v. GEBSATTEL (Lit. 1954).

Literaturhinweise. O. SCHWARZ: m.A. (1929). – L. V. KREHL: Entstehung, Erkennung und Behandlung innerer Krankheiten (1930). – V. v. WEIZSÄCKER: Grundfragen medizinischer A. (1948). – P. CHRISTIAN: Das Personverständnis im modernen med. Denken (1952). – R. SIEBECK: Med. in Bewegung (²1953). – V. E. v. GEBSATTEL: Prolegomena zu einer m.A. (1954). – V. v. WEIZSÄCKER: Pathosophie (1956). – P. CHRISTIAN: m.A., in: Fischer Lex. 16 (1959). – D. WYSS: Die tiefenpsychol. Schulen von den Anfängen bis zur Gegenwart (1961). – D. RÖSSLER: Der «ganze» Mensch (1962). – F. HARTMANN und K. HAEDKE: Der Bedeutungswandel des Begriffs A. im ärztlichen Schrifttum der Neuzeit. Marburger Sber. 85 (1963) 39-99. – W. KÜTEMEYER: Die Krankheit in ihrer Menschlichkeit (1963). – O. MARQUARD: Zur Gesch. des philos. Begriffs ‹A.› seit dem Ende des 18. Jh., in: Collegium philos. (1965) 209-239.   D. RÖSSLER

Anthropomorphismus

I. Neben den Manifestationen des Numinosen, die in Naturerscheinungen, vornehmlich in Gestirnen, Steinen, Bäumen, Bergen, Flüssen und – theriomorph – in tierischer Gestalt erblickt werden, steht die Vorstellung von der Menschengestaltigkeit der Götter, der A.; der Begriff ist gebildet aus griechisch ἄνθρωπος (Mensch) und μορφή (Gestalt). Die anthropomorphe Anschauung von der Gottheit, die am ausgeprägtesten in der griechischen Religion hervortritt, betrifft nicht allein die physische Erscheinung. Auch Macht und Liebe, Denken, Fühlen, Leiden (Anthropopathismus) und Handeln der Götter werden durch Analogien zum menschlichen Bereich ausgedrückt. Auf anthropomorphen Ansichten beruht der Mythos, wenn er vom göttlichen Wirken, oft in machtmäßig übersteigerter Weise, aber doch nach der Art menschlichen Verhaltens und menschlicher Beziehungen berichtet.

Der A. hat extrem unterschiedliche Wertungen erfahren. Bei einer Sicht, die sich auf den Menschen richtet, führt er zu der Vorstellung von dessen Gottähnlichkeit, zum Gedanken vom Menschen als εἰκών θεοῦ. In der biblischen Schöpfungsgeschichte klingt dies an in den Worten: «Gott schuf den Menschen nach seinem Bilde, nach dem Bilde Gottes schuf er ihn» [1]. OVID begründet eine Hochschätzung des Menschen mit anthropomorphen Vorstellungen; der Mensch sei geformt «gleich der Gestalt der alles beherrschenden Götter (in effigiem moderantum cuncta deorum)» [2].

Andererseits können im Hinblick auf die Gottheit, besonders bei deren vergeistigter Vorstellung, Anthropomorphismen als Herabwürdigung verstanden werden. So lehnt das Christentum den A. ab; denn «Gott ist Geist» [3].

Im Griechentum war XENOPHANES der heftigste Gegner des A., den er scharf ironisierte: «Hätten die Rinder und Rosse und Löwen Hände wie Menschen, / Könnten sie malen wie diese und Werke der Kunst sich erschaffen, / Alsdann malten die Rosse gleich Rossen, gleich Rindern die Rinder / Auch die Bilder der Götter, und je nach dem eigenen Aussehn / würden sie auch die leibliche Form ihrer Götter gestalten» [4]. Diese Kritik, der der symbolische Charakter anthropomorpher Aussagen, die das Numinose nach menschlichem Vorstellungsvermögen in inadäquater Weise vergegenwärtigen, noch unbekannt war, implizierte keine generelle Ablehnung von Religion, sondern resultierte vielmehr aus einem für die

Verwerfung des A. charakteristischen Gottesbegriff, der monotheistisch und transzendent ist: «Nur ein einziger Gott, unter Göttern und Menschen der größte, / Nicht an Gestalt den Sterblichen ähnlich und nicht an Gedanken» [5].

Anmerkungen. [1] Genesis 1, 27. – [2] OVID, Metamorphosen I, 83. – [3] Joh.-Ev. 4, 24. – [4] XENOPHANES, Frg. B 17. – [5] Frg. B 23.

Literaturhinweise. E. EHNMARK: Anthropomorphism and miracle (Uppsala 1939). – G. VAN DER LEEUW: Het beeld Gods (Amsterdam 1939). – S. HOLM: Religionsphilos. (1960) 117f. – N. H. SØE: Religionsphilos. (1964) Reg.   G. LANCZKOWSKI

II. Mit der Bezeichnung der im 4. Jh. lebenden Sekte der Audianer, die «Deum sibi fingunt cogitatione carnali in similitudinem hominis corruptibilis» (von Gott sich eine sinnliche Vorstellung nach dem Bild des sterblichen Menschen machen), als «Anthropomorphiten» gibt AUGUSTIN [1] das Stichwort für eine Thematik, die die Erörterung des Begriffs ‹A.› auf lange Zeit bestimmt [2]. BACON [3], HUME [4] und LEIBNIZ [5] nehmen auf diese, den Vorstellungskreis des A. repräsentierende Überlieferung Bezug und gelangen dabei zu einer unterschiedlichen Einschätzung des A. LEIBNIZ charakterisiert ihn als «error magnitudinem Dei infringentium» [6].

KANT bringt die den A.-Begriff kennzeichnende Ambivalenz durch die Unterscheidung eines dogmatischen, objektiven und eines symbolischen A. zur Geltung. Der dogmatische A., der auf einer Begriffsbildung «außer aller Erkenntnis» beruht, «deren wir innerhalb der Welt fähig sind», unterliegt denselben Bedenken, wie sie von Hume und Leibniz geäußert wurden. Der symbolische A. hingegen ist als eine «Erkenntnis ... nach der Analogie, welche nicht ... eine vollkommene Ähnlichkeit zweier Dinge, sondern eine vollkommene Ähnlichkeit zweier Verhältnisse zwischen ganz unähnlichen Dingen bedeutet» verstanden [7]. Als eine für die Darstellung des Gottesbegriffs zulässige Redeform unterliegt er freilich der Bedingung, sich als «Mittel» kenntlich zu machen und zu angemesseneren Begriffen von Gott hinzuleiten [8], eine Bestimmung, innerhalb deren Rahmen sich auch die Aussagen des jungen FICHTE bewegen [9]. Seine Ausweitung auf innerweltlich Seiendes findet der A. zum ersten Mal bei SULLY PRUDHOMME. Er definiert den A. als die Tendenz des Menschen «à concevoir toute activité du monde externe sur le type de la sienne, telle que la lui révèle sa conscience» [10]. HEGEL hebt den A. der Griechen von dem A. des Christentums ab. Der gedankliche Gehalt des christlichen A. [11] stellt sich für ihn in der die christliche Religion tragenden Überzeugung von der Einheit Gottes und des Menschen dar. Insofern vollendet sich die im Griechentum eingeleitete Humanisierung des Gottesgedankens in eine dem Begriff des Geistes angemessene Gestalt. Der Begriff A. erweist sich in diesem Zusammenhang als ein Teilmoment des philosophischen Versuchs, den Gedanken des Absoluten auf die Gottesthematik anzuwenden und zugleich der von der überlieferten Vorstellungswelt bestimmten Frömmigkeit, die sich weithin in Bildern auslegt, gerecht zu werden.

Die Hegels Denken leitende Bestimmung des Begriffs A. legt sich bei Kierkegaard und Feuerbach in gegensätzliche Auffassungen auseinander. KIERKEGAARD [12] beruft sich insbesondere unter Bezugnahme auf Schelling auf einen «kräftigen und blutvollen A.»; FEUERBACH [13] versteht den A. als nicht nur von jeder und vornehmlich der christlichen Religion unablösbar, sondern er ist der Meinung, im Begriff des A. decken Religion und Theologie ihre eigene Herkunft aus dem Wesen des Menschen auf. Dieses Motiv, daß sich im Begriff des A. das Geheimnis der Religion preisgebe, wirkt in den auf ihn sich berufenden Formen der Religionskritik weiter. Zu den klassischen und für den Begriff des A. bestimmenden Äußerungen lassen sich unschwer eine Fülle von polemischen Bemerkungen aus der religionskritischen Populärliteratur anfügen. Bei E. HAECKEL [14] hebt sich die Gottesthematik dadurch auf, daß im Begriff des A. Redefigur und Redeinhalt zusammenfallen. Die Verteidigung der christlichen Gotteslehre gegen den Vorwurf des A. bleibt wie ihre Kritik ebenfalls im Rahmen der Bestimmungen, die der Begriff erfahren hat.

Anmerkungen. [1] AUGUSTIN, De haeresibus. MPL 42, 39. – [2] G. ARNOLD: Unpartheyische Kirchen- und Ketzer-Historie (1729) Th. 1, Bd. IV, Cap. VIII, 211. – [3] F. BACON, De dign. V, 4, § 9. – [4] D. HUME: Treatise II (London 1874) 408. – [5] G. W. LEIBNIZ, Philos. Schriften 6/6 (1962) 500. – [6] Opera Philos. omnia (1959) 653. – [7] KANT, Prol. III, § 58. – [8] Die Religion innerhalb ... IV, §§ 1. 3. – [9] J. G. FICHTE, Werke, hg. I. H. FICHTE 5, 136. – [10] S. PRUDHOMME: Anthropomorphisme et causes finales. Revue scientifique (4 mars 1899). – [11] HEGEL, Jubiläums-A. 11, 325. 326. 409; 13, 13; 14, 104. 105. 144; 19, 115. – [12] S. KIERKEGAARD, Werke, 11. u. 12. Abt. (dtsch. 1952) 59 Anm. – [13] L. FEUERBACH, Werke 6 (²1960) 268f.; 9, 283f. – [14] E. HAECKEL: Die Welträtsel (1899, zit. 1918) 168. 172. 177.

Literaturhinweise. J. CHR. HARENBERG: Anthropomorphismus de voluntate divina citra rationem sapientem, modeste profligatum, in: Musaei Historico-Philologico-Theologici I/1 (1728) 214ff. – M. FREMLING: De Anthropomorphitis (Lund 1787). – K. FR. H. KLÜGLING: Über den A. der Bibel (1806). – FR. CHR. GELPKE: Apologie der anthropomorphischen und anthropopathischen Darstellung Gottes (1842).   H. W. SCHÜTTE/R. FABIAN

Anthroposophie, zuerst von I. P. V. TROXLER (1780–1866) in seiner ‹Naturlehre des menschlichen Erkennens oder Metaphysik› (1828) gebraucht: «Eine *Naturlehre des menschlichen Erkennens* schien uns die Grundwissenschaft der Philosophie zu sein, und die Stelle von demjenigen, was die ältere Philosophie unter dem Namen Metaphysik begriff, einnehmen zu müssen. ... Es leuchtet von selbst ein, daß dieses die eigentliche Ur- und Grundphilosophie sein muß, und daß erst, wenn diese aufgestellt ist, von den übrigen sogenannten philosophischen Wissenschaften die Rede sein kann, da diese denn auch erst durch die Philosophie, oder A., ihre Begründung und ihre gehörige Entwicklung aus dem Einen und Ganzen der Natur erhalten können» [1]. – Bei G. SPICKER (1840–1912) finden sich folgende Bemerkungen: «Handelt es sich aber in der Wissenschaft um die *Erkenntniß der Dinge*, in der Philosophie dagegen in letzter Instanz *um die Erkenntniß dieser Erkenntniß*, so ist das eigentliche Studium des Menschen der Mensch selbst und der Philosophie höchstes Ziel ist *Selbsterkenntniß* oder *A.*» [2]. «Ihr [der Philosophie] höchstes Ziel ist Selbsterforschung und Selbsterziehung. ... und nur insofern sie dieß thut: uns das höchste und umfassendste Wissen und zugleich das naturgemäßeste und folglich auch glücklichste Dasein gewährt, erkennt und erfüllt sie ihre wahre und ursprüngliche Aufgabe, ist Mutter und Königin aller Tugend und Weisheit – *augusta scientiarum et disciplinarum regina omniumque artium mater* – und verdient im vollsten Sinne des Wortes, außer der allgemeinen Geschlechtsbezeichnung, den ihr einzig und allein zukommenden Taufnamen: *A.*» [3]. – R. ZIMMERMANN (1824–1898) veröffentlichte 1882 seine ‹Anthroposophie im Umriß. Entwurf eines Systems idealer Weltansicht auf realistischer Grundlage› mit der Erklärung: «Eine Philosophie, welche, wie die vorstehende, sich weder wie die Theosophie auf einen menschlichem Wissen unzugänglichen theocentrischen Standpunkt versetzt, um von ihm aus den ‹Vernunfttraum› als längst geschaffene Wirklichkeit, noch wie die Anthropologie auf den zwar anthropocentrischen, aber *unkritischen* Standpunkt gemeiner Erfahrung stellt, um von ihm aus eine ideenerfüllte Wirklichkeit als ‹Traum der Vernunft› anzusehen, welche sonach zugleich anthropocentrisch d. i. von menschlicher Erfahrung ausgehend und doch Philosophie d. i. an der Hand des logischen Denkens über dieselbe hinausgehend sein will, ist A.» [4].

RUDOLF STEINER (1861–1925) hält den ersten Vortrag über A. am 19. Oktober 1902.

1. Die Grundlage der A. Steiners bildet ein objektiv voraussetzungsloses Erkennen: Die Wirklichkeit wird nicht als eine durch das Erkennen fertig auffindbare oder nicht auffindbare vorgestellt, vielmehr als eine solche, die sich das Erkennende erst selbst schafft. Das Erkennen läßt Wirklichkeit im Durchdringen des außer- oder innerseelisch sinnlich (d. i. unmittelbar) Anschaulichen mit den durch die Denkakte ergriffenen Denkinhalten erst entstehen. Da damit das Erkennen als ein Vorgang innerhalb der Wirklichkeit verstanden wird, kann von einer vorerkannten Wirklichkeit nur innerhalb dieses Vorgangs, nicht aber im Sinne eines für diesen Vorgegebenen und daher Vorauszusetzenden die Rede sein. –
2. Daraus ergeben sich die übrigen Inhalte der A. Da im Erkennen das Wesen des als solchen bestimmungslosen Sinnlich-Anschaulichen als ein geistiges erfahren wird, öffnet sich von hier aus der Erfahrungsbereich des Geistigen überhaupt. Dieser wird durch konzentrative und repetitive (meditative) Vertiefung der Denk-, Gefühls- und Willenserlebnisse fortschreitend zugänglich und seinerseits in ideeller Durchdringung des Geistig-Anschaulichen erkenntnismäßig verwirklicht. – 3. Diese existentielle Teilhabe an der Wirklichkeit ist von dem Aufbau des erkennenden Wesens abhängig, der dadurch nicht zur objektiven Voraussetzung des Erkenntnisvorgangs wird; denn von seiner Wirklichkeit zu reden, ist nur innerhalb dieses Vorgangs sinnvoll. Die Anthropologie der A. zeigt daher, daß der Mensch in seinem physischen Leib ein System besitzt, das ihm von der vorerkannten Wirklichkeit nur die ideell neutralen sinnlichen Anschauungen passiv vermittelt, dessen selektiv entstaltende Funktion aber von der aktiven Seite seines Wesens im Ergreifen der Denkinhalte, der gestaltenden Elemente des anschaulich, aber bestimmungslos Empfangenen, zurückgedrängt wird. Zwischen der physischen und geistigen Erscheinungsform des menschlichen Gesamtwesens steht der Gestaltzusammenhang der Lebensprozesse, die dem physischen System innerhalb einer Variationsbreite Bestand geben, und der (intentionalen) Akte, durch die der Mensch seine empfangende Aufmerksamkeit auf das anschaulich Gegebene, seine mitgestaltende Tätigkeit auf die Denkinhalte richtet. –
4. Nur ein so gegliedertes Wesen ist der Freiheit fähig, weil es der Möglichkeit nach nicht nur in einer vorgegebenen, sondern auch in einer in seinen Akten entstehenden Welt lebt. Es entwickelt Existenzbewußtsein im eigentlichen Sinne des Wortes: Bewußtsein der fortschreitenden Selbstgestaltung aus den wirklichkeitsschöpferischen, weil erkennenden Kräften seines Wesens. Diese ist keine «Selbsterlösung», weil sie auf der Erfahrung «nicht ich, sondern das Wesen der Wahrheit in mir» (Christologie) beruht. – 5. Dieses Bewußtsein ist den existentiellen Erlebnissen von Geburt und Tod komplementär, der Begabung mit und dem Entgleiten einer naturalen Basis, weil es sich seiner Aufgabe erst an deren beiden Grenzen bewußt wird. Ein vielgliedriges freiheitsfähiges Wesen entwickelt daher Erkenntnis in einem Schicksal zwischen jenen Grenzen, indem es sie zugleich, der Wirklichkeit inne werdend, überschreitet. Dieses Schicksal wird seinem Wesen nach wiederholt, also durch Wiederverkörperung des Geistes erlebt, weil zu dem Sinn der Selbstgestaltung die fortschreitende Überwindung jener existenzgewissen Grenzerfahrungen gehört. – 6. Die Erkenntnistheorie der A. wird demgemäß zur Ontologie, da der im Erkennen sich erschließende Sinn der Wirklichkeit die Entstehung eines freiheitsfähigen, also die Wirklichkeit durch sich selbst fortentwickelnden Wesens ist. Die Weltentwicklung ist daher auf die Entstehung des erkennend freiheitsfähigen Wesens hingeordnet und hieraus verständlich. Der Mensch erlebt in seinem Erkennen nicht nur einen den wirklichkeitsbildenden Prozessen gleichartigen Vorgang, sondern fügt dem Weltprozeß auch ein neues Element dadurch ein, daß der Erkenntnisprozeß zugleich freie Selbstgestaltung ist. Der Sinn der Welt ist der Mensch. Der Mensch ist der Idee nach Ursprung und Fortsetzung des Weltprozesses.

Anmerkungen. [1] I. P. V. TROXLER: Naturlehre ... (1828, Neudruck 1944) 28. – [2] G. SPICKER: Die Philos. des Grafen von Shaftesbury (1872) 319. – [3] a. a. O. 366f. – [4] R. ZIMMERMANN: A. im Umriß (1882) 308.
Literaturhinweise. R. STEINER: Grundlinien einer Erkenntnistheorie der Goetheschen Weltanschauung (1886); Wahrheit und Wiss. (1892); Die Philos. der Freiheit (1894); Goethes naturwiss. Schriften (1883/97); Goethes Weltanschauung (1897); Das Christentum als mystische Tatsache und die Mysterien des Altertums (1902); Theosophie (1904); Wie erlangt man Erkenntnisse der höheren Welten? (1904); Die Erziehung des Kindes vom Gesichtspunkt der Geisteswiss. (1907); Die Geheimwiss. im Umriß (1910); Die Rätsel der Philos. (1914); Der Christus-Impuls im Zeitenwesen und sein Walten im Menschen (1914); Vom Menschenrätsel (1916); Von Seelenrätseln (1917); Die Kernpunkte der sozialen Frage (1919); Praktische Ausbildung des Denkens (1921); Mein Lebensgang (1923–1925). – *Darstellungen.* A. P. SHEPHERD: Ein Wissenschaftler des Unsichtbaren (1954). – A. STEFFEN: Begegnungen mit R. Steiner (²1955). – O. FRÄNKL-LUNDBORG: Die A. R. Steiners (³1957). – J. HEMLEBEN: R. Steiner (1963). – C. UNGER: Schriften (1964). – G. WACHSMUTH: R. Steiners Erdenleben und Wirken (²1964). – F. HIEBEL: R. Steiner im Geistesgang des Abendlandes (1965). – H. WITZENMANN: Die Voraussetzungslosigkeit der A. (²1969).   H. WITZENMANN

Anthropozentrisch. Der Ausdruck hat sich in der zweiten Hälfte des 19. Jh. eingebürgert. Wie die analogen Bildungen ‹geozentrisch› und ‹heliozentrisch› begegnet er oft in Verbindung mit Begriffen wie ‹Weltbild›, ‹Weltanschauung›, ‹Weltansicht›. Seine Bedeutung und Funktion variiert erheblich nach dem jeweiligen Sachzusammenhang und nach den mitgedachten Gegenbegriffen. Während etwa der protestantische Theologe K. B. HUNDESHAGEN «die theozentrische Weltanschauung des Christentums» der anthropozentrischen des «Rousseauismus» entgegengestellt hatte, konnte W. WINDELBAND gerade der «christlichen Weltansicht» einen «anthropozentrischen Charakter» zuschreiben, da in ihr anders als im griechischen Denken der Mensch und seine Geschichte zum Mittelpunkt des Universums werde [1]. Auch einer gegen «atomistisch-mechanistisches Denken» sich kehrenden Naturphilosophie hat ‹anthropozentrisch› als Programmbegriff dienen können [2]. Im Sprachgebrauch der protestantischen Theologie hat vor allem die Entgegensetzung von ‹anthropozentrisch› und ‹theozentrisch› eine Rolle gespielt.

Anmerkungen. [1] W. WINDELBAND: Gesch. der Philos. (¹1892) 205; (¹⁵1957) 223. – [2] K. SAPPER: Das Element der Wirklichkeit und die Welt der Erfahrung. Grundlinien einer anthropozentrischen Naturphilos. (1924).   H.-J. BIRKNER

Antichrist. – 1. Das Wort ‹A.› taucht zuerst im Neuen Testament auf und bezeichnet Anhänger einer Lehre, nach der Jesus nicht der Christus sei [1]. Der Begriff setzt die apokalyptische Erwartung voraus, daß in den letzten Zeiten der Widersacher Gottes auftreten und die Gemeinde der Frommen durch Verführung und Verfolgung zu vernichten suchen wird. In der Offenbarung des Johannes ist der widergöttliche Gegenspieler als Drache dargestellt, der zum furchtbaren Angriff gegen das Gottesvolk antritt, aber von Michael endgültig besiegt wird [2]. In den Zeiten der Verfolgung hat die alte Kirche die A.-Vorstellung festgehalten, doch nach Konstantin dem Großen diese Gedanken nicht fortentwickelt. Sie leben erst im Hochmittelalter wieder auf, als JOACHIM VON FIORE den Lauf der ganzen Geschichte zu deuten unternimmt und seine Schüler erstmalig das Papsttum, das die franziskanische Forderung der Armut nicht unterstützte, dem A. gleichsetzten.

An diese mittelalterliche Tradition knüpft Luther an, indem er im römischen Papsttum das Wüten des A. sieht. Dabei steht ihm nicht die Person eines bestimmten Papstes, sondern die Institution des Papsttums vor Augen. Weil der Papst die Christen nicht selig sein lassen will ohne seine Gewalt, ist er «der rechte Endechrist oder Widerchrist» [3]. In den konfessionellen Auseinandersetzungen ist der Begriff ‹A.› bald auf die eine, bald auf die andere der streitenden Parteien angewendet worden. Mit dem Zurücktreten der konfessionellen Polemik verliert dann auch die A.-Vorstellung an Bedeutung. In der Romantik werden jedoch apokalyptische Überlieferungen und mit ihnen auch der Gedanke des A. neu belebt. Er wird überall da lebendig, wo man das Ende der Geschichte in den Blick faßt [4] und in den Schrecken der Zeit den nahenden Untergang der Welt erwartet.

Anmerkungen. [1] 1. Joh. 2, 18. 22; 4, 3; 2. Joh. 7. – [2] Offb. Joh. 12. – [3] LUTHER, Schmalkaldische Artikel II, 4. – [4] Vgl. SOLOWJEW: Erzählung vom A. (1898).

Literaturhinweise: W. BOUSSET: Der A. (1895). – H. PREUSS: Die Vorstellungen vom A. im späteren MA, bei Luther und in der konfessionellen Polemik (1906). – Art. ‹A.› in RGG 1 (³1957) 431-436.   E. LOHSE

2. In die neutestamentlichen Vorstellungen vom A. sind verschiedene Motive aus orientalischen Mythen und der jüdischen Apokalyptik eingeflossen, die im Neuen Testament insgesamt noch zu keiner einheitlichen Auffassung integriert wurden [1]. Die Johannesbriefe benennen mit den Worten ἀντίχριστος und ἀντίχριστοι (1. Joh. 2, 18ff., 4, 1–6; 2. Joh. 7) Anhänger einer unorthodoxen Lehre, die behauptet, daß Jesus nicht der Christus sei. Nach diesem präsentisch-kollektiven Verständnis ist jeder ein A., der die ‹Kyrios›-Existenz Jesu leugnet. PAULUS selbst verwendet das Wort A. nicht, doch darf mit Sicherheit angenommen werden, daß er endzeitliche Widergott-Vorstellungen der jüdischen Apokalyptik (Beliar – 2. Kor. 6, 15) in die eigene, von Christus her bestimmte, Eschatologie einarbeitete. Gemäß den Aussagen von 2. Thess. 2, 1–12 erwartet Paulus am Ende der Zeit einen «Menschen der Sünde» und «Sohn des Verderbens», der sich über alles erheben wird, was Gott heißt. Jener wird in der Kraft Satans kommen, im Tempel Gottes thronen, die Menschen mit Lügenzeichen und Scheinwundern verführen und schließlich durch den Hauch aus dem Munde Jesu vernichtet werden. Die futurisch-individuelle Gestalt des «Menschen der Sünde» ist von der *patristischen* Exegese in der Regel auf den A. gedeutet worden (IRENAEUS, HIPPOLYT, VICTORIN VON PETTAU, HIERONYMUS, AUGUSTIN). Mythisches Gepräge zeigt das «Tier aus dem Abgrund» der Johannes-Apokalypse (Kap. 13; 17), das in der Weise der alttestamentlichen Ungeheuer Tiamat, Leviathan und Behemot dargestellt wird. Das apokalyptische Tier mit den sieben Köpfen, das alle Macht der vier Tiere des Traumes Daniels (Dan. 7) in sich vereint, wurde zum Inbegriff der Schrecken und Verfolgungen, die über die Kirche hereinbrechen werden.

Die im ganzen uneinheitlichen und unscharfen Aussagen des Neuen Testaments über den A. sind in der antiken Epoche der Kirche unterschiedlich weiterentwickelt worden [2]. Die frühchristlichen Exegeten bemühten sich durch gelehrte Kombination von Textstellen des Alten und des Neuen Testamentes um Aufschlüsse über das Wesen des A. und Hinweise für die Zeit seines Auftretens, Wirkens und Untergangs [3]. Aufgrund der Verfolgung von seiten des römischen Staates gewannen, unterstützt durch apokryph-apokalyptisches Gedankengut [4], zeitgeschichtlich-politische Auslegungen an Bedeutung, die im Imperium Romanum und in der Gestalt des Nero redivivus den A. zu erkennen glaubten (VICTORIN VON PETTAU, LACTANTIUS, COMMODIAN). Doch auch die gegenteilige Auffassung bildete sich heraus, nach der das römische Kaisertum jene von Paulus verheißene hemmende Macht (κατέχον – 2. Thess. 2, 6) sei, die das Kommen des A. noch aufhalte (TERTULLIAN). Eine Weiterentwicklung des A.-Verständnisses stellt der Apokalypsen-Kommentar des Donatisten TYCHONIUS († ca. 380) dar. In allegorisierender Auslegung deutete er das in der Johannes-Apokalypse Dargestellte auf die Geschichte der Kirche, besonders auf die Situation der donatistischen Kirche in Nordafrika, und gelangte zu der Überzeugung, daß die katholische Kirche Züge des A. trage, da sie die wahre donatistische Kirche bedränge [5]. AUGUSTIN hat Tychonius in bezug auf die Gleichsetzung von Kirche und A. widersprochen, dem Prinzip der spiritualistischen Auslegung der Apokalypse jedoch zugestimmt [6], so daß er selbst die Auffassung vertrat, unter dem apokalyptischen «Tier aus dem Abgrund» sei «ipsa inpia civitas ... et populus infidelium contrarius populo fideli et civitati Dei» [7] zu verstehen.

In der nachkonstantinischen Zeit verband sich der A.-Stoff mit römischen Endkaisererwartungen und Einzelzügen aus der Alexandersage und erlangte in der christlich bearbeiteten Sibyllistik weite Verbreitung [8]. Die für das Mittelalter bedeutsamste sibyllinische Schrift, die ‹Tiburtina› [9], deren griechische Urfassung in der Mitte des 4. J. n. Chr. entstand, verkündete, daß vor dem Ende der Welt ein Friedenskaiser erstehen und der gesamten Erde eine Friedenszeit bereiten werde. Nach Ablauf seiner 112jährigen Herrschaft werde der Kaiser nach Jerusalem ziehen und Szepter und Krone auf dem Ölberg niederlegen, um Gott das Reich zu übergeben. Danach werde sogleich der A. auftreten, sich als verheißener Messias-König ausgeben und sein Schreckensregiment ausüben. In späteren Jh. ist der Kern dieser Prophetie, die Verbindung von Endkaiser und A., in politisch-nationaler Intention und zur Legitimierung des rechtmäßigen Kaisertums propagandistisch verwendet worden. Verkündete PSEUDO-METHODIUS (ca. 678) unter dem Eindruck des Ansturms des Islam auf das oströmische Reich einen griechisch-römischen Endkaiser, der die «filii Ismahel» vernichten werde [10], so glaubte ADSO VON TOUL (954) an das Hervortreten des Friedenskaisers aus den «reges Francorum» [11], während deutschfreundliche Bearbeitungen der lateinischen Fassungen der Tiburtina einen Deutschen als letzten Kaiser erwarteten [12].

Die kirchlichen Schriftsteller des Frühmittelalters verhielten sich dem A.-Stoff gegenüber zurückhaltend und beschränkten sich auf die Weitergabe des von den Vätern überlieferten Gedankengutes (BEDA, AMBROSIUS AUTPERTUS, ALCUIN, HAIMO). Durch den Einfluß augustinischer Geschichtsauffassung auf die mittelalterliche Geschichtsschreibung (RUDOLFUS GLABER, ORDERICUS VITALIS, ANSELM VON HAVELBERG, OTTO VON FREISING) und durch das Interesse der Exegeten an der geschichtstheologischen Konzeption der Apokalypse (RUPERT VON DEUTZ, RICHARD VON ST. VICTOR) erlangte die Gestalt des A. erneute Bedeutung [13]. Ein personhafter Dualismus, der sowohl die Erklärung der Weltgeschichte als auch die Auslegung der Apokalypse beherrschte, ließ Christus und A. zu beständigen Gegenspielern werden, insofern sich in ihnen die willentlichen Äußerungen Gottes und Satans manifestierten. Dabei galt die dogmatische Auffassung, daß A. und Satan nicht identisch sind, sondern nach der Definition des HIERONYMUS «ne eum (antichristum) putemus ... diabolum esse ... sed unum de hominibus, in quo totus satanas habitaturus sit corporaliter» [14]. Innerhalb des hochmittelalterlichen theologischen Schrifttums kommt den Werken JOACHIMS VON FIORE († 1202) besondere Bedeutung zu, da seine 3-Status-Lehre der zukunftsgespannten Dimension des christlichen Glaubens ein geschichtliches Ziel anbietet, die eschatologische Hoffnung in gewisser Weise säkularisiert [15]. Zu der Gestalt des A. hat Joachim sich im Zusammenhang mit den Verfolgungen am Ende des 2. und 3. Status beschäftigt und die seit Commodian bekannte Idee vom Auftreten zweier A. modifiziert. Am Ende des 2. Status werde erscheinen «ista bestia, que ascendet de terra, habitura sit quendam magnum prelatum, qui sit similis Symonis Magi, et quasi universalis pontifex in toto orbe terrarum, et ipse sit ille Antichristus» [16]. Der «ultimus tyrannus et ultimus Antichristus» [17] dagegen werde die Verfolgung des 3. Status einleiten. Die Anhänger Joachims (PETRUS OLIVI, UBERTINO DE CASALE u. a.) entwickelten entsprechend der 3-Status-Lehre die Auffassung von einer dreifachen Erscheinungsweise des A.: mixtus – mysticus – ultimus Antichristus [18].

Neben den Versuchen, der Gestalt des A. in geschichtstheologischen Entwürfen eine wesensentsprechende Funktion zuzuweisen, wurde der A. zu einem geeigneten Propagandamittel im politischen Kampf zwischen Kaiser und Papst (Friedrich II. gegen Gregor IX.) und in der innerkirchlichen Auseinandersetzung mit extremen Gruppen der joachimitischen Bewegung (Papsttum sei A., da es die franziskanische Armutsforderung nicht unterstütze) und häretisch-schismatischen Tendenzen (WICLIF, HUS). Ein weit verbreiteter religiöser Pessimismus, der zum Spätmittelalter hin zunahm [19], sah in Naturkatastrophen, Epidemien, Kriegen und im Niedergang der ethisch-kirchlichen Ordnung Vorzeichen des A. Viele glaubten, der A. sei schon geboren [20]. Die Spekulationen wurden so weit geführt, daß MATTHIAS VON JANOW († 1394) schreiben konnte: «Tanta fama fuit et est de adventu antichristi per universam ecclesiam, et ita est descriptus, ut etiam pueri decipi non possunt per eundem» [21]. Zahlreiche dichterische Bearbeitungen [22] und bildkünstlerische Darstellungen [23] trugen zur Popularisierung des A.-Stoffs im Spätmittelalter bei.

In der Polemik des Konfessionskampfes des 16. Jh. wurde A. zu einem von beiden Seiten häufig verwendeten Verdikt. Nach anfänglicher Zurückhaltung belegte LUTHER nach 1522 das römische Papsttum mit dem Begriff A. Doch bezeichnete er damit keine einzelne Papstgestalt, sondern stets die Institution in ihrer geschichtlichen Entwicklung [24]. Weil das Papsttum seine ihm von Gott übertragene Autorität über die Macht des Wortes Gottes stellt, ist es «der rechte Endechrist oder Widerchrist» [25]. Weiter griff MELANCHTHON aus, der versuchte, am Papsttum die Zeichen des A. in Anlehnung an 2. Thess. 2, 1ff. aufzuzeigen. Auf katholischer Seite wies der Jesuit ROBERT BELLARMIN die reformatorischen Auffassungen der Magdeburger Centurionen, die im Sinne Luthers argumentierten, zurück. Mit beginnender Gegenreformation kristallisierten sich die verschiedenen Verstehenspositionen der Konfessionen heraus. Während die Lutheraner einer allegorisierenden Auslegung folgten und im A. keine individuelle Person sahen, betonten die Katholiken seine persönlich-konkrete Erscheinungsweise.

Im 17. und 18. Jh. verlor der A. innerhalb der theologischen Reflexion und Systematik weitgehend an Bedeutung. Der Rationalismus der Aufklärung lehnte zusammen mit dem Teufel auch den A. ab. Traditionelle A.-Vorstellungen lebten im volkstümlichen Bereich [26], in pietistischen Strömungen [27] und in der romantisch-idealistischen Philosophie (SCHELLING) fort. Durch NIETZSCHE, der im A. den Inbegriff seiner antigöttlichen «Herrenmoral» sah und sich mit ihm identifizierte («Ich bin der A.»), wurden dem bekannten Wort neue philosophisch-anthropologische Aspekte appliziert [28]. Die neuere A.-Literatur zeigt das Bemühen, die aktuelle Bedeutung der antichristlichen Macht aufzuweisen, insofern der Mensch den Gefährdungen subtiler Verführungen durch Sozialismus (LAGERLÖF) und Demagogie (SOLOWJEW) ausgesetzt ist [29].

In der Gegenwart haben A.-Vorstellungen keine geschichtsbildende Relevanz. Die christlichen Konfessionen stimmen in der dogmatischen Aussage überein, daß der A. als Vorzeichen der Parusie Jesu Christi verstanden werden müsse. Hält die katholische Lehre an der individuellen Erscheinungsweise des A. fest [30], so versucht die protestantische eine den menschlich-gläubige Existenz einbeziehende Wesensbestimmung des A. als «die Usurpation der in Christus geschenkten Freiheit und der verlogene Anspruch, das zu verwirklichen, was der Welt mit der Erhöhung Jesu Christi zum ‹kyrios› verheißen ist» [31].

Anmerkungen. [1] Vgl. M. FRIEDLÄNDER: Der A. in den vorchristl. jüdischen Quellen (1901); H. GUNKEL: Schöpfung und Chaos in Urzeit und Endzeit (²1921); J. ERNST: Die eschatol. Gegenspieler in den Schriften des NT (1967). – [2] Vgl. W. BOUSSET: Der A. in der Überlieferung des Judentums, des NT und der alten Kirche (1895). – [3] HIPPOLYT, De antichristo. MPG 10, 725-788. – [4] Vgl. Or. Sib. IV, 119-139; V, 33f. 104-110; Barn. 4, 3ff. – [5] T. HAHN: Tychonius-Stud. (1900); s. BEATI PRESBYTERI in Apocalipsim commentaria (1770). – [6] AUGUSTIN, De doctr. christ. III, 30-37; Contra Ep. Parm. I, 1. – [7] De civ. Dei XX, 9. – [8] Vgl. F. KAMPERS: Kaiserprophetien und -sagen im MA (1895); F. PFISTER: Alexander der Große in den Offenbarungen der Griechen, Juden, Mohammedaner und Christen (1956). – [9] E. SACKUR: Sibyllinische Texte und Forsch. (1898) 117ff.– [10] SACKUR, a. a. O. 60-96. – [11] SACKUR, a. a. O. 104-113; vgl. R. KONRAD: De ortu et tempore Antichristi. A.-Vorstellung und Gesch.bild des Abtes Adso von Montier-en-Der (1964). – [12] Vgl. die unter den Werken BEDAS überlieferte Sibylle. MPL 90, 1181-1186; GOTTFRIED VON VITERBO, Mon. Germ. S.S. XXII, 145ff.; vgl. D. KURZE: Nationale Regungen in der spätmittelalterl. Prophetie. Hist. Z. 202 (1966) 1-23. – [13] Vgl. A. DEMPF: Sacrum Imperium (1929); W. KAMLAH: Apk. und Gesch.theol. vor Joachim v. Fiore (1935); J. SPÖRL: Grundformen hochmittelalterl. Gesch.anschauung (1935, ²1968). – [14] HIERONYMUS, In Dan. c. 7. – [15] Expositio magni Prophete Abbatis JOACHIMI in Apocalypsim (Venetiis 1527); Abbatis

JOACHIM Liber Concordie Novi ac Veteris Testamenti (Venetiis 1519); vgl. H. GRUNDMANN: Stud. über Joachim von Floris (1927); E. BENZ: Ecclesia spiritualis (1934); B. TÖPFER: Das kommende Reich des Friedens (1964). – [16] JOACHIM, Expos. f. 168 r. – [17] a. a. O. fol. 10, col. 1-3. – [18] Vgl. E. WADSTEIN: Die eschatol. Ideengruppe A., Weltsabbat, -ende und -gericht in den Hauptmomenten ihrer christl.-mittelalterl. Gesamtentwicklung (1896). – [19] Vgl. W. E. PEUCKERT: Die große Wende (1948); K. LÖWITH: Weltgesch. und Heilsgeschehen (1953) 136-147. – [20] Belege bei WADSTEIN, a. a. O. [18] 82-100. – [21] HÖFLER, Concilia Pragensia 1343-1413, in: Abh. der kgl. böhm. Ges. der Wiss. 12 (1863) 61; vgl. HUGO DE NOVO CASTRO: De victoria Christi contra Antichristum (1471); TH. MALVENDA: De Antichristo (^{3}1647). – [22] Vgl. A. DÖRRER: Art. ‹Ludus de Antichristo›, in: MERKER/STAMMLER, Verf.-Lex. 3, 87-185. – [23] Vgl. WADSTEIN, a. a. O. [18] 150ff. – [24] H. PREUSS: Die Vorstellungen vom A. im späten MA, bei Luther und in der konf. Polemik (1906). – [25] LUTHER, Schmalkaldische Artikel II, 4. – [26] Vgl. W. E. PEUCKERT: Art. ‹A.›, in: BÄCHTOLD/STÄUBLI, Handwb. des dtsch. Aberglaubens 1, 496ff. – [27] J. A. BENGEL: Gnomon (^{3}1867); H. JUNG-STILLING: Die Siegesgesch. der christl. Relig. in einer gemeinnützigen Erklärung der Offenbarung Johannis (1799). – [28] F. NIETZSCHE, Werke, hg. SCHLECHTA 2, 1102. – [29] S. LAGERLÖF: Antikrists mirakler (1897); W. SOLOWJEW: Die Erzählung vom A. (1898); J. ROTH: Der A. (1934); P. WIEGLER: Der A. (1929); A. JEREMIAS: Der A. in Gesch. und Gegenwart (1930). – [30] K. RAHNER, in: Lex. Theol. und Kirche² 1, 635. – [31] E. SCHLINCK, in: RGG³ 1, 436.

G. JENSCHKE

Antichthon (Gegenerde; von griech. ἀντί, gegen, und χθών, Erde). PHILOLAOS schloß auf Grund der Überzeugung von der Geordnetheit des Kosmos und unter der Voraussetzung eines Zentralfeuers sowie einer Zehnzahl der Himmelskörper auf die Existenz einer Gegenerde [1]. Dies ist innerhalb der Wissenschaftsgeschichte ein frühes Beispiel für Versuche, mit Hilfe von Symmetriebedingungen aus bekannten Tatbeständen auf das Vorhandensein empirisch nicht nachweisbarer Phänomene zu schließen [2].

Anmerkungen. [1] ARISTOTELES, Met. I, 5, 986 a 11; De coelo II, 12, 293 a 15ff. – [2] Vgl. die antike geographische Konstruktion über den Nilverlauf bei HERODOT II, 30. 31.

H. M. NOBIS

Antike

I. Die heutige Verwendung des Begriffs ‹A.› als Epochenbezeichnung scheint 1905 im Kreise der klassisch-philologischen Apologetik entstanden zu sein. Seine Geschichte läßt sich in sechs verschiedene Stadien gliedern:

1. ‹Antiquen› = alte, aus dem 16. und 17. Jh. stammende Bildwerke, z. B. HAGEDORN 1743. – 2. ‹Antiquen› = alte, aus dem Altertum stammende Statuen, WINCKELMANN 1755. – 3. ‹Die A.› = Gattungsbegriff für die Kunstdenkmäler des Altertums wie als Bezeichnung des einzelnen Kunstwerks, HAGEDORN 1761. Diese Wortbedeutung bleibt bis etwa 1875 lebendig [1]. – 4. ‹Die A.› = das in der A. (= Kunstwerk des Altertums) konkretisierte göttliche Wesen, später die künstlerische Kultur des Altertums und deren normative Wirkung. F. SCHLEGEL spricht 1798 von der «Göttlichkeit der A.». NOVALIS schreibt im selben Jahr: «Die Reste des Altertums sind nur die spezifischen Reize zur Bildung der A. Nicht mit Händen wird die A. gemacht. Der Geist bringt sie durch das Auge hervor ...» [2]. W. v. HUMBOLDT überträgt diese normative Wirkung auf den Gehalt der antiken Literatur: «... ist immer ein dauernder Gewinn, wenn man eine Eigentümlichkeit des menschlichen Daseins, wie die A. es ist, einmal voll und lebendig empfunden hat, was ohne eigenes Hören und Verstehen der individuellen Laute nicht möglich ist» [3]. Der Übertragung der äußeren Form der A. als einer Statue des Altertums auf die in Kunst und Literatur ausgeformte Idealität des Geistes liegt WINCKELMANNS Vorstellung von der Göttlichkeit, der organischen Einheit der antiken Statue mit dem geographischen und geistigen Klima des alten Griechenland zugrunde. Die heidnische A. steht in deutlichem Gegensatz zur christlichen Kunst und Kultur (vgl. EICHENDORFFS ‹Marmorbild›, 1801). Wohl unabhängig von diesem Bedeutungswandel hat die Kunsthistorie nach 1860 den gleichen terminologischen Übergang von der äußeren Form zum inneren Gehalt der A. vollzogen: «Wir sehen die A. als ein in sich abgeschlossenes Ideal an, das den reinen Gegensatz gegen die getrübte und in sich gebrochene wirkliche Welt bildet», schreibt SPRINGER 1862 [4]. – 5. ‹A.› = die Welt des Altertums in ihrer geschichtlichen Wirkung auf die Neuzeit. Nicht mehr als ein bestimmtes klassisches Ideal, sondern als Totalität des antiken Lebens faßt ZIELINSKI 1905 A. im Sinne des Historismus auf [5]. A. als Gymnasialfach, als Altertumswissenschaft und als historische Welt des Altertums fallen bei ihm zusammen. Die A. ist für ihn das «geistige Vaterland Europas». Bereits 1905 erschienen Aufsätze, in denen Zielinskis A.-Begriff als Epochenbegriff mißverstanden wurde. E. STEMPLINGER braucht ‹A.› zunächst parallel zur «nationalen Sprache der Dichtung», dann aber als Synonym zu ‹Altertum›. Er setzt der Renaissance*zeit* die klassische A. entgegen [6]. – 6. In der Folge wird der Begriff ‹A.› synonym mit ‹griechisch-römisches Altertum› gebraucht; er unterscheidet sich aber noch lange Zeit von der bloßen Epochenbezeichnung durch den in der ursprünglichen Wortbedeutung steckenden idealisierenden Beiklang und wird mit Vorzug in apologetischer oder propagandistischer Absicht gebraucht, wie z. B. W. JAEGERS Zeitschrift ‹Die A.› zeigt.

In dem heutigen Epochenbegriff A. laufen somit zwei wissenschaftsgeschichtliche Strömungen zusammen: einmal die Ablösung des geistesgeschichtlichen Epochenbegriffs aus dem Stilbegriff, wie sie auch bei ähnlichen Epochenbegriffen wie ‹Renaissance›, ‹Gotik›, ‹Barock› zu beobachten ist, und zweitens die Ausdehnung der Altertumswissenschaften auf die ganze alte Welt und damit die Relativierung der A.

Anmerkungen. [1] Brockhaus (^{12}1875) A. = «altes plastisches Bildwerk». – [2] NOVALIS, Werke, hg. E. WASMUTH, Frg. 924. – [3] zit. nach B. STADLER: W. v. Humboldts Bild der A. (1959) 191. – [4] A. SPRINGER: Das Nachleben der A. im MA. Die Grenzboten 1 (1862) 497. – [5] T. ZIELINSKI: Die A. und Wir. Vorles., dtsch. E. SCHOELER (1905). – [6] E. STEMPLINGER: M. Opitz und die A. Bl. für das Gymnasialwesen 41 (1905) 177-190.

Literaturhinweise. W. MÜRI: Die A. Untersuchungen über den Ursprung und die Entwicklung der Bezeichnung einer gesch. Epoche. Jb. A. und Abendland 7 (1958) 7-45. – W. RÜEGG: ‹A.› als Epochenbegriff. Mus. helv. (Basel) 16 (1959) 309-318.

W. RÜEGG

II. Im Ausgang von der normativen Bedeutung der A. (vgl. oben I, 4) wird die A. zum Element des geschichtlichen und geistigen Selbstverständnisses. So setzt bei GOETHE nach den großen Hymnen (Wanderers Sturmlied, Der Wanderer, Mahomets Gesang, Prometheus, Ganymed, An Schwager Kronos), welche die kraftvolle Fülle und die Natürlichkeit griechischen Lebens feiern, die Reflexion auf das Besondere der A. ein, auch auf das Bewußtsein der Distanz zu ihr. Griechenland erscheint dem späten Goethe als einmaliges Bildungserlebnis, weil in der griechischen A. alle Fähigkeiten des Menschen harmonisch ausgebildet seien [1]. Die Einheitlichkeit griechischen Lebens [2] läßt ihn in ‹Maximen und Reflexionen› sagen: «Wenn wir uns dem Altertum gegenüberstellen und es ernstlich in der Absicht anschauen, uns daran zu bilden, so gewinnen wir die Empfindung, als ob wir erst eigentlich zu Menschen würden» [3]. Zugleich wird aber auch das Gefühl der Distanz zur griechischen A. ausgesprochen: «Und so wird es einem denn doch wunderbar zumute, daß, indem wir bemüht sind, einen Begriff des Altertums zu erwerben, nur Ruinen entgegenstehen, aus denen man sich nun wieder das kümmerlich aufzuerbauen hätte, wovon man noch keinen Begriff hat» [4]. Im Winckelmann-Aufsatz zitiert Goethe zustimmend einen Brief Humboldts vom 23. August 1804, in dem Rom als hinreichender Gegenstand für die Bewunderung des Altertums bezeichnet wird. Aber: «Es gehört ... das meiste von diesem Eindruck uns und nicht dem Gegenstande; aber es ist nicht bloß der empfindende Gedanke, zu stehen, wo dieser oder jener große Mann stand, es ist ein gewaltsames Hinreißen in eine von uns einmal, sei es auch durch notwendige Täuschung, als edler und erhabener angesehene Vergangenheit ... Nur aus der Ferne ... nur als vergangen muß das Altertum uns erscheinen» [5]. Im Aufsatz ‹Antik und modern› (1808) bewundert Goethe an der A. deren vollkommene Leichtigkeit, während er selber sich «durch vielfache Hindernisse durcharbeiten, von manchen Irrtümern sich losarbeiten muß» [6], um ein Kunstwerk zu vollenden. Doch bleibt im Unterschied zu Schiller und Hölderlin diese Gegenüberstellung ohne geschichtsphilosophische Konsequenzen. Daraus, daß Goethe das antike Ideal künstlerischen Schaffens auch noch in Raffael und Shakespeare realisiert sieht, zieht er den Schluß, daß nicht so sehr die Differenz zwischen Alten und Neuen, sondern die jeweilige Verfassung des Künstlers unter bestimmten Umständen über Nichtigkeit bzw. Schwierigkeit bei der Rezeption seines Werkes entscheidet; griechisch gestimmte Künstler sind immer möglich: «Die Klarheit der Ansicht, die Heiterkeit der Aufnahme, die Leichtigkeit der Mitteilung, das ist es, was uns entzückt, und wenn wir nun behaupten, dies alles finden wir in den echt griechischen Werken, und zwar geleistet am edelsten Stoff, am würdigsten Gehalt, mit sicherer und vollendeter Ausführung, so wird man uns verstehen, wenn wir immer von dort ausgehen und immer dort hinweisen. Jeder sei auf seine Art ein Grieche! Aber er sei's» [7].

Für FRIEDRICH SCHILLER ist die Differenz zwischen antiker und moderner, d. h. zwischen naiver und sentimentalischer Dichtung ein Anlaß für politisch-geschichtsphilosophische Überlegungen aus moralischem Impetus. Der gegenwärtige Mensch, der in künstlichen Verhältnissen lebt, erfährt in der Begegnung mit der Natur, «wenn er im Freien wandelt, wenn er auf dem Lande lebt oder sich viel bei den Denkmälern der alten Zeit verweilet» [8] als Kontrast zu seiner von ihm selbst geschaffenen Umwelt «das Bestehen der Dinge durch sich selbst, die Existenz nach eigenen unabänderlichen Gesetzen» [9]. Der moralische Impetus erhellt aus dem Satz: «Sie [die natürlichen Dinge] sind, was wir waren; sie sind, was wir wieder werden sollen» [10], «wornach wir aufgefordert sind zu ringen» [11]. Diese Notwendigkeit resultiert aus dem endgültigen Verlust der antiken Identität mit der Natur, aus der Entzweiung zwischen Objektivität der Natur und Subjektivität der Reflexion: «weil die Natur bei uns aus der Menschheit verschwunden ist und wir sie nur außerhalb dieser, in der unbeseelten Welt, in ihrer Wahrheit antreffen» [12]. «So wie nach und nach die Natur anfing, aus dem menschlichen Leben als Erfahrung ... zu verschwinden, so sehen wir sie in der Dichterwelt als Idee und als Gegenstand aufgehen» [13]. Der sentimentalische Dichter ist deshalb verpflichtet, Bewahrer, Zeuge und Rächer der Natur zu sein, um so in der Kunst die mit der A. vergangene Identität mit der Natur auf dem Stande der Reflexion zu erzeugen. Auch Schillers Genietheorie folgt diesen geschichtsphilosophischen Überlegungen.

Preist HÖLDERLIN noch in den Hymnen aus der Tübinger Zeit (An den Genius Griechenlands) die in Griechenland wirkenden, nie alternden Lebensmächte – eine Erfahrung, die er aus seinen Pindarübersetzungen gewann –, die auch den gegenwärtigen geistigen und politischen Freiheitskampf einem ewigen Olymp entgegentreiben, so stellt sich für ihn nach der französischen Revolution das Bewußtsein des Abstandes zwischen Gegenwart und antiker Vergangenheit ein, das sich in der Elegie ‹Griechenland› (1793) als Sehnsucht nach der vergangenen Fülle des Lebens ausdrückt [14]. Im ‹Archipelagus› parallelisiert Hölderlin die götterlose Gegenwart mit dem Griechenland der Perserkriege [15]. Wie Griechenland nach diesen, so wird auch Europa eines Tages, aus der ewigen Wurzel Natur genährt, zur Fülle des Lebens aufsteigen, an deren rein politischer Realisierung der ‹Hyperion› zweifelt. Während der Fragment gebliebene Aufsatz ‹Der Gesichtspunkt, aus dem wir das Altertum anzusehen haben› vom Bildungstrieb spricht als gemeinsamem Urgrund aller Völker [16], versucht Hölderlin im Brief an Boehlendorff vom 4. Dezember 1801 das Spezifische der antiken Bildung zu klären. Er tut dies im Rahmen eines geschichtsphilosophischen «Drei-Stadien-Gesetzes», nachdem aufeinander folgen: 1. die A., die mit dem Aufkommen des Christentums endgültig abgeschlossen ist; 2. die Zeit des Abendlandes (Hesperien), die ihr eigenes Recht hat; 3. die Zukunft als Wiederkehr der alten Götter. Nach dem Vorwort zum Thalia-Bruchstück des ‹Hyperion› ist diese geschichtliche Entwicklung als Ausgang aus der Identität mit der Natur durch Begegnung mit dem Nichtidentischen (= Bildung) und die Rückkehr in die Identität auf der Stufe der Reflexion zu interpretieren. Im Boehlendorff-Brief wird die Frage nach der Differenz zwischen Hellas und Hesperien gestellt: Die Griechen sind vortrefflich in dem, was sie über ihre eigene Naturanlage hinaus geleistet haben. Da die Griechen von Natur aus durch Enthusiasmus, das «Apollonische Feuer», definiert sind, besteht ihre Leistung in der alles andere als naiven Bändigung dieser Leidenschaft durch Form und Darstellung – ein Gedanke, der später bei Nietzsche auftaucht. Daraus folgt, daß auch Hesperien in diesem Punkt Griechenland nicht übertreffen kann. Es kann Griechenland nur dadurch nachahmen, daß es die ihm von Natur vorgegebene «Junonische Nüchternheit» durch Enthusiasmus beseelt. Die Nachahmung der Griechen kann also nur in einer analogen Kulturleistung bestehen [17]. Im Brief an Wilmans vom 20. September 1803 kennzeichnet Hölderlin das Griechische als das Orientalische und stellt es so dem Hesperischen gegenüber.

Deutlich erhellt aus dem A.-Begriff der deutschen Klassik zweierlei:

1. Die geistige Rezeption der A. und ihre Einfügung in den Prozeß des Selbstverständnisses setzt ein mit dem Aufkommen der klassischen Ästhetik. Die in der durch exakte Wissenschaft erforschten Natur nicht mehr anzutreffende Totalität wird nun in der Kunst präsent gehalten [18]. Die Schönheit dieser Totalität wird unter anderem an der griechischen Kunst demonstriert. In dem Maße, wie die Kunst diese Totalversöhnung nicht mehr leisten kann, verliert auch das Griechenlandbild seine idealischen Züge.

2. Die Griechenland-Rezeption steht in unmittelbarem Zusammenhang mit einem der Newtonschen Physik entgegengesetzten Naturbegriff. Natur bedeutet hier Identität des Einzelnen mit seiner Umwelt. Die auf diese Identität sich berufende deutsche Klassik spürt zwar den gegenwärtigen Identitätsverlust, hofft aber, in der Kunst oder gar durch Kunst diese restituieren zu können. Sie komplementiert somit die Geschichtsphilosophie ihrer Zeit, die die Irreversibilität dieser Entzweiung begreift; die Dichtung klagt das ein, wovon sie glaubt, daß es von der Geschichtsphilosophie vernachlässigt werde: die Restituierung der Identität.

Anmerkungen. [1] J. W. GOETHE, Winckelmann. Weimarer A. (= WA) I/46, 21f. – [2] a. a. O. 23. – [3] Maximen und Reflexionen, hg. M. HECKER (1907) Nr. 660. WA 42/2, 190. – [4] Italien-Reise (27. 10. 1786). WA I/30, 191. – [5] WA 46, 37f. – [6] 49, 150. – [7] 49, 155f. – [8] FR. SCHILLER, Über naive und sentimentalische Dichtung. Nat.-A. 20, 413. – [9] ebda. – [10] a. a. O. 414. – [11] 415. – [12] 430. – [13] 431. – [14] FR. HÖLDERLIN, Große Stuttgarter A. (1946ff.) 1/1, 179f. – [15] a. a. O. 2/1, 103-112. – [16] 4/1, 221f. – [17] Vgl. Brief an Schiller vom 2. 6. 1801. – [18] Vgl. J. RITTER: Landschaft. Zur Funktion des Ästhetischen in der modernen Welt (1963).

Literaturhinweis. P. SZONDI: Hölderlins Brief an Böhlendorff vom 4. Dez. 1801. Komm. und Forschungskrit. Euphorion 58 (1964) 260-275.   A. RECKERMANN

III. Für HEGEL ist die A. eine vergangene Epoche, deren Zugehörigkeit zur modernen Welt gleichwohl philosophische Weltgeschichte als konkrete Vermittlungsstufen belegt. Dies Verhältnis findet seinen philosophiegeschichtlichen Ausdruck darin, «daß die weiter gebildete Philosophie einer späteren Zeit wesentlich Resultat der vorhergehenden Arbeiten des denkenden Geistes ist, daß sie ... nicht isoliert für sich aus dem Boden gewachsen ist» [1]. Dies rechtfertigt aber nicht Bruckers Verfahren, antike Philosophen «mit allen den Konsequenzen und Vordersätzen auszustatten, welche nach der Vorstellung Wolfischer Metaphysik Vorder- und Nachsätze jenes Philosophems sein müßten» [2]; und ebensowenig kann es in unseren Tagen noch «Platoniker, Aristoteliker, Stoiker, Epikuräer ...» geben. Sie wieder erwecken hieße, «den gebildeten, tiefer in sich gegangenen Geist auf eine frühere Stufe zurückbringen wollen.» [3]. Die neuere Zeit, in der «das Individuum die abstrakte Form vorbereitet» findet, ist über die antike «Durchbildung des natürlichen Bewußtseins» hinausgegangen [4]: «Dem unbefangenen Denken der älteren Philosophen ... [steht] jetzt das Bewußtsein gegenüber. Das Subjekt, wenn es ... über das Absolute reflektiert, ... hat diesen Inhalt vor sich; aber das Weitere ... ist das denkende Subjekt, daß zur Totalität des Objektiven wesentlich auch die Subjektivität des Denkens gehört» [5].

Diese Differenz beschränkt sich nicht auf die Philosophie. Historiographisch entspricht dem «natürlichen Bewußtsein» die «ursprüngliche Geschichtsschreibung» der A., die nur in ihr «gegenwärtige Begebenheit, Tat und Zustand in ein Werk der Vorstellung für die Vorstellung» umschuf [6], also der «reflektierenden», d. h. kritischen Geschichtsschreibung und der philosophischen Weltgeschichte als frühere Stufe vorausgeht.

Entsprechend erfolgt Hegels Zuordnung der antiken Kunst. Die «Verwirklichung des Klassischen» in der Kunst ist «bei den Griechen aufzusuchen» [7]. «Das freie Subjekt ..., welches die klassische Kunst herausgestaltet, erscheint wohl als wesentlich allgemein ..., zugleich aber als nur mit einer an sich selbst besonderten Allgemeinheit erfüllt» [8]. Diese Klassizität der antiken Kunst beruht darauf, daß sie im Gegensatz zur romantischen noch nicht durch die Instanz eines höheren Bewußtseins von der unendlichen Freiheit der Subjektivität angefochten war. Im Sinne dieser Einschränkung «ist in Griechenland die Kunst der höchste Ausdruck für das Absolute gewesen, ... während die spätere romantische Kunst, obwohl sie Kunst ist, dennoch schon auf eine höhere Form des Bewußtseins, als die Kunst zu geben imstande ist, hindeutet» [9]. Jene Kunst, die klassisch ist, da sie noch nicht wie in der Moderne eine «nur untergeordnete Stellung» [10] innehatte, erlebte ihr Ende als «Übergang», sobald in der auch von ihr schon ausgedrückten «Freiheit selbst das Bedürfnis einer höheren Freiheit des Subjekts in sich selbst» erwachte [11].

Indem W. v. HUMBOLDT den «Widerstreit des Antiken und Modernen» isolierend allein in die Kunst hineinverlegt, hebt er die von Hegel mit dem Begriff des Klassischen verbundene Einschränkung wieder auf: «Zur Plastik der Alten haben die Neueren nie das Mindeste hinzuzusetzen versucht, ... und die schöne Musik hat das Altertum nie gekannt ... Da in der Bildhauerei die Gestalt, in der Musik das Gefühl herrscht, so ist der allgemeine Charakter des Antiken das Klassische, der des Modernen das Romantische ...» [12]. Diese Unterscheidung hindert nicht, das Klassische zur Norm zu erheben. Der Geist der Griechen, in dem «Freude an Gleichgewicht und Ebenmaß» vorherrscht, unterscheidet sich von dem modernen «wie die Wirklichkeit von einem idealischen Gebilde ... Was die A. unterscheidet, ist ... wahrer und allgemeingeltender Vorzug. Das Gefühl für das Altertum ist also der Prüfstein der modernen Nationen ...» [13].

HEGEL befreit nun Humboldts Revision der «Querelle des Anciens et des Modernes» aus der Beschränkung auf einen Streit um die Kunst nicht wie seinerzeit durch Verweis auf den Fortschritt der Technik und Naturwissenschaft, sondern indem er den angesichts «des christlichen Prinzips, des Selbstbewußtseins der Freiheit» notwendigen «Fortschritt im Bewußtsein der Freiheit» thematisiert: Dieser liege darin, «daß die Orientalen nur gewußt haben, daß einer frei sei, die griechische und römische Welt aber, daß einige frei sind, daß wir aber wissen, daß alle Menschen an sich frei sind, der Mensch als Mensch frei ist ...» [14]. Erst diese Erweiterung macht den humanen Sinn deutlich, die A. als vergangene Epoche zu begreifen. «Das Recht der Besonderheit des Subjekts, sich befriedigt zu sehen, ..., das Recht der subjektiven Freiheit macht den Wende- und Mittelpunkt in dem Unterschiede des Altertums und der modernen Zeit.» [15]. Damit hat Hegel den Standpunkt seiner Jugendschriften [16] umgekehrt; in ‹Volksreligion und Christentum› gewann er «am Modell der antiken Polis ... die Einsicht in die Defizienz des Christentums in der modernen Welt, eine Religion für Privatpersonen zu sein» [17].

Gerade die Gründe, die Hegel bewogen, die A. zur vergangenen Epoche zu erklären, bestimmten NIETZSCHE, diese als Korrektiv der Moderne einzuholen. «Die Verführung ..., welche vom Altertum her auf wohlgeratene ... Seelen ausgeübt wird, ist ... die feinste und wirksamste aller antidemokratischen und antichristlichen ...» [18]. Jener «Welt ohne Sündengefühle» [19], die ohne schlechtes Gewissen der Muße pflegte [20], setzte das Christentum «durch Schwächung und Vermoralisierung des antiken Menschen» ein Ende [21]. Nach diesem Sieg scheint «die ganze Arbeit der antiken Welt umsonst» [22]. Daher gilt es, «volle Feindschaft zwischen unserer jetzigen ‹Kultur› und dem Altertume zu erzeugen» [23]. Diese Absicht wurde konkret, als der das antike Kreislaufmotiv erneuernde «Ewige-Wiederkunftsgedanke, die höchste Formel der Bejahung, die überhaupt erreicht werden kann» von Nietzsche auf ein Blatt mit der Unterschrift «6000 Fuß jenseits von Mensch und Zeit» hingeworfen wurde [24]. Keineswegs unmodern «vernimmt» aber Nietzsche diese Lehre nicht; vielmehr «will» er sie in der Weise des «amor fati». Sofern dies eine dem «Willen zur Macht» korrespondierende Ontologie ist, tritt denn auch die ewige Wiederkunftslehre «als Mittel der Züchtung und Auswahl» an die Stelle von Religion und Metaphysik [25]. Nicht die A., sondern die Hypertrophie des eigenen Konkurrenzethos hat also die bürgerliche Welt überwunden. Wo Nietzsches Ansatz virulent blieb, wurde dieser Widerspruch um so schmerzlicher bemerkt. M. Heidegger erklärt, daß Nietzsches Kritik der Metaphysik nur konsequenter Ausdruck ihrer Schranken war [26], und K. Löwith sieht, daß sein Versuch der «antichristlichen Wiederholung der A. auf der Spitze der Modernität» [27] mißlang, weil er der Geschichtlichkeit des bürgerlichen Subjekts nur ungenügend entkommen sei [28]. Indes weist J. Habermas «Karl Löwiths stoischem Rückzug vom historischen Bewußtsein» [29] einen ähnlichen Mangel nach: «Griechische Physis wandelt sich unterderhand zur Naturgestalt des Neuhumanismus; der Kosmos erhält die durch unsere eigene Bildungstradition geprägte Physiognomie» [30]. G. Krüger schließlich, der gegen Bewußtseins-, Subjektivitäts- und Existenzphilosophie – für ihn der Weg zur «Verkennung der menschlichen Lage» [31] – mit Platon die «Fähigkeit zu radikaler Selbstkritik» [32] der Moderne wiedergewinnen will, wirft Heidegger vor, sein Begriff des «metaphysischen Humanismus ... (sei) ein unfruchtbarer Bastard aus modernem Subjektivismus und antiker metaphysischer Theologie. Er versperrt uns den Weg zu der wahrhaft humanistischen Bildung und Umbildung unseres Denkens, zu der uns die A. helfen könnte» [33]. Aber auch Krügers eigene Kritik der modernen Aufklärung, die die «Verfügbarkeit der Ordnung für uns» postuliert, dürfte ihrerseits keineswegs so unmodern sein, wenn der Antipode, die religiöse Welterkenntnis der A., die Ordnung als «göttlich begründet» hinnimmt: «dann kommt es darauf an, sich in diese gegebene Ordnung einzufügen» [34].

E. Friedell stellt einem Kapitel über ‹Die Erfindung der A.› [35] Äußerungen uneinheiliger Gelehrter über Griechen und Römer voran, wonach diese unvergleichlich, gar viehisch; menschlich, inhuman; gesund, toll; hedonistisch, leidempfindend gewesen sein sollen; am Ende steht F. Schlegels Satz: «Jeder hat noch in den Alten gefunden, was er brauchte oder wünschte, vorzüglich sich selbst». Die Ironisierung solcher Relativität der Interpretation ist gewiß berechtigt; gleichwohl hat aber Hegels Rezeption der A. gezeigt, daß jener Mangel nicht aus der Zeitbedingtheit des jeweiligen Standpunktes, sondern aus dessen sozialgeschichtlicher Unvermitteltheit herrührt.

Anmerkungen. [1] G. W. F. Hegel: Gesch. der Philos. Werke, hg. H. Glockner (= WG) 17, 72. – [2] a. a. O. 73. – [3] 76. – [4] Phänomenologie des Geistes. WG 2, 34f. – [5] WG 18, 3f. – [6] Vernunft in der Gesch. Philos. Bibl. (^{5}1955) 5. – [7] Ästhetik, hg. F. Bassenge 1, 422. – [8] a. a. O. 1, 297. – [9] 1, 423. – [10] Vernunft in der Gesch. 133. – [11] Ästhetik 1, 491. – [12] W. v. Humboldt, Akad.-A. 7, 614f. – [13] a. a. O. 7, 610. – [14] Hegel, Vernunft in der Gesch. 63. – [15] Rechtsphilos. § 124. WG 7, 182; vgl. auch a. a. O. § 260. WG 7, 338f. – [16] Hegels theologische Jugendschr., hg. H. Nohl. – [17] G. Rohrmoser: Subjektivität und Verdinglichung (1961) 26. – [18] F. W. Nietzsche, Musarion-A. 19, 316. – [19] a. a. O. 12, 162. – [20] 12, 238ff. – [21] 18, 116. – [22] 17, 255. – [23] 7, 157. – [24] 21, 247. – [25] 18, 381. – [26] M. Heidegger: Holzwege (^{3}1957) 233. – [27] K. Löwith: Nietzsches Philos. der Ewigen Wiederkehr des Gleichen (1956) 113-126. – [28] Weltgesch. und Heilsgeschehen (^{3}1953) 203f. – [29] J. Habermas: Theorie und Praxis (^{2}1967) 352-370. – [30] a. a. O. 360. – [31] G. Krüger: Einsicht und Leidenschaft (^{2}1948) XVIII. – [32] a. a. O. XIV. – [33] Martin Heidegger und der Humanismus. Studia philos. (Basel) 9 (1949) 122. – [34] Einsicht und Leidenschaft 117f. – [35] E. Friedell: Kulturgesch. der Neuzeit (1928) 3, 2.
A. Müller

Antilogie

I. ‹A.› (griech. ἀντιλογία, Widerspruch, Widerrede – Ἀντιλογίαι war der Titel eines Werkes des Protagoras) bezeichnet gelegentlich in der Antike [1] und häufig in neuerer Zeit die von den antiken Skeptikern angewandte Methode, die Argumente für eine These den ihr widersprechenden gegenüberzustellen, um so ein Gleichgewicht (ἰσοσθένεια) der Argumente aufzuzeigen, das zur Zurückhaltung (ἐποχή) des Urteils führt [2]. Die Methode des ‹in utramque partem disserere› finden wir ohne skeptizistische Zielsetzung im frühen Peripatos [3]; bei Cicero wird das Verfahren der skeptischen Akademiker mit eben dieser Methode des Aristoteles und Theophrast in Verbindung gebracht [4]. 155 v. Chr. wurde die Methode der A. von Karneades den Römern besonders in seinen Vorträgen für und wider die Anwendbarkeit der Gerechtigkeit im Staatsleben vorgeführt. Für uns sind die Hauptdokumente der antilogistischen Methode der Antike die Schriften Ciceros, besonders die ‹Academici libri›, ‹De finibus›, ‹De natura deorum›, ‹De divinatione›.

Anmerkungen. [1] Plutarch, Perikles 4, 3; Diogenes Laertius IX, 106. – [2] Cicero, Acad. 1, 45; Sextus Empiricus, Pyrrh. hyp. 1, 8. 202–205. – [3] Vgl. Theophrast, perì aisthéseos Frg. 1, hg. Wimmer. – [4] Cicero, De fin. 5, 10; Tusc. 2, 9.

Literaturhinweise. V. Brochard: Les sceptiques grecs (Paris 1887). – L. Robin: Pyrrhon et le scepticisme grec (Paris 1944). – A. Weische: Cicero und die Neue Akademie. Zur Entstehung und Gesch. des antiken Skeptizismus (1961).
A. Weische

II. ‹A.› heißt in der Logik eine Aussagenfunktion [1], die unabhängig vom Wahrheitswert der Argumente stets den Wert «falsch» ergibt; die einfachsten A. sind die monadischen A. $\overset{\perp}{p}$ mit der Wahrheits(wert)tafel:

p	$\overset{\perp}{p}$
W	F
F	F

und die *dyadischen* A. $p \perp q$ mit der Wahrheitswerttafel:

p	q	$p \perp q$
W	W	F
W	F	F
F	W	F
F	F	F

Anmerkung. [1] Siehe Art. ‹Funktion› und ‹Wahrheitswert›.

Literaturhinweise. I. M. Bocheński und A. Menne: Grundriß der Logistik (^{3}1965) 25. 32. – A. Menne: Zur Stufenkoppelung monadischer bivalenter Funktoren, in: Kontrolliertes Denken (1951) 93.
A. Menne

Antimoralismus, antimoralisch. ‹*Antimoralismus*› ist ein anfangs des 19. Jh. aufgekommener Begriff, den W. T. Krug so definiert: «A. heißt jedes System, welches der Sittlichkeit widerstreitet». Das sind nach Krug «solche Systeme», «welche den Unterschied zwischen gut und böse, recht und unrecht aufheben und alle menschlichen Handlungen für sittlich gleichgültig erklären» [1]. Das Adjektiv ‹*antimoralisch*› gebrauchen in diesem Sinn auch Fr. Ed. Beneke [2] und A. Schopenhauer [3].

Anmerkungen. [1] Allgemeines Handwb. philos. Wiss. 1 (1827) 148/49. – [2] Grundlinien des natürlichen Systems der praktischen Philos. 1: Allg. Sittenlehre (1837) 85. – [3] In der ‹Preisschrift über die Grundlage der Moral› (1840) lautet die Überschrift von § 14 ‹Antimoralische Triebfedern›; in einer Anmerkung dazu rechtfertigt SCHOPENHAUER die «regelwidrige Zusammensetzung des Wortes, da ‹antiethisch› hier nicht bezeichnend sein würde».
H. REINER

Antinomie

I. – 1. Der Begriff der A. läßt sich bis zu PLUTARCH [1] und QUINTILIAN [2] zurückverfolgen, hat aber erst bei KANT seine philosophisch relevante Ausprägung gewonnen. Doch ist die vorangehende Verwendung des Terminus, vor allem im juristischen Sprachgebrauch des 17. Jh., für ein genaues Verständnis des von Kant Gemeinten von Wichtigkeit. – Schon GOCLENIUS unterscheidet ausdrücklich zwischen A. in weiterer und engerer Bedeutung. Während er die *erstere* «pro pugnantia seu contrarietate quarumlibet *sententiarum seu propositionum*» nimmt, definiert er die *letztere* als «pugnantia *Legum* inter se» [3]. Dieser zweite, engere Begriff – der mit der Wortbedeutung von ‹A.› (νόμος, Gesetz) übereinstimmt – liegt beispielsweise der ‹Disputatio iuridica› von ECKOLT zugrunde: «Antinomiam vocamus veram Contrarietatem seu pugnam Legum uno eodemque tempore ab eodem Legislatore confirmatarum et promulgatarum» [4]. (Wie Goclenius unterscheidet Eckolt zugleich zwischen *scheinbaren* und *wahren* A.) Auch ZEDLERS Universallexikon erklärt die A. als «Widerwärtigkeit derer Gesetze, wenn nämlich zwei Gesetze einander zuwider sein oder gar widersprechen» [5]. Von einer A. zwischen Naturrecht und bürgerlichem Recht (der schon bei ihm eine Art ‹Streit der Fakultäten› entspricht) handelt BAUMGARTEN in seiner ‹Allgemeinen Philosophie› [6]. Bei MICRAËLIUS wird der Begriff aus dem Juristischen ins Theologische übertragen: «non saltem Jurisconsulti sed et theologi occupati sunt in antinomiis legum et scripturae diluendis» [7].

Anmerkungen. [1] PLUT., Caesar 13, 713 b. – [2] QUINT., Institutio oratoria lib. 7, cap. 7, § 1. – [3] R. GOCLENIUS: Lex. philosophicum quo tanquam clave philosophiae fores aperiuntur (1613) 110. – [4] A. ECKOLT: De antinomiis (1660) § 1. – [5] J. H. ZEDLER: Großes vollständiges Universallex. (1732) 2, 572. – [6] A. G. BAUMGARTEN: Philos. generalis (1770) 95. – [7] J. MICRAËLIUS: Lex. philosophicum terminorum philosophis usitatorum (²1662) 138.

Literaturhinweis. G. TONELLI: Das Wiederaufleben der deutsch-aristotelischen Terminologie bei Kant während der Entstehung der ‹KrV›. Arch. Begriffsgesch. 9 (1964).

2. Die genannten beiden Bedeutungen von A. kehren faktisch auch bei KANT wieder, ohne von ihm jedoch ausdrücklich in ihrer Verschiedenheit gekennzeichnet zu werden. Dabei steht, wie im vorkantischen Gebrauch des Terminus, die engere Bedeutung – A. als «Widerstreit der *Gesetze*» [1] – beherrschend im Vordergrund. An die Stelle juristischer Gesetze treten jetzt Gesetze der reinen Vernunft, Maximen der Urteilskraft, der Religion u.a.m. Diese Bedeutung liegt vor, wo Kant das Wort im Singular verwendet. Im Plural gebraucht, meint ‹A.› dagegen schon bei Kant häufig nur den Widerstreit von zwei *Aussagen* (‹Thesis› und ‹Antithesis›), die sich beide gleich gut begründen lassen [2]. In dieser zweiten, legereren Bedeutung, die sich noch zu Lebzeiten Kants durchsetzt (KIESEWETTER, BENDAVID usw.), bedeuten ‹A.› und ‹Antithetik› dasselbe. Von beiden Bedeutungen scheint Kants erste, einführende Begriffserklärung abzuweichen: «Den Zustand der Vernunft bei diesen dialektischen Schlüssen werde ich die A. der reinen Vernunft nennen» [3]. Sie ist möglicherweise, zusammen mit eini-

gen ähnlichen Äußerungen, als eine weitere Variante des Begriffs zu registrieren. – Der Kantkommentator Mellin unterscheidet (abweichend) zwischen A. 1. als dem «Zustand des Widerstreits der Vernunft in ihren Schlüssen» (A. in *subjektivem* Sinne), 2. a) als den «sich einander widerstreitenden Schlüssen selbst» und 2. b) als den «daraus entspringenden einander widerstreitenden Schlußsätzen» (A. in *objektivem* Sinne) [4].

Diese formale Analyse des A.-Begriffs verlangt ihre inhaltliche Füllung, die nach dem jeweiligen Stand, den das A.-Problem bei KANT erreicht, sehr verschieden aussehen wird. Im Problemhorizont der ‹Kritik der reinen Vernunft› meint A. in engerer Bedeutung: Die menschliche Vernunft ist durch zwei gegenläufige, aus ihrer eigenen Spontaneität entspringende Gesetze gekennzeichnet: durch das Gesetz, alles Bedingte auf etwas *Un*bedingtes zurückzuführen, und durch das Gesetz, *jede* Bedingung wiederum als bedingt anzusehen. Der Mensch unterliegt damit gleichermaßen dem Gesetz der Weltüberschreitung wie dem der Welteinrichtung, er ist im Grundriß seines Seins ein ‹antinomisches› Wesen. Auf dem Grunde dieser buchstäblichen A. kommt es zu den ‹antithetisch› entgegengesetzten Aussagen der überlieferten (‹dogmatischen›) Metaphysik (Beispiel: «Die Welt hat einen Anfang in der Zeit» und «Die Welt hat keinen Anfang» [5]), die Kant durch Zurückführung auf «trockene Formeln» [6] und durch bewußte «Problemverflechtungen» (Heimsoeth) auf vier Hauptantinomien zu bringen sucht (A. in weiterer Bedeutung).

Die zentrale Rolle des A.-Problems für Kants philosophische ‹Entwicklung› hat B. Erdmann in einem bahnbrechenden Aufsatz nachgewiesen [7]. Doch ist die Diskussion über deren genaueren Verlauf und Beeinflussung durch andere Denker, über die konkrete Ausarbeitung der verschiedenen A. und der «A.-Lehre» (Erdmann) als ganzer, über Kants ‹A.-Tafel› [8] sowie über das sachliche Recht einer solchen Theorie auch heute nicht zum Abschluß gekommen. – Von der *Aufstellung* der einzelnen A. – ihr dient die «skeptische Methode» [9] – zu unterscheiden ist die Frage ihrer «*Auflösung*» (conciliatio). In der Auffassung, die einzelnen inhaltlichen A. (in der weiteren Bedeutung des Terminus) seien grundsätzlich auflösbar, folgt Kant zeitlebens den Konziliationstheorien seines Zeitalters.

Anmerkungen. [1] KANT: KrV (²1787) 434. – [2] z. B. Prolegomena (1783) 147; KU (²1793) 239. – [3] KrV (²1787) 398. – [4] G. S. A. MELLIN: Allg. Wb. Philos. 1 (1806) 251. – [5] KrV (²1787) 454f. – [6] a. a. O. 490. – [7] Die Entwicklungsperioden von Kants theoretischer Philos., in: Reflexionen Kants zur KrV, hg. B. ERDMANN (1884) XIIIff.; dazu kritisch: K. REICH: Über das Verhältnis der Dissertation und der KrV und die Entstehung der kantischen Raumlehre, in: I. KANT: De mundi sensibilis ..., hg. K. REICH (²1960) VIIff. – [8] KANT, Prolegomena (1783) 144. – [9] KrV (²1787) 451ff.; Vorlesungen über philos. Enzyklopädie, hg. G. LEHMANN (1961) 52f.

Literaturhinweise. – *Zur Analyse des Begriffs:* N. HINSKE: Kants Begriff der A. und die Etappen seiner Ausarbeitung. Kantstudien (= Kst.) 56 (1966). – *Zur Genese des A.-Problems bei Kant:* K. NITZSCHKE: Das A.-Problem im Kantischen Denken. Seine Entwicklung und systematische Bedeutung (Diss. Gießen 1924). – C. SIEGEL: Kants A.-Lehre im Lichte der Inaugural-Diss. Kst. 30 (1925). – H. FEIST: Der A.-Gedanke bei Kant und seine Entwicklung in den vorkritischen Schriften (Diss. Borna-Leipzig 1932). – H. RATHSCHLAG: Die Bedeutung der A. für den Kritizismus (Diss. Berlin 1936). – N. HINSKE: Kants Weg zur Transzendentalphilos. Der 30jährige Kant (1970). – *Zu den historischen Vorlagen:* H. J. DE VLEESCHAUWER: Les A. Kantiennes et la Clavis Universalis d'Arthur Collier. Mind 47 (1938). – G. MARTIN: Zu den Voraussetzungen und Konsequenzen der Kantischen A.-Lehre. Ges. Abh. 1. Kst. Ergh. 81 (1961). – H. HEIMSOETH: Atom, Seele, Monade. Hist. Ursprünge und Hintergründe von Kants A. der Teilung. Abh. geistes- und sozialwiss. Kl. Akad. Wiss. Lit. Mainz

(1960) Nr. 3; Zeitliche Weltunendlichkeit und das Problem des Anfangs. Zur Vorgesch. von Kants 1. A. Stud. zur Philos.-Gesch. Kst. Erg.h. 82 (1961); Le contenu métaphysique de la 4e A. de Kant, in: L'histoire de la philos. Hommage à M. Guèroult (Paris 1964); Zum kosmotheol. Ursprung der Kantischen Freiheits-A. Kst. 57 (1966); Freiheit und Charakter, in: Tradition und Kritik. R. Zocher zum 80. Geburtstag (1967); Transzendentale Dialektik. Kommentar zu Kants KrV. 2. Teil: Vierfache Vernunft-A.; Natur und Freiheit; intelligibler und empirischer Charakter (1967). – *Zu einzelnen Antinomien:* CH. DUNAN: La 1ère A. mathématique de Kant. Rev. philos. 25 (1900). – E. ARNOLDT: Über den ersten Teil der 1. A. der spekulativen Vernunft. Über den 2. Teil usw. Die 2. A. Ges. Schriften, Nachlaß 2 (1907). – W. T. HARRIS: Kant's 3rd A. and his fallacy regarding the first cause. Philos. Rev. 3 (1894). – M. STOCKHAMMER: Kants Zurechnungsidee und Freiheits-A. (1961). – *Zur Kritik:* J. QUAATZ: Kants kosmologische Ideen, ihre Ableitung aus den Kategorien, die A. und deren Auflösung. Jber. Andreas-Schule (1871). – W. WUNDT: Kant's kosmologische A. und das Problem der Unendlichkeit. Philos. Stud. 2 (1885). – F. ERHARDT: Kritik der Kantischen A.-Lehre (Diss. Leipzig 1888). – W. RAUSCHENBERGER: Die A. Kants (1923). – B. V. BRANDENSTEIN: Metaphysische Beweise unter bes. Berücksichtigung der Transzendentalen Dialektik Kants. Kst. 53 (1961/62). – *Zur sachlichen Bedeutung:* A. LIEBERT: Kants Geisteshaltung unter dem Gesichtspunkt der Antinomik. Kst. 25 (1920). – G. REBEC: Zu den A. zurück. Logos 21 (1932). – G. MARTIN: Immanuel Kant. Ontologie und Wiss.-Theorie (²1958). *Zum Problem der Auflösbarkeit:* J. RICHTER: Die kantianische A. oder von den Widersprüchen des menschlichen Verstandes (1863). – N. HARTMANN: Wie ist kritische Ontologie überhaupt möglich? in: P. Natorp zum 70. Geburtstage (1924).

3. HEGEL hat in Kants A. eine wichtige Etappe auf dem Weg zu seiner eigenen Dialektik gesehen und sie «unter die größten seiner Verdienste» gerechnet [1], zugleich aber die konkrete Ausarbeitung der einzelnen A. (vor allem der zweiten) bei Kant einer heftigen Kritik unterzogen [2]. Doch bleibt auch Hegel bei dem zweiten, abgeschwächten Begriff von A. stehen: er versteht dieselbe als die «Behauptung zweier *entgegengesetzter* Sätze [!] über *denselben* Gegenstand» [3] und gebraucht den Terminus daher auch, in deutlichem Unterschied zu Kant, in der Regel im Plural.

Anmerkungen. [1] HEGEL, Wiss. der Logik 1 (1812), hg. G. LASSON (²1951) 38. – [2] a. a. O. 183ff. – [3] Enzyklopädie (³1830) § 48, hg. F. NICOLIN und O. PÖGGELER (⁶1959) 72.

Literaturhinweise. C. STOMMEL: Die Differenz Kants und Hegels in Bezug auf die Erklärung der A. (Diss. Halle 1876). – F. BOSIO: Le A. kantiane della totalità cosmologica e la loro critica in Hegel. Pensiero 9 (1964) 39–104.

4. Die weitere Geschichte des A.-Begriffs ist durch die verschiedensten – mehr oder weniger reflektierten – *Ausweitungen und Übertragungen* des Terminus gekennzeichnet. Das gilt einmal für den *innerphilosophischen* Bereich. Bereits KANT selber hatte den Begriff ja bei dem fortschreitenden Ausbau seines kritischen Systems von der cosmologia transscendentalis [1] auf die Moral [2], Ästhetik [3], Natur- [4] und Religionsphilosophie [5] übertragen. Wenig später erklärt dann HEGEL, daß sich die A. «in *allen* Gegenständen aller Gattungen, in *allen* Vorstellungen, Begriffen und Ideen» befinde [6]. In der Folge kommt der Terminus in den verschiedensten Sachgebieten und Problemstellungen der Philosophie zur Anwendung. H. MARCUS z. B. unterscheidet zwischen erkenntnistheoretischen, metaphysischen, historischen, soziologischen, psychologischen und ethischen A. [7]. Nach P. HOFMANN besteht eine erkenntnistheoretische A. zwischen «Logismus» und «Psychologismus» [8]. N. HARTMANN hat den Begriff unter anderem auf die Sphäre der «Werte» ausgedehnt [9]. M. LANDMANN spricht von «Kultur-A.» im Bereich der «Kulturanthropologie» [10]. Mit den genannten Ausweitungen und Übertragungen gerät der Terminus in die Nähe von Begriffen wie Konflikt, Typologie, Pluralität.

Anmerkungen. [1] KANT: KrV (²1787) 432ff. – [2] KpV (1788) 192ff. – [3] KU (²1793) 231ff. – [4] a. a. O. 310ff. – [5] Die Religion innerhalb ... (²1794) 169ff. – [6] HEGEL: Enzyklopädie (³1830) § 48, hg. F. Nicolin und O. PÖGGELER (⁶1959) 73. – [7] H. MARCUS: Die Philos. des Monopluralismus (1907) 35ff. – [8] P. HOFMANN: Die A. im Problem der Gültigkeit. Eine kritische Voruntersuchung zur Erkenntnistheorie (1921). – [9] N. HARTMANN: Ethik (²1935) 267ff. – [10] M. LANDMANN: Pluralität und A. Kulturelle Grundlagen seelischer Konflikte (1963) 11ff.

Literaturhinweise. E. V. ASTER: Zur «A. im Problem der Gültigkeit». Kst. 27 (1922). – A. LIEBERT: Geist und Welt der Dialektik 1: Grundlegung der Dialektik (1929).

5. Zugleich aber wird der Begriff der A. auch auf *außerphilosophische* Bereiche – vor allem der Mathematik und Quantenphysik – übertragen. Während KANT selber mathematische A. noch für ausgeschlossen hielt [1], gelangt der Begriff durch B. RUSSELL in die Mengenlehre, in der das Problem der Menge aller Mengen (also Kantisch formuliert das Problem der ‹Totalität›) zu A. (bzw. ‹contradiction› oder ‹paradoxes›) führt [2]. MESCHKOWSKI definiert A. in diesem Zusammenhang – im Unterschied zu Paradox – als «eine in sich widerspruchsvolle Behauptung ..., die formal dargestellt werden kann als Äquivalenz zwischen einer Aussage und ihrer Negation» [3]. – V. WEIZSÄCKER benutzt den Kantischen A.-Begriff zur Interpretation des (scheinbaren) Widerspruchs von Teilchen- und Wellenbild in der Quantenmechanik. Auch er orientiert sich dabei an der weiteren Bedeutung des Terminus und versteht unter A. «Paare einander entgegengesetzter Antworten auf dieselbe Frage, welche beide begrifflich einwandfrei begründet werden können» [4]. – Von «A. der Pädagogik» in Bildungsaufgabe und Didaktik spricht beispielsweise LUCHTENBERG [5]. – Die Bedeutungsverschiebungen, denen der Begriff durch die genannten Übertragungen von Fall zu Fall ausgesetzt ist, sind bis heute nicht eingehender untersucht worden.

Anmerkungen. [1] I. KANT: Ausgleichung eines auf Mißverstand beruhenden [!] mathematischen Streits (1796). – [2] A. N. WHITEHEAD und B. RUSSELL: Principia Mathematica (Cambridge ²1925) 37ff. 60ff.; B. RUSSELL: The principles of mathematics (London ²1937) 188ff. 259ff. – [3] H. MESCHKOWSKI: Wandlungen des mathematischen Denkens (³1964) 45. – [4] C. F. V. WEIZSÄCKER: Das Verhältnis der Quantenmechanik zur Philos. Kants, in: Zum Weltbild der Physik (⁷1958) 103. – [5] P. LUCHTENBERG: A. der Pädagogik. Reihe ‹Libelli› 62 (1963).

Literaturhinweis. L. CHWISTEK: Über die A. der Prinzipien der Mathematik. Math. Z. 14 (1922). N. HINSKE

II. Das Wort ‹A.› wird in der modernen *Logik* verwendet als Bezeichnung für einen mit rein logischen Mitteln beweisbaren Widerspruch, etwa der Form ‹A und nicht A›. Angesichts der Existenz einer Vielzahl verschiedener Logiksysteme spricht man genauer von einer A. in einem System S als einem in S beweisbaren Widerspruch, wobei man üblicherweise als Bezugsystem S ein System der heute sogenannten *klassischen* Logik zugrunde legt, das durch die Gültigkeit des Satzes vom ausgeschlossenen Dritten (s. d.) und eines unbeschränkten Komprehensionsprinzips charakterisiert ist. Ein solches Logiksystem stellt sich dar als Formalisierung der Prinzipien des naiven Schließens, insbesondere der naiven Mengenlehre (s. d.). Wegen der Gültigkeit des Prinzips ‹ex falso quodlibet› in einem solchen System läßt sich mit einem Widerspruch auch jeder beliebige Satz der dem System zugrunde liegenden Sprache beweisen, so daß mit der Entdeckung einer A. gezeigt ist, daß die klassischen Systeme zur Auszeichnung der logisch wahren Sätze bzw. der logisch gültigen Schlüsse unbrauchbar sind.

A. Nach F. P. RAMSEY [1] unterscheidet man *semantische* A., in deren Formulierung semantische Begriffe wie der Wahrheitsbegriff oder die Namensrelation eingehen, und *logische* oder *mengentheoretische* A.

1. *Semantische Antinomien.* – a) Die älteste bekannte A. überhaupt ist die des *Lügners* (ψευδόμενος). Sie wurde vermutlich zuerst von EUBULIDES angegeben [2] und findet sich bei ARISTOTELES in den ‹Sophistischen Widerlegungen› aufgezeichnet. Man fragt, ob der Satz «Dieser Satz ist falsch» wahr oder falsch ist. Ist er wahr, so gilt seine Behauptung, er ist also falsch. Ist er falsch, so gilt seine Behauptung nicht, er muß also wahr sein. In beiden durch das Prinzip vom ausgeschlossenen Dritten zugelassenen Fällen gilt also, daß der fragliche Satz zugleich wahr und nicht wahr ist. – In der megarisch-stoischen, in der scholastischen und in der modernen Logik, in deren Diskussion diese A. durch ihre Darstellung bei B. RUSSELL [3] wieder eingeführt wurde, hat man dann weitere Formulierungen angegeben, von denen hier nur die wichtigsten erwähnt seien: Bei OCKHAM findet sich die Formulierung «Significet a praecise hoc totum ‹a significat falsum›; tunc quaeritur, an a significet verum an falsum» [4]. Diese Formulierung erhält man nach R. CARNAP [5], indem man von der Definition ausgeht «a» := «‹¬$W(a)$›», in der «a» als Name für den Satz «¬$W(a)$» eingeführt wird, der besagt, daß a nicht wahr ist. (Es handelt sich hier nicht um eine Zirkeldefinition, da die Festsetzung über die Bedeutung von «a» unabhängig davon ist, was «a» im Kontext «¬$W(a)$» bedeutet.) Daraus gewinnt man die Identität $a =$ «¬$W(a)$», also $W(a) \leftrightarrow W(\text{«¬}W(a)\text{»})$ und mit der Wahrheitskonvention $W(a) \leftrightarrow \neg W(a)$, oder äquivalent $W(a) \wedge \neg W(a)$. – BURIDANUS hat die Formulierung «In illo folio sit scripta solum illa propositio ‹Propositio scripta in illo folio est falsa›» [6]. Ist a der fragliche Satz (propositio), so erhält man aus dieser Annahme wieder die Identität $a =$ «¬$W(a)$», aus der sich wie oben der Widerspruch ergibt. Diese Formulierung des «Lügners» ist in die moderne Diskussion durch J. ŁUKASIEWICZ wieder eingeführt worden [7]. – Die Formulierung von W. STEGMÜLLER [8] benützt folgende Konstruktion, um eine Identität $a =$ «¬$W(a)$» zu gewinnen: Das Resultat der Einsetzung eines Eigennamens x für eine Gegenstandsvariable y in ein einstelliges Prädikat z mit y als einziger freier Variablen ergibt immer einen Satz. Es ist also der Ausdruck «Das Resultat der Einsetzung der Anführung von z für «z» in z ist nicht wahr» ein Prädikat, das nur die Gegenstandsvariable z frei enthält. Setzt man nun die Anführung dieses Prädikates für «z» in es selbst ein, so erhält man einen Satz a, der sich nach Ausführung der Substitutionsvorschrift als mit «¬$W(a)$» identisch erweist. Diese Formulierung ist entstanden durch Abwandlung des Konstruktionsgedankens für einen unentscheidbaren Satz der Arithmetik von K. GÖDEL [9]. – Hinweise auf die Formulierung des «Lügners» als A. vom «lügenden Kreter» (oft auch «Epimenides» genannt) finden sich zuerst in den Fragmenten der Stoiker [10]. Ein Kreter sagt «Alle Kreter lügen». Ist diese Behauptung wahr, so lügen alle Kreter, insbesondere also der Sprecher selbst und der Satz ist falsch. Ist die Behauptung aber falsch, so gibt es Behauptungen von Kretern, die wahr sind. Nimmt man nun die Annahme hinzu, daß die fragliche Behauptung die einzige ist, die je von einem Kreter aufgestellt wurde, so ergibt sich also wiederum die Wahrheit der Behauptung. Intuitiv überzeugender kann man diese A. so darstellen: Auf einer Tafel steht nur der Satz «Alle Sätze auf dieser Tafel sind falsch». Dieser Satz erweist sich dann als zugleich wahr und falsch. Auch der Widerspruch, der sich ergibt, wenn Platon sagt «Sokrates spricht die Wahrheit» und Sokrates sagt «Platon lügt» und beide sagen nur diese Sätze [11], ist eine mehrstufige Form der A. des lügenden Kreters, wie man sie auch für andere Formulierungen des «Lügners» bilden kann [5]. – Alle A.-Formulierungen kann man auch so umformen, daß sie von der Negation keinen Gebrauch machen, indem man von der Äquivalenz $\neg A \leftrightarrow (A \rightarrow F)$ Gebrauch macht, wo F ein falscher Satz ist. Eine solche negationslose A.-Formulierung findet sich schon bei JAKOB FABER STAPULENSIS: «Si haec conditionalis est vera, Platon est asinus. Casus: ‹haec› demonstrat illam conditionalem» [12]. Für die moderne Logik sind solche Formulierungen von H. B. CURRY [13] und P. T. GEACH [14] wiederentdeckt worden. – Die folgenden A. sind erst in der modernen Logik konstruiert worden:

b) Die A. von K. GRELLING [15] (fälschlich auch oft nach H. WEYL benannt) ist neben dem «Lügner» die meist diskutierte semantische A. Es wird hier ein Begriff *heterologisch* definiert, der einem Prädikat genau dann zukommt, wenn dieses Prädikat nicht die Eigenschaft hat, die es bezeichnet. Danach sind also z. B. die Prädikate «lang» und «zweisilbig» heterologisch, da diese Ausdrücke nicht lang bzw. nicht zweisilbig sind. Die Prädikate «kurz» und «dreisilbig» hingegen, die kurz bzw. dreisilbig sind und so selbst die Eigenschaften haben, die sie bezeichnen, sind nicht heterologisch. Ist nun das Prädikat «heterologisch» heterologisch oder nicht? Ist es heterologisch, so hat es nach Definition nicht die Eigenschaft, die es bezeichnet, ist also nicht heterologisch. Ist es aber nicht heterologisch, so muß es die Eigenschaft haben, die es bezeichnet, muß also heterologisch sein. Das Prädikat «heterologisch» erweist sich so zugleich als heterologisch und als nicht heterologisch. – Nur eine andere Fassung dieser A. bildet die A. der *Erfüllungsrelation* von A. TARSKI [16]. Tarski hat auch noch eine Modifikation dieser A., die A. des Begriffes *selbstanwendbar* angegeben: Dieser Begriff wird einem Satz der Form «Alle Sätze haben die Eigenschaft F» genau dann zugesprochen, wenn dieser Satz selbst die Eigenschaft F hat. Der Satz «Alle Sätze sind nicht selbstanwendbar» erweist sich dann nach dieser Definition zugleich als selbstanwendbar und als nicht selbstanwendbar.

c) Der A. von J. KÖNIG [17] liegt folgender Konstruktionsgedanke zugrunde: Ist R eine Wohlordnungsrelation (s. Art. ‹Mengenlehre›) für das Kontinuum a der reellen Zahlen und ist b die Menge der Namen für reelle Zahlen, so gibt es eine nichtleere Teilmenge c von a von reellen Zahlen, für die in b kein Name existiert. Denn da sich die Elemente von b alphabetisch anordnen lassen, ist b abzählbar, während a überabzählbar ist. In c gibt es dann auch eine bezüglich R erste reelle Zahl d. d ist also Element von c. Da anderseits aber der Ausdruck «die bezüglich R erste reelle Zahl aus c» ein Name für d ist, der Element von b ist, ergibt sich aus der Definition von c auch, daß d nicht Element von c ist. – KÖNIG wollte diesen Widerspruch zunächst im Sinne einer reductio ad absurdum verwenden für die Annahme der Existenz einer Wohlordnungsrelation R für das Kontinuum. Durch den Beweis des Wohlordnungssatzes von E. ZERMELO, nach dem es zu jeder Menge eine Wohlordnungsrelation gibt, wird eine solche Interpretation der Konstruktion aber ausgeschlossen und der Widerspruch stellt sich als A. dar. – Eine Vereinfachung der

Königschen A. ist von G. G. BERRY angegeben und zuerst von B. RUSSELL veröffentlicht worden [3]. Man erhält die A. von BERRY, wenn man die Menge a der natürlichen Zahlen betrachtet und die Menge b der Namen von Zahlen aus a, die mit weniger als 100 einfachen Zeichen des Alphabets gebildet sind. Diese Menge b ist endlich, so daß es wieder eine nichtleere Menge c von Zahlen aus a gibt, für die in b kein Name vorkommt. Ist d die kleinste Zahl aus c, so ist d Element von c. Da andererseits aber der Ausdruck «die kleinste natürliche Zahl, für die es keinen Namen mit weniger als hundert einfachen Zeichen gibt» eine Name für d ist, der weniger als 100 einfache Zeichen enthält und also der Menge b zugehört, so kann d nach Definition von c nicht Element von c sein. – Noch einfacher ist die Formulierung bei P. FINSLER [18]: Auf einer Tafel stehen die Ausdrücke «1», «2» und «die kleinste Zahl, für die kein Name auf dieser Tafel steht». Man sieht dann unmittelbar, daß für die kleinste Zahl, für die kein Name auf der Tafel steht, ein Name auf der Tafel steht.

d) Auch die A. von J. RICHARD stellt sich in ihrer ursprünglichen Fassung [19] als Modifikation der A. von KÖNIG dar. Sie macht vom Cantorschen Diagonalverfahren Gebrauch: Es sei a die Menge der reellen Zahlen x, für die gilt $0 < x < 1$. Diese Zahlen lassen sich eindeutig als unendliche Dezimalbrüche darstellen, wenn man unendliche Folgen von Dezimalen mit dem Wert 9 ausschließt. Die Menge b der Namen von Zahlen aus a ist abzählbar, es lassen sich also die Zahlen der Menge c, für die in b Namen vorkommen, numerieren. Es läßt sich dann eine Zahl d aus a definieren durch die Forderung (F), daß ihre n-te Dezimale 0 sein soll, wenn die n-te Dezimale der n-ten Zahl von c von 0 verschieden ist, andernfalls aber 0. Es ist dann d nicht in c enthalten, da sich d von jeder Zahl aus c in mindestens einer Dezimalen unterscheidet. Andererseits ist aber der Ausdruck «diejenige Zahl, welche die Bedingung (F) erfüllt» ein Name für d aus b, so daß d in c liegen muß. Man kann also auch auf diesem Weg einen Namen für eine Zahl angeben, für den kein Name existiert. – R. CARNAP betrachtet in seiner Formulierung der A. von RICHARD [20] die Menge der zahlentheoretischen Prädikate, die abzählbar ist, so daß sich diese Prädikate durchnumerieren lassen. Es soll nun eine Zahl n *richardisch* heißen, wenn sie nicht die Eigenschaft hat, die das zahlentheoretische Prädikat mit der Nummer n bezeichnet. Es ist dann auch «richardisch» ein zahlentheoretisches Prädikat, dem also eine Nummer m zugeordnet sein muß. Aus der Definition dieses Prädikats ergibt sich aber, daß m richardisch ist genau dann, wenn m nicht richardisch ist.

2. *Logische Antinomien.* – a) Die einfachste rein mengentheoretische A. ist die von B. RUSSELL (vgl. [3] und Art. ‹Mengenlehre›): Es sei a die Menge aller Mengen, die sich selbst nicht als Element enthalten. Es ist also z. B. die Menge der Menschen Element von a, da sie kein Mensch ist und also nicht Element von sich selbst. Hingegen ist die Menge aller Mengen als Menge Element von sich selbst und also nicht Element von a. Ist nun a Element von sich selbst oder nicht? Ist a Element von a, so ist a nach der definierenden Bedingung der Menge a nicht Element von a. Ist aber a nicht Element von a, so muß a nach dieser Bedingung Element von a sein. Mithilfe einfacher logischer Prinzipien, im wesentlichen mit dem Prinzip vom ausgeschlossenen Dritten und dem unbeschränkten Komprehensionsprinzip läßt sich also der Widerspruch: a ist Element von a und a ist nicht Element von a beweisen. – W. V. QUINE hat Verallgemeinerungen dieser Konstruktion angegeben [21]: anstelle der RUSSELLschen Menge
$$a = \lambda_x \neg(x \epsilon x)$$
betrachtet er die Menge
$$b = \lambda_x \neg \vee_y (y \epsilon x \wedge x \epsilon y).$$
Mit Hilfe des Abstraktionsprinzips erhält man daraus
$$b \epsilon b \leftrightarrow \neg \vee_y (y \epsilon b \wedge b \epsilon y).$$
Gilt nun $b \epsilon b$, so auch $\neg \vee_y (y \epsilon b \wedge b \epsilon y)$, also $\wedge_y (y \epsilon b \rightarrow \neg b \epsilon y)$, also $b \epsilon b \rightarrow \neg b \epsilon b$, d. h. es muß gelten $\neg b \epsilon b$. Gilt aber $\neg b \epsilon b$, so auch $\vee_y (y \epsilon b \wedge b \epsilon y)$. Sei c ein solches y, so gilt also $c \epsilon b$ und $b \epsilon c$. Aus $c \epsilon b$ ergibt sich aber $\wedge_y (y \epsilon c \rightarrow \neg c \epsilon y)$, also $b \epsilon c \rightarrow \neg c \epsilon b$, so daß wir den Widerspruch $c \epsilon b \wedge \neg c \epsilon b$ erhalten und im Sinn einer reductio ad absurdum der Annahme $\neg b \epsilon b$ also einen Beweis für $b \epsilon b$. Wir finden also $b \epsilon b \wedge \neg b \epsilon b$. In gleicher Weise kann man von einer Definition
$$b_n := \lambda_x \neg \vee_{y_1} \ldots y_n (x \epsilon y_1 \wedge y_1 \epsilon y_2 \wedge \ldots \wedge y_n \epsilon x) \text{ für } n < 1$$
ausgehen und den Widerspruch $b_n \epsilon b_n \wedge \neg b_n \epsilon b_n$ beweisen. – Nach SHEN YUTING [22] kann man weiterhin auch eine Klasse a definieren, so daß $x \epsilon a$ gilt, wenn es keine endliche Zahl n von (nicht notwendig voneinander verschiedenen) Klassen $y_1, \ldots, y_n$ gibt, so daß gilt $x \epsilon y_1$ und $y_1 \epsilon y_2$ und ... und $y_n \epsilon x$. Man findet dann durch entsprechende Überlegungen wie bei QUINE wieder $a \epsilon a \wedge \neg a \epsilon a$. Oder man definiert eine Klasse b durch die Bedingung, daß $x \epsilon b$ gilt, wenn es keine abzählbar unendliche Folge von (nicht notwendig voneinander verschiedenen) Klassen $y_1, y_2, \ldots$ gibt, für die gilt: ... und $y_i \epsilon y_{i-1}$ und ... und $y_2 \epsilon y_1$ und $y_1 \epsilon x$. b wird dann als Klasse der *gegründeten* (grounded) Klassen bezeichnet, und man erhält wieder $b \epsilon b \wedge \neg b \epsilon b$. Zu der letzteren A. von SHEN YUTING hat auch R. MONTAGUE eine präzise Formulierung angegeben [23]. – K. GRELLING und L. NELSON haben eine Verallgemeinerung des Konstruktionsgedankens der A. von RUSSELL in einer anderen Richtung vorgenommen [15]. Danach erhält man aus einer Definition
$$a := \lambda_x \vee_y (R(x, y) \wedge \neg x \epsilon y)$$
eine A., wenn es gelingt, eine Relation $R(x, y)$ anzugeben, die nacheindeutig ist (für die also gilt $\wedge_{xyz}(R(x,y) \wedge R(x,z) \rightarrow y = z)$) und für die es ein d gibt, so daß gilt $R(d, a)$. Die A. lautet dann $d \epsilon a \wedge \neg d \epsilon a$. Aus diesem Schema erhält man die A. von RUSSELL, indem man für $R(x, y)$ setzt $x = y$. Nach J. M. BARTLETT [24] kann man aus diesem Schema auch A. erhalten, indem man für $R(x, y)$ einsetzt
$$x = \lambda_z(z = y), \quad x = \lambda_z \neg(z = y), \quad x = \lambda_z (y \epsilon z)$$
$$\text{oder } x = \lambda_z \neg (y \epsilon z).$$

b) Die A. von G. CANTOR wurde schon 1899 diskutiert, sie wurde aber erst 1932 mit CANTORS Nachlaß veröffentlicht. 1901 wurde RUSSELL bekannt, den sie zur Konstruktion seiner A. anregte. Nach CANTORS Theorem [25] hat die Potenzmenge $P(x)$ einer Menge x, d. h. die Menge aller Teilmengen von x, eine größere Kardinalzahl als x selbst. Danach muß auch die Potenzmenge $P(a)$ der Menge a aller Mengen eine größere Kardinalzahl als a haben. Das widerspricht aber nach der Definition der Größer-Beziehung für Kardinalzahlen [26] der Tatsache, daß $P(a)$ Teilmenge von a ist, da ja jede Menge Teilmenge der Allmenge a ist. Die Verwandtschaft zur A. von RUSSELL besteht darin, daß ebenso wie dort auch im Beweis des CANTORschen Theorems das Cantorsche Diagonalverfahren zur Anwendung kommt. – Die A. von Cantor wird auch oft in folgender Weise formuliert: Nach dem Theorem von Cantor enthält die Menge aller Kardinalzahlen kein größtes Element. Man kann nun zeigen, daß es zu jeder Menge a von Kardinalzahlen, die kein größtes Element enthält, eine Kardinalzahl gibt, die größer ist als alle Elemente von a [27]. Wendet man diesen Satz auf die Menge aller Kardinalzahlen an, so folgt daraus, daß es eine Kardinalzahl gibt, die größer ist als alle Kardinalzahlen, insbesondere also größer als sie selbst, was der Irreflexivität der Größer-Beziehung für Kardinalzahlen widerspricht.

c) Die A. von BURALI-FORTI ist die älteste der logischen A. CANTOR diskutierte sie schon 1895 und teilte sie 1896 an HILBERT mit. Veröffentlicht wurde sie jedoch zuerst von BURALI-FORTI [28]. Sie steht in enger Entsprechung zur zweiten Formulierung der A. von CANTOR: Nach einem Satz der Ordinalzahltheorie gibt es zu jeder Menge von Ordinalzahlen eine Ordinalzahl, die größer ist als alle Elemente der Menge [29]. Danach muß aber der Menge aller Ordinalzahlen eine Ordinalzahl zugeordnet sein, die größer ist als alle Ordinalzahlen, insbesondere also größer als sie selbst. – Führt man die Ordinalzahlen nicht nach dem Vorgehen von Cantor ein, sondern nach J. v. NEUMANN und R. M. ROBINSON [30] als transitive, konnexe und fundierte Mengen (s. Art. ‹Mengenlehre›), so ergibt sich die A. von BURALI-FORTI in der Form, daß die Menge aller Ordinalzahlen sich einerseits selbst als Ordinalzahl nachweisen läßt, so daß sie Element von sich selbst ist, während sie andererseits als fundierte Menge nicht Element von sich selbst sein kann. – In dieser letzteren Formulierung ist die A. von Burali-Forti über den Begriff der Fundiertheit eng verwandt mit den Verallgemeinerungen der A. von RUSSELL nach QUINE und SHEN YUTING. Denn gegründete Klassen sind auch fundiert, und transitive und fundierte Klassen sind auch gegründet [31].

B. Die einzelnen Epochen der Geschichte der Logik unterscheiden sich nach Einschätzung und Behandlung des A.-Problems sehr stark. Gemeinsam ist ihnen allen jedoch die Auffassung, daß die A. der Logik, ungleich den erkenntnistheoretischen A. etwa bei ZENON und KANT, nicht eine absolute erkenntniskritische Funktion haben in dem Sinn, daß sie die Unmöglichkeit einer strengen logischen Erkenntnis nachweisen. Wegen der zentralen Bedeutung der Logik für die aristotelische Wissenschaftsidee würde eine solche Interpretation der A. ja auch die Aufhebung dieser Idee bedeuten. Leitend ist also immer der Gedanke, daß es eine Auflösung der A. gibt.

Bei ARISTOTELES wird die A. des «Lügners» neben recht durchsichtigen Trugschlüssen unter dem Titel σοφίσματα aufgeführt, der «scheinbare und listig verschlungene Schlüsse» kennzeichnet, durch die ein falscher Schlußsatz als annehmbar erscheint. Dementsprechend widmet er ihrer Lösung auch nur die kurze Bemerkung, es könne ein Satz in gewisser Hinsicht wahr, in anderer aber falsch sein, die das Problem nicht ernstlich berührt [32]. Wesentlich ernster wurden die A. in der *megarisch-stoischen Schule* genommen, die ihre prinzipielle Bedeutung für die Klärung des logischen Wahrheitsbegriffes erkannte und ihrer Auflösung ausführliche Untersuchungen widmete. Zu einer genaueren Beurteilung dieser Untersuchungen reichen jedoch die nur fragmentarisch überkommenen Texte nicht aus [33]. Die Behandlung des A.-Problems in der *scholastischen Logik* schließt sich zunächst eng an ARISTOTELES an, entwickelt dann aber eine Reihe neuer A.-Formulierungen und ausführliche Lösungsvorschläge. Schon bei ALBERT DEM GROSSEN wird die Bezeichnung «insolubile» für eine A. eingeführt, und man definiert es als Satz, aus dessen Wahrheit sich seine Falschheit ableiten läßt und umgekehrt [34], oder auch unter Bezugnahme auf den «Lügner» spezieller als «propositio habens super se reflexionem suae falsitatis» [35]. Das insolubile wird trotz seines Namens auch hier nicht als absolut Unlösbares betrachtet. So lesen wir bei ALBERT VON SACHSEN: «Nunc restat solvere insolubilia, non quod nullo modo sint solubilia, sed quia solvere ea est difficile» [36]. Bei OCKHAM wird dann das A.-Problem nicht mehr unter dem Titel «Sophistik» abgehandelt, sondern unter einem eigenen Titel «De insolubilibus», der von da an zu den wichtigsten Themen der scholastischen Logik gehört. Am Ausgang des Mittelalters findet man in der Logica Magna des PAULUS VENETUS eine reiche Fülle von A.-Formulierungen sowie fünfzehn damals diskutierte Lösungsvorschläge, die einen Eindruck von dem Reichtum der scholastischen Untersuchungen des A.-Problems geben.

In die *moderne Logik* wurde die A.-Diskussion durch RUSSELLS Mitteilung seiner A. an FREGE eingeführt [37]. Während CANTOR die von ihm schon früher entdeckten Widersprüche der Mengenlehre in Ermangelung einer strengen Formulierung seiner mengentheoretischen Grundvorstellungen noch als merkwürdige Randerscheinungen ansehen konnte, die diese Vorstellungen nicht ernstlich in Frage stellen konnten, gewannen die A. in FREGES streng formuliertem System [38] eine ganz neue Bedeutung und Dringlichkeit: Bis dahin war für die Einschätzung der A. die Vorstellung leitend gewesen, daß bei ihrer Konstruktion irgendwelche versteckten und komplexen Trugschlüsse zur Anwendung kämen, nach deren Aufdeckung sich die A. unter Beibehaltung der fundamentalen logischen Prinzipien beseitigen lassen würden. Bei der Ableitung der A. im strengen Formalismus der FREGEschen Logik, deren Beweise keine versteckten Voraussetzungen enthalten können und sich mit letzter Genauigkeit auf ihre Gültigkeit hin überprüfen lassen, wurde aber sofort deutlich, daß hier keine Schlußfehler vorliegen und daß also die Prinzipien dieser Logik selbst inkonsistent sind. Da diese Prinzipien auch die Prinzipien des naiven Schließens sind, ergibt sich aus den A. somit die Notwendigkeit einer Revision der Grundlagen der Logik. Diese neue Bedeutung der A. wird auch dadurch unterstrichen, daß in den mengentheoretischen Systemen der modernen Logik neben den bis dahin allein bekannten semantischen A. nun logische A. auftreten, zu deren Formulierung semantische Prädikate nicht gebraucht werden. Die Betrachtung solcher semantischer Prädikate ist ja für die engeren Zwecke der Logik nicht wesentlich, so daß die semantischen A. nicht den Kern der Logik betreffen. Anders die logischen A., die sich nur aus den elementaren logischen Prinzipien mit den einfachsten Grundgesetzen der Mengenlehre gewinnen lassen, die man benötigt für eine logische Begründung der Mathematik, wie sie seit FREGE ein zentrales Thema der Logik ist. Deswegen treten nun auch die logischen A. in den Mittelpunkt der Diskussion.

Nach Bekanntwerden der A. von RUSSELL wurden dann in rascher Folge die übrigen A. entdeckt, wie sie oben dargestellt sind, und die Kritik an den Grundlagen der klassischen Logik setzte auf breiter Front ein, so daß man mit GRELLING sagen kann, die Entwicklung der modernen Logik seit der Jahrhundertwende sei nicht ohne gründliche Kenntnis des A.-Problems zu verstehen.

Das A.-Problem besteht nun darin, ein gegenüber der klassischen Logik modifiziertes Logiksystem anzugeben, in dem die A. nicht mehr auftreten (was sich im Idealfall durch einen Widerspruchsfreiheitsbeweis für dieses System zeigen läßt), das aber dennoch hinreichend leistungsfähig ist, insbesondere was die Grundlegung der Mathematik angeht. Dieses Problem hat nach GRELLING und NELSON [15] zwei Aspekte: Zunächst einmal kann man die Frage stellen, durch welche Restriktionen bzw. Modifikationen im Aufbau der Logik sich die A. *vermeiden* lassen. In einem zweiten Schritt kann man dann über diese eher technische Frage hinausgehen und versuchen, über die Semantik der antinomienfreien Kalküle mit philosophischen Argumenten einen bestimmten unter ihnen auszuzeichnen. Erst wo eine derartige Neubegründung der Logik vorliegt, kann man nach GRELLING und NELSON von einer *Auflösung* des A.-Problems im engeren Sinn sprechen, da sich erst aus den auszeichnenden Argumenten eine Kritik der Prinzipien der klassischen Logik und damit der Grundlagen der A. ergibt. Dieses philosophische Problem der Auszeichnung eines Logiksystems wird jedoch von vielen Logikern abgewiesen, die wie R. CARNAP [39] einen konventionalistischen Standpunkt einnehmen, nach dem die Auswahl eines bestimmten Logiksystems lediglich auf einer Konvention beruht, die durch die Zwecke gerechtfertigt wird, die man mit diesem System verfolgt.

Für die Vermeidung der *semantischen* A. akzeptiert man heute allgemein den Vorschlag von A. TARSKI zur Sprachstufenunterscheidung [7]: Es wird streng zwischen einer Sprache S und der Metasprache (s. d.) zu S unterschieden, die man verwendet, um über die Ausdrücke von S zu sprechen, über ihre semantischen Eigenschaften, ihre Bedeutung, Wahrheit usw.; und es wird verboten, daß in der Sprache S Namen für Ausdrücke von S vorkommen sowie semantische Prädikate, mit denen sich semantische Aussagen über S formulieren lassen. Dieses Verbot nennt man das *Verbot der semantischen Geschlossenheit* der Sprache S. Aufgrund der angegebenen Formulierungen der semantischen A. ist unmittelbar ersichtlich, daß man sich mit diesem Verbot von ihnen befreien kann.

Das eigentliche Problem bilden die *logischen* A. In Auseinandersetzung mit ihnen sind eine ganze Reihe von antinomienfreien Logiksystemen entwickelt worden, von denen hier nur die wichtigsten erwähnt seien. Den ersten detaillierten und fruchtbaren Gedanken zur Vermeidung der logischen A. stellt RUSSELLS Entwurf einer *verzweigten Typentheorie* (s. d.) dar, in der durch die Einführung einer Hierarchie im Bereich der Klassen und Aussagefunktionen eine Vermeidung der imprädikativen Definitionen erzielt wird. Solche Definitionen, in denen eine Klasse eingeführt wird unter Bezugnahme auf eine Gesamtheit, der sie selbst angehört, treten in sämtlichen logischen A. auf. Die Widerspruchsfreiheit eines solchen prädikativen Systems der verzweigten Typentheorie ist von P. LORENZEN bewiesen worden [40]. Um die Grundlagen der Mathematik in ihrem System entwickeln zu können, verwendeten WHITEHEAD und RUSSELL in den «Principia Mathematica» [41] jedoch ein Reduzibilitätsaxiom, das, wie F. P. RAMSEY zeigte [1], die Prädikativität der Theorie wieder zunichte machte. – Durch den Verzicht auf die Prädikativität der Theorie war der Weg von der verzweigten zur *einfachen Typentheorie* vorgezeichnet, in der nur mehr die Klassen nach Typen unterschieden werden, so daß eine Klasse immer von höherem Typ ist als ihre Elemente. – Eine wesentliche Vereinfachung der einfachen Typentheorie, die diese mit einem Grundgedanken der axiomatischen Mengenlehre verbindet, hat dann W. V. QUINE in seinem System ‹New Foundations› angegeben [42], in dem die Typenbestimmungen nur mehr auf eine syntaktische Regel zur «Schichtung» der Ausdrücke zurückgeführt werden. Diese Regel bestimmt dann die Einschränkung der Gültigkeit des Komprehensionsaxioms. Dieses System führt aber zu verschiedenen intuitiven Schwierigkeiten, so ist insbesondere, wie E. SPECKER gezeigt hat [43], das Auswahlaxiom nicht mit dem System verträglich.

Einen anderen Weg zur Beseitigung der A. hat E. ZERMELO eingeschlagen, indem er das Komprehensionsaxiom durch eine Reihe speziellerer Axiome ersetzte, die zusammen für die Entwicklung der Grundlagen der Mathematik ausreichen [44]. Zermelos System wurde später von A. A. FRAENKEL und J. V. NEUMANN vervollständigt und modifiziert. Während bei ZERMELO vielen Aussageformen keine Klassen entsprechen, konnte v. NEUMANN durch eine Unterscheidung von Mengen und Klassen jeder Aussageform eine Klasse zuordnen. Die Klassen werden nun aber im Gegensatz zu den Mengen nicht als Elemente zugelassen. Die Mengen, die eigentlichen mathematischen Objekte, entsprechen bei v. Neumann, ebenso wie in den verwandten Systemen von P. BERNAYS und K. GÖDEL, im wesentlichen den ZERMELOschen Klassen [45]. Der Neufassung der axiomatischen Mengenlehre von BERNAYS von 1958 [46] hingegen liegt eine von der ZERMELOschen abweichende mengentheoretische Axiomatik zugrunde, in der die Funktion der einzelnen Axiome durchsichtiger wird. – Auf eine Unterscheidung von Klassen und Mengen stützt sich auch das System der ‹Mathematical Logic› von W. V. QUINE [21]. Die Mengen oder «Elemente» sind hier aber Spezialfälle von Klassen, so daß man nicht syntaktisch zwei verschiedene Kategorien von Objekten unterscheiden muß. Die Mengen werden hier ferner nicht durch die ZERMELOsche Axiomatik ausgezeichnet, sondern über ein Elementschaftsaxiom, das auf die Typenregel der ‹New Foundations› zurückgreift. Die erste Fassung des Systems erwies sich als widerspruchsvoll, jedoch konnte HAO WANG zeigen, daß sich durch eine schärfere Fassung der Elementschaftsbedingung der Widerspruch beseitigen läßt.

Während die Systeme der Typentheorie und der axiomatischen Mengenlehre nur eine Modifikation der Prinzipien der klassischen Mengenlehre beinhalten, die Gültigkeit der elementar-logischen Gesetze, insbesondere etwa des Prinzips vom ausgeschlossenen Dritten (s. d.) aber nicht antasten, geht die Kritik des von L. E. J. BROUWER begründeten *Intuitionismus* (s. d.) an der klassischen Logik wesentlich tiefer und ergreift auch die elementar-logischen Gesetze. Die vorgenommene Modifikation dieser Gesetze allein reicht jedoch nicht aus zur Vermeidung der A. Sie wird erst bewirkt durch einen ganz neuartigen mengentheoretischen Rahmen, der mit dem der klassischen Mengenlehre nicht unmittelbar vergleichbar ist. – Im typenfreien System von W. ACKERMANN [47] hingegen liegt ein System vor, in dem die A. nur durch eine Einschränkung der elementar-logischen Gesetze ausgeschlossen werden, wohingegen das Komprehensionsaxiom unbeschränkt gültig bleibt. Dieses System ist insbesondere auch deswegen von Interesse, weil der Beweis seiner Widerspruchsfreiheit zeigt, daß man die imprädikativen Begriffsbildungen allein nicht für das Auftreten der logischen A. verantwortlich machen kann.

Anmerkungen. [1] F. P. RAMSEY: The foundations of mathematics. Proc. Lond. math. Soc. 25 (1926) 338-384. – [2] Vgl. DIOGENES

LAERTIUS: De clarorum philosophorum vitis, dogmatibus et apophtegmatibus, hg. C. G. COBET (Paris 1888) 2, 108. – [3] B. RUSSELL: The principles of mathematics (London ¹1903). – [4] WILHELM VON OCKHAM: Summa totius logicae (Oxford 1675) III, 38. – [5] R. CARNAP: The logical syntax of language (London 1954) 214f. – [6] In metaphysicam Aristotelis quaestiones argutissimae magistri JOANNIS BURIDANI (Paris 1518) IV, qu. 7. – [7] Vgl. A. TARSKI: Der Wahrheitsbegriff in den formalisierten Sprachen. Stud. philos. (Warschau) 1 (1935/36) 261-405. – [8] W. STEGMÜLLER: Das Wahrheitsproblem und die Idee der Semantik (Wien 1957) 31f. – [9] K. GÖDEL: Über formal unentscheidbare Sätze der PM und verwandter Systeme. Mh. Math. Phys. 38 (1931) 173-198. – [10] Zitate bei C. PRANTL: Gesch. der Logik im Abendlande 1 (1855) 42ff. 491ff. – [11] PAULUS VENETUS: Logica magna (Venedig 1499) II, 15, 197rb. – [12] Introductiones artificiales in logicam JACOBI FABRI STAPULENSIS, per JUDOCUM CLICHTOVEUM NEOPORTUNENSEM collectae (Lugduni 1540) f. 260r. – [13] H. B. CURRY: The inconsistency of certain formal logics. J. symbol. Logic 7 (1942) 115-117. – [14] P. T. GEACH: On insolubilia. Analysis (Oxford) 15 (1955) 71f. – [15] K. GRELLING und L. NELSON: Bemerkungen zu den Paradoxien von Russell und Burali-Forti. Abh. Fries'sche Schule 2 (1907/08) 300-334. – [16] A. TARSKI: The semantic conception of truth and the foundation of semantics, in: FEIGL und SELLARS: Readings in philosophical analysis (New York 1949) 52-84. – [17] J. KÖNIG: Über die Grundlagen der Mengenlehre und das Kontinuumproblem. Math. Ann. 61 (1905) 156-160. – [18] P. FINSLER: Gibt es Widersprüche in der Mathematik? Jber. dtsch. Mathematiker-Vereinigung 34 (1925/26) 143-155. – [19] J. RICHARD: Les principes des mathématiques et le problème des ensembles. Rev. gén. Sci. pures et appliquées 16 (1905) 541-543. – [20] a. a. O. 213. – [21] W. V. QUINE: Mathematical logic (Cambridge, Mass. ²1951) 128ff. – [22] SHEN YUTING: Paradox of the class of all grounded classes. J. symbol. Logic 18 (1953) 114. – [23] R. MONTAGUE: On the paradox of grounded classes. J. symbol. Logic. 20 (1955) 140. – [24] J. M. BARTLETT: Funktion und Gegenstand (Diss. München 1961). – [25] Vgl. etwa A. A. FRAENKEL: Abstract set theory (Amsterdam ²1961) 70. – [26] a. a. O. 66. – [27] a. a. O. 97. – [28] C. BURALI-FORTI: Una questione sui numeri transfiniti. Rendiconti Circolo mat. Palermo 11 (1897) 154-164. 260. – [29] FRAENKEL a. a. O. [25] 201. – [30] R. M. ROBINSON: The theory of classes – a modification of v. Neumann's system. J. symbol. Logic 2 (1937) 29-36. – [31] Für eine detailliertere symbolische Darstellung vgl. FRAENKEL a. a. O. [25] und F. v. KUTSCHERA: Die A. der Logik (1964). – [32] Liber de sophisticis elenchis. ARISTOTELIS opera, hg. I. BEKKER (1831) 25, 180 b 2-7. – [33] Für ausführliche Zitate vgl. [10]. – [34] ALBERT DER GROSSE: Opera omnia, hg. A. BARGNET (Paris 1890ff.) II, lib. 2 Elenchorum 3, 3, 696 b. – [35] Vgl. a. a. O. [11] 194v b. – [36] Logica ALBERTUCCI perutilis logica (Venedig 1522) VI, 1, f. 43r b. – [37] In einem unveröffentlichten Brief an Frege vom 16. 6. 1902. – [38] Grundgesetze der Arithmetik 1. 2 (1893/1903). – [39] Vgl. R. CARNAP: Empiricism, semantics, and ontology, in: Semantics and the philosophy of language, hg. L. LINSKY (Urbana, Ill. 1952) 208-228. – [40] P. LORENZEN: Algebraische und logistische Untersuchungen über freie Verbände. J. symbol. Logic 16 (1951) 81-106. – [41] A. N. WHITEHEAD und B. RUSSELL: Principia Mathematica 1-3 (Cambridge ¹1910/1913). – [42] W. V. QUINE: New foundations for mathematical logic. Amer. math. Mth. 44 (1937) 70-80. – [43] E. SPECKER: The axiom of choice in Quine's New Foundations for Mathematical Logic. Proc. nat. Acad. Sci. (Wash.) 39 (1953) 972-975. – [44] E. ZERMELO: Untersuchungen über die Grundlagen der Mengenlehre. Math. Ann. 65 (1908) 261-281. – [45] J. v. NEUMANN: Eine Axiomatisierung der Mengenlehre. J. für Math. 154 (1925) 219-240; Die Axiomatisierung der Mengenlehre. Math. Z. 27 (1928) 669-752; P. BERNAYS: A system of axiomatic set theory, I: J. symbol. Logic 2 (1937) 65-77; II: 6 (1941) 1-17; III: 7 (1942) 65-89; IV: 13 (1948) 65-79; V: 8 (1943) 89-106; VI: 13 (1948) 65-79; VII: 19 (1954) 81-96. – [46] P. BERNAYS: Axiomatic set theory (Amsterdam 1958). – [47] W. ACKERMANN: Widerspruchsfreier Aufbau der Logik I: Typenfreies System ohne tertium non datur. J. symbol. Logic 15 (1950) 33-57.

Literaturhinweise. A. RÜSTOW: Der Lügner, Theorie, Gesch. und Auflösung (1910). – J. SALAMUCHA: Pojawienie sie zagadnień antynomialnych na gruncie logiki średniowiecznej (Erscheinung der Antinomienprobleme in der mittelalterlichen Logik). Przegland Filoz. 40 (1937) 68-83. 320-343. – H. WANG und R. MCNAUGHTON: Les systèmes axiomatiques de la théorie des ensembles (Paris 1953). – E. W. BETH: The foundations of mathematics (Amsterdam 1959) Kap. I. – M. BOCHEŃSKI: Formale Logik (²1962). – W. und M. KNEALE: The development of logic (Oxford 1962). – F. v. KUTSCHERA: Die A. der Logik (1964).
F. v. KUTSCHERA

Antinomismus

I. Der Begriff und das Thema des A. gehören als Irrlehre in die *christliche* Dogmengeschichte. Der Name taucht in den Lehrstreitigkeiten der Reformationstheologie des 16. Jh. auf. J. AGRICOLA hatte sich, Luthers dialektische Lehre von Gesetz und Evangelium mißverstehend, schon 1527 gegen die nach ihm nomistischen Visitationsvorschriften für das Kurfürstentum Sachsen gewandt und seine Lehren 1537 aufs neue in seinen ‹Summarien über die Evangelien› vertreten. Er lehnte die Predigt des Gesetzes, das als verfehlter Versuch Gottes im Jahre 1 gefallen sei und also den Christen nichts mehr angehe, ab; allein die Kreuzespredigt von der Liebe Gottes bewirke Buße und christliches Leben. LUTHER wandte sich sehr scharf in einer Predigt am 1. Juli 1537 gegen «unsere Antinomer», stellte später sechs Thesenreihen gegen sie auf und widerlegte sie in drei Disputationen. In anderer Form lebte der Streit in der zweiten Hälfte des 16. Jh. wieder auf, als eine Gruppe von Theologen (A. POACH, OTHO, M. NEANDER, A. MUSCULUS) sich gegen Melanchthons Lehre vom sogenannten ‹tertius usus legis›, das Gesetz sei auch für den Gerechtfertigten noch Richtschnur des Handelns, wandten. Auch sie taten es in Vereinseitigung von Luthers Lehre von der alleinwirksamen Gnade und in Sorge vor einer möglichen Werkgerechtigkeit. Die Konkordienformel (1580) erkannte allerdings die Lehre Melanchthons vom triplex usus legis an.

Der Begriff A. wird im weiteren Sinn dann auch auf Sekten des christlichen Altertums angewandt. Gnostische Gruppen (wohl schon die Nikolaiten aus Apk. 2, 14) lehrten, der Pneumatiker sei von jeder Bindung des Gesetzes frei und erweise gerade durch sittliche Willkür seine Freiheit. Den alttestamentlichen Schöpfergott Jahwe und sein tyrannisches Gesetz verwarfen sie und rechtfertigten ihren Libertinismus mit der falsch ausgelegten Paulinischen Lehre über Gesetz und Freiheit[1]. Deutlich verwahrt sich schon PAULUS gegen ein antinomistisches Mißverstehen seiner Lehre [2]. Die Theologen der ersten Jh. geißeln, ohne das Wort dafür zu gebrauchen, den A. dieser Sekten scharf, weil er auch Ursache für die Verleumdungen der Zeitgenossen über das junge Christentum sei [3].

Anmerkungen. [1] Röm. 5, 20; 6, 14; 7, 7ff.; 1. Kor. 15, 56 u. a. – [2] Röm. 3, 8; 6, 1; Gal. 5, 13; 1. Kor. 6, 12. – [3] MINUCIUS FELIX, Octavianus IX. MPL 3, 263; IRENAEUS, Adv. haereses I, 25. MPG 7, 682; CLEMENS ALEXANDRINUS, Stromata III, 2, 5ff. MPG 8, 1112; HIPPOLYTOS, Philosophumena VI, 1, 19. MPG 16, 3223; EUSEBIUS, Hist. eccles. IV, 7. MPG 20, 330.

Literaturhinweise. G. KAWERAU: Antinomistische Streitigkeiten. Realenzykl. prot. Theol. u. Kirche (³1896ff.) 1, 585ff. – W. JOEST: Gesetz und Freiheit. Das Problem des tertius usus legis bei Luther und der neutestamentlichen Paraenese (²1956). – G. HAMMANN: Nomismus und A. innerhalb der Wittenberger Theol. 1524-1530 (Diss. Bonn 1952). – G. BORNKAMM: Das Ende des Gesetzes (1952). – V. HASLER: Gesetz und Evangelium in der alten Kirche bis Origines (1953). – J. L. WITTE und P. BLÄSER: Antinomistenstreit. Lex. Theol. u. Kirche (²1957) 1, 642ff. – G. BAREILLE: Antinomisme. Dictionnaire de théol. catholique (1937) 1/2, 1391ff.
R. HAUSER

II. Das Religionsgesetz (Thora) ist von je als das grundlegende Element des *Judaismus* angesehen worden, auch im Selbstverstehen der jüdischen Theologen und Denker. Ein grundsätzlicher A. konnte daher innerhalb des Judaismus kaum geduldet werden. Wenn in der Geschichte des jüdischen Glaubens antinomistische Tendenzen auftreten, so ist ihr A. kein absoluter, sondern ein bedingter: Das Gesetz wird unter bestimmten konkreten Bedingungen aufgehoben. Der Pseudo-Messias, SABBATAI

ZWI (17. Jh.), beging Handlungen antinomistischen Charakters auf Grund seiner Messiasrolle – Handlungen, die aber von ihm als «heilige Handlungen» angesehen wurden. Am weitesten ging auf dem Wege des A. die sabbatianische Sekte JACOB FRANKS (1726–1790). Ihre Benediktion lautete: «Gepriesen seist Du, Gott, der das Verbotene erlaubt» [1]. Der A. wird hier radikal und erstreckt sich außer auf das Kultische auch auf das moralische Gebiet. G. SCHOLEM bezeichnet als A. das «Gefühl des inneren Widerspruchs» und das «Paradox eines abgefallenen Erlösers» im Sabbatianismus. Er komme auch in der frühen Christenheit zum Ausdruck [2]. Der radikale A. führt aber weg vom Judentum: Frank und manche seiner Anhänger sind zum Katholizismus oder zur revolutionären Emanzipation (z. B. JUNIUS FREY) übergegangen.

Anmerkungen. [1] zit. in: G. SCHOLEM: Die jüdische Mystik in ihren Hauptströmungen (1957) 351. – [2] a. a. O. 336. 344; vgl. Die Metamorphose des häretischen Messianismus der Sabbatianer im religiösen Nihilismus im 18. Jh., in: Zeugnisse. Th. W. Adorno zum 60. Geburtstag, hg. M. HORKHEIMER (1963) 21. 26.
G. NADOR

III. Ohne Zusammenhang mit der für die theologische Bedeutung von ‹A.› grundlegenden Beziehung auf Gesetz bezeichnet W. WINDELBAND [1] im Ausgang von ‹Antinomie› im Kantischen Sinne als ‹A.› einen erkenntnistheoretischen Standpunkt, der eine grundsätzliche Unangemessenheit zwischen dem erkennenden Subjekt und dem zu erkennenden Objekt behauptet. Eine Erkenntnis sei nur durch gegenseitige Anpassung beider Momente aneinander möglich. Da die Forderungen des erkenntnissuchenden Intellekts in der Erfahrung wegen dieser Unangemessenheit nicht erfüllt seien, komme es zur Konstruktion einer metaphysischen Wirklichkeit.

Anmerkung. [1] W. WINDELBAND: Einl. in die Philos. (1914) 12. 40. 423.
W. NIEKE

Antiperístasis (ἀντιπερίστασις) ist zum ersten Mal bei ARISTOTELES bezeugt, muß aber schon vor ihm als Terminus der Ortsbewegung Bedeutung gehabt haben, denn er bekämpft [1] eine Lehre, nach der die A. Ursache der Bewegung sei (vielleicht mit Bezug auf PLATON [2]). SIMPLICIUS [3] gibt eine Definition der A.: eine Ortsbewegung, nach der ein Körper den jeweils nächsten verdrängt, bis der letztangestoßene die Stelle des zuerstbewegten einnimmt. Nach ARISTOTELES lassen sich viele Phänomene mit Hilfe der A. von Warm und Kalt deuten (z. B. Regen, Dürre, Schlaf [4]), doch muß man stets nach einer Ursache für sie suchen, darf *sie selbst nicht* als *Ursache* ansehen [5]. Der Verdrängungsbegriff ‹A.› ist bei Aristoteles als Gegenposition zu Durchdringungs- und Umwandlungstheorien (des Warmen und Kalten) anzusehen [6].

Anmerkungen. [1] Phys. 267 a 16f. – [2] Tim. 79 b 3–7. – [3] In Arist. Phys. 1350, 31ff. – [4] De somno et vig. 457 b 2; Anal. post. 98 a 25. – [5] Meteorol. 349 a 8; vgl. AETIUS, Plac. 3, 15. H. DIELS, Doxogr. Graeci 379 a 24. – [6] Meteorol. 348 b 2; 382 a 12.
M. GATZEMEIER

Antiqui/moderni (via antiqua/via moderna). Der Streit zwischen via antiqua und via moderna wird durch die philosophische, logische, sprachliche, wissenschaftstheoretische und didaktisch-pädagogische Problematik des 14. und 15. Jh. bestimmt, doch reichen seine Wurzeln weit zurück in die mittelalterliche Tradition auf diesen Gebieten. Als *antiqui* werden die Anhänger der Hauptvertreter der Hochscholastik bezeichnet: Thomisten, Albertisten, Skotisten, zusammen *reales, realistae* genannt; dagegen heißen die Anhänger des Wilhelm von Ockham, Jean Buridan und Marsilius von Inghen *moderni, terministae, nominales* oder *nominalistae*.

1. *Philosophisch:* Bereits im 10. Jh. nennt ein Kommentar zu den ‹Categoriae› des Aristoteles die Nominalisten (hier Eric von Auxerre cum suis) ‹moderni› und die Realisten ‹antiqui›; dieser ursprüngliche Bedeutungsunterschied bleibt bis ins 15. Jh. bestehen. Im Mittelpunkt der Kontroverse steht die Frage nach der Seinsweise der Allgemeinbegriffe (universalia); auch noch STEPHAN HOEST (1468/69) nennt dies das einzige Kennzeichen der Unterscheidung der Wege.

2. *Logisch:* Die traditionelle Logik, wie sie in der *logica vetus* überliefert wurde, erfährt nach etwa 1140 durch das allmähliche Bekanntwerden der unterschiedlichen Werke der *logica nova* eine bedeutende Erweiterung. Namentlich die Anwendung der Regeln von ‹De sophisticis Elenchis› (fallacia-Theorie), zusammen mit der linguistischen Analyse der propositio führte zu der Entwicklung einer speziellen logica modernorum = terministischen Logik, für die mehrere Magister in Paris und Oxford um 1200 die Schulform lieferten und PETRUS HISPANUS das obligate Schulbuch verfaßte. Schon in der ersten Phase ihrer Entwicklung machte sie sich auch in der Theologie bemerkbar. Grundlegend ist hier die Lehre von der Supposition, nach der die Interpretation bzw. Bedeutung eines Terminus durch seinen Gebrauch in einer Proposition bestimmt wird. In ontologischer Sicht ist die terministische Logik als Methode neutral: Sie ist sowohl in einem realistischen als auch in einem nominalistischen Gedankengebäude anwendbar. Tatsächlich diente diese moderne Logik WILHELM VON OCKHAM als exklusive Basis für sein nominalistisches System: Die Nominalisten des 14. oder 15. Jh. heißen deshalb vorzugsweise *terministae*.

3. *Sprachlich:* In Opposition zu diesen stehen die *modistae*, welche die Logik in die Analyse grammatikalischer Probleme einführten. Ihr Name leitet sich von den Traktaten ‹De modis significandi› her, die zum erstenmal um 1270 erscheinen. Diese ‹grammatica speculativa› unterscheidet sich wesentlich von der terministischen Logik und konzentriert sich auf die allgemeinen Sprachregeln als solche, welche sie ontologisch-realistisch zu unterbauen versucht. Sie betrachtet die Artikulation der Sprache als ‹radicaliter› (THOMAS VON ERFURT) von der Artikulation der dingmäßigen Wirklichkeit abhängig: Alle modi significandi sind in den proprietates rerum begründet. Die modi sind «res distinctae a partibus orationis», als eigene reelle formalitates auch unterschieden von der res significata, als solche nicht vom erkennenden Intellekt gebildet, sondern von diesem aus den Eigenschaften der Dinge gewonnen. Durch diese realistische Grundlage wurde die modistische Sprachlehre zu einem integrierenden Teil der *via antiqua*. Auch zu *diesem* Realismus nahmen die Nominalisten kritisch Stellung: Für sie war die Bedeutung eines Terminus nur Sache des Intellekts. Bei der logischen Analyse der propositiones (Urteile) ließen sie deren Wirklichkeitsgrundlagen außer Betrachtung, aber sie hielten sich wohl für verpflichtet, auf metaphysischer Ebene die realistische Grundlage der spekulativen Grammatik und die ontische Gültigkeit der entia rationis zur Diskussion zu stellen: «coacti sumus radicem discutere» (PIERRE D'AILLY) in den ‹Destructiones modorum significandi› [1]). Damit erhob sich von neuem der alte Streit um die Frage nach der Seinsweise der Allgemeinbegriffe; im 15. Jh. gelangte dieser Streit

zur Vorherrschaft und erfaßte eine große Anzahl philosophischer und theologischer Fragestellungen [2].

4. *Wissenschaftstheoretisch* ist die bedeutendste Entwicklung in diesem Zusammenhang die Stellung WILHELMS VON OCKHAM: «scientia est tantum de propositionibus» [3]; er meinte damit zu Aristoteles zurückzukehren. Freilich erhob sich dabei die Frage, wie dann noch wissenschaftliche Erkenntnis möglich sei, da diese nach Auffassung des Aristoteles über universale und notwendige Dinge urteile, der Ockhamist dagegen gerade auf das Konkrete, Kontingente, Partikuläre den Nachdruck lege. Die Antworten sind je nach der Verschiedenheit der Schulen verschieden. Die extremen Nominalisten (z. B. ROBERT HOLKOT) faßten propositio in ganz konkretem Sinne als eben diesen besonderen Komplex von Termini, wie er von einem konkreten Menschen in konkreten Umständen formuliert wird: damit ist die Möglichkeit einer allgemeinen Wahrheit eliminiert. Die gemäßigteren Nominalisten nahmen an, daß eine propositio als Komplex mentaler, in Termini ausgesprochener Konzepte, allgemeine Geltung haben kann, weil die Konzepte bestimmter Dinge für alle Menschen die gleichen sind, und zwar, weil die Dinge, welche diese Konzepte verursachen, immer die gleichen sind, nicht weil es Allgemeinbegriffe gibt mit allgemeiner Gültigkeit. Letzteres ließen die antiqui eben wohl gelten. Die Vertreter der extremen Richtung (WICLIF, HUS, HIERONYMUS VON PRAG) dachten dabei in platonischem Sinne an res universales außerhalb der konkreten singulären Dinge. Für die gemäßigten Realisten war das Universale ein ens quo, das unabhängig vom erkennenden Geist besteht als die eine gemeinschaftliche Natur bestimmter singulärer Dinge, welche, indem sie sich actu diesen Dingen mitteilt, gerade Aktualität hat. Für sie sind die Universalien die Formen der Dinge, welche ihnen Sein, Name und Intelligibilität geben, so z. B. humanitas, equinitas, corporeitas. Auch in der Prädikamentenlehre gingen die Schulen auseinander. Die Nominalisten faßten die Prädikamente rein terministisch; nach Ansicht der Realisten aber gaben sie nicht eine Klassifizierung nach der Sonderart der Termini, vielmehr klassifizierten sie nach dem sachlichen Zustand der Dinge. Zugleich war für sie quantitas reell von res quanta unterschieden. Ihrer Ansicht nach wäre nämlich, wenn das Universale lediglich im Geiste bestünde, keine scientia realis mehr möglich, nur noch sermocinale, intentionale, rationale Wissenschaft.

5. *Pädagogisch-didaktisch:* Sowohl die realistische spekulative Grammatik als auch die terministische Logik (besonders die auf nominalistischer Grundlage) beeinflußten weitgehend den Unterricht in den Stadtschulen und an den Artesfakultäten. Schließlich bemühte man sich um eine Parität beider Wege im Unterrichts- und Examenprogramm, was an den deutschen Universitäten gegen Ende des 15. Jh. meist gelang. Der Unterschied in der Lehrgrundlage bestand weiter. Auch methodisch gab es Unterschiede: Hatte die Dialektik bereits im 12. Jh. zu der quaestiones-Methode geführt, welche auch in der Theologie angewandt wurde, zogen es die antiqui vor, den Unterricht auf die getreue Weitergabe und wörtliche Erklärung des Textes des Aristoteles oder Thomas zu konzentrieren. Auch pastoral-theologische Erwägungen dürften ihre Abneigung gegen allzu subtile Unterscheidungen und unwesentliche Fragen erklären (JOHANNES GERSON). Unter dem Einfluß des aufkommenden Humanismus, der keine logische Sprachanalyse, sondern gepflegten Sprachgebrauch wollte, nahm der Wegestreit Anfang des 16. Jh. ein Ende.

Anmerkungen. [1] Vgl. J. PINBORG: Die Entwicklung der Sprachtheorie im MA. Beiträge zur Gesch. der Philos. und Theol. des MA 42/2 (1967) 206. – [2] Vgl. das Verzeichnis strittiger Fragen in den Ingolstadter Schriftstücken: F. EHRLE: Der Sentenzenkomm. Peters von Candia, des Pisaner Papstes Alexander V. Ein Beitrag zur Scheidung der Schulen in der Scholastik des 14. Jh. und zur Gesch. des Wegenstreites. Franziskan. Stud. Beiheft 9 (1925) 331ff. – [3] WILHELM VON OCKHAM, Sent. I, 2, 4, M.

Literaturhinweise. F. EHRLE s. Anm. [2]. – G. MEERSSEMAN: Gesch. des Albertismus 1 (Rom 1933); 2 (1935). – L. BAUDRY: La querelle des futurs contingents. Louvain 1465-1475 (Paris 1950). – J. P. SCHOBINGER: Vom Sein der Universalien. Ein Beitrag zur Deutung des Universalienstreites. Slg. Schweiz. Diss., Philos. R. 2 (1958). – L. M. DE RIJK: Logica modernorum. A contribution to the hist. of early terminist logic 1 (Assen 1962); Bd. 2 (1968) konnte nicht benutzt werden. – A. G. WEILER: Heinrich von Gorkum (Hilversum 1962) (frühestes Dokument betr. des Wegestreites: Köln 1414); Magister Herwich van Amsterdam, in: Postillen, Festschrift R. R. Post (Nijmegen 1964) 257-283 (Einführung der via antiqua in Heidelberg 1452); Realisme, nominalisme, humanisme. Vox theol. 39 (1969) 58-79. – G. RITTER: Via antiqua und via moderna auf den dtsch. Univ. des XV. Jh. (²1963). – E. A. MOODY: A quodlibetal question of Robert Holkot o.p. on the problem of the objects of knowledge and belief. Speculum 39 (1964) 53-74. – T. K. SCOTT: John Buridan on the objects of demonstrative science. Speculum 40 (1965) 654-673. – J. PINBORG s. Anm. [1]. A. G. WEILER

Antiqui/moderni (Querelle des Anciens et des Modernes) ist in der französischen Ausprägung zu einem Topos und Modell des Epochenwandels geworden. Die Entgegensetzung von ‹Alten› und ‹Neueren› wurde in der Antike als ein Muster der literarischen Polemik ausgebildet. Das darin beschlossene Geschichtsbild hat zuerst TACITUS ausdrücklich reflektiert. Doch wird der literarische Topos erst eigentlich seit dem Beginn der christlichen Ära, mit der Neuprägung von *modernus* als Bezeichnung für das historische Jetzt der Gegenwart (Erstbeleg 494/5 in den ‹Epistolae pontificum› bei GELASIUS [1]), zum Inbegriff eines geschichtlichen Selbstverständnisses, das sich epochal gegen seine heidnische und dann auch christliche *antiquitas* absetzt. An der Geschichte des Begriffspaars ‹antiqui/moderni› läßt sich von der karolingischen ‹Renaissance› bis zum Weimarer Neuhumanismus der säkulare Prozeß verfolgen, in dem sich die Literatur und Kunst der Neuzeit vom Kanon der Antike als ihrer vorbildhaften Vergangenheit gelöst hat. Die immanente Logik dieses geschichtsmächtigen Topos, der die moderni von heute unentrinnbar zu den antiqui von morgen werden läßt, mithin eine naturhaft-zyklische Vorstellung vom Geschichtsverlauf impliziert, löste immer neu die geschichtsphilosophische Frage nach Fortschritt, Dekadenz oder Wiederkehr im Gang der Menschheitsgeschichte aus. Die Antwort der letzten großen, in Frankreich an der Epochenschwelle von Klassik und Aufklärung ausgetragenen Querelle führte zu der neuen Erkenntnis, daß die Werke der Alten wie die der Neueren als Hervorbringung verschiedener geschichtlicher Epochen, also nach einem relativen Maß des Schönen und nicht mehr nach einem absoluten Begriff des Vollkommenen zu beurteilen seien. Der Historismus als Konsequenz dieser Erkenntnis ist demnach keine spezifisch deutsche Entwicklung, sondern das letzte Ergebnis des säkularen Streites der antiqui und der moderni, der sich mit dem Übergang von der klassisch-normativen zur historischen Betrachtung der Künste von selbst erübrigt hat.

1. Die *antike* Vorgeschichte, von E. R. Curtius und anderen im Interesse einer perennierenden Kontinuität als wiederkehrender Topos und generationsbedingte «Revolte der Jugend» dargestellt, ist heute im Lichte differenzierter Motivationen zu sehen. Sie beginnt im

Zeichen einer Moralisierung der Poesie mit den ‹Fröschen› des ARISTOPHANES, der dort Euripides mit den Sophisten als ‹Neuerer› angreift und seiner sittenverderbenden Tragödie den altehrwürdigen Aischylos entgegensetzt. In hellenistischer Zeit suchten KALLIMACHOS und andere eine neue Art des Dichtens zu begründen, wobei man vor allem die traditionelle Epik bekämpfte; das geschärfte Epochenbewußtsein führte zur Unterscheidung Homers von den νεώτεροι (ARISTARCH). Doch erst durch CATULL und seinen Kreis, die Schüler der hellenistischen Dichter, erhielten Bezeichnung und Wertsetzung, die völlig auf die poetische Technik bezogen wurden, programmatischen Charakter: Die Römer nannten sich *poetae novi* oder *neoteroi* und distanzierten sich durch ihre Stilprinzipien von der bisherigen Dichtungstradition, zumal von Ennius. Bei HORAZ dient der Kontrast ‹Alt/Neu› apologetischen Zwecken: Der Augusteer befehdet eine archaistische Strömung, die, der zeitgenössischen Dichtung die Anerkennung versagt [2]. Am ergiebigsten sind die der Prosa geltenden Stildiskussionen der frühen Kaiserzeit; das Gegensatzpaar läßt sich vom Rhetor SENECA bis QUINTILIAN und TACITUS verfolgen, und eine modernistisch-optimistische Konzeption stand einem starken Dekadenzbewußtsein gegenüber. Die Ankläger der ‹Neuen› pflegten den Verfallsprozeß zu analysieren. Hierbei rekurrierte man auf pädagogische, moralische und politische Argumente; so QUINTILIAN in seiner verlorenen Schrift ‹De causis corruptae eloquentiae›, PETRON zu Beginn der erhaltenen Teile des ‹Satiricon›, LONGIN im Schlußkapitel seiner Abhandlung ‹De sublimitate›. Einzig der taciteische ‹Dialogus de oratoribus› durchbricht das Schema, auf dem alle die genannten Zeugnisse letztlich beruhen, die Voraussetzung einer naturhaft-zyklischen Folge von Aufstieg und Niedergang: Dort relativiert Maternus nicht nur die Argumente des ‹Modernisten› Aper, sondern auch den Standpunkt des ‹Klassizisten› Messalla durch die Erkenntnis, daß sich in jeder Epoche Licht und Schatten anders verteilen und daß die antinomischen Werte Friede und Freiheit niemals gleichzeitig vollauf realisiert werden können.

2. Daß die Übernahme des Topos durch die *christlichen* Autoren des 5. Jh. ineins mit der Neuprägung *modernus* (von lat. modo = ‹jetzt› abgeleitet, wie hodiernus von hodie) die Wahrnehmung des Bruchs zwischen zyklisch-antiker und typologisch-christlicher Geschichtserfahrung nach sich zog, wird erst im Hochmittelalter sichtbar. Zunächst diente der Begriff, der im Mittelalter die ganze Spannweite der Wortbedeutung zwischen ‹Zeitgrenze› und ‹Epoche› entfaltet, zur Bezeichnung des Gegensatzes der eigenen Zeit zur antiquitas des römischen Reiches (zum ersten Mal bei CASSIODORUS), aber auch zu der christlich-kirchlichen Vergangenheit der *patres* oder *veteres*. Dann erweiterte sich die vorrückende Zeitgrenze des *seculum modernum* auf größere Zeiträume, wie z. B. im 9. Jh. auf das neue Universalreich Karls des Großen, das schließlich aus der Perspektive des deutschen Kaisertums selbst wieder zur idealen Vergangenheit wird. Im Bereich der Philosophie und Dichtung trennt ‹moderni› die christlichen Schriftsteller mit Boethius als Grenze von den griechisch-römischen Autoren der heidnischen Antike; der Abstand zu den antiqui kann in der Lehrtradition aber auch mehr und mehr verkürzt, von den antiken Autoren abgelöst und auf den Generationsunterschied zweier Schulrichtungen bezogen werden (z. B. die moderni der Aristotelesrezeption, die via moderna des ockhamistischen Nominalismus). Das historische Selbstbewußtsein, im Anbruch einer neuen Zeit zu stehen, formuliert sich prototypisch bei den moderni des 12. Jh., nun aber als eine Erfahrung, die weder als Nachahmung noch als Erneuerung der antiquitas, sondern als ihre Steigerung und Erfüllung gewertet wird. Auch der berühmte, zuerst von BERNHARD VON CHARTRES gebrauchte Vergleich der moderni mit Zwergen, die auf den Schultern von Riesen sitzen, hat typologischen Sinn: Bewunderung der großen antiken Lehrmeister, überhöht vom Fortschritt der christlichen Gegenwart (die weiter sieht!). Die substantivische Neubildung *modernitas* (seit 1075 [3]) schließlich entstammt der kirchlichen Reformbewegung und erlangt die Bedeutung einer Zwischenzeit (auch als ‹media aetas› belegt) im Fortgang zu einer höheren, durch die *reformatio* zu erreichenden Stufe [4]. Die ‹Zwischenzeit› der dreistufigen Geschichtsspekulation dieser christlichen moderni, gipfelnd im Werk JOACHIMS VON FIORE, steht in umgekehrter Entsprechung zu dem leeren oder dunklen Zwischenraum, der in der neuen Geschichtserfahrung der humanistischen moderni seit PETRARCA die eigene Zeit von der Antike als ihrer vorbildhaften Vergangenheit trennte.

3. Die *Renaissance* hat den Gegensatz antiqui/moderni zur großen welthistorischen Antithese erweitert und dabei angesichts der Erfahrung vom Untergang des ‹Ewigen Rom› und seiner Wiedergeburt in der eigenen Kultur die zyklisch-naturhafte Geschichtsanschauung der Antike wieder aktualisiert. Das zyklische Schema der humanistischen Geschichtsphilosophie ließ gleichwohl der Idee des Fortschritts einen gewissen Spielraum zwischen imitatio und aemulatio, Nachahmung und Überbietung des antiken Vorbilds. So konnten die humanistischen moderni in ihrem nationalen Ehrgeiz durchaus den Gedanken entwickeln und in der beliebten Form der ‹Parallelen› begründen, daß die Künste ihrer Zeit die antiken überträfen (so schon die italienische Kunsthistoriographie seit GHIBERTI und VASARI, aber auch Apologeten der spanischen Blütezeit wie CRISTÓBAL DE VILLALÓN in seiner ‹Ingeniosa comparación entre lo antiguo y lo presente› von 1539, und später im Anschluß an den Tasso-Streit TASSONI, LANCELOTTI und MARINO). Die humanistische Fortschrittsidee fand, wie auch noch das kühnste, Wissenschaften und Künste umschließende, in Frankreich weiterwirkende Werk Tassonis (‹Varietà di pensieri diversa›, 1612–20) bezeugt, ihre Grenze in der alle Verschiedenheiten antiker und moderner Kunst überspannenden Norm zeitloser Perfektion. Insofern mußte die autoritative Geltung der Antike in einem anderen Bereich ungleich stärker erschüttert werden, wo der Fortschritt der moderni über die antiqui am Maßstab zeitlich unabschließbarer Erkenntnis sichtbar wurde und die Vorstellung der Menschheitsgeschichte als eines unumkehrbaren Prozesses neu fundieren konnte: in der Entwicklung der modernen Naturwissenschaften.

4. Auf die Wegbereiter dieser Entwicklung gehen die Argumente zurück, die FONTENELLE und die französischen *Modernes* in der 1688 wieder entbrannten *Querelle* mit neuem Gewicht gegen die *Anciens* ausspielten. Mit der polemischen Umkehrung des Verhältnisses von ‹alt› und ‹jung›: «c'est nous qui sommes les anciens» greifen die Modernen jetzt nicht allein die von BACON geprägte Formel «antiquitas saeculi, iuventus mundi» wieder auf [5], sondern es soll die dahinter stehende Einsicht in den Fortschritt durch die Zeit («veritas filia temporis»), die noch vor Bacon und GIORDANO BRUNO VON KOPERNIKUS im Blick auf die methodische, über Generationen

sich erstreckende Beobachtung und Erkenntnis der Natur gewonnen wurde [6], nun auch für den ganzen Bereich der Kultur geltend gemacht werden.

5. CHARLES PERRAULT hat seine großangelegte ‹Parallèle des Anciens et des Modernes› in der Absicht unternommen, den Nachweis zu erbringen, daß die drei bildenden Künste, die Beredsamkeit, die Dichtung und die Wissenschaft in ihrem parallelen Stufengang zur Perfektion dem allgemeinen Weg des Fortschritts von der Antike bis zum gegenwärtigen Zeitalter folgten. Man wird der epochalen Bedeutung und bis zur Ästhetik des deutschen Idealismus dauernden Wirkung dieses Werks erst gerecht, wenn man verfolgt, wie sich in der Argumentation der von 1688 bis 1697 erscheinenden fünf Dialoge allmählich und gegen die ursprüngliche Absicht des Autors eine fortschreitende Relativierung der Standpunkte beider Parteien und schließlich der Ansatz neuer Erkenntnisse abzeichnet, die den überkommenen Gegensatz zu lösen vermochten: die Einsicht, daß die Geschichte des wissenschaftlichen Fortschritts einer anderen Gesetzlichkeit gehorcht als die Geschichte der Künste, aus der im 18. Jh. die Trennung der traditionell verbundenen *Arts et Sciences* und die Verselbständigung des Systems der fünf Schönen Künste folgte, und die sie begründende Erkenntnis, daß antike und moderne Kunst letztlich darum nicht am selben Maß der Perfektion zu messen sind, weil jede Epoche ihre eigenen Sitten, also auch ihren eigenen Geschmack und damit ihren eigenen Begriff des Schönen («Beau relatif») hat. Auf diesem Wege führte die in einen Streit über Homer auslaufende Querelle in Frankreich schon am Beginn der Aufklärung über ein erstes historisches Verständnis der Kunst zu der dem Historismus in Deutschland voraufgehenden, von MONTESQUIEU vielfältig orchestrierten Lehre vom eigentümlichen ‹Genie› der Nationen und Zeiten.

6. Nach *England* wurden die Ideen der Querelle durch SAINT-EVREMOND übermittelt, der als frühester Exponent dieser Stufe historischen Denkens gelten kann; doch bleibt der Streit, in dem sich THOMAS BURNET, WILLIAM WOTTON und RICHARD BENTLEY im Lager der Modernen, Sir WILLIAM TEMPLE, SWIFT und DRYDEN im Lager der ‹Alten› befanden, in den Grenzen einer nur gelehrten Kontroverse, die im Sieg der klassizistischen Doktrin POPES endet (das bedeutendste Werk, WOTTONS ‹Reflections upon Ancient and Modern Learning› von 1694, kommt gleichfalls zur Trennung von Wissenschaft und Künsten, spielt aber auch die christliche Geschichtsauffassung gegen das humanistische Perfektionsideal aus).

7. In *Deutschland* wurde die französische Querelle durch GOTTSCHED bekannt; die für die Anfänge der deutschen Klassik entscheidende Rezeption ihrer Ergebnisse hat indes erst WINCKELMANN geleistet. Der innere Widerspruch seiner klassizistischen Position, daß er sich die neue Einsicht in die historisch-geographische Einmaligkeit der griechischen Kunst zu eigen machte und gleichwohl der modernen Kunst die Nachahmung der Alten als den einzigen Weg zur Größe vorschreiben wollte, hat den Anstoß zu den geschichtsphilosophischen Dichtungstheorien HERDERS, F. SCHLEGELS und SCHILLERS gegeben. Insbesondere kann die Schrift SCHLEGELS ‹Über das Studium der griechischen Poesie› und SCHILLERS ‹Über naive und sentimentalische Dichtung› (1795/96) als eine doppelte Replik auf neugestellte Fragen der französischen Querelle verstanden werden [7]. In beiden Schriften werden der modernen Kunst mit den Begriffen des *Interessanten* und des *Sentimentalischen* zum ersten Mal eigene Bestimmungen vindiziert, die den Gegensatz zwischen der natürlichen Bildung der Antike und der künstlichen Bildung der Moderne historisch-progressiv vermitteln, den beiden so geschiedenen Welten der Kunst aber die gleiche ästhetische Dignität belassen. Aus dieser Lösung ist mit der berühmten, vielleicht durch Schiller provozierten Wendung SCHLEGELS vom Ancien zum Moderne die Dichtungstheorie einer neuen Generation hervorgegangen, die den ehrwürdigen, bis zuletzt noch eine organische Kontinuität wahrenden Gegensatz der antiqui und moderni beiseiteschob, das neue, Gegenwart und christliches Mittelalter umgreifende Zeitalter das *romantische* taufte und die Antike – kanonisiert durch A. W. SCHLEGEL – als das *klassische* Altertum in eine nunmehr vollendete Vergangenheit entrückte.

8. Bald danach wird aber auch die neue Symbiose von *romantisch* und *modern* von der Eigendynamik des Begriffs erfaßt: Das Moderne tritt in eine neue Antithese zum Romantischen, verengt sich auf die Lebensdauer einer Generation und schließlich auf den noch kürzeren modischen Wechsel aktueller Schul- und Geschmacksrichtungen. Die substantivische Neuprägung ‹la modernité› (Erstbeleg 1849 in CHATEAUBRIANDS ‹Mémoires d'Outre-tombe› [8]), von BAUDELAIRE zum Programmwort einer neuen Ästhetik erhoben, hat nicht mehr eine epochal bestimmte, autoritative Vergangenheit zum Gegensatz. Es setzt sich – analog zum verwandten Begriff der Mode – am Ende nur noch von sich selber ab und läßt das Idealschöne als die vom Menschen selbst entworfene, ständig wieder aufgegebene Idee der Kunst im Status des Vergangenseins hinter sich zurück. Und wo von nun an die alten Fragen der Querelle gegen die Konsequenzen der historischen Erkenntnis und gegen den Emanzipationsprozeß der modernen Kunst wieder ins Recht gesetzt werden sollen, handelt es sich zumeist um das Für und Wider der nur noch ideenpolitisch geführten Diskussion über den Nutzen des *klassischen Erbes* für die problematisch gewordene humanistische Bildung.

Anmerkungen. [1] Vgl. W. FREUND: Modernus und andere Zeitbegriffe des MA (1957) 4-16. – [2] HORAZ, Ep. 2, 1. – [3] BERTHOLD VON DER REICHENAU: Annales, ad a. 1075. MG SS 5, 277, 25. – [4] FREUND, a. a. O. [1] 59, 67; F. OHLY, zit. bei H. R. JAUSS: Lit. Tradition und gegenwärtiges Bewußtsein der Modernität, in: Aspekte der Modernität, hg. H. STEFFEN (1965) 159ff. – [5] FRANCIS BACON, Novum Organum sci. I, 84. – [6] H. BLUMENBERG: Kopernikus im Selbstverständnis der Neuzeit. Akad. Wiss. Lit. Mainz, Abh. geistes- u. soz.wiss. Kl. (1964) Nr. 5, 357-360. – – [7] H. R. JAUSS: Fr. Schlegels und Fr. Schillers Replik auf die ‹Querelle des Anciens et des Modernes›, in: Europäische Aufklärung, Festschrift H. Dieckmann, hg. H. FRIEDRICH und F. SCHALK (1966) 117-140. – [8] F.-R. DE CHATEAUBRIAND: Mémoires d'Outre-tombe (Paris 1849) 4, 183.

Literaturhinweise. H. RIGAUT: Hist. de la Querelle des Anciens et des Modernes (Paris 1859). – H. GILLOT: La Querelle ... en France (Nancy 1914). – R. F. JONES: Ancients and Modernes (Washington Univ. Studies 1936). – W. KRAUSS: Der Streit der Altertumsfreunde mit den Anhängern der Moderne und die Entstehung des geschichtlichen Weltbildes, in: Antike und Moderne in der Literaturdiskussion des 18. Jh., hg. W. KRAUSS/H. KORTUM (1966). – G. MARGIOTTA: Le origini italiane della ‹Querelle ...› (Rom 1953). – W. FREUND s. Anm. [1]. – H. BLUMENBERG s. Anm. [6]. – H. R. JAUSS: Ästhetische Normen und gesch. Reflexion in der ‹Querelle ...›. Einl. zum Neudruck von CH. PERRAULTS ‹Parallèle› (1964); s. auch !Anm. [4, 7]. – K. H. GERSCHMANN: ‹antiqui – novi – moderni› in den Epistolae obscurorum virorum. Arch. Begriffsgesch. 9 (1967) 23-36.

H. R. JAUSS

Antisemitismus bezeichnete zunächst die im letzten Drittel des 19. Jh. aufgekommene Form der Judenfeindschaft. A. L. VON SCHLÖZER hat 1781 den Begriff ‹Semiten› geprägt, J. E. EICHHORN hat ihn 1787 in die Sprachwissenschaft eingeführt [1], sehr bald ist er in die

Völkerkunde übernommen worden, GOBINEAU hat ihn mit einem naturalistisch definierten Rassenbegriff verbunden [2]; mit den Begriffen ‹Semitismus› etc. versuchten die Wissenschaften, den «Geist» der semitischen Völker zu erfassen, den sie im Gegensatz zum «Geist» der indogermanischen Völker negativ werteten [3]. Gleichzeitig wurde der Begriff ‹Jude› säkularisiert. a) In der Diskussion um die Emanzipation wurden die Juden durch nicht mehr religiös verstandene Begriffe wie ‹Volk›, ‹Nation› und ‹Nationalität› definiert, und in den 60er Jahren kommt auch der – freilich noch vage – Begriff der Rasse in Gebrauch. b) Antijudaistische Religionsphilosophen und Theologen haben einen «Geist» des Judentums konstruiert [4] und ihn mit anthropologischen Kategorien beschrieben; bei den Junghegelianern z. B. ist das Judentum «Selbstentfremdung» des Menschen [5]. c) Die Frühsozialisten und K. MARX haben das Judentum mit dem kapitalistischen Geist identifiziert [6]. Diese Bestimmungen gehen in die seit den 60er Jahren verbreiteten Begriffe ‹Semit› und ‹Semitismus› ein [7]. Sie dienen zur Bezeichnung einmal für das «ausschließlich vom ethnologischen Standpunkt aus betrachtete Judentum» [8], zum andern für alle negativ bewerteten Komponenten der Moderne, für den Kapitalismus, die Emanzipation der bürgerlichen Gesellschaft und ihren pluralistisch-antagonistischen Charakter, das traditionskritische Literatentum, aufklärerische Ideen oder die «Veräußerlichung» der Zivilisation. Im Zusammenhang der seit 1875 in Deutschland aufkommenden neuen antijüdischen Publizistik (TREITSCHKE, STÖCKER u. a.) ist im Herbst 1879 im Umkreis des Journalisten W. MARR der Begriff ‹antisemitisch› geprägt worden [9], der sich rasch in ganz Europa durchsetzte.

Im Unterschied zu der traditionellen Judenfeindschaft meint der Begriff nicht mehr eine naive oder religiös begründete Antipathie, sondern eine säkulare Ideologie, und er meinte eine postemanzipatorische Bewegung, die sich gegen das Judentum als einen Teil der bürgerlichen Gesellschaft richtete. Zwar hatte die neue Judenfeindschaft sehr verschiedene Motive, aber diese verbanden sich zu einer neuen – nicht mehr traditionellen Sinne konservativen, in gewisser Weise protofaschistischen – Protestbewegung gegen die moderne Welt: gegen das kapitalistische System, gegen seine sozialistische Aufhebung, gegen die liberale Staats- und Gesellschaftsordnung, die «Ideen von 1789», gegen die «unorganische» oder unchristliche Zivilisation, ja gegen die «weichliche Philanthropie unseres Zeitalters», den Wert «unserer Humanität und Aufklärung» [10] und den Wert der Gleichheit; der A. ist ein Symptom dafür, daß die Wertvorstellungen der bürgerlichen Welt ihre Verbindlichkeit zu verlieren begannen; endlich gehört der A. in den Zusammenhang des integralen antiliberalen Nationalismus, für den die Existenz einer nicht voll integrierten Gruppe mit Resten eines überregionalen Identitätsbewußtseins unerträglich wurde.

Als Selbstbezeichnung diente der Begriff seit Ende der 80er Jahre nur denjenigen, für die der rassisch aufgefaßte A. das Zentralstück ihres Programms war. Neben diesem radikalen und sektiererischen A. breitete sich aber ein durch einflußreiche Verbände und durch bestimmte ideologische Erscheinungen, die Kulturkritik LAGARDES und LANGBEHNS, die Gobineaurezeption, die Geschichts- und Gegenwartsdeutung H. ST. CHAMBERLAINS und das Aufkommen des Sozialdarwinismus, geförderter gemäßigter A. aus, und darüber hinaus noch reichte ein latenter A., eine «antisemitische Gesellschaftsstimmung» [11]. HITLER hat diesen «Schein-A.» in einen «planmäßigen», wie er meinte, «wissenschaftlichen A.» verwandelt [12], indem er ihn konsequent mit der Rassentheorie verband, ihn auf eine verbindliche Praxis, von der «Entfernung der Juden überhaupt» bis zur «Endlösung», festlegte [13] und ihn zum zentralen Prinzip seiner Bewegung gemacht hat. Das Wort selbst ist nach 1933 in Mißkredit gekommen [14], im Zusammenhang mit der Vernichtung des europäischen Judentums spielt es keine Rolle mehr. Seit 1945 wird der Begriff für jede Form von Judenfeindschaft benutzt, historisch präzisierend spricht man dann vom ‹modernen A.›.

Anmerkungen. [1] RGG 5 (³1961) 1960; E. RENAN: L'hist. générale et système comparé des langues sémitiques 1 (1855) 2. – [2] A. DE GOBINEAU: Essai sur l'inégalité des races humaines (1853-55). – [3] CHR. LASSEN: Indische Altertumskunde 1-4 (1847-61); RENAN, a. a. O. [1] passim. – [4] HEGEL, Theol. Jugendschriften, hg. H. NOHL 53. 243ff. 251. 257. – [5] K. MARX (1844), MEGA I/1, 601ff.; E. STERLING: Er ist wie Du (1956) 111ff.; F. LASSALLE, Nachgelassene Briefe und Schriften (1921ff.) 2, 109. – [6] E. SILBERNER: Sozialisten zur Judenfrage (1962) Teil 1 passim; MARX, a. a. O. [5]. – [7] Vgl. Art. ‹Semitische Völker› (1865) in BLUNTSCHLI/BRATER, Dtsch. Staatswb., dort auch: ‹Arische Völker› (1857), und in ROTTECK/WELCKER, Staatslex. – [8] Brockhaus (1892) Art. ‹Semitismus›. – [9] Erster Beleg: Allg. Z. des dtsch. Judentums 2. 9. 1879. – [10] H. v. TREITSCHKE, Preuß. Jb. 44 (Nov. 1879) 571. – [11] F. NAUMANN (1908), Werke 6 (1966) 292; vgl. NIETZSCHE (1886), Werke, hg. K. SCHLECHTA 2, 716f. – [12] A. HITLER: Mein Kampf (⁵⁴1933) 628. 132. – [13] 16. 9. 1919; vgl. E. DEUERLEIN: Hitlers Eintritt in die Politik und die Reichswehr. Vjh. Zeitgesch. 7 (1959) 203f. – [14] C. BERNING: Vom Abstammungsnachweis zum Zuchtwart. Das Vokabular des Nationalsozialismus (1964) 14. 22.

Literaturhinweise. Untersuchungen zur Begriffsgesch. fehlen; vgl. demnächst meinen mit R. RÜRUP verfaßten Art. ‹A.› im Lex. der Hist.-Sozialen Begriffe. – Hinweise bei A. BEIN: Der neuere A. und seine Bedeutung für die Judenfrage. Vjh. für Zeitgesch. 6 (1958) 340ff. – The Jewish encyclop. 1 (1901) 641ff.: Art. ‹A.›.

TH. NIPPERDEY

Antithetik

1. Der Begriff der A., abgeleitet vom griechischen ἀντίθεσις [1], ist allem Anschein nach erst durch KANT zu einem spezifisch philosophischen Terminus geworden. Davor findet er sich vereinzelt als Adjektiv in der antiken Rhetorik [2] und Skepsis. Häufiger zitiert wird im 18. Jh. eine Stelle aus den ‹Grundzügen der Pyrrhonischen Philosophie› des SEXTUS EMPIRICUS, in der von einer δύναμις ἀντιθετικὴ φαινομένων τε καὶ νοουμένων (einem Vermögen der Entgegensetzung von Wahrgenommenem und Gedachtem) die Rede ist [3].

Eine wichtige Rolle spielt der Terminus in der kontroverstheologischen Literatur des 17. und 18. Jh. So stellt schon JOHANN WILHELM BAJER in seiner ‹Collatio› die strittigen Auffassungen mit Hilfe der stereotyp wiederkehrenden Überschriften ‹Thesis› und ‹Antithesis› derart gegeneinander, daß die linke Spalte jeder Seite die katholische Lehrmeinung (die Thesis), die rechte die protestantische (die Antithesis) wiedergibt [4]. Einen eindrucksvollen Beleg für den kontroverstheologischen Gebrauch des Terminus liefert das ‹Collegium Anti-Theticum› von PAULUS ANTONIUS, das eine durchdachte und interessante Theorie der A. enthält [5]. Thema seines ‹Collegiums› sind die verschiedenen «Religions-Streitigkeiten» [6], wie sie in den «Collegiis Polemicis» [7] zur Diskussion stehen. Es heißt «antitheticum», «weil darin eigentlich Antithesis gezeiget, aber auch refutiert ist» [8]. Es heißt «fundamentale», weil «bei jeden jeglichen Artikul die Fundamenta der Antithesivae offensivae aller bekannten Religions-Parteien, und der dawider zu führenden Antitheseos defensivae» aufgedeckt werden [8]. Die A., von der hier gehandelt wird, ist nun aber für Antonius keineswegs eine zufällige, bloß historisch zustande gekommene, sondern erwächst mit innerer Notwendigkeit: «saltim subindicat thesis antithesin» (zumindest offenbart die Behauptung unter der Hand die Gegenbehauptung). Deshalb sind «alle libri thetici auch mit antithetici» [9]. Der Grund für diese innere und notwendige Verknüpfung von Thesis und Antithesis liegt in dem «korrumpierten Verstande und Willen» des Menschen [10]: «weil man die Erb-Sünde in sich hat», hat «ein jeder alle haereses in seinem Busen zu suchen» [11]. — Vermutlich in unmittelbarer Abhängigkeit von Antonius hat noch FRANZ ALBERT SCHULTZ 1741–1746 an der Königsberger Universität unter dem Titel ‹Theologia Thetico-Antithetica› Vorlesungen gehalten; dieses Dogmatikkolleg hat auch der junge Kant besucht [12].

Anmerkungen. [1] Vgl. PLATON, Soph. 257 e/f. – [2] Vgl. DEMOSTHENES, XXI Argumentum II, 9. – [3] SEXTUS EMPIRICUS, Hyp. Pyrrh. I, 4, 8. – [4] J. W. BAJER: Collatio doctrinae pontificiorum et protestantium (1686). – [5] P. ANTONIUS: Collegium Anti-Theticum universale fundamentale. Nach der in den Thesibus Breithauptianis befindlichen Ordnung der theol. Materien Anno 1718 und 1719 gehalten, hg. JOH. ULRICO SCHWENTZEL (1732). – [6] a. a. O. Vorrede des Hg. §§ 1. 3. – [7] a. a. O. Vorrede des Hg. § 5. – [8] a. a. O. Vorrede des Hg. § 15. – [9] a. a. O. 6. – [10] a. a. O. 5. – [11] a. a. O. 3; vgl. 7f. 19 u. ö. – [12] G. HOLLMANN: Prolegomena zur Genesis der Religionsphilos. Kants. Altpreuß. Mschr. NF 36 (1899) 48ff.

2. Im Felde der Philosophie gelangt der Begriff der A. vor Kant bereits bei ALEXANDER GOTTLIEB BAUMGARTEN zur Anwendung: in seiner Nachlaßschrift ‹Philosophia generalis› ist das zweite Kapitel, das von der philosophischen Gewißheit handelt, in die beiden Abschnitte ‹Thetica› und ‹Antithetica› eingeteilt [1]. Dabei untersucht der erste Abschnitt (über ‹das Thetische›), was Gewißheit heißt und unter welchen verschiedenen Bedingungen sie zustande kommt, der zweite (über ‹das Antithetische›) erörtert Erscheinungsformen und Geschichte des Skeptizismus. ‹Thetik› bedeutete demgemäß soviel wie Lehre von der Gewißheit, ‹Antithetik› soviel wie Lehre vom Zweifel oder Theorie des Skeptizismus. Doch tritt der Terminus bei Baumgarten nur als dekorativer Titelbegriff auf: In den Ausführungen des Kapitels ist weder von Thetik noch von A. die Rede. – Dagegen finden sich, von der Sache her gesehen, wichtige Überlegungen zu einer Theorie der A. in der Einleitung des Herausgebers JOHANN CHRISTIAN FÖRSTER. Als vierte (dem eigenen Zeitalter kongeniale) Form des Zweifels nennt Förster den Fall, daß die Gründe auf beiden Seiten «gleich schwer sind» [2]: «ubi, ad utramque partem quando aeque gravia momenta deprehenduntur, neque unum verum, neque alterum falsum statuit aequus rationum aestimator» (wo der gerechte Beurteiler der Gründe weder das eine als wahr noch das andere als falsch hinstellt, weil für beide Seiten gleich schwere Beweggründe gefunden werden) [3].

Anmerkungen. [1] A. G. BAUMGARTEN: Philos. generalis. Edidit cum dissertatione prooemiali de dubitatione et certitudine JOH. CHRISTIAN FOERSTER (1770, Nachdruck 1968) 19ff. – [2] a. a. O. diss. prooemialis § 6. – [3] a. a. O. diss. prooemialis § 2.

3. Bei KANT erscheint der Begriff der A. im Rahmen der transzendentalen Dialektik, und zwar bei Behandlung des Antinomieproblems – allem Vermuten nach ist er zugleich derjenige Begriff, von dem Kants Theorie der Dialektik, ‹entwicklungsgeschichtlich› betrachtet, ihren Ausgang genommen hat. Kant gebraucht die Begriffe ‹antithetisch› und ‹A.› ähnlich wie Antonius, Schultz und Baumgarten als Gegenbegriffe zu ‹thetisch› bzw. ‹Thetik› [1]. Während er dabei unter ‹Thetik› einen «Inbegriff dogmatischer Lehren» versteht, definiert er A. in

weitester Bedeutung als den «Widerstreit» von irgendwelchen «dem Scheine nach dogmatischen Erkenntnissen (thesin cum antithesi), ohne daß man einer vor der andern einen vorzüglichen Anspruch auf Beifall beilegt». Die A. im allgemeinen «beschäftigt sich also» bei Kant – im Unterschied zu Antonius – «gar nicht mit *einseitigen* Behauptungen, sondern betrachtet allgemeine Erkenntnisse ... nur nach dem Widerstreite derselben *unter einander* und den Ursachen desselben» [2].

Eine derartige A. findet Kant nun auch im Felde der Metaphysik, und zwar der cosmologia transscendentalis. Dort stehen sich z. B. in der sogenannten ersten Antinomie die Thesis: «Die Welt hat einen Anfang in der Zeit» und die Antithesis: «Die Welt hat keinen Anfang», mit gleich guten oder schlechten Gründen bewiesen, antithetisch gegenüber [3]. Diese A. ist eine «ganz natürliche» (nicht künstlich ersonnene) und «unvermeidliche» A., sofern sie in bestimmten, gegenläufigen Gesetzen der Vernunft (der Antinomie im engeren Sinne) ihre Wurzeln hat [4]. Sie ist aber andererseits für Kant eine bloß «scheinbare A.», da sie «auf einem Mißverstande», der Verwechslung von Ding an sich und Erscheinung, beruht [5].

Die Ursachen und Konsequenzen dieser A. im Felde der *reinen, rationalen, a priori* argumentierenden Philosophie erforscht die transzendentale A.: diese ist daher «eine Untersuchung über die Antinomie der *reinen* Vernunft, die Ursachen und das Resultat derselben» [6]. – Einen abweichenden Sprachgebrauch zeigt Kants handschriftlicher Nachlaß, wo mit transzendentaler A. gelegentlich nicht die Frage nach den apriorischen Gründen der Möglichkeit von so etwas wie A., sondern einfach die natürliche A. der *überlieferten* Transzendentalphilosophie (= Metaphysik) gemeint ist [7].

Anmerkungen. [1] KANT, Reflexionen 4985. 4929. 4938. Akad.-A. 18, 51f. 31. 35. – [2] KrV (²1787) 448. – [3] a. a. O. 452ff. – [4] a. a. O. 433f. – [5] a. a. O. 768. – [6] a. a. O. 448. – [7] Reflexion 4985. a. a. O. [1] 52.

Literaturhinweise. N. HINSKE: Kants Begriff der Antinomie und die Etappen seiner Ausarbeitung. Kantstudien 56 (1966) 485-496. – G. TONELLI: Kant und die antiken Skeptiker, in: Studien zu Kants philos. Entwicklung. Studien und Materialien zur Gesch. der Philos. Bd. 6, hg. H. HEIMSOETH u. a. (1967). – N. HINSKE: Kants Weg zur Transzendentalphilos. Der dreißigjährige Kant (1969).

4. Eine völlig neue, vom traditionellen Sinn von A. weithin losgelöste Bedeutung gewinnt der Terminus bei FICHTE, bei dem das Adjektiv ‹antithetisch› in verschiedenen Verbindungen (antithetische Handlung, antithetisches Verfahren, antithetisches Urteil) im Kontext seiner Wissenschaftslehre auftaucht. Es bezeichnet hier eine ursprüngliche Handlung des Ich, und zwar diejenige, durch die das Ich «etwas sich entgegen» setzt [1]. Das antithetische Verfahren (das von Fichte mit dem *analytischen* gleichgesetzt wird) meint dementsprechend ganz allgemein diejenige «Handlung, da man in Verglichenen das Merkmal aufsucht, worin sie *entgegengesetzt* sind» [2]; ihm steht das synthetische Verfahren gegenüber, das darin besteht, «daß man in Entgegengesetzten dasjenige Merkmal aufsuche, worin sie *gleich* sind» [3]. Auch die geläufig gewordene Dreiteilung von thetisch, antithetisch und synthetisch ist in diesem Zusammenhang bereits bei Fichte zu finden [4].

Anmerkungen. [1] J. G. FICHTE: Grundriß des Eigentümlichen der Wissenschaftslehre in Rücksicht auf das theoretische Vermögen (¹1795) § 2, I. Ausgewählte Werke in 6 Bd., hg. F. MEDICUS 1 (1962) 527. – [2] Grundlage der gesamten Wissenschaftslehre (¹1794) § 3. a. a. O. 1, 307. – [3] ebda. – [4] Grundriß des Eigentümlichen ... § 2, II. a. a. O. 529.   N. HINSKE

Antitypie (ἀντιτυπία) nennt LEIBNIZ in Anknüpfung an einen bereits *stoischen* Sprachgebrauch [1] die passive Widerstandskraft der Materie, die ihre Undurchdringlichkeit erklären soll [2].

Anmerkungen. [1] SVF II, 127. 162. – [2] LEIBNIZ, Opera philos., hg. J. E. ERDMANN (1840) 466. 691. Red.

Antizipation (πρόληψις, Vorwegnahme)

I. – 1. Terminologisch findet sich ‹*Prolepsis*› (P.) zuerst bei EPIKUR, auf den offensichtlich auch die Wortprägung selbst zurückgeht [1]. Einer befriedigenden Deutung des ursprünglichen Sinnes sind schon deshalb Grenzen gesetzt, weil der Ausdruck unter den ‹Epicurea› nur spärlich und nicht allzu aufschlußreich belegt ist. Der thematische Ort des Begriffs ist einzig die nicht erhaltene Schrift Περὶ κριτηρίου ἢ κάνων (Richtschnur oder über den Wahrheitsgrund) [2]. Die Doxographie überliefert P. als μνήμη τοῦ πολλάκις ἔξωθεν φανέντος (Erinnerung an das, was sich öfter von außen herein gezeigt hat) [3]. Es ist die Funktion der P., εἴδωλα (Ab-Bilder) des jeweiligen Seienden so aufzubewahren, daß die für seine Art charakteristischen Züge zugänglich werden. P. ist aus der Erfahrung gewonnene καθολικὴ νόησις ἐναποκειμένη (in uns bereitliegende «Allgemeinvorstellung») [4], sollte aber nicht vorschnell als Begriff gedeutet werden. Sie ist weit eher selbst noch ein Bild, das wir in uns sehen [5], nämlich schematisches Ab-Bild, d. h. ein Bild, das aus der Überlagerung vieler Abbilder entsteht und nur noch die Gesamttypik des Abgebildeten verzeichnet. Dank dieser anschaulichen und gleichwohl «allgemeinen» Repräsentationsform wird P. zum schematischen Vor-Bild, das bei der Nennung eines Namens die damit bezeichnete zugrunde liegende Sache vor Augen führt und in ihrem Wesen durchsichtig macht, da es sie in ihrem τύπος (Gepräge) bereits früher erschlossen, also «vorweggenommen» hat [6]. Im Unterschied zu ὑπολήψεις ψευδεῖς (irrtümlichen Annahmen) [7] ist P. δόξα ὀρθή (richtige Auffassung), die qua «Vorwegnahme» zur Voraussetzung sinnvollen Suchens und Auffindens wird [8]. Die weitere «Vor-Bildlichkeit» des «Vorgriffs» ist aber nur dann gesichert, wenn die Möglichkeit der Falsifikation durch neu auftretende εἴδωλα ausgeschlossen werden darf [9]. αἴσθησις (Wahrnehmung) als primäres und P. als sekundäres Kriterium der theoretischen Wahrheit [10] sind beide auf die Klarheit des Sichzeigenden ausgerichtet [11]. Sie stehen prinzipiell in einem Ergänzungsverhältnis wechselseitiger Überholbarkeit, wobei die Klarheit der αἴσθησις maßstäblich bleibt für den kontrollierenden Ausweis des Wahren [12]. Die P. der Götter [13] oder die des Gerechten [14] fußt ebensosehr auf der εἴδωλα-Lehre wie die «Vorwegnahmen» des für uns sinnlich Vernehmbaren. Eine Deutung der P. als «innate idea» [15] verkennt von Grund auf den materialistischen Ansatz Epikurs.

Anmerkungen. [1] CICERO, De nat. deor. I, 44. – [2] DIOGENES LAERTIUS (= DL) X, 27, 30. – [3] DL X, 33. – [4] DL X, 33; vgl. 123. – [5] Vgl. DL X, 72; PHILODEMI vol. rhet., hg. SUDHAUS 1 (1892) 255. 257. – [6] DL X, 33. – [7] DL X, 124. – [8] DL X, 33; CLEMENS ALEXANDRINUS, Strom. II, 4, 16. – [9] Vgl. DL X, 34, 51. – [10] DL X, 31. – [11] DL X, 33, 52, 82. – [12] SEXTUS EMPIRICUS, Adversus math. VII, 211ff. – [13] DL X, 123f. – [14] DL X, 152f. – [15] N. W. DEWITT: Epicurus and his philos. (Minneapolis 1954) 142ff.; vgl. Rezension W. SCHMID, Gnomon (Münch.) 27 (1955) 428.

Literaturhinweise. F. SANDGATHE: Die Wahrheit der Kriterien Epikurs (Diss. Bonn 1909) 26ff. – W. LIEBICH: Ein Philodem-Zeugnis bei Ambrosius. Philologus (Wiesbaden) 98 (1954) 127ff.

2. In der *Stoa* bezeichnet ‹P.› ursprünglich eine empirische Allgemeinvorstellung, deren Rechtsanspruch insoweit beschränkt bleibt, als sie dazu dient, endgültig vor dem Logos auszuweisende Erkenntnis vorzubereiten. P. ist diejenige Allgemeinvorstellung, die sich φυσικῶς (ganz natürlich) und ἀνεπιτεχνήτως (unwillkürlich) [1] aus den auf αἴσθησις oder συναίσθησις («Selbstwahrnehmung») gegründeten φαντασίαι («Vorstellungserscheinungen») entwickelt, ehe eine methodisch geschulte, bewußte Begriffsbildung und -zergliederung möglich ist, zu der der Logos erst allmählich nach einer Sammlung [2] der «Vorbegriffe» gelangt, wobei ihm schließlich auch die entscheidende Aufgabe zufällt, mittels der κατάληψις («Zugriff») den Wahrheitswert der φαντασίαι zu prüfen [3]. P. ist jede ἔννοια φυσικὴ τῶν καθόλου (auf natürliche Weise gebildete «Allgemeinvorstellung») [4]; besondere Aufmerksamkeit gilt dabei den ethischen und theologischen «Vorwegnahmen». Das Kind erfaßt zunächst «vorbegrifflich» dank der Selbsterfahrung auf Grund der συναίσθησις [5] das für es Nützliche und Gute. Die Aufgabe der «Vernunft» ist es, die proleptische Wertung in Einklang zu bringen mit dem, was für den vernunftbegabten Menschen das wahrhaft Gute ist [6]. Die ethische Lehre des Logos gründet in ἔμφυτοι προλήψεις, wie CHRYSIPP sagt [7], Vor-Begriffen, auf deren Bildung der Mensch seiner menschlichen Natur gemäß angelegt ist. Das sind «keine angeborenen Ideen; sie sind aber auch nicht einfach mit den ‹naturhaft sich entwickelnden› P. gleichzusetzen. Sie bilden unter diesen eine eigene Gruppe, die sich von den übrigen dadurch unterscheidet, daß sie nicht aus der äußeren Erfahrung stammt, sondern aus dem Erleben unseres Ich» [8]. Analoges gilt von der πρόληψις θεοῦ, der Gottesvorstellung, deren Gewinnung nur dem Menschen möglich ist [9]. Grundsätzlich bleibt zu beachten, daß das ἡγεμονικόν der Seele, ihr «Zentralorgan», bei der Geburt des Menschen wie ein χάρτης εὐεργὸς εἰς ἀπογραφήν («Schreibpapier») vorgestellt ist [10], wohinein sich die P. allererst im Laufe des Lebens einprägen. Diejenigen P., die bei allen Menschen als inhaltsgleich auftreten, werden κοιναὶ ἔννοιαι (gemeinsame Begriffe) genannt. «Ob ein consensus omnium vorliegt, muß erst empirisch festgestellt werden» [11], gleichwohl gelten die κοιναὶ ἔννοιαι – insbesondere in der Ethik und in der Theologie – als die verläßlichste Basis, weil noch am wenigsten durch Subjektivität des Räsonnements getrübt.

Anmerkungen. [1] SVF II, 83. – [2] Vgl. SVF II, 841. – [3] SVF II, 52ff. – [4] DIOGENES LAERTIUS VII, 54. – [5] Vgl. SENECA, Ep. 121, 21; HIEROKLES, Ethische Elementarlehre, hg. ARNIM (1906) 27ff. – [6] SENECA, Ep. 121. – [7] SVF III, 69. – [8] M. POHLENZ: Die Stoa. Gesch. einer geistigen Bewegung 1 (²1959) 58f.; vgl. 2 (²1955) 32ff. – [9] CICERO, De leg. I, 24. – [10] SVF II, 83. – [11] M. POHLENZ: Grundfragen der stoischen Philos. Abh. Ges. Wiss. Göttingen, philol.-hist. Kl. 3.F. 26 (1940) 85; vgl. PLUTARCH, De comm. not. 46.

Literaturhinweise. F. H. SANDBACH: ÉNNOIA and PRÓLEPSIS in the Stoic theory of knowledge. Class. Quart. (Lond.) 24 (1930) 44ff. – M. POHLENZ s. Anm. [11] 82ff.

3. ‹*anticipatio*› begegnet erstmals bei CICERO, eingeführt als wortgetreue Übersetzung der πρόληψις Epikurs [1], wofür auch ‹praenotio› angegeben wird [2] oder einfach ‹notio›, das nun generell steht für das, was «Graeci tum ἔννοιαν tum πρόληψιν» nennen [3]. Mit Ciceros Übersetzungen geht zugleich eine entscheidende Umdeutung der epikureischen wie vor allem der stoischen P. einher, wobei umstritten bleibt, wieweit diese seiner eigenen Interpretation zu verdanken ist oder wieweit bei ihm nur manifest wird, was bereits in der mitt-

leren und insbesondere in der jüngeren Stoa vorbereitet ist. Wenn Cicero von «inchoatae intellegentiae» (begonnenen «Begriffen») spricht [4], so gewinnen die P. jedenfalls den Sinn von Begriffen, die schon mit der Geburt angelegt sind. Die Platonische Theorie von der ἀνάμνησις (Wiedererinnerung) begünstigt eine Auslegung von P. als «angeborener Begriff» im Sinne von «vor aller Erfahrung voraufgehender Begriff», die weit in die Neuzeit hinein zu nicht unerheblichen Fehldeutungen des ursprünglichen Sinnes führt.

Anmerkungen. [1] CICERO, De nat. deor. I, 43. – [2] a. a. O. I, 44; vgl. SENECA, Ep. 117, 6. – [3] CICERO, Top. 7. – [4] De leg. I, 26ff.

4. Die Lehren vom ‹lumen naturale› verfestigen im frühen neuzeitlichen Denken nach langer patristischer und scholastischer Vorbereitung weithin den bereits in der Antike eingeleiteten Begriffswandel. Für MELANCHTHON ist es selbstverständlich, zur Erläuterung seiner «notitiae nobiscum nascentes» [1] auf die P. zu verweisen [2]. Ebenso selbstverständlich ist auf der Gegenseite für F. BACON die Kampfansage an «Anticipationes Naturae», die als voreilige Verallgemeinerungen dem Ziel einer induktiv erarbeiteten «Interpretatio Naturae» im Wege stehen [3]. Umgekehrt wieder kann sich HERBERT OF CHERBURY, wenn er auf «Communes Notitiae» vor aller Erfahrung zurückgreift, dabei ausdrücklich gegen die Lehre von der «tabula rasa» wenden [4]. Erst GASSENDI gewinnt – im Rückgang auf Epikur – erneut ein strikt sensualistisches Verständnis von ‹Anticipatio› oder ‹Praenotio› [5]. Dagegen faßt der Platoniker CUDWORTH «cognitio anticipata» als «rerum comprehensio, quae *a priori* fit» [6], und wenn LOCKE aus sensualistischer Blickbahn vor dem starren Festhalten an den «first anticipations», den noch nicht ausgewiesenen Urteilen, warnt als einer «submission to prejudice» [7], so vergleicht LEIBNIZ die «principes innés» der «vérités nécessaires ou de raison» mit den stoischen P. als Grundannahmen «par avance» [8].

Anmerkungen. [1] Vgl. W. DILTHEY, Ges. Schriften 2 (⁵1957) 173ff. – [2] MELANCHTHON, Werke II/1 (1952) 42. 314. – [3] F. BACON, Novum organum I, 26ff.; vgl. Praef. – [4] H. OF CHERBURY: De veritate (Londini ⁴1645) 47ff. [5] P. GASSENDI: Philosophiae Epicuri syntagma. Opera omnia 3 (Lugduni 1658) 8f. – [6] R. CUDWORTH: De aeternis iusti et honesti notionibus, übers. MOSHEIM (1733) 31. – [7] J. LOCKE, Of the conduct of the understanding § 26; vgl. § 38. – [8] LEIBNIZ, Nouveaux essais, Préf. Philos. Schriften, hg. GERHARDT 5, 42.

5. In der neuzeitlichen Philosophie gewinnt ‹Antizipation› (A.) erst mit KANT eine so eigenständig artikulierte Bedeutung, daß der Bezug zur Tradition sekundär wird und daß Kant sich – hier ebenfalls ohne Recht – mit seinem Wortgebrauch auf Epikur beruft [1]. Als A. im weiteren Sinne gilt Kant jeder durch die ‹Kritik der reinen Vernunft› legitimierte Vorgriff a priori und damit grundlegend der Vorgriff der Transzendentalphilosophie selbst, der die Gegenstände möglicher Erfahrung ihrer Form nach konstituiert, indem er ihre apriorischen Bedingungen bestimmt als raumzeitliche Schematisierungen der reinen Verstandesbegriffe im Einklang mit dem «Satz des Widerspruchs» als der condicio sine qua non [2]. Diese A. ist explizit das «System aller Grundsätze des reinen Verstandes». A. im engeren und prägnantesten Sinne betrifft den ungewöhnlichsten apriorischen Vorgriff, den auf die «Materie der Wahrnehmung» selbst [3]. Unter den synthetischen Grundsätzen a priori und in ihrer ersten Gruppe, den «mathematisch»-synthetischen, stehen an zweiter Stelle die «*Antizipationen der Wahrnehmung*». «Das Prinzip derselben ist: *In allen Erscheinungen hat das Reale, was ein Gegenstand der Empfindung ist, intensive Größe*, d. i. einen Grad» [4]. Die jeweilige Realität des Realen, die jeweilige qualitative «Sachheit» [5] eines Erfahrungsgegenstandes läßt sich nicht a priori antizipieren, sie wird allererst als Korrelat des Empfindens wahrgenommen, d. h. «jederzeit bloß empirisch» [6]. A priori antizipiert wird dagegen, wie überhaupt ein mögliches Empfindungskorrelat beschaffen sein muß. Die «A. der Wahrnehmung» begreifen das Quale jeder empfindbaren Qualitas, und zwar als ein Quantum: Reine Anschauung ist Anschauung ohne Empfindungsdatum, das Quantum der empfundenen Qualitas ist 0. Jede empirische Anschauung läßt sich nach Kant a priori vorstellig machen als kontinuierlich reduzierbar bis zum Quantum 0 an Empfindung und ebenso als kontinuierlich produzierbar vom Quantum 0 bis zu einem «beliebigen» [7] Quantum der Empfindungsqualität. Dieses Quantum präsentiert sich der Empfindung aber nicht als in Raum und Zeit ausgebreitet. Seine Synthesis vollzieht sich nicht sukzessiv, sondern als augenblickliche Apprehension (nur im apriorischen Entwurf dieser Apprehension als einer «Synthesis» wird Zeit verbraucht). Demgemäß wird «an der bloßen Empfindung in einem Moment eine Synthesis der gleichförmigen Steigerung von 0 bis zu dem gegebenen empirischen Bewußtsein» vorstellig [8], womit das Quale jeder Erscheinungsqualität kein extensives Quantum, sondern eine intensive Größe ist. Wenn Kant ‹A.› im Plural gebraucht, so bezieht er sich auf die Dreifalt der Qualitätskategorien. Es gibt aber nur einen einzigen «*Grundsatz*, welcher alle Wahrnehmungen als solche antizipiert» [9]. Er erörtert Realität als gesetzte Qualität und Negation als ihren Grenzfall, die Kategorie der Limitation wird dabei übergangen. Der apriorische Vorgriff besteht darin, jeder Erscheinungsrealität eine Gradualität zuzusprechen, z. B. dem Licht, der Temperatur, der Schwere, womit «die zweite Anwendung der Mathematik *(mathesis intensorum)* auf Naturwissenschaft» gegeben ist [10].

Anmerkungen. [1] KANT, KrV A 166f./B 208. – [2] Vgl. a. a. O. A 166. 246. 762/B 208. 303. 790. – [3] A 167/B 209. – [4] B 207. – [5] A 143/B 182. – [6] A 175/B 217. – [7] B 208. – [8] A 176/B 218. – [9] A 166. – [10] Prol. § 24; vgl. Met. Anfangsgründe der Naturwiss. 2. Hauptstück.

Literaturhinweise. A. MAIER: Kants Qualitätskategorien. Kantstudien Ergh. 65 (1930) 58ff. – H. J. PATON: Kant's met. of experience 2 (London ³1961) 134ff. – M. HEIDEGGER: Die Frage nach dem Ding. Zu Kants Lehre von den transzendentalen Grundsätzen (1962) 160ff.

6. Im Neukantianismus faßt COHEN A. als «das Charakteristikum der Zeit» [1] und gibt damit der Zukunft als der «vorwegnehmenden» Dimension einen Vorrang vor den anderen beiden Zeitdimensionen. Wie sehr Zeit in eins mit Raum eine «operative Voraussetzung» der Rede von A. ist, wird insbesondere aus der phänomenologischen Forschung HUSSERLS und seiner «Schule» ersichtlich. Mit dem Terminus ‹A.› verdeutlicht Husserl die noetisch-noematische Wesensstruktur der Erkenntnis, daß «jede Erfahrung von einem einzelnen Ding ihren *Innenhorizont*» hat und ebenso «einen offen endlosen *Außenhorizont von Mitobjekten*» [2], in welche Horizonte hinein (d. h. letztlich in die «Welt» als den einen universalen absoluten Horizont) und damit über die Perzeption des eigentlich «Selbstgegebenen» hinaus eine «Apperzeption» geschieht, was noch präsent ist, worauf aber als ein zukünftig Erfahrbares der selbstgegebene Erfahrungskern «vorverweist». Das bedeutet für den «Innenhorizont», daß mit der Wahrnehmung

Antizipation

etwa der Vorderseite eines Einzeldinges eine «Vorzeichnung» auch seiner Rückseite gegeben ist, einmal, daß überhaupt zu einer Vorderseite eine Rückseite gehört, dann, daß diese z. B. hinsichtlich ihrer Farbigkeit «vorveranschaulicht» ist [3]. Im «Außenhorizont» sind zumindest schon die formal-ontologischen und die regionalen Kategorien der im Hintergrund latenten und damit potentiell offenkundigen Objekte «vorgegeben» [4]. Dem Bekannten gesellt sich jeweils Unbekanntes, das aber in seiner Typik «vorbekannt» ist. Als «ein Modus der ‹Intentionalität›, eben der über einen Kern der Gegebenheit hinausmeinenden» [5], ist A. auf den «*Leerhorizont einer bekannten Unbekanntheit*» gerichtet [6], den sie in «unbestimmter Allgemeinheit» vorgibt [7]. Demgemäß «hat jedes Reale überhaupt als Erfahrbares sein allgemeines ‹Apriori›» [8] als den «invarianten Spielraum» vorbekannter offener Möglichkeiten, deren bestimmte antizipatorische «Vorzeichnung» im explizierenden Fortschritt vorprädikativer Erfahrung und prädikativer Bestimmung zur «Erfüllung» oder zur «Enttäuschung» kommen kann [9]. Mit HEIDEGGERS existentialanalytischem Rückgang auf das zeitbezogene Seinsverständnis stellt sich implizit auch das erkenntnistheoretische Problem einer A. von Wahrnehmungsobjekten in erneuter und radikalisierter Verwandlung. Vorgängig vor allem Verstehen von Seiendem steht «Dasein» als «In-der-Welt-sein» in einem vorgreifenden Verstehen von «Welt», indem es sich als «geworfener Entwurf» zu Möglichkeiten seines Seinkönnens verhält. Die «hermeneutische Situation» des Verstehens und der in ihr gründenden Auslegung wird bestimmt durch eine «Vorhabe» des Begegnenden im Welthorizont, eine «Vorsicht» auf die Weise seines Begegnenlassens und einen «Vorgriff» auf seine begriffliche Faßbarkeit [10]. Der Entwurfscharakter als die «Vor-Struktur des Verstehens» [11] bildet das führende Strukturmoment der «Sorge», deren ontologischer Sinn die primär zukünftige Zeitlichkeit ist [12]. Die «*Vor-struktur* des Daseins selbst» [13], sein «Sich-vorweg-sein», wird ursprünglich konkret als «Vorlaufen in den Tod» [14], das «die Möglichkeit eines existenziellen Vorwegnehmens des *ganzen* Daseins» einschließt [15]. Der Versuch, die Abkünftigkeit jeder erkenntnistheoretischen Problematik aufzuweisen [16], steht im Zuge einer neuen Deutung der «Wahrheitsvoraussetzung» [17].

Anmerkungen. [1] H. COHEN: System der Philos. I. Logik der reinen Erkenntnis (³1922) 154. – [2] E. HUSSERL: Erfahrung und Urteil (= EU) (³1964) 28. – [3] EU 31f. 105ff.; Cartesianische Meditationen (= CM). Husserliana 1 (Den Haag ²1963) 82. – [4] EU 35. – [5] EU 28; vgl. Die Krisis der europäischen Wiss. und die transzendentale Phänomenol. Husserliana 6 (Den Haag 1954) 51. – [6] EU 35. – [7] EU 31f.; vgl. CM 83. 102. 141; Ideen zu einer reinen Phänomenol. und Phänomenol. Philos. 1. Buch. Husserliana 3 (Den Haag 1950) 100f. – [8] EU 32. – [9] EU §§ 21 a. c, 26f. 67f.; vgl. Formale und transzendentale Logik (1929) 54f. – [10] M. HEIDEGGER: Sein und Zeit (⁸1957) 150ff. 232f., vgl. § 63. – [11] a. a. O. 151. – [12] § 65. – [13] 153. – [14] §§ 53. 62. – [15] 264. – [16] §§ 33. 44 b. 69 b. – [17] § 44 c.

Literaturhinweise. A. GURWITSCH: Théorie du champ de la conscience (Bruges 1957) 225ff. – A. DIEMER: E. Husserl. Versuch einer systematischen Darstellung seiner Phänomenol. (²1965) 68ff.

H. EBELING

II. Im *psychologischen* Sprachgebrauch verweist A. stets auf die mehr oder minder bewußte Vorwegnahme oder Erwartung künftigen Verhaltens und Erlebens bzw. künftiger Verhaltensziele und Erlebensmöglichkeiten im gegenwärtigen Verhalten und Erleben eines Organismus auf Grund immanenter psychischer Strukturgesetzlichkeiten oder als Folge vorausgegangener Lernprozesse. Da auch in der wissenschaftlichen Literatur häufig ungeklärt bleibt, was und wie antizipiert wird bzw. ob der Terminus erlebnisdeskriptiv oder funktional gebraucht wird, erscheint die Verwendung des Begriffes ‹A.› im allgemeinen uneinheitlich und mehrdeutig. Er wird zum Teil in ähnlicher Weise benutzt wie ‹Erwartung›, ‹Einstellung›, ‹Zielvorstellung›, ‹Vorahnung›, ‹prospektive Einstellung›, ‹determinierende Tendenz› usw. Es muß deshalb unterschieden werden zwischen der in der Psychologie häufigen Berücksichtigung eines allgemeinen Zukunftsbezuges des Verhaltens und Erlebens [1] und der selteneren Verwendung des Wortes ‹A.›

Eingeführt in die wissenschaftliche Psychologie wurde der Begriff ‹A.› durch Vertreter der Würzburger Schule im Zusammenhang mit experimentellen Untersuchungen zur Denk- und Willenspsychologie. O. SELZ erklärte z. B. die Geordnetheit des Denkverlaufs als Folge der schematisch antizipierenden Aufgabenlösung [2].

In einem sehr viel umfassenderen Sinn wurde ‹A.› von SGANZINI verwendet. Nach ihm erweist sich Verhalten in allen seinen Formen und Momenten als Realisierungsprozeß, in dem ein potentiell Vorgebildetes oder Antizipiertes in die Verwirklichung übergeführt wird [3]. Einen ähnlich weiten Bedeutungshorizont hat der Begriff bei Kelly und Thomae. Während THOMAE A. als eine «vitale Urkategorie» kennzeichnet, geht KELLY davon aus, daß «die Prozesse, welche eine Person ausmachen, psychologisch bestimmt (sind) durch die Weisen, in denen sie Ereignisse antizipiert» [4].

Im Gegensatz zu solchen Verhaltens- und Persönlichkeitstheorien, in denen der Terminus ‹A.› eine zentrale Stellung einnimmt, wird der Begriff in einer Reihe psychologischer Teildisziplinen in einem umschriebeneren Sinn verwendet. So wird ein Verhalten dann als motiviert bezeichnet, wenn künftige Person-Umwelt-Bezüge vorweggenommen werden oder wenn «aus unerfüllter Intentionalität heraus die Erfülltheit des Intendierten antizipiert» wird [5]. Auch in der Denk- und Lernpsychologie spielen Termini wie ‹Erwartung› und ‹A.› eine bedeutende Rolle. Sie verweisen auf die Beeinflussung oder Vorwegnahme einer Reaktion auf Grund des (gelernten) Zusammenhangs zwischen dem situativ Gegebenen und dem jeweils Geforderten oder Erstrebten. In diesem Sinne wurde der Begriff «‹Erwartung› (expectancy) von TOLMAN [6] eingeführt und zu einem neuen lerntheoretischen Konzept entwickelt. Eine ähnlich zentrale Bedeutung hat ‹Erwartung› in der sozialen Lerntheorie ROTTERS [7]. Innerhalb der neobehavioristischen Lerntheorien versteht man unter einer antizipatorischen Reaktion entweder die Umschreibung für eine fragmentarische Teilreaktion, die ausgeführt wird, weil die Gesamthandlung aus irgendwelchen Gründen gehemmt oder verzögert wird (anticipatory response), oder die Bezeichnung für eine zielgerichtete Reaktion, die durch die Vertrautheit mit der Situation bewirkt wird, ohne daß der spezielle Auslösereiz vorhanden wäre (anticipatory goal reaction). Die Berücksichtigung solcher antizipatorischer Reaktionen trug wesentlich zur Liberalisierung und zu einer größeren Flexibilität der neobehavioristischen Lerntheorien bei [8].

Anmerkungen. [1] Vgl. z. B. R. BERGIUS: Formen des Zukunftserlebens (1957); M. WALLACE und A. I. RABIN: Temporal experience. Psychol. Bull. 57 (1960) 213-236. – [2] O. SELZ: Über die Gesetze des geordneten Denkverlaufs (1913). – [3] C. SGANZINI: Vom grundsätzlichen Gebrauche des Gesichtspunktes «Vorwegnahme» (‹A.›), in: Festschrift R. Herbertz (1940). – [4] Vgl. H. THOMAE: Das Wesen der menschlichen Antriebsstruktur (1944); G. A. KELLY: The psychology of personal constructs (New York 1965) 120. – [5] C. F. GRAUMANN: Grundlagen einer Phänomenol. und Psychol. der Perspektivität (1960) 146. –

[6] E. C. TOLMAN: Purposive behavior in animals and men (New York 1932). – [7] J. B. ROTTER: Social learning and clinical psychol. (New York 1954). – [8] Vgl. C. L. HULL: A behavior system (New Haven 1952); E. R. HILGARD und G. H. BOWER: Theories of learning (New York ³1966).

Literaturhinweise. C. SGANZINI s. Anm. [3]. – H. THOMAE: Zur allg. Charakteristik des Motivationsgeschehens, in: H. THOMAE (Hg.): Hb. Psychol. 2 (1965).   F. WEINERT

Antrieb. Der Begriff ‹A.› wird in der gegenwärtigen Psychologie als Sammelname für alles motivationale Geschehen verwendet, welches in der traditionellen Psychologie aufgrund ihres deskriptiv-phänomenologischen Ansatzes in einzelne Erlebniskategorien, wie z. B. Drang, Sehnsucht, Verlangen, untergliedert wurde. Eine ähnlich umfassende Bedeutung kam in einigen Motivationspsychologien des 19. Jh. dem Begriff ‹Begehren› zu [1]. In der Gegenwart findet man häufiger den Fachterminus ‹Motivation› in gleichem Sinne verwendet [2], zuweilen auch ‹Trieb› [3]. Der Begriff ‹Trieb› erscheint in dieser Bedeutung meist als Übersetzung des englischen Ausdrucks ‹drive›, der als Bezeichnung für das dynamische Prinzip im Bereich der Psyche in der anglo-amerikanischen Literatur gebräuchlich ist. Von einigen deutschen Psychologen wird dafür jedoch die Übersetzung ‹A.› vorgezogen [4, 5].

Das Bild des durch einen Impuls in Bewegung versetzten Körpers, wie es der technische Fachausdruck ‹A.› beinhaltet, erschien RIVERS, einem Mitarbeiter von E. KRAEPELIN, besonders angemessen, um die Willensanspannung bei verschiedenen Leistungen zu charakterisieren. Aus der Quantität und Qualität von gleichförmig sich wiederholenden Tätigkeiten erschlossen Kraepelin und Rivers das Ausmaß der Anstrengung oder des A. [6]. In den psychologischen Lehrbüchern jener Zeit findet man zunächst nur diese eng umschriebene Bedeutung von ‹A.› [7].

Die gegenwärtige motivationspsychologische Bedeutung von A. im Sinne eines generellen, nicht weiter rückführbaren Anstoßes zum Handeln hat ihre Wurzel in den Untersuchungen K. KLEISTS über motorische Störungen bei organischen und anorganischen Psychosen [8, 9, 10]. Kleist stellte fest, daß zu gewissen Syndromen akinetisches oder hyperkinetisches Verhalten gehört, Phänomene, die wenige Jahre später unter den Begriff der A.-Störung gefaßt wurden [11, 12]. Auch FORSTER verwendet den Begriff ‹A.› noch eingeengt auf die Bedeutung als Impuls für die Motorik [13]. Demgegenüber betonen FEUCHTWANGER [14] und HAUPTMANN [15] sowie kurz danach auch P. SCHILDER [16], daß A.-Störungen in allen Funktionsbereichen auftreten können, also auch in der Wahrnehmung und im Denken. FEUCHTWANGER bemerkt, daß jeglichem Aufmerksamkeits- und Willensvorgang A. zugrunde liegen müsse [17].

Eine weitere Differenzierung des Begriffs im Rahmen der medizinischen Psychologie nimmt BOSTROEM vor [18]. Er hebt die Spontaneität des A. hervor, möchte aber A. nicht als eine nicht weiter ableitbare Energiequelle verstanden wissen, sondern mehr als «Schaltstation», die von einer unspezifischen Energiequelle gespeist wird [19]. Alles Verhalten über dem Niveau eines einfachen Reflexes bedarf seiner Ansicht nach eines A. Intensität und Ausdauer des A. sind individuell variabel [20].

Mit dem Eindringen des psychoanalytischen Begriffssystems in die psychologische Terminologie schien der FREUDSCHE Terminus ‹Libido› zuweilen den A.-Begriff zu verdrängen. BASH versucht jedoch Libido von A. zu trennen, indem er A. als Impuls für äußerlich beobachtbares Verhalten, Libido hingegen als Energiequelle für äußerlich nicht beobachtbare psychische Vorgänge auffaßt [21].

In der Psychopathologie werden A.-Störungen zum größten Teil auf organische Hirnschäden verschiedenster Art zurückgeführt. Bereits KLEIST nahm eine solche Verbindung als gesichert an [22]. KRETSCHMER kommt aufgrund neuerer Befunde jedoch zum Schluß, daß darüber hinaus auch biochemische Ursachen A.-Störungen bewirken [23].

In die Persönlichkeitspsychologie der dreißiger Jahre findet der Begriff zunächst in etwas unsystematischer Weise Eingang. So schreibt STERN Gefühlen eine A.-Funktion zu, ohne eine nähere Definition des A.-Begriffs zu geben [24]. KLAGES faßt A. neben Streben, Wunsch, Begehren, Sehnen, Drang u. a. als eine Variante der generellen «Triebkraft» und der komplementär wirkenden Staukraft auf [25]. Er kennzeichnet mit dem Begriff «Trieb-A.» alle jene A., die Ausdruck eines Triebes sind. Ähnlich wie bei Stern können A. auch mit Gefühlen einhergehen (Gefühls-A. oder A.-Gefühle) [26]. Bei Klages tritt der Aspekt von A. als aktuellem Impuls, als Schaltstation ähnlich wie bei BOSTROEM deutlich hervor.

Die Persönlichkeitstheorie LERSCHS verwendet ‹A.› als Oberbegriff für Trieb und Strebung. Trieb kennzeichnet alle jene A., die Mensch und Tier gemeinsam haben, Strebungen sind spezifisch menschliche Antriebe. A. tritt beim Menschen auch in Form von Zielbewußtsein und Einsicht in Sachverhalte und Zusammenhänge [27]. Alle A. sind erlebbar in Form von Unruheerleben und Erleben eines Mangels, der auf Beseitigung drängt; A.-Erlebnisse weisen demnach drei Merkmale auf: 1. eine Art «Grundbefindlichkeit des Bedürfens», ein Mangelerleben, 2. die Antizipation einer Befriedigung, 3. unruhiges Suchen in bestimmter Richtung. Diese Bestimmungsstücke der Definition von A. weisen darauf hin, daß LERSCH in den A. nichts anderes als aktivierte Bedürfnisse sieht [28]. Rudert, später auch Thomae, heben die Verflechtung der verschiedenen A. des Menschen hervor. Für RUDERT sind die A. eingebettet in die Gesamtpersönlichkeit, sie zielen stets auf umfassende Änderungen ihrer Befindlichkeit, nicht auf einzelne Ziele. Er benutzt in diesem Zusammenhang den Ausdruck «rahmenhafte Einschachtelung» der A. Dieser Ansatz bringt es mit sich, daß er A. nicht nur im Sinne von aktualisierten vitalen Triebregungen versteht, sondern auch «rationale» A. postuliert [29]. In die A.-Theorie THOMAES finden neue motivationspsychologische Befunde Eingang. Aus den Ergebnissen von Untersuchungen über Motivkonflikte schließt er auf ein Beziehungsgefüge von A. in der Persönlichkeit. Für einen ganz unspezifischen, nur spontan wirkenden A. findet Thomae keinen Hinweis in der empirischen psychologischen und ethologischen Forschung. Wesentliches Moment des A. scheint ihm, ebenso wie Lersch, die Vorwegnahme des befriedigenden Endzustandes zu sein. Doch geht von der Antizipation allein nicht die Kraft zur Verwirklichung eines A. aus, es müssen noch Auslöser oder Anreize [30] hinzukommen. Dem A.-Geschehen kann insofern auch eine steuernde Funktion zugeschrieben werden, als es mit den Erkenntnisvorgängen (Orientierungsprozessen) eine Handlungseinheit bestimmt [31]. Gegenüber der biologisch orientierten Definition von A. in der Psychopathologie und der phänomenologischen Bestimmung des A. bei Lersch versucht Thomae eine Synthese herbeizuführen, indem er allen A. eine mögliche Bewußtseinsrepräsentation zuspricht [32].

Anmerkungen. [1] z. B. J. F. HERBART, Werke, hg. K. KEHRBACH (1887-1912) 4, 339ff.; A. HÖFLER: Psychol. (1897) 19ff.; auch noch in E. KRAEPELIN: Psychiatrie (³1889) 138. – [2] H. THOMAE: Die Bedeutungen des Motivationsbegriffes, in: Hb. Psychol. 2, hg. H. THOMAE (1965) (= HbP 2) 3-44. – [3] a. a. O. 24. – [4] H. THOMAE: Das Wesen der menschl. A.-Struktur (1944). – [5] R. BERGIUS: Behavioristische Motivationsbegriffe. HbP 2, 819. – [6] E. KRAEPELIN: Die Arbeitskurve. Philos. Stud. 19 (1902) 472. – [7] z. B. J. FRÖBES: Lehrb. der exp. Psychol. (1914, ²1922) 2, 420. – [8] K. KLEIST: Die psychomot. Störungen Geisteskranker (1908/09). – [9] K. KLEIST: Der Gang und der gegenwärtige Stand der Apraxieforsch. Ergebn. Neurol. Psychiat. 1 (1912) 1-46. – [10] K. KLEIST: Die psychomotorischen Störungen und ihr Verhältnis zu den Motilitätsstörungen bei Stammganglienerkrankungen. Mschr. Psychiat. Neurol. 52 (1922) 253-302. – [11] E. FORSTER: Agrammatismus und Mangel an A. nach Stirnhirnverletzung. Mschr. Psychiat. Neurol. 46 (1918) 61. – [12] A. HAUPTMANN: Der Mangel an A. – von innen gesehen. Arch. Psychiat. 66 (1922) 615-686. – [13] FORSTER, a. a. O. [11]. – [14] E. FEUCHTWANGER: Die Funktionen des Stirnhirns (1923). – [15] HAUPTMANN, a. a. O. [12]. – [16] P. SCHILDER: Med. Psychol. (1924) 79. – [17] FEUCHTWANGER, a. a. O. [14] 167. – [18] A. BOSTROEM: A., in: K. BIRNBAUM (Hg.): Hb. med. Psychol. (1930) 34-36. – [19] THOMAE, a. a. O. [2] 22. – [20] BOSTROEM, a. a. O. [18]. – [21] K. W. BASH: Lehrb. allg. Psychopathol. (1955) 30. – [22] KLEIST, a. a. O. [10]; Gehirnpathol., in: Hb. ärztl. Erfahrungen des ersten Weltkrieges, hg. O. v. SCHJERNING (1934) bes. 4, 1364ff. – [23] E. KRETSCHMER: Med. Psychol. (¹⁰1950) 43. 55ff. – [24] W. STERN: Allg. Psychol. auf personalistischer Grundlage (Den Haag 1935). – [25] L. KLAGES: Die Grundlagen der Charakterkunde (¹1910, ⁷/⁸1936) 111f. – [26] a. a. O. (¹²1964) 42. 43. 95. – [27] PH. LERSCH: Aufbau der Person (¹1938, ⁹1964) 122ff. – [28] a. a. O. (³1964) 123f. – [29] J. RUDERT: Zum Problem der Triebe und A. des Menschen. Z. angew. Psychol. (1942) 305f. 316f. – [30] THOMAE, a. a. O. [4] 37. 50f. – [31] a. a. O. [2]. – [32] a. a. O. 40f.
U. SCHÖNPFLUG

Antriebsüberschuß ist ein Zentralbegriff der Anthropologie A. GEHLENS; er meint dort eine für den Menschen charakteristische grundsätzliche Disponibilität seiner Antriebsenergie und den ständigen Überhang disponibler Antriebsenergie gegenüber kurz-, mittel- oder langfristig investierter («Erfüllungsdefizit»). Gehlen selber nennt Vorgängerbegriffe und die, die sie fanden: «ALFRED SEIDEL (Bewußtsein als Verhängnis, 1927) hat wohl zuerst diesen wichtigen Begriff als ⟨Triebüberschuß⟩ eingeführt, dann sprach SCHELER (Die Stellung d. Menschen im Kosmos, 1928, p. 54) von dem Wesen, ⟨dessen Triebbefriedigung stets überschüssig ist über seine Befriedigung⟩. Man darf ... mit dem konstitutionellen und allgemein menschlichen A. nicht die Desintegration verwechseln, die in den kulturell hochgezüchteten Antriebsverteilungen dann eintritt, wenn die Institutionen zersetzt werden, in denen jene eingebunden waren ... Der konstitutionelle A. ... ist ... zunächst so zu beschreiben, daß er in bloßen Handlungen der Befriedigung der animalischen Minimalbedürfnisse, wie Hunger und Geschlechtstrieb, gar nicht unterzubringen ist ... Nur ein Wesen, das ... einen über jede augenblickliche Erfüllungssituation hinaustreibenden A. hat, kann seine Weltoffenheit damit ins Produktive wenden und auch noch jene überindividuellen Tatsachen als Motive in sein Verhalten einbeziehen ..., die sich dann objektiv in den verschiedensten Sozialordnungen niederschlagen» [1].

Phantasievolle Gemüter könnten hier den theologischen Begriff der potentia absoluta oder den transzendental-romantischen Begriff unendlicher Bildsamkeit der Natur anthropologisch gewendet sehen. In der konkreteren Diskussion ist – u. a. weil der A.-Begriff im Kontakt mit FREUDS Überlegungen zur «Plastizität», «Verschiebbarkeit» und «freien Beweglichkeit» der Triebenergie gebildet ist [2], und vor allem in der Aggressionsdebatte [3] – kontrovers, ob bzw. inwieweit konstitutioneller oder sozialgeschichtlich bedingter A. zur Debatte zu stehen habe, schließlich: ob die Unterscheidung zwischen beiden sachlichen Sinn habe oder einzig zur Erreichung diskussionstaktischer Vorteile gemacht werde. Man mag ohnehin beim Einsatz des A.-Begriffs – weil er den Menschen bedingungslos unter «Formierungszwang» [4] und das «Gesetz der Zucht» [5] stellt und ihn auf gerade diese Weise institutionspflichtig machen will – indirekte Option für Promiskuität bei der Motiv- und Zweckadoption und für jeden beliebigen status quo argwöhnen. Es gibt offenbar Ausdrücke, deren inhaltliche Bedeutung verschwindet vor ihrer Funktion als Auslöser oder Sammeladressat für Selbstbestätigungspolemik. In diesem Sinne ist auch der A.-Begriff – diesseits der Wahrheitsfrage und im Maße des bei Begriffen überhaupt Möglichen – zumindest eine optimale Gelegenheit zur Unterbringung von A.

Anmerkungen. [1] A. GEHLEN: Der Mensch. Seine Natur und seine Stellung in der Welt (1940. ⁶1958) 60-62ff. 385ff. – [2] Vgl. A. GEHLEN: Anthropol. Forsch. (1961) 115f.; S. FREUD, Gesammelte Werke 11, 358; 17, 73. – [3] A. MITSCHERLICH: Auf dem Weg zur vaterlosen Gesellschaft (1963, ²1968) 23ff.; A. GEHLEN: Moral und Hypermoral (1969) 41ff. – [4] A. GEHLEN: Der Mensch. a. a. O. 63. 390. – [5] a. a. O. 385ff.; vgl. 64.
O. MARQUARD

Anwesenheit. Im griechischen Sprachgebrauch bedeutete παρουσία (παρεῖναι) die Präsenz eines Dinges (oder Menschen) bei anderen bzw. an einem Ort (Gegenbegriff: ἀπουσία); bei PLATON und ARISTOTELES gelegentlich in philosophisch prägnanter Bedeutung, z. B. für die Präsenz der Idee in der Erscheinung, jedoch ohne feste terminologische Ausbildung [1]; im Neuen Testament und in der griechischen Patristik für die Epiphanie Christi (lat. Übersetzung ⟨adventus⟩). G. Teichmüller hält die Bedeutung im ⟨Phaidon⟩ PLATONS (A. des Übersinnlichen in der Erscheinung) bereits für terminologisch und maßgebend auch für den christologischen Gebrauch des Wortes [2].

Nach M. HEIDEGGER ist «beständige Anwesenheit» der unausgesprochene Sinn des Seins für die griechische Philosophie, der allen Differenzierungen und inhaltlichen Deutungen des Seins in der Geschichte der Metaphysik bis Nietzsche zugrunde liegt [3]. Diese These dient Heideggers eigener Auffassung, derzufolge der Sinn von Sein aus der Zeit zu verstehen ist, einerseits zur Abhebung, andererseits zur Bestätigung, indem sie zeigt, daß auch schon in der Tradition der Sinn von Sein unausdrücklich aus der Zeit, wenngleich unter einem Primat der Gegenwart, verstanden worden war. In seinen späteren Schriften setzt Heidegger das griechische «Anwesen» als «Von-sich-aus-Vorliegen» in Gegensatz zum neuzeitlichen Verständnis des Seins als «Gegenständigkeit» [4], die gleichwohl noch als eine Weise von Anwesenheit zu verstehen ist [5].

Anmerkungen. [1] Wichtigste Stellen: PLATON, Phaidon 100 d; ARIST., Phys. 191 a 7; De anima 418 b 16. – [2] G. TEICHMÜLLER: Gesch. des Begriffs der Parousie. Arist. Forsch. 3 (1873). – [3] M. HEIDEGGER: Sein und Zeit (¹1927) 25f.; Kant und das Problem der Met. (¹1929) § 44; Holzwege (1950) 142. 318ff. – [4] Holzwege 100; Der Satz vom Grund (1957) 140. – [5] Vorträge und Aufsätze (1954) 51f.
E. TUGENDHAT

Anzahl/Ordnungszahl. ⟨Anzahl⟩ wird im allgemeinen synonym mit ⟨Kardinalzahl⟩ (meist nur für endliche Kardinalzahlen) verwendet [1], von CANTOR [2] dagegen im Unterschied zu den meisten Autoren gleichbedeutend mit ⟨Ordinalzahl⟩ gebraucht. ⟨Ordnungszahl⟩ ist gleichbedeutend mit ⟨Ordinalzahl⟩. Die an einem endlichen System vorgenommene Handlung des *Zählens* kann sowohl der Feststellung der «*Größe*» des Systems dienen (mit der Antwort, es enthalte «soundsoviele» Dinge, z. B. zehn) als auch der Ermittlung der «*Stelle*» eines Elements in dem System (mit der Antwort, das bezeichnete Element sei das «soundsovielte» – z. B. das zehnte). Entsprechend unterscheidet man eine *kardinale* und eine *ordinale* Zahlauffassung. Der noch um die letzte Jahrhundertwende in der Philosophie der Mathematik eifrig diskutierte Prioritätsanspruch beider ist längst durch wichtigere Fragestellungen verdrängt worden, doch hat sich noch H. WEYL sehr entschieden zugunsten eines Vorrangs der Ordinalzahl geäußert [3]. Beide Zahlauffassungen sind in der Philosophie der Arithmetik präzisiert worden und finden innerhalb der Mathematik als Theorie der *Kardinalzahlen* (oder *Mächtigkeiten*) bzw. *Ordinalzahlen* [4] ihre Fortsetzung. (Über den axiomatischen Aufbau dieser Theorien und ihren Ursprung in der sogenannten naiven Mengenlehre CANTORS vgl. Art. ‹Mengenlehre›, Abschn. 10–11; im übrigen vgl. Art. ‹Zahl›.)

Anmerkungen. [1] Zu den Ausnahmen gehört G. FREGE: Die Grundlagen der Arithmetik. Eine log.math. Untersuchung über den Begriff der Zahl (1884, Nachdrucke 1934, 1961) § 84ff. – [2] G. CANTOR, Ges. Abh. math. und philos. Inhalts (1932, ²1962) 168. – [3] H. WEYL: Philos. der Math. und Naturwiss. (1928, ³1966) § 6; zu früheren Standpunkten vgl. E. HUSSERL: Philos. der Arithmetik. Psychol. und log. Untersuchungen (1891); P. NATORP: Die log. Grundlagen der exakten Wiss. (1910, ²1921 = Nachdruck 1969, ³1923) 3. Kap. § 2. – [4] Über den Ursprung dieser Termini vgl. E. BORTOLOTTI: Definizioni di numero. Esercitazioni mat. 2 (1922) 253ff. und Periodico di Mat. 2 (1922) 413ff.

Literaturhinweis. H.-G. STEINER: Art. ‹Kardinal- und Ordinalzahlen›, in: Fischer-Lex. Math. 1 (1964).   CH. THIEL

Apathie

I. – 1. Der griechische Begriff ἀπάθεια, von dem A. sich herleitet, ist, soweit er in ethischen Zusammenhängen auftritt, durch eine spezifische Bedeutung von πάθος bestimmt. Während πάθος im allgemein-philosophischen (ontologischen) Sinn irgendein «Erleidnis» bezeichnet, das in irgendeinem Seienden durch eine Einwirkung eines anderen entsteht, handelt es sich hier um ein solches Erleidnis im Bereich des seelischen Erlebens, und zwar des eigentlich innerseelischen (nicht der Sinnesempfindungen, die zur αἴσθησις gehören). Das Eigentümliche dieser seelischen Erleidnisse wird indes zu eng gefaßt, wenn πάθος mit ‹Affekt› oder mit ‹Leidenschaft› übersetzt wird; denn es handelt sich dabei weder nur um plötzlich über uns Macht gewinnende, noch allein um besonders heftige seelische Geschehnisse. Vielmehr ist ihr Eigentümliches, wie ARISTOTELES bemerkt, daß wir in ihnen allgemein eine innere «Bewegung» erleben [1]; das heißt, der Begriff der πάθη bezeichnet hier die Gemütsbewegungen (Emotionen) aller Art. Ihr Erleidnis-Charakter kann dabei zugleich die Tönung von «Leid», aber auch die dazu gegensätzliche von «Lust» haben [2], und zwar sowohl in reiner als auch in aus diesen Gegensätzen gemischter Form, so daß als πάθη z. B. Begierde (ἐπιθυμία), Zorn, Furcht, Mut, Neid, Freude (χαρά), freundschaftliche Liebe (φιλία), Haß, Sehnsucht, Begeisterung und Mitleid gelten [3]. ἀπάθεια ist nun der Zustand, in dem solche πάθη *nicht* bestehen, in dem also der Mensch dem Überkommenwerden von ihnen nicht ausgesetzt ist. Doch wird dieser Zustand nicht als auf einem nur zufälligen Fehlen entsprechender Eindrücke beruhend verstanden, sondern als innerlich durch eine entsprechende Verfassung der Seele bedingt, die diese für das Zustandekommen solcher Erleidnisse unempfänglich macht. Daher wird in der pseudoplatonischen (aber noch aus der *alten Akademie* stammenden) Definition die ἀπάθεια bestimmt als ἕξις καθ᾽ ἣν ἀνέμπτωτοί ἐσμεν εἰς πάθη [4]. Unsicher bleibt dabei zunächst noch, ob diese ἕξις als konstitutionell gewordener Zustand des Fehlens solcher πάθη aufgefaßt wurde oder ob darüber hinaus als eine positive seelische Grundhaltung.

A. ist nun in der griechischen Philosophie mehrfach als wünschenswertes Daseinsziel hingestellt worden. Nach den Berichten hat ANTISTHENES die A. als im Leben seines Lehrers SOKRATES herrschend erblickt und sie in seiner Schule der *Kyniker* allgemein als τέλος hingestellt [5]. Der in der Ethik dem Kynismus folgende STILPON erklärte die ἀπάθεια sogar als höchstes Gut [6]. Allerdings scheint sich bereits dieses kynische A.-Ideal nicht gleichmäßig auf alle Gemütsbewegungen erstreckt zu haben, sondern im Vordergrund stand dabei wohl das Freisein von unlustgetönten Gemütsbewegungen, wie eine Bemerkung SENECAS erkennen läßt, der in diesem Zusammenhang vom «sensus mali» spricht [7]. Von manchen ist auch die ethische Lehre der *Skeptiker* dahin verstanden worden, daß sie (nicht die ἐποχή und auch nicht die ἀταραξία, sondern) die (der letzteren allerdings ähnliche) A. als τέλος bezeichnet hätten [8].

Aus dem Kynismus übernahm dann aber vor allem auch ZENON VON KITION und seine Schule, die *Stoa*, den Gedanken der A.; und hier erlangte er seine in der Philosophiegeschichte hervorragendste Bedeutung. Zwar wurde die A. hier nicht als Ziel (τέλος) oder höchstes Gut bezeichnet. Aber vom Weisen wird sie als ihm wesentlich zukommend ausgesagt (ἀπαθῆ εἶναι τὸν σοφόν, διὰ τὸ ἀνέμπτωτον εἶναι [9]), und sie steht mit dessen Eudämonie in engstem Zusammenhang, durch sie werden alle Störungen der Eudämonie beseitigt, da die πάθη teils selbst unmittelbar leidvoll, teils – soweit sie wesentlich in ἡδονή bestehen – nur unzulänglich erreichbar sind und deshalb ebenfalls ins Leid führen [10]. Die A. ist daher für die Eudämonie nicht etwa bloßes Mittel, sondern sie erscheint als so wesentliche und unmittelbare Grundlage derselben, daß sie mit ihr (und der ebenfalls mit der Eudämonie eng verwandten Ataraxie) zusammen in einer Reihe genannt werden kann [11]. Hierbei legte die Stoa nun aber einen gegenüber dem allgemeinen Sprachgebrauch und der Ethik des Aristoteles ausdrücklich verengten Begriff des πάθος zugrunde, indem sie darunter nur noch die irgendeine Störung der Stimmung enthaltenden Gemütsbewegungen verstand, die positiv gestimmten Gemütsbewegungen dagegen, wie namentlich die Freude (χαρά), unter dem neu gebildeten Begriff der εὐπάθειαι zusammenfaßte. Gedeutet werden dabei beide Arten von Gemütsbewegungen intellektualistisch, indem das πάθος als «der wählenden Vernunft nicht gehorchender» und insofern «das Maß überschreitender» Trieb oder als «unvernünftige Bewegung der Seele» bestimmt wird [12], die εὐπάθειαι dagegen als der Vernunft gemäße Bewegtheit [13]. Aufgrund dieser Theorie erscheint dann die A. als eine Ausrottung der πάθη [14], die durch Vernunfterwägungen erreichbar ist, indem wir uns die entsprechenden richtigen Vorstellungen vor Augen halten. Dies an mannigfachen Beispielen zu zeigen, wird namentlich EPIKTET nicht müde [15]. Es ist indes ein Mißverständnis (wohl auch der Stoiker selbst), wenn schon in der Ausrottung der πάθη allein die stoische A. gesehen wird. Was die Stoiker als A. im Auge hatten, ist vielmehr nicht nur ein Fehlen der von ihnen als πάθη bezeichneten Gemütsbewegungen, sondern darüber hinaus etwas Positives, nämlich eine *Hal-*

tung (ἕξις), deren Wesen als *Gelassenheit* zu kennzeichnen ist. Zum Ausdruck kommt diese positive Auffassung der A., entgegen der rein negativ orientierten Theorie, auch in stoischen Texten, indem die A. mit der εὐστάθεια (constantia) in enge Verbindung gebracht [16] oder als ein «aequo animo ferre» eines Verlusts charakterisiert wird [17]. Ermöglicht wird diese Haltung für den Stoiker wesentlich durch sein Vertrauen auf die Weisheit der Vorsehung (πρόνοια) [18].

Während für die *alte* Stoa zum Grundtatbestand der A. absolutes Fehlen der πάθη jedenfalls wesentlich gehörte, gab die genauere und verfeinerte Theorie der *jüngeren* Stoa auch diese These auf. SENECA unterschied bei den Gemütsbewegungen drei Stufen ihrer Entfaltung (wobei er besonders die plötzlich eintretenden, die wir heute als ‹Affekte› bezeichnen, wie namentlich den Zorn, im Auge hatte): Eine erste Stufe ist ein unfreiwilliges Bewegtwerden. Dann setzt auf einer zweiten Stufe ein Augenblick ein, in dem wir uns des Betroffenseins bewußt werden und dabei die Möglichkeit haben, ihm entweder die Zustimmung unseres Personenzentrums zu versagen oder aber uns von der Bewegung mitreißen zu lassen. Tun wir das letztere, dann folgt als dritte Stufe wieder eine solche der Unfreiheit, da wir nunmehr unser Empfinden und Reagieren nicht mehr in der Hand haben [19]. Die A. besteht bei dieser Auffassung darin, daß wir auf der zweiten Stufe die Herrschaft in der Hand behalten, den Affekt also keine Macht über uns gewinnen lassen. Deshalb kann Seneca die A. dahingehend erklären, daß der stoische Weise die Unannehmlichkeit zwar fühle, aber sie dabei für nichts achte und besiege [20]. Ähnliche Erklärungen der A. hat nach einem Bericht Augustins auch EPIKTET gegeben [21]. Auch konnte dieser deshalb feststellen, die A. des Weisen bedeute nicht, daß er starr sei wie eine Bildsäule [22].

Anmerkungen. [1] ARIST., Eth. Nic. 1106 a 4f. – [2] a. a. O. 1104 b 14f. 1105 b 23. – [3] a. a. O. 1105 b 21-23. – [4] Ps.-PLAT., Def. 413 a. – [5] DIOG. LAERT. VI, 2. – [6] SENECA, Ep. 9, 1. – [7] ebda. – [8] DIOG. LAERT. IX, 108. – [9] DIOG. LAERT. VII, 117. SVF III, 448. – [10] SENECA, Ep. 85, 2: «qui inturbatus est, sine tristitia est, qui sine tristitia est, beatus est.» – [11] EPIKTET, Diss. I, 4, 3; 4, 28. – [12] STOBAEUS II, 88, 8-10, hg. WACHSMUTH; DIOG. LAERT. VII, 110. – [13] DIOG. LAERT. VII, 116 in Verbindung mit CICERO Tusc. IV, 11-13. – [14] SENECA, Ep. 116, 1. SVF 3, 443: «nostri illos [adfectus] expellunt, Peripatetici temperant»; LACT., Div. inst. VI, 14. SVF 3, 444: «Stoici affectus omnes ... ex hominae extollunt». – [15] EPIKTET, z. B. Diss. III, 20, 9: «Einer, der mich beschimpft, übt meine Geduld.» – [16] EPIKTET, Diss. III, 26, 13; IV, 3, 7. – [17] SENECA, Ep. 9, 2. – [18] Vgl. Lit. H. REINER. – [19] SENECA, De ira II, 1-4; zur ersten Stufe auch Ep. 57. – [20] Ep. 9, 2f.: «nos eum volumus dicere, qui respuat omnis mali sensum ... noster sapiens vincit quidem incommodum omne, sed sentit»; ferner Ad Helv. matrem XVI, 1: «ut sentire desiderium et opprimere». – [21] AUGUSTIN, De civ. Dei IX, 4. – [22] EPIKTET, Diss. III, 2, 4.

Literaturhinweise. PAUL BARTH: Die Stoa, 5. Aufl. bearb. A. GOEDECKEMEYER (1941). – M. POHLENZ: Die Stoa (³1964). – H. REINER: Der Streit um die stoische Ethik. Z. philos. Forsch. 21 (1967) 262–281.

2. Aus der griechischen Philosophie, namentlich aus der Stoa, sind Gedanke und Ideal der A. in das hellenistische Judentum PHILOS VON ALEXANDRIA und in das Christentum der östlichen Kirchenväter eingedrungen. Sie übernahmen weitgehend stoische Formulierungen, doch ergab sich dabei eine teilweise Wandlung ihrer Bedeutung. Während bei den Stoikern der Grundsinn der A. ist, daß durch sie alle Störungen der Eudämonie beseitigt werden [1], sind für PHILO die πάθη – unter denen er besonders die ἐπιθυμία und die ἡδονή im Auge hat – vor allem die Wurzel der Sünde (πηγὴ μὲν ἁμαρτημάτων θυμός [2], wobei θυμός für πάθη überhaupt steht), d. h. aber, der Übertretung der Gebote Gottes [3]; und dies ist für Philo der Hauptgesichtspunkt für die auch von ihm übernommene Forderung der ἀπάθεια. Zwar war es auch für den Stoiker ein ἁμάρτημα, den πάθη zu verfallen. Aber dieses war hier mehr ein Verstoß gegen ein Gebot der auf das Ziel der eigenen Eudämonie ausgerichteten Vernunft; und selbst, wenn diese als Logos mit Zeus gleichgesetzt wurde, hatte doch dieses ‹Gebot› keineswegs denselben Charakter wie das Gottesgebot der Juden und Christen. Denn für diese ist Gott wesentlich der Schöpfer und Herr, dessen numinose Majestät ihm einen unbedingten Anspruch auf den Gehorsam des Menschen gibt, und die Sünde ist hier ein schwerwiegender Verstoß gegen diese Gehorsamspflicht. Ein weiterer Unterschied ist, daß nach jüdisch-christlicher Anschauung die Erlangung der A. nicht wie in der stoischen voll in der Macht des Menschen steht, sondern der Hilfe Gottes bedarf [4]. Schließlich vertritt Philo die Forderung der A. auch nicht konsequent, sondern schwankt darin, indem er stellenweise doch wieder den πάθη eine gewisse Berechtigung zuerkennt und sich mit der Forderung ihrer Zügelung in der μετριοπάθεια begnügt [5].

Ähnlich wie Philo übernimmt auch CLEMENS VON ALEXANDRIEN das stoische Ideal der A., wobei indes zu den schon aus dem Gottesglauben des Judentums her bedingten Umdeutungen spezifisch christliche Deutungen hinzutreten. Definiert wird die A. in radikal-stoischem Sinn als παντελὴς τῆς ἐπιθυμίας ἐκκοπή [6]. Sie wird als ἕξις charakterisiert [7], die der «wahre Gnostiker», d. h. der echte Christ, in der Nachahmung Jesu Christi zu erlangen bestrebt ist, der kraft seiner Gottheit völlig ἀπαθής war. Clemens gebraucht hierbei einen weiteren Begriff von πάθος, indem er die A. Christi sogar als Freiheit vom Bedürfnis des Essens und Trinkens deutet, während dem Menschen die zur Selbsterhaltung notwendigen körperlichen πάθη bleiben, so daß er nur ἀπαθὴς τὴν ψυχήν werden kann und soll [8].

Nach Clemens haben auch andere Kirchenväter des Ostens das Ideal der A. vertreten; so ORIGENES, ATHANASIUS, BASILIUS und GREGOR VON NYSSA sowie besonders EUAGRIUS PONTICUS, der Theoretiker des Mönchtums [9]. Dagegen haben die meisten Kirchenväter des Westens, wie namentlich LACTANZ, HIERONYMUS und AUGUSTINUS, die A. abgelehnt.

Unter dem Einfluß der stoischen Lehre hat im 17. Jh. SPINOZA im 4. und 5. Buch der ‹Ethica› das Ziel des Freiwerdens von den (bei ihm allgemein als ‹affectus› bezeichneten) Gemütsbewegungen aufgestellt und damit, ohne den Begriff A. zu gebrauchen, doch diese der Sache nach empfohlen. Diese Selbstbefreiung zur A. geschieht durch Erkenntnis der Affekte, ist uns aber nur in Annäherung erreichbar.

KANT gebraucht den Begriff der A. im Sinne eines Freiseins von Affekten, wobei er letzteren Begriff in dem engeren, auch heute noch üblichen Sinn als auf «Überraschung» beruhend versteht. (Er definiert den Affekt als «Überraschung durch Empfindung».) Kant bejaht das so verstandene «Prinzip der A.», daß «der Weise niemals im Affekt ... sein müsse» als «ganz richtigen und erhabenen Grundsatz der stoischen Schule». Als «Naturgabe einer A. bei hinreichender Seelenstärke» bezeichnet er «das glückliche Phlegma» [10].

Anmerkungen. [1] Vgl. Anm. [10] zu 1. – [2] PHILO, Quod Deus sit immortalis 72; vgl. auch Leg. Alleg. III, 113; De spec. leg. IV, 84; dazu VÖLKER (Lit. 1938) 83/84. – [3] Dazu VÖLKER 65/66. – [4] Quis rerum div. heres 186; weitere Stellen bei VÖLKER 127/28.

– [5] De spec. leg. I, 9; 292, De Abrahamo 257; vgl. VÖLKER 134f. – [6] CLEMENS ALEX., Stromata VI, 74, 1. – [7] Stromata IV, 138, 1. – [8] Paedagog. I, 2; Stromata VI, 9; weiteres VÖLKER (Lit. 1952) 524ff. – [9] Stellenangaben s. Reallex. Antike und Christentum 1 (1950) Art. ‹A.›. – [10] KANT, Anthropol. § 74/75.

Literaturhinweise. J. STELZENBERGER: Die Beziehungen der frühchristlichen Sittenlehre zur Stoa (1933). – D. PIRE: Sur l'emploi des termes A. et Eleos dans les œuvres de Clément d'Alexandrie. Rev. Sci. philos. théol. 27 (1938). – W. VÖLKER: Fortschritt und Vollendung bei Philo von Alexandrien (1938); Der wahre Gnostiker nach Clemens von Alexandrien (1952). H. REINER

II. In der Psychopathologie wird A. definiert als eine mit einem Vitalitätsverlust einhergehende Gleichgültigkeit, Mattigkeit, Aspontaneität. Sie ist nicht an bestimmte Krankheiten gebunden, sondern Temperamentsmerkmal asthenischer und stumpfer Naturen, Reaktion auf erschütternde Erlebnisse, Folge schizophrener, depressiver, hirnorganischer und allgemein erschöpfender Erkrankungen und Vergiftungen. In diesem Sinne taucht der Begriff seit Beginn des 19.Jh. zunächst synonym mit «psychischer Anästhesie», «psychischer Analgie», «psychischer Anhedonie» auf [1]. Er ist zumindest seit ZIEHEN [2] in dem heute gebrauchten Sinne Allgemeingut.

Anmerkungen. [1] J. GUISLAIN: Traité sur les phrénopathies, ou doctrine nouvelle des maladies mentales, basée sur les observations pratiques et statistiques et l'étude des causes, de la nature, des symptômes, du prognostic, du diagnostic et du traitement de ces affections (Brüssel ¹1833); W. GRIESINGER: Die Pathol. und Therapie der psychischen Krankheiten (¹1845); H. NIEMEYER: Lehrbuch der speziellen Pathol. und Therapie (¹1858); C. LIEBERMEISTER: Über die Wirkungen der febrilen Temperatursteigerungen. Dtsch. Arch. klin. Med. 1 (1866) 543; H. EMMINGHAUS: Allg. Psychopathol. (¹1878). – [2]. TH. ZIEHEN (¹1894). M.-P. ENGELMEIER

Apeiron (τὸ ἄπειρον, das Unbegrenzte, Unendliche). Das A. wird in der griechischen Philosophie erstmals als Prinzip aller Dinge angesetzt von ANAXIMANDER, welcher lehrt, daß die seienden Dinge aus dem A. heraus entstehen und auch wieder in das A. hinein vergehen [1]. Dieses A. kann, gerade weil es keine bestimmte und begrenzte Substanz ist, wie etwa das Wasser des Thales, unendlich viele als Götter aufgefaßte Welten aus sich entstehen und wieder in sich vergehen lassen [2]. Dennoch darf es wahrscheinlich nicht nach ARISTOTELES und den ihm folgenden antiken Berichten als passive Materie verstanden werden [3], da nach einem andern Zeugnis des Aristoteles, welches nach Ansicht der neueren Forschung echtes Gedankengut des Anaximander enthält, das A. nicht nur unsterblich, unentstanden und unvergänglich ist, sondern auch als das Göttliche schlechthin alles umfaßt und alles lenkt [4].

In der übrigen Vorsokratik außer bei Anaximander und von ihm abhängigen Denkern (ANAXIMENES, DIOGENES VON APOLLONIA [5], welche die Luft als unendlich bezeichnen), wird das A. selten als das oberste, alles umfassende und lenkende Prinzip angesetzt, denn zu sehr ist für die Griechen wahres Sein und göttliche Unsterblichkeit mit begrenzter Gestalt und Form identisch, wie das besonders deutlich im Seinsbegriff des Eleaten PARMENIDES zur Geltung kommt [6], wobei freilich MELISSOS VON SAMOS das eleatische Sein dennoch als A. interpretieren kann [7].

Eine Unendlichkeit anderer Art, nämlich im Sinne der unendlichen Erstreckung in der Zeit bzw. im Raum muß man in der Lehre von der immer neuen, unbegrenzt fortdauernden Entstehung von Welten nach zyklischem Gesetz und Rhythmus bei ANAXIMANDER [8], HERAKLIT [9], EMPE-DOKLES [10] bis hin zur alten, mittleren und späteren *Stoa* [11] einerseits und in der Lehre vom Aufbau der physischen Welt aus unendlich vielen Grundbestandteilen, den Homöomerien bei ANAXAGORAS [12] sowie den Atomen bei LEUKIPP und DEMOKRIT [13], andererseits erblicken.

Daß Unbegrenztheit und Unbestimmtheit im griechischen Denken vorwiegend negativ bewertet wird, geht vor allem aus der *pythagoreischen* Tafel der zehn Gegensatzpaare als der Elemente und Prinzipien alles zahlenhaft bestimmten Seienden hervor, wo die *Grenze* (πέρας) mit dem Einen und Guten, das *Unbegrenzte* (ἄπειρον) aber mit dem Vielen und Schlechten zusammen auf derselben Seite der Liste erscheint [14].

In gewisser Übereinstimmung mit dieser Bewertung steht PLATONS Lehre vom A.: Im ‹Philebos› unterscheidet er vier Arten des Seienden im Gesamtaufbau der Welt, nämlich Unbegrenztes (A.), Grenze, die Mischung von beidem und die Ursache dieser Mischung, und er kennzeichnet das A. dort näher als all das, was der bestimmten Zahl- und Maßverhältnisse sowie der Größe ermangelt, hinsichtlich des Grades fließend ist und in seinem Werden ein Mehr wie auch ein Weniger, ein Sehr wie auch ein Wenig aufweist, z. B. das Kältere und das Wärmere [15]. Wenn man dazu die Aussage des ‹Timaios› vergleicht, daß der göttliche Demiurg (der göttlichen Vernunft als Ursache der Mischung im ‹Philebos› vergleichbar) die ungeordnete präkosmische Materie (das A. des ‹Philebos›) mittels Zahlen und Formen (der Grenze im ‹Philebos›) zu einem möglichst Schönen und Guten das er nicht so Beschaffenen heraus gestaltet [16], dann erkennt man, daß auch für Platon das A. im Sinne des Ungeordneten und Unbestimmten einen negativen Aspekt erhält. Indirekte Berichte vor allem des ARISTOTELES über Platons Prinzipienlehre wollen nun noch wissen, daß PLATON das A. nicht nur in den Sinnendingen, sondern auch in den Ideen als Materialprinzip wirksam sein ließ und daß er statt des *einen* A., welches er wie die Pythagoreer als für sich bestehende Substanz und nicht als Attribut von etwas ansetzte, eine *Zweiheit* von Unbegrenzten, nämlich die unbegrenzte Zweiheit des Großen und des Kleinen, annahm [17]. Diese Lehre vom A. in den Ideen wird vielleicht von Platon selbst bereits in der zweiten ideendialektischen Hypothese seines ‹Parmenides› angedeutet [18], aber sicher hat er das A. in den Ideen nicht als dualistisch von unten gegen das Eine-Gute als Formalprinzip wirkendes Materialprinzip aufgefaßt [19], sondern mehr als ideelles Urbild des Unbegrenzten im sinnlich Wahrnehmbaren. Ob diese Lehre vom A. als Materialprinzip der Ideen nun echt platonisch ist oder nicht, jedenfalls hat sie in der späteren Tradition des Platonismus und des Neupythagoreismus eine Fülle ähnlicher Spekulationen nach sich gezogen [20].

Nach ARISTOTELES gibt es kein substantiell für sich bestehendes A., wie er es den Pythagoreern und Platon zuschreibt [21], noch gibt es für ihn einen unendlichen sinnlich wahrnehmbaren Körper, da der Körper seiner Ansicht nach als das durch eine Oberfläche Begrenzte definiert ist [22]. Aber nicht nur das: auch dort, wo es nach ihm Unbegrenztheit durch Vergrößerung (Hinzufügung: Prosthesis) oder durch Verkleinerung (Unterteilung: Dihairesis) gibt, nämlich bei Zahlen bzw. bei räumlichen Größen, kann es für ihn keine aktuell seiende Unbegrenztheit, sondern nur Unbegrenztheit der Möglichkeit nach geben [23], und dasselbe gilt auch von der Unbegrenztheit der Zeit und der Bewegung (die

Welt hat nach Aristoteles, obwohl räumlich als das Größtmögliche begrenzt, weder zeitlichen Anfang noch zeitliches Ende, sondern ist wie die Bewegung in ihr ewig [24]. Da also die unbegrenzte Erstreckung in räumlicher Unterteilung, in arithmetischer Vergrößerung sowie in Zeit und Bewegung nur ein Potentielles ist und da es kein vollendet wirklich seiendes Unendliches (A.) gibt [25], kann das A. für Aristoteles nur eine Materialursache (nicht aber eine Formal-, Bewegungs- oder Zweckursache) sein, kann es nur eine Art Nicht-Sein als Abwesenheit von Begrenzung haben und ist nichts substantiell für sich Bestehendes, sondern kommt dem kontinuierlichen sinnlich Wahrnehmbaren lediglich als Eigenschaft zu [26].

Das Vorherrschen der Begrenzung in der Bestimmung des aktual wirklichen Seins bei Aristoteles hat sich auch in der *Stoa* insofern fortgesetzt, als für sie die Welt als Ganzes begrenzt und nur der leere Raum unendlich (ein A.) ist [27], während für EPIKUR zum Teil im Anschluß an die Atomisten sowohl der leere Raum als auch das All der Dinge wie die Anzahl der Elementarkörper und die Zahl der Welten unendlich sind [28].

Als Wesensbestimmung Gottes oder des höchsten Prinzips gewinnt der Begriff des A. erst im *kaiserzeitlichen Platonismus* seine volle Bedeutung, wenn man nicht das A. des Anaximander, das unendliche Sein des Melissos und eine Bemerkung Platons, wonach das von aller Vielheit freie absolut Eine unendlich sei [29], als die Vorläufer dieser Wesensbestimmung ansehen will. Bereits PHILON VON ALEXANDRIEN kann die Vollkommenheit Gottes als seine Unendlichkeit auffassen [30], und vollends PLOTIN bezeichnet das vollkommen Eine und Gute als unendlich in seiner allverursachenden Kraft [31]. Von der Unendlichkeit des Einen-Guten ist bei ihm zu unterscheiden die Unendlichkeit der Ideen und Zahlen im göttlichen Geist als der Ursache zweiten Ranges, wobei er diese Unendlichkeit, der Tradition der indirekten Berichte über Platons Ideen- und Prinzipienlehre folgend, als intelligible Materie interpretiert [32]. Daneben kennt er auch die unendliche Teilbarkeit der Körper [33] und bezeichnet der sinnlich wahrnehmbaren Welt zugrunde liegende Materie ebenfalls als unbegrenzt, allerdings in höherem Maße als etwa die intelligible Materie, nämlich im Sinne der am wenigsten vereinheitlichten Vielheit [34].

Anmerkungen. [1] ANAXIMANDER bei DIELS/KRANZ: Die Frg. der Vorsokratiker¹⁰ (= VS) I, 12 A 9; 12 B 1. – [2] VS 12 A 9. 10. 11. 16. 17. – [3] VS 12 A 14. – [4] ARISTOTELES, Physik III, 4, 203 b 6ff.; VS 12 A 15; 12 B 3; dazu W. JAEGER: The theol. of the early Greek philosophers (Oxford ³1960) 29ff.; O. GIGON: Die Theol. der Vorsokratiker, in: La notion du Divin, in: Entretiens sur l'Antiquité Classique 1 (Vandœuvres/Genève 1954) 136. – [5] ANAXIMENES, VS 13 A 1. 5. 6. 7; DIOGENES VON APOLLONIA VS 64 A 5. 7. – [6] PARMENIDES, VS 28 B 8. – [7] MELISSOS, VS 30 B 2-7, bes. 2. 3. – [8] ANAXIMANDER, VS 12 A 2. 10. 11. 14. 17. – [9] HERAKLIT, VS 22 A 1 (= DIOG. LAERT. IX, 8); 22 A 5. 10. 22 B 31. 65. 66. – [10] EMPEDOKLES 31 A 29. 38. 72. – [11] Für POSEIDONIOS vgl. z. B. DIOG. LAERT. VII, 142 und AET. 2, 9, 2f. – [12] ANAXAGORAS, VS II, 59 A 1. 2. – [13] DEMOKRIT, VS 67 A 1. 7-10. – [14] ARISTOTELES, Met. I, 5, 986 a 22-26. – [15] PLATON, Philebos 23 c 1-31 b 1, bes. 24 a 1-25 a 5. – [16] Timaios 53 b 1-8. – [17] ARISTOTELES, Physik IV, 2, 202 b 34-203 a 16; III, 6, 206 b 16-33. 207 a 15-32; Met. I, 6, 987 b 18-988 a 1, bes. 987 b 25-27. 988 a 7-17. – [18] PLATON: Parmenides 142 b 1-145 a 4, bes. 143 a 2-3. 144 a 5-7. b 1-4, 145 a 2-4. – [19] Vgl. F. P. HAGER: Zur philos. Problematik der sog. ungeschriebenen Lehre Platos. Stud. philos. (Basel) 24 (1964) 90-117, bes. 94ff. – [20] Vgl. C. J. DE VOGEL (Lit. 1959) und W. THEILER (Lit. 1964). – [21] ARISTOTELES, Physik III, 5, 204 a 8-34. – [22] a. a. O. 204 a 34-206 a 8. – [23] III, 6/7, 206 a 9-207 b 34. – [24] Über den Zusammenhang zwischen der Unbegrenztheit in räumlicher Unterteilung, in der Bewegung und in der Zeit vgl. VI, 1/2. 4. – [25] III, 8, 208 a 5-23. – [26] III, 7, 207 b 34-208 a 4. – [27] DIOG. LAERT. VII, 140; SVF II, Nr. 534ff. 547ff. – [28] DIOG. LAERT. X, 41ff. 45. 56ff. – [29] PLATON, Parmenides 137 d 7. – [30] PHILON ALEX. I, 121, 24. 252, 8; II. 38, 25 (COHN/WENDLAND). – [31] PLOTIN, Enn. II, 4, 15, 19-20; V, 5, 10, 18ff.; VI, 9, 6, 10ff. – [32] a. a. O. II, 4, 15, 17ff.; V, 3, 11, 6ff.; VI, 7, 17, 14ff. – [33] II, 4, 7. – [34] II, 4, 15.

Literaturhinweise. A. H. ARMSTRONG: Plotinus' doctrine of the infinite and Christian thought. Downside Review (Stratton) 73 (1955) 47-58. – H. HEIMSOETH: Die sechs großen Themen der abendländischen Met. und der Ausgang des MA (⁴1958) 61-67. – C. J. DE VOGEL: La théorie de l'ἄπειρον chez Platon et dans la tradition platonicienne. Rev. Philos. France Etrang. 149 (1959) 21-39. – L. SWEENY: L'infini quantitatif chez Aristote. Rev. philos. Louvain 58 (1960) 504-528. – F. SOLMSEN: Anaximander's infinite: Traces and influencies. Arch. Gesch. Philos. 44 (1962) 109-128. – W. THEILER: Einheit und unbegrenzte Zweiheit von Plato bis Plotin, in: Isonomia (1964) 89-109. F. P. HAGER

Aperspektivisch. In dieser auch in substantivischer Form als ‹Aperspektive› und ‹Aperspektivität› gebrauchten Wortbildung, die J. GEBSER zur Charakterisierung einer «neuen Weltsicht» einführt, ist das Präfix ‹a› privativ zu verstehen als Ausdruck der modernen Befreiung vom perspektivischen Raumbegriff der Renaissance durch die Integration der Zeit im Sinne einer «vierten Dimension» [1]. In der «Bewußtwerdung der Zeit als einer Weltkonstituante» erblickt Gebser «die grundlegende aperspektivische Manifestation» [2]. War im perspektivischen Wirklichkeitsverständnis die Zeit dem rational kontrollierten Raum als entsprechend rationalisierte meßbare Extensität untergeordnet, so resultiert umgekehrt die neue aperspektivische Raum-Zeit-Freiheit aus der Dominanz der arationalen, als nicht meßbare Intensität gegenwärtigen Zeit über einen entsprechend arationalen Raum [3].

Anmerkungen. [1] J. GEBSER: Ursprung und Gegenwart 1 (1949) 5f. – [2] a. a. O. 2 (1953) 377. – [3] a. a. O. 4ff. 99ff. (Die vierte Dimension). 131ff. (Die Temporik); vgl. auch: In der Bewährung (1962) 33ff. (Notwendigkeit und Möglichkeit einer neuen Weltsicht).

Literaturhinweis. Transparente Welt. Zum 60. Geburtstag von Jean Gebser (1965). W. KAMBARTEL

Aphasie nennt man eine spezielle Störung der Sprachfähigkeit, die bei bestimmten herdförmigen Gehirnerkrankungen auftritt. Die grundlegende Beschreibung dieser Störung stammt von BROCA [1], die Bezeichnung ‹A.› wurde von TROUSSEAU [2] eingeführt.

Bei der A. sind sowohl die Sprechfähigkeit (expressive Sprachhandlung) wie auch das Sprachverständnis (rezeptive Sprachhandlung) und der Gebrauch der Sprache beim eigenen Denken («innere Sprache») betroffen, allerdings im Einzelfall in unterschiedlicher Weise und in Abhängigkeit von der biologischen und psychologischen Bedeutung der jeweiligen Sprachhandlung. Die Störung tritt nur bei Erkrankung des Schläfenlappens der dominanten Hirnhälfte auf (beim Rechtshänder der linken), während eine analoge Erkrankung der nichtdominanten Hirnhälfte zu keinen erkennbaren Ausfällen führt.

Im Sinne der Lokalisationslehre und auf dem Boden der damaligen Assoziations- und Elementenpsychologie wurde die A. zunächst gedeutet als Störung eines spezifischen Versprachlichungsprozesses, der seinerseits wieder in eine Anzahl von Teilprozessen gegliedert wurde, deren unterschiedliches Betroffensein das jeweilige klinische Bild erklären sollte. Dabei war die Unabhängigkeit dieser spezifischen Sprachfunktionen von anderen geistigen Vorgängen, insbesondere vom Denken, ein grundlegendes Postulat dieser «klassischen» A.-Lehre [3].

Demgegenüber neigt man heute eher dazu, die A. als einheitliche Störung zu betrachten, deren verschiedene Erscheinungsformen durch zusätzliche Störungen nichtsprachlicher Art bedingt sind [4]. Andererseits wird die A. in der modernen ganzheitlichen Betrachtung des Organismus in engeren Zusammenhang mit den übrigen geistigen Bereichen gebracht. Insbesondere hat nicht nur die A.-Forschung [5], sondern auch die moderne Sprachforschung [6] gezeigt, daß die Sprache als ein System von Symbolen einem hinter ihr stehenden Begriffssystem entspricht mit engsten wechselseitigen Beziehungen zwischen der Sprache und dem sie begleitenden begrifflichen Denken. Dies legt eine Deutung der A. als einer Grundstörung des begrifflichen Denkens und seiner symbolischen Darstellung nahe. Eine solche Auffassung würde sowohl die schwere Beeinträchtigung des Denkens erklären, die jede A. begleitet, wie auch den Umstand, daß die A. nur solche Sprachhandlungen betrifft, die begriffliches Denken zur Voraussetzung haben [7].

Anmerkungen. [1] P. BROCA, Bull. Soc. anat. (Paris 1861) 330. – [2] A. TROUSSEAU, Gaz. Hôp. (Paris) 37 (1864) 13. 25. 37. 49. – [3] C. WERNICKE: Der aphasische Symptomenkomplex (1874). – [4] E. BAY, Brain 88 (1962) 411. – [5] Vgl. J. H. JACKSON, Brain 1 (1878) 304; 2 (1879) 203. 323; ferner K. GOLDSTEIN: Language and language disturbances (New York 1948). – [6] L. WEISGERBER, Sprachforum 1 (1955) 10. – [7] E. BAY, Int. J. Neurol. (Montevideo) 4 (1964) 252.

Literaturhinweise. H. HEAD: Aphasia and kindred disorders of speech. 2 (Cambridge 1926). – M. ISSERLIN: A., in: BUMKE/FOERSTER: Hb. Neurol. 6 (1936) 626. – F. KAINZ: Psychol. der Sprache 2 (²1960) 267ff. – C. E. OSGOOD und M. S. MIRON (Hg.): Approaches to the study of aphasia (Urbana, Ill. 1963). – A. V. S. DE REUCK und M. O'CONNOR (Hg.): Disorders of language (London 1964). – E. BAY: Jb. des Landesamtes für Forschung Nordrhein-Westfalen (1965) 51ff. E. BAY

Aphorismus. Das Wort ‹A.› kommt aus dem Griechischen und ist seit HIPPOKRATES (etwa 460–377 v. Chr.) belegt. Seine Bedeutungen sind vielfältig. Man verstand darunter die Abgrenzung wie die Begrenzung und Unterscheidung, aber auch bestimmte, vor allem medizinische Lehrsätze oder Axiome (s. d.), die das Wesentliche einer Sache gedrängt zusammenfassen. Schließlich dachte man an eine präzise Art des Schreibens, an Sätze, die nicht miteinander verbunden, sondern selbständig für sich bestehen können. Ähnlich sind die Bedeutungen des lateinischen Wortes. Doch ist der Beziehungsreichtum, der sowohl auf die Unsystematik einer Darstellung als auch auf die künstlerische Ausdrucksmöglichkeit verweist, erst in der Theorie und Praxis von ERASMUS und BACON entdeckt worden [1].

Das 17. Jh. war der Entfaltung des A. als einer künstlerischen Ausdrucksweise günstig, wenngleich die jetzt entstehenden Formen – pensées, maximes, sentences – ursprünglich nicht unter den Terminus ‹A.› fielen. Doch tut der Name nichts Entscheidendes zur Sache, und wir zögern heute nicht, alle knappen, witzigen und scharfsinnigen Gebilde, wie sie sich z. B. bei PASCAL, LA ROCHEFOUCAULD, VAUVENARGUES, CHAMFORT, RIVAROL, JOUFFROY, JOUBERT, VALÉRY, SHENSTONE, WILLIAM BLAKE, LICHTENBERG, GOETHE, FR. SCHLEGEL, NOVALIS, NIETZSCHE, KARL KRAUS finden, als A. zu bezeichnen, als Sätze, die der scharfen Prägung, oft auch der schrankenlosen Laune, in jedem Fall der Selbständigkeit der Form Raum geben. Daher lebt in allen aphoristischen Werken die Tendenz, das Gefüge der Systematik aufzulockern, um durch Knappheit, Witz, Pointierung, Paradoxie in einer virtuosen Freiheit zu spielen, in einer Unfertigkeit, die nichts Abschließendes haben will, die Wörter und Begriffe in Fluß läßt, um in Wechselwirkung mit dem Weiterdenken des Lesers zu bleiben.

Bekannt ist der Prozeß, der in Frankreich schon im 17., in England im 18., in Deutschland im 18. Jh. und in der Frühromantik zur Ausbildung des A. als einer spezifischen Gattung und damit zu der heutigen Bedeutung des Begriffs geführt hat. Die seit dem 19. Jh. sich noch steigernde, oft spielerische Vielfältigkeit der Benennung hindert uns nicht, auch von den Verfassern von saillies, écarts, Fragmenten usw. als von Aphoristikern zu sprechen.

Der Form des A. ist es eigentümlich, an den Kern einer Sache zu rühren und doch über sie hinauszuweisen, andeutend, enthüllend oder verhüllend, und, da die Ironie als eigentliches Korrelat des A. seinen Formen Beistand leistet, die Bedeutungen zu verschieben. DESCARTES' definitorisches Verfahren in dem Traktat ‹Les passions de l'âme› wird ergänzt durch die Erkenntnisse LA ROCHEFOUCAULDS. Wenn Lob eine Form des Tadels, Dankbarkeit eine Form der Undankbarkeit sein kann, verändern sich durch ein solches Verfahren die Grenzen scheinbar fester Begriffe: die Wörter werden zweideutig. In den A. des 17. und 18. Jh. stellt sich jedoch noch keine Beziehung zum Wortspiel her, das seit der Romantik, zumal seit FR. SCHLEGELS Fragmenten, die Entwicklung des A. so außerordentlich befruchtet hat. Von jetzt an wächst die Lust an spielenden Assoziationen, überraschenden Verknüpfungen und Zuspitzungen, an unerwarteten Übertreibungen. In dem A.: «Ein A. braucht nicht wahr zu sein, aber er soll die Wahrheit überflügeln. Er muß gleichsam mit einem Satz über sie hinauskommen» [2] ist es das Wortspiel, die Beleuchtung der Wörter ‹wahr› und ‹Satz›, die die Führung der geistigen Linie bestimmt. Wenn der A. sich so oft der Form der Definition oder des Urteils bedient, so doch nur zum Schein, um Motive herauszugreifen oder Beziehungen herzustellen, die durch eine logische Schematisierung nicht gegeben waren. VALÉRYS A. – z. B. «Le goût est fait de mille dégoûts» oder «Le désir doit faire son objet, tandis que bassement c'est l'objet qui se fait désirer» – fangen durch Wortspiele die Erkenntnis wie in einem Brennspiegel ein [3]. Die Vereinzelung, das Mitspielen einer ironischen oder satirischen Phantasie haben die originelle Kristallisierungsform des A. mit hervorgerufen. In der Zuspitzung, in der Sprachschöpfung der Subjektivität beansprucht er nicht weniger allgemeine Gültigkeit als die systematischen Darstellungen der Philosophie.

So weist der späte NIETZSCHE für seine ‹A.-Bücher› darauf hin, daß «zwischen und hinter kurzen A. lauter verbotene lange Dinge und Gedanken-Ketten» stehen [4]. Der A., die Sentenz, deren ersten ‹Meister› unter Deutschen sich Nietzsche nennt, seien «Formen der ‹Ewigkeit›» [5]; die «tiefsten und unerschöpftesten Bücher werden wohl immer etwas von dem aphoristischen und plötzlichen Charakter von Pascal's Pensées haben» ... gegen alle «Tartüfferie» von falscher Wissenschaftlichkeit [6].

Die anthropologische Thematik der Philosophie bleibt erhalten, jedoch stets verbunden mit den Kunstmitteln der neuen Gattung, aus deren Perspektive alle Stilmischungen und Besonderheiten ihre Rechtfertigung gewinnen.

Anmerkungen. [1] ERASMUS VON ROTTERDAM: Lingua (1525) und in der in A. geschriebenen Institutio principis christiani (1515); ferner F. BACON: De augmentis scientiarum (1605); Novum Organum (1620); Aphorismi et consilia de auxiliis mentis et accensione luminis naturalis. – [2] K. KRAUS: Sprüche und Widersprüche (³1914) 167. – [3] P. VALÉRY, Oeuvres (Paris 1960)

2, 476. 579. – [4] Fr. Nietzsche, Musarion-A. 14, 314. – [5] a. a. O. 17, 151. – [6] 18, 297.

Literaturhinweise. F. H. Mautner: Der A. als lit. Gattung. Z. Ästhetik u. allg. Kunstwiss. 27 (1933). – K. Besser: Die Problematik der aphoristischen Form bei Lichtenberg, Fr. Schlegel, Novalis und Nietzsche (1935). – W. Grenzmann: Probleme des A. Jb. Ästhetik (1951). – F. Schalk: Zur Gesch. des Wortes A. im Romanischen, in: Exempla roman. Wortgesch. (1966). – G. A. Müller: Formprinzipien des Aphoristischen. Eine Untersuchung der A. G. C. Lichtenbergs (1967). – F. H. Mautner: Lichtenberg. Bildnis seines Geistes (1968).   F. Schalk

Apokalyptik

I. ‹Apokalyptik› nennt man herkömmlich den Inhalt einer jüdischen Literaturgattung, die Enthüllungen über das nahe bevorstehende Weltende bringt. Die erste apokalyptische Schrift ist das Buch Daniel (2. Jh. v. Chr.). Als sogenannte «Pseudepigraphen» folgen unter anderen die Bücher Henoch, IV. Esra, Baruch und die Apokalypse des Johannes. Die Apokalyptiker erwarten den baldigen Einbruch der Gottesherrschaft. Der alte Äon wird dann durch den neuen Äon abgelöst werden. Eine dualistische Äonenlehre bestimmt die apokalyptische Verkündigung. Farbenreiche Visionen schildern die Schrecken des Weltendes und das Kommen einer neuen Schöpfung. Spekulativ werden Geschichtsepochen abgesteckt. Weltbeherrschende Reiche erstehen und vergehen. Doch die Horizontale des Geschichtsablaufes hat sich zur Vertikalen erhoben. Als dämonische Statue stehen die Reiche vor den Augen des Apokalyptikers (Dan. 2). Wie ein Stein, nicht von Menschenhand gelöst, fällt das Gottesreich nieder und zermalmt diese Statue. Die Gottesherrschaft und der Menschensohn (ein aus der Transzendenz kommender Messias) bestimmen den neuen Äon (Dan. 7). Der Zeitpunkt der großen Wende wird errechnet. – Soweit wir heute zu sehen vermögen, ist die A. aus den Kreisen jüdischer Weisheitsschulen hervorgegangen (G. v. Rad). Ein umfangreiches naturkundliches, medizinisches, astronomisches und geschichtliches Wissen reflektiert und spekuliert in prophetischen Redeformen über die kosmische Katastrophe des Weltendes und die Wunder der Weltvollendung. Das Neue Testament hat Rudimente der apokalyptischen Lehre und Verkündigung aufgenommen und seiner Erfüllungsbotschaft integriert. Jüdische A. und die neutestamentliche Apokalypse des Johannes haben auf das abendländische Geschichtsdenken einen nachhaltigen Einfluß ausgeübt.

Literaturhinweise. D. Rössler: Gesetz und Gesch. (1960). – G. v. Rad: Theol. des AT 2 (⁴1965). – H. H. Rowley: A., ihre Form und Bedeutung zur biblischen Zeit (1965). – J. M. Schmidt: Die jüdische A. (1969).   H.-J. Kraus

II. Vom «apokalyptischen, geschichtsphilosophischen Gesichtspunkte» [1] oder von «Apokalypse und Geschichtstheologie» [2] wird seit den 20er Jahren gesprochen. Dabei ist der seit der zweiten Hälfte des 19. Jh. verbreitete, vom dogmatischen Begriff «kanonische A. ..., welche am vollständigsten in der Offenbarung Johannis gegeben ist» [3], vorbereitete historisch-kritische Sprachgebrauch «jüdische A.» [4] vorausgesetzt: «Auf dem Grund der A. wird Universalgeschichte möglich» [5]. Den Weg dazu bezeichnet ein im Zusammenhang mit der traditionellen Auslegung der Johannesapokalypse ausdrücklich werdendes Zeitbewußtsein: «Apocalypsis benedicit bonis auditoribus prophetiae, propinquitatem temporis et tempora interim calculanda complexae» (Die Apokalypse preist die guten Hörer der die Nähe der [End-]Zeit und der inzwischen zu berechnenden Zeiten umfassenden Weissagung) [6]. – Im Geschichtsverständnis wird oft Eschatologie von A. unterschieden: jene habe «es nicht ... mit dem Geschichtsende, sondern mit dem Jenseits der Geschichte zu tun. Sie ist keine A.» [7]; gelegentlich aber wird gerade A. als Apokalypse-Vorgang zur Grundlage des Geschichtsverstehens erhoben: «Die Apokalypse der deutschen Seele» [8] als ein konkreteres Wort für Eschatologie meint dann «existentiale A.», d. h. «alles Apokalyptische in Natur und Weltgeschichte» ist «nur die aufgeschlagene Bühne ... der wirklichen Apokalypse, der des Menschen» [9]. Gegen solche Verinnerlichung ist die Rede «von einer nicht nur privaten, sondern endzeitlich-kosmischen A.», deckt gerade «dies» das «Eschatologische» [10]. – Gelegentlich dringt dieser Sprachgebrauch auch in die Dichtung [11] und in die Zeitkritik ein: «... in jenem katastrophalen Übergang [der Revolution] erscheint das eschatologische Thema wieder. Es handelt sich um eine Apokalypse, ein Weltende» [12].

Anmerkungen. [1] A. Dempf: Sacrum Imperium. Geschichts- und Staatsphilos. des MA und der polit. Renaissance (1929, ²1954) 76. – [2] W. Kamlah: Apk. und Geschichtstheol. Die mittelalterl. Auslegung der Apk. vor Joachim von Fiore (1935, ²1965). – [3] H. Martensen: Die christl. Dogmatik (1849, dtsch. 1856) § 273 Anm. – [4] A. Hilgenfeld: Jüdische A. (1857). – [5] J. Taubes: Abendländische Eschatol. (1947) 32. – [6] J. A. Bengel: Gnomon Novi Testamenti (1742) zu Apk. 1, 3. – [7] P. Althaus: Die letzten Dinge (¹1922) 95. – [8] Vgl. den Titel von J. H. Maius: Apocalypsis regni Dei in anima fideli; zit. nach G. Schrenk: Gottesreich und Bund im älteren Prot. (1923) 308 Anm. 1. – [9] H. U. v. Balthasar: Die Apk. der dtsch. Seele 1 (1937, ²1947) 3, 11, 5; vgl. auch P. Schütz: Säkulare Relig. (1932) 33. – [10] E. Bloch: Atheismus im Christentum (1968) 70. – [11] K. Sigel: Vor der Apk., in: Sperrzonen (1960); vgl. D. Arendt: A. in neuerer dtsch. Lyrik. Hochland 58 (1965/66) 140-152. – [12] J. Monnerot: Soziol. des Kommunismus (1952) 401.   Th. Mahlmann

Apokatastasis (lat. restitutio, Wiederherstellung, Rückführung). – 1. Das Substantiv ἀποκατάστασις (A.) ist ein wahrscheinlich im 4. Jh. v. Chr. entweder von Aristoteles oder in der Alten Akademie gebildetes Wort (bei Platon findet es sich nicht) [1]. In der ‹Großen Ethik› [2] wird mit seiner Hilfe die im platonischen ‹Philebos› (42 d) zu lesende These, Lust sei die Rückversetzung in den naturgegebenen Normalzustand, formuliert. An der «Parallelstelle» der ‹Nikomachischen Ethik› verwendet Aristoteles das sicher von ihm gebildete ἀναπλήρωσις, Wiederauffüllung [3]. Im Corpus Aristotelicum begegnet ‹A.› sodann noch in den ‹Problemata› [4]. In der Grundbedeutung «Wiederherstellung des ursprünglichen Zustandes» findet das Wort Verwendung in der Medizin zur Kennzeichnung des Vorgangs der Heilung [5] und in der Astronomie als terminus technicus für die periodische Wiederkehr der gleichen Konstellation der Gestirne [6]. Gebräuchlich wird die A.-Vorstellung dann in Ausweitung des astronomischen Periodengedankens zu gesamtkosmischer Relevanz im Hellenismus.

Anmerkungen. [1] R. Walzer: Magna Moralia und aristotelische Ethik (1929) 123f.; F. Dirlmeier: Aristoteles. Magna Moralia (1958) 402 zu 66,3 (= 1204 b 36); A. D. Nock und A. J. Festugière: Corpus Hermeticum 1 (1945) 90 Anm. 17. – [2] Aristoteles, Magna Moralia II, 7, 1204 b 36. 1205 a 4, b 11. – [3] Eth. Nic. 1173 b 9. – [4] Problemata 888 a 17. – [5] Aret., 1, 10, 4. – [6] z. B. im ps.-plat. ‹Axiochos› 370 c 1; vgl. auch Sext. Emp., Adv. astr. 355, 105 d.

2. Die Vorstellung zyklischer Weltperioden führt zum Gedanken der Palingenesie und «Wiederherstellung» der Zustände der früheren Perioden in den späteren. Belegt ist der Gedanke einer solchen Wiederkehr zuerst für «Pythagoreer» durch Eudemos von Rhodos [1], dann

vor allem als Lehre der *Stoa* [2], nach der auf die Ekpyrosis die A. (ἀ. τοῦ παντός) unendlich oft erfolgt und somit jeder Zustand als apokatastatisch aufgefaßt werden kann (z. B. Wiederkunft des Sokrates usw.). Die Annahme solcher zyklischer Wiederkunft hat ihre Grundlage in der Beobachtung periodischer Naturabläufe und verbindet sich auch mit astrologischen Vorstellungen: Wenn die Planeten die gleiche Stellung einnehmen wie am Weltbeginn, dann erfolgt die Vernichtung und Erneuerung der Welt.

Anmerkungen. [1] DIELS/KRANZ, Die Frg. der Vorsokratiker 58 B 34. – [2] SVF II, 599. 623ff.

3. Als Verbindung des kosmologischen Motivs mit dem soteriologischen und durch Verknüpfung stoischer Gedanken mit bestimmten biblischen Aussagen [1] begegnet die A.-Lehre bei ORIGENES [2] und in je verschiedener Deutlichkeit bei anderen christlichen Schriftstellern der Väterzeit [3]. Die Annahme einer Wiederherstellung der gesamten Schöpfung, also auch der Sünder, Verdammten und Dämonen, in einem Zustand vollständiger Seligkeit soll hier die Ewigkeit der eschatologischen Verdammnis bestreiten. Diese Ansichten wurden auf der endemischen Synode (543) und auf dem 5. Ökumenischen Konzil (553) verworfen [4]. Die im Festhalten an der Entscheidungsfähigkeit und Freiheit des Menschen begründete Ablehnung der A.-Vorstellung durch die lateinisch-westliche Theologie [5] festigte deren geschichtliche Struktur.

Anmerkungen. [1] Apg. 3, 21; 1. Kor. 15, 25-28; Joh. 17, 21; Phil. 2, 5-11. – [2] ORIGENES, De princ. 3, 1, 3; 3, 6, 1; Or. 25, 2; Comm. i. Joh. 1, 16, 91; Hom. i. Jer. 14, 18. – [3] GREGOR VON NAZIANZ, GREGOR VON NYSSA, DIDYMOS DER BLINDE, EUAGRIOS PONTIKOS, DIODOR VON TARSOS, THEODOR VON MOPSUESTIA, JOHANNES SCOTUS ERIUGENA. – [4] Die lat. Übers. des 9. Kanons gibt ‹A.› mit «restitutio et redintegratio» wieder, vgl. DENZ. 211. – [5] Führend AUGUSTINUS und HIERONYMUS, vgl. etwa Ep. ad Avit. MPL 22, 1059.

Literaturhinweise. M. POHLENZ: Die Stoa (²1959) 1, 80; 2, 47. – BOLL/BEZOLD/GUNDEL: Sternglaube und Sterndeutung (1917, ⁴1931) 200ff. – CHR. LENZ: Art. ‹A.› in Reallex. für Antike und Christentum 1 (1950) 510-516. – E. HORNEFFER: Nietzsches Lehre von der ewigen Wiederkunft (1910). – G. MÜLLER: Origenes und die A.-Lehre. Theol. Z. (Basel) 14 (1958) 174-190. – K. ADAM: Zum Problem der A. Tübing. theol. Qschr. 31 (1951) 129-138. – J. DANIÉLOU: L'apocatastase chez s. Grégoire de Nysse. Rech. Sci. relig. 30 (1940) 328-347. – G. MÜLLER: Apokatastasis panton. A bibliography (1969). G. BIEN/H. SCHWABL

Apollinisch/dionysisch

I. Das bei *Nietzsche* zum philosophischen Begriff gewordene Wortpaar ‹a./d.› hat seine Vorgeschichte in der klassischen Philologie: Seit CHR. G. HEYNE schreitet die Erforschung und Deutung der Mythologie (woraus erst später die selbständige Religionsgeschichte hervorging) fort, in manchem Wandel der Aspekte und in Kontroversen, in Berührung mit oder in Abkehr von der Philosophie. Der olympische Hauptgott Apollo/Jupiter ist durchgängig und selbstverständlich eines der großen Bilder des klassischen Humanismus, während Dionysos/ Bakchos/Bacchus, der Mysterienwelt zugehörig, keineswegs unbekannt, aber gleichsam außerkanonisch, besonderer, exzentrischer Zuwendung bedurfte, die ihrerseits den humanistischen Griechenglauben zu erschüttern und zu zerbrechen drohte. Wo man die Nachtseite des Griechentums entdeckte, wurde Dionysos wichtig [1], und von dorther konnten die Vorformen jener Polarisierung aufkommen.

FR. SCHLEGEL schreibt 1795: «Im Gemüthe des Sophokles war die göttliche Trunkenheit des Dionysos, die tiefe Erfindsamkeit der Athene, und die leise Besonnenheit des Apollo gleichmäßig verschmolzen» [2]. G. FR. CREUZER spricht von einem frühen «Gegensatz der Apollo- und Bacchusreligion», daß in einer älteren «Orphische[n] Schule ... mit den alten Lichttheorien Oberasiens die reformirte Dionysuslehre in Ein großes System von Theologie verbunden war», in «anderen [späteren?] Orphischen Schulen ... Apollo mit Bacchus versöhnt ... erscheint ... zwischen den zwei Religionen Friede geschlossen [wurde] ..., der die Vermählung beiderseitiger Dogmen zur Folge hatte» [3].

F. CHR. BAUR behandelt den Dionysos ausführlich und sucht auch sein Verhältnis zu Apollon zu bestimmen. Die «μανία des Dionysos [erscheint] in der nächsten Berührung mit der μαντική des Apollon ... Sie ist nur dem Grade nach von dieser verschieden ... Dionysos [ist] in einer niederern Einheit dasselbe ..., was Apollon in einer höhern ist». Apollon ist «seinem höchsten philosophischen Begriffe nach die ideale Erhebung des Geistes über das gemeine Bewußtseyn ... dasselbe ... auch ... Dionysos, nur mit der Modification, daß dieses ideale, durch die Kraft der Phantasie geschaffene, geistige Leben, in dessen reiner Sphäre Apollon in ruhig klarer Besonnenheit lebt, durch Dionysos mit der Sinnlichkeit in Berührung gesetzt wird, und darum zugleich auch im rauschenden Taumel der Sinnenwelt zur Erscheinung kommt. Was in Apollon reine, von der vollen Klarheit des Bewußtseyns begleitete Begeisterung ist, ist in Dionysos trunkene Ekstase; freut sich eines der sanften harmonischen Gesangs und Saitenspiels der keuschen Musen, so ergötzt sich dagegen dieser an den wildlärmenden Chören rasender, ausschweifender Mänaden, was in Beziehung auf diesen [Apoll] die Lyrik ist, ist in Beziehung auf diesen [Dionysos] der stürmende, enthusiastische Dithyrambus, und das ausgelassene Spiel der alten Komödie ...». In der komischen Poesie ist «die Ironie der innerste Geist der Darstellung ... Die sinnliche Trunkenheit des Dionysos löset sich selbst in Ironie auf ... Denken wir uns diese Ironie, so unzertrennlich sie auch von ihm ist, aus Dionysos hinweg, so geht sein Wesen ganz in das Apollon über, welcher ursprünglich schon über dem Gegensaz, zwischen welchen Dionysos so hineingestellt ist, daß er erst durch Aufhebung derselben sich zu reiner Idealität des Apollon emporschwingt ...» [4].

SCHELLINGS ‹Philosophie der Offenbarung› findet «in Gott ... [wie] im Menschen, so weit ihm ein Strahl von Schöpfungskraft verliehen ist, ... dasselbe Verhältniß, diesen selben Widerspruch, eine blinde, ... schrankenlose Produktionskraft, der eine besonnene, sie beschränkende und bildende, eigentlich also negierende Kraft ... entgegensteht ... Nicht in verschiedenen Augenblicken, sondern in demselben Augenblick zugleich trunken und nüchtern zu seyn, dieß ist das Geheimnis der wahren Poesie. Dadurch unterscheidet sich die apollinische Begeisterung von der bloß dionysischen ...» [5]. J. J. BACHOFEN unterscheidet 1861 im ‹Mutterrecht› den «seiner Unkörperlichkeit sich freuenden Apoll» von Dionysos, welcher «der Körperlichkeit sich freuend, ... den weiblichen Stoff [sucht] ... Träger der befruchtenden Naturkraft». Als Sol in nocturno hemisphaerio «ist die dionysische Lichtmacht unreiner als die apollinische nach ihrer delphischen Entwicklung ... Erscheint in den Delphier die Lichtmacht in ihrer wechsellosen Klarheit, so ist sie in Dionysos stofflich befruchtend und wie der Mond selbst dem ewigen Wechsel der werdenden Welt unterworfen ... Dieses Verhältnis von Dionysos und Apollo hat vielfältige Anerkennung gefunden ...» und wird hier weiter dahin erläutert, daß, «was Dionysos fehlt, durch Apollo zur Vollendung geführt wird» [6], während Bachofen 1867 in der ‹Unsterblichkeitslehre der orphischen Theologie›, wo er die beiden Gottheiten gar die Herrscher der beiden Welthälften, der tellurischen und uranischen, sein läßt, Dionysos als den mächtigeren feiert [7].

Die *Philologie* als strenge Wissenschaft sah diese Autoren nicht gern, trug aber selbst durch genauere Untersuchungen der Musik und der Metrik viel zur Befestigung und Konkretisierung des Paarbegriffs ‹a./d.› bei. FR. RITSCHL spricht in einer frühen, jedoch gerade 1866 wiedergedruckten Arbeit von dem «durchgreifenden Gegensatze zwischen Kitharmusik und Auletik, der sich gleichmäßig in Poesie wie in Cultus- und Stammverhältnissen offenbart. Die Kitharmusik, althellenischen Ursprungs, insonderheit dem dorischen Stamme, dem Apollocultus und dem gesammten Apollinischen Sagenkreise eigenthümlich, entsprach diesen Beziehungen ... durch die strenge Einfachheit und hohe Ruhe, die sie ... zur Besänftigung der Leidenschaften, zur Erhebung des Gemüths und zur Erhaltung eines harmonischen geistigen Gleichgewichts ... geeignet machte. Den geraden Gegensatz [Anm. Ritschls: Am schroffsten ausgeprägt in dem Mythus des von Apollo geschundenen Marsyas ...] dazu bildete die Auletik, wie sie als wesentlicher Theil aller orgiastischen Culte erscheint, mit unsteter Leidenschaftlichkeit das Gemüth bald zu wildem, glühendem Enthusiasmus aufregend, bald zu weichlicher Erschlaffung herabstimmend ... ihr eigentlicher Ursitz [war] Phrygien», wonach auch die Tonart heißt, wegen ihrer «sinnlich enthusiastische[n] Kraft ... in entschiedenem Gegensatze zu der ethischen Würde der dorischen[, die] ... bei den Festfeiern aller Naturdienste [vorherrschte]». In der «durch Olympus II bezeichneten Periode» kommt es zur «Versöhnung des alten musikalischen Gegensatzes, [zur] Vermittelung zwischen der hellenistischen Kitharistik und der asiatischen Auletik» [8]. In einer Rezension spricht Ritschl von dem Unterschied zwischen «besänftigend erhebender Kitharistik und enthusiastisch erregender Aulodik» [9] und in einer Vorlesung gar von «Apollinischer Kitharistik und Dionysischer Auletik» [10].

Die ursprüngliche Zugehörigkeit bestimmter Instrumente und Tonarten (samt ihrer ethischen Wirkungen) zu bestimmten Kulten und späteres Überkreuzen scheint den *Darstellungen griechischer Musik* geläufig zu sein, so zum Beispiel R. WESTPHAL: «Die Kithara-Musik steht zu der Aulos-Musik in einem strengen Gegensatze des Ethos: Ruhe, Maaßhaltigkeit, heiterer Ernst charakterisiert die Kitharodik; – die Aulodie versetzt das Gemüth in Unruhe und Bewegung, wirkt nicht besänftigend, sondern reißt gewaltsam mit sich fort in den Orgiasmus der übersprudelnden Lust wie des maaßlosen Schmerzes» [11].

«Die phrygischen Melodien gehören zunächst ekstatischen Culten an, die sich an die große Göttermutter, an Dionysus und Demeter anschließen ...» [12].

1865 knüpft der wohlbelesene Kompilator J. L. KLEIN an die aristotelische Definition der Tragödie durch Katharsis an und erläutert diese durch jenen musikalisch-kultischen Gegensatz: «Die Katharsis bedeutet eine Umstimmung des orgiastisch aufgestürmten, wie durch bakchisches Flötenspiel leidbarauschten, schmerzenstrunkenen Pathos zum beruhigten Ethos ...[,] bewirkt gleichsam eine Gemüthsumstimmung aus der phrygischen Tonart in die dorische; aus dem threnetisch orgiastischen Charakter der Aulodik in die ethische Rhythmik des kitharodischen Spiels, das Apollo erfand ...»

[13]. «Orpheus ... wurde ... zum Stifter der Dionysos-Mysterien ... bestellt, um den Dionysos-Dienst von der Beimischung jenes phrygisch-orgiastischen Unwesens zu läutern und auf seinen Ursprung zurückzuführen: auf die Einheit mit der Osirischen Sonnen-Idee und dem Seelen-Reinigungsbegriff; auf die Identität also des Dionysos mit Apollon ... eine Katharsis, durch welche der phrygisch-thrakische Volksgott Bakchos in den geistig klaren Lebensordner und Culturgott Apollon umgeläutert werden sollte ...». Diese «Einheitsidee von Dionysos – Apollon scheint uns ... in der hellenischen Tragödie und Komödie zu ihrer innersten, wahrhaften Bedeutung erschlossen, weil sie das Bakchisch begeisterte Gemüth, das eigentliche Volksorgan der Gotterkenntniß ... durch das Apollinische, das Culturgeistige, reinigt. In der Tragödie erfährt das Bakchische, in Form der wildschwärmend trunkenen, der von Schmerz und Schuldgefühl berauschten Leidenschaft, die Reinigung ... In der Komödie erfährt das Dionysische ... eine wahrhaft Apollinische Katharsis ... Die Vereinigung beider Culte, des Dionysos und Apollon ist eine geschichtliche Thatsache ... Diese gegenseitige Durchdringung der beiden, im attischen Drama, als dem vollkommensten Gestaltungs-Ausdruck des hellenischen Geistes und der hellenischen Kunst, tiefsinnig verschmolzenen Kunststimmungen: Apollinischer Erleuchtung mit Dionysischer Gemüths-Trunkenheit, – auf welchem andern Erdgebiete mochte diese gegenseitige Durchgeistung zu so herrlicher Offenbarung gelangen, als in Hellas ... Mit dieser Verschmelzung der Dionysisch-Apollinischen Idee zur tragischen und komödischen Katharsis im attischen Drama wurde zugleich eine panhellenische bewirkt; ... das geistig ethische Wesen des dorischen Stammgottes, Apollon, mit dem jonischen Dionysos, dem Gotte der zeugenden Naturkraft ... des sinnlich begeisterten Gemüths ... [so] auch die ideale Grundeigentümlichkeit beider Stämme, der Dorier und der Jonier ...» [14]. Nietzsche hat diese Autoren gekannt [15].

Nietzsches Prägung war von breiter Wirkung: Entweder diente das Begriffspaar zur Formulierung «dualistischer Weltanschauungen» verschiedener Art, oder es trat aus ihm, seiner Entstehungsgeschichte entsprechend, heraus und in den Vordergrund das Dionysische allein, als dessen «Entdecker» dann Nietzsche verehrt wurde. Beides aber gehört in eine Religionsgeschichte des 20. Jh.

Anmerkungen. [1] J. GÖRRES: Mythengesch. der asiatischen Welt 1. 2 (1810); G. F. CREUZER: Dionysus sive commentationes academicae de rerum Baccicarum Orphicarumque originibus et caussis (Heidelberg 1808); Symbolik und Mythol. der alten Völker, bes. der Griechen (1810-1812 u. ö.). – [2] FR. SCHLEGEL: Über das Studium der griech. Poesie (¹1797), hg. P. HANKAMER (1947) 133. – [3] CREUZER, Symbolik (²1821) 3, 160. 168f. 162. 167. – [4] F. CHR. BAUR: Symbolik und Mythol. oder die Naturrelig. des Alterthums, 2 Theile (1824/25), hier II/2, 139-147. – [5] F. W. J. SCHELLING, Werke, hg. K. F. A. SCHELLING 14, 25. – [6] J. J. BACHOFEN: Werke, hg. K. MEULI 3, 597f. – [7] a. a. O. 7, 108-111. – [8] F. RITSCHL: Olympus der Aulet, 1832, in: Opuscula philol. 1 (1866) 258-270. – [9] a. a. O. 5 (1879) 160. – [10] zit. bei O. RIBBECK: F. W. Ritschl 1 (1879) 303. – [11] R. WESTPHAL: Gesch. der alten und mittelalterl. Musik (1865) 98; vgl. 57ff. 71. 137ff. – [12] a. a. O. 150; vgl. dort den weiteren Kontext.– [13] J. L. KLEIN: Gesch. des Dramas 1 (1868) 12f. – [14] a. a. O. 49-52. – [15] Siehe der Ausleihreg. der Basler UB bei A. LÉVY: Nietzsche et Stirner (Paris 1904); wiederabgedruckt bei M. OEHLER: Nietzsches Bibl. (1942).

Literaturhinweise. E. HOWALD: Fr. Nietzsche und die klass. Philol. (1920). – CH. ANDLER: Nietzsche. Sa vie et sa pensée 2: La jeunesse de N. (Paris ³1921) 219-274: Les sources du livre sur la «Naissance de la tragédie». – A. BAEUMLER: Das mythische Weltalter (1926, ²1965). – W. REHM: Griechentum und Goethezeit (1936, ³1952). – M. VOGEL: Apollinisch und Dionysisch.

Gesch. eines genialen Irrtums (1966). – L. KOFLER: Das A. und das D. in der utopischen und antagonistischen Gesellschaft, in: Festschrift G. Lukács, hg. F. BENSELER (1966) 556-587.

KARLFRIED GRÜNDER

II. In den Schriften aus der Zeit der ‹Geburt der Tragödie ...› (1871) sieht NIETZSCHE in Apollon und Dionysos Personifizierungen der beiden «Urtriebe» des Weltgrundes. Der Urgrund (Schopenhauers «Wille»), ewig begierig, schöpferisch, träumt die Welt. Sie ist bloßer Schein, Vorstellung des Urwesens. In dieser Welt ist der apollinische Trieb, das «principium individuationis» [1], bestrebt, durch Maß und Begrenzung in Raum und Zeit Gestalten zu schaffen und zu verewigen; der gegnerische Trieb, das Dionysische, immer neu zeugend, zerbricht jede Grenze, vernichtet alles Gestaltete und führt es in den einigenden Weltgrund zurück.

Da diese beiden kosmischen Prinzipien im Menschen fortwirken, kann Nietzsche «apollinisch» und «dionysisch» als psychologische und ästhetische Leitbegriffe verwenden. Apollinisch sind Traum und Vision, das harmonisch Geordnete (z. B. der Staat), die weisheitsvolle Begrenzung (Ethik), in der Kunst alles bildhaft Gestaltete (Malerei, Plastik, Epik). Die Visionen des apollinischen Künstlers überwinden die «lückenhaft verständliche Tageswirklichkeit» [2] und verklären das Dasein in einer höheren Scheinwelt. Dionysisch ist alles leidenschaftlich Bewegte, der Rausch, die Ekstase, in der Kunst vor allem Musik und Lyrik. In der höchsten Ergriffenheit durch das Dionysische begreift der Mensch den Vorstellungscharakter der Welt, der «Bann der Individuation» [3] zerbricht. «Wir sind wirklich in kurzen Augenblicken das Urwesen selbst und fühlen dessen unbändige Daseinsgier und Daseinslust; der Kampf, die Qual, die Vernichtung der Erscheinungen dünkt uns jetzt wie notwendig ...; wir werden von dem wütenden Stachel dieser Qualen in demselben Augenblicke durchbohrt, wo wir gleichsam mit der unermeßlichen Urlust am Dasein eins geworden sind und wo wir die Unzerstörbarkeit und Ewigkeit dieser Lust in dionysischer Entzückung ahnen» [4]. Die höchste Entfaltung der Kunst ist in der attischen Tragödie erreicht, in der das Apollinische und Dionysische zu einer Aussage vereint sind.

Die Tragödie wird durch Sokrates vernichtet: Seine Überzeugung von der Erkennbarkeit der Welt und der Macht des Erkennens, diese Welt zu verändern, zerstört den mystischen Bezug zum Abgrund des Lebens. Doch das Apollinische wirkt in Philosophie und Wissenschaft fort und fordert die Gegenwirkung des Dionysischen heraus, das in Mysterienkult und Religion weiterlebt. Von Wagner erhofft Nietzsche eine Erneuerung der Tragödie. Nach seiner Abwendung von Wagner und Schopenhauer und der grundsätzlichen Ablehnung jeder Metaphysik muß Nietzsche seine «Artistenmetaphysik» [5] als «unhaltbar» [6] verurteilen. Das Gegensatzpaar Apollinisch/Dionysisch verschwindet in seinen Werken ab ‹Menschliches, Allzumenschliches› (1878). Der Terminus ‹dionysisch› allein, ohne metaphysischen Hintergrund, gewinnt neue Bedeutung erst mit dem ‹Zarathustra› (1883) und dient Nietzsche als kennzeichnender Begriff für den Charakter seiner Philosophie. Dionysisch ist ihm die Lehre vom Werden, die Erkenntnis der Einheit von Vernichten und Neuschaffen, die Diesseitigkeit und Lebensbejahung gegenüber der Weltverneinung des Christentums und der Realitätsflucht der Romantik.

Anmerkungen. [1] FR. NIETZSCHE, Großoktav-A. 1, 23. – [2] a. a. O. 1, 22. – [3] 1, 110. – [4] 1, 117. – [5] 1, 4. – [6] 11, 400.

Literaturhinweise. CH. ANDLER: Nietzsche, sa vie et sa pensée (1920ff.). – C. A. BERNOULLI: Nietzsches Dionysos. Wissen und Leben 14 (1921) 689-697. – O. KEIN: Das A. und D. bei Nietzsche und Schelling (1935). – E. FINK: Nietzsches Philosophie (1960) 14-42.

J. MOHR

Apologetik. Nur in der katholischen Theologie stellt die A. heute noch eine besondere Disziplin dar, während sie im Protestantismus ein Schattendasein führt, seit sie sich im 19. Jh. durch ihre Verteidigung unhaltbarer Positionen um die innere Glaubwürdigkeit gebracht hat. A. um der A. willen wird immer in dieser Gefahr stehen; eine A., welche unsachlichen Angriffen auf das Christentum die historische Wahrheit entgegenstellt oder der in der modernen Gesellschaft sich zunehmend ausbreitenden Unkenntnis des Christentums entgegenwirkt, ist nicht nur notwendig, sondern auch nützlich.

1. Obwohl es A. im Christentum von den Anfängen an gegeben hat, ist der Begriff doch durch die Apologeten des 2. Jh. geprägt (QUADRATUS, ARISTIDES, JUSTIN, MELITO VON SARDES, TATIAN, ATHENAGORAS und THEOPHILUS, die Schriften mehrerer anderer Apologeten sind verloren [1]). Alle diese Schriftsteller haben keineswegs nur Apologien geschrieben, sondern sich in einem umfangreichen (meist fast vollständig verlorengegangenen) Werk auch mit den Fragen der Theologie und Kirche ihrer Zeit befaßt. Aber die Tatsache, daß von ihnen nur die Apologien überliefert sind und daß diese Apologien im wesentlichen mit denselben Argumenten, Stilmitteln und theologischen Voraussetzungen in dieselbe geistige und religiöse Situation hineinsprechen, rechtfertigt doch ihre Zusammenfassung zu einer besonderen Gruppe. Sie geben ihren Werken die (doch wohl fiktive) Form von Bittschriften oder Eingaben an Kaiser (oder Behörden); in Wirklichkeit finden sie ihre Leser unter den Christen (und vielleicht unter interessierten Heiden). Mit Hilfe ausführlicher, aus Anthologien übernommener Zitate aus dem heidnischen Schrifttum suchen sie den Nachweis des höheren Alters und der Überlegenheit der im Alten Testament gegründeten christlichen Lehre zu führen, mit Hilfe des Schemas «Weissagung – Erfüllung» den Beweis für seine Wahrheit zu erbringen, dem heidnischen Alltag stellen sie die sittlichen Leistungen des Christentums gegenüber.

2. Am nächsten stehen dieser Art von A. noch TERTULLIAN († nach 220 n. Chr.) mit seinen apologetischen Schriften und der etwa gleichzeitige MINUCIUS FELIX. Aber schon hier beginnt Neues; in einer ganz anderen Welt befinden wir uns bei CLEMENS ALEXANDRINUS († nach 203 n. Chr.) und ORIGENES († 253/254). Immer wieder finden wir A. bei den christlichen Schriftstellern der folgenden Generation, die sich verteidigend und werbend an Juden und Heiden wendet (z. B. EUSEB mit dem Doppelwerk der ‹Praeparatio evangelica› und ‹Demonstratio evangelica›). Den Abschluß der altchristlichen A. bildet AUGUSTINS Werk ‹De civitate Dei›, das durch die anläßlich der Eroberung Roms durch Alarich (410 n. Chr.) erhobene Anklage ausgelöst wird, das Christentum trage die Schuld am Niedergang des römischen Reiches. Je länger je mehr bedeutet im Bereich der christlichen Welt das Heidentum nun keinen ernstzunehmenden Gegner mehr, und auch die Auseinandersetzung mit dem Judentum wird nicht mehr apologetisch, sondern offensiv geführt. Dennoch wird eine, jetzt mehr systematisch-theologisch bestimmte Diskussion mit beiden, zu denen gelegentlich der Islam tritt, fortgeführt (klassisches Beispiel die ‹Summa contra Gentiles› des THOMAS VON AQUIN). In der Neuzeit löst der Angriff

der Reformation die A. des Katholizismus (und umgekehrt) aus. Die zunehmende Emanzipation des geistigen Lebens von kirchlichen Einflüssen, die in der Aufklärung ihren ersten Höhepunkt findet und zu Angriffen erst auf Einzelheiten, dann auf das Christentum als solches führt, bewirkt den Aufbau einer neuen A., deren Notwendigkeit zunehmend grundsätzliche Zustimmung findet.

Anmerkung. [1] Vgl. J. QUASTEN: Patrology 1 (1962) 186-253 (Lit.).

Literaturhinweise. J. BRUNSMANN (kath.): Lehrbuch der A. 1. 2 (1924/26). – K. ADAM: Die Aufgabe der A. (1931). – K. ALAND: Apologie der A. (1948). – E. SEITERICH (kath.): Die Glaubwürdigkeitserkenntnis. Eine theol. Untersuchung zur Grundlegung der A. (1948). – M. DOERNE: Das unbewältigte Problem der A. Theol. Lit.-Ztg. 75 (1950) 259-264. – G. MÜLLER: Botschaft und Situation (¹/²1970) 129ff. (Entwurf eines neuen Programms der A.). – Vgl. Anm. [1].   K. ALAND

Apophansis nennt ARISTOTELES [1] ein sprachliches Gebilde, das wahr oder falsch sein kann. Gelegentlich verwendet er stattdessen auch ‹protasis›. Im Lateinischen stehen ‹enunciatio›, ‹sententia›, ‹propositio›. Die A. kann nach Aristoteles als *Kataphasis*, Bejahung (s. d.), oder *Apophasis*, Verneinung, auftreten. Die traditionelle Logik sagt auch ‹Urteil›. Heute hat sich in der Logik der Terminus ‹Aussage› eingebürgert.

Anmerkung. [1] ARISTOTELES, De interpretatione 4, 17 a 2; 5, 17 a 22; 6, 17 a 25; Anal. pr. I, 1, 24 a 16.   A. MENNE

Apophantik (von griech. ἀπόφανσις, Urteil) heißt bei E. HUSSERL diejenige Disziplin der formalen Logik, die sich im Ausgang von Aristoteles als Theorie des prädikativen Urteils versteht [1]. Husserl unterscheidet zwei Stufen der A.: 1. Formale Urteilstheorie als formale Grammatik. Sie erforscht die pure Möglichkeit von Urteilen als Urteilen [2]. 2. Konsequenzlogik oder Logik der Widerspruchslosigkeit. Sie erforscht die apriorischen Bedingungen, unter denen Urteile und Urteilskomplexionen beliebiger Stufe der rein analytischen Forderung der Deutlichkeit (Widerspruchslosigkeit) genügen [3]. Durch Umwendung des thematischen Interesses von den syntaktischen Operationen auf die syntaktischen Gegenstandsformen ergibt sich ein Übergang von der A. in die formale Ontologie [4]. In ihr sind alle syntaktischen Gegenstandsformen (kategoriale Gegenständlichkeiten) als Abwandlungen der obersten formal-ontologischen Kategorie «Etwas-überhaupt» darstellbar [5].

Anmerkungen. [1] E. HUSSERL: Formale und transzendentale Logik (1929) 63. – [2] a. a. O. 44. – [3] a. a. O. 56. – [4] a. a. O. 102. – [5] a. a. O. 101.   U. CLAESGES

Apophantisch heißt ein sprachlicher Ausdruck, der eine Apophansis, d. h. Aussage, darstellt – im Unterschied etwa zu Fragen oder Bitten.   A. MENNE

Aporie, Aporetik. Das griech. ἀ-πορία (entspr. ἄπορος, ἀπορεῖν) bedeutet im Gegensatz zu εὐ-πορία «Auswegslosigkeit, Verlegenheit, Not, Zweifel». PLATON bezeichnet so die Situation, da der Unwissende seiner Unwissenheit inne wird und ein zielbewußtes Suchen anhebt [1]. In die A. zu versetzen (ποιεῖν ἀπορεῖν) ist das Ziel der sokratischen Fragekunst [2]. Als bloßes Streben behält die Philosophie Anteil an Fülle (πόρος) und Mangel (πενία, ἀπορία)[3]. Die Grund-A. konkretisiert sich in einzelnen A. [4]. – Für ARISTOTELES resultiert die A. aus der «Gleichheit konträrer Argumente» (ἰσότης ἐναντίων λογισμῶν) [5], die im ἀπόρημα, dem «dialektischen Schluß auf das Gegenteil einer Behauptung» [6], bewußt herbeigeführt wird. Aristoteles stellt A. methodisch an den Anfang seiner Untersuchungen: Im Abwägen gegensätzlicher Auffassungen wird das Problem geschärft und die Lösung vorbereitet [7]. – Ἀπορητικοί heißen später auch die Skeptiker, die aber beim «Gleichgewicht der Gründe» (ἰσοσθένεια τῶν λόγων) stehen bleiben [8]. – Im *Lateinischen* wird ἀπορία zu ‹*dubitatio*› und ‹*quaestio*›. – An Aristoteles knüpft ausdrücklich N. HARTMANN an, wenn er eine «Aporetik» als «reine Problemwissenschaft» ausbildet, die «vom Gegebenen zum Aufgegebenen» schreitet [9]; freilich bleibt für ihn immer ein transintelligibler Problemrest bestehen.

Anmerkungen. [1] Vgl. bes. PLATON, Men. 80 d-86 c. – [2] Vgl. u. a. Charm. 169 c-d; Men. 80 a-d; Theait. 149 a. – [3] Symp. 203 a ff. – [4] z. B. Prot. 324 d; Soph. 231 c. 250 d/e; Phileb. 36 e. – [5] ARISTOTELES, Top. VI, 6, 145 b 16-20. – [6] Top. VIII, 11, 162 a 17f. – [7] Vgl. bes. Met. III, Anf. – [8] Vgl. GELLIUS, Noct. Att. 11, 5, 6; DIOGENES LAERTIUS IX, 61ff. – [9] N. HARTMANN: Grundzüge einer Met. der Erkenntnis (⁵1966) 36-40.

Literaturhinweis. B. WALDENFELS: Das sokratische Fragen. A., Elenchos, Anamnesis (1961).   B. WALDENFELS

Appellatio hieß eine der ‹proprietates terminorum›, die von den Grammatikern der mittelalterlichen Logik überliefert wurde. PETRUS HISPANUS charakterisiert sie dadurch, daß sie ausschließlich auf Existierendes angewandt werden kann im Unterschied zur suppositio und significatio, die den Terminus auch in bezug zu nicht existierenden Dingen setzt. PAULUS VENETUS unterschied a) eine *A. formae*, die einem Terminus zukommt, der durch einen anderen bestimmt ist, der seinerseits eine Erkenntnistätigkeit bezeichnet, b) eine *A. ampliationis*, die einem Terminus zukommt, der bereits durch eine vorhergehende A. bestimmt ist, c) eine *A. temporis*, die einen Terminus in bezug auf die durch das Verbum angegebene Zeit beschränkt [1]. Seit BURIDAN, der die A. mit OCKHAMS *terminus connotativus* identifizierte, war folgende Zweiteilung gebräuchlich: Einerseits kannte man eine *A. formalis*, die connotativen Prädikaten zukommt, und andererseits die *A. rationis* (oder *rationalis*), die eine Erkenntnistätigkeit bezeichnet, wie z. B. in den beiden Sätzen, deren Bedeutung unterschieden wurde: «*Cognosco* patrem» und «*Patrem* cognosco» [2]. Nach dem 14. Jh. war auch die Tendenz vertreten, die A. als eine Eigentümlichkeit des Prädikats anzusehen, die den Umkreis seiner Anwendung auf das Subjekt absteckte. Als solche unterschied man eine *A. realis*, die ein reales Prädikat etwa in dem Satz «Sokrates ist ein Musiker» attribuiert, von einer *A. rationis*, die ein rationales Prädikat wie ‹Gattung›, etwa in dem Satz «der Mensch ist eine Gattung» aussagt, also lediglich als logische Intention auf das Subjekt angewandt werden kann [3].

Anmerkungen. [1] PETRUS HISPANUS: Summulae logicales, hg. BOCHEŃSKI (1947) 102; C. PRANTL: Gesch. der Logik im Abendlande 4 (1870, Nachdruck 1955) 124. – [2] V. MUÑOZ DELGADO: La lógica nominalista en Salamanca (1964) 244-247. – [3] JOHANNES VON S. THOMAS: Ars logica (hg. 1930) 39ff.

Literaturhinweise. J. P. MULLALLY: The Summulae logicales of Peter of Spain (1954). – PH. BOEHNER: Medieval logic (1952).   V. MUÑOZ DELGADO

Apperzeption. Während ‹apercevoir› neben dem Simplex ‹percevoir› seit Anfang des 12. Jh. belegt ist [1] und eine reiche altfranzösische und mittelfranzösische Wortfamilie ausbildet, wird das Substantiv ‹aperception‹ durch LEIBNIZ in Analogiebildung zu ‹perception› als philosophischer Terminus geschaffen.

Seine Einführung wurde notwendig, weil die Cartesianische Gleichsetzung von perceptio und cogitatio (Selbstbewußtsein) zu metaphysischen Irrtümern über Tod und Leben bzw. Sein und Nichtsein führt [2]. Die Unterscheidung zwischen Perzeption («qui est l'état intérieur de la Monade, représentant les choses externes») und A. («qui est la conscience ou la connaissance réflexive de cet état intérieur») [3] ermöglicht es, die neuzeitliche Seinsthese für alle Bereiche des Seienden zu beanspruchen. Dabei stuft sich Perzeption nach dem Grade der Deutlichkeit im Repräsentieren von Welt ab; sie kann schon im Bereich der Tiere ‹A.› genannt werden: als Perzeption mit dem Deutlichkeitsgrad, der Selbstgefühl ermöglicht [4]. ‹A.› im Sinne von Selbstbewußtsein (perception accompagnée de conscience) heißt dagegen erst die Weise, worin der Mensch als Vernunftwesen wahrhaft seiend und Eines ist, nämlich in der Einheit des unterschiedenen Gegensatzes von Objekt und Subjekt (Ich).

A. geschieht durch Reflexion auf Vorstellungen, welche die Seele hat, ohne sich ihrer bewußt zu sein. Seitdem heißt ‹réflexion de l'esprit› vorzüglich so viel wie «réfléchir sur soi même» [5]. Im Abwenden vom Sinnlichen und Zurückwenden auf sich selbst werden die virtuellen ‹ewigen Wahrheiten› und deren Elemente, die ‹eingeborenen Ideen›, aktual, und in eins wird das Ich bemerkt [6]. Auf dem Wege über die Aktualisierung der idées innées (‹avant toute aperception›) kommt das Ichbewußtsein zustande.

Die A. konstituiert ferner die numerische Identität der Person. Sie scheidet eine ‹identité personelle ou morale› von der ‹identité réelle›, welche auf der Kontinuität einfacher Perzeptionen beruht [7]. So hat Leibniz das Wort ‹A.› im mehrdeutigen Sinne von Selbstbewußtsein, Ich und Person in die Philosophie eingeführt.

Die Schulphilosophie handelt den Begriff der A. im Gebiete der Psychologie ab. So hält WOLFFS ‹Psychologia empirica› den Leibnizschen Terminus fest: «Menti tribuitur Apperceptio quatenus perceptionis suae sibi conscia est. Apperceptionis nomine utitur Leibnitius: coincidit autem cum conscientia, quem terminum in praesenti negotio Cartesius adhibet» [8]. Die ‹Psychologia rationalis› analysiert diesen Begriff, indem sie ihn auf den Akt der attentio, welcher auf Unterschiede achtet, und auf das Behalten der aufgehellten Unterschiede zurückführt. «Ad actum apperceptionis attentio et memoria concurrit» [9]. Die Seele ist sich ihrer Vorstellungen eben nur dadurch bewußt, daß sie die Unterschiede zwischen ihnen aufklärt und das so unterschiedlich Bestimmte behält. «Ex claritate perceptionum partialium nascitur apperceptio» [10]. Der Zusammenhang von Bewußtsein und Unterscheidenkönnen wird noch in G. F. MEIERS ‹Vernunftlehre› gelehrt: «Wir sind uns unserer Vorstellungen und unserer Erkenntniss bewußt (conscium esse, adpercipere), insofern wir sie und ihren Gegenstand von anderen Vorstellungen und Sachen unterscheiden. Das Bewußtsein ist eine doppelte Vorstellung: eine Vorstellung des Gegenstandes, und eine Vorstellung seines Unterschiedes von anderen. Das Bewußtsein verhält sich wie das Licht in der Körperwelt, welches uns den Unterschied der Körper entdeckt» [11]. KANT notiert dazu: «Sich einer Vorstellung bewust seyn, ist, wißen, daß man diese Vorstellung hat; d. h.: diese Vorstellung von den andern unterscheiden» [12]. Erst CRUSIUS kehrt das in der Leibnizschen Monadologie angelegte Fundierungsverhältnis von Distinktion und A. vollständig um: «Wir sind uns der Dinge nicht darum bewußt, weil wir sie unterscheiden, sondern darum können wir sie allererst unterscheiden, weil wir uns bewußt sind. Das Bewußtsein ist der Natur nach eher als das Unterscheiden» [13].

Über die A. als erstes Prinzip aber wird im Bedenken von Reflexion und innerem Sinn entschieden. Während bei Leibniz die A. als Tätigkeit des unterscheidenden Verstandes (réflexion de l'esprit) gedacht wird, erhält das Wort durch LOCKES Auffassung von reflection die Bedeutung von empirischer Selbstwahrnehmung; denn reflection ist eine der beiden Quellen der Erfahrung, und zwar die Erfahrung vermittels des inneren Sinnes (internal sense). Seitdem gilt Kants Feststellung, «daß die Wörter innerer Sinn und Apperception von den Seelenforschern gemeinhin für gleichbedeutend genommen» werden [14]. So legt BAUMGARTEN z. B. die Gleichung von Selbstwahrnehmung und Selbstbewußtsein fest: «sensatio est vel interna per sensum internum conscientia strictius dicta, vel externa» [15]. Kant notiert zu Meiers ‹Vernunftlehre›: «Das Bewustseyn ist sensus internus» [16]. Und bei CRUSIUS finden sich ‹A.› und ‹innere Empfindung› zusammengestellt: «Die innerliche Empfindung ist, wodurch wir etwas empfinden, welches wir uns als in unserer Seele vorstellen. Sie ist also die Kraft des Bewußtseins» [17].

Von entscheidender Bedeutung für die Fortschritte der Metaphysik wird nun KANTS Unterscheidung von empirischer und transzendentaler A. Er hat sie in der ‹Anthropologie› als Unterteilung des «Bewußtseins seiner selbst (apperceptio)» in Apprehension und Reflexion vorgetragen [18]. Apprehension bezeichnet danach die A. des inneren Sinnes oder die empirische A.; in ihr ist das Ich nichts denn Objekt der Selbstwahrnehmung. Reflexion dagegen bedeutet A. des Verstandes und ist Bewußtsein der Handlung, welche das Denken ausmacht; darin kommt das Ich als Subjekt des Denkens zum Bewußtsein. Im Sinne dieser reinen A. wird das ‹Ich denke› (cogito) zum Grundbegriff des transzendentalen Idealismus. In der Begriffsgeschichte der transzendentalen A. spiegelt sich die Geschichte idealistischen Denkens.

Anmerkungen. [1] Vgl. Chanson de Roland 2035. 2283. – [2] Vgl. Monad. § 13; seitdem ist die Cartesianische Gleichung perceptio = cogitatio korrigiert: A. G. BAUMGARTEN, Acroasis logica § 3: «perceptio appercepta est cogitatio». – [3] Principes de la nature ... § 4. Philos. Schriften, hg. GERHARDT (1875–1890) 6, 600. – [4] Daß Tiere ohne Reflexion, aber nicht ohne A. sind, vgl. Nouv. Ess. II, chp. 21, § 5. – [5] Nouv. Ess. I, chp. 1, § 11. – [6] Monad. § 30. – [7] Nouv. Ess. II, chp. 27; Philos. Schriften 5, 213-229. – [8] CHR. WOLFF, Psychol. empirica § 25; durch LOCKE erhält ‹conscientia› die Prägung ‹self-consciousness›: Ess. conc. human understanding 2 (1690) chp. 27, 16; sie wird von LEIBNIZ als ‹consciencioisté ou le sentiment du moy› übertragen: Nouv. Ess. chp. 27, § 9. – [9] CHR. WOLFF, a. a. O. [8] Sect. I, § 25. – [10] a. a. O. § 20. – [11] G. F. MEIER: Auszug aus der Vernunftlehre (1752) § 13, abgedruckt in KANT, Akad.-A. 16. – [12] Logik-Nachlaß, Akad.-A. 16, Reflexion 1679. – [13] CHR. A. CRUSIUS: Entwurf der nothwendigen Vernunftwahrheit 2 (1753) § 444. – [14] KANT, Anthropol. § 7. – [15] A. G. BAUMGARTEN: Met. (³1757) § 535. – [16] KANT, Logik-Nachlaß a. a. O. [12] Reflexion 1680. – [17] CHR. A. CRUSIUS: Weg zur Gewißheit und Zuverlässigkeit der menschlichen Erkenntnis (1747) Kap. II, § 65. – [18] Anthrop. § 4 Anm. vgl. § 7.

Literaturhinweise. J. CAPESIUS: Der A.-Begriff bei Leibniz und dessen Nachfolgern. Progr. Hermannstadt (1894). – K. LANGE: Über A. (¹1899). – A. SICKER: Der leibnizsche Begriff der Perzeption und A. (1900). – J. RÜLF: Die A. im philos. System des Leibniz (Diss. Bonn 1900). – L. SALOMON: Zu den Begriffen der Perzeption und A. von Leibniz bis Kant (Diss. Bonn 1902). – G. E. BARIÉ: Du ‹cogito› Cartésien au moi transcendental. Rev. philos. France Etrang. (1951) 211-227.   W. JANKE

Apperzeption, transzendentale. Sache und Wort einer t.A. sind innerhalb der Transzendentalphilosophie durch KANT gestiftet und durch FICHTE ausgefaltet worden. Wo SCHELLING von ‹t.A.› oder von ‹absoluter A.› spricht, stützt er sich auf Fichtes Entdeckungen [1]. Während HEGEL das Prinzip einer t.A. spekulativ aufhebt, nimmt HERBART Fichtes A.-Begriff zurück und beansprucht den Terminus als Grundbegriff für die Psychologie als Wissenschaft. Hier und in der von WUNDT begründeten A.-Psychologie hat der Terminus Schule gemacht und in eins seine transzendentale Tragfähigkeit verloren.

1. KANTS Vernunftkritik bedeutet für den Gedanken der A. eine dreifache Neubestimmung: Sie scheidet ihn von dem Konzept, welches die rationale Psychologie von der ‹bloßen A.› hat; sie setzt die A. als eine der Bedingungen synthetischer Urteile a priori ein und proklamiert sie schließlich als den höchsten Punkt einer Transzendentalphilosophie.

a) In den ‹Paralogismen› wird die «bloße A.: Ich-denke» [2] oder Descartes' cogito als Objekt der rationalen Psychologie kritisch aufgehoben. Das Ich-denke ist nicht selbst ein Begriff, sondern «das Vehikel aller Begriffe überhaupt» [3], welches alle Begriffe (empirische wie reine) als Begriffe, d. i. Denkhandlungen möglich macht. Reine A. ist «ein bloßes Bewußtsein, das alle Begriffe begleitet» [4] und, selbst von allen erkennbaren Inhalten leer, ein bloßes X. Das Ich ist somit das denkbare «transzendentale Subjekt der Gedanken» [5], das analytisch in seine Denkmodi, die Kategorien, expliziert werden kann, aber nicht erkennbares Objekt des inneren Sinnes, auf welches die Kategorien als Erkenntnismodi synthetisch anzuwenden wären. (Daher sind von der bloßen A. niemals ‹transzendentale Prädikate› wie Einfachsein, Unsterblichsein objektiv auszusagen.)

b) Die reine, d. i. nicht-empirische A. läßt sich als eine der drei Bedingungen für die Möglichkeit synthetischer Urteile a priori erweisen [6]. Als apriorischer Inbegriff all unserer Vorstellungen ermöglicht die A. eine synthetisch-apriorische Verknüpfung von Begriffen. Die so verbundenen Vorstellungen erhalten objektive Realität, sofern die reine Einheit der A. auf Erfahrung (d. i. die Einheit der Gegenstände empirischer Erkenntnis) bezogen wird [7]. So setzt Kant die Einheit des Selbstbewußtseins transzendental: als eine der Bedingungen apriorischer Erkenntnis. «Ich nenne auch die Einheit derselben die *transzendentale* Einheit des Selbstbewußtseins, um die Möglichkeit der Erkenntnis a priori aus ihr zu bezeichnen» [8].

c) In der ‹Deduktion der reinen Verstandesbegriffe› (vorzüglich in der zweiten Auflage der ‹Kritik der reinen Vernunft› von 1781) ist die t.A. als erstes und höchstes Prinzip von Sein und Erkenntnis eingesetzt. Sie bezieht sich auf Erfahrung, indem sie diese allererst ermöglicht. So ist sie Bedingung für die Erkennbarkeit und zugleich für das Gegenständlichsein des Gegenstandes, und zwar die höchste. A. ist ‹ursprünglich-synthetische Einheit›. Sie heißt ursprünglich, weil die Vorstellung des Ich-denke ein «Aktus der Spontaneität» ist, also nicht als Gegebenes vorliegt, sondern allererst in der Tätigkeit des Sich-auf-sich-Beziehens entspringt und ist, und weil sie allen Vorstellungen zugrunde liegt, ohne selbst einen anderen als Subjekt zu bedürfen, so daß das Ich-denke alle meine Vorstellungen begleitet, ohne selbst von einer ursprünglicheren begleitet zu werden [9]. t.A. ist synthetische Einheit. Die durchgängige Identität des Bewußtseins ist analytisch, sofern in jeglicher Vorstellung der Bezug auf das vorstellende Ich herausgegliedert werden kann. Diese analytische ist aber allein aufgrund einer synthetischen Einheit möglich: Die Einheit des Selbstbewußtseins beruht auf dem Bewußtsein eines apriorischen Verbindens; alles anschaulich Gegebene ist darin geeint, nicht bloß *meine* Vorstellung, sondern mit mir *verbundene* Vorstellung zu sein. – Dieser Satz, die ursprüngliche Einheit der A. sei synthetisch, ist der oberste Grundsatz einer transzendentalen Logik, d. h. er ist nicht Grundsatz des Anschauungsgebrauchs, und er ist eingeschränkt für den Gebrauch eines endlichen Verstandes, der nur denkt und nicht ‹intellektuell› anschaut. Dennoch bildet die ursprünglich-synthetische Einheit des Ich-denke für alle Transzendentalphilosophie den alles bestimmenden Ausgangspunkt; denn sie ermöglicht eigentlich die Einheit von Subjekt und Objekt *als* solche: «Und so ist die synthetische Einheit der A. der höchste Punkt, an den man allen Verstandesgebrauch, selbst die ganze Logik, und, nach ihr, die Transzendental-Philosophie heften muß» [10].

2. FICHTES Transzendentalphilosophie hängt an diesem Punkt. Die zweite Einleitung in die ‹Wissenschaftslehre› von 1797 (§ 6) verschafft über diesen gemeinsamen Ausgangspunkt Klarheit, indem sie die Bedeutungsgleichheit der Termini ‹t.A.›, ‹intellektuelle Anschauung› und ‹reines Ich› vorführt. Die ‹Wissenschaftslehre› geht aus «von einer intellektuellen Anschauung, der absoluten Selbsttätigkeit des Ich» [11]. Und Fichte stellt das grobe Mißverständnis, er erhebe den von Kant kritisch beseitigten Gedanken einer intellektuellen Anschauung an die Spitze eines Systems, richtig: «Die intellektuelle Anschauung, von welcher die Wissenschaftslehre redet, geht gar nicht auf ein Sein, sondern auf ein Handeln, und ist bei Kant gar nicht bezeichnet (außer, wenn man will, durch den Ausdruck reine A.)» [12]. Reine A. wäre so das unmittelbare (folglich anschauliche) und nicht sinnliche (folglich intellektuelle) Bewußtsein des Selbst, das nichts ist als ein Handeln, nämlich die in sich selbst zurückkehrende Tätigkeit des Vorstellens oder Subjekt-Objektivität. Darin besteht die Ichheit des Ich. Das Ich der ‹Wissenschaftslehre› besagt dasselbe wie das Ich-denke oder die t.A. der ‹Kritik der reinen Vernunft›. Es meint nicht das Identisch-Werdende im mannigfaltig Gedachten (die empirische A.) und nicht das bedingte individuelle Ich: «Auch kann Kant unter dieser reinen A. nicht das Bewußtsein unserer Individualität verstehen…; denn das Bewußtsein der Individualität ist notwendig von einem anderen Bewußtsein, dem eines Du, begleitet, und nur unter dieser Bedingung möglich» [13]. Fichte hat das Prinzip des reinen Ich dem kantischen Gedanken der t.A. entnommen, «sonach finden wir ja bei Kant ganz bestimmt den Begriff des *reinen Ich*, gerade so, wie die Wissenschaftslehre ihn aufstellt» [14].

In der ‹Grundlage› von 1794 erscheint Kants oberster Grundsatz in der Formel ‹Ich bin Ich›: «Auf unseren Satz, als obersten Grundsatz alles Wissens hat gedeutet Kant in seiner Deduktion der Kategorien; er hat ihn aber nie *als* Grundsatz bestimmt aufgestellt» [15]. Darin liegt: Kant habe zwar das reine Ich als Bedingung alles Bewußtseins gedacht und auch die Idee einer systematischen Ableitung des gesamten Bewußtseins, die vom Ich ausgeht, in einem Genieblick gefaßt; aber eine dreifache Aufgabe der Philosophie sei versäumt oder nur bruchstückhaft erfüllt worden: Der oberste Grundsatz ist als schlechthin unbedingter zu finden; er muß absolut, also für alles (für das theoretische wie für das praktische) Bewußtsein zugrunde gelegt werden; und er hat sich in einer lückenlosen, vollständigen Ausfaltung, die alles, was im Bewußtsein ist, durch die notwendige Bedingung des Selbstbewußtseins begründet, als Grundsatz zu bewähren. In solcher Aufstellung und Entwicklung des Grundsatzes der t.A. und in nichts anderem besteht das System der frühen ‹Wissenschaftslehre›.

Fichtes ‹Transzendentale Logik› der späten ‹Wissenschaftslehre› versteht die reine oder absolute A. als Bildform, d. i. als das Bewußtsein, in welchem das Absolute (das Sein, Licht, Leben oder das Quale, die Urrealität) erscheint: «Dies ist nun die eigentliche Aufgabe der transzendentalen Philosophie: die Form, welche das absolute Quale der Erscheinung annimmt von der Bildform, erschöpfend aufzuweisen» [16]. Dafür gilt es, die A. oder «das ursprüngliche Bewußtsein aus dem formalen Sein der Erscheinung» abzuleiten [17]. Die A. gehört nicht dem Sein zu; denn allein Gott oder das Absolute ist seiend. Außer dem Sein kann nur Bild (Schema) des Seins sein, und dieses kann sich nur im Unterschied zum Sein und außer ihm halten, indem es sich als Bild auf sich bezieht. Also gehört zum Bild unzertrennlich die Form des sich vom Sein unterscheidenden Selbstbezuges. Darin, die A. («das Ich-stelle vor») als Form abzuleiten, in welcher das Absolute allein erscheinen oder da sein kann, besteht die Neufassung der Transzendentalphilosophie: «Das ist die Erörterung des Tiefsten, worauf es in der Wissenschaftslehre ankommt; das genaue Bild der reinen und absoluten A., des absoluten Verstandes in seinem tiefsten Zusammenhange mit dem Absoluten» [18].

Die A. als notwendiger Selbstbezug der Erscheinung ist ursprünglich nicht synthetische Einheit. Sie entsteht nicht durch Verbindung eines Mannigfaltigen. Sie ist ursprünglich analytische Einheit; denn als Erscheinungsform Gottes *wird* sie nicht, sie *ist* schlechthin wie Gott, und «alles Mannigfaltige wird sich zeigen müssen als eine Analyse der Einen Erscheinung» [19]. Dafür ist auf das zweite Moment der A. zu achten: A. ist nicht nur ein Selbst, sondern ist als Selbst. Zur Form des Bildes oder zum Wissen von Sein gehört, daß es sich als wissend weiß. Die Bildform hat die synthetische Gestalt des Ich in sich. «Zur A. gehört zweierlei: 1. daß etwas sei, das schlechthin Bild seiner *selbst* ist, ein Sein, einzig nur in dieser Beziehung auf sich selbst als Bild, dessen formales Sein in dieser Beziehung aufgeht. So haben wir die Erscheinung begriffen, und dies der Grund unserer Behauptung einer A., die nicht wird, sondern schlechthin ist. 2. Daß dieses Etwas auch ein Bild habe dieses Verhältnisses zu sich selbst» [20].

In einer so bedachten «absoluten A.» ist der Einheitspunkt gefunden, «in welchem alle Mannigfaltigkeit, die fünffache sowohl wie die unendliche liege» [21]. Die Transzendentalphilosophie hat die vier Glieder des Selbstbewußtseins (Subjekt, Objekt, Anschauung, Begriff), die in einem fünften, dem «Als» oder der Reflexion, ‹organisch› vereinigt liegen, genetisch auszufalten, vorzüglich im Hinblick auf die Grundspaltung von Natur und Geist bzw. Erfahrung und Übererfahrung, aber auch in Rücksicht auf die Sonderung des einen Ich in ein System von unendlich vielen Ichen. In dieser Aufstellung und Entwicklung der t.A. besteht die Philosophie der späten ‹Wissenschaftslehre›, soweit sie Bild- oder Erscheinungslehre ist. «Die Philosophie ist ja eben die Aufstellung und Entwicklung dieses Bildes der bloßen Form in ihr selbst» [22].

3. HEGELS ‹Phänomenologie des Geistes› hebt die t.A. als unmittelbaren Ausgang und höchsten Punkt des Idealismus auf. In Hegels System selbst ist der Gedanke der t.A. kein eigener Terminus; er wird verwendet, um geschichtlich wie systematisch die Position des (beschränkten) Idealismus zu charakterisieren [23]. Die Vernunft, die sich mit der Gewißheit des Bewußtseins versteht, alle Realität zu sein, spricht sich unvermittelt im Grundsatz aus: «Nur die Einheit der A. ist die Wahrheit des Wissens» oder «Ich bin ich» [24]. Aber so, als unmittelbare Behauptung, hat die Vernunft ihren dialektischen Weg vergessen und bleibt gegen die Versicherung ohnmächtig, daß der Gegensatz: ‹Es ist Anderes für mich› ebenso unmittelbar gewiß sei. Sie gerät daher in Gefahr, schlechter, einseitiger Idealismus zu werden, nämlich die Einheit der A. wieder als Bewußtsein auf die eine Seite und ihr gegenüber ein fremdes Ansich (das Ding, den Anstoß) zu setzen. So findet sich das ‹vernünftige Selbstbewußtsein› im Widerspruch: Es soll alle Realität sein und kann sie niemals werden. Für Hegel liegt daher im Standpunkt der t.A. die Gewißheit des Ich, das getrieben ist, seine Gewißheit zur Wahrheit zu erheben und das ‹leere Mein› (die reine A. bloß als Tätigkeit des Vermeinigens [25]) zu erfüllen, letztlich im absoluten Wissen, dem sich als Geist wissenden absoluten Geist.

4. HERBARTS ‹Psychologie als Wissenschaft› gewinnt den Begriff der A. zurück, indem sie Widersprüche in Fichtes Gedanken vom reinen Ich (vor allem den regressus in infinitum im sich-vorstellenden Ich und den Widerspruch im Gedanken einer Identität von Entgegengesetzten, dem vorstellenden Ich-Subjekt und dem vorgestellten Ich-Objekt) aufspürt [26] und unter Berufung auf den Einsatz des A.-Gedankens bei Leibniz auflöst [27]. Danach wäre A. der Vorgang, sich der Vorstellungen, die ins Bewußtsein kommen (der Perzeptionen), auch noch bewußt zu werden; und es ist auf die Bedingungen dieses Vorganges zurückzufragen. «Allein um nun auch noch *sich ihrer bewußt zu werden* (sie zu apperzipieren) – dazu gehört, daß sie selbst Objekte eines neuen Vorstellens werden; welches niemals durch sie selbst, sondern allemal nur durch eine *andere* Vorstellungsreihe geschehen kann» [28]. A. überhaupt besagt danach die Zueignung einer neuen Vorstellung in eine früher erworbene, zu Gedankenkreisen geordnete Vorstellungsmasse durch Aufmerksamkeit als der «Fähigkeit, einen Zuwachs an Vorstellungen zu erzeugen» [29], und zwar mittels Kategorien, «den allgemeinsten Begriffen, die zur A. dienen» [30]. Zur A. gehört mithin eine apperzipierende und eine apperzipierte Vorstellung, wobei die höchste apperzipierende nun selbst nicht wieder apperzipiert wird [31]. Das gilt nicht nur für die A. der äußeren, sondern auch für die der inneren Wahrnehmungen; «eine Vorstellung oder Vorstellungsmasse wird beobachtet, eine andere Vorstellung oder Vorstellungsmasse ist die beobachtende» [32]. Durch die Auseinandersetzung von beobachtendem Subjekt und beobachtetem Objekt in der A. als Selbstbeobachtung ist der Widerspruch im Selbstbewußtsein allerdings behoben. Indem Herbart von der Vorstellung als Grundbegriff der Psychologie ausgeht, hebt er das Ich als Ursprung der Vorstellungen auf und erklärt es als letztes Resultat ihrer Verbindungen, nämlich als den wechselnden Durchkreuzungspunkt von Vorstellungsreihen.

5. W. WUNDT hebt seine ‹Grundzüge der physiologischen Psychologie› [33] von Herbart ab: «Der Grundirrtum dieser Psychologie liegt in ihrem Begriff der A.› [34]. Das Wesen der A. besteht nämlich gar nicht in der Aneignung der einen Vorstellungsmasse durch die andere. «Die entscheidende Wichtigkeit, welche der spontanen Tätigkeit des Vorstellenden bei der A. zukommt, ist hier ganz und gar übersehen» [35]. A. ist im Grunde

die innere Tätigkeit des Willens, welche die Vorstellungen ursprünglich verknüpft bzw. zerlegt. «Alle Verbindung ist abhängig von der A.» [36]. Dabei beruhen die Assoziationen auf passiver A. (in der die Willenstätigkeit durch den Eindruck der Vorstellung eindeutig bestimmt ist); die ‹apperzeptiven Verbindungen› dagegen (die Bildung von Begriffen, Urteilen, Schlüssen) beruhen auf auswählender und sich ihrer Tätigkeit bewußter A. Passive und aktive A. sind dabei nur dem Grade, nicht dem Wesen nach unterschiedene innere Tätigkeiten des Willens. Und das Selbstbewußtsein, in dem das Subjekt unmittelbar sein inneres Handeln erfaßt, «hat in der konstanten Wirksamkeit der A. seine Wurzel» [37]. Wundt hat noch einmal die A. als oberste Bedingung für die Einheit unseres Bewußtseins ausgegeben. «Jene Einheit unseres Wesens ist selbst nichts anderes als die Tätigkeit der A.» [38]. Aber diese Einheit ist nurmehr psychologisch verstanden, und der Vorgang der A. wird hauptsächlich physiologisch untersucht. Solche A.-Theorien haben die philosophische Tragweite des Prinzips einer t.A. aus den Augen verloren.

Anmerkungen. [1] SCHELLINGS Unterscheidung von logischem und absolutem Ich oder der Einheit der Apperzeption in ‹Vom Ich als Prinzip der Philos.›, Sämtl. Werke 1, 206. 401; sein Urteil über Fichtes Leistung im Hinblick auf Kants Begriff der t.A., «welche nichts anderes als die transzendentale Ichheit selbst war», vgl. ‹Zur Gesch. der neuen Philos.› a. a. O. 10, 90 Anm.; zur ‹absoluten A.› als Fassen des Absoluten vgl. ‹Fernere Darstellungen›, a. a. O. 374. 382. – [2] KANT, KrV A 343. – [3] a. a. O. A 341. – [4] A 346. – [5] A 346. – [6] Vgl. Von dem obersten Grundsatze aller synthetischen Urteile a. a. O. A 154ff. – [7] A 158. – [8] B. 132. – [9] ebda. – [10] B 134. – [11] J. G. FICHTE, Sämtl. Werke, hg. I. H. FICHTE (1845-1846) 1, 471. – [12] a. a. O. 1, 472. – [13] 1, 476. – [14] ebda. – [15] 1, 99. – [16] 9, 173. – [17] 9, 298. – [18] 10, 42. – [19] 9, 178. – [20] 9, 178-199; vgl. 184. – [21] 9, 82. – [22] 9, 174. – [23] Zur hist. Kennzeichnung vgl. HEGEL, Gesch. der Philos. Jubiläums-A. 19, 460. 565; Große Logik II, a. a. O. 5, 15. – [24] 2, 189. – [25] 8, 129 Zusatz. – [26]. Vgl. J. F. HERBART, Psychol. als Wiss. 1. Abschn. zit. nach Schriften zur Psychol., hg. G. HARTENSTEIN 1. 2 (1850). – [27] a. a. O. 1, 240-244. – [28] 1, 243. – [29] 2, 200. – [30] 2, 223. – [31] 2, 199. – [32] 2, 190. – [33] W. WUNDT: Grundzüge der physiol. Psychol. 1. 2 (²1880). – [34] a. a. O. 2, 316. – [35] ebda. – [36] 2, 387. – [37] ebda. – [38] 2, 305.

Literaturhinweise. – *Zu Kant:* FR. J. NIEDEN: Kritik der A.-Theorien von Leibniz, Kant, Herbart, Steinthal und Wundt (1888). – A. SSYNOPALOFF: Kants Lehre von der t.A. (Diss. Heidelberg 1910). – H. SCHACK: Die t.A. bei Kant als formales und reales Grundprinzip (Diss. Königsberg 1919). – K. DELEHAYE: Die memoria interior ... und der Begriff der t.A. Kants (1936). – W. F. SCHOELER: Die transzendentale Einheit der A. nach I. Kant (1959). – I. MYLIUS: Das transzendentale Ich in der transzendentalen Fragestellung Kants (Diss. Freiburg 1959). – *Zu Fichte:* P. HENSEL: Über die Beziehung des reinen Ich bei Fichte zur Einheit der A. bei Kant (Diss. Freiburg 1885). – O. BORDES: Über Fichtes und Herbarts Lehre vom Ich und ihr Verhältnis zueinander (Diss. Rostock 1906). – H. GIESECKE: Das transzendentale Ich bei Fichte (Diss. Breslau 1936). – *Zu Hegel:* G. MANN: Zum Begriff des Einzelnen, des Ich und des Individuellen bei Hegel (Diss. Heidelberg 1932) – *Zu Wundt:* G. L. LAFORTE: Wundts Stellung zum Ichproblem (Diss. Berlin 1911).
W. JANKE

Apperzeptionspsychologie. Mit ‹A.› bezeichnet man psychologische Schulrichtungen (auch ‹Auffassungstheorien›, ‹Aufmerksamkeitstheorien› genannt), die bei der Beschreibung und Erklärung der Wahrnehmung und anderer kognitiver Prozesse die gestaltende Tätigkeit des Subjekts betonen. So ist z. B. der wahrgenommene Gegenstand kein (bloßes) Resultat der nach «mechanischen Gesetzen» verlaufenden Akkumulation psychischer Elemente, sondern (auch) das Ergebnis selbsttätiger «Produktion» des Subjekts. Die bekanntesten Vertreter sind: W. WUNDT, A. v. MEINONG, V. BENUSSI, H. HÖFFDING und TH. LIPPS. Bei WUNDT ist die *Apperzeption* eine (willkürlich-vorsätzliche oder unwillkürlich-automatische) *Reaktion des Bewußtseins* auf Sinneseindrücke, wobei der zu apperzipierende Sinneseindruck den Erlebnischarakter der Helle und Klarheit erhält. Die Apperzeption geht mit «Spannungserlebnissen» einher. Sie hat eine *selektive Funktion:* Das apperzipierende Subjekt wählt zwischen «Vorstellungen» aus, faßt Sinneseindrücke unter «Gesichtspunkten» auf, usw. Das morphologische Äquivalent der Apperzeption ist nach Wundt ein «Apperzeptionszentrum» im Vorderhirn; die Apperzeption ist funktional mit der «Willensreaktion» verwandt [1].

In der modernen Psychologie wird der Apperzeptionsbegriff kaum noch verwendet. Er wird durch ‹Einstellung›, ‹Schema› usf. ersetzt [2]. Die A. ist von der Gestalttheorie scharf kritisiert worden [3]. Sie wird von der behavioristischen Psychologie als «mentalistisch» abgelehnt.

Anmerkungen. [1] W. WUNDT: Grundzüge der physiol. Psychol. (1874). – [2] P. OLÉRON: Les attitudes dans les activités intellectuelles, in: H. C. DUIJKER u. a.: Les attitudes (Paris 1961); TH. HERRMANN: Psychol. der kognitiven Ordnung (1965). – [3] W. METZGER: Psychol. (²1954).

Literaturhinweise. E. DÜRR: Die Lehre von der Aufmerksamkeit (1907). – J. LINDWORSKY: Experimentelle Psychol. (1927). – A. MESSER: Die Apperzeption (³1928). – Vgl. Anm. [2, 3].
THEO HERRMANN

Appetenz ist ein Fachausdruck in der vergleichenden Verhaltensforschung und bezeichnet seit W. CRAIG [1] alles zweckgerichtete Verhalten höherer Organismen, die damit aktiv ganz bestimmte Reizsituationen anstreben, in denen ein auslösender Mechanismus angesprochen und damit ein bestimmtes Verhalten ausgelöst wird. Subjektiv gesehen strebt der Organismus nach den sinnlichen Lustgefühlen, welche das Ansprechen eines auslösenden Mechanismus und das Ablaufen bestimmter Handlungen begleiten. Angestrebt ist also nicht das Handlungsziel, sondern das Ausführen der Endhandlung selbst. Schafft man dafür geeignete Situationen, die zwar unbiologisch, aber wirksamer als die natürlichen sind, so kann der Organismus lernen, nach diesen die Handlung stark auslösenden Situationen zu streben, selbst wenn dadurch das Erreichen biologisch wichtiger Ziele oder sogar die Selbsterhaltung in Frage gestellt wird. Im Gegensatz zur in ihrem Ablauf und in den sie auslösenden Reizen vergleichsweise «starr» festgelegten Instinkt- oder Endhandlung ist das zu einer Instinkthandlung gehörende A.-Verhalten weit offen für Lernvorgänge; der Organismus kann lernen, wann und wo welche Handlungen sich wie in Gang setzen lassen.

Anmerkung. [1] W. CRAIG: Appetites and aversions as constituents of instincts. Biol. Bull. 34 (1918) 91-107. W. WICKLER

Appétition. LEIBNIZ beansprucht den Begriff der A. (lat. appetitio, appetitus sive agendi conatus ad novam perceptionem tendens), um die Struktur der Monade darzulegen. Er erläutert ihn in Analogie zum menschlichen Willen, deduziert ihn als Bedingung der Möglichkeit wahrer Einheit und weist ihn damit als grundlegende Bedeutung des wahren Seins aus.

«L'action du principe interne, qui fait le changement ou le passage d'une perception à une autre, peut être appelée Appétition» [1]. A. benennt den Vollzug eines Durch- und Übergangs und enthält das Moment des conatus (nisus, praetensio): die sich vorneigende Anspannung, wodurch das Bewegte im gegenwärtigen Jetzt das zukünftige mitanwesend hält. Ein conatus heißt ‹tendentia›, sofern die Vorneigung ins Zukünftige zugleich eine Richtung einschlägt und einhält. A. hat die Tendenz, im Übergang von Vorstellung zu Vorstellung Welt aufzuklären. «L'appétit ... n'est autre chose que la tendence d'une perception à une autre» [2]. Sofern diese Tendenz durch die Verworrenheit, in welcher das Ganze des Vorstellbaren in jeder gegenwärtigen perceptio mitgegenwärtig ist, gehemmt wird, kann sie Streben genannt werden; denn zum Streben gehört wesenhaft Widerstreben. Die A. erstrebt die Verwirklichung eines prästabilierten Verhältnisses zur Welt. Das Erstrebte steht dafür gut, daß das Strebende durch den rechten Weltbezug in sein Wesen gelangt; dieses Gute (bonum metaphysicum) ist das vorgestellte Ende (finis), von der her der Übergang sich anfänglich bestimmt und gesetzhaft regelt [3]. Solches Streben heißt Begehren und als selbstbewußtes Begehren Wille (appétition aperceptible).

Der Begriff der A. beschränkt sich indessen nicht auf den selbstbewußten Willen, vielmehr verbürgt und erläutert dieser in analoger Weise die A. als den Grundzug, der alles wahrhaft Eine und Seiende durchherrscht: «Ut in nobis intellectioni respondet voluntas, ita in omni entelechia primitiva perceptioni respondet appetitus, seu agendi conatus ad novam perceptionem tendens» [4].

‹A.› hat wie ‹perceptio› einen generellen Sinn, der alles wahrhaft Seiende als ens percipiens et appetens umgreift [5]. Dieser universalontologische Sinn wird als Rechtfertigung der wahren Einheit endlicher Monaden (nicht durch Analysis der ‹Vermögen› des menschlichen Subjekts) gewonnen. Und weil die Bedingungen des wahrhaft Einen zugleich Bedingungen des wahrhaft Seienden sind, kann die Metaphysik seit Leibniz Sein vordringlich als willenhaftes Streben verstehen.

Anmerkungen. [1] Monad. § 15. Philos. Schriften, hg. C. I. GERHARDT (1875–1890) 6, 609. – [2] An Remond, Juli 1714. Philos. Schriften 3, 622. – [3] Principes de la nature ... § 3. Philos. Schriften 6, 599. – [4] a. a. O. 7, 330; vgl. den Terminus ‹percepturitio› bei CHR. WOLFF: ‹conatus mutandi perceptionem›. – [5] An Bourguet, Aug. 1715. Philos. Schriften 3, 581.

Literaturhinweis. J. SCHERER: Die willensartigen Bestandteile der Monade bei Leibniz (Diss. Leipzig 1924, Ms.). W. JANKE

Applikation ist philosophiehistorisch bedeutsam durch die Verwendung in der pietistischen Hermeneutik des 18. Jh. und die Aktualität des Begriffs in der gegenwärtigen Hermeneutikdiskussion.

Der Gebrauch des *Wortes* ‹A.› (applicare, applicabilis) ist in seiner Geschichte sehr vielfältig. Die Verwendung als medizinischer Fachausdruck, selbst für die chirurgische Tätigkeit [1], ist bei SPENER und BENGEL metaphorisch im Spiel [2]. Der liturgische Begriff der A. (Zuwendung der fructus missae) [3] hat den der «Vermittlung» des Erlösungswerkes Christi zur Voraussetzung (BENGEL verwendet ‹applicare› auch in diesem Sinn [4]). Für den Vernunftbegriff des ALBERTUS MAGNUS: «Intellectus ..., qui intelligentiae imago est, immediatam applicationem habet ad primas formas intelligibiles» [5] bedeutet ‹A.› – Wesentliches bezeichnend, ohne Zentralbegriff zu sein – soviel wie «Verbindung zu». W. T. KRUG weist für «A. haben» nach: man «passe oder schicke sich zu einem Geschäft» [6].

In der *pietistischen Hermeneutik* hat die A. als ‹Anwendung›, ‹Aneignung› ihren systematischen Ort neben der Explikation (intelligere, explicare, applicare) [7]. Die hermeneutische Funktion der A. hat ihren religiösen Sinn darin, daß es «mit dem Wissen in dem Christentum durchaus nicht genug sei, sondern es vielmehr in der Praxis bestehe»; «solches [das Christentum] an sich haben und üben» [8]. (SPENER: Theologie als «habitus practicus».) Kritik an Institutionen, Dogmatik und Verkündigung der altprotestantischen Orthodoxie als verfälschend-erstarrter Reformation, zum anderen die zentrale Rolle der Bibelwissenschaft durch das erneuerte Schriftverständnis und Veränderungen dogmatischer Positionen sind geschichtliche Momente im Selbstverständnis des Pietismus, aus denen die praktische Aufgabe der Hermeneutik erwächst («Auferbauung des neuen Menschen»; Bibel für OETINGER «Postille der Veränderung»; Aufgabe: «Sich-Einleiben» in die göttliche Schöpfung des Wortes). Der A.-Begriff hat in dem der porismatischen Auslegung sein aus der Logik stammendes Gegenstück.

Das vom Boden biblischer Hermeneutik sich entwickelnde Dualismusproblem (Forscher-Prediger; historisch-kritische Methode-Glaube, bei BENGEL bereits angedeutet) erscheint in der *gegenwärtigen Hermeneutikdiskussion* wieder unter dem ausdrücklichen Thema des Verhältnisses von Explikation und A. [9]. – Im Zusammenhang der universalen hermeneutischen Frage nach der «Geschichtlichkeit des Verstehens» bedeuten GADAMERS Fassung des A.-Begriffs als Titel des konstitutiven hermeneutischen Vermittlung und BETTIS Verständnis des Begriffs als Regel der normativen Interpretation unter der Voraussetzung der Differenz des Historischen und des Normativen zwei Aspekte des A.-Begriffs, Indiz für unterschiedliche Momente des Geschichtsdenkens. Wichtig ist, daß es GADAMER um die Theorie des Verstehens geht, BETTI um die Hermeneutik als Methodenlehre [10]. «Anwendung», für GADAMER das hermeneutische Grundproblem, ist sachlich beschreibbar 1. am Verhältnis des Allgemeinen und Besonderen: Verstehen als «ein Sonderfall der Anwendung von etwas Allgemeinem auf eine konkrete ... Situation» [11], 2. an dem Problem des historischen Abstandes (Aufgabe der «kontrollierten Horizontverschmelzung» [12]): «Verstehen ... als Einrücken in ein Überlieferungsgeschehen, in dem sich Vergangenheit und Gegenwart beständig vermitteln» [13].

Anmerkungen. [1] HÜBNERS Lexicon 2. T. (¹1712, zit. 1792) 122. – [2] PH. J. SPENER: Pia desideria (1675) Vorrede; J. A. BENGEL: Erklärte Offenbarung (1740) Vorrede § 12. – [3] H. DENZINGER/A. SCHÖNMETZER: Enchiridion symbolorum, definitionum et declarationum (1854, zit. ³³1965) 1530 (2630). – [4] J. A. BENGEL: Gnomon Novi Testamenti (1742, zit. ⁸1915) 942. – [5] ALBERTUS MAGNUS, In eth. 6, 2, 17. – [6] W. T. KRUG: Allg. Handwb. philos. Wiss. 1 (²1832), 1. – [7] J. J. RAMBACH: Inst. hermeneuticae sacrae (¹1723). – [8] SPENER, a. a. O. [2] 30, 8. – [9] G. EBELING: Die Bedeutung der hist.-krit. Methode für die prot. Theol. und Kirche. Z. Theol. u. Kirche 47 (1950) 1–46. – [10] H. G. GADAMER: Wahrheit und Methode (²1965); E. BETTI: Die Hermeneutik als allg. Methodik der Geisteswiss. (1962). – [11] GADAMER, a. a. O. 295. – [12] 284ff. – [13] 274f. W. KRAMER

Appräsentation heißen in der Phänomenologie E. HUSSERLS bestimmte für das intentionale Leben grundlegende Vergegenwärtigungsarten, die immer mit einer Präsentation assoziativ verknüpft auftreten. A. in einem ersten und allgemeineren Sinne ist mit jeder sinnlichen Wahrnehmung, weiter gefaßt mit jeder Evidenz überhaupt verbunden. Sie bezeichnet dann das Mitbewußtsein von noematischen Momenten, die zwar zum Innenhorizont des einen vermeinten Gegenstandes der betreffenden Wahrnehmung gehören, aber nicht aktuell (urimpressional) wahrgenommen sind [1]. In einem zweiten und engeren Sinne stellt A. den für den intentionalen Aufbau der Fremderfahrung wesentlichen Bestandteil dar [2]. Die konstitutiv erste Stufe der Fremderfahrung ist die Apperzeption eines in meiner primordialen Umwelt auftretenden Körpers als Leib eines anderen Ich. Die A. im engeren Sinne gehört zu dieser Apperzeption und bezeichnet das durch die primordiale Präsentation des anderen Körpers motivierte mittelbare Bewußtsein von der Innerlichkeit des anderen Ich. Während zur A. im weiteren Sinne die Vermöglichkeit originaler Bewährung gehört, d. h. das Bewußtsein, das bislang nur Mitgegebene in eigentlicher Wahrnehmung («Urpräsenz») ausweisen zu können [3], ist eine Bewährung dieser Art für die fremderfahrende A. prinzipiell ausgeschlossen, da nur die Unzugänglichkeit der appräsentierten immanenten Gehalte des fremden Bewußtseinslebens die Unterscheidbarkeit von Ego und Alter Ego garantiert.

Anmerkungen. [1] E. HUSSERL: Cartesianische Meditationen und Pariser Vorträge. Husserliana 1 (Den Haag ²1963) 139. 150ff. – [2] Zum Ganzen vgl. a. a. O. 138-149. – [3] Vgl. Ideen zu einer reinen Phänomenol. und phänomenol. Philos. 2. Buch. Husserliana 4 (Den Haag 1952) 162ff.   K. HELD

Apprehension (von lat. apprehendere) heißt in der *Antike* ursprünglich das Ergreifen, Erfassen einer Sache, sodann auch metaphorisch im juristischen Sinne die Besitzergreifung, sogar durch Mittelpersonen [1], eine Bedeutung, die sich bis zum Anfang des 19. Jh. durchhielt. So bezeichnet KRUG als A. die «Ergreifung einer Sache, um sie zu unserm Eigenthume zu machen; daher mit derselben die Appropriation oder die Zueignung der ergriffenen Sache nothwendig verknüpft ist»[2]. Daneben aber kennt bereits die Antike von der Sinnesphysiologie her die gleichfalls metaphorische Übertragung: «... in morbo acuto ... singuli sensus suo carent apprehensionis officio» (bei heftigem Krankheitsverlaufe ... versagen die einzelnen Sinne den Dienst des Erfassens) [3].

Philosophische Bedeutung erhielt der Begriff im *Mittelalter*. So unterscheidet AVICENNA zwischen einem vegetabilischen, einem sensiblen und einem instrumentalen Vermögen der menschlichen Natur und weist der Sensibilität eine Apprehensivkraft (vis apprehensiva) in Beziehung auf die imaginatio und den appetitus zu [4]. THOMAS VON AQUIN unterscheidet zwei Arten der A.: Die eine ist «schlicht und absolut (simplex et absoluta), da sie sofort ohne Untersuchung über das Apprehendierte ein Urteil fällt, die andere ist untersuchend (inquisitiva), da sie durch Vernunfttätigkeit (ratiocinando) Gutes und Böses, Zuträgliches und Abträgliches aufspürt» [5]. Die Notwendigkeit zur A. überhaupt resultiert für ihn aus der Tatsache, daß der menschliche Verstand im Gegensatze zum göttlichen nur in dem Prozesse des Überganges von der Potenz in den Akt, d. i. in operativer Tätigkeit, sich Erkenntnisse verschaffen kann. Die A. ist dabei der erste Schritt zur Gewinnung noetischer Erkenntnis, ihr Gegenstand ist die quidditas eines Dinges, die ohne Ansehung der besonderen Eigentümlichkeiten desselben erfaßt werden kann. Die den letzteren geltende perceptio der Wahrheit und drittens der assensus zu dieser sind die weiteren notwendigen Schritte der Vernunfttätigkeit (ratiocinari) auf den Wege zur Vollständigkeit ihrer Erkenntnis [6]. Die noetische Relevanz der A. steigerte sich im Nominalismus. Nach WILHELM VON OCKHAM findet ein apprehensiver Akt des Intellekts statt «in Rücksicht eines jeglichen Dinges, das den Akt der intellektiven Potenz bestimmen kann, mag es ein Urteil (complexum) oder bloß Bestandteil eines solchen (incomplexum) sein, weil wir nicht allein Urteilsbestandteile apprehendieren, sondern auch Aussagen, Beweise (propositiones, demonstrationes), sowohl notwendige als mögliche und überhaupt alles, was in den Blick einer intellektiven Potenz fällt», während als urteilender (judikativer) nur derjenige Akt bezeichnet werden kann, «durch welchen der Intellekt nicht nur ein Objekt apprehendiert, sondern sogar jenem seine Zustimmung gibt oder versagt, und dieser Akt findet nur in Rücksicht auf das Urteil (complexum) statt» [7]. Bei SUÁREZ hat die A. zwei Formen: «Erstlich kann apprehendiert werden durch einfache Begriffe unter Verzicht, ein Ding mit dem anderen zu vergleichen, zweitens unter Anstellung eines Vergleichs zwischen auf einfache Weise begriffenen Dingen. Die erstere wird einfache A., die letztere Zusammensetzung oder zusammengesetzte A. genannt» [8].

CHR. WOLFF verbindet den Vorgang der A. mit der sinnlich-geistigen Vergegenwärtigung: «Indem wir ein entweder unserem Sinne oder unserer Einbildungskraft gegenwärtiges Ding betrachten oder unsere Aufmerksamkeit auf dasselbe richten, sagen wir von uns, daß wir es einfachhin apprehendieren (simpliciter apprehendere), daher die einfache A. für uns eine Aufmerksamkeit auf das Ding ist, mag es nun unserem Sinn oder der Einbildungskraft gegenwärtig oder irgendwie vom Denken vergegenwärtigt (repraesentare) worden sein» [9]. Für KANT wird die A. zu einem Vermögen synthetischer Akte, und er versteht unter der A. die Zusammensetzung des Mannigfaltigen in einer empirischen Anschauung, wodurch Wahrnehmung, d. i. empirisches Bewußtsein derselben möglich wird. Das anschauliche Erfassen von Vorstellungsgegenständen heißt A. (in der Anschauung); das Wiedervorstellen von bereits vorgestellten Gegenständen von Vorstellungen heißt Reproduktion (in der Einbildung); das Erkennen, daß die reproduzierten Gegenstände von Vorstellungen dieselben sind, wie die seinerzeit apprehendierten, heißt Rekognition (im Begriffe) [10]. In der Ästhetik des Erhabenen sieht Kant die Repugnanz zwischen Auffassung und Zusammenfassung (apprehensio und comprehensio aesthetica). Erstere schreitet ins Unendliche fort, während die letztere nicht nachkommt und an ein Maximum gelangt, über das sie nicht hinaustreten kann. Die entstehende Differenz in Verbindung mit einer Vernunftidee, sie dennoch zu meistern, ist konstitutiv für das Gefühl des Mathematisch-Erhabenen [11]. KRUG überträgt dieses ästhetische Modell auf die Psychologie und sieht in der Divergenz von Auffassung und Zusammenfassung als Geistestätigkeiten, deren letztere ihre Grenze hat, die Vergeßlichkeit des Gedächtnisses begründet, welche klare und ganzheitliche Vorstellungen erschwert [12]. SCHELLING kritisiert das Prinzip der Auffassung, soweit sie rein-endlich ist, weil sie «an und für sich schon alle organische Ansicht [aufhebt] und ... an die Stelle derselben die einfache Reihe des Mechanismus [setzt], sowie an die Stelle der Konstruktion die Erklärung» [13]. SCHLEIERMACHER unterscheidet in seiner Psychologie den individuellen Akt der Auffassung als bloßer «darstellender» Tätigkeit vom universellen Prozeß der Wirksamkeit, in welchem das Heraustreten des Einzelwesens aus sich selbst auf das Außer-uns bezogen wird [14]. Zum Gegenstand von Theoriebildungen wird die Auffassung seit HERBART. Dieser weist die Metaphysik als Instanz für eine Theorie der Auffassung zurück und macht eine solche zur Aufgabe der Psychologie, welche mit ihren eigenen, durch eine mathematische Formelsprache festgelegten Mitteln das Problem lösen soll, «wie die Auffassungen mehrerer Merkmale zusammen die Vorstellung eines Dinges ausmachen» [15]. Bei LOTZE gewinnt die Auffassung den erweiterten Horizont von Weltauffassung überhaupt, deren Theorie die Beziehungen der menschlichen Sinneswahrnehmungen auf ein räumliches Außen sowie zweitens die Tatsache der mit scharfem Gegensatze erfolgenden Abtrennung der äußeren Welt vom menschlichen Selbst muß erklären können [16]. Für W. WUNDT hat die Auffassung den Charakter einer Methode, insofern er in seiner Theorie des Verlaufs und der Assoziation von Vorstellungen zwei Wege der Beobachtung unterscheidet, von denen einer «in der Auffassung des Verlaufs der spontan an unserem inneren Auge vorüberziehenden Erinnerungs- und Phantasiebilder, der andere in der Untersuchung des von den äußeren Sinneseindrücken abhängigen Wechsels der Vorstellungen» besteht [17]. HUSSERL macht die Auffassung zu einem konstitutiven Prinzip seiner Phänomenologie und sieht in ihr das «beseelende» Prinzip von Empfindungsdaten, welche in dieser Beseelung darstellende Funktion üben bzw. ineins mit ihr das Erscheinen von Farbe, Gestalt usw. ausmachen. Im Wesen jener Auffassungen liegt der Zusammenschluß zu einer Auffassungseinheit, sowie im Wesen verschiedener solcher Einheiten die Möglichkeit zu Synthesen der Identifikation begründet [18].

Anmerkungen. [1] ULPIAN, Digesten 13, 7, 11. – [2] W. T. KRUG: Allg. Handwb. philos. Wiss. 1 (1827) 168. – [3] CAELIUS AURELIANUS, Celerum vel acutarum passionum lib. 1, 8, 55. – [4] AVICENNA, De anima I, 5. – [5] THOMAS VON AQUIN, 2. Sent. 24, 3, 1 c. – [6] S. theol. I, q. 85 a. 5; De veritate q. 14 a. 1. – [7] WILHELM VON OCKHAM, Sent. Prol. q. 1. O. Opera (Lyon 1494-96, Nachdruck 1962) Bd. 2. – [8] SUÁREZ, De anima III, 6. Pariser A. 3, 637. – [9] CHR. WOLFF: Lat. kontrahierte Logik, Ontologie und Kosmologie (1744) Logik § 32. – [10] KANT, KrV A 99. 100. 103ff. – [11] KU § 26. – [12] KRUG, a. a. O. [2] 1, 211. – [13] F. W. J. SCHELLING, Werke, hg. K. F. A. SCHELLING 5, 320. – [14] FR. SCHLEIERMACHER, Psychol. Werke, 3. Abt. 6, 73. – [15] J. F. HERBART, Sämtl. Werke, hg. HARTENSTEIN (1850-52) 5, 134ff. – [16] R. H. LOTZE: Psychol. (1852) 493. – [17] W. WUNDT: Grundzüge der physiol. Psychol. (1874) 726ff. – [18] E. HUSSERL: Ideen zu einer reinen Phänomenol. und phänomenol. Philos. 1 (1913) 75. Husserliana 3 (Den Haag 1950) 94. F. LÖTZSCH

Apraxie ist nach der Definition LANGES eine «Unfähigkeit zu zweckmäßiger Bewegung bei erhaltener Beweglichkeit und einem Geisteszustand, der diese Unfähigkeit nicht erklärt». In dieser präzisen Fassung geht der Begriff auf LIEPMANN zurück, der einen von ihm beobachteten Krankheitsfall [1] in diesem Sinne interpretierte. Maßgeblich für diese Interpretation war das Bestreben, den Agnosien als einem psychophysischen Zwischenglied im sensorischen Bereich das entsprechende Zwischenglied im motorischen Bereich gegenüberzustellen wie es von der Grundkonzeption der klassischen Lokalisationslehre postuliert wurde. Analog der Entwicklung bei den Agnosien wurde dann später die zunächst einheitlich gesehene A. in eine Vielzahl von Unterformen aufgegliedert [2].

Ohne die Grundlage der klassischen Lokalisationslehre hat auch die A. heute ihre Existenzberechtigung als spezifische Störung verloren. Sofern der Ausdruck noch verwendet wird, bezeichnet er komplexere Bewegungsstörungen verschiedenartigen pathophysiologischen Ursprungs.

Anmerkungen. [1] H. LIEPMANN, Mschr. Psychiat. Neurol. 8, (1900) 15. 102. 182. – [2] K. KLEIST: Gehirnpathologie (1934).

Literaturhinweise. C. V. MONAKOW: Die Lokalisation im Großhirn (1914). – J. LANGE, in: BUMKE/FOERSTER: Hb. Neurol. 6 (1936) 885. – E. BAY, J. Mt Sinai Hosp. 32 (1965) 637.
E. BAY

A priori/a posteriori

I. Die Ausdrücke ‹a priori› und ‹a posteriori› sind durch KANTS Terminologie so nachhaltig fixiert worden, daß selbst die Ansätze zur Aufklärung ihrer Vorgeschichte im Bann des Merkmals ‹Unabhängigkeit von der Erfahrung› stehen und kaum darüber hinausgehen, einen irgendwie gearteten Apriorismus, angefangen bei Anaximander und Platon vor allem, bis hin zu Descartes, Spinoza und Leibniz, nachzuweisen [1].

Demgegenüber müßte herausgearbeitet werden, daß die Basis für dieses Bestimmungspaar eine sehr viel breitere gewesen ist und von anderen Voraussetzungen zu Bedeutungen geführt hat, die von Kant her unverstanden bleiben. Grundlegend waren ARISTOTELES' Bedeutungskatalog des πρότερον/ὕστερον in der ‹Metaphysik› [2], das Kapitel der Kategorienschrift unter den später so genannten Postprädikamenten [3] und die Unterscheidung des πρότερον πρὸς ἡμᾶς vom πρότερον φύσει [4], samt den subtil voneinander abweichenden Interpretationen, die diese Texte durch die Kommentatoren und in der Aristotelesrezeption bis ins 17. Jh. erfahren haben. Hier genügt es, aus der schon bei Aristoteles selbst – wenn überhaupt die Kategorienschrift als echt anzusehen ist – divergierenden Stellung der einzelnen Bedeutungen des πρότερον zueinander diejenigen hervorzuheben, die für die Begriffsgeschichte von ‹a priori› wirksam gewesen sein dürften.

Da ist zunächst die Priorität der Ursache vor der Wirkung (beide in dem weiten, alle Arten der αἰτία umfassenden Sinn), dann die durch die Nichtumkehrbarkeit der Folgerelation charakterisierte Priorität, dergemäß dasjenige früher ist, von dem her sich die Abfolge des Seins nicht umkehren läßt (ἀφ' οὗ μὴ ἀντιστρέφει ἡ τοῦ εἶναι ἀκολούθησις), dergestalt, daß das Frühere zugleich notwendige, aber nicht hinreichende Bedingung des Späteren ist [5], eine Kennzeichnung, die ARISTOTELES nach eigener, heute offenbar nicht mehr zu belegender Angabe [6] von Platon übernommen hat [7]. Schließlich ist in den beweisenden Wissenschaften die Priorität der Elemente vor dem Zusammengesetzten, die methodisch ihren Ausdruck gefunden hat in Aristoteles' Forderungen an die Prämissen des wissenschaftlichen Beweises, nicht allein wahr, ursprünglich und unmittelbar, sondern auch bekannter und früher und damit auch Ursache der Konklusion zu sein [8]. Hieran knüpft der Stagirite die Unterscheidung des πρότερον φύσει vom πρότερον πρὸς ἡμᾶς [9]. Uns näher und für uns bekannter sind die der Wahrnehmung begegnenden Einzeldinge, schlechthin oder von Natur früher dagegen und damit als näher zu den ersten Prinzipien auch bekannter sind die durch den Verstand, im Begriff erfaßbaren Allgemeinheiten. Hatte aber PLATON das Allgemeine, die Ideen, an denen die sinnlich wahrnehmbaren Dinge nur abbildhaft teilhaben, für die allein wirklich existierenden Dinge gehalten und so dem Universalen nicht nur Priorität, sondern auch Ausschließlichkeit zugesprochen, so erkennt ARISTOTELES immerhin noch die natürliche Priorität des Allgemeinen vor dem Besonderen an und legt damit den Grund für die Identifizierung desjenigen, was für den Logos das Frühere ist, mit dem von Natur Früheren. Aber nicht nur das Allgemeine ist für den Verstand früher als das Einzelne, sondern auch der Teil ist früher als das zusammengesetzte Ganze – was auch für die Definition und ihre Elemente gilt –, während für die Sinnlichkeit das Umgekehrte zutrifft: Das uns begegnende Ganze ist uns näher als die Teile, in die der forschende Verstand es nachträglich auflöst, wenn er dessen

Zusammengesetztheit ergründet [10]. Nimmt man hinzu, daß uns im Erkenntnisprozeß die Wirkungen eher gegeben sind als die Ursachen, auf die wir sie zurückzuführen haben, insofern Erkennen für Aristoteles heißt: ex causis cognoscere, so liegt nahe, die Erkenntnis, die von den Wirkungen auf die Ursachen schließt, als eine Erkenntnis a posteriori und demgegenüber die aus den Prinzipien oder bereits erkannten Ursachen auf die Folgen oder Wirkungen schließende als eine Erkenntnis a priori anzusehen und die syllogistischen Verfahren, mit deren Hilfe diese Erkenntnisse gewonnen werden, dementsprechend eine ‹demonstratio a priori› oder ‹ex prioribus› bzw. eine ‹demonstratio a posteriori› zu nennen. Dennoch ist diese in der frühen Neuzeit durchgängige Bedeutung erst allmählich zustande gekommen.

Bei BOETHIUS finden wir besonders ausgeführt das Nichtumkehrbarkeitskriterium für das der Natur nach Frühere [11]. Die im Mittelalter (und noch bei Migne) unter seinem Namen verbreitete, weitgehend wortgetreue translatio antiqua bestimmte die lateinische Terminologie [12]. Für den Beweis formuliert Boethius im Anschluß an Aristoteles die Bedingungen: «fit enim demonstratio ... ex ante cognitis naturaliter, ex convenientibus, ex primis, ex causa, ex necessariis, ex per se inhaerentibus. Sed genere speciebus propriis priora naturaliter sunt: ex generibus enim species fluunt» [13]. Das lautet im 12. Jh. unter Berufung auf diese Boethianische Definition: «est demonstratio cum sit ex prioribus» und daraus abgeleitet werden dann die Disputationsarten unterschieden: «argumentum necessarium et probabile ex prioribus est attributum demonstratori, argumentum vero necessarium et probabile ex posterioribus est attributum dialectico» [14]. Zuvor hatte bereits ABAELARD die Aristotelische Einteilung de priori aus der Kategorienschrift innerhalb des den Loci gewidmeten Teiles seiner Topik dargestellt [15]. Bedeutsamer sollte aber für die Termini ‹a priori/a posteriori› die Verbindung werden, die sie mit der durch die Araber vermittelten und umgewandelten Lehre des Aristoteles von den Beweisen ὅτι und διότι eingingen. Besonders einflußreich war des AVERROES Unterscheidung der Beweise, die sowohl Sein wie Ursache aufzeigen (demonstrationes causae et esse, nur in der Mathematik anzutreffen), in denen die Ursachen sowohl für uns als auch der Natur nach früher sind, von denjenigen, die entweder nur von den Ursachen auf die Wirkungen schließen (demonstratio causae sive propter quid) oder umgekehrt von den Wirkungen auf die Ursachen (demonstratio esse sive signi sive quia), die ebenfalls am Charakteristikum des prius quoad nos bzw. prius natura geschieden werden [16]. In diesem Sinn formuliert auch THOMAS VON AQUIN: «duplex est demonstratio. Una quae est per causam, et dicitur propter quid, et haec est per priora simpliciter. Alia est per effectum, et dicitur demonstratio quia: et haec est per ea quae sunt priora quoad nos, cum enim effectus aliquis nobis est manifestior quam sua causa, per effectum procedimus ad cognitionem causae» [17], und er sagt auch ausdrücklich: «Invenitur enim in scientiis demonstrativis necessarium a priori» [18]. Andererseits hatte schon der arabische Galen-Kommentator HALI RODOHAN († 1061) die aristotelische Beweislehre mit der Methodenproblematik verbunden und die demonstratio propter quid mit Galens doctrina oder methodus compositiva und die demonstratio quia mit dessen doctrina resolutiva identifiziert [19], eine Gleichsetzung, die mit großem Erfolg von PIETRO D'ABANO in seinem 1310 verfaßten ‹Conciliator differentiarum› vulgarisiert worden ist [20].

Die hier interessierende Verquickung dieser Lehren mit der Terminologie des a priori/a posteriori ist bisher erst bei WILHELM VON OCKHAM nachgewiesen. Im weiteren Sinn liegt für Ockham, der ausdrücklich sagt: «demonstratio a priori accipitur multipliciter», ein solcher Beweis vor, «quandocumque arguitur ab una propositione ad aliam formali consequentia, et econverso non est consequentia formalis» [21], womit offensichtlich von dem Aristotelischen Nichtumkehrbarkeitskriterium Gebrauch gemacht wird. Was Ockham im engeren Sinn als demonstratio a priori anerkennt, erfahren wir aus seiner ‹Summa totius logicae›, wo er den Beweis propter quid unter die demonstrationes a priori ordnet, ohne sie jedoch miteinander, wie das später der Fall ist, zu identifizieren. Denn die Beweise a priori, die nicht von den Ursachen ausgehen, wie etwa die negativen Beweise, subsumiert er zusammen mit den demonstrationes a posteriori unter die demonstrationes quia, die nur die Existenz, nicht aber den Grund der Existenz beweisen [22]. Die genannte Gleichsetzung scheint sich bereits bei ALBERT VON SACHSEN anzubahnen: «Demonstratio quaedam est procedens ex causis ad effectum et vocatur demonstratio a priori et demonstratio propter quid et potissima; ... alia est demonstratio procedens ab effectibus ad causas, et talis vocatur demonstratio a posteriori et demonstratio quia et demonstratio non potissima»[23]. Sie blieb jedoch umstritten und Gegenstand methodischer Abhandlungen, vornehmlich in der Schule von Padua [24]. Kontrovers blieb vor allem, was im Einzelnen jeweils a priori bzw. a posteriori bewiesen werden kann. So stellt SUÁREZ die Frage, ob Gottes Existenz a priori beweisbar sei, wo doch Gott keine Ursache seines Seins habe, und wir selbst dann, wenn er eine solche hätte, ihn nicht hinreichend vollkommen erkennen könnten, um ihn von seinen ersten Gründen her zu erreichen; er führt zu ihrer Lösung eine ratiocinatio a priori modo humano ein, für die eine Realunterscheidung zwischen den Attributen genüge. Haben wir erst einmal a posteriori bewiesen, daß Gott ein ens a se ist, dann kann a priori bewiesen werden, daß neben diesem ens a se kein zweites existieren kann [25]. ZABARELLA wendet diese Unterscheidung der Beweisarten an zur Charakterisierung der Prinzipien. Während die principia essendi wohl a posteriori, nicht aber a priori beweisbar seien, müsse man von den eigentlichen Erkenntnisprinzipien sagen, daß ihre Geltung weder a priori noch a posteriori bewiesen werden könnte [26]. Andererseits lesen wir noch bei JAKOB THOMASIUS: «Cognitio quae fit per principia essendi vocatur cognitio a priori, quae non fit per principia essendi, sed per principiata vocatur cognitio a posteriori» [27]. In die Schulphilosophie ging unsere Unterscheidung vor allem in der Form ein, die uns z. B. bei EUSTACHIUS A S. PAULO begegnet: die demonstratio quod sit geht aus von der Wirkung oder von der entfernten Ursache und wird ‹a posteriori› bzw. ‹improprie a priori› genannt, wohingegen die demonstratio propter quid von der causa rei proxima et propria ausgeht und ‹demonstratio a priori, et quidem proprie› heißt [28].

JUNGIUS, offenbar unter dem Einfluß seiner Paduaner Lehrer, nahm die Einteilung des Averroes wieder auf und stellte neben die demonstratio a posteriori einen zweifachen Beweis a priori: «Simpliciter a priori est demonstratio, quae id quod simul secundum nostram cognitionem, et naturam posterius est, ex iis, quae utroque modo priora sunt, deducit; quales sunt Arithmeticorum et Geometrarum demonstrationes. Demonstratio secundum quid a priori dicitur, quae ex iis, quae secundum naturam quidem priora sunt, sed per demonstrationem a posteriori nobis innotuerunt, ea, quae secundum naturam posteriora sunt, deducit, tales sunt Opticorum, Astronomorum, et Physicorum demonstrationes» [29]. Aber ebenso griff Jungius im Anschluß an Melanchthon die Verquickung der Aristotelischen Beweislehre mit der Methodenlehre Galens auf und nannte das kompositive, von den ersten und unmittelbaren Prinzipien ausgehende Beweisverfahren eine demonstratio a priori im Gegensatz zum resolutiven, zu den Prinzipien zurückkehrenden Verfahren der demonstratio a posteriori; beides mit dem Nachdruck darauf, daß diese Verfahren nicht «pueriliter» allein auf den Syllogismus bezogen werden dürften [30].

Bei DESCARTES ist die Terminologie des a priori/a posteriori breit gefächert und im Bewußtsein ihrer Herkunft präsent. So heißt es z. B. im ‹Traité de la lumière›: «ceux qui sçauront suffisamment examiner les consequences des ces verités et de nos regles, pourront connoistre les effets par leur causes, et pour m'expliquer en termes de l'Ecole, pourront avoir des demonstrations a priori» [31]. Auch diskutiert er das Problem der Beweisbarkeit der Prinzipien a priori bzw. a posteriori [32]. An anderer Stelle macht er geltend, es sei seine Absicht, «de connoistre a priori», nämlich «cur ita sit», und sich nicht, wie Galilei es getan habe, darauf zu beschränken zu zeigen, «quod ita sit» [33]. Mit Hilfe der von ihm gefundenen Kenntnis der natürlichen Ordnung könne man a priori erkennen, «sans elle il nous faut contenter de les deviner a posteriori» [34]. Die materia subtilis habe er zwar nicht a priori beweisen können, er hätte aber über fünfzig Schwierigkeiten aufgezählt, die man ohne sie nicht beheben könne, und damit hätte er entsprechend viele Beweise a posteriori für ihre Existenz gegeben [35]. Damit wird deutlich, wie im Beweis a posteriori das Aristotelische Nichtumkehrbarkeitskriterium wirksam wird, und zwar mit dem Faktor, der das Frühere als notwendige Bedingung der Möglichkeit aus dem existierenden bzw. gültigen Späteren zu erschließen erlaubt. Bemerkenswert ist die für Descartes' Methodenlehre charakteristische Umwertung, die in der Terminologie darin zum Ausdruck kommt, daß Descartes im Gegensatz zur geläufigen Zuordnung der Resolution (Analysis) zur demonstratio a posteriori und der Compositio (Synthesis) zur demonstratio a priori erklärt: «Analysis veram viam ostendit per quam res methodice et tanquam a priori inventa est. ... Synthesis econtra per viam oppositam et tanquam a posteriori quaesitam (etsi saepe ipsa probatio sit in hac magis a priori quam in illa) clare quidem id quod conclusum est demonstrat» [36]. Dennoch hält Descartes daran fest, daß die «optima philosophandi via» und überhaupt «la plus noble façon de demonstrer qui puisse estre» diejenige sei, die die Wirkungen durch ihre Ursachen beweist, «a sçavoir celle qu'on nomme a priori» [37].

Bei LEIBNIZ gewinnt die überlieferte Terminologie eine neue Färbung durch den allbeherrschenden Satz vom Grunde, ohne den «neque a causis ad effecta vel ab effectis ad causas argumentatio institui potest» [38]. «Reddere rationem» bedeutet sowohl den Seins- als auch den Erkenntnisgrund angeben, von dem her ein mögliches oder wirkliches Seiendes in seiner Möglichkeit a priori begriffen werden kann [39]. Das wird insbesondere durch den Aufweis des Enthaltenseins des Prädikats im Subjekt, modern gesprochen der Analytizität des Urteils, geleistet «ope definitionum seu per resolutionem notionum, in qua consistit probatio a priori, independens ab experimento» [40]. Unabhängig von der Erfahrung können jedoch nur die notwendigen, die ewigen Wahrheiten begründet werden. Bei den kontingenten, den Tatsachenwahrheiten, kann allein Gott die Gründe kennen, mit einer Unfehlbarkeit «non experimentalis sed a priori» [41]. Der Mensch ist darauf angewiesen, die Kenntnis der rationes a priori zu ersetzen «experimento a posteriori», d. h. durch Erfahrung [42]. Trotz aller bekannten Ansätze zu einer a priori begründeten, gleichsam vom Standpunkte Gottes aus konzipierten Metaphysik der Möglichkeiten und trotz aller rationalistischen Züge seines Philosophierens («At homo, quatenus non empirice sed rationaliter agit, non solis fidit experimentis, aut inductionibus particularium a posteriori, sed procedit a priori per rationes» [43]) bleibt Leibniz sich der grundsätzlichen Angewiesenheit des Menschen auf die Erfahrung bewußt: «Quoniam vero non est in potestate nostra perfecte a priori demonstrare rerum possibilitatem ... sufficiet nobis ingentem earum multitudinem revocare ad paucas quasdam, quarum possibilitas vel supponi ac postulari, vel experimento probari potest» [44]. Es gibt jedoch Ideen, wie die der Festigkeit, die, obgleich erst die Sinne die Vernunft vergewissern, daß es so etwas in der Natur gibt, ursprünglich «par la pure raison» d. h. a priori begriffen werden [45]. Daher erscheint es ihm nicht gänzlich unmöglich, eine «methodus certa a priori» zu befolgen: «Si ex cognita natura Dei demonstremus quae sit structura mundi divinis rationibus consentanea» durch einen Rückgriff auf das Eingeborensein solcher Ideen: «Est enim indita menti nostrae notio perfectionis», eine Methode, die schwierig sei und nur wenigen, in absoluter Form eigentlich nur den Seligen (meliori vitae), vorbehalten bleibe. An die Stelle der sicheren tritt die «methodus conjecturalis a priori», die mit Hilfe von Hypothesen vorgeht «assumendo causas licet sine ulla probatione» [46]. Dabei bestimmt – ganz im Sinne der modernen theoretischen Physik – der Erfolg, die glückliche Erklärung möglichst vieler Phänomene, die Wahl der Hypothese und ihre notwendige Ersetzung, wenn bessere, leistungsfähigere gefunden werden. Daneben nennt Leibniz im gleichen Zusammenhang noch zwei Methoden a posteriori zur Auffindung der Ursachen, nämlich die «methodus conjecturalis a posteriori», die sich der Analogien bedient und, wenn nicht mißbraucht, heuristischen Wert hat zum Ansatz von Induktionen und damit für Vorhersagen, und schließlich eine «methodus certa a posteriori», die, dem Verfahren der heutigen Experimentalphysik ähnlich, die Phänomene in ihre protokollierbaren Daten auflöst und deren Anteil zur Konstituierung der Erscheinung getrennt vermittelt. Dabei legt Leibniz betont Wert darauf, daß die «raisonnements faits a posteriori et tirés des experiences s'accordent parfaitement avec mes principes deduits a priori» [47]. Zu beachten ist, daß begriffsgeschichtlich nur die in den wenigen zu Lebzeiten Leibnizens und kurz danach publizierten Schriften dominierenden rationalistischen Momente seines Gebrauchs von ‹a priori› und ‹a posteriori› wirksam wurden.

Anmerkungen. [1] H. FELS: Was ist a pr. und was ist a post.? Philos. Jb. 38 (1925) 201-210. 322-332. – [2] ARISTOTELES, Met. V, 11, 1018 b 9-1019 a 14. – [3] De cat. c. 12, 14 a 26-b 23. – [4] Anal. post. I, 2, 71 b 33-72 a 5. – [5] De cat. c. 12, 14 a 35. – [6] Met., hg. W. D. Ross (1924) 1, 317. – [7] Met. V, 11, 1019 a 4. – [8] Anal. post. I, 2, 71 b 19-22. – [9] 71 b 33-72 a 5. – [10] Met. V, 11, 1018 b 30-37; vgl. Phys. I, 1, 184 a 16-b 14. – [11] BOETHIUS,

Inst. arith. I, 1, hg. FRIEDLEIN (1867) 10; In Cat. IV. MPL 64, 284 c, – [12] MPL 64, 714; zum Verfasser (JAKOB VON VENEDIG) vgl. L. MINIO-PALUELLO, in: Studia patristica 2 (1957) 362f. – [13] BOETHIUS, In Isag. Porphyrii II, hg. S. BRANDT, in: Corp. scrip. eccl. lat. (1906) 48, 1, II 157f. – [14] Logica Modernorum I, hg. L. M. DE RIJK (1962) 271. 279. – [15] ABAELARD, Dialectica, hg. L. M. DE RIJK (1956) 371. – [16] AVERROES, In Phys., ed. apud Juntas (Venedig 1562) Bl. 4. 6-8. – [17] THOMAS VON AQUIN, S. theol. I, 2, 2 c. – [18] In Phys. II, 15, n. 273 (5). – [19] Vgl. J. H. RANDALL: The School of Padua and the emergence of modern sci. (Padua 1961) 31f. – [20] Vgl. RANDALL, a. a. O. 28f. – [21] WILHELM VON OCKHAM, Sent. I, 35, 1d. – [22] S. totius logicae III, 2 c 17 u. 19; vgl. D. WEBERING: Theory of demonstration according to William Ockham (1953) 10-12. – [23] Vgl. PRANTL, Gesch. der Logik 4, 78. – [24] RANDALL, a. a. O. [19] 29-68. – [25] SUÁREZ, Disp. met. XXIX, 3 n. 1-2. Opera omnia 26 (1866, Nachdruck 1965) 47f. – [26] ZABARELLA, De tribus praecognitis 4. Opera logica (³1597, Nachdruck 1966) 506. – [27] JAKOB THOMASIUS: Erotemata met. (1670) p. 19. – [28] EUSTACHIUS A S. PAULO: S. philosophiae quadripartita I (¹1609) 222-224. – [29] J. JUNGIUS: Logica Hamburgensis (1638), hg. R. W. MEYER (1957) 238. – [30] a. a. O. 237. – [31] DESCARTES, Oeuvres, hg. ADAM/TANNERY 11, 47; vgl. 8, 81; 6, 45. 76. – [32] a. a. O. 1, 563; vgl. 2, 31 und 3, 82. – [33] 2, 433. – [34] 1, 250f. – [35] 4, 689; vgl. 3, 422. – [36] 7, 155f.; vgl. H. SCHEPERS: Andreas Rüdigers Methodol. (1959) 18-27. – [37] a. a. O. [31] 1, 490; 8, 14. – [38] LEIBNIZ, Philos. Schr., hg. GERHARDT 7, 301. – [39] Opusc. et frg., hg. COUTURAT, S. 402; Nouv. Ess. IV, 17, § 1 und III, 3, § 15. – [40] COUTURAT, S. 518; vgl. 401f. 513-515. 519; Textes inédits, hg. GRUA, S. 287 sowie GERHARDT 2, 43. 63; 3, 257f.; 4, 425; 7, 300f. 420. – [41] COUTURAT, S. 2; vgl. 26f. 272 und GRUA, S. 99. 351 sowie GERHARDT 4, 433. – [42] Vgl. COUTURAT, S. 17f. und GRUA, S. 304f. – [43] GERHARDT, 7, 331. – [44] COUTURAT, S. 431. – [45] Vgl. Nouv. Ess. II, 4, § 1; GERHARDT 7, 420. – [46] Ms. LB Hannover, LH XXXVII, 3 Bl. 2-4, nur in Übers. veröffentlicht in: Leibniz, Schöpferische Vernunft, hg. W. v. ENGELHARDT (1951) 312-316. – [47] Monadol. § 76.

H. SCHEPERS

II. Im 18. Jh. spielen die Termini ‹a priori› und ‹a posteriori› nur in Deutschland eine wichtige Rolle. – Die *älteren* Bedeutungen von ‹a priori› als Kennzeichnung der Erkenntnis, die von den Ursachen (vom Früheren) zu den Wirkungen, und von ‹a posteriori› als Kennzeichnung der Erkenntnis, die von den Wirkungen (vom Späteren) zu den Ursachen schreitet, bleiben im 18. Jh. noch in einzelnen Fällen erhalten, wie bei RÜDIGER [1] und bei HEINECCIUS [2]. – Die schon im 17. Jh., z. B. bei JUNGIUS [3] und LEIBNIZ [4], auftauchenden *neuen* Bedeutungen, die nicht den Weg, sondern den *Ursprung* der Erkenntnis aus der *Vernunft* (a priori) bzw. aus der *Erfahrung* (a posteriori) betreffen, gewinnen im 18. Jh. jedoch sehr bald die Oberhand.

Für CHR. WOLFF wird eine Wahrheit a posteriori erkannt, wenn sie *unmittelbar* durch die Sinne empfunden wird; a priori dagegen, wenn wir «ex aliis cognitis ratiocinando eligimus nondum cognita». Nach dieser Definition kann die «methodus investigandi veritatem a priori» sowohl auf reinen Vernunftprinzipien begründet sein wie auch auf Erfahrungen, die aber nicht unmittelbar, sondern erst nach einem rationalen Verfahren eine gesuchte Wahrheit ermitteln. Im letzten Falle wird aber bisweilen die Erkenntnis genauer als «mixta» [5] oder sogar als «a posteriori» [6] bezeichnet. ‹A priori› und ‹a posteriori› bezeichnen also für Wolff, mit Ausnahme von einigen eindeutigen Grenzfällen, eher zwei Betrachtungsweisen eines und desselben Verfahrens als zwei entgegengesetzte Verfahrensweisen. In strengem Verstande ist übrigens keine philosophische Erkenntnis in Hinsicht auf ihre *Entstehung* rein a priori [7]; sie kann es aber freilich in einigen Fällen in Hinsicht auf ihre *Gültigkeit* sein. Der sogenannte ontologische Gottesbeweis wird von Wolff, in der von ihm angenommenen Form, als *nicht* rein a priori (weder seinem Ursprung noch seiner Gültigkeit nach) betrachtet (da er u. a. auf dem empirisch gewonnenen und nicht rationalisierbaren Begriff der Seele beruht) [8].

Innerhalb der wolffischen Schule wurden im allgemeinen ‹a priori› und ‹a posteriori› in einer manchmal grob vereinfachenden Version der von Wolff präzisierten Bedeutungen gebraucht [9]. G. F. MEIER verwendet sprachlich die Formen ‹a priore› oder ‹von vorne her› und ‹a posteriore› oder ‹von hinten her› [10]. Auch DARJES folgte der wolffischen Begriffsbestimmung [11].

Ganz anders bei CRUSIUS: Für ihn ist eine Erkenntnis (was auch immer ihr Ursprung sei) a posteriori, wenn sie einen Sachverhalt nur als gewiß feststellt; a priori dagegen, wenn sie auch den Grund oder das Warum der Aussage mit angibt [12]. Mit anderen Worten: Eine Erkenntnis a posteriori ist auf ein *principium cognoscendi*, eine Erkenntnis a priori auf ein *principium essendi* (oder wenigstens auf ein principium cognoscendi, in dem die Folgerung schon vollständig enthalten ist) begründet; die Erkenntnis a posteriori entsteht entweder aus der Erfahrung oder rationell «per absurdum» [13]. Die Beweise a priori schließen die Notwendigkeit der Folge ein; dasselbe gilt in den Beweisen a posteriori nur im Falle des Verfahrens «per absurdum» [14].

‹A priori› und ‹a posteriori› werden von den Wolffianern, außerhalb der Logik, hauptsächlich in bezug auf die Beweise vom Dasein Gottes verwendet, wobei z. B. BAUMGARTEN und G. F. MEIER gegen die Bedenken Wolffs das ontologische Argument als a priori erklären [15].

Für BASEDOW ist die Ordnung a priori der Wahrheiten dasselbe wie die *synthetische* (vom Einfachen zum Zusammengesetzten), die Ordnung a posteriori dasselbe wie die *analytische* (vom Zusammengesetzten zum Einfachen) [16]: wodurch er den Termini einen Sinn gibt, der schon bei den Aristotelikern des 17. Jh. geläufig war.

LAMBERT unterscheidet zwischen a priori und a posteriori im *weiten* und im *strengen* Verstande. Im ersten Fall ist eine Erkenntnis a posteriori, wenn sie *unmittelbar* aus der Erfahrung stammt [17]. Im zweiten Fall sind a priori nur die Erkenntnisse, die von keinen empirischen Vordersätzen abhängig sind; sonst sind sie Erkenntnisse a posteriori [18]. In diesem Sinne wäre in unserer ganzen Erkenntnis *dem Ursprung nach* «so viel als gar nichts *a priori*» [19]; der *Gültigkeit* nach (z. B.: «da sich die Möglichkeit eines Grundbegriffes zugleich mit der Vorstellung aufdringt, so wird er von der Erfahrung dadurch ganz unabhängig») können aber ganze Wissenschaften a priori sein [20].

Anmerkungen. [1] H. SCHEPERS: A. Rüdigers Methodologie (1959) 29. 123. – [2] J. G. HEINECCIUS: Elementa philos. rat. et mor. (¹1728, zit. Francof. cis Viadr. 1752) Elem. log. §§ 121ff. – [3] J. JUNGIUS: Logica Hamburgensis (1681), hg. R. MEYER (1958) 238. – [4] G. W. LEIBNIZ, Philos. Schriften, hg. GERHARDT (Nachdruck 1960) 2, 43. 63; 3, 257/58; 4, 425; Nouveaux Essais III, 3, § 18; IV, 17, § 1. – [5] CHR. WOLFF, Philos. rat. sive Logica (Francof. et Lipsiae 1728) § 663; vgl. Psychol. empirica (Francof. et Lipsiae 1732) § 434. – [6] Philos. rat. § 675. – [7] a. a. O. § 663, Schol. – [8] M. CAMPO: C. Wolff e il razionalismo precritico (Mailand 1939) 584. – [9] Vgl. z. B. J. CHR. GOTTSCHED: Erste Gründe der ges. Weltweisheit (Leipzig 1733/34) I, § 23; J. P. REUSCH: Systema logicum (¹1734, zit. Jenae 1737) 730ff.; FR. CHR. BAUMEISTER: Inst. philos. rat. (Vitenbergae 1735) § 391/92; A. BÖHM: Logica (Francof. ad M. 1749) Pars II. – [10] G. F. MEIER: Vernunftlehre (Halle 1752) 343/44. – [11] J. G. DARJES: Introductio in artem inveniendi (Jenae 1732) Praec., § 142; Via ad veritatem (¹1755, zit. Jenae 1764) Sect. IV; Elementa met. (Jenae 1743/44) Theol. nat. § 45, Schol. 1. – [12] CHR. AUG. CRUSIUS: Weg zur Gewißheit (Leipzig 1747; Nachdr. 1965) § 47. – [13] a. a. O. §§ 523-525. – [14] § 526. – [15] A. G. BAUMGARTEN: Met. (Halae Magd. 1739) § 856; G. F. MEIER: Met. 4 (Halle 1759)

§§ 820-823. – [16] J. B. BASEDOW: Philalethie (Altona 1764) II, 368f. – [17] J. H. LAMBERT: Neues Organon (Leipzig 1764, Nachdruck 1965) I, 412. – [18] a. a. O. 414. – [19] 413/14. – [20] 421ff.

G. TONELLI

III. Das ältere Begriffspaar bekommt in der *Transzendentalphilosophie* KANTS die entscheidend neue und die weitere Geschichte weitgehend bestimmende Bedeutung. Bezeichnet eine Erkenntnis a posteriori eine solche, die als empirische ihren Ursprung in der Erfahrung hat, so muß eine apriorische «vor aller wirklichen Wahrnehmung» und «schlechterdings von aller Erfahrung unabhängig» sein [1]. Der übliche Sprachgebrauch – «er konnte es a priori wissen» – ist nur dann genau, wenn diesem Wissen «gar nichts Empirisches beigemischt», wenn es «rein» ist [2]. Apriorische Erkenntnisse sind also «von der Erfahrung unabhängig, vor sich selbst klar und gewiß» und zeichnen sich durch «Notwendigkeit und strenge Allgemeinheit» aus [3]. Die Klärung der Möglichkeit apriorischer Erkenntnis ist wichtiges Anliegen der Transzendentalphilosophie, denn in induktiver Erfahrungserkenntnis kann «nur angenommene und komparative Allgemeinheit» [4] erreicht werden.

Das Beharren auf apriorischer Erkenntnis bedeutet aber keinen unkritischen Rückfall in die alte Metaphysik oder in den Rationalismus, denn die Anwendung von Prinzipien a priori ohne Erfahrung wird ausdrücklich abgelehnt: Es ist «keine Erkenntnis a priori möglich, als lediglich von Gegenständen möglicher Erfahrung» [5]. Die Dinge an sich oder die traditionellen Themen der Metaphysik, Gott, Freiheit, Unsterblichkeit, sind nicht solche Gegenstände. Kants Apriori-Philosophie ist nicht Metaphysikersatz oder -subremption.

Das Apriori geht nicht zeitlich der Erfahrung voraus, ist auch nicht angeboren, sondern beruht auf «ursprünglicher Erwerbung»; es ist nur Bedingung für den Zusammenhang und für «Behauptungen wahrer Allgemeinheit und strenger Notwendigkeit» empirischer Erkenntnis [6]. Apriorisch ist so 1. alles durch analytische Urteile aus Begriffen Geschöpfte (eigentlich nur Tautologien) und 2. das in der Gesetzlichkeit der Vernunft selbst Wurzelnde, rein Formale der Erkenntnis, das als synthetisches (erweiterndes) Vermögen oberste Voraussetzung reiner objektiver Wissenschaft ist. Daß synthetische Urteile a priori objektiv gelten können, begründet der Kritizismus aus der Phänomenalität der Objekte der Erkenntnis, die sich als Erscheinungen dieser formalen apriorischen Gesetzmäßigkeit des Bewußtseins fügen müssen. Die Kopernikanische Wende zeigt sich darin, daß die apriorischen Bedingungen möglicher Erfahrung zugleich die Bedingungen der Gegenstände dieser Erfahrung sind: Wir können von den Dingen «nur das a priori erkennen, was wir selbst in sie legen» [7]. Der Mensch ist ein «cosmotheoros, der die Elemente der Welterkenntnis a priori selbst schafft» [8]. Der Beweis für «das Gelingen im Gebrauche der Prinzipien a priori ist die durchgängige Bestätigung derselben in ihrer Anwendung auf Erfahrung» [9]. Solche Prinzipien sind die Anschauungsformen, die Kategorien, die transzendentalen Grundsätze und Ideen, deren Quellen in den verschiedenen Zuordnungen die Sinnlichkeit, der Verstand, die (theoretische und praktische) Vernunft und die Urteilskraft sind.

In der *unmittelbaren Kantnachfolge* wird die Möglichkeit apriorischer Erkenntnis und deren Lokalisierung im Bewußtsein weiter diskutiert. Nach J. S. BECK besteht das Apriori in «ursprünglichen Vorstellungen» und in verknüpfender Bewußtseinstätigkeit [10]. C. L. REINHOLD nennt die Formen der Vorstellung «a priori», «sofern sie notwendige Bestandteile jeder Vorstellung sind, die, als Vermögen, vor aller Vorstellung im erkennenden Subjekte anzutreffen sind. Die Bedingungen der Raum- und Zeitanschauungen sind der in uns liegende «Stoff a priori» [11]. Die Vermeidung einer Ontologisierung des Apriori zugunsten der Subjektivierung zeigt sich auch bei W. T. KRUG, der das Apriori das «Ursprüngliche im Ich» nennt, welches Bedingung aller Erfahrung und gesetzmäßige Handlungsweise des Subjekts ist [12]. Beweise a priori, also reine Vernunftbeweise nennt Krug solche, «deren Beweisgründe ursprüngliche Bestimmungen des Ichs selbst sind oder aus dem reinen Ich als der Grundlage alles Empirischen in unserer Erkenntnis hervorgehen» [13]. S. MAIMON kennzeichnet als a priori die «allgemeine Erkenntnis ..., die die Form oder Bedingung aller besonderen ist, folglich derselben vorausgehen muß, deren Bedingung aber keine besondere Erkenntnis ist» [14]. Im engeren Sinne ist a priori die Erkenntnis, die «in der bloßen Form des Erkenntnisvermögens in Beziehung auf ein Objekt überhaupt gegründet ist und folglich einem jeden bestimmten Objekte der Erkenntnis vorhergehen muß» [15]. J. G. K. CHR. KIESEWETTER sieht in der Allgemeinheit und Notwendigkeit das sichere Merkmal für die Gründung apriorischer Erkenntnis im Subjekt [16]. J. F. FRIES verbindet die apriorische Selbsttätigkeit der Vernunft mit dem Begriff der inneren Erfahrung [17]. Diese Verbindung wirkt bei E. F. APELT, F. A. LANGE, J. B. MEYER und der neuen Fries-Schule (NELSON u. a.) weiter, während z. B. K. FISCHER auf der Erkennbarkeit des Apriorischen durch sich selbst besteht.

Der eigentliche *Idealismus* versucht den in der Neuzeit entstandenen Dualismus zu überwinden mit der Konsequenz, daß auch die scharfe Trennung von ‹a priori› und ‹a posteriori› vermieden wird. J. G. FICHTE leitet das Apriorische aus der «ursprünglichen Bestimmung des Ich» als des in der Tathandlung die Formen wie den Inhalt der Erfahrung erzeugenden Ich ab, erklärt jedoch: «Das a priori und das a posteriori ist für einen vollständigen Idealismus gar nicht zweierlei, sondern ganz einerlei; es wird nur von zwei Seiten betrachtet und ist lediglich durch die Art unterschieden, wie man dazu kommt» [18]. Nach F. W. J. SCHELLING ist alles Wissen apriorisch, sofern das Ich «alles aus sich produziert»; «insofern wir uns [aber] dieses Produzierens nicht bewußt sind, insofern ist in uns nichts a priori, sondern alles a posteriori» [19]. In der späten ‹Philosophie der Mythologie und Offenbarung› gebraucht Schelling den Begriff ‹a priori›, um die «negative Philosophie» als «apriorischen Empirismus» von der «positiven Philosophie» als «empirische[m] Apriorismus» zu unterscheiden [20]. Nach HEGEL kommt durch die apriorische Gesetzmäßigkeit der Dialektik, die zugleich die des Seins ist, «immanenter Zusammenhang und Notwendigkeit in den Inhalt der Wissenschaften». «Die eigene aber, in sich reflektierte, daher in sich vermittelte Unmittelbarkeit des Denkens (das *Apriorische*) ist die *Allgemeinheit*, sein Bei-sich-sein überhaupt» [21]. F. SCHLEIERMACHER setzt das a priori in die formende und das Wissen vereinheitlichende Denktätigkeit [22]. F. A. TRENDELENBURG betrachtet als das a priori die ursprüngliche «Bewegung des Denkens, die schon Bedingung der Erfahrung ist, ihr logisch vorangeht». Diese «ursprüngliche Tat des Denkens» sei aber in der Entwicklung apriorischer Denkformen nicht bloß subjektiv – dies sei der Fehler und die «Lücke» Kants –, sondern zugleich objektiv [23]. Für

C. FORTLAGE gibt es «apriorische Schemata», die auf jeden beliebigen Vorstellungsinhalt in seinem Verhältnis zur Tätigkeit des Beobachters angewandt werden können [24].

Nach I. H. FICHTE besteht das Apriorische in «Urgefühlen», «Urstrebungen» oder «unbewußten Anlagen» des Geistes [25]. Diese Verbindung des Apriori mit dem *Unbewußten* wirkt bei E. v. HARTMANN weiter. Das Apriori ist die «unbewußte synthetische Funktion», «ein vom Unbewußten Gesetztes, das nur als Resultat ins Bewußtsein fällt» [26]. Auch nach H. DRIESCH ist das Apriorische «für immer verbindlich» Geschautes. Das setzende Denken ist als Akt unbewußt [27].

Die schon angedeutete *Psychologisierung* läßt sich auf SCHOPENHAUER zurückführen, wenn er ‹a priori› bestimmt als die Weise, «wie der Prozeß objektiver Apperzeption im Gehirn vollzogen wird»: «Lockes Philosophie war die Kritik der Sinnesfunktionen. Kant aber hat die Kritik der Gehirnfunktion geliefert» [28]. Auch H. HELMHOLTZ neigt zu einer psychologischen Auffassung des Apriori [29], besonders aber F. A. LANGE. Das Apriori ist für ihn bedingt durch die «psychophysische Organisation»: «Die psychophysische Einrichtung, vermöge welcher wir genötigt sind, die Dinge nach Raum und Zeit anzuschauen, ist jedenfalls vor aller Erfahrung gegeben» [30]. Die «a priori gültigen Sätze» sind dann «nur auf dem Wege der Erfahrung zu finden» [31]. Als Disposition bestimmt auch FR. SCHULTZE das Apriori: Der Geist hat schon «eine eigene Natur in und an sich, er hat Anlagen, hat Angeborenes» und «Eigenformen» [32].

W. WUNDT setzt das Apriori lediglich in «die allgemeinen Funktionen des logischen Denkens», die konstant und unabhängig von Raum und Zeit sind [33]. Die Eigenschaften von Raum und Zeit sind in ihrer Eigenart nicht deduzierbar, obwohl die Anschauungsformen psychologische Entwicklungsprodukte sind [34]. Gegen Kants Lehre von der Unabhängigkeit der Anschauungsformen erhebt Wundt Einwände; auch die Kategorien, obwohl sie einen apriorischen Faktor voraussetzen, enthalten einen Erfahrungsinhalt, das denkend verarbeitet wird [35]. Auch J. VOLKELT sieht das apriorische Gegründetsein der Urteilsakte als ein Apriori, das «im Anschluß an den logischen Sachverhalt ‹psychologisch› erschlossen ist [36]. Das «erkenntnistheoretische» Apriori besteht darin, daß das «Denken Leistungen vollzieht, zu denen es die Erfahrung nicht berechtigt, deren es unter bloßer Zugrundelegung der Erfahrung niemals fähig wäre» [37].

Während nach NIETZSCHE die apriorischen Elemente der Erkenntnis nützliche Irrtümer [38] und nach H. VAIHINGER zweckmäßige Fiktionen [39] sind, erklärt H. SPENCER die Erkenntnisformen «als apriorisch für das Individuum, aber als aposteriorisch für die ganze Reihe von Individuen, in der jenes nur das letzte Glied bildet». Das Apriorische des individuellen Erkennens ist gattungsmäßig erworben, erfahren, eingeübt, als Disposition ererbt, fest eingewurzelt [40]. R. H. LOTZE erkennt die Notwendigkeit und Allgemeinheit der apriorischen Erkenntnis in der Form der Bewußtseinstätigkeit, die uns nicht angeboren ist, sondern der wir uns als von unserem Denken unabhängig, zeitlos, «der Erfahrung vorgreifend», überall unmittelbar bewußt werden. Das «metaphysische» Apriori besteht in der Bedingtheit durch die psychische Organisation [41].

Der *Neukantianismus* wehrt sich gegen die Psychologisierung der traditionellen Begriffe. O. LIEBMANN betont, Apriorität sei nicht psychologische Subjektivität: «A priori ist nichts anderes als das für uns und für jede homogene Intelligenz streng Allgemeine und Notwendige, das Nicht-anders-zu-denkende» [42]. «Ohne Empfindung» entstehe aus dieser allgemeinen «Vernunftanlage» nie Erkenntnis, aber noch weniger aus «bloßen Sensationen» [43]. Nicht psychologisch, sondern ein «Modus der Evidenz» ist das Apriori, es ist «metakosmisch» [44]. Apriorität hat für A. RIEHL eine logische, keine zeitliche Priorität vor der Erfahrung [45]. Die Identität des Selbstbewußtseins liegt dem Apriorischen zugrunde, das als Bedingung und Konstituens der Erfahrung fungiert. Eine ähnliche Ansicht vertritt R. HÖNIGSWALD: Das Apriori wird mit der Erfahrung entwickelt, beruht aber nicht auf dieser [46]. Den transzendental-logischen Charakter des Apriorischen gegenüber allem Psychologischen und bloß Subjektiven betonen B. BAUCH und W. WINDELBAND. Die Begründung einer apriorischen Norm sei eine kritisch-teleologische. Denken könne nur dann zu einer Allgemeingültigkeit kommen, wenn es das Apriorische als Mittel zu seiner Realisierung voraussetzt [47]. Auch H. COHEN bestimmt das Apriorische als rein logisches Erzeugungsmittel wissenschaftlicher Gegenständlichkeit. Im Denken hat alles «Sein» seinen (logischen) «Ursprung», nichts ist ihm gegeben, was es nicht selbst durch seine Grundlegungen bestimmt [48]. N. HARTMANN will einen Beweis des Apriorischen ex posteriori liefern. Das Apriorische ist nicht Funktion, sondern ein Gegenständliches, das nur als Objektbestimmtheit vorkommt. Es muß nicht formal sein; eine apriorische Einsicht kann auch intuitiv-subjektiv sein [49].

Teils mit Wiederaufnahme platonisch-aristotelisch-scholastischer Begriffs- und Wesensanalyse, teils in Fortbildung älterer Lehren über Erfassung gegenständlicher Relationen wird der Begriff ‹a priori› von der *Gegenstandstheorie* und *Phänomenologie* bestimmt. A priori ist nach A. MEINONG, was aus der Natur eines Gegenstandes betreffs desselben, rein aus dessen Beschaffenheit und Beziehung zu anderen Gegenständen, erkannt werden kann. Es gibt eine «daseinsfreie», aus der Einsicht in das Beurteilte unmittelbar erwachsende Erkenntnis (z. B. der Verschiedenheit von Rot und Grün). Apriorische Erkenntnisse sind «in der Natur ihrer Gegenstände begründet, haben Evidenz für Gewißheit und gelten mit Notwendigkeit ohne Rücksicht darauf, ob ihre Objekte existieren oder nicht» [50]. Für E. HUSSERL sind «apriorische Gesetze, die zur Wahrheit als solcher, zur Deduction als solcher, und zur Theorie als solcher (d. i. zum allgemeinen Wesen dieser idealen Einheiten) gehören, als Gesetz zu charakterisieren, welche ideale Bedingungen der Möglichkeit zur Erkenntnis überhaupt ausdrücken, und zwar Bedingungen, welche rein im ‹Inhalt› der Erkenntnis gründen» [51]. Das Wesen, das einer Art von Gegenständen eigentümliche Allgemeine, das die Bedeutung eines Begriffes bildet, wird unmittelbar durch einen geistigen Akt erschaut, den Husserl ‹eidetisch› nennt, weil ihm der Begriff ‹a priori› unklar und verwirrend erscheint. Die eidetischen Einsichten sind ihrer Geltung nach von der Erfahrung unabhängig [52].

Apriorische *Wertbeurteilungen* gibt es nach F. BRENTANO, O. KRAUS, H. SCHWARZ [53] und TH. LESSING [54]. Ein Apriori der *Geschichte* behaupten G. SIMMEL und TH. LESSING, eines der *Religion* E. TROELTSCH, eines der *Ästhetik* J. COHEN, eines der *Ethik* R. GOLDSCHEID [55].

Eine Art des Apriori bilden die von manchen *positivistischen Denkern* sowie von Mathematikern und Physikern der Forschung zugrunde gelegten Axiome, Definitionen, Postulate und Konstruktionsvoraussetzungen. Nach H. DINGLER bedingt der Wille zur Herstellung einer logischen Wissenschaftssynthese «freiwillige Festsetzungen», die an der Basis theoretischer Ordnung stehen und diese einheitlich ermöglichen [56]. Für L. WITTGENSTEIN ist das apriorisch Gewisse «etwas rein Logisches». «Daß die Logik apriori ist, besteht darin, daß nichts unlogisch gedacht werden kann.» «Alles Folgern geschieht apriori» [57]. Die Logik ist so, ähnlich wie bei Kant, die apriorische Ordnung, die Welt und Denken gemeinsam sein muß, damit Erkenntnis möglich wird.

Anmerkungen. [1] KANT, KrV A 42/B 3. – [2] a. a. O. B 2. 3. – [3] A 2; B 4. – [4] B 3. – [5] Akad.-A. 20, 266. 273; vgl. 10, 346. – [6] KrV A 2. – [7] B XVIII. – [8] Akad.-A. 21, 31. – [9] Akad.-A. 15, Refl. 220; 18, Refl. 5665-5672. 6312; 20, 345. – [10] J. S. BECK: Erläuternder Auszug aus den Schriften des Hrn. Prof. Kant 3 (1793) 371. – [11] C. L. REINHOLD: Versuch einer neuen Theorie des menschl. Vorstellungsvermögens (1789) 291f. 305f. – [12] W. T. KRUG: Entwurf eines neuen Organons der Philos. (1801) 96. 101; vgl. Fundamentalphilos. (1818) 151. 168. – [13] Denklehre oder Logik (²1819) 474. – [14] S. MAIMON: Versuch über die Transzendentalphilos. (1790) 55. – [15] Versuch einer neuen Logik (1794, ²1912) 100ff. – [16] J. G. K. CHR. KIESEWETTER: Grundriß einer reinen allg. Logik (1791) 269. – [17] J. F. FRIES: Neue oder anthropol. Kritik der Vernunft 1-3 (1828-1831) 1, 31ff. – [18] J. G. FICHTE: Erste Einl. in die Wissenschaftslehre. Werke, hg. I. H. FICHTE 1, 447. – [19] F. W. J. SCHELLING: System des transzendentalen Idealismus (1800). Werke, hg. K. F. A. SCHELLING 2, 258f. – [20] Philos. der Offenbarung. Werke 13 (= 2/3) 124ff. 130. – [21] HEGEL, Enzyklop. der philos. Wiss. im Grundrisse §§ 81. 12. – [22] F. SCHLEIERMACHER: Dialektik (hg. 1903) 133ff., § 12. – [23] F. A. TRENDELENBURG: Log. Untersuch. 1. 2 (1862) 144ff. 166ff. 162ff. – [24] C. FORTLAGE: System der Psychol. als empirische Wiss. 1. 2 (1855) 1, 91. – [25] I. H. FICHTE: Anthropol. (1860) 563. – [26] E. v. HARTMANN: Philos. des Unbewußten (zit. ³ 1869, ¹¹1904) 275; Krit. Grundlegung des transzendentalen Realismus (1875, ³1886) 145ff. – [27] H. DRIESCH: Wissen und Denken (²1923) 70ff.; Ordnungslehre (²1923) 77. 132. 179; vgl. R. CARNAP: Der Raum (1922) 22; K. JELLINEK: Das Weltgeheimnis (⁴1922) 245f. – [28] A. SCHOPENHAUER: Welt als Wille und Vorstellung 1, Kap. 2. – [29] H. HELMHOLTZ: Die Tatsachen in der Wahrnehmung (1879); Vorträge und Reden (⁵1903). – [30] F. A. LANGE: Gesch. des Materialismus und Krit. seiner Bedeutung in der Gegenwart (1866, ⁹1915) 2, 21ff. – [31] a. a. O. 58f. – [32] FR. SCHULTZE: Philos. der Naturwiss. (1881f.) 2, 23ff. – [33] W. WUNDT: System der Philos. (²1897) 140. 208ff.; Logik 1. 2 (²1893-1895, ⁹1922) 1, 387. 490ff. – [34] Vgl. Logik a. a. O. 1, 435; System der Philos. a. a. O. 106ff.; Philos. Studien 7, 14ff.; 12, 355; Einl. in die Philos. (1900) 345. – [35] Logik a. a. O. 1, 482ff. – [36] J. VOLKELT: Gewißheit und Wahrheit (1918) 492. – [37] Erfahrung und Denken (1886) 117ff. 484. 496. – [38] F. NIETZSCHE: Musarion-A. 16, 110f. – [39] H. VAIHINGER: Die Philos. des Als-Ob. System der theoretischen, praktischen und relig. Fiktionen der Menschheit auf Grund eines idealistischen Positivismus (1911) VII. 114. 115. – [40] H. SPENCER: A system of synthetic philos. 4. 5: Principles pf psychol. (²1870-1872); dtsch. VETTER (1882-1886) § 332. – [41] R. H. LOTZE: System der Philos. 1: Logik (²1881) 526. 580ff. 521. 534ff. – [42] O. LIEBMANN: Zur Analysis der Wirklichkeit (1876, ²1880) 97f. – [43] a. a. O. 209. – [44] 222f. 239f. – [45] A. RIEHL: Der philos. Kritizismus und seine Bedeutung für die positive Wiss. 1 (1876, ²1908) 97. vgl. 399. 422ff.; 2/1 (1879) 9; 2/2 (1887) 76. – [46] R. HÖNIGSWALD: Beitr. zur Erkenntnistheorie und Methodol. (1906) 109ff. – [47] W. WINDELBAND: Präludien. Aufs. und Reden zur Einl. in die Philos. (1884, ⁴1911); vgl. B. BAUCH: Immanuel Kant (1911, ³1923); H. RICKERT: Der Gegenstand der Erkenntnis (1892, ⁶1928). – [48] H. COHEN: Kants Theorie der Erfahrung (1871, ²1885). – [49] N. HARTMANN: Philos. Grundfragen der Biol. Kantstudien 24 (1919) Philos. Systemat. Methode. Logos 3 (1912) 125ff.; Über die Erkennbarkeit des Apriorischen. Logos 5 (1915) 307ff.; vgl. E. CASSIRER: Das Erkenntnisproblem (1900f., ³1922f.); E. KRAUS: Der Systemgedanke bei Kant und Fichte (1916) 10; A. LIEBERT: Das Problem der Geltung (²1920); F. STAUDINGER: Zur Durchführung des Transzendentalbegriffes. Kantstudien 24 (1919) 222. – [50] A. MEINONG: Ges. Abh. (1913ff.); vgl. A. HÖFLER: Grundlehren der Logik (1890, ⁵1924); J. K. KREIBIG: Die intellektuellen Funktionen (1909). – [51] E. HUSSERL: Log. Unters. 1 (1900) 239. – [52] Ideen zu einer reinen Phänomenol. und phänomenol. Philos. 1. Buch. Husserliana 3 (Den Haag 1950) 8. – [53] H. SCHWARZ: Psychol. des Willens (1900). – [54] TH. LESSING: Studien zur Wertaxiomatik (1914) 15ff. – [55] R. GOLDSCHEID: Entwicklungstheorie, Entwicklungsökonomie, Menschenökonomie (1908) 170. – [56] H. DINGLER: Physik und Hypothese (1921) 108ff.; vgl. V. KRAFT: Der Wiener Kreis. Der Ursprung des Neopositivismus (1950). – [57] L. WITTGENSTEIN: Tractatus logico-philosophicus 6.3211; 5.4731; 5.133.

EISLER (red.)

Apriori, emotionales. Der Begriff steht in der Tradition eines auf Plato zurückgehenden Apriorismus [1], der mit Erkenntnisfaktoren rechnet, die *unabhängig von aller Erfahrung*, material oder formal, alle Erkenntnis im voraus bestimmen oder bedingen. Erfahrung wird nur zum Anlaß, diese Faktoren als ein «immer schon» mitgebrachtes, potentielles Wissen zu aktualisieren («ideae innatae» als exemplarisch für ein materiales A.) oder sie als unbewußte konstitutive Gesetze ins Spiel zu bringen («Regeln der Synthesis»), die ein funktionales oder formales A. repräsentieren, wie es erstmals in den Kantischen Denk- und Anschauungsformen a priori aufgetreten ist), d. h. diese apriorischen Gehalte oder Gesetze werden von der Reflexion stets im «apriorischen Perfekt» [2] angetroffen.

Die Annahme eines e.A. beansprucht in kritischer Weiterbildung dieser Tradition durch MAX SCHELER auch für «das Emotionale des Geistes, das Fühlen, Vorziehen, Lieben, Hassen, und das Wollen ... einen *ursprünglichen apriorischen* Gehalt, den es nicht vom «Denken» erborgt, und den die Ethik ganz unabhängig von der Logik aufzuweisen hat» [3]. Damit wird einerseits die Gleichsetzung des Emotionalen mit dem Empirischen zurückgewiesen und für das Emotionale des Geistes eine eigene, a priori einsichtige Wesensgesetzlichkeit behauptet; denn «unser *ganzes* geistiges Leben» ist es, «das ‹reine› – von der Tatsache der menschlichen Organisation ihrem Wesen und Gehalt nach *unabhängige* – Akte und Aktgesetze hat.» Anderseits werden Kants Gleichsetzungen des A. mit dem Formalen, dem Rationalen, dem Subjektiven und dem Transzendentalen ausdrücklich abgelehnt: «A priori ist dann die sachliche *gegenständliche Struktur* in den großen Erfahrungsgebieten selbst, der erst bestimmte Akte und Funktionsverhältnisse zwischen ihnen ‹entsprechen› – ohne doch irgendwie durch die Akte erst in sie ‹hineingetragen› oder durch sie zu ihr ‹hinzugetan› zu sein.» Von daher ist der «Gegensatz des a priori und a posteriori» neu zu definieren: in ihm handelt es sich nicht «um Erfahrung und Nichterfahrung oder sogenannte ‹Voraussetzungen *aller* möglichen Erfahrung›», sondern um «zwei *Arten* des Erfahrens: um reines und unmittelbares Erfahren, *und* um ... vermitteltes Erfahren» der natürlichen Weltanschauung und der Wissenschaft. Die das A. traditionell auszeichnende *Unabhängigkeit von aller Erfahrung* bleibt somit nur als Unabhängigkeit der reinen intuitiven Wesenserfahrung (hier Werterkenntnis) von aller «induktiven Erfahrung» bestehen; und an die Stelle des transzendentalen Charakters (A. als konstituierende, den Gegenstand erzeugende «Bedingungen der möglichen Erfahrung») tritt eine Funktionalisierung der reinen Wesenseinsichten, die «in aller nichtphänomenologischen Erfahrung» als «Strukturen» und als «Formgesetze» des Erfahrens in *dem* Sinne fungieren, daß «das Erfahren sich *nach* ihnen oder ihnen gemäß vollzieht.» Alle Erkenntnis a priori also ist letztlich «auf einen *anschaulichen* Gehalt *einsichtig* fundiert».

Die Erkenntnisleistung des e.A. ist von jeder anderen apriorischen Erkenntnis unabhängig und ihr gleichrangig: Sie gründet sich – über das in Wahrnehmung und Denken immer schon Mit- und Vorgegebene hinaus – auf eine weitere subjektive Instanz der objektiv gültigen *Fühlungnahme* mit Wirklichkeit. Diese Erkenntnis «erfolgt in *spezifischen* Funktionen und Akten, die von allem Wahrnehmen und Denken toto coelo verschieden» und allein geeignet sind, ein dem Denken unzugängliches Wertreich zu erschließen: «*im* Vorziehen und Nachsetzen, *im* Lieben und Hassen selbst, d. h. in der Linie des *Vollzugs* jener intentionalen Funktionen und Akte blitzen die Werte und ihre Ordnungen auf!»

Das e.A. umfaßt also in anderer Weise als die Tradition das wert-erkennende Subjekt *und* den *im* emotionalen Akt sich ankündigenden Wesens-Sachverhalt: «Der eigentliche Sitz alles Wert-A. (und auch des sittlichen) ist die im Fühlen, Vorziehen, in letzter Linie im Lieben und Hassen sich aufbauende *Wert-Erkenntnis* bzw. *Wert-Erschauung*, sowie die der Zusammenhänge der Werte, ihres ‹Höher-› und ‹Niedrigerseins›, d. h. die ‹sittliche Erkenntnis›.» Die aus der Phänomenologie HUSSERLS übernommenen drei Arten von Wesenszusammenhängen finden sich so bei SCHELER in der apriorischen Struktur des e.A. wieder: 1. als Sachwesenheiten oder Werte und deren Zusammenhangsgesetze, 2. als Aktwesenheiten und deren Fundierungsgesetze und 3. als «Wesenszusammenhänge zwischen Akt- und Sachwesenheiten», die u. a. besagen, daß «Werte nur im Fühlen gegeben sind» und dieses «Fühlen» zugleich «den einzig möglichen *Zugang* zur Welt der Werte» darstellt.

Die a priori einander zugeordneten Wesenstatsachen, d. h. die Wertwesenheiten als apriorischer Gehalt *und* das «Wertfühlen» als Inbegriff emotionaler Akte, die ihrerseits einem apriorischen «ordre du cœur» unterstehen – einer «logique du cœur» (PASCAL) als einer der Logik ebenbürtigen, gleichursprünglichen Gesetzlichkeit – machen insgesamt den «Apriorismus des Emotionalen» aus: einen «Apriorismus des Liebens und Hassens», von dem SCHELER sagt, daß er «sogar das letzte Fundament *alles* anderen Apriorismus» sei; in ihm «finden die Sphären der Theorie und Praxis ihre *letzte* phänomenologische Verknüpfung und Einheit.»

Den *Terminus* ‹e.A.› hat N. HARTMANN im Hinblick auf Max Scheler geprägt mit dem Gegenbegriff eines «intellektuellen A priori», das die «kategorialen Elemente der Dingerfahrung» umfaßt [4]. Auch in der französischen Literatur zu Max Scheler findet sich der Ausdruck «l'a priori émotionnel», u. a. bei M. DUPUY [5], während SCHELER selbst nur die Begriffe «Wertapriori», «ethisches Apriori» und «Apriorismus des Emotionalen» verwendet.

Anmerkungen. [1] Vgl. N. HARTMANN: Das Problem des Apriorismus in der Platonischen Philos., in: Kleinere Schriften 2 (1957) 48-85. – [2] M. HEIDEGGER: Sein u. Zeit (⁵1941) 85; vgl. dazu J. THYSSEN: A priori, Unbewußtes und Heideggers Weltbegriff, in: Realismus und moderne Philos. (1959) 5-40, bes. 14f. – [3] M. SCHELER: Der Formalismus in der Ethik und die materiale Wertethik. Werke 2 (⁴1954) 84; weitere Zitate a. a. O. Kap. 2: ‹Formalismus und Apriorismus›. – [4] N. HARTMANN: Ethik (⁴1962) 117. – [5] M. DUPUY: La philos. de Max Scheler 2 (Paris 1959) 474.

Literaturhinweise. Bibliographie Max Scheler, hg. W. HARTMANN (1963); darin Nr. 269 (Hochschulschriften): G. SCHERER: Der emotionale Apriorismus. Versuch einer Auseinandersetzung mit Max Scheler (Diss. Bonn 1951, Ms.). – M. DUFRENNE: La notion d'a priori (Paris 1959) bes. 87-102. I. PAPE

Apriori, religiöses. Das r.A. ist ein Grundbegriff der Theorie RUDOLF OTTOS, welche die Relation Gott/Mensch erhellen soll. Im Rahmen eines terminologisch an Kant sich anlehnenden, jedoch methodisch auf J. F. Fries und E. Apelt gestützten psychologischen A.-Verständnisses sucht er unter Verwendung der von E. Troeltsch aufgeworfenen Sachproblematik das religiöse Grunderlebnis (mysterium tremendum et fascinosum) in der metaphysisch verstandenen rationalen Bewußtseinsstruktur als unableitbare Urerkenntnis (Numen) zu verankern. Unter Verwendung der Apeltschen Apperzeptionslehre wird ihm die apriorische Kategorie des Heiligen oder das r.A. als Verbindung von rationalen und irrationalen Momenten bzw. als die Synthese von transzendentaler und ursprünglich formaler Apperzeption faßbar. Die Identifikation von r.A. und «Seelengrund» führt zur Integration der modernen Problemstellung in den Kontext der mittelalterlichen rationalen Mystik des Westens und Ostens. Das r.A. soll als Beurteilungsmaßstab aller historisch greifbaren Religionen dienen.

Literaturhinweise. R. OTTO: Das Heilige. Über das Irrationale in der Idee des Göttlichen und sein Verhältnis zum Rationalen (¹1917, ³¹⁻³⁵1963); West-östliche Mystik (¹1926, ²1929). – A. PAUS: Religiöser Erkenntnisgrund, Herkunft und Wesen der A.-Theorie R. Ottos (Leiden 1966). A. PAUS

Apriorismus. Das Wort, das in der zweiten Hälfte des 19. Jh. bei Kantinterpreten und Neukantianern hervortritt [1], schließt sich den adjektivischen und substantivischen Ableitungen von ‹a priori› im kantischen Sinne an, die, wie ‹apriorisch› und ‹Apriorität›, schon gegen Ende des 18. und am Beginn des 19. Jh. etwa bei FICHTE [2], Verwendung finden und von W. T. KRUG als «barbarische Wörter» bezeichnet werden, deren man sich enthalten sollte [3]. Für die Vertreter der Marburger Schule, zumal für H. COHEN [4], ist ‹A.› ein Leitwort ihres rigorosen Systemdenkens; insofern es ihre Tendenz kennzeichnet, dem Gegebenen, der Empfindung jede eigenständige erkenntnistheoretische Valenz zu bestreiten und das Sein der Welt als Geltungsgefüge wissenschaftlicher, vom erzeugenden Denken gestifteter bzw. zu stiftender Bestimmtheiten auszulegen, ist es zugleich zum Stichwort der gegen sie gerichteten Kritik geworden. In seiner heute geläufigsten Verwendung faßt ‹A.› jedoch alle diejenigen erkenntnistheoretischen Auffassungen zusammen, in denen Bestandteile – Faktoren und Inhalte – der Erkenntnis angenommen werden, die sich nicht auf Abstraktion und Induktion zurückführen lassen und deren Geltung jeder durch sinnliche Wahrnehmung vermittelten Erfahrung grundsätzlich vorausliegt. Jede mehr oder minder explizite Gegenposition zum Empirismus ist insofern aprioristisch, und es kann vom A. bei PLATON und von einer von ihm ausgehenden Tradition aprioristischen Philosophierens gesprochen werden, die, in Gestalt der Lehre von den ideae innatae und notiones communes, bis in die Neuzeit reicht. – Maßgeblich für einen angemessenen Gebrauch des Wortes ‹A.› ist gleichwohl die erkenntnistheoretische Tragweite dessen geblieben, worauf es bezogen wird. Sofern es um psychologische Themenstellung geht, steht der seit HELMHOLTZ [5] geläufige Ausdruck ‹Nativismus› zur Verfügung, den die Neukantianer im engeren Sinne strikt vermeiden. Die erkenntnistheoretische Fixierung von ‹A.› verbietet es auch, ‹Rationalismus› als terminologisches Äquivalent zu bezeichnen. – Einen A. eigenen Charakters vertritt die Phänomenologie E. HUSSERLS, einen der Sache nach auf B. BOLZANO zurückweisenden *deskriptiven* A. [6], dessen grundsätzliches Merkmal darin besteht, daß er als Wesensschau, als Intuition und Deskription eidetischer Notwendigkeiten präsentiert wird. Im Gefolge der

Husserlschen Phänomenologie werden noch weitere eigenständige Stellungnahmen zum A.-Thema vorgetragen. M. SCHELER erklärt, daß dieses nicht allein dem theoretischen Bereich zuzuweisen sei, daß es vielmehr auch einen fundamentalen A. des Emotionalen gebe [7].

Anmerkungen. [1] z. B. E. LAAS: Kants Analogien der Erfahrung (1876) 208; O. LIEBMANN: Zur Analysis der Wirklichkeit (1876) 202. 205; auch H. LOTZE: Logik (1874) §§ 322ff. – [2] z. B. Sämtl. Werke, hg. I. H. FICHTE 7, 124. 308; 9, 110. 130. 210; vgl. auch K. C. E. SCHMID: Wb. zum leichteren Gebrauch der kantschen Schriften (1788) 8. 17. – [3] Allgem. Handwb. philos. Wiss. (²1832-1838) Art. ‹A posteriori und a priori›. – [4] Vgl. Logik der reinen Erkenntnis (1902) 67. 489; Ethik des reinen Willens (1904) 483. – [5] Hb. der physiol. Optik (¹1867) 804ff. – [6] Vgl. N. HARTMANN: Grundzüge einer Met. der Erkenntnis (⁴1949) 169f. – [7] Der Formalismus in der Ethik und die materiale Wertethik (⁴1954) 85.

Literaturhinweise. E. SIGALL: Der leibniz-kantische A. und die neuere Philos. Schulprogr. (Czernowitz 1900); E. ABB: Kritik des kantschen A. vom Standpunkt des reinen Empirismus aus. Arch. ges. Psychol. 7 (1906) 227-302 (Diss. Zürich 1906). – W. JERUSALEM: A. und Evolutionismus. Ber. über den III. int. Kongr. für Philos. (1909) 806-815. – N. HARTMANN: Das Problem des A. in der platonischen Philos. (1935). Kleinere Schriften 2 (1957) 48-85. – M. DUFRENNE: La notion d'a priori (Paris 1959).

W. HALBFASS

Äquifinalität (lat. aequus, gleich; finis, Ziel) bezeichnet die Erscheinung, daß in organismischen Regulationen vielfach das gleiche «Ende» oder «Ziel» von verschiedenen Anfangszuständen oder nach Störungen erreicht werden kann.

Der Begriff ‹Ä.› wurde von DRIESCH [1] auf Grund embryonaler Regulationen eingeführt; z. B. kann aus einem normalen Seeigelkeim, aber auch aus geteilten, verschmolzenen und verlagerten Keimen (unter bestimmten definierbaren Bedingungen) eine normale Seeigellarve hervorgehen. Das gleiche Prinzip liegt der Entstehung eineiiger Zwillinge und Mehrlinge beim Menschen zugrunde, die aus einem durch ein «Naturexperiment» gestörten Ei entstehen können. Ähnliche Ä. findet sich bei vielen Regulationsprozessen z. B. im Nervensystem, wenn nach nahezu beliebiger Zerstörung von Hirngebieten in den Experimenten nach LASHLEY [2] dennoch die normale Funktion weitgehend erhalten bleibt.

Nach Driesch ist Ä. der wichtigste Beweis des von ihm vertretenen *Vitalismus.* Erreichung des gleichen «Zieles» von verschiedenen Anfangszuständen widerspreche der physikalischen Gesetzmäßigkeit; z. B. kann eine «Maschine», wie sie im Ei zur Erklärung der Entwicklung anzunehmen sei, offenbar nicht das gleiche (einen arttypischen Organismus) hervorbringen, wenn man sie teilt, zwei Maschinen zur Verschmelzung bringt usf. Daher fordere die Erscheinung der Ä. eine vitalistische Entelechie, welche die Maschine nach Störungen reguliert und die Prozesse in Hinsicht auf das zu erreichende Ziel (d. i. Herstellung eines normalen Organismus) kontrolliert.

Demgegenüber hat BERTALANFFY [3] darauf hingewiesen, daß äquifinales Verhalten nicht eine Durchbrechung physikalischer Gesetzmäßigkeit sei, sondern eine allgemeine Eigenschaft *offener Systeme* bedeute. Wenn und insofern ein offenes System einem zeitunabhängigen Zustand des Fließgleichgewichts zugeht, so ist dieser äquifinal, d. h. der gleiche Endzustand wird von verschiedenen Anfangszuständen und nach Störungen erreicht.

Dies findet sich in quantitativ faßbarer Weise z. B. in Erscheinung des Wachstums, wo die typische Endgröße von verschiedenen Anfangszuständen (z. B. verschiedenen Geburtsgewichten) und nach Störungen (z. B. nach zeitweiliger Aufhebung des Wachstums durch ungenügende oder vitaminarme Kost) erreicht werden kann. (Darauf beruht z. B. die Möglichkeit einer Regulation nach Entwicklungsstörungen beim Menschen.)

Es folgt daraus, daß Ä. ein Kennzeichen gewisser physikalischer (und offener) Systeme ist und keinen Beweis für das Eingreifen vitalistischer Faktoren in das Lebensgeschehen darstellt. Allerdings beinhaltet dies eine Erweiterung des physikalischen Kausalitätsbegriffes, insofern in äquifinalen Systemen der Zustand zu einer Zeit t_1 nicht (wie in konventionellen geschlossenen Systemen) durch die Bedingungen zu einem früheren Zeitpunkt t, sondern von den Systembedingungen bestimmt ist und als Abhängigkeit von einem künftigen Zustand definiert werden kann.

Der so definierte Ä.-Begriff gibt keine Erklärung für die morphogenetischen Phänomene der Entstehung hochdifferenzierter Organisation aus dem Ei und der Bildung artspezifischer Formen, die auch heute, nach den Erfolgen der Molekularbiologie, weitgehend unerklärt bleiben, wenn auch kein moderner Biologe zugeben wird, daß diese Vorgänge auf das Wirken einer vitalistischen Entelechie zurückgehen und naturwissenschaftlicher Erforschung unzugänglich seien. Er zeigt jedoch, daß eine früher als nur vitalistisch erklärbar angesehene Art organismischer Regulation keine Verletzung der physikalischen Gesetzmäßigkeit ist, sondern in diese bei entsprechender Erweiterung des Begriffssystems (von geschlossenen auf offene Systeme) eingeordnet werden kann.

Anmerkungen. [1] H. DRIESCH: Philos. des Organischen (⁴1928). – [2] K. LASHLEY: Brain mechanisms and intelligence (New York 1964). – [3] L. VON BERTALANFFY: Der Organismus als physikalisches System betrachtet. Naturwissenschaften 28 (1940) 521-531.

Literaturhinweise. L. VON BERTALANFFY: Biophysik des Fließgleichgewichts (1953); General system theory (New York 1968).

L. VON BERTALANFFY

Äquipollenz. Der lateinische Terminus findet sich zuerst bei APULEIUS [1] als Übersetzung des GALENischen ἰσοδυναμία [2]. Ä., *Gleichgeltung,* besteht:

1. zwischen Begriffen (*Wechselbegriffe, reziproke Begriffe* [3]), die verschiedenen Inhalt, aber gleichen Umfang haben, z. B. «Parallelogramm mit rechtem Winkel» und «Parallelogramm mit gleichlangen Diagonalen»;

2. zwischen Aussagen mit gleichem Inhalt, aber verschiedener Form [4]:

a) Ä. durch *Obversion,* z. B. $SaP \leftrightarrow SeP'$; Beispiel: «Alle Edelgase sind Elemente» ist gleichwertig mit «Kein Edelgas ist Nicht-Element». Der Sache nach findet sich diese Ä. schon bei ARISTOTELES [5].

b) Ä. durch *Subalternation,* z. B. $SaP \leftrightarrow \neg SiP'$; Beispiel: «Alle Knollenblätterpilze sind giftig» ist gleichwertig mit «Es ist nicht wahr, daß einige Knollenblätterpilze ungiftig sind».

c) Ä. durch *kontradiktorische Opposition* [6], z. B. $SaP \leftrightarrow \neg SoP$; Beispiel: «Alle Wale sind Säugetiere» ist gleichwertig mit «Es ist nicht wahr, daß einige Wale keine Säugetiere sind».

Anmerkungen. [1] Vgl. R. EUCKEN: Gesch. der philos. Terminol. (1879) 54. – [2] Vgl. C. PRANTL: Gesch. der Logik im Abendlande (Neudruck 1957) 1, 568. – [3] z. B. B. BOLZANO: Wissenschaftslehre (1837) § 96. – [4] Abkürzungen vgl. Art. ‹Syllogismus, Syllogistik›. – [5] z. B. De interpretatione 10, 20 a 19-22; Anal. pr. I, 46, 52 a 8. – [6] Siehe Art. ‹Gegensatz›.

Literaturhinweise. A. LEHMEN: Lehrb. der Philos. (³1909) 80ff. – W. ST. JEVONS: Leitf. der Logik, dtsch. H. KLEINPETER (²1913) 86. – A. MENNE: Logik und Existenz (1954) 15; Einf. in die Logik (1966) 83f.
A. MENNE

Äquipotentiell (von lat. aequus, gleich, und potentialis, vermögend). Der Terminus wurde von DRIESCH eingeführt, um damit jene Systeme als Teile eines Organismus zu bezeichnen, bei denen die Elemente die gleiche «prospektive Potenz» haben, ein- und derselben Formbildung dienen zu können. Ein harmonisch äquipotentielles Reaktionssystem ist daher ein solches, dessen Elemente, wie es bei Driesch heißt, «je nach vorgenommener Änderung Verschiedenes leisten können – in Harmonie mit den übrigen Leistungen» [1]. Das Phänomen der Äquipotentialität ist für Driesch einer der wichtigsten Gründe für die Annahme einer Entelechie (s. d.). Die Entelechie soll erklären, warum die Elemente eines äquipotentiellen Systems zu einem bestimmten Zeitpunkt unter ihren verschiedenen Möglichkeiten das für die Formbildung Richtige verwirklichen. – BERTALANFFY spricht stattdessen von einer «equifinality» [2] der organischen Systeme, insofern sie den gleichen Endzustand von verschiedenen Anfangszuständen aus auf verschiedenen Wegen erreichen können.

Anmerkungen. [1] H. DRIESCH: Der Weg der theoretischen Biol. Z. Naturwiss. 4/6 (1938). – [2] Vgl. Art. ‹Äquifinalität›.

Literaturhinweise. A. WENZL: Met. der Biol. von heute (1937); HEDWIG CONRAD-MARTIUS: Der Selbstaufbau der Natur (²1963) 18f. und passim.
H. M. NOBIS

Äquivalenz besagt allgemein Gleichwertigkeit. – 1. In der Logik versteht man unter ‹Ä.› im allgemeinen eine Verbindung zweier Aussagen, die genau dann wahr ist, wenn beide Aussagen den gleichen Wahrheitswert haben, und genau dann falsch, wenn sie verschiedene Wahrheitswerte haben [1]. Man schreibt $\langle p \leftrightarrow q \rangle$ und spricht $\langle p$ äq(uivalent) $q \rangle$. ‹↔› heißt ‹Äquivalentor›, ‹Biimplikator› oder ‹Bisubjunktor› [2]. In den ‹Principia Mathematica› von A. N. WHITEHEAD und B. RUSSELL wird geschrieben $p \equiv q$; HILBERT hat $A \sim B$, ŁUKASIEWICZ Epq. Diese Aussagenverbindung geht auf die *Stoa* [3] zurück, findet sich bei GALEN [4] und durch BOETHIUS [5] in der *Scholastik*. In die moderne Logik kam sie durch HUGH MCCOLL [6]. Ihre Wahrheitswerttafel findet sich zum ersten Male bei CH. S. PEIRCE [7]. Bei diesen beiden findet sich die englische Bezeichnung ‹equivalence›, die durch die ‹Principia Mathematica› allgemein Verbreitung fand. Dort wird die Ä. definiert als gegenseitige *Implikation* zweier Aussagen [8].

2. Ä. wird gelegentlich auch die *extensionale Gleichheit* zweier Klassen genannt.

3. Ä. besagt in der *Mengenlehre* (s. d.) die *Gleichmächtigkeit* zweier Mengen, die dann besteht, wenn beider Elemente sich eineindeutig einander zuordnen lassen.

4. *Formale Ä.* (auch: *extensionale Ä.*) wird analog zur *formalen Implikation* (s. d.) die Generalisierung der Ä. zweier Aussageformen mit einer freien Variablen genannt: $\bigwedge_x (\alpha(x) \leftrightarrow \beta(x))$. Die Sache findet sich zuerst bei PEANO [9], der schreibt: $a =_{x, y, \ldots} b$. Der Ausdruck ‹formal equivalence› geht wohl zurück auf die ‹Principia Mathematica› [10]. Im Unterschied dazu nennt man die oben unter Nr. 1 definierte Ä. von Aussagen auch ‹materiale Ä.›.

Anmerkungen. [1] Die Wahrheitstafel s. Art. ‹Prädikatenlogik› Nr. 7. – [2] Vgl. Art. ‹Bisubjunktion›, ‹Subjunktion›. – [3] Vgl. J. W. STAKELUM: Galen and the logic of propositions (Rom 1940) 46ff. – [4] GALEN, Institutio logica, hg. C. KALBFLEISCH (1896) XIV, 34, 14–17. – [5] BOETHIUS, De syllogismo hypothetico 846 a; vgl. R. VAN DEN DRIESCHE: Le ‹De syllogismo hypothetico› de Boèce, in: Methodos 1 (1949) 294ff. – [6] H. MCCOLL: The calculus of equivalent statements and integration limits. Proc. Lond. Math. Soc. 9 (1877/78) 9. – [7] CH. S. PEIRCE: The simplest mathematics, in: Collected papers, hg. C. HARTSHORNE (Cambridge, Mass. 1933) 4, 213. – [8] Princ. Math. *4.01. – [9] G. PEANO: Arithmeticae Principia (Turin 1889) IX. – [10] Vgl. 145, nach *10.301.

Literaturhinweise siehe Art. ‹Prädikatenlogik›.
A. MENNE

Äquivok (lat. aequivocum, Übersetzung von griechisch ὁμώνυμον, ‹gleichnamig›, begegnet zuerst bei AUGUSTIN [1] und MARTIANUS CAPELLA [2]. Bedeutung und Terminologie werden philosophisch-technisch von BOETHIUS festgelegt, der, im Sinne des Aristoteles, *Dinge* äquivok nennt, die nur den Namen gemeinsam haben, deren Wesensdefinition aber verschieden ist (quorum solum nomen commune est, secundum nomen vero substantiae ratio diversa) [3]. Die Arten des Ä. kommen «zufällig» (casu) oder durch willentliche Benennung (consilio) zustande; letztere haben ihren Grund in einer Ähnlichkeit (similitudo) oder einem Verhältnis der Entsprechung (proportio), der Abkunft (ab uno) bzw. der Hinordnung (ad unum) [4]. – Die letztgenannten Arten werden später eher unter die *Analogie* gerechnet, die bei Boethius terminologisch noch nicht vorkommt.

Die *Scholastik* sieht ‹äquivok› primär als Bestimmung des Namens, nicht des Dinges, an, die sich in der *Aussage* zeigt, wenn dieselbe Vokabel ganz verschiedene Sinngehalte (rationes diversas) bezeichnet; so tritt ‹äquivok› z. B. bei THOMAS VON AQUIN als *Prädikationsweise* neben ‹Analogie› und ‹Univokation› [5]. Jedoch tritt es auch weiterhin als Dingbezeichnung auf, sofern *in den Dingen* jene «ratio» verschieden ist, die den gemeinsamen Namen veranlaßt; so z. B. bei der «causa aequivoca», welche der Wirkung in anderer Weise als diese besitzt [6]. Schließlich heißt seit der scholastischen Logik «*fallacia aequivocationis*» jene «Täuschung, die daher stammt, daß ein Name mehrere Bedeutungen hat» (deceptio proveniens ex eo quod unum nomen plura significat) [7].

Anmerkungen. [1] Contra Julian. op. imperf. 2, 5; Princ. dial. IX. – [2] De nuptiis Philol. et Merc. IV, 329. – [3] In Cat. Arist. 1, 2. MPL 64, 163; vgl. In Porph. Dial. 1. MPL 64, 15. – [4] In Cat. Arist. 1. MPL 64, 166. – [5] z. B. De princ. nat. c. 6, hg. SPIAZZI Nr. 366. – [6] Summa contra gent. I, 29. – [7] THOMAS VON AQUIN, De fallaciis c. 7, hg. SPIAZZI. Nr. 648.
W. KLUXEN

Arbeit

I. Der Ausdruck ‹A.› und seine Äquivalente gehören in allen Sprachen zu den wichtigsten und zuerst gebrauchten Wörtern und bezeichnen eine der elementarsten menschlichen Tätigkeiten. Dennoch sind sie erst in neuester Zeit in die Nomenklatur der philosophischen und theologischen Wörterbücher eingegangen. Der A.-Begriff hat systematisches Gewicht erst erhalten, als der Mensch zum reflektierten Bewußtsein seiner Stellung in der modernen industriellen Zivilisation gelangt ist. Heute enthält jede Anthropologie ein Kapitel über die wesentliche Beziehung des Menschen zu seinem technischen Tun, das sich auf die Beherrschung der Naturkräfte richtet und die Produktion und Verteilung der aus der Materie hervorgegangenen Güter zum Ziele hat.

Auch in der Geschichte ihres vorphilosophischen und philosophischen Gebrauchs entbehren die Wörter für A. indes nicht des menschlich-existentiellen Sinnes. Es ist bemerkenswert, daß sie in allen Sprachen eine Grundbedeutung haben, die sich erhält: Sie bezeichnen das Mühsame der Tätigkeit, die harte Anstrengung. Das deutsche Wort ‹A.› kommt von lateinisch ‹arvum, arva›, «gepflügter Acker». Im Hochdeutschen und Altsächsischen drückt das Wort die Vorstellung von auferlegender, beengender Notwendigkeit aus, die Unbequemlichkeit, Schmerzen und Erschöpfung durch Müdigkeit mit sich bringt; es ist synonym mit ‹Mühsal›, ‹Not›, ‹Beschwerde›. Entsprechend kann man im Französischen feststellen, daß ‹travail› vom vulgärlateinischen ‹tripalus›, Dreipfahl – einer Vorrichtung zur Bändigung von Pferden, die schwierig zu beschlagen sind – herkommt und also Qual bedeutet (tripalare = quälen). – ‹Labor› bedeutet in karolingischer Zeit die A., die etwas Neues hervorbringt. ‹Laboratores› heißt das «produktiv arbeitende Volk», und zwar als die bevorzugte Schicht, die, im Gegensatz zu denen, die nur mit der Hand arbeiten, über eigenes Werkzeug verfügt. In der Dreigliederung der Gesellschaft stehen die laboratores als eine noch angesehene Klasse unterhalb der oratores und bellatores. Doch mit fortschreitender Entwicklung der Gesellschaft wird ‹laboratores›, jetzt mit einem pejorativen Sinn, die Bezeichnung für alle, die sich hart plagen müssen: «Labor, proprie tribulatio; laborare, proprie paenitere», stellt ALANUS DE INSULIS († 1202) in seinem Wörterbuch fest [1]. Im 13. Jh. dagegen, als die Fachleute (techniciens) in den autonomen Städten siegreich vordringen, heißt es in der ‹Bible Guyot›: «Ingénieurs sont plus que chevaliers.» – Russisch ‹rabota› kommt von ‹rab›, Sklave. Im Vokabular nicht-industrialisierter Völker wird der gleiche Terminus zur Bezeichnung des Handwerklichen im umgreifenden Sinn und des Gewerblichen in aufschlußreicher Vieldeutigkeit verwendet; so im modernen Arabisch ‹fann›.

Die *Bibel* drückt religiöse Erfahrung und menschliche Weisheit aus, wenn sie feststellt, die A. sei notwendig, damit durch sie Gottes Werk zu seiner Vollendung gelange [2]. Gleichzeitig ist mit dem verpflichtenden Charakter der A. ein Sühne- und Läuterungswert verknüpft [3].

Die *griechische* Kultur sieht die A. in Perspektiven, die durch den Dualismus von Materie und Geist bestimmt sind: Als Verrichtung des Körpers ist die A. des freien Menschen – und nur er gilt in vollem Sinn als Mensch – unwürdig; sie stellt einen Zwang dar und hindert den Menschen an der Muße der Kontemplation, die das eigentliche Tun des Weisen ist: «A. und Tugend schließen sich gegenseitig aus», sagt ARISTOTELES [4]; und CICERO erklärt, daß «die Handwerker einen niederen Beruf ausüben» [5]. Diese aristokratische Auffassung, der Evangelium und Christentum entgegentreten, bietet indessen eine Analyse der τέχνη als Erfahrung der Kausalität im Inneren des Universums an und gewinnt von daher einen Ansatz zum Verständnis der Strukturen der natürlichen Kausalität. Auf diese Weise wird τέχνη zu den Tugenden, den Fertigkeiten gerechnet, die den Menschen befähigen, seinem Wesen gemäß zu handeln. So gesehen ist die Seinsweise des Menschen in ihrem Verhältnis zur Welt nicht nur Mittel, auf die Welt einzuwirken oder sie zu nutzen, sondern auch eine dem Menschen eigene Weise der Wahrheitsfindung. In dieser Richtung legt HEIDEGGER aus, wenn er sagt, die Produktion sei nicht nur Herstellen, sondern «Entbergen» sei [6].

Die *Renaissance* erneuert trotz ihrer wesentlich aristokratischen Haltung die Einsicht in die Werte des «homo faber», und zwar nicht nur im Blick auf die freien Künste. GIORDANO BRUNO preist das Tätigsein in Entgegensetzung zur Muße [7]. CAMPANELLA ist auf der Suche nach den Gesetzen für eine neue, auf A. gegründete Gesellschaft [8].

Mit den Entdeckungen auf dem Gebiet der Naturwissenschaft und dem Fortschritt der Industrie, mit dem Übergang vom Handwerkszeug zur Maschine, mit dem Aufschwung des produktiven Kapitalismus und mit dem Klassenkampf wird die A. seit dem zweiten Drittel des 19. Jh. zu einem Hauptproblem, nicht nur für die Organisation von Staat und Gesellschaft und für die gesamte Erziehung, sondern für die Philosophie des Menschen. Weit davon entfernt, ein einfaches Mittel zur Befriedigung natürlicher Bedürfnisse zu sein, ist A. für MARX schöpferische Quelle des menschlichen Lebens, gleichsam «das lebenzeugende Leben». Das wahre Verhältnis des Menschen zu seinem Produkt ist folglich ein Verhältnis freier Hervorbringung. Der Mensch kann seine Gattungsnatur nur in dem Maße verwirklichen, wie er sich in der Natur und in seinen Produkten Objektivität gibt [9].

Dagegen wendet sich eine Philosophie, für die sich der Mensch nicht nur durch A., sondern ebenso durch Freude und Kontemplation verwirklicht. Obwohl sich Bewußtsein im Handeln realisiert, ist es darum doch nicht in seinem Wesen mit dem Handeln gleich. Es ist für sich Selbstzweck, wie übrigens auch Marx sagte; nur deshalb konnte DESCARTES es schon zu Beginn des technischen Zeitalters unternehmen, den Menschen durch metaphysische Meditation aus der Entfremdung zu befreien. Die A. zu denken ist nicht identisch mit arbeiten, sie bezieht sich auf eine Wahrheitsnorm, die es zuläßt, das Wesen der Technik zu entdecken und zu begreifen, daß der Mensch, der mehr ist als das, was er «macht», sich nicht auf sein Werk reduzieren läßt; er kann sein Heil nicht von dem erwarten, was nur seine Begrenzung ist.

Anmerkungen. [1] ALANUS, MPL 210, 825. – [2] Gen. 1, 26, 28. – [3] Gen. 3, 19. – [4] ARISTOTELES, Pol. III, 5, 1278 a 20. – [5] CICERO, De officiis I, 150. – [6] M. HEIDEGGER: Technik, in: Vorträge und Aufsätze (1954). – [7] G. BRUNO: De gli eroici furori (Paris [London] 1585). – [8] TH. CAMPANELLA: La città de sole (verf. 1602). – [9] K. MARX: Haupttext: Die entfremdete A., in: Ökonomisch-philos. Mss. (1844). MEGA I/3, 81-94.

Literaturhinweise. A. TILGHER: Homo faber. Storia del concetto di lavoro nella civiltà occidentale (Rom 1920). – E. WELTY: Vom Sinn und Wert der menschl. A. Aus der Gedankenwelt des hl. Thomas von Aquin (1946). – J. VUILLEMIN: L'être et le travail (Paris 1949). – P. BATTAGLIA: Filos. del lavoro (Bologna 1951). – R. GUARDINI: Die Macht (1951). – K. ULMER: Wahrheit, Kunst und Natur bei Arist. Ein Beitrag zur Aufklärung der mod. Herkunft der modernen Technik (1953). – W. BIENERT: Die A. nach der Lehre der Bibel (1954). – J. TODOLI: Filos. del trabajo (Madrid 1954). – M. D. CHENU: Pour une théol. du travail (Paris 1955); dtsch. K. SCHMITT: Die A. und der göttliche Kosmos (1956). – K. BARTH: Die kirchl. Dogmatik III/4 (1957) 538-648. 683-744. – F. FÜRSTENBERG, H. HALLER und W. BIENERT: Art. ‹A.›, in: RGG 1 (³1957) 534-545. – H. RONDET: Theol. der A. (1957). – R. C. KWANT: Philos. of labour (Louvain 1960). – H. ARVON: La philos. du travail (Paris 1961). M. D. CHENU

II. Der weitgehenden Abwertung körperlicher Tätigkeiten als opera servilia im Unterschied zu den opera liberalia (Wissenschaft, Kunst, Staatsdienst) seit der Antike steht in der *Neuzeit* eine breite Aufwertung der A. und zur A. motivierenden Haltungen gegenüber. Der Unterschied zwischen körperlicher und geistiger A. verliert an Relevanz einmal mit der Konzentration der Theorien auf Schaffung eines produktions- und sozialisationsfördernden A.-Ethos, zum anderen mit der Integration von geistiger A. in den Produktionsprozeß.

Dafür gibt es deutliche *sozial-* und *wirtschaftsgeschichtliche* Gründe: 1. Seit der Entstehung kapitalkräftiger Zentren vor allem in den norditalienischen Städten des Spätmittelalters gab es eine ökonomische Basis für Produktionserweiterungen. 2. Mit der Ausweitung des Handels in den Handelszentren des Frühkapitalismus ging ein verstärkter Nachfragedruck auf die Produktion einher. Dies bewirkte den Abbau eigenwirtschaftlicher zugunsten verkehrswirtschaftlicher Produktionsformen mit mittelbarem Tausch (Geldwirtschaft). 3. Die Steigerung der Produktivität in der vorindustriellen Phase der Neuzeit war nur möglich durch Verbesserung der A.-Organisation, Disziplinierung der A. und optimaler Ausnützung des Potentials an menschlicher A.-Kraft (siehe die Armengesetzgebung in England).

Die A.-*Theorien* in Philosophie, Theologie und Ökonomie sind zwar weitgehend in Korrespondenz zu der wirtschaftlichen Entwicklung zu lesen, keineswegs aber als bloße Folge. Ihre Funktion war oft eine antizipierende und wirtschaftliche Entwicklungen mit einleitende. So hat MAX WEBER gezeigt, daß der Protestantismus für die Überführung von traditionalistischen, an konstantem Minimaleinkommen orientierten A.-Einstellungen in kapitalistische eine wichtige Initialleistung erbracht hat [1]. Mit wachsender Bedeutung der A. für Produktion wie Verkehrsformen der Waren und der Menschen wächst auch die Bedeutung des A.-Begriffs in den Theorien von einem ethischen Spezialtopos (Protestantismus) zu einem zentralen Systembegriff (klassischer englischer Liberalismus, Hegel, Marxismus).

LUTHERS Kritik an der katholischen bona-opera-Lehre zielte unmittelbar auf eine Trennung göttlicher und menschlicher Leistungen, allgemeiner bedeutete sie eine Säkularisierung, aber auch theologische Ethisierung menschlicher Tätigkeiten. A. wird als Auftrag Gottes zum Dienst in einem bestimmten Beruf für andere Menschen verstanden. Zugleich damit war eine Wertangleichung der verschiedenen A.-Arten verbunden: «und ist eins wie das ander, fallet ab aller Unterschied der Werke, sie sein groß, klein, kurz, lang, viel oder wenig»; «... was ihm fürkommt, das tut er und ist alles wohlgetan» [2]. Die Luthersche A.-Lehre ist zugeschnitten auf noch nicht technisch bedingte berufliche A.-Teilung des mittelalterlichen Handwerks. Die A.-Spezialisierung innerhalb der handwerklichen A.-Teilung ließ sich noch als Realisierung eines natürlichen Talents und so als Berufung durch den Schöpfer natürlicher Talente interpretieren. Mit dem Übergang in technisch bedingte A.-Teilung entaktualisierte sich diese theologische Sinndeutung. Sie hatte die stärkste Nachwirkung im preußischen Pflichtbewußtsein [3].

Die weitreichenden Wirkungen der *calvinistisch-puritanistischen* Prädestinationslehre auf die Ausbildung von A.- und Askesehaltungen und deren Wichtigkeit für die Entwicklung einer kapitalakkumulierenden Leistungsgesellschaft hat MAX WEBER analysiert. Arbeit und systematisch-rationale Lebensführung wird zum Zeichen der Bewährung. Die prinzipielle Unsicherheit der Erwählung wird Antrieb zur methodischen Kontrolle des status gratiae (Gnadenstand) [4].

Die ökonomische Bedeutung der A. als wertschöpfendem Produktionsfaktor wird noch von den *Physiokraten* bestritten. Wertschöpfende A. ermöglicht nur die Natur. Die in der Landwirtschaft Tätigen (cultivateurs) bilden deswegen die produktive Klasse. Die rohstoffbearbeitenden Tätigkeiten werden als nützlich, aber unproduktiv bezeichnet, die entsprechende Klasse der Arbeiter als classe stérile. Die theoretische Basis für diese Bewertung liefert bei MIRABEAU z. B. ein an einem Neuschöpfungsbegriff orientierter Produktionsbegriff: «tailler une pierre n'est pas produire une pierre» und «il n'y a que la terre qui ait reçu de Dieu le don de produire» [5].

Die erste Interpretation der A. als wertschöpfender Tätigkeit findet sich im Pionierland der Industrialisierung, in England. Ausgehend vom Eigentumsproblem bestimmt LOCKE die darin investierte A. als Legitimation für Eigentum an Dingen, Grund und Boden. Außerdem wird sie als der Natur an Wichtigkeit weit überlegener Produktionsfaktor verstanden: Wenn man richtig beobachtet, sieht man, «daß den weitaus größten Anteil ihres Werts die A. den Dingen verleiht ... Der Boden, der die Rohstoffe liefert, ist dabei kaum in die Rechnung einzubeziehen» [6].

Zum Zentralbegriff wird A. und A.-Teilung im klassischen englischen Liberalismus bei ADAM SMITH. Nach Erfahrungen von Produktionssteigerungen durch differenzierte A.-Teilung in den Manufakturen zu Beginn der Technisierungsperiode (zweite Hälfte des 18. Jh.) wird arbeitsteilige Produktion vor Kapital und Boden zum wichtigsten Produktionsfaktor und realem Wertmaßstab der Ware. Da jemand arm oder reich ist, je nach dem Quantum A., über das er verfügen kann, «stimmt der Wert einer beliebigen Ware für ihren Besitzer ... mit dem Quantum A. überein, das er damit kaufen oder kommandieren kann. A. ist also das reale Maß des Tauschwerts aller Waren» [7]. A. wird hier zum Begriff innerhalb eines politisch-ökonomischen Systems: Dem spezialisierten Produktionstyp korrespondiert das Tauschprinzip, das als anthropologische, mit Sprache und Denken verknüpfte Eigenschaft der A.-Teilung zugrunde liegt: «Sie ist die zwangsläufige, wenn auch sehr langsame und allmähliche Folge einer gewissen Neigung der menschlichen Natur ... zum Tausch und zum Tauschhandel» [8]. Insofern ist hier A. – anders als bei Marx, aber ähnlich wie bei Hegel – zwar ein, aber nicht erstes Konstituens bei der Entwicklung der menschlichen Gattungskräfte. Das A.- und Tauschsystem bewirkt eine als Vorteil empfundene und durch Angebot und Nachfrage gesteuerte ökonomische und gesellschaftliche Abhängigkeit der Einzelnen. Es ist zugleich Sozialisationssystem; sowohl Produktions-, wie Emanzipations-, wie Vernunftfaktor (Vernunft = Tauschvernunft). Das System sorgt wie mit einer unsichtbaren Hand (invisible hand) mit Hilfe der Mechanismen von Angebot und Nachfrage für eine Umformung der egoistischen Einzelhandlungen zu allgemeinnützlichen Handlungen. Ebenso bedeutet die A.-Teilung keine als Entfremdung interpretierte Vereinseitigung menschlicher Fähigkeiten, sondern macht die von der Tauschvernunft gewollte Entwicklung von Spezialfähigkeiten überhaupt erst sinnvoll [9].

Thematisch wird das Problem der A.-Teilung bei SCHILLER. Er sieht zwar deren Vorzüge – «Dadurch allein, daß wir die ganze Energie unseres Geistes in einem Brennpunkt versammeln ... setzen wir dieser einzelnen Kraft gleichsam Flügel an und führen sie künstlicherweise weit über die Schranken hinaus, welche die Natur ihr gesetzt zu haben scheint» [10] –, doch führt ihn die Beobachtung der anthropologisch-politischen Rückwirkungen der A.-Teilung zu einer an griechischen Ganzheitsidealen orientierten Entfremdungskritik: Wir sehen «ganze Klassen von Menschen nur einen Theil ihrer Anlagen entfalten, während daß die übrigen wie bei verkrüppelten Gewächsen, kaum mit matter Spur angedeutet sind» [11].

Starken Einfluß dagegen hat die A.-Theorie von Smith schon auf den jungen HEGEL: Sprache, individuierende, zugleich entprivatisierende soziale Bezüge und von Naturzwängen befreiende A. sind für ihn die wichtigsten Konstituentien der Bildung eines geistigen, selbstbewußten, als juristische Person verantwortlichen Ich. Was der Mensch jeweils geschichtlich ist, das wird er in diesen Medien. In ihnen wird die Geschichte der Emanzipation aus Naturzwängen und die der Geist- und Personbildung zusammengeschlossen. Zugleich eröffnet die arbeitsteilig und maschinell produzierende bürgerliche Tauschgesellschaft die Perspektive der Kooperation zwischen naturbeherrschenden und -ausnützenden Arbeitsinstrumenten und Naturkräften bis zur Befreiung von A. als physischer Anstrengung im listigen Zusehen beim «Sichabreiben» der Natur. Je arbeitsteiliger Produktion und Tausch werden, «desto mehr ist er nur die abstrakte Tätigkeit, und dadurch ist er imstande, sich aus der A. herauszuziehen und an die Stelle seiner Tätigkeit die der äußern Natur zu substituieren». In den ‹Grundlinien der Philosophie des Rechts› macht Hegel gegen die «Vorstellung als ob der Mensch in einem sogenannten Naturzustande ... in Freiheit lebte» geltend, daß sie «noch ohne Rücksicht des Moments der Befreiung, die in der A. liegt ... eine unwahre Meinung» sei. In der «Formirung» durch A. verhalte «der Mensch in seiner Konsumtion sich vornehmlich als menschlichen Produktionen» [12]. Diese Theorie ist weder reine Antizipation des Marxismus (A. hat nicht einen solchen Vorrang bei Vermittlungsleistungen wie bei Marx) noch reiner Liberalismus: Für Hegel verlängern sich die Vorzüge der natürlichen A.-Teilung (nach Geschick und Talent) nicht in die technisch bedingte A.-Teilung. Sie führt unter den konkreten Bedingungen der maschinenbedienenden A. in privatkapitalistisch geführten Großbetrieben zur Entqualifizierung menschlicher Fähigkeiten und Vergrößerung des Unterschiedes zwischen Armen und Reichen: «Es werden also eine Menge zu den ganz abstumpfenden, ungesunden und unsichern und die Geschicklichkeit beschränkenden Fabrik-, Manufaktur-A., Bergwerken usf. verdammt ... Der Gegensatz großen Reichtums und großer Armut tritt [auf]» [13].

Eine weitere ökonomische Konzentration auf A. als wertschöpfenden Produktionsfaktor vollzieht RICARDO, insofern bei ihm die bei Smith noch als wertbestimmend geltenden Faktoren «Boden» und «Kapital» als marktabhängige Variablen aus der Wertsphäre ausgeklammert werden. Gerade durch eine Analyse der spekulantischen Ausnützung des Bodens (bei den Physiokraten noch allein wertschöpfender Faktor) erkennt er die parasitäre Ausnützung der Möglichkeit arbeitslosen Einkommens unter kapitalistischen Bedingungen [14].

An die Vorleistungen der A.-Theorien seit Smith anknüpfend, macht MARX A. zum Basisbegriff seiner Kritik der bürgerlichen politischen Ökonomie. A. ist sowohl Wertmaßstab wie wichtigster Wertschöpfungsfaktor. Sie bestimmt den objektiven Wert der Ware (= Wert der investierten gesellschaftlich notwendigen A.-Zeit) [15] wie die Wertform (Gebrauchswert und Tauschwert). Mit der Produktionsform in Zusammenhang steht die Verkehrsform: Gesellschaftliche Teilung der A. ist «Existenzbedingung der Warenproduktion» [16]. Die A.-Analyse ist zugleich Grundlage der Herrschafts- und Eigentumskritik. Bei SAINT-SIMON führt sie zu einer vorsozialistischen Verteilung von Herrschaftspositionen und Eigentum nach Leistungskriterien [17], bei MARX zu den sozialistischen Forderungen nach Herrschaft der Arbeiterklasse, gesellschaftlichem Eigentum an den Produktionsmitteln und gerechter Distribution des Sozialprodukts [18]. Die menschliche Gattungs- und Emanzipationsgeschichte vollzieht sich im Kontext der A. Unter privatkapitalistischen Bedingungen führt die Industrialisierung zur verstärkten Verelendung der Arbeiter und die arbeitsteilige Produktion zur Entfremdung [19]. Beides soll nach Herstellung sozialistischer Verhältnisse aufgehoben sein, nicht aber überhaupt die Notwendigkeit zur A. Insofern sie «spezielle, zweckmäßige produktive Tätigkeit» ist, die «besondere Naturstoffe besonderen menschlichen Bedürfnissen assimiliert [Gebrauchswert setzt sich deshalb aus menschlicher A. und einem Natursubstrat zusammen], wird sie bezeichnet als eine von allen Gesellschaftsformen unabhängige Existenzbedingung des Menschen, ewige Naturnotwendigkeit, um den Stoffwechsel zwischen Mensch und Natur, also das menschliche Leben zu vermitteln» [20]. Die Natur behält – anders als bei Hegel – einen Rest von kooperationsverweigernder, abzuarbeitender Gegenständlichkeit [21].

Neuere Tendenzen. – 1. Die als kulturkritisch qualifizierten Bedenken gegen arbeitsteilige Industrieproduktion nehmen einen breiten Raum in der öffentlichen Diskussion ein. Es werden dabei vor allem Entfremdungserscheinungen kritisiert, bewußt oder unbewußt orientiert an einem Idealbild von Handwerker- und Künstler-A. Neuere industriesoziologische Untersuchungen ergeben keinen eindeutigen Trend zu fortschreitender Entqualifizierung der A. [22]. – 2. Die Tatsache der Abnahme des Anteils physischer A.-Leistung unter fortschreitend technisierten Produktionsbedingungen ist Ausgangsbeobachtung einer kritischen Diskussion der Marxschen A.-Wertlehre [23]. – 3. Die fortschreitend systematische Ausnützung technisch verwertbaren Wissens in der Produktion veranlaßt eine weitere Akzentverschiebung unter den wertschöpfenden Faktoren zugunsten des Faktors Wissenschaft [24]. – 4. Der Zunahme des Einflusses von Handlungsmotivationen, die nicht unmittelbar der Produktionssphäre angehören (kulturindustrielle Manipulation, Bürokratisierung), wird in der theoretischen Soziologie Rechnung getragen durch eine Ausweitung der arbeitstheoretischen Betrachtung in einem allgemeineren handlungstheoretischen Rahmen [25].

Anmerkungen. [1] M. WEBER: Die prot. Ethik und der Geist des Kapitalismus, in: Aufsätze zur Religionssoziol. (⁵1963) 30-62. – [2] M. LUTHER, Werke, hg. CLEMEN 1 (1950) 231. – [3] WEBER, a. a. O. 63ff. – [4] a. a. O. 84-206. – [5] MIRABEAU bei J. DAUTRY: La notion de travail chez Saint-Simon et Fourier. J. Psychol. norm. et pathol. 1 (1955) 59. – [6] J. LOCKE: Two treatises of government (1690), dtsch. (1967) II, 5, § 42. – [7] A. SMITH: Inquiry into the nature and causes of the wealth of nations (1776), dtsch. (1963) 40. – [8] a. a. O. 20. – [9] 20ff. – [10] FR. SCHILLER: Über die ästhetische Erziehung des Menschen in einer Reihe von Briefen. National-A. 20 (1962) 327. – [11] a. a. O. 322. – [12] G. W. F. HEGEL: Jenaer Realphilos. Vorles.-Ms. zur Philos. der Natur und des Geistes von 1805/06, hg. J. HOFFMEISTER (1967) 215; Grundlinien der Philos. des Rechts, hg. J. HOFFMEISTER (⁴1955) § 194. § 196. – [13] Jenaer Realphilos. 232; wichtigste Stellen beim späteren Hegel: Phänomenol. des Geistes, hg. J. HOFFMEISTER (⁶1952) IV, A, 141ff.; Grundlinien ... a. a. O. [12], hg. J. HOFFMEISTER 169ff.: Das System der Bedürfnisse; zur Interpretation: J. HABERMAS: A. und Interaktion. Bemerkungen zu Hegels ‹Jenenser Philos. des Geistes›, in: Technik und Wiss. als Ideologie (1968) 9ff.; zur A.-Theorie im dtsch. Idealismus vgl. auch J. G. FICHTE: Der geschlossene Handelsstaat (1800). Werke, hg. I. H. FICHTE 3, I. – [14] D. RICARDO: Principles of political economy and taxation (1817), dtsch. (1959) Kap. 1-6. – [15] K. MARX: Das Kapital. Kritik der politischen Ökonomie. MEW 23 (1962) 49-98. – [16] a. a. O. 56. – [17] Vgl. bes. C.-H. DE SAINT-SIMON: S.-Simons Gleichnis (La Parabole), dtsch. in: Ausgewählte Texte (1957) 141ff.; vgl. auch

DAUTRY, a. a. O. [5]. – [18] MARX/ENGELS, MEW 4 (1959) 462ff. – [19] a. a. O. 23, 4. Abschn. – [20] a. a. O. 57. – [21] Zur erkenntnistheoretischen Problematik vgl. J. HABERMAS: Erkenntnis und Interesse (1968) 36-87. – [22] H. POPITZ u. a.: Technik und Industrie-A. (1957) 1-26: Diskussion der kulturkrit. Argumente. – [23] J. HABERMAS: Theorie und Praxis (1963) 188-200. – [24] E. LÖBL: Geistige A. – Die wahre Quelle des Reichtums (1968). – [25] J. HABERMAS: Technik und Wiss. als Ideologie (1968) 48-103.

Literaturhinweise. E. DURKHEIM: De la division du travail social (²1926). – K. DUNKMANN: Soziol. der A. (1933). – H. MARCUSE: Über die philos. Grundlagen des wirtschaftswiss. A.-Begriffs. Arch. Sozialwiss. Sozialpolitik 69 (1933); Nachdruck in: Kultur und Ges. 2 (1965) 7-48. 173-176. – G. FRIEDMANN: Zukunft der A. (1953). – F. JONAS: Sozialphilos. der industriellen A.-Welt (1960).

H. J. KRÜGER

Arbeiter, Arbeiterfrage. Das Wort ‹Arbeiter› (A.) bezeichnete allgemein, auch in seinen Entsprechungen in anderen europäischen Sprachen, den körperlich tätigen, sich abmühenden Mann, im Gegensatz zum Vornehmen, Edlen, für den solche «Mühe und Arbeit» unter seiner Würde war. Doch setzte sich gegenüber dieser weiten, unscharfen Bedeutung schon vom Mittelalter an zunehmend die Tendenz der Einengung auf abhängige Lohn-A. durch. Selbständige Handwerksmeister gehörten bei solchem Verständnis nicht zu den A., während Bauern allenfalls als ‹A.› bezeichnet werden konnten, insofern sie Fröner waren [1]. Die biblisch-christliche Wertung («A. im Weinberg des Herrn») mit der Möglichkeit einer Hochwertung des «christlich-adeligen» handarbeitenden Menschen im Gegensatz zum Müßiggänger wurde zwar oft formuliert und durch Predigten seit den Bettelmönchen auch populär. Doch hat sie im ganzen den vorherrschenden Sprachgebrauch des *sozialen* Begriffs ‹A.› als Menschen der handarbeitenden Unterschicht nicht eingeschränkt, wenn auch die christliche, durch den reformatorischen Berufsbegriff noch verstärkte Umwertung ständischer Rangordnung dem Bewußtsein der Zeitgenossen der A.-Emanzipation im 19. Jh. mit zugrunde gelegen hat.

Die Entwicklung der Manufakturen, vor allem aber seit dem 18./19. Jh. der mechanisierten Produktion in «Fabriken» führte zu terminologischen Schwierigkeiten, zu Fixierungen und Differenzierungen des Begriffs ‹A.› [2] mit der vorwaltenden Tendenz, daß sich innerhalb der weit umfassenden «handarbeitenden Klasse(n)» eine Kerngruppe von Industrie-A., A. im eigentlichen oder engeren Sinne, herausbildete. Seit den 40er Jahren wurde auch das in die Reichsgewerbeordnung (1869/71) übernommene Wort ‹Arbeitnehmer› üblich. Im Maße, wie der moderne Arbeitsbegriff selbst für ein breiteres Bewußtsein die Beschränkung auf Handarbeit nicht mehr zuließ, wuchs im Laufe des 19. Jh. das Bedürfnis, *alle* tätigen Menschen (im Gegensatz zu den müßigen Privilegierten oder auch Bettlern) als ‹A.› zu bezeichnen. «A. sind wir alle, insofern wir nur den Willen haben, uns in irgendeiner Weise der menschlichen Gesellschaft nützlich zu machen» [3]. Da jedoch der A.-Begriff gerade durch die Industrialisierung neu fixiert worden war, bot sich als Ergänzung zum A. als Handarbeiter die Neubildung «Kopf-» oder «Geistesarbeiter» an [4], die von den 60er Jahren an zunehmend («Hand- und Kopf-A.», «A. der Stirn und der Faust») in die Schlagwortsprache der A.-Bewegung aufgenommen, schließlich vom Nationalsozialismus viel verwendet wurde, um danach offenbar außer Gebrauch zu kommen.

Die «A.-Frage» erwuchs aus den durch die französische Revolution gegebenen Impulsen. War in der vorrevolutionären Gesellschaft (aristotelisch: societas civilis) die Unterschicht der A. (im weiten Sinne) sozial ausgeschlossen gewesen, so erforderten die Prinzipien allgemeiner Freiheit und Gleichheit die Emanzipation des A. und seine Aufnahme als eines gleichberechtigten, zu Bildung und Wohlstand zugelassenen Gliedes in die «neue» Gesellschaft. Daher wurde seit den 30er und 40er Jahren des 19. Jh. die A.-Frage zur «sozialen Frage» schlechthin. Seit LORENZ VON STEIN, MARX und ENGELS (40er Jahre) wurde, um die Zuspitzung des «Klassenkampfes» durch einen neuen Begriff zu betonen, der Ausdruck ‹Proletarier› anstelle von ‹A.› gesetzt oder, wie ENGELS 1844 ausdrücklich hervorhob, mit ‹A.› synonym gebraucht [5]. Doch ist selbst im politisch-revolutionären Verstande ‹A.› nie vollständig durch ‹Proletarier› verdrängt worden. Auch ‹A.› wurde im Zusammenhang mit ‹A.-Klasse› politisiert, sowohl sozialistisch revolutionär wie liberaldemokratisch («Selbsthilfe»; SCHULZE-DELITZSCH) und konservativ (sozialpolitische Verantwortung des Staates; WAGENER, BISMARCK). Seit 1848 wurde die auch vorher nicht ganz ungebräuchliche Vorstellung schnell verbreitet, daß der «4. Stand» dem dritten in seiner Emanzipation nachfolgen werde, sei es durch Reform, sei es durch eine neue Revolution (Analogie zu 1789; französischer Ansatz 1848). Bezeichnend für Deutschland war die Wortprägung ‹A.-Stand› neben ‹A.-Klasse›, während im Englischen nur ‹class(es)› und im Französischen nur ‹classe(s)› üblich war.

Mochten auch um die Mitte des 19. Jh. ‹A.-Stand› und ‹A.-Klasse› oft unscharf nebeneinander verwendet oder gar ausgewechselt werden, so lag doch in beiden Begriffen die in der Tat realisierte Möglichkeit, die A.-Frage revolutionär (‹Klasse›: Marx, Marxismus) oder konservativ-sozialreformerisch (‹Stand›: RIEHL, WAGENER) zu begreifen. Die A.-Bewegung selber – eine Bezeichnung, die schon in den 40er Jahren aufkam, aber erst seit 1863 ins allgemeine Sprachbewußtsein drang [6] – hat sich in Deutschland in der Frage des Gebrauchs von ‹Klasse› oder ‹Stand› lange Zeit unentschieden verhalten, ja vielfach ‹A.-Stand› bevorzugt, so in der «A.-Verbrüderung» von 1848/54 [7], besonders auch durch LASSALLE 1862/64. Der Begriff ‹A.-Klasse›, der in den sozialistischen Bewegungen verschiedener Richtung allgemein üblich war, wurde im deutschen Sprachgebiet mit dem allmählichen Vordringen des Marxismus (70er bis 90er Jahre) vorherrschend. Seit etwa 1930 und noch deutlicher seit 1945 nahm seine Beliebtheit in dem Maße ab, wie der Marxismus in der Sozialdemokratie an Boden verlor; hingegen hält der Sprachgebrauch der kommunistischen Parteien noch heute an der Bezeichnung fest.

Je stärker im Westen Industrialisierung und Demokratisierung fortschritten, um so mehr trat die A.-Frage in ihrer Bedeutung als *die* «soziale Frage» schlechthin zurück und fügte sich, vielfältig differenziert, in die soziale Problematik der Gegenwart ein.

Anmerkungen. [1] J. H. ZEDLER: Universal-Lexicon 2 (1732) 1151. – [2] Vgl. Art. ‹A.›, in: Hist. Lex. polit.-sozialer Begriffe 1 (1971). – [3] F. LASSALLE: A.-Programm (1868). Reden und Schriften 2, 186. – [4] So schon bei J. G. HOFFMANN: Das Verhältnis der Staatsgewalt zu den Vorstellungen ihrer Untergebenen (1842) 124. – [5] FR. ENGELS, MEGA 1, 404. – [6] Ausführlicher a. a. O. [2]. – [7] Vgl. F. BALSER, Sozial-Demokratie 1848/49-1853. Die erste dtsch. A.-Organisation «Allg. dtsch. A.-Verbrüderung» nach der Revolution (1962).

Literaturhinweise. F. LE PLAY: Les ouvriers européens (²1877/79). – F. A. LANGE: Die A.-Frage (1879). – H. HERKNER: Die A.-Frage (⁸1922). – W. SOMBART: Der proletarische Sozialismus (¹⁰1924). – E. JÜNGER: Der A. (1932). – Art. ‹A.› und ‹A.-Bewegungen› in Handwb. Sozialwiss. (1953) 1, 234ff. – C. JANTKE: Der Vierte Stand. Die gestaltenden Kräfte der dtsch. A.-Bewegung im

19.Jh. (1955). – J. KUCZYNSKI: Die Geschichte der Lage der A. unter dem Kapitalismus (1953/55). – H. POPITZ u. a.: Das Gesellschaftsbild des A. (1957).
W. CONZE

Arbeitsethos. «Ethos» oder synonym dazu «Lebensführung» meint bei M. WEBER den wertfreien und formalen Begriff der sozialen Handlungsnormierung. Solche Normen bedürfen regelmäßig, besonders aber, wenn es sich um die Durchsetzung neuer Normen handelt, der Legitimierung. Eine solche suchte Weber vor allem in den Deutungssystemen der «Weltreligionen» auf. Seinem *soziologischen* Erkenntnisinteresse entsprechend richtete sich dabei seine Analyse nicht so sehr auf diese Lehren selbst als vielmehr auf «dasjenige ethische Verhalten, auf welches durch die Art und Bedingtheit ihrer Heilsgüter *Prämien* gesetzt sind» [1]. Die Sanktionierung von Verhaltensweisen fungiert als Indikator sozial relevanter Normen.

Keine der Weltreligionen hat eine derart dezidierte Arbeits- und Berufsmoral entwickelt wie bestimmte Richtungen des asketischen Protestantismus. Ihnen galt stetige, systematische Arbeit auf der einen Seite als erprobtes «Präventivmittel» gegen jede Art von unreinem Leben, auf der anderen Seite hypostasierten sie berufliche Arbeit zum «von Gott vorgeschriebenen *Selbst*zweck des Lebens überhaupt» [2]. Freilich: «die Bewährung des Gnadenstandes» als sanktionierte Norm wird später abgelöst durch die Institutionalisierung der heute wirksamen säkular-abstrakten «Leistungsnorm», aber hier wie dort ist der Beruf der vorgesehene soziale Ort ihrer Verwirklichung.

Die ständige Sozialisierung der Individuen in diese Standards, die unglaublich harte Kontrolle des Verhaltens in den Glaubensgemeinschaften und die universalen Konsequenzen individueller Konformität bzw. Diskonformität ließen «in den Menschen einen Habitus [erwachsen], der sie in ganz spezifischer Weise geeignet machte, den spezifischen Anforderungen des modernen Frühkapitalismus zu entsprechen». «Beruf und innerster ethischer Kern der Persönlichkeit sind hier eine ungebrochene Einheit» [3]. Der berufliche Erfolg galt als sicherstes Symptom von Gottes Gnade und offenbarer Lohn Gottes für die Frommen. Die asketische Berufsmoral erzog die für die kapitalistische Wirtschaft nötige Masse der nüchternen, gewissenhaften «an der Arbeit als gottgewolltem Lebenszweck haftenden Arbeiter» und sicherte dem seinen Erwerbsinteressen folgenden bürgerlichen Unternehmer das Bewußtsein, «in Gottes voller Gnade zu stehen und von ihm sichtbar gesegnet zu werden» [4]. Dadurch erhielt die ungleiche Verteilung der Güter dieser Welt ihren legitimierenden Sinnbezug, der seinerseits diese Ungleichheit über das strukturell bedingte Maß hinaus zementierte.

Anmerkungen. [1] M. WEBER: Aufsätze zur Religionssoziol. 1 (⁵1963) 235. – [2] a. a. O. 171. – [3] Antikritisches Schlußwort. Arch. Sozialwiss. 31 (1910) 592/593. – [4] Aufsätze ... a. a. O. [1] 198.
W. M. SPRONDEL

Arbeitsteilung bedeutet, daß innerhalb einer Einheit (Organ, Sozialsystem) die Teile differenzierte Funktionen übernehmen. Der Begriff wird in jeweils spezifischer Form in den Geistes-, Natur- und Sozialwissenschaften benutzt. Im Vordergrund steht die sozialwissenschaftliche Fassung, wie sie im Prinzip in der Antike formuliert wurde; so von PLATO, der sie auf die Vielseitigkeit der Bedürfnisse und die unterschiedlichen Begabungen der Menschen zurückführt, oder von XENOPHON, der die Vorteile der Steigerung der Fertigkeiten durch Spezialisierung herausstellt [1].

Die modernen Definitionen haben ihre Wurzel in den Analysen der Entwicklung einer industriellen Gesellschaft. FERGUSON stellt die volkswirtschaftliche A. in den Mittelpunkt – «als Teilung der Künste und Berufe» unter anderem basierend «auf der Verschiedenheit der Talente» [2] –, ADAM SMITH die betriebswirtschaftliche [3] und RICARDO die internationale [4]. Sie sehen in der A. eine Voraussetzung für die Steigerung des Wohlstandes. Während Ferguson und Smith bei ihren Analysen noch nicht zwischen den Ursachen und Auswirkungen der verschiedenen Formen der A. trennen, unterscheidet MARX eindeutig gesellschaftliche und manufakturmäßige A. Letztere bildet als «eine ganz spezifische Schöpfung der kapitalistischen Produktionsweise» eine Grundlage für seine Mehrwerttheorie und seine im Anschluß an Hegel formulierte Entfremdungsthese [5]. Die Autoren sind sich darüber einig, daß es in fast allen Gesellschaften A. gibt, aber ihr für die industrielle Gesellschaft eine spezifische Bedeutung zukommt. Sie kennzeichnet die rationale Arbeitsorganisation in den Industriebetrieben, und ihre Prinzipien werden weitgehend auf die Gestaltung der Gesellschaft angewandt.

BÜCHER systematisiert die verschiedenen Formen der A. und unterscheidet: a) Berufsbildung, die durch weitere Spezialisation zur b) Berufsspaltung führt, c) Produktionsteilung (eines Produktionsprozesses in selbständige Wirtschaftseinheiten; z. B.: Schafzüchter, Spinner, Weber usw.), d) Arbeitszerlegung (innerbetrieblich), e) Arbeitsverschiebung (Produktionsumweg) [6]. Bücher ordnet diese verschiedenen Formen mit ihren Schwerpunkten jeweils bestimmten historischen Epochen zu. Gegenüber Smith, der die A. auf die angeborene Neigung der Menschen zum Tausch zurückführt, stellt Bücher wie auch Ferguson als Ursache die unterschiedliche Eignung der einzelnen für die verschiedenen Aufgaben im Zusammenhang mit dem Grundsatz der Wirtschaftlichkeit heraus.

Durch eine weitgehende Arbeitszerlegung und die damit verbundene einseitige Beanspruchung entstehen besondere physische und psychische Probleme [7], auf der anderen Seite bildet aber eine solche Reduktion der Tätigkeiten auf die Grundelemente auf vielen Gebieten die Voraussetzung für die Automation und damit für die Aufhebung der «Arbeits-Zerstückelung» [8].

Anmerkungen. [1] K. MARX, MEGA 23, 387f.; dort weitere Hinweise. – [2] A. FERGUSON: Abh. über die Gesch. der bürgerlichen Ges.² Slg. sozialwiss. Meister (1923) 258. – [3] A. SMITH: The wealth of nations (1776, zit. London 1960). – [4] D. RICARDO: The principles of political economy (³1817, zit. London 1921). – [5] MARX, MEW 23, 368ff. – [6] K. BÜCHER: Die Entstehung der Volkswirtschaft 1. Slg. (¹⁴/¹⁵1920) 337ff. – [7] G. FRIEDMANN: Le travail en miettes (Paris 1964). – [8] W. HELLPACH: Gruppenfabrikation, hg. R. LANG und W. HELLPACH (1922) 131ff.

Literaturhinweise. G. SCHMOLLER: Die Tatsachen der A. (1889) – H. HERKNER: Arbeit und A. (1923). – E. DURKHEIM: De la division du travail social (Paris ²1926).
FR. LANDWEHRMANN

Arbeitswelt. Der Begriff ‹A.› hat sich – meist in Verbindung mit dem Adjektiv ‹industriell› – nach dem Zweiten Weltkrieg vor eine Anzahl von Synonymen (Arbeitsleben, Betriebsleben u. a.) geschoben, mit denen zusammen er nach dem Ersten Weltkrieg bei einer Gruppe von «Betriebspolitikern und Soziologen wie Eugen Rosenstock, Götz Briefs, Hyacinthe Dubreuel, Willi Hellpach, Heinz Marr, L. H. A. Geck, Theodor Brauer, Wladimir

Eliasberg, Franz Schürholz u. a.» [1] in Gebrauch kam und seine spezifische Färbung erhielt.

Wesentlich dafür ist die unter dem Eindruck der «Taylorisierung» der Industriearbeit in den zwanziger Jahren erneuerte Erkenntnis, daß sich in der Vereinigung von industrieller Technik, kapitalistischer Wirtschaftsgesinnung und liberaler Wirtschaftsordnung, wie sie das 19. Jh. mit sich brachte, eine Auflösung jener herkömmlichen Integriertheit der Produktion in die gesellschaftliche Lebenstotalität vollzog, welche im Sozialsystem des mittelalterlichen Handwerks ihren eindeutigen Ausdruck gefunden hatte. Lebens- und Arbeitsraum begannen, so reflektierte man, mit der Entstehung des industriellen Großbetriebs schon rein geographisch auseinanderzuklaffen, jedoch die Desintegrierung der Bereiche reichte weiter: Der industrielle Betrieb entwickelte, so glaubte man zu sehen, unter der ausschließlichen Dominanz der technischen Apparatur und des ökonomisch-rationalen Kalküls «Gestalten der Kooperation», die «nirgendwoher übernommen und nirgendwo sonst anwendbar sind» und die somit diesen Betrieb «als fremde, singuläre Seins- und Handelnsform» in die Gesellschaft hineinragen lassen [2].

Zusammen mit der verschiedentlich auf Marx zurückgreifenden Konstatierung der innerbetrieblichen «Normung», «Standardisierung», «Versachlichung», «Entpersönlichung», «Mechanisierung», «Anonymisierung», «Verdinglichung» und «Fremdbestimmung» beinhaltet der Begriff ‹A.› aber auch den Hinweis auf jene Gegentendenzen einer «sozialen Betriebspolitik», die, nach E. MICHEL, in einer Reihe von «Konzeptionen zur sozialvolkhaften Gestaltung der industriellen Arbeit» ihren ersten Höhepunkt fanden, wie sie «vor allem in Deutschland und Frankreich in den Jahren 1929–1933 entwickelt wurden» [3].

Anmerkungen. [1] E. MICHEL: Sozialgesch. der industriellen A. (³1953) 12. – [2] G. BRIEFS: Art. ‹Betriebssoziol.›, in: Handwb. der Soziol. (²1959) 37. – [3] MICHEL, a. a. O. 12 f.   H. KLAGES

Arbiträr. Mit dem durch «immotivé» (unbegründet) näher erläuterten Ausdruck «arbitraire» (beliebig, willkürlich) versucht 1906–1911 F. DE SAUSSURE [1] bei der Erörterung der Natur des sprachlichen Zeichens [2] das Verhältnis zwischen beiden Teilen, zwischen «signifiant» und «signifié» generell zu kennzeichnen. Zum richtigen Verständnis des in der Folge heftig umstrittenen Grundsatzes der «Beliebigkeit des sprachlichen Zeichens» [3] ist festzuhalten, daß es sich bei dem «Bezeichnenden» und dem «Bezeichneten» um zwei innersprachliche Größen, nämlich um die «Lautung» («image acoustique») und um den mit dieser jeweils verknüpften – einzelsprachlich fixierten – «Begriff» («concept») handelt und also beim «principe de l'arbitraire du signe» das Verhältnis des Zeichens zu dem mit ihm bezeichneten außersprachlichen Gegenstande, der «chose réelle», nur mittelbar ins Spiel kommt, insofern eben das Fehlen einer inneren Beziehung («rapport intérieur») zwischen Lautgestalt und Begriff erst recht eine solche zwischen der Lautung und der von dieser vermittels des Begriffes angesprochenen Sache ausschließt. Das soll aber natürlich nicht besagen, daß jene Verbindung irgendwie in das Belieben des einzelnen Sprachbenutzers gestellt sei. Für diesen ist vielmehr der Zusammenhang von Lautung und Begriff in jedem Einzelfall (z. B. die Verknüpfung der Klangfolge «b-au-m» mit dem zugehörigen Inhalt im deutschen Wort «Baum») eine verbindliche Gegebenheit. Abgesehen davon und von dem Umstand, daß eine solche Verbindung selbstverständlich auch immer ihre sprachgeschichtlichen Gründe hat, entbehrt sie jedoch – und allein das meinen hier die Ausdrücke ‹willkürlich› und ‹unbegründet› – jeglicher inneren Notwendigkeit, ja jeglicher vernünftigen Rechtfertigung aus der Beschaffenheit ihrer Teile: Weder erzwingt irgend etwas an dem Begriff seine Bezeichnung gerade mit dieser und keiner anderen Lautfolge, noch enthält umgekehrt diese ihrer Natur nach den geringsten Hinweis auf den mit ihr gesetzten Begriff. Wäre es anders, so müßten nicht nur die verschiedenen Sprachen bei ähnlichen Begriffen zumindest annähernd lautlich übereinstimmen, sondern auch die nackten Lautungen einer fremden Sprache aus sich selbst heraus für jedermann sogleich verständlich sein. Eine Ausnahme von der Regel machen lediglich die wenigen Onomatopoetika (z. B. nhd. «ritsch-ratsch») und einige Interjektionen, doch ist auch da die Verbindung von Laut und Inhalt trotz Vorhandensein einer gewissen Motivation keineswegs eine notwendige, denn fast stets behält sie einen oft sehr beträchtlichen Spielraum (vgl. z. B. nhd. «kikeriki» mit engl. «cock-a-doodle-doo») und bleibt also noch immer – wenngleich in beschränktem Umfang – arbiträr.

In dem alten, seit PLATONS ‹Kratylos› immer wieder einmal auflebenden Streit um die Frage, ob die Sprache natürliche Gegebenheit (φύσει) oder vereinbarte Setzung (θέσει) sei, präzisiert der Grundsatz der «*Beliebigkeit des sprachlichen Zeichens*» implicite die θέσει-Position, ohne jedoch etwas über das Verhältnis des Begriffs zur außersprachlichen Gegenständlichkeit auszusagen, wie dies etwa noch F. NIETZSCHE [4] kritisch von dem unhaltbaren φύσει-Standpunkt aus versucht, um gerade in Hinsicht auf jenes *Willkür* nachzuweisen, wogegen F. DE SAUSSURES *arbitraire* nur auf die Relation von Lautung und Begriff bzw. (mittelbar) Lautung und «chose réelle» abzielt. Negativ – unter Aussparung eines Äquivalents für ‹arbiträr› – und mit «idea and word» an Stelle von «signifié» und «signifiant» hat vor F. de Saussure bereits 1868 W. D. WHITNEY [5] die θέσει-Auffassung der Sprachwissenschaft auf ähnliche Weise umrissen mit dem Satze: «Inner and essential connection between idea and word ... there is none, in any language upon earth.» Im gleichen Sinne, jedoch mit Begriffsprägungen, die die Zeichen-Terminologie F. de Saussures in erstaunlichem Maße vorwegnehmen, hat sich aber schon 1795 J. G. FICHTE [6] geäußert, der zwar für den Ursprung der Sprache ausdruckshaltige, an Gegenstandsmerkmale erinnernde Klangbilder ansetzt, in ihren geschichtlich bezeugten Formen indes die Sprache entschieden als «Ausdruck unserer Gedanken durch willkürliche Zeichen» bestimmt. Für die Laufbahn des Begriffes ‹arbiträr› in der Frage nach der Motivation des sprachlichen Zeichens ist besonders wichtig, daß Fichte in diesem Zusammenhang mit den Ausdrücken «Schema» und «Bezeichnetes» am Zeichen genau wie F. de Saussure Lautung und Inhalt als ‹signifiant› und ‹signifié› unterscheidet und mit dem Worte «willkürlich» unmißverständlich die Beziehung zwischen diesen beiden ins Auge faßt, indem er zunächst die Benutzung sinnlicher (sowie die Wahl gerade lautlicher) Zeichenträger überhaupt zur Aufnahme von Begriffen als einen Willkürakt der Vernunft hinstellt, sodann aber eindeutig auch die «freie», nicht in der Lautgestalt begründete Verbindung des einzelnen «Schemas» mit dem «Bezeichneten» als «willkürlich» bezeichnet. F. de Saussures «arbitraire» erweist sich demnach als Lehnübersetzung.

Ausgeklammert bleibt bei alldem die völlig andersartige Motivation der Bezeichnungen durch Metapher, Ableitung und Zusammensetzung, die nicht auf natürlichen Eigenschaften des Klangkörpers, sondern auf einer Anleihe bei dessen ihm muttersprachlich zugeordneten Inhalten beruht und also aus dem φύσει-θέσει-Streit unbedingt herausgehalten werden muß. Gleichwohl ließe sich auch in den Fällen einer solchen dreigliedrigen inneren Zeichenstruktur [7] mit dem Terminus «arbiträr» arbeiten und hier – mit veränderter Blickrichtung – auch das Verhältnis synchron wirksamer Aufschlußwerte zu dem mit ihrer Hilfe angepeilten Begriff (vgl. z. B. die auf der Formähnlichkeit mit der Hülsenfrucht fußende Bezeichnung «Linse» in der Optik oder analytische Sinnformen wie «Glühbirne», «Bergkette» usw.) als «teilweise beliebig» (partiell arbiträr) in dem Sinne beschreiben, daß die Verbindung zwar einigermaßen begründet, jedoch von keiner der beiden Seiten her mit Notwendigkeit gefordert ist.

Anmerkungen. [1] F. DE SAUSSURE: Cours de linguistique générale (Genève 1915, zit. Paris ³1965) 100ff.; dtsch.: Grundfragen der allg. Sprachwiss. (1931) 79ff. – [2] a. a. O. 97ff.; dtsch. 76ff. – [3] Die einschlägigen Schriften sind bei H. GIPPER/H. SCHWARZ: Bibliographisches Hb. zur Sprachinhaltsforsch. (1962ff.) Nr. 551. 552 (BALLY); 878 (BENVENISTE); 1772 (BRÖCKER/LOHMANN); 2157 (BUYSSENS); 3708 (EGE); 4492. 4493 (FONAGY) und 5076 (GARDINER) verzeichnet und z. T. ausführlich besprochen; vgl. auch H. GIPPER, a. a. O. LXXVff. sowie R. ENGLER: Théorie et critique d'un principe saussurien: L'arbitraire du signe. Cahiers F. de Saussure 19 (1962) 5-66; E. LERCH: Vom Wesen des sprachlichen Zeichens. Zeichen oder Symbol? Acta linguist. 1 (1939) 145-161; P. NAERT: Arbitraire et nécessaire. Stud. linguist. 1 (1947) 5-10; A. SECHEHAYE, CH. BALLY und H. FREI: Pour l'arbitraire du signe. Acta linguist. 2 (1941) 165-169. – [4] F. NIETZSCHE: Über Wahrheit und Lüge im außermoralischen Sinn. Werke, hg. K. SCHLECHTA 3, 309-322, bes. 312f. – [5] W. D. WHITNEY: Language and the study of language (London 1868, zit. ³1870) 32. – [6] J.G. FICHTE: Von der Sprachfähigkeit und dem Ursprunge der Sprache. Philos. J. 1 (1795) 225-273. 287-326 = Werke, hg. I. H. FICHTE, 8, 301-341; vgl. bes. 302. 310. 314. 322ff. 324; dazu H. SCHWARZ bei GIPPER/SCHWARZ, a. a. O. [3] 475f. zu Nr. 4268. – [7] Vgl. a. a. O. Lff. und XLIIIff.

Literaturhinweise. E. COSERIU: L'arbitraire du signe. Zur Spätgesch. eines aristotelischen Begriffs. Arch. Studium der neueren Sprachen 204 (1967) 81-112. – Vgl. Anm. [3].   H. SCHWARZ

Arbor porphyriana, porphyrischer Baum (κλῖμαξ) ist eine schon in der arabischen Logik bei AVICENNA [1] nachweisbare, seit PETRUS HISPANUS [2] in der mittelalterlichen Logik allgemein übliche, sicher nicht ohne Einfluß der «descriptio» des BOETHIUS [3] entstandene Bezeichnung der in der ‹Isagoge› des PORPHYRIUS dargestellten, innerhalb der Kategorie der Substanz antreffbaren Verhältnisse der Über- und Unterordnung von Gattungen und Arten.

Im Anschluß an die Definitionen von Gattung und Art, aus denen die wechselseitige Verflechtung der beiden Prädikabilien deutlich wird, erläutert PORPHYRIUS die für jede und in jeder Kategorie notwendigen Begriffe einer obersten, generellsten Gattung und einer untersten, speziellsten, nur noch von Individuen aussagbaren Art, zwischen denen in absteigender bzw. aufsteigender Reihenfolge Begriffe verschiedener, fortschreitend geringerer bzw. größerer Allgemeinheit liegen, die sowohl Gattungs- wie Art-Charakter besitzen. Zur Verdeutlichung wählt Porphyrius als Beispiel die Kategorie Substanz. In absteigender Reihenfolge ergeben sich die Begriffe: οὐσία, σῶμα, σῶμα ἔμψυχον, ζῷον, ζῷον λογικόν, ἄνθρωπος, Σωκράτης-Πλάτων [4], welche BOETHIUS ohne zwar die Metapher ‹arbor› zu verwenden in jenes bekannte Schema zusammenfaßt, das in Anordnung und Umriß einem Baum mit Krone und Wurzel gleicht [5]:

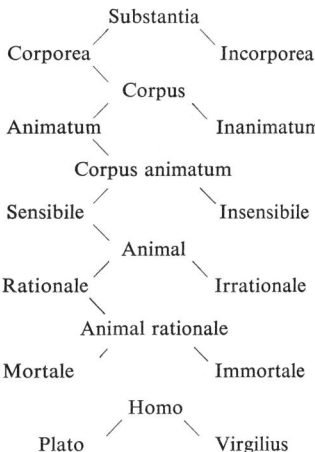

Obwohl dieses Schema durch seine Begriffe und Begriffsverhältnisse zu mancherlei metaphysischen Problemen nicht nur in Angelologie und Theologie Anlaß gegeben hat, verfolgt es doch ursprünglich einen rein logischen Zweck und dient zur Verdeutlichung der drei Prädikabilien genus, differentia und species und ihres Ineinandergreifens. So veranschaulicht es die Einteilung allgemeiner Begriffe von der höchsten Gattung (substantia) bis zur untersten Art (homo) und erleichtert das Verständnis der Definition als Bestimmung der untersten Art durch die niedrigste Gattung (animal rationale) und die spezifische Differenz (mortale). Hierbei fungieren die Begriffe der mittleren Reihe corpus, corpus animatum, animal, animal rationale sowohl als Gattungs-, wie als Artbegriffe; alle seitlich aufgeführten mit Ausnahme der Individuen hingegen als Differenzen. Jeder Gattungsbegriff zeigt sich als divisibel durch bestimmte Differenzen, jeder Artbegriff als konstituiert durch seine übergeordnete Gattung und die jeweilige Differenz. Trotz der rein logischen Absicht aber gehört nicht nur dieses Begriffsschema im ganzen und die in ihm sich darstellende Vermittlung von platonischer Dialektik und aristotelischer Definitionslehre, sondern selbst noch die metaphorische Deutung desselben in die metaphysische Tradition des Neuplatonismus. Sein Synkretismus liefert die Grundlage der wissenschaftlichen Klassifikation.

Anmerkungen. [1] AVICENNA, Logica fol. 8r a; vgl. C. PRANTL: Gesch. der Logik im Abendlande 1-4 (1855-1870, Nachdruck 1955) 2, 345 Anm. 132. – [2] Vgl. PRANTL, a. a. O. 3, 46 Anm. 168. – [3] BOETHIUS, In Porph. Comm. III. MPL 64, c. 103 c/d. – [4] PORPHYRIUS, Isagoge II, 2 a 5ff. – [5] Vgl. Anm. [3].

Literaturhinweise. C. PRANTL s. Anm. [1]. – I. M. BOCHEŃSKI: Formale Logik. Orbis academicus. Problemgesch. der Wiss. in Dokumenten und Darstellungen (1956). – W. und M. KNEALE: The development of logic (Oxford 1962).

H. M. BAUMGARTNER

Arcanum (pl. arcana, Geheimnis, Geheim- oder spezifisches Mittel, geheime Kraft, Geheimlehre) ist ein aus der antiken religiös-kultischen Terminologie über die mittelalterlich-alchemistische Sprachregelung in die frühneuzeitliche medizinisch-pharmazeutische Fachsprache und in den literarischen Gemeingebrauch übernommener Ausdruck. Das Wort (wohl als «absconditum» von lat. arca, Truhe, Kasten) gewinnt seit der Kaiserzeit Verbreitung, besonders für religiöse Sachverhalte (Götter- und Kultgeheimnisse, Mysterien) [1], so adjektivisch: «arcana sacra» (TACITUS [2]), «arcanum murmur» der Sibylle (PRUDENTIUS [3]) und substantivisch: als das, «quidquid tacendum est», «res mystica» (HORAZ, LIVIUS,

SENECA, PLINIUS. HIERONYMUS) [4]; als «mysteria religionis», für Kultfeiern, «idolorum sollemnia vel arcana» (TERTULLIAN [5]); für Gottesgeheimnisse, das Tempelinnere (MACROBIUS [6]). Ähnlich verwendet es die ‹Vulgata› substantivisch und adjektivisch [7], besonders bedeutsam in den «arcana verba» von 2. Kor. 12, 4. Die «Arkandisziplin» (disciplina arcani; wissenschaftlicher terminus technicus des 17.Jh., sachlich und sprachlich spätantik) wird wichtig für das Mysterienwesen [8].

PARACELSUS führt den Ausdruck ‹A.›, der noch in J. BOEHMES Werken einfach mit «Geheimnis» erklärt wird [9], in die philosophische *Medizin* (ähnlich wie mysteria und magnalia) und besonders in die Heilmittellehre ein, zunächst für das spezifische Heilmittel: soviele Krankheiten wie A. gibt es und umgekehrt [10]. Es gibt viele «A., magisteria, elixiria und dergleichen», so aurum potabile und mercurius vitae [11]. Vier A. heilen die Kontrakturen: compositum, solidum, elementatum, metallicum [12]. «Arcane» besitzen aber z. B. als unkörperliche Kraft auch die Elementargeister und ihre Bereiche [13]. Überhaupt werden die A. von Geistern gelehrt [14]. In dem Paracelsischen Werk ‹Archidoxis› befaßt sich ein ganzes Buch mit den A., in dem A. als «uncorporalisch», «untödlich» und als Mittel von verändernder Kraft mit ewigem Leben definiert wird [15]. «A. dei» ist das «A. in seinem wesen», «A. naturae» ist die Kraft des Dinges in vielfacher Verstärkung, «A. hominis» ist «all sein verdienst und tugent, die er im ewigen behelt». Oder zwei A. sind zu scheiden: «ein perpetuum, das ander pro perpetuo» [16]. Praktisch gibt es vier A.: prima materia, lapis philosophorum, mercurius vitae, tinctura [17]. Diese variantenreiche Paracelsische Verwendung hat auf die Aufnahme des Wortes in den neuzeitlichen Sprachgebrauch eingewirkt.

Anmerkungen. [1] Thesaurus ling. lat. 2 (1900-1906) 435f. mit reichen Belegen. – [2] TACITUS, Germania 18. – [3] PRUDENTIUS, Apotheosis 477. – [4] Belege in: Thesaurus ... a. a. O. [1] 436. – [5] TERTULLIAN, De baptismo 2; vgl. HIERONYMUS, Ep. 78, 4. – [6] MACROBIUS, Saturnaliorum lib. I, 7: «arcana templorum, arcana divinitatis natura»; vgl. I, 18: «arcanum religiosum». – [7] Exod. 7, 11; Ez. 7, 22; 1. Par. 15, 20; Prov. 11, 13; Jes. 45, 3. – [8] J. LEIPOLDT: Arkandisziplin, in: RGG³ 1, 606ff. mit Lit.! – [9] Register über alle Theosophische Schriften JACOB BÖHMES (1730) 11. – [10] PARACELSUS, Von den natürlichen Wassern IV, 4. Editio SUDHOFF (= ES) 2, 324. – [11] Das siebente Buch in der Arznei II, 1. ES 2, 434; vgl. Theol. und religionsphilos. Schriften. Editio GOLDAMMER 4, 244 Anm. f; 6, 102: «arcanum der gotheit». – [12] Das neunte Buch in der Arznei II, 8. ES 2, 484. – [13] Liber de nymphis 2. ES 14, 130. – [14] Von den hinfallenden Siechtagen 3. ES 8, 292. – [15] Archidoxis V. ES 3, 138. – [16] a. a. O. 139. – [17] ES 3, 19f.

Literaturhinweise. H. GRAVEL: Die Arkandisziplin (Diss. Münster 1902). – L. SCHINDLER: Altchristl. Arkandisziplin und die antiken Mysterien (1911). – O. PERLER in Reallex. Antike und Christentum 1, 667-676. – H. CLASEN: Die Arkandisziplin in der Alten Kirche (Diss. Heidelberg 1956, Ms.). K. GOLDAMMER

Archaisch. – 1. Das Wort geht auf ἀρχαῖος zurück, das zur Wortgruppe ἀρχή (Ursprung) gehört. Der Begriff war dem klassischen *Griechisch* geläufig. PLATON, bei dem er häufig auftritt [1], gebraucht ihn meist in der einfachen Bedeutung von ‹antiquus› für Personen, vor allem für die ersten Philosophen [2], und für Sachen [3] und als Adjektiv zu ὄνομα und μῦθος [4]. In verschiedenen Wendungen erhält sich aber auch die Bedeutung von ἀρχή [5]. ARISTOTELES nennt die griechischen Philosophen vor Sokrates die ἀρχαῖοι, ohne mit dieser summarischen Bezeichnung eine Wertung zu vollziehen. In kritisch distanzierender Sprechweise nennt er die «alten Gesetze» «allzueinfach», d. h. undifferenziert (τοὺς ἀρχαίους νόμους λίαν ἁπλοῦς εἶναι) [6]. Auf der anderen Seite konstatiert er in der ‹Rhetorik›, daß die althergebrachten Verhältnisse der menschlichen Gemeinschaft «dem natürlichen Zustand der Dinge irgendwie ähnlich» seien (τὸ ἀρχαῖον ἐγγύς τι φαίνεται τοῦ φύσει) [7]. Auch PLOTIN ist der Begriff als Bezeichnung für die alten Philosophen geläufig [8]; relativ häufig aber erscheint bei ihm die ἀρχή-Bedeutung: «die ursprüngliche Lebensform der Seele» (τὴν ἀρχαίαν κατάστασιν) [9], «das Ursprüngliche der seelischen Substanz» (τὸ ἀρχαῖον τῆς ψυχικῆς οὐσίας) [10], «der alte Grundbestand der Seele» (τὸ ἀρχαῖον τῆς ψυχῆς) [11]. Die Kirchenväter griechischer Sprache gebrauchen den Begriff in vielerlei Anwendungsbereichen. Neu ist dabei die Bedeutung als «vorchristlich» [12]. ATHANASIOS nennt das Konzil zu Nicäa τὴν ἀρχαίαν σύνοδον [13].

2. Im *deutschen* Sprachbereich ist das Wort ‹Archaismus› seit der zweiten Hälfte des 18. Jh. gebräuchlich [14]. 1853 wurde es in einem Wörterbuch als «jeder in Rede oder Schrift gebrauchter veralteter Ausdruck» definiert [15]. Seit dem ausgehenden 19. Jh. wird in der Kunstgeschichte und der Archäologie die vorklassische griechische Kunst «archaisch» genannt [16]. Der Begriff war hier von Anfang an terminus technicus und ist vor allem im 20. Jh. in die Titel vieler Untersuchungen eingegangen.

E. HOFFMANN erinnert in der Einleitung zu seinem Buch ‹Die Sprache und die archaische Logik› an den «additiven» Charakter der archaischen Standbilder und damit an die kunstgeschichtliche Bedeutung des Archaischen: «Wir nennen diejenige Kunst archaisch, in der das Standbild Teile hat, aber noch keine Glieder: die ästhetische Form durchdringt das Material stückweise, aber die Gestalt erscheint nicht vom Stoffe befreit, sondern bleibt in ihm gebunden. So ist die ‹archaische Logik› noch gebunden an das Material, durch welches das philosophische Eidos zum Ausdruck kommen will: die Sprache» [17]. Im folgenden beruft sich der Autor auch auf den Sprachgebrauch J. STENZELS in dessen Buch ‹Zahl und Gestalt bei Plato und Aristoteles› [18] und stellt seiner Vorstellung von der Gebundenheit des archaischen Denkens an das Wort die Gebundenheit an die Zahl gegenüber. Dieser Begriff der doppelten Gebundenheit bleibt aber für Hoffmann nicht statisch. Denn «das archaische Denken ist charakterisiert durch den Kampf um die Loslösung aus jener Gebundenheit, welche für das ‹primitive› Denken noch etwas Endgültiges, für das ‹klassische› schon etwas Abgetanes hat ... Die ἀρχαῖοι sind es, die den Befreiungskampf selber kämpfen» [19].

3. Die *komplexe Psychologie* C. G. JUNGS bezeichnet solche Inhalte und Funktionen als «archaisch», die sich durch ihre «Altertümlichkeit» auszeichnen: «Es handelt sich dabei nicht um archaistische, d. h. nachgeahmte Altertümlichkeit ..., sondern um Eigenschaften, die den Charakter des Reliktes haben» [20]. Archaisch sind hauptsächlich die Funktionen und die Bilder des Unbewußten, vor allem die archetypischen Vorstellungen des kollektiven Unbewußten: «Die Qualität eines Bildes ist dann archaisch, wenn es unverkennbare mythologische Parallelen hat» [21]. Archaisch ist auch die «participation mystique», die darin besteht, «daß das Subjekt sich nicht klar vom Objekt unterscheiden kann, sondern mit diesem durch eine unmittelbare Beziehung, die man als partielle Identität bezeichnen kann, verbunden ist. Diese Identität beruht auf einem apriorischen Einssein von Objekt und Subjekt» [22]. Archaisch ist schließlich alles, was undifferenziert bleibt, sei es «das Verschmolzensein der psychologischen Funktionen» wie Denken, Fühlen,

Empfinden, Intuieren oder die Nichtunterscheidung von Gegensätzen [23].

Anmerkungen. [1] ASTIUS, Lex. Platonicum, Art. ARCHAIOS. – [2] PLATON, Leg. III, 680 d; Theait. 180 c. – [3] Krat. 418 c. – [4] Krat. 418 c; Leg. IX, 865 d. – [5] Symp. 193 c. – [6] ARISTOTELES, Pol. 1268 b 39. – [7] Rhet. 1387 a 16. – [8] PLOTIN, Enn. VI, 1, 30; 3, 28. – [9] Enn. IV, 7, 9. – [10] II, 3, 15. – [11] II, 3, 8. – [12] ORIGENES, Hom. in Jer. 12. MPG 13, 397 c. – [13] ATHENAIOS, Syn. 20. MPG 26, 716 c. – [14] J. CH. GOTTSCHED: Handlex. (1760) 122. – [15] W. HOFFMANN: Vollständiges Wb. der dtsch. Sprache (1853) Art. ‹Archaismus›. – [16] Vgl. M. COLLIGNON: Caractères généraux de l'archaïsme grec. Rev. Arch. III, 5 (1885) 271-292; J. OVERBECK: Zur archaischen Kunst. Ber. Sächs. Ges. Wiss. (1890); H. BRUNN: Griech. Kunstgesch. 2: Die archaische Kunst (1897). – [17] E. HOFFMANN: Die Sprache und die archaische Logik (1925) VIIf. – [18] J. STENZEL, Zahl und Gestalt bei Plato und Aristoteles (1924). – [19] E. HOFFMANN, a. a. O. [17] VIII. – [20] C. G. JUNG: Psychol. Typen (³1930) 594. – [21] a. a. O. 594. – [22] 648. – [23] 594.

H. R. SCHWEIZER

Archetypus. – 1. Der Ausdruck geht zurück auf griechisch ἀρχέτυπον und wurde durch lateinisch ‹archetypum› der Neuzeit vermittelt. Der Begriff war im klassischen Griechisch nicht gebräuchlich [1]. Jedoch läßt der Gebrauch bei PLOTIN einerseits und CICERO andererseits den Schluß zu, daß der Begriff der mittleren Akademie geläufig war. – ‹A.› bezeichnete im allgemeinen Sprachgebrauch das Original, Ur- und Vorbild, das irgendwelchen Nachbildungen zugrunde liegt. Adjektivisch gebraucht meint es dementsprechend «primitus, antiquitus formatus indeque verus, sincerus» [2]. Der Begriff konnte auf alle Seinsbereiche angewandt werden. Die Grundlage zur Vervielfältigung von Schriften spricht CICERO als A. an [3]. PLINIUS führt aus, daß das A. in Dichtungen und bildlichen Darstellungen immer besser ist als seine Nachahmungen [4]. M. VALERIUS MARTIALIS spricht von «archetypas nugas» [5], JUVENAL von «archetypos Cleanthas» [6]. LUKIAN aus Samosata, der den Begriff häufig gebraucht [7], benennt mit ‹A.› das Original eines Siegels [8] und das eines Bildes [9]. MACROBIUS berichtet, Vergil «Homerus est usus archetypo» [10], Phidias «archetypo Jovis Homeri versibus invenisse» [11] und beschreibt, daß im Wasser «videatur imago archetypo suo grandior» [12].

2. Im *metaphysischen* Bezug wurde das A., dem PLUTARCH ein φαινόμενον gegenübergestellt [13], hauptsächlich für den platonischen κόσμος νοητός verwandt. Seine Synonyme waren dementsprechend ἰδέα und παράδειγμα. – Bei PHILO VON ALEXANDRIEN findet sich der Begriff sehr häufig [14]. Gott schuf zuerst den κόσμος νοητός mit den A. und nach diesen den κόσμος αἰσθητός [15]. Das A. des Menschen als φύσις λογική ist Gott [16] bzw. der göttliche Logos [17]. Gott wird auch als ‹A.› und ἀρχέτυπος αὐγή bezeichnet [18]. Dem A. gegenüber stehen εἰκών und μίμημα [19]. – PLOTIN, dem der Begriff geläufig ist [20], setzt die A. ebenfalls als ἰδέαι und παραδείγματα jeden individuellen Seins [21] im κόσμος νοητός an [22]. Hinzu kommt aber, daß jede Hypostase A. für die ihr folgende ist [23]. Aus dem A. folgen εἰκών und εἴδωλον [24]. – CHALCIDIUS übersetzt mit ‹A.› Platons παράδειγμα [25]. In der Regel übersetzt er diesen Begriff jedoch mit ‹exemplum› [26], spricht im Kommentar aber auch vom ‹archetypum exemplum› [27]. Zugleich erkennt er eine ‹species archetypa› [28], synonym ‹species principalis› [29] bzw. ‹primaria› [30], die gegenüber der ‹species secunda› [31] aus sich heraus zu existieren vermögen. – PROKLOS gibt dem A. als zum κόσμος νοητός und damit als zum πρῶτον gehörig den ontologischen Vorrang [32], fügt aber hinzu, daß in bezug auf die sinnliche Wahrnehmung die εἰκόνες den ersten Rang haben [33].

3. Den *Kirchenvätern* war der Begriff fast ausnahmslos geläufig [34]. Auch sie verstanden die A. als dem κόσμος νοητός zugehörig [35], jedoch – wie schon bei Philo – mit dem ausdrücklichen Zusatz, daß dieser κόσμος νοητός als ἀρχέτυπον des κόσμος αἰσθητός in Gott ist oder von Gott eigens geschaffen wurde. So wendet sich IRENAEUS VON LYON gegen die Irrlehre, daß Gott die Welt «de alienis archetypis» geschaffen habe [36]. AMBROSIUS stellt ausgehend von Gen. 1, 24 den Menschen als ‹imago› Gott als A. gegenüber. Der Mensch sei so tugendhaft, «ut exprimas quasi imago archetypum» [37]. Nach PSEUDO-DIONYSIOS AREOPAGITA sind die λόγοι des Seins, die er παραδείγματα nennen will [38], in Gott, aber noch in der tiefsten Materie finden sich Spuren, die zu den ἀΰλους ἀρχετυπίας führen [39].

4. DESCARTES öffnete dem A.-Begriff in der Neuzeit eine neue Tradition, indem er ihn *erkenntnistheoretisch* nutzbar machte. Zu jeder Vorstellung (idea) und zu jeder Reihe von sich auseinander ableitenden Vorstellungen gehört ein A.: «et quamvis forte una idea ex alia nasci possit, non tamen hic datur progressus in infinitum, sed tandem ad aliquam primam debet devenire, cuius causa sit instar archetypi, in quo omnis realitas formaliter contineatur, quae est in idea tantum objective» [40]. Damit ist ‹archetypum› in eine Position gerückt, die in der Folgezeit vom Gebrauch zur Diskussion des Begriffes führt. – LOCKE, der den Begriff schon mehrere Male verwendet, folgt zunächst Descartes. «Archetypes» liegen den «ideas» zugrunde: «To make our knowledge real, it is requisite that the ideas answer their archetypes» [41]. Zugleich aber wird die Möglichkeit ausgeschlossen, daß die A. auch allein im erkennenden Subjekt angesiedelt sein könnten. Es gibt keine «ideae innatae»: «But our ideas of substance being supposed copies, and referred to archetypes without us, must still be taken from something that does or has existed» [42]. Locke gebraucht synonym den Begriff ‹pattern› [43]. «Archetypes» (groß geschrieben) nennt Locke die «ideas of Modes and Relations», denen die «ectypes of sensation» gegenüberstehen [44]. – HUME, der ‹model› synonym für ‹archetype› gebraucht, und BERKELEY nehmen eine Lockes A.-Auffassung entgegengesetzte Position ein. HUME führt aus, daß gleiche «objects» dem gleichen «sense» zu verschiedenen Zeiten verschiedene «impressions» hinterlassen: «It evidently follows, that many of our impressions have no external model or archetype» [45]. BERKELEY, der den Begriff ‹archetype› häufig verwendet [46], läßt überhaupt keine A. außerhalb des erkennenden Subjekts gelten. «Ideas imprinted on the sense are real things, or do really exist; this we do not deny, but we deny they can subsist without the minds which perceive them, or that they are resemblances of any archetypes existing without the mind» [47]. – In einer Diskussion des Berkeleyschen A.-Begriffes, der ein «ectype» impliziert, kommt SAMUEL JOHNSON dahin, «a twofold existence of things» anzunehmen. Vom Menschen nicht perzipierte Dinge existieren als ‹ideas› in der göttlichen Vernunft: «I understand you, that there is a two-fold existence of things or ideas, one in the divine mind, and the other in created minds; the one archetypal, and the other ectypal; that, therefore, the real original and permanent existence of things is archetypal, being ideas in mente Divina, and that our ideas are copies of them, and so far forth real things as they are correspondent to their archetypes and exhibited to us ...» [48]. – BAUM-

GARTEN gebraucht den Begriff adjektivisch bei der Aufzählung dessen, was als «dispositio naturalis» unter die «Aesthetica naturalis» fällt: «φύσις, natura, εὐφυΐα, ἀρχέτυπα στοιχεῖα γενέσεως» [49]. – KANT gebraucht den A.-Begriff ebenfalls adjektivisch, indem er einen «intellectus ectypus» und einen «intellectus archetypus» [50] unterscheidet. Der «intellectus ectypus» ist der menschliche, nur diskursiv denkende, nicht intellektuell anschauende Verstand, dem damit der «intuitus derivatus» zukommt. Dagegen kommt dem «intellectus archetypus» als «göttlichem Verstand» [51] der «intuitus originarius» zu. «Derjenige Verstand, durch dessen Selbstbewußtsein zugleich das Mannigfaltige der Anschauung gegeben würde, ein Verstand, durch dessen Vorstellung zugleich die Objekte dieser Vorstellung existierten, würde eines besonderen Actus der Synthesis des Mannigfaltigen zur Einheit des Bewußtseins nicht bedürfen, deren der menschliche Verstand, der bloß denkt, nicht anschaut, bedarf» [52]. «Archetypon» nennt Kant die «aesthetische Idee», die in der «Einbildungskraft» dem «Ectypon» oder «Nachbild» der Darstellung zugrunde liegt [53]. Als «Natura archetypa» faßt Kant die übersinnliche, urbildliche Natur, «die wir nur in der Vernunft erkennen» und «deren Gegenbild in der Sinnenwelt» die «natura ectypa» ist [54].

5. In der komplexen Psychologie C. G. JUNGS ist der A. ein Inhalt des kollektiven Unbewußten des Menschen. A. zeigen sich in den Vorstellungen, Märchen und Mythen der Menschheit, aber auch in den Phantasien, Träumen und Wahnideen einzelner Menschen. Der A. ist ein Bild, zugleich aber «eine Bereitschaft, immer wieder dieselben oder ähnliche mythische Vorstellungen zu wiederholen» [55]. «Er ist eben nicht nur Bild an sich, sondern zugleich auch Dynamis, welche letztere in der Numinosität, der faszinierenden Kraft des archetypischen Bildes sich kundgibt» [56]. Die wichtigsten A., d. h. die durch die Stärke ihrer Numinosität das bewußte Seelenleben besonders beeindruckenden, sind: das Selbst als der A. der Vollkommenheit und Ganzheit, der Schatten, der als der Andere, der Fremde oder «ich bin mir selbst fremd» erscheint, das Tier, der alte Weise als der A. des Sinnes, die Anima bzw. der Animus, die Mutter, das Kind und eine Anzahl von A., die Situationen darstellen wie etwa die Coniunctio [57]. Die A. wurden von Jung zunächst genetisch als Engramme, Einschreibungen «stets sich wiederholender Erfahrungen der Menschheit» in das kollektive Unbewußte verstanden [58]. Dabei schloß er die «tierische Ahnenreihe des Menschen» mit ein [59]. In seinen späten Veröffentlichungen klammert Jung die Entstehungsfrage zugunsten einer strukturellen Erfassung des A. aus [60]. Er unterscheidet nun zwischen dem A. an sich und dessen Erscheinung, der archetypischen Vorstellung: «Die archetypische Vorstellung, die uns das Unbewußte vermittelt, darf man nicht mit dem A. an sich verwechseln. Sie sind vielfach variierte Gebilde, welche auf eine unanschauliche Grundform zurückweisen» [61]. Die archetypische Vorstellung ist örtlich, zeitlich und individuell verschieden [62]. Der A. an sich ist nicht bewußtseinsfähig, sein Wesen ist nicht psychisch, sondern «psychoid», transzendent [63]. – E. NEUMANN konzipiert einen «Ur-A.», aus dem sich die einzelnen A. in der «Ursprungsgeschichte des Bewußtseins» heraus differenzierten [64]. – A. JAFFÉ setzt den A. nicht nur hinter psychischen Erscheinungen, sondern auch hinter den Phänomenen der Physik als «tiefere Unterschicht der Realität» an [65].

6. Die *philologische Textkritik* versteht unter dem A. «die älteste Handschrift oder [den] ältesten Druck eines Schriftwerkes, insbesondere die älteste erhaltene Handschrift oder rekonstruierte Fassung als Ausgangspunkt der Überlieferung» [66].

Anmerkungen. [1] PAULY/WISSOWA, Realencyclop. class. Altertumswiss. II/1, Sp. 460: Art. ⟨A.⟩. – [2] Thesaurus ling. lat. 2 (1906) Art. ⟨A.⟩. – [3] CICERO, Att. 16. 3, 1. – [4] PLINIUS d. J., Ep. V, 15 (10). – [5] MARTIAL, Epigrammata VII, 4, 11. – [6] JUVENAL, Saturae II, 7. – [7] LUKIAN, Quomodo hist. sit scribenda 15; De domo 23; Pro imaginibus 3. 15. – [8] ALEX. 21. – [9] ZEUX. 3. – [10] MACROBIUS, Saturnaliorum lib. V, 13, § 40. – [11] a. a. O. V, 13, 23. – [12] VII, 14, 2. – [13] PLUTARCH, De plac. philos. II, 20, 8. – [14] PHILO, De somnis I, 30. 75. 115. 173. 206. 232; De plantatione 50; Leg. All. II, 4; III, 96; De mut. nominum 135. 183; Quis rerum divinarum heres 225. 230; Leg. spec. I, 279; De cherubim 97. – [15] De opif. mundi 16. – [16] Quod det. potiori insid. soleat 83; De opif. mundi 16. – [17] De praemis et poenis 163; De plantatione 20; De leg. spec. III, 83. – [18] De somnis I, 75; De cherubim 97. – [19] De mut. nominum 183; Quis rerum divinarum heres 225. 230. – [20] PLOTIN, Enn. II, 1, 2; II, 6, 3; III, 2, 1; IV, 3, 13; VI, 8, 14. – [21] a. a. O. V, 7, 1; VI, 4, 10. – [22] V, 4, 1. – [23] V, 1, 6; III, 8, 12. – [24] VI, 2, 7; II, 4, 15. – [25] CHALCIDIUS, in: Plato Latinus IV, hg. R. KLIBANSKY (1962) 30, 17; PLATON, Timaios 38 c. – [26] CHALCIDIUS, a. a. O. IV, 21, 17. 21, 13. 22, 1. 23, 22. 29, 21. 30, 16. – [27] 282, 10. 323, 12. – [28] 276, 16. 340, 19. 340, 23. 341, 1. – [29] 330, 9. – [30] 330, 17. 331, 8. 331, 12. – [31] 330, 17. 331, 3. 335, 19. 336, 5. – [32] PROKLOS, In Platonis rem publicam comm., hg. W. KROLL (1899) 2, 296; In Platonis Tim. comm., hg. E. DIEHL (1903) 1, 265. – [33] a. a. O. 1, 150. – [34] G. W. H. LAMPE: Patristic Greek Lex. (1961) Art. ⟨A.⟩. – [35] CLEMENS ALEX., Stromat. V, 14. – [36] IRENEAUS VON LYON, Advers. haeresis II, 7. – [37] AMBROSIUS, De fuga saeculi II, 11. – [38] PSEUDO-DIONYS, De div. nominibus V, 8. – [39] De cel. hier. II, 4. – [40] DESCARTES, Meditationes III, 43. – [41] LOCKE, An essay conc. human understanding IV, 4, 8. – [42] a. a. O. IV, 4, 12. – [43] IV, 4, 8; IV, 4, 12. – [44] II, 31, 14. – [45] D. HUME: A treatise on human nature IV, 4. A. von GREEN/GROSE I (1909) 512. – [46] BERKELEY, A treatise conc. the principles of human knowledge I, 9. 45. 87. 90. 99 u. ö. – [47] a. a. O. I, § 90. Werke, hg. LUCE/JESSOP (1949) 2, 80. – [48] Letter from JOHNSON to Berkeley. Philos. Correspondance between Berkeley and Samuel Johnson, hg. LUCE/JESSOP (1949) 2, 274. – [49] A. BAUMGARTEN, Aesthetica (1750, 1962) § 28. – [50] KANT, Akad.-A. 3, 457. – [51] a. a. O. 3, 116. – [52] 3, 112. – [53] 5, 322. – [54] 5, 43. – [55] C. G. JUNG: Über die Psychol. des Unbewußten (⁶1948) 126. – [56] Von den Wurzeln des Bewußtseins (1954) 573. – [57] Über die Psychol. ... 197. – [58] a. a. O. 125. – [59] 176. – [60] Von den Wurzeln ... 122. – [61] a. a. O. 576. – [62] 492. – [63] 576. – [64] E. NEUMANN: Die Große Mutter (1957) 22. – [65] A. JAFFÉ: Geistererscheinungen und Vorzeichen (1958) 226. – [66] G. v. WILPERT: Sachwb. der Lit. (1964) Art. ⟨A.⟩.

J. HÜLLEN

Archeus (von griech. ἀρχή, Ursprung). Der Ausdruck ⟨A.⟩ wird wahrscheinlich zuerst in den unter dem Namen des Alchimisten BASILIUS VALENTINUS (14. Jh.) gehenden Schriften und von PARACELSUS gebraucht. Bei Paracelsus ist von drei Arten des A. die Rede: Der «Archeus terrestris» ist bei der Bildung der «Stein- und Mergelgeburten» am Werke. In den pflanzlichen Organismen wirkt ein «A. vegetalis» und in den tierischen ein «A. animalis». Der letztere ist derjenige, bei dem die Entwicklung dieses Begriffes ursprünglich überhaupt eingesetzt haben dürfte. ARISTOTELES hatte in seinen zoologischen Schriften der φύσις das Prädikat eines τεχνίτης zugesprochen [1]. Diese Idee übernahmen die ⟨lauteren Brüder⟩ im 10. Jh. THOMAS V. AQUIN machte die Natur zum «sinnträchtigen Grund einer den Dingen von Gott eingegebenen Kunst» [2]. In der spätmittelalterlichen medizinischen Literatur, z. B. bei ARNALDUS DE VILLANOVA, ist dann nicht selten von der «ars naturae» bzw. von der natura als artifex die Rede. Auch der Paracelsische A. wirkt in den Dingen als «fabricator», in den Organismen als «spiritus animalis» und wird als Wesen und Individualisierung der scheidenden Natur aufgefaßt [3]. Als magnetische bzw. seelenartige Kraft wirkt der A. abhängig von den Gestirnen, weil er selbst ein in die sublunare Welt emaniertes astrales Element ist. Seit Paracelsus spielt der A.-Begriff in der Erklärung der Natur eine Rolle, in der frühen Neuzeit insbesondere bei J. B. VAN HELMONT, MARCUS MARCI VON KRONLAND sowie bei HENRY MOORE. VAN HELMONT DER ÄLTERE hebt den A. gegen den Charakter der perfectio postrema der scholastisch-aristotelischen forma substantialis ab: «quidquid enim Aristoteles tribuit formae sive perfectioni postremae in scena rerum id proprie directive et executive competit ... Archeo seminali.» Was also im ordo intentionis die forma substantialis ist, das ist im ordo executionis der A. animalis. Andererseits bedeutet die Wahl des Ausdrucks ‹A. seminalis› eine Unterscheidung gegenüber der gerade im Renaissance-Platonismus sehr verbreiteten Idee der «rationes seminales». Der A. seminalis trägt zwar wie die ratio seminalis das Bild des durch ihn Erzeugten in sich (generati imaginem habet), er «besteht aber aus einer Verbindung der aura vitalis als materia mit dem Sameninbild» – eben der ratio seminalis –, «welches der innerste geistige Kern ist und die Fruchtbarkeit des Samens in sich birgt» (constat archeus vero ex connexione vitalis aurae velut materiae cum imagine seminali, quae est interior nucleus spiritualis foecunditatem seminis continens) [4]. Van Helmont sagt von jener aura vitalis, daß sie sich in eine Vielheit von einzelnen «Archei insiti» differenziere, die ihrerseits die einzelnen Funktionen des Körpers regulierten. MARCUS MARCI dagegen verband den A. vegetalis bzw. animalis mit der aristotelischen forma substantialis zu der von ihm sogenannten «idea operatrix» [5]. HARVEY gebrauchte das Wort ‹A.› wohl um seiner astrologischen Relevanz willen nicht, kennt aber sowohl eine aura seminalis wie er auch von einer facultas opifex redet. Die Idee des A. führt er als «principium operationis» in seinen ‹Exercitationes› auf die natura selbst zurück: «nam quod in nobis operationum artificialium principium est, intellectus aut providentia, id in naturalibus illis est natura quodque illis conatum et insitum id nobis adquisitum» (Denn was in uns Ursprung der künstlichen Tätigkeiten ist, der Verstand und die Voraussicht, das ist in jenen Naturdingen ihre Natur, und was jenen eingepflanzt und antriebhaft ist, das ist bei uns erworben) [6]. Auch LEIBNIZ glaubt hinsichtlich der Naturprozesse mit jenem «principium et conatum insitum» Harveys, das bei ihm «vis insita» heißt und das schon bei GROSSETESTE auftrat, auskommen zu können, und HALLER hat diesen Begriff, der bei ihm etwa den Archei insiti van Helmonts entspricht, erfolgreich zur Begründung der Neurophysiologie verwandt [7]. Noch WALCH gedenkt in seinem ‹Philosophischen Lexicon› des A.-Begriffes [8]. In der Romantik lebt die Lehre vom A. unter dem Wort «Bildungstrieb» weiter. I. F. BLUMENBACH, ein Vertreter des älteren Vitalismus, verfaßte eine Schrift, worin er dem Bereich der Formbildung dieser «nisus formativus» genannten «peculiaris vis corporibus organicis vivis connata» [9] zuordnet. F. F. RUNGE hat 1855 in einer Schrift kapillaranalytische Versuche mit teilweise von ihm selbst entwickelten Tinten- und Teerfarbstoffen auf Filtrierpapier in diesem Sinne gedeutet [10]. Während H. DRIESCH, der den Entelechiebegriff in die moderne Biologie wiedereingeführt hat, der Idee eines A. gegenüber verständnislos blieb und Van Helmonts Lehre vom A. als «schlechtere Auflage» der aristotelischen Seelenlehre bezeichnete [11], benutzt HEDWIG CONRAD-MARTIUS die Grundidee des A. als τεχνίτης zur Klärung der Entelechielehre Drieschs [12].

Anmerkungen. [1] ARISTOTELES, De part. an. IV, 10, 687 a 10-12. – [2] THOMAS VON AQUIN, Comm. in Phys. Arist. II, 2. – [3] PARACELSUS passim, z. B. Meteor. – [4] J. B. VAN HELMONT: Ortus medicinae (Amsterdam 1652) 502. – [5] MARCUS MARCI: Idear. operatr. idea (1635) 414. 418. – [6] W. HARVEY: Exercitationes de generatione animalium (London 1651) 26. 50. – [7] A. v. HALLER: Elementa physiologiae corporis humani (Lausanne 1757-1766) 4, 471. – [8] J. G. WALCH: Philos. Lex. (²1733) Art. ‹natura›. – [9] I. F. BLUMENBACH: Institutiones physiologicae (1787) 462. – [10] F. F. RUNGE: Der Bildungstrieb der Stoffe. Veranschaulicht in selbstgewachsenen Bildern (1855), in: Das chemische Wappen. Zum 100jährigen Gedächtnis (1955). – [11] H. DRIESCH: Gesch. des Vitalismus (1922) 22. – [12] HEDWIG CONRAD-MARTIUS: Der Selbstaufbau der Natur (1965) 49.

Literaturhinweise. TH. STRUNZ: Paracelsus (1903). – J. STREBEL: Quid est Archeus? Archeus als individuelles und kollektives Seelenprinzip des Mikro- und Makrokosmos. Schweiz. med. Wschr. 71 (1941) 1130-1133. – W. PAGEL: Das med. Weltbild des Paracelsus. Seine Zusammenhänge mit Neuplatonismus und Gnosis (1962) 8f. 31. 69. 75. 83. 134. – H. M. NOBIS: Die Bedeutung der Leibnizschrift ‹De ipsa Natura› im Lichte ihrer begriffsgesch. Voraussetzungen. Z. philos. Forsch. 20 (1967) 525-538; Die Umwandlung der mittelalterlichen Naturvorstellung. Ihre Ursachen und ihre Folgen. Arch. Begriffsgesch. 13 (1969) 34-57.

H. M. NOBIS

Architektonik, architektonisch. ‹Architektonik› (A.) gilt bei ARISTOTELES als Kunst der Bearbeitung des Stoffes zur Herstellung einer brauchbaren Sache [1]. Der die Sache Gebrauchende müsse sich mehr auf ihre Form verstehen, der sie Herstellende als «Architekt» mehr mit der Eigentümlichkeit des Stoffes vertraut sein. Die sich im Mittelalter ausbildende Konzeption der Machina mundi legte es nahe, von Gott als dem Architekten der Welt zu sprechen. Die Zuspitzung der Bedeutung auf die Kunst des Hausbaues scheint dadurch veranlaßt worden zu sein, daß das Haus als repräsentativ für das Sich-Einrichten des Menschen in der Welt und den herstellenden und gebrauchenden Umgang mit den Dingen aufgefaßt wurde. Bei VITRUV werden als erforderliche Tugenden des Architekten geometrische, rhetorische, arithmetische und philosophische Kenntnisse ebenso gefordert wie Bewandertsein in der Musik. Die A. umfaßt hier drei Teile: Bauen, Herstellen von Uhren und Herstellen von Maschinen [2]. L. B. ALBERTI hat bei seiner Charakteristik des Architekten Züge angedeutet, die dem Typus des heutigen Technikers und Ingenieurs entsprechen [3].

Bei LEIBNIZ wird Gott als der Architekt des Weltalls bezeichnet, den die Menschen bei der Gestaltung der Erde nachahmen [4]. Die A. gehe über die bloße mechanische Verfassung der Natur hinaus und habe es auf Zwecke abgesehen [5]. Im Einklang damit wird bei CHR. WOLFF die A. mit dem System der Vernunft in Zusammenhang gebracht, das den Grundriß und Aufbau des Weltgebäudes und seine Vollkommenheit begreift [6]. Die «scientia architectonica» ist der Ontologie als philosophia prima gleichgesetzt [7]. Bei A. G. BAUMGARTEN wird Metaphysica universalis als Wissenschaft im ganzen als ein Aufbau angesehen, der die Ansprüche der A. erfüllt [8]. J. H. LAMBERT übernimmt, wie er selbst sagt, den Begriff von Baumgarten und bezeichnet die A. als die Lehre, die über «die ersten Fundamente, ... die erste Anlage, ... die Materialien und ihre Zubereitung und Anordnung überhaupt ..., daß man sich vorsetzt daraus ein zweckmäßiges Ganzes zu machen» [9] handelt. Die ‹Anlage zur A.› als «Grundlehre» ist nicht mehr wie bei Wolff und Baumgarten eine Ontologie, d. h. ausgebildete Lehre vom Seienden, sondern die Grundlegung zum «Gebäude der menschlichen Erkenntniß», d. h. Lehre von den einfachen Grundbegriffen und Axiomen.

KANT setzt diese Tradition unter den Bedingungen der Transzendentalphilosophie fort, indem er die Vernunft als das Vermögen bezeichnet, das sich selbst als ein

System nach Regeln der A. auf baut und in der «Einheit der mannigfaltigen Erkenntnisse» dem «bloßen Aggregat» entgegengesetzt ist. In dem Abschnitt ‹Die A. der reinen Vernunft› [10] betont er, daß der «scientifische Vernunftbegriff» den «Zweck und die Form des Ganzen» verlange. Dieses Ganze ist ein nach dem Modell des Organismus aufgefaßtes System, es ist «gegliedert (articulatio) und nicht gehäuft (coacervatio)». Kant unterscheidet zwischen technischer und architektonischer Einheit. Erstere komme empirisch zustande und sei der «schematische» Zusammenhang zwischen einzelnen Absichten und ihren empirischen Mitteln, während letztere der «Ableitung von einem einigen, obersten und inneren Zwecke» entspreche. Das apriorische, systematische «Schema» des Ganzen, das wir Wissenschaft nennen, müsse den «Umriß (Monogramma) und die Einteilung des Ganzen in Glieder, der Idee gemäß, d. i. a priori enthalten». In seiner ‹Logik› betont Kant mehr den Wert der A. für die Ordnung und die Verknüpfung der Wissenschaften. Um den «Zusammenhang der Erkenntnisse unter einander kennen zu lernen», bedarf es der A., «die ein System nach Ideen ist, in welchem die Wissenschaften in Ansehung ihrer Verwandtschaft und systematischen Verbindung in einem Ganzen der die Menschheit interessirenden Erkenntniß betrachtet werden» [11].

In dieser Bedeutung findet der Begriff in der Nachfolge Kants größere Verbreitung. MELLIN stellt seine geschichtliche Entwicklung dar: Baumgarten verstehe unter A. «das Gebäude der metaphysischen Erkenntnis selbst, Lambert dieses Gebäude neben der Kunst es zu errichten» und Kant «die vollständige Aufführung und Ableitung aller Theile der reinen Vernunfterkenntnis» nach bestimmten Regeln [12]. G. B. JÄSCHE versteht unter A. die Aufstellung der «Principien und Regeln ..., wonach die gesammten Wissenschaften zu Einem systematischen Ganzen vereiniget werden», also die «Wissenschaft des Systems der menschlichen Wissenschaften» [13]. Die Ausführung dieses Systems ist die «Universal-Encyklopädie». Ebenso schreibt auch FRIES: «Wissenschaftliche A. ist die Lehre vom System aller Wissenschaften». Die fünf «architektonischen Grundregeln» geben das «Maaß der allgemeinen Form aller menschlichen Wissenschaften»; die A. liefert die «wichtigsten Maximen für die wirkliche Ausbildung der Wissenschaften» [14]. Auch bei Schleiermacher hat die A. die Aufgabe der «Zusammenordnung aller fragmentarisch entstandenen Erkenntnisse in Eins». Damit wird die Zufälligkeit und Vereinzelung der Erkenntnisse aufgehoben, alle «Vielheit gestaltet zum Ganzen». Um eine möglichst vollkommene Einheit zu erhalten, soll die Auswahl aus der Mannigfaltigkeit so getroffen werden, daß die erfaßten Einzelerkenntnisse die übrigen, «die nicht mit aufgefaßt sind, repräsentiren», d. h.: «Es soll in ihnen das Gesez liegen, wonach sich jeder die verschwiegenen aber unter ihnen mitbegriffenen Erkenntnisse mit construiren kann» [15].

Anmerkungen. [1] ARISTOTELES, Phys. II, 194 b 2ff. – [2] VITRUV, De architectura (22 v. Chr.). – [3] L. B. ALBERTI: De re aedificatoria (Florenz 1451). – [4] G. W. LEIBNIZ: Nouveaux Essais IV, cap. 3, § 27. Akad.-A. 6/6, 389. – [5] Philos. Schriften, hg. GERHARDT 7, 273. – [6] CHR. WOLFF: Vernünftige Gedanken von Gott ... (1720) § 169ff. – [7] Horae subsecivae Marburgenses ... (1729) Trimestre vernale, 314. – [8] A. G. BAUMGARTEN: Met. (⁴1757) § 4. – [9] J. H. LAMBERT: Anlage zur A. (1771). Philos. Schriften, hg. H.-W. ARNDT (1965ff.) Vorrede XXVIIIf. – [10] KANT, KrV B 860-862; vgl. B 502. – [11] Logik, Einl. VI. Akad.-A. 9, 48f. – [12] G. S. A. MELLIN: Encyclop. Wb. der Kantischen Philos. 1 (1797) 351-354. – [13] G. B. JÄSCHE: Grundlinien zu einer A. und systematischen Universal-Encyklop. der Wiss. 1 (1818) § II; Einl. zu einer A. der Wiss. (1816); F. CHR. WEISE: Die A. aller menschl. Erkenntnisse und Gesetze des Handelns nach dem materialen und formalen Standpunkte tabell. dargestellt (1812, ²1815). – [14] J. FR. FRIES: System der Logik (³1837, Neudruck 1914) 369. 376f. – [15] FR. SCHLEIERMACHER, Dialektik § 335-346. Werke, 3. Abt. IV/1, 303f.

Literaturhinweise. H. HEIMSOETH: Die sechs großen Themen der abendländischen Met. und der Ausgang des MA (1922, ⁵1965). – M. WUNDT: Die dtsch. Schulphilos. im Zeitalter der Aufklärung (1945). – F. KLEMM: Technik, eine Gesch. ihrer Probleme (1954). – G. LEHMANN: System und Gesch. in Kants Philos. Il pensiero 3 (1958) 14ff. – F. KAULBACH: Leibbewußtsein und Welterfahrung beim frühen und späten Kant. Kantstudien 54 (1963) 464-490; Der Zusammenhang zwischen Naturphilos. und Geschichtsphilos. bei Kant a. a. O. 56 (1965/66) 430-451; Immanuel Kant (1969). F. KAULBACH

Aretologie (von ἀρετή, Tugend) als «Tugendlehre» oder «Moral im engeren Sinn» von KRUG der «Eudämonologie» gegenübergestellt. Die A. zeigt hierbei, «was die Tugend an sich oder ihrem Wesen nach sei», die Eudämonologie dagegen, «was sie bewirke oder wie sie das Wohl der Menschen befördere» [1].

Anmerkung. [1] W. T. KRUG: A. (1818). H. REINER

Ärgernis (σκάνδαλον, scandalum) empfing seine begriffliche Prägung dadurch, daß LUTHER es in seiner Bibelübersetzung für das griechische Wort σκάνδαλον verwendete, das in der Profangräzität das Stellholz einer Tierfalle bezeichnete, in der jüdischen LXX-Bibelübersetzung jedoch bereits für hebräische Wörter verwendet wurde, die im Bedeutungskreis von «Anlaß zum Verderben» lagen. Entscheidend wurde der neutestamentliche Sprachgebrauch. Er rechnet mit einem eschatologischen σκανδαλισμός als allgemeiner Versuchung zum Glaubensabfall [1]. Da aber im Kommen Jesu das Eschaton bereits anbricht, scheiden sich schon im Verhältnis zu ihm Glauben und Ä. [2], so daß Jesus als Anlaß zum Glauben auch «Fels des Ä.» [3] ist. Diesen Gedanken hat PAULUS intensiviert, indem er die Niedrigkeit Christi, vor allem sein Kreuz, als ein notwendiges Ä. verstand, das der Glaube auszuhalten hat [4]. Außerdem begegnen im Neuen Testament häufig Warnungen davor, durch ein dem Glauben nicht entsprechendes Verhalten Ä. zu geben oder zu nehmen [5]. Die Begriffsverwendung der Patristik, die kaum je die Tiefe des paulinischen Gedankens erreicht, knüpft hier an und versteht Ä. als vorwiegend moralisches Glaubenshindernis [6]. So bildet sich der Begriff ‹scandalum› in der Scholastik zum moraltheologischen und auch im weiteren Sinn juristischen Fachterminus aus [7], «ein Verhalten ..., das seiner Natur oder den Umständen nach einem andern ... zum geistlichen (religiös-sittlichen) Schaden gereicht, indem es ihm Anlaß oder Anreiz oder Anleitung zur Sünde ... ist» [8]. Zum paulinischen Ä.-Gedanken lenkt, wenn auch auf ganz eigene Art, KIERKEGAARD zurück, der den Gottmenschen Christus als Paradox versteht, das die «Möglichkeit des Ä.» gibt, damit der Glaube nicht zu einem unernsten Mediieren entartet und die «Wahl» der Entscheidung gewagt werden muß: «Die Möglichkeit des Ä. ist der Scheideweg oder ist wie das Stehen am Scheideweg. Man biegt von der Möglichkeit des Ä. entweder in das Ä. oder in den Glauben; aber man kommt niemals zum Glauben als von der Möglichkeit des Ä. her» [9].

Anmerkungen. [1] Mt. 18, 7; 24, 10. – [2] Mt. 11, 6; 26, 31. 33. – [3] Jes. 8, 14; Röm. 9, 33. – [4] 1. Kor. 1, 23; Gal. 5, 11. – [5] Mt. 5, 29f.; 18, 6ff.; Röm. 14, 13; 16, 17; 1. Kor. 8, 13. – [6] Vgl. z. B.

die Definitionen bei ORIGENES, Cels. 5, 64. GCS II, 67; MPG 11, 1285 a, und CHRYSOSTOMUS, Hom. in Mt. 59. MPG 58, 574. – [7] Vgl. THOMAS VON AQUIN, S. theol. II/II, 43, sowie J. MAUSBACH/G. ERMECKE: Katholische Moraltheol. 2 (¹⁰1954) 150-154. – [8] G. ERMECKE: Art. ‹Ä. II: Moraltheologisch›. Lex. Theol. u. Kirche 1 (²1957) 838. – [9] Ges. Werke, hg. E. HIRSCH, 26. Abt. (1955) 76.

Literaturhinweise. O. SCHMITZ: Vom Wesen des Ä. (²1925). – W. STÄHLIN: Skandalon (1930). – W. SCHÖLLGEN: Soziologie und Ethik des Ä. (1931). – J. KLEIN: Skandalon, in: Skandalon (1958) 1-87. – W. STÄHLIN: Art. SKÁNDALON, SKANDALÍZO. Theol. Wb. zum NT 7 (1964) 338-358.   M. SEILS

Arianismus. Der seit dem 17. Jh. nachweisbare Terminus ‹A.› [1] bezeichnet in der Theologie die das christliche Heilsereignis häretisch verkürzende Position des ARIUS (260–336), der das Verhältnis Christi zu Gott extrem subordinatianisch auf reine Geschöpflichkeit reduzierte: κτίσμα γάρ ἐστιν καὶ ποίημα ὁ υἱός (denn ein Geschöpf ist der Sohn) [2]. Somit ist der Logos (Christus) dem Wesen Gottes fremd: ξένος ... ἐστὶν ὁ λόγος τῆς τοῦ θεοῦ οὐσίας [3]. Nach der Verurteilung durch das erste Konzil zu Nicaea (325) spalten sich die Anhänger des A., je nach ihrer Stellung zur orthodoxathanasianischen Wesensgleichheit von Christus und Gott: ὁμοούσιος [4], in Homöer (ὅμοιος), Semiarianer (ὁμοιούσιος) und Anhomöer (ἀνόμοιος). Letztere versuchen, durch Rückgriff auf Aristoteles den A. wissenschaftlich zu systematisieren (AETIOS VON ANTIOCHIEN, EUNOMIOS VON KYZIKOS), so daß sie von pronicaenischen Theologen wegen ihrer Ἀριστοτέλους κακοτεχνία [5] angegriffen werden.

Ist der antike A. nur vor dem Hintergrund der kirchlichen und politischen Situation zu verstehen, so scheint die übliche Applikation des Begriffs ‹A.› auf die mit der historisch-kritischen Bibelbetrachtung und den aufklärerischen Theorien der natürlichen Religion und des vernünftigen Christentums aufkommenden Thesen von der Nicht-Göttlichkeit Christi [6] deren Intentionen und Probleme eher zu verdrängen als adäquat zu erfassen.

Anmerkungen. [1] L. MAIMBOURG: Hist. de l'A. depuis sa naissance jusqu'à sa fin (Paris 1675). – [2] ATHANASIUS, Werke, hg. OPITZ (1934ff.) III/1, 7. – [3] a. a. O. III/1, 8. – [4] II/1, 30. – [5] GREGOR VON NYSSA: Contra Eunomium I. MPG 45, 265 b. – [6] E. HIRSCH: Gesch. der neuern evang. Theol. (³1964) 1, 349.

Literaturhinweise. X. LE BACHELET: Art. ‹A.›, in: Dict. de théol. cath. (Paris 1923ff.) I/2, 1779-1863. – H. A. WOLFSON: Philos. implications of Arianism and Apollinarianism. Dumbarton Oaks Papers 12 (1958) 3-28.   M. SOMMER

Aristokratie, Adel. ‹Adel›, ursprünglich in den germanischen Sprachen «edles Geschlecht», «edle Abkunft», entspricht seit dem Althochdeutschen mit seinem Adjektiv dem lateinischen ‹nobilis›. Im Hoch- und Spätmittelalter gewannen allmählich ‹nobilitas› und ‹Adel› die bis heute geläufige Kollektivbedeutung. Insofern dem Begriff des Adels stets ein Vorrang und eine (meist auf Landbesitz beruhende) Macht seiner Träger gegenüber dem gemeinen Volk sowie die Vielzahl (im Unterschied zum Alleinherrschertum) impliziert war, hat sich historisch der Bezug von ‹Adel› zu ‹Aristokratie› (Ar.) hergestellt, wenngleich Adelsdasein als solches nicht mit Ar. gleichzusetzen ist. ‹Ar.› bezeichnet seit PLATON und ARISTOTELES eine Regierungsform, in der die «Besten», die «Tüchtigen» herrschen, in betonter Unterscheidung von Monarchie einerseits, Demokratie andererseits. In den griechischen Stadtstaaten herrschte bis zum Ende des 6. Jh. v. Chr. die Ar. vor; als solche können auch die römische Republik vor dem Prinzipat sowie bestimmte Stadtstaaten Europas bis zum 18. Jh. bezeichnet werden. Der Adel hat aber allgemein, auch wenn er jeweils in seinem Bereich Herrschaft ausübte, weit häufiger in monarchischen als in aristokratischen Regierungsformen gelebt. Auf Grund seiner mächtigen Stellung übte er allerdings de facto und de jure, z. B. in ständischen Organen, politischen Einfluß aus, so daß in der politischen Theorie des Abendlandes seit der Rezeption des Aristoteles von aristokratischen Elementen in der Monarchie oder auch von «gemischten Verfassungen» gesprochen wurde. So galt z. B. im 18. Jh. (MONTESQUIEU [1], BLACKSTONE [2]) England als eine geglückte Verwirklichung einer solchen.

Die Geschichte (im antik-alteuropäischen Sinne von historiae) war im mediterran-europäischen Kulturkreis bis zum 18. Jh. vor allem Adelsgeschichte, einer ständischen Gesellschaftsordnung gemäß, die bis zur modernen Revolution mit Begriffen der aristotelischen societas civilis interpretiert werden konnte. Das galt nicht nur für Monarchien und das «adlige Landleben» (O. Brunner), sondern im wesentlichen auch für Stadtstaaten oder «Republiken», sei es, daß dort die herrschenden Bürger Adlige (mit Grundbesitz außerhalb der Stadt) waren wie in der Antike und im mittelalterlichen Italien, sei es, daß die herrschenden Bürgergeschlechter ein «Patriziat» entwickelten wie in den deutschen Reichsstädten.

Adel und aristokratische Herrschaftsformen sind, trotz aller geschichtlichen Bewegung, Ausdruck lang überdauernder politischer Strukturen, Gesinnungen und Haltungen gewesen, wie sie im mediterran-europäischen Kulturkreis von der Welt der homerischen Epen bis zur Spätblüte im 18. Jh. immer wiederkehrten und bewußt gemacht worden sind. Auf der wirtschaftlichen Basis großen Landbesitzes (Guts- oder Grundherrschaft) war der Adel Kriegerstand und übte Herrschaft (vor allem Gerichtsbarkeit), vielfach auch als Ar. regierende Gewalt aus. Seine Stellung war durch sein «Geschlecht» (alte, vornehme, z. T. sogar «göttliche» oder «halbgöttliche» Abstammung; germ. «Heil»; vgl. tschech. šlechta, poln. szlachta) bestimmt. Adel war also ursprünglich und eigentlich Geburts-, Erb- oder Geschlechtsadel; daraus ergaben sich konfliktreiche Fragen wie Niedergang alten Adels, Entstehen und Anerkennung neuen Adels, genealogische Bemühungen, Öffnung und Abschließung, Wertung und Rangordnung. Zugleich gehörte jedoch seit der Antike stets auch die Bewährung von «Tugend» (virtus) zum Adelsbegriff. Im griechischen Denken ist die Legitimation des Adligen durch sein Geschlecht, seine Geburt stets verbunden mit der sittlich-moralischen Qualifikation des Edlen [3]. Neben diesem Zusammendenken beider Begründungen ist die stärkere Betonung der moralischen Legitimation kennzeichnend für die griechische ebenso wie die römische Welt. Angesichts zunehmender Veräußerlichung und Politisierung des Adelsstandes galt es (ebenso später im Mittelalter), durch Akzentuierung der anderen Komponente das gestörte Gleichgewicht wieder herzustellen. So ist für EURIPIDES «sittlicher Wert ... doch das ehrenvollste Gut; denn er ist unabhängig von Besitz an Geld, vom Lob der Masse und von vornehmer Geburt» [4]. In gleichem Sinne sprechen SENECA («animus facit nobilem, cui ex quacumque condicione supra fortunam licet surgere») [5] und SALLUST («ex virtute nobilitas coepit») [6].

Das Mittelalter betont – ebenfalls angesichts eines mehr und mehr aufs Äußerliche sich reduzierenden Adelsstandes – in gleichem Sinne stärker den auf Tugend begründeten Adel. BEDA knüpft dabei direkt an Seneca an: «Nemo nobilis nisi quem nobilitat virtus» [7]; ebenso PETER VON ANDLAU [8] und BONAVENTURA [9]. In den ‹Carmina Burana› finden sich mehrere Belege zum Tugendadel [10]. Die christliche Kirche hat Adel sowohl abgewertet (fraternitatis aequalitas) wie gestützt (Adelskirche) oder christlich erhöht (miles christianus; Kreuzzüge). In der höfisch-ritterlichen Dichtung des 12. und 13. Jh. wurde der «Ritter» zum Idealbild adliger Tugenden stilisiert. Das war zugleich die Zeit der Hochblüte des Lehnswesens als konstitutiven Prinzips adlig personal begriffener politisch-militärischer Verfassung.

Im 13./14. Jh. wird die Verinnerlichung des Adels vor allem deutlich in seiner theologischen Bestimmung als «Adel des Menschen» [11]. Ausgehend von der Vorstellung, daß die irdische Ordnung in einem Analogieverhältnis zu einer göttlichen Hierarchie steht, gewinnt der Mensch seinen Adel von Gott. Bei Gott ist der «höchste Adel», er ist die «edel gotheit» [12], das «edele überweseliche wesen» [13]. Der Mensch ist so immer auf Gott hin und durch Gott adlig.

Die beiden Prädikate des Adels, Geschlecht und Tugend, führten zu einer die ursprüngliche Einheit aufspaltenden begrifflichen Scheidung im Geschlechts- oder politischen Adel spätestens seit dem 15. Jh.: nobilitas civilis und Tugendadel (Topos: virtus nobilitat). Das Ideal wurde freilich bis zum Ende der Adelswelt immer wieder darin gesehen, daß Geburts- und Tugendadel verbunden sein sollten, wobei jeweils das eine aus dem andern abgeleitet werden konnte: Alter Adel verpflichte und legitimiere zu öffentlicher Bewährung («noblesse oblige»), oder bewährte Männer müßten um ihrer «Tugend» willen nobilitiert werden.

In der spätmittelalterlichen Krise des Erb- und Lehnsadels begann die letzte Phase der europäischen Adelsgeschichte: die Verbindung des Adels mit dem aufkommenden (Fürsten-)Staat, freilich nicht ohne schwere Konflikte (Ständekämpfe), bis hin zur Steigerung adliger Geltung im 17./18. Jh. Neben den Erbadel trat der Briefadel (in Frankreich: «noblesse de robe»). Besonders differenziert war in dieser Zeit die vielgestufte Adelswelt im Heiligen Römischen Reich Deutscher Nation mit seiner Scheidung von reichsunmittelbarem hohen Adel und dem landsässigen niederen Adel.

Hatte die traditionelle, oft sehr scharfe Adelskritik in der Regel nicht die Stellung des Adels in der societas civilis überhaupt bestritten, so wurde in der Aufklärung aufgrund eines radikal neuen Gesellschafts-, Bürger- und Menschenbildes der Adel als politischer Stand in Frage gestellt. KANT z. B. bezeichnet den «angeerbten A.» als ein «Gedankending ohne alle Realität», weil er ein Rang ist, der «vor dem Verdienst», durch das er erst erworben werden soll, «vorhergeht» [14]. So entstand die «Adelsfrage». Die Verfassung der Vereinigten Staaten (1787) wurde ohne Adel konzipiert und bestimmte, daß Adelstitel nicht verliehen werden durften (Art. 1, Abschn. 9). Frankreich folgte 1789 nach: Der dritte Stand der Schaffenden wurde mit der Nation gleichgesetzt, Adel und (adlig geführte) Geistlichkeit als müßig, parasitär und schädlich verworfen. In Deutschland hielt der Adel trotz dem Abbau der wesentlichen Vorrechte seit dem Josefinismus und der napoleonischen Zeit seine Stellung. Das politische Denken der Romantik suchte nach einer neuen Rechtfertigung des Adels durch die «Ideen von Ehre, Tadellosigkeit ... und Seltenheit» [15], als «Hüter der Constitution» und Schützer gegen den Mißbrauch der Macht [16], als Verteidiger von Eigentum, Recht und Ruhm der Nation [17] oder als Bewahrer einer ritterlichen Gesinnung und einer «bestimmten historischen Nationalerinnerung» [18]. In Anknüpfung hieran versucht W. H. RIEHL den Adelsstand dadurch zu retten, daß er ihn auf eine soziale (nicht-politische) Funktion reduziert und seine Aufgabe darin bestimmt, «den Organismus der Gesellschaft, so wie er geschichtlich erwachsen ist, zu hüten und zu wahren» [19]. Die gesellschaftliche Geltung des Adels und somit die «Adels-Frage» überdauerte in Deutschland bis 1918, als der Adel vollständig abgeschafft wurde. In England dagegen ergab sich eine elastischere Verbindung von Adelstradition und politisch-ökonomischer Modernisierung im Verfassungswandel bis zur Gegenwart. Mit dem allmählichen Verschwinden des Adels als Stand werden die Begriffe Adel und Ar. auch auf andere Bereiche übertragen. So spricht man von der «Ar. der Priester», der Reichen, des Verstandes und von der Geistes-Ar. [20]. Bei E. BURKE begegnet der Begriff «Ar. der Reichen» [21]. NIETZSCHE sieht in einer «neuen Ar.» und «Aristokratismus» ein Mittel gegen das anwachsende Gleichheitsstreben und die «Herdentier-Ideale» [22]. Adel im Sinne einer erblichen nobilitas civilis widerspricht den Grundsätzen der modernen Demokratie. Die aristokratische oder oligarchische Tendenz, unabhängig von Adel, blieb gleichwohl eine der Hauptfragen auch in den demokratischen Verfassungen. Diese Problematik führt jedoch von den nur noch historisch bedeutsamen Erscheinungen von Adel und Ar. hinüber zu den modernen Fragen der Führung, der Führungsschichten oder der Elite.

Anmerkungen. [1] CH.-L. DE MONTESQUIEU: L'esprit des lois (Paris 1748). – [2] W. BLACKSTONE: Comm. on the Laws of England (Oxford 1765-1768). – [3] Vgl. PLATON, Resp. 415 c; 432 c/d. – [4] EURIPIDES, 1029; vgl. W. HAEDICKE: Die Gedanken der Griechen über Familienherkunft und Vererbung (Diss. Halle 1936) 98. – [5] SENECA, Ad Lucilium epistolae morales 44, 5, hg. A. BELTRAMI 1 (Rom ²1949). – [6] SALLUST, Catilinae Coniuratio. Bellum Iugurthinum ect., hg. H. HAAS (1953) 85, 17. – [7] BEDA, MPL 90, 1103 c. – [8] Vgl. J. HÜRBIN: Peter von Andlau, der Verfasser des ersten dtsch. Reichsstaatsrechts (Straßburg 1897) 203. – [9] BONAVENTURA, Soliloquium III, 11; De clementia I, 24. – [10] Carmina Burana, hg. A. HILKA/O. SCHUMANN 7, 4. Str.; 32, 2. Str. – [11] Vgl. C. BENZ: Über den Adel in der dtsch. Mystik. Dtsch. Vjschr. Lit. Wiss. (1936) 505-535. – [12] Offenbarungen der Schwester MECHTHILD VON MAGDEBURG, hg. G. MOREL 71, 21; vgl. SEUSES Deutsche Schriften, hg. K. BIHLMEYER (1907) 174, 21. – [13] TAULERS Predigten, hg. VETTER (1910) 368, 33. – [14] KANT: Met. Sitten (1797). Akad.-A. 6 (1907) 327. – [15] A. MÜLLER: Elemente der Staatskunst (1809), hg. J. BAXA (1922) 1, 184. – [16] TH. A. RIXNER: Aphorismen der gesammten Philos. 2 (1818) 176. – [17] F. SCHLEGEL, Krit. A., hg. E. BEHLER, 13 (1964) 152f. 157. – [18] F. J. STAHL: Die Philos. des Rechts (³1878, ⁶1963) II/2, 110f. 115. – [19] F. J. STAHL: Die bürgerliche Gesellschaft (⁶1861) 177/78. – [20] W. FELDMANN: Dtsch. Wortforsch. 13 (1911/12) 245-282. – [21] E. BURKE: Reflections on the revolution in France (London 1790, ¹²1793) 260; dtsch. hg. D. HENRICH (1967) 267. – [22] NIETZSCHE, Musarion-A. 13, 260; 17, 223; 19, 266. 299. 303. 312. 317. (1911/12) 250 f.; vgl. O. LADENDORF: Hist. Schlagwb. (1906) 99.

Literaturhinweise. F. VOGT: Der Bedeutungswandel des Begriffes ‹edel›. Marburger Rektoratsrede (1909). – C. BRINKMANN: Die Ar. im kapitalistischen Zeitalter. Grundriß der Sozialökonomik 9/1 (1926). – The European nobility in the 18th century, hg. A. GOODWIN (London 1953). – O. BRUNNER: Adliges Landleben und europäischer Geist (1959). – Als Beispiel einer allg. weiterführenden Monographie vgl. J. LAMPE: Ar., Hofadel und Staatspatriziat in Kurhannover 1. 2 (1963). – Dtsch. Adel, hg. H. RÖSSLER 1. 2 (1965). – CHR. MEIER und W. CONZE: Art. ‹Adel›, in: Hist. Lexikon politisch-sozialer Begriffe 1 (1971).

W. CONZE

Aristotelismus. Der Ausdruck ‹A.› bezeichnet zunächst das philosophische System des Aristoteles, dann die Fortführung oder Renaissance dieses Systems im Laufe der Geschichte in den verschiedenen Schulen und den verschiedenen philosophischen Strömungen, die sich von Aristoteles inspirieren ließen.

I. ARISTOTELES (384–322 v. Chr.), zunächst Schüler Platons (von 367–347 [1]), gründet 335 oder 334 seine eigene Schule im Lykeion, einem Bezirk Athens, und lehrt im Gegenzug gegen die von seinem Lehrer ausgearbeitete Ideenphilosophie eine Philosophie, die sich auf die Erforschung aller Gegebenheiten der menschlichen Erfahrung gründet. Mit ihm erreicht das Wissen zum ersten Mal in der Geschichte wissenschaftliches Niveau, das durch Methode, kritisches Bewußtsein und Systematisierung charakterisiert ist. Sein Werk zeichnet sich aus erstens durch den Umfang seiner Wißbegierde: allein die Mathematik ist seinem wissenschaftlichen Bemühen fremd geblieben; zweitens durch die maßvolle Ausgewogenheit seiner Lösungen; drittens durch die empirische Orientierung seines Denkens: selbst seine «Erste Philosophie» oder «Wissenschaft vom Göttlichen» ist im Ausgang von der Erfahrung ausgearbeitet; viertens durch sein Bemühen, sich von der Geschichte lehren zu lassen, sei es daß er fruchtbare Gedanken seiner Vorgänger aufnimmt und fortführt, sei es daß er sie kritisiert. – Das Werk des Aristoteles umfaßt:

1. eine *Theorie der Erkenntnis:* Analyse der sinnlichen Erkenntnis (äußere und innere Sinne); Analyse der geistigen Erkenntnis, die immaterieller Natur ist und durch die Vernunft aus Sinnesbildern gewonnen wird; Abhandlungen zur Logik *(Organon)*, die die Gesetze des diskursiven Denkens formulieren und bemerkenswerte Einsichten in die Eigentümlichkeit allgemeiner Begriffe, in das Urteil, die Definition, den Syllogismus, die Induktion, die Wissenschaft, die Trugschlüsse usw. enthalten;

2. eine *Physik* oder eine *Konzeption des Kosmos:* Die «Physik» des Aristoteles ist ein komplexes Wissen von sehr unterschiedlichem Wert, in dem wir heute Verschiedenes unterscheiden können: interessante wissenschaftliche Arbeiten, vornehmlich auf dem Gebiet der Biologie (Beobachtung, Klassifikation, Erklärungsversuche durch Voraussetzungen derselben Ordnung), ferner pseudo-wissenschaftliche Hypothesen (die Theorie der vier Elemente und die Theorie der Himmelssphären) und endlich philosophische Lehren, die auch heute noch gültig sein können (Zusammensetzung von Potenz und Akt, Materie und Form, Substanz und Accidens, Theorie der Ursachen, gewisse Aspekte der Lehre vom «Ersten Beweger»);

3. eine *«Erste Philosophie»* oder *Ontologie:* Von seiner Konzeption des Wesens des Kosmos kommt Aristoteles zur Betrachtung des Seienden in seiner Gesamtheit. Er arbeitet eine Wissenschaft vom Seienden aus, insofern es seiend ist, welche Wissenschaft zugleich Theorie der immateriellen Seienden ist. Man findet hier bemerkenswerte Lehren, besonders zur Analogie des Begriffs des Seienden, über die Eigentümlichkeiten, die allen Seienden gemeinsam sind, über die Substanz, die ersten Prinzipien, die Ursachen, die getrennten Substanzen (mit dem Ersten Beweger an der Spitze);

4. eine *philosophische Konzeption des Menschen*, in der sich neben tiefen Einsichten aber auch die Konsequenzen der Lücken einer Ontologie bemerkbar machen, die nicht bis zur metaphysischen Kausalität und zum Begriff der Schöpfung vorgedrungen ist:

a) *die Natur des Menschen:* Als mit Vernunft begabtes Sinnenwesen ist der Mensch aus einem gegliederten Körper und einer Seele zusammengesetzt, die Prinzip des Lebens und substantielle Form ist. Unter den «Teilen» oder «Vermögen» der Seele unterscheidet Aristoteles den Geist, dessen Immaterialität er aufzeigt; im Rahmen seiner Metaphysik mußte er diesen immateriellen νοῦς als eine getrennte Substanz ansetzen, die ewig und einzig in ihrer Art ist; aber er scheint vor den Konsequenzen dieser Lehre zurückgeschreckt zu sein und hat viele den νοῦς betreffende Probleme ohne Lösung gelassen; die dunklen Passagen der *Abhandlung über die Seele*, die sich einem eindeutigen Verstehen entziehen, sind Ausgangspunkt für Kontroversen geworden, die sich durch die Jahrhunderte hinziehen;

b) die *dem Menschen eigentümlichen Tätigkeiten:* Von der geistigen Erkenntnis war schon die Rede (vgl. 1.). Wie alle Seienden ist auch der Mensch mit Streben begabt oder mit der Tendenz zum Guten hin, das Ziel allen Strebens ist. Das höchste Gut des Menschen ist das des Geistes, die Betrachtung der Wahrheit, und dieses Gut ist das Ziel des geistigen Strebens oder des Willens; der Besitz dieses Gutes bringt das Glück, das letzte Ziel des Menschen. Die Ethik ist die praktische Wissenschaft, welche die Regeln des menschlichen Handelns um der Erreichung des letzten Zieles willen definiert: Aristoteles hat zahlreiche moralische Lehren ausgearbeitet (Tugend, Klugheit, Freundschaft usw.), aber seine Ethik ist auf den Bereich des irdischen Lebens beschränkt, was unausweichliche Konsequenz seiner Metaphysik und Psychologie ist; daraus ergibt sich, daß seine Konzeption vollen menschlichen Glückes sehr theoretisch bleibt (sehr wenige Menschen gelangen zur Betrachtung der Wahrheit), und dieses Glück bleibt prekär (denn der Tod setzt ihm ein Ende). Endlich ist auch die Sozialphilosophie des Aristoteles, die politische und ökonomische Fragen behandelt und in der die politischen Utopien Platons zurückgewiesen werden, aus der Perspektive seiner Ethik konzipiert.

Anmerkung. [1] Vgl. zur Entwicklungsgesch. des Aristotelischen Denkens die bahnbrechende Arbeit von W. JAEGER: Aristoteles, Grundlegung einer Gesch. seiner Entwicklung (1923) und neuerdings I. DÜRING: Aristoteles, Darstellung und Interpretation seines Denkens (1956); zu DÜRINGS kaum angenommener These, Aristoteles habe die Ideenlehre schon vor ungefähr 360 an aufgegeben, vgl. z. B. D. J. ALLAN (Lit. 1952), der behauptet, daß Aristoteles in den um 355 geschriebenen Dialogen ‹Protreptikos› und ‹Eudemos› noch durchaus Platoniker ist.

II. Der *A. bei den Griechen* geht von der durch Aristoteles in Athen gegründeten Schule aus, die sich bis ins 3. Jh. unserer Zeitrechnung behauptet hat. Die Mitglieder dieser Schule wurden nach dem Namen einer überdachten Galerie *(Peripatos)*, in der sie diskutierend sich zu ergehen pflegten, ‹Peripatetiker› genannt. Vielleicht wurde auch ein Teil der Vorlesungen in dieser Galerie gehalten. Es scheint, daß die Zeitgenossen des Aristoteles in ihm vor allem den Wissenschaftler bewundert haben, der methodisch und oft tiefdringend die verschiedensten Gebiete der Natur erforscht hat. Jedenfalls haben sich seine unmittelbaren Schüler, THEOPHRAST VON ERESOS und EUDEMOS VON RHODOS, darum bemüht, die Lehre des Meisters zu behaupten und weiterzuführen, ohne den Inhalt und den Geist zu verändern. Die erste peripatetische Schule bestand fast allein aus «Physikern», die eine materialistische Tendenz zeigten. Nach dieser ersten Generation ist die aristotelische Schule im Bereich der Philosophie sehr schnell verfallen, und das System des Begründers wurde bis zum 1. Jh. v. Chr. nicht mehr gelehrt, als ANDRONIKUS VON RHODOS Haupt der Schule wurde (um 70–50 v. Chr.). Dieser sorgfältige Lehrer unternahm es, die authentischen Schriften des Stagiriten, die seinen Unterricht im Lykeion wiedergeben, neu zu ordnen, und veröffentlichte die so wieder hergestellte bedeutende Sammlung der aristotelischen Schriften. Das war der Ausgangspunkt eines erneuten Interesses für die Philosophie des Aristoteles, und so wurden im Laufe der letzten Jh. der hellenistischen Periode seine Schriften Gegenstand zahlreicher *Kommentare*:

ANDRONIKUS selbst erklärt eine Reihe von Abhandlungen, vor allen Dingen das *Organon*, und sein Beispiel machte Schule. Unter den bedeutendsten Kommentatoren muß ALEXANDER VON APHRODISIAS genannt werden, der von 198–211 in Athen lehrte und wegen der Klarheit seiner Kommentare «Der zweite Aristoteles» genannt wurde. Diese Kommentare erläutern einen Teil des *Organon*, die *Metaphysik*, die *Meteore* und die *Abhandlung über die Wahrnehmung*. In seinem Werk *Über die Seele* gibt er eine materialistische Interpretation der Seelenlehre des Aristoteles, während er den aktiven Intellekt mit Gott identifiziert.

Nach Alexander wird die aristotelische Schule aufgesogen durch den Neuplatonismus, einer stark durch den A. geprägten Renaissance des Platonismus. Die letzten griechischen Kommentatoren des Stagiriten sind alle Neuplatoniker. PORPHYRIOS (233–305), Schüler Plotins, ist Autor der berühmten *Isagoge*, einer Einleitung zu den (Aristoteles zugeschriebenen) *Kategorien*, und eines Kommentars dieser Abhandlung. – THEMISTIUS (um 320–390), der in Konstantinopel gelehrt hat, hinterließ Kommentare über mehrere Schriften des Aristoteles, besonders zu der *Abhandlung über die Seele*, in denen er zu einer spiritualistischen Konzeption des Menschen zurückkehrt. – AMMONIUS, Schüler des Proklos in Athen und Haupt der Schule in Alexandrien gegen Ende des 5. Jh., hat mündlich mehrere Abhandlungen des Aristoteles kommentiert, und wir besitzen Nachschriften aus seinen Vorlesungen; sie handeln von den *Kategorien*, der Abhandlung *De interpretatione*, den *Ersten Analytiken* und der *Isagoge* des Porphyrios. – Ein Schüler des Ammonius in Alexandrien, SIMPLICIUS, schreibt zu Beginn des 6. Jh. reiche Kommentare zu den *Kategorien*, der *Physik* und der *Abhandlung über den Himmel*. – Endlich wirkt ein anderer Schüler des Ammonius, JOHANNES PHILOPONOS oder der Grammatiker, im 6. Jh. in Alexandrien. Als Christ verurteilt er gewisse Irrtümer des Aristoteles: Fragmente seiner verlorenen Abhandlung *Gegen Aristoteles* sind publiziert, und er hat ein Werk *Über die Ewigkeit der Welt gegen Proklos* geschrieben, in dem er diese These von der Ewigkeit der Welt bekämpft. Eine Reihe von Kommentaren zu Aristoteles wird ihm zugeschrieben, aber mehrere sind lediglich Nachschriften aus den Vorlesungen des AMMONIUS, und JOHANNES hat sich darauf beschränkt, sie zu ergänzen.

III. Aristoteles wird in den *arabischen Kulturraum* durch seine neuplatonischen Kommentatoren eingeführt. Schon deshalb ist der A. im Bereich des Islam niemals in reiner Form rezipiert worden, d. h. getrennt von den neuplatonischen Quellen. Auch war die Metaphysik des Stagiriten zu unvollkommen, um monotheistischen Denkern zu genügen, und so brachte die plotinische Metaphysik hier einen wertvollen krönenden Abschluß. Die Verbindung beider Lehren wurde auch durch das unter dem Namen *Theologie des Aristoteles* bekannte Pseudepigraph begünstigt: Diese Schrift, syrisch von einem christlichen Mönch mit Hilfe von Auszügen aus den *Enneaden* PLOTINS verfaßt, wurde um 840 ins Arabische übersetzt und allgemein dem Stagiriten zugeschrieben, dem man so Hauptlehren der plotinischen Metaphysik unterstellte. Viel später, wahrscheinlich im 12. Jh., wurde ein anderes aristotelisches Pseudepigraph, diesmal arabischen Ursprungs, in Spanien in Umlauf gesetzt und fast sofort unter dem Namen *Liber de causis* ins Lateinische übersetzt. Es handelt sich um einen Kommentar zu Sätzen aus der Στοιχείωσις θεολογική (Institutio theologica) des PROKLOS. Dieser monotheistisch ausgerichtete Kommentar trug dazu bei, die Zuschreibung kreationistischer Lehren an Aristoteles, die ihm völlig fremd sind, zu bekräftigen.

Die Verbindung von A. und Neuplatonismus findet sich bereits im Werk des ersten arabischen Philosophen AL-KINDI, der im 9. Jh. († 873) im Kalifat Bagdad lebte. Ein Jh. später verschmolz gleicherweise AL-FARABI, der in Bagdad studierte und lehrte († 950), diese beiden Lehren. Bemerkenswert ist seine Betonung der Unabhängigkeit der Philosophie gegenüber der Religion.

Der erste große Denker des Islam ist IBN SINA oder AVICENNA, ein persischer Philosoph und Arzt (980–1037). Neben persönlichen Werken, die zum großen Teil verloren sind, und medizinischen Arbeiten hat er eine umfassende philosophische Enzyklopädie erstellt, die zu einem großen Teil eine Paraphrase aristotelischer Schriften ist. Krönender Abschluß dieser Enzyklopädie ist eine emanatistische Metaphysik, die aus der *Theologie des Aristoteles* und anderen neuplatonischen Quellen stammt.

Der Einfluß des Aristoteles bei den Arabern erreicht seinen Gipfel im Werk von IBN ROSCHD oder AVERROES, dem Philosophen von Cordova (1126–1198). Averroes ist, wie er bekennt, von einer grenzenlosen Bewunderung für Aristoteles erfüllt, der nach ihm von der göttlichen Vorsehung erweckt wurde, die Menschen wahre Philosophie zu lehren. In häufiger Reaktion gegen Avicenna unternimmt er es, die aristotelische Philosophie vollständig wiederherzustellen, und er verfaßt drei Reihen von Kommentaren zu den aristotelischen Abhandlungen: die «Kleinen Kommentare», Paraphrasen oder Epitomen (Zusammenfassungen) genannt, sind kurze Analysen; «Mittlere Kommentare» bringen eine genauere Erklärung der Texte; die «Großen Kommentare» geben eine weiterentwickelte, Satz für Satz erklärende Auslegung. Im ganzen dem Denken des Philosophen treu, führt Averroes, ohne sich vielleicht darüber im klaren zu sein, die Metaphysik des Aristoteles fort, indem er dem Ersten Beweger die Charaktere des transzendenten Gottes Plotins und des Islam zuerteilt, der als erste universale Ursache verstanden wurde. Andererseits ergänzt er ziemlich oft die Ansichten des Aristoteles durch eine persönliche Interpretation dunkler Passagen oder durch die Entwicklung von Lehren, die Aristoteles kaum behandelt hatte. Typischster Fall dafür ist der des Monopsychismus: Indem er Aristoteles gleichsam zwingt, die logischen Konsequenzen seiner metaphysischen Prinzipien zu entwickeln, behauptet Averroes, daß die beiden menschlichen Intellekte, der rezeptive und der aktive Intellekt, da sie ja immateriell sind, nicht numerisch in ihrer Art vervielfältigt werden können; sie sind zwei getrennte Substanzen, einzig für alle Menschen; diese Intellekte treten mit den menschlichen Individuen durch ihre Tätigkeit in Beziehung, denn der rezeptive Intellekt denkt mit Hilfe der Ideen, und der aktive Intellekt von unseren im Gehirn befindlichen Bildern abstrahiert; das menschliche Individuum, voll und ganz vergänglich, ist nur ein höheres Tier.

IV. Die *jüdische Spekulation in der arabischen Welt* war lange Zeit vom Neuplatonismus beherrscht. Gleichwohl standen alle jüdischen Philosophen von ISAAK ISRAELI im 9. Jh. an bis zum Ende des Mittelalters mehr oder weniger unter dem Einfluß des A. Eine reinere Orientierung zum A. zeigt sich im Werk des MOSES MAIMONIDES, dem Zeitgenossen des Averroes, wie dieser in Cordova geboren (1135-1204), dem Autor des berühmten *Führer der Unschlüssigen*. Aber, und das gilt wiederum, es handelt sich in keiner Weise um einen reinen A., da Moses zum guten Teil die neuplatonische Theologie (Emanation und negative Theologie) sowie die plotinische Ethik aufnimmt. Er entfernt sich von Aristoteles auch durch seine Kritik der These von der Ewigkeit der Welt. Der Einfluß des Maimonides war bei mehreren jüdischen Denkern Spaniens, Frankreichs und Italiens bis zum Ende des Mittelalters und selbst in der Neuzeit beträchtlich. Es gab aber auch eine Opposition gegen den A.; sie zeigt sich hauptsächlich in der antiphilosophischen Reaktion des JUDAS HALEVI im 12. Jahrhundert, und man findet sie noch nach dem Tod des Maimonides wieder, u. a. auf seiten der Anhänger der Kabbala.

V. In den *christlichen Orient* sind während der patristischen Zeit aristotelische Lehren auf dem Weg des Neuplatonismus eingedrungen: Man kann Spuren entdecken bei GREGOR VON NYSSA, NEMESIUS, PSEUDO-DIONYSIUS, JOHANNES DAMASCENUS und, selbstverständlich, bei JOHANNES PHILOPONUS, dem Kommentator des Aristoteles.

Im 9. Jh. interessierten sich PHOTIUS und sein Schüler ARETAS für die Logik des Aristoteles. Eine Renaissance der aristotelischen Studien entwickelt sich in der Folgezeit in Byzanz vom 11. Jh. an, besonders mit MICHAEL VON EPHESUS gegen Ende des 11. Jh., und EUSTRATIUS VON NICEA (um 1050-1120), die Teile des *Organon* und die *Nikomachische Ethik* kommentiert haben. Weitere Kommentatoren des Aristoteles sind aus dem 13. und 14. Jh. bekannt. Im 15. Jh. behauptet Kardinal BESSARION die weitgehende Übereinstimmung von Platonismus und A.

VI. Im *lateinischen Mittelalter* war mehr noch als im Orient der Einfluß des A. während der *patristischen* Periode sehr gering. AUGUSTINUS hat nur die Aristoteles zugeschriebenen *Kategorien* gekannt. Der erste bemerkenswerte Einfluß des A. läuft durch den Kanal der Schriften des BOETHIUS (um 480-524/525). Dieser Römer, in Athen und vielleicht in Alexandrien gebildet, hatte den Plan gefaßt, durch eine Übersetzung der Werke der beiden großen griechischen Philosophen die im Grunde gegebene Harmonie von Platonismus und A. aufzuzeigen. Er mußte sich aber darauf beschränken, einen Teil ges *Organon* des Aristoteles (wenigsten die *Kategorien* und *De interpretatione*) und die *Isagoge* des Porphyrios zu übersetzen und zu kommentieren; diese drei Abhandlungen zusammen wurden später *ars vetus* oder *logica vetus* genannt, als man die anderen Teile des *Organon* übersetzt hatte, die dagegen *ars nova* oder *logica nova* hießen. Trotz seiner relativ engen Grenzen war das Werk des Boethius hochbedeutsam, weil es die griechische Philosophie und vor allem die Logik des Aristoteles vermittelte. Mit Recht hat man daher Boethius den Erzieher des Abendlandes genannt; denn die aristotelische Logik hat eine wesentliche Rolle in der intellektuellen Bildung der neuen Völker gespielt, die seit der Invasion der Barbaren Europa bewohnten. Mit seinen Arbeiten zur Logik hat Boethius die Ausbildung der scholastischen Methode vorbereitet; in seinem Kommentar zur *Isagoge* des Porphyrios hat er das Problem der Natur der Universalien gestellt und damit ein Vorspiel zu den Kontroversen der folgenden Jh. gegeben.

Die Renaissance von Bildung und Wissenschaften unter Karl dem Großen und dessen Schulpolitik bekräftigten für mehr als vier Jh. die Rolle, die die aristotelische Logik in der Erziehung spielte. In der Tat waren die einzigen profanen Wissenschaften, die nach dem von den Kapitularien von 778 sanktionierten Studienprogramm in den Schulen gelehrt wurden, die sieben freien Künste, unter denen sich als einzige philosophische Disziplin die Dialektik oder Logik findet, die auf der Grundlage der *ars vetus* unterrichtet wurde. Vom 9. bis zum 12. Jh. häufen sich die Arbeiten zur Logik; der Einfluß des Aristoteles wächst in den Diskussionen um die Natur der Erkenntnis unaufhörlich. Im 12. Jh. triumphiert mit PETRUS ABAELARD (1079-1142) der gemäßigte Realismus aristotelischer Provenienz über den extremen Realismus, der sich von Platon herleitet. Mit Abaelard erreicht gleicherweise die scholastische Methode ihre Perfektion (besonders mit seinem Werk *Sic et non*); und diese Methode, auch sie Frucht der aristotelischen Logik, hat wesentlich zur Entwicklung der spekulativen Theologie, zum Fortschritt der deduktiven Wissenschaften und zur Bildung der europäischen Sprachen beigetragen.

Der Triumph des Aristoteles in der Theorie der Erkenntnis und in der Logik auf den Schulen des 12. Jh. bereitete die Eroberung der Universitäten durch die aristotelische Philosophie im folgenden Jh. vor. Das massive Eindringen der Schriften des Aristoteles beginnt um die Mitte des 12. Jh. dank Übersetzungen aus dem Arabischen ins Lateinische, dann aus dem Griechischen ins Lateinische. Die meisten seiner Schriften sind zu Beginn des 13. Jh. bekannt, aber die Konsequenzen dieses Einbruchs der heidnischen Philosophie (denn Aristoteles wird von anderen griechischen und arabischen heidnischen Denkern begleitet) zeigen sich erst allmählich im Laufe des 13. Jh. [1]. Am 19. März 1255 schreibt die Artistenfakultät in Paris ihren Studenten Vorlesungen über alle bekannten Abhandlungen des Philosophen vor. Um die Mitte des Jh. sind alle Fakultäten der «Artes» faktisch Fakultäten der Philosophie geworden, wo man die Philosophie des Aristoteles lehrte. Seit den Jahren 1220-1225 dringt der A. auch in die theologischen Fakultäten ein. Seitdem bleibt der A. bis zum Ende des Mittelalters und in manchen Institutionen weit darüber hinaus die Grundlage des scholastischen Lehrgebäudes in Philosophie und Theologie. So muß man in der christlichen Welt des 13. Jh. die mächtigste Renaissance des A. sehen.

Jedoch auch dieser lateinische oder christliche A. ist niemals ein reiner A. gewesen, ebensowenig wie der arabische oder jüdische A. Der mittelalterliche A. wurde stets ergänzt oder korrigiert durch vielfältige religiöse oder philosophische Einflüsse, wobei die letzteren vor allem aus dem Neuplatonismus stammten.

Vor 1250 ist der lateinische A. noch sehr *eklektisch* und vor allem *von Avicenna bestimmt*. In den herrschenden Einfluß des Aristoteles mischen sich Nebenströme: AVICENNA, dessen Paraphrasen dazu dienen, die schwierigen Texte des Stagiriten zu interpretieren; AVICEBRON, ein in dieser Zeit sehr geschätzter jüdischer Neuplatoniker; PROKLOS; AVERROES seit 1230. Bei den Theologen verbindet sich der A. mit traditionellen Lehren der lateinischen Theologie, die vor allem von AUGUSTINUS, PSEUDO-DIONYSIUS und den Theologen des 12. Jh. stammen.

Seit ungefähr 1250 wird der A. stärker, indem er sich zugleich in viele Bewegungen verzweigt. Bei BONAVENTURA ist der A. *augustinisch geprägt*. Bei ALBERT DEM GROSSEN ist er *neuplatonisch bestimmt*, denn Albert ist stark beeinflußt durch Proklos, Pseudo-Dionysius und Avicenna. Bei THOMAS VON AQUIN ist er so tief neu gedacht und zu eigen gemacht, daß man nicht mehr von A. sprechen kann, sondern von *Thomismus* reden muß. Mit SIGER VON BRABANT wird der A. *heidnisch durchtränkt* oder *heterodox*, denn er akzeptiert Thesen, die mit der christlichen Lehre unvereinbar sind.

Die großen Lehrauseinandersetzungen des 13. Jh. sind zum guten Teil Kämpfe zwischen verschiedenen Formen des A. So ist der Konflikt, in dem gegen 1270 THOMAS VON AQUIN dem größeren Teil der Pariser Theologen gegenüberstand, weniger ein Konflikt zwischen A. und Augustinismus (wie es F. Ehrle dachte) als vielmehr zwischen eklektischem A., der von ALEXANDER VON HALES und WILHELM VON AUVERGNE geschaffen war, und dem stärkeren und kräftigeren A. des THOMAS VON AQUIN. In gleicher Weise ist der Konflikt zwischen THOMAS und SIGER die Auseinandersetzung zwischen einem christlichen und einem heidnisch ausgeprägten A.

Nach dem 13. Jh. setzen die in ihm ausgebildeten großen philosophischen und theologischen Schulen ihren Weg fort: Der philosophische A. behauptet sich vor allem bei den Logikern, den Metaphysikern, Psychologen und Moralisten, die in den Artistenfakultäten lehren. Dieser A. ist gewöhnlich *gemäßigt* oder *orthodox* hinsichtlich der christlichen Lehre. Der Thomismus wird offizielle Lehre in den Schulen der Dominikaner und gewinnt auch andere Anhänger. Der *Neo-Augustinismus*, geboren aus der Reaktion gegen den sich formierenden Thomismus, findet seine definitive Gestalt im *Scotismus*, der aber vielmehr eine Rückkehr zum A. markiert. Endlich beginnt mit JOHANNES VON JANDUN in Paris ein averroistischer A., der durch TADDEO DA PARMA und ANGELO D'AREZZO in Italien eingeführt wird. Dieser lateinische Averroismus behauptet sich in Italien bis über die Renaissance hinaus. Er gerät in Konflikt mit dem *alexandristischen* A. (der die Psychologie des Aristoteles anhand von Alexander von Aphrodisias interpretiert) und mit dem Platonismus.

Gleicherweise sah sich seit dem 14. Jh. der A. den Bewegungen eines neuen Denkens konfrontiert. Gegen die Physik des Stagiriten richteten sich in Paris und Oxford die Angriffe der neuen Physik. In den gemäßigten Realismus wurde eine Bresche geschlagen durch die sich häufende Tendenz, mehr oder weniger nachhaltig den Wert der Erkenntnis zu erschüttern und insbesondere die Möglichkeiten einer Metaphysik: Nominalismus, Phänomenalismus, Skeptizismus, Agnostizismus. Da sie sich nicht rechtzeitig der alten Physik entledigt hatte, gerät die Scholastik mehr und mehr in Mißkredit. Zur Zeit der Renaissance wird ein am häufigsten gegen die Scholastiker gerichteter Vorwurf ihre Servilität gegenüber dem Philosophen [2]. Trotz dieser Kritik hörte man an gewissen Universitäten und in kirchlichen Institutionen nicht auf, bis zum Ende des Ancien régime und darüber hinaus die aristotelische Philosophie zu lehren.

Anmerkungen. [1] Vgl. zum langsamen Eindringen des A. und zum Widerstand, den er gefunden hat, F. VAN STEENBERGHEN: La philos. au 13e siècle (Louvain 1966) 72-189, und die dort angegebene Lit. – [2] Auf genau diesen Vorwurf geht S. TALAMO ein in in seinem Werk: L'aristotelismo della scolastica nella storia della filos. (1873), dtsch. M. SCHNEID: Aristoteles in der Scholastik (1875).

VII. Das *19. und 20. Jh.* sind Zeuge einer bemerkenswerten Erneuerung der historischen und exegetischen Studien über Aristoteles und sein Werk geworden. Für Deutschland ist zunächst zu erinnern an das große Unternehmen der Edition der *Aristotelis Opera* in 5 Bänden durch die Preußische Akademie der Wissenschaften (1831 bis 1870) und die Edition der *Commentaria in Aristotelem graeca* durch dieselbe Akademie. Der A. hat eine beträchtliche Rolle in der Ausarbeitung der Philosophie HEGELS gespielt; F. TRENDELENBURG (1802–1872) inspiriert sich in seinem System direkt vom A., der in gleicher Weise auch das Denken F. BRENTANOS (1838–1917) beeinflußt hat, des Vorläufers von Husserl. Endlich sind die Arbeiten von WERNER JAEGER (1888–1961) entscheidend für die Forschungen zur Entwicklungsgeschichte des Aristoteles gewesen. Für Frankreich muß angegeben werden die Edition: *Aristotelis opera omnia graece et latine* in 5 Bänden, genannt Edition Didot (1848–1874); ferner die Ausgaben und Übersetzungen der ‹Collection des Universités de France› und der ‹Bibliothèque des textes philosophiques›; endlich die Arbeiten von A. JOURDAIN, F. RAVAISSON, O. HAMELIN, L. ROBIN. Aus England sind die Ausgaben der ‹Oxford Classical Texts› und die englische Übersetzung von D. ROSS (12 Bände) zu nennen; ferner die Arbeiten von D. Ross und D. J. ALLAN. Aus Belgien, aus der Schule von Louvain, ist die Sammlung: ‹Aristote. Traductions et études› zu nennen; ferner das *Corpus latinum commentariorum in Aristotelem graecorum*; neuerdings der erste Band des *Avicenna latinus* (1968); die Arbeiten von A. MANSION, S. MANSION und G. VERBEKE; die Sammelbände ‹Autour d'Aristote› (1955), ‹Aristote et saint Thomas d'Aquin› (1957), ‹Aristote et les problèmes de méthode› (1961). Erinnert sei endlich an das große Unternehmen des *Aristoteles latinus*, das unter der Schirmherrschaft der Union Académique Internationale steht, ebenso an den *Averroes latinus*, der von der Mediaeval Academy of America betreut wird.

VIII. *Zur Würdigung des A.* bleibt zu bemerken, daß er im Laufe der Geschichte sehr unterschiedlich beurteilt wurde. Die Diskussionen über den Wert dieser Lehre als Philosophie oder als Instrument theologischer Spekulation dauern bis heute an. Die Anwälte religiöser Werte bei Juden, Moslems und Christen haben oft seine empiristischen Tendenzen, die Mängel seiner Metaphysik und seine auf die Grenzen des irdischen Lebens beschränkte Moral denunziert; seinen Anhängern haben sie ihren Naturalismus und Rationalismus vorgeworfen. Gleicherweise verurteilen die Philosophen platonischer oder idealistischer Tendenz den aristotelischen Empirismus, die beherrschende Rolle der Philosophie der Natur in der Weltsicht des Stagiriten, die übertriebene Bewertung des diskursiven Verstandes und der abstrakten Begriffe. Endlich sind in den Augen vieler moderner Denker die meisten von Aristoteles erarbeiteten philosophischen Kategorien überholt. Hingegen hat für die Vertreter einer Renaissance des Thomismus die aristotelische Philosophie, Hauptquelle der Philosophie des Thomas von Aquin, ihren philosophischen Wert nicht eingebüßt, der von der aristotelischen «Wissenschaft», die offenkundig überholt ist, unabhängig bleibt. Sie halten dafür, daß eine beträchtliche Zahl von Begriffen und Lehren, die Aristoteles in seiner Metaphysik, aber auch in seiner Philosophie der Natur, seiner Psychologie und seiner praktischen Philosophie ausgearbeitet hat, auch heute noch die philosophische Reflexion anregen und befruchten können. Man kann also sagen, daß der philosophische A. in der gegenwärtigen thomistischen Bewegung lebendig bleibt; und ähnliches mag für die gegenwärtige Aktualisierung der praktischen Philosophie Hegels (J. RITTER) gelten.

Literaturhinweise. Zu Aristoteles: D. J. ALLAN: The philos. of Aristotle (Oxford/New York/Toronto 1952), dtsch. Die Philos. des Aristoteles (1955), frz. Aristote le Philosophe (Louvain 1962) (mit einer guten Auswahlbibliogr.). – *Über die Geschichte des A.* vgl. die Handb. zur Gesch. der Philos. (UEBERWEG; WINDELBAND; BRÉHIER; RIVAUD; COPLESTON usw.). – *Über den A. im 13. Jh.* vgl. F. VAN STEENBERGHEN: La philos. au 13e siècle (Louvain 1966).
F. VAN STEENBERGHEN

Arithmetik, von griechisch ἡ ἀριθμητική – als Zahlentheorie von der λογιστική als praktischer Rechenkunst bei GEMINOS (um 75 n. Chr.) abgehoben, während bei PLATON die Trennung, trotz häufiger gegenteiliger Behauptungen in der Literatur, anders verläuft [1] –, heißt die Theorie der natürlichen Zahlen und ihrer unabhängig von Grenzprozessen gewinnbaren Erweiterungen, insbesondere der ganzen und rationalen Zahlen. Diese Definition, nach der A. mit elementarer Zahlentheorie zusammenfällt, weist die Untersuchung der reellen Zahlen der *Analysis* zu (‹elementar› bezieht sich dann nicht auf den Gegenstand, sondern auf die zugelassenen Methoden). Es empfiehlt sich nicht, die A. als «Lehre von den *reellen* Zahlen, ihren Beziehungen untereinander und den mit ihnen durch die vier Grundrechnungsarten ausführbaren Rechnungen» zu erklären; diese allein an den *Rechengesetzen* orientierte Bestimmung ignoriert den grundlegenden Unterschied in der Konstruktion der reellen Zahlen gegenüber derjenigen der natürlichen, ganzen und rationalen Zahlen. Wenig glücklich ist auch die Rede von einer «A. der transfiniten Kardinal- und Ordinalzahlen», da in dieser transfiniten A. wichtige Gesetze der gewöhnlichen, «finiten» A. gerade nicht mehr gelten [2].

Die A. wird gegenwärtig meist axiomatisch (vom Peano-Dedekindschen Axiomensystem [3] oder einem dazu äquivalenten ausgehend) entwickelt; das entstehende System ist widerspruchsfrei [4], beim üblichen Aufbau jedoch unvollständig [5]. Der logizistische Aufbau [6] vermeidet zwar das Ausgehen von den Peano-Axiomen durch die Angabe eines Modells für dieselben; die Herstellung dieses Modells erfordert jedoch bei der gewählten, ihrerseits axiomatischen, logisch-mengentheoretischen Basis eine Form des sogenannten Unendlichkeitsaxioms, das als ‹Residuum› der Peano-Axiome angesehen werden muß und als Axiom jedenfalls auch im Logizismus nicht begründet wird.

Wegen der Unzulänglichkeit dieser axiomatischen Ansätze hat man nach einer von den Peano-Axiomen unabhängigen konstruktiven Begründung der A. gesucht [7]. Die Reflexion auf das Operieren mit «Zahlen» (korrekt: mit Zählzeichen) bei Zählprozessen ergibt, daß sich die arithmetischen Aussagen als Aussagen $A(m)$ über Zählzeichen charakterisieren lassen, deren Wahrheitswert invariant ist gegenüber der Ersetzung von m durch zu m «arithmetisch gleiche» Zählzeichen, d. h. solche, die nach den gleichen Schritten wie m in einem Zählzeichenkalkül mit den beiden Regeln «⇒ z», «X ⇒ Xz» hergestellt sind (wobei X Variable für schon hergestellte Zählzeichen ist und z Mitteilungsvariable für Einzelexemplare der speziellen Zählzeichen, z. B. Striche «|», auf deren Verwendung man sich vorher geeinigt hat). Mit geeigneten induktiven Definitionen der Operationen $+, \cdot, /$ (Addition, Multiplikation, Potenzierung) sowie der arithmetischen Grundaussageformen ($x < y$, $x > y$ usw.) erhält man dann die arithmetisch wahren Aussagen als diejenigen, um die ein Dialog unter Rückgriff auf den konstruktiven Sinn der logischen Partikeln, auf den Zählzeichenkalkül und die gegebenen induktiven Definitionen stets gewonnen werden kann [8]. Wegen des erforderlichen Rückgriffs auf die Regeln eines Zählzeichenkalküls (zusätzlich zu den logischen Dialogregeln und Definitionen, von denen «analytische» Aussagen Gebrauch machen) gelten die arithmetischen Aussagen in der Philosophie der konstruktiven Mathematik als «synthetisch». Diese Unterscheidung knüpft nur lose an die mit den gleichen Bezeichnungen von KANT vorgenommene an [9]. Von der so begründeten Theorie der natürlichen Zahlen aus lassen sich dann konstruktiv die sogenannten Erweiterungen des Systems der Grundzahlen erhalten, bei Einbeziehung von Grenzprozessen (Stetigkeitsbetrachtungen) auch der «klassische» Satzbestand der Analysis [10]. Ein solcher Aufbau verwirklicht in gewisser Weise die *Arithmetisierungstendenz* in der Mathematik des 19. Jh., die (von WEIERSTRASS, DEDEKIND, MÉRAY, CANTOR und in noch strengerem Sinne von KRONECKER vertreten) die Zurückführung der bis dahin anhand (wie sich herausstellte, vager) geometrischer Intuitionen eingeführten reellen Zahlen auf die natürlichen oder wenigstens die ganzen Zahlen forderte. Als für die Arithmetisierungstendenz charakteristisches Bonmot wurde ein Ausspruch KRONECKERS auf einer Tagung in Berlin 1886 bekannt: «Die ganzen Zahlen hat der liebe Gott gemacht, alles andere ist Menschenwerk.» Überholt ist heute die bis zur Jahrhundertwende geläufige Bezeichnung «höhere A.» für Zahlentheorie schlechthin; noch GAUSS gibt jedoch seinem Monumentalwerk, das den Beginn der Zahlentheorie im heutigen Sinne bedeutet, den Titel ‹Disquisitiones arithmeticae› (1801).

Anmerkungen. [1] Vgl. W. BURKERT: Weisheit und Wiss. Studien zu Pythagoras, Philolaos und Platon (1962) 423. – [2] Vgl. etwa H. BACHMANN: Transfinite Zahlen (²1967). – [3] Vgl. Art. ‹Axiomensystem, Peanosches›. – [4] G. GENTZEN: Die Widerspruchsfreiheit der reinen Zahlentheorie. Math. Ann. 112 (1936) 493-565, Buch-A. (1967); P. LORENZEN: Metamath. (1962, ²1969). – [5] Vgl. Art. ‹Axiomensystem, Peanosches›, a. a. O. [4]. – [6] Vgl. Art. ‹Grundlagenstreit›. – [7] H. DINGLER: Das Prinzip der log. Unabhängigkeit in der Math. zugleich als Einführung in die Axiomatik (1915); Philos. der Logik und A. (1931); P. LORENZEN: Konstruktive Begründung der Math., Math. Z. 53 (1950) 162-202; Metamath. (1962, ²1969); Differential und Integral. Eine konstruktive Einführung in die klass. Analysis (1965). – [8] Vgl. die Art. ‹Logik, dialogische› und ‹Logik, konstruktive›; ferner K. LORENZ: A. und Logik als Spiele (Diss. Kiel 1961). – [9] KANT, z. B. KrV B 10. 14. – [10] Vgl. P. LORENZEN: Differential und Integral (1965); vgl. Anm. [7].

Literaturhinweise. G. FREGE: Grundlagen der A. Eine log. math. Untersuchung über den Begriff der Zahl (1884, ²1934, ³1961); Grundgesetze der A. Begriffsschriftlich abgeleitet 2. (1893-1903, ²1962). – B. RUSSELL: Einführung in die math Philos., dtsch. E. J. GUMBEL und W. GORDON (1923, ²1930, ³1953). – E. LANDAU: Grundlagen der Analysis. Das Rechnen mit ganzen, rationalen, irrationalen, komplexen Zahlen (1930, ²1963). – F. BACHMANN: Untersuchungen zur Grundlegung der A. mit bes. Beziehung auf Dedekind, Frege und Russell (Phil. Diss. Münster i. W. 1934). – P. LORENZEN: Einführung in die operative Logik und Math. (1955); s. Anm. [4, 7]. – K. LORENZ s. Anm. [8]. – A. OBERSCHELP: Aufbau des Zahlensystems (1968).
CH. THIEL

Arkadisch, Arkadien. Die historisch-geographische Landschaft A. inmitten der Peloponnes mit ihren frugal lebenden, «eichelessenden» [1] Bewohnern, die den musischen Wettstreit pflegten [2], war zumal als Heimat des Hirtengottes und Syrinxerfinders Pan durchaus disponiert für ihre spätere Rolle einer von Dichtern entdeckten «geistigen Landschaft» (B. Snell).

Bei solcher Einfachheit ließ sich A. entweder als vorgeschichtlich historisieren [3] oder als zeitlos-imaginäres Hirtenland in die eigene Gegenwart politischer Miseren hineinnehmen [4] – wie es in VERGILS Eklogen geschieht, bevor er den stabilen Frieden als Tat der Augusteer feiert. Für Vergil ist A. nicht THEOKRITS Sizilien der distanzierten Ironie und Maskerade, sondern Ziel seiner Sehnsucht und Ausdruck seines dichterischen Selbstgefühls: «Das Dichterisch-Träumende, das Umfassend-Liebende, das Empfindend-Leidende» konstituiert Vergils Phantasie, aus der A. entstand [5].

Während die Hirtendichtung als Literaturgattung kontinuierlich fortbestand [6], wurde A. selbst erst wiederentdeckt durch die um 1480 erschienene «Arcadia» J. SANNAZAROS, der nicht zur unverdorbenen Natur zurückstreben will, sondern die Antike als Zeugen eines neuen Lebensgefühls anruft. Darin liegt insofern doppelter «Einspruch gegen das herrschende Christentum» [7], als A. das Paradies ersetzt und sich als Ort der Liebesfreiheit empfiehlt. Gegen diese A.-Vorstellung hat schon das Cinquecento protestiert. Durch TASSOS Fehler, in seiner Aminta (1567) die Hirten nicht in A., sondern in Ferrara anzusiedeln, wurde A. als poetische Illusionslandschaft entlarvt, weil man die wirklichen Hirten von Ferrara zu gut kannte. Zudem bedeutet GUARINIS «Il Pastor fido» (1580, dazu besonders der poetologische Anhang), der die Liebesfreiheit rückgängig macht und bewußt Paradiesvorstellungen ins Spiel bringt, «Einspruch im Namen der christlichen Moral» [8]. Die deutsche Schäferdichtung des 17. Jh. hält die Linie Guarinis ein. OPITZ' «Schäfferey von der Nimfen Hercinie» (1630) fordert «statt Freiheit: Rechtschaffenheit und Treue in gemäßigter Freiheit» [9]. Zur Moralisierung gesellt sich die belehrende Absicht, deren Produkt der «gelehrte Hirte» ist [10].

Im 18. Jh. ist A. nicht mehr Inhalt höfisch-eleganter Dichtung und somit gesellschaftlich integriert, sondern Ziel der Flucht vor der Gesellschaft in den unschuldigen Naturzustand – reflektiert bei S. GESSNER, der wiederum auf das Frankreich ROUSSEAUS wirkte. Von Rousseau inspiriert entstand der Roman «L'Arcadie» von B. DE SAINT-PIERRE, der A. als Ort des harmonischen Naturzustandes vor aller Zivilisationsverderbnis preist.

Dieser allein im 18. Jh. auftretende A.-Begriff wird Gegenstand der Kritik, wenn KANT der «ungeselligen Geselligkeit» als Fortschrittsvehikel das «arkadische Schäferleben» in «Eintracht, Genügsamkeit und Wechselliebe» gegenüberstellt, wo sich niemals die Menschen ruhenden Anlagen entfaltet hätten [11]. SCHILLER sucht den bei Kant unausgesöhnten Gegensatz von A. und moderner Gesellschaft zu harmonisieren [12], und zwar in einer «Form, welche den Sündenfall zu tilgen hätte, ohne auf die Früchte vom Baume der Erkenntnis zu verzichten» [13]. Wenn Schiller in dieser Absicht auf das Elysium als «Gefilde der Hinkunft» setzt, so hat er den Fluchtweg zurück ins unwiederbringlich vergangene A. aus «sentimentalischem» Leiden an der Gegenwart endgültig abgeschnitten.

Anmerkungen. [1] HERODOT I 66, 2. – [2] POLYBIOS IV 20. – [3] OVID, Fasten II 289-302. – [4] H.-J. MÄHL: Die Idee des goldenen Zeitalters im Werk des Novalis (1965) 64ff. – [5] B. SNELL: Die Entdeckung des Geistes (³1955) 392. – [6] Nachahmer der Eklogen Vergils, christliche Bukoliker des 4. und 5. Jh., DANTES bukolische Form der Antwort von G. di Virgilio an ihn gerichtetes Preislied, PETRARCAS ‹Carmen Bucolicum› und BOCCACCIOS ‹Ninfale d'Ameto›. – [7] H. PETRICONI: Das neue A., in: Antike und Abendland 3 (1948) 190. – [8] a. a. O. 195. – [9] a. a. O. 194f. – [10] H.-J. MÄHL, a. a. O. [4] 134ff. – [11] I. KANT: Idee zu einer allgemeinen Geschichte in weltbürgerlicher Absicht. Akad.-A. 8, 21. – [12] F. SCHILLER: Etwas über die erste Menschengesellschaft nach dem Leitfaden der mosaischen Urkunde (1790). – [13] H. RÜDIGER: Schiller und das Pastorale. Euphorion 53 (1959) 241.

Literaturhinweise. E. G. CARNAP: Das Schäferwesen in der dtsch. Lit. des 17. Jh. und die Hirtendichtung Europas (1939). – Vg. Anm. [4].

A. MÜLLER

Arminianismus bezeichnet vor allem eine philosophiegeschichtlich bedeutsame theologisch-kirchliche Richtung innerhalb des Calvinismus, deren Vertreter, die Remonstranten, diesen Namen aber abgelehnt haben. Durchgesetzt hat er sich in der Geistesgeschichte seit 1610 zunächst in einem polemischen Sinn, sodann als Sammelbegriff bestimmter Lehrmeinungen, der «arminianischen Prinzipien» [1].

Die philosophisch-theologischen Wurzeln liegen im Skotismus, Ramismus und im – besonders Erasmischen – Humanismus [2]. Unter ihrem Einfluß tritt der A. im Zusammenhang mit den wissenschaftlichen Tendenzen der Zeit für eine kritische Erforschung der als Offenbarung nicht in Frage gestellten Bibel ein [3]. Wie im Calvinismus werden Gottes Absolutheit und Gerechtigkeit vorausgesetzt, daraus aber infolge anderer erkenntnistheoretischer und anthropologischer Prämissen die gegenteiligen Konsequenzen gezogen. Weil Gott gerecht ist und der Mensch durch Vernunft und Freiheit definiert wird, kann es weder eine supralapsarische Prädestination noch eine Erbsünde geben. Gott hat nur eine praescientia media et conditionata, und die durch den Fall verursachte qualitas des Menschen ist nur eine infirmitas, welche die Willensfreiheit zwar hemmt, durch die *universal* angebotene Gnade aber behoben wird. Als gratia primaria wirkt diese nur die potestas credendi, der freie Wille dagegen vollzieht in Kooperation mit ihr den Glaubensakt, so daß der glaubende Mensch ohne Einschränkung seiner Freiheit und Verantwortlichkeit in Gottes Gnade geborgen bleibt und zur ethischen Aktivität geführt wird [4].

Geistesgeschichtlich wirksam wurde der A. durch die Kritik an der Prädestinationslehre, durch die ethisch-rationale Schriftinterpretation sowie durch die Forderungen, das Recht und die Würde des Individuums anzuerkennen, die dogmatisch-konfessionellen Bindungen abzubauen, Toleranz zu üben und dem Staat, um den Frieden bei Glaubensdifferenzen zu wahren, mehr Rechte in kirchlichen Angelegenheiten einzuräumen, als im strengen Calvinismus zugegeben wird. Zeitweise gingen der Sozinianismus und der A. ineinander über [5]. Während der A. auf dem Festland den Rationalismus befruchtete, wurde er in England durch das ethisch-praktische, dogmatisch indifferente Christentum («Arminianism») der für die modernen Wissenschaften aufgeschlossenen «Broad Church Party» repräsentiert.

Anmerkungen. [1] z. B. FR. SCHLEIERMACHER, Ges. Werke (1840) 6, 620. – [2] W. DILTHEY, Ges. Schr. (1914) 2, 129ff. – [3] PH. LIMBORCH: Theol. christiana (1686, ⁶1735) I. – [4] S. EPISCOPIUS: Conf. Remonstr. (1622) 17, 2, 5; Apol. Conf. Remonstr. (1629) 84 b; LIMBORCH, a. a. O. III, 4; IV, 12. 14. – [5] H. GROTIUS war beiden Richtungen verbunden.

Literaturhinweise. J. TIDEMAN: De stichting der Remonstrantsche Broederschap (Amsterdam 1871); K. R. HAGENBACH: Lehrbuch der Dogmengesch. (⁶1888) § 235ff. – Zur Gesch. und weiteren Lit. vgl. Realencyclop. prot. Theol. u. Kirche³ Art. ‹Arminius J.› und ‹Remonstranten›; RGG³ Art. ‹Arminianer› und ‹Arminius J.›.

P. WRZECIONKO

Arrangement ist einer der Grundbegriffe der individualpsychologischen Neurosenlehre A. ADLERS. Der vor allem in seinen frühen Schriften verwendete Ausdruck ‹neurotisches A.› erscheint im Zusammenhang mit der Beschreibung neurotischer Symptombildung [1]. Später findet man vereinzelt den Terminus ‹Kunstgriff› [2], der von dem Adler-Schüler E. WEXBERG [3] bevorzugt wird, und in einem 1931 veröffentlichten Vortrag ADLERS auch die Bezeichnung ‹Trick› [4]. F. KÜNKEL verwendet vorwiegend den Begriff ‹Veranstaltung›, die wörtliche Übersetzung von A.

Die Wahl verschiedener Termini impliziert nur zum Teil eine Nuancierung der Bedeutung [5]; eine solche läßt sich nur bei ADLER selbst feststellen; die nachfolgenden Vertreter der individualpsychologischen Richtung lehnen sich im Gebrauch eng an ihn an. A. läßt sich allgemein definieren als psychischer Sicherungsmechanismus, welcher sich bei neurotischen Individuen herausbildet, um das Persönlichkeitsideal bzw. Selbstgefühl angesichts eigenen Versagens gegenüber den Forderungen der Umwelt aufrechterhalten zu können. Nach Adler sind die bei einer Neurose auftretenden Symptome von diesem Endzweck aus bestimmt; er hat eine arrangierende Kraft. Das A. besteht allgemein darin, Situationen, mit denen der Neurotiker konfrontiert wird, eigenwillig zu interpretieren und zu bewerten oder aber selbst Situationen herbeizuführen, die sich ‹ausbeuten›, d. h. für die Bestätigung des Selbstgefühls nutzbar machen lassen (Alibi-Funktion des A.). Das neurotische A. wird von Adler als entscheidender Faktor bei allen Formen neurotischer Fehlentwicklung angesehen. A. sind nach dieser Auffassung auch die neurotischen Symptome selbst: z. B. Schlaflosigkeit, Erbrechen, Zwänge, Perversionen. Zwar werden solche A. vom Individuum gemäß seinem Lebensplan (Plan zur Verfolgung des Endzweckes) *gestaltet*, sie sind jedoch dem Individuum in ihrer Entstehung unbewußt.

Der später von ADLER verwendete Terminus ‹Trick› soll die Überzeugung zum Ausdruck bringen, daß es sich hierbei nicht um einen nur auf den Neurotiker beschränkten psychischen Sicherungsmechanismus handelt. Die Anpassung jedes Menschen an seine Umwelt macht es notwendig, Tricks anzuwenden, um Schwierigkeiten zu umgehen, die eine nicht völlig durchschaubare Realität bietet. Damit schreibt Adler insbesondere den schöpferischen Leistungen, wie Erfindungen oder Kunstwerken, eine trickhafte Qualität zu.

Anmerkungen. [1] A. ADLER: Über den nervösen Charakter (1912). – [2] Praxis und Theorie der Individualpsychol. (⁴1930). – [3] E. WEXBERG: Individualpsychol. (²1931); Die psychol. Struktur der Neurose, in: E. WEXBERG (Hg.): Hb. der Individualpsychol. 1 (1926) 443. – [4] A. ADLER: Trick und Neurose. Int. Z. Individualpsychol. 9 (1931) 417-423. – [5] F. KÜNKEL und R. KÜNKEL: Die Grundbegriffe der Individualpsychol. (1925).

Literaturhinweis. H. L. ANSBACHER und R. R. ANSBACHER: The individual psychol. of Alfred Adler (New York 1956).
O. BRACHFELD

Ars combinatoria. R. LULL stellte als erster eine synthetisch-kombinatorische Logik auf. Das bedingte eine besondere Zeichensprache. Die in der endgültigen ‹Ars generalis› (ab 1289) frei erwählten 9 absoluten Prinzipien werden als Großbuchstaben (*B-K*) Elemente (στοιχεῖα!) einer *allgemeinen Kombinatorik*. Als Attribute Gottes sind *B-K* mit Gottes Wesen (*A*) identisch, als allgemeine Transzendentalaspekte jedes Seienden (*A*) schließen *B-K* ein notwendiges Beieinander (da-wo) ein. Lull kennt praktisch alle Gesetze der allgemeinen Kombinatorik: Permutation, Substitution, Wiederholung, Elimination. Seine Kombinationstabelle (Figur III) läßt nur Zweiergruppen für Urteile, die drehbare Dreikreisfigur (IV) nur Dreiergruppen für Syllogismen zu. – Lull verwendet auch 9 relative Prinzipien. Sie sind Elemente als Kleinbuchstaben (*b-k*). Das führt zu einer *speziellen Misch-Kombinatorik* mit 108 Zweiergruppen (36 × 3, da die Verbindung zwischen zwei relativen Prinzipien wegfällt), und 1680 Dreiergruppen (Tabula generalis). – Als allgemeine Transzendentalaspekte und als allgemeine objektive Relationen sind Lulls Prinzipien reduktive Leitideen und helfen nur zu abstraktiv-vergleichendem Denken über die Realien (vgl. PLATONS Diairese, die nur auf empirischer Sacherfassung beruht). In der Anwendung auf Gott regt die Kombinatorik LULLS die relative Betrachtung an und kann gewisse theologische Aussagen klären. Hier wie in der Wertphilosophie führt sie zuweilen zu überraschenden Schlüssen und guten Aphorismen. In der Naturwissenschaft leistet sie wenig. Lulls medizinische Kombinatorik hat nur noch historischen Wert. Anderseits ist noch nicht vollends die Frage geklärt, inwieweit die mittelalterliche Elementenlehre auf die Gestaltung der A.c. Lulls Einfluß nahm. – Eine wichtige Ergänzung zu Lulls Kombinatorik ist die *Fallacia vicesima*, eine in Wirklichkeit auf einem Gesetz der Aussagenlogik (‹Lex lulliana›) beruhende Schlußform, auf die alle aristotelischen Trugschlüsse reduziert werden. – Je mehr seit VIETA der mathematische Aspekt (vgl. PASCALS und LEIBNIZENS Rechenmaschine mit den Elementen 0 und 1) in die A.c. eindringt, tritt neben die Alphabetszeichensprache eine stärkere numerisch-logische Durchdringung. So kommt es, daß der junge LEIBNIZ in ‹De Arte Combinatoria› (1666) den Zahlenbegriff für die Metaphysik stark betont (Prooemium) und daß er noch in späteren Jahren den Gedanken einer Mathesis universalis (cogitare = calculare) verfolgt. Die Definitionen in ‹De Arte Combinatoria› zeigen eine differenziertere und mathematisch allumfassendere Ordnung. Leibniz scheidet besser zwischen den für eine Sachfrage nützlichen und unnützen Kombinationen (complexiones), strenger zwischen Prioritätsbezügen (ordo) und Parallelbezügen (vicinitas), zwischen complexio (Kombinationstabelle) und situs (Elementenlage in einer Figur) und geht besonders dem Klassensumptionsproblem nach. Daß diese Gedanken zur mathematisch-theoretischen Logik, damit auch zur klaren Herausstellung logischer Strukturwahrheit zur Automation hinlenken, ist begreiflich. Doch bewahrt die klassische A.c. noch die Harmonie zwischen ontologischer, gnoseologischer und logischer Wahrheit.

Literaturhinweis. E. W. PLATZECK: Forsch. der letzten 15 Jahre zum Leben und zur Deutung der Lehren R. Lulls. Antonianum (Rom) 45 (1970).
E. W. PLATZECK

Ars coniecturalis heißt die Kunst des NIKOLAUS VON KUES, sichere Mutmaßungen (coniecturae) über das zu finden, was nicht unmittelbar in seinem Wesen erkannt werden kann. Sie ist das positive Gegenstück der *Docta ignorantia*, welche nur in negativer Form bzw. durch die *Coincidentia oppositorum* Aussagen zuläßt. Die Coniectura kommt bereits in ‹De docta ignorantia› (II, 6) zur Sprache; das Werk ‹De coniecturis› behandelt sie eingehend, doch auch dort bleibt vieles nur angedeutet. – Für den Menschen gibt es eine genaue Erkenntnis nur bei dem, was er in seinem Geiste erzeugt (Mathematik); dagegen ist alle positive Aussage über konkrete Dinge und ihre wirklichen Verhältnisse Mutmaßung, d. h. die nach Möglichkeit bessere Weise der Annäherung an die Wahrheit gemäß der jeweiligen Erkenntnisstufe: «Coniectura igitur est positiva assertio in alteritate veritatem uti est participans» (Die Mutmaßung ist ein positive Aussage, die an der Wahrheit, wie sie an sich ist, in Andersheit teilhat) [1]. Diese Erkenntnis kommt zustande durch Vergleichen unter dem Prinzip verschiedener Grade des Teilhabens an Einheit, Seiendheit (entitas) und Formkraft (Licht) des Ursprungs. Für die Kunst der Mutmaßung ist die Abstufung der Erkenntnisweisen: der Sinne, des Verstandes (ratio) und der Vernunft (intellectus bzw. intelligentia) wesentlich. In ihr ist die höhere Stufe jeweils die Wahrheit der niederen, indem sie sie begrenzt, ihr aber die Geltung auf dem eigenen Gebiet läßt. Beispiel: Die komplikative Schau der Vernunft, für die es nicht die Gegensätze gibt, die vom Widerspruchssatz disjunktiv getrennt werden; denn im einfaltenden Prinzip ist beisammen, was in der Explikation in Gegensätzen auseinandertritt. Alle positive Erkenntnis von Wirklichem ist vermittelt. Es gibt keine einfach abbildende Beziehung auf Gegenstände. Die A.c. schließt den Realismus aus, aber sie überholt die Konzeption des Nominalismus. Die Vermittlung der positiven Erkenntnis kann sehr verschiedener Art sein. Sie geschieht durch Symbole, mit denen die Vorstellungskraft der geistigen Einsicht zu Hilfe kommt [2], um die Übereinstimmung und Verschiedenheit der Dinge, wie sie in strenger Allgemeinheit nicht erkennbar ist, in vorläufiger Näherung aufzufassen. Beispiele: Das Globusspiel [3], mit dem der Geist Wesensstrukturen der Welt und seiner selbst erfaßt; Figuren, die als schematische Leitlinien für das Denken dienen, wie etwa die Figura participationis [4]; mathematische Verhältnisse, wie die Zahlensymbolik der vier Einheiten 1, 10, 100, 1000 [5]. Auch die Erkenntnis durch Allgemeinbegriffe ist insofern eine nur mittelbare und mutmaßende, als die vom Verstand durch Abstraktion aus den sinnlichen Zeichen gewonnenen Begriffe zwar in sich selbst, als Begriffe des Verstandes, genau sind, jedoch die Dinge nicht in ihrer Individualität treffen können. In den sinnlichen Zeichen zeigt sich das Wesen nicht klar. Wenn dem Geiste auch das Urbild in der komplikativen Schau der Vernunft innerlich gegenwärtig ist [6], so ist doch die besondere Explikation nur in der Annäherung, also mutmaßend, erkennbar. Dies zeigt auch die Anwendung der A.c. im Brief an Rodrigo Sanchez [7]. Die sichtbare Kirche ist «mystice» Corpus Christi. Sofern ihre Erkennbarkeit aus bestimmten Kriterien des Verstandes [8] nach heiligen Zeichen herrührt, ist sie Ecclesia coniecturalis. Zu der solcherart erfaßten Kirche können zwar auch böse und bloß fiktive Glieder gehören; sie deckt sich also nicht mit der wirklichen streitenden Kirche, d.h. der Gemeinschaft derer, die Christus im Geiste (in spiritu) anhangen. Dennoch ist sie wahre Kirche; die Verfaßtheit dieses Lebens gibt eben nur solche beschränkte (contracta) Erkenntnis, an die wir uns halten müssen. Das Wissen um diese Notwendigkeit führt zu einer sehr positiven Bewertung der Coniectura, denn sie ist der Weg zum Erfassen der Realität, in der jeder Einzelne steht und sich verantwortlich entscheiden muß. Daher werden auf dieser Grundlage verbindliche Aussagen über den Primat des Papstes und die hierarchische Ordnung möglich.

Anmerkungen. [1] NIKOLAUS VON KUES, De coniecturis, hg. J. KOCH (1970) I, 11, n. 57; J. KOCH: A.c. (Lit. 1956) 38. – [2] NIKOLAUS, De ludo globi II, n. 88. – [3] a. a. O. I und II. – [4] De coniecturis, passim. – [5] a. a. O. – [6] Idiota de mente cap. 7, hg. L. BAUR (1937) 77, 4ff. – [7] Brief an Rodrigo Sanchez de Arevalo bei G. KALLEN: De auctoritate presidendi. Cusanustexte II/1 (1935) 106f. – [8] a. a. O. 107, 29.

Literaturhinweise. J. RITTER: Docta Ignorantia (1927). – J. KOCH: Die A.c. des N. v. Kues. Arbeitsgemeinschaft für Forsch. des Landes Nordrhein-Westfalen 16 (1956); Der Sinn des zweiten Hauptwerkes des Nikolaus von Kues De Coniecturis, in: Nicolò da Cusa. Pubbl. della Facoltà di Magistero dell'Univ. di Padova 4 (Florenz 1962).
G. V. BREDOW

Ars magna, lullische Kunst. Raimund Lull (1232–1316) baut seine *Kunst der Wahrheitsauffindung* (Ars Magna oder Generalis) auf die allgemeinen Transzendentalien auf. Er nennt sie absolute Prinzipien. Die Transzendentalaspekte werden zwar aus dem geschöpflichen Sosein gewonnen, sollen aber in ihrer Anwendung auf Gott als göttliche Attribute alles abtun, was grundsätzlich nur dem endlichen Sein zukommt. In Gott sind alle Attribute unter sich streng identisch. Weil Lull zwischen erster (Ziel-) und zweiter (Mittel-) Realintention scheidet und die erste stets den Vorrang hat, bilden die Attribute Gottes (Dignitates = Grundwürden, Erstbegriffe) den absoluten Erstansatz. Dadurch scheint Lull mehr Theologe als Philosoph zu sein. Doch finden sich in seinen Werken interessante Gottesbeweise, die der Via anselmiana verwandt sind. Wegen des genannten Unterschiedes der allgemeinen Transzendentalaspekte bei Gott und den Geschöpfen folgen diesen die disjunktiven Transzendentalien, die bei Lull typisch platonische Dreigliederung aufweisen. Sie sind neun allgemein-objektive Relationen, zu drei Ternaren geordnet. Lull nennt sie ab 1289 relative Prinzipien. Die innere und äußere Dynamik alles Seienden erfaßt Lull durch die sogenannten Korrelativen, die jedes transitive Verb in den Formen des Partizip Präsens, des Partizip Passiv und des [sie einigenden] Infinitivs anzeigt. – Die absoluten Prinzipien sind: Gutheit (Bonitas als natürlicher Quellgrund des Wirkens), Dauer, Macht, Weisheit, Wille, (Einheit stiftende) Tugendkraft (Virtus), Wahrheit, Herrlichkeit (als Vollendung); die Ternare der (moderner Auffassung erstaunlich nahestehenden) relativen lauten: Unterschied – Übereinstimmung – Gegensätzlichkeit; Anfang – Mitte – Ziel; Größersein – Gleichheit – Geringersein. Sie sind auf geistiges und sinnengegebenes, auf substanziales und akzidentelles Sein sowie auf zeitlich-örtliche, kausale und werthafte Prioritätsbezüge anzuwenden. – Die Seinsstufung vollzieht sich weniger nach dem logischen Schema der *Arbor Porphyriana* als gemäß der Hierarchie neun realer Subjekte (Gott, Himmel, Engel, Mensch, Vorstellungs-, Sinnenkraft, vegetative, elementare Kraft, Instrument, wozu auch die menschliche Kultur zählt). Weil es Lull vor allem um die Wertordnung des Menschen geht, werden bei den Instrumenten Tugenden und Laster besonders betont. – Zur Wahrheitsauffindung helfen neun Suchregeln (Ob? Was? Woher? Warum? Wieviel? Wie beschaffen? Wann? Wo? Auf welche Weise?). Alle diese Prinzipien-, Subjekten-, Tugenden-, Laster-, Suchregelnlisten sind also auf je neun Vokabeln (Ars inventiva) beschränkt, denen jeweils die Buchstaben *B-K* zu leichterer Kombinatorik (in Analyse und Synthese) entsprechen. Zudem werden diese Buchstaben für die absoluten und relativen Prinzipien in die Peripherie zweier Kreise gestellt, deren mannigfache Beziehungen (im syllogistisch-drehbaren Dreierkreis der Eselsbrücke vergleichbar) die lullische *Ars combinatoria* begründen. Lulls Einfluß läßt sich bei NIKOLAUS VON KUES, AGRIPPA, G. BRUNO, BOVILLUS, A. KIRCHNER und LEIBNIZ nachweisen. Zu seinen Gegnern zählen insbesondere GERSON und DESCARTES.

Literaturhinweise. T. Y J. CARRERRAS Y ARTAU: Hist de la filos. española. Filos. christiana de los siglos 13 al 15. 1 (Madrid 1939)

231-640; 2 (1943) 1-437. – E. W. PLATZECK: R. Lull 1 (1962) 1-470; 2 (1964) 1-340; Forsch. der letzten 15 Jahre zum Leben und zur Deutung der Lehren R. Lulls. Antonianum (Rom) 45 (1970).

E. W. PLATZECK

Art

I. Für die spätere Geschichte von ‹A.› wird wichtig, daß bei PLATON das griechische Wort εἶδος (lat. species) – als Bezeichnung für die an sich seiende, übersinnliche Idee, an der die Einzeldinge teilhaben – namentlich in der späteren Ideen-Dialektik eine sowohl metaphysische wie logische Funktion erfüllt: εἶδος ist zugleich konstitutives Prinzip wie allgemeiner Wesensbegriff des Seienden. Trotz der Aristotelischen Unterscheidung von Wesen (οὐσία) und allgemeinem Begriff (καθόλου) [1], die in der Folgezeit allmählich zur Trennung von Logik und Metaphysik führt, im Mittelalter die strikte Unterscheidung der verschiedenen Intentionen philosophischer Termini veranlaßt und schließlich bestimmend wird für den vorwiegend logischen Gebrauch des deutschen Wortes ‹A.›, bleibt für Aristoteles ebenso wie für die gesamte logisch-metaphysische Tradition der Bezug des A.-Begriffes auf die Wesensbestimmung (τὸ τί ἦν εἶναι) eines Dinges erhalten, sofern der A.-Begriff äquivalent gesetzt ist mit der vollkommenen Definition, mithin den ganzen Wesensbestand eines Seienden, sein voll bestimmtes Wesen, zum Ausdruck bringt. Historisch bestimmend ist hierbei neben der späteren Rezeption des ARISTOTELES die Einleitungsschrift des PORPHYRIUS in die aristotelischen Kategorien, die in ihrer Bestimmung von εἶδος sowohl extensionale wie intensionale Elemente überliefert: «A. ist, was der Gattung untergeordnet ist, und: dessen Gattung bei der Wesensbestimmung ausgesagt wird. Man definiert sie aber auch noch so: A. ist, was mehreres, der Zahl nach verschiedenes nach seiner Wesenheit (ἐν τῷ τί ἐστιν) bezeichnet» [2]. Auch die klassischen Lehrstücke über Gattung, A. und ihr Verhältnis – etwa daß die obersten Gattungen nicht A., die untersten A. nicht Gattungen sind; daß die mittleren Begriffe sowohl als Gattung wie als A. fungieren; daß Gattung der weitere, höhere Begriff, das der Natur nach Frühere ist, A. aber von der Gattung umfaßt wird, sie jedoch durch die eigentümlichen Differenzen dem Inhalt nach übertrifft und das der Natur nach Spätere ist [3] – finden sich insgesamt schon bei Porphyrius und halten sich bis in die Schulphilosophie der *Neuzeit* und darüber hinaus durch. – KANT bleibt mit seiner Bestimmung von A. («der niedere Begriff in Ansehung seines höheren» [4]) grundsätzlich im Rahmen dieser Tradition, verändert jedoch insofern den Blickpunkt, als er bei der Analyse des regulativen Gebrauchs der Vernunft «aus zum Grunde gelegten Ideen» ein transzendentales Gesetz der Spezifikation, ein Prinzip der Vernunft, findet, «welches ... dem Verstande auferlegt, unter jeder A., die uns vorkommt, Unter-A. ... zu suchen» [5]. Damit wird jedoch nicht eine faktische Unendlichkeit der A. behauptet, sondern nur eine unaufhörlich fortzusetzende Spezifikation zwecks systematischer «Ausbreitung» und Erweiterung der Erkenntnisse gefordert [6]. – Erst in der neueren *Klassenlogik* wird dann mit der vollständigen Eliminierung aller metaphysisch-inhaltlichen, intensionalen Elemente und der Interpretation der A. als echter Teilklasse einer umfassenden Klasse ein logisch bedeutsamer neuer Akzent gesetzt.

Anmerkungen. [1] Vgl. ARISTOTELES, Met. 1038 b ff. – [2] PORPHYRIOS, Isagoge II, 2 a. – [3] a. a. O. II und VIII. – [4] KANT, Logik § 10. – [5] KrV A 656/B684. – [6] Zur Entwicklung von KANTS Fragestellung vgl. KrV A 642-668/B 670-696.

Literaturhinweise. C. PRANTL: Gesch. der Logik im Abendlande 1-4 (1855-1870, Nachdruck 1955). – R. J. AARON: The theory of universals (Oxford 1952). – I. M. BOCHEŃSKI: Formale Logik. Orbis academicus. Problemgesch. der Wiss. in Dokumenten und Darstellungen (1956). – W. und M. KNEALE: The development of logic (Oxford 1962). – B. VON FREYTAG-LÖRINGHOFF: Logik, ihr System und ihr Verhältnis zur Logistik (⁴1966). – A. MENNE: Einführung in die Logik (1966).

H. M. BAUMGARTNER

II. ARISTOTELES übertrug den A.-Begriff seiner Logik auf induktiv gewonnene Gruppen von natürlichen Individuen der gleichen morphologisch-phänomenologischen Form (εἶδος, μορφή), deren individuelle Unterschiede ihm als allein stoffbedingt galten (= συμβεβηκότα). Auch eine solche biologische A. soll bestimmt sein durch die Definition mittels γένος und A.-Unterschied (διαφορὰ εἰδοποιός, εἰδοποιοῦσα, τελευταία), der als τὸ εἶδος ἐν τῇ ὕλῃ [1] definiert wird, und entspricht in der Theorie der letzten, nicht weiter unterteilbaren Stufe der platonischen Dihairesis – deshalb auch ἄτομα τῷ εἴδει [2], ἄτομα εἴδη [3], ἔσχατα εἴδη [4] u. ä. In der Auseinandersetzung mit der Dichotomie Platons, die häufig kontradiktorische Gegensätze benutzen mußte, deren Privation (s. d.) nicht weiter unterteilbar ist, und andere durch ihren deduktiven Charakter bedingte Schwächen besaß [5], schuf Aristoteles, indem er von (oft durch die Sprache als Gruppen vorgegebenen) morphologischen Typen und natürlichen Gruppen als γένη [6] ausging und die Dihairesis durch immer weitere Differenzierung der bereits getroffenen Unterscheidungen (τῇ τῆς διαφορᾶς διαφορᾷ) erfolgen ließ [7], einen ersten der natürlichen Formenfülle angepaßten A.-Begriff, der auch für THEOPHRAST und tief in die Neuzeit hinein Geltung behielt: Die allen oder den meisten Mitgliedern eines γένος gegenüber einem anderen gemeinsamen Teile (und Organe) oder (und) der für alle ähnliche Gesamthabitus (Gestalt: μορφή [8], Typus: τύπος [9]) unterscheiden sich in den A. nach wesentlichen morphologisch-phänomenologischen Merkmalen, und zwar nach Stellung und Anordnung bzw. durch relative Gegensätze ihrer körperlichen Eigenschaften qualitativer (ὑπεροχὴ καὶ ἔλλειψις) und quantitativer (τῷ μᾶλλον καὶ ἧττον) Art, die jeweils eine ganze Skala von graduellen Unterschieden an Menge und Größe, an Farbe, Konsistenz, Oberflächenstruktur und anderen Eigenschaften zulassen [10], so daß die Dihairesis jetzt *alle* als ‹verwandt› geltenden (ὁμογενεῖς) A. gleichrangig zu einem γένος zusammenfassen konnte. A. wurde so für den biologischen Bereich allerdings zu einem relativen Begriff: Im konkreten Einzelfall, dem die Forschungen von ARISTOTELES und THEOPHRAST jedoch *nicht* gelten, ist sie allein durch graduelle Unterschiede in den morphologischen Merkmalen eines γένος bestimmbar – wenn sie nicht eigentümliche (ἴδια) Teile, Eigenschaften oder Lebensweisen gegenüber den übrigen A. des γένος hat oder solche ihr fehlen [11]. Schwierigkeiten bereiten innerhalb dieses A.-Begriffs besonders die Unterschiede in den beiden Geschlechtern [12]. ARISTOTELES betont, daß bei den höheren Tieren männliche und weibliche Individuen derselben A. angehörten [13] und auch der Gegensatz wild/zahm nicht artbildend sei [14], während ihm z. B. bei manchen Fischarten und niederen Tieren, die sich wie die Pflanzen ungeschlechtlich bzw. durch Urzeugung fortpflanzen sollen, männlich/weiblich und wild/zahm als art(form-)bildend gelten [15]. Da die Sexualität der Pflanzen und damit auch die Zweihäusigkeit mancher A. unbekannt blieb, konnten für das Pflanzenreich beide Gegensätze mit sich in Charakter und äußerer Erscheinung entsprechenden Merkmalen [16] als A.-Unterschiede gelten [17]. Es fehlten also für die A.-Bestimmung einheitliche und allgemein gültige Kriterien, wie Vererbbarkeit und Fertilität, so daß antike ‹A.› zwangsläufig Gruppierungen waren, die zumindest von Gattungen und A.-Kreisen bis zu Elementargruppen heutiger Differenzierung reichen und zum Teil auch den heutigen physiologischen Rassen (biologischen A.) entsprechen. Besonders im Pflanzenreich könnten oft nur Fachleute die morphologisch-phänomenologischen Unterschiede der A. erkennen [18], zumal ein und dieselbe A. selbst schon mit dem Alter, durch Krankheiten und unter anderen Lebensbedingungen (Boden, Klima) große Unterschiede aufweise [19]. Bereits THEOPHRAST muß deshalb gelegentlich andere als jene ‹natürlichen› Unterschiede zur A.-Bestimmung heranziehen, wie solche der Nützlichkeit [20], was in der Folgezeit (PLINIUS, DIOSKURIDES) immer häufiger geschieht. – Terminologisch setzt sich erst in der Spätantike allmählich εἶδος als absoluter Terminus für das, was als A. gilt, durch; bei ARISTOTELES und THEOPHRAST stehen daneben noch gleichrangig γένος und andere Ausdrücke [21].

Anmerkungen. [1] ARISTOTELES, De partibus animalium (= PA) 643 a 24. – [2] PA 643 a 19f.; 644 a 29. – [3] PA 643 a 16. – [4] PA 644 a 24; vgl. H. BONITZ: Index Aristotelicus (= BON.) (1870) 120 a 58ff. 289 b 46ff. – [5] PA 642-644. – [6] Vgl. Art. ‹Gattung›. – [7] ARIST., Met. 1038 a 9ff.; PA 643 b 17. – [8] PA 640 b 28f.; Historia animalium (= HA) 623 b 6; THEOPHRAST, Historia plantarum (= HP) I, 4, 8, 12; 4, 1-3; III, 8, 1, 4; De causis plantarum (= CP) IV, 11, 4 etc. – [9] ARIST., PA 676 b 6ff.; HA 487 a 12ff.; THEOPHR., HP I, 1, 6; II, 6, 12; Ps.-ARIST., Physiognomonica 2, 806 a 32. – [10] ARIST., HA 486-491, bes. 486 a 14ff. 491 a 7ff.; 497 b 6ff.; PA 644-646 (vgl. M. EPHESIUS, in: Comm. in Arist. graeca 22, 2, 23); 692 b 3ff.; BON. 793 a 12ff.; THEOPHR., HP I passim, bes. 1, 6f. 4, 1ff.;III, 2; 8, 3; VI, 1f. VIII, 8f.; CP VI, 14, 3ff. – [11] ARIST., PA 643 b 24f.; Anal. pr. 70 b 11ff.; BON. 339 a 57; THEOPHR., HP I, 7, 3; VI, 2, 9; 3, 1-4; 4, 5-7; 6, 2 etc. – [12] ARIST., HA 537 b 22ff.; BON. 108 a 42ff. – [13] ARIST., De gen. animal. 730 a 33ff.; Met. 1058 a 29ff. – [14] PA 643 a 12ff. – [15] HA 537 b 22ff.; 539 a 27ff.; 627 b 22ff. – [16] BON. 107 b 19ff.; THEOPHR., HP III, 9, 2f.; I, 8, 2; II, 2, 6; III, 9, 1ff.; IV, 9, 4; V, 4, 1; CP I, 22, 1 etc. – [17] HP I, 3, 5f.; 4, 1; 8, 2; 14, 3; III, 2; 8, 2; IV, 1, 4; DIOSKURIDES, De materia medica, passim. – [18] z. B. THEOPHR., HP I, 3, 5f.; IV, 1; 2, 9; 3, 1 etc.; 9, 2/4; II, 7ff.; IV, 1; CP III, 11; DIOSK., a. a. O. 1 praef. 6ff. – [20] THEOPHR., HP VI, 6, 2, u. ö. – [21] Vgl. Art. ‹Gattung›.

Literaturhinweise. J. B. MEYER: Aristoteles Thierkunde (1855). – R. STRÖMBERG: Theophrastea (Göteborg 1937); Griech. Pflanzennamen (Göteborg 1940). – D'ARCY W. THOMPSON: Excess and defect. Mind 38 (NS) 149, 43-45. – G. SENN: Konstanz und Variabilität der Species bei Aristoteles und Theophrast. Arch. Julius Klaus-Stift. Ergbd. zu 20 (1945) 288-299. – D. M. BALME: EIDOS and GENOS in Aristotle's biol. Class. Quart. NS 12 (1962) 81-98; Aristotle's use of differentiae in zool. Aristote et les problèmes de méthode (Löwen 1961) 195-212. – A. L. PECK: Introduction in Aristotle, Historia animalium I (London/Cambridge 1965). – F. KRAFFT: Zum Problem der biol. Klassifikation in der klass. Antike. Sudhoffs Arch. Gesch. Med. Naturwiss. 54 (1970).
F. KRAFFT

III. Der biologische A.-Begriff des *Mittelalters* basiert, wie auch der Gattungsbegriff, teils auf entsprechenden Begriffen der lateinischen *Bibel*, teils auf bestimmten *philosophischen* Traditionen.

Die in der ‹Genesis› ausdrücklich als geschaffen bezeichneten Gattungen von Lebewesen [1] sind außer dem Menschen nur die großen Meerestiere und die Vögel «mit ihren A.» [2], nicht dagegen die mit dem Menschen am gleichen Tage entstandenen Landtiere. Diese sind vielmehr auf Geheiß Gottes von der Erde hervorgebracht. Das gleiche gilt für die Pflanzen «mit ihren A.» [3]. Welches diese A. sind, ist in der ‹Genesis› nicht näher gesagt. Biblische A.- und Gattungsbegriffe sind also nicht streng taxonomisch im heutigen Sinne zu

nehmen. Dies rührt nicht zuletzt daher, daß Gattungs- und A.-Begriff im hebräischen Sprachgebrauch nicht immer scharf unterschieden sind. In anderen Schriften der Bibel werden wohl einzelne Pflanzen und Tier-A. genannt, die dem Verfasser jedoch in erster Linie als Mittel der Verkündigung und der moralischen Belehrung dienen. Von einer kerygmatischen bzw. moralpädagogischen Zielsetzung her erklärt sich teilweise auch die Gleichgültigkeit der mittelalterlichen Schriftsteller gegenüber der Frage, ob die Tier-A., von denen sie berichten, auch wirklich existieren; die Zoologie des Mittelalters, sofern sie in den Bestiarien z. B. im sogenannten ‹Physiologus› einen Niederschlag fand, hat ihren Sinn und Wert als Hilfswissenschaft für die Theologie [4]. So findet man die bedeutendste und auf das frühe Mittelalter einflußreichste A.-Definition bei AUGUSTINUS in dessen Genesiskommentar: «Zu einer A. gehören diejenigen Lebewesen, die gemäß ihrem Genus bzw. wie man verallgemeinernd sagen konnte, auf eine Weise, daß sie sich ähnlichen und durch ihren Samen gemeinsam abstammen (similia adque ad unam originem pertinentia) von den übrigen unterschieden werden können» [5].

Diese Definition beruht nicht nur auf einer Interpretation des biblischen Genus- und Speciesbegriffes von Pflanzen und Tieren im Sinne des platonischen Eidos, sondern richtet sich vor allem gegen den später für das Abendland als Hauptquelle des gesamten Naturwissenschaftswissens bis ins 13.Jh. maßgebenden PLINIUS, der in seiner ‹Historia naturalis› wie AELIAN in seiner Tiergeschichte, von A.-Umwandlungen kritiklos berichtet. Im Osten hatte sich schon vorher BASILIUS ebenfalls gegen ähnliche phantastische Berichte, z. B. über die Metamorphose des Weizens in Lolch, also in ein Unkraut, gewandt und demgegenüber die A.-Konstanz betont und die A. durch die Zeugungsabfolge innerhalb einer Gattung definiert. Dabei hatte er zugegeben, daß artfremde Wesen, wie Fische und Vögel, erstaunliche Gemeinsamkeiten aufweisen können, die aber auf das ursprünglich gleiche Lebenselement – in diesem Falle das Wasser – zurückzuführen seien, dem sie nach der Bibel entstammen. Dieser Gedanke des Bezugs von A. und Umwelt kommt noch stärker bei ihm zum Ausdruck, wenn er z. B. für die Fische feststellt, daß in dem einen Meerbusen Fisch-A. vorkämen, die man anderswo kaum fände: «von Natur ist jeder Fisch-A. der geeignete Bereich festzusetzen» [6]. Die Umwelt formt also nicht die A. (diese ist vielmehr von vornherein festgelegt durch das ihr zugrunde liegende Eidos), sondern die A. ist in eine entsprechende Umwelt von Anfang an eingepaßt, eine Idee, die später in der ‹Maschinentheorie des Lebens› bei J. SCHULZ wieder eine Rolle spielte. Der Rückgriff auf die platonische Ideenlehre bot daher in der Tat ein starkes Argument gegen die phantastischen Berichte von A.-Umwandlungen bei den antiken Schriftstellern. Auf dem Hexaemeron des Basilius fußen westliche Kirchenväter, wie AMBROSIUS [7] und AUGUSTIN.

Insbesondere auf diesem Hintergrund und im Zusammenhang mit dem später entstehenden Universalienstreit ist es zu verstehen, daß sich ungeachtet der augustinischen, eine evolutive Deutung des Schöpfungsberichtes nahelegende Auslegung der ‹Genesis› und ungeachtet des seit dem 13.Jh. bekannt werdenden Aristotelischen A.-Begriff als A.-Unterschied, ein statischer A.-Begriff bis in die späte Neuzeit durchhielt. Dies ist vor allem durch die ebenfalls augustinische Lehre von den ‹Keimgründen› zu erklären, die für jede Art bzw. Gattung seit der Schöpfung präexistent bereitlagen.

Eine Mittelstellung nimmt innerhalb der *islamischen* Philosophie die Lehre einer A.-Abstufung und -Verschränkung ein. Die ‹Lauteren Brüder› oder ‹Getreuen von Basrath› unterscheiden in ihren Schriften Mineralpflanzen, Pflanzenminerale, Pflanzen, Tierpflanzen, Pflanzentiere, Tiere unvollständiger Natur (Kriechtiere), Tiere vollständiger Natur (Säugetiere) und als höchste menschenähnliche Tiere (Affen, Pferde, Elephanten und Bienen) sowie Menschenvögel (Singvögel, Papageien). Von A.-Umwandlung ist bei ihnen keine Rede, wohl dagegen von zeitlicher Aufeinanderfolge der A., wenigstens was die Tiere betrifft [8].

Innerhalb der Wissenschaften von der Natur hatte die Aristotelesrezeption des Mittelalters einen sich ständig steigernden Empirismus zur Folge, der im Grunde schon mit den ‹Quaestiones naturales› des ADELHARD VON BATH († gegen 1160) und z. B. hinsichtlich der Botanik in den späteren Kräuterbüchern des 16. Jh. einen ersten Höhepunkt erlebte [9]. Der Versuch der frühen Neuzeit, das anwachsende empirische Material mit Hilfe der Definitionsregeln der aristotelisch-scholastischen Logik zu ordnen, d. h. nach genus proximum und differentia specifica zu klassifizieren, führte zu erheblichen Schwierigkeiten. Erste Versuche einer Systematisierung z. B. der Pflanzen nach Gattungen und A. stammen vor allem von dem italienischen Aristoteliker ANDREA CESALPINO (1519–1603) [10] und dem Engländer JOHN RAY (1628–1715). CESALPINO ging von der aristotelischen Vorstellung aus, daß die Pflanzen Träger einer anima vegetativa seien. Da diese Prinzip der Ernährung und Fortpflanzung ist, sind die Wurzeln und Fortpflanzungsorgane als Hauptmerkmale der A.- und Gattungsunterschiede anzusehen, weil sie Ausdruck der jeweiligen Höhe einer Pflanzen-A. bzw. -gattung zu gelten haben. Cesalpinos Pflanzensystem war daher sowohl naturphilosophisch gut begründet wie praktisch sehr brauchbar, da zur Bestimmung zwei Merkmale genügten: Wurzel und Frucht. Gegenüber anderen Systemen, wie z. B. demjenigen von CASPAR BAUHIN (1560–1624) [11], welches natürliche Verwandtschaftsbeziehungen der Pflanzen berücksichtigte und daher weniger einfach war, wurde es von großem Einfluß und allgemein angenommen. Die erste moderne Klassifizierung der Tiere nach aristotelischen Prinzipien stammt von RAY. Dabei schlug er vor, die A. durch die Angabe eines Merkmalkomplexes zu charakterisieren, d. h. sich der sogenannten definitio descriptiva zu bedienen. Im übrigen ist bei ihm der Gedanke ausgesprochen, daß der Unterschied der Gattungen und A. von Keimgründen im Sinn von λόγοι σπερματικοί, der Augustinischen «rationes seminales» her erklärt werden müssen [11]. Ein weiterer Versuch zur Systematisierung der Pflanzengattungen und -A., auf welchem Linné unmittelbar aufbaute, stammte von J. JUNGIUS [13]. LINNÉ (1707–1778) selbst, der mit Hilfe einer binären Nomenklatur nach dem scholastischen Definitionsschema seinen A.-Begriff entwickelte und diesen mit dem Satz: «tot species numeramus quot creavit in principio infinitum ens» metaphysisch fundierte, unterschied ein künstliches von einem natürlichen System. Diese beiden verschiedenen Klassifizierungsweisen beruhten auf den beiden Auffassungen, welche die Biologen der Neuzeit aus der Antike bzw. dem Mittelalter übernahmen: auf der (künstlichen) diskontinuierlich-hierarchischen Einteilung der aristotelisch-christlichen Überlieferung und der (natürlichen) kontinuierlichen Klassifikation der aristotelisch-arabischen Tradition. Vertreter der künstlichen Klassifikationsmethode waren CESALPINO und MALPIGHI (1628–1694). Befürworter der natürlichen waren BAUHIN und RAY. LINNÉ, bei welchem die künstliche Methode den Vorrang besaß, versuchte der sich für ihn daraus ergebenden Schwierigkeiten Herr zu werden, indem er diejenigen Formen, die sich nicht einfügten, als Ab-A. bezeichnete. Eine natürliche Klassifikation dagegen hält er für das große Ziel der *Botanik:* «primum et ultimum in parte systematica botanices quaesitum est methodus naturalis, diu et ego circa methodum naturalem inveniendam laboravi» [14]. Er wurde aber später zu dem «wunderbaren Schluß» geführt, daß neue A. in der Pflanzenwelt entstehen, die er sich als Zwittererzeugnisse der verschiedenen Genera dachte (generatio hybrida). Aber nicht nur die species animalium et plantarum, sondern auch die genera hielt er schließlich für «Werke der Zeit». Nur noch die «ordines naturales» blieben jene ‹species›, welche im Anfang von Gott erschaffen wurden. Die Entwicklung seines A.-Begriffes von einem statischen zu einem dynamisierten vollzog sich zwischen seinem ‹Systema naturae› von 1735 und seinem ‹Systema naturae› von 1766. CUVIER (1769–1832) verbesserte durch seine anatomischen Untersuchungen das Linnésche System des Tierreiches und zog aus diesem zunächst ebenfalls den Schluß, daß die A. konstant seien. Wohl gab er die Variabilität gewisser Tierformen, z. B. der Haustiere, zu, was ihm jedoch für die Systematik bedeutungslos erschien [15]. Später glaubte er nicht mehr an eine reale Existenz der A., sondern nur daran, daß die Wissenschaft dieser Annahme bedürfe. LAMARCK (1744–1829) und GEOFFROY (1772–1844) [16] dagegen traten für eine Veränderlichkeit der A. ein, welche der letztere für möglich, der erstere für sicher hielt, obwohl er ursprünglich auch eine objektive Existenz der A. angenommen hatte: «J'ai longtemps pensé qu'il y avoit des espèces constantes dans la nature et qu'elles etoient constituées par les individus qui appartiennent à chacune d'elles» [17]. Die Erkenntnisse und Ergebnisse CUVIERS ermöglichten insbesondere mit bestimmten Anschauungen C. H. LYELLS (1797–1875) die DARWINsche Lehre von der Entstehung der A., die sogenannte Deszendenztheorie. Nach dieser sind die Tier- und Pflanzenarten veränderlich: «Species are only well marked and permanent varieties.» Sie sind aus geologisch alten A. durch allmähliche Umwandlung entstanden, und alle Individuen sind als Glieder von Fortpflanzungsreihen zu betrachten. In der Deszendenztheorie DARWINS (1809–1882) wurde der statische A.-Begriff endgültig aufgegeben, denn in ihrem Lichte konnte die Linnésche A. nicht mehr als abgegrenzte Form oder Formgruppe angesehen werden. Es gibt also nach Darwin keine natürlichen A. mehr [18]. Darwin stellte sich vor allem die Frage, ob zwei Typen innerhalb einer Gattung, welche in einigen Merkmalen differieren, als zwei verschiedene A.-Typen angesehen werden müssen, oder ob es sich nur um zwei Subspecies, also Rassen innerhalb einer A. handle. Als Kennzeichen für verschiedene A. galt dabei die gegenseitige Unfruchtbarkeit bzw. Unmöglichkeit einer Kreuzung sowie ein solcher Merkmalsabstand, der eine kontinuierliche Überführung ineinander unmöglich erscheinen läßt. Da aber in sehr vielen Fällen Typen, die nach diesen Kriterien zunächst für A. gehalten wurden, durch später aufgefundene Zwischenformen untereinander dergestalt verbunden werden können, daß eine gleitende Merkmalsskala von der einen zur anderen führt und darüber hinaus diese Zwischenformen miteinander fruchtbar waren, entstand die Frage, ob die beiden Endglieder dieser Skala nach wie vor als verschiedene Species gelten müssen und die Zwischenglieder als bloße Subspecies, d. h. Rassen, zu bewerten seien. Dieses Problem führte im 20. Jh. nach und nach zur Konzeption eines dynamischen A.-Begriffes, mit dem man auf die Definition durch den A.-Unterschied zurückgriff. So bestimmte DOBZHANSKY [19] die A. als dasjenige Stadium eines Evolutionsvorganges, «in dem zwei oder mehr gesonderte Gruppen aufgeteilt werden, die sich aus physiologischen Gründen nicht mehr fortpflanzen können». MERXMÜLLER bejaht zwar die Realität der A., glaubt aber, daß die Frage nach einer Definition des A.-Begriffes «vielleicht in diesem Sinne gar nicht stellbar ist». Er meint stattdessen, man solle anstelle einer Konzeption der Species als natürlicher Wesenheit nur ihre verschiedenen Typen definieren, «denen dann wirkliche, reale, biologische Funktion zukomme». Er hebt dabei mit Nachdruck die Bedeutung einer Konzeption des A.-Begriffes als phylogenetisches Totum subspezifischer Formen, für den insbesondere CAMP und GILLY das empirische Material geliefert haben, für die Lösung der Frage nach der natürlichen realen Grundlage einer sich auf die Species und Subspecies beziehenden botanischen und zoologischen Systematik hervor [20]. Von naturphilosophischer Warte hat HEDWIG CONRAD-MARTIUS aus der Ansicht von Merxmüller die Konsequenz gezogen, daß ein dynamischer A.-Begriff die Frage eines dem A.-Totum zugrunde liegenden, qualitativ geschlossenen metaphysischen Wesensbestandes, der das phylogenetische Geschehen leitet, erneut in den Blick rücke. Sie glaubt, daß ein solcher dynamischer A.-Begriff einerseits die Verabsolutierung irgendeiner Rasse grundsätzlich unmöglich mache, daß aber andererseits auch die Evolution als solche niemals den A.-Rahmen sprengen könne.

Anmerkungen. [1] Gen. I, 27. – [2] Gen. I, 21. – [3] Gen. I, 11 u. 12. – [4] Vgl. A. C. CROMBIE: From Augustin to Galilei (London ²1961) 1, 25. – [5] Vgl. AUGUSTIN, De Genesi ad litteram. MPL 34, 245ff. – [6] BASILIUS, Hexaemeron. MPL 29, 3ff.; Hom. VII, 150ff. – [7] AMBROSIUS, Exaemeron. MPL 14, 134ff. – [8] FR. DIETERICI: Die Philos. der Araber im 10. Jh. (1855). – [9] B. HOPPE: Das Kräuterbuch des Hieronymus Bock (1969). – [10] CESALPINO: De plantis libri X (Florenz 1583). – [11] C. BAUHIN: Pinix theatri botanici (Basilea 1623). – [12] J. RAIUS: De variis plantarum methodis (Diss. London 1696) Praef.; vgl. H. M. NOBIS: Frühneuzeitliche Verständnisweisen der Natur und ihr Wandel bis zum 18. Jh. Arch. Begriffsgesch. 11 (1967) H. 1, 54ff. – [13] J. JUNGIUS: Isagoge phytozopica (Hamburg 1678). – [14] R. LINNÉ: Classes plantarum (1738). – [15] G. CUVIER: Rech. sur les ossemens fossiles ... Nouv. ed. 1, Discours préliminaire (Paris 1821). – [16] Et. GEOFFROY SAINT-HILAIRE: Etudes progressives d'un Naturaliste ... Première remarque embrassant quelques sujets de haute philos. (Paris 1835). – [17] J. B. LAMARCK: Rech. sur l'organisation des corps vivants ... (Paris 1802). – [18] CH. DARWIN: The origin of species by means of natural selection (dtsch. 1859). –[19] TH. DOBZHANSKI: Genetic nature of species differences. Amer. nat. 71 (1937); Genetics and the origin of species (New York 1941). – [20] MERXMÜLLER: Der A.-Begriff in der Botanik. Naturwiss. Rundschau (1951).

Literaturhinweise. G. L. L. V. BUFFON: Hist. nat. gén. et particul. (1749-1788). – G. TEICHMÜLLER: Darwinismus und Philos. (1877). – O. SPANN: Kategorienlehre (1924). – O. H. SCHINDEWOLF: Prinzipienfragen der biol. Syst. Paläontol. Z. 9 (1928). – W. QUENSTEDT: Zufall, Gunst und Grenzen paläozool. Überlieferung. S.-B. Ges. naturforsch. Fr. (1933). – J. KRUMBIEGEL: A.-Kenntnis und -Erkenntnis in der Säugetierkunde. Beitrag zur Gesch. der zool. Syst. Sber. Ges. naturforsch. Fr. (1934). – E. KUHN: Der A.-Begriff in der Paläontol. Ecl. geol. helv. f. 41/2 (Basel 1948). – R. A. MANSFELD: Über den A.-Begriff in der systemat. Botanik. Biol. Zbl. 67 (1948). – H. CONRAD-MARTIUS: Abstammungslehre (1952) 3. Teil.

H. M. NOBIS

Artes liberales/artes mechanicae. Der Ausdruck ‹artes liberales› (A.l.) bezeichnet in der lateinischen Antike und im lateinischen Mittelalter eine Gruppe von Wissenschaften und Schulfächern (*Trivium:* Grammatik, Rhetorik, Dialektik; *Quadrivum:* Arithmetik, Geometrie, Astronomie, Musik). Die artes mechanicae (A.m.) sind eine mittelalterliche Fächergruppe, die wohl kaum in Schulen gelehrt wurde; ihre Siebenzahl taucht analog zu den A.l. seit JOHANNES SCOTUS ERIUGENA (Mitte 9.Jh.) auf, aber die Abgrenzung ist verschieden; Kernfächer sind Architektur und Medizin. Das System der A.l. und der A.m. fungiert dagegen im griechischen Mittelalter nicht zugleich als Schulsystem.

1. Griechische Herkunft der A.l. Ihre Wurzeln liegen im Bemühen der *Sophisten* um Systematisierung des höheren Unterrichts. Diese Ansätze wurden von PLATON weitergeführt, der Geometrie, Astronomie, Arithmetik, Musik «und was mit paideia zusammenhängt» [1] ‹Grammatik› nennt; letztere wurde erst in der römischen Klassik scharf von der Rhetorik getrennt. Die Gesamtbezeichnung für diese Fächer lautete: «enkyklios paideia», übliche Bildung. Die Umdeutung zu «in sich zusammenhängender Kreis von Wissenschaften» findet sich eindeutig zuerst bei QUINTILIAN [2]; sie wird bei CICERO angedeutet und von AUGUSTIN und BOETHIUS übernommen; im griechischen Raum begegnet sie zuerst bei JOHANNES TZETZES (1110–1180): «‹enkyklia mathemata› heißt der Kreis, der Inbegriff aller Wissenschaften, nämlich der Grammatik, der Rhetorik und der Philosophie selbst [d. h. besonders Dialektik] und der vier untergeordneten Künste, der Arithmetik, der Musik, der Geometrie und der Astronomie» [3].

2. Zweck und soziale Einordnung. Die enkyklios paideia ist von Platon gedacht als Propädeutik zur Philosophie und nur für Freie für ihre Bildung zur Tugend bestimmt; ausgeschlossen sind Nichtfreie mit ihren handwerklichen Künsten (banausoi technai), die Leib, Seele, Geist der Freigeborenen untauglich zur Tugend machen [4]. Damit wurde aus der Philosophie und aus der Bildung der Freien für die Antike und das Mittelalter der gesamte Bereich von Arbeit und Technik ausgeschlossen.

3. Lateinische Rezeption. Die Römer übernehmen die enkyklios paideia samt der mit ihr gesetzten sozialen Abgrenzung, jedoch schließlich nicht den Terminus ‹enkyklios paideia›; sie übersetzen vielmehr die zu ihr gehörigen griechischen Begriffe ‹eleutheriai epistemai› [5] oder ‹eleutheria mathemata› [6] mit ‹A.l.›. Die erste Enzyklopädie der artes überhaupt stammt von VARRO [7]. CICERO hebt von den A.l. die artes sordidae ab: «opificesque omnes in sordida arte versantur, nec enim quidquam ingenium habere potest officina» [8]. Dieser Ausgrenzung der A. sordidae folgt später die mittelalterliche der A. minores; zum sozialen Unterschied tritt bei CICERO der moralische: «minimeque artes eae probandae, quae ministrae sunt voluptatum». Von den sordidae artes hebt Cicero dagegen solche ab, «quibus aut prudentia maior inest aut non mediocris utilitas quaeritur, ut medicina, ut architectura, ut doctrina rerum honestarum»; sie nehmen sozial eine mittlere Stellung ein: «eae sunt iis, quorum ordini conveniunt, honestae». – Im Lateinischen ist der Begriff ‹A.l.› nicht so streng an Propädeutik gebunden wie im Griechischen; sein Bedeutungsfeld reicht vom Knabenschulfach bis zur Wissenschaft; die Grenzen zu disciplina und scientia sind vielfach unsicher, ‹ars› ist nicht selten synonym mit ‹disciplina› und ‹scientia›.

Der Nutzen der A.l. soll liegen in der Schärfung des Verstandes [9] und weitergehend in der Lösung vom Körperlichen zum Unkörperlichen hin, vom Sichtbaren zum Unsichtbaren [10], und schließlich in der Erkenntnis der Natur oder Gottes durch die Mathesis = Quadrivium, wie es zuerst bei PLATON [11] im pythagoreischen Zusammenhang angedeutet wird; das wirkt bei BOETHIUS nach [12]; in der *Stoa* fehlt der Bezug auf Mathematik.

4. *Christliche Rezeption.* Wie die jüdisch-alexandrinische Schule (PHILON) übernahmen auch die christlichen Autoren die enkylios paideia oder A.l. AUGUSTIN begann eine Enzyklopädie der A.l., von welcher das Buch über die Grammatik, das Buch über die Dialektik und sechs Bücher über Musik unter Benutzung Varros, wenn auch sehr selbständig, vollendet wurden; der Grundgedanke wird wiederholt in ‹De ordine›, wo die A.l. noch einmal platonisch begriffen werden als befreiende Macht, die den Lernenden in gestuftem Aufstieg sich den höchsten Wahrheiten nähern läßt [13]. Die Skepsis christlicher Autoren gegenüber den A.l., weil diese nicht die christlichen, religiösen Wahrheiten erfassen und lehren (mehrfach beim späten AUGUSTIN [14]), setzt sich nicht durch. Hingegen werden die A.l. wieder in eine eindeutig propädeutische Rolle, diesmal zur Theologie, verwiesen.

5. *Übergang zu Mittelalter und Scholastik.* Die A.l. wurden im Mittelalter fast ausschließlich durch spätantike enzyklopädische Werke bekannt [15]. Seit dem Ausgang der Antike tritt die Philosophie zurück. Die A.l. bilden allein den Bestand der weltlichen Gelehrsamkeit und gelten selbst als Philosophie. Die Wiederbelebung der Philosophie seit dem 11. Jh. führt in den Schulen des 12. zu neuen Versuchen, die A.l. in das Gesamt der Philosophie einzuordnen, wodurch die A.l. ihre frühmittelalterliche Zentralstellung verlieren; das gilt besonders in den Lehrstücken ‹De divisione philosophiae›. Die A.l. erscheinen hier als eine Untergruppe der (theoretischen) Philosophie. Die Wissenschaften werden nach ihren Gegenständen klassifiziert, die A.l. zusätzlich nach pädagogischen Gesichtspunkten eingestuft. Klassifiziert wird nach dem peripatetischen, auf EUDEMOS zurückgehenden Schema: theoretische und praktische Philosophie, erstere geteilt in rationalis, physica, metaphysica oder divina, letztere in Politik, Ökonomik, Ethik, oder nach dem platonistisch-stoischen Schema in Logik, Ethik, Physik, unter Ausgliederung der Theologie oder nach Mischformen aus beiden [16]. THOMAS VON AQUIN bricht endgültig mit den Versuchen, die Philosophie und den Kreis der A.l. zu identifizieren: «A.l. non sufficienter dividunt philosophiam theoricam» [17]. – Mit Gründung der *Universitäten* erfolgt die Aufnahme der A.l. durch die Artistenfakultät. Die Grammatik entwickelt sich zur Sprachlogik, die Rhetorik verkümmert zur ars dictaminis und wird zurückgedrängt. Während die Dialektik (Logik) ausgeweitet wird, wandert die Philosophie schwerpunktlich in die theologische Fakultät aus. Zugleich verlieren die propädeutischen A.l. an Rang und werden seit dem 14. Jh. zur gymnasialen Vorstufe der Universität. Das Gebiet der Geschichtsphilosophie und der Geschichtsschreibung als solches blieb im engeren Sinne außerhalb der A.l. Im *Humanismus* veränderte sich das Trivium zur Fächergruppe der humaniora (Grammatik, Rhetorik, Poetik, Logik, Moral und Geschichte). Daneben wird die Mathematik intensiviert; sie reift zur Grundlage der Natur- und Ingenieurwissenschaften der Neuzeit heran (zuerst analytische und darstellende Geometrie).

6. *Artes mechanicae:* Der Begriff ‹A.m.› findet sich zuerst bei FIRMICIUS MATERNUS [18], dann wieder bei JOHANNES SCOTUS ERIUGENA [19], wo auch zuerst die Siebenzahl analog zu den A.l. auftaucht. Sie bleibt im 12. Jh. üblich, tritt dann aber seit der Mitte des 13. Jh. zurück. ISIDOR VON SEVILLA [20] fügte zu den A.l. astronomia, mechanica, medicina. Vom 7. bis 11. Jh. bedeutet ‹mechanica› die Handwerkskunst. Soziologisch wirkt die antike Abwertung des Handwerklichen bis in die Neuzeit nach. Wissenschaftstheoretisch wird aber im 12. und 13. Jh. die mechanica mit den A.l. gleichgewertet, obgleich die alte irische Etymologie ‹mechanica› von ‹moechus/adulterinus› peiorativ fortwirkt. Bei HONORIUS AUGUSTODUNENSIS (1100) wird zuerst die mechanica als selbständiges Wissensgebiet neben den A.l. gewertet. HUGO VON ST. VICTOR († 1141) setzt die mechanica als eigenen Teil der Philosophie neben theorica, practica, logica an [21], stellt jedoch noch keine Verbindung zu Physik und Mathematik her; mechanica umfaßt bei ihm alle werktätigen Künste; sie dient der Bedarfsdeckung (necessitas), aber auch der Annehmlichkeit (commoditas) – ähnlich HUGUCCIO, JOHANNES BALBI, BONAVENTURA. – DOMINICUS GUNDISSALINUS folgt AL-FARABI und hellenistisch-arabischer Tradition und stellt die Verbindung zwischen Physik, Mathematik und Mechanik her (Mechanik = Anwendung der Gesetze von Physik und Mathematik). ALBERTUS MAGNUS und THOMAS gehen dann von der Einteilung der Wissenschaften nach Objekten ab: A.m. = operativae scientiae (zur aristotelischen Poietik gehörend); A.m. = adulterinae: diese Bestimmung bezieht sich jedoch nicht mehr auf die sozial niedere Stellung derer, die sie betreiben, sondern auf die Anwendung des Geistes auf die unfreien Körper. Die Klärung des Begriffes ‹Mechanik› erfolgt erst durch Klärung der Begriffe ‹Kraft› und ‹Bewegung› in der Neuzeit.

Anmerkungen. [1] PLATON, Theait. 145 a; vgl. Hipp. min. 366 c-368 d; Resp. 7, 531 d-534 d. 537 b-e. – [2] QUINTILIAN, Inst. orat. I, 10, 1; vgl. CICERO, De orat. 3, 21; Arch. 2. – [3] JOH. TZETZES, Chiliades XI, 377. – [4] Vgl. ARISTOTELES, Pol. VIII, 2 f., 1337 b 4ff. – [5] Pol. VIII, 3, 1338 a 32. – [6] PLUTARCH, Cim. IV, 5 und Cic. 48, 1. – [7] VARRO, Disciplinarum libri IX (nur Buchüberschriften und Frg. überliefert). – [8] CICERO, De off. I, 42, 150. – [9] Zuerst PLATON, Leges V, 747 b; ISOKRATES, Or. 15, 261-269, bes. 264f.; dann CICERO, Resp. I, 30; QUINTILIAN, Inst. orat. I, 10; TERTULLIAN, An. XX, 4; CASSIODOR, Inst. II, 3, 22. – [10] AUGUSTIN, Retract. 1, 6 wohl im Anschluß an VARRO. – [11] PLATON, Gorg. 508 a. – [12] (Ps.-)BOETHIUS, Geom. MPL 63, 1353 a/b. – [13] AUGUSTIN, De ord. II, 35-44. 47. – [14] So Ep. 101, 2; Retr. I, 3, 4. – [15] MARTIANUS CAPELLA, De nuptiis philologiae et Mercurii, um 400 (nicht christlich); Schriften des BOETHIUS, bes. über die math. Disziplinen, Arithm. praef. VII, 9, 28 zuerst Terminus ‹quadruvium›, Geometrie unecht; AUGUSTIN, De musica; De ordine; CASSIODOR, Inst. divin. et saecul. artium; ISIDOR V. SEV., Etymol. I-III, IV über Medizin; MACROBIUS, Komm. zu Cicero, Somnium Scipionis, pythagoreisch-platonistische Umdeutung *Ciceros*. – [16] Quellen: HUGO VON ST. VICTOR, bes. Didascalicon, MPL 176; Einteilung der Philos. in logica, ethica, theorica, mechanica, wichtige Quelle noch für *Thomas*; JOH. V. SALISBURY (seine Wissenschaftseinteilung passim in Entheticus, Policraticus, Metalogicon, Historia Pontificalis); AL-FARABI, De ortu scientiarum; DOMINICUS GUNDISSALINUS, De divisione philos.; ROBERT KILWARDBY (Ed. fehlt noch, zu benutzen E. M. F. SOMMER-SECKENDORF: Stud. in the life of R. K., Rom 1937). – [17] THOMAS, In Boeth., De trin. q. 5, 3 ad 3. – [18] FIRMICIUS MATERNUS, Mathesis VI, 30, 26. – [19] J. SCOT. ERIUGENA, Annot. in Marcianum. – [20] ISIDOR V. SEV., Liber numerorum. MPL 83, 94. – [21] HUGO V. ST. VICTOR, Didascalicon. MPL 176.

Literaturhinweise (nur bibliographisch und quellenkundlich Weiterführendes). J. MARIÉTAN: Le problème de la classification des sci. d'Aristote et St. Thomas (Paris 1901). – B. GEYER: Die patr. u. scholast. Philos. = ÜBERWEGS Grundriß 2 ([11]1928). – M. GRABMANN: Mittelalterl. Geistesleben 1 (1936). – E. R. CURTIUS: Europ. Lit. und lat. MA (1948, [5]1965) Kap. 3, 44ff. – W. WÜHR: Das abendländ. Bildungswesen im MA (1950). – H. WOLTER: Art. ‹A.l.› in Lex. Theol. u. Kirche 1 ([2]1957). – H. FUCHS: Art. ‹Enkyklios paideia›, in: Reallex. für Antike u.

Christentum, hg. TH. KLAUSER 1 (1960). – J. DOLCH: Lehrplan des Abendlandes (²1965). – P. STERNAGEL: Die A.m. im MA (1966).

H. M. KLINKENBERG

Artikulation

I. Das Wort ‹A.› tritt als *philosophischer* Terminus im Zusammenhang mit den Begriffen ‹Ganzheit› und ‹Struktur› auf. KANT bedient sich des Begriffs bei der Unterscheidung des bloßen Aggregats gemeiner Erkenntnis vom wissenschaftlichen System und bestimmt dabei das Ganze als «gegliedert (articulatio) und nicht gehäuft (coacervatio)» [1]. Auf diese Stelle bezieht sich DILTHEY, wenn er allgemein die *Struktur* «die A. oder Gliederung eines Ganzen» nennt [2]. Dilthey betont in seiner Lehre von der «Entwicklung des Seelenlebens» die dynamische Seite der A. und möchte mit diesem Begriff ausdrücken, «daß lebendiger Zusammenhang die Grundlage aller Entwicklung ist und alle Differenzierung und klareren, feineren Beziehungen aus dieser Struktur sich entwickeln wie aus dem Embryo die Gliederung eines tierischen Wesens» [3]. Aber während in diesem Sinn das organologisch-holistische Denken nur zur Kategorie der «Ausgliederung» des Ganzen kommen kann [4], gelangt Dilthey über die Ästhetik zur A. als «Gestaltung», die er jetzt neben die Kategorie der Entwicklung stellt, um die Geschichtlichkeit des «erworbenen Zusammenhangs des Seelenlebens» auszudrücken [5]. Im Sinne des allmählich an Bestimmtheit gewinnenden Bedeutungsganzen verwendet auch J. STENZEL das Wort ‹A.› [6] und verbindet damit, auf HUMBOLDT [7] aufbauend, die linguistische Terminologie mit der hermeneutisch-logischen, was in gewisser Weise auch noch von dem modischen Bedürfnis, «sich zu artikulieren», gesagt werden kann.

Anmerkungen. [1] KANT, KrV B 861. – [2] DILTHEY, Ges. Schr. 5, xcvi. – [3] 5, 217. – [4] Vgl. O. SPANN: Kategorienlehre (1924) § 17. – [5] DILTHEY, a. a. O. 7, 232f. – [6] J. STENZEL: Sinn, Bedeutung, Begriff, Definition. Ein Beitrag zur Frage der Sprachmelodie (1958) 23ff. – [7] W. v. HUMBOLDT, Akad. A. 4, 4f.

F. RODI

II. Die sich aus dem Grundsinn von griechisch δι-άρθρωσις (bei ARISTOTELES), lateinisch ‹articulatio›, ergebende Möglichkeit zur Bezeichnung eines vertieften Gliederungsgedankens ist in der *Sprachforschung* wenig ausgebaut worden. W. V. HUMBOLDTS Versuch, eine Beziehung zwischen lautlicher und geistiger A. aufzuweisen [1], hat sich wenig ausgewirkt. Anknüpfend an den ursprünglichen Sinn der beiden Begriffe, versteht er unter A. nicht nur – wie herkömmlich – die lautliche Gliederung von Rede und Sprache in deutlich unterschiedene Einzellaute, Lautgruppen, Wörter und Redeteile, sondern auch die hiermit bewirkte gedankliche Gliederung der Aussagen und darüber hinaus die (im Wort- und Formenschatz der Sprachen geleistete) begriffliche Gliederung der Erscheinungsfülle schlechthin, so daß ihm A. als das «durch die ganze Sprache herrschende Princip» [2] gilt. Für Humboldt ist die «Articulation der Töne» «der ungeheure Unterschied zwischen der Stummheit des Thiers, und der menschlichen Rede». «Nur die Stärke des Selbstbewusstseyns nöthigt der körperlichen Natur die scharfe Theilung, und feste Begränzung der Laute ab, die wir Articulation nennen» [3]. An anderer Stelle spricht er von der «Übereinstimmung des Lautes mit dem Gedanken» bzw. der «Angemessenheit des Lautes zu den Operationen des Geistes» [4]. Dagegen hat sich jedoch in der heutigen Sprachwissenschaft [5] die Einschränkung des Begriffes ‹A.› auf die Art der Lautgebung durchgesetzt und demgemäß der Schwerpunkt des Begriffs von ‹Gliederung› auf ‹Deutlichkeit der Aussprache› (Lautausformung, -unterscheidung, distinctio, Sprechtechnik) verschoben und endgültig in das Gebiet der Phonetik verlagert. Für den grammatikalischen und lexikalischen Bau der Sprachen und die hierin verfestigten Begriffsordnungen müssen daher heute die (durch entsprechende Zusätze gekennzeichneten) Ausdrücke ‹Struktur› oder ‹Gliederung› herangezogen werden.

Anmerkungen. [1] Vgl. W. v. HUMBOLDT, Akad.-A. 1/4, 4f. 17. 21; 5, 115ff. 119. 121. 375f. 384. 386; 6, 152ff. 157ff. 220f. 244; 7, 21. 57. 66ff. 70. 76. 83. 119. 149. 162. 273 u. a. – [2] a. a. O. 4, 17. – [3] 4, 4. – [4] 7, 55. – [5] Vgl. z. B. E. SIEVERS: Phonetik, in: H. PAULS Grundriß der german. Philol. 1 (²1897) 286f.

Literaturhinweis. J. KNOBLOCH: Sprachwiss. Wb. (1967ff.) Art. ‹A.›

L. WEISGERBER

Artlogos (von dtsch. ‹Art› und griech. λόγος, Inbild). Der Ausdruck wurde von HEDWIG CONRAD-MARTIUS geprägt [1] und ging seitdem in die philosophische Literatur ein [2]. ‹A.› heißt nach ihr die Entelechie, sofern sie den Logos eines bestimmten Organismus einschließt bzw. «der typische allgemeine ‹Sinn› des zu entwickelnden Lebewesens ist». Eine Rose wird also durch dasjenige herausgebildet, «was nichts anderes ist als Rosenhaftigkeit an sich selbst» [3]. In diesem Sinne ist die Entelechie eines bestimmten Lebewesens *objektiver* A. Davon unterscheidet sich ein *individueller* A. Von einem solchen ist dann die Rede, «wenn dieser Artplan, dieser A. in wirkfähiger, innersubstantieller Vereinzelung gefaßt und als solcher zum individuell-konkreten Grund und Träger der organismischen Ganzheit wird» [4]. Der Plan, die Idee wird also zum individuellen, innerorganismischen Kausalfaktor. – Der Begriff des objektiven A. entspricht der PLATONischen Idee (εἶδος), bevor sie, vermittelt durch die Materie (ὕλη) als Zwischen (μεταξύ), in das Gewordene (τὰ γιγνόμενα) eingeht [5]. Die *Scholastiker* sprachen später vom allgemeinen Wesen eines Seienden als seiner quidditas gegenüber einem konkreten als seiner haecceitas. THOMAS VON AQUIN unterscheidet dagegen die forma totius (z. B. beim Menschen die humanitas) von der forma partis (z. B. der anima qua forma corporis eines bestimmten Menschen) [6]. Zwischen beiden besteht ein partizipatives Verhältnis, in welchem sich jene Dynamik ausdrückt, die nach CONRAD-MARTIUS notwendig ist, damit die Idee als objektiver A. «aus ihrer unendlichen und ‹statischen› Selbstgenügsamkeit heraustreten» kann. Der individuelle A. ist daher identisch mit demjenigen, was seit ARISTOTELES die μορφή eines Organismus heißt [7]. Der Begriff A. in seiner doppelten Bedeutung: als Prinzip des arttypischen Planes bzw. der im Stoff sich darkörpernden Idee, vereinigt daher den *platonischen* und *aristotelischen* Standpunkt in einem einzigen Ansatz zur Lösung des philosophischen Problems der biologischen Morphogenese im realistischen Sinne.

Anmerkungen. [1] H. CONRAD-MARTIUS: Der Selbstaufbau der Natur, Entelechien und Energien (1944) 55ff. 68ff. – [2] Philos. Wb., hg. W. BRUGGER (⁵1953) Art. ‹Lebensprinzip›. – [3] CONRAD-MARTIUS, a. a. O. 56. – [4] a. a. O. 71. – [5] PLATON, Tim. 47e-50e passim. – [6] THOMAS VON AQUIN, Sent. 3, dist. 2, q. 1, 3; S.contra gent. 4 c. 80, 2; In Met. 7, lect. 9. – [7] ARISTOTELES, Met. V, 24, 1023 a 34; Phys. II, 11, 193 b 19.

H. M. NOBIS

Ascensus/Descensus. ‹D.› nannte man in der mittelalterlichen Logik den Übergang von den allgemeinen und partikulären Urteilen zu den subalternierenden Urteilen mit singulären Subjekten, ‹A.› hingegen die inverse Operation, die, ausgehend von singulären Urteilen, zu allgemeinen und partikulären Urteilen führt. PETRUS TARTARETUS spricht von D. arguitivus im Gegensatz zum D. divisivus, der vom Ganzen auf die Teile führt [1]. Seit dem 13. Jh. entwickelte sich die Lehre vom D. in Korrespondenz zur Suppositionstheorie. So erläuterte man die suppositio distributiva durch den D. copulativus, die Aussage z. B.: «Alle Menschen sind sterblich» wurde analysiert als eine Reihe von kopulativ verbundenen Aussagen: «Dieser Mensch ist sterblich und dieser Mensch ist sterblich und ... usw.» Die suppositio determinata entsprach dem D. disjunctivus, insofern man das partikuläre Urteil, z. B. :«Einige Menschen sind glücklich», auflöste in eine Folge von disjunktiv verbundenen Aussagen: «Dieser Mensch ist glücklich oder dieser Mensch ist glücklich oder ... usw.» Daneben diskutierte man ferner den D. copulatus mit Bezug auf die suppositio copulata oder collectiva und den D. disjunctus bezogen auf die suppositio confusa, wenn die Konjunktion das Subjekt oder Prädikat veränderte, beide Arten wurden aber vielfach zurückgewiesen [2]. Man diskutierte unter dem Titel ‹De constantia singularium› heftig, ob A. und D. als strenge Argumentationsformen, als consequentiae formales angesehen werden dürfen. Die Schwierigkeit wurde darin gesehen, daß eine vollständige Aufzählung aller Individuen nicht möglich ist. In den zahlreichen Traktaten ‹De A. et D.› finden sich viele Regeln und Normen für die Beweisführung. Einer der ersten ist der 1304 verfaßte, sehr spezielle Traktat von RAMON LULL [3].

Anmerkungen. [1] PETRUS TARTARETUS: Expositio in Petrum Hispanum (1514) 52. – [2] PETRUS HISPANUS: Summulae (1947) 59ff.; WILHELM OCKHAM: Summa totius logicae, hg. BÖHNER (New York 1951) 189ff. – [3] A. CORONEL: Secunda pars Rosarii (1517) 19-39; V. MUÑOZ DELGADO: La logica nominalista en Salamanca (1964) 270ff.

Literaturhinweise. PH. BÖHNER: A medieval theory of supposition. Franc. Studies 18 (1958) 249-286. – S. BOVÉ: Santo Tomas de Aquino y el descenso del entendimiento (Barcelona 1913). – L. M. DE RIJK: Logica modernorum 2/1a (1967).

V. MUÑOZ DELGADO

Aseität, gebildet von lateinisch ‹aseitas›, bezeichnet das *Durch-sich-sein* oder das *Von-sich-her-sein* (esse a se) als den von nichts anderem abhängigen, jede wirkende Ursache ausschließenden Selbstand Gottes im Gegensatz zur Seinsweise dessen, was als Verursachtes seinen Bestand «von anderem her» hat (esse ab alio).

Seit den Anfängen in der *Patristik* gilt in der christlichen Theologie als unbetrittene Lehre, daß Gott keine Ursache seines Seins hat: Der Schöpfer selbst ist «ursprungslos» (ἄναρχος) [1] und «ungezeugt» (ἀγέννητος) [2].

Bei ANSELM VON CANTERBURY findet sich erstmals der Versuch, aus dem Gegensatz von «durch sich selbst» (per seipsum) und «durch etwas anderes» (per aliud) die Natur des «höchsten Seienden» zu bestimmen. In ausdrücklicher Verneinung eines Bewirkenden, eines Stoffes oder irgendeines Hilfsmittels ist Gott «durch sich selbst und aus sich selbst all das, was er ist» [3].

Die Ersetzung der Differenz «per seipsum – per aliud» durch die Formulierung «a se – ab alio» bei JOHANNES DUNS SCOTUS [4] dürfte kaum mehr als eine nur sprachliche Änderung sein. Sachliche Bedeutung kommt auch dem wahrscheinlich in der skotischen Schule [5] geprägten Terminus ‹aseitas› bis zum 17. Jh. nicht zu. Das Wort wird in Indizes zu Werken von DUNS SCOTUS, OCKHAM, CARPREOLUS, R. LULLUS, NICOLAUS CUSANUS, CAJETAN, SUÁREZ *nicht* aufgeführt.

Größeres Gewicht erhielt der Begriff ‹A.› erst anläßlich der seit der *Barock*scholastik unter dem Stichwort «essentia Dei metaphysica» in der Theologie behandelten Frage nach jenem Grundattribut Gottes, welches ihn für unsere Erkenntnisweise 1. am meisten von allem Geschöpflichen unterscheide und 2. die Möglichkeit biete, die übrigen göttlichen Eigenschaften logisch abzuleiten [6].

Während in der skotischen Schule die Unendlichkeit, von mehreren Thomisten die Geistigkeit als die «metaphysische Wesenheit» Gottes behauptet wurde, setzten sie andere Theologen in das subsistierende oder aus sich bestehende Sein (ens a se) [7]. Dafür trat wahrscheinlich erst seit dem 18. Jh. der Terminus ‹aseitas› [8]. Der Begriff der ‹A.› als eigentliche Kennzeichnung des Wesens Gottes fand vor allem in der *Neuscholastik* nahezu allgemeine Anerkennung [9]. In seinem Durch-sich-sein ist Gott zuerst und unmittelbar von der Schöpfung verschieden [10].

Gegenüber dem Einwand, der Begriff ‹A.› besage im strengen Sinne nur, Gott habe keine Ursache seines Seins und bringe somit bloß eine Verneinung zum Ausdruck [11], wurde darauf hingewiesen, daß im Durch-sich-sein unmittelbar die notwendige Existenz, die absolute Wirklichkeit und die unendliche Vollkommenheit Gottes eingeschlossen sei [12]. Die Interpretation der A. als Selbstverwirklichung oder Selbstsetzung Gottes [13] stieß auf heftige Kritik [14].

Der Begriff der A. läßt sich für die deutsche Schulphilosophie des 18. Jh. (WOLFF, CRUSIUS, BAUMGARTEN) *nicht* nachweisen, ebenso nicht für KANT und HEGEL. SCHOPENHAUER spricht von der «A. des Willens» [15], ED. V. HARTMANN von der «A. der Substanz» [16].

Anmerkungen. [1] TATIAN, Adv. Graec. c. 4. MPG 6, 813. – [2] IRENAEUS, Contr. haer. IV, 38, n. 1. 3. MPG 7, 1105. 1108. – [3] ANSELM VON CANTERBURY, Monologion c. 6. – [4] JOH. DUNS SCOTUS, Tractatus de Primo Principio 1, cond. 4, hg. M. MÜLLER (1941) 45f.; Rep. Paris. I, d. 2, q. 2, n. 4. Ed. Vivès 22, 64; Lect. in lib. I Sent. I, d. 2, P. 1, q. 2. Ed. Vatic. 16, 126; a. a. O. q. 3. 16, 151; Ordinat. 1 d. 2, p. 1, q. 2. Ed. Vatic. 2, 164f. 170f. – [5] Belegt bei: HIERONYMUS DE MONTEFORTINO: Ven. Joan. Duns Scoti ... S. theol. I, 3, 4 ad 1 (Neudruck Rom 1900) 101. – [6] Zur Fragestellung vgl. FR. SUÁREZ: Tract. de divina substantia I, 2, n. 1-2. Opera omnia (Paris 1854) I/1, 5f. – [7] Übersicht bei: W. BRUGGER: Theol. nat. (²1964) 263f. – [8] «aseitas» als «essentia Dei metaphysica» belegt bei: F. C. R. BILLUART: Summa St. Thomae... I, Diss. II, art. 1, § 1ff. (1747, Neudruck Paris o.J.) 41ff.; Theol. Wirceburgensis (1766-1777) II, disp. I, c. 2, art. 4 (Neudruck Paris 1852) 38f. – [9] J. KLEUTGEN: Die Theol. der Vorzeit 1 (²1867) 226-236; J. B. HEINRICH: Dogmat. Theol. 3 (²1883) 322-351; A. LEHMEN/H. LENNERZ, Lehrb. der Philos. 3: Theodizee (⁴/⁵1923) 148-154. – [10] HEINRICH, a. a. O. 336. – [11] BILLUART, a. a. O. [8] 43; vgl. G. FELDNER: Die sogenannte A. Gottes als konstitutives Prinzip seiner Wesenheit. Jb. Philos. u. spekulative Theol. 7 (1893) 421-440. – [12] J. A. BECKER: Art. ‹Gott›, in: WETZER/WELTE, Kirchenlex. 5 (²1888) 869ff. – [13] Vgl. H. SCHELL: Kleinere Schriften (1908) 206-211. – [14] Lit. bei J. POHLE/J. GUMMERSBACH: Lehrb. der Dogmatik 1 (¹⁰1952) 205. – [15] A. SCHOPENHAUER: Über den Willen in der Natur. Werke, hg. A. HÜBSCHER (1946-1950) 4, 142; vgl. Reg. Stichwort ‹A.›. – [16] ED. V. HARTMANN: Kategorienlehre (1896) 527f.

Literaturhinweise. J. POHLE/J. GUMMERSBACH s. Anm. [14] 201ff. – W. BRUGGER s. Anm. [7] 263ff. (dort weitere Lit.)

D. SCHLÜTER

Askese

I. Im klassischen und hellenistischen Griechisch, woher es stammt, meint das Wort ἀσκέω mit seinen Derivaten zunächst einfach technisch oder künstlerisch verfertigen, bearbeiten. In erweiterter Bedeutung wird es, z. B. bei XENOPHON oder EPIKTET, gleichbedeutend mit γυμνάζεσθαι (sich ertüchtigen) auch für leibliche Ertüchtigung und gymnastische Übung verwendet. Schließlich bezeichnet es ebenso die geistige Schulung und Zucht des Menschen, deren Ziel Weisheit und Tugend ist. PLATO spricht von ἀσκεῖν τὴν δικαιοσύνην καὶ τὴν ἄλλην ἀρετήν (Gerechtigkeit und jede andere Tugend üben) sowie von σοφίαν καὶ ἀρετὴν ἀσκεῖν (Weisheit und Tugend üben) [1]. Insbesondere die *Stoa* betont bei dieser Schulung die Beherrschung der Gedanken und Triebe und versteht A. als Enthaltung und Verzicht. In einem eigenen Kapitel Περὶ ἀσκήσεως (Über das Bemühen) gibt z. B. EPIKTET die Stufen der Übungen zur ethischen Schulung des Willens an [2]. Eine religiöse Bedeutung erhält die A. vor allem durch PHILO. Sie bildet die Voraussetzung des geistlichen Wegs zu Kontemplation und Gottesschau und ist vor allem Entsagung. Urbild des ἀσκητής (des sich Bemühenden, des Kämpfers, ist für ihn nach Gen. 32, 24ff. der Patriarch Jakob, Aufgabe der A. ὀλιγοδεῖαν καὶ ἐγκράτειαν ἀσκεῖν (Bescheidenheit und Selbstbeherrschung üben) [3].

Im *biblischen* Sprachgebrauch kommt zwar das *Wort* kaum vor. An der einzigen neutestamentlichen Stelle Apg. 24, 16 behält es dieselbe Bedeutung wie in der hellenistischen Ethik. Wohl aber kennt das Neue Testament den *Inhalt* des Begriffs im Sinne einer Bemühung und Einübung ins christliche Leben. Grundlage und erste Forderung sind Buße und Glaubensgehorsam; sie verlangen einschneidende Verzichte [4]. Christologische (Nachfolge) und eschatologische Motive kommen dabei zur Geltung, besonders auch in der Kreuzestheologie des PAULUS [5]. Gewiß nicht einseitig, aber doch deutlich genug ist von Enthaltsamkeit und Kasteiung des geistlichen Kämpfers die Rede [6]. Gegen gnostisch-dualistisch vereinseitigte A. wendet sich das Neue Testament aufgrund seines Schöpfungsglaubens [7]. Das Fehlen des Wortes ‹A.› aber wird man mit Windisch [8] «vielleicht nur Zufall» nennen dürfen. In den christlichen Sprachgebrauch aufgenommen wird es, unter dem Einfluß von PHILO, von der *alexandrinischen* Schule. CLEMENS spricht dabei vor allem von den drei Stufen geistlicher Entfaltung: μάθησις, φύσις und ἄσκησις (Bewußtwerdung, Natur des Menschen und Übung), wobei nach Abraham und Isaak Jakob der Typus des Asketen ist [9]. Mehr als Entsagung des Leibes und Abtötung seiner πάθη (Affekte) versteht ORIGENES die A. [10].

Im biblischen Sinn gehört A. grundsätzlich zur christlichen Lehre und Überlieferung. Sie wird verstanden als religiöse Einübung ins christliche Leben, Streben nach Vollkommenheit, wozu Übung der Liebe, Bemühung um Tugend, Buße und Enthaltsamkeit sowie kontemplative Versenkung in die Wahrheit gehören. Das Wort allerdings wird ins Lateinische nicht übersetzt und im Mittelalter auch nicht gebraucht. Der Sache nach treten im Lauf der Geschichte die verschiedenen Aspekte bzw. Motive stärker oder gar einseitig hervor. Neuplatonische oder stoische Gedanken bestimmen die A. der frühen Kirche mit. Der *Mönch* gilt schlechthin als der Asket, Weltverneinung als eigentliche Aufgabe. Dabei kommt es auch zu seltsamen Einseitigkeiten und Übertreibungen [11]. Im Westen wird unter dem Einfluß des Semipelagianismus durch A. moralische Vervollkommnung und Sündenlosigkeit erstrebt. Das eschatologische Motiv tritt mehr und mehr zurück. Unter Einfluß des irischen Mönchtums wird vor allem Buße und Strafe für die Sünden hervorgehoben. Auch THOMAS VON AQUIN betrachtet die A. einseitig von ihrer moralischen Seite und ordnet sie in das Tugendschema ein. Frömmigkeits- und Armutsbewegung bringen vom 12. Jh. an zwar das christologische Motiv und die Nachfolge Christi wieder zum Bewußtsein. Doch bleibt das moralische Verständnis der A. und damit die gesteigerte Betonung asketischer Werke allgemeiner. Gegen sie als Werkgerechtigkeit und Mönchsaszese wenden sich die *Reformatoren* in aller Schärfe. Im 17. Jh. beginnt schließlich die wissenschaftliche Theologie wieder von «Aszetik» zu sprechen; sie betrachtet sie als Teil der Lehre vom geistlichen Leben, deren zweiter Teil die Mystik ist.

Je nach Aufgabe und Ziel des sittlichen Lebens wird die A. in der neueren Ethik verschieden bestimmt. KANT kennt eine «ethische Asketik», eine «Kultur der Tugend», deren Regeln auf die zwei Gemütsstimmungen hinausgehen, «wackeren und fröhlichen Gemüts in Befolgung ihrer Pflichten zu sein». Die Tapferkeit des Stoikers soll in ihr mit der Fröhlichkeit Epikurs verbunden werden. Sie ist scharf von der auf Buße zielenden «Mönchsasketik» abgehoben [12]. Für SCHOPENHAUER ist die A. der entscheidende Weg zur Verneinung des Willens zum Leben. Schon die Tugend ist Anzeichen dieser Verneinung, «Flügelschlag vor dem Aufstieg»; sie geht dann in A. über, die «Mortifikation des Willens» erstrebt, und entsteht aus «Abscheu vor dem Wesen, dessen Ausdruck seine [des Menschen] eigene Erscheinung ist, dem Willen zum Leben, dem Kern und Wesen jener als jammervoll erkannten Welt». Schritte dieser A. sind vollkommene Keuschheit, Armut und schließlich freiwilliger Hungertod [13]. Auch NIETZSCHES Ziel, der sich selbst durch sein Schaffen hervorbringende höhere Mensch, der Übermensch, fordert A., ist nur über die Negation zu erreichen. «Aber daß der Schaffende sei, dazu selber tut Leid not und viel Verwandlung» [14]. «Ich will auch die Asketik wieder vernatürlichen: an Stelle der Absicht auf Verneinung die Absicht auf Verstärkung; eine Gymnastik des Willens, eine Entbehrung und eingelegte Fastenzeit jeder Art ...» [15]. Nietzsche versteht ἐγκράτεια (Beherrschung) und ἄσκησις (Bemühung) als Stufe zur Höhe, zur «goldenen Natur» [16]. M. SCHELER betont, daß A. nur im Opfern eines echten Wertes und um eines höheren Wertes willen sittlich geleistet werden kann, und unterscheidet sie von der «Scheinaskese des Ressentiments», die das zu Opfernde schon im voraus entwertet [17]. Den Begriff der ‹innerweltlichen A.› verwendet M. WEBER in seiner Religionssoziologie. Er sieht sie im Calvinismus religiös begründet und leitet aus ihr den Geist des Kapitalismus ab. Rastlose Berufsarbeit und bedürfnislose Sparsamkeit sind nach ihr das hervorragendste Mittel, um die Selbstgewißheit der Gnadenerwählung zu erlangen [18].

Anmerkungen. [1] PLATON, Gorg. 527; Euthyd. 283. – [2] EPIKTET, Diss. III, 12. – [3] PHILO: De praemiis et poenis 100. – [4] Math. 10, 34ff.; Mark. 8, 34ff.; Luk. 14, 26ff. – [5] Röm. 6, 3ff.; Gal. 2, 19; Kol. 3, 3ff. – [6] Röm. 8, 13; 1. Kor. 9, 25ff.; Gal. 5, 16. 24; Kol. 3, 5. – [7] Kol. 2, 21ff.; 1. Tim. 4, 1-5. – [8] Theol. Wb. zum NT 1, 494. – [9] CLEMENS VON ALEXANDRIEN, Paedagogos I, 7, 57; Stromata I, 5, 31. – [10] Vgl. W. VÖLKER: Das Vollkommenheitsideal des Origenes (1931) 44ff. – [11] Gegen eine «vermeintliche A.» dieser Art wenden sich z. B. die Kanones der Synode von Gangra 340/341; vgl. I. D. MANSI, Sacrorum conciliorum nova et amplissima collectio II, 1101ff.; C. H. HEFELE, Conciliengesch. 1, 780ff. – [12] KANT, Met. Sitten. II Met. Anfangsgründe der Tugendlehre II, § 53. – [13] A. SCHOPENHAUER: Die Welt als Wille und Vorstellung. Werke, hg. HÜBSCHER (1949) 2, 451; 3, 695. – [14] F. NIETZSCHE: Also sprach Zarathustra II: Auf den glückseligen Inseln. Werke, hg. SCHLECHTA 2, 345. – [15] Der Wille zur Macht a. O., 3, 539; vgl. auch 3, 599. – [16] a. a. O. 3, 425. – [17] M. SCHELER: Der Formalismus in der Ethik und die materiale Wertethik. Werke 2, 246. – [18] M. WEBER, Aufsätze zur Religionssoziol. 1, ff. 84

Literaturhinweise. O. ZIMMERMANN: Lehrbuch der Aszetik (²1932). – M. VILLER und K. RAHNER: Aszese und Mystik in der Väterzeit (1939). – H. V. CAMPENHAUSEN: Die A. im Urchristentum (1949). – C. FECKES: Die Lehre vom christl. Vollkommenheitsstreben (²1953). – K. RAHNER: Über das Problem des Stufenwegs zur christl. Vollendung; Zur Theol. der Entsagung; Passion und Aszese, in: Schriften zur Theol. 3 (1956). – H. BRAUN: Spätjüdisch-häretischer und frühchristl. Radikalismus 1. 2 (1957). – E. PETERSON: Einige Beobachtungen zu den Anfängen der christl. A., in: Frühkirche, Judentum und Gnosis. Rom-Freiburg-Wien 1959. – Ferner die Art. ‹A.› in RGG³ (G. MENSCHING, H. BARDTKE, K. G. KUHN, F. LAU); LThK² (R. MOHR, R. SCHNACKENBURG, D. THALHAMMER, L. BEIRNAERT); Reallex. für Antike und Christentum (H. STRATHMANN, P. KESELING); Theol. Wb. zum NT (H. WINDISCH); Hb. theol. Grundbegriffe (F. WULF); Dict. de spiritualité ascétique et mystique (V. DE GUIBERT, M. OLPHE-GALLIARD, M. VILLER, A. WILLWOLL).   R. HAUSER

II. A. als «religiös begründete Enthaltung oder Einschränkung von Speise und Trank, Wohnung und Schlaf, Kleidung und jeglichem Besitz, vornehmlich die Enthaltsamkeit im engern Sinne, den zeitweiligen oder völligen Verzicht auf Geschlechtsverkehr» [1], ist eine religionsgeschichtlich weit verbreitete Erscheinung. Als temporäre A. wird sie bei Vorbereitung und Begegnung mit dem Sakralen geübt, vornehmlich bei Initiationsriten und kultischen Akten. Meist ist der Priester stärker als die Laien zu asketischen Übungen verpflichtet. Asketische Intentionen können innerhalb religiöser soziale Sonderformen begründen; so hat sich das asketische Mönchtum in der Klostergemeinschaft eine Sonderwelt geschaffen. Auch können einzelne Religionen ganz vom Gedanken der A. geprägt sein. Dies geschieht einerseits, wie im Gnostizismus, auf der Grundlage eines ausgeprägten metaphysischen Dualismus, der das Heil der Menschen an die Befreiung aus der Haft der Materie gebunden sieht. Andererseits kann A. auf einer Wertung der Welt als völliger Illusion (Sanskrit: *māyā*) beruhen, wie dies im Buddhismus der Fall ist. Die indischen Termini für A. sind das *tapas*, die innere «Glut», «kraft deren der einzelne sich über die Grenzen der gewöhnlichen Menschenkraft zu erheben vermag» [2], und der *yoga*, womit allgemein jede asketische Technik bezeichnet werden kann; das Wort ist von einer Wurzel *yuj* abzuleiten, die «ins Joch spannen» bedeutet.

Anmerkungen. [1] K. HEUSSI: Der Ursprung des Mönchtums (1936) 13. – [2] O. STRAUSS: Indische Philos. (1925) 25f.

Literaturhinweise. O. ZÖCKLER: A. und Mönchtum (1897f.). – E. FEHRLE: Die kultische Keuschheit im Altertum (1910). – O. HARDMANN: The ideals of ascetism. An essay in the comparative study of relig. (London 1924). – K. SKJELDERUP: Die A. (1928). – R. ARBESMANN: Das Fasten bei den Griechen und Römern (1929). – J. W. HAUER: Die Anfänge der Yogapraxis im alten Indien (1932). – M. ELIADE: Yoga. Essai sur les origines de la mystique indienne (Bukarest 1936).   G. LANCZKOWSKI

III. Mit dem Begriff der *innerweltlichen Askese* (i.A.) beschrieb MAX WEBER einen bestimmten historischen Typus normativer Regulierung sozialen Handelns, wie er in einigen protestantischen Glaubensrichtungen, vor allem im Kalvinismus, Pietismus, Methodismus und Täufertum und den aus diesen sich herleitenden Sekten wirksam war. Inhaltlich bestand diese in einer radikalen, ethisch verbindlichen Leistungsforderung, konkretisiert in *beruflicher* Leistung (insofern «innerweltlich») bei gleichzeitig strikt vorgeschriebenem Verzicht auf den Genuß der dabei legitim erworbenen materiellen wie immateriellen Vorteile (insofern «asketisch»).

Die i.A. ist eine der vier von M. Weber explizierten möglichen Orientierungskonsequenzen aus spezifischen Lösungen des Theodizeeproblems. Den Ausgangspunkt seiner Analyse bildete die Annahme, daß die Frage, «wie die ungeheure Machtsteigerung eines Gottes mit der Tatsache der Unvollkommenheit der Welt vereinbart werden könne, die er geschaffen hat und regiert» [1], und welche Folgerungen aus je spezifischen Antworten darauf für das soziale Handeln zu ziehen seien, für die Menschen des 16. und 17. Jh. *das* entscheidende Problem für die Sinngebung ihres Lebens darstellte [2]. Individuelles «Erlösungsbedürfnis» ist die sozialpsychologische unabhängige Variable der Untersuchung.

Drei reine «systematisch durchdachte Erledigungen des Problems der Weltunvollkommenheit» unterschied M. Weber: 1. Die *zarathustrische* Religion deutet Ungerechtigkeit und Sünde als Trübung der Reinheit der lichten Götter durch Berührung mit dem als unabhängig gedachten Bereich der Finsternis (regelmäßig auch mit der Materialität der Welt identifiziert). Der endliche Sieg des Guten steht fest, der Weg dahin besteht in der allmählichen Herausläuterung des Lichtes aus der Finsternis. 2. Der *Buddhismus* lehrte den Dualismus zwischen dem vergänglichen Geschehen der Welt und dem ruhenden Sein der ewigen Ordnung. Das Karma, als Summe aller bösen und guten Taten, entscheidet über den Abschnitt, der auf dem Wege zur ewig ruhenden Ordnung zurückzulegen ist. 3. Der *Kalvinismus* hatte den allmächtigen und aller menschlichen Einsicht vollständig entzogenen Gott etabliert, auf den Begriffe irdischer Gerechtigkeit nicht anwendbar sind, und der von Anbeginn über das irdische wie jenseitige Schicksal der Menschen souverän entschieden hat [3].

Bezüglich der Konsequenzen für das Handeln der Menschen fragte Weber nach den möglichen Wegen zu individuellem Heil. Dabei unterschied er zwischen resignativer Hinnahme auf der einen und tatkräftiger Bewältigung der Lebensbedingungen auf der anderen Seite. Für die erste Möglichkeit wählte er den Begriff «Mystik», für die zweite «Askese» [4]. Je nachdem sich das Handeln an jenseitigen oder diesseitigen Zielen orientiert, wurde es «außerweltlich» bzw. «innerweltlich» genannt. Daraus ergeben sich die vier Typen: «außerweltliche Mystik», «außerweltliche Askese», «innerweltliche Mystik» und «i.A.».

Die i.A. leitet Weber aus der Dogmatik des Protestantismus ab, speziell aus der Gnadenwahllehre, wie sie im Kalvinismus eine besondere Rolle spielt. Aus der Tatsache der absoluten Unmöglichkeit für den Nichterwählten, durch welche Mittel auch immer des Heils teilhaftig zu werden, folgt für den strengen Kalvinisten: 1. die Verwerfung aller magischen oder sakramentalen Rituale, 2. die Gnadenbedürftigkeit aller Kreatur und der ungeheure Abstand alles Kreatürlichen von Gott und daher 3. die Sünde der «Kreaturvergötterung» als Frevel an der Majestät Gottes.

Das ethisch richtige Handeln des Individuums in der Welt konnte daher nicht den Sinn haben, Jenseitschancen zu verbessern [5]. Wendet man den Blick von den dogmatisch intendierten auf die praktisch-psychologischen Konsequenzen dieser Lehre, so kann normgerechtes Handeln als *Symptom* der Zugehörigkeit zu den Erwählten gewertet werden: trotz aller Kreatürlichkeit ist die Welt der Ort, in der sich durch ethisches Handeln der individuelle religiöse Gnadenstand zu *bewähren* hat, das Bestehen der Welt wird zum methodisch gelebten Beruf, dessen Ertrag zum gerechten Lohn Gottes für die Frommen. Freilich ist gerade dem Erwählten der naive Genuß der erworbenen Güter als Kreaturvergötterung versagt, ebenso wie eine Hingabe an unkontrollierte Gefühle etwa der Erotik, der Gewalt aus persönlichen Motiven, an individuellen Machtgenuß, an ethisch irrationalen Kunstgenuß. Gottgewollt dagegen ist die nüchterne Zeugung und Aufzucht von Kindern, die Unterdrückung und Bestrafung der Sünde mittels rational installierter Justiz, die Herrschaft der Staatsordnung. In der Institutionalisierung einer solchen normativen Sozialordnung, die das systematisch kontrollierte Handeln in der Welt positiv und alle Hingabe an ethisch-irrationalen (in diesem Sinne: sinnlosen) Genuß negativ sanktionierte, sah Weber eine der entscheidenden Voraussetzungen für das Entstehen moderner ökonomischer (bes. kapitalistischer) und politischer Handlungssysteme. Freilich wurde im Laufe der Zeit die einstmals gültige religiöse Legitimation durch andere (säkulare) abgelöst.

Eine der Grundannahmen von Webers Religionsanalysen ist die, daß religiöse Ideen und Dogmatiken nur dann soziale Relevanz erlangen, wenn sie den spezifischen (nicht notwendig ökonomischen) Interessen einer sozialen Trägerschicht entgegenkommen. Den Kern seiner Kapitalismusaufsätze bildet dementsprechend die These von der Funktionalität der kalvinistischen Religion für das gewerblich-städtische Kleinbürgertum in seinem Kampf um ökonomischen Aufstieg und soziale Anerkennung gegen die etablierten Herrschaftsschichten.

Anmerkungen. [1] M. WEBER: Wirtschaft und Ges. (⁴1956) 315. – [2] Kritische Bemerkungen. Arch. Soz.wiss. 25 (1907) 248. – [3] Ges. Aufsätze zur Religionssoziol. (⁵1963) 1, 246f. – [4] a. a. O. [1] 328ff. – [5] a. a. O. 317.

Literaturhinweise. M. WEBER: Die protestantische Ethik und der Geist des Kapitalismus. Siebenstern-Taschenbuch 53/54. – TALCOTT PARSON: Introduction, in: M. WEBER: The sociol. of relig. (Boston 1963). – R. BENDIX: M. WEBER. Das Werk (1964).
W. M. SPRONDEL

Asozial nennt man umgangs- und rechtssprachlich Personen oder Gruppen, deren Verhalten über längere Zeit hinweg Mindestanforderungen ihrer sozialen Umgebung nicht genügt. In der Fachsprache der Soziologie, Sozialbiologie und Sozialpsychologie muß jedoch Asozialität von Antisozialität (Gemeinschaftswidrigkeit) und Anomie (nicht-gesellschaftskonformem Verhalten) unterschieden werden. Als asozial wird hier der Gemeinschaftsunfähige bezeichnet, der aufgrund umwelt- oder anlagebedingter charakterlicher Eigentümlichkeiten sich nicht in die soziale und sittliche Ordnung eines Gemeinwesens einzugliedern vermag.

Die im umgangs- und rechtssprachlichen Sinne Asozialen treten historisch als «vagi», «Zigeuner», «Jenische» auf. Sie sind in der Regel nicht gemeinschaftsunfähig, sondern bilden außerhalb der allgemeinen Gesellschaftsordnung stehende Gruppen, die nur ihnen eigentümliche Formen des Zusammenlebens – oft in Widerspruch zum übergreifenden Kulturraum – entwickelt haben. Man suchte sie zum Teil mit wechselndem Erfolg in «sozialen Isolaten» seßhaft zu machen.

Das Problem der Asozialen im fachsprachlichen Sinne ergibt sich erst nach der Auflösung der überkommenen ständischen Sozialverbände und der Durchbildung der Arbeitsteilung. Insbesondere in den aufkommenden Großstädten entstehen Wohnbezirke, in welchen die Asozialen zusammentreffen und nun erst sich selbst reproduzierende Heiratskreise bilden. Es handelt sich um weithin erziehungsunfähige Personen, die dauernd auf den Unterhalt durch das Gemeinwesen angewiesen sind.

Literaturhinweise. H. W. KRANZ und S. KOLLER: Die Gemeinschaftsunfähigen (1939-41). – H. GÖBBELS: Die Asozialen (1947). – H. W. JÜRGENS: Asozialität als biol. und sozialbiol. Problem (1961). – H. ARNOLD: Vaganten, Komödianten, Fieranten und Briganten (1958); Soziale Isolate im Mosel-Saar-Nahe-Raum (1964).
W. ROESSLER

Assimilation/Dissimilation

I. – 1. Bei genereller Betrachtung bezeichnet ‹*Assimilation*› (A.) die Umwandlung körperfremder Substanzen in Zellmaterial. Es existiert ein prinzipieller Unterschied zwischen der A. der photosynthetisch tätigen grünen Pflanze (Prinzip der Autotrophie [1]) und der «oxydativen» A. [2] der nicht-grünen Organismen, d. h. der Tiere, Pilze und der meisten Bakterien (Prinzip der Heterotrophie [3]). Die verschiedenen Formen der A. bilden die stoffliche und energetische Grundlage des Lebens [4]. Die Thermodynamik lebender Systeme (Bioenergetik) zeigt, daß das Energiepotential zwischen Wasserstoff und Sauerstoff die wesentliche Triebkraft des Lebensprozesses ist.

Zur Geschichte des A.-Begriffs: ARISTOTELES und die seinem Weltbild Folgenden verneinten das Vorhandensein einer A. in den Pflanzen: Vorgeformte Körperstoffe lägen im Boden bereit und würden ohne Verwandlung einverleibt. – Erst MALPIGHI, MARIOTTE und HALES lösten sich von dieser Vorstellung und gelangten zu einem noch recht vagen A.-Begriff, indem sie eine aktive Transformation der aufgenommenen Nahrungsstoffe postulierten [5]. – Auch PRIESTLEY, INGEN-HOUSZ und SENEBIER, die ersten erfolgreichen Experimentatoren in der Faktorenanalyse des A.-Prozesses, gingen von einem unscharfen A.-Begriff aus, da ihre Vorstellungen im Rahmen der noch alchemistisch beeinflußten Phlogistontheorie blieben [6]. Erst die Begründung der modernen Chemie durch LAVOISIER (korrekte Formulierung der alchemistischen «fixen Luft» als Kohlendioxyd, des Wassers als Wasserstoffoxyd) ermöglichte eine richtige Interpretation der ersten A.-Experimente [7]. Mit genauer Methodik wies DE SAUSSURE die Notwendigkeit der Aufnahme von Kohlendioxyd und Wasser nach sowie die aus dem A.-Geschehen resultierende Sauerstoffentbindung. Er bestimmte als erster den A.-Quotienten O_2/CO_2 [8]. Anfänglich wurde der Terminus ‹A.› überhaupt noch nicht verwendet. Man begnügte sich mit Umschreibungen («Ernährung aus der Luft», «Tages-Atmung», «Wachstum», «végétation» u. a.). Etwa ab 1800 dürfte der Terminus in Gebrauch gekommen sein. In BISCHOFFS terminologischem Werk [9] wird er in der heutigen Bedeutung präsentiert, allerdings in der Einengung auf den Stoffwechselaspekt. Der so wesentliche energetische Aspekt der A. wurde durch J. R. MAYER [10] eingebracht. Bei ihm erscheint das Licht als Kraft, die in den Pflanzen «die chemische Differenz» erzeugt. Die moderne Forschung hat erwiesen, daß es sich hierbei um die Photolyse des Wassers handelt.

PFEFFER [11] prägte die Begriffe ‹photosynthetische A.› und ‹chemosynthetische A.› (letzteres für eine autotrophe Gruppe spezialisierter Bakterien), die in der Folgezeit zu ‹Photo-› und ‹Chemosynthese› verkürzt wurden und den Terminus ‹A.› weitgehend verdrängt haben. Als Oberbegriff bleibt der Ausdruck ‹A.› jedoch notwendig, da er auch die «oxydative» A. der heterotrophen Organismen umfaßt.

Unter *Photosynthese* oder *Kohlensäure-A.* versteht man die lichtabhängige Erzeugung von Zellmaterial aus den energetisch geringwertigen anorganischen Verbindungen Kohlendioxyd und Wasser. Der Prozeß wird angetrieben durch den von der Sonne zur Erde gelangenden Energiestrom. Die Lichtenergie wird in den chlorophyllführenden Zellstrukturen in biochemische Energie transformiert, welche die Reduktion des Kohlendioxyds, ebenso aber auch die Nitrat- und Sulfatreduktion ermöglicht.

Unter *oxydativer A. der Heterotrophen* versteht man die Umwandlung organischer Nährstoffe in Zellmaterial mit Hilfe des aus der Dissimilation stammenden Energie- und Baustoffpotentials. Die hierbei ablaufenden endergonischen Synthesen sind von der exergonischen Energiebilanz des Dissimilationsgeschehens abhängig.

2. Der Gegenbegriff zu ‹A.› ist ‹*Dissimilation*› (D.). Der Terminus bezeichnet den biologischen Abbau von organischem, energetisch hochwertigem Material zum Zwecke der Energiegewinnung und zur Bereitstellung von einfacheren Bausteinen für Biosynthesen. Die D. ist bei den heterotrophen Organismen die alleinige Stoffwechselbasis für die oxydative A.

Die größte Energieausbeute wird erzielt, indem bei vollständiger D. (Terminaloxydation) der Wasserstoff von dem organischen Substrat abgespalten und in der mitochondrialen Atmungskette mit dem molekularen (aus der Photosynthese in die Atmosphäre gelangten) Sauerstoff zu Wasser reagiert. Vom Standpunkt der theoretischen Biochemie wird der Lebensprozeß somit durch eine «gesteuerte Knallgasreaktion» [12] angetrieben. Die exergonische Wiedervereinigung von Wasserstoff und Sauerstoff zu Wasser ist der Gegenpart zur endergonischen Photolyse des Wassers während der Photosynthese. Der assimilatorischen Kohlendioxydfixierung steht die dissimilatorische Kohlendioxydentbindung gegenüber.

Zur Geschichte des D.-Begriffs: Analog zum A.-Begriff ist auch die begriffliche Erfassung der D. an die Begründung der modernen Chemie durch LAVOISIER [13] geknüpft. Ihm gebührt das Verdienst, Abbau und Atmung als Oxydationsprozeß erkannt zu haben. Die Bruttogleichung einer unvollständigen («anaeroben») D. wurde am Beispiel der alkoholischen Gärung erstmalig durch GAY-LUSSAC [14] formuliert. BERZELIUS [15] stellte die Verbindung zwischen dem D.-Phänomen und der Katalyse her. Die Erforschung der Biokatalyse (Enzymforschung) in den verschiedenen D.-Modi ist bis heute ein Zentralproblem des Zellstoffwechsels geblieben [16]. Seit ca. 1940 ist eine Bedeutungsverminderung des Terminus ‹D.› eingetreten. ‹D.› ist aus dem Sprachgebrauch nahezu eliminiert. Als Ersatztermini finden sich: ‹biologische Oxydation›, ‹Zellatmung›, ‹Katabolismus›, ‹Abbau›.

A. und D. sind somit bereits zu Begriffen der Wissenschaftshistorie geworden. Ihr zeitlicher Anwendungsbereich fällt nahezu mit der Blütezeit der «klassischen» Physiologie zusammen (ca. 1810–1940).

Anmerkungen. [1] W. PFEFFER: Pflanzenphysiol. 1: Stoffwechsel (^{2}1897). – [2] H. G. SCHLEGEL: Der chemolithotrophe Stoffwechsel. Naturwissenschaften 40 (1960) 49. – [3] PFEFFER, a. a. O. [1]. – [4] J. R. MAYER: Die organischen Bewegungen in ihrem Zusammenhange mit dem Stoffwechsel (1845). – [5] J. SACHS: Gesch. der Botanik (1875). – [6] W. E. LOOMIS: Early hist. of the study of photosynthesis. Hb. Pflanzenphysiol. V/1 (1960) 86. – [7] A. L. LAVOISIER: Traité élémentaire de la chimie (Paris 1789). – [8] N. T. DE SAUSSURE: Rech. chim. sur la végétation (Paris 1804). – [9] W. BISCHOFF: Hb. der bot. Terminol. und Systemkunde 1 (1833) 13. – [10] MAYER, a. a. O. [4]. – [11] PFEFFER, a. a. O. [1]. – [12] H. NETTER: Theoret. Biochem. (1959). – [13] LAVOISIER, a. a. O. [7]. – [14] L. J. GAY-LUSSAC: Sur l'analyse de l'alcool et de l'éther sulfurique, et sur les produits de la fermentation. Ann. Chim. et Phys. 95 (1815) 311. – [15] J. J. BERZELIUS: Jahresber. phys. Wiss. 15 (1836) 237. – [16] M. THOMAS: Hist. of plant respiration. Hb. Pflanzenphysiol. XII/1 (1960) 1.

Literaturhinweise. M. MALPIGHI: Anatome plantarum (London 1675). – S. HALES: Vegetables statics (1727). – J. INGEN-HOUSZ: Experiments upon vegetables, discovering their great power of purifying common air in the sunshine and of injuring in the shade and at night (London 1779). – A. L. LAVOISIER s. Anm. [7]. – N. T. DE SAUSSURE s. Anm. [8]. – W. BISCHOFF s. Anm. [9]. – J. R. MAYER s. Anm. [4]. – W. PFEFFER: Studien zur Energetik (1892); s. auch Anm. [1]. – H. A. KREBS und H. L. KORNBERG: Energy transformations in living matter (Berlin 1957). – F. LEUTHARDT: Lehrb. der physiol. Chem. (^{14}1959). – H. NETTER s. Anm. [12]. – M. CALVIN und J. A. BASSHAM: The photosynthesis of carbon compounds (New York 1962). – H. G. SCHLEGEL: Allg. Mikrobiol. (1969).

H. REZNIK

II. ‹A.› und sein Gegenbegriff ‹Dissimilation› bedeuten in der Sinnespsychologie beim Farbensehen – nach HERING [1] – den Wiederaufbau (A.) und -abbau (Dissimilation) dreier Sehsubstanzen, demzufolge Farbempfindung entsteht. ‹A.› im weiteren Sinne bezeichnet – so bei WUNDT [2] – die Verschmelzung früher wahrgenommener Elemente mit einem neu hinzutretenden zu einer neuen Verbindung. Allgemein besteht A. in der Veränderung gegebener Bewußtseinsinhalte durch die gleichzeitige Wirkung neuer anderer. Besonders deutlich ist sie bei Reproduktionsvorgängen – als einer Vermengung von Perzeptionen mit Apperzeptionen. Bei Gefühlen – nach LEHMANN [3] – bildet das Verhältnis der A.- und Dissimilationsvorgänge die physiologische Grundlage, indem sie durch Bewußtwerden zu Lust oder Unlust werden.

Bei PIAGET [4] erhält der A.-Begriff im Rahmen seiner Theorie der intellektuellen Entwicklung beim Kinde eine sehr spezielle Bedeutung, die er jedoch analog zu biologischen A.-Vorgängen verstanden wissen will. A. stellt neben der Akkommodation eine Komponente der biologischen und psychologischen, insbesondere aber der intellektuellen Adaptation eines Individuums dar. ‹A.› bezeichnet den Vorgang der Übernahme von Bestandteilen der Umgebung in den Funktionszyklus des Organismus und ihre Angleichung an seine Organisation. Diese Übernahme besteht im biologischen Bereich z. B. in der Aufnahme der Nahrung und deren Angleichung an die chemische Beschaffenheit des Organismus. Im psychologischen, speziell im kognitiven Bereich werden psychisch repräsentative Bestandteile der Umgebung des Individuums in seine bereits vorhandene oder sich aufbauende intellektuelle Organisation aufgenommen und ihr angeglichen. Als Akkommodation bezeichnet Piaget den komplementären Vorgang der Einstellung der Organisation auf das zu Übernehmende durch eigene Veränderung. Beide Prozesse streben einem Gleichgewicht, dem Zustand der Adaptation, zu.

C. G. JUNG definiert A. einmal als eine besondere Einstellung einer Versuchsperson im Experiment, die durch eine starke Tendenz gekennzeichnet ist, falsche Vermutungen über das Versuchsziel anzustellen. Diese Einstellung oder A. führt zu einer Entstellung der Versuchsergebnisse [5]. Jung verwendet aber den Begriff A. auch in einer der bisher aufgeführten Bedeutungen ähnlicheren Weise. A. bedeutet im Rahmen seiner Theorie von der Dynamik des Unbewußten die Aufnahme und Integration von Inhalten des Unbewußten in die Struktur des Ich; dabei erfährt das Ich selbst ebenfalls eine Veränderung. Er spricht auch von A., wenn – im Falle einer schwachen Ich-Struktur – das Unbewußte sich des Ich bemächtigt und eine «Verwischung und Verdunkelung des Ichbewußtseins und eine Identität desselben mit einer vorbewußten Ganzheit entsteht» [6].

In der Sozialpsychologie spricht man gelegentlich beim Sozialisierungsprozeß von A., wenn z. B. «Fremde» als Mitglieder in einen Sozialkörper aufgenommen werden, sich eingliedern.

Anmerkungen. [1] E. HERING: Zur Lehre vom Lichtsinne. Mittheilungen an die Kaiserl. Akad. Wiss. Wien (1878) 79. 81ff. – [2] W. WUNDT: Grundzüge der physiol. Psychol. 2 (^{6}1910) 436;

3 (⁶1911) 502. – [3] A. LEHMANN: Die Hauptgesetze des menschl. Gefühlslebens (1892) 339; Grundzüge der Psychophysiol. (1912) 369. – [4] J. PIAGET: La naissance de l'intelligence chez l'enfant (Neuchâtel 1936). – [5] C. G. JUNG: Die Dynamik des Unbewußten (1967) 108. – [6] a. a. O. 256.   A. HAJOS

III. Orientiert an der Verwendung in Biologie, Medizin und Linguistik findert der Terminus ‹A.› seit Mitte des 19. Jh. Eingang in das anthropologisch-ethnologische Schrifttum. Zuweilen wird der synonyme Ausdruck ‹Assimilierung› gebraucht. Gegenbegriff zu A. ist ‹Dissimilation›. Wird A. im undifferenzierteren Verständnis als Angleichungsprozeß zwischen verschiedenartigen Ethnien und Zivilisationen (engl. races) auch später angetroffen (in Formulierungen wie «reciprocal accomodation», «process of growing alike» [1]), beginnen frühzeitig Divergenzen des Sinngehalts, je nachdem spezielle Wandlungsbereiche, Wandlungsgrade, Auswirkungen, Intentionen der beteiligten Parteien, eine Vorgangsrichtung, bestimmte Mechanismen der A. den (ausschließlichen) definitorischen Akzent setzen. Vereinzelt erscheinen biologische Auffassungen, die ein Verschmelzen auf das «exogene Heiraten» und «enge Zusammenwohnen bei Naturvölkern» zurückführen [2]. Häufiger wird A. zitiert als wichtigstes Agens der Völker- und Staatengenese, manchmal im Sinne von (erpreßtem) Eingliedern Unterworfener in das Volk des Siegers [3], sonst als komplexer, Kämpfen folgender «Amalgamierungsprozeß» von «kleinsten, primitiven, syngenetischen Gruppen zu großen Gesamtheiten, zu Völkern, Nationen und Rassen» [4]. Schließlich wird A. zu sozietären Einheiten im *freiwilligen*, «demokratischen» Vollzug gesehen, wogegen der «aristokratische», erzwungene im letzten zu Partikularismen und Dissimilationen führt [5].

Später zwingen neue, nah benachbarte Begriffe (Akkulturation, Fusion) sowie die Fülle empirischen Materials zur engeren Fassung des A.-Begriffes. Gegen A. als «*gegenseitige* Durchdringung und Vermischung» vorwiegend geistiger Güter [6] setzt sich die Auffassung durch von einer *einseitigen*, im Extremfall restlosen Umwandlung einer schwächer fundierten Zivilisation in Richtung auf eine klar überlegene [7]. Zur Unterscheidung werden *bilaterale* Vereinheitlichungen «cultural fusion» genannt [8]. Eine sichere Abgrenzung gegen den *Akkulturationsbegriff* gelingt nicht, da A. manchmal ein Teilvorgang von Akkulturation [9] oder ihre letzte Konsequenz [10], schließlich der über Kulturübernahmen hinausgehende Teil von *Anpassungen* [11] sein soll. – MÜHLMANN findet im Anschluß an ausführliche Untersuchungen von Ausgleichsvorgängen im *Gesinnungswandel* das wichtigste Kriterium von A., die zu verstehen wäre als «Übergang kleinerer oder größerer Teile eines bestimmten Volkstums in ein anderes Volkstum, verbunden mit einem Wechsel der ethnischen Selbstzuordnung, d. h. der Volkstums-Gesinnung» [12].

Anmerkungen. [1] F. H. GIDDINGS: The elements of sociol. (New York/London 1898) 49. 70. – [2] A. BASTIAN: Das Beständige in den Menschenrassen und die Spielweite ihrer Veränderlichkeit (1868) 52. – [3] TH. WAITZ: Anthropol. der Naturvölker 1 (1859) 423. 425. – [4] L. GUMPLOWICZ: Der Rassenkampf (1883) 254. – [5] S. E. SIMONS: Social A. Amer. J. Sociol. 6 (1900) 801. 813. – [6] R. E. PARK und E. W. BURGESS: Introduction to the sci. of sociol. (Chicago ²1921) 735f. – [7] The Social Science Research Council: Acculturation. Amer. Anthropologist 56/6 (1954) 988. – [8] a. a. O. 987. – [9] R. REDFIELD, R. LINTON und M. J. HERSKOVITS: Memorandum on the study of acculturation. Amer. Anthropologist 38/1 (1936) 47. – [10] R. L. BEALS: Anthropol. today, hg. S. TAX (Chicago 1953) 389. – [11] E. WILLEMS: On the concept of A. Amer. Anthropologist 57/3 (1955) 625. – [12] W. E. MÜHLMANN: Rassen, Ethnien, Kulturen (1964) 173.

Literaturhinweise. S. E. SIMONS: Social A. Amer. J. Sociol. 6 (1900) 790ff.; 7 (1901) 53ff. 234ff. 386ff. 539ff. – Encyclop. social sci. (New York 1950) Art. ‹A.› – A. HULTKRANTZ: General ethnol. concepts. Int. dict. of regional European ethnol. and folklore 1 (Kopenhagen 1960). – W. E. MÜHLMANN: Homo creator (1962); s. Anm. [12].   A. V. GAGERN

Assoziation

I. Der Sache nach lassen sich Regeln der A. bis in die antike Philosophie zurückverfolgen (vgl. Eggertz, Coleridge, Hamilton); den Begriff und die philosophische Lehre von der Ideen-A. begründet jedoch J. LOCKE [1]. Er hebt die natürliche Wechselbeziehung und Verbindung («natural correspondence and connexion») der Ideen ab von der Ideenverbindung durch Zufall oder Gewöhnung («owing to chance or custom»), eben der Ideen-A. [2]. Letztere bestimmt Denk-, Handlungs-, Bewegungsgewohnheiten: «Custom settles habits of thinking in the understanding, as well as of determining in the will, and of motions in the body; all which seem to be but trains of motion in the animal spirits, which, once set a-going, continue in the same steps they have been used to; which, by often treading, are worn into a smooth path, and the motion in it becomes easy and, as it were, natural» [3]. – Die meisten Sympathien und Antipathien [4] und die meisten Irrtümer [5], besonders der Fanatismus philosophischer und religiöser Sekten [6], sind auf Ideen-A. zurückzuführen, aber mit der Zeit heilbar [7].

D. HUME nennt als Faktoren, die die A. begründen: Ähnlichkeit («resemblance»), Kontiguität («contiguity in time or space») und Ursache-Wirkung («cause», «effect») [8]. Komplexe Vorstellungen entstehen durch A. einfacher Vorstellungen. Als Eigenschaften der menschlichen Natur werden unterschieden: die «association of ideas», die «association of impressions», die nur auf Ähnlichkeit beruht, und ihre gegenseitige Unterstützung, wenn sie bei einem Objekt zusammentreffen. «These principles, which forward the transition of ideas, here concur with these, which operate on the passions; and both uniting in one action, bestow on the mind a double impulse» [9].

A. GERARD übernimmt Humes A.-Theorie und versucht damit die verschiedenen Arten des Genies zu erklären. Die A. ist eine «operation of fancy» [10], die sich bei jedem Menschen findet, doch in verschieden starker Intensität: «In a man of genius, the power of association is so great, that when any idea is present to his mind, it immediately leads him to the conception of those that are connected with him» [11].

D. HARTLEY [12] bildet die A.-Theorie auf physiologischer Grundlage. Er beruft sich auf Locke [13] und J. Gay [14] und verbindet die A.-Theorie mit der Lehre von den Gehirnschwingungen [15]. «One may expect, that Vibrations should infer A. as their Effect, and A. point to Vibrations as its Cause» [16]. Nicht nur die einfachen Vorstellungen der Wahrnehmung (sensations), auch die aus ihnen entstandenen komplexen, intellektuellen Vorstellungen finden ihre Erklärung in einfachen bzw. komplexen Schwingungen von kleinen «infinitesimalen» Gehirnpartikeln [17]. Die ethische Konsequenz der A.-Lehre ist der Gegensatz zur These von der menschlichen Willensfreiheit [18]. Hartley unterscheidet zwei Arten der A.: synchrone und sukzessive A., bei Gleichzeitigkeit bzw. unmittelbarer zeitlicher Folge von Wahrnehmungen [19]. Hartleys Lehre wird erst von J. PRIESTLEY [20] entdeckt und verbreitet.

Besonderen Einfluß hat die A.-Theorie in England auf A. TUCKER [21] und E. DARWIN [22], der aus ihr die

Evolutionslehre und damit die Erklärung der Instinkte ableitet. TH. BROWN [23] unterscheidet von den primären Gesetzen der A.: resemblance, contrast, contiguity, die sekundären Gesetze: vivacity, recentness, frequent repetition. TH. REID [24] bemerkt kritisch zu Locke, daß starke A. nicht allein A. von Vorstellungen seien (ideas), sondern auch von Leidenschaften (passions) und Gefühlen (emotions); ebenso kritisch wendet er gegen Hume ein, daß schöpferische Einbildungskraft nicht auf A. reduzierbar sei: «If the attractions of ideas are the sole causes of the arrangement of thought in the fancy, there is no use for judgement or taste in any composition nor indeed any room for their operation» [25].

In der *französischen* Philosophie formuliert CH. BONNET eine A.-Lehre auf physiologischer Grundlage [26]. Auch die Tiere sind gewisser Ideen-A. fähig, aber nur von Ideen der sinnlichen Wahrnehmung, nicht von Ideen, die aus intellektuellen Abstraktionen entstanden sind [27]. Dagegen reduziert G. BUFFON den Fortschritt, das Sprechen, das Denken auf die Ideen-A., die den Menschen vom Tier unterscheidet [28].

Unter dem Einfluß von Bonnet und CH. G. BARDILI, der die Gesetze der Gedanken-A. von den Naturgesetzen der Erscheinungen ableitet [29], wirkt die A.-Lehre auf die *deutsche* Aufklärungsphilosophie, besonders auf M. HISSMANN [30]. J. N. TETENS [31] definiert das «Gesetz der Association der Ideen» nach Koexistenz und Ähnlichkeit: «Die Vorstellungen werden auf einander wieder erwecket nach ihrer vorigen Verbindung und nach ihrer Ähnlichkeit». Das A.-Gesetz bestimmt aber nur die Vorstellungstätigkeit der Reproduktion (Einbildungskraft, Phantasie), nicht aber das «Dichtungsvermögen»: «Ist nur ein Gesetz der Phantasie bey der Reproduktion der Vorstellungen. Ist kein Gesetz der Verbindungen der Ideen zu neuen Reihen» [32].

KANT bestimmt die A. als subjektiven und empirischen Grund der Regeln der Reproduktion, die ihren objektiven Grund der Möglichkeit in der Affinität des Mannigfaltigen haben [33]. Dagegen wird die Einbildungskraft im Geschmacksurteil, «in ihrer Freiheit betrachtet ... erstlich nicht reproduktiv, wie sie den Associationsgesetzen unterworfen ist, sondern als produktiv und selbsttätig (als Urheberin willkürlicher Formen möglicher Anschauungen) angenommen» [34]. Kant nennt als physiologisches Korrelat zur A. das Wasser «der Gehirnhöhle, welches die daselbst sich endigenden Nervenbündel» einerseits von einander *sondert*, damit sich die Empfindungen durch dieselben nicht vermischen, anderseits eine durchgängige *Gemeinschaft* unter einander bewirkt» [35]. – HEGEL kritisiert die englische Theorie der Gesetze der Ideen-A.: «Die Gesetze dieser Ideen-A. heißen weiter nichts als die passive Ordnung der Vorstellungen; was *zugleich* gesehen, reproduziert sich auch miteinander usf. Diese Willkür ist die leere Freiheit, denn ihr Inhalt ist noch ein andrer; sie liegt bloß in der Form und geht nur diese an» [36]. Es handelt sich weder um Gesetze von Ideen, sondern um bloße Bilder; es ist nur das «Spiel eines gedankenlosen Vorstellens» [37].

Die A.-Theorie ist Kennzeichen der *englischen empiristischen Psychologie* des 19. Jh., die auch die Sinneswahrnehmungen und Gefühle in die A.-Lehre einbezieht und diese zum grundlegenden Erklärungsprinzip der Psychologie macht. J. MILL [38] nimmt die A.-Theorie des 18. Jh. auf, besonders die Humes und Hartleys, und erweitert die A.-Gesetze, ausgehend von der Theorie der Gefühle. W. HAMILTON faßt A. nicht allein passiv, sondern auch als von der Aktivität des Ich bestimmt auf. Er stellt die bisher genannten Regeln der A. zusammen. A. tritt ein bei: 1. Kontiguität in der Zeit; 2. Kontiguität im Raum; 3. Beziehung von Ursache und Wirkung, Mittel und Zweck, Ganzes und Teilen; 4. Kontrast oder Ähnlichkeit; 5. gleicher Kraft oder verschiedenen Kräften auf ein Objekt gerichtet; 6. Objekten, die Zeichen und Bezeichnetes sind; 7. Objekten, die zufällig gleichklingend benannt sind. Er reduziert die Gesetze auf zwei: «law of Simultaneity» und «law of Resemblance or Affinity», die er zusammenfaßt im «law of Redintegration»: «Thoughts which have once coexisted in the mind are afterwards associated» [39]. A. BAIN [40] nennt die Gesetze der A. («law of contiguity», chapt. I, «law of similarity» chapt. II, «compound association», chapt. III, «constructive association», chapt. IV) die fundamentalen Attribute des Denkens oder der Intelligenz, die die geistige Reproduktion von Handlungen, Wahrnehmungen, Gedanken, Gefühlen regeln. Mit dem Gesetz der konstruktiven A. bezieht er auch die Fähigkeit der Bildung neuer Kombinationen ein.

H. SPENCER untersucht die Assoziierbarkeit von Empfindungen [41] und der Beziehungen zwischen Empfindungen. Er formuliert das Gesetz der A. folgendermaßen: «Thus, the fundamental law of association of relations, like the fundamental law of association of feelings, is that each, at the moment of presentation, aggregates with its like in past experience. The act of recognition and the act of association are two aspects of the same act» [42]. Entgegen der Hypothese einer durch den Schöpfer prästabilierten Harmonie als Erklärung des Verhältnisses zwischen inneren und äußeren Relationen erscheint, dank der A.-Theorie, die empiristische These evident, daß die äußeren Relationen die inneren hervorbringen [43]. So entsprechen die psychischen Relationen in einem Organismus den physischen Relationen [44].

Zu den *Gegnern* der empiristischen Psychologie auf der Grundlage der A.-Theorie zählen u. a. in *England* der Philosoph F. H. BRADLEY und die Vertreter der analytischen Psychologie, so J. WARD, G. F. STOUT; im 19. Jh. in *Deutschland* ED. V. HARTMANN, vom Standpunkt einer Philosophie des Unbewußten [45], DILTHEY und seine Schule und später die *Gestaltpsychologie*.

Ein *soziologischer* A.-Begriff – A. als Prozeß oder Ergebnis freiwilliger Vergesellschaftung – findet sich im 18. Jh. bei ROUSSEAU [46]. Dieser begreift «agrégation» als Sklavenherrschaft, die im Gegensatz zu «association» weder öffentliches Wohl («bien public») noch politische Körperschaft («corps politique») kennt. – Die Forderung nach freiwilligen genossenschaftlichen Zusammenschlüssen zu «Produktiv-A.» wird erhoben von den Frühsozialisten SAINT-SIMON, CH. FOURIER, L. BLANC, F. LASSALLE. ‹A.› wird dann im 19. Jh. als Synonym für ‹Genossenschaft› gebraucht [47]. E. M. MACIVER unterscheidet A. als organisierte Gruppe mit bestimmter Funktion oder Zweck, der man aus gemeinsamem Interesse angehört, von der zwangsverpflichtenden *Institution* [48].

Anmerkungen. [1] J. LOCKE: Essay conc. human understanding (London ⁴1700) II, 33 (erst in dieser Aufl. eingefügt, vgl. LOCKES Brief an Molyneux vom 26. 4. 1695). – [2] a. a. O. II, 33, § 5. – [3] § 6. – [4] § 7. – [5] ebda. – [6] § 18. – [7] § 13. – [8] D. HUME: A treatise of human nature (London 1739/40) I, 1, 4: «Of the Connection or A. of Ideas». – [9] a. a. O. I, 1, 4f. – [10] A. GERARD: An Essay on genius (1774, Neudruck 1966) 40. – [11] a. a. O. 43. – [12] D. HARTLEY: Observations on man, his frame, and his expectations (London 1749). – [13] a. a. O. ch. 1, prop. 10. – [14] HARTLEY, Preface to WILLIAM KING: An Essay on the origin of evil (London ²1732). – [15] Berufung auf NEWTON: Principia; Optics. – [16] a. a. O. [12] ch. 1, Introduction. – [17] ch. 1, prop. 4.

11. – [18] Conclusions to part I. – [19] ch. 1 prop. 10. – [20] J. PRIESTLEY: Hartley's theory of the human mind, on the principle of the A. of ideas (London 1775). – [21] A. TUCKER: Light of nature (1768-1778). – [22] E. DARWIN: Zoonomia (London 1794-1796). – [23] TH. BROWN: Philos. of the human mind (Edinburgh 1820) lect. 34-37. – [24] TH. REID: Essays on the intellectual powers of man (Edinburgh 1785) Ess. 4, ch. 4. – [25] ebda.; vgl. TETENS und KANT. – [26] CH. BONNET: Essai analytique sur les facultés de l'âme (London 1749) I, 182; II, 287. – [27] a. a. O. I, 200. – [28] G. BUFFON: Hist. nat. gén. et partic. 18 (Paris, An X = 1802). – [29] CH. G. BARDILLI: Über die Gesetze der Ideen-A. (1796). – [30] M. HISSMANN: Lehre von der A. der Ideen (1776). – [31] J. N. TETENS: Philos. Versuche über die menschl. Natur und ihre Entwicklung 1 (1777) 1. Vers, Kap. XIII. – [32] a. a. O. Kap. XIV. – [33] KANT, KrV A 99ff. – [34] KU Akad.-A. 5, 240. – [35] An Soemmerring 10. Aug. 1795. Akad.-A. Briefwechsel 3, 32. – [36] HEGEL, Jenenser Realphilos. Werke, hg. HOFFMEISTER 2, 181. – [37] Encyclop. § 376. Werke, hg. GLOCKNER 6, 267. – [38] J. MILL: Analysis of the phenomena of the human mind (London 1829). – [39] W. HAMILTON: Lectures on met. (Edinburgh 1859) lect. 31/32; vgl. auch J. ST. MILL: An examination of Sir William Hamilton's philos. (London 1865) ch. 11. 14. – [40] A. BAIN: The senses and the intellect (London ³1868) Abschn. ‹Intellect›. – [41] H. SPENCER: The principles of psychol. (London ²1899) § 111ff. 129ff. – [42] a. a. O. § 120. – [43] § 189. – [44] § 190. – [45] Vgl. z. B. ED. V. HARTMANN: Grundriß der Psychol. (1908) Teil A, 7. – [46] J.-J. ROUSSEAU: Du contrat social (Paris ¹1762) I, 4. – [47] So z. B. F. H. SCHULZE-DELITZSCH, A.-Buch für dtsch. Arbeiter (1853). – [48] R. M. MACIVER: Society (New York 1937).

Literaturhinweise. S. T. COLERIDGE: On the law of A., its hist. traced from Aristotle to Hartley, in: Biographia literaria (London 1817) ch. 5. – TH. A. RIBOT: Quid D. Hartley de consociatione idearum senserit ... disputabat T. Ribot (Paris 1872): La psychol. anglaise contemporaine (Paris 1870). – C. EGGERTZ: Den grekiska filosofiens betydelse för läran om förnimmelsernas association (Stockholm 1877). – A. VAVASSEUR: Etudes hist. sur l'A. (Paris 1879). – A. BAIN: On A. controversies. Mind 11 (1886). – W. HAMILTON: Contribution towards a hist. of the doctrine of mental suggestion or A., in: TH. REID: Philos. Works (Edinburgh ⁸1895, Nachdruck 1967). – D. MARKUS: Die A.-Theorien im 18. Jh. (1901). – E. CLAPARÈDE: L'A. des idées (Paris 1903). – L. FERRI: La psychol. de l'A. depuis Hobbes (Paris 1903). – W. POPP: Krit. Entwicklung des A.-Problems (1913). – H. C. WARREN: A hist. of A. psychol. (New York 1921). W. SPANIER

II. A. kann in der Psychologie als eines der ältesten und fruchtbarsten Konzepte zur Beschreibung oder Erklärung von Erfahrungszusammenhängen angesehen werden. Das Wort ‹A.› bezeichnet die Vergesellschaftung, Verknüpfung, Verschmelzung, Assimilation mehrerer seelischer Inhalte (Vorstellungen, Gefühle usw.). In der psychologischen Lerntheorie ist A. auch gleichbedeutend mit Konditionierung, d. h. der «gelernten» zeitweiligen Verbindung von Reizen und Reaktionen [1].

In der Psychologie des 19. Jh. wird der Begriff in enger Übereinstimmung mit seiner Bedeutung in der zeitgenössischen Philosophie verwendet. A. werden zu den Grundtatsachen psychischen Geschehens gerechnet [2]. LIPPS sieht in ihnen «Ausdruck und unmittelbare Betätigung der Einheit des Geistes» [3]; vergleichbaren Wert spricht den A. HERBART zu [4]. LIPPS trennt ursprüngliche von ‹gewordenen› A.: Vorstellungen, die aufgrund ihrer Ähnlichkeit oder ihres Kontrastes assoziiert sind, gehören seiner Ansicht nach natürlich zusammen, während A. durch Kontiguität (Gleichzeitigkeit) stets durch das «Aufeinandertreffen der Vorstellungen in der Seele» erst geschaffen werden [5]. Für HÖFFDING wirken A. durch Ähnlichkeit und A. durch Berührung zusammen. Die erste Art der A. ist dabei Voraussetzung für die zweite, da für die Reproduktion einer mit einer Vorstellung *a* assoziierten Vorstellung *b* erst *a* wiedererkannt werden muß, d. h. eine Reproduktion aufgrund der A. durch Ähnlichkeit erfolgen muß [6].

Ausgehend von den klassischen A.-Experimenten (seit F. GALTON [7]), werden bereits *bestehende* A. mit den Verfahren der freien oder kontrollierten A., aber auch beispielsweise mit Hilfe des «semantischen Differenzierens» nach C. E. OSGOOD [8] analysiert. Untersucht werden dabei die Art und Stärke (intraindividuelle Auftretenswahrscheinlichkeit) sowie die Verbreitung assoziativer Verknüpfungen in einer Population, die sogenannten A.-Normen [9].

Im besonderen liefert die Analyse «freier» A., wie sie in verbalen A.-Ketten oder als Reaktionswörter in einem A.-Test faßbar werden, diagnostische Anhaltspunkte für seelische Fehlhaltungen. Ausgehend von FREUD [10] gilt die Erfragung von freien A. als wesentliches diagnostisches Hilfsmittel in der Psychoanalyse und Psychotherapie [11].

Die «kontrollierte» A., d. h. A. unter auferlegten Bestimmungen, erlaubt die Abschätzung sogenannter A.-Reservoirs [12].

Mit Hilfe des «semantischen Differenzierens», d. h. der Einstufung von Beurteilungsobjekten auf Skalen zwischen jeweils zwei polar gegensätzlichen Begriffen (meist Adjektive wie z. B. alt – neu), und des korrelativen Vergleichs von mehreren so gewonnenen «Polaritätsprofilen» lassen sich Bedeutungsanalysen durchführen [13]. Beim semantischen Differenzieren handelt es sich also um eine Kombination von kontrollierten A. (durch die Vorgabe von polaren Begriffen) und Skalierungsverfahren. Die vorgegebenen A., deren «assoziative Nähe» zum Reizwert eingestuft werden soll, erlauben jedoch nur konnotative, nicht denotative Bedeutung zu erfassen, wie Kritiker Osgoods sehr bald einwendeten [14]. Die Bedeutungshaltigkeit von Wörtern wird in der Sprachpsychologie (Psycholinguistik) auch über die Anzahl ihrer assoziativen Beziehungen zu anderen Wörtern bestimmt, so z. B. von C. E. NOBLE [15]; J. DEESE entwickelt den Ansatz von Noble weiter, indem er die Hypothese aufstellt, daß die Verteilung der auf ein Reizwort gegebenen A. als dessen Bedeutung (assoziative Bedeutung) interpretiert werden kann [16]. Die allgemeine A.-Psychologie bemüht sich weiterhin seit H. EBBINGHAUS um die experimentelle Erforschung der Gesetzmäßigkeiten und Determinanten des *Zustandekommens* von A. (A.-Gesetze) [17]. Die wichtigsten A.-Determinanten sind Kontiguität, Assimilation, Frequenz, Intensität, Dauer, Kontext, Bekanntheitsgrad und Komposition sowie auch spezifische individuelle Differenzen, wie E. S. ROBINSON hervorhebt [18].

Formalisierende und quantifizierende moderne Lerntheorien halten das Prinzip der Kontiguität zur Erklärung des Entstehens von Reiz-Reaktions-Verbindungen für ausreichend [19], wobei zusätzlich das Konzept der Bekräftigung (reinforcement) in Anspruch genommen wird [20].

Insbesondere werden Auswendiglernen und Üben weitgehend als Stiftung von A. verstanden, wobei es sich nach EBBINGHAUS um A. in unmittelbarer, mittelbarer oder auch rückläufiger Folge handeln kann. Verkettungen von Elementen über gemeinsame Zwischenglieder heißen bei E. W. SCRIPTURE [21] «vermittelte A.» oder «Ähnlichkeits-A.». C. E. OSGOOD spricht in diesem Zusammenhang von «mediation models» [22]. In der Theorie des Vergessens wird die gegenseitige Hemmung von A. (Interferenz) zur Erklärung des Vergessensvorganges herangezogen [23].

Anmerkungen. [1] E. R. HILGARD und G. H. BOWER: Theories of learning (New York 1948). – [2] Vgl. TH. LIPPS: Grundtatsachen des Seelenlebens (1883). – [3] Zur Psychol. der Kausalität. Z. Psychol. 1 (1890) 254. – [4] J. F. HERBART: Lehrb. der Psychol. Werke, hg. K. KEHRBACH 4 (1891) – [5] LIPPS, a. a. O. [2] 96. – [6] H. HÖFFDING: Psychol. in Umrissen auf der Grundlage der

Erfahrung (¹1882, ⁵1914). – [7] F. GALTON: Inquiry into human faculties (London 1883). – [8] C. E. OSGOOD, G. J. SUCI und P. H. TANNENBAUM: The measurement of meaning (Urbana 1957). – [9] G. H. KENT und A. J. ROSANOFF: A study of A. in insanity. Amer. J. Insanity (1910). – [10] S. FREUD: Zur Psychopathol. des Alltagslebens (1904). – [11] C. G. JUNG: Diagnostische A.-Studien (1906-1911); C. L. HULL und L. S. LUGOFF: Complex signs in diagnostic free A. J. exp. Psychol. 4 (1921) 111-136. – [12] W. A. BOUSFIELD und C. H. SEDGEWICK: An analysis of sequences of restricted associative responses. J. gen. Psychol. 30 (1944) 149-165. – [13] OSGOOD u. Mitarb., a. a. O. [8]; P. R. HOFSTÄTTER: Über Ähnlichkeit. Psyche 9 (1955) 54-80. – [14] R. W. BROWN: Is a boulder sweet or sour? Cont. Psychol. 3 (1958) 113-115. – [15] C. E. NOBLE: An analysis of meaning. Psychol. Rev. 59 (1952) 421-430. – [16] J. DEESE: On the structure of associative meaning. Psychol. Rev. 69 (1962) 161-175. – [17] H. EBBINGHAUS: Über das Gedächtnis (1885). – [18] E. S. ROBINSON: A. theory today (1932). – [19] E. R. GUTHRIE: A. by contiguity, in: S. KOCH: Psychol. 2 (1959); V. W. VOEKS: Formalization and clarification of a theory of learning. J. Psychol. 30 (1950) 341-363. – [20] W. K. ESTES: The statistical approach to learning theory, in: S. KOCH: Psychol. 1 (1959). – [21] E. W. SCRIPTURE: Über den assoziativen Verlauf der Vorstellungen. Wundts philos. Stud. 7 (1892). – [22] OSGOOD u. Mitarb., a. a. O. [8]. – [23] J. A. MCGEOCH: Forgetting and the law of disuse. Psychol. Rev. 39 (1932) 352-370).

Literaturhinweise. C. L. HULL: Mathematico-deductive theory of rote learning (1940). – K. FOPPA: Lernen, Gedächtnis, Verhalten (1965). K. H. STÄCKER

Assoziationspsychologie. Unter ‹A.› werden psychologische Theorienbildungen verstanden, die seelische Vorgänge bzw. das Verhalten von Organismen mit dem Konzept der Assoziation und einem oder mehreren Assoziationsprinzipien zu beschreiben oder zu erklären suchen. Als Synonym zu A. findet man – meist bei der Übersetzung fremdsprachiger Lektüre – auch den Ausdruck ‹Assoziationismus›.

A. ist die dominierende Psychologie des 19. Jh. Geist oder Seele werden hier als aus unzähligen separaten seelischen Inhalten, meist «Vorstellungen» genannt, zusammengesetzt («Elementarismus») und durch Assoziationen verbunden gedacht – ebenso wie das Gehirn aus separaten Zellen mit nervösen Verbindungen bestehen sollte. Im Sinne eines psychophysischen Parallelismus gelten beispielsweise schon für D. HARTLEY die Assoziationsprinzipien sowohl für den Geist als auch für den Körper [1].

Nach ARISTOTELES und dessen «Primärgesetzen» [2] der Assoziation haben die Philosophen des englischen Empirismus stärksten Einfluß auf die Ausbildung einer A. ausgeübt. W. WUNDT, der Begründer der deutschen akademischen Psychologie, nimmt die Assoziation als psychisches Fundamentalprinzip an [3].

Die A. hat mit H. EBBINGHAUS [4], G. E. MÜLLER [5], W. WUNDT [6] wirkungsvoll zur Entwicklung einer experimentellen Psychologie beigetragen. J. M. K. CATTELL arbeitet 1887 über sogenannte kontrollierte, 1889 über freie Assoziationen und erstellt erste Assoziationsnormen (Normen für die Verbreitung assoziativer Verknüpfungen in einer Population oder/und intraindividuelle Auftretenswahrscheinlichkeiten). Er resümiert im Zusammenhang mit den Assoziationsreaktionen: «... they lay bare the mental life in a way that is startling and not always gratifying» [7]. Auf dieser Erkenntnis gründet auch die klassische psychoanalytische Methode der freien Assoziation: Der Patient bildet ungestört Ketten von Assoziationen, die ihm spontan einfallen. Die freien Assoziationen sollen dem Therapeuten Einblick in dem Patienten unbewußte psychische Zusammenhänge gewähren [8].

Neben ihrem Einfluß auf die Tiefenpsychologie hat die A. insbesondere auf den Behaviorismus und die moderne psychologische Lerntheorie Einfluß gewonnen. Dies gilt vor allem für die Kontiguität (das zeitlich-räumliche Zusammensein) als Erklärungsprinzip für das Entstehen von Reiz-Reaktions-Verbindungen. Jede Stimulation tendiert überdies dazu, die Reaktion hervorzurufen, die mit ähnlichen Reizen von früher her assoziiert ist [9].

Die sogenannte empiristische, elementaristische, funktionalistische und lernpsychologische Orientierung der A. ist vor allem in den Schulen der *Ganzheits*psychologie und *Gestalt*psychologie auf *Kritik* gestoßen. So bestreitet beispielsweise W. METZGER den «Zufall des räumlich-zeitlichen Zusammentreffens» als einzige Ursache der Verknüpfung seelischer Inhalte [10]. In den letzten Jahren wird erneut von dem Gestaltpsychologen ASCH der Gültigkeitsbereich des Prinzips der Assoziation durch Kontiguität in Frage gestellt. Asch wendet sich damit gegen die von vielen Behavioristen vertretene Ansicht, Reiz-Reaktions-Verknüpfungen durch raum-zeitliche Nähe seien Grundlage aller Lernvorgänge. Zumindest noch die Annahme einer Verknüpfung durch Ähnlichkeit sei notwendig: Um den Reiz a mit der Reaktion b dauerhaft verbinden zu können, muß a bei wiederholtem Erscheinen zunächst wiedererkannt werden, d. h. seine Ähnlichkeit oder Gleichheit mit dem Reiz a beim ersten Auftauchen muß erst festgestellt werden, ehe die Assoziation (Reaktion) b erfolgen kann [11]. Dieses Argument übernimmt Asch von HÖFFDING, der es bereits 1882 geäußert hatte [12]. Zur Schließung der von Kritikern geltend gemachten «Determinationslücken» in der Theorie der A. wurden Konzepte wie «determinierende Tendenz» [13], «Einstellung» [14], «Erwartung» [15], «Motivation» [16] oder auch «Schema» [17] angeboten.

Anmerkungen. [1] D. HARTLEY: Conjecturae quaedam de motu, sensus et idearum generatione (London 1746). – [2] TH. BROWN: Lectures on the philos. of the human mind (Edinburgh ¹⁶1846). – [3] W. WUNDT: Grundzüge der physiol. Psychol. (⁶1908-1911). – [4] H. EBBINGHAUS: Über das Gedächtnis (1885). – [5] G. E. MÜLER: Zur Analyse der Gedächtnisfähigkeit und des Vorstellungsverlaufes. Z. Psychol. Erg.Bd. 5 (1911); 8 (1913); 9 (1917). – [6] WUNDT, a. a. O. [3]. – [7] J. M. K. CATTELL: Experiments on the association of ideas. Mind 12 (1887) 68-74. – [8] S. FREUD: Zur Psychopathologie des Alltagslebens (1904); C. G. JUNG: Diagnostische Assoziationsstudien (1906-1911). – [9] H. CARR: Psychol. (New York 1925); E. R. GUTHRIE: The psychology of learning (New York ²1952). – [10] W. METZGER: Psychologie (²1954). – [11] S. ASCH: The doctrinal tyranny of associationism: Or what is wrong with rote learning, in: TH. R. DIXON und D. L. HORTON: Verbal behavior and general behavior theory (Englewood Cliffs, N.J. 1968) 214-228. – [12] H. HÖFFDING: Psychol. in Umrissen auf der Grundlage der Erfahrung (¹1882, ⁵1914) 255ff. – [13] N. ACH: Analyse des Willens (1935). – [14] ACH, a. a. O. – [15] PH. LERSCH: Aufbau der Person (⁸1962). – [16] C. F. GRAUMANN: Einf. in die Psychol. 1: Motivation (1969). – [17] TH. HERRMANN: Psychol. der kognitiven Ordnung (1965).

Literaturhinweise. H. C. WARREN: Hist. of the A. (1921). – W. DENNIS: Readings in the hist. of psychol. (1948). – E. G. BORING: A hist. of exp. psychol. (²1957). K. H. STÄCKER

Asthenisch/sthenisch. ‹Asthenisch› (griech. ἀσθενής) bedeutet allgemein schwach, kraftlos, ‹sthenisch› (σθενής) das Gegenteil. Schon in der *Stoa* wird die «Asthenie», die sich in der «Atonie» des Seelenplasmas äußert, für die Genese der Affekte und – wenn die Schwäche besonders ausgeprägt ist – für die Entstehung seelischer Krankheiten verantwortlich gemacht [1]. – KANT unterscheidet zwischen sthenischen und asthenischen Affekten [2], W. T. KRUG zwischen ‹asthenisch› und ‹hypersthenisch› als Ausdruck für übermäßige Stärke [3].

E. KRETSCHMER [4] führt die Bezeichnung ‹asthenisch› in Anknüpfung an B. STILLER [5] und J. BAUER [6] in die *medizinische* Psychologie ein und nennt so zuerst einen der drei Haupttypen des Körperbaus, den er später jedoch als ‹leptosom› bezeichnet [7]. Seitdem meint ‹asthenisch› nur noch die extremen Ausprägungen und eigentlichen Kümmerformen des leptosomen Typs und charakterisiert einen mageren, schmalaufgeschossenen Menschen: «der größer erscheint als er ist, von saft- und blutarmer Haut, von den schmalen Schultern die muskeldünnen Arme mit den knochenschlanken Händen herabhängend, ein langer, schmaler, flacher Brustkorb, ... ein dünner, fettloser Bauch und Gliedmaße wie die oberen» [8].

Ohne Beachtung eines möglichen Zusammenhanges zwischen der physischen Konstitution und psychischen Merkmalen sprach bereits P. JANET [9] bei der Interpretation gewisser neurotischer Störungen von einer *psychischen* Asthenie (psychasthénie); sie äußert sich nach seiner Beschreibung u. a. durch depressive und antriebslose Stimmungen. C. G. JUNG sieht in der Psychasthenie eine neurotische Ausprägung des introvertierten Persönlichkeitstypus [10]. Den Ausdruck ‹Neurasthenie› (wörtlich: Nervenschwäche) verwendet MC DOUGALL für ein ähnliches Symptomenbild, wie Janet und Jung es beschrieben; in der Wahl seines Terminus impliziert McDougall jedoch eine neurologische Grundlage asthenischer Verhaltensmerkmale [11].

Als allgemeinen Persönlichkeitsfaktor versteht R. B. CATTELL die Asthenie. Die asthenische Persönlichkeit ist nach seinen Untersuchungen an einer großen Stichprobe von Personen gekennzeichnet durch Unterwürfigkeit gegenüber Autoritäten, Empfänglichkeit für Gruppendruck, vorwiegende Beschäftigung mit der eigenen Person, extreme Standpunkte und Neigung zu Ängsten und Entmutigung [12].

Anmerkungen. [1] Vgl. M. POHLENZ: Die Stoa. Gesch. einer geistigen Bewegung (1948) 1, 147f.; 2, 80. – [2] KANT, Anthropol. I, § 76. – [3] W. T. KRUG: Allg. Handwb. philos. Wiss. (1827) Art. ‹Asthenie›. – [4] E. KRETSCHMER: Körperbau und Charakter. Untersuchungen zum Konstitutionsproblem und zur Lehre von den Temperamenten (1921) 13f. – [5] B. STILLER: Die asthenische Konstitutionskrankheit, Asthenia universalis congenita (1907). – [6] J. BAUER: Die konstitutionelle Disposition zu inneren Krankheiten (1917). – [7] KRETSCHMER, a. a. O. [4] z. B. (1948) 17. 21. – [8] a. a. O. (^{25}1967) 24f. – [9] P. JANET: L'état mental des hystériques (Paris 1894). – [10] C. G. JUNG: Psychol. Typen (^{9}1960). – [11] W. MCDOUGALL: An outline of abnormal psychol. (London 1926). – [12] R. B. CATTELL: Personality and motivation. Structure and measurement (New York 1957). G. MITTELSTÄDT

Ästhetik, ästhetisch. – 1. Das Wort ‹Ä.› hat sich als Titel des Zweiges der Philosophie eingebürgert, in dem sie sich den Künsten und dem Schönen in der Allgemeinheit zuwendet, daß die Künste in ihrer gegenwärtigen Gestalt und in ihrer europäischen und außereuropäischen Geschichte gleicherweise als ästhetischer Gegenstand und die sie begleitenden Theorien Platons oder Plotins, des Mittelalters oder Kants, Schellings und Hegels als ästhetische Theorien gelten. Die Geschichte der Ä. soll mit «der Schaffung einer poetischen Welt in Griechenland» [1] beginnen, in den Ansätzen und Anfängen jedoch auch auf die alte chinesische und indische Philosophie verweisen [2].

a) In solchem universellen Gebrauch von ‹Ä.› und ‹ästhetisch› ist bis auf den Namen verschwunden, daß Ä. von A. G. BAUMGARTEN (1714–1762) 1735 in den ‹Meditationes philosophicae de nonnullis ad poema pertinentibus› [3] als eine neue, erst auszubildende Wissenschaft gefordert wird [4]. 1742 wird von ihm in Frankfurt a. O. zum ersten Mal in der Geschichte der Philosophie Ä. als Vorlesung vorgetragen, aus der dann die 1750 veröffentlichte, nicht vollendete lateinische ‹Aesthetica› hervorgeht [5]. 1748 hatte G. F. MEIER den ersten Teil der ‹Anfangsgründe aller schönen Wissenschaften›, dem 1749 der zweite, 1750 der dritte Teil folgten, veröffentlicht und damit der schwer zugänglichen Ä. Baumgartens, sie aufnehmend und darin Eigenes und Übernommenes verbindend, Verbreitung und Wirksamkeit gegeben [6]. Von da an wird ‹Ä.› schnell zum Modewort; JEAN PAUL kann 1804 sagen: «Von nichts wimmelt unsere Zeit so sehr als von Aesthetikern» [7].

Mit der neuen Wissenschaft, deren Entstehung A. Baeumler «ein Ereignis von umfassender geschichtlicher Bedeutung» im Zusammenhang «einer der wichtigsten Umwälzungen innerhalb des europäischen Selbstbewußtseins überhaupt» nennt [8], nimmt die Philosophie das Problem auf, daß ihr als rationaler, auf klare und deutliche Erkenntnis gegründeter Wissenschaft die Dichtung und mit ihr «Mahlerei, Musik, Bildhauer- und Bau-Kunst, Kupferstechen, und was man sonst zu denen schönen und freien Künsten rechnet» [9] mit dem Anspruch auf eine Wahrheit entgegentreten, die die Philosophie als ein ihr «in ihrer Höhe Fernliegendes» und ihr «Entgegengesetztes» [10] außer sich hat. Die Philosophie wird geschichtlich mit der von Frankreich und England ausgehenden, im Deutschland des 18. Jh. aufgenommenen Bewegung konfrontiert, in der sich die schönen Künste aus der Herrschaft der Vernunft und aus der für sie in einer zweitausendjährigen Tradition verbindlichen Einordnung in die freie und mechanische Künste gleicherweise umgreifende, auf Einsicht und auf Anwendung von Regeln beruhende Kunst (τέχνη, ars) emanzipieren und zu dem Organ werden, in dem die Welt, die im Gemüt und Herz der sich der Aufklärung des Verstandes entgegensetzenden Innerlichkeit im Fühlen und Empfinden gegenwärtig ist, ausgesagt und dargestellt wird. Alles, was für BAUMGARTEN dem Dichter (und dem nach seinem Vorbild verstandenen Künstler [11]) als «schönem Geist» (ingenium venustum et elegans connatum) [12] und als «felix aestheticus» [13] die Gabe des «schönen Denkens» verleiht, gehört dem sich bildenden Reich der Subjektivität und der Begründung der Künste aus ihr an: der schöne Geist selbst (ingenium, Genie) in seiner Wohlgewachsenheit, das Archetypische des Kreativen, Erregbarkeit der ganzen Seele, des Fühlens und Empfindens, Urteilskraft, Geschmack, Einbildungskraft, Hellsichtigkeit, Gedächtnis, sublimes Denken und Empfinden, Größe des Herzens und der Gesinnung, Enthusiasmus [14].

Die Ä. ist nach G. F. MEIER von ihrem «Erfinder» Baumgarten als «besondere Wissenschaft» aus Materialien aufbaut, die «in neuester Zeit» vortreffliche Männer (wie BOUHOURS, BOILEAU, POPE, J. U. KÖNIG, CROUSAZ und besonders die Schweizer BODMER und BREITINGER) behandelten [15]; bei BAUMGARTEN übernimmt sie als philosophische Disziplin die Aufgabe, die Konfrontierung von Philosophie und Kunst zu durchbrechen, indem sie den Bereich des sinnlichen Empfindens und Fühlens als ein bisher von der Philosophie «unbestelltes Feld» [16] in deren Zusammenhang hineinnimmt, um so die Wahrheit von Dichtung und Kunst mit der Wahrheit der Philosophie zu versöhnen [17]. Diese Versöhnung hat die Form der Erweiterung der Philosophie durch die Ä.; diese tritt als «Wissenschaft von der sinnlichen Erkenntnis», als «gnoseologia inferior» [18] und als «logica facultatis cognoscitivae inferioris» [19] zur Logik als «Wissenschaft von der Lenkung des Erkenntnisvermögens zur Erkenntnis der Wahrheit» [20] hinzu. Es gilt für sie: «Aesthetica nostra sicuti logica» [21]. Sie erhält in der Aufnahme der von den «griechischen Philosophen» und von den «Vätern» eingeführten Unterscheidung des Vernünftigen (νοητά) und des Sinnlichen (αἰσθητά) ihren Namen: «Sunt ergo νοητα cognoscenda facultate superiore objectum logices, αἰσθητα ἐπιστημης αἰσθητικης sive Aestheticae» [22].

Mit der Ä. nimmt Baumgarten die nicht mehr auf Logik reduzierbare sinnliche Erkenntnis in das System der Philosophie hinein und erfüllt damit die Forderung BILFINGERS, daß sich diejenigen finden mögen (vellem existerent), die für die sinnliche Erkenntnis ein Organon schaffen, so wie Aristoteles durch sein ‹Organon› «die Logik als Fähigkeit des Beweisens in eine Ordnung gebracht hat» [23]. Aber zugleich verliert damit bei BAUMGARTEN die Logik und die auf sie gegründete rationale Erkenntnis ihr Monopol; sie hört auf, allein «Wißenschaft der Verbeßerung des Erkenntnißes» zu sein; sie wird auf den Verstand in seiner engeren Bedeutung eingeschränkt [24]. Baumgarten hält dabei daran fest, daß Empfinden und Fühlen der Leitung durch Vernunft und Verstand unterstehen (intellectus et ratio ... directores omnium pulcre cogitatorum) [25], sofern Sinnlichkeit in der durch die Psychologie der Schule vorgegebenen Ordnung, in der sie – so wie die Morgenröte zwischen Nacht und Tag – [26] zwischen dem «dunklen Grund der Seele» und der oberen klaren und deutlichen Erkenntnis steht. Aber diese Herrschaft vermag nicht eine «tyrannis» zu sein [27]. Der Geist tritt in zwei Klassen auseinander, neben dem «logischen Horizont» erhält der «aesthetische Horizont» sein eigenes Recht [28]. Baumgarten hat in den ‹philosophischen Briefen› den Plan einer «aesthetischen Empirik» unter Berufung auf Bacon und Boyle entworfen, in der auch die «Waffen der Sinnen» und deren Werkzeuge – «Vergrößerungs- und Fern-Gläser, künstige Ohren ... Barometer, Thermometer» usf. behandelt werden sollen [29]. In der posthum erschienenen ‹Sciagraphia› skizziert Baumgarten eine Astrologie, Wahrsagekunst, Physiognomie, Numismatik, Emblematik usf. umfassende aesthetische «Wißenschaft der Zeichen» (scientia signorum, characteristica semiologica [30]), die dann in G. F. MEIERS ‹Auslegungskunst› aufgenommen wird [31]. Aber diese Ansätze im Ausbau einer allgemeinen Ä. als Gnoseologie des unteren Erkenntnisvermögens bleiben ohne Wirkung. Mit der Ä.-Vorlesung BAUMGARTENS und mit seiner ‹Aesthetica› (1750) treten der angeborene schöne Geist, der «felix aestheticus» und die von ihm im schönen Denken hervorgebrachte Dichtung und Kunst in den Mittelpunkt. Das wird von Baumgarten systematisch aus der Abstraktheit der Philosophie begriffen, in diese klare und deutliche Erkenntnis gewinnt, indem sie vom Menschen und von dem absieht, was Welt in der Beziehung zu ihm ist, so wie eine Marmorkugel die Fortnahme des ihre Form freigebenden Steines fordert (Quid enim est abstractio, si iactura non est?) [32]: «Wenn man den Philosophen als einen Fels vorstellet, der bis über die Hälfte in die Wolken geht ..., so vergißt man den Menschen» [33]. G. F. MEIER nimmt die Kritik der Zeit am «Logicus» und am «Stubengelehrten» in ihrer vollen Schärfe auf und stellt ihm die Menschlichkeit des «Aestheticus» entgegen: Da «nur der geringste Theil unserer Erkenntnis deutlich ist, so getraue ich mir zu behaupten, daß ein bloßer practischer Aestheticus unendliche mal volkomener sey, als ein blosser practischer Logicus»; während dieser eine «schulfüchsische und düstere Creatur», ein «Baum ohne Blätter und ohne Blüthen», «unerträglich und lächerlich» ist, sei der Aestheticus «menschlich». «Die schönen Wissenschaften beleben den ganzen Menschen». Sie machen «die Wege eben, worauf die Wahrheit in die Seele ihren Einzug halten kan» [34]. Die Ä. sucht daher für die schönen Künste und die schönen Wissenschaften «gute Prinzipien» zur Verfügung zu stellen [35] und sie der Vielfalt der Meinungen [36] und ihres Widerstreits in einer neuen Begründung zu entreißen. Der Rückgriff auf sie als auf die heidnischen Wissenschaften soll für G. F. Meier die Barbarei fernhalten, in die der Geist in den «finstern Zeiten» versunken war, obwohl man in ihnen die höheren Wissenschaften immer pflegte; sie soll vor ihrer Wiederkehr bewahren, die man erwarten müßte, wenn man «bloß mathematisch zu demonstriren» fortfahren würde [37]. So wird der Mensch in seinem empfindenden und fühlenden Verhältnis zur Welt mit der Ä. zum Subjekt, dem in den schönen Wissenschaften und in den Künsten die Wahrheit, die die seine ist, als ästhetische Wahrheit vergegenwärtigt wird. Die Ä. – das wird von Baumgarten angedeutet – tritt in Beziehung zur Trennung der Welt und Natur in ihrem kopernikanischen «objektiven» Begriff von dem, was Welt und Natur in ihrer sinnfälligen Gegenwart sind: Der Lauf der Sonne durch die Sternbilder im fortgehenden Jahre, wie ihn der Hirte vor Augen hat, kommt in dem Begriff nicht vor, in dem ihn der Astronom als Physiker und Mathematiker denkt [38]. Wenn ein Dichter, der nicht weit vom Meere wohnt, sagt, «daß die Morgenröthe aus dem Meere hervorsteige», so ist dies zwar für den Verstand falsch, hat aber ästhetische Wahrheit [39]. Wo die ganze Natur als Himmel und Erde des menschlichen Lebens philosophisch und im objektiven Begriff der kopernikanischen Natur ungesagt bleibt, übernimmt es die Subjektivität, sie im Empfinden und Fühlen gegenwärtig zu halten, und Dichtung und Kunst bringen sie ästhetisch zur Darstellung. Mit der Herrschaft der «zerlegenden Wissenschaft» wird, so heißt es später bei CARUS, die «ewig fortdauernde Weltschöpfung» auf die «freie Pro- und Reproduktion des Kunstgenies» verwiesen [40].

Das «auf schöne Weise Denken, in dem der schöne Geist aesthetisch das Kunstwerk hervorbringt», ist die Form, in der für BAUMGARTEN Empfinden und Fühlen zum Grund einer ästhetischen Repräsentation von Welt werden. Die fortgehende Verbindung von Schönheit und ästhetischer Kunst hat hier ihren Grund: Sie besagt, daß Kunst ästhetisch die Vergegenwärtigung der sonst metaphysisch begriffenen Welt übernimmt. ‹Schön› ist einmal die Kennzeichnung der Fähigkeit, empfindend und fühlend von dem, was ist, angerührt zu werden und Rührung und Empfindung des Herzens hervorzurufen. ‹Schön denken› und ‹rührend denken› sind synonym [41]. Baumgarten knüpft dafür an CHR. WOLFFS Definition an, daß schön sei, was gefällt (quod placet dicitur pulchrum) [42]. Aber zugleich wird die Ä. als Theorie der schönen Kunst von BAUMGARTEN zur «Wissenschaft des Schönen» [43], zur «Metaphysik des Schönen» erweitert [44]: Was subjektiv im schönen Denken vergegenwärtigt wird, ist Welt in ihrer Vollkommenheit (perfectio). In der ‹Metaphysik› Baumgartens ist ‹Vollkommenheit› der Begriff, durch den in der Fügung der Teile und des Mannigfaltigen zur Harmonie [45] und Ordnung [46] Welt als Einheit begriffen wird, in der sie Gottes Vollkommenheit erkennen läßt [47] und mit allen Kreaturen sein Ruhm ist [48], so daß Einheit «Grund und Brennpunkt» der Vollkommenheit dieser Welt ist [49]. Indem Baumgarten Vollkommenheit auch zum Prinzip des schönen Denkens in der Zusammenstimmung der Gedanken, ihrer Ordnung und ihrer Darstellung (Bezeichnung) macht [50] und Schönheit als Vollkommenheit sensitiver Erkenntnis zum Ziel der Ä. erhebt [51], erhält diese die Aufgabe, als Schönheit die Vollkommenheit von Welt zu vergegenwärtigen: «Was der Geschmack im weiteren Sinne beobachtet, ist die als Schönheit scheinende Vollkommenheit der Welt» (perfectio phaenomenon s. gustui latius dicto observabilis est pulcritudo) [52].

Das Schaffen des ästhetischen Dichters und Künstlers wird auf die Natur bezogen, die die Vollkommenheit und Einheit von Welt hervorbringt: «natura ... et poeta producunt similia». Dichter und Künstler sind Macher und Schöpfer eines Werks, das ästhetische Welt im Verhältnis zu der abstrakt in ihrer Vollkommenheit von der Philosophie begriffenen Welt ist [53].

So wird in Baumgartens Ä. die Wende zur ‹Subjektivität› und zur Begründung der Künste aus ihr im Verhältnis zur Philosophie und ihrem Weltbegriff systematisch gedeutet. Die ästhetische Kunst ist wahrhafte Kunst, so hat dies dann HEGEL aufgenommen, «die dann erst ihre höchste Aufgabe [löst], wenn sie sich in den gemeinschaftlichen Kreis mit der Religion und Philosophie gestellt hat und nur eine Art und Weise ist, das Göttliche, die tiefsten Interessen des Menschen, die umfassendsten Wahrheiten des Geistes zum Bewußtsein zu bringen und auszusprechen» [54]. Aber zugleich sucht BAUMGARTEN, indem er Kunst zum Gegenstand der Ä. als einer der Logik zugeordneten philosophischen Disziplin macht, diese dadurch mit der Philosophie zu versöhnen, daß er die Begründung der ästhetischen Kunst in die Philosophie hineinnimmt und sie der Führung ihres höheren Begriffs unterordnet. Die ästhetische Wahrheit wird als «analogon rationis» im Sinne von WOLFF begriffen [55]. Sie behält bei BAUMGARTEN in Analogie zur Logik als «ars analogi rationis» [56] die Aufgabe, zwar nicht mehr im Sinne der technischen Regeln, der Poetik und der traditionellen Kunstlehren, sondern in aus dem allgemeinen Grunde des Ästhetischen abgeleiteten Regeln [57] die Hilfe zu geben, ohne die der schöne Geist «verrauhen» würde [58], und ihn fähig zu machen, das Vollkommene als Schönheit aufzufassen und darzustellen.

b) In der Nachfolge Baumgartens bleibt die Ä. zunächst als philosophische Disziplin – noch im Felde der im Sinne von G. F. MEIER miteinander verbundenen schönen Künste und schönen Wissenschaften [59] – auf dem von Baumgarten vorgezeichneten Weg. J. J. ESCHENBURG versteht sie als Theorie der sinnlichen Erkenntnis des Schönen, Schönheit als sinnlich erkannte Einheit des Mannigfaltigen [60], ähnlich K. v. DALBERG [61]; für J. A. EBERHARD bleibt Ä. Wissenschaft der Regeln der Vollkommenheit der sinnlichen Erkenntnis [62]. Für J. G. SULZER liegt die Größe Baumgartens in der «Lehre vom Schönen» als «sinnlich Vollkommenen» [63]. Ä., so definiert E. SCHNEIDER, ist Theorie der sinnlichen Erkenntnis des Schönen, die Künste sind Darstellung sinnlicher Vollkommenheit [64]. J. H. ABICHT schlägt vor, statt ‹Ä.› «Lehre der Gefühlskunst» zu sagen; sie könne ohne eine richtige Theorie unseres Gefühlslebens «nicht Erhebliches» leisten [65]. Für F. ÜBERWASSER muß die Psychologie der Bestimmung der ästhetischen Grundsätze und deren Anwendung vorarbeiten [66].

In diesem Zusammenhang kündigen sich zugleich die Momente an, die Ä. als philosophische Disziplin und Versuch, die ästhetische Kunst in das System der Philosophie aufzuheben und in ihm zu begründen, in Frage stellen. Für K. H. HEYDENREICH, dessen 1790 erscheinendem ‹System der Ä.› im letzten Jahrzehnt des Jahrhunderts neben K. TH. A. M. V. DALBERGS ‹Grundsätzen› u. a. H. ZSCHOKKES ‹Ideen zu einer psychologischen Ä.› (1793), J. G. HEUSINGERS ‹Handbuch der Ä.› (1797) folgen, steht der für die Ä. zuständige Philosoph und philosophische Kritiker mit dem «empfindsamen Kunstpolyhistoren» in einem Feld: er muß selbst «Genie zur Kunst» besitzen, damit die Ä. – nicht «ein System bloß für Philosophen von Profession» – diejenigen erreiche, denen die Natur mit der «schönen Gabe der Empfindsamkeit» den «Geist des Denkens» verliehen hat [67]. 1804 bemerkt J. A. EBERHARD rückblickend, daß «unser Vaterland», als «zuerst die Ä. unter den Deutschen erschien», «noch nicht die Meisterwerke [hatte], die es jetzt den Werken seiner Nachbarn an der Seite setzen kann». Damals sei Ä. «in den Regionen der Speculazion ... in dem kunstmässigen Gewande eines schulgerechten Systems» gewesen. Jetzt können den Künstler und den Freund der Kunst die «hohen Spekulazionen» nur irreführen [68].

Die Kunst beginnt sich der schulgerechten Begründung in einer philosophischen Disziplin zu entziehen, die ästhetische Reflexion die Kunst aus sich selbst und in ihrer Funktion zu begreifen. Das steht in unmittelbarem Zusammenhang nicht nur mit den gegenwärtigen Meisterwerken, auf die Eberhard verweist, sondern mit dem Prozeß, in dem schließlich die Künste aller Zeiten und Völker zu ästhetischer Präsenz gelangen. HERDER schreibt 1768: «Der Eingeweihete in die Geheimnisse aller Musen und aller Zeiten und ... aller Werke» kostet das Schöne, «wo es sich findet, in allen Zeiten und allen Völkern». Indem er dies «rein zu schmecken und zu empfinden» vermag, wird «die Sphäre seines Geschmacks ... unendlich, wie die Geschichte der Menschheit» [69]. J. WINCKELMANNS ‹Geschichte der Kunst des Altertums› (1764) ist die epochale Wende, mit der die Beschränkung der ästhetischen Theorie auf Empfinden und Fühlen im Übergang in die Geschichte durchbrochen und die Frage nach Wesen und Wahrheit von Kunst «in einer unermeßlichen Belesenheit» und in «ausgebreitetsten feinsten Kenntnissen der Kunst» [70] geschichtlich an die Kunst der Griechen gerichtet wird. Damit wird die Ausbildung der Kunstgeschichte eingeleitet und vorgezeichnet, die über MURRS ‹Journal der Kunstgeschichte›, HIRT, FÜSSLI, FIORELLIS ‹Geschichte der zeichnenden Künste› (1798) mit K. F. V. RUMOHRS ‹Italienischen Forschungen› (1826 bis 1831) zu einer ersten Vollendung kommt. Die antiquarische historische Forschung hat für LESSING den Sinn der «Rettung», «alles das im moralischen Verstande zu tun, was derjenige, dem der Aufsicht über einen Bildersaal anvertrauet ist, physisch verrichtet», und Vergessenes aus Dichtung und Kunst wieder zum «Aufleben» zu bringen [71]. Historische Vergegenwärtigung tritt damit an die Stelle philosophischer Reflexion: «Bloß aus allgemeinen Begriffen über die Kunst vernünfteln, kann zu Grillen verführen, die man über lang oder kurz, zu seiner Beschämung, in den Werken der Kunst widerlegt findet» [72]. Indem die Geschichte der Kunst den Ursprung, das Wachstum, die Veränderung und den Fall derselben lehrt, hat sie für WINCKELMANN zu ihrem «vornehmsten Endzweck» das Wesen der Kunst [73]: Das Kunstwerk selbst sei die leibhafte Regel so wie «den Künstlern im alten Rom» Laokoon «eine vollkommene Regel der Kunst» war [74]. Die Schönheit, «höchster Endzweck und ... Mittelpunkt der Kunst» und eines «von den großen Geheimnissen der Natur», wie Gott, zu dem «keine philosophische Kenntnis des Menschen» Zugang hat, brachten die Künstler der Alten in Geschöpfen hervor, die «Hüllen und Einkleidungen bloß denkender Geister und himmlischer Kräfte zu sein scheinen»; sie stiegen von der menschlichen Schönheit bis an die göttliche hinauf [75]. Damit hat Winckelmann für HEGEL «einen neuen Sinn für die Kunstbetrachtung aufgetan ... und *in* den Kunstwerken und der Kunstgeschichte die Kunstidee zu finden mächtig aufgefordert» [76]. Schellings, Solgers und Hegels Kunstphilosophie ist Philosophie im Verhältnis zur Totalität der geschichtlich eingeholten Künste der europäischen Geschichte, aber auch fremder Völker (Indien); Architektur, Bildkunst, Dichtung, Musik und die für ihre Ausbildung wesentlichen Gestalten symbolischer, klassischer, romantischer Kunst haben sich aus bestimmten umfassenden Weltanschauungen, Bewußtsein des Natürlichen, Menschlichen, Göttlichen entfaltet, in die Weltgeschichte des Geistes und in die Epochen der alten, der mittelalterlichen, der neuen Welt eingesenkt. Daher gehören notwendig zur philosophischen Theorie der Kunst und zur Idee des Schönen in ihrer sie verwirklichenden Entfaltung die Kenntnisse des «Kunstgelehrten» und die «genaue Bekanntschaft mit dem unermeßlichen Bereich der individuellen Kunstwerke alter und neuer Zeit» [77]. SCHELLING bemerkt, daß die «historische Seite» ein wesentliches und schwieriges Element kunstphilosophischer Konstruktion sei [78].

Aber in ihrer historischen Vergegenwärtigung tritt die alte Kunst zugleich aus dem Zusammenhang ihrer geschichtlichen Welt und der Funktion heraus, die sie in ihr erfüllte. Ihre «Wiedererweckung» entspringt nach HEGEL der gegenwärtigen Bildung und ihrer «Empfänglichkeit und Freiheit ..., auch die längst vorhandenen großen Kunstwerke ... zu genießen und anzuerkennen» [79]. Sie übernehmen, als wahrhafte Kunst zu gegenwärtiger Wirksamkeit gebracht, die ihr im Zusammenhang der gegenwärtigen Bildung gestellte Aufgabe, die nicht mit dem identisch ist, was sie an ihrem geschichtlichen Ort zu vermitteln hatten. Die universal präsente Kunst aller Zeiten hat sich in ihrem Wesen verwandelt: Sie ist zur ästhetischen Kunst geworden. Dem verdankt für Hegel die Ä. ihre wahrhafte Entstehung, die Kunst ihre höhere Würdigung [80]. Die wiedererweckte Kunst soll in die Zeit die in ihr verlorene Wahrheit zurückrufen und ihren Verfall überwinden, indem sie das Wahre in ihr geltend macht und das Genie des gegenwärtigen und künftigen Dichters und Künstlers weckt. LESSING fordert die Übersetzung Shakespeares: «Denn ein Genie kann nur an einem Genie entzündet werden» [81]. Seine Erweckung ist zugleich die Erweckung der Zeit. Für HERDER soll Shakespeare, «der Mann, der eine Welt voll Charaktere, Kräfte, Leidenschaften, Sitten, Begebenheiten umfaßt», in uns und in der Zeit wirken, in welcher «nie eine Leyer erschallen [wird], die Sitten schaffe, die Sitten bilde», «so lange wir in naturloser Weichheit, Unentschlossenheit und üppigem Zagen für Geld und Ruhm singen» [82]. Dichtung ist, im Gegenzug gegen die gegenwärtige Bildung und Aufklärung, die Macht, in der sich der verlorene, ursprüngliche Zusammenhang des Lebens ankündigt: Der Dichter ist der «Ueberbringer der Natur in die Seele und in das Herz seiner Brüder» [83]. Ist «Poesie das, was sie seyn soll, so ist sie ihrem Wesen nach würkend» [84]; als Sprache der Sinne, der Leidenschaft, der Einbildung, der Freude oder des Schmerzes gehört sie der Kindheit und Jugend unseres Geschlechts und den «ersten Zustände[n] einer sich bildenden Gesellschaft» an, «so lange ein Mensch noch unter Gegenständen der Natur lebt und diese ihn ganz berühren» [85]. Wo aber «Kunst an die Stelle der Natur tritt und gemachtes Gesetz an die Stelle der lautern Empfindung», ist «die wahre Poesie ... todt, die Flamme des Himmels erloschen und von ihren Würkungen nur ein Häufchen Asche übrig» [86]. Mit der Vergegenwärtigung ursprünglicher Kunst, in der griechischen Kunst und in den großen aus dem gleichen Grunde der Natur schaffenden Genies, wie Shakespeare – Völkerdichtung und Genie sind gleich ursprünglich [87] –, erhalten Dichtung und Kunst die Aufgabe der Erneuerung des Ursprünglichen und gegen Tyrannei und Ungerechtigkeit die der Weckung der Freiheit: Deutschland werde «keinen Homer haben, so lange dieser den gedungenen Knechtszug seiner Brüder nach Amerika besingen müßte» [88]. Doch diese Not werde «sich enden». «Ein Dichter ist Schöpfer eines Volkes um sich: er gibt ihnen eine Welt zu sehen und hat ihre Seelen in seiner Hand, sie dahin zu führen». So sei es «ehemals» gewesen, «immer aber und überall kann nur ein Gott solche Dichter geben» [89]. Wo eine «mordlügnerische Philosophie ... die Natur aus dem Wege geräumt» und «die große und kleine Masore der Weltweisheit ... den Text der Natur, gleich einer Sündfluth, überschwemmt» hat, beruft J. G. HAMANN die Poesie als «Muttersprache des menschlichen Geschlechts». Sie nimmt die Rede der Schöpfung, die eine «Rede an die Kreatur durch die Kreatur ... über jedes Klima bis an der Welt Ende» ist, als «Übersetzen» auf. Die Poesie werde es wagen, «den natürlichen Gebrauch der Sinne von dem unnatürlichen Gebrauch der Abstractionen zu läutern», und in Bildern sprechen, in denen «der ganze Schatz menschlicher Erkenntnis und Glückseligkeit» für Sinne und Leidenschaften besteht, die «nichts als Bilder reden und verstehen». Sie spricht die Sinne an, die als «alte Pflegeeltern der schönen Natur» in der Abstraktion der Aufklärung beiseite gesetzt wurden [90]. «Wo die dünne Rinde, die diese solfaterra ... vom Höllenvulkane trennt, ... immer dünner und dünner» wird, ist die Poesie als «verzweifelter Spaziergang» «Weg ins Freie und in die alte poetische Heimat» [91]; NOVALIS hat die Wissenschaft die Erde in einen «unbedeutenden Wandelstern» verwandelt, das «Heilige», die «Achtung für den Wohnsitz des Menschen» zerstört. Mit der Revolution in einer «staatsumwälzenden Zeit» werden die Gelehrten zu «Priestern und Mystagogen eines neuen Glaubens», «rastlos beschäftigt die Natur, den Erdboden, die Menschenseele von der Poesie zu säubern» [92]. Im Verhältnis hierzu ist das Einholen der alten Poesie Flucht und zugleich geschichtspoetische Wiederherstellung und künftige Versöhnung. Das alte Poetische bringt in die Gegenwart den verlorenen Glanz zurück und stiftet die Zukunft.

Die wiedererweckte Kunst als ästhetische Kunst wird aus allen Funktionen herausgelöst, die Gesellschaft, Staat, Kult, Institutionen setzen. Sie wird zur «absoluten» Kunst und tritt als «Verkünderin göttlicher Geheimnisse» und «Enthüllerin der Ideen» [93] zu einem «weiten Pantheon der Kunst» [94] zusammen. Als absolute Kunst schafft sie sich ihren eigenen Raum. SCHINKEL erneuert das alte Museum am Lustgarten in Berlin als Sakralbau, Stätte der Erbauung, dem ganzen Volke geweiht [95].

Anmerkungen. [1] B. BOSANQUET: A hist. of aesthetics (1892, ⁴1917) ch. 3, 16ff. – [2] Philos. Wb., hg. G. KLAUS und M. BUHR (1965) 38ff.: Art. ‹Ä.›. – [3] A. G. BAUMGARTEN: Meditationes philosophicae de nonnullis ad poema pertinentibus (=Med.)

(1735), hg. K. ASCHENBRENNER/W. B. HOLTHER mit engl. Übers., Einl. und Anm. als ‹Reflections on poetry› (Berkeley/Los Angeles 1954) mit lat. Text. – [4] Med. § 115. – [5] Aesthetica (= Aesth.) (1750, Nachdruck 1961) Praef. 2ff. – [6] E. BERGMANN: Die Begründung der dtsch. Ä. durch A. G. Baumgarten und G. F. Meier (1911) 24. – [7] JEAN PAUL: Vorschule der Ä. (1804). Hist.-krit. A. 1/11 (1935) 13. – [8] A. BAEUMLER: Kants Kritik der Urteilskraft. Ihre Gesch. und Systematik 1 (1923); jetzt: Das Irrationalitätsproblem in der Ä. und Logik des 18.Jh. bis zur KU (1967) 1. – [9] A. G. BAUMGARTEN: Philos. Briefe von Aletheophilus (1714) 35; vgl. Aesth. § 4. – [10] Med. Praef. 4. – [11] Nachschrift einer vom Herausgeber wohl zu Recht BAUMGARTEN zugeschriebenen dtsch. Ä.-Vorles., in: B. POPPE: A. G. Baumgarten, seine Bedeutung und Stellung in der Leibniz-Wolffischen Philos. und seine Beziehungen zu Kant (= Poppe) (Diss. Münster 1907) 59-258; zit. § 20. – [12] Aesth. § 29; vgl. Poppe §§ 28ff. – [13] Vgl. Aesth. § 27. – [14] Aesth. §§ 28-46. – [15] G. F. MEIER: Anfangsgründe aller schönen Wiss. 1 (^{2}1754) § 6; vgl. BAUMGARTEN bei Poppe 70. – [16] Vgl. Med. § 115. – [17] Vgl. Med. § 4. – [18] Aesth. § 1. – [19] MEIER, Anfangsgründe ... § 2; vgl. BAUMGARTEN, Met. § 533. – [20] Vgl. CHR. WOLFF: Philosophia rationalis sive logica ... (1728, ^{2}1732) § 1. – [21] BAUMGARTEN, Aesth. § 13. – [22] Med. § 116. – [23] G. B. BILFINGER: Dilucidationes philos. de Deo, anima humana, mundo et generalibus rerum affectionibus (^{2}1768) § 268, S. 199; vgl. MEIER, Anfangsgründe I, § 6; BAUMGARTEN bei Poppe § 1. – [24] Philos. Briefe ... 6; vgl. Med. § 115; hierzu E. CASSIRER: Die Philos. der Aufklärung (1932) 454. – [25] BAUMGARTEN, Aesth. § 74. – [26] Poppe § 7; Med. § 115; Metaphysica (= Met.) (^{4}1757) § 510; Aesth. § 7. – [27] Aesth. § 12. – [28] Aesth. § 119. – [29] Philos. Briefe ... 7; vgl. Med. § 544. – [30] A. G. BAUMGARTEN: Sciagraphia Encyclopaediae philos., hg. J. CH. FOERSTER (1769) §§ 25. 80ff. – [31] G. F. MEIER: Versuch einer allg. Auslegungskunst (1757, Nachdruck 1965) bes. §§249ff. – [32] BAUMGARTEN, Aesth. § 560. – [33] Poppe § 6. – [34] MEIER, Anfangsgründe ... §§ 5. 15. – [35] BAUMGARTEN, Aesth. § 3. – [36] J. G. WALCH: Philos. Lexicon (^{3}1740) 1599: Art. ‹Genius›; vgl. BAUMGARTEN, Aesth. § 75. – [37] MEIER, Anfangsgründe ... § 15. – [38] BAUMGARTEN, Aesth. § 429; vgl. R. DESCARTES: Meditationes de prima philosophia (1641) 39-40. Oeuvres, hg. CH. ADAM/R. TANNERY 7 (1904) 39. – [39] MEIER, Anfangsgründe ... § 91. – [40] K. G. CARUS: Neun Briefe über Landschaftsmalerei (geschr. 1815-1824), hg. K. GERSTENBERG (o.J.) 16. – [41] Vgl. BAUMGARTEN bei Poppe 14. – [42] CHR. WOLFF: Psychol. empirica ... (1732) § 543. – [43] BAUMGARTEN, Met. § 533. – [44] Poppe § 1. – [45] Met. § 167. – [46] a. a. O. § 95. – [47] § 943. – [48] § 949. – [49] § 94. – [50] Aesth. §§ 18-20. – [51] Aesth. § 14; vgl. § 18. – [52] Met. § 521. – [53] Med. §§ 110. 68. – [54] G. W. F. HEGEL: Ä., hg. F. BASSENGE 1, 19. – [55] WOLFF, Psychol. empirica § 506. – [56] BAUMGARTEN, Aesth. § 1. – [57] Aesth. § 70; vgl. Med. § 117. – [58] Poppe § 62. – [59] J. F. FABER: Anfangsgründe der schönen Wiss. (1762); J. J. RIEDEL: Theorie der schönen Künste u. Wiss. (1767); CH. MEINERS: Grundriß der Theorie und Gesch. der schönen Künste (1787); A. H. SCHOTT: Theorie der schönen Wiss. (1789) u. a. m. – [60] J. J. ESCHENBURG: Entwurf einer Theorie und Lit. der schönen Wiss. (1783), hg. M. PINDER (^{5}1836) 22. – [61] K. v. DALBERG: Grundsätze der Ä. (1791). – [62] J.A. EBERHARD: Theorie der schönen Künste u. Wiss. (1783, ^{3}1790). – [63] J. G. SULZER: Allg. Theorie der schönen Künste 1 (1771) 21: Art. ‹Ä.›. – [64] E. SCHNEIDER: Grundsätze der schönen Künste und der schönen Schreibart insbes. (1790). – [65] J. H. ABICHT: Krit. Briefe über Moral, Theol., Recht (1793) 587. 593ff. – [66] F. ÜBERWASSER: Anweisungen zum regelmäßigen Studium der empirischen Psychol. für die Candidaten der Philos. zu Münster (1787) XXII. – [67] K. H. HEYDENREICH: System der Ä. 1 (1790) XVII. XXIV. XXVIIf. – [68] J. A. EBERHARD: Hb. der Ä. Für gebildete Leser aus allen Ständen. In Briefen hg. 1-4 (1804-1809); zit. 1 (^{2}1807) VI. VIII. – [69] HERDER, Werke, hg. SUPHAN 4, 41. – [70] LESSING, Laokoon c. 29. Werke hg. P. RILLA 9, 209. – [71] Vgl. Rettungen des Horaz a. a. O. 3, 548; Briefe die neueste Lit. betreffend. 36. Brief (26. 4. 1759) a. a. O. 4, 180. – [72] Laokoon, c. 26. a. a. O. 190. – [73] J. J. WINCKELMANN: Gesch. der Kunst des Altertums, Vorrede, hg. L. GOLDSCHEIDER (1934) 9. – [74] Gedanken über die Nachahmung der griech. Werke in der Malerei und Bildhauerkunst, Werke, hg. J. EISELEIN (1825) 1, 9. – [75] Geschichte der Kunst des Altertums a. a. O. 139.149.150.161. – [76] HEGEL, Ä. a. a. O. [54] 1, 71; vgl. 32. – [77] a. a. O. 1, 26. – [78] F. W. J. SCHELLING: Philos. der Kunst (1802). Werke, hg. K. F. A. SCHELLING (1859) 5, 363. – [79] HEGEL, a. a. O. [54] 1, 65 und 13. – [80] 1, 65. – [81] LESSING, Briefe ... 17. Br. a. a. O. [71] 4, 138. – [82] a. a. O. [69] 8, 419. 434. – [83] 8, 340. – [84] 338. – [85] 340f. – [86] 342. – [87] H. A. SALMONY: Die Philos. des jungen Herder (1949) 188f. – [88] HERDER, a. a. O. [69] 8, 433. – [89] ebda. – [90] J. G. HAMANN: Aesthetica in nuce. Werke, hg. J. NADLER (1950) 2, 197ff. 201. 206f. – [91] J. v. GÖRRES, Br. v. 3. 2. 1805. Werke u. Briefe, hg. W. v. SCHELLBERG (1911) 2, 77f.; EICHENDORFF, Br. v. 2. 12. 1817. Werke, hg. W. KOSCH/A. SAUER (1910)

12. 21. – [92] NOVALIS, Die Christenheit oder Europa ...; vgl. hierzu W. MALSCH: ‹Europa›. Poetische Rede des Novalis (1965). – [93] SCHELLING, Vorles. über die Methode des Akad. Studiums a. a. O. [78] 5, 345. – [94] HEGEL, Ä. a. a. O. [54] 1, 95. – [95] H. v. EINEM: K. F. Schinkel. Jb.Stift. Preuß. Kulturbesitz (1963) 73ff.

2. Der Prozeß, in dem die wiedererweckte Kunst als wahrhafte Kunst es übernimmt, die «ausgestorbene Sprache der Natur von den Todten» aufzuerwecken [1], gehört in die geistige und politische Umwälzung, mit der in der Objektivierung der Natur zur verdinglichten Natur die alte Metaphysik verschwindet. Wo das Schöne zum Ding, der heilige Hain zu Holz, der Tempel zu Klötzen und Steinen, das religiöse Verhältnis zum wesenlosen Spiel werden und das Göttliche und Ganze ohne Zusammenhang mit der Wirklichkeit ist [2], erhält die ästhetische Kunst ihren Grund in dem Zusammenhang der Entzweiung; sie bringt das in der Sphäre der Subjektivität bewahrte Göttliche, Übersinnliche, Absolute aus dieser als die im Endlichen und Objektiven scheinende Substanz hervor.

MOSES MENDELSSOHN, der im Sinne Baumgartens Schönheit als sinnlich erkannte Vollkommenheit faßt [3], hat die Grenze der Schönheit geltend gemacht: Sie gehe nicht weiter als unsere Sinne. Wäre nur Schönheit, so würde der Schöpfer seinen Zweck verfehlt haben, daher ziele Schönheit auf die «himmlischte» vortreffliche Vollkommenheit, nicht wie sie die Sinne begreifen, sondern wie sie die Vernunft begreift [4]; ähnlich H. HEMSTERHUIS [5]. Doch solche Wiederanknüpfung des Ästhetischen an die Vernunftvollkommenheit wird da kraftlos, wo «sich nicht mehr das Mindeste von den Dingen an sich sagen läßt» und das «unbegrenzte» Feld des Übersinnlichen «unzugänglich» geworden ist [6].

HERDER, der einerseits Baumgarten als Philosoph des Gefühls und neuen Aristoteles preist, wendet gegen seine Ä. ein, daß mit ihr das von ihr anerkannte und aufgenommene ästhetische Feld zugleich in das vorgegebene System der Philosophie zurückgenommen werde: Die Form für sie habe schon bestanden, ehe «der Einguß da war». Die «Eintheilungen» und «Zauberformeln» der Schule wären schon wie Grundfäden in den Webstuhl eingespannt, in dem dann die Begriffe des Schönen hindurch geschlagen werden [7]. Das ist nach dem Ende der Metaphysik zu dem Einwand geworden, mit dem Ä. als philosophische Disziplin überhaupt aufgehoben wird. Für KANT entspringt die Ä. des «vortrefflichen Analysten» Baumgarten aus der verfehlten Hoffnung, «die kritische Beurtheilung des Schönen unter Vernunftprincipien zu bringen und die Regeln derselben zur Wissenschaft zu erheben» [8]; im Rückgriff auf ihren gnoseologischen Sinn wird Ä. zu der als transzendentale Ä. der transzendentalen Logik zugeordnete «Wissenschaft von allen Prinzipien der Sinnlichkeit a priori», sofern sich «alles Denken ... zuletzt auf Anschauungen, mithin bei uns auf Sinnlichkeit beziehen [muß], weil uns auf andere Weise kein Gegenstand gegeben werden kann» [9]. SCHELLING verwahrt sich dagegen, daß die von ihm vorgelegte «Wissenschaft der Kunst» und «Philosophische Kunstlehre» mit dem verwechselt werde, «was man bisher unter diesem Namen oder irgendeinem andern als Ä. oder Theorie der schönen Künste und Wissenschaften vorgetragen hat» [10]. Der Name ‹Ä.› gehört für HEGEL der vergangenen Zeit an, «als man in Deutschland die Kunstwerke mit Rücksicht auf die Empfindungen betrachtete, welche sie hervorbringen sollten»; obwohl der Name so an sich unpassend und oberflächlich sei, läßt er es – wie SOLGER – bei ihm als einem Gleichgültigen bewenden, da er «einstweilen in die gemeine Sprache übergegangen ist». Der eigentliche Ausdruck jedoch sei «Philosophie der Kunst» und bestimmter «Philosophie der schönen Kunst» [11]. A. W. SCHLEGEL verwirft ‹Ä.› überhaupt als Wort, «welches ... eine gleich vollendete Unkenntnis der bezeichneten Sache und der bezeichnenden Sprache verrät» [12].

Die Wende, in der das Ästhetische im Zusammenhang der entzweiten Wirklichkeit seinen Grund und seine Funktion erhält, kündigt sich darin an, daß SULZER von der für die Frage der Glückseligkeit der Gesellschaft grundlegenden Zweiheit des Verstandes und des sittlichen Fühlens ausgeht: In der Vermittlung dieser Zweiheit habe die schöne Kunst zur «Hauptabsicht ... die Erwekung eines lebhaften Gefühls des Wahren und des Guten» [13]. HEYDENREICH bezieht das «Bedürfnis», aus dem «der letzte höchste Zweck jeder Kunstdarstellung» hervorgeht [14], in Untersuchungen, die «gemeiniglich in der Ä. gar nicht oder doch nur flüchtig berührt» werden [15], auf den Staat und die Gesetzgebung: Wo die Sitten äußerst zusammengesetzt, die Gebräuche größtenteils nachgeahmt und veraltet sind, wo die Gottheit zu hoch über der vom Verstande und von der Vernunft beherrschten Sphäre unseres Blicks liegt, und die zu unserer Religion gehörenden Sagen «zu abgerissen von der Geschichte unsers Landes und der Verfassung desselben» sind [16], habe eine «wahre Ä.» nach dem Muster der Alten, für die Natur die Schule, die Sinne die Lehrer waren [17], darzutun, daß «die ächte Vollkommenheit der Künste mit ihrer Nützlichkeit für den Staat im genauesten Verhältnisse steht» [18]; doch solchen «wahren Begriff vom Wesen der Kunst» besitzen nur «äußerst wenige». Die Neuern, «diese Besitzer so vieler Ä.», seien «trotz allen unsern Systemen und Kompendien» hierin gegen die Alten zurück [19].

Die epochale Wende geht von KANTS ‹Kritik der Urteilskraft› aus. Sie wird zum «Ausgangspunkt für das wahre Begreifen des Kunstschönen» [20]. Auf dem Boden der «unübersehbaren Kluft zwischen dem Gebiete des Naturbegriffs ... und dem Gebiete des Freiheitsbegriffs, ... als ob es so viel verschiedene Welten wären» [21], gibt das Ästhetische, dessen Träger die reflektierende Urteilskraft wird, den «vermittelnden Begriff zwischen den Naturbegriffen und dem Freiheitsbegriffe» [22].

Das Schöne definiert Kant als Zweckmäßigkeit der Dinge ohne Zweck, «als ob ein Verstand [der göttliche] den Grund der Einheit des Mannigfaltigen ... enthalte» [23]. Das Erhabene ist «schlechthin groß (absolute non comparative magnum)» [24] und in der Natur diejenige ihrer Erscheinungen, deren «Anschauung die Idee ihrer Unendlichkeit bei sich führt» [25]. Erhabenheit ist «Totalität» [26]. Kant knüpft hier an M. MENDELSSOHN an [27]. Die ästhetische Urteilskraft übernimmt im Schönen und Erhabenen nach dem Ende der Metaphysik die Vermittlung des Übersinnlichen; sie setzt so das Wohlgefallen am Schönen als interesseloses, das Gemüt in «ruhiger Contemplation» voraus [28].

Aber die in das Ästhetische umgesetzte Kontemplation vermittelt keinen Begriff und keine Erkenntnis; die Begriffe, in deren Zusammenhang Kant das Ästhetische bestimmt: Urteilskraft, Geschmack, Einbildungskraft, Lust, Unlust, Wohlgefallen usf. werden aus der Vermögenspsychologie der Wolffschen Schule übernommen. Schön und erhaben sind subjektive Begriffe; das Schöne führe ein «Gefühl der Beförderung des Lebens» mit sich, das Erhabene in Bewunderung und Achtung eine «negative Lust» [29]. Mit dieser Subjektivierung wird in der Abwehr jeder empirischen und psychologischen Exposition als «empirische Anthropologie» und in der Kritik an E. Burke [30] der ästhetischen Urteilskraft jede Erkenntnisfunktion abgesprochen: Die ästhetische Beschaffenheit der Vorstellung eines Objektes ist «bloss subjectiv ... d. i. ihre Beziehung auf das Subject» [31]. Obwohl wir von schön sprechen, «als ob es für eine Beschaffenheit des Gegenstandes ... anzusehen wäre», so ist doch «Schönheit ohne Beziehung auf das Gefühl des Subjects für sich nichts» [32]. Die wahre Erhabenheit müsse «im Gemüthe des Urtheilenden, nicht in dem Naturobjecte» gesucht werden [33]. Zweckmäßigkeit, die im Wohlgefallen als schön vorgestellt wird, kommt als Angemessenheit an das Subjekt zur Erscheinung in der «subjectiven Zweckmäßigkeit der Vorstellung im Gemüthe des Anschauenden» [34]. Der Bestimmungsgrund des ästhetischen Urteils ist kein Begriff, sondern das «Gefühl [von] Einhelligkeit im Spiele der Gemüthskräfte», sofern sie nur empfunden werden kann [35], «zweckmäßige Stimmung der Einbildungskraft» [36].

Damit wird die Funktion des Ästhetischen, das Übersinnliche, Unendliche zu vermitteln, auf das «Lebensgefühl» des Subjekts im Spiel der Gemütskräfte [37], auf den Geist als «belebendes Prinzip im Gemüthe» [38], im Sinne der Entzweiungsstruktur auf ‹Subjektivität› gegründet. Die Voraussetzung hierfür ist die in der Philosophie Kants gegebene transzendentale Bestimmung der Entzweiung. Sie besteht darin, daß sich die gesetzgebende Vernunft in sich entzweit. Indem der Mensch in der Gesetzgebung des Verstandes mit der Verknüpfung des Sinnlichen zur Einheit der Natur nach Gesetzen sich zum Subjekt der Natur als Objekt macht, werden das Ansich, Welt, Gott, Freiheit zur Idee, in der die Vernunft sie als Noumena gegenwärtig hält. Die Kritik «läßt nichts übrig, als was der Verstand a priori als Gesetz für die Natur, als den Inbegriff von Erscheinungen ... vorschreibt; verweiset aber alle andere reine Begriffe unter die Ideen, die für unser theoretisches Erkenntnisvermögen überschwenglich ... sind» [39]. Während Freiheit für den Menschen zur Substanz seines Lebens wird, hat alles, was dieses Leben im Himmel und auf der Erde heimisch macht, nur noch als «Idee» Geltung [40]. Zwar muß für den Liebhaber des Naturschönen seine Anschauung die Reflexion begleiten, «daß die Natur jene Schönheit hervorgebracht hat» [41]; diese muß «wenigstens eine Spur» zeigen, «einen Wink» geben, daß sie irgendeinen Grund zu unserem Wohlgefallen enthalte [42]. Aber das ist die Reflexion, die das Interesse an dem Naturschönen begründet: Die «wahre Auslegung der Chiffreschrift ..., wodurch die Natur in ihren schönen Formen figürlich zu uns spricht», ist die Verwandtschaft des ästhetischen mit dem moralischen Gefühl: Die «Zweckmäßigkeit ohne Zweck», die wir in den schönen Produkten der Natur bewundern, hat ihren Grund in unserer moralischen Bestimmung. Diesen Grund treffen wir äußerlich nirgends an; er ist «in uns selbst und zwar in demjenigen, was den letzten Zweck unseres Daseins ausmacht» [43]. Die schöne Natur geht in die Sphäre der fühlenden Subjektivität und des sittlichen Seins des Menschen ein. Wie im «Schema» dem Verstande eine korrespondierende Anschauung gegeben wird, so wird im Schönen als «Symbol des Sittlich-Guten», einem «Begriffe, den nur die Vernunft denken ... kann», eine sinnliche Anschauung «untergelegt» [44]. Im Gemüt wird ästhetisch die Kluft der voneinander getrennten Gebiete der Natur und der Freiheit zu einer Einheit der Zusammenstimmung geführt. In dieser Labilität des Naturschönen, in der es auch Schein sein kann, ist es begründet, daß von Kant her das Kunstschöne vor das Naturschöne tritt. In der Hervorbringung des schönen Kunstwerks wird die Idee des Unendlichen produktiv durch die Einbildungskraft in dem von ihr aufgenommenen Material der Natur versinnlicht; sie schafft gleichsam eine andere Natur «aus dem Stoffe, den ihr die wirkliche giebt» und verarbeitet ihn «zu etwas ganz anderem, nämlich dem, was die Natur übertrifft» [45]; sie gibt der Idee eine Wirklichkeit, «für die sich in der Natur kein Beispiel findet» [46]. Indem das Genie als Geist, der das «belebende Prinzip» im Gemüt ist, das «Unnennbare in dem Gemüthszustande» auszudrücken und allgemein mitteilbar zu machen weiß, gründet es in der Subjektivität. Aber zugleich bringt die Natur selbst im Grunde der Subjektivität als Genie das die Idee darstellende Werk hervor: Die schöne Kunst ist insofern Nachahmung (der Natur), als ihr «die Natur durch ein Genie die Regeln gab». Man müsse «nicht sagen: die genie's. Es ist die Einheit der Weltseele» [47]. Auf dem Boden der in sich entzweiten Vernunft wird Kunst zu dem Organ, das in der Versinnlichung der Idee die Einheit des Übersinnlichen vermittelt. Kant hat damit den Weg eröffnet, auf dem ein «Cultus der Kunst» an die Stelle der Philosophie, der Religion, der Künstler an die des Denkers, des Priesters treten können [48], und die Kunst als die «einzige reine Stätte» in dem «unheiligen Jahrhundert», an der so vieles in Verfassungen, Gesellschaft, Schulphilosophie verdrängtes «Gute und Große» Schutz und Zuflucht fand [49], es übernimmt, die entzweite Wirklichkeit zu versöhnen und zur Einheit zu bringen.

Auf dem von Kant eröffneten Wege der Kunstphilosophie erreicht die ästhetische Theorie der Kunst ihre Vollendung und ihren Abschluß. Zugleich beginnt die Reflexion der Kunst in sich die Elemente in der Dialektik des Unendlichen und Endlichen zu entfalten, die wie das Häßliche, die Friktion des Poetischen und Prosaischen, Humor, Ironie die Identität des Schönen und Unendlichen in der Bestimmung des Gegenstandes der Kunst in Frage stellen und auflösen. Der Prozeß wird eingeleitet, in dem dann im 19. Jh. die Versuche, Ä. «von unten her» zu begründen, zu einer nicht mehr ästhetischen Bestimmung der Kunst aus dem führen, was diese in sich und für sich im Verhältnis zum psychischen Zusammenhang der Individuen, zur Gesellschaft usf. ist.

Für den Prozeß der Vollendung in der ästhetischen Bestimmung der Kunst hat FR. SCHILLER die Bedeutung, daß er systematisch die kantische Begründung der ästhetischen Vermittlung des Übersinnlichen aus der Kluft zwischen Sinnlichkeit und Vernunft aufnimmt, aber diese als geschichtliche Bestimmung des Menschen und als seine persönliche und künstlerische Position zwischen dem kalten Verstande und der Empfindung begreift [50]: Während wir als «bloße Naturkinder glücklich und vollkommen waren, haben wir mit der Freiheit beides verloren» [51]. Mit der Geschichte der Kultur der Freiheit, in der die Natur anfing, aus dem Leben des Menschen zu verschwinden, geht diese in die Dichterwelt als Idee und als Gegenstand über [52]. Der Dichter, in der allgemeinen Bestimmung «Bewahrer der Natur» zu sein, war in der «naiven und geistreichen Jugendwelt» Natur und sein Werk [53]; er erhält in dem «Zustande der Kultur, wo jenes harmonische Zusammenwirken seiner ganzen Natur bloß eine Idee ist», die Aufgabe, die verlorene Natur in der Erhebung der Wirklichkeit zum Ideal [54] und in einer Kunst zu suchen, die die des Unendlichen ist [55]. Indem die Kunst den sinnlichen, von der physischen Natur des Menschen ausgehenden «Stofftrieb» im freien «Spieltrieb» mit dem aus dem absoluten Dasein des Menschen, seiner vernünftigen Natur ausgehenden «Formtrieb» («Gestalt») verbindet, bringt sie im freien Spiel Schönheit hervor [56]. Sie führt einen ästhetischen Zustand freier Stimmung herbei und erfüllt die Aufgabe ästhetischer Erziehung, «das Ganze unsrer sinnlichen und geistigen Kräfte in möglichster Harmonie auszubilden» [57].

So sehr die sentimentalische Bestimmung des modernen Dichters an die Sprache der ästhetischen Wiederherstellung ursprünglicher Einheit erinnert, liegt die Wendung ästhetischer Vermittlung und Versöhnung bei Schiller darin, daß die Entzweiung der natürlichen und vernünftigen Existenz nicht die ästhetisch korrigierbare, sondern die notwendige und fortbestehende Bedingung von Kultur und Freiheit ist. Zu der politischen Revolution als dem «großen Rechtshandel», in dem jetzt «ein mündig gewordenes Volk» versucht, «seinen Naturstaat in einen sittlichen umzuformen», gehört unaufhebbar, daß die «physische Gesellschaft» der Bedürfnisse und des Nutzens keinen Augenblick aufhören darf, wenn nicht um der Würde des Menschen willen seine Existenz in Gefahr geraten soll [58]. Schiller insistiert darauf, daß der «ästhetische Schein» sich von allem Anspruch auf Realität lossagt [59]. Die Harmonie, die der ästhetische Bildungstrieb gewährt, wird dadurch vermittelt, daß er «mitten in dem furchtbaren Reich der Kräfte und mitten in dem heiligen Reich der Gesetze» an einem «dritten, fröhlichen Reiche des Spiels und des Scheins» baut und darin den Menschen «von allem, was Zwang heißt, sowohl im Physischen als im Moralischen entbindet» [60]: Die Gesellschaft erhält in der Zweiheit ihrer Bestimmung, als «dynamischer Staat» die Natur zu bezähmen und als «ethischer Staat» die Einzelnen dem allgemeinen Willen zu unterwerfen, als «ästhetischer Staat» in Individuen Wirklichkeit, die in ästhetischer Veredelung des Menschen zum Menschen in der Idee [61] dem Gemeinsinn und der Menschheit in der Erfüllung des «Ideals der Gleichheit» die Bahn eröffnen [62]. In der politischen Deutung ästhetischer Vermittlung, in deren Umkreis die geschichtspoetischen Utopien der Romantik und noch Nietzsches Gedanke einer aus dem Geist der Musik hervorgehenden künftigen Kultur stehen, wird zugleich der Zusammenhang aufgenommen, in dem Hegel dann die ästhetische Versöhnung als nicht tragfähig zurückweist. Schiller selbst suspendiert die utopische Deutung des ästhetischen Staates mit der Frage, ob «ein solcher Staat des schönen Scheins» bestehe; er sei nur, «wie die reine Kirche und die reine Republik, in einigen wenigen auserlesenen Zirkeln» zu finden [63]. Damit wird dem Reich des ästhetischen Scheins von Schiller der Ort im Zusammenhang der notwendigen natürlichen und sittlichen Zweiheit der Gesellschaft und ihres Staates zugewiesen. Auch im Verhältnis zum Unendlichen ist Schönheit nicht das Letzte: «Was wir als Schönheit hier empfinden, wird einst als Wahrheit uns entgegengehn» [64].

Die höchste Steigerung des ästhetischen Anspruchs an Kunst, in der «unendlichen Entzweiung», von der alle Philosophie ausgeht [65], Versöhnung in der Wiederherstellung der ursprünglichen Identität des Subjektiven und Objektiven zu geben, wird in SCHELLINGS im ‹System des transzendentalen Idealismus› begründeter Philosophie der Kunst erreicht. Im Ausgang von Fichtes absoluten Ich und seiner Identität mit Gott als höchstem

Prinzip aller Philosophie hatte Schelling in einem Brief an Hegel die Frage gestellt, wie wir «aus der endlichen Sphäre hinaus in die unendliche kommen» [66]. Von *Fichte*, für den Kunst, die sich an «das ganze Gemüth» in der Vereinigung seiner Vermögen wendet und «den transzendentalen Gesichtspunkt zu dem gemeinen macht» [67], zum Identitätsprinzip fortgehend, begründet Schelling die ästhetische Versöhnung: Dieselbe Tätigkeit, die ohne Bewußtsein die reelle Welt der Objekte setzt, bringt mit Bewußtsein die Welt der Kunst als ästhetische Welt hervor [68]. Als ästhetische Anschauung wird die «intellektuelle Anschauung», welche das absolut Identische zum Gegenstand hat, objektiv. Das Kunstwerk reflektiert jenes absolut Identische; das sonst für jede Anschauung Unzugängliche wird «durch das Wunder der Kunst aus ihren Produkten zurückgestrahlt» [69], deren produktives Vermögen Einbildungskraft als Kraft der «Ineinsbildung» des Idealen und Realen ist [70]. Schon im ‹Ersten Systemprogramm des Deutschen Idealismus› (1796) wird die Lösung des allgemeinen Problems der Entzweiung von Freiheit und Natur in der Frage: «Wie muß eine Welt für ein moralisches Wesen beschaffen sein?» auf die Poesie verwiesen; sie wird als das beansprucht, was sie am Anfang war: «Lehrerin der Menschheit» [71]. In der ‹Philosophie der Kunst› konstruiert Schelling so «das Universum in der Gestalt der Kunst» und begreift «Philosophie der Kunst» als «Wissenschaft des All in der Form oder Potenz der Kunst» [72]. Die Kunst wird als «Ausfluß des Absoluten» begriffen [73], sofern «das Universum in Gott als ewige Schönheit und als absolutes Kunstwerk gebildet» ist [74].

In dieser Konstruktion wird Kunst einmal zum allgemeinen Organon der Philosophie [75]. Das Absolute, das die Philosophie «als Urbild der Wahrheit» begreift, ist für Kunst «Urbild der Schönheit» [76]; sie ist deswegen den Philosophen das Höchste, weil sie ihnen «das Allerheiligste gleichsam öffnet» [77]. Aber zugleich werden durch die Philosophie die versiegten Urquellen der Kunst für die Reflexion wieder geöffnet; sie ist die wahre Wissenschaft der Kunst, sofern sie diese als Darstellung der Dinge, «wie sie an sich, oder wie sie im Absoluten sind» begreift [78], so daß «der Philosoph in dem Wesen der Kunst so gar klarer als der Künstler selbst zu sehen vermag» [79]: Musik ist «urbildlicher Rhythmus der Natur und des Universums», Plastik «die objektiv dargestellten Urbilder der organischen Natur», das Homerische Epos «die Identität selbst, wie sie der Geschichte im Absoluten zu Grunde liegt» [80]. Die philosophische Konstruktion der Kunst in der Identifizierung ihres Gegenstandes mit dem der Philosophie zielt in einer Überschreitung des ästhetischen Staates bei Schiller auf eine «nach Ideen entworfene Staatsverfassung», für die Kunst, so wie im Altertum, für das «alle Handlungen des öffentlichen Lebens nur verschiedene Zweige Eines allgemeinen objektiven und lebendigen Kunstwerks waren», notwendiger und integranter Bestandteil ist [81]. Die realen lebendigen und existierenden Ideen werden als ‹Götter› gedeutet; die Philosophie der Kunst führt zu einer Erneuerung der Mythologie [82], deren Erfüllung allein der «Fügung der Zeit» überlassen werden muß [83]; sie wird in der ästhetischen Wiederherstellung des Ursprünglichen in Kunst und Mythologie die Versöhnung des Entzweiten zum Inhalt des Staates als Kunstwerk machen.

Mit der Wendung ästhetischer Versöhnung in das Utopische, zu deren Beginn bei Baumgarten für Schelling wenigstens «eine Spur der Idee des Schönen, als des in der concreten und abgebildeten Welt erscheinenden Urbildlichen» gehört [84], wird die absolute Kunst von den gegebenen Künsten unterschieden: Die Philosophie der Kunst konstruiert nicht die Kunst als das Besondere, das Gegenstand einer von der Philosophie der Kunst unterschiedenen Theorie der Kunst wird [85]; sie setzt die Unterscheidung einer «Kunst an sich» von der empirischen wirklichen Kunst voraus [86]. Der ästhetische Begriff der Kunst und die empirische wirkliche Kunst beginnen auseinanderzutreten.

Die universalpoetische Reflexion der frühen Romantik gehört nicht mehr in den Bereich der Ä., nur mittelbar in die Kunstphilosophie als Philosophie. Zwar hat FR. SCHLEGEL eine Ä. aus dem Geist «kritischer Philosophie» in der Bestimmung entworfen, den Geschmack in der «Gesetzgebung und ewigen Beurteilung der Kunst» zu rechtfertigen und zu berichtigen [87], doch bleibt dies ein isolierter Entwurf. Das gilt auch für FR. SCHLEIERMACHERS Ä. [88]. In sie geht kaum ein, was Schleiermacher mit der romantischen Poetik verbindet, daß der Kunstsinn Kunst und Religion zu einer Kunstreligion vereinigen soll und sich in ihm das Gemüt getrieben fühlt, die Fortschreitungen zu machen, die zum Universum führen [89], und daß mit ihnen alle Wissenschaft Kunst werden und die höchste Wissenschaft Kunst sein wird [90]. Ausgehend von der Schulbestimmung der Ä., daß ihr Gegenstand «Wohlgefallen am Schönen» sei [91], hat sie wesentlich die hermeneutisch-historische Analyse der Kunstformen als «Encyclopädie der Künste mit aller Unsicherheit des Encyclopädischen» [92] zum Inhalt; Odebrecht, ihr Herausgeber, versteht sie so als «Stufe der Ä., sofern sie Wissenschaft werden will» [93]. Poesie ist für NOVALIS «Idealismus», aber die Philosophie Fichtes und Kants ist in ihrer Poetisierung nur Ausgangspunkt für einen Weg, auf dem Poesie Eins und Alles wird, zur «schönen Haushaltung des Universums» [94]: «Es können wunderbare Kunstwerke hier entstehn – wenn man das Fichtisiren erst artistisch zu treiben beginnt» [95]; das Transzendentale sei wesentlich poetisch [96], «Transzendentalpoesie» [97], der transzendentale Dichter, der «transzendentale Mensch überhaupt» [98]. Dabei ist Poesie für Novalis anders als Philosophie «die eigentümliche Handlungsweise des menschlichen Geistes», so daß sie zu Unrecht einen besonderen Namen habe [99]. Sie umgreift die Menschheit in ihrer ganzen Geschichte: Der Dichter wird ihren Weg beschließen, so wie er ihren Zug beginnt [100]. Im Horizont der wiedererweckten, zu ästhetischer Gegenwart gebrachten Kunst sind für FR. SCHLEGEL Kritik, Altertumskunde die eigentliche Propädeutik auch der kritischen Philosophie, Historie und Philologie der Punkt des Anfangs, von dem der Weg durch Philosophie zur Poesie weitergeht [101]. Die ‹Vorschule der Ä.› JEAN PAULS stellt in ironischer Distanzierung von den Lehrern auf dem ästhetischen Lehrstuhl [102] an die Stelle der Ä. des bloßen Wissenschaftlers als «Astolfos-Horn, das zum Entlaufen bläset», die Ä. des Täters als «Oberons-Horn», das zum Tanzen bläst [103]. Reflexion über Dichtung läuft dem Dichten parallel; die rechte Ä., die es für ihn erst, wie für Fr. Schlegel, «einst» geben wird, schreibt nur ein Dichter, der zugleich Philosoph zu sein vermag [104]. Die wahre Poesie ist zwischen den «poetischen Materialisten» («Kopierbuch der Natur») und den «poetischen Nihilisten» (wie der «regellose Maler», der «den Äther in den Äther mit Äther malt») [105] die «einzige zweite Welt in der hiesigen». Sie erschafft in «schöner Nachahmung der Natur», in der das Äußere und das

Ästhetik

Innere als «Wechselspiegel» zusammengehen [106], eine «neue Natur», in der die alte enthüllt und alles in einer «Brotverwandlung ins Göttliche» «totalisiert» wird [107]. Nachdem das Christentum die ganze Sinnenwelt vertilgte und die idealistische Philosophie die Objekte teils sinken, teils im Ich «wegschmelzen» ließ [108], baut Dichtung aus der dem Dichter verbliebenen ‹inneren Welt› poetisch das «Reich des Unendlichen über der Brandstätte der Endlichkeit» [109]. In der Poetisierung des Endlichen verliert das Schöne seinen Vorrang; Komik, Witz, Humor erhalten ihre poetische Rolle. Wie der Roman die Erscheinungen der Welt «aus der Vereinzelung heraushebt, um das Leben im Ästhetischen zu versöhnen, so entschlüsselt Poesie allgemein die verhüllten Zeichen des Wirklichen und die «geistige Mimik des Universums» [110].

Mit der Poetisierung des Endlichen geht das ästhetische Verhältnis unabhängig von seiner utopischen und philosophischen Bestimmung in das Dasein ein und wird zum Element seiner Bildung. Die Kunst bereitet in der Unterscheidung von den mechanischen und untergeordneten Aktivitäten, indem sie die Natur als Realität abbaut und als Produkt der Einbildungskraft rekonstruiert, für W. v. Humboldt unsere wahre Bestimmung in der Überwindung ihrer Fremdheit vor [111]. Sie dringt als das am meisten angemessene «Symbol der Gottheit» in das religiöse Verhältnis ein und vermittelt es durch Ästhetisierung mit der Bildung [112]. Aus allen Bauern und Handwerkern ließen sich, so heißt es bei W. v. Humboldt im Anklang an den ästhetischen Staat, vielleicht Künstler bilden, indem so ihr Charakter und ihre Genüsse in der Kultivierung ihrer intellektuellen Kräfte veredelt würden [113]. In der Form philosophischer Reflexion und ihrer ästhetischen Umsetzung beginnt das ästhetische Verhältnis an die Stelle substanzieller Religion und Philosophie zu treten und diese auf sich zurückzuführen.

Damit wird zugleich der Prozeß eingeleitet, in dem sich ‹Ä.› aus dem Zusammenhang der Kunstphilosophie löst und zur Kennzeichnung einer Haltung und Weise des Lebens wird. Für S. Kierkegaard sind Mozarts ‹Don Juan› und Dichtung nicht primär Gegenstand kunstphilosophischer Theorie, sondern Ausgangspunkt und Leitfaden für die Bestimmung der dem Ernst des religiösen Verhältnisses und des Ethischen sich verschließenden ästhetischen Existenz der Unmittelbarkeit und der Möglichkeit. Während ästhetisch das dichterische Werk und die Möglichkeit «das Höchste» sind, ist es ethisch und im Verhältnis zur «existierenden Individualität» nur das unendlich Gleichgültige [114]. In der Suspendierung von Wahl und Entscheidung und in der Distanz zum gewöhnlichen Leben und Dutzendmenschentum steht ästhetisch Möglichkeit höher als Wirklichkeit, und Wirklichsein (esse) löst sich für sie in Sein-können (posse) auf [115]. Wer ästhetisch lebt, sieht so allenthalben nichts als Möglichkeiten; sie machen für seine Existenz, die sich selbst widerspricht, sobald sie in der Wirklichkeit dargestellt werden soll [116], im Spiel unendlicher Freiheit auch den Inhalt der Zukunft aus [117]. In die Dialektik des Ästhetischen, Ethischen und Religiösen werden auch Dichtung und Kunst hineingezogen: «Christlich betrachtet ist (aller Ä. zum Trotz) jedwede Dichterexistenz ... die Sünde: zu dichten anstatt zu sein, zu dem Guten und Wahren durch die Phantasie sich zu verhalten, anstatt ... existentiell danach zu streben es zu sein» [118]. In Kierkegaards reflektierender Auseinandersetzung mit seiner eigenen romantisch-dichterischen Position zeigt sich die Entwicklung, in der das ästhetische Verhältnis zur Welt und in ihm das Dichterische und Künstlerische zum Element eines sich von Entscheidungen und Bindungen frei haltenden Lebens wird, das im Verhältnis zum Ernst der Wirklichkeit zweideutig ist.

Anmerkungen. [1] J. G. Hamann: Aesthetica in nuce. Werke, hg. J. Nadler (1950) 2, 211. – [2] Vgl. G. W. F. Hegel: Erste Druckschriften, hg. G. Lasson (1928), Glauben und Wissen, Einleitung 223ff. – [3] M. Mendelssohn: Betrachtungen über die Quellen und die Verbindungen der schönen Künste und Wiss. Jubiläums-A. 1, 70. – [4] Mendelssohn, zit. nach R. Zimmermann: Gesch. der Ä. (1858) 183. – [5] H. Hemsterhuis: Über die Bildhauerei. Vermischte Schriften 1 (1782) 12ff.; Aristeus a. a. O. 2, 235. – [6] Kant, KU Akad.-A. 5, 175; vgl. KrV B 33. 66. – [7] Herder, Werke, hg. Suphan 32, 191. – [8] Kant, KrV B 35 Anm. – [9] KrV B 35. 33. – [10] F. W. J. Schelling: Philos. der Kunst (1859). Werke, hg. K. F. A. Schelling 5, 361. – [11] Hegel, Ä., hg. Bassenge 1, 13; K. W. L. Solger: Vorlesungen über Ä. (1819), hg. K. W. L. Heyse (1829, Neudruck 1962) 1. – [12] Fr. Schlegel, Krit. A., hg. E. Behler 2, 151. – [13] J. Sulzer: Allg. Theorie der Schönen Künste 1 (1771) 21. – [14] H. Heydenreich: System der Ä. 1 (1790) 147. – [15] a. a. O. XXIX. – [16] 18. – [17] 30. – [18] XXXI. – [19] 38. – [20] Hegel, a. a. O. [11] 1, 69. – [21] Kant, KU Einl. II = Akad.-A. 5, 175f. – [22] a. a. O. IX = 196. – [23] IV = 180. 181. – [24] § 25 = 248. – [25] § 26 = 255. – [26] § 26 = 254. – [27] M. Mendelssohn: Über das Erhabene und das Naive. a. a. O. [3] 1, 194. – [28] Kant, KU § 24 = Akad.-A. 5, 247; vgl. § 6. – [29] a. a. O. § 23 = 244f.; vgl. § 5 = 210. – [30] E. Burke: Philos. Untersuch. über den Ursprung unserer Begriffe vom Erhabnen und Schönen, dtsch. Garve (1773); vgl. Kant, § 29 = Akad.-A. 5, 277, 1. – [31] a. a. O. Einl. VII = 5, 188. – [32] § 9 = 218, vgl. § 15 = 228; 1. Einl. VIII. Werke, hg. Cassirer 5, 204. – [33] § 26 = Akad.-A. 5, 256. – [34] § 15 = 235. – [35] 228. – [36] § 57 Anm. 1. = 344. – [37] § 1 = 204; vgl. 238. – [38] § 49 = 313. – [39] Vorrede (1790) = 167. – [40] Vgl. Hegel, a. a. O. [11] 1, 63. – [41] Kant, KU § 42 = Akad.-A. 5, 299. – [42] a. a. O. 300. – [43] 301. – [44] § 59 = 353. 351. – [45] § 49 = 314. – [46] ebda. – [47] 313. 317. 318; Refl. Nr. 938 = Akad.-A. 15/1, 416. – [48] R. Zimmermann: Gesch. der Ä. als philos. Wiss. (1858) IX. – [49] Fr. Schlegel: Über das Studium der griech. Poesie (1795/96). Werke (1846) 5, 22f. – [50] Schiller, Brief an Goethe vom 31. 8. 1794. – [51] Über naive und sentimentalische Dichtung. Säkular-A. 12, 177. – [52] a. a. O. 188. – [53] 183. – [54] 188. – [55] Vgl. 191. – [56] Über die ästhetische Erziehung des Menschen. 12. 15. Br. = a. a. O. 12, 42-45, bes. 55. – [57] 20. Br. = 78 Anm. – [58] 2. Br. = 6; 3. Br. = 8f. – [59] Vgl. 26. Br. = 109. – [60] 27. Br. = 117. – [61] 27. Br. = 117; 4. Br. = 10. – [62] 27. Br. = 119f. – [63] 120. – [64] Die Künstler V. 64f. = 1, 178. – [65] F. W. J. Schelling, Werke hg. K. F. A. Schelling (1858) 3, 626. – [66] Br. vom 4. 2. 1795 in: Briefe von und an Hegel, hg. Hoffmeister (1952) 1, 22. – [67] J. G. Fichte: Das System der Sittenlehre § 31. Werke, hg. I. H. Fichte 4, 353. – [68] Vgl. Schelling, a. a. O. 3, 625f. – [69] ebda. – [70] Vgl. 5, 386. – [71] Dokumente zu Hegels Entwicklung, hg. J. Hoffmeister (1936) 219f. – [72] Schelling, Philos. der Kunst a. a. O. [65] 5, 368. – [73] 372. – [74] 386. – [75] 370. 348f. – [76] 370. – [77] 628. – [78] § 24 = 386. – [79] Vorles. über die Methode des akad. Studiums = 5, 348. – [80] Philos. der Kunst = 5, 369. – [81] 352. – [82] Vgl. 370. – [83] 449. – [84] 351. – [85] 368. – [86] Br. an Fr. Schlegel vom 3. 9. 1802. Aus Schellings Leben in Briefen. hg. G. L. Plitt (1869/70) 1, 397. – [87] Fr. Schlegel, Neure philos. Schriften, hg. J. Körner (1935) 384. – [88] F. Schleiermachers Ä., hg. R. Odebrecht, in: Lit.-Arch. 4 (1931). – [89] Vgl. Reden über die Relig. Krit. A., hg. Pünjer (1879) 170f. – [90] Dialektik. Werke (1839f.) 4/2, 9; § 18. – [91] Ä. a. a. O. [88] 3. – [92] 14. – [93] XXII. – [94] Novalis, Schriften, hg. P. Kluckhohn/R. Samuel 2 (1965) 533. – [95] a. a. O. 524. – [96] Vgl. 2, 535f. – [97] Fr. Schlegel, Athenäum Frg. 238. Werke, hg. Behler 2, 204. – [98] Novalis, a. a. O. 2, 536; vgl. 534ff. – [99] Heinrich von Ofterdingen, 8. Kap., a. a. O. 1, 287; vgl. 279ff. – [100] Werke, 2, 533. – [101] Vgl. Fr. Schlegel, a. a. O. [57] 18, 15. – [102] Jean Paul: Vorschule der Ä. Vorrede zur 2. Aufl. § 6. Werke, hg. N. Miller 5 (1962) 16. – [103] a. a. O. § 9 = 19; vgl. Wieland, Oberon 2. Gesang, Str. 48-50; Ariost, Orlando Furioso 15. Ges., Str. 14f. – [104] Jean Paul, a. a. O. [102] Vorrede zur 1. Aufl. = 5, 24. – [105] 1. Programm, §§ 3. 2 = 31ff. – [106] §§ 1. 4 = 30. 40. 43. – [107] §§ 2. 7 = 43ff. 47. – [108] § 17 = 73. – [109] § 23 = 93. – [110] § 24 = 97. – [111] Vgl. W. v. Humboldt, Werke, hg. Leitzmann (1903ff.) 2, 129; vgl. 142. – [112] Vgl. a. a. O. 3, 146. – [113] 1, 117. – [114] S. Kierkegaard: Abschließende unwiss. Nachschrift zu den Philos. Brocken II. Werke, hg. E. Hirsch 16 (1958) 94f.; vgl. 1, 246. – [115] a. a. O. 16, 26. – [116] Vgl. Entweder/Oder II = 2. 3 (1957) 268. –

[117] Vgl. Furcht und Zittern = 4 (1950) 97. – [118] Die Krankheit zum Tode = 24. 25 (1954) 75; vgl. Unwiss. Nachschrift II = 16, 143f.

3. Als 1829 Solgers und 1835 Hegels ‹Vorlesungen über Ä.› herausgegeben werden, stehen sie in der Zusammenfassung der Kunstphilosophie und in der Bestimmung der den Künsten in ihrer ästhetischen Funktion gesetzten Grenze schon in Spannung zum Kunstbewußtsein und zur Kunsttheorie der Zeit. Für K. W. L. HEYSE soll Solgers Ä. als «Gegengift» gegen das «haltungslose Kunstgeschwätz unserer Zeit» [1] wirken; H. G. HOTHO begründet die Edition der Vorlesung Hegels damit, daß «keine Disziplin solch einer ... Umgestaltung bedürftiger [ist] als eben die Wissenschaft der Kunst» [2].

SOLGER faßte – wie dann Hegel – die ästhetische Kunstphilosophie in ihrer vollen systematischen Entfaltung zusammen und bestimmt darin zugleich ihre Grenze. Kunst hat für ihn die allgemeine Aufgabe, die Idee als Einheit des Begriffs und des Besonderen im Schönen zu offenbaren und die Welt der Wirklichkeit als Offenbarung des göttlichen Lebens sehen zu lassen [3]. Sie setzt dafür nicht nur die Subjektivität des Künstlers, sondern in dieser als Grund und Ursprung der Hervorbringung des Kunstwerks die Idee als sein Genie voraus, sofern «das Genie ... die Idee selbst, in der Individualität des Künstlers erscheinend» ist [4]. Künstler und Kunstwerk sind «absolut»: «Dem Künstler entsteht das Kunstwerk mehr als es von ihm gemacht wird» [5]. Das Schöne und die zur besonderen Erscheinung versinnlichte Idee setzt, um in die Wirklichkeit zu treten, sowohl den Künstler wie das Kunstwerk voraus. Im Künstler sei bloß die Idee tätig; im Kunstwerk konzentriere sich die Idee in der wirklichen Erscheinung [6]. Die Kunstphilosophie gehört daher für Solger zur praktischen Philosophie: Allein durch die schaffende Tätigkeit kann «das Schöne gerettet» werden[7]; aber in ihr ist das Handelnde die Idee als «göttliche Thätigkeit», das Werk so nicht allein Wirkung unseres Handelns [8]. In der Bindung der Manifestation der Idee als schön an das «höhere Selbstbewußtsein» [9] kann die Idee des Schönen nicht in der Natur erkannt werden [10]; die Natur errege zwar eine Sehnsucht nach ihm, entbehre aber der eigentlichen Wirkung des Schönen [11]. Obwohl es auch in der Natur, sofern das Ganze als Weltsystem Einheit ist, eine Schönheit gibt, ist die Naturansicht in der Unmittelbarkeit sinnlicher Wahrnehmung eine «untaugliche Ansicht der Dinge» [12].

Der innere Zusammenhang mit der Kunstphilosophie auf der Stufe, die sie mit Schelling und in der romantischen Transzendentalpoesie erreicht, liegt darin, daß Kunst in der Versinnlichung der Idee über den an die Trennung des Allgemeinen und Besonderen gebundenen gemeinen Verstand hinaus ist; die «gewöhnliche» Wirklichkeit kann das Schöne «nicht in sich aufnehmen und ertragen» [13]. Das in das ganze Menschengeschlecht zerstreute Prinzip werde daher durch Genie und Kunst vermittelt; einzelne Genies vereinigen es in sich, um es wieder über die Masse zu verbreiten. Der «wahre» Künstler stellt «den ganzen Charakter der Zeit und des Volkes dar, aber von dem Standpunkte der Idee aus» [14]. Ebenso ist Kunst Eingang zur Philosophie; sie sei an die Stelle getreten, die im Altertum die Mathematik einnahm [15].

Die Grenze ästhetischer Versöhnung liegt darin, daß Idee und Erscheinung sich an sich gegenseitig vernichten, um als Idee oder als Erscheinung hervorzutreten. Das Schöne, zu dem in der Dialektik des Endlichen und Unendlichen das Tragische, das Komische, das Lächerliche, das Häßliche notwendig gehören, kann als etwas «Abgeschlossenes, Vollendetes» nicht bestehen [16]; zu ihm gehört die Melancholie; die Erscheinung verschwindet, sobald wir sie in die Idee auflösen, so daß wir das Schöne nur als Vergängliches besitzen [17]. Kunst wird in ihrem Wesen daher von einer von Solger «Ironie» genannten «Verfassung des Gemüthes» getragen, «worin wir erkennen, daß unsere Wirklichkeit nicht sein würde, wenn sie nicht Offenbarung der Idee wäre, daß aber eben darum mit dieser Wirklichkeit auch die Idee etwas Nichtiges wird und untergeht» [18].

1812 schreibt Solger: «Ich möchte gern die Ideen so darstellen, daß man sie ... in der wirklichen Welt wieder erkenne, und sehe, wie sie nicht in weiter Ferne als allgemeine Formen bestehen, sondern wie sie alle Erscheinungen durchdringen, und wie wir morgens beim Aufstehen und Kaffeetrinken anfangen müssen darnach zu leben» [19]. Zu diesem Wunsch gehört die Infragestellung der Ä. als Kunstphilosophie durch die Meinung, die Kunst oder das Schöne könne durch die bloße Erscheinung bestehen. Auf solchem «irreligiösen Weg» wird ‹ästhetisch› zu einem Ausdruck, durch den das «Oberflächliche, auf die bloße Erscheinung Gegründete» bezeichnet wird. Der Begriff meint so nicht mehr absolute Kunst, sondern «ästhetische Theilnahme, ästhetisches Interesse und dergl.». Der Name der Ä. werde «entweiht», je mehr die schönen Namen der Idee und des Ideals und das, worauf sie sich beziehen, aus den Seelen verschwinden [20].

Während bei Solger die ästhetische Kunst das Endliche als ihre mögliche Vernichtung bei sich hat, nehmen HEGELS ‹Vorlesungen über Ästhetik› die Frage der Kunst an dem Ende der Entwicklung auf, in der Subjektivität es ästhetisch durch Kunst übernimmt, auf dem Boden des Gegensatzes der inneren Freiheit und der äußeren Notwendigkeit, den die neuere Bildung erst ausgeführt und auf die «Spitze des härtesten Widerspruchs» getrieben hat, die Forderung nach Auflösung solchen Widerspruchs zu erfüllen [21]. Mit dieser Aufgabe und in dieser ästhetischen Funktion emanzipiert sich Kunst aus der Funktion, in der sie als «flüchtiges Spiel» gebraucht werden kann, dem Vergnügen und der Unterhaltung, der Verzierung der äußeren Umgebung zu dienen, und erhält als freie und wahrhafte Kunst im Kreis der Religion und der Philosophie [22] ihre «höchste Aufgabe» als «eine der Mitten», welche jenen «Gegensatz und Widerspruch des in sich abstrakt beruhenden Geistes und der Natur – sowohl der äußerlich erscheinenden als auch der innerlichen des subjektiven Gefühls und Gemüts» auflösen und «zur Einheit zurückführen» soll [23]. Nach der Zusammenfassung, die Hegel gibt, läßt Kunst damit den Zusammenhang aller früheren Theorien und ihre in diesen sich manifestierende Geschichte hinter sich. Sie kann weder als Nachahmung der Natur noch nur als «Remission» und «Nachlassung des Geistes» [24] genommen werden. Sie ist aus der Tradition heraus, in der sich Philosophie um Regeln und Vorschriften für die Kunst in ihrer Identität mit dem Technischen ihres Verfahrens bemühte. Die Philosophie hat jetzt allein zu begreifen, was das Schöne sei und wie es sich in Kunstwerken zeigt [25]. Sie ist ebenso über die «abstrakten Reflexionen» des Geschmacks hinaus: Der Genius geht über seine «Kleinigkeitskrämerei» hinweg [26]. Daher ist für Hegel allein die in der gleichen Entzweiung der Bildung stehende Philosophie imstande, die

Kunst in ihrer Wahrheit zu begreifen: Kant, Schiller, Schelling haben ihren Begriff und ihre wissenschaftliche Stellung gefunden und sie «in ihrer hohen und wahrhaften Bestimmung» aufgenommen [27]. In dieser Bestimmung sind Kunst und das Kunstschöne als Geist und vom Geist Hervorgebrachtes, als eine «Frage, eine Anrede an die widerklingende Brust, ein Ruf an die Gemüther und Geister» höher als das Naturschöne [28]. Durch sie wird die innere und äußere Welt in das geistige Bewußtsein [29] wie in der Religion und in der Philosophie erhoben, doch bleibt Kunst zugleich von diesen dadurch unterschieden, daß sie sich darauf beschränkt, Schönheit als sinnliches «Scheinen der Idee» zum Inhalt zu haben [30] und diese für die unmittelbare Anschauung in sinnlicher Gestalt darzustellen und so ihren Wert und ihre Würdigkeit in dem «Entsprechen und in der Einheit beider Seiten» zu erhalten [31].

Alles das sind Bestimmungen, in deren Zusammenfassung Hegel aus der Entwicklung der Ä. und der ästhetischen Kunstphilosophie Bilanz zieht, um zu diagnostizieren, was Kunst in ihrer ästhetischen Begründung und Funktion auf dem Boden gegenwärtiger Bildung und Wirklichkeit des Geistes zu sein und zu leisten vermag. Die Bestimmung, die Hegel ihr gibt und deren Begründung die Ä.-Vorlesungen sind, sagt, daß die Kunst, der wir ästhetisch «einerseits diese hohe Stellung geben», andererseits «weder dem Inhalt noch der Form nach die höchste und absolute Weise sei, dem Geist seine wahrhaften Interessen zum Bewußtsein zu bringen»: «Der Geist unserer heutigen Welt ... unsere Religion und unsere Vernunftbildung» sei über die Stufe hinaus, «auf welcher die Kunst die höchste Weise ausmacht, sich des Absoluten bewußt zu sein». «Der Gedanke und die Reflexion hat die schöne Kunst überflügelt». Damit ist und bleibt die Kunst nach der Seite ihrer höchsten Bestimmung «für uns ein Vergangenes» [32]: «Mögen wir die griechischen Götterbilder noch so vortrefflich finden und Gottvater, Christus, Maria noch so würdig und vollendet dargestellt sehen: es hilft nichts, unser Knie beugen wir doch nicht mehr» [33]. Das Methodische des Satzes vom Vergangenheitscharakter der Kunst als «höchste Weise», in welcher die Wahrheit sich Existenz verschafft, liegt darin, daß Hegel die ästhetische Beanspruchung der Kunst aus dem Zusammenhang mit der «Empfänglichkeit und Freiheit» begreift, «auch die längst vorhandenen großen Kunstwerke der modernen Welt, des Mittelalters oder auch ganz fremder Völker des Altertums (die indischen z. B.) zu genießen» und in ihrem «solche Fremdartigkeit überbietenden, allen Menschen gemeinschaftlichen *Gehalt*» anzuerkennen [34]. Die wiedererweckte, zu universaler Präsenz gebrachte Kunst gibt in der Bestimmung, das Göttliche und Welt und Mensch in der Einheit des Göttlichen darzustellen, den Begriff ästhetischer Vermittlung und Versöhnung her. Das gilt für Schellings Mythologie ebenso wie für die von der Romantik heilig gesprochenen Genien des christlichen Mittelalters, für Herders poetische Erweckung des Ursprungs und – im Horizont des ganzen Zeitalters – für die klassische Kunst. Hegel selbst ging von der Sehnsucht nach der verlorenen schönen Religion der Griechen aus, die in der ‹Phänomenologie› und in der ‹Encyklopädie› (1817) als Kunstreligion und Religion der Kunst behandelt wird, in der das Volk «sich seinem Gott naht» [35]. Noch für die ‹Ä.› gilt, daß die «Vollendung der Kunst» die klassische Kunst ist, in der sich «das Geistige vollständig durch seine äußere Erscheinung hindurchzog, das Natürliche in dieser schönen Einigung idealisierte und zur gemäßen Realität des Geistes in seiner substantiellen Individualität selber machte». Als «Vollendung des Reichs der Schönheit» kann nichts Schöneres «sein und werden» [36].

Die Geschichte der Entwicklung der Kunst in den Stufen der im wesentlichen mit der «morgenländischen» Welt identischen symbolischen, der klassischen und der mit dem Christentum aufkommenden romantischen Kunst und der Kunstformen, Architektur, Skulptur, Malerei, Musik, Poesie in der Zuordnung zu diesen Stufen machen den Hauptinhalt der Ä.-Vorlesung aus. Sie hat ihre große Nachwirkung in der Kunstgeschichte und in der Bildung ihrer Epochenbegriffe gehabt. Systematisch aber hat sie zugleich die Absicht und die Bedeutung, daß in ihr die Entwicklung der Kunst nicht isoliert und für sich, sondern aus der geschichtlichen Welt in ihrem Gange und als die Form ihres Bewußtseins und ihrer Manifestation begriffen wird. In der ‹Phänomenologie› hatte Hegel die klassische Kunstreligion aus dem Zusammenhang des sittlichen Volkes verstanden, das «seinen Staat und die Handlungen desselben als den Willen und das Vollbringen seiner selbst weiß» [37]. Das wird in der ‹Ä.› aufgenommen: Die klassische Kunst «in ihrer höchsten Lebendigkeit» setzt «das Allgemeine der Sittlichkeit und die abstrakte Freiheit der Person» voraus, in der die «Selbständigkeit des Politischen nicht gegen eine davon unterschiedene subjektive Moralität» hervortritt und «die Substanz des Staatslebens ... ebenso in die Individualität versenkt» war, «als diese ihre eigene Freiheit nur im allgemeinen Zwecke des Ganzen suchten» [38]. Die romantische Kunst ist die der Subjektivität des Christentums; diese löst als «absolute Innerlichkeit» alle «besonderen Götter» in die reine Identität des einen Gottes als Geist auf und zerstört sie in der «Flamme der Subjektivität» [39]. Die geschichtliche Basis der Kunst liegt dann in der Bewegung, in der die «absolute Subjektivität», um «wirkliche» Subjektivität zu sein, in das «äußere Dasein hereintritt und aus dieser Realität sich in sich zusammennimmt». Damit erhält Kunst Inhalt und Spielraum; sie versinnlicht die Innerlichkeit in sich und in der Mannigfaltigkeit, die diese sich suchend und aussprechend durchdringt [40].

Der Vergangenheitscharakter der Kunst in ihrer höchsten Bestimmung bedeutet so, daß das Kunstwerk – zu ästhetischer Gegenwart gebracht – nicht mehr in dem religiösen und geschichtlichen Zusammenhang steht, aus dem es hervorgeht. Es wird zum Kunstwerk verselbständigt und absolut. Das Bild der Heiligen, das in das ästhetische Pantheon der Kunst eingeht, ist nicht mehr Bild, dem sich fromme Verehrung und Andacht zuwenden. Es vermag die in es eingegangene Substanz scheinen und im Gemüte widerklingen zu lassen, aber es kann dieser Substanz weder Wirklichkeit im gegenwärtigen Leben geben, noch dieses in seiner Entzweiung versöhnen und in die Einheit zurückführen. Die ästhetische Gegenwart der Kunst ist ihre Vergangenheit.

Obwohl Hegel hier von der Auflösung der romantischen Kunstform und vom «Zerfallen» der Kunst [41] spricht, gehört der Vergangenheitscharakter der Kunst in ihrer höchsten Bestimmung zu der geschichtlichen Umwälzung, in der mit der Neuzeit die Freiheit der Subjektivität in die weltliche Wirklichkeit hineingebildet und zur Substanz von Gesellschaft, Recht und Staat als ihrer Verwirklichung geworden ist. Zur Subjektivität gehört zugleich in ihrer ganzen Geschichte, daß sie von Anbeginn die für die klassische Kunst konstitutive unbefangene Einheit des Allgemeinen und Individuellen sprengt. Die romantische Kunst dringt so allgemein für Hegel, «obwohl sie Kunst ist», auf «eine höhere Form des Bewußtseins» hin, «als die Kunst zu geben imstande ist» [42]. Obwohl die Kirche «die Kunst großgezogen oder gewähren lassen» hat, wie man sich auch sonst bei Mohammedanern und bei den Juden und selbst bei den Griechen, so bei Platon «gegen die Kunst als versinnlichende Vorstellung des Göttlichen gerichtet» hat, wird mit der Reformation endgültig die «religiöse Vorstellung von dem sinnlichen Elemente abgerufen und auf die Innerlichkeit des Gemüts und Denkens zurückgeführt» [43]. Die moderne Entzweiung von Subjektivität und Gesellschaft und Staat hat für die Subjektivität die weltgeschichtliche Bedeutung, daß in ihr Freiheit Wirklichkeit erhält und daß so die Versöhnung darin besteht, diese Entzweiung positiv zu begreifen, und «zwar in der Weise, daß nicht etwa der Gegensatz und seine Seiten *gar nicht*, sondern daß sie in Versöhnung sind» [44]. Wo Freiheit als Freiheit aller in ihrer Subjektivität in dem von jedem patriarchalischen Verbande unterschiedenen Staat in der Gesellschaft und in den Gesetzen, Gewohnheiten, Rechten [45] Wirklichkeit hat, da gehört der Versuch ästhetischer Versöhnung und Wiederherstellung zu der Ohnmacht der Flucht, in der sich der Mensch vor der gegenwärtigen Wirklichkeit der Freiheit seines inneren und äußeren Daseins und vor der Notwendigkeit, diese als die seine zu begreifen, verschließt. Daher sind für Hegel in der jetzigen Welt der Künstler und die Künste über die Stoffe und Weisen der vergangenen Kunst, sie aufzufassen, hinaus: «Kein Homer, Sophokles usf., kein Dante, Ariost, Shakespeare können in unserer Zeit hervortreten» [46]. Der ausübende Künstler steht in der gegenwärtigen reflektierenden allgemeinen Bildung; er kann davon nicht abstrahieren und sich in der Entfernung von den Lebensverhältnissen eine «das Verlorene wieder ersetzende Einsamkeit erkünsteln» [47] oder sich «vergangene Weltanschauungen wieder, sozusagen, substantiell aneignen» [48]: «Nur die Gegenwart ist frisch, das andere fahl und fahler» [49]. Indem für den Künstler «das Gebundensein an einen besonderen Gehalt und eine nur für diesen Stoff passende Art der Darstellung» der Vergangenheit angehört, erhalten er und die Kunst die Freiheit, alles darzustellen, worin der Mensch überhaupt heimisch zu sein die Fähigkeit hat. Die Kunst streift «alle feste Beschränkung auf einen bestimmten Kreis des Inhalts und der Auffassung von sich ab» und macht dadurch zu ihrem «neuen Heiligen den *Humanus*», «das Allgemeinmenschliche in seinen Freuden und Leiden, seinen Bestrebungen, Taten und Schicksalen» [50]; der Künstler kann einen Weg beschreiten, der nicht mehr ästhetische Erneuerung und Versöhnung ist.

Zwischen der gebundenen großen vergangenen Kunst und der Freiheit der Kunst in der «neuesten Zeit» erweist sich ihre ästhetische Begründung und Funktion als Übergang, in dem die Subjektivität ihre gegenwärtige Wirklichkeit nicht erkennt und anerkennt und in ästhetischer Wiederherstellung eine Einheit zu gewinnen sucht, die sie doch als eine Vergangene, nicht Gegenwärtige nur ästhetisch halten und geltend machen kann.

In der Lösung aus diesem Zusammenhang wird Ä. in einer vielfältig retardierten und gebrochenen Entwicklung schließlich zum bloßen Disziplintitel einer philosophischen und wissenschaftlichen Theorie der Kunst, die ohne Beziehung zur substantiellen Bedeutung des Ästhetischen an dem Namen ‹Ä.› festhält. Zugleich führt die nicht mehr ästhetische Funktion moderner Kunst in ihrer Differenzierung zur Friktion mit den ästhetischen Begriffen, wie dem des Schönen, Erhabenen usf., soweit die Theorie sie noch festhält. F. Th. Vischer hatte versucht, in einer Erneuerung der Ä. als Metaphysik des Schönen auf dem Boden der gegenwärtigen Welt die aus Religion, Mythos, Allegorie als aus der «transzendenten Afterwelt» [51] emanzipierte und verweltlichte Kunst zu begründen, ohne damit doch zu einer anderen Lösung zu kommen, als «hoffnungsvoll in die Zukunft [zu] schauen und größere, zusammenhängende Früchte der modernen Kunst von ihr [zu] erwarten» [52]. Für E. Utitz setzt dann eine Grundlegung der Kunstwissenschaft den Bruch mit der Ä. voraus: Als auf «das klassische Kunstphänomen» gegründete Philosophie habe sie den zu diesem gehörigen Schönheitsbegriff auf den «ganzen Komplex der Kunst» und auf solche «Kunsttatsachen» ausgedehnt, denen «völlig andere Voraussetzungen innewohnen»; damit sei ihre Herrschaft zur «unerträglichen Usurpation» geworden; es gelte den «Machtanspruch der Ä.» auf «Deutung nichtklassischer Kunstkomplexe zurückzuweisen» [53]. N. Hartmann, der noch einmal Ä. als Theorie des Schönen und der Kunst auf der Basis der Ontologie und Wertlehre erneuert, schränkt ihre Bedeutung auf die Philosophie ein: Sie habe weder dem Künstler noch dem, der sich der Kunst zuwendet, etwas zu sagen: «Die Ä. ist nur etwas für den philosophisch Eingestellten» [54]. Ä., wenn das Wort nicht als bloßer, gegen die Inhalte und die Begründung der Theorie indifferenter Name genommen wird, hat Kunst und die Wirklichkeit der Zusammenhänge, in denen sie steht, außer sich. Diese verlangen nach nichtästhetischer Begründung.

Anmerkungen. [1] K. W. F. Solger: Vorles. über Ä., hg. K. W. L. Heyse (1829, ²1962) VIII. – [2] Hegel, Vorles. über Ä., hg. H. G. Hotho (1829, ²1842). Werke. Vollständige A. durch einen Verein von Freunden des Verewigten 10 (1835) IX. – [3] Vgl. Solger, a. a. O. [1] 55. – [4] 119. – [5] 122. – [6] 117. – [7] 113. – [8] 138; vgl. 111f. – [9] 52. – [10] Vgl. 76. – [11] Vgl. Erwin. Vier Gespräche über das Schöne und die Kunst 1. 2 (1815) 1, 2f. – [12] Vorles. a. a. O. [1] 51. – [13] 72. – [14] 120. – [15] 10. – [16] 107. – [17] Vgl. ebda. – [18] 241f.; vgl. Erwin, a. a. O. [11] 185f. 387. – [19] Brief an F. von Raumer vom 22. 3. 1812, in: Schriften und Briefwechsel, hg. L. Tieck/F. von Raumer 1. 2 (1826) 1, 224f. – [20] Vorles. a. a. O. [1] 94; vgl. Über den Ernst in der Ansicht und dem Studium der Kunst (1811). Schriften a. a. O. [18] 2, 442f. – [21] Hegel, Vorles. über Ä., hg. F. Bassenge 1, 63. – [22] a. a. O. 1, 18f. – [23] 65. – [24] 15. – [25] 21. – [26] 44. – [27] 71. – [28] 79; vgl. 14. – [29] 42. – [30] 117. – [31] 79 und passim. – [32] 21. 22. – [33] 110. – [34] 31. – [35] Phänomenol. des Geistes. Werke, hg. Glockner 2, 535ff. 548; Enzyklop. der philos. Wiss. im Grundrisse §§ 456-464. a. a. O. 6, 302ff. – [36] Ä., a. a. O. [21] 1, 498. – [37] Phänomenol. a. a. O. 2, 548. – [38] Ä. 1, 422. – [39] a. a. O. 500. – [40] 500-502. – [41] 582. – [42] 423. – [43] 110. – [44] 64. – [45] Vgl. 182. – [46] 581. – [47] 22. – [48] 579. – [49] 581. – [50] 579. 581. – [51] F. Th. Vischer: Plan zu einer neuen Gliederung der Ä. (1843), in: Über das Erhabene und Komische, hg. W. Oelmüller (1967) 216ff.; vgl. Krit. Gänge, hg. R. Vischer (²1914-1922) 5, VII. – [52] ebda. – [53] E. Utitz: Grundlegung der allg. Kunstwiss. (1920) 1, 35. – [54] N. Hartmann: Ästhetik (1953) 1.

Literaturhinweise. – Allgemein: J. Koller: Entwurf zur Gesch. der Ä. von Baumgarten bis auf die neueste Zeit (1799). – R. Zimmermann: Gesch. der Ä. als philos. Wiss. (1858). – H. Lotze: Gesch. der Ä. in Deutschland (1868, Neudruck 1913). – R. Haym: Die romantische Schule. Ein Beitrag zur Gesch. des dtsch. Geistes (1870). – M. Schasler: Ä. als Philos. des Schönen und der Kunst 1: Krit. Gesch. der Ä. von Plato bis auf die Gegenwart (1871/72). – K. H. v. Stein: Die Entstehung der neueren Ä. (1886, Neudruck 1964) 336ff. – R. Sommer: Grundzüge einer Gesch. der dtsch. Psychol. und Ä. von Wolff-Baumgarten bis Kant-Schiller (1892). – E. v. Hartmann: Grundriß der Ä. (1909) (= System der Philos. im Grundriß, Bd. 8). – E. Cassirer: Freiheit und Form (1916). – W. Dilthey: Die Epochen der modernen Ä. Werke 6 (1924). – A. E. Powell: The romantic theory of poetry (New York 1926). – W. A. Hammond: A bibliogr. of aesthetics and of the philos. of the fine arts (New York 1933). – P. Reiff: Die Ä. der dtsch. Frühromantik. Univ. Illinois Stud. Language a. Lit. 31 (1946). –

B. CROCE: Ä. als Wiss. vom Ausdruck und allg. Sprachwiss. Theorie und Gesch., dtsch. H. FEIST/R. PETERS. Schriften, hg. H. FEIST 1 (1930) 163ff.; 495ff.: Bibliogr. – P. O. KRISTELLER: The modern system of arts. A study in the hist. of aesthetics. J. Hist. Ideas 12 (1951) 496-527; 13 (1952) 17-64. – K. E. GILBERT/H. KUHN: A hist. of esthetics (Bloomington 1953). – G. LUKÁCS: Beitr. zur Gesch. der Ä. (1954). – A. NIVELLE: Kunst- und Dichtungstheorien zwischen Aufklärung und Klassik (²1960). – R. K. ELLIOT: Aesthetic theory and the experience of art. Proc. Aristotel. Soc. 67 (1966/67) 111-126. – H. R. JAUSS (Hg.): Nachahmung und Illusion (= Poetik und Hermeneutik 1). Kolloquium Gießen 1963 (1964). – W. ISER (Hg.): Immanente Ä. Ästhet. Reflexion (= Poetik und Hermeneutik 2). Kolloquium Köln 1964 (1966). – H. MAINUSCH: Romantische Ä. Unters. zur engl. Kunstlehre des späten 18. und frühen 19. Jh. (1970). – TH. W. ADORNO: Ästhet. Theorie. Ges. Schr. 7 (1970).

Zu Baumgarten: H. G. MEYER: Leibniz und Baumgarten als Begründer der dtsch. Ä. (1874). – J. SCHMIDT: Leibniz und Baumgarten. Ein Beitrag zur Gesch. der dtsch. Ä. (1875). – B. POPPE s. [11 zu 1]. – E. BERGMANN: Die Begründung der dtsch. Ä. durch A. G. Baumgarten und G. F. Meier (1911). – A. RIEMANN: Die A. G. Baumgartens unter bes. Berücksichtigung der Meditationes philosophicae de nonnullis ad poema pertinentibus nebst einer Übersetzung dieser Schrift (1928). – R. PAPPALARDO: L'arte ed il bello nell'estetica di Alessandro G. Baumgarten. Siculorum Gymnasium (1953) 131ff. – N. MENZEL MSF: Der anthropologische Charakter des Schönen bei Baumgarten (Diss. Wanne-Eickel 1969). – U. FRANKE: Kunst als Erkenntnis. Eine Untersuch. zur A. G. Baumgartens (Diss. Münster 1971).

Zu Herder: CH. JORET: Herder et la renaissance litt. en Allemagne au 18e siècle (Paris 1875). – G. JACOBI: Herders und Kants Ä. (1907). – H. WOLF: Die Genielehre des jungen Herder. Dtsch. Vjschr. Lit.wiss. 3 (1925) 401-430. – H. A. SALMONY: Die Philos. des jungen Herder (1949). – H. BEGENAU: Grundzüge der Ä. Herders (Weimar 1956). – I. STAMM: Herder and the Aufklärung. A Leibnizian context. Germ. Rev. 38 (1963) 197-208. – J. K. FUGATE: The psychol. Basis of Herders aesthetics (Den Haag/Paris 1966). – *Zu Lessing:* B. v. WIESE: Lessing. Dichtung, Ä., Philos. (1931).

Zu Kant: H. COHEN: Kants Begründung der Ä. (1889). – A. BAEUMLER s. [8 zu 2]. – E. F. CARRIT: The sources and effects in England of Kants philos. of beauty. Monist 35 (1925) 315-328. – V. BASCH: Essai critique sur l'esthétique de Kant (Paris 1927). – J. KNOX: The aesthetic theories of Kant, Hegel and Schopenhauer (New York 1936). – G. DENKMANN: Kants Philos. des Ästhetischen. Versuch über die philos. Grundgedanken von Kants Kritik der ästhetischen Urteilskraft (1947). – P. MENZER: Kants Ä. in ihrer Entwicklung (1952). – W. DIEMEL: Die Bedeutung von Kants Begründung der Ä. für die Philos. der Kunst (1959). – G. FREUDENBERG: Die Rolle von Schönheit und Kunst im System der Transzendentalphilos. (1960). – O. MARQUARD: Kant und die Wende zur Ä. Z. philos. Forsch. 16 (1962) 231-243. 363-374. – A. H. TREBELS: Einbildungskraft und Spiel. Zur Kantischen Ä. (1967).

Zu Schiller: F. MONTARGIS: L'esthétique de Schiller (Paris 1890). – E. CASSIRER: Schiller und Shaftesbury (Cambridge 1935). – K. HAMBURGER: Schillers Fragment ‹Der Menschenfeind› und die Idee der Kalokagathie. Dtsch. Vjschr. Lit.wiss. 30 (1956) 367-400. – D. HENRICH: Der Begriff der Schönheit in Schillers Ä. Z. philos. Forsch. 11 (1957) 527-547. – B. v. WIESE: Schiller und die frz. Revolution, in: Der Mensch in der Dichtung (1958) 148-169; F. Schiller (1963) 446-506; Die Utopie des Ästhetischen bei Schiller, in: Zwischen Utopie und Wirklichkeit. Studien zur dtsch. Lit. (1963) 81-101.

Zu Schelling: H. KNITTERMEYER: Schelling und die romantische Schule (1929). – J. GIBELIN: L'esthétique de Schelling d'après la philos. de l'art (Paris 1934). – E. L. FLACKENHEIM: Schellings philos. of the arts. Philos. Quart. 4 (1954) 310-326. – D. JÄHNIG: Schelling. Die Kunst in der Philos. 1. 2 (1966-1969). – X. TILLIETTE: Schelling. Une philos. en devenir 1: Le système vivant 1794-1821. 2: La dernière philos. 1821-1854, in: Bibl. Hist. Philos. (Paris 1970) 1, 102. 227f. 439-456. – *Zu Schlegel:* K. BRIEGLEB: Ästhetische Sittlichkeit. Versuch über F. Schlegels Systementwurf zur Begründung der Dichtungskritik (1962). – *Zu Novalis:* W. MALSCH s. [92 zu 2]. – *Zu Kierkegaard:* TH. W. ADORNO: Kierkegaard. Konstruktion des Ästhetischen (²1962). – *Zu Solger:* B. GRUNERT: Solgers Lehre vom Schönen in ihrem Verhältnis zur Kunstlehre der Aufklärung und der Romantik (Diss. Marburg 1960).

Zu Hegel: W. DANZEL: Über die Ä. der Hegelschen Philos. (1844). – J. S. KEDNEY: Hegel's aesthetics. A critical exposition (1885). – A. KUHN: Die Kulturfunktion der Kunst 1: Die Vollendung der Klassischen dtsch. Ä. durch Hegel (1931). – G. LUKÁCS: Hegels Ä. (1951), in: HEGEL, Ä., hg. F. BASSENGE (o. J.) 2, 589-624. – O. PÖGGELER: Hegels Krit. der Romantik (1956). – W. OELMÜLLER: Hegels Satz vom Ende der Kunst und das Problem der Philos. der Kunst nach Hegel. Philos. Jb. 73 (1965) 75-94. – G. WOLANDT: Zur Aktualität der Hegelschen Ä. Hegel-Stud. 4 (1967) 219-234. – *Zu Vischer:* E. VOLHARD: Zwischen Hegel und Nietzsche. Der Ästhetiker Vischer (1932). – W. OELMÜLLER: F. Th. Vischer und das Problem der nachhegelschen Ä. (1959).

J. RITTER

Ästhetisch. Neben dem disziplin-immanenten Wortsinn, wie er in seiner historischen Wandlung mit der Geschichte der Ästhetik (s. d.) gegeben ist, tritt zunehmend ein ästhetik-transzendenter Gebrauch in den Vordergrund. Angekündigt wird er bereits durch HEGEL: Er kritisiert nicht nur einen bestimmten Typus ästhetischer Phänomenalität und Subjektivität, nämlich innerhalb der Romantik den «ironischen» [1] als substanz- und wirklichkeitsferne Erdichtung des Scheins – zugunsten einer metaphysisch-ästhetischen Position in Theorie, künstlerischer Produktion und allgemeiner Lebenspraxis, die das Schöne als aus dem subjektiven Geist geborene Erscheinungsgestalt [2] der substanziellen Wahrheit der Objektivität ernst nimmt. Er schränkt vielmehr auch, den Ansatz der ästhetischen Erscheinungsregion als einer «inferioren» [3] vertiefend, die gültige Möglichkeit dieser ästhetisch-anschaulichen Form der Vermittlung von Objektivität und Subjektivität insgesamt ein auf eine historisch-logische Stufe [4] – zugunsten der religiös-vorstellenden und zuletzt der begrifflichen Erscheinung der Wahrheit im absoluten Systembewußtsein. NIETZSCHE deklassiert das traditionelle ästhetische Verhalten weithin als in den dekadenten, primär bloß rezeptiv-orientiertes, und dessen theoretische Ausprägung als «Weibsästhetik» [5] – zugunsten eines produktiv-orientierten, männlich-«klassischen» ästhetischen Verständnisses [6] aus dem Machtbewußtsein des aufsteigenden Lebens. Zuvor schon verwirft KIERKEGAARD aber das Ästhetische überhaupt als die Sphäre des Unernstes, das unlebbare Stadium der unmittelbaren bloßen Möglichkeiten – im Interesse der zu vermittelnden wirklichen Existenz vom ethischen und, zuhöchst, religiösen Entscheidungsbewußtsein her [7].

Die Ende des 19./Anfang des 20. Jh. neu einsetzende Wende gegen das Ästhetische zielt vor allem auf die Befreiung des Verständnisses der Kunst von der nur ästhetisch-isolierenden Betrachtung im Interesse der theoretischen Selbstvergewisserung künstlerischer Praxis (C. FIEDLER [8]), der methodischen Grundlegung einer eigenständigen Kunstwissenschaft (M. DESSOIR [9]), der Rückbindung der Kunst an ihren jeweils zugehörigen geschichtlichen Lebenszusammenhang um der geisteswissenschaftlichen Verstehensmöglichkeit dieses Zusammenhanges willen (W. DILTHEY [10]), der funktionalen Einordnung der Kunst in die umfassende sozialkulturelle Sinneinheit um eines philosophisch-reflektierten Kulturverständnisses willen (G. SIMMEL [11]). Auch die phänomenologische Forschung betont, daß im Werk der Kunst – im Unterschied zum nichtkünstlerischen ästhetischen Objekt – das gesamte intentionale Erleben, die «Welt» des Künstlers zum Ausdruck komme [12]: dennoch gewinnt das Werk seine Konkretion erst in der ästhetischen Objektivation (R. INGARDEN [13]) – und so bleibt es bei der ästhetischen Umklammerung der Kunstproblematik [14], erst recht dann, wenn die Phänomenologie selbst eine Affinität ihrer eigenen Faktizitätsausklammerung und der Irrealität (Idealität, Intentionalität) der ästhetisch-künstlerischen Objektivationen entdeckt (O. BECKER [15]). Die Legitimität des ästhetischen Verhaltens bzw. seiner theoretischen Ausprägung überhaupt und hinsichtlich der Kunst im besonderen wird erst unter dem Eindruck extremer Entwicklungen in der neueren Kunst, im Rückblick auf die differenzierte Geschichte der Kunst – welche vom ästhetischen Bewußtsein in die Gleichzeitigkeit seines «imaginären Museums» nivelliert wird [16] – und in der Absicht auf eine grundlegende Neubestimmung des Wesens des Menschen radikal diskutierbar. Wo die Legitimität ästhetischer Einstellung, wie im Anschluß an KIERKEGAARD von K. JASPERS [17], gänzlich bestritten wird, bedeutet «ästhetisch» soviel wie: genießerisch unverbindlich, gleichgültig gegenüber gehaltlichen Vorgaben, alle Existenzproblematik auflösend allein in die Form der Erscheinung, d. h. des distanzierenden Schauens auf eine beliebige inhaltliche Mannigfaltigkeit. M. HEIDEGGER stellt das ästhetische Verhalten als eine in der Neuzeit zur vollen Entfaltung gelangte Grundgestalt der sich genießenden Subjektivität heraus, die alles Begegnende als Gegenstand auf ihre Zuständlichkeit bezieht und damit die Wahrheit des Seins des Seienden und ihr Eröffnungsgeschehen in der Kunst dem Menschen verdeckt [18]. Wo die Kunst als Wahrheitsereignis verstanden, dennoch aber an der Terminologie des Ästhetischen – vor allem angesichts der neuzeitlichen Kunst der reinen Erscheinung und Anschauung – festgehalten werden soll, bleibt die Aufgabe, auf das Wesen des Ästhetischen vor der abstrakt-subjektiven Selbstartikulation zurückzugehen und in ihm die konkrete Einheit von Distanz zu und Identität mit der geschichtlichen Wirklichkeit aufzuklären (H.-G. GADAMER [19]).

Anmerkungen. [1] Werke 10, 1. Abt. (^{2}1842) 82ff. – [2] Enzyklopädie (1830) § 556. – [3] A. G. BAUMGARTEN: Aesthetica 1 (1750). – [4] HEGEL, a. a. O.[1] 16. – [5] Werke, hg. K. SCHLECHTA 3 (^{2}1960) 717; vgl. 2, 845. – [6] a. a. O. 2, 936; vgl. 598. 845. – [7] Ges. Werke, hg. H. GOTTSCHED u. a. (1902ff.) 7, 187. 252; 2, 152. – [8] Schriften über Kunst (1896), hg. H. KONNERTH, 2 Bde. (1913/1914). – [9] Ästhetik und allgemeine Kunstwiss. (1906); vgl. E. UTITZ: Grundlegung einer allgemeinen Kunstwiss. 1 (1914). – [10] Das Erlebnis und die Dichtung (1906); vgl. H.-G. GADAMER: Wahrheit und Methode (1960) 57f.; L. LANDGREBE: Philos. der Gegenwart (1957) 115ff. – [11] Zur Philos. der Kunst (1922) bs. 79ff. – [12] Vgl. D. BRINKMANN: Natur und Kunst (1938) 134f. – [13] Untersuchungen zur Ontologie der Kunst (1962) 236ff. 244ff. – [14] Vgl. A. HALDER: Kunst und Kult (1964) 10ff. 21ff. – [15] Von der Hinfälligkeit des Schönen und der Abenteuerlichkeit des Künstlers, in: Festschrift E. Husserl (1929) 36. – [16] A. MALRAUX: Le musée imaginaire (1947), dtsch. Psychol. der Kunst 1 (1957); W. WEIDLÉ: Les abeilles d'Aristée (1954), dtsch. Die Sterblichkeit der Musen (1958). – [17] Philos. 1 (^{3}1956) 336; Von der Wahrheit (^{1}1947) 952f. – [18] Vgl. Nietzsche 1 (1961) bes. 91ff. – [19] a. a. O. [10] 81f. 111f.

A. HALDER

Ästhetizismus. Nach der Mitte des 19. Jh. wird Ä. in England zunächst für die Kunstauffassung der Präraffaeliten (D. G. ROSSETTI, J. S. MILLAIS, H. HUNT) mit ihrer Betonung der künstlerischen Reinheit als Bezeichnung («aestheticism» [1]) aufgenommen, die später das ganze überfeinert-«dekadente» literarisch-künstlerische Selbstverständnis des fin de siècle treffen sollte und sich teilweise mit der negativ-kritisch umgewendeten Formel des (von TH. GAUTIER und V. COUSIN ausgehenden) «l'art pour l'art» verband [2]. Der Begriff Ä. dient überhaupt zur schlagwortartigen Kritik an den mannigfachen Formen einer nur-«ästhetischen Weltanschauung», die sowohl ethisch-aktivistischem Kulturinteresse [3] als auch christlich-theologischer Wirklichkeitsdeutung widerspricht [4]. Als erste geschichtliche Erscheinung des eigentlichen Ä. gilt dann das aus Motiven der deutschen idealistischen Philosophie erwachsene romantische Welt- und Selbstverhältnis [5]. Als Vollender dieser Entwicklung – in welcher die von KANT ausgehende Idee der Autonomie des Ästhetischen in Autarkie übersteigert [6], in Despotie verfälscht [7] wurde – gilt F. NIETZSCHE [8]. Als Vorgänger der Ä.-Kritik (die freilich das Wort noch nicht kannten) gelten HEGEL und KIERKEGAARD [9]. Die Züge, die dem Ä. als einer Grundform von «Weltanschauung» [10] im allgemeinen zugeschrieben werden, sind: Wirklichkeitsferne, distanzierende Lösung aus allen religiösen, ethischen, politischen Bindungen kultureller Gemeinsamkeit, Degradierung der Welt zu einem bloßen Mittel des Selbstgenusses in unverpflichteter Zuschauerpose und versuchte Perennierung der ästhetischen Momentaneität zum Dauerzustand [11], d. h. zugleich Verabsolutierung des ästhetischen Prinzips zum alleingültigen Lebensprinzip, das alle – im Grunde nicht gegeneinander ausspielbare – Lebensvollzüge in sich aufzulösen trachtet und gerade dadurch das wirkliche Leben lähmt und auch das künstlerische Schaffen verhindert. In solchen Charakterisierungen zeigt sich, daß sich in der Tat das Problem der Ä.-Kritik auf das von HEGEL erstmals aufgeworfene Problem des Ästhetischen reduzieren läßt, auf das Problem seiner Isolation vom praktischen Leben durch das abstrakte ästhetische Bildungsbewußtsein und das Problem der Wiedergewinnung seines Bezugs zum geschichtlichen Dasein des Menschen in seiner sozialen Wirklichkeit [12].

Anmerkungen. [1] G. BRIMLEY: Essays (Cambridge 1858); E. MELLOR: Priesthood 8 (London 1865) 392. – [2] F. HARTLAUB: Kunst und Religion (1919) 10; F. KREIS: Die Autonomie des Ästhetischen in der neueren Philos. (1922) 19. 21; H. KUHN: Die ästhetische Autonomie als Problem der Philos. der Gegenwart. Logos 17 (1928) 302; vgl. G. SIMMEL: L'art pour l'art (1914); Zur Philos. der Kunst (1922) 84f. – [3] R. EUCKEN: Der Kampf um einen geistigen Lebensinhalt (1896, ^{2}1907). – [4] E. BRUNNER: Das Gebot und die Ordnungen (1932) 10. – [5] Vgl. F. BRIE: Ästhetische Weltanschauung in der Lit. des 19. Jh. (1921) bes. 17. 20ff.; K. J. OBENAUER: Die Problematik des ästhetischen Menschen in der dtsch. Lit. (1933). – [6] H. KUHN: Die Kulturfunktion der Kunst 1 (1931) 28f. 197. – [7] F. KREIS, a. a. O. [2] 5; vgl. N. BERDJAJEW: Von des Menschen Knechtschaft und Freiheit (1951) Kap.: Die Knechtung durch das Ästhetische. – [8] F. HARTLAUB, a. a. O. [2] 9; J. KONRAD: Religion und Kunst (1929) 2. – [9] Vgl. H. SEDLMAYR: Die Revolution der modernen Kunst (1955) 96f. 62f. – [10] Vgl. K. JASPERS: Psychol. der Weltanschauungen (^{1}1919). – [11] E. ROTHACKER: Probleme der Kulturanthropologie (1948) 107. – [12] H.-G. GADAMER: Wahrheit und Methode (1960) bes. 77f. 84ff.; vgl. auch G. LUKÁCS, Ästhetik, bisher 2 Halbbände (1963).

Literaturhinweis. G. FERRETI: L'estetismo (Palermo 1940).

A. HALDER

Astralgeister. Die philosophische Lehre von den Gestirnsgeistern leitet sich von zwei mythologischen Überzeugungen her: erstens, daß die Gestirne sichtbare Götter seien, denen Verehrung darzubringen ist (Gestirnskult), und zweitens, daß gewisse Heroen als Gestirne an den Himmel versetzt wurden [1]. Noch im Mittelalter sind die Sterne der Ort, an welchem die Seelen der Toten weilen, im Zodiakus erblickt man die zwölf Engel des Paradieses, und die sieben Planeten werden mit den sieben Erzengeln in Beziehung gesetzt. Innerhalb der Philosophiegeschichte findet sich der erste Hinweis auf eine Lehre von den Gestirnsbewegungen durch Geister bei ALKMAION [2], auf dessen Lehre PLATONS Beweis für die Unsterblichkeit der Seele beruht [3]. Plato selbst bezeichnet wie Alkmaion die Planeten als Götter [4]. Während die *Inder* der Gestirnsbewegung ganz allgemein die Quadratform zuschrieben, hatten die *Pythagoreer*, zu denen Alkmaion gehörte, den Planeten magische Quadrate zugeordnet und damit in bestimmtem Sinne auf ein rationales Verständnis hin vorgearbeitet. ARISTOTELES, der uns die Lehre des Alkmaion von der Ähnlichkeit der menschlichen Seele mit den Gestirnsgöttern, die in ewiger Bewegung seien, berichtet, entwickelt unabhängig davon, daß er die Sterne als ewig (ἀΐδιον) auffaßt [5], eine metaphysische Lehre von den Wesenheiten (οὐσίαι) als Sphärenbewegern, die seit dem Hochmittelalter bis zum Beginn der Neuzeit für die Frage der Ursache der Gestirnsbewegung eine der Lösungen darstellte. Er hebt sie deutlich gegen die Mythologie ab und will seine Sphärenbeweger als rein metaphysische Wesenheiten aufgefaßt wissen [6]. Von dem Einfluß himmlischer Intelligenzen auf die Körperwelt waren auch die *arabischen* Philosophen überzeugt [7]. Dem *Mittelalter* wurde diese Lehre außerdem über den Chalkidius-Kommentar zum ‹Timäus› vermittelt. Man findet sie ebenso bei AUGUSTINUS, wie noch bei ADELHARD VON BATH, bei dem es heißt: «corpora coelestia sentienda sunt, sed non patienda» [8]. Während GROSSETESTE zwar davon spricht, daß es einen «motus circularis» der himmlischen Sphären gäbe, «a virtute motiva intellectiva, quae in sese aspectum corporaliter reverberans ipsas sphaeras corporales circulat revolutione» [9], und auch THOMAS VON AQUIN sich der Ansicht «der Philosophen» anschließt [10], wird schon im 13. Jh. der Grund zur Überwindung dieser Vorstellung gelegt; denn wenn die Gestirnsbewegung durch bestimmte Engel unter Benutzung natürlicher Kräfte von Thomas mit der Verflüssigung des Eisens durch den Schmied, der sich dazu des Feuers bedient, verglichen wird, ermöglicht das in der Folge die Ausklammerung des theologischen Bezugs auf Engel als causae remotae und die Reduktion auf eine natürliche Kraft als causa proxima [11]. Diese wird von BURIDAN im Anschluß an Philoponos als Impetus aufgefaßt, den Gott im Anfang den Himmelskörpern mitgeteilt habe. Auf eine Bewegung durch Engel fehle in der Bibel jeglicher Hinweis. Es ist wahrscheinlich, daß bei der Leugnung der Gestirnsgeister als Sphärenbeweger zugunsten mathematisch beschreibbarer Naturkräfte, die unmittelbar in Gott ihren Ursprung haben, zunächst auch pythagoreische zahlenharmonikale Spekulationen eine Rolle spielten, welche im Gefolge des seit dem 14. bis zum 16. Jh. wiedererstarkenden christlichen Neuplatonismus an Einfluß gewannen. In jedem Fall bot der erwähnte pythagoreische Versuch, die Gestirnsgötter mit magischen Quadraten, denen Kräfte innewohnen sollten, in Zusammenhang zu bringen, eine rationale Grundlage zu der rein physikalisch-mathematischen Erklärung der Gestirnsbewegung, wie sie seit KEPLER herrschend wurde. Der Versuch Keplers, die Planetenbewegung durch das Hebelgesetz zu erklären [12], zeigt darüber hinaus, daß noch bei ihm im Hintergrund die Vorstellung einer ‹ars mechanica› und eines ‹Artifex›, wenn auch in anderer Weise als bei Thomas wirksam war.

Die Neubelebung platonisierender Vorstellungen in der Romantik erweckte auch die Lehre von den A. zu neuem Leben. So heißt es in SCHELLINGS Fragment ‹Clara›: «überhaupt seyen die Einwohner der verschiedenen Welten als verschiedene Glieder eines größten Menschen anzusehen, unter denen der Mensch unserer Erde den natürlichen und äußerlichen Sinn vorstelle» [13]. Auch BAADER hat, im Anschluß an Theorien von PARACELSUS, BÖHME [14] und ST. MARTIN [15], die Meinung vertreten, daß der A. das «innere Wirken» in der Natur sei, «ohne welchen die Elemente stille stünden und nichts producirten», so daß er für das Tierleben dieselbe Bedeutung und Funktion» habe, wie der «ewige und göttliche Geist und Genius» für den Menschen [16]. Die Natur ist die «Auswicklung und Verselbstigung», die «zeitliche Heraushaltung einer inneren Figur des A.» [17]. FECHNER spricht am Ende des 19. Jh. direkt von A., wenn er meint, daß für die Tagesansicht, «sofern nach ihr die Beseelung über Menschen und Tiere hinaus in Zusammenhang durch die Welt reicht, nicht mehr zu fragen ist, wo Beseelung anfängt und aufhört, sondern nur, wo und wiefern sie sich in entsprechender Weise aus der allgemeinen Beseelung heraushebt, individualisiert» ... «Willst Du es nicht also auch endlich einmal ... den Sternen ... erlassen, daß sie Nerven wie Menschen und Tiere haben, um sie für beseelt zu halten, wenn wichtigere Gründe für die Beseelung sprechen» [18]. Diese Ideen entbehrten jedoch jener Kraft, die ihnen einst aus der Mythologie und später aus der christlichen Theologie zugeflossen war, und blieben daher seither ohne nachhaltige philosophiegeschichtliche Wirksamkeit.

Anmerkungen. [1] K. SETHE: Übersetzung und Komm. zu den altägypt. Pyramidentexten (1936) 5, 940. 1123. 1469. 2173. – [2] CLEMENS VON ALEXANDRIEN, Protrepticos 66 (150, 204), 24 a 12; ARIST., De an. I, 2, 405 a 29 (CAPELLE). – [3] PLATON, Phaidros 245 c ff. – [4] Timaios 40 b/c. – [5] ARIST., Met. 1072 b 34-36. – [6] Met. 1074 a 38-1074 b 9. – [7] MOSES MAIMONIDES, Doct. Perpl. II, 4 (FRIEDLÄNDER 156). – [8] ADELHARD VON BATH, Opera omnia, hg. ISAAC (Lugduni 1515) fol. 10v. – [9] ROBERT GROSSETESTE: Tractatus de luce, hg. BAUR (1912) 57, 36ff. – [10] THOMAS VON AQUIN, S. theol. I, 110, 3 ad 2. – [11] a. a. O. 115, 4, ob. 1; 117, 4 ad 1. – [12] KEPLER: Epitomae Astronomiae IV, 3, hg. CASPAR (1953) 332/333. – [13] SCHELLING, Werke, hg. K. F. A. Schelling (1856-1861) 9, 109; vgl. 6, 467. 469. – [14] Vgl. FR. VON BAADER, Werke, hg. FR. HOFFMANN (1850-1860) 3, 384; 4, 250. 388. – [15] a. a. O. 12, 30. – [16] 9, 54; 14, 94. – [17], 4, 403. – [18] G. TH. FECHNER: Die Tagesansicht gegenüber der Nachtansicht (Leipzig 1919) 29. 32.

Literaturhinweise. A. KÜNCKEL: Schicksal und Willensfreiheit. Eine Philos. der Astrologie (1924). – H. PIPER: Weltanschauung und Weltbetrachtungsweise. Die Morgenröte Nr. 7 (1925) 217 (Gestirne als Organismen).

H. M. NOBIS

Astrologie ist, wie es F. Boll bemerkt hat, «weit mehr [als Divination]; sie ist tatsächlich ein großartiger Versuch eines einheitlichen Weltbildes, nach mißverständlichen, aber unverbrüchlichen Naturgesetzen: certa stant omnia lege» [1]. Während die besonderen Kategorien, wie die Nativitäten (Genethialogie), die Anfragen und die Elektionen, welche die hauptsächlichsten Einteilungen des ‹Vierbuchs› (Tetrabiblos) des PTOLEMÄUS wiedergeben, zu denen die Araber noch die Umläufe (der Jahre = Almanachs oder der Nativitäten = Geburtstage), die Konjunktionen (deren Ursprung in dem Pseudepigraph arabischen Ursprungs ‹Centiloquium› Ptolemäus zugeschrieben wurde) oder auch noch jenen ganzen Teil der Meteorologie des ARISTOTELES, der den Wetterwechsel betrifft (De pluviis, De ventis, De terrae motu usw.), hinzufügten, während alle diese besonderen Untersuchungen das Wesentliche der astrologischen «Technik» bilden, stand es doch anders um den «theoretischen» Teil der A. oder um die Wissenschaft der Beurteilung der Sterne, die die ersten Axiome der Naturphilosophie seit Aristoteles enthielt und zur Anwendung brachte. Das Weltbild des «Philosophen-Astrologen» Aristoteles war in der Tat aufgebaut auf dem Prinzip der Interdependenz und der Hierarchie der bewegenden Ursachen im physischen Universum. In dieser Perspektive spielten die Himmelskörper eine eminente Rolle bei allen Begebenheiten der sublunaren Welt. In solcher Weise auf ihre «wissenschaftlichen» Fundamente zurückgeführt, hat die klassische A. ihren Ort geradezu im Herzen der aristotelischen Kosmologie.

In der Geschichte der A., deren Verlauf bei den Griechen, Arabern und im lateinischen Mittelalter skizziert werden soll, sollte man Aristoteles nicht übergehen, der, wie oft bemerkt, freilich vor allem Logiker war. Seine gesamte Physik und Metaphysik sind tief davon geprägt; ihres schweren logischen Apparates entkleidet, stellen sie wesentlich eine A. ohne Nuancen in der Ordnung der Prinzipien dar, weil die Logik der hylemorphistischen Definition der Bewegung dazu zwang, außerhalb der sublunaren Welt den Ursprung der Bewegungsursächlichkeit zu suchen. Nach Aristoteles kann weder die Materie (die vier Elemente) noch die Form (die ohne ihre Konkretisierung durch die Materie ohnmächtig ist) den Anstoß zur physikalischen Bewegung geben. Andererseits findet die Wirksamkeit der höheren Ursachen, welche die Sterne sind, ihr Gegengewicht in der sublunaren Welt nur in dem mehr oder weniger großen Widerstand, den die Elemente oder die Materie bieten; eine davon unabhängige Ethik oder Ökonomie gibt es keineswegs; im Gegenteil finden sich die Ethik und in der Folge die Politik durch die sehr subjektive Theorie der richtigen Mitte, die sie beherrscht, schließlich in enger Abhängigkeit von dem alles menschliche Geschehen umfangenden Himmel aufgrund der allgemeinen Verschachtelung der Dinge im aristotelischen System. Selbst mit seiner Intelligenz nimmt der Mensch einen zweitrangigen Platz in diesem Universum ein unterhalb der Himmelskörper, die, wie er, mit einer Seele beseelt und mit Intelligenz begabt sind.

Aristoteles legt im Buch E der ‹Metaphysik› die Unterscheidung und Ordnung der theoretischen Wissenschaften dar. Die Mathematik, die die Formen untersucht, insofern sie aus der Materie herausgelöst sind, ist dort über die Physik gestellt, welche sie in ihrer Konkretion mit der Materie betrachtet. Eine dritte Wissenschaft, höher als diese, die hier erste Wissenschaft genannte Metaphysik, betrachtet dann die Substanzen in sich. Wenn man den logischen Begriff der Substanz, die reine Kategorie ist, eliminiert, sieht man, daß die ersten Substanzen, die das Objekt der Metaphysik bilden, eigentlich die himmlischen Substanzen oder Sterne sind, die ohne Materie bestehen (die Quintessenz ist für Aristoteles nicht materiell) und die in ihren vollkommen kreisförmigen und ewigen Bewegungen beseelt sind. Das setzt voraus, daß es in ihnen eine Seele und eine Intelligenz gibt, die das Ziel erkennen und sich auf es ausrichten kann. Es ist nur konsequent, wenn diese Himmelskörper das Reservoir höchster Wirksamkeit in der physischen Welt werden, in der sie das Entstehen und Vergehen leiten.

Man kann die Bedeutung der A. in einem solchen System nicht überschätzen, obwohl sich bei Aristoteles selber nur die fundamentalen Prinzipien finden. Ferner ist auch die enorme Entwicklung nicht verwunderlich, die die A. bei den Nachfolgern und Erben Aristoteles' genommen hat, von den Stoikern bis zu den Neuplatonikern während der ganzen hellenistischen Periode. Auf dem Höhepunkt dieser Entwicklung finden sich die Synthesen von Physik, Mathematik und A. bei PTOLEMAEUS und GALEN, bei welchen die A. das Herz der Naturwissenschaft darstellt.

Während Ptolemaeus und Galen eigentlich nur Theorien ihrer Vorgänger in ein definitives System gebracht haben, mußte der ganz neue Blick, den die *Araber* auf das Erbe des griechischen Denkens warfen, eine andere Wirkung zeitigen. Unbeschwert von dem langen Prozeß der Eristik und Hermeneutik, der die Versuche dieses Denkens begleitet hatte, übernahmen die arabischen Autoren dieses Erbe im Gegenteil fast auf einmal als Ganzes und interessierten sich unmittelbar für die Folgerungen, die ins Auge fielen. Schon im 9. Jh. n. Chr. (3. Jh. der Hedschra) vereinigte ABU MA'SHAR in Bagdad im Bündel der astrologischen Wissenschaften alle gültigen Gegebenheiten, die er von Hippokrates, Aristoteles, Galen, Ptolemaeus und Hermes aufnehmen konnte. Diese Elemente ließen bei ihm eine A. erstarken, ähnlich wie sie ein wenig früher von Persien und Indien hergekommen war, von der man aber inzwischen weiß, daß sie zu einem großen Teil griechischen Ursprungs ist [2].

Mit Abu Ma'shar ist die A. endgültig in der aristotelischen Tradition als Herrin der Naturwissenschaften etabliert, sowohl in der spekulativen Ordnung (Ursprung der Materie, der Form, der Bewegung) wie im praktischen und ethischen Bereich (Psychologie, Politik, Kriege, Medizin, Meteorologie, Nativitäten usw.). Alle anderen Disziplinen, alle Künste, alle menschlichen Betätigungen müssen sich von ihr nähren, sollen sie gut sein, und von ihr die Erleuchtung wahrer Weisheit empfangen. – Ein anderer arabischer Autor, der gleichermaßen gut im abendländischen Mittelalter bekannt war, THABIT BEN QURRA, faßt in folgenden Worten die erreichte Position zusammen: «Aristoteles lehrt, daß die Philosophie, die Geometrie und jede Wissenschaft ohne Astronomie nichtig ist» [3], wobei unter Astronomie hier die A. zu verstehen ist, weil gerade von Sternbildern und ihrer Bedeutung für den Menschen die Rede ist.

Die klassische lateinische A., die dem Mittelalter überliefert war, stagnierte zunächst als ein Fach des Quadrivium. Man fand sie wesentlich in den Abhandlungen des MANILIUS und des FIRMICUS MATERNUS. Sie bildet einen beträchtlichen Teil der Werke des MACROBIUS, des MARTIANUS CAPELLA und CHALCIDIUS. Als aber im 12. Jh. das arabische Wissen rezipiert wurde, ändert sich alles plötzlich. Der Einfluß der A. macht sich schon bald bemerkbar. BERNARDUS SILVESTRIS schreibt: «Unde philosophandi inicium est mathesis qui contemplatur formas; provectus phisica que causas; consummatio theologia que substantias» [4]. Aber man darf sich nicht täuschen: theologia ist nämlich eben die Wissenschaft, die die Himmelskörper zum Gegenstand hat. Bernhard macht das hinreichend deutlich in seinem langen Gedicht ‹De Universitate Mundi› [5], und sein Zeitgenosse und Freund HERMANN VON CARINTHIA, ein bedeutender Übersetzer aus dem Arabischen, bezeugt es auf seine Weise in seiner Schrift ‹De Essentiis› [6], der ersten aristotelischen philosophischen Abhandlung des 12. Jh., die jedoch fast völlig aus Abu Ma'shar entnommen ist. Andererseits kann der Ausdruck ‹Theologie› vor PETRUS LOMBARDUS und vor allem vor ALANUS AB INSULIS [7] nicht ausschließlich dem Studium der Heiligen Schrift vorbehalten werden. Die Theologie im 12. Jh. des lateinischen Mittelalters betrifft häufig die Wissenschaft der Himmelskörper.

So paradox es uns heute erscheinen mag, so hätte doch derjenige, der die A. und ihre fundamentale Bedeutung für das Studium der Natur verneint hätte, in jener Zeit die Rolle eines Feindes der Philosophie gespielt. Im Jahrhundert eines Roger Bacon, eines Albertus Magnus, eines Thomas von Aquin hätte es kein Lehrer gewagt, angesichts des aristotelischen Systems ohne Prüfung den Anspruch der A. zu verwerfen. ALBERT DER GROSSE erklärt, Abu Ma'shar sei einer der großen Kommentatoren des Aristoteles [8]. Zwar gibt es zahlreiche Angriffe der scholastischen Lehrer gegen die A., aber sie sind in der Tat einzig gegen das gerichtet, was wir die «Technik» der Wahrsagekunst genannt haben, in der Willkür und Phantasie ihr Spiel trieben, aber nicht gegen das Prinzip der «wissenschaftlichen» A., gegen die scientia judiciorum. Die Einwände stammten in der Tat auch mehr aus der religiösen als der philosophischen Absicht, den freien Willen im Menschen zu wahren, der für die Ökonomie der Erlösung notwendig war. Man kann nicht – und zwar ebensogut bei Christen wie bei Mohammedanern oder wie bei Aristoteles selbst – von einer natürlichen Ethik sprechen, die von einer gewissen Herrschaft des Himmels absehen könnte. Die ‹Discorsi› MACHIAVELLIS bestätigen es erneut in ihrem Titelblatt, ohne damit etwas völlig Befremdliches zu behaupten.

Weder die wiederholten kirchlichen Verurteilungen noch die Argumente der orthodoxen Doktoren konnten mit Erfolg eine solide Basis für ihren Gegensatz zur A. finden, solange das aristotelische System allgemein akzeptiert war. ABU MA'SHAR hatte übrigens geschickt und gelassen fast alle möglichen Einwände vorausgesehen, in zehn Kategorien gruppiert und durch die Erfahrung und die aristotelische Weisheit zurückgewiesen [9]. NIKOLAUS VON ORESME, HEINRICH VON LANGENSTEIN, PICO DELLA MIRANDOLA blieben ohnmächtig gegen die A. trotz der Energie und Subtilität ihrer Widerlegungen. Das zeigt sich mit hinreichender Klarheit an der beständigen Wiederkehr der Anhänger oder Verteidiger der A.: der Kardinal PETRUS VON AILLY, LUCAS BELLANTIUS, CYPRIAN LEOWITZ, GIOVANNI PONTANO, LUCAS GAURICUS und selbst bis hin zu KEPLER und NEWTON [10].

Man pflegt mit Nachsicht das zu entschuldigen, was eine befremdliche geistige Schwäche der Scholastiker zu nennen man übereingekommen ist. Müßte man nicht vielmehr darin eine notwendige und fruchtbare Etappe in der Geschichte des philosophischen Denkens sehen, da ja diese Wissenschaft die Erfahrung des Gemeinsinnes und die philosophische Reflexion an die Stelle der antiken Mythologie und der Offenbarung setzte, um in verständiger Weise die große Fabrik der Welt zu begreifen, in der sich das Schicksal des Menschen abspielt? Wenigstens zwanzig Jahrhunderte des philosophischen Denkens sind von der A. gespeist worden, die durch den Zwang der Sache ein mächtiges Stimulans geworden ist zur Erforschung der Gesetze der Natur.

Anmerkungen. [1] F. BOLL: Die Erforsch. der antiken A. (1908), in: Kleine Schr. zur Sternkunde des Altertums, hg. V. STEGEMANN (1950). – [2] L. RENOU und J. FILLIOZAT: L'Inde classique (Paris 1947-1953) §§ 1266. 1745. – [3] THABIT BEN QURRA, De ymaginibus, lat. JOHANNES VON SEVILLA. Ms. lat. Bibl. Nat. Paris 7282, fol. 29r. – [4] BERNARDUS SILVESTRIS, In Martianus Capella, in: E. JEAUNEAU: Notes sur l'Ecole de Chartres. Stud. medievali Ser. 3, 5 (1964) 856. – [5] BERNARDUS, De universitate mundi, hg. BARACH/WROBBEL (Innsbruck 1876). – [6] HERMANN VON CARINTHIA, De essentiis, hg. M. ALONSO (Comillas [Santander] 1946). – [7] Vgl. M. T. D'ALVERNY: Alain de Lille (Paris 1965); M. D. CHENU: La théol. au 12e siècle (Paris 1957). – [8] ALBERTUS MAGNUS, In II Sent. dist. 14, a. 6; dist. 26, a. 5. – [9] ABU MA'SHAR, Introd. Maius I, 5. – [10] Vgl. zu den mittelalterl. Widerlegungen und Neubehauptungen der A. L. THORNDIKE: Hist. of magic and experimental sci. (New York 1923ff.) bes. Bd. 1-4.

Literaturhinweise. F. BOLL s. Anm. [1]. – A. BOUCHÉ-LECLERCQ: L'A. grecque (Paris 1899). – D. D. AMAND: Fatalisme et liberté dans l'antiquité grecque (Louvain 1945). – F. CUMONT: L'Egypte des astrologues (Brüssel 1937). – F. CUMONT und J. BIDEZ: Les mages hellénisés 1. 2 (Paris 1938). – A. J. FESTUGIÈRE: La révélation d'Hermès Trismégiste I: L'A. et les sci. occultes (Paris 1950). – F. CUMONT, J. BIDEZ u. a.: Catalogus Codicum Astrologicorum Graecorum 1-12 (Brüssel 1898). – R. LEMAY: Abu Ma'shar and latin Aristotelianism in the 12th century (Beirut 1962). – L. THORNDIKE s. Anm. [10]. – F. VON BEZOLD: Astrol. Geschichtskonstruktion im MA (1892), in: Aus MA und Renaissance (1918) 165-195.   R. LEMAY

Astronomie (Sternkunde, Himmelskunde)

I. Die heutige Astro*nomie* (A.), die die Beschaffenheit und Bewegung der Himmelskörper erforscht, unterscheidet sich deutlich von der Astro*logie*, die Vorhersage oder Wahrsagung mit Hilfe der Sterne ist. Das ist nicht immer so gewesen. In der Geschichte der Philosophie stellte das Studium der Gestirne sehr früh schon eine notwendige Voraussetzung für das Verständnis des Universums dar. PLATON verlangte von denen, die Mitglied seiner Akademie werden wollten, daß sie Geometrie beherrschten, d. h. Mathematiker waren; dies führte letztlich dazu, daß im Rahmen des Programms der Philosophie die Beobachtung und Berechnung der Himmelsbahnen bis zur Erforschung ihrer Bedeutung für das menschliche Leben vorangetrieben wurde (‹Timaios›, ‹Staat›). Ebenso übernimmt ARISTOTELES das astronomische System des EUDOXUS, um die Mannigfaltigkeit der auch aus den Gestirnbewegungen stammenden Kausalverhältnisse Rechnung zu tragen. Das Systemdenken trieb das Studium über das bloße Berechnen hinaus, so daß die Deutung oder Astrologie Vorrang vor der einfachen astronomischen Beobachtung gewann. Als mathematische Disziplinen (Mathesis) wurden jedoch die beiden Wissenschaften zusammen weiterhin als unerläßliche Propädeutik für ein umfassendes philosophisches Wissen erachtet. Bei PTOLEMAEUS ist festzustellen, daß die beiden Wissenschaften sehr eng aufeinander hingeordnet sind, obwohl sie sich in ihren jeweiligen Methoden unterscheiden (‹Almagestes› und ‹Quadripartit› oder ‹Tetrabiblos›). Diese Rangordnung und Interdependenz wird fortan als verbindlich anerkannt, bei den Arabern (ABU MA'SHAR, THABIT BEN QURRA) unermüdlich wiederholt und schließlich im lateinischen Abendland rezipiert, ohne langhin in Frage gestellt zu werden.

Die Sterndeuter oder «Chaldei» der römischen Gesellschaft stellten gleichfalls die Wahrsagekunst über das gesamte astronomische Wissen, das ihnen von der antiken Wissenschaft überliefert war. In der Tat läßt sich feststellen, daß in der römischen und spätlateinischen Tradition für einen langen Zeitraum jegliche direkte und selbständige astronomische Beobachtung fehlt: die A. wird infolge ihrer Aufnahme in das sakrosankte Quadrivium durch VARRO und MARTIANUS CAPELLA eine rein akademische Angelegenheit für den Philosophen. Wenngleich die Araber eifrige Beobachter und scharfsinnige Mathematiker waren, so ordneten sie doch die A. im Stammbaum der eigentlich philosophischen Wissenschaft rangmäßig neben und gewöhnlich sogar unter die Astrologie ein (AL-FARABI, ‹De ortu scientiarum›). Die Folge ist, daß bei fast allen ihren Astronomen (AL-FERGHANI und AL-ZARKALI sind wohl seltene Ausnahmen) die Überzeugung vom tatsächlichen Einfluß der Gestirne den Glauben an die Astrologie und meistens ihre praktische Ausübung nach sich zog (AL-KINDI, IBN SINA, AL-BIRUNI).

Bei uns im Abendland nahm die A. im 12. Jh. unter dem direkten Einfluß der Araber einen neuen wissenschaftlichen Aufschwung. Sie war jedoch auch weiterhin ein Gegenstand der Philosophie, da Wissenschaft und Philosophie überhaupt bis zur Neuzeit eng miteinander verknüpft blieben. Daß A. und Astrologie vermengt wurden – wobei diese Verwirrung sich immer zugunsten der letzteren auswirkte –, zeigt sich deutlich bei WILHELM VON CONCHES. Er schreibt: «Die Autoren haben über die Himmelskörper auf dreierlei Art geschrieben: als Fabeldichter, als Astrologen und als Astronomen» [1]. Als Beispiel für die erste Art führt er Nemrod, Hyginus und Aratus an, was darauf hinweist, daß er darunter die Beschreibung der Sternbilder versteht, deren Ursprung im eigentlichen Sinn mythologisch ist. Die zweite, von ihm als ‹astrologisch› bezeichnete Art wird durch den Hinweis auf Martianus Capella und Hipparch verdeutlicht, die beschreiben, «was sichtbar erscheint, nicht was ist». In dieser Wendung erkennt man unschwer einen Nachklang des platonischen Axioms, nach welchem die Aufgabe des Astronomen in der Darlegung dessen besteht, was das Auge beobachtet (σώζειν τὰ φαινόμενα), während die Deutung der hinter diesen Erscheinungen verborgenen Wirklichkeit einer höheren Wissenschaft angehört, der philosophischen Kontemplation. Schließlich nennt Wilhelm als eigentliche A. die dritte Art, über die Sterne zu handeln, jene, die die «Wirklichkeit» der Himmelskörper lehrt. Musterautoren dafür sind Firmicus Maternus und Ptolemaeus. Die Verbindung mit Firmicus läßt keinen Zweifel daran, daß es sich um den Ptolemaeus des ‹Quadripartitus› und nicht um den Autor des ‹Almagestes› handelt, den Wilhelm noch nicht kennen konnte [2]. Diese dritte Art ist also in Wirklichkeit die Astrologie, während für Wilhelm die A. (die er ‹Astrologie› nennt) nur von den Erscheinungen im engen platonischen Sinn handelt. Die Nachwirkungen der Begriffsverwirrung Wilhelms sind in der mittelalterlichen Scholastik noch lange spürbar. BERNARDUS SYLVESTRIS, einer der ersten, die aus den Übertragungen arabischer Werke Nutzen gezogen haben, weist der Astrologie-A. eine wesentliche Bedeutung für das Studium der Natur und des Menschen zu: «Trina igitur tribus incumbit opera, cuique sua: compositio animae ex entelechia et virtutum aedificatione, corporis ex materiae praeparatione, utrorumque corporis et animae formativa concretio de caelestis ordinis cumulatione. Prior igitur ad Uraniam, secunda ad Physin, tertia ad te, o Natura, dinoscitur pertinere» [3]. Das ist das Programm, das Bernardus Sylvestris der neuen, vom Beispiel der Araber angespornten Philosophie entwirft; es ist ganz auf die A.-Astrologie hin ausgerichtet. Urania, Physis und Natura sind – jede auf ihre Weise – mit dem Einwirken der Gestirne in Verbindung gebracht, mag es sich um den Ursprung der Seele oder den der Materie handeln oder um das schicksalhafte Walten, das die eine mit der andern in jedem lebendigen Wesen vereint. Dieses Programm ist direkt der ‹Großen Einführung in die A.› des ABU MA'SHAR entnommen [4].

Obwohl die Vormachtstellung der Astrologie über die A. im Innern eines philosophischen Systems, das das Vorhandensein beider fordert, nicht immer auf so entschiedene Weise geltend gemacht wird, bleibt diese Rangordnung doch ein unantastbares Axiom der mittelalterlichen scholastischen Philosophie. Im gesamten Programm der mittelalterlichen Scholastik stand die A. im Dienst der Astrologie wie die Philosophie in dem der Theologie. Zweifellos muss man in dieser langwährenden Abhängigkeit von einer so weitgehend auf Vermutungen beruhenden Wissenschaft, wie die Astrologie es ist, den Grund für den geringen Eifer sehen, den die mittelalterlichen Astronomen für die genaue und selbständige astronomische Beobachtung aufbrachten. Denn letztlich kam es in erster Linie auf den mehr psychologischen als astronomischen Spürsinn des Astrologen an, ein verstaubtes astronomisches Buchwissen zur Beruhigung der menschlichen Ängste zu benützen.

Anmerkungen. [1] WILHELM VON CONCHES, De philos. mundi II. MPL 90, 1140 d; vgl. P. DUHEM: Le système du monde ... (Lit. 1913) 3, **99.** – [2] Vgl. C. H. HASKINS: Stud. in medieval sci. (²1927) 103ff. 157ff. – [3] BERNARDUS SYLVESTRIS, De mundi universitate, hg. BARACH/WROBEL 56. – [4] Vgl. R. LEMAY: Abu Ma'shar and latin Aristotelianism in the 12th century (Beirut 1962) 258ff.

Literaturhinweise. F. BOLL: Stud. über Cl. Ptolemaeus. Fleckeisens Jb. 21 Suppl. (1894). – J. L. HEIBERG: Naturwiss. und Math. im klass. Altertum (1912). – P. DUHEM: Le système du monde, hist. des doctrines cosmol. de Platon à Copernic 1-3 (Paris 1913ff.). – E. ZINNER: Die Gesch. der Sternkunde (1931). – C. A. NALLINO: Raccolta die scritti inediti o rari 5 (Rom 1944) 4ff. R. LEMAY

II. Die Vormachtstellung der Astrologie für die mittelalterliche Philosophie findet sich noch bei R. BACON, wie seine Beteuerung zeigt, nach welcher alle astronomischen Berechnungen und alle mit Hilfe von Instrumenten gemachten Beobachtungen nur angestellt werden, «quatenus via paretur ad judicia, quae fieri possunt secundum potestatem philosophiae, non solum in naturalibus, sed in his quae sumunt inclinationem ex natura, et gratis sequuntur coelestem dispositionem ...» (damit der Weg bereitet wird für die Urteile nach den Möglichkeiten der Philosophie, nicht allein in den natürlichen Dingen, sondern in denjenigen, die eine Neigung von Natur her haben und der Disposition des Himmels folgen) [1]. Bei PARACELSUS steht die Welt in weit realistischerer und konkreterer Weise unter dem Einfluß des Himmels und der Gestirne, als es die astronomischen und astrologischen Lehren der Zeit wahrhaben wollten [2]. Weil die Erde «nichts» ist «on des himels impression» [3], zählt die A. neben der Philosophie und der Alchemie zu den «drei höchsten ding» [4], die auch der gute Arzt beherrschen muß. Als Lehre vom Himmel ist die A. ebenso Lehre von der Zeit, die sich im Wirken des Himmels auf die Erde widerspiegelt. Keineswegs steht die A. im Dienste der Astrologie, vielmehr gleichrangig neben der Philosophie: «in betreffen die ewigen weisheit gibt den Verstand, die unnütze weisheit die ewigen zu scheiden und von einander zu erkennen» [5]. Bezeichnenderweise heißt das Spätwerk des Paracelsus ‹Astronomia magna›. Trotz der Bedeutung, die er der Lehre von den Gestirnen beimißt, wird der Mensch doch schon in den Mittelpunkt des philosophischen und astronomischen Interesses gerückt, «da was ist das ende der philosophei und astronomei als der mensch?» [6].

Die eigentliche Abkehr von der spekulativen und ungenauen Verfahrensweise der A. und Astrologie vollzieht sich erst in der heliozentrischen Reform des KOPERNIKUS, durch die der Mensch zu einer Neuorientierung seiner Position innerhalb des Kosmos gezwungen wird. Doch ist diese Wende theologisch und philosophisch vorbereitet, z. B. durch Nicolaus von Cues. Die Einführung des heliozentrischen Weltmodells gibt dem astronomischen und philosophischen Weltbild eine neue Grundlage; jedoch machen erst die Erkenntnisse seiner Nachfolger den Fortschritt der Kopernikanischen Theorie sichtbar, wenn sie sich auch immer mehr von dem entfernen, was im traditionellen Sinne ‹astronomisch› hieß [7]. Kopernikus hält den Wahrheitsanspruch für seine astronomischen Theorien aufrecht. Er betrachtet die A. noch nicht als eine hypothetisch (im neuzeitlichen Sinn) fundierte empirische Naturwissenschaft, sondern weiterhin als freie Kunst entsprechend der Tradition: «Wenn daher die Würde der Wissenschaften nach dem Gegenstand abgeschätzt werden soll, den sie behandeln, wird diejenige bei weitem die höchste sein, die einige A., andere Astrologie, viele der Alten aber die Vollendung der Mathematik nennen. Als höchste, dem freien Mann würdigste der freien Künste wird sie in der Tat von fast allen Zweigen der Mathematik getragen» [8]. Das Ereignis der Kopernikanischen Wende ist als Metapher, als «Zeichen für den Wandel des menschlichen Selbstverständnisses, für eine neue Selbstlokalisation des Menschen im Ganzen der gegebenen Natur» in die Geschichte der Philosophie eingegangen [9]. Das Kopernikanische Weltmodell wurde von KEPLER übernommen und verbessert. Bei ihm deutet sich die endgültige Loslösung der A. von der Astrologie an, indem er sich von der «närrischen Tochter Astrologie» ironisch distanziert, die die höchst weise, aber arme Mutter A. ernähren müsse [10]. Der Kampf gegen die Astrologie zugunsten der A. steht in engem Zusammenhang mit der Umgestaltung des mittelalterlich-theologischen Weltbildes. Kepler bringt durch die konkrete mathematische Fassung der Planetengesetze einen neuen Grundsatz in die A.: die Orte und Bahnen der Himmelskörper sind nun nicht mehr schlichte Gegebenheiten, sondern ein Werk des menschlichen Geistes; «omnis locatio est mentis seu mavis sensus communis opus» [11]. Auch die astronomische Leistung des GALILEI ist für die Geistesgeschichte von großer Bedeutung. Die ausführliche Beschreibung des Fernrohrs, die sich in seinen astronomischen Betrachtungen findet, demonstriert sowohl den für die moderne Naturwissenschaft epochemachenden Anspruch auf Sichtbarmachung des Weges einer Erkenntnis, der gleichzeitig das Wissen von der Subjektivität des jeweiligen Standortes impliziert [12], als auch den Funktionszusammenhang von Wissenschaft und Technik, Theorie und Konstruktion, auf der ein neues Bewußtsein von der technischen Leistung des Menschen basiert [13]. Dieser wird nun endgültig aus dem Mittelpunkt der göttlichen Schöpfungsordnung verdrängt: «Zuviel maßen wir uns an, ... wenn wir meinen, einzig die Sorge um uns erschöpfe das Wirken der Weisheit und Macht Gottes, darüber hinaus tue und ordne sie nichts. Ich aber möchte, daß wir den Arm Gottes nicht so verkürzen» [14]. Für Galilei ist es «Vermessenheit», wenn die menschlichen Fähigkeiten zum «Maßstab dessen» gemacht werden, «was die Natur zu wirken vermag» [15].

Mit der Entwicklung des technischen Instrumentariums wird für die Naturerkenntnis ein altes Prinzip wieder geltend gemacht: die Bindung der Erkenntnis an das Maß der Anschauung impliziert gleichzeitig ihre Vorläufigkeit und Relativität [16].

Die A. ist für D'ALEMBERT ein «herrliches Schauspiel», eine Wissenschaft, in der sich Beobachtung mit Berechnung (calcul) in wechselseitiger Erhellung verbinden und die mit bewundernswürdiger Genauigkeit die Abstände und Bewegungen der Himmelskörper erkennen läßt – unwiderlegliches Zeugnis für die Erfolge, die der menschliche Geist erreichen kann. Ihre Bedeutung liegt so in der «sublimen und sicheren Anwendung von Geometrie und Mechanik»; ihr ist nur das «Studium unseres Ichs» übergeordnet [16a].

In seinem astronomisch-metaphysischen Frühwerk ‹Allgemeine Naturgeschichte und Theorie des Himmels› versucht KANT, mit Hilfe des von der A. begründeten mechanistischen Weltbildes und mit dem durch die wissenschaftlich fundierte und erkannte Gesetzlichkeit der Welt legitimierten Anspruch auf Begreifen des Unendlichen die Theodizee-Frage neu zu stellen [17].

Besonders im Denken des frühen Kant gewinnt die A. für die philosophische Prinzipienlehre eine nachher nicht mehr erreichte Bedeutung, insofern das Universum als Repräsentant einer systematischen Verfassung, die auf die göttliche Vernunft als ihre Quelle zurückgeht, begriffen wird [18]. Unter Kritik an der Astrotheologie (z. B. Derhams) stellt Kant den «wunderlichen Einbildungen» der «Sternkundigen», die die Sterne als Öffnungen im Firmament deuteten [19], das Konzept eines unendlichen Universums entgegen, mit unzähligen Welten von «systematischer Verfassung» [20] entsprechend den Berechnungen Keplers für unser Sonnensystem und der Newtonschen Weltphysik. Die astronomischen Gesetze bleiben allerdings für Kant noch Hinweis auf die Existenz Gottes: «Die neue A. hat hierin der Theologie großen Nutzen geschaffen» [21]. Kant hält an der Geschaffenheit des Universums, das sich dem vernünftigen Charakter Gottes gemäß nach Gesetzen aus dem Chaos entwickelt hat, fest; die Natur wurde von Gott von Anfang an so eingerichtet, daß sie «nicht anders als regelmäßig und ordentlich verfahren kann» [22]. Mit der A. verbindet Kant so die Vorstellung einer «successiven Vollendung der Schöpfung» [23]. «System» und «systematische Verfassung» sind Grundkategorien dieser philosophischen A. Kants; in ihr bürgen die Prinzipien der Natur für die Vernunft Gottes, der nicht mit despotischer Willkür verfährt, sondern mit einer systematischen Verfassung die *selbständige* Entwicklung der Welt garantiert [24].

Zum «Wesen der Materie» zu gelangen und ihr «Ansich» [25] zu zeigen, kann nach Schelling und Hegel nur Sache der Philosophie sein. Die Ergebnisse mathematischer Naturlehre, z. B. der Newtons, sind für SCHELLING nur «empirische Facten» und nicht «nothwendige Form» [26] und deshalb für die Vernunft, die nur absolute Verhältnisse kennt, ohne Bedeutung. Keplers A. bestätigt, im Gegensatz zu Newtons Physik, seine These, daß von der Ordnung in der Ideenwelt das Vorbild für die Erkenntnis der sichtbaren Welt abgeleitet werden muß; denn die Keplerschen Gesetze lassen sich nach Schelling «ohne allen empirischen Zusatz, rein aus der Lehre von den Ideen und den zwei Einheiten einsehen» [27]. Die physische A. beruhe so «ihren vorzüglichsten Gründen nach ganz auf allgemeinen Ansichten, und in Beziehung auf das Planetensystem insbesondere auf der Übereinstimmung, welche zwischen diesen und den Produkten der Erde stattfindet» [28]. Ähnlich urteilt HEGEL in seiner Dissertation ‹De orbitis planetarum›, unter der Voraussetzung des vom «Experimentalverfahren» unabhängigen Standortes der Philosophie, die a priori die Ergebnisse des Experimentierens ableiten könne [29]; auch er betont die Nähe der Keplerschen A., die auf rein spekulativer Verfahrensweise beruhe, zur Philosophie [30], und behauptet ihre Vorrangstellung den Naturwissenschaften gegenüber: «Wir müssen also die wissenschaftliche A., soweit sie mathematisch verfährt, wesentlich als eine Schöpfung Newtons anerkennen; zugleich aber müssen wir das physikalische Gewand, mit dem er die mathematischen Berechnungen bekleidet hat, von diesen wieder wegnehmen und müssen es der Philosophie überlassen, zu untersuchen, was an ihm Wahres sei» [31].

In der zweiten Hälfte des 19. Jh. zeichnet sich die Zuordnung der Philosophie zur Naturwissenschaft als deren Erkenntnistheorie ab; im Zuge der Verselbständigung der Naturwissenschaften hört die A. auf, Gegenstand philosophischer Reflexion zu sein.

Anmerkungen. [1] R. BACON, Op. tert., hg. BRIDGES 1, 110. – [2] Vgl. E. METZKE: Coincidentia oppositorum. Ges. Stud. zur Philosophiegesch. (1961) 61ff. und 119. – [3] PARACELSUS, Werke, hg. K. SUDHOFF 1, 4. – [4] a. a. O. 8, 137. – [5] 12, 3f. – [6] 8, 103; vgl. 12, 495. – [7] Vgl. H. BLUMENBERG: Kopernikus im Selbstverständnis der Neuzeit. Abh. Akad. Wiss. Lit. Mainz, geistes- u. sozialwiss. Kl. 9 (1964) Nr. 5, 342. – [8] N. KOPERNIKUS: Über die Kreisbewegungen der Weltkörper, hg. J. KLAUS (1959) 19. – [9] H. BLUMENBERG: Die Kopernikanische Wende

(1965) 100. – [10] Vgl. KEPLER: De stella nova in pede Serpentarii (1606) cap. 12. Opera, hg. FRISCH 2, 656; vgl. E. CASSIRER: Individuum und Kosmos in der Philos. der Renaissance (1927) 127f. – [11] KEPLER, a. a. O. 2, 55; vgl. CASSIRER, a. a. O. 190. – [12] Vgl. F. KAULBACH: Philos. der Beschreibung (1968) 134f. – [13] Vgl. H. BLUMENBERG: Einl. zu: GALILEI, Siderius Nuncius u. a. (1965) 16 und 18. – [14] G. GALILEI: Dialog über die Weltsysteme, hg. H. BLUMENBERG, a. a. O. 215. – [15] 152. – [16] BLUMENBERG, a. a. O. 19f. – [16a] J. D'ALEMBERT: Discours préliminaire de l'Encyclopédie (1751), frz./dtsch. E. KÖHLER (1955) 38f. – [17] Vgl. H. HEIMSOETH: Astronomisches und Theologisches in Kants Weltverständnis. Abh. Akad. Wiss. Lit. Mainz, geistes- u. sozialwiss. Kl. (1963) Nr. 9, 834f.; jetzt in: Stud. zur Philos. I. Kants 2. Kantstudien Erg.H. 100 (1970) 86-108. – [18] ebda. – [19] KANT, Akad.-A. 1, 254. – [20] a. a. O. 1, 247. – [21] 18, 447, Nr. 6041. – [22] 2, 117. – [23] 1, 312; vgl. dazu F. KAULBACH: I. Kant (1969) bes. 36ff. – [24] a. a. O. 37. – [25] F. W. J. SCHELLING, Werke, hg. K. F. A. SCHELLING 5, 327. – [26] a. a. O. 328. – [27] 329. – [28] ebda. – [29] HEGEL, Werke, hg. G. LASSON 1, 361. – [30] Vgl. a. a. O. 377. – [31] 379.

Literaturhinweise. E. METZKE s. Anm. [2]. – H. HEIMSOETH s. Anm. [17]; A. und allg. Bewegungslehre, in: Stud. zur Philos. I. Kants a. a. O. 10-14.   CH. SEIDEL

Ataraxie (ἀταραξία, Unerschütterlichkeit des Gemüts, Seelenruhe) ist ein in der Philosophie wohl zuerst von DEMOKRIT gebrauchter Begriff zur Kennzeichnung des Wesens der Eudämonie. Diese habe nicht im Gold oder in anderen äußeren Gütern ihren Sitz, sondern in der Seele, erklärt Demokrit [1].

Bei EPIKUR und in dessen Schule wurde die A. zu einem Grundbegriff seiner Philosophie. Sie ist nach ihm – neben der ἀπονία, dem Freisein von leiblichem Schmerz – eine Form der zustandhaften Lust (Lust in der Ruhe: ἡδονὴ καταστηματική), deren Erlangung der Weise als Grundziel seines Lebens (τέλος) erstrebe [2]. An anderer Stelle bezeichnet Epikur die A. selbst zusammen mit der Gesundheit des Leibes als Grundziel des glücklichen Lebens [3].

Auch in der Lebensweisheit der antiken *Skeptiker* war die A. von zentraler Bedeutung. Zwar bildete sie für diese nicht selbst das Grundziel des Lebens, sondern als dieses wurde die Zurückhaltung jeglicher urteilender Stellungnahme (ἐποχή) proklamiert; aber mit dieser gilt ihnen (wie TIMON und AINESIDEMOS sich ausdrückten) die A. als «wie ein Schatten verbunden» [4].

Schließlich wurde der Begriff der A. auch von der späteren *Stoa* rezipiert; er bildet bei EPIKTET eine Variante zu dem der Apathie [5]. Bei CICERO und SENECA fand er in Gestalt des dafür im Lateinischen angewandten Übersetzungsbegriffs ‹tranquillitas animi› zugleich auch unmittelbar für das griechische ἀπάθεια Verwendung [6].

Als eine im Rahmen sozialphilosophischer Betrachtung wesentliche Daseinsform hat neuerlich O. SPANN die A. herausgestellt, indem er sie als Vorform philosophischer oder mystischer «Abgeschiedenheit» auffaßte [7].

Anmerkungen. [1] STOBAEUS II, 52, hg. WACHSMUTH; DIELS, Frg. der Vorsokr. 55 A 167; vgl. CICERO, De fin. V, 8, 23; SENECA, De tranquillitate animi 2, 3. – [2] DIOG. LAERT. X, 136. – [3] a. a. O. X, 128; SENECA, Ep. 66, 45. – [4] DIOG. LAERT. IX, 107. – [5] Diss. III, 15, 12; 26, 13; IV, 3, 7; 6, 34; 10, 22; Enchir. 12, 2. – [6] CICERO für ‹A.›: De fin. I, 43. 46; II, 118; V, 23; für ‹Apathie›: De off. I, 72; Tusc. III, 9; IV, 10; SENECA für Apathie: Ep. 85, 14; De vita beata 15, 8; De tranquillitate animi [Titel]. – [7] Gesellschaftslehre (²1923) 190ff.   H. REINER

Atavismus (von lat. atavus = Vorfahr, Ahnherr) ist ein seit der ersten Hälfte des 19. Jh. in der *Vererbungslehre* bekannter Fachausdruck, der die Erscheinung erklären soll, daß gewisse körperliche oder geistige Merkmale der Vorfahren erst in späteren Generationen wieder auftreten, daß also eine oder mehrere Generationen in der Vererbung übersprungen werden [1]. In der Folgezeit wurde ‹A.› zu einem weitverbreiteten Begriff in der *Evolutionstheorie* und in soziologisch-kulturgeschichtlichen Theorien. CH. DARWIN benannte seine, jedoch nicht von ihm zuerst gemachte Beobachtung, daß Kinder ihren Großeltern oder noch weiter entfernteren Vorfahren eher ähnlen als ihren Eltern, mit dem Begriff ‹Reversion› [2]. Unter dem deutschen Terminus ‹Rückschlag› (auch ‹Regression›) hat dieses Gesetz auch in der Psychologie Anwendung gefunden. Bei mehreren Autoren der damaligen Zeit spiegelt sich das große Interesse für die neu entdeckten Tatsachen der Vererbung [3]. H. SPENCER erklärt A. als «Wiederauftreten vorälterlicher Eigentümlichkeiten» und kann dabei auf schon bekannte Forschungen zurückgreifen [4]. Unter den vier von TH. RIBOT genannten Vererbungsgesetzen wird das des A. als «loi directe et immédiate» bezeichnet [5].

Bald wurde der Begriff auch in *übertragener* Bedeutung gebraucht, so von W. BAGEHOT für einen Rückfall in primitive Vergangenheit, der die erreichten Verbesserungen im Leben leicht zunichte machen könne [6]. Alte Vorurteile, Unwissenheit, Autoritätsglauben usw. sind Kennzeichen eines zu beseitigenden gesellschaftlichen A. [7]. Dagegen sieht F. NIETZSCHE den A. positiv, da durch ihn die «seltnen Menschen einer Zeit», die «plötzlich auftauchenden Nachschößlinge vergangener Kulturen und deren Kräften» hervorgebracht werden [8]. Diese sind ihrer eigenen Zeit fremd und unverständlich, sie entwickeln sich im Gegensatz zu ihr, sind jedoch gerade darin «groß» (oder «verrückt und absonderlich»). Gegenüber einer rasch sich wandelnden Gesellschaft sind sie die Repräsentanten der «erhaltenden Geschlechter». A. ist für Nietzsche auch die in seiner Zeit als Ausnahme empfundene Situation der Bindung an eigentlich nicht mehr existierende Autoritäten, das «wonnevolle Gefühl, einmal unbedingt gehorchen zu können» [9].

Wieweit ‹A.› schon zu einem gängigen und allgemein bekannten *Schlagwort* geworden war, zeigt M. NORDAU, für den A. «ein Rückfall in urmenschliche Vorstellungen, ein dunkles Nachwirken von Gewohnheiten» ist [10]. Auch zur Bezeichnung einer vergangenen Regierungsform wurde ‹A.› gebraucht [11]. Bei E. BRUNNER wird A. zur Kennzeichnung von Schleiermachers Lehre von der Sünde herangezogen: «Statt Erbsünde dürfen wir bei Schleiermacher ganz ruhig den uns geläufigeren naturwissenschaftlichen Begriff A. einsetzen, d. h. das Nachwirken älterer Entwicklungsstufen im Gegenwartsbewußtsein» [12]. E. BLOCH versteht C. G. Jungs Erklärungen der Libido als einen «Sack unverdaut-atavistischer Geheimnisse» [13]. Daneben wird ‹A.› auch metaphorisch in der Romanliteratur verwandt [14].

Anmerkungen. [1] Vgl. J. RENNIE: Alphabet of scientific gardening (London 1833) 113 (Hinweis auf DUCHESNE). – [2] CH. DARWIN: The origin of species (London 1859, ⁶1885) 11; vgl. The variation of animals ... (London 1868). – [3] L. BÜCHNER: Sechs Vorlesungen über die Darwin'sche Theorie ... (²1868) 62ff.; J. H. F. KOHLBRUGGE: Der A. (Utrecht 1897); K. Pearson: The grammar of sci. (London ²1900) 486. 489; Y. DEALGE: L'hérédité et les grands problèmes de la biol. générale (Paris ²1903); J. A. THOMSON: Heredity (London 1908); vgl. Encyclop. of relig. and ethics, hg. J. HASTINGS (Edinburgh 1925-1940) 2, 167f. – [4] H. SPENCER: Principles of biol. (London 1864-1867) § 83; dtsch. (1876-1906) 1, 273. – [5] TH. RIBOT: L'hérédité psychol. (Paris ⁴1890) 172; vgl. 192ff. – [6] W. BAGEHOT: Physics and politics (London 1872, ⁹1891) 218; vgl. ähnlich schon S. LAING: Prehistoric remains of caithners, with notes by T. H. HUXLEY (London 1866) 159. – [7] E. RECLUS: L'évolution, la révolution et l'idéal anarchique (Paris 1898) 274; CH. MALATO: Philos. de l'anarchie (Paris 1897) 218. 243. 248. – [8] F. NIETZSCHE, Die fröhliche Wiss. 1, Nr. 10. Musarion-A. 12, 46f. – [9] Der Wille zur Macht a. a. O. 18, 253. – [10] M. NORDAU: Die konventionellen Lügen der Kulturmenschheit (1883) 106. 108. – [11] Y. GUYOT: Politique parlamentaire – politique atavique (Paris 1924). – [12] E. BRUNNER: Die Mystik und das Wort (²1928) 226. – [13] E. BLOCH: Das Prinzip Hoffnung (1959) 1, 68. – [14] TH. MANN: Doktor Faustus (1946) Kap. 34 (Schluß); R. MARTIN DU GARD: Les Thibaults (Paris 1922-1940) Kap. 7, 42; P. LOTI: Jérusalem (Paris 1895) 25.   U. DIERSE

Athanasianismus ist in der Theologie die nach ihrem Verfechter ATHANASIUS VON ALEXANDRIEN benannte Lehre von der Göttlichkeit Christi, die er selbst, EUSTATHIUS VON ANTIOCHIEN und MARCELLUS VON ANCYRA auf dem ersten Konzil von Nicaea (325) gegen den Arianismus durchsetzten und die so als genuines inneres Moment des orthodoxen Glaubens anerkannt wurde. Nach dem Symbolum des Nicaenums ist Christus ἐκ τῆς οὐσίας τοῦ πατρός ..., Θεὸν ἀληθινὸν ἐκ Θεοῦ ἀληθινοῦ, γεννηθέντα οὐ ποιηθέντα, ὁμοούσιον τῷ πατρί (aus dem Wesen des Vaters ..., wahrer Gott vom wahren Gott, gezeugt, nicht geschaffen, dem Vater wesensgleich) [1]. In der nachnicaenischen Verteidigung des A. durch die «drei großen Kappadokier» BASILIUS, GREGOR VON NAZIANZ und GREGOR VON NYSSA vollzieht sich eine Präzisierung und Adaptierung der Begriffe: Während bei ATHANASIUS οὐσία (Wesen) und ὑπόστασις (Substanz) noch gleichbedeutend sind, verwendet das Konzil von Chalkedon (451) zur Abwehr des Monophysitismus ὑπόστασις synonym für πρόσωπον (Person) und οὐσία für φύσις (Natur) [2].

Anmerkungen. [1] ATHANASIUS, Werke, hg. H. G. OPITZ (1934ff.) II/1, 30. – [2] H. DENZINGER und A. SCHÖNMETZER: Enchiridion Symbolorum, Definitionum et Declarationum de rebus fidei et morum (³⁴1967) 301.

Literaturhinweise. A. VON HARNACK: Lehrb. der Dogmengesch. (⁴1909) 159ff. – G. BARDY: Art. ‹Athanase d'Alexandrie›, in: Dict. d'histoire et de géographie ecclésiastiques (Paris 1912ff.) 4, 1313-1340; Athanasius (Paris ³1925). – W. SCHNEEMELCHER: Athanasius von Alexandrien als Theologe und Kirchenpolitiker. Z. neutestamentl. Wiss. und Kunde der älteren Kirche 34 (1935) 129-213. – G. MÜLLER: Lex. Athanasianum (1944-1952). – G. GENTZ: Art. ‹Athanasius›, in: Reallex. Antike und Christentum (1950ff.) 860-866. – J. LIÉBAERT: Christologie. Von der Apostol. Zeit bis zum Konzil von Chalcedon, in: M. SCHMAUS und A. GRILLMEIER: Hb. der Dogmengesch. (1965) 71ff.
                                                                    M. SOMMER

Athanismus (Athanatismus). Bei E. HAECKEL findet sich folgende Bestimmung von Athanismus: «Um einen kurzen und bequemen Ausdruck für die beiden entgegengesetzten Grundanschauungen über die Unsterblichkeitsfrage zu haben, bezeichnen wir den Glauben an die ‹persönliche Unsterblichkeit› des Menschen als Athanismus (abgeleitet von Athanes oder Athanatos = unsterblich)» [1].

Anmerkung. [1] Die Welträtsel (⁴1900) 219f.   W. NIEKE

Atheismus (latinisierte Fassung von griech. ἄθεος; nhd. Atheisterey [1]). Das Wort ‹A.› scheint um die Wende vom 16. zum 17. Jh. in Umlauf gekommen zu sein. Deshalb kann in diesem Zusammenhang auch davon abgesehen werden, daß die Termini ἄθεος und ἀθεότης in der römischen Kaiserzeit zur Bezeichnung derjenigen Gruppen gebraucht wurden, die sich an dem durch Alter legitimierten religiösen Kultus nicht beteiligten. Da auch die Christen keinen diesem Kultus entsprechenden Gottesdienst hielten, sich also den Vorwurf der «novitas» zuzogen, galten sie in der Meinung des 1.Jh. als atheoi [2].

Die polemische Verwendung des Wortes ‹A.›, in die Motive des Begriffs ‹atheos› eingegangen sind, gelangte, nicht zuletzt durch die dem A.-Begriff innewohnende Unbestimmtheit, zu breiterer Wirkung in der Ablehnung der *aristotelischen* Philosophie [3] und des dem Verdacht auf A. unterliegenden Denkens Machiavellis [4]. Seit der Mitte des 17. Jh. verschafft sich die mit dem Wort ‹A.› intendierte Selbstvergewisserung einer durch die christliche Überlieferung bestimmten Gottesauffassung in einer Vielzahl von Dissertationen [5] und Darstellungen der Geschichte des Begriffs [6] ihren Ausdruck und läßt in zunehmender Weise das Bedürfnis erkennen, Gegenstand und Anwendungsbereich des Terminus ‹A.› in ein Schema begrifflicher Distinktionen zu bringen [7]. Die die Einteilung des Begriffs leitende Vorstellung beruht auf der Annahme, daß A. Gottlosigkeit bedeute, also die «verkehrte Beschaffenheit des Gemüths, wodurch der Mensch sich zu überreden bemühet ist, es sey kein Gott» [8], bezeichne. Dieser Begriff eines «praktischen A.» [9], der für die Geschichte des Wortes bedeutsam geblieben ist [10], ist mit der Überzeugung verbunden, daß der Gottesgedanke ein sicheres Besitztum der menschlichen Vernunft sei und daß die menschliche Gesellschaft durch A. im Sinne dieses Beginns in ihren Grundlagen angefochten werde [11].

Gegen Ende des 17.Jh. ist in der Philosophie durchaus die Meinung vorherrschend, daß die natürliche menschliche Vernunft und die Bejahung des Glaubens an einen überweltlichen Gott harmonisch miteinander zu verbinden seien. In der konkreten Begründung dieser Harmonie unterscheiden sich die Lehre von den ideae innatae und die auf die sinnliche Erfahrung aufbauende Theorie, die, wenn auch mit einigen Schwierigkeiten, zur Annahme eines Gottesbegriffs gelangten. Angesichts dieser Problemlage schien die Philosophie SPINOZAS einen Wandel vorzubereiten, der den Vorwurf des A. nicht nur aktualisierte, sondern den Begriff A. der Charakterisierung dieser Philosophie vorbehielt [12]. Das Denken Spinozas erweckte den Eindruck, die Scheidung zwischen Gott und Welt aufzuheben. Der Streit darum, ob seine Philosophie verhüllter A. oder Pantheismus sei, ist keiner Lösung zugeführt worden. Die Behauptung freilich, der «Spinozismus ist A.» [13], hat bis in das 19.Jh. fortgewirkt. Von dem Streit um Spinoza an unterscheidet man am A. zwei Seiten, indem neben den praktischen A. der «theoretische A.» tritt. S. J. BAUMGARTEN [14] legt deshalb seiner gewissenhaften Erörterung des A.-Problems die Unterscheidung dieser beiden Arten von A. zugrunde.

Wo die Annahme einer Harmonie von Vernunft und Gottesglaube in Geltung stand, blieb auch der Versuch leitend, Staat und Recht auf den Gottesgedanken zu gründen. In der englischen Revolution kam es vereinzelt zu der Überzeugung [15], daß auch den Religionsparteien gegenüber tolerante politische Ordnung folgerichtig auch den Atheisten, wenn er nur ein den Gesetzen folgender Bürger ist, in ihrer Mitte zu dulden habe. Damit wurde die Idee des religionslosen Staates postuliert, die für HOBBES [16] noch nicht im Horizont der Überlegungen stand. Allgemein wirksam ist diese Idee durch P. BAYLE geworden [17]. Bei ihm wird die selbstverständliche Harmonie von Vernunft und Gottesglauben nicht wie bei Spinoza durch eine Formel wie «Deus sive natura» angefochten, sondern durch das Geltendmachen des philosophischen und menschlichen Rechts des Zweifels. Wenn es nicht möglich ist, das Dasein Gottes zwingend darzutun, dann ist die rechtlich verfaßte Gemeinschaft unter den Menschen auf Prinzipien zu beziehen, die für jedermann evident sind. Damit löst sich im Denken Bayles auf eine im einzelnen höchst eindrucksvolle Weise der Zusammenhang zwischen rechtlicher und religiöser Ordnung auf. Die Aussage, daß ein Staat von Atheisten denkbar und möglich sei, hat vermutlich mehr als die theoretische Erörterung des Gottesbegriffs dazu beigetragen, einen praktischen A. neuer Art, nämlich einen theoretisch begründeten praktischen A. in der europäischen Bildung zu verbreiten [18]. – Die geistige Situation unmittelbar vor Erscheinen von Kants ‹Kritik der reinen Vernunft› ist dadurch gekennzeichnet, daß die Lehre von der Harmonie zwischen Vernunft und Gottesglauben sowie der Mut, sei es mit rationalen, sei es mit empirischen Mitteln, eine gültige Lehre von Gott und seinen Eigenschaften zu entwickeln, nur noch die Oberfläche des Denkens bestimmt. Die Kräfte indes, die diesen selbstverständlichen Theismus erschüttern, melden sich unübersehbar an. Im *französischen* Denken führt die Fortbildung des englischen Denktraditionen verpflichteten Empirismus zu Sensualismus und Materialismus und damit zu einer unsicheren Stellung der führenden französischen Philosophen zum Gottesgedanken [19]. Daß sich eine Philosophie selber als A. bezeichnen kann, macht den Umschlag im A.-Begriff sichtbar [20]. Was das *englische* Denken betrifft, so spiegelt sich die Zwiespältigkeit in dem Gegensatz von J. BUTLER [21] und D. HUME [22]. In *Deutschland* lassen sich zwischen Chr. Wolff [23] und Kant allenfalls vereinzelte Stimmen vernehmen, die sich dem A. zurechnen [24]. Der frühe KANT sieht in den Gottesvorstellungen englischer Deisten (Shaftesbury) und deutscher Aufklärer (Reimarus) die Gefahr eines «feineren A.», «nach welchem Gott im eigentlichen Verstand als ein Werkmeister und nicht als ein Schöpfer der Welt ... angesehen werde» [25]. Wie JACOBI Pantheismus, so setzt KANT Deismus gleich A. In den frühen Schriften versucht er trotz Anerkennung der Newtonschen Weltphysik an dem traditionellen Schöpfungsbegriff festzuhalten, da das für ihn die einzige Möglichkeit ist, dem A. zu entgehen. In der ‹Kritik der reinen Vernunft› bleiben die für die theoretische Begründung des A. wirksamen Motive auf den Versuch einer Neufassung der Religionsthematik bezogen, die man als praktischen Theismus bezeichnen könnte. Für die mit Kant gegebene Situation des A.-Problems ist ein Ereignis entscheidend geworden, das sich der Geschichte des deutschen Denkens eingeprägt hat, der sogenannte *A.-Streit*, in den FICHTE [26] verwickelt worden ist. Fichte hat die Kritik der Gottesbeweise bei Kant zu einer Ablehnung der wissenschaftlichen Gottesmetaphysik gesteigert und sich daraufhin den A.-Vorwurf zugezogen [27]. Kein begrenzender Begriff, auch nicht der der Person darf auf Gott übertragen werden, da er der Absolutheit und Unendlichkeit Gottes widerspricht. Die Gottesgewißheit wird zu einer die Grenzen des Begriffs hinter sich lassenden Erfahrung des sinntragenden Gehalts des Absoluten. Die Bedeutung, die dem A.-Streit zukommt, wird daran erkennbar, daß die Gottesthematik zu einem der zentralen Gegenstände der philosophischen Aussage wird. Im Zusammenhang dieser Überlegungen wird der A. eine der Vernunft nicht erschließbare Theorie.

Ähnlich wie der frühe Kant sieht HEGEL die Gefahr oder Möglichkeit des A. durch das Absolutsetzen der Naturwissenschaften in der Reduzierung der menschlichen Interessen auf das Endliche. Insofern sind die «sciences exactes der Religion entgegen» [28]: «Das Endliche ist und ebenso nur wir sind, und Gott ist nicht; das ist A. So ist das Endliche absolut genommen; es ist das Substantielle; Gott ist dann nicht» [29]. Auf Grund dieser A.-Bestimmung ist für Hegel der Spinozismus nicht A., sondern «Akosmismus», «da die Natur, die Welt nach einem Ausdruck des Spinoza nur Affektion, Modus der Substanz, nicht Substantielles ist» [30]. Vor allem aber in zwei theologischen Richtungen seiner Zeit sieht Hegel die Gefahr des A., die damit selber die «Beschuldigung des A.» nicht erheben dürfen: die Theologie, die einen «inhaltsvollen Gott» annimmt, muß notwendig zum A. führen, da «die Vorstellung die eigenthümlichen Formen, an welche sie gebunden ist, in den philosophischen Begriffen nicht wiederfindet» [31]. Das Resultat der pietistischen Theologie, die versucht, Gott auf «das Gebiet der zufälligen Subjectivität, das des Gefühls anzuweisen» [32], ist auch A. In der Konsequenz trifft sich diese Gefühlstheologie mit «materialistischen Ansichten, oder wie sie sonst bezeichnet werden mögen, den empirischen, naturalistischen», «die den Geist auf Sensationen zurückgeführt zu haben meinen» und «Gott für ein Product des Gefühls» halten [33]. Angesichts dieser Situation der Theologie und der Wissenschaften ist es für Hegel Aufgabe der Philosophie, die Inhalte der christlichen Religion unter Anerkennung der nach der französischen Revolution gewordenen bürgerlichen Gesellschaft im Begriff aufzuheben.

Die durch die Denkbewegung von Kant bis Hegel gegebene Lösung ist dem Zweifel ausgesetzt geblieben. Die allgemeine Tendenz, sich der Gestaltung des erfahrungsmäßigen Daseins zuzuwenden, läßt die Gottesfrage in den Hintergrund treten. Das Argument, daß der Gottesglaube dem Fortschritt der Menschen hinderlich sei, gewinnt an Gewicht. Es stellt eine neue, den nachhegelschen Generationen angehörende Verbindung von theoretischem und praktischem A. dar. Am wirksamsten ist diese Verbindung bei L. FEUERBACH geworden [34]. Feuerbach hat den das religiöse Verhältnis aufhebenden A. in eigentümliche Zusammenhänge gestellt. Mit Berufung auf Luther begreift sich dieser «positive A.» [35] als Aneignung der Gehalte, die in mystifizierter Form in den Aussagen der Religion vorliegen. Der A.-Begriff dient der Selbstentfaltung des der menschlichen Natur innewohnenden Inhalts. Für F. NIETZSCHE ist A. als «Folge einer Erhöhung der Menschen» [36] notwendige Bedingung für die Entstehung eines neuen Menschen: «Die Aussicht ist nicht abzuweisen, dass der vollkommene und endgültige Sieg des A. die Menschheit von diesem ganzen Gefühl, Schulden gegen ihren Anfang, ihre causa prima zu haben, lösen dürfte. A. und eine Art zweiter *Unschuld* gehören zu einander» [37]. Wie vieldeutig bis hin zur Negation des Gottesgedankens durch philosophische und populäre Schriftsteller der A.-Begriff geworden ist, zeigt sich in der Annahme einer Religion ohne Gott, die Aussagen der radikalen Mystik mit dem theoretischen A. verbindet [38]. Die gegenwärtige Situation hinsichtlich des Problems des A. ist dadurch gekennzeichnet, daß die im Laufe der letzten vier Jahrhunderte geltend gemachten Motive in einem schwer auflösbaren Miteinander weiterleben. Der historische und dialektische Materialismus steht ebenso in der Nachfolge dieser A.-Thematik wie die französische Existenzphilosophie, soweit sie sich ihr ausdrücklich verpflichtet weiß.

Anmerkungen. [1] Großes vollständiges Universal Lex. aller Wiss. und Künste 1 (Halle/Leipzig bei Joh. H. Zedler 1732) 2016-2025. – [2]. Vgl. SEXTUS EMP., Adv. math. 9, 14; 18, 49; 19, 4; CICERO, De nat. deorum I, 23; III, 37; ORIGENES, Contra Cels. V, 25-27. – [3] MELANCHTHON, Corpus Reformatorum 1, 286-358. 343f. – VALERIANUS MAGNUS: De Atheismo Aristotelis (1647). – [4] TH. CAMPANELLA: A. Triumphatus, seu Reductio ad Religionem per Scientiarum Veritates (Rom 1631).

- [5] Dissertatio de Fulcris Atheismi sub praeside CHR. COLBIO (Königsberg 1655); Exercitationes contra Atheos de aeterna divinae existentiae et providentiae veritate Studio J. BIRCHERODII (Hafnia 1660). – [6] TH. SPIZEL: Scrutinium Atheismi Historico-Aetiologicum (Augsburg 1663). – [7] JOAN. FRANCISCI BUDDEI: Theses Theologicae de Atheismo et Superstitione (Jena ²1722) 222-307. – [8] J. G. WALCH: Hist. und theol. Einl. in die vornehmsten Relig.-Streitigkeiten (1728) 673f. – [9] PH. J. SPENER: Theol. Bedencken, 3. Theil (1701) 450-452; WALCH, a. a. O. [8] 674. – [10] BUDDEUS, a. a. O. [7] 222f.; CHR. WOLFF: Vernünfftige Gedancken von Gott ... (1720) 344. – a. a. O. 4. 346. 358; WALCH, a. a. O. [8] 674. – [12] BUDDEUS, a. a. O. [7] 233. – [13] FR. H. JACOBI, Werke, 1/4 (1968) 216. – [14] S. J. BAUMGARTEN: Gesch. der Relig.-Partheyen, hg. D. J. SEMLER (1766) 25. – [15] R. WILLIAMS: The bloody tenent of persecution for cause of conscience (London 1644). – [16] HOBBES, Leviathan (1966) tom. 3. – [17] P. BAYLE: Pensées diverses sur la Comète (1682) § 102ff. – [18] VOLTAIRE: Dict. philos. portatif (Paris 1954) Art. ‹athéisme›. – [19] J.-J. ROUSSEAU, Oeuvres 4 (Paris 1969) 633f. – [20] P. TH. D'HOLBACH: System der Natur (dtsch. 1960) 501ff. 507ff. 522ff. – [21] J. BUTLER: The analogy of relig., natural and relaeved, to the constitution and course of nature (London 1736). – [22] D. HUME: Four dissertations, I: The natural hist. of relig. (London 1755). – [23] WOLFF, a. a. O. [10] § 716. – [24] J. H. SCHULZ: Philos. Betrachtung über Theol. und Relig. überhaupt und über die jüdische insonderheit (1786) 109. 119. 201f. – [25] KANT, Akad.-A. 2, 122f. – [26] J. G. FICHTE, Werke, hg. I. H. FICHTE 5, 177ff. – [27] Schreiben eines Vaters an seinen studierenden Sohn über den fichteschen und forbergischen A., in: Die Schriften zu J. G. Fichte's A.-Streit, hg. H. LINDAU (1912) 59-88. – [28] HEGEL, Vorles. über die Philos. der Relig., hg. LASSON 1, 21. – [29] Werke, hg. GLOCKNER 19, 373. – [30] ebda. – [31] 10, 461. – [32] 15, 67f. – [33] 68; vgl. 19, 506ff. – [34] L. FEUERBACH, Werke 2 (²1959) 261. 277; 5 (²1960) 162ff. ; 8 (²1960) 356ff. – [35] a. a. O. 8, 357. – [36] FR. NIETZSCHE, Musarion-A. 16, 63. – [37] a. a. O. – [38] A. SCHOPENHAUER, Werke, hg. J. FRAUENSTÄDT 4 (²1922) 347-421, bes. 415.

Literaturhinweise. M. MERSENNE: L'impiété des Déistes, des Athées (Paris 1624). – FR. BACONI DE VERULAMIO Sermones Fideles (Lugd. Batavorum 1644) 75-80. – TH. SPIZEL: Scrutinium Atheismi Historico-Aetiologicum (Augsburg 1663). – A. REISER: De origine, progressu et incremento Antitheismi seu Atheismi epistolaris dissertatio ad clarissimum virum Th. Spizelium Augustanum (Augsburg 1669). – J. MÜLLER: A. devictus (Hamburg 1672). – J. LASSENII: Arcana Politico-Atheistica Oder Politische Geheimnüß/vieler Hin und Wieder heutiges Tages einreisenden unartigen Atheisten (1696). – FR. REIMANN: Hist. Universalis Atheismi et Atheorum falso et merito suspectorum (Hildesheim 1725). – E. PLATNER: Über den A. Ein Gespräch (1783). – F. MAUTHNER: Der A. und seine Gesch. im Abendlande 1-4 (1922-1924). – E. H. LEUBE: Die Bekämpfung des A. in der dtsch. luth. Kirche des 17. Jh. Z. Kirchengesch. 43 (1924) 227-244. – K. LÖWITH: Wissen, Glaube und Skepsis (²1958). – Beiträge zur Gesch. des vormarxistischen Materialismus, hg. G. STIEHLER (1961). – H. LEY: Gesch. der Aufklärung und des A. 1 (1966). – W. KERN: A. – Christentum – emanzipierte Gesellschaft. Z. kath. Theol. 91 (1969) 289-321.
H.-W. SCHÜTTE

Äther (αἰθήρ, aether), **Quintessenz** (πέμπτη οὐσία, quinta essentia). ARISTOTELES sieht in αἰθήρ den Ausdruck, mit dem die ersten Menschen die Göttlichkeit des obersten Himmels bezeichneten [1]. Als etwas «Göttliches» (αἰθέρα δῖαν, σῶμα θεῖον) erscheint Ä. bei HOMER, HESIOD, EMPEDOKLES, ANAXAGORAS, ARISTOTELES und den *Stoikern* [2]. EURIPIDES, ZENON, KLEANTHES, ENNIUS rufen in ihm die Gottheit an [3]; in den *orphischen* Hymnen preist man ihn als Nus des Allgottes [4]. HOMER, HESIOD, die *Orphiker, Pythagoreer* und *Platoniker* stellen sich den Ä. als Himmelslicht oder lichtartige Materie vor; PARMENIDES, ANAXAGORAS und die *Stoiker* als höchste, reinste Feuerschicht; EMPEDOKLES, PLATON (‹Epinomis›) als höchste, reinste Luftschicht. Im PHILOLAOS-Fragment, in der ‹Epinomis› und wahrscheinlich in den Dialogen des ARISTOTELES, insbesondere aber in seiner Schrift ‹Über die Philosophie› erscheint Ä. als Q., als ein Element, welches von den anderen vier getrennt und verschieden ist [5]. In der späteren Überlieferung gelten beide Wörter als Synonyma. HOMER bezeichnet den Ä. als «unermeßlich», «windstill»; bei PARMENIDES heißt es:

«Das ätherische Flammenfeuer, das milde, gar leichte, mit sich selber überall identisch, mit den anderen nicht identisch»; er nennt den Ä. «den All-gemeinsamen» [6]. EMPEDOKLES sieht in ihm vor allem göttliche Kraft, den «Titan Ä.». der rings den Kreis in seiner Gesamtheit umschnürt [7]. In ähnlicher Weise ist Ä. bei Anaxagoras Kraft (δύναμις) des göttlichen Feuers, welche alles zusammenhält [8]. Dieser dynamischen Auffassung folgen PLATON und ARISTOTELES: Beide leiten das Wort ‹Ä.› von θεῖν ἀεί ab und folgern daraus, daß Ä. ein Körper ist, welcher sich ohne Anfang und Ende bewegt [9]. Die *Doxographen* berichten, Aristoteles lehre, die Seelen seien von derselben Q. wie die Sterne [10]; HERAKLEIDES PONTIKOS erklärt den Seelenstoff für ätherisch und die Seele für lichtartig [11]; der Peripatetiker KRITOLAOS und sein Nachfolger DIODOROS lassen sowohl die Gottheit wie auch die Seelen aus Ä. bestehen [12].

Synkretisten verschmelzen die Ä.-Lehren ihrer Vorgänger zu einer Art von «doctrina communis» und begreifen Ä. bzw. Q. als lichtartige, beseelte, himmlisch-astrale, überirdische, feinste Materie. Nach den Neuplatonikern, insbesondere aber nach PORPHYRIOS und PROKLOS bestehen aus ihr die Körper der Dämonen und Engel; sie dient den Seelen als Vehikel (τὸ ὄχημα); die Seelen nehmen von ihr die Umhüllung (τὸ περίβλημα), einen Leib, welcher zwischen ihnen und den irdischen Leibern vermittelt [13]. Daran knüpft ORIGENES mit seiner Lehre über die Eigenschaften des wiederauferweckten menschlichen Leibes [14] an.

Im *Mittelalter* wirkt neben der aristotelischen Auffassung des Ä. als «materia caeli» auch die neuplatonische vom «corpus spirituale» weiter. ISIDOR VON SEVILLA lokalisiert die Äthersphäre wie Platon zwischen der Luft- und Feuerschicht [15]. ALBERT DER GROSSE meint, daß die Durchsichtigkeit des Ä. «potius ex ipsa natura spiritualitatis corporis huius» folgt [16]. DAVID VON DINANT gründet auf die aristotelische Ä.-Lehre seinen Pantheismus: es gibt für Gott, Nois (wie David die «mens» bezeichnet) und Welt eine gemeinsame Materie, welche er Hyle nennt [17].

In der *Renaissance* erscheint Ä. als den anderen vier Elementen übergeordnete, himmlisch-astrale, unsichtbare Q. und als Medium zwischen dem Geiste und dem Körper. AGRIPPA stellt diese Q. als einen «spiritus mundi» vor: sie sei samenentfaltende Kraft und zugleich Prinzip der Belebung und Veränderung. Ähnlich bestehen für PARACELSUS alle Wesen aus einem elementarischen, irdischen, sichtbaren und einem himmlischen, astralischen, unsichtbaren Leib, welcher «spiritus» genannt wird; er sei Substrat aller Materie. AGRIPPA und PARACELSUS bemühen sich, ihn auf dem Wege der *Alchemie* abzusondern. Nach GIORDANO BRUNO ist der Ä. unermeßlich und beseelt, er erfüllt das Weltall und durchdringt als «spiritus universi» alle Körper [18]. Diese im Grunde stoisch-neuplatonische Ä.-Auffassung spiegelt sich dann in den Ansichten des F. BACON, GASSENDI und R. BOYLE wider, sofern sie einen «körperlichen Geist» und eine «körperliche Seele» annehmen; sie befruchtet auch den Hylozoismus des H. MORE und die Theosophie des V. WEIGEL. Zu dieser Zeit deutet NEWTON die bisherigen Ä.-Hypothesen vom physikalischen Standpunkte: der Ä., als feinste Materie gedacht, sei nötig zur Erklärung der Licht- und Schwereerscheinungen. Im Zeitalter der *Romantik*, insbesondere in der von SCHELLING angeregten Naturphilosophie, erlebt die Ä.-Theorie eine Renaissance. So identifiziert OKEN den Ä. geradezu mit Gott: die Welt sei eine Darstellung Gottes [19].

PH. SPILLER sieht in ihm die Urkraft, Gott; den reinen Monotheismus nennt er «Ätherismus» [20]. Der Ä.-Q.-Begriff lebt bis heute, wie früher, besonders in den Lehren der *Vitalisten, Theosophen* und *Spiritisten*.

Anmerkungen. [1] ARIST., Meteora I, 1, 339 b 20. – [2] HOMER, Ilias XVI, 365; HESIOD, Theog. 697; ARIST., De anima I, 1, 404 b 14; De caelo I, 3, 270 b 10. – [3] CICERO, De nat. deorum II, 25. – [4] Vgl. W. KRANZ: Kosmos. Arch. Begriffsgesch. 2 (1955) 85. – [5] PHILOLAOS bei DIELS, Frg. der Vorsokratiker (= VS) 32 B 12; PLATON, Epin. 981 c. – [6] PARMENIDES, VS 18 B 8. 11. – [7] EMPEDOKLES, VS 21 B 38. – [8] Vgl. ARIST., a. a. O. [1] b 24. – [9] PLATON, Krat. 410 b 7; ARIST., De caelo I, 3, 270 b 23. – [10] CICERO, Tusc. I, 10, 22. – [11] HERAKL. PONT. bei DIELS, Dox. Graec. (= DDG) 213. – [12] KRITOLAOS, DDG 303 b 6f. – [13] Vgl. PROKLOS, In Tim., hg. E. DIEL II, 81, 20f. – [14] ORIGENES, De principiis III, 41. – [15] ISIDOR VON SEVILLA, De nat. rerum 32, 2. – [16] ALBERTUS, De caelo II, 1, 2. Opera, hg. BORGNET 5, 125. – [17] Vgl. M. KURDZIALEK: David von Dinant und die arist. Naturphilos., in: La filos. della nat. nel medioevo (Mailand 1966) 411ff. – [18] G. BRUNO: De l'infinito, universo e mondi (1584) 2. Dialog. – [19] Vgl. W. LEIBBRAND: Romantische Medizin (1937) 66. – [20] PH. SPILLER: Die Urkraft des Weltalls (1876).

Literaturhinweise. S. MARIOTTI: La ‹quinta essentia› nell' Arist. perduto e nell'Accad. Riv. Filol. Istruzione classica 68 (1940) 179-189. – F. FÜRLINGER: Stud. zum Ä.-Begriff in der griech. Lit. bis Platon (Diss. Innsbruck 1948). – E. T. WHITTAKER: A hist. of the theories of A. and electricity I (London 1951), 2 (1953). – I. I. POORTMANN: Ochēma. Geschiedenis en zin van het hylisch Pluralisme 1 (1954). – FR. SOLMSEN: The vital heat, the inborn pneuma and the A. J. hellen. Stud. 77 (1957) 119-123. – P. MORAUX: Quinta essentia. PAULYS Real-Enzyklop. class. Altertumswiss. (1963). M. KURDZIALEK

Ātman. Für die philosophische Verwendung des Wortes ‹Ā.› ist bedeutsam, daß es schon im ‹Rigveda› als Reflexivpronomen dient: es heißt ‹selbst›, ‹das Selbst› [1]. Wichtig ist ferner, daß als Gegenbegriff von ‹Selbst› nicht nur die andere Person auftritt (auch das *kann* der Fall sein), sondern vor allem auch das Unwesentliche, das Uneigentliche, die äußerliche Erscheinung. Der Ā. ist von daher das Eigentliche von etwas, insbesondere das Eigentliche des Menschen [2]. Beim Menschen besteht der Ā. entweder als die vornehmste Konstituente neben den anderen, oder aber er ist ihre Summe oder schließlich – vor allem in den ‹Upanischaden› – das sich in ihnen bzw. ihren Tätigkeiten als seinen Erscheinungen manifestierende Wesen [3]. Inhaltlich wird der Ā. in den spätvedischen Texten zunächst mit Hilfe populärer Seelenvorstellungen bestimmt, etwa als Hauchseele, Blutseele oder Seelenmännchen [4]. Weiter führt die Bestimmung als Licht [5], von der man zur Idee des Ā. als Geist (manas, vijñāna) [6] fortschreiten konnte. Der Ā. wird schließlich zum reinen, nicht objektivierbaren Subjekt, über das nur mit Negationen geredet werden kann [7]. Da der Ā., wie gesagt, vor allem das Selbst im Sinne des eigentlichen Wesens bedeutet, brauchte er nicht notwendig als etwas Individuelles gefaßt zu werden. Der Ā., als das Eigentliche des Menschen, konnte daher mit dem eigentlichen Wesen der Welt, insbesondere mit dem Brahman, identifiziert werden [8]. Spätestens hierdurch wird er unsterblich [9] und freudvoll [10]. Er kann durch die Identifizierung mit dem Brahman ferner an dessen Stelle oder abwechselnd mit ihm als Ursprung des Kosmos auftreten [11]. In theistischen Strömungen konnte der Ā. mit Gott (īśvara) gleichgesetzt werden [12].

Der BUDDHA schweigt über den Ā. Er vermeidet sowohl die Behauptung, ein fester Kern der Person existiere, als auch die Behauptung, er existiere nicht. Er weist lediglich darauf hin, daß die empirisch faßbaren Konstituenten – Körperlichkeit, Empfindung, Bewußt-

sein usw. – nicht der Ā. sein können [13]. Die meisten Schulen des Hīnayāna-Buddhismus haben diese Zurückhaltung des Buddha in der Frage des Ā. negativ dogmatisiert und die Ansicht vertreten, der Mensch sei lediglich ein Bündel vergänglicher Konstituenten ohne festen Kern (Anātma-vāda) [14]. Einen positiven Ā.-Begriff hingegen hat die mahāyānistische ‹Tathāgatagarbha›-Schule. Hier wird das allen Lebewesen innewohnende Absolute als unvergänglich, freudvoll und reine Geistigkeit [15] bestimmt und kann insofern auch das Prädikat ‹Ā.› erhalten [16].

Im klassischen *Vaiśeṣika* und *Nyāya* wird mit ‹Ā.› die (ursprünglich wohl ‹jīva› genannte) [17] Seele bezeichnet, die hier grundsätzlich individuell ist. Die Seelen sind unendlich groß, aber teillos und daher ewig. Sie sind ferner bloße Substanzen (dravya) und von ihren ständig wechselnden Eigenschaften (guṇa) – Bewußtsein, Empfindungen, Wollen usw. – trennbar, also nicht ihrem Wesen nach geistig [18]. Für die meisten Anhänger des Vaiśeṣika und Nyāya ist die Seele nur erschließbar [19], für einige hingegen ist sie, wie auch für die Mīmāṃsā-Schule KUMĀRILAS, direkt wahrnehmbar, und zwar in der Ich-Vorstellung auf Grund einer Funktion des inneren Sinnes (manas) [20]. Für die Mīmāṃsā-Schule PRABHĀKARAS wird die Seele in jedem Bewußtseinszustand als Ich mitbewußt. Aber auch hier ist dieses Bewußtwerden der Seele akzidentell, da es etwa im Tiefschlaf trotz Vorhandensein der Seele fehlt [21].

Im *Advaita-Vedānta* hingegen ist der Ā. seinem Wesen nach Geistigkeit [22], welche insofern als Selbstbewußtsein bezeichnet werden kann, als das reine Beisichsein des Ā. trotz des Fehlens jeglichen Subjekt-Objekt-Gegensatzes meist scharf vom Zustand des Tiefschlafes unterschieden wird [23]. Der Ā. ist ferner wie in den ‹Upanischaden› mit dem Brahman identisch [24], somit in allen Lebewesen ein und derselbe. Von allem Psychischen ist er streng zu unterscheiden, obwohl er in der Ich-Vorstellung gewöhnlich damit vermischt wird [25]. Er ist in keiner Weise tätig, auch nicht aktiv am Erkenntnisvorgang beteiligt [26], sondern wie der Puruṣa des Sāṅkhya bloßer «Zuschauer» (sākṣin) [27].

Anmerkungen. [1] BÖTHLINGK/ROTH: Sanskrit-Wb. (St. Petersburg 1855) s. v. Ā. 3. – [2] P. DEUSSEN: Allgemeine Gesch. der Philos. I/1 (1915) 329. – [3] H. OLDENBERG: Die Weltanschauung der Brahmanatexte (1919) 87f. – [4] P. THIEME: Upanischaden (1966) 28. – [5] ebda.; E. FRAUWALLNER: Gesch. der indischen Philos. 1 (1953) 62. – [6] a. a. O. 63. 69f. – [7] a. a. O. 70f. – [8] a. a. O. 72ff.; J. GONDA: Die Relig. Indiens 1 (1960) 202f. – [9] Brihadāraṇyaka-Upaniṣad III, 7, 3ff.; IV, 5, 14. – [10] Taittirīya-Upaniṣad II, 8, 5. – [11] Brihadāraṇyaka-Upaniṣad I, 4, 1. – [12] Indo Iranian J. ('s-Gravenhage) 2 (1958) 167. – [13] FRAUWALLNER, a. a. O. [5] 1, 219ff. – [14] E. FRAUWALLNER: Die Philos. des Buddhismus (²1958) 63ff. – [15] Ratnagotravibhāga I, 35 u. p. 31, 3f.; Mahāyānasūtrālaṅkāra XIII, 19. – [16] Ratnagotravibhāga, loc. cit. – [17] FRAUWALLNER, a. a. O. [5] 2 (1956) 323 Anm. 126. – [18] a. a. O. 211. 103. – [19] a. a. O. 185. – [20] a. a. O. 185; Pañcapādikā. Madras-A. 89, 2ff.; Nyāyamañjarī. Kāśī-A. 70, 4. – [21] L. SCHMITHAUSEN: Maṇḍanamiśra's Vibhramaviveka ḥ (1965) Studie § 90. – [22] P. HACKER: Untersuchungen über Texte des frühen Advaitismus, 1. Die Schüler Śaṅkaras. Akad. Wiss. Lit. Mainz (1950) 35. 132f. – [23] Māṇḍūkya-Upaniṣad 5-6; Brahmasiddhi 149, 17ff. u. 5, 20ff.; Pañcapādikā-Vivaraṇa. Madras-A. 265, 5ff. – [24] HACKER, a. a. O. [22] 35. 47f. 137. – [25] a. a. O. 124ff. – [26] a. a. O. 142. – [27] z. B. Pañcapādikā, Einleitungsvers.

Literaturhinweise. L. DE LA VALLÉE POUSSIN: The Ā. in the Pāli-Canon. Indian Culture 2/4 (1936) 821-24. – H. GÜNTHER: Das Seelenproblem im älteren Buddhismus (1949); dagegen: H. V. GLASENAPP: Vedānta und Buddhismus. Akad. Wiss. Lit. Mainz (1950). – J. M. VAN GELDER: Der Ā. in der Großen-Wald-Geheimlehre psychologisch gedeutet ('s-Gravenhage 1957). – P. HACKER: Die Idee der Person im Denken von Vedānta-Philosophen. Studia Missionalia (Rom) 13 (1963) 30-52. – T. W. ORGAN: The self in

Indian philos. (Den Haag/London/Paris 1964). – L. SCHMIT-HAUSEN: Ich und Erlösung im Buddhismus. Missions- u. Religionswiss. 53 (1969) 157ff. – Ferner Beiträge in fast *allen umfassenden Arbeiten zur ind. Philos.*: z. B. P. HACKER s. Anm. [22] 35ff. 123ff. – E. FRAUWALLNER s. Anm. [5] 1 (1953) 60ff. 103ff. 217ff. (453-455: Hinweise auf weitere allgemeine Lit.); 2 (1956) 61ff. 96ff. 210f. 229ff.; s. Anm. [14] 18ff. 63ff. – G. TUCCI: Storia della filos. indiana (Bari 1957) 334ff. – J. GONDA: Die Relig. Indiens 1 (1960) 200ff. L. SCHMITHAUSEN

Atom

I. ‹A.› (von griech. ἄτομος, unteilbar) ist ein Begriff, der sowohl in der Geschichte der Philosophie als auch in der Geschichte der Naturwissenschaften eine erhebliche Rolle spielt. Das Wort stammt aus dem 5. Jh. vor Chr., als LEUKIPP und DEMOKRIT, um die sichtbaren Erscheinungen zu erklären, eine unendliche Anzahl unsichtbarer, qualitativ gleicher, jedoch quantitativ verschiedener Teilchen annahmen. Ihre Erwägungen hatten sowohl die philosophische Intention, die Möglichkeit der Veränderung überhaupt einsichtig zu machen, als auch die naturwissenschaftliche Absicht, bestimmte Wandlungen (Verdampfung, Kondensation) zu erklären.

Bis zum Aufkommen der Naturwissenschaften im 17. Jh. blieb der philosophische Kontext vorherrschend; dann aber erhielt der Begriff in steigendem Maße einen naturwissenschaftlichen Inhalt. Anfänglich wurden auch in der naturwissenschaftlichen Theorie die A. als die kleinsten, unveränderlichen und unteilbaren Bausteine der stofflichen Wirklichkeit betrachtet, und zwar so, daß man ebenso viele Arten qualitativ verschiedener A. annahm, wie es chemische Elemente gab (DALTON 1808). Als sich bei der Weiterentwicklung der Naturwissenschaften herausstellte, daß die A. der chemischen Elemente zusammengesetzt und demnach «teilbar» waren, wurde die Bezeichnung ‹A.› gleichwohl für diese A. weiter verwendet.

Literaturhinweise siehe Art. ‹Atomtheorie›.

A. G. M. VAN MELSEN

II. Der Terminus ‹A.› im *mathematisch-logischen* Sinne wurde von W. v. O. QUINE [1] für die Elementarbausteine in Kalkülen eingeführt; synonym damit werden auch ‹Zeichen›, ‹Symbol›, ‹Buchstabe›, ‹Grundzeichen›, ‹primitives Symbol›, ‹A.-Figur› u. a. verwendet.

Anmerkung. [1] Definition of substitution. Bull. Amer. math. Soc. 42 (1936) 561-569. KUNO LORENZ

Atomismus

I. Der Terminus ‹A.› bezeichnet die älteste und rigoroseste Form einer Atomtheorie. Herrührend von LEUKIPP findet sich der Atomismus am deutlichsten ausgearbeitet bei DEMOKRIT (5. Jh. v. Chr.). Dieser faßt die Wirklichkeit auf als aufgebaut aus dem Vollen und dem Leeren. Die erfahrbaren Erscheinungen, namentlich die Verschiedenheit und Veränderlichkeit der Dinge, finden danach ihre Erklärung in den verschiedenen Konfigurations- und Bewegungsmöglichkeiten unsichtbarer Bausteine (der Atome), die selbst als unveränderlich und unteilbar postuliert werden. Die Atome zeigen keinerlei qualitative, wohl aber quantitative Unterschiede, wie solche der Gestalt und Größe, und zwar in unendlichen Variationen. Ihre bedeutendste Eigenschaft ist die Fähigkeit, sich im Raum zu bewegen. Weitere Vertreter des A. sind EPIKUR (341-270 v. Chr.) und der lateinische Dichterphilosoph Titus LUCRETIUS Carus (96-55 v. Chr.).

Nachdem der A. lange Zeit von anderen Formen einer Atomtheorie in den Hintergrund gedrängt worden war, läßt P. GASSENDI (1592-1655) ihn neu erstehen.

Literaturhinweise siehe Art. ‹Atomtheorie›.

A. G. M. VAN MELSEN

II. Für A. im *psychologischen* Sinn ist die Überzeugung grundlegend, daß es die (erste) Aufgabe der Psychologie sei, «die verwickelteren Erscheinungen des Geistes in einfachere und diese in noch einfachere» zu «zerlegen», und daß man so zu «letzten, qualitativen psychischen Elementen, den psychischen Atomen» [1] gelange. Ausdrücklich findet man einen psychologischen A. bei D. HUME, J. MILL, H. SPENCER und H. TAINE [2]. Synonym verwendet werden Bezeichnungen wie ‹psychologische Atomtheorie›, ‹Elementenpsychologie› und ‹Elementarismus›. – Element ist in der Psychologie als *Bewußtseinslehre* zunächst die (undefinierte) «sensation» (Empfindung), so z. B. bei D. HUME, unverändert bei H. EBBINGHAUS und J. FRÖBES [3]. Genauer betrachtet, lassen sich zwei Aspekte des Empfindungs- oder Sensationsbegriffes unterscheiden: a) örtlich der – raum-zeitliche – «Punkt», so noch 1927 J. V. UEXKÜLL [4], wobei dieser Ort psychophysisch gern mit der zentralen Endigung einer einzelnen Sinnesnervenfaser identifiziert wird (TH. ZIEHEN [5]); b) qualitativ die «einfachen», d. h. z. B. durch *eine* einzige Frequenz erzeugten Farben oder Töne (C. STUMPF [6]). Nach SPENCER [7] sind Empfindungen (undefinierte) örtliche «Veränderungen». Bei den strengen Vertretern der Unräumlichkeit der Seele (z. B. LOTZE [8]) treten an die Stelle der Orte qualitative Merkmale, die «Lokalzeichen», z. B. der verschiedenen Netzhautstellen; dann (z.B. bei WUNDT und ZIEHEN) auch hypostasierte «Augenmuskel-Empfindungen» [9]. Als psychische Elemente gelten auch die Gefühle. – In der Psychologie als *Verhaltenslehre* – PAWLOW, BECHTEREW, J. B. WATSON – ist «Element» der ursprüngliche oder der «bedingte» Reflex [10]. Kompliziertere Verhaltensweisen sind «Bündel» oder «Ketten» von Reflexen. – Modernere atomistische Ansätze sind einmal in der Auffassung zu sehen, die Intelligenz sei die Summe ihrer Faktoren (THURSTONE [11]), zum anderen in der Auffassung der modernen Lerntheorie, die Persönlichkeit sei nichts anderes als die Summe der durch «operant conditioning» *einzeln* und unabhängig voneinander erworbenen «habits» oder Gewohnheiten.

Teilbehauptungen des psychologischen A. lassen sich wie folgt zusammenfassen: 1. Die Elemente sind das psychisch «eigentliche Wirkliche». – 2. Alle umfassenderen Gebilde bzw. Sachverhalte sind «Und-Summen» (WERTHEIMER [12]) von Elementarsachverhalten: die «*Additivitäts-Annahme*», d. h.: a) Die Elemente sind in den Aggregaten *unverändert* enthalten, «gegeneinander blind»; sie haben keinerlei Eigenschaften, die sie außerhalb oder an anderer Stelle des Ganzen oder in anderen Ganzen nicht ebenso haben. b) Die Aggregate haben keinerlei Eigenschaften oder Verhaltensweisen außer denjenigen ihrer einzelnen Bestandstücke; «Misch»-Qualitäten werden als Folge mangelnder Aufmerksamkeit gedeutet. – 3. Komplexere psychische Sachverhalte *entstehen* durch – nachträgliche – Zusammenfügung (Assoziation, Kombination, Koordination, Synthese, Integration, Komposition, Kontrakt): die *Verknüpfungs-Annahme*. – Erste Zweifel an diesen Behauptungen tauchen bereits bei DILTHEY, MACH, JAMES, V. EHRENFELS und CORNELIUS auf [13]. MACH versucht den psychologischen A. durch Einführung von «Richtung» und

«Intervall» als Elemente zu retten. Die Gestaltpsychologie betrachtet den psychologischen A. durch ihre Grundbeobachtungen als widerlegt.

Anmerkungen. [1] H. MÜNSTERBERG: Psychol. atomism. Psychol. Rev. 7 (1900) 1ff. – [2] D. HUME: A treatise on human nature (1739/40); J. MILL: Analysis of the phenomena of the human mind (1829); H. SPENCER: Principles of psychol. (1855, ²1870-72); H. TAINE: De l'intelligence 3 (1870). – [3] H. EBBINGHAUS: Grundzüge der Psychol., bearb. E. DÜRR 1 (³1911); 2 (1913); J. FRÖBES: Lehrb. der exp. Psychol. 1. 2 (¹1916, ²/³1923). – [4] J. v. UEXKÜLL: Definition des Lebens und des Organismus, in: Hdb. norm. path. Physiol., hg. A. BETHE, G. v. BERGMANN u. a. 1 (1927). – [5] TH. ZIEHEN: Leitfaden der physiol. Psychol. in 15 Vorles. (⁹1911) 108ff. – [6] C. STUMPF: Tonpsychol. 1883-90). – [7] SPENCER, a. a. O. [2]. – [8] H. LOTZE: Grundzüge der Psychol. (1882) 29f. – [9] W. WUNDT: Grundzüge der physiol. Psychol. (¹1874); 2 (⁶1910) 716ff.; ZIEHEN, a. a. O. [5]. – [10] J. P. PAWLOW: Die höchste Nerventätigkeit (das Verhalten) von Tieren (1905; dtsch. 1926); W. v. BECHTEREW: Reflexologie (1926); J. B. WATSON: Behavior: An introduction to comparative psychol. (1914). – [11] L. L. THURSTONE: The vectors of mind: multiple factor analysis for the isolation of primary traits (1935). – [12] M. WERTHEIMER: Untersuchungen zur Lehre von der Gestalt. Psychol. Forsch. 1 (1922) 47-58. – [13] W. DILTHEY: Einl. in die Geisteswiss. (1883); E. MACH: Die Analyse der Empfindungen (1885, ⁹1922); W. JAMES: Principles of psychol. (1890); CHR. v. EHRENFELS: Über «Gestaltqualitäten». Vjschr. wiss. Philos. 14 (1890); H. CORNELIUS: Über Verschmelzung und Analyse. Vjschr. wiss. Philos. 16/17 (1892/93).

Literaturhinweise. E. RAUSCH: Über Summativität und Nichtsummativität. Psychol. Forsch. 21 (1937) 209-289. – W. METZGER: Psychol. (1941, ³1963). – E. G. BORING: Sensation and perception in the hist. of exp. psychol. (New York 1942). – W. EHRENSTEIN: Probleme der ganzheitspsychol. Wahrnehmungslehre (1942, ³1954). – N. BISCHOF: Psychophysik der Raumwahrnehmung. Hdb. Psychol. I/1 (1966) 307-408. W. METZGER

III. ‹Logischer Atomismus› (logical atomism) ist ein Terminus, mit dem RUSSELL um 1920 seine Philosophie bezeichnete [1]. Er erklärt, daß er bei der Ausbildung dieses Ansatzes von L. WITTGENSTEIN beeinflußt worden sei. Der Terminus kommt jedoch in der Frühphilosophie Wittgensteins nicht vor [2], obwohl die damit bezeichnete Lehre im ‹Tractatus› ausgebildet wird. Sie besagt im wesentlichen folgendes: Jeder sinnvolle Satz läßt sich mittels vollständiger logischer Analyse in eine Wahrheitsfunktion von weiter unanalysierbaren sogenannten «Elementarsätzen» umwandeln. Die Elementarsätze bestehen aus «Namen» dessen, was Wittgenstein als «Gegenstände» («Sachen», «Dinge») bezeichnet. Diese Gegenstände sind «einfach», denn eine Aussage über «Komplexe» läßt sich in eine Aussage über deren Bestandteile und in diejenigen Sätze zerlegen, welche die Komplexe vollständig beschreiben [3], und wird somit nicht durch einen Elementarsatz ausgedrückt. Wittgenstein gibt keine Beispiele für Elementarsätze oder Gegenstände; diese sind aber als die logischen Atome der Welt (und dabei – so scheint es – jeder denkbaren Welt) anzusehen. RUSSELLS Fassung der Lehre ist vager und vielleicht auch komplizierter.

Anmerkungen. [1] B. RUSSELL: The philos. of l.A. (1918); l.A. (1924), Neudruck in: Logic and knowledge (London 1956). – [2] Unsere Quellen für L. WITTGENSTEINS Frühphilos. sind: Tractatus logico-philosophicus (dtsch./engl. London 1922 u. ö.), jetzt auch in: Schriften (1960); Notebooks 1914-1916 (dtsch./engl. Oxford 1961), jetzt auch in: Schriften (1960). – [3] Vgl. Tractatus 2.0201.

Literaturhinweise. – *Zu Wittgensteins Frühphilosophie:* G. E. M. ANSCOMBE: An introd. to Wittgenstein's Tractatus (London 1959). – E. STENIUS: Wittgenstein's ‹Tractatus›. A critical exposition of its main lines of thought (Oxford 1960); dtsch. Wittgensteins Traktat (1969). – A. MASLOW: A study in Wittgenstein's ‹Tractatus› (Berkeley/Los Angeles 1961). – J. HARTNACK: Wittgenstein und die moderne Philos. (1962). – J. GRIFFIN: Wittgenstein's l.A. (Oxford 1964). – G. PITCHER: The philos. of Wittgenstein (Englewood Cliffs, N.J. 1964). – M. BLACK: A companion to Wittgenstein's ‹Tractatus› (Cambridge 1964). – W. STEGMÜLLER: L. Wittgenstein als Ontologe, Isomorphietheoretiker, Transzendentalphilosoph und Konstruktivist. Philos. Rdsch. 13 (1965) 116-152; Hauptströmungen der Gegenwartsphilos. (³1965) Kap. XI. – I. COPI and R. W. BEARD (Hg.): Essays on Wittgenstein's Tractatus (New York 1966). – A. MÜLLER: Ontologie in Wittgenstein's ‹Tractatus› (1967). – *Zum logischen Atomismus:* J. O. URMSON: Philos. analysis (Oxford 1956). – D. F. PEARS: l.A.: Russell and Wittgenstein, in: The revolution of philos. (London 1956). – S. SHOEMAKER: l.A. and language. Analysis (Oxford) 20 (1960). – R. BUBNER: Die Einheit in Wittgensteins Wandlungen. Philos. Rdsch. 15 (1968) bes. 161f. E. STENIUS

Atommodell. Das Wort ist verhältnismäßig neu und erst richtig gebräuchlich geworden, seit die Naturwissenschaften imstande waren, sich vom Bau der Atome ein genaueres Bild zu machen. Aber auch bereits vor dieser Zeit hatte man sich an Vorstellungen über das Atom herangewagt. DEMOKRIT wollte mit der Ansicht, daß Atome die verschiedensten Formen haben könnten, zugleich ihre qualitative Gleichheit kundtun. PLATO stellte sich die Atome als regelmäßige Körper vor (s. Art. ‹Atomtheorie›).

Im 17. und 18. Jh. dachte man sich die Atome manchmal mit Haken und Ösen versehen, um so ihre Bindungsneigung anschaulich zu machen. R. G. BOSCOVICH (1711–1787) sah die Atome als punktförmig an: Ihre Interaktion dachte er sich durch vom Abstand abhängige, abstoßende und anziehende Kräfte geregelt. In der kinetischen Gastheorie werden die Atome bzw. Moleküle als elastische Bälle vorgestellt.

Sehr bekannt wurde das in den Jahren 1911–1913 von RUTHERFORD und BOHR entwickelte Planetenmodell für die Struktur des Atoms. Das Atom wird hier aufgefaßt als bestehend aus einem positiv geladenen Kern, in dem der größte Teil der Masse konzentriert ist, und aus einer Anzahl von Elektronen, entsprechend der Ladung des Kernes. Nach einem bestimmten Modell bewegen sich diese Elektronen in Schalen um den Kern. Die Elektronenzahl in der äußersten Schale ist im wesentlichen für das chemische Verhalten des betreffenden Atoms bestimmend. Dieses Modell war einerseits der Triumph der klassischen Atomtheorie, andererseits traten auch deren Mängel klar hervor, weil die bekannten klassischen elektrodynamischen Bewegungsgesetze darin durchbrochen werden. Um dem Atom eine relative Stabilität zu verleihen, mußte nämlich NIELS BOHR postulieren, daß keine Energieänderung stattfinde, solange ein sich bewegendes Elektron in der gleichen Bahn bleibt. Nur beim Springen von der einen Bahn in die andere trete eine diskontinuierliche Energieänderung auf. Das stimmte insoweit mit der Quantentheorie überein, als diese die Diskontinuität nicht auf die Materieteilchen beschränkt, sondern sie auch auf die energetischen Prozesse ausdehnt (s. Art. ‹Elementarteilchen›). W. HEISENBERG schlug darum vor, den Gedanken an reale Bahnen oder Schalen fallen zu lassen und ausschließlich von unanschaulichen Energieniveaus zu sprechen. Das Modell hat hierdurch zwar nicht seine relative Brauchbarkeit eingebüßt, wohl aber seine Prätention, ein Abbild der Wirklichkeit an sich zu sein.

Literaturhinweise siehe Art. ‹Atomtheorie›.
A. G. M. VAN MELSEN

Atomtheorie. Unter A. kann jede Lehre verstanden werden, welche die Vielfalt und Veränderlichkeit der sichtbaren Erscheinungen auf verschiedene Gruppierungen und Umgruppierungen unsichtbarer, zumindest relativ unveränderlicher und unteilbarer Teilchen zu reduzieren versucht. Die Geschichte der A. zerfällt in zwei Perioden. Im ersten Abschnitt fungiert die Theorie hauptsächlich innerhalb eines philosophischen, im zweiten innerhalb eines naturwissenschaftlichen Kontextes. Der Übergang vollzog sich im 17. Jh.

1. *Die philosophische Phase.* – a) Die A. hat ihren Ursprung im griechischen Denken. Sie ist ein Versuch, den Gegensatz zwischen der Lehre des PARMENIDES und der Anschauung HERAKLITS zu überbrücken. Parmenides faßte die Wirklichkeit auf als einheitlich und unveränderlich; Heraklit betrachtete die Veränderlichkeit und Dynamik als das Kennzeichen der Wirklichkeit. Es ist beachtenswert, daß beide Momente, Unveränderlichkeit und Veränderlichkeit, noch heute die Grundlage der naturwissenschaftlichen Auffassung der Materie bilden. Dies bezeugt die naturwissenschaftliche Methode. Denn ohne Veränderlichkeit ist kein Experiment möglich, und ohne Unveränderlichkeit kann kein Gesetz aufgestellt werden, das die experimentellen Ergebnisse zusammenfaßt. So haben die griechischen Naturphilosophen das Fundament für eine rationale Sicht der Wirklichkeit gelegt, in deren Rahmen die Naturwissenschaft möglich werden sollte.

Die erste konsequent durchdachte A. ist mit dem Namen DEMOKRIT verbunden (geb. ca. 460 v. Chr.). Dieser behielt die Einheit und Unveränderlichkeit, wie Parmenides sie vertreten hatte, insofern bei, als er diese Eigenschaften nicht der sichtbaren Wirklichkeit, sondern deren unsichtbaren Bausteinen, den Atomen, zuerkannte. Diese seien der Anzahl nach unendlich, einander qualitativ absolut gleich, unveränderlich und unteilbar (s. Art. ‹Atomismus›).

Neben dem Atomismus Demokrits treffen wir ungefähr zur selben Zeit noch andere, weniger straff durchgearbeitete Formen von A. an. Meist tragen sie einen mehr qualitativen Charakter. So setzt zum Beispiel ANAXAGORAS eine unbeschränkte Anzahl qualitativ verschiedener Grundstoffe voraus. EMPEDOKLES hingegen geht nur von vier derartigen Stoffen aus: den ursprünglichen Elementen Feuer, Luft, Wasser und Erde. Durch Mischung und Trennung dieser Grundstoffe (die er sich vermutlich auch in Form kleinster Teilchen vorstellte) entstünden alle anderen Stoffe.

Eine eigene Version der A. wurde durch PLATO (427 bis 347 v. Chr.) entwickelt. Auch er setzt die Lehre von den vier Elementen voraus, spricht aber den Atomen eines jeden dieser Elemente eine eigene geometrische Figur zu: das Tetraeder dem Feuer, den Kubus der Erde, das Oktaeder der Luft und das Ikosaeder dem Wasser. Das Besondere dieser Auffassung ist, daß die Ordnung, die die Makro-Erscheinungen zeigen, bereits in einer geometrischen Ordnung der Atome gesucht wurde. *Diese* atomare Ordnung ist bei Demokrit noch nicht im Blick. Zwar suchte auch er die Ordnung der Makro-Erscheinungen quantitativ zu erklären, jedoch unter Ausschluß eines Ordnungselementes in den Atomen selbst und in ihren Bewegungen.

Namentlich durch dieses Fehlen einer ursprünglichen Ordnung hat Demokrit so geringen Widerhall im griechischen Denken gefunden. Es wurde nach anderen Lösungen gesucht. Auch die Materie-Form-Lehre des ARISTOTELES (384–322 v. Chr.) hatte das Ziel, die Veränderlichkeit einsichtig zu machen, wenn auch unter Berücksichtigung der Naturordnung. Stets erscheinen im fortwährenden Entstehen und Vergehen der Dinge wieder die gleichen Formen. Darüber hinaus gibt es noch vielerlei Möglichkeiten der Veränderung: neben quantitativen auch qualitative und sogar totale Artveränderungen der Dinge. Obgleich Aristoteles wohl des Empedokles Lehre von den vier Elementen übernimmt, stellt er bei seinen Darlegungen keinerlei Erwägungen an, die von der Existenz kleinster Teilchen ausgehen. Nur dort, wo sich die Frage des Unterschiedes zwischen physischer und mathematischer Teilbarkeit erhebt, spricht er aus, daß ein bestimmter Stoff nicht unendlich teilbar sei [1]. Die «kleinsten Teilchen» seien nicht mehr als eine potentielle Teilungsgrenze.

Bei seinen Anhängern in späteren Jh. sollte das anders werden. Auffallend ist nämlich, daß sich der Atomismus zwischen dem 5. Jh. v. Chr. und dem 16. Jh. n. Chr. nur wenig entwickelte, während dies für die Lehre des Aristoteles bezüglich kleinster Teilchen sehr wohl der Fall war. Beides ist im übrigen nicht schwer zu verstehen. Zwar war, wie sich später herausstellen sollte, der Atomismus eine theoretisch äußerst fruchtbare Konzeption, er war aber derart weit von der empirisch erfahrbaren Wirklichkeit entfernt, daß zunächst einmal von den Makro-Erscheinungen aus viel tiefer in diese Wirklichkeit eingedrungen werden mußte, bevor ein wirklicher Nutzen aus dieser Konzeption gezogen werden konnte. Ähnliches ist hinsichtlich der geometrischen Beschreibung der Atome bei Plato zu bemerken. Die Grundidee einer mathematischen Beschreibung der Atome ist zwar höchst modern [2], aber diese Charakterisierung mußte willkürlich bleiben, solange es noch keine experimentellen Techniken gab, um die faktischen Kennzeichen der Atome aufzuspüren.

In gewissem Sinne war der Aristotelismus mit seiner Betonung qualitativer Unterschiede der Empirie näher als der Platonismus und sogar als der Atomismus; erst nach einer langen Entwicklung sollte deren Fruchtbarkeit hervortreten. Diese Entwicklung vollzog sich zuerst innerhalb des aristotelischen Denkschemas und teilweise außerhalb dessen in der Astronomie und Mechanik, als sich diese gegen Ende des Mittelalters zu selbständigen Disziplinen zu entwickeln begannen.

b) Was die Entwicklung im Rahmen des *Aristotelismus* betrifft, so finden wir deren erste Anfänge bereits bei den griechischen Kommentatoren des Aristoteles, namentlich bei ALEXANDER VON APHRODISIAS (3. Jh. n. Chr.), THEMISTIOS (4. Jh. n. Chr.), SIMPLIKIOS und PHILOPONOS (6. Jh. n. Chr.). So verwendet Simplikios das Wort ἐλάχιστα (sehr kleine oder kleinste) als technischen Ausdruck für die kleinsten Teilchen eines bestimmten Stoffes, d. h. für die minimale Größe, unterhalb derer ein Stoff nicht mehr geteilt werden kann ohne seine Eigenart zu verlieren. Dabei werden die ἐλάχιστα schon beinahe als aktuale Bestandteile eines Stoffes und nicht nur als potentielle Teilungslimite aufgefaßt [3].

Ähnliches treffen wir bei den *arabischen* Kommentatoren des Aristoteles an. In der lateinischen Übersetzung des AVERROËS kommt der technische Ausdruck ‹minima naturalia› vor, d. h. «minima, wie sie durch die Natur eines Stoffes bestimmt sind». Diese Terminologie wurde von der *Scholastik* übernommen, so daß zu Recht von einer mittelalterlichen minima-naturalia-Lehre gesprochen werden darf. Obwohl der Ausdruck ‹minima naturalia› wie auch die damit verbundene Lehre in ihrer allgemeinen Form bei nahezu allen mittelalterlichen Kommentatoren, ungeachtet ihrer Richtung, auftritt, variiert die Ausarbeitung stark. Manche (wie z. B. THOMAS VON AQUIN) beschränken sich auf eine simple Wiedergabe der Auffassungen des Aristoteles selber; andere gehen weit darüber hinaus. Namentlich in den Kreisen der Averroisten sind im Anschluß übrigens an AVERROËS selbst interessante Ausformungen zu beobachten. Dieser scheint die minima als tatsächlich vorhandene Teile aufzufassen [4], so daß er schreiben konnte: «Das erste, was bei der generatio oder corruptio entsteht oder vergeht, ist das kleinste Teilchen des fraglichen Stoffes» [5].

Ein gutes Bild von der Weise, wie zu Beginn des 16. Jh. die minima-Lehre in der Averroës-Schule ausgearbeitet wurde, bietet AUGUSTINUS NIPHUS (1473–1538). Bei ihm sind die minima unzweifelhaft aktuale Bausteine: «Jegliche Vermehrung oder Verminderung besteht im Hinzufügen oder Wegnehmen einer bestimmten Anzahl von minima» [6]. Bemerkenswert ist es, daß er nicht nur eine quantitative, sondern auch eine qualitative Veränderung als einen diskontinuierlichen Prozeß betrachtet; auch Qualitätsveränderungen vollziehen sich über bestimmte «minima qualitatis» [7].

Naturgemäß gerät diese Auffassung der minima als aktuale Bausteine der verschiedenen chemischen Stoffe mit der aristotelischen Lehre, daß es nur *eine* forma einer Verbindung gebe, in Konflikt. Die Frage spitzt sich zu auf die bekannte aristotelische Definition der chemischen Verbindung als Einswerdung der veränderten reagierenden Stoffe. Mit dieser Definition ist jeder aktuale Bestand der minima ausgeschlossen. Deshalb versucht man zwar die Einheit der forma zu retten, aber in der Weise, daß die formae der «Teile» erhalten bleiben, denn aus diesen als subordinierten formae wird die *eine* forma der Verbindung aufgebaut. Diese Versuche zeigen, wie man bemüht ist, innerhalb des philosophischen Begriffsapparates einem typisch naturwissenschaftlichen Begriff wie dem der räumlichen Struktur, wenn auch zunächst verzerrt, Ausdruck zu verleihen. Ausgesprochene Strukturbetrachtungen sind bei JULIUS CAESAR SCALIGER (1484–1558) anzutreffen. Er wagt sich sogar an Spekulationen über die gegenseitigen Größenverhältnisse der minima der vier Elemente heran [8]. Einen besonderen Platz in der Geschichte der A. nimmt der Arzt und Chemiker DANIEL SENNERT (1572–1657) ein. Sein frühestes Werk (Epitome scientiae naturalis 1618) ist noch ganz im aristotelischen Geist geschrieben; sein späteres Werk verrät den Einfluß des unterdessen wieder aufgelebten Atomismus. Sein Werk erhält dadurch einen ausgesprochenen eklektischen Charakter; es geht ihm weniger um die Reinheit philosophischer Theorie als darum, aus den verschiedenen Strömungen die Gedanken zusammenzufassen, die zu einer für die Chemie verwendbaren Korpuskulartheorie führen könnten. So bejaht er qualitative Unterscheidungen zwischen den Atomen der verschiedenen Elemente und setzt neben den Atomen der Elemente Atome der chemischen Verbindungen voraus, und zwar aufgrund chemischer Erwägungen.

Wie wichtig solche Erwägungen unterdessen geworden waren, belegt auch die Tatsache, daß P. GASSENDI (1592–1655), als er seine Zeitgenossen mit einem klassischen Text des griechischen Atomismus (Demokrit und Epikur) bekannt macht, in seinen ‹Animadversiones› [9] versucht, nicht nur den Atomismus von einer materialistischen Interpretation zu befreien, sondern zugleich die Einwände gegen die qualitätslosen Atome zu beheben. Mit diesen qualitätslosen Atomen ließ sich wenig anfangen, was Gassendi auf den Gedanken brachte, sie könnten sich zu *moleculae* zusammenfügen, welche dann Qualitäten zeigen können. ROBERT BOYLE (1627–1691) geht ausdrücklich darauf ein. Er bejaht die Existenz der Atome Demokrits, arbeitet aber praktisch mit den *primae concretiones*, die nicht mehr so leicht in die Atome zerfallen, aus denen sie sich zusammensetzen (s. Art. ‹Elementarteilchen›). So kommt Boyle dazu, die primae concretiones als «elementa rerum» zu betrachten, aus denen sich dann wieder die corpuscula der Verbindungen aufbauen. Indessen bezweifelt Boyle ernstlich die Richtigkeit der traditionellen Lehre von den vier Elementen [10]; was die chemischen Elemente dann aber sind, weiß er nicht. Weitere Forschungen sollen es an den Tag bringen. Hiermit bereitet Boyle den Weg, der über Lavoisier und Dalton zu einer chemischen Atomtheorie führen sollte.

Es ist jedoch im 17. Jh. noch eine andere Gedankenlinie zu beobachten, die bei DESCARTES (1596–1650) beginnt. Obwohl Descartes die Lehre Demokrits radikal ablehnt (weil Materie für ihn identisch ist mit Ausdehnung, kann er die Existenz eines leeren Raumes nicht behaupten), hindert ihn dies nicht daran, eine eigene «A.» zu entwerfen. Die Teilchen sind dabei durch die Eigenschaft definiert, sich nur als Ganzes bewegen zu können. Auf komplizierte und etwas willkürliche Weise gelingt es ihm, diesen Teilchen Masse zuzuerkennen. Damit war die Verbindung der A. und der Mechanik hergestellt. Letztere konnte mit Hilfe der Stoßgesetze versuchen, die Bewegung der Teilchen mathematisch darzustellen. Auf diesem Weg sollte es mittels der kinetischen Gastheorie im 19. Jh. gelingen, das beobachtbare Verhalten von Gasen zu erklären.

2. *Die naturwissenschaftliche Phase.* – Die Entwicklung der A. wurde nach dem 17. Jh. weit weniger durch die mehr oder weniger fruchtbaren Spekulationen über die Atome selbst, als vielmehr durch die allgemeine Entwicklung der Naturwissenschaften, namentlich der Chemie, bestimmt. Von entscheidender Bedeutung ist hierfür das Werk von A. L. LAVOISIER (1743–1794) gewesen, dem es mit Hilfe einer naturwissenschaftlich brauchbaren Methode der Unterscheidung von Elementen und Verbindungen gelang, die im Laufe der Jahrhunderte erworbenen praktischen chemischen Kenntnisse zu ordnen. Elemente waren dabei chemische Substanzen, die mit den üblichen Methoden chemischer Analyse nicht weiter aufgespalten werden konnten. J. DALTON (1766–1844) verbindet Lavoisiers Lehre von den Elementen mit den Grundideen der A. [11]. Für jedes chemische Element setzt er spezifische Atome voraus, deren Eigenschaften mit den auf Makro-Ebene bestimmbaren Eigenschaften der Elemente zusammenhängen. Gleiches gilt für die durch Zusammenfügung der elementaren Atome entstandenen zusammengesetzten Teilchen der Verbindungen (die später Moleküle genannt werden). Mit dieser Auffassung nimmt Dalton einerseits die Behauptung des Atomismus auf, Verbindungen entstünden nur durch Zusammenfügung von dabei unveränderten Atomen, andersseits aber auch die minima-Lehre, in der von spezifisch kleinsten Teilchen für jede Stoffart die Rede ist. Fortan ist die Aufmerksamkeit aber definitiv gerichtet auf eine naturwissenschaftlich brauchbare A. ohne philosophische Absichten. So betrachtet es Dalton selbst als die Hauptaufgabe der A., die relativen Gewichte der kleinsten Teilchen sowohl der einfachen als der zusammengesetzten Stoffe zu bestimmen und festzustellen, aus wieviel Elementarteilchen ein zusammengesetztes Teilchen besteht.

Diesen Weg ist die Chemie im 19. Jh. mit Erfolg gegangen. Die Atomgewichte wurden im Verhältnis zum leichtesten Atom, zum Wasserstoffatom, bestimmt. Erfolgreiche Methoden wurden entwickelt, um die atomare Zusammensetzung der Moleküle der verschiedenen Verbindungen zu bestimmen. Anfänglich wurde angenommen, daß alle Atomgewichte ganzzahlige Vielfache des Wasserstoffatomgewichtes seien. Dies hätte bedeutet, daß alle Atome faktisch aus Wasserstoffatomen zusammengesetzt wären (PROUT 1815). Exaktere Bestimmungen schienen zunächst dieser Annahme zu widersprechen. Erst ein Jahrhundert später sollte sich ihre Richtigkeit herausstellen; die gefundenen Atomgewichte entpuppten sich faktisch als die Atomgewichte von Mischungen chemisch schwer zu unterscheidender Atome desselben Elementes, der ‹Isotope›, deren Atomgewichte sich als ganzzahlig herausstellten. Die Bezeichnung ‹Isotop› rührt daher, daß die Isotope eines bestimmten Elementes am selben Ort im periodischen System der Elemente einzuordnen sind. (Bei der Anordnung der Elemente in einer Reihe hatte sich nämlich ergeben, daß nach einer bestimmten Anzahl von Elementen wieder Elemente auftreten, die sich, obwohl verschieden und viel schwerer, doch in ihren Eigenschaften als nahe verwandt mit früheren erweisen. Beispiele für eine derartige Verwandtschaft sind die Halogene Fluor, Chlor, Brom, Jod). Das Rätselhafte am Auftreten der Isotope wurde zum großen Teil aufgeklärt, als man in den Bau der Atome selbst mehr Einsicht gewann (ca. 1912) (s. Art. ‹Atommodell›). Obwohl der Gedanke, daß alle Atome aus Wasserstoffatomen aufgebaut seien, durch die Entdeckung der Isotope eine starke Unterstützung erfuhr, widersprach ihm doch die Tatsache, daß man unterdessen im Elektron ein Teilchen kennengelernt hatte, das aus der Ordnung der Atome herausfiel. Dennoch hatte es kurze Zeit den Anschein, als wäre man zu den wirklichen Bausteinen der Materie vorgedrungen, nämlich dem Wasserstoffkern, dem Neutron (mit gleicher Masse wie beim Wasserstoffkern, aber ohne Ladung) und dem Elektron. Damit hätten dann die ursprünglichen griechischen Konzeptionen, in Kombination mit einer modernen Drei-Elementen-Lehre, definitiv triumphiert.

Jedoch sollte es so einfach nicht sein. Nicht nur ist in letzter Zeit eine große Anzahl neuer Elementarteilchen entdeckt worden; überdies läßt sich von keinem dieser Bausteine behaupten, daß sie permanenten Bestand haben (s. Art. ‹Elementarteilchen›). Und schließlich – und das ist wohl das Wichtigste – scheint das Teilchenmodell selbst eben nur ein *Modell* zu sein, d. h. eine bestimmte Art der Darstellung ohne Garantie, daß die Wirklichkeit genauso sein müsse, wie das Modell es zeigt (s. Art. ‹Atommodell›).

Anmerkungen. [1] Phys. I, 4, 187 b 18-34. – [2] W. HEISENBERG: Elementarteile der Materie. Vom Atom zum Weltsystem (1954) 56. – [3] Comm. in Arist. graeca (1882-1907) 9, 170, 9. – [4] Phys. I, comm. 36. – [5] Phys. IV, comm. 32. – [6] Expositio super octo Aristotelis Stageritae libros de physico auditu (Venetiis 1569) 576 b. – [7] a. a. O. 476 b. – [8] J. C. SCALIGERI Exotericarum exercitationum liber XV de subtilitate ad Hieronymum Cardanum (1607) 70. 80. 96. – [9] Animadversiones in decimum lib. Diogenis Laërtii (1649). – [10] The sceptical chemist (1661). – [11] A new system of chemical philos. (1808).

Literaturhinweise. K. LASSWITZ: Gesch. der Atomistik vom Mittelalter bis Newton (²1926). – R. HOOYKAAS: Het begrip Element (Utrecht 1933). – LEONARD K. NASH: The atomic-molecular theory (Cambridge, Mass. 1950). – E. WHITTAKER: Hist. of the theories of aether and electricity (New York 1951). – E. J. DIJKSTERHUIS: Die Mechanisierung des Weltbildes (1956). – A. G. M. VAN MELSEN: Atom – gestern und heute (1957). – LANCELOT LAW WHYTE: Essay on atomism (London/New York 1961).
A. G. M. VAN MELSEN

Attribut. Aus der lateinischen Verwaltungs- und Geschäftssprache stammend, wird ‹A.› (attributum) bei CICERO Terminus technicus in rhetorischem Kontext und bedeutet das der Natur einer Sache in irgendeiner Weise Zukommende [1]. Dieser rhetorische Gebrauch des Wortes bleibt in der Antike vorherrschend [2]. An ihn schließt sich die grammatisch-sprachliche Bedeutung des Wortes an, in der ‹A.› die Bestimmung eines Substantivs durch ein Adjektiv, Pronomen, Partizip, Numerale usw. meint. Gemäß diesem sich bis in die Neuzeit durchhaltenden Gebrauch ist ‹A.› gleichbedeutend mit Prädikat, was z. B. GOCLENIUS festhält [3]. Sofern der grammatisch-sprachliche Gebrauch mit der Aussage auch das Ausgesagte bestimmt, muß freilich gelten, was MICRAELIUS als Erklärung von ‹A.› gibt: «attributum sumitur iam pro alicuius affectione, iam pro praedicato propositionis» [4]. Da aber durch Prädikate nicht nur Bestimmungen der bezeichneten Sache ausgesagt werden, sondern, was bei den Prädikabilien (s. d.) der Fall ist, auch die Art ihrer Prädikation als Gattungs- oder Artbegriff, als spezifische Differenz usw. ausgesagt werden kann, werden die Prädikabilien gelegentlich terminologisch als «dialektische A.» gefaßt [5]. Die A. als Prädikate oder als Bestimmungen der Dinge gefaßt, können «wesentliche oder akzidentelle (zufällige)» sein [6], wobei nach MICRAELIUS A. «in der Metaphysik nichts anderes sind als die wesentlichen Bestimmungen der Sache» [7]. Von hier aus liegt es nahe, auch die Bestimmungen des Seienden als solchen, die Transzendentalien (s. d.) oder «affectiones entis» «attributa entis» zu nennen [8]. Ähnlich nennt die ‹Logique de Port-Royal› die Grundbegriffe der Lullischen Kunst, wie ‹Gutheit›, ‹Macht›, ‹Größe› usw., «attributs des Lullistes» [9].

Gegenüber solcher vielfältiger Bedeutung des Wortes ‹A.› wird dieser Ausdruck in der *Scholastik* des Mittelalters gemeinhin nur im Kontext der Gotteslehre gebraucht. In Frage stand, exemplarisch etwa bei THOMAS VON AQUIN durchgeführt [10], das Verhältnis der A. (oder Vollkommenheiten) Gottes, wie Weisheit, Gerechtigkeit, Güte usw., untereinander und zum Wesen Gottes. Die fast einhellige Lehre der Scholastik faßt SUÁREZ zusammen: «attributa divina, quatenus aliquid reale et positivum dicunt in Deo, neque inter se distingui actualiter in reipsa, neque a Dei essentia» (Die A. Gottes, obwohl sie etwas Reales und Positives in Gott bezeichnen, unterscheiden sich in Wirklichkeit weder untereinander noch vom Wesen Gottes) [11]. Eine Sonderlehre vertritt nur DUNS SCOTUS, nach dem die göttlichen A. trotz ihrer Realidentität mit dem Wesen Gottes formal und aus der Natur der Sache heraus distinkt sind [12].

Erst DESCARTES führt den Ausdruck ‹A.› allgemein in die Metaphysik, genauer in die Lehre von der Substanz, ein. Natürlich kennt auch er das Lehrstück von den A. Gottes, und er findet die Einmütigkeit der Metaphysiker darin bemerkenswert [13]. Hier kann er in seiner eigenen Substanzlehre anknüpfen, nachdem er den aristotelisch-scholastischen Hylemorphismus ablehnen mußte. Denn wenn z. B. die Substanz eines Steines nicht durch Urmaterie und eine Steinform konstituiert ist – eine solche substantiale Form ist wissenschaftlich nicht aufweisbar, und ein Stein ist ja auch gar nicht im Wesen von Staub, Kristall, Metall usw. verschieden–, dann kann diese Substanz nur durch ihr unveränderliches, ihr wesentlich zukommendes A. der Ausdehnung erkannt und bestimmt werden: «substantia ... agnoscimus ex quolibet eius attributo, per communem illam notionem, quod nihili nulla sint attributa» [14]. Wie die Ausdehnung (extensio) das «hauptsächlichste A.» der materiellen Substanz ist, so das Bewußtsein (cogitatio) das der geistigen Substanz [15]. Diese von ihren Substanzen nur begrifflich verschiedenen [16] A. «konstituieren das Wesen der Substanzen» [17]. Im weiteren Sinn können aber auch die veränderlichen Modi und Qualitäten der ausgedehnten oder bewußten Substanz, die Descartes auch als von der Substanz modal verschiedene Akzidentien bezeichnet, z. B. Figur oder Bewegung, Urteil oder Wunsch, ‹A.› genannt werden: «Quicquid alicui rei a natura tributum esse cognoscimus, sive sit modus, qui potest mutari, sive ipsamet istius rei plane immutabilis essentia, id vocamus eius attributum» [18].

Eine fundamentale Bedeutung hat der Begriff des A. bei SPINOZA. Er versteht darunter das, was das Denken als die Wesenheit der Substanz konstituierend auffaßt: «Per attributum intelligo id quod intellectus de substantia percipit tamquam eiusdem essentiae constituens» [19]. Die Substanz, d. h. Gott oder Natur, besteht in unendlichen A.: «Deus sive substantia constans infinitis attributis quorum unumquodque aeternam et infinitam essentiam exprimit, necessario existit» [20]; denn je mehr Realität ein Wesen hat, desto mehr A. kommen ihm zu [21]. Wir aber erfassen von Gott nur zwei A., «cogitatio» (Denken, Bewußtsein) und «extensio» (Ausdehnung) [22]. Jedes dieser A. muß durch sich allein gedacht werden («per se concipi debet») [23], gleichwohl aber ist die Substanz nur ein Wesen mit mehreren Seinsweisen: «Quamvis duo attributa realiter distincta concipiantur, hoc est, unum sine ope alterius, non possumus tamen inde concludere, ipsa duo entia sive duas diversas substantias constituere» [24]. Die göttlichen A. sind so ewig wie Gott selbst: «Deus sive omnia Dei attributa sunt aeterna» [25], und alles, was aus dem A. folgt, existiert notwendig ewig und unendlich [26].

LEIBNIZ billigt nicht «die Lehre von den A., der man heutzutage anhängt ...; denn wie soll ein einfaches, absolutes Prädikat die Substanz konstituieren?» [27]. Ein absolutes A. ist für ihn undenkbar; jede Substanz muß wegen der Kommunikation aller Substanzen mehrere A. haben [28]. Die voneinander verschiedenen A. zeigen die Individualität der Substanzen an.

CHR. WOLFF wirft Spinoza die Verwechslung von A. und determinatio essentialis vor [29]; denn man muß nach ihm zwischen den nicht durch anderes bestimmten essentialia eines Seienden, die sein Wesen ausmachen, und den durch die essentialia bestimmten, dem Seienden beständig zukommenden A. unterscheiden: «quae vero constanter insunt et per alia, quae simul insunt, determinantur, attributa sunt» [30]. Es kennzeichnet den gelehrten Schulphilosophen, daß er in seine Lehre von A. und Modus die traditionelle Unterscheidung von Substanz und Akzidens einbezieht: «attributa et modi sunt accidentia» [31]. CRUSIUS definiert im gleichen Sinn: «Dasjenige, was aus dem Grundwesen einer Sache mit einer Beständigkeit hinfließt und sofern derselben allezeit zukommt, heißt ein A.» [32]. Auch BAUMGARTEN unterscheidet in traditioneller Weise, indem er zugleich auch die Lehre von Substanz und Akzidens aufnimmt [33], essentialia, attributa und modi [34], und betont, daß essentialia und attributa zur Konstitution der essentia absolut notwendig sind [35]. Gemeinsam ist der Schulphilosophie, daß A. als Korrelatbegriff zu essentia und nicht zu substantia gebraucht wird.

KANT kennt logische und ästhetische A. [36]. Die logischen sind die «Folgen der konstitutiven Merkmale eines Begriffes». Mit Ausnahme HEGELS, der in seiner «Aufhebung» der bisherigen Philosophie den Begriff des absoluten A., d. h. des Absoluten in einer Formbestimmung, denkt [37], und der spekulativen Theologie von BAADER [38] wird der Gebrauch des Ausdrucks ‹A.› in der Folgezeit auf den Kontext der Logik beschränkt.

Anmerkungen. [1] CICERO, De inv. I, 34; zur Herkunft des Begriffes: PAULY/WISSOWA: Realencyclop. class. Altertumswiss. N.B. Suppl. 7 (1940). – [2] Thesaurus ling. lat. 2, 1166. – [3] R. GOCLENIUS: Lexicon philos. (²1662, Nachdruck 1964) s. v. ‹attributum›. – [4] J. MICRAELIUS: Lexicon philos. (Nachdruck 1966) s. v. ‹attributum›. – [5] Vgl. LALANDE⁸ s. v. ‹attribut›, Anm. – [6] ST. CHAUVIN: Lex. philos. (Leovardiae 1713) s. v. ‹attributum›. – [7] MICRAELIUS, a. a. O. [4] ebda. – [8] a. a. O. s. v. ‹attributa entis› und ‹affectiones entis›; vgl. ferner M. WUNDT: Die dtsch. Schulmet. des 17.Jh. (1939) 190ff. – [9] Logique de Port-Royal I, 3, hg. P. CLAIR/F. GIRBAL (Paris 1965) 52. – [10] THOMAS VON AQUIN, I Sent. 2, 1, 2 u. 3. – [11] SUÁREZ, Disp. Met. Sect. VI, 2; vgl. z. B. ALBERTUS MAGNUS, S. theol. II, 39, 1; WILHELM VON OCKHAM, I Sent. 2, 2. – [12] DUNS SCOTUS, Op. oxon. I, d. 8, q. 4, a. 2f; vgl. E. GILSON: Jean Duns Scot (Paris 1952) 243-254. – [13] DESCARTES, II. Resp. Werke, hg. ADAM/TANNERY (= A/T) 7, 138. – [14] Princ. phil. I, 52; vgl. II. Resp., def. V. A/T 7, 161, 14ff.; IV. Resp. A/T 7, 222, 2-9. – [15] Princ. Phil. I, 53. – [16] a. a. O. 62. – [17] An Arnauld 4. 6. 1648. A/T 5, 193; vgl. an Arnauld 29. 7. 1648. – [18] Notae in programma. A/T 8 (2) 348f. – [19] SPINOZA, Eth. I, prop. 4. – [20] a. a. O. I, prop. 11. – [21] I, prop. 9. – [22] II, prop. 1 u. 2. – [23] I, prop. 10, dem. – [24] I, prop. 10. – [25] I, prop. 14. – [26] I, prop. 21. – [27] LEIBNIZ an de Volder. Philos. Schriften, hg. GERHARDT 2, 249. – [28] a. a. O. 239. – [29] CHR. WOLFF, Theol. nat. § 679. – [30] Ontologia § 152; vgl. §§ 143-151. – [31] a. a. O. § 779. – [32] CRUSIUS, Entwurf der notwendigen Vernunftwahrheiten § 40. – [33] BAUMGARTEN, Met. § 191ff. – [34] a. a. O. §§ 39ff. 50ff. – [35] § 277. – [36] KANT, KU § 49. – [37] HEGEL, Logik I. Werke, hg. GLOCKNER 4, 668f; vgl. die ausdr. Bemerkungen zu Spinoza a. a. O. 4, 672ff.; 19, 380. – [38] F. VON BAADER, Werke (1860) 8, 239f.

H. K. KOHLENBERGER/L. OEING-HANHOFF

Attribute (Eigenschaften) Gottes im weiteren Sinne wird in der Geschichte der Philosophie und der Theologie alles genannt, was von Gott ausgesagt wird, auch die metaphysische Wesenheit, die Existenz und die trinitarischen Proprietäten, im engeren Sinne die Vollkommenheiten, welche von der logisch früheren Wesenheit abgeleitet werden und ihre näheren Bestimmungen bilden.

Schon die *biblischen* Schriftsteller betonen, daß Gott als Fülle jeder Vollkommenheit für menschliche Aussagen an sich unerreichbar ist (Eccl. 43, 29), auch nach geschehener Offenbarung für uns in seinem Wesen nicht einsichtig wird (1. Cor. 13, 12). Dennoch verwenden sie in ihren Gottesaussagen sogar sinnenhafte Bilder; sie zeigen aber schon durch die Aneinanderreihung der verschiedensten Prädikate, daß diese A. von Gott nur metaphorisch ausgesagt sind; die mit ihnen an sich untrennbar verbundenen Unvollkommenheiten sind anderswo ausdrücklich negiert. Zugleich kennt die Bibel aber auch schon eine Begriffsprache, welche die in diesen Bildern enthaltenen Vollkommenheiten deutlich hervorhebt; Gott wird mit «Namen» bezeichnet, die ihm als solche formell zukommen, allerdings nicht auf die begrenzte Weise des Geschöpflichen (z. B. dominator, artifex: Sap. 13, 1; sempiterna virtus: Rom. 1, 20).

Die *Patristik* gibt die bildhaft-anthropomorphe Redeweise nicht auf, sondern rechtfertigt sie (Ps.-DIONYSIUS, JOH. DAMASCENUS [1]) und erklärt, wieweit bloße Verhaltensähnlichkeit («reinigendes Feuer», «befruchtendes Wasser») und wieweit Seinsanalogie vorliegt. Das Miteinander von Prädikaten, die in univokem Sinne verstanden unvereinbar wären, schließt Fehldeutungen aus (z. B.: fons vivus, ignis, caritas). Zugleich werden in einer ‹gereinigten› begrifflichen Sprache die eigentlichen A. (ἀξίαι, ἀρεταί) vom kreaturbezogenen freien Tun Gottes abgegrenzt und systematischer behandelt (so bei Ps.-

DIONYSIUS in ‹De divinis nominibus›), vom Wesen selbst aber gewöhnlich noch nicht scharf geschieden, sondern als Egientümlichkeiten betrachtet, die aus ihm folgen und mit ihm verbunden sind. Schon NOVATIAN spricht aber bei Gott «de iis, quae sunt ipsius et in eo sunt» [2]. Allgemein gilt, daß die verschiedenen A. nicht als Synonyma und nicht als bloße verbale Denominationen gelten [3]; sie bezeichnen aber alle das ipsum esse, sind voneinander nicht real verschieden, und ihre Identität leitet sich von der Einfachheit Gottes ab (AUGUSTIN) [4]. Die Einteilung der A. in absolute und relative wird zuerst durch TERTULLIAN insinuiert, dann durch die *Kappadozier*, EPHREM und AUGUSTIN präzisiert; diejenige in positive und negative gewinnt in der Polemik gegen Eunomius Gestalt; GREGOR VON NAZIANZ und GREGOR VON NYSSA unterscheiden Wesensnamen und Tätigkeitsnamen [5], was etwa der späteren Einteilung in Seinsattribute (z. B. Unendlichkeit, Einfachheit, Wahrheit, Unveränderlichkeit, Ewigkeit) und Tätigkeitsattribute (z. B. Allwissenheit, Allmacht) entspricht. Wenn Gott so als «vielnamig» (πολυώνυμος) [6] dargestellt wird, so betont die Patristik doch nicht weniger, daß die Gottheit unerforschlich [7], «überwesentlich» [8], «namenlos» [9], «unsagbar» (ὑπερώνυμος) [10] ist und deshalb die apophatische Theologie der mystischen Kontemplation die kataphatische Theologie der Bilder und Namen überragt (Ps.-DIONYSIUS).

Mit der näheren Bestimmung des Wesens Gottes als Aseität (s. d.) wird die Natur der A. deutlicher. Ein extremer Realismus, der die begrifflich verschiedenen A. in Gott selbst für real verschieden hält (ALGAZEL, GILBERT VON POITIERS, Palamiten) und so die Einfachheit Gottes nicht genügend berücksichtigt, wird ebenso zu rückgedrängt wie Eunomianismus und Nominalismus [11], welche die begrifflichen Unterschiede nur in der Verschiedenheit der Geschöpfe bedingt sehen [12]. Um das Verhältnis des göttlichen Wesens zu den A. zu kennzeichnen, wählt die *mittelalterliche* Scholastik schließlich THOMAS VON AQUINS distinctio virtualis [13] (distinctio rationis ratiocinatae cum fundamento in re), die auf die διάφορα κατ' ἐπίνοιαν des BASILIUS und GREGORS VON NYSSA zurückgehen [14]: Die A. schließen sich gegenseitig ein, sind aber nicht Synonyma, sondern können erst durch die vielen in polarer Spannung zueinander stehenden Begriffe die eine unendliche Vollkommenheit Gottes ahnen lassen [15].

WASIL BEN ATÂ, Begründer der Schule der Mutaziliten, lehnt eine Vielheit von A. ab. RAMON LULL [16] findet die 100 Namen Gottes auch im Koran. Nach SPINOZA besteht Gott oder die Substanz aus unendlich vielen A., von denen wir aber nur zwei erfassen, cogitatio (Denken, Bewußtsein) und extensio (Ausdehnung). Die Summenkommentare der *Barock*scholastik fassen die verschiedenen Auffassungen über das gegenseitige Bedingtsein der A., ihr Verhältnis zum Wesen und ihre Einteilung am vollständigsten zusammen.

Anmerkungen. [1] Ps.-DIONYS, Theol. symbolica (verloren); JOH. DAMASCENUS, De fide orthod. I, 11. MPG 94, 844. – [2] NOVATIAN, De trin. c. 3. MPL 3, 891. – [3] Dict. Théol. cath. (= DThC) 4, 1134-1148. – [4] AUGUSTIN, De trin. VII, 5, 10; XV, 13, 22. MPL 42, 942. 1076. – [5] DThC 4, 1142f. – [6] CYR. HIER., Cat. 6, 7. MPG 33, 549 a. – [7] Ps.-DIONYS., De div. nom. I, 2. – [8] a. a. O. I, 1. MPG 3, 588 a. – [9] JUSTIN, 2. Apol. 6. MPG 6, 453 a; GREG. NAC., Oratio 30, 17. MPG 36, 125 b. – [10] ORIGENES, Contra Celsum 7, 43. MPG 11, 1484 a; HILARIUS, De trin. 2, 6. MPL 10, 55; HIER., In Jerem. 6, 37 MPL 24, 927 d; GREG. NYSS., Contra Eunom. 3. MPG 45, 793 c. – [11] z. B. PETER VON AILLY, Quaestiones super libros Sent. I, q. 6, a. 2. – [12] Vgl. Synode von Reims 1148 bei DENZINGER/SCHÖNMETZER 745; DThC 4, 1158-1176. – [13] THOMAS, In I Sent. d. 2, q. 1, a. 3; S. theol. I, 13, 4. – [14] GREGOR NYSS., MPG 45, 259. – [15] AUGUSTIN, Conf. VI, 3, n. 4. – [16] R. LLULL: Els cent noms de Deu (geschr. wohl 1289 in Rom, hg. catal. Palma 1936).

Literaturhinweise. THOMAS VON AQUIN: S. theol. I q. 3-14. 18-26. – L. LESSIUS: De perfectionibus moribusque divinis (Antwerpen 1620). – D. KAUFMANN: Gesch. der A.-Lehre in der jüdischen Religionsphilos. des MA (1877). – R. GARRIGOU-LAGRANGE OP: Le divine perfezioni secondo la dottrina di S. Tommaso (Roma 1923). – M. T. L. PENIDO: Le rôle de l'analogie en théol. dogmatique (Paris 1931) 257-345; Les A. de Dieu d'après Maimonide. Rev. néoscolast. Philos. Louv. 26 (1924) 137-163. – A. MICHEL, DThC 11, 784-793. – C. TOUSSAINT, DThC 1, 2223-2235. – A. VACCARI: Iahvé e i nomi divini nelle relig. semitiche. Biblica 17 (1936) 110. – E. SCHLENKER: Die Lehre von den göttl. Namen in der Summe Alexanders von Hales, in: Freib. theol. Stud. 46 (1938). – H. HEMPEL: Die Grenzen des Anthropomorphismus Jahvehs im AT. Z. alttestamentl. Wiss. 57 (1939) 75-85. – O. PRETZEL: Die frühislamische A.-Lehre (1940). – E. GILSON: Simplicité divine et A. divins selon Duns Scot. Arch. Hist. doctrinale MA 17 (1949) 9-43. – T. W. CONOLLY CM: The A. of God in the sentences of St. Thomas. Philos. Stud. 4 (1954) 18-50. – R. BRADLEY CHM: Naming God in St. Augustine's Confessions. Thomist 17 (1954) 186-196. – CH. DE MORÉ-PONTGIBAUD: Sur l'analogie des noms divins. Rev. Sci. relig. 19 (1929) 481-512; 20 (1930) 193-223; 38 (1952) 161-188; 42 (1954) 321-360. – J. RAUWENS: Le problème divin, des A. de Dieu et leur valeur normative pour l'action. Rev. néoscolast. Philos. Louv. 53 (1955) 165-196. – CH. DE MORÉ-PONTGIBAUD: Du fini à l'infini (Paris 1956). – P. SCAZZOSO: I nomi di dio nella Divina comedia e il «De divinis nominibus» dello Ps.-Dionigi. Scuola catt. 86 (1958) 198-213. – F. RUELLO: La «Divinorum Nominum reseratio» selon Robert Grosseteste et Albert le Grand, Arch. Hist. doctrinale MA 26 (1959) 99-197. – A. DONDAINE: L'athéisme contemporain et le problème des A. de Dieu. Ephemerides Theol. Lov. 36 (1960) 462-480. – B. MONDIN SJ: Il principio «omne agens agit simile sibi» e l'analogia dei nomi divini nel pensiero di S. Tommaso d'Aquino. Div. Thomas (F) 63 (1960) 336-348. – CH. JOURNET: Les noms du Dieu ineffable. Nova et Vetera 35 (1960) 291-309; La portée des noms divins, a. a. O. 35 (1960) 150-154. – C. FABRO: Teol. dei nomi divini nel Lombardo e in Tommaso. Pier Lombardo 4 (1960) 77-93. – RICH. TABARELLI: De Deo uno. De attributis Dei relativis, hg. C. FABRO (Rom 1962). – F. RUELLO: Les «noms divins» et leurs «raisons» selon s. Albert le Grand, commentateur de «De divinis nominibus», in: Bibl. thomiste 35 (Paris 1963). – B. M. LEMAIGRE OP: Perfection de Dieu et multiplicité des A. divins. Rech. Sci. philos. théol. 50 (1966) 198-227.
J. STÖHR

Auferstehung ist ein religiöser und theologischer, kein philosophischer Begriff. Die im orientalischen Bereich beheimateten, sterbenden und auferstehenden Gottheiten, Osiris, Tamuz, Adonis, Attis, sind Vegetationsgottheiten, die das Sterben und Erwachen der Natur darstellen. Das heilsgeschichtliche Denken des Alten Testaments kann Jahwes Handeln an Israel als Auferweckung bezeichnen (Ezech. 37), aber erst in der jüdischen Apokalyptik wird unter parsischem Einfluß die Lehre von der Toten-A. ausgebildet. Im Neuen Testament bekommt A. zentrale Bedeutung als Auferweckung Jesu Christi und der Toten, die eng aufeinander bezogen sind (z. B. 1. Kor. 15) [1]. Das Wissen um die Anstößigkeit des A.-Glaubens für die Vernunft geht durch die ganze Theologiegeschichte [2]. Andererseits hat man immer wieder versucht, die A. der Vernunft nahezubringen [3]. THOMAS folgert aus der Unsterblichkeit der Seelen und aus der aristotelischen Leib-Seele-Einheit die künftige A. der Körper [4]. In der Philosophie war seit PLATO die Unsterblichkeitsanschauung beliebter. KANT, der sie als Postulat der praktischen Vernunft vertrat, schob die A. beiseite [5]. FICHTE hielt sie nur in seiner Frühzeit fest [6]. SCHLEIERMACHER rechnet A., Himmelfahrt und Wiederkunft Christi nicht zu den eigentlichen Bestandteilen der Christologie und zeigt mehr die Aporien als den Sinn der allgemeinen A. auf [7]. HEGEL vermag Tod und A. Christi spekulativ als Rückkehr der absoluten Idee aus ihrer Selbstentfremdung zu interpretieren [8].

Am positivsten würdigt der spätere SCHELLING in seiner ‹Philosophie der Offenbarung› die A. als «Essentification» des Wesens des Menschen, in der auch das Physische bewahrt ist [9]. Doch liegt Schelling weniger an der A. als an der Einheit von Geist und Natur, die auch den Tod überdauert. Ähnliche Gedanken finden sich auch bei J. H. FICHTE, CHR. H. WEISSE, G. TH. FECHNER und den romantischen Naturphilosophen. FEUERBACH verwarf A. und Unsterblichkeit [10]. D. F. STRAUSS kehrte die Argumentation Schellings und damit auch des Thomas um: Die erkannte Notwendigkeit eines Leibes für den Bestand der Seele gefährde auch deren Fortdauer nach dem Tode [11]. Die heutige Theologie glaubt meist, daß in der A. besser als in der philosophisch ebenfalls fragwürdig gewordenen Unsterblichkeitslehre der Ernst des Todes und die universale Hoffnung gewahrt, ein falscher Leib-Seele-Dualismus vermieden und das souveräne, neuschöpferische Handeln Gottes herausgestellt werde [12]. Problematisch ist es jedoch, wenn sie von daher die Unsterblichkeitslehre besonders scharf kritisiert [13]. In der Auferweckung Christi kommt Gottes Ja zu Jesus als «dem» Offenbarer und Erlöser zum Ausdruck. Philosophisch wäre sie der unableitbaren Kontingenz geschichtlichen Geschehens zu-, aber nicht einzuordnen.

Anmerkungen. [1] RGG³ 1, 688–702. – [2] Apg. 17, 32; 26, 8. 23f.; 1. Kor. 15, 12–19; 2. Tim. 2, 18; Marc. 12, 18–27; ORIGENES, Contra Celsum V, 14; II, 55; AUGUSTIN, Enarrat. in Ps. 88, 5. MPL 37, 1134; De trin. IV, c. 17, 23. MPL 42, 903; LUTHER, Weimarer A., hg. H. KNAAKE 36, 492ff.; CALVIN, Inst. III, 25, 3. Opera sel., hg. BARTH/NIESEL 4, 434, 33ff.; P. ALTHAUS: Die letzten Dinge (⁵1949) 139f.; M. SCHMAUS: Katholische Dogmatik IV/2 (³·⁴1953) 72. – [3] z. B. MINUCIUS FELIX, Octavius c. 34. – [4] THOMAS VON AQUINO: S. contra gent. IV, c. 79; vgl. auch S. theol. III, Suppl. 9, 75, 1. 3. Dtsch. Thomas-A. 35, 552–562. – [5] KANT, Die Relig. innerhalb ... Akad.-A. 6 (1914) 128 Anm. – [6] J. G. FICHTE, Akad.-A. 2/1, 85ff.; anders bereits 1/1, 94ff.; Nachgel. Schriften, hg. H. JAKOB 2, 334f.; später hg. Sämtl. Werke, hg. I. H. FICHTE 2, 125; 4, 531ff.; 5, 518ff. – [7] F. SCHLEIERMACHER: Der christliche Glaube nach den Grundsätzen der evangelischen Kirche im Zusammenhange dargestellt (²1831) § 99. § 161; vgl. E. HIRSCH: Gesch. der evangelischen Theol. 5 (1954) 327–329. – [8] Jubiläums-A. 16, 300f.; 3, 226; 13, 143. – [9] Philos. der Offenbarung, 32. Vorlesung, vorbereitet in: Werke, hg. SCHRÖTER 4, 367ff. und Erg.Bd. 4, 103ff., bes. 145ff. 156f. – [10] Werke, hg. BOLIN-JODL 1 (1903) 52. 58f. – [11] Glaubenslehre (1841) 2, 662. – [12] RGG³ 2, 680–689 (Lit.). – [13] RGG³ 6, 1174–1178.   H. GRASS

Aufforderungscharakter. Man bezeichnet damit in der Psychologie des Verhaltens Eigenschaften oder Eigenschaftskomplexe von Gegebenheiten der erlebten Umwelt, die sich wesentlich von den Bedürfnissen einer Person her konstituieren und die die Richtung ihres Handelns im Sinne einer Zuwendung oder Abwendung bestimmen können. Positive A. wären etwa Eigenschaften wie verlockend, attraktiv, appetitlich, verführerisch; zu den negativen sind abstoßend, bedrohlich, ekelerregend u. ä. zu rechnen. Der Begriff ‹A.› wird zuerst von K. LEWIN im Rahmen seiner Feldtheorie des Verhaltens verwendet [1]. W. STERN stellt dem A. den «Materialcharakter» gegenüber. In der Person-Welt-Beziehung bezeichnet A. den Aspekt der «Re-Aktionen» des Individuums auf seine Umwelt, der Materialcharakter den Aspekt der «Spontan-Aktionen» [2]. ‹A.› hat sich allgemein in der Psychologie eingebürgert, wird aber oft durch den international gebräuchlichen, sprachlich aber weniger treffenden Begriff ‹Valenz› ersetzt.

Anmerkungen. [1] K. LEWIN: Untersuchungen zur Handlungs- und Affekt-Psychol. I. Vorbemerkungen über die psychischen Kräfte und Energien und die Struktur der Seele (294–329). II. Vorsatz, Wille und Bedürfnis. Psychol. Forsch. 7 (1926) 330–385; Die psychol. Situation bei Lohn und Strafe (1931). – [2] W. STERN: Allg. Psychol. auf personalistischer Grundlage (1935) 125. 531.   KURT MÜLLER

Aufgabe, aufgegeben ist philosophisch nicht gemeint als «Ablieferung» oder «Verzicht», «Preisgabe», «Einstellung vergeblicher Bemühung», auch nicht im psychologischen Sinne der Steuerung des Denkverlaufs und der «Stimulus»-Forschung – vielmehr als (theoretisch) zu Erledigendes, nämlich als mittels (wissenschaftlicher) Denkarbeit zu Klärendes. Im 16. Jh. noch Ausdruck fast nur der (Rechen-)Unterrichtssprache und mathematischer Werke, wurde ‹A.› – oft auch als Wiedergabe von ‹thema›, ‹pensum› und ‹propositio› –, trotz gelegentlicher Verdeutschung von griechisch/lateinisch ‹problema› schon vor CHR. WOLFF, doch erst nach 1716 durch dessen deutsche Schriften in verallgemeinertem Sinne geläufig [1]. So gebraucht auch I. KANT ‹A.› und ‹a.›, meist im Gegensatz zu ‹Gegebenes›, insbesondere um die «Noumena», die «Gegenstände des reinen Denkens», zu erläutern. Der als «Grenzbegriff» [2] bezeichnete «Begriff des Noumenon ist nicht der Begriff von einem Objekt, sondern die ... *A.*, ob» – nämlich im Hinblick auf Erkennen als ‹Anschauen + Denken› – «es nicht von jener [der sinnlichen] Anschauung ganz entbundene Gegenstände geben möge» (Dinge an sich) [3]. Ähnlich ist Kants Erläuterung der «*Ideen*», «der reinen Vernunftbegriffe vom Unbedingten» (Seele, Welt, Gott): «Durch die Natur unserer Vernunft *aufgegeben*» [4], d. h. ohne Gegebensein eines «kongruierenden Gegenstandes in den Sinnen» [5], «sind die reinen Vernunftsbegriffe von der Totalität in der Synthesis der Bedingungen ...» – «zu einem gegebenen Bedingten» [6] – «wenigstens als *A.*en, um die Einheit des Verstandes womöglich bis zum Unbedingten» (d. i. letzten Bedingenden) «fortzusetzen, notwendig» [7], und zwar als «regulatives Prinzip» [8]. – Kants Ausdruck ‹A.› bzw. ‹aufgegeben› wurde im Neukantianismus von H. COHEN, P. NATORP, H. RICKERT und andern übernommen. Aber während es Kant um «Gegebenes *und* Aufgebenes» ging, geht es diesen geradezu um «Gegebenes *als* Aufgegebenes»; was im Kritizismus noch als unmittelbar vorgefunden galt, erscheint infolge seiner Rationalisierung als allein durch Denken «*erzeugt*» [9].

Anmerkungen. [1] CHR. WOLFF: Vollständiges mathematisches Lexicon ... (¹1716, ²1734, ³1746) Art. ‹A.›.– [2] KANT, KrV B 311; Proleg. § 34. – [3] KrV B 344, vgl. 527f. – [4] a. a. O. B 697. 380. 383. – [5] B 383. – [6] B 379. 538. – [7] B 380. – [8] B 536. 589 u. ö. – [9] z. B. H. COHEN: Logik der reinen Erkenntnis (¹1902) 26f. 49. 53; (²1914, ³1922) 28f. 59. 64.

Literaturhinweise. H. A. MEISSNER: Philos. Wb., darinnen die Erklärungen und Beschreibungen des Herrn CHR. WOLFFens sorgfältig zusammen getragen (1773). – J. H. LAMBERT: Neues Organon (1764) 1, § 155f. – F. MÜLLER: Zur Terminol. der ältesten math. Schriften in dtsch. Sprache, in: Abh. zur Gesch. der Math. 44 (1899) Suppl. 9, 301–333. – P. PIUR: Studien zur sprachlichen Würdigung Chr. Wolffs (1903). – A. SCHIRMER: Wortschatz der Math. nach Alter und Herkunft untersucht (1912). – H. SCHOLZ und O. BASLER: Dtsch. Fremdwörterbuch 2 (1942) 669f.: Art. ‹Problem›. – H. COHEN: Kommentar zu Kants KrV. Philos. Bibl. 113 (¹1907, ²1917, ³1920, ⁴1925); Kants Theorie der Erfahrung (¹1871, ²1885, ³1918, ⁴1924); s. Anm. [9]. – P. NATORP: Kant und die Marburger Schule (1912). – H. RICKERT: Der Gegenstand der Erkenntnis. Einf. in die Transzendentalphilos. (¹1892, ⁶1928) 360 u. ö. – E. V. ASTER: Die Philos. der Gegenwart (Leiden 1935). – G. LEHMANN: Gesch. der nachkantischen Philos. (1931).
                                              J. E. HEYDE

Aufheben bedeutet im gewöhnlichen Sprachgebrauch [1] vor allem 1. in die Höhe heben (elevare); 2. aufdecken (detegere); 3. davontragen (auferre); 4. wegnehmen, abschaffen (tollere); und im Gegensatz dazu, vermittelt durch den pragmatischen Zusammenhang von davontragen und behalten, 5. bewahren (conservare). Der philosophische Terminus ‹aufheben› (ἀναιρεῖν, tollere) knüpft – als Gegenbegriff zu ‹setzen› – an die vierte Bedeutungsvariante an und besagt soviel wie negieren. Zu einer speziellen Bedeutung hat ihm HEGEL verholfen, indem er den Gegensatz der 4. und 5. Variante dazu benützte, einen Grundbegriff seiner Dialektik auszudrücken: «Dieser sprachgebräuchliche Doppelsinn, wonach dasselbe Wort eine negative und eine positive Bedeutung hat, darf nicht als zufällig angesehen noch etwa gar der Sprache zum Vorwurf gemacht werden, als zur Verwirrung Anlaß gebend, sondern es ist darin der über das bloß verständige Entweder-Oder hinausschreitende spekulative Geist unserer Sprache zu erkennen» [2]. Übersetzungen in «spekulativ weniger begabte Sprachen» müssen sich behelfen mit: ‹sublate, absorb, superseding› (engl.), ‹enlèvement, suppression, dépassement› (frz.), ‹soppressione, superamento› (ital.).

HEGEL wendet seinen Begriff des A. auf die «objektiven Gedankenbestimmungen» an, die die Philosophie in systematischer Folge darstellen soll. Von Gegensatzpaaren solcher (z. B. Sein und Nichts) oder von Begriffen, die das Sich-ineinander-Verkehren dieser Gegensatzpaare sind (z. B. Werden), wird zu «einfachen» Begriffen (z. B. Dasein) fortgegangen, in denen mit jenen Gegensätzen oder ihrer dialektischen Verkehrung – nach der negativen Bedeutung von ‹A.› – *ein Ende gemacht*, zugleich aber dasjenige, was sie als Momente der Wahrheit sind – nach der positiven Bedeutung des A. – *erhalten* ist. Neben diesen von Hegel hervorgehobenen Bedeutungen [3] hat der spekulative Ausdruck ‹A.› weitere Bedeutungsnuancen, die mit den übrigen umgangssprachlichen Varianten verwandt sind: Das A. der Gedankenbestimmungen bewahrt diese nur auf, indem es sie aus ihrer unmittelbaren Umgebung *hinwegnimmt*; es macht mit ihren Gegenständen nur ein Ende, indem es *aufdeckt*, wie die Entgegengesetzten eine Einheit miteinander bilden; vor allem aber deckt es sie als Momente dieser Einheit nur dadurch auf, daß es sie zu ihrer Wahrheit *erhebt*, in der sie mit sich übereinstimmen. Durch letztere Eigenschaft soll das A. methodisch jener Intention gerecht werden, der beim jungen Hegel der Begriff des pleroma in der Stufenfolge Moralität, Gesinnung, Liebe, Religion gegolten hatte [4]. Durch sie wird ferner die Hegelsche Dialektik mit Philosophemen aufsteigender Seinsgrade vergleichbar.

Aber niemals vor Hegel ist der Fortgang vom niederen zum höheren Sein durch ‹A.› oder seine sprachlichen Äquivalente (tollere, ἀναιρεῖν) bezeichnet worden. Bis zu KANT werden diese Ausdrücke vor allem relativ, von Prädikaten eines Subjekts oder vom Antecedens der Implikation (modus tollens) gebraucht. Absolute Aufhebung gibt es nur mit Bezug auf das bonum (durchs malum) [5] und das Dasein (durchs Nichtsein) [6]. Erst FICHTE hat A. auch zum Methodenbegriff in der Entfaltung der Philosophie gemacht. Sätze im Ableitungsgang der Wissenschaftslehre, die von einem umfassenden Gegensatz ausgeht, müssen eingeschränkt werden, wenn sie bzw. die in ihnen enthaltenen Begriffe einander entgegengesetzt sind. Einschränken aber heißt Realität durch Negation aufheben, allein nicht gänzlich, sondern nur zu einem Teil [7]. Durch Kritik an diesem Verfahren der «Synthesis» dürfte HEGEL zum spekulativen A.-Begriff gekommen sein. Denn wenn die im Ich zu denkende Einheit sich nicht auf einen letzten, unüberbrückbaren Gegensatz reduzieren soll, dürfen ihre Bestandteile nicht als in einer nur «teilweisen Identität» [8] verbunden gedacht werden, indem in teilweisen Gegensätzen Realität teilweise aufgehoben wird. Sie müssen vollständig Gegensätze bilden, die sich ebenso vollständig aufheben, um als ursprünglich in Einem vereinigt begriffen zu werden. Dadurch wird das A. zu einem ebenso methodischen wie sachlichen Grundbegriff der Systematik. Nicht nur wir nehmen es philosophierend an den Gedankenbestimmungen vor, sondern die Gegensätze tun es sich selber an. Und da es nicht äußerlich zum Zweck der Vereinigung betrieben wird, erhält es nun selbst die Bedeutung vereinigenden Bewahrens.

Das Schicksal dieses Begriffs entschied sich an der Frage, ob Hegels Dialektik einen «immanenten Fortgang» von Begriffsbestimmungen gewährleistet und dabei mit der Widerspruchslogik verträglich bleibt. TRENDELENBURGS und E. V. HARTMANNS verneinende Antwort hierauf wies das spekulative A. als «unmögliche Anforderung» [9] zurück. Vor allem auf diese maßgeblich wirkende Kritik ist es wohl zurückzuführen, wenn in den europäischen Hegelschulen und -renaissancen Terminologie und Technik des A. keine Rolle mehr spielten. Durch MARX bekam der Ausdruck die Bedeutung praktischer Beseitigung von Zuständen, die mit vernünftigen gesellschaftlichen Forderungen nicht mehr im Einklang sind [10]. In dieser Verwendung hat ihn das allgemeine Bewußtsein aufgenommen, und bedient sich vor allem die marxistische Literatur seiner. Wenn er noch als dialektischer gelten soll, so bedürfte es allerdings eines Kriteriums, das zu entscheiden erlaubt, ob die Beseitigung eines obsolet gewordenen Zustandes die diesem innewohnende Vernunft bewahrt oder preisgibt.

Anmerkungen. [1] Vgl. J. und W. GRIMM: Dtsch. Wb. 1 (1854) 663ff. – [2] G. W. F. HEGEL: Encyclop. der philos. Wiss. im Grundrisse (unter: ‹System der Philosophie›), hg. H. GLOCKNER (1955) 1, § 96 Zusatz. – [3] Phänomenol. des Geistes, hg. J. HOFFMEISTER (1952) 90; Wiss. der Logik, hg. G. LASSON (1934) 1, 93f. – [4] Theol. Jugendschriften, hg. H. NOHL (1907) 363. 388ff. 268ff. – [5] Vgl. THOMAS VON AQUIN, S. theol. I, 48, a. 4 ad 1. – [6] Vgl. I. KANT, Akad.-A. 2, 81. – [7] J. G. FICHTE, Sämtl. Werke, hg. I. H .FICHTE (1845) 1, 108. – [8] HEGEL, Sämtl. Werke, hg. H. GLOCKNER (1927) 1, 86. – [9] E. V. HARTMANN: Über die dialektische Methode (1868) 78; vgl. A. TRENDELENBURG: Log. Untersuchungen (³1870) 97. – [10] K. MARX: Zur Kritik der Hegelschen Rechtsphilos. Marx-Engels-Ges.-A. I. Abt. I 1. Halbbd. 613; Manifest der kommunistischen Partei, a. a. O. I. Abt. VI, 540f.
F. FULDA

Aufklärung

I. – 1. Dem deutschen Wort ‹A.› entsprechen das englische ‹*enlightenment*› und romanische Ausdrücke wie französisch ‹*les lumières*›, (le siècle philosophique, l'âge de la raison), italienisch ‹*i lumi*›, ‹*illuminismo*›, spanisch ‹*ilustración*›, ‹*siglo de las luces*›. Das deutsche *Verbum* ‹aufklären› kann, sollte es nicht Übersetzung des von LEIBNIZ verwendeten ‹éclairer› sein, auch als Übertragung des englischen ‹to enlighten› gelten, das MILTON 1667 im ‹Paradise lost› verwendet hat. Schon 1727, in BROCKES ‹Sammlung irdischer Vergnügen in Gott› begegnet das *Adjektiv* ‹aufgeklärt›, ebenso wieder in der 1747 erschienenen Übersetzung von BERNHARD NIEUWENTYTS ‹Rechter Gebrauch der Weltbetrachtung› und 1752 in SULZERS ‹Versuch von der Erziehung und Unterweisung der Kinder› oder in WIELANDS ‹Moralischen Briefen› (1752): «Dem Weisen gnügt an sich ein aufgeklärter Geist/Dem sich der Dinge Werth in wahrem Lichte weist.» Das *Substantiv* ‹A.› ließe sich also aus dem verbalen und dem adjektivischen Gebrauch ableiten.

Allerdings konkurriert das Wort mit der aus der Theologie stammenden *Lichtmetaphorik*, die für die Diktion des ganzen 18. Jh. charakteristisch ist. Indem man die «Wirkung des Lichts von einem Jahrzehnt zum andern immer deutlicher sieht», läßt man die «Jahrhunderte der Barbarei und Verfinsterung» hinter sich, um schließlich in der «goldenen Zeit der Humanisierung, A. und Verschönerung des bürgerlichen und gesellschaftlichen Lebens» (WIELAND [1]) zu leben. Um die Mitte des 18. Jh. fängt das möglicherweise von GOTTSCHED geprägte Wort langsam an, sich einzubürgern. MENDELSSOHN unterscheidet im Anschluß an KANTS Schrift ‹Was ist A.?› (1784) zwischen A. und Aufgeklärtheit, [2] und KARL BAHRDT grenzt in seinem Aufsatz ‹Verschiedene Begriffe von A.› die A., die «einen gewissen Grad von Geisteskraft in sich schließt» ab von der A., bei der man «an eine gewisse Masse von Kenntnissen denkt» [3], d. h. das Materiale und das Formale der A., die aufgeklärten Kenntnisse und die Beschaffenheit dieser Kenntnisse. Die sichtbare Verwandtschaft des Wortes ‹A.› mit ‹Licht, Aufhellung, Erhellung, Erleuchtung› geht noch deutlicher aus vielen Stellen von JEAN PAULS ‹Friedenspredigt für Deutschland› (1817) hervor, z. B: «Übrigens ist jetzt zu viel politischen Lichts vorhanden, als daß ein Fürst nicht lieber das Ganze zuließe, und er hat in Rücksicht des Vorteils nur die Wahl zwischen jämmerlicher (obwohl unmöglicher) Sultans- und Mönchsverfinsterung oder zwischen Friedrichs II. Aufklärungs-Freiheit, ein bloßes elendes vergittertes Mittel-Licht erinnert an Bazkos Bemerkung über physisch Blinde, von welchen (nach ihm) die mit einigem Schimmer mehr tappen, weniger lernen und weniger sich helfen als die ganz Blinden ... Man kann Bücher und Autoren an Ketten legen, aber nicht Mienen und Gedanken. Man kann, wenn man Jenes tut, denselben Stoff, der sich als Licht mild und still umhergegossen hatte, zu einer Flamme verdichten...».

In *Frankreich* grenzt das viel gebrauchte ‹les lumières›, welches soviel wie ‹Einsichten, Kenntnisse› bedeutet, zweifellos an den *Epochenbegriff* (Les lumières = A.), der allerdings erst im 19. Jh. eindeutige Bestimmtheit gewinnt. Doch spricht schon im 18. Jh. MARMONTEL vom «exemple des hommes, qui, de l'aveu de tout un siècle de lumières, ont le mieux observé en écrivant les bienséances de langage» [4], und CRÉBILLON meint, man spräche fälschlich von einem «siècle de lumières et de philosophie» [5]. Hier ist man auf dem Weg zum Epochenbegriff. Ebenso in *Italien*, wo neben den Ausdrücken wie ‹i lumi›, ‹lumi delle lettere›, ‹bel lume della mente umana› und ‹secolo illuminato›, ‹filosofismo›, ‹secolo di filosofia› auch ‹secolo di luce› begegnet [6]. In *Rußland* konnte noch GOGOL in seinem Aufsatz ‹Über die A.› meinen, das Wort ‹aufklären› existiere überhaupt nur im Russischen, und es bedeute nicht «belehren, unterweisen, bilden oder gar erleuchten, sondern den Menschen bis in sein Innerstes hinein mit allen seinen Kräften und Vermögen *durch*leuchten» – in der Tat hat das russische Wort für ‹aufklären› den Nebensinn ‹Durchleuchtung›.

Anmerkungen. [1] E. K. WIELAND: Kurze Darstellung der innerlichen Verfassung und äußerlichen Lage von Athen (1794). Werke, hg. HEMPEL Bd. 39. 47. – [2] Ähnlich KANT, Relig. innerhalb ... – [3] K. BAHRDT: Über A. und die Beförderungsmittel derselben (1789), zit. G. FUNKE: Die A. in Selbstzeugnissen (1963) 94. – [4] J. F. MARMONTEL: Eléments de litt. (1787) Art. ‹Ton›. – [5] C. P. J. DE CRÉBILLON: Lettres Athéniennes (1771). – [6] F. MILIZIA: Principii di architettura civile (1768), in: Storia della lett. ital. (Storia e testi) 44/IV (Mailand/Neapel 1960) 1057.

2. Wie immer man aber nun das Wort bestimmt – A. zielt nicht nur auf die sittliche Bildung des Herzens und des Verstandes, sondern auch auf die Veränderung der menschlichen Gemeinschaft im Hinblick auf die durchgängige Verknüpfung mit dem Wohl, der Glückseligkeit und dem Nutzen der Menschheit. Sie ist zugleich auf die Individualität wie auf die Totalität gerichtet.

Die *Leitideen* der A. sind den Ländern, von denen die Bewegung ausgeht und von denen aus sie auf andere Staaten der alten und der neuen Welt übergreift, nämlich England, Frankreich, Deutschland, gemeinsam. Jede der drei Nationen setzt sich mit den gleichen Grund- und Hauptbegriffen auseinander, jeder war durch den Kontrast, den die Vergangenheit zur eigenen Denkart bildete, der Weg gewiesen. Die Polemik gegen Dogma, Geschichte und Tradition war nur im Denken und Tun zu bewältigen, und die Forderung nach Denk-, Rede- und Schriftfreiheit, nach Kritik und Toleranz, nach einer nicht mehr durch Vorurteile getrübten Haltung beruhte auf dem Widerstreit, zu dem man sich stets von neuem durch die offizielle, am Hergebrachten festhaltende Welt herausgefordert fühlte. Die Leitbegriffe der A. bezeichnen die bewegliche und fließende Grenze, an der das Alte in das Neue, das Vergangene in das Zukünftige übergeht.

Die *Kritik* – das Wort ist ein Losungswort des ganzen 18. Jh. – erfaßt schlechterdings alle Gebiete, strebt sich in konkreter Anschauung zu verkörpern und zu bewähren. Schritt für Schritt ist man von GOTTSCHEDS (1700–1766) ‹Critischer Dichtkunst vor die Deutschen› (1700), von J. J. BREITINGERS (1701–1744) ‹Critischer Dichtkunst›, ‹Critische Abhandlung von der Natur, den Absichten und dem Gebrauch der Gleichnisse› (1740) zur Kritik von LESSING, WIELAND, HERDER und KANT vorgedrungen. In Frankreich entfaltet sich die Kritik in DU BOS' ‹Réflexions critiques sur la poésie et la peinture› (1719), in BATTEUX' (1713–1789) ‹Les beaux arts réduits à un même principe› (1746), in VOLTAIRES ‹Essai sur le goût›, in der oft von verwandten Gesichtspunkten beherrschten Literatur- und Kunstkritik von MONTESQUIEU bis DIDEROT. Aber auch in der englischen Literatur ist Kritik das beherrschende Moment: in JOHN DENNIS' (1637–1734) ‹The Grounds of Criticism in Poetry› (1704), in POPES (1688–1744) ‹An Essay on Criticism› (1721), in DAVID HUMES (1711–1776) ästhetischen Schriften, in Sir JOSHUA REYNOLDS (1723–1792) ‹False Criticism of Painting› (1759), in HENRY HOME, Lord KAMES' (1696–1782) ‹Elements of Criticism› (1762), in HUGH BLAIRS (1718–1800) ‹A critical Dissertation on the Poems of Ossian, the Son of Ringal› (1763) und in vielen andern.

Aber das Wesen der Kritik der A. enthüllt sich nicht nur in der Ästhetik, unter welchem Begriff man schließlich die zum selben Ziel strebenden Tendenzen in A. G. BAUMGARTENS (1714–1762) ‹Aesthetica acromatica› (1750–1758) zusammenfaßt, sondern in der Totalität ihrer Anwendung. In RICHARD SIMONS (1638–1712) ‹Histoire critique du vieux testament› (1678) und in der ‹Histoire critique du texte du nouveau testament› (1689), in BAYLES (1647–1706) ‹Dictionnaire historique et critique› (1695), in LOCKES (1632–1704) Schriften zur Toleranz lagen die Motive bereit, die im 18. Jh. zur Entfaltung gekommen sind und in der großen Enzyklopädie (1751–1784, 35 Bde.) von DIDEROT (1713–1784) und D'ALEMBERT (1717–1783) ihre *systematische* Begründung empfingen. Hier weitet sich nicht nur der begriffliche, sondern auch der geschichtliche Gesichtskreis, und es offenbart sich ein systematischer Wille, der die gesetzlichen Beziehungen zwischen den Phänomenen nicht als apriorische faßt, sondern sie aus der Fülle von Erfahrung und Beobachtung hervorgehen läßt. Schon SHAFTESBURY stand Systemen kritisch gegenüber, ja er sagt: «The most ingenious way of becoming foolish is by a system»[1]. CONDILLACS (1714–1780) ‹Traité des systèmes› (1749) nimmt Abschied von metaphysischen Systemen des 17. Jh., sie werden abgelöst durch NEWTONS (1642–1727) ‹Philosophiae naturalis principia mathematica› (1687), durch LINNÉS (1707–1778) ‹Systema naturae›, durch BUFFONS (1707–1788) ‹Histoire naturelle› (1749–1804), die das System der Natur in ihrer Gesetzlichkeit beobachten und erkennen will, durch MAUPERTUIS' (1689–1759) ‹Essai de cosmologie› (1750) und ‹Dissertatio inauguralis metaphysica de universali naturac systemate› (1751), durch LAPLACE' (1749–1827) ‹Système du monde› (1796) und viele andere.

Diese zahlreichen Systeme widersprechen sich oft, stimmen aber darin überein, daß sie den orthodoxen metaphysischen Voraussetzungen der Vergangenheit entgegentreten. In der großen Enzyklopädie berühren sich die Gegensätze, um sich in der Einheit eines ‹Dictionnaire raisonné des arts et des sciences› zu versöhnen. Groß ist die Zahl der Schriftsteller, deren Werk durch die Verbindung von Literatur und *Naturforschung* einen neuen und bedeutungsvollen Zusammenhang gewinnt. Allmählich löst sich von der zunächst im 18. Jh. noch nachwirkenden mathematischen, das Naturgeschehen nach Gesetzen regelnden Weltansicht, um die Biologie, die Physiologie, alle Phänomene des organischen Lebens in den Kreis des großen A.-Prozesses zu rücken. In HALLERS naturwissenschaftlichen Schriften, in DIDEROTS ‹Pensées sur l'interprétation de la nature› zeigt sich deutlich der innere Zusammenhang mit der neuen Naturforschung: An die Stelle einer apriorischen Systematik, an die Stelle des nach allgemeinen Gesetzlichkeiten strebenden Rationalismus trat die ‹Interpretation›, d. h. der Geist der Beobachtung, der die unmittelbare Berührung mit den Phänomenen der Wirklichkeit sucht und die rationale Mauer unterspült. Die Fundamente, die in Schriften zur Botanik und Physiologie gelegt waren, wuchsen empor auf dem Grund des neuen Welt- und Naturverständnisses, das jenseits der mathematischen Naturansicht sich entfaltete in einer empfangenden Haltung, einer Öffnung des Menschen zur Aufnahme der Dinge, einem Parallellaufen mit der quantitativ nie meßbaren Wirklichkeit, einer Haltung, die sich gegen jeden Dogmatismus sperrte.

Aber nicht nur die verschiedenen Formen der Naturforschung stellen die Skala einer Bewegung gegen die Orthodoxie dar, von der sie sich loslösen. Die Diskussion der *religiösen* Problematik folgt seit langem in verschiedenen Ländern verwandten Impulsen, und der Anspruch der Religion wird durch die Lockerung der Bindung an Dogma und Zeremonien, durch den Zwang, sich vor der Vernunft zu rechtfertigen, wesentlich eingeschränkt. Man steht überall innerhalb ähnlicher allgemeiner Motive, die allerdings in jeder Nation in verschiedenen Voraussetzungen begründet waren. In England hat schon im 17. Jh. EDUARD HERBERT, Lord von CHERBURY (1581–1648), in seiner Schrift ‹De veritate› (1624) der rationalen Theologie präludiert, die in der anglikanischen Kirche durch JOHN HALES (1584–1656) und CILLINGWORTH (1603–1644) und in der Philosophie durch die platonische Schule von Cambridge – WHICHCOTE (1609–1683), JOHN SMITH (1618–1658), CUDWORTH (1617–1689), HENRY MORE (1614–1687) – repräsentiert war. CUDWORTH' Schrift ‹The true intellectual System of the Universe› (1678) gehört zu den charakteristischen Produkten jener Richtung. Hier waren die Ausdrucksmittel geschaffen, deren dann im 18. Jh. die englischen Deisten JOHN TOLAND und ANTONY COLLINS sich bedient haben. Schon 1690 hat TOLAND (1670–1722) die Schrift ‹Christianity not mysterious› veröffentlicht, und MATTHEW TINDAL (1653[?]–1733) ist ihm 1730 mit einer Schrift gleichen Titels gefolgt. COLLINS' ‹Discourse of free Thinking occasioned by the Rise and Growth of a Sect called Free-Thinkers› erschien 1713. In Deutschland stand die Methode von HERMANN SAMUEL REIMARUS (1694–1768) und die mit ihm verwandte theologische Bewegung unter ähnlichen, durch die philosophischen Prinzipien von CHR. WOLFF, CH. SEMLER (1669–1740), K. W. JERUSALEM (1717–1772) und J. J. SPALDING (1714–1804) mitbestimmten Gedanken, die zugleich als Beispiel für die Art dienen können, in der sich eine neue Anschauung einer über den Bekenntnissen stehenden Religion ausprägt, eine Anschauung, der J. BODINS (1530–1596) berühmtes ‹Colloquium Heptaplomeres› (1588) und die französischen Libertiner des 17. Jh. schon präludiert hatten. Reichen die geistigen Wurzeln solcher Gedanken bis zu CUSANUS (1401–1464) ‹De pace fidei› (1490) zurück, so erkennt man ihre Fortsetzung und Weiterbildung in der das Jh. der A. erfüllenden Diskussion über das *Toleranzproblem*. War das Prinzip der Toleranz schon im England der großen Revolution vielfach ausgesprochen worden, so wird es nun von neuem nach der Aufhebung des Edikts von Nantes, das den Protestanten die Religionsfreiheit gesichert hatte, schärfer formuliert in den Pamphleten und Traktaten von BAYLE, in England in LOCKES Schriften, die die Brücke schlagen zu VOLTAIRES philosophischen Tragödien und seinem Toleranztraktat wie zur Ringparabel in LESSINGS (1729–1786) ‹Nathan dem Weisen›. Solche Texte bewirkten, daß der Toleranzgedanke, einmal verkündet und bestimmt, ein unmittelbar lebendiger Bestandteil aufklärerischer Bildung und Weltanschauung werden und nicht mehr zur Ruhe kommen sollte. Denn in der Lehre der Toleranz, der Menschlichkeit und Menschenliebe (humanité) ist ein Schlüssel für die Grund- und Hauptsätze der A. gegeben. Hier stehen wir im Mittelpunkt eines religiösen Begriffssystems. Von einem religiösen System darf man sprechen, weil die Absage an Tendenzen und Kräfte, die bisher die Gesamtentwicklung bestimmt haben, nicht bedeutet, daß die theologische Kontroverse zum Stillstand gekommen wäre. Verwarf man auch das Dogma von der Erbsünde sowie die Perspektive von LEIBNIZ (1646–1716), so es erlaubte, den irrationalen Bereich des Wunders von der Vernunft zu scheiden, so blieb man doch in der Diskussion über die Erbsünde, in der Auseinandersetzung über das Problem der Theodizee und des Übels mit einer theologischen Problematik in Verbindung. Hierbei gelangt man zu verschiedenen Lösungen: zur skeptischen in VOLTAIRES Kritik an Pascal, zur Anknüpfung an Leibniz' spekulative Gedanken der ‹Monadologie› bei LESSING, zu einer spezifischen Theologie im Kreis der Neologen, deren Schriften auch Anzeichen dafür enthalten, daß sie von der Erasmianischen Frömmigkeit tiefer berührt waren als von der Lutherischen Tradition. In England entwickelt SHAFTESBURY (1671–1713) einen andern Begriff von Religiosität, der nicht jene Idee der Naturreligion aufnimmt, die HUME (1711–1176) in ‹The Natural

History of Religion› (1755) und in den posthum veröffentlichten ‹Dialogues concerning natural Religion›, DIDEROT in der Schrift ‹De la suffisance de la religion naturelle› (1770) als eine Anschauung entwickelt haben, in der die verschiedenen Religionen sich treffen können, sondern als eine Lehre, die in der Reaktion gegen den Puritanismus, gegen Pedanterie und Bigotterie entstanden ist. Was die ‹Essays on the Freedom of Wit and Humour›, die ‹Letter concerning Enthusiasm› (1717) verkünden, ist die Übereinstimmung von Wissen und Frömmigkeit. Dem Punkt der Vereinigung beider nähert sich SHAFTESBURY im Begriff des Humors: «Der Humor gewährt nicht nur die beste Sicherheit gegen die Schwärmerei, er ist auch die beste Grundlage der Frömmigkeit und wahren Religiosität» [2] – einer wahren Religion, die, weggewiesen aus dem Bereich einer heteronomen Moral, ihren Weg auch in die Ästhetik fand und in jenem Begriff des «interesselosen Wohlgefallens» kulminierte, den MENDELSSOHN (1729–1786) wieder aufgenommen hat und der in KANTS ‹Kritik der Urteilskraft› (1790) im Bilde einer systematischen Ordnung wiederkehrt.

Anmerkungen. [1] A. A. C. SHAFTESBURY: Characteristics of men, manners, opinions, times 1 (London ¹1735) 290. – [2] a. a. O. 1 (1723) 22.

3. Der Erneuerung der Theologie und der Naturwissenschaften, ihrem Streben nach immanenter Erklärung entsprach ein Parallelismus der Methode in dem weiten Gebiet der *geschichtlichen Wissenschaften,* in denen sich die aufklärerischen Ideen in immer größerer Reinheit und Vollendung darstellen. Geht man zu den Voraussetzungen und Anfängen zurück, aus denen sie erwachsen sind, so wird man der vorbereitenden Arbeiten der Akademien, der Lexica und Zeitschriften gedenken müssen. Schon in der ersten Hälfte des 17. Jh. erscheinen die ersten *Zeitschriften:* das ‹Journal des Savants› (1665ff.); die älteste gelehrte Zeitschrift Deutschlands, die ‹Acta eruditorum› (1682–1782, 117 Bde.), die ‹Nouvelles de la République des Lettres› (1684–1709), und im 18. Jh. wird die ‹presse périodique› zu einem der aktivsten Elemente in der Gestaltung aufklärerischer Ideen in Zeitschriften wie dem ‹Spectator› (1721–1726) und im ‹Spectateur› (1721–1724), im ‹Journal étranger› (1751–1782), in dem jesuitischen ‹Journal de Trévoux› (1701–1767), in den jansenistischen ‹Nouvelles ecclésiastiques› (1715–1748), in der ‹Année littéraire› (1754 bis 1790). In vielen derselben entfalten berühmte Autoren, wie RICHARD STEELE (1671–1729), ADDISON (1672–1719), der Abbé PRÉVOST (1697–1763), MARIVAUX (1688–1763), eine beträchtliche geschichtliche Wirksamkeit. In Deutschland, Italien und Spanien erscheinen unter ähnlichen Bedingungen Zeitschriften wie ‹Der Patriot› (Hamburg 1724ff.), die ‹Göttingischen Gelehrten Anzeigen› (1739ff.), die ‹Berlinische Monatsschrift› (1783 gegründet, 56 Bde.), FR. NICOLAIS (1733–1811) ‹Allgemeine Deutsche Bibliothek› (1765–1791, 106 Bde.), in Italien die bedeutendsten literarischen Zeitschriften der Epoche ‹Il Caffè› (1764–1765), ‹L'Europa letteraria› (1768–1771), das ‹Giornale dei letterati d'Italia› (1710 bis 1740), die ‹Gazetta Veneta› (1787–1798), in Spanien das ‹Diario de los literatos› (1732–1742) und die ‹Gazeta literaria› (1761/62). Die berühmte ‹Correspondance littéraire, philosophique et critique par Grimm, Diderot, Raynal, Meister etc.› (1750ff.) des Wahlfranzosen MELCHIOR GRIMM (1723–1791) gab den deutschen Höfen Nachrichten über das geistige und politische Leben Frankreichs. Jede dieser Zeitschriften folgt dem Trieb zur Entfaltung ihres spezifischen Gehalts, aber gleichzeitig erfüllen alle nicht nur das Gesetz der Gelehrtenrepublik, sondern auch das der erweiterten literarischen Welt, des größeren Leserkreises, des kosmopolitisch gestimmten Publikums, kraft dessen sie miteinander verknüpft waren und im Endergebnis ihrer Entwicklung im wesentlichen übereinstimmen konnten. Dazu kamen Formen einer Gelehrsamkeit, die die Menschen mit dem Bilde früherer Zeiten und Zustände erfüllte: z. B. mit der Kenntnis griechischer Paläographie, mit Numismatik, Archäologie, Chronologie. Die Gesamtheit der verbindenden Momente in jenen Versuchen kann man schwerlich übersehen. In allen wird sichtbar, daß nunmehr die Geschichte in verschiedenen Geltungsgebieten eine den Naturwissenschaften analoge Bedeutung gewonnen hat. Der ‹Dictionnaire historique et critique› von BAYLE und GIAMBATTISTA VICOS (1688 bis 1744) ‹Scienza nuova› (1725) sind trotz ihrer Verschiedenheit aus Interesse an der Geschichte und aus der Opposition gegen die Vorherrschaft der Mathematik entstanden; sie suchten die geschichtliche Wirklichkeit kritisch, d. h. von innen heraus zu verstehen. Dadurch haben sie der historischen Betrachtung den Weg und die allgemeine Richtung auf ein neues Ziel gewiesen. Im stetigen Fortgang der Bildung, nicht denkbar ohne die lange Tradition der französischen Verfassungsgeschichte – nicht als «proles sine matre creata» – stand in MONTESQUIEUS (1689–1755) ‹Esprit des lois› (1748) das Bild von Recht und Geschichte in Klarheit und Vollendung vor dem Leser. Nicht nur waren in unmittelbarer Anschauung viele Zonen der Geschichte gewonnen – der Verfasser sicherte zugleich der *Rechtswissenschaft* eine systematische Gestalt. Die idealtypische Konstruktion, die erlaubt, in der Fülle der empirischen Wirklichkeit das Wesen der Staatsformen zu erkennen, entwickelt sich nicht in einer abstrakten, sondern in einer subjektiven, poetischen Sprache, in einer rhapsodischen Form und im Glanz eines neuen Stils, der auch aus der häufigen ironischen Kritik des Despotismus entgegenleuchtet und dem Werk den Stempel der künstlerischen Vollendung gibt. Ein «edles Riesenwerk», ein «gotisches Gebäude im Geschmack seines Jahrhunderts» nannte HERDER den ‹Esprit des lois›, und HEGEL hat in seiner Abhandlung ‹Über die wissenschaftlichen Behandlungsarten des Naturrechts› hervorgehoben, welch unentbehrlichen Beitrag Montesquieu zur Erschließung des Volksgeistes geliefert, wie weit er sich moderner Betrachtungsweise genähert hat: «Montesquieu hat sein unsterbliches Werk auf die Anschauung der Individualität und des Charakters der Völker gegründet, und wenn er sich nicht zur lebendigsten Idee erhoben hat, doch schlechthin die einzelnen Einrichtungen und Gesetze nicht aus der sog. Vernunft deduziert ... sondern ganz allein aus dem Charakter des Ganzen und seiner Individualität begriffen und hiemit den empirischen Theoretikern, welche die Zufälligkeiten ihrer Systeme des Staats und der Gesetze aus der Vernunft zu erkennen und aus dem Menschenverstande selbst oder auch aus der allgemeinen Erfahrung hergenommen zu haben vermeinen, auf eine ihnen begreifliche Weise gezeigt, daß die Vernunft und der Menschenverstand und die Erfahrung, aus welchen die bestimmten Gesetze herkommen, keine Vernunft und Menschenverstand a priori, auch keine Erfahrung a priori, was eine absolut allgemeine wäre, sind, sondern ganz allein die lebendige Individualität eines Volkes, eine Individualität, deren

höchste Bestimmungen wieder aus einer allgemeinen Notwendigkeit zu begreifen sind»[1]. Montesquieu hat, wie DROYSEN in seiner ‹Historik› meinte, der großen historischen Betrachtung der Rechtssphäre die Bahn geöffnet [2]. Sein Werk war zugleich eine Anweisung für den Gesetzgeber, und es beeinflußte das entscheidende Buch der italienischen A.: CESARE BECCARIAS (1738–1794) ‹Dei delitti e delle pene› (1764).

Anmerkungen. [1] G. W. F. HEGEL, Schriften zur Politik und Rechtsphilos. Werke, hg. LASSON (1920ff.) 7, 460. – [2] J. G. DROYSEN: Grundriß der Historik (1868), hg. HÜBNER (1937) 257.

4. In VOLTAIRES (1738–1794) *Geschichtsschreibung* – in der ‹Geschichte Karls XII.› (1731), im ‹Zeitalter Ludwigs XIV.› (1751), in der ‹Geschichte Rußlands unter Peter dem Großen› (1759) und in der ‹Weltgeschichte›: dem ‹Essai sur les mœurs et l'esprit des nations› (1756 bis 1775) – fügen sich die verschiedenen geistigen, politischen und sozialen Kräfte einer Zeit in ein Ganzes dynamischer Beziehungen. Kultur und Zivilisation bilden das Thema, das Getrenntes vereint und zusammenschließt. Ein neues Zeit- und Raumbewußtsein bildete sich hier im Rückgang auf *China*, das die Bedeutung gewinnt, die in BOSSUETS Augen dem jüdischen Volke zukam. Die Beschreibung der Totalität der Lebensformen vieler Völker schließt sich zum Bild der allumfassenden Lebenskraft des Universums, zur Welt(Universal-)geschichte zusammen.

Dank der Anschauung, die VOLTAIRE gewonnen hat, läßt sich ein neuer Zug der Darstellung auch in der englischen Geschichtsschreibung beobachten. HUME verfaßt die Geschichte Englands vom Auftreten der Römer bis zum Sturz des Hauses Stuart (History of Great Britain 1754–1761), GIBBON (1737–1794) beschreibt den Untergang des römischen Reiches in der in drei Etappen (1776, 1781 und 1788) erschienenen ‹History of the Decline and Fall of the Roman Empire›, WILLIAM ROBERTSON (1721–1793) die Geschichte Schottlands (‹History of Scotland›, 1759). Auch in diesem Werk waren Politik und Kultur aufeinander bezogen und in den Kreis der neu eroberten universalgeschichtlichen Methode gerückt.

Blickt man von hier auf die Verhältnisse in Italien, Spanien und Deutschland, so bietet sich von Anfang an ein anderes Bild. Nur WINCKELMANNS (1717–1768) ‹Kunst des Altertums› (1764) berührt sich mit dem universalistischen Zug der französischen A., doch meist sind sonst die neuen Tendenzen durch antiquarische Formen oder das auf die Geschichte eines Territoriums begrenzte Interesse getrennt und hintangehalten. In der italienischen, spanischen und deutschen Historie des 18. Jh. behauptet sich das Ganze der nationalen Kultur als die Region, die den Kern einer Darstellung ausmacht, welche die Beziehung auf die Weltgeschichte entbehren kann. Dies gilt von MURATORI (1672–1750), der die Geschichtsquellen des Mittelalters sammelte und herausgab – die ‹Annali d'Italia› (1744–1749), die berühmten, noch heute gültigen ‹Rerum Italicarum scriptores›, die durch die ‹Antiquitates Italicae medii aevi› (1783–1742) ergänzt wurden. Gleichzeitig entstand die erudite Literaturgeschichtsschreibung: J. M. CRESCIMBENIS (1663–1728) ‹Istoria della volgar poesia› (1698), G. GIMMAS (1668–1735) ‹Idea della storia dell'Italia letterata› (1723), MAZUCHELLIS (1707–1794) ‹Catalogo bibliografico di tutti gli scrittori d'Italia› und schließlich das große Werk TIRABOSCHIS (1731–1794) ‹Storia della letteratura italiana› (1772–1782) – lauter Werke, die, allerdings vermittels einer kritischen Isolierung, eine produktiv-lebendige Beziehung zu vernachlässigten Epochen (zum Mittelalter) herstellen konnten.

Auch in Spanien sind die Voraussetzungen, auf denen die Geschichtsschreibung beruht, aus der Vermischung reformfreudiger und gelehrter Tendenzen ableitbar. Die Geschichtsschreibung gehört den Epochen Spaniens an, und die Welt, die sie erschloß, ist die der nationalen Vergangenheit, deren man sich – vielfach in Abwehr des französischen Einflusses – polemisch bewußt wird. Nationalbewußtsein und Gelehrsamkeit wirken in der Erzeugung desselben Inhalts zusammen: In den Werken der großen Historiker steigen die spanischen Traditionen empor, in JOVELLANOS (1744–1813), MANUEL RISCO (1735–1801), J. B. MUÑOZ (1745–1803), CAPMANY (1742 bis 1813) und FORANES (1735–1801) – hier entstand ein neues Selbstbewußtsein, das auf der Grundlage der Geschichte ruht, ihre einzelnen Epochen durchmißt, bemüht, einen organischen Zusammenhang zwischen ihnen herzustellen. Wie in MURATORI die Mannigfaltigkeit der italienischen Welt, der einzelnen Regionen Italiens zurückgewonnen wird in enger Bindung an die Sphäre der verschiedenen Landschaften, so in FERRARAS Y BERGANZAS (1652–1735) ‹Synopsis histórica y cronológica de España› (1700–1718) und ‹Antiguedades de España› (1717), der Geschichte der Stadt Toledo, ferner in MASDEM (1744–1817) ‹Historia crítica de España y de la cultura española› (1783–1805). Die Problematik aller dieser Versuche weist stets auf eine allgemein spanische zurück, die im Fortgang der Geschichtsschreibung immer deutlicher heraustritt und sich, zumal in den Werken von JOVELLANOS und FEIJÓO (1676–1764) bemüht, Gesellschaft und Staat, Wissenschaft und Recht auf einen neuen Rechtsgrund zu stellen.

Auch in Deutschland herrscht ein in mancher Hinsicht verwandtes Verfahren. Es ist ein großer Reichtum geschichtlicher Anschauung, auf den der Inhalt der Zustände eines Territoriums projiziert wird. JUSTUS MÖSERS (1720–1794) Werke entdecken den Inhalt einer nationalen Vergangenheit in den ‹Patriotischen Phantasien› (1774–1786) und in der ‹Osnabrückischen Geschichte› (1768); Göttinger Professoren – JOHANN CHRISTOPH GATTERER (1727–1799) und AUGUST LUDWIG V. SCHLÖZER (1735–1809) – haben, obgleich noch wurzelnd in der Weltanschauung des 18. Jh., sich zur Thematik der vergleichenden Sprachwissenschaft hinführen lassen.

In allen diesen Werken war der Sinn für das Allgemeine und Besondere, für die Systematik wie für das Detail außerordentlich geschärft worden. Die *große Enzyklopädie* von DIDEROT und D'ALEMBERT vermochte die Ströme aus Philosophie, Geschichte, Politik und Naturwissenschaften in sich aufzunehmen und schon durch die Fülle stofflicher Elemente Verkünder aufklärerischer Ideenkreise zu werden. An der Spitze des Werks, das Züge eines kapitalistischen Unternehmens trug, stand eine Elite, die aus einzelnen Aristokraten und Clercs gebildet war; die Mitarbeiter (ca. 200) rekrutierten sich aus Handwerkern, Verwaltungsbeamten, Offizieren, Ingenieuren, Ärzten, Professoren. Die Artikel gehörten den verschiedensten Gebieten an: der *Geschichte*, der *Philosophie* – hier schöpften DIDEROT und seine Mitarbeiter aus der ‹Historia critica philosophiae› von BRUCKER (5 Bde. 1742–1744), sodann der ‹Technik›, d. h. den *Arts et métiers*, die man aus Besuchen in den Ateliers wie aus Memoiren der Akademien und aus der Fachliteratur kennen gelernt hatte, schließlich der *poli-*

tischen Philosophie, die an die Gegenwart heranführt und die Wünsche und Zukunftsaufgaben der aufgeklärten Bourgeoisie enthält. Die Enzyklopädie gewährte aber auch zum ersten Mal der neuen *Wissenschaft der Wirtschaft* Einlaß, d. h. dem *physiokratischen* System, das durch QUESNAY (1694–1774), TURGOT (1727–1781) und durch MIRABEAU (1715–1778) repräsentiert war. Das System stellt den Versuch dar, die seit dem Rücktritt COLBERTS (1683) zerrütteten Staatsfinanzen wieder in Ordnung zu bringen; es präludierten ihm die Schriften des 17. Jh., die sich bemühten, ähnliche Fragen in das Zentrum der Aufmerksamkeit zu rücken: nämlich BOISGUILBERTS (1646–1717) ‹Détails de la France›, wo schon auf die Notwendigkeit der Steigerung der Ergiebigkeit der Landwirtschaft hingewiesen worden war, der ‹Projet d'une dîme royale› (1707) des Marschalls VAUBAN (1633–1707), der den Vorschlag einer Beseitigung der Taille gemacht hatte, und schließlich CANTILLONS (1680–1734) ‹Essai sur la nature du commerce en général›, der die Agrikultur als Quelle des Reichtums erklärt hatte. Allen französischen Physiokraten kam es darauf an, Gesetze zu finden, die die natürliche Ordnung (ordre naturel) nicht verletzen, eine Ordnung, die nicht von selbst funktioniert, sondern die der Mensch beherrschen muß, damit sie funktionieren kann. Dadurch unterschied sich QUESNAYS ‹Tableau de la science œconomique› von A. SMITH' ‹The Wealth of Nations› (1762), in dessen Theorie die natürlichen Gesetze von selbst funktionieren. Das Bedeutsame beider einander widersprechenden Theorien lag freilich darin, daß das Ökonomische als ein eigenständiger Bereich von Erscheinungen entdeckt war, die, in einem notwendigen Zusammenhang untereinander, sich gegenseitig in ihrem Wesen bedingen. Die Voraussetzung, aufgrund deren sich jener Zusammenhang konstituiert, ist die Arbeitsteilung; und der durch sie bedingte Zusammenhang, der unter dem Begriff des Ökonomischen vorgestellt wird, ist der Markt (commercial society), ein neues Phänomen, das aus den ökonomischen Verhältnissen in der zweiten Hälfte des 18. Jh. verständlich wird, d. h. es mußte eine solche Differenzierung aller Arbeitsarten und Tätigkeiten eingetreten sein, daß der notwendige Zusammenhang aller bürgerlichen Beschäftigungen, die Gewährleistung der Versorgung des Einzelnen mit der Gesamtheit des für das Leben Notwendigen nur noch durch die integrierende Funktion eines allgemeinen und kontinuierlichen Tauschmechanismus ermöglicht werden konnte. Gerade die Diskussion dieser Probleme in der Enzyklopädie und in der französischen und europäischen Öffentlichkeit jener Zeit bewies aber, daß eine ständige Wechselwirkung aller Probleme und Problemkreise stattfand; in stetem Umgang mit dem Gedankenkreis der Bürger, der Gelehrten, der Spezialisten aller Art wurden Fragen gestellt, die auch die praktische Verwendbarkeit berücksichtigten – eine Sprache war geschaffen, die fähig war, auch die neuauftretenden Techniken und alle Zweige des Handwerks zu beschreiben.

Der Konnex mit allen Kräften der Zeit war nur möglich, weil im Zeitalter der A. Literatur, Philosophie und Politik, Theorie und Praxis durch die Gemeinsamkeit bestimmter Elemente miteinander verwandt und aufeinander bezogen waren. Die Schriftsteller der A. – die ‹gens de lettres› als universale Schriftsteller – stehen stets in enger Berührung mit den Wissenschaften und mit politischen und pädagogischen Tendenzen. Es ist charakteristisch, daß der Kreis der Gestaltungen, die die *Literatur* durchläuft, durch Interessen und Forderungen bestimmt ist, durch den Aufstand gegen den Zwang der äußeren Dinge und äußeren Autoritäten. Daher wird bezeichnenderweise gerade die Form tragischer Dichtung lebendig, in der die Richtung der Gesinnung und des umgestaltenden Willens aus dem Tun fließt: SCHILLERS politische Tragödien, VOLTAIRES ‹Les Guèbres ou la tolérance› (1769), ‹Mahomet ou le fanatisme› (1742). Das bürgerliche Trauerspiel, die Komödie, Satire, Pamphlet und Polemik erscheinen zugleich als eine Mannigfaltigkeit von Formen wie von Aufgaben, konstituieren sich in dieser Wechselbeziehung und glauben sich in die Breite des Lebens zu entfalten, weil sie nicht mehr, wie die französische Tragödie des 17. Jh., nur die Personen hohen Standes in Anspruch nehmen, sondern bemüht sind, zwischen den Repräsentanten der bürgerlichen Welt Wirkung und Gegenwirkung gleichmäßig zu verteilen. So ist das *bürgerliche Trauerspiel* in England durch die «tugendhaften» Stücke von GEORGE LILLO (1693–1734) – z. B. ‹London Merchant, or The History of George Barnwell› (1731) oder ‹Fatal Curiosity› (1736) –, in Frankreich durch das Theater DIDEROTS, das Lessing übersetzt hat, in Deutschland vor allem durch LESSING selbst repräsentiert. Die *Komödie*, die sehr oft sozialkritisch sein kann, empfängt ihre Bedeutung nicht nur aus dem Objektkreis, dem sie sich zuwendet – sowohl NIVELLE DE LA CHAUSÉE wie VOLTAIRE und MARIVAUX verfassen Stücke gegen die préjugés, d. h. gegen den Standesdünkel des Adels –, sondern auch aus humanitären Bewegungen; sie tragen sehr oft ein begrifflich-antithetisches Element in sich, in denen sich der Zug zu politischer Kritik und zur nuancierenden Zergliederung der Gefühle gleichzeitig geltend macht. Zwar können zahlreiche Komödien – z. B. von JOHN FARQUHAR (1678–1707), C. CIBBER (1671–1757), W. CONGREVES (1670–1702), LESAGE (1648–1747), DESTOUCHES (1680–1754), DANCOURT (1661–1725), BEAUMARCHAIS (1732–1799), MORATIN (1760–1828) – oft nur als Ausdruck der philanthropischen moralisierenden Energien genommen werden, die hinter ihnen stehen. Aber sie können auch – zumal bei MARIVAUX – im Fortschritt von einem individuellen Gebilde zum andern eine feine Kunst hervorbringen, die es wagen durfte, mit Molière zu wetteifern.

Die alten Gattungen – die Tragödie, sofern sie nur die Tradition des 17. Jh. fortsetzt, das Epos (die ‹Henriade› VOLTAIRES, die ‹Henriqueida› von MENESES, ‹La toma de Granada› von MORATIN, ‹Heinrich der Vogler› von O. v. SCHÖNAICH) – treten zurück, während die eigentlich aktuellen – Komödie, Novelle, Roman, Lehrgedicht und Satire, die sich in eine Fülle von Gattungen zerlegen kann –, den pädagogisch-reformatorischen Absichten der A., aber auch den Kontrasten, die in der Natur so vieler Schriftsteller lagen, Raum gewährten.

Der Austausch von Formen, die Anschauung einer Mannigfaltigkeit von Funktionen, die sich förmlich in einem System zu verknüpfen scheinen, lassen sich beobachten. So wandern die Formen: GUEVARAS ‹Diablo cojuelo› wirkt mit bei der Bildung von LESAGES ‹Diable boiteux› und JOHNSTONES ‹Chrysal or the Adventures of Guinea› (1760); PRÉVOSTS Romane wie die empfindsamen von RICHARDSON verknüpfen sich mit verwandten Gattungen in vielen Ländern; der Spott von SWIFTS (1667–1745) ‹Gullivers Reisen› bestätigt und entwickelt das satirische Pathos französischer Schriftsteller, der Inhalt von L. STERNES (1721–1771) ‹Tristram Shandy› birgt zugleich die Form in sich, die verwandelt in DI-

DEROTS ‹Jacques le fataliste› wiederkehrt; in SMOLETTS ‹The Adventures of Roderick Random› vollendet sich, was keimhaft in Lesage angelegt war. Der englische Roman, dessen erster Höhepunkt schon mit DEFOES ‹Robinson Crusoe› erklommen zu sein schien, entwickelt eine reiche Skala parodistisch-satirischer Möglichkeiten im Werk von FIELDING, dessen Romane, ihr Formgesetz in sich tragend, in Cervantes' Manier entlarvend den Bereich der Wirklichkeit umfassen.

Zugleich gestattet man die Durchbrechung der von den Naturwissenschaften entdeckten allgemeinen Gesetzlichkeit und läßt die Wunder aus ‹Tausend und Eine Nacht›, die GALLAND (1646–1715) übersetzt hat, in den Lauf des Geschehens eingreifen. Traumbilder und Ahnungen verbinden in der üppigen *Märchen-, Erzählungs-* und *Reiseliteratur* das räumlich Getrennte und zeitlich Entfernte; zauberische Wirkungen läßt selbst VOLTAIRE in der ‹Princesse de Babylone› uns umschweben und in unser Leben hineinspielen. Man genießt die Phantastik des *Orients:* in WIELANDS Lehrromanen, in JOHNSONS (1709–1784) ‹Rasselas›, in GOLDSMITH' (1730–1774) ‹Chinese Letters›, in LYTTETONS ‹Letters from a Persian in England to his Friend in Japan› (1730) und in CADALSOS ‹Cartas Marruecas› (1789). Alle diese Formen hingen aneinander wie an einer Kette und grenzen ein Teilgebiet des Geheimnisvollen ab, das sich gegenüber den Ansprüchen der ratio sicher zu behaupten wußte – um so mehr, als man aus der erdachten orientalischen Perspektive – wie schon der übermütige Verfasser der ‹Lettres Persanes› (1721) wußte – den Mißständen der eigenen Zeit leichter entgegenwirken konnte. Die Betrachtung ferner Welten war die Nahrung des Geistes, die er für sein Wachstum nicht entbehren konnte und die es erlaubte, das Getriebe und Räderwerk der zeitgenössischen Welt sicher und spöttisch aufzudecken.

Innerhalb der A. ist aber auch die auf den Humanismus zurückgehende Form des *Dialogs* zu einer neuen und entscheidenden Funktion gelangt. Dies ist verständlich, war doch die Bindung an alle Systematik seit langem gelockert. Über den charakteristischen Totendialogen des 18. Jh. liegt ein Hauch humanistischen Geistes. FONTENELLE war der unbestrittene Meister der Gattung. Totendialoge gab es in ganz Europa. VOLTAIRE hat zwischen 1750 und 1780 deren vierzig verfaßt, der dialogischen Form aber auch in Erzählungen, ja sogar im ‹Dictionnaire philosophique› Einlaß gewährt. Dialoge schreiben aber auch WIELAND, BERKELEY, SHAFTESBURY. Im Dialog wie auch in der *Anekdote,* in der *Maxime* und im *Epigramm* – man denke an VAUVENARGUES (1715 bis 1742), CHAMFORT (1741–1794), LICHTENBERG (1742 bis 1799) – lebt ein geselliges Gefühl, die Neigung zu Witz und Spott, zu «Belustigungen des Verstandes und Witzes». Leicht erklärt sich die Beliebtheit solcher Formen: Sie wissen von keinem Zwang, binden sich an keinerlei Beschränkung und mußten, zumal in den Salons der französischen Gesellschaft, ‹fortune› machen.

Überall steht die A. unter dem Zeichen der *Erziehung* des Menschen, des Menschengeschlechtes und der Reform des Schul- und Unterrichtswesens. Unter dem Eindruck von FÉNELONS (1675–1715) berühmtem, immer wieder aufgelegten und übersetzten Erziehungsroman ‹Les aventures de Télémaque› und dem ‹Traité de l'éducation des filles›, unter der Einwirkung von LOCKES pädagogischen Gedanken – ‹Some thoughts concerning education› (1693), die von COSTE ins Französische, 1770 ins Deutsche übersetzt worden sind – entstand eine reichhaltige Erziehungsliteratur, die stets unmittelbar praktische Ziele verfolgte. Philanthropie und Popularphilosophie haben das «gemeinnützige» Handeln im Auge. Ohne ROUSSEAUS ‹Emile› (1762) sind BASEDOWS (1723 bis 1790) ‹Methodenbuch der Väter und Mütter, der Familien und Völker› (1770), sein ‹Elementarwerk› (1770–1774) so wenig zu denken wie die Schriften von BAHARDT oder ROCHOW oder SALZMANN, dessen ‹Moralisches Elementarbuch› (1785) und ‹Ameisenbüchlein› (1776), sofern sie ihre Anstrengung auch auf Erziehung und Bildung des Kindes richteten, einen nun in vielen Gebieten sichtbaren Umschwung der Gesinnung vollzogen haben.

Die A. bemüht sich aber stets – wie schon bemerkt – ihre Prinzipien in der Sphäre von *Recht und Staat* zur Geltung zu bringen. Das Naturrecht, das sich an die Namen von GROTIUS, HOBBES, PUFENDORF, LOCKE und THOMASIUS knüpft, war in CHR. WOLFFS ‹Jus naturae methodo scientifica pertractatum› (1744) und in den ‹Institutiones juris naturae et gentium› (1750) allgemeiner Bestandteil des Unterrichts. Es erfüllte eine wichtige Funktion: Es schloß die Antriebe in sich, die dem natürlichen Recht und der natürlichen Sittlichkeit den Primat über die theologische Moral verschafften. Lag in der Begründung von Recht und Sittlichkeit noch im ‹Esprit des lois› ein apriorisches Element («Avant qu'il y eût des lois faites, il y avait des rapports de justice possibles» [1]), so ist dessen positiv-systematische Bedeutung im Lauf des Jahrhunderts zugunsten einer empirischen eingeschränkt worden, und im Widerspiel zu jeder transzendentalen Begründung lag nun der unveränderliche Charakter der Sittlichkeit in der Identität von Trieben und Neigungen beschlossen, d. h. er ruhte nicht auf dem Fundament der Noumena, sondern fand in der Empirie seine sichere Stütze. Daß jedoch die Erneuerung von Recht und Staat in Angriff genommen werden müsse, ist allgemeine Überzeugung der gesamten A. In ROUSSEAUS ‹Contrat social› (1762) tritt schließlich an die Stelle des Naturrechts, im Gegensatz zu Hobbes, die Theorie ans Licht, die die Bedingung der Möglichkeit der Gemeinschaft neu begründet – in Rousseaus Denken verknüpfen sich der individuelle Wille (volonté de tous) und der allgemeine (volonté générale) zu einem System der Freiheit. Der Einzelne gehorcht im Zusammenschluß mit andern nur sich selbst, und der Mensch, notwendig und unlöslich an den Staat gebunden, erkennt in dieser Bindung keinen Zwang, sondern das Gesetz, dem er selbst seine Zustimmung gegeben hat. Die Ungebundenheit des Naturzustandes ist verlassen zugunsten der Gewißheit und Bürgschaft der Freiheit, die in der Bindung an das Gesetz besteht. Die Erklärung der Menschen- und Bürgerrechte – Rechte, die dem Menschen *als solchem* zukommen – haben in den Theorien der A. ihre Wurzel.

1789 bedeutet das Ende des Ancien Régime, die Preisgabe der Situation, in der sich die Nationen im 18. Jh. noch befanden. Jene an sich dynamische Situation war bis dahin durch das Gleichgewicht, d. h. durch das ausbalancierte Gegenüber der großen Staaten bestimmt, und MONTESQUIEUS innenpolitisches Prinzip – le pouvoir arrête le pouvoir – galt mutatis mutandis in einem System, das die Hegemonie *eines* Staates als das Ende der Freiheit betrachtet hätte, die stets von neuem zu erkämpfen und zu erhalten Ziel der gesamten A. war.

Anmerkung. [1] CH. MONTESQUIEU: De l'esprit des lois (1748), hg. J. BRETHE DE LA GRESSAYE, in: Les textes français 1 (Paris 1950) 20.

Literaturhinweise. – Zusammenfassend: Historia Mundi, hg. F. VALJAVEC 9 (1960): A. und Revolution. – Propyläen-Weltgesch., hg. G. MANN 6 (1964): Das 18. Jh. – *Spanien und Italien:* J. SARAILH: L'Espagne éclairée de la seconde moitié du 18e siècle (Paris 1954). – F. VENTURI: Illuministi italiani, in: Storia e testi. La lett. ital. (Mailand 1958ff.); Settecento riformatore. Da Muratori a Beccaria (Turin 1969). – *Philosophie:* E. CASSIRER: Die Philos. der A. (1932). – P. HAZARD: La crise de la conscience européenne (1680-1715) 1-3 (Paris 1935 u. ö.); La pensée européenne au 18e siècle 1-3 (Paris 1946). – *Diderot* Studies, hg. O. FELLOWS/D. GUIRAGOSSIAN (1949ff.).– Studies on *Voltaire* and the 18th century, hg. TH. BESTERMANN (Genf 1955ff.). – Y. BELAVAL: *Leibniz,* critique de Descartes (Paris 1960). – W. H. BARBER: *Leibniz* in France (Oxford 1955). – L. G. CROCKER: Nature and culture. *Ethical* thought in the French Enlightenment (Baltimore 1963). – E. E. MANUEL: The 18th century confronts the gods (Cambridge, Mass. 1963). – *Literatur:* A. PAUPHILET, L. PICHARD und R. BARROU, in Dictionnaire des lettres françaises: Le 18e siècle 1-2 (Paris 1960). – G. KAISER: Gesch. der dtsch. Lit. von der A. bis zum Sturm und Drang 1730-1785 (1966). – *Geschichte:* F. MEINECKE: Die Entstehung des Historismus (1946). – *Politik:* J. STAROBINSKI: L'invention de la liberté (Paris 1965).

F. SCHALK

II. Das Wort ‹A.› dringt um die Mitte des 18. Jh. in die theologische Literatur ein. J. J. SPALDING spricht über die Theodizee, die endliche Überwindung der Disharmonie und Undurchsichtigkeit des Weltdaseins des sittlich verantwortlich handelnden Menschen, als «eine Aussicht in die Zukunft, welche meiner bisher gleichsam eingeschlossenen und umwölkten Seele so viel mehr Luft und Freiheit gibet, mir von allen jenen finstern Stellen in dem Plan, nach welchem die Welt regieret wird, eine vollständige A. verspricht.» Das von Haus aus christentumskritische Wort wird also verwendet, um den Sinnhorizont des Christentums auszulegen, wobei dieser inhaltlich den rational ausweisbaren Gehalten von Religion zuläuft: «Daher ist es auch eine unläugbare Erfahrung, daß die natürliche Religion da immer am besten erkannt und gelehret wird, wo das Licht des Evangeliums die Geister aufgekläret hat» [1]. In den 80er Jahren des Jh. weiß sich die Theologie vielfach der Aufklärung kritisch verbunden; so heißt es bei J. S. SEMLER: «Alle meine gelehrten Arbeiten betreffen die A. und Verbesserung der Lehrer, der Theologie; alle Arbeiten und Anstalten dieser Partei der Spötter gehen dahin, die christliche Religion nicht einmal als Privatreligion den zufriedenen Christen übrig zu lassen» [2]. Explizite Definitionen des Begriffs erscheinen: «Sie ist Zusatz, Vermehrung der Summe intensiver und extensiver Glückseligkeit eines jeden einzelnen Individuums und der ganzen Gesellschaft. Sie ist die größte Wohltat für Gottes Menschen und seine Welt» [3]; radikalisiert wird dies «die absolute A.» [4]. Den konservativen Zeitgenossen stand das Verständnis des Christentums als A. unter dem «Verdacht der Heterodoxie, Neologie oder Paradoxie» [5]. Bei SCHLEIERMACHER erleidet bald darauf der Begriff aufgrund frühromantisch kritischen Neuverstehens konkreter Geschichte die äußerst wirksam gewordene Herabsetzung zum Zeichen einer oberflächlichen abstrakten Verstandeskultur: «Diese Menschen ... sind auch nicht Gebildete zu nennen, obwohl sie das Zeitalter bilden und die Menschen aufklären und dies gern tun möchten bis zur leidigen Durchsichtigkeit ...» [6]. Die praktische Disqualifikation des Wortes liegt aber erst vor bei H. LEO als Mitarbeiter eines der politischen Restauration verbündeten Kirchenblattes: «Das prächtige Wort A. könnte man sehr zweckmäßig von den Satanswesen der Aufklärern reinsondern, wenn man dies letztere zum Unterschiede (nach der Analogie des Wortes Kehricht) Aufklärcht nennte» [7]. Zugleich mit der Historisierung des Begriffs zum «Zeitalter und Bereiche der A.» [8] bürgert sich ein, A. mit Rationalismus zu identifizieren: «... dies [die modernen Strebungen bezeichnende] Wort heißt Rationalismus. A., Licht, Bildung werden zuweilen für dessen Synonyme genommen ...» [9]. Die weitere Beurteilung ist typisch gespalten. In der freien Theologie kann der immanente Anspruch des Begriffs von R. ROTHE als «die Pflicht der Sorge für die A. des Nächsten» bejaht [10] oder als «Kulturelement» der Beseitigung der «Furcht vor der Natur» [11], der «Bevorzugung des sittlichen Lebens» [12] teilweise rezipiert werden. In der konfessionellen Theologie, wo A. unter dem erklärenden Stichwort ‹Atheismus› gebucht wird [13], heißt es vergleichgültigend, «daß das neuerdings auch vernommene andere Extrem, durch ‹Bildung› werde der Mensch schlechter, gerade so viel Wert hat, wie jenes, durch ‹A.› werde er besser, nämlich keinen» [14]. Die gemeinsamen Vorbehalte faßt A. THOLUCK zusammen: «eine Richtung, welche – anstatt in das geschichtlich Gewordene sich liebevoll zu vertiefen, das darin Berechtigte, welches ihm seinen Bestand gegeben, zu würdigen und bei aller Fortbildung von dem Bestehenden als Basis auszugehen, mit oberflächlicher Verstandeskritik meist nach dem Kriterium der praktischen Nützlichkeit das Geschichtlichgewordene verwarf, um aus abstrakten Prinzipien (an denen nicht bloß das Bestehende in der Kirche, sondern auch im Staate, in Kunst und Wissenschaft gemessen wurde) einen Neubau an die Stelle zu setzen» [15]. E. TROELTSCH rückt von den üblichen «ganz schematischen und wertlosen Allgemeinbegriffen, wie Deismus, Rationalismus und A.» ab, erkennt, daß «die Welle der auf die französische Revolution folgenden Reaktion» abebbt, entdeckt A. als «die Grundlage aller modernen Lebens- und Geistesprobleme» und beschreibt als ihren Grundzug «Antisupranaturalismus, Vermenschlichung der bisherigen absolut göttlichen und übermenschlichen Wahrheiten und Maßstäbe» [16]. Damit macht Troeltsch A. als umfassende Krise des alten, an «göttliche Autorität» zurückgebundenen Systems und so als Krise des Christentums sichtbar. Nach 1918 nimmt A. den nur negativen Sinn von «Kulturkrisis, Kulturverfall, Kulturzersetzung» an [17], unabhängig von solch expliziter Kulturtheorie wird sie als «Tiefpunkt des modernen Mißverständnisses der Bibel» angesehen [18]. Schwächer ertönt daneben die Stimme, die das Begreifen von A. als «prinzipiellen Abfall vom christlichen Glauben oder etwas wie einen zweiten Sündenfall» ablehnt [19] oder ihre «Dialektik» wahrhaft begreift [20]. Seit der Mitte der 60er Jahre wird jener A.-Begriff als ideologischer Reflex des Enterbten erkannt [21] und eine «Wiederentdeckung der A.» [22] eingeleitet.

Anmerkungen. [1] J. J. SPALDING: Die Bestimmung des Menschen (1748), hg. H. STEPHAN (1908) 28. 33. – [2] J. S. SEMLERS Lebensbeschreibung von ihm selbst abgefaßt 1 (1781) Vorrede. – [3] H. G. ZERRENNER: Volks-A. (1786) 16. – [4] K. F. BAHRDT: Über A. und die Beförderungsmittel derselben (1789) 192f., ausführlicher zit. bei J. BAUR: Salus christiana 1 (1968) 174. – [5] ZERRENNER, a. a. O. [3] 69. 73. 91. – [6] F. SCHLEIERMACHER: Reden über die Relig. (1799) 155. – [7] Evang. Kirchenztg, hg. E. W. HENGSTENBERG (17. 10. 1840). – [8] D. F. STRAUSS: Die christl. Glaubenslehre 1 (1840) 10. – [9] Anonymus: Zur A. über den Pietismus und über die davor gehegten Besorgnisse (1841) 38f. – [10] R. ROTHE: Theol. Ethik (1845-1848, ²1867-1871) § 1028f. – [11] A. RITSCHL: Die christl. Lehre von der Rechtfertigung und Versöhnung 3 (³1888) 589. – [12] W. HERRMANN: Die Met. in der Theol. (1876) 60. – [13] F. H. R. FRANK: System der christl. Wahrheit (³1894) Reg. s. v. – [14] F. H. R. FRANK: System der christl. Sittlichkeit 1 (1884) 54. – [15] A. THOLUCK: Gesch. des Rationalismus 1 (1865) 92f. – [16] E. TROELTSCH, Ges. Schriften 4, 837f. – [17] F. BRUNSTÄD: Evangelium und öffentliches Leben (1926), in: Ges. Aufsätze und kleinere Schr. (1957) 213; vgl. P. BLOTH: Relig. in den Schulen Preußens (1968) 182. – [18] K. BARTH: Kirchl.

Dogmatik I/1 (1932) 348. – [19] G. EBELING: Wort und Glaube (1960) 32. – [20] P. TILLICH: Werke 2, 83. – [21] H. R. SCHLETTE: Philos. – Theol. – Ideologie (1968) 91. – [22] T. RENDTORFF: Wiederentdeckung der A. Kontexte 2 (1966) 75-82.

Literaturhinweise. A. E. BIEDERMANN: A. Zeitstimmen aus der ref. Schweiz (1864). – K. SCHOLDER: Grundzüge der theol. A. in Deutschland. Festschrift H. Rückert (1966) 460-486. – G. PICHT: Was heißt aufgeklärtes Denken? Z. evang. Ethik 11 (1967) 218-230.

TH. MAHLMANN

Aufmerksamkeit. Der Begriff ‹A.› wird sowohl phänomendeskriptiv als auch in theoretischer Bedeutung verwendet. In seiner *phänomendeskriptiven* Verwendung zeigt er kaum einen Bedeutungswandel; es läßt sich lediglich von der gelegentlichen Erwähnung einzelner A.-Phänomene in der Antike über die ersten ausführlicheren Beschreibungen der A. im 17. Jh. bis zu den eingehenden Darstellungen in der empirischen Psychologie des 18. Jh. eine Differenzierung und Anreicherung mit neuen Bestimmungsstücken feststellen. Als *theoretisches* Konzept besitzt der Begriff demgegenüber ein außerordentlich breites Bedeutungsspektrum. Es finden sich Auffassungen der A. als Zustand (motorisch-affektiver und Dispositionsbegriff der A.), als Beschaffenheit von Bewußtseinsinhalten (sensualistisch-intellektualistischer Begriff der A.), als Vermögen oder Fähigkeit (Vermögensbegriff der A.), als kognitive Tätigkeit oder Strebung (Apperzeptionsbegriff der A.) und als Willenshandlung (voluntaristischer Begriff der A.). Einige dieser Konzeptionen lassen sich bis in die Antike zurückverfolgen; die meisten liegen seit dem 18. Jh. vor. Die Begriffsentwicklung im 19. Jh. ist durch eine Ausarbeitung dieser theoretischen Positionen gekennzeichnet. Zu Beginn des 20. Jh. verliert der Begriff mit dem Niedergang der Bewußtseinspsychologie an Bedeutung; in jüngster Zeit taucht er wieder im Kontext physiologisch und kybernetisch beeinflußter Modellvorstellungen zur selektiven Reizverarbeitung auf.

1. ‹*Aufmerksamkeit*› *als phänomendeskriptiver Begriff.* Die erste Erwähnung eines A.-Phänomens findet sich bei ARISTOTELES in der kleinen Schrift Περὶ αἰσθήσεως καὶ αἰσθητῶν [1]: Ein Sinneseindruck kann unbemerkt bleiben, wenn die Seele zugleich intensiv mit einer anderen Tätigkeit beschäftigt ist. Während für Aristoteles der Hinweis auf dieses Phänomen lediglich die – metaphysisch zu fordernde – Unmöglichkeit belegen soll, mehrere Inhalte zugleich wahrzunehmen, wird es von LUKREZ [2] und vor allem von STRATO [3] als Anzeichen für eine aktiv zwischen mehreren möglichen Wahrnehmungen wählende Tätigkeit der Seele (νοῦς, animus) aufgefaßt: Zum *Engeaspekt* der A. tritt der *Tätigkeitsaspekt* hinzu. Ein Terminus für A. fehlt diesen Autoren noch; sie wird bei LUKREZ als «Hinwendung der Seele» bezeichnet [4].

Der Begriff A. (attentio, intentio) taucht als wissenschaftlicher Terminus erstmals bei AUGUSTIN auf [5]; bei ihm tritt der Tätigkeitsaspekt weiter in den Vordergrund: A. wird zum Willensakt. Die Verbindung von Enge- und Tätigkeitsaspekt bestimmt die – recht spärlichen – Beschreibungen der A. im Mittelalter. So hebt THOMAS VON AQUIN einerseits im Anschluß an Aristoteles die Enge der A. hervor [6], andererseits sieht er sie, Augustin folgend, als Willenserscheinung an [7]. In der spanischen Scholastik erscheint zur Kennzeichnung des Engeaspekts zum ersten Mal der Begriff «limitatio attentionis» [8]. Der einzige Scholastiker, der eine Bereicherung des A.-Begriffs bietet, ist BURIDAN. In seinem Kommentar zu der oben erwähnten Schrift des Aristoteles löst er die Dichotomie, ob zu einem gegebenen Zeitpunkt nur ein oder mehrere Inhalte erfaßt werden können, durch die Einführung des Konzeptes der Klarheit auf: Es können zwar mehrere Inhalte zugleich aufgefaßt werden, aber nicht mit der gleichen Klarheit wie ein einziger Inhalt [9] (*Klarheitsaspekt* der A.).

In der Psychologie des 16. und 17. Jh. tritt der Engeaspekt gegenüber dem Klarheits- und Tätigkeitsaspekt in den Hintergrund. DESCARTES verwendet die Begriffe «admiration» (etwa: spontane sinnliche A.; genauer: der spontane Anstoß zur sinnlichen A.) und «attention» (etwa: willentliche A.). Die spontane sinnliche A. wird vom Klarheitsaspekt her beschrieben: Neue und starke Eindrücke bewirken eine Affektion (passion) der Seele, die diese veranlaßt, sie zu beachten (considérer) und zu verstärken [10]. Zwar ist auch der Zustand der «admiration», insofern er nicht gegen den Willen der Seele bestehen kann [11], mit «attention» verbunden [12], doch ist die letztere ihrem Wesen nach eine von äußeren Eindrücken unabhängige Willenshandlung [13], wird also vom Tätigkeitsaspekt her bestimmt. Durch die Verknüpfung von Klarheits- und Tätigkeitsaspekt gelangt Descartes zu zwei neuen Bestimmungsstücken der A.: Die Tätigkeit der Seele vermag einen Eindruck über eine Zeitspanne hinweg festzuhalten [14] (*Fixierungsaspekt* der A.); sie kann weiterhin auf die Sinnesorgane einwirken und damit die Auffassung des Eindrucks erleichtern [15] (*effektorischer Aspekt* der A.). Die Vereinigung von Klarheits- und Tätigkeitsaspekt kennzeichnet auch die Beschreibung der A. bei Malebranche, Locke und Leibniz. MALEBRANCHE geht inhaltlich über Descartes nicht hinaus, gibt aber eine differenziertere phänomenologische Schilderung des A.-Vorgangs: Der Wunsch, einen Inhalt klar festzuhalten, führt zu einer Anstrengung, die eine Erhellung des Geistes zur Folge hat [16]. Bei LOCKE sind Tätigkeits- und Klarheitsaspekt miteinander verschmolzen: A. ist als ein Modus des Denkens auf einer Steigerungsreihe angeordnet, die vom festen Schlaf bis zur höchsten Konzentration reicht [17], diese ist einerseits durch verschiedene Tätigkeitsgrade des Geistes [18], andererseits durch Abstufungen in der Klarheit der erfaßten Ideen gekennzeichnet [19]. – Für LEIBNIZ ist A. mit dem Übergang von unbewußten Wahrnehmungen (petites perceptions) zur bewußten Wahrnehmung (apperception) verbunden [20]; dieser Übergang ist das Resultat einer Tätigkeit der Seele [21]. Als neues Bestimmungsstück fügt Leibniz dem A.-Begriff den *motivationalen* Aspekt hinzu: Die A. richtet sich auf diejenigen Gegenstände, die von der Seele gegenüber anderen vorgezogen werden [22].

Am Ende des 17. Jh. sind damit alle wesentlichen Merkmale des phänomendeskriptiven A.-Begriffs herausgebildet. Die Psychologie des 18. Jh. ist teils an Systematisierung, teils an praktisch anwendbarem psychologischem Wissen interessiert und bietet eine Fülle eingehender Beschreibungen der A. Im Anschluß an Leibniz' A.-Konzept in der von WOLFF vereinfachten Fassung (s. u. 2c) werden Tätigkeits- und Klarheitsaspekt hervorgehoben, wobei auf die schon bei Descartes angedeutete Unterscheidung von willkürlicher und unwillkürlicher A. ebenso Wert gelegt wird wie auf die von Locke herkommende Einteilung in sinnliche (auf einen äußeren Eindruck gerichtete) und intellektuelle (auf eine Vorstellung gerichtete) A. [23]. Daneben tritt auch der seit dem Mittelalter wenig beachtete Engeaspekt wieder in den Vordergrund; ähnlich wie bei Buridan wird er von den meisten Autoren mit dem Klarheitsaspekt verknüpft; wenn sich die A. auf mehrere Gegenstände richtet, so geschieht dies auf Kosten der Klarheit der Eindrücke [24]. Der Fixierungs- und der motivationale Aspekt der A. werden vorzugsweise unter praktisch-psychologischem Gesichtspunkt gesehen; es gibt eine - individualspezifisch variierende - Fähigkeit, die A. andauern zu lassen [25], Eintritt und Dauer der A. sind vom Interesse abhängig, das der zu beachtende Gegenstand erregt [26]. Der effektorische Aspekt wird von HARTLEY [27] und CONDILLAC [28] erwähnt.

Damit ist die Entwicklung des A.-Begriffs in seiner phänomendeskriptiven Bedeutung abgeschlossen; Schilderungen der A. gegen Ende des 19. Jh. unterscheiden sich, was die erwähnten Phänomene angeht, nicht von denen des 18. Jh. (vgl. z. B. JAMES [29], W. WUNDT [30], MEUMANN [31]).

2. ‹Aufmerksamkeit› als theoretischer Begriff. In der antiken Philosophie vor Augustin fehlt ein theoretisches Konzept der A. Als Vorformen des Begriffs können die in der nacharistotelischen Erkenntnislehre für die aktive Tätigkeit der Seele im Wahrnehmungsakt verwendeten Begriffe angesehen werden, insbesondere das Bemerkensvermögen (τὸ προσεκτικόν μέρος) der jüngeren Neuplatoniker.

Von der tradierten Vorstellung einer im Wahrnehmen tätigen Seele her entwickelt AUGUSTIN seine A.-Theorie. Die bewußte Wahrnehmung eines Sinneseindrucks gibt es nur, wenn er durch den Eintritt in das (bei Augustin mit Bewußtsein verbundene) Gedächtnis (memoria) Bestand gewinnt und mit Spuren vorausgegangener Eindrücke verknüpft wird [32]. Die Verbindung zwischen Sinneseindruck und Gedächtnis wird durch einen Akt des Willens hergestellt; dieser Akt ist die A. [33]. Die Verbindung von voluntaristischer Deutung und Apperzeptionstheorie, die Augustins A.-Begriff kennzeichnet, geht in der Folgezeit verloren; man wird sie erst bei Wundt wiederfinden.

Die mittelalterliche Philosophie übernimmt die begriffliche Bestimmung der A. als Willensakt [34]; eine inhaltliche Fortentwicklung (und zugleich Einschränkung) erfährt die voluntaristische Konzeption erst bei DESCARTES. Bewußte Wahrnehmung (perception) [35], ja auch die durch äußere Eindrücke ausgelöste A. (admiration) [36] kommt durchaus ohne Willenstätigkeit zustande; die letztere kann vollständig durch die sich selbst verstärkende Tätigkeit der Lebensgeister (esprits animaux) erklärt werden [37]. Die willkürliche A. (attention) tritt erst dann auf, wenn die Seele über die Einwirkung äußerer Eindrücke hinaus ihre Wahrnumgen zu beeinflussen wünscht; es findet dann eine willentliche Bewegung der Zirbeldrüse statt, die den Fluß der Lebensgeister steuert [38]. Die cartesianische Theorie verbindet also den voluntaristischen mit einem sensualistisch-physiologischen A.-Begriff. In der weiteren Begriffsentwicklung trennen sich diese beiden Konzepte.

a) Der voluntaristische A.-Begriff. Die voluntaristische A.-Theorie wurde vor allem in Frankreich und in der schottischen Schule fortgeführt. LOCKE hatte die A. als einen Zustand erhöhter Tätigkeit der Seele beschrieben; diese Tätigkeit wird nun von REID [39] und STEWART [40] als ein Akt des Willens interpretiert, der einzelne Inhalte aus dem Bewußtseinsfeld heraushebt. Damit ist zugleich zum ersten Mal eine begriffliche Unterscheidung zwischen A. und Bewußtsein formuliert. STEWART entwickelt aus der Konzeption der A. als Willensakt eine Analyse des Engeproblems: Ein A.-Akt kann sich immer nur auf einen einzigen Inhalt richten; das scheinbar aufmerksame Bemerken mehrerer Inhalte ist also in Wahrheit eine unbemerkte Sukzession einzelner Auffassungsakte [41]. Die in Frankreich vertretenen voluntaristischen A.-Konzeptionen schließen sich eng an Descartes an. Bei MAINE DE BRIAN [42] und vor allem RENOUVIER [43] wird der Willenscharakter der A. anders als in der schottischen Schule in erster Linie vom Fixierungsaspekt her bestimmt: A. ist – wie ja schon ähnlich bei Descartes – das willentliche Isolieren und Festhalten von Bewußtseinsinhalten. In der späteren Entwicklung verliert diese Konzeption der A. als fixierender Funktion ihren voluntaristischen Charakter: RIBOT [44] sieht zwar wie Renouvier das Wesen der A. in ihrer dem Drang des psychischen Lebens nach Veränderung entgegenwirkenden Tendenz, aber der die A. kennzeichnende «état fixe» wird nicht mehr voluntaristisch interpretiert, sondern erscheint als ein mit affektiven und motorischen Komponenten verbundener intellektueller Zustand. Auch bei V. V. VOLKMAR ist aus dem voluntaristischen «Festhalten» ein Zustand des Fixierens geworden, dessen Wirkung darin besteht, Vorstellungen vor dem Absinken zu bewahren [45]. Die weitere Differenzierung der voluntaristischen A.-Theorie läßt zwei Richtungen erkennen. Die Schwierigkeit, die phänomendeskriptiv als unwillkürlich erscheinende A. zu erklären, führt zu einer Ausweitung des Willensbegriffs; die introspektive und physiologische Analyse erbringt eine Zerlegung des A.-Aktes in affektive und motorische Komponenten. Schon TIEDEMANN spricht nicht mehr von Willen, sondern bezeichnet die A. schlechthin als einen «Ausfluß der Selbsttätigkeit» [46]. Den gleichen Ausdruck gebraucht FECHNER; er kann so daran festhalten, daß die A. «psychophysisch» mit der Willenstätigkeit identisch sei [47], zugleich aber phänomendeskriptiv zwischen willkürlicher und unwillkürlicher A. unterscheiden [48]. Eine derartige Erweiterung des Willensbegriffs über das erlebte Wollen hinaus wird in den meisten nachfolgenden voluntaristischen A.-Theorien beibehalten. So unterscheidet auch JODL zwischen willkürlicher und unwillkürlicher A., nennt aber beide Willenserscheinungen, die als «Akte der Spontaneität» begriffen werden [49]. Ähnlich spricht EHRENFELS von der A. als einer «inneren Willens- oder Strebenshandlung» [50]. KREIBIG bezeichnet «Wollen und psychische Tätigkeit (als) dasselbe Phänomen» [51] und lehnt eine Gleichsetzung des im A.-Akt tätigen Willens mit erlebtem Wollen ausdrücklich ab. Mit dieser Ausweitung des Willensbegriffes nähert sich die voluntaristische A.-Theorie der Apperzeptionstheorie der A.; beide werden in der Tat später (s. u. 2c) bei WUNDT verschmolzen. Die introspektive und physiologische Analyse führt andererseits zu einer Entwicklung des voluntaristischen Konzepts in Richtung auf eine affektiv-motorische Theorie der A. Der Spannungszustand des Bewußtseins, der nach RIBOT das Wesen der A. ausmacht, wird von ihm als Folge einer Wechselwirkung zwischen zentralen (affektiven) und peripheren (motorischen) Anspannungen aufgefaßt [52]. Die motivational-affektive Komponente tritt bei STUMPF in den Vordergrund: A. ist zwar mit Willen identisch, aber die introspektive Analyse zeigt, daß ihr Wesen in einem Gefühl besteht; es wird als «Interesse» oder «Lust am Bemerken» bezeichnet [53]. Die peripher-motorische Konzeption erfährt in der weiteren Entwicklung Veränderungen in zwei verschiedene Richtungen. In MÜNSTERBERGS Aktionstheorie, die zunächst an Ribot anknüpft, tritt die peripher-motorische zugunsten einer zentralmotorischen Auffassung zurück. Münsterberg betont zunächst auch die peripheren

Begleiterscheinungen der A., sieht aber das entscheidende Moment in den diese vorbereitenden Erregungen in den motorischen Hirnzentren. Bewußtsein und – im Fall zusätzlicher Hemmung – A. kommt überhaupt erst durch die Erregungsausbreitung von sensorischen hin zu motorischen Zentren zustande, auch dann, wenn die motorische Erregung nicht zur offenen Reaktion führt [54]. Umgekehrt wird in der auf PAWLOW zurückgehenden [55] Theorie des Orientierungsreflexes in der modernen russischen Physiologie, die als physiologische A.-Theorie gedeutet werden kann [56], die Bedeutung der peripheren Vorgänge hervorgehoben: Auf einen neuen, d. h. nicht mit einem im Zentralnervensystem gespeicherten «Reizmodell» übereinstimmenden Reiz reagiert der Organismus mit einer Reihe vor allem peripherer (motorischer und autonomer) Veränderungen, die die Funktion haben, die Aufnahme des Reizes zu erleichtern (SOLOKOV [57]). Dem Konzept des Orientierungsreflexes verwandt ist der von SUTHERLAND [58] verwendete Begriff des «switching in of analyzers», eine Einstellung von Reizverarbeitungssystemen auf bestimmte Reizaspekte, die als erste Stufe des Diskriminationslernens aufgefaßt wird [59].

b) *Der sensualistisch-dispositionale A.-Begriff.* Der cartesianische Begriff der sinnlichen A. (admiration) bezeichnet zugleich einen psychischen Vorgang und den zugrunde liegenden physiologischen Prozeß. Die beiden Aspekte des Begriffs entwickeln sich zunächst getrennt, werden aber in den physiologischen Dispositionstheorien des späten 19. Jh. wieder zusammengeführt. Allen psychologischen Varianten des Konzepts ist gemeinsam, daß der Begriff vom Klarheitsaspekt her bestimmt wird, man das Wesen der A. also im Hervortreten von Bewußtseinsinhalten sieht. Da sie die Annahme einer willentlichen oder apperzeptiven A.-*Tätigkeit* ablehnt, muß diese Konzeption, sofern sie sich nicht mit äußerer Reizeinwirkung als Ursache der A. benügt, die Erklärung der A. im *Zustand* der Gesamtpsyche oder in der Einwirkung einzelner seelischer Inhalte auf andere sehen; von hierher erklärt sich die Verbindung einer sensualistischen (bzw., falls von Vorstellungen anstelle von Empfindungen gesprochen wird, einer intellektualistischen) mit einer dispositionalen Konzeption. Sie findet sich zuerst, wenn auch noch nicht begrifflich expliziert, bei CONDILLAC, der das sensualistische Konzept auf alle Formen der A. ausdehnt. A. entsteht zunächst durch einen äußeren Eindruck; sie ist das Haben einer klaren Empfindung [60]. Aber sie bleibt nicht an das Vorhandensein der Empfindung gebunden, sondern kann zeitlich über sie hinauswirken und dadurch Gedächtnis erzeugen [61]; sie vermag weiterhin durch Verbindung mit dem Gedächtnis sich auf Ideen zu richten [62] und, indem sie Ideen und Empfindungen miteinander verbindet, Urteile zu bilden [63]. Damit ist die Abhängigkeit der A. von äußeren Eindrücken, die Descartes' «admiration» kennzeichnet, auf eine grundsätzliche Herleitbarkeit reduziert: A. geht zwar genetisch auf Empfindung zurück und kann insofern mit Empfindung identifiziert werden [64], aber funktional ist sie eine Disposition, Empfindungen und Ideen zu haben (capacité de sentir) [65].

In der weiteren Entwicklung dieses A.-Begriffs wird die Verbindung von sensualistischer bzw. intellektualistischer und dispositionaler Konzeption durchweg beibehalten, doch wird der Terminus ‹A.› in der Regel nur für einen dieser beiden Aspekte verwendet. Das Konzept der A. als *Disposition* findet sich wieder bei HERBART, wird aber nicht mehr, wie bei Condillac, im Sinne einer allgemeinen Empfindungsfähigkeit, sondern als geistige Bereitschaft [66] verstanden, «einen Zuwachs des Vorstellens zu erzeugen» [67]. Sie wird in ihrem Ausmaß durch verschiedene, teils fördernde, teils hemmende Faktoren bestimmt, z. B. die «Empfänglichkeit» für Reize [68]. A. ist demnach nicht mit der – als Aneignung und Umgestaltung von Vorstellungen definierten – Apperzeption gleichzusetzen; allerdings kann im Fall der «apperzipierenden A.», die Herbart zur A. im weiteren Sinn rechnet, die Disposition im Vorhandensein einer apperzipierenden Masse bestehen [69]. Während bei Herbart der Terminus ‹A.› ausschließlich für den dispositionalen Aspekt verwendet wird, steht er bei seinem Schüler WAITZ, der sich im übrigen Herbart anschließt, zugleich auch für den Aspekt des Hervortretens von Vorstellungen: A. ist einerseits ein Erwartungszustand, der u. a. durch die Gefühle der Spannung, der Strebung und des Interesses gekennzeichnet ist [70], andererseits aber wird sie als ein «scharfes und genaues Perzipieren von Einzelnem» definiert [71]. Die Entwicklung in der zweiten Hälfte des 19. Jh. bringt wieder eine klarere begriffliche Trennung der beiden Aspekte; innerhalb der Auffassung der A. als Disposition kommt bei einigen Autoren eine – übrigens schon bei Herbart angedeutete [72] – Unterscheidung zwischen aktueller und latenter Disposition hinzu, wobei die Bezeichnung ‹A.› sich auf die erstere beschränkt. So faßt KÜLPE die A. als einen «allgemeinen Zustand des Bewußtseins» [73] im Sinne einer aktuellen Disposition auf; hiervon zu trennen sind zum einen die Wirkungen der A., zu denen auch die Zunahme der Klarheit von Bewußtseinsinhalten gehört [74], andererseits aber auch ihre inneren Bedingungen: Interesse und psychophysische Disposition [75]. Ähnlich, wenn auch weniger explizit, unterscheidet JAMES eine latente Disposition zur A. («ideational preparation») [76] von der A. selbst, die er – ohne allerdings klar zwischen Dispositions- und Klarheitsaspekt zu trennen – als einen Zustand der Konzentration des Bewußtseins auf ein oder auf wenige Objekte beschreibt [77]. Den Versuch einer physiologischen Interpretation der A. als Disposition, die die aktuelle und die latente Komponente funktional wieder zusammenfaßt, hat G. E. MÜLLER unternommen [78] (s. u.).

Bei denjenigen Varianten des sensualistisch-dispositionalen Konzepts, die den Terminus ‹A.› zur Bezeichnung des *Hervortretens von Bewußtseinsinhalten* verwenden, kann die dispositionale Komponente notwendigerweise nur als latente Disposition aufgefaßt werden. Der Verzicht auf die Annahme eines aktuellen A.-Zustandes ebenso wie auf die einer A.-Tätigkeit bringt es mit sich, daß das A.-Problem in diesen Konzeptionen dazu tendiert, sich als eigenständiges Problem überhaupt aufzulösen. So führt ZIEHEN die A. auf die allgemeinen Gesetze des Gedankenverlaufs zurück: Welche von mehreren möglichen Empfindungen zu einem gegebenen Zeitpunkt die A. auf sich zieht, hängt vom «assoziativen Impuls der Empfindungen» ab, in den als dispositionale Komponenten die «Übereinstimmung mit dem latenten Erinnerungsbild» und die «zufällige Konstellation der Vorstellungen» eingehen [79]. Ähnlich wird bei KOHN die A. in den Kontext allgemeiner Funktionsprinzipien der Wahrnehmung eingeordnet. Wahrnehmungen entstehen aus der Verschmelzung der (aus dem äußeren Reiz hervorgehenden) Perzeptionsmasse mit der (aus den Residuen früherer Erfahrungen gebildeten) Apperzeptionsmasse. Der resultierende Bewußtseinsvorgang kann je nach der Übereinstimmung der beiden

Massen verschiedene Grade an Intensität erreichen: Er ist in verschiedenem Ausmaß mit A. verbunden [80]. Seinen entschiedensten Vertreter hat schließlich das Konzept der A. als Klarheit von Bewußtseinsinhalten in TITCHENER gefunden: A. ist als «clearness» nichts anderes als ein «attribute of sensation» [81]. Die latente Disposition («preexistent image») wird von Titchener neben einer Anzahl von Reizparametern als eine der A. günstige Bedingung genannt [82] und erfährt eine physiologische Deutung: Sie ist eine der «conditions of a powerful impression of the nervous system» [83].

Diese *physiologische* Interpretation der A. ist freilich weitaus weniger explizit als die physiologischen Theorien der A., die schon im 18. Jh. formuliert wurden. Sie gehen – sieht man von noch älteren Wurzeln in der antiken Pneumalehre ab [84] – auf DESCARTES' physiologische Theorie der spontanen sinnlichen A. (admiration) zurück: Ein neuer und intensiver Eindruck wird dadurch verstärkt, daß er die Bewegung der in den Nervenkanälen strömenden Lebensgeister (esprits animaux) auf sich zieht [85]. Diese Erklärung der A. wird, teilweise in Verbindung mit der HARTLEYSCHEN Vibrationstheorie der Nervenleitung [86], im 18. Jh. weiterentwickelt. So sieht BONNET in der A. eine Einwirkung der Seele auf die Nerven, die die Bewegung des Nervensaftes (fluide nerveux) verstärkt und aufrechterhält [87]. PLATNER differenziert diese Theorie durch die Unterscheidung zwischen peripherer («erster») und zentraler («zweiter») Bewegung des Nervengeistes: Die erste Bewegung wird durch den äußeren Reiz ausgelöst und führt zu einer «Impression» im Gehirn; neben ihr gibt es eine Bewegung in den markigen Kanälen des Gehirns, die das physiologische Korrelat der A. darstellt [88]. Ähnliche Vorstellungen vom physiologischen Prozeß der A. finden sich bei TETENS und anderen Autoren des 18. Jh. [89]. In der ersten Hälfte des 19. Jh. verlieren derartige spekulative physiologische Konzeptionen mit dem Niedergang der materialistischen Psychologie einerseits, der Entwicklung einer streng naturwissenschaftlichen Physiologie andererseits an Interesse. Erst G. E. MÜLLER formuliert 1873 wieder eine physiologische Theorie der A.; in ihr verbindet sich der sensualistisch-dispositionale Begriff der A. wieder mit dem physiologischen Konzept der A. als erhöhter zerebraler Erregung. In der ersten Fassung seiner Theorie wird die A. mit der Aktivierung der Residuen von Eindrücken gleichgesetzt, die einem aktuell anwesenden Eindruck gleichen oder ähneln. Die so erzeugte zentrosensorische Erregung vereinigt sich mit der vom Reiz erzeugten Erregung und fördert diese sowohl zentral als auch durch Innervation zentrifugaler Leitungsbahnen [90]. In einer späteren Arbeit [91] hat Müller diese Theorie ausgebaut: Die mit A. verbundene zentrosensorische Erregung ist qualitativ anders beschaffen als die durch den peripheren Reiz ausgelöste Erregung; sie trägt unspezifischen Charakter und ist in ihrer Wirkungsweise einem Katalysator vergleichbar [92]. Mit Müllers Theorie verwandt sind die physiologischen A.-Konzepte von EXNER [93] (A. als nervöse Bahnung), EBBINGHAUS [94] (Bahnung und Hemmung durch Erregungsgruppen, die einer Diffusion der sensorischen Erregung entgegenwirken) und HENNING [95] (Sensibilisierung). In der modernen Psychophysiologie hat als erster HEBB wieder auf das A.-Problem hingewiesen [96]; er betont die weitgehende Unabhängigkeit der A. von äußeren Reizen und sieht in ihr das psychische Korrelat eines «autonomous central process» der spontanen Erregung [97], der, ähnlich wie bei G. E. Müller, die Funktion hat, sensorische Prozesse selektiv zentral zu verstärken [98]. Neuere empirische Untersuchungen haben dieses Konzept differenziert; sie machen es wahrscheinlich, daß wenigstens drei physiologische Mechanismen der A. zu unterscheiden sind: a) das von MORUZZI und MAGOUN [99] entdeckte unspezifisch aktivierende, zentripetal wirkende System der Formatio reticularis, das für den Zustand allgemein erhöhter A. («wakefulness») verantwortlich ist; b) eine sowohl inhibierende als auch bahnende Funktion, die vom Hirnstamm aus zentrifugal auf die afferenten Bahnen wirkt und zumindest einen Teil der selektiven A. vermittelt (erste Beschreibung von HERNÁNDEZ-PEÓN und Mitarb. [100]); c) ein unspezifisches thalamisches Projektionssystem, das möglicherweise der vom Cortex aus gesteuerten selektiven A. zugrunde liegt (RAMÓN Y CAJAL [101]).

c) *Der Apperzeptionsbegriff der A.* ist zwischen dem voluntaristischen und dem sensualistisch-dispositionalen Konzept einzuordnen. Mit dem ersteren teilt er die Betonung der mit A. verbundenen psychischen Aktivität, mit dem letzteren die Konzeption der A. als primär kognitives Phänomen. Die Apperzeptionskonzeption der A. findet sich nach AUGUSTIN zum ersten Mal wieder bei LEIBNIZ. Alles Seelenleben besteht aus Wahrnehmungen (perceptions) und Strebungen (appétitions) [102], die als aufeinander bezogen begriffen werden: Wahrnehmungen werden durch Strebungen der Seele hervorgebracht [103], andererseits werden die Strebungen durch das gelenkt, was die Seele als erstrebenswert wahrnimmt [104]. Der Doppelaspekt von Wahrnehmung und Strebung kennzeichnet auch Leibniz' A.-Begriff. Sie zeigt sich einerseits als Übergang zur bewußten Auffassung (apperception) [105], trägt andererseits aber den Charakter einer Tätigkeit [106], die freilich unbemerkt bleiben kann [107]. Diese Tätigkeit ist wiederum durch eine (emotionale) Wahrnehmung bedingt: «nous avons de l'attention aux objets que ... nous préférons aux autres» [108]. Schließlich spielt noch das Gedächtnis im Akt der A. eine Rolle: Die Apperzeption eines Inhalts ist mit seiner unbemerkten Wahrnehmung nicht zeitlich koexistent, sondern folgt ihr nach einer, wenn auch unmerklich kurzen, Zeitspanne [109]. Dieser differenzierte A.-Begriff wird bei dem Leibnizianer CHR. WOLFF stark vereinfacht: A. ist «ein Vermögen ... zu machen, daß ein Gedanke [oder eine Empfindung, O. N.] mehr Klarheit bekommt, als die übrigen haben» [110]. Das Leibnizsche Tätigkeitsprinzip wird hier zum Vermögen umgedeutet; als solches hat es eine vermittelnde Stellung zwischen den unteren und den oberen Erkenntniskräften der Seele, d. h. zwischen Sinnlichkeit und Verstand [111]. Diese Anschauung beherrscht, mit geringfügigen Modifikationen, die Psychologie des 18. Jh. Erst gegen Mitte des 19. Jh. tritt an ihre Stelle wieder eine dem A.-Begriff Leibniz' näherkommende funktionale Apperzeptionskonzeption. Die Standpunkte der Autoren des 19. Jh. unterscheiden sich im wesentlichen nur in der Frage der Abgrenzung der A. von Bewußtsein überhaupt. J. MÜLLER, einer der ersten Vertreter dieser Gruppe, ist in diesem Punkt nicht explizit: Der Auffassungsprozeß setzt sich aus zwei Vorgängen zusammen, nämlich der vom Reiz ausgehenden Sinnesempfindung und einer aktiven, als A. bezeichneten Tätigkeit der Seele, die auf die Empfindung einwirkt, sie gegenüber anderen hervorhebt, ihr Schärfe verleiht und sie zergliedert [112]. Ob dieser zweite Prozeß eine notwendige Voraussetzung für Bewußtsein ist, bleibt offen. Für ULRICI ist das der Fall: Es bedarf stets eines «Aktes der Seele», um die bloße

Empfindung (d. h. den physiologischen Vorgang) in die bewußte Empfindung zu überführen; dieser Akt, der das Wesen der A. ausmacht, wird als «unterscheidende Tätigkeit» [113] bestimmt. Demgegenüber betont LOTZE den Unterschied zwischen der nur bewußten Wahrnehmung und derjenigen, deren wir uns «selbstbewußt» werden; nur die letztere ist mit A. verbunden [114]. Eine vermittelnde Position nimmt LIPPS ein: Zwar ist jede Empfindung in einem gewissen Grad mit A. verbunden, aber neben dieser graduellen Abstufung existiert ein qualitativer Unterschied: Hat eine Empfindung ein gewisses Maß von A. auf sich gezogen, dann überschreitet sie die «Apperzeptionsschwelle» und tritt in den Mittelpunkt des Bewußtseins ein [115]. Die A.-Theorie WUNDTS schließlich ist als der Versuch zu kennzeichnen, das Apperzeptionskonzept mit einem voluntaristischen und einem emotionalen Konzept zu verbinden. Der Begriff wird bei Wundt nicht ganz konsistent verwendet. Zwar werden A. und Apperzeption als zwei Ausdrücke für denselben Tatbestand bezeichnet [116], doch scheint es, daß Wundt den Begriff ‹A.› meist im phänomendeskriptiven, den Begriff Apperzeption mehr im Sinne eines Funktionsbegriffs verwendet hat [117]. Die folgende Darstellung hält sich an die explizite Definition Wundts. A. ist zunächst introspektiv als von einem charakteristischen Gefühl begleitete Tätigkeit zu beschreiben, die mit einer Erhöhung des Klarheitsgrades wahrgenommener Inhalte verbunden ist [118]. Eine genauere Analyse zeigt nun, daß die Gefühlskomponente in Beschaffenheit und Verlauf alle Charakteristika einer Willenshandlung trägt: Die A. ist somit als innere Willenshandlung anzusprechen [119]. Als solche stellt sie ein Elementarphänomen dar: Äußere Willenshandlungen lassen sich genetisch auf sie zurückführen [120]. Gefühle sind als Reaktion der A. auf Bewußtseinsinhalte zu begreifen [121]. Die Analyse des Klarheitsaspekts erweist die A. andererseits als Auffassungsvorgang; sie ist der Eintritt einer Vorstellung in den inneren Blickpunkt des Bewußtseins [122]. Die Verbindung von Willens-, Gefühls- und Auffassungsaspekt der A. führt zu ihrer Bestimmung als zentrale kognitive Funktion: Indem sie als Willensvorgang aufgrund von Gefühlen (Motiven) in den Vorstellungsverlauf eingreift, schafft sie apperzeptive Vorstellungsverbindungen [123].

Diese umfassende theoretische Ausarbeitung des A.-Begriffs bezeichnet den Schlußpunkt der Entwicklung des Apperzeptionsbegriffs der A. im 19. Jh. Erst in jüngster Zeit hat diese Begriffsentwicklung im Rahmen des neuerlichen Interesses an der funktionalen Analyse kognitiver Vorgänge ihre Fortsetzung gefunden. Der gegenwärtig verwendete Begriff der selektiven A. [124] läßt sich als ein von introspektiven Komponenten gereinigter, auf den funktionalen Aspekt reduzierter Apperzeptionsbegriff der A. auffassen: A. ist diejenige kognitive Funktion, die der selektiven Verarbeitung von Reizen zugrunde liegt. Die Modelle, die zur Beschreibung dieser Funktion formuliert wurden, postulieren im Prinzip den gleichen zweistufigen Auffassungsprozeß wie die klassischen Apperzeptionstheorien der A. Das A.-Modell BROADBENTS [125] nimmt an, daß auf einem relativ peripheren Verarbeitungsniveau Information aus mehreren «Kanälen» gleichzeitig aufgenommen und kurzzeitig gespeichert werden kann. Die A. wird als aktiv selegierender Filter aufgefaßt, der darüber entscheidet, aus welchem Kanal das gespeicherte Material der zentralen Entschlüsselung zugeführt wird. Das Modell, das DEUTSCH und DEUTSCH formuliert haben [126], setzt den Übergang zwischen den beiden Stufen auf einem höheren Verarbeitungsniveau an: Alle einlaufende Information wird zunächst zentral analysiert und anschließend einer Bewertung unterzogen, die darüber entscheidet, ob sie im Gedächtnis registriert und mit der Motorik verknüpft wird; diese letzteren Prozesse erst sind mit bewußter Beachtung verbunden. Zwischen diesen beiden Konzeptionen steht die NEISSERS [127]. Er unterscheidet zwischen «preattentive processes», die eine erste Aufgliederung des Reizmaterials in Verarbeitungseinheiten vornehmen, und der «focal attention», die jeweils eine der so gebildeten Einheiten zur genaueren Analyse auswählt. Indem sie nacheinander einzelne Verarbeitungseinheiten selegiert, ermöglicht die A. dem Organismus die ökonomische Verarbeitung komplexer Reizkonfigurationen.

Anmerkungen. [1] Vgl. ARISTOTELES, De anima 447 a, 15-17. – [2] LUKREZ, De rerum natura IV, 802-804. 814-815. – [3] H. SIEBECK: Gesch. der Psychol. (Nachdruck Amsterdam 1961) 2, 200. – [4] LUKREZ, a. a. O. [2] 812. – [5] AUGUSTIN, De musica VI, 8; De trinitate XI, 19. – [6] THOMAS VON AQUIN, De veritate 13, 3 c. – [7] a. a. O., 22, 13 c. – [8] K. PORT: Die Enge des Bewußtseins (1955) 15. – [9] a. a. O. 14f. – [10] DESCARTES, Les passions de l'âme § 70. – [11] a. a. O. § 76. – [12] § 70. – [13] §§ 43. 75. 76. – [14] §§ 43. 75. – [15] § 70. – [16] MALEBRANCHE, Méditations chrétiennes I, 2. – [17] LOCKE, An essay conc. human understanding II, 19, 1, 3, 4. – [18] a. a. O. II, 19, 3, 4. – [19] II, 1, 7; ch. 9, 4; 19, 3. – [20] LEIBNIZ, Nouveaux essais sur l'entendement humain, Préface; II, 9, 4. – [21] a. a. O. II, 21, 72. – [22] a. a. O. II, 19, 1. – [23] D. BRAUNSCHWEIGER: Die Lehre von der A. in der Psychol. des 18. Jh. (1899) 26ff. 63ff. – [24] a. a. O. 41ff. – [25] 40f. – [26] 55ff. – [27] HARTLEY, Observations on Man, Prop. 72. – [28] BRAUNSCHWEIGER, a. a. O. [23] 67. – [29] W. JAMES: Principles of psychol. (New York 1892) I, ch. 14. – [30] W. WUNDT: Grundzüge der physiol. Psychol. (1911) 3, 316. – [31] E. MEUMANN: Vorles. zur Einf. in die exp. Pädagogik und ihre psychol. Grundlagen (²1916) 140ff. – [32] AUGUSTIN, De trin. XI, 5; De musica VI, 8. – [33] De trin. VI, 15. – [34] THOMAS VON AQUIN, De veritate 22, 13 c. – [35] DESCARTES, Les passions de l'âme § 19. – [36] a. a. O. § 53. – [37] § 70. – [38] §§ 43. 76. – [39] TH. REID: Essays on the intellectual powers of man. Werke 1, 239; Essays on the active powers of man. Werke 2, 537f. – [40] D. STEWART: Elements of the philos. of the human mind I, 2. – [41] II, 140-143. – [42] FR. P. G. MAINE DE BIRAN: Oeuvres inédites 2 (Paris 1852). – [43] CH. RENOUVIER: Nouvelle monadol. (1873). – [44] TH. RIBOT: Psychol. de l'attention (Paris 1888). – [45] V. V. VOLKMAR: Lehrb. der Psychol. (²1876) 2, 197. – [46] D. TIEDEMANN: Hb. der Psychol. (1804) 121. – [47] G. TH. FECHNER: Revision der Hauptpunkte der Psychophysik (Nachdr. Amsterdam 1965) 270. 248. – [48] Elemente der Psychophysik (²1889) 2, 450. – [49] F. JODL: Lehrb. der Psychol. (1896) 438. – [50] CH. V. EHRENFELS: System der Werttheorie (1897) 253. – [51] C. KREIBIG: Die Aufmerksamkeit als Willenserscheinung (1897) 3. – [52] RIBOT, a. a. O. [44]. – [53] C. STUMPF: Tonpsychol. (1890) 2, 279. – [54] H. MÜNSTERBERG: Grundzüge der Psychol. (1918) 525ff. – [55] G. RAZRAN: The observable unconscious and the inferable conscious in current soviet psychol. Psychol. Rev. 68 (1961) 81-147. – [56] I. MALTZMAN und D. C. RASKIN: Effects of individual differences in the orienting reflex on conditioning and complex processes. Exp. Res. Pers. 1 (1965) 1-16. – [57] V. N. SOLOKOV: Perception and the conditioned reflex (Oxford 1963). – [58] N. S. SUTHERLAND: Stimulus analysing mechanisms, in: Mechanisation of thought processes (London 1959) 575-601. – [59] N. J. MACKINTOSH, Selective attention in animal discrimination learning. Psychol. Bull. 64 (1965) 124-150. – [60] E. B. CONDILLAC: Traité des sensations I, 2, § 1. – [61] a. a. O. § 6. – [62] § 14. – [63] § 15. – [64] CONDILLAC, Extrait raisonné du traité des sensations. Oeuvres philos. 1, 326. – [65] a. a. O. [60] § 28. – [66] F. HERBART: De attentionis mensura. Werke 5, 54. – [67] Psychol. als Wiss., neu gegründet auf Erfahrung, Met. und Mathematik. Werke 4, 148. – [68] a. a. O. 148. – [69] 149. – [70] TH. WAITZ: Lehrb. der Psychol. als Naturwiss. (1849) 629. 637. – [71] a. a. O. 631. – [72] F. HERBART, Lehrb. zur Psychol. Werke 4, 410. – [73] O. KÜLPE: Grundriß der Psychol. (1893) 440. – [74] a. a. O. 444. 446. – [75] 452ff. – [76] W. JAMES: Principles of psychol. (New York 1892) 1, 434. – [77] a. a. O. 404. – [78] G. E. MÜLLER: Zur Theorie der sinnlichen A. (1873). – [79] TH. ZIEHEN: Leitfaden der physiol. Psychol. (1891) 133-140. – [80] H. KOHN: Zur Theorie der A. (Diss. 1895) 19f. – [81] E. B. TITCHENER: Lectures on the elementary psychol. of feeling and attention (New York 1908) 188. – [82] a. a. O. 196. – [83] 204. – [84] S. SAMBURSKY: Das physikalische Weltbild der Antike (1965). – [85] DESCARTES, Les passions de l'âme § 70. – [86] HARTLEY: Observations on man I, Prop. 4. – [87] CH. BONNET: Essai de psychol. ch. 7. – [88] E. PLATNER: Anthropol. für Ärzte und Weltweise (1772) §§ 240-242, 252. – [89] Vgl. BRAUNSCHWEIGER, a. a. O. [23] 88-96. – [90] G. E. MÜLLER, a. a. O. [78]. – [91] Komplextheorie und Gestalttheorie (1923). – [92] Abriß der Psychol. (1924) 107f. – [93] S. EXNER: Entwurf zu einer physiol. Erklärung der psychischen Erscheinungen (1894). – [94] H. EBBINGHAUS: Grundzüge der Psychol. (⁴1919) 672-677. – [95] H. HENNING: Die A. (1925). – [96] D. HEBB: The organization of behavior (New York 1949). – [97] a. a. O. 11. – [98] 87. 102. – [99] G. MORUZZI und H. W. MAGOUN: Brain stem reticular formation and activation of EEG. Electroenceph. clin. Neurophysiol. 1 (1949) 455-473. – [100] R. HERNÁNDEZ-PEÓN, H. SCHERRER und N. JOUVET: Modification of electric activity in cochlear nucleus during «attention» in unanaesthetized cats. Science (1956) 123, 331-332. – [101] Vgl. D. LINDZLEY, Attention, consciousness, sleep, and wakefulness, in: J. FIELD (Hg.), Handbook of physiology, Sect. I, Vol. III, S. 1561. – [102] LEIBNIZ, Monadologie 14, 15. – [103] a. a. O. 15. – [104] Principes de la nature et de la grâce 3. – [105] Nouveaux essais ... Préface. – [106] a. a. O. II, 21, § 72. – [107] § 5. – [108] ch. 19, § 1. – [109] Préface. – [110] CHR. WOLFF, Vernünftige Gedanken von Gott ... I, § 268. – [111] Psychol. empirica §§ 233f. – [112] J. MÜLLER, Hb. der Psychol. I, 3; II, 5. – [113] H. ULRICI: Gott, Leib und Seele (1866). – [114] H. LOTZE: Grundzüge der Psychol. (⁵1894) 31. – [115] TH. LIPPS: Leitfaden der Psychol. (1903) 33ff. 53ff. – [116] W. WUNDT: Grundzüge der physiol. Psychol. (⁶1911) 3, 315. – [117] a. a. O. 55. 88. 415. 544. – [118] 306f. – [119] 284. 316. – [120] 284. – [121] 2, 367; 3, 499. – [122] 3, 307. – [123] 499. – [124] A. TREISMAN: Selective attention in man. Brit. med. Bull. 20 (1964) 12-16. – [125] D. E. BROADBENT: Perception and communication (Oxford 1958). – [126] J. A. DEUTSCH und D. DEUTSCH: Attention: some theoretical considerations. Psychol. Rev. 70 (1963) 80-90. – [127] U. NEISSER: Cognitive psychol. (New York 1967) 86-93.

Literaturhinweise. G. E. MÜLLER s. Anm. [78]. – TH. RIBOT s. Anm. [44]. – A. PILZECKER: Die Lehre von der sinnlichen A. (1889). – L. L. UHL: Attention (Baltimore 1890). – H. KOHN s. Anm. [80]. – A. HAMLIN: Attention and distraction. Amer. J. Psychol. 8 (1896) 3-66. – J. KREIBIG s. Anm. [51]. – D. BRAUNSCHWEIGER s. Anm. [23]. – E. DÜRR: Die Lehre von der A. (1907). – W. B. PILLSBURY: Attention (New York 1908). – N. VASCHIDE und A. MEUNIER: La pathol. de l'attention (Paris 1910). – H. HENNING s. Anm. [95]. – A. TREISMAN s. Anm. [124]. – N. J. MACKINTOSH s. Anm. [59]. – P. BAKAN (Hg.): Attention (Princeton 1966). – R. HERNÁNDEZ-PEÓN: Physiol. mechanisms in attention, in: R. W. RUSSEL (Hg.): Frontiers in physiol. psychol. (New York 1966).
O. NEUMANN

Aufmerksamkeitsspanne. Mit ‹A.› wird der durch die Anzahl gleichzeitig deutlich wahrnehmbarer Objekte bestimmte Umfang der Aufmerksamkeit bezeichnet. Eine begriffliche Trennung der A. vom Bewußtseinsumfang nimmt erstmals WUNDT vor. Nach ihm ist der «Umfang der Apperzeption» [1] oder «Umfang der Aufmerksamkeit» [2] dem «Blickpunkt des Bewußtseins» zugeordnet, während der «Bewußtseinsumfang» alle im «Blickfeld des Bewußtseins» anwesenden Inhalte umfaßt [3]. Operational ist die A. bei Wundt durch die Leistung bei der Benennung oder beim Zählen kurzzeitig dargebotener Reize definiert, der Bewußtseinsumfang durch die Schwelle für die Unterscheidung einander ähnlicher, aufeinanderfolgender Reize [4]. Die ersten, auf Gelegenheitsbeobachtungen beruhenden quantitativen Angaben über die A. finden sich im 18.Jh. bei BONNET und TUCKER [5]; empirische Bestimmungen der A. nahmen in der zweiten Hälfte des 19.Jh. zuerst HAMILTON [6] und JEVONS [7] vor. In der Schule WUNDTS wurden die ersten exakten experimentellen Untersuchungen der A. durchgeführt (CATTELL [8]; WIRTH [9]). Übereinstimmend wird die A. von allen Autoren mit 4-8 Objekten angegeben. Zur Erklärung der A. nimmt WUNDT Hemmungsprozesse im «Apperzeptionszentrum» des Gehirns an [10]. In der modernen Psychologie sind Modelle formuliert worden, die die A. aus kurzzeitigen Vergessensprozessen sowohl in einem primären Speicher für noch unanalysierte Reizinformation als auch im Kurzzeitgedächtnis erklären (MACKWORTH [11], NEISSER [12], SPERLING [13]).

Anmerkungen. [1] W. WUNDT: Über die Methoden der Messung des Bewußtseinsumfangs. Philos. Stud. (1891) 25-260. – [2] Grundzüge der physiol. Psychol. (⁴1893) 2, 286. – [3] a. a. O. 267ff. – [4] W. WIRTH: Zur Theorie des Bewußtseinsumfangs und seiner Messung. Philos. Stud. 20 (1902) 487-669. – [5] D. BRAUNSCHWEIGER: Die Lehre von der Aufmerksamkeit in der Psychol. des 18.Jh. (1899) 44. – [6] W. HAMILTON: Lectures on met. and logic (Edinburgh/London 1859) 248-254. – [7] W. S. JEVONS: The power of numerical discrimination. Nature (London) 3 (1871) 281f. – [8] J. MCK. CATTELL: Über die Trägheit der Netzhaut und des Sehzentrums. Philos. Stud. 3 (1886) 94-127. – [9] WIRTH, a. a. O. [4]. – [10] W. WUNDT: Grundzüge der physiol. Psychol. (⁶1908) 1, 382. – [11] J. F. MACKWORTH: The duration of the visual image. Canad. J. Psychol. 17 (1963) 61-82. – [12] U. NEISSER: Cognitive psychol. (New York 1967) 41ff. – [13] G. SPERLING: The information available in brief visual presentations. Psychol. Monogr. 74 (1960) Nr. 498.

Literaturhinweise. E. DÜRR: Die Lehre von der Aufmerksamkeit (1907). – W. WIRTH: Die exp. Analyse der Bewußtseinsphänomene (1908). – A. MAGER: Zur Frage der Enge des Bewußtseins. Arch. ges. Psychol. 74 (1930) 163-172. – K. PORT: Die Enge des Bewußtseins (1955). – R. S. WOODWORTH und H. SCHLOSSBERG: Exp. psychol. (New York 1954) 90-106.
O. NEUMANN

Aufschlußwert. Das als Gegenstück zu ‹Stellenwert› (frz. valeur) geprägte ‹A.› [1] dient – wie das gleichsinnige ‹Trägerwert› [2] – in der Sprachinhaltsforschung zur Beschreibung der inneren Struktur des sprachlichen Zeichens in jenen Fällen, für die das zweigliedrige Modell F. DE SAUSSURES [3] mit der Unterscheidung zwischen Lautung (image acoustique) und Begriff (concept, Inhalt, Bedeutung, Sinn u. ä.) nicht ausreicht und immer wieder zu Unklarheiten und folgenschweren Mißverständnissen bei der Beurteilung der Verhältnisse wie der Vorgänge im Sprachinhalt führt. Während nämlich etwa im Farbwort ‹rot› – wie bei fast allen Bestandteilen des Grundwortschatzes – der Begriff unmittelbar mit der Lautung verbunden und ausschließlich durch seinen *Stellenwert*, d. h. durch seinen Platz unter den ihm im Feld benachbarten Begriffen (‹gelb›, ‹orange› usw.) bestimmt ist, kann er in Ausdrücken wie ‹orange›, ‹rostfarben›, ‹ziegelrot› usw. durch den Rückgriff auf Sinnelemente bereits anderweit fixierter Zeichen (‹Orange›, ‹Rost›, ‹Farbe› usw.) angesprochen und also auch vom «signifiant» her, eben vermittels der von diesem mitgebrachten A., mehr oder weniger festgelegt: Die Beziehung zwischen «signifiant» und «signifié» ist hier nicht mehr völlig *arbiträr*, sondern durch die Einschaltung eines Zwischengliedes wenigstens teilweise motiviert. Behandelt man auch diese Fälle gemäß den Gepflogenheiten der herkömmlichen Bedeutungs- und Bezeichnungslehre nach dem zweigliedrigen Schema als einfache Verbindung von Lautung und Inhalt (Bedeutung, Sinn usw.), so gerät der A. zwangsläufig auf die Bedeutungsseite und wird hier mit dem Begriff, auf den er doch nur hinweist, vermischt oder gar verwechselt. Um diesen Fehler, der die gesamte Semantik in Mitleidenschaft zieht, mit Sicherheit zu vermeiden, empfiehlt es sich daher, vorsichtshalber grundsätzlich mit dem dreigliedrigen Strukturmodell (Lautung – A. – Begriff) zu arbeiten und synchron zweigliedrige Gebilde dementsprechend durch die Angabe «A. = Null» zu beschreiben. Das hat zugleich auch im Hinblick auf die diachronische Betrachtung nicht zu verachtende Vorzüge, da sich nun z. B. die Aufgabe der *Etymologie* klar durch die Anweisung definieren läßt, die Sprachmittel jeweils auf ihren dreigliedrigen Typus in seiner frühesten Gestalt zurückzuführen, d. h. vor allem ihren ursprünglichen A. und von diesem aus das einstige Benennungsmotiv aufzudecken. (Bei onomatopoetischen Bildungen ist die Frage nach dem A. durch die Frage nach dem mit der Lautung als solcher intendierten *Ausdruckswert* zu ersetzen. Beides läßt sich unter *Trägerwert* bequem zusammenfassen.) Ebenso verhilft das dreigliedrige Modell zu einem besseren Verständnis des Vorgangs der *Volksetymologie* (vgl. z. B. die Umdeutung von mhd. ‹sinvluot›, d. i. große Flut, zu nhd. ‹Sündflut›) als Füllung der Lautung mit einem neuen, inhaltlich passenden A. (Flut als Sündenstrafe) [4]. Für die Begriffsforschung aber eröffnet diese Betrachtungsweise die Möglichkeit, den jeweiligen Einfluß der A. – der etymologischen wie der volksetymologischen – auf den Begriff und seinen *Stellenwert* endlich exakt zu bestimmen. Dabei zeigt sich, daß die A., wie schon ihr Fehlen in den Bestandteilen des Grundwortschatzes erkennen läßt, gegenüber dem meist allein maßgeblichen *Stellenwert* der Sprachmittel nur eine untergeordnete Rolle spielen und lediglich bei Neuwörtern und als Hilfen bei der Spracherlernung gewisse Dienste leisten. Ihre Zweitrangigkeit offenbart sich besonders deutlich an *analytischen* Bildungen wie ‹gleichgültig›, ‹Walfisch›, ‹September› usw., deren Begriff in offenkundigem Widerspruch zu ihrem noch mühelos erkennbaren ursprünglichen A. steht, ohne daß dadurch der richtige (durch den *Stellenwert* gesicherte) Gebrauch dieser Ausdrücke irgendwie gestört würde. Angesichts dieser eindeutigen Präponderanz der *Stellenwerte* verbietet sich nicht nur eine die Bezeichnungen allzu wörtlich nehmende Begriffskritik, sondern auch ein zwischensprachlicher Begriffsvergleich, der statt der entscheidenden Verschiedenheit der *Stellenwerte* einzig die nebensächlichen Unterschiede der A. berücksichtigt, wie es beim Arbeiten mit dem zweigliedrigen Strukturmodell gewöhnlich geschieht.

Anmerkungen. [1] Vgl. H. SCHWARZ bei GIPPER/SCHWARZ: Bibliogr. Hb. zur Sprachinhaltsforsch. (1962ff.) XLIV-LIII. – [2] H. GLINZ: Über Wortinhalte, Wortkörper und Trägerwerte im Sprachunterricht. Int. Rev. appl. Linguistics 1 (1963) 42-49. – [3] F. DE SAUSSURE: Cours de linguistique générale (Genf 1915, Paris ³1965) 97ff. 158ff. – [4] Vgl. SCHWARZ, a. a. O. [1] 1140ff. (Nr. 8537).

H. SCHWARZ

Auftrag des Himmels, chinesisch *t'ien-ming*, ist der Zentralbegriff der Herrschaftstheorie, wonach dem rechten Herrscher vom Himmel (t'ien) ein Auftrag (ming) zuteil wird, den er durch politischen Erfolg manifestiert und durch rechte Regierung erhalten muß. Verwirkt er den Auftrag durch Nachlässigkeit oder bösen Willen, wird er ihm entzogen (ko), ein neuer Herrscher tritt an seine Stelle. Von der Rechtfertigung der Dynastiewechsel ist der Begriff der Auftragsentziehung (ko-ming) zum modernen Begriff der Revolution geworden, der dann mit modernen Inhalten gefüllt erscheint. Noch in den Revolutionen des 20. Jh. (1911, 1927, 1949) schwingt die alte Vorstellung mit. Das Ideal des den A. wahrenden Herrschers, folgerecht ‹Himmelssohn› genannt, wurde gelegentlich von außergewöhnlichen Persönlichkeiten, wie K'ang-hsi (1662–1722), dem ‹Cam-hi› der Aufklärungszeit, erreicht. Mit dem Begriff verknüpft sich der Gedanke der Zäsaropapie, er gewann im ‹Ritenstreit› mit der Kurie (18. Jh.) welthistorische Bedeutung.

Literaturhinweise. J. J. M. DE GROOT: Universismus (1918). – O. FRANKE: Gesch. des Chinesischen Reiches (1930) 1, 120ff. – FUNG YU-LAN: A hist. of Chinese philos. 1. 2 (Princeton 1952/53)

T. GRIMM

Aufweis(ung) und Ausweis(ung) sind in der phänomenologischen Schule gebräuchliche – wahrscheinlich die lateinischen Termini ‹demonstratio› und ‹probatio› übersetzende – Bezeichnungen für Evidenz intendierende, logikfreie Beweisverfahren – gemäß der frühen Festsetzung HUSSERLS, die Phänomenologie wolle ihre Gegenstände nicht (z. B. kausal) «*erklären*», sondern sie (in reiner Deskription) «nach ihren konstitutiven Elementen, bzw. Gesetzen *aufklären*», d. h. sie «durch Rückgang auf die adäquat erfüllende Anschauung zur Klarheit und Deutlichkeit erheben» [1]. Die entsprechenden Operationen faßt Husserl später unter dem Titel ‹Ausweisung› zusammen: «Spricht man von Gegenständen schlechtweg, so meint man normalerweise wirkliche, wahrhaftseiende Gegenstände der jeweiligen Seinskategorie. Was immer man dann von den Gegenständen ausspricht – spricht man vernünftig – so muß sich das dabei wie Gemeinte so Ausgesagte ‹begründen›, ‹ausweisen›, direkt ‹sehen› oder mittelbar ‹einsehen› lassen. *Prinzipiell stehen* in der logischen Sphäre ... ‹*wahrhaft-*› oder *wirklich-sein* und ‹*vernünftig ausweisbar sein*› *in Korrelation* ... Selbstverständlich ist die hier in Rede stehende Möglichkeit vernünftiger Ausweisung nicht als empirische, sondern als ‹ideale›, als Wesensmöglichkeit verstanden» [2].

In ‹Sein und Zeit› verwendet HEIDEGGER ‹Aufweisung› [3] und ‹Ausweisung› [4] als nicht-definierte, im Gebrauch jedoch deutlich unterschiedene Methodenbegriffe. «Die Phänomenologie muß alles, was sie erörtert, «in direkter Aufweisung und direkter Ausweisung» abhandeln unter «Fernhaltung alles nichtausweisenden Bestimmens» [5], also unter Ausschluß nicht nur der indirekten Beweise, sondern auch des Schließens nach den Regeln der «Konsequenzlogik» [6]. Was aber ist «seinem Wesen nach *notwendig* Thema einer *ausdrücklichen* Aufweisung? Offenbar solches, was sich zunächst und zumeist gerade *nicht* zeigt», sondern «*verborgen* ist», nämlich allgemein «das *Sein* des Seienden» [7] und speziell die Existenz des Daseins. ‹Aufweisung› meint demnach in der existenzialen Analytik das aufdeckend-erschließende Erfassen und Beschreiben von Seinsarten und -strukturen des Daseins, ein Verfahren, das auf ontologischer Ebene dasselbe leistet wie auf ontischer die «Aussage» (ἀπόφανσις) als «*mitteilend bestimmende Aufzeigung*» von Seiendem [8]. Was demgegenüber ‹Ausweisung› bedeutet, kann Heidegger deshalb am Beispiel der Aussage erläutern: «Es vollziehe Jemand mit dem Rücken gegen die Wand gekehrt die wahre Aussage: ‹Das Bild an der Wand hängt schief.› Diese Aussage weist sich dadurch aus, daß der Aussagende sich umwendend das schief hängende Bild an der Wand wahrnimmt. ... Und was wird durch die[se] Wahrnehmung ausgewiesen? Nichts anderes als *daß* es das Seiende selbst *ist*, das in der Aussage gemeint war. ... Zur Ausweisung steht einzig das Entdeckt-sein des Seienden selbst ... *Bewährung* bedeutet: *sich zeigen des Seienden in Selbigkeit*» [9]. Aus dem Ontischen ins Ontologische übersetzt: Eine aufgewiesene Seinsart oder -struktur wird ausgewiesen, indem ihr Entdecktsein (ihre nicht weiter zurückführbare Ursprünglichkeit) und ihre Selbigkeit (ihre gegenüber anderen Seinsarten und -strukturen abgehobene Identität) einsichtig gemacht wird. Das geschieht in ‹Sein und Zeit› erklärtermaßen im Bezugsystem eines geschichtlich-existenziell bedingten «Entwurfs» [10], der – in «formaler Anzeige» vorgezeichnet [11] – der Aufweisung den Leitfaden und der Ausweisung die Kriterien der Entdecktheit und Selbigkeit vorgibt – und darum hat es seine Konsequenz, wenn Heidegger, wie LÖWITH kritisch bemerkt, nach der ‹Kehre› auf «ausgebreiteten Ausweis» verzichtet und statt eines «Beweises durch Aufweis und Nachweis» nur noch «Hinweise» gibt [12].

Anmerkungen. [1] E. HUSSERL: Log. Untersuch. 2/1 (1901, zit. ²1913) 21. – [2] Ideen zu einer reinen Phänomenol. und phänomenol. Philos. 1 (1913). Husserliana 3 (Den Haag 1950) 333. – [3] M. HEIDEGGER: Sein und Zeit (1927, zit. ⁷1953) z. B. 34f. 37. 115ff. 147. 159. 234. 311; vgl. ‹Aufweis› 58. 208. 303; ‹aufweisen› 63. 206; ‹Demonstration› 311; ‹demonstrieren› 140; ‹Explikation› 37. – [4] a. a. O. z. B. 35. 152. 217f. 224; Vom Wesen des Grundes (1929, zit. ³1949) 45f.; vgl. ‹Bewährung› a. a. O. [3] 217f. – [5] 35. – [6] 315. – [7] 35. – [8] 156. – [9] 217f. – [10] bes. 150ff. 313ff. – [11] z. B. 64. 114. 116f. 132. 231. 313. – [12] K. LÖWITH: Heidegger. Denker in dürftiger Zeit (²1960) 9.

Literaturhinweis. E. TUGENDHAT: Der Wahrheitsbegriff bei Husserl und Heidegger (1967) bes. 337-348. 366-370.   J. LANZ

Augenblick. Als A. oder das Plötzliche (τὸ ἐξαίφνης) bezeichnet PLATON im ‹Parmenides› (155 e–157 b) jenes Wunderliche (ἄτοπον), worin das Eine von Bewegung in Ruhe und von Ruhe in Bewegung umschlägt (μεταβάλλει) sowie überhaupt alle Veränderungen erleidet, auch den Übergang von Sein zu Nichtsein oder von Nichtsein zu Sein. «Wunderlich» ist dieser A., weil er, zwischen Bewegung und Ruhe befindlich, keiner Zeit angehört und weil das Eine in ihm weder sich bewegt noch ruht, weder ist noch nicht ist.

Von hier aus entwickelt S. KIERKEGAARD im ‹Begriff Angst› seine Theorie des A. (Øjeblik): «Was wir den Augenblick nennen, nennt Plato τὸ ἐξαίφνης» [1]. Darin liegt indes keine unmittelbare Identifikation. Kierkegaard hebt zwar rühmend hervor, daß der platonische Begriff den von Hegel nur operativ angesetzten, aber nie thematisierten «Übergang» wirklich zu denken erlaube, doch zugleich kritisiert er seine Abstraktheit. Die Kritik beruht freilich auf der falschen Annahme, τὸ ἐξαίφνης sei nichts weiter als das von Platon vorher (151 e–152 e) analysierte Jetzt (τὸ νῦν), das zwischen dem Vergangenen und dem Zukünftigen gleichsam erdrückt wird. Motiviert ist diese Meinung von dem Vorurteil über den Gegensatz des Griechen- und des Christentums. Bei allem guten Willen, der individuellen Denkleistung Platons gerecht zu werden, ist es Kierkegaard unvorstellbar, daß «der Grieche» ein angemessenes Verständnis derjenigen «Kategorie» besessen haben sollte, die als spezifisch christliche der «heidnischen Philosophie» ein Ende setzt. Den wahren, konkreten A. hat das Christentum dadurch erschlossen, daß es Wirklichkeit als paradoxe Einheit von Ewigem und Zeitlichem zu erfahren lehrt. Denn konkret ist der A. das in der Zeit, «worin die Zeit und die Ewigkeit einander berühren». Dank des Einbruchs der Ewigkeit in die Zeit ist er kein leerer Jetztpunkt, sondern erfüllte Gegenwart (eine im 20. Jh. oft und von vielen, z. B. von BUBER, gemachte Unterscheidung). Dank dessen, d. h. vermöge des A. selber, gibt es aber auch – und damit präfiguriert Kierkegaard ebenfalls eine moderne, namentlich von HEIDEGGER aufgegriffene Unterscheidung – außer der bloß sukzessiven, abstrakt-gleichförmigen «Zeit» die sich aus der Zukunft ereignende und in die drei temporalen Dimensionen differenzierende «Zeitlichkeit», welche ihrerseits Geschichtlichkeit ermöglicht («Erst im Augenblick fängt die Geschichte an»). Den so verstandenen A. denkt Kierkegaard auf drei Ebenen, anthropologisch, christologisch und existentiell. *Anthropologisch* deckt sich das Zusammentreffen von Zeit und Ewigkeit im A. mit der vom Geist getragenen Synthese des Leibes und der Seele. *Christologisch* meint der Begriff das absolute Paradox der Menschwerdung Gottes als einer Verzeitlichung des Ewigen. Der Versuch der ‹Philosophischen Brocken›, das Christentum post factum als das schlechthin Andere gegenüber dem Platonismus («Sokrates») zu konstruieren, geht von der Hypothese aus, daß der neutestamentliche als «Fülle der Zeit» definierte A. «entscheidende Bedeutung» habe und nicht platonisch in der Ewigkeit der immer schon gehabten und jetzt nur erinnerten Wahrheit verschwinde [2]. Auch der *existentielle* A. steht hier mit im Blick: Als ein solcher zeigt sich das absolute Paradox, sofern es nicht nur die Erscheinung des präexistenten Ewigen in der Zeit ist, sondern auch «Ausgangspunkt für das Ewige», das «zuvor nicht war», d. h. für die jetzige Seligkeit des Menschen [3]. Dieser im Leben jedes Einzelnen wiederkehrende «A. der Entscheidung» – *für* die Ewigkeit *in* der Zeit – charakterisiert zwar vornehmlich das Christwerden, doch wird er in ‹Entweder/Oder II› desgleichen für das noch neutral ethische Selbstwerden in Anspruch genommen [4]. Von ihm radikal trennen muß man denjenigen A., in welchem der «Ästhetiker» lebt [5]: *Er* ist eines der Zeitatome, in die sich das diskontinuierliche ästhetische Leben auflöst, und entspricht infolgedessen dem vermeintlich «platonischen» [6] genauso, wie das Ästhetische überhaupt das Analogon des Heidentums innerhalb der Christenheit sein soll. Jedoch auch damit ist der Umfang der Bedeutungen, die der Begriff im Kierkegaardschen Gesamtwerk hat, nicht völlig ausgemessen. Während zu Beginn der A. als ästhetisch genossener begegnet, kennzeichnet ihn am Ende die Flugschrift ‹Der Augenblick› als den im verantwortlichen Handeln zu nutzenden. Die christliche Auslegung, wonach er den nur für den Glauben sichtbaren «Einschlag der Ewigkeit» darstellt, erweitert sich zu einer *geschichtsphilosophischen*, in deren Horizont Kierkegaard ihn dem gegenwärtigen oder vom «rechten Mann» erst noch heraufzuführenden Zeitalter gleichsetzt und sich selbst unter die Forderung beugt, «im A. zu wirken» [7].

Anmerkungen. [1] Samlede Værker² 4, 394; zum Ganzen: 4, 388-390. 393-397. – [2] 4, 207-213. 214f. 218. 244f. – [3] 4, 207. 250. 252. – [4] 2, 178f. 222. – [5] 2, 112. 194. 217. 248. – [6] 2, 177f. – [7] 14, 103. 115. 364f.

Literaturhinweise. E. A. WYLLER: Platons Øyeblikks-filosofi eller dialogen ‹Parmenides›; 3. Hypothese, in: Tradisjon og fornyelse. Festskrift til A. H. Winsnes (Oslo 1959) 7-26. – T. H. CROXALL: The Christian doctrine of hope and the Kierkegaardian doctrine of 'the moment', in: Expository times 56 (1944/45) 292-295. – R.-W. SAUER: Die Ansätze zu einer Bestimmung der Geschichtlichkeit im Denken Sören Kierkegaards (Diss. Freiburg i. Br. 1953).   M. THEUNISSEN

Augustinismus. Die gesamte mittelalterliche Theologie stand unter dem beherrschenden Einfluß Augustins. Unter *theologischem* A. wird jedoch weniger das allen mittelalterlichen Scholastikern gemeinsame Erbgut augustinischer Gedanken als vielmehr das Fortwirken seiner besonderen *Gnadenlehre* verstanden. Mit ‹philosophischem A.› wird seit den Forschungen von Franz Ehrle eine Lehrrichtung im 13. Jh. bezeichnet, die den *Vorrang der Theologie* vor der Philosophie betont, sich zwar mancher aristotelischer Gedanken bedient, aber den Aristotelismus auch in der von Thomas von Aquino vertretenen Form ablehnt. Die Vertreter dieser Richtung berufen sich auf die Autorität Augustins, verbinden seine Lehren aber mit neuplatonischem Gedankengut, mit Lehrmeinungen Avicennas und Avicebrons. Die Unterschiede zwischen den Auffassungen der Vertreter dieser Richtung sind so groß, daß von der Herausbildung einer einheitlichen Schule erst seit dem letzten Drittel des 13. Jh. die Rede sein kann. F. Van Steenberghen nennt sie

‹Neu-A.›. Der Angriff dieser konservativ eingestellten Richtung gegen die «Neuerer», die das Eigenrecht der Philosophie vertraten, erreichte seinen Höhepunkt in dem Lehrverbot, das der Pariser Bischof STEPHAN TEMPIER am 7. März 1277 erließ. In der *Metaphysik* vertritt der A. einen auf Avicebron zurückgehenden universalen *Hylemorphismus*. Danach ist die Materie an sich etwas Aktuelles. Alle geschaffenen Substanzen, auch die geistigen, sind aus Materie und Form zusammengesetzt. Darum muß man zwischen einer körperlichen und einer geistigen Materie unterscheiden. Bei der Schöpfung der Welt hat Gott rationes seminales, immanente, entwicklungsfähige Formprinzipien eingeschaffen. In jedem zusammengesetzten Wesen, also auch und gerade im Menschen, gibt es eine Vielheit der Wesensformen. Die Geistseele des Menschen ist daher nicht die seinen Leib konstituierende Wesensform, sondern mit diesem mittels der forma corporeitatis verbunden. Ein Realunterschied zwischen der Seele und ihren Vermögen wird geleugnet und der Vorrang des Willens vor dem Intellekt betont. In der *Erkenntnislehre* vertritt der A. eine *Illuminationstheorie*. Danach kommt auch die natürliche Erkenntnis durch unmittelbare göttliche Erleuchtung zustande. Dabei setzt WILHELM VON AUVERGNE (1180-1240) in seinem Hauptwerk, dem ‹Magisterium divinale› (1223-1240) Gott in seinem Wirken mit dem intellectus agens separatus et unicus gleich, der nach Avicenna für die ganze Menschheit gilt, den Dator formarum. Er verbindet die aristotelische Abstraktionslehre mit dem avicennischen Intellectus-agens-Begriff und der augustinischen Illuminationslehre. E. Gilson bezeichnet diese Verbindung als «Augustinisme avicennisant». Sie legt sich nahe, weil Augustin selbst sich auf die illuminatio veritatis konzentriert, aber die Frage nach der Gewinnung der Begriffe offenläßt. ROGER VON MARSTON (um 1245-1300), der ebenfalls die Erleuchtung durch Gott mit dem avicennischen intellectus agens vertritt, lehrt eine besondere von Gott gewährte Erleuchtung unter der regulierenden Aktion der göttlichen Ideen zur Erklärung unserer Erkenntnis der essentia intelligibilis rerum und der veritates necessariae. – In Auseinandersetzung mit den philosophischen Anschauungen des Thomas von Aquino bildete JOHANNES PECKHAM (um 1230-1292) seit 1270 den A. zum philosophischen System aus. Das Manifest dieses eigentlichen A. aber wurde das zwischen 1277 und 1279, also kurz nach dem Lehrverbot des Stephan Tempier veröffentlichte ‹Correctorium fratris Thomae› des WILHELM DE LA MARE († nach 1282), das in drei verschiedenen Fassungen vorliegt, von denen die zweite, das eigentliche Correctorium, 118 Artikel aus der ‹Summa theologiae›, den ‹Quaestiones disputatae›, den ‹Quodlibeta› und dem 1. Buch des ‹Sentenzenkommentars› des Thomas von Aquino verurteilt. Mit Ausnahme eines Artikels richtet sich die gesamte Kritik gegen die philosophischen Anschauungen des Aquinaten. Wilhelm de la Mare vertritt einen ausgesprochenen Voluntarismus. Dem Pariser Lehrverbot entsprachen die Oxforder Verurteilungen durch ROBERT KILWARDBY (1277) und JOHANNES PECKHAM (1284, 1286). Der A. konnte sich jedoch nur für kurze Zeit durchsetzen. Im Franziskanerorden wurde er durch den *Skotismus* abgelöst. AEGIDIUS VON ROM (1243/47-1316), dessen Lehren 1287 von den Augustinereremiten zur Ordensdoktrin erklärt wurden, der daher zum Begründer der älteren Augustinerschule wurde, war Schüler des Thomas von Aquino und verband dessen wichtigste Eigenlehren mit denen des A.

Literaturhinweise. F. EHRLE: John Peckham über den Kampf zwischen dem A. und Aristotelismus in der 2. Hälfte des 13.Jh. Z. kath. Theol. 13 (1889) 172-193; Der A. und der Aristotelismus in der Scholastik gegen Ende des 13.Jh. Arch. Lit. u. Kirchengesch. des MA 5 (1889) 607-635; L'Agostinismo e l'Aristotelismo nella scolastica del secolo 13. Xenia Thomistica 3 (Rom 1925) 517-588. – E. PORTALIÉ: Art. ‹Augustinianisme›, in: Dict. de theol. cath. (1899-1903) 1, 2268-2483. – E. GILSON: Pourquoi saint Thomas a critiqué saint Augustin. Arch. Hist. doctrinale et litt. du MA 1 (1926/27) 6-127; Les sources gréco-arabes de l'Augustinisme avicennisant, a. a. O. 4 (1929) 5-149; Reflexions sur la controverse S. Thomas-S. Augustin, in: Mélanges Mendonnet 1 (Paris 1930) 371-383. – F. UEBERWEG/B. GEYER: Die patristische und scholastische Philos. (1928) §§ 33. 34. 38. 40. – M. GRABMANN: Festschrift Aurelius Augustinus (1930) 87-110; Augustins Lehre von Glauben und Wissen und ihr Einfluß auf das ma. Denken, in: Ma. Geistesleben 2 (1936) 35-62. – G. THÉRY: Acta hebdomadae Augustinianae-thomisticae 1930 (Turin 1931), 140-200. – F. VAN STEENBERGHEN: Siger de Brabant II, in: Les philosophes belges 13 (Löwen 1942) 389-464; 479-489; La philos. au 13e siècle, in: Philosophes médiévaux 9 (Löwen/Paris 1966). – U. MARIANI: Art. ‹Agostinismo›, in: Enciclop. catt. 1 (1949) 503-512; Augustinus Magister. Congr. int. Augustien (Paris 1954). – F. HOFFMANN: Art. ‹A.›, in: Hb. der theol. Grundbegriffe 1 (1962) 145-151.

W. P. ECKERT

Aura (griech. αὔρα, Hauch, Lufthauch, lat. u.a. für Schimmer: aura honoris) bezeichnet in der Medizin seit GALEN die subjektiven Vorboten des epileptischen Anfalls. Die Kabbalisten kannten die A. (hebr. ha-Awir ascher sebibaw) als einen Äther, welcher den Menschen umgibt und in dem seine Taten bis zum jüngsten Gericht aufbewahrt werden. Der Terminus begegnet im Okkultismus und in der Theosophie und ist in der Parapsychologie gebräuchlich.

Philosophische Bedeutung gewinnt der Ausdruck bei W. BENJAMIN, der die A. definiert als «einmalige Erscheinung einer Ferne, so nah sie sein mag» [1]; A. in diesem Sinn besitzen sowohl natürliche wie geschichtliche Gegenstände, insbesondere die traditionellen Kunstwerke. Der Begriff dient zunächst der geschichtsphilosophischen Bestimmung des von Menschen Gemachten als eines an der Natur Teilhabenden. Die Momente der Einmaligkeit und Dauer einer Sache sowie das ihres Eingebettetseins in einen sinnverleihenden Traditionszusammenhang entziehen sie dem menschlichen Zugriff und konstituieren ihren ‹Kultwert›: «in der A. bemächtigt sie [sc. die Sache] sich unsrer» [2]. Erfahrung von A. ist eine Form mythischen Bewußtseins, das dem Schein verhaftet bleibt: «das Leben im Bannkreis der ewigen Wiederkehr gewährt eine Existenz, die aus dem Auratischen nicht heraustritt» [3].

Die späteren materialistischen Schriften Benjamins geben eine soziologische Ableitung der A., welche in ihr die «Übertragung einer in der menschlichen Gesellschaft geläufigen Reaktionsform auf das Verhältnis des Unbelebten oder der Natur zum Menschen» [4] erkennt: A. erweist sich als ideologische Belehnung des Verdinglichten und Entfremdeten mit der Fähigkeit, «den Blick aufzuschlagen» [5]. Zugleich beruht auf dem auratischen Schein der ‹schöne Schein›, wie er von der idealistischen Ästhetik der Kunst zugeschrieben wird. «Diese Belehnung ist ein Quellpunkt der Poesie. Wo der Mensch, das Tier oder ein Unbeseeltes, vom Dichter so belehnt, seinen Blick aufschlägt, zieht es diesen in die Ferne; der Blick der dergestalt erweckten Natur träumt und zieht den Dichtenden seinem Traume nach» [6]. Der Traum ist der von einer ‹besseren Natur› [7].

An der modernen Kunst seit *Baudelaire* zeigt sich ein fortschreitender Verfall der A. Wie die technische Reproduzierbarkeit der Kunstwerke, die mit der Erfindung der Photographie in ein qualitativ neues Stadium eintritt, das ästhetische Gebilde, seinen ‹Kultwert› durch den ‹Ausstellungswert› ersetzend, zur Ware macht und seine Rezeption zunehmend regredieren läßt, so führt die Industrialisierung der warenproduzierenden Gesellschaft insgesamt zu einer neuen Erfahrung, in der die Subjekte, dem Kontinuum der Tradition entwunden, nur noch zu schockhaften Reizerlebnissen gelangen. Für Benjamin entspricht dem damit gesetzten Verlust jedoch ein gesellschaftlich Positives: die Emanzipation der Menschen vom mythischen Schein des Auratischen fällt zusammen mit der Möglichkeit, die Welt rational einzurichten. Auch die Kunst tritt in den Dienst solcher Entmythologisierung, soweit sie – was vor allem im Surrealismus und bei *Brecht*, auf andere Weise auch im Film geschieht – den Verfall der A. einbekennt und in ihre Reflektion aufnimmt.

T. W. ADORNO treibt die Benjaminsche Theorie weiter zu der dialektischen, «daß die traditionelle Kunst, vor ihrer technischen Reproduzierbarkeit, jenes reine hic et nunc ebenso bereits erschüttert hatte, wie umgekehrt – als Hauch von Verwesung – die A. von der Massenreproduktion beschlagnahmt und synthetisch hergestellt wird» [8]. «Daß Benjamin keinen Unterschied macht zwischen der A. von Mythos und Kunst und der Talmiaura» [9], wie sie in faschistischen Ideologien sich findet, kritisiert B. LIEBRUCKS, für den Mythos und A. Gegenstände einer philosophischen ‹Rettung› abgeben.

Anmerkungen. [1] W. BENJAMIN: Schriften (1955) 1, 372. 461; Angelus Novus (1966) 239. – [2] Zit. bei R. TIEDEMANN: Stud. zur Philos. W. Benjamins (1965) 94f. – [3] BENJAMIN, unveröffentlichtes Ms. – [4] Schriften 1, 461. – [5] ebda. – [6] a. a. O. 472. – [7] Vgl. TIEDEMANN, a. a. O. 94. – [8] T. W. ADORNO: Der getreue Korrepetitor (1963) 220. – [9] B. LIEBRUCKS: Sprache und Bewußtsein 2 (1965) 499.   R. TIEDEMANN

Ausdruck

I. Der Begriff, für den ein griechisches Äquivalent fehlt, dessen Sinn aber durch ἠθοποιία (als «imitatio alienorum affectui qualiumlibet dictorumque» [1]) und διατύπωσις («ubi rebus personisve subiectis et formae ipsae et habitus exprimuntur» [2]) erfaßt wird, leitet sich aus dem lateinischen Verb ‹exprimere› und dem Substantiv ‹expressio›, das allerdings erst spät (4. Jh. n. Chr.) in übertragener Bedeutung gebräuchlich ist, ab und wird hauptsächlich in der Stilistik und Rhetorik [3] gebraucht – Rede als A. der Affekte durch Worte –, um Gemütsbewegungen darzustellen. In der Physiognomik und Zeichnungstheorie werden Gesichtszüge des Menschen als A. seines Charakters gefaßt [4]. ‹Expressio› begegnet aber auch in der Musiklehre – Töne als unmittelbarer A. der Affekte – und in der Theorie der darstellenden Künste [5]. Sprachphilosophisch wurden Worte als A. von Ideen verstanden. Dieser Sinnbereich wird aber im Lateinischen weitgehend durch ‹significatio› [6], ‹declaratio› [7] und ‹descriptio› [8] bzw. deren Verbformen wiedergegeben. – In der *mittelalterlichen* Philosophie beschränkt sich der A.-Begriff auf den Bereich der Sprache und meint die enuntiatio des verbum. Mit dieser Bedeutungsverengung wird ‹exprimere› durch ‹expressare› verdrängt [9].

Im Zeitalter der *Aufklärung* sind die antiken Zusammenhänge von ‹A.› mit Rhetorik, Physiognomik, Musik und Sprache noch präsent. Die neue, zuerst in England entwickelte Wissenschaft der Ästhetik nimmt daher konsequent in ihrem allmählichen Entstehen den Terminus ‹expression› auf und bewirkt in der Transformation der alten wichtige Umgestaltungen seiner Bedeutung.

Während in Deutschland am Anfang des 18. Jh. ‹A.› nur innerhalb der Metaphysik bei LEIBNIZ eine gewisse Rolle spielt – das «objet de la pensée» als «expression de la nature ou des qualités des choses» [10]; die Seele als A. (oder «miroir vivant») der Welt [11]; die «perceptions confuses» als «expressions du détail de ce qui arrive dans les corps» [12] – behält in England A. seine rhetorisch-stilistische Bedeutung sowohl als «zierlicher Stil» wie als Rede, die durch Auswahl und Fügung der Worte und durch Tropen die Affekte darstellt und mitteilt, wie z. B. bei J. DENNIS (1701) [13], J. ADDISON (1711) [14], R. HURD (1751) [15], J. NEWSBERY (1762) [16].

In der Zeichnungstheorie (teoria del disegno) und in der physiognomischen Ästhetik bezeichnet A. die Übertragung der Gefühle und Affekte vornehmlich durch die Gesichtszüge, wie bei J. RICHARDSON (senior) (1715) [17], M. SPENCE (1725) [18], D. WEBB (1740) [19], U. HOGART (1753) [20]. A. wird in der Musikästhetik auf die unmittelbare Erregung der Affekte durch die Töne bezogen, wie bei CH. AVISON (1752) [21] und A. GERARD (1764) [22]. Durch das allmähliche Hinneigen der Ästhetik der Zeit zum Pathetischen gewinnt dieser Begriff eine immer größere Bedeutung. Die wichtigeren Neuerungen gehören jedoch der Poetik und Sprachphilosophie an. Für SHAFTESBURY (1709) soll die Dichtung durch die Darstellung der Gefühle die innere moralische Schönheit zum A. bringen; diese wird als übersinnliche Vollkommenheitsidee gefaßt, die so viel wie möglich durch die sinnliche Darstellung hervorleuchten soll [23]. Dadurch entsteht eine Entgegensetzung zwischen A. und «Beschreibung», die zum Geist der in jener Zeit sich vollziehenden «Überwindung der Mimesis-Lehre» gehört. So soll die Dichtung für E. BURKE (1757) nicht, wie die Malerei, durch die Mitteilung klarer Ideen die Natur nachahmen, sondern durch die Mitteilung dunkler Ideen (in Polemik gegen die klassizistische Ästhetik) das Übersinnliche darstellen; die Sprache sei in den Anfängen der Menschheit dichterisch gewesen, d. h. mehr zum A. der Affekte als zur Mitteilung klarer Ideen bestimmt [24]. Zwischen Nachahmung und A. in der Dichtung besteht, auch für D. WEBB (1769) [25] und H. HOME (1762) [26], ein Gegensatz, der vorher von A. GERARD (1756) auch in der Malerei anerkannt wurde [27]. In Frankreich beschränkt sich die Entwicklung des A.-Begriffs hauptsächlich auf die Richtung, die zur Behauptung der Ästhetik des Pathetischen führt. Für FÉNELON (1718) [28], B. DUBOS (1719) [29], Y. M. DE L'ISLE ANDRÉ (1741) [30] und CH. BATTEUX (1745) [31] sind die Künste mehr oder weniger zum A. der Gefühle bestimmt, dabei hat für DUBOS die Malerei den Vorrang; ANDRÉ spricht von der Gegenwart einer «beauté spirituelle».

In Deutschland kommt dagegen die Richtung zum Moralisch-Übersinnlichen mehr zur Geltung. J. WINCKELMANN behauptete, daß der Maler «die Gedanken malen» soll [32]. M. MENDELSSOHN unterschied (1755, 1758) eine äußerliche «Schönheit der Form» von einer «Schönheit des A.» als Darstellung der inneren Vollkommenheit [33]. Für CH. C. V. HAGEDORN (1762) [34] und für KANT (1764) [35] verleiht A. einem Gesicht moralische Bedeutung.

Anmerkungen. [1] Ps.-IUL. RUF., Schema. dian. 13, p. 62, 24. – [2] CASSIOD., In Ps. 30, 11, 210 c; vgl. schon MART., Cap. 5, 524. – [3] CIC., De orat. 3, 15; vgl. TERT., Apol. 35, 2; Ep. pontif. 111; CYPR., Ep. 49, 2, p. 611, 6; Laps. 4 p. 239, 14. – [4] Vgl. AMBR., Fug. saec. 4, 22 p. 182, 13; DON., In Ter. Hec. 439; vgl. TER., Eun. 236. – [5] HOR., Ep. 2, 1, 248; SEN., Contr. exc. 8, 2, 1; PLIN., Ep. 7, 33, 2. – [6] Vgl. CIC., Planc. 81; De off. 1, 46. – 7 CIC., Sest. 122; Pis. 17. – [8] CIC., Top. 83. – [9] Vgl. die lex.

Befunde bei Du Cange: Gloss. mediae et infimae latinitatis (Paris 1883-1887, Neudruck 1954) s. v. – [10] G. W. Leibniz, Akad.-A. 6, 6; Nouveaux essais (1962) 109. – [11] a. a. O. 211. 240. 440. – [12] 381. 403-404. – [13] J. Dennis: The advanc. and reform. of modern poetry (London 1701) 45. – [14] J. Addison: Spectator (1711) Nr. 13. 29. 39. – [15] B. Hurd: A discourse conc. poetical imitation, in: Q. Horatii Flacci epistola ad Augustum (London 1751) 182-183. 186. – [16] J. Newsbery: The art of poetry on a new plan (London 1762) II, III, 41. – [17] J. Richardson: An essay on the theory of painting (London 1715) 38. – [18] J. Spence: Crito, or a dialogue on beauty (London ¹1725, zit. 1751) 7, 19, 38. – [19] D. Webb: An inquiry into the beauties of painting (London 1740) 62. 172. 174. 175. – [20] U. Hogart: The analysis of beauty (London 1753) 127. – [21] Ch. Avison: An essay on musical composition (London 1752) 2-4. – [22] A. Gerard: An essay on taste (Edinburgh 1718) 3. – [22] A. Gerard: An essay on taste (Edinburgh ¹1756, zit. 1764) 61. – [23] A. Ashley Cooper, Earl of Shaftesbury: Sensus Communis (¹1709), in: Characteristics, hg. J. M. Robertson (London 1900) 1, 91. – [24] E. Burke: A philos. inquiry into the origin of our ideas of the sublime and beautiful (¹1757), hg. Boulton (London 1958) 60ff. 172ff. – [25] D. Webb: Observations on the correspondence between poetry and music (London 1769) passim. – [26] H. Home, Elements of criticism (Edinburgh 1762) 2, 131ff. 139-148. 151. – [27] Gerard, a. a. O. [22] 21-22. – [28] F. de Salignac de la Mothe Fénelon: Dialogues sur l'éloquence en gén. (Paris 1718) 31-32. – [29] B. Dubos: Réflexions crit. sur la poësie, la peinture et la musique (Paris ¹1719, zit. 1755) 1, 416ff. – [30] Y. M. de l'Isle André: Essai sur le beau (Paris 1741) 42-43. – [31] Ch. Batteux: Les beaux arts reduits à un seul principe (Paris ¹1745, zit. 1764) 33. – [32] K. H. von Stein: Die Entstehung der neueren Ästhetik (1886) 390-391. – [33] M. Mendelssohn: Zufällige Gedanken über die Harmonie der inneren und äußeren Schönheit (1755). Schriften, hg. Elbogen/Guttmann/Mittwach (1929ff.) 4, I; Bibl der schönen Wiss. und der freyen Künste 2 (1758) 230ff. 261ff. – [34] Ch. C. von Hagedorn: Betrachtungen über die Mahlerei (1762) 1, 22. – [35] Kant, Akad.-A. 2, 227. 236.

Literaturhinweise. A. Tumarkin: Die Überwindung der Mimesislehre in der Kunsttheorie des 18.Jh. Festgabe S. Singer (1930). – G. Tonelli: Kant, dall'estetica metafisica all'estetica psicoempirica. Mem. Accad. Sci. Torino Ser. 3, 3/II (1955) bes. 217-219; Estetici minori britannici del Settecento. G. crit. Filos. ital. 34, ser. 3/9 (1955) 27-55. 119-214. – L. Formigari: Sulla genesi del concetto di espressione. Il Settecento inglese. Rev. int. Philos. 16 (1962) 101-115.
G. Tonelli

II. Im Deutschen erscheint das Wort ‹A.› zuerst bei den spätmittelhochdeutschen *Mystikern* als ‹uztruc› und weist hier auf *neuplatonische* Begriffsbildung der Urbild-Abbild-Relation zurück [1]. Dann tritt ‹A.› für längere Zeit in der Schriftsprache zurück; es wird im älteren Neuchochdeutschen durch ‹Ausdrückung› oder ‹Ausdruckung› ersetzt und begegnet erst zu Beginn des 18.Jh. wieder als junge Rückbildung aus dem Zeitwort ‹ausdrücken›; dieses hat seine übertragene Bedeutung unter dem Einfluß des Französischen und Lateinischen in Anlehnung an die *Rhetorik* erlangt.

Im Kontext der Entwicklung der *Ästhetik* erweitert der Begriff seine Bedeutung und erfährt entscheidende Umwandlungen, wobei anfänglich noch der grammatisch-rhetorische Sinn gegenwärtig bleibt. Anstelle des Mimesis-Postulats tritt 1759 etwa bei J. A. Schlegel: «Die Poesie ist der sinnlichste A. des Schönen oder des Guten oder des Schönen und Guten zugleich durch die Sprache» [2]. In der zweiten Hälfte des 18.Jh. wird A. weitgehend als subjektives Vermögen bestimmt, wenn auch, wie sich bei Sulzer zeigt, die Tradition der Rhetorik präsent bleibt. Unter Berufung auf Quintilian werden einmal als die drei notwendigen Eigenschaften des A. Richtigkeit, Klarheit und Reinheit gefordert [3], zum andern wird aber bei ihm die Wende von der rhetorischen Tradition zur *Subjektivität* deutlich: «Der Ton und der Fall des Verses ist nicht für den Verstand, sondern für das Herz. Dieses beschäftigt sich bloß mit seinen Empfindungen ... In der Empfindung geben wir bloß auf unsern innern Zustand Achtung, nicht auf die Beschaffenheit des Gegenstandes; was also im lebendigen Ausdruck nicht Gefühl ist, gehört nicht zur Sprache des Herzens und kann possierlich oder abgeschmackt werden» [4]. Um 1800 hat sich unter dem Einfluß Winckelmanns, Klopstocks, Lessings, Kants, Herders die *subjektive* Bedeutung in A. durchgesetzt [5]. Winckelmanns A.-Begriff zeigt zwar einerseits eine starke Affinität zur barocken Affektenlehre, aber zugleich deutet er den A. antiker und anderer Kunstwerke aus einem einheitlichen Zustand der Seele, als deren Wirkung er den A. «stiller Größe und edler Einfalt» bezeichnet [6]. Die Frage, ob Schönheit oder A. das höchste Prinzip antiker Kunst sei, sucht er in seiner ‹Geschichte der Kunst des Altertums› (1763–68) von neuplatonischen Voraussetzungen aus zu lösen, indem er A. als eine besondere und höhere Art der Schönheit dieser zuordnet: «Der A. wurde der Schönheit gleichsam zugewäget, und diese war bei den alten Künstlern die Zunge an der Waage des A., und als die vornehmste Absicht derselben ... Wenn der A. die Schönheit überwiegen würde, kann die Gestalt nicht mehr schön heißen ..., die Schönheit würde ohne A. *unbedeutend* heißen, und dieser ohne Schönheit *unangenehm*» [7].

Für Lessing, dem es im ‹Laokoon› (1766) weniger um Opposition gegen Winckelmann als um eine klare Definition der Grenze zwischen bildender Kunst und Poesie geht, sind A. und Schönheit die wahren Elemente, um jene zu unterscheiden [8]. Die Bedeutung des Witzes als Formprinzip wird ausdrücklich bestritten; an seine Stelle tritt der A. der Leidenschaften: «Ein Dichter, der Witz und Lebhaftigkeit besitzt, kann sehr leicht in diesen Fehler fallen, der aber dem wahren A. der Leidenschaften ungemein zuwider ist» [9]. Während es Lessing hier auch um die Überwindung der Rokoko-Haltung geht, wird zugleich der *Pietismus* für diese neue A.-Haltung konstitutiv; aus der gesellschaftlichen Form des Witzes muß eine innere werden. Das Gefühl sieht sich auf sich selbst zurückgewiesen; es muß seinen eigenen A. suchen.

Die Voraussetzung für die ästhetische Entfaltung eines aus Leben, Gefühl, Empfindung entspringenden A. zum ästhetischen Begriff schafft Herder durch die – revolutionierende – Hineinnahme der Sprache in ihren sinnlichen Qualitäten in das Weltverhältnis des Menschen [10]. Die Shakespeare- und Ossian-Aufsätze sind Zeugnis der von ihm erstrebten und bereits erreichten Befreiung des A.-Willens, mit der er in direktem Bezug zum *Sturm und Drang*, aber auch zur Lyrik des jungen Goethe steht. Wie sehr A. in der Beziehung auf das Innere, auf das Gemüt zum ästhetischen Schlüsselbegriff wird, zeigt die Deutung der Musik aus dem Inneren des Menschen. Mit der Forderung, der Künstler müsse sich selbst den Gefühlen und den Affekten hingeben, um ihnen A. geben zu können, wird die rhetorische Tradition von A. und Poetik verlassen [11]. Dichtung ist für Klopstock wesentlich der «genaue und wahre A. der Leidenschaften» [12]; dahinter tritt das, was sie als Darstellung ist, zurück.

Kants «Eintheilung der schönen Künste», «wenigstens zum Versuche» nach der «Analogie der Kunst mit der Art des A., dessen sich Menschen im Sprechen bedienen», um so nach «Wort», «Geberdung» und dem «Tone» (Artikulation, Gestikulation und Modulation) die Unterscheidung der redenden, der bildenden und der Kunst des Spiels der Empfindungen (Musik und Farbkunst) zu begründen [13], läßt noch den traditionellen Sinn von A. anklingen. Aber da, wo Kant vom Genie in dem «glücklichen Verhältnisse» spricht, «welches keine Wissenschaft lehren und kein Fleiß erlernen kann», wird die Beziehung von A. auf das Gemüt (die Subjektivität) wesentlich: mit dem Talente des Genies wird eigentlich dasjenige wirksam, «was man Geist nennt», das «Unnennbare im Gemüthszustande bei einer gewissen Vorstellung auszudrücken und allgemein mittheilbar zu machen, der A. mag nun in Sprache, oder Malerei, oder Plastik bestehen» [14]. Der «sichtbare A. sittlicher Ideen, die den Menschen innerlich beherrschen», kann zwar nur aus der Erfahrung genommen werden; aber seine Verbindung mit dem, was unsere Vernunft mit dem Sittlich-Guten verknüpft: Seelengüte oder Reinheit oder Stärke oder Ruhe «in körperlicher Äußerung (als Wirkung des Inneren) gleichsam sichtbar zu machen»: dazu gehören reine Ideen der Vernunft und große Macht der Einbildungskraft schon für den, der sie beurteilen, vielmehr aber für den, der sie darstellen will [15].

Das wird zum allgemeinen Prinzip der Künste und der ästhetischen Theorie. In der Aufgabe, zwischen Notwendigkeit und Freiheit zu vermitteln, ist für SCHILLER, in Anknüpfung an Kant, die Schönheit der menschlichen Gestalt «der sinnlichste A. eines Vernunftbegriffes» [16]; Kunst erfüllt im «A. moralischer Empfindungen» [17] die allgemeine Aufgabe, «der menschlichen Natur ihren möglichst vollständigen A. zu geben» [18]. Im engen Anschluß an HÖLDERLIN, für den A. Element des poetischen Geistes ist [19], sucht SINCLAIR sprachphilosophisch vom A. her die Gattungen der Dichtung zu unterscheiden und Kunst als Synthese von Sinn und Geist zu begreifen, sofern sie in ihrem A. das Leben als Sein und Werden idealisch bestimmt [20].

In der *romantischen* und *idealistischen* Ästhetik und Kunstphilosophie bleibt in der Deutung der Kunst als Organon des Absoluten und Unendlichen aus dem Grunde der Identität des Subjektiven und Objektiven A. ästhetischer Grundbegriff, der in allen ihren Bestimmungen vorausgesetzt wird und eingeschlossen ist, sofern im «endlichen Produkte», im Einzelnen der Wirklichkeit, das Absolute, Unbedingte gegenwärtig ist und dieses Endliche als der «besondere A.» des «Seyns selbst» «in sich selbst eine Totalität, eine Allheit ist» [21]. Kunst, die es als solche übernimmt, «in Form der sinnlichen Kunstgestaltung» die Wahrheit zu enthüllen, hat damit zugleich die Macht, «die schlummernden Gefühle, Neigungen und Leidenschaften *aller* Art zu wecken und zu beleben, ... alles durchfühlen zu lassen, was das menschliche Gemüt in seinem Innersten und Geheimsten tragen, erfahren und hervorbringen kann» [22].

In diesem Bezug auf Subjektivität im Schaffen und Wirken treten Musik und Poesie vor die bildenden Künste. Während diese sich gleichsam der «Durchlebung des geistigen A. in der Außengestalt der architektonischen, plastischen und malerischen Formen vornehmlich hinwenden» [23], machen den Bereich der Musik die «Seelentöne» der «wortlosen Innerlichkeit» [24] aus, «die geistige Subjektivität in ihrer unmittelbaren, subjektiven Einheit in sich, das menschliche Gemüt, die Empfindung als solche» [25]. Der Dichter bildet sich in einem weiteren Kreise poetisch «nicht nur eine innere Welt des Gemüts und der selbstbewußten Vorstellung», sondern hat «für dies Innere sich auch eine entsprechende äußere Erscheinung zu finden», durch welche «jene ideelle Totalität» durchscheint [26]. Er macht also die «äußerliche Objektivität der übrigen Künste zu einer inneren» [27].

Identität des metaphysischen Grundes mit dem Inneren der Subjektivität hat bei SCHOPENHAUER zur Folge, daß in der *Musik*, in der das Wesen des Weltwillens ertönt, zugleich das Innere unmittelbar A. erfährt. Das lebt bei R. WAGNER und in NIETZSCHES dionysischem Begriff der Musik fort, in der es dem Menschen aufdämmert, daß sie «eine Zeichensprache der Affecte ist» [28]. Für SCHLEIERMACHER sind Gefühl und Gedanken «A. der Vernunft in der Natur» [29], so daß «jedes besondere Wissen A. eines besonderen Sein, und jedes besondere Sein ... Darstellung eines besonderen Wissens» ist [30]. Für Musik, Tanz, Schauspielkunst, die Künste des A. sind, zu denen in den figurativ geltenden Künsten das Bilden tritt, läßt sich in der Dichtung die fundamentale Einheit von A. und Bildhaftigkeit ablesen [31].

Für W. v. HUMBOLDT, der einerseits A. und Schönheit unterscheidet, gilt zugleich, daß es keine Schönheit ohne A. gibt [32]. In der schönen Gestalt findet er Einheit von A. und Anmut: «Nur die schöne Gestalt, die zwischen beiden in der Mitte steht, enthält in sich vollendet zugleich alles, was dem Sinn und was dem Geist genügt, und nur in ihr ist der inhaltsvollste A. mit der freiesten Anmut der Züge verbunden ... Während der A. sich auf die enge Wirklichkeit beschränkt, drückt die Schönheit vielmehr das *Total* des Charakters und das unendliche Vermögen desselben aus ... Da aber das Unendliche in der Erscheinung unerreichbar ist, so bleibt freilich auch die höchste menschliche Schönheit in gewissem Verstande nur A., und so kommt es nur darauf an, den letzteren der Schönheit zu nähern» [33]. Die Einheit des Zeichens und des Bezeichneten, des Seelischen und Leiblichen, des Inneren und der Darstellung, führt dazu, daß schließlich die organische Einheit als A. begriffen wird. So versteht C. D. CARUS das Physiognomische als A. einer göttlichen Schöpfungsidee. In der Gottesebenbildlichkeit des Menschen findet das Verhältnis von Schöpfer und Werk seinen A.; ‹A.› bezeichnet so die Einheit von Idee und Verwirklichung und wird mit dem Symbol nahezu identisch [34].

Mit dem Ende der idealistisch-romantischen Ästhetik verschiebt sich die Fragestellung vom Absoluten zu den empirischen Objektivationen des menschlichen Bewußtseins. Die Vorstellung des Menschen und seines A. als eines «Ganzen» wird abgelöst von einer Isolierung der A.-Phänomene. Ein *naturwissenschaftlicher* A.-Begriff wird entwickelt (PIDERIT, DARWIN, DUCHENNE). Die Ästhetik erhält ihre Stelle als Disziplin im Zusammenhang der *Psychologie*. Das kündigt sich schon früh in philosophisch-ästhetischen Handbüchern an: W. T. KRUG definiert A. in «psychologisch-ästhetischer Hinsicht» als die «Anschaulichkeit des Innern im Äußeren, das kräftige und lebendige Hervortreten des Geistigen im Körperlichen» [35]; ihm folgen J. JEITTELES [36], W. HEBENSTREIT [37] und M. CARRIÈRE [38].

In der Aufnahme des Prinzips und der Methode der exakten Naturwissenschaft beginnt mit G. TH. FECHNER die experimentelle psychologische Ästhetik [39], die dann u. a. von W. WUNDT und O. KÜLPE [40] weitergeführt wird. Die wirkliche Welt menschlicher Bedeutsamkeit als A. ist das vom Subjekt Objizierte und so das verfügbar Erscheinende des Subjekts [41]. A. wird zum produktiven menschlichen Akt der Objektivation, so besonders bei K. GROOS, TH. LIPPS, J. VOLKELT und S. WITASEK [42].

In der *Abkehr* von einer kausalen, positivistischen Psychologie bezieht NIETZSCHE Kunst auf den Willen zur Macht. Sie ist nicht unmittelbarer A. für ein Erlebnis, sondern immer Überwindung seiner selbst [43] und wird als A. gewollter Lebensbejahung verstanden [44].

Schönheit wird radikal entmoralisiert; sie ist A. des Willens zur Macht [45]. DILTHEY ersetzt die Einfühlungstheorie durch ein Modell, dem methodisch der Zusammenhang von *Erleben*, A. und *Verstehen* zugrunde liegt. Im Erlebnis, für ihn die «Urzelle der geschichtlichen Welt» [46], liegt die Tendenz zum A. als Abbildung des Inneren in ein sinnlich Faßbares. Das dem diskursiven Denken zugrunde liegende «schweigende Denken» [47], das in allem menschlichen Leben vorkommt, klärt produktiv das Erlebnis auf und bringt es in seiner ganzen Fülle zum A. [48]. Nicht Reflexion, sondern A. «hebt (das Innere) aus den Tiefen, die das Bewußtsein nicht erhellt» [49]. Alles, was der Historie als gegebenes Material vorliegt: Verfassungen, philosophische Systeme, Religionen, ist so A. im allgemeinen Sinn des Wortes; dabei werden für A. auch die Begriffe «Objektivationen des Lebens» und «objektiver Geist» gebraucht [50]. Geschichte, gegeben in A., wird im Verstehen von A. begriffen. Einen höheren und vollkommeneren A. findet das ursprüngliche Erleben in der Kunst; doch «seinen vollständigen, erschöpfenden und objektiv verständlichen A.» kennt das menschliche Innere nur in der Sprache [51].

Die systematische Durchdringung des Erkenntnisphänomens wie die Erfassung geistiger Grundfunktionen (Sprache, Mythos, Kunst) lassen bei E. CASSIRER ‹A.› zu einer zentralen Kategorie werden: «Die verschiedenen Erzeugnisse der geistigen Kultur, die Sprache, die wissenschaftliche Erkenntnis, der Mythos, die Kunst, die Religion werden ... zu Gliedern eines einzigen großen Problemzusammenhangs, zu mannigfachen Ansätzen, die alle auf das eine Ziel bezogen sind, die passive Welt der bloßen Eindrücke, in denen der Geist zunächst befangen scheint, zu einer Welt des reinen geistigen A. umzubilden» [52]. A. und Kultur werden so notwendige Korrelate [53].

Ähnlich wie Dilthey wendet sich O. SPENGLER von der kausalen Psychologie des Positivismus ab; er geht von einer Morphologie der seelischen Phänomene aus, die zuletzt zu einer Typologie des in seinem Grunde ästhetischen A. im Sinn eines relativierenden Historismus führt und sich damit einer Anthropologie nähert, die von typologisch-rassistischen Gesichtspunkten bestimmt wird [54]. In weit angelegten historischen und systematischen Abhandlungen erhält in Anknüpfung an die *physiognomische* A.-Wissenschaft ab *Lavater* «A.-Kunde» bei L. KLAGES eine zentrale Bedeutung für die «Wissenschaft vom Leben (Biologie)» und «Seelenkunde». Mit dieser «A.-Kunde» bzw. «A.-Wissenschaft» beeinflußte Klages die gegenwärtige biologische und psychologische A.-Theorie entscheidend [55].

Scheinbar unabhängig vom Prozesse philosophischer Reflexion wird in den Jahren 1919–1924 ‹A.› zur bestimmenden Kategorie der künstlerisch-literarischen Bewegung des *Expressionismus*. Er versteht sich selbst als radikale Wendung gegen Form, Gesetz und Tradition. Der A. als ästhetisches und ethisches Ziel bedeutet hier die Entladung des sprengenden Gefühls in Darstellung und Wort, deren Funktion nicht deutende Gestaltung, sondern Aufruf, Provokation, Erschütterung ist; damit verbindet sich mit A. zugleich eine Wende zum Mythisch-Kultischen, zum Magischen, zum Kollektiven [56] und Unterbewußten.

In den kunsttheoretischen Reflexionen G. BENNS löst sich der Begriff ‹A.› dann wieder von seinem ausschließlich expressionistischen Ursprung und vom Übergewicht des Archaisch-Ekstatischen und wird enger an das Moment des Konstruktiven gebunden [57]. Die technische Umwelt spannt den Menschen zwangsläufig in das Verlangen nach abstraktivem A. ein. Der Begriff «A.-Welt» ist bei Benn nicht von einer radikal nihilistischen Grundhaltung zu trennen. Sie tritt zwischen die geschichtliche Welt und den Nihilismus als eine beiden geistig abgerungene «Oberwelt» [58].

In der wissenschaftstheoretischen Grundlegung der Kunstgeschichte führt der Formalismus als Konsequenz eines phänomenologischen Denkens zur Ersetzung des A.-Begriffs durch den des *Stils* (WÖLFFLIN). Die Widerspiegelungstheorie des *Marxismus* hat keinen Raum für den A.-Begriff. Erst mit dem Versuch einer Verbindung von Marxismus und *Psychoanalyse* bahnt sich erneut die Möglichkeit einer Theorie des A. an, so in der Philosophie TH. W. ADORNOS. Wahrheit als adaequatio ist für Philosophie in einer «total verwalteten Welt» nicht mehr vertretbar bzw. erkennbar. In der Dialektik der Subjekt-Objekt-Relation kann Wahrheit nur noch als A. des auf dem Subjekt als Schmerz lastenden Drucks der Objektivität begriffen werden: «Das Bedürfnis, Leiden beredt werden zu lassen, ist Bedingung aller Wahrheit. Denn Leiden ist Objektivität, die auf dem Subjekt lastet; was es als sein Subjektivstes erfährt, sein A., ist objektiv vermittelt. Das mag erklären helfen, warum der Philosophie ihre Darstellung nicht gleichgültig und äußerlich ist, sondern ihrer Idee immanent. Ihr integrales A.-Moment, unbegrifflich-mimetisch, wird nur durch Darstellung – die Sprache – objektiviert ... Wirft das A.-Moment als mehr sich auf, so artet es in Weltanschauung aus; wo sie des A.-Moments und der Pflicht zur Darstellung sich begibt, wird sie der Wissenschaft angeglichen» [59].

Anmerkungen. [1] Vgl. Dtsch. Mystiker des 14. Jh., hg. F. PFEIFFER 1. 2 (1846-1851) 1, 129. 29. – [2] J. A. SCHLEGEL: Einschränkung der Schönen Künste auf einen einzigen Grundsatz (1759), zit. nach B. MARKWARDT: Gesch. der dtsch. Poetik (1956) 2, 111. – [3] Vgl. J. G. SULZER: Allg. Theorie der Schönen Künste (²1793) 260f. – [4] a. a. O. 162. – [5] Vgl. J. CHR. ADELUNG: Grammat.-krit. Wb. der hochdtsch. Mundart (1793) 583-584; J. A. EBERHARD: Versuch einer allg. dtsch. Synonymik der sinnverwandten Wörter der hochdtsch. Mundart (1795) 200-204; J. H. CAMPE: Wb. der dtsch. Sprache (1807) 294. – [6] WINCKELMANN, Werke, hg. J. EISELEIN (1825) 1, 30f. – [7] a. a. O. 4, 193f. – [8] LESSING, Werke, hg. P. RILLA (1954f.) 5, 7-346. – [9] LESSINGS Briefwechsel mit MENDELSSOHN und NICOLAI über das Trauerspiel, hg. R. PETSCH (1910) 41. – [10] HERDER, Werke, hg. B. SUPHAN 2, 16. – [11] Vgl. H. EGGEBRECHT: Das A.-Prinzip im musikalischen Sturm und Drang. Dtsch. Vjschr. Lit.wiss. 29 (1955) 323-349. – [12] KLOPSTOCK, Werke (1855) 10, 197. – [13] KANT, Akad.-A. 5, 320. 324. – [14] a. a. O. 317. – [15] 235. – [16] SCHILLER, Werke. National-A. (1943ff.) 20, 264. – [17] a. a. O. 254. – [18] 437. – [19] HÖLDERLIN, vgl. bes. ‹Über die Verfahrungsweise des poetischen Geistes› und ‹Über die Parthien des Gedichts›, Werke, hg. F. BEISSNER (1943f.) 4, 1. – [20] Vgl. I. v. SINCLAIR: Über die dichterische Composition überhaupt, und über lyrische insbes., in: HÖLDERLIN, Werke, hg. N. v. HELLINGRATH (1922) 3, 573ff. – [21] F. W. J. SCHELLING, Werke, hg. K. F. A. SCHELLING 3, 11; 6, 377. – [22] HEGEL: Ästhetik, hg. BASSENGE 1, 64. 55. – [23] a. a. O. 2, 366. – [24] 362. – [25] 19. – [26] 363f. – [27] 366. – [28] NIETZSCHE, Musarion-A. 16, 190. – [29] SCHLEIERMACHER, Werke, hg. O. BRAUN (1913) 2, 598. – [30] a. a. O. 492. – [31] Vgl. SCHLEIERMACHER, Ästhetik, hg. C. LOMMATZSCH (1842) III/7. – [32] Vgl. W. v. HUMBOLDT, Akad.-A. 1, 363f. – [33] a. a. O. 364. – [34] C. D. CARUS: Symbolik der menschl. Gestalt (1853). – [35] W. T. KRUG: Allg. Handwb. philos. Wiss. nebst ihrer Lit. und Gesch. (²1832) 1, 258. – [36] J. JEITTELES: Ästhetisches Lex. (1835) 1, 69. – [37] Vgl. W. HEBENSTREIT: Wiss.-lit. Encyklop. der Ästhetik (1843) 68. – [38] Vgl. M. CARRIÈRE: Ästhetik. Die Idee des Schönen und ihre Verwirklichung durch Natur, Geist und Kunst (1859) 1, 40. – [39] G. TH. FECHNER: Vorschule der Ästhetik (1876). – [40] Vgl. O. KOHNSTAMM: Kunst als A.-Tätigkeit. Biol. Voraussetzungen der Ästhetik (1907); E. MAJOR: Die Quellen des künstlerischen Schaffens (1913). – [41] Vgl. P. MOOS: Die dtsch. Ästhetik der Gegenwart 1: Die psychol. Ästhetik (1919). – [42] K. GROOS:

Ästhetik, in: Die Philos. im Beginn des 20. Jh. (²1907); TH. LIPPS: Grundlegung der Ästhetik (1914); J. VOLKELT: System der Ästhetik 1-3 (1905-1914); S. WITASEK: Grundzüge der allg. Ästhetik (1904). – [43] NIETZSCHE, Musarion-A. 3, 81. – [44] a. a. O. 8, 218. – [45] 7, 227. – [46] DILTHEY, Schriften (1913f.) 7, 161. – [47] a. a. O. 5, 182. – [48] 6, 317. – [49] 7, 206. – [50] 7, 148-152. – [51] 5, 319. – [52] E. CASSIRER: Philos. der symbolischen Formen 1 (²1953) 12. – [53] Dingwahrnehmung und A.-Wahrnehmungen, in: Zur Logik der Kulturwiss. (²1961) 34-35. 76-81. – [54] Vgl. O. SPENGLER: Untergang des Abendlandes (¹1918-1922, zit. Neudruck 1959-1962) 134ff. – [55] Vgl. L. KLAGES: A.-Kunde, Werke 6 (1964); Grundlegung der Wiss. vom A. (1913, ⁷1950). – [56] Vgl. F. MARTINI: Expressionismus, in: Reallex. dtsch. Lit.gesch., hg. P. MERKER/W. STAMMLER u. a. (²1958) 1, 420-432. – [57] G. BENN: A.-Kunst (1949) Vorwort. – [58] Werke, hg. D. WELLERSHOFF 1, 339. – [59] TH. W. ADORNO: Negative Dialektik (1966) 27.

Literaturhinweise. H. AMMAN: Die menschl. Rede 1. 2 (1928). – M. BARASCH: Der A. in der ital. Kunsttheorie der Renaissance. Z. Ästhetik allg. Kunstwiss. 12/1 (1967) 33-69. – P. BÖCKMANN: Formgesch. der dtsch. Dichtung (1949). – H.-G. GADAMER: Zum Begriff des A., in: Wahrheit und Methode (1960) 474-476: Exkurs 6. – G. W. MÜHLE und A. WELLEK: A., Darstellung, Gestaltung. Stud. gen. 5 (1952) 110-130. B. FICHTNER

III. In der *Psychologie* wurde der A.-Begriff bis in die jüngere Gegenwart vornehmlich als «Gefühls-A.» bzw. als «Bewegungs-A.» umgrenzt, wobei die Vorstellung leitend war, daß A. identisch sei mit dem A. (= Erscheinen) von Emotionen (speziell Affekten), und daß sein Inerscheinungtreten sich in besonderen A.-Bewegungen verwirkliche [1].

An Stelle derartiger Bestimmungen ist in der Gegenwart eine Fassung des psychologischen A. getreten, die diesen einerseits von der Grundverfassung des Begriffs ‹A. schlechthin›, andererseits vom Grundtatbestand des personalen Inderweltseins entwickelt.

Mit Bezug auf ‹A. schlechthin› zeigt die Analyse, daß auch beim psychologischen A. immer von einem «Wer oder Was» des A. (einem A.-*Subjekt*) die Rede ist, die in einem «Worin» des A. (einem A.-*Medium*) erscheinen, d. h. methodisch gewendet: zugänglich werden. Eine sachangemessene und zugleich vollständige Bestimmung von A. hat daher sowohl das jeweilige A.-Subjekt wie die zugehörigen A.-Medien zu thematisieren. Dergestalt lassen sich auch alle denkmöglichen und historisch vertretenen Begriffe von psychologischem A. als spezifische Besonderungen von ‹A. schlechthin› durchschauen und begrifflich eindeutig orten [2].

Das Hauptkennzeichen dieses neuen Bildes vom A. liegt in einer größeren Weite der Fassung des psychologischen A. und einer entsprechend freieren Bearbeitung. Es wird dabei vor allen Dingen die Frage nach den personalen A.-Subjekten und den zugehörigen A.-Medien in den Mittelpunkt gerückt.

Ausgehend vom allgemeinen Bezugsrahmen der Psychologie (als der Lehre vom Sein und Sosein personaler Subjekte, soweit diese in Erleben und Verhalten wissenschaftlich-methodisch zugänglich sind), wird als A.-Subjekt danach heute nicht mehr nur ein *Teil*bestand personalen Soseins in Anspruch genommen (etwa nur das Gefühl), sondern das *gesamte*, aktuelle und relativ überdauernde personale Sosein, soweit es in entsprechenden Medien zur Erscheinung kommt. In Korrespondenz dazu werden auch nicht mehr nur Teilmedien des A.-Subjektes (etwa nur die sogenannten A.-Bewegungen) als legitime A.-Erscheinungen betrachtet, sondern *alle* Medien des personalen A.-Subjekts.

Aus wissenschaftssystematischen und vor allem praktischen Gründen wird dabei nur die *Wie*-Facette *leib-gebundener* Medien personalen Erscheinens zum psychologischen A. gerechnet [3]. Der derart bestimmte psychologische A. gliedert sich in Physiognomik und Pathognomik.

Die Binnenstruktur des psychologischen A. wird durch 1. die Relation Sender–Empfänger und 2. deren Teilbezugssysteme (A.-Sender/A.-Empfänger) konstituiert und von Umfeldern des A. (A.-Umfelder) eingebettet.

1. Die Relation Sender–Empfänger ist phänomenal, funktional, konditional und ordnungstheoretisch konstitutiv für psychologischen A. Nur wo sie verwirklicht ist, liegt psychologischer A. vor. A. ist danach eine *relationale* Gegebenheit. Es gibt keinen «A. an sich», sondern A. ist immer «A. von jemandem für jemanden». Hierbei bildet die soziale Wechseldetermination (Rückkopplung) den Normalfall: der A.-Sender «richtet» sich nach einem und an einen A.-Empfänger, steuert diesen hierdurch mit und wird durch ihn rückbezüglich gesteuert. Von hier aus liegt es nahe, kybernetische Modelle an A.-Prozesse heranzutragen.

2. Die Teilsysteme A.-Sender und A.-Empfänger gliedern sich, begrifflich und sachlich, aus der für A. konstitutiven Grundrelation aus. Innerhalb beider sind die A.-Psychologie deskriptive, funktionale und konditionale Probleme gestellt.

Anmerkungen. [1] z. B. F. J. J. BUYTENDIJK: Allgemeine Theorie der menschlichen Haltung und Bewegung (1956) 213ff.; L. KLAGES: Sämtl. Werke 6: A.-Kunde (1964) 335ff. – [2] Hb. Psychol. 5: A.-Psychol., hg. R. KIRCHHOFF (1965) bes. Kap. 4: Grundfragen. – [3] Vgl. a. a. O. [2] 141ff.

Literaturhinweise. J. K. LAVATER: Physiognomische Fragmente zur Beförderung der Menschenkenntnis und der Menschenliebe 1-4 (1775-1778). – J. J. ENGEL: Ideen zu einer Mimik 1. 2 (1785/86). – CH. BELL: The anatomy and philos. of expression as connected with the fine arts (1806). – TH. PIDERIT: Mimik und Physiognomik (1867, ⁴1925). – CH. DARWIN: Der A. der Gemütsbewegungen bei dem Menschen und den Tieren (1872). – PH. LERSCH: Gesicht und Seele (1932, ⁴1955). – K. BÜHLER: A.-Theorie. Das System an der Geschichte aufgezeigt (1933). – H. GRUHLE: Verstehende Psychol. (1948, ²1956). – L. KLAGES: Grundlegung der Wiss. vom A. (⁷1950). – H. STREHLE: Mienen, Gesten und Gebärden (²1954). – R. KIRCHHOFF: Allgemeine A.-Lehre (1957); Vom A. des Menschenblicks. Stud. gen. 13 (1960) 585-605; A.; Begriff, Regionen, Binnenstruktur. Jb. Psychol. u. Psychother. 10 (1963) 197-224. – S. HONKAVAARA: The psychol. of expression. Brit. J. Psychol. Monogr., Suppl. 32 (Cambridge 1961). R. KIRCHHOFF

Ausdrucksbewegung wurde in der älteren Ausdruckspsychologie eine motorische, insbesondere mimische oder pantomimische Bewegungsform in Gegenüberstellung zum morphologischen Gestaltbild der Leibestektonik (Physiognomik) genannt.

Der Grundvorstellung entsprechend, daß Ausdruck identisch sei mit «Ausdruck von Gemütsbewegungen» und sich als solcher nur in A. und Ausdrucksvorgängen offenbare, spielte der Terminus früher eine große Rolle. Er wurde zur zusammenfassenden Bezeichnung von Bewegungsformen höchst verschiedenen Aufbaus verwendet, wie etwa: Lächeln, Lachen, Weinen, Abwehrbewegungen, Augenbewegungen, gestischen Bewegungen (Gebärden, Gesten), Geh-, Sprech-, Schreibbewegungen (Handschrift als A.). Besondere Bedeutung hatte der Begriff in der Ausdruckskunde von KLAGES (Versuch der Absonderung von den Willkürbewegungen [1]) und ebenso noch bei BUYTENDIJK [2]. Die moderne Ausdruckspsychologie billigt ihm, gemäß ihrer erweiterten Axiomatik, nur mehr eine relativierte und untergeordnete Funktion zu; so findet er etwa noch in der vergleichenden Ausdrucksforschung und der Theorie des motorischen Ausdrucks Anwendung.

Anmerkungen. [1] L. KLAGES: Sämtl. Werke 6: Ausdruckskunde (1964) 329ff. – [2] F. J. J. BUYTENDIJK: Allgemeine Theorie der menschlichen Haltung und Bewegung (1956) bes. 203ff.

Literaturhinweise. G. KAFKA: Grundsätzliches zur Ausdruckspsychol. Acta psychol. (Amst.) 3 (1937) 273-314. – H. RICHTER: Zur Theorie und Phänomenol. der Ausdruckserscheinungen. Z. Psychol. 159 (1956) 280-306. – R. KIRCHHOFF: Methodologische und theoretische Grundprobleme der Ausdrucksforsch. Stud. gen. 15 (1962) 135-156. – Hb. Psychol. 5: Ausdruckspsychol., hg. R. KIRCHHOFF (1965) Kap. 2. 4-6. 9. – Vgl. auch Lit. in Art. ‹Ausdruck III›. R. KIRCHHOFF

Ausdrucksgeben steht in der Ausdruckspsychologie als Terminus und Sachproblem neben dem Ausdrucksverstehen. Die Probleme sind hier wie dort deskriptiver, funktionaler, konditionaler und zudem jeweils genetischer Natur. Unter deskriptivem Aspekt ist die Frage zu klären, wie von bestimmten Ausdrucksträgern (Sendesystemen) Ausdruckserscheinungen produziert werden und wie dies (phylo-, onto-, aktual-)genetisch geschieht. Im funktionalen Sinne vor allem nach dem Verhältnis von Ausdruckssubjekt und Ausdrucksmedium gefragt. Unter konditionalem Blickwinkel sind alle Fragen nach den Bedingungen des A. einschlägig, wobei das Verhältnis von «Innen» und «Außen», «Seelischem» und «Leiblichem», «Zustand, Wesen» und «Ausdruckserscheinung» grundlegend ist.

Entsprechend der Enge früherer Axiomatik wurde historisch immer wieder versucht, das Entstehen von Ausdruckserscheinungen, insbesondere bestimmter Ausdrucksbewegungen, aus Nicht-Ausdruckshaftem zu erklären. Besonders viel diskutiert wurden die drei Herleitungsprinzipien DARWINS (phylogenetische Theorie), die parallelistische Theorie W. WUNDTS, die auf J. J. ENGEL zurückweisende Aktionstheorie des A. sowie einige andere [1].

Nach heutiger Auffassung ist die Frage nach der Genese grundsätzlich auf alle Ausdruckserscheinungen zu beziehen.

Anmerkung. [1] Vgl. K. BÜHLER: Ausdruckstheorie. Das System an der Geschichte aufgezeigt (1933); Hb. Psychol. 5 (1965) bes. Kap. 2. 3. 9.

Literaturhinweise. G. KAFKA: Grundsätzliches zur Ausdruckspsychol. Acta psychol. (Amst.) 3 (1937) 273-314. – L. KLAGES: Grundlegung der Wiss. vom Ausdruck (⁷1950). – R. KIRCHHOFF: Allgemeine Ausdruckslehre (1957); Methodologische und theoretische Grundprobleme der Ausdrucksforsch. Stud. gen.15 (1962) 135-156. – Hb. Psychol. 5: Ausdruckspsychol., hg. R. KIRCHHOFF (1965). – Vgl. auch Lit. in Art. ‹Ausdruck III›. R. KIRCHHOFF

Ausdrucksprinzip, auch «Ausdrucksgesetz», «Grundgesetz des (Bewegungs-)Ausdrucks» nannte L. KLAGES seine ursprünglich im Zusammenhang «graphologischer Deduktionen» entworfene, später verallgemeinerte, in seinem Buch ‹Grundlegung der Wissenschaft vom Ausdruck› [1] schließlich endgültig formulierten These, die für den Ausdruck von Mensch und Tier zutreffen soll. Nach ihr gilt: 1. «Jede ausdrückende Körperbewegung verwirklicht das Antriebserlebnis des in ihr ausgedrückten Gefühls» (erste, auf den Bewegungsausdruck begrenzte Fassung); 2. «Der Ausdruck verwirklicht nach Stärke, Dauer und Richtungenfolge die Gestalt einer seelischen Regung» (zweite, verallgemeinerte Fassung); 3. «Der Ausdruck ist ein Gleichnis der Handlung». Als historische Wegbereiter des A. führt KLAGES selbst TH. PIDERIT (1867/1886) und insbesondere J. J. ENGEL (1785/86) an [2].

Das A. hat schon in der mittleren Epoche der Ausdruckspsychologie eingehende Kritik gefunden [3]. In der Gegenwart hat es sachlich nur noch geringe Bedeutung. Der Terminus wird zuweilen noch als kurzer Hinweis auf Ausdruckserscheinungen benutzt, die des Moments der «Darstellung» entbehren und insofern nicht «überformt», nicht «gespielt» sind.

Anmerkungen. [1] ¹1936, ⁷1950. – [2] Sämtl. Werke 6: Ausdruckskunde (1964) 22. – [3] Vgl. K. BÜHLER: Ausdruckstheorie. Das System an der Geschichte aufgezeigt (1933).

Literaturhinweise. R. KIRCHHOFF: Allgemeine Ausdruckslehre (1957). – Hb. Psychol. 5: Ausdruckspsychol., hg. R. KIRCHHOFF (1965) Kap. 13. R. KIRCHHOFF

Ausdruckspsychologie bezeichnet ein Teilgebiet der empirischen Psychologie und wird in der Gegenwart, neben ‹Ausdruckslehre› gegenüber den früher gebräuchlicheren Benennungen ‹Ausdruckskunde, Wissenschaft vom Ausdruck, Psychologie der Ausdruckserscheinungen› bevorzugt.

Historisch hat sich die A., nach antiken und mittelalterlichen Ansätzen, zunächst aus Beiträgen außerpsychologischer Herkunft, insbesondere der Theaterwissenschaft (z. B. J. J. ENGEL), der Medizin (z. B. CH. BELL, TH. PIDERIT) sowie aus einigen anderen Quellen, zumal der Graphologie, entwickelt. Als Begründer der modernen A. wurde vielfach L. KLAGES genannt, was aber historisch wie sachlich fragwürdig ist [1].

Wie bei anderen empirischen Wissenschaften läßt sich auch bei der A. ein *grundwissenschaftlicher* (theoretischer) und ein *angewandter* Bereich unterscheiden. Die zugehörigen Aspekte wissenschaftlicher Bearbeitung sind faktisch zwar verschränkt und geschichtlich auch nur ungenügend auseinandergehalten worden, bedürfen jedoch methodisch und methodologisch klarer Trennung.

Der *grundwissenschaftlichen* A. obliegen als wichtigste Aufgaben: 1. die angemessene Umgrenzung und Legitimierung des Gegenstands der A.; 2. die Aufgliederung und empirische Erforschung des Ausdrucksgebietes (Physiognomik und Pathognomik); 3. die wissenschaftliche Durchdringung der in diesem Gebiet vorfindbaren Erscheinungen nach Phänomenalität (Erscheinungsweise), Funktionalität (Dienstfunktion für Ausdrucksträger und -empfänger) und Konditionalität (Bedingungsstruktur von Sende- und Empfangssystemen). In die Bewältigung dieser Grundaufgaben, die erst in der modernen A. hinreichend differenziert werden, teilen sich die allgemeine und die spezielle A. [2].

Die *angewandte* A. bemüht sich, historisch hier der Grundlagenforschung vorauseilend, insbesondere um eine Ausdrucksdiagnostik.

Anmerkungen. [1] Zur Gesch. der A. von *J. J. Engel* bis *Ph. Lersch* vgl. K. BÜHLER: Ausdruckstheorie (1933); bis zur Gegenwart vgl. R. KIRCHHOFF: Hb. Psychol. 5 (1965) Kap. 2. – [2] Hb. Psychol. 5 (1965) Kap. 2.

Literaturhinweise. G. KAFKA: Grundsätzliches zur A. Acta psychol. (Amst.) 3 (1937) 273-314. – L. KLAGES: Grundlegung der Wiss. vom Ausdruck (⁷1950); Sämtl. Werke 6: Ausdruckskunde (1964). – F. J. J. BUYTENDIJK: Allgemeine Theorie der menschlichen Haltung und Bewegung (1956). – R. KIRCHHOFF: Allgemeine Ausdruckslehre (1957); Die Umfelder des pathognomischen Ausdrucks. Jb. Psychol. Psychother. 9 (1962) 42-55; Methodologische u. theoretische Grundprobleme der Ausdrucksforsch. Stud. gen. 15 (1952) 135-156; Ausdruck: Begriff, Regionen, Binnenstruktur. Jb. Psychol. Psychother. 10 (1963) 194-224. – S. HONKAVAARA: The psychol. of expression. Brit. J. Psychol. Monogr., Suppl. 32 (Cambridge 1961). – Hb. Psychol. 5: A., hg. R. KIRCHHOFF (1965). – Vgl. auch Lit. in Art. ‹Ausdruck III›. R. KIRCHHOFF

Ausdrucksverstehen bezeichnet innerhalb der Ausdruckspsychologie das Insgesamt an Prozessen und Akten auf seiten eines Ausdrucksempfängers, das zum (mehr oder weniger «richtigen») Erfassen von Ausdruckserscheinungen eines Ausdruckssenders führt. Das Problem des A. macht ein Herzstück der allgemeinen und speziellen Ausdruckspsychologie aus und gehört zu den historisch am ausgiebigsten behandelten Fragen. Bei voller Problementfaltung besteht hier die Aufgabe, das A. aufzuhellen hinsichtlich a) seiner Phänomenalität, b) seiner Funktionalität und c) seiner Konditionalität; bezüglich aller drei Fragerichtungen ergeben sich dabei Probleme des (aktual-, onto- und phylo-)genetischen Zustandekommens.

Geschichtlich wurde – da ein unmittelbares A. im Prinzip ausgeschlossen schien – eine Anzahl von Hypothesen entwickelt (sogenannte «Theorien des A.»), die das A. zu erklären versuchten. Sie bilden das Gegenstück zu den entsprechenden «Theorien des Ausdrucksgebens», unter denen wiederum die «Theorien der Ausdrucksentstehung» besonders umfänglich erörtert wurden. Die wichtigsten Hypothesen sind: a) die *Assoziationstheorie* (A. kommt ontogenetisch assoziativ zustande); dieser Ansatz kann bis auf BERKELEY zurückverfolgt werden [1]. Charakteristisch ist eine Stelle bei DARWIN [2]: «children, no doubt, would soon learn the movements of expression in their elders in the same manner as animals learn those of man», «through their associating harsh or kind treatment with our actions». Unter den Vertretern der klassischen Psychologie sind insbesondere zu nennen: P. STERN [3] und A. PRANDTL [4]; b) die *Analogieschlußtheorie* (A. kommt durch Analogieschluß zustande); dieser Ansatz widerspricht prinzipiell nicht dem assoziationstheoretischen, sondern ergänzt und spezifiziert ihn. Als erster Hauptvertreter ist A. BAIN aufzuführen [5]: «... we are forced to act upon the assumption that, on a given occasion when another personality behaves outwardly in all respects as we should behave, such person feels inwardly as we feel. If some stroke of good fortune has induced upon any one all appearances that accompany great happiness in the observer's own self, the conclusion is that the reality or subjective condition of happiness is also present.» Weitere bedeutende Vertreter waren: H. SPENCER [6], B. ERDMANN [7], E. BECHER [8] und E. KRETSCHMER [9]; c) die *Einfühlungs-* oder *Nachahmungstheorie* (A. kommt durch «Einfühlung», durch einen «Instinkt der – inneren und äußeren – Nachahmung» zustande); die Theorie der inneren und äußeren Nachahmung wurde von TH. LIPPS [10] entwickelt, insbesondere bis zum 1. Weltkrieg unter dem Sammeltitel «Einfühlungstheorie» lebhaft diskutiert und besonders durch L. KLAGES [11] tradiert. In jüngerer Zeit findet sich die Nachahmungstheorie auch als «Resonanztheorie» [12] sowie als «Rudimententheorie» [13] bezeichnet.

Insbesondere SCHELER bemühte sich, das funktional- und konditionaltheoretische Problem durch Hinweis auf die phänomenale ‹Unmittelbarkeit› des A. zu annullieren: «Daß aber ‹Erlebnisse› [sc. im anderen Menschen] da sind, das ist in den Ausdrucksphänomenen ... ‹unmittelbar› gegeben» [14].

Die Ausdruckspsychologie der Gegenwart faßt das A. als Modalität des Wahrnehmens auf («Sozial- bzw. Personalwahrnehmung»), die, wie sonstige Wahrnehmung auch, durch kognitive sowie andere psychophysische Akte und Prozesse modifiziert wird, wobei Reifungs- und Lernvorgänge von Bedeutung sind. Dergestalt bleiben Gehalte früherer Theorien des A., in allerdings stark verwandelter und relativierter Form, auch in der gegenwärtigen Theorienbildung noch erhalten [15].

Anmerkungen. [1] G. BERKELEY: An essay toward a new theory of vision (London 1709). – [2] CH. DARWIN: The expression of emotions in man and animals (London 1872) 358. – [3] P. STERN: Die Theorie der ästhetischen Anschauung und die Assoziation. Z. Philos. u. philos. Kritik 115 (1899) 193-203. – [4] A. PRANDTL: Die Einfühlung (1910). – [5] A. BAIN: Emotions and the will (London 1859) 26. – [6] H. SPENCER: Principles of psychol. (London 1870). – [7] E. ERDMANN: Grundzüge der Reproduktionspsychol. (1920). – [8] E. BECHER: Einführung in die Philos. (1926). – [9] E. KRETSCHMER: Medizinische Psychol. (⁹1947). – [10] TH. LIPPS: Die ethischen Grundfragen (1899); Leitfaden der Psychol. (1903). – [11] L. KLAGES: Grundlegung der Wiss. vom Ausdruck (⁷1950). – [12] R. KIRCHHOFF: Allgemeine Ausdruckslehre (1957) 67f. – [13] H. ROHRACHER: Kleine Charakterkunde (¹⁰1963) 166. – [14] M. SCHELER: Wesen und Formen der Sympathie (¹1923, ⁵1948) 6. – [15] Vgl. Hb. Psychol. 5: Ausdruckspsychol., hg. R. KIRCHHOFF (1965) bes. Kap. 3. 4. 7. 9.

Literaturhinweise. TH. LIPPS: Die Erkenntnis von fremden Ichen. Psychol. Untersuchungen 1 (1905). – K. BÜHLER: Ausdruckstheorie. Das System an der Geschichte aufgezeigt (1933). – K. HOLZKAMP: A. als Phänomen, Funktion und Leistung. Jb. Psychol. Psychother. 4 (1956) 297-323. – Vgl. auch Anm. und Lit. in Art. ‹Ausdruck III›. R. KIRCHHOFF

Ausfluß. In der deutschen Mystik wird der Begriff gebraucht, um den Hervorgang eines Verursachten, Zweiten aus einem Ersten zu bezeichnen. So ist auch bei THOMAS VON AQUINO ‹emanatio› allgemeine Bezeichnung einer bestimmten Bewegung [1]; er faßt die creatio wie das Hervorbringen eines Kunstwerkes als emanatio auf [2]. Wenn TAULER sagt, der Seelenfunke fliege hoch in den Grund, aus dem er geflossen ist [3], kann aus diesem Sprachgebrauch nicht auf eine Umdeutung der scholastischen Schöpfungslehre geschlossen werden; auch bei SEUSE steht ‹usflusze› für den Vorgang der Schöpfung, der Gott und Geschöpf unterscheiden läßt [4]. ECKHART sagt, daß alle Kreaturen aus dem Willen geflossen sind [5].

Anmerkungen. [1] S. theol. I, 77, 6 ob. 3. – [2] S. theol. I, 45, 1; Sent. II, 18, 1, 2. – [3] Pr. 64, hg. VETTER (1910) 347, 14ff; vgl. Pr. 7 a. a. O. 30, 12ff. – [4] Büchlein der Wahrheit Kap. 3, hg. BIHLMEYER (1907) 332, 9ff. – [5] Pr. 15. Dtsch. Werke, hg. QUINT 1 (1958) 245, 3.

Literaturhinweise. A. NICKLAS: Die Terminologie des Mystikers Heinrich Seuse (1914). – C. KIRMSSE: Die Terminologie des Mystikers Johannes Tauler (1930). – T. P. ROESER: Emanation and creation. New Scholast. 19 (1945) 85ff. P. HEIDRICH

Auslegung. Die drei Bedeutungen von ‹A.› (ἑρμηνεύειν) explicatio, interpretatio und Exegese fließen vermutlich ineinander a) in der frühgriechischen religiösen Dichterdeutung (Homer) als Dolmetschung von Götterbekundungen [1], dann in Verbindung mit der Rhetorik bei den Sophisten; b) in der A. des Alten Testaments [2] und seiner Gesetze. Der Neuplatonismus versteht unter A. qua explicatio Geist und Dinge als entfaltete Zahl [3]. Ontologisch relevant wird explicatio (Gegensatz: complicatio) bei N. v. CUES in der Diskussion des (zahlenmäßigen) Verhältnisses der Vielheit des Seienden zur göttlichen Einheit des Seins [4]. Die A.-Lehre wurde nach LUTHERS Rückgang auf die philosophisch unverfremdete Hl. Schrift philosophisch problematisch im Pietismus und der Aufklärung, als anstelle der geistlichen Gaben des Auslegers (Luther) nun die Vernunft als A.-Norm trat. Für CHLADENIUS ist A. im Unterschied zum Verstehen «nichts anderes als jemandem die Begriffe beybringen, welche nötig sind, um eine Rede oder Schrift vollkommen zu verstehen ...» [5]. Bereits hier rückt die A. von der gelegentlichen Verstehenshilfe zu eigenem Rang empor, sofern der Ausleger Dinge «gedenken» kann, die «denen Verfassern nicht in Sinn gekommen sind». Rief bei Chladenius die Unverständlichkeit dunkler Stellen [6] die A.-Kunst hervor, so bei SCHLEIERMACHER (hier explicare = intelligere) die Vermeidung des zum Verstehen gehörenden Mißverstehens [7] vermittelst grammatischer und besonders psychologischer A.-Regeln [8]. Das Dunkle ist jetzt nicht mehr die Sache, sondern das Du (Autor). Zur Kritik an dieser psychologischen A. vgl. DROYSEN [9], der dafür das «forschende Verstehen» [10] setzt. DILTHEY identifiziert A. mit Interpretation, versteht darunter das «kunstmäßige Verstehen von dauernd fixierten Lebensäußerungen» [11] und sieht in ihr die Grundlage der Hermeneutik. In GADAMERS Hermeneutik wird, über Chladenius und die romantische Hermeneutik hinausgehend und im Anschluß an Heidegger, die verdrängt gewesene applicatio [12] erneut zur Geltung gebracht als Grundzug der A. [13]. HEIDEGGER nannte A. die «Ausbildung des Verstehens» [14] des sein Sein auf Möglichkeiten entwerfenden Daseins.

Anmerkungen. [1] Vgl. PLATO, Symp. 202 e; Ion 534 e. – [2] Vgl. Luk. 24, 27. – [3] PLOTIN, Enn. VI, 6, 9. – [4] N. v. CUES, De docta ignor. II, 3; vgl. I, 3; De mente 15, 113. – [5] CHLADENIUS: Einleitung zur richtigen A. vernünftiger Reden und Schriften (1742) § 169. – [6] a. a. O. § 650. – [7] D. F. SCHLEIERMACHER, Werke (1835-1864) I/7, 29f. – [8] a. a. O. I/7, 13ff. 143ff.; III/3, 355. 358. 364. – [9] J. G. DROYSEN: Historik (1882), hg. HÜBNER (1937) § 41. – [10] a. a. O. § 8. – [11] W. DILTHEY, Ges. Schriften 5, 319; 7, 216ff. – [12] Vgl. J. J. RAMBACH: Institutiones hermeneuticae sacrae (1723). – [13] H. G. GADAMER: Wahrheit und Methode (1960) 375; vgl. 280. – [14] M. HEIDEGGER: Sein und Zeit (⁷1953) § 32.

D. SINN

Auslöser. In der vergleichenden Verhaltensforschung bezeichnet man als ‹A.› diejenigen auslösenden Reize oder Schlüsselreize, die im Dienste der Verständigung spezialisiert, d. h. als signalsendende Merkmale weiterentwickelt wurden. Es können Bewegungen, Stellungen oder Organausbildungen (Farbflecke, Hautauswüchse, Federhauben usw.) sein. Wichtig ist, daß der Signalsender sich dem Signalempfänger anpaßt; stehen beide Verständigungspartner zueinander im Symbioseverhältnis oder gehören sie zur selben Art, so kann Selektion zu immer größerer genereller Unwahrscheinlichkeit und Eindeutigkeit des A. führen. Manche höchst auffälligen Bildungen an Pflanzen (insektenlockende Blüten), Tieren (Pfauenschwanz) und Menschen (Fettansatz am Steiß bei der afrikanischen Rasse der Khoisaniden) lassen sich erst unter diesem Gesichtspunkt verstehen. Die Entstehung von A. im Verhalten nennt man Ritualisierung.

Eine ältere naturphilosophische Bestimmung des Begriffs ‹Auslösung› geben W. OSTWALD, der sie als «Aufhebung der Compensation der Intensitäten an einer Stelle» mit darauf folgender «Entladung» von Energie bezeichnet [1], H. DRIESCH [2], E. DU BOIS-REYMOND [3] und J. R. MAYER [4].

Anmerkungen. [1] Vorles. über Naturphilos. (1902) 301. – [2] Ordnungslehre (1912) 203. – [3] Reden, 1. Folge (1886) 405. 407ff. – [4] Über Auslösung (1876).

Literaturhinweis. N. TINBERGEN: Tiere untereinander (1955).

W. WICKLER

Ausnahme

I. Als gegen den romantischen Geniebegriff opponierender Terminus KIERKEGAARDS zielt ‹A.› auf dasjenige Individuum, welches das «Allgemeine», d. h. das bürgerlich-soziale Leben in Ehe und Beruf, zwar verwirklichen will, aber nicht kann. Die Gründe hierfür können verschiedenster Art sein und sowohl im Bereich der Zurechenbarkeit als auch außerhalb seiner liegen. Entscheidend für die ethische Beurteilung ist nur, ob das «ungewöhnliche» Individuum, aus seiner Not eine Tugend machend, sich über das Allgemeine erhebt oder sich unter dessen Forderung demütigt. Allein im zweiten Fall handelt es sich um eine «berechtigte» A. Deren Kennzeichen ist die in der Trauer um die Isolation bewahrte «Liebe zum Allgemeinen». Kierkegaard hat dem Begriff dadurch ein besonderes Gewicht gegeben, daß er mit ihm die Stellung seiner eigenen Existenz zu fixieren versuchte. Paradigma ist er selbst als der «Schwermütige», dessen ererbte, aber auch gepflegte und darum unschuldig-schuldige Gemütsverfassung ihm nach seiner Auffassung die Realisation des Allgemeinen in der Form der Ehe verbot. Er wollte mit diesem Begriff die Bedingungen formulieren, unter denen er als berechtigte A. gelten könnte.

Literaturhinweis. Haupttexte: S. KIERKEGAARD, Samlede Værker² 2, 354-358: Entweder/Oder, Schluß des 2. Teils; 3, 288-290: Die Wiederholung; 6, 187-196: Stadien auf dem Lebensweg.

M. THEUNISSEN

II. ‹A.› oder ‹Ausnahmefall› bezeichnen im allgemeinen die konkrete Nichtanwendbarkeit einer an sich einschlägigen Regel, d. h. einen Fall, der zwar hinsichtlich der Voraussetzungen, wegen hinzutretender besonderer Umstände aber nicht auch hinsichtlich der Folge von der Regel gedeckt wird. (Die in einer theoretischen Regel fixierte Tatsachenerwartung wird nicht erfüllt oder das in eine praktische Regel gefaßte Verhaltenspostulat nicht aufrecht erhalten.) Als *juristischer* Terminus meint ‹A.› einen Rechtssatz, der mit Rücksicht auf besondere zusätzliche Tatbestandsvoraussetzungen von der gewöhnlich eintretenden Rechtsfolge dispensiert oder die allgemeine durch eine besondere Rechtsfolge (Privileg) ersetzt. Insofern dadurch, daß ein (Rechts)Satz als A. begriffen wird, eine Aussage gegenteiligen Inhalts als Regel anerkannt wird, «bestätigt die A. die Regel».

Davon abweichend, nämlich bezogen auf die Ordnung im Sinne «faktischer Normalität» gleich tatsächlicher Berechenbarkeit der Situation im ganzen als Voraussetzung der Geltung genereller Rechtsnormen, machte C. SCHMITT [1] den Begriff der A. und des A.-Falles zum (soziologischen) Grundbegriff und zum Angelpunkt der dezisionistischen Rechts- und Staatslehre: «In seiner absoluten Gestalt ist der A.-Fall dann eingetreten, wenn erst die Situation geschaffen werden muß, in der Rechtssätze gelten können» [2]. Während die Rechtsnorm im A.-Fall infolge der Erschütterung der faktischen Normalität, des Wegfalls des notwendigen «homogenen Mediums» untergeht, beweist der Staat als Machtorganisation seine Überlegenheit über die Rechtsgeltung und wird die ordnungsstiftende Dezision von jeder normativen Bindung frei. Weil danach Rechts-Ordnung auf tatsächlicher Ordnung und diese auf einer im A.-Fall rein und absolut sich zeigenden Entscheidung und nicht auf einer Norm beruht, hält Schmitt – ein NIETZSCHE-Wort [3] umkehrend – die A. für «interessanter» als den «Normalfall»: «Das Normale beweist nichts, die A. beweist alles; sie bestätigt nicht nur die Regel, die Regel lebt überhaupt nur von der A. In der A. durchbricht die Kraft des wirklichen Lebens die Kruste einer in Wiederholung erstarrten Mechanik» [4]. Schmitt verweist hierbei auf *Kierkegaard*, der am Ende der «Wiederholung» (1843) gegen *Hegel* seine Dialektik des Allgemeinen und der A. als Übergang zur religiösen Existenz entfaltet.

Als existentielle Bestimmung verwendet den A.-Begriff K. JASPERS [5] im Hinblick auf *Kierkegaard* und *Nietzsche* zur Bezeichnung ihres anstößigen Ausgestossenseins, der «ihnen verhängten weltlosen Einsamkeit», in der sie ihr Zeitalter negativ ausdrücken. Da ihm beide «das Ende der Möglichkeit der Infragestellung durch die grenzenlose Reflexion kommunikationslosen A.-Seins mit Gott oder dem Nichts» sind, bestimmt er die Aufgabe dahin, zu «philosophieren, ohne A. zu sein, im Blick auf die A.» [6].

Anmerkungen. [1] C. SCHMITT: Die Diktatur (²1928); Polit. Theol. (²1934); vgl. H. HOFMANN: Legitimität gegen Legalität (1964) 36ff. 56ff. – [2] SCHMITT, Polit. Theol. 19. – [3] FR. NIETZSCHE, Jenseits von Gut und Böse Nr. 26: «... die Regel [sc. der Mensch] ist interessanter als die A.» [sc. der von der Menge sich zurückziehende Auserlesene]; für die Regel und gegen die A. auch in: Die fröhliche Wiss. 1, Nr. 55; 2, Nr. 76, und in Musarion-A. 19, 282: «ich kämpfe dagegen, daß eine A.-Art der Regel den Krieg macht.» – [4] SCHMITT, a. a. O. [2] 22. – [5] K. JASPERS: Vernunft und Existenz (⁴1960) 18ff. – [6] a. a. O. 128f.

HASSO HOFMANN

Ausnahmezustand bezeichnet diejenige Lage eines Staates, in welcher er einer Gefährdung von außen durch einen feindlichen Angriff, von innen durch verfassungsfeindliche Kräfte oder durch Naturkatastrophen mit den normalen verfassungsmäßigen Mitteln nicht Herr werden kann. Dadurch unterscheidet er sich von der Verfassungsstörung (dem vorübergehenden Nichtfunktionieren eines Verfassungsorgans), die nur durch eine Rückkehr zur Verfassungstreue zu beheben ist. Der A. ist ein für den Verfassungsstaat typisches Rechtsinstitut. Denn wo ein Staatsorgan, wie etwa der absolute Monarch, über die ganze Fülle der Staatsgewalt verfügt, bedarf es außergewöhnlicher Vollmachten zur Bewältigung schwieriger Situationen nicht.

Obgleich jede Rechtsnorm und mithin auch die Normen der rechtsstaatlichen Verfassung eine Normallage voraussetzen, gilt es doch, in möglichst umfassender Weise gerade auch für den A. normative Vorkehrungen zu treffen. Sonst besteht die Gefahr, daß sich bei Eintritt des A. der jeweils Stärkste der ganzen Staatsgewalt bemächtigt. – Ausschließliche Aufgabe der Ausnahmegewalt (der kommissarischen Diktatur im Sinne CARL SCHMITTS), sei sie nun verfassungsrechtlich vorgesehen oder nicht, ist die Wiederherstellung der verfassungsmäßigen Ordnung.

Typische Mittel und Wirkungen des A. sind Durchbrechungen des Gewaltenteilungsprinzips zugunsten der Exekutive (Notverordnungsrecht), die Übertragung von Machtbefugnissen an das Militär [1], im Bundesstaat Einschränkungen der gliedstaatlichen Rechte zugunsten des Zentralstaates, endlich die Suspension von Grundrechten [2].

Für die verfassungsrechtliche Entwicklung der Institution des A. in Deutschland hat Artikel 48 der Weimarer Reichsverfassung vom 11. August 1919 besondere Bedeutung erlangt. Danach konnte der Reichspräsident, «wenn im Deutschen Reiche die öffentliche Sicherheit und Ordnung erheblich gestört oder gefährdet wird, die zur Wiederherstellung der öffentlichen Sicherheit und Ordnung nötigen Maßnahmen treffen, erforderlichenfalls mit Hilfe der bewaffneten Macht einschreiten». Ferner war er ermächtigt, einzelne Grundrechte ganz oder teilweise außer Kraft zu setzen.

Die durch die Funktionsunfähigkeit des Reichstags verursachte Heranziehung dieses Artikels in der Spätzeit der Weimarer Republik als Grundlage eines Notverordnungsrechts des Reichspräsidenten bewog den Parlamentarischen Rat (1948/49), von der Regelung des A. im Grundgesetz abzusehen und sich mit der Vorkehrung gegen einen bestimmten Fall der Verfassungsstörung, den sogenannten Gesetzgebungsnotstand [3], zu begnügen. Das konnte um so leichter geschehen, als die Besatzungsmächte die Gewähr für die Aufrechterhaltung der verfassungsmäßigen Ordnung bis heute übernommen haben [4]. Dagegen wurde, bedingt durch die Aufstellung einer militärischen Streitmacht, durch Bundesgesetz vom 24. 6. 1968 der Verteidigungsfall in Ergänzung des Grundgesetzes (Art. 115 a ff.) geregelt. Vorgesehen ist, neben dem Übergang der Kommandogewalt auf den Bundeskanzler, eine Straffung der administrativen Befugnisse und gegebenenfalls der Übergang der legislativen Zuständigkeit von Bundestag und Bundesrat auf den von beiden Organen zu bestellenden Gemeinsamen Ausschuß.

Anmerkungen. [1] Vgl. das preuß. Gesetz vom 4. 6. 1851 über den Belagerungszustand und Art. 68 der Reichsverfassung von 1871. – [2] Vgl. z. B. Art. 111 der preuß. Verfassung vom 31. 1. 1850. – [3] Art. 81 Grundgesetz. – [4] Siehe Art. 5, II des Deutschlandvertrages in der Fassung vom 23. 10. 1954.

Literaturhinweise. C. SCHMITT: Die Diktatur (³1964); Politische Theol. (²1934). – C. SCHMITT und E. JACOBI: Die Diktatur des Reichspräsidenten, Veröff. d. Vgg. der dtsch. Staatsrechtslehrer 1 (1924). – R. GRAU: Die Diktaturgewalt des Reichspräsidenten und der Landesregierungen (1922). – W. SCHOENBORN: Die Notverordnungen, in: Hb. dtsch. Staatsrecht 2 (1932). – Das Staatsnotrecht in Belgien, Frankreich, Großbritannien, Italien, den Niederlanden, der Schweiz und den Vereinigten Staaten von Amerika. Beiträge zum ausländischen öff. Recht und Völkerrecht (1955). – K. HESSE: Grundfragen einer verfassungsmäßigen Normierung des A. Juristenztg. (1960) 105ff.

E. FORSTHOFF

Aussage. Die Trennung aller sprachlichen Ausdrücke in A. und Nicht-A. geht auf eine archaische morphologische, schon in der unitären Phase der indogermanischen Dialekte vorfindliche Unterscheidung der Modi des Verbs zurück. Aussagen sind grammatikalisch Sätze im Modus indicativus; semantisch (im Sinne von C. W. MORRIS [1]) kann man sie bestimmen als *deklarative* Sätze, d. h. Sätze, deren Bedeutung von dem konkreten Sprecher und dem konkreten Zuhörer unabhängig ist: Diese beliebige Austauschbarkeit von Sprecher und Zuhörer ermöglicht ihre bedeutungsinvariante Wiederholbarkeit [2].

Die erste explizite Abgrenzung der A. vom Standpunkt des formalen Logikers aus findet man bei ARISTOTELES in seiner Unterscheidung von logos apophantikos und logos semantikos: ἔστι δὲ λόγος ἅπας μὲν σημαντικός ... ἀποφαντικὸς δὲ οὐ πᾶς, ἀλλ' ἐν ᾧ τὸ ἀληθεύειν ἢ ψεύδεσθαι ὑπάρχει· οὐκ ἐν ἅπασι δὲ ὑπάρχει, οἷον ἡ εὐχὴ λόγος μέν, ἀλλ' οὔτ' ἀληθὴς οὔτε ψευδής (Jeder Satz hat Bedeutung ..., doch nicht jeder Satz ist eine Behauptung; nur solche sind Behauptungen, die entweder Wahrheit oder Falschheit enthalten. So ist eine Bitte ein Satz, aber weder wahr noch falsch) [3].

Dem Ansatz von Aristoteles, wonach die logischen A. diejenigen Ausdrücke sind, von denen sinnvollerweise gesagt werden kann, sie seien wahr oder falsch, findet man auch in der megarisch-stoischen Logik, hier allerdings gekoppelt mit einer in der Semantik entwickelten Bedeutungslehre. Die *Stoiker* [4] unterscheiden zwischen σημαῖον (das ‹Bedeutende›, d. h. der Laut bzw. das Zeichen), τύγχανον (das Ding) und σημαινόμενον (das ‹Bedeutete›, d. h. das mit dem Laut oder Zeichen objektiv Gemeinte). Das σημαινόμενον nannten sie ‹Lekton› (scholastisch ‹conceptus obiectivus› oder auch ‹complexe significabile› [5]); die Lekta können vollständig oder unvollständig sein: die unvollständigen Lekta sind die σημαινόμενα von Satzteilen, wie Prädikate, Subjekte usw., Sätze hingegen sind vollständige Lekta, und diese sind, was wahr oder falsch ist und damit einziger Gegenstand der formalen Logik. Diese Bedeutungslehre gestattete den Stoikern die Trennung von Wortgestalt und Lekton in den A. und damit einerseits die Anwendung formaler Methoden (bei vorausgesetzter eindeutiger Zuordnung der Wortgestalten zu Lekta wurde nur noch das syntaktische Gefüge sprachlicher Ausdrücke betrachtet), andererseits eine Abgrenzung der (formalen) Logik von der Psychologie auf Grund der Objektivität der Lekta, die nicht mit psychischen Vorgängen verwechselt werden dürfen. Die megarisch-stoische Theorie der logischen A. findet sich ähnlich in der *scholastischen* Lehre der complexa significabilia, verliert sich jedoch in der radikal psychologistischen nachscholastischen Logik, für die A. ‹Operationen des Verstandes› sind [6].

Wie die Stoiker unterscheidet G. FREGE an einer A. (Behauptungssatz) zwischen dem Zeichen oder Laut, dem Sinn und der Bedeutung. Der Sinn einer A. ist für ihn der objektive Gedanke, den sie ausdrückt, der auch dann gleich bleibt, wenn er in verschiedenen Sprachen formuliert wird; der Sinn eines Satzes ist keine subjektive Vorstellung, er kann nicht sinnlich wahrgenommen werden, sondern «wir geben ihm im Satze einen hörbaren oder sichtbaren Vertreter» [7]. Freges «Sinn» entspricht gerade dem stoischen Lekton wie auch BOLZANOS «Satz an sich» (s. d.); A. CHURCH hat im Anschluß an die spätscholastische Begriffsbildung der «propositio mentalis» für die so interpretierte A. den Begriff der «abstract proposition» eingeführt [8]. Im Gegensatz zu Fragen, Bitten, Befehlen haben A. (Behauptungssätze) nach FREGE nicht nur einen Sinn, sondern auch eine Bedeutung, insofern es auf ihren Wahrheitswert ankommt. Die Bedeutung einer Aussage ist also ihr Wahrheitswert: das Wahre, falls sie wahr ist, das Falsche, wenn sie falsch ist. Zwei beliebige wahre A., wenn auch mit verschiedenem Sinn, haben die gleiche Bedeutung, nämlich das Wahre; somit sind nach Frege alle wahren Aussagen logisch äquivalent.

Die Stoiker versuchten durch Abstraktion aus der Umgangssprache die logische Form von A. zu bestimmen und benutzten dazu eine Art von Variablen, die sie scharf von den logischen Konstanten (scholastisch: Synkategoremata) trennten; der systematische Gebrauch von Variablen findet sich in der mathematischen Logik seit FREGE und vor allem seit der von ihm und C. S. PEIRCE gleichzeitig angegebenen Verallgemeinerung des Funktionsbegriffs [9]. B. RUSSELL [10] präzisierte im Anschluß an Frege den Begriff der A.-Funktion [11] oder A.-Form [12] als einer Kombination von Zeichen, in der Variablen auftreten und die bei einer geeigneten Ersetzung der in ihr vorkommenden Variablen in eine Aussage übergeht. Mit diesen Begriffen der A.-Form und der Variablen läßt sich ein präziser Begriff der logischen Form einer A. angeben. Ein Ziel beim Aufbau formaler logischer Systeme (Sprachen) ist es, diejenigen Formen von A. zu bestimmen, die nur aufgrund ihrer logischen Struktur wahr sind, d. h. die bei jeder Deutung der in ihnen vorkommenden Variablen zu wahren A. werden. Man nennt die nur aufgrund ihrer logischen Struktur wahren A. ‹logisch wahre A.›.

Anmerkungen. [1] C. W. MORRIS: Foundations of the theory of signs (Chicago 1938); Signs, language and behavior (New York 1946). – [2] P. PRINI: Discorso e situazione (Rom 1961); W. O. QUINE: Word and object (New York/London 1960) 191. – [3] ARISTOTELES, De interpretatione 4, 16 b 33-17 a 4, dtsch. nach der engl. Übers. in: The works of ARISTOTLE, hg. W. D. Ross (Oxford 1926). – [4] Vgl. J. M. BOCHEŃSKI: Formale Logik (²1962) 126f. – [5] Vgl. [4], 217f. – [6] J. JUNGIUS: Logica Hamburgensis (Hamburg 1635). – [7] G. FREGE: Logik in der Math., in: Nachgelassene Schriften (1969) 223. – [8] A. CHURCH: Art. ‹Proposition›, in: Encyclop. Brit. 18 (1962). – [9] C. S. PEIRCE: The critic of arguments. The Open Court 6 (1892) 3391-3394. 3416-3418. Coll. Papers, hg. C. HARTSHORNE und P. WEISS 3 (Cambridge, Mass. 1933/34) 262; G. FREGE: Grundgesetze der Arithmetik. Begriffsschriftlich abgeleitet 1 (1893) 5f. 8. – [10] A. N. WHITEHEAD und B. RUSSELL: Principia Mathematica 1 (Cambridge 1910) 38. – [11] Vgl. Art. ‹Funktion›. – [12] Vgl. Art. ‹Prädikatenlogik›.

Literaturhinweise. G. FREGE: Funktion, Begriff, Bedeutung. 5 logische Stud., hg. G. PATZIG (1966); Nachgelassene Schriften (1969). – B. BOLZANO: Wissenschaftslehre, hg. W. SCHULTZ (1929-1931). – R. CARNAP: Logische Syntax der Sprache (1934). – B. RUSSELL: An Inquiry into meaning and truth (New York 1940). – R. CARNAP: Introduction to semantics (Cambridge, Mass. 1942); Meaning and necessity. A study in semantics and modal logic (Chicago 1947). – L. LINSKY (Hg.): Semantics and the philos. of language (Urbana, Ill. 1952). – B. RUSSELL: Logic and knowledge. Essays 1901-1950 (London 1956). – W. O. QUINE: Word and object (New York/London 1960). – Zur Gesch. des Begriffs konsultiere man: J. M. BOCHEŃSKI: Formale Logik (²1962); W. KNEALE und M. KNEALE: The development of formal logic (¹1962).
E. BÖRGER/D. BARNOCCHI

Aussage, Peircesche (Peirce's law), nennt man die erstmals von PEIRCE 1885 [1] betrachtete junktorenlogische Aussageform $((A \rightarrow B) \rightarrow A) \rightarrow A$. Lediglich klassisch allgemeingültig, ist sie keine gültige Aussageform einer konstruktiven oder einer intuitionistischen Logik. Ein konstruktiver oder intuitionistischer Aussagenkalkül (mit geeigneten Deduktionsregeln) wird durch die P. A. zu einem klassischen Aussagenkalkül erweitert. Obwohl in der P. A. keine negierte Variable vorkommt, ist sie aus keinem System «positiver» (d. h. die Negation nicht enthaltender) Aussageformen ableitbar, sofern nicht eine dieser Aussageformen selbst schon die Form der P. A. hat. Doch wird ein positiver konstruktiver oder intuitionistischer Aussagenkalkül (mit geeigneten Deduktionsregeln) durch Hinzunahme der P. A. zu einem positiven klassischen Aussagenkalkül [2].

Diese Erweiterung hat in einem dialogischen Aufbau der Logik ihre Entsprechung darin, daß jeder formale Dialog mit effektiven Spielregeln um eine beliebige klassisch gültige Aussageform gewinnbar wird, sobald man geeignete Hypothesen von der Form der P. A. hinzunimmt (z. B. der Dialog um das Tertium non datur $a \vee \neg a$ nach Vorgabe von

$$(((a \vee \neg a) \rightarrow (b \vee \neg b)) \rightarrow (a \vee \neg a)) \rightarrow (a \vee \neg a)$$
$$\text{und } ((\neg a \rightarrow b) \rightarrow \neg a) \rightarrow \neg a$$

als Hypothesen).

Anmerkungen. [1] CH. S. PEIRCE: On the algebra of logic: A contribution to the philos. of notation. Amer. J. Math. 7 (1885) 180-202. – [2] Vgl. P. LORENZEN: Einführung in die operative Logik und Math. (1955); Formale Logik (⁴1970); E. W. BETH: Formal methods. An introduction to symbolic logic and to the study of effective operations in arithmetic and logic (Dordrecht 1962); L. H. HACKSTAFF: Systems of formal logic (Dordrecht 1966).

Literaturhinweise. CH. S. PEIRCE s. Anm. [1]. – A. N. PRIOR: Peirce's axioms for propositional logic. J. symbol. Logic 23 (1958) 135/36.
CH. THIEL

Aussagenlogik. – 1. Die A. (engl. logic of propositions, frz. logique des propositions inanalysées) ist ein Teil der formalen Logik, der die Wahrheit(swerte) von Aussagen untersucht, die aus gegebenen (im Rahmen der A. nicht weiter analysierten) elementaren Aussagen mit Hilfe gewisser Operatoren zur Bildung zusammengesetzter Aussagen so aufgebaut werden können, daß die Wahrheitswerte der komplexen Aussagen nur von den Wahrheitswerten ihrer elementaren Teilaussagen und der Definition der genannten Operatoren, i. e. der aussagenlogischen (al.) Konstanten abhängen. Die *klassische A.* geht von einem Bestand elementarer Aussagen aus, deren Feinstruktur (wie z. B. Subjekt-Kopula-Prädikat-Struktur) sie im Gegensatz zur Prädikatenlogik nicht untersucht und von denen sie nur annimmt, daß sie entweder wahr oder falsch sind; diese elementaren Aussagen sind also solche, die den Prinzipien vom ausgeschlossenen Dritten und vom ausgeschlossenen Widerspruch genügen. Zusammengesetzte Aussagen kann man in der Umgangssprache mit Hilfe von Partikeln wie ‹nicht›, ‹und›, ‹oder›, ‹wenn ..., dann›, ‹genau dann, wenn› (diese fünf sind die sog. klassischen Aussageverknüpfungen) bilden, denen in formalen al. Systemen die Operatoren ¬, ∧, ∨, →, ↔ (die sog. klassischen Aussagefunktoren) zur Bildung komplexer Aussagen aus einfacheren Aussagen entsprechen. Diese Operatoren werden extensional definiert, d. h. so, daß der Wahrheitswert der durch sie zusammengesetzten Aussagen eine Funktion der Wahrheitswerte der Teilaussagen ist. Ein Ziel al. Untersuchungen ist es, eine vollständige Übersicht über alle Aussagen(formeln) zu bekommen, die allein auf Grund ihrer al. Struktur wahr sind, sowie über alle Regeln, die von (al.) wahren Aussagen zu (al.) wahren Aussagen überzugehen gestatten (Analyse des al. Folgerungsbegriffs).

2. Die Problemstellung und Ausarbeitung einer A. findet sich zum ersten Mal in der megarisch-stoischen Schule. ARISTOTELES betonte aus der ihm von Platon überkommenen Beschäftigung mit dem Problem des Wesens heraus die Rolle des ersten Subjekts (πρώτη οὐσία) als letztes Subjekt der Prädikation und interessierte sich bei seinen logischen Untersuchungen vorrangig für die Subjekt-Prädikat-Struktur (‹A ist (nicht) B›) von Aussagen und deren Quantifizierungen (‹Alle A sind (nicht) B›; ‹Ein A ist (nicht) B›); nur in seinem Spätwerk [1] und ohne systematischen Zusammenhang – wie dann bei THEOPHRAST und EUDEMOS [2] – finden sich einige al. Formeln. Im Gegensatz dazu beschäftigten sich die Mitglieder der *megarisch-stoischen Schule* – von ihrer vorplatonischen Fragestellung her kommend, wie man gewisse Behauptungen widerlegen könne – vorzüglich mit ganzen Aussagen, nicht mit Termini, und entwickelten dazu ein auf eine gut ausgearbeitete Semantik gestütztes System der A. Dieses System ist axiomatisch aufgebaut mit klarer Unterscheidung zwischen Axiomen und Regeln; alle stoischen Syllogismen sind als Schlußregeln formuliert, für deren Umformung in Gesetze man jedoch einfache Vorschriften kannte. Die von den Stoikern angewandte Methode ist formal in dem Sinne, daß die Richtigkeit von Ableitungen nur an Hand der Axiome und Schlußregeln geprüft wurde, ohne auf inhaltliche Bedeutungen der auftretenden Ausdrücke zurückzugreifen; formale technische Verfahren wie Variablenumbenennung, Einsetzen von Aussageformen [3] für Aussagevariablen, Unterscheidung von Aussageformen und Aussagen waren gut bekannt. Die Stoiker legten betonter noch als Aristoteles das *Zweiwertigkeitsprinzip* zugrunde, wonach jede Aussage entweder wahr oder falsch ist. Sie untersuchten weitgehend die in der Umgangssprache auftretenden al. Verknüpfungen und gaben für sie sogar Bestimmungen an, die den im 20. Jh. eingeführten Wahrheitswerttafeln nahe kommen. Am umstrittensten war die Implikation: Die *Philonische Implikation* ist gerade die in der modernen mathematischen Logik und Mathematik gebräuchlichste Form der Implikation, die sog. ‹materiale Implikation› [4]. DIODORUS stellte dieser Auffassung die nach ihm benannte *Diodoreische Implikation* (‹Wenn p, so q› ist wahr genau dann, wenn für jede Zeit t gilt: es ist nicht der Fall, daß p im Zeitpunkt t wahr und q im Zeitpunkt t falsch ist) entgegen, um der Zeitabhängigkeit der Wahrheitswerte umgangssprachlicher Sätze wie ‹Wenn es Nacht ist, so ist es Tag› [5] gerecht zu werden – denn der angeführte Beispielsatz wäre nach dem Philonischen Ansatz wahr, falls es Tag ist, jedoch falsch, wenn es Nacht ist. In der *konnexen Implikation* kann man eine antike Form der von C. I. LEWIS 1918 eingeführten ‹strikten Implikation› sehen («... ‹p strictly implies q› is to mean ‹It is false that it is possible that p should be true and q false» [6]). Für die Alternative findet man die ausschließende und die nicht-ausschließende Form; Konjunktion, Negation (und Äquivalenz) wurden wie in der mathematischen klassischen A. behandelt.

3. Die stoische A. taucht in der *scholastischen Logik* in der Lehre von den consequentiae als der Lehre von den gültigen Implikationen wieder auf; sie wird zu einem noch höheren Grad der Formalisierung sowohl in bezug auf die angewandten Techniken als auch in bezug auf die (Abstraktheit der) Begriffsbildungen geführt und um eine große Gruppe von logischen Gesetzen (Regeln) (unter ihnen auch die später ‹De Morgansche Gesetze› genannten) bereichert. In der *Neuzeit*, seit dem Humanismus bis in das 19. Jh., verschwand – außer bei LEIBNIZ – die A. aus den vorrangig psychologisch und erkenntnistheoretisch orientierten, betont nicht-formalen, aber trotzdem meist ‹logisch› genannten Untersuchungen. Leibniz' Leistungen auf dem Gebiet der (Begründung der) mathematischen Logik blieben problemgeschichtlich ohne Folgen; sie wurden erst am Ende des 19. Jh. wiederentdeckt, als die von ihm untersuchten Probleme sich unabhängig von ihm neu entwickelt hatten.

4. Eine kontinuierliche Entwicklung der *modernen mathematischen A.* beginnt mit G. BOOLE (1847) [7]; allerdings ist hier die A. noch nicht völlig explizit und nur im größeren Rahmen klassenlogischer Fragestellungen zu finden, aus dem sie H. McCOLL 1877 [8] löste. Die ‹Begriffsschrift› von G. FREGE (1879) [9] enthält die erste streng axiomatische und formale Darstellung der gesamten klassischen zweiwertigen A. als deduktives System; jedoch setzten sich diese Ergebnisse wegen ihrer Formulierung in zweidimensionaler Schreibweise erst in der linearen Notation von G. PEANO [10] und B. RUSSELL [11] sowie der klammerfreien Schreibweise von J. ŁUKASIEWICZ [12] durch. Die moderne A. bietet einerseits eine Systematisierung und Vervollständigung der megarisch-stoischen und scholastischen Forschungen, andererseits enthält sie diesen gegenüber grundsätzlich neue Ansätze. Die Anwendung der *formalen Methode*, d. h. die Bedeutung von Worten außer acht zu lassen und nur Gestalt und Anordnung von Zeichen zu betrachten, wird explizit zum allgemeinen Grundsatz; die logischen Gesetze gewinnt man nicht mehr durch Abstraktion aus der Umgangssprache, sondern durch Konstruktion und Analyse künstlicher, nur aus (im vorhinein bedeutungslosen) Folgen von Symbolen bestehenden Sprachen, denen nachträglich, in der «Semantik», (evtl. mehrere) Bedeutungen beigelegt werden. Die Idealform einer solchen *künstlichen Sprache* ist eine durch einen kombinatorisch über Zeichen arbeitenden Kalkül erzeugte Sprache.

5. Die Konstruktion und Analyse eines al. Systems gliedert sich in einen syntaktischen und einen semantischen Teil. Der *Aufbau einer formalen al. Sprache S* mit einem Ableitungsbegriff geht in drei Schritten vor sich: 1. Angabe eines *Zeichenkalküls* über (endlich vielen) Zeichentypen zur Erzeugung von Symbolen für abzählbar unendlich viele (Aussagen-)Variablen $p_1, p_2, p_3,$

... – diese Variablen spielen die Rolle der eingangs beschriebenen elementaren Aussagen – und für endlich viele al. Junktoren $J_1^{r_1}, ..., J_n^{r_n}$, wobei der obere Index r_i die Stellenzahl des Junktors angibt. 2. Angabe eines *Ausdruckskalküls* zur Erzeugung der ‹wohlgeformten Ausdrücke der Sprache S› aus den durch den Zeichenkalkül gewonnenen endlichen Zeichenreihen im Sinne folgender Festsetzung: a) Alle Aussagenvariablen p_1, p_2, p_3, ... sind wohlgeformte Ausdrücke von S. b) Sind $A_1, ..., A_{r_i}$ wohlgeformte Ausdrücke von S, so ist auch $J_i^{r_i} A_1 ... A_{r_i}$ ein wohlgeformter Ausdruck der Sprache S (dabei ist i eine beliebige der Zahlen von 1 bis n). 3. Angabe eines *Ableitungskalküls* für wohlgeformte Ausdrücke der Sprache S durch strukturelle oder explizite Angabe von ‹Axiomen› unter den wohlgeformten Ausdrücken von S und von Regeln, die gestatten, von schon abgeleiteten wohlgeformten Ausdrücken von S im Rahmen des Ableitungskalküls zu einem neuen wohlgeformten Ausdruck von S überzugehen. In der *Semantik von S* erklärt man eine Interpretation (Deutung) der wohlgeformten Ausdrücke der formalen Sprache S in vier Schritten: 1. Angabe eines ‹*Wahrheitswertebereiches*› W mit einem Teilbereich W^* von W (dem Bereich der ‹ausgezeichneten› Wahrheitswerte unter den Wahrheitswerten aus W). 2. Erklärung von *Belegungen* b, d. i. von Funktionen, die jeder Aussagenvariablen p_i von S genau ein Element aus W (den sog. Wahrheitswert von p_i bei der Belegung b) zuordnen. 3. Erklärung von *Wahrheitswertefunktionen* $F_1^{r_1}, ..., F_n^{r_n}$ zu den Junktoren $J_1^{r_1}, ..., J_n^{r_n}$ wie folgt: $F_i^{r_i}$ ist eine r_i-stellige Funktion, die jedem Tupel $(x_1, ..., x_{r_i})$ über W genau ein Element aus W zuordnet. Man sagt dann, daß die zu $J_i^{r_i}$ gehörige Wahrheitswertefunktion $F_i^{r_i}$ den Wahrheitswerten $x_1, ..., x_{r_i}$ von wohlgeformten Ausdrücken $A_1, ..., A_{r_i}$ von S den Wahrheitswert des zusammengesetzten wohlgeformten Ausdrucks $J_i^{r_i} A_1 ... A_{r_i}$ von S zuordnet. Damit ist das Extensionalitätsprinzip für die al. Junktoren realisiert. 4. Erklärung der Bewertung der vom Ausdruckskalkül erzeugten wohlgeformten Ausdrücke von S unter einer Belegung, d. h. Definition einer Funktion B, die jedem geordneten Paar (A, b) aus einem wohlgeformten Ausdruck A von S und einer Belegung b der Aussagenvariablen von S genau einen Wahrheitswert aus W zuordnet, den sog. Wahrheitswert von A unter der Belegung b. Diese Definition geht entlang den Erzeugungsprozessen des Ausdruckskalküls wie folgt:

a) $B(p_i, b) = b(p_i)$ für alle Aussagenvariablen p_i von S,
b) $B(J_i^{r_i} A_1 ... A_{r_i}, b) = F_i^{r_i} (B(A_1, b), ..., B(A_{r_i}, b))$

für alle natürlichen Zahlen i zwischen 1 und n. Man nennt dann alle diejenigen wohlgeformten Ausdrücke A von S ‹Tautologien› oder auch ‹allgemeingültige Ausdrücke›, deren Bewertung bei jeder Belegung einen ausgezeichneten Wahrheitswert aus W^* liefert. Nach dem Aufbau der Syntax und der Semantik von S versucht man, Beziehungen zwischen diesen herzustellen, etwa indem man sich fragt, ob die in S ableitbaren Ausdrücke Tautologien sind (Frage der Korrektheit des Ableitungskalküls von S) und ob die Tautologien von S in S ableitbar sind (Frage der Vollständigkeit des Ableitungskalküls von S). Für die klassische zweiwertige A. sind vollständige und korrekte Kalküle bekannt.

6. Die Korrektheit des Ableitungskalküls eines al. Systems kann man leicht mit der *Methode der Wahrheitstafeln* prüfen. Diese Methode findet sich in Ansätzen schon in der megarisch-stoischen Schule, dann bei G. BOOLE, G. FREGE (Begriffsschrift) und C. S. PEIRCE [13] und wurde systematisch von J. ŁUKASIEWICZ [14], E. L. POST [15] und L. WITTGENSTEIN [16] entwickelt. Man bekommt mit ihr eine kombinatorisch vollständige Übersicht über alle ein- und mehrstelligen extensionalen al. Junktoren über den Umweg der ihnen zugeordneten Wahrheitswertefunktionen; für die ein- und zweistelligen Junktoren der zweiwertigen klassischen A. z. B. kann man die entsprechenden Wahrheitswertefunktionen kombinatorisch vollständig so auflisten (links vor dem senkrechten Strich stehen zeilenweise die kombinatorischen Möglichkeiten der Wahrheitswerte der Argumente der Junktoren, rechts davon spaltenweise die zugehörigen Wahrheitswertekombinationen der zusammengesetzten Aussage(n); ‹W› steht für ‹wahr›, ‹F› für ‹falsch›):

	F_1^1	F_2^1	F_3^1	F_4^1
W	W	W	F	F
F	W	F	W	F

	F_1^2	F_2^2	F_3^2	F_4^2	F_5^2	F_6^2	F_7^2	F_8^2	F_9^2	F_{10}^2	F_{11}^2	F_{12}^2	F_{13}^2	F_{14}^2	F_{15}^2	F_{16}^2
WW	W	W	W	W	W	W	W	W	F	F	F	F	F	F	F	F
WF	W	W	W	W	F	F	F	F	W	W	W	W	F	F	F	F
FW	W	W	F	F	W	W	F	F	W	W	F	F	W	W	F	F
FF	W	F	W	F	W	F	W	F	W	F	W	F	W	F	W	F

Man sieht, daß die Junktoren J_1^1 und J_4^1 uninteressant sind, weil sie unabhängig vom Wahrheitswert ihres Arguments die durch sie gebildete zusammengesetzte Aussage immer wahr bzw. falsch machen; der Junktor J_2^1 insofern, als er den Wahrheitswert seines Arguments unverändert läßt. J_3^1 entspricht der umgangssprachlichen Verknüpfung ‹nicht›. Unter den zweistelligen Junktoren sind J_1^2 und J_{16}^2 wiederum ohne Interesse, weil sie unabhängig von den Wahrheitswerten ihrer Argumente die zusammengesetzte Aussage stets wahr bzw. falsch werden lassen; J_6^2 und J_{11}^2 hängen nicht von den Wahrheitswerten des ersten Arguments ab und sind somit nur formal zweistellige Junktoren, ebenso wie J_4^2 und J_{13}^2, weil diese vom zweiten Argument unabhängig sind. Die übrigen Junktoren kann man etwa so in die Umgangssprache übersetzen (wir bezeichnen das erste Argument mit p und das zweite mit q): J_2^2 beschreibt das nicht-ausschließende ‹oder› (lat. ‹vel›), J_3^2 entspricht ‹wenn q, so p› (eine Art Umkehrung der Philonischen Implikation), J_5^2 ist der Junktor der Philonischen Implikation ‹wenn p, so q›, J_7^2 derjenige der Äquivalenz ‹p genau dann, wenn q›, J_8^2 symbolisiert die Konjunktion ‹p und q›, J_9^2 ist der Sheffersche Strich (‹nicht zugleich p und q›), J_{10}^2 formalisiert das ausschließende ‹oder› (lat. ‹aut›), J_{12}^2 das lateinische ‹neque› (‹p, aber nicht q›) mit der Umkehrung J_{14}^2 ‹q, aber nicht p›, und J_{15}^2 schließlich ist der sogenannte Nicodsche Junktor (‹weder p noch q›). Aus dem *Repräsentationstheorem* der klassischen zweiwertigen A. folgt, daß eine Sprache nur mit dem Negator J_3^1 und dem Konjunktor J_8^2 oder nur mit dem Negator und dem Alternator J_2^2 oder nur mit dem Negator und dem Philonischen Implikator J_5^2 an Ausdrucksfähigkeit nicht gewinnt, wenn man beliebig viele weitere extensionale Junktoren beliebig hoher Stellenzahl zu ihren Ausdrucksmitteln hinzunimmt; man kann diese Reduktion der Anzahl der Junktoren ohne Verlust der Ausdrucksfähigkeit sogar bis auf die Anzahl 1 (nämlich den Shefferschen Strich J_9^2 oder den Nicodschen Junktor J_{15}^2) herabdrücken.

7. Neben die vor allem für Axiomatisierungsuntersuchungen geeignete *axiomatische Methode* zur Konstruktion al. Systeme – sie gestattet z. B. einen einfachen

Beweis der endlichen Axiomatisierbarkeit der klassischen zweiwertigen A., wobei die Zahl der endlich vielen Axiome bis auf 1 reduziert werden kann – stellte TARSKI [17] die aus einer Verallgemeinerung der Methode der Wahrheitstafeln gewonnene *Methode der logischen Matrizen*, die für die durch sie definierten al. Systeme einfache Vollständigkeits- und Widerspruchsfreiheitsbeweise gestattet. P. BERNAYS [18] und J. ŁUKASIEWICZ [19] haben die Matrizenmethode für die Untersuchung der Unabhängigkeit von Aussagenmengen genutzt. Die in der Matrizenmethode angelegte Lösung vom klassischen Zweiwertigkeitsprinzip führt zur Betrachtung al. Systeme mit beliebig vielen Wahrheitswerten, den sogenannten *mehrwertigen Aussagenlogiken*, die seit E. L. POST [20] und J. ŁUKASIEWICZ [21] erforscht werden. Weitere nicht-klassische al. Systeme entstanden seit der 1918 von C. I. LEWIS [22] vorgetragenen Kritik an der bis dahin in der mathematischen Logik (mit Ausnahme von MCCOLL) durchgängig verwandten Philonischen Implikation: die al. Systeme der *Modallogik* und der *Logik der strikten Implikation*. In der modalen A. betrachtet man zusätzlich zu den extensionalen Junktoren modale Operatoren der Möglichkeit und Notwendigkeit. LEWIS führte die Logik der strikten Implikation ursprünglich als Modalitätenlogik ein [23]: Ausgehend von den Operatoren Negator (symbolisiert durch ¬), Konjunktor (symbolisiert durch ∧) und Möglichkeitsoperator (symbolisiert durch ◊), kann man die Operatoren strikter Implikator, Alternator, Äquivalenzoperator und Notwendigkeitsoperator so definieren: ⟨A impliziert B strikt⟩ (symbolisiert: $A \Rightarrow B$; LEWIS schreibt: $A \rightarrow B$) sei definiert durch ⟨Es ist nicht möglich, daß A und die Negation von B gelten⟩ (symbolisch: $\neg \Diamond (A \wedge \neg B)$); ⟨$A$ oder B⟩ ($A \vee B$) sei definiert durch ⟨Es gilt nicht: (nicht A) und (nicht B)⟩ (symbolisch: $\neg((\neg A) \wedge (\neg B))$); ⟨$A$ ist B strikt äquivalent⟩ ($A \Leftrightarrow B$; LEWIS schreibt: $A = B$) sei per definitionem ⟨A impliziert B strikt und B impliziert A strikt⟩ (($A \Rightarrow B) \wedge (B \Rightarrow A)$), und schließlich definiere man ⟨A ist notwendig⟩ ($\Box A$) durch ⟨Es ist nicht möglich, daß (nicht A) gilt⟩ (formal: $\neg \Diamond \neg A$). Man kann jedoch ein al. System der strikten Implikation auch nur mit den Operatoren Negator, Konjunktor und strikter Implikator aufbauen und darin die Operatoren der Möglichkeit und der Notwendigkeit definieren (durch zwei im ursprünglichen System von LEWIS dem dortigen Ansatz äquivalente Ausdrücke) [24]: ⟨A ist strikt notwendig⟩ per definitionem genau dann, wenn ⟨(nicht A) impliziert strikt A⟩ (symbolisch: $(\neg A) \Rightarrow A$) und ⟨A ist strikt möglich⟩ sei definiert durch ⟨Es gilt nicht, daß A (nicht A) strikt impliziert⟩ (formalisiert: $\neg (A \Rightarrow (\neg A))$). Bei Zugrundelegung der von S. A. KRIPKE entwickelten Semantik für vorher nur syntaktisch definierte modallogische Kalküle [25] kennt man für modallogische Aussagenkalküle konstruktive Vollständigkeitsbeweise, die gleichzeitig für die betrachteten Kalküle Entscheidungsverfahren liefern. In der strikten Logik und Modallogik wurde die Negation im klassischen Sinn behandelt, wonach jede Aussage ihrer doppelten Negation (strikt) äquivalent ist. Diese Auffassung der Negation, für die indirekte Beweise (reductio ad absurdum) unproblematisch sind, hat L. E. J. BROUWER verworfen und ihr eine neue Logik entgegengestellt, die unter dem Namen ⟨intuitionistische Logik⟩ bekannt geworden ist. Die *intuitionistische Logik* geht vom Begriff des Beweises aus [26] und verwirft die uneingeschränkte Gültigkeit des ⟨tertium non datur⟩ dort, wo man kein allgemeines effektives Verfahren besitzt, das für jede einschlägige Aussage einen Beweis oder eine Widerlegung liefert. Das bedeutet aber, die allgemeine Gültigkeit der Formel für indirekte Beweise ⟨Wenn (nicht(nicht A)), dann A⟩ aufzugeben. Für die intuitionistische A., die zum ersten Mal von A. HEYTING [27] in einen Kalkül gebracht wurde, sind Entscheidungsverfahren bekannt. V. GLIVENKO [28] und K. GÖDEL [29] haben bewiesen, daß die klassische A. in der intuitionistischen A. interpretiert werden kann und somit bezüglich dieser relativ-widerspruchsfrei ist. Die intuitionistische A. ihrerseits kann durch ein von KRIPKE angegebenes Verfahren [30] in modallogische Kalküle eingebettet werden.

Anmerkungen. [1] ARISTOTELES, Anal. pr. II, 2, 53 b 7-10. 12f.; II, 4, 57 a 36f. – [2] ALEXANDER APHRODISIENSIS, In Arist. Anal. pr. lib. 1 comm., hg. M. WALLIES (Berlin 1883) 389, 32-390, 3. – [3] Vgl. Art. ⟨Aussage⟩ und ⟨Prädikatenlogik Nr. 6⟩. – [4] Vgl. Art. ⟨Folgerung⟩ und ⟨Implikation⟩. – [5] SEXTUS EMPIRICUS, Adversus mathematicos VIII, 115ff. – [6] C. I. LEWIS und C. H. LANGFORD: Symbolic logic (New York/London 1932) 122. 124; C. I. LEWIS: A survey of symbolic logic (Berkeley 1918). – [7] G. BOOLE: The math. analysis of logic, being an essay toward a calculus of deductive reasoning (London/Cambridge 1847). Coll. log. works (Oxford 1948, 1951). – [8] H. MCCOLL: The calculus of equivalent statements and integration limits. Proc. London Mat. Soc. 9 (1877/78) 9-20. 177-186. – [9] G. FREGE: Begriffsschrift, eine der arithmetischen nachgebildete Formelsprache des reinen Denkens (1879). – [10] G. PEANO: Arithmetices principia, novo methodo exposita (Turin 1889). – [11] B. RUSSELL: The principles of math. (1903); A. N. WHITEHEAD und B. RUSSELL: Principia Mathematica 1-3 (Cambridge 1910-1913). – [12] J. ŁUKASIEWICZ: Elementy logiki matematycznej (Elemente der math. Logik) (Warschau 1929, lithogr.); vgl. Anm. [14] 31. – [13] C. S. PEIRCE: The simplest mathematics (1902). Coll. Papers, hg. C. HARTSHORNE/P. WEISS 4 (Cambridge, Mass. 1933/34) 212f. – [14] J. ŁUKASIEWICZ und A. TARSKI: Untersuchungen über den Aussagenkalkül. C. R. Soc. Sci. et Lett. Varsovie, Cl. III, 23 (1930) 30-50. – [15] E. L. POST: Introd. to a general theory of elementary propositions. Amer. J. Math. 43 (1921) 163-185. – [16] L. WITTGENSTEIN: Logisch-philos. Abh. Ann. Nat.-Philos. 14 (1921) 185-262. – [17] TARSKI, a. a. O. [14]. – [18] P. BERNAYS: Axiomatische Untersuchung des Aussagenkalküls der ⟨Principia Mathematica⟩. Math. Z. 25 (1926) 305-320. – [19] J. ŁUKASIEWICZ: Démonstration de la compatibilité des axiomes de la théorie de la déduction. Ann. Soc. pol. Math. 3 (Krakau 1925) 149; vgl. a. a. O. [14] Anm. 5 u. 13. – [20] POST, a. a. O. [15]. – [21] J. ŁUKASIEWICZ: Philos. Bemerkungen zu mehrwertigen Systemen des Aussagenkalküls. C. R. Soc. Sci. Lett. Varsovie, Cl. III, 23 (1930) 51-77; vgl. a. a. O. [14]. – [22] LEWIS, a. a. O. [6]. – [23] ebda. – [24] H. A. SCHMIDT: Math. Gesetze der Logik I. Vorles. über A. (1960) Abschn. 10. 11. – [25] S. A. KRIPKE: Semantical analysis of modal logic I. Normal modal propositional calculi. Z. math. Logik und Grundlagen der Math. 9 (1963) 67-96; Zusammenfassung davon in J. symbol. Logic 24 (1959) 323-324; vgl. S. A. KRIPKE: Semantical analysis of intuitionistic logic 1, in: CROSSLEY/DUMMETT: Formal systems and recursive functions (Amsterdam 1965) 92-129. – [26] K. GÖDEL: Eine Interpretation des intuitionistischen Aussagenkalküls. Ergeb. eines math. Koll. 4 (1931/32, publ. 1933) 39-40. – [27] A. HEYTING: Die formalen Regeln der intuitionistischen Logik. Sber. preuß. Akad. Wiss., physik.-math. Kl. (1930) 42-57. – [28] V. GLIVENKO: Sur quelques points de la logique de M. BROUWER. Bull. Acad. roy. belg., Cl. Sci. Sér. 5, 15 (1929) 183-188. – [29] K. GÖDEL: Zur intuitionistischen Arithmetik und Zahlentheorie a. a. O. [26] 34-38. – [30] KRIPKE, a. a. O. [25].

Literaturhinweise. G. ASSER: Einf. in die math. Logik 1 (Leipzig 1959). – H. A. SCHMIDT s. Anm. [24]. – B. MATES: Elementary logic (Oxford 1965). – K. SCHÜTTE: Vollständige Systeme modaler und intuitionistischer Logik (1968). – *Zur Geschichte der A.:* J. JØRGENSEN: A treatise of formal logic. Its evolution and main branches, with its relations to math. and philos. (Kopenhagen/London 1931). – J. ŁUKASIEWICZ: Zur Gesch. der A. Erkenntnis 5/1-3 (1935) 111-131. – H. SCHOLZ: Abriß der Gesch. der Logik (²1959). – B. MATES: Stoic logic (Berkeley 1961). – J. M. BOCHEŃSKI Formale Logik (²1962). – W. KNEALE und M. KNEALE: The development of logic (Oxford 1962). E. BÖRGER/D. BARNOCCHI

Ausschließung. ⟨Einander ausschließend⟩ heißen in der Logik [1]: 1. prädikative Ausdrücke (bzw. die entsprechenden Begriffe), die für keinen Gegenstand gemeinsam zutreffen, z. B. «Quadrat» und «Dreieck»; 2. Aussagen, die nicht zugleich wahr sind (bzw. bei bestimmten Termersetzungen nicht zugleich wahr werden können), zwischen denen also (stets) *Exklusion* (s. d.) besteht, z. B. «Alle Wirbeltiere atmen durch Lungen» und «Kein Wirbeltier atmet durch Lungen». BOLZANO definiert, «daß ein oder mehrere Sätze *M, N, O,* ... von gewissen andern *A, B, C,* ... ausgeschlossen werden, und dies zwar hinsichtlich auf die veränderlichen Vorstellungen *i, j,* ..., wenn jeder Inbegriff von Vorstellungen, der an der Stelle der *i, j,* ... die sämtlichen *A, B, C,* ... wahr macht, die sämtlichen *M, N, O,* ... falsch macht» [2].

Anmerkungen. [1] Vgl. z. B. B. BOLZANO, Wissenschaftslehre § 103. – [2] a. a. O. § 159, Nr. 1.
A. MENNE

Außen/innen, Außenwelt/Innenwelt. Einen nicht-räumlichen Sinn verbindet die philosophische Sprache mit dem Wortpaar ‹innen/außen›: so bei ARISTOTELES im Zusammenhang der Differenzierung von Physis und Techne: Während die Gebilde der Natur das Prinzip ihrer Bewegung (Veränderung, Wachstum, Ortsbewegung) «in sich selbst» (ἐν αὑτοῖς) haben, ist für die technischen Gebilde eine ihnen fremde Instanz, die «von außen her» (ἔξωθεν) wirkt, maßgebend [1]. Daraus ergibt sich eine Entsprechung dieses Wortpaares mit den polaren Bedeutungen von: Selbstheit einerseits und Bestimmtsein von anderer Instanz andererseits. Diese Entsprechung ist für die weitere Geschichte des Wortpaares bestimmend und modifiziert sich jeweils, je nachdem, was unter dem Selbst und dem Anderen verstanden wird. Einen Ansatz zur späteren Unterscheidung zwischen dem Innen der Sache und ihrem Äußeren gab die platonische und in anderer Weise die aristotelische Unterscheidung zwischen der «Sache selbst» (dem Was-sein, Wesen, Substanz = οὐσία) und dem Wahrnehmbaren der Erscheinung.

Das *neuzeitliche,* am Subjekt des Erkennenden orientierte Verständnis der Sache und der eigenen Stellung zu ihr bedingte geradezu eine Trennung zwischen demjenigen, was man als das «innere» Wesen, die innerste Natur der Sache und ihr Äußeres, ihre Erscheinung unterschieden hat. In der vor allem von der Verfassung der naturwissenschaftlichen Vernunft her bestimmten Lehre von der Erkenntnis wird vom Beginn der Neuzeit an (nominalistisch) erklärt, daß, so betont z. B. GALILEI, der Naturforscher einen Verzicht auf die Erkenntnis des inneren Wesens der Sachen leisten müsse [2]. Aus dem NEWTON-Kreis kommt die Erklärung: «Ut ingenue fatear ignorantiam, me latent intimae rerum naturae et causae; quicquid mihi de corporibus eorumque actionibus compertum est, illud ... a sensibus hausi ...» (Daß ich meine Unwissenheit freimütig gestehe: Für mich sind die inneren Eigenschaften und Ursachen der Dinge verborgen; was immer mir über die Körper und ihre Bewegungen bekannt ist, das schöpfe ich aus den Sinnen) [3]. In der Tradition des Wesensdenkens bilden sich auch solche ontologischen Begriffe und Termini aus, wie ‹determinatio interna›, ‹possibilitas interna› usw.

Im Gefolge der Ideen, der Seelen- und Anamnesislehre des *Platonismus* entsteht ein anderer Begriff von ‹Selbst› und ‹Selbstheit› sowie von ‹Innen› und ‹Außen›: Die Seele unterscheidet zwischen dem, was ihr selbst angehört und was in ihr ist, und dem, was außerhalb ihrer existiert. Von der Zeit an, in der christliche Erfahrungen zur Geltung kommen, wird diese gedankliche Tradition auch zur Konzeption einer inneren Geschichte ausgeweitet (AUGUSTINUS). Die neuplatonisch emanatistische Vorstellung spielt eine Rolle bei der These, daß das Subjekt den Charakter eines Punktes habe, in welchem keimhaft eingeschlossen sei, was dann als Vielheit äußerer Erscheinungen aus ihr heraustritt [4].

In der Tradition der *Anamnesislehre* in der *Neuzeit* begegnet der Begriff der Ideae in-natae. LEIBNIZ [5] z. B. betont, daß die Seele etwas «in sich» habe und daß sie nicht darauf angewiesen sei, ihre Informationen wie im Falle einer «camera obscura» (LOCKE) von außen her hereinzulassen. Obwohl hier mit dem Wortgebrauch von ‹außen› und ‹innen› auch ein räumlicher Sinn verflochten ist, ist doch die primäre Bedeutung der These die, daß die Seele selbständig aufgrund ihrer eigenen Substanz Einsichten zu aktivieren vermag. Wir fassen die Idee des Seins, weil wir Seiende sind und Sein in uns finden [6]. Der Erkenntnisbezug zwischen dem Inneren der Seele und dem inneren Wesen der Sachen wird im Ansatz des *Theorationalismus* [7] von Leibniz durch die *prästabilierte Harmonie* verbürgt, die vom Schöpfer in seiner Schöpfung angelegt wurde. Diese metaphysische Hypothese ist der Leibnizsche Beitrag zu den besonders in der Renaissancephilosophie zur Sprache gekommenen Thesen über den Bezug von Innenwelt und Außenwelt.

Der Zusammenhang von Substanzcharakter und «In sich sein» wird in der dritten der von SPINOZA in seiner ‹Ethik› gegebenen Definitionen (1. Teil) zur Sprache gebracht: «Unter Substanz verstehe ich das, was in sich ist und durch sich begriffen wird ...» Der Begriff der Substanz bedarf keines anderen Dinges. CHR. WOLFF erklärt die Unterscheidung von Innen und Außen durch die Differenz zwischen dem «bey sich» der Seele und den voneinander unterschiedenen Dingen: «Die Seele stellet sich die Sachen, daran sie gedencket, als ausser sich vor, weil sie dieselben als von sich unterschieden erkennet» [8]. Bei CRUSIUS wird der Name ‹Existenz› im Sinne des Heraustretens aus dem Inneren als die Eigenschaft «eines Dinges, vermöge dessen es auch außerhalb der Gedanken irgendwo und zu irgendeiner Zeit anzutreffen ist» bestimmt [9]. (Diese Erklärung erinnert an die Bedeutung des Wortes ‹Existenz› beim späten HEIDEGGER, für den «Ek-sistenz» das Heraussstehen des Daseins in die «Lichtung des Seins» bedeutet [10].) Die Unterscheidung zwischen ‹Innen-› und ‹Außenwelt› gibt den Boden für die Frage nach der Realität der Außenwelt ab, die letztlich auf den Dualismus DESCARTES' von ‹ego cogitans› und ‹res extensa› zurückgeht [11].

Eine merkwürdige Verflechtung von räumlicher und nicht räumlicher Bedeutung des Innen-Außen zeigt sich bei KANT, wenn er es unternimmt, den «Lehrsatz» vom «Dasein der Gegenstände im Raum außer mir» zu beweisen. Diese Bedeutungsverflechtung resultiert aus dem Kantischen Ansatz, demzufolge das menschliche Subjekt notwendig ein *leiblich* anschauendes Wesen ist. «Es hat hier nur bewiesen werden sollen, daß innere Erfahrung überhaupt, nur durch äußere Erfahrung überhaupt, möglich sei» [12]. Kant betrachtet «das Innere und Äußere» unter dem Gesichtspunkt einer «transzendentalen Überlegung», so daß sie als Reflexionsbegriffe gelten. Das heißt: ihre Bedeutung wird jeweils von der Stellung her beurteilt, welche die Begriffe zu unseren subjektiven Vermögen (Verstand, Sinnlichkeit) einnehmen. Wird ein «Gegenstand des reinen Verstandes» ins Auge gefaßt, der demnach nicht unter den Bedingungen unserer subjektiven Anschauungssituation steht, so bedeutet bei ihm das Wort ‹Innen› die vollkommene Beziehungslosigkeit zu Anderem, von ihm Verschiedenem: So wie es bei der LEIBNIZschen Monade der Fall ist, von der Leibniz sagt, daß sie keine Fenster habe [13]. Das vom bloßen Verstande gedachte reine Innen ist für KANT Ding an sich, Sache selbst: Wesen. Denkt man aber an eine «substantia phaenomenon», die sich im Raume befindet, spricht man also die Sprache möglicher Erfahrung, dann sind die «innern» Bestimmungen «nichts als Verhältnisse und sie selbst ganz und gar ein Inbegriff von lauter Relationen». Denn die räumliche Substanz kann nur durch Kräfteäußerungen erkannt werden: Das Innere der substantia phaenomenon ist also im Grunde nur ‹Äußeres›. Die substantia noumenon (Wesen) muß dagegen «innere» Bestimmungen und Kräfte haben, die auf das «innere Realität» gehen [14].

Bedeutsam ist bei Kant auch die Unterscheidung zwischen äußerer und innerer Zweckmäßigkeit. Die erstere ist dann gegeben, wenn eine Sache als Mittel für einen Zweck fungiert, die außerhalb ihrer liegt, während bei der inneren Zweckmäßigkeit Zweck und Mittel so verteilt sind, daß sie beide zur Sache selbst gehören. Der Organismus z. B. kann nur im Sinne der inneren Zweckmäßigkeit begriffen werden.

In der Kant-Nachfolge versucht K. L. REINHOLD die «Receptivität des Vorstellungsvermögen» durch «zweyerlei sehr verschiedene Arten» zu bestimmen: «von außen, d. h. durch etwas vom bloßen Vorstellungsvermögen verschiedenes; und von innen durch ihre eigene Spontaneität». Die sinnliche Vorstellung wird in bezug auf das Subjekt «äußere Empfindung», auf das Objekt «äußere Anschauung»; die Fähigkeit, überhaupt von «außen» afficirt zu werden – der äussere Sinn» genannt [15]. Auch S. MAIMON benutzt den Begriff ‹Spontaneität› für die «Thätigkeit in uns»: «Man muß sich aber durch den Ausdruck: außer uns, nicht irre machen lassen, als wäre dieses etwas mit uns im Raum-Verhältniß, weil Raum selbst nur eine Form in uns ist, sondern dieses außer uns bedeutet nur eine Vorstellung in uns, in dessen Entstehung wir uns keiner Spontaneität bewußt sind, d. h. ein ... bloßes Leiden, aber keine Thätigkeit in uns» [16]. Auch FICHTE will das Wechselverhältnis von Außen und Innen nicht durch «vorgegebene Einflüsse und Einwirkungen der äußeren Dinge» erklären; vielmehr gilt, «daß das Bewußtsein eines Dinges außer uns absolut nichts weiter ist, als das Produkt unseres eigenen Vorstellungsvermögens» [17]. In der Begrenzung des Ich im Selbstgefühl offenbart sich die «Außenwelt» durch ein «Sehnen» [18].

In denjenigen neuzeitlichen Überlegungen, die in der Nähe des Aristotelischen Wesensbegriffes verlaufen und vom Nominalismus nicht berührt geschieht, geschieht es, daß sich das Subjekt auf den Standpunkt der Ganzheit der Gegenstände stellt und daher eine Trennung von außen und innen, von Wesen und Erscheinung nicht mehr vertretbar wird. So kann GOETHE, gegen die These der Naturforscher von der Unerkennbarkeit des Inneren, sagen, daß nichts innen und nichts außen sei, «denn was innen, das ist außen» [19].

Auch HEGEL betont, daß die im Bewußtsein der verkehrten Welt getrennten «Gegensätze von Innerem und Äußerem, von Erscheinung und Übersinnlichem, als von zweierlei Wirklichkeiten» in der Identität der beiden Seiten aufzuheben seien [20]. Das Wesen und sein Dasein (die Erscheinung) seien ein und dasselbe. «Jenes verhält sich als Inneres zu sich als Äußerem, das nur die Darstellung des Innern ist» [21]. Die Wahrheit der Kraft sei «das Verhältnis, dessen beide Seiten nur als Inneres und Äußeres unterschieden sind» [22]. Wesen und Existenz, Inneres und Äußeres schmelzen zur Einheit zusammen und ergeben auf diese Weise die Wirklichkeit. Das in abstrakter Weise nur «innerlich» Genommene ist in Wahrheit nur «äußerlich». Insbesondere bei HAMANN und HERDER wird von der Innerlichkeit als der sprachlichen Existenz des geschichtlichen individuellen Subjekts gesprochen: Das Wort ‹Innerlichkeit› gewinnt insbesondere bei HEGEL den Rang eines ausgesprochenen philosophischen Terminus. Indem er den dialektischen Weg zur Identität von Subjekt und Substanz im Auge hat, erklärt er zur klassischen Kunst, daß die Vertiefung «in das Reich der Innerlichkeit» weder «zu der negativen Verselbständigung des Subjekts in sich gegen alles im Geist Substantielle und in der Natur Bestandhabende, noch zu jener absoluten Versöhnung ..., welche die Freiheit der wahrhaft unendlichen Subjektivität ausmacht», fortzuschreiten brauche [23]. Das Fazit der Hegelschen Überlegungen ist: «das Äußere und Innere ist ... dasselbe, nur von verschiedenen Seiten betrachtet. Das Innere ist die Vollständigkeit der Inhaltsbestimmungen als Bedingungen, die selbst Dasein haben. Das Äußerlichwerden ist die Reflexion derselben, oder das Zusammennehmen in die Einheit eines Ganzen, welches hierdurch Existenz erhält» [24].

Hingegen beharrt A. SCHOPENHAUER in dem «Streit über die Realität der Außenwelt», der auf Grund der «falschen Ausdehnung der Gültigkeit des Satzes vom Grunde auch auf das Subjekt» [25] entstanden ist, in einer Radikalisierung der Kantischen These der transzendentalen Ästhetik darauf, daß «das Außer uns eine ausschließlich räumliche Bestimmung, der Raum selbst aber eine Form unsers Anschauungsvermögens, d. h. eine Funktion des Gehirns ist» [26]. Allein das «Bewußtseyn» kann die «bodenlose Kluft» zwischen «Innenwelt und Außenwelt» überbrücken [27]. Eine agnostizistische Position nimmt F. NIETZSCHE ein: «Unsere ‹Außenwelt› ist ein Phantasie-Product, wobei frühere Phantasien als gewohnte, eingeübte Thätigkeiten wieder zum Bau verwendet werden. Die Farben, die Töne sind Phantasien, sie entsprechen gar nicht exact dem mechanischen wirklichen Vorgang, sondern unserem individuellen Zustande» [28]. Für H. COHEN ist das «Problem der Natur» die Erstellung einer «Korrelation eines Äußeren zu diesem Innern». Im Raum geschieht die Projektion des Inneren nach außen: «Ohne dieses Außen gibt es keine Natur. Das Sein muß dem Denken zu einem Außen werden. Das ist keine Verletzung der Identität; denn das Denken selbst erzeugt dieses Außen» [29].

Anmerkungen. [1] ARISTOTELES, Physik 192 b 29ff. – [2] G. GALILEI, Delle Macchie Solari, 4. Brief Galileis. Ed. naz. (Florenz 1964-66) 5, 187. – [3] I. KEILL: Introductiones ad veram physicam et veram astronomiam (Leiden 1725) 15ff. – [4] Vgl. D. MAHNKE: Unendliche Sphäre und Allmittelpunkt (1937) 100. – [5] G. W. LEIBNIZ, Nouveaux Essais 1, 1, § 5. Akad.-A. 6/6, 76ff. – [6] a. a. O. 1, 3, § 3. Akad.-A. 6/6, 102. – [7] Vgl. F. KAULBACH: Subjektivität, Fundament der Erkenntnis und lebendiger Spiegel bei Leibniz. Z. philos. Forsch. 20 (1966) 471-495. – [8] CHR. WOLFF: Vernünfftige Gedancken von Gott ... (1720) § 45, 18f.; § 740, 409. – [9] CHR. A. CRUSIUS: Entwurf der notwendigen Vernunftwahrheiten (²1753, Neudruck 1963) § 46. – [10] M. HEIDEGGER: Platons Lehre von der Wahrheit. Mit einem Brief über den ‹Humanismus› (1947) 67. – [11] Vgl. W. DILTHEY: Beiträge zur Lösung der Frage vom Ursprung unseres Glaubens an die Realität der Außenwelt und seinem Recht. Schriften 5 (1924) 90-138. – [12] KANT, KrV B 278f. – [13] KrV B 321ff.; vgl. Proleg. § 13. Akad.-A. 4, 336f. – [14] KrV B 321. – [15] K. L. REINHOLD: Versuch einer neuen Theorie des menschl. Vorstellungsvermögens (1789) 365. – [16] S. MAIMON: Versuch über die Transzendentalphilos. (1790, Neudruck 1963) 203. – [17] J. G. FICHTE, Werke, hg. I. H. FICHTE (1845/46) 2, 185. 239. – [18] a. a. O. 1, 305. –

[19] GOETHE: Epirrhema. Hamburger A. 1, 358. – [20] HEGEL, Werke, hg. GLOCKNER 2, 131. – [21] a. a. O. 3, 178. – [22] 8, 313. – [23] 13, 24. – [24] 3, 127. – [25] A. SCHOPENHAUER: Die Welt als Wille und Vorstellung. Werke, hg. FRAUENSTÄDT/HÜBSCHER ([2]1946ff.) 2, 16. – [26] a. a. O. 3, 26. – [27] Die beiden Grundprobleme der Ethik a. a. O. 4, 18. – [28] NIETZSCHE, Großoktav-A. 12, 36. – [29] H. COHEN: Logik der reinen Erkenntnis ([2]1914) 188.

F. KAULBACH

Äußerung (engl. utterance). In der nicht-strukturalistischen Sprachwissenschaft wird dieser Begriff nicht immer terminologisch verwendet: teils als Oberbegriff für verschiedene Klassen semantisch (psychologisch) beschriebener Formen (wie Aussage, Wunsch, Befehl, Ausruf), teils als Bezeichnung für nur einige dieser Klassen, teils als Bezeichnung der Realisation dieser Formen beim Sprechakt. – NOREEN definierte Ä. als selbständigen, ganz bestimmten «Ideengehalt, in irgend einer sprachlichen Form ausgedrückt», «dessen Bedeutung von einem ganzen, kleinen oder größeren Gedankengang, somit von einem enger zusammenhängenden, mehr oder minder abgeschlossenen Ganzen, gebildet wird» [1]. – BLOOMFIELD bestimmt Ä. als Sprechakt und stellt den Begriff an den Anfang seiner Postulate der Sprachwissenschaft: «The totality of utterances that can be made in a speech-community is the *language* of that speech-community» [2]. – So verfährt auch PIKE: «a chunk of speech [vom Sprechanfang bis zum Sprechende] whether comprised of a single word or of a long disquisition, may we call an *utterance*» [3]. Für die strukturalistische (taxonomische) Linguistik spielt der Begriff der Ä. eine entscheidende Rolle, weil die in einem Corpus gesammelten Ä. die zu erklärenden Daten darstellen (so bei HARRIS, NIDA, HOCKETT, HILL, REICHLING, DIXON u. a.). – Unter Berücksichtigung des Unterschiedes zwischen *type* und *token* präzisiert ZIFF [4]: «An utterance is ... taken to be a stretch of a person's talk bounded by silence at both ends.» «‹A cow.› uttered at one time and ‹A cow.› uttered at another time belong to one and the same utterance type, are two utterance tokens of the one utterance type.» – CHOMSKY [5] unterscheidet zwischen beobachteten und grammatischen Ä.: «Any grammar of a language will *project* the finite and somewhat accidental corpus of observed utterances to a set (presumably unfinite) of grammatical utterances.» Die grammatischen Ä. werden in der Transformationsgrammatik später ‹Sätze› genannt [6].

Anmerkungen. [1] A. NOREEN: Einf. in die wiss. Betrachtung der Sprache. Beiträge zur Methodol. und Terminol. der Grammatik ..., dtsch. H. W. POLLAK (1923) 238. 199f. – [2] L. BLOOMFIELD: A set of postulates for the sci. of language. Language 2 (1926) 153-164. – [3] K. L. PIKE: Language in relation to a unified theory of the structure of human behavior (Glendale 1954-1960) 2, 62. – [4] P. ZIFF: Semantic analysis (Ithaca 1960) 10. – [5] N. CHOMSKY: Syntactic structures (The Hague 1957) 15. – [6] J. J. KATZ und P. M. POSTAL: An integrated theory of linguistic descriptions (Cambridge, Mass. 1964) 1f.

W. THÜMMEL

Austromarxismus heißt die am Anfang des 20. Jh. sich entwickelnde Schule des österreichischen Marxismus. Kristallisationspunkte der Bewegung waren der 1903 gegründete Verein ‹Zukunft›, die seit 1904 erscheinenden ‹Marx-Studien›, in deren Rahmen die ersten wichtigen Werke der Vertreter dieser Schule veröffentlicht wurden [1], und die 1907 gegründete Zeitschrift ‹Der Kampf›, die jahrzehntelang das theoretische Organ der österreichischen Sozialdemokratie war. Laut O. Bauer wurde das Wort ‹A.› zum ersten Male von dem amerikanischen Publizisten L. B. BOUDIN kurz vor dem Ausbruch des Ersten Weltkrieges gebraucht [2], um eine Gruppe politisch und wissenschaftlich tätiger österreichischer Sozialisten zu bezeichnen, unter denen die namhaftesten *M. Adler* (1873-1940), *O. Bauer* (1882-1938), *R. Hilferding* (1877-1941), *K. Renner* (1870-1950) und *Fr. Adler* (1879-1960) waren. Die Zugehörigkeit *K. Kautskys* (1854-1938) zu dieser Gruppe ist strittig.

Der A. muß innerhalb der theoretischen Auseinandersetzung zwischen Marxismus und Revisionismus verstanden werden. Die Rezeption der «kritisch-transzendentalen Methode» *Kants* seitens des Neukantianismus und die mehr oder weniger vollständige Preisgabe der dialektischen Methode *Hegels* als Grundlage der marxistischen Dialektik hatten die Entstehung eines rechten Flügels innerhalb der marxistischen Sozialdemokratie zur Folge, der sich sowohl vom Revisionismus als auch vom Bolschewismus fernhalten wollte. Vorgänger des philosophischen und politischen Denkens des A. sind u. a. *F. A. Lange* (1828-1875) [3], *F. Lassalle* (1825-1864), *H. Cohen* (1842-1918) und die «orthodoxen» Marxisten der 90er Jahre einerseits, andererseits der naturwissenschaftliche Positivismus, Machismus und Empiriokritizismus. Als gemeinsame theoretische Basis der ganzen Gruppe diente die von den Delegierten der Hainfelder Tagung der Sozialdemokratischen Arbeiter-Partei Österreichs [4] beschlossene ‹Prinzipienerklärung›, die im großen und ganzen die spätere Richtung der Schule bis zum ‹Linzer Programm› (1926) bestimmte. Der A. suchte immer wieder einen konzilianten dritten Weg zwischen dem Reformismus der Revisionisten und dem puren Aktionismus der bolschewistischen Linken, wobei er zeitweise – insbesondere von 1920 bis 1930 – den linken Flügel der II. Internationale bildete. Die Ideen *F. Lassalles* und *L. Blancs*, mit Hilfe des allgemeinen Wahlrechts die sozialistische Revolution vorzubereiten, zu lenken und zum Sieg zu führen, stehen Pate für viele Argumentationen des A. Allen Vertretern der Schule gemein ist die Anwendung der transzendentalen Methode des kritischen Idealismus kantischen Ursprungs als Schlüssel für das gesellschaftliche und historisch-politische Selbstverständnis der modernen Industriegesellschaft.

Besonders stark erscheint der Einfluß des Neukantianismus in dem Werk M. ADLERS, des führenden Philosophen und Ideologen der ganzen Gruppe, dessen Hauptanliegen die erkenntnistheoretische Begründung der Sozialwissenschaft war. Er wollte «programmatisch den Standpunkt eines erkenntniskritischen Denkens auch gegenüber dem Sozialproblem begründen», zu welchem er «von Kant und Marx aus zu gelangen suchte» [5]. Die Anwendung von Kants kritisch-transzendentaler Methode sollte nicht in der Absicht erfolgen, Kant gegen Marx auszuspielen, «sondern vielmehr, die theoretische Arbeit von Marx, *so wie sie ist*, aber mit einem durch die Erkenntniskritik Kants geschärften logischen Bewußtsein durchzudenken, um erst auf alle die in ihr liegenden Denkelemente aufmerksam zu machen, die sie als eine *Theorie der sozialen Erfahrung* möglich machen» [6]. Adler blieb dem erkenntniskritischen Idealismus Kants verpflichtet, obwohl er «mit Kant über Kant hinaus» wollte [7]. Seine Begründung der «transzendentalen Vergesellschaftung» erfolgt so auf rein idealistische Art; dabei wies er sowohl den Spiritualismus als auch den Materialismus als «unkritisch» zurück. Er nahm damit eine Haltung ein, die von O. BAUER als «Attentismus» charakterisiert wurde, d. h. als Taktik des reinen Wartens unter Verzicht auf jede revolutionäre Tätigkeit. Die Anwendung der kantianischen Methode führte die Gruppe dazu, den Marxismus vorwiegend als Soziologie zu betrachten, d. h. als eine strenge Wissenschaft von der Gesellschaft. Die von den Austromarxisten immer wieder gestellten theoretischen Fragen (Reform oder Revolution? Demokratie oder Diktatur? Nationalismus oder Internationalismus?) sowie ihre Theorie des Staates, des Rechts und der Gesellschaft weisen immer in die Richtung eines liberal konzipierten Sozialismus hin. Der Erste Weltkrieg und die Errichtung des Sowjetstaates haben die Einheit des A. gesprengt. Ihre Vertreter gingen verschiedene, oft entgegengesetzte Wege, so daß 1928 K. RENNER behaupten konnte, der A. sei «die Systematisierung einer Teilpraxis von gestern und ehegestern» [8]. Der Sieg des Faschismus in Österreich setzte dann dem A. ein tragisches Ende.

Anmerkungen. [1] Darunter: R. HILFERDING: Das Finanzkapital (1910); O. BAUER: Die Nationalitätenfrage und die Sozialdemokratie (1907); K. RENNER: Die soziale Funktion der Rechtsinstitute, bes. des Eigentums (1904). – [2] Vgl. O. BAUER: Max Adler. Ein Beitrag zur Gesch. des A., in: Der Kampf (Aug. 1937) 297. – [3] Vgl. F. A. LANGE: Gesch. des Materialismus (1866). – [4] Vgl. Verh. des Parteitages der öst. Sozialdemokratie in Hainfeld, 30./31. Dez. 1888 und 1. Jänner 1889 (1889). – [5] M. ADLER: Das Soziale in Kants Erkenntniskritik (1920) V. – [6] a. a. O. VI. – [7] Vgl. M. ADLER: Das Rätsel der Gesellschaft. Zur erkenntniskrit. Grundlegung der Sozialwiss. (1936), 32. – [8] Vgl. K. RENNER: Ist der Marxismus Ideologie oder Wiss.? Der Kampf (1928) 253.

Literaturhinweise. J. DEUTSCH: Gesch. der dtsch.-öst. Arbeiterbewegung (1919). – CH. GULICK: Der A., in: Österreich von Habsburg zu Hitler 5 (1948). – A. WANDRUSZKA: Österreichs polit. Struktur. Das sozialistische Lager, in: Gesch. der Republik Österreich, hg. H. BENEDIKT (1954). – M. SOBOLEWSKI: Rola austro-marksyzmu w rewolucji 1918 (Warschau 1956). – O. POLLAK (Hg.): Der Weg aus dem Dunkel. Bilder aus der Gesch. der öst. sozialistischen Bewegung (1959). – N. LESER: Werk und Widerhall. Große Gestalten des öst. Sozialismus (1964). – R. RATKOVIC: Politicka teorija austromarksizmo (Belgrad 1965). – J. BRAUNTHAL: Victor und Friedrich Adler. Zwei Generationen Arbeiterbewegung (1966). – P. HEINTEL: System und Ideologie. Der A. im Spiegel der Philos. Max Adlers (1967). – N. LESER: Zwischen Reformismus und Bolschewismus. Der A. als Theorie und Praxis (1968). – B. KAUTSKY: Geistige Strömungen im öst. Sozialismus (o. J.).   R. DE LA VEGA

Autarkie, autark

I. Das Wort ‹A.› kommt vom griechischen αὐτάρκεια (lat.: sufficientia sui; Adj. αὐτάρκης, sibi sufficiens; davon Verb αὐταρκέω, das Genügen an sich selber bzw. selbstgenügend; bedeutungsverwandt: ἱκανός, ἱκανότης; ἐγκρατής; αὐτοκράτωρ; αὐτόνομος; spätere Bildungen: αὐτενέργητος, aus sich selber wirksam; αὐτοόν, αὐτοουσία, aus sich selbst seiend, Selbstsein; αὐτοτέλειος, gänzlich vollendet u. ä. m.) und ist eine Wortzusammensetzung aus αὐτός, selbst, in eigener Person, allein, und ἀρκέω (davon ἄρκος, Wehr, und ἄρκιος, sicher), das zwei Bedeutungstendenzen hat, eine negative: zurückstoßen, sich verschließen, abwehren, und eine positive: helfen, hinreichen, genügen.

1. Die *ursprüngliche Bedeutung* von ‹autark› (früher als das davon abgeleitete ‹A.›) erstreckt sich nach dem Zeugnis der griechischen Dichtung [1] und der Geschichtsschreibung [2] sowohl auf leblose Sachen wie auf Lebewesen und Personen und endlich Gemeinschaften, vor allem die Polis [3]. Gegensatz ist ἐνδεής im Sinne des Nichthabens von etwas, das eigentlich zukommt [4]. Gegensatz zur A. der Polis ist nach außen Abhängigkeit von fremden Mächten, nach innen jede Form von Despotie (auch Ochlokratie).

Anmerkungen. [1] Lyr. adespota 138, 4; AISCHYLOS, Coeph. 757; SOPHOKLES, Oed. Col. 1057. – [2] HERODOT I, 32. – [3] THUKYDIDES I, 37. – [4] HERODOT I, 32.

a) In der Sprache des *philosophischen Denkens* hat das Wort ‹autark› sogleich die volle, den negativen wie positiven Aspekt des Begriffs umfassende Bedeutung. Nach DEMOKRIT ist die Physis gegenüber der reichspendenden, aber unverläßlichen Tyche autark im Sinn des kärgeren, aber festeren Seins [1]. In der sittlichen Ordnung des Menschen ist es die «Sophrosyne», die Besonnenheit, die gegenüber der Tyche die kärgere, aber sich selbst genügende Lebensweise sichert [2]. Dementsprechend ist ‹A.› gleichbedeutend mit ἀθαμβία, Unerschüttertheit durch Affekte wie Furcht, was erlaubt, zwischen Lust und Unlust das Zuträgliche und Unzuträgliche zu bestimmen [3]. A. ist so die geeignete Lebenszurüstung für alle Wechselfälle des Schicksals [4] und nach Demokrit [5] wie für die frühgriechische *Medizin* [6] ein Normbegriff der Diätetik. – Für den Sophisten HIPPIAS ist A. das Ziel (des Lebens und der Lehre), das, selbst unabhängig, Freiheit nach innen erwirkt [7]. Während bei ANTISTHENES [8] und den *Kynikern* das negative Moment des Begriffs stärker hervortritt (gänzliche Bedürfnislosigkeit), zeigt der Begriff in den *sokratischen* Schriften des XENOPHON mehr die positive Seite und bedeutet frei sein zur Erkenntnis, zur Tugend, zur «Kalokagathia» [9]. ‹A.› wird synonym mit ἐγκράτεια im Sinne des «Sich-in-der-Macht-habens», um zum «Tun des Besten» frei zu sein [10]. Sie ermöglicht zwar durch Selbstbeschränkung ein erfüllteres Lusterleben [11], doch der positive Gehalt der A. ist Freiheit für Tugend als angemessenes Verhalten in der Gemeinschaft (Freundschaft – Staat) [12], dargestellt an der Gestalt des Sokrates, des αὐταρκέστατος [13], der sich durch Bedürfnislosigkeit zu wahrer Eudaimonie, zum wahren Glück, erhoben hat [14].

Anmerkungen. [1] DEMOKRIT bei DIELS, Vorsokr. 68 B 176 (II, 180). – [2] a. a. O. 210 (II, 188). – [3] 4 (II, 133). – [4] 246 (II, 194). – [5] 209 (II, 188). – [6] HIPPOKRATES, Ep. 17. – [7] HIPPIAS bei DIELS, Vorsokr. 86 A 1 (II, 326). – [8] Frg. philos. Graec. (MULL.) II, 283, 51. – [9] XENOPHON, Mem. IV, 8, 11. – [10] a. a. O. IV, 5 pass. – [11] 9. – [12] 10 und IV, 7, 1. – [13] I, 2, 14. – [14] I, 6, 10.

b) Das sokratische Ideal der A. als Bedingung für die Verwirklichung von Freiheit wird von PLATON übernommen und ontologisch begründet. Der Begriff der A. fordert, wenn er nicht «lächerlich» sein soll, in bezug auf die Seinsweise der Seele die Unterscheidung eines von Natur aus Besseren von einem Schlechteren. A. ist dann die rechte Ordnung der Seele, die hergestellt ist, wenn die Sophrosyne den besseren Teil der Seele zur Herrschaft über den schlechteren gebracht hat [1]. Weil A. verlorengegangen war, mußte «Kosmos» (rechte Ordnung) künstlich durch die Gründung der Polis wiederhergestellt werden [2]. In der Polis sind die Weisen allein die Autarken, weil sie die «Episteme», das Wissen um das Gute, haben. Letzter Grund der A. ist das Gute selbst, das im höchsten Maße sich selbst genug (ἱκανόν), keines andern bedürftig, schlechthin vollendet (τέλειον) ist [3]. A. ist Ausdruck dafür, daß die Vollkommenheit des Guten über jede «bestimmte» Vollkommenheit der Lust wie der Vernunft hinausliegt und deren Zielgrund ist. Im ‹Timaios› schließlich ist A. folgerichtig Grundbestimmung göttlichen Seins, so auch der Welt, die als Ganzheit selber ein «seliger, sich selbst genügender Gott» ist [4]. – Wie für Platon gründet auch für ARISTOTELES A. im Autarksein des vollendet Guten, das um seiner selbst willen erstrebt wird und so vollendete Eudaimonie verleiht [5]. Weil aber der Mensch Polis-Wesen ist, verwirklicht er A. nicht als Einzelwesen, sondern nur in der natürlichen und rechtlichen Gemeinschaft (Familie – Staat) [6]. Die Polis ist autark, wenn sie nach außen unabhängig [7], nach innen aber möglichst vielgliedrig ist, weil in der Verschiedenheit der Funktionen größere A.

im Sinne größerer Freiheit gewährleistet ist und die Vielheit deshalb nicht der Einheit geopfert werden darf [8]. Der Überordnung der dianoëtischen über die praktischen Tugenden entsprechend kennt Aristoteles freilich auch eine höhere Form der A., die des Weisen, weil dessen Tun nicht wie das praktische Handeln seinen Wert erst durch das Werk erwirkt, sondern als reines «Bei-sich-selber-Bleiben» (καθ'αὑτὸν ὤν) selbst der Wert ist, insofern der Weise durch dieses an der A. des höchsten Guten partizipiert [9].

Anmerkungen. [1] PLATON, Resp. 430 e-431 a. – [2] a. a. O. 369 b. – [3] Phileb. 67 a. – [4] Tim. 68 e. – [5] ARISTOTELES, Eth. Nic. 1097 a 28ff. – [6] a. a. O. 1097 b 8ff. – [7] Pol. 1291 a 7ff. – [8] a. a. O. 1261 b 10ff. – [9] Eth. Nic. 1177 a 27ff.

c) In der Folgezeit gewinnt der Begriff der A. für ein philosophisches Denken, das primär *Daseinsorientierung* will, zwar an Bedeutung, verengt sich aber auf den mehr negativen Aspekt im Sinn der Abwendung vom Unzuträglichen und Beschränkung auf das mir Zuträgliche, Zukommende. So ist für EPIKUR A. ein «großes Gut», weil sie von der Vielzahl der Güter unabhängig und zur höchsten Lusterfahrung fähig macht [1], indem sie uns für die «Phronesis», die vernünftige Überlegung über das wahrhaft Lustspendende, öffnet, worin weder das Sittliche von der Lust noch die Lust vom Sittlichen geschieden ist [2]. Ein Leben in der «Ataraxia» mitten unter nicht zerstörbaren Gütern kommt dem Leben der Götter gleich und ist selbstgenügsam wie dieses [3]. – Für die *Stoa* ist A. streng gebunden an das Sittliche-Gute als das Pflichtige. Die Tugend allein ist autark, weil sie zureicht, uns zur Eudaimonie zu verhelfen [4]. Sie gewährt dem Menschen – durch die Überlegenheit über die Affekte (ἀπάθεια) – das Glück des vollendeten Selbstseins, weil er ganz aus sich vermag, was sie fordert, und in sich findet, was zu seinem Sein gehört [5]. Die Eigenwerdung (οἰκείωσις) ist das «eine, allen gemeinsame Prinzip» [6]; sie allein verstattet dem Menschen, in Analogie zu dem sich verschenkenden Selbstgenügen des Zeus, je mehr er er selbst ist, um so tiefer seiner auf Gemeinschaft angelegten Natur zu folgen [7]. Die späte Stoa nähert sich auf dem Wege der religiösen Interpretation, etwa bei MARK AUREL, für den A. sich darin erfüllt, daß man sich an dem «Hegemonikon» genügen läßt [8] und bei dem «Dämon in uns» verharrt und ihn gebührend ehrt [9], wieder dem A.-Verständnis Platons bzw. Aristoteles', wie es dann vom Neuplatonismus aufgenommen und weitergebildet wurde.

Anmerkungen. [1] EPIKUR, Ep. 3 (DIOG. LAERT. X, 130). – [2] a. a. O. (140). – [3] (64). – [4] ZENON, SVF I, 46 (DIOG. LAERT. VII, 127f.). – [5] Vgl. CICERO, Paradoxa 2. – [6] EPIKTET, Diss. I, 19, 15. – [7] a. a. O. III, 13, 5f. – [8] MARK AUREL I, 26. – [9] a. a. O. II, 13, 1.

d) Für den *Neuplatonismus* kommt, wie eigentliche Freiheit [1], so auch wahre A. nur dem Göttlich-Einen zu und ist Ausdruck von dessen absolut überlegener Seinsweise. Denn A. heißt für PLOTIN, den Grund des Seins in sich haben, und das gilt nur für das Eine. Alle anderen Seienden können sich zwar vereinzeln (μονοῦσθαι), sind aber dadurch keineswegs autark [2]; sie haben nur Teil am Sein, sind nicht «Selbst-Sein» (αὐτοουσία) [3]. Vollendete A. ist nur in der seinsmäßigen Einheit von Denken (Schau: θεωρία) und Leben. Der Mensch kann das zwar fortschreitend durch Eigenwerdung über das Anderssein erwirken, er *ist* es aber nicht wie der Nous des Einen. Dieser ist lebende Schau, im höchsten Sinne «selbstlebend» (αὐτοζῶν), ja einfachhin Selbstleben (αὐτοζωή), weil hier Leben Denken ist wie Denken Leben [4]. – In der Plotinnachfolge erhält der A.-Begriff immer stärkere religiöse, ja theologische Züge, analog zur Theologisierung des Einen zur Gottheit, etwa bei JAMBLICHOS. Er versteht A. als αὐτοτελειότης: Vollkommenheit in und aus sich selbst, zu dem das Göttliche in uns, wenn es im Gebet einmal wachgeworden ist, als zu seiner Erfüllung hinstrebt [5]. A. ist jetzt nicht mehr Selbstgenügsamkeit, sondern Teilhabe am Gespräch, das die Gottheit mit sich selber führt, durch das Gebet [6], Teilhabe an der alles durchwaltenden, sich selbst ergreifenden (αὐθαίρετος), sich selbst erwirkenden Kraft des göttlichen Feuers, das, weltimmanent in seinem Wirken, doch ein zu ihr transzendentes Prinzip ist [7]. A. ist jetzt die Frömmheit, der «der Wille der Götter genügt» [8]. – Dieser Zug zur Theologisierung ist bis zum Ausgang der Antike führend geblieben. Bei PROKLOS allerdings werden die Theologumena des Jamblich noch einmal auf den Boden der neuplatonischen Seinsspekulation gestellt. Autark ist, was weder seinen Ursprung noch sein Ziel in einem anderen hat, sondern so vollendet ist, daß es den Akt seines Seins aus sich heraus vollbringt (αὐτοτέλειον) [9]. Das Autarke (hypostasiert) hat seinen ursprünglichen Ort bei den Göttern, weil diese gut und die Fülle des Seienden sind. Durch sie wird allen anderen Seienden das Autarke mitgeteilt, absteigend von den Nous-Wesen zu den «göttlichen Seelen», zu den «Dämonen» und schließlich bis zu den Menschen. Es entscheidet über den Seinsrang der Seienden, ob sie das Sein durch Teilhabe oder der Subsistenz nach (καθ' ὕπαρξιν) haben [10]. Der Nous ist nicht autark, weil er sein Gut, das geistig Wahrnehmbare, von sich selber her hat [11], der Mensch ist autark durch Angleichung an den Nous, zugleich aber «standlos», weil er der Anderen bedarf, um in seine Fügung gebracht zu werden [12]. Doch das Autarke ist nicht die letzte oberste Hypostase; denn etwas ist autark, genügt sich selbst um des Guten willen; das Autarke ist also nicht selbst das Gute, wenn auch das dem Guten Ähnlichste. Dieses selbst ist im Sinne der Platonischen Idee des Guten oder des Plotinischen Einen ein Jenseits zu allen Bestimmungen des Seins (ein übergöttliches Übersein) [13]. Die Seinsspekulation des Neuplatonismus erreicht hier die Schwelle, von der die mystische Theologie der griechischen Kirchenväter ausgeht.

Anmerkungen. [1] Vgl. Art. ‹Freiheit I›. – [2] PLOTIN, Enn. VI, 8, 15. – [3] a. a. O. 12. – [4] a. a. O. III, 8, 8. – [5] JAMBLICHOS, De myst. I, 15. – [6] ebda. – [7] a. a. O. IV, 3. – [8] Vita Pyth. 1. – [9] PROKLOS, Inst. theol. III, 66-68 und 120-122. – [10] In Alcib. I, 106. – [11] ebda. – [12] ebda. – [13] Inst. theol. III, 16ff.

2. – a) Der A.-Begriff hat im Glaubensverständnis der *biblischen Offenbarung des Alten und Neuen Testamentes* keinen ursprünglichen Ort. Wer Gott sprechen läßt: «Dir genügt meine Gnade; die Kraft kommt in der Schwachheit zur Vollendung (zu ihrem Telos)» [1], kann A. nur als Anmaßung, eigenmächtige Trennung von Gott, so als Frevel sehen. Im Alten Testament tritt der Begriff im Sinne der maßvollen Selbstbescheidung erst in den Weisheitsbüchern auf [2], aber stets mit der Betonung, daß die Sicherheit der A. allein dem Gnadenüberfluß Gottes verdankt wird und auch dann nicht um des Gläubigen selber willen gewährt ist, sondern zu «jedem guten Werk» [3]. A. im Sinne der Selbstbescheidung geht immer zusammen mit der Frömmheit (εὐσέβεια) dessen, der sich von Gott beschenkt weiß [4]. Die Unverfügbarkeit der Gnade wie die Unmöglichkeit der unbeschränkten Selbstverfügung führt zu der realistischen Forderung, sich «am Gegenwärtigen genügen zu lassen» [5].

Anmerkungen. [1] 2. Kor. 12, 9. – [2] Sir. 5, 1. – [3] 2. Kor. 9, 8. – [4] 1. Tim. 6, 6. – [5] Hb. 13, 5; vgl. auch Phil. 4, 11.

b) In den Schriften der *Apostolischen Väter* erscheint der Begriff dementsprechend selten und wenn, wie im ‹Hirten des Hermas›, als Tugend neben anderen Tugenden, die uns für den Dienst an Gott und den Nächsten tauglich [1] oder eschatologisch uns rüstig machen, «aus der Stadt des Bösen auszuwandern» [2]. – Die *Apologeten* polemisieren entweder gegen den A.-Begriff (der Stoa) wie etwa TATIAN [3] oder nehmen wie JUSTINUS ihn in seiner mehr negativen Bedeutung (kynisch-stoisch) auf [4]. Auffallend ist, daß bei ihnen, etwa ARISTIDES, da, wo genau die Kennzeichnungen der neuplatonischen Theologie für die A. Gottes übernommen werden, der Begriff der A. fehlt [5]. Mit Gottes vollkommener Güte (bonitas) ist nicht A., sondern Geduld (patientia) gepaart, weil Gott nicht einfach unbedürftig ist, sondern aus Liebe auf die Bekehrung des Sünders wartet. Darum ist die Tugend, die den Menschen Gott am nächsten bringt, die Geduld [6].

Anmerkungen. [1] Herm. Past., Mand. VI, 2, 3. – [2] a. a. O. Sim. I, 6. – [3] TATIAN, Orat. adv. Graec. 2, 2. – [4] JUSTIN, I. Apol. 46, 4. – [5] ARISTIDES, Apol. I, 4. – [6] CYPRIAN, De bono patientiae 2; vgl. auch TERTULLIAN, De patientia 1.

c) Noch tiefer führt diesen Gedanken CLEMENS VON ALEXANDRIEN aus (für den, wie er ausdrücklich betont, die Philosophie nicht schon autark ist und dementsprechend imstande wäre, A. zu vermitteln) [1], wenn er der stoischen Haltung der «Apatheia» die der εὐποιία, des «Wohltuns» gegenüberstellt [2]. Denn obwohl Tun, ist der Quell dieses Tuns, die Liebe (Agape), selbst kein strebendes Verlangen, sondern liebende Aneignung in der einen unwandelbaren Haltung liebenden Erkennens in Richtung auf den leidlosen (ἀπαθῆ) Gott hin [3]. Der «Gnostiker» ist dann nicht mehr ἐγκρατής (synonym für αὐτάρκης), sondern selbst zur Haltung der «Apatheia» gelangt und hat so «göttliche Gestalt» angezogen [4]. Von Clemens her entfaltet sich, was bei ihm noch in einer Synthese zusammengehalten war, in zwei Linien. Für die eine, die von ORIGENES zum späten AUGUSTINUS führt, kann es A. nicht geben, weil die menschliche Natur in ihrer Bedürftigkeit und totalen Angewiesenheit auf Gott nicht einmal «befähigt ist, Gott zu suchen ..., wenn ihr nicht Hilfe von dem zuteil wird, den sie sucht» [5]. Die andere Linie, am markantesten vertreten durch METHODIUS VON OLYMP, versetzt den Menschen, obwohl für sie kein geschaffenes Wesen in den absoluten Selbststand Gottes gelangen kann, sondern Sein immer nur als Empfangenes hat [6], gleichwohl in den Stand freier Selbstbestimmung und Selbstherrschaft, so daß er aus selbstherrlichem Wollen heraus, wie das Gute, den Willen Gottes, auch das Böse zu wählen vermag [7]. Ja, Methodius spricht geradezu von der «zur Heilsgewinnung sich selbstgenügenden (αὐτάρκης) Gerechtigkeit aus den Gesetzen» [8]. Diese Linie hat sich besonders im Schrifttum der *östlichen Mönchsväter* durchgesetzt, bedingt durch ihre Vorstellung vom «geistlichen Kampf». So läßt MAKARIUS DER ÄGYPTER, obwohl auch für ihn die Anmaßung, sich auf die eigene Natur zu stellen, den geistlichen Tod nach sich zieht und von der Gemeinschaft mit Gott ausschließt [9], dem menschlichen Willen gegenüber der Gnade, auch wenn sie ihn ganz «gefesselt hat», die freie Selbstbestimmung, sich auch zum Bösen zu wenden [10]. Noch für DIADOCHUS VON PHOTIKE (Mitte 5. Jh.) ist es die Bedingung des «Geistlichen Kampfes», daß die Gnade den freien Willen nicht zu sehr binde [11]. Zur A. der «Apatheia» aber gelangt der Mensch nur durch das Bekenntnis des Gottesgeistes, das aber Frucht der freien Entscheidung ist, wenn sie auch vollkommene Unterwerfung von ihm fordert [12]. In dem Begriff der A. als «Apatheia» begegnet sich die Weisheit der Mönchsväter mit der im 4. Jh. einsetzenden mystischen Theologie. Apatheia fordert ja Angleichung an die Apatheia Gottes, d. h. an seine radikale Geschiedenheit von jedem «pathos» (= Sünde) [13]. GREGOR VON NYSSA vor allem hat diesem Lebensideal den theologischen Hintergrund gegeben. Apatheia ist keine rein negative Bestimmung (wie die stoische Ataraxie), sondern ein anderes Wort für göttliche Fülle, Leben, Seligkeit [14]. Der Mensch gelangt in dieses Sein nur durch den sittlichen Kampf und wird durch den Gebrauch seines freien Willens selbst selig und «gottartig» (θεοειδής) [15]. Doch in dem Maße, wie vom Mystiker das Unvergleichliche der göttlichen A., sein In-sich-selber-Sein, erfahren wird [16], tritt die Mitwirkung des menschlichen Willens zurück, ja, wird der Wille, auch in der Mönchsliteratur, als Eigenwille zum Werkzeug der Dämonen [17], so daß es ihn aufzugeben gilt. Bei PSEUDO-DIONYSIUS AREOPAGITA heißt dann A. nichts anderes als sich einfügen in die Liebesbewegung des aus sich zu den Dingen hervorquellenden Guten zum Guten wieder zurück [18].

Anmerkungen. [1] CLEMENS ALEX., Protr. 7. – [2] Strom. IV, 137, 1ff. – [3] a. a. O. VI, 73, 2ff. – [4] IV, 22; vgl. IV, 7. – [5] ORIGENES, Contra Cels. VII, 42. – [6] METHODIUS VON OLYMP, De autexusio 22, 10ff. – [7] De resurr. I, 38, 3ff. – [8] Symp. X, 1. – [9] MAKARIOS, Hom. 1, 10f. – [10] a. a. O. 27, 9 und 11. – [11] DIADOCHUS VON PHOTIKE, Cap. Cent. 85. – [12] Vis. 23. – [13] GREGOR NYSS., Orat. catech. magna 6 und 15. MPG 2, 25ff. – [14] In Cantic. cant. hom. I. MPG 1, 772 b. – [15] Serm. de mortuis. MPG 3, 524 a. – [16] EPIPHANIUS SALAM., Panarion 44, 1. – [17] Apophtegmata 641. – [18] Ps.-DIONYS, De div. nom. 4, 14.

d) Im *lateinischen Westen* wird der A.-Gedanke unter dem Einfluß der paulinischen, durch Origenes verschärften theonomen Gnadenlehre zurückgedrängt, wie etwa bei AMBROSIUS, dem «Genügsamkeit» im Sinne des Philipperbriefes «Gewinn Christi», d. h. Preisgabe aller zeitlichen Vorteile bedeutet [1] und der allenfalls im Bereich des Menschenmöglichen eine «halbvollendete Art von Vollkommenheit» zuläßt, die jedoch mit der «vollendeten Art der jenseitigen, künftigen Vollkommenheit» (durch Gnade) nicht verglichen werden darf [2]. Anderseits wirkt die stoische bzw. neuplatonische Überlieferung nach, so beim *frühen* AUGUSTINUS, der Selbstgenügsamkeit in der «Weisheit» erfüllt sieht, die zwar nur «dem ganz auf Gott gerichteten Gemüt zukommt», die aber dennoch durch eine willensmäßige Tugendhaltung, durch die «frugalitas», der «Mutter aller Tugenden» (Augustin übernimmt hier die etymologisierende Anspielung CICEROS auf «Fruchtbarkeit» [3]) vorbereitet wird [4]. Der *späte* AUGUSTIN hat dieses Glückseligkeitsideal der Philosophen schärfer als jeder andere verurteilt und jedem A.-Bestreben als einer Form der Selbstliebe die Gottesliebe entgegengesetzt, die sich gerade im Heraustreten aus sich und Eingehen «in den, der das Beste ist», vollendet [5].

Anmerkungen. [1] AMBROSIUS, De offic. II, 6, 20. – [2] a. a. O. III, 2, 11. – [3] CICERO, Orat. pro rege Deiotaro 26. – [4] AUGUSTIN, De beata vita 27ff. – [5] Ep. 155.

Literaturhinweise. – *Nachschlagewerke:* LIDDELL-SCOTT: A Greek-Engl. Lex. (Oxford ⁹1966). – Reallex. für Antike und Christentum (P. WILPERT). – Theol. Wb. zum NT (KITTEL). – W. H. GEOFFREY und A. LAMPE: Patristic Greek Lex. (Oxford 1961ff.). – *Sekundärlit.* s. Art. ‹Freiheit I›.   W. WARNACH

II. In der spätantiken und christlichen Geschichte der A. tritt ihre politische Bedeutung aus dem Zusammenhang mit der Polis, die bei Aristoteles auch das Modell der ethischen und individuellen A. war, gänzlich zurück. A., soweit sie in der neueren Philosophie bedeutsam bleibt, hält sich in ihrem stoisch-kynischen Verständnis, wird aber zugleich neutralisiert.

Unter Aufnahme antiker (besonders platonischer) Motive entwickeln die Utopisten (exemplarisch MORUS, CAMPANELLA, F. BACON) das Verhältnis der Binnen- zur Außenwirtschaft ihrer Konstrukte als tendenziell tauschfrei nach dem Modell von A. In FICHTES ‹geschlossenem Handelsstaat› wird dieses Motiv zum zentralen Gestaltungsprinzip [1].

Mit der Abkehr vom Liberalismus kommt im 20. Jh., verstärkt nach den Erfahrungen des Ersten Weltkrieges, A. politisch im Sinne einer sich selbst genügenden Lebensgemeinschaft des Volkes zu neuer Geltung [2]; es wird dann für «geopolitische» Vorstellungen von völkisch-staatlicher Großraumwirtschaft [3] verwendet und geht als Schlagwort vom «national gestalteten Wirtschaftsraum» in das Programm der NSDAP ein. Heute spielt der Begriff nur noch eine Rolle in wehrpolitischer und in wirtschaftswissenschaftlicher Bedeutung (Folgeerscheinungen der Konsumwirtschaftsblöcke) [4].

Anmerkungen. [1] H. FREYER: Die polit. Insel (1936) 22-38. – [2] A. SCHÄFFLE: Bau und Leben des soz. Körpers 2 (1896) 594; F. FRIED: A. (1932) 23. 39. – [3] R. KJELLÉN: Die Großmächte der Gegenwart (1914). – [4] S. HELANDER: Das A.-Problem in der Weltwirtschaft (1955).
HANNAH RABE

Authentisch. Das Wort wurde abgeleitet von griechisch αὐθέντης [1], Herr, Gewalthaber, jemand, der etwas mit eigener Hand, dann auch aus eigener Gewalt vollbringt, so auch Urheber. Bei den griechischen Kirchenvätern wird αὐθεντία zur Übersetzung von lateinisch ‹auctoritas› [2]; die latinisierte Form ‹authenticus› erscheint dann auch als regelmäßiges Adjektiv zu ‹auctoritas›. Daneben bezeichnet ‹authenticum› im Lateinischen das Original einer Handschrift, im Gegensatz zum ‹exemplarium› [3]. Diese beiden Bedeutungen entwickeln sich parallel, so daß einerseits im 12. Jh. die *Bologneser* Juristenfakultät die Justinianischen Novellen als ‹Corpus Authenticum› annahmen, andererseits z. B. JOHANNES DE JANUA ‹authenticus› als «auctoritate plenus, vel fide dignus» umschreibt [4]. Der Gebrauch als Adjektiv zu ‹auctoritas› hat nicht überlebt, vor allem seit für Autorität die Adjektive ‹autoritär› und ‹autoritativ› zur Verfügung standen; und «authentisch wird eine Schrift oder Urkunde genannt, insofern sie in der That von dem Verfasser herrührt, den sie beigelegt wird» [5]. Die Feststellung der Authentizität fällt hier der philologischen Kritik zu, während im katholisch-theologischen Sprachgebrauch die Authentizität der Heiligen Schrift von der Kirche festgelegt wird (authentia auctoritatis) [6]. KANT unterscheidet zwischen authentischer und doktrinaler Bibelauslegung. Er fordert «von der biblischen Auslegungskunst (hermeneutica sacra) ...: daß der Ausleger sich erkläre, ob sein Anspruch als *authentisch*, oder als *doktrinal* verstanden werden solle. – Im ersteren Falle muß die Auslegung dem Sinne des Verfassers buchstäblich (philologisch) angemessen sein; im zweiten aber hat der Schriftsteller die Freiheit, der Schriftstelle (philosophisch) denjenigen Sinn zu unterlegen, den sie in moralisch praktischer Absicht (zur Erbauung des Lehrlings) in der Exegese annimmt» [7]. Für Kant steht allerdings «die *doktrinale* Auslegung, welche ... zu wissen verlangt, ... was die Vernunft (a priori) in moralischer Rücksicht bei Veranlassung einer Spruchstelle als Text der Bibel für eine Lehre unterlegen kann», nicht im Widerspruch mit der authentischen. Denn die Vernunft «ist ein untrüglicher, allgemein verständlicher Ausleger» des Wortes Gottes, «weil Religion eine reine Vernunftsache ist» [8]. Entsprechend spricht Kant von doktrinaler und authentischer Theodizee, wobei die letztere vom «Gesetzgeber» selbst gemacht wird, d. h. Gott wird in der authentischen Theodizee, die für Kant durch Hiob verkörpert ist, «durch unsere Vernunft selbst der Ausleger seines durch die Schöpfung verkündigten Willens» [9]. Mit der Existenzphilosophie wird ‹authentisch› Synonym für HEIDEGGERS Terminus ‹eigentlich› (dtsch. ‹eigentlich› = frz. ‹authentique›), nicht nur angewandt auf menschliche Haltung, sondern auch auf menschliche Produkte («das authentische Kunstwerk» bei H. MARCUSE) [10]. C. LÉVI-STRAUSS spricht von «Ebenen der Authentizität» in allen Formen des sozialen Lebens; ‹authentisch› wird verwendet zur Kennzeichnung der im Gegensatz zur modernen Gesellschaft in ‹primitiven› Kulturen noch bewahrten direkten und persönlichen Kontakte [11]. Ebenfalls in der Anthropologie (A. GEHLEN) findet sich der Begriff ‹eigenauthentisch› zur Bezeichnung von zu Institutionen sich verselbständigenden autonom funktionierenden Strukturen zwischenmenschlicher Beziehungen [12].

Anmerkungen. [1] HERODOT, Historiae I, 117, 3. – [2] CLEMENS VON ALEXANDRIEN, MPG 8, 733. – [3] GREGOR I, MPL 77, 508; vgl. E. R. CURTIUS: Europ. Lit. u. lat. Mittelalter (1948) 262. 460. – [4] DU CANGE: Glossarium ad scriptores mediae et infimae latinitatis, hg. FAVRE (Paris 1883) 1, 493. – [5] Allg. dtsch. RealEncyklop. für die gebildeten Stände (⁹1843) 1, 677. – [6] J. FELDERER: Art. ‹Authentizität der Schrift›, in: Lex. Theol. u. Kirche (²1957) 1, 1126f. – [7] I. KANT, Akad.-A. 7, 66. – [8] a. a. O. 67. – [9] 8, 264. – [10] H. MARCUSE: Repressive Toleranz, in: Kritik der reinen Toleranz (1968) 100. – [11] C. LÉVI-STRAUSS: Strukturale Anthropol., dtsch. H. NAUMANN (¹1958, zit. 1969) 399; vgl. 391ff.; vgl. auch U. JAEGGI: Ordnung und Chaos (1968) 13. 24. – [12] A. GEHLEN: Urmensch und Spätkultur (1956) 67.
K. RÖTTGERS/R. FABIAN

Authentizität (von griech. ὁ αὐθέντης, der Urheber) ist seit dem 18. Jh. ein Begriff der philologischen Kritik und gelangt im 20. Jh. in die ästhetische Diskussion. Zentrale Bedeutung gewinnt er in TH. W. ADORNOS ‹Philosophie der neuen Musik› (1948). *Verantwortliche* Musik reflektiert den geschichtlich bedingten «Bruch zwischen dem Subjekt und dem, was musikalisch als Objektives ihm gegenüberstand» [1]. Angesichts der unabdingbar gewordenen «Negation des Ausdrucks» [2] verwirklicht sich ästhetische A. – als gesellschaftlich notwendiger Schein [3] – in der Musik in zwei typischen Richtungen: einmal durch die Freisetzung des historischen Materials von den ursprünglichen Intentionen (*restaurative* Tendenz bei *Strawinsky*), zum anderen durch absoluten Verzicht auf das historische Material zugunsten einer ‹höheren› Objektivität (*fortschrittliche* Tendenz bei *Schönberg*). Führt die von Strawinsky in Anspruch genommene Autonomie zu gesellschaftlicher Heteronomie, da vom Hörer, der das montierte Material nicht durchschauen kann, «blinder Gehorsam» verlangt wird, so führt dagegen die auf kollektiver Unverbindlichkeit beruhende Autonomie Schönbergs zu unabhängiger «Statthalterschaft für eine kommende Gesellschaft, die Macht nicht mehr kennt und ihrer nicht mehr bedarf» [4]. Der Begriff der ‹A.›, in dem der Begriff des ‹Objektiven› aus der romantischen Dichtungstheorie fortwirkt, wird bei Adorno zum Gegenbegriff einer im künstlerischen Gebilde selbst kraft immanenten Vollzugs enthaltenen individuellen, aber gleichwohl gesellschaftlich-geschichtlich vermittelten *Wahrheit*. Eine solche höhere A. kann für Adorno erst die Kunst erreichen, «die der Idee von A. selber, des so und nicht anders Seins, sich entledigt» hat [5].

In jüngster Zeit geht K. KOSIK als Marxist in seiner Auseinandersetzung mit der Existenzphilosophie und moderner deutscher Dichtung [6] vom Begriff der A. aus. Der A. geschichtlicher Erfahrung stellt Kosik die «Pseudokonkretheit» einer entfremdeten alltäglichen Welt gegenüber. Er sieht die Philosophie und die Kunst vor das Problem gestellt, wie der Mensch, «der in der A. *leben* und die A. *realisieren*» will, [7] aus der Ahistorizität der Alltäglichkeit befreit werden kann (Aufgabe einer «Destruktion der Pseudokonkretheit»). Für Kosik ist nicht in der Form der «existentiellen Modifikation» (vgl. Heideggers Begriff der ‹Eigentlichkeit›), sondern durch das Instrument der *dialektischen Vernunft*, «die die Wirklichkeit nicht nur vernünftig erkennen, sondern vor allem vernünftig gestalten will» [8], die Möglichkeit einer authentischen Selbstverwirklichung des Individuums gegeben. Indem Kosik der Kunst somit eine *aufklärerische* Funktion zuweist, erhellt er auf neue Weise das Problem eines künstlerischen Realismus.

Anmerkungen. [1] TH. W. ADORNO: Philos. der neuen Musik (²1958) 168. – [2] a. a. O. 163. – [3] 199. – [4] ebda. – [5] ebda. – [6] K. KOSIK: Die Dialektik des Konkreten (dtsch. 1967). – [7] a. a. O. 83. – [8] 97.   E. KRÜCKEBERG

Autismus (von griech. αὐτός, selbst). In der *Psychiatrie* geht der Begriff auf E. BLEULER [1] zurück, der von einem autistischen (oder dereistischen) Denken spricht. Darunter verstand er ein den Gesetzen der Logik widersprechendes, sich nach affektiven Bedürfnissen richtendes Denken. Am ausgeprägtesten kommt es bei den verschiedenen Formen der Schizophrenie, aber auch in Träumen, Mythologien und in Phantasien vor. Später wurde der Ausdruck vorwiegend als Verhaltensbegriff verwandt. Er dient zur Kennzeichnung eines in sich gekehrten, von der Umwelt gar nicht oder wenig beeinflußten Verhaltens einer Persönlichkeit, besonders solcher schizophrener Art. – Aufgrund der Beobachtungen von L. KANNER und H. ASPERGER wird der Begriff ‹A.› im verhaltensmäßigen Sinn neuerdings häufig in der *Kinderpsychiatrie* gebraucht [2].

Anmerkung. [1] E. BLEULER: Lehrbuch der Psychiatrie (¹⁰1966) 39. – [2] L. KANNER: Autistic disturbances of affective contact. Nervous Child 2 (1942/43) 217-250; H. ASPERGER: Die ‹autistischen Psychopathien› im Kindesalter. Arch. Psychiat. Nervenkr. 117 (1944) 76-136; vgl. zur Gesch. des A.-Begriffs und seiner Bedeutung in der Kinderpsychiat. Sonderheft ‹A. infantum›, Acta paedopsychiat. (Basel) 35, Fasc. 4-8 (1968) 97-248.
Literaturhinweise. E. BLEULER: Dementia praecox oder die Gruppe der Schizophrenien (¹1911). – P. MATUSSEK: Der schizophrene A. in der Sicht eines Kranken. Psyche 11 (1960) 650ff. – H. SCHNEIDER: Über den A. (1964). – *Kinderpsychiatrie:* G. BOSCH: Der frühkindliche A. (¹1962). – Vgl. Anm. [2].
   P. MATUSSEK

Autofalsifikation bildet einen Sonderfall des reflexiven Satzes. Eine «propositio se falsificans» ist eine Aussage, die auf sich selbst rückbezogen zur Folge hat, daß sie ihrer Bedeutung wegen falsch ist und dennoch, eben weil sie falsch ist, wegen der Korrespondenz mit dem Gesagten wahr ist. Wenn man hier die Wahrheits- und Falschheitskriterien, die bei den gewöhnlichen Aussagen gelten, anwendet, führen diese Sätze zu Widersprüchen oder Antinomien. Man unterscheidet verschiedene Fälle: die unmittelbare A. beispielsweise in der Aussage: «Diese Aussage ist falsch.» Die mittelbaren autofalsifizierenden Aussagen resultieren daraus, daß das Unmögliche dem Falschen und das Notwendige dem Wahren gleichgesetzt wird, so etwa in dieser sich selbst unmöglich machenden Aussage (autoimpossibilitans): «Diese Aussage ist unmöglich», die, insofern sie unmöglich ist, wahr ist, weil sie dem entspricht, was sie aussagt, und die dennoch, da sie, wie sie selbst sagt, unmöglich ist, auch falsch ist. Analog unterscheidet man die sich selbst aufhebenden Aussagen der Notwendigkeit, Kontingenz und Möglichkeit. Diese Probleme wurden in den Traktaten ‹De insolubilibus› diskutiert [1] und haben großes Interesse bei den modernen mathematischen Logikern gefunden, die sie in Beziehung zu den semantischen und den syntaktischen Antinomien bringen.

Anmerkung. [1] Vgl. z. B. ALBERT VON SACHSEN: Perutilis Logica (Venedig 1522) fol. 43ff.; PAULUS VENETUS: Logica Magna (Venedig 1499) fol. 192ff.   V. MUÑOZ DELGADO

Autokratie. Der Begriff ‹A.› leitet sich ab von dem griechischen Wort αὐτοκράτεια (unumschränkte Machtfülle). In dieser Bedeutung verwendet ihn auch PLATON [1]. Die Personifizierung αὐτοκράτωρ, desgleichen das Adjektiv αὐτοκρατής, wird bei ihm weitgehend im politischen Bereich verwandt [2], jedoch auch zur Benennung einer jeden Person, die die Freiheit der Selbstverfügung hat [3]. Allgemein dient αὐτοκράτωρ im Staatsrecht zur Kennzeichnung der unumschränkten Machtkompetenz von Amtspersonen wie Feldherrn [4] in der Ausnahmesituation des Krieges und Gesandten in ihrer Vollmacht bei Verhandlungen [5]. Im Lateinischen entspricht diesem Begriff die Bezeichnung ‹imperator›; vereinzelt kommt auch ‹autocrator› vor [6].

Im 18. Jh., zur Zeit des Absolutismus, gebraucht CHR. WOLFF die griechischen Begriffe αὐτοκράτωρ und αὐτοκρατορία in Angleichung an die lateinischen ‹imperator› und ‹imperium summum› sowohl für den absolutistischen Staat und Herrscher als auch für Gott und sein Reich: «Deus solus est maximae civitatis pariter ac alterius cujuscumque, summus autocrator. Etenim Deus est uti omnes alterius ita & maximae civitatis absolutissimus monarcha.» Wolff übersetzt ‹autocrator› mit ‹Selbstthalter, Selbstherrscher› [7]. Im Zusammenhang der Emanzipationsbewegung der Aufklärung und der Subjektivierung der Ethik (wenn auch unter dem rigorosen Anspruch des kategorischen Imperativs) verwendet KANT erstmals in einer 1775–1780/81 gehaltenen Vorlesung über Ethik ‹A.› zur Charakterisierung der Unabhängigkeit eines Subjekts in seinen sittlichen Entscheidungen: «Die Gewalt, die die Seele über alle Vermögen und den ganzen Zustand hat, denselben unter ihre freie Willkür, ohne daß sie dazu genötigt ist, sich zu unterwerfen, ist eine A.» Da es der Bestimmung des Menschen als Rechtsperson und moralischem Subjekt zuwider ist, «Spiel von anderen Kräften und Eindrücken wider seine Willkür» zu sein und er also nicht «vom Zufall und vom willkürlichen Lauf der Umstände» [8] abhängen darf, ist die «A. des menschlichen Gemüts und aller Kräfte seiner Seele, sofern sie sich auf die Moralität beziehen» [9], ganz im Sinne der Pflichten gegen sich selbst im Verständnis der ‹Metaphysik der Sitten› [10] «das Prinzipium der Pflichten gegen uns selbst und dadurch aller übrigen Pflichten» [11]. Diese Bestimmung von A., die bei Kant sonst nicht gebräuchlich ist, ist insofern interessant, als sie helfen kann, einen schwer aufzulösenden Widerspruch in der Rechtslehre der ‹Metaphysik der Sitten> zu verstehen, nämlich den zwischen der *Idee* des Staates, «wie er nach reinen Rechtsprincipien sein soll» – Trennung von «Herrschergewalt» (Gesetzgeber), «vollziehender Gewalt» (Regierung) und «rechtsprechender Gewalt» (Richter) (§ 45) – und der *Anerkennung* der «Monarchie (eigentlich hier A.)» als «beste Staatsverfassung» (§ 51), obwohl in ihr Einheit der Gewalten besteht: Der Übergang zu der «einzig[en] bleibenden Staatsverfassung», wo das Gesetz selbstherrschend ist», also zur «wahren Republik», wird für Kant weder durch die Gewalt des Autokrators noch durch die des Volkes ermöglicht, sondern nur durch den Appell an «die Verbindlichkeit der konstituierenden Gewalt, die Regierungsart [A.] jener Idee angemessen zu machen» (§ 52). Der «Autokrator» oder «Selbstherrscher» ist also Stellvertreter für den Zustand, in dem die Idee «selbstherrschend» werden kann.

In Anlehnung an Kant spricht C. Chr. E. Schmid in seiner Moralphilosophie von einer A. des Geistes über den Körper [12]. W. T. Krug gebraucht in diesem Sinne für A. ‹Autarchie› als die «Herrschaft über sich selbst, seine Affecten und Leidenschaften». Nur durch diese «schwerste Art der Herrschaft» sei «Fortschritt im Guten» und «sittliche Veredlung» möglich [13]. ‹A.› oder ‹Autokratismus› wird von ihm nur zur Bezeichnung einer absoluten Staatsform gebraucht, die er in fast allen «morgenländischen Staaten», aber «auch in manchen sogenannten Republiken» wie dem damaligen Polen oder Venedig sieht [14]. Diese Gleichsetzung von ‹A.› mit ‹Despotie› als Name für absolutistische Staatsformen, besonders in Westeuropa, ist dann, wenn auch nicht sehr verbreitet, gebräuchlich geblieben [15].

Anmerkungen. [1] Ps.-Platon, Def. 412 c. – [2] Leg. IV, 713 c; Polit. 298 c. – [3] Krat. 413 c; Ep. VII, 324 c; Tim. 91 b. – [4] Vgl. Arist. 1393 b 10; 1295 a 12. – [5] Xenophon, Hellen. I, 4. 20; vgl. M. Schelle: strategos autokrator (Diss. Leipzig 1932). – [6] Vopisc. quatt. tyr. 2, 1. – [7] Chr. Wolff: Philosophiae civilis sive politicae 1 (1756) §§ 333-336. – [8] Eine Vorles. Kants über Ethik, hg. P. Menzer (1924) 176. – [9] a. a. O. 178. – [10] Akad.-A. 6, 383. – [11] Vorles. a. a. O. [8] 178. – [12] C. Chr. E. Schmid: Versuch einer Moralphilos. (¹1790, ²1792) 613. – [13] W. T. Krug: Handwb. der philos. Wiss. (1827) 228. – [14] a. a. O. 231. – [15] Vgl. C. W. Cassinelli: Art. ‹Autocracy›, in: Int. Encyclop. soc. Sci. 1 (1968) 478-480. R. KUHLEN

Automat (von griech. αὐτόματος, selbstbewegend). A. heißen vom Altertum bis in die Neuzeit hinein konstruierte Statuetten, die Bewegungen und andere Funktionen von Lebewesen nachahmten zur Erregung von mythologischem oder spielerischem Staunen [1]. Descartes wendet als erster die zum Teil auf Heron von Alexandria [2] zurückgehenden mechanischen, hydraulischen und pyrotechnischen Kenntnisse seiner Zeit an bei der hypothetischen Erklärung der physiologischen Struktur des Menschen [3] und der Tiere [4]. Er stößt dabei auf die Frage, worin sich Verhalten und Struktur von Mensch, Tier und A. unterscheiden. Er glaubt, daß wir bei geeignet konstruierten A. auf keine Weise zeigen könnten, daß sie sich von einem Tier unterscheiden, wogegen der Mensch kein A. sei, da ein A. nur über eine beschränkte Zahl von speziellen Dispositionen verfüge, während der Mensch eine unbeschränkt universelle Handlungsfähigkeit besitze, wie Sprache und Denken zeigen [5]. Fast alle Philosophen des 17. Jh. wiederholen diese Auffassung, daß der menschliche Körper ein A. sei [6]. Bei Spinoza [7] und dann auch bei Leibniz [8] taucht sogar der Begriff ‹geistiger A.› (automaton spirituale) auf zur Bezeichnung der selbsttätig sich entwickelnden Seele. Kant weist diese Redeweise zurück [9], da sie für die transzen-

dentale Freiheit keinen Platz läßt, ebenso wie die Auffassung, ein Organismus sei eine Maschine: Ein Organismus sei stattdessen organisierend und selbstorganisierend (fortpflanzend), während die Maschine bloß organisiert sei [10]. Bei den großen Philosophen des 19. und der ersten Hälfte des 20. Jh. spielt der Begriff des A. keine Rolle mehr und der Begriff der Maschine nur mehr eine negative. Die zunehmende Bedeutung und geistige Verarbeitung der Kybernetik, vor allem der Theorie der A. bzw. der Informationswandler, führt in der zweiten Hälfte unseres Jh. eine Änderung und eine erneute Annäherung an die Gedankengänge des 17. Jh. herbei, zumindest bei Philosophen, die in engem Kontakt mit den empirischen Wissenschaften stehen. Zunächst ist die Frage zu klären, was man als A. oder Maschine ansprechen soll: a) ein technisch realisierbares oder realisiertes konkretes System, sei es als technisch-physikalische Apparatur oder als ein solcher biologischer Organismus, dessen technisch-biologische Realisierbarkeit nicht mehr auszuschließen ist, oder b) ein theoretisches System, das mit bestimmten mathematischen Darstellungsmitteln, denjenigen der A.-Theorie, in all seinen relevanten inneren und äußeren Funktionen vollständig beschreibbar und im Prinzip realisierbar ist. Je nach Auffassung wird die Diskussion der Frage, was A. leisten können, verschieden ausfallen. Diskutiert und erforscht wird in diesem Rahmen insbesondere, wieweit A. *Organismen* sind (Bewegung, organische Struktur, Wachstum, Fortpflanzung aufweisen [11]), wieweit sie Leistungen und innere Struktur menschlicher *Intelligenz* aufweisen (Wahrnehmung, Lernen, Sprache, Abstraktion, Erfindungsfähigkeit, universelle Denkfähigkeit [12]), welche *Freiheits*begriffe sie realisieren können [13] und wieweit innere Erfahrungen wie der Kern des *Ich-Bewußtseins*, mitmenschliches Verstehen, Gefühle verschiedener Art wesentlich außerhalb des Bereichs rationaler Formalisierung und damit der A. bleiben. Heute und in absehbarer Zeit muß man feststellen, daß die praktischen Realisierungen in A., verglichen mit den menschlichen Leistungen, unbedeutend sind. Die theoretischen Möglichkeiten sind dagegen offenbar enorm. Die Erörterung der Leistungsfähigkeit der A. hängt schon seit dem 17. Jh. eng mit dem Leib-Seele-Problem und mit dem Materialismus zusammen, den man heute besser Physikalismus nennt [14].

Anmerkungen. [1] A. Chapuis und E. Gelis: Le monde des automates 1. 2 (Neuchâtel 1928); A. Chapuis und E. Droz: Les automates, figures artificielles d'hommes et d'animaux. Histoire et technique (Neuchâtel 1949); J. Cohen: Human robots in myth and science (London 1966). – [2] Heron von Alexandria, Druckwerke und Automatentheater, hg. W. Schmidt (1899); W. Schmidt: Heron von Alexandria im 17. Jh. Abh. Gsch. der Mathematik H. 8 (1898) 195-214. – [3] R. Descartes, Traité de l'homme. – [4] Discours de la methode V. – [5] a. a. O. gegen Ende von V.; vgl. auch R. Specht: Commercium mentis et corporis (1966). – [6] B. Pascal, Pensées Nr. 252; Th. Hobbes, Leviathan, bes. Introduction. – [7] B. Spinoza: De intellectus emendatione ..., in: Opera hg. Gebhardt (Heidelberg o. J.) 32: «... veteres ... numquam ... conceperunt uti nos hîc, animam secundam certas leges agentum et quasi aliquod automa spirituale.» – [8] Leibniz verweist auf die von Spinoza zitierte Stelle, vgl. Réfutations inédite de Spinoza par Leibniz, hg. Foucher de Careil (Paris 1854) 61; er benutzt den Terminus sowie ähnliche Termini an vielen Stellen; vgl. H. Schnelle: Der Automatenbegriff bei Leibniz (erscheint demnächst als Zeitschriftaufsatz). – [9] I. Kant, KpV, Akad.-A. 5, 97. – [10] KU, Akad.-A. 5, 374. 371. – [11] J. v. Neumann: The general and logical theory of automata, in: J. R. Newman (Hg.): The world of mathematics 4 (London 1960) 2070-2098; The computer and the brain (New Haven, Conn. 1958); dtsch. Die Rechenmaschine und das Gehirn (1960); The theory of automata: Construction, reproduction, homogeneity (Urbana, Ill. 1966). – [12] *Grundsätzliche Überlegun-*

gen: A. M. TURING: Computing machinery and intelligence. Mind 59 (1950) 433-460; H. PUTNAM: Robots: Machines or artificially created life? J. Philos. 61 (1964) 668-691; S. HOOK (Hg.): Dimensions of mind (New York 1960); *Forschungsergebnisse:* W. MCCULLOCH: Embodiments in mind (Cambridge, Mass. 1965); E. FEIGENBAUM und J. FELDMAN (Hg.): Computers and thought (New York 1963); vgl. auch oben Art. ‹Analyse›. – [13] D. M. MACKAY: On the logical indeterminacy of free choice. Mind 69 (1960) 31-40; M. SCRIVEN: The complete robot, in: S. HOOK (Hg.), a. a. O. [12]. – [14] H. FEIGL: Physicalism, unity of science and the foundations of psychol., in: The philos. of Rudolf Carnap, hg. P. A. SCHILPP (London 1963); The «mental» and the «physical», in: Concepts, theories and the mind-body problem, hg. H. FEIGL u. a. (Minneapolis 1958).

Literaturhinweise. J. COHEN vgl. Anm. [1]. – S. HOOK (Hg.) vgl. Anm. [12].
H. SCHNELLE

Automatentheorie, im weiteren Sinne auch Theorie der Informationsverarbeitung oder der Informationswandler genannt, ist eine mathematisch formulierte, relativ abstrakte Theorie zur Beschreibung der automatischen Verarbeitung von Eingabe-Informationen (im technischen Sinn, d. h. Symbol- oder Signalkomplexen) zu Ausgabe-Informationen. Es interessiert allein der strukturelle Prozeß, d. h. es wird davon abgesehen, an und in welchen Objekten diese Prozesse in welcher physikalischen (oder nicht-physikalischen) Modifikation ablaufen. Aus diesem Grunde ist die Theorie im Prinzip universell verwendbar zur Beschreibung von nicht-kontinuierlichen Vorgängen aller Art, besonders aber von Vorgängen in konkreten Automaten einerseits und in Organismen, vor allem im Gehirn andererseits. Dies war von Anfang an die Intention dieser Theorie [1]. Ihr Automatenbegriff soll vor allem dazu dienen können, eine beliebige Entität zu beschreiben, deren Verhalten von der Umgebung abhängt (Eingabedaten) und die auf die Umgebung einwirkt (Ausgabedaten), und zwar so, daß das jeweilige Verhalten durch Umgebung und innere Disposition bestimmt wird. Die innere Disposition wird entweder in ihrem strukturellen Aufbau aus elementareren Teilautomaten beschrieben oder aber durch ein System innerer Zustände und Zustandsübergänge aufgrund von Einwirkungen der Umgebung. Es gibt drei äquivalente Beschreibungsformen von Automaten: 1. Die Theorie der Wandler, 2. die Theorie der Schaltwerke, 3. die Theorie der Netze. Die Theorie der *Wandler* betrachtet nur die Übertragungseigenschaften und vernachlässigt die innere Struktur und die Zustände. Ein Wandler wird abstrakt durch die effektive Abbildung (im mathematischen Sinn) der Menge der Eingabedaten in die Menge der Ausgabedaten beschrieben. Große Bedeutung haben auch die Sender (ohne Eingabe) und die Empfänger (ohne Ausgabe). Man unterscheidet finite Wandler und einige Klassen infiniter Wandler mit verschiedener Leistungsfähigkeit. Die finiten Wandler können als Systeme mit einer endlichen Zahl innerer Zustände und Strukturelemente beschrieben werden. – Ein abstraktes *Schaltwerk* ist im wesentlichen durch zwei Funktionen gegeben: Der gegenwärtige Ausgabezustand und der unmittelbar folgende innere Zustand sind Funktionen des gegenwärtigen inneren Zustands und des Eingabezustands. – Ein Automaten*netz* ist eine Verknüpfung aus einfacheren Automaten, die ihrerseits als Schaltwerke oder Wandler beschrieben sind. Die Verknüpfungsrelation bestimmt die Verbindung der Eingabe- und Ausgabestellen der aufeinander einwirkenden Automaten [2].

Anmerkungen. [1] A. M. TURING: On computable numbers with an application to the Entscheidungsproblem (1936), abgedr. in: The undecidable, hg. M. DAVIS (New York 1965); J. v. NEUMANN: The general and logical theory of automata, in: The world of mathematics 4, hg. J. R. NEWMAN (London 1960); A. W. BURKS und WANG HAO: The logic of automata, in WANG HAO: A survey of mathematical logic (Peking 1964). – [2] Die A. befindet sich in rascher Entwicklung; über den jeweils neuesten Stand informieren die im Abstand von drei Jahren erscheinenden Proceedings der IFIP(International Federation of Information Processing)-Kongresse, zuletzt W. A. KALENICH (Hg.): Information Processing 1965, 2. Bd. (Washington D.C. 1965/66).

Literaturhinweise. – Lehrbücher: N. E. KOBRINSKII und B. A. TRAKHTENBROT: Introduction to the theory of finite automata (Amsterdam 1965). – H. A. HARRISON: Introduction to switching and automata theory (New York 1965).
H. SCHNELLE

Automation. ARISTOTELES unterscheidet mit dem Adjektiv αὐτόματος auch Instrumente, die sich von selbst bewegen und damit die Arbeit der Sklaven überflüssig machen, von den üblichen, die von Menschen bedient werden: «Wenn nämlich jedes Werkzeug auf Befehl und mit Vorbedacht seine Arbeit allein tun könnte ..., dann brauchte der Zimmermann keine Lehrlinge und der Herr keine Sklaven» [1]. In der Mitte des 19. Jh. bezeichnet BABBAGE ein von ihm entworfenes, aber nie gebautes Rechengerät, das «den Archetyp aller automatischen Rechengeräte überhaupt» darstellt, als «automatic computer» [2].

Effizient wird die A. im großen Ausmaß erst nach dem zweiten Weltkrieg, und zwar zuerst in den USA. Wichtige Elemente der A. enthält aber auch die «Rationalität der Organisation», wie die genaue Zerlegung eines komplexen Prozesses in kleine Teiloperationen und ihre Zusammenfassung zu einem einheitlichen integrierten Prozeß. So werden wesentliche Prinzipien der A. schon lange vor der «technischen A.» realisiert. Das gilt auch für die bereits im Altertum angewandte Rückkoppelung.

1946 erläutert D. S. HARDER, ein Vize-Präsident der Ford Motor Company, ein Fertigungsverfahren, bei dem das Werkstück ohne unmittelbares menschliches Einwirken in die Maschine eingeführt, in ihr bewegt und zur nächsten Maschine transportiert wird, mit dem Begriff ‹A.› [3]. Eine einheitliche Begriffsbildung hat sich nicht durchsetzen können, und viele Autoren verwenden ‹A.› «als bündigen Ausdruck für den technischen Fortschritt, der weitgehend auf Mechanisierung beruht» [4]. Andere unterscheiden etwa wie DIEBOLD zwischen der «Detroit A.» und der – einer A.-Theorie in der Regel zugrunde liegenden – «feedback A.» [5] (A. durch Rückkoppelung). Letztere bezieht sich nicht nur auf den «selbsttätigen» Transport oder Produktionsprozeß, sondern hinzu tritt noch die Anwendung bestimmter kybernetischer Steuerungsprinzipien. Meßinstrumente überwachen die Qualität und/oder Quantität der Erzeugnisse und regulieren bei Abweichungen von den festgelegten Toleranzen in einem gewissen Rahmen die Anlage. Der Produktionsprozeß bildet einen «geschlossenen Kreis», der den Menschen nicht mehr einschließt.

Der automatischen Herstellung von Gütern entspricht in der Verwaltung die automatische Erfassung und Auswertung von Informationen bis zu «errechenbaren Entscheidungen», wie sie von elektronischen Rechengeräten (Computer) vorgenommen wird.

Die A. führt nicht nur zu einer Erhöhung der Produktivität der Arbeitskräfte, sondern ermöglicht auf Grund ihrer hohen Präzision und der Verminderung der Unfallgefahr für die Arbeiter (z. B. Fernsteuerung) viele Forschungen und Fertigungen (z. B. Ausnutzung der Atomenergie). Zwar erfolgt die A. vorwiegend in der Industrie und Verwaltung, sie beeinflußt aber fast alle gesellschaftlichen Strukturen, wie die Gliederung der

Erwerbstätigen, die Umsetzung und Umschulung von Arbeitskräften, die permanenten Wandlungen in den Berufsanforderungen, die kontinuierliche Zunahme des Sozialprodukts und der Freizeit. Darüber hinaus werden die der A. zugrunde liegenden Prinzipien auch bei der Gestaltung anderer Bereiche der Gesellschaft angewandt.

Anmerkungen. [1] ARISTOTELES, Politik I, 2, 1254 a. – [2] TH. PIRKER: Büro und Maschine (1962) 106. – [3] J. R. BRIGHT: A. and management (Boston 1958) 4f.; vgl. auch den Überblick über die verschiedenen Definitionen in diesem Band. – [4] J. R. BRIGHT: Lohnfindung an modernen Arbeitsplätzen in den USA. A. und technischer Fortschritt in Deutschland und den USA (1963) 135 Anm. – [5] J. DIEBOLD: A. – The new technology. Harvard Business Rev. (1953) 63ff.

Literaturhinweise. A. and technological change. Hearings before the Subcommittee on the Economic Stabilization of the Joint Committee on the Economic Report. Congress of the United States (Washington 1955). – J. R. BRIGHT s. Anm. [3], [4]. – FR. POLLOCK: A. (1964). FR. LANDWEHRMANN

Automatismus. Unter A. ist ein spontanes und unabhängiges Funktionieren motorischer und/oder psychischer Systeme eines Lebewesens zu verstehen, das außerhalb der Kontrolle des Willens und manchmal des Bewußtseins abläuft und sowohl angeboren *(endogener A.)* vorhanden sein als auch durch Lernen, Übung, Wiederholen und Gewöhnung erworben werden kann *(sekundärer A.).* In diesem Sinne wird der Begriff ‹A.› seit HARTLEY [1] verwendet. Den Anstoß für seine Einführung in die Betrachtung psychophysischer Vorgänge hat DESCARTES [2] gegeben, für den Tiere Maschinen (Automaten) ohne «Seele» waren. Die Frage, inwieweit seelische Vorgänge automatenhaft, ohne Beteiligung des Bewußtseins oder des Willens ablaufen, ist ein Zentralproblem der Philosophie seit dem Rationalismus (CHR. WOLFF, LAMETTRIE [3], später H. DRIESCH [4] u.a.). Der Begriff ‹A.› hat später Eingang in die Psychologie (JANET [5]), Psychiatrie [6] und in die Instinktlehre der Ethologie [7] gefunden. Unter den normalen A. kann man unterscheiden: *motorische* endogene (Ausdrucksbewegungen, Bewegungen des Schutzes und der Abwehr u. ä.) und erworbene (z. B. Gehen, Radfahren, Sportausübung); *psychische,* überwiegend sekundäre, durch Wiederholung mechanisierte Denkprozesse (z. B. Lesen, Rechnen [8]); *psychomotorische* endogene (Instinkthandlungen, z. B. Körperpflege, Komplex der Fortpflanzung u. ä.) und erworbene A. (komplexe Fähigkeiten, wie z. B. Schreiben, Klavierspielen, Symbolhandlungen). Als *abnorme* A. kommen vor: auf *motorischem* Gebiet extrapyramidale Störungen (z. B. choreatische Bewegungen [9]) und Stereotypien bei katatonen Schizophrenen; im rein *Psychischen* Zwangsgedanken [10], Gedankenlautwerden, Gedankenentzug und manche Halluzinationen [11] bei Psychosen; auf *psychomotorischem* Gebiet Handlungen in Trance (Tischrücken u. ä.), in Hypnose, bei psychogener (hysterischer) Bewußtseinsstörung [12], in epileptischen Dämmerzuständen, bei Delirien und bei seniler Demenz. – Die Bildung von A. (habit formation) ist eine der Grundlagen aller Lernprozesse [13].

Anmerkungen. [1] D. HARTLEY: Observations on man, his frame, his duty, and his expectations (London 1749). – [2] R. DESCARTES: Discours V, t. I (1637) 42, dtsch. (1911) I, 46-48. – [3] J. O. DE LAMETTRIE: L'homme machine (1748), dtsch. (1909). – [4] H. DRIESCH: Die Maschine und der Organismus (1935). – [5] P. JANET: L'automatisme psychologique (Paris ²1893). – [6] E. BLEULER: Lehrbuch der Psychiat. (⁹1955) 95. – [7] K. LORENZ: Über tierisches und menschliches Verhalten 2 (1965) 165. – [8] H. GRUHLE: Verstehende Psychol. (²1956) 18. 139. – [9] F. KEHRER: Die Verbindung von chorea- und ticförmigen Bewegungen mit Zwangsvorstellungen. Abh. Neurol. H. 85 (1938). – [10] E. BLEULER, a. a. O. [6] 96. – [11] G. DE CLERAMBAULD: Les psychoses hallucinatoires chroniques. C. R. Soc. clin. méd. ment. (Dez. 1923). – [12] E. BLEULER, a. a. O. [6] 96. – [13] E. L. THORNDIKE: The fundamentals of learning (1932).

Literaturhinweise. VAN DER VELDT: Le mouvement et l'A. (1928). – A. BOSTROEM: A., in: Handb. med. Psychol., hg. K. BIRNBAUM (1930). – H. BENDER: Psychische A. (1936).

H. E. KEHRER

Automessianismus (aus griech. αὐτός und Μεσσίας) ist ein MARTIN BUBER eigentümlicher und wohl auch von ihm gebildeter Begriff [1]. Ebenso wie das dazugehörige Adjektiv ‹automessianisch› dient er ihm dazu, von seinem jüdischen Bewußtsein aus «die messianistische Selbstunterscheidung eines Menschen von den andern Menschen, einer Zeit von den andern Zeiten, einer Handlung von den andern Handlungen» [2] als verhängnisvollen Abfall von jenem echten Messianismus zu kennzeichnen, der sein Wesen in dem Respekt vor dem hat, was Buber das «messianische Mysterium» nennt; denn dies ist mit den Gottesknechten verbunden, die – an, mit und für Gott leidend – unter Verzicht auf jede Selbstmitteilung in der Verborgenheit ihr die Welt durchläuterndes Leben der in diesem Sinne eben «messianischen» Berufung führen [3]. In der «automessianischen Reihe» ist für Buber der erste kein Geringerer als *Jesus von Nazareth,* wiewohl er ihm zugesteht, daß er «in der Reihe der unvergleichlich Reinste, Rechtmäßigste, mit wirklicher messianischer Kraft Begabteste war» [4], während ihr Ende jener «Messias von Izmir» *Sabbatai Zwi* (1626–1676) bildet [5], nach dessen «Abfall ... von der Selbstwahrheit zur Selbstlüge» [6] für einen echten A. im Judentum kein Raum mehr ist, vollends nach der Durchklärung der messianischen Problematik durch den Chassidismus [7]. Die Frage, ob der Begriff tatsächlich auf Jesus anwendbar ist, kann hier nicht erörtert werden; doch wird zugestanden werden müssen, daß er inhaltlich weniger durch sein Bild bestimmt ist als durch das des messianischen Prätendenten *Simon ben Kosiba* gen. Bar Kochba im Aufstand der Juden Palästinas gegen Rom unter Hadrian 132/136 n. Chr., dessen Erklärung: «Ich bin der Messias» durch die rabbinische Überlieferung erhalten ist [8]. Nur von hier aus wird es auch verständlich, wenn Buber gelegentlich statt ‹A.› den Ausdruck ‹Fiebermessianismus› gebraucht [9]. Immerhin darf der Begriff als solcher als eine geglückte Bildung gelten, und es bleibt verwunderlich, daß er sich nicht längst, etwa zur Kennzeichnung gewisser politischer, pädagogischer oder ärztlicher Phänomene, durchgesetzt hat. So spricht E. ZWIRNER im Blick auf die Eingangsfrage des Arztes beim Gespräch mit dem zu ihm gekommenen Kranken von «pseudomessianischer Geste» [10].

Anmerkungen. [1] Vgl. bes. M. BUBER: Die chassidischen Bücher (1928) XIff. Werke 3 (1963) 742ff.; Die chassidische Botschaft (1952) 11ff. – [2] Werke 3, 756. – [3] 3, 754f. – [4] 3, 755; vgl. auch M. BUBER: Christus, Chassidismus, Gnosis, jetzt: Werke 3, 956 (z. T. nach: Gog und Magog (1949) 407). – [5] J. KASTEIN: Sabbatai Zewi. Der Messias von Ismir (1930); G. SCHOLEM: Sabbatai Zwi und die sabbatianische Bewegung zu seinen Lebzeiten (hebr.) 1. 2 (1957). – [6] BUBER, Werke 3, 755f. – [7] Vgl. 3, 748ff. – [8] bab. Talmud Sanhedrin 93 b. – [9] M. BUBER: Israel und Palästina (1950) 123. – [10] E. ZWIRNER: Das Gespräch. Stud. gen. 4 (1951) 221.

Literaturhinweise. H. KOHN: M. Buber. Sein Werk und seine Zeit (1930) 273ff. – K. H. MISKOTTE: Het wezen der Joodsche religie (Diss. theol. 1932) 267f. – F. VON HAMMERSTEIN: Das Messiasproblem bei M. Buber (1958) 51f. – G. SCHAEDER: M. Buber (1966) 328f. K. H. RENGSTORF

Autonomie (griech. αὐτονόμος, αὐτονομία; lat. autonomia; dtsch. Selbstbestimmung, Selbstgesetzgebung, Eigengesetzlichkeit).

I. Für die Griechen war der Begriff der αὐτονομία eine zentrale *politische* Kategorie. Die A. wurde etwa seit der Mitte des 5. Jh. das vielfach geforderte und nie vollständig erreichte Ziel der griechischen Stadtstaaten, mittels dessen diese sich eine gewisse Selbständigkeit und insbesondere das Recht zu wahren suchten, die eigenen inneren Angelegenheiten unabhängig von einer anderen Macht bestimmen zu können. In dem ursprünglich umfassenden Sinne versteht HERODOT αὐτονομία als innere und äußere politische Freiheit (ἐλευθερία) im Gegensatz zu einer äußeren Abhängigkeit durch Fremdherrschaft und zu der inneren Staatsform der Tyrannis: «... indem diese [die Meder] um die Freiheit mit den Assyrern kämpften ..., schüttelten sie die Knechtschaft ab und bekamen ihre Freiheit. Da machten auch die übrigen Völkerschaften den Medern dieses nach. Als alle auf dem Festlande äußerlich unabhängig waren, gerieten sie auf eben diese Weise unter die innere Staatsform der Tyrannis» (ἐόντων δὲ αὐτονόμων πάντων ἀνὰ τὴν ἤπειρον ὧδε αὖτις ἐς τυραννίδα περιῆλθον) [1]. Anders als Herodot verwendet THUKYDIDES den Begriff der A. bei seinem Bericht über den Friedensvertrag zwischen Athenern und Lakedaimoniern in einem beschränkteren Sinne, insofern er die A. als eigene innere Gesetzgebung von eigener Finanzhoheit sowie eigener Gerichtsbarkeit unterscheidet: τὸ δ'ἱερὸν καὶ τὸν νεὼν τὸν ἐν Δελφοῖς τοῦ Ἀπόλλωνος καὶ Δελφοὺς αὐτονόμους εἶναι καὶ αὐτοτελεῖς καὶ αὐτοδίκους καὶ αὐτῶν καὶ τῆς γῆς τῆς ἑαυτῶν κατὰ τὰ πάτρια (Der Tempel des Apollon zu Delphi und der Tempelbezirk und die Stadt Delphi sollen weiterhin unter eigenem Gesetz, unter eigener Besteuerung und eigenem Recht leben, sie und auch ihr Land, nach Väterbrauch) [2]. Wenn Thukydides die A. nicht mehr generell als innere und äußere politische Unabhängigkeit versteht, so weist seine Einschränkung der A. im Sinne einer bedingten Selbstbestimmung, die nicht auch schon ohne weiteres eigene Gerichtsbarkeit und eigene Steuerhoheit impliziert, auf den in der Antike vorherrschenden Wortgebrauch hin. Die politischen Zustände des attischen Reiches brachten es mit sich, daß die Forderung der griechischen Stadtstaaten nach A. sowohl im Hinblick auf gewisse Eigenrechte an die Bündnismacht Athen gerichtet sein konnte, als auch den Anspruch auf bedingte Selbstverwaltung gegenüber einer fremden Hegemonialmacht auszudrücken vermochte. Dieser relativ unbestimmte, nur aus dem jeweiligen Kontext inhaltlich näher zu präzisierende Gebrauch des Begriffs der A. findet sich bei XENOPHON: τὴν αὐτονομίαν ταῖς πόλεσι πράττοντες (sie gaben den Städten ihre Unabhängigkeit zurück) [3], ISOCRATES: οἱ δ' Ἕλληνες ἀντὶ δουλείας αὐτονομίας ἔτυχον (und die Griechen forderten Unabhängigkeit, anstatt sich zu unterwerfen) [4], POLYBIOS [5], STRABO [6] und PLUTARCH [7].

Wird der Begriff der A. bei den Griechen auch zumeist in politischem Zusammenhang gebraucht, so findet er sich vereinzelt doch auch schon in ethischer und ästhetischer Bedeutung. Sophokles kennzeichnet die *innere Haltung* der Antigone als A.: οὔτε φθινάσιν πληγεῖσα νόσοις,/ οὔτε, ξιφέων ἐπίχειρα λαχοῦσ'/ ἀλλ' αὐτόνομος ζῶσα μόνη δὴ/ θνητῶν Ἅιδην καταβήσει (Nicht zehrender Krankheit erlagst du / empfingst nicht des Schwertes blutigen Lohn, / sondern lebend nach eignem Gesetz allein / entschrittst du lebendig zum Hades) [8]. HIMERIUS spricht anläßlich rhetorischer Anweisungen für eine Hochzeitsrede von der Eigengesetzlichkeit der heiteren Kunst (ποιητικῆς αὐτονομίας ἄδεια) [9].

Die *römischen* Schriftsteller haben das Wort ‹autonomia› selbst nicht übernommen, sondern sie umschreiben die gemeinte Sache mit Ausdrücken wie «potestas vivendi suis legibus» oder «potestas utendi suis legibus» (LIVIUS, CAESAR). Nur CICERO verwendet das griechische Wort αὐτονομία einmal in dem gemeinen Verstande bedingter politischer Selbstbestimmung: «Ita multae civitates omni aere alieno liberatae, multae valde levatae sunt, omnes suis legibus et iudiciis usae αὐτονομίαν adeptae revixerunt» (Viele Städte sind völlig schuldenfrei geworden, andere wesentlich entlastet; alle haben ihre eigenen Gerichte und leben nach ihren eigenen Gesetzen, und sie sind im Wiederbesitz ihrer A. sehr aufgelebt) [10].

Anmerkungen. [1] HERODOT I, 96; vgl. VIII, 140. – [2] THUKYDIDES V, 18; vgl. III, 46; VI, 87; VIII, 21. – [3] XENOPHON, Hist. graec. V, 1, 36; vgl. VI, 3, 8. – [4] ISOCRATES IX, 68; vgl. IV, 115. – [5] POLYBIOS IV, 27, 5. – [6] STRABO (Geographus) XII, 3, 11. – [7] PLUTARCH, Rom. 27. – [8] SOPHOKLES, Antigone 821. – [9] HIMERIUS (Sophista), Orationes I, 1. – [10] CICERO, Ep. ad Atticum VI, 2.

Literaturhinweise. STEPHANUS: Thesaurus graecae linguae 2 (1954) 2543f. – E. J. BIEKERMANN: Autonomia. Rev. int. droits de l'antiquité 5 (Brüssel 1958) 313-343. – V. EHRENBURG: Der Staat der Griechen (1965). – G. TENEKIDES: La notion juridique de l'indépendance et la tradition hellénique (Athen 1954).

II. Das Mittelalter kennt den Begriff der A. nicht. Erst zu Beginn der *Neuzeit* – im Laufe des 17. und 18. Jh. – gewinnt der Begriff vornehmlich innerhalb der Rechtswissenschaften erneut an Bedeutung. Mit Kants Theorie der A. bekommt der Begriff eine umfassende philosophische Relevanz und wird im Anschluß daran von den verschiedenen Wissenschaften rezipiert, wobei ihm unterschiedliche, aus den jeweiligen fachwissenschaftlichen Zusammenhängen erwachsende Bedeutungsvarianten zukommen.

1. *Der A.-Begriff in der Jurisprudenz.* – Der Begriff der A. hat in der *konfessionellen* Diskussion um die Interpretation des Augsburger Religionsfriedens (1555) eine entscheidende Rolle gespielt. Zentrale Bedeutung kommt dabei der gegen die protestantische ‹Freistellungsbewegung› gerichteten Streitschrift des FRANCISCUS BURGCARDUS ‹De Autonomia, das ist von Freystellung mehrerlay Religion und Glauben› von 1586 zu. Burgcardus greift bei seiner Suche, die protestantische Forderung nach Glaubensfreiheit benennen zu können, auf das griechische Wort αὐτονομία zurück, insofern der griechische Begriff – im Unterschied zu den lateinischen Ausdrücken ‹libertas› oder ‹licentia credendi› – neben der religiösen auch die politische Dimension der reformatorischen Glaubenskämpfe anklingen läßt: «Daher sich dann diß Griechisch wörtlein (als so nit allein auff Religion unnd Gewissen, sonder auch Politische sachen verstanden unnd gezogen werden mag) gar wohl schicket, also daß αὐτονομία oder die Freystellung anders nichts ist dann eine freye Willkühr, und macht, anzunemen, zu thun, zu halten und zu glauben, was einer selbst wil und ihme gut dünkt und gefellig ist» [1]. Burgcardus wendet sich gegen alle – von ihm im einzelnen aufgezählten – protestantischen Freiheitsforderungen, welche er grundsätzlich als wider «ordnung un Gesetz» [2] begreift; sein Ausgang von dem mittelalterlichen ordo-Gedanken läßt es noch nicht zu, das mit dem Protestantismus relevant gewordene Prinzip der auf das Subjekt gegründeten Freiheit als konstitutives Moment der A. positiv zu begreifen.

In der Folgezeit findet sich der Gebrauch des Begriffs der A. in zweifacher Verwendung. Einmal in der von Burgcardus ausgehenden Bedeutung: dabei wird zunächst noch von katholischer Seite der ‹geistliche Vorbehalt› (reservatum ecclesiasticum), wonach die geistlichen Fürsten bei einer Konversion zum Protestantismus ihre Würden, Ämter und Besitzungen verlieren, als «clausula Autonomia» bezeichnet [3], während nach dem Westfälischen Frieden (1648) die A. im Sinne von «Freystellung der Religion, Gewissens-Freyheit» bereits als positive Errungenschaft verstanden wird [4]. Zum zweiten bezeichnet der Begriff der A. – von der Übersetzung des Wortes ausgehend – allgemein: «potestas vivere propriis legibus» [5] bzw. «libertas suis utendi legibus, die freyheit zu leben vor sich selbst. Autonomus; qui est sui juris, qui nullius imperio subest, der sein eigen herr ist» [6]. Diesen allgemeinen Begriff der A. nimmt die Jurisprudenz auf.

H. v. Cocceji identifiziert A. mit äußerer politischer Freiheit: «autonomia sua, id est libertas patriae suae» [7]. Diesem *politischen* Begriff der A. wird jedoch im Zuge der fortschreitenden Rechtskodifizierung ein spezifizierter *rechtlicher* A.-Begriff entgegengehalten. Schon D. J. Chr. Majer bezeichnet es als «einen Mangel von Bestimmtheit an der Coccejischen Theorie, wenn darinne Freiheit und A. für ... gänzlich gleichbedeutend genommen» werden. «Denn fürs erste, macht zwar allerdings das Eigenmächtige, das der Willkür Überlassene, kurz die Unabhängigkeit von des andern Gewalt einen Hauptzug in dem Begriffe der A. jeder Art, und bey jeder Gattung von Personen aus. Aber doch darf und kann sie nicht mit der Freyheit selbst verwechselt, und für eins genommen werden. Diese an und für sich hat einen viel allgemeinern Begriff; drükt die Eigenmacht fürs ganze Thun und Lassen überhaupt aus, oder besteht, wenn man lieber will, in der Unabhängigkeit von der Gewalt des Andern. Jene hingegen, die A., ist, auch schon selbst ihrem Namen nach, ein bloß auf eine gesezgebende Gewalt eingeschränktes Recht, das durch die Verbindung mit der Freyheit nur auf eine gewisse Art modifiziert wird, und nichts weniger, als die Fülle der Freyheit selbst, in sich faßt und ausdrükt» [8]. Damit spricht Majer die zentrale Problematik der rechtlichen A. an: der juristische A.-Begriff hat dort seinen Ort, wo eine durch die Staatsgewalt beschränkte Freiheit ausgesagt werden soll, d. h. der juristische A.-Begriff ist eine systemabhängige Variable der jeweiligen Rechtstheorie und ihrer Auffassung von der Möglichkeit freier Selbstbestimmung im Rahmen einer rechtlich vorgegebenen Ordnung. Dementsprechend besteht der grundsätzliche Unterschied in der rechtstheoretischen Diskussion um die Bestimmung des A.-Begriffs darin, ob das Recht – und damit auch die A. – deduziert wird im Ausgang von der Freiheit des Einzelnen (entweder als Individuum oder als juristische Person) oder ob das Recht verstanden wird als eine objektive Realität, in welche das Moment der A. funktional eingegliedert ist. Diese beiden systematischen Möglichkeiten einer Bestimmung der rechtlichen A. sowie auch der Versuch, beide Ansätze zu verbinden, sind jeweils zu begreifen als Explikationen der historisch konkreten Rechtslage.

Der *historische* Ursprung des rechtlichen A. im Sinne einer partikularen Selbstbestimmung wird – retrospektiv – allgemein in der durch den Adel repräsentierten Privilegiengesellschaft des Mittelalters gesehen [9]. Im Mittelalter war eine Lehre von den Statuta ausgebildet worden, welche sich auf diejenigen Satzungen bezog, die sich außerhalb des durch die Reichsgesetzgebung erzeugten Rechts entwickelt hatten. In der weiteren Rechtsentwicklung tritt eine Akzentverschiebung dadurch ein, daß die Landesherren versuchen, die verschiedenen Sonderrechte aufzulösen zugunsten ihrer eigenen Rechtssprechung. Daran anknüpfend versteht noch J. Schilter unter A. die partikulare landesherrliche Rechtsbildung im Gegensatz zum Reichsrecht [10].

Als die Landeshoheit in Deutschland immer selbständiger wurde und nach dem Westfälischen Frieden auch als Staatsgewalt anerkannt war, wurde die Rechtssetzung der Landesherren ausdrücklich als ‹Gesetzgebung› verstanden und der Begriff der A. für die Befugnisse der einzelnen Gemeinden, Verbände und Körperschaften, sich in durch die ‹Staatsgewalt› beschränktem Maße selbst Recht zu setzen, vorbehalten [11].

Diese Bestimmung der A. wird im weiteren von einzelnen Rechtstheoretikern (Thibaut, Puchta) dahingehend modifiziert, daß sie aus der Sicht einer individualethischen Rechtsbegründung speziell die durch Privatpersonen getätigten Rechtsgeschäfte als A. begreifen, während andere (Majer, Wilda) diese individualethisch begründete Privat-A. neben die sozialethisch begründete A. von Gemeinden, Verbänden und Genossenschaften stellen. A. F. J. Thibaut weist darauf hin, «daß man die ungeschriebenen Gesetze, welche die Bürger sich selbst oder anderen geben, A.-Gesetze zu nennen pflegt» [12]. G. F. Puchta bestimmt, «daß das autonomische Recht ausgeht von Einzelnen als solchen, worin denn seine Unregelmäßigkeit besteht, und der Grund seiner Beschränkung liegt, wenn die Verfassung des Staates zu einer größeren Ausbildung gelangt. ... So ist denn nun A. das, gewissen der Staatsgewalt unterworfenen Personen, also ihnen als Einzelnen, zustehende Recht, durch Privatdispositionen wirkliche Rechtssätze hervorzubringen, sey es auch, daß die Wirkung derselben in Vergleichung mit dem Produkt der eigentlichen Rechtsquellen in mancher Hinsicht beschränkt wäre» [13]. D. J. Chr. Majer versucht eine umfassende Systematisierung des A.-Begriffs, indem er die theoretischen Prinzipien und die verschiedenen praktischen Anwendungsbereiche desselben aufzuzeigen sucht: «Freyheit, Herrschaft und Eigenthum sind die Grundrechte der Menschen; die Urquellen der A.; die zwo letzteren begründen eine gesezgebende Gewalt, durch die Erstere wird sie zur Eigenmacht erhoben» [14]. Die auf den Elementen von «Freyheit, Herrschaft und Eigenthum» beruhende A. hat für Majer Realität in dreifacher Hinsicht: 1. als «A. der einzelnen Personen im aussergesellschaftlichen Naturzustande der Menschheit ... aufgrund der angeborenen Natur-Freiheit des Menschen» [15], 2. «als öffentliche A. der Völker, Staaten und deren Regenten kraft des Staatseigenthums ... und kraft der Oberherrschaft über ihre Unterthanen» [16] und 3. als «Privat-A. der Unterthanen ... kraft ihres Privateigenthums» [17]. Die von Majer aus einem unhistorischen Eigentumsprinzip deduzierte Möglichkeit einer A. im Naturzustande ist eine nicht weiter relevante Nebenfolge seines abstrakten Bemühens um systematische wie historische Vollständigkeit, während sich hingegen die Unterscheidung zwischen öffentlicher A. und Privat-A. bei Wilda wiederfindet, wenngleich insofern abgewandelt, als Wilda die Privat-A. nicht mehr als selbständige Rechtsquelle anerkennt: «Die A., insofern sie Gesammtheiten oder Gemeinschaften zukommt, ist von der der Individuen (der Privat-A.) ihrem Wesen nach verschieden. ... Die A., insofern sie Gesammtheiten zukommt, wird nicht mit Unrecht das Recht der Selbstgesetzgebung genannt. ... Die Privat-A. würde man aber sehr mit Unrecht als ein Recht der Selbstgesetzgebung bezeichnen. Rechtssätze können nur von einer Gesammtheit als solcher ausgehen. ... Die A. der Individuen besteht daher nicht in der Macht, Rechtssätze aufzustellen, sondern in der denselben zustehenden Befugniß ihre Rechtsgeschäfte zu ordnen, d. h. solche zu begründen, näher zu bestimmen, und selbst abweichend von dem Inhalte der sonst als allgemein verbindlich geltenden Normen, soweit diese nur eine subsidiäre Anwendbarkeit in Anspruch nehmen, zu gestalten» [18].

Im weiteren wird diese von Majer, Thibaut und Puchta sowie auch von P. v. Roth [19] vertretene Bestimmung der Privat-A. als Rechtsquelle aufgegeben, und auch Wildas Auffassung von Privat-A. als Gestaltung konkreter Rechtsverhältnisse und Selbstverwaltung (ähnlich auch bei H. Brunner [20] und F. Regelsberger [21]) wird als unzulässige Erweiterung des A.-Begriffs abgelehnt. C. F. v. Gerber geht in seiner historischen Ortung der A. als einer ausschließlich mittelalterlichen Rechtsquelle sogar so weit, daß er den «Begriff der A. als der gewissen Personen und Körperschaften beigelegten Befugnis einer besonderen Rechtserzeugnis für das heutige Recht unhaltbar» [22] hält. Im Mittelalter seien die Rechte des hohen Adels «ohne Formulierung zum objektiven Recht geblieben» und könnten von daher als freie, autonome Rechtsakte bezeichnet werden. Durch die Entwickelung der neueren Jurisprudenz, «auch für diese Rechtsgeschäfte ein objektives Recht zu gründen, ... hätte consequent der Begriff der A. verschwinden müssen» [23]. Insgesamt jedoch geht das Bemühen um eine präzise Begriffsbestimmung der A. in der zweiten Hälfte des 19. Jh. dahin, daß A. jetzt allgemein verstanden wird als Befugnis gewisser Körperschaften im Staat, Rechtsnormen zu setzen. So definiert G. Beseler: «Die A. ist also die gewissen Corporationen zustehende Befugnis, sich innerhalb des von ihnen beherrschten Kreises oder doch für ihre besonderen Angelegenheiten nach freiem Ermessen ihr eigenes Recht (Willkühren, Statute, Beliebungen) zu setzen» [24]. Ähnlich A. Brinz («A. – wie man die noch innerhalb der Staatsgesetze mögliche Gesetzgebung nennt – ist demnach ein wesentliches Attribut der Corporationen» [25]), O. Stobbe («Unter A. verstehen wir im allgemeinen die Satzung von Rechtsnormen, welche bestimmten Kreisen im Staat zusteht – eine untergeordnete Art von Gesetzgebung» [26]) und B. Windscheid («Die Gesetzgebung ist ... Attribut des Staates. Es kann aber vorkommen, daß für einen engeren Kreis ein Wille, welcher nicht der Staatswille ist, Rechtsnormen zu begründen im Stande ist. In diesem Falle spricht man von A.» [27]).

Die *gegenwärtige* Rechtswissenschaft hat den Begriff der Privat-A. in differenzierter Weise wiederaufgenommen und kennzeichnet damit die Möglichkeit relativ selbständigen rechtsgeschäftlichen Verkehrs auf der Basis des *Privatrechts*. H. Kelsen trennt in seiner ‹Reinen Rechtslehre› von 1934 zwischen dem Verständnis von A. aus staatsrechtlicher und dem aus privatrechtlicher Sicht. Die Frage nach den verschiedenen Methoden der Rechtserzeugung führt ihn zu «zwei Typen solcher Rechtspflichten statuierenden Rechtsnormen ...: Solche, an deren Erzeugung der zu verpflichtende Mensch beteiligt ist, und solche, die ohne seine Beteiligung zustande kommen. Das dieser Unterscheidung zugrundeliegende Prinzip ist das der Freiheit im Sinne der Selbstbestimmung. Die vom Standpunkt des normunterworfenen Menschen entscheidende Frage ist: ob die Verpflichtung mit seinem Willen oder ohne, eventuell sogar gegen seinen Willen erfolgt. Es ist jener Unterschied, den man gewöhnlich als den Gegensatz von A. und Heteronomie bezeichnet und den die Rechtslehre im wesentlichen auf dem Gebiete des Staatsrechts festzustellen pflegt» [28]. Diesem A.-Begriff stellt Kelsen – gegen die traditionelle Theorie des ‹subjektiven Rechts› gewendet – einen eingeschränkten privatrechtlichen A.-Begriff zur Seite: «Denn sofern überhaupt von Selbstbestimmung der Individuen – als Rechtssubjekten – im Bereich des Rechts die Rede sein kann, nämlich auf dem Gebiet des sogenannten Privatrechts, und zwar im Hinblick auf den rechtserzeugenden Tatbestand des rechtsgeschäftlichen Vertrags, liegt A. nur in einem sehr beschränkten und uneigentlichen Sinne vor. Denn niemand kann sich selbst Recht einräumen, weil das Recht des einen nur unter Voraussetzung der Pflicht des anderen besteht und solche Rechtsbeziehung gemäß der objektiven Rechtsordnung auf dem Gebiete des Privatrechts in der Regel nur durch die übereinstimmende Willensäußerung zweier Individuen zustande kommen kann. Und dies auch nur, sofern der Vertrag vom objektiven Recht als rechtserzeugender Tatbestand eingesetzt ist: so daß die rechtliche Bestimmung letztlich von eben diesem objektiven Recht, nicht aber von dem unter ihm stehenden Rechtssubjekt ausgeht, somit auch im Privatrecht keine volle A. besteht» [29]. E. v. Hippel unterscheidet in dem engeren Sinne rechtlichen «sozialen Privat-A.» noch eine sogenannte «individuelle Privat-A.»: «Bei der ‹individuellen› Privat-A. handelt es sich um die Gestattung, das eigene rechtlich abgesonderte Leben in dieser oder jener Hinsicht nach eigener Wahl zu führen ... Bei der ‹sozialen› Privatautonomie handelt es sich um die Gestattung, im Verhältnis zu anderen Personen nach eigener Wahl in neue Rechts- und Pflichtverhältnisse einzutreten, um den rechtsgeschäftlichen ‹Verkehr›» [30]. Wie Kelsen und v. Hippel begreift auch W. Flume das Prinzip der Privat-A. als Gestaltungsmöglichkeit von Rechtsgeschäften auf privatrechtlicher Basis: «Der Grundsatz der Privat-A. bedeutet ... nicht, daß der einzelne nach seinem Willen in beliebiger Weise Rechtsverhältnisse gestalten könnte, sondern die privatautonome Gestaltung ist nur in Akten möglich, welche die Rechtsordnung als Aktstypen anerkennt» [31].

Neben diesem rechtlichen A.-Begriff findet sich gegenwärtig auch noch ein als rechts*soziologisch* zu kennzeichnender Gebrauch des Wortes ‹A.›: Von der Beobachtung ausgehend, daß in der modernen Welt verschiedene gesellschaftliche Bereiche in zunehmendem Maße eine gewisse Eigengesetzlichkeit ausbilden, stellt E. v. Hippel die Forderung auf, daß «Religion, Wissenschaft, Rechtsprechung und Kunst als werthezogene Sachbereiche autonome und freie Hüter ... ihre Befreiung von der Herrschaft des politischen Sektors verlangen» [32]; wogegen F. A. Hermes geltend macht, daß eine solche Forderung nach «funktioneller A.» das Problem der Koordinierung der verschiedenen Bereiche als einer Aufgabe der «politischen Demokratie» unberücksichtigt lasse [33].

Anmerkungen. [1] F. Burgcardus (Pseudonym für den kaiserlichen Hofrat Andreas Erstenberger): De Autonomia, das ist von Freystellung mehrerlay Religion und Glauben (München 1586) 2. – [2] ebda. – [3] Pfeffinger: Vitriarii institutionum juris publici novis notis illustratum (1739) 1414. – [4] J. H. Zedler: Universallex. der Wiss. und Künste 2 (Halle/Leipzig 1732) 2272. – [5] J. Micraelius: Lexicon philosophicum terminorum philosophis usitatorum (Stettin ²1662, Nachdruck 1966) 204. – [6] Basilii Fabri Thesaurus Eruditionis Scholasticae (Leipzig

1726) 278; vgl. auch H. GROTIUS: Opera omnia theologica (Basel 1782) 1, 192 B 2. 196 A 49. 272 A 42. 728 A 41. 738 B 35; 2, 137 B 25. 152 B 7. 377 A 42. 567 A 41; 4, 221 A 53. – [7] H. v. COCCEJI: Prodomus Justitiae Gentium (Francofurti ad Viadrum 1719) 56; vgl. Autonomia juris gentium (Francofurti ad Viadrum 1720), Cap. 14–17. – [8] D. J. CHR. MAJER: A. vornehmlich des Fürsten- und übrigen unmittelbaren Adelstandes im Römischen dtsch. Reiche (1782) 234f. – [9] Vgl. a. a. O. 3; G. F. PUCHTA: Das Gewohnheitsrecht 1 (1828) 207; O. v. GIERKE: Grundzüge des dtsch. Privatrechts, in: Enzyklop. der Rechtswiss., hg. J. KOHLER (⁷1915) 187. – [10] J. SCHILTER: Praxis juris Romani (Frankfurt/Leipzig 1713) exerc. II, § 11, S. 18. – [11] Vgl. J. H. BOEHMER: Exercitationes ad pandectas 1 (Göttingen 1745) exerc. XV, cap. 2, §§ 2ff. – [12] A. F. J. THIBAUT: System des Pandektenrechts 1 (1803, ⁸1834) 20. – [13] G. F. PUCHTA: Das Gewohnheitsrecht 1 (1828) 159f. – [14] a. a. O. 113. – [15] 111. 114. – [16] 129. 123. – [17] 199. 243. – [18] WILDA: Art. ‹A.›, in: Rechtslex. für Juristen aller teutschen Staaten, hg. J. WEISKE 1 (1839) 545ff. 549. – [19] P. v. ROTH: System des Dtsch. Privatrechts 1 (1880) 255. – [20] H. BRUNNER: Art. ‹A.›, in: Rechtslex., hg. F. v. HOLTZENDORFF 1 (³1880) 218. – [21] F. REGELSBERGER: Pandekten 1 (1893) 105. – [22] C. F. v. GERBER: Nachträgliche Erörterung zur Lehre von der A. Jb. für die Dogmatik des heutigen röm. und dtsch. Privatrechts, hg. C. F. v. GERBER/R. IHERING 3 (1859) 411. – [23] C. F. v. GERBER: Über den Begriff der A. Ges. jur. Abh. (²1878) 49; vgl. A. FRANKEN: Lehrb. des Dtsch. Privatrechts (1894) 45ff.; gegen Gerber: K. MAURER: Krit. Überschau der dtsch. Gesetzgebung und Rechtswiss. 2 (1855) Nr. 8. – [24] G. BESELER: System des gemeinen dtsch. Privatrechts (⁴1885) 76f. – [25] A. BRINZ: Lehrb. der Pandekten 2 (1860) 1016. – [26] O. STOBBE: Hb. des dtsch. Privatrechts (³1893) 144. – [27] B. WINDSCHEID: Lehrb. des Pandektenrechts 1 (⁴1875) 61. – [28] H. KELSEN: Reine Rechtslehre (²1960) 283. – [29] a. a. O. 174f. – [30] E. v. HIPPEL: Das Problem der rechtsgeschäftl. Privat-A. (1936) 69. – [31] W. FLUME: Allg. Teil des Bürgerlichen Rechts 2: Das Rechtsgeschäft (1965) 23. – [32] E. v. HIPPEL: Mechanisches und moralisches Rechtsdenken (1959) 328; vgl. dazu: E. MOLITOR: Außerstaatliches Recht, in: Festschrift G. J. Ebers (1950) 7-22. – [33] F. A. HERMES: Funktionelle A. nach dem zweiten Weltkrieg, in: A. J. ZURCHER: Verfassungen nach dem zweiten Weltkrieg (1956) 132.

Literaturhinweise. Zum A.-Begriff bei *Burgcardus*: M. HECKEL: A. und Pacis Compositio: Der Augsburger Religionsfriede in der Deutung der Gegenreformation. Z. Savigny-Stift. Rechtsgesch., Kan. Abt. 76 (1959) 141-248. – H. MORITZ: Die Macht Rudolfs II., der Reichstag zu Regensburg und die Freistellungsbewegung (1895). – F. DICKMANN: Der Westfälische Friede (²1965). – Zu den Anfängen des *juristischen* A.-Begriffs: H. KINNE: Die A. der Kommunalverbände in Preußen (1908) 1-12.

2. *Der A.-Begriff in der Philosophie.* – CHR. WOLFF verwendet den Begriff der A. in seiner ‹Philosophia civilis sive politicae› von 1756 noch in der zu seiner Zeit gängigen [1] allgemeinen Bedeutung von politischer Selbstbestimmung: «Cavenda igitur est omnis invasio alterius civitatis, omnisque usurpatio jurium ipsius publicorum, uti autonomiae» [2].

Erst mit KANTS Theorie der A. gewinnt der Begriff eine zentrale und umfassende Bedeutung für die Philosophie. A. meint jetzt nicht mehr nur ein beschränktes Recht auf institutionelle Selbstbestimmung, sondern der Begriff der A. steht jetzt für die Möglichkeit und Bestimmung des Menschen, sich durch sich selbst in seiner Eigenschaft als Vernunftwesen zu bestimmen. Der A.-Gedanke richtet sich als Aufgabe und Programm sowohl gegen jede Auffassung vom Menschen im Sinne einer bloßen Naturtheorie als auch gegen jede Art gesellschaftlicher Fremdbestimmung durch Unterdrückung. A. – in diesem Sinne einer Selbstgesetzgebung durch Vernunft – kann als Strukturprinzip der gesamten Kantischen Philosophie verstanden werden: «Alle Philosophie ... ist A.» [3].

Unter der A. der *theoretischen* Vernunft versteht Kant einmal die durch das transzendentale Subjekt geleistete «autonomische Verbindung empirischer Vorstellungen der Erscheinung gemäß» [4], zum anderen die «A. der Ideen, in so fern sie ein selbständiges Ganz im Gegensatz der Erfahrung ausmachen» [5]. Beide Aspekte zusammenfassend, sagt Kant: «Die Transcendentalphilosophie ist A., d. i. eine ihre Principien, Umfang, Grenzen bestimmt vorzeichnende Vernunft in einem vollständigen System» [6]. Diese in der ‹Kritik der reinen Vernunft› entwickelte Lehre von der Selbstgesetzgebung der theoretischen Vernunft hat Kant so erst nachträglich in seinem ‹Opus postumum› mit dem Begriff der A. gekennzeichnet.

Diese nachträgliche Bezeichnung ist jedoch insofern sinnvoll, als die im Rahmen seiner Moral-Philosophie thematisierte A. als Selbstbestimmung der *praktischen* Vernunft die A. im Sinne der Selbstgesetzgebung der theoretischen Vernunft zur Voraussetzung hat. Kant verwendet ‹A.› zum ersten Male in seiner ‹Grundlegung zur Metaphysik der Sitten› (1785), wo er die A. des Willens als «oberstes Prinzip der Sittlichkeit überhaupt» und als Bekundung der *Freiheit* des Menschen als eines Vernunftwesens charakterisiert. Unter «A. des Willens» versteht Kant «die Beschaffenheit des Willens, dadurch derselbe ihm selbst (unabhängig von aller Beschaffenheit der Gegenstände des Willens) ein Gesetz ist. Das Prinzip der A. ist also: nicht anders zu wählen als so, daß die Maximen seiner Wahl in demselben Wollen zugleich als allgemeines Gesetz mit begriffen seien» [7]. Das Prinzip der A. ist somit der kategorische Imperativ, d. h. der sittlich gute Wille enthält nur die Form des Wollens in Gestalt eines allgemeinen Gesetzes, das er sich selbst gibt. Läßt sich der Wille hingegen in seiner Maximenbildung material durch die Beschaffenheit irgendeines seiner Objekte bestimmen, so entsteht «Heteronomie der Willkür, nämlich Abhängigkeit von dem Naturgesetze» [8]. Wäre der Mensch nurmehr ein Glied der Sinnenwelt, so würden seine Handlungen «gänzlich dem Naturgesetz der Begierden und Neigungen, mithin der Heteronomie der Natur gemäß genommen werden müssen», aber als Vernunftwesen hat der Mensch die Möglichkeit, seine Handlungen unabhängig von dem Mechanismus der Naturkausalität und «dem Prinzip der A. des reinen Willens vollkommen gemäß», d. h. frei, auszuüben [9]. Den positiven Freiheitsbegriff kennzeichnet Kant somit auch als «A. durch Vernunft» [10]: «Denn Freiheit und eigene Gesetzgebung des Willens sind beides A., mithin Wechselbegriffe» [11]. Nicht nur gegen eine Fremdbestimmung durch Momente der Sinnenwelt, sondern auch gegen eine Fremdbestimmung durch Elemente der Theologie grenzt Kant das Moralprinzip der A. ab: «Diesem ungeachtet ist das christliche Prinzip der Moral selbst doch nicht theologisch (mithin Heteronomie), sondern A. der reinen praktischen Vernunft für sich selbst» [12].

Gemäß der Dreiteilung des oberen Erkenntnisvermögens in Verstand, Vernunft und Urteilskraft gibt es für Kant neben der A. des Verstandes in Ansehung der theoretischen Gesetze der Natur und der A. der Vernunft in Ansehung der praktischen Gesetze der Freiheit auch eine A. der *reflektierenden Urteilskraft* für unseren subjektiven Vernunftgebrauch – von Kant auch als «Heautonomie» bezeichnet – in Ansehung der besonderen Erfahrungsgesetze [13]: Die Allgemeingültigkeit des Geschmacksurteils beruht «gleichsam auf einer A. des über das Gefühl der Lust (an der gegebenen Vorstellung) urteilenden Subjekts, d. i. auf seinem eigenen Geschmack» [14]. Kant trennt die A. der reflektierenden Urteilskraft streng von der Heteronomie der bestimmenden Urteilskraft, «welche sich nach den von dem Verstand gegebenen Gesetzen richten muß» [15].

In Unterscheidung von der A. als Selbstgesetzgebung der Vernunft spricht Kant auch von einer A. in dem traditionellen Sinne einer *institutionellen Selbstbestimmung*. Ausgehend von dem Gedanken an die Eigengesetzlichkeit der Wissenschaft und ihre arbeitsteilige Institutionalisierung als Universität fordert Kant im ‹Streit der Fakultäten› die A. der Universität: «Es war kein übeler Einfall ..., den ganzen Inbegriff der Gelehrsamkeit (eigentlich die derselben gewidmeten Köpfe) gleichsam fabrikenmäßig, durch Vertheilung der Arbeiten, zu behandeln, wo, so viel es Fächer der Wissenschaften giebt, so viel öffentliche Lehrer, Professoren, als Depositeure derselben angestellt würden, die zusammen eine Art von gelehrtem gemeinen Wesen, Universität (auch hohe Schule) genannt, ausmachten, die ihre A. hätte (denn über Gelehrte als solche können nur Gelehrte urtheilen)» [16]. Auch den Begriff einer A. des *Staates* kennt Kant: «Also sind es drei verschiedene Gewalten (potestas legislatoria, executoria, iudiciaria), wodurch der Staat seine A. hat, d. i. sich selbst nach Freiheitsgesetzen bildet und erhält» [17]. Wie sich zeigt, kann dieser institutionelle A.-Begriff Kants nicht völlig von seiner Bestimmung der A. als vernünftiger Selbstbestimmung geschieden werden, sondern es muß bei dem Gebrauch des institutionellen A.-Begriffs mitbedacht werden, daß für Kant immer vernünftige, d.h. autonome Personen Träger von Institutionen sind, so daß die A. der Universität auf der wissenschaftlichen Denkungsart ihrer Gelehrten, die A. des Staates letzten Endes auf dem gemeinsamen vernünftigen Willen aller Staatsbürger beruht.

Fortan wird der A.-Begriff zumeist in Anlehnung an die Kantische Konzeption – wenn auch jeweils systemabhängig variiert – verwendet. In unmittelbarem Anschluß an Kant sprechen C. CHR. E. SCHMID [18], K. H. HEYDENREICH [19], D. JENISCH [20], L. H. JACOB [21], K. CHR. F. KRAUSE [22], E. REINHOLD [23], J. G. HAMANN [24] und G. F. W. HEGEL im Zusammenhang seines Referates der Kantischen Philosophie [25] von der moralischen A. im Sinne einer freien Selbstgesetzgebung des Willens und von der Heteronomie als aller A. und Moral entgegengesetzter Fremdbestimmung.

J. G. Fichte und F. W. J. Schelling radikalisieren die Theorie Kants, indem sie unter A. die «absolute» bzw. «ursprüngliche» Gesetzgebung der Vernunft verstehen. Für FICHTE ist «die absolute Existenz und A. des Ich» [26] der erste und unbestimmte Grundsatz, welcher diejenige Tathandlung ausdrückt, die allem Bewußtsein zugrunde liegt. Die A. «kann in dreifacher Rücksicht so heißen»: sie bedeutet 1. «eine ununterbrochene Gesetzgebung des vernünftigen Wesens an sich selbst», 2. «absolute Unbestimmbarkeit durch irgend etwas ausser dem Ich» (während «alle Heteronomie Entlehnung der Bestimmungsgründe von irgend etwas außer uns ist»), 3. «absolut freie Reflexion des Ich auf sich selbst» [27]. Dementsprechend gründet für Fichte alle Philosophie notwendig auf der absoluten A. der Vernunft: «Entweder, alle Philosophie muß aufgegeben, oder die absolute A. der Vernunft muß zugestanden werden. Nur unter dieser Voraussetzung ist der Begriff einer Philosophie vernünftig. Alle Zweifel oder alles Abläugnen der Möglichkeit eines Vernunft-Systems gründen sich auf die Voraussetzung einer Heteronomie; auf die Voraussetzung, daß die Vernunft durch etwas außer ihr selbst bestimmt seyn könne» [28]. Im Anschluß an Fichte bestimmt SCHELLING von dem Standpunkt seiner Identitätsphilosophie aus «das innere Princip allen Vorstellens und Construirens ... als das ursprüngliche Handeln des Geistes auf sich selbst, die ursprüngliche A., welche vom theoretischen Standpunkt aus gesehen, ein Vorstellen, oder, was dasselbe ist, ein Construiren endlicher Dinge, vom praktischen Standpunkt aus ein Wollen ist» [29]. Für Schelling ist die A. das «gemeinschaftliche Prinzip ... durch welches ... theoretische und praktische Philosophie zusammenhängen: ... Es ist die A., welche insgemein nur an die Spitze der praktischen Philosophie gestellt wird, und welche, zum Prinzip der ganzen Philosophie erweitert, in ihrer Ausführung transzendentaler Idealismus heißt» [30]. Dieses absolute A.-Prinzip, welches der Philosophie zugrunde liegt und zugleich von ihr aufgezeigt wird, gewinnt durch das Genie im Bereich der Kunst eine besondere Art von Realität: «das Genie ist autonomisch, nur der fremden Gesetzgebung entzieht es sich, nicht der eignen, denn es ist nur Genie, insofern es höchste Gesetzmäßigkeit ist» [31].

Anders als Schelling stellt F. SCHILLER die Frage nach der A. in der Kunst nicht von der theoretischen Vernunft her, sondern – in Auseinandersetzung mit Kants Theorie des Ästhetischen – von der Form des spezifisch ästhetischen Urteilsvermögens her. Es geht Schiller um die Explikation des «objektiven» Prinzips der Beurteilung des Schönen, um die Bestimmung der Kunst als einer «A. des Sinnlichen» [32]. Im Anschluß an Kants Begriff der moralischen A. begreift Schiller A. als eine «reine Selbstbestimmung» durch die «Form der praktischen Vernunft überhaupt», während alle Heteronomie verstanden wird als etwas, das «von außen, materiell», «durch einen fremden Willen bestimmt» ist [33]. Das am moralischen Handlungsmodell gewonnene A.-Prinzip einer Beherrschung des Stoffes durch die Form überträgt Schiller auf den Bereich des Natur- und Kunstschönen: Auch eine Naturwirkung kann so erscheinen, als ob «sie durch sich selbst sei, ... A. zeige»; «diese Analogie eines Gegenstandes mit der Form der praktischen Vernunft» ist zwar «nicht Freiheit in der Tat, sondern bloß Freiheit in der Erscheinung, A. in der Erscheinung» [34]; um auf Schönheit Anspruch machen zu können, muß ein Gegenstand somit zwar durch eine Form bestimmt sein, aber diese Form darf sich nicht wie «durch einen Begriff oder durch einen Zufall bestimmt» gegen die Natur bzw. das Wesen des Dinges verhalten, will sie nicht «als Heteronomie und als Gewalt betrachtet» werden: «Ob also gleich die technische Form des Instruments, wie wir angenommen haben, seine A. enthält und äußert, so ist sie selbst doch Heteronomie gegen das Ding, an dem sie sich findet» [35]. Zur Schönheit bedarf es der «reinen Zusammenstimmung des inneren Wesens mit der Form»: «Die Form muß im eigentlichsten Sinne zugleich als selbstbestimmend und selbstbestimmt sein; nicht bloße A., sondern Heautonomie muß da sein» [36]. Diese für die Definition von Schönheit relevante Unterscheidung von A. und Heautonomie erläutert Schiller auch anhand der Differenz zwischen Vollkommenheit und Schönheit: «Das Vollkommene kann A. haben, insofern seine Form durch seinen Begriff rein bestimmt worden ist; aber Heautonomie hat nur das Schöne, weil an diesem die Form durch das innere Wesen bestimmt ist» [37].

Gegen Kants Theorie der A. wenden sich dezidiert F. H. Jacobi, C. L. Reinhold, F. Schlegel und F. v. Baader mit dem Argument, daß der Begriff der A. im Sinne einer Selbstbestimmung durch Vernunft unzulässigerweise die Bindung des Menschen und seiner Moralität an Gott verneine. Im Anschluß an JACOBIS Kritik der

A.-Moral Kants und Fichtes als einer «Selbstgötterey», als «einer hohlen Nuß der Selbständigkeit und Freiheit im absolut Unbestimmten» [38], betont C. L. REINHOLD 1801 in seinem Aufsatz ‹Über die A. als Princip der praktischen Philosophie der Kantischen – und der gesammten Philosophie der Fichtisch-schellingschen Schule›, «daß die A. ... der Grundirrthum ist, der für Grundwahrheit angenommen» [39] wird. Reinhold vertritt die These, daß die «Deduktion der A. nicht transzendental, sondern nur psychologisch seyn könne und müsse» [40], insofern unter dem Namen der A. nichts anderes verborgen sei «als die bekannte unter den Menschen sehr gemeine Lust an eingebildeter Unabhängigkeit und Unlust an eingebildeter Abhängigkeit» [41] bzw. «die Gesinnung des menschlichen Egoismus» [42]. Diese «unter dem Namen der absoluten Freyheit oder der A. des Ichs ... sich selbst verkennende Selbstsucht» ist für Reinhold jener «Abgrund», über den der Mensch nur durch «wahre Selbstverläugnung» und das «Bewußtsein vom wahren Absoluten», d. h. von Gott, hinausgehoben werden kann [43]. Auch für F. SCHLEGEL ist das Sittengesetz in Gott verankert und somit Kants und Fichtes Begründung der Moral «aus reiner Selbstbestimmung der Vernunft ... verwerflich» [44]. Und F. V. BAADER macht in gleicher Richtung gegen «die ganze neue Irrlehre der A. des Menschen und seiner absoluten Sichselbstbegründung der seines Sichselbst-Autoritätseins» [45] geltend, «daß der Begriff der absoluten A. nur in Gott selber fällt» [46]. Zugleich reflektiert Baader auch die politische Dimension der A. Theorie: «Alle unsere neueren, seit Kant auf den Begriff einer solchen absoluten A. gebauten Moraldoctrinen sind sohin in ihrem Princip ... revolutionistisch, und eben so antimoralisch, als antireligiös» [47]. «Eigentlich ist die Lehre von der A. oder der absoluten Souveränität des Menschen nur eine Copie der Lehre von der Volkssouveränität, und der Mensch ist nach jener wie jeder einzelne Bürger nach dieser frei, weil er Niemand über sich hat» [48]. Richtig verstellt, stellt sich der Gebrauch der Begriffe ‹A.› und ‹Heteronomie› für Baader folgendermaßen dar: «Hier wird Heteronomie im engeren und eigentlicheren Sinne genommen, nemlich als Einfluss (Beimischung) fremder, heterogener, mit der Natur des Dinges selber unvereinbarer Kräfte ... Hiebei kann also auch die A. nicht so gedeutet werden, als ob das einzelne Wesen (z. B. Ich) gar keiner Natur diente, d. h. kein inneres Princip seiner selbst als ein Gesetz anerkennte, folglich im eigentlichen Sinne des Wortes sich selbst Gesetz wäre. Vielmehr ... kann sich dieses Ich gegen äussere Natur nur dann und nur insofern als selbständig (autonom) weisen, als es seiner inneren Natur (als dem rechtmässigen Herrn) mit Treue dient» [49].

Im Unterschied zu derartig pointierten Auseinandersetzungen mit der A.-Theorie wird ‹A.› im weiteren zunächst einmal – zumeist in Anlehnung an Kant – als Synonym gebraucht für ‹Willensfreiheit› [50] bzw. in allgemeinerem Sinne für den ethischen Freiheitsbegriff überhaupt [51]. Auch als «Kennzeichen des Begriffs der Person» [52] oder als «Wille zur Persönlichkeit» [53] wird A. verstanden; für P. BARTH eröffnet das Ideal der «A. der Persönlichkeit» sogar geschichtsphilosophische Perspektiven, insofern ihm das «Wachstum der A. des Einzelnen durch politische Rechte, Gewissensfreiheit, Freizügigkeit» ein Zeichen geschichtlichen Fortschritts ist: «Aus diesem Überblicke geht hervor, daß in dem westeuropäischen Kulturkreise eine beständige Ausdehnung der Mündigkeit auf immer mehr Personen stattgefunden hat, daß also im geltenden Rechte die sittliche Forderung der A. der Persönlichkeit eine immer größere Ausdehnung erreicht hat. Aber nicht bloß *extensiv*, auch *intensiv* ist im Rechte die A. gewachsen» [54].

Mit dem *Neukantianismus* rückt der Begriff der A. aus der Randzone eines vage gewordenen ethischen Begriffes Kantischer Provenienz wieder in das Zentrum der philosophischen Diskussion. Die A. wird nicht mehr nur als spezifisch ethischer Begriff, sondern als ein «allgemeines philosophisches Prinzip» [55] angesehen im Hinblick auf die Eigengesetzlichkeit von Erkenntnisprozessen, Geltungsbereichen und Wertsphären. So sagt H. COHEN: «A., Selbstgesetzgebung kann nur der Begriff der Vernunft vertreten und verbürgen; der daher so der Logik, wie der Ethik, entnommen werden muß ... So ist vor allem als Heteronomie zu erkennen das Misstrauen gegen die theoretische Vernunft, als wäre sie Übermut und Aberwitz ... Die Heteronomie kann daher auch geradezu als Götzendienst vor der Natur bezeichnet werden» [56]. Im Anschluß an Cohen spricht A. GÖRLAND von der «A. in aller Wissenschaftsmethode» [57], und A. LIEBERT geht es – in Anknüpfung an die Transzendentalphilosophie, «deren eigentümlicher Wert in dem Gedanken der unerschütterlichen A. der Erkenntnis, in dem Gedanken der Eigengeltung und Eigengesetzlichkeit der Erkenntnis ruht» – um «die Herausarbeitung der autonomen logischen Geltungssphäre in der Philosophie der Gegenwart» [58].

Die allgemeine A. bzw. Eigengesetzlichkeit des Denkens führt auf die konkreten A. der durch den unterschiedlichen geistigen Zugriff jeweils verschieden geprägten Geltungsbereiche: neben der «A. der Wissenschaft» [59] und der «A. des Sozialen» [60] wird vor allem die «A. der Religion» [61] und die «A. des Ästhetischen» [62] betont. Da indes der Begriff der A. vornehmlich an die Ethik gebunden ist, wird besonders die «A. des Sittlichen» in der neukantischen Philosophie ausführlich thematisiert. H. COHEN versteht die sittliche A. als Aufgabe und Methode der Gesetzgebung zum Selbst: «Prägnanter noch als in der Selbstbestimmung und Selbstgesetzgebung tritt in der Selbstverantwortung das Selbst als das eigentliche Problem hervor» [63]. «Für diese Aufgabe des Selbst ist die A. die Methode» [64]. Ähnlich spricht P. NATORP im Zusammenhang mit der A. von der «*Unendlichkeit der Aufgabe* des Sittlichen» [65].

Eine spezifische Ausformung des sittlichen A.-Gedankens wird durch die materiale Wertethik M. Schelers und N. Hartmanns eingeführt. SCHELER wendet sich gegen «alle stoische und kantische ‹A.›, alles ‹Selbstrichtertum›» [66] in der Ethik und weist dezidiert darauf hin, daß auch «der Akt des Gehorsams ein autonomer Willensakt» [67] ist. Für Scheler ist alle «sittliche Einsicht ‹selbstgesetzlich› (autonom)», insofern sie «eben nur dem immanenten Gesetze der emotionalen Einsichtsakte selber folgt» [68], d. h. das ethische Verhalten qua ‹einsehender Akt› ist autonom, und die A. der sittlichen Person ist nur eine Folge ihres wertrealisierenden ethischen Verhaltens. An dieses Konzept Schelers anschließend, kann N. HARTMANN sagen: «Die A. der Person setzt die der Werte schon voraus; sie ist bereits Funktion der Werte» [69]. Stärkere Betonung legt Hartmann indes auf die von ihm im Rahmen seiner Schichtentheorie entwickelte These von der «Synthese von Abhängigkeit und A. (= autonomer kategorialer Formung)» der höheren Seinsschicht gegenüber der unteren: «A. ist die kategoriale Begleiterscheinung jeder determinativen Überformung. ... Willensfreiheit ist nur ein Spezialfall solcher A., d. h. ein Spezialfall der kategorialen Freiheit» [70]. Diese Auffassung von der «A. der Werte» führt dazu, daß G. SIMMEL [71], V. CATHREIN [72], G. HEYMANNS [73], G. LEHMANN [74] und B. BAUCH [75] die A. nicht mehr dahingehend verstehen, daß der Handelnde die Norm seines Verhaltens aus sich selbst schöpft, sondern die A. besteht für sie darin, daß dem Einzelnen die Normen seines Verhaltens als objektive Werte, deren er sich nur noch durch sein sittliches Handeln zu bemächtigen braucht, vorgegeben sind. In diesem Sinne formuliert W. STERN: «Nicht die Ersetzung der Heteronomie durch die A. ist also das Ziel der Sittlichkeit, sondern die *Introzeption der heteronomen Geltung in autonome Sollung*» [76]. Und für F. MÜNCH ist «die richtig verstandene kritische A. ... eine transzendentale Axiomatik: die transzendentale Persönlichkeit ist nicht der Grundwert überhaupt, sondern vielmehr der Diener der absoluten Werte. Die autonome Persönlichkeit ist nur das complementum realisationis der axionomischen Sachlichkeit, der sachlichen Axionomie» [77]. Nach H. RICKERT steckt die Freiheit in der «Personal-Union von gehorchendem und befehlendem Willen»: «Frei in der *vollen* positiven Bedeutung des Wortes ist der Sinn jedes Subjektaktes, ... der einen Wert um seiner Geltung willen, also autonom anerkennt» [78]. Rickert denkt an die A. als «Vereinigung des Individuellen mit dem Überindividuellen», als «das freie Wollen des Sollens» oder auch als «die ‹Form›, die der Inhalt haben muß, um als sittlich wertvoll zu gelten» [79]. L. NELSON unterscheidet zwischen der A. im Sinne vernünftiger Selbstbestimmung und dem «analytischen Prinzip der idealen A.», wonach nur die Gesetze Verbindlichkeit beanspruchen können, welche der eigenen Einsicht nicht entzogen sind [80]. Dieses analytische Prinzip der A. ist nach Nelson sowohl für die Ethik als auch für das Recht konstitutiv, insofern dadurch jede autoritäre Bestimmung der Handlungen ausgeschlossen wird: «Das Prinzip der ethischen A. ... besagt, daß eine Verbindlichkeit, von der sich der Verpflichtete nicht durch eigene Einsicht überzeugen könnte, unmöglich ist», woraus die «Verwerflichkeit jedes pädagogischen Autoritätsprinzips» folgt [81]. Und ebenso gilt für das Recht: «Das Prinzip der rechtlichen A. beschränkt jede Gesetzgebung auf die Bedingung der Möglichkeit der Einsicht in ihre Verbindlichkeit seitens der ihr Unterworfenen. ... Somit ist also das materiale Autoritätsprinzip schon durch das formale Prinzip der rechtlichen A. ausgeschlossen» [82].

Der gegenwärtige philosophische Gebrauch des A.-Begriffs ist nicht auf eine bestimmte Bedeutungsvariante der Geschichte dieses Begriffs fixiert, sondern kommt erst im Rahmen seines jeweiligen Problemkontextes zu seinem spezifischen Gehalt, was sich besonders deutlich bei den fachwissenschaftlichen Rezeptionen dieses Begriffes zeigt.

Anmerkungen. [1] Vgl. MICRAELIUS, a. a. O. [5 zu II/1]; FABER, a. a. O. [6 zu II/1]. – [2] CHR. WOLFF: Philos. civilis ... 1 (1756) § 485. – [3] KANT, Opus postumum. Akad.-A. 21, 106. – [4] a. a. O. 22, 445. – [5] 81. – [6] 59. – [7] Grundl. Met. Sitten. Akad.-A. 4, 440. – [8] KpV, Akad.-A. 5, 33. – [9] Grundl. a. a. O. 453. – [10] Reflexionen zur Met. Nr. 6076. Akad.-A. 18, 443. – [11] Grundl. a. a. O. 450. – [12] KpV a. a. O. 129. – [13] 1. Einl. zur KU. Akad.-A. 20, 225. – [14] KU. Akad.-A. 5, 281. – [15] a. a. O. 389. – [16] Streit der Fak. Akad.-A. 7, 17. – [17] Met. Sitten. Akad.-A. 6, 318. – [18] C. CHR. E. SCHMID: Versuch einer Moralphilos. (²1792) 177f. – [19] K. H. HEYDENREICH: Propädeutik der Moralphilos. nach Grundsätzen der reinen Vernunft 3 (1794) 19. 66. – [20] D. JENISCH: Über Grund und Werth der Entdeckungen des Herrn Prof. Kant in der Met., Moral und Ästhetik (1796) 329. – [21] L. H. JACOB: Grundriß der allg. Logik und krit. Anfangsgründe der allg. Met. (⁴1800) 408. – [22] K. CHR. F. KRAUSE: Vorles. über das System der Philos. (1828) 241f. – [23] E. REINHOLD: Lehrb. der Gesch. der Philos. (1836) 540. – [24] J. G. HAMANN: Fliegender Brief an Niemand ... Schriften, hg. F. ROTH 7, 85. – [25] HEGEL, Vorles. über die Gesch. der Philos. Werke, hg. GLOCKNER 19, 590f. – [26] J. G. FICHTE, Rezension des Aenesidemus ... Akad.-A. 2, 57; vgl. 55. – [27] Das System der Sittenlehre nach den Prinzipien der Wissenschaftslehre. Werke, hg. I. H. FICHTE 4, 56f. – [28] a. a. O. 59. – [29] F. W. J. SCHELLING, Abh. zur Erläuterung des Idealismus der Wissenschaftslehre. Werke, hg. K. F. A. SCHELLING 1, 414. – [30] System des transzendentalen Idealismus. a. a. O. 3, 535. – [31] Vorles. über die Methode des akad. Studiums. a. a. O. 5, 349. – [32] F. SCHILLER, Kallias oder über die Schönheit. Werke, Hanser-A. 5, 403. – [33] a. a. O. 398f. – [34] 399f. – [35] 415. – [36] 416. – [37] 419. – [38] F. H. JACOBI an Fichte. Werke (1816) 3, 37. 50; vgl. Über das Unternehmen des Kriticismus, die Vernunft zu Verstand zu bringen a. a. O. 179-193. – [39] C. L. REINHOLD: Über die A. als Princip ... (1801), in: Beyträge zur leichteren Übersicht des Zustandes der Philos. beim Anfange des 19.Jh. 2 (1801) 109. – [40] a. a. O. 113. – [41] 115. – [42] 129. – [43] 138ff. – [44] F. SCHLEGEL: Die Entwicklung der Philos. in zwölf Büchern 8: Kritik der Moralprinzipien. Werke, Erg.-Bd. 3 (1848) 255ff. – [45] F. v. BAADER: Über Religions- und religiöse Philos. im Gegensatze sowohl der Religionsunphilos. als der irreligiösen Philos. Werke, hg. F. HOFFMANN 1, 326. – [46] Sendschreiben an einen Freund über die Frz. Revolution a. a. O. 6, 324. – [47] Fermenta cognitionis a. a. O. 2, 414. – [48] Bemerk. über einige antirelig. Philosopheme unserer Zeit a. a. O. 2, 445. – [49] Beitr. zur Elementarphysiol. a. a. O. 3, 212. – [50] W. WUNDT: Ethik. Eine Untersuch. der Tatsachen und Gesetze des sittl. Lebens 3 (⁴1912) 126. – [51] W. WINDELBAND: Über Willensfreiheit (³1923) 86. – [52] WUNDT, a. a. O. [50] 326. – [53] A. RIEHL: Zur Einf. in die Philos. der Gegenwart (³1908) 209. – [54] P. BARTH: Die Philos. der Gesch. als Soziol. 1: Grundlegung und krit. Übersicht (²1915) 788. 793ff. – [55] H. RICKERT: Allg. Grundlegung der Philos. (1921) 310. – [56] H. COHEN: Ethik des reinen Willens (1907) 327ff. – [57] A. GÖRLAND: Ethik als Kritik der Weltgesch. (1914) 263. – [58] A. LIEBERT: Das Problem der Geltung (1944) 100. 190. – [59] J. VOLKELT: Kunstphilos. und Met. der Ästhetik (1914) 529. – [60] RICKERT, a. a. O. [55] 328 – [61] VOLKELT, a. a. O. [59] 530f.; K. LASSWITZ: Wirklichkeiten. Beitr. zum Weltverständnis (²1909) 270f.; vgl. WUNDT, a. a. O. [50] 2, 192. – [62] J. COHN: Allg. Ästhetik (1901); F. KREIS: Die A. des Ästhetischen in der neueren Philos. (1922); VOLKELT, a. a. O. [59] 530; H. RICKERT: Über logische und ethische Geltung, in: Kantstudien 19 (1914) 194; L. NELSON: Kritik der prakt. Vernunft (1916) 442; P. NATORP: Sozialpäd. (⁵1922) 355. – [63] COHEN, a. a. O. [56] 370; vgl. 318. 384. – [64] Ästhetik des reinen Gefühls 1 (1912) 197. – [65] NATORP, a. a. O. [62] 258. – [66] M. SCHELER: Das Ressentiment im Aufbau der Moralen. Werke 3 (1955) 87. – [67] Der Formalismus in der Ethik und die materiale Wertethik a. a. O. 2 (1954) 101; vgl. T. LIPPS: Die ethischen Grundfragen (1922) 91. 117. – [68] SCHELER, Absolutsphäre und Realsetzung der Gottesidee a. a. O. 10 (1957) 197. – [69] N. HARTMANN: Ethik (⁴1962) 134. – [70] Der Aufbau der realen Welt (²1949) 564; vgl. Das Problem des geistigen Seins. Untersuch. zur Grundlegung der Geschichtsphilos. und der Geisteswiss. (³1962) 18. 60ff. 98ff. – [71] G. SIMMEL: Einl. in die Moralwiss. 2 (²1904) 1f. – [72] V. CATHREIN: Moralphilos. Eine wiss. Darlegung der sittlichen, einschließlich der rechtlichen Ordnung 1 (²1893) 209. – [73] G. HEYMANNS: Einf. in die Ethik auf der Grundlage der Erfahrung (1914) 226. – [74] G. LEHMANN: Über Einzigkeit und Individualität (1926) 15. – [75] B. BAUCH: Grundzüge der Ethik (1935) 132f. – [76] W. STERN: Wertphilos. (1924) 416. – [77] F. MÜNCH: Erlebnis und Geltung (1913) 177. – [78] a. a. O. [55] 309f. – [79] a. a. O. 327. – [80] L. NELSON: System der philos. Ethik und Pädag. (²1949) 216. – [81] a. a. O. 371. – [82] System der philos. Rechtslehre und Politik. Werke 6 (1964) 208. 217.

3. Der A.-Begriff in der Theologie. – In der gegenwärtigen Theologie wird die sittliche A. im Sinne der Selbstbestimmung des Willens aus der Vernunft entweder als positives Moment christlicher Ethik verstanden, das zur Theonomie (Gottesgesetzlichkeit) führt, oder aber als ein weltimmanentes, dem neuzeitlichen Rationalismus entsprechendes ethisches Prinzip interpretiert, das in direktem Gegensatz zu einer letztlich religiös gegründeten Moral und damit zur Theonomie steht.

Die Ansicht, daß A. und Theonomie einander ausschließen, vertritt H.-E. HENGSTENBERG mit der These, daß der «Autonomismus» – wie Hengstenberg kritisch-polemisch formuliert – «Maß und Vorbild der Sinnrealisierung in das Seiende selbst» lege [1] und damit als «ein Weltbild ohne Gott» [2] niemals Grundlage von Ethik sein könne. Nach Hengstenberg muß «die echte Souveränität des sittlichen Subjekts – in Abgrenzung von Heteronomie einerseits und A. andererseits» [3] begriffen werden aus seiner transzendenzbezogenen Existenzweise: «Also ist das sittliche Subjekt in seinem sittlichen Sollen nicht autonom, sondern rezeptiv» [4]. A. HARTMANN nimmt den Autonomismus-Begriff Hengstenbergs auf, um damit – in zeitkritischer Absicht – «die Überspannung des A.-Gedankens» zu charakterisieren: «Die neuzeitliche Idee der autonomen Vernunft» wird «verzerrt zur Unabhängigkeit der Vernunft, die sich in Gegensatz zum übernatürlichen Offenbarungsglauben stellt, ... und zuletzt, berauscht besonders durch die Erfolge der Naturforschung und Technik, sich als ursprünglich schöpferisch versteht und als Gesetz, Ordnung und Wert nur anerkennen will, was aus ihr selbst stammt» [5]. BOLKOVAC geht in seiner Ablehnung der A. sogar so weit, daß er als Kennzeichnung der christlichen Moral Heteronomie (Fremdbestimmung durch Gott) statt A. (Selbstbestimmung) fordert: «Der Seins-Unterschied zwischen Schöpfer und Geschöpf rechtfertigt und fordert die Heteronomie: die Freiheit des Menschen wird an die Ordnung und das Gebot Gottes gebunden. Eine A., die in der Sittlichkeit nicht nur einen jeder menschlichen Willkür entrückten, sondern den letzten Wert überhaupt sieht, vergißt die Kreatürlichkeit des Menschen und den Herrschaftsanspruch Gottes» [6].

Im Gegensatz zu dieser Ablehnung des A.-Gedankens als dem christlichen Glauben widerstreitend, stehen die Versuche, A. und Theonomie zu verbinden. L. IHMELS sieht die für eine christliche Ethik konstitutive «Kombination von Theonomie mit der A.» [7] darin begründet, daß der Mensch schon seinem Wesen nach auf Gott hin orientiert ist und somit menschliche Selbstbestimmung und göttlicher Wille als gleichsinnig zu denken sind: «Ist dagegen die menschliche Persönlichkeit schöpfungsmäßig auf die Vollendung in Gott hin angelegt, dann gibt es für sie A. nur im Sinne der Theonomie» [8]. Ähnlich impliziert auch für P. TILLICH theonomes Handeln bereits das Moment der A.: «Theonomie ist im Gegensatz zu Heteronomie Erfüllung der selbstgesetzlichen Formen mit transzendentem Gehalt. Sie entsteht nicht durch Verzicht auf A. etwa im Sinne des katholischen Autoritätsgedankens, sondern nur durch Vertiefung der A. in sich selbst bis zu dem Punkt, wo sie über sich hinausweist» [9]. Und H. BLUMENBERG erläutert aus philosophischer Sicht den notwendigen Zusammenhang von A. und Theonomie von der menschlichen Freiheit als der notwendigen Voraussetzung alles ethischen Handelns her: «A. ist also notwendige Bedingung für die Möglichkeit der Theonomie. Jede theologische Bestimmung des göttlichen Anspruchs auf Unterwerfung findet dort ihre Grenze, wo der freie Akt in den kausalen Vorgang umschlägt. ... Wahrhafte Erfüllung der Theonomie kann nur ein Gehorsam propter mandatum, d. h. ein autonomer Gehorsam sein» [10].

Anmerkungen. [1] H.-E. HENGSTENBERG: Autonomismus und Transzendenzphilos. (1950) 180. – [2] a. a. O. 62. – [3] Grundlegung der Ethik (1969) 9. – [4] a. a. O. 98. – [5] A. HARTMANN: Art. ‹Autonomismus›, in: Lex. Theol. u. Kirche 1 (1957) 1131f. – [6] BOLKOVAC: Art. ‹A.›, in: Philos. Wb., hg. BRUGGER (⁷1959) 29. – [7] L. IHMELS: Theonomie und A. (1903) 13. – [8] a. a. O. 25; vgl. 18f. – [9] P. TILLICH: Art. ‹Theonomie›, in: Relig. in Gesch. und Gegenwart (= RGG) 5 (²1931) 1128; vgl. R. OTTO: Freiheit und Notwendigkeit. Ein Gespräch mit N. Hartmann über A. und Theonomie der Werte (1940). – [10] H. BLUMENBERG: Art. ‹A. und Theonomie›, in: RGG 1 (³1957) 791.

4. Der A.-Begriff in Psychologie und Pädagogik. – Im Rahmen seiner Persönlichkeitspsychologie spricht G.W. ALLPORT von dem Prinzip einer «funktionellen A. der Motive», womit er den Vorgang bezeichnet, daß psychische Funktionen, die ursprünglich als Mittel eingesetzt waren, zum Selbstzweck werden, Motivcharakter bekommen [1]. Abgesehen von derartig spezifischem Wortgebrauch [2] wird der A.-Begriff innerhalb der *Psychologie* heute vorwiegend im Anschluß an die Ich-Psychologie FREUDS verwendet. E. FROMM unterscheidet zwischen «autoritärer Ethik», in der Normen und Gebote durch eine Autorität gesetzt werden, und «humanistischer Ethik», in welcher «der Mensch zugleich Normgeber und Gegenstand der Normen, deren formale Quelle oder regulative Kraft und der ihnen Unterworfene» [3] ist. Entsprechend dieser unterschiedlichen Internalisierung von Normen bildet sich beim Kinde entweder ein «autoritäres Gewissen» oder aber ein «humanistisches» bzw. «autonomes Gewissen» aus [4]. E. H. ERIKSON spricht im Zusammenhang seiner Behandlung der Entwicklungsphase kindlicher Analerotik von einem «Kampf um A.»: «Diese ganze Phase, die im Deutschen ‹Trotzalter› heißt, wird zu einem Kampf um die A. Denn während das Kind fähig wird, fester auf den eigenen Füßen zu stehen, entwirft es seine Welt als ‹Ich› und ‹Du›, ‹mein› und ‹dein›» [5]. Auch J. PIAGET verwendet den Begriff ‹A.› zur Beschreibung der zunehmenden kindlichen Selbstbehauptung gegenüber starkem Außendruck. Die «heteronome» Phase frühkindlicher Entwicklung ist für ihn gekennzeichnet durch den massiven elterlichen Zwang und komplementär dazu durch die extreme, gänzlich distanzlose Unterwerfung des Kindes unter die elterlichen Satzungen und Gebote: Es «ist der moralische Zwang der Erwachsenen, welcher zur Heteronomie und folglich zum moralischen Realismus» führt [6]. A. dagegen entsteht als Folge der reduzierten elterlichen Einflußnahme und zugleich – was entscheidender ist – als Konsequenz des Aufbaus erster Sozialbeziehungen (mit Altersgenossen) unter der Voraussetzung von «Gleichheit», «Zusammenarbeit», «Gegenseitigkeit» und wechselseitiger «Achtung» [7]. A. bedeutet für Piaget die zumindest teilweise Gewinnung des Bewußtseins der Verfügbarkeit und Machbarkeit der sozialen Regeln und Satzungen: «So wird A. über die Anomie und Heteronomie hinweg erobert» [8].

Wie die Psychologie verwendet auch die *Pädagogik* den Begriff der A. heute vornehmlich im Gegenzug zu autoritärer Erziehung bzw. autoritärer Sozialstruktur. Während die älteren Theoretiker des pädagogischen A.-Gedankens (P. NATORP [9], L. WEBER [10], H. NOHL [11], W. FLITNER [12]) noch von einem humanistischen Bildungsideal her dachten, wonach die A. der sittlichen Person oft geradezu in der Behauptung gegenüber bedrohenden gesellschaftlichen Verhältnissen gesehen wurde, haben gegenwärtig F. BOHNSACK [13] und vor allem K. BEUTLER [14] darauf aufmerksam gemacht, daß dem A.-Begriff – dank seiner Herkunft aus der Aufklärung – ein progressiver Charakter insofern anhaftet, als die Aufgabe der Selbstbestimmung, der A. des einzelnen Menschen immer die Forderung nach einer demokratischen, dieser A. Vorschub leistenden Gesellschaft impliziert.

Neben diesem personbezogenen A.-Begriff wird auch von der «A. der Pädagogik» selbst im Hinblick auf ihre Eigenständigkeit als Erziehungs- und Bildungsgeschehen einschließlich ihrer Bildungsorganisationen (Schule, Universität) gesprochen. Diese «relative A. der Pädagogik» gegenüber anderen Kulturbereichen propagieren und verteidigen in ihren Schriften H. NOHL [15], E. WENIGER [16], G. GEISSLER [17] und W. FLITNER [18]; neuerdings betont besonders W. KLAFKI in einer Kontroverse gegen H. SEIFFERT die A. bzw. die Eigenständigkeit der Pädagogik als einer wissenschaftlichen Disziplin [19].

Anmerkungen. [1] G. W. ALLPORT: Personality, a psychol. interpretation, dtsch.: Persönlichkeit (1949) 191ff. – [2] Im Hinblick auf den unterschiedlichen spezifischen Gebrauch von ‹A.› in der Psychol. vgl. W. STERN: Das autonome Maßsystem, in: Person und Sache 1 (1906) 404ff.; W. ELIASBERG: Über autonome Kindersprache. Mschr. Ohrenheilk. 62 (1928) 779ff.; F. KAINZ: Psychol. der Sprache 2 (1960) 32ff.; W. METZGER: A. der Wahrnehmung, in: Psychol. (1941) 28. – [3] E. FROMM: Man for himself, dtsch.: Psychoanalyse und Ethik (1954) 21f. – [4] a. a. O. 155ff. 173. – [5] E. H. ERIKSON: Childhood and society, dtsch.: Kind und Gesellschaft (1956) 69. – [6] J. PIAGET: Le jugement moral chez l'enfant, dtsch.: Das moralische Urteil beim Kinde (1954) 221. – [7] a. a. O. 223ff. – [8] 435. – [9] P. NATORP: Sozialpäd. (⁵1922) 96. – [10] L. WEBER: Schichtung und Vermittlung im päd. Denken G. Kerschensteiners (1936) 38. – [11] H. NOHL: Charakter und Schicksal (³1947) 147. – [12] W. FLITNER: Die Lehre von Schicksal und Aufgabe des Menschen, in: Ausgewählte päd. Abh. (1967) 55. – [13] F. BOHNSACK: Die verkannte ‹A.› der Pädag., in: Westermanns pädag. Beitr. 19 (1967) 425ff. – [14] K. BEUTLER: Der ‹A.›-Begriff in der Erziehungswiss. und die Frage nach dem gesellschaftl. Fortschritt. Pädag. Rdsch. 23 (1969) 195-207. – [15] H. NOHL: Die pädag. Bewegung in Deutschland und ihre Theorie (³1949) 124-145. – [16] E. WENIGER: Die Eigenständigkeit der Erziehung in Theorie und Praxis (1952). – [17] G. GEISSLER: Die A. der Pädag. (1929). – [18] W. FLITNER: Grund- und Zeitfragen der Erziehung und Bildung (1954) 42ff. 114f. 116ff. – [19] H. SEIFFERT: Muß die Pädag. eigenständig sein? Neue pädag. Bemühungen, hg. W. LOCH/J. MUTH H. 19/20 (1964); W. KLAFKI: Muß die Didaktik eigenständig sein? Die dtsch. Schule 57 (1965) 409-420; H. SEIFFERT: Muß die Didaktik eigenständig sein? Eine Antwort an W. Klafki a. a. O. 58 (1966) 174-181; W. KLAFKI: Replik a. a. O. 58 (1966) 182-189.

5. Der A.-Begriff in der Soziologie. – M. WEBER nimmt den juristischen Begriff der A. auf und definiert in der ‹Soziologischen Kategorienlehre›: «A. bedeutet, daß nicht wie bei Heteronomie, die Ordnung des Verbandes durch Außenstehende gesatzt wird, sondern durch Verbandsgenossen kraft dieser ihrer Qualität» [1]. An diese formale Bestimmung der A. knüpft Weber auch in der ‹Rechtssoziologie› an, wo er zugleich – im Zusammenhang seiner Theorie von der zunehmenden Rationalisierung des Rechts in der Neuzeit – die A. sozialgeschichtlich als komplementäre Konsequenz der Monopolisierung der Rechtssetzung durch den Staat begreift: «Denn der Begriff der A. ist, um nicht jeder Schärfe zu entbehren, an das Bestehen eines nach Merkmalen, sei es auch wechselnden, jeweilig irgendwie abgrenzbaren Personenkreises geknüpft, welcher kraft Einverständnis oder Satzung einem von ihm prinzipiell selbständig abänderbaren Sonderrecht untersteht. Wie dieser Personenkreis aussieht, ob er ein Verein oder eine Aktiengesellschaft ... macht für den Begriff nichts aus. Stets ist dieser Begriff ... Produkt beginnender Monopolisierung der Rechtssatzung durch den politischen Verband. Denn er enthält stets den Gedanken: daß dieser Verband die Schaffung von objektivem Recht durch andere als die eigenen Organe dulde oder direkt gewährleiste» [2].

Mit diesem Bezug des juristischen A.-Begriffs auf funktionale Unabhängigkeit spricht Weber eine der beiden gegenwärtig vorherrschenden Bedeutungen des A.-Begriffs innerhalb der Soziologie an. Die gegenwärtige Soziologie unterscheidet grundsätzlich zwischen personaler und funktionaler A.:

Die personale A. im Sinne von Individualität, Spontaneität, persönlicher Selbstbestimmung usw. wird vorwiegend in dem Kontext ihrer Bedrohung durch gesellschaftlichen Zwang diskutiert [3]. D. LEE untersucht in ihrer Studie ‹Individual Autonomy and Social Structure› verschiedene – vor allem indianische – Gesellschaften darauf hin, inwieweit die unterschiedlichen sozialen Strukturen das Prinzip personaler A. abstützen oder behindern [4]. D. RIESMAN bezeichnet in einer kritischen Analyse der amerikanischen Gesellschaft mit ‹A.› den von ihm bevorzugten Persönlichkeitstyp, welcher sowohl der Gefahr völliger Anpassung an die Gesellschaft als auch der Gefahr anomalen Verhaltens entgeht: «Die ‹Autonomen› sind jene, die im großen und ganzen fähig sind, sich entsprechend den Verhaltensnormen ihrer Gesellschaft zu benehmen – eine Fähigkeit, die den Anomalen meistens fehlt –, die aber zwischen Konformität und Nonkonformität frei entscheiden können» [5]. Dementsprechend sind für Riesman die A.-Chancen für «innengeleitete» Charaktere größer als für in starkem Maße anpassungsorientierte, «außengeleitete» Charaktere [6]. Im Anschluß an Riesmann spricht H. P. DREITZEL von einem «strukturellen Antagonismus» der modernen Gesellschaft insofern, «als sie dem Individuum Anpassung und A. zugleich zumutet» [7]. Dreitzel wendet sich jedoch gegen die Simplifizierung, durch den Begriff der A. «jene Ich-Stärke, mit jeder Situation fertig zu werden», zu bezeichnen. Dagegen betont er: «Soll dieser Begriff überhaupt einen Sinn haben, dann muß er zugleich mit Selbstbewußtsein auch kritisches Bewußtsein umfassen. ... Das autonome Subjekt würde sich dadurch auszeichnen, daß es in der Lage ist, die anthropologisch notwendigen Vergegenständlichungen immer wieder durch die eigene Praxis einzuholen, so daß die Verdinglichung der natürlichen wie der sozialen Welt ausgeschlossen bleibt» [8].

A. W. GOULDNER hat den Begriff der A. in die amerikanische Funktionalismusdiskussion getragen. Gegen die traditionelle funktionalistische Konzeption des integrierten Sozialsystems, das einen independenten Zusammenhang von Subsystemen darstellt, macht Gouldner geltend: 1. das Ausmaß der Interdependenz – d. h. des Austausches funktionaler, bestandsnotwendiger Leistungen – zwischen den Subsystemen schwanke von System zu System; 2. in diesen interdependenten Zusammenhang seien die verschiedenen Systemteile in unterschiedlichem Ausmaße eingebunden, d. h. die Subsysteme haben für Gouldner unterschiedliche «funktionale A.»: «Operational könnte man formulieren, daß die funktionale A. eines System-Teils der Wahrscheinlichkeit gleichzusetzen ist, mit der es eine Trennung vom System ‹überlebt›» [9]. Von hier aus kommt er zu einem konfliktoffenen Modell des sozialen Systems, das als Ganzes mit seiner integrativen Tendenz in einer strukturellen Spannung steht zu den Systemteilen, die ihrerseits um die Erhaltung oder Erweiterung ihrer mehr oder minder großen A. bemüht sind [10]. Bedeutet also in Gouldners formalem Systemmodell A. die relative Unabhängigkeit eines Systemteils vom Gesamtsystem, so verwendet N. LUHMANN den Begriff im Rahmen seiner evolutionistischen Theorie der fortschreitenden Differenzierung des Gesellschaftssystems mit dezidiert anderer Akzentuierung: Die «Autonomsetzung» der verschiedenen gesellschaftlichen Teilbereiche bzw. -systeme, wie Politik, Wirtschaft, Wissenschaft usw., in den hochkomplexen Gesellschaftssystemen der Moderne bedeutet nicht Unabhängigkeit gegenüber der gesellschaftlichen Umwelt im Sinne der Wahrscheinlichkeit des ‹Überlebens› im (hypothetischen) Falle der Trennung vom Gesamtsystem. Die A. eines gesellschaftlichen Teilsystems meint vielmehr, daß mit wachsender Interdependenz und Binnenkomplexität des Gesamtsystems bestimmte Bereiche der Gesellschaft sich funktional spezifizieren, sich als Systeme eigener Art ausdifferenzieren und zugleich in ihrem Bestand und in ihrer spezifischen eigenen Struktur von ihrer Umwelt akzeptiert und institutionell abgesichert sind: «Ein Teilsystem der Gesellschaft wie das politische System kann nie in dem Sinne autonom sein, daß es nur auf die Umwelt wirkt, ohne selbst bewirkt zu sein. A. ist nicht in Kausalkategorien als ursachelose Spontaneität zu begreifen, sondern nur systemstrukturell als Selbstprogrammierung. Sie besteht darin, daß das System sich durch eigene Programme in die Lage versetzt, an beiden Zeitgrenzen, sowohl im Hinblick auf die Ursachen als auch im Hinblick auf die Wirkungen seines Handelns Informationen der Umwelt aufzunehmen, selektiv zu verarbeiten» [11]. Auf den Zusammenhang von personaler und funktionaler A. und die darin implizierte Problematik macht F. X. KAUFMANN aufmerksam: «‹Betriebe› als Mensch-Mittelsysteme sind in sich integrierte, jedoch aus dem Gesamtzusammenhang desintegrierte Systeme mit größerer oder kleiner A., die gerade infolge ihrer A. bewirken, daß ihre Mitglieder gegenüber dem ‹Gesamtzusammenhang› isoliert werden. Dadurch werden – das ist der positive Aspekt – Verhaltensweisen ermöglicht, die in diffuseren ‹Gesamtzusammenhängen› nicht vorgesehen sind; bereits die ‹Freiheit der Söldner› kann als Beispiel dienen. Die so gewonnene ‹Freiheit› erweist sich jedoch insofern als ambivalent, als dadurch die regelmäßige Interaktionsdichte mit anderen Personen abnimmt» [12].

Anmerkungen. [1] M. WEBER: Wirtschaft und Ges., hg. J. WINCKELMANN (1956) 36. – [2] a. a. O. 536. – [3] Vgl. H. MARCUSE: The one-dimensional man, dtsch.: Der eindimensionale Mensch (1967) bes. 73. 95. 255f.; A. MITSCHERLICH: Das soziale und das persönliche Ich. Köln. Z. Soziol. Sozialpsychol. 18 (1966) bes. 21f.; R. DAHRENDORF: Homo sociologicus (⁴1964); U. SCHLETTMANN: Primäre und sekundäre Individualität: Die soziol. Konzeption von T. Parsons und H. Becker unter dem Gesichtspunkt ihrer Erfassung einzelmenschlicher A. (1968). – [4] D. LEE: Individual A. ..., in: Society and self, hg. B. H. STOODLEY (New York/London 1962) 223-231. – [5] D. RIESMAN: The lonely crowd, dtsch.: Die einsame Masse, rde 72/73 (1958) 254. – [6] a. a. O. 264ff. – [7] H. P. DREITZEL: Das gesellschaftliche Leiden und das Leiden an der Gesellschaft (1968) 243. – [8] a. a. O. 303. – [9] A. W. GOULDNER: Reciprocity and A. in functional theory, in: Symp. on sociol. theory, hg. L. GROSS (Evanston, Ill. 1959) 241-270; auszugsweise dtsch. in: Moderne amer. Soziol. Neuere Beitr. zur soziol. Theorie, hg. H. HARTMANN (1967) 299. – [10] a. a. O. 300ff. – [11] N. LUHMANN: Zweckbegriff und Systemrationalität (1968) 70. – [12] F. X. KAUFMANN: Sicherheit als soziol. und sozialpolit. Problem (1970) 245f.   R. POHLMANN

Autonomie der Lebensvorgänge bedeutet, daß das Lebendige bzw. der Organismus Selbständigkeit und Eigengesetzlichkeit gegenüber dem Anorganischen aufweist. Der Bereich des Lebendigen ist demnach nicht aus dem Bereich des Unbelebten ableitbar und auch nicht auf ihn zurückführbar. Es gibt vielmehr nach dieser These die (relative) A. des Abhängigen. Das Problem einer solchen A. beherrscht die gesamte Geschichte der Biologie. Seine Erörterung führte in der Neuzeit zu dem Gegensatz von ‹Vitalismus› und ‹Mechanismus› als erklärende Theorien des Organismus.

Die Grundthese formuliert am Ende des 18. Jh. J. D. BRANDIS (1762–1846): «1. Daß die Ursache davon [der organischen Dynamik] eine Kraft zu sein scheint, die sich auf alle uns bekannten physischen Kräfte nicht zurückbringen läßt; daß wir daher berechtigt sind, sie vorerst eine eigene Kraft zu nennen; wir nennen sie Lebenskraft, weil sie nur dem lebenden organischen Körper eigen ist. 2. Diese Kraft wirkt unmittelbar in die organische Materie, ist nicht Folge der Bildung der Materie oder Organisation» [1].

E. V. HARTMANN (1842–1906) spricht die These der Lebens-A. zu Beginn unseres Jh. präzis so aus: «Sie behauptet ... zwar die Allgemeingültigkeit, aber nicht die Alleingültigkeit der mechanischen Gesetze in der gesamten Natur, während sie ihre Alleingültigkeit in der unorganischen Natur zugesteht. Sie betrachtet die Lebensvorgänge als kombinierte Erscheinungen, die aus der Kooperation der unorganischen Zentralkräfte mit nichtzentralen Kräften und aus der Übereinanderlagerung der unorganischen und organischen Naturgesetze, der physiko-chemischen Gesetzlichkeit und der Lebens-A. entspringen. Wären die mechanischen Gesetze alleingültig, so wäre das Leben unmöglich; wären sie nicht allgemeingültig, so fehlte der A. des Lebens die gesetzliche Grundlage, auf der und über der sie sich entfalten könnte» [2].

W. ROUX (1850–1924) formuliert die Gegenthese: «Wir nehmen daher bis zum Beweise des Gegenteils an, daß die besonderen Wirkungsweisen, welche in den Lebewesen stattfinden, ihre Ursachen nur in der besonders komplizierten physikalisch-chemischen Zusammensetzung der Lebewesen haben. Nur auf dieser Basis und nur so weit erkennen wir eine A. der gestaltenden Lebensvorgänge an» [3].

Die A.d.L. beruht demnach entweder auf einer besonderen «Lebenskraft» oder auf einer besonderen Gesetzlichkeit. In diesem Fall kann K. E. ROTHSCHUH den Organismus als «bionomes System» bezeichnen. Im Organismus sind weder die Eigenschaften der beteiligten Stoffe geändert, noch werden in ihm die Gesetze der Mechanik, der Elektrizität und Hydromechanik durchbrochen; vielmehr ist nur die Anordnung der Stoffe in ihren Eigenschaften in spezifischer Weise festgelegt. Alle Vorgänge vollziehen sich im Rahmen kausaler Gesetzmäßigkeit. Bionomie kennzeichnet diese Beziehungsgesetzlichkeit in ihrer Eigenart. Außerdem trägt den Organismus nicht nur die Wechselwirkung seiner Organe, sondern ebenso auch die Wechselwirkung mit seinem Umfeld [4]. In der ‹Schichtenlehre› N. HARTMANNS läßt sich eine A. des Abhängigen und Getragenen begründen, sofern in jeder Schicht ein (kategoriales) Novum an Determination hinzutritt, das in die darunterliegende Schicht eingreift. Die Theorie der Katalyse konnte diesen Zusammenhang weiter klären. Die Biokatalysatoren (Enzyme u. a.) schalten sich bestimmend und lenkend in die energetischen ‹Freiheiten› kolloidchemischer Systeme ein [5]. Die kybernetischen Modelle der Rückkoppelung und Steuerung weisen ein alles durchwaltendes Organisationsprinzip des Lebendigen auf, das als ‹Ganzheitliche› des Organismus ohne Einführung einer besonderen ‹Kraft› oder besonderen ‹Kausalität› zu durchdenken und zu erforschen gestattet.

Anmerkungen. [1] J. D. BRANDIS: Versuch über die Lebenskraft (1795) 15. – [2] E. V. HARTMANN: Das Problem des Lebens (1906) 399. – [3] W. ROUX: Die Entwicklungsmechanik, ein neuer Zweig der biol. Wiss. (1905) 17. – [4] K. E. ROTHSCHUH: Theorie des Organismus (²1963) 77ff. – [5] Vgl. TH. BALLAUFF: Das Problem des Lebendigen (1949) 48ff.

Literaturhinweise. TH. BALLAUFF vgl. Anm. [5]. – K. E. ROTHSCHUH vgl. Anm. [4]   TH. BALLAUFF

Autonomismus ist der polemische Begriff einer theologisch fundierten Seinsphilosophie und der in dieser fundierten Ethik für die durch das Faktum der modernen

Naturwissenschaft und die Orientierung der neuzeitlichen Philosophie an der Methode derselben sich durchsetzende Eigengesetzlichkeit von Ethik und Kultur. Dem A. liege ein Weltentwurf zugrunde, der von einer übergeordneten Ordnung absieht und nur auf den Stellenwert des Einzelnen innerhalb eines Funktionszusammenhanges achtet. Das Faktum, das in einem solchen Entwurf mit dem Wahren schlechthin identisch werde, verdränge die Norm. Es bleibe außer acht, daß die im Gefolge der von der Beherrschung des Seienden bestimmten Wissenschaft und Technik auftretende Ideologie der Technokratie den durch die Technik emanzipierten Menschen an anonyme Mächte ausliefere und damit das moderne Phänomen der Masse sanktioniere. Daß es nicht angeht, Kants Konzeption der Autonomie des Sittlichen mit dem Entwurf einer restlosen Funktionalisierung des Seienden zu identifizieren, ist neuerdings auch innerhalb der Kant traditionell kritisch begegnenden scholastisch orientierten Philosophie anerkannt worden.

Literaturhinweise. H. E. HENGSTENBERG: A. und Transzendenzphilos. (1950). – J. SCHMUCKER: Der Formalismus und die materialen Zweckprinzipien in der Ethik Kants. Kant und die Scholastik heute. Pullacher philos. Forsch. 1 (1955) 155-205; Lex. Theol. u. Kirche² 1, 1131 (Lit.). H. K. KOHLENBERGER

Autonym. Ein Zeichen wird autonym verwendet, wenn es sich selbst bezeichnet (z. B. das Zeichen «¬» in dem Satz: «¬ bezeichnet den Negator» [1]).

Anmerkung. [1] Vgl. Art. ‹Prädikatenlogik›, Nr. 2. Red.

Autor (lat. auctor, Urheber)
I. ‹Auctor› bezeichnet altrömisch und allgemein alteuropäisch den verfassungsmäßigen Imperiumsträger, d. h. den, welchem auctoritas zukommt, so auch den judex, den magistratus publicus, der autorisieren (= confirmare, roborare) kann [1]. Im ‹Corpus iuris› wird abgeleitet hiervon ‹A.› genannt der eigentliche Inhaber eines Rechts oder der, welcher ein Recht übertragen hat, der Urheber oder Gewährsmann, auch der Vormund in Beziehung zu Rechtshandlungen des Mündels. Dieser Gebrauch hält sich in der Rechtssprache bis ins 19. Jh. Dem A. entspricht deutsch im 15. bis 18. Jh. der «merer, lehrer, bewerte meister, ursacher, sachwalter; einer der freiheit, macht, kraft, würdigkeit, glaubniß hat, der wol beweret ist» [2]. ‹A.› werden in der Verwissenschaftlichung des Rechts in der Scholastik auch die Rechtsgelehrten der römischen Kaiserzeit genannt, vom späten 15. Jh. an gelegentlich Schriftsteller wie 1473 Boccaccio, doch bleibt ‹Verfasser› gebräuchlicher. Erst im späten 18. Jh. wird ‹A.› vorübergehend Modewort der Aufklärer, wie zahllose Wortkombinationen mit ‹A.› beweisen (A.-Gewissen, -Leben, -Wesen, -Fehler, -Ende, -Noth, -Miene, -Handwerk u.a.m. [3]). Der Begriff gerät jedoch unter dem Druck der Umwälzung der Rechts- und Staatsverfassungen in der Wende des 18. zum 19. Jh. in Mißkredit, so daß schon CAMPE den Sinn, «daß jemand etwas aus sich selbst hervorgebracht habe», als ungebräuchlich ablehnt, da auch ein bloßer Abschreiber ‹A.› genannt werde [4], wie es im übrigen bis heute der Fall ist.

Anmerkungen. [1] DU CANGE: Glossarium mediae et infimae latinitatis 1 (1840) 478f. – [2] DIEFENBACHER: Glossarium latinogermanicum (1857) 59. – [3] J. und W. GRIMM: Dtsch. Wb. 1 (1854) Art. ‹Autor›. – [4] J. H. CAMPE: Wb. zur Erklärung und Verdeutschung der unserer Sprache aufgedrungenen fremden Ausdrücke (²1808) 137: Art. ‹Autor›. HANNAH RABE

II. Das Wort ‹auctor› begegnet innerhalb eines deutschen Textes erstmalig 1473 bei H. STEINHÖWEL in dessen Übersetzung von Boccaccios ‹De claris mulieribus› als «der auctor dises büchlins» [1]. Hier dient ‹auctor› oder ‹A.› zunächst vorwiegend zur Bezeichnung des Verfassers einer *bestimmten* Schrift. Dieser Verwendung tritt aber bald, vollends im 18. Jh., die von ‹A.› als Appellativum zur Seite; bei COCHLÄUS und FISCHART z. B. findet sich mehrfach die Anrede «Herr Autor» [2]. Damit wird ‹A.› auch zu einer allgemeinen Berufsbezeichnung. Schon STEINHÖWEL übersetzt ‹A.› meist selbst mit ‹maister›, will also damit den Gelehrten kennzeichnen [3], der sein Wissen schriftlich kundtut. In der Zeit des Humanismus distanzieren sich zahlreiche Literaten mehr und mehr von der systematisch-analytischen Darstellungsmethode der Scholastik. In ihrer Neigung zur individuellen Gestalt suchen sie für ihr ‹offenes› Denken nun auch die ‹offene› Form der schriftlichen Darstellung: die aus dem Moment geborene Streitschrift (LUTHER, PASCAL), den Brief und, seit MONTAIGNE (1580) und BACON (1597), vor allem den Essay und ihm verwandte Formen (Flugschriften, Aphorismen, später auch das Tagebuch). Diese im Humanismus wurzelnde literarische Tendenz gewinnt in der Aufklärung festere Umrisse, sofern nun der kritisch gerichtete gelehrte Literat zum eigenständigen Verfassertypus wird, der sich in seiner Selbstdeutung vom Dichter und vom (Tages-)Schriftsteller zu distanzieren sucht. Solche Verfasser nennen sich vorwiegend ‹A.› [4].

Ihre Mittelstellung zwischen Dichtung, Philosophie und oft auch Theologie, bei gleichzeitiger Nähe zu anderen Wissenschaften, läßt sich nicht anders als durch den allgemeinen Begriff des A. fassen. In Wahrheit hat der heute wertneutrale Begriff im Akt der Selbstdeutung durch jene ‹Literaten› aber eine spezifische Füllung gewonnen. Er steht nun in eigener Bedeutung neben denen des Dichters und Schriftstellers.

A. dieser Art treten vor allem in Umbruchszeiten auf: dort, wo eine geistige Kraftzufuhr sich in literarischen Fehden und unter Verwendung genau geprüfter sprachlicher Methoden vollzieht. Bekannteste Repräsentanten sind in dieser nahezu klassischen Zeit der Autorschaft LESSING, WINCKELMANN, BODMER, BREITINGER, LICHTENBERG, HAMANN, HERDER und ROUSSEAU, in der Goethezeit die Brüder HUMBOLDT und SCHLEGEL. – Zwar nicht vom Inhalt, aber von der *Sagestruktur* her lassen sich die unterschiedlichen Werke der genannten A. zusammenfassen. Das gemeinsame äußere Kennzeichen ist das Aggressiv-Kraftvolle ihrer Diktion. Aus der Verbindung eines elementaren Erlebens mit äußerster Schärfe des Denkens resultiert die oft ans Magische grenzende Kraft der Evokation und des bezwingenden Zuspruchs. Der A. erstrebt nicht Schönheit, sondern höchste Durchschlagskraft der Aussage. Mit seiner bekenntnishaft gesteigerten Sprachgewalt erstrebt er die Höhe eines poetischen Ranges, die er jedoch nur selten erreicht. Obwohl seine Aussagen zeitlich-aktueller Natur sind, ist er nie populär, richtet sich das kritisch-programmatische, geistig anspruchsvolle und fast immer von pädagogischen Intentionen geprägte A.-Werk doch stets gegen die Exponenten einer populären Kunstrichtung, Philosophie, Konfession – überhaupt einer überalteten oder gefährdeten Epoche. Deshalb ist der A. zumeist der Alleinstehende, Einsame, Mißverstandene, der eher schützende Institutionen angreift als aufsucht. Mit diesem kritischen, revisionistischen oder gar revolutionären Zug verbinden sich oft Ungeduld und Unduldsamkeit. Zumeist erhebt der

A. den Anspruch exemplarischer Gültigkeit: als ‹Erzeuger› (auctor) neuer Ideen ist er zugleich leidenschaftlicher Zeuge ihrer Wahrheit. Seine Urheberschaft und Ermächtigung (auctoritas) gründen sich auf überlegene Einsicht und ein unableitbares Charisma [5].

Seit der Klassik haben die führenden Dichter zumeist jene fundamentale Rolle des A. mit übernommen (GOETHE, SCHILLER, TIECK, NOVALIS, HEINE, die Jungdeutschen u. a.), nicht zuletzt unter dem Eindruck der allumfassenden Sinngebung, die GOETHE dem «Beruf» des Dichters zu geben vermochte. In neuerer Zeit verwirklichten wohl nur noch KIERKEGAARD und NIETZSCHE den vollen Sinn ursprünglicher Autorschaft, in abgeblaßter und ephemerer Form etwa auch SARTRE und E. JÜNGER.

Die genannten Symptome der echten Autorschaft, zumal die Tendenz zur kurzen ‹offenen› Form, sowie die neuen Welt- und Daseinsverhältnisse sind die Ursachen dafür, daß der zum A. befähigte Literat seit etwa 1830 mehr und mehr in die Rolle des Feuilletonisten oder Kritikers abgedrängt wird. Namhafte Kritiker seit der Romantik (GÖRRES, GERVINUS, H. GRIMM, MEHRING) bezeugen – ebenso wie der ‹klassische› A. – zwar noch eine Aussagestruktur, die in der Mitte zwischen Kunst und Wissenschaft liegt. Jedoch ist ihr Aktionsgebiet erheblich eingeengt, zumeist ausschließlich auf die Kunst oder gar eine Kunstrichtung. Der A., der als Autorität mit der Kraft der Sprache einst den Gesamtgeist einer Epoche mitzuformen vermochte, scheint dem spezialisierten Kritiker und Fachschriftsteller Platz gemacht zu haben. Diese Tatsache spiegelt sich auch darin, daß der Begriff des A. in der Gegenwartssprache keinen fest geprägten Verfassertyp mehr hervorhebt und fast nur noch als wertneutrale Bezeichnung eines Verfassers von Büchern, Abhandlungen und Zeitschriftenartikeln verschiedener Art gilt.

Anmerkungen. [1] H. STEINHÖWEL, a. a. O. 336. – [2] Weitere Stellen bei A. MAAS: Die nhd. Bezeichnungen für «Verfasser lit. Werke». Z. dtsch. Wortforsch. 9 (1907) 196ff. – [3] Vgl. KLUGE, Etymol. Wb. Art. ‹maister›. – [4] Im einzelnen an den Beispielen J. G. Hamanns und E. Jüngers dargelegt von W. SCHEMME: A. und Autorschaft in der Moderne (Diss. Münster 1952). – [5] Vgl. R. HEINZE: Auctoritas. Hermes 60 (1925) 348-366.

W. SCHEMME

Autoritär kommt aus dem Französischen, wo es die Bedeutung von ‹autoritativ› (achtunggebietend, herrisch auftreten) hat, und wurde 1931/32 zur Bezeichnung einer Staatsform von den *Jungkonservativen* (nicht-parteigebundener Kreis von Wissenschaftlern, Literaten und Journalisten, dem MOELLER VAN DEN BRUCK, C. SCHMITT, H. ZEHRER, RICHARD V. MOELLENDORFF, W. STAPEL, F. LANDECK, A. E. GÜNTHER, ERNST JÜNGER, FRANK THIESS, PAUL ERNST, W. SCHOTTE, F. FRIED u.a. zugerechnet werden können), ins Deutsche eingeführt. Ohne Abgrenzung gegenüber ‹totalitär› soll ‹autoritär› das von Parlament und Parteien unabhängige Entscheidungshandeln der Regierung bezeichnen, ihre Erhöhung zum *pouvoir neutre*, untermauert von parteineutralem Heer und Beamtentum. In *dynamischer Tätigkeit* soll die autoritäre Regierung den vom Liberalismus *atomisierten* Volkswillen *neuformieren* und *integrieren*, indem sie ihn in ihrem Handeln *erfühlt*, *fixiert* und *bestätigt*. Die hieraus resultierende Abhängigkeit der Staatsmacht von plebiszitärer Rechtfertigung wird nicht gesehen. Richtungweisend für die dem Volkswillen zu gebende Formierung sind Antiliberalismus, Antiintellektualismus und Antikapitalismus. Integration der Privatwirtschaft durch Planwirtschaft, Korporatismus und Ausbau gemeindlicher Selbstverwaltung sollen die Wege zum Ziel bilden. Tragender Grund des autoritär-integralen Staatsdenkens ist ein Nationalismus, der das pseudoverantwortliche Ethos von Dienst, Opfer, Zucht und Gefolgschaft und das pseudopolitischen *Gestalten* ‹geheiligter› volkheitlich-bäuerlicher und -mittelständischer *Lebensräume* (Familie, Heimat) zum Inhalt hat. Nutznießer des autoritären Staatsdenkens wird in Deutschland der NS-Staat. Die Vokabel findet sich hier in beamtenrechtlichem Schrifttum, wo sie die Entmachtung gemeindlicher Selbstverwaltungskörper, die ‹Säuberung› derselben von Sozialdemokraten, Kommunisten und Juden sowie die Einführung des Berufungsprinzips mit Ausschaltung demokratischer Wahlrechte als traditionsgemäß legitimieren soll.

Literaturhinweise. H. HELLER: Die politischen Ideenkreise der Gegenwart (1926). – K. MANNHEIM: Das konservative Denken. Arch. Soz.wiss. Soz.pol. 57 (1926). – E. SCHIFFER: Das politische Parlament und die Regierung, in: Volk und Reich der Deutschen, hg. B. HARMS 2 (1929). – F. GLUM: Zum Problem der Staatsautorität, in: Volkstum und Kulturpolitik, G. Schreiber gewidmet (1932) 76-87. – H. O. ZIEGLER: Autoritärer oder totalitärer Staat. Recht in Geschichte und Gegenwart 90 (1932). – G. LEIBHOLZ: Die Auflösung der liberalen Demokratie in Deutschland und das autoritäre Staatsbild (1933). – F. C. SELL: Die Tragödie des dtsch. Liberalismus (1953). – K. D. BRACHER: Die Auflösung der Weimarer Republik, eine Studie zum Problem des Machtverfalls in der Demokratie (²1957). – E. NOLTE: Der Faschismus in seiner Epoche (1963).

HANNAH RABE

Autorität

I. – 1. Der Begriff der A. in der *Antike* im Sinne der zitierbaren literarischen A. (Väter-A., Väterzeugnis) hat, auch für die spätere Entwicklung zum schmückenden Zitat, seinen logischen Ort im Beweisverfahren der dialektischen Rede, wie es von ARISTOTELES in der ‹Topik› abgehandelt wird. Der wahrscheinliche (dialektische) Schluß wird aus wahrscheinlichen Sätzen gezogen, die zu ihrer Gültigkeit der Zustimmung bedürfen, «entweder aller oder der meisten oder der Weisen, und auch von den Weisen wieder entweder aller oder der meisten oder der bekanntesten und angesehensten» [1]; diese sind die A., die in Form des Zeugnisses vor Gericht oder des Zitats in der Literatur den vorgetragenen Argumenten im wahrscheinlichen Beweis die Zustimmung und Glaubwürdigkeit verschaffen: es ist dies der Beweis *ex auctoritate* [2]. Eine andere Möglichkeit des Beweises ergibt sich aus dem autoritativen Beispiel: «wenn wir kein rhetorisches Schlußverfahren haben, so müssen wir uns der Beispiele als aufweisender Beweise bedienen, denn durch sie gewinnen wir Überzeugung; aber auch wenn wir sie haben, benutzen wir die Beispiele als Zeugnisse und als eine Art von Nachtrag zu den rhetorischen Schlüssen» [3], oder: «Wahrscheinlichkeit hat eine Aussage, die von Beispielen unterstützt wird» [4]. Für die *Rhetorik* war zunächst die Gerichtspraxis maßgebend; später ging das Zeugnis als Zitat [5] in die Literatur ein, ein Vorgang, der charakteristisch für die Geschichte der Rhetorik ist. – CICERO nimmt den Gedanken des Aristoteles konsequent auf: «Diejenige Beweisführung nun, von der man zu sagen pflegt, sie liege außerhalb des Bereiches kunstvoller Behandlung, besteht in dem Zeugnis. Zeugnis (testimonium) aber nennen wir alles, was von irgend etwas Äußerlichem zur Beglaubigung genommen wird. Es hat nicht jede Person, wie auch immer sie beschaffen sein mag, das Gewicht einer gültigen Zeugenschaft; denn zur Möglichkeit des Beglaubigens gehört Ansehen (auctoritas). Ansehen verschaffen aber entweder die Natur oder die Zeit. Das erstere beruht vorzüglich auf Tugend; in der Zeit aber liegt vieles, was Ansehen verschafft: Begabung, Vermögen, Glück, Alter, Kunst, Notwendigkeit, zuweilen auch ein Zusammentreffen zufälliger Dinge» [6]. «Man nimmt aber nicht nur diejenigen als solche an, welche als Staatsdiener öffentlich geehrt werden, sondern auch Redner, Philosophen, Dichter und Geschichtsschreiber, aus deren Aussprüchen und Schriften man oft eine Gewähr (auctoritas) für das schöpft, was man geglaubt wissen will» [7]. QUINTILIAN kann deshalb feststellen: «Hinzu kommt der nicht weniger beträchtliche Vorteil, mit dichterischen Aussprüchen als geltenden Beweisen dasjenige zu bestätigen, was man vorträgt» [8]. Das Maß der A. wird dabei durch das Alter festgelegt (vgl. Quintilian: vetustas, antiquus, maiores nach dem griech. οἱ παλαιοί, das im Deutschen als ‹die Alten› wiederkehrt) [9]. BOETHIUS hat dieser Stelle einen ausführlichen Kommentar gewidmet und sie dadurch an das Mittelalter weitergereicht [10]. Die Methode des Beweises ex auctoritate durch das testimonium, durch das Zitat, scheint seither als gültig etabliert, führt aber schon früh durch die Opposition einzelner Schriftsteller zu der Auseinandersetzung über die Prädominanz von auctoritas oder ratio, und zwar schon in der Antike. So bei SENECA, der das «ipse dixit» ironisiert und zugunsten des Selbstdenkens ablehnt [11].

2. Eine andere Quelle zum Verständnis des Begriffs und seiner Leistung ergibt sich aus dem Gebrauch von ‹martyria-testimonia› in der *Bibel* [12], wodurch dem verehrungswürdigen Väterwort die Unantastbarkeit der Offenbarung zuwächst. Neben dem «sich selbst Bezeugen Gottes, des Geistes, der Schrift», nimmt es die näherliegende Bedeutung an: «nachdrücklich, unter Einsatz der vorhandenen A. bekunden» [13], wobei PAULUS (Tt. 1, 13) auf die antike rhetorische Tradition zurückgreift und selbst Zitate benutzt. Darüber hinaus aber findet sich im johanneischen Schriftenkreis die Bedeutung «auf Glauben abzielendes, werbendes Zeugnis über Jesu Christi Wesen und Bedeutung» [14]; doch findet sich überall die ständige Berufung auf die Zeugnisse der Väter vor allem des Alten Testaments selbst [15].

3. Beide Bedeutungsfelder überschneiden sich im Begriff der Tradition, der Väter- und Schrifttradition, auf die man sich als autoritative Zeugen berufen kann [16]. Aber obwohl zunächst in der *Patristik*, bei TERTULLIAN und anderen, ein absoluter Traditionalismus [17] zu herrschen scheint, der später in die Sentenzen-Literatur einmündet, definiert schon GREGOR DER GROSSE: «Die heilige Kirche stellt in ihrer Lehre keine Forderungen auf Grund von A., sondern überzeugt durch Vernunft» [18]. Auf dieser Grundlage können die antiken Schriftsteller als kirchliche A. integriert werden [19].

4. Die Entwicklung zur *Scholastik* steht unter der Auseinandersetzung um die Vorherrschaft von *auctoritas* oder *ratio* [20], wobei in der Vorscholastik und ihrer Glossen- [21] und Florilegienliteratur der Traditionalismus herrscht, welcher der ratio, die in der Patristik, vor allem bei AUGUSTINUS, noch eine bedeutende Rolle spielte, nur noch Hilfsdienste zuweist. Die anti-autoritativen Denker, wie JOHANNES SCOTUS ERIUGENA und BERENGAR VON TOURS, werden als Häretiker gebrandmarkt; der gemäßigte Rationalismus des ALBERTUS MAGNUS bezieht sich vor allem auf die neuen Bereiche der Naturwissenschaft [22]. Während in der Dichtung des Mittelalters die Berufung auf die autoritative Quelle, ernst gemeint oder fiktiv, gang und gäbe ist [23], entwickelt sich seit ANSELM VON CANTERBURY ein Ausgleich von Rationalismus und Traditionalismus, der seine Krönung in THOMAS VON AQUIN erfährt und von MELCHIOR CANO wieder in den Ursprungsort der ‹Topik› als einer Methodik zurückgeleitet wird [24]. Auctoritas und ratio sind für Cano die obersten loci theologici, die auctoritas ist die erste und konstitutive Erkenntnisquelle der Theologie, ratio die zweite und erläuternde; beide sind notwendig.

5. Die Aufwertung der ratio bei Cano und der Spätscholastik gewinnt besondere Bedeutung im Lichte des reformatorischen Anti-Rationalismus LUTHERS, während auf der anderen Seite Denker wie ERASMUS, ROGER BACON, RAIMUNDUS LULLUS, MONTAIGNE die traditionelle scholastische Methode ablehnen [25]. Auf vier Forderungen läßt sich die Kritik der *Humanisten* zurückführen: a) Aufwertung der Klassik in Sprache und Stil gegen den mittelalterlichen Barbarismus; b) Einführung der historisch-philologischen Methode; c) Quellenforschung statt Glossenbearbeitung; d) Vorrang der persönlichen Meinung gegenüber der A. [26]. Auch BLAISE PASCAL steht unter dem Einfluß des neuen Rationalismus, der in DESCARTES und den *Enzyklopädisten* gipfelt. Während es PASCAL gelingt, noch einmal für auctoritas und ratio im Begriff der Wahrheit einen neuen Ausgleich zu schaffen, schreibt M. RIGAULT: «La tradition sans raison seroit vaine; c'est pourquoi l'apôtre n'exige point d'obéissance qui ne soit raisonable» [27]. – Den letzten Stoß erhielten die antike topische Methode und der mittelalterliche Traditionalismus in der Zeit des literarischen *Geniekults* [28]. Von nun an gelten das Zitat und die Berufung auf A. als Elemente literarischer Gestaltung unabhängig von Alter oder logischer Fundierung [29].

6. In den Bereich der A., des autoritativen Zitats, fällt auch die mittelalterliche Pecie (pecia seu exemplaria) in der Bedeutung der gesicherten und genehmigten Abschrift (exemplum) einer Handschrift, die zum Gebrauch im Hochschulstudium vor jeder Veränderung geschützt werden muß [30].

7. Das Problem der literarischen A. ist nicht nur auf das europäische Denken beschränkt. Auch im *indischen* Denken ist die Stellung des Zeugnisses aus der Literatur (śabda pramāṇa) und der Tradition (aihitya) in der Erkenntnistheorie fundiert. – Es gibt verschiedene Quellen des gewissen Wissens (pramāṇa); so z. B. die Wahrnehmung, Analogie, Schlußfolgerung, das Schriftzeugnis und die Tradition, wenn auch gerade um die Tradition zwischen hinduistischen und buddhistischen Philosophen eine weitreichende Auseinandersetzung entstand. Wissen aus dem Zeugnis oder überlieferten Worten (śabda-pramāṇa) wird von den meisten hinduistischen Philosophen als selbständige Quelle des Wissens angeführt. Wert und A. der Veden werden von allen Hindus anerkannt, und zwar beruht ihre A. entweder auf der Dignität des Wortes Gottes oder auf der A. der eigenen Existenz. Abgesehen von den heiligen Schriften ist das Zeugnis eine wertvolle Wissensquelle und gewinnt seine A. durch die Vertrauenswürdigkeit der es aussprechenden Person [31]. Es verwundert deshalb nicht, in der indischen Literatur Zitate und Verweise auf Schrift-A. in ähnlicher Funktion wie in der europäischen zu finden.

Anmerkungen. [1] ARISTOTELES, Topik 100 b 21. – [2] R. VOLKMANN: Die Rhetorik der Griechen und Römer (²1885) 238; H. LAUSBERG: Hb. der lit. Rhetorik (1960) 102. 234ff. – [3] ARIST., Topik 1394 a 11. – [4] a. a. O. 1428 a 25; 1429 a 21. – [5] M. METSCHIES: Zitat und Zitierkunst in Montaignes Essais. Kölner roman. Arb. NF 37 (Paris/Genf 1966) 9ff. – [6] CICERO, Topik 19. – [7] a. a. O. 20. – [8] QUINTILIAN, Inst. orat. I, 8, 12; I, 6, 2. –

[9] J. PIEPER: Über den Begriff der Tradition. Arbeitsgemeinschaft für Forsch. des Landes Nordrhein-Westfalen, Ser. Geisteswiss. 72 (1958) 20ff. – [10] BOETHIUS, MPL 64, 1167 d 5ff. – [11] SENECA, Ep. ad Luc. 33, 7-11. – [12] Theol. Wb. zum NT, hg. KITTEL 4, 501ff.: ‹martyria›; 2, 174ff.: ‹parádosis›. – [13] a. a. O. 4, 501. – [14] Am wichtigsten wohl: Joh. 1, 7; 5, 31ff.; 1. Joh. 4, 14; 3. Joh. 12; vgl. KITTEL, a. a. O. 4, 504. – [15] z. B. Joh. 5, 39. 46; 21, 24; Apg. 10, 43; Luc. 24, 44. – [16] PIEPER, a. a. O. [9]. – [17] M. GRABMANN: Die Gesch. der scholastischen Methode 1 (1909, Nachdruck 1956) passim. – [18] GREGOR DER GROSSE, Moralia VIII, 3. – [19] K. BORINSKI: Die Antike in Poetik und Kunsttheorie (²1965) 1, 9-13. – [20] GRABMANN, a. a. O. [17]; A. J. MACDONALD: Authority and reason in the early MA (London 1933); E. GILSON: Reason and revelation in the MA (New York 1952). – [21] J. SYDOW: Gedanken über die Auctoritas in der Kanonistik des frühen 13. Jh. Miscellanea Mediaevalia 1 (1962) 253-265; G. DAHM: Zur Rezeption des Römisch-Italienischen Rechts (1960). – [22] ALBERTUS MAGNUS, De animalibus, hg. H. STADLER (1916/20) 1, 310. 861. – [23] F. WILHELM: Über fabulistische Quellenangaben, in: Paul-Braune-Beitr. zur Gesch. der dtsch. Sprache und Lit. 33 (1908) 286-339. – [24] A. LANG: Die Loci theologici des Melchior Cano und die Methode des dogmatischen Beweises (1925). – [25] Vgl. auch RUVIO, In univ. Arist. dial., Top. art. 33, 52ff., in: Index Scholastico-Cartésien par E. GILSON (Paris 1912) art. ‹autorité›. – [26] IMBART DE LA TOUR: Les origines de la réforme. L'église catholique, la crise et la renaissance (Paris 1909) 2, 314-345. – [27] M. RIGAULT, in: Encyclop. des sci., des arts et des métiers, hg. DIDEROT/D'ALEMBERT (1751ff.) 16, 508/09: ‹Tradition des chrétiens›. – [28] G. KRÜGER: Das Problem der A., in: Offener Horizont, Festschrift K. Jaspers (1953) 44-62. – [29] W. KRAUSE: Versuch einer allg. Theorie des Zitats, in: Die Stellung der frühchristlichen Autoren zur heidnischen Lit. (1958); H. MEYER: Das Zitat in der Erzählkunst (1961). – [30] DU CANGE, Gloss. Lat. MA 6, 232: ‹Pecia›; R. KLAUSNER und O. MEYER: Clavis Medievalis (1962) 223. 244; J. DESTREZ: La pecia dans les ms. univ. du 13e et 14e siècle (Paris 1935). – [31] S. DASGUPTA: A hist. of Indian philos. 1-5 (Cambridge 1932-1955), bes. 1 (Neudruck 1957) 297/298. 330-333. 354/355. 394-397; 3, 214. 426.

Literaturhinweis. J. FUEYO: Die Idee der ‹auctoritas›: Genesis und Entwicklung, in: Festgabe C. Schmitt (1968) 213-236.

W. VEIT

II. Altrömisch wird ‹A.› im Sinne von ‹*patrum auctoritas*› gebraucht. Sie bezeichnet die Macht des Senats, Gesetze der Comitien zu bestätigen, wozu die richterliche Befugnis zählt, die Gesetze authentisch zu interpretieren. Wenn AUGUSTUS A. beansprucht und sie der *potestas* (verfassungsmäßige Amtsgewalt) in der res publica entgegenstellt und wenn die Päpste im 5. Jh. den Begriff A. gebrauchen, um die Gottunmittelbarkeit ihres Auftrags gegenüber kaiserlich-byzantinischer potestas (weltliche Amtsgewalt) abzugrenzen, so bleibt sich dabei der Begriff der A. im Grundsätzlichen gleich. Er beinhaltet die Macht zu authentischer Urheberschaft der Gesetze, durch welche erst potestas und damit res publica entsteht. Mittelalterlich wird A. deutsch ‹*Mehrung*› genannt und seit dem 12. Jh. der damals sakral überhöhten kaiserlichen Macht zugelegt. Auch hier hat sie iura, potestates, dignitates zum Inhalt, während ‹A.› in päpstlichen Urkunden die Zuständigkeit des Hl. Stuhls für Fragen und Institutionen geistlichen Rechts, wie Wissenschaften, Stand, Glauben, Klerus, meint. Aus diesem Verständnis noch von LUTHER gebraucht, der als Augustiner sein Lehramt *auctoritate apostolica* versieht [1], wird A. im 16. Jh. verweltlicht zu der wissenschaftlichen A. der Alten. HOBBES allererst legt A. wieder dem weltlichen Souverän bei. Er versteht darunter dessen gesetzgebende Gewalt in dem *bürgerlichen* Staat, der vom herkömmlichen Gemeinen Wesen durch den seiner A. reservierten *öffentlichen* Ordnungsbereich und durch eine neue Gesetzgebungsmaterie unterschieden ist: das *Recht auf Handlung* nach Vernunftgesetzen. Regieren wird so zur Ausübung geistiger Macht, der Souverän zur A. [2]. ROUSSEAU übernimmt den A.-Begriff Hobbes', um ihn aber für die gesetzgebende *volonté générale* in Anspruch zu nehmen [3]. Um die Wende des 18. zum 19. Jh. wird A. der Herrscher und seine neu formierte Landesverwaltung genannt [4], um von dieser Bedeutung aus eine begriffliche Entwicklung zu nehmen, welche MAX WEBER im Ergebnis als «irrationale», «charismatische», einer Person zukommende «gewaltmäßige» Überlegenheit definiert, die «Ordnungen aus sich heraus schafft» und die bei anderen «Unterordnungstriebe» auslöst [5]. Den gegenrevolutionär-legitimistischen Staatstheoretikern (J. DE MAISTRE, L. DE BONALD, FR. GENTZ) noch unproblematisch bzw. im negativen Sinn polizeistaatlicher A. geläufig (ADAM MÜLLER) [6], wird A. zum Schlüsselbegriff erst für das reaktionär erscheinende machtstaatliche Denken des Beamtentums. Aus der Gegnerschaft zum liberalistischen Individualismus mit seiner reduzierten Staatlichkeit und seiner humanitären Individualethik kommt mit J. STAHL ein neues Selbstverständnis des Staatsbeamtentums zur Sprache. Vom Staatsdenken Schellings ausgehend, versteht er das Öffentliche als bürgerliche Ordnung, die auf «göttlicher Weltökonomie» beruht. Das Öffentliche wahrt diese als A. «herrschend», indem es die «privaten Lebensverhältnisse ethisch» bestimmt. Es ist für Stahl das «Recht als Ganzes», das «Göttliche auf Erden», in dem sich das «objektive Ethos», das «Telos» der privaten Lebensverhältnisse offenbart [7]. A. wird so zum Inbegriff der Aufwertung des Öffentlichen als Antwort auf dessen vorgängige Entwertung durch den Rationalismus. KIERKEGAARD nennt A. den wichtigsten ethisch-religiösen Begriff [8], den er existenzphilosophisch als exemplarische, christliche Hingabe an die Wahrheit außer der Zeit interpretiert [9]. Bestimmend für die Begrifflichkeit von A. wird indes die seit Mitte des 19. Jh. herrschend werdende Antinomie zwischen dem als Staat, Kirche, Wissenschaften die Macht innehaltenden Öffentlichen und dem privatisierenden Privaten. In der *Familien-A.* reserviert sich letzteres einen vitalistisch-naturgesetzlich erfaßten Machtmittelpunkt [10]. Demgegenüber untermauert J. H. KIRCHMANN die A. des Öffentlichen, indem er ebenso positivistisch wie naturalistisch unter dem macht- und gewaltlosen Regelfall Mensch (Staatsbürger) ein von den Trieben der Lust und der aus Frucht stammenden Achtung beherrschtes Wesen begreift (vgl. S. FREUD), dem der Bereich von Recht und Sittlichkeit aus autoritativen Geboten der Machthaber zuwächst [11]. In die gleiche Zeit fällt die Verkündung des päpstlichen Unfehlbarkeitsdogmas (1870). Überspielt wird die Bewußtseinsspaltung zwischen A. als öffentlicher Macht und dem machtlosen Staatsbürger, der freilich in den Bereich des Politischen nicht «herabsteigen» mag (RICHARD WAGNER), in der *«Führer-A.»*, obgleich von ihr jene Bewußtseinsspaltung zu allerletzt wegzudenken wäre. Angebahnt wird ihre Entstehung vom Irrationalismus und Aktivismus der Lebensphilosophie und der Jugendbewegung. M. HORKHEIMER [12] unternimmt es dagegen, den Begriff der A. aus seiner irrationalen Unangreifbarkeit herauszulösen; er weist die Bedingtheit, nicht Naturgesetzlichkeit väterlicher A. von der Staatsform und den Projektionen gesellschaftlichen Seins, insbesondere denen «ethnozentrisch» (ADORNO) [13] schablonierter Vorstellungen nach. Heute beschäftigt in der Philosophie, Soziologie, Theologie und Rechtswissenschaft das Problem, wie die A. als *Partnerschaftsverhältnis* (THIELICKE: «mit Vorschußkredit» [14]) freiheitlich ermöglicht und gesichert werden könne, als «einsichtige Gefolgschaft» (C. A. v. HEYL [15]), gegründet auf ein Vertrauen, das auf Kritik nicht verzichtet, wobei freilich der Wertwelt und dem Denken in Verbindlichkeiten (Treu und Glauben nach Verpflichtungsradius, -gestalt und -intensität) auf beiden Seiten des A.-Verhältnisses entscheidende Bedeutung zukommen muß.

Anmerkungen. [1] LUTHER, Vorlesung über den Römerbrief (1515/16) c. 13. Werke Wiss. Buchges. (1960) 2, 338. – [2] T. HOBBES, Leviathan c. 17. 19. 23. 26. – [3] J. J. ROUSSEAU, Du contrat social lib. 2, c. 6. 7; lib. 3, c. 2. – [4] J. H. CAMPE: Wb. zur Erklärung und Verdeutschung der unserer Sprache aufgedrungenen fremden Ausdrücke (²1808) Art. ‹A.›. – [5] MAX WEBER: Wirtschaft und Ges. (1956) 157ff. 692ff. 739ff. 837ff. 1043ff. – [6] J. DE MAISTRE: Betrachtungen über Frankreich, dtsch. F. VON OPPELN-BRONIKOWSKI (1924) 67; Über den schöpferischen Urgrund der Staatsverfassung, a. a. O. (1924) c. 21, S. 143; c. 63, S. 172; ADAM MÜLLER: Elemente der Staatskunst (¹1809) 14. Vorles. Kröner 86, 112. – [7] JULIUS STAHL: Philos. des Rechts 1: Gesch. der Rechtsphilos. (¹1829/1854, ⁶1963) 3. Buch, 4. Abschn., c. 2, S. 269ff.; 5. Abschn., c. 2, S. 314ff.; a. a. O. 2: Rechts- und Staatslehre auf der Grundlage christlicher Weltanschauung 2. Buch, c. 8, S. 302ff.; H. WAGENER: Staats- und Gesellschaftslex. 1 (1860) 111ff.; Art. ‹A.›. – [8] S. KIERKEGAARD, Tagebücher, hg. TH. HAECKER (²1941) 379f. – [9] Darf ein Mensch für die Wahrheit sich totschlagen lassen? (1847); Der Begriff des Auserwählten, hg. TH. HAECKER (1926) 170ff.; Eine lit. Anzeige, hg. TH. HAECKER (1922) 61ff. – [10] W. H. RIEHL: Naturgesch. des Volkes 3: Die Familie (1856) 116f.; JOH. ROSSBACH: Die Gesch. der Familie (¹1859) 527f. – [11] J. H. KIRCHMANN: Die Grundbegriffe des Rechts und der Moral als Einl. in das Studium rechtsphilos. Werke (1869). – [12] MAX HORKHEIMER: Studien über A. und Familie (1936). – [13] TH. W. ADORNO, E. FRENKEL-BRUNSWIK, D. J. LEVISON, R. NEWITT-SANFORD: The authoritarian personality. Studies in prejudice (New York 1950). – [14] RGG 1 (³1957) 792-794: Art. ‹A.›. – [15] C. A. v. HEYL: Art. ‹A.›, in: Evang. Soziallex., hg. F. KARRENBERG (1963).

Literaturhinweise. A. VIERKANDT: Gesellschaftslehre (²1928); A. und Prestige, in: Schmollers Jb. Gesetzgebung, Verwaltung und Volkswirtschaft im Dtsch. Reich 41/4 (1917). – H. SCHELSKY: Wandlungen der dtsch. Familie in der Gegenwart (1953). – G. KRÜGER: Das Problem der A., in: Offener Horizont, Festschrift K. Jaspers (1953). – TH. ELLWEIN: A. und Freiheit. Int. Jb. Politik 1 (1954). – P. HEINTZ: Zur Problematik der autoritären Persönlichkeit, in: Köln. Z. Soziol. Sozialpsychol. 9 (1957); Vorurteile und Minoritäten, in: Soziol. hg. R. KÖNIG (1958). – D. STERNBERGER: A., Freiheit und Befehlsgewalt (1959). – G. MÖBUS: A. und Disziplin in der Demokratie (1959). – TH. ESCHENBURG: Über A. (1965). HANNAH RABE

III. CICERO verbindet als erster philosophische Gedanken mit dem ursprünglich juristischen und politischen Begriff der A. Für die Skepsis war A. in reiner Theorie verwerflich, aber sie begründete ihre Geltung im Bereich von Topik und Rhetorik einerseits, Ethik und Lebensklugheit andererseits.

Durch den juristisch gebildeten Kirchenvater TERTULLIAN wurde der A.-Begriff in die Kirchensprache eingeführt. Gott hat die Stelle der höchsten auctoritas und potestas inne, und die Bibel hat (wie die kaiserlichen Gesetze) A., die durch Gottes A. vermittelt ist. Die durch die Rechtssprache der späteren Kaiser vorgebildete Konzeption einer Amts-A. kraft kaiserlicher A. wurde von CYPRIAN in die Kirchensprache übernommen; doch erst AUGUSTIN hat dem Begriff das Gewicht gegeben, das er im gesamten Mittelalter gehabt hat. Daß auctoritas in einer Spannung zur *ratio* stehe, ist römisch-philosophisch vorgedacht, wird aber erst bei Augustin und im Mittelalter voll entfaltet. A. wird für Augustin wichtig bei dem Versuch, die Wahrheit nicht nur zu begründen (Geschäft der ratio), sondern gemäß dem Missionsauftrag allgemein durchzusetzen, insbesondere beim einfachen Volke. Dieses ist nicht fähig, durch eigenes Philosophieren die Wahrheit zu ergründen, sondern muß durch *A.-Glauben* zur Einsicht geführt werden: «Auctoritas fidem flagitat, et rationi praeparat hominem» [1]. Die Entscheidung für die A. ist selbst nicht rational begründbar, sondern ein Akt des Glaubens. Geraten bei Augustin A. und ratio in einen Konflikt, so gebührt jederzeit der A. der Vorrang, da sich alle A. aus Gott ableitet; im Konfliktfall zeigt sich die ratio als bloß menschlich. Wo aber Sätze, die sich aus ratio und A. ergeben, koinzidieren, da offenbart sich ratio als vera ratio; A. und ratio harmonieren nach Augustin in Gottes Weisheit.

In dem Nebeneinander von juristischem und religiösem A.-Begriff spiegelt sich der politische A.-Konflikt von Kaiser und Papst. Eine erneute institutionelle Trennung von A. und potestas, verkörpert in Papst und Kaiser, versuchte GELASIUS einzuführen: «Duo quippe sunt ..., quibus principaliter mundus hic regitur: auctoritas sacra pontificum, et regalis potestas» [2]. Die hierarchische Struktur des mittelalterlichen Denkens machte jedoch aus der potestas weitgehend eine abgeleitete Erscheinungsform der A. THOMAS VON AQUIN geht in seiner einflußreichen Soziallehre von der *natürlichen Superiorität* einiger Menschen über andere aus. Durch sie ist A. als Struktur gewährleistet, unabhängig davon, ob die institutionelle A. durch persönliche Eigenschaften des Trägers abgesichert ist oder durch bloße A.-Emanation aus Gott hervorgeht [3].

Einer der Protagonisten der für die Neuzeit typischen *A.-Kritik* war F. BACON. Von den drei Erkenntnisgründen Erfahrung, Vernunft und A. ist der letzte der trügerischste, weil A. ein abergläubisches Vertrauen auf Lehrer und Traditionen ist, das sich nicht durch Vernunft oder Erfahrung legitimieren läßt [4]. In der staatphilosophischen Konstruktion von HOBBES ist A. «the right of doing any action» [5]. Dieses Recht wird vom Auctor auf seinen Vertreter übertragen (Autorisation). Der Souverän hat natürliche A. von Gott aufgrund des Naturrechts; wichtiger jedoch ist die künstliche A., die ihm von den Bürgern in einem nicht-aufhebbaren Vertrag verliehen wird zum Zweck der Sicherung von Frieden und Sicherheit der Bürger. Durch diese künstliche A. ist der Souverän zur positiven Rechtsetzung legitimiert: «autoritas, non veritas, facit legem» [6]. In der Folgezeit des Absolutismus spielte nicht der A.-Begriff, sondern der von BODIN formulierte *Souveränitätsbegriff* die entscheidende Rolle zur Charakterisierung politischer Herrschaft.

Im 18.Jh. geriet A. unter den Druck des *Autonomiebegriffs*. A. ist Fremdbestimmung des Denkens und Handelns anstelle einer geforderten Selbstbestimmung aus der Unabhängigkeit der Vernunft. DIDEROT geht in seinem Encyclopédie-Artikel ‹Autorité› davon aus, daß kein Mensch von Natur aus ein Recht habe, einem anderen zu befehlen. A. konstituiere sich entweder illegitim durch Gewalt oder legitim durch einen Gesellschaftsvertrag. Im zweiten Falle hat der Souverän nicht mehr A. über die Menschen, als diese selbst ihm verliehen haben; er ist nicht der Inhaber der politischen A., sondern nur ihr Sachwalter. Unter wissenschaftlicher A. versteht Diderot das Recht des Autors auf Glauben an das von ihm Gesagte, wodurch also nur die wissenschaftliche Integrität behauptet wird, unbeschadet der Möglichkeit des Irrtums. Es soll kein Satz auf A. hin angenommen werden und keinem Befehl aus illegitimer A. gefolgt werden. So relativiert die vorrevolutionäre Aufklärung ‹A.› zu einem Begriff, der sich vor der Vernunft zu rechtfertigen hat und der durch die Konzeption einer autonomen Vernunft in enge Grenzen verwiesen wird.

Mit der Überführung aufklärerischer Gedanken in die politische Realität durch die Französische Revolution und mit der konservativen Reaktion auf diese Vorgänge gewann auch der Begriff der A. neue, vor allem polemische Aktualität. ‹A.› wurde zu einem Begriff, der da, wo er ausdrücklich reklamiert wird, bereits den Verlust der Sache indiziert; seine Funktion war hauptsächlich im Lager der Restauration die einer solidarisierenden Parole. Während die Stellung der Liberalen und Anarchisten zum Autoritätsbegriff durchaus differenziert und zwiespältig war, war die Restauration sich darüber einig, daß Aufklärung und Revolution mit der Abschaffung etablierter Autoritäten auf dem Wege waren, A. überhaupt zu beseitigen. Sie setzten der aus Volkssouveränität hervorgegangenen und an sie gebundenen A. die «*legitime A.*» der Obrigkeit entgegen (STAHL: «Autorität, nicht Majorität» [7]). BAADERS evolutionistische Gesellschaftstheorie [8] dagegen erlaubt die Verbindung einer thomistisch begründeten A.-Vorstellung mit dem Gedanken des Fortschritts, so daß A. bei ihm nicht mehr nur traditional verstanden werden muß. Übersetzt er ‹A.› stets mit lateinisch ‹potestas›, so zeigt COMTE z. B. eine Rückkehr zu römischer Trennung der Begriffe [9].

Die aufklärerische A.-Kritik wird fortgesetzt von PROUDHON und BAKUNIN. Sie zeigen, wie die Berufung auf A. eine rationale Begründung erübrigen soll; deshalb wird gerade bei Thesen, die vor der Vernunft keine Chance hätten, A. beschworen, wobei diese Berufung auf A. selbst irrational ist. PROUDHON erkennt als erster [10], wie die familiäre A. des Vaters – bisher niemals bezweifelt – selbst verantwortlich ist für das «autoritäre Vorstellungssyndrom» (ADORNO [11]), das zu der politischen A.-Gläubigkeit führt. BAKUNIN dagegen nimmt die *Kompetenz des Experten* in den A.-Begriff hinein und kommt so zu einer rational begründbaren A. [12]. Jede andere A., insbesondere jede, die sich selbst hypostasiert, bekämpft er heftig. Der A.-Begriff ist einer der Streitpunkte zwischen Bakunin und Engels, dem er «*autoritären Kommunismus*» vorwirft. ENGELS nimmt diesen Vorwurf auf und bekennt: «Ich kenne nichts Autoritäreres als eine Revolution» [13]. Soweit der Kommunismus zwar die staatliche A. beseitigen, dafür aber die A. einer Diktatur des Proletariats einsetzen will, kehrt hier unter veränderten Bedingungen Luthers Kampf gegen die A. des Papstes wieder: Es wird nur eine bestimmte A.-Form zerstört, nicht aber die Geltung des A.-Prinzips überhaupt in Frage gestellt. Engels festigt vielmehr den Begriff dadurch, daß er von der A. der Naturgesetze und der Gesetze gesellschaftlicher Arbeit spricht. Damit wird seine Konzeption vergleichbar der liberalen legalistischen Auffassung von der A. der Gesetze.

Auch zu Beginn des 20. Jh. diente der A.-Begriff vor allem den Konservativen als Kampfparole; an ihm wird die geistige Vorbereitung des Faschismus ablesbar. VIERKANDT nimmt einen «Unterordnungstrieb» an, der durch die «*biologisch fundierte Macht*» des «*Führers*» und den Willen der Untergebenen zur Identifikation mit der A. des Führers bestimmt ist [14]. A. wird als eine angeborene Qualität des Führers verstanden [15]. Dabei muß ein einheitliches Bewußtsein Führer und Geführte umschließen, wobei der Führer das von allen Intendierte in höherem Maße verwirklicht und somit zum Repräsentanten ihres Willens wird [16]. Dagegen, so wird betont, besteht das Wesen von *Herrschaft* darin, daß es grundsätzliche Unterschiede zwischen Herrscher und Beherrschten gibt [17]. Besonders eng wird die Verbindung von A. und Führertum im «völkischen Universalismus» SPANNS: «Nur durch Verehrung und Hingabe kann der niedere Mensch an dem Höheren ... Anteil nehmen» [28]. Unterstützt wird die präfaschistische A.-Auffassung von der existentiellen Theologie Gogartens [19]. Zwar ist bei ihm jede A. letztlich an die A. Gottes gebunden, doch ist seine elitäre A. totalitärer als alle bisherigen A.-Auffassungen, indem er sie nicht nur auf das Denken und Handeln des Menschen, sondern auf dessen ganzes Sein bezieht.

Bei den Staatsphilosophen wird besonders der Gedanke der Legitimität der A. wieder interessant [20]; diese wird gegen das Legalitätsprinzip des liberalen Gesetzgebungsstaates ausgespielt. Neben den präfaschistischen überleben thomistisch-feudalistische Gedanken in dem Begriff; hier wird stets die gewachsene Tradition und die hierarchische Ordnung der Gesellschaft betont [21].

Neuere A.-Theorien gehen entweder von der Hobbesschen Version, daß A. das *Recht zu befehlen*, zu ordnen usw. sei, also vom A.-Subjekt [22], oder davon aus, daß A. die «*bejahte Abhängigkeit*» sei, also vom A.-Objekt [23], oder sie definieren ‹A.› als *Relationsbegriff* [24]. McIVER nennt A. einen mythenstiftenden Mythos, der, gleich welche sozialen Mythen gelten, ihre Geltung selbst stabilisiert [25]. GADAMER versucht den A.-Begriff vor seinen Gegnern dadurch zu retten, daß er das rationale Element in der A. darin sieht, daß A. die *Erkenntnis der eigenen Subalternität* sei [26]. Für heutige Diskussionen über A. ist M. WEBERS Unterscheidung von traditional, charismatisch und legal legitimierter A. wichtig geworden [27]. Alle erwähnenswerten Apologeten der A. in der Gegenwart gehen von der im weiteren Sinne legal legitimierten A. aus. C. J. FRIEDRICH unternimmt eine ökonomisch-pragmatische Begründung einer funktionalen A. [28]. Das Wirken einer A. verkürze den Denkweg, indem es auf Begründung verzichte. Grundsätzlich aber muß jeder Satz aus A. wenn auch nicht beweisbar (dazu bedürfte es keiner A.), so doch begründbar sein. So ist nach Friedrich A. keine Eigenschaft von Personen, sondern von Kommunikationen zwischen Personen. Alle Verteidiger der A. sehen sich durch den gegenwärtigen Bewußtseinsstand gezwungen, A. vor dem Prinzip der *Freiheit*, das die demokratische Gesellschaft für sich behauptet, zu rechtfertigen. Dabei kann man davon ausgehen, daß die menschliche Freiheit nicht total, sondern bedürftig ist, ihre Grenzen, innerhalb derer sie wirken kann, durch A. gezeigt zu bekommen [29]. Oder man kann Kontinuität auch in der Politik der Demokratie fordern und diese nur durch mit A. ausgestattete Institutionen gewährleistet sehen [30]. Oder man sieht in ihr ein Prinzip aller staatlichen Organisation per se, das nur heute darauf Rücksicht zu nehmen habe, daß in der gegenwärtigen Staatsform Freiheit des Bürgers ein Prinzip der Ordnung ist [31]. Dagegen besteht HORKHEIMER darauf, daß Freiheit heute eben nicht verwirklicht sei; die befreite Gesellschaft zeichne sich aber dadurch aus, daß in ihr die A. der Freiheit der Menschen nicht widerspricht; sie «besorgt nur ihre eigenen zum Beschluß erhobenen Pläne, die freilich keine Resultanten divergierender Klasseninteressen sind» [32].

Anmerkungen. [1] AUGUSTIN, Oeuvres (²1949) 8, 84. – [2] GELASIUS, MPL 59, 42 a. – [3] Vgl. F. FALLER: Die rechtsphilos. Begründung der ges. und staatlichen Autorität bei Thomas von Aquin (1954). – [4] FR. BACON, Works (1858) 2, 656. – [5] HOBBES, Engl. Works 3, 148. – [6] Opera lat. 3, 202. – [7] J. STAHL am 15. 4. 1850 in der 11. Sitzung des Volkshauses des Erfurter Parlaments. – [8] F. VON BAADER, Werke (1851) 3, 336 Anm.; 5, 244ff. 294ff. – [9] A. COMTE: Discours sur l'esprit positif. Rede über den Geist des Positivismus (1956). – [10] P.-J. PROUDHON, Oeuvres complètes. Nouv. éd. 2, 177-236. – [11] Vgl. T. W. ADORNO u. a.: The authoritarian personality (New York 1951) 759-762. –

[12] The Political philos. of BAKUNIN: Scientific Anarchism, hg. G. P. MAXIMOFF (London 1953) 253f. – [13] ENGELS an Terzaghi 14. 1. 1872. MEW 33, 374; vgl. MEW 18, 305ff. – [14] A. VIERKANDT: Gesellschaftslehre (²1928) 37. – [15] Vgl. W. KESSEL: Auctoritas u. potestas im Ordnungsgrundl. des demokr. Staates (Diss. Hamburg 1956) 21; T. ESCHENBURG: Über A. (1965) 177. – [16] H. FREYER: Soziol. als Wirklichkeitswiss. (1930) 248. – [17] VIERKANDT, a. a. O. [14] 284; FREYER, a. a. O. [16] 248f.; vgl. C. SCHMITT: Verfassungslehre (³1957) 75. – [18] O. SPANN: Der wahre Staat (⁴1938) 165. – [19] F. GOGARTEN: Illusionen (1926) 73-100; Wider die Ächtung der A. (1930). – [20] C. SCHMITT: Legalität und Legitimität (1932) 14; G. LEIBHOLZ: Die Auflösung der liberalen Demokratie in Deutschland und das autoritäre Staatsbild (1933) 65f. – [21] KESSEL, a. a. O. [15] 21; LEIBHOLZ, a. a. O. [20] 65f. – [22] R. M. MACIVER: The web of government (New York 1965) 63 .– [23] M. HORKHEIMER: Krit. Theorie 1 (1968) 301. – [24] D. EASTON: The perception of authority and political change; Nomos 1 (Cambridge, Mass. 1958) 177. – [25] MACIVER, a. a. O. [22] 30. – [26] H.-G. GADAMER: Wahrheit und Methode (²1965) 264. – [27] M. WEBER: Wirtschaft und Gesellschaft (1956) 157-222; Ges. Aufsätze zur Wissenschaftslehre (³1968) 475-488. – [28] C. J. FRIEDRICH: Authority, reason, and discretion. Nomos 1 (Cambridge, Mass. 1958) 28-48; Polit. A. und Demokratie. Z. Politik NF 7 (1960) 1-12. – [29] G. KRÜGER: Das Problem der A. Offener Horizont. Festschrift K. Jaspers (1953) 44-62. – [30] ESCHENBURG, a. a. O. [15] 168-178. – [31] G. MÖBUS: A. und Disziplin in der Demokratie (1959). – [32] HORKHEIMER, a. a. O. [23] 1, 329.

Literaturhinweise. WELCKER: Art. ‹A.›, in: Staatslex. 2 (³1858) 90. – F. v. TESSEN-WESIERSKI: Der A.-Begriff in den Hauptphasen seiner hist. Entwicklung (1907). – F. W. FÖRSTER: A. und Freiheit (1910). – H. WAGENVOORT/G. TELLENBACH: Art. ‹Auctoritas›, in: Reallex. Antike u. Christentum 1 (1950) 902-909. – P. HEINTZ: Die A.-Problematik bei Proudhon (1956); Zur Problematik der «Autoritären Persönlichkeit». Kölner Z. Soziol. Sozialpsychol. 9 (1957) 28-49. – H. ARENDT: Authority in the 20th century. Rev. Politics 18 (1956) 403-417; Was ist A.? in: Fragwürdige Traditionsbestände im polit. Denken der Gegenwart (Frankfurt o. J.) 117-168. – R. HAUSER: Art. ‹A.›, in: Staatslex. 1 (⁶1957) 803-826. – O.-H. v. D. GABLENTZ: A. und Legitimität im heutigen Staat. Z. Politik NF 5 (1958) 5-27. – K. JASPERS: Von der Wahrheit (²1958) 767ff. – H. KELSEN: Reine Rechtslehre (²1960) 197ff. – Nomos I: Authority, hg. C. J. FRIEDRICH (Cambridge, Mass. 1958). – T. D. WELDON: Kritik der polit. Sprache (1962). – D. GROSSER: Grundlagen und Struktur der Staatslehre Fr. J. Stahls (1963). – A. G. MEYER: A., in: Sowjetsystem und demokratische Gesellschaft 1 (1966) 546-564. – P. C. MAYER-TASCH: Autonomie und A. (1968). – K.-H. LÜTCKE: ‹Auctoritas› bei Augustin (1968). – H. MARCUSE: Studie über A. und Familie, in: Ideen zu einer krit. Theorie der Gesellschaft (1969) 55-156.

K. RÖTTGERS

Autosemantisch, Autosemantika. Von MARTY in die Sprachwissenschaft eingeführte Kategorien sprachlicher Ausdrucksmittel, die im Gegensatz zu den Synsemantika «schon für sich allein genommen den Ausdruck eines für sich mitteilbaren psychischen Phänomens bilden» [1], z. B. Namen, Aussagen, Emotive. Sie entsprechen den Kategorematika bei HUSSERL.

Anmerkung. [1] O. FUNKE: Innere Sprachform. Eine Einf. in A. Martys Sprachphilos. (1924) 22.

Literaturhinweis. A. MARTY: Untersuchungen zur Grundlegung der allg. Grammatik und Sprachphilos. 1 (1908).

W. THÜMMEL

Autotelie/Heterotelie (Selbstzwecklichkeit/Fremdzwecklichkeit) – offenbar in Analogie zu ‹Autonomie› und ‹Heteronomie› gebildete Begriffe – kennzeichnen bei W. STERN die Person, sofern diese durch ihr immanente und sofern sie durch fremde Zwecke bestimmt ist [1]. Es ist das Auszeichnende der menschlichen Persönlichkeit, daß bei ihr A. und H. ein einheitliches Zwecksystem bilden: Neben den Selbstzwecken (Selbsterhaltung und Selbstentfaltung) werden auch von woandersher auferlegte (über- oder nebengeordnete reale bzw. ideell abstrakte) Zwecke verwirklicht, und zwar so, daß sie gemäß dem eigenen Selbst geformt werden und dieses daher zu bereichern vermögen [2].

W. BURKAMP hat die Begriffe ‹A.› und ‹H.› von Stern übernommen und zugleich ihren Bedeutungsumfang insofern erweitert, als er sie bei allen ganzheitlichen Gebilden verwendet: «Für Ganze, deren Sinn in zielrichtlicher Ordnung besteht, gebrauche ich den Ausdruck ‹Telie›. Leicht verständlich sind dann die Begriffe der A. und H., die sich dadurch unterscheiden, daß das Ziel im System selber oder außerhalb des Systems liegt» [3].

Anmerkungen. [1] W. STERN: Person und Sache 2 (²1919) 19. 40. – [2] a. a. O. 40-65. – [3] W. BURKAMP: Die Struktur der Ganzheiten (1929) XVI.

I. BANDAU

Averroismus bezeichnet dem Namen nach die *averroistisch*-aristotelische Philosophie des lateinischen Mittelalters. Die nähere Bestimmung ist sehr umstritten: E. RENAN [1] verstand unter A. (in Verkennung der Komplexität der philosophischen Strömungen im Mittelalter) das Aristotelesstudium, das sich methodisch-schulmäßig und systematisch-doktrinär seit der ersten Hälfte des 13. Jh. an den (von Michael Scottus u. a.) ins Lateinische übertragenen Kommentarwerken des AVERROES [2] orientierte. P. MANDONNET [3] wollte die averroistische Lehre samt den «Errores Averrois» (über die Ewigkeit der Welt, die Einheit des Intellekts, das welthafte Erkennen und Wollen Gottes usw.) bereits für die Mitte des 13. Jh. speziell in der Philosophie des Siger von Brabant nachweisen. F. VAN STEENBERGHEN [4] und andere Forscher erwiesen diesen A. als irreale Geschichtskonstruktion. Sie lassen für das 13. Jh. nur einen «heterodoxen» bzw. «integralen» Aristotelismus gelten. – Unabhängig von dieser Auseinandersetzung um die nominale Bestimmung muß nach dem Unterscheidenden des Averroistischen der mittelalterlichen Philosophie gefragt werden. Averroistisch an der mittelalterlichen Philosophie ist:

1. die *scholastische Methode* der Lesung und Auslegung der aristotelischen Schriften «per modum commenti», durch Textgliederung und Satzerklärung, d. h. in der Weise der Commentaria magna des Averroes (im Unterschied zur Paraphrase bzw. Quaestio) [5];

2. das *Aristotelesverständnis* unter dem Lehreinfluß des Averroes, der seit etwa 1240 als Commentator schlechthin angeführt wird. Die lateinischen Aristoteleserklärer hatten stets die Kommentare des Averroes vor Augen, sei es, daß sie sich mit Fleiß des Einverständnisses des Commentators versicherten (ROBERT KILWARDBY, ALBERT DER GROSSE, «Semi-Averroista» [6]), sei es, daß sie sich kritisch damit auseinandersetzten (ROGER BACON, THOMAS VON AQUIN, AEGIDIUS VON ROM, JOHANNES DUNS SCOTUS, WILHELM VON OCKHAM, m. E. auch JOHANNES BURIDANUS u. a.), sei es, daß sie dem Commentator in der Überzeugung folgten, den Philosophen (Aristoteles) recht (wahr) zu interpretieren – «*sequaces*», «Averroisten» in diesem wertfreien Sinne waren im 13. Jh. in Paris SIGER VON BRABANT [7] und seine Anhänger, im 14. Jh. JOHANNES VON JANDUN, in Oxford THOMAS WILTON und WALTER BURLEIGH [8], in Bologna GENTILE VON CINGOLI, ANGELUS VON AREZZO, MATTHÄUS VON GUBBIO, THADDÄUS VON PARMA, ANSELMUS VON COMO, CAMBIOLUS VON BOLOGNA u. a. [9], in Padua PETRUS VON ABANO, in Erfurt Magister THEODERICH [10], im 15. Jh. in Padua PAUL VON VENEDIG, CAJETAN VON THIENE, NICOLETO VERNIA u. a. [11]. Manche von ihnen waren überdies überzeugt, daß Aristoteles und sein Kommentator Repräsentanten der menschlichen Vernunft wären. Bekannt ist der Satz des JOHANNES

VON JANDUN [12], daß wir Aristoteles und den Kommentator immer nur im Abstand des Affen vom Menschen nachahmen können;

3. die *spezielle Thematik* und *Doktrin*, die nicht aus dem Textbuch (des Aristoteles), sondern aus dessen Kommentar geschöpft werden. «... quia vult Commentator, quod ... ideo quaeritur ...» [13]. Es ist noch im einzelnen zu untersuchen, welche Fragen der Kommentator der mittelalterlichen Philosophie aufgab. Bei den Untersuchungen über die averroistischen Lehren geht es weniger um einzelne Meinungen des Kommentators, sondern um unterschiedliche Konzepte bezüglich metaphysischer, ethischer oder politischer Grundbegriffe (z. B. des Materiebegriffes). Auf Grund dieser Analyse müssen auch die «Errores Averrois» [14] neu geprüft werden;

4. die *Selbstbehauptung der Philosophie* in der Auseinandersetzung mit der Theologie einer Offenbarungsreligion im betonten Rückgriff auf die Natur und die natürlichen Prinzipien. Mit Averroes waren auch die mittelalterlichen Philosophen bei der Auslegung der aristotelischen Philosophie mit einer Offenbarungstheologie konfrontiert [15]. Aus dieser Konfrontation ergaben sich die philosophisch-theologischen Unterscheidungslehren, die sogenannte Doppelte Wahrheit (über Weltanfang, Einheit des Intellekts, Erkennen und Wollen Gottes), die im Streit der Fakultäten (Averroistenstreit) ausgetragen wurden. ‹Averroista› wurde als Kampf- und Schlagwort geprägt und später mit dem Verdacht der Glaubensfeindlichen und Freigeistigen übel gefärbt.

Anmerkungen. [1] E. RENAN: Averroès et l'A. (Paris ⁴1882). – [2] Zu den lat. Übersetzungen vgl. Corpus Commentariorum Averrois in Aristotelem (Cambridge [Mass.] 1949ff.); zur Revision des Editionsplanes: Speculum 38 (1963) 88-104. – [3] P. MANDONNET: Siger de Brabant et l'A. lat. au 13e siècle. Philos. Belg. 6-7 (Löwen 1908, ²1911). – [4] F. VAN STEENBERGHEN: Siger de Brabant d'après ses œuvres inédites. Philos. Belg. 12/13 (Löwen 1931-1942); The philosophical movement in the 13th century (Edinburgh 1955). – [5] D. A. CALLUS: Introduction of Aristotelian learning to Oxford. Proc. Brit. Acad. 29 (1943) 229-281. – [6] B. NARDI: La posizione di Alberto M. di fronte all'A. Stud. Filos. medievale (Rom 1960) 119-160. – [7] Vgl. Lex. Theol. u. Kirche 9 (²1964) 746f. – [8] ANNELIESE MAIER: Ein unbeachteter «Averroist» des 14.Jh.: Walter Burley. Medioevo e Rinascimento (Florenz 1955) 477-499. – [9] M. GRABMANN: Mittelalterliches Geistesleben 3 (1956) 197-212 mit Lit; ANNELIESE MAIER: Die ital. Averroisten des Codex Vaticanus latinus 6768. Manuscripta 8 (1964) 68-82; Z. KUKSEWICZ (Hg.): Averroïsme bolonais au 14e siècle. Ed. des textes: ANSELMUS DE CUMIS, CAMBIOLUS BONONIENSIS, JACOBUS DE PLACENTIA, JORDANUS DE TRIDENTIA, MATHEUS DE EUGUBIO, PETRUS DE BONIFACIIS (Warschau/Krakau 1965); vgl. ferner Mediaevalia philosophica Polonorum 9f. (1961f.). – [10] Z. KUKSEWICZ: Theodoric, recteur d'Erfurt, Averroïste allemand du 14e siècle. La filos. della natura nel medioevo (Mailand 1966) 652-661. – [11] C. VASOLI: La sci. della natura in Nicoleto Vernia. La filos. della natura ... 717-729; B. NARDI: Saggi sull'aristotelismo padovano dal secolo XIV al XVI (Florenz 1958). – [12] Met. VI, q. 10 (Venedig 1553, Nachdruck 1966) fol. 84v. – [13] Vgl. dazu AEGIDIUS VON ROM, Errores Philosophorum. Crit. text with notes and introduction, hg J. KOCH (Milwaukee 1944) 14-24. – [14] AVERROES führte diese Auseinandersetzung in: Destructio destructionum philosophiae Algazalis, hg. B. H. ZEDLER (Milwaukee 1961). – [15] Vgl. THOMAS VON AQUIN, De unitate intellectus contra Averroistas. Opuscula philos. (Turin 1954) 59-90.

Literaturhinweise. M. M. GORCE: Art. ‹A.› in: Dict. d'hist. et de géogr. eccl. 5 (1931) 1032-1092 mit Lit. bis 1931. – B. NARDI: Art. ‹A.› in: Enciclop. catt. 2 (Rom 1949) 524-530. – F. VAN STEENBERGHEN: Aristotle in the West (Löwen 1955). – A. FOREST, F. VAN STEENBERGHEN und M. DE GANDILLAC: Le mouvement doctrinal du 11e au 14e siècle. Hist. de l'Eglise 13 (1956) 283-348. 438-448. – G. BONAFEDE: Storia della filos. medioevale (²1957). – ANNELIESE MAIER: Stud. zur Naturphilos. der Spätscholastik 1-5, in: Storia e Lett. 22/ 37/ 41/ 52/ 69 (Rom 1949-1958). – B. NARDI: Studi di filos. medievale. Storia e Lett. 78 (Rom 1960). – F. VAN STEENBERGHEN: La philos. au 13e siècle. Philos. médiévale 9 (Löwen 1966) 357-493.
L. HÖDL

Avidyā (Nichtwissen, Unwissen). In der Lehre des BUDDHA fungiert die A. neben dem ‹Durst› (trischnā) als Ursache der Verstrickung in den Samsāra [1]. Die A. wird näher bestimmt als Nichtkennen der vier «edlen Wahrheiten» (d. h. der leidvollen Natur des gesamten Daseins, des ‹Durstes›, d. h. der Begierde, als der Ursache des Leidens, der Unterdrückung des Durstes als der Grundlage der Aufhebung des Leidens und schließlich des hierzu führenden Weges) [2].

Im *Advaita-Vedānta* kommt ‹A.› vor in der Bedeutung ‹Nichtkennen der wahren Wirklichkeit›, d. h. hier: der Zweitlosigkeit (advaita) des Brahman und der Identität des eigenen Selbstes (ātman) mit ihm; insbesondere ŚANKARA gebraucht den Terminus gern in diesem Sinne. An einigen Stellen ist die A. aber bei ihm nicht nur Ursache des Samsāra, sondern der vielheitlichen Welt selbst, die somit als Illusion bestimmt ist [3]. Hierin scheint sich der Einfluß einer Lehre widerzuspiegeln, nach der die A. geradezu eine Art Urstoff der Welt ist. Diese Lehre ist älter als Śankara und findet sich schon im Paramārthasāra (v. 49), wo die A. wie die Urmaterie (prakriti) des Sānkhya bestimmt wird. Nach Śankara tritt diese Auffassung auch in der von ihm begründeten Schule in den Vordergrund. Die A. wird ganz zum illusorischen Urstoff der Vielfalt, sei diese objektiv (die überindividuelle Außenwelt) oder subjektiv (die feinstofflich gedachte Psyche und ihre Regungen) [4]. Neben dieser Funktion des ‹Zerstreuens› (vikschepa) – der Projektion der vielheitlichen Welt – bleibt der A. aber auch die, den von ihr affizierten Einzelseelen (jīva) die wahre Wirklichkeit zu verhüllen (ācchādana) [5]. Die illusorische Natur der A. wird dadurch zum Ausdruck gebracht, daß sie «weder als seiend noch als nichtseiend bestimmbar» (anirvacanīya) genannt wird. Auf diese Weise verträgt sie sich mit dem Lehrsatz der Zweitlosigkeit (advaita) des Brahman-Ātman und ist dennoch nicht schlechthin nichts, in welchem Falle ihr und ihrer Wirkungen konkretes Erscheinen unmöglich wäre [6]. Ihr Verhältnis zum Brahman wird meist so gekennzeichnet, daß sie dieses zu ihrem Träger (āśraya) hat [7] und weder mit ihm identisch noch etwas von ihm Verschiedenes ist [8]. Als zugleich die Verblendung der Einzelseelen bewirkender Welturstoff ist die A. im späteren Advaita-Vedānta meist identisch mit der *Māyā* [9]. Wird doch ein Unterschied gemacht, so ist die A. meist derjenige Aspekt oder diejenige Ausprägung der illusorischen und illusionsbildenden Wesenheit, in welcher das Moment des Verhüllens überwiegt [10].

Anmerkungen. [1] E. FRAUWALLNER: Gesch. der indischen Philos. 1 (1953) 184. 197f. 211. – [2] a. a. O. 182ff. 200. – [3] P. HACKER: Eigentümlichkeiten der Lehre und Terminologie Śankaras. Z. der dtsch. morgenländ. Ges. 100 (1950) 248ff. – [4] Ischtasiddhi 35, 5ff.; Pañcapādikā. Madras-A. 26, 2ff.; 99, 1ff. – [5] HACKER, a. a. O. 255. – [6] Ischtasiddhi 47, 8ff. – [7] Pañcapādikā-Vivarana. Madras-A. 220, 1ff. – [8] Ischtasiddhi 63, 8. u. Komm. – [9] a. a. O. 35, 9f.; Pañcapādikā-Vivarana 172, 9ff. – [10] Vgl. Pañcapādikā-Vivarana 173, 9f.; Siddhāntaleśasangraha I, 30. 31.

Literaturhinweise. Beiträge in fast allen Arbeiten zum Vedānta, speziell zum Advaita-Vedānta (siehe Literaturhinweise zu Art. ‹Vedānta›). – Ferner: P. HACKER s. Anm. [3] 248ff. 272ff.
L. SCHMITHAUSEN

Aware ist eine altjapanische Interjektion (Erstaunen, Bestürzung, Bewunderung), die frühzeitig als Vollwort in der Bedeutung «eindrucksvoll, bewundernswert, bedauernswert» verwendet wurde und sowohl lustbetonte als auch unlustbetonte Emotionen bezeichnen konnte [1].

In der Heian-Zeit (794–1185) wurde es ein Schlüsselwort ästhetischer Wertung, in dem sich die femininen Züge der zeitgenössischen höfischen Kultur widerspiegeln. A. bezog sich nun vornehmlich auf Schönheit, Harmonie und Eleganz sowie die bewegte Stimmung, welche diese Werte hervorriefen. Der Terminus trat jetzt gern in der Verbindung *mono-no-aware* auf, dessen Übersetzung «Gerührtsein von den Dingen» [2] die leise Wehmut anklingen läßt, welche dem Begriff zu eigen ist und sich vor allem in dem größten Wortkunstwerk der Epoche, dem ‹Genji-monogatari› (ca. 1010) der Hofdame MURASAKI SHIKIBU ausspricht. Der Edo-Philologe MOTOORI NORINAGA, der den Terminus im ‹Genji-monogatari› sammelte und analysierte [3], hat das Mono-no-aware erstmals als Leitbegriff des Werkes und seiner Zeit interpretiert. Das emotionale, kontemplative und melancholische Element des A. ist typisch für den Zeitgeist des höfischen alten Japan, für seine Kultur und Kunst.

Anmerkungen. [1] Vgl. S. HISAMATSU: The vocabulary of Japanese literary aesthetics (Tokio 1963) 13-15. – [2] Vgl. O. BENL: Tsurezuregusa (Tokio 1940) 1, 19ff. (Einl.). – [3] Genji-monogatari tama no ogushi (1799); vgl. O. KRESSLER: Mono-no-aware, in: Festgabe Karl Florenz. Mittlg. der OAG 25/B (Tokio 1935) 98ff.

Literaturhinweise. WATSUJI TETSURÔ: Nihon-seishinshi-kenkyû. Stud. zur jap. Geistesgesch. (Tokio 1926; rev. 1940). – ÔNISHI YOSHINORI: Yûgen to aware (Yûgen und A.) (Tokio 1939). – TAKAGI ICHINOSUKE: Mono-no-aware no kadai (Das Thema M.), in: Genji-monogatari-kôza (Tokio 1949). – O. KRESSLER vgl. Anm. [3]. B. LEWIN

Axiologie ist Wertlehre als strenge Theorie der Werte, analog der Logik und in Unterschiedenheit von einer reinen Praktik oder Praxeologie als Lehre vom Handeln [1]. Die A. kann aufgegliedert werden in eine materiale und formale [2]. Letztere formuliert die rein apriorischen Gesetze, die im Wesen der Werte gegeben sind. In ihnen läßt sich eine Lehre von den Werten und den Werthaltungen unterscheiden – analog der Logik, die Gegenstandstheorie und Denktheorie trennt [3]. Es lassen sich bestimmte und schon bei BRENTANO formulierte Axiome geben, z. B.: Die Existenz eines positiven Wertes ist selber ein positiver Wert, die Existenz eines negativen Wertes ist selber ein negativer Wert. Nichtexistenz eines negativen Wertes ist ein positiver Wert, Nichtexistenz eines positiven Wertes ist ein negativer Wert. Derselbe Wert kann nicht positiv und negativ zugleich sein [4]. Ein Werthaltungsprinzip: Es ist unmöglich, ein und denselben Wert für positiv und negativ zu halten [5]. Die materiale A. hat die eigentlich materiale Wertordnung zum Gegenstand. Von der A. der Sitten ist die der Güter zu unterscheiden [6].

Anmerkungen. [1] M. SCHELER: Der Formalismus in der Ethik und die materiale Wertethik (⁴1954) 102; N. HARTMANN: Ethik (³1949) Kap. 26. – [2] A. ROTH: Ed. Husserls ethische Untersuchungen. Phaenomenologica 7 (Den Haag 1960); TH. LESSING: Studien zur Wertaxiomatik. Arch. syst. Philos. 12 (1908). – [3] SCHELER, a. a. O. [1] ebda. – [4] FR. BRENTANO: Vom Ursprung sittlicher Erkenntnis. Philos. Bibl. 55 (1955). – [5] SCHELER, a. a. O. [1] ebda. – [6] HARTMANN, a. a. O. [1] ebda. H. HÜLSMANN

Axiom (griech. ἀξίωμα)

I. *Axiom und Postulat.* – Der Begriff des A. scheint nach den vorliegenden Quellen zunächst mathematischen Ursprungs zu sein, nachdem ja schon ARISTOTELES über die A. redet, die in der Mathematik gebraucht werden. Aber dagegen ist im voraus sogleich zweierlei festzustellen: 1. In Wirklichkeit hat die Mathematik den Begriff A. aus der Philosophie übernommen. 2. Die heutige Mathematik lehnt gerade die Aristotelische Auffassung des A. ab, wenn es heißt: die «philosophische» Definition, *ein A. sei ein Satz, der eines Beweises weder fähig noch bedürftig sei*, verfehle die Bedeutung des Begriffes A., wie er in der Mathematik verwendet wird, völlig. (Denn im mathematischen Sinne heißt ja eine Menge X von Ausdrücken einer formalisierbaren mathematischen Theorie ‹A.-System› für eine Menge Y von Ausdrücken, wenn 1. X entscheidbar bzw. rekursiv aufzählbar ist und wenn 2. aus X genau die Ausdrücke der Menge Y beweisbar sind.)

Obwohl also schon Aristoteles über die «A. der Mathematik» redet, begegnet das Wort ἀξίωμα in dem überlieferten EUKLID-Text nirgends. Doch muß man dabei, um den Begriff ‹A.› historisch zu beleuchten, dennoch von Euklids ‹Elementen› ausgehen. Euklid schickt nämlich in seiner systematischen Darstellung der ‹Elemente› der Geometrie drei Gruppen unbewiesener Sätze voraus, die als Grundlagen (Prinzipien) für die nach ihnen folgenden (und aus ihnen abgeleiteten) Lehrsätze gelten. Euklids Grundlagen (Prinzipien) heißen mit ihren aus dem Griechischen übersetzten lateinischen Namen: *definitiones, postulata* und *communes animi conceptiones*. Die Definitionen dienen ihm nur dazu, um die betreffenden geometrischen Begriffsbildungen anschaulich zu erläutern. Die Euklidischen Postulate entsprechen den A. im modernen Sinne des Wortes; und schließlich sind die ‹communes animi conceptiones› modern gesprochen ‹A. der Logik›, soweit solche bei Euklid formuliert werden. Nachdem nun der Euklidkommentator PROKLOS (5. Jh. n. Chr.) gerade jene Gruppe von mathematischen Prinzipien, die in unserem Euklid-Text κοιναί ἔννοιαι, ‹communes animi conceptiones›, heißen, mehrmals als ‹A.› erwähnt und da auch ARISTOTELES einige von denselben unbewiesenen Sätzen als ‹A.› namhaft macht, scheint die Annahme naheliegend zu sein, daß die Bezeichnung κοιναί ἔννοιαι in unserem Euklid-Text erst nachträglich (d. h. also in nacheuklidischer Zeit) anstatt des ursprünglichen Namens ἀξιώματα eingeführt worden ist. Die Ersetzung des Ausdrucks ἀξιώματα durch κοιναί ἔννοιαι scheint eben damit im Zusammenhang zu stehen, daß sich nach Aristoteles mehr und mehr jene philosophische Auffassung geltend machte, wonach «das A. ein Satz sei, der eines Beweises weder fähig noch bedürftig sei».

Übrigens kommt die Aristotelische Auffassung vom Wesen des A. häufig auch in den antiken Erklärungen des Namens ἀξίωμα zur Geltung; so z. B. wenn PROKLOS nach der Aufzählung der κοιναί ἔννοιαι des Euklid bemerkt: «Dies sind die von allen als unbeweisbar erklärten A. (ἀξιώματα), insofern *ihre Richtigkeit* von allen *anerkannt* (οὕτως ἔχειν ἀξιοῦται) und von niemand in Zweifel gezogen wird» [1]. Das Hauptwort ἀξίωμα wird also mit einem Hinweis auf das Verbum ἀξιοῦν erklärt, und dieses versteht man im Sinne von ‹für richtig halten› bzw. ‹für würdig halten›. – Obwohl mir aus dem antiken Schrifttum keine Erklärung bekannt ist, die die Wortbedeutung des Terminus ἀξίωμα anders auslegen würde, glaube ich dennoch nachweisen zu können, daß ursprünglich dieser Terminus *nicht* in dem Aristotelischen, sondern gerade in entgegengesetztem Sinne verstanden wurde. Das heißt also: ursprünglich war das A. *nicht* ein Satz, der, des Beweises weder fähig noch bedürftig, von einem jeden allgemein anerkannt und als richtig zugegeben wurde, sondern im Gegenteil: Gerade jenen Satz bezeichnete man als A., den nur der eine Dialogpartner als richtige Behauptung der Diskussion zugrunde legen wollte, während der andere Partner mit diesem Bestreben nur bedingt oder auch gar nicht einverstanden war. Ein A. war also, meiner Ansicht nach, ursprünglich gerade jener Satz, dessen Gültigkeit als sehr fraglich empfunden wurde. ARISTOTELES und seine Nachfolger haben den ursprünglichen Sachverhalt gerade in sein Gegenteil verkehrt, indem sie behaupteten, daß die Richtigkeit der A. von allen anerkannt werde. Zu diesem Schluß führten mich die folgenden Beobachtungen.

Vor allem muß wohl auch dieser mathematische Terminus des Euklidischen A.-Systems – also das ἀξίωμα selbst –, wie alle übrigen, aus der *Dialektik*, d. h. aus der antiken Kunst des Dialogführens, übernommen worden sein. Man wird also den Ausdruck ἀξίωμα zunächst als einen Terminus der Dialektik verstehen müssen. Sehr aufschlußreich ist in dieser Beziehung die folgende Bemerkung von K. v. Fritz: «In der Topik [des Aristoteles] wird in der Behandlung des dialektischen Frage- und Antwortspiels das Wort ἀξιοῦν häufig von dem Satz gebraucht, von dem der Frager hofft, daß ihn der Antworter zugeben wird. Dieses Zugeben wird dann als τιθέναι bezeichnet (vgl. z. B. 155 b 32ff.; 159 a 14ff. und öfter). Wenn auf das ἀξιοῦν das τιθέναι gefolgt ist, kann das dialektische Schließen weitergehen» [2]. – Es war leicht, nach dieser richtigen Beobachtung nur noch darauf hinzuweisen, daß das Verbum ἀξιοῦν im antiken Sprachgebrauch häufig auch die sehr gewöhnliche Bedeutung ‹bitten, verlangen, fordern› besaß. Dementsprechend hieß das Hauptwort ἀξίωμα als dialektischer Terminus ursprünglich wohl nur soviel wie ‹Forderung›. Denselben Sinn hatte ja auch der andere technische Ausdruck des Euklidischen A.-Systems, das αἴτημα = *postulatum*. Bloß der Wortbedeutung nach gibt es dann zwischen αἴτημα und ἀξίωμα gar keinen Unterschied. Beide Ausdrücke sollen die dialektische Forderung, also eine solche Behauptung bezeichnen, die der eine Dialogpartner der Diskussion als wahren Satz zugrunde legen will. Mit der Bezeichnung ‹Forderung› wollte man wohl darauf aufmerksam machen, daß es sich in diesem Fall um etwas *Einseitiges* handelt. Das heißt: der eine Dialogpartner mag es *gefordert* haben, daß man irgendeine Behauptung der gemeinsamen Diskussion zugrunde lege, aber es blieb wohl eine offene Frage, ob auch der andere Partner auf diese Forderung einging. In der Tat kann man diese Auslegung – mindestens für den Fall des αἴτημα – aus der antiken Literatur auch textlich belegen. Denn PROKLOS schreibt an einer Stelle: «Wenn aber die Behauptung [die man einer Untersuchung zugrunde legen will] noch unbekannt ist, die Annahme gleichwohl erfolgt, *obwohl der Lernende sie nicht zugibt*, dann – sagt er [Aristoteles] – sprechen wir von einem *Postulat* (αἴτημα), wie z. B. bei dem Satz, daß alle rechten Winkel gleich sind» [3].

Heißt jedoch das Wort ἀξίωμα als dialektischer Terminus in der Tat dasselbe wie αἴτημα, nämlich «eine solche Forderung des einen Dialogpartners, die von dem anderen nicht unbedingt zugegeben wird», so muß diese Tatsache irgendwie auch an den Euklidischen A. nachweisbar sein. – Inwiefern konnte man nun die Richtigkeit der Euklidischen A. bezweifeln? Aristoteles und seine Anhänger betonten im Gegenteil, daß die A. von allen anerkannt und von niemand in Zweifel gezogen werden. Sieht man jedoch genauer hin, so entdeckt man bald, daß selbst diejenigen, die dieser Ansicht waren, wußten: Es gibt auch solche, die an den Aussagen der A. zweifeln. So schreibt z. B. einmal PROKLOS, unter ausdrücklichem Hinweis auf Aristoteles, «alle würden es vermöge ihrer seelischen Veranlagung zugestehen [nämlich: die Wahrheit der A.], *wenn auch einige aus Vorliebe für Disputationen Zweifel dagegen äußerten*» [4].

Versucht man nun diejenigen namhaft zu machen, die an den Euklidischen A. zweifelten, so denke man vor allem an jenes A., das bei EUKLID als 8. κοινὴ ἔννοια aufgezählt wird: «*das Ganze ist größer als der Teil*». Wie bekannt, hat ZENON VON ELEA in einer berühmten Paradoxie einmal gerade das Gegenteil dieses Satzes nachweisen wollen; denn er behauptete ja, daß «die halbe Zeit der doppelten gleich sei». Kein Wunder, daß O. Becker schon vor Jahrzehnten gerade über Zenon schreiben konnte: «Das Paradoxon von Achilles und der Schildkröte läßt sich auf eine mengentheoretische Form bringen. Die Paradoxie läuft, so aufgefaßt, darauf hinaus, daß im Falle des Einholens der Schildkröte durch Achilles, der von diesem zurückgelegte, um ein Vielfaches längere Weg der von jener in derselben Zeit durchmessenen, viel kürzeren Strecke punktweise umkehrbar eindeutig zugeordnet werden kann, indem die gleichzeitig von beiden Läufern innegehabten Punkte einander entsprechen. Dies ist nichts anderes als die bekannte mengentheoretische Tatsache, daß *zwei aktual unendliche Mengen gleichmächtig sein können, obwohl die eine ein echter Teil der andern ist*, so wie hier der Weg der Schildkröte ein echter Teil des Wegs des Achilles ist» [5] (s. Art. ‹Zenonische Paradoxien›).

In der Tat gilt die Behauptung des 8. Euklidischen A. – «das Ganze ist größer als der Teil» – nur im Falle von *endlichen* Mengen. Für die *unendlichen* Mengen gilt gerade das Gegenteil des A., denn zwei unendliche Mengen sind ja äquivalent (gleichmächtig), auch wenn die eine von ihnen ein echter Teil der anderen ist (s. Art. ‹Mengenlehre›). Diese Tatsache, die – wie es scheint – sowohl den Eleaten (man denke an ZENONS Paradoxien) wie auch demjenigen, der zum ersten Male das 8. A. formuliert hatte, wohlbekannt war, wurde durch ARISTOTELES und seine Anhänger *verkannt;* nur darum konnten diese letzteren behaupten, es sei bloß eine «Streitsüchtigkeit» wäre, wenn einige an den A. zweifelten; das A. wäre eine Wahrheit, die des Beweises weder fähig noch bedürftig wäre, und ein jeder würde das A. «naturgemäß» für wahr halten. Eben deswegen, weil Aristoteles und die Aristoteliker weder die Eleaten noch das wahre Wesen der A. zu begreifen imstande waren, wurden später die A. – die ursprünglich bloß einseitige Forderungen des einen Dialogpartners waren – als κοιναὶ ἔννοιαι = ‹communes animi conceptiones› (die also gar nicht bezweifelt werden können!) ausgelegt.

Es sei hier zu dem historischen Problem des A. ergänzend noch folgendes bemerkt. Wir haben oben darauf hingewiesen, daß es – bloß der Wortbedeutung nach – gar keinen Unterschied zwischen αἴτημα (postulatum) und ἀξίωμα gibt. Diese beiden Ausdrücke bezeichnen je eine solche einseitige Forderung des einen Dialogpartners, die dieser der gemeinsamen Diskussion zugrunde legen möchte, die jedoch von dem anderen Partner nicht unbedingt zugegeben werden muß. Und in der Tat vermochten wir unter EUKLIDS A. mindestens eines namhaft zu machen («das Ganze ist größer als der Teil»), dessen Gegenteil mit ebensoviel Recht als ἀξίωμα hätte ausgesprochen werden können. Nun begegnet man aber demselben Fall auch, wenn man EUKLIDS Postulate untersucht. Es genügt hier an das berühmte 5. Postulat (über die Parallelen) zu erinnern: «Es sei gefordert, daß, wenn eine gerade Linie beim Schnitt mit zwei geraden Linien bewirkt, daß innen auf derselben Seite entstehende Winkel zusammen kleiner als zwei Rechte werden, dann die zwei geraden Linien bei Verlängerung ins Unendliche sich treffen auf der Seite, auf der die Winkel liegen, die zusammen kleiner als zwei Rechte sind.» Wie bekannt, hat man zwei Jahrtausende hindurch immer wieder vergebliche Versuche angestellt, um diesen Satz zu beweisen. Erst seit dem ungarischen Mathematiker J. BOLYAI weiß man mit Bestimmtheit, daß der fragliche Satz in der Tat ein *Postulat* (eine einseitige Forderung des einen Dialogpartners) ist, dessen Gegenteil mit demselben Recht hätte ausgesprochen werden können. – Geht man jedoch von dem Gegenteil des eben zitierten Postulates aus, so kommt man nicht zu Euklids Geometrie, sondern zu den *nicht-euklidischen* Geometrien (s. Art. ‹Geometrie›).

Es fragt sich nur, warum bei EUKLID Postulate und A. unterschieden werden, wenn zwischen diesen beiden Kategorien von Prinzipien doch kein grundlegender Unterschied nachweisbar ist. – Die Unterscheidung bei Euklid mag auf eine historische Tradition zurückgehen. Denn es ist doch wohl kein Zufall, daß die meisten Postulate bei Euklid gegen das Dogma der Eleaten über die *Bewegung*, die meisten A. (κοιναὶ ἔννοιαι) jedoch gegen Zenons Paradoxien der *Gleichheit* Stellung nehmen.

Anmerkungen. [1] PROKLOS: In Euclidis elementorum primum lib. comm., hg. G. FRIEDLEIN (Lips. 1875) 193. – [2] K. v. FRITZ: Die ARCHAÍ in der griech. Mathematik. Arch. Begriffsgesch. 1 (1955) 32 Anm. 32. – [3] PROKLOS, a. a. O. 76, 17ff. – [4] a. a. O. 182, 17ff. – [5] O. BECKER: Mathematische Existenz. Untersuchungen zur Logik und Ontologie mathematischer Phänomene (1927) 144.
Literaturhinweise. Á. SZABÓ: Anfänge des Euklidischen A.-Systems. Arch. Hist. exact Sci. 1 (1960/62) 37-106. – Vgl. Anm. [2].
Á. SZABÓ

II. *Geschichte.* – Der Ausdruck ‹Axiom› (A.) wurde von ARISTOTELES in die philosophische Sprache eingeführt und von ihm in Fortführung des umgangssprachlichen Gebrauchs des Verbums ἀξιοῦν im Sinne von «einschätzen», «annehmen», «für richtig halten» in vielfacher Bedeutung verwandt. Oft bedeutet ‹A.› «Meinung», «Lehrstück», «Ansicht» (als «placitum» von Bonitz gekennzeichnet) [1]. Von der genannten umgangssprachlichen Bedeutung her läßt sich die Bedeutung von ‹A.› in der *Stoa* verstehen: «A. ist, was wir redend aussagen, was entweder wahr oder falsch ist» [2]. Diese von CICERO und GELLIUS [3] erwähnte Bedeutung von ‹A.› hat später PETRUS RAMUS aufgenommen: «Axioma est dispositio argumenti cum argumento, qua esse aliquid aut non esse iudicatur. Latine enunciatum, enuntiatio ... dicitur» (A. ist die Verbindung eines Beweisgrundes mit einem anderen, wodurch geurteilt wird, daß etwas ist oder nicht ist. Lateinisch heißt A. ‹enunciatum› (Ausgesagtes) oder ‹enuntiatio› (Aussage)) [4]. Noch die ‹Logica Hamburgensis› von JUNGIUS erwähnt diese Bedeutung von ‹A.› [5].

ARISTOTELES gebraucht in der ‹Topik› das Wort ‹A.›, um den Ausgangssatz des Disputes zu bezeichnen, weshalb ‹A.› hier «Annahme» oder «Forderung» heißt [6]. In den ‹Zweiten Analytiken› bezeichnet ‹A.› endlich nicht einen (unter Umständen falschen) Ausgangssatz des Disputes, sondern einen Ausgangssatz der beweisenden Wissenschaften, der wahr, ein erster, unvermittelt, einsichtiger und früher als das aus ihm Bewiesene ist und dieses begründet [7]. Diese Bestimmung gilt für alle Wissenschaftsprinzipien, zu welchen neben den A. «Setzungen», d. h. Existenzaussagen («Suppositionen») und «Definitionen» gehören [8]. Den A. ist es eigen, notwendig wahr zu sein und notwendig für wahr gehalten zu werden [9]. Für diese Bedeutung des Wortes ‹A.› verweist Aristoteles auf den gleichen Sprachgebrauch in der Mathematik [10], der aber aus anderen zeitgenössischen Quellen nicht zu belegen ist. Er selbst nennt die ‹A.› gelegentlich auch κοιναὶ δόξαι, d. h. allen Menschen oder allen Wissenschaften gemeinsame Überzeugungen, aus denen man beweist [11].

Die Begriffsgeschichte von ‹A.› ist mit der Geschichte der aristotelischen Wissenschaftslehre und ihren sachlichen Problemen so eng verknüpft, daß es «unmöglich» erscheint, «die Bedeutungsgeschichte eines einzelnen Terminus getrennt zu verfolgen» [12]. Daher kann hier nur versucht werden, die wichtigsten in der Geschichte mit dem Ausdruck ‹A.› verbundenen Bedeutungen anzugeben sowie im gleichen Sinn gebrauchte Termini und Einteilungen der A. anzuführen.

Während ARISTOTELES keine Axiomatik erarbeitet hatte [13], stellen EUKLIDS ‹Elemente› erstmals die Durchführung einer axiomatisierten Wissenschaft dar, deren Prinzipien Definitionen, Postulate und A. sind. Letztere heißen κοιναὶ ἔννοιαι, sind aber im Unterschied zu den κοιναὶ ἔννοιαι der Stoa keine grundlegenden Allgemeinvorstellungen, sondern allen Menschen oder allen quantitativen Wissenschaften gemeinsame Grundsätze wie: «Gleiches von Gleichem abgenommen ergibt Gleiches», welchen Satz auch ARISTOTELES als A. angeführt hatte [14].

EUKLIDS *Postulate* (s. d.) sind zum Teil, wie die Forderung, «von einem beliebigen Punkt zu einem beliebigen Punkt eine Gerade zu ziehen», nach einer Formulierung von HOBBES weniger Prinzipien der Demonstration als vielmehr der Konstruktion [15]. Indem sie z. B. die Konstruktion eines Dreiecks ermöglichen, dessen Existenz durch die Konstruktion gegeben ist, entsprechen sie in etwa den «Suppositionen» bei Aristoteles. Zum anderen sind EUKLIDS Postulate aber auch unbeweisbare Grundsätze wie das Parallelenpostulat, das, gilt es zudem als wahr und selbstevident, auch als Parallelen-A. bezeichnet werden kann. Eine solche auch terminologische Überschneidung von ‹A.› und ‹Postulat› gab es schon in der Antike [16].

EUKLIDS *Definitionen* sind zumeist Nominaldefinitionen, während Aristoteles erstlich solche (Real-)Definitionen als Wissenschaftsprinzipien anführt, die wahr von ihren Gegenständen ausgesagt werden. Auch Euklid nimmt aber mitunter in eine Definition auf, was «als A. oder Postulat hätte ausgesprochen werden sollen» [17]. ARCHIMEDES bezeichnet, ohne sich streng an eine Terminologie zu binden, «Definitionen mit zugehörigen Existenzbehauptungen» als ‹A.› [18]. Ausdrücklich hat später PASCAL Definitionen, die nicht Erklärungen von Namen sind, sondern eine Wesensbestimmung der definierten Sache zu sein beanspruchen, ‹zu beweisende Sätze› oder im Falle ihrer Selbstevidenz ‹A.› genannt [19]. In der Tat kann, wie schon PETRUS TARTARETUS bemerkt hatte [20], ‹A.› «in weitem Sinne jede propositio immediata» genannt werden, was nach der aristotelischen Wissenschaftslehre sowohl Existenzaussagen und Definitionen wie die «gemeinsamen A.» sind.

Als «gemeinsame A.» hatte ARISTOTELES diejenigen bezeichnet, die wie das Widerspruchsprinzip allen Wissenschaften [21] oder wie das A. «Gleiches von Gleichem abgezogen ergibt Gleiches» allen quantitativen Wissenschaften [22] gemeinsam sind. Das letztere A. wird nämlich in der Arithmetik auf Zahlen, in der Geometrie auf

Größen bezogen und wird so jeweils «analog» angewandt [23]. Entsprechend der aristotelischen Unterscheidung zwischen «gemeinsamen» und einer Wissenschaft «eigenen» besonderen Wissenschaftsprinzipien [24] ist also auch zwischen gemeinsamen und besonderen A. zu unterscheiden. Obwohl das erst PROKLOS ausdrücklich tut [25], dürfte es doch sachlich berechtigt sein, die aristotelische Wissenschaftslehre so zu interpretieren, daß es ihr gemäß außer den allen Wissenschaften gemeinsamen jeder Wissenschaft eigene A. gibt [26]. Aristoteles selber hat zwar weder seine Physik noch seine Erste Philosophie axiomatisiert, aber später wurden A. der Physik angeführt, z. B.: «Ex nihilo nihil fieri» (aus nichts wird nichts), «non ex quovis quodvis generari» (nicht aus jedem Beliebigen entsteht jedes Beliebige) oder «Die Natur wirkt auf den kürzesten Wegen» [27]. Die wichtigsten ihr eigenen A. der Metaphysik sind die Grundsätze der Transzendentalienlehre, wie «omne ens est unum», «omne ens est aut simplex aut compositum» [28]. Vorzüglichstes der gemeinsamen A. ist das Widerspruchsprinzip, das THOMAS VON AQUIN «A. der A.» (dignitas dignitatum) nennt [29]. Da es selbst nicht als Obersatz in einen Syllogismus eingeht, ist es Beispiel für jene in der Scholastik angegebene engere Bedeutung von ‹A.›, der gemäß A. nicht lediglich eine als Prämisse eines Syllogismus fungierende «unmittelbare Aussage» ist, sondern ein «zum Beweis vorausgesetztes, aber nicht in ihn eingehendes Prinzip» ist, wie es PETRUS TARTARETUS [30] ähnlich wie vor ihm WILHELM VON OCKHAM [31] darlegt.

An die Vorrangstellung des Widerspruchsprinzips (welche Stellung später auch dem Identitätsprinzip zugesprochen wurde) knüpft sich die Frage, ob besondere A., etwa der Grundsatz: «omne ens est verum», nicht direkt oder indirekt bewiesen werden können. Dann aber wären sie eher als beweisbare Theoreme denn als A. zu bezeichnen, da diese nach der aristotelischen Bestimmung «unvermittelt» oder unbeweisbar sind und daher als solche Grundwahrheiten behauptet werden, die «ihr Für-wahr-gehalten-Werden (πίστις) nicht anderen Aussagen, sondern sich selbst verdanken» [32].

Diese Selbstevidenz der A. ist nach der aristotelischen Tradition begründet im Verständnis der den Grundsatz bildenden Begriffe oder Termini, deren Prädikation voneinander deshalb als wahr einleuchtet, weil bei den A. das Prädikat notwendig vom Subjekt ausgesagt wird, da es in seiner Definition eingeschlossen oder notwendige Wesenseigentümlichkeit des Subjektes ist, also im «primus sive secundus modus dicendi per se» ausgesagt wird. Auf diese aristotelische Lehre der Prädikation (s. d.) stützt sich die scholastische Theorie des Selbstevidenten, des «per se notum» (s. d.).

Da die Begriffe, in denen die A. fundiert sind, entweder allen Menschen ohne weiteres bekannt sind oder aber zum Verständnis philosophische Bildung voraussetzen, sind nach BOETHIUS zwei Arten von A. zu unterscheiden. Zwar ist A. «ein Satz, den man anerkennt, wenn man ihn gehört hat», aber während jeder versteht, daß Gleiches von Gleichem abgezogen Gleiches ergibt, verstehen und anerkennen nur die «docti» das A.: «Unkörperliches ist nicht an einem Ort» [33].

Boethius hat die A. «communes animi conceptiones» (s. d.) oder auch «Regeln» und «termini» genannt [34], wobei dieser ungewöhnliche Gebrauch von ‹terminus› nach THOMAS VON AQUIN so zu verstehen ist, daß Boethius damit A. als jenes «Ende» bezeichnen wollte, in dem die von einem syllogistisch zu beweisenden Satz ausgehende judikative Analyse zum Stehen kommt [35]. Mit seiner Axiomenschrift ‹De hebdomadibus› wurde Boethius Vorbild für die Anwendung der euklidischen Methode in Philosophie und Theologie des Mittelalters. Während im 12. Jh. bei den Versuchen, die christliche Theologie zu axiomatisieren (‹De arte catholicae fidei›, ‹Regulae de sacra theologia›), Glaubensaussagen und Vernunftwahrheiten kaum unterschieden wurden, setzte Thomas von Aquin die Auffassung durch, die Glaubensartikel fungierten als Wissenschaftsprinzipien der Offenbarungstheologie [36], die er von der «philosophischen Theologie» unterscheidet. Axiomatisierte Metaphysik liegt in der Theoremata-Literatur des 13. Jh. vor. MAURITIUS bemerkt zur einschlägigen Schrift des Duns Scotus: «More Euclidis procedit, quia nunc communes animi conceptiones, nunc definitiones, nunc petitiones, nunc vero conclusiones adducit» (Er geht nach Euklids Methode vor, indem er bald allgemeine Grundsätze [A.], bald Definitionen, bald Postulate und bald Schlußfolgerungen anführt) [37]. Ausgangspunkt der ‹Theoremata› des DUNS SCOTUS ist das A.: «Das Erkennbare ist von Natur eher als das Erkennen» [38].

In den ‹Regulae› des ALANUS DE INSULIS werden als «Regeln», d. h. als A., die den verschiedenen Wissenschaften zugrunde liegen, u. a. auch die Maximen der Dialektik, die loci communes der Rhetorik, die allgemeinen Sentenzen der Ethik, die Theoremata der Geometer und die Aphorismen der Physik angeführt [39]. Daß all diese Ausdrücke auch synonym mit ‹A.› gebraucht wurden, mag ein Hinweis auf LEIBNIZ belegen, der schon in einer Kapitelüberschrift der ‹Nouveaux Essais› die Ausdrücke ‹Maximen› und ‹A.› als Synonyma hinstellt und sie dann als «Regeln», «canons», «Theoreme» und «Aphorismen» bezeichnet. Auch für Leibniz ist A. «im weitesten Sinn eine unmittelbare oder nicht beweisbare Wahrheit», andererseits spricht er im selben Zusammenhang aber auch von «beweisbaren A.», die als «sekundäre» von den «ursprünglichen» A. («axiomes primitifs») unterschieden werden. Anders als Alanus de Insulis versteht Leibniz unter Aphorismen aber nicht nur die «durch Beobachtung gefundenen und in Experimenten fundierten» allgemeinen Aussagen und Wissenschaftsprinzipien der Medizin («des Hippokrates»), sondern auch die «durch Induktion und Beobachtung» gebildeten Aphorismen der Jurisprudenz [40].

Von besonderer Bedeutung für die Geschichte der aristotelischen Wissenschaftslehre ist der synonyme Gebrauch von ‹A.› und ‹Maxime›. Schon BOETHIUS bestimmt ‹Maxime›, mit welchem Ausdruck in bezug auf die «minor propositio» und «maior propositio» des Syllogismus eine hinsichtlich der Allgemeinheit «größte» Aussage («maxima propositio») bezeichnet wird, in zweifacher Weise: «Supremas igitur ac maximas propositiones vocamus, quae et universales sunt, et ita notae atque manifestae, ut probatione non egeant» (Höchste oder größte Aussagen nennen wir also diejenigen, die allgemein und so bekannt und offenbar sind, daß sie keines Beweises bedürfen). Das entspricht offenkundig der aristotelischen Bestimmung der A. Zum anderen aber bezeichnet Boethius jene allgemeinen Aussagen der ‹Topik› als «Maximen», aus denen dialektisch argumentiert werden kann: «Maximas igitur, id est universales ac notissimas propositiones, ex quibus syllogismorum conclusio descendit, in Topicis ab Aristotele conscriptis locos appellatos esse perspeximus» (Maximen, d. h. allgemeine und bekannteste Aussagen, aus denen sich die Schlußfolgerung der Syllogismen herleitet, werden, wie wir gesehen haben, in der ‹Topik› des Aristoteles

‹Orte› genannt) [41]. Entsprechend bestimmt Boethius die loci als Maximen (locus maxima) oder als die den verschiedenen Maximen zugrunde liegenden Begriffe (locus differentia maximae) [42].

Die Scholastik griff nun bei der Aufgabe, Sätze durch Rückführung auf wahre Prämissen zu beweisen, auf solche dialektische Maximen zurück, die, wie z. B. «omne compositum causam habet» (jedes Zusammengesetzte hat eine Ursache) oder «participans est posterius eo quod est per essentiam» (das Teilhabende ist später als das, was durch sein Wesen ist) oder «omne simplex est indivisum et actu et potentia» (jedes Einfache ist sowohl aktuell als potentiell ungeteilt), zwar plausibel und probabel, aber nicht wissenschaftliche A. sind; denn es handelt sich teils um beweisbare Theoreme, teils um Sätze mit ungeklärten Grundbegriffen (Partizipation), teils um nach der eigenen Lehre falsche Sätze, da etwa die allgemeine substantiale Form trotz ihrer Einfachheit teilbar ist. Sammlungen solcher Maximen stehen, wie die dem BEDA VENERABILIS zugeschriebene, oft unter dem Titel: «Sententiae sive axiomata philosophica ...» [43]. Da es sich dabei aber, wie z. B. PETRUS TARTARETUS oder J. JUNGIUS genau bestimmen, um «dialektische A.» handelt [44], bleibt man bei ihrer Verwendung im Vorfeld der Wissenschaft, in der Dialektik und im Bereich des Wahrscheinlichen.

Über bloß wahrscheinliche Dialektik nicht hinausgekommen zu sein, ist bekanntlich Hauptpunkt der Kritik, die DESCARTES an der Scholastik geübt hat. LEIBNIZ erklärt im selben Sinn, die Scholastiker hätten meistens «statt wahrhaft allgemeiner A. topische Regeln, die Ausnahmen nicht ausschließen, gebraucht», und CHR. WOLFF stellt gleichermaßen fest, die scholastische Ontologie sei der Verachtung anheimgefallen, weil man sich in ihr mit «canones vagi» begnügt habe [45].

Sofern aber die neuzeitliche Philosophie, wie es SPINOZA, LEIBNIZ sowie CHR. WOLFF und seine Schule taten, an der aristotelischen Wissenschaftstheorie grundsätzlich festhielten, indem sie freilich nicht mehr von der Dialektik, sondern more geometrico von den Wissenschaftsprinzipien ausgingen, galt ihr besonderes Interesse der Aufstellung von A., die in klar und distinkt definierten Begriffen fundiert sind. WOLFF, der ausdrücklich betont, man fiele nicht in die scholastische Philosophie zurück, wenn man die Philosophie endlich «in wissenschaftlicher Methode» behandle [46], hat A. mit «Grundsatz» übersetzt. A. ist nach ihm «ein so klarer Satz, den man ohne Beweis zugeben kann». Dazu zählen neben den identischen Aussagen freilich auch «Aussagen, daß etwas sei oder nicht sei» [47].

Aber auch die der aristotelischen Wissenschaftslehre entgegentretende Philosophie hält den Ausdruck ‹A.› fest. FR. BACON scheint ihn freilich im Sinne der Ramisten zu gebrauchen, wenn er die Notwendigkeit betont, «ut tam notiones quam axiomata magis certa et munita via a rebus abstrahantur» (daß die Begriffe ebenso wie die A. auf dem gewissesten und sichersten Weg von den Dingen abzuleiten seien) [48]. Aber auch für die «allgemeinsten A., wie es die sogenannten Wissenschaftsprinzipien sind» [49], fordert Bacon den schrittweisen Aufstieg durch Induktion: «In constituendo autem axiomate, forma Inductionis alia quam adhuc in usu fuit excogitanda est; eaque non ad principia tantum (quae vocant) probanda et invenienda, sed etiam ad axiomata minora et media, denique omnia» (Bei der Aufstellung eines A. aber muß eine andere Form der Induktion als bisher gebräuchlich ausgedacht werden; und das nicht nur, um die sogenannten Prinzipien, sondern auch die niederen, endlich alle A. zu beweisen und zu finden) [50]. Vielleicht berücksichtigt CHAUVIN in seinem «Lexicon rationale» diese Lehre Bacons von durch Induktion gewonnenen A., wenn er schreibt: «In disciplinis particularibus axiomata haud immediate oriuntur ab ideis naturaliter menti insitis, sed ex certis quibusdam hypothesibus deducuntur atque istud potissimum in physica licet observare, in qua, quemadmodum plura experimenta faciunt hypothesim, ita plures hypotheses faciunt axioma» (In den Einzelwissenschaften entstehen die A. nicht unmittelbar aus naturhaft dem Geist eingeborenen Ideen, sondern sie werden aus bestimmten Hypothesen abgeleitet, und dies kann man vornehmlich in der Physik beobachten, in der ebenso wie mehrere Experimente eine Hypothese, so auch mehrere Hypothesen ein A. ergeben) [51].

Auch DESCARTES hält an einer Grundbedeutung von ‹A.› fest. Zwar kritisiert er die Anwendung der «Synthese der Geometer» in der Metaphysik [52] und hebt das «erste Prinzip» seiner Philosophie, das seines Seins gewisse Selbstbewußtsein, vom bislang als erstes A. geltenden Widerspruchsprinzip ab, dessen Gebrauch zur Invention «unnütz» sei [53]. Diese Ablehnung der aristotelischen Axiomatik für die Invention, nicht freilich für die Exposition, schließt die Überzeugung ein, daß nur «der Weg der Analyse» zur klaren und distinkten Konzeption der Grundbegriffe und der in ihnen fundierten A. führt, zu denen Descartes die bisher nicht oder kaum beachteten Sätze zählt: «Das Nichts hat keine Eigenschaften» oder «Alles, was ist, hat eine Ursache oder einen Grund» [54]. Eine solche Aussage, die nicht eine existierende Sache oder deren Modus betrifft, sondern «als ewige Wahrheit betrachtet wird, die ihren Sitz in unserem Geist hat», wird «communis notio» oder «A.» (in der französischen Übersetzung «maxime») genannt» [55]. In dieser Bestimmung ist A. nicht mehr als Wissenschaftsprinzip gefaßt, aus dem bewiesen wird.

Eine Dissoziierung von Mathematik und Philosophie hinsichtlich des methodischen Gebrauchs von Definitionen und A. ist auch Ergebnis von KANTS ‹Kritik der reinen Vernunft›. Wie man nur mathematische, nicht aber philosophische Begriffe konstruieren, d. h. die ihnen korrespondierende Anschauung a priori darstellen kann [56], so ist auch nur die Mathematik «der A. fähig». A., die Kant früher «unerweisliche Grundurteile» genannt hatte [57], sind nach der Unterscheidung synthetischer und analytischer Urteile als «synthetische Grundsätze a priori, sofern sie unmittelbar gewiß sind», zu bestimmen. Während nur die Mathematik «mittels der Konstruktion der Begriffe in der Anschauung des Gegenstandes die Prädikate desselben a priori und unmittelbar verknüpfen kann, ... kann ein synthetischer Grundsatz bloß aus Begriffen niemals unmittelbar gewiß sein». Daher hat «die Philosophie ... keine A.», sie muß vielmehr «ihre Grundsätze a priori ... durch gründliche Deduktion rechtfertigen» [58].

HEGEL konnte dann erklären, «daß der wissenschaftliche Staat, den die Mathematik herlieh, – von Erklärungen, ... A., ... Theoremen ... – schon in der Meinung selbst wenigstens veraltet ist» [59]. Fortan spielt der Charakter der A. als Wissenschaftsprinzipien in der Philosophie kaum mehr eine Rolle, da der Gedanke, die Philosophie zu axiomatisieren, als obsolet gilt. Wenn gleichwohl weiterhin von A. die Rede ist, versteht man darunter, darin Descartes folgend, allgemeinste Wahrheiten, die freilich bald als Generalisation aus der Beobachtung (J. St. Mill) [60], bald als Erzeugnisse des reinen Denkens (H. Cohen) [61], bald als «unmittelbar evidente Urteile», die ihre «noetische Begründung» in «einer gewissen Wesensschauung» oder «Wesenserfassung» finden (Husserl) [62], gefaßt werden. Dabei werden Ausdrücke wie ‹Denkgesetz›, ‹logisches Gesetz› und ‹Prinzip› synonym mit ‹A.› gebraucht [63].

In der Mathematik, in der die Funktion der A. als Wissenschaftsprinzipien zwar hinsichtlich der Axiomatisierung von Teilbereichen problematisch war, aber nicht prinzipiell fraglich ist, wurde jedoch die Behauptung ihrer selbstevidenten Wahrheit bestritten, indem die A. als Konventionen gefaßt wurden. D. Hilbert wendet sich gegen die Auffassung, aus der Wahrheit der A. folge, daß sie einander nicht widersprechen, mit der programmatischen Erklärung: «Wenn sich die willkürlich gesetzten A. nicht *einander* widersprechen mit sämtlichen Folgen, so sind sie wahr, so existieren die durch die A. definierten Dinge» [64]. Ähnlich bestimmt H. Poincaré die geometrischen A., die «weder synthetische, Urteile a priori noch experimentelle Tatsachen» seien, als «auf Übereinkommen beruhende Festsetzungen» [65]. Ein solcher, z. B. auch von H. Dingler [66] vertretener Konventionalismus ist eine bis heute herrschende Auffassung: «Man kann die A. als Festsetzungen betrachten oder als empirisch-wissenschaftliche Hypothesen» (K. Popper) [67]. Ähnlich lehnt es A. Gehlen ab, «die Grundzüge oder A., die wir als Hypothesen aufstellen, in sich selbst zu diskutieren, weil ihr Sinn ja gerade nicht in ihnen selbst, sondern in ihrer Leistung gegenüber den Tatsachen liegt» [68].

Natürlich blieb diese Auffassung der A. nicht unbestritten. Schon Frege hat Hilberts Anspruch, völlig voraussetzungslos mit den A. zugleich die in ihnen verwendeten Begriffe definieren zu können, drastisch durch das A. in Frage gestellt: «Jedes Anej bazet wenigstens zwei Ellah.» Dabei handele es sich um «ein A. nicht von der alten Euklidschen, sondern von der modernen Art», das die verwendeten Begriffe implizit definiere [69]. Wird Mathematik derart verstanden, wäre sie, wie H. Schulz [70] und K. von Fritz [71] zu bedenken geben, lediglich «ein dialektisches Schauspiel» oder gar «ein reines Spiel wie Schach oder Dame».

Zwar bietet inzwischen die konstruktivistische oder operativistische Begründung der Geometrie mit der These, geometrische Grundsätze seien als «Handlungsnormen» zu verstehen, einen Ausweg aus der Alternative: theoretische Wahrheit oder bloße Konvention, an, [72], aber das durch die Begriffsgeschichte von ‹A.› gestellte Problem ist grundsätzlicher, nicht auf die Grundlagen der Mathematik beschränkt. Heidegger jedenfalls sieht in der «in neuester Zeit» herrschenden «Vorstellung von den A. ... als Annahmen und Festsetzungen» zur Sicherstellung «eines widerspruchsfreien Systems von Sätzen» einen Verzicht auf die für menschliches Leben unverzichtbare Wahrheitsfrage und darin eine solche Veränderung des Denkens, «daß es sich dem Wesen der modernen Technik», auch der Herrschaft «von Maschinen und Apparaten», blindlings «anpaßt» [73].

Anmerkungen. [1] H. Bonitz: Index Aristotelicus (Nachdruck 1955) s. v. – [2] SVF II, 186; vgl. 193ff. – [3] Vgl. a. a. O. 194. 196. – [4] Petrus Ramus: Dialecticae libri duo (Lutetiae 1574) II, c. 1, S. 51. – [5] J. Jungius: Logica Hamburgensis, hg. R. W. Meyer (1957), II, 1, S. 69. – [6] Aristoteles, Topik VIII, **1**, 155 b 29ff.; 3, 159 a 3ff. – [7] Anal. post. I, 2, 71 b 20ff. – [8] a. a. O. I, 2, 72 a 14-24. – [9] I, 10, 76 b 23f. – [10] Met. IV, 3, 1005 a 20. – [11] a. a. O. III, 2, 996 b 28. – [12] K. v. Fritz: Die ARCHAI in der griech. Mathematik. Arch. Begriffsgesch. 1 (1955) 13 und 63. –
[13] Vgl. H. Scholz: Die Axiomatik der Alten, in: Mathesis Universalis, hg. H. Hermes/F. Kambartel/J. Ritter (1961) 27-44. – [14] Arist., Anal. post. I, 9, 76 a 41; vgl. zur Axiomatik Euklids v. Fritz, a. a. O. [12] 43ff. – [15] Vgl. L. Brunschvicg: Les étapes de la philos. mathématique (Paris 1922) 91. – [16] Vgl. v. Fritz, a. a. O. [12] 63. – [17] a. a. O. 73. – [18] 64. – [19] B. Pascal: De l'esprit géométrique 1. Oeuvres complètes, hg. J. Chevalier (Paris 1954) 581. – [20] Petrus Tartaretus: In Anal. post. I, Commentarii in Isagogas ... (Basel 1514) fol. 74v. – [21] Arist., Met. IV, 3, 1005 a 19-b 18. – [22] Anal. post. I, 10, 76 b 14; vgl. v. Fritz, a. a. O. [12] 62. – [23] a. a. O. I, 10, 76 a 39. – [24] 76 a 37ff. – [25] Vgl. v. Fritz, a. a. O. [12] 53f. – [26] Vgl. P. Aubenque: Le problème de l'être chez Aristote (1962) 132 Anm. 2. – [27] Eustachius a Sancto Paulo: S. philos. Dial. III, 3, q. 4 (Coloniae 1640) 161; Leibniz, Nouveaux essais I, 7. Philos. Schriften, hg. Gerhardt 5, 404. – [28] Vgl. P. Duponchel: Hypothèses pour l'interprétation de l'axiomatique thomiste (Paris 1953). – [29] Thomas von Aquin, In Met. 4, 6 (603). – [30] Petrus Tartaretus, a. a. O. [20] ebda. – [31] W. v. Ockham, S. totius logicae II, 4. – [32] Arist., Topik I, 1, 100 b 18f. – [33] Boethius, Quomodo substantiae ... bonae sint. MPL 64, 1311. – [34] ebda. – [35] Thomas v. Aquin, Hebd. I (13). – [36] De trin. 2, 2, 5. – [37] Duns Scotus, Opera omnia, Ed. Vivès V, 19 (Annot. Mauritii ad Theor. VIII). – [38] a. a. O. I. – [39] Alanus de Insulis, Regulae de sacra theol. MPL 210,621. – [40] Leibniz, a. a. O. [27], 5, 387-408. – [41] Boethius, In Topica Cic. Comm. I. MPL 64, 1051. – [42] De Diff. Top. II. MPL 64, 1185ff. – [43] Beda Venerabilis, MPL 90, 965-1054. – [44] Petrus Tartaretus: Expositio in Summulas Petri Hispani (Basel 1514) fol. 31r.; Jungius, a. a. O. [5] V, 3, S. 254. – [45] Leibniz, De primae philosophiae emendatione ... Philos. Schriften, hg. Gerhardt 4, 468; Chr. Wolff, Philos. prima sive Ontologia 7. – [46] ebda. – [47] Math. Lexicon (1716, Nachdruck 1965) s. v. ‹Axioma, ein Grundsatz›. – [48] Fr. Bacon, Novum Organum I, Aphor. 18. – [49] a. a. O. 104. – [50] 105. – [51] Chauvinus, Lexicon Philosophicum (1714) s. v. ‹axioma›. – [52] Descartes, Meditationes II, Resp. Oeuvres, hg. Adam/Tannery (= A/T) 7, 157. – [53] An Clerselier (Juni/Juli 1646). A/T 4, 445. – [54] Vgl. 2. B. Principia I, 11. 52 und A/T 7, 112. 135f. 164. – [55] a. a. O. I, 49. A/T 8, 23; vgl. 9 (2), 46. – [56] Kant, KrV A 713. – [57] Untersuch. über die Deutlichkeit der Grundsätze ... z. B. § 3. Akad.- A. 2, 282. – [58] KrV A 732ff. – [59] Hegel, Phänomenol. d. Geistes, hg. Hoffmeister ([9]1952) 40. – [60] J. St. Mill: System der deduktiven und induktiven Logik, dtsch. J. Schiel ([9]1875) II, Kap. 6, § 1. – [61] H. Cohen: Logik der reinen Erkenntnis ([3]1922) 82f. – [62] E. Husserl: Ideen zu einer reinen Phänomenol. und phänomenol. Philos. I. Husserliana 3 (Den Haag 1950) 18. – [63] Vgl. z. B. W. Wundt: Logik 1: Erkenntnislehre (1880) 504ff; vgl. die zahlreichen Belege aus der Zeit bei Eisler ([4]1927) s. v. – [64] D. Hilbert, Brief an Frege von 1899 oder 1900, zit. nach J. M. Bocheński: Formale Logik (1956) Nr. 39. 14. – [65] H. Poincaré: Wiss. und Hypothese, dtsch. F. und L. Lindemann ([2]1906) 51. – [66] H. Dingler: Die Grundlagen der Physik ([2]1923) 60ff. – [67] K. Popper: Logik der Forsch. ([2]1966) 42. – [68] A. Gehlen: Studien zur Anthropol. und Soziol. (1963) 16. – [69] G. Frege, Über die Grundlagen der Geometrie 1, zit. nach: F. Kambartel: Erfahrung und Struktur (1968) 168. – [70] Scholz, a. a. O. [13] 42. – [71] v. Fritz, a. a. O. [12] 25 Anm. 20. – [72] W. Kamlah und P. Lorenzen: Log. Propädeutik (1967) 229. – [73] M. Heidegger: Der Satz vom Grund (1957) 40f.

L. Oeing-Hanhoff

Axiomatik. ‹Axiom›, ἀξίωμα (von ἀξιοῦν, wertschätzen) wird lat. mit ‹dignitas› übersetzt, als «propositio fide digna quae negari non potest». Á. Szabó hat betont, daß ἀξιοῦν mathematisch-technisch immer «fordern» bedeutet [1] (s. Art. ‹Axiom I›); die angemessene Übersetzung wäre also ‹postulatum› (Forderung). Einigermaßen synonym mit ἀξίωμα wären dann αἴτημα und λαμβανόμενον, die ebenfalls mit ‹postulatum› übersetzt werden. Daneben findet man in der griechischen mathematischen Literatur ὑπόθεσις (suppositio, Hypothese), und bei Euklid den ungewöhnlichen Terminus ὅροι (definitiones, Definitionen) und κοιναὶ ἔννοιαι (communes animi conceptiones, allgemeine Einsichten). Diese Ausdrücke werden fast wahllos angewandt.

Zwei Versuche, die Terminologie zu ordnen, die sich aber nicht decken, findet man bei Aristoteles [2]. Nach Aristoteles liegen der Wissenschaft ἀρχαί, Prinzipien, zugrunde. An erster Stelle unterscheidet er zwischen θέσις und ἀξίωμα. Die ἀξιώματα muß jeder schon innehaben, der etwas lernen will; von der θέσις wird das nicht angenommen, man muß sie dem Schüler also wenn nötig auseinandersetzen. Die θέσεις werden in ὑποθέσεις und ὅροι unterschieden, je nachdem ob sie etwas behaupten oder nur erklären. An der zweiten Stelle teilt Aristoteles die ἀρχαί erst in κοιναί und ἴδιαι ein, in die allgemeinen und die einer Wissenschaft eigentümlichen; als Beispiel nennt er einerseits den Satz, daß Gleiches von Gleichem abgezogen Gleiches ergibt, andererseits geometrische Behauptungen. Weiter stellt er den ὑποθέσεις und αἰτήματα zusammen nun, ohne sie mit Namen zu nennen, das ἀξίωμα gegenüber, das notwendig wahr ist und als wahr erscheint. ὑπόθεσις und αἴτημα unterscheiden sich in der Unterrichtssituation dadurch, daß jene stillschweigend akzeptiert wird, während dieses ausdrücklich formuliert werden muß.

Euklids ‹Elemente› fangen mit ἀρχαί an, die in den vorliegenden Bearbeitungen ὅροι, αἰτήματα und κοιναὶ ἔννοιαι heißen. Das Vorausschicken von ἀρχαί ist keine Erfindung Euklids, es läßt sich mindestens schon bei HIPPOKRATES VON CHIOS belegen. Á. Szabó [3] erklärt es einleuchtend aus der dialektischen Situation, die bei Aristoteles negiert wird. Ob es damals üblich war, die ἀρχαί durch Überschriften anzukündigen und einzuteilen, darf man bezweifeln; ARISTARCHOS VON SAMOS, ein halbes Jahrhundert nach Euklid, fängt eine Abhandlung mit sechs Voraussetzungen im Akkusativ mit Infinitiv ohne regierendes Satzglied an; bei EUKLIDS ἀρχαί, die von ἠτήσθω abhängen, wäre die Überschrift αἰτήματα pleonastisch, und ähnliches gilt für die ἀξιώματα und λαμβανόμενα bei ARCHIMEDES (Kugel und Zylinder). Euklids κοιναὶ ἔννοιαι heißen, wo sie von anderen zitiert werden, immer ἀξιώματα.

Was EUKLIDS ‹Elemente› betrifft, muß man sich vor Augen halten, daß sie eine Kompilation sind. Die ἀρχαί, die teilweise zum Text nicht passen, können aus den Vorlagen übernommen und gemäß ihrer Herkunft eingeteilt sein. Die ὅροι sind ein Sammelsurium von Aussagen der Art «Ein Punkt ist, was keinen Teil hat», «Eine Grenze ist das, worin etwas endigt»; es kommen da auch Lehrsätze vor, wie der, daß der Durchmesser den Kreis halbiert, und Bezeichnungen, die nicht gebraucht werden oder von denen des Textes abweichen. Die Einteilung in αἰτήματα und κοιναὶ ἔννοιαι schwankt in der Überlieferung. In dem heute als maßgebend betrachteten Text [4] lautet sie:

«*Postulate.* Gefordert soll sein: *1.* daß man von jedem Punkt nach jedem Punkt die Strecke ziehen kann, *2.* daß man eine begrenzte gerade Linie zusammenhängend gerade verlängern kann, *3.* daß man mit Mittelpunkt und Abstand den Kreis zeichnen kann, *4.* daß alle rechten Winkel einander gleich sind und *5.* daß, wenn eine gerade Linie beim Schnitt mit zwei geraden Linien bewirkt, daß innen auf derselben Seite entstehende Winkel zusammen kleiner als zwei Rechte werden, dann die zwei geraden Linien bei Verlängerung ins Unendliche sich treffen auf der Seite, auf der die Winkel liegen, die zusammen kleiner als zwei Rechte sind.
Axiome. 1. Was demselben gleich ist, ist auch einander gleich. *2.* Wenn Gleichem Gleiches hinzugefügt wird, sind die Ganzen gleich. *3.* Wenn von Gleichem Gleiches weggenommen wird, sind die Reste gleich. *4.* [Wenn Ungleichem Gleiches hinzugefügt wird, sind die Ganzen ungleich.] [*5.*, *6.*]. *7.* Was einander deckt, ist einander gleich. *8.* Das Ganze ist größer als der Teil. [*9.*]». (*4.–6.* und *9.* sind wahrscheinlich unecht.)

Wo ARCHIMEDES zwischen ἀξιώματα und λαμβανόμενα unterscheidet, sind *jene* geometrische Definitionen mit Existenzaussagen wie die der Existenz von Kurven, die ganz an einer Seite einer Strecke liegen; *diese* sind Forderungen, deren Beweis wohl als nur aufgeschoben gelten kann, wie das Postulat, daß die gerade Linie zwischen zwei Punkten die kürzeste ist.

Das Gemeinsame in all diesen theoretischen und tatsächlichen Zuschreibungen ist wohl, daß die Axiome in höherem Maße als andere Forderungen, wenn nicht schlechthin, evident und unbeweisbar sind. Die Existenz solcher Prinzipien paßt in eine Wissenschaftslehre, wie sie von ARISTOTELES bewußt gemacht worden ist. Beim fortgesetzten Fragen nach dem Was und dem Warum kommt man zu provisorisch oder definitiv letzten Definitionen und Gründen oder Ursachen, den ἀρχαί (die allerletzte ist bei Aristoteles Gott). Mit diesem Aufstieg steigt die Evidenz, die Möglichkeit und Notwendigkeit eines Beweises wird immer weiter eingeschränkt. *Akademie*, *Lyzeum*, *Stoa*, BOETHIUS, *Scholastik*, GALILEI, PASCAL – sie alle hielten ausdrücklich an der Evidenz der Axiome fest, und mit ihnen überhaupt die meisten Philosophen, ob sie die Gründe der Evidenz in der Erfahrung oder vor ihr suchten. Aber dabei vergegenwärtige man sich, daß Aussagen wie das Parallelenpostulat EUKLIDS (s. oben Nr. 5), obwohl manchmal bei den κοιναὶ ἔννοιαι aufgezählt, dann kaum unter die Axiome fallen – es fehlte ja nicht an Versuchen, dies Postulat zu beweisen.

Im 19. Jh. erfährt ‹Axiom› als terminus technicus einen Bedeutungswandel. Die primäre Ursache war die Entdeckung der nicht-euklidischen Geometrie im Anfang des Jh. (GAUSS, BOLYAI, LOBAČEVSKIJ) – es zeigte sich, daß es anschauliche und konsistente Geometrie gibt, die dem Parallelenpostulat widerspricht. Das Parallelenpostulat konnte also nicht aus andern vernünftigen Grundannahmen bewiesen werden, war aber auch kaum evidenter als andere ihm widersprechende Postulate.

Der Bedeutungswandel vollzog sich in Kampf gegen den Kantischen Apriorismus (HELMHOLTZ, B. ERDMANN, später auch POINCARÉ). Für KANT waren Axiome: evidente synthetische Urteile a priori. Ob Kant das Parallelenpostulat zu den Axiomen gerechnet hätte, tut hier nichts zur Sache – für seine Gegner war das keine Frage. Die Zielscheibe war übrigens weniger die Evidenz als der apriorische Charakter des Parallelenpostulats. Aber dabei schliff sich vom Axiom auch der Glanz der Evidenz ab. Wenn das Parallelenpostulat nicht beweisbar war, so mußte es wohl ein Axiom sein, aber dann ein Axiom, das nicht evident war.

HELMHOLTZ gebrauchte für geometrische Postulate fast durchweg das Wort ‹Axiom›, und ihm schlossen sich fast alle an, die seine Auffassungen übernahmen oder anfochten. Für Helmholtz formulierten die Axiome *Tatsachen* (genauer: idealisierte Tatsachen), für POINCARÉ *Konventionen*.

In der geometrischen Grundlagenforschung bahnte sich nun D. HILBERTS Auffassung an. Hier war das Axiom weder eine evidente Wahrheit noch Ausdruck einer idealisierten Tatsache noch eine Konvention zur Bewältigung einer Realität noch eine Hypothese. Es wurde eine Aussage ohne jede ontologische Bindung, die als Material zur Ableitung neuer Aussagen dient. Diese Auffassung ist nur im Rahmen der axiomatischen Methode zu verstehen.

Bemerkt sei noch, daß viele Geometer die oben skizzierte terminologische Wandlung nicht mitmachten.

Besonders Geometer außerhalb des deutschen Sprachkreises hielten lange an der Kennzeichnung der A. als «geometrische Postulate» fest. Heute hat sich der Hilbertsche Begriff durchgesetzt.

Anmerkungen. [1] Á. SZABÓ: Anfänge des Euklidischen Axiomensystems. Arch. Hist. exact Sci. 1 (1960/62) 37–106, bes. 65–73. – [2] ARISTOTELES, Anal. post. I, 2; I, 10. – [3] SZABÓ, a. a. O. 49. – [4] EUKLID, Elementa I, dtsch. C. THAER, in: Ostwalds Klassiker 235 (1933) Teil 1, 1-3.

Literaturhinweise. H. FREUDENTHAL: Axiom und A. Math.-phys. Semesterber. 5 (1956) 4–19; Die Grundlagen der Geometrie um die Wende des 19. Jh. a. a. O. 7 (1960) 2–25. – Vgl. Anm. [1].

H. FREUDENTHAL

Axiomensystem, Peanosches, auch ‹Peano-Dedekindsches Axiomensystem›, im wesentlichen von PEANO 1889 [1] mit der Absicht einer axiomatischen Charakterisierung der natürlichen Zahlen (s. d.) aufgestelltes Axiomensystem. Peano übernahm seine Axiome zum Teil von DEDEKIND, der schon 1887 (ohne einen axiomatischen Aufbau der Arithmetik anzustreben) versucht hatte, die Folge der natürlichen Zahlen durch gewisse Grundeigenschaften zu charakterisieren [2]. Die gegenwärtig verwendeten Fassungen des P.A. enthalten im allgemeinen fünf Axiome der folgenden Art (wobei die intendierte Interpretation von «1», «$N(x)$» und «x'» bzw. die Zahl Eins, die Eigenschaft «x ist natürliche Zahl» und die Funktion «Nachfolger von x in der natürlichen Zahlenfolge» sind):

(1) $N(1)$.
(2) $\bigwedge_x [N(x) \to N(x')]$.
(3) $\bigwedge_x [[N(x) \wedge N(y)] \to [x' = y' \to x = y]]$.
(4) $\bigwedge_x [N(x) \to x' \neq 1]$.
(5) $[\alpha(1) \wedge \bigwedge_x [N(x) \wedge \alpha(x) \to \alpha(x')]] \to \bigwedge_y [N(y) \to \alpha(y)]$.

Das fünfte «Axiom» (s. d.), das «Induktionsprinzip» oder «Axiom der vollständigen Induktion», enthält eine indefinite Variable α für Aussageformen und ist somit im Unterschied zu den Axiomen (1)–(4) ein Axiomen*schema*.

Unterwirft man die im Induktionsprinzip für α einsetzbaren arithmetischen Aussageformen keiner Beschränkung, so ist das P.A. monomorph, d. h. alle seine Modelle sind untereinander isomorph. Beschränkt man dagegen α auf die Objektsprache, so geht die Monomorphie-Eigenschaft verloren, und man erhält – von SKOLEM [3] explizit angegebene – sogenannte Nichtstandard-Modelle des P.A. neben der intendierten Interpretation, den natürlichen Zahlen [4]. Um eine unabhängige strenge Begründung derselben, wie sie sich damit als erforderlich erweist, hatte sich schon seit FREGE [5] und den ‹Principia Mathematica› [6] der Logizismus bemüht, dessen Ziel ein «rein logisches» Modell der Peano-Axiome ist [7]. Die logizistische Zahldefinition ist jedoch nicht nur ein Musterfall der umstrittenen imprädikativen Begriffsbildungen [8], sie liefert ein «logisches» Modell für die Peano-Axiome auch nur auf der Grundlage einer wiederum axiomatisch entwickelten und ihrerseits nicht unumstrittenen Mengenlehre. Während die Arithmetik gegenwärtig meist von den Peano-Axiomen ausgehend, d. h. axiomatisch, entwickelt wird, erfährt in der konstruktiven Arithmetik auch das Begründungsproblem angemessene Beachtung. Die natürlichen Zahlen werden dabei auf nicht-axiomatische Weise derart eingeführt, daß sich diejenigen ihrer Eigenschaften, die durch das P.A. erfaßt werden sollten, in konstruktiv beweisbaren Sätzen unmittelbar als Eigenschaften der natürlichen Zahlen ergeben [9].

Anmerkungen. [1] G. PEANO: Arithmetices principia, novo methodo exposita (Turin 1889). Opere scelte 2 (Rom 1958) 20-55. – [2] R. DEDEKIND: Was sind und was sollen die Zahlen? (1888, [10]1965); vgl. ferner den Brief an H. Keferstein vom 27. 2. 1890, auszugsweise engl. in: H. WANG: The axiomatization of arithmetic. J. symbolic. Logic 22 (1957) 145-158. – [3] TH. SKOLEM (vgl. Lit. 1933, 1934). – [4] Vgl. Art. ‹Kategorientheorie› und ‹Modell›. – [5] G. FREGE: Die Grundlagen der Arithmetik. Eine log. math. Untersuchung über den Begriff der Zahl (1884, [2]1934, [3]1961); Grundgesetze der Arithmetik. Begriffsschriftlich abgeleitet 1. 2 (1893-1903, [2]1962). – [6] A. N. WHITEHEAD und B. RUSSELL, Principia Mathematica 1-3 (Cambridge 1910-1913, [2]1925-1927). – [7] Vgl. Art. ‹Grundlagenstreit›. – [8] Vgl. Art. ‹Imprädikativität›. – [9] Vgl. etwa P. LORENZEN: Differential und Integral. Eine konstruktive Einführung in die klass. Analysis (1965).

Literaturhinweise. G. PEANO s. Anm. [1]. – TH. SKOLEM: Über die Unmöglichkeit einer vollständigen Charakterisierung der Zahlreihe mittels eines endlichen Axiomensystems. Norsk matematisk forenings skrifter, Ser. 2, Nr. 10 (1933) 73-82; Über die Nicht-charakterisierbarkeit der Zahlenreihe mittels endlich oder abzählbar unendlich vieler Aussagen mit ausschließlich Zahlenvariablen. Fund. math. 23 (1934) 150-161; Peano's axioms and models of arithmetic, in: Mathematical interpretation of formal systems (Amsterdam 1955) 1-14. – P. LORENZEN: Metamathematik (1962, [2]1969).

CH. THIEL

B

Bahnung bedeutet die Erleichterung von Impulsleitungen in einem Neuron durch Miterregung der ausstrahlenden Bahnen bei gleichzeitiger oder sukzessiver Erregung von zwei Ganglienzellkomplexen *a* und *b* mit Bevorzugung der Verbindungsbahn zwischen den beiden Erregungszentren; sie ist also physiologisches Substrat der Gleichzeitigkeitsassoziation [1]. ZIEHEN benutzt statt ‹B.› auch ‹Abstimmung›. Von ‹ausgeschliffenen Bahnen› spricht MEYNERT [2]. v. KRIES [3] hat 1895 die Untauglichkeit der B. für die Erklärung von Assoziationen erwiesen. Die *B.-Theorie* der *Aufmerksamkeit* ist von EBBINGHAUS und DÜRR entwickelt worden [4].

Anmerkungen. [1] TH. ZIEHEN: Leitfaden der physiologischen Psychol. in 16 Vorlesungen (^{12}1924) 405. – [2] TH. MEYNERT: Klinische Vorlesungen und Psychiatrie (1890) 292, zit. nach ROHRACHER: Einführung in die Psychol. (^{7}1960). – [3] J. v. KRIES: Über die materiellen Grundlagen der Bewußtseinserscheinungen (1898). – [4] E. DÜRR: Zur Lehre der Aufmerksamkeit (1907).

R. BERGIUS

Barmherzigkeit

I. Das deutsche ‹B.›, gotisch ‹armahairts›, althochdeutsch ‹armherzi› und mittelhochdeutsch ‹barmherzic› steht für das biblische ἐλεήμων, οἰκτιρμός, εὔσπλαγχνος; schon NOTKER übersetzt Ps. 111, 4: «der genadigo unde barmherzo truhtin», LUTHER z. B. Ex. 34, 6: «Gott barmherzig und gnedig». B. ist nach der biblischen Verkündigung Gottes wesentliche Eigenschaft, die im göttlichen Heilswalten für den Menschen erfahrbare, sich ihm zuwendende Herablassung, die im Bundeswillen aus freier Gnade geschenkte Liebe. «Barmherzig und gnädig ist der Herr, langmütig und reich an Güte» (Ps. 193, 8 u. ö.), er ist «der Vater des Erbarmens und der Gott alles Trostes» (2. Kor. 1, 3) [1]. Die spätere Theologie bemüht sich darzulegen, daß Gottes B. ganz seiner liebenden Freiheit entspringt, nicht innerer Zwang seines Wesens ist und mit seiner Gerechtigkeit übereinstimmt [2]. Nach dem Vorbild und unter der Gabe der göttlichen B. wird die Pflicht der B. in die urchristliche Unterweisung aufgenommen. «Seid barmherzig, wie euer Vater barmherzig ist» (Lk. 6, 36) [3]. B. ist als Tugend eine Gestalt der Liebe, Unbarmherzigkeit wird in den Lasterkatalog eingereiht [4]. B. wird nicht einfach als natürliches Mitgefühl verstanden, sondern ist, wohl durch Mitleid angeregte, überlegte, tätige Hilfsbereitschaft. Indem sie sich die Not des andern nahegehen läßt und sich ihrer annimmt, tut sie mehr als die strenge Gerechtigkeit fordert. Schon in der Bibel wird eine Reihe solcher Taten der B. aufgezählt, die dann später als festes Schema der je sieben «Werke der leiblichen und geistigen B.» in der moralischen Unterweisung tradiert werden [5]. In gewisser Hinsicht ist die Entfaltung der christlichen B. schon im griechischen Verständnis des ἔλεος angelegt. Es gibt in Athen einen Altar des ἔλεος mit Asylrecht, auch die Gottheit ist ἐλεήμων, und der Edle soll ἔλεος besitzen. Doch bedeutet das antike Wort fast nur den Affekt der Rührung über die unverschuldete Not eines andern. Diese Regung versteht der gewandte Rhetor vor Gericht zu erregen und macht dadurch den Richter unsachlich. Die *Stoa* rechnet die B. darum unter die zu überwindenden sinnlichen Erregungen, der wahre Weise ist nicht ἐλεήμων. Ähnlich hat sie KANT verstanden und als sittlich minderwertig abgelehnt, indem er das zu «tätigem und vernünftigem Wohlwollen» förderliche Mitleid bejaht. «Wie dann dieses auch eine beleidigende Art des Wohltuns sein würde, indem es ein Wohlwollen ausdrückt, was sich auf den Unwürdigen bezieht und B. genannt wird, und unter Menschen ... gegeneinander gar nicht vorkommen sollte» [6]. Auch NIETZSCHE rechnete die B. zu den schädigenden pathologischen Affekten. Sie ist unbewußter, weichlicher Egoismus, vermehrt das Leiden in der Welt nur noch und entehrt den Leidenden. «Wahrlich, ich mag sie nicht, die Barmherzigen, die selig sind in ihrem Mitleiden: zu sehr gebricht es ihnen an Scham» [7].

Anmerkungen. [1] Die Aussage wiederholt sich ständig; vgl. z. B. Ex. 33, 19; 34, 6; Jer. 31, 20; Os. 11, 8; Joël 2, 13; Pss. 51, 3; 86, 15; 145, 8; Lk. 15, 11ff.; Röm. 11, 32; Eph. 2, 4; Tit. 3, 5; 1. Petr. 1, 3. – [2] THOMAS VON AQUIN, S. theol. I, 21, 3 und 4. – [3] Vgl. außerdem Mth. 6, 12; 9, 13; 12, 7; 25, 31 ff.; Lk. 10, 30ff.; Eph. 4, 32; Phil. 2, 1; 1. Petr. 3, 8. – [4] Röm. 1, 31; 1. Joh. 3, 17; Did. 5, 2; Barn. 20, 2. – [5] Is. 58, 6f.; Job 31, 16ff.; Mth. 25, 35ff. Ein Merkvers zählt auf: Visito, poto, cibo, Redimo, tego, colligo, condo; Consule, carpe, doce, Solare, remitte, fer, ora. – [6] KANT, Met. Sitten II/I, 2, § 34. Akad.-A. 6, 457. – [7] FR. NIETZSCHE: Also sprach Zarathustra II: ‹Von den Mitleidigen›. Musarion-A. 13, 111; vgl. Morgenröthe II, 133ff. a. a. O. 10, 127ff.

Literaturhinweise. R. BULTMANN: Theol. Wb. zum NT (1957ff.) 2, 474–482: Art. ÉLEOS; 5, 161ff.: Art. OIKTIRO. – Lex. Theol. u. Kirche² 1, 1251ff., dort weitere moraltheol. Lit. – F. MARX: Zur Gesch. der B. im Abendland (1907). – P. BRUNNER: Erbarmen (1948).

R. HAUSER

II. ‹B.› gehört als theologischer Begriff in die Lehre von den Attributen Gottes; sie ist eine Erscheinungsform der göttlichen Wesenseigenschaft der Güte, die sich auf menschliche Not wirkend bezieht, nämlich helfend und verzeihend; wogegen sie, bloß als Affekt der Mittrauer mit der Not des Nächsten verstanden, von der Gottheit nicht im eigentlichen Sinne prädizierbar wäre. Die Hl. Schrift ist voll von Zeugnissen nicht nur für die Liebe, sondern speziell die Barmherzigkeit Jahwes. Schon in der Genesis (33, 11; 43, 29) findet sich der Terminus. Die etymologischen Grundideen sind «mütterlich sein» (rāchas) und «sich herabneigen» (chānan); in den Übersetzungen steht ‹B.› oft für ‹chèsèd› (Bundesgesinnung). Gottessprüche über seine B. bringen die Sinaitradition und die Propheten häufig [1]. Die Psalmen nennen die B. über 120mal!. Später wird die B. auch besonders als eschatologische Gabe gewürdigt [2]. Als Zentralaussage klingt immer wieder Exodus 34, 6 an: «Jahwe, ein barmherziger und gnädiger Gott, langmütig und reich an Bundeshuld und Treue». Mit dem Lob der B. verbindet sich die bittende Appellation an sie in den konkreten Nöten. Gottes B. erscheint größer als seine Gerechtigkeit (Hos. 11, 11; Ps. 29, 6), sein allumfassendes Erbarmen umgreift nicht nur die Schwachen und Unterdrückten (Jes. 41, 14), sondern auch die Sünder (Ps. 51); sogar die Strafe zielt auf Bekehrung als Ermöglichung neuen Erbarmens [3]. In der Zuwendung seiner B. ist Gott absolut frei (Ex. 33, 19), übertrifft jedoch alle menschliche Güte. Mit dem Beginn der messianischen Zeit erreicht die B. ihren Höhepunkt (vgl. z. B. Lk. 1, 50; Joh. 3, 16); Jesus führt sein Wirken darauf zurück (Lk. 5, 19), nennt Gott einfachhin den «Erbarmer» (Lk. 6, 36) und veranschaulicht dieses Attribut z. B. durch die Parabeln vom verlorenen Sohn, der verlorenen Drachme, dem guten Hirten oder durch sein Verhalten z. B. gegenüber der Witwe von Naim, Zachäus, der Samariterin, Maria Magdalena, dem Schächer am Kreuz. PAULUS nennt Gott «Vater der Erbarmungen und Gott allen Trostes» (2. Kor. 1, 3), zählt die B. formelhaft unter den Heilsgütern auf (vgl. 1. Tim. 1, 2; Tit. 1, 4) und führt die Erlösung Jesu wie Petrus auf Gottes B. zurück [4]. Später beginnen sogar die Suren des Koran mit der Anrufung des «Allerbarmers». Einer begrifflichen Klärung dienten die Versuche der theologischen Spekulation, die Beziehung der B. zu den übrigen göttlichen Attributen, vor allem der Gerechtigkeit, aufzuweisen und ihre Funktion im konkreten Heilswirken Gottes näher zu bestimmen, und zwar in Auseinandersetzung sowohl mit der manichäistisch-pessimistischen Leugnung ihrer Freiheit als auch der pelagianisch-deistischen Überbetonung der Transzendenz Gottes [5].

Anmerkungen. [1] Hos. 11, 8; Jer. 31, 20; Jes. 14, 1; 54, 8; Ps. 4, 2; 51, 3; 135; 144, 9. – [2] 2. Makk. 2, 7; Weish. 3, 9; 4, 15; 11, 24. – [3] Vgl. Jer. 3, 12; Ps. 66, 10ff. – [4] Röm. 9, 22ff.; Eph. 2, 4; 1. Petr. 1, 3. – [5] Vgl. AUGUSTIN, De div. quaest. LXXXIII, q. 68, n. 5. MPL 40, 73; THOMAS VON AQUIN, S. theol. I, 9, 21 a 3–4; II/II, q. 30; III Suppl., q. 99.

Literaturhinweise. L. LESSIUS SJ: De perfectionibus moribusque divinis (Antwerpen 1626) lib. 12. – A. CIAPPI OP: De divina misericordia ut prima causa operum Dei (Rom 1935). – F. ASCENSIO: Misericordia et veritas (Rom 1949). – N. GLUECK: Das Wort ‹chesed› im alttestamentl. Sprachgebrauch (²1961). – G. WORONIECKI OP: Il mistero della Divina Misericordia. Ciò che il cristianesimo insegna sulla Divina Misericordia e la nostra riposta a questo insegnamento, con Introduzione del P. R. GARRIGOU-LAGRANGE OP (Rom 1961). – Y. M. CONGAR OP: La miséricorde, attribut souverain de Dieu. Vie spirituelle 106 (1962) 380-395. – B. BRO OP: Miséricorde et justice. Dieu est-il complice du péché? Vie spirituelle 106 (1962) 396-410. – O. SCHRAMMEN: Die Parabel vom Barmherzigen Samariter. Die Darstellung und ihr Verhältnis zur theol. Auslegung von den Anfängen bis zum Hoch-MA (Diss. Münster 1963, Ms.). – Theol. Begriffslex. zum NT (1965) 52-59 (ESSER).

J. STÖHR

Basissatz. Als diejenigen Aussagen, welche die letzte Grundlage für die Prüfung empirischer Aussagen bilden, sind im Wiener Kreis Aussagen über Beobachtungen betrachtet worden. Diese Aussagen wurden ‹Konstatierungen› oder ‹Protokollsätze› genannt. Demgegenüber hat K. POPPER geltend gemacht [1], daß solche Aussagen als Fundamente empirischer Wissenschaften ungeeignet sind, weil sie lediglich subjektive persönliche Erlebnisse zum Inhalt haben. Als zureichende Grundlage empirischer Theorien sind nach Popper vielmehr intersubjektive Aussagen, die von ihm so genannten ‹B.›, erforderlich. Diese Sätze stehen nicht unzweifelhaft fest, sondern können stets nur als vorläufig gesichert gelten, sind also prinzipiell korrigier- oder falsifizierbar.

Anmerkung. [1] K. POPPER: Logik der Forsch. (1935) Kap. V.

V. KRAFT

Bauplan, Funktionsplan. Die Spannung zwischen Form und Funktion liegt bei biologischer Betrachtung darin, daß nach lamarckistischer Auffassung die Form nur aus der Funktion zu verstehen ist, in der sie sich bildet; während nach der darwinistischen Selektionstheorie die Funktion nur aus der schon gegebenen Form zu verstehen ist, die sich unabhängig zuvor schon gebildet hat. Im einen Fall erwirbt der Organismus seine Form als Antwort auf die Umwelt; im anderen Fall empfängt er sie ohne sein eigenes Zutun [1]. – Die «B.-Theorie» nahm in der Biologie J. V. UEXKÜLLS nochmals eine originelle Wendung. Jedem Lebewesen ordnet sich eine ganz bestimmte «Welt» zu; das Subjekt baut sich diese «Welt» auf aus den Funktionen, die es selbst lebt. Jede «Umwelt» bildet eine in sich geschlossene Einheit, die in allen ihren Teilen durch die Bedeutung für das Subjekt beherrscht wird. Es besteht ein Zuordnungsverhältnis zwischen dem «B.» des Subjekts und den «Bedeutungsträgern». Die Lebensaufgabe der Lebewesen besteht dann darin, die Bedeutungsträger bzw. Bedeutungsfaktoren gemäß ihrem subjektiven B. zu verwerten. Das Ineinandergreifen des Baues des Subjektes und des Baues seiner Umwelt läßt sich wie eine «Komposition» auffassen. Die Formbildung der Lebewesen wird erst dann unserem Verständnis nähergebracht werden, wenn es uns gelungen ist, aus ihr eine Kompositionslehre der Natur abzuleiten. Jedes Bedeutungssymbol eines Subjekts ist zugleich ein Bedeutungsmotiv für die Körpergestaltung des Subjekts: «Das Körperhaus ist einerseits der Erzeuger der Bedeutungssymbole, die seinen Garten bevölkern, und andererseits das Erzeugnis der gleichen Symbole, die als Motive in den Hausbau eingreifen.» Der Organismus erscheint mit seiner Eigenwelt als ein untrennbares planvolles Ganzes, als Tier-Umwelt-Monade. Die Tier-Umwelt-Monaden der großen Tierklassen sind alle ebenso verschieden voneinander wie die B. der Tiere selbst. Sie können als Ganzes nicht auseinander abgeleitet oder aufeinander bezogen werden; denn keineswegs darf etwa die Regenwurmwelt als eine unvollkommene, noch in der Entwicklung stehende Wirbeltierwelt aufgefaßt werden. Prinzipiell ist vielmehr jede Tier-Umwelt-Monade in sich vollkommen und fertig. Der Organismus kann sich zwar strukturell im B. nicht vorgebildeten Aufgaben in bestimmten Situationen gewachsen zeigen; aber immer muß ein essentieller Kern an B.-Strukturen und Verhaltensweisen, die auf ein bestimmt strukturiertes «Dadraußen» abgestimmt sind, vorhanden sein [2]. Auch die moderne Biologie sieht in dem Verhältnis von ökischer und autozoischer Dimension ein Grundverhältnis. So können Tiere, die im gleichen Biotop nebeneinander leben, in ihm verschiedene ökische Dimensionen nutzen, wie umgekehrt im gleichen Biotop nebeneinander lebende Tiere die gleiche ökische Dimension verschieden nutzen. Durch die Evolution werden nicht nur neue Funktionen realisiert und damit neue Lebenszonen gebildet, sondern auch «prospektive Funktionen» geschaffen, die weitere Zonen ermöglichen. Diese Wechselwirkung ist ein wesentlicher Motor, der das Evolutionsgeschehen in Gang hält. Die Versuche, die «Typogenese» ökologisch-funktionell im Rahmen der Entstehung der Anpassung erklärlich zu machen, räumen der Umwelt mit ihren prospektiven Funktionen, also mit den Möglichkeiten, die sie bietet, eine große Rolle ein. Diesen Zusammenhang demonstrieren manche Inselfaunen [3].

Anmerkungen. [1] H. HÖLDER: Geol. und Paläontol. Orbis academicus II/11 (1960) 397f.; O. JAEKEL: Funktion und Form in der organischen Entwicklung. Paläontol. Z. 4 (1922) 147f.; O. H. SCHINDEWOLF: Neuere Ergebn. der Paläontol. Naturwiss. 19 (1931). – [2] Nach TH. BALLAUFF: Das Problem des Lebendigen (1949) 82ff.; J. v. UEXKÜLL: Bedeutungslehre. Bios 10 (1940); Theoretische Biol. (²1928). – [3] Vgl. Handb. der Biol. III/2 (1960) 859. 878ff.   TH. BALLAUFF

Bedeutsamkeit ist eine Sekundärform von ‹Bedeutung›, die für W. DILTHEY die umfassende Kategorie ist, unter der die Wechselwirkung zwischen Ganzem und Teilen [1] des Lebens im Unterschied zum Erkennen der Natur verstanden wird [2]. Demgegenüber ist eine aus dem Leben selbst stammende Tatsache bedeutsam, deren Bedeutung (noch) nicht aus dem Hinblick auf das bestimmende Lebensganze [3] eindeutig explizit geworden ist. Die B. wird in ihrem Eigenwert besonders vom Dichter erfaßt [4]. Radikaler ist für E. HUSSERL die logische Bedeutung als «ideale Einheit» zu sondern von «hinsichtlich der Bedeutung schwankenden und ... wesentlich okkasionellen und vagen Ausdrücken» [5]. Es sind solche, bei denen der kundgegebene subjektive Inhalt der Aussage weiter reicht als der genannte objektive [6]. Die bedeutsamen, vieldeutigen Ausdrücke bleiben bezüglich ihrer Bedeutungen besonders durch die zufälligen Umstände der lebendigen Rede ich-bezogen [7] und so wesensmäßig schwankendes Bedeuten [8]. Bei M. HEIDEGGER wird die bei Husserl offen gebliebene Frage der Prävalenz von Bedeutung und B. zugunsten letzterer generell entschieden, die – das Bezugsganze des Bedeutens, «darin das Dasein ihm selbst vorgängig» [9] seinen alltäglichen Umgang mit Zeug zu verstehen gibt, ontologisch tragend – als Existenzial des Daseins die Struktur der Welt ausmacht. (Zur Un-B. in der Angst vgl. [10].) In der Strukturpsychologie E. SPRANGERS wird die bedeutsame Teilfunktion der Seele gesehen unter dem Aspekt, wie sie ihre «Wertverwirklichung» bedeutsam leistet und so teleologisch für das Lebensganze, von diesem bedingt und verständlich, Bedeutung gewinnt [11]. E. ROTHACKER hat für die Geschichtsphilosophie einen Satz der B. geprägt, wonach nur das Eingang in meine Welt findet, was «mich angeht, was mir ‹etwas› ‹ist›, d. h. bedeutet» [12].

Anmerkungen. [1] W. DILTHEY, Ges. Schriften (⁵1959ff.) 7, 235. – [2] a. a. O. 232. – [3] a. a. O. 138. 238ff. – [4] a. a. O. 6, 319. – [5] E. HUSSERL: Log. Untersuchungen II/1 (²1913) § 24. – [6] a. a. O. § 25. – [7] a. a. O. § 26. – [8] a. a. O. §§ 27. 28. – [9] M. HEIDEGGER: Sein und Zeit (⁷1953) § 18; vgl. § 143. – [10] a. a. O. § 40. – [11] E. SPRANGER: Psychol. des Jugendalters (²⁴1955) 23f. – 12] E. ROTHACKER: Geschichtsphilos. (o. J.) 99.   D. SINN

Bedeutung gehört, ähnlich wie ihr englisches Pendant ‹meaning›, zu jenen geläufigen sprachwissenschaftlichen Begriffen, die sich bei näherer Prüfung als ebenso vieldeutig wie anfechtbar erweisen. Schon im täglichen Sprachgebrauch kann bei Verwendung des Wortes ‹B.› an Verschiedenes gedacht sein: z. B. an die Bedeutsamkeit, Wichtigkeit, Sinnhaftigkeit bestimmter Dinge und Sachverhalte. Entsprechend pflegt bei der Rede von der B. eines Wortes oder eines Satzes der eigenen oder einer fremden Sprache das angezielt zu sein, was mit dem betreffenden Sprachmittel gemeint ist bzw. woran man denkt, wenn man es gebraucht. Aber in dieser unverfänglich scheinenden Erläuterung liegen bereits Fallstricke für eine sprachtheoretisch zureichende Kennzeichnung sprachlicher Ausdrücke. Zu leicht wird nämlich die B. in dieser Sicht mit dem außersprachlichen Gegenstand verwechselt, der in ihr angesprochen wird. Diese fehlleitende Auffassung ist durch G. FREGES Vorschlag, die B. mit dem Gegenstand gleichzusetzen [1], der sich auch der frühe L. WITTGENSTEIN anschloß [2], gestützt worden. Hierdurch konnten sich auch jene streng strukturalistisch-behavioristisch arbeitenden Linguisten gerechtfertigt sehen, die aus Gründen der Methodenstrenge die Bedeutungsfrage so weit wie möglich aus der exakten Sprachwissenschaft ausklammern zu sollen glaubten. Von einer einfachen Gleichsetzung und Deckung von B. und Gegenstand kann indessen in keiner natürlichen Sprache die Rede sein, vielmehr macht die Wort-B. allererst sichtbar, was überhaupt innerhalb einer Sprachgemeinschaft als Gegenstand gelten darf und wie dieser aufzufassen ist, d. h. die Sprache erweist hier für den Menschen ihre gedanklich-gegenstandskonstitutive Kraft [3]. Zwar schöpft sie nicht ex nihilo, sondern aus dem Schatze menschlicher Erfahrung, aber sie «spiegelt» keineswegs lediglich eine vorgegebene Realität, sondern zieht die Gegenstände in die spezifische Sehweise der betreffenden Menschengruppe hinein, zeigt, wie sie zu begreifen, zu gliedern und zu beurteilen sind. (In diese Richtung weist eher, was G. FREGE als «Sinn» bezeichnet, nämlich die Art der sprachlichen Gegebenheit eines Gegenstandes.) Dabei macht sich die spezifische Gliederungsweise und Perspektivität bemerkbar, in der in jeder Sprache außersprachlich Vorgegebenes geistig verarbeitet wird, und es zeigt sich, daß auch schöpferisch Gedankendinge hervorgebracht werden, für die in der Wirklichkeit kein gegenständliches Korrelat nachzuweisen ist. So wächst der B. von dem, was in ihr geistig objektiviert wird, ein bestimmter Eigenwert und von der Einordnung in ein sprachliches Gliederungsgefüge zusätzlich ein Stellenwert zu (Wort, nomen appellativum). Sie gewinnt so eine sprachsystembedingte Geltung, an der jeder Sprachteilhaber kraft Spracherlernung und Sprachgebrauch normalerweise so viel Anteil hat, daß Mitteilung und Verstehen möglich werden. Die Einsicht in die Wichtigkeit der Bedingungen der Sprachverwendung hat wohl den späten WITTGENSTEIN veranlaßt, die B. als den Gebrauch zu bestimmen und im Gedanken des «Sprachspiels» näher zu erläutern [4], aber es wird dabei übersehen, daß der Gebrauch zwar das Wie des Funktionierens, nicht aber das Was der B. zu erfassen gestattet. Wichtig ist jedoch das hier bereits eingeschlossene soziale Moment, das der B. die notwendige überindividuelle, intersubjektive Geltung innerhalb einer Sprachgemeinschaft verschafft und sichert, ohne die Sprache nicht funktionieren kann. Dies wurde lange verkannt. Die Einsicht, daß die B. nicht – allein – von den außersprachlichen Sachen her zu begründen ist, führte nämlich zunächst nicht auf die soziale Komponente, sondern vielmehr zu dem anderen Extrem, sie in die Psyche des Individuums zu verlegen. So wurde die B. als Vorstellung gedeutet, die der Einzelne mit einer Lautung verbindet. Auf diese Weise wurde sie voreilig der Willkür individueller Assoziationen ausgeliefert und damit ihre soziologisch entscheidende Verbindlichkeit für die Gruppe in Frage gestellt. Zugleich begünstigte dies die Auffassung, eine Lautung könne bereits von sich aus Vorstellungen oder Anschauungen erwecken, während sie in Wahrheit nur in Verbindung mit einem zugehörigen geltenden Inhalt, also als bereits sinntragende sprachliche Einheit verstanden wird. Freilich können damit auch persönliche, nicht austauschbare Vorstellungen verbunden sein, aber das, was K. ERDMANN in diesem Zusammenhang als mitschwingenden «Nebensinn» und «Gefühlswert» [5] bezeichnet hat, gehört größtenteils mit zur überindividuellen Seite der B., ist also sprachsystembedingt. Man muß demnach diese zur B. selbst gehörigen Konnotationen nochmals von den ausschließlich individuellen abheben, die sich der wissenschaftlichen Beschreibbarkeit weitgehend entziehen. In diesem Zusammenhang verdient die Unterscheidung von «lexikalischer» und «aktueller» [6] bzw. auch von «usueller» und «okkasioneller» B. Beachtung. Vor der extremen Auffassung, wonach ein Sprachmittel erst im aktuellen Sinnzusammenhang der Rede seine B. gewinnt, ist zu warnen: Im Normalfall erschafft der Kontext die B. nicht, sondern er hilft, eine im Sprachsystem vorgegebene B. zu identifizieren. Die zusätzlichen Nuancierungen und Modifizierungen, die die B. in der Rede gewinnen kann, sollten den Vorrang der sprachlichen Geltung für das Verstehen nicht übersehen lassen. Versuche, die B. als Beziehung zu deuten (etwa zwischen Lautung und Inhalt oder zwischen Wort und Sache), sind nicht unbedenklich, weil dabei die bereits erwähnten Schwierigkeiten wiederkehren und zu leicht übersehen wird, daß das Wie einer Beziehung noch nicht das Was der B. erklärt. Auch OGDENS und RICHARDS' Dreiecksmodell [7], wonach ein Symbol die bezeichnete Sache (referent) nicht direkt, sondern über den jeweils aktualisierten Gedanken (thought or reference) erreicht, ist insofern anfechtbar, als in dieser Sicht das Symbol auf die bloße Lautung reduziert zu werden droht, die allein aber noch gar nichts zu symbolisieren vermag, während die wesenhaft mit ihr verbundene und sie erst zum Symbol erhebende B. als außersprachlicher Gedanke abgetrennt erscheint. Um den genannten Gefahren, die der belastete Ausdruck ‹B.› heraufbeschwört, zu entgehen, zieht die inhaltlich orientierte Sprachwissenschaft den Ausdruck ‹(Wort-)Inhalt› vor [8]. Damit soll sichergestellt werden, daß die B. wesenhaft zum Wort und damit zum sozialen Objektivgebilde einer natürlichen Sprache gehört und systematisch vom außersprachlichen Gegenstand zu trennen ist, wenn sie diesem auch in vielen Fällen ihr Dasein verdankt. Um den energetischen Aspekt und die wirklichkeitserschließende Kraft der Inhalte innerhalb der Sprachgemeinschaft zu betonen, hat L. WEISGERBER vorgeschlagen, von «sprachlichen Zugriffen» zu sprechen, wobei zugleich die weltinterpretierende Leistung der B. hervorgehoben werden soll [9].

Anmerkungen. [1] G. FREGE: Über Sinn und B. Z. Philos. und philos. Kritik 100 (1892) 25–50, auch in: Funktion, Begriff, B. (1962). – [2] L. WITTGENSTEIN: Tractatus logico-philos. (⁶1955) 3.203. – [3] E. HEINTEL: Gegenstandskonstitution und sprachliches Weltbild. Sprache – Schlüssel zur Welt. Festschrift L. Weisgerber (1959) 47–55. – [4] L. WITTGENSTEIN: Philos. Untersuchungen (1953) 4ff. – [5] K. O. ERDMANN: Die B. des Wortes (1900). – [6] W. SCHMIDT: Lexikalische und aktuelle B. (1963). – [7] C. K. OGDEN und I. A. RICHARDS: The meaning of meaning (London 1949) 8ff. – [8] H. GIPPER: Bausteine zur Sprachinhaltsforschung (²1969) 29ff. – [9] L. WEISGERBER: Die Erforschung der Sprach«zugriffe». I. Grundlinien der inhaltbezogenen Grammatik. Wirkendes Wort 7 (1956/57) 65–73.

Literaturhinweise s. Art. ‹Bedeutungslehre›. H. GIPPER

Bedeutungserfüllung. E. HUSSERL zeigt in den ‹Logischen Untersuchungen›, daß jeder Ausdruck wesenhaft eine Bedeutung intendiert. Hierdurch bezieht er sich auf Gegenständliches [1]. Die Aktualisierung und Realisierung der vom Ausdruck intendierten Beziehung auf Gegenständliches erfolgt in der «Anschauung» [2]. Sie ist dem Ausdruck als solchem außerwesentlich, steht aber «in der logisch fundamentalen Beziehung zu ihm», daß sie seine Intention erfüllt [3]. Die sich in diesem Falle mit den bedeutungverleihenden zu einer Einheit verschmelzenden Akte bezeichnet Husserl als «bedeutungerfüllende Akte» [4]. Erfüllt sich die Bedeutungsintention, so konstituiert sich der vermeinte Gegenstand «als gegebener» [5].

Anmerkungen. [1] E. HUSSERL: Log. Untersuchungen II/1: Untersuchungen zur Phänomenol. und Theorie der Erkenntnis (⁵1968) 37. – [2] ebda. – [3] a. a. O. 38. – [4] ebda. – [5] a. a. O. 50f.
P. JANSSEN

Bedeutungsintention. E. HUSSERL unterscheidet in den ‹Logischen Untersuchungen› «anzeigende» und «bedeutsame» Zeichen [1]. Die bedeutsamen Zeichen sind dadurch charakterisiert, daß sie eine Bedeutung «intendieren» [2]. Sie sind «Ausdrücke». An jedem Ausdruck ist seine physisch-sinnliche Erscheinung von der in dieser bloßen Lautartikulation sich vollziehenden Bedeutungsverleihung (Sinnvermeinung) zu unterscheiden. Erst die B. macht den sinnlichen Wortlaut zum sinnbelebten Wortlaut [3]. Beide «Aktreihen» bilden eine phänomenologische Einheit [4].

Anmerkungen. [1] E. HUSSERL: Log. Untersuchungen II/1: Untersuchungen zur Phänomenol. und Theorie der Erkenntnis (⁵1968) 23f. 30f. – [2] a. a. O. 52ff. – [3] a. a. O. 37f. – [4] a. a. O. 39f.
P. JANSSEN

Bedeutungslehre (Semasiologie bzw. Semantik, früher auch: Semologie, Semiologie, Sematologie; frz. sémantique, engl. semantics; von griech. σεμασία, Bedeutung). Als besonderer Zweig der Sprachwissenschaft darf die B. seit den Bemühungen des deutschen Altphilologen CHR. K. REISIG in seinen Vorlesungen zwischen 1820 und 1830 [1] und seines Schülers F. HAASE (um 1840) [2] gelten, also noch geraume Zeit vor dem bekannteren ‹Essai de sémantique› von M.-J.-A. BRÉAL von 1897 [3]. Die B. beschäftigt sich vornehmlich mit der Bedeutung einzelner Wörter, insonderheit solcher der Hauptwortarten (Substantiv, Adjektiv, Verb). Man geht in der Regel von der Lautung eines Wortes aus und fragt, was mit ihr gemeint ist bzw. woran man denkt, wenn man sie gebraucht. Diese Blickrichtung von der Lautung aus verführt dazu, die Bedeutung als etwas außerhalb der Sprache Liegendes anzusehen, eine sprachtheoretisch nicht unbedenkliche Auffassung, die durch G. FREGES Bestimmung (der sich auch der junge L. WITTGENSTEIN anschloß), die Bedeutung dem Gegenstand gleichzusetzen, bestärkt wurde. Hierdurch wird nicht nur die Bedeutung aus der Sprache hinausverlegt und damit womöglich der Zuständigkeit der Sprachwissenschaft entzogen, sondern es wird auch der irrigen Annahme einer einfachen Deckung von Bedeutung und Gegenstand Vorschub geleistet. Dies führt zur Verkennung der tatsächlichen Zusammenhänge. Nur scheinbar unverfänglicher ist es, die Bedeutung in die Psyche des sprachbesitzenden und sprechenden Individuums zu verlegen, das mit ihr bestimmte Vorstellungen verbinden soll. Aber auch diese Auffassung erweist sich als unzureichend, weil die Bedeutung eines Wortes, so sehr ihre Aktualisierung an die Psyche eines Sprechers gebunden sein mag, doch nicht individuellem Vorstellungsvermögen anheimgestellt sein darf. Vielmehr muß sie überindividuelle, intersubjektive, soziale Geltung innerhalb der Sprachgemeinschaft haben, wenn sie verstehbar, mitteilbar und somit auch wissenschaftlich beschreibbar sein soll. Sie darf also weder dem Individuum noch der außersprachlichen Sache ausgeliefert sein, sondern muß ihren festen Platz in einem überindividuellen Sinngefüge haben, an dem jeder Sprachangehörige kraft Spracherlernung gleichen Anteil hat. Seit man das Wort als Einheit von Lautung und Inhalt begreifen gelernt hat und weiß, daß der Inhalt, also das, was bislang mit dem vieldeutigen Ausdruck ‹Bedeutung› mehr verdeckt als freigelegt wurde, integrierender Bestandteil eines sprachlichen Systems ist, der prinzipiell von der außersprachlichen Sache durch eine Kluft getrennt bleibt, ist die B. in die Lage versetzt, dem Wesen der sprachlichen Bedeutung näherzukommen. Lange Zeit hat die B. ihr Hauptaugenmerk dem sogenannten Bedeutungswandel, d. h. der Veränderung einer Wortbedeutung im Laufe der Sprachgeschichte zugewandt und dabei eine Klassifizierung der beobachteten Wandlungen nach logischen oder psychologischen Gesichtspunkten angestrebt: Kategorien wie Bedeutungserweiterung und Bedeutungsverengung, Bedeutungsverbesserung und Bedeutungsverschlechterung waren für diese Betrachtungsweise kennzeichnend, wobei die Gründe des Bedeutungswandels einmal im Wandel der bezeichneten Sachen, dann aber auch in der psychischen Einstellung der Sprecher gesucht wurden. Besonders der Affekt galt vielfach als Triebfeder der Veränderungen [4]. Die unter solchen Gesichtspunkten angestellten Einzelwortuntersuchungen vermochten jedoch die eigentlichen Gründe für die Veränderungen kaum freizulegen. Erst als der Blick für sprachliche Gliederungen in den verschiedenen Sinnbereichen geöffnet wurde, ließ sich zeigen, daß Bedeutungswandel nicht als isolierter Vorgang am Einzelwort ausreichend zu erklären ist, sondern daß er nur als Folge von Stellenwertverschiebungen innerhalb ganzer Wortverbände, als Wandel in der Struktur sprachlicher Feldgliederungen in der Zeit voll verstanden werden kann. Hiermit war der Weg geebnet für eine systemgerechtere Beurteilung sprachlicher Veränderungen und für die Erarbeitung angemessenerer Methoden.

Anmerkungen. [1] CHR. K. REISIG: Vorles. über lat. Sprachwiss. II. Teil: Semasiologie oder B., bearb. F. HEERDEGEN (1890). – [2] F. HAASE: Vorles. über lat. Sprachwiss. 1. 2 (1874–1880). – [3] M.-J.-A. BRÉAL: Essai de sémantique. Sci. des significations (Paris ^{6}1924). – [4] H. SPERBER: Einf. in die B. (^{3}1965).

Literaturhinweise. J. STENZEL: Sinn, Bedeutung, Begriff, Definition. Jb. Philol. 1 (1925, Nachdruck 1958) 161-201. – L. WEISGERBER: Die B. – ein Irrweg der Sprachwiss. ? German.-Roman. Mschr. 15 (1927) 161-183. – A. CARNOY: La sci. du mot. Traité de sémantique (Louvain 1927). – H. HATZFELD: Vergleichende B. (1928). – A. MARTY: Über Wert und Methode einer allg. und beschreibenden B., hg. O. FUNKE (1950). – H. KRONASSER: Handb. der Semasiol. (1952). – E. STRUCK: B. (^{2}1954). – P. GUIRAUD: La sémantique (Que sais-je? Nr. 655) (Paris 1955). – K. BALDINGER: Die Semasiol. (1957). – ST. ULLMANN: The principles of semantics (Glasgow/Oxford ^{2}1957), dtsch. (1967). – V. A. ZVEGINCEV: Semasiologija (Moskau 1957). – H. SPERBER: Einf. in die B. (^{3}1965). – A. SCHAFF: Einf. in die Semantik (Warschau 1960), dtsch. (1966). – Duden-Grammatik (^{2}1966) 423ff. – H. GIPPER und H. SCHWARZ: Bibliogr. Handb. zur Sprachinhaltsforsch. 1 (1966) Einl. sowie zahlreiche Besprechungen zu semasiol. Arbeiten. H. GIPPER

Bedeutungswandel ist ein im 19. Jh. aufkommender Begriff; eine Theorie des B. gibt zuerst K. REISIG in seinen ‹Vorlesungen über lateinische Sprachwissenschaft› 1826/1827 [1]. W. WUNDT führt Lautwandel und B. auf das Einwirken physischer und psychischer Bedingungen zurück, der B. verändert die «inneren Gehalt der Wörter». Die ursprüngliche Assoziation zwischen dem Wort und der durch dasselbe bezeichneten Vorstellung wird verändert» [2]. Auf diesem Begriff baut ein charakteristischer Versuch sprachwissenschaftlicher Bedeutungslehre (Semasiologie) auf, die nach F. MAUTHNER «die wertvollsten Beiträge zur Geschichte des menschlichen Denkens geben» kann [3]. B. meint Veränderungen im Ob-jektivgebilde Sprache und sucht die ‹Bedeutungsunterschiede› zu fassen und zu erklären, die bei geschichtlicher Betrachtung hinter etymologisch übereinstimmenden Sprachgestalten auftauchen (‹Kragen›: mhd. für Hals, nhd. für bestimmte Kleidungsstücke am Hals). Solche durchaus wichtigen Beobachtungen leiden grundsätzlich darunter, daß sie mit den Maßstäben der sinnlichen Gestalt Feststellungen über die geistige Seite der Sprache gewinnen wollen und somit nicht sicher sind, ob sie überhaupt einen geistigen ‹Wandel› treffen. Dabei werden die Ungeklärtheiten, die den Begriff der Bedeutung selbst belasten, sowohl gemäß seiner eigenen Zwiespältigkeit wie im Verhältnis zu benachbarten, aber nicht identischen Begriffen wie lat. ‹significatio›, frz. ‹signification›, engl. ‹meaning›, besonders deutlich. Nach den Fehlschlägen vielfach psychologistischer Ordnungsversuche müssen manche in die Beobachtungen über B. gesetzte Erwartungen abgebaut werden. Man bemüht sich heute vor allem, die gestaltbezogenen Beobachtungen über den B. weiterzuführen zu eigenständigen Einblicken in die inhaltliche Entwicklung der Sprache. In dieser grundsätzlichen Scheidung zwischen B. und Wandel der Sprachinhalte sind noch weitere philosophisch wichtige Folgerungen angelegt: deutlichere Trennung zwischen inner- und außersprachlichem Anteil, Korrektur des zu einseitig auf die sinnliche Lautgestalt gestützten Wortbegriffs, adäquater Zugang zur geistigen Seite der Sprache.

Anmerkungen. [1] K. REISIG: Vorles. über lat. Sprachwiss. (1826/27), hg. HEERDEGEN u. a. (1888) 2, §§ 171-183. – [2] W. WUNDT: Grundriß der Psychol. (^{15}1922) 369f. – [3] F. MAUTHNER: Wb. der Philos. (^{2}1923) 1, 149f.

Literaturhinweise. L. WEISGERBER: Sprachwiss. und Philos. zum Bedeutungsproblem. Bl. dtsch. Philos. 4 (1930) 14-16. – J. TRIER: Dtsch. Bedeutungsforsch., in: German. Philol. Festschrift O. Behaghel (1934) 173-200. – H. KRONASSER: Hb. der Semasiol. (1952). – ST. ULLMANN: The principles of semantics (Oxford 1957); dtsch. Grundzüge der Semantik (1967). – H. GIPPER/H. SCHWARZ: Bibliograph. Hb. zur Sprachinhaltsforsch. (1962ff.). – J. KNOBLOCH: Sprachwiss. Wb. (1967). L. WEISGERBER

Bedingt, späte Partizipialform von ‹bedingen›, ursprünglich ‹verhandeln, vereinbaren›, später ‹sich vorbehalten›; Übersetzung des schulphilosophischen ‹condicionatum› (Gegensatz zu ‹absolutum›). Dieses dient traditionell vor allem als Attribut von ‹certitudo›, ‹futurum› (nur unter Voraussetzung einer Entscheidung Zukünftiges im Gegensatz zum notwendig Zukünftigen), ‹necessitas› (im Gegensatz zur absoluten die Notwendigkeit des Geltens auf eine Voraussetzung hin) und ‹scientia›. SCHELLING [1] unterscheidet ‹bedingen› als das, wodurch etwas zum Ding wird, von ‹bedingt› als dem, was zum Ding wird. Die übliche deutsche Unterscheidung ist freilich 1. *logisch Bedingtes:* die Folge im Gegensatz zum Grund; diese Bestimmung ist schon von der traditionellen Logik aus unzureichend; 2. *real Bedingtes:* die Wirkung im Gegensatz zur Ursache; da die Abgrenzung von Ursache und Bedingung strittig ist, bleibt dieses Glied unbestimmt; auch ist es vieldeutig, weil ‹Ursache› (Bedingendes) hier die Hauptursache, eine Nebenursache und eine bloße Voraussetzung bezeichnen kann.

Anmerkung. [1] Vom Ich als Prinzip der Philos. § 3. Werke, hg. SCHRÖTER 1 (1927) 90. R. SPECHT

Bedingung (lat. conditio, engl./frz. condition) hat im philosophischen wie im alltäglichen Kontext keineswegs nur eine wohlbestimmte Bedeutung. Vielen Verwendungen des Wortes ist jedoch gemeinsam, daß sie mit der grammatischen Form «wenn α, so β» zusammenhängen, in der Regel so, daß diese auch «β unter der *Bedingung*, daß α» gelesen werden kann und dann das α als *Bedingung* bzw. Formulierung einer Bedingung verstanden wird. Eine rationale Rekonstruktion des Gebrauchs von «Bedingung» wird sich daher zu einem guten Teil an den Bedeutungen des «wenn ..., so ...» orientieren können.

1. Klärende Schritte, die den heutigen logischen Ansprüchen genügen, hat hier als erster G. FREGE unternommen. Frege unterscheidet in seinen Analysen zur «hypothetischen Satzverbindung» [1] mit zuvor fehlender Deutlichkeit zwei Fälle, für welche die folgenden beiden Beispiele stehen mögen:
a) Wenn 3 größer als 2 ist, so ist 3^2 größer als 2^2.
b) Wenn eine Zahl größer als 2 ist, so ist ihr Quadrat größer als das Quadrat von 2.

Im ersten Falle fungiert das «wenn ..., so ...» als *Junktor* zwischen zwei Aussagesätzen, nämlich den Sätzen «3 ist größer als 2» und «3^2 ist größer als 2^2». Es handelt sich um einen Satz der Form «$\alpha \to \beta$», wobei «$\to$» als *Subjunktion* (s. d.) oder durch eine Wahrheitstafel definierte sogenannte *materiale Implikation* (s. d.) verstanden werden muß und α so wie β Aussagen (Frege: «eigentliche» Sätze) unbestimmt andeuten. – Im zweiten Fall liegt ein Satz der Form: «$\bigwedge_x (\alpha(x) \to \beta(x))$», ein hypothetisches Urteil (s. d.) im engeren Sinne also, vor. Das wird deutlich, wenn man das zweite Beispiel wie folgt umformuliert: Für alle Zahlen x gilt: wenn $x > 2$, so $x^2 > 2^2$. Hier verbindet das «wenn ..., so ...» also nicht Aussagen, sondern Aussage*formen* (Frege: «uneigentliche» Sätze). Selbstverständlich kann das hier und im folgenden Gesagte auch auf mehrstellige prädikative Ausdrücke $\alpha(x_1, x_2, ..., x_n)$ ausgedehnt werden.

Frege nennt nun das α in «$\alpha \to \beta$» bzw. das $\alpha(x)$ in «$\bigwedge_x (\alpha(x) \to \beta(x))$» einen eigentlichen bzw. uneigentlichen *Bedingungssatz;* konsequent spricht er ferner in bezug auf die Symbolisierung des aussagenlogischen Junktors «wenn ..., so ...» von «Bedingungsstrich». In Anlehnung an die Rede vom hypothetischen oder konditionalen Urteil heißt allerdings traditionell und abweichend von Freges Sprachgebrauch meistens nicht oder nicht nur die Prämisse α bzw. $\alpha(x)$ eines Behauptungssatzes der Form «$\alpha \to \beta$» bzw. «$\bigwedge_x (\alpha(x) \to \beta(x))$», sondern auch der gesamte so aufgebaute Satz «*Bedingungssatz*». Weiter kann man dann, wie es auch Frege tut, von der Bedingung (, daß) α (z. B. also der Bedingung, daß 3 größer als 2 ist) bzw. der Bedingung (, daß) $\alpha(x)$ (z. B. also der Bedingung, daß eine Zahl x größer als 2 ist) sprechen, genauer von der Bedingung usf. für β bzw. $\beta(x)$.

2. Vielfach meint die Wendung «wenn (= unter der Bedingung, daß) α, so β» auch «aus α folgt β». Entsprechend ist dann auch in bezug auf die Prämissen einer *Folgerung* (s. d.) davon die Rede, daß sie «Bedingungen» formulieren. «Bedingung» steht hier also für das traditionelle «antecedens». Dieser erweiterte Sprachgebrauch hat, wie gesagt, auch darin seinen Ursprung, daß die Subjunktion, das hypothetische Urteil und die Folgerung in der vormodernen Logik nicht genau getrennt wurden.

3. In genauer Entsprechung zu den unter Nr. 1 und 2 analysierten Bedeutungen von «Bedingung» ist auch ein Plural «Bedingungen für β bzw. $\beta(x)$» in Gebrauch; und zwar können bei Behauptungen der Form «$\alpha_1 \land \alpha_2 \land ... \land \alpha_n \to \beta$», «$\bigwedge_x (\alpha_1(x) \land \alpha_2(x) \land ... \land \alpha_n(x) \to \beta(x))$», «aus α folgt β» die Gesamtheit der α_i (hinreichende) *Bedingungen für β bzw. $\beta(x)$* heißen, zumal in der weiter sinnvollen Eingrenzung, daß kein α_i entbehrlich ist. In bezug auf eine hinreichende Reihe von Bedingungen $\alpha_1, \alpha_2, ..., \alpha_n$ bzw. $\alpha_1(x), \alpha_2(x), ..., \alpha_n(x)$ für β bzw. $\beta(x)$ kann auch jedes Element α_i der Reihe eine Bedingung für β bzw. $\beta(x)$ heißen, wenn die restlichen α_i bzw. $\alpha_i(x)$ nicht mehr hinreichend für β bzw. $\beta(x)$ sind, wenn α_i also «unentbehrlich» ist.

4. Eine von den bisher genannten Bedeutungen abweichende Verwendung von «Bedingung» liegt vor, wenn in Sätzen der Form «$\alpha \to \beta$», «$\bigwedge_x (\alpha(x) \to \beta(x))$», «aus α folgt β» das β bzw. $\beta(x)$ als *notwendige Bedingung* für α bzw. $\alpha(x)$ bezeichnet wird. Von notwendigen Bedingungen in diesem Sinne und von Bedingungen im Sinne des zweiten Satzes von Nr. 3 (die also allein genommen nicht hinreichen für β bzw. $\beta(x)$) werden dann Bedingungen im schlichten unter Nr. 1 und 2 aufgeführten Sinne auch als *hinreichende* Bedingungen abgehoben.

Die Rede von notwendigen und hinreichenden Bedingungen geht zurück auf die Termini «conditio sine qua non» und «conditio per quam».

5. Von Bedingungen wird auch im Zusammenhang mit kausaler Abhängigkeit gesprochen, z. B. bereits in KANTS Analysen zur Konstruktion objektiver Zeitfolge auf der Basis von Ursache-Wirkung-Relationen: «Daher, weil es doch etwas ist, was folgt, so muß ich es notwendig auf etwas anderes überhaupt beziehen, was vorher geht, und worauf es nach einer Regel, d. i. notwendiger Weise, folgt, so daß die Begebenheit, als das Bedingte, auf irgend eine Bedingung sichere Anweisung gibt, diese aber die Begebenheit bestimmt» [2]. Vor allem BOLZANO hat später [3] den Gebrauch von «Bedingung» im Sinne dieses kausalen Bedingungsbegriffes präzisiert. Bolzano geht dabei davon aus, daß die Termini «Ursache» und «Wirkung» sich «in ihrem eigentlichen Sinne nur auf Gegenstände, die Wirklichkeit haben, beziehen; so zwar, daß wir von einem wirklichen Gegenstande α sagen, er sei die *Ursache* der Wahrheit M, wenn der Satz: α hat Dasein, ein der Teilgründe ist, auf welchen die Wahrheit M ruhet; und daß wir ebenso sagen, der wirkliche Gegenstand μ sei eine *Wirkung* des Gegenstandes α, wenn der Satz: μ hat Dasein, eine der Folgen ist, die aus dem Satze: α hat Dasein, sich ergeben» [4]. Hier sind die Ausdrücke «Teilgrund» und «Folge» im Sinne der *Abfolge* (s. d.) gemeint. Anschließend wird dann «Bedingung» wie folgt definiert: «Wenn aber α eine solche vollständige, ja auch nur Teilursache ist, daß deren Dasein oder der Satz: α ist, hinsichtlich irgendeiner Vorstellung ableitbar ist aus dem Satze M, oder dem Satze: μ ist; so nennen wir α eine *Bedingung* von M oder μ» [5]. – Nachdem die Logik seit Frege Kants Kritik an einer prädikativen Verwendung von «ist» und «existiert» bestätigt hat, muß vor allem Bolzanos Einführung von Sätzen der Form «α ist» problematisch erscheinen. Jedoch läßt sich Bolzanos Intention gegen den Wortlaut seiner Aussagen wohl so verstehen, daß mit α eine *Gegenstandsbeschreibung* angedeutet sein soll, in bezug auf welche dann in der Tat gefragt werden kann, ob sie «Dasein hat», d. h. nämlich dann, ob ein ihr entsprechender Gegenstand vorhanden ist.

Versuche, umgekehrt die Rede von Kausalität, Ursachen und Wirkungen auf die Rede von Bedingungen zurückzuführen, hat seit der zweiten Hälfte des 19.Jh. der *Konditionalismus* (s. d.) unternommen.

6. Besondere philosophische Relevanz hat das Wort «Bedingung» schließlich in transzendentalphilosophischen Erörterungen gewonnen, und zwar historisch zuerst im Kontext der Formel KANTS von «den Bedingun-

gen der Möglichkeit der Erfahrung überhaupt». «Bedingungen» meint hier *Leistungen*, die das Subjekt der «Erfahrung», d. h. im wesentlichen der mathematisch verfaßten neuzeitlichen Physik, zuvor erbringen muß, damit diese ermöglicht wird. Natürlich läßt sich in genau entsprechender Weise auch in bezug auf andere Unternehmungen, Intentionen und Lebenssituationen des Menschen, z. B. in bezug auf Verständigung, Freiheit, Herrschaft, Gesellschaft, Staat, von den Bedingungen ihrer Möglichkeit sprechen. Daß daher die Formel von den «Bedingungen der Möglichkeit von *x*» universell relevant ist, hat ihr inzwischen auch unabhängig vom engeren Verwendungskontext der Kantischen Transzendentalphilosophie eine Konjunktur gesichert.

Versteht man mit Kant unter «Gegenständen der Erfahrung» Objekte, von denen eine Rede erst durch die Konstruktionsschritte der exakten Naturwissenschaften konstituiert wird, so läßt sich das Kernproblem der Transzendentalphilosophie auch, wie es in der ‹Kritik der reinen Vernunft› geschieht, ontologisch wenden: «die Bedingungen der *Möglichkeit der Erfahrung* überhaupt sind zugleich Bedingungen der *Möglichkeit der Gegenstände der Erfahrung*» [6].

Zum Teil unter Aufgabe des hier eingeschränkten Kantischen Gegenstandsbegriffs hat dann der Deutsche Idealismus, aber auch der Neukantianismus das transzendentale Verständnis ontologischer Redeweisen auch aus dem Wortlaut von «Bedingung» herausgelesen. Hierher gehören SCHELLINGS Bemerkungen, «Bedingen» sei «die Handlung, wodurch etwas zum Ding wird», «bedingt» sei «das, was zum Ding gemacht ist» [7], aber auch H. COHENS Verständnis von «Bedingung» als «Be-Dingung» oder «Ding-Erzeugung» [8].

In andere Richtung laufen die Analysen zum Wesen von Bedingung in HEGELS *Logik* [9]. Hegel geht von einem unterschiedlichen Verständnis von «A ist *Grund* von B» und «A ist *Bedingung* für B» aus und verweist dann darauf, daß Gründe als solche nur mit Bezug auf bestimmte Bedingungen begriffen werden können. Hegels Überlegungen sind daher wohl am ehesten als zugewandt dem dreistelligen Ausdruck «unter den (Rand-) Bedingungen A ist B ein Grund für C» zu verstehen.

Anmerkungen. [1] G. FREGE: Begriffsschrift (1879) §§ 5. 12; Grundgesetze der Arithmetik 1 (1893) §§ 12f.; Log. Untersuch. 3: Gedankengefüge. Beiträge zur Philos. des dtsch. Idealismus 3 (1923) 45 ff.; Nachgelassene Schriften, hg. H. HERMES, F. KAMBARTEL, F. KAULBACH (1969) 201 ff. 214 ff. – [2] KANT, KrV, B 239. – [3] B. BOLZANO: Wissenschaftslehre I, § 168. – [4] a. a. O. Nr. 3. – [5] Nr. 4. – [6] KANT, KrV B 197. – [7] SCHELLINGS Werke, hg. M. SCHRÖTER (1927) 1, 90. – [8] H. COHEN: System der Philos. 1: Logik der reinen Erkenntnis (1902) 271. – [9] HEGEL, Logik 2. Buch, 1. Abschnitt, 3. Kap., C. F. KAMBARTEL

Bedürfnis

I. ‹B.› (frühnhd. bedurfnusse) bezeichnet in einem subjektiven Sinne «das Gefühl eines Mangels mit dem Streben ihn zu beseitigen» [1] und in einem objektiven das Mittel zur Beseitigung des empfundenen Mangels.

Die durch die merkantilistische Wirtschaftsförderung und die industrielle Revolution bewirkte B.-Steigerung erfuhr zwei einander entgegengesetzte Weisen der Bewertung: Hatten kameralistische Autoren die B.-Ausweitung nicht zuletzt wegen ihrer beschäftigungssteigernden Wirkung begrüßt und Philosophen der Aufklärung wie TETENS [2] und GARVE [3] sowie liberale Nationalökonomen in der B.-Entgrenzung das Unterpfand kultureller Entwicklung erblickt, so verwirft die romantisch-konservative Gesellschaftslehre im Rückgriff auf das kynische Ideal der B.-Losigkeit und in der Nachfolge des zivilisations- und bedürfnisfeindlichen ROUSSEAU [4] die B.-Steigerung als kultur- und gesellschaftszerstörende Kraft. NOVALIS bedauert, es bleibe, da die B. immer verwickelter würden, keine Zeit mehr zum Sammeln des Gemüts [5], und H. LEO klagt darüber, daß man sich nicht mehr mit «wirklichen B.» begnüge, sondern dazu übergegangen sei, «B. künstlich zu erzeugen» [6], was zur Zerstörung der ständischen Gesellschaft führe. Die romantisch-konservative Ablehnung der B.-Entgrenzung geht einher mit der Betonung des B. nach Staat und Gesellschaft; A. MÜLLER zufolge fühlt der Mensch das «ewige Bedürfniß des Staats» [7].

Die Klassiker der deutschen Philosophie begrüßen die Ausweitung der B., obgleich nach Kant und Fichte die Sittlichkeit ihre Autonomie den B. gegenüber zu behaupten hat. KANT verwirft das «Schattenbild des ... goldenen Zeitalters; wo eine Entledigung von allem eingebildeten B. ... sein soll, eine Genügsamkeit mit dem bloßen Bedarf der Natur» [8]; FICHTE setzt die «Bestimmung der Menschheit ... in die gleichförmige fortgesetzte Entwicklung aller ihrer Anlagen und B.» [9]; nach HEGEL gelang dem Menschen nur durch die Vervielfältigung der B. die Emanzipation aus dem tierisch-unfreien Zustand einfacher Natur-B. [10]. Da im «System der B.» [11], dem Beziehungsnetz egoistischer B.-Träger als der Grundlage der bürgerlichen Gesellschaft die «subjektive Selbstsucht in den Beitrag der Befriedigung der B. aller Andren» umschlägt [12], dieser Sphäre auf diese Weise also Sittlichkeit eignet, kann Hegel dieses B.-System als positives Moment seinem philosophischen System einverleiben.

Der B.-Begriff wird auch in der sozialistischen Gesellschaftslehre affirmativ verwendet. MARX fordert die Verteilung des Sozialprodukts nach der Losung: «Jeder nach seinen Fähigkeiten, jedem nach seinen B.!» [13]; für F. LASSALLE ist «möglichst viel B.» zu haben die «Tugend der heutigen ... Zeit» [14] – stattdessen fühle sich der deutsche Arbeiter in seiner «verdammten B.-Losigkeit» wohl [15]. J. DIETZGEN, der von der Gleichheit der B. ausgeht [16], weist sich als materialistischer Philosoph aus, indem er die Befriedigung der materiellen B. als die Voraussetzung der höheren ansieht [17].

Auf die Relativität der B., mithin auf die Tatsache, daß der «B.-Kreis der Menschen ... nach dem Klima, der Landessitte, dem Kulturgrad, der gesellschaftlichen Stellung ... außerordentlich verschieden» ist [18], verweist die historische Schule der Nationalökonomie.

Zur zentralen Kategorie wird der B.-Begriff in der sogenannten Grenznutzenschule, die im Gegensatz zur klassischen Volkswirtschaftslehre nicht mehr die Produktionskosten, sondern die auf der B. der einzelnen Wirtschaftssubjekte basierenden Nutzenschätzungen als ausschließlich wert- und preisbestimmende Faktoren ansieht. Das philosophische Korrelat dieser subjektivierten Nationalökonomie findet sich bei NIETZSCHE: «Unsere B. sind es, die die Welt auslegen; unsere Triebe und deren Für und Wider» [19].

Dem Verdikt der neokonservativen Gesellschaftskritik verfällt die durch die moderne Reklametechnik verursachte B.-Ausweitung, die den Menschen in einen «sinnlosen B.-Taumel» stürze [20]. Der Neo-Marxist H. MARCUSE kritisiert das Vorherrschen falscher B.; falsch sind diejenigen B., die in der bürgerlichen Gesellschaft «harte Arbeit, Aggressivität, Elend und Ungerechtigkeit verewigen» [21].

Anmerkungen. [1] F. B. W. v. HERMANN: Staatswirthschaftl. Untersuch. (²1870) 5. – [2] J. N. TETENS: Philos. Versuch über die menschl. Natur 2 (1777) 703ff. – [3] CHR. GARVE: Versuche über verschiedene Gegenstände 1 (1792) 223ff. – [4] Vgl. J. J. ROUSSEAU: Discours sur l'origine de l'inégalité parmi les hommes (Paris 1755). – [5] F. NOVALIS: Die Christenheit oder Europa. Dtsch. Lit. Romantik 10 (1935) 40. – [6] H. LEO: Allg. konservat. Mschr. (1894) 788. – [7] A. MÜLLER: Versuche einer neuen Theorie des Geldes (1816) 150. – [8] I. KANT: Mutmaßlicher Anfang der Menschengeschichte (1786). Akad.-A. 8, 122. – [9] J. G. FICHTE: Eine Vorles. über die Bestimmung des Gelehrten. Werke, hg. F. MEDICUS 1, 263f. – [10] G. W. F. HEGEL, Philos. des Rechts §§ 190. 194. – [11] a. a. O. §§ 189ff. – [12] § 190. – [13] K. MARX: Kritik des Gothaer Programms. MEW 19, 21. – [14] F. LASSALLE: Arbeiter-Lesebuch. Werke, hg. BLUM 2, 97. – [15] a. a. O. 2, 96. – [16] J. DIETZGEN: Die Religion der Sozialdemokratie. Schriften 1 (1911) 107. – [17] Die bürgerliche Gesellschaft a. a. O. 3, 122. – [18] K. BÜCHER: Die Entstehung der Volkswirtschaft 2 (⁸1925) 339. – [19] F. NIETZSCHE, Werke, hg. SCHLECHTA 3 (²1960) 903. – [20] E. JUNG: Die Herrschaft der Minderwertigen (²1930) 437. – [21] H. MARCUSE: Der eindimensionale Mensch (⁶1968) 25.

Literaturhinweise. O. KRAUS: Das B. (1894). – L. H. SCHULZE: Begründung und Einteilung der B. des Menschen (1896). – L. BRENTANO: Versuch einer Theorie der B., in: Konkrete Grundbedingungen der Volkswirtschaft. Ges. Aufsätze (1907). – F. CUHEL: Zur Lehre von den B. (1907). – J. TIBURTIUS: Der Begründer des B. Jb. Nat.-Ök. u. Statistik 103 (1914) 721ff. – G. SCHERHORN: B. und Bedarf (1959).   J. B. MÜLLER

II. Der Begriff ‹B.› bezeichnet *allgemein* einen körperlichen bzw. psychischen Mangelzustand (objektives B.) oder das Erleben dieses Mangelzustandes (subjektives B.); zuweilen werden auch beide Begriffsaspekte zur Definition herangezogen [1]. Insofern dem B. eine Antriebsfunktion für Handlungen zugeschrieben wird, tritt der Begriff in enge Nachbarschaft zu den Begriffen ‹Motiv› und ‹Trieb›; wird der Zustand des Bedürfens als Spannungszustand verstanden, sind ‹Trieb› und ‹B.› als Synonyma aufzufassen. Der B.-Begriff weist seit seiner Einführung in die *Psychologie* mehrere sich zum Teil gegenseitig ausschließende Bedeutungen auf; dabei tritt gelegentlich der ursprüngliche, im Wort selbst zum Ausdruck kommende Sinnbezug zum Mangel zurück.

Der Ausdruck ‹B.› findet sich in Erörterungen der Motivation menschlichen Handelns bereits im 18. Jh. [2]; gebräuchlicher wird seine Verwendung jedoch erst im 19. Jh., vorwiegend in werttheoretischen und wirtschaftsphilosophischen Abhandlungen [3]. In systematische theoretische Ansätze der Motivationspsychologie geht der Terminus zu Beginn des 20. Jh. ein [4]. Der Begriff ‹B.› und die damit einhergehende Auffassung, daß das Handeln auf körperliches oder psychisches ‹Ungleichgewicht› zurückzuführen sei, ergänzt in der Psychologie des 19. Jh. den Begriff ‹Begehren› (Begierde), der als Oberbegriff für alles motivationale Geschehen diente und als nicht weiter rückführbares dynamisches Prinzip des Seelischen aufgefaßt wurde [5]. Mit der Einführung des Ausdrucks ‹B.› deutet sich das Eindringen eines biologischen bzw. physiologischen Reduktionismus in die Psychologie jener Zeit an, der sich bis in die gegenwärtige Psychologie erhalten hat.

1. Im psychologischen System HERBARTS findet man den B.-Begriff im Sinne eines körperlichen, aber auch seelischen Mangelzustandes. Als körperliches B. führt er u. a. Hunger an, als psychisches das B. nach «Wechsel der Vorstellungen» [6]. Herbart verwendet B. nur gelegentlich im Zusammenhang mit der Diskussion motivationaler Sachverhalte. Bei LOTZE hingegen begegnet man dem Begriff häufiger, und zwar im Sinne einer letzten Ursache menschlichen Handelns [7]. Die B. regen den Organismus an, sich zu ihrer Befriedigung in Bewegung zu setzen. B. sind nach Lotze stets zweckmäßig zur Selbsterhaltung des Organismus tätig [8]. Neben diesen objektiven Vorgängen wendet er seine Aufmerksamkeit dem begleitenden Bewußtseinsgeschehen zu. B. gehen mit Unlustgefühlen einher und werden befriedigt, um eine «egoistische Empfindungslust» herbeizuführen. Lotze legt hiermit als erster die psychische Antriebsfunktion der B. deutlich dar und verwendet folgerichtig die Begriffe ‹Trieb› und ‹B.› synonym [9].

Sowohl Herbart als auch Lotze leisten keine Systematisierung der verschiedenen B. über die grobe Einteilung in körperliche und seelische hinaus. Einen Versuch in dieser Richtung liefert der Philosoph und Pädagoge W. JERUSALEM; er geht von der traditionellen Zweiteilung in körperliche und seelische B. aus und nimmt eine Differenzierung dieser beiden Kategorien vor. Die körperlichen B. können einmal stofflicher, zum anderen funktionaler Natur sein, d. h. einmal bedarf der Organismus bestimmter Stoffe, zum anderen verlangen die Organe nach einem regelmäßigen In-Funktion-Treten. Psychische B. sind nach Jerusalem immer funktionaler Natur; in Anlehnung an einzelne Funktionsbereiche nennt er sensuelle, imaginative, intellektuelle und emotionale B. [10]. Auch er sieht die subjektive Komponente der B. in einem Unlustgefühl, welches die Befriedigung der B. vermittelt, indem es zur Handlung antreibt [11]. – Dem B.-Begriff des 19.Jh. begegnet man im 20. noch bei RIGNANO [12] und in der Philosophie HAGEMANNS [13].

2. Bereits gegen Ende des 19.Jh. erfolgt eine zunehmende Zentrierung auf den Aspekt des B. als psychisches Antriebsgeschehen. R. WAHLE geht dabei so weit, B. als rein psychischen Zustand auf dem Niveau der Vorstellungen zu definieren. B. bezeichnet nach ihm den gestörten Ablauf von Vorstellungen; die Störung gibt Anlaß zu einem Gefühl der Unruhe, und dieses Gefühl tendiert dazu, eine weitere, die Unruhe beseitigende Vorstellung hervorzurufen. Ein B. zielt stets den Zustand der Prägnanz von Vorstellungen und einen reibungslosen Vorstellungsablauf an [14]. Seit K. LEWINS Arbeiten gehört ‹B.› endgültig zum Bestand motivationspsychologischer Begriffe. In seiner Analyse von Willensphänomenen grenzt er die Betrachtungen von Willenshandlungen ein auf «Vornahmen», d. h. den Entschluß, gewisse Aktionen durchzuführen. Eine Vornahme schafft, ähnlich den organismisch angelegten B., Spannungen im psychischen Kräftefeld, die erst nach Durchführung der intendierten Handlung entspannt werden [15]. Aufgrund der Ähnlichkeit der psychischen Wirkungen, die Vornahmen und B. hervorrufen, führt Lewin den Begriff ‹Quasi-B.› für die vom Vornahmeakt gesetzten Spannungen ein. Quasi-B. leiten sich aus ‹echten› (d. h. organismischen) B. ab, sind jedoch immer psychischer Natur [16]. Lewins Einführung des Begriffes ‹Quasi-B.› stellt den Versuch dar, alles motivationale Geschehen mit dem Begriff ‹B.› zu umschreiben. Andere Möglichkeiten der Bezeichnung, wie z. B. ‹Trieb›, lehnt er, um Mißverständnissen vorzubeugen, ab [17]. ‹Echte› B. und ‹Quasi-B.› sind bei ihm zwar auf einen Gegenstand oder ein Ereignis fixiert, er vermeidet es jedoch, aus der Tatsache der Fixierung ein System von B. nach den angestrebten Gegenständen oder Ereignissen zu entwerfen. Lewin nimmt den Begriff später in seine feldtheoretische Persönlichkeitspsychologie mit unverändertem Sinngehalt auf [18].

Weiterhin findet der Begriff Eingang in die Persönlichkeitstheorien STERNS [19], LERSCHS [20] und NUTTINS [21]. In STERNS persönlichkeitstheoretischen Überlegungen wird Trieb als das dem B. vorgeordnete Motivationsgeschehen angesehen: Trieb liefert die allgemeine

Antriebsenergie; erst wenn eine Triebbefriedigung versagt bleibt, entstehen nach Stern die B. [22]. Lersch und Nuttin knüpfen wieder an die Begriffstradition des 19.Jh. an, indem sie B. als ursprünglich gegebene Motivationsform ansehen. Die Einordnung des B.-Begriffs in ihre Persönlichkeitstheorien führt jedoch zu neuen Begriffsaspekten und zugleich – besonders bei Nuttin – zu einer eigenwilligen sozialpsychologisch ausgerichteten Motivationstheorie. B. werden nach LERSCH erlebt in Form eines Dranges, der über sich hinaus zur «Selbsterhaltung», «Selbstentfaltung» und «Selbstgestaltung» strebt [23]. B. wird somit bei Lersch vollends zur phänomenologischen Kategorie. In seiner Sozialpsychologie betont er den kommunikativen Charakter der B.: Sie zwingen zur Kontaktaufnahme mit der Umwelt und fungieren als Antriebe für eine ständige Interaktion [24].

In NUTTINS «relationaler Theorie der B.» wird der gleiche Gedanke noch weiter ausgeführt, indem Nuttin die traditionelle Konzeption des B. als eines innerorganismischen Zustands ganz aufgibt und das soziale Moment in den Vordergrund rückt. Er geht davon aus, daß die Persönlichkeit als Ich-Welt-Einheit zu definieren sei. Die Ich-Welt-Beziehung ist nicht nur Ausdruck der B. der Person, sondern die B. sind diese Beziehung selbst. Sie sind Impulse, sich mit der Welt auseinanderzusetzen, um die Persönlichkeit in der Welt zu realisieren. Aus dieser Sicht leitet Nuttin die Bestimmung der B. als Entwurf oder Aufgabe ab, die eine Person zu vollenden sucht [25]. Grund-B. zu isolieren heißt im Rahmen dieses Systems nichts anderes als Typen von Beziehungen zu abstrahieren. Der Abstraktionsprozeß bezieht sich auch auf B. im organischen Bereich; Nuttin spricht hier von den B. als den biochemischen Wechselbeziehungen zwischen Organismus und Umwelt. Die Bestimmung der B. als Beziehungen dient Nuttin als Leitgedanke für seine Klassifikation der B. Den drei Schichten der Person entsprechend (dem biologischen Dasein, dem Individuum-Sein und dem geistigen Sein) führt er drei Klassen von B. an: viszerogene B., d. h. die B. nach vitaler Entfaltung und vitalem Kontakt; B. nach Persönlichkeitsentfaltung, die nach Integrierung in die soziale Umwelt trachten, und B. der geistigen und transzendenten Ebene (B. nach religiöser und existenzieller Klärung und Einordnung und kultureller Teilhabe) [26].

3. In der *amerikanischen* Psychologie kommt die Bedeutung des Begriffes ‹need› derjenigen von ‹B.› sehr nahe. In der behavioristischen Tradition wird jedoch im allgemeinen der Triebbegriff (drive) zur Kennzeichnung motivationalen Geschehens bevorzugt. Eine Ausnahme bilden die Persönlichkeitstheoretiker H. Murray und die Lerntheoretiker Hull und Tolman. MURRAY definiert B. (need) als eine hypothetische Einheit, der eine Antriebsfunktion im psychischen Ablauf zukommt. B. ist definiert durch äußere und innere Reize, die auf den Organismus einwirken, und die Reaktionen, die er als Folge zeigt. Murray schließt den Begriff ‹Trieb› (drive) als Synonym nicht aus, verwendet ihn auch zuweilen im gleichen Sinne wie ‹need›, doch möchte er die Quelle des Antriebes in Störungen eines sonst im Gleichgewicht sich befindenden Systems sehen: Dieser Gedanke bringe der Begriff ‹B.› besser zum Ausdruck als der Begriff ‹Trieb› [27]. Jedes B. hat nach Murray einen Richtungs- oder qualitativen Aspekt, der ihn von anderen B. abhebt, und einen energetischen oder quantitativen Aspekt. B. können sowohl aktuelle Geschehnisse von kurzer Dauer als auch immer wieder in Aktion tretende Bereitschaften sein, in gewisser Weise zu handeln. In beiden Fällen stellt ein aktiviertes B. jedoch immer die Resultante einer gerade vorhandenen Kräftekonstellation dar; sie kann sich mit einer Vielzahl von Handlungen verbinden, wenn sie nur zur B.-Befriedigung führen. Mit der Möglichkeit, B. im Sinne von überdauernden Handlungsbereitschaften zu definieren, deutet Murray die Verwandtschaft des Begriffes ‹B.› zu dem der ‹Eigenschaft› (trait) an [28]. Bei Zentrierung auf die Bindung von B. an bestimmte Handlungen zu ihrer Befriedigung kann der Begriff B. durch den des ‹Gewohnheitsmusters› (habit pattern) ersetzt werden [29]. Murray sieht den entscheidenden Unterschied der B. zu anderen Motivationsformen darin, daß den B. das Merkmal der Zukunftsbezogenheit abgeht, ebenso der Anreiz aus der Umgebung zu seiner Aktivierung fehlen kann. Ein B. kann ohne klare Zielvorstellungen bleiben, bis es auf den Gegenstand oder das Ereignis trifft, welches zu seiner Aufhebung beiträgt. Viele B. wurzeln in zentralnervösen oder viszeralen Prozessen, sind jedoch nicht mit ihnen identisch [30]. Nach Murray gibt es aber auch psychogene B., die er – gestützt auf Beobachtungen – zusammenstellt. Er gruppiert die B. außer nach ihrer Genese in solche, die aufsuchendes, und solche, die meidendes Verhalten nach sich ziehen (positive und negative B.). Außerdem trennt er manifeste B. von latenten. Manifeste B. lassen sich unmittelbar an Hand der aus ihnen folgenden Aktionen erkennen, latente müssen mit bestimmten Hilfsmitteln, mit freien Assoziationen oder Phantasieprodukten, aufgedeckt werden [31]. Murray entwickelte zu diesem Zweck das bekannte Verfahren des ‹Thematischen Apperzeptionstests› (TAT) zur Eruierung der dominanten B. einer Person.

G. W. ALLPORT übernimmt in seiner Persönlichkeitspsychologie die Murraysche Definition des B., wendet sich jedoch gegen die Aufstellung eines Kataloges von Grund-B. Ihm erscheint es der Individualität der verschiedenen Persönlichkeiten unangemessen, ihr Handeln auf wenige B. zurückzuführen. Zusammenstellungen verallgemeinerter B. versagen beim Versuch, Einzelpersonen zu charakterisieren. Die Motivation jedes Individuums ist jeweils untrennbar mit einem speziellen Gegenstand verbunden, und es ergeben sich deshalb so zahlreiche Motive, daß sie alle bisherigen Zusammenstellungen überschreiten. Allport greift auch die Murraysche Trennung von B. und daraus folgenden ‹modi operandi› an. Er sieht das Motivationsgeschehen als ganzheitlichen Vorgang an, der die Mittel zur B.-Befriedigung mit einschließt, in konkrete B.-Konstellationen und Umweltbedingungen eingebettet und auf bestimmte Objekte ausgerichtet ist. Jedes B. kann in seinem aktuellen Auftreten nur einmalig und persönlich sein [32].

In der amerikanischen *Lern*psychologie gilt der B.-Begriff in einigen theoretischen Systemen als zentrales Motivationskonzept. Die starke Formalisierung einiger Lerntheorien brachte auch eine weitgehende formale Begriffsklärung mit sich. In der Lerntheorie HULLS nehmen die B.-Zustände den Status eines hypothetischen Konstruktes im Sinne von MACCORQUODALE und MEEHL ein [33]. B. sind nach HULL hypothetische Mangelzustände, denen physiologische Vorgänge zugrunde liegen können. Aktuelle B. stellen einen negativen Reiz für den Organismus dar; die Beseitigung oder Verminderung dieses Reizes verstärkt gewisse Verhaltensweisen, die der Veränderung vorhergegangen sind. Aus den B. leitet sich die generelle psychische Antriebsenergie ab, die er als ‹Trieb› (drive) bezeichnet [34]. In einer späteren Klärung des Begriffes durch den Lerntheoretiker TOL-

MAN werden die Bedeutungen der Begriffe ‹B.› und ‹Trieb› bei Hull geradezu vertauscht: Tolman sieht Trieb als das ursprüngliche, physiologisch fundierte Geschehen an, welches B. psychischer Natur nach sich zieht. B. werden bei Tolman ebenfalls als hypothetische Einheiten angesehen, die nicht nur durch die sie definierenden Triebbedingungen und Verhaltensformen bestimmt werden, sondern auch durch äußere Reize und andere hypothetische Zustände oder Vorgänge [35]. Tolman gibt eine Systematisierung der B. in drei Kategorien an: 1. primäre, d. h. alle B., die der Mensch mit den Anthropoiden gemeinsam hat, wie z. B. Hunger, Durst, Vermeiden von Schmerz, 2. sekundäre B., die soziale Beziehungen zum Inhalt haben, wie B. nach Anschluß, nach Abhängigkeit u. a., und 3. tertiäre, d. h. alle gelernten, kulturell bedingten B., wie B. nach Erfolg, Reichtum, Bildung [36].

In der gegenwärtigen Psychologie fehlt es nicht an Versuchen, die aus sehr verschiedenen Denkrichtungen stammenden Motivationsbegriffe in ihren Bedeutungen gegeneinander abzugrenzen und damit zu ihrer Fixierung beizutragen [37]. Doch bisher erreichte keiner der Vorschläge die gewünschte Wirkung. Die heute weitverbreitete funktionale Betrachtungsweise psychologischen Geschehens wirkt den Bemühungen um Begriffsabgrenzung insofern entgegen, als sie traditionelle Begriffsunterscheidungen fragwürdig erscheinen läßt. Begriffe wie ‹B.›, ‹Trieb› und ‹Motiv› scheinen vom funktionalen Standpunkt aus weitgehend austauschbar.

Anmerkungen. [1] Vgl. F. DORSCH und W. TRAXEL: Psycholog. Wb. (⁶1959); H. B. ENGLISH und A. C. ENGLISH: A comprehensive dict. of psychol. and psychoanal. terms (London 1958). – [2] J. B. DUBOS: Réflexion crit. sur la poésie, la peinture et la musique (dtsch. 1755), zit. nach EISLER⁴. – [3] Vgl. O. KRAUS: Das B. (1894); CHR. V. EHRENFELS: Werttheorie und Ethik. Vjschr. wiss. Philos. 17 (1893) 76-110, 1. Art.; etwas später auch L. BRENTANO: Versuch einer Theorie der B. (1908). – [4] E. G. BORING: A history of experimental psychology (²1950) 217. – [5] Vgl. etwa die Definition bei J. F. HERBART: Lehrb. der Psychol. (1816). Werke, hg. KEHRBACH, 4 (1891) 339ff. – [6] a. a. O. 350. 362. – [7] R. H. LOTZE: Mikrokosmos 1. 2 (1856 u. 1858) 1, 132ff. – [8] a. a. O. 1, 135. – [9] 2, 178. – [10] W. JERUSALEM: Einl. in die Philos. (¹⁰1923) 154ff. – [11] a. a. O. 151. – [12] E. RIGNANO: Über die mnemonische Entstehung und die mnemonische Natur affektiver Neigungen. Arch. ges. Psychol. 20 (1911) 1-33. – [13] G. HAGEMANN: Elemente der Philos. 3 (1911) 132. – [14] R. WAHLE: Das Ganze der Philos. und ihr Ende (¹1894, ²1896). – [15] K. LEWIN: Unters. zur Handlungs- und Affektpsychol. I. Vorbemerkungen über die seelischen Kräfte und Energien und über die Struktur des Seelischen. Psychol. Forsch. 7 (1926) 294-329; II. Vorsatz, Wille und B. a. a. O. 330-385, bes. 369. – [16] a. a. O. 369. 370. 384. – [17] 378. – [18] K. LEWIN: A dynamic theory of personality (New York 1935). – [19] W. STERN: Allg. Psychol. auf personalistischer Grundlage (Den Haag 1935). – [20] PH. LERSCH: Aufbau der Person (⁹1964) (¹1938: Aufbau des Charakters); Der Mensch als soziales Wesen (1964). – [21] J. NUTTIN: Psychoanalyse und Persönlichkeit (1956). – [22] STERN, a. a. O. [19] 527f. – [23] LERSCH, a. a. O. [20]: 9. Aufl.] 123. – [24] Der Mensch ... 84f. 132ff. – [25] J. NUTTIN: Über den dynamischen Aspekt der Persönlichkeit. Jb. Psychol. Psychother. 3 (1955) 160-170. – [26] NUTTIN, a. a. O. [21] Kap. 5, bes. 226-231. – [27] H. MURRAY: Explorations in personality (New York 1938, zit. ⁷1963) 75. – [28] a. a. O. 60ff. – [29] 61. – [30] 72f. – [31] 125. – [32] G. W. ALLPORT: Persönlichkeit (1949) 237-242. – [33] K. MACCORQUODALE und P. E. MEEHL: On a distinction between hypothetical constructs and intervening variables. Psychol. Rev. 55 (1948) 95-107. – [34] C. L. HULL: Principles of behavior (New York 1943). – [35] E. C. TOLMAN: A psychol. model, in: T. PARSONS/E. A. SHILS: Toward a general theory of action (Cambridge, Mass. 1967). – [36] a. a. O. 321. – [37] Vgl. P. T. YOUNG: Motivation and emotion (New York 1961); D. E. BERLYNE: Conflict, arousal and curiosity (New York 1960) 165ff. U. SCHÖNPFLUG

Bedürfnislosigkeit ist ein Ideal, das in der griechischen Philosophie Bedeutung erlangt hat, und zwar zunächst dadurch, daß sie als eine Eigenschaft der Götter angesehen wird, die diese vor den Menschen auszeichnet und auf der die Glückseligkeit der Götter beruht. B. wird dabei grundsätzlich aufgefaßt als Verfassung und Zustand eines Seienden, in dem ihm nichts mangelt (ἐνδεές ἐστιν) und daher auch kein Verlangen (ἐπιθυμία) nach etwas empfunden wird, was man nicht besäße [1]. Aus dem Hinblick auf die B. der Götter leitete SOKRATES, nach Xenophons Bericht, Ratschläge auch für den Menschen in seinem Streben nach Glückseligkeit ab: Die Götter in Üppigkeit und reichem Aufwand zu sehen wies er gegenüber dem Sophisten Antiphon zurück und stellte ihm seinen Glauben gegenüber, «nichts bedürfen (μηδενὸς δέεσθαι) sei göttlich, und so wenig wie möglich bedürfen dem Göttlichen am nächsten; und das Göttliche sei das Beste, was aber dem Göttlichen am nächsten komme, das komme dem Besten am nächsten» [2]. Diese Ansicht konnte bei Sokrates auch aus seinem Strengnehmen seiner Hauptlehre entnommen werden, wonach die einzige Tugend die Einsicht (φρόνησις) und «die Einsicht ausreichend (ἱκανή) ist, dem Menschen zu helfen» [3].

Die Lehre des Sokrates von der B. hat ANTISTHENES, der Begründer der kynischen Schule, aufgegriffen. Auch er beruft sich darauf, daß die Tugend für sich allein genügend (αὐτάρκης) sei für die Glückseligkeit, wobei er nur als weitere Voraussetzung noch «Sokratische Stärke» hinzufügt [4]. Sein Schüler DIOGENES VON SINOPE soll ebenso wie Sokrates die B. als göttlich und das wenig Bedürfen als den Göttern ähnlich bezeichnet haben [5]. Allgemein traten die *Kyniker* dafür ein, «ein genügsames Leben zu führen, sich zu begnügen mit Speisen, die unmittelbar den Hunger stillen, und mit ihrem Mantel, unter Verachtung des Reichtums, des Ruhmes und der hohen Geburt» [6]. Die von den Kynikern als Lebensform für die Menschen gepriesene B. ist also nur in relativem Sinn, als möglichste Einschränkung der Bedürfnisse zu verstehen. Doch gehörte dazu nicht nur Verzicht auf alles Entbehrliche, sondern auch geradezu seine Verachtung. Auch wurde die Einschränkung der Bedürfnisse von manchen Anhängern der Schule sehr weit getrieben. So besonders von DIOGENES VON SINOPE, der nach mehrfachen Berichten zeitweise seine Wohnstätte in einer Tonne genommen hat [7]. Zur Erreichung so weitgehender B. wurde abhärtende Übung (ἄσκησις) empfohlen und angewandt, die imstande sei, alle Hindernisse zu überwinden [8]. Zu solcher Abhärtung pflegte Diogenes sich im Sommer auf dem glühend heissen Sand umherzuwälzen und im Winter die schneebedeckten Bildsäulen mit seinen Armen zu umfangen [9].

Die B. als Lebensform der Kyniker hat auch außerhalb ihrer Schule und ohne damit verbundene völlige Übernahme ihrer Lehre Verbreitung gefunden, wobei dann der Name ‹Kyniker› nur noch zur Bezeichnung eines nach dieser Form lebenden Menschen gebraucht wurde [10]. Sichtbarstes Zeichen war dabei die Beschränkung der Kleidung auf den (Philosophen-)Mantel. In diesem Sinne war z. B. der Stoiker EPIKTET zugleich Kyniker.

Die *Stoa* als Schule hat das Ideal der B. nicht vertreten (auch ihre strengste Richtung, die ‹alte› Stoa, nicht); ja sie hat es grundsätzlich abgelehnt, indem sie die äußeren und leiblichen Annehmlichkeiten des Lebens als Dinge erklärte, die «vorgezogen» (προηγμένα) und «mitzunehmen» (ληπτά) seien. Zum stoischen Ideal des Weisen gehörte also keineswegs möglichst weitgehender Verzicht oder gar Verachtung dieser Dinge, sondern nur, daß er an sie sein Herz nicht hängt, von ihrem Besitz also innerlich unabhängig bleibt, so daß er ohne weiteres auch ohne sie glücklich sein kann.

Anmerkungen. [1] PLATON, Resp. 2, 381 c; Symp. 200 a-202 d. – [2] XENOPHON, Memorab. I, 6, 10. – [3] PLATON, Prot. 352 c. – [4] DIOG. LAERT. VI, 11. – [5] DIOG. LAERT. VI, 105. – [6] DIOG. LAERT. VI, 105; ausführlichere Schilderung bei XENOPHON, Symp. 4, 34-44. – [7] DIOG. LAERT. VI, 23. 43; SENECA, Ep. 90, 14. – [8] DIOG. LAERT. VI, 71. – [9] DIOG. LAERT. VI, 23. – [10] Darüber z. B. AUGUSTINS Bericht, De civ. Dei XIX, 1, 2, über VARROS Einteilung der philos. Standpunkte.

Literaturhinweise. A. N. M. RICH: The Cynic conception of AUTÁRKEIA. Mnemosyne 9 (1956) 23-29. – H. REINER: Der Streit um die stoische Ethik. Z. philos. Forsch. 21 (1967) 261-281.

H. REINER

Bedürfnisorientierung/Antriebsorientierung. Den Begriffen ‹B.› und ‹A.› ist im Rahmen der Institutionslehre A. GEHLENS ein besonderer Sinngehalt zugeschrieben [1]. Das mit ihnen angesprochene Problem «folgt aus der Plastizität und Entdifferenzierung schon der Instinktresiduen des Menschen, aus seiner ‹Weltoffenheit› [2] und aus der Beliebigkeit der vorgefundenen Umgebungsdaten, mit denen die Menschen sich auseinanderzusetzen haben» [3].

Wie werden die Bedürfnisse und Antriebe orientiert? Gehlen zeichnet den Orientierungsvorgang folgendermaßen [4]: Ein kleines Kind empfindet den Hunger zunächst ungedeutet bildlos als einen unlokalisierten, unruhig machenden Gesamtzustand. Die Unlust schwindet, wenn die Milchflasche naht: «Sie, als mit allen Sinnen zugleich wahrgenommener Gegenstand, orientiert künftig das Bedürfnis, wahrscheinlich durch einen Vorgang der ‹Prägung› ...» [5]. Ein spezifischer Verhaltenssatz – Unlust (Hunger), Geschrei, Milchflasche, Zufriedenheit – wird aufgebaut, der sich, je öfter er geübt wird, zunehmend verselbständigt; «beim unerwarteten Auftreten interessenbesetzter Dinge, bei gegebener Möglichkeit erfolgreichen Handelns wird niemand dies unterlassen, weil gerade kein akutes Bedürfnis vorliegt» [6]. Gehlen spricht mit H. BÜRGER-PRINZ von einer «Verlagerung der Antriebsmomente in den Gegenstand» [7]. Damit ist nicht nur die B., sondern auch die A. verdeutlicht. Beide bedingen sich gegeneinander und lassen sich nur «im Zirkel» beschreiben [8].

Die Verlagerung der orientierten Bedürfnisse und Interessen nach außen und ihre Auslösung von Außendaten, läßt sie als sprachmäßig erscheinen [9]. «Ein starkes und orientiertes Bedürfnis ist ganz eigentlich ‹innere Außenwelt› ... Ein gefühlsstarker, bildbesetzter Interessenkomplex hat erlebnismäßig eine anschauliche Eigenständigkeit, in der die Person *sich selbst gegenständlich* wird, obgleich nicht im Sinne der Selbstbeobachtung und Selbstbesinnung» [10]. Die Dauerinteressen «bilden, samt den in sie eingegangenen ‹idées directrices›, das Rückgrat unseres Inneren» [11].

Die Diskussion der beschriebenen Gehlenschen Begriffe hat bei ihrer institutionellen Wendung einzusetzen. Herkunft und Tragweite dieser Wendung macht F. JONAS deutlich, wenn er, Gehlen interpretierend, formuliert: «Die Natur im Menschen kommt zu ihrer eigentlichen Realität erst als geführte Natur. Frei ist, wer seine Natur führen und das, was als diese Natur geschieht, bejahen kann» [12].

Anmerkungen. [1] A. GEHLEN: Urmensch und Spätkultur (²1964) 11. 13. 28. 47. 67. 73ff. 91. 137f.; vgl. auch: Der Mensch. Seine Natur und seine Stellung in der Welt (⁷1962) 57ff. 356ff. – [2] Der Mensch 39. – [3] Urmensch 73. – [4] ebda. – [5] ebda. – [6] a. a. O. 74. – [7] BÜRGER-PRINZ: Motiv und Motivation (1950) 21. – [8] GEHLEN, Urmensch 28. – [9] a. a. O. 75. – [10] a. a. O. 76. – [11] ebda. – [12] F. JONAS: Die Institutionenlehre A.

Gehlens (1966) 38; zu vermerken ist, daß JONAS in seiner Gehlendeutung dessen frühere Schrift ‹Die Theorie der Willensfreiheit› (s. Lit.) einbezieht: Die ältere philosophische und die spätere anthropologische Aussage fügen sich nahtlos zusammen.

Literaturhinweise. H. BÜRGER-PRINZ s. Anm. [7]. – A. GEHLEN s. Anm. [1]; Die Theorie der Willensfreiheit und frühe philos. Schriften (1965) bes. 54. – F. JONAS s. Anm. [12].

M. HINZ

Bedürfnisse, System der. Grundlage der sich im 19. Jh. vom Staate emanzipierenden Tauschgesellschaft ist für HEGEL das Beziehungsgeflecht der egoistischen, auf die Befriedigung ihrer Bedürfnisse (B.) gerichteten B.-Träger, das er als «System der Bedürfnisse» (S.d.B.) [1] bezeichnet. In diesem aller geschichtlichen Tradition entratenden, allein auf der B.-Natur des Menschen gründenden System differenzieren und vervielfältigen sich die B. ständig. Diesen Prozeß begreift Hegel als die Befreiung des Menschen aus der Roheit des Naturzustandes [2]. Um die Mittel zur Befriedigung der sich unausgesetzt ausfächernden B. produzieren zu können, bedarf es der Bildung immer neuer Berufe [3]. Dabei bewirkt in diesem arbeitsteiligen System die dialektische Bewegung des Geistes, daß, indem jeder für sich und seinen Genuß arbeitet, er gleichzeitig auch für die B.-Befriedigung der übrigen Gesellschaftsmitglieder sorgt. Die «subjektive Selbstsucht» schlägt so «in den Beitrag zur Befriedigung der B. aller Andern um» [4]. Infolge dieser Verschränkung von Allgemeinem und Besonderem eignet dem S.d.B. Sittlichkeit. Doch kommt es dabei nur zu einer relativen Vermittlung, letztlich dominieren in der gesellschaftlichen Sphäre noch die subjektiven Zwecke und gefährden das soziale Ganze.

Der Hegelsche Begriff ‹S.d.B.› findet sich auch bei seinen Schülern L. von Stein und K. Marx. Nach L. VON STEIN wird die menschliche Gesellschaft «durch das S.d.B. in Bewegung gesetzt» [5]. Für MARX gründet das ‹S.d.B.› nicht in den subjektiven Willensimpulsen der einzelnen Konsumenten, sondern in der gesamten Organisation der Produktion [6].

Anmerkungen. [1] G. W. F. HEGEL, Grundlinien der Philos. des Rechts §§ 189ff.; System der Philos. §§ 524ff. – [2] Grundlinien ... § 194. – [3] a. a. O. § 198. – [4] § 199. – [5] L. VON STEIN: Der Begriff der Gesellschaft (1859), hg. G. SALOMON (1921) 29. – [6] K. MARX: Das Elend der Philos. (1847). MEGA 1/6, 129.

Literaturhinweise. K. MAYER-MOREAU: Hegels Socialphilos. (1910). – P. VOGEL: Hegels Gesellschaftsbegriff (1925). – A. v. UNRUH: Dogmengesch. Untersuch. über den Gegensatz von Staat und Gesellschaft vor Hegel (1928). – J. B. KRAUS SJ: Wirtschaft und Gesellschaft bei Hegel. Arch. Rechts- und Wirtschaftsphilos. 25 (1931/32) 9ff. – J. RITTER: Hegel und die frz. Revolution (1957) mit Lit. – M. RIEDEL: Hegels ‹Bürgerliche Gesellschaft› und das Problem ihres gesch. Ursprungs. Arch. Rechts- u. Soz.philos. 48 (1962) 539ff.; Bürgerliche Gesellschaft und Staat. Das Problem ihrer Differenz in Hegels Rechtsphilos. (1970). – P. CHAMLEY: Economie politique et philos. chez Steuart et Hegel (Paris 1963). – Z. LIM: Der Begriff der Arbeit bei Hegel (1963).

J. B. MÜLLER

Befehl. Das Wort ist seit spätmittelhochdeutscher Zeit belegt [1]. Es wurde zu Beginn des 19. Jh. als Ausdruck zur Bezeichnung einer verbindlichen Norm aus seinen Unterschieden zu bedeutungsverwandten Wörtern erklärt: Anders als das allgemein fordernde Gesetz bezeichnet der B. eine besondere Forderung in einem besonderen Fall, die mit dem Anspruch auf Gehorsam an bestimmte Adressaten gerichtet wird und auf den Willen eines B.-Berechtigten zurückverweist [2]. In der Philosophie NIETZSCHES verwirklicht sich in dem Vorgang des Befehlens jeweils neu die Überlegenheit des Befehlenden über den Gehorchenden; der B. ist Akt des

Willens zur Macht [3]. In jüngster Zeit erscheint der B.-Begriff bisweilen abwertend verwendet im Sinne der Forderung eines Vorgesetzten, dessen B.-Berechtigung grundsätzlich oder für einen besonderen Fall aus einer bestimmten Sicht fragwürdig ist [4]. – In der Phänomenologie findet der B. bei der Beschreibung des Ich-Du-Bezuges Beachtung als Beispiel für ein «unmittelbar erfahrenes personales Verhältnis» [5].

Anmerkungen. [1] J. und W. GRIMM: Dtsch. Wb. 1 (1854) 1251ff. – [2] W. T. KRUG: Allgemeines Handwb. philos. Wiss. 1 (1827) 255f. – [3] FR. NIETZSCHE: Unschuld des Werdens, hg. A. BÄUMLER (1956) 119. – [4] Vgl. z. B. E. BLOCH: Naturrecht und menschliche Würde (1961) 242. – [5] E. HUSSERL: Ideen zu einer reinen Phänomenol. und phänomenol. Philos. 2. Buch. Husserliana 4 (Den Haag 1952) 375; vgl. E. ROSENSTOCK-HUESSY: Angewandte Seelenkunde (1924) 26. 30. 33 u. passim.

Literaturhinweis. M. THEUNISSEN: Der Andere (1965) passim.

H.-P. SCHRAMM

Befindlichkeit. Im Zusammenhang «der existenzialen Konstitution des Da» [1] beschreibt M. HEIDEGGER «das Dasein als Befindlichkeit» [2]. ‹B.› ist der ontologische Titel für «die Stimmung, das Gestimmtsein» [3]. Es gilt, «dieses Phänomen als fundamentales Existenzial zu sehen» [4]. «Die Stimmung überfällt. Sie kommt weder von ‹Außen› noch von ‹Innen›, sondern steigt als Weise des In-der-Welt-seins aus diesem selbst auf» [5]. Die B. hat drei «Wesenscharaktere»: 1. Sie «*erschließt das Dasein in seiner Geworfenheit und zunächst und zumeist in der Weise der ausweichenden Abkehr*» [6]. 2. «Sie ist eine existenziale Grundart der *gleichursprünglichen Erschlossenheit von Welt*, Mitdasein und Existenz, weil diese selbst wesenhaft In-der-Welt-sein ist» [7]. 3. «*In der B. liegt existenzial eine erschließende Angewiesenheit auf Welt, aus der her Angehendes begegnen kann*» [8]. «Die Gestimmtheit der B. konstituiert existenzial die Weltoffenheit des Daseins» [9]. Die B. hat zugleich «methodische Bedeutung» für die «existenziale Analytik»: «Sie charakterisiert nicht nur ontologisch das Dasein, sondern ist zugleich auf Grund ihres Erschließens für die existenziale Analytik von grundsätzlicher methodischer Bedeutung» [10].

Anmerkungen. [1] M. HEIDEGGER: Sein und Zeit (⁹1960) 134. – [2] ebda. – [3] ebda. – [4] ebda. – [5] a. a. O. 136. – [6] ebda. – [7] a. a. O. 137. – [8] 137f. – [9] 137. – [10] 139.

Literaturhinweis. O. PÖGGELER: Der Denkweg Martin Heideggers (1963) 56.

P. PROBST

Begabung wird heute noch meist definiert als *angeborene* Veranlagung und Befähigung zu bestimmten Leistungen; B. deckt sich damit als Begriff weitgehend mit der der Intelligenz (in der allgemeinen und differentiellen Bedeutung). In diesem Sinne wurde der Ausdruck ‹B.› bereits bei W. STERN in Anlehnung an LIPMANN durch ‹Leistungsdisposition› ersetzt [1]. ‹B.› in diesem Sinne charakterisiert überwiegend *überdurchschnittliche* Leistungen eines Individuums (des Hochbegabten) und basiert auf der Annahme, daß gerade sehr spezielle Hochleistungen anlagebedingt sind (musikalische oder mathematische B.). Von wenigen Ausnahmen innerhalb der genealogischen und der Zwillingsforschung abgesehen, ist allerdings die Frage nach der angeborenen Veranlagung bestimmter Leistungen völlig offen.

B. wird heute – bedingt durch die neueren Entwicklungen der Psychologie in Richtung auf eine Verhaltensforschung – als Fähigkeit gesehen, innerhalb bestimmter kultureller Leistungsbereiche erfolgreich zu lernen. Die B. eines Individuums entfaltet sich nicht, sondern ist das Ergebnis eines *intensiven Anpassungsprozesses* (nach H. ROTH die «wachsende Leistungsfähigkeit auf einem Kulturgebiet» [2]). B. erscheint damit als korrespondierender Begriff zu dem der Intelligenz; er gilt als relevant für alle Leistungsstufen. Die Art der B. ist abhängig von der Intelligenzstruktur, ebenso bedeutsam aber auch von Persönlichkeitsfaktoren, von Interessen und Einstellungen und von der Leistungsmotivation. Die B.-Forschung ist noch in den Anfängen; erste theoretische Konzepte finden sich bei R. B. CATTELL (GC-Faktor) [3] und bei FERGUSON [4]). Durch die neuere Auffassung der B. wird sie zur pädagogischen Aufgabe besonderer Art. Eine neue Richtung der B.-Forschung befaßt sich mit dem Problem schöpferischer Leistungen (Kreativitätsforschung). Es wird dabei von der Annahme ausgegangen, daß schöpferische Leistungen nicht nur bei Sonderbegabten zu erwarten sind, sondern allgemein durch bestimmte Bedingungskonstellationen gefördert oder gehemmt werden können [5].

Anmerkungen. [1] W. STERN: Allg. Psychol. auf personaler Grundlage (Haag 1935) 643. – [2] H. ROTH: Pädagogische Psychol. des Lehrens und Lernens (⁸1965) 145. – [3] R. B. CATTELL: Personality and motivation. Structure and measurement (1957). – [4] G. A. FERGUSON: On learning and human ability. Canad. J. Psychol. 8 (1954) 95-112. – [5] W. H. ALAMSHAH: The conditions for creativity. J. creative Behavior 1 (1967) 305-313; S. KRIPPNER: The ten commandments that block creativity. Gifted Child Quart. 11 (1967) 144-156.

Literaturhinweise. A. JUDA: Höchstbegabung (1953). – Vgl. Anm. [1-5].

K. H. WEWETZER

Begehren, appetitus naturalis. Die Philosophie der Neuzeit kennt den Begriff des ‹appetitus naturalis› nicht mehr in dem expliziten Sinne wie die aristotelisch-scholastische Gedankenwelt. Der Sache nach finden sich jedoch viele Anhaltspunkte, die der Bestimmung des appetitus naturalis als «unvollzogenem (vorbewußtem) ... Streben, das mit der Natur jedes Seienden zusammenfällt und sie auf die volle Verwirklichung ihrer Seins- und Wirkmöglichkeiten hinspannt» [1], entsprechen.

Während die thomistische Philosophie des Mittelalters den Kern dieses Strebens in der Partizipation der endlichen Dinge am absoluten Sein sahen, postulieren die Systeme der neueren Zeit meist eine Urenergie, welche das Sein und das Wirken der Individuen vorantreibt (desiderium naturale).

Für HOBBES liegt dieser Urtrieb beim Menschen in seinem allgemeinen Begehren nach Macht [2]. K. CHR. F. KRAUSE erklärt: «Jedes Wesen ... ist, als urwesentlich, auf ewige Weise in einem Urtrieb bestrebt und wirkt als eine Urkraft seiner Art, alles seine Ewigwesentliches an seinem Bleibenden in der Zeit als ein Leben zu gestalten» [3]. J. G. FICHTE sieht in der Natur die «erstarrte» bewußtlose Intelligenz, erfüllt von einem «Trieb und Drang nach immer höherem Leben» [4]. Sein Sohn I. H. FICHTE nennt den vorbewußten Trieb eine «Einheit von dem, was auf der Stufe des Bewußtseins Wille und Intelligenz heißt» [5]. SCHOPENHAUER betrachtet den (zunächst unbewußten) «Willen zum Leben» als selbständige Kraft, als das Treibende im Bewußtsein, im Leben, in der ganzen Natur. Er befindet sich ganz in jeglichem individuellen Wesen [6]. NIETZSCHE dagegen leugnet einen primären Willen (nur) zum Dasein, sondern erkennt im Grundstreben schon einen «Willen zur Macht», einen Willen zur Veränderung und Steigerung des Daseins [7]. «Diese Welt ist der Wille zur Macht – und Nichts ausserdem! Und auch ihr selber seid dieser Wille zur Macht – und Nichts außerdem!» [8].

Für BERGSON ist alles Sein Bewußtsein, aber nicht nur intellektuell verstanden, sondern als Leben, Erleben, Drang, Dauer, Freiheit, Erfindung, schöpferische Energie. Der Kern dessen, was wir in uns fühlen, ist der Lebensschwung, der «élan vital» [9]. BLONDEL stellt in seiner ‹Philosophie de l'action› fest: Wir haben ein einziges Streben zum Licht; zunächst von der Natur zum Leben, von da zum Geist und von hier zu Gott [10]. H. DRIESCH setzt die Wirkfaktoren «Psychoid» (Antrieb für die Handlungen) und «Entelechie» (Agens der Formbildungen) in der metaphysischen Wirklichkeitssphäre gleich mit der Seele [11].

Die neuthomistische Philosophie der Gegenwart kehrt wieder zurück zum traditionellen Begriff des appetitus naturalis: in Frankreich MARITAIN und MARÉCHAL, in Deutschland C. NINK: Im Einzelwesen finden sich Natur- und Wirkliebe: substantielle Liebe zum eigenen Sein, zu der seinem Wesen und Ziel entsprechenden Erhaltung und Vollendung. Sie ist «einheitlich-sinnerfüllt-finaler aktiver Naturdrang» [12].

Anmerkungen. [1] J. LOTZ, in: Lex. Theol. u. Kirche 1 (²1957) 769. – [2] TH. HOBBES, Leviathan XI. – [3] K. CHR. F. KRAUSE: Das Urbild der Menschheit (³1903) 330. – [4] J. G. FICHTE, Werke, hg. I. H. FICHTE, I/6, 199. – [5] I. H. FICHTE: Psychol. (1864-1873) 2, 21ff. – [6] A. SCHOPENHAUER: Neue Paralipomena (1890-1893) § 150. – [7] FR. NIETZSCHE, Musarion-A. 15, 296; 11, 6. – [8] Wille zur Macht, Musarion-A. 19, 374. – [9] H. BERGSON: La pensée et le mouvement (Paris 1934); dtsch.: Denken und schöpferisches Werden (1948). – [10] M. BLONDEL: L'action ... (Paris 1893, neubearb. 1936/37). – [11] PH. WITKOP (Hg.): Dtsch. Leben der Gegenwart (1922) 209. – [12] C. NINK: Ontologie (1952) 174.

Literaturhinweise. J. DE FINANCE: Etre et agir (Paris 1945). – R. LAUTH: Die Frage nach dem Sinn des Daseins (1953). – J. LOTZ: Das Urteil und das Sein (1957).   H. FRIEDRICH

Begehren, Begierde. Die Begriffe ‹Begehren› (B.) und ‹Begierde› gehörten in den Psychologien früherer Jh. zu den grundlegenden motivationspsychologischen Konzepten. Vor allem diente der Begriff ‹B.› als Sammelbegriff für alles Antriebsgeschehen; ‹B.› bezeichnete das allgemeine dynamische Prinzip im Bereich des Seelischen und wurde den Erkenntnisfunktionen und dem Fühlen gegenübergestellt; darüber hinaus begegnete man dem Begriff ‹B.› auch in enger Bedeutung als Bezeichnung für eine bestimmte Art motivationalen Geschehens. Als Unterscheidungsmerkmale zu anderen Antriebsformen werden hervorgehoben: 1. Im Unterschied zum Wollen liegt beim B. ein Mangel an Kontrolle durch die Vernunft vor; 2. im Unterschied zum Drang wird dem B. eine klare Zielvorstellung zugeschrieben, im Unterschied zum Trieb wird das B. im Bewußtsein repräsentiert. Sowohl für die umfassende als auch für die enge Bedeutung von ‹B.› findet man ‹Streben› u. ‹Begierde› als Synonyma.

1. Die psychologischen Fachtermini ‹B.› oder ‹Begierde› leiten ihre Bedeutungen aus den vorwissenschaftlichen Psychologien und philosophischen Analysen psychologischer Sachverhalte ab. Die sehr umfassende Bedeutung der Begriffe im Sinne eines dynamischen Prinzips kann einerseits an Aristoteles, andererseits an Chr. Wolff anknüpfen. ARISTOTELES spricht von B. als dem «bewegenden» Prinzip der Psyche, es entsteht aus gefühlshaften Vorstellungen [1]. WOLFF nimmt ein generelles B.-Vermögen an, welches er den Gefühlen und dem Erkenntnisvermögen gegenüberstellt. Wenn auch sein Vermögensbegriff heftig kritisiert wurde, so hatte seine Einteilung der Seelenvermögen doch weitreichende Wirkung auch auf die Psychologie des 19. Jh. [2].

Die umfassende Bedeutung von ‹B.› finden wir vor allem wieder bei HERBART [3], HÖFLER [4] und nachfolgend bei STRÜMPELL [5]. HERBART definiert B. als eine Vorstellung, die «wider eine Hemmung aufstrebt» [6]. B. entsteht durch Absinken einer Vorstellung unter die Bewußtseinsschwelle; die Vorstellung wirkt dort als Kraft und versucht, die Schwelle zu überschreiten. B. als unspezifiziertes Antriebsgeschehen umfaßt bei Herbart Triebe, Sehnsüchte, Leidenschaften usw. Der Begriff wird bei ihm zuweilen durch ‹Streben› ersetzt. Für ihn ist B. immer eine Bewegung in Richtung auf ein Ziel, doch kann dieses Ziel durchaus auch von negativem Wert für das Individuum sein, wie z. B. bei Gegenständen, die den Reiz der Neuheit haben [7]. Bei Herbart liegt dem B. jedoch nicht die Dimension Aufsuchen-Meiden zugrunde, die bereits früher von v. Volkmar und später von zahlreichen anderen Psychologen als Grunddimension allen Antriebsvorgängen zugeschrieben wird. Ganz im Sinne Herbarts definiert STRÜMPELL ‹B.› als jene «Seelentätigkeit, worin eine Vorstellung trotz der auf sie ausgeübten Hemmungen im Bewußtsein im Gemüte aufstrebt und sich gegenwärtig erhält», indem sie über andere Vorstellungen dominiert [8]. HÖFLERS B.-Begriff beinhaltet alle Formen von Antrieben und Antriebserlebnissen. Auch das Wollen ordnet er dem B.-Vorgang unter, wenn er es auch als vollkommenste Art des B. verstanden wissen möchte [9]. Hier verwendet er ‹B.› noch umfassender als HERBART, der geneigt ist, dem Willen eine Sonderstellung zuzugestehen, weil er nicht nur dem Lustprinzip, sondern auch ethischen Prinzipien unterworfen ist [10].

2. Der Begriff des B. oder der Begierde im Sinne einer bestimmten Form des Antriebs findet sich bereits bei v. VOLKMAR [11]. In seiner Psychologie taucht die aristotelische Ableitung des B. aus gefühlsbetonten Vorstellungen wieder auf; er konkretisiert sie dahingehend, daß die Verstandestätigkeit des Vorstellens den Gegenstand des Lustgefühls vorgibt. B. bedeutet für Volkmar die Bewegkraft, die im Gegensatz zum Trieb an eine Zielvorstellung gebunden ist. Das B. ist eine sekundäre Kraft, die ihre energetisierende Wirkung vom Trieb her erhält. B. ist durch die Verbindung mit der Vorstellungstätigkeit eine höhere Form des Antriebsgeschehens, welches ihm die Richtung, den ‹Inhalt› gibt. Die Parameter ‹Stärke› und ‹Rhythmik› werden unmittelbar von der Triebkraft bestimmt [12].

Zu den Psychologen, die das B. als dem Trieb übergeordnete Antriebsart definieren, gehören weiterhin Wundt, Höffding und Külpe. W. WUNDT unterscheidet als niedrigstes motivierendes Agens den Trieb. Mittels Zielvorstellungen wird aus der Triebkraft B. Indem das B. in Kontakt zur Außenwelt tritt, d. h. die Handlung vorbereitet, wird es zum Streben. B. geht in Wollen über, wenn intellektuelle Beweggründe hinzutreten [13]. In anderem Zusammenhang betont er ebenfalls, daß B. eine Vorstufe des Wollens sei, er macht aber gleichzeitig deutlich, daß er B. und Wollen als zeitlich aufeinander folgende Vorgänge verstanden wissen möchte: B. bedeutet ein vorbereitendes Stadium, «die Gefühlslage eines gehemmten Wollens» [14]. Bei HÖFFDING findet sich eine ähnliche Auffassung. B. stellt es als sekundäres Phänomen gegenüber dem Trieb dar, es hebt sich von ihm ab durch die Kontrolle, die die Vorstellungen über die Triebkraft ausüben [15]. Für KÜLPE sind Begierde und Abneigung Triebformen, die eine Ähnlichkeit mit den Affekten aufweisen [16].

In der *angloamerikanischen* Psychologie werden die Begriffe ‹B.› oder Begierde (desire) zur gleichen Zeit in unterschiedlicher Bedeutung verwendet. Es herrscht aber der enge Sinngehalt des Begriffes vor. So definiert McDOUGALL B. als einen in seinem Ablauf gehinderten starken Trieb, der Anlaß zu den von ihm so benannten B.-Gefühlen gibt. Diese sind abgeleitete (im Gegensatz zu primären) Emotionen, die im Verlauf der Wirksamkeit eines fortgesetzten B. entstehen. Er unterscheidet prospektive von retrospektiven B.-Emotionen. Als Beispiele für die prospektiven Emotionen nennt er Vertrauen, Hoffnung, Enttäuschung, für die retrospektiven führt er Bedauern, Reue, Leid an [17]. McDOUGALL bezieht sich in seinen Ausführungen auf SHAND [18]; dieser nimmt eine erbmäßig festgelegte Disposition zu B.-Gefühlen an, eine Auffassung, die McDOUGALL jedoch verwirft. In enger Übereinstimmung mit dem traditionellen B.-Begriff in der deutschen Psychologie steht die Definition STOUTS. In seinem ‹Manual of Psychology› [19] beschreibt er das Wirken der B. als eine Kraft, die von bewußten Zielvorstellungen ausgeht und andere Vorstellungen nach sich zieht. Höhere Formen des B. können demnach nur durch die Fähigkeit zu komplexen Vorstellungssequenzen (bei ihm: Gedanken) möglich werden.

In der *neueren* psychologischen Literatur tauchen die Begriffe ‹B.› und ‹Begierde› nur vereinzelt auf. So findet man ‹B.› bei ROHRACHER in seiner Theorie des Willens als Unterkategorie des Strebens. B. ist immer auf ein Ziel gerichtet, welches eine starke Lustbetonung aufweist. Gerade diese Herrschaft des Lustprinzips ist nach Rohracher die unterscheidende Komponente zu den Willensvorgängen [20]. ‹Begierde› drückt nach Rohracher im Unterschied zu ‹B.› einen unlustvollen Zustand des Individuums aus, ein sehr starkes Erleben der Dringlichkeit der Zielerreichung [21]. Das Wort ‹B.› begegnet bei Rohracher vor allem im Zusammenhang mit der Abhandlung von Fragen der Sexualität. KLAGES ordnet das B. ebenfalls den Strebevorgängen unter. B. ist für ihn gekennzeichnet durch zwei entgegengesetzte Kräfte: die auf das Ziel gerichtete Triebkraft und die Staukraft (seelischer Widerstand). Die Resultante dieser beiden Kräfte ergibt die Stärke des B. [22].

Die Begriffe ‹B.› und ‹Begierde›, auch die Termini ‹Drang›, ‹Streben› usw. sind Unterscheidungen von Antriebsformen, die einer phänomenologischen Betrachtungsweise psychologischer Sachverhalte entstammen. In der gegenwärtigen Psychologie ist an ihre Stelle die funktionale Analyse psychologischer Probleme getreten. Daraus ergibt sich der Verzicht auf introspektiv unterscheidbare Antriebsformen zugunsten der Annahme eines einheitlichen Antriebssystems, welches meist mit dem umfassenden Begriff der ‹Motivation› belegt wird. Zuweilen wird auch ‹Bedürfnis› oder ‹Trieb› bzw. ‹Antrieb› in diesem Sinne verwendet [23].

Anmerkungen. [1] ARISTOTELES, De anima II, 3, 414 b 4; II, 3, 414 b 66; III, 9, 432 b 6. – [2] CHR. WOLFF: Psychol. empirica (1732); Psychol. rationalis (1734). – [3] J. F. HERBART, Werke, hg. KEHRBACH 4, 339ff.; 5, 217; 6, 53ff. – [4] A. HÖFLER: Psychol. (1897). – [5] L. STRÜMPELL: Grundriß der Psychol. (1884). – [6] HERBART, a. a. O. [3] 6, 254. – [7] 6, 83. – [8] STRÜMPELL, a. a. O. [5] 94. – [9] HÖFLER, a. a. O. [4]. – [10] HERBART, a. a. O. [3] 6, 264. – [11] W. V. Ritter v. VOLKMAR: Lehrb. der Psychol. vom Standpunkte des Realismus und nach genetischer Methode (1876) 386ff. – [12] a. a. O. 401. – [13] W. WUNDT: Grundzüge der physiol. Psychol. 3 (⁶1911) 221ff. – [14] a. a. O. 227. – [15] H. HÖFFDING: Psychol. (²1893) 325. – [16] O. KÜLPE: Grundriß der Psychol. (1893). – [17] W. McDOUGALL: Grundlagen einer Sozialpsychol. (²¹1928) 279. – [18] A. F. SHAND: Foundations of character (London 1914). – [19] G. F. STOUT: A manual of psychol. (London ³1921) 705f. – [20] H. ROHRACHER: Theorie des Willens auf exp. Grundlage. Z. Psychol. Erg.Bd. 21 (1932). – [21] a. a. O. – [22] L. KLAGES: Grundlagen der Charakterkunde (1936) 111f.

– [23] H. THOMAE: Das Wesen der menschl. Antriebsstruktur (1944); Die Bedeutungen des Motivationsbegriffes, in: Hb. der Psychol. 2: Motivation (1965) 3-44.   U. SCHÖNPFLUG

Begehrungsvermögen. Für PLATON ist das ἐπιθυμητικόν (das Begehrende) jener der drei Seelenteile, «womit sie [die Seele] verliebt ist und hungert und durstet und von den übrigen Begierden umhergetrieben wird» [1]. In der Seelenlehre des ARISTOTELES gehört zu den verschiedenen Seelenvermögen (δυνάμεις) auch das ὀρεκτικόν (oder die ὄρεξις), das Strebevermögen [2]. Es ist stets mit dem Wahrnehmungsvermögen gekoppelt [3] und umfaßt Begierde (ἐπιθυμία), Mut (θυμός), Wille (βούλησις) [4]. Für die Ethik ist von Bedeutung, daß beim Menschen auch «der begehrende und der strebende Teil überhaupt Anteil an der Vernunft hat, da er auf sie hören und ihr gehorchen kann» [5]. Die ausdrückliche und terminologisch fixierte Lehrunterscheidung zwischen einem vernünftigen und einem sinnlichen Strebevermögen wird erst von den griechischen Aristoteleskommentatoren ausgebildet. Erst dann wird auch das platonische ἐπιθυμητικόν als sinnliches Begehrungsvermögen aufgefaßt, dessen Akte die πάθη sind: Liebe und Haß, Freude und Trauer, Verlangen und Abscheu. Obwohl schon DESCARTES das Ende der Vermögenslehre einleitet, bleibt der Terminus ‹B.v.› noch lange in Gebrauch. KANT definiert: «B.v. ist das Vermögen, durch seine Vorstellungen Ursache der Gegenstände dieser Vorstellungen zu sein» [6]. Es ist zu unterscheiden zwischen einem unteren B.v., welches immer material (d. h. durch ein vorausgesetztes Objekt bzw. durch die Vorstellung eines solchen) bestimmt wird, und einem oberen B.v., das seinen Bestimmungsgrund in der bloßen Form des Gesetzes findet ,d. h. nur durch Begriffe bestimmbar ist [7]. Ein solches, nur durch Vernunft bestimmtes B.v. heißt Wille [8] und ist im Grunde die praktische Vernunft selbst [9]. – In der Nachfolge Kants wird der Begriff des B.v. fortgebildet von K. H. L. PÖLITZ [10] und K. H. HEYDENREICH: «Das B.v. ist das Vermögen, sich die Realisierung von Vorstellungen zum Gegenstande der Äußerung seiner thätigen Kräfte zu machen, das Vermögen, sich Zwecke zu setzen» [11].

Anmerkungen. [1] PLATON, Resp. IV, 439 d 6ff. – [2] ARIST., De anima II, 3, 414 a 31f. – [3] Vgl. a. a. O. 414 b 1ff. 15f. – [4] 414 b 1. – [5] Eth. Nic. I, 13, 1102 b 30f. – [6] KANT, Met. Sitten. Einl. I. Akad.-A. 6, 211; vgl. KpV Vorrede 4. Anm. a. a. O. 5, 9. – [7] Vgl. KpV §§ 2-4 = 5, 21-28. – [8] KU § 10 = 5, 220. – [9] Met. Sitten Einl. I = 6, 213. – [10] K. H. L. PÖLITZ: Encyclop. der ges. philos. Wiss. 1 (1807) 191ff.: ‹Met. des B.v.› – [11] K. H. HEYDENREICH: Encyclop. Einl. in das Studium der Philos. (1793) 144: ‹Elementarphilos. des B.v.›; vgl. 170f.: ‹Kritik des B.v.›; 189ff.: ‹Met. des B.v.›   J. ARNTZ

Begriff

I. Der *philosophische* Gebrauch der Äquivalente des Terminus ‹B.› setzt mit dem sokratisch-platonischen Philosophieren ein, wobei bestimmend bleibt, daß die logischen, psychologischen und ontologischen Aspekte häufig vermengt oder unzureichend unterschieden werden. Ausgehend von der Tatsache, daß in der Rede bestimmte Ausdrücke dazu verwendet werden, sich auf mehrere oder alle Gegenstände (Ereignisse) derselben Art zu beziehen, stellte sich das Problem, inwieweit solche Ausdrücke invariante, vom subjektiven Denken und Sprechen unabhängige Gegenstände, ἰδέαι, oder Vorstellungen im Geiste oder die Dinge (Ereignisse) selbst bezeichnen.

Die kaum überschätzbare Leistung des sokratischen Denkens bestand auch darin, die Frage nach dem, was später (allgemeiner) ‹B.› genannt wurde, d. h. nach den gemeinsamen Merkmalen (Eigenschaften) von Dingen, Ereignissen und Handlungen, explizit und methodisch zum ersten Mal gestellt zu haben [1]. Eine terminologische Fixierung läßt sich jedoch für die frühen Platonischen Dialoge nicht nachweisen und wird erst in den mittleren und späten Dialogen von PLATON als εἶδος und ἰδέα aufweisbar. Diese vom individuellen Denken und von den Einzelfällen als unabhängig gedachten Formen, an denen jene nur teilhaben, bleiben ein wiederkehrendes Thema in der Geschichte des Begriffs. Ein weiteres Thema bildet der Gedanke, daß nur das, was begrifflich als λόγος erfaßt wird, Gegenstand des Wissens sein kann [2]. Die Erkenntnisart, die sich auf Ideen richtet, nennt Platon νοεῖν, jene, die sich auf die Relationen von Ideen qua B. bezieht, διανοεῖν. Die letztere ist direkt mitteilbar, die erstere sprachlich nicht angemessen auszudrücken. Diese Unterscheidung zeigt an, daß zweierlei Arten von B. unterschieden werden: eigentlich seiende Formen, Urbilder, die unabhängig von Einzeldingen unveränderlich existieren, und das Wesen des Einzeldinges, das in diesem erscheint.

In der Interpretation der sokratischen Methode als der Suche nach dem, was verschiedenen Einzelfällen gemeinsam ist, wird dieses Allgemeine von ARISTOTELES in eigener Wortbildung καθόλου genannt [3]. Im übrigen gebraucht er häufig auch λόγος und ὅρος, im Sinne von ‹Terminus› bzw. von ‹Wesen einer Sache›, das durch B.-Bestimmung (ὁρισμός) festgelegt werden muß.

PLATONS Annahme selbständig existierender Ideen wird durch dessen Beschäftigung mit B. erklärt [4]. In der von ARISTOTELES entwickelten Wissenschaftstheorie der zweiten Analytik wird deutlich, daß wissenschaftliche B. nur solche sind, die durch Definition bestimmbar sind. Soweit es allgemeine B. sind, werden sie durch eine Art von Induktion aus der Wahrnehmung von Einzeldingen gebildet [5]. Es ist nach ihm möglich, für jeden B. einen sprachlichen Ausdruck zu setzen und umgekehrt, wenn die Bedeutungen des Wortes begrenzt sind und feststehen. Ist diese Bedingung nicht erfüllt, so kann man keinen B. bilden, ja überhaupt nicht diskutieren und denken [6]. Weil die Definition als wesentliches Merkmal des B. gilt, verwendet Aristoteles bisweilen auch ὁρισμός gleichbedeutend mit ὅρος und λόγος [7]. Da eine Definition von Einzeldingen unmöglich ist, gibt es für ihn auch keine B., die sinnliche Einzeldinge ausdrücken. Dies wird aus seinen logischen Untersuchungen und seiner Beweistheorie verständlich. – Als B. höherer Stufe erweisen sich die sogenannten Prädikabilien, die gleich den Kategorien allerdings nur in bezug auf Aussagen über Dinge analysierbar und bestimmbar sind.

Die Platonischen und Aristotelischen Theorienansätze, die selbst nicht immer sehr klar sind, bilden nahezu für die gesamte folgende Zeit die immer wieder interpretierte, in ihrem Grundbestand aber akzeptierte Grundlage für die jeweilige Lehre vom B. Dabei spielt eine bedeutsame Rolle die von ARISTOTELES in ‹De interpretatione› geäußerte Theorie, daß das geschriebene Wort Zeichen des gesprochenen sei; dieses aber bezeichne Gedanken bzw. Vorgänge in der Seele [8]. Die Gedanken wiederum seien Abbilder der Dinge. Das Schwanken in der geschichtlichen Entwicklung zwischen einer objektivistischen, neutralen und einer psychologistischen Auffassung von B. als den konstituierenden Gegenständen des Urteils dürfte von dieser unklaren Äußerung seinen Ausgang nehmen. Von BOETHIUS an werden für diese «passiones animae» die Ausdrücke ‹conceptio›, ‹conceptus›, ‹intentio›, ‹intellectus›, aber auch ‹signum rei› und ‹verbum mentale› verwendet.

In der *stoischen* Philosophie finden sich für B. die Ausdrücke σημαινόμενον und λεκτόν, d. h. Termini, die gleichfalls mit ‹Bedeutung eines sprachlichen Ausdrucks› übersetzt werden können. Λεκτά sind für die Stoiker ein Mittleres zwischen den Denkarten und den Dingen [9], andererseits sollen sie identisch mit den νοήματα sein: Sie sind entweder als intentionale Gegenstände oder als unkörperliche Wortbedeutung zu interpretieren. Adäquater scheint die letztere Deutung, wonach jedenfalls die B. im logischen Sinn objektive Bedeutungen sprachlicher Ausdrücke sind, wobei wohl den Sprachlauten, nicht aber den mit diesen verbundenen Bedeutungen ein Sein zukommt.

In der mittelalterlichen und insbesonders in der *scholastischen* metalogischen Theorie wird unter Berufung auf die oben erwähnte Aristoteles-Stelle eine im wesentlichen einheitliche Auffassung bezüglich des B. vertreten, und zwar von BOETHIUS an über ABÄLARD bis zu OCKHAM und seinen Nachfolgern. Dieser Theorie zufolge sind B. die natürlichen Zeichen der Dinge im Bewußtsein, die durch Zeichen (Wörter), deren Bedeutung auf Übereinkunft beruht, bezeichnet werden. Demzufolge wird zwischen einem terminus conceptus, dessen Sein im Bewußtsein besteht, einem terminus prolatus und einem terminus scriptus unterschieden [10]. Während die eigentlichen B. sonach Intentionen oder, in wörtlicher Übersetzung von Aristoteles «passiones animae» sind, die auf natürliche Weise sich auf Dinge beziehen und diese eindeutig bezeichnen, bilden die konventionellen Zeichen, Laute und Schriftzeichen, kraft ihrer Einsetzung entweder univoke oder äquivoke Zeichen der B. Von diesen B. erster Stufe sind jene zweiter Stufe zu unterscheiden, unter welchen semantische Prädikate zu verstehen sind, die sich auf erste Intentionen beziehen [11].

Die in der Theorie der proprietates terminorum entwickelte Unterscheidung zwischen der Signifikation und der Supposition eines Terminus kann nach den meisten Texten als Unterscheidung zwischen Intension und Extension gedeutet werden. Die in der scholastischen Logik hauptsächlich an aristotelischen Untersuchungen anknüpfenden Unterscheidungen bzw. Einteilungen von B. werden in der Schulphilosophie im wesentlichen bis ins 19., ja 20. Jh. tradiert und, mit zahlreichen, meist geringfügigen Abänderungen versehen, immer wieder reproduziert. Im folgenden seien die gebräuchlichsten dieser Einteilungen angeführt: in ursprüngliche und abgeleitete (der B.-Bildung nach), in einfache und komplexe (der Intension nach), in unter- und übergeordnete, Einzel- und Allgemeinbegriffe (der Extension nach) sowie in deutliche und verworrene (der Präzision der Intension nach) [12].

Von großem Einfluß wurde DESCARTES' Gebrauch des Wortes ‹idea›, der im 17. und 18. Jh. die scholastische Terminologie zum größeren Teil verdrängte, nicht zuletzt aus Gründen der Opposition gegen die Schullogik. Die kontrovers gewordene These von den angeborenen B. (ideae innatae) [13], die dann in aller Schärfe von Locke bekämpft wurde, half vermutlich diesen Gebrauch zu verbreiten, der freilich schon durch die humanistische Tradition in Mode gekommen war. Der tiefere Grund dürfte in einer Verlagerung der Fragestellung zu suchen sein, insofern das Problem der Herkunft, des Entdeckungszusammenhanges von B. interessanter geworden war als die Frage nach dem Begründungszusammenhang. Die antiaristotelische Strömung, die mit dem Aufkommen der modernen Naturwissenschaft verbunden war, führt somit zur teilweisen Abkehr von der bisherigen Exposition der B.-Lehre. Dennoch ist der Bruch durchaus kein vollständiger. So schließt die ‹Logik von Port Royal› [14] mit ihrer Unterscheidung zwischen Inhalt und Umfang von B. (idées) an die Unterscheidung von significatio und suppositio an, und es dürfte wenig zweifelhaft sein, daß J. Locke seine Theorie der Zeichen im direkten Anschluß an die Ockhamsche Logik entworfen hat.

«Whatsoever the mind perceives in itself or is the immediate object of Perception, thought or understanding», das nennt LOCKE eine «idea» [15]. Diese B. und/oder Vorstellungen werden durchaus den Ockhamschen Intentionen gemäß als Zeichen der Dinge gedeutet, die wiederum in einfache und komplexe eingeteilt werden. Die Wörter «in their primary and immediate signification» stehen ausschließlich für die «ideas in the mind» [16], und zwar für die B. und Vorstellungen des Sprechenden. Als Korrelate der abstrakten und allgemeinen «ideas» werden, wie bei Ockham, die species oder Wesenheiten angesehen. Sie sind Produkte des Verstandes, die – durch Namen vertreten – es den Menschen ermöglichen, über Klassen von Dingen und Eigenschaften von Eigenschaften zu sprechen. Einfache B. werden hingegen nicht vom Verstand gebildet, sind nicht definierbar und werden nur durch unmittelbare Erfahrung erworben. Abstrakte Allgemein-B., d. h. solche, die fähig sind, mehrere Individuen zu repräsentieren, gelten als Produkt eines geistigen Prozesses, der «Abstraktion» genannt wird. In der Ausführung dieser Theorie wird der enge Zusammenhang von B. und Vorstellungen deutlich, der die psychologistisch fundierte Erkenntnistheorie der empiristischen Schulen kennzeichnet. B. werden mit anschaulichen Vorstellungen, Bildern im Geiste, gleichgesetzt, was dann bei BERKELEY zur strikten Ablehnung allgemeiner abstrakter B. führt [17].

Eine klare Differenzierung von Vorstellungen in Anschauungen und B. findet sich erst bei KANT. «Der B. ist der Anschauung entgegengesetzt, indem er eine allgemeine Vorstellung dessen, was mehreren Objekten gemein ist»; seine Materie ist der Gegenstand, seine Form eben die Allgemeinheit [18]. An und für sich ist, nach Kant, jeder B. allgemein. Einteilungen in allgemeine, einzelne, abstrakte und konkrete B. betreffen immer nur ihren «Gebrauch», weshalb jeder B. in Relation zu anderen in verschiedenen Graden abstrakt und konkret verwendet werden kann. Nur in Verbindung von Sinnlichkeit und Verstand beziehen sich B. auf bestimmte Gegenstände, nur «wo den B. Anschauung entspricht», ist Erkenntnis im Sinne objektiver Realität möglich [19]. War etwa noch bei CHR. WOLFF unter B. «jede Vorstellung einer Sache in unseren Gedanken» [20] verstanden worden, so setzt sich nach KANT die Unterscheidung von anschaulichen und begrifflichen Vorstellungen weitgehend durch. Durch ihn wird auch die Einteilung der B. in *empirische*, d. h. Erfahrungs-B., und *reine* Verstandes-B. (Kategorien) und Vernunft-B. (Ideen) terminologisch fixiert. B. als «Prädikate möglicher Urteile» beruhen auf Funktionen, d. h. auf Regeln, die Einheit einer Handlung oder die Einheit eines Urteils herzustellen bzw. zu konstruieren [21]. Damit wird der operationale Aspekt, unter dem B. erklärt werden, eingeführt.

Eine *spekulative* B.-Lehre entwickeln die deutschen Idealisten, insbesondere HEGEL, bei dem eine dynamische Auffassung des B. vorliegt, derzufolge B. als wirklichkeitsstiftend gedacht werden, so daß die Behauptung möglich wird: «die Dinge sind das, was sie sind, durch die Tätigkeit des ihnen innewohnenden und in ihnen sich offenbarenden B.» [22]. Freiheit, Totalität, Bestimmtheit, Wesen, Substanz, Wahrheit und Wirklichkeit zählen zu den Bestimmungen, die einen sich selbst entwickelnden B. charakterisieren.

War die Auffassung von B. als mentale Zeichen von Dingen oder von Formen von Gegenständen im wesentlichen das Kernstück der B.-Theorie von der Spätantike bis zum Ausgang des 18. Jh., so vollzieht sich im 19. Jh. insofern eine Wende, als in steigendem Maße einerseits die *sprachliche* Komponente in der B.-Bildung thematisch wurde, andererseits die neuen *logischen* Theorien eine eigene Behandlung des B. erfordern oder überflüssig machten.

Vorläufer dieser Tendenzen sind u. a. G. VICO, J. G. HAMANN, J. G. HERDER und W. v. HUMBOLDT auf der einen, G. W. LEIBNIZ, J. H. LAMBERT, in gewisser Hinsicht J. F. HERBART und jedenfalls B. BOLZANO auf der anderen Seite. Bei den letzteren wird eine strikte Trennung von B. im psychologischen und im logischen Sinne herausgearbeitet. B. sind dieser Auffassung zufolge «weder reale Gegenstände, noch wirkliche Akte des Denkens» [23], sie sind das, *was* in einem Gedanken gedacht wird, also ein Unzeitliches, Identisches, das in psychologischer Hinsicht zum Gegenstand der Vorstellung wird. Bei B. BOLZANO findet sich diese Auffassung von B. unter dem Terminus «Vorstellung an sich», welche von der subjektiven unterschieden wird; die erstere ist ein Bestandteil eines «Satzes an sich», der als nichtseiendes Etwas, unabhängig davon, ob er gedacht oder nicht gedacht wird, Bestand hat [24]. Während die subjektiven Vorstellungen subjektgebunden sind und die sie bezeichnenden Wörter verschiedene Vorstellungen betreffen, bezeichnet ein eindeutiger sprachlicher Ausdruck immer auch nur eine einzige identische Vorstellung an sich. Traditionsgemäß unterscheidet Bolzano zwischen einfachen und zusammengesetzten, allgemeinen und Einzelvorstellungen. Im engeren Sinne gefaßt, nennt er die letzteren, insofern sie einfach sind, «Anschauungen», und «B. sollen ... alle Vorstellungen heißen, die weder selbst einfache Einzelvorstellungen sind, noch auch dergleichen als Teile enthalten» [25]. Das von der ‹Logik von Port Royal› aufgestellte Gesetz der verkehrt proportionalen Beziehung zwischen B.-Inhalt und -Umfang wird von Bolzano kritisiert: Es gibt B.-Inhalte, die vermehrt werden können, ohne daß sich ihr Umfang verringert. Die von Bolzano vertretene objektivistische Theorie des B., die im übrigen den stoischen nahe verwandt ist, findet ihre direkte Fortsetzung in der BRENTANO-Schule, u. a. bei E. HUSSERL, A. MEINONG und K. TWARDOWSKI, sowie eine indirekte bei G. E. MOORE und B. RUSSELL. Allerdings wird bei den Genannten die Problemlage häufig insofern «verschoben», als die Thematik im Hinblick auf sprachliche Ausdrucksformen, deren Inhalt bzw. Bedeutung und deren Denotation oder Bezeichnung abgehandelt wird.

Vornehmlich durch den Einfluß von J. ST. MILLS ‹System of Logics› (1843) wurde nämlich jener Teil der sogenannten klassischen Logik, der die Theorie des B. behandelte, mehr und mehr durch eine Theorie der sprachlichen Zeichen (Namen) und ihrer Bedeutung bzw. Konnotation ersetzt und B. als Bedeutungen von sprachlichen Ausdrücken bestimmt. Gleichfalls wird von den erwähnten Philosophen eine Theorie vertreten, derzufolge B. als «potentielle Urteile», als Urteils-(Aussage-)bestandteile aufzufassen sind. Dieses auf Aristoteles und die mittelalterliche Logik zurückgehende Lehrstück, daß B., die durch Termini in Sätzen vertreten werden, die konstitutiven Bestandteile des Urteils (der Aussage) sind, wird z. B. auch von Kant, Schelling, A. Trendelenburg und im 20.Jh. von E. Lask, H. Rickert, M. Schlick u. a. vertreten. In besonderer Weise wird die «prädikative Natur des B.» von G. Frege betont, der vorschlägt, das Wort ‹B.› nur im logischen Sinne zu gebrauchen und B. als die «Bedeutung eines grammatischen Prädikates» zu bestimmen [26]. B. sind demnach *Satzfunktionen*, «deren Wert stets ein Wahrheitswert ist» [27]. Auch hier zeigt sich die Tendenz, die sich heute weitgehend durchgesetzt hat, B. qua Bedeutungen als Regeln der Verwendung und Anwendung von sprachlichen Zeichen zu explizieren und damit ihre Abhängigkeit vom Kontext eines sprachlichen Systems, einer Theorie usw. zu berücksichtigen.

Anmerkungen. [1] Vgl. Platon, Laches, 193 e-194 d; Euthyphron 5 d. 6 d; Menon 72 b f. – [2] Theaetet 201 d. – [3] K. von Fritz: Philos. und sprachlicher Ausdruck bei Demokrit, Platon und Aristoteles (²1963) 40f. – [4] Aristoteles, Met. 987 b 30. – [5] Anal. post. II, 19, 100 a f.; Met. 1029 b; Top. VI, 139 a f. – [6] Met. 1006 b; vgl. auch Soph. elench. 1, 165 a 7f. – [7] Anal. post. II, 93 b; Top. I, 101 b. – [8] De interpretatione 1, 16 a 3. – [9] Ammonius, In Arist. De interpretatione Comm., hg. A. Busse (1897). – [10] Boethius, In Arist. De interpretatione. MPL 64, 407 a f.; Wilhelm von Ockham, S. logicae, hg. Ph. Boehner I, 11f.; J. Duns Scotus, Opera omnia 1, 445. – [11] Albert von Sachsen: Logica Albertutii. Perutilis Logica (1522); Wilhelm von Shyreswood: Syncategoremata, hg. J. R. O'Donnell. Medieval Stud. 3 (1941) 48. – [12] Vgl. etwa J. Jungius: Logica Hamburgensis (1638), hg. R. W. Meyer (1957). – [13] R. Descartes, Meditationes, Werke, hg. Adam/Tannery 7, 36f. – [14] A. Arnauld und P. Nicole: La logique ou l'art de penser (Paris 1662). – [15] J. Locke, Essay conc. human understanding 8, 8. – [16] a. a. O. III, 2. 2. – [17] G. Berkeley: Principles of human knowledge (1710) Introd. – [18] Kant, Logik § 1, 2. – [19] KrV B 335; vgl. B 75. 298. – [20] Chr. Wolff: Vernünftige Gedanken von den Kräften des menschlichen Verstandes ... I, § 4. – [21] Kant, KrV B 94. 176f.; vgl. F. Kambartel: Erfahrung und Struktur (1968). – [22] G. F. W. Hegel, Werke, hg. H. Glockner 8, 361. – [23] J. F. Herbart, Lehrb. zur Einl. in die Philos. § 34. – [24] B. Bolzano: Wissenschaftslehre (1837) 1, § 48. – [25] a. a. O. § 76. – [26] G. Frege: B. und Gegenstand, in: Vjschr. für wiss. Philos. 16 (1892); Neudruck in: G. Frege: Funktion, B., Bedeutung, hg. G. Patzig (1962) 64-79. – [27] Funktion und B. (1891) a. a. O. 16-37.

Literaturhinweise. C. Prantl: Gesch. der Logik 1-4 (1855ff.). – F. Tönnies: Philos. Terminol. (1906). – Th. Ziehen: Lehrb. der Logik (1920). – E. Cassirer: Zur Theorie des B. Kantstudien 33 (1928) 129-136. – E. Horn: Der B. des B. (1932). – K. Mark-Wogau: Inhalt und Umfang des B. (1936). – C. G. Hempel: Fundamentals of concept formation in empirical sci. (Chicago 1952). – I. M. Copi: Die Bildung von B., in: Sprache, Denken, Kultur, hg. P. Henle (Ann Arbor 1958; dtsch. 1969) 40-71. – P. Geach: Mental acts (London 1958). – W. und M. Kneale: The development of logic (Oxford ²1964). R. Haller

II. *Begriff und Wort.* B. werden nach P. Lorenzen [1] aus einigen Wörtern, nämlich *Prädikaten*, durch die logische Operation der *Abstraktion* (s. d.) gewonnen.

Im Unterschied von Wörtern wie ‹Leibniz›, ‹und› oder ‹dies› dienen Wörter wie ‹Tisch›, ‹tugendhaft› oder ‹über› dazu, Gegenständen zu- bzw. abgesprochen zu werden, wobei sich ihr erstes Zusprechen als *Zukommen* definieren läßt. Die Gegenstände, denen man diese Wörter, *Prädikate* genannt, zu- bzw. abspricht, werden im Satz durch Eigennamen (z. B. ‹Leibniz›) vertreten, wobei seit Frege [2] der durch einen Eigennamen vertretene Gegenstand als die *Bedeutung* des Eigennamens bezeichnet wird. Analog dazu treten dann B. häufig als (intensionale) Bedeutungen der Prädikate auf. Der Gebrauch der Prädikate wird dabei nicht allein durch die Angabe von Beispielen (durch Zusprechen) und Gegenbeispielen (durch Absprechen), sondern auch durch terminologische Vereinbarung, d. h. *Regeln*, bestimmt (z. B. $x \, \varepsilon$ Eiche $\Rightarrow x \, \varepsilon$ Baum). Endlich viele Regeln über endlich vielen exemplarisch eingeführten Prädikaten bilden ein *Regelsystem*, das es z. B. auch erlaubt, für zwei Prädikate eine *Äquivalenz* zu definieren. Zwei Prädikate P und Q sind in bezug auf ein Regelsystem R äquivalent (*intensional äquivalent* oder *synonym*), wenn die Regeln einen Übergang von Aussagen der Form ‹$x \, \varepsilon \, P$› zu Aussagen der Form ‹$x \, \varepsilon \, Q$› zulassen und umgekehrt, oder anders ausgedrückt: wenn sowohl P aus Q als auch Q aus P in R ableitbar ist ($P \dashv\vdash_R Q$). Anstelle von ‹P und Q sind äquivalent (genauer *R-äquivalent*)› aber läßt sich sagen ‹P und Q stellen denselben B. dar›, womit auch die gebrauchssprachliche Wendung ‹P und Q bedeuten denselben B.› gerechtfertigt ist.

Die Zulässigkeit dieser beiden Redeweisen ergibt sich aus einer Betrachtung darüber, wie man über Prädikate spricht. So bleiben gewisse Aussagen über Prädikate wahr bzw. falsch, wenn man in ihnen die Prädikate durch andere, R-äquivalente Prädikate ersetzt. So bleibt die Aussage «‹rot›, ‹farbig› ε ableitbar in R» (‹Rotes ist farbig›) auch dann wahr, wenn man ‹rot› durch ein R-äquivalentes Prädikat ‹rouge› ersetzt (als Regelsystem R mögen hier die üblichen terminologischen Vereinbarungen über Farben und ein deutsch-französisches und französisch-deutsches Wörterbuch dienen), die Aussage «‹rot› ε kurz» dagegen wird falsch, wenn man dieselbe Ersetzung vornimmt und «‹rouge› ε kurz» als falsch gilt. Aussagen, die bei Ersetzung von Prädikaten durch andere, R-äquivalente Prädikate ihren Wahrheitswert behalten, heißen *R-invariante* Aussagen ($A_R(P)$); sie gehen aus den R-invarianten Aussageformen $A_R(X)$ – definiert durch: $\bigwedge_{PQ} (P \dashv\vdash_R Q \to (A(P) \leftrightarrow A(Q)))$ – nach Ersetzung aller Variablen X durch Prädikate P hervor. Im Falle dieser R-invarianten Aussagen über Prädikate ist es dann nur noch eine façon de parler, jene Prädikate als Darstellungen von B. aufzufassen und R-äquivalente Prädikate als Darstellungen *desselben* B. zu bezeichnen. Aus jedem Prädikat einer zugrunde gelegten Klasse von Prädikaten läßt sich mit Hilfe von zwei Strichen und einem Index ein ‹neuer› Gegenstand, z. B. ‹$|P|_R$›, bilden, der nun als Eigenname des zugehörigen R-Begriffs, hier $|P|_R$, zu gelten hat. Diese Operation entspricht dem Leibnizschen Identitätsprinzip, demgemäß zwei Gegenstände, die sich durch invariante Aussagen über sie nicht mehr voneinander unterscheiden lassen, *logisch gleich* sind [3]. Denn logische Gleichheit, definiert durch $|P|_R = |Q|_R \leftrightharpoons \bigwedge_{A_R(X)} (A(P) \leftrightarrow A(Q))$, ist äquivalent mit der R-Äquivalenz $P \dashv\vdash_R Q$. Der Satz $|P|_R = |Q|_R \leftrightarrow P \dashv\vdash_R Q$ gilt nämlich, weil $\dashv\vdash_R$ ein reflexives und komparatives Prädikatenprädikat ist und folglich eine Äquivalenzrelation darstellt [4].

Jede R-invariante Aussage $A_R(P)$ über ein Prädikat P kann also als eine Aussage $A(|P|_R)$ über den R-Begriff $|P|_R$ aufgefaßt werden, womit Aussagen über B. nichts anderes mehr sind als invariante Aussagen über Prädikate. Ein Begriff $|P|$ wird immer durch das Prädikat P dargestellt, er geht durch die beschriebene Operation der *Abstraktion* aus diesem Prädikat hervor, und zwar durchaus im klassischen Sinne als dessen *Intension* oder *intensionale Bedeutung*. Der Vorschlag von Lorenzen ist insofern auch geeignet, klassische Begriffstheorien, wie etwa diejenige Kants [5], logisch einsichtig zu rekonstruieren.

Anmerkungen. [1] P. LORENZEN: Methodisches Denken. Ratio 7 (1965) 1-23; vgl. auch Lit. – [2] G. FREGE: Sinn und Bedeutung. Z. Philos. philos. Kritik NF 100 (1892) 25ff.; Neudruck in: G. FREGE: Funktion, B., Bedeutung, hg. G. PATZIG (1962) 38ff. – [3] Vgl. Art. ‹Gleichheit›. – [4] P. LORENZEN: Gleichheit und Abstraktion. Ratio 4 (1962) 77-81. – [5] J. MITTELSTRASS: Spontaneität. Ein Beitrag im Blick auf Kant. Kantstudien 56 (1966) 474-484.

Literaturhinweise. W. KAMLAH und P. LORENZEN: Logische Propädeutik. Vorschule des vernünftigen Redens (1967). – K. LORENZ und J. MITTELSTRASS: Die Hintergehbarkeit der Sprache. Kantstudien 58 (1967) 187-208.　　　　J. MITTELSTRASS

Begriffsbildung. Unter B. wird der *psychologische* Vorgang verstanden, der zur Kategorisierung von Objekten oder Ereignissen führt. Die Klassifikation erfolgt auf Grund von Merkmalen oder Beziehungen, die den Wahrnehmungsgegenständen gemeinsam sind oder vom Individuum so beurteilt werden. Der Prozeß setzt voraus, daß im Verlauf der Klassenbildung die irrelevanten, für die Zusammenfassung bedeutungslosen Charakteristika vernachlässigt werden. Den relevanten, für den Begriff kennzeichnenden Aspekten ist hingegen ein Zeichen oder eine Bezeichnung zuzuordnen. Diese «Wortmarke» repräsentiert den Begriff. An ihre Stelle können jedoch auch nicht-sprachliche Reaktionen treten. Der Funktionalwert der Kategorisierung wird dadurch nicht tangiert [1]. Die Klassenzugehörigkeit manifestiert sich in diesem Fall allerdings in gleichbleibenden (motorischen) Reaktionen auf die individuellen Reizobjekte. – Der Prozeß der B. wird häufig auf einen der folgenden Mechanismen zurückgeführt: auf einen Vorgang der Abstraktion von den unwichtigen Reizmerkmalen [2] bzw. auf deren Differenzierung und Löschung [3], auf vermittelte Assoziation [4] oder auf Invariantenbildung aufgrund schrittweiser Informationsverarbeitung [5]. B.-Experimente werden in der Regel so durchgeführt, daß dem Probanden eine Mannigfaltigkeit von Reizobjekten vorgeführt wird, wobei jedes Objekt mit einem von zwei oder mehreren Klassennamen bezeichnet ist. Aufgabe des Versuchsteilnehmers ist es, die Klassifikations- oder Zuordnungsregeln herauszufinden *(Suchmethode)* [6]. Die Schwierigkeit des Problems hängt dabei u. a. von der Anzahl der Dimensionen ab, die zu berücksichtigen sind, und von der Menge der Information, welche verarbeitet werden muß. Da durch solche Experimente jedoch nur die Bildung artifizieller Begriffe analysiert werden kann, versucht man Art und Struktur des natürlichen Begriffsinventars einer Person mit Hilfe der *Ordnungsmethode* zu bestimmen [7], indem man eine größere Zahl von Gegenständen in eine beliebige Anzahl von Klassen einteilen läßt. Aufschlußreicher ist es indessen, den Verlauf der Ausbildung «echter» Begriffe (Raum, Zeit) beim Kind zu verfolgen [8]. Dieses Verfahren bedingt allerdings einen Verzicht auf die genaue Kontrolle der am Prozeß beteiligten Bedingungen. – Die B. wird im allgemeinen zu den Problemen der Denkpsychologie gezählt. Es ist jedoch nicht zu übersehen, daß Klassenbildung und -zuordnung einen Lernprozeß voraussetzen. Deshalb erscheint es sinnvoll, das Phänomen als Bindeglied dieser beiden psychologischen Teildisziplinen zu betrachten.

Anmerkungen. [1] N. FOPPA: Lernen, Gedächtnis, Verhalten (⁶1970). – [2] N. ACH: Über die B. (1921). – [3] C. L. HULL: Quantitative aspects of the evolution of concepts. Psychol. Monogr. 28 (1920) 123. – [4] CH. E. OSGOOD: Method and theory in experimental psychol. (New York 1953). – [5] B. E. HUNT: Concept learning. An information processing problem (New York 1962). – [6] ACH, a. a. O. [2]. – [7] E. HANFMANN und J. KASANIN: A method for the study of concept formation. J. Psychol. 3 (1937) 521ff. – [8] J. PIAGET: Die Bildung des Zeitbegriffs beim Kinde (1955).

Literaturhinweise. CH. E. OSGOOD: Method and theory in exp. psychol. (New York 1953). – J. S. BRUNER u. a.: A study of thinking. An analysis of strategies in the utilizing of information for thinking and problem solving (New York 1956). – R. MEILI: Denken, in: R. MEILI und H. ROHRACHER: Lehrb. der exp. Psychol. (1963) 156ff. – T. HERRMANN: Informationstheoretische Modelle des Denkens, in: R. BERGIUS (Hg.): Hb. Psychol. I/2: Lernen und Denken (1964) 641ff. – G. KAMINSKI: Ordnungsstrukturen und Ordnungsprozesse, in: Hb. Psychol. I/2, 373ff.　　　　K. FOPPA

Begriffsdichtung ist nach LANGE der spekulative Versuch eines jeden Individuums, «Harmonie in den Erscheinungen zu schaffen und das gegebene Mannigfaltige zur Einheit zu bringen». «Das Individuum dichtet nach seiner eigenen Norm», doch das Produkt dieser Dichtung gewinnt nur allgemeine Bedeutung, wenn «das Individuum, welches sie erzeugt, reich und normal begabt und in seiner Denkweise typisch, durch seine Geisteskraft zum Führer berufen ist» [1].

Anmerkung. [1] F. A. LANGE: Gesch. des Materialismus und Kritik seiner Bedeutung in der Gegenwart 2 (⁸1908) 540.　　　　M. BERNSMANN

Begriffsgeschichte

1. *Übersicht.* – Das *Wort* ‹B.› erscheint zuerst in HEGELS Vorlesungen über die Philosophie der Geschichte; dabei bleibt offen, ob von Hegel selbst geprägt wurde oder ob es bei der Vorlesungsnachschrift entstanden ist. Hegel verwendet es zur Kennzeichnung einer der drei Weisen des «Geschichtsschreibens» und versteht unter B. diejenige Art der «reflectierten Geschichte», die nach allgemeinen Gesichtspunkten ausgestaltet – etwa als Geschichte der Kunst, des Rechts und der Religion – «einen Übergang zur philosophischen Weltgeschichte» darstellt [1]. Dieser Wortgebrauch von ‹B.› bleibt singulär und ohne Einfluß auf die Entfaltung des Verständnisses von B. als historisch-kritischer Behandlungsweise der begrifflich gefaßten philosophischen Gegenstände.

Die so verstandene B. bildet sich im Zusammenhang der philosophischen Lexikographie und im Rahmen einer Philosophie der Philosophiegeschichte aus. Erste Ansätze sowie methodisch und systematisch ungesicherte Vorformen begriffsgeschichtlicher Arbeiten werden im 18. Jh. sichtbar. In zunehmendem Maße gerät die B. in den Bannkreis historistischen Denkens; sie entzieht sich in der zweiten Hälfte des 19. Jh. dem Sog geschichtlichen Relativierens, indem sie aus distanzierender Gegenstellung vom Standpunkt der philosophia perennis her dem Historismus entgegenwirkt. Andererseits verfällt sie dem Prozeß der Verweltanschaulichung von Philosophie und verspielt damit ihren wissenschaftlichen Anspruch. Erst um die Mitte des 20. Jh. emanzipiert sich die B. und erlangt den Rang einer von diesen Denkweisen unabhängigen Disziplin der Philosophie. Gegenwärtige B. versteht sich als eigenständiges methodisches Instrument für philosophische Theorie. Wenn auch als Konsequenz des Verselbständigungsprozesses Aufgabenbereich und Funktion der B. noch nicht eindeutig definiert sind, so wird doch eines kaum bestritten: Philosophische B. kann sich nicht in okkupatorischer Manier an die Stelle der Philosophie selbst setzen und als Philosophieersatz fungieren wollen. Jedoch bedingen philosophische Theorie und B. einander. Jene wird sich – sofern sie nicht bloß willkürlich-subjektiver Meinungsentwurf bleibt – auf Begriffe stützen, deren Bedeutungsgeschichte möglichst umfassend aufgeklärt ist. B. gehört somit nicht lediglich zur philosophischen Propädeutik; sie bietet mehr als letztlich funktionslose Aggregate historischer Materialien und erschöpft sich keineswegs in gelehrter Philologie der Fachwörter. B. ist in der Weise integraler Bestandteil der Philosophie selbst, daß diese vernünftiges Begreifen und wissenschaftliche Erkenntnis der gesellschaftlich-geschichtlichen und natürlichen Welt und Wirklichkeit in einer allgemeinen und umfassenden Theorie nur dann erfolgreich zu leisten imstande ist, wenn der jeweilige Begriffsgebrauch der verwendeten Begriffe in seiner geschichtlichen Wirksamkeit aufgearbeitet und der Begriff dadurch im eindeutig geklärten Bedeutungszusammenhang systematisierbar wird.

Eine *Theorie der B.* ist zur Zeit noch Desiderat. Sie hätte die einzelnen begriffsgeschichtlichen Standpunkte kritisch zu analysieren und aufzuzeigen, inwiefern reine Wortgeschichte, umgreifende Terminologiegeschichte, definitorische oder hermeneutische B. und allgemeine Begriffsbedeutungsgeschichte strukturelle Momente einer umfassenden philosophischen B. darstellen. Sie müßte darüber hinaus den Zusammenhang erhellen und die Verflochtenheit aufdecken von B. und Problem-, Ideen- und Sachgeschichte, Metaphorologie, Topos- und Modellforschung, Denkformenlehre und Sprachwissenschaft.

In besonderem Maße wird die Theorie der B. den Einfluß sichtbar zu machen haben, der gerade von der Entwicklung der modernen Sprachwissenschaft auf die B. ausgegangen ist. Sie wird aufzeigen, daß dabei die Wendung von der linearen historischen Erfassung einzelner sprachlicher Phänomene zur strukturell orientierten Sprachforschung, wie sie im Anschluß an F. DE SAUSSURE vollzogen wurde, die entscheidenden Anstöße geliefert hat. Ihr besonderes Interesse richtet sich auf die «strukturelle Sprachhistorie», für die nach K. BALDINGER zur Strukturforschung in Hinsicht auf sprachliche Bedeutungen und Bezeichnungen aus ihrem Eingebettetsein in Kulturgeschichte ein soziologischer Aspekt hinzutritt: Sie behandelt Wortgeschichte und Geschichte des Menschen korrelativ. Zu diesem dreidimensionalen Charakter der strukturellen Sprachwissenschaft wird die Theorie der B. ihr spezifisches Verhältnis herstellen müssen, wobei sie insbesondere die Beziehungen zur Semasiologie und Onomasiologie zu klären hat [2].

Wenn B. «auf dem rohen Boden» der Sprache angesiedelt werden soll, so hat sie sich weiterhin mit der Problematik der Sprachinhalts- und Feldforschung, speziell mit inhaltsbezogener Wortforschung und ihrer wortvergleichenden und wortgeschichtlichen Methodik auseinanderzusetzen [3].

Die Theorie der B. wird die Bezugspunkte zur «linguistischen Methode in der Philosophie» ermitteln, deren Grundsätze R. HALLER ausgearbeitet hat [4].

B. steht demgemäß nicht bloß im Kontext zur Geschichte von Ideen, Problemen und Sachen, sofern diese ihre begriffliche Fassung erhalten haben, sondern bildet ihr Methodenbewußtsein aufgrund ständiger Auseinandersetzung mit der gegenwärtigen Sprachwissenschaft sowie der analytischen Sprachphilosophie und auch der deskriptiven oder empirischen Semantik, soweit im faktischen Sprachgebrauch die Bedingung für die Möglichkeit von Wissen gegeben ist und also im Sinne L. WITTGENSTEINS «in der Sprache alle begrifflichen Distinktionen schon vorliegen, welche Menschen im Laufe der Geschichte getroffen haben» [5].

Anstöße zu einer Theorie der B. gibt R. WIEHL (1970), wenn er die methodische Funktion der B. herausstellt und sie auf Verhältnisbestimmungen von Begriffen bezieht, welche selbst als Methode zu ihrer Wesensbestimmung aufgefaßt werden. B. erscheint dann ebenfalls als methodisches Mittel zur Wesens- und Verhältnisbestimmung von Begriffen. Da zu dem je fraglichen Begriffsverhältnis in bestimmter Weise B.en korrespondieren, müssen die verschiedenartigen Begriffe von Geschichtlichkeit und Wahrheit aufgesucht werden; damit ist eine Theorie der B. impliziert, die zweierlei verlangt: eine Theorie der Begriffe und eine Theorie der Geschichte [6].

Darüber hinaus hat die Theorie der B. das Vorfeld von Begriffen zu reflektieren und wird daher die Methodik und die Ergebnisse der Metaphorologie im Sinne von H. BLUMENBERG in ihren Horizont einbeziehen, welche Metaphern als «Artikulationsmittel des Unbegreifens und Vorbegreifens» oder als die «tragende Substruktur» begreift. Die Metapher tritt insoweit an die Seite des Begriffs, als die «vielgestaltige Metaphorik» konstitutiv in die philosophische Terminologie hineingehört. Die B. berücksichtigt Metapherngeschichten, weil Metaphorologie, die eine «Metakinetik der geschichtlichen Sinnhorizonte» aufschließt, als Teilbereich zur Begriffshistorie zählt und sich definiert als «Hilfsdisziplin der aus ihrer Geschichte sich selbst verstehenden und ihre Gegenwärtigkeit erfüllenden Philosophie» [7].

Im Umfeld der B. besitzen Motiv-, Modell- und Toposforschung ihre Bedeutung, wie sie gegenwärtig etwa von A. DIEMER für die Philosophie gefordert werden [8]. Die Theorie der B. wird die systematische Relevanz dieser Richtungen für B. festzustellen haben und kann hier an Überlegungen von O. PÖGGELER anknüpfen, der historische Toposforschung im Sinne kristallisierter Tradition erfaßt und ihr Bemühen aufzeigt, «Überlieferung in quellengemäßer Weise von ihren Elementen her aufzuschließen», also die leitenden Begriffe für die Interpretation «aus den interpretierten Quellen selbst» zu gewinnen [9].

1967 liefert K. GRÜNDER Ansätze zu einer kritischen Sichtung des Stellenwerts von B., indem er feststellt, es habe keinen Sinn, «durch einen bestimmten Begriff von B. Einschränkungen zu präjudizieren». B. muß sich für das «ganze Spektrum» offenhalten. Die zu verzeichnende Zunahme des begriffsgeschichtlichen Interesses zeitigt in Wort- und Wortgebrauchsgeschichte, Problemgeschichte und Metaphorologie legitime Tendenzen, während das sprachanalytische Insistieren auf dem gegenwärtigen Sprachgebrauch gegenüber dem geisteswissenschaftlichen Bedürfnis nach historisch-genetischer Reflexion aufs eigene Kategorienganze in sich problematisch erscheint. Das gilt entsprechend für Bestrebungen, B. «im näheren nur als Terminologiegeschichte zu nehmen» [10].

Im Anschluß daran fordert H. BLUMENBERG, die terminologische Problematik nicht auf geisteswissenschaftliche Disziplinen einzuschränken, sondern das Feld der B. in der Richtung einer umfassenden «Terminologieforschung» zu erweitern, welche «Begriffsbildungen als Vorgänge ‹mit Folgen›» begreift und kritisch praktiziert. Dabei bleibt – wie bei K. Gründer – den definitorischen Bestrebungen gegenüber eine gewisse Skepsis bestehen, denn Definitionen waren oft nur «der Schein der Genauigkeit vor der theoretischen Realität der notwendigen Ungenauigkeiten». So ist die Einsicht in den Charakter von Exaktheit als einem Produkt «der Interferenz von Unbestimmtheiten» bereits eine terminologiegeschichtlich vermittelte Einsicht [11].

Anmerkungen. [1] G. W. F. HEGEL, Werke, hg. GLOCKNER 11, 33. – [2] Zur Entwicklung der modernen Sprachwiss. vgl. K. BALDINGER: Sprache und Kultur. Ruperto-Carola 29 (1961)

29-46; Die Gestaltung des wiss. Wb. Roman. Jb. 5 (1952) 65-94; R. HALLIG und W. VON WARTBURG: Begriffssystem als Grundlage für die Lexikographie (²1963); W. VON WARTBURG: Sprachgesch. und Kulturgesch. Schweiz. Mh. Politik u. Kultur 3 (1923/24) 552-564; zu sprachwiss. Problemen vgl. auch: H. KRONASSER: Hb. der Semasiol. (1952); M. RASSEM: Allgemeines zur Wortbedeutungslehre. Hefte kunstgesch. Sem. Univ. München 3 (1957); E. WÜSTER: Die Struktur der sprachlichen Begriffswelt und ihre Darstellung in Wörterbüchern. Stud. gen. 12 (1959); G. C. LEPSCHY: Die strukturale Sprachwiss. (1969); L. SEIFFERT: Wortfeldtheorie und Strukturalismus (1968). – [3] Vgl. dazu J. TRIER: Das sprachliche Feld. Neue Jb. Wiss. u. Jugendbild. 10 (1934) 428-449; Dtsche Bedeutungsforsch., in: Festschrift O. Behagel (1934) 173-200; H. GIPPER: Bausteine zur Sprachinhaltsforsch. (1962); L. WEISGERBER: Grundzüge der inhaltsbezogenen Grammatik (1962); Hauptgesichtspunkte inhaltsbezogener Wortforsch., in: Europ. Schlüsselwörter 1 (1963) 13-17; W. SCHMIDT-HIDDING: Zur Methode wortvergleichender und wortgesch. Stud., in: Europ. Schlüsselwörter 1 (1963) 18-33. – [4] R. HALLER: Die linguistische Methode in der Philos. Wiss. u. Weltbild 18 (1965) 132-142. – [5] a. a. O. 142; HALLER bezieht sich auf J. L. AUSTIN: Philos. papers (1961) und L. WITTGENSTEIN: Philos. Untersuch. (1953); vgl. auch G. KÖNIG: Der Begriff des Exakten. Eine bedeutungsdifferenzierende Untersuch. (1966) 1-4. – [6] R. WIEHL: Begriffsbestimmung und B. Hermeneutik u. Dialektik 1 (1970) bes. 167-182. – [7] H. BLUMENBERG: Licht als Metapher der Wahrheit. Im Vorfeld der philos. Begriffsbildung. Stud. gen. 10 (1957) 432-447; Paradigmen zu einer Metaphorol. Arch. Begriffsgesch. 6 (1960) 84ff. – [8] A. DIEMER: Grundriß der Philos. 1. 2 (1962-1964) vgl. 1, 456 und bes. 2; Ansätze schon bei R. EUCKEN: Bilder und Gleichnisse in der Philos. (1880); vgl. dazu auch H. LEISEGANG: Denkformen (²1951). – [9] O. PÖGGELER: Dialektik und Topik. Hermeneutik u. Dialektik 2 (1970) 273-310, vgl. bes. 288ff.; vgl. auch DIEMER, a. a. O. [8] etwa 1, 41. – [10] K. GRÜNDER: Ber. über das ‹Arch. Begriffsgesch.›. Jb. Akad. Wiss. Lit. Mainz (1967) 74-79. – [11] H. BLUMENBERG: Nachbemerkung zum Ber. über das ‹Arch. Begriffsgesch.› a. a. O. 80.

2. B. in der philosophischen Lexikographie. – J. G. WALCH weist 1726 als erster auf den «historischen» Aspekt der Begriffe hin, der gleichberechtigt neben dem «dogmatischen» untersucht und dargestellt werden muß. In seinem Lexikon befleißigt er sich dieser «doppelten Betrachtung» und sucht einmal «die Sachen selbst nach allen Theilen derselbigen» vorzutragen, darüber hinaus auch die in der Philosophie «vorkommenden Termini» zu erläutern. Dabei wird das Erklären und Definieren durch die Bemühung ergänzt, eine den «Umständen» gemäße «historische Vorstellung» der Termini sowie philosophiegeschichtlich relevanter Meinungen, Lehrsätze und «Controversien» zu vermitteln. Die «historische Erzählung» über philosophische Begriffe bleibt standpunktgebunden: auf kritische Beurteilung wird verzichtet, da die lexikalische Aufarbeitung «aller Theile der Philosophie» und ihrer «Kunst-Wörter» aus jedem Meinungsstreit herausgehalten werden soll [1].

1774 konzipiert J. G. H. FEDER die «Idee eines philosophischen Wörterbuchs» mit dem Ziel, die Philosophie von dem Übelstand zu reinigen, mit «nicht genau bestimmten Begriffen» arbeiten zu müssen. Abhilfe schafft die gründliche «Aufklärung des wahren Gehaltes und Ursprungs» der Begriffe. «Bearbeitungen einzelner philosophischer Begriffe», sofern diese aus der «Anwendung des Wortes» allererst entstehen, erweisen ihre «Realität», vermindern «Wortstreitigkeiten» und bestimmen genau und zweckmäßig die «merkwürdigsten Kunstwörter aus der speculativen Philosophie». Neben etymologische Betrachtungen und das Ausfällen «überflüssiger Synonyma» rückt die historische Untersuchung «strittiger Begriffe» in den Mittelpunkt: sie erfolgt auf wortbedeutungsgeschichtlichem Wege und mündet schließlich in eine «systematische Ordnung» aller Begriffe [2].

Der hier aufweisbare begriffshistorische Akzent tritt bei S. MAIMON wieder in den Hintergrund. Er richtet in seinem Wörterbuch von 1791, das er mit einer «Wechselkurstabelle» vergleicht, das Hauptaugenmerk auf die Begriffsdefinition. Dabei bereitet das Problem der Nichtdefinierbarkeit von philosophischen Grundbegriffen deshalb erhebliche Schwierigkeiten, weil auf historische Begriffsbestimmung verzichtet wird. So leidet die gewünschte Aufstellung eines in sich geordneten Begriffssystems unter der Vernachlässigung des historischen Moments: Maimon beschränkt sich auf die Darlegung von Abstraktionsstufen der Begriffe, deren Rangfolge er in Parallele zur «großen und kleinen Münze» und zum «Papiergeld» herstellt [3].

Erst W. T. KRUG kommt mit seiner Forderung nach einem begriffsgeschichtlich orientierten Lexikon über die Anfänge historischer Begriffsbetrachtung hinaus und formuliert bereits 1806 das Programm für ein «historisch-kritisches Wörterbuch der Philosophie»: «Es müßte sehr instruktiv sein, wenn man von allen philosophischen Begriffen und Sätzen ein Werk hätte, welches sie in alphabetischer Ordnung reihete, dabei ihren Ursprung, ihren Fortgang, ihre Veränderungen, ihre Anfechtungen und Verteidigungen, Entstellungen und Berichtigungen mit Angabe der Quellen, der Verfasser, der Zeiten bis auf den gegenwärtigen Augenblick angäbe» [4]. Hiermit wird erstmalig die Absicht erklärt, in der philosophischen Lexikographie eine begriffsgeschichtliche Methode anzuwenden.

In dieselbe Richtung zielt auch CH. A. BRANDIS, wenn er 1815 Philosophiegeschichte als die Geschichte ihrer Begriffe konzipiert und zur Ausarbeitung eines «philosophischen Wörterbuchs von den ältesten uns zugänglichen Zeiten» an aufruft, das in historischen Begriffsforschungen die gesamte philosophische Terminologie erfassen und sie «vom Beginn der Philosophie bis zu ihrem Verfall» weiterverfolgen soll. Daneben erarbeiten «Specialwörterbücher der vornehmsten Philosophen» die begriffliche Sprache einzelner Denker [5].

Vorerst verwirklicht die philosophische Lexikographie die von ihr selbst aufgestellten begriffsgeschichtlichen Postulate nicht: B. bleibt in den Wörterbüchern zunächst auf wenige, mehr zufällig als systematisch abgefaßte Einzelleistungen beschränkt. Dieses Entwicklungsstadium überwindet die B. im 19. Jh. erst unter dem Einfluß einer sich gründenden, ausgesprochen begriffsgeschichtlich orientierten Richtung innerhalb der Philosophiegeschichtsschreibung [6]. Der begriffsgeschichtlichen Lexikographie gibt dann 1872 R. EUCKEN mit seinem Aufruf zur «Herausgabe eines geschichtlichen Lexicons der philosophischen Terminologie» den entscheidenden Impuls für diejenigen die in die Gegenwart hineinreichenden Bemühungen zur Realisierung eines Unternehmens, welches alle Wörter umfaßt, die «eine eigenthümliche philosophische Bedeutung erhalten haben» und sie «in ihrer Entstehung und Entwicklung bis auf die Gegenwart» darstellt [7].

Das geforderte Wörterbuch, das eine «rein historische Zusammenstellung der Termini» bringen sollte, unterscheidet sich in seiner begriffsgeschichtlichen Konzeption grundsätzlich von den älteren Lexika, da es nicht als reines Sachwörterbuch den Interessen einer philosophischen Richtung dient, sondern als nicht standpunktgebunden aufgefaßt wird: Es soll die gesamte Terminologie der Schulen erfassen und die Entwicklung der Begriffe in den einzelnen philosophischen Disziplinen verfolgen [8].

Eucken stellt dieses Lexikon ganz in den Dienst einer Philosophiegeschichtsschreibung, welcher es im Sinne der von A. *Trendelenburg* angeregten und von ihm selbst noch vorgelegten philosophiehistorischen Studien um den Nachweis geschichtlich gegründeter Kontinuität der Probleme geht. Die Stichhaltigkeit dieser Ansicht über die historische Entwicklungsweise der Philosophie soll durch die begriffsgeschichtliche Darstellung ihrer Terminologie dadurch nachgewiesen werden, daß im Wörterbuch der organische Zusammenhang der gesamten Philosophiegeschichte hervortritt, dessen Evidenz durch die individuell gebundenen terminologischen Eigentümlichkeiten der einzelnen Philosophen verschleiert worden ist.

Die B. hat sich bis heute aus der hiermit initiierten Verflechtung von begriffsgeschichtlich konzipierter Lexikographie und Philosophiegeschichtsschreibung nicht mehr gelöst. Die gegenwärtigen Überlegungen zu ihrem Selbstverständnis und die Versuche einer lexikographischen Funktionsbestimmung philosophischer B. reflektieren mehr oder weniger kritisch diese Position.

1879 verfaßt Eucken seine Geschichte der philosophischen Terminologie in ausdrücklicher Anlehnung an Trendelenburg, der ihre Bedeutung geltend gemacht und «zu ihrer Aufnahme in die wissenschaftliche Arbeit erheblich beigetragen» hat [9]. Eucken entwickelt eine umfassende Theorie der Terminologiegeschichte, die zunächst dem positiv-historischen Zweck genügt, die «mannigfachen Schicksale der einzelnen Termini vom Ursprunge bis zum Untergange» darzubieten. Dabei darf sie keinesfalls zur «bloßen Sammlung von Notizen und Curiositäten» herabsinken. Allerdings erhält sie ihre Berechtigung als philosophisch relevante Arbeit erst dann, wenn sie «die innere Geschichte der einzelnen Termini» zur Darstellung bringt und damit in B. umschlägt. Ihr «begrifflich-philosophisches» Ziel erreicht sie durch die Behandlung der wechselvollen Geschicke, welchen die «mannigfachen Beziehungen von Wort und Begriff» unterworfen waren. Da der Terminus sein «inneres Leben» vom Begriff her gewinnt, läßt sich Terminologiegeschichte letztlich in einer Geschichte der Begriffe ausformen [10].

Jede begriffsgeschichtliche Forschung befindet sich anfangs in der schwierigen Situation, die Entstehung der vorhandenen Termini mit exakten Angaben beschreiben zu müssen. Wenn leitende Begriffe auch oft auf führende Denker hinweisen, so vollzieht sich nur in seltenen Fällen bei ihnen deren «sprachliche Verkörperung». Um den Zufall auszuschalten und den Vollzug des Übergangs von den ersten Anfängen bis zur scheinbaren Selbstverständlichkeit im Gebrauch der Termini aufzuspüren, bietet es sich an, einzelne Philosophen und ganze Zeitabschnitte zusammenfassend und vergleichend zu untersuchen. Ein spezifisch philosophisches Interesse liegt auch in der gruppenweisen Aufarbeitung von Ausdrücken und Schlagwörtern, wodurch die Ordnung sichtbar gemacht wird, in welcher sich die Terminologie einzelner Disziplinen ausgebildet hat; dabei kennzeichnet eine vergleichende Feststellung über Reihenfolgen den Entwicklungsgang von Begriffen und Überzeugungen. B. entscheidet, ob der Begriff, dem der Terminus dient, «dem technisch philosophischen Denken entspringt oder ob er einer Bewegung des allgemeinen Lebens sein Dasein verdankt». Die Ausgestaltung der Begriffe erfolgt ihrer Form nach entweder als «Einzelleistung» und «schöpferischer Akt» durch reflektiertes Tätigwerden der Persönlichkeit oder aus einer «Gesamtströmung» heraus im «scheinbar instinctiven Wirken des Ganzen» und durch das «gemeinsame Bilden ungezählter Kräfte» [11].

B. analysiert den Umwandlungsprozeß von «Ausdrükken des gewöhnlichen Lebens» ins Philosophische und die terminologische Bereicherung, welche sich durch «Überführung des Bildlichen in Begriffliches» ereignet. Dabei geht B. den «Zusammenhängen von Lebens- und Gedankenkreisen» nach [12].

Eine gesonderte Betrachtung erfordert die Vorgeschichte der Termini. Wort und Begriff einigen sich im Durchlaufen verschiedener Stadien zu fester Verknüpfung. Die mannigfachen Vorbedingungen des Zusammenwebens bis zur technischen Fixierung sind im einzelnen aufzuhellen. Wenn die Existenz des Begriffs vom Terminus letztlich unabhängig bestehen bleibt – denn das im Begriff Erfaßte kann durch eine Mehrzahl von Ausdrücken sprachlich umschrieben werden – so beschäftigt B. doch die zentrale Frage, was die Ausprägung des Terminus für den Begriff und seine Geschichte bedeutet und an welchem Punkt des terminologischen Entwicklungsganges der Begriff sich zuerst verkörpert. In diesem Vollzug, der einen äußerst wichtigen Abschnitt in der Geschichte eines Begriffs markiert, wird dessen ambivalenter Charakter offenbar: Begriffe sind gleichzeitig selbständig und abhängig, denn der sprachliche Ausdruck ist «natürlich nicht bloßes Mittel, er behauptet seine Eigenthümlichkeit und wirkt also auf den Inhalt zurück» [13].

B. zeigt nun alle möglichen Konsequenzen auf: etwa die Gefahren aus der Mehrdeutigkeit von Worten oder die Problematik des möglichen Zusammentreffens mehrerer Begriffe in ein und derselben sprachlichen Fassung. In alledem wird offenkundig, daß das Wort dem Begriff nicht nur «gewisse Verbindungen, Merkmale, Färbungen» zuführt, sondern nicht selten die «Wertschätzung seines Inhalts» veranlaßt: in den Bezeichnungen liegen Urteile [14].

Die Terminologie befindet sich gegenüber dem Begriffssystem unvermeidlich in einem Rückstand. Im geschichtlichen Gang stellt sich eine Differenz zwischen Terminus und Begriff ein, weil die «Anpassung des Ausdrucks an den Begriff» eine gewisse Zeit erfordert. Treten beide Seiten in offenen Gegensatz, dann kann die Meinung aufkommen, die «sachlichen Irrungen» seien in «Miß-ständen der Sprache» gegründet. Letztlich aber läßt sich kein philosophisches Problem auf einen bloßen «Wortunterschied» zurückführen: «Aller Streit mag sich in einem Gegensatz von Worten darstellen lassen, darum ist er doch nicht ein Streit um bloße Worte» [15].

B. untersucht die einzelnen Ausbreitungsstufen der Termini; sie gibt jedoch nicht quantifizierte Auskünfte, sondern analysiert die verschiedenen qualitativen Graduierungen, die der Terminus in seiner Verwendungsgeschichte vorzuweisen hat. So erfaßt sie im Wechsel der Verbreitung «etwaige Perioden der Evolution und Involution» einzelner Termini und damit den Zusammenhang, den das «Hervortreten eines Terminus auf bestimmte Strömungen des geistigen Lebens» zeigt. Die Darlegung des qualitativen Umgestaltungsprozesses der Termini gestattet einen «Blick in die innere Arbeit der Gedanken» [16]. Der Terminus als spezifische Verbindung von Begriff und Wort paßt sich begrifflichen Verschiebungen an und verändert damit seinen Inhalt. Termini sind dann vom «Untergang bedroht», wenn sie der Begriff verläßt. So stellt sich die Geschichte der Terminologie insofern als B. dar, als sie die «am Begriff erfolgende Verschiebung» herausarbeitet, welche von der «philosophischen Theorie» oder «vom Wort her» veranlaßt sein kann. Da Begriffe in «steter Umwandlung» sind, bringt ihre Bewegung die Termini fortwährend in eine kritische Lage. Dem «ungezügelten Neuschaffen der Worte» sind allerdings durch den tatsächlich gegebenen Zusammenhang aller Begriffe und auch wegen der Notwendigkeit zur Verständigung Grenzen gesetzt. Der Sinn der Termini wechselt mit dem veränderten Stellenwert der Begriffe im wissenschaftlichen System. Meist folgt der Terminus dem in ein anderes Gebiet wandernden Begriff; durch solche Überführung wandeln sich beide: Nicht selten erfährt der Begriff eine Erweiterung «dem Umfange nach» oder dehnt seinen Geltungsradius aus. Der engere wissenschaftliche Bereich wird überschritten, sobald «jede große Weltanschauung» in «scheinbar particularen Begriffen einen allgemein werthvollen Inhalt» entdeckt. Andererseits können Termini derart einschrumpfen, daß nur «leere Abstractionen» übrigbleiben. In anderen Fällen erfolgt eine «Bewegung zur Specificierung hin»: Jedes philosophische System engt empfangene Termini ein und präzisiert sie [17].

Das Ineinandergreifen von Begriffs- und Terminologiegeschichte beruht darauf, daß Eucken Philosophie in Welt- und Lebensanschauung umbildet, so daß «jede große Umgestaltung des geschichtlichen Lebens Begriffe und Termini aus begrenzten Kreisen der Gesamtheit zuführt». Ihre Bewegung ist mit dem «Kampf des Ganzen» verknüpft. Dabei bewahren verdrängte Begriffswörter die untergegangenen, ruinenartigen geistigen Gebilde.

Begriffs- und Terminologiegeschichte spiegeln «in der Mannigfaltigkeit der Kräfte und Lage» Weltgeschichte: «Die im Stillen wirkende Arbeit des Gedankens und die Macht äußerer Umstände kommen hier im Schaffen zusammen». In den Worten bilden sich «fortschreitend Gefäße complicirter Begriffe, eine geistige Welt arbeitet sich zusehends in das Äußere hinein». So strahlt philosophische Terminologie in die Einzelwissenschaft. Philosophie wirkt noch als «Gesammtmacht»: Diese Funktion verdeutlicht die B. und dient damit der Philosophie als der im «Dienst des Ganzen» stehenden «Weltmacht», die den «Gehalt des Lebens» steigert, Welt und Leben schöpferisch umgreift, nicht aber auf «bloße Selbstbespiegelung» reduziert ist [18].

Solche B. kann durch eine «Untersuchung der Formeln in der Philosophie» ergänzt werden, in denen ebenfalls die «eigentümliche Wirkung der geschichtlich-gesellschaftlichen Umgebung auf das Individuum vorliegt» [19]. B. widerlegt die «dürftige und hochmüthige Ansicht», welche Philosophie «auf die subjective Reflexion der Individuen zurückführt». Letztlich vollzieht sich durch sie die «Erhebung über das Geschichtliche», die eben nur mittels «Versenkung in die Geschichte» und besonders in die der Begriffe erreicht werden kann [20].

Derart hohem Anspruch muß B. genügen. Ihre Konzeption durch Eucken, die exemplarischen Charakter trägt, ist von diesem Pathos erfüllt; auch wenn zunächst «Geschichte der Begriffe ein wichtiges Stück der historisch-philosophischen Forschung» ausmacht, wird sie schließlich zum «Ausdruck von Hauptbewegungen der gesamten Denkarbeit» und enthüllt ein «eigenthümliches Bild» einzelner Denker und der ganzen Geschichte [21].

In den Jahrzehnten um die Wende zum 20. Jh. erscheinen eine Reihe von Darstellungen zur philosophischen Begriffshistorie, die von Euckens Entwurf einer Gesamtgeschichte der philosophischen Terminologie beeinflußt sind. Die Einwände gegen diese Konzeption sucht schon 1885 K. MERKEL zu widerlegen, indem er die B. gegen den Vorwurf verteidigt, sie liefere nur tote Bruchstücke, nicht ein systematisches Ganzes. Er macht geltend, inwiefern die historische Darstellung inhaltlicher Begriffsveränderungen als Geschichte der «Ausdrücke», in denen sich die innere geistige Gesamtbewegung spiegelt, mehr bietet als nur ein Aggregat von beziehungslosen Elementen: Im «Organismus» der historisch aufgearbeiteten Begriffe manifestiert sich die Geschichte vom «wirklichen inneren Fortschritte des philosophischen Geistes» [22].

Im 20. Jh. tritt in der Lexikographie der Anspruch wieder zurück, den die B. einzulösen bereit war; so etwa bei R. EISLER, der zwar in der Kombination von klassifikatorischer und chronologisch-genetischer «Dispositionsweise» eine «Geschichte der philosophischen Begriffe und Ausdrücke» beabsichtigt, sich jedoch mit der Anhäufung typischer Begriffsbestimmungen, Definitionen und möglicher Problemlösungen begnügt, wobei eine «systematische Weltanschauung», die auf subjektiver Denkweise basiert, die begriffsgeschichtliche Absicht überlagert [23]. Gerade aus diesem Grund kritisiert später E. ROTHACKER ein solches Unternehmen, dem die leitende «Idee einer B. im Sinne des historischen Bewußtseins» fehlt. Die nur «nachlässig geordnete Zitatenmasse» kann dem Anspruch nicht gerecht werden. Rothacker fordert seit 1927 die lexikalische Aufarbeitung aller philosophischen Positionen und eine «befriedigende Verzeichnung der kulturphilosophischen Grundbegriffe»; er bezieht in die begriffsgeschichtliche Forschung geistes- und geschichtswissenschaftliche Grundlagenforschung und Methodologie ebenso ein wie historische Theologie, Literatur- und Kunstgeschichte, Schriftstellerei und Dichtung [24].

Rothacker konstituiert in seiner Theorie der B. diese als Synthese von Terminologie- und Problemgeschichte. Er schließt damit einmal an *Eucken* an, zum anderen zeigen sich Einflüsse von *Dilthey*, sofern die auf den Ausdruckssinn bezogenen Weltanschauungsgeschichten sich in Problemgeschichten transponieren lassen, die wieder den Sachgehalt des Überlieferten erfragen, und von *N. Hartmann* [25].

Die vielschichtige Verflechtung wird für eine «mit philologisch-historischer Sorgfalt durchgearbeitete Geschichte der gesamten philosophisch-weltanschaulichen» und kulturwissenschaftlichen Terminologie Ausgangspunkt zur Klärung der «mit dem Begriff gemeinten Probleme», die unterhalb der terminologischen Schicht wiederum ihre eigene Geschichte haben. So verwendet Rothacker das Wort «begriffsgeschichtlich» nur aus kritischer Distanz, denn nicht eigentlich Begriffe, sondern Termini und Probleme vollziehen ihre Geschichte, durch deren Aufklärung und Durchleuchtung die gesamte europäische Philosophie- und Geistesgeschichte mit ihren zeit- und ideengeschichtlichen Hintergründen aufgedeckt und die «Problematik, Aporetik, Typik und Dialektik des philosophischen Denkens überhaupt» durchsichtig gemacht werden kann. Darüber hinaus liefert die B. ihren Beitrag zur Sprachgeschichte, da sie in vielseitiger Weise an die Sprachstruktur gebunden bleibt. Seine Konzeption von B. beginnt Rothacker in dem 1955 gegründeten ‹Archiv für B.› zu realisieren: Es geht um die Sache der Begriffe selbst, die von ihren geschichtlichen Wirkungszusammenhängen her behandelt und damit jeder bloß standpunktbedingten Sicht entzogen werden [26].

In der Gegenwart wird die Diskussion über die Fragen einer begriffsgeschichtlichen Lexikographie lebhaft geführt. 1967 bestimmt L. GELDSETZER in seinem Bemühen um eine Theorie der philosophischen Lexikographie die Funktion der Wörterbücher: Sie fungieren «als Leitfaden für das Verständnis eines historisch-zeitgenössischen Sprachhorizontes». Die lexikalische Arbeit bleibt auf die «philosophische Etymologie» der Begriffe verwiesen und verschafft einen Überblick über die Stationen von Begriffsentwicklungen. Diese B. vermag Begriffe durch «den Rückgriff auf die Genese ihrer Gehalte» für den Horizont ihrer gegenwärtigen Verwendbarkeit aufzubereiten. Wenn B. «die alten Begriffe und Meinungen, die Themen, Methoden, Systeme, Probleme, Streitigkeiten» untersucht, verhindert sie damit ein Philosophieren, welches «kontinuitätslos neue Begriffe erfindet und in seiner eigenen Terminologie schwelgt» [27]. Soll B. ein Instrumentarium für die Bewältigung aktueller Problemstellungen liefern, so verschafft sich darin ein bereits am Beginn historischer Begriffsbetrachtung aufgetauchtes Motiv wieder Geltung: Die eigene philosophische Position kann auf einem umfassend historisch geklärten Begriffssystem ruhen.

Durch die Diskussion um die philosophische B. beeinflußt, erörtert 1968 H. H. EGGEBRECHT methodische Fragen der B. für ein begriffsgeschichtliches Wörterbuch der Musik. Er bezieht sich auf die geisteswissenschaftliche Konzeption der Musikwissenschaft von W. Gurlitt, wonach B. als Verstehensinstrument für Sachen und Sachverhalte in ihrem geschichtlichen Sein und Gelten aufgefaßt und gegen den «herrschenden lexikographischen Positivismus» abgegrenzt wird [28].

Dabei kommt das Verhältnis zwischen Wort-, Begriffs-, Sach- und Problemgeschichte erneut in den Blick, das auch von R. KOSELLECK (1967) – ebenso wie das Beziehungsgefüge zwischen Vokabel und Terminus, Bedeutungs- und Bezeichnungsgeschichte – in seinen Erläuterungen zu einem Lexikon politisch-sozialer Begriffe thematisiert wird, das mit historisch-kritischer Methode dem Umwandlungsprozeß dieser Begriffswelt während der «Sattelzeit» nachgeht. B. ermöglicht eine «semantische Kontrolle für den gegenwärtigen Sprachgebrauch». Sie analysiert geschichtliche Bewegung, wie sie sich in Begriffen spiegelt und soll Geschichte durch «ihre jeweiligen Begriffe» interpretieren: Thema ist nicht die Identität, sondern die «Konvergenz von Begriff und Geschichte». Solche B. gründet auf der geschichtsphilosophischen Prämisse, daß Geschichte nur begrifflich faßbar ist, da sie sich in bestimmten Begriffen verfestigt.

Die B. verbleibt in der Spannung zwischen Wortbedeutungswandel und Sachwandel; in ihr treffen semasiologische, onomasiologische, sach- und geistesgeschichtliche Fragestellungen zusammen. Sie berücksichtigt zwar den semasiologischen und onomasiologischen Aspekt, liefert aber keine detaillierten Wortgeschichten: Ohne das ganze Bedeutungsfeld eines Wortes ausmessen zu wollen, registriert sie repräsentative Benennungsvorgänge und notiert nicht alle Bezeichnungen für den vorgegebenen Sachverhalt.

Begriffe sind stets mehrdeutig, sie bündeln die vielfältigen geschichtlichen Erfahrungen und Sachbezüge. Die «Vieldeutigkeit geschichtlicher Wirklichkeit» geht in die «Mehrdeutigkeit eines Wortes» so ein, daß im Begriff Bedeutung und Bedeutetes zusammenfallen. Daher interpretiert B. als «Zeitgeschichte» der Begriffe diese, sofern sie «Konzentrate vieler Bedeutungsgehalte» sind.

Die B. macht die Bezogenheit aller Begriffe aufeinander sichtbar, erfaßt das Beziehungsgefüge von Begriffsgruppen, ermittelt Überlappungen, Verschiebungen, neuartige Zuordnungen sowie den Stellenwert synchronisch im Querschnitt durch die gegebene Situation und diachronisch in der Tiefengliederung einer geschichtlichen Bewegung. Als integrales Moment bezieht die B. die Funktionalität der Begriffe in die Untersuchung ein. Sie diskutiert die soziologische Frage nach Schicht, Interessenbildung und Standortbezogenheit der Begrifflichkeit und deckt bei parteigebundenen «Perspektivbegriffen» die sich in der Begriffsbildung abzeichnende mögliche sprachliche Manipulierbarkeit und den Zusammenhang von Gesellschaftsordnung und Begriffswelt auf [29].

Grundsätze einer Theorie zur begriffsgeschichtlichen Lexikographie der Philosophie entwickelt J. RITTER in den Leitgedanken für ein ‹Historisches Wörterbuch der Philosophie›. Auch er reflektiert das weithin umstrittene Verhältnis von Begriff, Wortbedeutung, Wort und Sachverhalt, das die B. zu klären hat. Methodische Richtschnur für den Aufbau begriffsgeschichtlicher Lexikonartikel wird die Geschichte der begrifflichen Bedeutung von Wörtern sein: Ihr philosophischer Gebrauch ist in der Weise Leitfaden der Darstellung, daß durch den Aufweis ihres repräsentativen Auftretens und ihrer historischen Wirksamkeit die in ihnen begrifflich gefaßte Sache selbst zum Gegenstand gemacht wird. So zeigt das Lexikon die Philosophie «im Horizont ihrer Geschichte und ihrer geschichtlichen Herkunft». In diesem Verständnis von B. wirkt eine Idee von Philosophie, derzufolge sie «im Wandel ihrer geschichtlichen Positionen und in der Entgegensetzung der Schulen und Richtungen als die Eine perennierende Philosophie das ihr immanente Prinzip vernünftigen Begreifens zu immer reicherer Entfaltung bringt». Die B. verhindert die abstrakte Definition philosophischer Begriffe und ihren «unreflektierten dogmatischen Gebrauch».

Ritter stellt damit die geschichtliche Begründung der Philosophie als das begriffsgeschichtlich tragende Prinzip heraus und setzt diese Position gegen die cartesische ab, wonach der klare und distinkte Begriff «auch den Gegenstand der Philosophie in endgültiger, allem geschichtlichen Wandel entzogener Präzision» begreift [30].

Im Sinne dieser cartesischen Begründung der Philosophie, die philosophische Kontroversen als Streit um Wortbedeutungen entlarven möchte, verfährt das Lexikon von A. LALANDE, um durch definitorische Bedeutungsklärung schließlich zu einer international verbindlichen Terminologie zu kommen [31]. Von einer anderen Seite sucht auch H. KRINGS die lexikalische B. neuzubestimmen: Analytische Abhandlungen der Grundbegriffe sollen das philosophische Problembewußtsein vergegenwärtigen [32]. Demgegenüber hat H. BLUMENBERG herausgearbeitet, daß ein Verlangen nach vollendeter Terminologie die B. destruiert. Würde die philosophische Sprache ihren begrifflichen Endzustand erreichen und das Ideal einer endgültigen Terminologie verwirklichen können, so hätte die B. ihre Rolle ausgespielt; sie behielte dann allenfalls einen «kritisch-destruktiven Wert»: Es ginge für sie lediglich um die «Abtragung» der «vielfältig-undurchsichtigen Traditionslast» [33].

Die gegenwärtige begriffsgeschichtliche Theorie im Rahmen der Lexikographie muß für sich einen Philosophiebegriff beanspruchen, durch den sie die geschichtliche Funktion für das aktuale Philosophieren einsichtig machen kann. B. hebt sich dann selbst auf, wenn die systematische Funktion der Philosophie von ihrer Geschichte abgetrennt wird; insofern bleibt die B. stets an die Philosophie der Philosophiegeschichte verwiesen. Die begriffsgeschichtliche Lexikographie präzisiert ihr Verständnis von B. dadurch, daß sie ihr Verhältnis zur Geschichte der Philosophie eindeutig fixiert und klärt.

Theorie der B. definiert sich nicht aus dem Bemühen um die allgemeingültige Bedeutungsfestlegung aller Begriffe, sondern muß im Gegenteil auf deren geschichtlicher Prägung und daraus resultierender Verflochtenheit mit dem philosophischen Gegenstand insistieren. Damit hebt sie gleichzeitig die historisch bedingten Aspekte dieses Gegenstandes hervor. Bei alledem reflektiert sie die Gefahr, einem relativierenden Historismus zu verfallen, der die systematische Seite der Begrifflichkeit zugunsten der natürlichen Zeitgebundenheit von Begriffen und ihres definitorischen Eingebettetseins in den historischen Horizont verleugnet. Die B. weist diese Position historistischer Einengung von Begriffsbestimmungen ab: Aufhellung der geschichtlichen Wirksamkeit macht Begriffe für die philosophische Reflexion brauchbar und schafft den genügend begründeten Rückhalt für ihre stringente Anwendung; dadurch kann B. den Graben zwischen Historismus und normativer Bedeutungssetzung schliessen.

Anmerkungen. [1] J. G. WALCH: Philos. Lexicon (1726) Vorrede XVIII-XXVI. – [2] J. G. H. FEDER: Idee eines philos. Wb. nebst etlichen Proben, in: Encyclop. J. 1 (1774) 8. Stück, 3-12. – [3] S. MAIMON: Philos. Wb. oder Beleuchtung der wichtigsten Gegenstände der Philos. in alphabetischer Ordnung 1. Stück (1791) XIII-XVI. – [4] W. T. KRUG: Rezension des Mellinschen Encyclop. Wb. der krit. Philos. Neue Leipziger Lit.-Ztg. 22. Stück (1806) Sp. 346. – [5] CH. A. BRANDIS: Von dem Begriff der Gesch. der Philos. (1815) 81. – [6] Vgl. Nr. 3, Anfang, bes. die Ausführungen zu BRANDIS und TEICHMÜLLER. – [7] R. EUCKEN: Aufforderung zur Begründung eines Lexicons der philos. Terminol. Philos. Mh. 8 (1872/73) 81f. – [8] a. a. O. 82; vgl. dort auch die redaktionelle Anm. – [9] R. EUCKEN: Gesch. der philos. Terminol. (1879, Nachdruck 1960) 6; Eucken bezieht sich direkt auf A. TRENDELENBURG: Log. Untersuch. 1 (1840, 1862) Vorworte zu beiden Aufl.; vgl. auch A. TRENDELENBURG: Hist. Beiträge zur Philos. 1-3 (1846-1867). – [10] EUCKEN, a. a. O. [9] 7. – [11] 166-174. – [12] 179. – [13] 177f. 178f. 181. – [14] 183. – [15] 184. – [16] 189f. 199. – [17] 191-198. – [18] 213-220. – [19] Beiträge zur Einf. in die Gesch. der Philos. (1906) 176; vgl. Anm. [8 zu 1] zur Modellforsch. bei EUCKEN. – [20] Gesch. ... a. a. O. [9] 220. – [21] Beiträge ... a. a. O. [19] 172ff. – [22] K. MERKEL: Über die Entstehung und inhaltliche Veränderung der beiden philos. Ausdrücke a priori und a posteriori (Diss. Halle 1885) 1-6. – [23] R. EISLER: Wb. der philos. Begriffe 1 (⁴1927) Vorwort. – [24] E. ROTHACKER: Sammelber. über Hilfsmittel des philos. Studiums. Dtsch. Vjschr. Lit.wiss. 5 (1927) 766-791, bes. 766. 780; vgl. Heitere Erinnerungen (1963) 79. – [25] Geleitwort. Arch. Begriffsgesch. 1 (1955) 5ff.; vgl. dazu GRÜNDER, a. a. O. [10 zu 1]. – [26] ROTHACKER, a. a. O. [25] 5ff.; vgl. dazu Das akad. ‹Wb. der Philos.›. Das goldene Tor 5 (1950) 94-97; Ber. über die Arbeiten zur B. Jb. Akad. Wiss. Lit. Mainz (1956) 144-148; K. O. APEL: Das begriffsgesch. Wb. der Philos. Z. philos. Forsch. 6 (1951/52) 133-136. – [27] L. GELDSETZER: Zur philos. Lexikographie der Gegenwart. Zur Gesch. ihrer Theorie und über das Lexicon Philosophicum des Stephanus Chauvin (1967) V; Was heißt Philosophiegesch.? (1968) 16f. – [28] H. H. EGGEBRECHT: Das Handwb. der musikalischen Terminol. Arch. Begriffsgesch. 12/1 (1968) 114-125; zu W. GURLITT vgl. Ein begriffsgesch. Wb. der Musik. Kongr.-Ber. int. Ges. Musikwiss. (1953). – [29] R. KOSELLECK: Richtlinien für das Lexikon politisch-sozialer Begriffe der Neuzeit (verfaßt 1963). Arch. Begriffsgesch. 11/1 (1967) 81-89. – [30] J. RITTER: Zur Neufassung des ‹Eisler›. Z. philos. Forsch. 18 (1964) 704-708; Leitgedanken und Grundsätze eines ‹Hist. Wb. der Philos.›. Arch. Gesch. Philos. 47 (1965) 299-304; Arch. Begriffsgesch. 11/1 (1967) 75-80. – [31] A. LALANDE: Vocabulaire technique et critique de la Philosophie (Paris 1902/03, ⁹1962). – [32] H. KRINGS: Idee und Grundsätze für das Hb. philos. Grundbegriffe (1969). – [33] H. BLUMENBERG: Paradigmen zu einer Metaphorol. Arch. Begriffsgesch. 6 (1960) 7f.

3. *Begriffsgeschichtliche Philosophie der Philosophiegeschichte.* – Die Anfänge der B. im Rahmen der Philosophiegeschichtsschreibung werden in den letzten Jahrzehnten des 18. Jh. in den mannigfachen, dogmatisch und kritizistisch ausgerichteten Versuchen sichtbar, den Stellenwert der Philosophiegeschichte innerhalb des Systems philosophischer Disziplinen durch eine umfassende Definition zu ermitteln. Dabei tritt sehr bald neben das ständig wiederholte Vorstellungsklischee einer Philosophiegeschichte als der bloß referierenden Geschichte philosophischer Systeme die Auffassung, sie habe es mit «Ideen», «Problemen» und «Begriffen» zu tun, die – den Systemen immanent – als auslösende und verbindende Momente für die Systembildungen zu analysieren sind. Im Sinne der traditionellen Topik werden an diesem Leitfaden nun verschiedenartige Philosophien einander entgegengestellt. Zunächst beharrt die ideen-, problem- und begriffsgeschichtliche Betrachtung auf der These endgültig fixierter Problem-, Ideen- und Begriffsgehalte um so jeden Skeptizismus und Relativismus auszuschließen. Auf der Basis dieser noch bis in die zweite Hälfte des 19. Jh. vertretenen Prinzipien [1] kommt es schrittweise zur Ausbildung regulärer Problemgeschichte, der es um die Bearbeitung von philosophischen Problemkomplexen geht, wie sie G. G. FÜLLEBORN etwa unter dem Titel «Modethemata» subsumiert, wobei ihre Charaktere der Unveränderlichkeit und stetigen Wiederkehr betont werden [2]. Parallel zur Ausbildung dieser Problemgeschichtstheorie entwickelt sich die begriffsgeschichtliche Philosophiegeschichte. Zunächst begnügt sich die B.-Schreibung mit der Untersuchung von Bezeichnungsvariationen und ist weithin onomasiologisch orientiert; der Bedeutungswandel in der Begriffshistorie wird nur am Rande erfaßt. Demgegenüber zeigt die gegenstandsbezogene und nach Motivkomplexen geordnete ideen- und problemgeschichtliche Arbeitsweise in diesem Zeitabschnitt bereits ausgesprochen semasiologische Züge. Als erster akzentuiert J. GURLITT 1786 sein Programm aufklärerischer Philosophiegeschichte zugleich ideen- und begriffsgeschichtlich, indem er für die Ausarbeitung einer «Geschichte der menschlichen Begriffe und Meinungen» sowie der «philosophischen Wortsprache und Charakterschrift» plädiert, worin ein «chronologisch und systematisch geordneter Inbegriff» derjenigen inhaltlichen Begriffsveränderungen gegeben wird, den philosophische Begriffe «von den ältesten bis auf unsere Zeiten erlitten haben» [3].

Erste Schritte zur Verwirklichung dieses Programms macht CH. G. BARDILI, der 1788 die «Epochen der vorzüglichsten philosophischen Begriffe» darstellt. Seine «psychologisch-historischen Untersuchungen über die stufenweise Entwickelung derjenigen Begriffe, welche man zum Gebiete der Metaphysik rechnet», sollen Grundlage einer «raisonnirten Geschichte der Philosophie» sein. Bardili verfolgt Ursprung und Fortgang der Begriffe nicht nur in den Systemen, sondern ebenso in der «Sprache des gemeinen Lebens», bei den Dichtern und innerhalb der alten Religionen [4].

Während sich das philosophiegeschichtliche Interesse zunächst auf Geschichten einzelner Begriffe richtet, bietet G. G. FÜLLEBORN 1794 in der Abhandlung ‹Über Geschichte der philosophischen Kunstsprache unter den Deutschen› erstmals Grundsätze für B., die als «Organ der Philosophie» charakterisiert wird und eine «deutsche Terminologie der Philosophie» erarbeitet, indem sie philosophische Kunstwörter vom Beginn ihrer Prägung an in ihrer «technischen» und «eigentlichen», oft schwankenden Bedeutung analysiert. Zum ersten Mal erfolgt hier eine Periodisierung der Terminologiegeschichte: Der Zeitraum von *Thomasius bis Chr. Wolff* wird als «übersetzende», die Zeit der *Wolff-Schule* als «verdeutschende» und der anschließende Abschnitt bis zu «*Kants* Reformen der Philosophie» als «neueste Periode» begriffsgeschichtlicher Entwicklung aufgefaßt [5].

Fülleborn arbeitet die Grundsätze der B. noch detaillierter heraus und betont 1795, daß die «Geschichte der philosophischen Sprache», die «eben so nützlich als nothwendig ist», sich auf die Kenntnis der «alten Philosophen» gründet. Die «eigenen» Begriffe je gegenwärtiger Philosophie können nur aus der «Vergleichung» mit dem Vorrat geschichtlich vorgegebener Begriffe verdeutlicht und berichtigt werden. Die Vergegenwärtigung ihrer Geschichte befestigt die durch «langen und vielfachen Gebrauch, durch verschiedene Erklärungen, oft auch durch allerhand Neben-Ideen» vieldeutig und unbestimmt gewordenen Begriffe. Sie sollten aber nicht durch sprachliche Neubildung entstehen, sondern aus der Tradition übernommen oder doch umgebildet werden. Seine Theorie verwirklicht Fülleborn 1799 in einer Geschichte des Begriffs der Politik als Geschichte der «menschlichen und bürgerlichen Verhältnisse» und gibt «flüchtige Umrisse» weiterer B.en, wobei er stets die ersten Spuren in den «ältesten Philosophemen» findet [6].

Auch CH. A. BRANDIS entwickelt 1815 aus einem Begriff der Philosophiegeschichte eine Theorie zur B. Es ist Aufgabe der Philosophiegeschichte, die historische Entwicklung der Begriffe darzustellen, ihr «Fortschreiten» zu verfolgen. Dadurch schafft sie die Basis für B., indem sie den «sich immer erweiternden Besitz von Begriffen» sichtbar macht und schließlich durch die so entwickelten und aus ihr selbst bedingten «Begriffsreihen» auf Wissenschaft, Kultur und Bildung einwirkt. Die B. deckt das «innere Wesen des Begriffs» auf, zeigt, wie sich die «Grundbestimmungen» der Begriffe nach verschiedenen Seiten entwickeln und dabei «ihr Gepräge» verdunkeln. Sie vermittelt die Einsicht, daß selbst durch die «trügerische Kunst» von Sophisten die begriffliche Grundbestimmung nicht verbildet werden kann, so sehr sich auch, je nach Zeitalter und Individuen, die Auffassung der Begriffe verändert. Die Philosophie als Wissenschaft von «den Begriffen als Begriffen» bedarf der B., da nur sie durch «genaue Erörterung der Begriffsbezeichnung» und des «Begriffsumfangs» den «inneren Zusammenhang der Begriffe selbst» nachweisen und somit zum Träger des Fortschritts der Philosophie aufrücken kann [7]. Diese frühe und weiterwirkende Konzeption philosophiegeschichtlicher B. bezieht auch Sprachforschung und sprachliche Analysen der Ausdrücke ein. Der Aspekt verselbständigt sich vorübergehend vor allem in den dreißiger Jahren des 19. Jh. bei der geschichtlichen Aufarbeitung theologischer Grundbegriffe, wie sie zwischen 1835 und 1841 in den ‹Theologischen Studien und Kritiken› etwa von J. G. MÜLLER, F. CH. BAUR, CH. H. WEISSE, J. F. K. GURLITT, G. M. REDSLOB und F. DIETRICH in sprach- und wortgeschichtlichen Abhandlungen zu einzelnen Begriffen vorgenommen werden [8]. Dabei wird besonders die Spannung zwischen Wortbildung und bezeichnetem Begriff gesehen. Das bloß etymologische Verfahren wird ergänzt durch Sprachgebrauchsanalysen, die für sich betrieben jedoch zu einem rohen und willkürlichen Empirismus führen würden [9].

Ein für die spätere Theorie der B. folgenreiches Thema greifen CH. H. WEISSE und F. CH. BAUR auf: Sie wollen das Problem klären, ob ein «begriffsmäßiges Verfahren in geschichtlichen Dingen» zu neuer Begriffsbestimmung führen kann. Auf der einen Seite steht die Auffassung von der «Realisation des Begriffs als solchen in der Geschichte», wobei die genetische Entwicklung ganz der Sache selbst folgt und dann der Begriff «aus dem historisch Gegebenen abstrahiert» wird. Dem gegenüber steht eine Auffassung, welche die geschichtliche Darstellung des Begriffs für nicht gerechtfertigt hält, da sie den «reinen Begriff der Sache», der nur von aller Geschichte unabhängig durch streng logische Entwicklung immanenter Momente gewonnen werden kann, zum «Objekt» geschichtlicher Bewegungen degradiert und somit beeinträchtigt und entstellt. B. setzt voraus, daß das «notwendige logische Verfahren» kein «aprioristisches Konstruieren» ist, sondern der begriffshistorischen Analyse nachfolgt [10]. Wesentliche Impulse für die Theorie der B. liefert die Philosophiegeschichtsauffassung A. TRENDELENBURGS, wie er sie in den historischen Beiträgen zur Philosophie praktiziert [11]. Von seiner Devise, «mit der Geschichte zu gehen und der geschichtlichen Entwickelung der großen Gedanken in der Menschheit zu folgen», wurde nicht nur Eucken beeinflußt. Mit ausdrücklichem Bezug darauf bildet G. TEICHMÜLLER seine Theorie der B. aus und versteht sie als Verwirklichung dieses Programms der notwendigen historischen Besinnung, durch welche die Philosophie ihrer Auflösung in allgemeine Kulturgeschichte und Nationalliteratur entgeht und nicht als «vorübergehendes Kulturelement» und «Echo von den veränderten Empfindungen des Tages» in eine «demütigende Stellung» gedrängt verharrt [12].

Teichmüller empfindet B. als wirksames Organon, durch das Philosophie ihre alte Machtstellung zurückerobern und ihren festen Platz im Verband der Wissenschaften behaupten kann. «Geschichte der Begriffe» im Sinne der Studien Teichmüllers ist erste Bedingung für Fortschritte in der Philosophie, denn sie zeigt die «Motive jeder Theorie» auf und die «Bahnen, welche jeder Begriff seiner Herrschaft unterworfen hat, ebenso aber auch die Collisionen mit den übrigen Wahrheiten und die Auflösung eitler Machtansprüche» [13]. So beschäftigen sich mit B. «eigentliche» Philosophen, denn Philosophie als Vernunftwissenschaft hat ihren Bestand einzig in Begriffen, nicht in Meinungen und Überzeugungen. B. richtet sich gegen jede «historische Psychologie» und schließt die Erforschung der «Einflüsse des persönlichen Lebens, der gesellschaftlichen Zustände, der religiösen und politischen Atmosphäre auf die Ausbildung der philosophischen Systeme» aus [14].

Teichmüller konzipiert B. als eine «chronologische Topik», durch die, der logischen Topik verwandt, das Gleichzeitige und Aufeinanderfolgende «durch Erinnerung» fixiert wird. Da die Wahrheit dem «ideellen Inhalte des Denkens» zugeordnet ist und bloß «semiotisch» die Idee des Wesens und der Realität sowie die Idee des Guten und Schönen umfaßt, können weder diese Ideen, noch die Begriffe im Verhältnis «dialektischer Unterordnung» stehen, sondern müssen in einem «Koordinatensystem» zueinander geordnet werden. Auf Grund dieser angenommenen «Topographie» für die geistige Welt hat jeder Begriff, wie «im Raum jeder Punkt», in einem allgemeinen Begriffssystem seine «durch bestimmte Bedingungen fest und nothwendig geordnete Lage». B. bestimmt die «Örter in dem Koordinatensystem», denen die Begriffe so zugeordnet werden, daß schließlich ein Parallelogramm aller Begriffe entsteht [15].

B. als chronologische Topographie steht gegen die Auffassung einer perspektivischen Entwicklungslehre, die durch ihre Standpunktgebundenheit in einen geschichtlichen Relativismus einmündet. B. meint in diesem Verständnis nicht historische Entwicklungsgeschichte von Begriffen; ihr Vollzug erfolgt in bewußter Abgrenzung gegen phänomenologische oder positivistische Geschichtsbetrachtung. Soll B. die «festen Koordinationen» der Begriffe im Gesamtsystem ermitteln, dann gehört sie in die «echte Geschichte, wonach das Ganze in einen providentiellen Blick zusammengefaßt und als ein technisches System betrachtet wird» [16].

B. bedient sich einer an *Platon* und *Aristoteles* orientierten dihäretischen Methode, wenn sie «Quellen zum Beweise» prüft und «neue Gesichtspunkte der Auffassung» verwertet. Das dihäretische Verfahren wird von der logischen auf die historische Dimension übertragen, so dass die verschiedenartigen Begriffsbedeutungen nach «Confirmationen» und «Instanzen» abfragbar sind. Dieser Arbeitsweise ist es eigentümlich, den Begriffsinhalt – trotz aller geschichtlich aufweisbaren Anwendungsvariationen – als mit sich identisch und unverändert bleibend anzunehmen [17].

Dihäretische B. verfolgt die Entfaltung der Begriffsbedeutungen, um an ihnen Bekräftigungen oder Widerlegungen des ursprünglichen Begriffsgehaltes festzustellen. Sie geht davon aus, in den begrifflichen Spätbildungen, bei aller in die Augen fallenden phantastischen Ausführung, keine vollendeten Prägeformen zu sehen: Scheinbare Vervollkommnung bedeutet in der Regel Verhüllung des ursprünglichen Begriffszustandes. Auf diese Weise gelingt der B. der Nachweis, daß die Griechen Väter und Schöpfer aller philosophisch relevanten Begriffe gewesen sind. Natürlich blieben die Begriffe «viele Jahrhunderte hindurch lebendig» und bildeten den «höchsten Inhalt des menschlichen Denkens bis auf unsere Tage»: So ist es zwar für die B. interessant, den «Lauf eines Flusses» zu verfolgen, die Quelle aber bleibt das Wichtigste. B. macht die ewige Weisheit der Griechen in der modernen Philosophie geltend, die in ihrer Terminologie nicht über den «Ideenkreis des Altertums» hinausgelangt ist. Zum «ererbten Begriffsschatz» kam nur ein «dürftiges Häuflein originaler Begriffe» hinzu, in der Regel liegen akzidentielle Anpassungen überkommener Begriffe vor. B. zeigt, daß die Philosophiegeschichte eine «Sammlung aller bisher erarbeiteten» Begriffe als allgemein anerkanntes Gut enthält [18].

Der Nutzen von B. besteht darin, daß sie gegenwärtige Philosophie aus ihrer antiken Wurzel verständlich macht und dadurch einen Maßstab zur Beurteilung auch historischer Auffassungen gewinnt, schließlich den «bleibenden und lebensvollen Gedankenformen» zur Anerkennung verhilft [19]. B. vermittelt die Einsicht in den inneren Gang der Philosophie, deren Geschichte sich in der Bewegung regelmäßig wiederkehrender Adaptationen typologisch erfaßbarer Stellungen vollzieht, welche von den philosophischen Grundbegriffen entsprechend der anthropologisch bedingten Möglichkeiten philosophischer Theorie eingenommen werden können.

Bereits in den siebziger Jahren des 19. Jh. erhebt H. LOTZE Einwendungen gegen diese Theorie der B. Sie wird der Hegelschen Auffassung von Philosophiegeschichte nicht gerecht, da sie lediglich historisch «aus der kritischen Kombination des Überlieferten auf das Ganze» zurückschließt, einem vorgeordneten Prinzip «über die Reihenfolge der zu erwartenden Standpunkte» jedoch entsagt und deshalb nicht den wirklichen Entwicklungsgang der Gedanken trifft: Das realisiert nur Ideengeschichte, die zu ermitteln hat, in welcher Reihenfolge die Gedanken des menschlichen Geistes aus «unbewußt wirkenden Antrieben» und «halbpoetischer Weltkonstruktion» sich zu «bewußten Begriffen und methodischen Prinzipien» wissenschaftlicher Weltbetrachtung in den spezifischen Ausformungen einzelner Systeme entfalten [20].

TEICHMÜLLER klärt daraufhin das Verhältnis von Ideengeschichte und B., indem er Begriffe als diejenigen wissenschaftlichen Ausdrücke beschreibt, die erst durch bewußte Gedankenarbeit von den allgemeineren Ideen abstrahiert werden. Letztere sind nicht derart eingeschränkt, sondern finden sich in Natur, Geschichte, Religion, Kunst, im sittlichen und politischen Leben. Demzufolge besitzt die Ideengeschichte keinen so speziellen Charakter wie B. und hätte mindestens Mythologie und die gesamte Kulturgeschichte zu umspannen [21].

Im Anschluß an die Theorie der B. von Teichmüller erscheinen zahlreiche begriffsgeschichtliche Monographien, die im wesentlichen die vorgegebene Position festhalten. Darüber hinausgehend fordert 1911 C. KNÜFER, die B. habe sich nicht bloß an der Ursprungsbedeutung der Begriffe zu orientieren, sie müsse auch den speziellen Verwendungen nachgehen und «Stellung und Wertung des Begriffs im Ganzen der einzelnen Systeme» erfragen [22]. Dagegen akzentuiert 1918 A. VON HARNACK die Prinzipien Teichmüllers, wenn er den begriffsgeschichtlichen Schwerpunkt auf Analysen über den ursprünglichen Sinn einzelner Begriffe legt: So verstandene B. klärt die theologische Terminologie und dient einer differenzierten Erkenntnis der Religionsgeschichte [23].

Von der allgemeinen Entwicklung begriffsgeschichtlicher Theorie unabhängig fragt 1887 NIETZSCHE nach «Fingerzeigen», welche Sprachwissenschaft und etymologische Forschung für die Entwicklungsgeschichte von Begriffen bereithalten. Auch er betont Beziehung und Verwandtschaft, in der philosophische Begriffe «zueinander emporwachsen»: Sie entfalten sich nicht nach eigenem Belieben. Gerade durch die entwicklungsgeschichtliche Sicht des Begriffssystems wird die anthropologische Konstante der Philosophie aufgedeckt und offenkundig, wie «die verschiedenen Philosophen ein gewisses Grundschema von möglichen Philosophien immer wieder ausfüllen» [24].

Die philosophische B. okkupiert in zunehmendem Maße die Theorie der Philosophiegeschichtsschreibung, und setzt sich dabei der Gefahr aus, ihren eigenständigen Charakter in diesem Prozeß zu verlieren. Als repräsentative Figur einer solchen Richtung markiert W. WINDELBAND einen Knotenpunkt. Die geläufige Auffassung sieht in ihm den Begründer der Problemgeschichte, obwohl er 1891 eine weltanschauliche Philosophiegeschichte als ein Ineinandergreifen von Problem- und B. konzipiert. Dieses Ganze entsteht, wenn in der historischen Untersuchung die Verflechtung von Begriffen und Problemen in einem «Grundriß allgemeingültiger Begriffe der Weltauffassung und Lebensbeurteilung» in der Weise aufgezeigt wird, daß die immer wiederkehrenden und «jedes ernste Menschenleben bewegenden» Probleme und die mannigfachen, zu ihrer Lösung herangezogenen Begriffe auf eine stets höhere Reflexionsstufe gehoben werden. Letztes Ziel der Problemgeschichte und B. ist es, die Philosophie in den Stand zu setzen, «in der Formung ihrer Probleme und ihrer Begriffe das nur historisch Geltende der Veranlassungen und Vermittlungen von dem an sich Geltenden der Vernunftwahrheit abzulösen und von dem Zeitlichen zu dem Ewigen vorzudringen». Diese philosophiegeschichtliche B. spielt eine nur untergeordnete Rolle und trägt einen propädeutischen Charakter für die allgemeine weltanschauliche Bildung. «Vieles, was begriffsgeschichtlich von Wichtigkeit ist», verliert deshalb jedes Interesse, weil die Philosophie ihre höchste Aufgabe in der Beschäftigung mit Fragen der Welt- und Lebensanschauung sieht. Bei Windelband pervertiert B. im Verweltanschaulichungsprozeß der Philosophie [25].

1909 meint N. HARTMANN, in der begriffsgeschichtlichen Position Teichmüllers eine Vorstufe seines problemgeschichtlichen Denkens zu erkennen. Bei ihm wird sichtbar, wie auch zur Begründung eines nicht-historischen Standpunkts der Philosophiegeschichte Problemgeschichte und B. in systematischer Hinsicht eine Symbiose eingehen. N. Hartmann bestimmt Begriffe so, daß er B. in reine Problemgeschichte überführen kann. Begriff im strengen Sinn ist der «auf seine definitorischen Grundmomente reduzierte Bestand eines systematischen Problems». Tritt der Begriff als Abbreviatur des Problems zurück, gelangen «systematische Problemstellungen» in den Blick, verstehbar als Besonderungen der «in sich einheitlichen Vernunft auf eines ihrer Teilgebiete». Von ihnen aus läßt sich das Mannigfaltige der historischen Problemstufen als kontinuierliche Abfolge begreifen: Die besonderen Probleme oder Begriffe sollen dann innerhalb der mehr oder weniger geschlossenen Zeitabschnitte in ihrer Entfaltung aufgewiesen werden.

Aufgrund der Identifizierung mit Problemgeschichte betrachtet B. «Vernunfteinheiten in ihrer zeitlichen Selbstentfaltung». Das Wiedererkennen durchgehender Probleme wird zum Leitfaden der Darstellung genommen. Diese Auffassung von der Problemidentität als einem Kontinuum fortschreitender Einsicht überwindet die philosophische «Impotenz» der geistesgeschichtlichen Haltung. So erobert der Problembegriff den Rang einer mittleren Proportionale zwischen den an sich inkommensurablen Forderungen systematischer und historischer Philosophie: Die «Prachtbauten des Gedankens» zerfallen; Begriffsbildung und Terminologie sind beweglich, denn «derselbe Ausdruck wechselt schon von einem Denker zum anderen die Bedeutung, über längere Zeiträume muß das, was er besagte, immer erst rekonstruiert werden» [26].

Reine Problemgeschichte in diesem Verständnis umfaßt B. nur subsidiarisch, sie hat Problemaufschlüsse zu liefern und fixiert bleibende Problem- und Begriffswerte.

Zugunsten der Systemidee hebt H.-G. GADAMER schon 1924 vom Standpunkt der Hermeneutik her die ewige Idealität der Probleme auf, entlarvt sie als Selbsttäuschung und setzt im Zuge eines existentiell orientierten Denkens an die Stelle des überzeitlichen identischen Problembestandes das Prinzip der Wandelbarkeit der Probleme und ihrer Abhängigkeit von der jeweiligen Grundhaltung dem Dasein gegenüber. Reine Problemgeschichte schlägt um in hermeneutische Problemgeschichte und erzeugt eine den geschichtlichen Seinsweisen verbundene hermeneutische B. Das philosophische System, verstanden als Problemsystem, verbleibt im Ganzen des menschlichen Daseins und seiner Geschichte: Von da her rechtfertigt sich die systematische Struktur der philosophischen Gegenstände. «Nicht dort liegen die gleichen Probleme vor, wo in angeblichem geschichtlichen Selbstbewußtsein die gleichen Worte und Begriffe im Gebrauch sind», sondern dort, wo – selbst bei gänzlich unterschiedlicher Begriffssprache – dieselbe geistige Tradition und Daseinsauffassung anzutreffen ist [27].

In den fünfziger Jahren leitet Gadamer die «Senatskommission für begriffsgeschichtliche Forschung bei der Deutschen Forschungsgemeinschaft» und wird Initiator einer interdisziplinär orientierten B., die «wichtige Grundbegriffe der Philosophie und der Wissenschaften im Austausch zwischen den Vertretern der einzelnen Wissenschaften und der Philosophie» zu klären sucht [28].

Seit 1960 zeigt Gadamer, welche Funktion in einer Hermeneutik der Geistesgeschichte B. ausübt. Sie erhält ihren Stellenwert in der hermeneutischen Philosophie, welche die «Sprach- und Denkgewohnheiten vor das Forum der geschichtlichen Tradition stellt», sich nicht von der Sprache treiben lassen will und sich gerade in ihrem Bemühen um ein «begründetes geschichtliches Selbstverständnis» «von einer Frage der Wort- und Begriffsgeschichte in die andere genötigt» sieht [29]. Hermeneutische B. wird methodisches Instrument einer Philosophie, die ihren Zugang zu den Sachen vom Verstehen und Auslegen des schon Vorhandenen her definiert, und stellt ein neues Verhältnis zu den überkommenen Begriffen her, die in ihrem ursprünglichen Bedeutungsgehalt nicht unbefragt übernommen werden können, soll der Erwerb geschichtlicher Selbstdurchsichtigkeit nicht gefährdet werden.

1965 löst H. LÜBBE in seiner begriffsgeschichtlichen Theorie der Philosophiegeschichte die Konjunktion zur Problemgeschichte und bestimmt B. im Sinne einer Wortgebrauchsgeschichte, die sich als Methode zur Regulierung in Fällen von chaotischem Wortgebrauch empfiehlt. Sie ist das Ordnungsmedium, in dem der willkürliche Umgang mit dem Wort gefiltert und in einer neuen Wortgebrauchsempfehlung aufgehoben wird, die eine neue Verbindlichkeit für die weitere Verwendung des Wortes schaffen soll. So erscheint die Definition als Resultat der Geschichte des Wortgebrauchs, in der allein der Begriff für die begriffsgeschichtliche Forschung greifbar wird. In dieser Bindung kann die Definition, «unbeschadet ihrer faktischen Verbindlichkeit», historisiert und damit als «Endstadium jenes begriffsgeschichtlichen Prozesses durchsichtig» gemacht werden, der sich in der Wortgebrauchsgeschichte ereignet hat.

Die sich an der funktionalen Sprachtheorie orientierende B. kann Verbindlichkeiten definitorischer Art stiften, außer Fassung geratene Begriffe stabilisieren und abgerissene Kontinuitäten im philosophischen Sprachgebrauch durch Korrektur wiederherstellen.

Die B. will hier ausdrücklich Philosophiegeschichte sein, welche die Arbeit des Begriffs, die den Fortschritt der Philosophie treibt, erkennbar macht aus der «Durchblicke von großer Tiefenschärfe gewährenden Perspektive der begriffsgeschichtlichen Fragestellung» heraus. Diese B. faßt Begriffe nicht als absolute zeitlose Größen, sondern als «Momente kategorialer Kontexte», die sich ändern.

Wenn Begriffe in solchem Sinne «Orientierungs- und Handlungsschemata für Theorie und Praxis sind» und ihre Bewährung ihre Wahrheit ist, dann gewinnt die B. eine weitere Dimension durch ihre Hinwendung zu Begriffen aus der ideenpolitischen Praxis. Sie untersucht mit Vorliebe Begriffe einer Philosophie, die sich als Geisteskampf versteht und mit ihren Begriffen weltanschauliche Standpunkte fixiert. Somit zeigt B. hier nicht die Theorieunfähigkeit der Vernunft an, wohl aber, wie Begriffe «die Bereitschaft des Willens steigern, sich ideenpolitisch zu engagieren». Sie sortiert damit Begriffe, die zwar keine «wirklichkeitsaufschließende Kraft» besitzen, in der ideenpolitischen Frontenbildung jedoch provokatorisch wirken [30].

Rein gebrauchspolitisch ausgerichtete B. setzt allerdings unkritisch Begriff und Wortgebrauch in eins. Zwar kann Wortgebrauchsgeschichte im Idealfall alle Bedeutungen und Aspekte eines Begriffs fassen. In allen anderen Fällen muß sie auf die im jeweiligen Wortgebrauch nicht reflektierten Voraussetzungen und Gehalte reflektieren, will sie in ihren Ergebnissen die Sache selbst in den Griff bekommen. Zwar kann es als zentrale Aufgabe der B. angesehen werden, Wandlungen und Veränderungen des Begriffswortes aufzufinden, den Gründen für die Veränderungen nachzuspüren und eine haltbare Deutung zu liefern; dabei können an Knotenpunkten der Begriffsentwicklung Struktur und Schichtung umfassend aufgeklärt werden. B. hat dann aber zu berücksichtigen, daß Begriffe ihre je eigene Zeit haben, sie wurzeln in einer bestimmten Epoche. Erst wenn sie aus dem Zustand ihrer Aktualität geworfen sind, ihre Hoch-Zeit vorüber ist, werden sie formalisierbar und der Methode sprachanalytischer Begriffshistorie zugänglich. Allerdings sind sie dann meist in ihrer Bedeutung weitgehend umfunktionalisiert worden. Es ist fraglich, ob sie sich einer aktuellen Fixierung unterziehen lassen. Die B. führt hier lediglich zur Einsicht in die Unbrauchbarkeit solcher Begriffe für den strengen Gebrauch in den Fachsprachen der Wissenschaften und der Philosophie. Andererseits wirkt die B. der Verfallstendenz durchaus entgegen und kann den Begriff in einer funktional-eindeutigen Bestimmung wieder aufarbeiten, denn sie reduziert sich nicht auf Verfallsgeschichten von Begriffsbedeutungen.

Die historisch-genetische B. greift damit in die gegenwärtige Bedeutungsfixierung ein: Sie macht Begriffe entweder brauchbar oder unbrauchbar für die exakte Verwendung.

Gründet die B. in der Philosophiegeschichtsschreibung und bringt Materialien bei, die den Geschichtsprozeß der Philosophie aufdecken, so zeichnet sie dann verantwortlich eine Begriffshistorie nach, wenn sie umfassende genetisch-funktionale Aufklärung leistet. Keinesfalls darf sie absolute Bezeichnungen deduzieren und diese dann im historischen Aufriß verfolgen.

Vermittels der B. werden die Strukturen der Geschichte von Philosophie und Wissenschaften sowie die Entwicklung von Begriffen selbst sichtbar, ohne daß eine Wiederkehr des philosophischen Historismus ermöglicht wird. Die Theorie der B. versteht diese als Instanz zur Klärung des Kategorienganzen und als Reflexion aufs Kategorien- und Begriffsganze, in dem sich die philosophische Weltorientierung bewegt. B. erarbeitet eine praktikable und einsichtige Methode für die Historiographie der in der philosophischen Fachsprache gebrauchten Wörter und Termini. Sie erweist die geschichtliche Wirksamkeit der Begriffe und bringt Aufklärung über ihren funktionalen Stellenwert im philosophischen Begriffssystem.

Anmerkungen. [1] Vgl. dazu etwa J. GURLITT: Grundriß der Gesch. der Philos. (1786); G. G. FÜLLEBORNS Beytyräge zur Gesch. der Philos. (1794ff.); CH. A. BRANDIS: Von dem Begriff der Gesch. der Philos. (1815); K. A. SCHALLER: Hb. der Gesch. philos. Wahrheit durch Darstellung der Meinungen der ersten Denker alter und neuerer Zeit über dieselben, mit Winken zu ihrer Prüfung (1810); C. F. BACHMANN: Über Gesch. der Philos. (²1820); J. F. I. TAFEL: Die Fundamentalphilos. in genetischer Entwickelung mit besonderer Rücksicht auf die Gesch. jedes einzelnen Problems 1. Theil (1848); L. STRÜMPELL: Die Gesch. der theoretischen Philos. der Griechen in Übersicht, Repetition und Orientierung bei eigenen Studien (1854); K. FISCHER: Gesch. der neueren Philos. 1 (²1865) Vorwort; J. H. SCHOLTEN: Gesch. der Relig. und Philos. (1868); L. GELDSETZER gibt eine Deutung dieser philosophiegesch. Positionen in: Die Philos. der Philosophiegesch. im 19. Jh. (1968) vgl. 2: Die Systematik der Problemstellungen der Theorie der Philosophiegesch. – [2] Repräsentativ dafür etwa: BACHMANN, TAFEL, STRÜMPELL und SCHOLTEN, vgl. Anm. [1]; vgl. auch G. G. FÜLLEBORN: Verzeichnis einiger philos. Modethematum, in: Beyträge zur Gesch. der Philos. 10. Stück (1799) 143-161. – [3] GURLITT, a. a. O. [1] 1, 255-258. 269f. – [4] CH. G. BARDILI: Epochen der vorzüglichsten philos. Begriffe (1788) III-VIII. – [5] G. G. FÜLLEBORN: Über die Gesch. der philos. Kunstsprache unter den Deutschen, in: Beyträge zur Gesch. der Philos. 4. Stück (1794) 118ff. – [6] Über einige Vortheile aus dem Studium der alten Philosophen, a. a. O. 7. Stück (1795) 115ff.; Frg. einer hist. Vorbereitung zu einer Gesch. der Politik und Verzeichniss einiger philos. Modethematum, a. a. O. 10. Stück (1799) 79. 148f. – [7] BRANDIS, a. a. O. [1] 48. 61ff. 77-83. – [8] J. G. MÜLLER: Über Bildung und Gebrauch des Wortes ‹religio›. Theol. Stud. u. Kritiken 8 (1835) 121-148; F. CH. BAUR: Krit. Stud. über den Begriff der Gnosis, a. a. O. 10 (1837) 511-579; vgl. auch Rezension von C. H. WEISSE über Baurs ‹Die christl. Gnosis oder die christl. Religionsphilos. in ihrer gesch. Entwicklung›, a. a. O. (1837) 183-222; J. F. K. GURLITT: Über den Begriff der Dikaiosyne, a. a. O. 13 (1840) 936-975; G. M. REDSLOB: Sprachliche Abh. zur Theol. (1840); F. DIETRICH: Über Wurzel und Begriffsbildung in dem Worte ‹Pflicht›, a. a. O. 14 (1841) 152-178. – [9] Vgl. bes. MÜLLER, a. a. O. [8] 124. 129. 147. – [10] Vgl. BAUR und WEISSE, a. a. O. [8] 512f. 521. 528. 188. 190. 193. – [11] A. TRENDELENBURG vgl. Anm. [9 zu 2] bes. die Gesch. der Kategorienlehre und begriffsgesch. Arbeiten zu den Begriffen ‹Notwendigkeit› und ‹Freiheit› sowie zu Begriffen der aristotelischen und leibnizschen Philosophie. – [12] Log. Untersuch. 1 (²1862) Vorwort; Bezug bei G. TEICHMÜLLER: Neue Stud. zur Gesch. der Begriffe 1 (1876) Vorrede. – [13] G. TEICHMÜLLER: Stud. zur Gesch. der Begriffe (1874, Nachdruck 1965) VI. – [14] ebda. – [15] Die wirkliche und die scheinbare Welt. Neue Grundlegung der Met. (1882) 253; Religionsphilos. (1886) XIIIf. XXIII. 16. – [16] a. a. O. 108-110. 227f. 329. – [17] Stud. ... a. a. O. [13] VII; vgl. Aristotelische Forsch. 3 (1873, Nachdruck 1964) 91f. – [18] Stud. VIII; Neue Stud. ... a. a. O. [12] 1, X; 2, 259-261; 3, V-VIII. – [19] a. a. O. 3, IX. – [20] H. LOTZE: Rezension von G. Teichmüllers Neuen Stud., in: Gött. gel. Anz. (1876) 449-460; wieder abgedruckt, in: Kleine Schriften 3 (1891) 363-371. – [21] G. TEICHMÜLLER: Neue Stud. 2 (1878) 261f. – [22] C. KNÜFER: Grundzüge der Gesch. des Begriffs Vorstellung von Wolff bis Kant. Ein Beitrag zur Gesch. der philos. Terminol. (1911) 1. – [23] A. VON HARNACK: Der Terminol. der Wiedergeburt und verwandter Erlebnisse in der älteren Kirche, in: Texte und Untersuch. zur Gesch. der altchristl. Lit. 42 (1918) 143. – [24] FR. NIETZSCHE, Werke, hg. K. SCHLECHTA 2, 583. 797. – [25] W. WINDELBAND: Lehrb. der Gesch. der Philos. (⁵1910) Vorwort zur 1. Aufl. von 1891 Vf. 8f. 12; Gesch. der Philos., in: Die Philos. im Beginn des 20. Jh. (²1907) 547f. 553. – [26] N. HARTMANN: Zur Methode der Philosophiegesch. Kantstudien 15 (1909); Der philos. Gedanke und seine Gesch., in: Abh. Preuß. Akad. Wiss. (1936), wieder abgedruckt in: Kleinere Schriften 2 (1957); vgl. dazu K. OEHLER: Die Geschichtlichkeit der Philos. Z. philos. Forsch. 11 (1957) 504-526; M. BRELAGE: Die Geschichtlichkeit der Philos. und die Philosophiegesch. Z. philos. Forsch. 16 (1962) 375-405; H. LÜBBE: Philosophiegesch. als Philos., in: Einsichten. G. Krüger zum 60. Geburtstag (1962) 204-229. – [27] H. G. GADAMER: Zur Systemidee in der Philos., in: Festschrift P. Natorp (1924) 56ff. 62ff. 69. – [28] H. G. GADAMER: Vorwort in: Arbeitsber. der Senatskommission für B. bei der Dtsch. Forschungsgemeinschaft. Arch. Begriffsgesch. 9 (1964) 7. – [29] H. G. GADAMER: Wahrheit und Methode (²1965) XXVIIIf. – [30] H. LÜBBE: Säkularisierung. Gesch. eines ideenpolit. Begriffs (1965) 9-22; vgl. Diskussionsbeitrag von E. WEIL, in: Die Philos. und die Frage nach dem Fortschritt (1964) 333.   H. G. MEIER

Begriffsinhalt/Begriffsumfang. Als Synonyme kommen für den *Inhalt* des Begriffs ‹Intension›, ‹Komprehension›, ‹intent›, ‹depth›, ‹complexus›, für den *Umfang* des Begriffes ‹Extension›, ‹étendue›, ‹extent›, ‹breadth›, ‹ambitus› vor.

Die Gegenüberstellung, deren Wurzeln in der aristotelischen Logik zu finden sind, wird in der *Logik von Port-Royal* geprägt. Als *Inhalt* (compréhension) einer Idee wird die Gesamtheit der in der Idee enthaltenen Attribute (ihrer Oberbegriffe) verstanden, welche der Idee nicht geraubt werden können, ohne sie zu zerstören. So sind in der Idee des Dreiecks die Ausgedehntheit, die Figur, das Bestehen aus drei Seiten usw. enthalten. Der *Umfang* (étendue) der Idee besteht aus den Subjekten dieser Idee, d. h. aus ihren Unterbegriffen. Der Umfang der Idee des Dreiecks besteht aus allen verschiedenen Arten des Dreiecks [1]. Nach dieser Bestimmung bestehen sowohl der Inhalt als auch der Umfang eines Begriffes aus anderen Begriffen. Auf diese Weise werden die betreffenden Termini von mehreren Vertretern der traditionellen Logik der Neuzeit benutzt, z. B. von

H. LOTZE und von CH. SIGWART. Von diesem Standpunkte ausgehend kann keine reine Umfangslogik unabhängig von der Inhaltslogik entwickelt werden.

LEIBNIZ unterscheidet zwei Betrachtungsweisen der Begriffe und demnach zwei Methoden zur Ableitung der logischen Gesetze voneinander, indem er etwa einer allgemein bejahenden Aussage zwei Deutungen gibt. Wird die Logik durch die (für Leibniz primäre) Methode per notiones (secundum ideas) als Inhaltslogik entwickelt, so ist die Gattung als Teil der Art, der Prädikatbegriff als Teil des Subjektbegriffes anzusehen. Den Inhalt eines Begriffes bilden somit die in ihm enthaltenen Attribute, seine Bestimmungen oder Merkmale. Wenn die Logik auf der Betrachtung der Termini secundum individua (per exempla) gegründet wird, so wird die Art als ein Teil der Gattung, das Aggregat der unter den Subjektbegriff fallenden Individuen als ein Teil vom Aggregat der unter den Prädikatbegriff fallenden Individuen verstanden. Der Begriffsumfang ist somit Aggregat oder Klasse von Individuen. Die erstere Betrachtungsweise wird auf die aristotelische, die zweite auf die scholastische Tradition zurückgeführt. Die Logik des Begriffsinhaltes und die des Begriffsumfanges werden von Leibniz als zwei Deutungen desselben allgemeinen logischen Kalküls verstanden [2].

B. BOLZANO bestimmt den Begriffsinhalt auf eine von der Tradition abweichende Weise. Er versteht als Inhalt einer Vorstellung an sich die Summe der Teile, aus denen diese Vorstellung an sich besteht, wobei die Art, wie diese Teile miteinander verknüpft sind, nicht berücksichtigt wird. So haben z. B. die Vorstellungen «ein gelehrter Sohn eines ungelehrten Vaters» und «ein ungelehrter Sohn eines gelehrten Vaters» denselben Inhalt, ebenso die Vorstellungen «3^5» und «5^3». Der Begriffsumfang besteht aus den Gegenständen, auf welche die Vorstellung sich bezieht [3].

Die Algebra der Logik wird von G. BOOLE als Algebra von Klassen (Begriffsumfängen) vorgetragen. Aus der Gegenüberstellung mit der Tradition der Inhaltslogik entstand die Frage, ob die Inhalts- oder die Umfangslogik für primär angesehen werden sollte. Jener Standpunkt wird z. B. von W. S. JEVONS [4], dieser von E. SCHRÖDER [5] vertreten. – Die Stellungnahme hängt allgemein von dem philosophischen Standpunkt der Denker ab.

Seitdem G. FREGE den Begriff mit einer einstelligen Funktion identifizierte, deren Wert ein Wahrheitswert ist, und mit der Theorie der Bezeichnung in Zusammenhang brachte [6], wird der Begriff selbst oft als Intension des betreffenden Zeichens (in Analogie zum Sinn eines Namens in der Fregeschen Terminologie) verstanden. Umfang des Begriffes ist nach Frege der Wertverlauf der betreffenden Funktion.

Anmerkungen. [1] A. ARNAULD und P. NICOLE: Logique ou l'art de penser (Paris 1662), hg. CLAIR und F. GIBRAL (Paris 1965) 1, chap. 6. – [2] R. KAUPPI: Über die Leibnizsche Logik (Helsinki 1960). – [3] Wissenschaftslehre 1 (1837, ²1929) §§ 56. 66. 120. – [4] Vgl. z. B. Pure logic (London 1864), Nachdruck in: Pure logic and other minor works (London/New York 1890) 3ff. – [5] Vorlesungen über die Algebra der Logik 1 (1890) 88ff. – [6] Vgl. z. B. Function und Begriff (1891), Neudruck in: G. FREGE: Funktion, Begriff, Bedeutung (1962); Kleine Schriften (1967).

Literaturhinweise. K. MARC-WOGAU: Inhalt und Umfang der Begriffe. Skrifter utg. av K. Humanistiska Vetenkaps-Samfundet i Uppsala 30/2 (Uppsala 1936). – R. KAUPPI: Einführung in die Theorie der Begriffssysteme (Tampere 1967).   R. KAUPPI

Begriffsjurisprudenz, auch Konstruktionsjurisprudenz, wird heute – wenn man von der unreflektierten, polemischen Verwendung des Wortes ‹B.› absieht, die eine formale, am Buchstaben des Gesetzes haftende, lebensfremd erscheinende Rechtsfindung meint – im rechtswissenschaftlichen Sprachgebrauch die von der deutschen Pandektenwissenschaft des 19. Jh. entwickelte Methode genannt. Ursprünglich bezeichnet das Wort ‹B.›, das von R. v. IHERING stammt [1], nicht die Methode schlechthin, sondern nur bestimmte pseudologische Übertreibungen [2] dieser Methode, vor allem die in der romanistischen Rechtswissenschaft des 19. Jh. nicht seltenen Versuche, aus den zur vereinfachenden Darstellung des positiven Rechts formulierten, im System angeordneten Begriffen durch logische Deduktion neue Rechtssätze zu gewinnen [3], um so das Corpus iuris civilis, die Grundlage des gemeinen Pandektenrechts, den sich wandelnden sozialen Verhältnissen anzupassen. Ihering selbst hat der Kritik den Weg gewiesen, indem er die methodische «Verirrung» dieses Verfahrens aufdeckte, das der nicht bewußt gemachten, jeweiligen Setzung «den Nimbus des Logischen» zu geben suchte, anstatt ihre «historische, praktische oder ethische Berechtigung» nachzuweisen [4].

Mit Inkrafttreten des Bürgerlichen Gesetzbuches am 1. Januar 1900 stellt sich der auf seine Anwendung bedachten praktischen Rechtswissenschaft B. hauptsächlich als methodischer Mißgriff bei der richterlichen Rechtsanwendung dar, vor allem bei der Ausfüllung von Lücken intra bzw. praeter legem. Zutreffend wird die bloß logisch-konstruktive Ergänzung der Gesetzeslücke aus Rechtsbegriffen bzw. dem System als pseudologisches, nur Scheinbegründungen bietendes Verfahren einer «technischen B.» [5] bezeichnet, da alle Rechtsanwendung, auch die analoge Rechtsanwendung und die richterliche Rechtsfortbildung praeter legem, weder ausschließlich noch überwiegend ein logisches Verfahren darstellt, sondern auf Wertungen beruht [6]. Gleichwohl bleibt B. (im engeren Sinn) eine Gefahr, der Rechtswissenschaft und Rechtspraxis nicht selten unbewußt erliegen [7].

In dem rechtswissenschaftlichen Methodenstreit, der in den ersten Jahrzehnten unseres Jh. in erklärtem Gegensatz zur B. auf breiter Front ausgetragen und oft mit leidenschaftlicher Polemik geführt wurde, schien die B. den Angriffen der Freirechtslehre, der soziologischen Jurisprudenz und der Interessenjurisprudenz, vor allem in ihrer modernen Ausprägung als Wertungsjurisprudenz, endgültig erlegen zu sein [8]. In der Gegenwart ist jedoch die Einsicht im Vordringen, daß die Rechtswissenschaft mit ihrem bisherigen, allzu negativen Verdikt über die B. von einer prinzipiellen Kritik derjenigen Methode noch weit entfernt ist, als deren Mißbrauch sich B. zunächst darstellte. Als B. (im weiteren Sinn) wird nun die von der deutschen Rechtswissenschaft des 19. Jh. (F. C. v. SAVIGNY, G. F. PUCHTA, B. WINDSCHEID u. a.) entwickelte, die metaphysischen Voraussetzungen des Rechts ausklammernde, logisch-systematische Methode schlechthin verstanden, die das Recht von der technischen Seite her wissenschaftlich zu erfassen und dogmatisch-konstruktiv im System darzustellen suchte [9], indem sie die gegebenen Rechtssätze im Hinblick auf ihre tatsächlichen und rechtlichen Voraussetzungen in prägnanten Begriffen fixierte, die Begriffe nach Maßgabe des logischen Vorrangs der allgemeineren vor den besonderen systematisch ordnete und abstrakte wissenschaftliche Definitionen formulierte, welche es erlaubten, die zugrunde liegenden Rechtssätze an ihrem jeweiligen systematischen Ort im Wege logischer Deduktion aus den Begriffen bzw. dem System abzuleiten und sie als deren logische Folge darzustellen. Da die B. als rechtswissenschaftliche Methode im zweiten Drittel des 19. Jh. nicht nur das deutsche Privatrechtsdenken beherrschte, sondern auch in das öffentliche Recht, nämlich ins Straf-, Prozeß- und Staatsrecht (C. F. GERBER, P. LABAND) eindrang [10] und in ihrer Wirksamkeit nicht auf Deutschland beschränkt blieb [11], ist es legitim zu fragen, ob auch die rechtswissenschaftliche Methode früherer Epochen als B. gelten kann.

Gegenüber den nicht seltenen Versuchen, Anfänge einer B. im römischen Recht nachzuweisen [12], erscheint kritische Zurückhaltung geboten. Zwar mag CICEROS (leider nicht erhaltene) Schrift ‹De iure civili in artem redigendo› Züge einer begriffsjuristischen Denkweise getragen [13], doch ist sie in ihrem Bestreben, den römischen Juristen griechische Systematik näherzubringen und damit die Entwicklung des Rechts zur τέχνη zu fördern, nicht typisch für das römische Rechtsdenken, das aller Abstraktion und wissenschaftlichen Systematisierung eher abgeneigt war. Auch das um 161 n. Chr. entstandene, in den Institutionen des GAIUS enthaltene System mag wegen seiner auf Darstellung des Rechtstoffs abzielenden Funktion als Vorläufer moderner B. angesehen werden [14], blieb aber zunächst wegen seiner Begrenzung auf didaktische Zwecke ohne nachhaltige Wirkung. Im nachrömischen Rechtsdenken sind deutliche Ansätze einer begriffsjuristischen Methodik vor allem in der scholastischen Jurisprudenz nachweisbar [15]. Wenn auch die in Deutschland stattfindende Rezeption des römischen Rechts nicht bestimmender Faktor der Entwicklung zur B. war [16], so hat doch das Erfordernis einer Bearbeitung der tradierten römischrechtlichen Materialien einen Prozeß fortschreitender Verwissenschaftlichung ausgelöst, in dessen verschiedenen Phasen (Glosse, Postglosse, Humanismus, usus modernus, Naturrecht, Historische Rechtsschule) die alte, auf philologisch-logische Exegese und Textharmonisierung bedachte Methode schließlich durch die primär fachwissenschaftliche, begriffsjuristische Methode der historischen Rechtsschule abgelöst wurde. Ihre wesentlichen Antriebe verdankt die B. der vernunftrechtlichen Jurisprudenz des 17. und 18. Jh., die in ihrem von DESCARTES, SPINOZA und LEIBNIZ beeinflußten Streben, zu methodisch gesicherter Erkenntnis zu gelangen und die Ergebnisse sittlich-rechtlichen Denkens in einem umfassenden Ganzen more geometrico darzustellen, ungehindert von jeder positiven Rechtsquelle ein begrifflich prägnantes System des ius naturae zu entwickeln suchte [17]. Treibende Kraft der Entwicklung zur B. war die aus der Schulphilosophie erwachsene Demonstrationsmethode CHR. WOLFFS, der in seiner 1730 entstandenen Abhandlung ‹De jurisprudentia civili in formam demonstrativam redigenda› ihre Übertragung auf das positive Recht bejahte [18] und sie selbst gelegentlich auf Begriffe des römischen, deutschen und kanonischen Rechts anwandte [19]. In der Rechtswissenschaft erstmals erprobt wurde seine Methode in den 1731 erschienenen Arbeiten von J. U. CRAMER und J. A. ICKSTATT [20]. Der einflußreichste der Juristen aus der Wolffschen Schule, D. NETTELBLADT, legte nicht nur dar, wie die demonstrative Methode Wolffs für die Rechtswissenschaft nutzbar zu machen sei [21], sondern wandte sie auch zur Darstellung des positiven gemeinen Rechts an. Seine Versuche, ein umfassendes System der Rechtswissenschaft zu begründen und einen «allgemeinen Teil» für alle Zweige des positiven Rechts zu formulieren [22], sind ein Beweis dafür, daß es den durch Chr. Wolff beeinflußten, noch im Naturrecht befangenen Juristen schon um die Mitte des 18. Jh. gelungen ist, durch Übertragung der Wolffschen Methode das amorphe, schwer überschaubare, tradierte positive Recht dogmatisch-technisch zu erfassen und systematisch darzustellen. Durch die Kritik KANTS wurden nur die erkenntnistheoretischen Voraussetzungen des Naturrechts und sein ethischer Apriorismus getroffen, jedoch nicht der methodische Ertrag des Vernunftrechts für die Rechtswissenschaft. Wegen des anregenden Einflusses, den Wolffs demonstrative Methode – vermittelt durch seine gemeinrechtlichen Schüler und deren Nachfolger – auf die Rechtswissenschaft des 18. Jh. ausübte, wird Wolff mit Recht als geistiger Vater der B. bezeichnet [23], welche die Pandektenwissenschaft des 19. Jh. bis zu WINDSCHEIDS Pandekten und VON TUHRS ‹Allgemeinen Teil› überwiegend beherrschte.

Als rechtswissenschaftliche Methode ist die B. jedoch ein Kind des 19. Jh. Mit der Übernahme durch die historische Rechtsschule ist die Wolffsche Methode nur mehr «heuristisches Prinzip» einer die leitenden Grundgedanken und Begriffe des positiven Rechts herausarbeitenden (dogmatischen) und diese Einsichten ordnenden (systematischen) Rechtswissenschaft, der nicht mehr ordnende Vernunft und Ethos den Maßstab liefern, sondern das Ansehen römischer Juristen und des von ihnen formulierten Rechts [24]. Unter den logischen Anforderungen dieses methodischen Prinzips mußte das Ziel historischer Quellenforschung nahezu zwangsläufig ins Hintertreffen geraten [25]. Der strengen Anwendung dieses Prinzips, die bis zu seiner doktrinären Überspannung reichte, verdankt die B. jedoch ihren bleibenden rechtswissenschaftlichen Ertrag, die Ausbildung einer Rechtsdogmatik, welche nicht nur eine vertiefte Einsicht in den Inhalt des positiven Rechts ermöglicht, sondern vor allem seine geistige Beherrschung und technische Handhabung gewährleistet. Nicht zuletzt deswegen ist B. heute, trotz ihrer metaphysischen Voraussetzungen, vor allem ein Problem rechtswissenschaftlicher Methodik und juristischer Technik.

Anmerkungen. [1] R. V. IHERING: Scherz und Ernst in der Jurisprudenz (1884) 337 und passim. – [2] a. a. O. 362f. – [3] 346f. – [4] R. V. IHERING: Geist des römischen Rechts III/1 (1865) 299f. – [5] PH. HECK: Was ist diejenige B., die wir bekämpfen? Dtsch. Juristen-Zeitung (= DJZ) (1909) 1457-1461, 1458f.; Begriffsbildung und Interessenjurisprudenz (1932) 9, 19ff.; vgl. auch E. STAMPE: Rechtsfindung durch Konstruktion. DJZ 10 (1905) 417-422, 419f. – [6] W. KRAWIETZ: Das positive Recht und seine Funktion (1967) 86ff. – [7] E. BUCHER: Was ist B.? Z. bern. Juristenvereins 102 (1966) 274-304, 286f. – [8] G. BOEHMER: Grundlagen der bürgerlichen Rechtsordnung II/1 (1951) 158ff. 190ff. – [9] Vgl. R. SOHM: Über B., Festgabe der DJZ zum 500jährigen Jubiläum der Univ. Leipzig, hg. O. LIEBMANN (1909) 171-176, 173. – [10] W. WILHELM: Zur jur. Methodenlehre im 19. Jh. (1958) 13ff. – [11] P. KOSCHAKER: Europa und das römische Recht (⁴1966) 275f. – [12] E. SEIDL: War B. die Methode der Römer? Arch. Rechts- u. Soz.-Philos. 43 (1957) 343-366, 357ff. – [13] F. SCHWARZ: Begriffsanwendung und Interessenwertung im klass. römischen Recht. Arch. civilistische Praxis 152 (1952/53) 193-215, 198. – [14] H. COING: Zur Gesch. des Privatrechtssystems (1962) 20f. – [15] A. B. SCHWARZ: Pandektenwiss. und heutiges roman. Studium, in: Festgabe zum schweiz. Juristentag 1928 (1928) 213-244, 226f. – [16] BOEHMER, a. a. O. [8] 59. – [17] G. DAHM: Dtsch. Recht. Die gesch. und dogmatischen Grundlagen des geltenden Rechts (²1963) 107ff. – [18] Horae subsecivae Marburgenses, Trim. Brum. No 2 (1731) 84-150, 94 und 102ff. – [19] R. STINTZING und E. LANDSBERG: Gesch. der dtsch. Rechtswiss. III/1 (1898) 188ff., 201. – [20] a. a. O. 272ff. – [21] D. NETTELBLADT: Von den Verdiensten des Freyherrn von Wolf um die positive Rechtsgelehrtheit. Hallische Beyträge zu der jur. gelehrten Hist. (1755) I, 2, 207-249; Unvorgreifliche Gedanken von dem heutigen Zustande der bürgerlichen und natürlichen Rechtsgelahrtheit in Teutschland, deren nöthiger Verbesserung und dazu dienlichen Mitteln (1749) I, C 3, § 22. – [22] A. B. SCHWARZ: Zur Entstehung des modernen Pandektensystems. Z. Savigny-Stift. Rechtsgesch., roman. Abt. 42 (1921) 578-610, bes. 587ff. 589. – [23] F. WIEACKER: Privatrechtsgesch. der Neuzeit (²1967) 320. – [24] F. BEYERLE: Der andere Zugang zum Naturrecht. Dtsch. Rechtswiss. Vjschr. der Akad. für dtsch. Recht 4 (1939) 3-24, 13. – [25] F. W. JERUSALEM: Soziol. des Rechts (1925) 64f.

Literaturhinweise. A. BAUMGARTEN: Die Wiss. vom Recht und ihre Methode (1920). – W. SCHÖNFELD: Die Gesch. der Rechtswiss. im Spiegel der Met. (1943). – K. LARENZ: Methodenlehre der Rechtswiss. (²1969).   W. KRAWIETZ

Begriffsrealismus. Der Ausdruck dient seit Beginn des 20. Jh. stets zur Bezeichnung einer philosophischen Theorie, nach der den Allgemeinbegriffen reales Sein zugeschrieben wird und die sich seit dem Platonismus verschiedentlich neu akzentuiert hat.

HUSSERL wendet sich in den ‹Logischen Untersuchungen› gegen die «Exzesse des B.», die bewirkt hätten, daß nicht nur die «Realität», sondern auch die «Gegenständlichkeit» der Allgemeinbegriffe bestritten worden sei. Er verteidigt demgegenüber ihre Eigenständigkeit und nennt sie daher «spezifische» oder «ideale Gegenstände» [1]. Damit nimmt er für sie die «Gegenständlichkeit», nicht aber die «Realität» in Anspruch. FR. BRUNSTÄD setzt im Zusammenhang mit einer Gesamtdarstellung der Geschichte der Logik [2] den Ausdruck ‹B.› im Sinne einer Präzisierung an die Stelle des «objektiven Idealismus»: «Die Annahme, daß das im Begriff Gemeinte und Gedachte das absolut Reale ist, führt zu der Hypostasierung der Idee, zum B., wie man unmißverständlicher statt ‹objektiver Idealismus› sagen könnte» [3]. Brunstäd bezieht sich hier auf die Entstehung der platonischen Ideenlehre. Später ist von einer «Zurückverwandlung» des B. in den stoischen «Phänomenalismus» und von seiner «Wiederherstellung» im Neuplatonismus die Rede [4].

N. HARTMANN erwähnt im Zusammenhang mit der aristotelischen Metaphysik unter dem Titel ‹Das Vorurteil der Begrifflichkeit› die «begriffsrealistischen Theorien des Mittelalters» [5]. Er meint damit diejenige Richtung der mittelalterlichen Philosophie, die im Zusammenhang mit dem Universalienstreit gewöhnlich «Realismus» genannt wird. Hartmann stellt diesen B. radikal in Frage, vor allem mit dem Hinweis auf die «ungeheure Verführungskraft», die von dem Gedanken ausgehe, daß die Begrifflichkeit und das Seinsprinzip identisch seien. Nach seiner Darstellung hat das «Vorurteil der Begrifflichkeit» seinen größten Triumph in der Logik *Hegels* erlebt. Tatsächlich ist der B. für Hegels Denken eine selbstverständliche Voraussetzung, weil für ihn die Objektivierbarkeit der Realität an Begriffe gebunden ist. Zwar kommt der Ausdruck selbst bei ihm nicht vor, aber an zahlreichen Stellen spricht er davon, daß sich der Begriff «realisiere»: «Der Begriff ist das wahrhaft Erste, und die Dinge sind das, was sie sind, durch die Tätigkeit des ihnen innewohnenden und in ihnen sich offenbarenden Begriffs ... Der Gedanke und näher der Begriff ist die unendliche Form oder die freie, schöpferische Tätigkeit, welche nicht eines ausserhalb ihrer vorhandenen Stoffes bedarf, um sich zu realisieren» [6]. Derartige Wendungen haben vermutlich einen wesentlichen Beitrag zur Bildung des Ausdrucks ‹B.› geleistet.

Anmerkungen. [1] E. HUSSERL: Log. Untersuchungen 2 (⁴1928) 107f. – [2] FR. BRUNSTÄD: Hb. der Philos. (1933) Abt. 1: Logik. – [3] a. a. O. 13. – [4] 36. – [5] N. HARTMANN: Der Aufbau der realen Welt (1940) 108f. – [6] HEGEL, Werke, hg. GLOCKNER 8 (⁴1964) 361.   H. R. SCHWEIZER

Begriffsschrift. Den Terminus ‹B.› verwendet zuerst TRENDELENBURG [1] als Ausdruck für das *Leibniz*sche Programm einer lingua rationalis (von Trendelenburg u. a. fälschlich «lingua characterica» bzw. «lingua characteristica (universalis)» genannt [2]). Das Ziel einer solchen B. ist nach Trendelenburg, aus den Begriffsausdrücken die Zusammensetzung der Begriffe aus einfachsten Begriffen (Merkmalen) unmittelbar ablesbar zu machen, und zwar dadurch, daß die Zusammensetzung der Begriffsausdrücke direkt der Zusammensetzung der Begriffe entspricht. Die Verwirklichung eines solchen Programms hängt bereits für LEIBNIZ davon ab, ob es gelingt, einfachste Begriffe oder Grundbegriffe, durch deren Kombination alle übrigen zusammengesetzt (definiert) werden können, ausfindig zu machen und so ein «Alphabet des Denkens» zu schaffen [3].

FREGE hat den Terminus ‹B.› von Trendelenburg übernommen und zum Titel seiner ersten logischen Schrift gewählt [4]. Jedoch versteht er diesen Terminus anders als Trendelenburg, da er von der B. in erster Linie nur die Angabe der allgemeinen, d. h. logischen Formen verlangt. Zwar müssen diese «geeignet sein, sich mit einem Inhalte auf das Innigste zu verbinden», aber, so führt Frege aus: «Die Zeichen von inhaltlicher Bedeutung sind weniger wesentlich. Wenn die allgemeinen Formen einmal vorhanden sind, können jene leicht nach Bedürfnis geschaffen werden. Wenn es nicht gelingt oder nicht nötig erscheint, einen Begriff in seine letzten Bestandteile zu zerlegen, kann man sich mit vorläufigen Zeichen begnügen» [5]. Frege verzichtet also im Gegensatz zu Leibniz ausdrücklich auf den definitorischen Aufbau eines *universalen* Begriffssystems. Er selbst hat sich im Rahmen seines logizistischen Programms [6] darauf beschränkt, nur das Begriffssystem der Arithmetik mit den «allgemeinen Formen» bzw. der Logik zu verbinden.

Anmerkungen. [1] A. TRENDELENBURG: Hist. Beiträge zur Philos. 3 (1867) 4. – [2] Vgl. G. PATZIG: Leibniz, Frege und die sogenannte «lingua characteristica universalis». Akt. int. Leibniz-Kongr., Hannover 1966, Bd. 3: Erkenntnislehre, Logik, Sprachphilos., Editionsberichte (1969) 103-112. – [3] LEIBNIZ, Philos. Schr., hg. GERHARDT 7, 292. – [4] G. FREGE: B., eine der arithmetischen nachgebildete Formelsprache des reinen Denkens (1879), hg. I. ANGELELLI (1964). – [5] Über die wiss. Berechtigung einer B. Z. Philos. philos. Kritik 81 (1882) 55. – [6] Vgl. Art. ‹Grundlagenstreit›.

Literaturhinweis. G. PATZIG s. Anm. [2].   G. GABRIEL

Beharrlichkeit wird in der *Moralphilosophie* als Tugend verstanden, die Meisterung der Schwierigkeit der zeitlichen Dauer im rechten Tun ist und also zum Fortfahren im Guten disponiert; in der *Theologie* bedeutet sie das Verharren in der Rechtfertigungsgnade für längere Zeit oder – als Gnadengabe – bis zum Tod.

1. Schon in der *Antike* ist ‹B.› Tugendbegriff [1], wird aber in den Tugendkatalogen der bekannten philosophischen Ethiken nicht aufgeführt. Aus den Belegen der römischen Autoren ergibt sich, daß die *perseverantia* als Mitte zwischen pertinacia oder obstinatio (Hartnäckigkeit, Starrköpfigkeit) einerseits und mobilitas (Wankelmut) andererseits bestimmt wird [2]. CICERO, der die B. neben Großherzigkeit, Selbstvertrauen und Geduld der Kardinaltugend der Tapferkeit unterordnet, definiert sie als «in ratione bene considerata stabilis et perpetua permansio» [3]. – Anscheinend wird dieser Begriff durch PHILO VON ALEXANDRIA mit der ganzen Fülle stoisch gefärbter Synonyma dem christlichen Denken vermittelt [4].

2. In der *Patristik* seit AUGUSTIN [5] gewinnt die B. besondere Bedeutung in der Frage nach der subjektiven Heilsgewißheit des Einzelnen und der objektiven geschichtlichen Glaubenskontinuität der Kirche. Im 12. Jh. besteht Konsens über die Verlierbarkeit des Gnadenstandes und über die Notwendigkeit einer speziellen Gnade der B. zur Erreichung des Heils [6]. Allerdings wird der Heilsungewißheit des Glaubenden die Verpflichtung zur Hoffnung auf Gottes Hilfe gegenübergestellt [7]. Im System der *katholisch-theologischen Tugendlehre* wird die B., der antiken Tradition entsprechend, der Tapferkeit oder Stärke (fortitudo) untergeordnet. Während sich die *Geduld* gegen alltägliche äußere Widerstände und damit gegen die Traurigkeit richtet und die *Standhaftigkeit* großen äußeren Widerständen, besonders Verfolgung und Todesgefahr, und damit der Furcht widersteht, richtet sich die B. gegen die durch allgemein menschliche Schwäche bedingten Widerstände des eigenen Innern angesichts der Dauer, wirkt also gegen die Ermüdung. Diese Unterscheidungen bleiben in der lateinischen Fachsprache der Moralphilosophie bis ins 17. Jh. hinein bestehen [8].

3. Demgegenüber sind die Konturen des erst im 17. Jh. belegten deutschen Begriffs der B. im umgangssprachlichen und moralphilosophischen Gebrauch weniger scharf. Zunächst findet sich sein Bedeutungsinhalt als Bedeutungsvariante des Begriffs ‹Beständigkeit› [9], und zwar mit Verweis auf die ‹Disputatio de constantia et inconstantia› des THOMASIUS: «diejenige Beschaffenheit der Tugend, vermöge welcher sie in einer steten Bemühung nach dem Willen Gottes zu leben und die wahre Glückseligkeit zu genießen, bestehet». Der stoische Zentralbegriff ‹constantia› (Beständigkeit) hat also die Momente der ‹perseverantia› (B.) in sich aufgenommen, ein eindrucksvoller Beleg für die Verschmelzung von Stoa und Christentum im 17. Jh. [10]. – Demgegenüber verwendet SCHLEIERMACHER den strengeren Begriff B., allerdings nicht für eine Einzeltugend, sondern als Moment vieler Tugenden, sofern man diese nicht unter dem Aspekt der Gesinnung, sondern der «Fertigkeit» betrachte: «die B. gibt nur die mehr oder minder gelungene Ausführung ... Als Erscheinung der Liebe ist sie nur das Quantitative des Vernunfttriebes, denn je stärker dieser, um desto mehr wird, was in der Gesinnung als Liebe liegt, auch in der Zeit erscheinen» [11]. – Mit dem B.-Begriff verwandt ist N. HARTMANNS Begriff der ‹Beharrung›: Er bedeutet a) in der Wertantinomie von «Tendenz und Beharrung» das «Insichbleiben der ethischen Substanz» im Strom der Aktivität [12] und dient b) zur Umschreibung des Wertes der Tapferkeit [13].

4. Unabhängig von der oben skizzierten Tradition verwendet KANT den B.-Begriff in transzendentalphilosophischer Bedeutung als notwendiges Attribut der Substanz. Die B. drückt die Zeit, als das beständige Korrelat alles Daseins der Erscheinungen, alles Wechsels, aus, welcher die Zeit selbst ja nicht betrifft. Als Postulat des Verstandes ist sie «eine notwendige Bedingung, unter welcher allein Erscheinungen, als Dinge oder Gegenstände, in einer möglichen Erfahrung bestimmbar sind» [14]. – Auch bei SCHOPENHAUER erscheint B. als Attribut der Substanz. Er stellt das Gesetz der B. der Substanz, «welches die Sempiternität der Materie ausspricht», als Korrelarium des Kausalgesetzes auf [15].

Anmerkungen. [1] Griech. ΕΠΙΜΟΝΉ, z. B. PLATON, Krat. 395 a. – [2] VARRO, De lingua latina V, 2; CICERO, Phill. VII, 5, 9-14. – [3] CICERO, De inventione 2, 54, 163. – [4] PHILO, Quaest. et solut. in Genesin IV. – [5] AUGUSTIN, De dono perseverantiae; De praedestinatione Sanctorum. – [6] Vgl. Luk. 21, 36; Phil. 1, 6. – [7] 1. Kor. 10, 13; vgl. Tridentinum D 806. D 826. – [8] z. B. MICRAELIUS: Lex. philos. (1653). – [9] Vgl. J. H. ZEDLER: Universal-Lex. (1732-54); J. G. WALCH: Philos. Lex., hg. HENNIGS (⁴1775). – [10] Dafür legen auch die Wörterbücher von J. C. ADELUNG: Grammat. krit. Wb. der hochdtsch. Mundart (1808), von J. und W. GRIMM (1854) sowie EISLER⁴ Zeugnis ab. – [11] F. E. D. SCHLEIERMACHER: Grundriß der philos. Ethik, hg. TWESTEN (1841), Neudruck (1911) 186. – [12] N. HARTMANN: Ethik (1949) 306-308. – [13] a. a. O. 433. – [14] KANT, KrV A 189. – [15] A. SCHOPENHAUER: Über die vierfache Wurzel des Satzes vom zureichenden Grunde (1813) 4. Kap. § 20.   CHRISTEL KRIELE

Behauptung. Bereits ARISTOTELES unterscheidet deutlich [1] den «apophantischen» Satz (die heute in der Logik so genannte «Aussage»), «der in sich Wahrheit oder Falschheit hat» und sich daher *behaupten* läßt (λόγος ἀποφαντικός, ἀπόφανσις), von einem Satz, bei dem dies nicht der Fall ist, wie z. B. einer Bitte.

Das deutsche Wort ‹behaupten› tritt in der spätmittelhochdeutschen Form ‹behoubeten› zunächst in der Gerichtssprache im Sinne von ‹bekräftigen› auf und wird dann seit dem 17. Jh. allgemeiner gebräuchlich. «Etwas behaupten» bedeutet dabei «etwas als seine Meinung aussprechen».

«Behaupten» und «Urteilen» hängen im traditionellen logischen Sprachgebrauch eng zusammen. So schreibt BOLZANO [2]: «In den Begriffen, welche die Worte: *Behaupten, Entscheiden, Meinen, Glauben, Fürwahrhalten*, und andere ähnliche bezeichnen, liegt ein gewisser gemeinschaftlicher Bestandteil, der in jedem derselben nur noch mit einem eigenen Nebenbegriffe verbunden ist. Lassen wir nun diese Nebenbegriffe weg, und denken uns bloß, was die Bedeutungen jener Worte Gemeinschaftliches haben: so denken wir uns das, was ich *Urteilen* nenne.» FREGE unterscheidet später genauer dreierlei: «1. das Fassen des Gedankens – das Denken, 2. die Anerkennung der Wahrheit eines Gedankens – das Urteilen, 3. die Kundgebung dieses Urteils – das Behaupten» [3]. Ähnlich wie Frege bestimmt auch HUSSERL den Begriff des Behauptens: «Denn behaupten ist aussagen, daß der und jener Inhalt in Wahrheit sei» [4].

Der heutige logisch reflektierte Gebrauch von «behaupten» läßt sich wie folgt normieren: Wer einen Satz *behauptet*, verbürgt sich für seine Wahrheit, d. h. macht sich anheischig, ihn auf jeden Fall gegenüber kundigen und argumentationswilligen Gesprächspartnern verteidigen zu können. Entsprechend heißt dann auch die behauptete Aussage selbst eine B. Damit sich eine B. ernsthaft vertreten läßt, ist also die Kenntnis einer Verteidigungs*strategie* oder *Begründung* (und in diesem Sinne der «Wahrheit» der Aussage) notwendig [5].

Anmerkungen. [1] Vgl. z. B. ARISTOTELES, De interpretatione 17 a 1ff. – [2] B. BOLZANO, Wissenschaftslehre I, § 34, Nr. 2. – [3] G. FREGE: Der Gedanke, in: Beiträge zur Philos. des dtsch. Idealismus 1 (1918) 62. – [4] E. HUSSERL: Logische Untersuchungen 1 (⁴1928) 123. – [5] Vgl. W. KAMLAH und P. LORENZEN: Logische Propädeutik (1967) Kap. 4.   Red.

Behauptungssatz heißt die *Behauptung* (s. d.) einer Aussage als wahr oder begründet, in der modernen Logik manchmal gekennzeichnet durch ein eigenes *Behauptungszeichen* (s. d.).
   A. MENNE

Behauptungszeichen ist ein von FREGE [1] eingeführtes Zeichen zur Kennzeichnung einer behaupteten Aussage (im Unterschied etwa zur bloß hingeschriebenen Aussage), und zwar heißt: «$\vdash p$» bei Frege «Die Aussage p

ist als wahr behauptet». Da es für die Kennzeichnung des Behauptungscharakters in Freges Begriffsschrift auf den senkrechten Strich ankommt und Frege Behauptung und *Urteil* in der ‹Begriffsschrift› nicht unterscheidet, sagt er statt ‹B.› ‹*Urteilsstrich*›.

Anmerkung. [1] G. FREGE: Begriffsschrift (1879), hg. I. ANGELELLI (1964) 2.
A. MENNE

Behaviorismus (von amer. ‹behavior› = Verhalten), Verhaltenslehre, wird als Definition der Psychologie, unabhängig voneinander durch W. MCDOUGALL 1912 [1] und J. B. WATSON 1913 [2] als neue Bezeichnung für ‹Psychologie› eingeführt. Während McDougall sich später von Watsons B. distanzierte [3], sind besonders in Amerika einige von Watsons Grundsätzen bis heute in der Psychologie wirksam geblieben. Die behavioristische Schule entstand durch konsequente Anwendung tierpsychologischer Methoden auf die Humanpsychologie in Reaktion auf fruchtbare Diskussionen über die Eigenart von Bewußtseinsphänomenen. Objekt der Psychologie wird das Verhalten, das der Anpassung an die Umwelt dient. Die beiden Hauptfragen sind: 1. Was wirkt als Reiz auf Organismen, indem es Antworten hervorruft? 2. Wie entstehen neue Verbindungen zwischen Reizen und Reaktionen? LASHLEY [4] hat in einer behavioristischen Schaffensperiode als Wesen der neuen Schule die Annahme bezeichnet, daß die Wissenschaft vom Menschen nichts anderes entdecken könnte, als was ausschließlich mit Begriffen der Mechanik und Chemie zu beschreiben wäre. Als wichtigstes Erklärungsprinzip für das Verhalten greift WATSON 1916 [5] den von PAWLOW so genannten bedingten Reflex auf. Er setzt damit die Ausweitung des ursprünglich elementaren physiologischen Begriffs auf die Erklärung aller erlernten Verhaltensweisen fort. BUYTENDIJK und PLESSNER [6] kritisieren diese Tendenz bereits bei Pawlow. MURPHY [7] glaubt, daß der neuere B. weniger durch die metaphysische Grundannahme (Materialismus) zu kennzeichnen, als vielmehr eine psychologische Richtung sei, in der nur bestimmte Methoden zugelassen werden. Die Introspektion (Selbstwahrnehmung oder Phänomenanalyse) wird im B. abgelehnt, weil Bewußtseinsphänomene prinzipiell nicht Gegenstand der Wissenschaft sein könnten, da sie nur je Einzelnen zugänglich seien. – Im Neo-B. werden zum Teil keine physiologischen Mechanismen zur Erklärung benutzt, sondern operational definierte Zwischenvariablen oder hypothetische Konstruktionen, die gelegentlich wieder mentalistische Bezeichnungen erhalten (z. B. Angst, Erwartung, Antrieb). Diese Art des B. wird auch ‹operationaler B.› genannt (E. C. TOLMAN, C. L. HULL). Von E. C. TOLMAN wurde ab 1920 ein «purposive behaviorism» vertreten, eine Richtung, die von 1932 an weitere Anerkennung erhielt. Im Neo-B. fehlt zwar die Bewußtseinsanalyse, aber es wird von Berichten über «private Ereignisse» nach methodischen Regeln Gebrauch gemacht. Unter den empirisch forschenden Psychologen gibt es heute kaum noch Behavioristen im Sinne WATSONS, jedoch sind die experimentell arbeitenden Psychologen in methodologischer Hinsicht (nicht in ihren Theorien) alle Neobehavioristen. Die Gleichsetzung der Lerntheorie mit B. ist falsch, weil im neuen B. nicht alles Verhalten auf Lernprozesse zurückgeführt wird und weil es nicht nur behavioristische Lerntheorien gibt.

Anmerkungen. [1] W. MCDOUGALL: Psychol., the study of behaviour (London 1912). – [2] J. B. WATSON: Psychol. as behaviorist views it. Psychol. Rev. 20 (1913) 158–177. – [3] W. MCDOUGALL: Outline of psychol. (London 1923); J. B. WATSON und W. MCDOUGALL: The battle of behaviorism (London 1928) 61. – [4] K. S. LASHLEY: The behavioristic interpretation of consciousness. Psychol. Rev. 30 (1923) 237–272. 329–353. – [5] J. B. WATSON: The place of the conditioned reflex in psychol. Psychol. Rev. 23 (1916) 89–116. – [6] F. J. BUYTENDIJK und H. PLESSNER: Die physiologische Erklärung des Verhaltens. Eine Kritik an der Theorie Pawlows. Acta biotheor. (Leiden) Ser. A, 1 (1935) 151–172. – [7] G. MURPHY: An hist. introduction to modern psychol. (London 1929) 278.

Literaturhinweise. – Darstellungen: E. C. TOLMAN: Purposive behavior in animals and men (New York 1932). – J. C. FLUGEL: Probleme und Ergebnisse der Psychol. (1947) 209–220. – R. S. WOODWORTH: Contemporary schools of psychol. (New York ²1948) 68–119. – C. L. HULL: A behavior system (New Haven 1952). – B. F. SKINNER: Sci. and human behavior (New York 1953). – R. BERGIUS: Behavioristische Konzeptionen zur Persönlichkeitstheorie. Hdb. Psychol. 4, hg. PH. LERSCH und H. THOMAE (1960) 475–541. – F. GRAUMANN: Subjektiver B.? Arch. ges. Psychol. 117 (1965) 240–251. – *Kritik:* A. A. ROBACK: Behaviorism at twenty five (Cambridge, Mass. 1937). – O. GRAEFE: Carnaps ‹Psychol. in physikalischer Sprache›. Arch. Philos. 10 (1960) 311–334.
R. BERGIUS

Beifall (συγκατάθεσις, assensio, Anerkennung, Billigung, Zustimmung) besagt in der Logik, daß eine Aussage als wahr anerkannt oder geglaubt wird. Viele Philosophen halten diesen B. für ein wesentliches Merkmal des Urteils (s. d.), durch das es sich von einer einfachen *Aussage* oder einer bloßen *Annahme* (s. d.) unterscheidet. Eine besonders nachdrückliche Form dieses B. stellt die *Behauptung* (s. d.) dar. Die *Stoa* bezeichnete die Anerkennung der Wahrheit einer Aussage als Synkatathesis [1]. THOMAS VON AQUIN spricht von ‹assensio› und ‹assensus› [2] und sagt: «Potest etiam dici, quod intellectus assentit, inquantum a voluntate movetur» [3]. Bei OCCAM heißt es: «... intellectus non tantum apprehendit obiectum, sed etiam illi assentit vel dissentit ...» [4]. DESCARTES formuliert: «Atque ad iudicandum requiritur quidem intellectus ... sed requiritur etiam voluntas, ut rei aliquo modo perceptae assensio praebeatur» [5], LOCKE widmet ein ganzes Kapitel den ‹Degrees of Assent› und sagt zu Beginn: «Our assent ought to be regulated by the grounds of probability» [6]. SPINOZA [7] definiert geradezu «voluntas» als «facultas affirmandi et negandi». Für HUME [8] ist das Urteil weitgehend «belief». BOLZANO steht in dieser Tradition, wenn er darlegt, daß «in den Begriffen, welche die Worte: Behaupten, Entscheiden, Meinen, Glauben, Fürwahrhalten, und andere ähnliche bezeichnen, ... ein gewisser gemeinschaftlicher Bestandteil» liegt, «... das, was ich Urteilen nenne» [9]. In Parallele zu Occam erklärt BRENTANO: «Unter Urteilen verstehen wir ein (als wahr) Annehmen oder (als falsch) Verwerfen» [10].

Anmerkungen. [1] SEXTUS EMPIRICUS, Adversus Mathematicos VIII, 10, 397. – [2] L. SCHÜTZ: Thomaslexikon (²1895) 69. – [3] THOMAS VON AQUIN, S. theol. I/II, 15, 1 ad 3. – [4] C. PRANTL: Gesch. der Logik im Abendlande 1-4 (1855-1870, Neudruck 1957) 3, 333. – [5] DESCARTES, Principia philos. I, XXXIV, S. 18. – [6] J. LOCKE, An essay conc. human understanding II, 16, S. 100ff. – [7] SPINOZA, Ethica II, prop. 48 Scholarium. – [8] D. HUME, Treatise of human nature I, 3, 7. – [9] B. BOLZANO, Wissenschaftslehre § 34, 2. – [10] F. BRENTANO: Psychol. vom empirischen Standpunkte, hg. O. KRAUS (1925) 2, 34.
A. MENNE

Beispiel, Exempel, exemplarisch. ‹B.› kommt her von alt- und mittelhochdeutsch ‹bispël› (das nebenher Erzählte) = lehrhafte Erzählung, Gleichnis, sprichwörtliche Redensart. Das Moment der Erzählung tritt allmählich zurück; unter dem Einfluß von lateinisch ‹exemplum› (und des im 13. Jh. erscheinenden mittelhochdeutschen ‹exempel›) erweitert sich die Bedeutung um das Moment ‹Muster›, ‹durch die Tat gegebenes

Vorbild›; ‹B.› und ‹Exempel› werden bis ins 18. Jh. noch unterschieden, vielfach jedoch schon gleichgesetzt mit dem Sinn: besonderer Fall, der einen allgemeinen Satz veranschaulicht und belegt. Lateinisch ‹exemplar› wird im Mittelalter in der Bedeutung ‹Vorbild› entlehnt, die seit dem 17. Jh. nur noch im Adjektiv ‹exemplarisch› fortlebt.

1. Am Übergang zur Neuzeit erfährt der Begriff ‹exemplum› durch COMENIUS im Rahmen seines «pansophischen» Denkens eine neue Deutung, in welche die didaktische, rhetorische, wissenschaftsmethodologische, moraltheologische und metaphysische Tradition dieses Begriffs eingeht. ‹exemplum› meint das Einzelne und Besondere als Ausgangspunkt der Erkenntnis wie auch das einzelne Muster und Vorbild, den tätigen «Vorgang» [1] für die Nachfolge (imitatio) beim Erlernen der artes und beim Einüben der virtutes [2]. Alles rechte Unterrichten und Unterweisen hat die Gangstruktur des Beginnens bei den Exempla, die nicht bloß zusätzliche Illustrationsmittel, sondern durch «Autopsie» und «Autopraxie» wirksame Verstehensgründe der allgemeinen Sätze (praecepta) sind [3]. Innerhalb der allgemeinen Struktur alles Wissenserwerbs und Lernens, Gang (motus) von einem als Anfang und Grund des Erkennens (cognitionis principium) fungierenden Vorwissen (praecognitum, terminus prior) aus zu sein [4], hat der Gang vom bloß sinnlichen Kennen (nosse) der Exempla zum Erkennen (intelligere) [5] den faktischen Vorrang vor dem vom Wissen des Allgemeinen ausgehenden «deduktiven» Gang [6]. Trotz gelegentlicher Berufung auf BACON hebt COMENIUS seinen Begriff der ‹inductio› [7] von demjenigen Bacons ausdrücklich ab. Seine ‹inductio› darf nicht vom neuzeitlichen wissenschaftstheoretischen Begriff der Induktion her verstanden werden. Die Begriffe ‹inductio› und ‹exemplum› sind auch nicht bloß didaktisch-technischer Natur. Das Wesen des Exemplum ist zu verstehen von der Idee der «Pansophie» und insbesondere von dem der neuplatonischen «Epistrophé» entsprechenden Gedanken her, daß im menschlichen Erkennen und Handeln eine Rückwendung der geschaffenen Dinge zu ihrem Ursprung geschieht. Der mittelalterliche ‹Exemplarismus› lebt fort in dem Gedanken, daß alles Seiende als Exemplum bezogen ist auf ein Urbild (exemplar, imago archetypa, idea, forma), auf das es als Abbild (imago ectypa, ideatum) verweist [8]. Das am Exemplum orientierte Erkennen und Handeln ist «imitatio» [9], Wiedererkenntnis und Nachbilden (effigiare) des Urbilds. Die «Induktion» ist eigentlich «Reduktion». Auch das Exemplum heißt bisweilen im analogen Sinn ‹exemplar› [10], sofern in ihm als dem bloß für uns Früheren das der Sache nach Frühere implicite schon enthalten und bekannt ist und den Gang der ‹inductio› leitet. Nur Christus ist als «exemplum» im nicht-analogen Sinn «exemplar», absolute «forma» und «norma» des Ganzen [11]. Auf der Eigenschaft alles Seienden, «exemplum» eines «exemplar» zu sein, und auf dem damit verbundenen durchgehenden Analogiecharakter des geschaffenen Seienden beruht die für das Lehren, vor allem aber für die pansophische Untersuchung selbst wichtige «synkritische Methode» [12].

Anmerkungen. [1] Vgl. J. A. COMENIUS: Opera Didactica Omnia (Amsterdam 1657) I, 122. – [2] I, 122. 136. 230. – [3] I, 74; II, 1033; Pampaedia, hg. D. TSCHIŽEWSKIJ u. a. (1960) 178. – [4] a. a. O. [1] II, 95. – [5] IV, 71. – [6] II, 103. – [7] I, 432. – [8] II, 94-101. – [9] II, 95. 101. – [10] II, 101. – [11] I, 47. – [12] IV, 45f; zur Lehre vom exemplum vgl. auch: De rerum humanarum emendatione catholica (Prag 1966) I, Sp. 761f; II, Sp. 962.

Literaturhinweise. K. SCHALLER: Die Pampaedia des Johann Amos Comenius (³1963); Die Pädagogik des Johann Amos Comenius und die Anfänge des pädagog. Realismus im 17. Jh. (1962). – H. HORNSTEIN: Weisheit und Bildung. Stud. zur Bildungslehre des Comenius (1968).

2. Nach CHR. WOLFFS Lehre vom Exemplum [1] hat dieses keine primäre, die Erkenntnis eröffnende, sondern eine zusätzliche, zur eigentlichen wissenschaftlichen Verständigung durch deduktive «demonstratio» hinzukommende Funktion der «illustratio» [2]. Wolffs Definition: «*Exempla* dicuntur singularia sub notionibus universalibus comprehensa, quatenus iisdem universalia insunt seu quatenus ea, quae notioni universali insunt, intuenda exhibent» (*Exempla* heißen die unter Allgemeinbegriffe subsumierten Besonderen, sofern ihnen die allgemeinen Bestimmungen zukommen oder sofern sie das, was der Allgemeinbegriff zum Inhalt hat, zur Einsicht darbieten) [3] gilt für alle Arten des Exempels. In den theoretischen wie in den praktischen Disziplinen fungiert es im strengen Sinn als *Fall* eines allgemeinen Satzes, der zuvor auf Grund strengen Beweises verstanden ist und der die Regel für das Fall-Sein des Besonderen vorschreibt. Die Leistung des Exempels ist allgemein die «reductio» der begrifflichen Erkenntnis (cognitio symbolica) auf die anschauende Erkenntnis (cognitio intuitiva) [4]. Die Reduktion bewirkt einen höheren Grad von Klarheit [5] der symbolischen Erkenntnis und dadurch die Anerkenntnis (agnitio) [6] des durch Demonstration Vermittelten. Sie erzeugt die «cognitio viva» [7], die a) allgemein die «Realität der Begriffe» (realitas notionum) ausweist [8] und b) als «motivum voluntatis vel noluntatis» den Willen bestimmt [9]. Darauf beruht die Wirksamkeit der Fabel. Wolff gebraucht die Ausdrücke ‹exemplum›, ‹Exempel›, ‹B.› synonym [10]. – Nach LESSING, der Wolffs Lehre vom Exemplum übernimmt, hängt die Motivationskraft des Exempels vom Grade der anschauenden Erkenntnis ab und diese von den «nähern und mehrern Bestimmungen, in die das Besondere gesetzt wird» [11], d. h. davon, daß es in seiner «Individualität» «als wirklich betrachtet» [12] wird. Das Besondere, das bloß als möglich, d. h. nur «im allgemeinen» vorgestellt wird, heißt nach Lessing ‹B.› [13]. Mit solchen «B.» begnügen sich die theoretischen Disziplinen. «Exempel» im prägnanten Sinn heißt das «Exempel der praktischen Sittenlehre» [14], das, wie die Fabel, den Fall als wirklich vorstellt.

Anmerkungen. [1] CHR. WOLFF: Philosophia practica universalis methodo scientifica pertractata. Pars posterior (³1739) §§ 250-322. – [2] § 252. – [3] § 250. – [4] § 255. – [5] § 252. – [6] Vgl. § 245. – [7] § 244. – [8] § 265. – [9] § 244. – [10] Vgl. Vernünftige Gedanken von der Menschen Thun und Lassen (1747) § 154. § 167. – [11] G. E. LESSINGS sämtl. Schriften, hg. K. LACHMANN, 3. Aufl., besorgt durch F. MUNCKER 7 (1891) 444. – [12] ebda. – [13] a. a. O. 441. – [14] a. a. O. 443.

Literaturhinweise. M. STAEGE: Die Gesch. der dtsch. Fabeltheorie (1929). – G. BUCK: Lernen und Erfahrung. Zum Begriff der didaktischen Induktion (²1969).

3. Mit ähnlicher Intention, aber schärfer als Lessing unterscheidet KANT: «Woran ein Exempel nehmen und zur Verständlichkeit eines Ausdrucks ein B. anführen, sind ganz verschiedene Begriffe. Das Exempel ist ein besonderer Fall von einer *praktischen* Regel, sofern diese die Thunlichkeit oder Unthunlichkeit einer Handlung vorstellt. Hingegen ein B. ist nur das Besondere (concretum) als unter dem Allgemeinen nach Begriffen (abstractum) enthalten vorgestellt, und blos theoretische Darstellung eines Begriffs» [1]. Terminologisch ist die Differenzierung spät, sachlich unterscheidet Kant jedoch

in der ganzen kritischen Philosophie und schon früher die beiden Arten dessen, was er meist ‹B.› nennt. Kant interpretiert wie Wolff B. und Exempel als «Fall» im strengen Sinn. Sie sind «casus datae legis» bzw. «casus in terminis» [2], d. h. ihre Verständlichkeit ist vom vorgängigen Wissen der Regel – zu deren «Verständlichkeit» das B. doch erst verhelfen soll – abhängig.

a) Die Funktion des «B.», theoretische Darstellung des Allgemeinen zu sein, ist zu verstehen als «Demonstrieren» (ostendere, exhibere) des Allgemeinen mittels empirischer Anschauung [3] bzw. mittels eines subordinierten Allgemeinen (und insofern Besonderen), das sich seinerseits auf empirische Anschauung bezieht. Weil das Demonstrieren hier die diskursive Verständigung über das Allgemeine voraussetzt, das B. also ein zusätzliches Mittel der Verständigung ist, sind B. als didaktische Ausgangspunkte eher geeignet, auf Grund ihrer Besonderheit die Richtigkeit und Präzision der Verstandeseinsicht zu beeinträchtigen [4]. Ihr didaktischer Nutzen liegt vor allem in der Übung der bestimmenden Urteilskraft. Sie sind hier aber nicht eigentlich Fälle einer Regel, sondern Beurteilungen von – strittigen – Fällen, die ein Verfahren der Urteilskraft vergegenwärtigen, für das man keine Regel angeben kann [5]. – Das B. ist jedoch nicht nur in «populärer Absicht» [6] notwendig; es fungiert innerhalb der Transzendentalphilosophie selbst. Als Erfahrungs-B. ist es Ausgangspunkt für die philosophische Reflexion auf die für die Erfahrung konstitutiven Prinzipien a priori. Am B. wird etwas bewußt. Es verlangt einen ausdrücklichen Nachvollzug der ihm zugrundeliegenden Akte der Synthesis und soll zeigen, daß der Ursprung der Erkenntnis nicht im Objekt liegt. Notwendig ist das B. vor allem für den Erweis der «objektiven Realität» der Begriffe und Lehrsätze der theoretischen Philosophie. So bleibt es in bezug auf die Kategorien ungewiß, ob «der Gedanke nicht leer, d. i. ohne alles Object sei» [7]. Erst B. geben hier einer «bloßen Gedankenform Sinn und Bedeutung» [8]. Weil damit aber ein gegenüber den apriorischen Leistungen ungleichartiges Element ins Spiel kommt, wird es fraglich, ob das B. als der durch das Allgemeine immer schon konstituierte Fall verstanden werden kann.

b) In der praktischen Philosophie ist zu unterscheiden das moralische Urteils-B. als Grundlage der ethischen Reflexion [9] und das didaktische Exempel. Beiden gemeinsam ist aber die Interpretation nach dem Regel-Fall-Verhältnis, das hier in der «rigoristischen» Grundlegung der Ethik mit ihrer Entgegensetzung von Pflicht und Neigung fundiert ist und den Sinn hat, die Heteronomie des Wollens und die «Dialektik der Ausnahme» [10] zu verhindern, in die sich die praktische Vernunft unter dem Einfluß der Neigungen verstrickt. Als konkreter Fall des Handelns um des Sittengesetzes willen kann das Exempel sowenig wie das B. des moralischen Urteils zum theoretischen Erweis der objektiven Realität des Sittengesetzes (der Freiheit) dienen, sondern nur die Tunlichkeit des Pflichtmäßigen vorstellen. Die Tunlichkeit einer Handlung vorstellen, heißt allgemein: zeigen, daß es geht, wenn man nur will. Das Exempel setzt die sittliche Einsicht also schon voraus. Es darf daher nicht als «Muster» der Handlung genommen werden – sonst bewirkt es nur einen «Mechanismus der Sinnesart» [11] –, sondern muß wie das B. auf das «Urbild» der Vernunft selbst verweisen. Nicht Nachahmung, sondern einsichtsvolle «*Nachfolge*, die sich auf einen Vorgang bezieht» [12], ist das rechte Verhalten zum Exempel. Seine appellierende, nicht einem theoretischen Beweis, sondern der «Aufmunterung» [13] dienende Funktion erhält das Exempel innerhalb der «Methodenlehre der reinen praktischen Vernunft» (die damit rechnen muß, daß die sittliche Einsicht nicht ohne weiteres die Applikation mit sich führt) durch die «lebendige Darstellung» [14] der Macht des Pflichtbegriffs über den Willen an einem erdachten oder wirklichen Extremfall. Der Lernende wird dadurch «auf das Bewußtsein seiner *Freiheit* aufmerksam erhalten» [15].

c) Der Ausdruck «exemplarisch» bezieht sich einerseits auf das «gute Exempel» («den exemplarischen Wandel») [16]. Er meint hier aber nicht die Mustergültigkeit des Urbilds (exemplar), das nicht mehr über sich hinausweist. In der ‹Kritik der Urteilskraft› hat er dann die besondere Bedeutung: Besonderes, das als Muster fungiert [17], aber zugleich über sich hinausweist auf eine «unbestimmte Norm» [18] der ästhetischen Idee, die eine «inexponible» Vorstellung der Einbildungskraft ist im Unterschied zur Vernunftidee als einem «indemonstrablen», durch kein Beispiel darstellbaren Begriff der Vernunft. So kann die Notwendigkeit des ästhetischen Urteils «nur *exemplarisch* genannt werden, d. i. eine Nothwendigkeit der Beistimmung *aller* zu einem Urtheil, was als B. einer allgemeinen Regel, die man nicht angeben kann, angesehen wird» [19]. Dieser Begriff des Exemplarischen, auf den das strenge Regel-Fall-Verhältnis nicht mehr zutrifft, ist auf den Bereich des Ästhetischen beschränkt.

Anmerkungen. [1] KANT, Met. Sitten, Akad.-A. 6, 479f. – [2] KrV B 171. 173. – [3] KU Akad.-A. 5, 343. – [4] KrV B 173. – [5] Vgl. B 172. – [6] A XVIII. – [7] KU 5, 343. – [8] Met. Anfangsgr. Naturwiss. Akad.-A. 4, 478. – [9] KpV Akad.-A. 5, 163. – [10] H.-G. GADAMER: Über die Möglichkeit einer philos. Ethik, in: Sein und Ethos. Untersuchungen zur Grundlegung der Ethik, hg. P. ENGELHARDT (1963) 15. – [11] Met. Sitten 6, 479. – [12] KU 5, 283. – [13] Eine Vorlesung KANTS über Ethik, hg. P. MENZER (1924) 137. – [14] Vgl. KpV 5, 160. – [15] KpV 5, 160. – [16] Vgl. Met. Sitten 4, 480. – [17] KU 5, 308. – [18] KU 5, 239. – [19] KU 5, 237.

Literaturhinweise. I. HEIDEMANN: Die Funktion des B. in der krit. Philos., in: Kritik und Met. H. Heimsoeth zum 80. Geburtstag (1966) 21-39. – G. BUCK, a. a. O. [Lit. zu 2]; Kants Lehre vom Exempel. Arch. Begriffsgesch. 11 (1967) 148-183.

4. HUSSERL verwendet die Ausdrücke ‹Exempel›, ‹exemplarisch›, gelegentlich auch ‹B.› [1], in seiner Lehre von der «eidetischen Reduktion» («Wesenserschauung», «Ideation»). Die Gewinnung der reinen Wesen beruht auf der Abwandlung einer erfahrenen oder phantasierten Gegenständlichkeit zum «beliebigen Exempel», das als leitendes «Vorbild» für eine frei erzeugte Mannigfaltigkeit beliebiger Varianten fungiert, die den Charakter von «Nachbildern» haben [2]. Die in der Variation sich erhaltende Invariante (das notwendige Allgemeine aller Variations-Exempel) wird in aktiver Identifizierung als allgemeines «Wesen» (eidos), für das die faktische Wirklichkeit der in Variation versetzten Einzelfälle irrelevant ist, konstituiert.

Anmerkungen. [1] Vgl. E. HUSSERL: Erfahrung und Urteil. Untersuchungen zur Genealogie der Logik. Red. u. hg. L. LANDGREBE (²1948) §§ 86-93; Die Idee der Phänomenol. Husserliana 2 (Den Haag ²1958) 68; Ideen zu einer reinen Phänomenol. und phänomenol. Philos. I. Husserliana 3 (²1950) 159f. 365; Log. Untersuchungen 2/II (²1921) 132ff. – [2] Erfahrung und Urteil a. a. O. [1] § 87.

5. Nach H. LIPPS [1] ist das B. primär nicht Darstellung, d. h. Erläuterung eines Begriffs, der es als Fall bestimmt. Es dient nicht der Erläuterung von Begriffen, «unter die subsumiert wird» [2], sondern der Veranschaulichung von «Konzeptionen» [3], d. h. prakti-

schen und sprachlichen Verstehens*vollzügen*, in deren Gefolge begriffliche Bestimmungen überhaupt erst zu finden sind. B. versetzen in die Bewegtheit einer Situation, so zwar, daß man etwas nicht eigentlich mitmacht, sondern sich dabei «betrifft» [4]. Sie machen nachträglich die vorgängigen und insofern zunächst unbewußten «Motive der Einstellung» [5] bewußt, unter deren Leitung nun eine begriffliche Explikation möglich ist.

Anmerkungen. [1] H. LIPPS: B., Exempel, Fall und das Verhältnis des Rechtsfalles zum Gesetz, in: Die Verbindlichkeit der Sprache. Arb. zur Sprachphilos. und Logik (³1958) 39–65. – [2] Vgl. Untersuchungen zu einer hermeneutischen Logik (¹1938) 53–55. – [3] a. a. O. [1] 41. – [4] a. a. O. 44. – [5] Vgl. a. a. O. 45.

6. Die Ausdrücke ‹gutes B.›, ‹exemplarisch›, ‹Vorbildexempel›, ‹Vorbildexemplar› werden gelegentlich gebraucht in M. SCHELERS Untersuchungen über den Ursprung der geschichtlich herrschenden Ethosformen, über Bedeutung, Bildungsart und Wirksamkeit des «Vorbildes» [1].

Anmerkung. [1] M. SCHELER: Der Formalismus in der Ethik und die materiale Wertethik (⁵1966) 558–568; Vorbilder und Führer, in: Schriften aus dem Nachlaß 1. Zur Ethik und Erkenntnislehre (²1957) 255–344.

7. ‹Exemplarisch› ist das Bestimmungswort eines seit den 50er Jahren vor allem in der Theorie der gymnasialen Bildung diskutierten didaktischen Prinzips («exemplarisches Lehren und Lernen», «die exemplarische Lehre», «das Prinzip des Exemplarischen»). Die Theorie der exemplarischen Lehre intendiert nicht nur die Klärung eines methodischen Mittels (des «Unterrichts-B.»), sondern eines aus der Struktur und dem Bildungssinn der jeweiligen Lehrgehalte – speziell der wissenschaftspropädeutischen – sich begründenden didaktischen Grundverfahrens. Der Ausdruck ‹exemplarisches Lehren› wird erstmals in der naturwissenschaftlichen Propädeutik (WAGENSCHEIN) programmatisch verwendet gegenüber der seit der zweiten Hälfte des 19. Jh. sich im Unterricht ausbreitenden, durch die Wissenschaftsentwicklung bedingten und durch Positivismus und Historismus geförderten Polymathie und gegenüber der unreflektierten Tendenz zu einem an der inhaltlichen Systematik eines Wissensgebietes orientierten Lehrgang. Das exemplarische Verfahren soll charakterisiert sein durch Verzicht auf den systematischen Stufengang, durch «Einstieg» [1] (WAGENSCHEIN) beim besonderen Sachverhalt, dem aber erschließende Funktion für Teilbereiche oder im günstigen Fall für das «Ganze» eines Gegenstandsbereichs und für die ihm zugeordneten methodischen Hinsichten zukommt. Es erstrebt dabei nicht nur die Reduktion undurchsichtiger Stoffmassen auf übersehbare inhaltliche Zusammenhänge und die Weckung des Methodenbewußtseins. Es verfolgt den eigentlich bildenden «hermeneutischen Sinn» [2], die verschiedenen Erkenntnisweisen selbst und ihre «kategorialen Voraussetzungen» [3] bewußt zu machen.

Anmerkungen. [1] M. WAGENSCHEIN: Zum Begriff des exemplarischen Lehrens (²1959) 7. – [2] J. DERBOLAV: Das Exemplarische im Bildungsraum des Gymnasiums (1957) 77. – [3] a. a. O. 71.
Literaturhinweis. Ausführl. Lit.-Verzeichnis in: Das exemplarische Prinzip. Beiträge zur Didaktik der Gegenwart, hg. B. GERNER (³1968).   G. BUCK

Bejahung

I. B. ist traditionell die Formulierung eines *positiven Urteils*. Gelegentlich wird ‹B.› auch im Sinne von *Behauptung* (s. d.) gebraucht. Nach ARISTOTELES hat eine Aussage stets die Form einer *Bejahung* oder *Verneinung* [1]; dabei ist die B. eine Aussage, die einem etwas zuspricht [2]. BOETHIUS führt die Bezeichnung ‹affirmatio› ein [3], die bis ins 18. Jh. gebräuchlich ist CHR. WOLFF verdeutlicht mit «bekräftigender Satz» [4].

Anmerkungen. [1] ARISTOTELES, De interpretatione 5, 17 a 8. – [2] a. a. O. 6, 17 a 25. – [3] BOETHIUS, In lib. de interpretatione. MPL 64, 314 a. – [4] CHR. WOLFF: Vernünftige Gedanken von den Kräften des menschlichen Verstandes, hg. H. W. ARNDT (1965) 157.   A. MENNE

II. Obwohl die B. als eine Art des Urteils grundsätzlich zum theoretischen Denken gehört, weist der Begriff seit seinem Ursprung und während seiner ganzen Geschichte ein *praktisches* Moment auf. So bezieht ARISTOTELES B. und Verneinung auf die Seele, die ein Gutes oder Schlechtes, es bejahend oder verneinend, zu erreichen sucht oder flieht [1]. Das griechische κατάφασις wird jedoch noch nicht in der Bedeutung von ‹Versicherung› oder ‹Bekräftigung› gebraucht. H. COHEN vermutet, diese Bedeutung des Begriffs sei aus dem juristischen Sprachgebrauch der Römer zu erklären, deren Prozeßrecht die Bekräftigung von Aussagen vor Gericht vorschrieb [2]. Da die Vernunft als solche nur «Ideen» auffaßt, schließt für DESCARTES das bejahende oder verneinende Urteil den Willen ein; das Urteil hänge so mit der «Wahlfreiheit» (arbitrii libertas) zusammen, «in der wir uns von keiner äußeren Gewalt bestimmt fühlen» (ut a nullâ vi externâ nos ad id determinari sentiamus) [3]. Für LOTZE bedeutet B., einem Urteilsinhalt Gültigkeit zusprechen [4], für H. COHEN eine «Sicherung» [5]. Im ähnlichen Sinne wird bei HUSSERL durch B. eine Position «bestätigt», die die Negation «durchstreicht» [6]. Im Verhältnis zur Wirklichkeit als «immanentem Sein» setzt B. als das Ja eines individuellen Denkens, das durch eine Frage hindurchgegangen ist, für RICKERT als «transzendentalphilosophisches Subjektkorrelat» das «fraglos bejahende Bewußtsein überhaupt» voraus [7]. Dabei wird in der Gleichsetzung des Bejahens und Verneinens mit Werten die Grenze zwischen Urteil und Willen flüssig und an Theorien angeknüpft, wie die FORTLAGES: ‹Ja bedeutet die Aktivität, Nein bedeutet die Suspension der Aktivität eines vorhandenen Begehrens oder Triebes. Ja und Nein sind Trieb-Kategorien», B. und Verneinung «apriorische Schemata» [8]. Wo Trieb bzw. Lebensdrang wie bei SCHOPENHAUER als «Wille» zum «Ding an sich» und zum Wesen des Lebens wird, da ist der Standpunkt, auf dem die Menschen «frei von jedem Wahn, sich selbst klar und deutlich» sehen, der «Standpunkt der gänzlichen B. des Willens zum Leben» [9]. Das so erkannte Leben wird als solches gewollt «wie bis dahin ohne Erkenntniß, als blinder Drang, so jetzt mit Erkenntniß, bewußt und besonnen» [10]. In der Identität der B. des Willens mit dem beständigen Willen selbst, weist B. auf den Leib und gehört als «B. des Lebens», seiner Erhaltung und Fortpflanzung, in die «großen Trauer- und Lustspiele», die der Wille aufführt; als «Spiegel dieser B. steht die Welt da, mit unzähligen Individuen in endloser Zeit und endlosem Raum, und endlosem Leiden, zwischen Zeugung und Tod ohne Ende» [11], aus der nur die Verneinung des Willens als die des eigenen Lebens und des «Willens zum Leben» [12] herausführt. NIETZSCHE setzt, von Schopenhauer herkommend, dessen Pessimismus und in diesem dem Christentum und aller Verneinung des Lebens das Ja zum Leben entgegen: Ertragen «der verabscheuten und verruchten Seite des Daseins» im «Muth, aus der Härte gegen sich» und in der kritischen Einsicht, «wie wenig verbindlich das Ja aus dem Instinkt der Leidenden einmal, dem Instinkt der Heerde andrerseits und

... dem Instinkt der Meisten gegen die Ausnahmen sei»
[13]. Das Ja Nietzsches ist als Ja zu den «bisher verneinten Seiten des Daseins nicht nur als nothwendig zu begreifen, sondern als wünschenswert»: «dionysisches Jasagen zur Welt, wie sie ist, ohne Abzug, Ausnahmen und Auswahl»; «Formel dafür ist amor fati» [14]. Diese Philosophie nennt Nietzsche «Experimental-Philosophie» [15]. Nietzsches Ja ist als das umgekehrte Ideal von dem, wie es «Buddha und Schopenhauer im Bann und Wahne der Moral» sahen, «Ideal des übermüthigsten, lebendigsten und weltbejahendsten Menschen, der sich nicht nur mit dem, was war und ist, abgefunden hat, sondern es, so wie es war und ist, wieder haben will, in alle Ewigkeit hinaus» [16].

Anmerkungen. [1] ARISTOTELES, De interpretatione 24 b 1-2; De anima 431 a 9-10. 15-16. – [2] H. COHEN: Logik der reinen Erkenntnis (1902, ³1922) 80. – [3] R. DESCARTES, Werke, hg. ADAM/TANNERY 4, 66f.; 7, 57. – [4] H. LOTZE: Logik. Drei Bücher vom Denken, vom Untersuchen und vom Erkennen (1874, ²1880) 61. – [5] COHEN, a. a. O. 81. – [6] E. HUSSERL: Ideen zu einer reinen Phänomenol. und phänomenol. Philos. Husserliana 3 (Den Haag 1950) 261, § 106. – [7] H. RICKERT: Der Gegenstand der Erkenntnis. Einführung in die Transzendentalphilos. (⁶1928) 342. – [8] K. FORTLAGE: System der Psychol. als empirischer Wiss. aus der Beobachtung des inneren Sinnes (1855) 1, 92, 91. – [9] A. SCHOPENHAUER, Welt als Wille und Vorstellung IV. Werke, hg. HÜBSCHER 2, 336. – [10] ebda. – [11] a. a. O. 390. – [12] 392. – [13] F. NIETZSCHE, Wille zur Macht 1041. Musarion-A. 19, 356f. – [14] ebda. – [15] ebda. – [16] Jenseits von Gut und Böse 56, a. a. O. 15, 75.
NELLY TSOUYOPOULOS

Bekehrung. Die *Religionspsychologie* faßt B. als einen innermenschlichen Vorgang auf. Sie versteht darunter die Befreiung von «Bedürfnishinderungen» oder Vollendung «ursprünglicher Menschennatur» (so zuletzt V. J. IHALAINEN). B. ist in ihrer spezifischen Bedeutung ein *biblischer* Begriff und gehört in den religiösen Bereich. Mit den ihr verwandten Begriffen ‹Umkehr›, ‹Buße›, ‹Glaube›, ‹Rechtfertigung›, ‹Wiedergeburt› o. ä. stellt sie einen Zentralbegriff christlicher Frömmigkeit dar. Die B. beschreibt ein Doppeltes: die freie Tat Gottes am Menschen, welche die bewußte, vom Willen beeinflußte Hinwendung des Menschen zu Gott zur Folge hat. Beide Faktoren wirken nicht zusammen oder nacheinander, als ob dem Menschen die B. von sich aus möglich wäre (Semipelagianismus, Scholastik, Melanchthon). Nach *alt-* und *neutestamentlichem* Verständnis ist der Mensch in seiner ganzen Existenz gottfeindlichen Mächten ausgeliefert und verloren. Eine Änderung dieses von Natur aus schuldhaften Zustandes ist durch die Erscheinung Jesu Christi, durch das Kommen seines Reiches erfolgt. Unsere Hinwendung zu Gott hat also Gottes Entscheidung für uns zur Voraussetzung. Gott hat sein Ja über uns in Christus gesprochen. Dessen vergewissert uns sein Wort. Das Mittel, mit dem die B. in Gang gesetzt wird, ist demnach die Predigt. Gott als das Subjekt der B. ruft durch sein Wort zur Umkehr.

PAULUS hat diesen Ruf Gottes an sich erfahren (Gal. 1, 13ff.; Apg. 9) und hat sich *danach* in seinen Dienst stellen lassen. Zuerst erscheint ihm Christus, das bewirkt die völlige Wandlung seines bisherigen Lebens. Die Verkündigung ist das Primäre. Wer diesem Wort, durch das uns Christus zugeeignet wird, glaubt, der empfängt damit die Vergebung der Sünden, er ist eine ‹neue Kreatur›. In der Möglichkeit des Menschen liegt es, die ihm angebotene Gnade anzunehmen oder auszuschlagen. Wir sind zur Entscheidung aufgerufen; das ist der aktive Anteil des Menschen an seiner B. Nicht in dem Sinn, daß wir nach freiem Ermessen über sie verfügen und so an

ihr mitwirken (Synergismus), aber Gott hat seine Erwählten nicht von Ewigkeit her bestimmt (Prädestination). LUTHERS Suchen nach dem «gnädigen Gott» war B.-Sehnsucht. Die Entdeckung der ‹iustitia mere passiva› ist sein B.-Erlebnis. Paulus, Augustin, Luther und viele vor ihnen haben – jeder auf andere Art – ihre B. als ein besonderes, einmaliges Erlebnis erfahren. Daraus folgerte der *Pietismus*, jeder B. müsse ein B.-Erlebnis vorausgehen; jeder Erweckte könne den Augenblick seiner B. angeben und beschreiben.

Literaturhinweise. E. D. STARBUCK: The psychol. of relig. (³1911, dtsch. 1909). – J. HERZOG: Der Begriff der B. im Lichte der heiligen Schrift, der Kirchengesch. und den Forderungen des heutigen Lebens (1903). – W. JAMES: The varieties of religious experience (1907), dtsch. G. WOBBERMIN (⁴1925). – P. FEINE: B. im NT und in der Gegenwart (1908). – A. D. NOCK: Conversion. The old and the new in relig. from Alexander the Great to Augustine of Hippo (Oxford 1933). – H. POHLMANN: Die Metanoia als Zentralbegriff christl. Frömmigkeit. Eine systemat. Unters. zum ordo salutis auf bibl.-theol. Grundlage (1938). – J. SCHNIEWIND: Was verstand Jesus unter Umkehr? Rechtgläubigkeit und Frömmigkeit 2 (1938) 70-84. – E. HARMS: Psychol. und Psychiatrie der Conversion (Leiden 1939). – V. J. IHALAINEN: Kääntymyskristillisyys, etiam: Das B.-Erlebnis. Eine psychol. Unters. (Turku 1953). – K. BARTH: Die Kirchl. Dogmatik IV/2 (1955) 626-660. – J. SCHNIEWIND: Das bibl. Wort von der B. Pietismus und Theol. (1956) 48-61. – O. KIETZIG: Zum Glauben an Jesus Christus. Zur Problematik relig. B. Theol. Lit.-Z. 82 (1957) 891-902. – P. ALTHAUS: Die B. in reformat. und pietist. Sicht. Neue Z. systemat. Theol. 1 (1959) 3-25. – W. GRUEHN: Die Frömmigkeit der Gegenwart. Grundtatsachen der empir. Psychol. (²1960). – K. ALAND: Über den Glaubenswechsel in der Gesch. des Christentums (1961), dort weitere Lit. – O. KIETZIG: Einmaligkeit und allg. Gültigkeit von B. Dargestellt an der B. des Paulus. Arch. Relig.-Psychol. 7 (1962) 105-134.
E. O. REICHERT

Bekenntnis (Konfession) gewinnt als theologischer und kirchlicher Terminus in und seit der Reformation die ihm heute eigene Bedeutung, weshalb der Begriff nicht ohne Beachtung seiner Analoga in der Bibel untersucht werden kann, als deren Auslegung reformatorische Theologie sich versteht. Das alttestamentliche, ursprünglich kultisch-liturgische ‹hōdā› meint den Lobpreis Gottes wie auch das Bekennen menschlicher Schuld bzw. Not, die als Strafe für begangene Sünden galt: Weil Gott nur in seiner Zuwendung zum Menschen erkannt wird, kann dieser das Lob Gottes nicht ohne das Geständnis seines Dranseins vor Gott zum Ausdruck bringen; so sind auch die Selbst-B. der Klagepsalmen oder der sog. Konfessionen Jeremias [1] zugleich B. zum Handeln Gottes. Die Septuaginta gibt dieses Bekennen wieder mit ἐξομολογεῖσθαι und ὁμολογεῖν, welche Termini das Spätjudentum meist auf Beichte und Sündenbekenntnis bezog, doch begegnet bei JOSEPHUS [2] auch die Wendung Καίσαρα δεσπότην ὁμολογεῖν. PHILO verbindet das biblische Bekennen mit dem stoischen Ideal des ὁμολογουμένως τῇ φύσει ζῆν und sieht in Juda den Typos der Bekennernatur [3]. Das neutestamentliche ὁμολογεῖν und ἐξομολογεῖσθαι bewegt sich auf der Linie des alttestamentlichen Sprachgebrauchs, sofern sich hier die Bedeutungen des Lobpreises, der forensischen Zeugenaussage und des Sündenbekenntnisses verbinden: Bekennend steht der Glaubende für den Gott ein, der für ihn als angenommenen Sünder seinerseits einsteht [4]. Der Hebräerbrief mahnt, an der ὁμολογία festzuhalten, der hier die formale Bedeutung zukommt, die sie im politisch-rechtlichen Sprachgebrauch erhalten hat. Sie «bezeichnet eine verbindliche, öffentliche Erklärung, durch die ein Rechtsverhältnis vertraglich hergestellt wird. Sie hat immer dasjenige zum Inhalt, worum sich das Verhältnis zweier Partner ‹dreht›, soll heißen: mit rechtlicher Kraft neu geordnet wird. Im Akt der Homologie wird in Freiheit ein verbindliches, definitives Ja gegeben, über das hinaus nichts gesagt werden kann, was für das nun geordnete rechtliche Verhältnis von irgendeinem Belang sein könnte. So wenig sich der Inhalt des religiösen ὁμολογία jemals nach Analogie eines frei vereinbarten Vertrages verstehen läßt, so bleibt doch das Moment der Öffentlichkeit, der Verbindlichkeit, der Endgültigkeit und der Antwortcharakter der Homologie auch im religiösen Sprachgebrauch konstitutiv. Als Antwort ist das B. der Gemeinde streng bezogen auf das zuvor ergangene Wort Gottes» [5]. Das B. steht im Neuen Testament unter eschatologischer Verantwortung und Verheißung.

Auf den hier angelegten Linien hat sich der B.-Begriff seither entfaltet. Die im biblischen B. enthaltene Reflexion auf das Ich, dazu aber auch antike Vorbilder (Biographien von PLUTARCH und SUETON; von TACITUS werden – verlorene – Autobiographien des RUTILIUS RUFUS und EMILIUS SCAURUS erwähnt), ließen eine Gattung Autobiographie entstehen, die in den im Gebetsstil abgefaßten ‹Confessiones› AUGUSTINS die biblischen Wurzeln erkennen läßt, später in MONTAIGNES ‹Essais› und CARDANS Autobiographie jedoch schon vor Rousseau säkularisiert ist. Im Pietismus erhielt das Selbst-B. größere Bedeutung als das Gemeinde-B.; nach A. H. FRANCKE kann man im Stand der Seligkeit sein, obwohl man in wichtigen Glaubensfragen irrt [6]. So konnten sich Glaubens-B. und Selbstdarstellung in einer reichen Literatur verbinden [7], die seit ROUSSEAUS ‹Confessions› zu einer Flut von Autobiographien führte und mit TH. MANNS ‹B. des Hochstaplers Felix Krull› sich selber parodierte.

In der scholastischen Theologie wird die dreifache Funktion der confessio statuiert als innerer Glaubensakt, als Akt des Lobpreises und als Akt des Sünden-B. [8], das im Beichtinstitut erhöhte Bedeutung bekommt: Der die contritio voraussetzenden confessio wird sündentilgende Kraft zugeschrieben wie der Taufe. Für die Reformation ist das B. Lebensäußerung der Kirche, und zwar im Sinn des aktuellen Bekennens wie auch inhaltlich als Norm der rechten Verkündigung. Sie greift auf die altkirchlichen B. zurück, die sich aus Tauf-B., Märtyrerzeugnissen und antihäretischen Lehrzusammenfassungen bildeten, und schafft neue B., deren wichtigstes die Confessio Augustana (1530) darstellte, ohne mit einem Ausschließlichkeitsanspruch aufzutreten. Im Sinn eines solchen wurde jedoch schon 1580 das sogenannte Konkordienbuch als Lehrnorm des orthodoxen Luthertums zusammengestellt. Das Luthertum des 19. Jh. versteht das B. als rechtsverbindliche und kirchenrechtlich praktikable Zusammenfassung der gültigen Kirchenlehre; Hintergrund dieser B.-Interpretation ist der aufklärerische Rechtsbegriff der Kirche, der sich bis heute in der Rubrik ‹B.› der Personalbogen auswirkt, die Wertung kirchlicher Rechtsnormen als objektiver Gestaltungen des Gotteswillens im Gang der Geschichte durch Hegel und die Romantik sowie das pietistische Verlangen, daß sich der einzelne Christ ebenso wie die Kirche durch das Bekennen konstituiere. Die reformierte Kirche hingegen mißt ihren B.-Schriften bis heute mehr privaten Charakter bei. Als Nötigung zum B. gegenüber der Häresie und dem totalen Anspruch des Staates verstand sich die theologische Erklärung von Barmen (1934), die in Antithese zu neulutherischer Ordnungstheologie das reformatorische B. rezipierte; sie wurde als verpflichtendes Dokument nach 1945 von einigen evangelischen Kirchen in Deutschland in die Kirchenordnung aufgenommen, von lutherischen Kirchen aber nicht als B. anerkannt. 1950 hat die Niederländisch-reformierte Kirche eine B.-Formel als Grundlage ihrer Kirchenordnung herausgegeben.

Die jungen Kirchen Afrikas und Asiens haben begonnen, sich vom B. ihrer Missionare zu lösen und – teilweise mit der Tendenz, die Konfessionsunterschiede zu überwinden – neue B. zu schaffen [9].

Anmerkungen. [1] Jer. 11, 18-23; 12, 1-6; 15, 10-12.15-21; 17, 12-18; 18, 18-23; 20, 7-18. – [2] JOSEPHUS, Bellum Judaicum VII, 418. – [3] PHILO ALEX., Legum allegoriae I, 82; De plantatione II, 135. – [4] Etwa Röm. 10, 9f. – [5] G. BORNKAMM: Das B. im Hebräerbrief, in: Studien zu Antike und Urchristentum (1959) 192. – [6] S. B. LOHSE: Art. ‹B.› in: RGG³ 1, 993. – [7] Als Beispiele sind zu nennen: J.-J. ROUSSEAU: B.se des Savoyardischen Vikars, in: Emile ou de l'éducation (Paris 1762); Dr. CARL FRIEDRICH BAHRDT: Gesch. seines Lebens, seiner Meinungen und Schicksale (1790/91, Neudruck 1922); J. W. v. GOETHE, Dichtung und Wahrheit, dazu die ‹B.se einer schönen Seele› in Wilhelm Meisters Lehrjahre VI. Buch; für das autobiogr. Bildungsroman u. a. G. KELLER, Der grüne Heinrich. – [8] THOMAS VON AQUIN: S. theol. (Paris 1927) V, 2 Indices 48 (s. v. ‹confessio›). – [9] L. SCHREINER: Das B. der Batakkirche (1966).

Literaturhinweise. O. MICHEL: Art. HOMOLOGEO, in: KITTEL/FRIEDRICH, Theol. Wb. zum NT 5, 199ff. – Die B.-Schriften der evang.-luth. Kirche. Krit. A. durch den dtsch. evang. Kirchenausschuß (1930, ³1956). – Die B.-Schriften und Kirchenordnungen der nach Gottes Wort reformierten Kirchen, hg. W. NIESEL (²1945). – E. SCHLINK: Theol. der luth. B.-Schriften (²1946). – G. MISCH: Gesch. der Autobiogr. 1-4 (³1949-1967). – H. FAGERBERG: B., Kirche und Amt in der dtsch. konfessionellen Theol. des 19. Jh. (1952). – O. WEBER: Die Kirchenordnung der Niederländ. reformierten Kirche von 1950, in: Z. evang. Kirchenrecht 2 (1953) 225ff. – H. MEYER: B.-Bindung und B.-Bildung in jungen Kirchen (1953).

W. FÜRST

Bel esprit. – 1. Die Verbindung von ‹beau› und ‹esprit› läßt sich in Frankreich seit dem 16. Jh. beobachten, erstmals 1558 als «beautez d'esprit» bei DU BELLAY [1]. ‹B.e.› als Begriffseinheit bezeichnet seit etwa 1600 [2] einen geistreichen Menschen oder Literaten, aber auch allgemein geistige Beweglichkeit und gesellschaftliche Kultur: «Paris est le centre du bon goût, du B.e. et de la galanterie» [3]. Eine ausführliche Darstellung gibt D. BOUHOURS 1673 in einem Dialog ‹Le B.e.› [4], worin er ihn mit einem Diamanten vergleicht, hart und glänzend: «le bon sens qui brille». Der B.e. ist letztlich nur in Frankreich anzutreffen, am wenigsten aber bei den nordischen Völkern trotz all ihrer Gelehrsamkeit: «on n'y connaît point notre B.e. ni cette belle science dont la politesse fait la principale partie.» Bouhours' Definition bleibt für die weitere Diskussion bedeutsam und findet noch bei HELVÉTIUS und VOLTAIRE Zustimmung, beim ersten in klarer Abgrenzung vom Geist der exakten Wissenschaften und der Philosophie [5], beim zweiten im Gegensatz zu «homme d'esprit»: «C'est qu'homme d'esprit ne signifie pas esprit supérieur, talent marqué, et que B.e. le signifie» [6]. In der Mitte des 18. Jh. wird ‹B.e.› als positiver Begriff von ‹bon goût› abgelöst [7].

2. Negativ wird ‹B.e.› in der Anwendung auf geistreichelnde Vielredner und galante Schwätzer. Nachdem dafür zunächst abwertende Epitheta verwendet werden, ergreift die Entwertung früh auch den Begriff selbst. G. DE BALZAC bezeichnet 1653 die Académie française noch durchaus neutral als «académie des beaux esprits» [8]; andererseits schreibt 1666 Mlle DE SCUDÉRY: «j'aimerois mieux estre esclave que B.e.» [9]. BOUHOURS' Dialog enthält sowohl die positive als auch die negative Sicht. Den effektvollsten Angriff gegen die «beaux esprits» enthalten MOLIÈRES ‹Femmes savantes› (1672). LA BRUYÈRE dagegen bezeichnet 1691 nur jenen B.e. als «une âme vile et mécanique, à qui ni ce qui est beau ni

ce qui est esprit ne sauraient s'appliquer sérieusement», der sich selbst so nennt [10]. Die Kritik am B.e., die sich nun allerorts bis hin zu FLAUBERT belegen läßt («quelqu'un qui savait causer, une brodeuse, un B.e.» [11]), stellt systematisch CALLIÈRE in seinem ‹Traité du B.e.› (1695) dar. An die Stelle des B.e., der gleich weit wie die Dummheit vom «juste milieu» entfernt ist, will er den «Bon Esprit» setzen.

3. Die Diskussion von B.e. im deutschen Sprachraum entzündet sich, obwohl der entsprechende deutsche Begriff «schöner Geist» schon seit dem Barock vorhanden ist, an der von VOLTAIRE ausdrücklich bestätigten Behauptung BOUHOURS', die Deutschen seien seiner nicht fähig [12]. Der Begriff wird vorwiegend negativ [13], im Gegensatz zum gelehrten Geist [14], aber auch zum «schönen Geist» gesehen: «Nur das Leichtere trägt auf leichten Schultern der Schöngeist / Aber der schöne Geist trägt das Gewichtige leicht» [15]. ‹B.e.› selbst geht in ‹Esprit› auf (das seinerseits in Konkurrenz zum LOCKEschen ‹wit› [16] steht: «espriti m französischen Verstand und esprit im deutschen Verstand ... worin wir und die Engländer Witz und wit nehmen» [17]). Anstelle von ‹B.e.› dient nun ‹esprit› – ganz im Sinne BOUHOURS', aber ohne dessen Relativierung im Dialog – zur Bezeichnung französischer Geistesart im Vergleich zum deutschen «Geist», wobei die nationale Abgrenzung Gelegenheit zu neuen Perspektiven gibt (GOETHE [18], HEGEL [19], NIETZSCHE [20]).

Anmerkungen. [1] J. DU BELLAY: Les regrets (1558) 170. – [2] F. BRUNOT: Hist. de la langue franç. III/1 (1966) 216. – [3] MOLIÈRE: Les précieuses ridicules (1659) sc. 10. – [4] D. BOUHOURS: Les entretiens d'Ariste et d'Eugène (1673) IV. – [5] CL. A. HELVÉTIUS: De l'esprit (1758) XVI: Du B.e. – [6] VOLTAIRE, in: Encyclop., hg. DIDEROT/D'ALEMBERT 5 (1755) 973f. – [7] M. WANDRUSZKA: Der Geist der frz. Sprache (1959) 113. – [8] G. DE BALZAC: Brief an Conrart (2. 11. 1653). – [9] Mlle DE SCUDÉRY: Clélie 3 (1660) 1168. – [10] J. LA BRUYÈRE: Les caractères (1688-1696) XII, 20; vgl. V, 35 (1694); MOLIÈRE, Femmes savantes v. 822. – [11] G. FLAUBERT: Madame Bovary (1857) Kap. 2. – [12] Vgl. J. und W. GRIMM: Dtsch. Wb. 4/1, 2 (1897) 2707f. – [13] a. a. O. 9 (1899) 1508f. – [14] G. E. LESSING: Briefe, die neueste Litt. betreffend 52 (23. 8. 1759). Werke, hg. LACHMANN 8, 146. – [15] SCHILLER/GOETHE: Tabulae votivae 2; vgl. 3. Sophien-A. 5 (1), 305. – [16] J. LOCKE: An essai conc. human understanding (1690) lib. 2, XI, 2. – [17] G. CHR. LICHTENBERG: Aphorismen, hg. LEITZMANN 3, 92. – [18] J. P. ECKERMANN: Gespräche mit Goethe (21. 3. 1831). – [19] HEGEL, Philos. des Geistes § 394, in: System der Philos. Jubiläums-A. 3, 84ff. – [20] NIETZSCHE, Morgenröte Nr. 193: Esprit und Moral (mit Bezug auf Hegel); Die fröhliche Wissenschaft Nr. 82: Der esprit ungriechisch.

Literaturhinweise. L. MESSERSCHMIDT: Über frz. ‹B.e.› (1922). – K. O. SCHÜTZ, Witz und Humor, in: Europ. Schlüsselwörter 2 (1963) 165ff.

R. BAUM/S. NEUMEISTER

Beliebigkeit des Handelns als prinzipielle Austauschbarkeit von Zwecken und Mitteln bleibt phantastisch, utopisch, solange menschliches Denken in kultureller Selbstverständlichkeit gebunden bleibt und die Verfügbarkeit der materiellen Mittel begrenzt ist sowie deren Ausweitung kaum möglich, unbegrenzte Ausweitung prinzipiell undenkbar erscheint. Sprache und Denken in Dingbegriffen setzen hier die unterste Grenze. Technik, besonders in ihrem Derivat «Schmucktechnik», ist erster Ausgriff in B., noch durch marginale ästhetische Standards der Kultur gebunden. Echte Innovation, im sozialen Bereich stark begrenzt, im materiellen durch Verfügbarkeit von Energie behindert, stößt weiter in den Raum der B. vor. Aufklärung betreibt ausuferndes Denken und kumulierende Innovation, die in Technisierung umschlägt. Soweit Aufklärung auch Abriß alter Tabus bzw. gesellschaftlicher Konvention überhaupt ist, ist sie Erbin des sich im Gelddenken schon der Frührenaissance abzeichnenden Proportionendenkens. Proportionendenken meint die Ablösung des Tauschdenkens von dem Dingcharakter der Welt und seinen Umschlag in reines Wertdenken; es führt dazu, daß Werte gegen Werte getauscht werden. Dabei wird Geld der Ausdruck von Wert an sich, Geldumschlag reine Wertschöpfung im materiellen Sinne. Soweit solcher Wert in Technik – per Investition – umschlagbar ist und damit Energiesteigerung materieller Art *wird* (der historische Vorgang ist belegt), dringen Proportionendenken und – mit zeitlicher Verzögerung – Verfügbarkeit materieller Mittel interdependent vor. Damit wird Welt austauschbar und insofern beliebig – freilich im Rahmen zunächst sehr beschränkter materieller Möglichkeiten; aber auch diese Grenze wird – durch die Schaffung neuer materieller Möglichkeiten – ständig hinausgeschoben, bis mit der Eröffnung unbegrenzter Energiequellen (Atomenergie, neue chemische Verfahren zur Energieumsetzung) das bis dahin vagierende B.-Denken in Realität umsetzbar wird. Rationalität erweist sich dann als unzulänglicher Begriff für neue Realität: die Mittel verweisen nicht mehr auf erreichbare Ziele, da alle Ziele erreichbar erscheinen.

Literaturhinweise. G. SIMMEL: Philos. des Geldes (⁶1958). – H. VAIHINGER: Die Philos. des Als-Ob (¹⁰1927). – W. KAMLAH: Die Wurzeln der neuzeitl. Wiss. und Profanität (1948). – A. GEHLEN: Die Seele im technischen Zeitalter. Sozialpsychol. Probleme in der industriellen Ges. (⁶1963). – H. FREYER: Theorie des gegenwärtigen Zeitalters (1955). – D. CLAESSENS: Rationalität, revidiert. Köln. Z. Soziol. Sozialpsychol. 17 (1965) 465-476; neu in: Angst, Furcht und gesellschaftl. Druck und andere Aufsätze (1966) 116-124. – N. LUHMANN: Zweckbegriff und Systemrationalität. Über die Funktion von Zwecken in sozialen Systemen (1968).

D. CLAESSENS

Belohnung wird als deutscher philosophischer Begriff zuerst von CHR. WOLFF definiert: «Das Übel, so der Gesetz-Geber mit einer Handlung verknüpfet, als einen Bewegungsgrund sie zu unterlassen, heißet eine *Strafe*: hingegen das Gute, so er damit verbunden als einen Bewegungs-Grund sie zu vollbringen, eine *B.*» [1]. Der entsprechende lateinische Begriff, *praemium*, wird von Wolff etwas anders bestimmt und zugleich gegenüber *merces* als ‹Lohn› abgehoben: «Praemium est bonum, quod confertur in alterum ob actionem sive positivam sive privativam ob eo, qui ad id conferendum eidem non obligatur» (Belohnung ist ein Gutes, das auf einen andern übertragen wird wegen einer in Tun oder Nichttun bestehenden Handlung von einem, der es zu übertragen nicht verpflichtet ist). Dazu, erklärt Wolff, werde «eius a mercede differentia» anderwärts definiert [2]. Eine der deutschen Definition von B. entsprechende Bestimmung wird als Zusatz gegeben: «Praemia sunt motiva actionum committendarum et omittendarum» [3]. Die anderwärtige Definition von merces lautet: «Pretium operarium dicitur Merces, idiomate patrico ‹der Lohn›» [4].

Entsprechend, aber schärfer, erklärt KANT: «Merces ist ein Lohn, den man mit Recht von jemandem zu fordern hat. Lohn ist also von der B. zu unterscheiden» [5]. Die praemia teilt Kant in «auctorantia» und «remunerantia». «Auctorantia sind solche B., ... wo man die Handlungen bloß wegen der verheißenen B. tut; remunerantia sind solche, ... wo die Handlungen bloß aus guter Gesinnung, aus reiner Moralität geschehen» [6].

Die Unterscheidung zwischen B. und Lohn wird in der *Antike* nicht gemacht. Griechisch heißt beides μισθός, dem die ζημία (Strafe) gegenübersteht. Beide entspringen dem Verlangen nach Vergeltung (ἀντιπεπονθός). So ist es für PLATON eine geläufige Vorstellung, daß tugendhaftes Verhalten sowohl im diesseitigen Leben als auch nach dem Tode belohnt werden müsse [7]. Auch ARISTOTELES bejaht diesen Gedanken [8]. Doch ist solche B. nicht Motiv des Handelns; ihren Wert trägt die Tugend wesentlich in sich selbst.

Anders im *alttestamentlichen* Judentum, wo B. Entgelt für vor Gott erworbene Verdienste und der Hinblick auf zu erlangende Vergeltung in B. und Strafe «das stärkste Motiv der Sittlichkeit» ist [9]. Jesu Verkündigung verheißt ebenfalls göttliche B., jedoch ohne dem Menschen einen Anspruch durch Verdienste zuzusprechen [10].

Mit der Vergeltung bringt auch THOMAS VON AQUIN die B. in Zusammenhang, indem er praemium definiert als «quod alicui in bonum eius redditur» [11]. Der Mensch erlangt die beatitudo als «praemium virtuosarum actionum», die Verdienste (merita) darstellen [12]. Praemium und merces werden dabei noch nicht unterschieden [13].

In der *englischen* Ethik begegnet der Begriff der B. als ‹reward› in Gegenüberstellung zu ‹punishment›, also ebenfalls als Form der Vergeltung [14].

Im *heutigen* deutschen Sprachgebrauch wird für B. im Sinne der Definitionen WOLFFS und KANTS oft auch ‹Lohn› gesagt, nicht aber für Lohn auch ‹B.›.

Anmerkungen. [1] CHR. WOLFF: Vernünftige Gedanken von des Menschen Tun und Lassen (1721) § 36. – [2] Philosophia practica universalis (1738) § 295. – [3] a. a. O. § 296. – [4] Jus naturae (1740) § 327. – [5] Eine Vorlesung KANTS über Ethik, hg. P. MENZER (1924) 65. – [6] a. a. O. 63. – [7] PLATON, Resp. 347 a. 363 d. 612 a. 614 a. – [8] ARIST., Ethic. Nic. 1134 b 6. – [9] Vgl. Art. ‹Verdienst› und ‹Vergeltung› in RGG³. – [10] Luk. 17, 7-10; Art. ‹Verdienst› in RGG³. – [11] THOMAS V. AQUIN, 3 Sent. 29, 1, 4 c. – [12] S. theol. I/II, 5, 7 c. – [13] S. theol. I/II, 109, 5 ob. 2: «Vita aeterna est merces vel praemium, quod hominibus redditur a Deo.» – [14] So bei S. CLARKE, HUTCHESON, I. CLARKE, R. PRICE, A. SMITH.

Literaturhinweise. Art. MISTHÓS, in: KITTEL/FRIEDRICH, Theol. Wb. zum NT. – Art. ‹Verdienst› und ‹Vergeltung› in RGG³. – Art. MISTHÓS in: PAULY/WISSOWA, Realencyclopädie der class. Altertumswiss. – D. V. HILDEBRAND: Über die christl. Idee des himmlischen Lohnes, in: Zeitliches im Lichte des Ewigen (1931).

H. REINER

Beobachtungsfehler. Grenzen der Beobachtungsfähigkeit auf dem Gebiet der Astronomie vermerkt – zugleich mit der Möglichkeit, sie durch Instrumente (Fernrohr) zu verringern – schon 1632 zu Beginn der modernen Naturwissenschaft GALILEI [1]. Bei der Befassung mit der Photometrie, wo keine instrumentelle Kompensation gegeben war, nahm J. H. LAMBERT 1760 [2] die hier einschlägige Frage nach der Unterscheidbarkeit von Helligkeiten zum Anlaß, Wahrnehmungs- und Achtsamkeitsmängel zu unterscheiden. Die zugleich von ihm mitgeteilten Befunde über die Größenordnung der Helligkeitsempfindlichkeit wurden durch die Ergebnisse der im gleichen Jahre aus dem Nachlaß veröffentlichten BOUGUERschen Schattenversuche freilich an Exaktheit wesentlich übertroffen [3]. Diese ergaben, daß ein Schatten und seine Umgebung bei immer dem gleichen Verhältnis ihrer (ganz gleich, wie großen) Beleuchtungsstärken ebenmerklich unterscheidbar sind. Dieses Resultat erwies sich 1834 als Spezialfall des dann allgemein von E. H. WEBER [4] ermittelten und von G. T. FECHNER [5] nach diesem benannten Empfindungsgesetzes.

Um diesen «konstanten Wahrnehmungs-Fehler» streut infolge einer Vielzahl «zufälliger Achtsamkeits-Fehler» (vgl. LAMBERTS Unterscheidung) der B. im Sinne eines von GAUSS [6] mathematisch abgeleiteten und von FECHNER [7] speziell auf B. angewandten Fehlergesetzes.

Eine andere Art von B. entdeckte BESSEL [8], als er 1822 feststellte, daß sich zwei geübte Beobachter in der – aufgrund ihrer Feststellungen über den Stand eines Sterns (relativ zum Mittelfaden des Fernrohrs) während der beiden Schläge eines Sekundenpendels vor und nach dem Durchgang durch diesen Faden – geschätzten Durchgangszeit um mehr als eine Sekunde unterscheiden können. Der von ihm für diese Differenz gewählte Ausdruck «persönliche Gleichung» wird heute im Sinne subjektiv bestimmter Auffassung und Registrierung überhaupt gebraucht [9].

Anmerkungen. [1] G. GALILEI: Dialog über die Weltsysteme. Auswahl hg. H. BLUMENBERG (1965) 219. – [2] J. H. LAMBERT: Photometria sive de mensura et gradibus luminis, colorum et umbrae (Leipzig 1760). – [3] P. BOUGUER: Traité d'optique sur la gradation de la lumière par Lacaille (Paris 1760). – [4] E. H. WEBER: De pulsu, resorptione, auditu et tactu: annotationes anatomicae et physiologicae (Leipzig 1834). – [5] G. T. FECHNER: Elemente der Psychophysik (1860). – [6] C. F. GAUSS: Theoria motus corporum coelestium (1809); Theoria combinationis observationum erroribus minimis obnoxiae (1821). – [7] FECHNER, a. a. O. [5]. – [8] F. W. BESSEL: Astronomische Beobachtungen der Sternwarte zu Königsberg 8 (1823) I-XII. 1-152; 9 (1825) I-XX. 1-20; 16 (1836) I-X. 1-89. – [9] Vgl. Art. ‹Observatio, Beobachtung›.

W. WITTE

Beobachtungssatz. Ein B. ist allgemein eine Aussage über eine Beobachtung, eine Wahrnehmung. SCHLICK hat sie als eine Aussage von der Form «jetzt hier so und so (z. B. zwei schwarze Striche, oder: Schmerz)», also als eine Aussage über ein gegenwärtiges elementares Erlebnis charakterisiert und «Konstatierung» genannt. Eine solche Aussage könne nur entweder wahr oder bewußt falsch, erlogen sein. Wenn eine solche Aussage unter anderen Umständen wiederholt wird, weisen die Worte ‹hier› und ‹jetzt› auf anderes hin. Deshalb haben NEURATH und CARNAP statt dessen die Form des «Protokollsatzes» eingeführt, der über eine gegenständliche Wahrnehmung einen objektiven historischen Bericht gibt und demgemäß erst zu verifizieren ist.

Literaturhinweise. M. SCHLICK: Das Fundament der Erkenntnis, in: Ges. Aufsätze (1938). – O. NEURATH: Protokollsätze. Erkenntnis 3 (1932/33) 204-214. – R. CARNAP: Über Protokollsätze a. a. O. 215-228. – V. KRAFT: Der Wiener Kreis (1950, ²1968) II, 1.

V. KRAFT

Beobachtungssprache/theoretische Sprache. R. CARNAP [1] hat B. RUSSELLS [2] Unterscheidung einer B. und einer t.S. aufgenommen und präzisiert. In der B. werden Dinge oder Vorgänge durch beobachtbare Eigenschaften (z. B. blau, heiß) und Beziehungen (z. B. größer, wärmer, benachbart) beschrieben. Die t.S. enthält «Terme», welche sich auf nicht-beobachtbare Dinge und Vorgänge beziehen (z. B. Atome, Elektronen, magnetische Felder). Es ist im allgemeinen nicht möglich, die theoretischen Terme mit Hilfe der B. zu definieren. So ist eine Theorie, die durch Postulate (wie die Maxwellschen Gleichungen) und durch die Deduktionsregeln aufgebaut wird, zunächst ein uninterpretierter Kalkül, und die theoretischen Terme sind bloße Zeichen. Sie können aber indirekt und teilweise einen Sinn erhalten, indem sie durch Korrelationsregeln mit Beobachtbarem verbunden werden.

Anmerkungen. [1] R. CARNAP: The methodological character of theoretical concepts. Minn. Stud. Philos. Sci. 1 (1956). – [2] B. RUSSELL: Inquiry into meaning and truth (1940).

V. KRAFT

Bergsonismus heißt gleichermaßen die Philosophie BERGSONS wie die der Nachfolger ohne schulmäßige Bindung. B. wird durch zwei Hauptrichtungen gekennzeichnet:

1. Kritik an der positivistischen Erkenntnistheorie, 2. Religionsphilosophie. – Die *Erkenntnistheoretiker* [1] setzen die in ‹Matière et Mémoire› begonnene Ablösung von der positivistischen Methode fort. Dabei stellen sie dem Mechanismus die Aktion eines in der Erkenntnis fortschreitenden Geistes entgegen. – Von Bergsons *Religionsphilosophie* wird die Methode der inneren Erfahrung übernommen, die den Fakten des religiösen Bewußtseins eine eigene Wahrheit verleiht und die die mystische Schau als Erkenntnisquelle des Göttlichen annimmt [2].

Anmerkungen. [1] E. LE ROY, Artikel in: Rev. Métaphys. Morale (= RMM) (1899-1901); J. WILBOIS, RMM 1899-1902; G. SOREL, RMM 1900-1905. – [2] J. BARUZI: St Jean de la Croix (Paris 1924); V. JANKÉLÉVITCH: Bergson (Paris 1931). G. PFLUG

Beruf. Das Wort gehört der Alltagssprache an, hat aber zugleich eine anspruchsvolle ethische Bedeutung, die auf die Übertragung zurückgeht, mit der LUTHER den religiösen, kirchlichen wie theologischen Begriff der ‹vocatio› auf die Verhältnisse des weltlichen Lebens bezogen hat, so wie sich jeder in ihnen vorfindet. Während diese Neueinschätzung weltlichen Berufs als Ort göttlicher Berufung immer als besonderes sprachgeschichtliches Erbe Luthers und der Reformation bewußt gewesen ist, sind durch die Arbeiten von M. Weber [1] und K. Holl [2] die begriffsgeschichtlichen Zusammenhänge erst ausdrücklich ins Licht gehoben worden. Dazwischen entfaltet sich der Begriff in einer weithin unproblematischen Anwendungsgeschichte. ‹B.› geht wie ‹Berufung› zurück auf den paulinischen Gebrauch von κλῆσις [3], die die göttliche Berufung der Christen, den von Gott ausgehenden Ruf meint. Diese den Christen auszeichnende ‹vocatio› ist in der Alten Kirche das Merkmal der besonderen Berufung zum Mönchtum geworden, wie der heute noch gültige Ausdruck vom ‹Ordensberuf› bezeugt, und hat zusammen mit der Zweiteilung der christlichen Ethik hier dem Bewußtsein einer alles Irdische übersteigenden Berufung eine eigene Institution geschaffen, in der das urchristliche Motiv der Auszeichnung des christlichen Lebens weitergeführt worden ist. Eine vergleichbare besondere vocatio hat es nur, in Anknüpfung an antike Tradition, für den Herrscher gegeben [4]. Blieb so die vocatio für den Mönchsstand reserviert, so ergab sich eine positive Würdigung weltlicher Arbeit erst mit der theologischen Rezeption der Vorstellung einer kosmischen Ordnung, in der alle Stände ihren vom Schöpfer wohlgeordneten Sinn haben. Die von Luther geleistete Neuformulierung der vocatio, die zum neuzeitlichen Begriff des ‹B.› führt, folgt denn auch nicht aus einer höheren Wertung weltlicher Arbeit [5], sondern aus der Bestreitung des Berufungsprivilegs des Mönchstandes. Luther hat in seiner biographischen wie theologischen Auseinandersetzung mit dem Mönchtum diesem den allen anderen Christen überlegenen Stand der Berufung bestritten und den religiösen Sinn der vocatio für das Leben und Handeln in Stand und Amt überhaupt in Anspruch genommen. In diesem Zusammenhang ist vor allem die Übersetzung von 1. Kor. 7, 20 wichtig geworden, wo in Luthers Übersetzung der äußere B. zum Ort der Berufung wird. Entsprechend ist in seiner Bibelübersetzung auch an anderen Stellen der Begriff eingeführt worden [6]. Damit vollzieht sich aber auch eine folgenreiche Umkehrung der Antwort, die auf die religiöse Frage nach der Berufung gegeben wird: «Wie aber, wenn ich nicht berufen bin, was soll ich dann tun? Antwort: Wie ists möglich, daß du nicht berufen seist? Du wirst ja in einem stand sein ... Siehe, wie nun niemand ohn Befehl und B. ist, so ist auch niemand ohne Werk, so er recht tun will» [7]. In dieser Übertragung ist der Begriff dann weitgehend synonym mit dem von Stand und Amt geworden. Doch gilt dabei weiterhin der Sinn der göttlichen Berufung als die Instanz, die dem B. in Amt und Stand seine Bedeutung verleiht; aber diese Berufung wird am weltlichen B. manifest.

Der neben dieser gelebten vocatio einhergehende innerdogmatische Begriff der Berufung steht im Zusammenhang mit der Lehre von der Prädestination, die vor allem durch CALVINS [8] Unterscheidung der electio und der vocatio neu bestimmt worden ist. Die Folgen, die von daher auf den Begriff des B. ausgegangen sind, liegen auf der Linie der von M. Weber untersuchten Genealogie der kapitalistischen Gesellschaft, haben sich aber nicht gesondert begriffsgeschichtlich ausgeprägt. Nachdem Luther göttliche Berufung und weltlichen B. zusammengebunden hat, ist die daraus resultierende Spannung in die Geschichte des Begriffs eingegangen. Insbesondere in der Abwägung des Verhältnisses von «innerem» und «äußerem» B. ist die theologische Struktur des Begriffs festgehalten. Der innere B. übernimmt für die neuzeitliche Subjektivität die Qualität einer individuellen Berufung und verbindet sich mit Begriffen der Anlage, des Talents, der Begabung. Glücklich sind die Menschen, «deren äußerer B. mit dem innern vollkommen übereinstimmt» [9]. Doch das ist nicht selbstverständlich. Es ist ein «glückliches Schicksal, noch durch seinen B. bestimmt zu sein dasjenige zu tun, was man schon um seines allgemeinen B. willen als Mensch tun müßte» [10]. B. steht hier nach wie vor eng zusammen mit Berufung und Bestimmung des Menschen, während er als «äußerer B.» zugleich als Beschränkung erscheint, die vom Menschen eine ausdrückliche ethische Leistung verlangt. «Wenn der Mensch etwas werden soll, so muß er sich beschränken, d. h. seinen B. ganz zu seiner Sache machen» [11]. Der äußere B. steht zusammen mit Forderungen des Gehorsams und der Treue. Er empfängt seinen allgemeinen Sinn aus der Hingabe an die Gesellschaft, in der Erfüllung der Pflichten. Und so ist denn auch B. zum Grundbegriff der Pflichtenlehre geworden [12].

In der Theologie ist der Begriff erneut reklamiert worden von A. RITSCHL [13], der die Christologie mit dem Gedanken des «sittlichen B. Christi» auslegt und die sittliche B.-Arbeit in der Verwirklichung des Reiches Gottes als Integrationsbegriff für die dogmatischen und ethischen Aspekte der Theologie einsetzt. Im Zuge der Industrialisierung wird die Innenseite des Begriffs problematisiert. Das tritt exemplarisch bei M. WEBER hervor in der Genealogie des Kapitalismus aus dem Geist der calvinischen Prädestinationslehre, die über das Allgemeinwerden der religiösen Motive innerweltlicher Askese verläuft und in dem Diktum endet: «Der Puritaner wollte B.-Mensch sein – wir müssen es sein» [14]. Die B.-Arbeit folgt, so sieht es jetzt aus, nicht mehr der inneren Sinngebung, ist von ihr emanzipiert und in der Verselbständigung zum System dem Zwang des «stahlharten Gehäuses» ausgeliefert. Der B. des Menschen vermag nicht mehr das Ganze seines Weltverhältnisses zu tragen und mit Sinn zu erfüllen, so daß der «B.-Mensch» zum «Fachmenschen» wird [15]. Zwar ist der innere Sinn als «Dämon» noch denkbar, aber nicht mehr integriert in die tatsächlichen B.-Verhältnisse. An dieser Verlustanzeige tritt hervor, daß B. nicht einer je individuellen Sinngebung zu folgen vermag.

Stichworte wie Rationalisierung und Arbeitsteilung lassen das als unmöglich erscheinen. In diesem Zusammenhang ist es bemerkenswert, daß LENIN [16] ausdrücklich den «B.-Revolutionär» fordert, um die Arbeit für die Revolution zu spezialisieren und zu rationalisieren, so daß der B.-Revolutionär zwar nur in beschränkter Weise an ihrer Vorbereitung beteiligt ist, darin aber an ihrem objektiven Geiste Anteil hat. Diese positive Sinngebung des B. unter den Bedingungen der Arbeitsteilung unterscheidet sich deutlich von der kulturkritischen Klage über die Sinnentleerung des B.

Für die jüngste Begriffsgeschichte gilt, daß B. und Berufung weit auseinandergerückt sind. Immerhin ist die Beobachtung philosophisch bedeutsam, daß B. zum Gegenstand vielfältiger und differenzierter Interessen geworden ist: ‹B.-Pädagogik›, ‹-Psychologie›, ‹-Medizin›, ‹-Beratung›, ‹-Fürsorge› und ähnliche Wortbildungen zeigen einen Prozeß, in dem die überindividuellen Faktoren des B., wenn auch mittelbar, durchaus im Dienste jener ursprünglichen Sinngebung wahrgenommen werden, die im B. die Manifestation jener Berufung des Menschen sieht, die ihm als seine Bestimmung zukommt und eine Aufmerksamkeit erzwingt, die dem Humanum im B. gilt.

Anmerkungen. [1] M. WEBER (Lit. ⁵1963). – [2] K. HOLL (Lit. 1924). – [3] 1. Kor. 1, 26; 1. Kor. 7, 20; Eph. 1, 18; 4, 1. 4; 2. Thess. 1, 11. – [4] Belege in Reallex. Antike und Christentum s. v. ‹B.›. – [5] Belege für die ma. Beurteilung der Arbeit bei N. PAULUS (Lit. 1925). – [6] Sir. 11, 21. 23. – [7] LUTHER, Weimarer A. X/1, 308, 6ff. – [8] CALVIN, Inst. III, XXIV, 10. – [9] J. W. GOETHE, Dichtung und Wahrheit. – [10] J. G. FICHTE: Die Bestimmung des Gelehrten. Werke hg. I. H. FICHTE Bd. 6; vgl. 4, 325-327. 343ff. – [11] G. W. F. HEGEL, Jubiläums-A. 3, 87: Philos. Propädeutik § 45. – [12] Reiche Belege bei K. VONTOBEL: Das Arbeitsethos des dtsch. Protestantismus (1946). – [13] A. RITSCHL: Rechtfertigung und Versöhnung (²1883) 3, 413. – [14] M. WEBER (Lit. ⁵1963) 203. – [15] Wiss. als B. (1919). – in: Ges. Aufs. zur Wissenschaftslehre (1951): Politik als B. – [16] W. I. LENIN: Was tun? (1902). Werke 5, 355-551.

Literaturhinweise. M. WEBER: Die protestantische Ethik und der Geist des Kapitalismus (1904f.), in: Ges. Aufsätze zur Religionssoziol. 1 (⁵1963) bes. 63ff. – K. HOLL: Die Gesch. des Wortes B. (1924), in: Ges. Aufsätze zur Kirchengesch. 3 (1928) 189-219. – N. PAULUS: Zur Gesch. des Wortes B. Hist. J. 45 (1925) 308-316. – TH. SCHARMANN: Arbeit und B. (1956). – Theol. Wb. zum NT Art. ‹Klesis›. – H. GATZEN: B. bei M. Luther und in der industriellen Gesellschaft (Diss. Münster 1964). T. RENDTORFF

Berührung. Im Prinzip der B. wird postuliert, daß gleichzeitige oder unmittelbar aufeinanderfolgende Erregungen des Nervensystems zur Assoziation der Erregungsspuren führen. Das *Assoziationsgesetz der B.* (oder Kontiguität) ist seit ARISTOTELES bekannt und gilt in psychologischen Lerntheorien, die ohne besondere Verstärkungsmechanismen auskommen, als einziges Erklärungsprinzip für Lernvorgänge (z. B. E. R. GUTHRIE und manche probabilistische Lerntheorien).

Literaturhinweis. E. R. GUTHRIE: Association by contiguity, in: S. KOCH: Psychol. A study of a sci. 2 (New York/Toronto/London 1959) 158-195. R. BERGIUS

Beschaffenheit bedeutet in der Sprache der deutschen Mystik ‹Schöpfung› [1]. Der Sinngehalt des Wortes wandelte sich im Neuhochdeutschen zu ‹Art und Weise›, ‹Bestimmtheit› oder ‹Gestaltetheit› eines Dinges (‹beschaffen› meint ‹so und so geschaffen›). Bei der Ausbildung einer deutschen philosophischen Terminologie wurde ‹B.› zur Wiedergabe des lateinischen ‹qualitas› benützt [2].

Anmerkungen. [1] Textbeleg bei F. PFEIFFER: Dtsch. Mystiker des 14. Jh. 2 (1857, Nachdruck 1962) 582, 35. – [2] R. EUCKEN: Gesch. der philos. Terminologie (1879) 128; vgl. A. G. BAUMGARTEN: Metaphysica (⁷1779) § 69. D. SCHLÜTER

Beschauung, Schauen. Das mittelhochdeutsche ‹(be-)schouwunge› wird von den deutschen Mystikern des 13. und 14. Jh. gebraucht für die letzte Stufe des mystischen Weges. Es gibt verschiedene griechische und lateinische Begriffe wieder, die heute oft auch mit ‹Betrachtung› übersetzt werden. Bei J. BÖHME kommt der Begriff noch vor [1], später schwindet er aus dem deutschen protestantischen Sprachgebrauch.

PLATO beschreibt als Ziel des Erkenntnisweges ἡ ἐπαναγωγὴ τοῦ βελτίστου ἐν ψυχῇ πρὸς τοῦ ἀρίστου ἐν τοῖς οὖσι θέαν (die Hinaufführung des Besten in der Seele zum Anschauen des Trefflichsten unter dem Seienden) [2], er vergleicht diese Schau mit den Mysterienbräuchen (τέλεα καὶ ἐποπτικὰ μυστήρια) [3]. PHILO spricht von einer enthusiastischen Gottesschau [4]. Nach PLOTIN wird in der θεωρία das Erkennende mit dem Erkannten zur Einheit [5], die letzte Schau ist «vielleicht kein Schauen mehr» (ἴσως ἦν οὐ θέαμα, ἀλλὰ ἄλλος τρόπος τοῦ ἰδεῖν) [6]. PSEUDO-DIONYSIUS AREOPAGITA gibt Anweisungen für die Übungen der mystischen Beschauungen (μυστικὰ θεάματα) [7]. Im Lateinischen steht für ‹B.› meistens ‹contemplatio›, obwohl dieser Begriff unterschiedlich gefaßt wird. AUGUSTINUS freilich spricht bei der Beschreibung seines Aufstiegs zur Schau von ‹conspexi› und ‹vidi› [8]. Für BERNHARD VON CLAIRVAUX ist die *contemplatio* «verus intuitus animi de quacumque re sive apprehensio veri non dubia» (die wahre Eingebung des Geistes irgendeiner Sache oder die unbezweifelbare Erfassung des Wahren), die *consideratio* dagegen ist ihm «intensa ad investigandum cogitatio vel intentio animi vestigantis verum» (das angespannt auf das zu Untersuchende gerichtete Denken oder die Absicht der Seele, das Wahre zu suchen) [9]. HUGO VON ST. VICTOR kann contemplatio gleichsetzen mit cogitatio [10]. RICHARD VON ST. VICTOR unterscheidet nach Art und Weise der Erfassung *cogitatio* (langsames Vorangehen), *meditatio* (zielstrebiges Vorangehen) und *contemplatio* (Erkenntnis mit Bewunderung und Freude) [11]. Er bemüht sich, 6 Stufen der contemplatio (oft gleichbedeutend mit speculatio) darzustellen, bei deren letzten excessus mentis eine besondere Rolle spielt [12]. Der offensichtlich uneinheitliche Gebrauch des Begriffs ‹contemplatio› spiegelt sich bei THOMAS VON AQUIN. Er nennt sie im strengen Wortsinn einen Akt des das Göttliche meditierenden Intellekts; im allgemeinen Sinn aber werde das Wort für jeden Akt dessen verwendet, der für Gott von äußeren Beschäftigungen frei ist, sei es bei der Lesung der Hl. Schriften oder beim Gebet [13]. BONAVENTURA beschreibt den letzten Grad der contemplatio als Übergang, bei dem alle geistigen Tätigkeiten verlassen werden und die Spitze des Affekts ganz in Gott hinübergetragen und verwandelt wird, wovon nur reden kann, wer Erfahrung davon habe [14]. NIKOLAUS VON KUES hat sich mit Bonaventuras affektiver Erhebung auseinandergesetzt und ihr die erkennende, intellektuelle entgegengehalten [15]. DIONYSIUS CARTUSIANUS versteht in seinen Kommentaren zu den areopagitischen Schriften unter contemplatio «secretissima mentis cum deo locutio ac serenissima quaedam inspectio incomprehensibilis deitatis» (ein geheimnisvolles Gespräch des [menschlichen] Geistes mit Gott und eine gewisse ganz klare Schau der unbegreiflichen Gottheit, aufgrund derer der Geist zur Verzückung gelange) [16].

Nach ECKHART empfängt die Seele, indem sie Gott unverhüllt schaut, ihr ganzes Sein und Leben und schöpft, was sie ist, aus dem Grund Gottes [17]. Wenn die Seele mit liebereicher Beschauung in Gott vergangen ist, so sagt SEUSE [18], ist sie über Zeit und Raum, dann kann die Entrückung Bild und Form wegnehmen.

Anmerkungen. [1] Vgl. J. BÖHME: Theoscopia oder die hochteure Pforte von göttlicher Beschaulichkeit. Werke 4 (1957) IX, 165ff. – [2] PLATON, Resp. VII, 532 c. – [3] Symp. 28, 210 a. – [4] PHILON, De mund. opif. 23. – [5] PLOTIN, Enn. III, 8, 6; vgl. V, 5, 8. – [6] Enn. VI, 9, 11. – [7] Ps.-DIONYS, De myst. theol. I, 1. MPG 3, 997f. – [8] AUGUSTIN, Conf. VII, 10, 16ff. – [9] BERNHARD VON CLAIRVAUX, De consid. II, 2. MPL 182, 745. – [10] Vgl. HUGO VON ST. VICTOR, De arca Noe moral. II, 4. MPL 176, 637f.; De arca Noe myst. 12. MPL 176, 698. – [11] RICHARD VON ST. VICTOR, Benjamin maior I, 3. MPL 196, 66f. – [12] a. a. O. 196, 63ff., bes. V, 5ff., 174ff. – [13] THOMAS VON AQUIN, IV Sent. 15, 4, 1, 2 ad 1. – [14] BONAVENTURA, Itin. ment. c. 7, n. 5; vgl. Brevil. II, 12. – [15] Vgl. E. VAN STEENBERGHEN: Autour de la Docte Ignorance. Une controverse au 15e siècle mystique au 15e siècle (1915). – [16] DIONYS. CARTUSIANUS, In De div. nom. II, 19. Opera 16 (1902) 68. – [17] ECKHART, Von dem edeln Menschen. Dtsch. Werke 5 (1963) 116f. – [18] H. SEUSES Schriften, hg. K. BIHLMEYER (1907) 103.

Literaturhinweise. F. HEILER: Das Gebet (⁵1923) 284-346. – E. UNDERHILL: Mystik (1928). – J. BEUMER: Richard von St. Viktor. Scholastik 31 (1956) 213ff.
P. HEIDRICH

Bescheidenheit hat im Mittelalter zwei Bedeutungen: 1. *prudentia, sapientia, scientia, discretio;* 2. *moderatio, modestia.* – Im Zusammenhang mit der ersten Bedeutungsrichtung bezeichnet ‹B.› in der höfischen Literatur «fein gebildet, von höfischem Takt». FREIDANK gibt um 1230 seinem Lehrgedicht den Titel ‹B.›, d. i. Bescheidwissen, Unterscheidungsvermögen, Einsicht, Erkenntnis. LUTHER übersetzt 2. Petr. 1, 5. 6 γνῶσις mit ‹B.›, und gelegentlich findet sich diese Bedeutung noch bis ins frühe 18. Jh. – Die zweite Bedeutung ergibt sich im moraltheologischen Bereich. Im Rahmen der vier Kardinaltugenden, die das Mittelalter aus der Antike übernahm, ordnet THOMAS VON AQUIN mit Berufung auf Cicero die modestia der temperantia unter. Sie bringt in das menschliche Verhalten, Handeln und Planen Zügelung und Maß [1]. In der Aufklärung des 18. Jh. gewinnt B. einerseits Bedeutung als Tugend des Bürgers, die seinem mäßigen Wohlstand entspricht. B. wird vorwiegend unter rationalen Zweckerwägungen gesehen. Geziemende Zurückhaltung verbürgt Ansehen, und im Vermeiden des Außergewöhnlichen verheißt B. Sicherheit und «Glückseligkeit» [2]. Anderseits wird sie verinnerlicht als Demut der Vernunft und als Haltung allgemeiner Menschenliebe verstanden. Für KANT ist B. «Mäßigung in Ansprüchen, d. i. freiwillige Einschränkung der Selbstliebe eines Menschen durch die Selbstliebe anderer» [3]. Mit Beginn des 19. Jh. verfällt das B.-Ideal häufig der Polemik. Während für LESSING noch «alle großen Männer bescheiden» sind [4], kritisiert bereits GOETHE: «Nur die Lumpe sind bescheiden, Brave freuen sich der Tat» [5]. B. kommt den mittelmäßig Befähigten zu und ist beim Talentierten Heuchelei (SCHOPENHAUER) [6]. «Das Nichts glaubt dadurch etwas zu werden, daß es bekennt: Ich bin nichts!» (HEBBEL) [7]. Für NIETZSCHE ist die Moralität der B. Verweichlichung; sie birgt die Gefahr, sich allzu früh anzupassen, «als ob wir selbst in uns kein Maß und Recht hätten, Werte anzusetzen» [8]. Für SCHELER ist B. «nur ein Wettlauf zwischen Eitelkeit und Scham, bei dem die Scham siegt» [9]. Unterschiedliche Versuche einer erneuten Wendung ins Positive finden sich bei N. HARTMANN und O. F. BOLLNOW. Bescheiden nennt HARTMANN den, der sich an hochgegriffenen sittlichen Maßstäben mißt [10]. BOLLNOW hingegen zählt B. zu den Tugenden der «einfachen Sittlichkeit» [11] und kennzeichnet ihn als bescheiden, der nicht vermessen über sich selbst hinausgreift, sondern seine Ansprüche nach seinen Kräften und Möglichkeiten ausrichtet [12]. Bollnow hat darauf hingewiesen, daß man in der Geschichte zwei Grundformen des Lebensgefühls und der daraus entwickelten Ethik unterscheiden kann, von denen, den sozialen Grundlagen entsprechend, eines als aristokratisches (μεγαλοψυχία bei ARISTOTELES; *générosité,* z. B. in Renaissance und Barock), das andere als bürgerliches Ethos (charakterisiert durch B.) bezeichnet werden kann.

Anmerkungen. [1] THOMAS VON AQUIN, S. theol. II, 143. – [2] Vgl. C. F. BAHRDT: System der moralischen Religion zur endlichen Beruhigung für Zweifler und Denker (1791). – [3] KANT, Met. Sitten, Ethische Elementarlehre § 37. – [4] LESSING, Briefe, die neueste Lit. betreffend Nr. 65. – [5] GOETHE, Artemis-A. 1 (1949) 100. – [6] SCHOPENHAUER, Parerga 2, § 343; vgl. auch § 242 und Ergänzungen zu ‹Welt als Wille und Vorstellung›, Kap. 37. – [7] HEBBEL, Tagebücher 19. 8. 1843. – [8] NIETZSCHE, Werke, hg. K. SCHLECHTA (²1960) 3, 890, vgl. 801. 889. – [9] M. SCHELER: Vom Umsturz der Werte 1 (1919) 22. – [10] N. HARTMANN: Ethik (³1949) 475. – [11] O. F. BOLLNOW: Einfache Sittlichkeit (1947) 5. – [12] Die Tugend der B. Die Sammlung 11 (1956) 225ff.

Literaturhinweise. H. LUDWIG: Die Tugend der B. (Diss. Tübingen 1956, Ms.). – K. BERG: Zur Gesch. der Bedeutungsentwicklung des Wortes ‹B.›. Würzburger Prosastudien 1: Wort-, Begriffs- und textkundl. Untersuchungen (1968) 16-80 = Medium Aevum 13.
B. SCHWENK

Beschreibung

I. Die lateinische Bezeichnung ‹*descriptio*› hat bis zum 17. Jh. erstens einen religiös-theologischen, zweitens einen (daraus abgeleiteten) metaphysischen und drittens einen methodologisch-naturwissenschaftlichen Sinn.

1. Der *religiös-theologische* Sinn erschließt sich im Gedanken einer «descriptio divina», etwa in der antiken Form, daß ein unendlicher Geist das Weltall geordnet und beschrieben habe [1], die von den ersten christlichen Apologeten dahin interpretiert wurde, daß diese descriptio als Bewegung des unendlichen Geistes selbst göttlicher Natur sei [2]. Seit dem Mittelalter ist dann auch von einem «Buch der Natur» (s. d.) die Rede, und noch im 17. Jh. findet man in naturwissenschaftlichen Werken den Ausdruck «descriptiones divinae» [3]. – Dieser religiös-theologische Hintergrund mag auch bei der Entwicklung der Schrift ursprünglich eine Rolle gipielt haben, wie sich z. B. noch am rein sakralen Charakter der germanischen Runenschrift zeigt.

2. Der *metaphysische* Sinn entstand durch Abstraktion von einem religiösen Inhalt dergestalt, daß anstelle Gottes bzw. eines unendlichen Geistes die natura agens als forma substantialis bzw. die natura agens eines jeden einzelnen Dinges tritt. So ist bei AVERROES die Rede von einer «descriptio primae perfectionis», welche die forma (substantialis) sei [4]. Im Physikkommentar von GROSSETESTE erfährt diese dunkle Redeweise eine gewisse Aufhellung, wenn es dort heißt: «natura agens habet per modum aliquem descripta et formata in se naturalia fienda, ipsa ergo descriptio et formatio in ipsa natura fiendarum rerum antequam fiant notitia naturae dicitur» (Die natura agens hat die entstehenden Naturwesen auf irgendeine Weise geformt und beschrieben in sich. Diese Formung und Beschreibung der entstehenden Dinge in der Natura selbst wird vor ihrer Entstehung ‹notitia na-

turae› genannt) [5]. Auch MOSES MAIMONIDES nimmt zu dieser Begriffsbildung Stellung [6].

3. Während also der Begriff der descriptio, der in der Antike als theologisch-religiöse Idee auftrat, im Mittelalter vorwiegend unter metaphysisch-naturontologischem Aspekt gesehen wurde, liegt der Schwerpunkt in der Neuzeit auf seiner Entwicklung innerhalb der Mathematik und der Naturwissenschaften. Hier tritt B. sowohl als definitio genetica und implicativa wie als definitio descriptiva auf. Die frühesten Beispiele einer definitio *genetica* stellen die altpythagoreische Definition von geraden und ungeraden Zahlen, die sich in einem EPICHARM-Fragment findet [7], sowie die Herstellung einer Quadratrix dar, d. h. einer bestimmten, einem Quadrat eingeschriebenen Kurve, welche nach dem Zeugnis von PAPPUS *Hippias von Elis* zu konstruieren gelehrt habe [8]. Auch PLATONS Kreisdefinition [9] ist genetisch, ebenso diejenige von Zahl als πλῆθος μονάδων bei ARISTOTELES [10]. Gleichfalls genetisch sind manche Definitionen von EUKLID, z. B. diejenige der Kugel, des Zylinders und des Kegels. In der peripatetischen Schrift Μηχανικά findet sich eine genetische Definition des Kreises besonderer Artung [11]. Sofern in DIOPHANTS Arithmetik erstmalig Gleichungen gelöst werden, haben wir hier eine erste Form der definitio *implicativa*, welche bei den Griechen ὅρος ἐλλιπὴς ὁλοκλήρου ὁμοίου γένους (unvollkommene Definition des Ganzen der gleichen Art) hieß und von den Lateinern mit «definitio per indigentiam pleni ex eodem genere» übersetzt wurde [12]. Erst seit der Wiederentdeckung Diophants im 16. Jh. spielen sie wieder eine wissenschaftsgeschichtliche Rolle. Seit ARISTOTELES kennen wir die definitio *descriptiva*, bei ihm als ὅρος διαιρετικός [13] später allgemein mit ὅρος ὑπογραφικῆς bezeichnet. Sie definiert einen Gegenstand durch die Angabe des Komplexes von Eigenschaften, welche getrennt auch anderen Dingen zukommen, jedoch durch ihre eigentümliche Verbindung bei einem bestimmten Ding dieses kennzeichnen. Die *Stoiker* nannten sie λόγος τυπωδῶς εἰσάγων εἰς τὰ πράγματα (eine Rede, die eine summarische Übersicht über die Dinge gibt) [14]. Zoologie, Botanik und Mineralogie sind ihre Hauptanwendungsgebiete, und so finden sich – wenn auch oft weniger exakt als von der Theorie gefordert – die Arten von beschreibender Definition bei DIOSCURIDES und PLINIUS. In der Mathematik – näherhin der Geometrie – wurden noch bis zum 17. Jh. Schemata verwandt, welche die geometrischen Gegenstände auf diese Weise zu definieren gestatteten [15]. Als eine besondere Art dieser beschreibenden Definition kann die sogenannte «Kennzeichnung» angesehen werden, die zwar von Aristoteles selbst nicht als Definition zugelassen wurde, jedoch schon im Mittelalter als eine ihrer Arten galt [16]. Sie spielt in der Mathematik eine besondere Rolle, sofern z. B. der Peripheriewinkelsatz in diesem Sinne eindeutig den Kreis bestimmt. Eine weitere wissenschaftsgeschichtlich bedeutende Art von beschreibender Definition entsteht dadurch, daß man einen Gegenstand von seinem Relationsgefüge her zu bestimmen versucht. Diese Art heißt bei den Griechen ὅρος κατὰ τὸ πρός τι und wurde von den Lateinern mit «definitio secundum quid» wiedergegeben [17]. In diesem Sinne ist z. B. jedes einzelne Glied in einer genealogischen Zeugungskette eindeutig bestimmt durch das Vater-Sohn-Verhältnis. Alle genannten Arten, die, von MARIUS VICTORINUS systematisiert, über BOETHIUS und ISIDOR VON SEVILLA dem Mittelalter überliefert und vom Beginn der Neuzeit an weiterentwickelt wurden, waren entscheidend an der Bildung des neuzeitlichen B.-Begriffes der Naturwissenschaften beteiligt. Diese Entwicklung der «definitiones minus accuratae», wie sie in der ‹Logik von Port Royal› heißen [18], begann schon durch die Zweiteilung der Definitionen bei AVERROES und wurde besonders gefördert durch den neuzeitlichen Nominalismus, der die Wesensdefinition immer mehr als wissenschaftliches Instrument zurückdrängte und mit der Nominaldefinition identifizierte, dagegen die genannten Arten an deren Stelle setzte. Ein weiterer Faktor war die Artifizierung der wissenschaftlichen Methode. Nachdem ZABARELLA die Definition als bloßes «significans quidditatis» angesehen hatte, war für GALILEI wie schon für GUIDOBALDO DEL MONTE die Möglichkeit gegeben, ein wichtiges Prinzip der naturwissenschaftlichen B. auszusprechen: die «künstlerische» Freiheit der Definition hinsichtlich der ersten Benennung von Elementen durch den Wissenschaftler («come artefice») und seine Gebundenheit an diese Definition innerhalb ein und desselben Beweisverfahrens [19]. Der nominalistische Ansatz bei Zabarella und seine Applikation durch Galilei hatte für die Entwicklung des B.-Begriffes aus der antik-mittelalterlichen Definitionslehre zwei bedeutsame Folgen: 1. die fortschreitende Aushöhlung und schließliche Ausschaltung der definitio essentialis, 2. die Einschränkung bzw. Neubestimmung dessen, was man unter Realdefinition zu verstehen hat, in Richtung auf die definitio descriptiva hin. Bei PETRUS RAMUS [20], der im Anschluß an Averroes zwei Arten, eine definitio perfecta und imperfecta, unterscheidet und bei welchem (wie bei Zabarella) die erstere bloß ein «symbolum universale causae essentialis» darstellt, ist die definitio imperfecta als «complexio propriorum» unterteilt in eine «definitio causalis» und eine solche «ex accidentibus». Die Akzidentien sind die propria einer Sache, für die man keine Ursache ihrer Erzeugung angeben konnte, so daß die definitio ex accidentibus in Wirklichkeit nur eine B. von Phänomenen bedeutet, nicht aber wie die definitio causalis bzw. genetica eine Erklärung der Sache bzw. des Phänomens durch die Angabe der Elemente, aus welchen sie besteht, und die Vorschrift, wie sie herzustellen sei. Indem die definitio realis sich bereits seit HOBBES, der die gleiche Unterscheidung trifft [21], auf die durch vorhergehende Analyse gewonnenen Elemente als causae eines Körpers oder eines Phänomens und auf dessen Konstruktion bezog, wurde sie allmählich zum B.-Begriff in naturwissenschaftlichem Sinne, insbesondere seitdem sie seit LEIBNIZ mit der definitio descriptiva der erfahrbaren Eigenschaften verschmolz. Von nun an bezog sich die B. auf die Erkenntnis einer Sache aus der Analyse und der Herstellung aus ihren Elementen aufgrund vorangegangener und nachfolgender (verifizierender) observationes und experimenta. Bei VICO (1708) heißt es daher, daß die neuere Physik, vor allem von der Mechanik her, die ihr als Instrument diene, sinnenfälligere Bilder der Ursachen beschreibe (sensibiliores causarum imagines describit) als z. B. die B. von Zeiteinheiten mit astronomischen Definitionen es sei, so daß bei ihm der B.-Begriff erstmalig auf den Modellbegriff bezogen ist [22]. Nachdem bei CHR. WOLFF die sich seit Leibniz anbahnende Verschmelzung von definitio causalis bzw. genetica und definitio realis beendet ist und bei ihm die alte definitio descriptiva anstelle der ehemaligen Nominaldefinition tritt [23], gehört zum Begriff der naturwissenschaftlichen B.: 1. eine genaue Fixierung der darin vorkommenden Begriffe (Nominaldefinition); 2. eine reine Realdefinition als definitio descriptiva im herkömmlichen

Sinne a posteriori, worin also von der empirischen Erforschung her der Gegenstand beschrieben wird; 3. eine genetisch-kausale Realdefinition, welche eine Anweisung darstellt, aus zuvor analysierten Elementen den Gegenstand (chemischen Stoff oder physikalisches Phänomen) herzustellen, wobei durch die Herstellung eine Einsicht in die Konstitution des Gegenstandes gegeben wird. Bei KEILL verlagert sich der Schwerpunkt auf die Empirie: Er will die kausale Erklärung aus hypothetischen Ursachen unbekannter Art durch einfache und vollkommene B. der Phänomene ersetzen [24]. Im allgemeinen sind jedoch im 18. Jh. im Begriff der naturwissenschaftlichen B. die Momente der Konstruktion und der Empirie vereinigt. In den ‹Institutiones logicae› (1776) von HAVICHORST trägt er folgende Züge: B. ist 1. Differentialdiagnose der Attribute von Dingen, 2. Ätiologie dieser Attribute, 3. als Entdeckungsmethode die Regel, nach der aus vorher gegebenen Elementen ein Phänomen oder ein Körper hergestellt werden kann. Mittels der B. wird u. a. von den Naturforschern (a rerum naturalium indagatoribus) ein genauerer Begriff eines unbekannten Objektes gewonnen, und sie ist deshalb der Definition vorzuziehen. Die genetische Definition als besondere Weise der B. sei zu empfehlen, wenn darüber hinaus das Warum der Eigenschaften einer Sache entdeckt werden soll. Sie sei vorzüglich in der Mathematik, aber auch in anderen Wissenschaften gebräuchlich, besonders in der empirischen Psychologie, um die mannigfachen Affekte bei Lebewesen, wie Eifer, Lusttrieb, zu erklären. Auch sei sie üblich, wenn es sich um die Herstellung einer Sache handelt. Hierzu hatte Havichorst in einem allgemeinen Kapitel bereits gesagt: «definitio genetica recensere debet illa, ex quibus res oritur, simulque modum quo ex illis oritur» (Die genetische Definition muß alles angeben, aus dem ein Ding entsteht, und gleichzeitig die Weise, wie es daraus entsteht). In einem Scholion heißt es dann: «definitio genetica ortum explicare potest eorum, 1° quae a causis naturalibus, ut pluvia, nix, grando; 2° quae ab arte, ut machinae; vel 3° quae a causis naturalibus et simul ab arte producuntur, ut sal qui coquitur, varii effectus chymici etc. hinc variae sunt definitionis geneticae species» (Die definitio genetica kann das Entstehen von dem erklären, was 1. aus natürlichen Ursachen herrührt, wie Regen, Schnee und Hagel, 2. was technisch hergestellt wird, wie die Maschinen, oder 3. was aus natürlichen Ursachen mit Hilfe der Kunst hervorgebracht wird, wie Salz, das durch Abkochung entsteht, verschiedene chemische Wirkungen usw. Von da her ergeben sich die verschiedenen Arten der genetischen Definition) [25]. Wenn bereits bei WOLFF die definitio descriptiva anstelle der damaligen Nominaldefinition die wesentlichsten Eigenschaften aufzählen soll und er dafür auf Beobachtung und Experiment zurückgreifen muß, durch welches die äußeren Bedingungen künstlich abgeändert werden, damit sich die Natur der Dinge zeige, so gibt HAVICHORST sehr differenzierte «leges speciales observationum artificosarum et experimentorum» an. Neben einer Warnung vor leichtfertiger qualitativer Interpretation von Beobachtungen wird Genauigkeit der Instrumente, der wissenschaftlichen Aufzeichnungen und Kontrollexperimente zu verschiedenen Zeiten und unter verschiedenen Bedingungen gefordert. Damit ist die Umwandlung der definitio descriptiva in den naturwissenschaftlichen B.-Begriff vollzogen.

Anmerkungen. [1] CICERO, De natura Deorum I, 26. – [2] MINUTIUS FELIX 19, 6. – [3] O. V. GUERICKE: Nova experimenta Magdeburgica, Dedicatio (Amsterdam 1672). – [4] AVERROES, In De anima II Arist. c. 5. – [5] GROSSETESTE, In Phys. Arist.; vgl. A. C. CROMBIE: Robert Grosseteste (1953) 56. – [6] MOSES MAIMONIDES, Führer der Unschlüssigen c. 28. – [7] EPICHARM bei DIELS Frg. 2. – [8] PAPPUS, SYLLOGE geometricae. – [9] PLATON, Parm. 137 e-138 a. – [10] ARISTOTELES, Met. X, 1, 1053 a 30. – [11] Mech. 848 a 6-10. – [12] ISIDOR VON SEVILLA, Etymologicae II, 25, 4. – [13] ARIST., Anal. post. 91 b 39. – [14] DIOG. LAERT. VII, 60. – [15] PETRUS RYFF: Quaestiones geometricae (Francoforti 1621). – [16] NIKEPHOROS BLEMMIDES, Epitome logica. MPG 142, 690ff. – [17] Vgl. Anm. [12]. – [18] Logik von Port Royal II, 12. – [19] GALILEI, Ed. naz. 4, 631, 21ff. – [20] PETRUS RAMUS, Dialecticae libri (1555). – [21] HOBBES, De corpore I, 1 u. 6. – [22] G. VICO, De ratione studiorum nostri temporis c. 4. – [23] CHR. WOLFF: Logica (1728) § 41ff. – [24] J. KEILL: Introductio in veram physicam (1725) 15. – [25] A. HAVICHORST: Institutiones logicae (1776).
H. M. NOBIS

II. Auch in der weiteren Entwicklung des Begriffs wird B. in sehr verschiedener Bedeutung gebraucht: 1. B. ist a) seit der Etablierung der neuzeitlichen Naturwissenschaft als methodische Devise in Geltung. Sie wird im Selbstverständnis der auf *nominalistisch-empiristischer* und zugleich positivistischer Tradition gründenden exakten Naturwissenschaft als deren maßgebendes Verfahren angesehen und deklariert. b) Sie wird als Devise desjenigen naturwissenschaftlichen Denkens propagiert, welches sich nicht auf nominalistischer, sondern auf *morphologischer* Ontologie gründet (Goethe, A. v. Humboldt, Schelling, Hegel). c) B. (Deskription) wird von Dilthey, der das beschreibende Verfahren als maßgebend für die *geisteswissenschaftliche* Psychologie im Unterschied zu der naturwissenschaftlich «zergliedernden» Psychologie ansieht, zur Begründung der Geisteswissenschaften verwendet. d) Auf dem meist ungenannten Hintergrunde einer morphologischen Ontologie wird die B. schließlich auch als philosophische Methode in der *phänomenologischen* Schule theoretisch gefordert und praktisch befolgt. – 2. Im Unterschied zu diesen primär methodischen, an verschiedenartigen Erfahrungs- und Erscheinungsbegriffen orientierten programmatischen Erklärungen tritt das Prinzip der B. auch in Weiterführung antiker und mittelalterlicher Tradition in vorwiegend ontologischem Sinne auf. Das Sein der seienden Dinge wird dann auf einen beschreibenden Vollzug entweder Gottes oder der menschlichen Vernunft zurückgeführt.

1. – a) Die Karriere der positivistischen Devise der B. beginnt mit der von den Wegbereitern der neuzeitlichen *Naturwissenschaft* einmütig anerkannten Erklärung, daß es der naturwissenschaftlichen Vernunft nicht anstehe, das wahre und innere Wesen der natürlichen Substanzen erkennend durchdringen zu wollen [1]. Das von ARISTOTELES als Gegenstand des Naturerkennens angesprochene «Wesen», welches als selbständige Einheit vom erkennenden Verstande anerkannt zu werden beansprucht, wird jetzt entmachtet. An die Stelle der Wesenserkenntnis tritt Wahrnehmung und Beobachtung des zunächst erscheinenden Vielen, welches in eine Reihe zu ordnen und zu verbinden der Verstand als seine Aufgabe ansieht: Dieses auf nominalistischem Hintergrunde sich ausbildende Verfahren wird als B., die sich mit dem «Äußeren» der Erscheinungen zu befassen hat, bezeichnet [2]. In einem engen Zusammenhang mit den auf die B. abzielenden Erklärungen steht das bekannte Wort NEWTONS: «hypotheses non fingo», durch welches er zum Ausdruck bringen will, daß er sich nur an die Erscheinungen und deren B. hält, es aber nicht auf die den Gegenstand der «Hypothesen» abgebenden ersten Ursachen (Wesen) dieser Erscheinungen abgesehen hat, was doch nur Sache einer Fiktion wäre [3]. In dieser Richtung liegt auch die

berühmte, maßgebend gewordene *positivistische* Erklärung des Physikers KIRCHHOFF, der es zunächst als Aufgabe der Mechanik ausgesprochen hat, «die in der Natur vor sich gehenden Bewegungen zu *beschreiben*, und zwar vollständig und auf die einfachste Weise zu beschreiben». Seine nähere Erklärung zum Begriff der B. als einer Kennzeichnung dessen, was «die Erscheinungen sind, die stattfinden», hat später dazu geführt, daß das B.-Prinzip nicht nur für die Mechanik, sondern für alle Gebiete der exakten Naturwissenschaft als maßgebend angesehen wird [4]. Demgegenüber macht W. WUNDT den Begriff ‹B.› für *jede* Wissenschaft geltend und verknüpft ihn für «die möglichst vollständige Erkenntnis ihres Gegenstandes» mit dem Begriff der Erklärung, die in Form des «erzählenden Urteils» zu dem «beschreibenden» tritt. Das Postulat «der Beschränkung auf die reine B. der in der Wahrnehmung gegebenen Tatsachen [ist] nicht nur undurchführbar, sondern es steht mit der wirklichen Wissenschaft und mit den Zwecken, die sich diese immer gestellt hat und auch in Zukunft stellen wird, in Widerspruch» [5]. Aus der weitverzweigten positivistischen Literatur, in der die Devise des Beschreibens zur Sprache kommt, sind z. B. zu nennen: E. MACH [6], M. SCHLICK [7] und L. WITTGENSTEIN [8]. SCHLICK unterscheidet zwischen zwei Stufen der Naturerkenntnis, von denen er die erste ‹B.›, die zweite ‹Erklärung› nennt. In Wahrheit handelt es sich dabei um zwei verschiedene Stufen des «Beschreibens», eine unvollkommenere und eine vollkommenere. Im ersten Fall wird eine «Feststellung der Tatsachen durch Worte oder Symbole» geleistet, die angeben, «wie der beschriebene Tatbestand sich aus Elementen zusammensetzt, deren jedes mit dem dafür üblichen Symbol (Namen) bezeichnet wird». Die letztere Stufe des Naturerkennens, die als ‹Erklärung› bezeichnet wird, bestehe darin, daß ein «der Natur-B. dienendes Symbol (Begriff) durch eine Kombination anderer auch sonst schon verwendeter Symbole ersetzt wird» [8a]. In dieser Linie unterscheiden auch gegenwärtige Autoren zwischen entsprechenden Stufen des Erkennens, wobei die B. Antwort gebe auf die Frage, was der Fall ist oder der Fall war, während die Erklärung angebe, warum es so und so ist oder warum es so und so war [8b]. Zur B. gehören 1. Sätze von der Form singulärer Urteile, welche über einzelne Phänomene Aussagen machen, und 2. generelle bzw. universelle Urteile, welche «Gesetze» aussprechen und die Form von Hypothesen haben. Die Leistung des Beschreibens schließe nicht nur die Darstellung einzelner Tatsachen, sondern auch die Verknüpfung des Tatsächlichen zu gesetzlichen Zusammenhängen ein. Die Erklärung bringt dagegen die begründende Funktion des Gesetzes ins Spiel: den Nachweis der Ableitbarkeit eines beschriebenen Satzes aus Bedingungssätzen, die ihm vorhergehen. So ist z. B. die Aussage, daß jedesmal in zwölfeinhalb Stunden die Flut auf den Ozeanen der Erde wiederkehre, Ausdruck für eine Regelmäßigkeit. Hier kommt nur ein «Beschreiben» in Frage, weil durch diese Aussage noch kein Grund für die Wiederholung des Vorgangs angegeben wird. Für die Erklärung müßte man eine gesetzliche Hypothese hinzuziehen, in deren Begründungszusammenhang z. B. die Stellung von Mond und Sonne zueinander in eine begründende Beziehung zu den Höhen der Flut usw. gebracht wird. Die Erklärung eines Vorgangs muß eine deduktive Ableitung eines solchen Satzes, der ihn beschreibt, aus Gesetzen und Randbedingungen leisten. Zum «explanans» gehören 1. allgemeine Gesetzeshypothesen und 2. solche Sätze oder Aussagen, welche die sogenannten «Antezedensbedingungen» beschreiben, unter denen die Gesetzeshypothesen im besonderen Fall gültig sind, so daß die erklärende Ableitung des «explanandum» möglich wird.

b) Auf einem anderen Hintergrunde entwickelt z. B. GOETHE sein methodisches Programm der B. Zugrunde liegt die ontologisch-ästhetische Auffassung, daß die uns begegnenden Erscheinungen als Ergebnis der Gestalten hervorbringenden Natur (natura naturans) begriffen werden müssen. Die erscheinenden Gestalten werden insofern als Gegenstand des Beschreibens angesehen, als sie das innere Wesen äußerlich sichtbar machen. Beschreiben wird als Teilnehmen an der Produktion der Natur verstanden [9]. Beschreiben ist also für Goethe nicht nominalistisch das Verfahren des Registrierens vieler Beobachtungen, sondern der verstehende Mitvollzug mit der die Gestalten produzierenden Natur. So ist es ein mit Newton wörtlich gleichlautender, doch anders zu verstehender Gegensatz, den Goethe zwischen dem Verfahren des Beschreibens und dem Hypothesen bildenden Verstande des exakten Denkens zur Sprache bringt. Mit der Goetheschen Auffassung verwandt ist z. B. die B.- und Darstellungskonzeption A. v. HUMBOLDTS, bei dem von «physischer Erd-B.», vom «Naturgemälde», das er liefern wolle, die Rede ist. Der höchste Zweck der physischen Erd-B. sei die Erforschung des gemeinsamen und des «inneren Zusammenhanges in den tellurischen Erscheinungen» [10]. Geographen wie etwa F. RATZEL und andere sind dieser Devise Humboldts gefolgt [11]. Der der Schellingschen Naturphilosophie nahestehende Physiologe J. MÜLLER propagiert ebenso im Sinne Goethes das Verfahren der B. [12]. Auch der gebräuchliche Titel «beschreibende Naturwissenschaft» macht von einem Begriff der B. Gebrauch, der die metaphysische Konzeption der Gestalten hervorbringenden Natur zum Grunde hat.

c) Wenn W. DILTHEY für die *geisteswissenschaftliche* Psychologie das Verfahren des Beschreibens in Anspruch nimmt, dann folgt er einer von ihm selbst ignorierten Ontologie, die der Konzeption Goethes von der bildenden Natur gemäß ist. Nur sind es geistige Gestalten, die Dilthey der inneren Erfahrung anheimstellt und zum Gegenstand des Beschreibens werden läßt. Die Situation der Naturwissenschaften beurteilt Dilthey vom nominalistisch-positivistischen Standpunkt aus, wenn er die B. als das der Geisteswissenschaft zugehörige, die Hypothesenbildung dagegen als das der Naturwissenschaft angemessene Verfahren angibt. Es gehe in der exakten Naturwissenschaft darum, «Erklärungen» zu finden, d. h. Ursachen für die Erscheinungen anzugeben, wobei die Regel der Kausalität bestimmend sei. Nach dieser Regel konstruiere der Verstand eine Kette aufeinanderfolgender und einander bedingender Erscheinungen. Demgegenüber stellt Dilthey «den Anspruch» der Geisteswissenschaften fest, die geistigen Erscheinungen als Realität selbst aufzufassen und zu «beschreiben». Die geisteswissenschaftlichen Tatsachen treten «von innen» als Realität und als ein lebendiger Zusammenhang originaliter auf [13]. Wer die Charaktere des Geistes beschreibt, befaßt sich nicht mit Abbildern der «Sachen», sondern mit den Sachen selbst. Er redet der B. eines «Zusammenhanges» das Wort, «welcher ursprünglich und immer als das Leben selbst gegeben ist».

d) Zum Rang einer philosophischen Methode wird die B. in der *Phänomenologie* E. HUSSERLS [14] und seiner Nachfolger erhoben. Es scheint auch bei Husserl ein aristotelisches Erbe in der Weise zur Geltung zu kommen, daß er seinen Begriff von B. am Prinzip der Gestalt (morphé) und des Wesens orientiert. Die Phänomenologie habe die B. als ihr Verfahren zu wählen, etwa im Gegensatz zur Geometrie, welche deduktiv vorgeht. Husserl spricht von den «fundamentalen und noch ungelösten Problemen einer prinzipiellen Klärung des Verhältnisses von B. mit ihren deskriptiven Begriffen» und z. B. «geometrisch-eindeutiger, exakter Bestimmung» mit ihren «Idealbegriffen». Der Geometer bilde keine «morphologischen Begriffe» von «vagen Gestalttypen» aus, er arbeite mit «Ideal-Begriffen», die etwas ausdrücken, was «man nicht sehen kann». Die philosophische Deskription aber habe den in den Erscheinungen mitgegebenen Verlauf der Charaktere des Wesens deutlich zu machen. M. MERLEAU-PONTY [15] verbindet Husserlsche mit Diltheyschen Ansätzen der Deskription, wenn er es z. B. als die Aufgabe der Philosophie hinstellt, die Wahrnehmung nicht bloß zu «erklären», sondern sich auf das Geschehen des Wahrnehmens einzulassen und es zu verstehen. Daraus ergebe sich dann das Verfahren der B. der Wahrnehmungsgeschichte. Das beschreibende Verfahren gehe von der Voraussetzung aus, daß alle Faktoren, die bei der Wahrnehmung mitspielen, sprachlichen Charakters seien und daß nicht Kausalität, sondern ein Motivzusammenhang zum Leitfaden der B. gewählt werden müsse.

2. Die phänomenologische Konzeption der B. muß kraft ihres ontologischen Einschlags zugleich auch als eine Aufnahme und Fortführung der ontologischen Tradition des B.-Prinzips angesehen werden. In *theologischer* Version kommt die Ontologie der B. darin zum Ausdruck, daß Gott als Architekt die Welt und deren Figuren im Akt eines entwerfenden Vorzeichnens geschaffen hat. Dann sind die Gestalt- und Bewegungsfiguren, die sich in der Natur finden, Ausdruck des zeichnend-beschreibenden Entwurfs der Welt: Die Natur ist ein Buch, welches Gott durch die B. von Grundcharakteren geschrieben hat. Dabei kommt es darauf an, dieses Buch der Natur dadurch zu verstehen, daß der Mensch die Schreibbewegungen Gottes nachvollzieht. Auf diese Weise ergibt sich die Konzeption einer apriorischen B.: LEIBNIZ erklärt, daß die Vernunft eine solche Bewegung des Beschreibens vollziehe, wenn sie die geometrischen Buchstaben des Buches der Natur verfolge [16]. KANT versetzt in seinem *transzendentalphilosophischen* Ansatz den Verstand in die Rolle des Architekten, der durch apriorische konstruktive Entwürfe den ontologischen Charakter beschreibt, der die Sachen zu Gegenständen möglicher Erfahrung macht. Indem er z. B. die geometrischen Figuren a priori konstruiert, schreibt er die Spuren vor, denen eine Sache (res) folgen muß, wenn sie objektive Realität soll beanspruchen können [17]. In diesem Sinne nennt er das transzendentale Schema ein «Monogramm» der Einbildungskraft. In unserem Bewußtsein ist nach Kant ein Ingenieur am Werke, der die Figuren möglicher seiender Dinge in einer ursprünglichen Bewegung seiner Hand zeichnet und dadurch die reine «B. eines Raumes» vollzieht [18]. In der Nachfolge Kants entwickelt SCHELLING den philosophischen B.-Begriff unter dem Namen «Darstellung» vom absoluten Standpunkt aus weiter. Sein Begriff der philosophischen Konstruktion im Zeichen der intellektuellen Anschauung gehört in den Kreis des B.-Prinzips. Auch der Terminus «Demonstration» gewinnt in diesem Zusammenhang als ein beschreibendes Vorzeigen der erscheinenden Idee Bedeutung. Die Natur wird eine Art von Sprache und Schrift der Vernunft [19]. In der geschichtlichen Reihe der Gestalten des Bewußtseins, die HEGEL in der ‹Phänomenologie des Geistes› dialektisch auseinander hervorgehen läßt und darstellend beschreibt, findet auch der der exakten Naturwissenschaft angehörende empiristische B.-Begriff eine Stelle: Beobachten und Beschreiben erfassen nur das oberflächlich Sinnliche der Dinge, ohne es zum Allgemeinen in Beziehung zu setzen; die Objekte werden in ihrer «Vereinzelung» belassen [20].

Anmerkungen. [1] G. GALILEI, Le Opere, Ed. naz. (Florenz 1890-1909, Neudruck 1964-1966) 5, 187; vgl. hierzu R. COTES: Einleitung zu I. NEWTON: Philos. nat. princ. math. (Cambridge ²1713); F. KAULBACH: Der philosophische Begriff der Bewegung (1965) 31ff. – [2] J. KEILL: Introductio ad veram physicam (London 1702) zus. mit: Introductio ad veram astronomiam (Leiden 1725) 15f.; vgl. J. FREIND: Praelectionum chymicarum vindiciae, in: Philos. transactions of the Royal Society, abridged and disposed under general heads 5 (London 1749) 429ff. – [3] I. NEWTON: Philos. nat. princ. math. III, scholium generale (Genf 1739-1742) III/2, 676. – [4] G. KIRCHHOFF: Vorles. über math. Physik 1: Mechanik (1876) Vorrede III. – [5] W. WUNDT: System. der Philos. (³1907) 1, 12. 38; Logik (³1906-1908) 1, 172ff.; 2, 90ff. 302f. 366ff. – [6] E. MACH: Populär-wiss. Vorles. (⁴1910) 411-427: B. und Erklärung; vgl. H. DINGLER: Die Grundlagen der Physik (²1923) 223f. – [7] M. SCHLICK: Grundzüge der Naturphilos., hg. HOLLITSCHER/RAUSCHER (Wien 1948) 14ff.; Allgemeine Erkenntnislehre (²1925) 86. – [8] L. WITTGENSTEIN: Tagebücher 1914 bis 1918. Schriften (1960) 173. – [8a] SCHLICK, a. a. O. [7] 14f. – [8b] K. ADJUKIEWITZ: Abriß der Logik (1958) 179; C. G. HEMPEL und P. OPPENHEIM: The logic of explanation, in: Reading in the philos. of sci., hg. FEIGEL/BROADBECK (1953) 319; W. STEGMÜLLER: Probleme und Resultate der Wiss.-Theorie 1: Wiss. Erklärung u. Begründung (1969); R. WOHLGENANNT: Was ist Wiss.? (1969) 76. – [9] Vgl. F. KAULBACH: Philos. der B. (1968) 332-345. – [10] A. VON HUMBOLDT: Kosmos. Entwurf einer physischen Welt-B. (1845). – [11] F. RATZEL: Über Naturschilderung (1904). – [12] J. MÜLLER: Von dem Bedürfnis der Physiol. nach einer philos. Naturbetrachtung (Bonner Antrittsvorles. 19. 10. 1824), in: A. MEYER-ABICH: Biol. der Goethezeit (1949) 256ff. – [13] W. DILTHEY: Ideen über eine beschreibende und zergliedernde Psychol. Schriften 5 (²1957) 139ff. – [14] E. HUSSERL: Ideen zu einer reinen Phänomenol. und phänomenol. Philos. 1, §§ 73f. Husserliana 3 (Den Haag 1950) 168ff. – [15] M. MERLEAU-PONTY: Phénomènol. de la perception (Paris 1945) 46ff. – [16] LEIBNIZ, Nouveaux Essais IV, 11, § 14. Akad.-A. 6, 446f. – [17] Vgl. F. KAULBACH: Schema, Bild und Modell nach den Voraussetzungen des Kantischen Denkens. Stud. gen. 8 (1965) 465; Philos. der B. (1968) 250f. – [18] KANT, KrV B 155; vgl. Logik § 105. Akad.-A. 9, 142f. – [19] F. W. J. SCHELLING, Werke, hg. K. F. A. SCHELLING 5, 252f.; 3, 274f. – [20] HEGEL: Phänomenol. des Geistes. Werke, hg. GLOCKNER 2, 192ff.

Literaturhinweise. M. DESSOIR: Anschauung und B. Ein Beitrag zur Ästhetik. Arch. systemat. Philos. 10 (1904) 20-65. – A. HOCHSTETTER-PREYER: Das Beschreiben (1916). – E. CASSIRER: Das Erkenntnisproblem in der Philos. und Wiss. der neueren Zeit (³1922) bes. Bde. 1 u. 2. – HEINRICH BARTH: Philos. der Erscheinung 1 (1947, ²1966); 2 (1959). – B. RUSSELL: Human knowledge (London 1948). – L. GABRIEL: Integrale Logik. Z. philos. Forsch. 10 (1956) 44-62. – F. KAULBACH: Der philos. Begriff der Bewegung. (1965); Der Begriff des Charakters in der Philos. von Leibniz. Kantstudien 57 (1966) 126-141; Philos. der B. (1968). – J. DERBOLAV: Dilthey und das Problem der Geschichtlichkeit (1966) 189ff. – H. GLOCKNER: Gegenständlichkeit und Freiheit (1966) 2 Bde. – E. HEINTEL: Der Begriff der Erscheinung bei Leibniz. Z. philos. Forsch. 20 (1966) 397-420.

F. KAULBACH

Besitz (mhd. besitzunge) bezeichnet die Verfügungsmacht einer Person über eine Sache bzw. die besessene Sache selbst. Während man im bürgerlichen Recht im Anschluß an das römische Recht scharf zwischen B. als tatsächlicher Verfügungsgewalt und Eigentum als nur rechtlicher unterscheidet, werden die beiden Begriffe in der historischen und sozialwissenschaftlichen Literatur sowie im allgemeinen Sprachgebrauch oft synonym verwendet. Ist bei den Naturvölkern der B. in den Lebenskreis des Besitzenden auf das Engste eingeschlossen [1] und stiftet er im feudalen Lehensverhältnis die Beziehungen zwischen dem Lehensherrn und seinem Vasallen in Form von Fürsorge- bzw. Treuepflichten, so sind in der bürgerlichen Tauschgesellschaft die B.-Verhältnisse ihrer personalen und sozialen Bindungen entkleidet; den Beziehungen zwischen dem Besitzenden und seinem B., der nun dank der modernen Finanztechnik und der bürgerlichen Rechtsordnung fristschnell übertragen werden kann, sowie dem Verhältnis zwischen den Besitzenden fehlt es nun an emotionaler Füllung. Die liberale Forderung nach einer relativ breiten Streuung des B., die Ablehnung «großer Besitzungen» (R. MOHL) [2], gründet einmal in der bürgerlichen Arbeitstheorie, die aus der individuellen Arbeitsmühe alle B.-Ansprüche ableitet und sich somit gegen den ererbten feudalen Groß-B. wendet, weiterhin auf dem Postulat der freien Preisbildung, deren Wirkungsmechanismus durch gravierende B.-Unterschiede beeinträchtigt wäre, und schließlich wurzelt sie in der Bewertung des B. als Unterpfand politischer und gesellschaftlicher Freiheit. So setzt nach KANT das Recht auf mitbestimmende Staatsbürgerschaft ökonomische Selbständigkeit, d. h. Ausstattung mit B. voraus, wobei Kant den sinnlichen bzw. physischen und den intelligiblen bzw. rechtlichen B. unterscheidet [3]. Für HEGEL ist die gesellschaftliche Freiheit ebenfalls im *Eigentum* verwirklicht, zu dessen Momenten der B., d. h. das, was ich «in meiner selbst äußeren Gewalt habe» [4] gehört. Die Notwendigkeit der Verschränkung von B. und staatsbürgerlicher Teilhabe wird von den konservativen Autoren betont; für F. J. STAHL ist es «ein natürliches Gesetz und eine sittliche Wahrheit, daß B. und Bildung zu einem Einfluß auf das öffentliche Leben, einer Theilnahme an der Herrschaft berechtigen» [5].

Wenn in der liberalen und in der konservativen Sozialtheorie der B.-Begriff eine positive Akzentuierung hat, so ist sein Bedeutungsfeld im sozialistischen Gesellschaftsdenken, das die bürgerlichen B.-Verhältnisse kritisch befragt, vorwiegend negativ bestimmt. Daß in der bürgerlichen Gesellschaft neben dem Arbeitseinkommen auch B.-Einkommen (Grundrente und Kapitalzins) – unter Ausschluß der Nichtbesitzer der Produktionsfaktoren Boden und Kapital – bezogen werden, daß die Proletarier, d. h. nach W. H. RIEHL die «B.-Losen, die von der Hand zum Mund leben» [6], sich den Weisungen der Besitzenden zu fügen haben, ferner daß der «bürgerliche B. ... oder der Kapital-B. die Bedingung der Herrschaft über den Staat geworden» ist «wie im Mittelalter der adlige B. ... oder der Grund-B.» (F. LASSALLE) [7] erregt insbesondere die sozialistische Kritik. Die B.-Verhältnisse können dadurch geändert werden, daß die besitzlosen Arbeiter «zum Kapital-B. gelangen», wie dies L. V. STEIN [8] forderte, oder, der marxistischen Lehre entsprechend, dadurch, daß die «besitzende Klasse» (K. MARX) [9] enteignet und ihr B. in den «B. der Gesamtheit» [10] überführt wird.

Heute engt die Verfügungsgewalt der Manager die Rechte der Besitzer immer mehr ein, ungeachtet, ob sich die Produktionsmittel in Privat- oder Gemein-B. befinden.

Anmerkungen. [1] Vgl. L. LÉVY-BRUHL: Les fonctions mentales dans les sociétés inférieures (Paris 1910). – [2] R. MOHL: Die Polizei-Wiss. (1832) 2, 19. – [3] I. KANT, Met. Sitten I, § 1. – [4] G. W. F. HEGEL, Grundl. der Philos. des Rechts § 45. – [5] F. J. STAHL: Die gegenwärt. Parteien in Staat und Kirche (1863) 100. – [6] W. H. RIEHL: Die bürgerl. Gesellschaft (1851) 268. – [7] F. LASSALLE, Arbeiterprogramm. Werke, hg. E. BLUM 1, 179. – [8] L. V. STEIN: Gesch. der sozialen Bewegung 1 (/1921) 136. – [9] K. MARX, Die heilige Familie. MEW 1/3, 206. – [10] Programm der Sozialdemokratischen Partei Deutschlands (1891), in: Der Weg des Sozialismus, hg. K. FARNER/TH. PINKUS (1964) 16.

Literaturhinweise. F. KNIEP: Der B. des Bürgerlichen Gesetzbuches gegenübergestellt dem römischen und gemeinen Recht (1900). – L. T. HOBHOUSE, G. C. WHEELER und M. GINSBERG: The material culture and social institutions of the simpler peoples (London 1915). – M. SCHMIDT: Grundriß der ethnol. Volkswirtschaftslehre 1. 2 (1920). – R. H. TAWNEY: The acquisitive society (London 1921). – A. MENGER: Das bürgerliche Recht und die besitzlosen Volksklassen (1927). – A. A. BERLE und G. M. MEANS: The modern corporation and private property (New York 1932). – M. WEBER: Wirtschaftsgesch. (³1958). – F. L. GANSHOF: Was ist das Lehnswesen? (1961). – R. LUKIC: Notions de la propriété dans l'Europe socialiste et dans les états capitalistes. Rabels Z. ausl. und int. Privatrecht 26 (1961) 238.

J. B. MÜLLER

Besonnenheit

I. *Sophrosyne* (S.) (σωφροσύνη, ‹gesunder Sinn› [1]) kennzeichnet seit HOMER den seiner Sinne mächtigen und selbstbeherrschten Menschen, dann das vernünftige Verhalten gegen Menschen (Gegenteil: Hybris [2]), auch Keuschheit, und maßbewußte Selbstbeschränkung gegen Götter (ähnlich: Aidos) [3]. Als allen Menschen gemeinsame Norm ist sie äquivalent dem γνῶθι σαυτόν bei HERAKLIT [4]; bei DEMOKRIT spiegelt sich gnomische Tradition [5]. Die Sophistik (THRASYMACHOS, ANTIPHON, KRITIAS [6]) übernimmt S. als Selbstbeherrschung gegen Leidenschaften; insgesamt zeigt sich in der Literatur der zweiten Hälfte des 5. Jh. v. Chr. die Verblassung und Abwertung des alten Begriffs [7].

Eine zentrale Stellung nimmt S. bei PLATO unter den Kardinaltugenden ein, zusammen mit der Gerechtigkeit als ‹politische Tugend› [8]. Der herkömmliche Sinn von Selbstbeherrschung wird begründet aus der Tauglichkeit (Arete), die bei allen Dingen auf Ordnung (Kosmos) beruht und bei der Seele in der S. durch Logos anstatt in Zügellosigkeit der Begierden besteht [9]. S. ist also Herrschaft des Besseren in der Seele über das Schlechtere [10], die, da sie der Natur (Physis) entspricht, Gesundheit der Seele und, sofern sie beide Seiten umschließt, Harmonie des Ganzen ist [11]; darin entsprechen Seele und Polis einander, S. gilt sogar als Bedingung der Gerechtigkeit [12]. In wohlabgewogener Mischung mit Tapferkeit ist S. umfassende Staatskunst; sie erfüllt ihre Ordnungsfunktion im Ganzen des Handelns [13] und ist darin bereits der aristotelischen Meseoslehre vergleichbar [14].

Für ARISTOTELES bedeutet S. die gehörige Mitte hinsichtlich leiblicher Lustempfindung zwischen den zügellosen Extremen, und zwar nach dem richtigen Logos und in Einklang mit dem natürlichen Begehren [15]; hierdurch unterscheidet sie sich von der *Beherrschtheit* (ἐγκράτεια) [16], die gegen unvernünftige Begierden ankämpft – eine Tugend, die von Aristoteles wiedereingesetzt wurde gegen die sokratische Deutung der Unbeherrschtheit als bloße Unwissenheit. Im Blick auf die aristotelische Ethik ist die von PLATO politisch verstandene S. eine vorwiegend persönliche Tugend.

Anmerkungen. [1] Etymologie schon bei PLATO, Krat. 411 e 4. – [2] Vgl. PLATO, Phaidr. 237 e 3ff.; Leg. 906 a 8. – [3] Vgl. Charm. 161 a 11. – [4] HERAKLIT, Frg. (DIELS) 116. 112; vgl. PLATO, Charm. 164 e 7. – [5] DEMOKRIT, Frg. (DIELS) 208. 210. 211. 294. – [6] KRITIAS, Frg. (DIELS) II, 323, 7. 359, 7. 363, 15. 364, 6ff. 379, 14. D. – [7] H. NORTH: Opposition to S. Trans. Amer. philol. Ass. 78 (1947) 1-17. – [8] PLATO, Prot. 323 a 1; Phaidon 82 b 1; Resp. 500 d 7. – [9] Gorg. 507 a 1. – [10] Resp. 431 a 5. – [11] Charm. 157 a 6; Resp. 432 a 7. – [12] Gorg. 507 a 7; Leg. 631 c 8. 696 c 5. – [13] Polit. 311. – [14] ARISTOTELES, Eth. Nic. (= EN) 1104 a 19. 25f.; 1107 b 5ff. – [15] EN III 13-15, 1117 b 23-19 b 18; Eth. Eud. III, 2, 1230 a 37-31 b 4; Mag. moral. I, 21; 1191 a 37-b 22. – [16] EN 1146 a 9. 1152 a 1; Mag. moral. 1203 b 12-23.

Literaturhinweise. R. HIRZEL: Die Unterscheidung der DIKAIOSYNE und SOPHROSYNE in der plat. Rep. Hermes 8 (1874) 379-411. –

O. Kunsemüller: Herkunft der plat. Kardinaltugenden (Diss. München 1935). – G. de Vries: S. en grec classique. Mnemosyne 11 (1943) 81-101. – T. G. Tuckey: Plato's Charmides (Cambridge 1951). – A. Pinilla: S., sciencia de la sciencia (Madrid 1959). – H. North: S., selfknowledge and self-restraint in Greek lit. Cornell Stud. in class. Phil. 35 (1966). – S. B. Witte: Die Wiss. vom Guten und Bösen. Interpret. zu Platos Charmides (1970).
R. Bubner

II. B. ist eine der vier platonischen Kardinaltugenden [1]; sie wird als *temperantia* in der Scholastik, als *Mäßigkeit* und *B.* in der deutschen Schultradition gelehrt und ist in der ethischen Reflexion meist eine Bestimmung des Bewußtseins gewesen und darum ein Humanum. Dabei hat man sich dem, was mit ‹sophrosyne› gemeint war, weitgehend angeschlossen. So ist B. für Platner «das Vermögen der menschlichen Seele, die Kraft der Vernunft oder geistige Tätigkeit zu äußern, mittels gewisser Fähigkeiten der Organisation» [2] oder sie ist nach Herbart «die Gemütslage des Menschen in der Überlegung» [3]. Erscheint in diesen Äußerungen B. gelöst vom Konnex der Tugendlehre, was auf *Herder* zurück- und auf *Schopenhauer* vorausweist, so ist für Schleiermacher B. eine der vier Kardinaltugenden [4] (worunter er B., Beharrlichkeit, Weisheit und Liebe versteht) und erscheint in diesem Zusammenhang durchweg auch in der weiteren Spekulation [5]. Noch bei Nelson [6] wird B. zu einer «sittlichen Eigenschaft» durch «Reinheit des Charakters», wobei «ein sittlicher Entschluß zwar allemal besonnen» ist, «aber es ist nicht umgekehrt ein besonnener Entschluß immer sittlich». Bei Jean Paul ist B. eine der Grundkräfte des Genies. Dem Dichter, der darin dem Philosophen gleicht, kommt eine höhere, «göttliche B.» zu, die ihm die Freiheit gibt, sich selbst als schöpferisches Ich und die Welt als sein Geschöpf zu betrachten, während die «gemeine B.» nur «nach außen gekehrt» ist [7]. Schopenhauer löst, hierin vielleicht *Herder* folgend, den Begriff B. völlig aus dem Rahmen der Tugendlehre. Für ihn ist B. als nicht-ethisches Humanum ein Zentralbegriff. Er beschreibt sie als Fähigkeit, vom Augenblick Distanz zu gewinnen [8], und nennt sie «nicht-immanentes Bewußtsein» [9]; auch Tiere haben ein Bewußtsein, indem sie ihr «Wohl und Wehe» und sich selber erkennen [10], aber sie haben keine B. So ist die Fähigkeit, daß «der Intellekt durch sein Übergewicht sich vom Willen, dem er ursprünglich dienstbar ist, zuzeiten losmacht», B. zu nennen [11]. Sie ist darum die Wurzel der Philosophie, der Kunst und Poesie [12] und konstituiert die «Grade der Realität des Daseins», «denn die unmittelbare Realität ist bedingt durch eigenes Bewußtsein» [13]. Nietzsche verschärft das in diesen Bestimmungen liegende elitäre Moment; für ihn ist B. «die Tugend der Tugenden», jedoch habe der Besonnene «weder Erfolg noch Beliebtheit» [14]. Es ist bemerkenswert, daß damit der Schopenhauersche Ansatz wieder in die Ethik zurückgelenkt wird.

Anmerkungen. [1] O. Kunsemüller: Herkunft der platon. Kardinaltugenden (1935). – [2] E. Platner: Philos. Aphorismen 1 (1790) § 775. – [3] J. F. Herbart: Lehrb. zur Psychol. (³1850) 83. – [4] F. Schleiermacher: Philos. Sittenlehre (1809) § 313f. – [5] Vgl. W. Wundt: Ethik (⁴1912) 3, 39f.; H. Cohen: Ethik (1904) 493; M. Jahn: Psychol. als Grundwiss. der Pädagogik (⁶1911) 450. 459. 502. – [6] L. Nelson: System der philos. Ethik und Pädagogik (²1949) 99f. – [7] Jean Paul, Vorschule der Ästhetik § 12. Werke, hg. N. Müller u. E. Lohner (1959-1963) 5, 56-59. – [8] A. Schopenhauer, Über die vierfache Wurzel des Satzes vom zureichenden Grunde. Werke, hg. Hübscher 1, 101. – [9] Die Welt als Wille und Vorstellung a. a. O. 3, 436f. – [10] ebda. – [11] a. a. O. 437. – [12] ebda. – [13] Parerga und Paralipomena a. a. O. 6, 630. – [14] Nietzsche, Werke, hg. Schlechta 1, 992 (294).
W. Langenbach

III. Eine gewisse Sonderstellung nimmt Herders Begriff der B. ein. Er versteht unter B. die ursprüngliche und spezifisch menschliche Voraussetzung der Sprache [1]: «Der Mensch in den Zustand von B. gesetzt, der ihm eigen ist, und diese B. (Reflexion) zum ersten Mal frei wirkend, hat Sprache erfunden» [2]. In diesem Sinne ist die Erfindung der Sprache dem Menschen «natürlich»: Sie ist durchaus analog der Selbstverwirklichung von Organismen (z. B. eines Insekts) im Sinne seiner Artgesetzlichkeit gedacht, unterscheidet sich von ihr freilich als ein freiheitliches Wirken. In Hegelscher Terminologie formuliert, ist die B. Herders die Vernunft des Menschen «an sich» und damit Voraussetzung alles «Für-sich-Seins» des Menschen, vor allem auch in der entwickelten Sprache. Für Herder ist daher «die Vernunft keine abgeteilte, einzeln wirkende Kraft, sondern eine seiner [des Menschen] Gattung eigene Richtung aller Kräfte: so muß der Mensch sie im ersten Zustand haben, da er Mensch ist. Im ersten Gedanken des Kindes muß sich diese B. zeigen, wie bei dem Insekt, daß es Insekt war» [3]. Die Selbstverwirklichung des Menschen kann aber «nicht ohne Wort der Seele wirklich werden» und «so werden alle Zustände der B. in ihm sprachmäßig ...» [4].

Anmerkungen. [1] J. G. Herder: Abh. über den Ursprung der Sprache (1772, ²1789), in: Sprachphilos. Schriften, hg. E. Heintel (²1964) 1ff. – [2] a. a. O. 23. – [3] 22. – [4] 60.

Literaturhinweis. A. Gehlen: Der Mensch (⁴1950) bes. 88ff.
E. Heintel

Beständlichkeit ist nach W. T. Krug «der deutsche Ausdruck für Substantialität, weil eine Substanz als ein für sich bestehendes Ding gedacht wird» [1]. Der Grundsatz der B. (Prinzip der Substantialität) besagt, «daß alles Entstehn und Vergehn in der Natur ein bloßer Wechsel von Bestimmungen sei, dem etwas Beharrliches zum Grunde liegen müsse» [2]. – Diese von Krug vorgeschlagene Übersetzung von ‹Substantialität› ist jedoch nicht in den philosophischen Sprachgebrauch eingegangen.

Anmerkungen. [1] W. T. Krug: Allg. Handwb. der philos. Wiss. (1827-29) 1, 286. – [2] ebda.
H. Thieme

Bestätigung. Dieser Begriff ist von Carnap als Ersatz für den Begriff der Verifikation (empirischer Aussagen) eingeführt worden [1]. Eine empirische Aussage erhält dadurch eine B., daß sie mit der Erfahrung, speziell mit Beobachtungen, übereinstimmt. Die B. ist nie endgültig, weil das Ausmaß der für eine absolute B. erforderlichen Beobachtungen theoretisch als unabschließbar erscheint. Darum kann eine empirische Aussage aufgrund ihrer B. nicht als wahr, sondern immer nur als wahrscheinlich oder bewährt bezeichnet werden.

Anmerkung. [1] R. Carnap: Testability and meaning. Philos. Sci. 3 (1936) 425ff.
V. Kraft

Bestimmung, bestimmen, Determination

I. ‹Bestimmen› bedeutet primär: Inhalt (Sinn, Wesen, Struktur) verleihen, sekundär: von innen her gestalten und konsekutiv: sich von anderem abgrenzen. Als Äquivalente kommen im Griechischen am ehesten in Betracht: τιϑέναι ([fest]setzen, zu etwas machen) oder τάσσειν (ordnen, einsetzen), während bei dem häufig verwendeten ὁρίζειν das Moment des Begrenzens stärker anklingt. Im Lateinischen entsprechen die Verben ‹statuere› (in die rechte Stellung bringen) und ‹destinare› (festsetzen) bzw. ‹determinare› (abgrenzen).

Dem Terminus τιθέναι begegnen wir in ontologischem Kontext wohl zuerst bei EMPEDOKLES, der es vom «Schaffen» der Nacht durch die Erde gebraucht: νύκτα δὲ γαῖα τίθησίν [1]. Auf das Problem stoßen wir aber schon früher, so bei ANAXIMANDER, dessen Urprinzip, das ἄπειρον (das Grenzenlose), im ambivalenten Sinne ἀρχή und στοιχεῖον [2], also bestimmenden Grund und bestimmbaren Stoff bzw. das «Umfassende» (περιέχειν) und das «Steuernde» (κυβερνᾶν), in einem meint [3]. Von daher konnten MELISSOS [4] und ZENON [5] das Apeiron mit dem Einen (ἕν) der Eleaten gleichsetzen. Auch bei den *Pythagoreern* gilt es als Grundprinzip (ἀρχή) der Dinge, aber neben dem πέρας (Grenze) und unter der Zahl (ἀριθμός), die der eigentliche Wesensgrund (οὐσία) des Kosmos ist [6]. Auch hier ist es zugleich Grundstoff (στοιχεῖον) [7], weshalb nach PHILOLAOS alle Wirklichkeit (φύσις) aus dem Apeiron und Peras besteht [8]. Während aber das Apeiron noch bei MELISSOS als das Absolute aufgefaßt wird [9], sehen die Pythagoreer im Peras das Vollkommenere, weil es in sich geschlossene Gestalt hat [10]. Dieser typisch griechische Zug führt dann dahin, daß bei den *Atomisten* das Apeiron als die «Leere» abgewertet wird [11].

Den transzendenten Ideen PLATONS kommt zwar als παραδείγματα oder εἰκόνες eine bestimmende Funktion zu [12], die aber zunächst durch unspezifische Ausdrücke, wie παρουσία (Anwesenheit), κοινωνία (Seinsgemeinschaft) oder μετέχειν (teilnehmen) [13] und erst in den späteren Schriften mit dem prägnanteren Terminus μίμησις umschrieben wird [14]; denn die Nachahmung schließt ein Bestimmtwerden ein. Allerdings bleibt auch hier die B. äußerlich, weil rein exemplarisch; sie geht nicht in das Seiende selbst ein. In merkwürdiger Umkehrung des ursprünglichen Sinnes wird hier die Idee mit dem πέρας identifiziert, wogegen die ἀπειρία als Unbestimmtheit das Prinzip der veränderlichen Vielheit ist [15]. Erst durch das Peras erhält das völlig bestimmungslose μὴ ὄν (leerer Raum) jene Bestimmtheit, die es zum Seienden macht [16].

ARISTOTELES vermeidet diese Aporien, indem er den Bestimmungsgrund der Einzeldinge als εἶδος oder μορφή [17] in sie selbst hineinlegt. Aus dem Widerspiel dieser bestimmenden Formursache und der Materialursache (ὕλη) ersteht das konkrete Seiende als das σύνολον oder die Substanz (οὐσία), der das individuelle Sein zukommt [18]. Damit hat unser Problem eine entscheidende Wendung erfahren. Die inhaltliche B. stammt nicht mehr von außen, vom Schicksal oder von den Ideen her, sondern aus inneren «Ursachen». Indessen erheben sich nun neue Schwierigkeiten: 1. wird Bestimmen als ein ὁρίζειν durch die Form aufgefaßt [19], während die Materie als «unbegrenzt» (ἀόριστον) bezeichnet wird [20]; 2. ist hier Bestimmen ein Aktuieren (ἐνέργεια) der materiellen Potenz, wodurch diese zum bestimmten Etwas wird, das wiederum durch die Wirkursache den Akt (ἐντελέχεια) des Seins empfängt [21]; 3. wird die anfangs intendierte Konstitutionsthematik durch das aitiologische Denken verdrängt, da Materie und Form mehr als Ursachen denn als Konstituentien fungieren.

Mit Aristoteles lehnen auch die *Stoiker* das Apeiron als Prinzip des Werdens ab, während EPIKUR es als solches anerkennt. Doch dürfte der Materialismus beider Schulen auf der Verquickung von B. und Begrenzen beruhen – denn bei den Stoikern wird die οὐσία zum ὑποκείμενον im Sinne der ὕλη [22] –, der stoische Dynamismus aber darauf, daß die Form als ein ποιοῦν verstanden wird [23].

Für PHILO sind die von Gott erzeugten Ideen Kräfte, die durch ihr Wirken eine bestimmende Funktion ausüben [24]. Wie Philo sieht auch PLOTIN in der B. ein von außen kommendes Pathos; aber das Apeiron bezieht er auf die intelligible Materie [25], aus der alle Vielheit stammt, wogegen PROKLOS es als eine vielfach gestufte Dynamis deutet, die mit dem Peras den Bestand alles Seienden, auch des göttlichen, bildet [26].

Der erste *christliche* Denker, der Gott das Attribut des Apeiron als Gestalt- und Grenzenlosigkeit zuschreibt, ist CLEMENS VON ALEXANDRIEN. Dennoch ist nach ihm Gott die alles bestimmende Ursache [27]. Eine Innen-B. zeigt sich aber schon bei ORIGENES, wenn er den Menschen als «capax Dei» kennzeichnet [28] oder wenn sich nach AUGUSTIN durch die «lex naturalis» als «ratio cordis» eine «connaturalitas» im Menschen findet, die eine echte «Mit-B.» im Sinne eines Mitvollzugs der göttlichen B. durch Schöpfung und Prädestination ermöglicht [29].

Unsere Frage steht auch hinter dem Universalienstreit, überhaupt hinter den erkenntnistheoretischen Auseinandersetzungen des Mittelalters. Wenn es nämlich eine ontologisch relevante B. gibt, dann müssen die «universalia ante rem» als positive Vorgegebenheiten anerkannt werden, freilich nicht unbedingt im Sinne des extremen Realismus.

Besonders urgent wird unser Problem durch die Rezeption des Aristotelismus. Im «expressionistischen Exemplarismus» des BONAVENTURA gilt das Bestimmen als ein ausdruckshaftes Abbilden und damit als eine äußere Maßbeziehung, die aber doch wieder insofern innerlich ist, als der Materie «rationes seminales» einwohnen, die durch das Licht der Ideen geweckt werden [30].

Bei THOMAS VON AQUIN, der in den frühen Schriften die Wortgruppe um ‹designare›, später aber die um ‹determinare› bevorzugt, wird ‹designatio› sowohl von der B. der Art durch die «differentia constitutiva», also von der B. des Wesensgehaltes, wie von der Individuation durch die «materia (de)signata (quantitate)» und damit von einer begrenzenden Funktion gebraucht [31]. Durch die ‹designatio completa› ist jede Sache von anderen verschieden [32], durch die «designatio essentialis», die ihr «innerlich» ist, erhält sie das esse actu [33]. Das Gattungshafte hat nämlich etwas in sich, durch das es zur Art bestimmt wird (designatur ad speciem) [34]. Bei ‹determinare› tritt das Begrenzen stärker hervor, so wenn es heißt, daß nicht nur die Materie durch die Form, sondern auch die Form durch die Materie determiniert wird [35]; denn nach Thomas ist eine zweifache determinatio zu unterscheiden: ratione limitationis et ratione distinctionis [36]. Die eigentliche Funktion des Inhaltgebens wird hier übersehen oder mit der logischen Funktion der Prädikabilien verbunden [37]. Daher ist Gott «omnibus modis indeterminatus» [38], welcher Gedanke sich in der Mystik und bei Philosophen, wie Spinoza und Hegel, ausgewirkt hat. Im Grunde gilt hier die B. doch als etwas Negatives [39].

Nach Thomas macht sich eine stärkere Betonung des Individuellen bemerkbar. Dies zeigt sich bei den *Skotisten* in der Theorie der «haecceitas», durch die als «ultima actualitas formae» das Wesen aus sich selbst individuiert ist [40]. Auch für WILHELM VON OCKHAM ist jedes Seiende schon als solches vollständig bestimmt, da es keine allgemeinen, sondern nur konkrete Formen gibt. Bei SUÁREZ ist dann der Akt des Seins (esse) nicht durch seine Aufnahme in die Materie, sondern durch sich selbst begrenzt [41].

Dieser Geistesströmung kommt die mathematisch-naturwissenschaftliche Denkweise entgegen, die in der Oxforder Franziskanerschule schon vor Thomas eingesetzt hat und die Wirklichkeit nicht von inneren Wesenheiten her, sondern mit empirischen Methoden angeht. So wird bei NIKOLAUS VON KUES die B. zu einer mathematischen Funktion der exemplarursächlich gedachten Explikation jener urtümlichen Einheit, in der das Viele kompliziert ist und die Gegensätze zusammenfallen (coincidentia oppositorum). Folgerichtig wird dann die B. zur Begrenzung im Sosein, das aber zugleich ein Unendliches an Möglichkeiten in sich birgt [42].

Im mechanistischen Denken geht der Sinn für die innere B. durch die Wesensform ganz verloren. Das B. ist nur noch ein Feststellen quantitativer Größen, auf die auch die Qualitäten zurückgeführt werden. Dadurch kam DESCARTES zum bloßen Dingdenken (Chosisme), das alle B. durch äußere Einwirkung physikalischer Kräfte gemäß den Naturgesetzen erklärt. Jede Teleologie wird als «Aberglauben» abgelehnt, nicht nur von den englischen Empiristen, sondern sogar von Denkern wie SPINOZA, dem die B. eine Einschränkung der einen Substanz auf die begrenzten Modi [43] und damit etwas Negatives bedeutet: «omnis determinatio est negatio» [44]. Dagegen will LEIBNIZ das mechanistische mit dem teleologischen Weltverständnis vereinigen und läßt sogar die «substantiellen Formen» gelten [45], nur deutet er sie als «ursprüngliche Kräfte» um, die aus sich des Wirkens fähig sind. Die Monaden können aber auf andere lediglich einen «idealen Einfluß» ausüben, der «nur wirksam wird durch die Vermittlung Gottes» [46]. Danach ist Gott der alles Sein und Geschehen Bestimmende.

Mag auch in den Kritiken KANTS der Terminus ‹B.› vornehmlich erkenntnistheoretisch gemeint sein, so schwingen doch ontologische Momente untergründig mit, besonders bei den «Postulaten des empirischen Denkens überhaupt», z. B. wenn vom «Ding mit all seinen inneren B.» die Rede ist [47]. Selbst bei der «praktische B. des Menschen, ... zum höchsten Gute zu streben», ist wohl an eine seinshafte Ausrichtung gedacht [48], gleichwie die «moralische B.» als «Daseinszweck» betrachtet wird [49]. Diese Bedeutung wiegt bei FICHTE durchaus vor, und zwar im Sinne der Selbst-B. als «Tathandlung», durch die das Ich sich selbst «setzt», aber auch selbst beschränkt (Limitation) in der Synthesis. Während der *junge* SCHELLING Kant und Fichte folgt, und die Ansicht vertritt: «Jede B. ist also eine Aufhebung der absoluten Realität, d. h. Negation» [50], läßt sich der *ältere* mehr von der Mystik beeinflussen. Wie der Cusaner erklärt er den Weltprozeß und damit die seinshafte B. durch die «stufenweise geschehende Entfaltung» des Ur- und Ungrundes, in dem alle Gegensätze zur absoluten Indifferenz aufgehoben sind [51]. Die B. hat einen durchaus positiven Wert, zumal wenn sie mit dem «Wesen» eins ist [52]. Darum ist die Schöpfung «keine Begebenheit, sondern eine Tat», weil sie vom Willen des Grundes und der Liebe bestimmt ist [53].

Die in der Neuzeit vielfach vernachlässigte ontologische Konstitutionslehre kommt – allerdings im Rahmen idealistischer Transzendentalphilosophie – in der Dialektik HEGELS wieder zum Zuge. Es wird hier nicht allein von «Denk-» oder «Reflexions-B.» gesprochen, sondern auch von «B. des Vernünftigen» bzw. «des Dinges an sich» [54]. Die Bestimmtheit als «seiende» ist die «Qualität», durch die etwas ein «bestimmtes Sein» wird [55]. B. ist ein Grundbegriff in Hegels Denken; denn eigentlich stellt der Weltprozeß ein Sichselbstbestimmen des «reinen Begriffs» dar [56]. Dabei wird das B. zwar auf den (ideellen) Inhalt bezogen, aber im Sinne von Besonderung oder Einzelheit [57] bzw. Beschränktheit [58]. Bestimmtheit besagt «Horos» [59], «Schranke» und «Grenze» [60]. Gerade als Begrenzung ist die B. der Faktor, der das «Umschlagen» des Begriffs veranlaßt und damit die Dialektik in Gang bringt. Ihr kontradiktorischer Charakter kommt ebendaher, daß die B. «absolute Negativität» bedeutet [61]; «das Nichtsein [wird] so in das Sein aufgenommen, daß das konkrete Ganze in der Form des Seins, der Unmittelbarkeit ist» [62].

Gegen diese negative Auffassung der B. wenden sich u. a. HERBART [63] und TEICHMÜLLER [64], in gewisser Hinsicht auch E. V. HARTMANN, wogegen sich LOTZE in manchem Hegel anschließt, so wenn er betont, daß die B. nicht so sehr mit dem Sein als mit dem «Inhalt» oder «Wesen» des Seienden zu tun hat [65]. Sein und Inhalt sind so verschieden, «daß dem Inhalte durch das Sein keine neue B., so wie umgekehrt durch Hinzufügung der vermehrten Eigenschaften kein Zuwachs an Sein zu Teil werde» [66]. Das Sein ist daher die «ärmlichste B.», sofern es «reines Gesetztsein» besagt [67]. In hegelscher Weise sieht Lotze die «Bewegung des Gedankens» darin, daß das Seiende «zuerst Seiendes an sich ist, dann in die Vielheit der Bestimmtheiten ausbricht, an diesen aber eben sein Dasein hat, seine Form, die es aufhebt, um sich in ein Fürsichsein zurückzuziehen» [68]. Dennoch ist für ihn die Welt «ein Reich durcheinander bestimmbarer Sachen» [69]. Wiewohl das Sein «allgemein» ist, so ist das wahrhaft Seiende doch «das Einzelne, das Begrenzte» [70]; denn «jedes Seiende muß sich gegen jedes Andere durch Erzeugung bestimmter Setzungen abgrenzen» [71]. «Wahr» ist das Seiende als «Unterschiedenes», vor allem durch eine Reihe von «Grenzbestimmungen» [72]. Das Allgemeine kann auf die Wirklichkeit nur angewandt werden, «wenn jedes ihrer unbestimmt gelassenen Merkmale wieder zu völlig individueller B. beschränkt worden ist» [73]. So soll auch jede Qualität zu «begrenzter Bestimmtheit» gelangen [74]. Nach Lotze ist also das B. zur Hauptsache ein «Abgrenzen» und «Unterscheiden». Den Grund dafür sieht Lotze in der Seinskonstitution selbst: «Nur dadurch erfüllt das Seiende die erste Bedingung eines Daseins, daß es durch Teilnahme an Bestimmtheiten ... sich einen Inhalt gibt, welches [sic!] es von Anderem auf angebbare Weise unterscheidet» [75].

Die Fragen der Wirklichkeitskonstitution wurden nach dem Ersten Weltkrieg besonders vordringlich, so bei H. Driesch, J. Cohn oder A. N. Whitehead, bei den Phänomenologen und Neuscholastikern, den Positivisten und Marxisten, den Strukturalisten und Ontogrammatikern. Jedoch wurde unser Thema hier kaum beachtet, ebensowenig wie in der Existenzphilosophie, die ihrer Grundintention zufolge mehr auf die «existentielle» Begrenzung als auf die «essentielle» B. ausgerichtet ist. In der Tat treffen wir bei M. HEIDEGGER auf die spezifisch ontologische B. nur ganz beiläufig, etwa wenn das Mitsein als «existenziale» oder das «Ich» als «essenziale Bestimmtheit» bezeichnet wird, das aber «existenzial interpretiert» werden muß [76]. K. JASPERS versteht die Bestimmtheit als «Unterscheidung» oder «Endlichkeit» [77], wie auch für G. MARCEL das Ich «négation» bedeutet, weil die B. «limitation» sei [78]. Immerhin erblickt J.-P. SARTRE in der «B. des Bewußtseins durch sich selbst» eine «Selbstschöpfung», und zwar nicht als «Akt», sondern als «Wesenscharakteristik» [79].

Hingegen ist der B.-Begriff in der «neuen Ontologie», besonders bei N. HARTMANN, von durchgängiger Relevanz. ‹B.› oder «Determination» stellt für ihn eine «Fundamentalkategorie» dar [80], weil der «Determinationscharakter» neben der Allgemeinheit wesentlich zu den Kategorien gehört, die als «Prinzipien» das konkrete Seiende «bestimmen» [81], und zwar «in inhaltlicher Hinsicht» [82]. Daher gelten sie als «konstitutive Seinsprinzipien» [83] oder «Seins-B.» [84]. Im weiteren Sinne ist Determination «alles Bestimmtsein des einen durch ein anderes», hängt also mit «Dependenz» zusammen [85]. Abgesehen von der «B.» in dem sehr speziellen und von Hartmann abgelehnten Sinne der «Destination», d. h. der «Tendenz» einer niederen zu einer höheren Sphäre [86], gibt es viele Arten von Determination, von denen außer der «kategorialen» die «Realdeterminationen» die wichtigsten sind; sie werden nach dem Kausal- oder Finalnexus weiter eingeteilt [87]. Neben der äußeren kennt er auch eine «innere Determination» von der Form her, aber anders als bei Aristoteles [88]. Während das ideale Sein nur unvollständig determiniert ist, weil die Art durch die Gattung in ihrer Besonderheit nicht bestimmt wird, ist das (reale) Individuum vollständig bestimmt [89], obwohl das Sosein als «Inbegriff der Bestimmtheit» gilt [90]; aber die volle B. besagt individuierende Begrenzung, wie auch die niedere Seinsschicht (Materie) die höhere (Form) determiniert aufgrund einer «Eingrenzung», die «gegen alle Besonderheit der Form gleichgültig bleibt» [91]. So wird die «altpythagoreische Auffassung» bestätigt, daß «Begrenzung zugleich Bestimmtheit ist, mit der Bestimmtheit aber erst das vollwertige Sein beginnt» [92]. Nach Hartmann bewegt sich fast alle Metaphysik zwischen zwei unhaltbaren Extremen: «Wo man die determinierende Kraft der niederen Seinsschicht in bezug auf die höhere erkannte, überschätzte man sie inhaltlich; wo man aber die inhaltliche Eigenständigkeit der höheren erkannte, da übersah man sie völlig» [93]. Indessen scheint Hartmann selbst den grundlegenden Unterschied zwischen inhaltlichem B. und individuierendem Begrenzen zu verkennen, von dem her erst eine Lösung des Problems möglich ist, da beides Grundfunktionen sind, die in polarer Zuordnung zueinander den Akt des Seins und damit das Seiende als konkretes Ganzes konstituieren.

Anmerkungen. [1] EMPEDOKLES bei H. DIELS: Frg. der Vorsokratiker (= VS) (⁷1954) 331, 20f.: 31 B 48; vgl. B 111; B 125. – [2] ANAXIMANDER, nach SIMPLIC., Phys. 24, 13. VS 83, 3f.: 12 A 9; vgl. HIPPOL., Ref. I, 6, 2. – [3] Nach ARISTOTELES, Phys. III, 4. VS 85, 18: 12 A 15. – [4] MELISSOS, VS 269, 15: 30 B 5. – [5] ZENON, 255, 12ff.: 29 B 1. – [6] Nach ARIST., Met. I, 5, 987 a 19. – [7] Met. 6, 987 b 18-20. – [8] PHILOLAOS, VS 406, 25f.: 44 B 1. – [9] MELISSOS, VS 270, 8ff.: 30 B 6. – [10] So PHILOLAOS, VS 408, 1-3: 44 B 3. – [11] LEUKIPP, VS II, 76, 36-38: 67 A 21. – [12] PLATON, Resp. VI, 509 e ff.; Tim. 28 c; 38 b/c. – [13] Phaidon 100 c/d; Sympos. 211 b. – [14] z. B. Tim. 38 a. – [15] Phileb. 24 a-25 b; vgl. 16 c ff. – [16] Tim. 49 a-50 d; 52 d. – [17] z. B. ARIST., Met. VII, 3, 1029 a 2ff. – [18] Met. 1029 a 3-5; ebda IX, 7, 1049 a 34-36. – [19] Phys. IV, 2, 209 b 4; vgl. ebda II, 1, 193 b 2. – [20] Met. VII, 11, 1037 a 27. – [21] Met. IX, 8, 1050 a 21-23; XII, 5, 1071 a 11-17. – [22] Vgl. dazu J. HIRSCHBERGER: Gesch. der Philos. (¹1949) 1, 223. – [23] DIOG. LAERT. VII, 134. – [24] PHILON, De opif. mund. 16-25. – [25] PLOTIN, Enn. II, 4, 15. – [26] PROKLOS, Elementa theol. 89-96. – [27] CLEMENS ALEX., Strom. V, 81, 3 u. 6. – [28] ORIGENES, De principiis III, 6, 9. – [29] AUGUSTIN, Ep. 157, 15-18; De div. quaest. 83, 5, 1; Sermo 126, 2; vgl. A. MAXSEIN: Philosophia Cordis (Salzburg 1966) 93-95. – [30] BONAVENTURA, II Sent. 18, 1, 3. – [31] THOMAS VON AQUIN, De ente et essentia 2 [3]; vgl. 4 [5]. – [32] S. contra gent. I, 14. – [33] a. a. O. I, 24. – [34] I, 25. – [35] S. theol. I, 7, 2 c. – [36] Quodlib. VII 1, 1 ad 1; vgl. 3, 6 c. – [37] z. B. Pot. 7, 2 ad 9. – [38] S. theol. I, 11, 4 c; vgl. 13, 11 c. – [39] Pot. 7, 5 c; vgl. S. contra gent. I, 71; dazu B. LAKEBRINK: Hegels dialektische Ontologie und die Thomistische Analektik (1955) 10. – [40] WILHELM VON OCKHAM: Op. oxon. I, d. 3, q. 3, a. 2, n. 14; Rep. Par. II, d. 12, q. 5, n. 13. – [41] SUÁREZ, Disp. Met. 31, 13, 14-18. – [42] CUSANUS, De venat. sap. 27 u. 29. – [43] SPINOZA, Eth. I Anhang; II prop. 13. – [44] Ep. 59. – [45] LEIBNIZ, Met. Abh. 10-12; vgl. 23. – [46] Monadol. 51; vgl. Met. Abh. 14; 28; 32. – [47] KANT, KrV, Transz. Anal. II, 3. – [48] KpV I, 2, 2, 9. – [49] KU § 42; vgl. §§27. 83. – [50] SCHELLING, System der transz. Idealismus, Werke, hg. SCHRÖTER 2, 381. – [51] Das Wesen der menschlichen Freiheit, a. a. O. 7, 361f. – [52] 384. – [53] 395f. – [54] HEGEL, Logik, hg. LASSON (= LL) 47. – [55] LL 95ff.; vgl. Enzykl. § 90f. – [56] LL 42f.; vgl. 7. – [57] Enzykl. § 163-165; LL 245ff. – [58] LL 65. – [59] Phänomenol. des Geistes, hg. HOFFMEISTER 15. – [60] LL 98. 110-116; Enzykl. §§ 49. 92. – [61] LL 12. – [62] LL 96. – [63] HERBART, Allg. Met. Werke, hg. KEHRBACH/FLÜGEL 8, 63. – [64] TEICHMÜLLER, Logik, hg. SZYLKARSKI 52. – [65] H. LOTZE, Met. (¹1841) (= Met.¹) 74. – [66] Met.¹ 50. – [67] 49. – [68] 68; vgl. 75ff. – [69] System der Philos. 2: Metaphysik (1879) (= Met.²) 25 u. a. – [70] Met.¹ 66. – [71] Met.² 61. – [72] Met.¹ 53. – [73] Met.² 35f. – [74] Met.¹ 90, 52, 56; Met.² 55. – [75] Met.¹ 56. – [76] M. HEIDEGGER: Sein und Zeit (⁸1957) 120. 117; vgl. 88. – [77] K. JASPERS: Einführung in die Philos. (⁹1965) 37. – [78] G. MARCEL: Fragments philos. 1909-1914 (Paris/Louvain o.J. [1961]) 15f.; vgl. 23f. 33. – [79] J.-P. SARTRE: Das Sein und das Nichts (dtsch. 1962) 21. – [80] N. HARTMANN: Der Aufbau der realen Welt (²1949) 239. – [81] a. a. O. 42; vgl. 309. – [82] 2 und passim. – [83] 41. – [84] 210. – [85] 309-313; vgl. Philos. der Natur. Abriß der spez. Kategorienlehre (1950) 342. 422. – [86] Aufbau 529f. – [87] a. a. O. 313-318; vgl. Philos ... 334. – [88] Aufbau 238f. – [89] a. a. O. 371; vgl. 312. – [90] 370f. – [91] 540f. – [92] Philos. 443; vgl. Zur Grundlegung der Ontologie (1935) 141. – [93] Aufbau 541.

Literaturhinweis. A. PRIOR: Determinable, determinate, determinant. Mind 58 (1949) 1-20; 178-194. V. WARNACH

II. In der Logik und Definitionstheorie steht das Wort ‹B.› für 1. die Kennzeichnung (s. d.) eines Gegenstandes durch seine Attribute und 2. die Abgrenzung von Attributen nach Umfang (Extension, Denotation, Bedeutung) und Inhalt (Intension, Konnotation, Sinn). Die einen Gegenstand charakterisierenden oder «individuierenden» Attribute heißen *principium individuationis*. Materielle Gegenstände der Außenwelt lassen sich z. B. durch ihre raumzeitliche Position kennzeichnen. In der Logik versteht man heute ein Attribut und seine Extension als bestimmt durch eine Aussageform. So sagt man, daß dem Ausdruck ‹x ist ein Mensch› als Extension die Menge aller Gegenstände entspricht, für die sich, wenn ihr Name in die durch x bezeichnete Leerstelle eingesetzt wird, ein wahrer Satz ergibt. Attribute mit verschiedenem Sinn – z. B. ‹Mensch› und ‹federloser Zweifüßler› – können die gleiche Extension haben [1]. Wie weit, selbst für mathematische Zwecke, eine bloß extensionale Begriffsbestimmung reicht, wird diskutiert [2], ebenso, ob sich die Unterordnung von Attributen stets rein extensional verstehen läßt. Bereits W. B. JOHNSON [3] sieht einen grundlegenden Unterschied zwischen der Klasseninklusion [4] und z. B. der Unterordnung von ‹dunkelrot› unter ‹rot› und ‹rot› unter ‹farbig›. Er bezeichnet ‹farbig› als Determinable und die mehr oder weniger bestimmten Farbqualitäten als Determinaten. Der kontinuierliche Übergang von Determinaten ineinander wird weder durch die klassische Logik noch die Theorien des mathematischen Kontinuums erfaßt.

Anmerkungen. [1] Vgl. G. FREGE: Sinn und Bedeutung. Z. Philos. philos. Kritik NF 100 (1892). – [2] Vgl. Art. ‹Extensionalitätsthese› und ‹Sinn und Bedeutung›. – [3] W. B. JOHNSON: Logic 1 (Cambridge 1921). – [4] Vgl. Art. ‹Mengenlehre›.

Literaturhinweise. J. ST. MILL: System of logic (¹1843). – G. FREGE: Grundgesetze der Arithmetik 1 (1893). – W. B. JOHNSON s. Anm. [3]. – D. HILBERT und W. ACKERMANN: Grundzüge der theoret. Logik (1959). S. KÖRNER

Bestimmung des Menschen (die). Philosophisch gelegentlich als Werktitel verwandt (SPALDING 1797, FICHTE 1800, BERDJAJEW 1931, DU NOUY dtsch. 1948), bezeichnet

‹B.d.M.› Sinn, Zweck und Ziel des menschlichen Daseins, die je nach der zugrunde liegenden Metaphysik, Geschichtsphilosophie oder Anthropologie verschieden aufgefaßt, sofern sie nicht überhaupt nihilistisch geleugnet werden (z. B. M. STIRNER: «Der Mensch hat keine Bestimmung und Verpflichtung» [1]). Zu unterscheiden sind die Bestimmung des Individuums und die der Menschheit als ganzer.

Durch den hohen Wert, den traditionell in der europäischen Philosophie das Individuum mit seiner singulären Seele besitzt, hat die Bestimmung des Einzelmenschen schon in der *Antike* im Platonismus, in der Philosophie Epikurs, in der Stoa und – beeinflußt wiederum durch den Platonismus – im Christentum den Vorrang. – Epikuräismus und Stoa sehen die B.d.M. *innerhalb der Welt*. EPIKUR: «Wir müssen uns also um das bemühen, was uns Glückseligkeit schafft; denn wenn wir sie besitzen, haben wir alles, wenn wir sie nicht besitzen, sollen wir alles tun, um sie zu erlangen» [2]. *Stoa*: «Es ist die Bestimmung vernunftbegabter Wesen, dem Aufbaugesetz und der ehrwürdigsten Gemeinschaftsform und Verfassung zu folgen, d. h. dem Kosmos» [3]. In den beiden wirkungsmächtigsten geistigen Strömungen, Platonismus und Christentum, bildet das irdische Dasein nur einen Abschnitt des Diesseits und Jenseits umfassenden Menschenlebens. Erst in seiner *außerweltlichen* Fortsetzung, für die die irdische Existenz nur vorbereitend ist, vollendet sich daher auch die B.d.M. Nach dem *Platonismus* kehrt die individuelle Seele, losgelöst vom Leib, ins Reich der Ideen zurück. Im *Christentum* erfährt der von Gott begnadete Mensch Auferstehung und ewiges Leben nach dem Tode. Die Fragen, ob dabei auch der Leib aufersteht, ob der Mensch den freien Willen hat, wieviel er also durch sein irdisches Leben zu seiner Begnadung beitragen kann, bilden Jahrhunderte hindurch Kernpunkte innerchristlicher philosophischer Auseinandersetzung. Der Versuch des spätmittelalterlichen Averroismus, nicht dem Individuum, sondern nur der einen Universalseele der Menschheit Unsterblichkeit zuzuschreiben, blieb im Sinne des herrschenden Christentums ephemer.

Während in Platonismus und Christentum jedes menschliche Einzelleben die gleiche, von Gott gesetzte Bestimmung hat, wird in der *Renaissance* die Betonung der Individualität dadurch noch weiter vertieft, daß die B.d.M. von Individuum zu Individuum verschieden ist. Allen Menschen gemeinsam ist nur die Fähigkeit zur Vervollkommnung aus eigener Kraft. Der Mensch gibt sich seine Bestimmung selbst. Er erstrebt die Ausbildung aller seiner Fähigkeiten und den größtmöglichen Wissenserwerb, so «daß er zur Erforschung der Menschen und der Dinge unwiderstehlich getrieben wird und dies für seine Bestimmung hält» [4]. Damit ist in der Neuzeit das Thema vom Menschen als Schöpfer seiner selbst aufgrund seiner Bildbarkeit zum ersten Mal angeschlagen (etwa L. VALLA, J. L. VIVES, ERASMUS VON ROTTERDAM, PICO DELLA MIRANDOLA). Im Zusammenhang damit stehen kulturgeschichtlich der Aufbruch der Naturwissenschaften, die Hochschätzung des uomo universale und die Ruhmsucht des Renaissancemenschen.

Für den deutschen Idealismus der *Goethezeit* können im Hinblick auf die B.d.M. KANTS ‹Anthropologie in pragmatischer Hinsicht› (1798), HERDERS ‹Briefe zu Beförderung der Humanität› (1793–1797), FICHTES ‹Die B.d.M.› (1800) und HEGELS ‹Philosophie der Geschichte› (1840) als repräsentativ gelten. – Insofern der Mensch als intelligibler Charakter die Naturnotwendigkeit überwindet, ist er nach KANT «in pragmatischer Hinsicht» «sein eigener letzter Zweck»; er ist, «was er als freihandelndes Wesen aus sich selber macht oder machen kann und soll» [5]. Gerade seine Vernünftigkeit aber erfüllt sich nicht im Individuum, sondern durch einen Kultivierungsprozeß nur im Menschengeschlecht insgesamt. «Die Summa der pragmatischen Anthropologie in Ansehung der B.d.M. ... ist folgende. Der Mensch ist durch seine Vernunft bestimmt, in einer Gesellschaft mit Menschen zu sein und in ihr sich durch Kunst und Wissenschaft zu kultivieren, zu zivilisieren und zu moralisieren ..., sich der Menschheit würdig zu machen» [6]. Es ist vor allem dieser humanisierende Entwicklungsprozeß der Menschheit, auf den der späte HERDER, wieder an die Aufklärung anknüpfend, hinzielt. Er weiß «den Charakter unseres Geschlechts, seine Anlagen und Kräfte, seine offenbare Tendenz, mithin auch den Zweck, wozu er hienieden bestimmt ist, in kein simpleres Wort zu fassen als Humanität, Menschheit» [7]. – Auch für FICHTE wird im Menschen das Reich der Naturgesetzlichkeit aufgehoben, weil für sein unmittelbar gegebenes Bewußtsein die Welt aus eigenen Setzungen besteht. So ist der Mensch «selbst der letzte Grund seiner Bestimmungen» [8]. Es obliegt dem schöpferischen Bewußtsein, sich zur Wahrheit selbst zu entscheiden, die im Gewissen gegenwärtig ist. «Auf sie [die Stimme des Gewissens] zu hören ... dies ist meine einzige Bestimmung» [9]. «Meine Bestimmung: sittlich zu handeln» [10]. Da aber «unser Geschlecht seinen Unterhalt und seine Fortdauer von der widerstrebenden Natur» im jetzigen Weltzustand noch «erringet» [11] und so der Sinnenwelt unterworfen ist, anstatt über «die ganze Gewalt dieser Natur» [12] zu herrschen, kann nur die Menschheit insgesamt sich zur Herrschaft der Vernunft erheben. Dann aber stände die Entwicklung der Menschheit still. «Das gegenwärtige Leben läßt sich» deshalb «vernünftiger Weise nicht als die ganze Absicht meines Daseins und des Daseins eines Menschengeschlechts überhaupt denken» [13]. Nur ein Reich, in dem der dem Sittengesetz gehorsame gute Wille des Menschen als geistiges Prinzip durch sich selbst etwas *bewirkt*, kann nach Fichte die Sehnsucht des Menschen nach unbedingter Geltung des Geistes befriedigen. «Dies sonach ist meine ganze erhabene Bestimmung, mein wahres Wesen. Ich bin Glied zweier Ordnungen; einer rein geistigen, in der ich durch den bloßen reinen Willen herrsche, und einer sinnlichen, in der ich durch meine Tat wirke. Der ganze Endzweck der Vernunft ist reine Tätigkeit derselben ... die Vernunft ist durch sich selbst tätig, heißt: der reine Wille, bloß als solcher, wirkt und herrscht. Unmittelbar und lediglich in dieser rein geistigen Ordnung lebt nur die unendliche Vernunft» [14]. – Für HEGEL bleibt diese «Idee der Freiheit als absoluter Endzweck» [15] nicht abstrakt. In seiner ‹Philosophie der Geschichte› verbindet sich der Fortschritt des sich zum Selbstbewußtsein erhebenden Geistes mit der konkreten Menschheitsgeschichte als der «Auslegung des Geistes in der Zeit» [16]. Dabei wirken die Bestimmung des Individuums und der Menschheit, «subjektiver und vernünftiger Wille» im «sittlichen Ganzen: dem Staat» zusammen, «in welchem der vernünftige Endzweck ausgeführt ist», denn «der Staat ist die göttliche Idee, wie sie auf Erden vorhanden ist» [17].

Hegels Staatsbegriff gegenüber konstatiert der junge MARX einen «Widerspruch seiner ideellen Bestimmung mit seinen realen Voraussetzungen» [18]. Die Verwirklichung der B.d.M., von Marx «Emanzipation» genannt, kann nur über die Überwindung des bürgerlichen Staates erreicht werden, weil dieser bei aller politischen Emanzipation die Entfremdung des Menschen vom Arbeitsprozeß, vom Arbeitsprodukt, vom Mitmenschen und von sich selbst verewigt. Die B.d.M. aber bedeutet gerade die dialektische Aufhebung der Entfremdung und damit die Übereinstimmung des Wesens des Menschen mit seiner realen Existenz. Das aber ist kein individueller, sondern ein kollektiver Prozeß, nämlich die Aufhebung des Privateigentums. So erscheint als geschichtliches Ziel die Menschlichkeit des Menschen als Erfüllung seines Gattungswesens.

Gegen solche Sinngebung der Menschheit insgesamt wehrt sich NIETZSCHES Aristokratismus. Ihm kommt es auf die Elite an, die um ihrer selbst willen Rücksichtslosigkeit gegenüber dem größeren Teil der Menschheit walten lassen muß. «Nicht Menschheit, sondern Übermensch ist das Ziel» [19].

In einer neuen Spielart taucht die individuelle Selbstbestimmung des Menschen im 20. Jh. in der *Existenzphilosophie* und mit besonderem Nachdruck im Existentialismus SARTRES auf. In freier, gegebenenfalls immer neuer Entscheidung wählt der Mensch sich, indem er sich in die Zukunft hinein entwirft. Der materielle Gehalt der Bestimmungen variiert von Mensch zu Mensch. Die unreflektierte Angleichung der eigenen Bestimmung bedeutet einen Verlust an persönlicher Würde. Was hier für das Individuum gilt, trifft nach der modernen *Kulturanthropologie* für den Menschen in genere zu: Der Einzelne ist weitgehend durch seine Kultur determiniert; in den differierenden, von Menschen geschaffenen Kulturen aber haben sich die Menschen selbst bestimmt. So gewinnt die Frage nach der B.d.M. eine kulturphilosophische und -geschichtliche Dimension hinzu.

Anmerkungen. [1] M. STIRNER: Der Einzige und sein Eigentum (1845) 2. Abt. II. – [2] EPIKUR, Ep. ad Menoikeus. – [3] MARC AUREL II, 16. – [4] J. BURCKHARDT: Die Kultur der Renaissance in Italien (1867), 6. Abschn.: Sitte und Relig. (Die Relig. und der Geist der Renaissance). – [5] KANT, Anthropol., Vorrede. – [6] a. a. O. 2. Teil, E, III. – [7] J. G. HERDER: Briefe zur Beförderung der Humanität (1793-1797) 6. Slg., 62. Br. Anm. – [8] J. G. FICHTE: Die B.d.M. (1800), hg. TH. BALLAUFF und I. KLEIN, Reclams Universal-Bibl. 1201/2 (1962) 35. – [9] a. a. O. 118. – [10] 121. – [11] 127.– [12] 130. – [13] 151. – [14] 154. – [15] HEGEL, Philos. der Gesch., Einl. II c. – [16] a. a. O. III c. – [17] II c. – [18] K. MARX/F. ENGELS, MEW 1 (⁵1964) 345; Briefe aus den Dtsch.-Frz. Jb. (1843). – [19] FR. NIETZSCHE, Aus dem Nachlaß der achtziger Jahre. Werke hg. SCHLECHTA (1966) 3, 440; Vom Nutzen und Nachteil der Hist. für das Leben 9.

Literaturhinweise. L. PRAGER: Das Endziel der Völker- und Weltgesch. auf Grund der heiligen Schrift (1906). – J. HEINEMANN: Die Lehre von der Zweckbestimmung des Menschen im griech.-röm. Altertum und im jüd. MA (1926). – L'homme et son destin d'après les penseurs du MA. Actes 1er Congr. int. Philos. médiéval (Louvain/Paris 1960).   CH. GRAWE

Betrachten

I. Verschiedene griechische und lateinische Termini können mit ‹betrachten› wiedergegeben werden. σκέπτομαι und stammesverwandte Worte sowie ‹considerare› bezeichnen das B. eines Problems ganz allgemein; BERNHARD VON CLAIRVAUX entwickelt eine ausführliche Lehre über die consideratio [1]. θεωρεῖν und ‹speculari› bezeichnen das wissenschaftliche Erkennen, θεωρεῖν in hellenistischer Zeit und ‹contemplari› das B. der bereits gefundenen Wahrheit. Die adjektivischen Bildungen, insbesondere θεωρητικός, kennzeichnen stets die Erkenntnis um der Wahrheit, nicht um einer Praxis willen. ‹speculari› kann auch die Betrachtung der Schöpfung als Spiegel (speculum) Gottes bezeichnen. Meditari ist in der Mystik, besonders bei RICHARD VON ST. VICTOR [2], als der zielstrebige Aufstieg zur contemplatio verstanden. ὄψις [3] und ‹visio› haben nicht selten die Bedeutung der reinen Schau in mystischer oder himmlischer Weise. Alle Worte haben jedoch einen weiten Bedeutungsspielraum vom sinnlichen bis zum geistigen B., zum Teil bis zum übernatürlichen Schauen.

Anmerkungen. [1] De consideratione. MPL 182. – [2] Benjamin maior. MPL 196. – [3] z. B. PLOTIN, Enn. III, 8, 6.
    L. KERSTIENS

II. Im Sprachgebrauch der *Mystik* unterscheidet sich B. von der Kontemplation durch das Wollen, durch das Suchen und Sich-Konzentrieren des Betrachtenden. Deswegen ist das B. Vorbereitung der Beschauung [1]. Der Betrachtende sinnt nach, etwa über das Leiden Christi (SEUSE) [2]. Der Begriff der B. wirkt über die Mystik hinaus; dabei bleibt die bei BERNHARD VON CLAIRVAUX gegebene Unterscheidung der consideratio als «intensa ad investigandum cogitatio, vel intentio animi vestigantis verum» (das angespannt auf das zu Untersuchende gerichtete Denken oder die Absicht der Seele, das Wahre zu suchen) von der contemplatio wirksam [3]. Die verschiedenen Bedeutungen von B. faßt zu Beginn des 19. Jh. W. T. KRUG zusammen: «B. wird sowohl in wissenschaftlicher als in moralisch-religiöser Hinsicht gebraucht. In jener Hinsicht heißt es so viel als beobachten, forschen, untersuchen. Darum hat man auch die theoretische Philosophie eine betrachtende genannt. In der zweiten Hinsicht denkt man vorzugsweise an fromme Betrachtungen, die der Mensch über sich selbst und sein Verhältniß zur Gottheit anstellt. Darum hat man das ascetische Leben ein betrachtendes genannt. In beiden Hinsichten sagt man dafür auch beschaulich oder contemplativ. Doch wird zuweilen das Leben auch in der ersten Hinsicht ein betrachtendes oder contemplatives genannt, wo es dann dem thätigen oder activen (dem Geschäftsleben) entgegensteht» [4].

Anmerkungen. [1] Vgl. GERSON, De myst. theol. pract., ind. 12. – [2] H. SEUSE, Dtsch. Schriften, hg. K. BIHLMEYER (1907) 36, 14. 31. 90, 8. – [3] BERNHARD, De consideratione II, 2. MPL 182, 745. – [4] W. T. KRUG: Allg. Handwb. philos. Wiss. 1 (1827) 290.
    P. HEIDRICH

Betrieb bedeutet in der Wirtschaftstheorie eine räumlich-technische Einheit von Produktionsmitteln, die zum Zweck der Erzeugung von Gütern und Dienstleistungen eingesetzt werden. Diese Begriffsverwendung gestattet eine betriebstypologische Aufschlüsselung nach verschiedenen Gesichtspunkten, wie B.-Größe, Entfernung von der Endnachfrage (Produktionsstufe), Erzeugungsprogramm, Intensität eines bestimmten Produktionsfaktors usw. Durch Verselbständigung der Begriffe ‹B.› und ‹Unternehmung› sollen zwei wesensverschiedene Seiten einer wirtschaftlichen Produktiveinheit bezeichnet werden, wobei ‹B.› die innere Struktur und den Ablauf des eigentlichen Wertschöpfungsprozesses bedeutet, ‹Unternehmung› seine abstrakten Voraussetzungen, wie die allgemeine Zielsetzung, privatrechtliche und finanzielle Regelungen. ‹Unternehmung› meint demnach das Bewirkende, ‹B.› das Bewirkte [1]. Da die Unternehmung begriffsnotwendig an der erwerbswirtschaftlichen Zielsetzung orientiert ist, der B. aber schwerlich als sinnloses Geschehen aufgefaßt werden kann, liegt es nahe, die Unternehmung als einen bestimmten, den für das kapitalistische Wirtschaftssystem kennzeichnenden B.-Typ aufzufassen.

Während das Interesse der Wirtschaftstheorie vor allem auf die Mechanismen des Kombinationsprozesses gerichtet ist, hat es die soziologische Forschung als Wirklichkeitswissenschaft mit dem «anschaulichen Typus des B.» [2] zu tun, indem dieser entweder als Lebensraum einer B.-Gemeinschaft [3] oder unter Verzicht auf sozialpolitische Implikationen als institutionelles System von Zweckmitteln zur menschlichen Bedarfsversorgung [4] definiert wird.

Versteht man mit MAX WEBER unter B. «kontinuierliches Zweckhandeln bestimmter Art» [5], transzendiert seine begriffliche Geltung den technisch-ökonomischen Diskursraum. Indem außerwirtschaftliche Institutionen das Zweck-Mittel-Schema als Handlungsgrundlage übernehmen, gewinnen sie betriebsförmige Züge (Verbetrieblichung) und werden so zu systemkonformen Elementen in einer entzauberten Welt.

Anmerkungen. [1] E. SCHÄFER: Die Unternehmung (1961) 102f. – [2] TH. GEIGER: Zur Soziol. der Industriearbeit und des B. Die Arbeit, Z. für Gewerkschaftspolitik und Wirtschaftskunde (1929) 673. – [3] E. ROSENSTOCK-HUESSY: Werkstattaussiedlung, Untersuchungen über den Lebensraum des Industriearbeiters (1922); W. HELLPACH und R. LANG: Gruppenfabrikation (1922). – [4] G. BRIEFS: Art. ‹B.-Soziol.› in: Handwb. Soziol. (1959) 32. – [5] M. WEBER: Wirtschaft und Ges. 1/1 (1964) 37.

Literaturhinweise. L. H. AD. GECK: Die sozialen Arbeitsverhältnisse im Wandel der Zeit (1931). – R. DAHRENDORF: Sozialstruktur des B. (1959). – E. GUTENBERG: Grundlagen der B.-Wirtschaftslehre 1: Die Produktion (1966). H. W. HETZLER

Betrugstheorie. Das *religionskritische* Argument vom Priesterbetrug begegnet schon in der *Antike.* Bei KRITIAS heißt es z. B., daß «ein schlauer und gedankenkluger Mann die Götterfurcht den Sterblichen erfunden» habe als «Schreckmittel» für die Schlechten: «So, denke ich, hat zuerst einer der Sterblichen dazu bestimmt, zu glauben, es gebe das Geschlecht der Götter» [1]. Auch CICERO spricht bei der Erörterung differierender Deutung der Auspizien durch die Auguren davon, daß «man eingestehen muß, hiervon beruhe ein Teil auf Irrtum, ein Teil auf Aberglauben, vieles auf Betrug» [2].

Die B. im engeren Sinn, die Judentum, Christentum und Islam als Werk dreier Betrüger kritisiert, setzt den Vergleich und die Kritik dieser Religionen voraus und erreicht ihren Höhepunkt erst in der Zeit vom 16. bis zum 18. Jh. In freigeistigen *islamischen* Kreisen des 10.Jh. werden Moses, Jesus und Mohammed als die drei großen Betrüger bezeichnet: «In dieser Welt haben drei Individuen die Menschen betrogen, ein Hirt, ein Arzt und ein Kameltreiber» [3]. Die B. wurde in Europa durch die Kreuzzüge bekannt. GREGOR IX. beschuldigte Friedrich II., die Äußerung von den drei Betrügern gemacht zu haben. Darauf wurden *Friedrich II., Averroes, Machiavelli, Hobbes* und fast alle Religionskritiker bis zum 18. Jh. der Autorschaft einer Schrift ‹De tribus impostoribus› verdächtigt, die wahrscheinlich in diesen Jh. nie existiert hat. Erst um die Wende des 17. und 18. Jh. entstanden zwei solche Werke: Das eine, ‹De tribus impostoribus›, dessen Verfasser und Erscheinungsjahr nicht sicher feststehen, übt scharfe Kritik an Moses, Jesus und Mohammed. Das nach 1687 von JOHANNES JOACHIM MÜLLER verfaßte Werk ‹De imposturis religionum breve compendium› wurde 1753 unter dem Titel ‹De tribus impostoribus› mit der irreführenden Jahreszahl 1598 herausgebracht. Vom Standpunkt der natürlichen Religion des Deismus aus wird vor allem an Aussagen des Alten und Neuen Testamentes nachgewiesen, daß der Vorwurf des Betrugs gegen die drei Offenbarungsreligionen auf dem Boden der ‹gesunden Vernunft› nicht entkräftet werden kann.

In der *französischen* Aufklärungsliteratur wird ohne ausdrücklichen Bezug auf den Vergleich und die Kritik der drei Offenbarungsreligionen das Argument des Priesterbetrugs oft wiederholt. Nach dem Artikel ‹Prêtres› in der ‹Encyclopédie› verfolgen die Priester ihre eigenen egoistischen Interessen: «les prêtres surent mettre à profit la haute opinion qu'ils avoient fait naître dans l'esprit de leurs concitoyens; ... Pour établir plus sûrement leur empire, ils peignirent les dieux comme cruels, vindicatifs, implacables» [4]. In gleicher Weise greift HELVÉTIUS Klerus und Kirche an: Sie scheuten kein Mittel, die Vernunft zu betrügen, um die Menschen zu unterwerfen: «Pour se soumettre la raison humaine, il falloit que Dieu parlât par sa bouche; il le dit et on le crut» [5]. In noch schärferer Form nimmt HOLBACH in seiner Kritik der Religion und Kirche das Argument des Betrugs auf: Die Religion beschränke die Freiheit des Geistes durch die bewußte Irreführung der Vernunft, die «von Menschen betrogen» wird, «denen es ... seit langem gelungen ist, die ganze Welt zu unterwerfen» [6]. CONDORCET zeichnet das Bild einer künftigen Zeit der absoluten Freiheit und Vernunftherrschaft, in der «es Tyrannen und Sklaven, Priester und ihre stumpfsinnigen oder heuchlerischen Werkzeuge nur noch in den Geschichtsbüchern und auf dem Theater geben wird» [7].

Die *deutsche* Aufklärung gebraucht das Argument des Priesterbetrugs in milderer Form. THOMASIUS z. B. kritisiert die Hexenprozesse und diejenigen, die «sich enthalten solchen Betrügereyen öffentlich zu widerstehen» [8]. REIMARUS kritisiert, ausgehend von seinem Begriff der natürlichen Religion, die überlieferte Offenbarung als Betrug. Für die klassische deutsche Philosophie sind die Religionskritik der Aufklärung und die B. unzureichend. Gegen die Kritik des Deismus wendet sich LESSING. Wenn die drei Offenbarungsreligionen nicht mehr die «Wunderkraft» besitzen, «vor Gott und Menschen angenehm» zu machen, dann wären nach den Worten des Richters in der ‹Ringparabel› «alle drei betrogene Betrüger» [9].

Nach HEGELS Deutung der Religion als einer Weise der Offenbarung des absoluten Geistes sind es «absurde Vorstellungen, daß Priester dem Volke zum Betrug und Eigennutz eine Religion überhaupt gedichtet haben u.s.f.; es ist eben so seicht, als verkehrt, die Religion als eine Sache der Willkühr, der Täuschung anzusehen» [10]. Für KARL ROSENKRANZ sind B. «höchst merkwürdige Denkmale» des 17. und 18.Jh. für die Deutung der Religion vom «modernen Skeptizismus und Materialismus» aus [11]. Auch für ENGELS können mit der B. der Ursprung und die geschichtliche Wirkung der christlichen Religion nicht mehr zureichend erklärt werden [12]. NIETZSCHE allerdings bezeichnet die Religion als «fromme Lüge der Priester und der Philosophen». Ihre Wirkung sei «die ärgste Verstümmelung des Menschen, die man sich vorstellen kann» [13].

Anmerkungen. [1] KRITIAS, Frg. B 25. – [2] CICERO, De div. II, 83. – [3] Zit. nach J. PRESSER: Das Buch ‹De tribus impostoribus› (Von den drei Betrügern) (1926) 5. – [4] Encyclop., hg. DIDEROT/D'ALEMBERT (²1780) 27, 346. – [5] HELVÉTIUS: De l'homme, de ses facultés et de son éducation. Oeuvres (Paris 1795) 5, 98. – [6] HOLBACH, Briefe an Eugénie, übers. v. F.-G. VOIGT (1959) 58f. – [7] CONDORCET, Entwurf einer hist. Darstellung der Fortschritte des menschl. Geistes, dtsch. W. ALFF (1963) 355. – [8] THOMASIUS, Über die Hexenprozesse, überarb. R. LIEBERWIRTH (1967) 177. – [9] LESSING, Werke, hg. P. RILLA (1954-1958) 2, 408; zu Reimarus und Lessing vgl. W. OELMÜLLER: Die unbefriedigte Aufklärung. Beiträge zu einer Theorie der Moderne von Lessing, Kant und Hegel (1969) 35-102. – [10] HEGEL, Werke hg. GLOCKNER 17, 94. – [11] K. ROSENKRANZ: Der Zweifel am

Glauben. Kritik der Schriften: De tribus impostoribus (1830) 88. – [12] F. ENGELS: Bruno Bauer und das Urchristentum, in: K. MARX/F. ENGELS, Über Religion, hg. Inst. f. Marxismus-Leninismus beim ZK der SED (1958) 155. – [13] NIETZSCHE, Musarion-A. 18, 110. 112.

Literaturhinweis. De tribus impostoribus, anno MDIIC – Von den drei Betrügern 1598 (Moses, Jesus, Mohammed), hg. G. BARTSCH, dtsch. R. WALTHER (1960).   R. DÖLLE

Bewährung. Der Begriff der B. ist im Zusammenhang mit dem Begriff der Bestätigung vom logischen Empirismus eingeführt worden [1]. Die B. ist das Ergebnis der Bestätigung eines empirischen Urteils. Die B. ist abgestuft, je nachdem in welchem Umfang und wie streng ein Urteil auf seine Übereinstimmung mit entsprechenden Beobachtungen geprüft worden ist. Das Ausmaß der B. ergibt den Grad der Wahrscheinlichkeit des Urteils. Dieser kann einfach komparativ im Vergleich zur Wahrscheinlichkeit eines anderen Urteils bestimmt werden. Es gibt jedoch auch Versuche, ein quantitatives B.-Maß einzuführen [2].

Anmerkungen. [1] Vgl. R. CARNAP: Testability and meaning. Philos. Sci 3 (1936); K. POPPER: Degree of confirmation. Brit. J. Philos. Sci. 5 (1954/55) 143-149; 6 (1956/57) 244-245. 249-256. 350-353. – [2] R. CARNAP: Logical foundations of probability (Chicago 1950, ²1962); R. CARNAP und W. STEGMÜLLER: Induktive Logik und Wahrscheinlichkeit (Wien 1959).   V. KRAFT

Bewandtnis (Bewandtnisganzheit) steht bei M. HEIDEGGER im Zusammenhang der «Analyse der Umweltlichkeit und Weltlichkeit überhaupt» [1]. «Der Seinscharakter des Zuhandenen ist die *B.*» [2]. «B. ist das Sein des innerweltlichen Seienden, darauf es je schon zunächst freigegeben ist. Mit ihm als Seiendem hat es je eine B. ... Das Wobei es die B. hat, ist das Wozu der Dienlichkeit, das Wofür der Verwendbarkeit» [3]. «*Welche* B. es mit einem Zuhandenen hat, das ist je aus der B.-Ganzheit vorgezeichnet. Die B.-Ganzheit ... ist ‹früher› als das einzelne Zeug» [4]. «Die B.-Ganzheit selbst aber geht letztlich auf ein Wozu zurück, bei dem es *keine* B. mehr hat, was selbst nicht Seiendes ist in der Seinsart des Zuhandenen innerhalb einer Welt, sondern Seiendes, dessen Sein als In-der-Welt-sein bestimmt ist, zu dessen Seinsverfassung Weltlichkeit selbst gehört» [5].

Anmerkungen. [1] M. HEIDEGGER: Sein und Zeit (⁹1960) 66. – [2] a. a. O. 84. – [3] ebda. – [4] ebda. – [5] ebda.

Literaturhinweis. O. PÖGGELER: Der Denkweg Martin Heideggers (1963) 53-55.   P. PROBST

Beweger, unbewegter. – 1. Das Theorem vom ersten, u.B., als Vorstellung erstmals bei XENOPHANES belegt [1], gewinnt seine Konturen im Zuge der Transformation der platonischen Welttheorie im ‹Timaios› durch Aristoteles. Bei PLATON schreibt die Erzählung des Timaios der sich selbst bewegenden [2], aller körperlichen Bewegung vorhergehenden Weltseele [3] kosmogonische Effizienz zu, sofern der göttliche Demiurg die phänomenale Welt dem einen Urbild als unvergänglich Lebendem nachbildet [4]. Abbildlich zu jener Unvergänglichkeit sei die zahlhaft fortschreitende Zeit als Vollzugshorizont der zugleich mit ihr einsetzenden Himmelsumläufe und überhaupt aller Bewegungen entstanden [5].

2. ARISTOTELES behält das Schema der Bezogenheit von Zeit und Bewegung bei [6], bestreitet aber beider Endlichkeit. Die Ewigkeit der Bewegung wird scheinbar lapidar mit dem Satz begründet: «denn sie war immer schon da» [7]; phänomenal liegt Bewegung nur vor, «wenn sie ‹schon› in Gang ist» [8]. Zugleich beweist Aristoteles gegen Platon die Ewigkeit der Zeit, ohne die das Früher und Später der ewigen Bewegung undenkbar wäre [9]. Die aristotelische Lehre vom u.B., die die nach dem Prinzip «omne quod movetur, ab aliquo movetur» ablaufende unendliche Bewegung in einem endlichmomentanen «Bedingungszusammenhang» [10] aufhebt [11], zeigt, daß die platonische Lehre ebendiesem Anspruch nicht genügt. Ewige Ideen greifen ebensowenig ein [12] wie die als abstrakte Selbstbewegung begriffene Seele Platons, während – bezeichnend für solchen Mangel an Vermittlung – der dennoch eingreifende Demiurg vom Zeitfluß absorbiert wird, wie Aristoteles kritisch anmerkt [13] und ebendaher den beseelten Körper als Medium der Bewegung bestimmt [14]. Aristoteles schließt von dem ewigen, da kreisförmigen, bewegtbewegenden Umlauf der Planeten auf ein unbewegt Bewegendes [15] – eine Möglichkeit, die sich Aristoteles plausibel macht am Begehrten, das Begehrung, und am Gedachten, das Überlegung evoziert [16]. Aristoteles begründet so eine über die Physik vermittelte «natürliche Theologie», die nie die Grenze nachprüfbarer Argumente überschreitet, während PLATON, an der Physik verzweifelnd, eben nicht ein notwendiges und exaktes System vorträgt, sondern eine Geschichte mit Wahrscheinlichkeitscharakter (εἰκότα μῦθον) [17]. Gleichwohl fehlt in ARISTOTELES' ‹Naturphilosophie› der ethische Sinn platonischer Mythen nicht. Die Unbezogenheit des Gott-Nous, wie ein Geliebtes zu bewegen, jenes epikureische Element des aristotelischen Gottesbegriffes, schließt nicht aus, daß der Mensch als coeli spectator an der Seligkeit des sich selbst denkenden u.B. nachahmend teilhat. Der Gott aber, der nichts mehr verheißt als dies und über Heilschancen nach dem Tode sich ausschweigt, erinnert daran, daß der auf Mythen verzichtende Aristoteles nicht minder resigniert als der auf Physik verzichtende Platon.

Anmerkungen. [1] XENOPHANES, Frg. 21 B 25f. (DIELS). – [2] PLATON, Phaidr. 245 c-246 a. – [3] Leg. 896 a-b. – [4] Tim. 37 c. – [5] Tim. 37 d ff. – [6] ARISTOTELES, Phys. 239 a 23. 241 a 15. – [7] Met. 1071 b 7. – [8] W. WIELAND: Die aristotel. Physik (1962) 311. – [9] ARIST., Phys. 251 b 10-19. – [10] WIELAND, a. a. O. 314f. – [11] Vgl. ARIST., Phys. 267 a 21ff. – [12] ARIST., Met. 1071 b 12ff. – [13] Met. 1072 a 1ff. – [14] ARIST., Phys. 265 b 32ff.; vgl. WIELAND, a. a. O. 246. – [15] ARIST., Met. 1072 a 23-25. – [16] Met. 1072 a 26ff. – [17] PLATON, Tim. 29 c-d.

Literaturhinweise. W. SCHADEWALDT: Eudoxos von Knidos und die Lehre vom u.B., in: Satura für O. Weinreich (1952) 103-129. – W. WIELAND s. Anm. [8]. – H. BLUMENBERG: Legitimität der Neuzeit (1966) Teil 3.   A. MÜLLER

Bewegung

I. *Antike.* Bei Parmenides und Heraklit setzt das philosophische Nachdenken an der dialektischen Doppelthematik: Seiendes und Nichtseiendes, Eines und Vieles, an. Damit ist zugleich auch das Problem der B. gestellt, die einerseits als Übergang vom Seienden zum Nichtseienden und vom Nichtseienden zum Seienden, andererseits auch als das Durchhalten *eines* Bewegten durch die vielen Zustände seiner B. hindurch begriffen werden muß. Aufgrund der These, daß es Nichtseiendes nicht gibt, muß PARMENIDES die Möglichkeit der B. ablehnen. Da bei ihm andererseits nicht: «Eins und Vieles», sondern «Eins und Alles» in Frage gestellt wird, kann er auch aus diesem Grunde den Begriff der B. nicht zulassen, da nach diesen Voraussetzungen in jedem zeitlichen und räumlichen Punkte der angeblichen B. diese schon immer zum «Ganzen», das ist zu ihrem Ende, gekommen ist, so daß der Begriff der B. von vornherein überholt wäre: «Ein Zusammen-Seiendes begegnet mir, wo ich auch beginne» [1]. Das Seiende ist als «Ganzes, Einheitliches, Zusammenhängendes» in das «Jetzt» zusammengedrängt [2]. B. wäre Zeichen des Mangels, den das Seiende an keiner Stelle aufweist.

Dagegen sieht HERAKLIT das Seiende in der Polarität von Mangel und Überfluß [3]: Die seine Philosophie zusammenfassende These ist das «Alles fließt» (πάντα ῥεῖ). Seine Auffassung des Seienden und des Einen im Zeichen polarer Spannungen führt zu der These, daß Eines und Vieles, Ruhe und B. zusammengehen [4]. «Sie verstehen nicht, wie es [das Eine] auseinanderstrebend ineinandergeht: gegenstrebige Vereinigung wie beim Bogen und der Leier» [5].

ZENON macht es sich zur Aufgabe, die These des Parmenides von der Nichtexistenz der B. und des Werdens begrifflich zu beweisen. Die parmenideische These von der Nichtexistenz des Nichtseienden führt ihn zu der Behauptung, daß sich das Bewegte weder in dem Raume, in dem es sich befindet, noch in demjenigen, in dem es sich nicht befindet, bewege [6]. Andererseits leugnet er konsequent auch die Vielheit [7], die in Vermittlung mit dem Begriff ‹Einheit› zum Begriff der B. führt. Wenn es Vieles gibt, so muß dieses einerseits groß bis zur Unendlichkeit und klein bis zur Nichtigkeit sein [8]. Zu diesem Ergebnis kommt er durch das von ihm bewußt gewählte Verfahren der Teilung eines Ganzen ins Endlose. Keiner von den endlos vielen Teilen eines Ganzen wird «die äußerste Grenze» bilden [9]. Unter diesen Voraussetzungen versucht Zenon die These von der Nichtexistenz der B. durch seine bekannten Paradoxien zu beweisen. Aristoteles berichtet über vier Argumentationsformen des Zenon über die B., von denen er sagt, daß sie der begrifflichen Auflösung große Mühe machen [10]: 1. Es gibt keine B., weil ein Ding, von dem man angebliche B. aussagt, erst jedesmal, bevor es an irgendeinen Punkt seiner B.-Bahn angekommen ist, einen zwischen diesem Punkt und seinem jetzigen Ort liegenden mittleren Punkt passiert haben müßte. Da diese Situation ins Endlose immer wieder eintritt, kommt das Ding gar nicht von der Stelle. 2. Das langsamste Tier, die Schildkröte, kann von Achilles niemals eingeholt werden. Der Verfolger müsse nämlich, bevor er die Schildkröte einholen kann, erst die Stelle passieren, von der sie ausgegangen ist. Ist er bei dieser Stelle angelangt, so hat das Tier unterdessen einen Vorsprung erreicht, so daß im Prinzip die Anfangssituation wieder gegeben ist. Die Vorsprünge werden zwar immer kleiner, aber niemals ganz null. Daher kommt es nicht zum Einholen. 3. Das Argument vom fliegenden Pfeil, der in Wahrheit ruht, beruht, wie Aristoteles anmerkt, auf der falschen Prämisse, daß sich die Zeit aus einzelnen Zeitpunkten zusammensetze. 4. Zenon spricht von jeweils gleichen Fahrzeugeinheiten auf der Rennbahn, die aus entgegengesetzten Richtungen an einer dritten Fahrzeugeinheit vorbeifahren, wobei diese ihrerseits wiederum dieselbe Länge hat wie jede der beiden. Beide sollen die gleiche Geschwindigkeit haben, und die eine soll am Ende, die andere in der Mitte starten. Nach Zenon beweise dieser Vorgang, daß die halbe Fahrtzeit genauso lang wie die doppelte sei. Auch damit wäre die Unmöglichkeit der B. erwiesen [11]. – Dadurch, daß das B.-Problem von Anfang an im Zeichen der dialektischen Spannung von Einheit und Vielheit, von Seiendem und Nichtseiendem, von Unveränderlichkeit und Veränderlichkeit gestellt worden ist, sind die Positionen abgesteckt worden, innerhalb deren dieses Problem seitdem in der Philosophie erörtert wird.

PLATON kontrastiert die körperlichen Erscheinungen in ihrer Eigenart gegenüber den ihnen zugrunde liegenden ‹Sachen selbst› (Ideen) dadurch, daß er jene dem Bereich des Werdens und der B., diese aber als beständig, unveränderlich, mit sich selbst identisch bestimmt. So gewinnt bei ihm der Begriff der B. ontologische Bedeutung. Wie im ‹Phaidon› der Begriff des Werdens, so wird im ‹Parmenides› der Begriff der B. dahingehend bestimmt, ein Übergang von einem Zustand in einen anderen zu sein, der sich zu ihm gegensätzlich verhält [12]. Mit diesem Übergang kommt die Zeit ins Spiel. Als besonderer Fall der B. wird der Übergang von einem Punkt des Raumes zu einem anderen bestimmt. Als Verneinung dieser B. ist die Ruhe bestimmt.

Es ist das Wesen des Körpers als eines innerzeitlichen Daseins, dem Wechsel und damit auch der B. unterworfen zu sein. Platon gewinnt durch eine Beschreibung phänomenaler B.-Typen eine Klassifikation von Arten der B. In den ‹Nomoi› [13] z. B. unterscheidet er acht verschiedene Arten, zu denen die Drehung des Rades um seine Achse, die gleitende, die linear fortschreitende, die vollendende fortschreitende B., Abnahme, Wachstum, qualitative Veränderung, Vernichtung und Entstehen gehören. Im ‹Timaios› erklärt Platon, daß Achsendrehung und Vorwärtsbewegung die B.-Art der Gestirne sei, während die «fünf anderen B.» an ihnen nicht festzustellen seien. Unter diesen versteht Platon unabhängig von seiner Klassifizierung in den ‹Nomoi› die möglichen Abweichungen von einer B. längs einer Linie, also Rückgang, Ausweichung nach oben und unten sowie nach rechts und links [14]. In ‹Theaitet› und ‹Parmenides› wird zwischen B. als Ortswechsel (φορά) und Veränderung der Eigenschaft (ἀλλοίωσις) unterschieden [15].

In den späteren Schriften Platons verändert sich die ontologische Rolle und zugleich die Beurteilung der B., insofern das Prinzip der B. auch in den Bereich der Ideen eintritt. Im Zeichen der Aufwertung des B.-Prinzips wird auch nach dem Anfang (ἀρχή) der B. gefragt: dieser wird als ‹Seele› angesprochen. So wird die Seele im ‹Phaidros› als Anfang der B. bezeichnet [16]. Im ‹Sophistes› wird die über die These der ‹Ideenfreunde› hinausgehende Behauptung vertreten, daß die B. nicht nur am Nichtseienden und an der Vielheit der Verschiedenheit, sondern auch an der Identität, d. h. am Sein der Ideen teilhabe. Es gibt die B. als Idee: diese Idee muß allerdings die Nichtidentität einschließen. Sie muß ‹Gemeinschaft› mit dem anderen haben, insofern B. ein Übergang von einem Zustand zu einem anderen ist. Durch die im ‹Sophistes› dargestellte Position der Ideenlehre, daß auch das Seiende am Nichtseienden teilhabe, insofern es ein anderes ist als die von ihm verschiedenen Sachen und dadurch auf sie bezogen ist, gewinnt das B.-Prinzip eine zentrale Bedeutung auch für die Ideenlehre selbst [17].

ARISTOTELES setzt die platonischen Überlegungen fort, indem er die B. als im Zeichen des Bleibenden im Wechsel und des Wechsels im Bleiben sowie des Bezuges, den das Sein zum Nichtsein und das Nichtsein zum Sein hat, begreift. Unter Voraussetzung seiner Grundprinzipien von Möglichkeit (Dynamis) und Verwirklichung (Energeia) bestimmt er B. folgendermaßen: sie sei der Vollzug der Verwirklichung des seiner Möglichkeit nach auf eine Wirklichkeit hin sich erstreckenden Seienden [18]. In dieser Bestimmung ist enthalten, daß B. der Vollzug einer Einigung und eines Ganz-werdens ist, insofern die auf die Zukunft hin sich ausstreckende Gegenwart des

Möglichen dadurch ergänzt wird, daß diese Zukunft selbst wirkliche Gegenwart und Gegenwart einer Verwirklichung wird. Daher gehört für Aristoteles zum Begriff der B. der Übergang von einem Anfang über die mittleren Stadien zu einem Ende hin. Von dieser Voraussetzung her ist es sinnvoll, nach dem Begriff «eines» von einem anderen B.-Vollzug verschiedenen B.-Vollzugs zu fragen. Der Begriff der B. schließt denjenigen des Kontinuierlichen, Ganzen ein. Nicht das schon erbaute Haus ist z. B. der Verwirklichungsvollzug (Energeia) des möglichen Hauses: denn «wenn das bereits fertig erbaute Haus es wäre, so würde es sich nicht mehr um die Erbaubarkeit handeln. Das Erbaubare ist aber in der Energeia der Erbauung begriffen: also muß notwendig der Vorgang des Erbauens die Energeia sein. Der Vorgang des Bauens ist aber eine Art B.» [19]. Im Zeichen der als Eins-Werden und Ganz-Werden einer Wirklichkeit begriffenen B. setzt sich Aristoteles mit den Zenonischen Paradoxien auseinander, in denen die B. durch atomisierende Zerstückelung des Ganzen, Kontinuierlichen unbegreifbar gemacht wurde. Aristoteles bringt demgegenüber das über die Grenzen der jeweiligen Gegenwart hinausgreifende Band zur Geltung, welches aus den einzelnen Teilen einer Strecke, eines zeitlichen Ablaufs einer B. ein Ganzes, Wirkliches macht. Zenon hatte mit der Teilbarkeit ins Endlose operiert: sein Fehler sei gewesen, daß er die dabei benutzten Grenzen (Punkte), welche doch nur als mögliche Begrenzungen an einer schon bestehenden Strecke gelten können, durch welche die Teile voneinander geschieden werden, selbst als ‹Teile› des Ganzen ausgab. Von der aristotelischen Analyse der B. her wird jetzt die Falschheit dieses Verfahrens sichtbar: man kann die B. z. B. eines Pfeiles nicht aus endlos vielen Punkten zusammensetzen wollen, ohne den B.-Vollzug zu zerhacken, die Kontinuität der B. aufzulösen und die B. dadurch zu zerstören. Die Wirklichkeit der B. ist außerdem nicht aus einer Vielzahl von bloß möglichen Punkten bzw. Begrenzungen zusammengesetzt. Man muß die Teilung, die der Verstand zum Zwecke der Berechnung der B. durchführt, unter dem Gesichtspunkt der entelechialen Unteilbarkeit betrachten: sonst geht die B. verloren.

Gemäß der berühmten Erklärung, daß das ‹Sein› in vielen Bedeutungen ausgesagt werde, muß sich Aristoteles zur Aufgabe machen, auch die B., die zugleich immer ein Verwandeln von Möglichkeit (Dynamis) in Wirklichkeit (Energeia) sind, in Arten einzuteilen. Dabei kommt es zu einer analogen Klassifizierung, wie sie bei Platon in den ‹Nomoi› begegnet war. Aber während Platon die Arten der B. durch phänomenologische Klassifizierung gewinnt, geht Aristoteles am begrifflichen Leitfaden seiner Kategorien vor. Da nicht alle Kategorien einen sinnvollen B.-Begriff abgeben, gewinnt er folgende Arten: die B. der Quantität gemäß, welche sich als ‹Wachstum› und ‹Abnahme› zeigt; diejenige der Qualität, vorzustellen als Veränderung z. B. eines weißen Gegenstandes in einen schwarzen, und endlich diejenige des Ortes, kraft deren es einen Wechsel von hier nach dort gibt [20]. Die im Zeichen der Substanzkategorie zu denkende B. des Entstehens und Vergehens hat Aristoteles nur vorübergehend als besondere B.-Art gelten lassen. – Auch in der berühmten Unterscheidung der vier Ursachen spielt bei Aristoteles die B. eine Rolle: so begegnet unter ihnen diejenige Ursache, welche er als ‹bewegende› bezeichnet. Der Erbauer eines Hauses z. B. ist die bewegende Ursache für die B. des Wirklichwerdens des Hauses. Das Haus ist ein Produkt der τέχνη, weil es die bewegende Ursache seiner Verwirklichung nicht in sich selbst hat. Diejenigen Dinge, welche die ἀρχή ihrer B. in sich haben, machen den Bereich der φύσις aus. Fragt man nach der unbedingt ersten bewegenden Ursache, so ergibt sich der Begriff Gottes als des ersten Bewegers, der selbst unbewegt ist [21]. – Diejenige Orts-B., welche die Figur eines Kreises hat, ist vollkommener als jede andere, weil jeder Punkt auf der Kreisperipherie den Anfang und zugleich die Vollendung der auf ihr geschehenen B. darstellt, im Gegensatz zu einer B. längs einer Linie, die end-los ist und immer unvollendet bleiben muß. Im Zusammenhang mit dieser These der verschiedenen Würde der B. sieht Aristoteles einen Grund dafür, weshalb die relativ unvollkommenen irdischen Gestalten sich in gerader Linie bewegen (z. B. der Stein fällt in gerader Linie zu Boden), während die den Gestirnen angemessene B.-Bahn der Kreis ist.

PLOTIN bringt den Gedanken des Übergangs von der Unsichtbarkeit zur Sichtbarkeit hinzu, insofern er unter B. diejenige energeia versteht, welche aus der unsichtbaren Kraft (dynamis) in das Bewegte übergeht und dabei die Form sichtbarer Wirkung gewinnt [22]. Auch er unterscheidet B. als Ortswechsel von der qualitativen B. im Sinne der ‹Veränderung›. Sofern diese letztere geschieht, möchte er von einer Art Leben des Körpers im Sinne einer Metamorphose im Gegensatz zu festen, fixierten Formen sprechen [23]. Die B. könne nicht als völlig getrennt von dem Körper angesehen werden, an dem sie sich findet. Andererseits sei sie auch nicht unbedingt an ihn gebunden, was durch das Phänomen der Mitteilung der B. eines Körpers an einen anderen sichtbar werde [24]. B. sei Praxis, insofern sie die Art ist, wie ein Körper auf seine ruhende Form einwirkt. Während alle B. energeia ist, kann nicht jede als aktives Handeln aufgefaßt werden, da es sich nicht immer um eine Einwirkung von einem zum andern handelt [25]. Tun und Leiden liegt vor, je nachdem B. mitgeteilt oder angenommen wird: beides seien Bestimmungen an ein und derselben Kategorie der B., können also nicht zwei Kategorien sein; diese These geht gegen Aristoteles [26]. – Bedeutsam ist, daß Plotin zwischen einer ewigen, unzeitlichen, intelligiblen und einer zeitlichen, in die Sinnlichkeit fallenden B. unterscheidet, welch letztere das zeitlich auseinandergezogene Abbild der ersteren ist [27]. Wie das reine, jenseits des diskursiven Verstandes verfahrende Beschauen eine Art ruhender B. in sich vom Charakter des Selbstzwecks ist, so muß ‹die B.› selbst, sofern sie reine energeia ist, in jedem Augenblick ihr Ziel schon erreicht haben, also zeitlos sein – im Gegensatz zur räumlichen B., bei der es darum geht, daß ein Körper einen Weg zu einem von ihm zu gewinnenden Ziele hin vollzieht. Plotin spricht von der B. an sich, welche selbst nicht in dem Zustande des Bewegtseins ist, also anfangslos und endlos (ewig) genannt werden muß. Sie ist intelligibel im Gegensatz zur sinnlichen B., die sich an einem bewegten Körper findet. – Die Zeit könne nicht als das Maß der B. angesehen werden, vielmehr ist die B. das Maß der Zeit. Deshalb wird die kreisförmige B. der Gestirne als zeitliches Maß möglich. Dabei wird nicht die Zeit selber, ihrem Wesen nach, sondern nur die Größe eines bestimmten Zeitabschnittes gemessen [28]. Die Zeit also dürfe nicht ohne weiteres unter die Kategorie der Quantität subsumiert werden [29]. Sie habe zwar Quantität an sich, sei aber selbst mehr als bloße Zählbarkeit und Meßbarkeit.

Es ist ein bedeutsamer Schritt über die aristotelische B.-Lehre hinaus, wenn PROKLOS, offenbar in Anknüpfung an die Platonische Lehre von der Autokinese der Seele, in seinem Kommentar zu den ‹Elementen› des Euklid im Hinblick auf die geometrischen Konstruktionen von einer B. der Einbildungskraft spricht (κίνησις φανταστική). Er unterscheidet diese von der räumlichen B., welche nur Körpern, aber nicht dem Punkte als einem Unteilbaren zugesprochen werden könne: damit wendet er sich auch gegen die bei Aristoteles vertretene Auffassung von der Genese der Linie aus der B. des Punktes. Der ‹unteilbare Nous› bewege sich, wenn auch nicht ‹in örtlicher Weise›. Die Phantasie habe, entsprechend ihrem unteilbaren Sein, ihre eigene B.: «Wir aber schauen nur auf die körperliche B. und verwerfen die B. bei den unausgedehnten Wesen» [30].

Anmerkungen. [1] PARMENIDES bei DIELS, Frg. 1, 3; vgl. 4, 3. – [2] Frg. 8, 6. – [3] HERAKLIT, a. a. O. Frg. 8, 33. – [4] Frg. 65/60; 12, 49 a. – [5] Frg. 51. – [6] ZENON, Frg. 6. – [7] Frg. 2. – [8] Frg. 1, 2. – [9] Frg. 23. – [10] ARISTOTELES, Phys. VI, 9, 239 b 9. – [11] Phys. 239 b 33. – [12] PLATON, Parm. 162 b f.; vgl. C. RITTER: Platons Stellung zu den Aufgaben der Naturwiss. (1919) 11ff. – [13] PLATON, Nomoi 10. Buch. – [14] Timaios 40 b 34 a. – [15] Theait. 181 a 5; Parm. 138 b. – [16] Phaidros 245 d ff. – [17] Sophistes 256. – [18] Vgl. ARISTOTELES, Phys. 201 a 27; vgl. F. KAULBACH: Der mechan. Begriff der B. (1965). – [19] ARIST. Phys. 201 b 11ff. – [20] Phys. 200 b 12. – [21] Bes. Met. 1071 b 4. 1072 a 25. – [22] PLOTIN, Enn. VI, 3, 23. – [23] Enn. VI, 322. – [24] VI, 3. 23. – [25] VI, 1. 22. – [26] VI, 1. 22. – [27] III, 7. 11. – [28] III, 7. 9. – [29] VI, 1. 16; vgl. E. V. HARTMANN: Gesch. der Met. 1 (1899) 118ff. – [30] PROKLOS, Euklid-Komm., in: EUCL., Opera, hg. HEIBERG/MENGE 5 (1898) 185. 25ff.

Literaturhinweise. M. KAPPES: Die arist. Lehre über Begriff und Ursache der KINESIS (Diss. Freiburg 1887). – W. BRÖCKER: Aristoteles (1935). – A. MÜLLER: Das Problem des Wettlaufs zwischen Achill und der Schildkröte, Arch. Philos. 2 (1948) 106-111. – N. B. BOOTH: Were Zeno's arguments a reply to attacks upon Parmenides? Phronesis 2 (1957) 1-9; Were Zeno's arguments directed against the Pythagoreans? Phronesis 2 (1957) 90-103. – M. SCHRAMM: Die Bedeutung der B.-Lehre des Arist. für seine beiden Lösungen der zenonischen Paradoxie (1962). – W. WIELAND: Die Phys. des Arist. (1962). – F. KAULBACH s. Anm. [18]; Philos. der Beschreibung (1968). F. KAULBACH

II. Die *mittelalterliche* Philosophie übernimmt die B.-Lehre des Aristoteles, kommt aber in der Interpretation zu gegensätzlichen Richtungen. Aus der Diskussion erwachsen am Ende zwei Auffassungen, die mehr oder weniger klar die B.-Lehre der neuzeitlichen Naturwissenschaft vorbereiten.

1. Schon in der *arabischen* Philosophie treten der Diskussionspunkt und einige Richtungen hervor. AVICENNA argumentiert gegen Deutungen, welche die B. auf die bewegte Sache (substantia, quantum, quale, locus) reduzieren, so daß also die B. nur darin zu sehen wäre, daß die bewegte Sache noch nicht am Endpunkt der B. angelangt ist. Gegen diese Reduzierung auf das bloße Noch-nicht faßt er die B. als ein Fließen (fluxus oder pertransitio), das nicht dem praedicamentum des Bewegten zugehört, sondern das besondere praedicamentum passio ausmacht [1]. AVERROES versucht, die angegriffene Deutung mit einer Unterscheidung zu retten. Insofern die B. sich von dem vollendeten (und ruhenden) Zustand nur durch ein Mehr oder Weniger unterscheidet, gehört sie zu der gleichen Art wie der vollendete Zustand. Insofern sie aber der Weg zur Vollendung ist und als Weg sich von der Vollendung unterscheidet, ist sie eine eigene Art. In der Bewertung der beiden Gesichtspunkte scheint Averroes zu schwanken [2]. Durch ALBERTUS MAGNUS wird der Diskussionspunkt der arabischen Philosophie auf die in der scholastischen Philosophie weiterwirkende Formel gebracht, ob die B. als forma fluens (fließende Form) oder als fluxus formae (Fließen der Form) zu verstehen sei [3].

Anmerkungen. [1] ANNELIESE MAIER: Zwischen Philos. und Mechanik (Rom 1958) 68-73. – [2] a. a. O. 62-67. – [3] 73-77.

2. THOMAS VON AQUIN deutet die B. als eine unvollendete Wirklichkeit (actus imperfectus), die als Beginn der vollendeten Wirklichkeit schon im Bewegten ist. Das Unvollendetsein ist aber nicht als ein bloßes Weniger zu verstehen (denn das Ergebnis einer qualitativen B. vom Schwarzsein zum Weißsein hat, wenn diese B. auf dem Wege unterbrochen wird, durchaus ein Weniger gegenüber der Vollendung im Weißsein und ist doch nicht in B.). Um die besondere Seinsweise der bewegten Wirklichkeit zu fassen, muß etwas hinzugesehen werden, das gleichsam ein Mittleres ist zwischen dem Vorangegangenen und dem Folgenden der B. Zum Vorangegangenen verhält sich das Unvollendete wie eine (bestimmende) Wirklichkeit, weswegen die B. als Wirklichkeit definiert wird. Das Folgende aber verhält sich zu ihm wie die Wirklichkeit zur Möglichkeit [1]. Die B. ist also nicht nur eine (bestimmende) Wirklichkeit gegenüber dem Vorangegangenen (was für die nicht-bewegte Endwirklichkeit zutreffen würde) und nicht nur eine Möglichkeit, aus der eine sie bestimmende Wirklichkeit hervorgeht (was für die nicht-bewegte Phase vor dem Beginn der B. zutreffen würde), sondern beides ineins [2]. Die zentrale Schwierigkeit im Verständnis der B. liegt also in der Aufgabe, die Seinsweise einer Wirklichkeit zu verstehen, die nicht nur die Wirklichkeit eines Unvollendeten (actus imperfecti), sondern zugleich auch als Wirklichkeit unvollendet (actus imperfectus) ist [3] und so als Wirklichkeit eine «Vermischung» (permixtio) von Wirklichkeit und Möglichkeit ist [4]. Bei der akzidentellen B. wird diese «Vermischung» besonders deutlich. Die in der Teilbarkeit der kontinuierlichen B. begründete Einheit von Gegenwart und Zukunft, wonach alles, was bewegt ist, auch bewegt sein wird, gibt den Grund her, weswegen die jetzige Wirklichkeit zugleich die Möglichkeit für die Wirklichkeiten der weiteren B. ist [5]. Das Unvollendetsein der B.-Wirklichkeit ist also kein Fehlen (privatio) im Sinne eines bloßen Noch-nicht [6], sondern ein Sich-Ausstrecken (tendere) auf die weitere Wirklichkeit [7]. Damit zeigt sich, daß die überkommene Diskussion mit ihrer Alternative von forma fluens und fluxus formae auf einem Fehlverständnis der B.-Wirklichkeit beruht. Die unvollendete Wirklichkeit *ist* die B., gehört aber ihrer besonderen Seinsweise wegen nicht wie eine Art zur Gattung der vollendeten Wirklichkeit, sondern kann ihr nur reduktiv (per reductionem) zugehören. Sie bedarf der passio (und des fluxus formarum) nicht als eines ergänzenden Elementes. Sie selbst impliziert immer Ursache und Wirkung und damit actio und passio [8]. Sie ist ineins die Wirklichkeit der actio und der passio [9].

Anmerkungen. [1] THOMAS VON AQUIN, Phys. III lect. 5, n. 324. – [2] Phys. III, 2, 285. – [3] Met. XI, 9, 2306. – [4] Phys. III, 3, 296. – [5] Met. XI, 9, 2305. – [6] Phys. III, 3, 296; Met. XI, 9, 2306. – [7] Phys. VIII, 10, 1053; S. theol. I, 5, 6; etc. – [8] Phys. III, 5, 324. – [9] Phys. III, 4, 306; III, 5, 317. 320. 325; De an. III, 2, 592; Met. XI, 9, 2309ff.; S. theol. I, 28, 3 ad 1; I, 41, 1 ad 2; I, 45, 2 ad 2 etc.

3. Eine andere Richtung, die besonders in der *Franziskanerschule* vertreten wird, faßt die in der B. auftretenden Wirklichkeiten als Bestimmtheiten (formae), die sich nur durch ein Weniger an Vollendung von der vollendeten Endbestimmtheit unterscheiden und deshalb auch in diese eingehen. Das führt zu der Frage, ob und wieso die im Ablauf der B. jeweils erreichten Bestimmtheiten, da sie sich von der unbewegten Endbestimmtheit nicht wesentlich unterscheiden, die B. ausmachen können.

Einige Philosophen fordern eine zusätzliche Realität, die als kontinuierliches Fließen den Bestimmtheiten das Bewegtsein gibt und die von ihnen weicht, wenn sie in die unbewegte Endbestimmtheit eingehen [1]. Aus dieser Diskussion entstehen zwei weitere Richtungen, die das Denken der neuzeitlichen Naturwissenschaft vorbereiten. WILHELM VON OCKHAM hält das Bedenken, die jeweils erreichte Bestimmtheit könne nicht in sich selbst bewegt sein, für unberechtigt. Man kann von einer B. sprechen, wenn Bestimmtheiten aufeinanderfolgen, die mit der Bejahung des jeweils Erreichten zugleich auch eine Verneinung der noch zu erreichenden Bestimmtheiten besagen. Der Name oder Begriff ‹B.› bezeichnet also die kontinuierlich und sukzessiv erworbene Bestimmtheit eines Subjektes und die Verneinungen aller noch folgenden Teile der B. [2]. Es bedarf also keiner eigenen Realität, die diese Bestimmtheiten zu bewegten Bestimmtheiten macht [3]. Deshalb sind alle Ausdrücke wie ‹B.›, ‹Veränderung› und ähnliche eher als Erfindungen für die Schönheit der Sprache, aber nicht als notwendige Ausdrücke zu behandeln [4]. Diese Deutung nähert sich weitgehend der späteren naturwissenschaftlichen Tendenz, jeden Vorgang auf eine bloße Abfolge von Bestimmtheiten zu reduzieren. Ihr begegnet JOHANNES BURIDANUS, wenigstens für die Orts-B., mit einer Gegenthese, die in konsequenter Weiterführung ebenso zum Bestandteil der naturwissenschaftlichen B.-Theorie wird. Er lehnt es zwar ab, im Falle der quantitativen und qualitativen B. eine eigene Realität des Fließens zu fordern [5]. Die Orts-B. aber ist ein inneres Anders-und -anders-Sich-verhalten (intrinsece aliter et aliter se habere) [6], das im Bewegten ist, wie die Qualität der Farbe im Farbigen ist [7]. Darum bedarf es des äußeren Ortsbezugs nur, damit wir aus ihm die B. erkennen können [8]. BLASIUS VON PARMA führt diesen Gedanken konsequent weiter bis zur Theorie vom trägen B. Er sieht in der gradlinigen Orts-B. eine Qualität, die als solche erhalten bleibt, bis äußere Eingriffe sie zerstören [9].

Anmerkungen. [1] A. MAIER: Zwischen Philos. und Mechanik (Rom 1958) 83–99; 106–117. – [2] a. a. O. 43f. – [3] 103ff. – [4] 104 Anm. 58. 59. – [5] 118ff. – [6] 126. – [7] 129. – [8] 130. – [9] 142f.

Literaturhinweise. K. RAHNER: Geist in Welt (1939, ²1957) 119–123. – A. D. SERTILLANGES: Der heilige Thomas von Aquin (1928, ²1954) 329–362. – S. MOSER: Grundbegriffe der Naturphilos. bei W. von Ockham. Philos. u. Grenzwiss. 4 (1932) 211–231. – ANNELIESE MAIER s. Anm. [1]. – Vgl. Lit. zu Art. ‹Actio immanens/actio transiens›.   GERBERT MEYER

III. NIKOLAUS VON KUES gibt seinen gedanklichen Positionen folgenden Zusammenhang: 1. Es gibt keinen absoluten räumlichen Mittelpunkt des Weltalls; das ‹Zentrum selbst› wird nicht von der Erde eingenommen. 2. Das Weltall ist nicht in der Weise konzentrischer, umeinandergelegter Sphären, die zusammen ein endliches, räumliches System bilden würden, aufgebaut, sondern ist endlos. Daraus folgt 3. die Erkenntnis des perspektivischen Charakters, der allen räumlichen, endlichen Dingen eigentümlich ist. Mit der ersten These hat der Cusaner vermutlich auf KOPERNIKUS eingewirkt (über die Vermittlung der deutschen Mathematiker und Astronomen *Peurbach* und *Regiomontan*) [1]. Wenn man überhaupt von einem Mittelpunkt der Welt sprechen kann, so ist dieser nicht räumlicher, sondern intelligibler Art: Er ist das geistige Wesen Gott, dessen kosmologische Stellung der Cusaner durch das Modell der unendlichen Sphäre darstellt, bei der Mittelpunkt und Umkreis zusammenfallen [2]. Dementsprechend behauptet jedes Individuum die ihm eigene Weltperspektive und vergegenwärtigt die absolute Perspektive Gottes vor dem Hintergrund eines absoluten, intelligiblen Zentrums [3]. So gibt es keine absolute Weltbegrenzung, das Universum ist vielmehr end-los. Das führt zu dem Gedanken der Relativität der B. Es gibt nicht, wie im aristotelischen Modell, absolut ausgezeichnete Stellen und Richtungen. – Vorbereitend für die galileische Theorie der B. ist die Auffassung des Cusaners, daß die B. nichts anderes als ein gesetzlich bestimmter Übergang von einem Ruhepunkt zum anderen sei [4]. Die Ruhe wird vom Geist repräsentiert, der im Jetzt dasjenige Mannigfaltige einfaltet, das sich im Vollzug der B. in zeitlicher Erstreckung ausfaltet. Die Zeit ist daher das ‹Maß› der B., wie der Cusaner im Anschluß an die andersartige B.-Lehre des ARISTOTELES sagt. Die Einigung der Vielheit zu einem Gesamtvollzug eines B.-Verlaufs wird durch den philosophischen Begriff der Kraft erklärt. In diesem Zusammenhang nimmt der Cusaner die von der Antike her überlieferte Redeweise auf, daß der Geist erkenne, weil er in B. versetzt werde: «Man sagt auch, daß der Geist einsehe, woher er seine B. erhalte; der Anfang dieser B. wird aber Beeindruckung genannt, ihre Vollendung Vernunfterkenntnis» [5]. Der endliche Geist ist in B. «ohne Grenze» [6], weil er sich dem Unendlichen annähert, ohne ihm jemals adäquat zu werden. Dabei wird ein Unterschied zwischen dem «motus rationis», der die Erscheinungen durchläuft, und der «intelligentia mentis» gemacht [7]. Intelligentia ist die Einheit und zugleich die Ruhe, deren zeitliche Entfaltung die B. ist [8].

Beim Cusaner wird deutlich, wie das vorneuzeitliche philosophische Denken die schon bei Parmenides begegnende Verknüpfung des B.-Problems mit demjenigen des Einen-Vielen unter der neuen Voraussetzung der Einheit eines quantitativ bestimmten B.-Gesetzes zu fassen versucht. Das Gesetz erklärt die Entfaltung der vielen B.-Zustände aus der Einheit der anfänglichen Ruhe. So heißt es bei G. BRUNO, daß die Natur nichts anderes sei als die Kraft, die den Dingen als das Gesetz eingepflanzt sei [9]. Nach seiner Auffassung ist das Selbstbewußtsein die Einheit, von der aus die B. des Überschreitens aller endlichen, auch räumlichen Grenzen und vor allem der den Sinnen auferlegten Grenzen geschieht. KEPLER bringt den von Proklos angedeuteten Gedanken der «B. der Einbildungskraft» aufs Neue zur Geltung, indem er die ausgedehnten geometrischen Figuren als Ergebnisse von B. auffaßt, die nicht zuletzt aus der Einheit des Punktes in Gang kommen. Dabei wird die «Regel» bedeutsam, welche die Entstehung dieser Figuren leitet [10]. Die allgemeinen Regeln, nach denen Kepler die B. der Planeten beschrieben hat, beziehen sich in der philosophischen Konzeption auf die «Regel» [11]. Bei GALILEI tritt in voller Schärfe die neue Konzeption der B. hervor. Er wendet sein Interesse nicht dem «Wesen» der B., sondern ihrem «Wie» und «Wie groß» zu. Zu diesem Zwecke werden aus dem gesamten B.-Geschehen gedanklich eine Zeit- und eine Weglinie isoliert und als Punktmannigfaltigkeiten interpretiert. Die Punkte der Zeit werden zu denen des Raumes in eine funktionale Beziehung gebracht. Damit ist das Gesetz der B., z. B. des freien Falls, formulierbar, durch welches bestimmt wird, an welchem Ortspunkt sich der fallende Körper zu einem bestimmten Zeitpunkt zu befinden hat. An die Stelle der Wesenskonzeption ist das Prinzip des «Gesetzes» getreten.

Die theoretische Fundierung des bei Galilei schon klar durchgeführten Programms wird bei DESCARTES durch die Entwicklung der Prinzipien der analytischen Geometrie gegeben: Es wird ein Koordinatennetz zugrunde gelegt, welches von einem Nullpunkt aus die raum-zeitlichen Vorgänge durch gesetzliche Beziehungen als B.-Figuren zu bestimmen erlaubt. B. im Raum wird als gesetzlich geregelter Übergang von einem quantitativ bestimmten Punkte zu einem anderen begreifbar, ohne daß der aristotelische Gedanke von der Anfang, Vollzug und Ziel der B. zusammenfassenden Einsheit der B. noch eine Rolle spielen würde. Jetzt ist statt des Wesensprinzips das Prinzip der Beziehungen maßgebend. Mit Hilfe des auch in der analytischen Geometrie erarbeiteten begrifflichen Organons wird es von neuen Voraussetzungen aus möglich, das Verhältnis von Kontinuum der B. einerseits und Punkt(grenze) andererseits so radikal zu fassen, daß in der weiteren Entwicklung, die bis zur Ausbildung der Infinitesimalrechnung bei LEIBNIZ und NEWTON hinführt, der Gedanke des «Grenzüberganges» und der rechnerischen Gewinnung von endlichen Grenzwerten möglich wurde. Eine wesentliche Rolle in der Entwicklung dieser Gedankengänge spielt schon bei GALILEI die doppelte Bedeutung des «Punktes», wonach dieser meist als bloße Grenze aufgefaßt wird, gelegentlich aber auch als monadisches Moment, in dem die B. vorgezeichnet ist [12]. Als unteilbare Einheit, aus welcher die Vielheit der einzelnen B.-Zustände fließt, wird in der Nachfolge cusanischer Gedankengänge das Subjekt selbst begriffen. So gewinnt der Gedanke der B. des Verstandes auch bei DESCARTES neue Bedeutung, wenn er von einer «kontinuierlichen und ununterbrochenen B. des Denkens» spricht, in welcher das Einzelne durchlaufen und in «geordneter und zureichender Aufzählung» begriffen wird [13]. Die Entwicklung des Subjektivitätsgedankens koinzidiert mit dem Prinzip der Perspektivität und der damit zusammenhängenden Theorie der Relativität der B.: Descartes bestimmt die B. als «Überführung eines Teiles der Materie oder eines Körpers aus der Nachbarschaft der Körper, die ihn unmittelbar berühren, die als ruhend angesehen werden, in die Nachbarschaft anderer» [14].

GASSENDI erklärt, alle B. sei Ortsveränderung. Die B. der Phänomene gehe auf diejenige der Atome zurück, die als physikalische Gebilde keine mathematischen Punkte, sondern sehr kleine Körper seien. Er versucht, gemäß der Punktualisierung von Raum und Zeit die B. im Zeichen von Diskontinuität zu erklären. Während der Verstand eine diskontinuierliche B.-Konzeption hat, wird durch die Sinne der Schein des Kontinuums gegeben [15]. Die B.-Ursache liege in der bewegenden Kraft der Atome, welche im Zustand der Ruhe nicht vollkommen verschwindet, sondern nur gehemmt ist, da der «Impetus» der B. in den Dingen immer konstant ist. Daher gibt es keinen Anfang der B. in einer Sache. Deshalb plädiert Gassendi dafür, alle B. im Grunde als natürlich aufzufassen. Nur die zufälligen Umstände bewirken eine Ungleichmäßigkeit in der B., die man dann als «gewaltsame» bezeichnen kann [16].

HOBBES erklärt, daß Galilei zuerst «die Eingangspforte zur gesamten Physik, das Wesen der B.» eröffnet habe [17]. Da wissenschaftliche Erkenntnis nur durch eine vom Verstande, nicht von den Sinnen gesetzte Erforschung ihrer Ursachen und ihres Entstehens sein könne, müssen die Eigenschaften der Dinge aus der Möglichkeit ihrer Konstruktion begriffen werden. Daher wird Geometrie als Bereich der Konstruktion der Körpergestalten und Körper-B. zur Grundwissenschaft: B. sei der kontinuierliche Übergang eines Körpers von einem Ort zu einem anderen und kein sprunghaftes Verlassen und Erreichen zweier Orte, denn in jedem Augenblick und in jeder B.-Situation sei der gegenwärtige Stand des Körpers das Ergebnis der Vergangenheit und eine Art des Ausstreckens auf den zukünftigen Verlauf. Damit will Hobbes die physikalische Fassung des B.-Prinzips bei Galilei mit der Vorstellung der die punktuellen Grenzen überschreitenden Kontinuität verbinden. Diese Verbindung wird erleichtert durch die Aufnahme der aristotelischen Definition der Geschwindigkeit als «Potenz» [18] und durch das von Hobbes vertretene Prinzip des «conatus», demzufolge der bewegte Körper in jeder seiner B.-Situationen schon über das Hier und Jetzt hinaus bei einer künftigen Situation ist. Da der Körper sich nicht durch sich selbst aus der Ruhe in B. versetzen kann, bedarf er des Anstoßes eines anderen bewegten Körpers: des «Impetus», der von Hobbes als die «Größe oder Geschwindigkeit des Conatus selbst» bezeichnet wird. Dem Conatus sind verschiedene Grade eigentümlich: quantitativ verschiedene Conatus-Zustände können zusammengesetzt werden wie endliche B.en. Der Conatus wirkt unter allen Umständen bis ins Unendliche weiter und sinkt schließlich bis unter die Grenze des sinnlich Wahrnehmbaren herab, ohne jemals Null zu werden.

LEIBNIZ bringt die B.-Lehre in Zusammenhang mit der philosophischen Begründung des von ihm entwickelten Differentialkalküls. Das «Labyrinth des Kontinuums» als das Hauptproblem zur Erklärung der B. löst er dadurch, daß er die endlose Teilbarkeit einer Größe postuliert, aber um des «Zusammenhaltens» willen einen einfachen und unausgedehnten «Punkt» annimmt, aus dem sich Ausdehnung entfaltet. Dieser Punkt ist der «Anfang eines Körpers, Raumes, einer B. oder einer Zeit», er ist «ein unter allen Grenzen kleiner Punkt, ein Streben, ein Augenblick. Er ist entweder Nichts, was absurd ist, oder er ist unausgedehnt» [19]. In Übereinstimmung mit Hobbes erklärt Leibniz, daß dieser Punkt ein «Streben» zeige (conatus), sich auszudehnen. Das «Streben» überschreitet die Begrenztheit des Hier und Jetzt [20]. Daher ist «ein einziger Punkt eines bewegten Körpers zur Zeit seines Strebens bzw. in einer kleineren Zeit als man sie angeben kann an mehreren Orten oder Punkten des Raumes, d. h. er wird einen Teil des Raumes erfüllen, welcher größer als er selbst ist, oder einen Raumteil, welcher größer ist als er ihn, ruhend oder langsamer bewegt oder im Streben, nur im Augenblick eines Stoßes einnimmt» [21]. In der Theorie der «Transcreation», die Leibniz später aufgibt, versucht er das punktualisierende Verfahren durch eine Sprung-(saltus-)Theorie zu ergänzen, um das Problem des Kontinuums zu lösen. Die Aufnahme des Gedankens vom «point de vue» als metaphysischem Punkt, als der Perspektive und des «Spiegels der Welt» im Modell des lebendigen Spiegels (Monade), führt Leibniz dazu, den Gedanken der Relativität der B. radikal zu fassen [22]. Dabei setzt er sich mit Newton auseinander. NEWTON unterscheidet eine absolute B. von einer relativen. Die absolute B. sei die Übertragung des Körpers von einem absoluten Orte nach einem anderen absoluten Orte, die relative B. dagegen die Übertragung von einem relativen Orte zu einem anderen relativen Orte. Absolute B. findet im Falle der Kreis-B. insofern statt, als ihre wirkenden Ursachen Fliehkräfte, die von der Achse der B. aus wirken, sind [23]. In diesem Zusammenhang beruft sich Newton auf sein berühmtes Eimerexperiment [24]. LEIBNIZ bestreitet Newton das Recht, von einer absoluten B. auch im Falle derjenigen Kreis-B. zu sprechen, bei der die Zentrifugalkraft im Spiele ist. Er will in der physikalischen Argumentation die Relativität des Raumes radikal durchgeführt wissen [25], aber für den metaphysischen Gesichtspunkt nimmt er in Anspruch, daß B. schon deshalb nicht nur relative B. sein könne, weil sie sonst unbestimmt ließe, was sich eigentlich bewegt und was in Ruhe ist, sondern weil sie einem «Subjekt» zukommen müsse, in dem die Ursache der Veränderung und damit der B. Kraft oder Tätigkeit ist. Leibniz gibt von seinen Voraussetzungen aus dem neuen Grundsatz der Erhaltung der B.-Quantität im Weltganzen eine philosophische Fundierung, insofern er «Erhaltung» zugleich auch als Neuschöpfung in jedem Augenblick deutet. Das Prinzip «Gott» spielt in diesem Modell die Rolle des immer neue Schöpfungsakte leistenden substantiellen Grundes der Welt. Entsprechend seiner metaphysischen These, daß Materie zusammengesetzter Ausdruck von immaterieller Kraft ist, wird das physikalische Modell der B. vor dem Hintergrund der Monadenlehre relativiert.

Sein Zeitgenosse und Briefpartner BAYLE greift das Problem der B. unter andersartigen, skeptischen Voraussetzungen in der Weiterführung Zenons auf [26]. Im Gegensatz zu Leibniz versucht Bayle nicht, B. metaphysisch zu fundieren. Vielmehr leugnet er die Realität der räumlichen Ausdehnung und damit der im Raum sich vollziehenden B. Da Ausdehnung ein «zusammengesetztes Sein» sei, könne sie keine Realität haben: Sie kann nicht neben der geistigen Natur der Seelen und Gott existieren. Auch die Sinnesqualitäten können keine eigene Realität für sich in Anspruch nehmen. Bayle muß konsequent die Möglichkeit der B. leugnen. Er läßt das Einfach-Geistige und das Zusammengesetzt-Räumliche ohne Vermittlung des metaphysischen «Punktes» unvermittelt nebeneinander stehen. Verwandt mit der Bayleschen Skepsis gegenüber Ausdehnung und B. ist die Position von A. COLLIER: Auch er findet in dem Begriff des Ausgedehnt-Seienden Widersprüche. So wird z. B. die Paradoxie Zenons zur Stützung der Argumentation gebraucht, daß B. einerseits möglich, andererseits zugleich auch unmöglich sei. Ausdehnung, B., Teilung gibt es nur im Bereich der Vorstellung, primär im göttlichen Geist, und dann auch in den endlichen Geistern, wodurch sich der Schein der Realität der körperlichen Vorgänge erklärt [27].

CHR. WOLFF nennt unter dem Eindruck der naturwissenschaftlichen B.-Konzeption und im Anschluß an Leibniz B. die kontinuierliche Veränderung des Ortes [28], welche als Voraussetzung für die Veränderung von Körpern als zusammengesetzten Dingen anzunehmen ist [29]. – Auch KANT faßt den B.-Begriff zunächst im Zeichen der philosophischen Begründung der Mechanik. Er will den «Ursprung dessen, was wir B. nennen, aus den allgemeinen Begriffen der wirkenden Kraft» herleiten [30]. Dieser Gedanke führt später zur dynamischen Theorie der Materie als des Ergebnisses zweier Kräfte, der Anziehung und der Abstoßung. Der frühe Kant anerkennt auch rückhaltlos die Relativität der B. In der Schrift ‹Metaphysische Anfangsgründe der Naturwissenschaft› stellt er später vier ontologische Grundmodelle zusammen (Phoronomie, Dynamik, Mechanik, Phänomenologie), die Materie und Beweglichkeit erklären sollen [31]. Eine wesentliche Bestimmung der B. ist ihre Perspektivität: Der Begriff der Richtung gehört zur subjektiven Perspektive und läßt sich in der «diskursiven Erkenntnisart» des Verstandes nicht deutlich machen. Der Gedanke der relativen B. wird gerechtfertigt, wenn über einen absoluten, erfahrungsjenseitigen Raum nichts ausgesagt werden kann. Die B. eines physischen Punktes wird als «Beschreibung eines Raumes» angesprochen, doch so, «daß ich nicht blos, wie in der Geometrie auf den Raum, der beschrieben wird, sondern auch auf die Zeit darin, mithin auf die Geschwindigkeit, womit ein Punkt den Raum beschreibt, Acht habe» [32]. Da dieser «Punkt» als Ergebnis und Repräsentant der gedanklichen Leistung des Subjekts angesehen werden kann, gibt die Rede von der «Beschreibung» des Raumes den Anlaß, den Blick von der äußeren B. des Objekts zu der inneren, gedanklichen B. des Subjekts umzuwenden. Kant gibt der etwa von Nikolaus von Kues vertretenen Auffassung von der B. des Denkens einen neuen transzendentalphilosophischen Sinn. Der Verstand schreibt in der Rolle der produktiven Einbildungskraft durch apriorische Grundsynthesen der Erfahrung apriorische Bestimmungen möglicher Gegenständlichkeit vor [33]. So gewinnt Kant den Begriff einer transzendentalen B., von der er sagt, daß sie «nicht nur zur Geometrie, sondern überhaupt zur Transzendentalphilosophie» gehöre. Diese transzendentale B. charakterisiert Kant als «reinen Actus der successiven Synthesis des Mannigfaltigen in der äußeren Anschauung überhaupt durch productive Einbildungskraft» [34]. Bei den idealistischen Nachfolgern Kants wird das Prinzip der B. und des Prozesses in seinem Verhältnis der Identität und Nicht-Identität zum Absoluten bestimmt.

Bei SCHELLING ist von einer «absoluten Synthesis» [35] die Rede, in welcher die Keimzelle aller Zeit und aller B. gegeben sei, und durch deren Evolution der Weltprozeß in Gang komme. Sie sei schon immer als Verbindung zwischen schrankenloser Ausdehnung und Begrenzung des nach dieser Ausdehnung strebenden Prinzips vollzogen worden, und jeder dieser einzelnen endlichen B.-Zustände sei ein Produkt dieser schon immer vorher geschehenen Synthesis. Der letzte Grund aller B. müsse in den Faktoren jener Synthesis selbst gesucht werden, der als Gegensatz zwischen ausdehnender und eingrenzender Kraft nur in einer unendlichen Synthesis und im endlichen Objekt nur momentan aufgehoben werden kann. Dieses Wiederentstehen und Wiederaufheben des Gegensatzes in jedem Moment müsse der letzte Grund aller B. sein.

Da der nachkantische Idealismus vom absoluten Standpunkt aus die Identität von seiender Wirklichkeit und Vernunft herstellt, ist für ihn die B. im Objekt zugleich diejenige des Denkens selbst. Aber besonders bei HEGEL wird deutlich, daß diese Identität nur durch einen dialektischen B.-Begriff gedacht werden kann. Im Rekurs auf den aristotelischen B.-Begriff kann Hegel Orts-B. als Spezialfall innerhalb der allgemeinen B.-Problematik sehen. In seinem frühen Denken bezeichnet Hegel die B. als die ewige Wiederherstellung der Identität aus dem Unterschied und die neue Erzeugung der Differenz, als «contractio et expansio» [36]. Zenon habe die B. dialektisch behandelt: «Daß die Dialektik zuerst auf die B. gefallen ist, ist eben dieß der Grund, daß die Dialektik selbst diese B., oder die B. selbst die Dialektik alles Seyenden ist. Das Ding hat, als sich bewegend, seine Dialektik selbst an ihm, und die B. ist: sich anders werden, sich aufheben» [37]. Es ist eines der Verdienste der Hegelschen Naturphilosophie, daß sie Raum und Zeit in den dialektischen B.-Begriff einschließt: «Dieß vergehen und Sich-wiedererzeugen des Raums in Zeit und der Zeit in Raum, daß die Zeit sich räumlich als Ort, aber diese gleichgültige Räumlichkeit ebenso unmittelbar zeitlich gesetzt wird, ist die B.» [38]. Gegen Zenon bemerkt Hegel, daß «Die Theilung als Getheiltseyn ... nicht absolute Punktualität, noch die reine Kontinuität das Ungetheilte und Theilungslose» sei [39]. Dialektische B. als B. des Gedankens unterscheidet sich trotz der Gemeinsamkeit der Subjekt-Prädikat-Form von der Sataussage der Einzelwissenschaften dadurch, daß sie das Absolute zum *Inhalt* hat. Das Denken der Einzelwissenschaften vollzieht sich in endloser Linie, von einem Prädikat zum andern weiter. Diese B. ins Endlose ist «räsonnierend», welches «die Freiheit von dem Inhalt, und die Eitelkeit über ihn» bedeute. Dialektisches Denken aber mute dieser bloß formalen Freiheit des Räsonnierens die Anstrengung zu, seine Freiheit gegenüber dem Inhalt aufzugeben und «statt das willkürlichbewegende Prinzip des Inhalts zu seyn, diese Freiheit in ihn zu versenken, ihn durch seine eigene Natur, d. h. durch das Selbst als das Seinige, sich bewegen zu lassen, und diese B. zu betrachten» [40]. Hegel spricht von der «dialektischen B.» des Satzes selbst: sie mache das aus, was sonst der «Beweis» leisten sollte: «Der Satz soll ausdrücken, was das Wahre ist, aber wesentlich ist es Subjekt; als dieses ist es nur die dialektische B., dieser sich selbst erzeugende, fortleitende, und in sich selbst zurückgehende Gang» [41]. Auch hier wird deutlich, daß die dialektische B. einen Perspektivenwechsel einschließt.

Auch für TRENDELENBURG ist das B.-Prinzip in der Auseinandersetzung mit Aristoteles von zentraler Bedeutung. Im Anschluß an den aristotelischen Energeiabegriff spricht er von der aktiven Tätigkeit, welche der erzeugende Grund der passiv geschehenden Veränderung ist. Von der Hegelschen Philosophie aus entwickelt Trendelenburg eine Lehre der Kategorien, wobei er diese von dem übergreifenden allgemeinen Prinzip der B. abzuleiten versucht. Dabei spielt die Doppelseitigkeit: die B. des Objekts einerseits und die z. B. bei der Konstruktion vor sich gehende B. des Bewußtseins andererseits eine maßgebende Rolle. Trendelenburg versucht fünf B.-Stufen aufzustellen, von denen die fünfte und höchste der absoluten ewigen Urtätigkeit entspricht [42]. In der Auseinandersetzung mit dem dialektischen B.-Begriff Hegels stehen auch die zuletzt in einen philosophischen Theismus mündenden Thesen zur B., wie sie sich bei ULRICI, I. H. FICHTE und anderen ergeben [43].

Die vom Standpunkt der politischen Praxis aus denkende Philosophie von MARX und ENGELS führt den B.-Begriff im Rahmen einer Theorie der Veränderung gesellschaftlicher Zustände, insbesondere der Produktionsverhältnisse, weiter [44]. Der Gedanke der objektiven B. wird vor allem auf die Geschichte angewandt; der Name ‹Entwicklung› übernimmt die systematische Funktion, die bisher dem Namen ‹B.› allein zugefallen war. Unter diesem Aspekt gehört auch DARWINS Evolutionstheorie zur Geschichte des B.-Begriffes. Die Übertragung der darwinistischen Theorie vom Kampf ums Dasein auf die Geschichte wird freilich, insbesondere z. B. von ENGELS, scharf zurückgewiesen («Sozialdarwinismus») [45]. Bei SCHOPENHAUER wird der B.-Gedanke – im Gegensatz zur bisherigen «mechanistischen» Auffassung – zur Existenzform des Willens, wenn auch die «physikalische Erklärung» nicht umgangen werden darf: «Jede B., obwohl sie allemal Willenserscheinung ist, [muß] dennoch eine Ursache haben, aus der sie in Beziehung auf bestimmte Zeit und Ort, d. h. nicht im Allgemeinen, ihrem inneren Wesen nach, sondern als einzelne Erscheinung zu erklären ist» [46]. NIETZSCHE greift diesen Gedanken auf: «Die B. sind nicht ‹bewirkt› von einer ‹Ursache› ... sie sind der Wille selber, aber nicht ganz und völlig» [47]. Insbesondere wird bei Nietzsche die menschliche Existenz als schaffendes Hinausgehen jeweils über einen gewonnenen Stand der Geschichte begriffen: «Alle B. als Zeichen eines inneren Geschehens: – also der ungeheuer überwiegende Theil alles inneren Geschehens ist uns nur als Zeichen gegeben» [48]. In diesem Zusammenhang darf auch die bei Schopenhauer und Nietzsche gewonnene philosophische Bedeutung der musikalischen B. im Zeichen des dionysischen Prinzips und ihrer Auswirkung auf eine «weltanschaulich» verstandene Kunst nicht übergangen werden (Wagner) [49].

Das B.-Prinzip spielt in rein wissenschaftstheoretischer Absicht in neukantischen Überlegungen, besonders der Marburger Schule, eine bedeutende Rolle, in denen die Gegenständlichkeit als «Methode» deklariert wird (COHEN, NATORP, CASSIRER, HÖNIGSWALD). Gegenständlichkeit steht nach HÖNIGSWALD «im ‹diametralen Gegensatz› zu jeglicher Starrheit» und «B. innerhalb eines Mediums, dessen Möglichkeit in der Verständigung gipfelt». Verständigung selbst sei «B.», insofern sie das Leben der Dialektik widerspiegele und ihren Niederschlag in der «schmiegsamen, alles starre Verharren ablehnenden Haltung der Sprache» finde [50].

Im Rahmen *lebensphilosophischer* Überlegungen bekommt der Begriff der B. innerhalb der Theorie der «durée» BERGSONS einen neuen Stellenwert. Der Charakter der Wirklichkeit als B. könne nur durch Intuition erkannt werden. Der Fehler des begrifflich-theoretischen Begreifens liegt in der Verfälschung der Wirklichkeit durch die Fixierung des kontinuierlichen Flusses der B. in einem räumlich-extensiven Schema. Eine solche Denkweise sei dem «beweglichen Charakter des Werdens ebenso wenig angepaßt, wie die Brücken, die hin und wieder über den Fluß geschlagen sind, dem Wasser folgen, das unter ihren Bogen dahinfließt» [51]. Solche Aussagen sind durch die relativistische Physik EINSTEINS beeinflußt, in der die Verräumlichung der Zeit und die Geometrisierung des Raumes radikal vollzogen werden. In dieser Hinsicht kann die Relativitätstheorie Einsteins als die äußerste Konsequenz der klassischen Physik bezeichnet werden. Auch BERGSON lehnt die Zenonischen Paradoxien als Illusion ab. Diese Illusion beruhe auf dem Irrtum, daß «die B. in jedem Augenblick unter sich eine Position hinterließe, mit der sie coincidiere» [52]. Dieses Argumentationsmodell ist auch für Überlegungen der *modernen Physik* im Zeichen der «Unbestimmtheitsrelation» brauchbar. Denn durch die Aufhebung der absoluten Möglichkeit der Festlegung von B.-Vorgängen auf Raum- und Zeitpunkte wird der Nachweis erbracht, daß in einem einzigen experimentellen Gang eine exakte Bestimmung des Ortes und zugleich des Impulses nicht möglich ist [53]. Für WHITEHEAD ist im Anschluß an Leibniz und Hegel das Ganze der Wirklichkeit «wie das Ganze jedes ihr angehörenden seienden Gebildes ein dialektischer Prozeß sich ausweitender Entwicklung, in notwendigem Übergang von Erfassen zu Erfassen» [54]. In Übereinstimmung mit der Unbestimmtheitsrelation erklärt Whitehead, daß Raum und Zeit nicht Orte «eindeutiger Lokalisierung» sein können.

Den dialektischen Zusammenhang von B., Standpunkt und Perspektive berücksichtigt auch MERLEAU-PONTY in *phänomenologisch-existenzialistischem* Denken. Die theoretischen Bemühungen, die «Erscheinungsweisen» der B. auf den Begriff zu bringen, laufen Gefahr, das Phänomen der B. selbst aus dem Auge zu verlieren.

So kritisiert Merleau-Ponty nicht nur Zenons Vorstellung diskontinuierlicher Positionen der B., sondern auch die eines durch seine B. hindurch sich gleichbleibenden Beweglichen. Das Phänomen der B. selbst bzw. die B. vor ihrer theoretischen Thematisierung zeige, daß z. B. der geworfene Stein [55] nicht ein Identisches ist, dem die B. äußerlich wäre, sondern daß er diese B. selbst ist. Die Dinge bestimmen sich in erster Linie durch ihr «Verhalten», nicht durch statische Eigenschaften: der Vogel, der «meinen Garten überquert, ist im Augenblick der B. selbst nichts als ein graues Vermögen zu fliegen...» [56]. – Daß die aller Theorie zugrunde liegende und vorausgehende Erfassung der B. selbst die Sache eines Denkens eigener Art, nicht einer Intuition ist, wird in weiteren philosophischen Erklärungen der Gegenwart betont. Demzufolge dürfte der Gegenstand seinem «Wesen» nach nicht als theoretisch fixiertes Etwas betrachtet werden, sondern müsse als Geschichte aufgefaßt werden, deren Epochen und Augenblicke jeweils Perspektiven sind, die einem bestimmten Stande des handelnden und denkenden Subjekts entsprechen [57].

Anmerkungen. [1] Vgl. E. CASSIRER: Individuum und Kosmos in der Philos. der Renaissance (1927) 37; anders A. KOYRÉ: Von der geschlossenen Welt zum offenen Universum (1969) 39. – [2] N. v. KUES, De docta ignorantia 2, 11; vgl. D. F. MAHNKE: Unendliche Sphäre und Allmittelpunkt (1937) 77f. – [3] De visione dei c. 6. – [4] Idiota de mente c. 9. – [5] Idiota, hg. GABRIEL 3, 545. – [6] Idiota, c. 4. – [7] a. a. O. c. 7. – [8] c. 4. – [9] De immenso VIII, 9. – [10] J. KEPLER, Stereometria doliorum. – [11] Vgl. F. KAULBACH: Philos. der Beschreibung (1968) 132ff. – [12] G. GALILEI, Discorsi I. – [13] DESCARTES, Werke, hg. ADAM/ TANNERY 10, 388. – [14] a. a. O. 8, 53. – [15] GASSENDI, Opera 1, 300 a. – [16] a. a. O. 3, 454. – [17] HOBBES, Opera, hg. MOLESWORTH (London 1839) 1, Ep. dedicat. – [18] a. a. O. 1, 100. 176. – [19] LEIBNIZ, Math. Schriften, hg. GERHARDT 6, 68; vgl. F. KAULBACH: Der philos. Begriff der B. (1965) 36. – [20] LEIBNIZ, a. a. O. 6, 61ff. – [21] 6, 69. – [22] Opuscules et fragments inédits, hg. COUTURAT (Paris 1903) 594f.; vgl. 617. – [23] I. NEWTON: Philos. nat. principia mathematica (London 1687). – [24] VgI. E. MACH: Die Mechanik in ihrer Entwicklung (⁹1933) 242f.; H. REICHENBACH: Die B.-Lehre bei Newton, Leibniz und Huyghens. Kantstudien 29 (1924) 416f.; vgl. M. JAMMER: Das Problem des Raumes (1960). – [25] LEIBNIZ an Huyghens, 12./22. Juni 1694 a. a. O. [19] 2, 184f. – [26] P. BAYLE: Dict. hist. et critique (⁶1741) 4, 539: Art. ‹Zenon›. – [27] A. COLLIER: Clavis universalis or a new inquiry after truth (London 1713). – [28] CHR. WOLFF: Philos. prima sive Ontologia (²1736) § 642f. – [29] Vernünfftige Gedancken von Gott... (1720) § 615. – [30] KANT, Akad.-A. 1, 19. – [31] a. a. O. 4, 465ff. – [32] 4, 489. – [33] Vgl. KrV B 154. – [34] a. a. O. B 155. – [35] SCHELLING, Werke, hg. K. F. A. SCHELLING 3, 488. – [36] HEGEL, Werke, hg. GLOCKNER 1, 23. – [37] a. a. O. 17, 329. – [38] 9, 88. – [39] 17, 333. – [40] 2, 54. – [41] 2, 52. – [42] A. F. TRENDELENBURG: Log. Untersuch. (1840). – [43] Vgl. E. v. HARTMANN: Gesch. der Met. (1900) 2. Teil, 392ff. – [44] Vgl. MEW 20, 465. 503. 535. – [45] Vgl. a. a. O. 34, 169 (ENGELS an Lawrow 17. Nov. 1875). – [46] A. SCHOPENHAUER, Werke, hg. HÜBSCHER 2, 166. – [47] NIETZSCHE, Musarion-A. 16, 56. – [48] a. a. O. 16, 125. – [49] Vgl. 3, 133. – [50] R. HÖNIGSWALD: Grundfragen der Erkenntnistheorie (1931) 105f. – [51] H. BERGSON: Matière et mémoire (Paris 1959) 234. – [52] a. a. O. 207. – [53] L. DE BROGLIE: Physik und Met. (1950) 180f. – [54] A. N. WHITEHEAD: Wiss. und moderne Welt (1949) 93; vgl. auch Process and reality (New York 1929). – [55] Vgl. M. MERLEAU-PONTY: Phänomenol. der Wahrnehmung, dtsch. R. BOEHM (1966) 313. – [56] a. a. O. 320. – [57] F. KAULBACH: Der philos. Begriff der B. (1965); Philos. der Beschreibung (1968) bes. 466-470.

Literaturhinweise. K. LASSWITZ: Gesch. der Atomistik vom MA bis Newton (1890) bes. Bd. 2. – E. v. HARTMANN: Gesch. der Met. (1899). – H. COHEN: Logik des reinen Denkens (1914). – E. CASSIRER: Das Erkenntnisproblem in der Philos. und Wiss. der neueren Zeit (³1922). – H. DINGLER: Die Grundlagen der Physik (1923). – H. GLOCKNER: Gegenständlichkeit und Freiheit (1963). – H. HEIMSOETH: Atom, Seele, Monade (1960); Met. der Neuzeit (1929). – A. N. WHITEHEAD s. Anm. [54]. – D. F. MAHNKE: Unendliche Sphäre und Allmittelpunkt (1937). – M. MERLEAU-PONTY: Phénoménol. de la perception (Paris 1945). – S. MOSER: Met. einst und jetzt (1958). – W. WIELAND: Die Physik des Aristoteles (1962). – M. RIEDEL: Theorie und Praxis im Denken Hegels (1965). – F. KAULBACH s. Anm. [57]. F. KAULBACH

Bewegung, politische. Das Wort ‹B.› wird seit dem 17. Jh. umgangssprachlich benutzt zur Beschreibung spontan entstehender, schwach koordinierter Handlungen in einer vorrevolutionären Situation. In diesem Sinn ist ‹bürgerliche B.› als Synonym für ‹Aufruhr› seit 1684 belegt [1]. Die Verwendung des Ausdrucks zur Bezeichnung von «Aufsehen, Auflauf, Bestürzung unter mehrern», zumal im «gemeinen Volk» der Städte, wird zu Beginn des 19. Jh. lexikographisch registriert [2]. In journalistischer und politiktheoretischer Sprache steht zunächst noch ‹Revolution› für die manifeste politische und soziale Umwälzung, ‹Umtriebe› für jene vorrevolutionären Aktivitäten, die später ‹B.› genannt werden [3].

Das ändert sich mit dem Sieg der sich selbst als «parti du mouvement» bezeichnenden liberalen Opposition in der Julirevolution 1830: Das Gegensatzpaar ‹B. und Reaktion› ist für einige Jahre in der politischen Publizistik lebendig [4]. Die gleichzeitigen politischen Unruhen und Revolutionen in ganz Europa werden als Momente eines Prozesses begriffen, dessen B. auf das Ziel allgemeiner politischer Emanzipation gerichtet ist [5], in dem die Revolution von 1789 «nur ein Glied» war [6] und dessen Ende nicht abzusehen ist: «So geht die B. und Unruhe fort», bemerkt HEGEL im Zusammenhang von Reflexionen über die 1830er Revolution [7]. Im Begriff ‹B.› versuchten radikale Liberale, den Kampf um die Verwirklichung ihrer gesellschaftlichen und politischen Ziele unter Vermeidung des inzwischen (zumindest in Deutschland) problematisierten Revolutionsbegriffs als Teil eines (in mechanischen Metaphern als natürlich verstandenen) Fortschrittsprozesses zu propagieren: «die einmal entfesselte Kraft ist nicht so leicht wieder zu zügeln» [8]. Die der B. entgegenstehenden Kräfte werden ebenfalls mechanisch als «Reaktion» begriffen [9].

Die 1830 noch als gesamteuropäischer politischer «Parteiname» [10] verstandene B. wird in den folgenden Jahren einerseits geschichtsphilosophisch verallgemeinert und damit politisch neutralisiert zur Beschreibung der Erfahrung der säkularen Beschleunigung im Zuwachs technischer, sozialer und rechtlich-politischer Änderungen (und in diesem Sinne oft synonym mit ‹Fortschritt› und ‹Leben›) gebraucht [11], andrerseits spezifiziert zur Kennzeichnung einzelner schwach organisierter politischer, sozialer, «geistiger» und religiöser Reformbestrebungen.

Während bei COMTE ‹mouvement (social)› noch eine untergeordnete Rolle in seinem Wortfeld [12] spielt [13], rückt in ähnlicher Problemsituation bei L. STEIN ‹B.› voll in den Mittelpunkt geschichts- und sozialphilosophischer Erörterungen [14]. Stein definiert die (die bloß politischen ablösende) soziale B. seiner Zeit als den Versuch, «den Staat durch ... das wirkliche Leben der Gesellschaft gestalten und bedingen zu lassen» [15]. Als Zentralbegriff bewußt reflektiert wird B. dann in Steins ‹Der Begriff der Gesellschaft und die Gesetze ihrer B.› [16]. Neben den der Periode 1830–1848 verpflichteten Begriffsbestimmungen von B. begegnet bei Stein auch schon eine geschichtsenthobene soziologische Verwendung, in der sich organologische und mechanische Metaphorik verschlingen: Das «Leben» jeder «Gemeinschaft» ist «B., welche in einem und demselben Ganzen durch den Stoß und Gegenstoß ... hervorgebracht wird» [17]. Diese (bei Stein noch spezifisch politischen Inhalten benachbarte) «soziale Dynamik» verliert in der späteren nicht-marxistischen Soziologie (z. B. bei OGBURN und PARSONS) gänzlich ihren politischen Index zugunsten einer formalen und neutralen Abstraktion [18].

Seit ungefähr 1845 [19] hat der Begriff der politischen B. seinen gegenwärtig herrschenden Sinn behalten: lockerer Zusammenhang unter freiheitlich-demokratischen Bestrebungen und Handlungen von Einzelnen, Gruppen, Organisationen und Parteien, der zwar von den Beteiligten als Einheit erfahren wird, aber organisatorisch subjektlos bleibt. Komplementär zu B. gehört insofern nicht nur die Gegen-B. (Reaktion), sondern stets auch die Kristallisation der spontanen, «lebendigen» Einheit der B. zur Organisation. So ist zu verstehen, warum Organisationen, die sich selbst als Teil von B. verstehen, stets versuchen, die Differenz zwischen (Massen-)B. und (elitärer) Organisation ideologisch zu verwischen. Diese Tendenz begegnet drastisch bei MARX und ENGELS [20]: Die Kommunisten sollen innerhalb der «politischen B.», der «Organisation der Proletarier zur Klasse» [21] «das Interesse der Gesamt-B.» [22] und «der ungeheuren Mehrzahl» [23] gegen alle abweichenden Zielsetzungen vertreten auf Grund ihrer «Einsicht in die Bedingungen, den Gang und die allgemeinen Resultate der proletarischen B.», die sie «der Masse voraus haben» [24]. Die Kommunisten vertreten dergestalt «in der gegenwärtigen B. zugleich die Zukunft der B.» [25]. Im 19.Jh. bleibt ‹B.› Selbstbezeichnung radikaldemokratischer und sozialistischer Gruppen und Organisationen mit emanzipatorischen Zielen (z. B. Arbeiter- und Frauen-B.). Teil einer Massen-B. zu sein, gehört zu den stereotypen Behauptungen in den Selbstlegitimationen solcher Gruppen [26].

Diese charakteristische Variante demokratischer Legitimation wird im 20. Jh. vom Faschismus [27] übernommen unter ersatzloser Streichung der emanzipatorischen Inhalte der Selbstrechtfertigung linker B. (Selbstbestimmung, Chancengleichheit): Nicht mehr das Ziel, sondern einzig ihre «lebendige» Bewegtheit (Dynamik) rechtfertigt die B. Zunächst dient ‹B.› nur zur Selbstcharakterisierung faschistischer Parteien [28], gelangt dann aber bei C. SCHMITT in den Rang eines theoretischen Begriffs [29]: B. als das «dynamische Element» der «politischen Einheit» [30] durchdringt und führt Staat und Volk. Bezeichnend für die faschistische Verwendung von ‹B.› ist die Liquidation der herkömmlichen Komplementärbegriffe: a) Der B. stehen Gegen-B. nur noch außenpolitisch gegenüber, der innenpolitische Gegner ist kriminell, nicht Reaktion; b) der konstitutive Gegensatz von B. und Organisation wird aufgehoben zugunsten ihrer Identifizierung – B. ist straff hierarchisch geführte Führungselite [31]. In unvollziehbarer Metapher bleibt ein Rest des klassischen Gegensatzes erhalten: Die Partei ist «der politische Körper, in dem die B. ihre besondere Gestalt findet» [32].

Die gegenwärtigen Verwendungen von B. haben eine erneute scharfe Betonung des Gegensatzes zur Organisation gebracht, so vor allem in der «antiautoritären B.» [33].

Abweichend vom politischen Sprachgebrauch werden in der neueren Sozialhistorie auch solche quasi-revolutionär wirkenden Handlungseinheiten als ‹B.› bezeichnet, die nicht selbst das Bewußtsein artikulieren, (Teil einer) B. zu sein [34]. Diese Verwendung hat jedoch mit dem seit dem 19.Jh. herrschenden Sprachgebrauch die Betonung der Zielrichtung auf Veränderung oder Liquidation von Institutionen gemein.

Anmerkungen. [1] J. B. SCHUPPIUS: Lehrreiche Schriften (1684) 722. – [2] J. CH. ADELUNG: Grammat.-krit. Wb. der hochdtsch. Mundart 1 (1811) 967. – [3] C. v. CLAUSEWITZ: Umtriebe, in: Polit. Schriften und Briefe, hg. H. ROTHFELS (1922) 153-195. – [4] Art. ‹B. und Reaction›, in: Conversations-Lex. der neuesten Zeit und Lit. 2 (1832) 245-248. – [5] a. a. O. 247f. – [6] 247. – [7] G. W. F. HEGEL: Vorles. über die Philos. der Weltgesch., hg. G. LASSON 4 (1920) 933. – [8] Art. ‹B. und Reaction›, a. a. O. [4] 247. – [9] a. a. O. 245. – [10] Art. ‹B.›, in: Brockhaus⁹ 2 (1843) 315ff. – [11] a. a. O. 316. – [12] Neben: dynamique (sociale), développement, évolution, progrès, perfectionnement. – [13] ‹Mouvement› begrifflich zuerst in: Cours de philos. positive (Paris 1830-1842) 51e leçon: ‹Lois fondamentale de la dynamique sociale›; COMTES B.-Theorie am eingehendsten entwickelt in: Système de politique positive ou Traité de sociologie 3: La dynamique sociale ou Le traité général du progrès humain (Philos. de l'hist.) (Paris 1853), begriffliche Exposition von ‹mouvement› in ch. 1: ‹Théorie positive de l'évolution humaine ou Lois générales du mouvement ... social›. – [14] L. STEIN: Der Sozialismus und Communismus des heutigen Frankreichs. Ein Beitrag zur Zeitgesch. (1842); E. PANKOKE: Sociale B. – Sociale Frage – Sociale Politik. Grundfragen der dtsch. «Socialwiss.» im 19. Jh. (1970). – [15] a. a. O. 446f. – [16] 1849 als Einl. der als ‹Gesch. der soz. B. in Frankreich› erschienenen 3. Aufl. von [14]. – [17] a. a. O., Nachdruck, hg. G. SALOMON (1921 u. ö.) 31. – [18] Kritisch dazu T. W. ADORNO: Über Statik und Dynamik als soziol. Kategorien (1956), in: M. HORKHEIMER/T. W. ADORNO: Sociologica 2 (1962) 223-240. – [19] Symptomatisch etwa E. BAUER (anonym!): Gesch. der constitutionellen und revolutionären B. im südlichen Deutschland in den Jahren 1831-1834 (1845). – [20] MARX/ENGELS: Manifest der Kommunistischen Partei (1848). MEW 4 (³1964) 459-493. – [21] a. a. O. 471. – [22] 474. – [23] 472. – [24] 474. – [25] 492. – [26] Vgl. z. B. W. ABENDROTH: Sozialgesch. der europ. Arbeiter-B. (1965) und die dort angegebene Lit. – [27] E. NOLTE: Die faschistischen B. (1966). – [28] A. HITLER: Mein Kampf 2: Die nationalsozialistische B. (1927 u. ö.). – [29] C. SCHMITT: Staat, B., Volk. Die Dreigliederung der polit. Einheit (1933) 11ff. – [30] a. a. O. 12. – [31] 13. – [32] ebda. – [33] z. B. W. KREIPE: Spontaneität und Organisation. Kursbuch 16 (1969) 38-76. – [34] z. B. E. J. HOBSBAWM: Sozial-Rebellen. Archaische Sozial-B. im 19. und 20.Jh. (1962). J. FRESE

Beweis. – 1. ‹B.› (griech. ἀπόδειξις; lat. demonstratio, probatio; davon engl./frz. demonstration, proof/preuve) ist rückgebildet aus mhd. ‹bewīsunge› und gehört ursprünglich zur juristischen Fachsprache (bewīs = Rechtsspruch). J. C. STURM hat das Wort 1670 in die mathematische Fachsprache anstelle von ‹demonstratio› eingeführt [1]. In Philosophie und Wissenschaft ist von ‹B.› im Sinne einer stichhaltigen Begründung für aufgestellte Behauptungen (Aussagesätze) die Rede. Dabei heißen sowohl das Verfahren (die *B.-Führung*, auch Demonstration oder *Argumentation*) als auch das davon angefertigte Protokoll (die Folge der *B.-Schritte* – auch *Beweisgründe* oder *Argumente*, die Einwände oder Gegenargumente eingeschlossen) ‹B.›. Die Verwendung von Aussagen zum Behaupten – im Unterschied etwa zum Erzählen – geschieht mit dem Anspruch auf Geltung (Gültigkeit oder Wahrheit); dieser Anspruch bedeutet eine *B.-Pflicht* (= *B.-Last*) gegenüber jedem, der sich die fragliche Behauptung zu eigen machen will oder soll. Im Verlauf der Argumentation werden unter den Argumenten und Gegenargumenten in der Regel wiederum beweisbedürftige Behauptungen vorkommen, für die der jeweils Behauptende die B.-Last trägt. Fehlende Einwände gegen eine Behauptung entbinden dabei grundsätzlich nicht von der B.-Pflicht.

2. Die systematische Untersuchung der verschiedenen *B.-Arten* gehört zur Logik und Methodologie; sie hat ihr traditionelles Kernstück in den *deduktiven* B. (auch *Deduktionen*), bei denen aus bereits anerkannten Sätzen (*Hypothesen* oder *Prämissen*) allein durch logisches Schließen (logische *Folgerung*) der zu beweisende Satz (*These* oder *Konklusion*) gewonnen wird. Dem Spezialfall des deduktiven Beweises eines singulären Satzes $P(n)$ aus dem zugehörigen, schon als gültig erkannten generellen Satz $\bigwedge_x P(x)$ (das ist der logische Schluß ‹dictum de omni› [2]) steht gegenüber der *induktive* B. eines

generellen Satzes $\bigwedge_x P(x)$ aus seinen Instanzen $P(n)$ (das ist *kein* logischer Schluß, weil im allgemeinen unendlich viele Prämissen vorkommen). In der traditionellen Logik [3] werden die Instanzen in diesem Zusammenhang gewöhnlich durch Spezialisierungen S (species) des Gegenstandsbereichs M (genus) charakterisiert. Der deduktive (= progressive, vom Allgemeinen zum Besonderen führführende) B. liefert daher $\bigwedge_{S(x)} P(x)$ aus $\bigwedge_{M(x)} P(x)$ (das ist das ‹dictum de omni› in der Form des syllogistischen Modus ‹barbara›: *SaM; MaP* $\prec$ *SaP*, d. h. ‹alle S sind M› und ‹alle M sind P› impliziert ‹alle S sind P›), und der induktive (= regressive, vom Besonderen zum Allgemeinen führende) B. liefert $\bigwedge_{M(x)} P(x)$ aus einer Gesamtheit von Prämissen $\bigwedge_{S_v(x)} P(x)$ ($v = 1, 2, ...$), für die $\bigwedge_{S_v(x)} M(x)$ und $\bigwedge_{M(x)} \bigvee_v S_v(x)$ gilt, d. h. für die es eine vollständige Zerlegung (Division) des Bereichs M in Teilbereiche S_v gibt. An diese Stelle gehört auch der oft unkorrekt verwendete *Analogie-B.*: Verhalten sich zwei Arten S_1 und S_2 einer Gattung M analog, d. h. gibt es eine Eigenschaft Q mit S_1aQ und S_2aQ (tertium comparationis), so läßt sich von S_1aP *per analogiam* auf S_2aP schließen, *falls QaP gilt;* ist S_2 das Komplement von S_1 in M, so gelingt auf diese Weise ein B. von *MaP*.

Die Zuverlässigkeit induktiver B. hängt nicht mehr bloß von der Theorie des logischen Schließens (= formaler Logik) ab, sondern setzt eine Theorie des Gegenstandsbereichs voraus, über den generalisiert wird. Je nachdem, ob die Prämissen den Bereich der Instanzen vollständig erfassen oder nicht, spricht man von einem *B. durch vollständige Induktion* (z. B. in der Arithmetik ein Beweis von $\bigwedge_{N(x)} P(x)$ aufgrund der beiden Prämissen $P(1)$ und $\bigwedge_{N(x)} (P(x) \rightarrow P(x+1))$, d. h. eine Aussage $P(n)$ gilt für alle natürlichen Zahlen n, wenn sie (a) für $n = 1$ bewiesen ist und sich (b) aus der Annahme der Aussage für irgendeine Zahl m die Aussage für die nächstfolgende Zahl $m+1$ beweisen läßt) oder einem – in seiner Zuverlässigkeit beschränkten und mit den wahrscheinlichkeitstheoretischen Methoden der ‹induktiven› Logik [3a] zu behandelnden – B. *durch unvollständige Induktion* (z. B. in den empirischen Wissenschaften bei der Aufstellung genereller Hypothesen aufgrund endlich vieler geeigneter singulärer Tatsachen; die empirische Überprüfung der logischen Folgerungen solcher durch unvollständige Induktion gewonnenen Hypothesen gehört daher mit zum grundsätzlich nicht endgültig zu führenden B. dieser Hypothesen).

3. In *axiomatischen Theorien* (= deduktiven Systemen), z. B. der Geometrie, werden die (Lehr)Sätze (= Theoreme) dadurch bewiesen, daß sie aus ersten (Grund)Sätzen (= Axiomen) logisch gefolgert werden: Es gibt nur deduktive B. Die Gültigkeit der Axiome (gewöhnlich generelle Sätze) kann dann nicht in dieser Weise gesichert werden; Axiome werden entweder bloß als gültig angenommen (Konventionalismus) oder aber gelten kraft Evidenz, speziell kraft Induktion. Das konventionalistische Verfahren ist nur dadurch begrenzt, daß das System der Axiome widerspruchsfrei (= konsistent) sein muß, weil sonst jede beliebige Aussage logisch gefolgert werden kann. Der Nachweis der Widerspruchsfreiheit axiomatischer Theorien ist die Hauptaufgabe der von D. HILBERT [4] ins Leben gerufenen *B.-Theorie* (Metamathematik) (s. d.).

In *konstruktiven Theorien*, z. B. der Arithmetik, stehen zum B. von Sätzen neben der logischen Folgerung aus schon bewiesenen Sätzen noch *B.-Prinzipien* zur Verfügung, die sich aus den zugrunde liegenden Konstruktionen ergeben. Die Konstruktion der Ziffern durch einen Kalkül, nämlich das Aneinanderfügen von Strichen: |, ||, |||, ..., erlaubt, das B.-Prinzip der arithmetischen – vollständigen – Induktion seinerseits ‹unmittelbar›, nämlich ohne Berufung auf Prämissen eines logischen Schlusses, zu beweisen. Ähnlich werden z. B. Ableitbarkeitsbehauptungen in beliebigen Kalkülen ‹unmittelbar› durch vorgeführte Ableitungen, also Handlungen, und nicht aufgrund von Sätzen, bewiesen [5].

4. Eine methodisch besondere Rolle spielen die *indirekten* (= apagogischen) B. (ἀπαγωγὴ εἰς τὸ ἀδύνατον [6]) eines Satzes A, bei denen aus der Annahme des kontradiktorischen Gegenteils von A, also der Negation $\neg A$, ein Widerspruch, d. h. irgendeine falsche Aussage $\bot$ (Falsum, ἀδύνατον), logisch gefolgert wird. Wenn der zu beweisende Satz A nicht selbst schon eine Negation ist, so hängt die Gültigkeit des indirekten B. von der Gültigkeit des tertium non datur $A \vee \neg A$ (A oder nicht-A) ab, die nicht allgemein, sondern nur für wertdefinite (entscheidbar wahre oder falsche) Aussagen gesichert ist. Den indirekten B. stehen die übrigen unproblematischen *direkten* (= ostensiven, δεικτικῶς) B. gegenüber. Eine weitere damit zusammenhängende Unterscheidung ist die in der arabischen Scholastik diskutierte [7] demonstratio quia (B. der Existenz) und demonstratio quare sive propter quid (B. der Essenz).

5. In der Tradition sind eine Reihe von *B.-Fehlern* im Anschluß an die ersten Übersichten bei ARISTOTELES terminologisch ausgezeichnet worden. Zu den wichtigsten gehören (a) die *Erschleichung* (petitio principii [8]): Ein noch unbewiesener Satz wird als Prämisse für den zu beweisenden Satz benutzt (ein Spezialfall ist der Zirkel – circulus vitiosus [9] –: der zu beweisende Satz wird, eventuell nur synonym umgeformt, als Prämisse für sich selbst benutzt), (b) die *Umkehrung* (ὕστερον πρότερον [10]): Anstelle einer logischen Implikation $A \prec B$ für den zu beweisenden Satz B aus der Prämisse A wird die konverse Implikation $B \prec A$ benutzt, (c) die *Verwechslung* (ignoratio elenchi [11]): statt des zu beweisenden Satzes wird ein anderer, eventuell nur homonym lautender, bewiesen (ein Spezialfall ist die Übertragung – μετάβασις εἰς ἄλλο γένος [12] –: der zur These gehörige Gegenstandsbereich wird durch einen anderen ersetzt). Speziell kommen B.-Fehler beim logischen Schließen vor (*Fehlschlüsse* oder Paralogismen; absichtlich getan heißen sie ‹Trugschlüsse› oder ‹Sophismen›), unter denen die ‹Vervierfachung der Termini› (quaternio terminorum: der in beiden Prämissen eines Syllogismus auftretende mittlere Terminus wird in zweierlei Bedeutung gebraucht, d. h. es liegt eine Amphibolie des Mittelbegriffs vor [13]) in der Syllogistik eine bedeutende Rolle spielt.

6. Die Entdeckung der Möglichkeit von B. ist zugleich die Entdeckung der Möglichkeit von Wissenschaft: Sie geschieht mit der thaletischen Geometrie [14], und zwar vermutlich logikfrei allein mit Hilfe von Symmetriebetrachtungen (dem ἐφαρμόζειν-Verfahren) [15]. Erst unter eleatischem Einfluß wird zugleich mit den Anfängen logischen Schließens die Möglichkeit deduktiver, speziell indirekter B. in Arithmetik (Pythagoreer) [16] und Geometrie (HIPPOKRATES VON CHIOS) [17] entdeckt, was zum Aufbau der Geometrie als einer axiomatischen Theorie geführt hat. Seit ARISTOTELES ist daraufhin eine axiomatisch aufgebaute Theorie bis zum heutigen Tag der Prototyp für jede strenge, nämlich *beweisende Wissenschaft* (ἀποδεικτικὴ ἐπιστήμη, auch theoretische Philosophie oder Theoria) geworden [18]. Die Syllogismen dienen dabei als B.-Mittel zur Erlangung von Wissen

(ἐπιστήμη) und taugen auch dazu, wenn sie *apodeiktisch* sind, d. h. wenn ihre Prämissen wahr und elementar sind oder aber wenn deren Kenntnis durch ihrerseits wahre und elementare Prämissen vermittelt ist (ἀπόδειξις μὲν οὖν ἐστίν, ὅταν ἐξ ἀληθῶν καὶ πρώτων ὁ συλλογισμὸς ᾖ, ἢ ἐκ τοιούτων, ἃ διά τινων πρώτων καὶ ἀληθῶν τῆς περὶ αὐτὰ γνώσεως τὴν ἀρχὴν εἴληφεν [19]). Der Syllogismus heißt hingegen *dialektisch* und dient zur Erlangung von Einsicht (φρόνησις) in der praktischen Philosophie, wenn die Prämissen vom Gegner bloß zugestanden sind. In der lateinischen Tradition bis zu CHR. WOLFF bezieht sich ‹demonstratio› gewöhnlich auf apodiktische und ‹probatio› auf dialektische Syllogismen [20]. Die obersten unbeweisbaren Prämissen einer Kette apodeiktischer Syllogismen müssen über wahr und elementar hinaus unvermittelt (ἀμέσοι), einleuchtender (γνωριμώτεραι) und fundamentaler (πρότεραι) als die aus ihnen logisch gefolgerten Sätze und dazu wirklich Gründe (αἴτια) der Folgen sein [21]. Trotzdem bleiben auch diese *Prinzipien* (ἀρχαὶ τῆς ἀποδείξεως) nicht etwa unbegründet, nur geschieht ihr ‹B.› nicht durch logische Folgerung aus schon bewiesenen Prämissen, sondern durch *Induktion* (ἐπαγωγή, lat. sowohl ‹inductio› als auch ‹abstractio› [22]): B. und Induktion bilden eine vollständige Disjunktion der Methoden, zuverlässiges Wissen zu erlangen [23]. Dies wird der Ursprung der späteren Einteilung in deduktive und induktive B. sowie a fortiori in deduktive und induktive Wissenschaften [24]. Aufgrund dieser nicht hinreichend differenzierten und in der Neuzeit dazu noch mit der Unterscheidung ‹rational/empirisch› identifizierten Alternative [25] erhält die dritte Möglichkeit verläßlicher B.-Führungen, wie sie in der konstruktiven Mathematik auf elementarer Stufe sogar völlig logikfrei verwirklicht wird, nur selten (z. B. in den Überlegungen zum synthetischen Apriori – «Vernunfterkenntnis ... aus der Konstruktion der Begriffe» – bei KANT [26]) gleichen methodischen Rang. Zugleich ist mit diesem Gang der Entwicklung über die traditionell verbreitete einseitige Beschränkung der anerkannten B.-Mittel auf die logischen Schlußregeln entschieden [27].

Anmerkungen. [1] J. C. STURM: Des unvergleichlichen Archimedis Kunstbücher, übersetzt und erläutert (1670); vgl. A. GÖTZE: Anfänge einer math. Fachsprache (1919). – [2] ARISTOTELES, Anal. pr. I, 1, 24 b 28ff. – [3] Vgl. M. W. DROBISCH: Neue Darstellung der Logik nach ihren einfachsten Verhältnissen mit Rücksicht auf Math. und Naturwiss. (²1851) §§ 125ff. – [3a] Vgl. R. CARNAP und W. STEGMÜLLER: Induktive Logik und Wahrscheinlichkeit (Wien 1959). – [4] Vgl. die richtungsweisenden Aufsätze von D. HILBERT: Axiomatisches Denken. Math. Ann. 78 (1918) 405-415; Neubegründung der Math. 1. Mitt. Abh. aus dem math. Seminar der Hamb. Univ. 1 (1922) 157-177; Die log. Grundlagen der Mathematik. Math. Ann. 88 (1923) 151-165; zusammen mit anderen Aufsätzen separat erschienen: Hilbertiana. Fünf Aufsätze (1964). – [5] Vgl. P. LORENZEN: Über die Begriffe ‹B.› und ‹Definition›, in: Constructivity in math. Proc. Colloquium held at Amsterdam 1957, hg. A. HEYTING (Amsterdam 1959) 169-177. – [6] Vgl. ARIST., Anal. pr. I, 6, 28 b 21; 23, 41 a 23ff. – [7] Vgl. C. PRANTL: Gesch. der Logik im Abendlande 2 (²1885) 324ff. – [8] Vgl. ARIST., Anal. pr. I, 16, 64 b 34ff.; Top. VIII, 13. – [9] Vgl. Anal. pr. II, 5, 57 b 18. – [10] Vgl. Soph. el. 4, 166 b 20ff. – [11] Vgl. Soph. el. 6, 168 a 17ff. – [12] De caelo I, 1, 268 b 1. – [13] Vgl. Soph. el. 4, 166 a 6-22. – [14] Vgl. J. MITTELSTRASS: Die Entdeckung der Möglichkeit von Wiss. Arch. Hist. exact. Sci. (Berl.) 2 (1965) 410-435; Á. SZABÓ: Anfänge der griech. Math. (1969). – [15] Vgl. MITTELSTRASS, a. a. O. 416-420; K. v. FRITZ: Gleichheit, Kongruenz und Ähnlichkeit in der antiken Math. bis auf Euklid. Arch. Begriffsgesch. 4 (1959) 7-81; Á. SZABÓ: DEIKNYMI als math. Terminus für ‹beweisen›. Maia. Riv. Lett. class. NS 10 (1958) 106-131. – [16] Vgl. O. BECKER: Die Lehre vom Geraden und Ungeraden im Neunten Buch der Euklidischen Elemente. Quellen u. Stud. zur Gesch. der Math., Astronomie u. Physik B 3 (1936) 533-553; K. REIDEMEISTER: Das exakte Denken der Griechen (1949). – [17] Vgl. W. BURKERT: Weisheit und Wiss. Studien zu Pythagoras, Philolaos und Platon (1962) 402ff.; K. v. FRITZ: Die ARCHAI in der griech. Math. Arch. Begriffsgesch. 1 (1955) 13-103; Á. SZABÓ: Anfänge des euklidischen Axiomensystems. Arch. Hist. exact. Sci. (Berl.) 1 (1960-1962); Eleatica. Acta Antiqua Sci. Hung. 3 (1955) 67-103. – [18] ARIST., Anal. post. I, 1-3; vgl. unter ausdrücklichem Bezug auf Euklid G. FREGE: Grundgesetze der Arithmetik 1 (1893, ²1962) VI; A. TARSKI: Einf. in der math. Logik (²1966); Übers. von: Introduction to logic and to the methodology of deductive Sci. (New York ³1965); ebenso repräsentativ dafür die wissenschaftstheoretische Einstellung im log. Empirismus, vgl. W. STEGMÜLLER: Wissenschaftliche Erklärung und Begründung (1969). – [19] ARIST., Top. I, 1, 100 a 27ff.; vgl. Anal. pr. I, 4, 25 b 30; Anal. post. I, 2, 71 b 17 ff. –. – [20] Vgl. W. RISSE: Logik der Neuzeit 1 (1964) 30f. – [21] ARIST., Anal. post. I, 2, 71 b 19ff. – [22] Vgl. J. R. RANDALL: Aristotle (New York 1960, paperback 1962) 42ff. – [23] ARIST., Anal. post. I, 18, 81 a 38-81 b 1; vgl. Eth. Nic. VI, 3, 1139 b 26ff.; Top. VIII, 2, 157 a 34ff. – [24] Vgl. G. PATZIG: Die arist. Syllogistik. Log. philol. Untersuch. über das Buch A der ‹Ersten Analytiken› (1959, ²1963) 138; dazu etwa K. FISCHER: System der Logik und Met. oder Wissenschaftslehre (²1865) 106. – [25] Vgl. G. W. LEIBNIZ: Nouveaux Essais, Préface. Philos. Schriften, hg. C. I. GERHARDT 5, 41-61; J. ST. MILL: A system of logic. Ratiocinative and inductive, being a connected view of the principles of evidence and the methods of sci. investigation (London 1843, ⁸1872). – [26] KANT, KrV B 865; vgl. F. KAMBARTEL: Erfahrung und Struktur. Bausteine zu einer Kritik des Empirismus und Formalismus (1968) 87-148. – [27] Vgl. das repräsentative Lehrb. der traditionellen Logik von DROBISCH, a. a. O. [3] und dasjenige der modernen Logik von A. CHURCH: Introduction to math. logic 1 (Princeton 1956) § 07: ‹The logistic method›.

Literaturhinweise. Neben den in den Anm. genannten Werken sind noch zu konsultieren: TH. ZIEHEN: Lehrb. der Logik auf positivistischer Grundlage mit Berücksichtigung der Gesch. der Logik (1920) §§ 135-137: ‹Die Lehre von den B.› – P. LORENZEN: Einf. in die operative Logik und Math. (1955, ²1969) §§ 1-5: ‹Protologik›. – K. SCHÜTTE: B.-Theorie (1960). – R. B. ANGELL: Reasoning and logic (New York 1964). – H. KLOTZ: Der philos. B. (²1969).

KUNO LORENZ

Beweistheorie ist das Gebiet der mathematischen Logik, das die Beweismöglichkeiten von formalen Systemen der Mathematik behandelt.

Sie wurde ursprünglich von D. HILBERT [1] entwickelt, um eine exakte Grundlegung der Mathematik vorzunehmen, nachdem sich die logizistischen Begründungsversuche von G. FREGE, B. RUSSELL und A. N. WHITEHEAD als unzulänglich erwiesen hatten und mit der Kritik des Intuitionismus von L. E. J. BROUWER eine ernsthafte Grundlagenkrise entstanden war. Die Grundlagenkritik richtet sich in erster Linie gegen die uneingeschränkte Verwendung des ‹tertium non datur› (A ist wahr oder A ist falsch) in der Mathematik. Identifiziert man die mathematische Wahrheit mit der Beweisbarkeit und die mathematische Falschheit mit der Widerlegbarkeit, so ergibt sich keine vollständige Alternative zwischen der Wahrheit und der Falschheit von mathematischen Aussagen. Hiermit verlieren die indirekten Schlußweisen der klassischen Mathematik, die auf dieser Alternative beruhen, ihre logische Berechtigung. Demgemäß beschränkt sich der Intuitionismus auf eine effektive Logik, in der das ‹tertium non datur› nur auf solche Aussagen angewendet wird, die aufgrund eines vorliegenden Entscheidungsverfahrens entweder beweisbar oder widerlegbar sind. HILBERT suchte dagegen die klassische Mathematik ohne Einschränkung des ‹tertium non datur› zu begründen, indem er von der Bedeutung der mathematischen Aussagen absah und die mathematischen Theorien einschließlich ihrer Schlußweisen als bloße Formalismen betrachtete, die allein durch ihre formale Widerspruchsfreiheit zu rechtfertigen sind. Um eine mathematische Theorie in dieser Weise zu begründen, hat man Regeln für die Zusammensetzung von Zeichen zu fixieren, nach denen sich die einschlägigen Aussagen der Theorie durch Formeln darstellen lassen und die Beweise der Theorie durch Figuren von Formeln, die nach bestimmten Vorschriften zusammengesetzt sind, repräsentiert werden. Hiermit wird ein formalisierter Beweisbarkeitsbegriff festgelegt, dessen Eigenschaften von der B. untersucht werden. Insbesondere hat die B. nach Hilbert die Aufgabe, die formalisierten Beweisbarkeitsbegriffe der mathematischen Theorien als widerspruchsfrei nachzuweisen. Zur Begründung einer mathematischen Theorie, die problematische Schlußweisen enthält, ist jedoch zu verlangen, daß der Nachweis ihrer formalen Widerspruchsfreiheit mit unproblematischen logischen Mitteln erfolgt. Hilbert forderte deshalb, daß die Widerspruchsfreiheitsbeweise mit finiten Methoden geführt werden, d. h. mit Methoden, die sich grundsätzlich auf ein kombinatorisches Operieren mit endlichen Zeichenfiguren beschränken.

Der streng finite Standpunkt ließ sich für die Grundlegung der Mathematik nicht aufrechterhalten, nachdem K. GÖDEL [2] gezeigt hatte, daß sich die Widerspruchsfreiheit eines formalen Systems nicht mit denjenigen logischen Mitteln, die in dem System formalisiert sind, beweisen läßt. Hiermit ergab sich, daß nicht einmal das formale System der reinen Zahlentheorie mit streng finiten Methoden als widerspruchsfrei nachweisbar ist. G. GENTZEN [3] fand einen Ausweg aus dieser Situation. Er führte einen Widerspruchsfreiheitsbeweis für das System der reinen Zahlentheorie mit Hilfe eines Induktionsprinzips, das sich zwar nicht allein auf ein kombinatorisches Operieren mit endlichen Zeichenfiguren gründen läßt, aber noch in einer konstruktiven Weise als einsichtig zu erkennen ist. Seitdem sind auf ähnlichen Wegen und mit neu entwickelten konstruktiven Methoden zahlreiche Widerspruchsfreiheitsbeweise für die Arithmetik, für die verzweigte Typenlogik, für typenfreie Systeme der Logik und für Teile der klassischen Analysis durchgeführt worden.

Die Widerspruchsfreiheitsbeweise sind nicht nur zur exakten Grundlegung mathematischer Theorien von Bedeutung. Ihr Wert liegt zugleich darin, daß sie konstruktive Interpretationen für nicht-konstruktive Teile der Mathematik liefern. Hiermit lassen sich konstruktive Verschärfungen von Sätzen der klassischen Mathematik gewinnen. Mit den Methoden der Widerspruchsfreiheitsbeweise ergaben sich auch bestimmte Abgrenzungen zwischen elementaren und höheren Teilen der Mathematik hinsichtlich ihrer Ausdrucks- und Beweismöglichkeiten. So konnten gewisse Hierarchien von mehr oder weniger starken mathematischen Systemen durch bestimmte Ordinalzahlen fixiert werden, mit denen sich die in den einzelnen Systemen beweisbaren Induktionsprinzipe voneinander abgrenzen lassen.

Anmerkungen. [1] D. HILBERT: Die Grundlagen der Math. Hamburger math. Einzelschriften 5 (1928). – [2] K. GÖDEL: Über formal unentscheidbare Sätze der Principia Mathematica und verwandter Systeme. Mh. Math. Phys. 38 (1931) 173-198. – [3] G. GENTZEN: Die Widerspruchsfreiheit der reinen Zahlentheorie. Math. Annalen 112 (1936) 493-565; Neudruck (1967).

Literaturhinweise. G. GENTZEN: Neue Fassung des Widerspruchsfreiheitsbeweises für die reine Zahlentheorie. Forsch. zur Logik u. Grundlegung der exakten Wiss. NF 4 (1938) 19-44; Neudruck (1969). – H. ARNOLD SCHMIDT: Math. Grundlagenforsch., in: Enzyklop. d. math. Wiss. 1, H. 1, II (1950). – P. LORENZEN: Algebraische u. logistische Untersuchungen über freie Verbände. J. symbol. Logic 16 (1951) 81-106. – W. ACKERMANN: Widerspruchsfreier Aufbau einer typenfreien Logik. Math. Z. 53 (1951) 403-413; 55 (1952) 364-384. – G. TAKEUTI: On a generalized logic calculus. Jap. J. Math. 23 (1953) 39-96. – K. GÖDEL: Über eine bisher noch nicht benützte Erweiterung des finiten Standpunktes. Dialectica 12 (1958) 280-287. – K. SCHÜTTE: Syntactical and semantical properties of simple type theory. J. symbol. Logic 25 (1960) 305-326. – S. FEFERMAN: Systems of predicative analysis. J. symbol. Logic 29 (1964) 1-30. – *Lehrbücher:* D. HILBERT und P. BERNAYS: Grundlagen der Math. 1 (1934); 2 (1939). – K. SCHÜTTE: B. (1960). K. SCHÜTTE

Bewußtsein

I. *Allgemeines.* Wenn E. CASSIRER schreibt: «Der B.-Begriff scheint der eigentliche Proteus der Philosophie zu sein. Er tritt in all ihren verschiedenen Problemgebieten auf; aber er zeigt in keinem von ihnen dieselbe Gestalt, sondern ist in einem unablässigen Bedeutungswandel begriffen» [1] – so gilt dies vor allem in historischer Hinsicht, nicht zuletzt weil der Begriff in seiner heutigen Form noch relativ jung und die fremdsprachige Zuordnung entsprechend schwierig ist. Im allgemeinen bezeichnet das Wort ein wesentliches menschliches Grundphänomen, das durch zwei Pole charakterisiert ist: Gegenstände, Dinge, kurzum Welt auf der einen, Ich, Subjekt(ivität), Selbst auf der anderen Seite. Die Gegenstands- und Weltbezogenheit wird heute im allgemeinen als Intentionalität, die Selbstbezogenheit als Reflexivität oder Selbst-B. o. ä. bezeichnet. Das letzte Moment stellt eine Beziehung zum Gewissen (s. u.) her.

Anmerkung. [1] Philos. der symbolischen Formen 3 (²1954) 57.

II. *Wortfeld.* Geht man vom deutschen Wort aus, dann handelt es sich um einen substantivierten Infinitiv. Als reiner Infinitiv ‹bewußt sein› findet sich der Ausdruck als Übersetzung des schon in der Antike gebräuchlichen «sibi conscium esse» in älteren Lexika, so etwa in B. FABERS ‹Thesaurus eruditionis scholasticae› [1]. Ein zugehöriges Verbum ‹bewissen› im Sinne von «sich zurechtfinden» ist schon früher nachweisbar [2]. – Das Substantiv selbst liegt in vier Schreibweisen vor: *Bewußt sein, Bewußtsein, Bewußt-sein, bewußt Sein.* CHR. WOLFF hat in seiner 1719 erschienenen Metaphysik ‹Vernünftige Gedanken von Gott, der Welt und der Seele des Menschen, auch allen Dingen überhaupt› das Substantiv geprägt, und zwar zunächst in der getrennten ersten und dann in der heute üblichen geschlossenen Schreibweise. Die älteste Belegstelle lautet in ihren wesentlichen Ausführungen: «... das erste ist, so wir von unserer Seele wahrnehmen, wenn wir auf sie acht haben, nehmlich daß wir uns vieler Dinge als ausser uns bewußt sind. Indem dieses geschiehet, sagen wir, daß wir *gedencken,* und nennen demnach die *Gedancken* Veränderungen der Seele, deren sie sich bewust ist (§ 2. c. 1. Log.). Hingegen wenn wir uns nichts bewust sind, als z. E. im Schlaffe, oder auch wohl zuweilen im Wachen es davor halten, pflegen wir zu sagen, daß wir nicht *gedencken.* Solchergestalt setzen wir das Bewust seyn als ein Merckmahl, daraus wir erkennen, daß wir gedencken. Und also bringet es die Gewohnheit zu reden mit sich, daß von einem Gedancken das Bewust seyn nicht abgesondert werden kan» [3]. Der Hinweis auf die Sprachgewohnheit und die weiteren Ausführungen zeigen, daß Wolff ‹B.› als deutsche Übersetzung des Cartesischen Begriffes der *conscientia* geprägt hat; dieser ist seinerseits wieder der Stammbegriff für die einschlägige Terminologie in den romanischen und in der englischen Sprache (s. u.). Ist damit eine relativ einfache Bedeutungsbrücke geschlagen, so ist der Schritt von der lateinischen zur griechischen Terminologie sehr schwierig: nicht nur, daß nach allgemeiner Auffassung erst Descartes' Begriff der cogitatio bzw. conscientia die Konstitution des (modernen) B.-Begriffs und damit des B.-Begriffs überhaupt darstellt, vielmehr sind die Bedeutungen der griechischen

Termini, die mit herangezogen werden, weitgehend von der Bedeutung der conscientia qua Gewissen rekonstruiert.

Die dritte deutsche Schreibweise *Bewußt-sein* wird in Analogie etwa zum HEIDEGGERschen Begriff des Da-seins gebildet und in Anlehnung an SARTRES Analogiebildung zu Heideggers Daseinsdefinition: «La conscience est un être pour lequel il est dans son être question de son être en tant que cet être implique un être autre que lui» [4], von K. P. KISKER in seiner deutschen Übersetzung einer Schrift des französischen Psychiaters HENRY EY geprägt [5]. Als einen Seins- und Verhaltensmodus sieht BIÄSCH das *bewußt Sein* an [6].

Die in unserem Zusammenhange noch zu nennenden deutschen Termini *Bewußtheit* und, als ihr zugehöriges Verbum verstanden, *bewissen*, sind erst Prägungen des 19. Jh.

Geht man – um mit der fremdsprachlichen Terminologie zu beginnen – auf den *griechischen* Sprachbereich zurück, dann werden meist – als Vorläufer von ‹conscientia› – Termini genannt, die einerseits in die Richtung auf seine Wortbedeutung als Gewissen weisen, andererseits aber durch das Präfix συν – genau wie durch das lateinische ‹cum› – zwei wesentliche Momente des späteren B.-Begriffs andeuten bzw. nennen: die synthetisch-synthetisierende Leitung der genannten Instanz sowie ihre begleitende, «konkomitierende» Funktion gegenüber jeweils gegebenen Akten, Erlebnissen und Zuständen. Es sind dies συναίσθησις, συνείδησις, σύνεσις, συνθέρεσις; weiter kann noch genannt werden φρόνησις. Verwiesen werden könnte auch auf die Negativbildungen, die allerdings in verschiedene Bedeutungsrichtungen weisen (unbewußt, bewußtlos u. a.): ἀφροσύνη, ἀναισθησία, ἀκούσιος. KLAGES sieht in dem Aristotelischen Begriff der νόησις νοήσεως gewissermaßen die Urkonzeption der B.-Idee. Schließlich muß noch der Begriff genannt werden, der von der Wortbildung her am ehesten dem modernen B.-Begriff entspricht: παρακολουθεῖν (bzw. παρακολούθησις). Bei PLOTIN findet sich direkt eine analoge Formulierung, wenn er sagt: ἐν τῇ σοφίᾳ γὰρ δεῖ τὸ αἰσθάνεσθαι καὶ τὸ παρακολουθεῖν αὐτῷ παρεῖναι (In der Weisheit muß das Bewußtsein enthalten sein und Selbstbewußtsein) [7].

Die *lateinische* Antike kennt in erster Linie den Begriff der *conscientia*. Der ‹Thesaurus Linguae Latinae› nennt vier Bedeutungskreise: «communis complurium scientia -- is animi status quo quis alicuius rei sibi conscius est – intus hominis – scientia, cognitio, doctrina» [8]. Im weiteren Zusammenhang müssen noch genannt werden *cogitatio, apperceptio* und schließlich *sensus internus*, Termini, die zuweilen auch mit ‹B.› übersetzt werden.

Der Terminus ‹conscientia› mit seiner Doppelbedeutung – B. im engeren Sinne und Gewissen – wird dann zur Grundlage für die romanische und englische Terminologie: im *Französischen* gibt es nur das Wort ‹conscience›, das in der Bedeutung von B. zuweilen auch ‹conscience psychologique› heißt [9], während die Übersetzung von Gewissen immer ‹conscience morale› lautet, wie auch im Deutschen, etwa von DILTHEY, vom «moralischen B.» gesprochen wird [10]. Die *englische* Sprache unterscheidet zwischen ‹consciousness› im Sinne von B. und ‹conscience› im Sinne von Gewissen. Letzteres ist «consciousness of moral worth» [11].

Anmerkungen. [1] B. FARBERS Thesaurus eruditionis scholasticae, z. B. in der A. von 1696 (^{1}1571). – [2] TRÜBNERS Dtsch. Wb. 1 (1939) 322: Art. ‹B.› – [3] CHR. WOLFF: Vern. Ged. von Gott ... I, cap. 3, § 194. – [4] J.-P. SARTRE: L'être et le néant (1943) 29. – [5] H. EY: Das B., dtsch. von K. P. KISKER (1967); ebenso GRAUMANN (Lit. 1966) 89. – [6] H. BIÄSCH: Motilität und B. Psychol. Rdsch. 2 (1951) 194-203. – [7] PLOTIN, Enn. I, 4, 9; vgl. auch PH. MERLAN: Monopsychism, mysticism, metaconsciousness. Problems of the soul in the Neoaristotelian and Neoplatonic tradition (Den Haag 1963) bes. 114ff. – [8] Thesaurus linguae lat. 4 (1906) 364ff. – [9] Vgl. Lalande (^{9}1962) Art. ‹conscience›. – [10] W. DILTHEY: Versuch einer Analyse des moralischen B. (1864). Ges. Schriften 6 (^{3}1958) 1. – [11] BALDWIN: Dictionary of philos. and psychol. 1 (^{2}1911; Neudruck 1960) 215 Art. ‹conscience›.

III. *Geschichte.* Die Geschichte des B.-Begriffs im engeren Sinne wie auch des B.-Problems beginnt im *lateinischen* Sprach- und Denkbereich. Die genannte Doppelbedeutung findet sich häufig, so bei SENECA und bei CICERO, der conscientia definiert als «certissima scientia et (ut sic dicam) certitudo eius rei quae animo nostro inest: sive bonum, sive malum» [1]. Die *Scholastik* verwendet das Wort ‹conscientia› weitgehend im Sinne des Gewissens bzw. definiert sie als Aktualisierung der συνθέρεσις. Fast modern klingt des THOMAS VON AQUIN Bestimmung: «Conscientia enim secundum proprietatem vocabuli importat ordinem scientiae ad aliquid, nam conscientia dicitur cum alio scientia. Applicatio autem scientiae ad aliquid fit per aliquem actum. Unde ex ista ratione nominis patet, quod conscientia sit actus» (‹conscientia› bedeutet nämlich dem eigentlichen Sinne des Wortes nach die Hinordnung eines Wissens auf etwas Bestimmtes. Denn ‹conscientia› besagt ‹mit anderem [verbundenes] Wissen›. Die Anwendung eines Wissens auf etwas geschieht aber durch eine Tätigkeit. Daher ergibt sich aus dieser Namenserklärung, daß das Gewissen eine Tätigkeit ist). Dieser Akt richtet sich seinerseits wieder auf einen Akt; hierbei kann er auf dreifache Weise fungieren, wobei die Bedeutung von B. und Gewissen miteinander kombiniert werden; es kann gefragt werden: «an actus factus vel non factus sit» – «quid agendum sit» – «an actus factus sit rectus vel non rectus» [2].

Der moderne B.-Begriff ist nach allgemeiner Auffassung durch DESCARTES konstituiert worden: er ist wesentlich dadurch bestimmt, daß er vom Gewissensbegriff losgelöst wird und umgekehrt zum zentralen anthropologischen Begriff wird: Conscientia wird praktisch zum Wesenskonstituens des Menschen: «Princeps Cartesius admonuit quid simus, mentem scilicet seu Ens cogitans seu conscium sui», bemerkt LEIBNIZ [3]. Bei DESCARTES selbst findet sich allerdings der Begriff der conscientia wenig und dann immer in Verbindung mit dem der cogitatio: «Sunt autem actus quidam, quos vocamus *corporeos*, ut magnitudo, figura, motus &c. ...: atque substantiam, cui illi insunt, vocamus *corpus* ... Sunt deinde alii actus, quos vocamus *cogitativos*, ut intelligere, velle, imaginari, sentire &c, qui omnes sub ratione communi cogitationis, sive perceptionis, sive conscientiae, conveniunt; atque substantiam cui insunt, dicimus esse *rem cogitantem*, sive *mentem* ...» (Es gibt aber gewisse Akte [Tatsachen], die wir ‹körperliche› nennen, wie Größe, Gestalt, Bewegung usw. ... Und die Substanz, der sie zukommen, nennen wir ‹Körper› ... Es gibt aber dann noch andere Akte [Tatsachen], die wir ‹kogitative› [zuweilen mit ‹geistig› übersetzt]; u. E. ist die einzig richtige Übersetzung ‹bewußte›] nennen, wie Einsehen, Wollen, Sich-einbilden, Fühlen; sie fallen alle unter die gemeinsame Idee der bewußten Handlung oder der Wahrnehmung oder des Bewußtseins. Und die Substanz, der sie zukommen, nennen wir ‹bewußtes Seiendes› oder ‹Geist› ...) [4]. Die conscientia wird hier als wesentlicher

Charakter spezifisch menschlicher Phänomene angesehen; es ist das Wissen darum, daß wir es sind, die bebestimmte Tätigkeiten vollziehen. Sieht man genau zu, dann liegt noch keine eigentliche Reflexivität vor, es ist viele eher ein «Mitwissen», ein begleitendes Wissen. Es gehört zu jedem menschlichen Akt, und so kann Descartes sagen, daß der Mensch eine res cogitans sei, und nichts in der «Seele» geschehe, dessen sich der Mensch nicht bewußt sei.

Die Bedeutungsentwicklung des Begriffes geht in zwei Richtungen, die als *funktionaler* und als *materialer* B.-Begriff bezeichnet werden können. Im ersten Sinne bezeichnet er eine Form, eine Struktur am Menschen, die in seiner Subjektivitätsverfassung begründet ist. Die Entwicklung verläuft über den Rationalismus, über Kant bis hin zur modernen Phänomenologie und Existenzphilosophie. – Im zweiten Sinne umfaßt das mit ‹B.› Bezeichnete die Gesamtheit des im Menschen und dem Menschen in seiner Selbst- und Fremdbeobachtung Gegebenen: die «Tatsachen des B.», den «B.-Strom», das «B.-Feld» usw.

Im ersten Sinne differenziert LEIBNIZ: «Il est bon de faire distinction entre la *Perception*, qui est l'*état intérieur* de la Monade répésentant les choses externes, et l'*Apperception*, qui est la *Conscience* ou la connaissance *réflexive* de cet état interieur .... Et c'est faute de cette distinction, que les Cartésiens ont manqué, en comptant pour rien les perceptions, dont on ne s'apperçoit pas comme le peuple compte pour rien les corps insensibles» [5]. Ist damit die conscience das reflexive Wissen um die eigenen «inneren Zustände», die sich primär auf Gegenstände richten, so erweitert WOLFF den B.-Begriff dahin, daß sowohl sein intentionaler wie sein reflexiver Charakter herausgestellt wird: «Wir sind uns unser und anderer Dinge bewußt, daran kann niemand zweifeln» [6], so beginnt seine Metaphysik. Das B. wird zur anthropologischen Grundverfassung, kraft deren der Mensch sich selbst wie die Welt zum Objekt machen kann und beide zugleich als Wirklichkeiten «konstituiert».

Ist dies die Aufgabe von Kants «transzendentalem Bewußtsein», so stellt sein B.-Begriff in seiner Differenzierung in das «reine», «transzendentale» und das «empirische» B. eine gewisse Synthese der mehr rationalistisch-funktionalistischen und der empirisch-psychologisch-materialen Konzeption dar. Zwar definiert auch LOCKE: «Consciousness is the perception of what passes in a man's own mind» [7], und HUME identifiziert consciousness mit «inward sentiment» [8], erinnern also beide an Descartes' wie Leibnizens Bestimmungen. Während bei diesen aber «hinter» dem B. eine Seelen*substanz* steht, als deren Aktualisierung das B. fungiert, fehlt diese bei Locke und Hume: Wirklich ist nur «what passes in a man's own mind», d. h. die Gesamtheit der «ideas», voran die primären im Sinne Lockes, oder die Gesamtheit der «sensations»; es gibt hier kein substantielles Ich oder dergleichen. Die Selbstgegebenheiten werden zu einem Gesamt, einem «Feld», wie es dann bald heißt, zusammengefaßt. Damit bildet sich ein Modell heraus, das ursprünglich am Gewissensbegriff entwickelt wurde: die Vorstellung vom «forum internum», das dann auch als «theatrum internum» angesehen und interpretiert wird.

Es wird hier die Grundlage geschaffen für die später als B.-Psychologie umstrittene Anthropologie, wie sie sich nicht zuletzt in der deutschen Aufklärung entwickelt. Hier bildet sich ein B.-Begriff heraus, der einmal das Gesamt der inneren Gegebenheiten umfaßt, zum anderen einerseits die subjektive Seite der jeweiligen Selbstbetrachtung, Selbstbeobachtung usw., andererseits die Art und Weise der gewissermaßen objektiv gegebenen «B.-Tatsachen» meint (B.-Grad usw.).

Überblickt man die verschiedenen Verwendungen des B.-Begriffes bei KANT, so gilt, daß als dem B. wesentlich eine synthetische Funktion angesehen wird, daß es in dieser Gestalt mit der Struktur der Subjektivität – Kant verwendet diesen Begriff noch nicht – identifiziert wird, so daß es die letzte einheitsstiftende Instanz ist. Die «Einheit des B.» ist damit der Grund aller Gegenstandskonstitution, sowohl in objektiver Hinsicht, d. h. in Hinsicht auf die Dinge, wie in subjektiver Hinsicht, d. h. in Hinsicht auf das Ich, die Seele bzw. das «empirische B.»: «Alle Vorstellungen haben eine notwendige Beziehung auf ein mögliches empirisches B.: denn hätten sie dies nicht, und wäre es gänzlich unmöglich, sich ihrer bewußt zu werden, so würde das so viel sagen, sie existierten gar nicht. Alles empirische B. hat aber eine notwendige Beziehung auf ein transzendentales (vor aller besonderen Erfahrung vorhergehendes) B., nämlich das B. meiner Selbst, als die ursprüngliche Apperception. ... Der synthetische Satz: daß alles verschiedene empirische B. in einem einigen Selbst-B. verbunden sein müsse, ist der schlechthin erste und synthetische Grundsatz unseres Denkens überhaupt. Es ist aber nicht aus der Acht zu lassen, daß die bloße Vorstellung Ich in Beziehung auf alle anderen ... das transzendentale B. sei» [9]. War also bei Descartes die conscientia als begleitendes Mitwissen des Subjektes um seine Akte das Kriterium der Zugehörigkeit zur res cogitans, war die conscientia also das Wesensattribut des Menschen, so wird jetzt bei Kant das B. bzw. die Einheit der Selbstapperzeption, d. h. des Selbst-B. in seiner transzendentalen Verfassung, die grundlegende Bedingung der Möglichkeit möglicher Gegenstände und damit möglicher Wirklichkeit überhaupt; es ist, als transzendentales «B. überhaupt», dessen ontologischer Grund überhaupt.

Damit werden die Voraussetzungen geschaffen für die verschiedenen Konzeptionen im Umkreis des *deutschen Idealismus:* Die transzendental-konstitutive Fragestellung sucht REINHOLD in seinem «Satz des B.» zu beantworten: «Im B. wird die Vorstellung vom Vorstellenden und Vorgestellten unterschieden und auf beides bezogen» [10]. Ähnliches will S. MAIMON mit seinem «B. überhaupt»: «Unter diesem B. ... muß so wenig B. des Subjekts (Selbst-B.) als B. eines Objekts außer demselben, sondern das unbestimmte B. oder die Handlung des Wissens überhaupt verstanden werden» [11]. Im späteren deutschen Idealismus geht die transzendental-konstitutive Fragestellung verloren (sie wird erst wieder im Neukantianismus, der Phänomenologie und der Existenz(ial)philosophie lebendig). Der Bereich des Transzendentalen wird zu einem metaphysischen Wirklichkeitsbereich, sei es über, unter oder hinter den «Erscheinungen». Das B. kann dann als ein Sonderbereich neben anderen angesetzt werden oder kann im Sinne eines Schichtenschemas der Wirklichkeit zwischen andere Schichten lokalisiert werden. Entsprechend fragt FICHTE nach der «Tathandlung», «welche unter den empirischen Bestimmungen unseres B. nicht vorkommt, noch vorkommen kann, sondern vielmehr allem B. zum Grunde liegt, und allein es möglich macht. ... Nicht ... kann Tatsache des B. werden, was an sich keine ist» [12]. Entsprechend will er später, durch eine «Natur- oder Entwicklungsgeschichte des Lebens des B.» in das eigentliche System der Philosophie einleiten. HEGEL geht von der traditionellen Bestimmung des B. aus: «Das B. überhaupt ist die Beziehung des Ich auf einen Gegenstand, es sei ein innerer oder äußerer» [13]. Es ist dies aber die Situation des endlichen B. in der Gespaltenheit in Objekt und Subjekt; die Philosophie als vernünftige Reflexion geht zwar hiervon aus, sucht aber den absoluten Geist zu erhellen. So ist «die Lehre vom B. ... die Phänomenologie des Geistes», die sich über das «B.», das «Selbst-B.» auf die Stufe der «Vernunft» erhebt. In der späteren ‹Enzyklopädie› stellt «die Phänomenologie des Geistes» («Das B.») mit den genannten drei Stufen, die ihrerseits wieder drei Untergliederungen besitzen, die antithetische Stufe des «subjektiven Geistes» zwischen der «Anthropologie» («Die Seele») und der «Psychologie» («Der Geist») dar. Damit haben wir das Stufenschema, das für die Folgezeit bis zur Gegenwart immer wieder verwendet wird: «(Leben) – Seele – B. – Geist». Es kann dann im einzelnen noch erweitert werden, so daß sich insgesamt etwa folgende Stufung aufstellen läßt: Leib – Leben – Seele (mit Erleben) – B. (mit dem Unbewußten) – Geist – Ich – Person – Existenz. Bei den einzelnen Autoren können dabei spezifische Beziehungen aufgestellt werden, die zum B. entweder in einem positiven oder einem antithetischen Verhältnis stehen.

Die *nachidealistische* Entwicklung ist im Zusammenhang mit der allgemeinen Abwendung von der Metaphysik und dem Aufkommen des Positivismus dadurch gekennzeichnet, daß mehr und mehr die materiale Wortbedeutung in den Vordergrund tritt: Das B. ist eine anthropologische Gegebenheit spezifischer Art, im allgemeinen in den «höheren Bereichen» lokalisiert und durch eine gewisse Geistigkeit und «Bewußtheit» ausgezeichnet. Seine Thematisierung erfolgt in zwei Bereichen, dem realen und dem psychisch-psychologischen. Im ersten Sinne kann es entweder einen bestimmten anthropologischen Bereich ausmachen, eingeschoben etwa zwischen dem Unbewußten und dem Geist als einem «Über-B.» – so etwa in der *Romantik* bei CARUS. Es kann dann aber auch das Gesamt der subjektiven Vorstellungen, Ideen («Ideologien») usw. umfassen, sei es beim einzelnen Individuum, sei es bei Kollektiven, wie der Klasse, dem Volk usw. Es ist dann «Überbau», «Spiegel», «Ideologie». «Das B. kann nie etwas anderes sein als das bewußte Sein, und das Sein der Menschen ist ihr wirklicher Lebensprozeß ... Die Moral, Religion, Metaphysik und sonstige Ideologien und ihnen entsprechenden B.-Formen behalten hiermit nicht länger den Schein der Selbständigkeit ... Nicht das B. bestimmt das Leben, sondern das Leben bestimmt das B. ...» [14]. Diese und ähnliche Formulierungen von MARX gehören zum Grundbestand marxistischer Ideologietheorie. Sie gehen als wertneutrale Begriffe in den terminologisch-kategorialen Bestand der modernen Soziologie ein: «Klassen-, Gruppen-B.», (objektive) «B.-Lage». – Beide Modelle können dann wieder historisiert oder (biologisch) im Sinn der Evolutionstheorie interpretiert werden; dabei entsprechen sich Individual- und Kollektiventwicklung und Ausprägung im Sinne des biogenetischen Grundgesetzes. – Bei einzelnen universalidealistischen Epigonen kann das B. auch als universale kosmische Erscheinung angesehen werden; so baut sich etwa nach FECHNER über die menschliche «höhere B.-Welt» und über allem alles umfassend das «göttliche B.» [15] auf, wie für LOTZE das «göttliche All.-B.» [16]. Für E. V. HARTMANN fungiert das Unbewußte als kosmisches Universalprinzip, das sich jeweils in B.-Stufen realisiert und manifestiert, um schließlich durch die B.-Leistung des Menschen selbst wieder von den Leiden des B. befreit zu werden. – Bis zu einem gewissen Maße mit den genannten Konzeptionen verbunden ist der *rein psychologisch* verstandene B.-Begriff, wie er sich in der an die Aufklärungspsychologie sich anschließenden neuen Psychologie entwickelt. Er wird jetzt zum «Urbegriff der Psychologie» (NATORP): «Das einzige Merkmal des Psychischen ist, daß es uns bewußt ist» [17]; ist das B. das Gesamt der unmittelbar erlebten und entsprechend erfaßbaren Selbstgegebenheiten, dann hat davon alle Psychologie auszugehen: Das gilt seit HERBART: «Die Tatsachen des B. sind ohne Zweifel die Anfangspunkte alles psychologischen Nachdenkens» [18]; das wird immer wiederholt: «Die Psychologie ist die Lehre vom B. und den B.-Erlebnissen» (LIPPS [19]).

Im einzelnen kann über verschiedene Fragen gestritten werden, so etwa über die «Grundlage der B.-Erscheinungen», ob es eine «materielle Grundlage» gäbe, oder ein eigentlich «psychisch Reales» oder gar eine eigentlich personale Wirklichkeit, der gegenüber alles B. wieder «Epiphänomen» sei (KRUEGER, WELLEK).

Mit dem ausgehenden 19. Jh. bahnen sich zwei wesentliche Umgestaltungen an: Im rein philosophischen Bereich wird der B.-Begriff wieder mehr funktional und dann konstitutiv verstanden. An erster Stelle ist hier der *Neukantianismus* zu nennen, zunächst COHEN, dann vor allem NATORP. Eine Verbindung zur Wertproblematik des Westdeutschen Neukantianismus stellt WINDELBANDS «Normal-B.» dar. Die Aufgabe der «Philosophie als die Besinnung auf dies Normal-B. besteht darin, dies Normal-B. aus den Bewegungen des empirischen B. hervorspringen zu lassen und auf die unmittelbare Evidenz zu vertrauen, mit welcher seine Normalität sich, sobald sie einmal zum klaren B. gekommen ist, in jedem Individuum ebenso wirksam und geltend erweist, wie sie gelten soll» [20].

Zum Zentralbegriff in diesem Sinne wird das Wort dann in der *Phänomenologie*, voran bei HUSSERL. Sein «transzendentales B.» ist der konstitutive Urboden aller Seinssetzung. Allerdings wird in der Weiterentwicklung der Begriff selbst durch andere Begriffe wie ‹Dasein›, ‹Existenz› abgelöst; so vollzieht sich etwa «die Überwindung des B.-Begriffs in der phänomenologischen Existenzialphilosophie M. HEIDEGGERS» [21]. Wenn auch der Begriff verloren geht, bleibt das wesentliche des phänomenologischen B.-Begriffes doch erhalten: seine konstituierende Funktion, die ihrerseits wieder in HUSSERLS Lehre von der Intentionalität des B. gründet, insofern gilt: «Alles B. ist Bewußtsein-von ...» [22]. In diesen Zusammenhängen ist wieder begründet, daß gerade in der neuesten Entwicklung, vor allem in der französischen, aber auch in der deutschen Literatur, der B.-Begriff wieder eine neue Belebung erfährt. Hier kommt zur transzendentalen Funktion noch die alte Beziehung zum Gewissen hinzu, ja sie wird jetzt wieder neu gesehen: «Der sprachliche Zusammenhang zwischen Gewissen und B. ist überhaupt festzuhalten» (BOLLNOW).

Hier begegnet sich diese Entwicklung mit der zweiten Umgestaltung des alten B.-Begriffs: Diese geht von der analytischen Psychologie und Anthropologie aus (analytisch im weitesten Sinne). Für diese Lehre ist nicht mehr das B., sondern das Unbewußte eigentliche menschliche Wirklichkeit; B. ist sekundäres Produkt, Oberfläche, Überbau. Dieses rein statische Modell, so wie es FREUD zunächst entwickelt hatte, wird dann zunehmend dynamisiert und «existentialisiert». Der Begriff des B. tritt damit zurück; seine Bestimmung wird abhängig vom Begriff des Unbewußten.

Anmerkungen. [1] CICERO, Pro Milone 63. – [2] THOMAS, S. theol. I, q. 79, art. 13; vgl. ebda die Definition die conscientia als «actus quo scientiam nostram ad ea quae agimus applicamus». – [3] Vgl. W. KABITZ: Die Philos. des jungen Leibniz (1909) 89. – [4] DESCARTES, Meditationes de prima philos. Obj. III, Obj. 2, Resp. Oeuvres, hg. ADAM/TANNERY 2, 176 (4a); bei der dtsch. Übersetzung der Merkmale der nichtkörperlichen Substanz sind die einzelnen Charakterisierungen schwierig wiederzugeben. Entscheidend ist u. E. das Spezifische des Grundcharakteristikums, der «cogitatio»; nach DESCARTES eingehenden Ausführungen an verschiedenen Stellen, etwa bei der Antwort zu den zweiten Einwänden gilt: «Cogitationis nomine complector omne quod sic in nobis est, et ejus immediate *conscii* simus». – [5] LEIBNIZ, Philos. Schriften, hg. C. I. GERHARDT (1875-1890) 4, 600. – [6] CHR. WOLFF, Vern. Ged. von Gott ... I, § 1. – [7] LOCKE, Ess. conc. human understanding ch. 1, 19. – [8] HUME, Enq. conc. understanding Sect. II; LOCKE, a. a. O. II, 1, 4 spricht vom «internal sense». – [9] KANT, KrV A 117/18. – [10] K. L. REINHOLD: Versuch einer neuen Theorie des menschlichen Vorstellungsvermögens (1789) 235. – [11] S. MAIMON: Versuch einer neuen Logik (1794) 243. – [12] J. G. FICHTE, Sämtl. Werke, hg. I. H. FICHTE 1, 91/2. – [13] HEGEL, Propädeutik § 2; ebda spricht er auch vom «B. des B.» – [14] MARX, Dtsch. Ideologie, etwa in: Frühschriften, hg. S. LANDSHUT (1953) 349. – [15] G. TH. FECHNER: Die Tagesansicht gegenüber der Nachtansicht (1879) 65ff. – [16] R. H. LOTZE: Mikrokosmos 3 (⁵1896) 545ff. – [17] P. NATORP: Allgemeine Psychol. nach kritischer Methode (1912) 19f. – [18] J. FR. HERBART, Sämtl. Werke, hg. K. KEHRBACH/O. FLÜGEL (1887-1912) 1, 203. – [19] TH. LIPPS: Leitfaden der Psychol. (³1909) 1. – [20] W. WINDELBAND: Präludien (⁸1921) 45. – [21] F. J. BRECHT: B. und Existenz, Wesen und Weg der Phänomenol. (1948) 114ff. – [22] Vgl. E. HUSSERL: Ideen zu einer reinen Phänomenol. und phänomenol. Philos. I (1913). Husserliana 3 (Den Haag 1950) § 36: ‹Intentionales Erlebnis›.

IV. *Begriffsbereich.* War im Abschnitt ‹Wortfeld› versucht worden, den B.-Begriff ganz allgemein zu charakterisieren, so hat die geschichtliche Übersicht seine sich in verschiedene Richtungen differenzierende Bedeutungsspezifizierung aufgewiesen und gezeigt, daß man heute nicht mehr ohne weiteres von einem einheitlichen B.-Begriff reden kann. Entsprechend unterscheiden die verschiedenen Autoren etwa drei verschiedene Bedeutungen, wie HUSSERL (1. «gesamter Bestand des empirischen Ich»; 2. «inneres Gewahrwerden der eigenen psychischen Erlebnisse» – «inneres B.»; 3. «intentionales Erleben»[1]) oder JASPERS (1. «Innerlichkeit eines Erlebens»; 2. «Gegenstands-B.»; 3. «Selbst- bzw. Persönlichkeits-B.», wobei gilt: «das Urphänomen des B. als der Spaltung in Subjekt und Objekt bedeutet die Zusammengehörigkeit von Ich- und Gegenstands-B.»[2]) oder BASH (1. «Bewußtheit» als «Qualität gewisser psychischer Inhalte oder Ereignisse»; 2. «das Bewußte» als «der Teil der Psyche, dessen Inhalte sich durch die genannte Qualität charakterisieren lassen»; 3. «das B.» als «ein psychisches System, das mit dem vorgenannten [Bereich] mehr oder minder zusammenfällt, sich aber durch bestimmte Systemeigenschaften von der übrigen Psyche abheben läßt»[3]). Neun Begriffsdifferenzierungen erstellt GRAUMANN, der allerdings vom Adjektivbegriff ‹bewußt› ausgeht (der u. E. nicht isomorph zum Begriff B. gehört); er unterscheidet: «1. = belebt, organisch, 2. = beseelt, seelisch, 3. = wach, 4. = überhaupt empfindend, reizbar, 5. = unterscheidend, unterschieden, 6. = mitteilbar, ausdrückbar, 7. = aufmerkend, bemerkend, beziehend, 8. = vorsätzlich, absichtlich, regulativ, 9. = wissend, inneseiend, gewußt»[4].

Im folgenden soll eine Übersicht versucht werden, die zugleich die Grundlage für die verschiedenen Kompositionsbildungen abgeben soll.
1. *B. als anthropologische Grundkategorie*
   a) Subjekt: B., «B. und Existenz»
   b) Geistiger Überbau, Weltanschauung: allgemeines, Gesellschafts-, Zeit-, Klassen-, Gattungs-B.
   c) In verschiedenen «Wirklichkeits»gegebenheiten: empirisches, reines, apriorisches, transzendentales, absolutes B., Normal-B., psychologisches, erkenntnistheoretisches B.
   d) In verschiedenen Wirklichkeitsschichten: individuelles, kollektives, kosmisches, göttliches, All-B.
2. *B. als «Bewußtsein-von ...»*
   a) Strukturell: B.-Transzendenz, -Immanenz, Gegenstands-, Fremd-B., B.-Gegenstand, -Inhalt
   b) Aktuell: B.-Akt
   c) Satz des B.
3. *B. als Reflexivität*
   a) Strukturell: Selbst-, Ich-, Persönlichkeits-B.
   b) Aktuell: inneres Zeit-B., historisches B.
4. *B. als innerlich erfahrbare Wirklichkeit*
   B.-Leben, -Tatsachen bzw. Tatsachen des B., B.-Zustände, -Phänomene, -Erscheinungen, -Elemente, -Feld, -Horizont, -Umfang, -Lage, -Enge, -Strom
5. *B. als Gegebenheitsweise*
   B.-Grade, -Gradienten, -Stärke
   B.-Stufen
   B.-Schwelle.

Anmerkungen. [1] E. HUSSERL, Log. Untersuchungen II/1, 346. – [2] K. JASPERS: Philos. 1 (²1948) 6f.: ‹Die Aufgabe der Daseinsanalyse als B.-Analyse›. – [3] BASH, Consciousness (Lit. 1949) 214. – [4] GRAUMANN, B. (Lit. 1966) 84ff.

Literaturhinweise. F. BOUILLIER: De la conscience en psychol. et en morale (1872) [Begriffsgesch.]. – J. REHMKE: Das B. (1910) [Begriffsgesch.]. – K. J. GRAU: Die Entwicklung des B.-Begriffs im 17. und 18. Jh. (1916). – L. KLAGES: Vom Wesen des B. (1921, ⁴1955). – F. ZUCKER: SYNEIDESIS (1928). – H. W. GRUHLE: Die Weisen des B. Z. Neurol. 131 (1930). – H. THOMAE: B. und Leben, Versuch einer Systematisierung des B.-Problems. Arch. Psychol. 105 (1940) 632-636. – K. W. BASH: Consciousness and the unconscious in the depth and gestalt psychol. Acta psychol. (Amst.) 6 (1949 213-288). – G. E. STÖRRING: Gesinnung und B. (1953). – S. BRETON: Conscience et intentionalité (1956). – K. STEINBUCH: B. und Kybernetik, in: Automat und Mensch (³1965). – C. F. GRAUMANN: B. und Bewußtheit. Probleme und Befunde der psychol. B. – Forsch., in: W. METZGER (Hg.): Handb. der Psychol. 1: ‹Allgemeine Psychol.› (1966) [umfangreiche Bibliographie].

A. DIEMER

Bewußtsein, antizipierendes. Der Begriff ‹a.B.› wurde von E. BLOCH gegen die Bestimmungen des Bewußtseins in der Psychoanalyse und darüber hinaus in der philosophischen Tradition gebildet, die das Bewußtsein als wesentlich erinnerndes, durch seine Vergangenheit geformtes begreift. In diese Bestimmung ist nicht eingegangen. daß das Bewußtsein als planendes auch die Zukunft antizipieren kann [1]: «Wo die Romantik [und die gesamte Tradition] als archaisch-historische in lediglich antiquarische Quellen, als in eine falsche Tiefe, hinabgezogen wurde, dort legt das utopische Bewußtsein auch noch das Heraufkommende im alten frei, wie sehr erst im Bevorstehenden selbst» [2]. Bloch kritisiert das vulgärmarxistische Basis-Überbau-Schema, demzufolge das Bewußtsein nur als Funktion der ökonomischen Prozesse interpretiert wird. Den Produkten des Bewußtseins kommt ebenso wie diesem Unabhängigkeit von den sozialen Bedingungen zu. Als große Kunstwerke bleiben sie aufgetragen «auf die Inhalte einer Zukunft, die zu seiner Zeit noch nicht erschienen war, wo nicht auf die Inhalte eines noch unbekannten Endzustands» [3]. Als planendes ist das Bewußtsein verwiesen auf das «objektiv-real Mögliche» [4]. «Die Materie ist die reale Möglichkeit zu all den Gestalten, die in ihrem Schoß latent sind und durch den Prozeß [der menschlichen Arbeit und der Natur] aus ihr entbunden werden» [5].

Anmerkungen. [1] E. BLOCH: Das Prinzip Hoffnung 1 (1959) 55-204. – [2] a. a. O. 161. – [3] 143. – [4] 271ff. – [5] 271.
H. BRINKMANN

Bewußtsein, geschichtliches bzw. historisches. Die Adjektive ‹geschichtlich› und ‹historisch› werden in der *Goethezeit* in immer neuen Variationen entweder dann verwendet, wenn es gilt, so etwas wie den «historischen Sinn», das Gefühl für die Lebendigkeit der Vergangenheit und ihr Fortwirken bis in unsere Tage oder aber das Abgetane der «historisch toten Ferne» zum Ausdruck zu bringen.

Der Terminus ‹h.B.› ist im Umkreis der *Hegelschen* Philosophie gebildet worden, z. B. bei K. ROSENKRANZ in einer Charakteristik der Hegelschen ‹Phänomenologie›: In den Jenenser Einleitungen zur Logik und Metaphysik habe Hegel den Begriff der Erfahrung entwickelt, den das Bewußtsein von sich selbst macht. In die ‹Phänomenologie› habe er dann wie «in eine ideale Geschichte des Bewußtseins zuletzt den Inhalt des empirisch g.B. hineingezogen» [1].

Als terminus technicus verwendet den Begriff erst W. DILTHEY für einen geistesgeschichtlichen Sachverhalt, dessen systematischer Durchdringung und historischer Erforschung ein großer Teil seiner Lebensarbeit gegolten hat. Der Ausdruck erscheint noch nicht in den Tagebüchern und frühen Schriften bis zum Jahre 1866, wenn er auch durch den Terminus «moralisches Bewußtsein» der Habilitationsschrift von 1864 gewissermaßen vorbereitet wird. Frühester Beleg ist ein Passus aus der Basler Antrittsrede von 1867: «In LESSING wird aus LEIBNIZ das h.B. entbunden. Auf dem teleologischen oder ideellen Grunde von LEIBNIZ erschienen die geschichtlichen Erscheinungen als notwendige Stufen einer Entwicklung, deren Ziel Aufklärung und Vollkommenheit ist. ‹Erziehung des Menschengeschlechts›. Hier tritt er neben HUME. Diese beiden bezeichnen in verschiedener Art den Fortgang zu einem h.B.» [2]. Zentraler Terminus wird ‹g.B.› bzw. ‹h.B.› dann in der ‹Einleitung in die Geisteswissenschaften› von 1883: Durch die christliche Offenbarung wird Gottes Wesen «in geschichtlicher Lebendigkeit ergriffen. Und so entstand, das Wort im höchsten Verstand genommen, nun erst das g.B.: ... Das Ringen der Religionen untereinander in dem von geschichtlicher Realität erfüllten christlichen Seelenleben hat das h.B. einer Entwicklung des ganzen Seelenlebens hervorgebracht» [3]. Im Alter stellt Dilthey Jugendaufsätze und Erinnerungen unter dem Titel ‹Vom Aufgang des g.B.› zusammen [4], und in den Studien für die Fortsetzung der ‹Einleitung ...›, später unter dem Titel ‹Der Aufbau der geschichtlichen Welt in den Geisteswissenschaften› herausgegeben, ist g.B. wieder Hauptkategorie. «Das H.B. von der Endlichkeit jeder geschichtlichen Erscheinung, jedes menschlichen oder gesellschaftlichen Zustandes, von der Relativität jeder Art von Glauben ist der letzte Schritt zur Befreiung des Menschen. Mit ihm erreicht der Mensch die Souveränität, jedem Erlebnis seinen Gehalt abzugewinnen, sich ihm ganz hinzugeben, unbefangen, als wäre kein System von Philosophie oder Glauben, das Menschen binden könnte. Das Leben wird frei vom Erkennen durch Begriffe; der Geist wird souverän alle Spinneweben dogmatischen Denkens gegenüber» [5]. Das h.B. «ist die Einführung des historischen Denkens und seiner Resultate in die Weltanschauung, in Philosophie. Relativität jedes Phänomens. In dieser aber sein Wert und seine Bedeutung als eines Moments im Ganzen. Erst Universalität in diesem Sinne ist g.B. Dieses ist nun im Fortschreiten». «Philosophisches Bewußtsein = Geist der Prüfung; h.B. = Begrenzung jeder gegebenen Erscheinung und zugleich ihre Bedeutung im universalhistorischen Zusammenhang» [6]. Charakteristisch ist ferner aus einem Vorlesungsmanuskript von 1900: «Wenn die menschliche Natur in ihrer Wirklichkeit und Macht sich besitzen will, in der Fülle lebendiger Möglichkeiten menschlichen Daseins, dann kann sie das nur in dem g.B., sie muß die größten Manifestationen ihrer selbst verstehend sich zum Bewußtsein bringen, sie muß konkrete Ideale einer Zukunft von schönerer, freierer Art hieraus entnehmen. Die Totalität der Menschennatur ist nur in der Geschichte; sie kommt dem Individuum nur zu Bewußtsein und Genuß, wenn es die Geister der Vergangenheit in sich versammelt». Bevor «die Relativitäten ... mit der Allgemeingültigkeit in einen tieferen Zusammenhang gebracht werden» können, muß das h.B. erst «das Bewußtsein der Relativität alles geschichtlich Wirklichen bis in seine letzten Konsequenzen» hinein entwickeln. Das h.B. soll das Subjekt erhöhen, «die Anerkennung des Wirklichen als des Maßstabes für unser Fortschreiten in der Zukunft» befördern. «In dem g.B. müssen Regeln und Kraft enthalten sein, allen Vergangenheiten gegenüber frei und souverän einem einheitlichen Ziele menschlicher Kultur sich zuzuwenden». Das g.B. ist das Fundament für ein vertieftes Ideal des Lebens, «das nicht mehr abstrakt, nicht mehr bloß begrifflich» ist [7].

Bei NIETZSCHE findet sich der Ausdruck ‹h.B.› singulär in der ‹Unzeitgemäßen Betrachtung› über Strauß von 1873: Die Behaglichen, die den Begriff des Epigonen-Zeitalters erdachten, «bemächtigten sich zu demselben Zweck um ihre Ruhe zu garantieren, der Geschichte und suchten alle Wissenschaften, von denen noch etwa Störungen der Behaglichkeit zu erwarten waren, in historische Disziplinen zu verwandeln, zumal die Philosophie und die klassische Philologie. Durch das h.B. retteten sie sich vor dem Enthusiasmus» [8].

Anmerkungen. [1] K. ROSENKRANZ: G. W. F. Hegels Leben (1844), in: Hegels Werke, Jubiläums-A., Suppl. 22 (Neudruck 1969). – [2] W. DILTHEY, Ges. Schriften 5, 19. – [3] a. a. O. 1, 254f. – [4] a. a. O. 11. – [5] a. a. O. 7, 290f. – [6] a. a. O. 11, XIX. – [7] a. a. O. 8 (²1960) 203-205. – [8] FR. NIETZSCHE, Musarion-A. 6, 142.

Literaturhinweise. E. ROTHACKER: Einleitung in die Geisteswiss. (1920 u. ö.); Das h.B. Z. Dtsch.kunde 45 (1931) 466-482. – E. TROELTSCH: Der Historismus und seine Probleme (1922). – FR. MEINECKE: Die Entstehung des Historismus 1. 2 (1936). – K. LÖWITH: Von Hegel zu Nietzsche. Der revolutionäre Bruch im Denken des 19.Jh. (1941 u. ö.); Ges. Abh. zur Kritik der gesch. Existenz (1960). – TH. LITT: Die Befreiung des g.B. durch Herder (1943); Wege und Irrwege gesch. Denkens (1948); Die Wiedererweckung des g.B. (1956). – H. R. VON SRBIK: Geist und Gesch. vom dtsch. Humanismus bis zur Gegenwart 1. 2 (1950/51). – Art. ‹Gesch. und Geschichtsauffassung› in RGG (³1958), darin von H. G. GADAMER der Abschnitt ‹Geschichtsphilos.›. – H. GLOCKNER: Die europäische Philos. von den Anfängen bis zur Gegenwart (²1960).
L. VON RENTHE-FINK

Bewußtsein, ideatives/instrumentelles. Von 1950 an wird bei A. GEHLEN das ideative B. entscheidend für die Theorie der Institutionen, denn «die gegenwärtig vorherrschenden Formen des instrumentellen und des historisch-psychologischen B. messen den Raum des Geistes nicht aus» [1]. Instrumentell-technisches und historisch-psychologisches B. entlassen aus sich keine Verhaltensweisen, die Endzwecke festhalten; vielmehr entsteht das historisch-psychologische B. sogar als Kompensationsbewegung aus dem Zerfall von Institutionen und aus sozialer Desintegration. Beide B.-Arten liefern keine «Analyse tieferer Sozialprobleme». Gegen Auffassungen von Bergson, Scheler und Beth [2], die Institutionen «aus einer *primären subjektiven Zweckmäßigkeit* ‹verstehen› wollten» [3], entwickelt Gehlen – abweichend von früheren eigenen Auffassungen (1940) – eine Theorie der Institutionengründung, die von der Kategorie der «sekundären objektiven Zweckmäßigkeit» ausgeht. Die Gründung wird aus dem ideativen B. abgeleitet, das wiederum in der «idée directrice» (HAURIOU) zentriert [4]. Das ideative B. heißt auch das metaphysische; ihm entgegengesetzt wird das instrumentelle B., welches die Natur ausbeutet, «so wie das verstehende die Geschichte». Beide B.-Formen stehen zueinander im Verhältnis der «Realrepugnanz» (N. HARTMANN [5]), «als widerstreitende Tendenzen, die sich ihren Kampf auf dem Schauplatz des menschlichen Innern liefern. Jede gewinnt nur auf Kosten der anderen Terrain» [6]. Die Entwicklung der Institutionen aus bestimmten nicht-instrumentellen Akten des ideativen B. zeigt Gehlen am Totemismus. Die Behandlung der Institutionen tritt damit an die Stelle des Themas «objektiver Geist» [7]. Der Hinweis auf das ideative B. als metaphysisches und auf die «sekundäre objektive Zweckmäßigkeit» als ontologische Kategorie [8] schließt eine Philosophie ab, die sich als empirische Wissenschaft verstanden wissen will [9].

Anmerkungen. [1] A. GEHLEN: Der Mensch. Seine Natur und seine Stellung in der Welt (¹1940, ⁴1950, ⁸1966), zit. (⁴1950) Vorwort. – [2] C. BETH: Relig. und Magie bei den Naturvölkern (1914). – [3] GEHLEN, a. a. O. (⁸1966) 392. – [4] ebda. – [5] N. HARTMANN: Der Aufbau der realen Welt (1940) 320. – [6] GEHLEN, a. a. O. (⁸1966) 394. – [7] Mensch und Institutionen, in: Anthropol. Forsch. (1961) 69f. – [8] a. a. O. [6] 398. – [9] Urmensch und Spätkultur. Philos. Ergebnisse und Aussagen (²1964) 262.

Literaturhinweise. A. GEHLEN s. Anm. [1]; Die Seele im technischen Zeitalter. Sozialpsychol. Probleme in der industriellen Ges. (1957); s. Anm. [7] 69-77; Anm. [9]. – H. SCHELSKY: Über die Stabilität von Institutionen, bes. Verfassungen, in: Auf der Suche nach Wirklichkeit (1965). – M. HAURIOU: Die Theorie der Institution, hg. R. SCHNUR (1965). – F. JONAS: Die Institutionenlehre A. Gehlens (1966). W. LEPENIES

Bewußtsein, positionales. Positional heißt bei E. HUSSERL alles wirklich setzende (thetische, im weitesten Sinne stellungnehmende) Bewußtsein [1]. Der Begriff der Thesis übergreift dabei alle Aktsphären (Wahrnehmen, «prädikatives Urteilen», Werten, Wollen usw.) [2].

Die fundierende Urform aller positionalen Erlebnisse bilden die urmodalen-unmodalisierten doxischen oder Glaubensthesen als seinssetzende Akte, zu denen noematisch der Seinscharakter des einfachhin Wirklich- oder Gewißseins gehört (passive Urdoxa, schlichte Glaubensgewißheit der äußeren Wahrnehmung) [3]. Alle positionalen Erlebnisse höherer Sphären können wesensmäßig durch eine jederzeit mögliche Operation in positionale Erlebnisse im doxischen Sinne umgewandelt werden, da alle nicht-doxischen Setzungen immer auch als seiend setzen, Gegenstände ursprünglich konstituieren, also Objektivierung vollziehen – wenn auch nicht aktuell [4]. In jedem Werten erfolgt z. B. immer auch ein doxisches als wert-*seiend* Setzen [5]. Gegenüber der in den schlichten Glaubensthesen konstituierten bloßen «Sachenwelt» wird in ihm Seiendes einer neuen Region konstituiert [6]. Alle außerdoxischen Thesen lassen sich durch doxische Umwandlung in den Bereich der «Gegenstände», des «seienden Etwas überhaupt» einordnen und unterstehen daher als Besonderungen des Etwas überhaupt der Herrschaft der formalen Onto-Logik [7]. In dem universalen Charakter des Doxischen für die gesamte positionale Sphäre gründet also die Universalität des Logischen [8]. Das Setzen betrifft die noetischen wie die noematischen Charaktere [9]. Alles potentiell setzende Bewußtsein gehört in den Umkreis des p.B. hinein [10]. Die Urdoxa der Glaubensgewißheit kann sich modalisieren (in vermutlich-sein, zweifelhaft-sein, nichtig-sein usw.) [11]. Alle Glaubens- und Seinsmodalitäten sind jedoch ihrem eigenen Sinn nach zurückbezogen auf die unmodalisierte Urform und haben aufgrund dieser Rückbeziehung Anteil am Setzungscharakter [12]. Das gilt auch für die Modalisierungen, die in den nicht-doxischen Aktsphären auftreten können [13].

Anmerkungen. [1] E. HUSSERL: Ideen zu einer reinen Phänomenol. u. phänomenol. Philos. 1. Buch. Husserliana 3 (Den Haag 1950) 256. 277. – [2] a. a. O. 287f. – [3] a. a. O. 257ff. – [4] a. a. O. 282f. 289ff. 360; vgl. auch Formale und transzendentale Logik (1929) 120f. – [5] Ideen ... a. a. O. [1] 285f. – [6] a. a. O. 290. – [7] a. a. O. 363. – [8] a. a. O. 290. – [9] a. a. O. 256f. – [10] a. a. O. 275f. – [11] a. a. O. 259. – [12] a. a. O. 288. – [13] a. a. O. 289. P. JANSSEN

Bewußtseinsinhalte, unanschauliche (Bewußtheit, Bewußtseinslage). Die wissenschaftliche Psychologie des 19. Jh. kannte außer Gefühlen und Strebungen nur anschauliche, d. h. durch Anschauung gewonnene Bestandteile des Bewußtseins (= B.): die Sinneseindrücke und Vorstellungen. Daß neben Gefühlen und Strebungen einerseits und anschaulichen Bewußtseinselementen andererseits noch eine weitere Klasse von B.-Inhalten unanschaulicher Natur zu unterscheiden war, ist eine Entdeckung der Würzburger Schule der Psychologie, die auf O. KÜLPE zurückgeht.

Solche unanschaulichen B.-Inhalte wurden zuerst in einer Veröffentlichung von MAYER und ORTH über Assoziationsklassifikationen [1] erwähnt. Es wurde dafür der Name ‹B.-Lage› eingeführt. Die Untersuchungen waren im Auftrage MARBES durchgeführt worden, der in seinen im gleichen Jahr erschienenen ‹Experimentellpsychologischen Untersuchungen über das Urteil› ebenfalls über B.-Inhalte von der Art der B.-Lagen berichtete. Er definierte sie lediglich negativ als B.-Tatsachen, deren Inhalt sich weiterer Charakterisierung entziehe [2]. Als Beispiele führte er an: B.-Lage des Zweifelns, Schwankens, der Unsicherheit und der Sicherheit, des Zögerns usw. ACH konnte nach weiteren Studien über Denkvorgänge eine positive Definition geben: Er beschrieb die unanschaulichen B.-Inhalte als «Gegebensein eines Wissens» (von etwas) [3] und nannte sie «Bewußtheiten».

Er unterschied zwei Hauptkategorien von Bewußtheiten:

1. *Bewußtheit der Bedeutung:* d. h. Gegenwärtigsein eines ‹Wissens von etwas›. Wenn etwa in einer Versuchsanordnung Achs gelbe Karte dargeboten wird, so ist als B.-Inhalt die Empfindung ‹gelb› in ihrer optischen Qualität gegeben. Danach resultiert im B. ein Wissen ‹Das ist gelb› als denkender Akt, der die Empfindung als die wohlbekannte Farbe ‹gelb› identifiziert, indem er sie in Beziehung setzt zu dem blaß vorhandenen Erfahrungsschatz.

2. *Bewußtheit der Beziehung* (im engeren Sinne): d. h. Gegenwärtigsein eines Wissens, das den augenblicklichen B.-Zustand in Beziehung setzt zu dem vorausgegangenen. Wenn man im Versuch etwa darauf eingestellt ist, daß eine bestimmte Karte geboten wird, dann aber eine andere erscheint, so resultiert eine Bewußtheit der Überraschung.

Weitere Kategorien wie die *Bewußtheit der Determination* und die *Bewußtheit der Tendenz* bilden eine Übergangsklasse zwischen 1. und 2. Die Bewußtheit der Determination z. B. stellt das Wissen dar, daß ein ablaufender Denk- oder Willensakt im Sinne einer vorangegangenen Determination, d. h. im Sinne einer Vornahme, Aufgabe, Anweisung, eines Befehles oder einer Suggestion abläuft. Die Bewußtheit der Determination gleicht einer solchen der Beziehung insofern, als von einem gegenwärtigen B.-Inhalt ein Zusammenhang hergestellt wird zu einem vorausgegangenen; sie gleicht einer Bewußtheit der Bedeutung, da eine Verbindung hervorgerufen wird mit den durch die Determination aktivierten nachfolgenden B.-Inhalten (Zielvorstellungen der Determination).

Ach ordnet die B.-Lagen Marbes zunächst einer zweiten Hauptkategorie der Bewußtheiten unter. Später betont er jedoch die Unvereinbarkeit der Definitionen, indem er auf Marbes Äußerung hinweist, daß ein Wissen im Bewußtsein niemals gegeben sei [4].

Nach Ach untersucht K. BÜHLER die Bewußtheiten als Bestandteile des Denkvorgangs. Er faßt sie als wesentlichen Teil des Denkens auf und setzt anstelle von ‹Bewußtheit› den Terminus ‹Gedanke›. MESSER hatte sich zuvor für den gleichen Terminus anstelle des unbestimmten Begriffes ‹B.-Lage› entschieden [5]. BÜHLER nennt drei Klassen von Gedanken: 1. Regel-B., d. i. Denken in Form einer Regel; 2. Beziehungs-B., d. i. Denken in Form einer Beziehung; 3. Intentionen, d. i. Bezogensein auf einen Gegenstand [6]. Die B.-Lagen trennt Bühler von den Gedanken ab und sieht in ihnen ein «B. von dem Denkprozeß selbst, besonders von den Wendepunkten dieses Prozesses» [7]. H. COHEN und P. NATORP haben Bewußtheit als das Eigentümliche des B.-Erlebnisses im Unterschied zum Inhalt des B. verstanden [8], während J. GEYSER Bewußtheit als «ein ursprünglichstes, allen, auch den primitivsten Denkakten vorausgehendes unmittelbares Wahrgenommensein der B.-Inhalte» bezeichnet [9]. Die Tatsache unanschaulicher B.-Inhalte wurde von WUNDT [10] und TITCHENER [11] bestritten. Mit der Überwindung der ‹B.-Psychologie› wurden beide Begriffe überflüssig; in den nachfolgenden theoretischen Richtungen der Psychologie findet sich kein begriffliches Äquivalent.

Anmerkungen. [1] A. MAYER/J. ORTH: Zur qualitativen Untersuchung der Association. Z. Psychol. Physiol. Sinnesorgane 26 (1901) 1-13. – [2] K. MARBE: Exp.-psychol. Untersuch. über das Urteil (1901) 11f. – [3] N. ACH: Über die Willenstätigkeit und das Denken (1905) 235f. – [4] Über die Willenstätigkeit und das Denken (1910) 9. – [5] A. MESSER: Exp.-psychol. Untersuch. über das Denken. Arch. ges. Psychol. 8 (1906) 188. – [6] K. BÜHLER: Tatsachen und Probleme einer Psychol. der Denkvorgänge 1: Über Gedanken. Arch. ges. Psychol. 9 (1907) 297-365. – [7] a. a. O. 315. – [8] H. COHEN: Logik der reinen Erkenntnis (²1914) 452; P. NATORP: Allg. Psychol. nach krit. Methode (1912) 1, 24-29. – [9] J. GEYSER: Lehrb. der allg. Psychol. (³1920) 1, 110. – [10] W. WUNDT: Grundzüge der physiol. Psychol. 3 (⁶1911) 115. 552ff. – [11] E. B. TITCHENER: Lectures on the exp. psychol. of the thought processes (London/New York 1909).   M. KOCH

Bewußtseinsmonismus. Der Begriff ‹B.› taucht auf um die Wende zum 20. Jh. bei dem Bemühen (A. DREWS [1]), die verschiedenen Weisen ganzheitlicher Wirklichkeitsbetrachtung als Arten von Monismen zu verstehen. Drews teilt Monismus ein in den qualitativen und den ontologischen Monismus, letzteren wiederum in den naturalistischen und den idealistischen Monismus. Der B. stellt eine Form des idealistischen Monismus dar und erscheint a) als erkenntnistheoretischer B. (auch Psychomonismus) und b) als metaphysischer B. Hauptvertreter von a) sind für Drews: *Mach, Ziehen, Avenarius, Schuppe, Rehmke, Natorp, Lassnitz, Windelband, Rickert, Verworn,* von b) *Lotze, Krause, Carrière* und *Pfleiderer.*

Anmerkung. [1] Der Monismus, dargestellt in Beiträgen seiner Vertreter, hg. A. DREWS (1908) 1-46: ‹Die verschiedenen Arten des Monismus›.   R. FABIAN

Bewußtseinsstellung, ist ein wahrscheinlich zuerst von Graf P. YORCK VON WARTENBURG in seiner Jugendschrift verwandter [1], dann im Gespräch mit Dilthey gebräuchlicher Terminus [2], dessen Verwendung sowohl ihren Gedankenaustausch wie ihre Verschiedenheiten kennzeichnet: Bei DILTHEY oszilliert er, bei YORCK ist er ein geschichtsphilosophischer Grundbegriff von prägnanter Eindeutigkeit. Diese Eindeutigkeit erhält der Begriff, der in allen Schriften Yorcks vorkommt, im Hauptfragment des Yorckschen philosophischen Nachlasses [3]. Die geschichtlichen Epochen sind ihm die Abfolge geschichtlicher B. Eine historische Epoche wird abgelöst, wenn eine Veränderung in der Stellung des Bewußtseins eintritt [4]. «Der Umkreis der historischen Möglichkeit» solcher B. ist ihm durch die drei «radikalen psychischen Funktionen Wollen – Vorstellen – Fühlen» begrenzt [5]. Durch eine «radikale Urteilung» erhält eine dieser psychischen Funktionen das Übergewicht, womit dann eine «besondere B.» gegeben ist, welche «die Geschichtlichkeit und die typische Bedeutsamkeit» der Epoche konstituiert [6]. Die geschichtlichen B. sind für Yorck das Griechentum, Judentum und Christentum, da sie am reinsten eine «Urteilung» erfahren haben. Unter ihnen ist jedoch das Christentum die «tiefste oder intimste» B. Daher ist für Yorck nur vom christlichen Standpunkte aus «lebendige Erkenntnis geschichtlicher Lebendigkeit» möglich [7]. Erst nach der ‹Einleitung in die Geisteswissenschaften› kommt der B.-Begriff in DILTHEYS Schriften vor. Für Dilthey ist eine B. der «tiefste Punkt» [8], durch den das jeweilige gesamte Lebensgefühl, alle Lebensäußerungen, alle Manifestationsweisen [9] einer religiösen oder philosophischen Richtung, einer historischen Epoche, eines Volkes, eines bedeutenden Individuums bedingt sind [10]. Charakteristisch ist sowohl für Diltheys wie für Yorcks «historisch-psychologische» Betrachtungsweise die prinzipielle methodische Forderung, zunächst von den Äußerungen und Wirkungen der B. auszugehen. Durch ihre «Analysis und Zergliederung», durch «Nacherleben des jeweiligen Lebens- oder Motivationszusammenhangs» ist es möglich, zum tiefsten Punkt, zur Ursache, zur B. vorzudringen, aus der heraus wiederum alle Lebensäußerungen verstanden werden können. Hinter die B. kann man aber nicht zurückgehen [11]. Für Dilthey wiederholen sich in der Geschichte Grundtypen der B., die mit Weltanschauungen identisch werden, sofern diese Ausdruck der jeweiligen B. sind [12]. Sie sind nach Dilthey gleichermaßen möglich, wahr und einseitig zugleich [13]. Von daher geht B. bei Dilthey in den Typusbegriff über.

Anmerkungen. [1] P. YORCK V. WARTENBURG: Die Katharsis des Aristoteles und des Oedipus Coloneus des Sophokles (1866) 24ff. – [2] Briefwechsel zwischen W. DILTHEY und dem Grafen P. YORCK (1923) z. B. 80. 152. 184. – [3] B. und Gesch. Ein Frg. aus dem philos. Nachlaß des Grafen YORCK, hg. I. FETSCHER (1956). – [4] a. a. O. 35. – [5] 56. – [6] 85. – [7] 37. 43. 134. – [8] Briefwechsel a. a. O. [2] 189; DILTHEYS Gesammelte Schriften (= GS) (1959) 5, CXIII. – [9] GS 11, 204; vgl. 4, 561; 7, 279; 8, 65. – [10] GS 11, 236; 5, 339; 8, 113; 11, 12. 224. – [11] YORCK, a. a. O. [3] 54; DILTHEY, GS 1, XVII. – [12] GS 1, 415f. – [13] GS 4, 260; 8, 224.

Literaturhinweise. P. YORCK s. Anm. [3] 1-29. – F. KAUFMANN: Die Philos. des Grafen P. Yorck v. Wartenburg. Jb. Philos. und phänomenol. Forsch. 9 (1928) 1-235; Wiederbegegnung mit dem Grafen Yorck. Arch. Philos. 9 (1959) 177-213. – G. BAUER: ‹Geschichtlichkeit›. Wege und Irrwege eines Begriffs (1963) 39-72. – G. MISCH: Lebensphilos. und Phänomenol. (³1967) 309ff. – K. GRÜNDER: Zur Philos. des Grafen Yorck v. Wartenburg. Aspekte und neue Quellen (1970). G. WERSCHOWETZ

Bewußtseinsstörung. Für die mit ‹B.› gemeinten psychischen Veränderungen finden sich im 19. Jh. zunächst noch mehrere, zum Teil von recht verschiedenen Bewußtseinsbegriffen ausgehende Synonyma, wie ‹Verfälschung› (LEIDESDORF [1]), ‹Verödung› (SPIELMANN [2]), ‹Umdämmerung›, ‹Umnebelung› (GRIESINGER [3]), ‹Schwächung› (KAHLBAUM [4]), auch schon ‹Trübung› (FEUCHTERSLEBEN, KRAEPELIN [5]) des Bewußtseins. Dessen Betrachtung unter dem allgemeinen Gesichtspunkt der «Helligkeit», bereits bei CHR. WOLFF anklingend [6], hält sich aber noch innerhalb des psychologischen Rahmens (HEGEL, FECHNER, KRAEPELIN [7]). Der eigentliche Begriff ‹B.› erfährt zunächst auch noch eine mehr idealistisch oder rationalistisch gefärbte, von den Denk- und Gefühlsinhalten her bestimmte Verwendung, so von HEINROTH beim «Blödsinn» als Störung der «Bedingungen zur Menschheit» [8], von HENKE bei «Stumpfsinn und Blödsinn» [9], von IDELER bei «Geisteskrankheiten» und «gestörten Seelenzuständen» allgemein [10], ferner von CARUS beim «Wahnsinn» [11], von SPIELMANN bei der «Verrücktheit» [12] und von SANTLUS (im Plural) synonym zu den verschiedenen «Formen des Irreseins» überhaupt [13].

Zunehmend setzt sich jedoch um die Jahrhundertwende die Tendenz durch, den B.-Begriff auf «abnorme Veränderungen in der Verbindung der psychischen Gebilde» (WUNDT [14]) und auf die «Bewußtseinstätigkeit» (WERNICKE [15]) statt auf die Einzelinhalte zu beziehen. Zum gängigen Gesichtspunkt für die Definition der B. wird in der folgenden Zeit in erster Linie die skalare «*Trübung*» im Sinne verschiedener Wachheitsgrade, bis hin zur Bewußtlosigkeit (Benommenheit, Somnolenz, Sopor, Koma) [16], zum andern die «*Einengung*» des Bewußtseins, beides von JASPERS in dem Bild von der «Bühne» veranschaulicht [17]. Seit der Aufstellung der «exogenen psychischen Reaktionstypen» durch BONHOEFFER [18] gilt die Bewußtseinstrübung insbesondere als Leitsymptom dieser akuten «symptomatischen» oder «körperlich begründbaren» Psychosen (K. SCHNEIDER, WEITBRECHT [19]), zu denen auch das Delir zählt. Verschiedene Autoren haben andererseits auch auf die Schwierigkeiten einer befriedigenden Fassung des B.-Begriffs hingewiesen, so BUMKE, MAYER-GROSS, JAHRREISS, FISCHER [20]. Neuerdings beschrieb ZUTT die «gesteigerte Wachheit» ebenfalls als Störungsform des normalen Wachbewußtseins [21], CONRAD gab dem «Gestaltwandel des Erlebnisfeldes» [22], ZEH der «Bewußtseinsveränderung» [23] den begrifflichen Vorrang vor der B. Gemeinsam gehen jedoch auch heute fast alle Verwendungen des B.-Begriffs von der gestörten Funktion und Integration der psychischen Vorgänge und nicht vom Bewußtseinsinhalt aus.

Anmerkungen. [1] M. LEIDESDORF: Lehrb. der psychischen Krankheiten (²1865) 121. – [2] J. SPIELMANN: Diagnostik der Geisteskrankheiten (1855) 254. – [3] W. GRIESINGER: Pathol. und Therapie der psychischen Krankheiten (²1867) 109. 262. 411. – [4] G. KAHLBAUM: Die Sinnesdelirien. Allg. Z. Psychiat. 23 (1866) 43. – [5] E. v. FEUCHTERSLEBEN: Lehrb. der ärztlichen Seelenkunde (1845) 313; E. KRAEPELIN: Psychiat. (³1889) 85. 241. – [6] Vgl. CHR. WOLFF: Dtsch. Met. (1720). Dtsch. Lit. Reihe ‹Aufklärung› 2 (1930) 49. – [7] Vgl. G. W. F. HEGEL, Sämtl. Werke, hg. H. GLOCKNER 10 (³1958) 184; G. TH. FECHNER: Elemente der Psychophysik (²1889) 2, 440f.; KRAEPELIN, a. a. O. [5] 87. – [8] F. C. A. HEINROTH: Lb. der Störungen des Seelenlebens (1818) 341. – [9] A. HENKE: Lb. der gerichtlichen Medizin (⁶1829) 181. – [10] K. W. IDELER: Grundriß der Seelenheilkunde 2 (1838) 36. 64. – [11] C. G. CARUS: Psyche (²1860) 485. – [12] J. SPIELMANN, a. a. O. [2] 231. – [13] J. C. SANTLUS: Die Alienationen des Bewußtseins. Allg. Z. Psychiat. 13 (1856) 173. – [14] W. WUNDT: Grundriß der Psychol. (⁷1905) 246. – [15] K. WERNICKE: Grundriß der Psychiat. (²1906) 79f. 171. – [16] H. OPPENHEIM: Lb. der Nervenkrankheiten 2 (1905) 682. – K. WERNICKE, a. a. O. [15] 76; W. JAHRREISS: Störungen des Bewußtseins, in: Hb. der Geisteskrankheiten, hg. O. BUMKE 1/1 (1928) 612ff. – [17] K. JASPERS: Allg. Psychopathol. (¹¹1913) 77f. – [18] K. BONHOEFFER, in: Hb. Psychiat., hg. G. ASCHAFFENBURG 3/1 (1912) 106. – [19] Vgl. H. J. WEITBRECHT: Symptomatische Psychosen. Klinik der Gegenwart 1/2 (1956) 484f. – [20] Vgl. u. a. O. BUMKE: Die Diagnose der Geisteskrankheiten (1919) 354-357; W. JAHRREISS, a. a. O. [16] 613. – [21] J. ZUTT: Über die polare Struktur des Bewußtseins. Nervenarzt 16 (1943) 146. – [22] K. CONRAD: Die symptomatischen Psychosen. Psychiat. der Gegenwart 2 (1960) 376f. 413. – [23] W. ZEH: Bewußtseinsveränderungen und psychopathol. Erscheinungsbilder. Fortschr. Neurol. Psychiat. 27 (1959) 610.

Literaturhinweise. J. C. SANTLUS s. Anm. [13]. – W. JAHRREISS s. Anm. [16]. – K. JASPERS s. Anm. [17]. – B. Symposion St. Moritz, hg. H. STRAUB und H. THÖLEN (1961). – W. LEIBBRAND: Der Wahnsinn (1961). G. HOLE

Bewußtsein, transzendentales. Den Ausdruck ‹t.B.› führt KANT in der ersten Auflage der ‹Kritik der reinen Vernunft› ein, übernimmt ihn jedoch nicht in die zweite Auflage, in der vorzugsweise von «transzendentaler Einheit der Apperzeption» oder des «*Selbst*bewußtseins» die Rede ist. In der ersten Fassung der ‹Transzendentalen Deduktion› wird das t.B. als «vor aller besonderen Erfahrung vorhergehendes» Bewußtsein, als «Principium der synthetischen Einheit des Mannigfaltigen», als «die bloße Vorstellung *Ich* in Beziehung auf alle andere (deren kollektive Einheit sie möglich macht)» bestimmt [1]: Es ist, als ursprüngliches, jeder faktischen Zuwendung zu sich selbst grundsätzlich vorausliegendes Bezogensein auf sich selbst, Einheitsprinzip des empirischen, als Inbegriff faktischer psychischer Zustände und Ereignisse zu fassenden Bewußtseins, und zwar in einem Sinne von Einheit, der weder als bloß abstraktes Moment noch als Einheit und Beständigkeit einer Substanz in Hinsicht auf ihre zugehörigen modi verstanden werden darf. Die transzendentale Einheit des Bewußtseins, die zugleich Prinzip der Objektivität, d. h. der Kontinuität und Gesetzlichkeit der Erkenntnis ist, ist transzendental insofern, als sie ein irreduzibler Befund der immanenten Analyse des faktischen menschlichen Welt- und Selbstbewußtseins ist und als Rahmen und Bedingung aller psychogenetischen Prozesse sich darstellt.

Die von Kant unter dem Titel ‹t.B.› bzw. «transzendentale Apperzeption» (in terminologischer Nähe steht, in seiner Funktion gleichwohl deutlich abgehoben, «Bewußtsein überhaupt») erörterte Thematik wird von seinen Nachfolgern teils ins Empirische, teils ins Metaphysische transponiert. Kants erkenntnistheoretische Konzeption wird teils als bloßer Gattungsbegriff (schon REINHOLD), teils als methodische Fiktion (etwa LAAS, RIEHL), teils als überindividuelle, jenseits von Raum und Zeit liegende Entität (z. B. DEUSSEN in der Nachfolge SCHOPENHAUERS) präsentiert [2]. In der *Marburger Schule* wird dem t.B. das «Denken der Wissenschaft» substituiert. H. RICKERT konzipiert ein «namenloses, allgemeines, unpersönliches Bewußtsein» [3], der Objektivation grundsätzlich entzogen, als fundamentale erkenntnistheoretische, nicht metaphysische Instanz. – Eine neue und eigenständige, gleichwohl auf Kant zurückweisende Funktion erhält das t.B. bei E. HUSSERL: Es wird als «phänomenologisches Residuum» verstanden, als immanente Sphäre der sinnstiftenden Subjektivität, die, allem innerweltlich Seienden grundsätzlich vorgeordnet, der transzendentalphänomenologischen Reduktion entzogen bleibt [4].

Anmerkungen. [1] KANT, KrV A 117/18. – [2]. Vgl. AMRHEIN (Lit. 1909) 94ff. – [3] H. RICKERT: Der Gegenstand der Erkenntnis (⁵1921) 45. – [4] Vgl. z. B. E. HUSSERL: Ideen zu einer reinen Phänomenol. und phänomenol. Philos. 1. Buch §§ 33. 50ff. 76.

Literaturhinweise. H. AMRHEIN: Kants Lehre vom «Bewußtsein überhaupt» und ihre Weiterbildung bis auf die Gegenwart. Kantstudien. Ergh. 10 (1909). – C. RADULESCU-MOTRU: La conscience transcendentale. Rev. Mét. Morale 21 (1913) 752-786. – A. DE MURALT: La conscience transcendentale dans le criticisme kantien (Paris 1958). – A. GURWITSCH: La conception de la conscience chez Kant et chez Husserl. Bull. Soc. franç. Philos. 54 (1960) 65-96. – PH. MERLAN: Monopsychism, mysticism, metaconsciousness (Den Haag 1963) 114ff. – A. DIEMER: Edmund Husserl (²1965).
W. HALBFASS

Bewußtsein, unglückliches. Der Ausdruck ‹u.B.› ist eine HEGELsche Begriffsbildung, deren Bedeutung die neuere, entwicklungsgeschichtliche Hegelrezeption hervorgehoben hat. Der Terminus selbst kommt indes nur in der ‹Phänomenologie des Geistes› vor [1]. Er bezeichnet dort eine Gestalt des freien Selbstbewußtseins, die auf den antiken Skeptizismus folgt: das «in sich entzweite Bewußtsein». Dieses ist das Widerspruchs bewußt, dessen Seiten der Skeptizismus dadurch auseinanderhält, daß er etwas anderes sagt als tut. Es weiß sich nämlich einerseits als sich befreiend, unwandelbar und sichselbstgleich, andererseits als sich verwirrend und verkehrend. Es ist «das Bewußtsein seiner als des gedoppelten, nur widersprechenden Wesens» [2]. Selber Eines, ist ihm auch die Einheit beider Seiten wesentlich; aber da es für sich nicht diese Einheit ist, ist sie ihm noch ein Fremdes. In seiner Unwesentlichkeit hat es sich von sich selbst zu befreien, obwohl es bereits darin frei ist, daß es sich zu seinem gegenständlichen Wesen verhält als zu einem, in dem es bei sich selbst bleibt. Anstatt in der Erhebung zu diesem Wesen die Einheit herzustellen, reproduziert es jedoch nur die Gespaltenheit auf verschiedenen Stufen. Die Dialektik, die es dabei erleidet, bezieht sich am Ende deutlich auf die Erlösungspraktik der christlichen Kirche. Ihr Ausgangspunkt und ihre Hauptschritte werden jedoch erst verständlich, wenn man als historische Basis ihrer ersten Stufen die vorchristliche und christliche Gnosis erkennt [3]. Aus der Gnosis stammen die wichtigsten Begriffe, mit Hilfe deren Hegel das u.B. beschreibt, z. B. ‹Unwandelbares› [4], ‹Fremdes, Jenseits, Kampf, Schmerz, Sehnsucht, Natur, Geschehen› [5]. In diesem Zusammenhang ergibt sich auch, wie der Ausdruck ‹unglücklich› zum Synonym für ‹ in sich entzweit› werden und – anstatt von Bewußtseinszuständen, Sachen oder Ereignissen [6] – vom Bewußtsein selbst gebraucht werden konnte. Er stellt die Übersetzung von κακοδαίμων (unglücklich, von einem bösen Dämon besessen [7]) dar und bezeichnet so, der Intention des deutschen Idealismus entsprechend, zugleich die Getrenntheit des Selbstbewußtseins von seinem Wesen und darin sein Unglück.

Die Begriffsbildung ‹u.B.› besitzt eine auffällig unscheinbare Wirkungsgeschichte. Von der *Hegelschule* im 19. Jh. wurde sie, selbst anläßlich eigener Behandlung der Phänomenologie des Geistes, nicht aufgenommen [8]. *Gnosisdarstellungen* Hegelscher Observanz [9] legten so großen Wert auf die Übereinstimmung zwischen spekulativer Religionslehre und christlicher Gnosis, daß ein kritischer Begriff wie derjenige des u.B. in ihnen keinen Platz fand. Eine stillschweigende Anwendung desselben auf das Wesen des Christentums, ja der Religion überhaupt – deren Wahrheit HEGEL von ihrer Erscheinungsweise im u.B. unterschied [10] – war dagegen der Sache nach FEUERBACHS Religionskritik, solange sie vom Standpunkt des menschlichen Selbstbewußtseins aus argumentierte [11]. Bereits entferntere Reminiszenzen enthalten KIERKEGAARDS Ansprache ‹Der Unglücklichste› [12] und E. V. HARTMANNS Ausführungen über die absolute Tragik der Gotteserlösung [13]. Es ist das Verdienst von J. WAHL, den Gehalt der Idee des u.B. und ihre Bedeutung wieder erschlossen zu haben [14]. Wahl versteht das u.B. als «Leitmotiv» der Hegelschen Entwicklung, deutet es jedoch so umfassend, daß es mit jeglichem Bewußtsein unaufgehobener Entzweiung zusammenfällt [15].

Anmerkungen. [1] G. W. F. HEGEL: Phänomenol. des Geistes (1807), hg. J. HOFFMEISTER (1952) 158ff. – [2] a. a. O. 158. – [3] Vgl. HEGEL, Vorles. über die Philos. der Weltgesch. Werke, hg. G. LASSON (1920) 3, 727ff. – [4] Vgl. PHILO: Quod deus sit immutabilis. Opera, hg. L. COHN und P. WENDLAND (1897) 2, 56ff. – [5] Vgl. H. JONAS: Gnosis und spätantiker Geist 1. Teil (³1964) 92ff. – [6] Vgl. J. und W. GRIMM: Dtsch. Wb. (1936) 1011f. – [7] Vgl. H. G. LIDELL/R. SCOTT: A Greek-English Lex. (Oxford ⁹1940); W. PAPE: Handwb. der griech. Sprache (1842). – [8] Vgl. G. A. GABLER: Lehrbuch der philos. Propädeutik, 1. Abt.: Kritik des Bewußtseins (1827). – [9] F. CHR. BAUR: Die christliche Gnosis oder die christliche Religions-Philos. in ihrer gesch. Entwicklung (1835); W. VATKE: Die menschliche Freiheit in ihrem Verhältnis zur Sünde und zur göttlichen Gnade (1841). – [10] HEGEL, a. a. O. [1] 162. – [11] Vgl. L. FEUERBACH: Das Wesen des Christentums (1841). Sämtl. Werke 7 (1883). – [12] S. KIERKEGAARD: Entweder/Oder 1 (1843). Dtsch. Werke, hg. E. HIRSCH 1. Abt. (1956) 231ff. – [13] E. v. HARTMANN: Religionsphilos. 2., systematischer Teil: Die Relig. des Geistes (1881/82). Ausgewählte Werke (1907) 266ff. – [14] J. WAHL: Le malheur de la conscience dans la philosophie de Hegel (Paris 1929). – [15] a. a. O. 31. 36. 152f.

Literaturhinweise. J. WAHL s. Anm. [14]. – J. HYPPOLITE: Genèse et structure de la Phénoménologie de l'Esprit de Hegel (Paris 1946). – S. CONTRI: La coscienza infelice nella filosofia hegeliana, in: Theorein (Palermo 1961/62) 42ff. – J. LOEWENBERG: Hegels Phenomenology: Dialogues on the life of mind (La Salle, Ill. 1965) 97ff.
F. FULDA

Bewußtsein, utopisches. Der Ausdruck ‹u.B.› bezeichnet eine geschichtsdeutende Haltung, die sich eines künftigen Idealzustands der Menschheit und der eigenen Teilhabe am Prozeß der Verwirklichung dieses Ziels gewiß ist. K. MANNHEIM charakterisiert das u.B. als eines, «das sich mit dem es umgebenden ‹Sein› nicht in Deckung befindet»; dies impliziert, daß es «in das Handeln übergehend, die jeweils bestehende Seinsordnung zugleich teilweise oder ganz sprengt» [1]. Eine Enzyklopädie des u.B. unter dem Titel eines «antizipierenden B.» stellt E. BLOCH auf, orientiert an einer «Ontologie des Noch-Nicht-Seins»: In der «Vorstellung eines Besseren findet Wünschen statt, gegebenenfalls ungeduldiges, forderndes» [2].

Anmerkungen. [1] K. MANNHEIM: Ideologie und Utopie (³1951) 169. – [2] E. BLOCH: Das Prinzip Hoffnung 1 (1959) 51.

Literaturhinweis. A. NEUSÜSS: Utopie. Begriff und Phänomen des Utopischen (1968).
W. BIESTERFELD

Bezeichnung. Für Wörter einer Sprache, die außersprachliche Gegenstände erfassen, wird häufig, besonders in sprachwissenschaftlichen Untersuchungen, der Ausdruck ‹B.› gebraucht. Schon dessen eigentlicher Wortsinn: «mit-einem-Zeichen-versehen» bzw. «-ausgestattet-sein» läßt dabei den Gegenstand als den festen Bezugspunkt erscheinen, dem die B. zugeordnet wird. Dadurch rückt die B. leicht in die Nähe einer Benennung, d. h. der Ausstattung mit einem Namen (nomen proprium), wodurch Verwechslungen begünstigt werden. Die B. ist aber normalerweise kein Name, sondern ein Wort, häufig ein Substantiv einer Sprache, d. h. es handelt sich um eine lautlich-inhaltliche Einheit, bei der die Lautung das unentbehrliche, akustisch wahrnehmbare Vehikel des bezeichnenden Inhalts ist, auf den es ankommt. Dieser Inhalt sagt etwas über den Gegenstand aus, er gibt Aufschluß über ihn, «bedeutet» also etwas und etikettiert ihn nicht nur wie ein Name, der schon kraft seiner Lautung identifiziert, ohne jedoch deshalb sinntragend sein zu müssen. Die B. als Ganzheit aus Lautung und Inhalt bezeichnet den außersprachlichen Gegenstand, nicht aber etwa die Lautung den Inhalt, denn der isolierten Lautung an sich kommt keine derartige B.-Kraft zu, sie kann höchstens – z. B. bei lautmalenden (onomatopoetischen) Wörtern – den Inhalt stützen. Problematisch wird der Gebrauch des Ausdrucks ‹B.› in den Fällen, wo das zu Bezeichnende kein real greifbarer, sondern ein abstrakt geistiger Gegenstand ist. Da dieser nämlich im Grunde erst mit und in einer bestimmten Sprache faßbares Dasein gewinnt, sollte man hier nicht von B. sprechen, um Mißverständnisse zu vermeiden. Der Wortcharakter der B. im Unterschied zum diakritisch-identifizierenden Charakter des Namens wird klar, wenn man Titel wie: «Die B. der Haustiere» und «Die Namen der Haustiere» vergleicht. Im ersten Falle ist eine Untersuchung über Wörter für Haustiere wie ‹Pferd›, ‹Hengst›, ‹Stute›, ‹Fohlen› zu erwarten, die diesen Sinnbereich aufgliedern, im zweiten Falle lediglich eine Zusammenstellung von Tiernamen, wie ‹Hektor›, ‹Halla›, ‹Meteor› usw., die eher Aufschlüsse über die Intentionen des namengebenden Züchters oder Besitzers als über die so benannten Tiere selbst geben. Leider bleibt in der Praxis diese wichtige terminologische Unterscheidung zwischen B. und Name häufig unbeachtet, so daß es z. B. in den Sachkatalogen wissenschaftlicher Bibliotheken zu falschen Einordnungen und zu störenden Verwechslungen kommt.

Literaturhinweise s. Art. ‹Bezeichnungslehre, Onomasiologie›.
H. GIPPER

Bezeichnungslehre, Onomasiologie. Als Initiatoren der modernen sprachwissenschaftlichen B. dürfen die Romanisten F. CHR. DIEZ, E. TAPPOLET und A. ZAUNER [1] gelten, die in bahnbrechenden Untersuchungen der Frage nachgingen, wie gegebene Erscheinungen, Wesen und Dinge in bestimmten Sprachen und Dialekten bezeichnet werden. Bezugspunkt waren also außersprachliche Gegenstände; die gesammelten Bezeichnungen zeigen eine Vielfalt sprachlicher Sehweisen und Wertungen. Allerdings wurde die Beziehung von Wort und Sache anfangs oft zu einfach gesehen: Man nahm eine namenartig direkte Zuordnung verschiedener Bezeichnungen zur selben Sache an und glaubte, auch geistig-abstrakte Begriffe gleichermaßen als feste Bezugspunkte ansetzen zu dürfen, so als seien z. B. Ehre, Liebe, Treue und Haß fest vorgegebene außersprachliche Größen, die in den verschiedenen Sprachen lediglich verschieden bezeichnet würden. Die Existenz solcher außersprachlichen Begriffe ist jedoch schwerlich nachzuweisen. Als sich dann SAUSSURES Wortmodell durchzusetzen begann, wonach jedes sprachliche Zeichen als Einheit von Lautung und Begriff aufzufassen ist, erwies sich der sprachliche Charakter der Begriffe als so evident, daß fortschrittliche Onomasiologen die B. dadurch auf eine solidere sprachtheoretische Grundlage zu stellen suchten: Es sollte nun nicht mehr von außersprachlichen Gegenständen, sondern stets von Begriffen ausgegangen werden [2]. Aber damit waren die Schwierigkeiten noch nicht behoben, denn jeder Begriff kann, sofern sein sprachlicher Charakter anerkannt ist, nur über eine bestimmte ihm zukommende Lautung erreicht werden. Damit ist man aber bei einem einzelsprachlichen Inhalt, der, da er eine spracheigentümliche Sehweise enthält, nicht ohne weiteres zum Ausgangspunkt einer onomasiologischen Fragestellung gemacht werden kann. Hier liegen sprachtheoretische Fallstricke, die zu Fehldeutungen geführt haben. Unverfänglicher bleibt dann schon die außersprachliche Ausgangsbasis, wodurch die B. allerdings auf den greifbaren Gegenstandsbereich der Natur und der materiellen Kultur als ihr Kerngebiet verwiesen ist. Hier muß nur gewährleistet sein, daß tatsächlich der Ausgangspunkt eindeutig bestimmt ist, damit die zu sammelnden Bezeichnungen tatsächlich auf denselben Gegenstand zielen. Bei Abstrakta sind zusätzliche Sicherungen einzubauen: Es muß nachgewiesen werden, daß der anvisierte Begriff, der stets nur in einzelsprachlicher Repräsentanz greifbar wird, auch ein außersprachliches Korrelat hat, dessen Existenz ausreichend gesichert werden kann. Der Wert und der besondere Reiz der B. liegt dann darin aufzuzeigen, in welch verschiedener Weise der zu bezeichnende Gegenstand in einer oder in mehreren Sprachen geistig aufgefaßt, beurteilt und ausgegliedert worden ist. Diese Verschiedenheit der Sehweisen legt Zeugnis ab vom Denk- und Urteilsvermögen der Sprachgemeinschaft, von ihren Interessen und ihrem Geschmack und liefert somit Maßstäbe für eine Beurteilung ihrer sprachlichen Leistungsfähigkeit.

Anmerkungen. [1] F. CHR. DIEZ: Roman. Wortschöpfung (1875); E. TAPPOLET: Die roman. Verwandtschaftsnamen (1895); A. ZAUNER: Die roman. Namen der Körperteile (1902). – [2] B. QUADRI: Aufgaben und Methoden der onomasiol. Forsch. (1952) 1ff.

Literaturhinweise. W. KRAUSE: Bemerkungen über das Verhältnis von Bedeutungslehre, B. und Begriffslehre. Commentationes Vindobonenses 1 (1935) 55-71. – B. QUADRI s. Anm. [2]. – Duden-Grammatik (²1966) 429ff. – H. GIPPER und H. SCHWARZ: Bibliogr. Handb. zur Sprachinhaltsforsch. 1 (1966) Einl. und zahlreiche Besprechungen zu onomasiol. Arbeiten.
H. GIPPER

Bezeichnungswandel gehört zu einer seit etwa 1900 stärker verfolgten Beobachtungsrichtung, die, von den ‹Sachen› ausgehend, geschichtliche Veränderungen der sprachlichen Bezeichnungen feststellt. Der von H. SCHUCHARDT (1912) [1] empfohlene, am nachdrücklichsten von F. DORNSEIFF (1933) [2] befürwortete Ersatz [3] von Bedeutungswandel durch den analog gebildeten Ausdruck ‹B.› zielt darauf ab, den sprachgeschichtlichen Vorgang des Sinnwandels der Wörter aus der bedeutungsgeschichtlichen (semasiologischen) in die bezeichnungsgeschichtliche (onomasiologische) Perspektive zu rücken. Das geschieht durch eine Umkehr der Blickrichtung: Während der Semasiologe vom Wort ausgeht und also z. B. fragt, wie es kommt, daß die Bedeutung von mhd. ‹hôchzît› (Fest) sich zu nhd. ‹Hochzeit› (Vermählungsfeier) verengt, setzt der Onomasiologe beim Endpunkt dieser Veränderung, beim Begriff (der ‹Sache›) (Vermählungsfeier) an und fragt, welche Umstände dazu geführt haben, daß dessen mhd. Bezeichnung (brûtlouf) durch ein Wort mit dem ursprünglichen Inhalt ‹Fest› (hôchzît, Hochzeit) abgelöst worden ist [4]. Es liegt auf der Hand, daß die zweite Art der Fragestellung zu befriedigenderen Ergebnissen führt, weil sie schärfer dazu zwingt, einen größeren Umkreis zusammenhängender Veränderungen in Betracht zu ziehen. Außerdem bietet sie die Möglichkeit, die Vorgänge psychologisch zu durchleuchten, was freilich nicht zu einer monokausalen Erklärung führen darf. Da beim Bedeutungswandel das Wort, bei B. dagegen der bezeichnete Gegenstand das Objekt ist, erweist sich der Terminus B. jedoch als Ersatz für ‹Bedeutungswandel› als ungeeignet, weil man nicht – wie Schuchardt und Dornseiff dies tun – vom B. der Wörter, sondern sinnvoll nur vom B. der ‹Sachen› reden kann.

Die onomasiologische Betrachtungsweise selbst, die schon der Antike geläufig war [5], bewährt sich für viele Aufgaben der Sprachforschung und ist wegen der von ihr implizierten, schon durch J. GRIMM [6] erkannten Notwendigkeit einer engen Verbindung von Wort- und Sachkunde das einzig zweckmäßige Verfahren einer unter der Losung ‹Wörter und Sachen› arbeitenden Etymologie. Die Disziplin ist allerdings mit einer Reihe ungelöster Fragen beladen, die vor allem die Natur, Erkennbarkeit und Beständigkeit der von den Bezeichnungen getroffenen ‹Sachen› angehen. Daraus ergibt sich die Notwendigkeit, die weithin allzu sachbezogenen Beobachtungen von B. zurückzuführen auf die primären Vorgänge, die sich in dem Dreieck ‹Bezeichnung – Sprachzugriff – Sache› abspielen.

Infolge der Fragestellung der Onomasiologie, bei der die Begriffe methodisch als feststehende Gegebenheiten angesehen werden müssen, ist sie auch nicht in der Lage, Auskünfte über den Begriffswandel in einer Sprache zu vermitteln. Dies läßt sich nur mit den Methoden der Feldforschung erreichen.

Anmerkungen. [1] H. SCHUCHARDT: Sachen und Wörter in innigster Beziehung. Anthropos 7 (1912) 827-839; vgl. auch H. Schuchardt-Brevier, hg. L. SPITZER (1922, ²1928) 131. – [2] F. DORNSEIFF: Der dtsch. Wortschatz synonymisch geordnet (1933/34); Der dtsch. Wortschatz nach Sachgruppen (1940, ⁵1959) 39ff. – [3] Vgl. die Titeländerung von ‹Bedeutungsentwicklung...› zu ‹B. unseres Wortschatzes› von A. WAAG in der Neubearb. durch F. DORNSEIFF (1955); vgl. zur Kritik des Ausdrucks H. SCHWARZ, in: GIPPER/SCHWARZ: Bibliograph. Hb. zur Sprachinhaltsforsch. (1962ff.) Bespr. zu Nr. 3397. – [4] Vgl. DORNSEIFF: Wortschatz (⁵1959) 50. – [5] Vgl. z. B. ISOKRATES, 15 PERI ANTID., § 285ff.; CICERO: De officiis I 37. – [6] Vgl. u. a. J. GRIMM: Gesch. der dtsch. Sprache (1848) 1, XI.

Literaturhinweise. B. QUADRI: Aufgaben und Methoden der onomasiol. Forsch. (1952). – F. DORNSEIFF s. Anm. [2]. – H. SCHWARZ s. Anm. [3] T. I (1962ff.) XXVI-LX. – J. KNOBLOCH: Sprachwiss. Wb. (1967ff.) L. WEISGERBER

Beziehung, interne/externe. Die entgegengesetzten Begriffe ‹i.B.› und ‹e.B.› wurden zuerst in der Diskussion zwischen B. RUSSELL und dem Idealisten und Monisten F. H. BRADLEY benutzt. Die Leibnizsche Lehre, daß alle Eigenschaften eines Dinges im Begriff dieses Dinges enthalten sind, wurde so charakterisiert, daß nicht nur alle nicht-relativen Eigenschaften, sondern auch alle Beziehungen «intern» («internal» oder «intrinsical») sind. Diese Begriffsbestimmung wurde von BRADLEY in einem seiner Argumente für den Monismus gebraucht. RUSSELL bekämpfte diese Ansichten und behauptete, daß Beziehungen im allgemeinen «external» sind. WITTGENSTEIN übernahm in ‹Tractatus logico-philosophicus› diese Terminologie und machte eine Unterscheidung zwischen eigentlichen Beziehungen oder Eigenschaften, die extern sind, und sogenannten internen Beziehungen und Eigenschaften. Wenn solche Attribute einem Ding zukommen, bedeutet dies, daß sie in der logischen Natur des Dinges liegen, das nicht ohne sie gedacht werden kann. Das heißt Wittgenstein zufolge, daß sie zu dem logischen Gerüst der Welt gehören und daher etwas für die Welt und die Sprache Gemeinsames sind, das zwar durch die Logik der sprachlichen Beschreibung «gezeigt» oder «aufgewiesen» wird, aber nicht in der Sprache beschrieben werden kann.

Literaturhinweise. F. H. BRADLEY: Appearance and reality (Oxford 1893). – B. RUSSELL: Principles of math. (London 1903) §§ 214-216. – L. WITTGENSTEIN: Tractatus logico-philosophicus (1921) 2.0233. 4.122ff. – G. E. MOORE: External and internal relations, in: Philos. studies (London 1922). – B. RUSSELL: My philos. development (London 1959) ch. 5. – E. STENIUS: Wittgenstein's ‹Tractatus›. A critical exposition (Oxford 1960). E. STENIUS

Beziehungssoziologie (Beziehungslehre) ist eine Richtung der deutschen Sozialtheorie der ersten Hälfte des 20. Jh. Nachdem G. SIMMEL im Rahmen einer Theorie des sozialen Raumes [1] festgestellt hatte, daß sich eine «Beziehung» zwischen Menschen herstellt, wo sie zueinander «in Wechselwirkung treten» [2], erhob A. VIERKANDT «Beziehung» zur «Grundkategorie des soziologischen Denkens» [3]. Als B. baute L. v. WIESE sein soziologisches System auf [4]. Er versteht unter ‹Beziehung› den Grad der Distanz oder Verbundenheit, in dem sich Menschen in sozialen Prozessen befinden. Unter Titeln wie ‹Geselligkeit›, ‹Einsamkeit›, ‹Abhängigkeit›, ‹offne› und ‹verdeckte Wechselbeziehung› beschreibt er einzelne Beziehungsformen [5]. J. PLENGE greift das Problem der Beziehungslehre als «Kernproblem der Gesellschaftslehre» auf [6] und bildet die Kategorie der Beziehung aus einer beschreibenden zu einer ontologischen aus [7]: Es sind die Beziehungen, die die partikularen Gegenstände des Daseins erst zur Wirklichkeit des Seins werden lassen.

Anmerkungen. [1] G. SIMMEL: Soziol. (1908). – [2] Soziol. (⁴1958) 461f. – [3] A. VIERKANDT: Die Beziehung als Grundkategorie des soziol. Denkens. Arch. für Rechts- und Wirtschaftsphilos. 9 (1916) H. 1 u. 2; Gesellschaftslehre (1923). – [4] L. v. WIESE: Allg. Soziol. (1924); Art. ‹B.› im Handwb. der Soziol. (1931). – [5] A. GECK: Art. ‹Beziehung und Beziehungslehre› in: W. BERNSDORF/F. BÜLOW: Wb. der Soziol. (1955). – [6] J. PLENGE: Zum Ausbau der Beziehungslehre: 1. Die Beziehungsrichtungen; 2. Der Beziehungsbogen. Kölner Vjh. Soziol. 9 (1930/31) H. 3 u. 4; 3. Gang und Aufbau der isolierten Beziehung a. a. O. 10 (1931/32) 320-354. – [7] J. PLENGE: Ontologie der Beziehung (1930). J. DEBUS

Bezugssystem. Den Begriff ‹B.› verwenden Physik und Psychologie in formal gleicher Weise. Wie die Physik Geschwindigkeiten «relativ» zur Erde, zum fahrenden Eisenbahnzug, allgemein zu einem B. bestimmt, so spricht die Psychologie vom B. erlebter Geschwindigkeit und ebenso erlebter Lokalisation, Richtung usw.

METZGER, dem wir die erste systematische Darstellung der psychologischen B.-Fragen verdanken [1], berichtet, daß man lange Zeit erlebte Lokalisation primär außerseelisch – z. B. in der Verteilung von Sinnespunkten auf dem Körper – verankert dachte und nur dann, wenn eine solche Verankerung nicht aufzufinden war oder nicht angemessen wirksam zu werden schien, nach Ersatz dafür in der Erfahrung (etwa bei einäugiger Tiefenlokalisation) oder anderen psychischen Faktoren suchte. Als auch dieser Ansatz für die Erklärung feinerer Lokalisation scheiterte, habe WERTHEIMER 1912 [2] das Rahmenprinzip formuliert, daß zumindest die genaue Lokalisation auf dem «Zueinander von Mehrerem» oder auf «Verhältnissen in ausgedehnten Bereichen» beruhe. Diese seien die jeweiligen «B.», die freilich meist «unscheinbar» blieben: «Änderungen am B. werden im ausgeprägten

Fall nicht unmittelbar als solche wahrgenommen, sondern nur mittelbar: an den gegensinnigen Änderungen der konkreten Gebilde innerhalb des Systems, die notwendig stattfinden müssen, wenn ihre Reizgrundlagen sich nicht im Sinn der Änderung des Bezugssystems mitverändern» [3].

BISCHOF bezeichnet im extremen Gegenfall hierzu, wo «Eigenschaften oder Zustände anschaulicher Objekte als wesenhaft ‹abhängig von›, ‹verankert an›, ‹bezogen auf› oder ‹orientiert an› anderen phänomenalen Gegebenheiten erlebt werden, diese letzteren als ‹evidentes B.› für jene» [4]. Ist ein solches nicht gegeben, so kann aber doch das vorliegen, was Bischof «funktionales B.» nennt: «Formuliert man ... die distale Korrelation zwischen einer transphänomenalen Objektvariablen und deren anschaulichem Korrelat, so werden in diese Gleichung im allgemeinen Parameter (wie etwa die Entfernung vom Auge, die Struktur des Hintergrundes, ferner innerorganismische Faktoren, wie Aufmerksamkeit, Motivation usw.) eingehen und demgemäß die Art der Repräsentation mitbestimmen, welche im transphänomenalen Wirkungsfeld nicht auf die wahrzunehmende Objektvariable selbst, sondern nur auf die ihr zugeordneten Signale außerhalb oder innerhalb des Organismus Einfluß nehmen. Da sich nun auch diese Parameter ihrerseits wenigstens zum Teil in der Wahrnehmungswelt abbilden, kommen auf diese Weise Abhängigkeitsbeziehungen zwischen Erlebnisinhalten zustande, denen transphänomenal keinerlei Interaktion der Objektkorrelate unmittelbar miteinander entsprechen. Solche Beziehungen zwischen Phänomenen nun nennen wir ‹funktional›» [5]. Bischof gibt folgende wichtige Anwendung: «Tatsächlich spielen funktionale B. bei aller phänomenalen Lokalisation eine entscheidende Rolle: Die anschauliche Qualität und Festigkeit von Orten, Richtungen, Bewegungszuständen usw. hängt weitgehend von der Anwesenheit und Verteilung konkreter Inhalte (einschl. des eigenen Körpers) ab, und zwar auch solcher Inhalte, die anschaulich evident ihre räumliche Bestimmung von den betreffenden Orten usw. empfangen ... Neben der funktionalen Verankerung der Anschauungsdinge aneinander gibt es die Bezogenheit auf Systemträger, die als solche phänomenal überhaupt nicht repräsentiert sind und nur indirekt aus ihrer Wirkung erschlossen werden können (z. B. labyrinthäre Meldungen)» [6]. — FISCHER und KORNMÜLLER haben in diesem Falle von «absoluter Lokalisation» gesprochen [7], LINSCHOTEN reservierte dagegen später die Bezeichnung für «Bezogenheit der Wahrnehmung auf einen phänomenal konstanten Außenraum» [8].

Über erlebte «absolute Lokalisation» hinaus spricht man seit der Veröffentlichung von G. E. MÜLLER und L. J. MARTIN 1899 [9] von «absoluten Eindrücken», wenn ein Ding oder Wesen einer bestimmten Klasse als klein, laut, hoch usw. absolut, d. h. ohne Bezugserlebnis, aber offenbar systembedingt erlebt wird. Für Metzger, der «den Ausdruck ‹Ort› im allgemeinsten Sinne, der auch die Stelle in einem Qualitätssystem mit umfaßt», gebraucht [10], sind auch diese absoluten Eindrücke (er sagt: «absolute Eigenschaften») systembedingt: «Wenn ein Ding ‹größer als› ein anderes und doch ‹klein› erscheint, so bezieht sich die zweite Angabe auf die Stellung in dem augenblicklich wirksamen B.» [11]. Als weitere «systembedingte Eigenschaften» [12] nennt er «2) bestimmte, ebenfalls absolut erscheinende Zustände: aufrechtstehend, liegend, schräg; ruhend, bewegt, beständig, veränderlich usw. 3) bestimmte Teilfunktionen:

Basis, Sockel, Fuß, Gipfel, Flanke; Grundton, Leitton, Auftakt, Synkope usw.» [13]. – B. haben, wie Metzger zuerst betont hat, eine bestimmte Struktur. Diese ist gekennzeichnet 1. durch die ausgezeichneten Punkte oder Einschnitte, wie die empirischen Untersuchungen von WITTE zeigen [14], 2. die Zahl der Dimensionen, 3. die Anzahl der über- oder untergeordneten oder sich überschneidenden Haupt-, Teil- und Nebensysteme.

B. bilden sich ferner, wie schon KOFFKA betonte – der wohl als erster vom B. (framework) sprach [15] –, aus und um. Es kommt dabei u. a. zur Etablierung bzw. Verschiebung des Systemnullpunktes. Wenn man z. B. die Haut längere Zeit hindurch einer bestimmten Temperatur aussetzt, bildet sich, wenn man den Bereich von 24° C bis 35° C nicht unter- oder überschreitet, der ‹physiologische Nullpunkt› aus, bei dem man keine Temperaturempfindungen hat. NAFE und KENSHALO sagen dazu, «daß sich ein neues B. mit seinen Eigenarten ... eingependelt hat. So kann man den Bereich, in dem der physiologische Nullpunkt variieren kann, als Definition der Grenzen auffassen, innerhalb deren sich ein neues B. oder Gleichgewicht einpendeln kann. Außerhalb ist ein stabiler Zustand oder ein Gleichgewicht nicht mehr möglich, deshalb besteht hier die Empfindung weiter» [16]. – Den Fragen dieser Nullpunkteinpendelung oder des «Adaptationsspegels» gilt das Lebenswerk HELSONS, des bedeutendsten Empirikers der psychologischen B.-Forschung [17].

Anmerkungen. [1] W. METZGER: Psychol. (²1954) 4: Das Problem des B. – [2] M. WERTHEIMER: Exp. Stud. über das Sehen von Bewegungen. Z. Psychol. 61 (1912) 161-265. – [3] METZGER, a. a. O. [1] 143. – [4] N. BISCHOF: Psychophysik der Raumwahrnehmung, in: Hb. Psychol. I/1, hg. W. METZGER (1966) 316. – [5] a. a. O. 316f. – [6] 326f. – [7] M. H. FISCHER und A. E. KORNMÜLLER: Optokinetisch ausgelöste Bewegungswahrnehmungen u. optokinetischer Nystagmus. J. Psychol. Neurol. 41 (1930/31) 273-308. – [8] J. LINSCHOTEN: Strukturanalyse der binokularen Tiefenwahrnehmung (Groningen 1956) 381. – [9] G. E. MÜLLER und L. J. MARTIN: Zur Analyse der Unterschiedsempfindlichkeit (1899). – [10] METZGER, a. a. O. [1] 132. – [11] a. a. O. 141. – [12] ebda. – [13] E. RAUSCH: Das Eigenschaftsproblem in der Gestalttheorie der Wahrnehmung, in: Hb. Psychol. I/1, 866-953. – [14] W. WITTE: Struktur, Dynamik und Genese von B. Psychol. Beitr. 4 (1960) 218-252. – [15] K. KOFFKA: Principles of Gestalt psychol. (New York 1935). – [16] J. P. NAFE und D. R. KENSHALO: Somästhesie, in: Hb. Psychol. I/1, 221-249. – [17] I. H. HELSON: Adaptation level theory (New York 1964).

Literaturhinweis. W. WITTE: Das Problem der B., in: Hb. Psychol. I/1, hg. W. METZGER (1966) 1003-1027. W. WITTE

Biblizismus bezeichnet in der protestantischen Theologie den Rekurs auf das schlichte Bibelwort, das, vom Verfall an Tradition, Dogmatik, Ethik und Theologenherrschaft befreit, geschichtlich unvermittelt präsentiert wird. In der hermeneutisch vielfach naiven Vergegenwärtigung einzelner biblischer Worte wird deren Wirkungs- und Auslegungsgeschichte methodisch ausgefällt: derart konnte der B. von M. KÄHLER, bei dem der Begriff systematisiert wurde, als biblisch-positivistische Variante des Historizismus verstanden werden [1]. – Im Unterschied zum Schriftprinzip LUTHERS, dessen christologische Fundierung [2] eine geschichtsentfremdete Bibelexegese nicht zuließ, bewegt sich der B. im Rahmen eines verengten Bibelverständnisses, das sich mit G. Gloege strukturell auf drei Typen reduzieren läßt: Die Bibel ist a) nach dem theoretisch-doktrinären B.: Kodex göttlicher Lehre; b) nach dem praktisch-programmatischen B.: Corpus religiös-sittlicher Vorschriften; c) nach dem heilsgeschichtlichen B.: Kompendium der die Menschheitsgeschichte gestaltenden Gotteshistorie [3]. –

Im Sprachgebrauch schwankend, unterscheiden die Theologiegeschichten [4] bei den Hauptvertretern des sogenannten B. (MENKEN, BECK, OETINGER, AUBERLEN) pietistische, spekulative und chiliastische Komponenten. Als theologisch-exegetisches Prinzip ist der B. durch die historisch-kritische Forschung und die neuere Hermeneutik überwunden.

Anmerkungen. [1] M. KÄHLER: Dogmatische Zeitfragen 2 (²1908) 225. – [2] Vgl. LUTHER: Weimarer A. 3, 12; 39/1, 47. – [3] G. GLOEGE: Art. ‹B.›, in RGG³ 1, 1263. – [4] E. HIRSCH: Gesch. der neuern evang. Theol. im Zusammenhang mit den allg. Bewegungen der europ. Denkens 1-5 (1949-1954); M. KÄHLER: Gesch. der prot. Dogmatik im 19. Jh.; posthum hg. E. KÄHLER (1962).

Literaturhinweise. M. KÄHLER: Dogmat. Zeitfragen 1. Zur Bibelfrage (²1907). – H. E. WEBER: Hist.-krit. Schriftforsch. und Bibelglaube (1913). – H. ENGELLAND: Die Gewißheit um Gott und der neuere B. Forsch. zu Gesch. und Lehre des Prot. 6 (1933). – K. BARTH: Die prot. Theol. im 19.Jh. Ihre Vorgesch. und Gesch. (²1952). CHR. GREMMELS

Bild

I. Die Entwicklung des B.-Begriffes, wie er in der christlichen Theologie und Philosophie [1] mit dem Ausdruck ‹Gottesebenbildlichkeit› seinen festen Platz hat, muß von der Bedeutungsvielfalt des griechischen εἰκών (lat. imago) ausgehen und zudem den Sinn von B. in der antiken Kunst in Betracht ziehen, für die Übereinstimmung als Beziehung der Ähnlichkeit zwischen B. und Ur-B. eine Idealforderung war [2].

εἰκών ist zunächst das Stand-B. und das Gemälde, weiterhin eine jede bildliche Darstellung, insbesondere auch das Präge-B. eines Siegels. Ferner bezeichnet das Wort ebenfalls das Schatten- und Spiegel-B., die beide als «natürliche B.» (φύσει εἰκών) von den «künstlichen» (τέχνῃ εἰκών) unterschieden werden. Diese Unterscheidung spielt in Abwandlungen noch in der Scholastik eine Rolle [3]. Andere Bedeutungen von εἰκών sind das Vorstellungs-B. in der Seele und die anschauliche Ausführung einer Rede. Schließlich kann vom Sohn als εἰκών seines Vaters gesprochen werden [4].

Philosophische Relevanz erhielt der B.-Begriff bei PLATON. Die Welt der Sinnendinge wird als bloßes «B.» entwertet und scharf von den Ideen abgehoben [5]. Eine andere Akzentuierung liegt jedoch vor, wenn die Sonne εἰκών des Guten genannt wird [6]. Das «B.» als das In-Erscheinung-Treten des eigentlichen Wesens kommt ferner im ‹Timaios› zur Geltung: Der ganze natürliche Kosmos ist als vollkommenes Ab-B. eines ewigen Ur-B. die Manifestation des Göttlichen [7], selbst die Zeit ist ein bewegtes «B.» der Ewigkeit [8]. An keiner Stelle spricht Platon vom Menschen als einem «B.» [9]. Statt dessen gewinnt in seiner Ethik der Gedanke einer Angleichung an Gott durch sittliches Streben Gewicht [10]. Dieses Motiv wurde in gewissen Modifikationen von der mittleren und jüngeren *Stoa* sowie vom *Neuplatonismus* übernommen [11] und kann mit Vorbehalt als das antike Äquivalent zur biblischen Lehre von der Gottebenbildlichkeit des Menschen charakterisiert werden.

Der B.-Begriff erfuhr im *mittleren Platonismus* eine weitgehende Entsinnlichung: Die unkörperlichen, unsichtbaren Ideen formen als «Präge-B.» die als «Prägemasse» verstandene Materie [12], so daß das Sinnending «B.» des «Präge-B.» ist [13]. Außerdem begegnet die Vorstellung, daß das Verhältnis der Ideen zu den körperlichen Dingen nach Analogie des Spiegel-B. aufzufassen sei [14].

Bei PLOTIN wurde der B.-Begriff ein wichtiges Mittel, um das Emanationsverhältnis der Hypostasen zu umschreiben und die relative Einheit in der Verschiedenheit wiederzugeben. Das Erzeugte ist im Bezug zum Ursprung «Jener und nicht Jener» [15]. Für das B. ist es typisch, daß es zwar die Sache selbst darstellt; das Abgebildete jedoch als B. eine vom Original durchaus verschiedene Seinsweise hat. Der B.-Begriff erweist sich als ein vermittelnder Begriff: Jedem wird seine Besonderheit und sein Anderssein gelassen, obwohl eine innige Verbundenheit vorliegt. Der Ausgang vom Spiegel-B. als «natürlichem B.» erklärt im Denken Plotins dreierlei: Erstens bringt der Ursprung das Ab.-B. direkt hervor; zweitens erleidet er dabei keinen Seinsverlust; drittens ist das Ab-B. in seiner Existenz notwendig vom Ursprung abhängig [16]. Die Entsinnlichung des B.-Begriffes, d. h. seine Fassung als eines reinen Relationsbegriffes wird bei Plotin vor allem darin greifbar, daß auch der Geist (νοῦς) als Ab-B. des Einen verstanden wird [17].

In bemerkenswertem Unterschied zur platonischen bzw. neuplatonischen Metaphysik fiel dem B.-Begriff unter maßgeblichem Einfluß der Bibel in der christlichen Theologie und Philosophie eine andere und speziellere Funktion zu. Nach Gen. 1, 26f. ist *nur* der Mensch ein «B. und Gleichnis» Gottes und dadurch vor allen sonstigen Geschöpfen ausgezeichnet. Außerdem ist «B.» nach Kol. 1, 15 [18] ein Terminus, der die an anderen Stellen des Neuen Testamentes mit «Sohn» und «Logos» umschriebene einzigartige Beziehung zu Gott wiedergeben soll.

Da sich der Mensch durch seine Geistigkeit (Vernunft) von den übrigen Kreaturen unterscheidet, steht diese in engstem Zusammenhang mit seiner Gottebenbildlichkeit [19]. Es war also die Aufgabe gestellt, einen B.-Begriff zu erarbeiten, der das Geistsein zum Ausdruck bringen kann und darüber hinaus geeignet ist, die Fragen der Christologie befriedigend lösen zu helfen.

Der unter nachhaltigem Einfluß AUGUSTINS entwickelte B.-Begriff der christlichen Philosophie und Theologie schließt zwei Momente ein: Erstens die Ähnlichkeit zweier Dinge, und zwar genauer einer solchen Art oder eines untrüglichen Zeichens der Art (z. B. typische Gestalt); zweitens das im Begriff der Ähnlichkeit nicht eingeschlossene Moment einer Ursprungsbeziehung derart, daß das eine in Nachahmung des anderen gewirkt ist [20].

Dieser formale B.-Begriff läßt in sich verschiedene Weisen des B.-Seins zu. Unbeschadet des unendlichen Abstandes zum Schöpfer ist der Mensch im Unterschied zu anderen Kreaturen gewissermaßen in einem «Zeichen der Art» Gott ähnlich darin, daß er Vernunft und freien Willen hat und seiner selbst mächtig ist [21]. In seiner Geistigkeit [22] verweist der Mensch auf die unendliche Geistigkeit Gottes und ist insofern sein «B.».

Die für den B.-Begriff an erster Stelle genannte Ähnlichkeit kann sich indessen auch zur Gleichheit (aequalitas) aufgipfeln; im Sinne völliger Wesensgleichheit ist der aus der ersten Person der Dreieinigkeit hervorgehende Logos «B.» [23].

Anmerkungen. [1] Zu religionsgesch. Fragen: Art. ‹B.› in: Reallex. für Antike und Christentum 2, 287-341. – [2] Vgl. PLATON, Sophist. 235 d ff. – [3] BONAVENTURA, In 2 Sent. d. 16, a. 1, q. 2. Ed. Quar. 2, 397. – [4] Vgl. F. W. ELTESTER: Eikon im NT (1958) 2ff.; zu ‹imago› vgl. W. DÜRIG: Imago (1952) 14ff. – [5] PLATON, Phaidr. 250 b. – [6] Resp. 509 a. – [7] Tim. 29 b, 92 c. – [8] Tim. 37c. – [9] Belege bei H. MERKI: HOMOIOSIS THEO. Von der platonischen Angleichung an Gott zur Gottähnlichkeit bei Gregor von Nyssa (Fribourg 1952) 67ff.; D. ROLOFF: Gottähnlichkeit, Vergöttlichung und Erhöhung zu seligem Leben, Untersuchungen zur Herkunft der platonischen Angleichung an Gott (Diss. Münster 1967). – [10] PLATON, Theaitet 176 b; Resp. 500 c. 613 a; Leg. 716 a-d. – [11] MERKI, a. a. O. [9] 7-35. – [12] Vgl.

PLATON, Tim. 50 c. – [13] ELTESTER, a. a. O. [4] 60f. – [14] a. a. O. 61. – [15] PLOTIN, Enn. V, 2, 12. – [16] ELTESTER, a. a. O. [4] 88. – [17] PLOTIN, Enn. V, 1, 38. – [18] Vgl. 2. Kor. 4, 4; Hebr. 1, 3. – [19] AUGUSTIN, De Genes. ad litt. III, 20. Corp. scriptorum eccl. lat. (= CSEL) 28/I, 86. – [20] a. a. O. l. imp., c. 16. CSEL 28/I, 497f.; De div. qq. 83, q. 51, nr. 4. MPL 40, 33f.; THOMAS VON AQUIN, S. theol. I, 35, 1; 93, 1-2. – [21] S. theol. I/II. Prol. – [22] Vgl. die Analyse der Geistigkeit bei THOMAS, S. contra gent. II, 46. – [23] AUGUSTIN, De div. qq. 83, q. 74. MPL 40, 85f.

Literaturhinweise. A. HOFFMANN, in: Dtsch. Thomas-A. 7: Erschaffung und Urstand des Menschen (1941) 272-285. – P. AUBIN: L'‹image› dans l'œuvre de Plotin. Rech. Sci. relig. (Paris) 41 (1953) 348-379. – G. B. LADNER: Art. «Eikon», Reallex. Antike und Christentum 4, mit ausführlicher Bibliographie.

D. SCHLÜTER

II. – 1. ‹B.› wird in der Lehre von der Erkenntnis mit den entsprechenden Differenzierungen als Sammelbegriff für Wahrnehmung, Vorstellung usw. gebraucht und ist in diesem Sinne selber sprachliches B. Der Ausdruck ‹B.› wird als Übersetzung vor allem für griechisch ‹eidolon›, ‹eikon› (s. o.) und lateinisch ‹imago›, ‹species›, ‹effigies›, ‹simulacrum› verwendet. Im Westgermanischen bezeichnet althochdeutsch (altsächs.) ‹bilidi› etwa «magische Kraft», «magisches, geistiges Wesen». Diese ursprüngliche Bedeutung entwickelt sich zu «Wesen», «Gestalt», «Gestaltetes». Von der etymologischen Wurzelbedeutung her wird B. im pragmatischen Sinne also als Gestaltetes verstanden, sei es instrumental als gestaltete Nachahmung (Mimesis) oder generativ als schöpferische Zeugung (Kreation). Das profane ‹bilidi› = B.-Werk, Abbildung erscheint erst im 11. Jh. in den ‹Tegernseer-Glossen› und bei NOTKER [1]. Für die B.-Theorien wird wichtig die Konzeption eines Ur-B., das im B. abgebildet wird, etwa im Verhältnis von Archetypus und Ektypus oder Typus und Antitypus. Gnoseologisch wird auf der Grundlage der Subjekt-Objekt-Unterscheidung ‹B.› einmal für die unmittelbare sinnliche Wahrnehmung gebraucht, zum andern als Vorstellung, die im Rahmen der drei Vermögen Erinnern, Erkennen, Planen (Ent-werfen) als (Re)präsentation in der Zeit aufgefaßt werden kann. Dabei wird B. entweder subjektiv als materiale oder formale Leistung der Wahrnehmenden, Vorstellenden, sei es in angeborener Kompetenz, sei es in erlernter Fähigkeit verstanden oder im objektiven Sinn vom Abgebildeten her als sich in der Wahrnehmung, Vorstellung spiegelnder, verdoppelnder Gegenstand. Ontologisch wird sowohl für das pragmatische als auch für das gnoseologische Modell der unzeitliche Repräsentanzcharakter von B. bestimmt im Rahmen der ontologischen Grundbestimmungen von Sein und Schein. Dabei wird absolut entweder Sein als das Gewisseste angesetzt – dann entspricht das B. dem abgebildeten Sein als Abbild (Kopie, Spiegelbild) –, oder es wird absolut vom Schein ausgegangen, so daß dann das B. als unhintergehbare Erscheinung des Abgebildeten verstanden wird, als Erscheinung eines Wirklichen, das nur als Erscheinung erreichbar ist, oder als bloßer Schein, der sich selbst als Täuschendes darbietet.

2. In der Geschichte von B. in der *Neuzeit* werden die antiken und mittelalterlichen Traditionen aufgenommen: die atomistische Widerspiegelungs- bzw. Abbildtheorie DEMOKRITS [2], die an PLATON orientierten Auffassungen von B. als einer anamnetischen Leistung des Erkenntnissubjekts [3], die theologischen B.-Konzeptionen AUGUSTINS und THOMAS VON AQUINS [4], die des CUSANERS [5] und die der mystischen Traditionen im Anschluß an PLOTIN [6]. Ebenso wirkt der Konzeptualismus OCKHAMS weiter mit der These von der natürlichen Signifikation des terminus mentalis. Hiermit wird eine similitudo naturalis, also die Abbildlichkeit, von conceptus und res behauptet [7]. Zu Beginn der Neuzeit nimmt FRANCIS BACON eine kritische Position gegenüber den B. ein: Zwar geht er in seinem ‹Novum Organum›, um das Wissen auf Erfahrung zu begründen, das durch Naturbeherrschung glücklich macht, von den Trug-B. (Idolen) aus, aber erst der Übergang von diesen B. zur Erkenntnis ermöglicht Wissenschaft [8]. Analog dieser Intention auf Naturbeherrschung wendet CHLADENIUS die Kritik auf das an, was später Geisteswissenschaft genannt wird, also auf das Verstehen von Texten. Das «verjüngte B.», das dem Interpreten eines Textes vorliegt, soll zur Verhinderung von Verstehensfehlern mit Hilfe der Hermeneutik wieder auf den Reichtum der Quellen und Fakten zurückgeführt werden [9]. In der englischen empiristischen Philosophie ist kein Ur-B./Abbild-Verhältnis denkbar. Für LOCKE und HUME ist die tabula rasa der menschlichen Seele erst durch die sinnlichen impressions oder sensations und deren Vorstellungen, ideas oder reflections, beschreibbar. Traditioneller formuliert BERKELEY eine sensualistische Ontologie (esse = percipi) in seiner Konzeption der «sinnlichen Ideen» [10]. Diese «bedeuten für Berkeley ein Letztgegebenes, über das wir nicht hinauskönnen ...; daher können sie auch nicht hervorgerufen werden durch irgendwelche außerhalb des Geistes existierenden Ur-B., deren Abbild sie sind. Sie sind vielmehr Ur-B. und Abbild zugleich» [11]. Damit ist jede Abbildtheorie abgelehnt. Dagegen ist für LEIBNIZ vor dem Hintergrund des ontologischen Kontinuums der prästabilierten Harmonie die Monade «un miroir de l'univers» und dem entspricht die Vorstellung, daß das Ganze in der Einheit der einen fensterlosen Monade repräsentiert ist [12].

Mit KANT erfährt auch die B.-Theorie eine bedeutende Umformulierung. Im Schematismus-Kapitel der ‹Kritik der reinen Vernunft› [13] versucht er die Applizierung der Kategorien auf das durch Raum und Zeit vorkonstituierte Material der sinnlichen Wahrnehmung als eine Leistung der Einbildungskraft darzustellen: «Die Vorstellung von diesem allgemeinen Verfahren der Einbildungskraft, einem Begriff sein B. zu verschaffen, nennt Kant das Schema zu einem Begriff» [14]. Das «B. ist ein Product des empirischen Vermögens der productiven Einbildungskraft» [15]. B. ist die vermittels des Schemas in den Begriff gefaßte sinnliche Wahrnehmung als Vermittlung von Sinnlichkeit und Verstand. FICHTE entwickelt seine B.-Theorie, die keine Abbildtheorie ist, genetisch aus dem B.-Begriff selbst. In der ‹Transzendentalen Logik› [16] stellt Fichte die in der Philosophiegeschichte wohl ausführlichste B.-Theorie dar, deren Grundgedanke ist: «Dies das Ich bildende B., dessen Ist lautet: Ich bin, verbirgt sich eben. Das bewußte und verstandene B. bringt jedoch mit sich ein Ich, und ein B. desselben, in einer neuen Duplizität, als faktische Anschauung und als Denken, beides in ungeteilter Einheit; denn es ist Eins im Ich, und dies ist B.-Sein schlechthin» [17]. F. v. BAADER entwickelt innerhalb seiner B.-Theorie eine Trinitätslehre und stellt die Schöpfungsgeschichte bis zum Sündenfall im Anschluß an 1. Moses 1, 27 als Illustration seiner B.-Konzeption dar: «Es sind also drei Momente der Ausgestaltung des B., der erste ist die Imagination (Geist-B.), der zweite die Willensgestaltung (wesenhaftes B.) und das dritte die leibhafte Gestaltung (leibhaftes B.) [18]. G. W. F. HEGEL stellt in der Ästhetik B. zwischen Metapher und Gleichnis und unterscheidet es vom Symbol, das das «unbestimmte Allgemeine und Substantielle selbst» darstellt, indem im B. eine «festbestimmte konkrete Existenz für sich herausgestellt» wird, ohne die Bedeutungen auszusprechen, «so daß nur der Zusammenhang, in welchem Metapher und B. vorkommen, offen anzeigt, was eigentlich mit ihnen gesagt sein soll» [19].

Die erkenntnistheoretische B.-Theorie Kants blieb zunächst für das 19. Jh. bestimmend und erfuhr nur geringe Modifikationen; so bei BOLZANO [20], der eine präzisere Abgrenzung gegenüber dem Begriff des ‹Zeichens› lieferte. Gegen Ende des 19. Jh. gewinnt unter dem Einfluß der Naturwissenschaften – exemplarisch formuliert von H. HERTZ – eine nominalistische B.-Theorie die Oberhand und bleibt leitend für die Wissenschaften bis heute: «Wir machen uns innere Schein-B. oder Symbole der äußeren Gegenstände, und zwar machen wir sie von solcher Art, daß die denknotwendigen Folgen der B. stets wieder B. seien von den naturnotwendigen Folgen der abgebildeten Gegenstände» [21]. Dagegen lehnt der Neukantianismus, insbesondere H. RICKERT [22], eine erkenntnistheoretische Abbildtheorie ab. E. CASSIRER sieht in den ‹Zeichen› und ‹B.› des Mythos, der Kunst, der Sprache und der Wissenschaften «nicht einfache Abbilder einer vorhandenen Wirklichkeit» oder eine «Widerspiegelung eines festen Bewußtseinsbestandes»; vielmehr erscheint in jedem B. «ein geistiger Gehalt, der an und für sich über alles Sinnliche hinausweist» [23]. Das Angewiesensein des menschlichen diskursiven Denkens auf B. und Zeichen ist zwar gegenüber dem vollkommenen «urbildlichen und göttlichen Verstande» eine Verschleierung der «reinen Wesengehalte», so daß das «Paradies der Mystik, das Paradies der reinen Unmittelbarkeit» verschlossen bleibt, aber das positive Aufnehmen dieses Mangels «in der Erschaffung bestimmter geistiger B.-Welten, bestimmter symbolischen Formen», ermöglicht es der Philosophie, im Verstehen der gestaltenden Grundprinzipien sich aus dem «bloß naturgegebenen Dasein» zur Form «des Geistes» zu vollenden [24].

Seit Beginn des 20. Jh. bilden sich heterogene B.-Theorien aus. Die materialistische Konzeption Demokrits findet in der Widerspiegelungstheorie W. I. LENINS eine moderne Nachfolge: «Unsere Empfindungen, unser Bewußtsein sind nur das Abbild der Außenwelt; und es ist selbstverständlich, daß ein Abbild nicht ohne das Abgebildete existieren kann, das Abgebildete aber unabhängig von dem Abbildenden existiert». Wirklichkeit ist für Lenin «die Realität, die dem Menschen in seinen Empfindungen gegeben ist, die von unseren Empfindungen kopiert, photographiert, abgebildet wird» [25]. Das Kriterium für die Wahrheit des Widergespiegelten sieht Lenin im Anschluß an *Marx* und *Engels* im Erfolg der Praxis: «Für einen Materialisten beweist der ‹Erfolg› der menschlichen Praxis die Übereinstimmung unserer Vorstellungen mit der objektiven Natur der von uns wahrgenommenen Dinge» [26]. Dieses Modell läßt sich nach Lenin an der Geschichte verifizieren: «Die Herrschaft über die Natur, die sich in der Praxis der Menschheit äußert, ist das Resultat der objektiv richtigen Widerspiegelung der Erscheinungen und Vorgänge der Natur im Kopf des Menschen, ist der Beweis dafür, daß diese Widerspiegelung (in den Grenzen dessen, was uns die Praxis zeigt) objektive, absolute, ewige Wahrheit ist» [27]. In diese B.-Theorie, die Lenin vor allem im Gegensatz zur Erkenntnistheorie Berkeleys darstellt, bringt er erst später in stärkerem Maße die Dialektik ein, die als Erklärung für unzureichende oder widersprüchliche Wahrnehmung oder Erkenntnis fungiert [28].

Eine solche Erkenntnistheorie wird von der Phänomenologie, die das Erbe Rickerts in der Gegnerschaft zur erkenntnistheoretischen Abbildtheorie antritt, naiv genannt, da sie seit HUSSERL gerade die Einheit des intentionalen Gegenstandes (B.) mit dem Wesen des Gegenstandes selbst betont [29]. Auf dem Boden der wiederentdeckten Disziplin der Ontologie entwickelt N. HARTMANN eine erkenntnistheoretische B.-Theorie, deren Berechtigung er in der Erfahrung der Täuschung sieht: «Ein Bewußtsein des B. kann erst auftreten, wo in irgendeiner Form Reflexion auf die Erkenntnis selbst einsetzt. Diese nun ist das Produkt der Theorie. Sie setzt überall in der Erfahrung des Alltags ein, wo Irrtümer oder Täuschungen durchschaut werden ... In der durchschauten Täuschung wird das B. als solches erst sichtbar» [30]. Unter dem Einfluß N. Hartmanns, der B. traditionell als die «Wiedergabe der Züge des Ur-B.» in heterogener Materie mit heterogenen Mitteln» [31] bestimmt, und E. HUSSERLS, für den «erst durch die Fähigkeit eines vorstellenden Ich, sich des Ähnlichen als B.-Repräsentanten für ein Ähnliches zu bedienen, bloß das eine anschaulich gegenwärtig zu haben und statt seiner doch das andere zu meinen», das B. überhaupt zum B. wird [32], versucht P. F. LINKE eine neue Definition von B.: «Ein B. ist ein Gegenstand, auf Grund von dessen Wahrnehmung (oder sonstiger Erfassung) ich einen Gegenstand vorstelle, der ihm in gewissen ... an ihm vorfindlichen Beschaffenheiten gleicht, wobei gleichzeitig eben diese Beschaffenheit ‹stellvertretend› in den vorgestellten Gegenstand als Bestandteile eingehen» [33]. H. BERGSON anerkennt die Notwendigkeit der Wissenschaft und Philosophie, mit Begriffen und B. zu arbeiten, aber da nur in der Intuition das Absolute gegeben werden kann, kann kein B. «die Intuition der Dauer ersetzen» [34]. Das analytisch abstrakte Verfahren der Bildlichkeit und Begriffe verhindert die ernste Geistesarbeit der Metaphysik. Hingegen faßt L. KLAGES, vielleicht in ähnlicher systematischer Intention, den B.-Begriff positiv im Gegensatz zur begrifflich-rationalen Erkenntnis [35]. Innerhalb der seit Anfang des 20. Jh. sich zu einer eigenständigen Wissenschaft ausbildenden Psychologie gebraucht C. G. JUNG in Anlehnung an *Jacob Burckhardt* die Wendung ‹urtümliches B.›. Als ‹Vorstufe der Idee› bezeichnet Jung dieses auch als ‹Archetypus›: «Aus ihm entwickelt die Vernunft durch Ausscheidung des dem urtümlichen B. eigentümlichen und notwendigen Konkretismus einen Begriff – eben die Idee –, der aber von allen anderen Begriffen sich dadurch unterscheidet, daß er der Erfahrung nicht gegeben ist, sondern daß er sich als ein aller Erfahrung zugrundeliegendes Prinzip erweist» [36].

Innerhalb der modernen Logik ist die B.-Theorie WITTGENSTEINS, die der Konzeption von H. Hertz verpflichtet ist, einflußreich geworden [37].

Anmerkungen. [1] NOTKER LABEO, Vergil-Glossen 2, 678, 6; Nb. 10. – [2] Vgl. DIELS, Frg. 54 A, 155 A. – [3] Vgl. Art. ‹Eidolon›, ‹B. I›. – [4] Vgl. Art. ‹B. I›. – [5] Vgl. N. v. KUES, De mente c. 3, 58, 3-8 u. 4, 65, 8. – [6] Vgl. PLOTIN, Enn. III, 8: ‹Vom Schauen›. – [7] Vgl. E. HOCHSTETTER: Studien zu Wilhelm v. Ockhams Met. und Erkenntnislehre (1927). – [8] F. BACON: Novum Organum sive indicia vera de interpretatione naturae (1620), hg. J. SPEDDING (London 1858) I, 38-68. – [9] J. M. CHLADENIUS: Einl. zur richtigen Auslegung vernünftiger Reden und Schriften (1742, Neudruck 1969) bes. §§ 339. 344. 345. – [10] BERKELEY, Treatise on the principles of human knowledge (1710), hg. T. E. JESSOP II, I, 8. – [11] Vgl. R. METZ: G. Berkeley. Leben und Lehre (1925) 219. – [12] LEIBNIZ, Monadol. § 83; vgl. F. KAULBACH: Subjektivität, Fundament der Erkenntnis und lebendiger Spiegel bei Leibniz. Z. philos. Forsch. 20 (1960) 471-495. – [13] KANT, KrV A 137-147/B 176-188. – [14] Vgl. G. S. A. MEL-

LIN, Encyclopäd. Wb. der krit. Philos. 2 (1798) Art. ‹B.›; vgl. F. KAULBACH: Schema, B. und Modell nach den Voraussetzungen des Kantischen Denkens. Stud. gen. 18 (1965) 464-479. – [15] KANT, KrV B 181. – [16] J. G. FICHTE, Werke, hg. I. H. FICHTE, Bd. 9. – [17] a. a. O. 9, 395; vgl. J. DRECHSLER: Fichtes Lehre vom B. (1955). – [18] F. v. BAADER, Werke, hg. F. HOFFMANN 8, 102; Kap. ‹Zur Lehre vom B.› 93-105; vgl. E. PRZYWARA: B., Gleichnis, Mythos, Mysterium, Logos. Arch. di filos. 2/3 (Rom 1956) 7-38. – [19] HEGEL, Ästhetik, hg. F. BASSENGE 1, 395ff. – [20] B. BOLZANO, Werke, hg. H. HÖFLER (1914) 1, 1, § 52, 5. – [21] H. HERTZ: Die Prinzipien der Mechanik (1892) 1. – [22] H. RICKERT: Der Gegenstand der Erkenntnis. Einf. in die Transzendentalphilos. (1892, ²1904) bes. 77ff. – [23] E. CASSIRER: Philos. der symbol. Formen (²1953) 1, 43. 40. 42. – [24] a. a. O. 50. 51. – [25] W. I. LENIN: Materialismus und Empiriokritizismus (Moskau ¹1908, dtsch. 1947) 62. 128. – [26] a. a. O. 140. – [27] 197. – [28] W. I. LENIN: Aus dem philos. Nachlaß. Exzerpte und Randglossen (1949) bes. 101 u. 115; vgl. MAO TSE-TUNG: Über den Widerspruch (Peking 1964) 17. – [29] E. HUSSERL: Log. Untersuchungen II, 1 (⁴1928) 424f.; vgl. Ideen zu einer reinen Phänomenol. und phänomenol. Philos. Husserliana 3 (Den Haag 1950) 171ff.; vgl. E. FINK: Vergegenwärtigung und B. Jb. Philos. u. phänomenol. Forsch. 11 (1930) bes. 304-309. – [30] N. HARTMANN: Grundzüge einer Met. der Erkenntnis (²1925) 44f. – [31] a. a. O. 66f. – [32] E. HUSSERL: Log. Untersuchungen II, bes.: ‹Zur Kritik der Bildertheorie›. – [33] P. F. LINKE: B. und Erkenntnis. Sonderabdruck aus der Philos. Anz. 1/2 (1926) 314. – [34] H. BERGSON: Einf. in die Met. (dtsch. 1916) 10ff. – [35] L. KLAGES: Der Geist als Widersacher der Seele 3: Die Lehre von der Wirklichkeit der B. (1932). – [36] C. G. JUNG, Ges. Werke (⁹1960) 6, 455. – [37] Vgl. Art. ‹B., logisches›.   W. HOGREBE

Bild, dialektisches. ‹Bildliche Erscheinung der Dialektik›, ‹Dialektik im Stillstand› und ‹d.B.› stehen im Zentrum der Philosophie W. BENJAMINS, der sich zunächst um eine Ideenlehre bemüht, die Wahrheit und Idee als sprachliches ‹Sein› bestimmt, um ihnen «jene höchste metaphysische Bedeutung, die das *Platon*ische System ihnen nachdrücklich zuspricht» [1], zurückzugeben. Zugleich jedoch ist Benjamins Philosophie allem Platonismus entgegengesetzt: Die Ideen sind ihr sowenig Objekte intellektueller Anschauung wie ein idealistisch Erzeugtes, sie erschließen sich allererst der rückhaltlosen Versenkung ins geschichtliche Material. Neben der Lehre von den sprachlichen Ideen tritt bald die spezifisch Benjaminsche Form einer philosophischen Aphoristik, die in «Denkbildern» [2] profanes Dasein als Rätselfigur eines mehr als Daseienden zu entziffern versucht. Wenn Idee und Denkbild bereits die Philosophie des mittleren Benjamin als exzentrischen Materialismus charakterisieren, dann unternimmt er im Zusammenhang der *Hegel*- und *Marx*-Rezeption seiner späten Periode eine entschiedene Wendung zur Dialektik. Die Insistenz auf einer Dialektik im *Stillstand* opponiert indessen dem traditionell dialektischen Begriff der universalen Vermittlung, insbesondere der Identifizierung von Subjekt und Objekt durch Hegel; in der Konzeption dialektischer *Bildlichkeit* hält Benjamin Motive seines frühen, allegorisierend verfahrenden Denkens bis zuletzt fest. Gleich den idealistischen und materialistischen Formen der Dialektik stellt Benjamins Lehre Erkenntnistheorie und Geschichtsphilosophie in einem dar, umfaßt sie Denken und Realität gleichermaßen. – Die Entfaltung der Dialektik im Stillstand war Benjamins Hauptwerk, «Paris, Hauptstadt des XIX. Jh.» zugedacht, an dem er von 1927 bis zu seinem Tode arbeitete, ohne doch über gewichtige, zum größten Teil noch unpublizierte Vorarbeiten und Fragmente hinauszugelangen [3].

Wesentlich für die Theorie der Dialektik im Stillstand sind Elemente, auf die Benjamin in der Kunst stieß. So findet er in der Verfremdung gesellschaftlicher Zustände und im politisch-pädagogischen ‹Gestus› des epischen Theaters von *Brecht* das eigene Verfahren vorgebildet [4], das nicht dem geschichtlichen Zeitverlauf einfühlend oder verstehend sich assimilieren, sondern gerade auch dem Abgespaltenen, Besonderen gleichsam physiognomisch seine Bedeutung abgewinnen will. Die Erkenntnis, wie sie von den d.B. freigelegt wird, ist eine ‹aufblitzende›: sie erteilt der historischen Konstellation «einen Chok» [5]. Wie philosophische Erkenntnis bei Benjamin Energien sich zueignet, die gemeinhin der Kunst vorbehalten bleiben, so unterstellt er umgekehrt auch die moderne Kunst weithin Kriterien der Erkenntnis. Vor allem konvergiert für ihn der geschichtsphilosophische Gehalt der Dichtung *Baudelaires* mit dem der eigenen d.B. [6].

Um 1935 lokalisiert Benjamin die d.B. vorübergehend im ‹Kollektivbewußtsein› [7]. T. W. ADORNO kritisierte diese Verlegung des d.B. in den Kollektivtraum, mit der jener Begriff «die objektive Schlüsselgewalt» einbüße, «die gerade materialistisch ihn legitimieren könnte»; BENJAMIN akzeptiert die Adornosche Kritik [8] und grenzt seine Theorie nachdrücklich gegen die Archetypen C. G. Jungs ab [9]. Bildlich verfährt Benjamin, insofern er geschichtlich-gesellschaftliche Materialien wie Naturgeschichte zu ‹lesen› trachtet; die Bilder werden zu *dialektischen* durch ihren «Zeitkern», den ‹historischen Index› jedes einzelnen [10]. Auf Utopie bezogen sind die d.B. Benjamins, indem sie, das Gewesene mit der ‹Jetztzeit› konfrontierend, die geschichtliche Überlieferung immer «von neuem dem Konformismus abzugewinnen» versuchen, «der im Begriff steht, sie zu überwältigen» [11]. Benjamins Philosophie kündigt das Einverständnis mit den ‹Siegern› der Geschichte auf, alles Pathos liegt in ihr auf der ‹Rettung› des Unterdrückten.

Anmerkungen. [1] W. BENJAMIN: Ursprung des dtsch. Trauerspiels (³1969) 11. – [2] W. BENJAMIN, Schriften (1955) 2, 23. – [3] a. a. O. 1, 406-506; Handschriftl. Nachlaß im Benjamin-Arch. T. W. ADORNO, Frankfurt a. M.; Zitate bei R. TIEDEMANN: Studien zur Philos. W. Benjamins (1965). – [4] Vgl. BENJAMIN: Versuche über Brecht (²1967) 20f. – [5] Schriften 1, 504; vgl. 418. – [6] Vgl. Ch. Baudelaire (1969). – [7] Schriften 1, 408. – [8] Vgl. Briefe (1966) 2, 672ff. 685ff. – [9] Vgl. TIEDEMANN, a. a. O. [3] 128. – [10] Vgl. 130. – [11] BENJAMIN, Schriften 1, 497.
R. TIEDEMANN

Bild, logisches. Nach WITTGENSTEINS ‹Tractatus logico-philosophicus› ist ein Gedanke oder ein Satz ein l.B. der Tatsachen. Hier muß ‹Bild› in einem sehr allgemeinen Sinn verstanden werden. Als Vergleichsobjekt zu diesem Bildbegriff kommt zunächst der mathematische Begriff der *isomorphen* Abbildung in Betracht: Es sei A ein System, dessen Elemente die individuellen Gegenstände $a_1, \ldots, a_n$ und eine unter ihnen definierte zweistellige Beziehung R sind. Diesen Elementen seien eineindeutig die Elemente eines Systems B, nämlich – der Reihe nach – die individuellen Gegenstände $b_1, \ldots, b_n$ und die zweistellige Beziehung S zugeordnet. Falls dann für jedes i, j gilt $S(b_i, b_j)$ oder nicht, je nachdem ob $R(a_i, a_j)$ gilt oder nicht, haben wir ein Beispiel einer Isomorphie zwischen B und A. Wenn jetzt die Elemente von B als für die entsprechenden Elemente von A «stehend» angesehen werden, wird B als ein isomorphes *Bild* von A (dem «Urbild») aufgefaßt. Nach Wittgenstein werden die Elemente dessen, was er ein «l.B.» nennt, wesentlich in dieser Weise als «vertretend» für die Elemente des Urbildes angesehen: Wenn das Bild wahr ist, zeigen die Bildelemente durch ihre «strukturale» Stellung im Bild die «strukturale» Stellung der entsprechenden Elemente im Urbild an. Ein «Bild» kann allerdings auch falsch sein. Auch gewisse sprachliche Symbole, Namen genannt, vertreten im Satz Elemente, für die sie stehen, und ein Satz, der ausschließlich aus Namen besteht, ist ein l.B. der ihm entsprechenden Tatsache. Die Zuordnung der Elemente des Bildes zu den Elementen des Urbildes nennt Wittgenstein die «abbildende Beziehung», die auch als «projektive Beziehung» oder «Projektion» gekennzeichnet wird. – Es ist zu bemerken, daß die Übereinstimmung zwischen dem wahren l.B. und seinem Urbild nur struktural ist; d. h. es braucht keine Ähnlichkeit zwischen den Elementen des Bildes und des Urbildes zu bestehen. Während nach Wittgenstein jedes Bild auch ein l.B. sein muß, braucht zum Beispiel nicht jedes Bild ein räumliches oder farbiges Bild zu sein.

Literaturhinweise. Siehe die in Art. ‹Atomismus, logischer› angeführte allgemeine Lit. – W. STEGMÜLLER: Eine modelltheoretische Präzisierung der Wittgensteinschen Bildtheorie. Notre Dame J. formal Logic 7 (1966). E. STENIUS

Bildfeld ist ein analog zum semantischen Begriff ‹Wortfeld› geprägter Begriff der Metaphorologie. B. sind Familien von Metaphern, die durch die Metapherntradition habituell geworden sind und besonders als Denkmodelle dienen. Während die einzelnen Metaphern Sprechakte sind, gehören B. als potentielle Gebilde den Sprachen (‹langues› im Sinne SAUSSURES) an. Sie übergreifen jedoch oft auch die Einzelsprachen und sind einem Kulturkreis gemeinsam.

Literaturhinweis. H. WEINRICH: Münze und Wort, Untersuchungen an einem B., in: Romanica, Festschrift Rohlfs (1958) 508–521. H. WEINRICH

Bildung
1. Der Begriff setzt sich in der zweiten Hälfte des 18.Jh. als in seiner pädagogischen und idealistischen Bedeutung neues Grundwort durch [1] und wird zwischen 1770 und 1830 mit der Entstehung des modernen Erziehungswesens in Deutschland zum Leitbegriff eines in der geschichtlichen Situation des Übergangs zu einer offenen Gesellschaft sozial ermöglichten Ideals geistiger Individualität, freier Geselligkeit und ideennormativer Selbstbestimmung einer bürgerlichen Oberschicht, der «Gebildeten» [2]. M. MENDELSSOHN versteht den B.-Begriff (als Zusammenfassung von Kultur und Aufklärung) noch 1784 als einen «neuen Ankömmling in unserer Sprache ... vorderhand bloß in der Büchersprache» [3].

Anmerkungen. [1] I. SCHAARSCHMIDT: Der Bedeutungswandel der Worte ‹bilden› und ‹B.› in der Lit.-Epoche von Gottsched bis Herder (Diss. Königsberg 1931), Neudruck in: Kleine pädag. Texte (1965). – [2] H. WEIL: Die Entstehung des dtsch. B.-Prinzips (1930); W. ROESSLER: Die Entstehung des modernen Erziehungswesens in Deutschland (1961); T. H. TENBRUCK: B., Gesellschaft, Wiss., in: Wiss. Politik, hg. OBERNDÖRFER (1961); H. SCHELSKY: Einsamkeit und Freiheit (1963). – [3] M. MENDELSSOHN, Schriften zur Philos., hg. BRASCH (1880) 2, 246.

2. Der Ursprung des B.-Begriffs im philosophischen Gebrauch liegt jedoch nicht im humanistischen und pädagogischen, sondern im mystisch-theologischen und naturphilosophisch-spekulativen Bedeutungsfeld [1]. Das althochdeutsche Grundwort hat mit der körperlichen Bedeutung ‹abbilden, Bildnis› und ‹Gebilde, Gestalt› – bis Winckelmann und Goethe vorherrschend – bereits einen Bezug ebenso zu ‹imago› und ‹forma› wie zu ‹imitatio› und ‹formatio›, etymologisch aber schon zu ‹Sinnbild, Zeichen› [2]. Als Chiffre eines geistigen Vorgangs gehört es zu den abstraktiven philosophischen Neuprägungen der spätmittelalterlichen Mystik und ist wahrscheinlich eine Begriffsneuschöpfung MEISTER ECKHARTS aus der Verbindung der Imago-Dei-Theologie mit der neuplatonischen Emanations- und Reintegrationslehre wie aus der Verknüpfung des mystischen Bildgedankens mit dem lateinischen forma-Begriff nach den Kernaussagen des Schöpfungsberichts (Gen. 1, 26) und des paulinischen Verwandlungsworts (2. Kor. 3, 18): ‹in eandem imaginem transformamur›, wiedergegeben als «Überbildetwerden», «wieder Eingebildetwerden» in die Gottheit [3]. Bildwerden ist hier reines Anwesen und Empfangen Gottes, die Geburt des Sohnes in der Seele, ein transzendenter Vorgang «ohne Mittel». Schon mit dem conformitas-Gedanken der Christusmystik (SEUSE) aber erhält das Gestaltmoment die Oberhand («die Seele muß etwas Bildliches haben, das minnigliche Bild Jesu») [4]. Eine dynamische Neuprägung im Sinne der aristotelisch-stoischen Vorstellung des strebenden Ins-Werk-Setzens erfährt der B.-Begriff dann im 16. Jh. durch PARACELSUS. «Alle Dinge sind gebildet.» Ihnen ist durch Einbildung des Geistes Gottes in die natürliche Matrix als immanentes Zielbild als keimhafte innere Formgerichtetheit ihrer B. eingestiftet. B. ist die Signatur aller Wirklichkeit, der Mensch Mikrokosmos «nach seiner B.». Die Philosophie der bildenden Kräfte sieht das zeitliche Werden, Wachsen und Vergehen der Kreaturen als ihr inneres Gesetz und begründet, damit zusammenhängend, auch eine neuen Wissensbegriff. Das Erkennen wird dem Leben subsumiert, der «Erfahrenheit und geübten Praktik», es ist nur im Realzusammenhang des Lebens wahr [5].

Anmerkungen. [1] I. SCHAARSCHMIDT, a. a. O. [1 zu 1]; G. DOHMEN: B. und Schule. B.-Begriffs 1 (1964); E. LICHTENSTEIN: Zur Entwicklung des B.-Begriffs von Meister Eckhart bis Hegel. Pädag. Forsch. des Comenius-Instituts 34 (1966). – [2] J. und W. GRIMM, Dtsch. Wb. 2 (1860); W. FOERSTE: Bild, ein etymologischer Versuch. Festschrift Jost Trier (1964) 112ff. – [3] O. ZIRKER: Die Bereicherung des dtsch. Wortschatzes durch die spätmittelhochdeutsche Mystik (1923); R. FAHRNER: Wortsinn und Wortschöpfung bei Meister Eckhart (1929); I. QUINT: Mystik und Sprache. Dtsch. Vjschr. Lit.-Wiss. 27 (1953) 48–76; H. SCHILLING: B. als Gottesbildlichkeit (1961); G. DOHMEN, a. a. O. [1] 35ff. – [4] A. NICKLAS: Die Terminologie des Mystikers Heinrich Seuse (Diss. Königsberg 1914); E. LICHTENSTEIN, a. a. O. [1] 6. – [5] G. DOHMEN, a. a. O. [1] 68ff.; B. v. WALTERSHAUSEN: Paracelsus am Eingang der dtsch. B.-Gesch. (²1942); E. METZKE: Coincidentia Oppositorum, hg. K. GRÜNDER (1961) 20ff. 59ff. 117ff.

3. Die Zeugnisse für die philosophische Weiterentwicklung des B.-Begriffs, für den in der Umgangssprache die Bedeutungen ‹fictio, exemplum, simulacrum, species› stehen bleiben [1], finden sich bis ins 18. Jh. hinein wesentlich nur in der theosophischen Gedankenwelt, in der protestantischen Mystik und im Spiritualismus zugleich mit Kirchen- und Schulkritik. Sie zeigen von V. WEIGEL [2], J. ARNDT und J. BÖHME über GICHTEL und G. ARNOLDT zu F. CHR. OETINGER den Protest der Innerlichkeit der «geistlich Geborenen» gegen die humanistisch und scholastisch erstarrte Gelehrsamkeit der Schulen an [3]. Sie führen über BÖHMES «bildlichen Willen Gottes» und die metaphysische Freiheit des Menschen «zur B. der Substanz, aus welchem Prinzipio er will» [4], über den Württemberger Pietismus OETINGERS und seine Theologie des «bildenden Lebensgeistes» zu der religions- und geschichtsphilosophischen Funktion des B.-Begriffs in HEGELS theologischen Jugendschriften.

Anmerkungen. [1] C. V. STIELER: Der teutschen Sprache Stammbaum und Fortwachs (1691). – [2] Ps.-WEIGEL, Stud. univ. I. – [3] JAKOB BÖHME, Sämtl. Schriften, hg. A. FAUST/W.-E. PEUCKERT (1942) 2, 222. – [4] G. DOHMEN, a. a. O. [1 zu 2] 88ff.

4. Säkularisierung, Humanisierung und Pädagogisierung des B.-Begriffs im 18. Jh. hängen mit der Eman-

zipation des Emotionalen im deutschen Pietismus [1] und mit dem eminenten Einfluß SHAFTESBURYS auf das deutsche Geistesleben zusammen [2]. In der neuen platonisierenden und ästhetisch-humanistischen Bedeutung erscheint der B.-Begriff zuerst in Shaftesburyübersetzungen (1738 ‹innere B.› für ‹inward form›). Als Gefühlswort durch KLOPSTOCKS ‹Messias› («B. der Seele») als Wiederherstellung ihrer «anerschaffenen Schöne») seit 1748 literarisch verbreitet, wird der Begriff, bei WIELAND mit LEIBNIZ' und SHAFTESBURYS Harmoniegedanken [3], bei SULZER und GELLERT mit der Moralphilosophie der Aufklärung verschmelzend [4], pädagogisch: ‹Ausbildung› der Anlagen, ‹Zubildung› zur Tugend, B. des Geschmacks an Mustern und Beispielen, ‹Unterweisung› (WIELAND 1754) [5], ‹cultura animi›. Unter dem Einfluß rousseauscher Kulturkritik steigert er sich durch HERDER zum Weltbegriff für die natürlich-geschichtliche Geistigkeit des Menschen (‹Hauptaussicht einer zu bildenden Menschheit›, ‹Universalgeschichte der B. der Welt›) [6] und tritt in Gegensatz zur Geschichtsauffassung der Aufklärung [7]. In PESTALOZZI verbindet er sich mit dem mystischen Motiv der simplicitas animi zur Idee der reinen Menschen-B. (WIELAND: der educatio pura): «Allgemeine Emporbildung» der «inneren Kräfte der Menschennatur zu reiner Menschenweisheit» ist in PESTALOZZIS ‹Abendstunde eines Einsiedlers› von 1779/80 «allgemeiner Zweck der B. auch der niedersten Menschheit», ausgehend von der im Innersten unserer Natur gewissen Wahrheit unserer Grundbedürfnisse und unserer Grundempfindungen, unserer nächsten Beziehungen und unserer Realverbindungen, der «Realposition» und der «Individualbestimmung des Menschen». «Wer nicht Mensch ist, in seinen innern Kräften ausgebildeter Mensch ist, dem fehlt die Grundlage zur B. seiner nähern Bestimmung und seiner besonderen Lage, welchen Mangel keine äußere Höhe entschuldigt» [8].

Anmerkungen. [1] H. SPERBER: Der Einfluß des Pietismus auf die Sprache des 18. Jh. Dtsch. Vjschr. Lit.-Wiss. 8 (1930) 497–515; A. LANGEN: Der Wortschatz des dtsch. Pietismus (1954). – [2] C. F. WEISER: Shaftesbury und das dtsch. Geistesleben (1916); F. SCHÜMMER: Die Entwicklung des Geschmacksbegriffs in der Philos. des 17. und 18. Jh. Arch. Begriffsgesch. 1 (1955) 120–141. – [3] SCHAARSCHMIDT, a. a. O. [1 zu 1] 55; F. RAUHUT: Die Herkunft der Worte und Begriffe ‹Kultur›, ‹civilisation› und ‹B.›. German.-roman. Mschr. NF 3 (1953) 81–91. – [4] J. G. SULZER: Versuch von der Erziehung und Unterweisung der Kinder (1745); C. F. GELLERT: Moralische Vorlesungen (1759); G. DOHMEN: B. und Schule 2 (1965) 19ff. 33ff. – [5] CHR. M. WIELAND: Plan von einer neuen Art von Privat-Unterweisung (1754). – [6] J. G. HERDER: Journal meiner Reise im Jahre 1769. Werke, hg. SUPHAN (1878) 4, 496–508. – [7] Auch eine Philos. der Gesch. zur B. der Menschheit (1774). – [8] J. H. PESTALOZZI: Abendstunde eines Einsiedlers (1780). Sämtl. Werke, hg. A. BUCHENAU, ED. SPRANGER und H. STETTBACHER (1927ff.) 1, 267. 270.

5. In der gleichzeitigen Arbeit HERDERS an den ‹Ideen› (1784–1791) und GOETHES an der Metamorphosenlehre wird der B.-Begriff zum Mittelpunkt eines naturphilosophisch-organologischen und anthropologisch-lebenshermeneutischen Gedankenkreises. In diesem Sinne wird er in HERDERS Psychologie als «bildende Fügung» des Menschen in der Verschränkung von Seele und Welt, «Innigkeit und Ausbreitung» der «Einen Grundkraft» des Menschen verstanden [1], erscheint er aber in Herders ‹philosophia anthropologica› [2] als Entwicklungsgeschichte des Menschen nicht mehr in der «Analogie zum Menschen», sondern in der «Analogie der Natur», als Kategorie des Organischen. Er wird dann in Herders grenzenlosem Analogiedenken «von der Kreatur zu uns und von uns zum Schöpfer» – seine spekulativen Vorstufen (Mikrokosmosidee, Gottesbildlichkeit, Lebensgeist) erinnernd – zur universalen Deutungskategorie des Menschen als «geborenes Bild Gottes in der Welt Gottes» nach seiner doppelten «Genesis» als Endglied der Naturorganisation und als Anfangsglied einer «Kette der Geselligkeit und bildenden Tradition vom ersten bis zum letzten Glied» und damit «das Prinzipium zur Geschichte der Menschheit» [3]. B. bedeutet für Herder stets das Doppelte: «Ausbildung gegebener Anlagen» und «sich zum Bilde machen» [4]. Nach LEIBNIZ' Monadenbegriff, als «Mittelbegriff zwischen Geist und Materie» interpretiert, wirken «alle Kräfte der Natur organisch», d. h. zugleich genetisch und individualisierend. Aber auch die B. des Menschen als «tätig gewordene Idee» (der Humanität) [5], d. h. B. als «Kultur», vollzieht sich «genetisch durch Mitteilung, organisch durch Aufnahme und Anwendung des Mitgeteilten», nun also umgekehrt durch Vorbildung und Aneignung. GOETHE deutet die «natürliche» B. und Umbildung des Menschen zunächst in der Erweiterung der physiognomischen B.-Lehre LAVATERS [6]. Er findet seit 1785 im B.-Begriff den Schlüssel zu den «großen Gedanken» der Natur. Als «das Höchste des Ausdrucks» nimmt er, wie Herder in den ‹Ideen›, BLUMENBACHS Begriff des «B.-Triebes» (nisus formativus) auf [7]. Denn er «anthropomorphosierte das Wort des Rätsels». B. wird ihm Lebenssymbol als Einheit von Werden und Gestalt, «Hervorgebrachtem» und «Hervorgebrachtwerdendem», von Kraft und Bild, Idealität und Modifikation, Freiheit und Maß, Evolution und Epigenese, Vorwegnahme und Realisierung [8]. «Immer tätiger, nach innen und außen fortwirkender poetischer B.-Trieb» ist auch Symbol der eigenen Existenz [9], «geprägte Form, die lebend sich entwickelt». In der Gemeinschaft mit SCHILLER wird B. neben «Persönlichkeit» zur ethischen Kategorie. Auch als Idee im ‹Wilhelm Meister› aber meint B. wesentlich nicht Geistes-B., sondern Persona-Genese, Ausformung der Individualität zur reifen Persönlichkeit in tätigem Weltumgang [10] und noch in den ‹Wanderjahren›, im Bewußtsein der Epochenschwelle, die Integration von Person und Beruf, Tat und Sinn, Individualität und «Organ». Anders steht B. in SCHLEIERMACHERS Ethik und Pädagogik als «weltbildende Selbstdarstellung», als «Welt-B.», der rezeptiven «Weltanschauung» korrespondierend [11] (von der platonischen Naturphilosophie des ‹Timaios› her gesehen), auf der Seite der Spontaneität, der vita activa, der «organisierenden» Tätigkeit. Bei E. M. ARNDT heißt B. dann schon «den Menschen zum Bilde der Welt machen» [12], das er als Spiegel der Welt, als Bild der Bilder sein soll. Der Begriff des B.-Triebes seinerseits tritt bei dem SCHLEIERMACHER der ‹Monologen›, bei F. SCHLEGEL [13], W. V. HUMBOLDT [14] und JEAN PAUL als «das wahre Apriori im Menschen», als «innerer Preismensch» und metaphysische Individualität ganz in die monadische Innerlichkeit zurück, im FICHTE-Kreis umgekehrt in den freitätigen Handlungsentwurf («Bilden meiner selbst als Welt überhaupt») heraus [15] und hält sich als «geistiger B.-Trieb» noch in der späteren idealistischen B.-Lehre, in der er zum Merkmal des personalen und reflexiven Charakters der Geistes-B. formalisiert wird.

Anmerkungen. [1] J. G. HERDER: Vom Erkennen und Empfinden der menschlichen Seele (1778); F. BERGER: Menschenbild und Menschen-B. Die philos.-päd. Anthropol. Herders (1933); T. BALAUFF: Die Grundstruktur der B. (1953). – [2] HERDER, Werke, hg. SUPHAN 13, 55 A. – [3] a. a. O. 13, 345. 349. – [4] H. WEIL, a. a. O. [1 zu 1] 6. – [5] HERDER, a. a. O. [2] 13, 77. – [6] GOETHE, dtv-Gesamt-A. 37, 199; zum B.-Begriff Lavaters vgl. G. DOHMEN, a. a. O. [1 zu 2] 1, 176ff. – [7] GOETHE, a. a. O. [6] 39, 141; J. F. BLUMENBACH: Über den B.-Trieb und das Zeugungsgeschäft. Göttinger Mag. 1/5 (1780). – [8] a. a. O. [6] 39, 67. 89; 37, 121f. – [9] Nachgel. Vorwort zum 3. Teil von ‹Dichtung und Wahrheit›. – [10] O. F. BOLLNOW: Vorbetrachtungen zum Verständnis der B.-Idee in Goethes Wilhelm Meister, in: Die Sammlung (1955) 445ff. – [11] SCHLEIERMACHER, Päd. Schriften, hg. WENIGER 1 (1957) 133f. 395; vgl. N. VORSMANN: Die Bedeutung des Platonismus für den Aufbau der Erziehungstheorie bei Schleiermacher und Herbart (1968) 32. 57. – [12] Fragmente über Menschen-B. 1. 2 (1805); O. F. BOLLNOW: Die Pädagogik der dtsch. Romantik. Von Arndt bis Fröbel (1952) 40ff. – [13] C. MENZE: Der B.-Begriff des jungen Fr. Schlegel (1964). – [14] W. v. HUMBOLDT, Ges. Schriften, hg. Preuß. Akad. Wiss. (1903ff.) 3, 116; C. MENZE: W. v. Humboldts Lehre und Bild vom Menschen (1965) 96ff. – [15] JEAN PAUL, Hist.-krit. A. 12, 360f.; A. L. HÜLSEN: Über den B.-Trieb. Philos. J., hg. FICHTE und NIETHAMMER (1798) 99ff.

6. LICHTENBERG will von Kant gelernt haben: «die Welt ist nicht da, um von uns erkannt zu werden, sondern uns in ihr zu bilden» [1]. Aber KANT hat noch B. nur im Sinne der Aufklärungsterminologie gebraucht [2], als «Kultur der Seele, die man gewissermaßen auch physisch nennen kann», im Gegensatz zur Sphäre der Freiheit («der Freiheit Gesetze geben ist ganz etwas anderes, als die Natur zu bilden»). Der B.-Begriff verbindet sich erst im deutschen Idealismus mit dem Problem der Subjektivität und der geistigen Wirklichkeit. Im Gegensatz zu Herders und Goethes Naturteleologie wird B. bei FICHTE und HEGEL zum Konstituens und zum Bewegungsprinzip des Geistes. Die «reelle Wirksamkeit meines Begriffs», das «genetische» Sichschaffen des Geistes in Bildern der übersinnlichen Welt ist für FICHTE der Punkt, «von welchem alle B. meiner selbst und anderer ausgehen müßte» [3]: Ich als «Werk meiner selbst». Diese Formel wird durch Fichte (1793) Grundlage für PESTALOZZIS «Idee der Elementar-B.». Seit 1799 sucht er im Rückgang auf die «allgemeinen (apriorischen) Gesetze» des menschlichen Geistes die fundamentalen und formalen «B.-Punkte» zum Selbstaufbau des Menschen als Person in der Harmonie von «Herz, Geist und Hand» [4]. B. wird aber zuerst durch FICHTE in einem zugleich absoluten und existentiellen Sinn auf «Wissen» gegründet. Seine Lehre vom «Bild»-Werden des sich in mir produzierenden Absoluten erneuert den mystisch-spekulativen Grundansatz des B.-Begriffs [5]. Bei HEGEL dagegen ist B. der geschichtliche Boden und zugleich die treibende Unruhe der Philosophie als Bewußtsein der nur durch Entzweiung zu sich kommenden Substanz des Geistes [6]. Als Emanzipationsbewegung des modernen Geistes ist B. in der Geschichte des Bewußtseins vergehende Zeitaltergestalt: «Welt der B.», «der sich entfremdete Geist». Zugleich aber wird «in der philosophischen Ansicht des Geistes als solchen er selbst als in seinem Begriff sich bildend und erziehend betrachtet». Die «Geschichte der B. des Bewußtseins», des individuellen Geistes, vollzieht sich am Gegenstand und Leitfaden der «Geschichte der B. der Welt» [7]. In dem mit der Arbeit beginnenden Selbstwerden am Anders-Sein, in der Entäußerung an die Sache und in dem wechselseitigen Tragen und Getragensein von individuellem Subjekt und objektiv-geistiger Wirklichkeit ist B. die Signatur der substantiellen Geschichtlichkeit des Menschen als geistiges Wesen und die Form des denkenden Bewußtseins selbst: «Der Mensch ist, was er sein soll, nur durch B.» [8].

Anmerkungen. [1] G. CH. LICHTENBERG, Aphorismen J 876. – [2] KANT, Über Pädagogik, hg. RINK (1803). Akad.-A. 9, 441-499. – [3] J. G. FICHTE, Sämtl. Werke, hg. I. H. FICHTE (1844/45) 2, 180ff. 251. 254ff. – [4] E. SPRANGER: Pestalozzis Denkformen (1947) 42ff.; J. H. PESTALOZZI, Sämtl. Werke, hg. SEYFFARTH (1899-1902) 8, 479; 10, 539f.; 12, 293. 314f. – [5] FICHTE, a. a. O. [3] 2, 272; 7, 274. 284ff. 297. 306ff.; Nachgel. Werke 1, 547; vgl. J. DRECHSLER: Fichtes Lehre vom Bild (1955) 85f. 167; E. v. BRAKKEN: Meister Eckhart und Fichte (1943). – [6] HEGEL, Werke, hg. GLOCKNER 1, 44. 47; vgl. E. LICHTENSTEIN, a. a. O. [1 zu 2]. – [7] HEGEL, a. a. O. 31, 376ff. 399ff.; Enzyklopädie § 387; vgl. G. SCHMIDT: Hegel in Nürnberg. Untersuchungen zum Problem der philos. Propädeutik (1960) 74ff. 147ff.; R. K. MAURER: Hegel und das Ende der Gesch. Interpretationen zur Phänomenol. des Geistes (1965) 46. 49ff. – [8] HEGEL, a. a. O. [6] 10, 94; 11, 524; 18, 8; vgl. F. NICOLIN: Hegels B.-Theorie (1955); A. REBLE: Hegel und die Pädagogik. Hegelstudien 3 (1965) 320ff.

7. Zum Zielbegriff und zum Programm wird B. erst im 19. Jh., wesentlich durch HUMBOLDTS Idealsetzung der B., seine B.-Politik und durch den schulpädagogischen Einfluß des von F. PAULSEN so genannten Neuhumanismus (F. A. WOLF, NIETHAMMER, DÖDERLEIN, THIERSCH) [1]: in der Abhebung der «Allgemeinen Menschen-B.» von dem «Bedürfnis des Lebens» und des (kantisch begründeten) Selbstzweckgedankens der B. von jeder Utilität. «Der wahren Moral erstes Gesetz» ist für HUMBOLDT [2]: «bilde Dich selbst und nur ihre zweites: wirke auf andre durch das, was Du bist». In seinem B.-Begriff verschmelzen leibnizische und kantische Motive im autonomen Vernunftzweck der vielseitigen «Ausbildung» und Steigerung der energetischen Individualität zur harmonischen Idealität, d. h. zur Einigung von Natur und Idee [3]. «Alle B. hat ihren Ursprung allein in dem Inneren der Seele und kann durch äußere Veranstaltungen nur veranlaßt, nie hervorgebracht werden» [4]. «Sich in sich zu bilden» ist der «Zweck des Menschen im Menschen» [5], dessen Beschäftigungen nie als «Mittel» für ein Resultat zu betrachten sind. Das entelechiale Grundstreben zur «Einheit des ganzen Wesens, welche allein dem Menschen wahren Wert gibt», verlangt die «höchste und proportionierlichste B. seiner Kräfte zu einem Ganzen» [6]. Wie die von WINCKELMANN vorbereitete ästhetische Kategorie des «individuellen Ideals» (mit Schiller) auf HUMBOLDT [7] zurückgeht, so auch der Gedanke der universellen formalen Geistes-B. als Bedingung der Möglichkeit eines freien wissenschaftlichen «Selbstaktus» der Person bzw. einer vor Selbstentfremdung geschützten Berufstätigkeit und die Idee der B. als «Erzeugung einer Welt in der Individualität», d. h. einer in der «Wechselwirkung» von Spontaneität und Rezeptivität dem Menschen «homogenen» B.-Welt [8]. Auf der anderen Seite bemüht sich L. v. STEIN «die Begriffe von B. und B.-Wesen zu selbständigen, und zwar aus philosophischen oder soziologischen zu festen verwaltungsrechtlichen Begriffen zu erheben» [9]. Dabei wirkt HEGEL nach in der Unterscheidung von B. als «Zustand» (die in der freien Individualität repräsentierte Welt) und zugleich als «lebendiger Prozeß» in gesellschaftlicher Wechselwirkung, der in geschichtlicher Selbstbewegung das «B.-Wesen» eines Volkes als Spiegel seiner «Gesittung» erzeugt («der deutsche Staat lernt, daß die wahre Erziehung nur in der B. besteht»). «Erst da, wo der B.-Prozeß selbst im Ganzen wie im Einzelnen Gegenstand des öffentlichen Wohlwollens und damit ein Teil des Verwaltungsrechts wird», entsteht «der wirkliche B.-Organismus» und vermag der Staat das «B.-Recht»(!) jedes Staatsbürgers zu realisieren [10].

Anmerkungen. [1] F. I. NIETHAMMER: Der Streit des Philanthropinismus und Humanismus in der Theorie des Erziehungsunterrichts unserer Zeit (1808) als erste Streitschrift. – [2] W. v. HUMBOLDT, Brief an Forster vom 16. Aug. 1791. – [3] C. MENZE: W. v. Humboldts Lehre und Bild vom Menschen (1965) 105ff. – [4] W. v. HUMBOLDT, Ges. Schriften, Akad.-A. 1, 70. – [5] a. a. O. 1, 56. 76. – [6] a. a. O. 1, 107. – [7] Brief an Schiller vom 25. Juni 1797; SCHILLER im 5. der ‹Ästhetischen Briefe›. – [8] W. v. HUM-

BOLDT, a. a. O. [4] 1, 283; 7, 251; 1, 108. 387. – [9] L. v. STEIN: Hb. der Verwaltungslehre (³1888) 2, 118; vgl. E. SPRANGER: Die wiss. Grundlagen der Schulverfassungslehre und Schulpolitik. Sber. preuß. Akad. Wiss., philos.-hist. Abt. (1928); P. M. ROEDER: Erziehung und Gesellschaft (1968) bes. 215ff. – [10] L. v. STEIN: Verwaltungslehre 5 (1868) 3. 8. 10; 3 (²1884) 452.

8. Das in seinem Kern vom Gräzismus unabhängige Ideal der «allgemeinen B.», zur Humboldtzeit auf die «harmonische Ausbildung aller Fähigkeiten» [1] und die «geistige Individualität» [2] bezogen, aber nicht auf die Breite des Wissens, wird im Verlauf des 19. Jh. als stoffliches Prinzip der «Allgemein-B.» ideologisch. HERBART bewahrt es noch als «gleichschwebende Vielseitigkeit des Interesses» mit Hinblick auf den sittlichen Endzweck des Menschen. Schon in der neuhumanistischen Gymnasialtheorie (JACHMANN, EVERS) [3] erstarrt es zur B.-Mythologie. NIETHAMMER [4] und SCHLEIERMACHER [5] setzen dieser das Interesse der Individualität und die reale Lebensbezüglichkeit einer freien allgemeinen B. im Hinblick auf die «in dieser Welt zu leistende Arbeit» entgegen. Vollends HEGELS Begriff des konkret Allgemeinen enthüllt die innere Haltlosigkeit einer «bloßen B.», die nicht in das Leben der «wirklichen Welt eingegründet» ist [6]. Das Fundierungsverhältnis von Vielseitigkeit und Einseitigkeit, B. und Leistung wird GOETHE in den ‹Wanderjahren› zum Problem, in denen er «eure allgemeine B. und alle Anstalten dazu» als «Narrenpossen» abtut mit der Begründung: «Was der Mensch leisten soll, muß sich als ein zweites Selbst von ihm ablösen, und wie könnte das möglich sein, wäre sein erstes Selbst nicht ganz davon durchdrungen» [7]. Goethes Protest geht bereits gegen die staatliche Kodifizierung und behördliche Verordnung der «Allgemein-B.» im preussischen Gymnasiallehrplan des Hegelianers J. SCHULZE [8]. Seit 1820 bzw. 1837 wird ein konventionell-enzyklopädischer Begriff der Allgemein-B., auf durch Staatsprüfung privilegiertes, aber äußerlich bleibendes B.-Wissen bezogen, zu einem bürgerlichen Statussymbol und in der politisch-sozialen Bewegung der Jahrhundertmitte wie besonders in der ästhetischen Opposition gegen das Bismarck-Reich zum Hauptangriffsziel der Kulturkritik: «blasierte B.» (A. RUGE 1843), «Zwangsnivellierung» (J. BURCKHARDT 1868), «die gemein gewordene B.» als Vorstadium der Barbarei (NIETZSCHE 1873), «die spezifisch deutsche Gestalt der Zivilisation» (P. DE LAGARDE 1873), journalistische «Halb-B.», B.-Philistertum und falsche «Gebildetheit» als Feind der «wahren B.». NIETZSCHES aristokratisches Gegenbild: der «freie Gebildete», im Ganzen seiner leibhaften Menschlichkeit zum «Gebilde» geformt und auf das «Werdende und Kommende» vorbereitet [9]. Im 20. Jh. aber wird nach einem nicht ohne den Einfluß dieser B.-Kritik grundlegend gewandelten Schulverständnis gerade ein auf pestalozzischen und humboldtischen Grundlagen zeitgemäß erneuerter Begriff von allgemeiner B. zum Rettungssymbol vor der in industrieller Arbeitswelt, Gesellschaft und wissenschaftlicher Zivilisation drohenden Gefahr der Selbstentfremdung des Menschen in Handlungszwängen, jetzt aber einerseits bezogen auf das Allgemeine im Besonderen als Integration von Ausbildung und B., Beruf und Sinnerweiterung zur Weltorientierung, «Sachbemeisterung und Selbstbesinnung» (G. KERSCHENSTEINER, A. FISCHER, E. SPRANGER, R. MEISTER, TH. LITT) [10], andererseits auf Lebens- und Wissenschaftspropädeutik als «grundlegende Geistes-B.», «erste methodische Belebung aller geistigen Grundkräfte» oder elementare «Initiation» in die fundamentalen Gehalte und Denkweisen unserer Gegenwartskultur und Lebensordnung. Dabei stellt sich das kultur- und wissenschaftstheoretische Problem ihrer Inhaltskriterien und die pädagogisch-didaktische Frage nach der Struktur und Funktion der Schulfächer in einem zeitgemäßen B.-Plan (R. MEISTER, W. FLITNER, E. WENIGER, F. BLÄTTNER) [11].

Anmerkungen. [1] W. v. HUMBOLDT, Ges. Schriften, 10, 256. – [2] Allgemeine dtsch. Real-Enzyklop. für die gebildeten Stände (Brockhaus, seit 1812) (⁷1830) 1, 903. – [3] Dokumente des Neuhumanismus I. Kleine pädag. Texte 17 (1962). – [4] H. BLANKERTZ: Berufs-B. und Utilitarismus. Problemgesch. Untersuchungen (1963); E. HOJER: Die B.-Lehre F. I. Niethammers (1965). – [5] SCHLEIERMACHER, Pädag. Schriften 1 (1957) 315f. 333f. – [6] HEGEL, Sämtl. Werke 3, 236. – [7] J. W. GOETHE: Wilhelm Meisters Wanderjahre (1826-1828) II, 11; I, 4. 12. – [8] F. PAULSEN: Gesch. des gelehrten Unterrichts (³1921) 2, 318ff.; C.-E. FURCK: Das pädag. Problem der Leistung in der Schule (1961). – [9] FR. NIETZSCHE: Über die Zukunft unserer B.-Anstalten (1872); Unzeitgemäße Betrachtungen (1873/74). Ges. Werke (Musarion)4, 133ff. – [10] G. KERSCHENSTEINER: Grundfragen der Schulorganisation (1907); A. FISCHER: Berufs-B. und Allgemein-B. Z. Pädag. Psychol. 12 (1911); E. SPRANGER: Grundlegende B., Berufs-B., Allgemein-B., in: Kultur und Erziehung (1923); R. MEISTER: Beiträge zur Theorie der Erziehung (²1947) 147. 191; TH. LITT: Berufs-B. und Allgemein-B. (1947); Sachbemeisterung und Selbstbesinnung. Stud. gen. 6 (1953) 553-563. – [11] R. MEISTER: Höhere Allgemein-B. und pädag. Utraquismus (1952); E. WENIGER: Didaktik als B.-Lehre I: Theorie der B.-Inhalte und des Lehrplans (⁵1963); W. FLITNER: Grundl. Geistes-B. Studien zur Theorie der wiss. Grund-B. und ihrer kulturellen Basis (1965); Hochschulreife und Gymnasium (²1960); F. BLÄTTNER: Das Gymnasium (1960).

9. Im philosophischen Gebrauch erhält der B.-Begriff seit O. WILLMANNS ‹Didaktik als B.-Lehre› (1882–1889), W. DILTHEYS Akademieabhandlung von 1888 und P. NATORPS Pestalozzistudien eine neue systematische Funktion als philosophischer Kern des Kulturproblems und der Wissenschaftsbegründung der Pädagogik. HERBART überwindend entfaltet WILLMANN in den fortschreitenden (3.–6.) Auflagen seiner ‹Didaktik› einen von TRENDELENBURGS Aristotelismus ausgehenden ontologisch-teleologischen B.-Begriff, in dessen Mittelpunkt der Begriff des B.-Gutes steht. Wie das Subjekt sich durch den geistigen Gehalt des Gegenständlichen (die Methexis) aktualisiert, so dieser durch seinen Subjektbezug (sein «plastisches Gesetz»). Das Geistig-Gegenständliche (seiner Daseinsform nach ein Zoon) hat durch sich selbst «organischen», «bildenden», auf seinen intelligiblen Grund im Sein (die Transzendentalien) hinweisenden Charakter. Das B.-Gut hilft als Ausdruck einer ontologischen Wahrheit dem Subjekt, das Sein erkennendwollend zu erschließen. B. wird als dynamisch wachsende Seinserfüllung des Menschen verstanden, als Weisheit [1]. WILLMANN folgen in der katholischen B.-Lehre F. X. EGGERSDORFER, J. GÖTTLER und viele andere. Im logischen wie im werttheoretischen Kritizismus wird demgegenüber das B.-Problem zu einem eher erkenntnistheoretischen Thema der Kulturphilosophie, der Geltungslogik und der Wissenschaftstheorie der Pädagogik. Der B.-Begriff verweist nach P. NATORP auf die Formgesetzlichkeit des menschlichen Geistes als «freies Sichselbstschaffen zwischen Menschen, Sichbefreien zu seinem Menschsein» [2]. Er wird bewußtseinslogisch aus der Geltung der «Idee» als dem unendlichen Richtpunkt alles Wertstrebens und zugleich der «problematischen Gegenständlichkeit» in der Einheit des Selbstbewußtseins abgeleitet. Der «Normalgang» der Geistes-B. ist, da in der Aufbaugesetzlichkeit der Objektwelten (Wissenschaft, Sittlichkeit, Kunst, Religion) begründet, «auf rein objektivem Wege zu bestimmen».

Während im kantisch-praktischen B.-Begriff F. PAULSENS [3] die «Willens-B.» als «bestimmte Gestaltung des Innenlebens» dominiert, im «noologischen» der EUCKEN-Schüler G. BUDDE [4] und K. KESSELER [5] das «Beisichselbstsein des Lebens» in der charaktervollen Persönlichkeit und im lebensphilosophischen G. SIMMELS [6] die durch die Kulturgüter zu entfaltende «innere Vorgezeichnetheit» der individuellen Vollendung, geht R. HÖNIGSWALD [7] auf die «Abbildung» der zeitlosen Geltungswerte der als ihr System gefaßten Kultur im pädagogischen Akt der «Wertübertragung» ein. Vom Geltungsanspruch und der Aufgabenhaltigkeit des «Kulturguts» (A. PETZELT [8] später: des «Lehrguts») her stellt sich B. als Einheit von Wissen und Haltung dar, und zwar in einem unendlichen dialektischen Prozeß sowohl hinsichtlich der übergegenständlichen Intention des transzendentalen Ich wie hinsichtlich der «Höherbildung» der Gemeinschaften. In der kritischen Hegelerneuerung durch J. COHN [9] erscheint die dialektische Struktur des B.-Begriffs als «hingegebene Freiheit» und gegenseitige Begrenzung von Autonomie und Gliedschaft in der Zielformel: «Der Zögling soll gebildet werden zum autonomen Gliede der historischen Kulturgemeinschaften, denen er angehören wird». An die Stelle einer dialektischen Zusammenbindung von Prinzipienreflexion und geschichtlicher Hermeneutik tritt bei B. BAUCH [10] und H. JOHANNSEN [11], M. FRISCHEISEN-KÖHLER [12], R. MEISTER [13] und C. SGANZINI [14] wieder stärker die kritisch-methodologische Funktion des B.-Begriffs hervor als Beziehung von Sein auf Sollen im Zwischenreich des «Sinns» und damit das Postulat einer speziellen «Erziehungsphilosophie» bzw. einer autonomen philosophisch-pädagogischen Frageweise.

Anmerkungen. [1] Lex. der Pädagogik 1 (1913) Art. ‹B.›; vgl. O. WILLMANN: Didaktik als B.-Lehre (⁶1957) 322ff.; B. HAMANN: Die Grundlagen der Pädagogik. Systematische Darstellung nach Otto Willmann (1965). – [2] P. NATORP: Sozialidealismus (1920) 243; 252ff. Allgemeine Pädagogik in Lehrsätzen (1905); 2. Philos. und Pädagogik (²1923) 24ff. – [3] F. PAULSEN: Reins encyclop. Hdb. der Pädagogik 1 (1895) Art. ‹B.›. – [4] G. BUDDE: Noologische Pädagogik (1914). – [5] K. KESSELER: Pädagogik auf philos. Grundlage (1921). – [6] G. SIMMEL: Philos. Kultur (²1919) 248; Schulpädagogik (1922). – [7] R. HÖNIGSWALD: Über die Grundlagen der Pädagogik (²1927). – [8] A. PETZELT: Grundzüge systematischer Pädagogik (²1955). – [9] J. COHN: Geist der Erziehung (1919). – [10] B. BAUCH: Über die philos. Stellung der Pädagogik im System der Wiss. Vjschr. philos. Pädagogik 1 (1917). – [11] H. JOHANNSEN: Der Logos der Erziehung (1925). – [12] M. FRISCHEISEN-KÖHLER: Philos. und Pädagogik. Kantstudien (1917); B. und Weltanschauung (1921), beides in: Kleine päd. Texte, hg. H. NOHL (²1962). – [13] R. MEISTER: Der Begriff der Erziehung (1930). – [14] C. SGANZINI: Das Wesensgesetz der B. (1931); Philos. und Pädagogik (1936), in: Ursprung und Wirklichkeit, hg. H. RYFFEL und G. FANKHAUSER (1951).

10. W. DILTHEY: «Blüte und Ziel aller wahren Philosophie ist Pädagogik, im weitesten Verstande, B.-Lehre des Menschen» [1]. Nach dem ersten Weltkrieg wird B. zum Zentralbegriff einer von Diltheys Hermeneutik der Geschichtlichkeit und seinen Kategorien des «ganzen Menschen», der «Lebendigkeit» und der «Grundstruktur des Lebens» ausgehenden, als Theorie in der Praxis eine pädagogische Reformbewegung klärend-reflektierenden und in ihr kulturidealistisch gerichteten Pädagogik als hermeneutisch-pragmatischen Geisteswissenschaft, insbesondere durch H. NOHL, M. FRISCHEISEN-KÖHLER, E. SPRANGER, TH. LITT, W. FLITNER, O. F. BOLLNOW [2]. B. ist als Idee der Subjektivität autonom, «die innere Form und geistige Haltung der Seele, die alles, was von draußen an sie herankommt, mit eigenen Kräften zu einheitlichem Leben in sich aufzunehmen und zu gestalten vermag»; B. ist zugleich als «die subjektive Seinsweise der Kultur» in sich selbst geschichtlich bedingt: «das pädagogische Werk», «innere Gestalt und Werk der Erziehung» (H. NOHL, W. FLITNER) [3]. Eine Pädagogik, die nach DILTHEY zu dem Punkt zu führen ist, «wo aus der Erkenntnis dessen, was ist, die Regel über das, was sein soll, entspringt» [4], hat als Theorie der B. ihre Grundlage in der sich als «sinnvolles Ganze» historisch-systematisch aufklärenden «Erziehungswirklichkeit», zum Ausgang die engagierte Reflexion des «pädagogischen Bezugs» und zum Gegenstand der Analyse den «B.-Vorgang auf die in ihm enthaltenen Bezüge [hin], in denen der Zögling und seine Bildsamkeit, der Erzieher oder die führende und bildende Kraft, ihre B.-Gemeinschaft, ihr B.-Ideal und ihre B.-Mittel zu einem dynamischen Zusammenhang miteinander verbunden sind» (NOHL) [5]. Vorausgegangen ist SPRANGER in der Systematisierung der Pädagogik [6], schon 1915 als «Wissenschaft vom B.-Prozeß», bezogen auf die «in Entwicklung befindliche Zweckverwebung» des Geistes und gegliedert nach Bildsamkeit, B.-Ideal, Bildner, B.-Wesen, 1920 als «Pädagogik des Verstehens», die in ihrem kategorialen «Grundaufbau durch die Seiten bestimmt wird, die am B.-Vorgang als einer eigentümlichen Kulturerscheinung unterschieden werden können». Entscheidend ist das Problem der Bildsamkeit (das Hebelproblem) und das Problem des B.-Ideals (die Kulturethik).

Anmerkungen. [1] W. DILTHEY, Ges. Schriften 9, hg. BOLLNOW (1934) 7; vgl. 1. 9f. 172f. 191. – [2] H. NOHL: Die pädag. Bewegung in Deutschland und ihre Theorie (³1941); E. LICHTENSTEIN: Die letzte Vorkriegsgeneration in Deutschland und die hermeneutisch-pragmatische Pädagogik. Z. Pädagogik 5. Beiheft (1964); W. FLITNER: Das Selbstverständnis der Erziehungswiss. der Gegenwart (1957). – [3] H. NOHL, a. a. O. [2] 140; W. FLITNER: Allgemeine Pädagogik (²1950) 116ff. – [4] W. DILTHEY: Über die Möglichkeit einer allgemeingültigen päd. Wiss. Akad.-Abh. (1888). Ges. Schriften 6 (⁴1962) 56–82. – [5] H. NOHL, a. a. O. [2] 120. 132. 212ff. – [6] G. KERSCHENSTEINER/E. SPRANGER: Briefwechsel 1912–1931, hg. ENGLERT (1966) 35ff.; E. SPRANGER: Die Bedeutung der wiss. Pädagogik für das Volksleben. Kultur und Erziehung (²1923).

11. ‹Bildsamkeit› (‹bildsam›) [1] erscheint neu um 1750 bei KLOPSTOCK und WIELAND, dann bei HERDER («Bildsamkeit der Philosophie») [2], GOETHE («bildsam ändre der Mensch selbst die bestimmte Gestalt» [3]) und FICHTE [4] im Sinn spontan produktiver Innerlichkeit und weltoffener Bestimmbarkeit, bei SCHLEIERMACHER als Entfaltung der Anlagen durch «erweckenden Umgang» und wird durch Herbart 1835 zum Terminus und «Grundbegriff der Pädagogik», der gegenüber Systemen, «welchen Fatalismus oder transzendentale Freiheit wesentlich angehört», «ein Übergehen von der Unbestimmtheit zur Festigkeit anzeigt» [5]. Der Begriff wandelt sich noch bei HERBART aus einer Kategorie der Naturmetaphysik über den psychologischen Tatsachenbegriff («Beweglichkeit des Menschengeistes») zum didaktischen Begriff: Bildsamkeit als Funktion der Inhaltlichkeit des Seelenlebens (Apperzeption) und Resultat der B. (des Unterrichts) selbst [6]. In diesem Sinne übernimmt DILTHEY, an den pädagogischen Leitgedanken der immanenten Teleologie des Seelenlebens anknüpfend, den Begriff in seine Lehre vom «erworbenen seelischen Zusammenhang» [7], versteht ihn NOHL «selbst noch aus der Perspektive des Erziehers» («die Bildsamkeit und der B.-Wille») [8], FRISCHEISEN-KÖHLER als «Korrelat zu dem des B.-Ideals» [9]. Von NOHL als «pädagogische Menschenkunde» [10], von SPRANGER als Jugendpsychologie [11] exponiert, wird die Frage nach der «konkreten Bildsamkeit» in ihren soziologischen

und kulturellen Implikationen bei A. FISCHER [12], W. FLITNER [13], H. ROTH [14] und anderen zu einem Thema pädagogischer Anthropologie.

Anmerkungen. [1] Erste Belege schon spätmhd. bei FRAUENLOB und JOH. v. NEUMARKT, nur adverbial, etwa «vorbildlich»; vgl. B. SCHWENK: Bildsamkeit als pädag. Terminus. Pädag. Bl. (1967) 180-207. – [2] HERDER: Kritische Wälder, 4. Wäldchen (1769). Werke, hg. SUPHAN 4, 3, 12. – [3] GOETHE: Metamorphose der Pflanzen, eine Elegie (1790). – [4] FICHTE: Grundlage des Naturrechts nach Prinzipien der Wiss.-Lehre (1796) § 6. – [5] HERBART: Umriß pädagog. Vorlesungen (1835) §§ 1. 3. Pädag. Schriften, hg. ASMUS 3 (1965) 165. 157; W. HORNSTEIN: Bildsamkeit und Freiheit (1959). – [6] HERBART, a. a. O. § 33. 3, 172f. – [7] DILTHEY, Ges. Schriften 9 (³1958) 199f.; 6 (⁴1962) 73f. – [8] a. a. O. [2 zu 10] 155ff. – [9] M. FRISCHEISEN-KÖHLER: Philos. und Pädagogik. Kantstudien (1917). – [10] H. NOHL: Charakter und Schicksal. Eine pädag. Menschenkunde (³1947). – [11] E. SPRANGER: Psychol. des Jugendalters (1929). – [12] A. FISCHER: Lex. der Pädagogik der Gegenwart 1 (1930) Art. ‹Bildsamkeit›. – [13] W. FLITNER, a. a. O. [12 zu 9] 86ff. – [14] H. ROTH: Pädag. Anthropol. I: Bildsamkeit und Bestimmung (1966).

12. B.-Ideal, nach SPRANGER «die anschauliche Phantasievorstellung von einem Menschen, in dem die allgemein menschlichen Merkmale so verwirklicht sind, daß nicht nur das Normale, sondern auch das teleologisch Wertvolle desselben in der höchsten denkbaren Form ausgeprägt ist» [1], hat seine tiefste Bedeutungswurzel im conformitas-Gedanken der Christusmystik (SEUSE: «ins Bild verbilden») und verschmilzt als individuelles Seelen-Urbild und Sehnsuchtsziel (HERDER, SCHLEIERMACHER, HUMBOLDT) mit dem im 18. Jh. als «Vollkommenheitsbegriff» aus dem Italienischen übernommenen Begriff des «Ideals» [2], der von KANT [3] platonisch als «Richtmaß unserer Handlungen» in der Anschauung (in concreto und individuo) bestimmt wird. Im Neuhumanismus auf das ideale Griechentum bezogen, ästhetisch aufgeladen und als «Ideal der physisch und geistig vollendeten Menschheit» der deutschen «National-B.» vorgesetzt [4], wird B.-Ideal als historischer und inhaltlich offener Reflexionsbegriff erst eine Kategorie des (komplementär zu seiner Wirklichkeit) ist historisch verstehenden 19. Jh., wahrscheinlich zuerst in der Pädagogikgeschichte (v. RAUMER 1842). Um die Jahrhundertmitte soll eine «Wissenschaft der B.-Ideale» «nachweisen, wie alle besonderen B.-Ideale über sich hinausweisen und nach einem absoluten Ideale drängen» [5]. In der Folge wird der Allgemeingültigkeitsanspruch des B.-Ideals meist durch seine Formalisierung gewonnen (W. REIN, G. BUDDE, J. COHN, R. LEHMANN, P. HÄBERLIN, E. OTTO). Philosophisch wird das B.-Ideal erst zum Thema in DILTHEYS historisch-vergleichender Bedingungsanalyse der Zwecksysteme als «oberste Bewußtseinslagen» aus Lebenswürdigung und Weltanschauung. Eine Theorie und Geschichte der B.-Ideale verknüpft das historische mit dem teleologischen, das theoretische mit dem praktischen Interesse und «führt zu dem letzteren hinüber» [6]. Historisch-systematisch versuchen FRISCHEISEN-KÖHLER [7] (im Rückgriff auf Diltheys Weltanschauungstypen), SPRANGER [8] (geschichtsphilosophisch und wertpsychologisch), WILLMANN [9] (exemplarisch-teleologisch), NOHL [10] (aus der «Mehrseitigkeit des Lebens») eine von der Ethik zu unterscheidende Typenlehre der B.-Ideale und B.-Formen zu entwickeln, die das Kernstück einer Prinzipien entwerfenden Kulturlehre und B.-Theorie sein würde. Gegen den historischen Relativismus knüpft die Theorie des «katholischen B.-Ideals» an die übernatürliche Norm des göttlichen Urbilds im Menschen an [11]. Gegen die Vorordnung von B.-Idealen, sei es durch «Kultursynthese» (H. TROELTSCH, H. RICKERT), sei es durch Antizipation einer Wertgestalt oder eines Kulturwillens (SPRANGER, NOHL), wendet sich die Kritik von TH. LITT [12] und C. SGANZINI [13] an der falschen Intention im B.-Prozeß und an der Vermischung von Maßstab und Wirklichkeit, von W. FLITNER [14] und E. WENIGER [15] an der Gültigkeit eines gewählten Menschenbildes («Lebensformen als Vorgabe konkreter Zielsetzung»), von E. GRISEBACH [16] an jedem die ethische Wirklichkeit verfälschenden Wesensbegriff überhaupt: «Ein B.-Ideal, das für die Gegenwart gilt, kann es nicht geben.»

Anmerkungen. [1] E. SPRANGER: W. v. Humboldt und die Idee der Humanität (1909) 6f. – [2] WIELAND, im Teutschen Merkur (1775): «seit einigen Jahren Mode». – [3] KANT, KrV, Transzendentale Dialektik, 3. Hauptstück 1: Von dem Ideal überhaupt. – [4] W. v. HUMBOLDT, Ges. Schriften, Akad.-A. 7, 609. 613; vgl. Arch. dtsch. National-B., hg. R. B. JACHMANN/F. PASSOW (1812) 5. – [5] Vgl. J. H. DEINHARDT: Schmidts Enzykl. ges. Erziehungs- und Unterrichtswesen 1 (1858, ²1876) 741: Art. ‹B.-Ideal›. – [6] DILTHEY, Ges. Schriften 6, 68f.; Nachlaß-Ms. A 33, 96ff. a. a. O. 8, 70. 82f. – [7] M. FRISCHEISEN-KÖHLER: B. und Weltanschauung (1921). – [8] E. SPRANGER: Das dtsch. B.-Ideal der Gegenwart in geschichtsphilos. Bedeutung (1928); Lebensformen (1921, ⁵1925) bes. ‹Die idealen Grundtypen der Individualität›. – [9] O. WILLMANN, a. a. O. [1 zu 9] Didaktik als B.-Lehre 14ff. – [10]. H. NOHL: Pädag. Aufsätze (²1929); Zur dtsch. B. I (1926); a. a. O. [2 zu 10] 105ff. – [11] B. ROSENMÖLLER: Das katholische B.-Ideal und die B.-Krise (1926); K. ERLINGHAGEN: Vom B.-Ideal zur Lebensordnung. Die Erziehungsziel in der katholischen Pädagogik (1960) 62ff. – [12] TH. LITT: Die Philos. der Gegenwart und ihr Einfluß auf das B.-Ideal (1924) 78ff.; Führen oder Wachsenlassen (1927) 36. – [13] C. SGANZINI: Ursprung und Wirklichkeit (1931). – [14] W. FLITNER: Erziehungsziele und Lebensformen, in: Grund- und Zeitfragen der Erziehung und B. (1954). – [15] E. WENIGER: Didaktik als B.-Lehre 1 (1930) 73. – [16] E. GRISEBACH: Probleme der wirklichen B. (1923); Gegenwart, eine kritische Ethik (1928) 226.

13. Seit Mitte der 20er Jahre verschiebt sich der thematische Horizont, in dem das B.-Problem gesehen wird, zunehmend von der kulturidealistisch-geisteswissenschaftlichen zur strukturtheoretischen, philosophisch-anthropologischen und personalistischen Problematik. Das idealistische B.-Modell hält sich im wesentlichen (mitsamt seinen neuhumanistischen Implikationen) in der durch E. SPRANGER eindrucksvoll repräsentierten «Kulturpädagogik»: Aus der Sphäre des normativen Geistes sich verzeitlichend, verhalten sich «objektive Kultur und subjektive Kultur» (die «in sich selbst befriedigte» werterfüllte Persönlichkeit) «wie Makrokosmos und Mikrokosmos»; «B. ist die durch Kultureinflüsse erworbene, einheitliche und gegliederte, entwicklungsfähige Wesensform des Individuums, die es zu objektiv wertvoller Kulturleistung befähigt und für die Kulturwerte erlebnisfähig (einsichtig) macht». Die spezifische B.-Idee ist die «Idee einer von Werten geleiteten, einheitlich-persönlichen Wesensformung» [1]. B. wird bei G. KERSCHENSTEINER, der 1917 ein «Grundaxiom des B.-Prozesses» formuliert hat, axiologisch selbständig: ein durch «Kulturgüter geweckter, individuell organisierter Wertsinn von individuell möglicher Weite und Tiefe» [2], bei A. FISCHER ein «Wert an sich», ja «der Personenwert» [3]. Nur scheinbar gleichläufig ist H. FREYERS Darstellung der «Kategorie B.» als höchster Formtypus des objektiven Geistes (wie Kanon oder Stil) [4]. Auf dem Boden eines pädagogischen Realismus hält sich andererseits eine organologische Deutung des B.-Begriffs, als entelechiale «Funktion des Lebens», die der Geistfunktion der Gemeinschaft untergeordnet ist (P. PETERSEN [5]), oder als «Formung» und «Bildgestaltung» nach dem «Formgesetz der Gemeinschaft» und dem «Eigengesetz des persönlichen Urcharakters», die der Erziehung vor- und übergeordnet ist

(E. KRIECK [6]) und später ins Nationalpolitisch-Völkische entartet. Gegenüber derartigen in der romantischen Geschichte des B.-Begriffs enthaltenen Gefahren eines Sachgesetzlichkeit und Sachansprüche mediatisierenden «Pädagogismus» führt TH. LITTS Strukturanalyse des Bewußtseins auf die antinomische und dialektische Problematik des B.-Begriffs im Hegelschen Verständnis zurück. B. ist weder eine erreichbare Form des subjektiven oder objektiven Geistes noch ein intentionaler Bezug auf die ideale Formung des zu Bildenden, sondern Hineinbildung eines geistigen Wesens in einen weiteren Gesamtzusammenhang von geistiger Beschaffenheit und Selbstgestaltung des Geistes als aktive, dialektische Auseinandersetzung von Gegensätzen, «die, wie alles geistige Werden, so auch Vorgang der B.» ist. «Als ‹gebildet› darf danach nur gelten, wer diese Spannungen sieht, anerkennt und als unaufhebbares Grundmotiv in seinen Lebensplan einbaut» [7]. Außerhalb einer strukturtheoretischen Grundlagenkritik der B. führt fundamentalanthropologische und existenzphilosophische Idealismuskritik (zuerst in der dialektischen Theologie) zur Auflösung des Modellgedankens der B. in ihrer Überlieferungsgestalt (mit der Konkordanz-, Stetigkeits- und Bildhaftigkeitsthese). Mit der KIERKEGAARD-Renaissance und E. GRISEBACHS Rückgang auf die Widerspruchsdialektik von Wissenschaft und B., Vergangenheit und Gegenwart [8] («Wirkliche B.» als reines Werden in realer Gemeinschaft) beginnend, vertieft sie sich durch M. BUBERS dialogische Ethik des «Erzieherischen» als Begegnung in verantwortlicher Situation zu einem neuen pädagogisch-anthropologischen Grundverständnis [9]. «Situationsgerechte, reale B.» ist nur diesseits trügerischer «Fiktivgesinnung» wahr als «Führung zu Wirklichkeit und zu Verwirklichung zugleich» mit einem zugleich fundierenden und postulativen Auftrag. Ein wahrer B.-Begriff muß «von etwas ausgehen», um ein echtes Woraufhin zu erfahren, der der anthropologischen Grundfigur des Ich-Du-Verhältnisses, dem «kreatürlichen ‹Sein in Beziehung›», nicht von einem Standpunkt, sondern von einem mitgehenden «Ursprung» («Wenn alle Gestalten zerbrechen ..., was ist da noch zu bilden? Nichts anderes mehr als das Ebenbild Gottes») [10]. BUBERS Einfluß ist nach dem letzten Kriege in neuen Bestimmungen des Korrelationsverhältnisses zwischen B. und Erziehung, Sinnaufschließung und Bewährung, Dialektik und Dialogik wirksam geworden (SCHALLER, LICHTENSTEIN, KLAFKI). Die Rückgewinnung der Ursprungsdimension eines philosophischen und ethisch-politischen B.-Begriffs in einem erneuerten Platonverständnis (W. JAEGER [11], J. STENZEL [12], P. FRIEDLAENDER [13], E. HOFFMANN [14]) hat die Kraft eines «dritten» Humanismus nicht mehr erreicht. R. GUARDINI hat noch einmal 1928 in seiner ‹Grundlegung der B.-Lehre› [15] die gesamte (historisch erworbene) Aspektstruktur der B. in einem «dialektischen Gefüge» zusammenzufassen gesucht, in dem der Bild-Gedanke, «aus dem Biologischen bis ins Theologische gespannt» (Möglichkeit und Wirklichkeit), ebenso enthalten sein sollte wie der Begriff der existentiellen «Bewegung», das «Hinübergehen zum Gegenstand» ebenso wie die Kategorie des Dienstes, diese Aspekte aber der Option freigestellt. Eine «philosophische Wesensbestimmung der B.» hat auch M. SCHELER 1925 noch gewagt [16]: B. als das Ereignis der Menschwerdung, als «eine Kategorie des Seins, nicht des Wissens und Erlebens», als ontische Teilhabe an allem Weltwesentlichen in einer «B.-Welt» und als «Prozeßrichtung» auf «mögliche Selbstmanifestation des göttlichen Geistes» im Element des Drangs. Sie steht im Widerspruch zu der gleichzeitigen geschichtlich-soziologischen Relativierung und Differenzierung der Wissensformen und leitet damit wie die Wissenssoziologie K. MANNHEIMS und TH. GEIGERS zur Ideologiekritik des «B.-Wissens» über.

Anmerkungen. [1] E. SPRANGER: Gedanken über Lehrer-B. (1920) 5; Berufs-B. und Allgemein-B. Hb. Berufs- und Fachschulwesen (1922) 24ff.; Die wiss. Grundlagen der Schulverfassungslehre und Schulpolitik. Sber. preuß. Akad. Wiss. (1928), Neuausgabe in: Klinkhardts päd. Quellentexte (1963) 46; vgl. P. SCHNEIDER: Die Erziehungswiss. in der Kulturphilos. der Gegenwart (1928); J. DOLCH: Neufassung des B.-Begriffs in der Pädagogik der Gegenwart (1929), Neudruck Wiss. Buchgesellschaft (1966). – [2] G. KERSCHENSTEINER: Theorie der B. (1926) 17. – [3] A. FISCHER: Umriß einer Philos. des dtsch. Erziehungsgedankens. Die Erziehung 7 (1932) 575ff.; 8 (1933) 34ff. 89ff. 150ff. – [4] H. FREYER: Theorie des objektiven Geistes (1923, ²1928) 69ff. – [5] P. PETERSEN: Allgemeine Erziehungswiss. II: Der Ursprung der Pädagogik (1931) 92ff. – [6] E. KRIECK: Philos. der Erziehung (1922) 173. 181. 279. – [7] TH. LITT: Führen oder Wachsenlassen (¹⁰1962) 38. 51. 66; Hegel und die Aufgaben der dtsch. Jugend (1924) 57f.; Das B.-Ideal der dtsch. Klassik und die moderne Arbeitswelt (⁵1956) 121. – [8] E. GRISEBACH: Probleme der wirklichen B. (1923). – [9] Vgl. W. FABER: Das dialogische Prinzip Martin Bubers und das erzieherische Verhältnis (1962). – [10] M. BUBER: B. und Weltanschauung. Reden über Erziehung (1956) 47ff. – [11] W. JAEGER: Platos Stellung im Aufbau der griech. B., in: Antike (1928); Paideia, die Formung des griech. Menschen 1 (1936). – [12] J. STENZEL: Platon der Erzieher (1928). – [13] P. FRIEDLAENDER: Platon: Eidos, Paideia, Dialogos (1928). – [14] E. HOFFMANN: Pädag. Humanismus, aus dem Nachlaß hg. RÜEGG (1955). – [15] R. GUARDINI: Grundlegung der B.-Lehre. Versuch einer Bestimmung des Pädagogisch-Eigentlichen (²1953). – [16] M. SCHELER: Bildung und Wissen (1925).

14. Nach dem Krieg stellt sich in der soziologischen Wirklichkeitskontrolle erstmals die Frage, welche selbständige Funktion B. in einer «Welt organisierter Einzelleistung und Fachkompetenz» überhaupt noch haben kann. Sie wird verneint (TENBRUCK [1]), antinomisch offengelassen (TH. ADORNO [2]), als bleibender Auftrag verstanden (H. FREYER, P. SCHELSKY [3]), als ein «personbewahrender Widerspruch gegen die jeweiligen Entfremdungstendenzen der herrschenden geistigen, wissenschaftlich-technischen und sozialen Systeme». Die Frage nach der Chance von B. in der Dialektik von Tradition und Fortschritt, Anpassung und Widerstand beginnt auch die geistige Auseinandersetzung zu beherrschen und gibt ihr den Charakter offener Aporetik. «Vielleicht sind wir aus jenem Lebenszusammenhang, in dem sich die Wirklichkeit des Geistes verbindlich bezeugt, unmerklich längst herausgefallen und vermitteln unter dem Titel der ‹B.› nur noch ein ungeordnetes Gemenge von leeren Clichés, aus denen jener Geist entwichen ist, der in den authentischen Prägungen der Überlieferung an den Tag treten wollte» [4]. Ein Zeichen der Unsicherheit ist das unversöhnbare Gegeneinander antitraditioneller und traditionserneuernder, christlicher und europäischer Humanismusdeutungen (JASPERS, HEIDEGGER, WEINSTOCK, G. KRÜGER, SELLMAIR, HOWALD u. a.) in der Nachkriegszeit. Das Zurücktreten der Geisteswissenschaften von ihrer B.-Verantwortung in den Kreis der positiven Sachwissenschaften hat dem sprach-humanistischen B.-Begriff seine wissenschaftstheoretische Legitimation entzogen. Er behauptet sich nur mehr komplementär im B.-Kanon. Er erweist sich nachträglich selbst als methodische Voraussetzung in der neuzeitlichen Selbstbegründung der geisteswissenschaftliche Hermeneutik und ihrer Wahrheitskriterien (H.-G. GADAMER) [5]. Der philosophischen B.-Reflexion steht angesichts der entscheidenden Bedeutung der Natur- und

Sozialwissenschaften, der Technik und der industriellen Arbeitswelt für den Raum der gesellschaftlichen Praxis das Problem der Vermittlung des Selbst mit seinem «Anderssein» im Vordergrund. Da das Selbstwerden des Ich nicht mehr abzutrennen ist von dem Gegenstandwerden der Natur und die Freiheit des Menschen nicht mehr von seiner ihr zugeordneten Selbstgefährdung, sieht TH. LITT B. als «Humanisierung» und Aufschließung des «Sinnallgemeinen» nur noch antinomisch ermöglicht im Raum der «sachlich-fachlichen Schulung» selbst [6] und im Bereich konkret-situativer Verantwortung (als politische B.), aber nicht mehr in einer Eigenwelt der B. J. DERBOLAV führt Litts Reflexionsstufenmodell in der Richtung einer Theorie der Gewissens-B. weiter. Alle B. ist in ihrem Grundverständnis Konstituierung und Strukturierung des Gewissens. Sie vollzieht sich als dialektisch-reflexiver Durchgang durch die Sachaneignung in der Rückwendung auf das vorgängige «Füreinander» des Selbst und des Anderen, das als Handlungssinn, Normgehalt und Motivationshorizont der erkannten Sachbereiche in diesen selbst (als ihre «B.-Kategorien») aufzuschließen ist. «B. konstituiert sich an der Grenze des Wissens ... aus den Normgehalten (Ideen), die im Wissen kategorial vorausgesetzt sind. Die B.-Bewegung transzendiert also den Bereich des theoretischen Sinnes und zielt auf seine praktische Dimension», die «Rückkehr ins Handeln aus vermittelter Verantwortung» [7]. Dieser Zuspitzung eines auf Platons philosophische Paideia zurückgreifenden dialektischen B.-Begriffs steht die existenzphilosophische Ablehnung jedes reflexiven Vermittlungsmodells als versuchte «Herstellung» des Menschen gegenüber. Wo, wie bei K. JASPERS, O. F. BOLLNOW, TH. BALLAUFF, K. SCHALLER, das B.-Problem thematisch wird, steht B. entweder als «die Weltorientierung des Einzelnen, die er durch die Aufnahme der überlieferten Kategorien und Methoden des Forschens, von Wissensinhalten und gestalteten Bildern des Seins erworben hat», im Horizont der «Freiheit des je Einzelnen auf dem Grunde seines Sichgegebenseins» als «Problem der Weise des Erinnerns» (JASPERS) und dahinter offenbar YORCKS «generische Differenz zwischen Ontischem und Historischem» [8], oder sie wird zum propädeutischen Gegenbegriff der allein Verbindlichkeitscharakter beanspruchenden «Begegnung» als der existentiellen Berührung, die den Menschen «in seiner ganzen Tiefe» oder «im ganzen» ergreift (BOLLNOW [9]), oder sie wird schließlich im Sinne des HEIDEGGERschen Humanismusbriefs umgedeutet in eine Chiffre für das «Ereignis» des Denkens und des Seinszuspruchs am «Ort» des Menschen in der dem Anspruch «entsprechenden» Sachlichkeit und Mitmenschlichkeit (BALLAUF [10], SCHALLER).

Anmerkungen. [1] T. H. TENBRUCK: B., Gesellschaft, Wiss., in: Wiss. Politik, hg. OBERNDÖRFER (1961) 413. – [2] M. HORKHEIMER und TH. ADORNO: Soziol. 2 (1962) 177. – [3] H. SCHELSKY: Einsamkeit und Freiheit. Idee und Gestalt der dtsch. Univ. und ihrer Reformen (1963) 299ff. – [4] GEORG PICHT: Der B.-Horizont des 20.Jh., in: Neue Sammlung (1964/65). – [5] H.-G. GADAMER: Wahrheit und Methode. Grundzüge einer philos. Hermeneutik (²1965). – [6] TH. LITT: Technisches Denken und menschliche B. (1957); Das B.-Ideal der dtsch. Klassik und die moderne Arbeitswelt (⁶1959); Sachbemeisterung und Selbstbesinnung. Stud. gen. 6 (1953) 553-563. – [7] J. DERBOLAV: Versuch einer wiss.-theoretischen Grundlegung der Didaktik. Z. Pädagogik 2. Beiheft (1960) 18.– [8] K. JASPERS: Philos. 1: Philos. Weltorientierung (¹1932); Geistige Situation der Zeit (¹1931) 107. 185; Von der Wahrheit (⁶1947) 619f.; vgl. M. HEIDEGGER: Sein und Zeit (¹⁰1963) 397ff. – [9] O. F. BOLLNOW: Begegnung und B. Z. Pädagogik 1 (1955) 10-32; Existenzphilos. und Pädagogik. Versuch über unstetige Formen der Erziehung (1959). – [10] TH. BALLAUF: Systematische Pädagogik (1962); K. SCHALLER: Vom Wesen der Erziehung (1969).

15. Die Bedeutungsentwicklung des B.-Begriffs vollzieht sich jedoch in der Gegenwart wesentlich nicht mehr unter dem leitenden Einfluß der Philosophie, sondern im Raum der konkreten gesellschaftlichen und pädagogischen Verantwortung. Auf der einen Seite hat der Rationalisierungszwang der industriellen Gesellschaft und der wissenschaftlichen Zivilisation zusammen mit der Verschulung aller Ausbildungswege und der Inflation der Orientierungsmittel einer Formalisierung und Nivellierung des B.-Begriffs zu einem pragmatischen, vor allem auch anthropologisch indifferenten terminus technicus der Verwaltungssprache Vorschub geleistet. So in der Tendenz der Wendungen ‹B.-Ökonomie›, ‹B.-Katastrophe›, ‹B.-Planung›, ‹B.-Werbung› oder in den Modellvorstellungen einer kybernetischen Pädagogik nach der Informationstheorie (F. v. CUBE, H. FRANK). Hier ist mit dem traditionellen auch der kategoriale Gehalt des B.-Begriffs verlorengegangen. Auf der anderen Seite hat die Aporie, daß zeitgemäße B. nur mehr im Horizont des wissenschaftlichen Bewußtseins möglich ist, die persongebundene Dimension des B.-Wissens aber in der gegenstandsautonomen und methodenspezialisierten Form des wissenschaftlichen Wissens nicht mehr vorkommt, und die Diskrepanz, die damit zwischen der Verwissenschaftlichung der Lebenswelt und einem festgehaltenen sittlich-personalen und humanen B.-Auftrag der Schule, der diese Wissenschaftlichkeit transzendieren muß, entstanden ist, eine zugleich wissenschaftstheoretische und pädagogische Reflexion nötig gemacht, die die eigenständige Aufgabe einer wissenschaftlichen Didaktik als einer struktur- und kategorialanalytischen Grundlagenforschung der B.-Arbeit hervorgebracht hat. Der B.-Begriff verifiziert, kontrolliert und differenziert sich hier als Arbeitsbegriff und Integrationsprinzip konkreter Bemühungen: um eine «Theorie der Bildungsinhalte und des Lehrplans» (E. WENIGER), des «fruchtbaren Momentes» (F. COPEI) und der didaktischen Strukturen des Fundamentalen und Elementaren im B.-Prozeß (E. SPRANGER, W. FLITNER, W. KLAFKI), um die Prinzipien des exemplarischen und des genetischen Lehrens (M. WAGENSCHEIN, J. DERBOLAV, H. SCHEUERL) und des einsichtigen, bildenden Lernens. Es erwächst so der Begriff der «kategorialen B.», die sich weder an einem der B. vorzuordnenden geschichtlichen Menschenbild noch an einem außer ihr liegenden Nutzeffekt orientiert, sondern an der im tätigen Umgang zu erweckenden lebendigen geistigen Kommunikation zwischen Person und Sache, an der wechselseitigen «kategorialen» Erschließung einer dinglichen und geistigen Wirklichkeit für den in die Welt hineinlebenden jungen Menschen und damit zugleich seiner eigenen geistigen Interessen, Erfahrungen, Erlebnisse und Einsichten für diese seine Wirklichkeit (W. KLAFKI [1]). Hinter beiden gekennzeichneten Entwicklungen des B.-Begriffs steht die Erkenntnis, daß, «was B. bedeutet, heute nicht als selbstverständlich gelten» kann, daß aber dieser Begriff in der Massengesellschaft, in der es keine spezifischen B.-Schichten mehr gibt, ebenso unentbehrlich geblieben ist wie in der bürgerlichen Gesellschaft, der er seine Ausprägung verdankt. In dieser Richtung liegen die vielfach neben einem ausdrücklichen Verzicht auf den B.-Begriff unternommenen Versuche, den Kern dessen, was heute B. heißen kann, neu, offen und dennoch verbindlich zu bestimmen: als «jene Verfassung des Menschen, die ihn in den Stand setzt, sowohl sich selbst als auch seine Beziehungen zur Welt ‹in Ordnung zu bringen›» (TH. LITT [2]), als «Zustand, in dem man Verantwortung übernehmen

kann» und zugleich dort, wo man sich nicht sachverständig weiß, Vertrauen zu schenken vermag (E. WENIGER [3]), als «geistige Bewältigung von Wirklichkeiten ..., zugleich aber als das Schweigen vor dem Unverstandenen» (H. HEIMPEL [4]), als «persönliche Prägung des einzelnen, aber auch Teilhabe am Bewußtsein und Gespräch der Gesellschaft» (W. DIRKS [5]), als «geistige Auseinandersetzung mit der Welt, das wissentliche und willentliche Selbst- und Weltverhältnis des menschlichen Daseins» (E. FINK [6]), als «ständige Bemühung, sich selbst, die Gesellschaft und die Welt zu verstehen und diesem Verständnis gemäß zu handeln» [7]. Soweit hier von einem inneren Consensus zu sprechen ist, deutet er auf eine Bestimmung der B. als einen durch Personalität, Bewußtseinserhellung und soziale Verantwortung ausgezeichneten Modus des menschlichen In-der-Welt-Seins. Es scheint, als habe damit, kritisch gereinigt und vertieft, der B.-Begriff die Rückkehr in die Ausgangslage seiner neueren Geschichte vollzogen, die er in der Auseinandersetzung mit dem Geist der Aufklärung begann.

Anmerkungen. [1] W. KLAFKI: Studien zur B.-Theorie und Didaktik (1963). – [2] TH. LITT: Naturwiss. und Menschen-B. (²1954) 11. – [3] E. WENIGER: B. und Persönlichkeit (1949), in: Die Eigenständigkeit der Erziehung in Theorie und Praxis (1952) 138f. – [4] H. HEIMPEL: Kapitulation vor der Gesch. ? (²1957) 47. – [5] W. DIRKS: Probleme europäischer B. in der europäischen Gesellschaft, in: B. und Erziehung in Europa, hg. KÜPPERS (1960) 63ff. – [6] E. FINK: Menschen-B. – Schulplanung (1960); Zur B.-Theorie der technischen B., in: Dtsch. Schule (1959). – [7] Zur Situation und Aufgabe der dtsch. Erwachsenen-B. (1960), in: Empfehlungen des Dtsch. Ausschusses für das Erziehungs- und B.-Wesen. Gesamt-A. (1966) 857ff.

Literaturhinweise. – *Gesamtdarstellung:* G. DOHMEN: B. und Schule. Die Entstehung des dtsch. B.-Begriffs und die Entwicklung seines Verhältnisses zur Schule 1 (1964); 2 (1965). – *Zur Entstehungsgeschichte:* H. WEIL: Die Entstehung des dtsch. B.-Prinzips (1930). – W. ROESSLER: Die Entstehung des modernen Erziehungswesens in Deutschland (1961). – *Einzelne Epochen:* E. RÜHM-CONSTANTIN: Die Begriffe ‹Bild› und ‹bilden› in der dtsch. Philos. von Ekkehard zu Herder, Blumenbach und Pestalozzi (Diss. Heidelberg 1944). – E. LICHTENSTEIN: Zur Entwicklung des B.-Begriffs von Meister Eckhart bis Hegel. Pädag. Forsch. des Comenius-Instituts 34 (1966). – I. SCHAARSCHMIDT: Der Bedeutungswandel der Worte ‹bilden› und ‹B.› in der Lit.-Epoche von Gottsched bis Herder (Diss. Königsberg 1931). Neudruck in: Kleine pädag. Texte 33 (1965). – E. L. STAHL: Die religiöse und die humanitätsphilos. B.-Idee und die Entstehung des dtsch. B.-Romans im 18. Jh., in: Sprache und Dichtung 56 (1934). – L. M. FINSTERBUSCH: Bilden und B. im Klassizismus und in der Romantik (1943). – C. ECKLE: Der platonische B.-Gedanke im 19. Jh. (1934). – J. DOLCH: Neufassung des B.-Begriffs in der Pädagogik der Gegenwart, in: Jb. des Vereins für christliche Erziehungswiss. 19 (1929); Neudruck in: Wiss. Buchgesellschaft (1966) [= Pädag. Systembildungen der Weimarer Zeit]. – L. FROESE: Der Bedeutungswandel des B.-Begriffs, in: Schule und Gesellschaft (1962). – P. R. MÜHLBAUER: Der Begriff ‹B.› in der Gegenwartspädagogik (1967). – H.-J. HEYDORN u. a.: Zum B.-Begriff der Gegenwart (1967). – TH. ADORNO: Zum B.-Begriff der Gegenwart. Krit. Beiträge zur B.-Theorie (1967). – Das B.-Problem in der Gesch. des europ. Erziehungsgedankens, hg. E. LICHTENSTEIN/H.-H. GROOTHOFF I/1: E. LICHTENSTEIN: Der Ursprung der Pädagogik im griech. Denken (1970).
E. LICHTENSTEIN

Bildungsphilister ist die zentrale Kategorie der Kultur- und Bildungskritik NIETZSCHES in den ‹Unzeitgemäßen Betrachtungen›, namentlich in deren erster [1], und ist dort exemplarisch bezogen auf D. F. STRAUSS und seine Spätschrift ‹Der alte und der neue Glaube› (1872) sowie auf FR. TH. VISCHERS Hölderlinrede v. 1. Mai 1873. Obgleich Nietzsche den B. vom klassischen Philister ausdrücklich abzuheben gedenkt, indem er ihn durch den «Mangel jeder Selbsterkenntnis», d. h. durch falsches Bewußtsein, definiert – er «wähnt selber Musensohn und Kulturmensch zu sein» [2] –, akzentuiert er damit nur ein Moment, das spätestens seit der romantischen Philistersatire und der jungdeutschen und junghegelianischen Philisterpolemik stets mitgemeint war. Er kann daher auch neben ‹B.› und den Varianten ‹gebildeter Philister› [3], ‹Kulturphilister› [4] synonym und sogar überwiegend das Simplex ‹Philister› [5] verwenden und mit diesem zugleich – in direkter Orientierung an SCHOPENHAUERS Beschreibung [6] – alle herkömmlichen Philisterattribute wiederaufnehmen: geistige Bedürfnislosigkeit, selbstzufriedener Optimismus, Mangel an ästhetischem Sinn, Vulgarität der Gesinnung, Unduldsamkeit, Feigheit usw.; vice versa hat die wortgeschichtliche Forschung dem Anspruch Nietzsches auf Urheberschaft des Wortes ‹B.› [7] alsbald widersprochen und dessen Gebrauch bereits bei R. HAYM [8], J. SCHERR [9], H. LEO [10] und BETTINA VON ARNIM [11] nachgewiesen.

Die Beobachtung, daß NIETZSCHE sich des in wahllosem Gebrauch strapazierten und zur Denunzierungsformel gewordenen Philisterbegriffs in den kulturkritischen Vorträgen ‹Über die Zukunft unserer Bildungsanstalten› (Anfang 1872) *noch nicht* und seit ‹Menschliches, Allzumenschliches› (1878) so gut wie *nicht mehr* bedient, daß ferner die Koalition des «Gebildeten» mit dem «Philister» zuerst Ende 1872 in den ‹Fünf Vorreden› für Cosima Wagner [12] sowie Anfang 1873 in den ‹Bayreuther Horizontbetrachtungen› [13] thematisch wird, läßt uns diese Philisterpolemik in engem Zusammenhang mit dem episodischen Versuch sehen, die als förmliche Verschwörung interpretierte Herrschaft der geltenden kulturellen und kulturpolitischen Normierungen, innerhalb deren der Philosophie Schopenhauers und der Musik Wagners die gebührende Anerkennung und Wirkung versagt zu bleiben schien, zu erschüttern.

Anmerkungen. [1] Unzeitgemäße Betrachtungen. 1. Stück: David Strauß, der Bekenner und der Schriftsteller (1873). Musarion-A. 6, 129–220. – [2] a. a. O. 6, 137/138. – [3] 6, 139. 184. – [4] 6, 171. – [5] 6, 139. 140. 141. 143. 144 usw. – [6] Parerga und Paralipomena (¹1851, ²1862). Sämtl. Werke, hg. A. HÜBSCHER 5 (²1946) 364ff. – [7] 1886 in der «Vorrede» zur Neuausgabe des 2. Bd. von ‹Menschliches, Allzumenschliches› a. a. O. [1] 9, 4 u. ö. – [8] R. HAYM: Die Romantische Schule (1870) 88. – [9] Studien 2 (1865) 298. 363f. – [10] In seinen Hallenser Vorlesungen um 1860, wie A. GOMBERT, Z. dtsch. Wortforsch. 2 (1902) 61/62, bezeugt. – [11] Ilius Pamphilius und die Ambrosia (1848), Werke und Briefe, hg. G. KONRAD 2 (1959) 517. – [12] Vgl. Das Verhältnis des schopenhauerischen Philos. zu einer dtsch. Kultur a. a. O. [1] 7, 1–7. – [13] «Der Philister und der windige ‹Gebildete› unserer Zeitungsatmosphäre reichen sich brüderlich die Hand ...» a. a. O. 7, 235.

Literaturhinweise. K. JOËL: Nietzsche und die Romantik (1905) 136ff. – CH. ANDLER: Nietzsche, sa vie et sa pensée 1 (Paris ⁴1958) 476–512. – K. LÖWITH: Von Hegel zu Nietzsche. Der revolutionäre Bruch im Denken des 19. Jh. (³1953) 326ff. – A. GÖTZE: B. Neue Jb. klass. Altertum, Gesch. u. dtsch. Lit. 24 (1921) 453. – H. MEYER: Der B. Zarte Empirie. Studien zur Lit.-Gesch. (1963) 179–201.
KONRAD GRÜNDER

Bildungswissen wurde von M. SCHELER [1] für Medien geistiger Entfaltung der Person eingeführt und abgesetzt gegen die Wissensformen «Herrschafts- und Leistungswissen» und «Erlösungswissen»: B. stellt sich vornehmlich in einer «philosophia prima» dar, die nach der «apriorischen Wesensstruktur» der Welt fragt; zugleich zielt das «humanistische» B. auf die «freie Selbstentfaltung aller Geisteskräfte der Person» in der Herausbildung eines persönlichen Stils der Weltbewältigung. Im B. sollen sich die Gegensätze zwischen dem technisch-praktischen Wissensbegriff der «positiven» Wissenschaften und dem kontemplativen der Metaphysik ausgleichen. «Humanitas und das Wissen, das sie fordert», sollen die Totalität der Erkenntnis «aus dem Schutt einer reinen Arbeits- und Massenzivilisation» wiederherstellen.

Anmerkung. [1] M. SCHELER: Die Wissensformen und die Gesellschaft (²1960) 200-211.
J. DEBUS

Billigkeit

I. PLATON hatte sich, bestimmt durch seine Einsicht in die Schwierigkeiten, die sich für die gesellschaftliche, politische und moralische Praxis dann ergeben, wenn deren Normen eindeutiger Fixierung unterworfen werden, gegen das geschriebene Gesetz ausgesprochen. An dessen Stelle sollte als sein lebendiger Repräsentant «der mit Wissen königliche Mann» treten [1]. – In kritischer Absetzung von diesem Programm machte sich demgegenüber ARISTOTELES das alte, schon während der Perserkriege formulierte Wissen der Griechen zu eigen, daß der für die hellenische Polis spezifische Vorzug der Freiheit gegenüber allen anderen Völkern darauf beruhe, nicht von einem Menschen, sondern allein vom Gesetz beherrscht zu werden: König der Griechen ist allein der Nomos. (Mit Blick auf die Argumente des platonischen ‹Politikos› hat Aristoteles das Problem, «ob es zuträglicher sei, von dem besten Mann oder von den besten Gesetzen beherrscht zu werden» [2], im Zusammenhang seiner Theorie des Königtums explizit erörtert.) Damit ergab sich für ihn die Notwendigkeit, die von Platon aufgewiesenen und von ihm auf seine Weise vermiedenen Schwierigkeiten erneut zu diskutieren. Seine eigene Lösung der Aporie, für die er die volle und ausschließliche Urheberschaft beanspruchen kann [3], hat Aristoteles unter dem Titel ἐπιείκεια, Billigkeit oder Takt und Güte, verständnisvolles Wesen (Luther: Gelindigkeit, Dirlmeier: Güte in der Gerechtigkeit) in dem berühmten und für die Folgezeiten klassischen 14. Kap. des Gerechtigkeitsbuches der ‹Nikomachischen Ethik› [4] und – mehr im Blick auf die juristische Praxis – in der ‹Rhetorik› [5] vorgetragen. Diese sittliche Eigenschaft hat eine solche Bedeutung, daß sie für Aristoteles, der hier zunächst im Sprachgebrauch sich niederschlagende allgemeine Vorstellungen aufnimmt, identisch sein kann mit der Tugend schlechthin [6]; das ἐπιεικές kommt allem rechten Verhalten in bezug auf andere Menschen zu [7]; wer durch es ausgezeichnet ist, zeigt Verständnis für andere (er ist συγγνωμονικός [8]); in diesem Sinne ist Epikie eine Erscheinungsform der im Zusammenhang der dianoetischen Tugenden behandelten γνώμη, des verständig-verständnisvollen Wesens dessen, der dazu neigt, für sich selber weniger zu beanspruchen, als ihm zusteht (er ist ἐλαττωτικός [9]). Im gesellschaftlichen Umgang zeigt er als ein vornehmer und freigearteter Mann bei dem, was er selber spricht und von anderen anzuhören bereit ist, sicheren Anstand [10]. Das theoretische Problem für Aristoteles nun ergibt sich aus dem Verhältnis dieser allgemeinen sittlichen Bedeutung der Billigkeit zum engeren Begriff und zur strengen Forderung der Gerechtigkeit: Wie kann die B. neben dem Gerechten bestehen und doch etwas Lobenswertes sein? Gehören B. und Gerechtigkeit einer anderen Gattung an, oder sind sie in ihrem Wesen identisch [11]? Als Grund dieser Aporie weist Aristoteles die Problematik der durch das strikte Recht gewährleisteten Gerechtigkeit auf: Das geschriebene Gesetz vermag als allgemeine Bestimmung seiner Natur nach (und nicht aufgrund einer akzidentellen Schwäche des Gesetzes oder Gesetzgebers) nicht das Richtige für alle Einzelfälle zu treffen. Dieses dennoch zu realisieren ist die spezifische Leistung der Epikie; sie ist «die Berichtigung des Gesetzes (ἐπανόρθωμα νόμου) da, wo es infolge seiner allgemeinen Fassung lückenhaft ist» [12]. Beide eben genannten aporetischen Positionen also haben in gewisser Weise recht: Die B. und taktvolle Güte ist sowohl selbst eine Erscheinungsform der Gerechtigkeit wie zugleich höheren Ranges als eine bestimmte Art der Gerechtigkeit, nämlich die Gesetzesgerechtigkeit (das νόμιμον δίκαιον). Nach der ‹Rhetorik› stellt das «Billige» daher einen der beiden Bereiche des vom ungeschriebenen Gesetz (ἄγραφος νόμος) geordneten Rechtes dar. In der über dem Rechtsstandpunkt stehenden und die Ansprüche der B. realisierenden Freundschaft hat Aristoteles daher – im Unterschied zu Platon – die Grundlage des erst vollkommen lebenswerten Lebens erkannt [13]. Unter dem Begriff der ‹aequitas› ist seine Lehre – mit der Betonung des Zusammenhangs von B. und Menschlichkeit (humanitas) und der Entgegensetzung von ius strictum und ius aequum – im Römischen Recht voll rezipiert worden: «In omnibus quidem, maxime tamen in iure aequitas spectanda est» [14]. In der philosophischen Diskussion nach Aristoteles ist der Begriff der B. ohne wesentliche Transformationen immer präsent geblieben. Eine Begründung dafür findet sich in einer Ethikübersetzung aus dem 18. Jh.: «Ich kann zu den vortrefflichen Erläuterungen des Aristoteles (über die B.) nichts hinzusetzen, als daß ich den Leser auf den Scharfsinn desselben und das Treffende seiner Definitionen aufmerksam mache» [15]. Für KANT [16] stellt der Anspruch auf Gewährung der B. (aequitas) zwar durchaus einen Rechtsanspruch dar, doch einen solchen, der vor einem irdischen und staatlichen Gerichtshof (forum soli) nicht geltend gemacht werden kann: die B. «ist eine stumme Gottheit, die nicht gehört werden kann» [17]; ihr Forum ist allein das Gewissensgericht. So ist sie Teil des «zweideutigen Rechts (ius aequivocum)», d. h. des «Rechts im weiteren Sinne (ius latum)», und kennt daher im Unterschied zum «Recht in enger Bedeutung (ius strictum)» keine durch ein Gesetz garantierte Zwangsgewalt.

Anmerkungen. [1] PLATON, Politikos 294 a 7f. – [2] ARISTOTELES, Pol. III, 15, 1286 a 7ff. – [3] Vgl. M. HAMBURGER: Morals and law (New Haven 1951) 89f. – [4] Eth. Nic. (= EN) V, 1137 a 31ff. – [5] Rhet. I, 13, 1374 a 26ff. – [6] EN 1137 a 34ff. – [7] EN 1143 a 31. – [8] 1143 a 21. – [9] 1136 b 20. – [10] 1128 a 16ff. – [11] 1137 b 2ff. – [12] 1137 b 12 und 26; vgl. Rhet. I, 13, 1374 a 27. – [13] Vgl. E. HOFFMANN: Aristoteles' Philos. der Freundschaft. Festgabe H. Rickert (1933) 8-36. – [14] Digesten 50. 17. 90. – [15] D. JENISCH: Die Ethik des Arist. (1791) 187 zu 1137 b 28. – [16] KANT, Met. Sitten. Akad.-A. 6, 234f. – [17] a. a. O. 234, 30.

Literaturhinweise. R. HIRZEL: Agraphos Nomos (1900). – K. KUYPERS: Recht und B. bei Arist. Mnemosyne Ser. III, 5 (1937) 289-301. – E. MICHELAKIS: Platons Lehre von der Anwendung des Gesetzes und der Begriff der B. bei Arist. (1953). – H. COING: Zum Einfluß der Philos. des Arist. auf die Entwicklung des Römischen Rechts. Z. Savigny-Stift. Rechtsgesch., roman. Abt. (= ZS) 69 (1952) 24-59. – F. PRINGSHEIM: Ius aequum und ius strictum. ZS 42 (1921) 643-668; Aequitas und bona fides. Conferenze per il XIV centenario delle Pandette (1931) 183-214; Bonum et aequum. ZS 52 (1932) 78-155.
G. BIEN

II. Der umgangssprachlichen Mehrdeutigkeit des Ausdrucks ‹B.› neben ‹Recht› (der alte Sprachgebrauch war deutlicher als der heutige [1], zu dem M. KRIELE gegen G. RADBRUCH eine gerechtigkeitstheoretisch exakte Ausdrucksweise ermittelt hat [2]) korrespondieren im philosophischen wie im jurisprudentiellen Sprachgebrauch zahlreiche Bedeutungsvarianten [3]. Eine Aneinanderreihung verschiedener Ausdrücke der abendländischen Tradition [4], wie ἐπιείκεια (ARISTOTELES), ‹aequitas› (des römischen Rechts), ἰδιότης (Übersetzung von ‹aequitas› bei den byzantinischen Kommentatoren), ‹aequitas rudis et primaeva› als Gegensatz der ‹aequitas scripta› (bei den Glossatoren), ‹equity› (des angelsächsischen Rechts), markiert bereits semantisch das historische Problemfeld des Begriffs. Außer der jurisprudentiell korrekten byzantinischen Übersetzung von ‹aequitas› decken sich die Bedeutungen dieser Ausdrücke nur teilweise. Sie stehen jeweils in Zusammenhängen bestimmter Rechtssituationen und verschiedener Intentionen des Denkens [5].

In heutiger Sicht ist für die angegebenen Ausdrücke zunächst das Problem praktischer Vernunft gemeinsam, in jedem Einzelfall recht urteilen zu können, nämlich auch dann, wenn das für Rechtslagen der Einzelfälle bei strenger Gesetzesanwendung oder Befolgung von Präjudizien nicht möglich wäre oder wenn dafür keine Kompetenzen und Rechtsinstitute vorgegeben sind; so bei der aequitas durch die Rechtsprechung des praetors [6], im angelsächsischen Recht die equity-Rechtssprechung des Kanzlers, die zur Ausbildung einer eigenen Gerichtsbarkeit neben den Gerichten des Common Law führte [7]. B. in diesem Sinne ist ergänzende τέχνη der Rechtsfindung neben der primären nach positiven Gesetzen oder Verfahrens- und Kompetenzbeschränkungen der Institutionen der Rechtsverschaffung. – Dem ist das ethische Problem verbunden, in jedem Rechtsfall ein optimal gerechtes Urteil zu finden. B. im ethischen Sinne meint die Erreichung von Gerechtigkeit stellvertretend und in logischer Gegenrichtung zur Anwendung der allgemeinen regula iuris, vom Konkreten des zu entscheidenden Falles her. «Der Rekurs auf die B. ist ... ein Rekurs auf den Richter gegen das Gesetz» [8].

Auf diese Doppelproblematik der B. weisen im Kern die Bemerkungen von ARISTOTELES in der ‹Nikomachischen Ethik› und in der ‹Rhetorik› hin [9], die außerdem noch eine dritte Bedeutung von ‹B.› erkennen lassen, als «Recht» des einzelnen Falles, als «salomonisches Urteil» [10], bei dem der Richter ohne normativen Anspruch über den Streitfall hinaus diesen schlichtet, wofür er mit Zustimmung der Parteien die Kriterien auch solchen Elementen der Streitlage entnimmt, die keinen Rechtsnormcharakter haben (Psychologisches, Vermeidung sozialer Härten u. a.).

Für die Epoche der großen kontinentaleuropäischen Kodifikationen im 19. Jh. und bis heute hat Aristoteles derart erneut den Rang des Klassikers gewonnen, dessen Text immer wieder zum Ansatz für Erörterungen der B.-Problematik genommen wurde. Dabei ging es zunächst darum, die Verquickungen der B.-Vorstellungen mit Naturrechtslehren zu überwinden, um eine brauchbare theoretische Grundlage für die jurisprudentielle Klärung der B.-Problematik nach den Bedürfnissen der Zeit zu finden [11]. Praktisch war der Schiedsspruch vom B.-Urteil mit normativem Anspruch zu scheiden, was in der Bewußtseinslage der zivilistisch orientierten Juristen der Zeit, deren Ideal die Klarheit und Einfachheit des römischen Rechts war [12], und in der politischen Situation des bürgerlich liberalen Rechtsstaats nicht nur mit begründetem Mißtrauen gegen die in der B.-Praxis angelegte rechtsanarchische Tendenz (unmittelbar nach der russischen Oktoberrevolution 1917/18 waren die Strafrichter durch Dekrete angewiesen, nach ihrer revolutionären Überzeugung zu urteilen [13]), sondern auch mit einem geringschätzigen Vorurteil gegen B.-Erwägungen als unkontrollierbaren Subjektivismen (aequitas cerebrina) belastet war [14]. In den Verfahrensrechten wurde die B.-Praxis als Schlichtung beschränkt zugelassen (im deutschen Recht das neben dem alltäglich praktizierten Prozeßvergleich Randerscheinung gebliebene «schiedsrichterliche Verfahren» nach §§ 1025 ff. ZPO). Das B.-Urteil auf normativem Niveau hingegen ging in die Gesetzeswerke ein in Gestalt von Generalklauseln (§§ 157, 242, 826 BGB), deren Anwendung dazu führt, daß die Richter aus dem Einzelfall normative Kriterien im Sinne eines mutmaßlichen Willens des Gesetzgebers entwickeln, was von der Verrechtlichung bereits praktizierter sozialer Normen bis zu richterlicher Normfindung reicht.

Das heutige Problemfeld der B. führt weit über den Fachbereich der dogmatischen Rechtswissenschaft hinaus. Bleibt es noch im Rahmen ihrer Aufgaben, die Gefahr zu begrenzen, daß die richterliche Normfindung im Wege der Auslegung gesetzlicher Generalklauseln den Grundsatz «specialia generalibus derogant» aushöhlen [15] und damit den Primat der Gesetzgebung erschüttern kann, so ist es intensiv wie extensiv eine Frage der Rechtspolitik, in den Normgebieten des sozialen Ausgleichs (Sozialrecht, Mieterschutz, Zwangsvollstreckung) die effektive B.-Konkurrenz zwischen Gesetzes- und Richterrecht zu vernünftigem Ausgleich zu bringen – was ständiger politischer Kontrolle bedarf. Der Tendenz der Gesetzgebung, B.-Erwägungen durch extrem detaillierte Regelungen zu fixieren, steht ein praktisches Bedürfnis der Rechtsprechung gegenüber, mit «salomonischen Lösungen» konkret zu helfen (besonders heikel bei der Ehescheidungspraxis der Gerichte, wo der Ausgleich durch ein gesetzgeberisches Gegengewicht offenbar nur beschränkt gelingen kann). Rechtsverfassung und politische Gesamtverfassung sind elementar betroffen von der außergerichtlichen Schiedspraxis in Berufsgruppen, Interessenverbänden usw., die den staatlichen Rechtsverschaffungsanspruch schmälert und, so unvermeidlich sie zur Entlastung des Gerichtsbetriebs sein mag, zur Stabilisierung von Gruppenoligarchien beiträgt.

Die Scheidung von Schlichtung und B.-Urteil mit normativem Anspruch aufrechtzuerhalten, erscheint heute nach funktionalen Gesichtspunkten in der politischen Gemeinschaft jenseits politischer Utopien ungeschmälert sinnvoll. Es bedeutete jedoch einen unzuträglichen Wirklichkeitsverlust in Hinblick auf das derzeitige Problemfeld der B., die konkreten B.-Erwägungen ohne Normcharakter noch wie im 19. Jh. aus der Rechtswissenschaft wegzudenken. Die Rechtsphilosophie der Gegenwart hat den Blick dafür geschärft, daß Erwägungen dieser Art mit der richterlichen Normfindung in unlösbarem Zusammenhang stehen [16]. Sie sind Elemente der topoi, die im B.-Urteil zu Entscheidungskriterien werden. Dem Gebot jurisprudentieller Klarheit folgend, wird es darum zur Aufgabe einer vordogmatisch betriebenen rechtsphilosophischen Grundlagenforschung gehören, die Argumentationen der Rechtsprechung auch hinsichtlich der B.-Erwägungen zu analysieren.

Anmerkungen. [1] J. u. W. GRIMM: Dtsch. Wb. (1860); Dtsch. Rechtswb. (1932–1935). – [2] M. KRIELE: Kriterien der Gerechtigkeit (1963) 86f. – [3] M. RÜMELIN: Die B. im Recht (1921) 18. – [4] Nach V. FROSINI: Struktur und Bedeutung des B.-Urteils. Arch. Rechts- u. Soz.-Philos. (= ARSP) 53 (1967) 184, mit ital. Lit. – [5] H. K. J. RIDDER: Aequitas und equity. ARSP 39 (1950/51) 182, mit weiteren Ausdrucksbeispielen. – [6]. a. a. O. 191; ORELLI: Stichwort ‹B.› in: Dtsch. Staatswb. hg. J. C. BLUNTSCHLI und K. BRATER (1857) 2, 143f., mit älterer Lit. – [7]. C. K. ALLEN: Law in the making (⁷1956) 382ff.; DAVID/GRASSMANN: Einführung in die großen Rechtssysteme der Gegenwart (1966) 355ff., Bearb. von R. DAVID: Les grands sytèmes de droit contemporains (²1966). – [8] CH. PERELMAN: Über die Gerechtigkeit. ARSP 51 (1965) 185. – [9] Eth. Nic. 1136 a – 1138 a; Rhet. I, 1374 a–b. – [10] FROSINI, a. a. O. [4] 183. – [11]. K. WELCKER: Stichwort ‹B.›

in Staatslex., hg. K. v. ROTTECK und K. WELCKER (³1858) mit älterer Lit.; ORELLI, a. a. O. [6] ebda., und J. C. BLUNTSCHLI, Schlußbemerkung zu Orelli. – [12] F. SCHULZ: Prinzipien des Römischen Rechts (1934) 25. – [13] Hinweis bei N. HAZARD: Law and social change in the U.S.S.R. (1953) 85. – [14] WELCKER: a. a. O. [11] 741; ORELLI, a. a. O. [6] 149. – [15] DAVID/GRASSMANN, a. a. O. [7] 122. – [16]. CH. PERELMAN und L. OLBRECHT-TYTECA: La nouvelle rhetorique, traité de l'argumentation (1958); TH. VIEHWEG: Topik und Jurisprudenz (³1965).

K. H. SLADECZEK

Biologie. Nach den Untersuchungen von G. Schmid [1] findet sich der Ausdruck ‹B.› zum ersten Mal bei C. F. BURDACH (1776–1847) in seinem Werk ‹Propädeutik zum Studium der gesammten Heilkunst. Ein Leitfaden akademischer Vorlesungen› (1800). In dieser Schrift werden Morphologie, Physiologie und Psychologie unter dem Namen ‹B.› zusammengefaßt [2]. Bisher wurde die Prägung dieser Benennung zwei anderen Naturforschern zugeschrieben: dem Bremer Mediziner und Zoologen G. R. TREVIRANUS (1776–1837) [3] und J. B. LAMARCK (1744–1829) [4]. BURDACH erwähnt in seinem bibliographischen Werk: ‹Die Literatur der Heilwissenschaft› (1810–1821) die in Frage kommenden Schriften von Treviranus und Lamarck nicht. Diese beiden erheben ihrerseits nicht ausdrücklich den Anspruch, einen neuen Begriff zu bilden. Während der Versuch von Treviranus ohne Widerhall blieb, griff A. COMTE (1838) den von LAMARCK eingeführten Terminus auf und benannte mit ihm eine Wissenschaft, die die Beziehungen zwischen dem Organismus und dessen Milieu untersucht. Seitdem wird der Name allgemein angewendet, wenn auch nicht immer in eindeutiger Definition [5].

W. ROUX (1850–1924) wünschte eine «Pro-B.», der die Aufgabe gestellt sei, «die Möglichkeit der Entstehung niedersten Lebens aus anorganischem Geschehen im Sinne der ... sukzessiven Bildung der Grundfunktionen» experimentell zu prüfen [6].

O. HERTWIG (1849–1922) gab seinem grundlegenden Lehrbuch von der 2. Auflage (1905) an den Titel ‹Allgemeine B.›. Er umschrieb sie als «die Wissenschaft, welche von zusammenfassenden Gesichtspunkten aus die Morphologie und Physiologie der Zelle und die großen, hiermit zusammenhängenden Fragen des Lebens: den elementaren Aufbau und die Grundeigenschaften der lebenden Substanz, die Probleme der Zeugung, der Vererbung, der Entwicklung, des Wesens der Species oder naturhistorischen Art usw. behandelt» [7]. Der Begriff einer ‹Theoretischen B.› wurde analog der theoretischen Physik gebildet [8]. Er kann dann dem der experimentellen B. gegenübergestellt werden. L. v. BERTALANFFY (geb. 1901) definiert: «Theoretische B. ... ist die Lehre von den allgemeinen Gesetzmäßigkeiten der Lebenserscheinungen. Diese Definition besagt, daß es möglich sein müsse, für den Bereich des Lebendigen ebenso ein System exakt faßbarer Gesetzmäßigkeiten aufzustellen, wie es für den anorganischen Bereich in Physik und Chemie längst geschehen ist. Diese biologischen Gesetzmäßigkeiten werden, dem Wesen des Lebendigen entsprechend, ganzheitlichen Charakter, den Charakter von Gesetzmäßigkeiten organischer Systeme tragen müssen» [9]. Nach H. DRIESCH (1867–1941) ist die B. die Naturwissenschaft von allem Lebendigen überhaupt und damit Erfahrungswissenschaft seiner Gesetze [10].

Anmerkungen. [1] G. SCHMID: Über die Herkunft der Ausdrücke Morphologie und B. Nova Acta Leopoldina NF 2 (1935) H. 3/4, Nr. 8. – [2] C. F. BURDACH: Propädeutik ... (1800) 62, Anm. – [3] G. R. TREVIRANUS: B. oder Philos. der lebenden Natur für Naturforscher und Ärzte 1-6 (1802-1822) 1, Einl. – [4] J. B. LAMARCK: Recherches sur l'organisation des corps vivants (Paris 1802) VI. – [5] Vgl. E. RÁDL: Gesch. der biol. Theorien 2 (1909) 550. – [6] W. ROUX: Die Entwicklungsmechanik, ein neuer Zweig der biol. Wiss. (1905) 149f. – [7] O. HERTWIG: Allgemeine B. (²1905) VII. – [8] Vgl. J. REINKE: Einleitung in die theoretische B. (²1911) 37; J. v. UEXKÜLL: Theoretische B. (1920); L. v. BERTALANFFY: Das Gefüge des Lebens (1937). – [9] L. v. BERTALANFFY: Theoretische B. 2 (²1951) 13. – [10] Das Lebensproblem im Lichte der modernen Forsch., hg. H. DRIESCH und H. WOLTERECK (1931) 384f.

Literaturhinweise. H. DRIESCH: Die B. als selbständige Grundwiss. (1893); Der Vitalismus als Gesch. und als Lehre (1905). – O. HERTWIG: Die Entwicklung der B. im 19. Jh. (²1908). – J. SCHAXEL: Grundzüge der Theorienbildung in der B. (²1922). – G. SCHMID vgl. Anm. [1]. – J. ANKER und S. DAHL: Werdegang der B. (1937). – M. HARTMANN: Lehrbuch der allgemeinen B. (1953). – J. MAYERHOFER: Lex. der Gesch. der Naturwiss. (1959ff.).

TH. BALLAUFF

Biologismus. Unter ‹B.› versteht man alle philosophischen Tendenzen, insbesondere des ausgehenden 19. und des 20. Jh., welche die Wirklichkeit nur unter biologischen Gesichtspunkten werten oder das plasmatische Leben zur einzigen Form des Lebens erklären. Der B., gelegentlich auch als ‹Biomorphismus› bezeichnet, richtet sich sowohl gegen den Mechanismus wie gegen den Vitalismus. Sofern er den Lebensbegriff auf das organische Leben einengt, unterscheidet er sich dadurch weiter von der Biosophie sowie von einer bestimmten Form des Panvitalismus, welche die Welt als Organismus und Offenbarung bzw. Entfaltung der Vernunft auffaßt. Auch antike Philosophen, so *Sophisten* [1] und *Peripatetiker*, lassen sich im Sinne des B. deuten. Im 19. Jh. waren es vor allem P. CARUS und F. NIETZSCHE, die das organische Leben und die natürlichen Bedingungen seiner Erhaltung verabsolutierten. K. C. SCHNEIDER entwickelte im Sinne des B. zu Beginn des 20. Jh. eine ‹Euvitalismus› genannte kulturphilosophische Theorie. Neben KRIECK, der den Bios als hypostasierten [2], lebenstragenden Urgrund alles Lebendigen versteht, ist KOLBENHEYER als ein besonderer Vertreter des B. anzusehen, welcher lehrt, daß der Bios nur in seinen Individualitäten existieren kann [3]. Das Anorganische entsteht nach beiden durch zeitweilige Aussonderung. Der Geist hat keine eigenständige Weise und das Ich des Menschen ist nur eine vorübergehende Erscheinung des Bios. Metaphysisch steht dahinter die Idee eines biologistisch verstandenen intellectus agens universalis. Bereits im Altertum hatte der Peripatetiker DIKAIARCH VON MESSENE (um 320 v. Chr.) in diesem Sinne die Substantialität der Einzelseelen geleugnet und stattdessen eine allgemeine Lebens- und Empfindungskraft angenommen, die sich in den einzelnen Organismen mit verschiedener Vollkommenheit vorübergehend individualisiere [4]. In der jetzigen Form ist diese Lehre als eine besondere Art des Materialismus anzusehen. Erkenntnistheoretisch stehen die Vertreter des B. auf dem Boden von Relativismus und Pragmatismus: Das menschliche Erkennen ist nach KOLBENHEYER abhängig von erb- und rassebedingten Bereitschaftsbeständen des Plasmas. In der Ethik des B. gilt das Leben und das Lebensfördernde als der oberste Maßstab aller Werte. Biologistisch ist auch der Pragmatismus von JAMES, die Als-Ob-Philosophie VAIHINGERS wie nicht zuletzt auch die nationalsozialistische Rassenideologie, für welche u. a. die Lehren von KOLBENHEYER und KRIECK als «wissenschaftliche» Begründung dienten. Nicht identisch mit B. ist der Lebensbegriff DILTHEYS und der Lebensphilosophie. Als entschiedene Gegner des B. müssen u. a. RICKERT und E. HUSSERL angesehen werden.

Anmerkungen. [1] Vgl. PLATON, Gorg. 483 a-484 d; 491 e-492 e; DIELS, Fragm. der Vorsokratiker (1952): KRITIAS, Frg. 32. – [2] E. KRIECK: Leben als Prinzip der Weltanschauung und Problem der Wiss. (1938). – [3] E. G. KOLBENHEYER: Die Bauhütte, Grundzüge einer Met. der Gegenwart (²1941). – [4] CICERO, Tusc. I, 10, 21; 31, 77.

H. M. NOBIS

Biometrik (griech. βίος Leben, μέτρον Maß), synonym mit ‹biometry› und ‹biologische Statistik›, hat meßbare oder abzählbare variable Größen von Organismen zum Gegenstand. Außer linearen Meßgrößen werden auch physiologische und verhaltensmäßige Daten statistisch bearbeitet. Die B. wendet Methoden der mathematischen Statistik an. Verschiedene Verfahren sind speziell für biometrische Untersuchungen entwickelt worden: z. B. die Varianzanalyse von R. A. FISHER [1]. Die Bezeichnung geht zurück auf eine kleine Gruppe englischer Wissenschaftler, meist Mathematiker und Biologen, deren namhafteste Mitglieder FR. GALTON (1822–1911) und K. PEARSON (1857–1936) waren. Die Gruppe hatte sich gegen Ende des 19. Jh. unter dem Namen ‹Biometriker› zusammengeschlossen, um eine enge Verbindung von Mathematik und Biologie zu pflegen. Sie beschrieben als Ziel der B. die Erhärtung bereits entdeckter und das Auffinden neuer biologischer Gesetzmäßigkeiten durch die Untersuchung einer Vielzahl von Individuen und mittels statistischer Auswertung des Materials. Als Veröffentlichungsorgan diente die von ihnen im Jahre 1901 gegründete Zeitschrift ‹Biometrika› [2].

Anmerkungen. [1] R. A. FISHER: Studies in crop variation. I. An examination of the yield of dressed grain from Broadbalk. J. agricult. Sci. 11 (1921) 107–135; Statistische Methoden für die Wiss. (Edinburgh 1956). – [2] Biometrika. A Journal for the statistical study of biological problems, hg. W. R. F. WELDON, K. PEARSON und C. B. DAVENPORT unter Mitwirkung von F. GALTON 1 (1901/02).

M. ABS

Bionegativ nennt – im Zusammenhang der ins Pathographische gewendeten Geniediskussion – W. LANGE-EICHBAUM «alle biologisch-ungünstige Dynamik ..., alle Vorgänge irgendwie lebensschädlicher Art ... Diese Abstraktion ... macht die Frage, ist das ‹Krankheit› oder nicht, überflüssig ... Aus diesen Gründen haben wir den neuen übergeordneten Begriff des Bionegativen (des biologisch Wertnegativen) geprägt. Er umfaßt alles, was ungünstig abnorm ist hinsichtlich der Lebensfunktionen und (oder) der Nachkommenschaft, also Entwicklungshemmungen, ungünstige Variationen in der seelischen Anlage samt ihrer Vererbung. Erst das Extrem des Bionegativen wäre alles ausgesprochen Kränkliche oder prozeßmäßig Kranke» [1]. Nach Lange-Eichbaum korreliert Genialität hoch mit Bionegativität. So konnte der Begriff ‹bionegativ› vorübergehend deswegen stark interessieren, weil er erlaubte, unter der Bedingung der Dominanz einer darwinistisch inspirierten Ideologie des Leistungsprimats der «Gesunden» und Lebenstüchtigsten – «the fittest» – die Leistungsrolle derjenigen geltend zu machen, die in dieses Schema nicht paßten.

Anmerkung. [1] W. LANGE-EICHBAUM: Genie – Irrsinn und Ruhm. Eine Pathographie des Genies (1927, ⁵1956) 197.

Literaturhinweis. M. SCHRENK: ‹Bionegatives› Genie – ‹lebensunwertes› Leben (Sozialdarwinismus und Psychiatrie), Zusammenfassung in: Mit. Ges. Wissenschaftsgesch. (1970) H. 7, 39-50.

O. MARQUARD

Bionomie/Biotechnik. Beide Bezeichnungen kommen erst in Gebrauch, nachdem zu Beginn des 19. Jh. der Ausdruck ‹Biologie› [1] geprägt worden war. Dieser entstand bei mehreren Autoren unabhängig voneinander aus dem Bedürfnis, gegenüber der alten Formenbeschreibung und Klassifikation in Botanik und Zoologie den Inhalt einer Wissenschaft abzugrenzen, welche sich mit den allen Lebensformen gemeinsam zukommenden Eigenarten beschäftigt, z. B. als Lehre von den Formen, Mischungen und Kräften der Lebewesen (C. FR. BURDACH [2]) oder als Lehre ihrer inneren Organisation (LAMARCK [3]) oder Funktionslehre auf der Basis der vergleichenden Anatomie und Physiologie (TREVIRANUS [4]). Der Ausdruck ‹Bionomie› wird ebenfalls zuerst von BURDACH (1809) gebraucht [5]. Zur Verbreitung und allgemeinen Anerkennung des Wissenschaftsbereichs einer Biologie hat der von LAMARCK beeinflußte A. COMTE (1797–1858) [6] wesentlich beigetragen. Er gliederte die Biologie in einen statischen Teil (Zootomie und Zootaxie) und eine «biologie dynamique à laquelle pourrait être spécialement réservé le nom de bionomie». Diese Bionomie identifiziert er weiter mit der Physiologie im eigentlichen Sinne, welche sich des vergleichenden Studiums der Organismen als Methode zu bedienen habe [7]. Sie hat nicht nach den Ursachen der Erscheinungen, sondern nach ihren allgemeinen Gesetzlichkeiten zu suchen, und zwar in den Einflüssen der Umgebung, in den Eigenschaften und Funktionsweisen der Organe einschließlich der Entwicklung [8]. 1921 hat der von COMTE, E. MACH und R. AVENARIUS beeinflußte R. H. FRANCÉ (1874–1943) den Terminus ‹Biotechnik› geprägt, und zwar vom Boden einer «objektiven Philosophie», einer biozentrischen Weltinterpretation, einer Psychobiologie aus und im Sinne einer Weltgesetzlichkeit, nach der alle Prozesse der Welt in einer Richtung auf optimale Reibungslosigkeit, auf Erhaltung und Dauer verlaufen [9]. Biotechnik ist hier Einheit von technisch-kausalem Ablauf und teleologischer Bestimmung in den Lebenserscheinungen. Der FRANCÉsche Begriff der Biotechnik steht demnach demjenigen der Bionomie bei Comte recht nahe, akzentuiert aber mehr die technische Seite von Lebensvorgängen und -strukturen (etwa als Wasserleitung, Pumpen, Versteifungen, Verschlüsse usw. bei Pflanzen) und ihre Unterordnung als Werkzeug des Lebens zur Verwirklichung der Naturharmonie. Wieder unabhängig davon und andersartig verwandte der Soziologe L. MUMFORD (1934) [10] den Begriff der Biotechnik als Bezeichnung für die neuzeitliche Technik, die dem Bedürfnis des Menschen als Lebewesen gerecht zu werden sucht. Ganz aus der Gedankenwelt von R. H. FRANCÉ behandelt A. GIESSLER (1939) [11] die Biotechnik, während A. NIKLITSCHEK (1940) [12] nur die technischen Konstruktionsprinzipien der Lebewesen berücksichtigt.

Erst bei ROTHSCHUH (1936) werden die Begriffe der Bionomie und Biotechnik scharf definiert und unterschieden. In der Fortführung dieses ersten Entwurfs wurde daraus eine «Theorie des Organismus» (1958, 1963), die auf der Basis dieser Unterscheidung zwei Betrachtungsweisen in die Lebenslehre einführt, welche dazu dienen, der Einengung des biologisch-physiologischen Denkens auf die kausalgesetzlichen Zusammenhänge der Biotechnik eine zweite Betrachtungsweise gegenüberzustellen, welche die wohlgefügte Ordnung im Zusammenwirken der Kausalprozesse bzw. ihre «Abgestimmtheit zum Ganzen des Organismus», als ‹Bionomie› zu kennzeichnen sucht. Man benötigt danach zur vollständigen Charakteristik des lebenden Organismus sowohl Kausalbegriffe als auch Organisationsbegriffe, wie Funktion, Leistung und Sinn, als

Kennzeichnung des lebensdienlichen Charakters der Glieder und des ganzen Organismus. Bionom wären also die sämtlichen Bildungen, Reaktionen und Leistungen der Organismen zukommende, objektiv erweisbare Gerichtetheit, Abgestimmtheit und Angemessenheit der Strukturen und Prozesse zum Vollzug der Lebensleistungen organismischer Systeme [13]. Die Biotechnik betrifft die kausalen Zusammenhänge, in denen und dank derer sich organische Prozesse determiniert den wirkenden Bedingungen entsprechend entfalten und verhalten. Alles was im Organismus geschieht, vollzieht sich bionom geordnet und zugleich mit quasi-technischen, genauer «biotechnischen» Mechanismen [14]. Damit sind die Thesen und Antithesen des Vitalismus und Mechanismus in einer höheren Sicht zur Synthese gebracht. Es gibt im Lebendigen einen Sinn des Notwendigen, der sich auf allen Integrationsstufen nachweisen läßt. Diese Auffassung erlaubt eine Reihe von Konsequenzen für das Verhältnis von Leben und Seele sowie für die Interpretation der somatischen und psychischen Pathologie abzuleiten. Die bionome Geordnetheit und Ordnungsleistung ist am höchsten in den zentralnervösen Organen, besonders des Menschen. Hier lassen sich rein physiologische Steuerungsleistungen nachweisen, deren Niveau dem einer gewissermaßen unbewußten Intelligenz vergleichbar ist. Das Zentralnervensystem besitzt auch Lernvermögen und Gedächtnis, mit und ohne Bewußtsein. Das Seelische scheint sich jeweils entsprechend dem Niveau und dem Aktivitätsgrad der bionomen Ordnungsleistungen zu bestimmten Arten somatischen Geschehens als Parallelphänomen hinzuzugesellen. Das Seelische ist dann das innere Erlebnis von Hirngeschehen. So läßt sich aus der Bionomie-Biotechnik-Lehre ein partieller «bionomer psychophysischer Parallelismus» [15] neuer Art begründen.

Anmerkungen. [1] Vgl. W. BARON: Die Entwicklung der Biol. im 19. Jh. und ihre geistesgesch. Voraussetzungen. Technikgesch. 33 (1966) 307. – [2] C. FR. BURDACH: Propädeutik der ges. Heilkunde (1800). – [3] J. B. LAMARCK: Recherches sur l'organisation des corps vivants et particulièrement sur son origine ... (Paris 1802). – [4] G. R. TREVIRANUS: Biol. oder Philos. der lebenden Natur 1 (1802). – [5] G. SCHMID: Über die Herkunft der Ausdrücke ‹Morphol.› und ‹Biol.› Neue Acta Leopoldina. NF 2 (1935) 597; [5a] C. FR. BURDACH: Der Organismus menschlicher Wiss. und Kunst (1809). – [6] A. COMTE: Die positive Philos. In Auszügen von JULES RIG, übers. J. H. v. KIRCHMANN 1 Leipzig (1883); Cours de philos. positive, hg. E. LITTRÉ 3 (Paris ⁴1877). – [7] A. COMTE, hg. LITTRÉ 3, 337. – [8] A. COMTE, a. a. O. 332. 425; hg. KIRCHMANN 401. 402. 424ff. – [9] R. H. FRANCÉ: Bios. Die Gesetze der Welt 1 und 2 (1921). – [10] L. MUMFORD: Technics and civilization (New York 1934). – [11] ALF GIESSLER: Biotechnik (1939). – [12] A. NIKLITSCHEK: Technik des Lebens (1940). – [13] K. E. ROTHSCHUH (Lit. 1963) 76ff. – [14] a. a. O. 62. – [15] a. a. O. 220ff

Literaturhinweise. K. E. ROTHSCHUH: Theoretische Biol. und Med. (1936); Theorie des Organismus. Bios – Psyche – Pathos (²1963).
K. E. ROTHSCHUH

Bionten. Der Ausdruck ‹B.› wurde 1866 von HÄCKEL eingeführt, der verschiedene Individualitätsbegriffe prägte, insbesondere indem er das morphologische (Morphon) von dem physiologischen Individuum (Bion) trennte [1]. Im letzteren Sinne ist der Begriff bis heute in der Biologie gebräuchlich. ROUX versuchte ihn zu erweitern, indem er von Pro- bzw. Partial-B. sprach, um damit gewisse Systeme von Einheiten der lebenden Masse in onto- oder phylogenetischer Hinsicht zusammenzufassen. Dies hat sich aber nicht durchgesetzt [2]. In völlig anderem Sinn wurde der Ausdruck vom Botaniker H. WOLFF verwandt, welcher die beseelten Elemente des Seins als «einfache Lebenszentren» schlechthin mit ‹B.› bezeichnen wollte [3]. Unter B.-Wechsel versteht man die regelmäßige Aufeinanderfolge eines gameten- und sporenbildenden Entwicklungszustandes bei Moosen und Farnen. Er ist der Ansatzpunkt einer neuen naturphilosophischen Theorie geworden, welche ihn mit Hilfe der aristotelischen Potenz-Akt-Lehre so auslegt, daß er das Entwicklungsgeschehen in einem die Philosophie TEILHARD DE CHARDINS vertiefenden Sinne naturontologisch begreifbar macht [4].

Anmerkungen. [1] E. HÄCKEL: Über die Individualität des Tierkörpers (1878). – [2] W. ROUX: Terminol. der Entwicklungsmechanik der Tiere und Pflanzen (1912). – [3] H. WOLFF: Kosmos. Die Weltentwicklung nach monistisch-psychologischen Prinzipien auf Grundlage der exakten Naturforsch. dargestellt (1890). 2, 113. – [4] H. ANDRE: Licht und Sein (1963) 76ff.; Urbild und Ursache in der Biol. (1931) 197ff.
H. M. NOBIS

Bios (Leben, Lebensform). – 1. Βίος, nicht wie ζωή Gegensatz zu θάνατος (Tod) [1], bedeutet Lebensform und kommt dem Sinn von ἦθος (gewohntes Verhalten) nahe: ἠθολόγος = βιολόγος = Schauspieler. So interessiert B. als Lebensform a) des Menschen überhaupt und b) als diejenige bestimmter Menschentypen. – a) Der B. ist an den Nomos, den «Wohltäter des Lebens» [2], und damit an die Polis gebunden [3]: der einsame (μονώτης) B. ist nicht menschlicher B. [4]. Daher hängt die Lebenserfüllung des Einzelnen daran, ob er sich aufgrund seiner Individualverfassung mit derjenigen seiner Polis identifizieren kann [5]. – Je mehr B. den Sinn von bestimmter Lebensform annimmt, um so notwendiger wird ein Begriff von B., der jedermann in gleicher Weise betreffende Lebensform meint – ‹Kultur› oder griechisch βίος κοινός [6], der laut Definition bei SEXTUS EMPIRIKUS [7] auf vier Momenten beruht: 1. Organisation von Denken und Wahrnehmen, 2. Bedürfnisbefriedigung, 3. Sitte und Gesetz, 4. Weiterentwicklung der überlieferten Künste [8]. – b) Nach der berühmten Einleitung des ARISTOTELES in apolaustischen, politischen und theoretischen B. [9] genießt die letztere Form bei den *Griechen* nahezu einhellig Vorrangstellung [10]; menschenwürdig ist der tugendhafte B. [11], während das reine Lustleben als unter menschlichem Niveau verworfen wird [12]. Die *Römer* ziehen, durchreflektiert bei CICERO, den politischen B. vor: Im ‹Somnium Scipionis› hofft der Retter der res publica, nicht der Philosoph auf Unsterblichkeit; zugleich konzediert Cicero die Zugehörigkeit des Theoretischen zum würdigen Leben, dies mit gutem Gewissen jedoch nur nach erfolgreicher vita activa [13].

2. In der hierarchisch gefügten Polis PLATONS entsprechen den drei Seelenteilen die Stände des «weisheitliebenden», «streitsüchtigen» und «gewinnsüchtigen» B., für die der Seele durch vorgeburtliche Wahl unter Mustern von Lebensformen (βίων παραδείγματα) [14] bzw. durch göttliche Einwirkung [15] prädestiniert ist. Der «theologischen» Fixierung entspricht die politische: Das ‹Volk› unterwirft sich dem Diktat der Philosophie, die «Streitlustigen» bilden ihre Exekutive, der Philosoph ist gebunden, die Qual der Herrschaft zu tragen [16], was in der Bestimmung des «theoretischen Lebens» im ‹Theaitet› keineswegs widerrufen wird [17]. Vita activa und vita contemplativa [18] sind bei Platon identisch.

3. Mit der pointierten Bemerkung, B. sei Praxis und nicht Poiesis [19], rehabilitiert ARISTOTELES den Zufall in seiner Bedeutung für die Lebensführung: die «Vorwahl» (προαίρεσις) [20] ist Vollzug des B., nicht ab-

solute Vorwegnahme. – Das Lustleben ist moralisch, nicht politisch disqualifiziert; der politische B. ist nicht dem theoretischen unterworfen, der wiederum, von politischen Pflichten befreit, seinen Zweck in sich selbst findet. – Hinsichtlich der Eudämonieerwartung ist der theoretische B. dem politischen überlegen: Wenn das Leben insgesamt teils aus Geschäftigkeit und Krieg, teils aus Muße und Frieden besteht, jenes aber im Blick auf dieses geschieht [21], so ist die intensivere Tätigkeit diejenige, die nicht zu außer ihr liegenden Zwecken ausgeübt wird [22], also der B. in Muße zur Theorie [23], die menschlichste Praxis, sofern sie durch Ähnlichkeit mit dem ganz und gar seligen Leben der Götter definiert ist [24].

4. Die *Stoiker*, vertreten durch CHRYSIPPS Περὶ βίων [25], lassen geringe politische Betätigung zu [26], solange dies nicht zur Beunruhigung führt [27]; indes sei der müßige B., der dem hedonischen gleiche, nicht von vornherein dem Philosophen angemessen [28]; der Weise müsse den B. des Königs wählen oder wenigstens zu dessen Gefolge gehören [29]. Gleichwohl zeigt die stoische Forderung, in Übereinstimmung mit der Natur zu leben [30], jene Flucht des B. aus dem Politischen an, die EPIKUR mit dem nämlichen Drang nach Stille (γαλήνη), nur eben ohne die Skrupel der Stoiker empfiehlt.

Anmerkungen. [1] DEMOKRIT 68 B 1, 205 (DIELS); PLATON, Phaidon 71 d 5ff. – [2] DEMOKRIT 68 B 248. – [3] TYRTAIOS 6, 3ff.; PLATON, Apol. 37 d; Phaidros 230 d. – [4] ARIST., Eth. Nic. 1097 b 9. – [5] PLATON, Resp. VIII/IX; ARIST., Polit. 1324 a 8ff. – [6] R. HARDER: Kleine Schriften (1960) 43. – [7] SEXT. EMP., Pyrrh. Hyp. I, 237. – [8] Vgl. hierzu auch DEMOKRIT 68 A 5 (= II, 136, 10-12). – [9] ARIST., Eth. Nic. 1095 b 14ff. – [10] CICERO, Tusc. disp. V, 8f.; EURIPIDES frg. 910 N.; ANAXAGORAS 59 A 29; DEMOKRIT 68 B 189; ARIST., Eth. Nic. X, 6-9. – [11] Polit. 1295 a 36ff.; 1323 b 40ff.; SVF III, p. 6, 19. – [12] Polit. 1095 b 19-22; SVF I, 130, 19; STOBAIOS, flor. II, 144, 16ff. (hg. WACHSMUTH). – [13] CICERO, Resp. I, 17, 26ff. – [14] PLATON, Resp. 617 d ff.; Phaidros 248 c-d. – [15] Resp. 415 a. – [16] Resp. 519 a-d. – [17] Vgl. Theait. 176 a-b. – [18] Gorg. 500 c. – [19] ARIST., Polit. 1254 a 7. – [20]. Eth. Nic. 1095 b 20. – [21] Polit. 1333 a 30ff.; Eth. Nic. 1177 b 4ff. – [22] Polit. 1325 b 17ff. – [23] Eth. Nic. 1177 b 24ff. – [24] a. a. O. 1178 b 25ff. – [25] Rekonstruiert in SVF III, pp. 172-191. – [26] a. a. O. frg. 703. – [27] frg. 704. – [28] frg. 702. – [29] frg. 690f. – [30] frg. 4-8.

Literaturhinweise. F. BOLL: Vita Contemplativa. Festrede (²1922). – A. FESTUGIÈRE: Contemplation et la vie contemplative selon Platon (Paris ²1950). – W. JAEGER: Die Griechen und das philos. Lebensideal. Z. philos. Forsch. 11 (1957) 481-496; Über Ursprung und Kreislauf des philos. Lebensideals, in: Scripta Minora (Rom 1960) 1, 347-393.
A. MÜLLER

Biosophie (von griech. βίος, Leben, und σοφία, Weisheit) ist eine Bezeichnung für *Lebenswissenschaft* im weltanschaulichen bzw. philosophischen Sinn. Das Wort ‹B.› begegnet erstmals in der Romantik bei I. P. V. TROXLER [1]; FR. SCHLEGEL spricht hingegen von ‹Philosophie des Lebens› und CHR. KRAUSE von ‹Biotik›. Sofern im weltanschaulichen Sinn als Lebensweisheit darunter praktische Anweisungen zu verstehen sind, bildet die *antike* Spruchweisheit der Orientalen und der Griechen eine frühe Form der B. Im mehr philosophischen Sinne genommen, gehören dazu manche Fragmente der Vorsokratiker, vor allem aber die Ethik der Stoa und des Epikureismus. Hiervon zu unterscheiden ist die B., die Goethe durch seinen Lebensbegriff vorbereitet hat und die von den *Romantikern* eine erste Ausprägung erfuhr. Bei ihnen entspricht dem Bedürfnis einer Abkehr von Hegel die Einkehr zur inneren Lebenserfahrung. Wie die Bezeichnung ‹B.› ist die damit gemeinte Strömung, die sich im Laufe des 19. Jh. als Gegenbewegung zur mechanistischen Naturwissenschaft ausbildete, völlig uneinheitlich. Nach H. RICKERT, der den Terminus ‹Lebensphilosophie› bevorzugt, lassen sich hauptsächlich zwei Richtungen unterscheiden: die eine (im Anschluß an die Romantik) versteht unter B. eine Philosophie des inneren Erlebens als Spiel aller Kräfte, die in ständiger Bewegung und nicht begrifflich fixierbar sind. Die zweite faßt ‹Leben› in rein biologischem Sinn auf und macht es zum Wertmaßstab der Wirklichkeit. Diese Form von B. trat um die Jahrhundertwende auf, ist vor allem an die Namen NIETZSCHE und BERGSON geknüpft und wird gewöhnlich als ‹Biologismus› bezeichnet [2].

Anmerkungen. [1] P. V. TROXLER: Elemente der B. 1807. – [2] Vgl. H. RICKERT: Die Philos. des Lebens (1920) 17ff. –

Literaturhinweise. T. PESCH: Christl. Lebensphilos. (1895). – H. RICKERT s. Anm. [2]. – G. MISCH: Lebensphilos. und Phänomenol. (1931). – B. REUSCH: Biophilos. auf erkenntnistheoret. Grundlage (1968).
H. M. NOBIS

Biosphäre/Noosphäre sind innerhalb einer ‹naturwissenschaftlichen›, an Erfahrungstatsachen orientierten Theorie P. TEILHARD DE CHARDINS «Hüllen» unseres Planeten im Sinne stufenweiser planetarischer Verwandlungen oder «Zustandsänderungen», die auseinander hervorgehen; sie bedeuten zugleich «Stadien einer und derselben großen Begebenheit»: der die Kosmogenese und Anthropogenese umschließenden Evolution. Im Prozeß dieser Evolution sind B./N. einerseits räumliche Einheiten: «Zonen» oder «Schichten», die durch die Homogenität ihrer Prinzipien abgrenzbar werden, andererseits zeitliche Einheiten, d. h. Phasen, die auf- und auseinanderfolgen, wobei die vorausgehende Sphäre bei Auftritt der nachfolgenden nicht aufgehoben wird: Das sich entwickelnde Novum wandelt vielmehr das Ganze um, ist eine «Transformation» in planetarischer Totalität [1].

B. ist, naturwissenschaftlich verstanden, die «lebende Hülle», die den vier aufeinandergefügten Oberflächen (Barysphäre, Lithosphäre, Hydrosphäre, Atmosphäre) «durch die pflanzlich tierische Verfilzung des Erdballs» hinzugefügt wurde: «Universelle Hülle», wie die anderen Sphären, aber deutlicher individualisiert und «wie aus einem einzigen Stück gemacht», ist sie «das Gewebe genetischer Beziehungen», das «entfaltet und aufgerichtet den Baum des Lebens bildet». Evolutionsthematisch bedeutet sie das Sichtbarwerden und Sichentfalten des Lebens in seiner quantitativen und qualitativen Mannigfaltigkeit in Fortsetzung eines «prävitalen Geschehens», das als «Geosphäre» oder «Vorstufe des Lebens» die Evolution eröffnet. Durch Intensivierung und Komplizierung («Loi de complexité et de Conscience») der in der B. aufgetretenen Qualitäten entwickelt sich der in einer «revolutionären Umbildung der B.», die als «Krise erster Größe» den «Zustand des ganzen Planeten angeht», die «Krone» einer N. als Geburtsstätte des Denkens und «Beginn einer anderen Art von Leben»: die «Zelle ist ‹jemand› geworden». Die N. ist daher gekennzeichnet durch Prävalenz des «Innen» (‹dedans›), dessen Gesetze und Strukturen dominierend werden, so daß anstelle der natürlichen Selektion eine noetische oder humane, beschleunigt wirkende Auslese tritt, anstelle biologischer die «soziale Vererbung» [2], und statt kausalmechanischer Determination die freie Entscheidung unter Sinn- und Wertgesichtspunkten vorrangig wird. Diese in der N. neu auftretenden Entwicklungsgesetze und Handlungsvollmachten sind in bezug auf die Evolution nur neu zur Geltung kommende, sich entfaltende Inhalte: Die B. oder «Geschichte des Lebens» erscheint von daher als «eine von Morphologie verschleierte Bewußtseinsbewegung», die als N. den Gesamtprozeß dadurch höherführt, daß höhere (noetische) Prinzipien führend werden. Die Begriffe ‹B.› und ‹N.› sind Kategorien einer «Hyper-Physik», nicht einer Metaphysik: Sie betreffen die Anordnung der Erscheinungen bzw. beschreiben die wissenschaftlich konstatierbare «Abfolge der Phänomene», wobei ‹Sphäre› im unproblematischen Sinn die nacheinander entstehenden planetarischen Hüllen bezeichnet. Im weiteren Verständnis impliziert der Sphärenbegriff das Problem des evolutiven Werdens als ein von Sphäre zu Sphäre «sprunghaftes Wachsen» [3]: Eine stetige Zustandsänderung, dem Erhitzen vergleichbar, ergibt eine jähe, sprunghafte Verwandlung des Resultats, so daß sich die «Sprünge» oder «Metamorphosen» als «Diskontinuität in der Kontinuität» der Evolution erweisen. Jedoch beziehen sich solche Metamorphosen nicht auf einzelne Individuen, sondern auf eine Veränderung des planetarischen Zustands: Die Ausbreitung einer «denkenden Schicht», der N., «außer und über der B.», betrifft das «Leben selbst in seiner organischen Totalität». Anthropologisches Gewicht hat diese These in Teilhards Deutung des Ursprungs der N. und der mit ihr einsetzenden Hominisation, die sich als ‹plötzlicher› Auftritt des Menschen ohne Übergangsformen ereigne: sie ist «eine Schwelle, die auf einmal überschritten werden muß. – Intervall, das ‹unerfahrbar› ist ..., jenseits dessen wir uns aber auf eine biologisch völlig neue Stufe erhoben finden».

Anmerkungen. [1] P. TEILHARD DE CHARDIN: Le phénomène humain (Paris 1955); dtsch.: Der Mensch im Kosmos (1959) 3: ‹Das Denken›, 1. Kap.: ‹Die Geburt des Denkens›, 2. Kap.: ‹Die Entfaltung der N.› – [2] A. PORTMANN: Die Evolution des Menschen im Werk von Teilhard de Chardin, in: Der Übermensch (1961) 387-414. – [3] TEILHARD, a. a. O. 2: ‹Das Leben›, 3. Kap.: ‹Demeter›.

Literaturhinweis. L. POLGÁR: Int. Teilhard-Bibliographie 1955-1965 (1965).
I. PAPE

Biotisch bezeichnet 1. alle chemischen und physikalischen, an die Gegenwart von Lebewesen gebundene Vorgänge (z. B. Gärung, Fäulnis) und 2. Wechselwirkungen im pflanzlich-tierischen ökologischen Lebensbereich (z. B. Lichtkonkurrenz, Symbiose). Der Ausdruck ist abgeleitet von ‹Biotik› und bürgerte sich zuerst in der Pflanzengeographie ein: ‹Biotische Sukzession› nannte man die natürliche, nicht topologisch oder klimatisch bedingte Folge von Formationen oder deren Phasen [1]. In der Paläobotanik kennt man eine biotische Raum-Zeit-Regel.

Anmerkung. [1] H. C. COWLES, Botanicae Gaz. 51 (1911) 161-183.
H. M. NOBIS

Biotop (griech. βίος, Leben, τόπος Ort, dtsch. ‹Lebensstätte›, botanisch ‹Standort›, daher engl. ‹habitat›) ist ein wichtiger Begriff der Tierökologie. – 1. Als B. bezeichnet man einen abgegrenzten, in seinen Lebensbedingungen einheitlichen Bereich, der die Lebensgrundlage für die Besiedlung mit einer jeweils bestimmten Gruppe von Organismen, einer Lebensgemeinschaft oder Biozönose [1] bildet. Beispiele für B.: Eichenwald, Kalktrift, Fels, Sandstrand, Teich. – 2. Der B.-Begriff wurde von F. DAHL [2] eingeführt. Dahl [3] und K. FRIEDRICHS [4] verleihen ihm eine spezielle Bedeutung, indem sie ihn an den Biozönosebegriff knüpfen: B. ist die Lebensstätte einer Biozönose, und umgekehrt ist die Biozönose das Besiedlungssystem eines B. B. und Biozönose bilden eine Einheit, die man als Ökosystem bezeichnet. ‹B.› kennzeichnet dabei die abiotische Umgebung der Biozönose. Der Begriff B. erfaßt so einmal die räumliche Komponente – ein Areal –, zum anderen die Einheitlichkeit der vorliegenden abiotischen Lebensbedingungen, z. B. Relief der Landschaft, Mikroklima, Chemismus des Milieus (Wasser, Boden). Da in freier Natur zumeist fließende Übergänge vorliegen, fällt es oft schwer, verschiedene B. gegeneinander abzugrenzen. Einen Kleinst-B. (Baumstumpf, Ameisenhaufen) nennt man ‹Biochorion›. – 3. In der faunistischen Literatur wird ‹B.› oft in autökologischem Sinne gebraucht. Das Wort bezieht sich dann auf Vertreter nur jeweils einer Tierart und bezeichnet den Bereich, in dem sie sich längere Zeit aufhalten und wichtige Lebensfunktionen (Fortpflanzung, Ernährung) vollziehen. Bei diesem Gebrauch des Begriffs pflegt man die Pflanzenwelt (Pflanzenassoziation) in die B.-Beschreibung einzubeziehen. – 4. F. PEUS [5] übt Kritik am Gebrauch des Begriffs in der zuerst aufgeführten Bedeutung. Durch die Verknüpfung mit dem Biozönosebegriff wird B. mit Faktoren aus dem Bereich der Beziehungen der Tiere untereinander überlastet, und so werden die wenigen Existenzfaktoren, die auf ein Tier unmittelbar einwirken und seine Anwesenheit in einem B. erlauben, verdeckt.

Anmerkungen. [1] K. MOEBIUS: Die Auster und die Austernwirtschaft (1877). – [2] F. DAHL: Grundsätze und Grundbegriffe der biozönotischen Forsch. Zool. Anz. 33 (1908) 349-353. – [3] F. DAHL: Grundlagen einer ökologischen Tiergeographie Teil 1 (1921). – [4] K. FRIEDRICHS: Grundsätzliches über die Lebenseinheiten höherer Ordnung und der ökolog. Einheitsfaktor. Naturwiss. 15 (1927) 153-186. – [5] F. PEUS: Auflösung der Begriffe ‹B.› und ‹Biozönose›. Dtsch. entomolog. Z. NF 1 (1954) 271-308.

Literaturhinweise. R. HESSE: Tiergeographie auf ökologischer Grundlage (1924). – J. BALOGH: Lebensgemeinschaften der Landtiere (1958). – F. SCHWERDTFEGER: Ökologie der Tiere I. Autökologie (1963).
M. ABS

Bisubjunktion statt ‹Äquivalenz› (s. d.) nennt man nach P. LORENZEN die Verbindung ‹↔› in der dialogischen Logik (s. d.), wobei dann «A äquivalent B» für «A ≺ B und B ≺ A» steht.
Red.

Bohème. Die literarische Aufwertung der Zigeuner (frz. les bohémiens, ursprünglich eine auf Böhmen bezogene Herkunftsbezeichnung) unter dem Einfluß des Rousseauismus und die Entbürgerlichung des Dichter- und Künstlerbildes in der zweiten Hälfte des 18. Jh. ermöglichten eine seit der Romantik belegte figurative Verwendung von «le bohémien» zur Selbstbezeichnung des Künstlers von unbürgerlichem Selbstverständnis. «La B.» (zuweilen auch «la Sainte B.») wird (als Kollektiv, Milieu oder Verhaltensmuster) der prosaisch-materialistischen Welt des Juste-Milieu entgegengesetzt und im Cénacle des Pariser Impasse du Doyenné (NERVAL, BOREL u. a.) charakterisiert durch «l'amour de l'art et l'horreur du bourgeois» (GAUTIER [1]). MURGERS ‹Scènes de la vie de B.› (1851) begründeten ein populäreres, heiter-rührendes B.-Bild (Jugendabenteuer armer Künstler vor dem Erfolg), dem der Anarchist J. VALLÈS das Bild des Bohemiens als intellektuellen Refraktärs, proproletarischen Revolutionärs und republikanischen Insurgenten aggressiv entgegensetzte [2]. In Deutschland wurde das (seit den 60er Jahren verwendete) Fremdwort erst im Naturalismus (den skandinavische B.-Romane STRINDBERGS und H. JAEGERS beeinflußten) bedeutsam, während schon im Vormärz analoge einheimische Bildungen wie ‹Dichter-Vagabund›, ‹Literatur- oder Kunstzigeunertum› belegt sind. M. STIRNER bekannte sich zu den «geistigen» und «extravaganten Vagabonden», die die kollektiven Werte in Frage stellen: «Sie bilden die Classe der Unstäten, Ruhelosen, Veränderlichen, d. h. der Proletarier, und heißen, wenn sie ihr unruhiges Wesen laut werden lassen, ‹unruhige Köpfe›» [3]. Eine bürgerliche Gegenposition bezeichnet B. GOLTZ' Polemik gegen Skandalsucht, «Hohn und Weltverachtung» der «vacierenden Genies» [4], die «in dem Rufe von Original-Menschen stehen» [5]. Der internationale Wortgebrauch von ‹B.› ist meist entweder apologetisch (B. = wahres Künstler- oder Rebellentum der modernen Welt) oder polemisch (B. = Pseudokünstler- oder Pseudorebellentum) oder ambivalent (so bei TH. MANN [6]). Die Apologeten applizieren zum Teil religiöses Vokabular, wie noch heute in der amerikanischen Diskussion um die «heiligen Barbaren» [7] (die beatniks und hipsters [8]). Daneben begegnet auch mehr deskriptiv-neutralisierter Wortgebrauch der Wissenschaft zur Bezeichnung einer Subkultur von meist literarisch oder künstlerisch interessierten Intellektuellen, die, aus Vorformen des 18. Jh. entstanden, im 19. und 20. Jh. von den Einstellungen und dem Lebensstil der Mittelklasse absichtsvoll abweicht und als ihr antagonistisches Komplementärphänomen in industriellen oder sich industrialisierenden Gesellschaften mit individualistischem Spielraum existiert (R. MICHELS, P. HONIGSHEIM, A. HAUSER, F. MARTINI, H. KREUZER). Soziologische Ausweitungen des Begriffs auf nicht-intellektuelle unangepaßte Gruppen haben sich nicht durchgesetzt. Ein Beispiel für eine polemische philosophiegeschichtliche Anwendung ist A. SALOMONS Versuch, das «Kaffeehausliteratentum» des 18. Jh. über den Frühsozialismus mit dem Totalitarismus des 20. Jh. in historisch-genetischen Zusammenhang zu bringen und DIDEROT, SAINT-SIMON und COMTE als fast idealtypische Repräsentanten einer «messianischen Bohème» abzuurteilen [9]. Für TH. GEIGER dagegen ist B. der «leibhaftig gewordene Protest der reinen Intelligenz gegen ihre eigene Unfreiheit in der Gestalt der Bürgerlichen Intelligenz» [10], die «Erzfeindin der Bürgerlichen Gesellschaft» in der Gestalt einer «Hyperintelligenz», die aus dem Bruch von Idee und Wirklichkeit, Geist und Macht in «absurdem Radikalismus» die Konsequenz «des absoluten und permanenten Aufruhrs» gezogen habe. «Der Erztyp der B. ist der Anarcho-Nihilist» [11]. Andere Autoren unterstreichen noch stärker eine Affinität der B. zum Anarchismus sowohl in deskriptiven wie in affektgeladenen pro- oder antibohèmischen Belegen.

Anmerkungen. [1] Vgl. F. BALDENSPERGER: B. et b.: un doublet linguistique et sa fortune litt., in: Mélanges publ. à l'honneur de M. le Prof. Václav Tille à l'occasion de son 60e anniversaire (Prag 1927) 9f. – [2] J. VALLÈS: Les réfractaires (Paris 1865); Jacques Vingtras (Paris 1879-1886). – [3] M. STIRNER: Der Einzige und sein Eigenthum (²1845) 148. – [4] B. GOLTZ: Typen der Gesellschaft 2 (²1863) 97. – [5] a. a. O. 47. – [6] TH. MANN: Ges. Werke 10 (1960) 389f. – [7] L. LIPTON: Die heiligen Barbaren (1960). – [8] Vgl. Protest: The Beat generation and the Angry Young Men, hg. G. FELDMAN and M. GARTENBERG (New York 1958); Evergreen Rev. 1 (New York 1957) Nr. 2. – [9] A. SALOMON: Fortschritt als Schicksal und Verhängnis (1957). – [10] TH. GEIGER: Aufgaben und Stellung der Intelligenz in der Gesellschaft (1949) 135. – [11] a. a. O. 138.

Literaturhinweise. F. BALDENSPERGER s. Anm. [1]. – H. KREUZER: Zum Begriff der B. Dtsch. Vjschr. Lit.wiss. und Geistesgesch. Sonderheft (1964); Die B. Beiträge zu ihrer Beschreibung (1968). H. KREUZER

Bosheit, aus mittelhochdeutsch ‹bôsheit› = Schlechtigkeit, wird schon beim Eintritt in die philosophische Erörterung nur noch eingeschränkt für eine äußerste Form des *sittlichen* Böseseins gebraucht. So erklärt KANT die B., «in strenger Bedeutung» genommen, als «eine Gesinnung (subjektives *Prinzip* der Maximen), das Böse *als Böses* zur Triebfeder in seine Maxime aufzunehmen» [1]. Während das gewöhnliche Böse «nur als Ausnahme von der Regel» des Gesetzes begangen werde, bestehe die B. darin, es «nach der Maxime einer angenommenen objektiven Regel (als allgemein geltend)» zu begehen. «Seine Maxime ist also nicht bloß *ermangelungs*weise (negative), sondern sogar *abbruchs*weise (contrarie) oder ... *diametraliter*, als Widerspruch (gleichsam feindlich), dem Gesetz entgegen. Soviel wir einsehen, ist ein dergleichen Verbrechen einer förmlichen (ganz nutzlosen) B. zu begehen, Menschen unmöglich, und doch (obzwar bloße Idee des Äußerst-Bösen) in einem System der Moral nicht zu übergehen» [2].

In einem der Erfahrung anzutreffenden Sinn bestimmt dagegen SCHOPENHAUER die «eigentliche B.» dahin, daß sie im Gegensatz zum Egoismus «ganz uneigennützig den Schaden und Schmerz anderer, ohne allen eigenen Vorteil sucht» [3]. «Der B. und Grausamkeit ... sind die Leiden und Schmerzen anderer Zweck an sich und dessen Erreichen Genuß. Dieserhalb machen jene eine höhere Potenz moralischer Schlechtigkeit aus. Die Maxime des äußersten Egoismus ist: Neminem juva, imo omnes, si forte conducit (also immer noch bedingt), laede. Die Maxime der B. ist: Omnes, quantum potes, laede» [4].

Dasselbe Phänomen wie Schopenhauer hat NIETZSCHE als B. im Auge; aber er findet, sie «hat *nicht* das Leid des andern an sich zum Ziele, sondern unsern eigenen Genuß, zum Beispiel als Rachegefühl oder als stärkere Nervenaufregung». Er erblickt darin «das Harmlose an der B.» [5].

Von der «Idee des Satans» handelnd, berührt der Sache nach N. HARTMANN die B.: «Niemand tut das Böse um des Bösen willen, immer schwebt ein positiv Wertvolles vor.» Aber es gibt doch die «Idee des Satans» als «des Wesens, welches Wertwidriges um seiner selbst willen verfolgt» [6].

Als etwas unter Menschen Vorkommendes faßt dagegen wieder H. REINER die B. Sie besteht nach ihm (im Unterschied zu der aus dem Egoismus entspringenden Form des Bösen, die um der Erlangung eines nur subjektiv bedeutsamen Wertes willen einen objektiv bedeutsamen verletzt) darin, «daß ein Handeln der Vernichtung eines objektiv bedeutsamen Wertes um ihrer selbst willen gilt» [7].

Anmerkungen. [1] Die Relig. innerhalb ... 2. Stück, III, 36 der 2. Aufl. – [2] Met. Sitten, Akad.-A. 6, 321/22 Anm.; vgl. auch Art. ‹Radikal Böses›. – [3] Die Welt als Wille und Vorstellung 4. Buch, § 61 am Schluß. – [4] Preisschrift über die Grundlage der Moral §14. – [5] Menschliches, Allzumenschliches I, Nr. 103. – [6] Ethik 39. Kap. e. – [7] Gut und Böse (1965) 22. H. REINER

Brahman. In den *älteren vedischen Texten* bezeichnet das Wort ‹B.› den (durch seine Wahrheit sowie seine kunstvolle Gestaltung kräftigen) Hymnus oder Spruch [1], später auch die Kraft, welche der sakralen Formulierung, ihrem Träger (Dichter oder Offiziant) oder dem von ihr begleiteten Ritual innewohnt [2]. Bestand die Wirkung des B. (als sakraler Formulierung) im ‹Rigveda› primär darin, die Götter zu erfreuen [3] und zu stärken [4] und dadurch zum eigenen Vorteil zu beeinflussen [5], so deutet sich doch auch schon hier die Tendenz an, die Wirksamkeit des B. als magischen Zwang zu fassen [6]. Hieraus entwickelt sich (vor allem in den Brāhmana-

Texten) die Vorstellung einer nahezu unbegrenzten Macht des B. bzw. des b.-kräftigen Rituals, dessen Vollzug einerseits Unsterblichkeit verleiht [7], anderseits als unabdingbare Voraussetzung der Aufrechterhaltung des Weltablaufs gilt [8]. Dem entspricht, daß die Kraft des B. auch in der Kosmogonie eine zentrale Stellung erhält und zum entscheidenden Mittel oder gar (ganz verselbständigt) zum Urprinzip der Weltentstehung überhaupt wird [9]. Von hier aus ist es nicht mehr weit zur upanischadischen Auffassung des B. als der alles durchdringenden und einenden Essenz der Welt [10], die zugleich Stätte der Erlösung ist [11]. Das B. als das eigentliche Wesen der Welt ist zugleich identisch mit dem Selbst oder eigentlichen Wesen des Menschen, dem Ātman [12]. Von der ursprünglichen Bindung an die sakrale Formulierung und das Ritual hat sich das B. inzwischen weitgehend gelöst [13]. Sein Wesen wird nun als Wonne (ānanda) und (wie das des Ātman) als Geistigkeit (vijñāna) bestimmt [14].

Die Explikation des Wesens des upanischadischen B. und seines Verhältnisses zur Welt haben die verschiedenen *Vedānta-Schulen* geleistet:

Die Stellungnahme der *Brahmasūtren* ist nicht eindeutig. Verbreitet war die Lehre, daß das B. die Materialursache sowohl der Welt als auch der Einzelseelen sei. Die Welt ist vom B. zugleich verschieden und nicht verschieden (bhedābheda). Das gleiche gilt für das Verhältnis von B. und Einzelseelen, das mit dem Verhältnis von Feuer und heraussprühenden Funken illustriert wird [15].

Bei BHARTRIHARI wirkt die alte Bedeutung ‹Vedawort› nach: das B. ist die Essenz der Sprache (śabdatattva). Ihm wohnen ferner zahlreiche Kräfte (śakti) inne, vermittels deren es sich zur Welt enfalten kann [16]. Das erhaltene ‹Vākyapadīya› Bhartriharis spricht vielleicht eher für eine wirkliche Umwandlung des B. in die Welt [17], einige Bhartrihari zugeschriebene Fragmente hingegen für einen illusorischen Charakter [18]. – Im eigentlichen *Advaita-Vedānta* ist die Entfaltung des B. zur Welt grundsätzlich illusorisch [19]. An die Stelle der ‹Kräfte› tritt – nicht selten zwar gleichfalls als eine ‹Kraft› bezeichnet, aber doch, wohl im Gegensatz zu Bhartrihari, nicht zum eigentlichen Wesen des B. gehörig [20] – die Avidyā, Māyā oder (bei ŚANKARA) die «unentfalteten Namen und Gestalten» (avyākrte nāmarūpe, d. h. die Welt in ihrem unentfalteten Urzustand) [21]. Die Sprach-Natur des B. findet sich nur bei MANDANAMIŚRA [22], fehlt hingegen in der Schule ŚANKARAS, für die das B., wie man es später formuliert, Sein (oder genauer: das [einzige] Seiende), (reine) Geistigkeit und Wonne (sac-cid-ānanda) ist [23]. Diese drei Prädikate sind als Bezeichnungen *eines* ungeteilten (akhaṇḍa) Wesens zu nehmen [24]. In den *theistischen* Vedānta-Richtungen wird ‹B.› zu einer Bezeichnung des höchsten Gottes (meist Vischnu) [25].

Zu unterscheiden vom neutralen B. (Nom. *brahma*) ist der (maskuline) Gott B. (Nom. *brahmā*), der erst in spätvedischer Zeit auftritt und vor allem als Weltschöpfer fungiert.

Über SCHOPENHAUER und seinen Schüler P. DEUSSEN sind Grundbegriffe der indischen Philosophie in die Sprache der Bildung des 19. Jh. eingegangen. SCHOPENHAUER übernahm ‹B.›, um seine Philosophie im Sinne der indischen zu deuten und den Vorwurf der Trostlosigkeit abzuwehren [26]. Ebenso wird Erlösung von ihm aus indischem Ursprung verstanden [27].

Anmerkungen. [1] H. OLDENBERG: Zur Gesch. des Wortes bráhman. Nachr. kgl. Ges. Wiss. Göttingen (1916) 717ff. 739. – [2] a. a. O. 735f. 739f.; P. THIEME: Upanischaden (1966) 22. – [3] P. THIEME: Gedichte aus dem Rig-Veda (1964) 10. – [4] OLDENBERG, a. a. O. [1] 730 Anm. 2., 734 Anm. 1. – [5] THIEME, a. a. O. [3] 10. – [6] ebda. – [7] OLDENBERG, a. a. O. [1] 738; J. GONDA: Die Relig. Indiens 1 (1960) 194f.; O. STRAUSS: Indische Philos. (1925) 34. – [8] STRAUSS, a. a. O. 34. – [9] a. a. O. 35. – [10] Vgl. THIEME, a. a. O. [2] 28. – [11] Vgl. Chāndogya-Upanischad III, 14, 4. – [12] Vgl. a. a. O. III, 14; OLDENBERG, a. a. O. [1] 739. – [13] ebda; vgl. auch THIEME, a. a. O. [2] 23. – [14] Brihadāraṇyaka-Upanischad III, 9, 28, 7. – [15] STRAUSS, a. a. O. [7] 249. – [16] Vākyapadīya I, 1-3. – [17] M. BIARDEAU: Bhartrihari, Vākyapadīya Brahmakāṇḍa (Paris 1964) 7ff. 24 Anm. 1. – [18] E. FRAUWALLNER: Dignāga. Wien. Z. Kunde Süd- u. Ostasiens 3 (1959) 113. 152; CITSUKHA: Tattvapradīpikā (Kāśī-A. 1956) 102, 14-16. – [19] P. HACKER: Vivarta. Akad. der Wiss. Lit. Mainz (1953). – [20] P. HACKER: Eigentümlichkeiten der Lehre und Terminol. Śaṅkaras. Z. dtsch. morgenländ. Ges. 100 (1950) 262, 19: īśvarasyātmabhūte *iva* ... nāmarūpe; 263, 11ff.; vgl. auch Brahmasiddhi 9, 11. – [21] HACKER, a. a. O. [20] 258ff. 272ff.; Pañcapādikā, Madras-A. 29, 1ff. – [22] Brahmasiddhi 16, 23-19, 17. – [23] Z. B. ĀNANDANUBHAVA (12. Jh. n. Chr.?): Nyāyaratnadīpāvalī, Madras-A. 97, 2f. – [24] Brahmasiddhi 5, 5ff.; Nyāyamakaranda 257ff. – [25] z. B. Śrībhāṣya, Einleitungsvers; HACKER, a. a. O. [20] 276ff. – [26] A. SCHOPENHAUER, Werke, hg. A. HÜBSCHER (²1946ff.) 6, 319. – [27] a. a. O. 5, 66.

Literaturhinweise. H. OLDENBERG s. Anm. [1] 715ff. – O. LACOMBE: L'Absolu selon le Védānta (Paris 1937). – L. RENOU in Zusammenarb. mit L. SILBURN: Sur la notion de B., in P. asiatique 237 (1949) 7-46. – J. GONDA: Notes on B. (Utrecht 1950). – P. THIEME: B., in: Z. dtsch. morgenländ. Ges. 102 (1952) 91-129. – Beiträge ferner in fast allen Darstellungen der indischen Philos., der Lehren der Upanischaden oder des Vedānta, z. B.: E. FRAUWALLNER: Gesch. der indischen Philos. 1 (1953) 72ff. 118ff. 453-455: Hinweise auf weitere allgemeine Lit. – G. TUCCI: Storia della filos. indiana (Bari 1957) 278ff. – Siehe auch Lit.-Hinweise Art. ‹Vedānta›.

L. SCHMITHAUSEN

Brahmanismus. Der Terminus wird häufig als Bezeichnung für den frühen Hinduismus oder für die spätvedische Religion [1] oder ganz unbestimmt für eine Religion, in der die Brahmānen die Vorherrschaft haben, gebraucht.

Anmerkung. [1] So A. BARTH: Les religions de l'Inde (Paris 1879).

L. SCHMITHAUSEN

Buch des Lebens ist eine in der mittelalterlichen Theologie in Anlehnung an biblische Sprechweise reflektierte Metapher innerhalb eines ursprünglich eschatologischen Kontextes. Sie ist bereits im Alten Testament geläufig [1]. Im Neuen Testament kennt besonders die ‹Apokalypse› die Vorstellung einer Namensliste der Auserwählten [2]. Diese Vorstellung setzt sich gegenüber dem dem biblisch-jüdischen Bereich entstammenden ‹Schicksalsbuch› und dem den jüdischen Apokryphen bekannten ‹Buch der Werke› durch, d. h. sie verselbständigt sich gegenüber dem apokalyptischen Bereich. Eine Reminiszenz an die in diesem Kontext weiterlebende Vorstellung vom Buch der Werke und Schuldenbuch [3] ist das ‹Buch des Gedächtnisses› [4]. Trotz der gelegentlichen Rolle des B. d. L. im Geschehen des Jüngsten Gerichtes [5] wird die Buchmetapher nicht zur Konzeption eines ‹liber mortis› erweitert [6]. Bezeichnenderweise wird in der theologischen Rezeption des Vorstellungsbereiches auf die Gegebenheiten der profanen Bürgerliste, der Rekrutierung und der Senatsliste (vgl. die Formel: Patres Conscripti) ausdrücklich Bezug genommen [7]. Eine Senatsliste des Himmels kennen CICERO [8], PLINIUS [9], ENNODIUS [10], PAULINUS [11]; ALBERT nennt das B. d. L. die «genealogia eorum qui ad promissiones dei pertinebant, ex quibus nasciturus erat Christus secundum carnem» (Geschlechterfolge jener, die zur Verheißung Gottes gehörten und aus denen Christus dem

Fleische nach geboren werden sollte) [12]. THOMAS nennt das B.d.L. ‹conscriptio salvandorum› unter ausdrücklicher Bezugnahme auf die Rekrutierung, mit der der Gedanke der electio in Zusammenhang gebracht wird [13]. Der Bereich der Metapher ist durchweg das gnadenhafte Handeln Gottes oder das unter Gottes Gnade sich «ratione finis», nicht «secundum naturam» vollziehende Handeln des Menschen, woraus die kultische Verwendung zu verstehen ist [14]. Die Aufnahme ins Lebensbuch erfolgt in der Taufe, die als «Dei census» gilt [15]. Der liturgische Gebrauch reicht bis zu den bei Gebetsbruderschaften im Mittelalter üblichen ‹libri vitae› (bzw.: liber vitae, liber viventium) [16]. Die gelegentliche Identifizierung des B.d.L. mit Christus bzw. Zuordnung zu Christus [17] ist vielmehr aus dem Verweischarakter des B.d.L. auf das Wissen Gottes (notitia dei) zu erklären [18]. In diesem Kontext kommt es zuweilen zu einer Annäherung unseres Metaphernbereiches an den des ‹Buches der Schöpfung› im Sinne des Exemplarismus. Die Anwendung der Vorstellung auf die heiligen Bücher des Christentums, die sich innerhalb einer Buchreligion von selbst verstehen würde, ist dagegen nicht so verbreitet [19].

Anmerkungen. [1] Ex. 32, 32f.; Is. 4, 3; Ez. 13, 9; Ps. 69 (68) 29; Ps. 139 (138) 16; Dan. 12, 1. – [2] Apk. 3, 5; 13, 8; 17, 8; 20, 12. 15; 21, 27; aber auch: Lk. 10, 20; Phil. 4, 3; Hebr. 12, 22f.; vgl. Theol. Wb. zum NT 1, 617ff. – [3] Vgl. auch Kol. 2, 13f.; Apk. 6, 14; 20, 12. – [4] JOHANNES VON SALISBURY, Metalogicus, hg. C. C. J. WEBB 75, 20; DANTE, Vita nuova § 2, 10; § 39 Sonett; SHAKESPEARE, Hamlet 1, 5, 98ff.; Coriolan III, 1, 29ff.; V, 2, 13ff.; Cymbeline V, 4, 169ff. – [5] Vgl. die Verse «Liber scriptus proferetur …» des Dies irae des THOMAS VON CELANO; sonst: PRUDENTIUS, Peristephanon 3, 136ff.; AUGUSTIN, De civ. Dei XX, 14f.; GREGOR DER GROSSE, Moral. 24, 8 (identif. das B.d.L. mit dem iudex venturus); BONAVENTURA, IV Sent. 43, 2. 3. – [6] THOMAS VON AQUIN, S. theol. I, 24, 1 ad 3; De ver. 7. 8 c. – [7] Vgl. Hen. 47, 3. – [8] CICERO, De nat. deor. III, 15, 39. – [9] PLINIUS, Hist. nat. 4, 7, 19. – [10] ENNODIUS, Ep. 2, 10. – [11] PAULINUS, Ep. 13, 5. – [12] ALBERT, Super Is. IV, 3. – [13] THOMAS, S. theol. I, 24, 1. – [14] S. theol. I, 24, 2. 3; vgl. auch BONAVENTURA, IV Sent. 43, 2. 3. – [15] TERTULLIAN, De bapt. 17. – [16] DU CANGE, Gloss. mediae et infimae latinitatis (1883-1887) 4, 90. – [17] HUGO VON ST. VICTOR, MPL 176, 644 d ff.; ALEXANDER HALENSIS, S. universae theol. Ed. Quaracchi I Sent. 41, 20 c; THOMAS, De ver. 7, 3 c. – [18] BONAVENTURA, IV Sent. 43, 2, 1 c. 2; THOMAS, S. theol. I, 24, 1. – [19] S. theol. I, 24, 1 ad 1.

Literaturhinweise. E. R. CURTIUS: Schrift- und Buchmetaphorik in der Weltlit. Dtsch. Vjschr. Lit.wiss. 20 (1942) 359-411; Die europ. Lit. und das lat. MA (1948) 304ff. – L. KOEP: Das himmlische Buch in Antike und Christentum. Theophaneia 8 (1952).

H. K. KOHLENBERGER

Buch der Natur. Der Ausdruck ‹B.d.N.› begegnet wohl zuerst bei AUGUSTINUS: Gott sei nicht nur der Verfasser eines, sondern zweier Bücher: des B.d.N. und desjenigen der Heiligen Schrift [1]. In der augustinischen Tradition des Mittelalters trat daher diese Idee immer wieder auf, und zwar nicht bloß in dichterisch-metaphorischem, sondern auch in einem realen und wissenschaftsgeschichtlich wirksamen Sinne. Das früheste dichterische Zeugnis innerhalb dieser Tradition findet sich bei ALANUS DE INSULIS in dessen Rosenhymnus: «omnis mundi creatura quasi liber et pictura nobis est et speculum» (jede Kreatur der Welt ist uns Spiegel, Bild und Buch) [2]. Der reale Sinn, der hinter dem Ausdruck ‹B.d.N.› steht, ist für die christlichen Schriftsteller einmal darin zu suchen, daß schon die Heiden von Welt bzw. Natur als ‹descriptio divina›, also einer Chiffreschrift der Natur, gesprochen hatten. Anderseits scheint die Zwei-Bücher-Lehre als ‹Liber scriptus intus et foris› in der Bibel eine Stütze zu finden. In der Tat klingen Worte aus Ezechiel (2, 9) und der ‹Apokalypse› (5, 1) an, wenn es bei BONAVENTURA heißt: «duplex est liber unus scilicet scriptus intus qui est Dei aeterna ars et sapientia et alius scriptus foris scilicet mundus sensibilis» (doppelt ist das Buch, das eine entspricht der inneren Schrift, die Gottes ewige Kunst und Weisheit ist, das andere der äußeren Schrift, die der Sinnenwelt zugehört) [3]. Noch deutlicher zeigt sich dieser Sinn in den Collationes: «Hic autem liber est Scripturae, qui ponit similitudines proprietates et metaphoras rerum in libro mundi scriptarum» (das aber ist das Buch der Schrift, das die Ähnlichkeiten, die Besonderheiten und den Sinn der Dinge, die im Buch der Welt geschrieben sind, darstellt) [4]. Von Bonaventura gelangt die Rede vom B.d.N. über R. LULLUS zu RAYMUND VON SABUNDE [5] und zu MONTAIGNE [6]. Dieser ursprünglich theologische Sinn von ‹B.d.N.› erfährt in der frühen Neuzeit eine bezeichnende Verschiebung. FRANCIS BACON unterscheidet in seiner wissenschaftskritischen Schrift unter Berufung auf Matthäus (22, 29) die Schriften des Alten Testamentes und die «potentia Dei» als die beiden Bücher, die den Menschen zu lesen aufgegeben sind [7]. NIKOLAUS VON KUES sagt entsprechend: «die Dinge sind die Bücher der Sinne. In ihnen steht das Wollen der göttlichen Vernunft in sinnenfälligen Bildern beschrieben» [8]. Ein erster Ansatz dazu findet sich schon bei HUGO VON ST. VIKTOR, der ebenfalls vom B.d.N. sagt, daß es «quasi quidam liber est scriptus digito Dei hoc est virtute divina creatus» (wie ein Buch, geschrieben mit dem Finger Gottes, d. h. durch göttliche Macht geschaffen) [9]. Nachdem BONAVENTURA überdies betont hatte, daß Gott durch beide Bücher erkannt werden wolle [10], verschmolz innerhalb der Predigtliteratur des späten Mittelalters der Begriff ‹B.d.N.› mit demjenigen der «scientia creaturarum» und trat in diesem Sinne z. B. als deutscher Buchtitel der Übersetzung der Enzyklopädie ‹De naturis rerum› des THOMAS VON CANTIMPRÉ im 14. Jh. auf [11]. DESCARTES hat, nach seinem eigenen Bericht im ‹Discours›, das wissenschaftliche Studium (l'étude des lettres) ganz aufgegeben, sobald es ihm sein Alter erlaubte, sich der Abhängigkeit von seinen Lehrern (précepteurs) zu entziehen, und hat sich entschlossen, keine andere Wissenschaft mehr zu suchen als die, die sich in ihm selbst und «im großen Buch der Welt» (dans le grand livre du monde) finden läßt [12]. GALILEI kämpft mit der Zwei-Bücher-Theorie gegen die averroistische Lehre von der Trennung zwischen Wissen und Glauben: «Denn die Heilige Schrift und die Natur gehen gleicherweise aus dem göttlichen Wort hervor, die eine als Diktat des Heiligen Geistes, die andere als gehorsamste Vollstreckerin des göttlichen Wortes». Die Sprache, in der «das große Buch niedergeschrieben [ist], das immer vor unseren Augen liegt», ist die Mathematik [13]. Auch CAMPANELLA spricht von einer doppelten göttlichen Offenbarung [14]. KEPLER nennt sich sogar Priester Gottes am B.d.N., welches die «Pandecta aevi sequentis» darstelle, die Gott uns immer mehr erschließe [15]. Im 17. Jh. konfrontiert J. GLANVILL «a way of inquiry, which is not to continue still poring upon the writings and opinions of philosophers» und das Suchen nach Wahrheit «in the great book of nature» [16]. Man scheint in dem Ausdruck ‹B.d.N.› auch noch mehr als eine bloße sprachliche Wendung gesehen zu haben. MICRAELIUS unterscheidet 1661 in seinem ‹Lexicon philosophicum› «Liber alius dicitur esse naturae alius scripturae» (das eine Buch nennt man B.d.N. das andere das der Schrift). Denn allgemein könne Buch definiert werden als «muta vox praeceptorum adeoque medium ad solidam rerum cognitionem» (stumme Stimme der Vorschriften und sogar ein Mittel zur sicheren Erkenntnis der Dinge) [17]. Noch BOERHAAVE ließ die mikroskopischen Arbeiten über die Anatomie der Insekten 1737 unter dem Titel ‹Biblia naturae› erscheinen, und in diesen Titel ist dann auch wohl zum letzten Mal auf die Zwei-Bücher-Theorie des Mittelalters innerhalb des naturwissenschaftlichen Schrifttums Bezug genommen. Auch LEIBNIZ dürfte sich an die Vorstellung eines B.d.N. erinnert haben, wenn er die Aufeinanderfolge von Zuständen in der Welt mit dem Abschreiben von Büchern vergleicht: «Quod de libris, idem de mundi diversis statibus verum est, sequens enim quodammodo ex precedente (etsi certis mutandi legibus) est descriptus» (Was von den Büchern wahr ist, das gilt auch für die verschiedenen Zustände der Welt; die folgende ist aus der vorhergehenden (wenngleich nach gewissen Gesetzen der Veränderung) beschrieben worden) [18]. WALCHS ‹Philosophisches Lexicon› von 1733 kennt bei der Aufzählung der Redensarten über ‹Natur› die Wendung ‹B.d.N.› schon nicht mehr. J. G. HAMANN versteht B.d.N. wieder theologisch: Die Bibel ist der Schlüssel zum B.d.N. und zum ‹Buch der Geschichte›, diese aber die ‹Kommentare› zu jener [19]. Auch bei englischen Autoren des 18.Jh. fanden Herder, Goethe, Novalis u. a. die Vorstellung des B.d.N., so bei WOOD: «nur das große Buch der Natur ...» [20]. So heißt es in GOETHES Gedicht ‹Sendschreiben› von 1774: «Sieh so ist Natur ein Buch lebendig, unverstanden, doch nicht unverständlich».

Anmerkungen. [1] AUGUSTIN, De Gen. ad litt. MPL 32, 219ff. – [2] ALANUS DE INSULIS, MPL 210, 579 a. – [3] BONAVENTURA, Breviloquium II, 11. – [4] Collationes in Hexaemeron, dtsch. W. NYSSEN (1964) 13, 12. – [5] RAYMUND VON SABUNDE: Theol. nat. (1350) Vorwort. – [6] M. DE MONTAIGNE, Essais I, 26; dazu H. FRIEDRICH: Montaigne (1949) 315. 480f. – [7] BACO DE VERULAM, De dignitate et augmentis scientiarum. Opera omnia (Francof. 1655) 1, 26. – [8] NIKOLAUS VON KUES, Predigten von 1430-1441. Schriften, hg. E. HOFFMAN (1952) 317f. 454. – [9] HUGO VON ST. VIKTOR, MPL 176, 217. – [10] BONAVENTURA, Breviloquium II, 5. – [11] KONRAD VON MEGENBERG, Buch der Natur, hg. F. PFEIFFER (1861). – [12] DESCARTES, Discours de la méthode. Werke, hg. ADAM/TANNERY (1965) 6, 9. – [13] GALILEI, Ed. nazionale (1890ff.) 5, 316; 6, 232. – [14] CAMPANELLA: De sensu rerum et magia libri (Paris 1636) 6, Epilog. 228. – [15] J. KEPLER, Brief an Herwart 26. 3. 1598; Epitomes Copernicana, hg CASPAR 7, 9. 574. – [16] zit. bei W. R. SORLEY: A hist. of British philos. to 1900 (Cambridge 1965) 101. – [17] J. MICRAELIUS: Lex. philosophicum (Stettin 1631) Art. ‹liber›. – [18] LEIBNIZ: De rerum originatione radicali (1697). Philos. Schriften, hg. GERHARDT 7, 302. – [19] J. G. HAMANN, Werke, hg. J. NADLER 1, 148. 156. 308; dazu K. GRÜNDER: Figur und Gesch. (1958) 160f. – [20] K. WOOD: Versuch über das Originalgenie des Homers (dtsch. 1773, engl. o. O. 1769) 64.

Literaturhinweise. A. FAVARO: Galileo Galilei. Pensieri, motti e sentenze (Florenz 1935) 27ff. – E. R. CURTIUS: Europ. Lit. und lat. MA (1948, ⁷1969) 323ff. – H.R.SCHLETTE: Das Weltverständnis Hugos von St. Viktor unter Berücksichtigung des Met.-Problems, in: Die Met. im MA, hg. P. WILPERT (1963) 215-221. – N. SCHIFFERS: Fragen der Physik an die Theol. (1968) 490ff.; darin: ‹Die Zwei-Bücher-Theorie› 188-193.   H. M. NOBIS

Buch der Schöpfung ist eine im Mittelalter mit ‹Buch der Natur› austauschbare Wendung, weil Natur in dessen schöpfungstheologischem Kontext Kreatur besagt. Der liber creaturae (der dem liber scripturae gegenübersteht) ist ein duplex liber: es entsprechen sich die ars Dei und der mundus sensibilis [1]. Diese im Sinn des Exemplarismus gedachte Relation wird durch die zunächst auf das gnadenhafte Handeln Gottes beschränkte Buchmetapher formuliert, indem diese hinsichtlich der Einheit des in Natur und Gnade handelnden Gottes kosmologisch rückinterpretiert wird. Das Wissen Gottes (das sich als ars und exemplar auslegt) ist ausdrücklicher Vergleichspunkt zum liber vitae [2]. So konnte schon AUGUSTIN von einem liber lucis aeternae, einer Metapher für den intellectus divinus, sprechen [3]. Die durch die Verwendung in Predigten vermittelte mystische Deutung des B.d.S. [4] trug zu der Zuordnung von ‹Nature's infinite book of secrecy› zur Wahrsagekunst bei [5]. Wenn nach dem Metaphernkontext vom Wissen Gottes ausgegangen wird, kann der große geistesgeschichtliche Abstand zum Mittelalter an einer ironischen Wendung HUSSERLS abgelesen werden, der von dem «idealen Lehrbuch» als Zielpunkt der ins Unendliche fortschreitenden Wissenschaft spricht [6].

Anmerkungen. [1] BONAVENTURA, Brev. II, 5. 11. 12. – [2] IV Sent. 43, 2, 2. – [3] AUGUSTIN, De trin. 14, 15; DUNS SCOTUS, Opus oxon. 1, 3, 4, 18. – [4] THOMAS VON KEMPEN, Imit. Christi II, 4; LUIS DE GRANADA, Simbolo de la fé, zit. bei E. R. CURTIUS: Europ. Lit. und lat. MA (⁷1969) 322. – [5] SHAKESPEARE, Anthony I, 2, 9. – [6] E. HUSSERL: Die Krisis der europ. Wiss. ... Husserliana 6 (Den Haag 1954) 460.   H. K. KOHLENBERGER

Buddhismus

I. Aus der fast ausschließlich auf das Spirituell-Praktische ausgerichteten ursprünglichen Lehre der von BUDDHA gestifteten Religion [1] entwickelten sich zunächst die sogenannten *Hīnayāna*-Schulen, später (ungefähr seit dem Beginn unserer Zeitrechnung) die Schulen des *Mahāyāna*. Beide Termini sind vom Mahāyāna geprägt. ‹Hīnayāna› ist ursprünglich abwertend gemeint und bedeutet ‹kleines› oder ‹minderwertiges Fahrzeug›, womit auf das nur die eigene Person betreffende Erlösungsziel der Hīnayāna-Schulen angespielt wird, im Gegensatz zum Mahāyāna oder ‹grossen Fahrzeug›, das auch die anderen in das Erlösungsziel einschließt. – Die wichtigsten *Hīnayāna*-Schulen sind: die Sarvāstivādins (die Vertreter der Lehre, daß alles – Vergangenes, Gegenwärtiges und Zukünftiges – existiere), die Sautrāntikas, die Theravādins, die noch heute in Ceylon und Südostasien blühen, die Vātsīputrīyas, die durch die Annahme eines wahren Selbstes, das sie ‹pudgala› (Person) nannten, hervortraten, und die Mahāsānghikas, die manche Lehren des Mahāyāna vorbereiteten. – Als Schulen des *Mahāyāna* wären zu nennen: das Madhyamaka, dessen Zentralbegriff die ‹Leerheit› (śūnyatā) ist, die Tathāgatagarbha-Schule, nach der das mit dem Tathāgata (= Buddha) identische Absolute allen Lebewesen innewohnt, und der Yogācāra, dessen charakteristischste Lehre die ist, daß nur ‹Erkenntnis› existiere (vijñaptimātratā). – Als letzte Entwicklungsstufe des B. ist der noch wenig erforschte, durch esoterische Praktiken charakterisierte *Tantrismus* zu erwähnen. – Eine Sonderstellung nimmt die von DIGNĀGA (ca. 480-540) und DHARMAKĪRTI (ca. 600-660) auf Sautrāntika-Voraussetzungen begründete logisch-erkenntnistheoretische Schule ein.

Anmerkung. [1] Als frühen Beleg für den Terminus ‹B.› vgl. E. BURNOUF: Introduction à l'hist. du Bouddhisme indien (Paris 1844).

Literaturhinweise. E. CONZE: Buddhist thought in India (London 1962). – A. BAREAU: B., in: Die Relig. der Menschheit, hg. CHR. M. SCHRÖDER 13: Die Relig. Indiens 3 (1964) 1-215; 205ff.: Lit.   L. SCHMITHAUSEN

II. Diese Weltreligion des Ostens wird unter der Bezeichnung Σαμαναῖοι (von Pali: Samana-Mönche) schon bei hellenistischen Schriftstellern [1], als ‹Fo-Sekte› (von chines. ‹Fo› = Bud-[dha]) bei Autoren der Aufklärungszeit [2] erwähnt und begegnet als ‹B.› (nach Buddha, d. i. der ‹Erleuchtete›) zuerst in einzelnen Reiseberichten der ersten Hälfte [3], allgemein in der zweiten Hälfte des 19. Jh. Besonders SCHOPENHAUER hat den B. mit den ‹Resultaten› seiner Philosophie verbunden und der Freude darüber Ausdruck gegeben, seine «Lehre in so großer Übereinstimmung mit einer Religion zu sehen, welche die Majorität auf Erden für sich hat» [4]. Als Ausgangspunkt gilt der Akt der Buddhawerdung (Erleuchtung) des SIDDHARTA GAUTAMA aus dem Haus Shakya in Nordindien (um 520 v. Chr.). Sie besteht in der Einsicht in eine durch die Wiedergeburtstheorie begründete «automatisch funktionierende Vergeltungskausalität guter und böser Taten» (H. v. Glasenapp). Jedes Einzelwesen «entsteht in Abhängigkeit»; ‹Nichtwissen› (Avidya) läßt ‹Triebkräfte› zur Bestimmung des Schicksals der nächsten Existenz frei und ein neues ‹Bewußtsein› im Schoß der Mutter als Kern des neuen Wesens entstehen. Die neue ‹Geist-Leiblichkeit› erhält ihre ‹sechs Sinne› (der Wahrnehmung und des Denkens), welche sie bei der Geburt mit der Außenwelt in Berührung kommen lassen. Daraus folgen ‹Empfindung von Lust und Unlust›, die ‹Begierde›, vor allem in der Form des Geschlechtstriebes, der intensive ‹Lebenshang›, das Produzieren von ‹Tatursachen› für eine neue Wiedergeburt, aus der immer wieder Altern und Sterben folgen. Die Einsicht in diesen ‹Kausalnexus› des leidvollen Lebens führt weiter zur Befreiung von der ‹Automatik› durch deren Bewußtwerdung, die im Ergebnis die einzelnen Daseinsfaktoren (Dharma) eliminiert und zum Verlöschen der Existenz (Nirvana) führt. Das Ich als leidvolle Konglomeration von Daseinsfaktoren findet die Erlösung im Frieden der Ich-Auflösung. Des historischen Buddha ‹Verlöschen› wird traditionell auf 543, von der neueren Forschung auf 480 v. Chr. angesetzt. Ihm suchten die ersten Anhänger durch strenge Askese und Meditation der empfangenen Lehren, in ihrer ‹Hauslosigkeit› von milden Gaben unterstützt, zu folgen. Im Zuge der Entwicklung billigte man auch Laien (‹Haushältern›) zu, über das Verdienst der Gabenspende hinaus durch Zucht und Geduld (auf dem ‹edlen achtteiligen Pfad›) die negativen Antriebe, wie Haß, Gier und Wahn, überwinden und, ohne selber in den vollen Mönchsstand getreten zu sein, sogar ein Anwärter auf die Buddhaschaft werden zu können. In den Mönchsregeln (Vinaya), den Lehrreden des Buddha (Sutra) und der Gesetzesauslegung (Abidharma), den ‹Drei Körben› (Tripitaka) entstand eine reiche literarische Überlieferung, die in verschiedenen Fassungen in Pali, Chinesisch und Tibetisch vorliegt und zum Teil auch in andere Sprachen (deutsch von K. E. Neumann) übertragen wurde. Während in Süd- und Südostasien (vor allem Ceylon, Birma, Thailand, Kambodscha, Laos) die ursprüngliche Lehre (in der Pali-Fassung) noch lebendig ist, hat sich in Ost- und Zentralasien (besonders China, Korea, Japan, Vietnam, Tibet, Mongolei) die Form des Mahayana-B. (in der chinesischen und tibetischen Fassung) verbreitet. In Europa hat die Pali Text Society (seit 1882) viel zur modernen internationalen Geltung des B. beigetragen. Der B. als ‹rationale› und dem heutigen Menschen einzig adäquate Form religiöser Lebenshaltung ist ein zentrales Argument der modernen B.-Mission, das schon SCHOPENHAUER und NIETZSCHE [5] gegen das Christentum einsetzten.

Anmerkungen. [1] Vgl. H. v. GLASENAPP (Lit. 1957) 66. – [2] DU HALDE: Description ... de l'Empire de la Chine (1735) 3, 19ff. – [3] Vgl. C. GÜTZLAFF: Journal of three voyages along the coast of China (1834). – [4] A. SCHOPENHAUER, Werke, hg. HÜBSCHER 3, 186. – [5] FR. NIETZSCHE, Werke, hg. SCHLECHTA 2, 1179.

Literaturhinweise. K. E. NEUMANN: Die Reden Gotamo Buddhos (^{2}1921). – E. CONZE: Der B. Wesen und Entwicklung (1953). – E. FRAUWALLNER: Die Philos. des B. (1956). – H. v. GLASENAPP: B., in: Die nichtchristlichen Relig., hg. GLASENAPP, Fischer-Lex. 1 (^{1}1957) 65ff. – H. OLDENBERG: Buddha. Sein Leben, seine Lehre, seine Gemeinde (1958).
T. GRIMM

Bürger, bourgeois, citoyen. – 1. Dieser klassisch-politische Begriff, griechisch πολίτης, lateinisch ‹civis›, hat am Modell des antiken Stadtstaates (πόλις, civitas) seine Prägung erfahren. Die philosophiegeschichtlich folgenreichste Theorie enthält das dritte Buch der aristotelischen ‹Politik›. Nach ARISTOTELES ist der B. ein Teil der Polis. Teil (μέρος) ist aber nicht jeder ihrer Bewohner, sondern wer an bürgerlichen Ämtern und Ehren partizipiert [1]. Darauf beruht der «Begriff» des B. (πολίτης ἁπλῶς), im Unterschied zum Wortgebrauch unter bestimmten Voraussetzungen (ἐξ ὑποθέσεως) [2], der von Gewohnheit und positiv-rechtlicher Satzung abhängt. In diesem erweiterten und unbestimmten Sinn, der sich z. B. bei PLATO findet [3], werden auch diejenigen ‹B.› genannt, die nicht (Gewerbetreibende), noch nicht (Jünglinge) oder nicht mehr (Greise) an der bürgerlichen Herrschaft teilhaben. Diese Teilhabe setzt Herrschaft über ein Haus (οἰκία) und damit Freiheit von «ökonomischen» Verrichtungen voraus. Die politische Autonomie des B. beruht auf seiner ökonomischen Autarkie als Oikodespot; er bleibt, indem er die Arbeit für das zum Leben Notwendige (τ'ἀναγκαῖα) beherrscht, ihrer Notwendigkeit selber enthoben. Dem entspricht bei ARISTOTELES die Trennung von Arbeit (ποίησις) und Handeln (πρᾶξις) [4], wobei unter diesem die dem B. als Freien (ἐλεύθερος) gemäße Betätigung zu verstehen ist – das der Polis gewidmete Leben oder das Philosophieren [5]. Hinter diesen beiden Formen erhebt sich die Aporie zwischen Bürger- und Menschentugend, die Aristoteles im Rückblick auf Sokrates-Plato (Pol. III, 4–5) diskutiert. Wie für Plato, so kann auch für Aristoteles die Tugend des B. (ἀρετὴ πολιτική), die sonst relativ zur jeweiligen Verfassung und also nicht vollendete Tugend ist, in einer idealen Polis mit der des trefflichen Menschen (ἀρετὴ ἀνδρὸς ἀγαθοῦ) zusammenfallen [6].

Wie der πολίτης, so ist auch der civis Romanus B. des Stadt und Land umfassenden Stadtstaates, dessen Begriff sich aus dem Stufengang der menschlichen Rechtsfähigkeit ergibt. Das römische Recht unterscheidet zwischen status libertatis (die Menschen sind Freie oder Knechte), status civitatis (die Freien sind römische B. oder Nichtbürger) und status familias (die römischen B. sind patres familias oder filii familias) [7]. Obwohl der Titel eines B. Hausherrn und Haussohn gleichmäßig zukommt, genießt nur der pater familias die volle Rechtsfähigkeit; er allein gilt als sein eigener Herr (homo sui juris), während der filius familias, wie alle Glieder des Hauses, seiner Gewalt unterworfen bleibt (homo alieni juris). Der Kern der römischen Bürgerschaft setzt sich auch in späterer Zeit aus den freien, über ein Haus gebietenden Geschlechtsgenossen (quirites, später cives) zusammen, die sich nach innen (gegen die clientes et plebeii) und außen (gegen die peregrini) abzuschließen streben; die unterworfenen Völker und Länder treten zunächst nicht in den römischen «Staat» (in civitate), sondern stehen unter römischer Herrschaft (in imperio). In spätantiker Zeit (212 n. Chr.) wird das römische Bürgerrecht zum Reichsbürgerrecht erweitert; erst jetzt, da Titel und Rechte des civis Romanus auch den «Unterworfenen» zukommen, erfährt der Begriff des Untertanen (subditus, subjectus) seine Ausbildung, vor allem im oströmischen Reich [8].

Anmerkungen. [1] ARISTOTELES, Pol. 1275 a 22f. a 32f. 1275 b 17-20. 1277 b 34f. 1278 a 35f. – [2] Pol. 1278 a 5. 1277 a 22. – [3] PLATON, Resp. 416 d-e. 423d. 456 a; Leges 813 c. 814 c. – [4] ARIST. Pol. 1254 a 7. – [5] Pol. 1255 b 37. – [6] Vgl. Pol. VII-VIII. – [7] Dig. 11, 4, 5. – [8] F. WIEACKER: Recht und Ges. in der Spätantike (1964) 10ff.

2. Entscheidend für die Umgestaltung des B.-Begriffs ist, daß im Mittelalter (11. Jh.) ein neuer Typ der Bürgergemeinde entsteht. Der πολίτης und der civis Romanus waren Grundherren, die von der Arbeit der Nichtbürger (Sklaven, Metöken, Fremden) lebten; dagegen sind die B. der mittelalterlichen Städte vorwiegend Kaufleute und Handwerker. Die Sphäre der Arbeit wird als berechtigt anerkannt und in den B.-Begriff aufgenommen. Das geschieht nicht ohne Auseinandersetzung mit den aus der Antike überlieferten Begriffsformen, die seit der Aristotelesrezeption des 13. Jh. wieder stärkeren Einfluß erlangen. Erst am Ausgang des Mittelalters wird den B. ein eigener Status eingeräumt, wobei der «Bürgerstand» (tiers-état) zunächst noch ganz in der herrschaftlich-politischen Standschaft aufgeht, die er mit Adel und Geistlichkeit teilt. Der moderne B.-Begriff entwickelt sich im Umkreis der absolutistischen Staatstheorie. Die Unterwerfung des civis unter den Souverän macht ihn nicht nur zum subditus des «Staats», sondern, weil dieser alle lokalen Herrschafts- und Gesellschaftsverbände in sich vereinigt, als Glied der Stadtgemeinde zum civis urbanus, dem BODIN den Namen ‹*bourgeois*› gibt [1]. Bei Bodin ist noch erkennbar, daß auch ‹bourgeois› ursprünglich ein selber politischer Rechtstitel für den freien, privilegierten Stadtbürger gewesen ist [2]. Aber die Definition des «Staats» als res publica mit dem Merkmal der summa potestas imperii nötigt Bodin, auch den B.-Begriff neu zu definieren; dem civis urbanus oder bourgeois steht fortan der civis oder citoyen gegenüber [3]. Beide Begriffe fallen zunächst noch auseinander; die Verknüpfung durch dasselbe «Subjekt», den Untertanen als «Menschen», vollzieht erst HOBBES' Naturrecht. Bei ihm ist der Mensch nicht zuerst B. (Altertum), auch nicht Christ und dann B. (Mittelalter), sondern seinem Christ- und B.-Sein geht voraus, daß er Mensch ist [4]. Der souveräne Staat, den Hobbes im Bilde des ‹Leviathan› (1651) beschrieben hat, garantiert dem B., der im Titel von ‹De cive› (1642) auch unmetaphorisch auftritt, was er als Mensch will: Leben und Sicherheit. Um sie zu erlangen, bedarf es der Unterwerfung unter den Willen des Souveräns; daher definiert Hobbes in polemischer Auseinandersetzung mit dem klassisch-politischen B.-Begriff den civis durch das Prädikat des *subditus* [5], dessen Ziel nicht darin besteht, möglichst tugendhaft, sondern angenehm zu leben (jucundissime vivere) [6].

Anmerkungen. [1] J. BODIN: De rep. (1594) lib. 1, c. 6, 76f. – [2] M. CANARD (Lit. 1913) 33. – [3] BODIN, Rep. lib. 1, c. 6, 71f. – [4] TH. HOBBES, De cive, Praef. ad Lect. – [5] De cive c. 5, 11; El. of law I, 19, 10; Leviathan II, 18; die Kritik am klass. B.-Begriff El. of law I, 13, 3; Lev. II, 21. – [6] De cive c. 13, 4.

3. Von hier aus erklärt sich die Problematik des Begriffs im modernen Naturrecht. Während des 17. Jh. kommt es in Deutschland zu einem Streit zwischen den Anhängern (meist Vertretern der Schulphilosophie) der traditionellen und den Befürwortern (S. PUFENDORF) der modern-absolutistischen Interpretation des B.-Begriffs [1], bei dem der Gegensatz B./Untertan eine wesentliche Rolle spielt. Zu ihm tritt im Naturrecht des 18. Jh. der von Mensch und B. [2], der in der Folgezeit durch das Begriffspaar ‹citoyen/bourgeois› verdeckt wird. Beide Worte bezeichnen bis zum Beginn des 18. Jh. den B. einer Stadt, die ‹cité›, ‹civitas› oder ‹bourg›, ‹burgus› heißen konnte. Mit dem Verlust der politischen Standschaft des Bürgerstands verlagert sich die Bedeutung von ‹*bourgeois*› auf die wirtschaftliche Stellung des Stadtbewohners, der fremde Arbeitskraft beschäftigt, den Handwerksmeister, Verleger, Fabrikanten, während das bis dahin synonyme, aber weniger häufig auftretende ‹citoyen› unter dem Einfluß ROUSSEAUS und der *Enzyklopädisten* nach der Mitte des 18. Jh. aufgewertet wird. Nach ROUSSEAU nennen sich die Franzosen ‹citoyens›, weil ihnen die Vorstellung von der wahren (politischen) Bedeutung dieses Wortes fremd geworden sei, wobei vor allem Bodin zur «Verwechslung» von ‹citoyen› und ‹bourgeois› beigetragen habe [3]. Rousseau empfiehlt, das Wort ‹citoyen› ganz aus dem Sprachgebrauch zu streichen; die Problematik des Menschen «unserer Tage» bestehe darin, daß er als bourgeois weder B. im Sinne der klassischen Polis noch ein «natürlicher», mit sich selbst übereinstimmender Mensch sei [4]. Wie Rousseau klagt auch DIDEROT, die Städte des gegenwärtigen Frankreich seien voll von bourgeois, doch gebe es unter diesen nur wenige, die man ‹citoyen› nennen könne [5]. Die Begriffssprache der Französischen Revolution kehrt dieses Verhältnis um, indem sie den Titel des citoyen den freien und gleichen Gliedern der «Nation» zuerkennt, die mit der Erklärung ihrer Souveränität und der droits de l'homme et du citoyen die Rechts- und Herrschaftsunterschiede der alten Gesellschaft aufgehoben haben [6].

Diesen revolutionär verwandelten B.-Begriff nimmt die Philosophie des deutschen Idealismus auf. KANT interpretiert die seiner Staatskonstruktion zugrunde liegende Idee einer ursprünglichen Gesetzgebung des vereinigten Volkswillens mit Hilfe der französischen Termini: wer «das Stimmrecht in dieser Gesetzgebung hat, heißt ein *Bürger* (citoyen, d. i. *Staatsbürger*, nicht Stadtbürger)» [7]. Neben der Erläuterung des B. als «Staatsbürger» ist bemerkenswert, daß Kant die traditionellen Begriffsmerkmale der rechtlichen (homo sui juris) und «ökonomischen» Selbständigkeit (sibisufficientia) zwar beibehält, aber zugleich umdeutet; um B. zu sein, ist es erforderlich, daß der Mensch «irgend ein Eigentum habe ..., welches ihn ernährt» [8]. Das Eigentum wird so, ganz im Sinne der gesellschaftlichen Emanzipation des bei Kant formaliter aus der Definition verwiesenen bourgeois, zum Kriterium des «Staatsbürgers». Dem entspricht eine zweite Umdeutung, die den traditionell-politischen Unterschied von B. und «Schutzgenosse» (= Knecht, Beisasse usf.) betrifft. Auch von ihm macht die Kantische Rechts- und Staatsphilosophie noch Gebrauch, bezieht ihn aber auf die in der 1. Französischen Verfassung von 1791 vorgenommene «Unterscheidung des aktiven vom passiven Staatsbürger». Weil dessen Kriterium ebenfalls das «Eigentum» (die Veräußerung eines selbstgefertigten opus, im Gegensatz zur bloßen Entäußerung der Arbeitskraft, der praestatio operae) bildet, kommt es hier zu den von Kant eingestandenen Aporien des B.-Begriffs, die nicht mehr, wie in der aristotelischen Tradition, durch den Bezug auf die positiv-geschichtlichen Verfassungen aufzulösen sind [9]. Damit ist eine Tendenz bezeichnet, deren Richtung Kant selbst noch verborgen bleibt. Das gilt in noch stärkerem Maße für FICHTE, der in den 90er Jahren einem abstrakt-jakobinischen B.-Begriff anhängt, den er geschichtlich auch später nicht zu differenzieren vermag. Hätte es nie etwas anderes als Staatsbürger gegeben, argumentiert Fichte, so würde «weder der Adlige noch der Bürger seinesgleichen vorziehen können, weil *alle* seinesgleichen wären» [10]. Für Fichte bestehen die Grundzüge des Zeitalters in «bürgerlicher Rücksicht» darin, daß mit der Französischen Revolution die ständisch-herrschaftlichen Gegensätze im Schwinden sind und der «Staat» sich nunmehr als die «geschlossene Summe aller Bürger» darstellt [11].

Anmerkungen. [1] CELLARIUS: Politica (1653) 77; M. PICCARD: Comment. in Lib. Polit. Arist. (1659) 341-343; G. TH. MEIER: Arist. Polit. Analysis (1668) 194; S. PUFENDORF: Severini de Monzambano Veronensis De statu imperii germanici (1667) c. 6, § 3; CHR. THOMASIUS: Monatsgespräche (1688) 308ff. – [2] CHR. WOLFF: Philos. rat. (1740) Disc. praelim. c. 3 §§ 64-66. – [3] J.-J. ROUSSEAU: Contrat social (1762) lib. 1, ch. 6, note. – [4] Émile lib. 1. Oeuvres Complètes t. 3 (1823) 15. – [5] D. DIDEROT: Art. ‹Bourgeois, citoyen, habitant› in: Encyclopédie 5 (1778). – [6] Constitution Française (1791) Tit. II, Art. 2-7; III, Art. 1; Constitution de la République Française (1793) Art. 4-6. – [7] I. KANT: Über den Gemeinspruch (1793). Akad.-A. 8, 295f. – [8] a. a. O. 8, 295f. – [9] Rechtslehre II, § 46 Anm. a. a. O. 6, 314; Gemeinspruch, 8, 295 Anm. – [10] J. G. FICHTE: Beiträge zur Berichtigung der Urteile des Publikums über die Frz. Rev. (1793). Werke, hg. I. H. FICHTE 6, 237. – [11] Grundzüge des gegenwärtigen Zeitalters (1806) a. a. O. 7, 145ff.

4. Über diesen Standpunkt führt HEGELS Einsicht hinaus, daß der B.-Begriff nicht von der gesellschaftlich-geschichtlichen Bewegung abgelöst werden kann, in die er jeweils verschränkt bleibt. Die B. des modernen Staates sind nicht «Staatsbürger» schlechthin, sondern zugleich «*Privatpersonen*, welche ihr eigenes Interesse zu ihrem Zwecke haben» [1]. Die Relativierung des abstrakt-naturrechtlichen Verhältnisses von Mensch und B. bringt die der «staatsbürgerlichen» Emanzipation des Zeitalters verborgene, von ihr jedoch vorausgesetzte Umwälzung der bürgerlichen Gesellschaft zum Bewußtsein. Hegel durchschaut die Trennung von Mensch und B. als Schein; dem Staatsbürger liegt nicht der Mensch an sich, sondern das «Konkretum der Vorstellung, das man Mensch nennt», das als Mitglied der vom Staat getrennten, modernen bürgerlichen Gesellschaft zugrunde, das Hegel mit dem Namen: ‹bourgeois› erläutert [2]. Diese zuerst von Hegel gewonnene Einsicht bestimmt den Aufbau der ‹Grundlinien der Philosophie des Rechts› (1821), in denen der Lehre von der bürgerlichen Gesellschaft (homme als bourgeois) die vom Staat (citoyen als Staatsbürger) korrespondiert. Der Gegensatz spielt schon im Denken des jungen Hegel eine Rolle, wird aber hier noch unbestimmt mit der klassischen Polis und ihrem Untergang im Römischen Weltreich parallelisiert [3]. Gelegentlich bezieht Hegel das Verhältnis bourgeois/citoyen auf das der deutschen Reichsverfassung entnommene Begriffspaar Spieß-/Reichsbürger, was aber mehr eine ironisch gemeinte Erläuterung sein dürfte; sie drückt die zu dieser Zeit auch von anderer Seite konstatierte Schwierigkeit aus, den französischen Gegensatz im Deutschen angemessen wiederzugeben [4].

Die Hegelsche Kritik am modernen Staatsbürgerbegriff setzt KARL MARX fort, der die Differenz zwischen bourgeois und citoyen zu der des homme mit sich selbst zuspitzt, der nicht nur B. *dieses* Staats (Hegel), sondern *dieser* Mensch, in einer je bestimmten, gesellschaftlichen Lebenssituation befindliches Individuum ist. Was Hegel am Beispiel der Wechselbeziehung von bourgeois und Privatmensch andeutet, kommt bei Marx überall zur Geltung: die gesellschaftlich-geschichtliche Korrelation von B., Mensch und «Staatsbürger». Die staatsbürgerliche Emanzipation ist keine des Menschen (im Sinne des homme der Déclaration von 1789), sondern des privaten Individuums und seiner partikularen Lebenssituation, in der die «Differenz zwischen dem Kaufmann und Staatsbürger, zwischen dem Tagelöhner und dem Staatsbürger, zwischen dem lebendigen Individuum und dem Staatsbürger» aufbricht [5]. Nach Marx bedarf die staatsbürgerliche Emanzipation der Ergänzung durch die «menschliche», deren Aufgabe es sein wird, den Staatsbürger von der Privatperson und diese von ihren «sozialen» Partikularitäten zu befreien. Als Träger dieser Emanzipation erscheint seit der ‹Einleitung zur Kritik der Hegelschen Rechtsphilosophie› (1844) der *Proletarier*, der nicht «der Mensch» ist, aber ihn *repräsentiert* [6]. Der Gegenbegriff zum Proletariat ist weder der Staatsbürger noch der B. als Privatperson, sondern die «besitzende Klasse» als ‹*Bourgeoisie*›, ein Wort, das sich unter dem Einfluß des frühsozialistischen Schrifttums (SAINT-SIMON, L. BLANC, L. STEIN) zum Teil schon vor Marx durchzusetzen beginnt. Mit dem Gegensatz Bourgeoisie/Proletariat, der den von citoyen/bourgeois geschichtlich überholt, wird das naive Bewußtsein der staatsbürgerlichen Emanzipation gebrochen. Die Kritik der Bourgeoisie, eines der zentralen Themen des 19.Jh. (TOCQUEVILLE, KIERKEGAARD, NIETZSCHE), destruiert die Gleichung zwischen «Eigentümer» und B. und macht die Beziehung beider auf den «Menschen» unmöglich. Auch wenn sich seitdem in der geschichtlichen Wirklichkeit die traditionellen Attribute und Gegensätze des Begriffs zunehmend verwischt haben, ist die Position dieser Kritik in vielem noch die gegenwärtige. Ihr wird die Einsicht verdankt, daß die Emanzipation des B. selber von partikular-gesellschaftlichen Momenten abhängt, die der intendierten Universalität des Begriffs widerstreiten müssen, wenn sie die Bildung der Gesellschaft und ihres Bewußtseins nicht in sich zurücknimmt.

Anmerkungen. [1] G. W. F. HEGEL, Rechtsphilos. Werke, hg. GLOCKNER 7, 267. – [2] a. a. O. § 290 Anm. 7, 272. – [3] Wiss. Behandlungsarten des Naturrechts (1802/03) 1, 499. 512; Syst. der Sittlichkeit (1801/02). Schr. zur Pol. und Rechtsphilos. (1913) 477; Realphilos. 2 (1805/06) 249; Nürnberger Propädeutik 3, 91. – [4] Vgl. Realphilos. 2, 249; Gesch. der Philos. II, 18, 400 mit GARVE: Versuche 1 (1792) 302f.; FEUERBACH: Anti-Hobbes (1798) 21f.; CAMPE: Wb. zur Erkl. und Verdtsch. (³1813) Art. ‹Citoyen›; G. A. KÄSTNER: Über ein paar Wörter in der jetzigen dtsch. statistischen Sprache (1798); VOLLGRAFF: Die Systeme der praktischen Politik im Abendland (1828) 3, 178. – [5] K. MARX: Kritik des Hegelschen Staatsrechts (1843). MEW 1 (Berlin 1957) 279; Zur Judenfrage (1844) a. a. O. 355; Die Heilige Familie (1845) 3, 118ff. – [6] 3, 361ff.

Literaturhinweise. M. CANARD: Essai de sémantique – Le mot ‹bourgeois›. Rev. Philol. 27 (1913). – W. MESCHKE: Das Wort ‹B.› (Phil. Diss. Greifswald 1952). – R. SMEND: B. und Bourgeois im dtsch. Staatsrecht, in: Staatsrechtliche Abh. (1955). – E. BRAUN: Das dritte Buch der Aristotelischen Politik (1965) – P.-L. WEINACHT: Staatsbürger. Zur Gesch. und Krit. eines polit. Begriffs, in: Der Staat 8 (1969). – M. RIEDEL: Art. ‹B.› in: BRUNNER/CONZE/KOSELLECK: Lex. polit.-sozialer Begriffe der Neuzeit 1 (1970).
M. RIEDEL

Bürgerrechte. Der Ausdruck wird meist synonym gebraucht für ‹Menschen-› und ‹Grundrechte› in speziell juristischer Bedeutung für Staatsangehörigenrechte im Gegensatz zu den auch Ausländern zustehenden Rechten. Lateinisch meint ‹civitas› die Summe der Rechte des römischen Bürgers, auf die sich CICERO [1] und PAULUS [2] berufen: «Civis Romanus sum». Im Mittelalter waren die B. die Rechte der Bürger freier Reichsstädte: z. B. Freiheit von Heerfahrt, von stadtfremder Gerichtsbarkeit, von Hörigkeit [3].

Anmerkungen. [1] Actio in Verrem II, 5, 147; vgl. Manil. 11. – [2] Apg. 16, 37. 22, 25ff. – [3] Vgl. Art. ‹Menschenrechte›.
A. VOIGT

Bushidô (älter: shidô), ‹Weg des Ritters›, ist ein Terminus der Tokugawa-Zeit (1600–1868), dem das gleichbedeutende ältere ‹tsuwamono no michi› oder ‹monomou no michi› zur Seite steht. ‹Weg› (dô, michi) ist hier als ‹Ethos› (dôtoku) und ‹Verpflichtung› (giri) aus der Tradition der Verhaltensweise aufzufassen. Der Stand des japanischen Ritters (shi, bushi, samurai) formierte sich gegen Ende der Heian-Zeit (12. Jh.) und blieb bis zur Meiji-Restauration (1868) die Führungsschicht im feudalistischen Japan. Es entwickelte sich ein Ehrenkodex des Ritters, als dessen Tugenden Gefolgstreue, Tapferkeit, Todesverachtung, Bedürfnislosigkeit, aber auch Offenheit, Höflichkeit und Barmherzigkeit genannt wurden. Das Ritterethos B. bildete das Ideal der japanischen Gesittung. Seine geistigen Wurzeln liegen im Buddhismus und Konfuzianismus; auch die Christenmission des ausgehenden 16. Jh. hat gewisse Einflüsse ausgeübt. Die konfuzianische Prägung, die sich vor allem in den Begriffen der Gefolgstreue (chû) und der Verpflichtung (giri) ausdrückt, wurde in der Tokugawa-Zeit bestimmend und vom Theoretiker des B., YAMAGA SOKÔ (1622–1685) in seinen Schriften herausgehoben (Shidô, Bukyô-shogaku). In der neuzeitlichen Epoche des japanischen Nationalismus wurde der Begriff B., erweitert um die shintoistisch orientierten Komponenten Kaisertreue und Vaterlandsliebe, zur nationalen Tugend proklamiert und durch die Schriften von NITOBE als Wort und Begriff auch im Ausland bekannt.

Literaturhinweise. INAZÔ NITOBE: B., the soul of Japan (Philadelphia 1899); dtsch.: B., die Seele Japans (1937); jap.: B. (Tokio 1938). – T. INOUE und S. ARIMA (Hg.): Bushidô-sôsho (Gesammelte Schriften über B.) 1-3 (Tokio 1905/06). – MINORUI HASHIMOTO: Bunshidô-shiyô (Geschichtlicher Abriß des B.) (Tokio 1943).
B. LEWIN

Buße bedeutet ursprünglich Besserung, dann auch strafrechtliche Genugtuung und seit der Christianisierung religiös-sittliche Genugtuung als Übersetzung von μετάνοια (poenitentia). μετάνοια (μετανοεῖν) entspricht alttestamentlichem ‹šub› (umkehren) und ist im hellenistischen Judentum geläufig im Sinne einer ganzheitlichen Haltung des Menschen, insbesondere seiner Ganzhinwendung zu Gott, der Abwendung von und Sühne für Sünden mit Neuorientierung für die Zukunft, der Glaubensbekehrung, der Antwort auf Gottes Gnadenruf [1]. Die Übersetzung mit ‹B.› drückt besser den Tatcharakter der μετάνοια aus als die ursprünglichere mit ‹Reue›, die einseitig den inneren Vorgang hervorhebt. – In der *römisch-katholischen Kirche* ist B. sowohl eine Tugend als auch ein Sakrament, das aus Reue, Beichte und Genugtuung besteht. Auch die Genugtuung für sich oder sonstige einzelne (innere oder äußere) Bußwerke können B. heißen. – LUTHER, der auf die Grundbedeutung von μετάνοια als Umsinnung [2] zurückgreift, versteht B. als Existenzform des Christen schlechthin [3]. Die guten Werke sind Glaubensfrüchte und haben keinen satisfaktorischen Charakter. Die beste B. ist das neue Leben. Sprachlich verhilft Luther der Wendung «B. tun» zum Siege, während die vorlutherischen Bibelübersetzungen «B. machen» oder «B. wirken» bevorzugen. – A. H. FRANCKE und mit ihm viele Pietisten verstehen B. als Vorstufe des Gnadendurchbruchs in der Bekehrung, die in der Lebensgeschichte des einzelnen datierbar ist. – HEGEL erblickt «die Umkehr der Menschheit zu Gott» in einer «Bekehrung, in welcher zunächst die B. und Marter die Vereinigung des Menschen mit Gott vermittelt» [4]. Die Aufhebung der Endlichkeit erfolgt nämlich 1. als äußere Wiederholung der Leidensgeschichte (Martyrium), 2. als innere Vermittlung durch Reue, B., Bekehrung, 3. als Wunder [5].

Anmerkungen. [1] Lex. Theol. u. Kirche² 7 (1962) 356. – [2] «Metanoite, id est … transmentamini». Weimarer A. 1, 530, 20f. – [3] 1. Ablaßthese a. a. O. 1, 233. – [4] Sämtl. Werke, hg. GLOCKNER 13 (1928) 142. – [5] a. a. O. 155.

Literaturhinweise. Theol. Wb. zum NT, hg. G. KITTEL 4 (1942) 972-1004. – RGG³ 1 (1957) Art. ‹B.› Sp. 1534-1538; ‹Bußwesen› Sp. 1541-1554. – J. BRAUN: Handlex. der kath. Dogmatik (1926) 42-46.
E. SCHOTT

C

Cartesianismus. – 1. Nach R. DESCARTES' Philosophie erlangen wir Gewißheit von Gott, Ich und Welt durch Intuition und auf Intuition gegründete Demonstration, nicht durch Tradition und Autoritäten, die der «methodische Zweifel» disqualifiziert. Materie als passive ausgedehnte ist von Geist als aktiver denkender Substanz prinzipiell verschieden. Das All ist ein unendlich ausgedehntes Kontinuum, dem Gott von außen her Bewegung mitteilt; da Gottes Beschlüsse unabänderlich sind, ist deren Menge konstant: der theologisch begründete erste Erhaltungssatz in der Geschichte der Mechanik. Das All besteht aus Korpuskeln, die sich nicht durch substantielle Formen, sondern allein durch Gestalt und Bewegung unterscheiden; diese geometrischen Kategorien erlauben die Mathematisierung der Physik. Es gibt keine Fernwirkungen, sondern nur Wirkungen durch Druck und Stoß, die, weil der Raum erfüllt ist, mechanischen Gesetzen unterliegen. Lebendige Körper sind nicht von vegetativen und sinnlichen Seelen bewegt, sondern natürliche Automaten; dies erfordert neue Thesen über den Menschen: a) Die *Sinnlichkeit* zeigt, sofern sie nicht Gestalt und Bewegung übermittelt, die Umwelt nicht so, wie sie physikalisch ist, sondern gibt leicht verständliche Symbole für biologisch wichtige Vorgänge im Leibautomaten (Beginn der modernen Qualitätenkritik). b) *Willkürliche Bewegungen* entstehen nicht, weil die Seele Bewegung erzeugt (das wäre ein Verstoß gegen das Gesetz von der Erhaltung der Bewegungsmenge), sondern weil sie bereits vorhandene Bewegung steuert, und zwar durch Änderung ihrer vermeintlich mechanisch nicht relevanten Richtung. c) *Affekte* sind mit bestimmten Bewegungen im Organismus gekoppelt; die Kenntnis der entsprechenden Gesetze erlaubt Umkopplung wie Erzeugung von Gegenaffekten und damit die wissenschaftlich gegründete Moral.

Literaturhinweis. M. GUEROULT: Descartes selon l'ordre des raisons 1. 2 (Paris 1953).

2. Die Schule der *Cartesianer*. Diese läßt sich nach geographischen Kriterien in die niederländische, französische, deutsche und italienische Schule oder nach der Lehrentwicklung gliedern. In diesem Falle vertreten das erste Stadium etwa gleichaltrige Freunde Descartes' in Holland (wie HEEREBOORD, HOOGELAND, DE RAEY, REGIUS, REGNIER) und Frankreich (wie MERSENNE, CHANUT, D'ALIBERT, MONTMORT), die sich ihm persönlich verbunden fühlen und einzelne Thesen seiner Philosophie verbreiten, ohne eigentliche ‹Schüler› zu sein. Zur Bildung ausgeprägter Richtungen kommt es erst nach dem Tode Descartes'. Die erste Gruppe *(Altcartesianer)* mit Autoren wie SCHUYL, CLERSELIER, ANDALA, vermutlich auch BEKKER, kanonisiert gegen immer stärkere mechanische Argumente Descartes' Formulierungen, die einen *influxus physicus* der Seele auf den Leib durch Änderung der Richtung von Animalgeistern vermuten lassen. Die zweite Gruppe mit CLAUBERG und WITTICH versucht, die prinzipiellen Schwierigkeiten des physischen Influxus dadurch zu umgehen, daß sie jeden notwendigen Nexus zwischen Ursache und Wirkung bestreitet und – vermutlich unter Rezeption konzeptualistischer Überlieferungen – beider Verbindung auf freie göttliche Setzung zurückführt, jedoch über die Urheberschaften als solche nicht entscheidet. Die dritte Gruppe vollzieht von hier aus den Übergang; sie schreibt wie LA FORGE alle Wirkungen außer der Erzeugung von Ideen durch den Geist oder wie CORDEMOY alle Wirkungen schlechthin Gott zu. Das letzte Stadium bildet der *Occasionalismus* in seiner Prägung durch GEULINCX und den erfolgreicheren MALEBRANCHE, der auf der Grundlage des C. eine religiös inspirierte Theorie der Ohnmacht der Zweitursachen und der allgemeinen Wirksamkeit Gottes entwickelt. – Im 18. Jh. endlich gilt als ‹C.› das Vertreten der Wirbeltheorie und die Bestreitung des Exponenten in der Leibnizschen Formel der lebendigen Kräfte «mv^2».

Literaturhinweis. F. BOUILLIER: Hist. de la philos. cartésienne 1. 2 (Paris/Lyon 1854). R. SPECHT

Cäsarismus. Der Begriff ‹C.› (auch Napoleonismus, Bonapartismus, Imperialismus) kam zwischen 1800 und 1830 fast gleichzeitig in Frankreich und Deutschland auf. Im Gegensatz etwa zu den Ausdrücken ‹Liberalismus› und ‹Sozialismus› benannte er nicht die soziale, sondern die politische Verfassung. Ursprünglich auf Napoleon I., seine Familie und seine Anhänger bezogen, wurde ‹C.› dann aber besonders nach dem Staatsstreich Louis Napoleons vom 2. Dez. 1851 immer mehr zur Kennzeichnung einer Form politischer Herrschaft, der von den Anhängern und Gegnern folgende Merkmale zugeschrieben wurden: Herkunft aus der Revolution mit gleichzeitiger Beendigung derselben; demokratische, meist plebiszitäre Legitimation; Armee und straff organisierter Beamtenapparat als Machtgrundlage; Beseitigung aller intermediären Gewalten; als Folge davon schrankenlose Gewalt des ‹Chefs› oder ‹Führers›; Willkür und Abhängigkeit von (bes. außenpolitischen) Erfolgen an Stelle von Sicherheit und Tradition. Hinzuzufügen wäre, daß viele Monarchien im 19. Jh. cäsaristische Züge annahmen. Bezeichnend hierfür ist ihre Berufung auf das monarchische Prinzip statt auf das ältere Gottesgnadentum [1]. Oft wurde im Zusammenhang mit dem C. auf die große historische Parallele mit dem Untergang Roms und der Entstehung des Christentums hingewiesen; ein Thema, das im Mittelpunkt der Geschichtsphilosophie B. BAUERS stand [2]. Die bonapartistische Propaganda vor dem Staatsstreich wies angesichts der Gefahr einer sozialen oder kommunistischen Revolution auf die Notwendigkeit von Einheit und Einigkeit (faisceau) hin [3]. So betont etwa A. ROMIEU, durch den das

Schlagwort ‹C.› weite Verbreitung fand [4], C. sei «die Zuspitzung der Volksherrschaft in das persönliche Regiment des Genies, die Erfüllung der Revolution ..., die Beseitigung der Mittelklassen, welche bis dahin die Tradition von Recht, Freiheit und Sitte in ihrem Schoß gehegt hatten» [5]. MARX dagegen betonte in seiner Analyse des Bonapartismus [6], daß er das letzte und höchste Stadium der bourgeoisen Klassenherrschaft vor ihrer Aufhebung sei, in der sich der Staat völlig verselbständigt habe und der Gesellschaft schroff gegenüberstehe. 1866 wird ‹C.› gebraucht, um die befürchtete ‹preußische Militärtyrannis› zu bekämpfen. Gegen diese Verwendung des Wortes wendet sich BAMBERGER: Während der C. eine Rückbildung sei, bedeute der preußische Militärstaat einen «Weg nach aufwärts und vorwärts». Der Vorwurf des C. gegenüber Preußen ist das letzte Argument der Kleinstaaterei [7]. Gegen Ende des 19. Jh. wurde der Begriff des C. von den Sozialwissenschaften übernommen, so von ROSCHER und SCHÄFFLE [8], aber auch hier noch eindeutig wertend im Sinne der vorgängigen politischen Publizistik. Erst M. WEBER distanziert sich in seiner Herrschaftssoziologie von diesen Wertungen. Cäsaristische Merkmale sind bei ihm konstitutiv für den «reinen Typus des bürokratischen Beamten» und auch für die «Führerauslese» im Zeitalter der «aktiven Massendemokratisierung» [9]. Für O. SPENGLER gehört echter C. zu den endenden Kulturen: «Mit dem C. kehrt die Geschichte wieder ins Geschichtslose zurück», der Übergang vom Napoleonismus zum C. bedeute den Eintritt in das heutige «Zeitalter der Riesenkämpfe» [10]. Der C. stütze sich in Verbindung mit «cäsarischer Skepsis und Menschenverachtung» auf kleine starke Minderheiten; der «vollendete C.» ist die Diktatur «eines Mannes gegen alle Parteien, vor allem die eigene», «die Partei als Form überhaupt» verschwindet [11]. Schließlich hat C. SCHMITT, ausgehend von der Differenz zwischen kommissarischer und souveräner Diktatur, letztere mit C. gleichgesetzt [12]. Die nach dem Zweiten Weltkrieg beginnende Diskussion über totalitäre Herrschaftsformen hat den Begriff des C. nicht mehr benutzt; er war bereits historisch geworden.

Anmerkungen. [1] O. BRUNNER: Vom Gottesgnadentum zum monarchischen Prinzip, in: Das Königtum. Mainauvorträge 1954 (1956) 302f. – [2] B. BAUER z. B.: Rußland und das Germanenthum (1853); Zur Orientierung über die Bismarcksche Ära (1880). – [3] Vgl. W. EBERT: Die Haltung zeitgen. frz. Politiker zum C. Napoleons III. (Diss. Heidelberg 1957) Kap. 1. – [4] A. ROMIEU: L'ère des Césars (Paris 1850). – [5] Das rote Gespenst (dtsch. 1851) 334. – [6] K. MARX: Der 18. Brumaire des Louis Bonaparte (1852). MEW 8, 111ff. – [7] Vgl. O. LADENDORF: Hist. Schlagwb. (1906) 40ff. mit weiteren Belegen. – [8] W. ROSCHER: Umrisse zu einer Naturlehre des C. (1888); A. SCHÄFFLE: Bau und Leben des sozialen Körpers 2 (²1896). – [9] M. WEBER: Wirtschaft und Gesellschaft (⁴1956) 2, 562f. 869f. – [10] O. SPENGLER: Der Untergang des Abendlandes 2 (²1962) 416. 518; vgl. 538. – [11] Jahre der Entscheidung (1933) 133–135; vgl. Untergang ... 2, 561. – [12] Die Diktatur (²1928).

Literaturhinweise. J. K. BLUNTSCHLI: Art. ‹Cäsar und C.›, in: BLUNTSCHLI's Staatswb. 1 (1869) 387–392. – H. GOLLWITZER: Der C. Napoleons III. im Widerhall der öffentl. Meinung Deutschlands. Hist. Z. 173 (1952) 23ff. – W. EBERT s. Anm. [3].
D. GROH

Casus. Das Wort πτῶσις dient bei ARISTOTELES dazu, alle Arten von Veränderungen oder Beugungen in bezug auf einen gegebenen Typ zu bezeichnen. So sind πτώσεις die Fälle des Substantivs in bezug auf den Nominativ, die Tempora des Verbums in bezug auf das Präsens, das Adverb in bezug auf das Adjektiv, das Adjektiv oder Verbum in bezug auf das Substantiv derselben Wurzel, die Modi des Verbums in bezug auf den Indikativ, die Modi des Syllogismus in bezug auf den Fundamentalmodus, die Kategorien in bezug auf das Substantiv [1].

Diese Bezeichnung gewinnt philosophische Bedeutung; zunächst liefert sie einen Argumentationstopos: Wenn ein gegebenes Verhältnis zwischen zwei Substantiven besteht, kann man schließen, daß dasselbe Verhältnis zwischen zwei Adjektiven oder Adverbien besteht, die sich von diesen Substantiven herleiten [2]. Diese Argumentationsweise ist derjenigen analog, die man anläßlich koordinierter Begriffe (σύστοιχα) anwenden kann. Ferner wird dieser Begriff von Aristoteles in Verbindung mit dem Begriff der Kategorien gebraucht; die Kategorien werden in ein Verhältnis mit «Beugungen» gesetzt: z. B. die Qualität mit Adverbien, die sich von qualifizierenden Adjektiven herleiten, die Quantität mit Adverbien, die sich von Adjektiven herleiten, die die Quantität bezeichnen [3]. Vor allem der Gegensatz zwischen dem Nominativ und den anderen Fällen setzt die ganze Philosophie des Begriffs voraus. Genau und streng genommen verneint Aristoteles nicht, daß der Nominativ selbst ein Fall sei: Er ist implizit ein Fall wie die anderen Fälle in dem Maße, in dem er in einen Satz hineingestellt ist und sozusagen in eine Aussage «fällt» [4]. Aber es ist möglich, daß der Nominativ isoliert genommen werden kann, in gewisser Weise außerhalb eines Satzes, in dem Maße, in dem er der Name (κλῆσις) eines Begriffes ist oder in dem er in sich selbst für sich selbst genommen wird, z. B. «Mensch» [5]. Unter diesem Gesichtspunkt ist der Nominativ nicht ein Fall, vielmehr ist er der Originaltyp, in bezug auf den sich die «Fälle» des Wortes ergeben – sozusagen durch seinen «Fall» in das syntaktische Gewebe des Satzes. Der Nominativ entspricht dann einem Wesen (οὐσία), einer Sache, die in sich besteht.

Die *Stoiker* haben die aristotelische Bedeutung von πτῶσις ihrem System funktionell adaptiert. Auch bei ihnen bezeichnet dieses Wort eine Vokabel, sofern sie in einer Aussage steht und in eine syntaktische Relation einbezogen ist. Aber bei ihnen verschwindet der Idealtyp, auf den sich der «Fall» bezieht, und ganz besonders der Begriff, den der Nominativ bezeichnet. Denn nach ihnen kann die Sprache nur Begebenheiten ausdrücken, keine Wesenheiten. Daher kann man das Verbum nicht als einen «Fall» des Begriffes ansehen, der durch seine Wurzel ausgedrückt wird. Fälle gibt es nur von der προσηγορία, d. h. von dem Namen, der nicht dazu dient, eine Wesenheit auszudrücken, sondern ein konkretes Objekt zu bezeichnen. Die vollständige Rede umfaßt ein Verb oder «Prädikat» und einen «Fall», d. h. einen Ausdruck, der ein Objekt bezeichnet, auf das sich das Prädikat bezieht [6]. Neben dem Genitiv, dem Dativ und dem Akkusativ, die oblique Fälle sind, ist der Nominativ auch ein Fall, den die Stoiker wahrscheinlich deshalb direkt nennen, weil er normalerweise von einem Verb im Aktiv begleitet ist, was für sie die direkte Form des Verbums ist [7]. Die Tatsache, daß die Stoiker den Nominativ als einen Fall ansehen, entspricht ihrer Weigerung, den Namen als Ausdruck einer Wesenheit und besonders den Nominativ als Bezeichnung eines in sich genommenen Begriffs anzusehen. Isoliert genommen, außerhalb der Syntax der Rede, hat der Nominativ ebensowenig wie die anderen Fälle einen Sinn. Nur innerhalb einer syntaktischen Relation gibt es Sinn. Daher sagte CHRYSIPP, daß jeder Name zweideutig ist [8]; er wollte sagen, daß die Namen ihren Sinn nur gewinnen, indem sie πτώσεις werden, d. h. in das Gewebe der syntaktischen Relationen eintreten: jedes «Bezeichnete» ist ein ‹Fall›.

Diese stoische Lehre hat die griechischen und lateinischen Grammatiker beeinflußt. Die letzteren übersetzen, VARRO folgend, πτῶσις durch ‹casus› und räumen ein, daß der Nominativ ein Fall ist [9].

Anmerkungen. [1] Vgl. H. BONITZ, Index aristotelicus 659. – [2] ARIST., Top. 114 a 25ff. – [3] Eth. Eud. 1217 b 30; Met. 1089 a 27; SIMPLICIUS, In cat., hg. KALBFLEISCH 65, 2–10. – [4] ARIST., Anal. pr. 49 a 5; Soph. Elenchi 173 b 26. – [5] Anal. pr. 48 b 41. – [6] DIOGENES LAERTIUS VII, 64. – [7] Grammatici graeci III, 230, 26; 546, 5-8; AMMONIUS, In De interpr. 42, 30, hg. BUSSE; Grammatici latini II, 184, 1. – [8] AULUS GELLIUS, Noctes Att. XI, 12. – [9] VARRO, Lingua lat. VIII, 42; IX, 76; X, 23, 65: nominandi casus.

Literaturhinweise. H. STEINTHAL: Gesch. der Sprachwiss. ... (²1890/91). – E. SITTIG: Das Alter der Anordnung unserer Kasus und der Ursprung ihrer Bezeichnung als ‹Fälle› (1931). – O. RIETH: Grundbegriffe der stoischen Ethik (1933) bes. 173-175. – M. POHLENZ: Die Begründung der abendl. Sprachlehre durch die Stoa (1939). – P. HADOT: La notion de ‹cas› dans la logique stoïcienne. Actes du 13e Congr. des Soc. de philos. de langue franç. (1967) 1, 109-112; 2, 77-82. P. HADOT

Causa cognoscendi (principium c.), die Ursache des Erkennens, wird in der Scholastik von C. *essendi et fiendi* streng unterschieden [1]. Als *ontologische* C. c. galt primär Gott als Schöpfer von Erkennendem und Erkanntem [2], sekundär das sein Wesen darbietende Ding [3]. *Logische* C. c. oder logischer Grund (principium complexum, raison) ist jeder Satz, durch den ein anderer erkannt wird, speziell jede Prämisse [4]. In diesem Sinn hat den Terminus noch CHR. WOLFF [5] und ähnlich KANT [6].

Anmerkungen. [1] THOMAS VON AQUINO, S. theol. I q. 85, a. 3, 4; FR. SUÁREZ, Disp. 12 Met. s. 1, n. 3. – [2] THOMAS, S. theol. I, q. 15, a. 3, c. – [3] THOMAS, S. contra gent. I, 61. – [4] SUÁREZ, Disp. 12 Met. s. 1, n. 3. – [5] Philos. prima sive ontologia (²1736) § 876. – [6] Nova Dilucidatio sect. 2, prop. 4. R. SPECHT

Causa deficiens, Gegenteil von C. *sufficiens*, ist Bestimmung der C. *efficiens*. Diese kann einer intendierten Wirkung an sich fähig, aber durch ungünstige ‹circumstantiae› behindert, oder dieser Wirkung an sich unfähig sein (z. B. die Eltern des Fortpflanzens der Seele). Ist die Wirkung aber von der Naturordnung vorgesehen, setzt sie nach der scholastischen Physik supplierend eine höhere Ursache, notfalls die C. prima: eine Näherung an Bedeutungen von *occasio*. Die C. d. ist grundlegend für die Lehre vom Übel. R. SPECHT

Causa efficiens ist eine der vier Ursachen: die Wirkursache oder das äußere Prinzip, das etwas anderes hervorbringt. Mit ihr ist auch die Wirkung gegeben; entfällt sie, entfällt auch die Wirkung; deshalb ist für die Scholastik eine Trägheitsbewegung nicht denkbar. Jede C. e. steht im hierarchisch geordneten Wirkenszusammenhang mit dem Ersten Beweger an der Spitze und ist grundsätzlich vollkommener als ihre Wirkung. Entsprechend den mannigfachen Arten des Wirkens erfährt die C. e. besonders viele Distinktionen. R. SPECHT

Causa essendi et fiendi (principium e.), die Ursache des Seins und Werdens, ist zu unterscheiden von C. *cognoscendi*. – Nach THOMAS ist C. e. die Ursache der Form («esse consequitur formam»); C. f. ist die Ursache der Verbindung von Materie und Form. – Entsprechend ist bloße C. f. ein Agens, das mit der Materie eine Form verbindet, die es nicht selbst verursacht hat, also jedes *agens univocum*, weil es nicht Ursache seiner Species ist, und teilweise äquivoke Agentien. C. e. et f. ist ein Agens, das mit der Materie eine Form verbindet, die es selbst verursacht hat; dies geschieht allein bei äquivoken Agentien, z. B. bei Himmelskörpern als Ursachen niederer Körper. – Da Gott allein ens per essentiam, das Geschöpf aber lediglich ens participative ist, ist Gott die C. e. schlechthin [1]. – Eine solche Deutung ist nicht tragbar, sobald die Theorie der Form sich ändert; eine entsprechend modifizierte Unterscheidung findet sich noch bei CHR. WOLFF: Si principium in se continet rationem possibilitatis alterius, principium dicitur essendi; si vero rationem actualitatis, principium fiendi appellatur [2]. Hier bedeutet ‹C. essendi› das Wesen, den modus compositionis eines Dinges als möglichen, sofern mit ihm ein Attribut vereinbar ist. KANT bezeichnet die «ratio antecedenter determinans» als ratio e. vel f. [3].

Anmerkungen. [1] S. theol. I, q. 104, a. 1, c. – [2] Philos. prima sive ontologia (²1736) § 874. – [3] Nova Dilucidatio sect. 2, prop. 4. R. SPECHT

Causa exemplaris (exemplar), synonym mit *idea*, bezeichnet das gedachte Muster, nach welchem eine vernünftige Wirkursache etwas herstellt, und gewöhnlich, bezogen auf Gott, die Gedanken im schöpferischen Intellekt. Der Begriff wird in der Scholastik als platonisches Erbe verstanden, aber aristotelisch auf die C. *formalis* hin interpretiert: das geistige Urbild eines Dinges ist speziell das Urbild seiner Form und dadurch gleichsam diese selbst als außerhalb des Dinges in Gott befindliche: «causa formalis extra rem». R. SPECHT

Causa finalis (finis) ist eine der vier Ursachen: die Zweckursache oder das, um dessentwillen etwas gemacht wird; sie gilt in der Scholastik im Gegensatz zu neuzeitlichen Autoren als naturwissenschaftliches Prinzip und heißt äußere Ursache, sofern sie das Agens durch ihr *trahere* oder *appeti* und *desiderari* zum Handeln bewegt; entsprechend kommt in ihr, der Norm des Wesens und Namens der Dinge, das Streben des Agens und Passum zur Ruhe. Als C. f. *ultima* gilt in der Scholastik subjektiv die Glückseligkeit und objektiv Gott. R. SPECHT

Causa formalis (forma) ist eine der vier Ursachen: die innere, die substantiellem wie akzidentellem Seienden (C. f. substantialis, accidentalis) sein Sein gibt, indem sie die indifferente Materie gestaltet und zugleich zum Prinzip der Tätigkeiten des von ihr mitkonstituierten Konkreten wird: C. f. *physica*. Dagegen meint C. f. *metaphysica* die spezifische Differenz im Gegensatz zum Genus. R. SPECHT

Causa instrumentalis (instrumentum), Gegenstück zu C. *principalis*, ist Bestimmung der C. *efficiens*. Sie wird von der C. principalis bei der Hervorbringung einer Wirkung benützt: Analogie zu C. per accidens. Sie bedarf der Mitwirkung eines höheren Agens: Analogie zu C. deficiens und occasio. Sofern sie des concursus divinus bedarf, ist jede C. secunda auch C. i. – C. i. steht C. mediata, indirecta, moralis und C. causae nahe. Distinktionen: C. i. *passiva* (totes Werkzeug); C. i. *activa* (selbsttätiges Werkzeug, z. B. Zugochs oder Bote). R. SPECHT

Causa materialis (materia) ist eine der vier Ursachen: das Prinzip, aus dem substantielles wie akzidentelles Seiendes entsteht (C. m. substantialis, accidentalis); obgleich dessen innere Ursache, sofern sie es mit der C. formalis konstituiert (C. m. *physica*), kann sie doch hinsichtlich der aus ihr erhobenen (educta) Form als äußere Ursache gelten. – C. m. *metaphysica:* Genus im Gegensatz zu spezifischer Differenz. – C. m. *ex qua:* die Materie hinsichtlich der aus ihr erhobenen Form; C. m. *ex qua transiens:* z. B. Holz in Hinsicht auf Feuer, Gegensatz zu C. m. *ex qua manens.* – C. m. *in qua:* die Materie hinsichtlich ihr inhärierender Akzidentien. – C. m. *circa quam:* dieselbe hinsichtlich sie behandelnder Agentien (Objekt). R. SPECHT

Causa moralis, Gegenstück zu C. *physica*, ist Bestimmung der C. *efficiens*, bezeichnet die schwer faßbare Kausalität z. B. der Ratgeber, Anführer, Verführer und Schwachen. Die C. m. «verhindert Vergehen nicht, obgleich sie es könnte und müßte, oder bedient sich der C. per se und verleitet sie durch Bitten, Verdienst, gegebenenfalls auch durch räumliche Bewegung, z. B. wenn jemand Feuer an ein Haus legt ... Sie ist physisch per accidens, gilt aber moralisch als per se und ist voll zu verantworten» [1].

Anmerkung. [1] FR. SUÁREZ, Disp. 17 Met. s. 2, n. 6.
R. SPECHT

Causa occasionalis, in der Philosophie seit 1666 [1] verwendet, bezeichnet bei MALEBRANCHE das die Wirksamkeit der göttlichen Alleinursache Determinierende und ermöglicht den Terminus ‹Occasionalismus›. Das Wort, vermutlich medizinischen Ursprungs, ersetzt seit J. B. VAN HELMONTS von Malebranche konsultierten ‹Ortus medicinae› das schulmedizinische C. *procatarctica*. Es hat im 20. Jh. dank C. SCHMITT erneute Beachtung gefunden [2].

Anmerkungen. [1] LOUIS DE LA FORGE: Traitté de l'esprit de l'homme (Paris 1666) 131f. – [2] C. SCHMITT: Politische Romantik (1925).

Literaturhinweise. H. GOUHIER: La vocation de Malebranche (Paris 1926) 89. – R. SPECHT: Commercium mentis et corporis (1966) 169f. R. SPECHT

Causa prima, Bestimmung von C. *efficiens*, bedeutet zuweilen die oberste Wirkursache innerhalb eines Genus, gewöhnlich jedoch den göttlichen ersten Beweger im Gegensatz zum Geschöpf als C. *secunda*. Von ihm gilt in der Scholastik das Axiom «causa prima plus influit quam causa secunda», weil er determinierten wie freien Zweitursachen außer der aktuellen Mithilfe bei jeder Wirkung (concursus), durch die er zur concausa wird, in der Erhaltung (conservatio, creatio continua) auch das Sein gibt, durch das sie allererst des Wirkens fähig werden. R. SPECHT

Causa secunda, Bestimmung der C. *efficiens* (manchmal, synonym mit C. secundaria, die weniger wichtige von mehreren Ursachen), meint gewöhnlich das Geschöpf im Gegensatz zur C. *prima*. Das scholastische Axiom «Causa secunda agit in virtute causae primae» bringt C. s. in die Nähe von C. instrumentalis und C. deficiens; sofern die C. s. die Mitwirkung der C. prima auslöst, wird sie für Gott occasio oder condicio. AILLY und BIEL, die der C. s. reale Kausalität bestreiten und nur occasionelle zugestehen, vertreten eine naheliegende Meinung, denn die C. s. verdankt Gott neben der Mitwirkung auch Erschaffung und Erhaltung. – Bei MALEBRANCHE ist ‹cause seconde› synonym mit ‹cause occasionnelle›, bei BERKELEY ‹second cause› mit ‹sign›, das freilich, anders als MALEBRANCHES ‹occasion›, den Menschen, nicht Gott informiert. R. SPECHT

Causa sui (Ursache seiner selbst) ist eine Bezeichnung, die allgemein dazu dient, die Selbstbestimmung zu charakterisieren. Der Begriff ‹Selbstbestimmung› ist seinerseits zweideutig; denn er kann ebensowohl die intelligible Notwendigkeit bezeichnen, die einem Wesen eigen ist, wie die radikale Freiheit, in der ein Wesen sich selbst setzt. Diese Zweideutigkeit zeigt sich schon bei PLOTIN beim ersten Gebrauch des C.s.-Begriffs in seiner griechischen Form (αἴτιον ἑαυτοῦ) [1]. Seinen Gegnern, die behaupten, das Eine sei kontingenterweise aufgetreten und zufällig erschienen, antwortet Plotin, daß das Eine nicht aus einer ihm äußeren Kausalität resultieren kann, da es das Erste und da es einfach ist. Es ist also Ursache seiner selbst und frei, weil es sich will, wie es ist, und weil es ist, wie es sich will [2]. So gibt es beim Einen Plotins Koinzidenz von absoluter Freiheit und absoluter Notwendigkeit. Plotin präzisiert jedoch, daß die Bezeichnung ‹Ursache seiner selbst› nur metaphorische Bedeutung hat und daß sie nur dazu dient, die absolute Vorrangstellung des Einen begreifen zu lassen [3].

Im lateinischen Sprachraum erscheint der Ausdruck zum ersten Mal ungefähr 360 n. Chr. in der Form ‹causa sibi› bei MARIUS VICTORINUS (unter dem Pseudonym Candidus): Die erste Ursache ist sich selbst Ursache (sibi causa), nicht zwar weil sie eine von sich selbst verschiedene Sache wäre, sondern weil das, was sie ist, Ursache ist, daß sie ist [4]. Diese Definition der C.s. als Hervorbringung der Existenz durch die Essenz hat eine bis ins 19. Jh. reichende Wirkungsgeschichte. Die Bezeichnung wird am Ende der Antike nicht nur auf Gott angewendet, sondern wird im späten Neuplatonismus [5] gleicherweise auf die Bewegung des Geistes ausgedehnt, der sich selbst unter der Bewegung des Einen erzeugt, und bei VICTORINUS [6] sowie bei AUGUSTIN [7] auf die Seele, da ja auch sie mit einer sich selbst bewegenden Bewegung ausgestattet ist.

THOMAS VON AQUIN lehnt den Ausdruck ‹C.s.› in seiner neuplatonischen Bedeutung ab, da keine Sache sich in ihrem substantialen Sein selbst hervorbringen und schlechthin Ursache ihrer selbst sein kann [8]. Er übernimmt jedoch die aristotelische Bestimmung: Frei ist, wer um seiner selbst willen (sui causa) ist, und gibt im Rahmen des Freiheitsproblems auch der neuplatonischen Formel ihren Ort: Freiheit ist Selbstursächlichkeit hinsichtlich des praktischen Urteils, der Freie ist «C.s. ipsius in iudicando» [9].

Um die eine Selbstverursachung ausschließende Vorrangstellung Gottes auszudrücken, zieht die scholastische Tradition den Ausdruck ‹Aseität› der Bezeichnung ‹C.s.› vor.

Seit DESCARTES wird der C.s.-Begriff das fundamentale Thema des Idealismus genau in dem Maß, wie er dazu dient, das ontologische Argument auszudrücken, d. h. die notwendige Implikation der Existenz in der vollkommenen Wesenheit. Eben das ist für HEGEL «der erhabenste Gedanke Descartes, daß der Gott das ist, dessen Begriff sein Sein in sich schließt» [10]. Freilich hat DESCARTES anerkannt, daß die Bezeichnung ‹C.s.›, die er in den Responsiones [11] gebraucht, nicht im strengen Sinn genommen werden darf [12]. Aber nach ihm identifiziert SPINOZA ausdrücklich das notwendige Sein, C.s., und die allein durch sich selbst verstehbare Essenz [13]. Obwohl KANT den C.s.-Begriff – und mit ihm das ontologische Argument – zurückgewiesen hatte [14], hält HEGEL diese Bezeichnung für sehr bedeutsam; sie dient dazu, das Leben des Begriffes zu definieren: «Die Einzelnheit des Begriffes aber ist schlechthin das Wirkende und zwar auch nicht mehr wie die Ursache mit Scheine, ein Anderes zu wirken, sondern das Wirkende seiner selbst» [15]. Nach SCHELLING objektiviert man das Absolute, wenn man die Bezeichnung ‹C.s.› wie eine Selbstbestimmung versteht: man muß diesen Begriff zurückführen auf den einfachen Ausdruck der Reinheit des Seins [16]. SCHOPENHAUER hat dann den Ausdruck ‹C.s.› heftig als eine contradictio in adjecto kritisiert [17]. Aber der Begriff überlebte auch diese Kritik und erhielt wieder einen Ehrenplatz bei H. SCHELL [18], der ihn zu benutzen suchte, um die Selbstsetzung Gottes zu beschreiben.

Gegenwärtig wird der Ausdruck in einem weiten Sinn gebraucht, um die eigentümliche Art eines Wesens zu beschreiben, das «sich macht», und insbesondere die Absolutheit der Freiheit (LEQUIER, BERGSON, WHITEHEAD, SARTRE).

Mit HEIDEGGER [19] kann man sagen, daß die Bezeichnung ‹C.s.› den Inbegriff der Ontotheologie darstellt, d. h. der philosophischen Tradition, insofern sie das höchste Seiende mit einer intelligiblen Notwendigkeit identifiziert.

Anmerkungen. [1] PLOTIN, Enn. VI, 8, 14, 41. – [2] Enn. VI, 8, 18, 49; VI, 8, 13, 55. – [3] Enn. VI, 8, 20, 1ff. – [4] Candidi Epistula (= MARIUS VICTORINUS) I, 3, 12; dtsch. P. HADOT/U. BRENKE: Marius Victorinus. Christl. Platonismus, in: Bibl. der alten Welt (= BAW) (1967) 75; ähnliche Ausdrücke bei HIERONYMUS, In Eph. II, 3. MPL, 26, 520 b und HILARIUS, De trinitate I, 4. – [5] PROKLOS, Element. theol., prop. 46, hg. E. R. DODDS (Oxford ²1963) 46, 22. – [6] MARIUS VICTORINUS, Adv. Ar. IV, 6, 38; dtsch. BAW 275. – [7] AUGUSTIN, De immortalitate animae 9, 18. – [8] THOMAS VON AQUIN, De ente et essentia IV; S. contra gent. I, 22; vgl. jedoch die abgeschwächte Formulierung S. theol. I, 3, 4. – [9] De veritate 24, 1; vgl. S. contra gent. II, 54. – [10] HEGEL, Wiss. der Logik. Werke, hg. LASSON (1934) 2, 353. – [11] DESCARTES, Primae responsiones. Werke, hg. ADAM/TANNERY 7, 108-109. – [12] Quartae responsiones a. a. O. 7, 208/209. – [13] SPINOZA, Tractatus de intellectus emendatione § 92; Ethica, Defin. 1. – [14] KANT, Principiorum primorum dilucidatio, Sectio II, prop. VI. Akad.-A. 1, 394f. – [15] HEGEL, ‹Heidelberger› Enzyklop. philos. Wiss. Jubiläums-A. 4, 98. – [16] F. W. J. SCHELLING, Philos. der Offenbarung, Werke, hg. K. F. A. SCHELLING, 13, 168 – [17] SCHOPENHAUER, Über die vierfache Wurzel des Satzes vom zureichenden Grunde II § 8. Werke, hg. J. FRAUENSTÄDT/A. HÜBSCHER 1 (²1948) 15. – [18] H. SCHELL: Kath. Dogmatik (1889) 1, 230-231; 2, 20-21. – [19] M. HEIDEGGER: Identität und Differenz (1957) 70.

Literaturhinweise. ST. SCHINDELE: Aseität Gottes, essentia und existentia im Neuplatonismus. Philos. Jb. 22 (1909) 1-19; 159-170. – D. HENRICH: Der ontologische Gottesbeweis (1960). – V. BERNING: Das Denken Hermann Schells (1964). – P. HADOT s. Anm. [4]. – H. OGIERMANN: Met. Gottesidee und Kausaldenken. Theol. u. Philos. 42 (1967) 161-186. P. HADOT

Cephalisation bedeutet die stammesgeschichtliche Entwicklungshöhe des Gehirns von Tieren und Menschenvorstufen. Der C.-Grad hängt ab von der absoluten und relativen Hirngröße, von der Zahl und Struktur der Hirnneuronen (Ganglienzellen) und von dem Grade der histologischen und funktionellen Differenzierung der Hirngebiete. In vielen tierischen Stammesreihen und auch in der zum Homo sapiens führenden Vormenschen- und Frühmenschen-Reihe nahm die relative Hirngröße im Laufe der Stammesgeschichte zu. Anderseits haben allgemein größere Arten relativ kleinere Gehirne als kleine Arten der gleichen Verwandtschaftsgruppe (HALLERsche Regel [1]). Im übrigen bedingt die spezielle Lebensweise der Arten jeweils spezifische Unterschiede einzelner Hirnabschnitte.

Trotz der Verschiedenartigkeit der die C. bedingenden Komponenten ist es möglich, den C.-Grad näherungsweise durch Formeln zu erfassen. Innerhalb von Säugetiergruppen gibt z. B. der *allometrische Exponent* a (mit 0,56–0,69) aufgrund der Formel

$$«b \cdot \text{Körpergewicht}^a»$$

das Gehirngewicht (in %) für jedes Körpergewicht an, während b den C.-Faktor darstellt [2]. Andere Formeln berücksichtigen stärker die Unterschiede der progressiven Hirnteile, speziell des Vorderhirns [3]. Der Mensch, der weder das absolut noch das relativ größte Hirn unter den Säugetieren besitzt, zeigt bei derartigen Formeln meist mit Abstand die höchsten Werte. Bei Vergleich von Arten verwandter Tiergruppen erweisen sich die Hirnleistungen meist als der absoluten Hirngröße proportional [4].

Anmerkungen. [1] A. VON HALLER: Elementa physiologiae corporis humanis 4 (Lausanne 1762). – [2] B. KLATT: Studien zum Domestikationsproblem. Untersuchungen am Hirn. Bibl. genet. (Lpz.) 1 (1921) passim; M. RÖHRS: Allometrische Untersuchungen an Canidenhirnen. Verh. dtsch. zool. Ges. (1958) 295-307. – [3] A. PORTMANN: Cerebralisation und Ontogenese. Med. Grundlagenforsch. 4 (1962) 1-62; H. J. JERISON: Quantitative analysis of evolution of the brain in mammals. Science 133 (1961) 1012-1014; D. STARCK: Die Neencephalisation, in: G. HEBERER: Menschliche Abstammungslehre (1965) 103-144; B. RENSCH: The evolution of brain achievements. Evolut. Biol. 1 (1967) 26-68. – [4] B. RENSCH: Die Abhängigkeit der Struktur und der Leistungen tierischer Gehirne von ihrer Größe. Naturwiss. 45 (1958) 145-154. 175-180. B. RENSCH

Chadô (sadô) bedeutet ‹Tee-Weg›. ‹Weg› (sinojap. dô, jap. michi) ist ein Leitbegriff der japanischen Geistesgeschichte [1] und bezeichnet die durch Tradition geformte Kunst(fertigkeit), ihre Lehrüberlieferung und ihren philosophischen Hintergrund. So ist C. als «Lehre vom zeremoniellen Teetrinken» (cha-no-yu no michi) aufzufassen. Der Wortgebrauch kam vermutlich in der mittleren Tokugawa-Zeit (1600–1868) auf [2], weite Verbreitung fand er erst seit der Meiji-Zeit (ab 1868). Der Tee-Weg ist eine der dem Zen-Buddhismus entwachsenen Künste (Tee als Helfer zum Wachbleiben bei den Meditationsübungen) und im 15./16. Jh. von den großen japanischen Teemeistern (chajin), vor allem SHUKÔ, JÔÔ und RIKYÛ, zur Kunstlehre ausgestaltet worden. Seither wird die japanische Teezeremonie als Weg zur Selbstbesinnung und Versenkung praktiziert. Die ästhetischen Merkmale des C., insbesondere die Schlichtheit, haben die materielle Kultur Japans nachhaltig beeinflußt. Im Westen ist der Tee-Weg besonders durch das Buch von OKAKURA KAKUZÔ (1862–1913) bekannt geworden.

Anmerkungen. [1] H. HAMMITZSCH: Zum Begriff ‹Weg› im Rahmen der jap. Künste, in: Nachrichten Ges. Natur- u. Völkerkunde Ostasiens Nr. 82 (1957) 5-14. – [2] Ein frühes Beispiel findet sich in der Tee-Schrift Nambôroku (ca. 1593) Kap. 7.

Literaturhinweise. K. OKAKURA: The book of tea (London 1906; frz. 1927; dtsch. 1951). – A. BERLINER: Der Teekult in Japan (1930). – A. L. SADLER: Cha-no-yu. The Japanese tea ceremony (Kobe 1934). – H. HAMMITZSCH: Cha-do. Der Tee-Weg (1958). B. LEWIN

Challenge/response. Nach A. J. TOYNBEE entstehen Kulturen, indem Menschengruppen eine Herausforderung (challenge) schöpferisch beantworten (response). Herausforderungen können enthalten sein im Mythos (z. B.

Verlust des Paradieses), Neuland, Stoß (z. B. durch militärische Niederlage), in dauerndem Druck und in der Beschränkung (z. B. der Sklaven). Sie begünstigen das Wachstum der Kulturen am meisten, wenn sie den Anstoß geben, nach Verlust des Gleichgewichts eine Überbalance zu schaffen, die aufs neue beantwortet werden muß. Sind sie zu schwer, so entstehen Kulturen, welche die Herausforderungen nicht oder nur unvollständig beantworten konnten.

Literaturhinweise. A. J. TOYNBEE: A study of history 1–6 (London ⁶1951); 7–10 (London 1954); Dtsch. Auswahl-Ausg.: Studie zur Weltgesch. Wachstum und Zerfall der Zivilisationen, übers. und hg. F. W. PICK (1949). – Bibliographie von O. F. ANDERLE: Die Toynbee-Kritik. Das universalhist. System Arnold J. Toynbees im Urteil der Wiss. Saeculum 9 (1958) 246–259.

H. KAPPES

Chance. Nach MAX WEBER besteht die Aufgabe erfahrungswissenschaftlicher Soziologie: I. *metatheoretisch* in der Entwicklung des gegenstandskonstituierenden Begriffsapparats samt den damit implizierten methodischen Prinzipien; II. *theoretisch* in der Bildung objektivmöglicher Typen, speziell intentionaler Handlungstypen, und erfahrungsgemäßer Regeln des Geschehens; III. *deskriptiv* in der konkret-empirischen Untersuchung und Darstellung sozialer Beziehungsverhältnisse und in der soziologischen Kasuistik. Die Untersuchungsergebnisse liefern das empirisch überprüfbare Erfahrungsmaterial für die Bildung der Typen und Regeln, die Forschung bedient sich wiederum dieser bei der kausalen, funktionalen und Gestalt-Analyse in concreto. Wenn auch den primären Gegenstand soziologischer Forschung die kausal-analytische Untersuchung der Handlungsstrukturen darstellt, so darf doch die funktionale Analyse und die Bildung von funktionalen Modellkonstruktionen sowie die Gestaltanalyse zwecks Untersuchung der formalen Qualitäten und des Formcharakters sozialer Phänomene (als Ausdrucksformen) nicht vernachlässigt werden. Die begriffliche Formulierung des *Typus* enthält Aussagen über charakteristische, d. h. nach bestimmten Auslesekriterien ausgewählte Elemente der Bedingungskomplexe für das objektiv-mögliche Auftreten eines dem konstruierten Typus in etwa entsprechenden Phänomens in der sozialen Erscheinungswelt und gibt damit zugleich die objektiv möglichen Strukturelemente für die C. optimalen Funktionierens desselben an. Jeder *Erfahrungssatz* (empirische Regel des Geschehens oder statistische Regelmäßigkeit) beinhaltet eine hypothetisch generalisierte Aussage über bisherige Erfahrung und zugleich eine hypothetisch formulierte Aussage über objektiv mögliche künftige Erfahrung. Hiermit ist in dreifacher Hinsicht die Bedeutung der *generell* formulierten C. herausgehoben: 1. für die empirische Feststellbarkeit von Sozialerscheinungen, 2. für das optimale Funktionieren sozialer Beziehungsverhältnisse, 3. für den typischerweise zu gewärtigenden ferneren Verlauf des typisiert gedachten Phänomens.

Bei der konkreten Einzeluntersuchung wird darüber hinaus nach der je *konkreten* C. auf Grund einer gegebenen individuellen Bedingungskonstellation, jedoch nach Maßgabe allgemeiner Erfahrungssätze, gefragt. Soziales Handeln und soziale Beziehung werden konstituiert durch das Kriterium der *Orientierung* an Vorstellungen und Erwartungen. Dem Begriff der *Erwartung* korrespondiert bei Max Weber der aus der Wahrscheinlichkeitslehre herrührende Begriff der C. Die Wahrscheinlichkeit, ob und inwieweit ein bestimmtes, seinem Sinngehalt nach sozial orientiertes Verhalten eines Menschen oder eines nach angebbaren Merkmalen zu bestimmenden Personenkreises zu erwarten ist, drückt sich in dem Begriff der C. aus. Die Erwartung ist eine verschiedene, je nachdem um wessen Erwartung es sich jeweils handelt: 1. die vom Handelnden nach Maßgabe seines Erfahrungshorizontes und seiner Kenntnisse subjektiv gehegte Erwartung, also die *subjektiv* eingeschätzte C.; 2. die nach gültigen Erfahrungen (Erfahrungsregeln) auf Grund der festgestellten konkreten Gesamtverumständung tatsächlich gerechtfertigte Erwartung, also die vom nachträglich Analysierenden mittels der Kategorie der objektiven Möglichkeit rückschauend zu kalkulierende *objektive* C. Erwartung und C. verbindet der *Probabilitätskalkül*: der subjektiv vorherigen steht die objektiv nachträgliche Prognose gegenüber, beziehe sie sich auf ein Verhalten, den Eintritt eines Ereignisses oder den Ablauf von Geschehnissen. Zwischen der Denksituation beim ex ante Handelnden und derjenigen beim ex post Analysierenden besteht, auch hinsichtlich der Rolle des *Erfahrungswissens*, prinzipielle logische Parallelität; nur daß im einen Fall aus der alltäglichen Primärerfahrung operiert, im anderen auf Grund methodisch geläuterter Wissenschaftserfahrung geurteilt wird. Die Richtigkeitsrationalität der Prognose ist beim Handelnden soziologisch spezifisch mitbedingt durch den jeweils gegebenen sozialen Erfahrungsbereich, beim Wissenschaftler speziell abhängig vom wissenschaftlich-systematisierten Ausbau seines Erkenntnisbereichs.

Der Begriff der C. steht dergestalt im Zentrum der empirischen Wissenschaftsauffassung Max Webers.

Literaturhinweise. J. v. KRIES: Die Prinzipien der Wahrscheinlichkeitsrechnung (1886, ²1927); Über den Begriff der objektiven Möglichkeit und einige Anwendungen desselben (1888). – H. POINCARÉ: Calcul des probabilités (1896); Wissenschaft und Hypothese (²1906). – M. WEBER: Wissenschaftslehre (²1951); Wirtschaft und Gesellschaft (⁴1956). – W. STEGMÜLLER: Das Problem der Kausalität, in: Festschrift V. Kraft (1960).

J. WINCKELMANN

Chaos

I. Das griechische χάος (vom Stamm χα- wie in χαίνειν, χάσκειν, gähnen; vom gleichen idg. Stamm ‹gap› bildet die nordische Mythologie das Wort ‹ginungagap› [1]) bezeichnet bei HESIOD den gähnenden Raum oder gähnenden Abgrund, der am Anfang des Weltwerdens zwischen Erde und Himmel entstand. Hesiod stellt das C. als windig und finster vor, also auf dieselbe Weise wie den lichtlosen Schlund der Unterwelt (Erebos, Tartaros), welchen er als Teil des ursprünglichen Abgrundes zu begreifen scheint [2]. ARISTOTELES deutet die hesiodische Vorstellung des C., wahrscheinlich unter dem Einflusse des Raumbegriffes des «Pythagoras», des Zenon aus Elea und insbesondere Platons, als leeren Raum [3]. ZENON VON KITION und nach ihm die *Stoiker* leiten das Wort χάος von χέεσθαι (gießen, schütten) ab, begreifen C. entsprechend als etwas Fließendes (Wasser) oder Sprühendes (z. B. Staubregen, Nebel) und unterstellen diese Bedeutung dem Hesiodischen C.-Begriff [4]. In der stoischen Auffassung ist C. charakterisiert durch Unbestimmtheit, Formlosigkeit und Unordnung, also durch die Züge, die auch PLATONS Begriff einer anfänglichen, ungeordneten «chaotischen» Masse eigen sind [5]. Diesem steht auch die volkstümliche Vorstellung nahe: C. sei wüstes Durcheinander aller Dinge. Die Eklektiker verschmelzen die erwähnten Aspekte der C.-Deutung in eine Art «doctrina communis»: C. sei anfängliche Unordnung der unbestimmten, formlosen Materie: So bezeichnet OVID das C. als «rudis indigestaque moles» und als «C. antiquum», welches durch Unordnung (confusio) gekennzeichnet ist [6]; LUCANUS sieht es als «C. innumeros avidum confundere mundos» [7]. Es läßt sich nicht entscheiden, durch wen und wann dieser neue Sinn sich mit dem hesiodischen Begriff verbunden hat. Jedenfalls bestätigen LUCIAN [8] und insbesondere CHALCIDIUS, der C. der anfänglichen Materie (hyle, silva) gleichstellt [9], eine solche Deutung. Die Unordnung (confusio) der ursprünglichen Masse war auch für die christlichen Denker das Hauptkennzeichen des C.-Begriffes, besonders auch wegen seiner Verwandtschaft mit der biblischen Vorstellung des «Tohuwabohu». So stellt z. B. AUGUSTINUS die «materia» der formlosen Masse der vier Elemente dem Chaos der Griechen gleich [10]. Der Ausdruck ‹C.› leistet auch Dienste bei der Auslegung solcher biblischer Ausdrücke wie ‹abyssus› und insbesondere ‹infernum›; beide sind mit der Vorstellung eines chtonisch-tartareischen Abgrundes verwandt: «Tartareumque C. monstrabit terra dehiscens» [11]. Dieser Schlund sei: horridum C. inferni – die Hölle, wo in der undurchsichtigen Finsternis die entgegengesetzten Mächte ihren Streit führen [12]. Die Naturphilosophen des 12. Jh., z. B. THIERRY VON CHARTRES, CLARENBALDUS VON ARRAS, BERNHARDUS SILVESTRIS und ALANUS AB INSULIS deuten C. im Sinne Augustins und insbesondere des Chalcidius; BERNHARDUS nennt die anfängliche Materie: «silva rigens, informe C. ... sibi dissona massa ... a veteri cupiens exire tumultu» [13]. ALBERT DER GROSSE und THOMAS VON AQUIN bestreiten die Existenz einer anfänglichen formlosen Materie, wodurch sie die kosmologische Relevanz des C.-Begriffes aufheben. Sie teilen die aristotelische Meinung, C. sei zu verstehen als «vacuum spatium, in quo mundus factus est» und als «quasi quaedam confusio et receptaculum corporum» [14]. Raimund Lull und Nikolaus von Kues scheinen C. als «possibilitas» zu begreifen; nach LULL war das Ur-C. ein Raum, in dem sich die Elemententeile, die «semina causalia» aller einzelnen Dinge und Lebewesen, befanden und befinden [15]; ähnliche Gedanken finden sich bei NIKOLAUS VON KUES [16].

Anmerkungen. [1] Vgl. W. JAEGER: Die Theol. der frühen griech. Denker (1953) 22f. – [2] HESIOD, Theog. 116. 700. 811; vgl. G. S. KIRK und J. E. RAVEN: The presocratic philosophers (Cambridge ²1960) 24-34. – [3] ARIST., Phys. IV, 1, 208 b 29; F. SOLMSEN: Aristotle's system of the physical world (New York 1960) 129f. – [4] SVF I, 103f.; II, 564f. – [5] PLATON, Tim. 30 a. – [6] OVID, Metamorph. I, 7f.; II, 292f. – [7] LUCANUS, Pharsalia VI, 696. – [8] LUCIAN, Amores 32. – [9] CALCIDIUS, In Platonis Timaeum c. 123, hg. J. H. WASZINK (1962) 167, 6. – [10] AUGUSTIN, In De genes. contra Man. I, 5-7 = MPL 34, 178f. – [11] De civ. Dei XVIII, 23. – [12] Vgl. z. B. ORIGENES, Homiliae in librum Josua. MPG 12, 8, 2; Ps.-RUFINUS, Comm. in psalmos. MPL 21, 6, 4. – [13] BERNARDUS SILVESTRIS, De mundi universitate, hg. C. S. BARACH/J. WROBEL (Innsbruck 1876) 7; vgl. M. BAUMGARTNER: Die Philos. des Alanus ab Insulis (1896, Beiträge II, 4) 49f. – [14] ALBERT, Met. I, 3, c. 11, hg. B. GEYER (1960) 41, 47; THOMAS VON AQUIN, In phys. IV, 1, hg. P. M. MAGGIOLO (1954) 203; S. theol. I, q. 66, a. 1. – [15] R. LULL: Liber Chaos. Opera 3 (1722) 2 B, 4 B, 2 A; vgl. E.-W. PLATZECK: Der Naturbegriff Raimund Lulls im Rahmen seiner «Ars magna», in: La filos. della nat. nel medioevo (Mailand 1966) 106ff. – [16] Vgl. E. COLOMER: Nikolaus von Kues und Raimund Lull (1961) 178.

Literaturhinweise. H. GUNKEL: Schöpfung und C. in Urzeit und Endzeit (1895, ²1921). – F. BORTZEL: Zu den antiken C.-Kosmogonien. Arch. Relig.-Wiss. 28 (1930) 253-268. – F. SOLMSEN: C. und ‹Apeiron›. Studi Filol. class. 24 (1950) 235.

M. KURDZIALEK

II. In der *Neuzeit* kann man zwei Tendenzen innerhalb der C.-Auffassung unterscheiden: die positive Aufnahme bei mystisch-naturphilosophischen, den Naturwissenschaften indifferent gegenüberstehenden Spekulationen und die ablehnende Haltung der durch die Naturwissenschaften beeinflußten Theorien.

1. Bei PARACELSUS und seiner Schule hat C. eine zweifache Bedeutung. Einmal ist es der Urstoff der Schöpfung selber: «In der Schöpfung der Welt hat die erste Separation mit den vier Elementen angefangen, da die prima materia ein einziges C. war. Aus demselbigen C. hat Gott maiorem mundum, in vier unterschiedliche Elemente, nämlich in Feuer, Luft, Wasser und Erde, geschieden und von einander gesondert» [1]. Zum andern spielt C. bei der Erschaffung des Menschen selber eine Rolle. Der Mensch als eine «massa corporalis», geschaffen aus dem «limus terrae», unterscheidet sich in «corpus materiale» und «corpus spirituale»: «Damit er aber ein greiflich corpus habe, das das unsichtbare vollende und in das Werk bringe, ist ihm die Substanz von den zwei Elementen Erde und Wasser gegeben, und das unsichtbare vom Firmament und C.» [2]. Dementsprechend kehrt der Geist als «des Lebens subjectum» [3] beim Tode «in Luft und C. des oberen und auch unteren Firmaments» zurück und «läßt das corpus tot liegen» [4]. Einen zentralen Stellenwert bekommt C. bei J. BÖHME, der in seinen mystischen Gedanken über Gott sich kabbalistischen Vorstellungen nähert. Der Grund in Gott, der Ungrund, das kabbalistische ‹en sof›, wird, da menschlicher Reflexion unerreichbar, mit Metaphern umschrieben und eingekreist, von denen eine der wichtigsten das C. ist: «das Auge des Ungrundes, das ewige C.» [5] ist als erste Selbststoffwerdung Gottes durch seinen Willen der Grund des Guten und Bösen: «Dieser Grund wird Mysterium Magnum genannt, oder ein C., daß daraus Böses und Gutes urständet, als Licht und Finsterniß ..., denn es ist der Grund der Seelen und Engel, und aller ewigen Creaturen, der bösen und guten; ... gleichwie das Bild im Baum, ehe es der Künstler ausschnitzet und formiret, da man von der geistlichen Welt doch nicht sagen kann, daß sie habe Anfang genommen, sondern ist von Ewigkeit aus dem C. offenbar worden» [6]. Diese Vorstellung von C. als Potenz zur Hervorbringung der Welt ist stark bei OETINGER ausgeprägt und findet sich noch bei J. J. BODMER in seiner Apologie von Miltons ‹Paradise Lost› (1667) und später bei F. SCHLEGEL: «Nur diejenige Verworrenheit ist ein C., aus der eine Welt entstehen kann» [8]. Zum letzten Mal, in Kenntnis sowohl der antiken als auch der Theorien Paracelsus', Böhmes und besonders Oetingers, versucht SCHELLING, einen «rein philosophischen Begriff des C.» [9] aufzustellen. Für ihn ist C. nicht Verwirrung und Unordnung, sondern eine «metaphysische Einheit geistiger Potenzen», d. h. das «sich selbst Gleiche» vor dem Auseinandertreten in verschiedene Seiende. Diese Einheit vergleicht er mit dem Wert 0, in dem + und − noch verschlossen liegen [10]. Das C. ist das «seyn Könnende» vor dem Eintritt in die einzelnen Potenzen. Der Janus-Kopf ist für Schelling Sinnbild des C. Schon FRANZ VON BAADER hatte vorher in ähnlicher Weise das C. als «jenes Nichtsein, was als Mögliches diesem sichtbaren Universum vorlag», als Ineinander von + und − bestimmt [11]. Am Ende des 19. Jh. findet sich – neben der mehr aphoristischen Bemerkung im ‹Zarathustra›: «Ich sage euch: man muß noch C. in sich haben, um einen tanzenden Stern gebären zu können» [12] – bei NIETZSCHE in der Auseinandersetzung mit Anaxagoras eine längere Reflexion über C. zur Erklärung des Anfangs von Bewegung. Die «C.-Conception» meint einen Zustand der Materie, «in dem der Nous noch nicht auf sie eingewirkt hatte» [13]. Das Ende der Periode des C. ist nur durch einen willkürlichen Act des Nous [14] erklärbar. C. wird dann für Nietzsche fast zu einem Synonym für δύναμις,

Kraft und «Wille zur Macht», als einer Grundkonzeption der Welt: «Der Gesammt-Charakter der Welt ist dagegen in alle Ewigkeit C.» [15]. Diesen Satz greift HEIDEGGER in seinem Nietzschebuch auf und versucht, im Ausgang von Nietzsche eine Seinskonzeption zu erschließen, die, in der Aufnahme der antiken Bestimmung des Begriffs – «C., χάος, χαίνω ... Gähnen, Gähnende, Auseinanderklaffende ... sich öffnender Abgrund» [16] –, die Vorstellungen von einer Anthropomorphisierung der Welt als Schöpfung durch einen «Entschluß eines Schöpfers», von teleologisch-organischen Weltkonzeptionen und von «moralisch-juristische[n] Denkweise[n]» als «ästhetische Menschlichkeiten» [17] radikal ablehnt. Noch bei C. G. JUNG sind zur Begründung einer Theorie des Unbewußten und der Psychoanalyse die alten mythischen C.-Vorstellungen im Begriff der «prima materia» (Paracelsus) präsent, «jenem dunklen Anfangszustand ... der von den Alchemisten als C. bezeichnet wurde» [18]: «materia prima ist die Bezeichnung ‹massa confusa› und ‹C.›, der ursprüngliche Zustand der inimicitia elementorum, jenes Durcheinander, das der artifex durch seine Operationen allmählich ordnet» [19].

2. Mit dem Beginn der Neuzeit entfallen bei den von den entstehenden exakten Naturwissenschaften geprägten Philosophen die positiven Implikamente des C.-Begriffs. C. ist dann ein Zustand, der z. B. bei HOBBES im politischen Bereich vermieden bzw. überwunden werden muß. Rebellion gegen die Staatsgewalt ist schlimmstes Vergehen, da sie zum anfänglichen C. zurückführe. «Rebellion ... reduce all order, government, and society, to the first Chaos of violence and civil war» [20]. Der Begriff ‹Anarchie› ersetzt dann ‹C.› im politischen Bereich. – Unter dem Einfluß der Newtonschen Naturwissenschaft lehnt der frühe KANT die antiken atomistischen Ur-C.-Vorstellungen, daß «der ungefähre Zusammenlauf der Atomen des Lucrez ... die Welt gebildet» habe, als «Ungereimtheit» ab, da «die Natur auch selbst im C. nicht anders als regelmäßig und ordentlich verfahren kann» [21]. Die Natur ist von Gott von Anfang an als zweckmäßig geschaffen. Ebenso ist für LOTZE «jener Urgrund der Unbestimmbarkeit ..., wie wir ihn früher C. bezeichneten ... ein undenkbarer Gedanke, und jeder Versuch, die Entstehung der Naturformen sich zu verdeutlichen, muß von irgend einem bestimmten Urzustande ausgehen» [22]. In Weiterführung der naturwissenschaftlichen Denkweise sieht D. MAHNKE es als eine der Aufgaben der Wissenschaft an, aus dem «subjektiven C. der unmittelbaren Erlebnisgegebenheiten» und «dem Empfindungs- C. ein Kosmos der Tatsachenwahrheiten» zu machen [23]. Im praktischen Bereich würde das C. gebändigt durch die «Objektivität des kategorischen Imperativs» [24]. Die neukantianische Philosophie klammert dann das C.-Problem ganz aus: «Die völlig unsystematisch gedachte Welt ist für das wissenschaftlichen Menschen ein heterogenes Kontinuum, dem er theoretisch hilflos gegenübersteht, oder noch allgemeiner gesprochen: ein C.» [25].

Anmerkungen. [1] PARACELSUS, Werke, hg. PEUCKERT 5, 91. – [2] a. a. O. 3, 86. – [3] 5, 78. – [4] 5, 77f. – [5] J. BÖHME, Werke, hg. PEUCKERT 12, 6. – [6] a. a. O. 9, 84. – [7] Vgl. C. A. AUBERLEN: Die Theosophie F. CH. Oetingers (1859) 181-200 mit vielen Belegen. – [8] J. J. BODMER: Crit. Abh. von dem Wunderbaren in der Poesie und dessen Verbindung mit dem Wahrscheinlichen (1740); F. SCHLEGEL, Ideen, Frg. Nr. 71. Krit. A., hg. E. BEHLER 1, 263. – [9] F. W. J. SCHELLING, Werke, hg. K. F. A. SCHELLING 12, 598. – [10] a. a. O. 600f. – [11] FR. V. BAADER: Brief an Jacobi vom 3. 1. 1798. Werke, hg. F. HOFFMANN 15, 177. – [12] FR. NIETZSCHE, Musarion-A. 13, 13. – [13] a. a. O. 4, 216f. – [14] 4, 320. – [15] 12, 142. – [16] M. HEIDEGGER: Nietzsche 1 (1961) 350. – [17] ebda. – [18] C. G. JUNG: Mysterium Coniunctionis (1955-57) 2, 29. – [19] a. a. O. 2, 143; vgl. 1, 214f.; 2, 115. 119. – [20] HOBBES, Engl. Works, hg. MOLESWORTH 3, 427. – [21] KANT, Akad.-A. 1, 334. 227f. – [22] H. LOTZE: Mikrokosmos (1850) 2, 32. – [23] D. MAHNKE: Eine neue Monadologie (1917) 24. 33; vgl. auch Unendliche Sphäre und Allmittelpunkt (1937). – [24] a. a. O. 102. – [25] H. RICKERT: Allg. Grundlegung der Philos. 1. Teil (1921) 6.

U. DIERSE/R. KUHLEN

Characteristica universalis (von griech. χαρακτήρ Buchstabe, Zeichen, Merkmal) wird von LEIBNIZ als Terminus für ein exaktes Symbolsystem benutzt, durch welches in seiner idealen Form nicht nur die Struktur der Begriffe und der Aussagen möglichst genau mittels des Aufbaus ihrer Bezeichnungen ausgedrückt werden sollte, sondern auch das Denken durch einen Kalkül, durch Operationen mit Charakteren ersetzt werden sollte. Als Charaktere werden von Leibniz visuelle Gebilde beliebiger Art zugelassen: Schriftzeichen, Ziffern, Bilder, Figuren und auch Modelle z. B. von Maschinen. Die Idee der C. u. kommt schon im Jugendwerk Leibnizens ‹Dissertatio de arte combinatoria› (1666) vor. Durch Analyse der Begriffe sollten die einfachsten Bestandteile, das Alphabet des menschlichen Denkens (alphabetum cogitationum humanarum) gefunden werden. Das Einfache sollte durch einfache Zeichen bezeichnet werden, aus welchen die Symbole von zusammengesetzten Begriffen und Aussagen kombinatorisch gebildet werden sollten. Die C.u. wurde anfänglich vorzüglich als eine philosophische Sprache gedacht, in der ein Denkfehler sich als ein sprachlicher Fehler zeigen würde und mittels derer alle Meinungsverschiedenheiten durch Rechnen beseitigt werden könnten. Später wird die C.u. eher als eine Algebra der Begriffe, eine speciosa generalis verstanden, die einen allgemeinen Kalkül (calculus universalis, calculus ratiocinator) ermöglicht, d. h. als ein formalisiertes System im modernen Sinne.

Literaturhinweise. L. COUTURAT: La logique de Leibniz (Paris 1901, ²1961). – J. COHEN: On the project of a universal character. Mind (1954) 49-63. – R. KAUPPI: Über die Leibnizsche Logik (Helsinki 1960). – W. und M. KNEALE: The development of logic (Oxford 1962).

R. KAUPPI

Charakter

I. – 1. Schon früh findet sich neben der Grundbedeutung von griechisch χαρακτήρ = «Gepräge» (zu griech. χαράσσειν, einritzen) die moralische Bedeutung «Haupteigenschaft». So werden z. B. die ‹Charaktere› des Aristotelesschülers THEOPHRAST (372-287 v. Chr.) nach dem Maßstab tugendhaft/lasterhaft gewertet [1]. Anknüpfend an die ursprüngliche griechische Bedeutung bezeichnet im Lateinischen ‹C.› – wenn auch selten gebraucht – das «Werkzeug des Einbrennens» [2] oder das «Brandmal», dann in übertragener Bedeutung auch «Unterscheidungsmerkmal, Figur, Buchstabe, schriftstellerische Eigenart», so z. B. bei VARRO [3].

Während die lateinischen Klassiker den Begriff vermeiden, lebt er weiter in der volkstümlichen Sprache, aus der ihn die christlichen Schriftsteller aufnehmen. AUGUSTIN spricht von «militiae character», «dominicus character» und einem «character crucis». Dem «character militiae» liegt die Vorstellung der Unauslöschlichkeit und Unantastbarkeit des militärischen Kennzeichens zugrunde. Augustin nimmt diese traditionelle Bedeutung auf [4] und überträgt sie auf die trinitarische Taufformel, die das von Christus gewählte Kennzeichen sein soll: «Iste est character imperatoris mei» [5], während der ‹character dominicus› den Eigentumsgedanken betont [6]. In diesen Zusammenhängen stehen neben ‹character› die Synonyma ‹signum› und ‹signaculum› [7]. THOMAS übernimmt diese Lehre vom C. und widmet ihm im Zusammenhang der Sakramentenlehre eine ganze Quaestio [8]. Unter Berufung auf Augustin überträgt er das Wesen des körperlichen Kennzeichens der Soldaten auf die Christen: «cum homines per sacramenta deputentur ad aliquid spirituale pertinens ad cultum Dei, consequens est quod per ea fideles aliquo spirituali charactere insignientur» (Weil nun die Menschen durch die Sakramente mit einer geistigen Aufgabe betraut werden, die zu Gottes Dienst gehört, so ist es ganz in der Ordnung, daß die Gläubigen durch die Sakramente mit einem geistigen Mal gekennzeichnet werden) [9]. Im Dienst für Gott ist der Mensch gezeichnet durch die geistige Gewalt des «character sacramentalis», der der Seele in ihrem Gott ebenbildlichen Teil eingeprägt ist [10]. «Character est quoddam signaculum quo anima insignitur ad suscipiendum vel aliis tradendum ea quae sunt divini cultus» (Das sakramentale Mal ist ein Siegel, womit die Seele gekennzeichnet wird, damit sie das, was Gottes Dienst ausmacht, aufnehme oder an andere weitergebe) [11]. Thomas gibt dieser theologischen Lehre vom C. eine christologische Sinnrichtung, wenn er von ‹character Christi› spricht, «cujus sacerdotio configurantur fideles secundum sacramentales characteres, qui nihil aliud sunt quam quaedam participationes sacerdotii Christi ab ipso Christo derivatae» (dessen Priestertum die Gläubigen gleichgestaltet werden entsprechend den sakramentalen Malen, die nichts anderes sind als bestimmte, von Christus selbst hergeleitete Arten der Teilnahme am Priestertum Christi) [12]. Zugrunde liegt die Vorstellung von der Sendung des Menschen, die durch die Teilhabe am Priestertum Christi und durch den Nachvollzug der Erlösungstaten bestimmt ist [13]. Dieses Mal scheidet die Gläubigen Christi von den Knechten des Teufels in Hinordnung auf den Kult der gegenwärtigen Kirche [14]; es haftet der Seele unauslöschlich an: «character indelebiliter manet in anima». Auf der Unauslöschlichkeit des «character sacramentalis» gründet die Unvergänglichkeit der Kirche auf Erden. Doch drücken nach Thomas nicht alle Sakramente ein solches Mal auf, nur Taufe, Firmung und Weihe: «per haec tria sacramenta character imprimitur, scilicet per baptismum, confirmationem at ordinem» [15]. Noch bei F. SUÁREZ findet sich dieser C.-Begriff [16].

‹C.› wird im theologischen Schrifttum des Mittelalters nicht übersetzt, sondern als Fremdwort aufgenommen. Das ‹Compendium theologicae veritatis› des Dominikaners HUGO RIPELIN von Straßburg spricht davon, daß «der toff der tücket in die sel ain karacter vnd entschlüsset die tur des himelriches» (Die Taufe drückt der Seele ein Zeichen auf und schließt die Tür des Himmelreichs auf) [17]; auch nach BERTHOLD VON REGENSBURG ist der «karacter» ein der Seele aufgedrücktes Merkmal [18]. Neben dieser theologischen Bedeutung erscheint ‹C.› weiterhin für ‹Schriftzeichen› in der lateinischen (z. B. bei THOMAS [19]) und als Fremdwort in der mittelhochdeutschen Literatur (so bei WOLFRAM VON ESCHENBACH, wenn er von «der karakter â b c» spricht [20]); daneben findet sich auch die Bedeutung «Zauberzeichen» [21]. Noch bei LUTHER ist C. einerseits ein äußeres Merkmal, andererseits «das geistliche malzeichen jnn der seelen» [22].

Bis hin zu Kant wird C. im wesentlichen verstanden als symbolhaftes Zeichen für einen sprachlich schwer zu erfassenden Zusammenhang. So beschäftigt sich J. BÖHME ausführlich mit der Deutung der verschiedenen C., z. B. mit der des Symbols ☧, «womit Gottes Liebe und Demuth wie auch die Gelassenheit angedeutet wird» [23]. Noch in ZEDLERS Wörterbuch herrscht diese Bedeutung neben der von «Ansehen, Würde, Stand, Titul» vor: C. «sind nichts anders als von denen Künstlern erdichtete Figuren, die etwas bedeuten», z. B. die Geheimzeichen der Apotheker und Ärzte. «Character Universalis, ist ein Kunst-Stücke, ... nemlich eine solche Schrifft zu erfinden, deren Charakter von allen Nationen der gantzen Welt ohne weitere Dollmetschung könten gelesen und verstanden werden» [24]. Durch LEIBNIZ' ‹Characteristica universalis› erhält der Begriff in seiner Bedeutung «Zeichen» einen tieferen und umfassenderen Sinn. Er definiert C. als «gewisse Dinge, durch welche die Beziehungen anderer Gegenstände ausgedrückt werden und deren Handhabung leichter ist als die jener Gegenstände selbst» (Characteres sunt res quaedam, quibus aliarum rerum inter se relationes exprimuntur, et facilior est quam illarum tractatio) [25]. C. gehen bei Leibniz noch über das Symbol- und Zeichenhafte hinaus und sind hier der Ausdruck der Dinge, der ihr eigentliches Wesen, das durch die gedankliche Leistung des Menschen erfaßt wird, darstellt. Die mathematischen C. bilden also die Gegenstände nicht nur ab, sondern schlüsseln sie auf mit Hilfe der Kraft der Ideen, so daß eine Formel das Bildungsgesetz einer Unendlichkeit von Zahlen zusammenfassen und ausdrücken kann [26].

Anmerkungen. [1] Vgl. R. STEINMETZ: Theophrast, Charaktere (1960). – [2] Vgl. COLUMELLA, De re rustica XI, 2, 14, hg. G. SCHNEIDER (1794) 507; PALADIUS, De re rustica II, 16, hg. SCHNEIDER (1795) 278; Belegmaterial bei N. M. HÄRING: C., Signum und Signaculum. Die Entwicklung bis nach der karolingischen Renaissance. Scholastik 30 (1955) 481-512. – [3] VARRO, De re rustica III, 2, 17. – [4] AUGUSTIN, Contra ep. Parm. II, 13, 28; Corp. scriptorum eccl. lat. (= CSEL 51, 80f.; vgl. HÄRING, a. a. O. [2] 491. – [5] Sermo ad Caes. eccl. pleb. CSEL 53, 170. – [6] z. B. Contra Cresc. gramm. I, 31, 36. CSEL 52, 355. – [7] Vgl. HÄRING, a. a. O. [2] 495ff. – [8] THOMAS VON AQUIN, S. theol. III, q. 63. – [9] a. a. O. a. 1 c. – [10] a. 2 c. – [11] a. 4 c. – [12] a. 3 c. – [13] Vgl. a. 5 c. – [14] a. 3 ad 3. – [15] a. 5 c; a. 6 c. – [16] Vgl. z. B. F. SUÁREZ, Opera omnia VII, 171, 64; IX, 22, 7-71, 5; XX, 184, 1-203, 14; XXI, 191, 6-220, 4. – [17] HUGO RIPELIN, Zentralbibl. Zürich Cod. Car. C 90, Bl. 128v. – [18] BERTHOLD VON REGENSBURG, hg. KLING 40; vgl. Dtsch. Mystiker des 14. Jh., hg. F. PFEIFFER (1845) I, 53, 38. – [19] THOMAS, S. contra gent. III, 105. – [20] WOLFRAM VON ESCHENBACH: Parzival 453, 15; vgl. 470, 24. – [21] Vgl. S. BRANT: Narrenschiff, hg. F. ZARNCKE (1854) 38. 35. – [22] LUTHER: Von der winckelmesse (1533) nach: PH. DIETZ: Wb. zu Dr. Martin Luthers dtsch. Schriften (²1870-72, Neudruck 1961) 1, 372. – [23] J. BÖHME: Mysterium magnum. Schriften (1730, Neudruck 1958) 7, 17. – [24] J. H. ZEDLER, Großes vollständiges Universallexicon 5 (Halle/Leipzig 1733) Sp. 2003f. – [25] LEIBNIZ, Math. Schriften, hg. GERHARDT 5, 141. – [26] Vgl. F. KAULBACH: Der Begriff des C. in der Philos. von Leibniz. Kantstudien 57 (1966) H. 1-3, 126ff.

2. Der bis heute erhalten gebliebene sittliche und psychologische Sinn von ‹C.› ist wohl durch den französischen Moralisten LA BRUYÈRE, der sich auf Theophrast beruft, in den allgemeinen Sprachgebrauch gelangt [1]. Die ‹C.› La Bruyères und Theophrasts haben die Literatur des 18. Jh. entscheidend beeinflußt; die ‹ethici characteres› (ἠθικοὶ χαρακτῆρες) wurden zur literarischen Gattung der ‹moralischen C.› oder zu ‹moralischen Bildnissen› (z. B. bei GELLERT oder in den Moralischen Wochenschriften) [2], die durch eine hervorstechende, bezeichnende Eigenschaft, positiv oder negativ, geprägt waren; das Zeichen von moralischen C. wurde selbst zum Charakteristikum der Zeit. ‹C.› bedeutete neben der Gattungsbezeichnung so vor allem die psychische und moralische Grundbeschaffenheit

eines Menschen [3], der mit seinem eigenen C. den seiner Zeit aufzeigen kann.

Durch KANTS Unterscheidung des intelligiblen und moralischen C. wird der Begriff zum vieldiskutierten Gegenstand der Philosophie. Die allgemeine Bedeutung von ‹C.› ist bei Kant «Merkmal, Unterscheidungsgründe, Kennzeichen im eigentlichen Verstande». In der ‹Kritik der reinen Vernunft› führt Kant in seinen Entwurf des transzendentalen Idealismus analog zur Unterscheidung von Noumenon und Phänomenon das Begriffspaar «intelligibler» und «empirischer C.» ein [4]; mit ‹intelligibel› bezeichnet er hier ein notwendig zu denkendes, doch unerkennbares Noumenon, das immer als eine Vernunft-«Aufgabe», ein «Problem» zu begreifen ist [5], nicht als ein faßbarer Gegenstand. Jedes wirkende Subjekt muß einen C. haben, d. i. ein Gesetz der Kausalität, das sich in zwei Formen ausdrückt: Jedes Wesen oder «Subjekt» der Sinnenwelt hat «erstlich einen empirischen C. ..., wodurch seine Handlungen als Erscheinungen durch und durch mit anderen Erscheinungen nach beständigen Naturgesetzen im Zusammenhange ständen ... zweitens würde man ihm noch einen intelligiblen C. einräumen müssen, dadurch es zwar die Ursache jener Handlungen als Erscheinungen ist, der aber selbst unter keinen Bedingungen der Sinnlichkeit steht und selbst nicht Erscheinung ist» [6]. Das menschliche Handeln ist also nicht nur in einen empirischen Kausalzusammenhang zu stellen, sondern zugleich in den der Gesetzlichkeit einer an sich seienden Ursache, die unabhängig von «Zeitbedingungen» besteht und nicht «unmittelbar gekannt werden» kann [7]. Deshalb haben wir davon «nichts als bloß den allgemeinen Begriff» [8], obwohl die Wirkungen des intelligiblen C. in den Erscheinungen aus den Naturgesetzen erklärt werden können. Das dem empirischen C. zugrunde liegende An-sich-Seiende, die transzendentale Ursache, wird in ihm, wenn auch nicht unmittelbar erkannt, so doch «als das sinnliche Zeichen» angegeben [9]. In dieser Gleichsetzung von «intelligibler C.» und «Zeichen» klingt die allgemeine Bedeutung von ‹C.› an, wie sie im 18. Jh. bekannt war; sie weist gleichzeitig auf den Einfluß des Leibnizschen Gedankens einer Characteristica universalis zurück [10]. Das Subjekt als Phänomenon ist zwar in seinem empirischen C. der allgemeinen und undurchbrechlichen Kausalordnung unterworfen, bewahrt jedoch seine Freiheit als Noumenon im intelligiblen C., da es nach diesem «von allem Einflusse der Sinnlichkeit und Bestimmung durch Erscheinungen freigesprochen werden» muß [11] und also unabhängig ist. Mit der Unterscheidung zweier völlig ungleichartiger C. versucht Kant die grundsätzliche Vereinbarkeit von «Freiheit und Natur, jedes in seiner vollständigen Bedeutung, bei eben denselben Handlungen» nachzuweisen [12]. Diese Freiheit wird außerdem abgesichert durch die Voraussetzung des Selbstbewußtseins der denkenden Intelligenz, die kraft der regulativen Ideen der Vernunft sich selbst und die Realität bestimmen kann. Nur auf die moralische Selbstbestimmung und auf die menschliche Handlungsweise bezogen, spricht Kant auch vom C. als der «praktischen consequenten Denkungsart nach unveränderlichen Maximen» [13]; in «pragmatischer Rücksicht» unterscheidet er außerdem nach der «allgemeinen, *natürlichen* ... Zeichenlehre» die «zwiefache Bedeutung» des Wortes ‹C.›: den physischen C. und den moralischen C.; «das erste ist das Unterscheidungszeichen des Menschen als eines sinnlichen oder Naturwesens, das zweite desselben als eines vernünftigen, mit Freiheit begabten Wesens» [14].

Zur Charakteristik gehören nach Kant Naturell, Temperament und «C. schlechthin oder Denkungsart», wobei die beiden ersteren Naturanlagen, das letztere aber ist, was der Mensch «aus sich selbst zu machen bereit ist» [15]. Der gute C. bezeichnet dabei die «Sinnesart» und «Eigenschaft des Willens» [16], sich an die Maximen des Sollens zu halten, die, wenn nicht von Natur aus vorhanden, nur durch eine «Revolution» der Denkungsart erworben werden können [17]. Da zur Bestimmung des C. der Menschengattung das tertium comparationis, d. h. der Vergleich mit nicht irdischen Wesen fehlt, bleibt als Wesensmerkmal des C. der Gattung nichts anderes übrig als: «daß er [der Mensch] einen C. hat, den er sich selbst schafft, indem er vermögend ist, sich nach seinen von ihm selbst genommenen Zwecken zu perfectioniren» [18].

Von dem Kantianer W. T. KRUG wird vor allem die Definition von C. als «Denkart» in populärer Form aufgenommen mit dem Hinweis auf die auf Theophrast zurückgehenden «ethischen C.»: In «anthropologischer Hinsicht» versteht er unter ‹C.› die «Denkart und Handlungsweise eines Menschen, wieferne sie sich mit einer gewissen Beständigkeit ... äußert» [19].

Diese beiden Begriffe sind in der Nachfolge des transzendentalen Idealismus immer wieder aufgenommen und auf verschiedene Weise interpretiert worden, so daß die eigentliche kritische Absicht Kants verdeckt wurde. So greift SCHOPENHAUER – unter ausdrücklicher Berufung auf Kant – die Termini auf und deutet sie im metaphysischen Sinne um. Er versteht – analog zu seiner Umwandlung des Kantischen Dings an sich in den Willen – unter intelligiblem C. die Idee oder den ursprünglichen Willensakt, der sich in ihr offenbart [20]. Der intelligible C. ist «der Wille als Ding, sofern er in einem bestimmten Individuo, in bestimmtem Grade erscheint»; der empirische C. aber ist «diese Erscheinung selbst ..., so wie sie sich in der Handlungsweise, der Zeit nach, und schon in der Korporation, dem Raume nach, darstellt»; er ist die «in Zeit und Raum und allen Formen des Satzes vom Grunde entwickelte und auseinandergezogene Erscheinung» des intelligiblen C. [21]. Schopenhauer behauptet die «Unveränderlichkeit des C.» [22], da der intelligible C. als determinierte Erscheinung des Dings an sich notwendig und außerzeitlich zu begreifen ist [23]. Die Freiheit der menschlichen Handlungen sieht Schopenhauer jedoch durch die «Aseität» gewahrt: Freiheit liege nicht im operari, sondern im esse; da die Handlungen aus dem C., d. i. «aus der eigenthümlichen und daher unveränderlichen Beschaffenheit» eines Wesens hervorgehen, muß dieses, nach seiner essentia und existentia, der Urheber seiner selbst und damit auch seiner Taten sein [24]. Im Zusammenhang der praktischen Selbstbestimmung spricht Schopenhauer aber noch von dem, «was man in der Welt C. nennt», vom «erworbenen C.». Dieser sei nichts anderes als die «möglichst vollkommene Kenntniß der eigenen Individualität», er ist das gesamte Wissen von den unabänderlichen Eigenschaften des empirischen C.; neben Wollen und Können betrachtet Schopenhauer dieses als die wichtigste Bedingung des C. im moralischen Sinne, das auch durch die natürlichen Konsequenzen des empirischen C. nicht ersetzt werden kann [25].

HEGEL versteht unter C. – neben Naturell und Temperament – eine der drei Formen der qualitativen Naturbestimmtheit der individuellen Seele [26]. Obwohl der C. noch «in etwas Mehrerem besteht, als in einem gleichmäßigen Gemischtseyn der verschiedenen Temperamente» und seine volle Entfaltung erst in der Sphäre des freien Geistes erhält, kann er doch auf Grund seiner *natürlichen* Grundlage in der Anthropologie diskutiert werden [27]. Im Gegensatz zum Temperament bleibt «der C. Etwas, das die Menschen immer unterscheidet. Durch ihn kommt das Individuum erst zu seiner festen Bestimmtheit» [28]; der echte C. ist im Gegensatz zur abstrakten «schönseeligen Innerlichkeit» auf das Wirkliche gerichtet. Die Festigkeit des C. ist, bei aller Verschiedenheit der Dispositionen, nicht so angeboren, daß sie nicht vom Willen entwickelt werden könnte [29]: «An jeden Menschen ist daher die Forderung zu machen, daß er C. zeige» [30]; doch nur die Ausführung großer, d. h. innerlich berechtigter Zwecke sei die Offenbarung eines großen C.» [31]. Fehlt es dem C. an formeller Energie und am «gehaltvollen, allgemeinen Inhalt des Willens», hält der Wille an Einzelheiten fest, so verwandelt er sich in den Eigensinn, «die Parodie des C.» [32].

Später wird die Diskussion des C.-Begriffs mehr und mehr in eine psychologische Theorie umgewandelt. Das kündigt sich vor allem bei NIETZSCHE an, der «das Ding, was die Philosophen C. nennen», für eine «unheilbare Krankheit» hält [33]. Der metaphysische «unveränderliche» C. Schopenhauers sei nur «eine erleichternde Abstraktion» ohne eigentliche Existenz; er bedeute nur, «daß während der kurzen Lebensdauer eines Menschen die einwirkenden Motive nicht tief genug ritzen können, um die aufgeprägten Schriftzüge vieler Jahrtausende zu zerstören» [34]. Die C.-Stärke wird von Nietzsche umgewertet in das negative Produkt einer gleichmachenden Erziehung, die zur Unfreiheit und steten Wiederholung des Individuums führe [35]: «durchschnittlich ist ein C. die Folge eines Milieus – eine fest eingeprägte Rolle, vermöge deren gewisse Facta immer wieder unterstrichen und gestärkt werden» [36]. Die tradierte Vorstellung vom «moralischen C.» ersetzt er durch die «Constitution» [37] und den Willen, dem durch die Erziehung die «würdigen Objekte» gegeben werden müssen [38].

Die psychologische Wende erfolgt auch im Zusammenhang mit dem Neukantianismus, sofern dieser zwar die Kantischen Begriffe aufnimmt, sie jedoch seiner wissenschaftstheoretischen Grundlage gemäß umdeutet. Nur der empirische C. als psychologisches Faktum bleibt erhalten, während der intelligible C. – ähnlich wie das Ding an sich – dieser Interpretation zum Opfer fällt. Das «ethische Moment des Menschen, d. h. dasjenige, was den C. der Gesinnungen und Handlungen bedingt», wird von E. v. HARTMANN z. B. die «tiefste Nacht des Unbewußten» [39] genannt. Der C. ist keine regulative Idee des Vernunftvermögens mehr, sondern nur rein empirisch zu begreifen, er kann nur definiert werden auf Grund der Erfahrung der verschiedensten Reaktionsweisen eines Individuums [40] als «die Summe der Reactionsmodi des Willens auf verschiedene Arten von Motiven» [41]. W. WUNDT bezeichnet den intelligiblen C. als bloßes und wirklichkeitsfernes Ideal, während der empirische «im Flusse allgemeingeistiger Entwicklung» stehe, deren «wirksamster Faktor die Übung des Willens» sei [42]. C. wird von ihm als der aus der «geistigen Causalität resultierende Totaleffect» verstanden, der sich selbst wieder an jeder neuen Wirkung als Ursache beteiligt. Jede selbstbewußte Willenshandlung gehe demnach auf zwei Ursachen zurück: auf die vorübergehenden in Form bestimmter aktueller Motive und auf die bleibenden, die in der Causalität des C. zu einer Totalität zusammengefaßt sind [43].

Als in unaufhebbare Widersprüche verstrickt kritisiert W. WINDELBAND Kants Lehre vom intelligiblen C., die – ebenso wie die Aufnahme Schopenhauers – nur durch die Befreiung von metaphysischen Zusammenhängen noch einen Begriff von der Freiheit des Wollens vermitteln kann [44]. Auch die psychologische und psychogenetische Analyse der Genesis eines C. allein reichen (für die Neukantianer) nicht aus, die Anforderungen des empirischen Denkens zu befriedigen, die Forderung nach einer Richtschnur für sittliches Handeln zu begründen, wie sie mit dem Begriff des C. seit Kant verbunden ist. Dem «falschen» und «gefälschten» [45] C.-Begriff der Kantrezeptoren (z. B. Schopenhauer), in deren Umdeutung C. zum materiellen Geist wurde [46] und zum Vorurteil und Widerspiel zu idealistischer Ethik [47] und ihrem Freiheitsbegriff, stellt H. COHEN das Prinzip der Selbstbestimmung entgegen. Die mystifizierende Interpretation des intelligiblen C. als angeborenen, ererbten Grund des menschlichen Wesens verhindert das in Freiheit verwirklichte sittliche Handeln: «Man beachtete nicht; man erkannte es nicht, daß dieser [der intelligible C.] nicht ein Ding an sich bedeuten dürfe; daß er nur, wie dieses selbst, wie das Noumenon überhaupt; eine *Idee* zu bedeuten habe, die kein Dasein, sondern nur ein Sein hat, insofern sie einen Zweck verwaltet» [48].

Entsprechend verurteilt G. SIMMEL den Gedanken des intelligiblen C. als ein leeres Wort oder als Name für etwas völlig Unbekanntes, aus dem nur das abgeleitet werden könne, was vorher aus dem empirisch Gewonnenen hineingelegt worden sei [49].

Der tradierte Begriff des C. als konstante Ursache ist auch für M. SCHELER nur eine Hypothese, um Handlungen zu erklären [50]. C. betrifft nicht die Person; der «sog[enannte] Charakter» und die Person existieren unabhängig voneinander. Der Begriff des C., der nur Anlagen verschiedenster Art bezeichnet, gehört nach Scheler in den Bereich der Psychologie, da er das Freiheitsproblem und die Verantwortlichkeit des Menschen nicht berührt: «Ethische Kategorien wie ‹sittlich gut› und ‹sittlich schlecht› können nur die Person betreffen, nicht den C.» [51].

Trotz dieser Tendenz, den menschlichen C. nicht mehr undifferenziert als vorgegeben und unbeeinflußbar zu begreifen, klingt bei K. JASPERS noch einmal der alte Sinn des Angeborenen, Unauslöschlichen an; die Abhängigkeit von «einem Sein meiner selbst, das ich nicht absolut in der Hand habe», gilt ihm als Garant «jeder Stabilität im Dasein», denn das Sosein als Charakter sei «das relativ Beständige dessen, als was ich mir gegeben bin» [52].

Im modernen Sprachgebrauch ist die Bedeutung von ‹C.› so uneinheitlich und weit geworden, daß der Begriff kaum noch exakt zu fassen und nur aus dem jeweiligen Kontext zu verstehen ist. In den verschiedensten Bereichen bezeichnet er ein relativ konstantes, typisches Wesensmerkmal.

Anmerkungen. [1] J. LA BRUYÈRE: Les caractères de Théophraste, traduits du grec, avec les caractères ou les mœurs de ce siècle (1688, dtsch. 1947 u. ö.); vgl. R. EUCKEN: Geistige Strömungen der Gegenwart (= Die Grundbegriffe der Gegenwart, ⁶1920) 363f. – [2] Vgl. R. HILDEBRAND: ‹C.› in der Sprache des vorigen Jh., in: Beiträge zum dtsch. Unterricht (1897) 289ff. – [3] Vgl. schon CHR. THOMASIUS: Gedancken oder Monats-Gespräche (1690) 794f. 796. – [4] KANT, KrV B 566ff. – [5] Vgl. H. HEIMSOETH: Transzendentale Dialektik 2 (1967) 346ff. – [6] KANT, KrV B 567. – [7] B 568. – [8] ebda. – [9] B 574. – [10] Vgl. HEIMSOETH, a. a. O. 356 Anm. 244. – [11] KANT, KrV B 569. – [12] ebda. – [13] Akad.-A. 5, 152. – [14] a. a. O. 7, 285. – [15] ebda. – [16] 7, 292. – [17] 7, 294. – [18] 7, 321. – [19] W. T. KRUG: Allg. Handwb. der philos. Wiss. 1 (1827) Art. ‹C.›. – [20] SCHOPENHAUER, Werke, hg. A. HÜBSCHER 2, 185. – [21] a. a. O. 2, 343. – [22] z. B. 2, 356. – [23] 2, 341. – [24] 5, 132. – [25] Vgl. 2, 358. – [26] HEGEL, Werke, hg. GLOCKNER 10, 92. – [27] a. a. O. 10, 93. – [28] 10, 91. – [29] 10, 93. – [30] 10, 91. – [31] ebda. – [32] 10, 91f. – [33] NIETZSCHE, Musarion-A. 1, 404. – [34] a. a. O. 8, 63. – [35] 8, 204. – [36] 16, 343. – [37] 1, 404. – [38] 7, 381. – [39] E. v. HARTMANN: Philos. des Unbewußten (¹²1923) 1, 230. – [40] a. a. O. 226. – [41] 2, 269. – [42] W. WUNDT: Ethik (1886) 412. – [43] a. a. O. 411. – [44] W. WINDELBAND: Über Willensfreiheit (⁴1923) 180; vgl. 103f. – [45] H. COHEN: Ethik des reinen Willens (²1907) 318. – [46] a. a. O. 315. – [47] 317. – [48] 318. – [49] G. SIMMEL: Einl. in die Moralwiss. (1892/93, Neudruck 1904) 1, 268. – [50] M. SCHELER, Werke 2, 490f. – [51] ebda. – [52] K. JASPERS: Philos. (⁴1948) 322. 323.

Literaturhinweise. R. HILDEBRAND s. Anm. [2 zu 2]. – N. M. HÄRING s. Anm. [2 zu 1]. – F. KAULBACH s. Anm. [26 zu 1].

CH. SEIDEL

II. Im *Alltagsgebrauch* hat der Ausdruck ‹C.› die wertende Auslegung bis heute behalten: Eigenschaften wie Willensstärke, Verläßlichkeit und Grundsatztreue werden mit ihm verbunden. Auch in manchen *C.-Lehren* hat der C.-Begriff (meist neben einem wertneutralen psychologischen Sinn) eine ethisch-normative Bedeutung, so z. B. bei J. BAHNSEN (1830–1881) in seiner idealistisch und pädagogisch ausgerichteten ‹Charakterologie› [1], bei A. PFÄNDER (1870–1941), dessen Begriff des «Grund-C.» insofern eine deutliche ethische Note erhält, als er auch das ideale, wertvolle Wesen des Menschen bezeichnet, das sich auszeugen soll [2], bei F. KÜNKEL (1889–1938), sofern der C.-Begriff den Ort bestimmen soll, an dem sich der Mensch auf dem Wege von der ichhaften zur reifen Persönlichkeit befindet [3]. G. W. ALLPORT kommt in seiner Analyse des C.-Begriffes zu dem Ergebnis, er impliziere im Unterschied zum Persönlichkeitsbegriff eine ethische Tönung [4].

Im allgemeinen verwendet die *wissenschaftliche Charakterologie* ihren Grundbegriff im Anschluß an L. KLAGES (1872–1956) im psychologischen Sinne [5]. C. wird dann als individuelle Eigenart des Erlebens und Verhaltens verstanden, in der sich ein Mensch vom anderen unterscheidet. Innerhalb dieser allgemeinen Bestimmung variieren die Auffassungen der Autoren; man kann Total- und Partialbestimmungen unterscheiden: *Totalbestimmungen* erfassen das gesamte Eigenschaftsgefüge eines Individuums; Beispiele: C. ist das «individuelle Selbst» (vitale Einheit und Ich) [6]; ist «die individuelle Eigenart des Menschen ..., ein erfaßbares Gepräge seines individuellen Daseins im Unterschied und in Abgehobenheit von anderen Menschen» [7]; ist das Wesen, der Kern der Persönlichkeit [8] u. a. m. – *Partialbestimmungen* beziehen sich nur auf bestimmte Bereiche der Persönlichkeit. Häufig wird C. mit Willen gleichgesetzt, so schon bei H. EBBINGHAUS (1850–1909), der den C. als die Gesamtheit der Willensdispositionen bestimmt [9], und bei W. STERN (1871–1938): C. ist «die einheitlich-personale Willenshaltung» [10], «eine dauernde psychophysische Bereitschaft, Impulse zu hindern gemäß einem regulativen Prinzip» [11] u. a. m. A. WELLEK bezeichnet mit ‹C.› den Teil der Persönlichkeit, aus dem der Mensch verantwortlich handelt und wertet [12], H. THOMAE versteht ihn als den Inbegriff der langwellig verlaufenden Entwicklungen eines individuellen Lebens [13], W. ARNOLD zufolge ist C. «die unteilbare, besondere (individuelle) Eigenart der Person (genauer: ihres Selbst), die sich darstellt in bestimmten Erlebnisweisen, die ganzheitlich sich ordnen, dem Wandel unterworfen sind, im Wesen aber beharren» [14].

Außer in der differentiellen Psychologie wird der C.-Begriff auch in der *Sozialpsychologie* gebraucht: ‹Volks-C.›, ‹National-C.›; E. FROMM spricht vom Sozial-C. [15], ein Ausdruck, der sich weitgehend mit dem Begriff der ‹basic personality structure› (Modalpersönlichkeit, Modal-C.) bei A. KARDINER deckt [16]. In seiner sozialpsychologischen Bedeutung umfaßt der C.-Begriff jene Eigenschaften, die den Mitgliedern einer Großgruppe gemeinsam sind, betont somit im Unterschied zum Individual-C. die interindividuellen Züge, in denen sich eine Großgruppe von der anderen unterscheidet.

Unterschiedlich wird die Frage beantwortet, ob der C. mehr statisch oder mehr dynamisch zu interpretieren sei. Setzt man wie E. KRETSCHMER (1888–1964) C. und Temperament annähernd gleich [17] oder betont wie R. HEISS und H. THOMAE die prozeßhafte Formung der Eigenschaften, dann tritt die dynamische Seite des C. in den Vordergrund. Blickt man mehr auf die Tektonik, den Aufbau des C., orientiert man sich hauptsächlich am Schichtenmodell, dann zeigen sich die strukturalen Konstanten deutlicher (P. LERSCH, A. WELLEK u. a.). Extrempositionen sind in dieser Frage schwerlich zu halten; doch zielt der C.-Begriff seinem ursprünglichen Wortsinn («Gepräge») gemäß vorwiegend auf den statischen Aufbau der Person und schließt die relativ invarianten Resultate der Persönlichkeitsentwicklung zusammen [18].

Mit dem C.-Begriff tauchte schließlich immer wieder die Frage auf, ob der C. angeboren (ererbt) oder erworben sei. An dieser Frage schieden sich Anlage- und Milieutheoretiker. Sie wird heute von der großen Mehrzahl der Forscher im Sinne der Konvergenztheorie [19] gelöst: Durch angelegte Dispositionen, prägende Außeneinflüsse und eigene Aktivität entsteht der C. in seiner individuellen Gestalt. ROHRACHER sieht in der Unterscheidung angelegt und verwirklicht ein Diakritikum zwischen C. und Persönlichkeit: C. ist ihm zufolge «die Gesamtheit der Anlagen zu seelisch-geistigen Eigenschaften», ‹Persönlichkeit› aber bezeichnet «den Komplex der bis jetzt zur Entwicklung gelangten Eigenschaften» [20].

In der gegenwärtigen Fachliteratur wird der C.-Begriff wenig gebraucht, wenn doch, dann häufig gleichbedeutend mit ‹Persönlichkeit›. Hier macht sich nicht zuletzt der Einfluß der angelsächsischen Psychologie bemerkbar, in der sich der C.-Begriff ob seiner geisteswissenschaftlichen Herkunft nicht eingebürgert hat.

Anmerkungen. [1] J. BAHNSEN: Beiträge zur Charakterol. mit bes. Berücksichtigung pädagog. Fragen (1867, ²1932). – [2] A. PFÄNDER: Grundprobleme der Charakterol., in: Jb. Charakterol., hg. UTITZ 1 (1924) 289-335. – [3] F. KÜNKEL: Einf. in die C.-Kunde (¹³1962) 145ff. – [4] G. W. ALLPORT: Persönlichkeit (dtsch. 1949) 54f. – [5] L. KLAGES: Grundlagen der C.-Kunde (⁴1926) 14f. – [6] ebda. – [7] P. LERSCH: Aufbau der Person (⁷1956) 40. – [8] R. HEISS: Die Lehre vom C. (²1949) 22f. – [9] H. EBBINGHAUS: Grundzüge der Psychol. 2 (1913) 460. – [10] W. STERN: Allg. Psychol. (²1950) 603. – [11] A. A. ROBACK: The psychol. of C. (1927) 450. – [12] A. WELLEK: Die Polarität im Aufbau des C. (1950) 17. – [13] H. THOMAE: Das Problem der Persönlichkeitsveränderung, in: H. v. BRACKEN und H. P. DAVID: Perspektiven der Persönlichkeitsforsch. (1959) 196ff. – [14] W. ARNOLD: Person, C., Persönlichkeit (²1962) 156. – [15] E. FROMM: The fear of freedom (1943) 239. – [16] A. KARDINER: The individual and his Psychol. (1949) VI. – [17] E. KRETSCHMER: Körperbau und C. (²⁴1961). – [18] M. KOCH: Die Begriffe Person, Persönlichkeit und C. Hb. Psychol. 4 (1960) 23. – [19] STERN, a. a. O. [10] 113. – [20] H. ROHRACHER: Differentielle Psychol. und Charakterol., in: Hb. Psychol., hg. D. und R. KATZ (³1960) 432.

L. J. PONGRATZ

Charakteristische (das). Der Begriff des ‹C.› bezeichnet in der Kunstlehre der deutschen Klassik eine bestimmte Stufe künstlerischer Produktion. Im 6. Brief von GOE-

THES ‹Der Sammler und die Seinigen› (1799) werden folgende Stufen unterschieden [1]: Der einfachen Nachahmung folgt die charakteristische Darstellung des Begriffs eines bestimmten Gegenstandes [2]. Aber das C. kann nur dem Verstande genügen, es ist nicht das Ziel der Kunst, denn auch das Verlangen der *Vernunft* nach der Darstellung der Idealen muß befriedigt werden. Zur Schönheit, für die der *Geist* empfänglich ist, gelangt das Kunstwerk aber erst, wenn es – ohne in die frühere Beschränktheit zurückzufallen – vom Idealen zum Individuellen zurückkehrt. «Das C.», sagt Goethe, «liegt zum Grunde, auf ihm ruhen Einfalt und Würde, das höchste Ziel der Kunst ist Schönheit und ihre letzte Wirkung Gefühl der Anmut» [3].

Ähnlich versteht der junge F. SCHLEGEL den Begriff des C. in seinem unter dem Einfluß J. J. Winckelmanns geschriebenen Aufsatz ‹Über das Studium der griechischen Poesie› (1795). Hier versucht er, die Situation der modernen Poesie in ihrem Verhältnis zur antiken und zur künftigen Poesie zu bestimmen. Dabei wird der Begriff des C. entschieden negativ gewendet. Die moderne Poesie unterscheidet sich nach Schlegel von der objektiven Poesie der Griechen durch das «totale Übergewicht des C., Individuellen und Interessanten» [4]. Das C., d. h. «die Darstellung des Individuellen» [5] ist ein Merkmal jener Poesie, deren Empfänger das interessierte Wohlgefallen suchen. Im Hinblick auf Kants ‹Kritik der Urteilskraft› kann Schlegel deshalb sagen: «Das Schöne ist also nicht das Ideal der modernen Poesie und von dem Interessanten wesentlich verschieden» [6]. Für Schlegel ist jedoch das Ziel des Fortschritts der ästhetischen Bildung eine neue Objektivität, die sich für ihn bereits zeichenhaft in Goethe verkörpert [7].

Den Gegensatz zwischen dem C. und dem Schönen versöhnen erneut A. Müller und K. W. F. Solger. In den Vorlesungen über ‹Die Idee der Schönheit› (1807/1808) entwickelt A. MÜLLER eine weibliche und eine männliche Form der Schönheit (Poesie und Beredsamkeit). In der weiblichen Form zeigt sich das Schöne im «Charakteristisch-Poetischen» [8], in der männlichen Form im Allgemein-Rhetorischen. Müller fordert aber für die Kunst «nicht die Individualität oder Allgemeinheit, nicht Charakter oder Ideal, sondern durchaus Individualität und Allgemeingültigkeit, Charakter und Ideal in demselben Werke» [9]. In SOLGERS ‹Vorlesungen über Ästhetik› (1829) heißt es in dem Abschnitt vom «irdischen Schönen» im gleichen Sinne: «Das Schöne selbst muß durchaus charakteristisch aufgefaßt werden, und was man gewöhnlich Ideal nennt, kann hier nur in der Beziehung des besonderen Charakters auf die Idee der ganzen Wirklichkeit, des Menschen überhaupt bestehen» [10].

Nach der in A. SCHOPENHAUERS Hauptwerk ‹Die Welt als Wille und Vorstellung› (1819) enthaltenen Ästhetik haben die Künste, deren Zweck die Darstellung der Idee der Menschheit ist, «neben der Schönheit als dem Charakter der Gattung noch den Charakter des Individuums, welcher vorzugsweise *Charakter* genannt wird, zur Aufgabe», sofern er als eine «gerade in diesem Individuo besonders hervortretende Seite der Idee der Menschheit anzusehn ist» [11]. Zum Hervorbringen der Werke der Dichtkunst ist gegenüber der «ahndenden Antizipation des Schönen» in der bildenden Kunst eine «Antizipation des C.» durch den Künstler notwendig [12], die jedoch der Erfahrung zur Verdeutlichung des «a priori dunkel Bewußten» als Ergänzung bedarf. In der bildenden Kunst ist es dem C. erlaubt, das Schöne zu «beschränken», wenn es dadurch nicht den Charakter der Gattung aufhebt [13].

In seiner Frühschrift ‹Die Geburt der Tragödie› (1872) kennzeichnet NIETZSCHE den Untergang der griechischen Tragödie mit dem Begriff des C. in einer an den Gebrauch des Begriffs bei Goethe und Schlegel erinnernden Weise: Die Vernichtung des Mythus durch den «Geist der Wissenschaft» führte zu einer seit Sophokles schnell weiter gehenden «Bewegung auf der Linie des C.» [14]. Für die «charakteristischen Klänge» der ihrer mythenschaffenden Kraft beraubten Musik gilt ebenso, was Nietzsche über das «Überhandnehmen der Charakterdarstellung» in der tragischen Poesie sagt: «Der Charakter soll sich nicht mehr zum ewigen Typus erweitern lassen, sondern im Gegenteil so ... durch feinste Bestimmtheit aller Linien individuell wirken, daß der Zuschauer überhaupt nicht mehr den Mythus, sondern die mächtige Naturwahrheit und die Imitationskraft des Künstlers empfindet» [15].

Anmerkungen. [1] J. W. v. GOETHE: Der Sammler und die Seinigen (1799). Hamburger A. 12, 79ff.; vgl. Einfache Nachahmung, Manier, Stil a. a. O. 12, 30ff.; ECKERMANN, Gespräche mit Goethe: 26. 2. 1824. – [2] Vgl. A. H. HIRT: Versuch über das Kunstschöne, 7. Stück der Horen (1797, Neudruck 1959) 11/12, 34-35; HEGEL, Ästhetik, hg. BASSENGE 1, 28ff. – [3] GOETHE, Der Sammler ... a. a. O. 12, 77. – [4] F. SCHLEGEL: Über das Studium der griech. Poesie, Krit. Schriften (²1964) 130. – [5] a. a. O. [4] 118. – [6] 118. – [7] 155. – [8] A. MÜLLER: Zwölf Reden über die Beredsamkeit. Krit. Schriften (1967) 1, 387. – [9] Von der Idee der Schönheit, a. a. O. 2, 57. – [10] K. W. F. SOLGER: Vorles. über Ästhetik (1829, Neudruck 1962) 173. – [11] A. SCHOPENHAUER: Die Welt als Wille und Vorstellung. Werke, hg. VON LÖHNEYSEN 1, 317. – [12] a. a. O. 315. – [13] 318. – [14] FR. NIETZSCHE, Werke, hg. SCHLECHTA 1, 97. – [15] ebda.

Literaturhinweis. R. BRINKMANN: Romantische Dichtungstheorie in Fr. Schlegels Frühschriften. Vorzeichen einer Emanzipation des Historischen. Dtsch. Vjschr. Lit.wiss. 32 (1958) 344ff.

E. KRÜCKEBERG

Charakterologie. Die C. hat sich im deutschen Sprachraum und außerhalb der Schulpsychologie entwickelt. Allgemein kann man C. definieren als Lehre von den Erscheinungsformen und der Entwicklung des Charakters. Als Gründungswerke gelten die ‹Beiträge zur C.› (1867) des Pädagogen J. BAHNSEN und die ‹Prinzipien der Charakterkunde› (1910) des Philosophen L. KLAGES. Bahnsen führte als erster den Begriff ‹C.› ein. Klages gilt als der Vater der modernen C., da er den Gegenstand als erster systematisch behandelt hat. Bei beiden hat sich ihre philosophische Herkunft in ihrem charakterologischen Ansatz ausgewirkt. Bahnsen war ein Anhänger Schopenhauers und baute seine C. auf dessen Voluntarismus auf: Der Zwiespalt zwischen Triebwillen und freiem Willen (Neigung und Pflicht) entwickelt und offenbart zugleich die Charakterart des einzelnen. Klages hingegen war der Philosophie Nietzsches verpflichtet. In ihr fand er das Widersachertum von Geist und Seele vorgebildet. So kann man zu Recht sagen, die C. habe ihren Ursprung in der Erkenntnis der Konflikthaftigkeit der menschlichen Natur.

Der Zwiespalt bildet auch den Ausgang der ersten ‹Lehre vom Charakter› (1936) innerhalb der deutschen Universitätspsychologie von R. HEISS. Er sieht den menschlichen Grundkonflikt in der Richtungsverschiedenheit von Trieb und Fähigkeit. Die Auseinandersetzung mit diesem Zwiespalt formt den Charakter und macht das Wesen, den Kern der Persönlichkeit manifest. Heiss hat auch bereits den Schichtungsgedanken in seine Charakterlehre einbezogen, der nun die weitere Entwicklung der C. bestimmt. Er unterscheidet die vitale

Tiefenpersönlichkeit und die bewußte Persönlichkeit [1].

1938 veröffentlichte PH. LERSCH sein für Jahrzehnte führendes charakterologisches Werk ‹Der Aufbau des Charakters› (ab 1951: ‹Aufbau der Person›), in dem die Schichtentheorie im Zentrum steht. Lersch schließt sich dabei an Freud («Ich-Es») und Klages («Geist-Seele») an, ohne die These vom feindlichen Gegensatz der Schichten zu übernehmen: «Endothymer Grund und personeller Oberbau» können konflikthaft auseinandertreten, stehen aber grundsätzlich in Funktionseinheit [2].

Auf der Grundlage der Ganzheitspsychologie und Strukturtheorie verbindet A. WELLEK den Schichtenaufbau mit dem Polaritätsgedanken. Ihm zufolge ist der eigentliche Gegenstand der Charakterforschung die metaphysisch reale Struktur, die im Sinne F. KRUEGERS als ein Gefüge von Dispositionen verstanden wird. Charaktereigenschaften sind typische Ausprägungsmöglichkeiten der Struktur [3].

Ein wichtiges Teilgebiet der C., das wissenschaftshistorisch am Anfang steht, ist die Typologie. Unter charakterologischem Aspekt bearbeitet sie das Problem der Grundeigenschaften des Menschen. Typologien haben sodann eine klassifikatorische Funktion: Sie machen die Erscheinungsfülle von Eigenschaften überschaubar. Schließlich sind sie für die praktische Charakteranalyse Zugänge zum Individualcharakter.

Ein von der Psychoanalyse angeregtes Forschungsthema ist die Frage nach den Werdensgründen des Charakters (genetische C.) [4]. Beiträge liefern die Zwillingsforschung [5] und die Längsschnittuntersuchungen [6].

R. HEISS bezieht in den Aufgabenbereich der C. auch die Frage nach dem Ziel der Charakterentwicklung ein. Dieses ist ihm zufolge die innere Festigkeit der Person, die sich als Standfestigkeit in Krisen und Konflikten bewährt [7]. F. KÜNKEL nennt als Reifungsziel die freie Persönlichkeit [8], W. ARNOLD die an einem wertgebundenen Geistideal ausgerichtete Persönlichkeit [9].

Wie der Begriff Charakter von dem der Persönlichkeit, so ist der Name C. von dem der Persönlichkeitspsychologie abgelöst worden. In den angelsächsischen Ländern trat der Forschungsbereich der C. von Anfang an unter dem Titel ‹Persönlichkeitspsychologie› auf. Wollte man einen Unterschied herausstellen, so ließe sich die C. als vorwiegend systemorientiert, die Persönlichkeitspsychologie als faktenorientiert beschreiben. Dementsprechend arbeitet diese hauptsächlich mit operational-statistischen, jene mehr mit phänomenologisch-deskriptiven Methoden.

Anmerkungen. [1] R. HEISS: Die Lehre vom Charakter (1936) 95ff. 241ff. – [2] P. LERSCH: Der Aufbau der Person (⁷1956) 74ff. 471ff. – [3] A. WELLEK: Die Polarität im Aufbau des Charakters (²1959) 21ff. – [4] H. THOMAE: Entwicklung und Prägung, in: Hb. Psychol. 3 (1959) 240ff.; L. J. PONGRATZ: Frühkindliche Prägung und Charakterentwicklung, in: Jb. Psychol., Psychother. u. med. Anthropol. 7 (1960) 312ff. – [5] K. GOTTSCHALDT: Das Problem der Phänogenetik der Persönlichkeit, in: Hb. Psychol. 4 (1960) 222ff. mit Lit. – [6] H. THOMAE: Forschungsmethoden der Entwicklungspsychol., in: Hb. Psychol. 3 (1959) 64ff.; R. MEILI und G. MEILI-DWORETZKI (Hg.): Beiträge zur genetischen C. (1957ff.). – [7] HEISS, a. a. O. [1] 169ff. – [8] F. KÜNKEL: Einf. in die Charakterkunde (¹³1962) 145. – [9] W. ARNOLD: Person, Charakter, Persönlichkeit (²1962) 351ff.

Literaturhinweise. W. STERN: Die menschliche Persönlichkeit (³1923). – E. UTITZ (Hg.): Jb. der C. 1-8 (1924ff.). – A. A. ROBACK: The psychol. of character (1927); A bibliogr. of character and personality (1927). – R. LE SENNE: Traité de caractérol. (1945). – R. HEISS: Die Lehre vom Charakter (1936; ²1949). – G. W. ALLPORT: Personality (1937; dtsch. 1949). – E. SCHNEIDER: Person und Charakter (³1950). – B. WITTLICH: Wb. der Charakterkunde (³1950). – L. KLAGES: Grundlagen der Charakterkunde (1910, ¹¹1951). – P. HELWIG: C. (²1952). – H. THOMAE: Persönlichkeit (²1955). – G. PFAHLER: Der Mensch und seine Vergangenheit (⁴1957). – H. v. BRACKEN und H. P. DAVID: Perspektiven der Persönlichkeitstheorie (1959). – A. WELLEK: Die Polarität im Aufbau des Charakters (²1959). – M. KOCH: Die Begriffe Person, Persönlichkeit, Charakter, in: Hb. Psychol. 4 (1960). – H. ROHRACHER: Kleine Charakterkunde (⁹1961). – E. KRETSCHMER: Körperbau und Charakter (1921, ²⁴1962). – F. KÜNKEL: Einf. in die Charakterkunde (1928, ¹³1961). – P. LERSCH: Aufbau der Person (1938, ⁸1962). – P. MESNARD: La caractérol. Rev. int. caractérol. 4 (1962). – P. SKAWRAN: Person und Persönlichkeit (1963). – W. ARNOLD: Person, Charakter, Persönlichkeit (³1969).

L. J. PONGRATZ

Charisma (χάρισμα)

I. ‹C.› ist ein Begriff, der bereits in der *Septuaginta* begegnet. Im Buch ‹Sirach› (allerdings nur nach dem Codex Sinaiticus; Codex Alexandrinus und Codex Vaticanus haben χάρις; zwar verwendet Vaticanus auch einmal χάρισμα, doch liegt sehr wahrscheinlich eine Vertauschung mit χρῖσμα vor) hat ‹C.› die Bedeutung «Gabe des Menschen», die er jedem Lebenden schenken soll [1]. – Außerhalb der ‹Septuaginta› erscheint ‹C.› in der jüdischen Literatur bei PHILON VON ALEXANDRIEN: «Gnadengabe Gottes (χάρισμα θεοῦ) ist alles in der Welt und die Welt selbst» [2].

Im Neuen Testament wird ‹C.› nur bei PAULUS und im ersten PETRUSbrief verwendet (Vulgata: ‹gratia›, ‹donum›, ‹donatio›, ‹charismata›). Es hat hier nur theologische Bedeutung und wird, anders als bei Philon, nur auf den Menschen bezogen: C. ist eine Gabe, die dem Menschen von Gott zuteil geworden ist (donum, donatio) [3]. Heilsgeschichtlich sind Sündenfall und Gnadengabe (donum) zwei konträre Verhältnisse: Durch die Sünde des Einen kam die Verdammung; doch führt die Gnade (gratia) aus vielen Verfehlungen zur Rechtfertigung [4]. Weiterhin hat ‹C.› die Bedeutung von unverdientem Heil, sei es in diesem Leben als Gnadengeschenke (dona) [5], sei es als ewiges Leben in Christus (gratia) [6]. Die Vermittlung der Gnadengabe (gratia) kann sowohl durch das Festwerden des Zeugnisses Christi bei den Menschen [7] geschehen wie auch durch einen sakramentalen Akt [8]. Die wichtigste Bedeutung von ‹C.› zeigt sich im Zusammenhang des Gemeinde- und Kirchenbegriffs. So will Paulus der Gemeinde der Römer das χάρισμα πνευματικόν (gratia spiritualis) mitteilen [9]. Gemeint ist hiermit die Tröstung durch den Glauben, die die Gemeinde durch Paulus und Paulus durch die Gemeinde erlangt. Im ersten Petrusbrief sollen die Gläubigen einander mit der Gnadengabe (gratia), die sie empfangen haben, dienen [10]. Die bedeutsamste Stelle zum Verhältnis von C. und Kirche steht im Kontext der paulinischen Leib-Christi-Lehre: «Es gibt Zuteilungen von Gnadengaben (gratiae), aber nur einen Geist (πνεῦμα)». Es folgt die Aufzählung der einzelnen Gnadengaben, die Paulus aber nicht in vollständiger Liste darstellt. Wichtig ist, daß hier zwischen Amt und C. noch nicht unterschieden wird (im gleichen Zusammenhang sind Apostel, Propheten und Lehrer genannt) [11].

Erst in der nachapostolischen Zeit kommt es zur Scheidung von Amt und C. (Propheten). Dies führt zur Auseinandersetzung von Amt und C. im Montanismus, Messalianismus und Donatismus [12]. C. wird vom Amt bis in die Gegenwart hinein abgegrenzt als «eine auf das Heil in Christo abzielende, nicht durch Sakramente institutionell vermittelte, vom Menschen her nicht erzwingbare Einwirkung des Geistes Gottes auf den Glaubenden» [13].

Anmerkungen. [1] Sir. 7, 33; vgl. 38, 30. – [2] PHILON ALEXANDRINUS, De allegoria III, 78, hg. F. H. COLSON/G. H. WHITAKER

(London/Cambridge, Mass. 1956) 352. – [3] 1. Kor. 7, 7; 2. Kor. 1, 11. – [4] Röm. 5, 15. – [5] Röm. 11, 29. – [6] Röm. 6, 23. – [7] 1. Kor. 1, 7. – [8] 1. Tim. 4, 14; 2. Tim. 1,6. – [9] Röm. 1, 11. – [10] 1. Petr. 4, 10. – [11] 1. Kor. 12, 4-31; vgl. Röm. 12, 6. – [12] K. RAHNER: Art. ‹Das Charismatische in der Kirche›. Lex. Theol. u. Kirche 2 (²1958) 1028f. – [13] J. GEWIESS, Art. ‹C.› a. a. O. 1025.

Literaturhinweise. T. PFANNER: Diatribe de charismatibus ... (1680). – F. A. STAUDENMAIER: Pragmatismus der Geistesgaben (1835). – D. SCHULZ: Die Geistesgaben der ersten Christen ... (1836). – H. CREMER: Die Fortdauer der Geistesgaben in der alten Kirche (1890). – M. LAUTERBURG: Der Begriff C. und seine Bedeutung für die praktische Theol. (1898). – B. MARÉCHAUX: Les charismes du Saint Esprit (Paris 1921). – A. KEMMER: C. Maximum. Untersuch. zu Cassians Vollkommenheitslehre und seiner Stellung zum Messalianismus (Löwen 1938). – F. GRAU: Der neutestamentl. Begriff C. und seine Theol. (Diss. Tübingen 1946, Ms.). – J. BROSCH: C. und Ämter in der Urkirche (1951). – H. U. V. BALTHASAR: Besondere Gnadengaben und die zwei Wege menschlichen Lebens: Kommentar zu S. theol. II/II, 171-182 = dtsch. Thomas-A. 23 (1954). – K. RAHNER: Das Charismatische in der Kirche. Stimmen der Zeit 160 (1957) 161-186. – E. KÄSEMANN: Die Legitimität des Apostels (1959). – G. EICHHOLZ: Was heißt charismatische Gemeinde? 1. Kor. 12 (1960). – P. PERELS: C. im NT. Fuldaer Hefte 15 (1964). – H. KÜNG: Die charismatische Struktur der Kirche. Concilium 1 (1965) 282-290. Red.

II. – 1. Der Begriff ‹C.› ist durch M. WEBER technisch geworden zur Bezeichnung der Begnadung bestimmter Persönlichkeiten mit besonderen, «außeralltäglichen» Fähigkeiten («Gnadengaben») [1] in den Augen einer verehrenden Gemeinde und Anhängerschaft. Über die Persönlichkeit des Charismatikers an und für sich ist durch die soziologische Bestimmung der «Geltung», gemäß dem Weberschen Prinzip der Werturteilsfreiheit, nichts ausgesagt. Daher wendet Weber den Begriff des ‹C.› nicht nur in der Religionssoziologie an, sondern auch in der politischen Soziologie: Neben dem «traditionalen» und dem «legalen» (bzw. «rationalen») nennt er als dritten Herrschaftstypus die «charismatische Herrschaft» [2], basierend auf einer «charismatischen Legitimitätsgeltung». Da aber Herrschaft als Institution auf Dauer gestellt ist, ergeben sich für Weber die Probleme der «Veralltäglichung» des C. und der Nachfolge [3]. Weber hat entdeckt, daß es zwei prinzipiell mögliche Weisen der Institutionalisierung gibt, die beide das «eigentliche», d. h. persönliche C. durch Veralltäglichung überschreiten, aber dennoch in einem abgeleiteten Sinne als C. gelten können: 1. das gentile C., bei dem die Gnadengaben an der «Blutslinie» der Familie, Sippe oder «Dynastie» haften; 2. das Amts-C., bei dem die Gnadengaben einem spezifischen Amt eigen sind. Weber differenziert also in «charismatisch», «erbcharismatisch» und «amtscharismatisch» [4]. In der Auseinandersetzung mit Weber lehnt K. KAUTSKY C. als politische Kategorie ab, da der Begriff «C.» in «magischer Wendung» einen «mystischen Zug» [5] in die Analyse der «tatsächlichen Gründe dieser Überlegenheit» bringe [6]. Dennoch ist der von Weber aus der Fülle religionsvergleichender Anschauung heraus zu einem universal-gültigen Typus entwickelte Begriff des C. in den letzten Jahrzehnten vor allem durch a) religions-ethnographische, b) kultursoziologische und c) politisch-soziologische Forschungen gesichert worden.

a) In der *Religionsethnographie* kommen hier die Begriffe für «übernatürlich» und «außeralltäglich» wirksame Kräfte in Betracht: ‹mana› (polyn.), ‹orenda› (irokes.), ‹chvarna› (avest.), ‹hamingja› (altnord.). Diese können als Spezifikationen von C. angesehen werden, als die gewissen Personen (oder Dingen) innewohnenden und von ihnen ausstrahlenden («emanierenden») Qualitäten. Die Gaben zu hervorragender Leistung als Zauberer, Redner, Prophet, Künstler, alle Erfolge und Machtauswirkungen werden als Emanation von *mana* aufgefaßt, das als Prädikat für eine Person die Gloriole des Erfolges bezeichnet. Eine religionsphänomenologische Analyse des Kraft- und Machtglaubens hat erwiesen, daß die charismatischen Qualitäten viele Elemente des Numinosen (R. OTTO) enthalten: *majestas* (das Überlegene), *energicum* (das Zwingende), *tremendum* (das Unheimliche), *fascinans* (das Lockende), namentlich aber das *mirum* (das Besondere) als Qualität des «Außeralltäglichen» [7]. Über die Beschreibung charismatischer Personen hinaus ist auch der Versuch gemacht worden, das gesamte «charismatische Milieu» zu beschreiben, in dem der Machtglaube entsteht [8]. OTTO nennt das charismatische Milieu «das Milieu der Urgemeinde allgemein» und meint, es gebe «dämonisierte Zeitalter» [9], die seiner Entstehung günstig seien. Gekennzeichnet ist es durch eine Atmosphäre von Wunderglauben und -sucht, reduziertem kritischem Vermögen, das Auftreten von Propheten, Wundertätern u. a.

b) Die charismatischen Geltungen sind auch außerhalb des eigentlich religiösen Gebiets in «säkularen» Anwendungsbereichen unter den gleichen Kategorien (mana, numinose Qualitäten) beschreibbar, z. B. in den *kultursoziologischen* Analysen über die Erfolgs- und Legendenbildung um berühmte Personen, bei der Ruhmentstehung eines «Nimbus» oder dem Erwachsen eines «Genie-Mythos». LANGE-EICHBAUMS Formel «Genie ist Nimbus» [10] reduziert tatsächlich die geniale Seinsqualität kultursoziologisch auf «Geltung».

c) Für charismatische Herrschaft haben zuhanden der *politischen Soziologie* gerade die charismatischen Führergestalten des 20. Jh. reiches Illustrationsmaterial geliefert; unabhängig von der Bewertung: Gandhi, Sun-Yat-sen, Lenin, Kemal Atatürk, Mussolini, Hitler, Peron, Mao Tse-tung u. a. Auch hier ist der Anwendungsbereich säkular; WEBER hatte gesagt: Der moderne «Prophet» sei Demagoge.

2. Die *neuere* Forschung hat ihre Aufmerksamkeit in stärkerem Maße dem Gentil- und dem Amts-C. gewidmet. Schon in der urchristlichen Gemeinde, in der die Begriffe ‹pneuma› und ‹C.› fast gleichbedeutend waren, hafteten die Charismen der Idee nach nicht an einer führend sich heraushebenden Person, sondern an jedem Gemeindemitglied kraft der Taufe. Dem entgegenzustellen sind alle gentilen C-.Auffassungen, die an eine Auszeichnung durch die Geburt appellieren. Eine biologistische Variante ist der Glaube, daß bestimmte «edle» Rassen von der Natur besonders begnadet seien. Die Übertragung eines charismatischen Auserwähltheitsgedankens auf ganze Völker oder Rassen liegt schon dem jahwistisch geprägten Selbstverständnis des alten Israel zugrunde.

Die Veralltäglichung des C. wird heute im Zusammenhang mit der Institutionalisierung begriffen. Auch hier bietet die Religionsphänomenologie wieder die einprägsamsten, wenn auch nicht die einzigen Beispiele, z. B. den – schon von WEBER gekennzeichneten – «Verpfründungsprozeß» in der buddhistischen Gemeinde und die allmähliche Entwicklung eines Amts-C. in der alten christlichen Kirche. Für den Ablauf politischer Systeme und Revolutionen gilt das Gleiche: Charismatische Herrschaften werden durch den Zeitablauf als solchen notwendig traditionalisiert und legalisiert: «Die antiautoritäre Umdeutung des C. führt normalerweise in die Bahn der Rationalität» [11].

3. Die Erfahrungen mit den charismatischen Diktatoren und die Ergebnisse der neueren *Sozialpsychologie* haben gezeigt, daß gerade dann, wenn der Faktor der «Veralltäglichung» allzu selbstverständlich herrschend wird, die Gefahr charismatischer Neuaufbrüche entsteht: Eben aus dem Bedürfnis des Menschen, besonders der jungen Generation, nach dem Neuen, dem Außeralltäglichen. Diesem Bedürfnis kann auch nicht einfach durch eine Stützung der Ordnungsmächte begegnet werden.

4. Die Wiederentdeckung des C. und die Analysen des C. stehen in engstem Zusammenhang mit der Vermehrung der tiefen- und sozialpsychologischen, religionsphänomenologischen, kultur- und politisch-soziologischen Einsichten. Die seit Weber erkennbare Akzentverschiebung vom «Charismatiker» auf das charismatische Medium ist bestimmt durch die moderne Kategorie der Intentionalität, die zwischen Ich-Pol («Gefolgschaft», «Gläubige») und Gegenstandspol («Charismatiker») nur noch ein bewegtes Medium erkennt, indem sie das «Sein» des «Charismatikers» durch phänomenologische Reduktion auf ein Gelten reduziert. Für die wissenschaftliche Betrachtung tritt der Träger der charismatischen Qualitäten (der «Charismatiker») fortan nur noch apostrophiert auf.

Anmerkungen. [1] M. WEBER: Wirtschaft und Gesellschaft (⁴1956) 1, 141; Kap. 3, § 10. – [2] a. a. O. 1, 140ff.; 2, § 10. – [3] 1, 142; 3, § 11. – [4] 1, 124; 3, § 2. – [5] K. KAUTSKY: Die materialistische Geschichtsauffassung (1927) 2, 480f. – [6] a. a. O. 2, 482. – [7] Vgl. R. OTTO: Das Heilige (1917, ²⁶1947). – [8] Vgl. W. E. MÜHLMANN: Charismatisches Milieu, in: Chiliasmus und Nativismus (²1964) 251ff. – [9] OTTO, a. a. O. [7]. – [10] W. LANGE-EICHBAUM: Genie, Irrsinn und Ruhm (1927, zit. ⁵1956). – [11] M. WEBER, a. a. O. [1] 1, 157.

Literaturhinweise. R. OTTO s. Anm. [7]. – M. WEBER s. Anm. [1]; Ges. Aufsätze zur Religionssoziol. (1920/21, ³1923). – W. LANGE-EICHBAUM s. Anm. [10]. – W. E. MÜHLMANN: Max Weber und die rationale Soziol. (1966); Mahatma Gandhi. Der Mann, sein Werk und seine Wirkung. Eine Untersuch. zur Religionssoziol. und polit. Ethik (1950); Homo creator. Abh. zur Soziol., Anthropol. und Ethnol. (1962); s. Anm. [8]. W. E. MÜHLMANN

Chassidismus (von hebr. chassid, gottesfürchtig) ist der Name einer religiösen Bewegung des Ostjudentums bzw. der theologischen und ethischen Lehre dieser Bewegung, die in Polen vor der Mitte des 18. Jh. entstanden ist. Sie wurde gegründet von Rabbi *Israel Baal Schem Tow* (Meister des Guten Namens; gest. 1760). Der C. stellt das Gefühlselement der Religion in den Vordergrund und bekämpft den Intellektualismus des Rabbinismus. Besonders wichtig ist der Glaube und die Hingabe an den charismatischen Führer, den Zaddik. – Die *kabbalistischen* Schriften werden vom C. als heilig angesehen, viele Elemente der kabbalistischen Theologie werden übernommen. Die Zaddikim sind auch praktische Kabbalisten. Im Gegensatz zu den älteren Kabbalisten ist aber das Lebensgefühl und die moralische Grundeinstellung des C. optimistisch und aktivistisch. Die Freude ist vom C. nicht nur für erlaubt erklärt, sondern wird geradezu als Bedingung des heiligen Lebens angesehen. Tanz, Essen, Trinken, Singen gehörten zum chassidischen Alltag, besonders aber zu den Feiertagen. Im C. wird die Wichtigkeit des einzelnen, auch des einfachen Menschen hervorgehoben. Der Mensch beeinflußt durch seine Tätigkeit den ganzen Kosmos, auch die oberen Welten.

Große chassidische Meister waren: Rabbi *Lewi Jizchak* aus Berditschew; R. *Nachman* aus Brazlaw, der Urenkel des Baal Schem (1772–1810); *Schneur Salman* (1748 bis 1812), der eine Systematik der chassidischen Theologie geschrieben hat.

Dank der literarischen Aktivität *M. Bubers* ist der modernisierte C. eine über die jüdische Theologie weit hinausreichende geistige Bewegung geworden.

Literaturhinweise. S. A. HORODEZKY: Relig. Strömungen im Judentum, mit bes. Berücksichtigung des C. (1920). – M. BUBER: Die chassidischen Bücher (1928). – S. DUBNOW: Gesch. des C. 1. 2 (1932). – J. G. WEISS: Das Paradoxe des Glaubens in der Lehre des R. Nachman von Brazlaw. Festschrift S. Schocken (Jerusalem 1952). – G. SCHOLEM: Die jüdische Mystik in ihren Hauptströmungen (1957). – E. K. J. HILBURG: Der C. Germania Judaica 7 (1968) Nr. 2/3. G. NADOR

Chemismus. Das Wort taucht im Laufe des 18. Jh. auf und bezeichnet im Gegensatz zu ‹Mechanismus› zunächst eine chemische Welttheorie, welche z. B. die Vorgänge im Organismus auf rein chemische Ursachen zurückführt. Der Ursprung dieser Theorie ist bei PARACELSUS und in der mit ihm beginnenden Iatrochemie zu suchen, welche die Erscheinungen im Organismus aus der Polarität von Saurem und Basischem erklären wollte. FRANÇOIS DE LE BOË SYLVIUS (1614–1672) versuchte in diesem Sinne den normalen und pathologischen Ablauf der biologischen Vorgänge durch das Verhältnis von sauren und alkalischen Korpuskeln im Organismus zu erklären, denen er spitzige bzw. runde Formen zuschrieb. L. OKEN nannte ‹C.› die von ihm als «unorganische» Grundvorgänge der Verdauung [1] angesehenen Prozesse der «Fluidierung» und «Bildung» [2]. Später, vor allem im 19. Jh., wurde der Ausdruck eine beliebte Bezeichnung für die Gesamtheit aller chemischen Prozesse im Organismus, um diese gegen die rein mechanisch erklärbaren Funktionen abzuheben. So spricht z. B. J. HUBER davon, daß «die ganze Mechanik und der C. nicht in den Tiefen der Natur selbst vorhanden» seien [3]. In HEGELS Naturphilosophie ist der C. dadurch gekennzeichnet, daß jedes Ding «an sich das Andere ist» und in ein anderes überzugehen bestrebt ist [4]. Der chemische Prozeß ist das «Höchste, wozu die unorganische Natur gelangen kann» und leitet deshalb zum Organismus über [5], ja er ist ein «Analogon des Lebens» [6]. So liegt es nahe, daß Hegel in seiner ‹Logik› diesen Begriff auch auf das Gebiet des Geistigen überträgt, um damit das Verhältnis zwischen differenten Objekten zu bezeichnen. Differente Objekte sind das, «was sie sind, nur durch Beziehung auf einander» [7], sie haben also einen «absoluten Trieb, sich durch und in einander zu integrieren» [8]; sie bleiben nicht in ihrem «unmittelbaren Gesetztseyn» und «individuellem Begriff», sondern stehen in einem «Streben» und «Prozeß» aufeinander. Diese Spannung bedeutet den «Widerspruch gegen die eigene Einseitigkeit» und hebt diese auf. Es tritt damit Ausgleich und Vereinigung «zu einem Neutralen» ein. Diese beiden Prozesse bleiben jedoch noch äußerlich, die neutrale Einheit ist noch nicht real. Erst auf einer dritten Stufe «hebt der C. durch diesen Rückgang in seinen Begriff sich auf, und ist in eine höhere Sphäre übergegangen» [9]. «Was dadurch zu Stande kömmt, das ist das Freiwerden des C. und im Mechanismus nur erst an sich vorhandenen Begriffs und der hiermit für sich existirende Begriff ist der Zweck» [10].

Anmerkungen. [1] Vgl. Art. ‹Galvanismus›. – [2] L. OKEN: Lehrbuch der Naturphilos. (1809, ³1830) Nr. 122. – [3] J. HUBER: Die Forsch. nach der Materie (1877) 94. – [4] HEGEL, Werke, hg. GLOCKNER 9, 392. – [5] a. a. O. 9, 448. – [6] 9, 392. – [7] 8, 405. – [8] 7, 412. – [9] 5, 200–206; vgl. 6, 121f. – [10] 8, 413; vgl. 5, 208. H. M. NOBIS

Chiffre ist abgeleitet vom arab. ‹sifr›, ‹leer›, was zugleich ‹Zahlzeichen ohne absoluten Wert›, ‹Null›, bedeutet. In dieser Bedeutung drang es im 13. Jh. in die romanischen und germanischen Sprachen. Als das italienische ‹nulla› es ersetzte, wurde es frei für ‹Zahlzeichen›. In diesem Sinn ist ‹ziffer› in der deutschen Sprache um etwa 1400 belegt [1]. ‹C.› wurde dann im 18. Jh. für ‹Geheimzeichen› aus dem Französischen übernommen.

Der C.-Gedanke hat seinen Ursprung im Verständnis der Natur als einer zweiten Quelle der göttlichen Offenbarung. Er verbindet sich im Mittelalter mit den Spekulationen über das Buch der Natur, im Humanismus mit dem Interesse an den ägyptischen Hieroglyphen, im 16. und 17. Jh. mit der Signaturenlehre von PARACELSUS und J. BOEHME.

Als metaphysischer Begriff tritt ‹C.› erstmals (1758) bei HAMANN auf: «Das Buch der Natur und der Geschichte sind nichts als Chyffern, verborgene Zeichen, die eben den Schlüssel nötig haben, der die heilige Schrift auslegt und die Absicht ihrer Eingebung ist» [2]. Ihre Deutungen sind, gleich wie die der heiligen Schriften, nur menschliche «Lesarten» [3] eines göttlichen Textes und als solche nie endgültig. – SCHILLER wendet den Begriff ‹C.› allein auf die Natur an: «Die Gesetze der Natur sind die C., welche das denkende Wesen zusammen fügt, sich dem denkenden Wesen verständlich zu machen – das Alphabet, vermittelst dessen alle Geister mit dem vollkommensten Geist und mit sich selbst unterhandeln» [4]. – KANT spricht in gleicher Weise von der «C.-Schrift» als einer Geheimschrift, «wodurch die Natur in ihren schönen Formen figürlich zu uns spricht» [5]. Sie wird, nach SCHELLING, durch «die Erscheinung der Freiheit in uns» [6] deutbar, obwohl immer nur in Ansätzen [7].

Neue philosophische Relevanz erhält der Begriff der C. bei JASPERS. C. ist für ihn Medium, in dem die Transzendenz, die selber wirklich erscheint, für mögliche Existenz zur Gegenwart kommt. Sie ist Sprache der Transzendenz. Alles (Natur, Geschichte, Kunstwerke, philosophische Systeme, Mythen, der Mensch) kann C. werden. Sie ist nicht Träger fixierter wirklicher, sondern schwebender möglicher Bedeutung, die ihre Wirklichkeit erst in der existentiellen Aneignung aus dem Selbstsein des je Einzelnen erlangt. Es gibt deshalb keine Methode, die C. ‹richtig› zu lesen und kein geschlossenes System der C. [8].

Anmerkungen. [1] J. und W. GRIMM: Dtsch. Wb. 15 (1956) 1239–1248. – [2] Werke, hg. NADLER 1 (1949) 308. – [3] a. a. O. 2 (1950) 203f. – [4] National-A. 20 (1962) 116. – [5] KU § 42. – [6] Werke, hg. K. F. A. SCHELLING 3 (1858) 608. – [7] a. a. O. 628. – [8] Philos. (³1956) 128–236; Von der Wahrheit (²1958) 1022–1054; Der philos. Glaube angesichts der Offenbarung (²1963) 153–428. 451–460.

Literaturhinweise. E. CASSIRER: Individuum und Kosmos in der Philos. der Renaissance (1927). – H. LOOFF: Der Symbolbegriff in der neueren Religionsphilos. und Theol. Kantstudien Ergh. 69 (1955) bes. 114–125. – H. A. SALMONY: J. G. Hamanns metakritische Philos. 1 (1958) 149–164. – X. TILLIETTE: Sinn, Wert und Grenze der C.-Lehre. Stud. philos. (Basel) 20 (1960) 115–131. H. SANER

Chiliasmus

I. ‹C.› (von griech. χίλιοι, tausend), besonders im englischen Sprachgebrauch auch ‹Millennarismus› (von lat. millennium, Zeitraum von tausend Jahren), bezeichnet zunächst den auf Apk. 20, 4 fußenden Glauben an ein tausendjähriges Friedensreich auf Erden, das der endgültigen Erfüllung der Heilsgeschichte mit ihrer Überführung der positiven Schöpfung in die Transzendenz vorangeht. Im weiteren Sinne versteht man unter C. die Gesamtheit eines soteriologischen Geschichtsdenkens, das sich des gegebenenfalls baldigen Erreichens eines zukünftigen Idealzustandes ernsthaft gewiß glaubt. Die Geschichte des C.-Phänomens bietet sich reichhaltiger als die des Begriffes; Merkmal des historischen Schicksals der chiliastischen Substanz ist ihre Säkularisierung.

1. Vorstufen zum neutestamentlich begründeten C. finden sich außerhalb jüdischer Tradition bereits im *Parsismus*. Dem Propheten ZARATHUSTRA wird für die Zeit nach dem Endkampf zwischen Gut und Böse von seinem Gott verkündigt: «Dann weichen Bedrückung und Feindschaft aus der Welt, und für tausend Jahre stelle ich den Anfang wieder her» [1]. Direktes *alttestamentliches* Erbe ist das Hoffen auf Wiederherstellung des jüdischen Staates durch den Messias und Frieden unter den Völkern in der gemeinsamen Verehrung Jahves. JEREMIA (11) beschreibt eine Zukunft, in der Gerechtigkeit, Treue und ein solcher Friede herrschen werden, daß selbst die wilden Tiere sich zu harmlosen Gefährten der Menschen wandeln. DANIEL (7) bezieht seine Weissagung auf vier konkret verstandene Weltreiche, die einst vom *ewigen* Reich des Volkes Gottes abgelöst werden. Detaillierte Chronologien zum kommenden Reich enthält häufig die außerkanonische Literatur, die bis ins Mittelalter hinein wirksam wird. Im 4. Esra-Buch erscheint der Glaube an ein *vierhundert*jähriges Reich des Messias, welches auf den Endkampf der Völker folgt. Gemeinsam ist iranischen und jüdischen Vorstellungen der strenge Dualismus, aus dem die Identifizierungen der eigenen Nation mit dem jeweils Guten erwachsen, somit die eminent politische Rolle des Endkampfs, dem sich die Weltherrschaft des Siegenden anschließt.

2. Das frühe *Christentum* integriert vorerst die johanneische Weissagung als Glaubenswahrheit, in außerkanonischen Strömungen findet sie nach wie vor fruchtbaren Boden. Eine Stütze erfährt der C.-Glaube durch eine bereits ererbte Exegese der Genesis: den sechs Schöpfungstagen und dem siebenten als Ruhetag sollen sechs Jahrtausende allgemeiner Weltgeschichte und tausend Jahre göttlichen Friedens entsprechen, da nach Psalm 90 für Gott tausend Jahre wie ein Tag sind.

Während IRENÄUS ausdrücklich betont, daß die Gerechten einst auf eben dieser Erde, die auch der Ort der Mühen und des Strebens war, die Früchte ihres Tuns empfangen und sich einer in der ursprünglichen Zustand versetzten Schöpfung erfreuen sollen [2], wird dies von ORIGENES abgestritten [3], der eine Vorrangigkeit individueller Eschatologie vor kollektiver Erlösung und kollektivem Lohn annimmt. Exegetische Differenzen ergeben sich aus der Frage, ob die Seinsweise während des Tausendjährigen Reiches mehr als «crassus», also gegenständlich-sinnlich, oder als «subtilis», mehr spirituell, gedeutet werden müsse. Der freien Auseinandersetzung um den C. wird darauf einstweilen ein Ende gesetzt durch die Stellungnahme des HIERONYMUS, der in seinem Jeremia-Kommentar das Tausendjährige Reich grundsätzlich verwirft, vor allem aber durch AUGUSTIN, der die Vertreter der verurteilten Doktrin nun beim Namen nennt. Jene χιλιασταί [4] oder «millennarii» [5] sind Irrlehrer: nur fleischlich gesinnte Menschen vermögen jener Lehre überhaupt etwas abzugewinnen: «Ista possunt nisi a carnalibus credi» [6]. Denn das Reich Gottes auf Erden ist bereits da, es hat mit dem Christentum begonnen, es ist die *Kirche*. Seit Augustin verfällt jeder, der das Tausendjährige Reich der ‹Apokalypse› wörtlich versteht, dem Vorwurf der Häresie. Dies wird 431 auf dem Konzil von Ephesus dogmatisiert. So sieht sich noch JOACHIM VON FIORE, der mit seiner Verkündigung eines «Dritten Reichs», des Reichs des Heiligen Geistes, in chiliastischer Tradition steht, gezwungen, AUGUSTIN, dem er eigentlich widersprechen müßte, auf seltsame Weise zu integrieren. Wenn er in seiner ‹Expositio in Apocalypsim› die oben wiedergegebene Stelle in ‹De civitate Dei› (XX, 7) zitiert, interpretiert er so, als ob Augustin den C. halb ablehne, halb akzeptiere, und nutzt die Aussage der ‹Apokalypse› gerade *nicht* für seinen Zukunftsentwurf, der das Denken noch so vieler Jahrhunderte befruchten sollte.

Im Volke leben die Millenniumshoffnungen intensiv fort, häufig wieder genährt aus der Apokalyptik des hellenistischen Judentums, aus Schriften wie den ‹Sibyllinischen Weissagungen›, dem ‹Testament der zwölf Patriarchen›, der Petrus-Apokalypse und dem ‹Barnabas-Brief›, welche von Endzeitkönigen und dem Auftreten des Antichrist sprechen. Gerade zu Notzeiten ist der mittelalterliche Mensch bereit, in den politischen Geschehnissen der Gegenwart, in bedrängenden Einfällen äußerer Feinde «Gog und Magog» des Alten Testaments wiederzuerkennen und so erfahrene Gegenwart einzuordnen in den unfehlbar und unaufhaltsam ablaufenden Plan einer Heilsgeschichte, die das Kommen eines Besseren nach Zeiten der Prüfung verspricht. Solches Deuten und Sehnen erreicht einen Höhepunkt im Umkreis der Reformation und der Reformationskriege. Immer stärker tritt auch der sozialrevolutionäre Charakter einzelner Bewegungen hervor. Nachdem schon im 14. Jh. während des englischen Bauernaufstandes das berühmte Wort JOHN BALLS die Runde machte: «Als Adam grub und Eva spann, wer war da ein Edelmann?», nachdem die böhmischen Taboriten mit Gewalt ihr Reich errichten wollten, der PAUKER VON NIKLASHAUSEN seine aufrührerischen Predigten hielt, versuchte schließlich die Bewegung THOMAS MÜNZERS – im Gegensatz zu LUTHER, der nach der Zerstörung des Papsttums ein nichtirdisches Königreich Gottes annimmt –, den Beginn eines Tausendjährigen Reiches vom Charakter einer realisierten Utopie zu setzen.

Stets müssen die Propheten des Reichs der Verfolgung durch Kirche und nun auch Staat gewärtig sein. So gibt noch 1657 J. A. COMENIUS, der Bischof und Theologe der «Böhmischen Brüder», eine Sammlung chiliastischer Weissagungen unter dem Titel ‹Lux in tenebris› heraus, und selbst die chiliasmusfreundliche Zeit des Pietismus erlegt ihren Autoren zuweilen Zurückhaltung auf: J. SPENER begnügt sich in seinem Buch ‹Hoffnung künftiger besserer Zeiten› (1693) mit nicht ausformulierten Andeutungen. Dies verhindert nicht, daß gleichzeitig im Zuge steigender Wissenschaftsgläubigkeit allen Ernstes eine *geologische* Begründung des C. versucht wird. Dies geschieht bei W. WHISTON und bei TH. BURNET mit seiner ‹Telluris sacra theoria› (1680), doch bleiben diese Theorien bereits zu ihrer Zeit wirkungslos. Letzte einflußreiche Vertreter des C. sind J. A. BENGEL mit seiner ‹Erklärten Offenbarung› (1740) und F. CH. OETINGER. Bengel setzt sogar das Jahr des Beginns des neuen Reichs fest: 1836 – weit hinaus über seinen eigenen Tod im Jahre 1752. Große Wirkung erzielt noch einmal JUNG-STILLING, der den Tag des Heils auf 1816 datierte und erreichte, daß siebentausend Württemberger die Wanderung zum Berg Ararat unternahmen, um dort den Anbruch des Reiches zu erleben.

Die religiöse Geschichte des C. ist damit keineswegs völlig abgeschlossen: Noch in der Theologie des 20. Jh. zeigt sich die Weissagung der Johannes-Apokalypse als Ausgangspunkt exegetischer Kontroversen; chiliastisches Gedankengut lebt in einzelnen Sekten weiter, so bei den «Zeugen Jehovas».

3. Von allseitiger Integration des C. in die Philosophie kann nicht die Rede sein. Teils wirkt die chiliastische Substanz unbewußt fort und erscheint in neuem Gewande, teils wird sie bewußt umgeformt, teils erscheint der Begriff weiterhin im historischen Sinne. Wesentlich erweist sich vor allem die Übernahme des *Periodisierens* der Geschichte, ohne welchen Grund neuzeitliches lineares Geschichtsverständnis nicht denkbar scheint.

Es ist LESSING, der in direktem Rückgriff auf Joachim von Fiore von einer Dreiteilung der Weltgeschichte und einer rational gedeuteten positiven Zukunft spricht: «Sie wird gewiß kommen, die Zeit eines *neuen ewigen Evangeliums*...» [7]. «Vielleicht, daß selbst gewisse Schwärmer des dreizehnten und vierzehnten Jahrhunderts einen Strahl dieses neuen ewigen Evangeliums aufgefangen hatten; und nur darin irrten, daß sie den Ausbruch desselben so nahe verkündigten» [8]. KANT vollzieht explizit eine Trennung von religiös ererbtem und philosophischem C. Er unterscheidet einen «philosophischen C.», «der auf den Zustand eines ewigen, auf einen Völkerbund als Weltrepublik gegründeten Friedens hofft», und einen «theologischen C.», «der auf des ganzen Menschengeschlechts vollendete moralische Besserung harrt» [9]. Auch die Philosophie könne ihren C. haben, «aber einen solchen, zu dessen Herbeiführung ihre Idee, obgleich nur sehr von weitem, selbst beförderlich werden kann, der also nichts weniger als schwärmerisch ist» [10]. Für SCHOPENHAUER, der den Begriff gemäß der Tradition versteht, gehört C. in das «lange Register menschlicher Verkehrtheiten» [11], während GÖRRES noch im Sinne modernen Fortschrittsglaubens das Emotional-Motorische des C. positiv beurteilt: «auf solche Torheit war das Christentum gebaut, das die Gestalt der Welt verwandelt hat ...» [12]. Nichts mehr vom Sinnlich-Stofflichen des chiliastischen Erbes findet sich im deutschen Idealismus: das Ziel von Geschichte und Menschheit ist für HEGEL – der das Wort ‹C.› nirgends gebraucht – der Übergang zum reinen Bewußtsein der Freiheit, für FICHTE tritt an die Stelle dieses Ziels das Ideal der unendlichen Annäherung. MARX, für den das Chiliastische wieder sehr reelle Bedeutung hat, vermeidet eine plastische Ausmalung des künftigen Zustands und unterscheidet lediglich zwischen «Reich der Notwendigkeit» und «Reich der Freiheit». Im Gegensatz zur orthodoxen Tradition apperzipiert E. BLOCH bewußt chiliastische Quelle im Kontext des Marxismus. Er geißelt die teilweise Übernahme chiliastischer Terminologie durch den Nationalsozialismus («tausendjähriges Reich») und äußert 1937, daß «die verdreckte Sache einmal in besseren Händen war» [13]. Die letzte geschichtsmächtige Erscheinungsform der chiliastischen Substanz nährt sich so an ihren Ursprüngen in der iranisch-jüdischen Apokalyptik: «Der Sozialismus hat eine phantastisch-großartige Tradition» [14].

Anmerkungen. [1] Bahman Yašt III, 61 (dtsch. G. WIDENGREN). – [2] IRENÄUS, Adv. haer. V, 32, 1. – [3] ORIGENES, De principiis 2, 11. – [4] AUGUSTIN, De civ. Dei VII, 667. – [5] a. a. O. VII, 668. – [6] XX, 7, 1. – [7] G. E. LESSING, Erziehung des Menschengeschlechts § 86. – [8] a. a. O. § 87. – [9] KANT, Akad.-A. 6, 34. – [10] a. a. O. 8, 27. – [11] A. SCHOPENHAUER, Werke, hg. HÜBSCHER 3, 75. – [12] J. J. v. GÖRRES, Werke, hg. SCHELLBERG 1, 666. – [13] E. BLOCH: Erbschaft dieser Zeit (1962) 126. – [14] a. a. O. 135.

Literaturhinweise. H. CORRODI: Krit. Gesch. des C. (1781). – L. GRY: Le millénarisme dans ses origines et son développement (Paris 1904). – S. J. CASE: The millennial hope (Chicago 1918). – W. NIGG: Das ewige Reich (²1954). – H. BIETENHARD: Das Tausendjährige Reich (²1955). – K. MANNHEIM: Ideologie und Utopie (³1957). – N. COHN: Das Ringen um das Tausendjährige Reich (1961). – E. J. HOBSBAWM: Primitive rebels (Manchester 1959); dtsch. Sozialrebellen (1962). – E. BLOCH: Thomas Münzer als Theologe der Revolution. Werke 2 (1969).   W. BIESTERFELD

II. Die Festlegung des historischen Orts von chiliastischen Erscheinungen in spätjüdischen, messianischen und frühchristlichen Bewegungen darf *sozialpsychologisch* und *ethnologisch* nicht vergessen lassen, daß es unabhängig von diesen durch eine spezielle Eschatologie gefärbten Manifestationen des C. eine viel weiter verbreitete Bereitschaft zu «kollektiven Aufbrüchen» gibt, die als psychologisches Substrat der chiliastischen Bewegungen wirksam und in bestimmten Krisensituationen virulent wird. Solche Krisensituationen sind: koloniale Unterdrückung, Ausbeutung (hierzu gehört schon die hellenistische, dann römische Überlagerung des spätantiken Judentums), rassische oder ethnische Diskriminierung, «Paria-Lage», Armut und Elend mit ihrer kompensatorischen Ausmalung glückseliger Endzustände, Phantasien des sozialen Umschwungs und der Umkehrung der sozialen Pyramide, also soziales Virulentwerden des Mythologems von der «verkehrten Welt» («Die Letzten werden die Ersten sein»). Der Soziologe wird also geringeren Wert legen auf die im C. entfalteten Doktrinen (speziell auf die «tausend Jahre») als auf die Entstehung eines bestimmten phantasiebestimmten und emotionsgeladenen Vorstellungskomplexes als des *motivierenden Agens*.

Chiliastische Bewegungen sind also wie andere soziale Bewegungen bestimmten dynamischen Ablaufregeln unterworfen (mit Varianten): Die Anfänge spielen in einem «charismatischen» Milieu, mit kleiner Gefolgschaft um einen Propheten, der den glückhaften Umbruch weissagt und in der Regel auch Termine setzt. Der (idealtypische) Ablauf ist gekennzeichnet durch ein Ansteigen der Erregungskurve, Hineinreißen zahlreicher Anhänger, nach Erreichung des Gipfels Abfallen der Kurve, Ernüchterung, Auslaufen in organisatorisch durchgebildetere Kader und Institutionen. Sozialpsychologisch werden die Abläufe durch eine Dialektik von «Erwartung» und «Handeln» gesteuert. Eine bedeutende Rolle für den Motivwechsel spielt der Fehlschlag der chiliastischen Hoffnungen durch das Nicht-Eintreffen der geweissagten Ereignisse (die «verfehlte Prophetie», im frühen Christentum das Problem der «Parusieverzögerung») samt den Reaktionen darauf. Typisch ist auch das Umschlagen eines adventistischen Anfangsstadiums in «direkte Aktion». Die auskristallisierte Institution wendet sich gegen die chiliastischen Anfänge; so hat z. B. die abendländische Kirche versucht, die noch bei Kirchenvätern wie LAKTANZ und IRENÄUS wirksamen chiliastischen Elemente teils abzustoßen, teils zu neutralisieren.

Die Vorformen oder «Bereitschaften» des C. in den nicht oder noch nicht hochreligiös (christlich oder islamisch) überlagerten Gebieten bei den sogenannten Naturvölkern sind an und für sich anders, z. B. mythisch strukturiert. Es gibt zwar den Glauben an Urzeit-Heilbringer und deren mythische Wiederkehr zur Zeit verlorener, glückhafter Zeitalter, aber die zeitliche Struktur dieser Vorstellungen ist eher zyklisch als linear-historisch, so daß die Übertragung des Begriffs der «Eschatologie» auf jene mythischen Strukturen fragwürdig ist. Es gibt zwar durchweg gewisse Analogien zwischen den mythischen und den eschatologischen Strukturen, doch so, daß die letzteren eine ehemalige historische Sondergestalt von ungewöhnlicher welthistorischer Penetranz bilden. Die Analogien, die Unterschiede und die Sondergestalt werden durch folgende Gegenüberstellungen verdeutlicht:

Mythisch:	*Eschatologisch:*
Heilbringer	Messias
Wiederkehrender Heilbringer	Weltenrichter
Wiederkehr der Ahnen	Auferstehung der Toten

Man wird sagen dürfen, daß der C. entsteht und virulent wird, wo das eschatologische Konzept «wörtlich» genommen wird. Dieses Konzept mit seiner Auffassung der «Weltgeschichte als Heilsgeschehen» verändert tatsächlich die Struktur des Bewußtseins; es disponiert fortan in bevorzugter Weise die Auffassung des menschlichen Zeitablaufs als eines prinzipiell durch menschlichen Eingriff veränderlichen; «Endzeit» ist in der eschatologischen Auffassung eben nicht Wiederkehr eines grundsätzlich Gleichen, sondern ein prinzipiell neuer Zustand.

Es gibt schließlich nicht nur «reine» chiliastische Bewegungen, sondern zahlreiche Mischphänomene. Chiliastische Antriebe wirken so seit dem Beginn der Neuzeit in erster Linie unter veränderten Chiffren in säkularisierter Gestalt mit «Transformationen der Chiffren» (Mühlmann) und in Utopien fort. In den sogenannten nativistischen Bewegungen kolonial überlagerter und postkolonialer Gesellschaften vollzieht sich unter der Chiffre des sozialen und kulturellen Wandels ein revolutionärer Umbruch auf der Basis einer chiliastischen Triebstruktur.

Literaturhinweise. J. L. TALMON: The origins of totalitarian democracy (London 1952); Political messianism (London 1960). – K. LÖWITH: Weltgesch. und Heilsgeschehen (²1953). – N. COHN: The pursuit of the millennium (London 1957). – W. E. MÜHLMANN u. a.: Chiliasmus und Nativismus (²1964).   W. E. MÜHLMANN

Chinesische (das). Diese wichtigste Kultursprache in Ostasien, schriftlich bezeugt seit dem 14. Jh. v. Chr., ist Ausdrucksmittel für die chinesische Philosophie seit Konfuzius (552–478) und Grundlage des Philosophierens in Korea, Japan und Vietnam. Der Begriff ist eine anglisierte Form von lateinisch ‹Sinensis› (16. Jh.) nach chinesisch ‹Tsin› (1. Dynastie) zurück. Das C. ist in seiner klassischen Form gekennzeichnet durch Tonalität, eine starke Tendenz zum Monosyllabismus und zum isolierenden Satzbau, wodurch das darin sich aussprechende Denken formal weniger nach logischen Definitionen als nach analogen Sequenzen zu kennzeichnen ist und inhaltlich nicht auf Systeme ausgeht, die analytisch gewonnen würden, sondern weithin als Spruchweisheit erscheint, die synthetische Einsichten und konkrete Werte vermitteln will. Aus dem sprachlich begründeten Hang zur ganzheitlichen Anschauung folgert Lily Abegg eine grundsätzliche Andersartigkeit des chinesischen Denkens [1], doch fehlt die Kraft zur Analyse nicht: Mit Hilfe geeigneter Funktionswörter (‹leerer Wörter›) vermag das C. die Grundbezüge syntaktischer Abhängigkeit zu erfassen. Aber nur im Mohismus entwickelte sich ein sprachimmanenter Ansatz zu Logik und Analyse. Mit dem C. beschäftigte sich früh G. W. LEIBNIZ, ohne zu dessen voller Erkenntnis zu gelangen; seiner Zeit voraus, hat er Grundfragen der späteren ‹Sinologie› (Wissenschaft des C.) angesprochen [2]. Neuerdings wird das C. in Überschätzung der Gemeinverständlichkeit seiner ‹Embleme› als Modell für eine Universalsprache genannt.

Anmerkungen. [1] LILY ABEGG: Ostasien denkt anders (²1970). – [2] G. W. LEIBNIZ, Novissima Sinica (1697); vgl. T. GRIMM: China und das Chinabild von Leibniz. Stud. Leibnitiana, Sonderheft 1 (1969).

Literaturhinweise. B. KARLGREN: The Chinese language, an essay on its nature and hist. (1949). – Vgl. Anm. [1].

T. GRIMM

Chorismos (griech. χωρισμός) ist ein weit verbreiteter Begriff zur – vielfach kritischen – Charakterisierung des *Platonismus:* Zwischen den Ideen als dem eigentlich Seienden und den Einzelseienden am Rande des Nichtseins bestehe eine scharfe «Trennung», die auch die Teilhabe (μέθεξις, participatio) nicht überbrücken könne. Vernunft und Wirklichkeit seien auseinandergerissen, die Wahrheit von dieser Welt getrennt. Damit sei die sinnfällige reale Welt sinnentleert, nur noch das Wesenlose, das die Vernunft außer sich habe.

PLATON selbst kennt diesen Begriff nicht; das Wort ‹C.› kommt bei ihm nur einmal und in anderem Zusammenhang vor (Phaid. 67 d 9). Auch χωρίς (getrennt) ist bei ihm keineswegs eine typische Vokabel für das Einzelding-Idee-Verhältnis (Parm. 129 d 7ff. wird die Ideenlehre bewußt simplifiziert); sie dient im Gegenteil oft zum Ausdruck der Negation der Teilhabe an bestimmten Ideen [1].

ARISTOTELES setzt zwar seine Kritik Platons gerade am Einzelding-Idee-Verhältnis an, doch ist das Substantiv ‹C.› auch bei ihm nicht der einschlägige Zentralterminus. Freilich verwendet er recht oft das Verbum χωρίζειν (absondern) und das Adverb χωρίς (getrennt): Die Platoniker hätten das Allgemeine abgesondert (ἐχώρισαν) und es Ideen genannt [2]; nach ihnen bestehe das Allgemeine «getrennt neben den Einzeldingen» (παρὰ τὰ καθ' ἕκαστα χωρίς) [3]; sie machten die Ideen «zu einer Art von abgesonderten und einzelnen Dingen» (ὡς χωριστὰς καὶ τῶν καθ' ἕκαστον) [4].

Die sich in Aussagen dieser Art ausdrückende massive Kritik des Aristoteles an Platon hat die *Neuplatoniker* nicht daran gehindert, Aristoteles und Platon viel enger beieinander zu sehen, als wir es heute gewohnt sind. Ihr Philosophieren bietet deshalb nicht die Voraussetzungen für eine weitere Verfestigung des kritischen aristotelischen Platonverständnisses, dessen Ausdruck ein Terminus ‹C.› gewesen wäre. Weder PLOTIN [5] noch PROKLOS [6] kennen das Wort in dieser Bedeutung, ebenfalls nicht die neuplatonischen Aristoteleskommentatoren [7].

Dagegen wird die aristotelische Kritik Hauptquelle für die Interpretation der platonischen Ideen als «ideae (species, formae) separatae» im *Mittelalter,* so etwa bei THOMAS VON AQUIN: «Platon nahm für alle Dinge abgesonderte Ideen an ... So nahm er auch eine abgesonderte Idee (ideam separatam) des Seienden und eine des Einen an ... auf Grund der Teilhabe an ihnen wird ein jedes ‹seiendes› oder ‹eines› genannt ... Diese Meinung dürfte in der Hinsicht unvernünftig sein, daß er abgesonderte, für sich bestehende Ideen (species separatas per se subsistentes) der Naturdinge annahm, wie Aristoteles vielfach darlegt» [8]. Ein solches Verständnis war um so leichter möglich, als dem Mittelalter als direkte Quelle für Platons Teilhabelehre nur der ‹Phaidon›, ein Teil des ‹Timaios› (31 c–53 c) und der ‹Parmenides› bis zum Ende der ersten Hypothese (142 a 8) vorlagen, Texte also, die – isoliert betrachtet – die aristotelische Interpretation ermöglichen.

Der Rückgriff auf das griechische Substantiv χωρισμός, seine Terminologisierung und zentrale Anwendung auf Platon im oben angegebenen Sinne ist erst neueren Datums. Noch HEGEL verwendet es weder bei der Darstellung der platonischen noch der aristotelischen Philosophie [9]. Ebensowenig findet es sich bei den großen *Philosophiehistorikern* des 19. Jh., selbst dann nicht, wenn sie, wie etwa BRANDIS [10], Platons Ideenlehre weitgehend von Aristoteles her darstellen.

Nach Ausweis der Texte dürfte der Terminus ‹C.› nach 1900 zunächst im *Umkreis der Neukantianer* üblich geworden sein. NATORP verwendet ihn – noch beiläufig – in seinem Platonbuch [11], CASSIRER in seiner Darstellung der ‹Philosophie der Griechen von den Anfängen bis Platon› [12], dann aber vor allem E. HOFFMANN. Für Hoffmanns betont «dualistisches» Platonverständnis ist der ‹C.› unverzichtbarer Zentralbegriff: «Wir müssen, um den genuinen Platonismus auffassen zu können ..., gerade mit dem C. anfangen» [13]. Seine Arbeiten dürften Hauptquelle der gegenwärtigen Verbreitung des C.-Begriffes sein.

Anmerkungen. [1] z. B. mehrfach in der 5. Position von PLATONS ‹Parmenides› (159 b 2-160 b 4), ferner Soph. 253 d 9. – [2] ARISTOTELES, Met. XIII, 4, 1078 b 30ff. – [3] Met. VII, 16, 1040 b 26ff. – [4] Met. XIII, 9, 1086 a 33f. – [5] PLOTIN, vgl. die Indices in Bd. VI, 2 der Textausgabe von E. BRÉHIER (Paris 1938). – [6] PROKLOS, nach Ausweis der Indices der verschiedenen Einzelausgaben. – [7] Commentaria in Aristotelem graeca. Ed. cons. et auct. Acad. Litt. Regiae Borussicae (Berlin 1882ff.); die Ausgabe enthält ausführliche Indices. – [8] THOMAS VON AQUIN, S. theol. I, 6, 4 c. – [9] G. W. FR. HEGEL, Vorles. über die Gesch. der Philos. Werke, hg. GLOCKNER 18, 169ff. – [10] CHR. A. BRANDIS: Gesch. der Entwickelungen der griech. Philos. 1 (1862) 309ff. – [11] P. NATORP: Platos Ideenlehre (1903) 73. – [12] E. CASSIRER: Die Gesch. der Philos., in: Lehrbuch der Philos., hg. M. DESSOIR (1925) 29. – [13] E. HOFFMANN: Platon (1950) 39; vgl. alle übrigen einschlägigen Arbeiten E. HOFFMANNS, bes. Platonismus und MA (1926), nachgedruckt in: Platonismus und christl. Philos. (1960) 230-311.

Literaturhinweise. CHUNG-HWAN CHEN: Das C.-Problem bei Aristoteles. Philos. Untersuch. 9 (1940). – E. DE STRYCKER: La notion aristotélicienne de séparation dans son application aux Idées de Platon, in: Autour d'Aristote ... offert à A. Mansion (Löwen 1955) 119-139. – H. CHERNISS: Aristotle's criticism of Plato and the Academy (New York ²1962). – H. MEINHARDT: Teilhabe bei Platon (1968).

H. MEINHARDT

Christentum, Wesen des. C. (χριστιανισμός, christianitas) und W.d.C. (Prinzip des C.) sind insofern identisch, als jeweils das Eigentümliche des C. gemeint ist. Während jedoch der Begriff ‹C.› fast so alt ist wie das von ihm bezeichnete Phänomen, taucht die ausdrückliche Frage nach dem W.d.C. erst in der Neuzeit auf.

1. Im Neuen Testament findet sich der Begriff ‹C.› noch nicht, dagegen sogleich bei den *Apostolischen Vätern:* «Das C. (χριστιανισμός) ist nicht zum Glauben an das Judentum gelangt, sondern das Judentum zum Glauben an das C.» (IGNATIUS VON ANTIOCHIEN), d. h. schon die Propheten haben an Christus geglaubt; deshalb ist es falsch, zur jüdischen Lebensweise zurückzukehren [1]. ‹C.› ist Analogiebildung zum älteren Ἰουδαισμός (vgl. 2. Makk. 2, 21; 14, 38); wie ‹Judaismus› hat auch ‹C.› doppelte Bedeutung: Es bezeichnet erstens die Gemeinschaft der Christen, zweitens den dogmatischen und ethischen Lehrinhalt (Glaubensgegenstand).

Bei den *Kirchenvätern* setzt sich dieser mehrsinnige Gebrauch fort. Die Lehre und ihre Anhänger zugleich meint ORIGENES, wenn er von den Anklägern des C.

spricht [2]. Die dogmatische Seite betonend, nennt er Jesus den Urheber τῶν κατὰ χριστιανισμὸν σωτηρίων δογμάτων (der heilsamen Glaubenssätze des C.) [3], oder er legt den Nachdruck mehr auf die ethische Komponente: τὸ κατὰ τὸν χριστιανισμὸν βιοῦν (Lebensführung im Sinne des C.) [4]. Für JOHANN CHRYSOSTOMUS sind die Hauptmerkmale des C. Liebe und Friedfertigkeit: πολλά ... ἐστι τὰ χαρακτηρίζοντα τὸν χριστιανισμόν, μᾶλλον δὲ πάντων καὶ κρεῖττον ἁπάντων ἡ πρὸς ἀλλήλους ἀγάπη καὶ εἰρήνη (Es gibt viele charakteristische Merkmale des C., mehr als alles und besser als alles Nächstenliebe und Friedfertigkeit) [5]. Da nach griechischer Auffassung das Heil in der Vergottung des Menschen liegt, gibt GREGOR VON NYSSA fast eine strenge Definiton: χριστιανισμός ἐστι τῆς θείας φύσεως μίμησις (C. ist Nachahmung der göttlichen Natur) [6]. Gelegentlich ruht der Ton so sehr auf dem Innerlichen, daß sich der Übergang zu der Bedeutung «persönliches C.» anbahnt: τὸ ... σημεῖον τοῦ χριστιανισμοῦ τοῦτό ἐστι, τὸ ὄντα τινὰ δόκιμον τοῦ θεοῦ, σπουδάζειν λανθάνειν ἀνθρώποις (Das besondere Kennzeichen des C. ist dieses, daß einer, der vor Gott bewährt ist, danach strebt, vor den Menschen verborgen zu bleiben) (MAKARIOS) [7]. Heidnische und jüdische Umgebung sorgen dafür, daß die Christen sich ihrer Besonderheit bewußt bleiben. EUSEB VON CAESAREA setzt das C. als eine καινὴ καὶ ἀληθὴς θεοσοφία (eine neue und wahrheitsgemäße Gottesweisheit) dem Heidentum (Ἑλληνισμός) und Judentum entgegen [8].

Die lateinischen Kirchenväter übernehmen den Begriff gelegentlich in der Form ‹christianismus› [9]; sonst sagen sie meist ‹christianitas›, wobei wie bei den Griechen teils die Christen – «consortium christianitatis» [10] – teils die christliche Religion nach ihrer theoretischen und praktischen Eigentümlichkeit gemeint ist – «tria perfectionem christianitatis implere: fidem, scientiam(!), caritatem» [11].

Trotz seiner breiten Streuung im christlichen Altertum kommt der Begriff doch verhältnismäßig selten vor. Eine noch geringere Rolle spielt er im *Mittelalter*. Zwar kennt ihn das Mittelhochdeutsche: «Swelch kristen kristentûmes giht / An worten und an werken niht, / Der ist wol halp ein heiden» (WALTHER VON DER VOGELWEIDE) [12], ebenso die lateinische Rechtsliteratur [13]; in der Theologie aber werden für C. als Gemeinschaft und Glaube andere Begriffe (ecclesia, fides) vorgezogen. THOMAS VON AQUIN benötigt den Begriff ‹christianitas› in seiner ganzen ‹Summa theologica› kein einziges Mal, außer im gelegentlichen Kirchenväterzitat [14].

Anmerkungen. [1] IGNATIUS VON ANTIOCHIEN, Ad Magn. 10, 3. Die Apostolischen Väter, hg. FUNK/BIHLMEYER 1 (²1956) 91. – [2] ORIGENES, Contra Cels. I, 64. MPG 11, 781. – [3] De princ. 4, 1, 1. MPG 11, 344. – [4] Exhort. ad mart. 12. MPG 11, 577. – [5] JOHANN CHRYSOSTOMOS, Hom. 31 in Ep. ad Hebr. 1. MPG 63, 213. – [6] GREGOR VON NYSSA, De prof. Christ. MPG 46, 244 c; vgl. A. VON HARNACK: Lehrb. der Dogmengesch. (⁵1931/32) 2, 45f. – [7] MAKARIOS, Hom. 15, 37. MPG 34, 601 a. – [8] EUSEB VON CAESAREA, Praep. ev. 5. MPG 21, 45 d. – [9] MARIUS VICTORINUS, Gal. 1, 2, 21. MPL 8, 1166 c. – [10] FILASTRIUS, Corp. scriptorum ecclesiast. lat. 38, 110, 5. – [11] MARIUS VICTORINUS, In Eph. 1, 3, 18. MPL 8, 1269 c. – [12] WALTHER 7, 21 (LACHMANN). – [13] Belege bei DU CANGE, Glossarium mediae et infimae Latinitatis, hg. L. FAVRE (1883-1887) s. v. – [14] THOMAS VON AQUIN, S. theol. II/II, q. 187, a. 6 ad 3.

2. Im 16. Jh. beleben *Humanisten* die Wortform ‹christianismus› aufs neue. Häufig ist der Begriff freilich auch jetzt noch nicht. Dem Sinne nach bezeichnet er vorwiegend die innerliche Beteiligung, das Christsein. ERASMUS überschreibt in seinem ‹Enchiridion militis christiani› (1501) das 8. Kapitel: «Regulae quaedam veri christianismi» [1] – das spätere «wahre C.» anklingen lassend – und bezeichnet dessen Inhalt näher: «Bonam christianismi partem habet, qui certo animo decrevit fieri christianus» (Der besitzt einen guten Teil C., der mit entschiedenem Herzen beschlossen hat, ein Christ zu werden) [2].

Das *reformatorische* Schrifttum verstärkt diesen Wortgebrauch. Der dem Humanismus entstammende MELANCHTHON faßt an den Höhepunkten seiner vielgelesenen ‹Loci› (1521) das Wesentliche am C. so zusammen: Es ist einmal die (religiöse) Gewißheit der Sündenvergebung – «nihil esse christianismum, nisi eiusmodi vitam, quae de misericordia dei certa sit» (Nur ein solches Leben ist wirkliches C., das der Barmherzigkeit Gottes gewiß ist) – zum andern die positive Freiheit, aus geistgewirktem innerem Antrieb sittlich zu handeln –: «libertas est christianismus». Die überall im protestantischen Bereich wichtig werdende enge Verbindung des Begriffes ‹C.› mit dem Ursprung des C. ist bei Melanchthon gleichfalls angedeutet: «Fallitur, quisquis aliunde christianismi formam petit quam e scriptura canonica» (Es irrt, wer die Form des C. aus irgendeiner anderen Quelle als der kanonischen Schrift erforscht) [3]. Melanchthon faßt diese Form in ‹Loci› zusammen und setzt damit der theologischen Wissenschaft und kirchlichen Praxis des Mittelalters das Wesentliche und zugleich Einfache entgegen. Viel seltener findet sich der Begriff bei LUTHER. Indessen kann auch er mit ihm den innersten Kern des Christseins – den Glauben, der Christi Stimme im Gewissen vernimmt – beschreiben: «christianismus ... verissime est auditus verbi et ruminatio eius, ut semper nobis loquatur Christus» (C. im wahrsten Sinn ist das Hören des Wortes und dessen Wiederholung, so daß Christus immer mit uns spricht) [4]. Im allgemeinen verzichtet Luther jedoch auf das der Bibel fremde Wort. Einen humanistischen Übersetzer hindert dies indessen nicht, das von Luther gern in lokaler oder personaler Bedeutung gebrauchte ‹Christenheit› mit ‹christianismus› wiederzugeben [5].

Was sich in Humanismus und Reformation anbahnt – die begriffliche Differenzierung zwischen dem Gesamtbestand äußerer kirchlicher Erscheinung, formuliertem Lehrgesetz und geltender Sitte einerseits und dem inneren, im persönlichen Glauben und Leben sich verwirklichenden Kern des C. andererseits – wird bald wieder vergessen. Man kann wie in der katholischen so auch in der protestantischen *Schultheologie* den Begriff entbehren. Nur an den Rändern drängen sich teils alte, teils neue Probleme auf, die wiederum zur Unterscheidung von Erscheinung und Wesen zwingen, wobei letzteres nicht nur mit ‹Glauben›, ‹christliche Religion› o. ä., sondern mehr und mehr mit ‹C.› bezeichnet wird. Verschiedene Entwicklungslinien laufen auf die endgültige Bildung und Näherbestimmung des Begriffes ‹W.d.C.› zu.

Durch das konfessionelle Problem, insbesondere durch die Spaltung der Protestanten in Lutheraner und Reformierte, werden die auf Frieden bedachten Geister schon früh genötigt, die hinter den Bekenntnisformulierungen liegende Gemeinsamkeit zu suchen. Der irenisch gesinnte Straßburger Reformator M. BUCER betont in den Abendmahlsverhandlungen das den Parteien gemeinsame Christliche – man hat ihn deshalb schon für den Schöpfer der Formel ‹W.d.C.› gehalten [6]. Von Bucer [7] und Melanchthon angeregt, sucht der protestantische Humanist J. ACONTIUS nach den heilsnotwendigen, eine

Einigung der Protestanten ermöglichenden Dogmen [8]. Seine Gedanken werden u. a. in *England* bei den «Latitudinariern» aufgenommen, die sich nach der Revolution 1688 um den Zusammenschluß der protestantischen Gruppen bemühen. In diese Bestrebungen [9] gehört das Buch von J. LOCKE ‹The Reasonableness of Christianity as Delivered in the Scriptures› (1695) [10]. Locke gibt darin nicht etwa eine kurze Definition des C., sondern legt in einer biblischen Untersuchung seinen Inhalt dar. Dabei kommt es zu einer eigentümlichen Reduktion des Lehrumfanges: Da nach Locke nur das äußere Wunder die Offenbarung beglaubigen kann, sind nur die Reden Jesu in den Evangelien als Offenbarung zu betrachten, das Alte Testament und die Episteln hingegen zurückzustellen. Damit fallen die aus den letzteren gezogenen Sonderlehren der Konfessionen von selbst weg – Lockes C. ist mithin überkonfessionell. Außerdem nähert er sich mit seinem Satze, daß das C. zwar übervernünftig, aber nicht widervernünftig sei, der im englischen Deismus gestellten Frage, wie das C. sich zur Vernunft verhalte.

Der *Deismus* stellt die Einheit zwischen C. und Vernunft her, indem er das C. mit der allen Menschen angeborenen natürlichen Religion identifiziert. Was nicht der vernünftigen Prüfung standhält und sich durch sich selbst evident macht, gehört nicht zur wahren christlichen Religion – dies findet schon in den Titeln der deistischen Hauptwerke seinen Ausdruck: ‹Christianity not Mysterious› (J. TOLAND 1696) oder ‹Christianity as Old as the Creation› (M. TINDAL 1730) [11]. Das Motiv der Gleichsetzung ist keineswegs Feindschaft gegen das C., sondern der Wille, seinen Kern zu verteidigen [12]; die durch Reduktion gewonnenen Vernunftwahrheiten enthalten für heutiges Urteil noch übergenug positiv Christlich-Protestantisches. Weniger freundlich ist – auf katholischem Boden [13] – der *französische* Deismus dem C. gesonnen. D. DIDEROT stellt das C. in zwei Beziehungen: «Le christianisme peut être considéré dans son rapport, ou avec des vérités sublimes et revélées, ou avec des intérêts politiques; c'est-à-dire, dans son rapport ou avec les félicités de l'autre vie, ou avec le bonheur qu'il peut procurer dans celle-ci» [14] – in ersterer Hinsicht mit Skepsis, in letzterer mit begreiflicher Abneigung.

Ein anderer Entwicklungsstrang, der dem Begriff ‹C.› seinen festen Inhalt gibt, läuft durch das *deutsche* Luthertum. Das Hauptmerkmal ist dabei der vertiefte, lebendige, tätige Glaube. 1606 läßt J. ARNDT das 1. Buch ‹Vom wahren C.› erscheinen – mit den kurz darauf herausgekommenen weiteren Büchern die meistgelesene Erbauungsschrift in Deutschland. Wahres C. besteht nicht in «bloßer Wissenschaft und Wortkunst», d. h. in einer die orthodoxen Formeln beherrschenden Rechtgläubigkeit, sondern ist «lebendige Erfahrung und Übung» [15]. Damit hat der Begriff ‹C.› seinen Platz im kirchlichen Sprachgebrauch erobert. In immer neuen Ansätzen müht man sich von nun an um eine Umschreibung des damit Gemeinten. Von Arndt angeregt, schreibt PH. J. SPENER, der Begründer des *Pietismus* in Deutschland, in seinen ‹Pia Desideria› (1675): «... weil ja unser ganzes C. bestehet in dem *innern oder neuen Menschen*, dessen Seele der Glaube und seine Wirkungen die Früchte des Lebens sind ...» [16]. Die pietistischen Erbauungsschriften verdienen Beachtung, einmal weil sie dem Wort den Weg in die Volkssprache bahnen – statt vieler Belege: Gretchen zu Faust: «Denn du hast kein C.» [17] –, wo es als vorsichtig umschreibendes Äquivalent für den christlichen Glauben bis heute lebendig ist, zum andern weil sie zum Begriff ‹W.d.C.› hinführen.

Anmerkungen. [1] ERASMUS, Opera omnia, hg. CLERICUS (Leiden 1703-1706) 5, 19f. – [2] a. a. O. 5, 23. – [3] MELANCHTHONS Werke in Auswahl, hg. STUPPERICH (1951ff.) 2/1, 118. 128. 4. – [4] M. LUTHER, Vorles. über Jesaja (1527-1530). Weimarer A. (1883ff.) 31/2, 22, 3. – [5] Vgl. LUTHERS Großen Katechismus (2.) Vorrede, in: Die Bekenntnisschriften der evang.-luth. Kirche (²1952) 554, 28. 555, 5. – [6] W. KOEHLER: Ernst Troeltsch (1941) 72. – [7] W. KOEHLER: Geistesahnen des Jacobus (!) Acontius, in: Festgabe ... Karl Müller (1922) 198-208. – [8] J. ACONTIUS: Stratagemata Satanae, hg. KOEHLER (1927) 159. 182ff.; vgl. K. MÜLLER: Kirchengesch. 2/2 (³1923) 125ff. – [9] Vgl. E. HIRSCH: Gesch. der neuern evang. Theol. (1949-1954) 1, 283. – [10] a. a. O. 271ff. – [11] a. a. O. 295ff. 323ff. – [12] a. a. O. 293. – [13] a. a. O. 3, 58ff. – [14] D. DIDEROT: Encyclopédie 7 (Genf 1778) 831. – [15] J. ARNDT: Vom wahren C. 1 (1606) Vorrede. – [16] PH. J. SPENER: Pia Desideria, hg. ALAND (1940) 79. – [17] GOETHE: Faust I, Vers 3468. Weimarer A. I/14, 147; vgl. gleichlautend Urfaust, Vers 1160 a. a. O. I/39, 292.

3. Die dem wahrnehmbaren Tun entgegengesetzte innerliche Beteiligung am C. wird 1694 von SPENER als dessen Wesen bezeichnet: «Wir müssen allemal wissen, unser C. bestehe in nichts Äußerlichem, daß wir eben Christen heißen, zu dieser oder jener Lehr uns bekennen, ... äußerlich ein und ander Gutes tun und das Böse lassen. Denn alle diese Dinge können wohl so Mittel als Früchte des C. sein, wenn dieses in dem Herzen ist. Sie sind aber das rechte *Wesen davon* nicht, sondern das stehet in der Wiedergeburt ...» [1]. ‹W.d.C.› ist also nicht eine aufgeklärte, sondern eine pietistische Wortbildung. Auch der für das Jahr 1762 nachgewiesene Fundort des Begriffes [2] legt die pietistische Herkunft nahe: eine Predigt des Bengel-Schülers CH. A. CRUSIUS, die J. A. ERNESTI in seiner Zeitschrift ‹Neue Theologische Bibliothek› bespricht [3]. Danach fragt Crusius, «wieviel zum W.d.C. gehöre» und antwortet, «daß die Religion einen gewissen Zustand des Herzens erfordere ...» [4].

Erst 1773 findet ‹W.d.C.› aus der erbaulichen Sprache in die wissenschaftliche und aus dem Umkreis des Pietismus in den der *Aufklärung*, wobei alle die Merkmale aufgenommen werden, die sich bis dahin im Begriff ‹C.› angesammelt haben. Für den *neologisch* gesonnenen Berliner Oberkonsistorialrat J. J. SPALDING – einen Kenner des englischen und französischen Deismus – gehört zum W.d.C., was Besserung und Trost des Menschen bewirkt. Dabei läßt er, ohne in die Flachheit des dem geschichtlichen C. verständnislos gegenüberstehenden Rationalismus zu geraten, die auf richtigen Wortlaut bedachten Lehrformeln ebenso beiseite wie die konfessionellen Unterscheidungslehren und erstrebt eine auch der Vernunft einleuchtende Fassung des Wesentlichen am C.: «Ein Gott voll Erbarmung, ein Vater, der seine Kinder gerne tugendhaft und gut haben will, weil es ihr Glück ist ..., der durch die liebreichsten Verheißungen seiner Verzeihung auch den Verschuldeten Mut und Freudigkeit zur Rückkehr gibt, der ihnen zu dem Ende einen Erlöser vom Himmel sendet ... das ist, nach meiner besten Einsicht, der eigentliche Inhalt, der Geist und das W.d.C.» [5].

Nun tritt aber sogleich wieder die Frage auf, wie sich das W.d.C. zu seinem Ursprung verhalte. Pietistische Theologen neigen zur Gleichsetzung beider, während die *Rationalisten* die positive Offenbarung hinter die natürliche Religion zurückdrängen. 1780 versucht J. S. SEMLER [6], das Problem mit Hilfe einer doppelten Unterscheidung durchzuklären: Die erste findet statt zwischen dem W.d.C. und den ort- und zeitgebundenen Gedanken der Judenchristen im Neuen Testament, die zweite zwischen dem W.d.C. und der gegenwärtigen äußeren (konfessionell geprägten) Kirchengemeinschaft – auch bei ihr dürfen die lokal und geschichtlich bedingten Merkmale nicht zum W.d.C. gezählt werden [7]. Das W.d.C. kann überhaupt nicht mit Hilfe bestimmter Merkmale definiert werden, weil es innerlich unendlich ist [8]. – Etwa um die gleiche Zeit befaßt sich auch LESSING mit dem Verhältnis von biblischer Offenbarung (zufälliger Geschichtswahrheit) und gegenwärtiger Einsicht (notwendiger Vernunftwahrheit). Während jedoch Semler das Christsein nur als am Neuen Testament sich bildende individuelle Gemütsverfassung kennt, läßt sich nach Lessing «das W.d.C. gar wohl ohne alle Bibel denken» [9].

Dem Rationalismus des 18.Jh. muß auch die Religionsphilosophie KANTS zugezählt werden. «Das C. ist die Idee von der Religion, die überhaupt auf Vernunft gegründet und sofern natürlich sein muß» [10]. Der statutarische Kirchenglaube (Geschichtsglaube, gelehrte Glaube) ist nur Vehikel des reinen Religionsglaubens [11]. Als Religionsglaube ist das C. neutral gegen konfessionelle Unterschiede – diese gehören zum Äußerlichen des Kirchenglaubens [12] –; die Allgemeinheit und Vernünftigkeit wird schon in der Definition ausgedrückt; als ein – freilich auf das Sittliche eingeschränkter – «praktischer Glaube» ist es dem bloß theoretischen entgegengesetzt [13]: So kehren die bisher im ‹C.› vereinigten Wesensmerkmale wieder, obwohl Kant auf den Begriff ‹W.d.C.› selbst verzichtet. Hingegen gebraucht er Synonyme, die auch künftig bestimmte Seiten am «Wesen» erläutern werden: Der Religionsglaube ist der «Keim», der sich in der Kirchengeschichte entwickelt [14]; er ist die «Idee» der Religion; die Geschichte des C. gründet in einem «neuen Prinzip». Dieser letztere Gedanke leistet zweierlei: Er ist das gedankliche Werkzeug, mit dem eine religionsgeschichtliche Betrachtung Judentum und C. auseinanderhält, und er bildet das systematische Rückgrat der Kirchengeschichte [15]. Was so bei Kant anklingt, wird in der Folgezeit ausgebaut.

Anmerkungen. [1] PH. J. SPENER: Der Evang. Glaubens-Trost (1695) 2, 105 (Trinitatis-Predigt über Joh. 3, 1-15). – [2] H. HOFFMANN: Zum Aufkommen des Begriffs ‹W.d.C.›. Z. Kirchengesch. 45 (1927) 456f. – [3] J. A. ERNESTI, Neue theol. Bibl. 3 (1762) 6. Stück 571-574. – [4] a. a. O. 572. – [5] J. J. SPALDING: Über die Nutzbarkeit des Predigtamtes (²1773) 101f.; in der ersten Auflage (1772) findet sich die Stelle noch nicht. – [6] Herrn Caspar Lavaters und eines Ungenannten Urteile über Steinbarts System des reinen C. Mit vielen Zusätzen von J. S. SEMLER (1780). – [7] Vgl. HOFFMANN, a. a. O. [2] 455f.; HIRSCH, a. a. O. [9 zu 2] 4, 66. 79ff. – [8] Vgl. a. a. O. 86. – [9] G. E. LESSING, Werke, hg. RILLA (1954-1958) 8, 496. – [10] KANT, Der Streit der Fakultäten. Akad-A. 7, 44. – [11] Die Relig. innerhalb ... a. a. O. 6, 106. – [12] a. a. O. 107ff. 170ff. – [13] 118. – [14] 131. – [15] 127.

4. Der deutsche *Idealismus* modifiziert die aufgeklärte Ansicht vom W.d.C. in doppelter Hinsicht: Er sucht daran das spezifisch Religiöse und das Geschichtliche.

In seiner Lehre von den fünf Weltansichten widerspricht FICHTE der Einschränkung des C. auf die Moralität; die religiöse (4.) Weltansicht steht höher als die moralische und unterscheidet sich von der wissenschaftlichen (5.) nur wie Glauben vom Schauen [1]. «Die einzig wahre Religion» ist aber das C. Indessen: «Das C. ist unserer Meinung nach ... in ... seinem wahren Wesen noch nie zu allgemeiner und öffentlicher Existenz gekommen» [2]; es besteht die Gefahr, daß man die bisherigen Geschichtsgestalten für das Wesentliche hält. Fichte nennt es «Christianismus», wenn der Glaube sich im Festhalten überlieferter, konfessionsgebundener Formeln erschöpft [3]. Seinem wahren Inhalt nach ist das C. die Zugehörigkeit zum Reich der Freiheit, die zugleich Hingabe des Willens an Gott ist. «Der wesentliche Einheitsbegriff des C. ist das Himmelreich ...». «Die Offenbarung dieses Reiches, die Einladung, Glieder desselben zu werden, und die allgemeine Anweisung, wie dies zu machen [nämlich durch das «wiedergeboren Werden» von Jesus aus], das ist das W.d.C.» [4].

Für SCHELLING ist das Exoterische (Empirische, Geschichtliche) am C. nunmehr zerfallen; bleibend ist das Esoterische, Geistige, die «Idee» des C. [5]. Das Altertum hat im Mythos das Unendliche im Endlichen angeschaut; im C. geht die Religion «auf das Unendliche unmittelbar an sich selbst», wobei dieses durch das Endliche nur bedeutet wird. Dieser «Gegensatz, welchen die neuere Welt gegen die alte macht, ist für sich zureichend, das Wesen und alle besonderen Bestimmungen des C. einzusehen» [6].

Während hier allein die freie Spekulation zur Einsicht ins W.d.C. führt, sieht der *junge* HEGEL «in allen Formen der christlichen Religion» den «Grundcharakter der Entgegensetzung» Gottes gegen Leben und Welt. Nie könne die christliche Kirche «in einer unpersönlichen lebendigen Schönheit Ruhe finden» und «geistliches und weltliches Tun ... in Eins zusammenschmelzen» [7]. Demgegenüber ist beim *späteren* Hegel die Geschichte der Weg, auf dem der absolute Geist im C. als der absoluten Religion sich selbst erkennt [8]. Zu den «Grundwahrheiten des C.», welche die Philosophie nun bewahrt, gehört vor allem die Versöhnung Gottes mit der ihm entfremdeten Welt [9]. Sie ist das «christliche Prinzip» – ein Begriff, der das «W.d.C.» ersetzt. Es ist dies nun aber einer geschichtlichen Entwicklung fähig: In der Stiftung Christi wird es zunächst abstrakt ausgesprochen; bei seinen Entwicklungsperioden ist die der Reformation die letzte: «Das christliche Prinzip hat nun die fürchterliche Zucht der Bildung durchgemacht, und durch die Reformation wird ihm seine Wahrheit und Wirklichkeit zuerst gegeben» [10]. Hier zeigt sich ein Umschlag: Während früher durch Abstraktion ein Allgemeinbegriff für alle Konfessionen gesucht worden ist, gewinnt Hegel einen, andere Konfessionen nur als Vorstufen zulassenden, protestantischen Wesensbegriff.

Noch größeren Raum hat das Geschichtliche, Positive in SCHLEIERMACHERS Wesensbestimmung. In den ‹Reden› (1799) stellt er die Religionen gleichberechtigt nebeneinander; jede hat aber ein individualisierendes Prinzip in sich, indem eine «Grundanschauung» des Unendlichen in den Mittelpunkt tritt und so eine Gemeinschaftsbildung ermöglicht [11]. Im C. wird das Unendliche an der Geschichte der Religion selbst angeschaut, an dem Kampf zwischen dem Irreligiösen und der Erlösung. Die ständige Polemik gegen das Irreligiöse in seinem Innern prägt auch die «in seinem Wesen begründete Geschichte des C.» [12]. In den späteren Schriften tritt dieser ungebundene religionsphilosophische Standpunkt hinter den innerkirchlichen zurück. Die Religionen erscheinen in Stufen auf das C. hingeordnet; dieses selbst ist «seinem eigentümlichen Wesen nach» «eine der teleologischen [sittlichen] Richtung der Frömmigkeit angehörige monotheistische Glaubensweise», in der alles «bezogen wird auf die durch Jesum von Nazareth vollbrachte Erlösung» [13] – d. h. der Ursprung bestimmt das Wesen.

Anmerkungen. [1] FICHTE, Anweisung, 5. Vorles., Werke, hg. I. H. FICHTE 5, 472. – [2] Grundzüge, 13. Vorles., a. a. O. 7, 186f. – [3] Die Republik der Deutschen, a. a. O. 7, 535. – [4] Staatslehre (1813) a. a. O. 4, 531. 534. 543. – [5] SCHELLING, Werke, hg. K. F. A. SCHELLING (1856-1881) 5, 300. 304. – [6] a. a. O. 292. – [7] HEGEL, Der Geist des Christentums und sein Schicksal, in: Theol. Jugendschriften, hg. H. NOHL (1907, Neudruck 1966) 341f.

– [8] Encyclop., hg. HOFFMEISTER (⁵1949) § 564. – [9] Werke, hg. GLOCKNER (1927ff.) 16, 207f. – [10] a. a. O. 11, 437. 418. 441. – [11] SCHLEIERMACHER: Über die Relig. (1799) 50. 241. 252. 281. 301f. – [12] a. a. O. 294. 297. – [13] Der christl. Glaube (²1830f.) § 11; vgl. HIRSCH, a. a. O. [9 zu 2] 4, 535ff.; 5, 320ff.

5. Mit dem Idealismus ist der Begriff ‹W.d.C.› nach seinen verschiedenen Merkmalen ausgebildet; die Folgezeit beschränkt sich auf die Hervorhebung einzelner Momente: K. ULLMANN und F. CH. BAUR fassen das W.d.C. als das bewegende und einteilende Prinzip der Kirchengeschichte auf; J. KAFTAN müht sich um die Verhältnisbestimmung von Religion und C. [1]. Höchstens dies ist neu, daß im linken Flügel der Hegelschen Schule ein dem christlichen Selbstverständnis gerade Entgegengesetztes als das W.d.C. enthüllt wird [2]. Für FEUERBACH ist der Gottesglaube eine Illusion: «Die Grunddogmen des C. sind realisierte Herzenswünsche – das W.d.C. ist das Wesen des Gemüts.» Die Philosophie hat nun das W.d.C. in sich und kann deshalb den Namen C. aufgeben [3]. Diese Deutung geht – wenn auch modifiziert – in die marxistische Religionstheorie ein. – Gleichfalls polemisch bestimmt NIETZSCHE den Kern des C.: «C. war von Anfang an, wesentlich und gründlich, Ekel und Überdruß des Lebens am Leben»[4].

Am Ende des 19. Jh. wecken A. VON HARNACKS berühmte, das historisch-kritische Bild des Urchristentums voraussetzende Vorlesungen breitestes Interesse für den Begriff ‹W.d.C.› [5]. Harnack selbst will nur in historischem Sinn danach fragen, gibt aber in Wirklichkeit mehr: Das W.d.C. wird als hinter den zeitgeschichtlich bedingten Erscheinungen liegend gedacht. Die hier verborgenen methodischen Probleme des Wesensbegriffs erörtert E. TROELTSCH. «Wesen» ist ein aus der Historie abstrahierter Grundgedanke; dieser dient wiederum zur Kritik an einzelnen Erscheinungen; zugleich ist er Kontinuum und sich entwickelndes Prinzip; und schließlich ist er Idealbegriff, d. h. der einer geschichtlichen Erscheinung positiv begegnende Historiker wird in ihrem Wesen das Weiterführende betonen [6]. Diese subjektive Bedingtheit der Wesensbestimmung steht so im Vordergrund, daß die Identität des W.d.C. fraglich wird. Noch weiter geht S. HOLM mit seiner Annahme, daß das W.d.C. eine Funktion von teils unveränderlichen, teils veränderlichen, teils noch unbekannten Faktoren sei [7].

Im Gegensatz zu Troeltsch sucht E. HIRSCH im W.d.C. die besondere Art des Gottesverhältnisses, aus der sich die jeweilige Geschichtsgestalt erklären läßt: Es ist die Dialektik von Gesetz (festgelegte Lehre und Verfassung) und schöpferisch durchbrechendem Evangelium. Die Reformation erweist sich als die «Verjüngung des C. zu seinem ursprünglichen Wesen hin» [8]. Der Glaube wird so als das überlehrmäßige Kontinuum der Kirchengeschichte (den Ursprung eingeschlossen), als Zentrum der Gemeinschaftsbildung, als Quelle von Lehre und Sittlichkeit erkannt. F. GOGARTEN schildert als das W.d.C. die durch den Glauben eröffnete Freiheit und Verantwortung [9], und G. EBELING präzisiert: «Fragt man nach dem W.d.C., so muß man nach dem Wesen des Glaubens fragen» [10].

Der Begriff W.d.C. setzt die protestantische Unterscheidung von C. und Kirche voraus; *katholisches* Denken pflegt beide zu identifizieren. Schon A. LOISY hat Harnack entgegnet: «Warum das W.d.C. nicht in der Fülle und Totalität seines Lebens erblicken?» [11]. Für ihn gehört ebenso wie für M. SCHMAUS oder R. GUARDINI die Wirklichkeit der römischen Kirche (auch das Kirchenrecht) zum W.d.C. [12].

Anmerkungen. [1] K. ULLMANN: Das W.d.C. (1845); F. CH. BAUR: Die Epochen der kirchl. Geschichtsschreibung (1852) 247ff.; J. KAFTAN: Das Wesen der christl. Relig. (1881). – [2] Vgl. K. LOEWITH: Von Hegel zu Nietzsche (³1953) 350ff. – [3] L. FEUERBACH: Das W.d.C. (1841) 183; Kleine philos. Schriften, hg. LANGE (1950) 78. – [4] F. NIETZSCHE: Die Geburt der Tragödie, hg. BÄUMLER (1955) 37. – [5] A. VON HARNACK: Das W.d.C. (1900). – [6] E. TROELTSCH: Was heißt «W.d.C.»? in: Ges. Schriften (1912ff.) 2, 386-451. – [7] S. HOLM: Religionsphilos. (1960) 78f. – [8] E. HIRSCH: Das W.d.C. (1939) 6. 36ff.; Das Wesen des reformatorischen C. (1963) 24. – [9] F. GOGARTEN: Was ist C.? (1956) – [10] G. EBELING: Das Wesen des christl. Glaubens (1959) 17. – [11] A. LOISY: Evangelium und Kirche (²1904) 12. – [12] M. SCHMAUS: Vom W.d.C. (1947) 16. 19; R. GUARDINI: Das W.d.C. (³1949) 33.

Literaturhinweise. H. HOFFMANN: Zum Aufkommen des Begriffs «W.d.C.», in: Z. Kirchengesch. 45 (1927) 452-459. – C. H. RATSCHOW: W.d.C., in: RGG³ 1, 1721-1729. – R. SCHÄFER: Welchen Sinn hat es, nach einem W.d.C. zu suchen? in: Z. Theolog. u. Kirche 55 (1968) 329-347.   R. SCHÄFER

Christologie ist, vom Aufkommen der Wortbildung in der Theologie des frühen 17. Jh. (zunächst neben ‹Christosophia›, ‹Christognosia›, dann allein) bis zur Gegenwart Terminus technicus für ‹doctrina de Christo›, ‹Lehre von Christus›. Ein sicher früher Beleg findet sich 1611 bei F. BALDUIN («Vera χριστολογία seu doctrina de Christo continetur [Röm. 8] v. 3. 4») [1]; formal gleich wird heute definiert: «C. ist die auf Grund des dogmatischen Durchdenkens der Glaubenserkenntnis, die von der Begegnung Gottes in Jesus Christus redet, gewonnene Lehre von Christus. Ihre Aufgabe ist das sachgemäße Begründen und Gestalten der Glaubensaussagen über Christus in einheitlicher Systematik» [2]. Im späten 17. Jh. wird im Ansatz die Trennung des im 18. Jh. extensiv gewordenen historischen Gebrauchs des Wortes (im Sinn einer Lehre vom Messias) sichtbar [3], zugleich der Aufstieg des Wortes zur systematisierenden Bezeichnung der Soteriologie im Ganzen der Theologie. J. OLEARIUS nennt die C. im ‹Summarium theologiae positivae› zwischen «Anthropologia» und «Eudaemonologia»: «Remedium miseriae humanae paratum, quod est Christi meritum acquisitum, oblatum et applicatum, quod exhibet Therapeutica. Explicanda est itaque illius 1. acquisitio adeoque universa Christologia» (Die Therapeutik legt die für das menschliche Elend bereitete Arznei dar, nämlich Christi Verdienst als erworbenes, angebotenes und angeeignetes. Daher ist erstens dessen Erwerb zu erörtern und insoweit die ganze C.) [4]. Zugleich bezeichnet das Wort schon das Grundlegende und Zentrale des Christentums, nämlich den Glauben «quoad summarium, quod est Christologia» [5].

Damit ist bis heute einmal die enge Verbindung, ja Austauschbarkeit von C. und Soteriologie vorgezeichnet – so WEGSCHEIDER: «universae theologiae dogmaticae quattuor partes recte constituuntur: Bibliologia sacra, Theologia ... [i.e.S.], Soterologia, quae et hominum servandorum (Anthropologia) et servatoris (Soterologia stricte sic dicta) conditionem ac relationem mutuam adumbrat, et Eschatologia» (Die gesamte dogmatische Theologie besteht aus vier Teilen: der Lehre von der heiligen Schrift, der Theologie ... [i.e.S.], der Heilslehre, die die Verfassung und die gegenseitige Beziehung zwischen den rettungsbedürftigen Menschen (Anthropologie) und dem Retter (Soteriologie i.e. S.) erhellt, und der Eschatologie) [6] – sowie die schon im frühen 19. Jh. diskutierte, auch von L. FEUERBACH konstatierte Möglichkeit gegeben, daß die ganze «Dogmatik zur C. wird» [7]. Die Vermittlung dieser Konzentration mit der wissenschaftsgeschichtlichen Wendung vom Idealismus zum positivistischen Historismus und Psychologismus der Leben-Jesu-Forschung drückt sich aus in dem verschärfenden Stichwort vom «Christozentrismus A. RITSCHLS durch seine Beziehung auf den geschichtlichen Christus» [8]. Trotz der gegen diese Entwicklung gerichteten, wieder den Bezug zum alten Christusdogma suchenden Offenbarungstheologie der 20er Jahre hält sich aber die «christologische Konzentration» [9] durch, jetzt zustimmend oder kritisch begleitet von dem Begriff «Christozentrismus» oder «Christomonismus» [10], der heute «im Sinne der Beschränkung des Offenbarungsbegriffs auf Jesus Christus ... die einzige Möglichkeit [sei], um an dem festzuhalten, was man früher den Absolutheitsanspruch des Christentums nannte» [11].

Anmerkungen. [1] F. BALDUIN: Commentarius in Pauli apostoli epistolam ad Romanos (1611), in: Commentarius in omnes epistolas apostoli Pauli (1664) 154 b; J. FEURBORN: KENOSIGRAPHIA CHRISTOLOGIKE (1627); J. C. DANNHAUER: Christosophia seu sapientiarum sapientia de salvatore Christo eiusque persona, officiis, beneficiis (1638); A. CALOV: Systematis locorum theol. tomus VII., OIKONOMIAS divinae seu CHRISTOGNOSIAS (Wittenberg 1671) Epist. dedic.: «De quo (Christo) suavissime CHRISTOLOGUSIN patres venerandi ...» (läßt auf patristischen Gebrauch des Verbs schließen); 86: «haec SKEPSIS CHRISTOLOGIKE»; VIII, 10: «universa salutaris CHRISTOGNOSIA». – [2] W. KÜNNETH: Theol. der Auferstehung (⁴1951) 95. – [3] S. GLASSIUS: Christologia mosaica, ex prioribus capitibus Geneseos, ut et christologia Davidica, ex Ps. 110 conscripta, et onomatologia Messiae prophetica (1678); L. BERTHOLDT: Christologia Iudaeorum Iesu apostolorumque aetate (1811). – [4] J. OLEARIUS: Summarium theologiae positivae (1664) 31. – [5] a. a. O. 35 b. – [6] J. A. L. WEGSCHEIDER: Institutiones christianae dogmaticae (1817, ⁷1833) § 22. – [7] C. I. NITZSCH: System der christl. Lehre (1829, ³1837) 115; L. FEUERBACH: Grundsätze der Philos. der Zukunft (1843) § 2. – [8] E. GÜNTHER: A. Ritschls spätere Entwicklung. Theol. Stud. u. Kritiken 94 (1922) 225; vgl. M. KÄHLER: Gesch. der prot. Dogmatik im 19. Jh. (1962) 256. – [9] K. BARTH: Parergon. Evang. Theol. (1948/49) 272; vgl. KÜNNETH, a. a. O. [2] 95. – [10] H. BERKHOF: Die Bedeutung Karl Barths für Theol., Kirche und Welt. Evang. Theol. (1948/49) 258; H. VOGEL: Gott in Christo (1951) VIIf.; vgl. P. ALTHAUS: Die christl. Wahrheit (1948, ³1952) 56. 57. – [11] H. G. FRITZSCHE: Lb. der Dogmatik 1 (1964) 294.
TH. MAHLMANN

Chthonismus (von griech. χθών, Erde). Der Begriff gehört in den Bereich der Religionsphilosophie und Ethnologie; er stellt die personifiziert gedachte Erde (Erdmutter) in den Mittelpunkt von Glaube und Kult. Häufig ist der C. mit manistischen Ideen verbunden und gehört oft zu einem kosmischen Dualismus, wobei männlicher Himmel und weibliche Erde als kosmogonisches Urpaar angesehen werden. Die Bedeutung des einen wie der anderen kann dabei je nach Region und kulturhistorischen Verhältnissen stärker oder schwächer sein. Chthonische Vorstellungen sind weit über die Erde verbreitet und zu allen bekannten Epochen aufgetreten – allerdings mit ganz unterschiedlicher Akzentuierung. Die Skala reicht dabei von Glaubensformen, die untergeordnete Bedeutung haben, bis zu solchen, die den Mittelpunkt eines Religionssystems bilden. In zwei ganz unterschiedlichen Regionen und Zeiten hat der C. starke Bedeutung erlangt: 1. in der Welt des frühen Mediterraneums und 2. in dem uns seit hundert Jahren bekannten westlichen Sudan.

1. Das früheste Auftreten dieses Begriffes in der Literatur ist nicht mit Sicherheit belegt, auf jeden Fall ist er «eine Frucht der romantischen [deutschen] Naturphilosophie» [1]. Zuerst hat F. CREUZER darauf aufmerksam gemacht, daß bei den *Griechen* vor der «olympischen Religion», wie sie von Homer in einer die Jahrhunderte prägenden Weise dargestellt wurde, ältere Vorstellungen über «die Mächte der Erdtiefe» bestanden, und daß diese die «Uranfänge des religiösen Lebens» der Griechen darstellten [2]. K. O. MÜLLER hat dann als erster den Versuch unternommen, die «chthonische Religion» der Griechen zu beschreiben [3]. Bleibende Wirkung hat gegenüber den Arbeiten der Vorgänger – ungeachtet zeitlich bedingter philologischer und methodischer Mängel – das Werk von J. J. BACHOFEN. Nach ihm folgen drei große Stufen der Menschheitsentwicklung aufeinander: Hetärismus (schrankenlose Promiskuität), Gynaikokratie (Mutterrecht) und apollinische Paternität (Vaterrecht). Die mutterrechtliche Stufe, die er aus antiken Berichten über verschiedene mediterrane Völker rekonstruiert (Lyker, Kreter, Lemnier, Lesbier, Lokrer), war von einer chthonischen Religion bestimmt, die in der Vorstellungsreihe von Erde-Mutter-Tod-Wiedergeburt ihren wichtigsten Inhalt hatte. Auch im Pythagoreismus sieht Bachofen ein bewußtes Zurückgehen auf das «chthonische Muttertum der Erde» der pelasgischen Welt [4].

2. Noch stärker ausgeprägte Vorstellungen von der Erde als großer Mutter, aus der alles hervorgeht und in die alles zurückkehrt, trifft man bei den «altnigritischen» Feldbauern, der Urbevölkerung des *Sudans*, vom Nil im Osten bis zum Senegal im Westen. Ob es möglich ist, diesen afrikanischen C. mit dem des antiken Mediterraneums in einen historischen Zusammenhang zu bringen, muß offen bleiben. Fast immer erscheint die Erde in dieser Region als Frau des Himmels- und Regengottes; aus beider Vereinigung geht alles Leben hervor: «Alle Vegetabilien sind ihre Kinder, ebenso alle Dinge in der Welt» [5]. Ebenso wie die Pflanzen entstanden der Mythe nach häufig auch die Menschen, indem sie aus der Erde emporwuchsen oder von ihr geboren wurden: «Die Erde ist die Wohnung der Toten und Ahnen» [6], ihr Kult ist daher manistisch bestimmt. FROBENIUS spricht davon, daß diese chthonische Religion «einerseits im Farmdienst, andererseits im Manismus» gipfele und daß Saat und Ernte ebenso wie das Erd- und Ahnenopfer Ausdruck *eines* religiösen Grundgesetzes seien [7]. Sehr oft wird der chthonische Kult und alles, was im religiösen Bezug dazu steht (z. B. Sühnung eines Mordes, durch den die Erde mit Blut befleckt wurde), einem besonderen Priester, dem «Erd-Herrn» zugeordnet [8].

Anmerkungen. [1] A. BAEUMLER: Der Mythus vom Orient und Occident. Eine Met. der Alten Welt, in: J. J. BACHOFEN, Auswahl, hg. M. SCHROETER (1926) CLXXXV. – [2] F. CREUZER, Dtsch. Schriften (1836-1858) II/2, 188f. – [3] K. O. Müller: Gesch. hellen. Stämme und Städte (1820-1824); Prolegomena zu einer allg. a prior. wiss. Mythol. (1825). – [4] J. J. BACHOFEN, Werke, hg. K. MEULI 2.3: Mutterrecht (1948) 3, 875. – [5] H. BAUMANN: Schöpfung und Urzeit des Menschen im Mythos der afrikanischen Völker (²1964) 168. – [6] a. a. O. 387. – [7] L. FROBENIUS: Unter den unsträflichen Äthiopen (1913) 135. – [8] J. ZWERNEMANN: Die Erde in Vorstellungswelt und Kultpraktiken der sudanischen Völker (1968) 99f.; vgl. K. DITTMER: Die sakralen Häuptlinge der Gurunsi im Obervolta-Gebiet (1961) 10f.

Literaturhinweis. J. J. BACHOFEN s. Anm. [4] Bd. 1-4. 6-8. 10.
E. HABERLAND

Circulus vitiosus. Unter einem ‹C.v.› versteht man heute im allgemeinen einen Beweis, in dem das zu Beweisende bereits vorausgesetzt wird, auch wohl eine Definition, in der das definiendum bereits im definiens vorkommt. – Schon ARISTOTELES kommt auf Zirkelbeweise in drei Zusammenhängen zu sprechen: 1. In den ‹Analytica priora› [1] untersucht er unter dem Titel τὸ δὲ κύκλῳ καὶ ἐξ ἀλλήλων δείκνυσθαι (Das Beweisen durch Zirkel und aus anderem), ob und wann bei einem Syllogismus aus der Konklusion und einer der Prämissen mit vertauschten Termen auf die andere Prämisse geschlossen werden kann. 2. Etwas später [2] erörtert er ‹Beweise› durch petitio principii, Pseudobeweise also, bei denen der Beweis einer beweisbedürftigen Prämisse auf diese selbst gestützt wird. 3. In den ‹Analytica posteriora› [3] setzt er sich mit einer unbekannten Philosophenschule auseinander, die behauptet, man müsse, da alles Wissen notwendig beweisbar sei, zur Vermeidung eines regressus ad infinitum zirkuläre Beweisführungen als möglich erachten. Aristoteles sucht diesem Argument mit der Annahme einer Grundschicht erster selbstevidenter Grundsätze zu begegnen, der ‹Axiome›, die eines Beweises weder fähig noch bedürftig sind. – Neuerlich ist die Kennzeichnung C.v. auch auf die ‹imprädikativen› Begriffsbildungen ausgedehnt worden, auf die man vor allem durch Antinomien der Mengenlehre aufmerksam wurde [4].

Anmerkungen. [1] ARISTOTELES, Anal. prior. II, 5-7. – [2] a. a. O. II, 16. – [3] Anal. post. I, 3. – [4] Vgl. Art. ‹Imprädikativität›.

J. MAU

Circumstantia, περίστασις, **Umstand.** Die Lehre von den circumstantiae, den ‹Umständen› einer Handlung, ist in der Antike eines der Hauptstücke derjenigen Disziplinen gewesen, die es mit der menschlichen Praxis zu tun haben: der Rhetorik, der Rechtswissenschaft und der Ethik. Ihr systematischer Ort in der Rhetorik ist die Lehre von der topischen Auffindung der «Örter», d. h. der für Argumentation und Beweisführung dienlichen Gesichtspunkte. QUINTILIAN hat den Terminus in die römische Theorie der Redekunst als Übersetzung des griechischen Fachausdruckes περίστασις eingeführt («περίστασιν dicere aliter non possumus» [1]). Der Begriff περίστασις wiederum dürfte zuerst von HERMAGORAS VON TEMNOS (um 150 v. Chr.) aus der stoischen Philosophie übernommen worden sein [2]. In den *pseudoaugustinischen*, wahrscheinlich aus dem 4.Jh. n. Chr. stammenden ‹Principia rhetorices› [3] wird die entsprechende Tradition in einem Hermagoras-Referat so zusammengefaßt: Was περίστασις oder C. ist, läßt sich leichter durch einteilende Aufzählung als durch eine Definition angeben, und zwar gibt es deren sieben Teile (partes); «sunt igitur haec: quis, quid, quando, ubi, cur, quemadmodum, quibus adminiculis» (wer, was, wann, wo, warum, wie, mit welchen Mitteln). Hermagoras habe sie μόρια περιστάσεως, THEODORUS στοιχεῖα πραγμάτων, Elemente eines Sachverhaltes, genannt, man finde bei den Griechen auch die Bezeichnung περιστάσεως ἀφορμαί. Dieses Schema ist für die Tradition verbindlich geworden; es findet sich u. a. bei JULIUS VICTOR [4], bei BOETHIUS [5] und in den ‹Excerpta Parisina› [6]. Insbesondere wurde es geläufig, nachdem es aus mnemotechnischen Gründen als hexametrischer Merkvers formuliert worden war: «quis, quid, ubi, quibus auxiliis, cur, quomodo, quando». Diese Version zitiert z. B. THOMAS VON AQUIN [7] im 13. und J. G. WALCH [8] noch im 18.Jh. – Neben diesem in Fragepartikeln formulierten Zirkumstanzenschema findet sich in der rhetorischen Tradition ferner eine substantivische Aufzählung der Gesichtspunkte (topoi, loci), mittels derer eine Handlung unter sittlichem und rechtlichem Aspekt diskutiert werden kann; HERMOGENES (2.Jh. n. Chr.) nennt τόπος, χρόνος, τρόπος, πρόσωπον, αἰτία, πρᾶγμα und ὕλη [9], die entsprechenden lateinischen Begriffe sind bei MARCIANUS CAPELLA [10] und ALCUIN [11]: «persona, factum, tempus, locus, modus, occasio, facultas». Die Zuordnung dieser sieben einzelnen als topoi formulierten Zirkumstanzen zu den sonst als sieben Teile der einen C. gedachten Fragepartikeln macht keine Schwierigkeit; sie wird schon bei beiden genannten Autoren vollzogen; im Kommentar des MARIUS VICTORINUS zu Ciceros ‹Rhetorica› findet sie sich in folgender Weise: «quis-persona, quid-factum, cur-causa, ubi-locus, quando-tempus, quemadmodum-modus, quibus adminiculis (= auxiliis)-facultas» [12]. Die Wirksamkeit dieses Schemas über die forensische Rhetorik hinaus mag man daraus ersehen, daß HUGO VON ST. VIKTOR in einer Einführung in die allegorische Schriftauslegung verlangt, die einzelnen Worte der Heiligen Schrift gemäß den sechs Zirkumstanzen res, persona, numerus, locus, tempus, gestum zu betrachten [13].

CICERO kennt weder den Begriff ‹C.› (an entsprechender Stelle im Zusammenhang einer Unterscheidung zwischen Thesis und Hypothesis findet sich bei ihm das Wort ‹interpositio› [14]) noch das Siebenerschema; er hat stattdessen die für eine rechtlich-rhetorische Beweisführung relevanten Gesichtspunkte aufgeteilt 1. in Eigenschaften, die den Personen angehören [15], 2. in Merkmale, welche die Handlungen (negotia) charakterisieren [16]: «Omnes res argumentando confirmantur aut ex eo, quod personis, aut ex eo, quod negotiis est attributum. Ac personis has res attributas putamus: nomen, naturam, victum, fortunam, habitum, affectionem, studia, consilia, facta, casus, orationes ... Negotiis autem quae sunt attributa, partim sunt continentia cum ipso negotio, partim in gestione negotii considerantur (locus, tempus, occasio, modus, facultates), partim adiuncta negotio sunt, partim negotium consequuntur» (Alle Behauptungen werden erhärtet durch Argumente, die gewonnen sind von Eigenschaften, die entweder solche der Personen oder der Handlungen sind. Folgendes sind nach unserer Lehre Eigenschaften der Personen: Name, Natur, Lebensweise, äußere Lebensumstände, feste physische und geistige Grundhaltung, Affekte, Interessen, Zielsetzungen, Taten und Leistungen, zufällige Ereignisse, verbale Äußerungen ... Die Eigenschaften der Handlungen sind teils in der Handlung selbst enthalten, teils werden sie abgelesen an der Ausführung der Handlung (Ort, Zeit, Gelegenheit, Art, Möglichkeiten), teils sind sie mit ihr verbunden, teils folgen sie ihr nach). Auch dieses System, dessen einzelne Positionen noch durch weitere Untergliederungen spezifiziert werden können (als Möglichkeiten von natura z. B. nennt Cicero: sexus, natio, patria, cognatio, aetas, a natura data corpori et animo), hat bis ins 13.Jh. nachgewirkt; ALANUS DE LILLE referiert es im 3. Buche seines ‹Anticlaudianus› [17]. BOETHIUS hat dieses System auf das Siebenerschema abgebildet: «Cicero circumstantias in gemina partitur, ut eam, quae est quis, circumstantiam in attributis personae ponat. Reliquas vero circumstantias in attributis negotio constituat. Et primam quidem ex circumstantiis eam, quae est quis, quoniam personae attribuit, secat in undecim partes. Reliquas vero circumstantias, quae sunt quid, cur, quomodo, ubi, quando, quibus auxiliis, in attributis negotio ponit; quid et cur dicens continentia cum ipso negotio» (Cicero teilt die Umstände in zwei Gruppen, so daß er die, welche den Handelnden betrifft, den Eigenschaften der Person zuweist, die übrigen dagegen den Eigenschaften der Handlung. Die erste der Umstände, d. h. die den Handelnden betreffende, die er, wie gesagt, der Person zuteilt, unterteilt er elffach. Die übrigen Umstände, nämlich ‹was, warum, wie, wo, wann, womit› teilt er den Handlungen zu, das

Was und das Warum rechnet er zu den in der Handlung selbst enthaltenen Momenten) [18]. – In der rhetorisch-topischen Methodenlehre spielt die C.-Lehre eine Rolle im Zusammenhang der Unterscheidung zwischen thesis und hypothesis, propositum und causa, causa infinita und causa finita. Ein allgemeines philosophisch-juristisches Problem, eine thesis, wird demnach gewonnen durch Abstraktion von den persönlichen und sonstigen Bedingtheiten (περιστάσεις) eines konkreten Falles, mit dem allein es der Redner in einem Rechtsstreit zu tun hat.

Die *aristotelische* Ethik als Theorie der konkreten menschlichen Praxis noch vor jener spätantiken Unterscheidung hatte gemäß ihrer programmatischen Bezugnahme auf die jeweiligen einzelnen Umstände und Gegebenheiten [19] die peristatischen Momente ausdrücklich thematisiert, ohne den Begriff περίστασις selbst zu verwenden. Eine Aufzählung der konkreten Umstände einer Handlung gibt ARISTOTELES im Zusammenhang einer Diskussion des Problems der Freiwilligkeit: «Es ist zu fragen, 1. wer handelt, 2. was er tut, 3. mit Bezug auf welche Person oder Sache, 4. womit einer handelt, 5. zu welchem Zwecke und 6. auf welche Weise» [20]. THOMAS VON AQUIN hat mit Blick auf diese Stelle später die Frage erörtert, «utrum convenienter enumerantur circumstantiae in tertio libro Ethicorum» (ob die Umstände im dritten Buch der Ethik korrekt aufgezählt werden), und er hat dabei eine Vermittlungsmöglichkeit zwischen diesem und dem Siebenerschema der rhetorischen Tradition in Vorschlag gebracht [21]. Die Verschiedenheit der jeweiligen Behandlung der C. einer menschlichen Handlung in Theologie, Ethik, Politik und Rhetorik wird von ihm betont [22]; die C. selbst hat er charakterisiert als «accidens actus humani attingens eum extrinsecum» (eine die menschliche Handlung von außen tangierende Bestimmung, die nicht deren Wesen ausmacht) [23]. Bei J. G. WALCH [24] wird die Moralität einer «Verrichtung» bestimmt gemäß ihrer Übereinstimmung; diese ist entweder eine materiale, eine Übereinstimmung mit dem Gesetz, oder eine formale, nämlich eine Übereinstimmung «mit gewissen Umständen, denen die Handlung auch gemäß sein muß»; er zitiert für sie den bekannten Merkvers. In der neuzeitlichen Moralphilosophie seit KANT wird dann die Zuordnung der Prädikate ‹material› und ‹formal› vertauscht, betrachtet wird nur das Verhältnis des handelnden Subjektes zu seiner Tat, die äußeren Umstände und materialen Zwecke werden von dieser Theorie als gleichgültig erachtet; in der forensischen Praxis dagegen ist ihre Berücksichtigung nach wie vor selbstverständlich.

Anmerkungen. [1] QUINTILIAN, Inst. orat. V, 10, 104, hg. RADERMACHER/BUCHHEIT (1959) 269. – [2] P. STERNKOPF: De Cic. part. orat. (1914) 50; W. KROLL: Art. ‹Rhetorik›, in: PAULY/WISSOWAS Real.-Encyclop. der class. Altertumswiss. Suppl. 7 (1940) 1093; M. POHLENZ: Die Stoa 1 (1948, ³1964) 184. – [3] Principia rhetorices. MPL 32, 1442ff.; Rhetores latini minores, hg. HALM (1862) 141 n. 7. – [4] JULIUS VICTOR, Ars rhet., hg. HALM 20, 374. 424. – [5] BOETHIUS, De diff. top. MPL 64, 1205 c/d. – [6] Exc. Rhet. e Codice Parisino 7530 edita, hg. HALM 20, 586. – [7] THOMAS VON AQUIN, S. Theol. I/II, q. 7, a. 3 corp. – [8] J. G. WALCH: Philos. Lex. (1726) Sp. 2692: Art. ‹Verrichtungen›. – [9] HERMOGENES, PERI HEURESEOS III, 5. Opera, hg. RABE, Rhet. graeci 6 (1913) 140. – [10] MARCIANUS CAPELLA, De nuptiis Philol. et Mercuri 5, hg. DICK (1925) 278. – [11] ALCUIN, De arte Rhetorica dialogus, hg. HALM 16, 527. – [12] Vgl. J. GRÜNDEL: Die Lehre von den Umständen der menschl. Handlung im MA (1963) 27 Anm. 60. – [13] HUGO VON ST. VICTOR, MPL 175, 21 A. – [14] CICERO, De inv. I, 8; vgl. F. STRILLER: De stoicorum studiis (1886) 28. – [15] Vgl. auch CICERO, De off. I, 107. – [16] Im. I, 24-26. – [17] ALANUS DE LILLE, Anticlaudianus, hg. BOSSUAT (Paris 1955) 93ff. – [18] BOETHIUS, MPL 64, 1212 c/d. – [19] Vgl. ARISTOTELES, Eth. Nic. (= EN) 1107 a 28-32. – [20] EN III, 2, 1111 a 3-6; vgl. auch die Aufzähl. 1109 a 28, b 15: Wem, Wieviel, Wann, Wielange, Wozu, Wieviel. – [21] THOMAS VON AQUIN, S. theol. I/II, q. 7, a. 3. – [22] a. a. O. a. 2. – [23] a. 3; vgl. GRÜNDEL, a. a. O. [12] 580-646, bes. 588. 596. 604. 614. – [24] WALCH, a. a. O. [8].

Literaturhinweise. J. C. BRENDEL: De circumstantiis actus humani moraliter boni (1689). – JOH. CHR. THEOPH. ERNESTI: Lex. technol. Graecorum rhetoricae (1795/1962) 260; Lex. technol. Latinorum rhetoricae (1797/1962) 58ff, – O. LOTTIN: Psychol. et morale aux 12e et 13e siècle (Paris 1954) 4, 505-508. – L. M. SIMON: Substance et circonstance de l'acte morale. Angelicum 33 (1956) 67-79.   G. BIEN

Coincidentia oppositorum (Zusammenfall der Gegensätze) wurde als Erkenntnismittel der *Docta ignorantia* von NIKOLAUS VON KUES konzipiert [1]. Die C.o. bzw. C. contradictoriorum ist als Prinzip der Vernunfterkenntnis dem Widerspruchsprinzip, welches die Verstandeserkenntnis durch abgegrenzte Begriffe normiert, übergeordnet. Sie soll dazu dienen, das Sein und Wesen Gottes, in seiner Verschiedenheit von aller geschöpflichen Einschränkung, und seine Allanwesenheit in jedem Seienden, als Quellgrund jeglicher Seiendheit, zu schauen. Sie hebt das Widerspruchsprinzip nicht auf, begrenzt aber seine Anwendung. In der ‹Apologia doctae ignorantiae› wird die Notwendigkeit der C.o. in tieferer theologischer und philosophischer Spekulation behauptet, die peripatetische Beschränkung des Denkens durch das Verbot des Widerspruchs müsse durchbrochen werden [2]. – Die Koinzidenz ist das Prinzip einer überbegrifflich schauenden Erkenntnis dessen, was kein eingrenzbares Objekt, sondern grenzfreier Ursprung, unbedingte Bedingung ist. – Als Handleitung (manuductio) zum Verständnis gebraucht Nikolaus geometrische Beispiele des Zusammenfalls der Gegensätze, anschauliche Hinführungen zu einer übermathematischen Einheit verschiedener Gestalten. Die Schrift ‹De beryllo› bietet dafür (von cap. 25 an) viele Beispiele. Nikolaus geht hier aus von dem Zusammenfall der Gegensätze als Mitte konträrer Gegensätze (der rechte Winkel ist am wenigsten spitz und am wenigsten stumpf). Deutlicher ist das Symbol des Dreiecks, in dessen Winkelsumme der unendliche Winkel, der gleichermaßen der größte wie der kleinste ist, widerstrahlt: Der Winkel von 180° erscheint zugleich als Winkel von 0° [3]. Jedes Dreieck ist ein Widerschein des unendlichen Ursprungs aller Winkel. – Aber alle Handleitungen geben nur eine Analogie für die in der Gotteserkenntnis gemeinte Koinzidenz und sind von dieser strukturell verschieden. Die Unterscheidung ist auch in den frühen Werken von Nikolaus da, aber noch nicht überall durchgeführt [4]. In ‹De coniecturis› [5] sagt Nikolaus, daß er in ‹De docta ignorantia› oft «intellectualiter» von Gott gesprochen habe, durch die Paarung der kontradiktorischen Gegensätze in einfacher Einheit. Doch ohne Vergleich einfacher als ihre Paarung ist die Verneinung der Gegensätze sowohl disjunktiv wie kopulativ; dies ist die eigentlich göttliche Weise «divinaliter». Damit scheint das Koinzidenzprinzip überschritten zu sein. Gott ist jenseits des Zusammenfalls der Gegensätze. Das wird in ‹De visione dei› so ausgesprochen: «Wenn ich dich, Gott, im Paradiese sehe, das diese Mauer des Zusammenfalls der Gegensätze rings umgibt, dann sehe ich, daß du nicht einfaltest, noch ausfaltest, weder disjunktiv, noch kopulativ. Denn die Mauer des Zusammenfalls ist in gleicher Weise Disjunktion und Verbindung. Du bist (exsistis) jenseits dieser Mauer, enthoben absolutus) allem, was man sagen oder denken kann» [6]. Dennoch heißt es im gleichen Werk: «der Ort, wo du im Zusammenfall (in coincidentia) wohnst» [7], obwohl vorher und nachher der Zusammenfall als trennende Mauer bezeichnet wird, hinter der das Paradies liegt. Die menschlich schauende Vernunft kann nur so weit gelangen, daß sie den Zusammenfall der Gegensätze sieht und erkennt, daß Gott noch darüber erhaben ist. Die Notwendigkeit des Übersteigens der Koinzidenz erscheint darum formal selbst als Koinzidenz: Gott ist als Unendlicher Ende ohne Ende; in der Einheit ist die Andersheit ohne Andersheit; Gott ist Gegensätzlichkeit zu den Gegensätzen, und zwar Gegensätzlichkeit ohne Gegensätzlichkeit; der Widerspruch ist in der Unendlichkeit ohne Widerspruch [8]. Im *Non aliud* findet Nikolaus die begriffliche Chiffer für das, was er mittels des Koinzidenzprinzips von Gott sagen wollte [9]. Es geht um den intellektualen Weg zur mystischen Schau Gottes: «Gott ist im höchsten Maße Licht, so daß er im geringsten Maße Licht ist» [10]. In diesem Satz klingt die Beziehung zu der überhellen Finsternis, von der die Mystik spricht, an. – Die Idee der Koinzidenz ist inspiriert vom Neuplatonismus (PSEUDO-DIONYSIUS [11]) und Meister ECKHART, das Wort ‹coincidentia› stammt von HEYMERIC DE CAMPO [12]. – Das formale Prinzip der Coincidentia hat einen weiteren Bereich, der auch bei mathematischen und dynamischen Prinzipien fruchtbar wird; dort steht sie der *Complicatio* nahe. – Bei NIKOLAUS meint die Koinzidenz nicht den Zusammenfall von ursprünglich existierenden gegensätzlichen Prinzipien, sie überbrückt nicht eine dualistische Spaltung. Als Erkenntnismittel entspricht sie der übervernünftigen Einheit über den Gegensätzen, welcher stets ein Gegensatzglied begrifflich näher steht als das andere. Bei metaphysischer Aussage hat das Maximum den Vorrang und das Minimum dient seiner Qualifikation als Absolutum, das aller Vergleichbarkeit entrückt ist: Das absolute Maximum steht in keinerlei Verhältnis zu relativen Größen und wird darum nicht als deren Gipfel, sondern als ihre Negation gesehen [13]. In der mathematischen Spekulation hat dagegen die Einheit als Minimum das methodische Prius [14]. – «Gut und Böse» stehen nicht in einer übergegensätzlichen Einheit, denn Vergänglichkeit und Sündigen sind kontingente, mitfolgende Mängel oder Privationen des auf dies oder jenes eingeschränkt (contracte) Existierenden als solchen [15]. Sie sind also nicht ontologisch konstitutiv und können deshalb nicht als Koinzidenzglieder gedacht werden. – Im 16. Jh. ändert sich diese Auffassung und damit auch die Interpretation der Koinzidenz, aber ohne Reflexion auf diese Veränderung.

Anmerkungen. Die Zitate aus Werken des NIKOLAUS VON KUES folgen der Edition der Heidelberger Akademie (= h) bzw. der Pariser Ausgabe von 1514 (= p). – [1] De docta ignorantia, Widmungsschreiben. h 163. – [2] h 6, 7-12. – [3] De beryllo cap. 33. h 43. – [4] Vgl. jedoch Predigt ‹Dies sanctificatus› 12, 8-28 und De docta ignorantia I, 4. h 10, 25; I, 19. h 38, 24. – [5] De coniecturis I. h n. 24. – [6] De visione dei, cap. 11, Ende. – [7] a. a. O. cap. 10. – [8] cap. 13. p. fol. 105 verso. – [9] Directio speculantis cap. 4. h 9, 7-12. – [10] De docta ignorantia I, 4. h 11. 7. – [11] Vgl. PSEUDO-DIONYS, De divinis nominibus VII, 3. – [12] R. HAUBST: Zum Fortleben Alberts des Großen bei Heymerich von Kamp und Nikolaus von Kues. Beiträge zur Gesch. der Philos. des MA Suppl. 4 (1952). – [13] G. v. BREDOW: Die Bedeutung des Minimum in der C.o. Ref. auf dem int. Cusanus-Kongreß in Brixen (1964). – [14] J. E. HOFMANN: Die math. Schriften des N. von Cues (1952) Einl. XVIIIf. – [15] NIKOLAUS, De docta ignorantia II, 2. h 65, 17-66, 6; De ludo globi II. h n. 81.

Literaturhinweise. D. MAHNKE: Unendliche Sphäre und Allmittelpunkt (1937). – K. H. VOLKMANN-SCHLUCK: Nicolaus Cusanus (1957). – K. JASPERS: Nikolaus Cusanus (1964). – Cusanusbibliogr. in: Mitteilungen und Forschungsbeiträge der Cusanus-Ges. 1 (1961); 3 (1963); 6 (1967). G. V. BREDOW

Colcodea (auch *Colchodea*: wahrscheinlich hybride Bildung aus dem arab. *kull* = universale, und dem neupers. *hud-āy* = selbst sein). Dieser Begriff tritt bei A. NIFO auf ist und seitdem bis etwa zum Ende des 17. Jh. in der philosophischen und naturwissenschaftlichen Literatur gebräuchlich. Er bezeichnet einen intellectus agens separatus, der nach AVICENNA jene außermenschliche Realität darstellt, die der Materie die substantiellen und dem intellectus agens des Menschen die intelligiblen Formen vermittelt.

Literaturhinweis. C. A. NALLINO, G. crit. Filos. ital. (1925) 84-91. H. M. NOBIS

Communes conceptiones. Der Terminus ‹C.c.›, der auf den griechischen Ausdruck κοιναὶ ἔννοιαι zurückgeht und den aristotelischen Gebrauch von ‹Axiom› (ἀξίωμα) aufnimmt [1], ist in der Spätantike belegt [2]. JOHANNES SCOTUS ERIUGENA nennt die Dialektik «communium animi conceptionum rationabilium diligens investigatrix disciplina» (eine gründliche und untersuchende Wissenschaft der allgemeinen vernünftigen Grundsätze der Seele) [3]. Bei ABAELARD begegnet der Begriff im Kontext von ‹universale› [4]. Schule hat der von Aristoteles übernommene Begriff der C.c. bei BOETHIUS gemacht: «communis animi conceptio est enuntiatio quam quisque probat auditam» (eine C.c. ist eine Aussage, der jeder zustimmt, der sie hört) [5]. Noch DUNS SCOTUS zitiert die Boethius-Stelle als auctoritas im Problemkontext der Prinzipienevidenz [6]. THOMAS VON AQUIN kennt mit Boethius einen «duplex modus communium conceptionum». Ist der eine modus allen Verständigen gemeinsam, so der andere nur der Gruppe der docti, die nicht in der imaginatio befangen sind [7]. Diese Reminiszenz schließt sich an die Differenzierung des Begriffes ‹per se notum omnibus/sapientibus tantum› an. Die C.c. sind näherhin als Sätze, deren Gegenteil einen Widerspruch impliziert, bestimmt [8]. Die principia, durch die notwendig Wahrheit erkannt wird, werden also ‹C.c.› genannt [9]. Sie sind die nicht mehr beweisbare Grundlage allen Beweises, deren Leugnung außerhalb aller Möglichkeit der Verständigung stellt. Mit der Aristotelesrezeption des Thomas ist der aristotelische Sinn von ‹Axiom› wiedererlangt. Dies kann auch den entsprechenden mathematischen Beispielen entnommen werden, so dem 8. Euklidischen Axiom: «Das Ganze ist größer als der Teil.»

Anmerkungen. [1] z. B. Ps.-BOETHIUS, Geom. 377, 20. – [2] z. B. MARTIANUS CAPELLA VI, 723. – [3] Div. nat. I, 29. – [4] Log. ‹ingredientibus›, hg. B. GEYER, in Beitr. zur Gesch. der Philos. im MA 21/1 (1919) 19, 14ff. – [5] Hebd., hg. STEWART/RAND 18ff.; vgl. Cons. philos., hg. STEWART/RAND III, 10, 23. – [6] Op. oxon. I, 3, 4. – [7] De ver. 10, 12 c; S. theol. I, q. 2, a. 1 c. – [8] De pot. 5, 3 ad 7. – [9] S. theol. I/II, q. 94, a. 4 c.

H. K. KOHLENBERGER

Complementum possibilitatis. Wenn CHR. WOLFF die Existenz als das C.p. definiert [1], als dasjenige, was «erfüllend» zur Möglichkeit hinzukommen muß, damit sie ins Dasein treten kann, so geschieht das in direkter Nachfolge der *Leibnizschen* Lehre von der besten der möglichen Welten, die ihren Daseinsgrund im Willen Gottes hat, das im ganzen gesehen Vollkommenste wirklich werden zu lassen. Die berühmt gewordene Definition Wolffs hat somit eine Ontologie zur Voraussetzung, in der die Differenz von Existenz und Essenz zusammen mit der Gleichsetzung von Existenz und Aktualität sowie von Essenz und Möglichkeit gilt und die den Primat des Wesens vor dem Sein, also die Priorität des Möglichen vor dem Wirklichen behauptet. Wolffs C.p. ist daher im Kontext des Essentialismus zu verstehen, dessen Wurzeln bis ALFARABI und AVICENNA reichen und der über DUNS SCOTUS vor allem und SUÁREZ bis hin zu Wolff führt [2].

In einer solchen Metaphysik nehmen die Möglichkeiten, wie das besonders bei LEIBNIZ deutlich wird, den Charakter von nach Dasein strebenden Essenzen an. Wird aber so den Wesenheiten ein Vermögen zugesprochen, dann impliziert das bereits Vollendung und Komplementierung in der Verwirklichung dieses Vermögens, wie etwa BARTHOLOMÄUS KECKERMANN es im Anschluß an *Aristoteles* formulierte: «omnis potentia perfectionem et complementum suum in et ab actu consequitur» [3]. Während in der sich an Aristoteles ausrichtenden Scholastik die Existenz als das Heraustreten aus den Ursachen, in denen das ens in potentia gleichsam schon existierend vor seiner Aktualisierung verborgen war, begriffen wird, liefert in dieser Wesensphilosophie die innere Möglichkeit, oft auch als im Geiste Gottes existierende oder besser subsistierende Idee verstanden, den Ausgangspunkt der Theorie. Bevor etwas zu existieren beginnt, muß es möglich sein. Der Zustand, der zur Möglichkeit hinzukommen muß, ist das sie erfüllende C.p. [4], ein «wahrer Zusatz» [5]. Was dieses Hinzukommende ist, das nötig ist, um ein ens – und zwar eher dieses als ein anderes – aus dem Zustand der Möglichkeit in den der Wirklichkeit zu überführen, wird von WOLFF jeweils erst im Zusammenhang der Disziplin erklärt, die den Begründungszusammenhang darzustellen erlaubt:

In der ‹Theologia naturalis› wird der zureichende Grund, um den es sich immer beim C.p. handelt, für Gottes eigene Existenz in seinem Wesen aufgewiesen [6]: Gott existiert aus eigener Kraft [7], sein Wille ist zureichender Grund für die Erschaffung dieser Welt als der besten der möglichen [8] und damit für die Existenz aller kontingenten Dinge [9]; ihr Dasein ist besonders determiniert durch die sie verursachenden series contingentium und den allgemeinen nexus rerum coexistentium [10], insofern der zureichende Grund ihrer Wirklichkeit erst in dem außerhalb der Reihen stehenden notwendigen Seienden liegt [11]. In der ‹Psychologia rationalis› schließlich zeigt Wolff, wie in der vis animae, die in einem stetigen conatus agendi bestehe und die streng von den Vermögen der Seele zu unterscheiden sei, der zureichende Grund für die Aktualisierung der in den Vermögen angelegten Möglichkeiten zu sehen ist [12].

In der Wolff-Schule fand diese einprägsame Definition der Existenz allgemein Anklang [13]. Auch BILFINGERS Definition der Existenz als desjenigen, durch das die Möglichkeiten zum Leiden und Handeln befähigt werden, ist aus ihr erwachsen [14]. Die *Rüdiger*-Schule, insbesondere A. F. MÜLLER [15] und vor allem CHR. A. CRUSIUS [16] lehnten die Möglichkeitsmetaphysik und damit die Voraussetzung für das C.p. ab. Grundsätzlich hat aber erst KANT mit seiner Zurückweisung des Ontologismus im Anselmschen Argument die Betrachtung der Existenz als einer Eigenschaft, die realiter zu einem bis dahin bloß Möglichen hinzukommen kann, verworfen: «dieses Hinzukommen zum Möglichen kenne ich nicht. Denn was über dasselbe noch gesetzt werden sollte, wäre unmöglich» [17].

Angemerkt sei, daß bereits THOMAS VON AQUIN ein «complementum necessitatis essendi quantum ad actum» in einem seiner indirekten Beweise für die Einzigkeit Gottes verwirft [18].

Anmerkungen. [1] CHR. WOLFF: Philosophia prima sive Ontologia (1730) § 174; vorbereitet in der dtsch. Met. (1720) § 14. – [2] Vgl. E. GILSON: L'être et l'essence (Paris 1948) bes. 174ff.; L. OEING-HANHOFF: Wesensphilos. u. thomist. Met. Theol. Rev. 50 (1954) 201-208. – [3] B. KECKERMANN: Gymnasium logicum (1621) 1, 3. – [4] F. CHR. BAUMEISTER: Institutiones metaphysicae (1738) § 51. – [5] G. F. MEIER: Met. 1 (1755) §§ 48. 65. – [6] CHR. WOLFF: Theol. naturalis 1 (1736) § 31. – [7] a. a. O. 1, § 70. – [8] 2 (1737) §§ 377. 381. 376. 357. – [9] a. a. O., §§ 433. 438. – [10] CHR. WOLFF: Cosmologia generalis (1731) § 83ff. – [11] a. a. O. § 90. – [12] CHR. WOLFF: Psychol. rationalis (1734) § 55. – [13] Vgl. u. a. L. PH. THÜMMIG: Institutio philosophiae Wolffianae (1729) 1, 42; J. N. FROBESIUS: Brevis systematis philosophiae Wolffianae delineatio (1734) cap. 4, 16; F. CHR. BAUMEISTER: Philos. definitiva (1735) § 354; A. G. BAUMGARTEN: Met. (1739) § 55; G. F. MEIER, Met. 1, §§ 48. 65; J. G. DARJES: Elementa metaphysices (²1753) 1, 75. – [14] G. B. BILFINGER: Dilucidationes philosophicae (1725) § 270; vgl. dazu BAUMEISTER, a. a. O. [4] § 51. – [15] A. F. MÜLLER: Einl. in die philos. Wiss. 2 (1733) 29ff. – [16] CHR. A. CRUSIUS: Entwurf der notwendigen Vernunft-Wahrheiten (1745) § 57; De usu et limitibus principii rationis determinantis vulgo sufficientis (1743), in: Opusc. (1750) 152-294. – [17] KANT, KrV B 284; vgl. auch die Vorlesungsnachschriften zur Met., Akad.-A. 28/1, 412f. 494; G. S. A. MELLIN: Encyclop. Wb. 2 (1799) 35. – [18] THOMAS VON AQUIN, S. contra gent. I, 42.

Literaturhinweise. J. BERGMANN: Wolffs Lehre vom c.p. Untersuch. über Hauptpunkte der Philos. (1900). – I. PAPE: Tradition und Transformation der Modalität I: Möglichkeit-Unmöglichkeit (1966).   H. SCHEPERS

Complexe significabile (Totalinhalt). In der logischen Terminologie des Mittelalters bezeichnet ‹complexum› das Urteil im Gegensatz zu den darin eingehenden termini (incomplexa) [1]. Im Begriff C.s. klingt die ganze Diskussion über den Gegenstand wissenschaftlicher Erkenntnis mit an. Nach OCKHAM ist die oratio mentalis (innere Rede) der unmittelbare Gegenstand des Wissens, da nur diese notwendig und allgemein ist. Die oratio mentalis setzt sich aus Urteilen (complexa) zusammen, deren Totalinhalt in den Einzeldingen zu suchen ist, für die die termini stehen. Nach den *Realisten* hingegen ist der unmittelbare Gegenstand des Wissens die res significata und ihre Eigenschaften, denen das Urteil *entsprechen* muß. Um diesen Gegensatz zu überbrücken, schuf GREGOR VON RIMINI (1344) die Lehre vom C.s., nach der das unmittelbar Gewußte der im Urteil bezeichnete Totalinhalt (C.s.) ist, der sprachlich mit Hilfe des Akkusativs mit Infinitiv umschrieben wird. Das C.s. hat keine reale Existenz, sondern nur eine intentionale; es ist aber andererseits nicht mit den Begriffen der oratio mentalis identisch, sondern ist als ein formaler Eigenbereich aufzufassen. Diese Lehre wurde von den Nominalisten heftig angegriffen. Die dadurch entfachte Kontroverse wurde für die theologische Debatte des Spätmittelalters sehr wichtig, u. a. in ihrer Gleichsetzung des Glaubens*inhaltes* mit einem Glaubens*satz*.

Anmerkung. [1] Vgl. ARISTOTELES, Cat. 1 a 16ff.

Literaturhinweise. H. ELIE: Le c.s. (Paris 1937). – Zu vergleichen sind auch die neueren Artikel zum Thema von M. DAL PRA, Riv. crit. Storia Filos. 11 (1956) 15-40. 287-311; M. E. REINA, a. a. O. 15 (1960) 141-165; E. A. MOODY, Speculum 39 (1964) 53-74; T. K. SCOTT jr., a. a. O. 40 (1965) 654-673.   JAN PINBORG

Complicatio/explicatio (Einfaltung/Entfaltung). Der zugrunde liegende Gedanke kommt aus dem Neuplatonismus [1]: Der zeugende Ursprung faltet in sich selbst ein, was im erzeugten mannigfaltig auseinandertritt. Aber das Begriffspaar C./E. findet sich erst in der Schule von Chartres terminologisch fest geprägt. In dem frühesten der drei THIERRY zugeschriebenen Kommentare zu des Boethius ‹De Trinitate› heißt es: «Quas igitur formas per pluralitatis diversitatem possibilitas, i.e. materiae mutabilitas, explicat; easdem quodammodo in unum Forma divina complicat et ad unius formae simplicitatem inexplicabili modo revocat» (Die göttliche Form entfaltet die Formen durch die Vielheit von Möglichkeit, nämlich die Veränderlichkeit der Materie; dieselben Formen faltet sie in gewisser Weise zu Einem zusammen und ruft sie zur Einfachheit einer einzigen Form zurück) [2]. Die Einfaltung wird in den beiden andern Kommentaren von Thierry und in dem von CLARENBALDUS VON ARRAS, seinem Schüler, auch auf die göttliche Vorsehung bezogen, einmal unter ausdrücklicher Berufung auf des Boethius ‹De consolatione philosophiae› [3]. In der göttlichen Vorsehung ist in Einfachheit eingefaltet, was dann in zeitlicher Entfaltung erkennbar wird. Die Notwendigkeit des Zusammenhangs (complexio) steigt herab von der absoluten Notwendigkeit, in der die Dinge von Ewigkeit her eingefaltet sind [4]. Die Terminologie ist dann aber schon so formalisiert, daß auch von der absoluten Möglichkeit gesagt werden kann, sie falte alles ein [5]. In dieser Sprechweise bezeichnet Einfaltung offenbar das unerkennbare Zusammenlaufen der unterschiedlichen Gestalten in ihrem absoluten Möglichkeitsgrund, der formlosen Materie, die als solche aber der Entfaltung durch die Notwendigkeit des Zusammenhangs bedarf, also selbst nicht fruchtbar ist.

NIKOLAUS VON KUES, der von der Schule von Chartres starke Anregungen empfing [6], hat das Begriffspaar C./E. sehr häufig angewandt, sowohl auf Gott und die Schöpfung, wie auch auf sehr verschiedene begrenztere Bereiche. Bei ihm ist das Prinzip der Einfaltung niemals als unbestimmte Möglichkeit verstanden, es ist formkräftige Einheit. Je nach dem Anwendungsgebiet ergeben sich jedoch gewisse Differenzierungen. Eine Entwicklung des Gedankens, wie etwa bei dem der Coincidentia, läßt sich aber nicht feststellen; die Bedeutung liegt von Anfang an fest. Der einfaltende Ursprung bzw. das Prinzip steht dem Entfalteten gegenüber; in diesem ist Verschiedenheit, Vielheit, Anderssein (d. i. relatives Nichtsein). Die Entfaltung ist einfache Einheit über oder vor der in der Entfaltung aufscheinenden Gegensätzen. Die Entfaltung erfolgt durch das einfaltende Prinzip. Der Akt der Entfaltung kann darum auch als Zusammenfall von Einfaltung und Entfaltung beschrieben werden. Das, was im Entfalteten eigentlich ist, das ist sein Prinzip. Neben dem Gegenüber von Einfaltendem und Entfaltetem ist deshalb auch die Immanenz ausgesagt. Das gilt auch für das Verhältnis des Schöpfers zur Welt. Die Immanenz des einfaltenden Prinzips im Entfalteten besagt aber nur die Abhängigkeit der Entfaltung vom Prinzip, nicht ein Aufgehen des Prinzips in seiner Entfaltung. – Die wesenschaffende einfache Einheit Gottes wird im ‹Idiota de mente› (cap. 4) als «complicatio complicationum» (Einfaltung der Einfaltungen) beschrieben. So ist sie unterschieden von der Einfaltung, die der Geist als Bild Gottes ist. Bild (imago) und Einfaltung stehen dem Gleichnis (similitudo) und der Entfaltung gegenüber. Der Geist faltet erkenntnismäßig alles in sich ein, sogar unendliche Welten [7]; er ist nicht passiv, sondern schafft in sich in seinem Erkennen nach dem Urbilde des Schöpfers die mathematischen und dynamischen Prinzipien: die Einheit, aus der alle Zahlen entfaltet werden; den Punkt als Ursprung aller ausgedehnten Größen, d. i. der Linien, Flächen, Körper, das Jetzt als Einfaltung aller Zeit; die Ruhe (quies) als Einfaltung aller Bewegung. – Aber auch die Stufenordnung der Erkenntniskräfte wird durch die C. erläutert. Das Höhere faltet das Niedere in sich ein [8]; damit wird aber die Verschiedenheit der niederen Stufe von der höheren nicht aufgehoben, und die niedere wird nicht von der höheren abgeleitet, wie es dem vollen Sinne der C. entsprechen würde. Es bleibt das, was Nikolaus in seiner deutschen Vaterunserauslegung [9] «in sich begreifen» nennt, ein beherrschendes In-sich-Zusammenfassen. «Die vernuftige nature begrijfft die synlich als in dem Menschen, vnd die verstendige hymmelsche natur begrifft in ir die redeliche als in den engelen» (Die verstandbegabte Natur begreift in sich die sinnliche, nämlich im Menschen, und die vernünftige himmlische Natur begreift in sich die verstandbegabte, nämlich in den Engeln) [10]. – Auch zur Beschreibung der Kirche gebraucht Nikolaus das Begriffspaar; so kann er von der E. Petri sprechen [11]. Die Kirche wird gesehen als Lebenseinheit aus *einer* Quelle in vielfältig verschiedener Entfaltung.

Anmerkungen. [1] Vgl. M. DE GANDILLAC: Nikolaus von Cues (1953) 118f. – [2] THIERRY VON CHARTRES, ‹Librum hunc› II, 49, hg. N. HARING in: Arch. d'hist. doctrinale et litt. du MA 35 (1960). – [3] CLARENBALDUS VON ARRAS, ‹Quae sit› II, 6, hg. N. HARING a. a. O. [2] 33 (1958); vgl. BOETHIUS, Consolatio IV, pr. 6. – [4] Vgl. CLARENBALDUS, ‹Glossa› II, 15, hg. N. HARING a. a. O. [2] 31 (1956); vgl. W. JANSEN: Der Komm. des Clarenbaldus von Arras zu Boethius De Trinitate (1926) *47, 23-30. *64, 7f. – [5] Vgl. ‹Glossa› II, 17; ‹Quae sit› II, 10; JANSEN, a. a. O. *64. – [6] Vgl. NIKOLAUS VON KUES, De docta ignorantia II, 9, hg. E. HOFFMANN/R. KLIBANSKY (1932) 91. – [7] De quaerendo deum n. 45. Opuscula, hg. P. WILPERT (1959). – [8] De coniecturis II, n. 76, hg. J. KOCH/C. BORMANN (1970); De quaerendo deum n. 30. – [9] Cusanus-Texte I, 6 (1938) XVIII. – [10] a. a. O. n. 9. – [11] Brief an Rodrigo Sanchez bei G. KALLEN: De auctoritate presidendi. Cusanus-Texte II, 1 (1938) 188.

Literaturhinweise. G. HEINZ-MOHR: Unitas Christiana (1958) 98-105. – Cusanusbibliogr. in: Mitteilungen und Forschungsbeiträge der Cusanus-Ges. 1 (1961); 3 (1963); 6 (1967).

G. V. BREDOW

Conatus (Streben) ist die lateinische Übersetzung des griechischen Terminus ὁρμή, Trieb, Streben. ARISTOTELES definiert die Triebhandlung als das der Natur gemäße Handeln (τὸ ἄγειν κατὰ τὴν αὐτοῦ φύσιν) [1]. Die *Stoa* übernimmt den griechischen Terminus in rationalistischer Verengung zur Bezeichnung einer Bewegung der Seele in Richtung auf ein vorgestelltes, durch die Synkatathesis als richtig anerkanntes Objekt [2] und übersetzt ihn im Sinne dieser Gegenstandsbezogenheit mit ‹appetitus› [3], in seiner ursprünglichen Bedeutung als das Strebevermögen überhaupt und Kriterium des Lebendigen mit ‹C.› [4]. SUÁREZ spricht in Anlehnung an Aristoteles (κατὰ φύσιν) vom C. naturalis, den er der Gnadenwahl unterordnet [5]. SPINOZA definiert C. als dasjenige, «wodurch jedes Ding in seinem Sein zu beharren strebt» [6] und nennt ihn ‹voluntas›, insofern er sich auf den Geist allein, ‹appetitus›, insofern er sich auf das geistig-körperliche Strebevermögen bezieht [7]. HOBBES greift zur Bezeichnung des psychologischen Sachverhaltes – «the small beginnings of Motion, within the body of Man, before they appear in ... visible actions» – unter ausdrücklichem Bezug auf griechisch ὁρμή auf die Begriffe ‹appetite›, ‹desire› zurück [8] und verweist den C.-Begriff ganz in den physikalischen Bereich: «definiemus conatum esse motum per spatium et tempus minus quam quod datur» [9]. Die mittelalterliche Impetus-Theorie [10] dürfte hier terminologisch neu gefaßt sein. Der junge LEIBNIZ übernimmt diese Definition [11], geht aber auf dem Wege einer metaphysischen Lösung des Kontinuumproblems über Hobbes hinaus, insofern er den C. nicht als kleinstmögliche, sondern unausgedehnte und deshalb prinzipiell nicht teilbare intensive Größe faßt, die Anfang und Ende des Ausgedehnten markiert [12]: Das Ausgedehnte ist demnach zurückzuführen auf ein sich Ausdehnendes, selbst Unteilbares, aber unendliche Teilbarkeit Ermöglichendes. In den Geistern verbindet sich der C. mit dem Gedächtnis und hat deshalb Dauer [13]. Vom Standpunkt der späteren Substanzenmetaphysik aus bezeichnet der hinter die Termini ‹force›, ‹principe de vie›, ‹principe d'action› zurücktretende C.-Begriff das Vermögen der Monade überhaupt, von Perzeption zu Perzeption überzugehen und sich in ihren Phänomenen kontinuierlich auszulegen [14]. Als psychologische Kategorie begegnet er so noch bei Chr. Wolff: «In omni perceptione praesente adest conatus mutandi perceptionem» [15].

Anmerkungen. [1] Aristoteles, Met. 1023 a; vgl. Platon, Parm. 130 a. – [2] Vgl. M. Pohlenz: Die Stoa (²1964) 88. 142. – [3] Cicero, De off. I, 101: «Duplex est vis animorum atque natura: una pars in appetitu posita est, quae est Hormé Graece ...». – [4] Cicero, De nat. deor. II, 122: dedit natura beluis et sensum et appetitum, ut altero conatum haberent ad naturales pastus cappessendos ...». – [5] Suárez, Opera omnia, hg. D. M. André (Paris 1856) 2, 615; vgl. Thomas von Aquin, S. theol. II/II, 36, 1 ad 3. – [6] Spinoza, Ethica III, Prop. VI. – [7] a. a. O. Schol. zu Prop. IX. – [8] Hobbes, Leviathan I, 6. – [9] Opera philos., hg. G. Molesworth (London 1839) 1, 177. – [10] Vgl. Anneliese Maier: Die naturphilos. Bedeutung der scholastischen Impetus-Theorie. Scholastik 30 (1955) 321-343. – [11] Leibniz, Philos. Schriften, hg. Gerhardt 7, 573. – [12] Vgl. Theoria motus abstracti a. a. O. 6, 229ff. – [13] Vgl. Nov. 1671 an Arnauld: «Omne corpus intelligi posse mentem momentaneam, seu carentem recordatione» a. a. O. 1, 73; vgl. dazu W. Kabitz: Die Philos. des jungen Leibniz (1909) 68ff. – [14] Leibniz, a. a. O. 4, 469. – [15] Chr. Wolff: Psychol. rationalis (1734) § 480.   J. Nieraad

Condicio sine qua non, in der Logik «notwendige Bedingung», bezeichnet in der scholastischen Physik, synonym mit ‹c. necessaria› und ‹causa sine qua non›, eine causa per accidens, ohne die eine Wirkung nicht gesetzt werden kann; löst sie diese Wirkung aus, so ist sie c. necessitans; das gilt für viele vorbereitende dispositiones. Bei Ailly und Biel charakterisiert ‹causa sine qua non› die Gottes Kausalität auslösende Zweitursache [1], bei Suárez ‹condicio› in mehreren Formen die den Concursus auslösende zweitursächliche Willensentscheidung.

Anmerkung. [1] Petrus von Ailly, In Sent. IV, d. 1; Gabriel Biel, In Sent. IV, d. 1.   R. Specht

Connaturalitas, Erkenntnis durch. ‹E.d.C.› nennt Thomas von Aquin [1] jene Art der Wert-(Ziel-, sittlichen [2]) Erkenntnis, deren Wahrheit nicht durch das rein rationale Denken [3] verbürgt ist, sondern durch die Übereinstimmung und Naturverwandtschaft (connaturalitas) zwischen dem Wertbereich, dem das Erkannte zugehört, und den affektiven, sittlichen Dispositionen [4] des Erkennenden; so weiß etwa der gerechte Mensch aufgrund seiner Gerechtigkeit, unabhängig von abstrakt-allgemeiner Schlußfolgerung, spontan um die sittliche Bedeutung der Gerechtigkeit [5] und ihre konkrete Gestalt im Einzelfall [6]. Die aktuelle, dem Objekt angepaßte (Ab- oder) Zuneigung des Erkennenden (iudicare ... per modum inclinationis) [7], die aus den habituellen [8] Strebungen vom Objekt erweckt wird, läßt den Wertcharakter des Objekts voll zur Erscheinung kommen; so erfaßt die E.d.C. manches, was der rein rationalen Erkenntnis verschlossen bleibt [9]. Durch die hinnehmende, affektive Einigung [10] mit der Gutheit des Objekts in seiner Wirklichkeit und Individualität gewinnt die E.d.C. die Eigenart geistiger Erfahrung [11]. Weil die Liebe die reine C., affektive Gleichförmigkeit mit dem Geliebten ist [12], die Liebe sich aber in der Gottesliebe vollendet, ist die höchste Form der E.d.C. die von der Liebe geleitete Erkenntnis Gottes und, als Gabe der Weisheit [13], all dessen, was von Gott ausgeht.

Die thomanische Lehre von der E.d.C. ist *sachlich* inspiriert durch *biblische* Texte [14], durch die Lehre des Aristoteles über die Abhängigkeit der Zielerkenntnis vom Charakter des Erkennenden [15] und vor allem durch die Pseudo-Dionysius über die affektive Erfahrung des Göttlichen [16], die selbst ihre Wurzeln und Vorläufer in Basilius dem Grossen [17] und vielleicht in Aristoteles [18] hat; auch der Ausdruck ‹C.› in seiner besonderen Bedeutung stammt bei Thomas von Aquin wohl von Pseudo-Dionysius, der mit συμφυΐα [19] die in der gemeinsamen Partizipation begründete Verwandtschaft und freundschaftliche Übereinstimmung aller Seienden untereinander bezeichnet.

Von den großen *Thomasinterpreten* kommentieren Cajetan [20] und Suárez [21] die thomanische E.d.C. nur beiläufig und ohne wesentliche Vertiefung, während Johannes a Sancto Thoma [22] den Einfluß der Liebe in der E.d.C., also die geistmetaphysische Struktur der von ihm stark betonten geistlichen Erfahrung zu klären sucht. Nach ihm begründet die Liebe die E.d.C. von seiten des Objekts, indem sie das in der affektiven Einigung mit dem Geliebten Erfahrene zur inneren Bestimmung des vom Intellekt erkannten Geliebten selbst werden läßt.

Nach einer Zeit der Vergessenheit findet die E.d.C. im *modernen Thomismus* breite Beachtung, bis hin zur kirchlichen Bestätigung [23], und vielfältige Interpretation: Rousselot [24] sieht sie als intellektuelle, aber nicht rationale, sondern reale, personale Intuition; Maritain [25] beansprucht sie über die moralische und mystische Erkenntnis hinaus für das künstlerische Schaffen; De Finance [26] versteht sie aus dem Dynamismus der Strebungen, die auf Sein als Akt zielen.

Im *außerscholastischen* Raum bezieht sich Blondel [27], von Rousselot angeregt, auf die thomanische E.d.C., um die Struktur der realen, intuitiven und unitiven Erkenntnis, in Abhebung von der begrifflich-abstrakten Erkenntnis, zu analysieren. Ricœur [28] stellt der vergegenständlichenden Erkenntnis, unter Hinweis auf die scholastische C., das Gefühl gegenüber, das als Vollzug der vor- und überobjekthaften Einheit des Subjekts mit der Welt affektive Akzente am Objekt setzt und so die Art der werthaften Übereinstimmung von Subjekt und Objekt offenbart.

Anmerkungen. [1] Thomas von Aquin: S. theol. II/II, 45, 2 c; I/II, 58, 5 c. – [2] a. a. O. II/II, 51, 3, 1; In Ep. ad Philipp. c. 1, II, nr. 17. – [3] S. theol. I, 1, 6, 3; II/II, 97, 2, 2. – [4] a. a. O. II/II, 51, 3, 1. – [5] II/II, 60, 1, 1. – [6] I/II, 58, 5 c. – [7] I, 1, 6, 3; II/II, 60, 1, 1 und 2. – [8] I/II, 58, 5 c – [9] In Ps. 33, nr. 9. – [10] S. theol. II/II, 9, 2, 1. – [11] a. a. O. II/II, 97, 2, 2; In Ep. ad Rom. c. 12, I, nr. 967. – [12] S. theol. I/II, 23, 4 c; II/II, 32, 3, 3; In II Eth. V, nr. 293. – [13] S. theol. II/II. 45, 2 c. – [14] (In) Ps. 33, nr. 9. – [15] Arist., Eth. Nic. III, 7, 1114 a 32-b 1; vgl. Thomas, S. theol. I/II, 58, 5 c; In Ep. ad Hebr. c. 5, II, nr. 273. – [16] Ps.-Dionys, De div. nom. c. 2. MPG 3, 648 b; vgl. Thomas, S. theol. I, 1, 6, 3; II/II, 45, 2 c. – [17] Basilius der Grosse, Hom. in Ps. 33, 6. MPG 29, 364 d-365 a. – [18] Vgl. V. Rose: Aristotelis qui ferebantur Librorum Fragmenta (1886) Frg. 15. – [19] Ps.-Dionys, De div. nom. c. 11. MPG 3, 948 d. 949 b. 952 a: Homophyê. – [20] Cajetan, Comm. in S. theol. I/II, 58, 5 c; II/II, 45, 1. 2. – [21] Suárez, De gratia II, 18. – [22] Johannes a Sancto Thoma, Cursus theol. In I/II D. Thomae, q. 68-70, disp. 18, a. 4. – [23] Brief Erzbischof Montinis (später Paul VI.) an *Blondel*, in: La vie intellectuelle 17 (1947) 40; Pius XII., Enzyklika ‹Humani Generis› (12. 8. 1950). Denzinger (³¹1957) 2324. – [24] P. Rousselot: L'intellectualisme de Saint Thomas (Paris ²1924) 70-72. – [25] J. Maritain: Raison et raisons (Paris 1947) 34-38; Distinguer pour unir (Paris ⁵1946) 515-521. – [26] J. de Finance: Etre et agir (Rom ²1960) 335-338. – [27] M. Blondel: Procès de l'intelligence (Paris 1921) passim. – [28] P. Ricœur: Finitude et culpabilité 1: L'homme faillibile (Paris 1963) 101-105.

Literaturhinweise. B. R. Inagaki: The notion of ‹knowledge through connaturality› in Thomas Aquinas. Stud. medieval Thought 1 (1958) 83-98 (jap.). – J. Camporeale: La conoscenza affettiva nel pensiero di S. Tommaso. Sapienza 12 (1959) 237-271. – J. F. Dedek: Quasi experimentalis cognitio. Theol. Studies 22 (1961) 357-390 (Lit.). – J. Rivera: Konnaturales Erkennen und vorstellendes Denken (1967). – K. Riesenhuber: Die Transzendenz des Willens zum Guten (1971) Kap. 7, Abschn. 3.

K. Riesenhuber

Connotatio. Die Unterscheidung zwischen absoluten und konnotativen Termini war, wie Wilhelm von Ockham angibt, zu seiner Zeit bereits verbreitet. Absolut werden die Termini genannt, die nicht etwas primär und anderes sekundär bedeuten; was sie bedeuten, z. B. der Terminus ‹Lebewesen›, bedeuten sie stets auf dieselbe Weise. Konnotativ hingegen sind die Termini, die verschiedene Dinge bedeuten, einige primär oder «in recto», andere sekundär oder «in obliquo»; so kann z. B. ‹das Weiße› primär einen weißen Gegenstand bedeuten oder sekundär die Qualität oder forma, die der weiße Gegenstand besitzt. Sowohl konkrete wie relative Termini sind konnotativ [1].

Johannes Buridan identifiziert Konnotation und Appellation. Albert von Sachsen unterscheidet die essentielle und die akzidentelle Prädikation im Hinblick darauf, daß bei der ersteren das Prädikat nicht konnotativ sein darf, wohingegen bei der akzidentellen Prädikation das Subjekt der Aussage mit etwas ihm Äußerlichem (extrinsecum) verbunden wird [2]. In dieser Richtung liegt auch die Unterscheidung, die man bei Johannes Mair, David Cranston u. a. findet, zwischen dem connotativum intrinsecum, wie z. B. ‹vernünftig›, und dem connotativum extrinsecum, das ein Akzidenz bezeichnet [3].

Die C. ging von der Scholastik, durch J. St. Mill vermittelt, auf die modernen Logiker über, die sie der denotatio im Sinne von Inhalt und Umfang, von Intension und Extension gegenüberstellen [4].

Anmerkungen. [1] Wilhelm von Ockham, Summa logicae (1951) 33-36. – [2] C. Prantl: Gesch. der Logik 4 (1870) 30. 62; J. Buridan: Sophisms on meaning and truth, engl. Th. Kermit Scott (New York 1966) 42-49. – [3] J. Mair: Introduct. in Aristotelicam Dialecticen (1527) 13. – [4] E. Goblot: Logica (span. Madrid 1929) 94-107. – A. N. Prior: Formal logic (Oxford 1955) 161-164.

V. Muñoz Delgado

Consensus omnium, consensus gentium. Der Ausdruck ‹consensus›, der im römischen Recht «Zustimmung (zu einem Vertragsinhalt)» bedeutet [1], diente Cicero zur Übersetzung griechischer Termini wie συμφωνία, συγκατάθεσις, ὁμόνοια u. a. [2]. Für ihn ist der C.o. populorum et gentium ein Merkmal der Wahrheit der jeweiligen opinio communis [3]. Er steht damit in einer Tradition, die von der griechischen Popularphilosophie («Alle Menschen können sich nicht immer täuschen») [4] über *Aristoteles* und die *Stoiker* bis zu den amerikanischen *Pragmatisten* und *G. E. Moore* führt (common sense).

Aristoteles schreibt in der ‹Nikomachischen Ethik›: «Denn was allen (der Fall) zu sein scheint, das, sagen wir, ist wirklich. Wer aber diese Überzeugung beseitigen möchte, wird kaum Überzeugenderes zu sagen haben» [5]. So kann auch das, was allen oder den meisten oder den Weisen der Fall zu sein scheint (ἔνδοξα), Prämisse im dialektischen Syllogismus werden [6].

Bei den *Stoikern* sind die (allen Menschen) gemeinsamen Vorstellungen (κοιναὶ ἔννοιαι) das stärkste «Kriterium der Wahrheit, das wir von der Natur empfangen haben» [7]. Der C. wird ermöglicht durch die gemeinsame vernünftige Natur (λόγος) aller Menschen, durch gemeinsame Vorbegriffe (ἔμφυτοι προλήψεις), durch angeborene Begriffe [8], durch die alles einende Sympathie (συμπάθεια) [9]. Annahmen, deren Wahrheit durch den C. bestätigt wird, sind z. B. die Existenz der Götter und die Unsterblichkeit der Seele [10]. Der C. gilt auch in der Ästhetik: «Überhaupt halte für schöne und wahre Erhabenheiten diejenigen, die durchaus und allen gefallen» [11].

Spezielle Ausprägungen des C.-Gedankens sind a) der C. als politisches Programm (bei Cicero, der damit das platonische Staatsideal der κοινωνία und ἁρμονία wieder aufnimmt, und später unter den Soldatenkaisern); b) der C. ecclesiae der Kirchenväter, so Vincentius: «id teneamus, quod ubique, quod semper, quod ab omnibus creditum est, hoc est etenim vere proprieque catholicum» (das aber wollen wir festhalten: was überall und immer von allen geglaubt wurde, ist das wahrhaft Allgemeine) [12].

Abgesehen von der kirchengeschichtlichen Tradition der C.-Lehre, die verschiedene Komponenten hat (z. B. die Einheit der Heiligen Schrift [13] oder den C. der christlichen Konfessionen (G. Calixt)), erfolgt die philosophiegeschichtlich wichtige Anknüpfung an die – durch Cicero vermittelte – C.-Lehre der Stoa über die Humanisten bei Melanchthon und Descartes: Das natürliche System der «Geisteswissenschaften» (Naturrecht, natürliche Theologie und Religion, natürliche Moral usf.) wird ermöglicht durch gemeinsame Voraussetzungen in der menschlichen Natur, das lumen naturale, die angeborenen Ideen (notitiae nobiscum nascentes, ideae innatae); Descartes nennt den bon sens «die bestverteilte Sache der Welt» [14]. Leibniz greift den Ausdruck κοιναὶ ἔννοιαι wieder auf [15] gegen die Leugnung der «innate ideas» bzw. «principles» bei Locke [16]. Vico steht mit seinem Begriff des sensus communis in der aristotelischen Tradition der Rhetorik: Der sensus communis begründet menschliche Gemeinschaft und befähigt zur Einsicht in das Wahrscheinliche [17]. In England geht die Berufung auf den sensus communis von Shaftesbury [18] über die Moralisten (Hume, Hutcheson) und die common-sense-Philosophie der Schottischen Schule [19] bis zu G. E. Moore (Verteidigung des common sense). Bei Ch. S. Peirce [20] ist die schließliche Übereinstimmung der Wissenschaftler Kriterium der Wahrheit.

Anmerkungen. [1] Ulpian, Dig. II, 14, 1, 1f. – [2] Vgl. Thesaurus ling. lat. s. v. – [3] Cicero, De div. I, 11; I, 1; vgl. Tusc. I, 36 u. ö. – [4] Vgl. Xenophon, Mem. I, 4, 16. – [5] Aristoteles, Eth. Nic. 1173 a 1ff. – [6] Top. 100 b 21ff. – [7] Chrysipp, SVF II, 154, 29f. – [8] Cicero, Tusc. III, 2. – [9] Vgl. Cicero, De nat. deor. III, 28; De div. II, 34. – [10] Vgl. De nat. deor. 2, 4; Tusc. 1, 30, 35f.; Plutarch, Adv. Colot. 31, 4; Plotin, Enn. VI, 5, 1. – [11] Pseudo-Longinus, De sublim. VII, 4. – [12] Vincentius, Commonit. MPL 50, 610 (1, 2). – [13] Augustin, De consensu Evangelistarum. MPL 34, 1042-1230. – [14] R. Descartes, Discours de la méthode I, 1; zum Naturrecht vgl. H. Grotius, De iure belli ac pacis I, 1, 12. – [15] G. W. Leibniz, Nouv. Essais 1, 1, §§ 2ff. – [16] J. Locke, An essay conc. human understanding I, 2, §§ 2-24. – [17] G. B. Vico, De nostri temporis studiorum ratione. – [18] A. Shaftesbury: Sensus communis: an essay on the freedom of wit and humour (1709). – [19] Th. Reid: An inquiry into the human mind on the principles of common sense (London 1763). – [20] Ch. S. Peirce: The fixation of belief. Collected Papers, hg. Hartshorne (Cambridge, Mass. 1931ff.) 5, 358-387.

Literaturhinweise. K. Oehler: Der C.o. als Kriterium der Wahrheit in der antiken Philos. und Patristik, in: Antike und Abendland 10 (1961) 103-129. – E. Shils/L. Lipsitz: Art. ‹C.›, in: Int. Encyclop. of the soc. sci. 3 (1968) 260-271.   M. Suhr

Contradictio in adjecto, Widerspruch in der Beifügung, wird jene Form von contradictio in terminis genannt, in der ein Begriffswort durch ein anderes weiter bestimmt wird, dabei aber zugleich ein für den zu bestimmenden Begriff wesentliches Merkmal verneint wird. Beispiele sind etwa: ‹Hölzernes Eisen›, ‹Viereckiger Kreis›. Derartige Formulierungen verstoßen gegen das Widerspruchsprinzip.

In der gewöhnlichen Sprache kommen jedoch Formulierungen vor, die nur zum Schein eine C.i.a. darstellen: ‹Fröhliches Trauermahl›, ‹blinder Seher›, ‹abgerundetes Dreieck›. In diesen Fällen wird durch die Beifügung ein Merkmal des zu Bestimmenden nicht unter derselben Rücksicht negiert. Manchmal dienen derartige Formulierungen dazu, bei mehrfacher Interpretationsmöglichkeit eines Wortes durch die Beifügung eine naheliegende, aber irreführende Interpretation auszuschließen und auf eine andere, in dem betreffenden Fall gemeinte, hinzuweisen. Das findet sich auch in «dialektischen Formulierungen»: ‹zeitlose Dauer›, ‹ewiger Augenblick›, ‹gelehrtes Nichtwissen›.

Literaturhinweise. A. HÖFLER: Grundlehren der Logik (²1917) 91. – R. HEISS: Wesen und Formen der Dialektik (1959).
O. MUCK

Contradictio in terminis, begrifflicher Widerspruch, formeller Widerspruch, besteht in Formulierungen, bei denen durch einen Ausdruck eine Bestimmung gesetzt wird und zugleich unter derselben Rücksicht durch einen anderen Ausdruck aufgehoben wird. Die C.i.t. liegt meist vor in der Form der contradictio in adjecto. Von der C.i.t. wird unterschieden der vollzogene Widerspruch, die contradictio exercita.
O. MUCK

Conversio (griech. στροφή und seine Komposita, besonders ἐπιστροφή; μετάνοια), **Umkehr.**

1. Zur Bezeichnung der vollkommenen, d. h. der kreisförmigen Bewegung gebraucht PLATON Wörter der Wortfamilie στρέφειν. Diese vollkommene Bewegung ist den Göttern [1], dem Himmel [2] und der Welt [3] eigentümlich, weil sie die dem Intellekt und der Reflexion eigentümliche Bewegung ist [4]. Bei seiner Aufnahme in das philosophische Vokabular hat ἐπιστροφή also zugleich einen kosmologischen und einen noologischen Sinn, so daß der Kreis von Anfang an das Symbol der Rückkehr zu sich selbst ist, die den Geist kennzeichnet. Andererseits dient das Wort στρέφειν im Höhlengleichnis dazu, die Bewegung des «Auges der Seele» aus der Dunkelheit zum Licht zu bezeichnen [5].

Bei den *Stoikern* wird die kreisförmige Bewegung konstitutiv für jede substantielle Wirklichkeit. Die Wörter der Wortfamilie στρέφειν dienen zur Bezeichnung der zum Zentrum oder zum Innern hin zurückkehrenden Bewegung, die nach der Lehre von der «tonischen Bewegung» der Substanz Zusammenhalt gibt: Die tonische Bewegung ist in der Tat eine Bewegung, die in ihrem Verlauf vom Zentrum zur Peripherie die Dimensionen und Qualitäten der Substanz erzeugt und die von der Peripherie zum Zentrum zurückkehrend, der Substanz ihr Sein und ihre Einheit gibt. Zusammenhalt, Sein und Einheit ergeben sich also aus der ἐπιστροφή zum Innern hin [6]. Der Kosmos ist von dieser gleichen periodischen Bewegung belebt, die ihn immer zu seinem ursprünglichen Zustand zurückführt, und auch der Weise sichert seinen innern Halt durch die ἐπιστροφή, die ihn zum Innern zurückführt [7]. Der Begriff erhält ethische Bedeutung.

Die durch die Stoiker eingeleitete Systematisierung kommt bei den *Neuplatonikern* zum Abschluß. Die ἐπιστροφή wird bei ihnen das Grundgesetz sowohl der Wirklichkeit als auch des moralischen Lebens. Für PLOTIN ist selbst das Eine auf sich selbst gerichtet, was bedeutet, daß es in sich selbst bleibt [8]. Die Zeugung des Geistes, dann die der Seele, vollziehen sich durch die Rückwendung der niederen Hypostase zur höheren Hypostase, die jene erleuchtet und begrenzt [9]. Mit PORPHYRIOS wird die ἐπιστροφή das dritte Moment der Selbstbegründung der intelligiblen Wirklichkeit; diese, in einem Ruhezustand zunächst präexistierend, unterscheidet sich von sich selbst in der Bewegung des Hervorganges, um in der Rückbewegung wieder zu sich selbst zu kommen [10]. PROKLOS formuliert diese Gesetze der Selbstbegründung in seinen ‹Elementen der Theologie›: jede sich selbst begründende Wirklichkeit ist der Rückwendung zu sich selbst fähig und ist unkörperlich [11].

Anmerkungen. [1] PLATON, Phaidr. 247 a 4. – [2] Politikos 269 e 5. – [3] Tim. 34 a 5; 40 b 5. – [4] Tim. 34 a 2; Leg. X, 898 a 5ff.; vgl. ARISTOTELES, De caelo, I, 2, 269 a 2; I, 5, 272 a 5. 19. – [5] PLATON, Resp. VII, 518 c 7. – [6] PHILON, Quod deus sit immutabilis 35. SVF II, 458; De plant. 8; SIMPLICIUS, In cat. 269, 14 K. SVF II, 452; NEMESIUS, De nat. hom. 2, 29, S. 70 (MATTHAEI). SVF II, 451; vgl. SIMPLICIUS, In cat. 272, 17. – [7] EPIKTET, Diss. III, 22, 38-39; MARK AUREL VIII, 48; vgl. SENECA, Ep. 65, 16.– [8] PLOTIN, Enn. V, 1, 6, 18 (HARDER). – [9] Enn. V, 2, 1, 10-19. – [10] Vgl. W. THEILER: Porphyrius und Augustin (1933); P. HADOT: Fragments d'un commentaire de Porphyre sur le Parménide. Rev. Etudes grec. 74 (1961) 430. – [11] PROKLOS, Elem. theol. prop. 15-17; 25-51.

Literaturhinweise. P. HADOT: EPISTROPHÉ et METÁNOIA dans l'hist. de la philos. Actes 11e Congr. int. Philos. (Bruxelles 1953) 12, 31-36. – P. AUBIN: Le problème de la conversion (Paris 1963). – PROCLUS, The elements of theol., hg. E.-R. DODDS (Oxford ²1963). – W. BEIERWALTES: Proklos (1965).

2. In der *jüdisch-christlichen* Tradition werden die Wörter der Wortfamilie στρέφειν in den griechischen Übersetzungen zur Wiedergabe von hebräischen Wörtern wie ‹shûv› gebraucht, die sehr häufig im religiösen Bereich eine Wandlung der inneren Haltung bezeichnen, die die Beziehungen zwischen Gott und Mensch ändert. Es handelt sich um eine Umkehr, durch die der Mensch oder das erwählte Volk zu Gott zurückkehren, d. h. zur Treue des Bundes, und das bedeutet in der Perspektive des Exils die Hoffnung, ins gelobte Land zurückzukehren [1]. Diese Rückkehr ist also eine innere Umkehr, die von Reue begleitet ist (μετάνοια) [2] – ein Affekt, den der Hellenismus dem Weisen untersagte [3]. Das *Neue Testament* verallgemeinert diesen Begriff der Rückkehr zu Gott, indem es ihn auf die ganze Menschheit anwendet [4]. Dieser Begriff ist eng mit dem der Wiedergeburt verknüpft [5]. Bei den *Kirchenvätern* verbindet sich diese Vorstellung immer enger mit der kosmonoologischen Auffassung von der ἐπιστροφή, die im Hellenismus die herkömmliche war. Der erste Zeuge dieser Verschmelzung ist CLEMENS VON ALEXANDRIEN. Er bringt ausdrücklich den Text des Evangeliums über die Umkehr-Wiedergeburt mit platonischen und stoischen Formeln über die kreisförmige Bewegung der Seele auf das höchste Gut hin in Zusammenhang [6]. ORIGENES faßt die kosmische ἀποκατάστασις als eine Rückkehr des Universums zur ursprünglichen Einheit auf [7]. Später findet das Dreierschema des Neuplatonismus in der Trinitätstheologie Eingang: Das göttliche Leben vollzieht sich in einer Kreisbewegung von Fortgehen und Rückkehren: «status, progressio, regressus», wie der lateinische Theologe MARIUS VICTORINUS sagt [8].

Conversio

Der trinitarische Gott ist in gewisser Weise schon der absolute Geist, der sich in sich selbst spiegelt.

Anmerkungen. [1] Deuter. 30, 1-3; 1. Reg. 8, 33-47; Zach. 1, 16; Jerem. 4, 1-3; Jesajas 30, 15. – [2] Jesajas 46, 8; Jerem. 18, 8; Joel 2, 13-14. – [3] EPIKTET, Diss. II, 22, 35; MARC AUREL VIII, 2. – [4] Apg. 2, 38; 3, 19; 26, 18-20. – [5] Matth. 18, 3. – [6] CLEMENS ALEX., Strom. IV, 6, 27, 3. – [7] ORIGENES, Contra Celsum IV, 99; De princ. I, 3, 8, S. 62, 13 (KOETSCHAU); III, 6, 9, S. 290, 14; III, 10, 8, S. 183, 2. – [8] MARIUS VICTORINUS, Hymn. III, 71-73; I, 76; vgl. NOVATIAN, De trin. 192 (revolvitur ... revertitur).

Literaturhinweise. E. L. DIETRICH: Shûv-Shevuth. Die endzeitliche Wiederherstellung bei den Propheten (1925). – E. R. WITT: The Hellenism of Clement of Alexandria. Class Quart. 25 (1931) 202. – E. K. DIETRICH: Die Umkehr (Bekehrung und Buße) im AT und im Judentum (1936). – W. THEILER: Antike und christl. Rückkehr zu Gott, in: Mullus. Festschrift Th. Klauser (1964) 352-361.

3. In den lateinischen Bibelübersetzungen dienen die Wörter der Wortfamilie ‹vertere› (conversio, convertere, revertere) zur Wiedergabe jener religiösen Begriffe, die die griechischen Bibelfassungen oft mit ἐπιστροφή ausdrückten. Allerdings ist der Gebrauch des Wortes ‹conversio› bei den lateinischen Kirchenschriftstellern der ersten drei Jahrhunderte selten [1]. Er wird mit der Ausbreitung des Origenismus bei HILARIUS und AMBROSIUS allgemeiner [2], aber erst bei AUGUSTIN füllt sich das Wort mit dem ganzen Bedeutungsreichtum, den die hellenistische und christliche Tradition aufgehäuft haben. In seinen ersten Schriften hat ‹C.› – wie in der neuplatonischen Tradition – vor allem einen noologischen und moralischen Sinn: Es bedeutet in erster Linie eine Rückkehr zu dem im Innersten der Seele gegenwärtigen Gott, dem Gott, der Wahrheit, Licht und Vernunft ist [3]. In den Kommentaren zur Genesis gewinnt das Wort dann eine kosmologische Bedeutung, die ebenfalls mit der neuplatonischen Tradition übereinstimmt: die Kreatur befindet sich zuerst in einem formlosen Zustand, der danach strebt, sie von der göttlichen Einheit zu entfernen; aber sie gewinnt Form, wenn sie sich wieder ihrer Quelle zuwendet; sie ist dann erleuchtet und vollendet [4]. Wenn die Genesis in ihrem ersten Kapitel die Geschichte dieser Umkehr-Erleuchtung in bezug auf die ganze Kreatur ist, so sind die Bekenntnisse Augustins der Bericht über die Umkehr-Erleuchtung der Seele Augustins, wie deutlich aus dem 13. Buch hervorgeht [5]. Bei Augustin ist die religiöse Umkehr, die er in Mailand erfahren hat, nur ein Sonderfall des allgemeinen Gesetzes, nach welchem alle Wesen, um voll und ganz zu ‹sein›, zu ihrem Urquell zurückkehren müssen und nach welchem alle Geister, wenn sie in der Wahrheit bleiben wollen, in ihr eigenes Innere kehren müssen, um dort den ‹Inneren Meister› zu finden. Dieses augustinische Bild von der Umkehr wird die gesamte abendländische Tradition bis zu Husserl hin beherrschen [6].

Anmerkungen. [1] TERTULLIAN, Praescript. 42, 1, aber ‹paenitentia› wird viel häufiger gebraucht. – [2] HILARIUS, In Psalm. 119, 2; In Matth. 12, 11 und 27, 1; AMBROSIUS, De Helia et ieiunio 21, 77. – [3] AUGUSTIN, De musica VI, 5, 13; De magistro 14, 46; De beata vita 4, 34; De div. quaest. 83, 9; De immort. animae 7, 12; 12, 19; Confess. 9, 2, 2. – [4] De genesi ad litterarum I, 1, 2; I, 4, 9; I, 6, 12; II, 8, 16; III, 20, 31; IV, 18, 34; Confess. XII, 9, 9; XIII, 2, 3; XIII, 5, 6. – [5] Confess. XIII, 12, 13: «conversi sumus ad te». – [6] HUSSERL, Cartesianische Meditationen § 64.

Literaturhinweise. A. D. NOCK: Conversion, the old and the new religion from Alexander the Great to Augustine of Hippo (Oxford 1933). – J. GUITTON: Le temps et l'éternité chez Plotin et Saint Augustin (Paris 1933). – W. THEILER: Porphyrios und Augustin (1933). – O. DU ROY: L'intelligence de la foi en la Trinité selon saint Augustin (Paris 1966). P. HADOT

Corpus mysticum. Mit ‹C.m.› wird die sakramentale Einheit der Kirche mit Christus als ihrem Haupt bezeichnet. In kirchenamtlichen Dokumenten seit ‹Unam sanctam› bekannt [1], wird der Begriff im Frühmittelalter gebräuchlich und meint zunächst die ausgezeichnete Weise des Vollzugs dieser Einheit in der Eucharistie [2]. Erst das Neuauftreten des Begriffes von der Mitte des 12. Jh. an kennt die Bedeutung ‹Kirche› [3]. Die Vorstellung geht auf die paulinische Leib-Christi-Theologie zurück, die vom Leib Christi am Kreuz und in der Eucharistie ausgeht und die christliche Ortsgemeinde sowie die Gesamtkirche umfaßt. Wird mit der Ortskirche das Verhältnis des einen Leibes zu den vielen Gläubigen und der vielen Gläubigen zueinander erfaßt [4], so wird in der Deutung der Gesamtkirche, die ausdrücklich ‹Leib Christi› genannt wird, die Relation Haupt-Glieder begriffen [5]. Die Antike kennt den Gedanken der somatischen Einheit des Kosmos [6] und des Staates [7]. Besonders die dem Paulus auch sonst geläufige stoische Diatribe, zu deren Überlieferungsgut die bekannte Fabel des MENENIUS AGRIPPA gehört, dürfte zum unmittelbaren Traditionskontext der Vorstellung von der Einheit der Ortsgemeinde gehören [8]. Die gesamtkirchliche Vorstellung und ihre kosmologische Entfaltung versteht sich von der Auseinandersetzung mit der jüdisch-christlichen Gnosis her. Die Identifizierung von ‹C.m.› mit dem juridischen Begriff ‹corpus ecclesiae› im Mittelalter wurde erst durch den Begriff ‹corpus Christi mysticum› der Reformatoren und durch die organologische Konzeption der katholischen Tübinger Schule geschichtsunwirksam. Die Enzyklika ‹Mystici corporis› PIUS' XII. bezeichnet einen ekklesiologischen Wendepunkt [9]. ‹Mysticum› wird wieder im Sinn der übernatürlichen Ordnung, aber nicht im Sinne der neuzeitlichen Innerlichkeitsmystik ausgelegt. Damit wird die juridische Bedeutung des Problemkreises reduziert.

Anmerkungen. [1] v. 18. 11. 1302; DENZINGER/SCHÖNMETZER: Ench. symbol. (33 1965) 870. – [2] H. DE LUBAC: C.m. L'eucharistie et l'église au moyen âge (²1949) 34ff.; griech. Vorbilder des Begriffes: 12ff. 39ff. – [3] LUBAC, a. a. O. 115ff. – [4] 1. Kor. 10, 17; 12, 12-27; Röm. 12, 4f. – [5] Kol. 1, 18. 24; 2, 19; Eph. 1, 22f.; 3, 6; 4, 4. 12. 16; 5, 23. 30. – [6] PLATO, Tim. 30 b/34 b; SEXTUS EMPIRICUS, Adv. phys. 9, 79; SENECA, Nat. quaest. 6, 1411; Ep. 95, 52; 92, 30. – [7] PLATO, Polit. 464 b; CICERO, De rep. 2, 3; LIVIUS 22, 8, 3/5; 30, 44, 8; 34, 9, 3; 26, 16, 19; OVID, Trist. 2, 231f.; vgl. auch Thesaurus ling. lat. 4, 1021f. – [8] W. NESTLE: Die Fabel des Menenius Agrippa. Klio 21 (1927) 350-360. – [9] Acta Apostolicae Sedis 35 (1943) 193-248.

Literaturhinweise. F. HOLBÖCK: Der eucharistische und der mystische Leib Christi in ihren Beziehungen zueinander nach der Lehre der Frühscholastik (1941). – H. DE LUBAC s. Anm. [2]. – E. MERSCH: Le corps mystique du Christ 1. 2 (1933, ³1951). – A. MITTERER: Geheimnisvoller Leib Christi nach Thomas von Aquin und nach Papst Pius XII. (1950). H. K. KOHLENBERGER

ARTIKELVERZEICHNIS

Abbildtheorie
Abduktion
Abfolge
Abgeschiedenheit
Abgrund
Abhängigkeit
Abreagieren
Abschattung
Absicht
Absolut, das Absolute
Absolutheit des Christentums
Absolutsphäre des Bewußtseins
Abstrakt/konkret
Abstraktion
Abstraktionismus
Abstraktionsgrade
Abstraktionsklasse
Absurd
Abwehrmechanismus
Abwesenheit
Accidens praedicabile
Acedia
Achsenzeit
Achtung
Actio immanens/actio transiens
Actus exercitus/actus signatus
Adam Kadmon
Adaptation
Adept
Adiaphora
Adjunktion
Adjunktor
Advaita (Zweitlosigkeit)
Aenigma
Aevum
Affekt
Affektion
Affinität
Affirmation
Affirmativ
Agens
Aggregat
Aggregation
Aggression
Agnosie
Agnostizismus
Agon, agonal
Agrammatismus
Aha-Erlebnis
Ähnlichkeit
Ahnung
Aion
Aisthesis
Akademisch, Akademie
Akataleptisch
Akkommodation
Akkulturation
Akkumulationstheorie
Akoluthie
Akosmismus
Akroamatisch/erotematisch
Aktion, Philosophie der
Aktivierung
Aktivität
Aktivität, symbolische
Akt/Potenz

Aktpsychologie
Aktualgenese
Aktualismus
Aktualitätstheorie
Aktualwert
Aktuosität
Aktverbindung
Akzeleration
Albertinismus
Alchemie
Alethiologie
Algebra
Algebra der Logik
Algorithmus
All-Eine (das)
Allgegenwart Gottes
Allgemeinbilder
Allgemeines/Besonderes
Allgemeinvorstellung
Allheit
Allmacht Gottes
Alltäglichkeit
Allwissenheit Gottes
Allzeitlichkeit
Als-Ob
Alteratio
Alternation
Alternative
Altruismus
Ambiguität
Ambivalenz
Amnesie
Amoralismus
Amor fati
Amour-propre, amour de soi
Ampliatio
Amt
Anagogé, Apagogé, Epagogé
Analogia fidei
Analogie
Analogon rationis
Analyse
Analyse/Synthese
Analysis fidei
Analytik
Analytik des Daseins
Analytisch/synthetisch
Anamnese
Anamnesis
Ananke
Anarchie, Anarchismus
Ancilla theologiae
Andacht
Andere (der)
Andersheit, Anderssein
Anerkennungstheorie
Anfechtung
Angeboren/erworben, erlernt
Angenehm
Angleichung an Gott
Angst, Furcht
Anima, Animus
Animalisch
Animalismus
Animismus
Anisotropie/Isotropie
Anknüpfung, Anknüpfungspunkt

Anlage
Anlaß
Anmutung
Annahme
Annahme, tatsachenwidrige
Annihilation
Anonym
Anorganisch/organisch
Anpassung
Ansatz
Anschauung
Anschauung Gottes
Anschauung, intellektuelle
Anschauung, kategoriale
Anschauungsbild
Anschauungssatz/Begriffssatz
An sich, für sich, an und für sich
Anspruch
Anspruchsniveau
Anständigkeit
Antagonismus
Anteprädikamente
Anthropismus
Anthropodizee
Anthropologie
Anthropologie, medizinische
Anthropomorphismus
Anthroposophie
Anthropozentrisch
Antichrist
Antichthon (Gegenerde)
Antike
Antilogie
Antimoralismus
Antinomie
Antinomismus
Antiperistasis
Antiqui/moderni (via antiqua/ via moderna)
Antiqui/moderni (Querelle des Anciens et des Modernes)
Antisemitismus
Antithetik
Antitypie
Antizipation
Antrieb
Antriebsüberschuß
Anwesenheit
Anzahl/Ordnungszahl
Apathie
Apeiron
Aperspektivisch
Aphasie
Aphorismus
Apokalyptik
Apokatastasis
Apollinisch/dionysisch
Apologetik
Apophansis
Apophantik
Apophantisch
Aporie, Aporetik
Appellatio
Apperzeption
Apperzeptionspsychologie
Appetenz
Appetition

Applikation
Appräsentation
Apprehension
Apraxie
A priori/a posteriori
Apriori, emotionales
Apriori, religiöses
Apriorismus
Äquifinalität
Äquipollenz
Äquipotentiell
Äquivalenz
Äquivok
Arbeit
Arbeiter, Arbeiterfrage
Arbeitsethos
Arbeitsteilung
Arbeitswelt
Arbiträr
Arbor porphyriana
Arcanum
Archaisch
Archetypus
Archeus
Architektonik, architektonisch
Aretologie
Ärgernis
Arianismus
Aristokratie, Adel
Aristotelismus
Arithmetik
Arkadisch, Arkadien
Arminianismus
Arrangement
Ars combinatoria
Ars coniecturalis
Ars magna, lullische Kunst
Art
Artes liberales/artes mechanicae
Artikulation
Artlogos
Ascensus/descensus
Aseität
Askese
Asozial
Assimilation/Dissimilation
Assoziation
Assoziationspsychologie
Asthenisch/sthenisch
Ästhetik, das Ästhetische
Ästhetisch
Ästhetizismus
Astralgeister
Astrologie
Astronomie
Ataraxie
Atavismus
Athanasianismus
Athanasius, Athanatismus
Atheismus
Äther, Quintessenz
Ātman
Atom
Atomismus
Atomismus, logischer
Atommodell
Atomtheorie

Attribut
Attribute Gottes
Auferstehung
Aufforderungscharakter
Aufgabe, aufgegeben
Aufheben
Aufklärung
Aufmerksamkeit
Aufmerksamkeitsspanne
Aufschlußwert
Auftrag des Himmels
Aufweis, Ausweis
Augenblick
Augustinismus
Aura
Ausdruck
Ausdrucksbewegung
Ausdrucksgeben
Ausdrucksprinzip
Ausdruckspsychologie
Ausdrucksverstehen
Ausfluß
Auslegung
Auslöser
Ausnahme
Ausnahmezustand
Aussage
Aussage, Peircesche
Aussagenlogik
Ausschließung
Außen/innen
Äußerung
Austromarxismus
Autarkie
Authentisch
Authentizität
Autismus
Autofalsifikation
Autokratie
Automat
Automatentheorie
Automation
Automatismus
Automessianismus
Autonomie
Autonomie der Lebensvorgänge
Autonomismus
Autonym
Autor
Autoritär
Autorität
Autosemantisch, Autosemantika
Autotelie/Heterotelie
Averroismus
Avidyā (Nichtwissen, Unwissen)
Aware
Axiologie
Axiom
Axiomatik
Axiomensystem, Peanosches

Bahnung
Barmherzigkeit
Basissatz
Bauplan, Funktionsplan
Bedeutsamkeit
Bedeutung
Bedeutungserfüllung
Bedeutungsintention
Bedeutungslehre, Semasiologie
Bedeutungswandel
Bedingt
Bedingung
Bedürfnis
Bedürfnislosigkeit
Bedürfnisorientierung/Antriebsorientierung
Bedürfnisse, System der
Befehl
Befindlichkeit
Begabung
Begehren, appetitus naturalis
Begehren, Begierde
Begehrungsvermögen
Begriff
Begriffsbildung
Begriffsdichtung
Begriffsgeschichte
Begriffsinhalt/Begriffsumfang
Begriffsjurisprudenz
Begriffsrealismus
Begriffsschrift
Beharrlichkeit
Behauptung
Behauptungssatz
Behauptungszeichen
Behaviorismus
Beifall
Beispiel
Bejahung
Bekehrung
Bekenntnis (Konfession)
Bel esprit
Beliebigkeit
Belohnung
Beobachtungsfehler
Beobachtungssatz
Beobachtungssprache/theoretische Sprache
Bergsonismus
Beruf
Berührung
Beschaffenheit
Beschauung, Schauen
Bescheidenheit
Beschreibung
Besitz
Besonnenheit
Beständlichkeit
Bestätigung
Bestimmung, bestimmen, Determination
Bestimmung des Menschen
Betrachten
Betrieb
Betrugstheorie
Bewährung
Bewandtnis
Beweger, unbewegter
Bewegung
Bewegung, politische
Beweis
Beweistheorie
Bewußtsein
Bewußtsein, antizipierendes
Bewußtsein, geschichtliches bzw. historisches
Bewußtsein, ideatives/instrumentelles
Bewußtsein, positionales
Bewußtseinsinhalte, unanschauliche
Bewußtseinsmonismus
Bewußtseinsstellung
Bewußtseinsstörung
Bewußtsein, transzendentales
Bewußtsein, unglückliches
Bewußtsein, utopisches
Bezeichnung
Bezeichnungslehre, Onomasiologie
Bezeichnungswandel
Beziehung, interne/externe
Beziehungssoziologie
Bezugssystem
Biblizismus
Bild
Bild, dialektisches
Bild, logisches
Bildfeld
Bildung
Bildungsphilister
Bildungswissen
Billigkeit
Biologie
Biologismus
Biometrik
Bionegativ
Bionomie/Biotechnik
Bionten
Bios (Leben, Lebensform)
Biosophie
Biosphäre/Noosphäre
Biotisch
Biotop
Bisubjunktion
Bohème
Bosheit
Brahman
Brahmanismus
Buch der Natur
Buch des Lebens
Buch der Schöpfung
Buddhismus
Bürger, bourgeois, citoyen
Bürgerrechte
Bushido
Buße

Cartesianismus
Cäsarismus
Casus
Causa cognoscendi
Causa deficiens
Causa efficiens
Causa essendi et fiendi
Causa exemplaris
Causa finalis
Causa formalis
Causa instrumentalis
Causa materialis
Causa moralis
Causa occasionalis
Causa prima
Causa secunda
Causa sui
Cephalisation
Chadô
Challenge/response
Chance
Chaos
Characteristica universalis
Charakter
Charakteristische (das)
Charakterologie
Charisma
Chassidismus
Chemismus
Chiffre
Chiliasmus
Chinesische (das)
Chorismos
Christentum, Wesen des
Christologie
Chthonismus
Circulus vitiosus
Circumstantia, Umstand
Coincidentia oppositorum
Colcodea
Communes conceptiones
Complementum possibilitatis
Complexe significabile
Complicatio/explicatio
Conatus, Streben
Condicio sine qua non
Connaturalitas, Erkenntnis durch
Connotatio
Consensus omnium, consensus gentium
Contradictio in adjecto
Contradictio in terminis
Conversio, Umkehr
Corpus mysticum

AUTORENVERZEICHNIS

Abs M. 945 951f.
Acham K. 59-63
Aland K. 85 446f.
Arntz J. 780
Aubenque P. 33f. 42-44
Axelos Chr. 164-69

Ballauff Th. 717f. 756f. 943f.
Bandau I. 733f.
Barnocchi D. 670-78
Baum R. 828f.
Baumgartner H. M. 72f. 359f. 493f. 525f.
Bay E. 109f. 436f. 461
Berger J. 131f.
Bergius R. 753 817f. 835
Bernath K. 206
Bernsmann M. 101 788
Bertalanffy L. von 132-34 477f.
Bien G. 161f. 440f. 939f. 1019-22
Biesterfeld W. 906 1001-05
Birkner H.-J. 380
Börger E. 670-78
Brachfeld O. 520f.
Bredow G. v. 522-24 1022f. 1026-28
Brinkmann H. 896f.
Brockhaus K. 65f.
Bubner R. 848f.
Buck G. 818-23

Chenu M. D. 480-82
Claesges U. 8f. 447
Claessens D. 339f. 829f.
Conze W. 487-89 505-08
Cremerius J. 67-70

Debus J. 910 938f.
Delius H. 251-60
Diemer A. 888-96
Dierse U. 267-94 349-51 593-95 981-84
Dölle R. 861-63
Dreier R. 212

Ebeling H. 419-23
Eckert W. P. 148 650-52
Eickelschulte D. 352-55
Eidelberg L. 7f.
Eisler (red.) 469-74
Engelmeier M.-P. 433

Fabian R. 66f. 203f. 377f. 691f. 901f.
Fichtner B. 655-61
Flasch K. 169-177
Foppa K. 787f.
Forsthoff E. 669f.
Franke Ursula 229f.
Frese J. 127 880-82
Freudenthal H. 748-51
Friedrich H. 776f.
Fuchs H.-J. 206-09

Fulda F. 618-20 905f.
Fürst W. 826-28

Gabriel G. 814
Gagern A. v. 338f. 547f.
Gatzemeier M. 407
Geyer H.-G. 213f.
Gipper H. 751-61 906-08
Goldammer K. 82f. 494f.
Goerdt W. 358f.
Graß H. 616f.
Graumann C. F. 130f. 143f. 204
Grawe Ch. 856-59
Gremmels Chr. 146 355f. 912f.
Grimm T. 647 960-62 1006f.
Gritschke H.-K. 70-72
Groh D. 970f.
Gründer Karlfried 441-45
Gründer Konrad 937f.

Haberland E. 1017f.
Hadot P. 971-73 976f. 1033-36
Häfner H. 310-14
Hager F. P. 119-21 303-06 433-36
Hajos A. 81f. 546f.
Halbfaß W. 164 191f. 340 476f. 904f.
Halder A. 580f. 581f.
Haller R. 780-85
Hauser R. 73f. 406 538-41 753f.
Heede R. 3f.
Heidrich P. 5 666 836f. 860
Heintel E. 850
Held K. 198 334f. 458f.
Hengelbrock J. 89-93
Hermes H. 153-61
Herring H. 100f.
Herrlinger R. 261-63
Hermann Theo 455f.
Hetzler H. W. 860f.
Heyde J. E. 329-333 618
Hinske N. 393-96 416-18
Hinz M. 773f.
Hödl L. 734f.
Hofmann Hasso 668f.
Hogrebe W. 915-19
Hole G. 205 903f.
Hommes U. 128-30
Hornig G. 125f.
Hüllen J. 314f. 497-500
Hülsmann H. 145f. 737

Janke W. 448-55 456f.
Janssen P. 143 146 351 759f. 899f.
Jauß H. R. 410-14
Jenschke G. 381-85

Kambartel F. 4f. 352 762-65
Kambartel W. 64f. 436
Kappes H. 978f.
Kaulbach F. 102 340-47 502-04 679-83 842-46 864-69 871-79

Kauppi R. 808f. 984
Kehrer H. E. 699f.
Kerstein G. 148-50 335f.
Kerstiens L. 356 859f.
Kirchhoff R. 661-66
Klages H. 490f.
Klinkenberg H. M. 531-35
Kluxen W. 214-27 294f. 480
Kobusch Th. 44-47
Koch M. 114 900f.
Kohlenberger H. K. 201-03 333f. 347-49 612-14 720f. 956f. 959f. 1024 1036
Koehler O. 302f.
Kolping A. 248f.
Königs Liesel 144f.
Körner S. 856
Krafft F. 526f.
Kraft V. 755 832 850 863
Kramer W. 457f.
Kraus H.-J. 439
Krawietz W. 809-13
Kreuzer H. 952f.
Kriele Christel 814-16
Krückeberg E. 692f. 992-94
Krüger H. J. 482-87
Kuhlen R. 12-31 181-83 249-51 349-51 694f. 981-84
Kurdzialek M. 599-601 980f.
Kutschera F. v. 396-405

Lanczkowski G. 376f. 541
Landwehrmann Fr. 489f. 698f.
Langenbach W. 113f. 849
Lanz J. 93-100 647-49
Leipold H. 320-22
Lemay R. 584-87 588-90
Lepenies W. 898f.
Lewin B. 736f. 967 978
Lichtenstein E. 921-37
Lohff W. 74f.
Lohse E. 381
Lorenz Kuno 603 882-86
Lötzsch F. 198f. 459-61

Mahlmann Th. 439f. 633-35 1016f.
Mainzer K. 6f.
Marquard O. 362-74 427f. 945
Matussek P. 693
Mau J. 212f. 1018f.
Maurach G. 83-85
Maurer R. K. 200f.
Meier H. G. 788-808
Meinhardt H. 121-24 297-300 1007f.
Melsen A. G. M. van 603f. 606-11
Menne A. 85f. 101 199 200 300f. 392 447 478f. 479f. 678f. 816f. 818 823f.
Merz F. 336-38
Metzger W. 319f. 604f.
Meyer Gerbert 76-78 199 869-71
Misgeld D. 75f.

Mittelstädt G. 554f.
Mittelstraß J. 63f. 785-87
Mohr J. 445f.
Muck O. 1033
Mühle G. 146-48
Mühlmann W. E. 997-99 1005f.
Müller A. 389-92 518-20 863f. 948f.
Müller J. B. 765-67 774 846-48
Müller Klaus E. 315-19
Müller Kurt 617f.
Muñoz Delgado V. 209f. 448 536f. 693f. 1031

Nador G. 78f. 406f. 999f.
Neumann O. 635-46
Neumeister S. 828f.
Nieke W. 115-17 315 360 407 595
Nieraad J. 1-3 1028f.
Nipperdey Th. 414-16
Nobis H. M. 315 479 500-02 527-31 536 582-84 838-42 944f. 947f. 949f. 951 957-59 1000 1024

Oeing-Hanhoff L. 34-42 47-59 65 232-48 263-66 612-14 741-48

Pape I. 474f. 950f.
Paus A. 475f.
Pflug G. 832f.
Pinborg Jan 1026
Pinomaa L. 301f.
Platzeck E. W. 521f. 524f.
Pohlmann R. 701-19
Pongratz L. J. 325 991f. 994-96
Probst P. 194f. 251 775 863

Rabe Hannah 691 721 723f. 727-29
Reckermann A. 112f. 124f. 386-89
Red. 65 86 150 356f. 419 721 816 951 996f.
Reichert E. O. 825f.
Reiner H. 9-12 205f. 392f. 429-33 504 593 771-73 830f. 953f.
Remane A. 228f.
Rendtorff T. 833-35
Rengstorf K. H. 700
Rensch B. 977f.
Renthe-Fink L. von 897f.

Rescher N. 333
Reznik H. 544-46
Riedel M. 962-66
Riese R. 210-12
Riesenhuber K. 1029-31
Ritter J. v-xi 322-25 555-80
Rödding D. 152f.
Rodi F. 535
Roloff D. 307-10
Romberg R. 183-89
Roessler W. 543
Rössler D. 374-76
Rothschuh K. E. 945-47
Röttgers K. 691f. 729-33
Rudolph W. 126
Rüegg W. 385f.

Sandkühler H. J. 79-81 360-62
Saner H. 1001
Schäfer R. 31f. 1008-16
Schalk F. 437-39 620-33
Schemme W. 722f.
Schepers H. 177-81 462-67 1024-26
Schlüter D. 78 114f. 134-42 537f. 835f. 913-15
Schmidt E. G. 127f.
Schmithausen L. 86f. 601-03 736 954-56 960
Schnarr H. 87f.
Schnelle H. 230-32 695-98
Schönpflug U. 103-09 425-27 767-71 777-80
Schott E. 967f.
Schramm H.-P. 774f.
Schreckenberg H. 266f.
Schütte H.-W. 128 377f. 595-99
Schütte K. 886-88
Schütz W. 295f.
Schwabl H. 440f.
Schwarz H. 227f. 260f. 491-93 646f.
Schweizer H. R. 495-97 813
Schwenk B. 357f. 838
Seidel Ch. 110-12 590-93 984-91
Seils M. 504f.
Sinn D. 666f. 757
Sladeczek K. H. 940-43
Sommer M. 505 595
Spanier W. 548-51

Specht R. 101f. 325-27 762 969f. 973-76 1029
Sprondel W. M. 489 541-43
Stäcker K. H. 551-53 553f.
Stenius E. 605f. 909f. 920f.
Stöhr J. 162f. 193f. 195-98 614-16 754f.
Ströker E. 32f.
Suhr M. 1031f.
Szabó Á. 737-41

Theißmann U. 306f.
Theunissen M. 296f. 649f. 667f.
Thiel Ch. 150-52 428f. 517f. 672 751f.
Thieme H. 850
Thümmel W. 683 733
Tiedemann R. 652f. 919f.
Tonelli G. 467-69 653-55
Traxel W. 351f.
Tsouyopoulos Nelly 192f. 823-25
Tugendhat E. 428

Van Steenberghen F. 508-17
Vega R. de la 683-85
Veit W. 724-27
Voigt A. 966

Waldenfels B. 128 447f.
Warnach V. 850-56
Warnach W. 685-90
Weiler A. G. 407-10
Weinert F. 423-25
Weinrich H. 921
Weische A. 392
Weisgerber L. 535f. 761f. 908f.
Wellek A. 327-29
Werschowetz G. 902f.
Wewetzer K. H. 775f.
Wickler W. 456 667
Wieland W. 88f. 117-19
Winckelmann J. 979f.
Winkler E. 102f.
Witte W. 813f. 910-12
Witzenmann H. 378-80
Wrzecionko P. 520

Zimmermann R. 189-91

ZUR FORMALEN GESTALTUNG

1. Text

Titel. In Doppel- und Mehrfachtiteln werden die Stichwörter, wenn sie Gegensätze bezeichnen, durch Schrägstrich, wenn sie einander ergänzen, durch Komma getrennt.

Die *Anfangsbuchstaben Ä, Ö, Ü* (nicht aber *Ae, Oe, Ue*) der Titelstichwörter sind alphabetisch wie *A, O, U* behandelt worden.

Abkürzungen. An Stelle des Titelstichworts tritt bei Substantiven der Anfangsbuchstabe mit Punkt; Adjektive werden nicht abgekürzt. Sonst sind im Text nur allgemein gebräuchliche Abkürzungen verwendet.

Auszeichnungen. Namen von Autoren, die Gegenstand eines Artikels sind, werden, wenn sie in einem Gedankenzusammenhang zum erstenmal vorkommen, in KAPITÄLCHEN, die übrigen Hervorhebungen *kursiv* gesetzt. Namen der Verfasser von Untersuchungen zum Gegenstand des Artikels werden nicht ausgezeichnet.

Anführungszeichen und Klammern. In *einfachen* Anführungszeichen ‹ ... › stehen Werktitel, Teil- und Kapitelüberschriften sowie metasprachlich verwendete Ausdrücke. In *doppelten* Anführungszeichen « ... » stehen Zitate (ausgenommen griechische und in runden Klammern beigefügte Übersetzungen von griechischen und lateinischen Zitaten).

In *eckige* Klammern [...] sind Einfügungen des Artikelautors in Zitate sowie Anmerkungsziffern gesetzt.

2. Anmerkungen und Literaturhinweise

Um den Text zu entlasten, sind die Belegstellen (mit Ausnahme der biblischen) in den Anmerkungen zusammengefaßt.

Beziehen sich mehrere aufeinanderfolgende Anmerkungen auf denselben Autor und/oder dasselbe Werk, wird der Verfassername bzw. der Werktitel nicht wiederholt.

Wenn sich eine spätere auf eine frühere, nicht unmittelbar vorhergehende Anmerkung bezieht, wird in der Regel die Nummer der früheren Anmerkung wiederholt:

[1] F. KLUGE: Etymol. Wb. dtsch. Sprache (^{11}1963) 8. – ... [4] KLUGE, a. a. O. [1] 432.

Zitierweisen. Sie folgen dem für Epochen, Autoren und Werke üblichen wissenschaftlichen Gebrauch, doch werden Sigeln, die nur dem Fachmann bekannt sind, mit wenigen Ausnahmen (vgl. Abkürzungsverzeichnis Nr. 1) vermieden oder von Fall zu Fall neu eingeführt:

[1] DESCARTES, Werke, hg. ADAM/TANNERY (= A/T) 10, 369. – [2] Vgl. A/T 7, 32.

Zitiert wird nach der systematischen Gliederung der Werke und/oder nach Ausgaben bzw. Auflagen:

a) Nach Gliederung: [1] PLOTIN, Enn. II, 4, 15 = ‹Enneaden›, Buch 2, Kapitel 4, Abschnitt 15. – [2] THOMAS VON AQUIN, S. theol. I/II, 20, 2 = ‹Summa theologiae›, Pars I von Pars II, Quaestio 20, Articulus 2.

b) Nach Ausgaben: [1] PLATON, Phaid. 88 d 3-5 = ‹Phaidon›, S. 88, Absch. d (Paginierung nach der Ausgabe von HENRICUS STEPHANUS, Paris 1578), Zeilen 3-5 (nach der Ausgabe von IOANNES BURNET, Oxford ^{1}1899-1906). – [2] KANT, Akad.-A. 7, 252, 3 = Gesammelte Schriften, hg. (Königl.) Preuß. Akad. Wiss. (ab Bd. 23 hg. Dtsch. Akad. Wiss. zu Berlin), Bd. 7, S. 252, Z. 3.

c) Nach Auflagen: [1] KANT, KrV A 42/B 59 = ‹Kritik der reinen Vernunft›, 1. Aufl. (1781), S. 42 = 2. Aufl. (1786), S. 59.

d) Nach Gliederung und Ausgaben: [1] ARISTOTELES, Met. II, 2, 994 a 1-11 = ‹Metaphysik›, Buch 2 (α), Kap. 2, S. 994, Sp. a, Z. 1-11 (nach Arist. graece ex rec. IMM. BEKKERI, Berlin 1831). – [2] JOHANNES DAMASCENUS, De fide orth. II, 12. MPG 94, 929ff. = ‹De fide orthodoxa›, Buch 2, Kap. 12 bei J. P. MIGNE (Hg.), Patrologiae cursus completus, Ser. 1: Ecclesia graeca, Bd. 94, S. 929ff.

Interpunktion. Nach Autorennamen steht ein Doppelpunkt, wenn eine ausführliche bibliographische Angabe folgt, ein Komma, wenn das Werk abgekürzt zitiert ist.

Die Zeichensetzung in *Stellenangaben* folgt weitgehend altphilologischem Gebrauch und entspricht folgenden Regeln:

Kommata trennen in Angaben nach Gliederung Buch von Kapitel und Kapitel von Abschnitt, in Belegstellen nach Ausgaben Band von Seite und Seite von Zeile (vgl. oben a) Anm. [1] und b) Anm. [2]).

Punkte bedeuten in Stellenangaben ‹und›; sie stehen z. B. zwischen Kapitel und Kapitel bzw. Seite und Seite:

[1] ARIST., Met. V, 19. 20 = Buch 5 (Δ), Kap. 19 und 20. – [2] KANT, Akad.-A. 7, 251. 265 = Bd. 7, S. 251 und 265.

Strichpunkte sind gesetzt, wenn auf eine untergeordnete Gliederungseinheit (Abschn., Art.) eine übergeordnete (Buch, Teil, Kap.) folgt:

THOMAS, S. theol. I, 14, 11; 44, 3; 55, 2 = Pars I, Quaestio 14, Art. 11; (Pars I) Quaestio 44, Art. 3; (Pars I) Quaestio 55, Art. 2

oder wenn die nächste Stellenangabe einem anderen Band bzw. Werk entnommen ist:

HEGEL, Werke, hg. GLOCKNER 11, 52; 10, 375 = Bd. 11, S. 52; Bd. 10, S. 375.

Literaturhinweise. Die Angaben sind normalerweise chronologisch, gelegentlich auch nach sachlichen Gesichtspunkten geordnet und entsprechen den üblichen Regeln, doch wird der Erscheinungsort nur bei fremdsprachigen Publikationen genannt.

Zeitschriften und andere Periodika werden nach dem von der UNESCO empfohlenen ‹Internationalen Code für die Abkürzung von Zeitschriftentiteln› zitiert (Abdruck in: World med. Periodicals, New York ^{3}1961, XI ff.; vgl. dazu Abkürzungsverzeichnis Nr. 2). Wie auch bei mehrbändigen Werken steht in den Stellenangaben die Bandzahl vor, die Seitenzahl nach dem Erscheinungsjahr.

ABKÜRZUNGEN

1. Sigeln für Ausgaben, Buchtitel, Lexika und Sammelwerke

Eisler[4]	R. EISLER: Wörterbuch der philosophischen Begriffe 1-3 ([4]1927-1930)
KpV	Kritik der praktischen Vernunft ([1]1788)
KrV	Kritik der reinen Vernunft ([1]1781 = A, [2]1786 = B)
KU	Kritik der Urteilskraft ([1]1790, [2]1793)
Lalande[10]	A. LALANDE: Vocabulaire technique et critique de la philosophie (Paris [10]1968)
LThK[2]	Lexikon für Theologie und Kirche, hg. J. HÖFER/K. RAHNER 1-10 ([2]1957-1965)
MEGA	MARX/ENGELS, Hist.-krit. Gesamt-A.: Werke, Schriften, Briefe; Abt. 1-3 (Frankfurt a. M./Berlin/Moskau 1927-1935), nicht vollständig erschienen
MEW	MARX/ENGELS, Werke 1-39 (Ostberlin 1956-1968)
MG SS	Monumenta Germaniae historica inde ab anno Christi 500 usque ad annum 1500. Auspiciis Societatis aperiendis fontibus rerum Germanicarum medii aevi. Ed. GEORGIUS HEINRICUS PERTZ. Unveränd. Nachdruck Scriptores T. 1-30 (Stuttgart/New York 1963/64)
MPG	J. P. MIGNE (Ed.): Patrologiae cursus completus, Series I: Ecclesia graeca 1-167 (mit lat. Übers.) (Paris 1857-1912)
MPL	J. P. MIGNE (Ed.): Patrologiae cursus completus, Series II: Ecclesia latina 1-221 (218-221 Indices) (Paris 1841-1864)
RGG[3]	Religion in Geschichte und Gegenwart 1-6 ([3]1957-1962)
SVF	Stoicorum veterum fragmenta collegit IOANNES AB ARMIN 1-4 ([2]1921-1923)

2. Periodika (Beispiele)

Abh. preuß. Akad. Wiss.	Abhandlungen der (königl.) preußischen Akademie der Wissenschaften (Berlin)
Arch. Begriffsgesch.	Archiv für Begriffsgeschichte (Bonn)
Arch. Gesch. Philos.	Archiv für Geschichte der Philosophie (Berlin)
Arch. Hist. exact Sci.	Archive for the History of Exact Sciences (Berlin/Heidelberg/New York)
Bl. dtsch. Philos.	Blätter für deutsche Philosophie (Berlin 1927-1944)
Dtsch. Vjschr. Lit.wiss.	Deutsche Vierteljahresschrift für Literaturwissenschaft und Geistesgeschichte (Stuttg.)
Dtsch. Z. Philos.	Deutsche Zeitschrift für Philosophie (Berlin)
Filosofia	Filosofia (Turin)
German.-roman. Mschr.	Germanisch-romanische Monatsschrift (Heidelberg)
Gött. gel. Anz.	Göttinger Gelehrte Anzeigen
Hermes	Hermes (Wiesbaden)
Hist. Z.	Historische Zeitschrift (München)
J. Hist. Ideas	Journal of the History of Ideas (Lancaster, Pa.)
J. symbol. Logic	Journal of Symbolic Logic (Providence, R.I.)
Kantstudien	Kantstudien (Berlin, NF Köln)
Mind	Mind (Edinburgh)
Mus. helv. (Basel)	Museum Helveticum (Basel)
Philos. Rdsch.	Philosophische Rundschau (Tübingen)
Philos. Jb.	Philosophisches Jahrbuch (Freiburg i. Br.)
Proc. amer. philos. Soc.	Proceedings of the American Philosophical Society (Philadelphia)
Rech. Sci. relig.	Recherches de Science Religieuse (Paris)
Rev. Mét. Morale	Revue de Métaphysique et de Morale (Paris)
Rev. philos. Louvain	Revue philosophique de Louvain
Rhein. Mus. Philol.	Rheinisches Museum für Philologie
Sber. heidelb. Akad. Wiss.	Sitzungsberichte der Heidelberger Akademie der Wissenschaften
Studia philos. (Basel)	Studia philosophica. Jb. Schweiz. philos. Ges.
Tijdschr. Philos.	Tijdschrift voor Philosophie (Löwen/Gent/Utrecht)
Z. philos. Forsch.	Zeitschrift für philosophische Forschung (Meisenheim/Glan)

3. Häufig verwendete Abkürzungen

A	KrV¹	Ges.	Gesellschaft	Pr.	Predigt
A.	Ausgabe	Gesch.	Geschichte	Proc.	Proceedings
a | b ...	Seitenteiler	griech.	griechisch	Prol(eg).	Prolegomena
a.	articulus			Prooem.	Prooemium
a. a. O.	am angegebenen Ort	H.	Heft	prot.	protestantisch
Abh.	Abhandlung(en)	Hb.	Handbuch	Ps.	Psalm
Abschn.	Abschnitt	hg.	herausgegeben	Ps-	Pseudo-
Abt.	Abteilung	hist.	historisch	Psychol.	Psychologie
Adv.	adversus			publ.	publiziert
ahd.	althochdeutsch	idg.	indogermanisch		
Akad.	Akademie	Inst.	Institut, institutio	q.	questio
Amer.	American	int.	international	Quart.	Quarterly
Anal.	Analyse, Analytica	Intr.	Introductio	quodl.	quodlibetalis, quodlibetum
Anm.	Anmerkung(en)	ital.	italienisch		
Anz.	Anzeiger			r	recto (fol. 2r = Blatt 2, Vorderseite)
Aphor.	Aphorismus	J.	Journal		
Arch.	Archiv(es)	Jb.	Jahrbuch	Rdsch.	Rundschau
Art.	Artikel	Jg.	Jahrgang	Red.	Redaktion
Ass.	Association	Jh.	Jahrhundert	red.	redigiert
AT	Altes Testament			Reg.	Register
		Kap.	Kapitel	Relig.	Religion
B	KrV²	kath.	katholisch	Res.	Research
Beih.	Beiheft	KpV	s. Sigeln	Resp.	Res publica = Politeia
Ber.	Bericht	krit.	kritisch	Rev.	Revue
Bespr.	Besprechung	KrV	s. Sigeln	Rez.	Rezension
Bibl.	Bibliothek	KU	s. Sigeln	RGG	s. Sigeln
Biol.	Biologie			roy.	royal(e)
Bl.	Blätter	Lalande	s. Sigeln	russ.	russisch
Br.	Brief(e)	lat.	lateinisch		
Bull.	Bulletin	Leg.	Leges = Nomoi	S.	Summa
		Lex.	Lexikon	Sber.	Sitzungsbericht(e)
c.	caput, capitulum, contra	lib.	liber	Sci.	Science(s)
		ling.	lingua	Schr.	Schrift(en)
cath.	catholique	Lit.	Literatur	s. d.	siehe dort
ch.	chapitre, chapter	log.	logisch	Slg.	Sammlung(en)
Chem.	Chemie	LThK	s. Sigeln	Soc.	Société, Society
conc.	concerning	LXX	Septuaginta	Soziol.	Soziologie
corp.	corpus			span.	spanisch
C. R.	Compte(s) rendu(s)	MA	Mittelalter	Stud.	Studien
		Math.	Mathematik	Suppl.	Supplement(um)
Dict.	Dictionnaire, Dictionnary	Med.	Medizin	s. v.	sub voce (unter dem Stichwort)
		Med(it).	Meditationes		
disp.	disputatio	MEGA	s. Sigeln	SVF	s. Sigeln
Diss.	Dissertatio(n)	Met.	Metaphysik		
dtsch.	deutsch	MEW	s. Sigeln	T.	Teil
		MG SS	s. Sigeln	Theol.	Theologie, Theologia
ebda	ebenda	Mh.	Monatshefte		
eccl.	ecclesiasticus	mhd.	mittelhochdeutsch	UB	Universitätsbibliothek
Ed.	Editio	MPG	s. Sigeln	Übers.	Übersetzung
Einf.	Einführung	MPL	s. Sigeln	Univ.	Universität
Einl.	Einleitung	Ms.	Manuskript		
Eisler	s. Sigeln	Mschr.	Monatsschrift	v	verso (fol. 2v = Blatt 2, Rückseite)
engl.	englisch	Mus.	Museum		
Ep.	Epistula			Verh.	Verhandlungen
Erg.Bd.	Ergänzungsband	nat.	naturalis	Vjschr.	Vierteljahresschrift
Eth.	Ethica	NF	Neue Folge	Vol.	Volumen
etymol.	etymologisch	nhd.	neuhochdeutsch	Vorles.	Vorlesung
evang.	evangelisch	NT	Neues Testament		
				Wb.	Wörterbuch
fol.	folio	p.	pagina	Wiss.	Wissenschaft(en)
Frg.	Fragment	Philol.	Philologie	Wschr.	Wochenschrift
frz.	französisch	Philos.	Philosophie		
		Phys.	Physik	Z.	Zeitschrift
G.	Giornale	post.	posteriora	Zool.	Zoologie
gén.	général(e)	pr.	priora	Ztg.	Zeitung
gent.	gentiles				

HÄUFIG VERWENDETE ZEICHEN

1. Symbole der Junktoren- und Quantorenlogik (Ausagen- und Prädikatenlogik)
(vgl. Art. ‹Aussagenlogik›, ‹dialogische Logik›, ‹indefinit›, ‹Prädikatenlogik›)

Zeichen	Gesprochen	Name
a) Kopulae		
ε	ist (hat)	(affirmative) Kopula
ε'	ist (hat) nicht	(negative) Kopula
b) Logische Junktoren		
$\neg$	nicht	Negator
$\wedge$	und	Konjunktor
$\vee$	oder (nicht ausschließend, lat. vel)	Adjunktor
$\to$	wenn ..., so (dann) ...	Implikator (Subjunktor)
$\leftrightarrow$	genau dann wenn ..., so (dann) ...	Biimplikator (Bisubjunktor)
c) Logische Quantoren		
$\bigwedge x$	für alle x gilt	Allquantor
$\mathbb{A} x$	für alle x gilt (wobei der Variabilitätsbereich von x indefinit ist)	indefiniter Allquantor
$\bigvee x$	es gibt mindestens ein x, für das gilt	Existenzquantor
$\mathbb{V} x$	es gibt mindestens ein x, für das gilt (wobei der Variabilitätsbereich von x indefinit ist)	indefiniter Existenzquantor
d) Folgerungssymbole		
$\prec$	impliziert (aus ... folgt ...)	Zeichen für den Folgerungsbegriff der dialogischen Logik
$\Vdash$	aus ... folgt ...	Zeichen für den semantischen Folgerungsbegriff

2. Regel- und Kalkülsymbole (vgl. Art. ‹Kalkül›)

⇒ es ist erlaubt, von ... überzugehen zu ...
⇔ es ist erlaubt, von ... überzugehen zu ... und umgekehrt
⊢ ist ableitbar
$=_{df}$
$\leftrightharpoons$ } nach Definition gleich
$:=$

3. Relationssymbole

$=$ gleich
$\neq$ nicht gleich
$\equiv$ identisch
$\not\equiv$ nicht identisch
$\sim$ äquivalent
$<$ kleiner
$\leq$ kleiner oder gleich
$>$ größer
$\geq$ größer oder gleich

4. Symbole der Modallogik (vgl. Art. ‹Modallogik›)

$\Diamond$ es ist möglich, daß
$\Box$ es ist notwendig, daß

5. Symbole der Syllogistik

S Subjekt
P Prädikat
a affirmo universaliter (ich bejahe universell)
i affirmo partialiter (ich bejahe partiell)
e nego universaliter (ich verneine universell)
o nego partialiter (ich verneine partiell)

6. Symbole der Mengenlehre (vgl. Art. ‹Mengenlehre›)

$\emptyset$ leere Menge
$\in$ Element von
$\notin$ nicht Element von
$\subseteq$ enthalten in
$\cup$ vereinigt (Vereinigung von ... und ...)
$\cap$ geschnitten (Durchschnitt von ... und ...)